Regierungs- und Verwaltungssitze: Staat Bundesland Städte mit eigenem Statut

Prof. Walter Kleindel

Die Chronik Österreichs

Chronik
Verlag

Vorbemerkung

»Land der Berge, Land am Strome«

Mit den Worten »Land der Berge, Land am Strome« beginnt die Österreichische Bundeshymne und auch »Die Chronik Österreichs« mit Blick auf den höchsten Berg dieses Landes, den Großglockner, der im Jahr 1583 in einer gerichtlichen Urkunde noch »Glogger« genannt wurde. Wie er sich heute präsentiert, so etwa darf sich der Leser die Vorzeit des Landes vorstellen.

So gewaltig wie dieser Berg, so weit spannt sich der Bogen in diesem Buch. Es soll Österreichs Geschichte und Landschaft den Menschen von heute nahebringen – wenn auch mit etwas weniger vaterländischem Pathos als Franz Grillparzer, der seinen Ottokar von Horneck in »König Ottokars Glück und Ende« wortreich sagen läßt:

»Ottokar von Horneck, Dienstmann
Des edlen Ritters Ott von Lichtenstein,
Den König Ottokar, samt andern Landherrn,
Ohn' Recht und Urteil hält in enger Haft.
O, nehmt Euch sein, nehmt Euch des Landes an!
Es ist ein Guter Herr, es ist ein gutes Land,
Wohl wert, daß sich ein Fürst sein unterwinde!
Wo habt Ihr dessengleichen schon gesehn?
Schaut ringsumher, wohin der Blick sich wendet,
Lacht's wie dem Bräutigam die Braut entgegen.
Mit hellem Wiesengrün und Saatengold,
Von Lein und Safran gelb und blau gestickt,
Von Blumen süß durchwürzt und edlem Kraut,
Schweift es in breitgestreckten Tälern hin –
Ein voller Blumenstrauß, so weit es reicht,
Vom Silberband der Donau rings umwunden –
Hebt sich's empor zu Hügeln voller Wein,
Wo auf und auf die goldne Traube hängt
Und schwellend reift in Gottes Sonnenglanze;
Der dunkle Wald voll Jagdlust krönt das Ganze.
Und Gottes lauer Hauch schwebt drüber hin
Und wärmt und reift und macht die Pulse schlagen,
Wie nie ein Puls auf kalten Steppen schlägt.
Drum ist der Österreicher froh und frank,
Trägt seinen Fehl, trägt offen seine Freuden,
Beneidet nicht, läßt lieber sich beneiden!
Und was er tut, ist frohen Muts getan.
's ist möglich, daß in Sachsen und beim Rhein
Es Leute gibt, die mehr in Büchern lasen;
Allein, was not tut und was Gott gefällt,
Der klare Blick, der off'ne richt'ge Sinn,
Da tritt der Österreicher hin vor jeden,
Denkt sich sein Teil und läßt die andern reden!
O gutes Land! O Vaterland! Inmitten
Dem Kind Italien und dem Manne Deutschland
Liegst du, der wangenrote Jüngling, da;
Erhalte Gott dir deinen Jugendsinn
Und mache gut, was andere verdarben!

Geneigter Leser!

Weit entfernt von schwulstiger Vaterlandsliebe und übertriebener Heimattreue spricht die hier vorliegende »Chronik Österreichs« zu Ihnen. Die Tatsachen sollen bestimmen. Hoch und Tief, Geschichte und Kultur, Alltag und Erlebnis stehen nebeneinander, kontrolliert durch den unbestechlichen Ablauf des Kalendariums. Mit Grillparzer ließe sich sagen: »In diesen Papierlagen ist Österreich!«

Wien, am 24. Juli 1984,
am Vorabend jenes Tages, da vor 50 Jahren Nationalsozialisten das erste Mal versuchten, in Österreich an die Macht zu gelangen und dabei Bundeskanzler Dr. Engelbert Dollfuß ermordeten.

Walter Kleindel

Prof. Walter Kleindel

Vor- und Frühgeschichte

Die ersten Spuren des Menschen

In der mittleren Altsteinzeit, der Zeitspanne zwischen 150 000 und 80 000 v. Chr., hat der Mensch in Österreich seine ersten Spuren hinterlassen. Die kulturgeschichtliche Epoche der Steinzeit ist gleichzeitig die geologische Periode der Eiszeit und erhielt ihren Namen, weil der Mensch nur den Stein als Material zur Herstellung seiner Werkzeuge und sonstigen notwendigen Gegenständen kannte. Auch feste Wohnsitze besaß er als Jäger und Sammler noch nicht. Wohl hatte er Zufluchtstätten, um überleben zu können, und Jagdstationen für die Ausübung seiner lebensnotwendigen Tätigkeit – Höhlen also, die ihm Schutz boten. Diese Höhlen finden sich sowohl als Tieflandstationen wie als Höhenstationen in den Kalkalpen. Die Gudenushöhle in Niederösterreich ist ein typisches Beispiel für eine solche Tieflandstation. Sie liegt am Fuß eines Felsmassivs in der Nähe der Burg Hartenstein im Kremstal, nicht allzu hoch über dem unmittelbar vorbeifließenden Kremsfluß, einem linken Nebenfluß der Donau. Zahlreich und vielgestaltig sind die Gegenstände, die der Mensch hier zurückgelassen hat: Neben Faustkeilen, Handspitzen, Schabern und Bohrern aus Hornstein, Quarzit und Bergkristall fand man hier auch Knochen von Höhlenbären, Höhlenhyänen, Ren, Mammut und Wildpferd.

Die »Venus von Willendorf«

Im Zeitraum zwischen 80 000 und 10 000 v. Chr. vergrößerte sich das Siedlungsgebiet im Bereich außerhalb der Alpen, wobei der Donauraum aufgrund seiner natürlichen Beschaffenheit besonders geeignet war. Der Mensch verbesserte seine Arbeitsgeräte und spezialisierte seine Jagdwaffen. Er benützte schon Klingen, Nadeln und Sicheln und verfeinerte auch die Schmuckgegenstände. Aus den Höhlen war er in Wohngruben umgesiedelt.
Der Mensch wurde nun auch künstlerisch tätig: Er schuf Felsbilder (wie in der Kienbachklamm am Warscheneck und im Toten Gebirge) und verfertigte Kultgegenstände, die »Venus von Willendorf« ist ein früher Beweis dafür. Dieses älteste Kunstwerk Österreichs – eine nur elf Zentimeter hohe Statuette aus colithischem Kalkstein – ist mit einem Alter von 25 000, vielleicht sogar 30 000 Jahren zugleich eines der ältesten Kunstwerke der Welt.
Die Zeit zwischen 10 000 und 5000 v. Chr. ist gekennzeichnet durch das Seßhaftwerden des Menschen – ein Prozeß, der einige Zeit in Anspruch nahm und die Voraussetzung zur Entwicklung der bäuerlichen Kultur schuf. Die Klimaverbesserung der ausklingenden Eiszeit trug nicht unwesentlich dazu bei; so begann sich der Wald im Alpengebiet auszubreiten, und die Waldgrenze lag höher als heute. Auch der Mensch stellte sich um, beschäftigte sich mit dem Kleintier- und Fischfang, verbesserte abermals seine Gerätschaften sowie Jagdwaffen und entwickelte das Kernbeil als vielseitig verwendbares Gerät.

Abbildung linke Seite: Der Großglockner in Kärnten

Pfahlbauten und bäuerliche Lebensform

In der Jungsteinzeit, zwischen 5000 und 1800 v. Chr., wandelte der Mensch die Naturlandschaft in eine Kulturlandschaft um. Aus dem Jäger und Sammler wurde der Viehzüchter und Ackerbauer. Er begann mit produzierenden Wirtschaftsformen, sodaß gegen Ende dieser Zeitspanne die bäuerliche Lebensform weitgehend entwickelt war: Einfache Hausformen lösten die Wohngruben ab, Pflug und Wagen wurden verwendet, Haustiere gehalten und Brotfladen gebacken; Weberei und Töpferei nahmen ihren Anfang; kleinere Siedlungen entstanden, und dort, wo die Natur dem Menschen die nötigen Voraussetzungen lieferte, wurde – durch die verbesserte Holzbearbeitung gefördert – der Pfahlbau entwickelt. Im kultischen Bereich hingegen veränderte sich wenig. Die »Venus von Draßburg« im Burgenland bestätigt, daß der Mensch weiter an Fruchtbarkeitssymbolen festhielt, gewandelt hat sich nur der Werkstoff: An die Stelle von Stein ist Holz getreten.

Eine eigene donauländische Kultur

In der frühen Jungsteinzeit entwickelte sich ab etwa 4500 v. Chr. eine eigenständige donauländische Kultur, die durch verschiedene Verzierungen der keramischen Erzeugnisse charakterisiert ist; man unterscheidet zwischen der linearkeramischen und der bemaltkeramischen, die nach ihrem ungarischen Fundort auch Lengyel-Kultur genannt wird.
Ackerbau und Viehzucht waren weit entwickelt, Grabstock und Hakenpflug wurden bereits verwendet, und Apfel- und Birnbäume zeugen vom beginnenden Gartenbau. Neben dem noch immer gebrauchten Feuerstein setzten sich Serpentin und Knochen durch, die durchbohrt und poliert wurden. Knüpfen, Spinnen und Weben waren in den Lang- und Blockhäusern durchwegs üblich. Die Langhäuser wurden in der Ständerbauweise errichtet, mit geflochtenen Wänden ausgestattet und mit Lehm verputzt. Die Dorfsiedlungen waren, ebenso wie die Freilandsiedlungen, unbefestigt. Langsam entwickelte sich eine Art berufständische Gliederung der Bevölkerung, und der Handel entfaltete sich allmählich. Eine abermalige Klimaveränderung in der späteren Jungsteinzeit, den Jahren zwischen 2500 und 1800 v. Chr., führte zur Austrocknung des Bodens und ließ die Menschen in der Nähe von Flüssen zusammenkommen und Bewässerungssysteme entwickeln. Die ersten stadtähnlichen Siedlungen entstanden. Die Klimaverände-

rung bewirkte vermutlich auch die Wanderung indogermanischer Stämme; ganz Europa wurde von dieser größeren Völker-, genauer: Menschengruppenbewegung betroffen. Die entstandene Unruhe brachte einschneidende Veränderungen mit sich und beendete die friedliche Zeit des bäuerlichen Gefüges.
Die donauländische Kultur verschmolz mit den aus dem Norden und Westen Europas eindringenden Einflüssen und zeitigte eigene Ausformungen: Die Badener Kultur mit dem typischen Fischgrätenmuster auf den Keramiken sowie die Mondseekultur mit den Kreis- und Dreiecksmustern. Die Mondseer versahen ihre Keramiken mit zusätzlichen Verzierungen, den sog. (weißen) Inkrustationen, einer Art Einlegearbeit. Um 2000 v. Chr. drangen aus Westeuropa die Michelsberger und die Glockenbecher-Kultur in das Gebiet des Alpenvorlandes ein. Die Glockenbecherleute (so benannt nach der Form ihrer Gefäße) vermischten sich rasch mit den bodenständigen Angehörigen der Badener und Mondseekultur; im inneralpinen Raum ist ihr Einfluß allerdings kaum feststellbar. Erstmals benutzten die Menschen ein Metall – das Kupfer.

Bronze statt Stein

Eine der großen Fernhandelsstraßen Europas, die sog. Bernsteinstraße von der Ostsee bis nach Süd- und Südosteuropa, hatte um 1800 v. Chr. ihren Donauübergang bei Hainburg, wodurch die im Vorderen Orient bereits seit der Mitte des dritten Jahrtausends bekannte Bronzeerzeugung auch im Alpenraum Verbreitung fand: Nun wurden etwa 90% Kupfer mit rund 10% Zinn legiert. Der neue Werkstoff – Bronze – verdrängte schnell den viel umständlicher zu bearbeitenden Stein.

»Venus von Willendorf« (Naturhistorisches Museum Wien)

Die Verbesserung der Geräte und Waffen sowie die Verfeinerung der Schmuckgegenstände setzte sich umgehend durch. Neben Akkerbau und Viehzucht entwickelten sich der Bergbau und das dazugehörige Handwerk. Im inneralpinen Raum nahm die wirtschaftliche Entwicklung durch die Metallgewinnung und -verarbeitung einen besonders raschen Aufstieg, die Täler der Alpenflüsse wie Salzach, Mur, Drau und Inn begünstigten die Ausbreitung, und die Flüsse selbst wurden als Transportwege genützt.
Die Menschen lebten in Sippen und schlossen sich zu unterschiedlich großen Gemeinschaften zusammen. Die steinzeitliche Gleichstellung und Gleichberechtigung fand ein Ende, allmählich kristallisierte sich eine Art von Stammesführung heraus. Jede Sippe und jeder Stamm besaß eigene Spezialisten für die verschiedenen Tätigkeiten; durch diese Form der Arbeitsteilung und die damit verbundene rationellere Arbeitsweise entstanden Überschüsse, die gegen Erzeugnisse anderer Sippen und Stämme getauscht wurden. Die Entwicklung sozialer Schichten und die damit entstehenden gesellschaftlichen Unterschiede werden in den Grabbeigaben deutlich, bei den Hockergräbern der Aunjetitzkultur (benannt nach dem Fundort Unetiče südlich von Prag) der frühen Bronzezeit ebenso wie bei der sich daran anschließenden Hügelgräberkultur zwischen 1500 und 1200 v. Chr. Die Grabbeigaben zeugen auch von einem ersten Wohlstand des Menschen.
Die Urnenfelderkultur der späteren Bronzezeit brachte einen kulturellen Wandel. Der Kupferbergbau war mittlerweile weitgehend spezialisiert und hochentwickelt, und die Besiedlung im nördlichen Burgenland, in Nieder- und Oberösterreich und in Salzburg wurde dichter. Der Wohlstand zeigt sich an den kostbarer gewordenen Schmuckgegenständen. Die sich durchsetzende Brandbestattung der Toten weist auf eine veränderte religiöse Haltung der Menschen hin. Aus Mitteleuropa drang zudem eine neue, die sog. Lausitzer Kultur vor, die vermutlich illyrischen Ursprungs war.

Die Hallstattkultur

Die ältere Eisenzeit (800 bis 400 v. Chr.) war von der Hallstattkultur beherrscht. Sie wurde von den Kelten bis zum Balkan verbreitet. Von Norden her kamen die Illyrer, die sich mit der ansässigen Bevölkerung vermischten. Der Erz- und Salzbergbau erlebte rasch seine erste Blüte, und die Produkte wurden zu einer sehr begehrten Tausch- und Handelsware. Die Eisenverarbeitung, in Kleinasien bereits gegen Ende des zweiten Jahrtausends bekannt, entwickelte sich schnell, und Eisen wurde bald ausschließlich für Waffen und Werkzeuge verwendet. Schmuck- und Prunkgegenstände fertigte man weiterhin aus Bronze.
Die Menschen lebten vorwiegend in bequemeren Blockhäusern, die den heutigen Almhütten glichen, und die Kleidung aus grober Schafwolle wurde differenzierter. Frauen trugen Faltenröcke und Hemdblusen, ihr Schmuck war gefällig gestaltet, mit Ornamenten verziert und nicht selten mit Bernstein und Glasperlen besetzt. Dieser Reichtum basierte vor allem auf dem bergmännisch gut entwickelten Salzbergbau; man verfügte über verbesserte Werkzeuge und Gerätschaften, die Stollen wurden durch solide Verzimmerung gesichert.
Die Bestattungsart der Hallstattkultur war unterschiedlich. Neben der Brand- und Körperbestattung kannte man auch die Teilbestattung (bei der nur ein Teil des Körpers verbrannt, der andere unverbrannt beigesetzt wurde), neben dem Flachgrab benutzte man auch Hügelgräber. Ab 450 v. Chr. ging die Hallstattkultur allmählich in die keltische La-Tène-Kultur über (so benannt nach dem ersten Fundort in der Schweiz).

5000

5000–1001 v. Chr.

5000 bis 1800 v. Chr. Die Naturlandschaft wird in eine Kulturlandschaft umgewandelt, und es vollzieht sich der Übergang zu produzierenden Wirtschaftsformen, dem Ackerbau und der Viehzucht.

Ab 4500 v. Chr. Eine eigenständige donauländische Kultur beginnt sich zu entwickeln, die nach den Ritzenverzierungen auf den Gefäßen linearkeramische Kultur, nach den gemalten Verzierungen bemaltkeramische genannt wird.

Um 2200 v. Chr. Die Badener Kultur breitet sich aus. Sie ist benannt nach dem Fund in der Königshöhle von Baden bei Wien.

Gleichzeitig entwickelt sich die Mondseekultur mit ihren Kreis- und Dreieckmustern auf den Keramiken; diese Kultur begründet den Pfahlbau. 13 Pfahlbausiedlungen am Atter- und Traunsee in Oberösterreich entstehen.→

Um 2000 v. Chr. Von Westeuropa dringt die Michelsberger Kultur, benannt nach dem Fundort Michelsberg in Baden, ins vorarlbergische Rheingebiet und in Salzburg ein. Eine Hirtenbevölkerung entwickelt sich, die Erdbauten bevorzugt.

Um 1800 v. Chr. Von der iberischen Halbinsel her dringt die Glockenbecherkultur vor (benannt nach der typischen Form der Gefäße). Wesentlichster Fundort ist Aspern, heute im 22. Wiener Gemeindebezirk.

Ab 1800 v. Chr. Frühe Bronzezeit: Die Hockergräber- oder Aunjetitzkultur ist besonders im nördlichen Niederösterreich verbreitet.

Die Wieselburger Kultur, nach dem Fundort Wieselburg in Westungarn benannt, ist durch die offene Siedlungsform charakterisiert.

1700 v. Chr. Mitteleuropas größter Friedhof der frühen Bronzezeit wird bei Franzhausen im Traisental in Niederösterreich angelegt.→

Ab 1500 v. Chr. Mittlere Bronzezeit: Die sog. Hügelgräberkultur entwickelt sich; die Gebrauchsgegenstände werden wertvoller und die Zier- und Schmuckgegenstände zahlreicher.

Ab 1200 v. Chr. Späte Bronzezeit: Eine neue religiöse Überzeugung der Menschen führt zur Brandbestattung der Toten (Urnenfelderkultur).

Von Mitteldeutschland dringt die Lausitzer Kultur vor, die vermutlich illyrischen oder slawischen Ursprungs ist. Bedeutendster Fund ist der Bronzegefäßbeutel mit Namensinschrift aus Matrei in Tirol.→

Rekonstruktion einer Pfahlbausiedlung am Mondsee (Zeichnung von Mathäus Much, 1884)

Pfahlbausiedlung am Murtensee im Kanton Freiburg (Zeichnung von A. Marxer, um 1900)

Häuser, aus Holz und Erde gebaut

Der Häuserbau steht in direktem Zusammenhang mit der Wirtschaftsform. Die seßhaften Ackerbauern legen feste Siedlungen an; Viehzüchter wechseln ihren Standort (sobald die Weiden erschöpft sind) und bevorzugen deshalb eine leichtere Bauweise.

Als Baumaterial für die rechteckigen Pfostenhäuser dienen Holz und Erde. Man baut entweder Blockhäuser aus Baumstämmen oder füllt den Raum zwischen den Eckpfeilern mit Flechtwerk und Lehm aus. Normale Wohnhäuser sind etwa 20 m² groß und bestehen aus nur einem Raum. Größere Gebäude, die teilweise mit einem Vorraum versehen sind, dienen als Versammlungshäuser. In Wassernähe, wie z. B. in den sumpfigen Donauniederungen, errichtet man die Häuser auf Pfählen, die in den moorigen Untergrund getrieben werden. Darauf legt man eine Plattform aus Bohlen, die das eigentliche Haus trägt.

Die Siedlungsweise ist geschlossen in Gebieten, wo man vorwiegend Akkerbau treibt, etwa in Nordbayern und Württemberg. Die Häuser werden zu losen Haufendörfern gruppiert. Sie liegen meist in unmittelbarer Nähe der gemeinschaftlich bestellten Felder. Teilweise sind sie durch Befestigungsanlagen gegen Überfälle gesichert. Für Viehzüchter besteht keine Notwendigkeit, in geschlossenen Dörfern zu siedeln. Sie bevorzugen Einzelhöfe inmitten ihrer Weiden. Neben der Landwirtschaft bestimmt die Haustierhaltung das Wirtschaftsleben in den Siedlungen: Vor allem Schweine, Rinder, Schafe und Ziegen versorgen die Menschen mit tierischen Produkten (Milch, Wolle u.a.), dienen zugleich aber auch als lebende »Fleischkonserven«. Einige Dörfer besitzen Werkstätten, denn Töpferei und Metallverarbeitung lassen sich besser in eigens dafür hergerichteten Räumen betreiben als zu Hause. Zur Einrichtung einer Bronzegießerwerkstatt gehören verschiedenartige Schmelztiegel, Gußformen, große Löffel, mit denen das flüssige Metall in die Formen gebracht wird. Der Schmelzofen befindet sich außerhalb des Werkstattgebäudes.

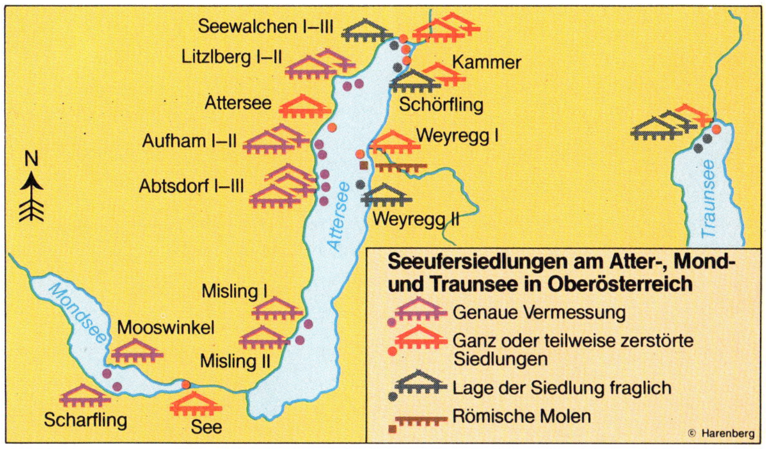

Der größte Friedhof

1700 v. Chr. In der Nähe von Franzhausen im niederösterreichischen Traisental befindet sich die größte Begräbnisstätte des 17. Jahrhunderts v. Chr. Über eintausend Gräber werden hier angelegt. Grundsätzlich werden die Männer mit dem Kopf nach Norden, die Frauen mit dem Kopf nach Süden beigesetzt. Reichhaltig und vielgestaltig sind die Grabbeigaben, in bezug auf Waffen ebenso wie auf Schmuckgegenstände.

Auch bei Schrick im niederösterreichischen Weinviertel befindet sich eine Grabstätte mit zahlreichen Schmuckbeigaben für die Toten.

Erstes bekanntes Schriftdenkmal

Ein Bronzegefäßbeutel aus Matrei am Brenner trägt eine Namensinschrift in subalpin-etruskischen Schriftzeichen. Wenngleich nicht exakt entzifferbar, sind sie doch das erste bekannte Schriftdenkmal auf österreichischem Boden.

Keramik der Pfahlbautensiedlungen von Misling am Attersee (Oberösterreich), der lokalen Mondsee-Gruppe (etwa 2800–1800 v. Chr.) und damit der Glockenbecher-Kultur zugehörig (Heimatmuseum Mondsee)

Inkrustierte Keramik aus Szeremle und Temes-Kubin in Westungarn, gefunden in bronzezeitlichen Friedhöfen Transdanubiens (etwa 1800–1600 v. Chr.; Museum für Vor- und Frühgeschichte Berlin)

Vielfältigkeit der Kulturen

Ab etwa 2200 v. Chr. breiten sich verschiedene Kulturen im österreichischen Raum aus:
1. Die sog. Badener Kultur, durch die Verwendung des Fischgrätenmusters auf den Keramiken charakterisiert, und die Mondseekultur mit ihren Dreiecksmustern auf den Gefäßen, 2. die Michelsberger Kultur, deren Keramiken meist tulpenförmig sind, 3. die Glockenbecherkultur, benannt nach der typischen Form ihrer Gefäße, 4. die Hockergräber-oder Aunjetitzer-Kultur der frühen, 5. die Hügelgräberkultur der mittleren sowie 6. die Urnenfelderkultur der späten Bronzezeit.

Tongefäße aus den Grabhügeln von Kronstorf (Oberösterreich), mittlere Bronzezeit, etwa 1400 v. Chr. (Oberösterreichisches Landesmuseum Linz)

Tonflasche mit linsenförmigem Körper und engem, oben ausgeweitetem Hals (Matzhausen, 5. Jh. v. Chr.; Museum für Vor- und Frühgeschichte Berlin)

Krug der Donaugruppe der Hügelgräberkultur (um 1400 v. Chr.; Fundort: Jirikovice, Mähren)

Pilgerflasche aus dem Hügelgrab im Jägerwald in Hütteldorf bei Wien (Historisches Museum Wien)

Bronzeschwerter aus verschiedenen Fundorten Mitteleuropas (bronzezeitlich, 1400–800 v. Chr.)

Zweischneidiges Rasiermesser und Lanzenspitze (Spätphase der Urnenfelderkultur, um 1000 v. Chr.)

1000
1000–401 v. Chr.

Um 800. Der Grabhügel von Großmugl bei Stockerau in Niederösterreich ist mit 16 Metern der höchste fürstliche Grabhügel der Hallstattzeit. →

Ab 800 v. Chr. Ältere Eisenzeit: Von den Kelten wird die Hallstattkultur von den britischen Inseln bis auf den Balkan verbreitet. Der Name ist abgeleitet vom großen Gräberfeld (etwa 2000) im Salzbergtal bei Hallstatt in Oberösterreich, 400 Meter über dem Hallstätter See. →

Um 600 v. Chr. Bei Strettweg in der Nähe von Judenburg in der Steiermark entsteht ein prachtvoller Kultwagen. →

6. Jh. v. Chr. Bei Frög in Kärnten werden Kleinstfiguren aus Blei den in Hügelgräbern bestatteten Toten beigegeben. →

Um 500. In Mitteleuropa entsteht eine einheitliche Sprache der verschiedenen Völkerschaften, das (Ur-)Germanische. →

ZITAT:

Johann Georg Ramsauer (1797 in Hallstatt geboren), 1832 bis 1864 Bergmeister in seinem Heimatort, war es, der im November 1846 auf das erste eisenzeitliche Grab im Salzbergtal stieß und nach und nach rund 2000 Gräber entdeckte. Nicht ahnend, welche Bedeutung seinem Fund zukam, führte Ramsauer dennoch ein erstaunlich exaktes Tagebuch über seine 17jährige Forschungsarbeit, das erste Protokoll einer prähistorischen Grabung. Jedem Grab gab er eine Nummer und hielt Datum und Ort der Ausgrabung, die Bestattungsart, die Lage der Skelette und alle Fundgegenstände fest. Sein Tagebuch beginnt:

»Der Verfasser kam auf dieselbe Weise, nämlich durch Öffnung einer Schottergrube im November 1846, womit er ein zerstörtes Skelett gefunden, zur Entdeckung des noch unbekannten Leichenfeldes, und zwar damit, daß er hierauf in seinem Beisein und mit aller Sorgfalt einen Flächenraum von vier Quadratklafter aufgraben ließ, womit er so glücklich war, sieben Skelette mit einigen Schmucksachen zu treffen und sich zugleich durch die Lage der Skelette, alle in ziemlich gleicher Richtung, das Gesicht gegen Sonnenaufgang gewendet, gestreckter Lage des Körpers, die Hände an den Leib oder an die Brust gelegt, einen ordentlichen Begräbnisplatz erkennen ließ . . .«

1863 schließt Ramsauers Tagebuch mit den Worten:

»Damit wurden nach einer 17jährigen Forschung von den Gefertigten die Nachgrabungen beschlossen, das durchgrabene Terrain aufgenommen und die Karte mit der Bezeichnung der von Jahr zu Jahr geöffneten Gräber nebst den gemachten Funden bezeichnet und ersichtlich gemacht.«

Eindrucksvolles Grabmal für einen angesehenen Fürsten

Um 800 v. Chr. *Der gewaltige Grabhügel von Großmugl bei Stockerau in Niederösterreich (heute noch 16 Meter hoch) wird angelegt. Er ist der stattlichste im ganzen weiten Bereich der Hallstattkultur. Schier unvorstellbare Erdmassen werden herangeschafft, um dieses Mahnmal zu errichten. Die Größe des Hügels gilt als ausschlaggebend für den wirksamen Schutz der Toten und läßt somit auch die Bedeutung des Verstorbenen erkennen. In Großmugl z. B. wird ein hoher Herr oder Fürst beigesetzt (Photo: Nechuta).*

Bronzezeit geht dem Ende zu

7. Jahrhundert. Die Bronzezeit geht in Mittel- und Westeuropa zu Ende. Seit Anfang des 2. Jahrtausends war Bronze das vorherrschende Material für die Herstellung von Waffen und Arbeitsgeräten und verdrängte den Feuerstein.

Die Menschen leben in Stämmen zusammen, die sich in Sippen gliedern. Die Bevölkerung ist in den letzten Jahrhunderten beträchtlich angewachsen. Neben kleinen Dörfern gibt es Siedlungen, in denen über 1000 Menschen leben. Die bedeutendsten bronzezeitlichen auf österreichischem Boden sind in der Steiermark: Donawitz, Kapfenberg, Graz und Murau; in Kärnten: Gmünd; in Salzburg: Bischofshofen, Golling, Hallein, Kaprun, Saalfelden, Salzburg und Schwarzach; in Tirol ist der bedeutendste vorgeschichtliche Kupferbergbau Mitteleuropas in Schwaz, außerdem Imst, Kitzbühel, Kufstein, Matrei am Brenner und Wilten; in Vorarlberg: Bludenz, Bregenz und Feldkirch.

Während in der Steinzeit die Stammesmitglieder weitgehend gleichberechtigt waren, bildet sich jetzt eine aristokratische Schicht heraus. Der Häuptling bekommt als militärischer Führer eine immer stärker werdende Stellung.

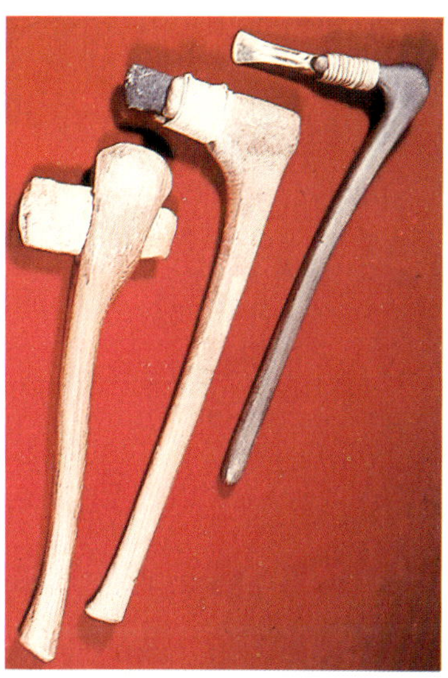

Stein- und Bronzebeile der mittleren Bronzezeit (Schärfung und Umwicklung sind rekonstruiert)

Man hat gelernt, Kupfer und Zinn zu Bronze zu legieren, die anfangs gehämmert, später nach verschiedenen Verfahren gegossen wird. Die Metallgewinnung und -verarbeitung ist jedoch noch kein eigenständiges Gewerbe, sondern wird von Spezialisten unter den Bauern gemeinschaftlich für den Bedarf des Stammes oder der Sippe betrieben. Damit deutet sich die Herausbildung von Handwerken – Metallbearbeitung und Bergbau – an.

Die Stämme beginnen, sich auf Akkerbau oder Viehzucht zu spezialisieren, anstatt wie früher beides nebeneinander zu betreiben. Durch eine bessere Bodennutzung wirft die Landwirtschaft soviel ab, daß man Überschüsse gegen Erzeugnisse anderer Stämme eintauschen kann. Einen regelrechten Handel gibt es noch nicht, wohl aber einen Warenaustausch von Stamm zu Stamm.

Die Besiedlung Österreichs

Die urgeschichtlichen Siedlungslandschaften Österreichs sind durch den Gegensatz von Gebirge und offenen Gebieten charakterisiert. Das Gebirge bleibt in der Steinzeit im wesentlichen noch unbesiedelt. Jungsteinzeitliche Siedlungslandschaften liegen vornehmlich im Hügelland im nordöstlichen Niederösterreich, im Wiener Becken und nördlichen Burgenland, in der Grazer Bucht und im Salzburger Becken. In Oberösterreich sind einzelne Siedlungsgebiete im Einzugsgebiet von Enns und Traun, am Inn und im Mühlviertel. Verkehrswege werden durch Fundreihen angedeutet.

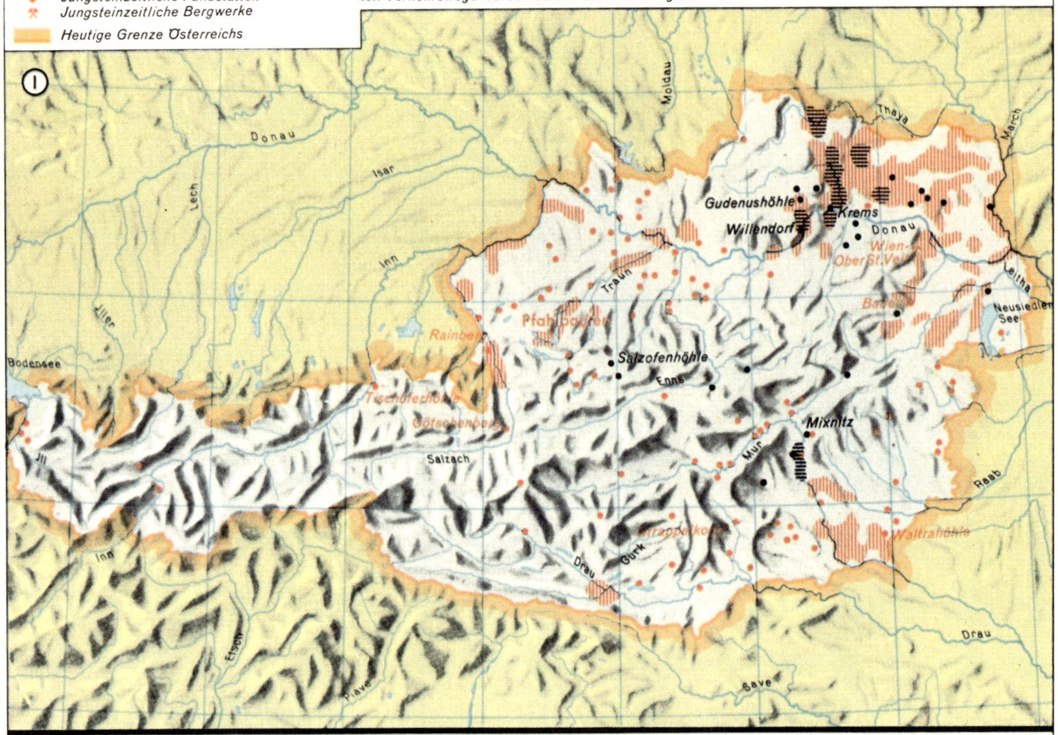

In den Metallzeiten entstehen im Gebirgsraum durch Ausbeutung von Bodenschätzen Wirtschaftslandschaften: In der Bronzezeit in der Grauwackenzone in Salzburg und Tirol (Kupfer), in der Eisenzeit in Hallstatt und Hallein (Salzburg) sowie im Klagenfurter Becken mit Randgebieten (Eisen). Gleichzeitig entwickeln sich Fernhandelswege.

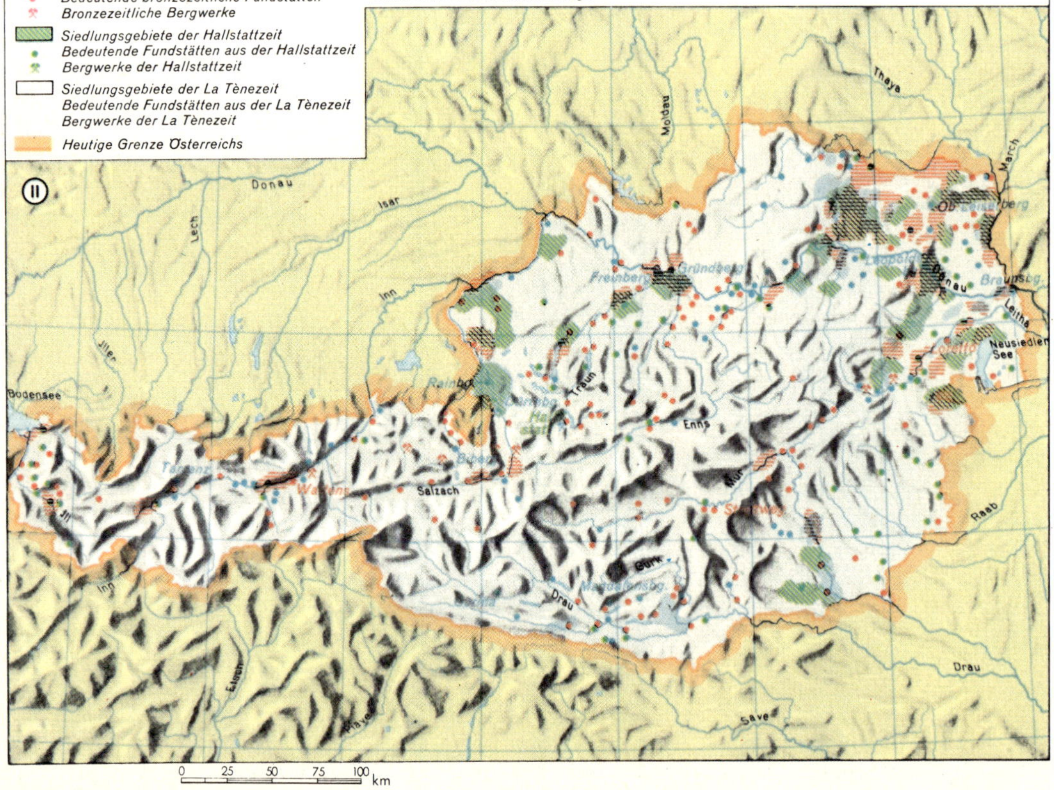

Salzgewinnung ändert das Leben

7. Jahrhundert. Der aufkommende Salzbergbau nimmt durch die schier unerschöpflich erscheinenden Vorkommen auf österreichischem Boden einen raschen Aufstieg. Damit verbunden ist eine zunehmende Arbeitsteilung, die zu einer strengen sozialen Gliederung führt.

Im 8. Jahrhundert ist die Bevölkerung stark angewachsen und damit der Bedarf an Lebensmitteln gestiegen. Das bedeutet zunächst eine größere landwirtschaftliche Produktion, in der Folge auch eine größere Nachfrage nach Salz. Bisher ließ sich Salz aus salzhaltigen Quellen gewinnen. Jetzt reichen diese Vorkommen nicht mehr aus: Der Salzbergbau setzt ein und entwickelt sich rasch zu hoher Blüte. Seine Zentren sind die mächtigen Salzlager u. a. im Dürrnberg bei Hallein (nahe Salzburg) und im Salzberg bei Hallstatt. Der Salzbergbau fordert gegenüber dem bereits weit entwickelten Erzbergbau neue Techniken, denn Salzgruben sind brüchig. Die Schächte und Stollen müssen deshalb sorgfältig ausgebaut und verzimmert werden. Der Abbau mit Bronzepickeln im matten Licht von Leuchtspänen und die Salzbeförderung unter Tage in Fellbutten erfordern größte Umsicht. Die schwierigen Techniken führen zu einer genauen Arbeitsteilung in Berufsgruppen und einer strengen hierarchischen Ordnung. Es gibt Bergherren, Obersteiger und die sozial schlecht gestellten Knappen. Immer wieder kommt es zu Grubenunglücken mit vielen Toten. Aber die Hauptgeißel unter den Bergleuten sind epidemische und oft chronische Wurmerkrankungen mit heftigen Diarrhöen, die den Körper auszehren und zahlreiche Todesopfer fordern. Besonders bei Hallstatt werden die Toten nicht mehr verbrannt, sondern in ihrer Berufskleidung in Gräbern beigesetzt.

Das mühsam gewonnene Kernsalz wird in Stücke zerschlagen und in Tragkörben aus Rinderfell nach oben geschafft, wo es in Tongefäße abgefüllt wird. Derart verpackt kommt es in den Handel. So entwickelt sich neben dem immer noch blühenden Tauschgeschäft ein regelrechter Handelsverkehr mit dem Mittelmeerraum, der als erster Fernhandel von österreichischem Boden aus bezeichnet werden kann.

Der Kultwagen von Strettweg

Um 600 v. Chr. *In Strettweg bei Judenburg in der Steiermark wird ein Adeliger vermutlich illyrischer Abstammung beigesetzt. Abgesehen von den üblichen reichen Grabbeigaben wird dem Toten ein besonders prachtvoller Kultwagen mit einer großen Zahl von Figuren beigegeben, was ein Beleg für die hohe soziale Stellung des Verstorbenen ist. Das aus Bronze gestaltete Kunstwerk ist 47 cm lang und 32 cm hoch. Die zentrale Frauengestalt, eine nackte Göttin, die mit ihren erhobenen Händen einen (verlorengegangenen) Kessel trägt, deutet darauf hin, daß es sich um die Nachbildung eines antiken Kultwagens handelt (Steiermärkisches Landesmuseum Joanneum Graz).*

Eine Sprache entsteht

Um 500. Die Wanderung östlicher Stämme (»Schnurkeramiker«) nach Mittel- und Westeuropa und das Zusammenleben mit den dort ansässigen fremdsprachlichen Völkern, das Veränderungen der Kulturbedingungen zur Folge hat, führt zur Herausbildung einer eigenen Sprache, dem (Ur-)Germanischen.

Die Sprache der »Schnurkeramiker« gehörte einer großen Sprachgruppe an, die nach ihrer südöstlichsten (bis Ceylon reichenden) und nordwestlichsten (Island erfassenden) Verbreitung als indogermanische (oder indoeuropäische) bezeichnet wird. Diese Grundsprache weist zahlreiche Gemeinsamkeiten im Wort- und Lautstand und im grammatikalischen Bau auf.

Vermutlich im Zuge der Wanderungsbewegungen des ersten und zweiten vorchristlichen Jahrtausends differenziert sich die relativ einheitliche Grundsprache, die zuvor von einer Sprachgemeinschaft in einem zusammenhängenden Gebiet gesprochen worden sein muß. Allerdings können die frühgermanischen Gemeinsamkeiten auch durch das Zusammenwachsen von zunächst getrennten Einzelsprachen erklärt werden.

Die wichtigsten Veränderungen des Germanischen gegenüber dem indogermanischen Sprachzustand betreffen die Akzentverhältnisse und den Lautstand. Im Indogermanischen war der Stand des Akzentes im Wort beweglich (»springender Akzent«); das Germanische verlagert die Betonung grundsätzlich auf die den Wortsinn tragende Stammsilbe. Die zweite wichtige Neuerung ist die sog. erste (oder germanische) Lautverschiebung: Die indogermanischen Verschlußlaute wandeln sich zu germanischen Reibelauten.

Szenen aus dem Alltagsleben

Die Hallstattkunst der Eisenzeit, in der ein geometrischer Stil bevorzugt wird, wurzelt in der Urnenfelderkultur und ist in weiten Teilen Mitteleuropas verbreitet. In den einzelnen Regionen entwickelt sich die Hallstattkunst zwar aus den jeweils einheimischen Wurzeln, die Grundlage bildet jedoch überall der geometrische Stil – die erste gesamteuropäische Kunstform.

Anders als in den vorangegangenen Epochen, der Stein- und Bronzezeit, wird auch die figürliche Darstellung in die Kunst aufgenommen. Die Gestaltung von Menschen und Tieren in Ritzbildern auf Gefäßen wird dem geometrischen Stil entsprechend schematisiert: Die Figuren sind nur linear in ihren Umrißlinien angedeutet. Thema dieser Darstellungen sind vor allem Szenen aus dem alltäglichen Leben.

Bei der Keramik spielt – neben der Ritz- und Stempelverzierung – die Bemalung mit geometrischen Mustern eine wichtige Rolle. Hauptmotive sind dabei Dreieck- und Winkelformen. Die Farbkombinationen bei der Bemalung wiederholen sich häufig. Auch Metallgegenstände, die zum täglichen Gebrauch bestimmt sind, werden reich verziert. Vernietete Gefäße, treibverzierte Gürtelbleche, Gefäße mit Stempel- oder Buckelzier und durchbrochene Zierscheiben zeugen von der weitentwickelten Technik der Metallverarbeitung bei Germanen und Kelten.

Die zunehmenden Kontakte mit den Hochkulturen des Mittelmeerraumes üben einen entscheidenden Einfluß auf die Kunst aus. Die Übernahme von Verzierungen wie Palmette und Blüten sowie eine reichere figürliche Kleinplastik machen dies deutlich.

Tierdarstellungen auf einem Bronzegefäß; Grabbeigabe eines Fürsten im steirischen Kleinklein (Steiermärkisches Landesmuseum Graz)

Die Hallstatt-Kultur in Österreich

Ab 800 v. Chr. In der älteren Eisenzeit ist die Hallstatt-Kultur die führende Kulturform, wobei nicht genau zu sagen ist, wer die Träger dieser Kultur tatsächlich sind. Sicher ist es ein Teil des indoeuropäischen Volkes der Illyrer, die – von Norden kommend – sich mit der nicht näher bekannten Urbevölkerung Österreichs vermischt haben. Im mitteleuropäischen Raum tritt nach der bewegten späteren Bronzezeit, die durch die Wanderungen der Indogermanen und der indoeuropäischen Stämme gekennzeichnet war, eine spürbare Beruhigung ein. So können sich eine verfeinerte Lebensführung und eine anspruchsvolle Kultur entfalten.
Hallstatt im Salzbergtal (Oberösterreich) wird das erste Zentrum dieser Kultur, wohl durch den reichen Abbau von Salz, das zum willkommenen Tauschobjekt wird. Der Ort ist bereits eine Dauersiedlung für zwei- bis dreihundert Einwohner, die ihre Blockhäuser zum Teil auch schon in Häuserzeilen aufstellen. Die Menschen halten sich Haustiere und ernähren sich vorwiegend von Fleisch und einem Brei aus Getreide. Die Kleidung besteht aus groben Schafwollstoffen: Die Männer tragen lange Hosen, Wickelgamaschen aus Fell und einen hemdartigen Rock, der von einem Gürtel zusammengehalten wird; die Frauen Faltenröcke und kurzärmelige Hemdblusen.
Die Gebrauchsgegenstände sind mit Ornamenten und Figuren verziert, ebenso Schmuck und Waffen, die außerdem noch Elfenbein- und Goldauflagen haben. Überwiegend wird für Waffen und Werkzeuge Eisen, für Schmuck- und Prunkgegenstände hingegen Bronze verwendet. Der Beweis für die hochwertige handwerkliche Fertigkeit der Bronzeschmiede ist die Situlenkunst (von lateinisch situla = Eimer), eine Art von Treibtechnik, mit der die Bronzeeimer und Gürtelbleche eine figürliche Verzierung erhalten. Auch in der Keramik sind die Hallstatt-Menschen beachtliche Meister. Mannigfaltig sind die Gefäßformen, die häufig bemalt, fast immer aber mit Stempelmustern versehen sind. Das Salz, die Grundlage des sich entwickelnden Wohlstandes, wird im Bergbau gewonnen, der sich zusehends entwickelt. Die Stollen, die eine Länge von 390 Metern erreichen, sind gut verzimmert, die Werkzeuge sind wesentlich verbessert – und für die einzelnen Arbeiten zugerichtet. Für den Abtransport werden Körbe verwendet – Fackeln beleuchten den Weg. Neben dem Salzbergbau entwickelt sich ebenso intensiv der Abbau von Eisen, denn die Kenntnis der Eisenverarbeitung ist durch die Mittelmeervölker verbreitet, nachdem sie in Kleinasien schon seit Ende des zweiten Jahrtausends v. Chr. bekannt ist.
Der Mensch bestattet seine Toten nun überwiegend in Flachgräbern. Neben der noch vorhandenen Brandbestattung setzt sich rasch die Körperbestattung durch. Der Kult der Grabbeigaben ist durchwegs üblich, die Beigaben sind vorwiegend aus Bronze gefertigt und wertvoll geschmückt; sie entsprechen dem jeweiligen Stand des Toten.
Die über den ganzen mitteleuropäischen Raum verbreitete Hallstatt-Kultur erfaßt auf österreichischem Boden zuerst den außeralpinen Bereich und dringt erst allmählich über leichter zugängliche Alpentäler in den inneralpinen vor.
Fundorte sind in Niederösterreich: Au am Leithagebirge, Malleitenberg bei Bad Fischau, Bernhardsthal, Ernstbrunn, Gemeinlebarn, Großweikersdorf, Langenlebarn, Maissau, Mödling, Pillichsdorf, Statzendorf, Vösendorf; in Oberösterreich: Eck bei Pichelwang, Köstendorf, Linz, Mattighofen, Schärding, Thalling, Timelkam, Traunkirchen; in Salzburg: Elihausen, Hallwang, Kuchl, Nußdorf, Salzburg; in Tirol: Innsbruck, Matrei und Steinach am Brenner, Wörgl; in Vorarlberg: Bludenz, Dornbirn, Koblach; in der Steiermark: Graz, Kleinklein, Leibnitz, Radkersburg, Wies, Wildon; in Kärnten: Feistritz, Frög, Hermagor, Mallestig, St. Margareten bei Wolfsberg, Treffen, Villach; in Osttirol: Wetzelach; im Burgenland: Donnerskirchen, Hornstein, Rust.

Töpfer beim Glätten eines handgeformten Gefäßes (Bronzestatuette, 2,9 cm hoch, 600–500 v. Chr.; frühestes Unikat, 1857 in Hallstatt ausgegraben)

Mit Ornamenten bemalte Henkelkanne aus der Hallstatt-Zeit

Tragkorb aus einem frühgeschichtlichen Hallstatt-Bergwerk

Keramikgefäß mit aufmodellierten und eingedrückten Verzierungen

Die Kelten und das Königreich Noricum

Die keltische La-Tène-Kultur

Die indogermanische Völkergruppe der Kelten, deren Kerngebiet an der Marne im heutigen Frankreich lag, verbreitete ab etwa 400 v. Chr. die La-Tène-Kultur über weite Teile Europas. Von Westen her, vorwiegend von Süddeutschland aus, drangen sie nach Osten vor und setzten sich in den leichter zugänglichen Regionen Österreichs fest. Als Oberschicht der illyrisch durchsetzten Urbevölkerung wurden sie hier seßhaft. Den Alpenbereich überließen sie vorerst, für rund hundert Jahre, noch den Illyrern.
Unmittelbar mit ihrem Seßhaftwerden legten die Kelten befestigte Höhensiedlungen an, die als erste Städte anzusehen sind. Dadurch setzte sich rasch ein straffes Führungsprinzip durch. Jeder Stamm hatte seinen Gaufürsten, der umsichtig regierte und nach griechischem Vorbild Münzen prägen ließ, die nicht selten auch aus Silber bestanden.
Die imponierend angelegten Bergstädte waren meist Sitze der Fürsten, immer aber Marktorte und religiöse Zentren. So Magdalensberg und Teurnia in Kärnten, Noreia in der Steiermark, Braunsberg bei Hainburg und Oberleiserberg in Niederösterreich, Freinberg in Linz, die Burg der keltischen Brigantier auf dem Hügel der Oberstadt von Bregenz sowie die befestigte Anlage auf dem Leopoldsberg am rechten Donauufer oberhalb von Wien. Dieser Siedlung gab man den Namen Vedunis, was soviel wie Waldbach bedeuten dürfte. Daraus wurde Vindobona für das spätere römische Kastell und Wedunia für die römische Zivilstadt. Diese mit Wall und Mauern umgebenen Orte wurden deswegen lateinisch auch »oppida« (Befestigungen oder feste Plätze) genannt.
Bergbau und Metallverarbeitung erreichten einen abermaligen Höhepunkt. Durch ein Blasverfahren wurde Eisen gehärtet, also Stahl erzeugt. Dieses »Norische Eisen« avancierte bald zur begehrten Handelsware im ganzen römischen Imperium. Neben Eisen, Salz und Blei baute man aber auch Gold und Silber ab. Diese heimischen Rohstoffe bewirkten einen regen Handelsverkehr, vornehmlich mit italischen Städten. Zusätzlich dienten Rind und Pferd als beliebte Exportware.
Bei der Erzeugung der Keramik verwendete man bereits die Töpferscheibe. Die Produkte zeigten deutlich den Einfluß griechischer und etruskischer Vorbilder. Werkzeuge und Waffen bestanden nun ausschließlich aus Eisen und wiesen große Vielseitigkeit auf. So waren bereits zweischneidige Waffen entwickelt sowie der Schild und die Lanze verbessert. Die Schwertscheiden und -griffe wurden nicht selten reich verziert und manchmal mit kostbaren anderen Metallen versehen. Parallel dazu verbesserten sich auch die Geräte für den Haushalt und die Landwirtschaft. Sensen waren ebenso bekannt wie Rasiermesser und Scheren. Der Weinbau wurde erfolgreich begonnen. Für die Schmuckgegenstände verwendete man noch immer Bronze, dafür erhielten sie aber Einlegearbeiten aus Email und kunstvolle Verzierungen. Dabei zeigte sich neben großer Handfertigkeit auch ein ausgesprochen guter Geschmack der Menschen dieser Zeit. Wenig änderten sich hingegen die Wohnungen. Das Blockhaus war weiterhin vorherrschend, wurde allerdings mit besseren Gerätschaften ausgestattet.
In der Religion hatte bei den Kelten die Verehrung von Göttern eindeutig Vorrang. Der Priesterstand, die Druiden, wachte über die kultischen Symbole Sonne, Mond und Sterne. Das Pferd war den Kelten das Symbol für den Kriegsgott. Eine große Bedeutung hatte ferner die Einheit von drei Muttergöttinnen, die im einzelnen der Heilkunst, der Dichtung und dem Pferd zugewandt waren. Die Religion bestimmte der feste Glaube an ein glückliches Leben nach dem Tod durch die Unzerstörbarkeit der Seele des Menschen. Die Priester genossen eine besondere Stellung als Kaste, die sie durch eine spezielle Erziehung erlangten, und sie waren vom Waffendienst ebenso befreit wie von der Steuerzahlung. Die Kulthandlungen selbst wurden in eigenen heiligen Bezirken vollzogen, wobei zur Abwehr besonderer Nöte von den Druiden sowohl Tier- als auch Menschenopfer dargebracht wurden. Der Ausschluß vom Opfer bedeutete für ein Stammesmitglied die soziale und wirtschaftliche Ächtung.
Im festen Glauben an ein unterirdisches Totenreich kannten die Kelten ausschließlich die Körperbestattung, hingegen hielten die Illyrer an der Brandbestattung fest, sodaß nicht selten beide Bestattungsarten nebeneinander vorkamen.
Die Vermischung der Kelten und Illyrer führte zum Vordringen in den alpinen Bereich und schließlich zu einer vollkommenen völkischen Einheit der keltischen Stämme, von denen besonders die Noriker, Taurisker, Ambidraven, Saevaten, Laianken und Ambisonten bekannt sind. Eine Übervölkerung und der damit verbundene Landmangel führten im Jahr 186 v. Chr. zu einem Abzug von etwa 12 000 Tauriskern nach dem Süden. Trotz der hervorragenden Stammesorganisation und der beachtenswerten Qualität der Waffen waren die Kelten keine kriegerische Macht, denn als sie auf ihrem Zug nach dem Süden die Stadt Friaul gründen wollten, ließen sie sich von Römern widerstandslos verdrängen. Enge freundschaftliche und wirtschaftliche Beziehungen zwischen Römern und Tauriskern waren das Ergebnis – sicher von Rom gefördert, da der Zugang zu den Gold- und Eisenlagern im Ostalpenraum von großer wirtschaftlicher Bedeutung war.

Das Königreich Noricum

Vor dem Jahr 113 v. Chr. kam es unter der Führung der Noriker zum Zusammenschluß mehrerer keltischer Stämme. Sie gründeten das Königreich Noricum, das erste Staatsgebilde auf österreichischem Boden, das von den Römern (unter deren Einfluß es entstand) »Regnum Noricum« genannt wurde.

Das Gebiet reichte von den Quellen der Drau und Salzach bis zur Donau und Save. Auf heute bezogen heißt dies: Es umfaßte Kärnten, Osttirol, Salzburg, Steiermark, Ober- und Niederösterreich bis zur Donau und teilweise sogar darüber hinaus sowie das Burgenland und Westungarn bis zur Raab. Hauptstadt war Noreia, wobei ihr Standort nicht eindeutig geklärt ist. Möglicherweise lag die Stadt bei Neumarkt in der Steiermark oder in der Gegend um St. Veit an der Glan in Kärnten. Sicher war sie nicht identisch mit der römischen Poststation Noreia, die bei Wildbad Einöd in der Steiermark belegt ist. Auch der im Jahre 1932 in Noreia umbenannte Ort St. Margareten am Silberberg in der Steiermark kommt dafür nicht in Frage. Vermutlich gab es im Bereich von Obersteiermark und Kärnten mehrere Orte dieses Namens.
Bergbau und Metallverarbeitung verbesserten sich zusehends; die Bekanntheit und Wertschätzung des »norischen Eisens« wuchs im ersten Jahrhundert v. Chr. stetig. Bei der Salzgewinnung setzte sich eine neue Technik durch: Das Salz wurde nun nicht mehr aus dem Berg gebrochen, sondern geschwemmt und durch Verdampfen der Sole freigesetzt.

Die Beziehungen zu Rom

Zwischen dem Königreich Noricum und Rom muß unmittelbar nach seiner Errichtung bereits ein Bündnisvertrag bestanden haben, denn als die nordgermanischen Kimbern und Teutonen auf ihrem Weg nach Süden durch das Königreich zogen, riefen die Taurisker ihre Verbündeten um Hilfe. In der Nähe von Noreia kam es im Jahr 113 v. Chr. zu einer militärischen Auseinandersetzung, wobei die Römer unter Konsul Papirius Carbo eine Niederlage hinnehmen mußten.
Nicht zuletzt durch den Einfluß Roms wurde der Hausbau verbessert, und der Städtebau erhielt einen Auftrieb durch die Errichtung von Handelszentren und die Verstärkung der Befestigungsanlagen, deren Mauern eine Höhe und Dicke von bis zu vier Metern erreichten. Die bereits zweigeschossigen Wohnhäuser wurden mittels einer Baukastenmethode errichtet. Man bediente sich stabiler Holzrahmen, welche die Steinmauern umspannten, und setzte sie in erwünschter Höhe und Breite zusammen. Verschiedentlich (wie etwa in der norischen Bergstadt auf dem Magdalensberg in Kärnten) wurden sogar schon Heißluft-Fußbodenheizungen gebaut. Einer der bedeutsamsten Funde römischer Kunst außerhalb Italiens, der sog. Jüngling vom Magdalensberg, belegt die engen Beziehungen zwischen Noricum und Rom, denn die aus einer römischen Kopierwerkstätte stammende 183 cm hohe Bronzestatue war wohl sicher ein Gastgeschenk römischer Kaufleute.
Die Verbindungen zum emporstrebenden römischen Weltreich wurden immer enger. Bereits um 120 v. Chr. schloß das keltische »oppidum« auf dem Helenenberg (seit 1583 Magdalensberg) einen Handelsvertrag mit Rom und entwickelte sich zum Zentrum des Handels mit Italien: Vor allem Ringe, Ambosse, Hacken, Äxte, Eisenhaken, Krüge, Kessel und Becken (aus Kupfer wie aus Bronze) werden in großer Zahl gehandelt. Im Jahr 49 v. Chr. stellte König Voccio von Noricum dem römischen Feldherrn Julius Caesar sogar ein Reiterkontingent zur Verfügung, das im römischen Bürgerkrieg bei Corfinium zum Einsatz kam. Als die Römer um 15 v. Chr. zur Sicherung ihrer Nordgrenze das Königreich Noricum besetzten, ging dies friedlich vor sich.
Die Donau war nun die Grenze des römischen Imperiums, und die Stadt auf dem Magdalensberg wurde zum Zentrum der römischen Verwaltung. Das Königreich Noricum blieb römisches Protektorat und wurde erst fünfzig Jahre später zur Provinz erklärt.

Mit plastischen Ornamenten reich geschmückter keltischer Armreif aus Gold (Detail, Mitte des 4. Jh. vor Chr.; Rheinisches Landesmuseum Bonn)

400

400–301 v. Chr.

Ab 400. Früh-La-Tène-Zeit (benannt nach dem Fundort La Tène in der Westschweiz): Die indogermanische Völkergruppe der Kelten dringt – aus Frankreich und Süddeutschland kommend – in den österreichischen Raum ein. Die Kelten legen befestigte Höhensiedlungen, die ersten Städte, an; so entstehen die keltisch-illyrischen Siedlungen auf dem Leopoldberg und im Wiener Raum. →

Keltische Brigantier errichten auf dem Hügel der heutigen Oberstadt von Bregenz eine Burg. Siedlungen entstehen ferner in Linz-Freinberg, auf dem Magdalensberg in Kärnten sowie in Niederösterreich auf dem Braunsberg bei Hainburg, dem Oberleiserberg und dem Umlaufberg bei Altenburg am Kamp.

Grundlage der eigenständigen keltischen Kultur sind der Fortschritt in der Landwirtschaft (mit der Erfindung des schweren Pflugs und der Sense) sowie der Einfluß der Mittelmeervölker (aufgrund von Handelsbeziehungen).

Um 400. Das Grab Nr. 520 von Pottendorf-Ratzendorf in Niederösterreich wird angelegt: Dem Verstorbenen werden außer Waffen und Schmuck auch kultische Gerätschaften mit ins Grab gegeben.

Um 350. Trotz der begonnenen Wanderungen verfügen die keltischen Stämme noch über weitgehend einheitliche religiöse Vorstellungen. →

ZITAT:

Der griechische Geschichtsschreiber Diodoros gibt folgende Beschreibung der Kelten, die sich auf Berichte des griechischen Philosophen Poseidonios stützt und fast ausschließlich auf den keltischen Adel bezogen ist:

»Sie sind von schöner Körpergröße, aber ihre Haut ist fast krankhaft weiß. Ihre Haare sind nicht nur von Natur blond, sondern diese Besonderheit der Haarfarbe heben sie noch durch die Behandlung. Sie bleichen es auch noch auf künstliche Weise, waschen es in Kalklauge und kämmen es von der Stirn zurück nach oben. Daher ähnelt ihr Anblick den Satyrn oder Panen [Waldteufeln]. Das Kopfhaar wird durch diese spezielle Wäsche auch noch dick und schwer, so daß es sich von der Mähne der Pferde nicht unterscheidet. Manche rasieren sich, andere, vor allem die Vornehmen, lassen sich bei glattgeschabten Wangen einen Schnurrbart lang herabwachsen, sodaß ihr Mund verdeckt ist ... Ihr Aussehen ist furchterregend, ihre Stimmen klingen tief und allgemein rauh. ...«

Götter der Kelten

Um 350. Die Verehrung weiblicher Gottheiten und der Naturkräfte sowie ein fester Glaube an ein Leben nach dem Tod bestimmen die noch weithin einheitlichen religiösen Vorstellungen der verschiedenen keltischen Stämme.

Die Kelten verehren Sonne, Mond, Meer und Bäume, vornehmlich die Eiche, sowie einige Tierarten. Von besonderer Bedeutung sind die weiblichen Gottheiten: Epona, die Göttin der Pferde, Brigit, die Göttin der Dichtung und der Heilkunst, und eine Einheit von drei Muttergöttinnen. Die verschiedenen Bäume und Sträucher sind gleichbedeutend mit Göttinnen, die über magische Kräfte verfügen, wie z. B. die Eibe, der Todesbaum in allen europäischen Kulturen (aus dem die Bögen gefertigt werden).

Kopf einer keltischen Götterfigur aus Böhmen (um 200 v. Chr. Stein, 25 cm hoch; Národní Muzeum Prag)

Die Religion ist geprägt von der Vorstellung, das Weltgeschehen entwickele sich in Phasen, die durch zyklisch wiederkehrende Weltvernichtungen ausgelöst werden. Daher fürchten die Kelten das Einstürzen des Himmels als Signal für das Weltende.

Charakteristisch für ihre Vorstellungen ist ein fester Glaube an ein unterirdisches Totenreich, das in ihrer Vorstellung eine selige Behausung ohne Schrecken ist. Ihre Überzeugung von einem glücklichen Leben der unzerstörbaren Seele geht so weit, daß sie Zahlungsmittel in der sicheren Gewißheit verleihen, es in einem anderen Leben zurückzubekommen.

Die Druiden bestimmen wesentlich das gesellschaftliche Leben. Ihre besondere Stellung als Kaste, die vom Waffendienst und der Steuerzahlung befreit ist, erlangen sie nicht durch Geburt und Abstammung, sondern durch eine besondere Erziehung, die mit einem Noviziat beginnt. Ihre Lehre beschäftigt sich hauptsächlich mit der weltanschaulichen Erkenntnis sowie der Erklärung von Naturerscheinungen.

Die kultischen Handlungen werden in heiligen Hainen ausgeführt. Zur Abwendung von Not und Krankheit opfern die Druiden Tiere und gelegentlich auch Menschen. Der Ausschluß vom Opfer bedeutet für ein Stammesmitglied die soziale und wirtschaftliche Ächtung.

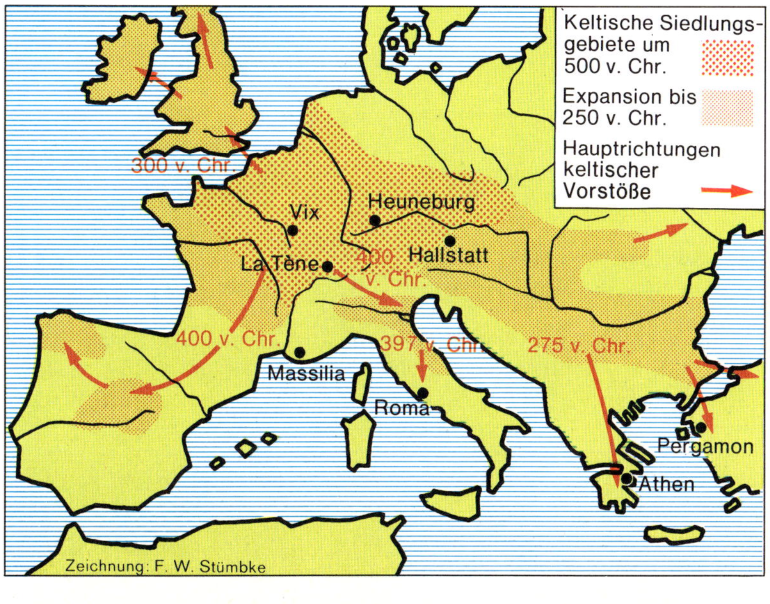

Keltische Stämme breiten sich aus

Ab 400. Die große keltische Expansion nach Süden und Osten erreicht um 400, als 2000 Kelten unter ihrem Führer Bellovesus die Alpen südwärts überschreiten, ihren Höhepunkt. Um die folgende Jahrhundertwende beherrschen die Stämme ganz Mitteleuropa. Die Ausbreitung der Kelten ist eine Folge der Übervölkerung in ihrem Hauptsiedlungsgebiet und der ständigen Bedrohung durch die nördlich lebenden germanischen Stämme.

Die ersten Auswanderer brechen den Waffenstillstand mit den Etruskern und besiedeln nach der Eroberung verschiedener Städte die Poebene, die als Ausgangsbasis für weitere Vorstöße nach Süden dient. Dabei handelt es sich um Aktionen einzelner keltischer Stämme, die nur zeitweilige Bündnisse miteinander schließen. Sie treffen aufgrund der ständigen Kämpfe zwischen Römern und Etruskern auf eine schwache Gegnerschaft und oft auf nur geringen Widerstand. Nach der Schlacht an der Allia (388), in der die Römer vernichtend geschlagen werden, belagern die Kelten Rom und erobern die Stadt mit Ausnahme des Zentrums. Erst um 350 kommt die südliche Ausbreitung zum Stillstand.

Die im östlichen Mitteleuropa siedelnden keltischen Stämme (besonders aus den Bereich um Hallstatt) ziehen nach Osten und beherrschen nach kurzer Zeit den Balkan. Bei weiteren Vorstößen nach Griechenland bedrohen die Stämme die wichtigsten Heiligtümer der hellenischen Welt. Während es im Süden den Römern gelingt, den keltischen Vorstoß aufzuhalten, werden die Kelten in Griechenland zur Ansiedlung aufgefordert. Die Uneinigkeit des in viele Stämme zersplitterten Volkes verhindert jedoch langfristige Errungenschaften.

Mit ihrer Expansion auf die Apenninhalbinsel im Süden, den Balkan und Kleinasien im Osten und der früheren Ausbreitung auf der Iberischen Halbinsel im Westen stehen die keltischen Stämme auf dem Höhepunkt ihrer Macht. Als hervorragende Kaufleute und Handelsherren legen sie auf dem Magdalensberg in Kärnten (bis 1583 Helenenberg) ein bedeutendes Handelszentrum an (→ nach 120 v. Chr.).

300

300–201 v. Chr.

Ab 300. Mittlere La-Tène-Zeit: Die Kelten vermischen sich mit den ansässigen Illyrern und dringen auch in den Alpenbereich vor, nachdem sie von den Germanen aus dem west- und süddeutschen Raum verdrängt worden sind.

3. Jh. Der sog. plastische Stil der keltischen Kunst entwickelt sich – als eine Art Rückbesinnung auf das 5. Jahrhundert.

Der Magdalensberg in Kärnten dient den Kelten (wie zuvor schon der illyrischen Bevölkerung) als strategischer Stützpunkt und natürliche Festung. Vermutlich wird sie daher auch verstärkt und erweitert.

Am Himmelreich, einem Felskopf zwischen Volders und Wattens in Tirol, entsteht eine typisch La-Tène-zeitliche Siedlung mit Verteidigungsanlagen und einer umwallten Akropolis. Am Bubenberg, dem Spielfelder Ringwallberg am Murknie südöstlich von Spielberg (Steiermark), wird ein Ringwall mit Kernwerk und Vorburg errichtet und davor ein Grabhügel angelegt. Auch Blockhäuser werden gebaut.

Vor 200. Am Umlaufberg bei Altenburg im niederösterreichischen Waldviertel nimmt die Besiedlung zu.

ZITATE:

Über die Kleidung der Kelten heißt es bei dem griechischen Geschichtsschreiber Diodoros:

»Gekleidet sind sie, und das ist erstaunlich, mit bunt gefärbten Chitons und Hosen, die sie Brakes nennen. Mit Schnallen befestigen sie darüber gestreifte Mäntel, im Winter aus wolligem, im Sommer aus glattem Stoff, der mit kleinen, sehr bunten Rechtecken gemustert ist.«

Der griechische Geschichtsschreiber Polybios beschreibt die Kelten wie folgt:

»Sie wohnten in unbefestigten Dörfern, in Häusern ohne weitere Inneneinrichtung. Denn da sie auf der Streu schliefen, in der Hauptsache Fleisch aßen und keine andere Tätigkeit trieben als Krieg und Landbau, so war ihr Leben sehr einfach; andere Kenntnisse und technische Fähigkeiten waren bei ihnen völlig unbekannt. Der Besitz der einzelnen bestand in Vieh und Gold, weil sie nur diese Dinge in jeder Lage leicht überall mit sich führen und nach Belieben von einem Ort zum anderen bringen konnten. Von besonderer Bedeutung war für sie das Gefolgschaftswesen, denn am gefürchtetsten und mächtigsten ist bei ihnen, wer die zahlreichsten Klienten und ständigen Begleiter hat.«

Helm aus Bronze schützt im Kampf

Der Bronzehelm aus Innsbruck (5. bis 3. Jh. v. Chr.) gehört zum Negauer Typ der späten Hallstatt-Zeit. Zusammen mit Brustpanzer, Beinschienen und Bronzehandschuhen bildet er die Rüstung eines adeligen Kriegers im Ostalpenraum. Das Gewicht des Helms beträgt rund 1700 g (Museum für Vor- und Frühgeschichte Berlin).

Keltische Kampftaktik

Die Kelten kennen keine stehenden Heere. In der Schlacht werden die nach Stämmen und Sippen gegliederten Truppen von den jeweiligen Führern befehligt. Sie kämpfen zu Wagen oder zu Pferd und bevorzugen den Kampf Mann gegen Mann. Die keltischen Krieger gehören zur Elite ihres Stammes. Die Reiterabteilungen und Streitwagenkrieger bilden dabei die höchste aristokratische Schicht, der neben den Gebildeten (Druiden, Barden und Wahrsagern) gelegentlich auch hoch qualifizierte Handwerker angehören können, was auch von deren jeweiligen wirtschaftlichen Verhältnissen abhängig ist.

Die keltische Kampftaktik ist über Jahrhunderte unverändert und vor allem auf die Tapferkeit des einzelnen Kriegers abgestellt. Der griechische Geograph und Geschichtsschreiber Strabon charakterisiert die Kelten wie folgt:

»Das Volk, das man jetzt gallisch oder galatisch nennt, ist in seiner Gesamtheit kriegswütig und hitzig und rasch beim Kampf, doch im übrigen aufrichtig und nicht bösartig. Wenn man sie reizt, findet man sie gleich bereit zum Kampf, obgleich sie außer Kraft und Kühnheit keine Eigenschaften besitzen, die ihnen im Kampf förderlich wären . . .«

Die extreme Überbewertung von Kaltblütigkeit, Mut und Tapferkeit des einzelnen, verbunden mit zumeist großer physischer Kraft und einem ausgeprägten Stolz, treibt die keltischen Krieger nicht selten zu heldenhaftem persönlichen Einsatz, der – weil er das gemeinsame Vorgehen miteinander kooperierender Kampfverbände gering schätzt – oftmals mit dem Untergang der ganzen Einheit endet. Die individuelle Stärke der Kelten ist somit zugleich der Grund für die Schwäche ihrer Kriegsführung in der Auseinandersetzung mit einem einheitlich geführten und taktisch klug operierenden Gegner, wie ihn die römische Armee repräsentiert.

200

200–101 v. Chr.

Nach 200. Kelten und Illyrer sind zu einer völkischen Einheit geworden und werden von den Römern nach dem bedeutendsten Stamm, den Tauriskern, »taurisci« genannt. Gaufürsten, von den Römern als »reguli« bezeichnet, regieren und lassen nach griechischem Vorbild Münzen prägen.

193. Nach einer Niederlage gegen die Römer bei Mutina (Modena) und der Eroberung ihrer Hauptstadt Bononia (Bologna) ziehen die keltischen Bojer nach Norden über die Alpen. Ihr neues Siedlungsgebiet wird nach ihnen Boihaemum (Böhmen) genannt.

186. Rund 12 000 Taurisker ziehen aufgrund von Überbevölkerung und daraus resultierendem Landmangel südwärts in Richtung Adria, werden aber von den Römern an der Gründung von Friaul gehindert, worauf sie den Rückzug antreten.

181. Römer gründen die Stadt Aquileja. Die ursprüngliche Militärkolonie wird zum Ausgangspunkt für den römischen Handel in die Alpen- und Donauländer.

Um 176. Die wirtschaftlichen und freundschaftlichen Beziehungen zwischen Römern und Tauriskern werden enger, die Römer sprechen von »Hospites Romani« (Gastfreunden Roms).

Nach 120. Zwischen der norischen Bergstadt (»oppidum«) auf dem Helenenberg (seit 1583 Magdalensberg) in Kärnten und Rom wird ein Handelsvertrag geschlossen. →

Vor 113. Unter der Führung der Noriker schließen sich zwölf keltische Stämme zum Königreich Noricum zusammen. →

113. Die germanischen Stämme der Kimbern und Teutonen vernichten auf ihrem Zug südwärts bei Noreia eine römische Armee, die von den verbündeten Tauriskern zu Hilfe gerufen worden ist, als Kimbern und Teutonen nach Noricum eindrangen.

ZITAT:

Der griechische Geograph Strabon (* um 60 v. Chr., † 24 n. Chr.) berichtet über den Goldbergbau der Taurisker in seinem 17bändigem Werk »Geographica«. Darin heißt es u. a.:

». . . bei Aquileja, besonders aber im Lande der norischen Taurisker, [habe man] so reichlich Gold gefunden, daß man nur zwei Schuh tief zu graben brauchte, um auf Gold zu stoßen. Daß in der Größe einer Bohne gefundene Gold sei teils so rein gewesen, daß beim Einschmelzen nur ein Achtel verloren ging, teils habe es zwar eines kräftigeren Läuterungsprozesses bedurft, sei aber immer noch gehaltreich gewesen.«

Königreich Noricum

Vor 113. Unter dem Einfluß der benachbarten Römer schließen sich mehrere keltische Stämme unter der Führung der Noriker, einem Stamm, der in Mittelkärnten und der Obersteiermark ansässig ist, zusammen und gründen das Königreich Noricum – das erste Staatsgebilde auf österreichischem Boden.
An der Staatengründung sind neben den Norikern die im Ostalpenraum lebenden Taurisker, die Ambidraven aus Oberkärnten, die Saevaten aus dem Pustertal, die Laianken aus Osttirol und die Ambisonten aus dem salzburgischen Pinzgau beteiligt, ferner die Ambiliken und Uperaken, deren Wohnsitze unbekannt sind. Die in Vorarlberg lebenden Elveti bleiben der Gründung fern. Vier der dreizehn keltischen Stämme sind nicht namentlich bekannt.
Das Gebiet Noricums umfaßt ein beachtliches Areal und reicht von den Quellen der Drau und Salzach bis zur Donau und der Save, schließt also Kärnten, Osttirol, Salzburg, die Steiermark, Ober- und Niederösterreich bis zur Donau (und teilweise sogar darüber hinaus) sowie das Burgenland und Westungarn bis zur Raab zusammen. Hauptstadt des Königreichs wird Noreia (dessen Lage nicht eindeutig lokalisierbar ist; möglicherweise befand es sich bei Neumarkt in der Steiermark oder in der Gegend um St. Veit an der Glan in Kärnten). Ein Bündnisvertrag mit dem Römischen Reich soll den neuen Staat absichern.

Kelten und Römer

Nach 120. Das keltische »oppidum« Magdalensberg wird durch einen Handelsvertrag mit Rom zu einem Zentrum des Handels mit Italien. Römischen Händlern wird die Ansiedlung auf dem Helenenberg (seit 1583 Magdalensberg) in Kärnten, keltischen Händlern die Ansiedlung in Italien, insbesondere in Aquileja am Golf von Triest, gestattet.
Die auf dem Magdalensberg angebotenen Waren – Ringe, Ambosse, Hacken, Äxte und Haken aus Eisen, Krüge, Kessel und Becken aus Kupfer und Bronze – werden in großen Stückzahlen bis zu 600 Exemplaren gehandelt. Die Kunden kommen aus Mittel- und Norditalien sowie aus Nordafrika.
Zwar beherbergt das »oppidum« auch Handwerksbetriebe, doch seine Rolle als Wirtschaftszentrum verdankt es dem Italienhandel. Das dafür notwendige Kapital befindet sich in den Händen der führenden römischen Kaufleute. Die Lieferanten sind jedoch Kelten. Bezahlt wird in der Regel in bar, und zwar in Gold. Zum Teil sind auch Kreditgeschäfte mit mehrmonatiger Laufzeit gebräuchlich. Die Wirtschaft erhält dadurch größeren Spielraum.

Römischer Handwerker bei der täglichen Arbeit in seiner Schmiedewerkstatt (Relief aus einem Grabmal, 1. Jh; Archäologisches Museum Aquileja)

100

100–1 v. Chr.

Ab 100. Späte La-Tène-Zeit: Bergbau und Metallgewinnung erreichen einen neuen Höhepunkt, besonders am Erzberg in der Steiermark und in Hüttenberg in Kärnten. Stahl, das sog. norische Eisen, wird zum begehrten Exportartikel. Neue Techniken fördern auch die Salzgewinnung. →

Die keltischen Höhensiedlungen werden zu Fluchtburgen ausgebaut und entwickeln sich zu Handelszentren, so auf dem Helenenberg (Magdalensberg) und in Teurnia (St. Peter im Holz) in Kärnten. →

1. Jh. In einer römischen Kopierwerkstätte wird der »Jüngling vom Magdalensberg«, eine 183 cm hohe Bronzestatue, geschaffen. →

In Birgitz (Tirol) entsteht eine Kleinsiedlung mit drei bis vier teilweise zweigeschossigen Gehöften und zwölf Gebäuden. Dabei wird eine besondere Mauertechnik – Steinmauern in Holzrahmen – angewandt.

In der vierten und letzten Periode der La-Tène-Zeit erliegen die Kelten dem Druck der germanischen Invasoren aus dem Norden und dem der Römer im Süden. →

Um 60. Die keltischen Boier verlassen, wohl unter dem Druck benachbarter germanischer Stämme, Boihaemum (Böhmen). Ein Teil von ihnen wird in Noricum seßhaft, eine andere Gruppe vom Dakerkönig Burebista westlich des Plattensees vernichtend geschlagen.

Um 50. Der Handel zwischen Noricum und Rom weitet sich aus. In der norischen Bergstadt auf dem Magdalensberg (Kärnten) entsteht ein römisches Handelsforum (→ ab 100).

49. König Voccio von Noricum stellt dem römischen Feldherrn Julius Caesar ein Reiterkontingent zur Verfügung, das im römischen Bürgerkrieg (49–45) bei Corfinium in Mittelitalien zum Einsatz kommt und sich bewährt.

Um 15. Römische Truppen besetzen das Königreich Noricum. →

15. Nach schweren Kämpfen müssen sich die Raeter in Tirol, Vorarlberg und der Ostschweiz den Römern unterwerfen. Die Burg der keltischen Brigantier wird erobert und ein römisches Kastell errichtet.

An der Mündung der Erlauf bei Harlanden in Niederösterreich legen die Römer einen Donauhafen an. Im Gebiet von Pöchlarn (Niederösterreich) werden ein römisches Infanterielager und eine Zivilstadt errichtet (später Arelape genannt).

Die Entwicklung der Fluchtburg

Ab 100. Die befestigten Höhensiedlungen der Kelten werden im Königreich Noricum zu regelrechten Fluchtburgen ausgebaut; die Mauern der neu errichteten Befestigungsanlagen erreichen nicht selten eine Höhe von vier Metern und sind auch bis zu vier Meter dick.
Die Fluchtburgen sind durchwegs Handelszentren und haben städtischen Charakter, manchmal dienen sie auch als Fürstensitze. Ein eindrucksvolles Beispiel dafür ist die norische Bergstadt auf dem Helenenberg (erst ab 1583 Magdalensberg) in Kärnten. Der 1058 m hohe Berg mit seinem zehnprozentigen Gefälle an der Südflanke und einem fünfzehnprozentigen an der Nordseite bietet ideale Voraussetzungen. Dazu kommt, daß die klimatisch begünstigte Südflanke mehrere Terrassen und ebene Flächen hat, die sich gut für Wohnstätten eignen. Verkehrstechnisch günstig an den nach Norden und Süden führenden Handelswegen gelegen, bietet der Berg einen beherrschenden Blick über das umliegende Land.
Die Stadt erreicht ein Ausmaß von rund drei Quadratkilometern und ist vor allem auch ein Umschlagplatz für Eisen und Stahl. Die Ausweitung des Handels zwischen dem Römischen Reich und Noricum um die Mitte des 1. Jahrhunderts v. Chr. bringt es mit sich, daß auf dem Magdalensberg ein umfangreiches römisches Händlerforum entsteht. Die Häuser haben durchwegs eine Heißluft-Fußbodenheizung. Ein eigenes Werkstättenviertel für die Buntmetallwarenproduktion ist vorhanden. Die eindrucksvolle Anlage ist auch der Versammlungsort für die Vertreter der norischen Stämme. Der Gipfelbereich ist mit einem doppelten Mauerring umgeben und mit einer Toranlage versehen. Ein Tempel für den einheimischen Kriegsgott Latobius ist ebenfalls vorhanden; auf einer eigenen Plattform erreicht er ein Ausmaß von 27 mal 13 m.
Auch andere keltische Höhensiedlungen werden ausgebaut und entwickeln sich zu Handelszentren, so auf dem Leopoldsberg bei Wien, auf dem Braunsberg bei Hainburg, dem Oberleiserberg und dem Umlaufberg bei Altenburg am Kamp in Niederösterreich, in Saalfelden und auf dem Rainberg in Salzburg.

Keltische Bronzefibel mit menschlichem Kopf (Württemberg, 5./4. Jh. v. Chr.; Badisches Landesmuseum)

Aus Glas hergestellter keltischer Armreif (Krain, 2. Jh. v. Chr.; Naturhistorisches Museum Wien)

Keltische Kultur aus Mitteleuropa verdrängt

Im ersten vorchristlichen Jahrhundert verdrängen Römer und Germanen in Mitteleuropa die keltische La-Tène-Kultur, die vier Jahrhunderte zuvor aus der Hallstatt-Kultur (→ ab 800 v. Chr.) hervorgegangen und rasch zu hoher Blüte gelangt ist.
Weltoffener Geist und die Fähigkeit, von den mediterranen Hochkulturen zu lernen und das Gelernte in eigenen Ausdruck umzusetzen, haben das La-Tène-Zeitalter eingeleitet. Jetzt greifen von Norden die Germanen, von Süden die Römer an und verdrängen das keltische Element aus Mitteleuropa. Die La-Tène-Kultur verschwindet.
Seit Beginn der La-Tène-Epoche wich das Kunstvolle allmählich einer nüchternen Sachlichkeit. Der ursprünglich zur Abstraktion neigende Stil verband sich mit etruskischen und griechischen Vorbildern zu einer reichen, ornamentalen Kunst, die auch Alltagsgegenstände verzierte. Menschen und Tiere wurden nach griechischem Vorbild figürlich als Plastik oder in geometrischen Kompositionen mit starker Farbigkeit angelegt. Mit dem technischen und wirtschaftlichen Fortschritt (Siegeszug des Eisens, Aufkommen der Töpferscheibe, Drehmühle und anderen Erfindungen) überwog mehr und mehr das Zweckdenken: Die Kelten prägten – zunächst nach griechischen Vorbildern – eigene Münzen, die Landwirtschaft machte Fortschritte, in befestigten Siedlungen und Fluchtburgen entstanden Vorstufen städtischer Lebensweise mit handwerklichen Produktionsstätten. Auch die Schrift (römisch, selten einmal griechisch) fand an den keltischen Fürstenhöfen Eingang.

Epochen der La-Tène-Kultur
PERIODE I
Früh-La-Tène, Stufe A
500/450–400 v. Chr.
Früh-La-Tène, Stufe B
400–250 v. Chr.
PERIODE II
Mittel-La-Tène, Stufe C
250–125 v. Chr.
PERIODE III
Spät-La-Tène, Stufe D
Ab etwa 100 v. Chr.

Eisen und Stahl aus Noricum

Ab 100. Die steigende Nachfrage nach Eisenerzeugnissen und dem Verbrauchsgut Salz führt zu neuen Methoden der Metallverarbeitung und Salzgewinnung, die beide Rohstoffe zu begehrten Exportartikeln werden lassen.
Durch ein neuentwickeltes Blasverfahren wird Eisen gehärtet, wodurch es zu Stahl wird. Man nennt es »norisches Eisen«, das vor allem für Schwerter und Kriegsgerät geeignet ist, aber auch in der Landwirtschaft und im Haushalt Verwendung findet. Im Römischen Reich wird es rasch zur überaus gefragten Handelsware.
In Hallstatt (Oberösterreich) entwickelt man eine rationellere Methode der Salzgewinnung: Das Salz wird nicht mehr mühsam aus dem Berg gebrochen, sondern herausgeschwemmt und durch Verdampfung der Sole freigesetzt.

Die Römer besetzen Noricum

Um 15. Römische Truppen besetzen im Rahmen einer großangelegten »Befriedungsaktion« an der Nordgrenze ihres Imperiums auch das befreundete norische Königreich, nachdem es zuvor immer wieder zu Einfällen germanisch-keltischer Alpenvölker in das Römische Reich gekommen ist.
Die militärischen Operationen werden von den Adoptivsöhnen des römischen Kaisers Augustus, Drusus und Tiberius, geleitet. Der griechische Geschichtsschreiber und Geograph Strabon berichtet darüber in seiner 17bändigen »Geographica«: »Schon in der Nachbarschaft des adriatischen Meeres und der Umgebung von Aquileja siedeln einige Stämme der Noriker und der Karner. Zu den Norikern gehören auch die Taurisker.
Den unaufhörlichen Einfällen all dieser haben Tiberius und sein Bruder Drusus in einem Sommer ein Ende gemacht, sodaß sie ... seit jenem Feldzug in Ruhe leben und ihre Abgaben regelmäßig bezahlen.
Durch das ganze Alpenland gibt es hügelige Gegenden, die sich gut für den Ackerbau eignen und sorgfältig bebaute Täler. Doch ist der größte Teil des Gebirges, besonders in den höchsten Regionen wild und wegen des Frostes dieser rauhen Landstriche unfruchtbar. Infolge des Mangels an Lebensmitteln und anderen Dingen ließen die Älpler zu Zeiten die Bewohner der Ebene in Ruhe, um von diesen deren Erzeugnisse zu bekommen. Sie gaben dafür Harz, Pech, Kienholz, Wachs, Käse und Honig, woran sie Überschuß haben ... Man trifft in den Alpen wildlebende Pferde und Rinder an.«

Jüngling vom Magdalensberg

1. Jh. *Die lebensgroße Bronze-Statue eines Jünglings stammt wohl aus der Schule des Griechen Polyklet und kommt vermutlich als Votivgabe römischer Kaufleute ins keltische Noricum. (Die kostbare Plastik wird 1502 auf dem Magdalensberg ausgegraben und ist seit 1802 im Kunsthistorischen Museum Wien.)*

Die Römer in Österreich

Die Schaffung kaiserlicher Provinzen

Um das Jahr 15 v. Chr. begannen die Römer unter Kaiser Augustus zur Sicherung der nördlichen Reichsgrenze mit der Eroberung der benachbarten Länder Noricum, Raetien und Pannonien, die später als kaiserliche Provinzen dem Imperium Romanum eingegliedert wurden. Statthalter, sog. Prokuratoren, verwalteten diese (daher oft auch als prokuratorisch bezeichneten) Provinzen und überwachten die Einkünfte des Kaisers.
Das um 15 v. Chr. friedlich besetzte keltische Königreich Noricum blieb zunächst römisches Protektorat (»Schutzgebiet«) und wurde um 45 n. Chr. kaiserliche Provinz. Es umfaßte Niederösterreich und Oberösterreich südlich der Donau und westlich des Wienerwaldes, Salzburg, das östliche Tirol, die westliche Steiermark und Kärnten. Unter Kaiser Diokletian (er regierte von 284 bis 305 n. Chr.) erfolgte die Teilung der Provinz im Noricum ripense (Ufernoricum) und Noricum mediterraneum (Binnennoricum), die Grenze bildete der Tauernhauptkamm. Sitz des Statthalters wurde Virunum auf dem Zollfeld in Kärnten, nachdem die alte Hauptstadt Noricums, Noreia, ihre Bedeutung verloren hatte.
Raetien wurde erst nach schweren Kämpfen 15 v. Chr. von den kaiserlichen Stiefsöhnen Drusus und Tiberius unterworfen. Die »Alpenprovinz« umfaßte Vorarlberg, das westliche und nördliche Tirol, Südbayern und die Ostschweiz. Der römische Statthalter residierte in Augusta Vindelicorum (Augsburg). Wie Noricum ließ Diokletian auch Raetien teilen: Der Westen mit Vorarlberg bildete die Provinz Raetia prima, der Osten mit Tirol Raetia secunda.
Pannonien, die »Donauprovinz«, wurde in den Jahren 12 bis 9 v. Chr. erobert. Im Norden und Osten von der Donau begrenzt, reichte es im Süden bis zur Save und im Westen bis zum Ostrand der Alpen. Sitz des Statthalters war Carnuntum (bei Petronell in Niederösterreich). Im 2. Jahrhundert wurde die Provinz in Pannonia superior (Oberpannonien, später prima) und Pannonia inferior (Unterpannonien, später secunda) geteilt.

Der Bau des Donaulimes

Nach dem Tod von Kaiser Augustus (14 v. Chr.) änderte sich das außenpolitische Konzept Roms: An die Stelle von Expansion und Unterwerfung traten vorrangig der Schutz und die Erhaltung des Erreichten. Ausdruck dieses Wandels war die Errichtung des Limes, einer den landschaftlichen Gegebenheiten entsprechend befestigten Grenzlinie. So war der Donaulimes, bedingt durch die vielfach verästelten und versumpften Flußufer, anders angelegt als der Limes auf deutschem Boden. Die Römer errichteten Legionslager, Kastelle und Wachttürme sowie Signalanlagen und Flottenstützpunkte entlang der Donau. In der Spätzeit des Römischen Reiches erhielten die Wachttürme den militärischen Namen »burgi«, eigentlich ein germanischer Begriff, aus dem sich dann das deutsche Wort Burg entwickelte.
Die militärische Sicherung des südlichen Donauufers erfolgte ab der Mitte des 1. Jahrhunderts n. Chr. Zunächst entstanden Kastelle mit mächtigen Erdwällen und breiten Gräben, der Innenausbau war aus Holz. Vor allem unter dem römischen Kaiser Trajan (98 bis 117 n. Chr.) erfolgte der Ausbau dieser Erdlager zu festungsartigen Bauten mit steinernen Umfassungsmauern und Gräben. Da die Donau sich aber als unwirksames Hindernis gegen feindliche Truppen wie die der Markomannen erwies, befahl Kaiser Mark Aurel (161 bis 180 n. Chr.), nördlich der Donau Brückenköpfe und Vorpostenfestungen (wie etwa auf dem Oberleiser Berg und in Stillfried) zu errichten. Sein Nachfolger Commodus ließ diese Stützpunkte allerdings wieder räumen und statt dessen eine 7 km breite »tote« Zone anlegen.
Die östlichste, zugleich auch älteste Befestigung auf österreichischem Boden war Carnuntum, ein Legionslager (eine römische Legion bestand aus rund 6000 Mann Fußtruppen und 120 Reitern), dem sich Vindobona (Wien), Albing und Enns anschlossen. Dazwischen befanden sich die Auxiliarkastelle (Auxiliares waren Hilfstruppen, meist kleinere Einheiten von 500 bis 1000 Mann Stärke) von Schwechat, Fischamend, Klosterneuburg, Zeiselmauer, Tulln, Zwentendorf, Traismauer, Mautern, Pöchlarn, Mauer an der Url, Wallsee, Linz und Schlögen. Die Entfernung zwischen den Kastellen betrug jeweils rund 14 km.
Erst um 370 wurden die offensichtlich vernachlässigten und zum Teil wohl auch verfallenen Befestigungsanlagen unter Kaiser Valentinian I. erneuert und durch Verbesserungen den veränderten Kampfmethoden angepaßt: Man verstärkte die Mauern, errichtete mächtige Eck- und Zwischentürme an den Kastellmauern und erneuerte die Wehrgräben. Das Steinkastell von Zwentendorf z. B. erhielt fächerförmige Türme und von 1,10 m auf 1,80 m verstärkte Mauern. Dies war allerdings der letzte Versuch Roms, die Limesgrenze zu sichern; im 5. Jahrhundert wurde das österreichische Gebiet geräumt, der Donaulimes blieb nur mehr theoretisch Grenze des Römischen Reiches.

Der Alltag im römischen Österreich

Das Alltagsleben unterschied sich vor allem in den Städten kaum von dem im übrigen Römischen Reich. Die bereits vollzogene Verwandlung der Natur- in eine Kulturlandschaft wurde durch die Förderung von Vieh- und Ackerwirtschaft, den Bergbau und den Ausbau von Städten und Straßen vervollkommnet. In großer Zahl wurden Ziegelbrennerein errichtet und Heilquellen wie die von Deutsch Altenburg, Baden und Gastein entdeckt.
Der Kanal-, Bäder- und Heizungsbau befand sich auf einem er-

staunlich hohen technischen Niveau. Die Kanalisationsbauten waren meist bis zu 1 m breit, hatten eine Tiefe von bis zu 1,50 m und waren mit einem Gewölbe aus Ziegeln überdeckt. Die Fußböden der Wohnräume waren 20 cm dick, oft mit Mosaiken belegt und ruhten auf unzähligen Ziegelpfeilerchen von 70 cm Höhe. In diesen Hohlraum leitete man heiße Luft, die Heizkammern befanden sich an den Außenwänden. Hohlziegel unter dem Wandverputz ließen die heiße Luft aufwärts strömen. So konnte bei einer Außentemperatur von etwa 0 Grad eine Innentemperatur von 22 Grad und mehr erreicht werden.
Öffentliche Bäder, sog. Thermen, waren so selbstverständlich, daß selbst ein Dorf wie Immurium (Moosham in Salzburg) über ein solches Bad verfügte. Hervorragendes Beispiel einer Thermenanlage ist das römische Bad von Brigantium (Bregenz).
Das einzige Theater auf österreichischem Boden befand sich in Virunum in Kärnten, Carnuntum und Flavia Solva (Wagna bei Leibnitz in der Steiermark) besaßen nur Amphitheater für Gladiatorenkämpfe und Tierhetzen. Vermutlich lag also während der Römerzeit das kulturelle Zentrum im Süden des Landes, wo es am Magdalensberg (Kärnten) auch ein bedeutendes Handelszentrum gab. Reichtum und Luxus beschränkten sich jedoch nicht nur auf die Städte: So verfügte der palastartige Landsitz bei Löffelbach in der Nähe von Hartberg (Steiermark) über eine Fußbodenheizung und ein eigenes Badehaus.

Religion und Kultwesen

An die Stelle der keltischen Götterwelt traten zunächst die Götter der Römer. Im 1. Jahrhundert n. Chr. verbreiteten vor allem römische Soldaten den Kult des persischen Sonnen- und Lichtgottes Mithras im ganzen Römischen Reich. Dieser Mysterienkult wurde zum Teil in Krypten und Höhlen abgehalten; bei den gottesdienstlichen Feiern wurden die psychischen Kräfte der Anwesenden zu leidenschaftlicher Anteilnahme entflammt. Allein in Carnuntum konnten drei Mithrasheiligtümer festgestellt werden, in Virunum, Lentia (Linz), Aquincum (Ofen, heute Budapest) und bei Illmitz im Burgenland fand man beachtliche Spuren dieses Kultes, der deutliche Parallelen zum Christentum aufwies.
Erst im 2. Jahrhundert findet sich ein erster Beleg für die Existenz des Christentums: Die Geschichte vom Regenwunder im Krieg Kaiser Mark Aurels gegen die Quaden. Wenn es auch über das plötzliche starke Gewitter (die herrschende Hitze hatte vor allem den römischen Legionären arg zugesetzt) eine christliche und eine nichtchristliche Version gibt, so bleibt doch die Tatsache, daß auch Christen unter den Soldaten waren. Umstritten ist auch der Ort des Geschehens: Das Marchfeld oder das nördliche Niederösterreich.

Das Ende und Erbe der Römerzeit

Mit dem Abzug der römischen (genauer: romanisierten) Bevölkerung aus Noricum im Jahr 488 endete die Römerzeit in Österreich. Doch wie der Einfluß Roms schon lange vor der Besetzung des keltischen Königreichs Noricum bestanden hatte, so wirkte er auch nach 488 noch weiter fort.
Wie in vielen Teilen Europas hatten die Römer städtische Kultur und staatliche Ordnung, Recht und Gesetz, bürgerliches Leben und das Wissen der Alten Welt nach Österreich gebracht und das Christentum verbreitet. Doch auch nach 488 blieben – ganz abgesehen von der sicher existenten bodenständigen Bevölkerung – Teile der »Romanisierten« im Land, das weder öd noch verlassen dalag. Es wurde allerdings während der Völkerwanderungszeit zum Tummelplatz verschiedenster Völkerschaften, bevor mit der Einwanderung der Bajuwaren (Bayern) ab dem 6. Jahrhundert eine neue kontinuierliche Besiedlung begann.

Reichverzierte gotische Prunkfibeln (Kleiderspangen) aus dem Fürstinnengrab Untersiebenbrunn im niederösterreichischen Marchfeld (5. Jh.)

1
1–100 n. Chr.

1. Jh. Der »Herkules mit dem Löwenfell«, eine Bronzestatue, entsteht.

Um die Zeitenwende. Der westgermanisch-suebische Volksstamm der Markomannen unter König Marbod besetzt Boihaemum (Böhmen), der Stamm der Quaden siedelt in Mähren.

6. Der römische Heerführer Tiberius leitet von Carnuntum einen Kriegszug gegen die Markomannen (erste Erwähnung des römischen Kastells bei Petronell in Niederösterreich). Der Feldzug muß jedoch vorzeitig abgebrochen werden.→

8. Aus Gebietsteilen Illyricums und dem östlichen Teil Noricums wird die römische Provinz Pannonien gebildet. Sie umfaßt Westungarn, das Burgenland und Wiener Becken sowie Gebiete zwischen Drau und Save. Ganz Österreich südlich der Donau ist nun Bestandteil des Imperium Romanum.

9. Nach der Niederlage eines römischen Heeres unter Feldherr Publius Quintilius Varus gegen die vereinigten Germanen unter Führung des Cheruskers Arminius in der Schlacht im Teutoburger Wald gibt Rom den Plan der Besetzung des »freien« Germaniens auf; der Bau einer mit Wällen, Gräben, Türmen und Palisaden befestigten Grenzlinie, Limes genannt, beginnt.

Um 10. Nördlich der Donau, besonders im niederösterreichischen Weinviertel, entstehen die ersten geschlossenen Germanensiedlungen, vermutlich von Quaden angelegt, die sich hier niederlassen.

Um 15. Die römische Legion XV Apollinaris wird von Emona (Laibach) nach Carnuntum (bei Petronell in Niederösterreich) verlegt, wo ein 200 000 m² großes Lager aus Stein errichtet und durch einen Wallgraben gesichert wird. Neben dem Verwaltungsgebäude und den Soldatenquartieren für rund 6000 Mann entstehen Waffenkammer, Spital und ein Legionsbad; neben dem Militärlager errichtet man ein Amphittheater; das Kastell – an der strategisch wichtigen Kreuzung der Nord-Süd- (Bernsteinstraße) und Ost-West-Verbindung (Donau) gelegen – entwickelt sich zur stärksten römischen Festung auf österreichischem Boden.

Der römische Feldherr Drusus setzt den Quaden Vannius als König über das Gebiet zwischen March und Waag sowie Teile des Marchfeldes in Niederösterreich ein.

19. Ein Aufstand zwingt den Markomannenkönig Marbod zur Flucht nach Noricum. Die Römer weisen ihm Ravenna als Wohnort während seines Exils zu (wo Marbod im Jahr 37 stirbt).

Um 45. Das → um 15 v. Chr. von römischen Truppen besetzte ehemalige keltische Königreich Noricum wird von Kaiser Claudius zur römischen Provinz erhoben. Sitz des Statthalters (Prokurators), der Provinz- und Finanzverwaltung sowie der Post wird Virunum auf dem Zollfeld in Kärnten.

Um 50. In den von den Römern besetzten Gebieten wird das Straßennetz entsprechend den militärischen und wirtschaftlichen Erfordernissen ausgebaut.→

Die in Carnuntum stationierte römische Legion XV Apollinaris errichtet in Vindobona ein Hilfstruppenlager; es umfaßt das Gebiet unmittelbar um den heutigen Hohen Markt in Wien.

In Lauriacum (Lorch in Oberösterreich) und Lentia (Linz) werden Erdkastelle errichtet. Kaiser Claudius erhebt Aguntum (Lienz), Brigantium (Bregenz), Celeia (Cilli), Iuvavum (Salzburg) und Teurnia (St. Peter im Holz in Kärnten) zu Städten (municipia).

Der Quadenkönig Vannius wird von den thüringischen Hermunduren vertrieben. Die Römer, mit denen er verbündet ist, nehmen ihn auf und siedeln seine Gefolgsleute zwischen Leithagebirge und Wiener Neustadt in Niederösterreich an. So entstehen die ersten Germanensiedlungen in Pannonien. Ferner gibt es Markomannensiedlungen zwischen Böhmen und der niederösterreichischen Donau sowie Quadensiedlungen im Flußgebiet von March und Taya in Niederösterreich. Die vorherrschenden Siedlungsformen sind das Dorf und der Weiler. Ackerbau und Viehzucht dominieren, daneben werden Jagd und Fischfang betrieben.

Danubius, der keltische Name der oberen Donau bis etwa Wien, bürgert sich als Bezeichnung für den ganzen Flußlauf ein. Bisher nannte man die untere Donau Ister oder Istros. (Vermutlich bildet also der Wiener Raum die Grenze zwischen dem keltischen und dem thrakischen Sprachgebiet.)

53/54. Das Legionslager Carnuntum erhält einen Mauergürtel.

68/69. Ein Brand vernichtet Brigantium, das großzügig wiederaufgebaut wird. (Die Hauptstraße hat eine Breite von 9 m). Brigantium entwickelt sich daraufhin zur blühenden Handelsstadt.

70. Flavia Solva (Klein-Wagna bei Leibnitz in der Steiermark) wird gegründet und erhält von Kaiser Vespasian das römische Stadtrecht. Der Ort entwickelt sich unmittelbar zum Zentrum des Handels in der Mittel- und Südsteiermark.

71. Die im Jahr 62 in den Orient verlegte Legion XV Apollinaris kehrt nach Carnuntum zurück. Die Legionäre verbreiten den Kult des persischen Lichtgottes Mithras in Österreich.→

81. In Vindobona wird ein britannisches Reiterregiment stationiert (bis zum Jahr 96).

98. Der römische Kaiser Trajan bereist Pannonien.

Das Römische Reich verfügt über ein gutes Straßennetz, wie das abgebildete Stück einer gepflasterten römischen Ausfallstraße zeigt

Straßen in Österreich

Um 50. Die Römer bauen das Straßennetz – wesentliche Voraussetzung für die militärischen und wirtschaftlichen Erfordernisse des Reiches – in den besetzten Gebieten südlich der Donau und links des Rheins aus. Vorbild ist die 300 v. Chr. gebaute Via Appia, eine Aufmarschstraße von Rom nach Capua. Sie ist 8 m breit und hat einen grundwasser- und frostsicheren Unterbau.

Der römische Straßenbau ist hoch entwickelt: Fernstraßen überqueren Sümpfe, überwinden als frostsichere Konstruktionen die Alpen, überspannen auf steinernen Bogenbrücken tiefe Taleinschnitte und breite Ströme, durchstoßen in Schneisen und Tunnels die Berge. Mit dem für militärische Anlagen üblichen Aufwand durchschneiden sie auch schwieriges Gelände meist rücksichtslos geradlinig.

Der Straßenbau ist weitgehend genormt: Als Unterbau dient eine etwa 30 cm starke Packlage großer Steine. Darauf liegt eine Schicht Ziegel- und Bauschutt, die mit Sand abgedeckt ist. In das Sandbett sind harte, kantige Blöcke eingelegt, deren Oberseite manchmal geglättet wird. Bei besonders stark befahrenen Straßen ersetzt ein Mörtelbett den Sand. Die oberste Schicht bildet schließlich gestampfter Steinsplitt oder Kies. Die Straßen sind durchwegs überhöht, um Platzregen oder Schmelzwasser rasch abfließen zu lassen.

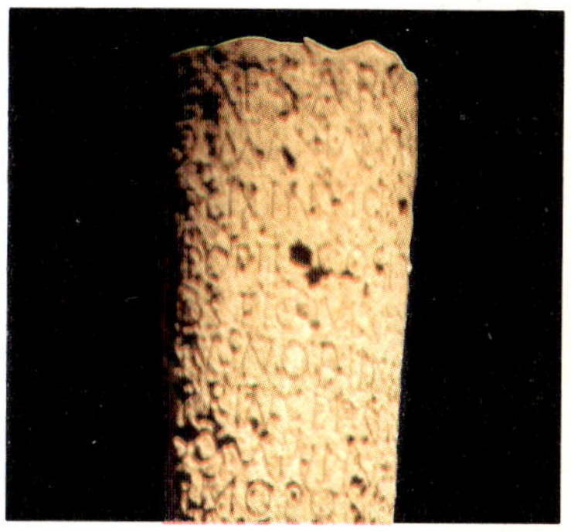

Römischer Meilenstein (Wels)

Die bedeutendsten Römerstraßen auf österreichischem Boden sind die Via Claudia (erbaut 46/47) über Feltre und Reschendreieck ins Inntal, die Via Flavia (erbaut 78/79) von Aquileja zur Küste von Istrien und weiter nach Illyricum sowie (ohne eigene Namen) die Straßen von Verona über den Brenner- und Scharnitzpaß nach Augusta Vindelicum (Augsburg), von Aquileja über Gemona- den Plöckenpaß–St. Peter im Holz (Teurnia)–Katschberg–Radstädter Tauern nach Salzburg, ebenfalls von Aquileja über den Birnbaumer Wald–Laibach–Cilli–Pettau–Steinamanger–Ödenburg nach Carnuntum, von Gemona über den Saifnitzpaß–Villach–Virunum (auf dem Zollfeld)–Noreia–Hohentauern-Pyhrnpaß nach Wels, von Bregenz über Wilten–Salzburg–Wels–Lorch–Wien–Carnuntum nach Aquincum (Alt-Ofen).

Der persische Lichtgott Mithras tötet einen Stier und vermittelt dadurch den Menschen das Gute. Dieses Wunder ist ein zentraler Bestandteil des Kultes, es wird regelmäßig von der Gemeinde nachvollzogen. Der Mithras-Kult ähnelt in vielem dem Christentum, er verkündet den Glauben an Auferstehung und ewiges Leben, man feiert am Sonntag und die Geburt des Gottes am 25. Dezember (Abb.: Mithrasrelief aus Carnuntum; Museum Petronell, Niederösterreich)

Verbreiteter Kult des stiertötenden Lichtgottes Mithras

71. Die aus dem Orient zurückkehrenden römischen Soldaten der Legion XV. Apollinaris verbreiten den Kult des persischen Lichtgottes Mithras von Carnuntum (bei Petronell in Niederösterreich) aus in ganz Österreich.

Die Ideologie des Kultes basiert auf der Erkenntnis, daß das Erdendasein nur ein Kriegszug für den Gott des Guten zu sein habe; die oftmals schmerzhaften Aufnahmeriten (von denen Frauen ausgeschlossen sind) tragen militärischen Charakter. Der höchste Festtag ist der 25. Dezember, der Geburtstag des Lichtgottes. Die Legende erzählt, daß er durch magische Kräfte aus einem Felsen geboren wurde, weshalb auch in jedem Mithrasheiligtum – symbolhaft dafür – eine heilige Felsgrotte vorhanden ist, die den gebärenden Felsblock zum Mittelpunkt hat. Die Waffen für seine späteren Wundertaten sind dem Gott von Geburt an mitgegeben: Der Dolch, mit dem er den Stier tötet, sowie Pfeil und Bogen für die Jagd und das Wasserwunder (Mithras schießt einen Pfeil auf den Felsen, aus dem dann lebensspendendes Wasser hervortritt.

Durch die Stiertötung vermittelt Mithras den Menschen das Gute, und so ist auch die regelmäßig abgehaltene (Liebes-)Mahlzeit das stets wiederkehrende kultische Erlebnis. Sie wird in der Grotte gefeiert, wobei das Fleisch des Stiers, aber auch von erlegtem Wild verzehrt wird. Daher finden sich steinerne Sitzbänke um einen kleinen Tisch in jedem Mithrasheiligtum.

Für die Aufnahme in die Kultgemeinde sind strenge Riten vorgeschrieben, die mit der Ablegung eines Treueides, dem sacramentum, enden. Nun erst kann der Mithrasjünger sieben weitere Weihetitel erwerben, zuletzt den des Vaters (pater). Diese Stufen symbolisieren den Weg Mithras' im Kampf gegen das Böse bis zu seiner Himmelfahrt im Wagen Sols.

Der stiertötende Mithras (Altarrelief in einer römischen Krypta)

Der Mithras-Kult zeigt deutliche Parallelen zum Christentum: Er lehrt u.a. Auferstehung und ein ewiges Leben; auch Taufe, die Feier der Sonntage und die Gottesgeburt am 25. Dezember weisen auf die christliche Religion hin.

Eines der eindrucksvollsten Mithrasheiligtümer im Gebiet von Carnuntum findet sich »Am Stein« (am Kirchenberg von Bad Deutsch Altenburg): In einer halbrunden Felsgrotte, deren Unebenheiten mit Quadermauerwerk ausgeglichen worden sind, stehen sechs Weihaltäre. Eindrucksvoll ist die Ausstattung dieses Felsheiligtums, insbesondere das etwa 150 mal 180 cm große Mithras-Kultbild. Vier weitere Mithrasheiligtümer finden sich im Gebiet von Carnuntum, von denen das in der Langen Gasse (von Petronell) mit einem Ausmaß von 39 mal 14 m das größte ist. Am Eingang in den Mittelteil steht ein hervorragend gearbeiteter Löwe aus Sandstein (1,10 m groß), der in seinen Pranken einen Rinderkopf hält.

Das Reich der Markomannen

6. Der römische Feldherr Tiberius führt von Carnuntum (bei Petronell in Niederösterreich) einen Feldzug gegen das böhmische Markomannenreich. Für die geplante Großoffensive werden zwölf römische Legionen (mehr als 60 000 Soldaten) aufgeboten. Aufstände in Pannonien und Dalmatien zwingen die Streitmacht allerdings fünf Tagesmärsche vor dem Ziel zur Umkehr. Tiberius schließt daraufhin einen Friedensvertrag mit dem Markomannenkönig Marbod, in dem der Status quo festgeschrieben wird. Damit sind die Pläne Roms, Böhmen in das römische Imperium einzugliedern, vorerst gescheitert.

Marbod zählt zu den bedeutendsten germanischen Führerpersönlichkeiten. Um die Zeitenwende war es ihm gelungen, ein mächtiges Reich zu gründen, dem neben dem suebischen Volksstamm der Markomannen u. a. auch die Lugier, Semnonen und Langobarden sowie die in Mähren siedelnden Quaden angehören. Das Reichsgebiet umfaßt rund 80 000 km² auf denen etwa 750 000 Menschen leben. Ihre Wohnsitze befinden sich vorwiegend in den fruchtbaren und für den Ackerbau geeigneten Gebieten im Norden und Nordosten des Landes.

Marbod begründete eine auf königlicher Gewalt beruhende Herrschaft und ließ eine Königsburg errichten. Seine Macht stützte sich auf ein gut organisiertes, 70 000 Fußsoldaten und 4000 Reiter starkes Heer, das die oberen Flußgebiete von Main, Elbe, Oder und Weichsel sowie die mittlere Donau kontrollierte.

Trotz der römerfreundlichen Politik des Markomannenherrschers sehen die Römer in dem unabhängigen Reich und seinem starken Heer eine Bedrohung ihrer Donaugrenze. Ziel Roms ist es daher, das Markomannenreich zu unterwerfen. In zwei Feldzügen besiegte das römische Heer unter Führung des Tiberius in den Jahren 4 und 5 bereits mehrere germanische Stämme (Brukterer, Canninefaten, Chamaven und Chauken) oder schloß Freundschaftsverträge (wie mit den Cheruskern, Kimbern und Semnonen). Der notwendig gewordene Abbruch des dritten Germanenzugs verhindert aber die kriegerische Auseinandersetzung mit den Markomannen.

Römische Bezeichnungen österreichischer Orte

Verzeichnet sind nur die wichtigsten Ortsnamen auf österreichischem Boden, ergänzt durch einige in Bayern und Ungarn. In Klammern sind die Abweichungen in Latein angegeben.

Adiuvense	Ybbs an der Donau, Niederösterreich
Aelium Cetium	Mautern, Niederösterreich (nach neuen Erkenntnissen nicht Favianis)
Aguntum	Lienz, Osttirol (4 km östl.)
Aquincum	Ofen (Budapest)
Arelape	Pöchlarn, Niederösterreich
Asturis	Klosterneuburg, Niederösterreich
Augusta Vindelicorum	Augsburg, Bayern
Boiodurum (auch Castra Batava)	Passau, Bayern
Brigantium	Bregenz
Carnuntum	bei Petronell, Niederösterreich
Castra Batava (Boiodurum)	Passau, Bayern
Cetium	St. Pölten, Niederösterreich
Claudiovium (-divium)	Eferding (?), Oberösterreich
Clunia	Feldkirch, Vorarlberg
Comagena	Tulln, Niederösterreich
Cuculla (-ae)	Kuchl bei Salzburg
Favianis (-ae)	Kastellname von Wien, nicht Mautern, → Aelium Cetium
Flavia Solva	Wagna bei Leibnitz, Steiermark
Ioviacum	Aschach an der Donau, Oberösterreich
Iuvavum	Salzburg
Lauriacum	Lorch bei Enns, Oberösterreich
Lentia	Linz
Marinianum	Eferding, Oberösterreich
Noreia	Neumarkt, Steiermark, oder um St. Veit an der Glan, Kärnten (Wildbad Einöd, Steiermark, und Noreia, Steiermark, eher nicht)
Ovilava	Wels, Oberösterreich
Ratisbonae (auch Regina Castra)	Regensburg, Bayern
Sabaria	Steinamanger (Szombathely), Ungarn
Sabiona	Säben, Südtirol
Scarabantia	Ödenburg (Sopron), Ungarn
Tamasicis	Tamsweg, Salzburg
Teriola (-lis)	Zirl bei Innsbruck
Teurnia	St. Peter im Holz (bei Spittal an der Drau), Kärnten
Trigisanum (-amo)	Traisenübergang bei Traismauer, Niederösterreich
Veldidena	Wilten (Innsbruck)
Vindobona	Wien
Vinomnia	Rankweil
Virunum	auf dem Zollfeld, nördl. von Maria Saal, Kärnten

Donaulinie durch Kastelle befestigt

Ab 41. Unter der Herrschaft des römischen Kaisers Claudius wird die Donaulinie mit Kastellen befestigt. Diese dienen weniger als Stützpunkte für die Verteidigung des Hinterlandes, sondern vielmehr als Ausgangsbasen für neue Vorstöße in das Gebiet zwischen Rhein und Donau, um einen möglichst geraden Grenzverlauf zwischen den Flüssen zu schaffen.

Das langfristige Ziel der römischen Politik liegt in der Eroberung Germaniens bis zu einer Linie, die von der Elbe bis an das Schwarze Meer reicht und leichter durch Befestigungen geschützt werden kann.

Dieses Ziel folgt weder einem ökonomischen noch einem militärischen Zwang. Die Feldzüge in Germanien sind vor allem innenpolitisch motiviert und dienen meist zur Sicherung der Macht des jeweiligen Herrschers in Rom.

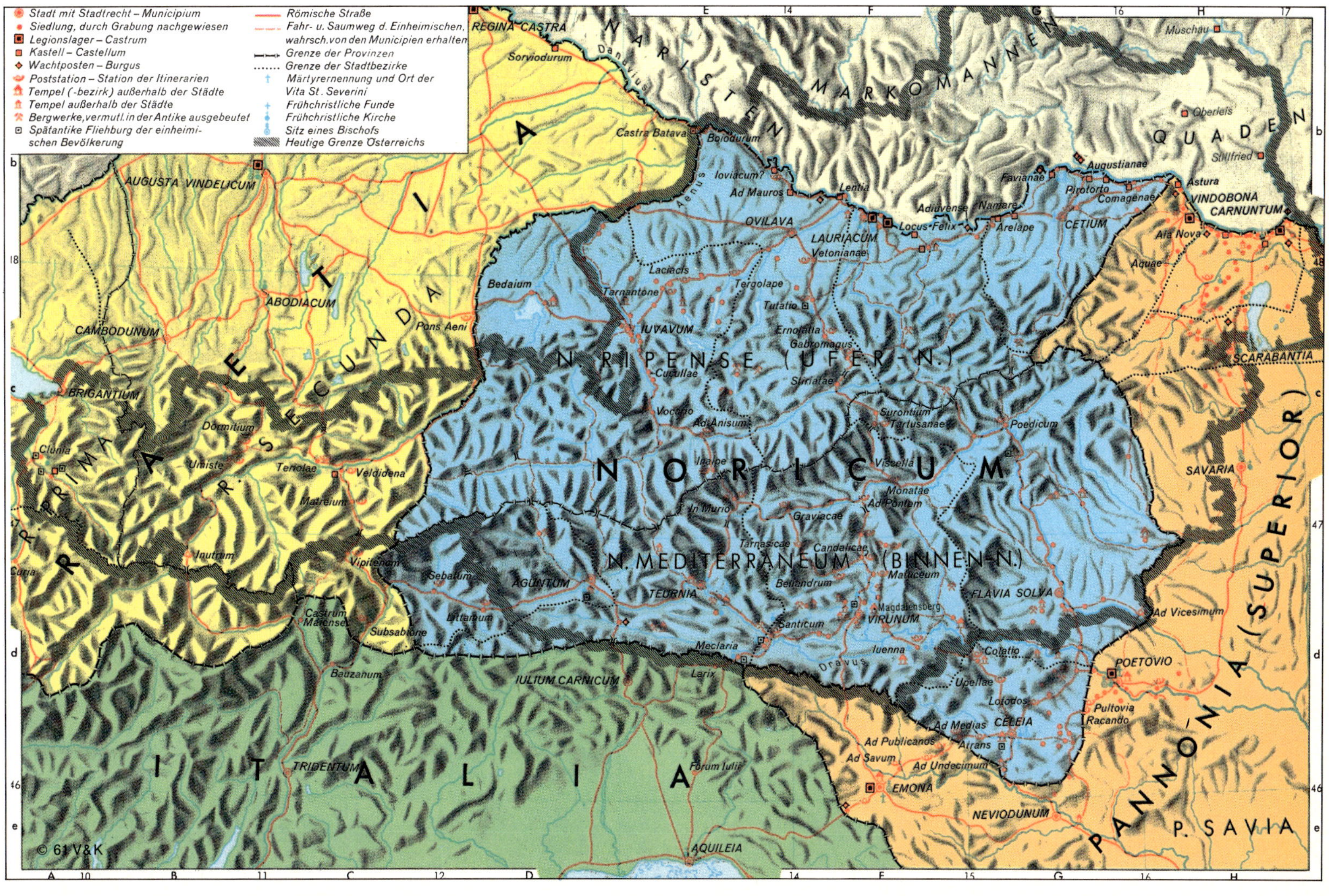

101

101–200

2. Jh. In der Nähe von Schlögen in Oberösterreich wird ein römisches Kastell im Ausmaß von 70 mal 100 m erbaut.

Der Mithrasaltar von Illmitz im Burgenland belegt die Verbreitung des nach dem persischen Lichtgott benannten Kultes (→ 71).

Nach 100. Der römische Kaiser Trajan läßt den Donaulimes systematisch ausbauen. Vindobona (Wien) wird befestigtes Legionslager; es umfaßt das Gebiet um den Tiefen Graben, Naglergasse, Graben, Kramergasse, Rotgasse und einen Donauarm (etwa den Donaukanal). Die keltische Bevölkerung wird in den Raum Erdberg-Simmering umgesiedelt.

103–106. Die römische Provinz Pannonien wird geteilt: Die größere, westliche Provinz erhält den Namen »Pannonia superior« (Oberpannonien), die kleinere, östliche den Namen »Pannonia inferior« (Unterpannonien).→

107. Die römische Legion X Gemina wird in Vindobona stationiert.

110–117. In Zwentendorf an der Donau erbauen die Römer das erste Steinkastell auf österreichischem Boden.

Um 114. Die römische Legion XIV Gemina löst die Legion XV Apollinaris in Carnuntum (bei Petronell in Niederösterreich) ab.

Um 120. Kaiser Hadrian verleiht Carnuntum das römische Stadtrecht. Zwischen 120 und 138 erhalten auch Cetium (St. Pölten in Niederösterreich) und Ovilava (Wels in Oberösterreich) das Stadtrecht.→

Um 140. Römische Münzprägungen belegen, daß die germanischen Quaden kein unabhängiges Königtum mehr besitzen, sondern in Abhängigkeit von Rom stehen: Die Münzen des Kaisers Antoninus Pius tragen die Aufschrift »Rex Quadis datus« (bei den Quaden ein König eingesetzt; → 166).

Um 150. In Ovilava wird eine Wasserleitung aus Holz erbaut.

Ab 150. Vermutlich rasches Bevölkerungswachstum und daraus resultierende Landnot veranlassen den ostgermanischen Stamm der Goten, sein Siedlungsgebiet an der Weichselmündung zu verlassen und an die Nordküste des Schwarzen Meeres zu ziehen. Die Goten lösen dadurch die erste germanische Völkerwanderung aus.→

166. Etwa 6000 Langobarden, verstärkt durch grenznahe Stämme, fallen in Oberpannonien ein, werden aber von den Römern zurückgeschlagen. Damit endet die mehr als 150 Jahre währende Friedensperiode im Römischen Reich.→

166/167. Unter Führung ihres Königs Ballomar überschreiten die Markomannen die Donau: Der Erste Markomannenkrieg Kaiser Mark Aurels beginnt.

168. Mark Aurel und seinem Adoptivbruder und Mitregenten Lucius Verus gelingt es, die Markomannen zurückzuschlagen.

169/170. Eine Pestwelle, die unter den römischen Legionären Oberitaliens unzählige Todesopfer fordert und der auch der römische Mitregent Lucius Verus zum Opfer fällt, läßt die Markomannen einen neuen Angriff wagen: Sie überrennen Pannonien, verwüsten Vindobona und Carnuntum, ziehen in die Steiermark, wo sie Flavia Solva (Wagna bei Leibnitz) zerstören, und fallen in Oberitalien ein, belagern Aquileja und bedrohen Verona. Als Kaiser Mark Aurel ihnen mit einem Heer entgegenzieht, weichen sie aber über die Alpen zurück.

171. Mark Aurels Feldherren Helvius Pertinax und Claudius Pompeianus stellen die römische Herrschaft über Raetien und Noricum wieder her. Nördlich der Donau errichten die Römer Stützpunkte (Oberleiserberg und Stillfried).

Ende 171. Kaiser Mark Aurel kommt nach Carnuntum, um von dort den Krieg gegen die Markomannen und Quaden zu führen.

11. 6. 172. Ein gewaltiges Unwetter (das sog. Blitz- und Regenwunder) entscheidet die Schlacht gegen die Quaden zugunsten der Römer.→

175. Die Markomannen müssen nach mehreren Niederlagen Frieden mit den Römern schließen. Dennoch fallen sie ab 177 erneut in Pannonien ein (→ 173–179).

179/180. Die Römer verhindern von ihrem Winterlager bei Trenčin (Slowakei) aus die Abwanderung der Quaden.

17. 3. 180. Kaiser Mark Aurel wird in Bononia bei Sirmium an der Save der Hauptstadt Unterpannoniens, ein Opfer der Pest.→

Um 188. Kaiser Commodus, Sohn und Nachfolger Mark Aurels, stellt den Krieg gegen die Markomannen ein und erneuert den Frieden von 175. In der Folge werden die römischen Stützpunkte nördlich der Donau aufgegeben.

190. Das römische Legionslager in Albing an der Donau wird wegen Unterwaschungen durch den Fluß aufgelassen. Die Legion II Italica wird nach Lauriacum (Lorch bei Enns in Oberösterreich) verlegt (→ 212). Das um 176 errichtete bisherige Lager hat ein Ausmaß von 568 mal 412 Meter und ist mit einer Umfassungsmauer umgeben, deren Stärke von mindestens 1,80 m bis maximal 3,15 m reicht. Jede Langseite verfügt über acht, jede Breitseite über sechs starke quadratische Türme.

9. 4. 193. In Carnuntum wird der Statthalter von Oberpannonien, Septimius Severus, von den Legionären zum römischen Kaiser proklamiert.→

Germanen wandern

Ab 150. Die Wanderung des ostgermanischen Stamms der Goten, die von ihrem Siedlungsgebiet an der Weichselmündung nach Südosten ziehen, löst eine Unruhewelle aus, die von der Schwarzmeerküste bis zur Donau reicht.
Zahlreiche germanische Stämme, durch deren Gebiet der Weg der Goten führt und die aus ihren Siedlungsräumen vertrieben werden, machen sich ihrerseits auf die Suche nach neuem Land. So werden die zwischen Oder und Weichsel siedelnden Burgunder nach Westen gedrängt, die Wandalen müssen nach Süden weichen. Der Zug der Goten wird dadurch zum Auslöser der ersten germanischen Völkerwanderung, in deren Folge germanische Stämme die Grenzen des Römischen Reiches überall zwischen Rhein und Schwarzem Meer bedrohen.
Der Grund für die Wanderungsbewegungen liegt oftmals im raschen Bevölkerungswachstum: Landmangel und zu geringe landwirtschaftliche Erträge führen zu zahlreichen Hungersnöten und zwingen die Stämme, neue Siedlungsräume zu suchen. Vor allem die Ostgermanen haben sich ihr halb nomadisierendes Wanderleben bewahrt. Sie geben die alte Heimat meist vollständig auf und wandern in größeren Gruppen in weit entfernte Gebiete, wobei sie das bisher von ihnen besiedelte Land völlig unbewohnt zurücklassen, sodaß andere (kleinere) Stämme nachrücken können.

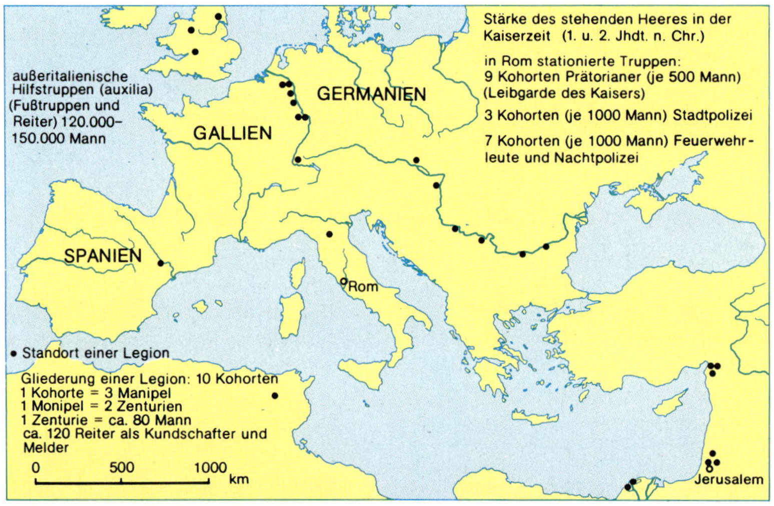

Pannonien geteilt

103–106. Im Zuge der Neuordnung der römischen Provinzialverwaltung läßt Kaiser Trajan auch die Provinz Pannonien teilen: Neben »Pannonia inferior« (Unterpannonien), dem kleineren, östlichen Teil, entsteht »Pannonia superior« (Oberpannonien); es umfaßt das Wiener Becken mit dem südlichen Niederösterreich, das Burgenland und die Oststeiermark. Carnuntum (bei Petronell in Niederösterreich), seit etwa 90 Jahren Legionslager, wird Sitz des Statthalters (Prokurators) und damit Zentrum der militärischen und zivilen Gewalt.
Rom stationiert drei Legionen in Oberpannonien – gegenüber nur einer in »Pannonia inferior« –, was die Bedeutung der westlichen Provinz unterstreicht. Damit ist die Zahl der an der Donau stationierten Legionen (vor allem aufgrund der Dakerkriege) auf zwölf angewachsen.
Nicht nur die Hauptstadt Carnuntum, sondern die ganze Region nimmt in den folgenden Jahren des Friedens einen abermaligen Aufstieg. Vielfach spricht man sogar von der glücklichsten Periode während der römischen Herrschaft in Österreich überhaupt. Pannonien war durch erfolgreiche Militäroperationen unter den Feldherren Marcus Vinicius und Marcus Vipsanus Agrippa (14.–12. v. Chr.) und Tiberius (12.–9. v. Chr.) von den Römern besetzt worden.

Die Überreste des römischen Amphitheaters von Carnuntum (bei Petronell in Niederösterreich)

Carnuntum erhält Stadtrecht

Um 120. Carnuntum (bei Petronell in Niederösterreich), seit etwa 106 Sitz des Statthalters von Oberpannonien, erhält von Kaiser Hadrian das römische Stadtrecht verliehen.
In Carnuntum leben rund 50 000 Menschen; es verfügt bereits über ein überdecktes Kanalsystem, ausgezeichnet funktionierende Wasserleitungen und gepflasterte Straßen. Die Häuser sind von unterschiedlicher Größe, teilweise im Fachwerkbau ausgeführt und zu Häuserblocks von 85 mal 70 m zusammengefaßt. Die Zivilstadt ist aufgrund ihrer günstigen Lage ein bevorzugter Handelsplatz, doch entwickeln sich fast alle Handwerke sowie Teilbereiche einer bescheidenen Industrie. Der Ort verfügt auch über eine (irrtümlich als »Palastruine« bezeichnete) große Thermenanlage im Ausmaß von 143 mal 104 m. Neben den allgemein großzügig angelegten Räumlichkeiten römischer Bäderanlagen haben die Thermen von Carnuntum auch zwei Schwimmbecken, wovon das eine 20 mal 9 m mißt und 1,60 m tief ist.
Die benachbarte Lagerstadt und das eigentliche Legionslager sind von der Zivilstadt streng getrennt. Das Forum der Lagerstadt (im Bereich zwischen Petronell und Bad Deutsch Altenburg gelegen) ist ein imposantes öffentliches Bauwerk, das allein einen 139 mal 115 m großen Innenhof mit Hallen besitzt. Auch die Residenz des Statthalters befindet sich im Bereich der Lagerstadt und ist mit Wandmalereien reich ausgestattet. Ferner gibt es im Bereich von Carnuntum zwei Amphitheater, von denen das größere allein 13 000 Menschen Platz bietet. Das Legionslager mit seinem eindrucksvollen Zentralgebäude hat ebenfalls beträchtliche Ausmaße.

Römische Glasflasche (Steiermärkisches Landesmuseum Graz)

Die Sollstärke einer römischen Legion beträgt etwas mehr als 6000 Mann, wodurch allein schon deutlich wird, wie viele Einrichtungen für Versorgung, Bewaffnung und medizinische Betreuung der Soldaten nötig sind. Das vorhandene Lazarett übertrifft mit seinen 83,5 mal 79,5 m sogar die beiden Hauptgebäude in der Lagermitte. Knapp einen Kilometer neben dem Legionslager (am östlichen Ortseingang von Petronell) befindet sich ein Hilfstruppenlager oder auch Reiterkastell. Hier ist das Reiterregiment Ala (Auxiliarkavallerie) I Thracum stationiert, das sich überwiegend aus den tapferen thrakischen Reitern zusammensetzt. Die Auxiliarkavallerie ist bei den Soldaten besonders angesehen, da die Legionen selbst im besten Fall über maximal 120 Reiter verfügen. Das Lager hat einen Umfang von 207 mal 177 m und bietet den etwa 480 Kavalleristen ausreichend Platz. Im Unterschied zum Legionslager besitzt es auch eine eigene Badeanlage.
Durch die Anwesenheit des Reiterregiments wird die militärische Schlagkraft der Legion von Carnuntum erheblich erhöht. Auch die Befestigungsanlagen, die Wachttürme und verstärkten Mauern sind eine eindrucksvolle Demonstration römischer Herrschaft.

»Pax Romana«

166. Mit dem Einfall germanischer Stämme unter Führung der Langobarden in Oberpannonien endet die als »Pax Romana« bezeichnete, mehr als 150 Jahre dauernde Friedensperiode. Tatsächlich war dieser Zeitabschnitt nur von wenigen kriegerischen Auseinandersetzungen unterbrochen.
Politik und Verwaltung der römischen Provinzen auf österreichischem Boden wurden in dieser Zeit dem übrigen Reich angepaßt. Die Herrscher in Rom ließen jedoch Sprache und Religion, Sitte und Brauchtum der einheimischen Bevölkerung weitgehend unangetastet.
Einen regen Aufschwung nahm der Handel, vor allem mit den wichtigen Bergbauprodukten, in erster Linie dem hochgeschätzten »norischen Eisen« (→ab 100 v. Chr.), zudem mit Kupfer, Blei und Salz bis hin zu Gold und Silber. Auch Loden und Schafwolle sowie Pferde und Rinder wurden nicht unbedeutende Ausfuhrartikel. Demgegenüber beschränkte sich der Import vorwiegend auf Hausrat und Schmuckgegenstände. Die hervorragende geographische Lage der österreichischen Provinzen förderte auch den Durchzugshandel auf den römischen Fernstraßen. Außer mit Bernstein wuchs vor allem der Handel mit Fellen und Häuten sowie Honig, Wachs und Wild.
Antirömische Bündnisse an den Grenzen des Imperium Romanum verhinderte Rom vornehmlich durch das System der Klientelvölker – benachbarte Stämme oder Völkerschaften, die per Vertrag zu militärischen Hilfeleistungen verpflichtet waren. Eines dieser Hilfsvölker waren die Quaden, die um 50 in Pannonien angesiedelt und nach und nach in immer engere Abhängigkeit von Rom gezogen wurden.
Die Friedenszeit förderte auch die Entwicklung Virunums (auf dem Zollfeld in Kärnten), der Hauptstadt der römischen Provinz Noricum. Die Bergstadt auf dem Magdalensberg (→ 1. Jh. v. Chr.) verwaiste zugunsten dieser aufblühenden Metropole.

Ein Unwetter wird zum Gottesurteil

11. Juni 172. Das zur Niederschlagung der mit den Markomannen verbündeten Quaden aufgebotene römische Heer Kaiser Mark Aurels wird in letzter Minute durch ein gewaltiges Unwetter vor einer vernichtenden Niederlage bewahrt.
Wohl auf dem Marchfeld in Niederösterreich sind die römischen Legionäre von den Germanen eingekesselt worden. Eine große Hitze beeinträchtigt die Römer sehr, deren Wasservorräte verbraucht sind. Der Durst wird zur Qual und droht den Kampf zugunsten der Quaden zu entscheiden, als ein von wolkenbruchartigem Regen begleitetes Gewitter niedergeht und der Blitz ein feindliches Kampfgerät zerstört.
Beide Seiten begreifen das Unwetter als Eingreifen Gottes: Während die Germanen darin ein gegen sie gerichtetes Gottesurteil erblicken und den Kampf abbrechen, werten die Römer es als ein Zeichen ihres Wettergottes Jupiter, wobei christliche Soldaten der XII. Legion darauf schwören, daß allein ihren Gebeten zu Gott der erlösende Regen zu verdanken sei. Das plötzliche Unwetter bringt die entscheidende Wende in der Schlacht.

Römische Legionäre auf dem Marsch (Relief auf der zwischen 180 und 193 zum Andenken an Kaiser Mark Aurel errichteten Säule in Rom)

Cassius Dio, römischer Geschichtsschreiber griechischer Abstammung, berichtet darüber folgendes: »... als die Römer im Verlauf der Schlacht in Not gerieten, errettete sie die Gottheit auf höchst wunderbare Weise. Die Quaden hatten sie an einem für sie günstigen Ort umzingelt, und so schlossen die Römer die Schilde eng aneinander und kämpften tapfer. Die Barbaren hielten sich vom Kampf zurück, denn sie erwarteten, es werde ihnen ein leichtes sein, die durch Hitze und Durst erschöpften Römer zu überwältigen. Sie hatten sie nämlich ringsum eingekreist und hielten alle Auswege versperrt, sodaß die Römer von nirgendwoher Wasser bekommen konnten. Denn sie selbst waren ihnen zahlenmäßig weit überlegen. Die Römer gerieten daher wegen ihrer Erschöpfung, ihrer Wunden, wegen der Sonne und ihres Durstes in große Bedrängnis; sie vermochten weder den Kampf fortzusetzen noch sich zurückzuziehen, sondern blieben, in der glühenden Sonnenhitze schmachtend, in Reih und Glied stehen. Da zogen plötzlich viele Wolken auf und ein mächtiger Wolkenbruch ging auf sie nieder – nicht ohne göttliche Fügung ...
Als nun der Regen niederströmte, wandten zuerst alle ihr Gesicht zum Himmel empor und fingen den Regen mit dem Mund auf, dann hielten einige ihre Schilde und Helme auf, tranken selbst in tiefen Zügen und gaben auch ihren Pferden zu trinken. Einige, die schon verwundet waren, schlürften zusammen mit dem Wasser sogar das Blut, das in ihre Helme rann. Und die meisten waren so mit dem Trinken beschäftigt, daß ihnen der feindliche Angriff verderblich geworden wäre, wenn nicht ein heftiger Hagelschauer und einige Blitze auf die Feinde niedergefahren wären.«
Die den Quaden diktierten Friedensbedingungen enthalten die Verpflichtung zur Rückgabe der rund 13 000 geraubten Gefangenen und der Viehherden, die Einschränkung des Handelsverkehrs über die Donau und den Verzicht auf ein Bündnis mit den Markomannen und Jazygen.

Mark Aurel – der Philosoph und Staatsmann auf dem römischen Kaiserthron

17. März 180. Der römische Kaiser Mark Aurel (Imperator Caesar Marcus Aurelius Antoninus Augustus) stirbt in Bononia bei Sirmium an der Save (Unterpannonien, heute Mitrowitz) an den Folgen der Pest. Am 3. August 178 begab sich der Kaiser mit seinem 17jährigen Sohn Commodus in den Norden des Reiches, um den Feldzug gegen die erneut aufständischen Markomannen zu führen. In den folgenden Schlachten des Jahres 179 konnten die Römer entscheidende Siege erringen.
Mark Aurel, dessen Familie aus Spanien stammte und zu den vornehmsten Kreisen Roms gehörte, wurde am 26. April 121 in der Hauptstadt des Imperium Romanum geboren. Gemeinsam mit seinem jüngeren Adoptivbruder Lucius Verus folgte er Antoninus Pius nach dessen Tod 161 auf den Kaiserthron. Mark Aurel genoß höheres Ansehen als sein Mitregent; dennoch versäumte der Herrscher nie, Ehren und Erfolge mit dem Adoptivbruder zu teilen.
Seine während des ersten Markomannenkriegs in Carnuntum (und wahrscheinlich auch in Vindobona) niedergeschriebenen »Selbstbetrachtungen« kennzeichnen Mark Aurel als einen scharfen und überlegenen Denker, aber auch als einen Mann, der sich selbst strenge Maßstäbe auferlegte. So heißt es im zehnten Buch dieser in griechischer Sprache geschriebenen Sammlung von Aphorismen und Selbstgesprächen: »Überhaupt nicht mehr darüber diskutieren, wie beschaffen der wahrhaft gute Mann sein muß, sondern selber einer sein!« An anderer Stelle erklärt Mark Aurel: »Hüte dich, daß du nicht ein tyrannischer Kaiser wirst! Nimm einen solchen Anstrich nicht an, denn es geschieht so leicht. Erhalte dich also einfach, gut, lauter, ernsthaft, prunklos, gerechtigkeitsliebend, gottesfürchtig, wohlwollend, liebreich und standhaft in Erfüllung deiner Pflichten. Ringe danach, daß du der Mann bleibest, zu dem dich die Philosophie bilden wollte.«

Reiterstandbild Kaiser Mark Aurels (ursprünglich vor der Laterankirche, seit 1538 auf dem Kapitol)

Der römische Geschichtsschreiber Cassius Dio berichtet über den Kaiser: »Er hatte nicht das Glück, das er verdienen würde; doch ist vor allem dies zu bewundern, daß er inmitten außergewöhnlicher Schwierigkeiten durchhielt und das Reich durch alle Fährnisse glücklich hindurchsteuerte.« Eine andere antike Quelle charakterisiert den Kaiser wie folgt: »Er war großzügig im Belohnen und geneigt zu verzeihen; so machte er die Schlechten gut und die Guten noch besser.«
Kurz vor seinem Tod bewies Mark Aurel noch einmal seine edle Haltung, als er seine Freunde ermahnt: »Was beweint ihr mich, anstatt an die Pest und das Massensterben zu denken.«

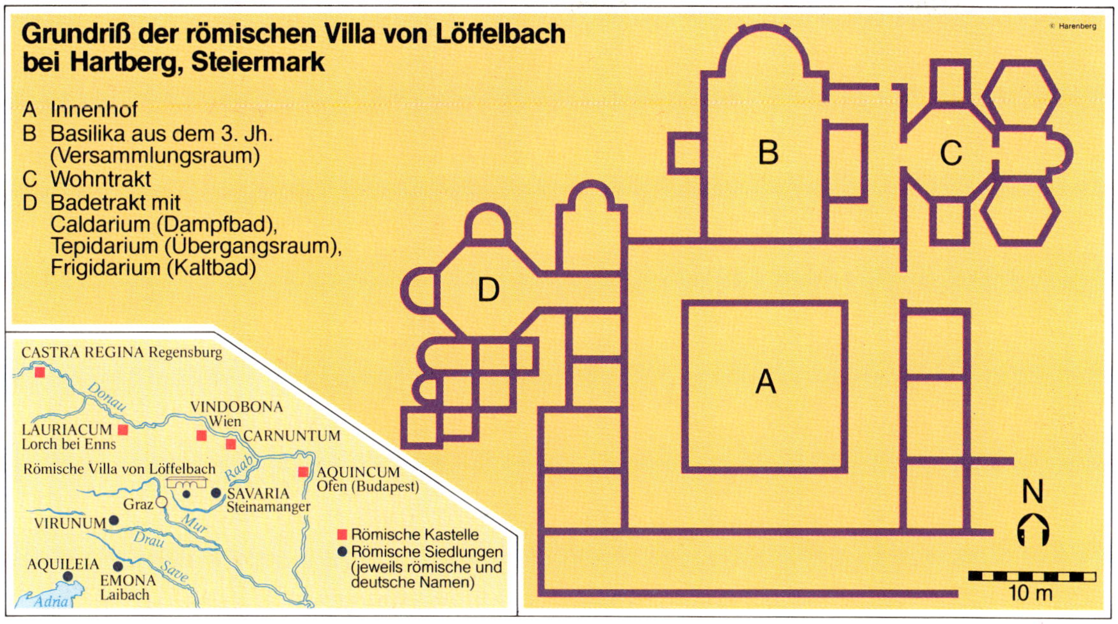

Eindrucksvoll präsentieren sich die ländlichen Gutshöfe

Die zunehmend wohlhabender werdende Gutsbesitzerschicht errichtet ländliche Residenzen, die zugleich der Erzeugung der landwirtschaftlichen Produkte dienen. Diese »villae rusticae« genannten Gutshöfe sind großzügig ausgestattet. Besonders idyllisch liegt die Villa von Löffelbach bei Hartberg in der Steiermark: Um einen 13×13 m großen Innenhof gruppieren sich die zahlreichen Räume und Nebengebäude. Gegen Westen sind ein achtseitiges Atrium und ein eigener Badetrakt angebaut. Alle Räume sind mit einem Heizungssystem ausgestattet, und der wichtigste Raum besitzt eine Wasserspülung. Ende des 3. Jahrhunderts erhält die »villa« eine 18×9 m große Basilika, die als Versammlungsraum dient.

Kaiserwahl in Carnuntum

9. April 193. Nach der Ermordung des erst vier Monate zuvor zum römischen Kaiser aufgerufenen Helvius Pertinax proklamiert die Legion XIV Gemina ihren Oberkommandierenden, den aus Afrika stammenden Septimius Severus, seit 191 Statthalter von Oberpannonien, in Carnuntum (bei Petronell in Niederösterreich) zum neuen Kaiser.

Der 57jährige Septimius wird von allen Legionen des Donauraumes und des Rheins (mit Ausnahme der Legion X Gemina in Vindobona) bestätigt und erhält auch die Unterstützung des römischen Senats. Im Juni zieht er im Triumphzug in Rom ein. 194 erhebt der Kaiser Carnuntum und Ovilava (Wels) zu »coloniae«, dem höchsten Rang einer Provinzhauptstadt.

Der von Kaiser Mark Aurel in den römischen Senat aufgenommene Septimius erwarb sich seine militärischen Verdienste vor allem in Afrika, Syrien und Gallien, bevor er im Jahr 191 von Sizilien nach Pannonien versetzt wurde.

Die Markomannen überrennen Pannonien

172–179. In einer großangelegten Offensive, der umfangreiche Aufrüstungsmaßnahmen vorausgegangen sind, unterwirft Kaiser Mark Aurel die verbündeten Stämme der Markomannen und Quaden.

Mehrere Gründe sind ausschlaggebend für die wiederholten Markomanneneinfälle in das Römische Reich: Zum einen zwingen ein gewaltiger Bevölkerungszuwachs sowie das Nachdrängen der Goten aus dem Norden (→ ab 150) den westgermanisch-suebischen Volksstamm, neue Siedlungsräume zu suchen, zum anderen verbreitet sich die Nachricht, daß die römischen Truppen der den Markomannen benachbarten Provinzen nur über geringe Kampfkraft verfügen, da sie durch Pest und die Partherkriege in Vorderasien stark geschwächt sind.

Tatsächlich hat Rom die Legion II Audiutrix aus Aquincum (Ofen, heute Budapest) abgezogen – zurecht erwartet man einen möglichen Germaneneinfall eher entlang der Festungslinie Vindobona (Wien) – Carnuntum (bei Petronell in Niederösterreich) – Brigetio (Komorn in Ungarn). Die ersten Markomannenangriffe konnten daher auch erfolgreich abgewehrt werden; im Frühjahr 169 drangen die germanischen Krieger allerdings bis nach Oberitalien vor, mußten sich jedoch vor dem anrückenden kaiserlichen Heer wieder zurückziehen.

Kaiser Mark Aurel (Relief am Konstantin-Bogen, nach 176; Rom)

In den folgenden Jahren kam es zu immer neuen, immer stärkeren Germaneneinfällen im Norden des Imperium Romanum. Den Markomannen schlossen sich die Quaden sowie andere Stämme (u.a. die sarmantischen Jazygen) an, sodaß die Gefahr für das Römische Reich ein bedrohliches Ausmaß annahm. Kaiser Mark Aurel ließ daraufhin sein gesamtes Privatvermögen versteigern und nutzte den Erlös für die Aufrüstung seiner Truppen. Es heißt, er habe sogar Gladiatoren bewaffnen lassen. Ebenso machte er Räuber aus Dalmatien und Dardanien zu Soldaten. Erstmals wurden auch Männer befreundeter Stämme aus dem »freien« Germanien in das römische Heer aufgenommen – eine für das römische Denken bislang unvorstellbare Maßnahme, nur zu verstehen, wenn man berücksichtigt, welchem Gegner sich die Römer gegenübersehen. Der römische Geschichtsschreiber Tacitus beschreibt die Germanen im vierten Kapitel seiner »Germania« folgendermaßen: »... die Stämme Germaniens – in keiner Weise durch eheliche Verbindungen mit anderen Völkern verfälscht – sind ein eigenwüchsiges, rassereines Volk von unvergleichlicher Eigenart. Darum ist auch die äußere Erscheinung trotz der großen Zahl von Menschen bei allen die gleiche: Alle haben trotzige, blaue Augen, rotblondes Haar und hünenhafte Leiber, die freilich nur zum Angriff taugen.«

Nach mehreren Siegen über die Markomannen zwingt Kaiser Mark Aurel ihren König Ballomar zur Annahme eines Friedens, der die Markomannen verpflichtet, die römischen Gefangenen auszuliefern und fortan Hilfstruppen zu stellen. Ferner wird ein Ansiedlungsverbot innerhalb eines 15 km breiten Streifens entlang der Donau vereinbart. Ein gleichzeitiger Friedensschluß mit den Jazygen beendet den seit 166 andauernden Markomannenkrieg.

201

201–300

3. Jh. Frühchristliche Felsgrotten im Friedhof von St. Peter in Salzburg zeugen von der Existenz des Christentums auf österreichischem Boden. Es wird vor allem von römischen Soldaten und Kaufleuten verbreitet. Daneben existiert weiterhin der Mithras-Kult (→71), der von Kaiser Aurelian als Staatsreligion im Römischen Reich anerkannt wird. Das Christentum hingegen erfährt zunehmend Verfolgung (erstmals systematisch unter Kaiser Decius 249–251).

In Loig bei Salzburg und im Bereich des heutigen Flughafens Graz-Thalerhof befinden sich beachtliche römische Villenanlagen. Sie sind mit zahlreichen heizbaren Räumen und kostbaren Mosaikfußböden ausgestattet. →

Nach 200. Lentia (Linz) wird Legionslager. Das Erd-Holz-Kastell aus dem 1. Jahrhundert wird in ein Steinkastell umgebaut.

202. Der römische Kaiser Septimius Severus (→9. 4. 193) unternimmt mit seinem Sohn Caracalla eine Reise entlang des Limes.

14. 10. 205. Kaiser Septimius Severus erläßt ein Reskript über die Centonarii (die Angehörigen der Feuerwehr) von Flavia Solva (Wagna bei Leibnitz in der Steiermark). →

212. Kaiser Caracalla erhebt Lauriacum (Lorch bei Enns in Oberösterreich) zur Stadt. Der Grundriß der Zivilsiedlung ist regelmäßig und der Ort verfügt über eine beachtliche städtische Thermenanlage. Auffallend an dem Lager Lauriacum ist der schiefwinkelige Grundriß. Die Umfassungsmauern mit einer Stärke von 2,20 m sind außen und innen mit massiven Granitquadern verkleidet und durch 24 Zwischentürme verstärkt. Es gibt vier Tore, wobei das Südtor durch seine mächtigen Türme und zwei 3,50 m breite Durchlässe besonders beeindruckt. →

Durch das Edikt »Constitutio Antoniniana« verleiht Kaiser Caracalla allen freien Untertanen des Imperium Romanum das römische Bürgerrecht. Damit werden alle freien Reichsangehörigen – auch die Provinzialbevölkerung – den bisher privilegierten Einwohnern Italiens gleichgestellt. Akuter Anlaß für diese Maßnahme ist die finanzielle Not des Staates: Die Verleihung des Bürgerrechts soll die Zahl der Erbschaftssteuerpflichtigen beträchtlich erhöhen und dadurch der römischen Staatskasse neue Einnahmequellen erschließen.

213. Vindobona (Wien) erhält von Kaiser Caracalla die römischen Stadtrechte eines »municipium«; der Ort hat bereits rund 15 000 Einwohner.

Kaiser Caracalla verpflichtet im Osten Germaniens siedelnde Stämme als Grenzschutz und stellt erstmals eine berittene germanische Elitetruppe als Leibwache auf.

Um 230. Eine Hochwasserkatastrophe an der Thaya in Niederösterreich vernichtet die seit etwa 100 bestehende Quadensiedlung bei Bernhardsthal.

233. Alemannen fallen in die römische Provinz Raeti ein. Fast 50 Jahre lang kommt es fortan zu immer neuen Zusammenstößen zwischen dem nach Süden drängenden germanischen Stamm und den Römern.

236. Der römische Kaiser Maximinus Thrax führt einen Rachefeldzug gegen die Alemannen, um die militärischen Verluste der Römer »wiedergutzumachen«. Er dringt in ihr Stammesgebiet ein, vernichtet ihre Armee und vertreibt sie aus ihren Dörfern. Nur in Sumpfgebieten finden die Alemannen Sicherheit vor seiner Rache. – Im Juli 238 wird der Kaiser während der Belagerung von meuternden Soldaten erschlagen.

Um 250. Die Via Decia, eine Militärstraße zum besseren Schutz der Limesgrenze, wird gebaut. Sie führt von Veldidena (Wilten, Innsbruck) bis nach Brigantium (Bregenz). →

2. Drittel des 3. Jh. Die Thermen von Virunum (auf dem Zollfeld in Kärnten), der Hauptstadt der römischen Provinz Noricum, werden mit einem Mosaikfußboden versehen. Typisch für diese Arbeit sind Flechtrahmen, von denen die verschiedenen Figuren und Tierdarstellungen umgeben sind.

259/60. Erneute Germaneneinfälle verunsichern die Provinzen Raetien, Noricum und Pannonien.

Um 260. Regalianus, der Statthalter von Oberpannonien, errichtet in Carnuntum eine Münzprägestätte.

276–282. Der römische Kaiser Probus schlägt in zum Teil schweren Kämpfen die in Oberitalien und Raetien eingedrungenen Alemannen zurück. Er läßt den Donaulimes verstärken und hebt das Weinanbauverbot für die Provinzen auf. Der Weinbau erfährt dadurch einen erheblichen Aufschwung. →

289. Kaiser Diokletian führt von Raetien aus einen Feldzug gegen die Alemannen und schiebt die Grenze des Römischen Reiches bis an die Donauquellen vor.

293. Kaiser Diokletian erläßt eine neue Verfassung für das Imperium Romanum: Die Truppenstärke wird erhöht, die Verwaltung neu organisiert und eine Tetrarchie (Viererherrschaft) eingeführt. Das Reich wird in vier Präfekturen gegliedert, die von zwei Kaisern (Diokletian und Maximian) und zwei Unterkaisern (Constantius und Galerius) regiert werden. Noricum und beide Teile Pannoniens gehören zur Präfektur Illyricum mit Sirmium (Mitrowitz) an der Save als Hauptstadt. Die Regentschaft führt der Caesar Galerius Maximianus. Raetien kommt zur Präfektur Italien, die von Maximian regiert wird. Jede Präfektur besteht aus drei »Diözesen«, die den sog. Vicarii unterstehen. →

Die vier Kaiser Roms nach der Reichsreform des Jahres 293: Diokletian, sein Mitkaiser Maximinian und die Caesaren Constantius und Galerius

Imperium aufgeteilt

293. Der römische Kaiser Diokletian führt eine umfassende Reichsreform durch, um durch Dezentralisierung die Reichsverwaltung zu entlasten. Diokletian und der 286 zum Mitkaiser erhobene Feldherr Maximian adoptieren die Gardepräfekten Constantius Chlorus und Galerius Maximianus und ernennen sie zu Caesaren. Das Imperium Romanum ist damit in vier Herrschaftsbereiche aufgeteilt:

- ▷ Diokletian regiert im Osten mit dem Zentrum Nikomedia
- ▷ Maximian erhält Italien und Afrika mit dem Zentrum Mailand
- ▷ Constantius erhält Spanien, Gallien und Britannien mit den Zentren York und Trier
- ▷ Galerius regiert Illyricum, Makedonien und Griechenland mit dem Zentrum Sirmium.

Diokletian, der seit 274 den Titel »Herr und Gott« trägt, bleibt jedoch oberster Herrscher des Römischen Reiches. Mit der Untergliederung in 12 Verwaltungsbezirke (Diözesen) und 117 Provinzen vollendet er die Wandlung des Imperium Romanum zur absoluten Monarchie (Gottkaisertum). Die Trennung von militärischer und ziviler Gewalt führt zu einer straff organisierten Verwaltung und einer Aufstockung der Truppen. Das Feldheer beträgt nun 500 000 Mann, die in 60 Legionen aufgeteilt sind. (Der diokletianischen Verwaltungsgliederung paßt sich im folgenden Jahrhundert die Organisation der christlichen Kirche an, die Provinz untersteht dann einem Metropoliten und die Diözese einem Erzbischof.)

Römische Bürger gelten als Untertanen, über die der Kaiser verfügen kann. Diokletian umgibt sich mit einem großen Hofstaat und einem prunkvollen Hofzeremoniell.

Verfügung über eine Feuerwehr

14. Oktober 205. Kaiser Septimius Severus erläßt ein Reskript (seit dem 2. Jahrhundert Bezeichnung für einen schriftlichen Bescheid oder eine Verfügung des römischen Kaisers), die Centonarii (Angehörige der Feuerwehr) der Stadt Flavia Solva (Wagna bei Leibnitz in der Steiermark) betreffend.
Der lateinische Name der Feuerwehrmänner ist abgeleitet von dem Wort centones, was soviel wie »Filzdecken« bedeutet. Diese sind das wichtigste Hilfsmittel bei Löscharbeiten. Die in Stein gemeißelte Verfügung (eine für den Mittelmeerraum übliche, in Österreich allerdings äußerst seltene Form des Reskripts) besagt u.a., daß »die Beneficia [Vorrechte], welche auf Geheiß des Senats oder eines Kaisers den Collegia Centonarii zugestanden worden sind, ohne Bedacht umzureißen kein Anlaß« sein soll.
Am Schluß der kaiserlichen Verfügung über die Organisation des Feuerwehrwesens sind die Namen von 93 Kollegiumsmitgliedern aufgeführt, unter denen sich nur mehr 16 keltische finden – ein Beleg dafür, daß die Romanisierung des österreichischen Raumes bereits weit fortgeschritten ist.

Lauriacum zur Stadt erhoben

212. Der römische Kaiser Caracalla erhebt Lauriacum (Lorch bei Enns in Oberösterreich) zur Stadt. Der Ort hat sich zu einer bedeutenden Festung entwickelt und verfügt über einen wichtigen Donauhafen für die pannonische Kriegsflotte Roms.
Der Aufstieg Lauriacums begann 190, als die Legion II Italica das Lager Albing wegen der ständigen Bedrohung durch die Wasser der Donau aufgeben mußte und flußaufwärts mit der Errichtung eines neuen Legionslagers begann. Geschickt wählte man eine Terrasse zwischen der Ennsmündung und der Donau selbst; eine Bauinschrift nennt das Jahr 205 als Datum der Fertigstellung dieser Anlage.
Westlich des Lagers schließt sich die nun zur Stadt erhobene Zivilsiedlung an. Sie ist unbefestigt und nicht vom Lagerdorf getrennt.

Theseus bezwingt den Minotaurus und befreit dadurch Ariadne (Detail aus dem »Theseusmosaik«)

Die Königstochter Ariadne übergibt Theseus das Wollknäuel (Detail aus dem »Theseusmosaik«)

Das »Theseusmosaik« in der römischen Villa von Loig

3. Jh. In Loig bei Salzburg befindet sich eine imposante römische Villenanlage aus der Mitte oder zweiten Hälfte des 2. Jahrhunderts. Der Palast, eher ein ländlicher Herrensitz, hat ein Ausmaß von etwa 170 × 70 m; besonders beeindruckt der (1815 ausgegrabene) Mosaikfußboden: Das »Theseusmosaik« ist ursprünglich 6,36 × 5,50 m groß (erhalten sind 4,10 × 4,20 m); in der Mitte befindet sich die Darstellung des Labyrinths, in dessen Zentrum gezeigt wird, wie Theseus den Minotaurus erschlägt. Am Rand rechts sieht man die verlassene Ariadne, links das vereinte Paar und darüber die Einschiffung des Helden.

△ Darstellung des Achilleus im sog. Acheloos-(Achilleus-)Mosaik des römischen Hauses am (heutigen) Mozartplatz in Salzburg (im Mai 1841 bei der Aufstellung des Mozartdenkmals wiederentdeckt)
◁ Die verlassene Ariadne auf Naxos (Detail des »Theseusmosaiks«)

»Via Decia« entsteht

Um 250. Nachdem die Alemannen 233 in Raetien eingefallen sind, benötigen die Römer eine neue West-Ost-Verbindung: Die Via Decia wird gebaut.
Wohlüberlegt vermeidet man die weitläufigen Täler, das Inn-, Kloster- und Rheintal und führt die Straße von Veldidena (Wilten, Innsbruck) aus über den Zirler Berg, zweigt vor Seefeld ins Leutaschtal ab, überquert die 1640 m hohe Ehrwalder Höhe und auf einem Knüppeldamm das Lermooser Becken. In Lermoos erreicht sie wieder die Via Claudia, die vom Fernpaß her kommt, zweigt aber nach der Klause vor Reutte wieder ab. Etwas lechaufwärts folgt sie dann dem Tannheimer Teil, führt über das Oberjoch und in weit günstigerem Gelände dann weiter nach Brigantium (Bregenz).
Die gesamte Distanz beträgt nur 112 römische Meilen (das sind 168 km – die Arlbergstraße von Innsbruck nach Bregenz hat rund 200 km). Bisher diente die hervorragend ausgebaute Militärstraße entlang des Rheins und der Donau als West-Ost-Verbindung. In den Jahren 46/47 war sie durch die Via Claudia ergänzt worden, die von Altinum (bei Venedig) über den Reschen- und Fernpaß nach Augusta Vindelicum (Augsburg) führt. Die Verlegung der Via Claudia über den Brenner machte schließlich Veldidena zur wichtigen Straßenstation.

Römische Postkutsche (Relief, 1. Jh.; Pfarrkirche Maria Saal in Kärnten)

Probus und der Wein

282. Der römische Kaiser Probus, selbst pannonischer Abkunft, läßt im Wiener Becken Wein anbauen, um die Selbstversorgung der Soldaten zu fördern, denen neben Brot, Fleisch und Speck auch eine Ration Wein zusteht.
Probus hebt daher das von Kaiser Diokletian im Jahr 92 erlassene Verbot auf, in den Provinzen Wein anzubauen. Wurde diese Anordnung, die den Export der italienischen Weine sichern sollte, auch nie exakt beachtet, so erhält der Weinanbau nach Aufhebung des Verbots doch einen beachtlichen Auftrieb. Fälschlicherweise wird Probus allerdings als »Vater des Weinbaus« auf österreichischem Boden bezeichnet, denn schon die Kelten begannen ab 400 v. Chr., Wein anzubauen.
Das Verdienst Probus' ist es aber, den Weinbau durch das Anlegen neuer Weingärten und das Veredeln bestehender Weinsorten wesentlich gefördert zu haben. Der Legende nach wird dem Kaiser dies aber zum Verhängnis: Soldaten, infolge der allmählichen Umwandlung der Grenzlegionen in eine Art bäuerliche Miliz selbst Besitzer und Bearbeiter von Grund und Boden, erschlagen Probus in Pannonien, da sie offenbar mit den harten Arbeitsbedingungen, die denen eines Tagelöhners ähneln, nicht länger zufrieden sind.

301

301–400

4. Jh. Aus der ersten Hälfte des 4. Jahrhunderts stammt das älteste Denkmal christlicher Bestattung auf österreichischem Boden, die Marmorgrabplatte der Herodiana (→ um 350).

Nach 300. Vermutlich in Virunum (auf dem Zollfeld in Kärnten) entsteht ein Sarkophagrelief mit der Darstellung Christi als guter Hirte, das erste Denkmal christlicher Kunst in Österreich (→ um 350).

301. Der römische Kaiser Diokletian erläßt ein Edikt, um die Finanzen des Imperium Romanum zu ordnen. Mit der Einführung von Höchstpreisen und einer Steuerreform versucht Diokletian, die Finanzen zu konsolidieren und die Inflation zu stoppen.

302/303. Der Batayer Aurelius Januarius wird Militärkommandant in Pannonien. Er ist der erste Germane, der im römischen Heer einen höheren Rang erreicht.

303. Kaiser Diokletian erläßt ein Edikt zur Christenverfolgung, das im österreichischen Raum, der dem Herrschaftsbereich des Caesaren Galerius Maximianus zugehört (→ 293), besonders genau befolgt wird. →

4. 5. 304. Der im Ruhestand lebende Kanzleivorstand Florianus bekennt sich in Lauriacum (Lorch bei Enns) öffentlich zum Christentum und wird in der Enns ertränkt. Er ist der erste christliche Märtyrer auf österreichischem Boden. →

November 308. In Carnuntum (bei Petronell in Niederösterreich) findet eine von Kaiser Diokletian einberufene Kaiserkonferenz statt, um die Streitigkeiten zwischen den Nachfolgern Diokletians, der wegen Krankheit 305 abgedankt hat, beizulegen. Vermutlich wird für diesen Anlaß das sog. Heidentor von Carnuntum errichtet. →

311. Kaiser Galerius Maximianus erläßt ein Toleranzedikt, das zu einer positiveren Einstellung Roms gegenüber dem Christentum führt. Auch im Oströmischen Reich enden die 303 begonnenen Christenverfolgungen (im Westen bereits 306 eingestellt).

28. 10. 312. Kaiser Konstantin I., der Große, wird nach seinem Sieg in der Schlacht an der Milvischen Brücke vor Rom Alleinherrscher im weströmischen Reich. →

Februar 313. Das Mailänder Edikt gewährt allgemeine Religionsfreiheit im Römischen Reich (→ 28. 10. 312).

321. Kaiser Konstantin I., der Große, läßt den Sonntag zum allgemeinen Ruhetag erklären. →

18. 9. 324. Nach seinem Sieg in der Schlacht bei Chrysopolis wird Kaiser Konstantin I., der Große, Alleinherrscher im ganzen Römischen Reich.

20. 5. 325. Das Konzil von Nicäa in Kleinasien verwirft die arianische Lehre zugunsten der (katholischen) Lehre des Athanasius. An dem Konzil nehmen auch Kirchenvertreter aus Pannonien teil. →

330. Kaiser Konstantin I., der Große, siedelt in Pannonien Wandalen an.

Um 350. Bischof Ulfilas übersetzt die Bibel ins Gotische. →
Auf österreichischem Boden sind vier Bischofssitze bezeugt. →

354. Das Weihnachtsfest wird auf den 25. Dezember festgelegt. →

364–375. Unter der Regierung Kaiser Valentinians I. wird der Donaulimes neu befestigt, besonders die Lager und Kastelle von Carnuntum, Lentia (Linz) und Lauriacum. Die um 188 aufgelassenen Stützpunkte nördlich der Donau (wie Oberleiserberg, Stillfried und Ernstbrunn) werden wiedererichtet.

Um 375. Der Einfall der Hunnen in Osteuropa löst die zweite germanische Völkerwanderung aus. →

17. 11. 375. Während der Friedensverhandlungen mit den aufständischen Quaden, die er zuvor in einem kurzen Feldzug besiegt hat, stirbt Kaiser Valentinian I. im Legionslager von Brigetio (bei Komorn in Ungarn).

380. Der römische Kaiser Gratian schließt einen Vertrag mit den Ostgoten und Alanen, die Land in Pannonien erhalten. Tongefäße und Schmuckgegenstände gotischen Charakters sind in Asturisc, Carnuntum und Vindobona nachweisbar. Das »Grab der lahmen Fürstin« in Untersiebenbrunn (Niederösterreich) enthält wertvollen Schmuck gotischen Ursprungs.

28. 2. 380. Ein kaiserliches Edikt schreibt allen Völkern des Römischen Reiches den christlichen Trinitätsglauben in der auf dem Konzil von Nicäa (→ 325) abgesegneten Form vor. Damit ist das Christentum in seiner orthodoxen, die Gottheit des Vaters, des Sohnes und des Heiligen Geistes behauptenden Richtung praktisch zur Staatsreligion erhoben. Abweichende christliche Sekten haben ebenso wie die heidnischen Religionen die juristische Daseinsberechtigung im Römischen Reich verloren. Das kaiserliche Edikt gilt auch für alle unter römischer Herrschaft stehenden germanischen Stämme.

Um 385. Der vor den Hunnen geflüchtete Germanenstamm der Heruler siedelt im niederösterreichischen Marchfeld.

395. Die Markomannen fallen von Böhmen aus in Noricum und Pannonien ein und zerstören Carnuntum und Vindobona. – Das Kommando der wichtigen römischen Donauflotte wird von Comagena (Tulln) nach Arelape (Pöchlarn) verlegt.

17. 1. 395. Nach dem Tod des Kaisers Theodosius I. wird die Herrschaft unter den beiden Söhnen des Kaisers aufgeteilt: Der Zerfall des Römischen Reiches beginnt. →

396. Flavius Stilicho, Regent des Weströmischen Reiches, überläßt den eingefallenen Markomannen den Wiener Raum. →

Christen werden grausam verfolgt

303. Mit der Zerstörung der Kirche von Nikomedia in der Provinz Bithynien beginnt im Römischen Reich eine neue Christenverfolgung, die an Grausamkeit und Dauer alle früheren übertrifft und (vor allem unter der Geistlichkeit) Tausende von Opfern fordert.
Der alternde römische Kaiser Diokletian zögerte zunächst, einer Verfolgung zuzustimmen, zu der er von der christenfeindlichen Partei am Hofe gedrängt wurde. Doch die Logik seiner Politik fordert letztlich das Einschreiten gegen die Christen: Diokletians Ziel ist die Stärkung der politischen Einheit des Reiches. Aus diesem Grund reformierte er Militär und Verwaltung und vereinigte die Reichsgewalt zentralistisch in der Hand des Kaisers (→ 293). Die Religion sieht er als einende Kraft und will darum den Jupiterkult wieder beleben. Die Christen erscheinen Diokletian dabei als Hindernis und Fremdkörper im Reich.
Bereits 298 erließ der Kaiser einen Opferbefehl an das Heer und die kaiserlichen Beamten. Doch erst realpolitische Schwierigkeiten zwingen ihn, die offene Verfolgung der Christen einzuleiten: Die große Zahl von Christen im Heer wirkt zersetzend auf die Kampfmoral und führt zu Problemen bei der Rekrutierung neuer Soldaten.
In den folgenden Jahren wird die antichristliche Gesetzgebung Schritt für Schritt verschärft. Diokletian erläßt mehrere Edikte, welche die Zerstörung christlicher Kirchen, die Vernichtung der heiligen Schriften und die Verfolgung christlicher Geistlicher anordnen. Die Christen, Freie und Sklaven gleichermaßen, verlieren zahlreiche Rechte und werden gezwungen, den heidnischen Kulten Opfer darzubringen. Besonders im oströmischen Reich, wo mit dem Statthalter von Bithynien der Wortführer der antichristlichen Partei residiert, werden die Christen erbarmungslos verfolgt und hingerichtet. Auch im römischen Heer erleiden die Christen, sofern sie nicht von ihrem Glauben lassen, Verfolgung und Tod. So wird ein Teil der in Trier, Köln und Xanten stationierten christlichen Thebaischen Legion hingerichtet, als die Soldaten sich weigern, den römischen Göttern zu opfern.

Das Heidentor von Carnuntum – ein Zeichen der Macht

November 308. *Kaiser Diokletian, der im Jahre 305 wegen Krankheit abgedankt hat, greift noch einmal in die Politik ein, da unter seinen Nachfolgern heftige Thronstreitigkeiten ausgebrochen sind. Er hofft, durch eine gemeinsame Konferenz in Carnuntum (bei Petronell in Niederösterreich), eine haltbare Einigung herbeiführen zu können. Schließlich kommt es tatsächlich zu einer Einigung: Licinius wird Augustus im Westen, Galerius im Osten; Konstantin wird Cäsar im Westen und Maximus im Osten – eine Regelung, die allerdings nur von kurzer Dauer ist, da Konstantin nach und nach seine Mitkaiser verdrängt, bis er 324 Alleinherrscher wird. Wahrscheinlich ist für diesen Anlaß das sog. Heidentor von Carnuntum errichtet worden. (Es ist dies der einzige über der Erde erhalten gebliebene antike Bau auf österreichischem Boden.)*

Christentum in Rom anerkannt

28. Oktober 312. Der römische Kaiser Konstantin I., der Große, besiegt in der Schlacht an der Milvischen Brücke bei Rom seinen Gegenspieler Maxentius, den Sohn des früheren Kaisers Maximianus, nachdem angeblich eine Kreuzesvision vor der Schlacht seine Hinwendung zum Christentum ausgelöst hat.
Die Vision, die das erste Bekenntnis eines römischen Kaisers zum Christentum bewirkt, wird in verschiedenen Varianten erzählt: Konstantin soll unmittelbar vor der Schlacht am Himmel ein Kreuz gesehen haben, das die Inschrift trug: »In diesem Zeichen wirst du siegen.« Eine andere Überlieferung berichtet, Konstantin habe im Schlaf die Weisung erhalten, die Schilde seiner Soldaten mit dem christlichen Chrismon zu versehen, den übereinandergekreuzten griechischen Anfangsbuchstaben des Namens Christi.
Mit Konstantin entsteht das religiös-politische Dogma, wonach der Kaiser als Stellvertreter Christi sowohl Herr des Staates als auch der Kirche ist. Die Kirche gibt ihre bisherige Unabhängigkeit auf und entwickelt sich zur Staatskirche.
313 wird das Christentum in den »Mailänder Richtlinien« den anderen Religionen gleichgestellt.

Florianus – der erste Märtyrer

4. Mai 304. Florianus, ehemaliger Kanzleivorstand des römischen Statthalters von Noricum ripense (Ufernoricum), wird als Ketzer zum Tode verurteilt und mit einem Stein um den Hals von einer Brücke aus in die Enns geworfen.
Der bei (oder in) Cetium (St. Pölten in Niederösterreich) im Ruhestand lebende Florianus hatte dem Römischen Reich als Soldat und Beamter gedient, war allerdings zum überzeugten Christen geworden. Als er von der Verfolgung seiner früheren Kameraden erfährt, begibt er sich nach Lauriacum (Lorch bei Enns), dem Sitz des Statthalters, und bekennt sich öffentlich zu seinem Glauben – wohl wissend, daß ihm die Verurteilung sicher ist. Ohne Rücksicht auf die früheren Verdienste des Florianus verurteilt der Statthalter ihn zum Tode. (1071 wird nicht weit von dem Ort der Hinrichtung das Augustiner Chorherrenstift St. Florian gegründet.)

Das 325 von Kaiser Konstantin I., dem Großen, einberufene Konzil von Nicäa bekräftigt den Trinitätsglauben (Fresko; Päpstliche Bibliothek im Vatikan)

Konzil stimmt für Dreieinigkeit

20. 5. 325. Unter Leitung des römischen Kaisers Konstantin I., des Großen, findet in der kleinasiatischen Stadt Nicäa das erste Konzil statt, an dem die gesamte Reichskirche beteiligt ist. Hauptpunkt in der Diskussion der etwa 250 Bischöfe (unter ihnen nur fünf Abendländer) ist die Frage des Arianismus.
Der in Alexandria lebende Arius hatte schon 318 die These aufgestellt, allein aus logischen Gründen sei eine Gleichheit und Einheit von Christus und Gott nicht denkbar. Allein Gott sei der Schöpfer, der Ewige und Unwandelbare, dem alles andere Sein untergeordnet ist. Jesus ist demnach nicht göttlich, sondern – wie alle Menschen – Gottes Geschöpf. Seine Bedeutung für die Christen liegt also nicht in seiner Erlöserfunktion, sondern er wird als »Bester aller Menschen« zum sittlichen Vorbild für alle Gläubigen.
Das Konzil von Nicäa verurteilt den Arianismus; Arius und seine Anhänger werden aus dem Reich verbannt. Die Bischofssynode bekennt sich statt dessen zu einer abgeschwächten Form des Trinitätsglaubens: An der Dreieinigkeit von Gott Vater, Sohn und Heiligem Geist wird festgehalten, die Behauptung der »Wesensgleichheit« der drei Erscheinungsformen Gottes überbrückt jedoch die Gegensätze zwischen den verschiedenen Spielarten nichtarianischen Glaubens, sodaß alle auf dem Konzil vertretenen Bischöfe der Formel zustimmen können. Die Verketzerung des Arianismus schreibt frühzeitig einen Glaubensgegensatz zwischen den germanischen Stämmen fest: Während die Westgoten, wie auch die Langobarden und Wandalen, am gerade angenommenen arianischen Glauben festhalten, übernehmen die unter dem Einfluß Roms stehenden Stämme das Christentum in der katholischen Form.

Weihnachten am 25. Dezember

354. Das Weihnachtsfest wird auf den 25. Dezember festgelegt. Es löst das ältere Fest der Epiphanie (6. Jänner) ab, das bisher – neben Ostern – der höchste christliche Feiertag war. Epiphanie bedeutet »Sichtbarwerdung Gottes« und bezieht sich auf die Offenbarung der Göttlichkeit Jesu gegenüber den drei Weisen aus dem Morgenland. Es wurde beim Volk rasch zu einem Fest der »Heiligen Drei Könige«, was ein Grund für seine Ersetzung durch Weihnachten, das eigentliche Geburtsfest, sein mag. Auch ist der Austausch von Geschenken bereits bekannt.

Sonntag wird zum Ruhetag

321. Der Sonntag wird durch Anordnung des römischen Kaisers Konstantin zum Ruhetag erklärt. Gerichtsverhandlungen sind an diesem Tag ebenso verboten wie schwere körperliche Arbeit.
In bewußter Abweichung vom jüdischen (samstäglichen) Sabbat ist für die Christen der erste Tag der Woche – zu dieser Zeit noch der Sonntag – der Tag, der Gott dem Herrn gewidmet ist und an dem sich die christlichen Gemeinden überall zu Gebeten versammeln. Die Bezeichnung »Sonntag« (lateinisch »dies solis«) ist allerdings »heidnischen« (germanischen) Ursprungs.

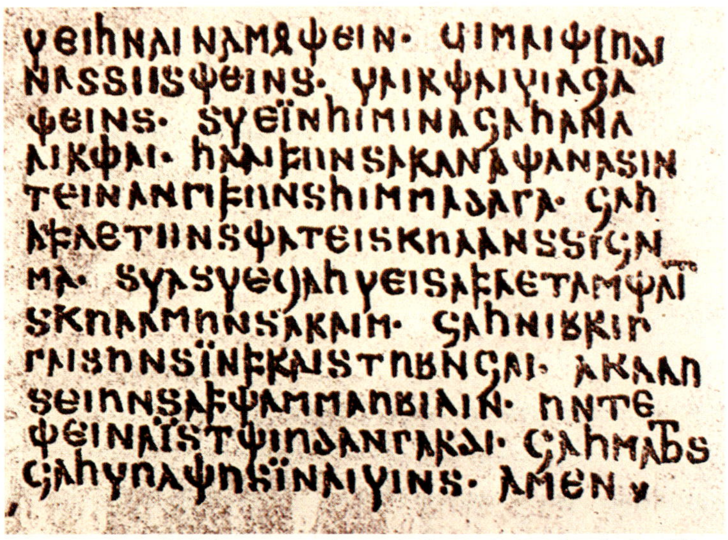

Seite aus der Bibelübersetzung des gotischen Missionsbischofs Ulfilas

Bibel übersetzt

Um 350. Nachdem arianische und gotische Christen zusammen mit ihrem Bischof Ulfilas aus ihrer Heimat nach Moesien (südlich der unteren Donau) vertrieben worden sind, übersetzt Ulfilas dort große Teile der Bibel ins Gotische. Sein Ziel ist es, den Flüchtlingen die Muttersprache zu erhalten. Der Bischof bedient sich bei seiner Arbeit zahlreicher Wortneuschöpfungen und benutzt ein von ihm eigens zu diesem Zweck entwickeltes gotisches Alphabet. Mit seiner Bibelübersetzung macht der 341 zum Bischof geweihte Ulfilas zugleich das Gotische zur Sprache der Literatur.

Die Christianisierung Österreichs

Um 350. Mit Lauriacum (Lorch bei Enns), Virunum (auf dem Zollfeld in Kärnten), Teurnia (St. Peter im Holz, Kärnten) und Aguntum (bei Lienz in Osttirol) sind vier Bischofssitze auf österreichischem Boden bezeugt; an dem Konzil von Serdica (Sofia) 342 nahmen erstmals auch norische Bischöfe teil, nachdem kirchliche Würdenträger aus Pannonien bereits 325 das Konzil von Nicäa (in Kleinasien) besucht hatten.

Das Christentum kam vermutlich im 2. Jahrhundert durch römische Legionäre nach Österreich. Als Beleg dafür gilt die Geschichte vom Regenwunder im Krieg Kaiser Mark Aurels gegen die Quaden (→11. 6. 172). Erst Anfang des 4. Jahrhunderts häufen sich allerdings die Belege für die Verbreitung des christlichen Glaubens auf österreichischem Boden. So gilt der am →4. Mai 304 wegen seines Bekenntnisses zum Christentum zum Tode verurteilte und ertränkte Florianus als erster Märtyrer. Er war eines der zahlreichen Opfer der sog. Diokletianischen Christenverfolgung.

Das älteste Denkmal christlicher Kunst stammt vermutlich aus Virunum und entstand nach 300. Es ist dies das Relief von der vorderen Langseite des Sarkophags der Herodiana mit der Darstellung Christi als guter Hirte. Ebenfalls aus dem 4. Jahrhundert stammt eine Grabplatte aus Ovilava (Wels, Oberösterreich), die der Soldat Flavius Januarius für seine Frau Ursa setzen ließ, eine »crestiana fidelis« (gläubige Christin).

Die erste kirchliche Organisation findet sich ebenfalls im 4. Jahrhundert: Es existieren zwei Metropolitensprengel, Ufernoricum (mit Sitz in Lauriacum) und Binnennoricum (Virunum).

Grabplatte der »gläubigen Christin« Ursa aus Ovilava (Wels, Oberösterreich, 4. Jh.; Stadtmuseum Wels)

Hunnen zerstören Reich der Goten

375. Die Hunnen, ein Reitervolk aus Innerasien, überfallen das Ostgotenreich am Schwarzen Meer und unterwerfen es nach dem Tod des Gotenkönigs Ermanarich. Ein Teil der Ostgoten wandert nach Westen und löst so die zweite germanische Völkerwanderung aus (→568).

Die Hunnen stammen vermutlich aus der Mongolei. Bis zum Bau der chinesischen Mauer um 210 v. Chr. fielen sie immer wieder nach China ein. Da ihre Angriffe nun abgewehrt wurden, zogen die Hunnen nach Westen, wobei sie auf ihrem Weg immer wieder mit den ansässigen Völkern in Konflikt gerieten.

Die Pferde sind ihr ein und alles

Der Einfall der Hunnen bedeutet für die Ostgoten die Konfrontation mit einem fremden Volk, dessen Aussehen und Verhalten Erstaunen wie Schrecken hervorruft. Der Geschichtsschreiber Ammianus Marcellinus beschreibt die Hunnen folgendermaßen:

»... Da gleich nach der Geburt in die Wangen der Kinder mit dem Messer tiefe Furchen gezogen werden, damit der zu bestimmter Zeit auftretende Bartwuchs durch die runzligen Narben gehemmt wird, werden sie unbärtig alt und ähneln, jeglicher Schönheit bar, den Eunuchen. Sie sind so entsetzlich entstellt, daß man sie für zweibeinige Bestien halten könnte.

Sie sind so abgehärtet, daß sie keines Feuers und keiner gewürzten Speise bedürfen, sondern von den Wurzeln wilder Kräuter und dem halbrohen Fleisch von jedwedem Getier leben, das sie zwischen ihre Schenkel und den Pferderücken legen und etwas erwärmen.

Den Kopf bedecken sie mit einer runden Kappe und schützen die behaarten Beine mit Ziegenfellen. Ihre Schuhe werden nicht auf Leisten gepaßt. Von seinem Pferd kauft und verkauft jedermann in diesem Volk bei Tag und Nacht, nimmt sein Essen und Getränk zu sich und gibt sich, auf den schmalen Hals des Tieres gebeugt, tiefem Schlaf hin und erlebt dabei die verschiedensten Träume.«

Markomannen in Niederösterreich

396. Flavius Stilicho, als Vormund des noch minderjährigen Kaisers Honorius Regent des Weströmischen Reiches, schließt einen Vertrag mit den in das Imperium Romanum eingefallenen Markomannen, der diesen den Raum Vindobona (Wien) und Asturis (Klosterneuburg in Niederösterreich) als Siedlungsgebiet zuweist.

Römische Ansiedlungsformen

Die Römer kennen mehrere Ansiedlungsformen fremder Stämme in ihrem Reich; die wichtigsten Formen sind:

Föderaten:

▷ Grundlage eines Föderatenverhältnisses ist ein völkerrechtlicher Vertrag (foedus) zwischen dem Imperium Romanum und benachbarten Volksstämmen; er regelt die Beziehungen zweier gleichberechtigter Partner

▷ Die Stammesverbände behalten ihre alten Volksrechte. Ihre Mitglieder werden nicht römische Bürger

▷ Die Stämme erhalten Jahreslieferungen an Nahrungsmitteln, sowie Siedlungsland im Grenzgebiet; dafür übernehmen sie den Grenzschutz

▷ Im Krieg stellen sie eigene Truppen mit eigenen Führern.

Gentilen:

▷ Grundlage eines Gentilenverhältnisses ist die Freiwilligkeit. Es werden keine Verträge geschlossen

▷ Es handelt sich um Germanen, die einzeln oder in Gruppen auf freiwilliger Basis als Söldner ins römische Heer eintreten und dem römischen Recht unterliegen

▷ In Friedenszeiten bekommen sie Siedlungsland zur bäuerlichen Bewirtschaftung im Grenzgebiet zugewiesen, dessen Schutz sie übernehmen.

Stilicho, ein römischer Feldherr wandalischer Abstammung, hatte 385 von Kaiser Theodosius das höchste militärische Kommando erhalten und war zum Heermeister im Reich ernannt worden. Nach des Kaisers Tod 395 übernahm er als Vormund des designierten Nachfolgers Honorius das Amt des Reichsverwesers.

Eine römische Straßenkarte

2. Hälfte 4. Jh. Kostbares Beispiel einer römischen Straßenkarte ist die aus dem 11. oder 12. Jahrhundert stammende Kopie einer Karte des Castorius, nach dem Augsburger Ratsschreiber Konrad Peutinger, der sie 1507 veröffentlicht, »Tabula Peutingeriana« (Peutingersche Tafel) genannt. Die Pergamentrolle ist 6,82 m lang und 23 cm breit (Österreichische Nationalbibliothek Wien).

Stämme und Völker auf dem Boden Österreichs

	Die Urbevölkerung ist heute nicht näher bestimmbar		
9. Jh. v. Chr.	Illyrer	indoeuropäisches Volk	ganz Österreich
ab 400 v. Chr.	Kelten	indoeuropäisches Volk	ganz Österreich
um 200 v. Chr.	Taurisker		Ostalpenraum
nach 200 v. Chr.	Noriker	keltische Stämme,	Mittelkärnten, Obersteiermark
	Ambidraven	die sich vor	Oberkärnten
	Saevaten	113 v. Chr.	Pustertal
	Laianken	unter der	Osttirol
	Ambisonten	Führung der	Pinzgau
	Ambiliken	Noriker	?
	Ugeraken	zusammenschließen	?
	Elveti		Vorarlberg
113 v. Chr.	Kimbern	nordgermanischer Stamm	Ostösterreich
113 v. Chr.	Teutonen	nordgermanischer Stamm	Ostösterreich
60 v. Chr.	Boier	keltischer Stamm	Ober- und westl. Niederösterreich
Mitte 1. Jh. v. Chr.	Römer		Ost- und Südösterreich
15 v. Chr.	Raeter	vorindogermanische Völkergruppe	Vorarlberg, Tirol
nach 9 v. Chr.	Markomannen	westgermanisch-suebischer Volksstamm	Niederösterreich
um 10 n. Chr.	Quaden	germanischer Volksstamm	Niederösterreich
166 n. Chr.	Langobarden	germanischer Volksstamm	Niederösterreich
260 n. Chr.	Alemannen	Bund westgermanischer Völker	Vorarlberg
330 n. Chr.	Wandalen	ostgermanischer Volksstamm	Niederösterreich, Burgenland
um 370 n. Chr.	Jazygen	slawischer (sarmatischer) Volksstamm	Niederösterreich
376 n. Chr.	West- und Ostgoten	Hauptvolk der Ostgermanen	Niederösterreich, Burgenland
376 n. Chr.	Alanen	iranisches Reitervolk	Niederösterreich, Burgenland
376 n. Chr.	Hunnen	asiatisches Reitervolk	Niederösterreich, Burgenland
um 385 n. Chr.	Heruler	germanischer Stamm	Niederösterreich
405/406 n. Chr.	Skythen	kaukasisches Reitervolk	Niederösterreich, Burgenland
Mitte 5. Jh. n. Chr.	Sueben	westgermanischer Stamm	Niederösterreich
Mitte 5. Jh. n. Chr.	Skiren	germanischer Stamm	Niederösterreich
455 n. Chr.	Rugier	ostgermanischer Stamm	Niederösterreich
455 n. Chr.	Gepiden	ostgermanischer Stamm	Niederösterreich
455 n. Chr.	Franken	westgermanischer Stamm	Vorarlberg
550 n. Chr.	Bayern	germanischer Stamm	Oberösterreich, Niederösterreich
um 560 n. Chr.	Awaren	mongolisches Reitervolk	Niederösterreich
592 n. Chr.	Slawen	indoeuropäisches Volk	Kärnten, Osttirol
881 n. Chr.	Magyaren	finnisch-ugrisches Reitervolk	Niederösterreich

Römisches Reich wird aufgeteilt

17. Jänner 395. In Mediolanum (Mailand) stirbt der römische Kaiser Theodosius I. Das Römische Reich wird unter seinen beiden Söhnen aufgeteilt: Arcadius erhält den Osten, Honorius den Westen – die Teilung bedeutet das Ende des Imperium Romanum.

Mit dieser Maßnahme hofft der verstorbene Herrscher den drohenden Zerfall des Imperium Romanum verhindert zu können. Theodosius ging dabei von der Überlegung aus, das Römische Reich könne in seiner Ausdehnung kaum mehr von einem Herrscher regiert werden.

Das Ende der Reichseinheit ist der Schlußpunkt eines allmählichen Verfalls, dem das Imperium Romanum in den letzten Jahrhunderten ausgesetzt gewesen ist. Begonnen hatte diese Entwicklung mit den Soldatenkaisern (einzelne Truppenkontingente bestimmten, wer das Reich regierte). Kaiser Diokletians Entscheidung, das Reich in vier Herrschaftsbezirke aufzuteilen, war ein weiterer Schritt in diese Richtung (→ 293). Sodann verlegte Kaiser Konstantin seine Residenz von Rom nach Byzanz, das fortan Konstantinopel hieß und seit 330 Rom als Hauptstadt des Imperium Romanum ablöste. Der Schwerpunkt der kaiserlichen Politik verlagerte sich damit nach dem Osten, der westliche Reichsteil verlor an Bedeutung.

Mit der von Theodosius bestimmten Erbschaftsregelung werden neue Konflikte vorprogrammiert, da Honorius (zehn Jahre alt) noch minderjährig ist. Für ihn übernimmt Stilicho, germanischer Heerführer in römischen Diensten, die Regentschaft.

In den Gebieten südlich der Donau, von Pannonien bis zur Donaumündung, wird der zunehmende Machtverfall des Römischen Reiches deutlich sicht- und spürbar. Der Limes verliert in zunehmendem Maße seine Bedeutung als Reichsgrenze.

Das Gebiet Österreichs diesseits und jenseits der Donau ist bereits zum überwiegenden Teil Siedlungsgebiet für die germanischen »foederati« geworden – Bundesgenossen Roms, die Hilfstruppen stellen und die Garnisonen von Kastellen bilden. Zudem wird Österreich bereits zum Durchzugsgebiet für die durch die Völkerwanderung in Bewegung geratenen Stämme und Völker.

Österreich – der Schild nach dem Osten

Der Zerfall des Römischen Reiches

Der Einfall der Hunnen, eines asiatischen Reitervolkes, um das Jahr 375 in Osteuropa löste die zweite germanische Völkerwanderung aus, die zum Vorboten für den Zerfall des Römischen Weltreiches wurde, der sich 20 Jahre später durch die Teilung in ein Weströmisches (Rom) und ein Oströmisches Reich (Konstantinopel) deutlich abzuzeichnen begann.
Der Verfall des mächtigen Imperium Romanum hatte wohl schon wesentlich früher begonnen, aber erst durch das Ende der Reichseinheit wurde ein deutliches Zeichen gesetzt. In Noricum und Pannonien, den römischen Provinzen auf österreichischem Boden, fielen im letzten Jahrzehnt des 4. und im ersten des 5. Jahrhunderts immer wieder immer andere und immer stärkere Völker und Stämme ein, vernichteten die römischen Kulturgüter und fügten der Kulturlandschaft großen Schaden zu. Die einheimische Bevölkerung wurde durch Kriege oder Abwanderung erheblich dezimiert, doch es verging noch fast ein Dreivierteljahrhundert, bevor das Weströmische Reich endgültig zerfiel.
In der Zwischenzeit war Österreich bereits zum Tummelplatz der Völkerwanderung geworden: Neben den zahlreichen germanischen Stämmen zogen immer wieder Slawen und die östlichen Reitervölker – Alanen, Hunnen und Skythen – durch das Land, das am Schnittpunkt zweier bedeutender Verbindungswege Europas lag: Den Fernhandelsstraßen von Italien und dem Balkan nach Norden sowie der Donau als dem bedeutendsten Wasserweg von West nach Ost.

Bayern, Slawen und Awaren

In der zweiten Hälfte des 6. Jahrhunderts kam das mongolische Reitervolk der Awaren in den österreichischen Raum, der mittlerweile vor allem von den germanischen Bayern und dem indoeuropäischen Volk der Slawen besiedelt war.
Die Bayern wurden von Stammesherzögen regiert, die in einem Abhängigkeitsverhältnis zu dem 486 gegründeten Reich der Franken standen. Zum Teil übernahmen sie noch bestehende römische Siedlungen, bevorzugten aber ihre ursprüngliche Siedlungsform der Einzelhöfe und kleinen Weier, gelegentlich auch die des Haufendorfes. Sie waren tüchtige Landwirte und nutzten vorzüglich die vorhandenen Bodenverhältnisse.
Die slawischen Stämme in Böhmen und Mähren wurden von den einfallenden Awaren unterworfen. Dies führte nicht nur zu verschiedenen Aufständen gegen die mongolische Herrschaft, sondern auch zu einer Flucht der Slawen in die schwer zugänglichen Alpentäler (daher auch der Name »Alpenslawen«). Durch die Einwanderung der Slawen in den südlichen Teil Österreichs wurde zwar einerseits altes Kulturgut zerstört, andererseits aber auch neues allmählich aufgebaut.
Ende des 6. Jahrhunderts kam es zur ersten Auseinandersetzung zwischen Bayern und Slawen im Quellgebiet der Drau, nachdem auch die Bayern in den österreichischen Süden expandiert waren.
Die Awaren hingegen beherrschten fast 200 Jahre lang den östlichen Teil Österreichs und wurden am Alpenostrand, im Burgenland und nördlichen Niederösterreich geradezu seßhaft.

Die Christianisierung Österreichs

Erst im 4. Jahrhundert hatte sich eine erste kirchliche Organisation christlicher Gemeinden auf österreichischem Boden entwickelt. Der Prozeß der Missionierung fand allerdings mit der Rückführung der romanischen und romanisierten Bevölkerung nach Italien 488 einen vorläufigen Abschluß.
Die zweite Phase der Christianisierung begann mit der Tätigkeit des irischen Mönches Columban, die kurz nach 600 im Raum von Bregenz belegt ist. Die Christianisierung erreichte ihren Höhepunkt mit dem fränkischen Bischof Rupert von Salzburg (Anfang des 8. Jahrhunderts) und wurde durch die Missionstätigkeit des Modestus, der 767 vom Salzburger Bischof Virgil entsandt wurde, im Kärntner Raum fortgesetzt.
Die dritte Periode nahm ihren Anfang mit dem Sieg über die Awaren zu Beginn des 9. Jahrhunderts. 811 erfolgte eine kirchliche Neuorganisation des österreichischen Raums: Diözesangrenze wurde die Drau (nördlich Salzburg, südlich Aquileja).

Die Marken Karls des Großen

Nach dem Zusammenbruch des Imperium Romanum gelang es erst wieder dem fränkischen König Karl dem Großen, die meisten der im Okzident vorhandenen Herrschaftsbildungen zu einem Reich zu vereinigen. In den 46 Jahren seiner Regierung (768–814) bemühte er sich stets um Ordnung und Beständigkeit. Die Grafschaft wurde zur Grundlage einer vereinheitlichten Territorialverwaltung, das durch Grafen verwaltete Königsgut zum festen Rückgrat der inneren Reichsorganisation. Dazu mußten die Stammesherzogtümer Sachsen und Bayern beseitigt werden, ein schwieriges Unterfangen, das erst 788 abgeschlossen war.
Das von Karl dem Großen geschaffene System der Grenzsicherung durch Marken war vor allem für den Osten von großer Bedeutung. Nicht nur die Verteidigung des Reiches war Aufgabe der Marken, auch die Gewinnung neuen Landes sollte so besser erreicht werden. Mark (das alte deutsche Wort für Grenze, daher auch Markstein) bedeutete nun Grenzland. Der in einem Grenzbezirk mit der Handhabung der Regierungsgewalt beauftragte Mark-

graf (auch »Präfekt« genannt) übte auch die Befehlsgewalt über die ihm unterstellten (Grenz-)Grafen aus.
Nach seinem Sieg über die Awaren errichtete Karl der Große um 800 zwei Marken auf österreichischem Boden: Die Awarische Mark (auch »Mark an der Donau« und später »marchia orientalis« genannt), die das Gebiet von der Enns bis zum Wienerwald umfaßte, und die Karantanische Mark (auch »Mark Friaul« genannt), das Gebiet Kärntens südlich der Drau bis zur Adria mit Istrien und dem östlichen Norditalien.
Die Awarische Mark gehörte zum pannonischen Markgebiet, das östlich des Wienerwaldes bis zur Raab Oberpannonien, zwischen Raab und Drau Unterpannonien hieß. Durch die Tatsache, daß die Mark von Bayern losgelöst war, begann praktisch schon im 9. Jahrhundert das staatliche Eigenleben Österreichs, der kirchliche Einfluß durch die bayrischen Bistümer blieb allerdings weiterhin bestehen. Ende des 9. Jahrhunderts geriet die »Mark an der Donau« unter immer stärkeren Druck aus dem Osten; 907 drangen dann die Ungarn bis zur Enns vor und beendeten die verwaltungspolitische Existenz der Awarischen Mark. Durch das Verbleiben eines Großteils der Bevölkerung blieb aber die Siedlungskontinuität gewahrt. Bis 955 gehörte das Gebiet zwischen Enns und Leitha zu Ungarn. Nach dem Sieg Kaiser Ottos I. in der Schlacht auf dem Lechfeld vor den Toren Augsburgs (10. August 955) und dem Rückzug der Ungarn wurde mit der Wiedererrichtung von Marken zur Sicherung der Reichsgrenze nach Osten begonnen. In etwas bescheidenerem Umfang entstanden zwischen 960 und 970 die Marken der Karolingerzeit neu, wurden die weltlichen und geistlichen Besitzrechte erneuert.
Die »Mark an der Donau«, nun »Ottonische Mark« genannt, umfaßte das Gebiet von Traungau (Enns) bis zur Traisen. Mit der Errichtung dieser Mark begann die eigentliche Staatsgeschichte Österreichs. Zur Kärntner Mark, auch »Karantanische« genannt, gehörte das Gebiet an der mittleren Mur, das schon 976 Herzogtum wurde – als erstes unter den österreichischen Herzogtümern. Die Mark Krain schloß im Süden, die Mark an der Sann mit Cilli im Osten und die Mark Pettau am linken Draufer im Norden an Kärnten an. Dieser Gürtel von Marken war allerdings wesentlich kleiner als in der Karolingerzeit.
Die Ottonische Mark war bayrisches Lehen. Herzog Heinrich II., der Zänker, von Bayern erhob sich 975 gegen seinen Vetter, Kaiser Otto II., wurde aber niedergeworfen. Otto belehnte darauf vor dem 21. Juli 976 den Grafen Leopold von Babenberg mit der Mark, nachdem auch der bisherige Markgraf Burkhard, Burggraf von Regensburg, seines Amtes enthoben worden war, da er sich dem aufständischen Bayernherzog angeschlossen hatte. – Mit dem aus bayrischem Hochadel stammenden Markgrafen Leopold begann die 270 Jahre dauernde Herrschaft der Babenberger in der Ottonischen Mark.

Die »Ostmark«

»Ostmark« ist eine Bezeichnung, die erst im 19. Jahrhundert für die Awarische bzw. Ottonische Mark verwendet wurde. Zeitgenössische Quellen nennen diesen Namen nicht. Gebräuchlich waren das lateinische »oriens« (Ostland), für die Awarenmark »terra (oder provincia) avarorum«, etwas später »regio (auch marchia) orientalis«; statt »regio« findet sich auch »pagus« (Gau).
985 berichtete der Bischof von Passau über Verwüstungen durch Barbaren in seinen Besitzungen »in orientali plaga«, was mit »östlichem Landstrich«, nicht aber mit Ostmark übersetzt werden kann; im sog. Privilegium minus (17. September 1156) – mit dem Österreich von der Markgrafschaft zum selbständigen Herzogtum umgewandelt wird – heißt es »marchiam orientalem«, bei Otto von Freising, einem bedeutenden mittelalterlichen Geschichtsschreiber, findet sich der Begriff »marchiam Austriae«.
Der Nationalsozialismus hat grundsätzlich den Namen Ostmark verwendet, der 1938 für Österreich amtlich vorgeschrieben wurde. Ein »Führererlaß« Adolf Hitlers verbot 1942 den Namen und ersetzte ihn durch »Alpen- und Donaugaue«, da die Bezeichnung Ostmark die Einheitlichkeit und Eigenständigkeit Österreichs gegenüber dem Deutschen Reich zu stark betonte.

Die mongolischen Krieger (hier in der Darstellung einer persischen Handschrift) kämpften in straff organisierten Verbänden

Neben dem Schwert gehörte der Bogen zu den wichtigsten Waffen der asiatischen Reiterkrieger (hier beim sog. Partherschuß)

401

401–500

1. Hälfte 5. Jh. Die Hunnen beherrschen große Gebiete von der Ukraine bis zum Rhein. Unter König Attila (deutsch: Väterchen) erlangt das Hunnenreich seine größte Ausdehnung; zahlreiche Germanenstämme geraten in Abhängigkeit. Das Herrschaftszentrum liegt zwischen Theiß und Donau (→ 454).

Der ostgermanische Stamm der Rugier siedelt an der Donau.

In Teurnia (St. Peter im Holz, Kärnten) entsteht eine einschiffige Friedhofskapelle. Eine römerzeitliche Kirche findet sich auch in Bergl bei Imst (Tirol).

401/402. Die im Raum March-Waag (Niederösterreich) ansässigen Quaden ziehen mit den Alanen und Wandalen nach Westen – vermutlich wegen des verstärkten Zuzugs der Heruler in ihr Siedlungsgebiet.

405. Auf ihrem Zug nach Italien zerstören Germanen, vorwiegend Ostgoten unter König Radagais, Flavia Solva (Wagna bei Leibnitz in der Steiermark).

Um 406. Der Abzug römischer Legionen an Rhein und Donau beginnt.

Die zunehmenden Auflösungserscheinungen der römischen Militär- und Zivilverwaltung werden auch auf österreichischem Boden deutlich. Immer mehr Bauern verlassen das durch Kriegszüge teilweise verwüstete Land und schließen sich den durchziehenden Stämmen an.

22. 8. 408. Der aus Pannonien stammende Regent des Weströmischen Reiches, Flavius Stilicho, wird in Ravenna ermordet. →

Um 410. Vermutlich von schutzsuchenden Einheimischen oder Germanen werden die ehemaligen römischen Befestigungsanlagen von Carnuntum (bei Petronell in Niederösterreich), Asturis (Klosterneuburg), Lauriacum (Lorch bei Enns) und Vindobona (Wien) umgebaut.

433. Aëtius Flavius, oberster Heermeister des Weströmischen Reiches, tritt Pannonien an den Hunnenfürsten Rua (auch Rugila) ab. Unter hunnischer Herrschaft siedeln Markomannen in Pannonien.

436. Mit hunnischer Hilfe zerschlägt Aëtius Flavius das Reich der Burgunder (Berichte vom Niedergang des germanischen Stammes bilden den historischen Kern der Nibelungensage → um 1200).

Juni 451. Vereinigte römische, fränkische und westgotische Truppen unter Führung von Aëtius Flavius besiegen das Heer des Hunnenkönigs Attila in der Schlacht auf den Katalaunischen Feldern in Gallien. Die Hunnen ziehen sich daraufhin wieder nach Ungarn zurück.

Um 453 (?). Der Eremit Severin beginnt seine Missionstätigkeit auf österreichischem Boden (zunächst in Asturis; → 8. 1. 482).

454. Die Hunnen erleiden an der Leitha (auch Nedao oder Ledao) eine vernichtende Niederlage. Das hunnische Reich zerfällt. →

Um 468. Die Ostgoten besiedeln auch Teile der Steiermark und Ostkärntens.

469. In Pannonien kommt es zu Kämpfen der Rugier, Skiren und Sueben gegen die Ostgoten, die mit einem gotischen Sieg an der Bolia enden.

471/472. Ostgotische Stämme ziehen aus Pannonien nach Noricum und Italien ab. Skiren, Heruler und Sueben besetzen die freigewordenen Gebiete. Alemannen, Thüringer und Heruler dringen in Ufernoricum ein. Das Gebiet zwischen der Enns und Vindobona wird von den Rugiern kontrolliert.

473. Auf ihrem Zug nach Italien belagern die Ostgoten Teurnia; die Stadt kann sich jedoch freikaufen.

23. 8. 476. Der Skire Odoaker wird in Rom zum »Heerkönig« ausgerufen. Dies bedeutet das Ende des Weströmischen Reiches. →

8. 1. 482. Severin, »Apostel von Noricum«, stirbt bei Favianis (Mautern in Niederösterreich). →

486. Der Frankenkönig Chlodwig I. beseitigt die Reste römischer Herrschaft in Gallien und begründet das Fränkische Reich.

487. An der niederösterreichischen Donau besiegt Odoaker die nach Noricum eingefallenen Rugier und läßt ihren König Fewa (auch Feletheus) mit seiner Frau Giso als Gefangene nach Italien bringen.

488. Hunwulf, ein Bruder Odoakers, schlägt den rugischen Königssohn Friedrich vernichtend, worauf das Rugierreich zerfällt. →

490–499. Die aus dem Elberaum kommenden Langobarden besetzen Südmähren, das nördliche Niederösterreich und das Gebiet donauaufwärts bis Enns. Sie geraten rasch in Abhängigkeit von den Herulern, deren Reich seine größte Ausdehnung erreicht.

August 490. Nach einer Niederlage gegen den Ostgotenkönig Theoderich zieht sich Odoaker erneut nach Ravenna zurück: Die »Rabenschlacht« beginnt (→ 15. 3. 493).

15. 3. 493. König Theoderich ermordet in Ravenna Odoaker, mit dem er sich zehn Tage zuvor auf eine gemeinsame Regentschaft über Italien geeinigt hat. →

Ende 5. Jh. Die Bischofskirche von Laubendorf (oberhalb von Millstatt in Kärnten) wird errichtet. Vermutlich handelt es sich um eine Fluchtkirche für Teurnia (St. Peter im Holz).

In der Pfarrkirche von Pfaffenhofen bei Telfs (Tirol) wird eine steinerne »Priesterbank« errichtet.

Ein politischer Mord

22. August 408. In Ravenna ermorden Häscher des römischen Senats den etwa 48jährigen Flavius Stilicho, einen der bedeutendsten und zugleich umstrittensten Männer des Reiches. Die einen sahen in ihm den letzten Verteidiger Roms gegen die Barbaren, andere bekämpften ihn als Staatsfeind und Verräter.

Stilicho kam in Pannonien als Sohn eines Wandalen, der als Offizier in römischen Diensten stand, auf die Welt. In Rom machte er rasch Karriere und bekleidete hohe militärische Ämter. 384 heiratete er die Nichte des Kaisers Theodosius. 385 verlieh ihm dieser das höchste militärische Kommando: Stilicho wurde Heermeister im Westreich.

Kurz vor Theodosius' Tod (395) machte ihn der Kaiser zum Vormund seines zehnjährigen Sohnes Honorius. So wurde Stilicho Reichsverweser. 13 Jahre lang verteidigte er die Reichsgrenzen gegen anstürmende Germanen und bemühte sich zugleich um die Einheit beider Römischer Reiche. Im Ostreich unter Kaiser Arcadius, dem Bruder von Honorius, warf man Stilicho germanenfreundliche Gesinnung vor, weil er versuchte, Germanen ins Römische Reich zu integrieren. Obwohl Stilicho zahlreiche Gotenübergriffe auf Italien zurückschlug, wuchs zuletzt auch im Westreich, besonders im römischen Senat, die feindliche Einstellung ihm gegenüber. Der Senat unterstellte Stilicho, er strebe für seinen Sohn den Thron Westroms, für sich selbst den Thron Ostroms an, und ließ ihn ermorden.

Der letzte Herrscher über ein ungeteiltes Imperium Romanum: Kaiser Theodosius I. (347–395) mit seinen Söhnen (Reliefdarstellung, 4. Jh.; Rom)

Niedergang der römischen Kaiser

Das römische Kaisertum begann 27 v. Chr. mit Augustus, der göttliche Ehren genoß. Nach Art einer Erbmonarchie folgten mächtige Kaiser des julisch-claudischen, später des flavischen Hauses.

96 setzte mit Nerva das Adoptiv-Kaisertum, die Auswahl des »Besten« zum Monarchen, ein. Rivalitäten begannen. Nach der Ermordung Kaiser Commodus' (192) brachten Unruhen und permanente Thronstreitigkeiten bis 283 nicht weniger als 29 Kaiser (severische Dynastie und »Soldatenkaiser«) an die Macht. Vorübergehend (259–274) regierten parallel dazu »Gegenkaiser« in einem gallischen Sonderreich.

Um 300 gelang Diokletian und kurz nach ihm Konstantin I., dem Großen, der Wiederaufbau des Reichs, das allerdings mit seinem übermächtigen Beamtenstaat bereits tödliche Symptome zeigte. Nach der Herrschaft neun weiterer, unbedeutender Kaiser gelang Theodosius nach 379 ein letztes Mal die Vereinigung des Reichs – bevor es seine rivalisierenden Söhne Honorius und Arcadius unter sich aufteilten und ruinierten.

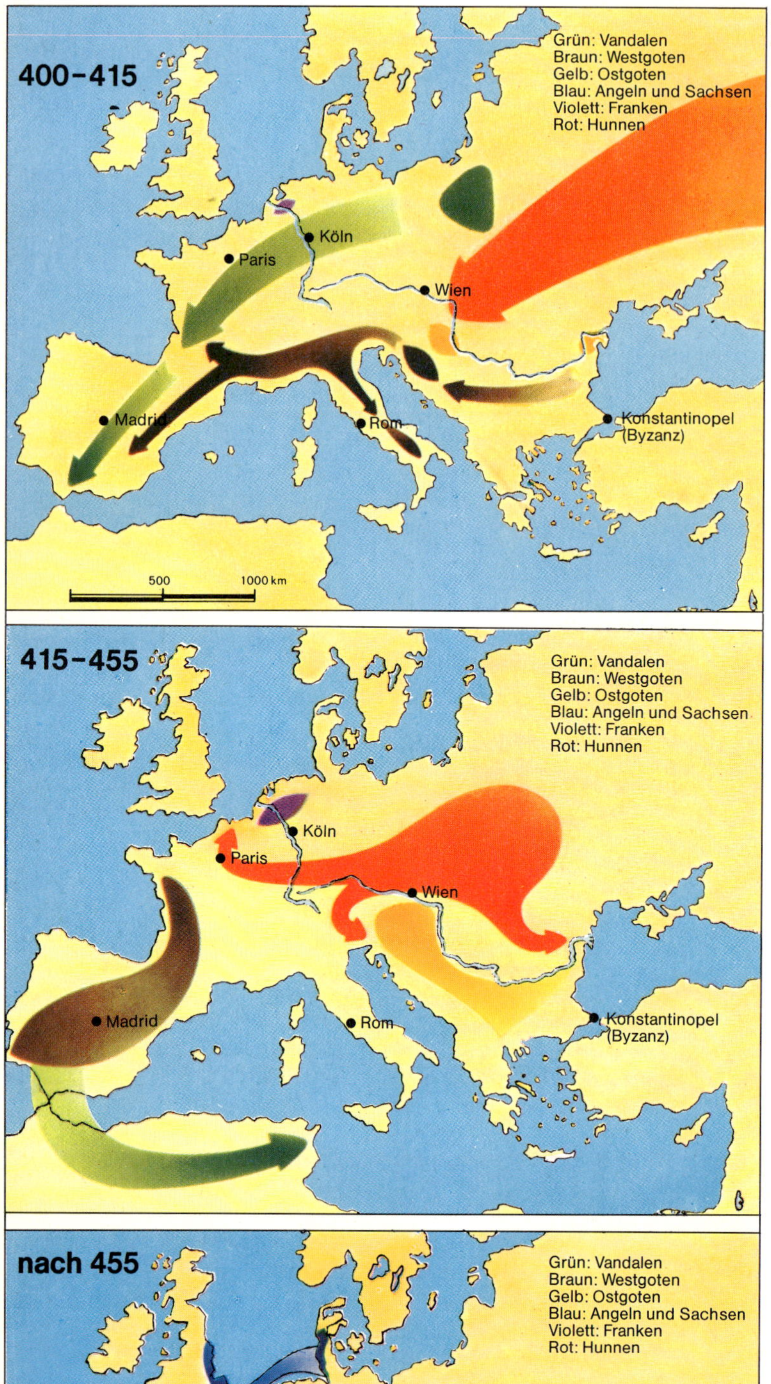

Die drei Karten zeigen die Phasen der Wanderungsbewegung germanischer Völker im 5. Jh. Die Hunnen, Auslöser dieser Völkerwanderung, können sich in Europa nicht festsetzen und ziehen sich wieder nach Asien zurück

Hunnen sind besiegt

454. Ein Jahr nach dem Tod des Hunnenkönigs Attila (in der Nacht nach seiner Vermählung mit der Germanin Ildiko) kommt es an der Leitha (auch Nedao oder Ledao genannt) zur entscheidenden Schlacht zwischen den Hunnen und den vereinigten germanischen Stämmen der Gepiden, Ostgoten und Rugier. Attilas ältester Sohn Ellak fällt im Kampf, das Germanenheer unter Führung des Gepidenkönigs Arderich kann die Schlacht überraschend für sich entscheiden.

Der um 500 geborene Gote Jordanus, Katholik und Notar am ostgotischen Hof in Ravenna, gibt in seiner Gotengeschichte den folgenden eindrucksvollen Schlachtbericht: »Die Söhne Attilas, die wegen dessen schrankenloser Wollust fast ein ganzes Volk bildeten, forderten eine gleichmäßige Aufteilung der Völker unter sich, sodaß die kriegerischen Germanen mit ihren Völkern wie hinterlassene Sklaven verlost werden sollten.

Als dies der Gepidenkönig Arderich erfuhr, erhob er sich als erster ... Nun rüstete man sich zum gegenseitigen Vernichtungskrieg. In Pannonien, an dem Fluß, der Nedao (Ledao) heißt, kam es zur Schlacht. Hier stießen die verschiedenen Völker aufeinander, die Attila in seiner Botmäßigkeit gehalten hatte. Wahrlich, das muß ein bewunderungswürdiges Schauspiel gewesen sein, als man den mit der Lanze kämpfenden Goten sah, den mit dem Schwert wütenden Gepiden, den Rugier, der das Geschoß in seiner Wunde abbrach, den Sueben, der sich durch seine Geschwindigkeit, den Hunnen, der sich durch den Pfeil hervortat, den Alanen, der mit schwerer, den Heruler, der mit leichter Rüstung zum Kampfe schritt. Nach vielen schweren Zusammenstößen lächelte den Gepiden der unverhoffte Sieg.« Die Niederlage leitet den unaufhaltsamen Zerfall des hunnischen Reiches ein, der sich bereits mit der Niederlage in der Schlacht auf den Katalaunischen Feldern (Juni 451) ankündigte. Die Hunnen ziehen sich an das Schwarze Meer zurück, die siegreichen Gepiden hingegen gründen zwischen Donau, Theiß, Alt und Karpaten ein eigenes Reich. Die Ostgoten lösen sich unter Führung ihres Königs Walamar aus der Oberherrschaft der Hunnen, treten zum arianischen Glauben über (→ 20. 5. 325) und werden vom oströmischen Kaiser Markian als Föderaten (Bundesgenossen) in Pannonien angesiedelt. Bei Jordanus heißt es dazu:

Kämpfende Hunnen zu Pferd (Holzstich, 19. Jh.)

»Als die Goten sahen, daß ihnen die Gepiden die Wohnsitze der Hunnen streitig machten, zogen sie es vor, das Römische Reich um Land zu bitten. Sie erhielten Pannonien mit seinen sich weithin erstreckenden Ebenen ... ein Land mit sehr vielen Städten, von denen die nächste Sirmis [wohl Sirmium], die äußerste Vindonnina [Vindobona] war.«

Nördlich der Donau entwickelt sich ein Rugierreich mit Zentrum in Krems (Niederösterreich). Auf dem Frauenberg in Stein (nahe Krems in Niederösterreich) wird eine Rugierburg errichtet. In Ostösterreich nördlich der Donau siedeln die germanischen Stämme der Heruler und Skiren. Auch die Alemannen werden auf österreichischem Boden seßhaft: Sie besetzen große Siedlungsgebiete am Bodensee und in Vorarlberg (auch im bisher römischen Brigantium [Bregenz]).

Tod des »Sehers von Noricum«

8. Jänner 482. In seiner Klause bei Favianis (Mautern an der Donau) stirbt Severin, der »Seher von Noricum«. Sein Leichnam wird in der St.-Jakobs-Kirche (Wien-Heiligenstadt) beigesetzt.

Severin, um 410 geboren, entstammte einer vornehmen italischen Adelsfamilie. Erst spät entschloß er sich, als Missionar tätig zu werden, widmete sich dieser Aufgabe dann aber umso intensiver. Besonders seine Missionsarbeit auf österreichischem Boden (in Asturis, Comagenis, Lauriacum und im Salzburgischen) zeugt von einem ungeheuren persönlichen Einsatz, bedenkt man allein, welche Entfernungen der bereits über Vierzigjährige dabei zurücklegen mußte.

Ob der Sterbeort des mehr als 70 Jahre alten Severin, die Klause des Heiligen bei Favianis, mit dem gleichnamigen Kastell von Vindobona in Einklang zu bringen ist, bleibt offen (wenn auch der Bestattungsort Wien-Heiligenstadt dafür zu sprechen scheint).

Der hl. Severin als Mönch (Ausschnitt aus einer Darstellung auf dem spätmittelalterlichen Flügelaltar von Neapel in Italien)

Westroms letzter Kaiser abgesetzt

23. August 476. Das römische Heer, das vorwiegend aus germanischen Söldnern besteht, setzt Kaiser Romulus Augustulus ab und wählt Odoaker, den Angehörigen einer vornehmen Familie der germanischen Skiren, zum »Heerkönig«. Damit kann sich in Italien erstmals ein weitgehend unabhängiges germanisches Herrschaftsgebilde etablieren.

Den Anlaß für die Absetzung des Kaisers bildet die schwierige finanzielle Lage Roms. Das Heer, das nicht mehr besoldet werden kann, fordert statt dessen eigenes Land zur Ansiedlung in Italien. Als die Forderung abgelehnt wird, kommt es zur Meuterei.

Odoaker will keineswegs anstelle des Weströmischen Reiches einen unabhängigen germanischen Staat setzen. Vielmehr soll der Westen dem Kaiser in Konstantinopel unterstellt werden und Odoaker als kaiserlicher Stellvertreter (Patricius) herrschen. Der oströmische Kaiser Zenon erkennt Odoakers Regentschaft schließlich an (→ 15. 3. 493).

Die Missionstätigkeit des heiligen Severin in Noricum

Der Mönch Eugippius berichtet in seiner »Vita Sancti Severini« ausführlich und mit großer Unmittelbarkeit über das Wirken des hl. Severins. Über den »Seher von Noricum« heißt es darin u. a.:

»Zur Zeit, als Attila, der Hunnenkönig, gestorben war, befanden sich beide Teile von Pannonien und alle übrigen Donauländer infolge der ungeklärten Lage in einem dauernden Zustande der Verwirrung. Damals nun kam der hochheilige Gottesdiener Severin aus dem Morgenlande an die Grenze von Ufernoricum und Pannonien und verweilte in der kleinen Stadt namens Asturis [Klosterneuburg]. Dort lebte er gemäß der Lehre des Evangeliums und der Apostel, ausgestattet mit aller Frömmigkeit und Sittenreinheit ...

Als es nun, durch derartige Übungen gestärkt, seiner himmlischen Berufung redlich nachstrebte, ging er eines Tages wie gewöhnlich zur Kirche. Dann begann er den versammelten Ältesten, dem Klerus und den Bürgern in aller Demut des Geistes zu verkünden, sie sollten einen drohenden feindlichen Angriff durch Gebete, Fasten und Werke der Barmherzigkeit abwenden; sie jedoch waren verstockten Herzens und fleischlichen Genüssen zugetan und bewiesen durch ihre Entscheidung für den Unglauben die Richtigkeit der Prophezeiung. Der Diener Gottes aber gab Tag und Stunde der bevorstehenden Katastrophe bekannt und sprach: »Von dieser verstockten Stadt, die rasch ihr Ende finden wird, gehe ich schleunigst fort.«

Von hier aus bog er nach der nächstgelegenen Stadt namens Comagenis [Tulln] ab. Diese wurde von Barbara [Germanen] außerordentlich scharf bewacht und nicht leicht jemandem die Genehmigung zum Betreten oder Verlassen erteilt. Gleichwohl wurde der Diener Gottes von ihnen weder befragt noch zurückgewiesen. Und so betrat er alsbald die Kirche und ermahnte all die hinsichtlich ihrer eigenen Errettung hoffnungslosen Menschen, sich durch Fasten, Gebete und Almosen zu wappnen, und führte ihnen Beispiele vor Augen, wonach Gottes Hilfe sein Volk wider aller Erwartungen wunderbar befreit habe. Und als sie nun im Zweifel waren, ob sie einer in einem so kritischen Augenblick gemachten Verheißung einer allgemeinen Rettung Glauben schenken sollten, kam ein alter Mann – derselbe, der jüngst in Asturis den hohen Gast beherbergt hatte – und bezeugte auf die besorgte Befragung seitens der Torwachen durch sein Aussehen wie durch seine Erzählung die Vernichtung seiner Stadt; er fügte hinzu, sie wäre an ebendem Tage von den Barbaren verwüstet und zerstört worden, den ein bestimmter Gottesmann vorhergesagt hatte. Daraufhin antworteten sie bekümmert: »Meinst du vielleicht denselben, der uns trotz der hoffnungslosen Lage die Hilfe Gottes verspricht?« Als nun der Alte hernach in der Kirche den Diener Gottes erkannte, warf er sich ihm zu Füßen und sagte, ihm habe er es zu verdanken, wenn er davor bewahrt blieb, mit allen übrigen Bürgern sein Ende zu finden.«

Römer verlassen ehemalige Provinz

488. Nach der Niederlage der Rugier gegen das Heer Hunwulfs, ein Bruder Odoakers, des 476 zum »Heerkönig« ernannten Herrschers im Weströmischen Reich, zerfällt das Rugierreich. Ein Teil der germanischen Rugier schließt sich den Ostgoten an, die unter Führung Theoderichs nach Italien ziehen, um Odoaker zu stürzen und ein eigenes Reich zu gründen (→ 15. 3. 493).

Odoaker läßt Ufernoricum räumen und führt die romanische sowie Teile der romanisierten Bevölkerung der ehemaligen römischen Provinz nach Italien zurück. (Angeblich nehmen diese den Leichnam des am → 8. Jänner 482 verstorbenen Missionars Severin mit.) Damit endet die rund 500jährige Herrschaft der Römer.

Binnennoricum, Kärnten und Osttirol verbleiben noch im Verband des Weströmischen Reiches. Statt Virunum (auf dem Zollfeld in Kärnten) wird Teurnia (St. Peter im Holz, Kärnten) Sitz des römischen Statthalters.

Theoderichs Palast (Mosaik [Detail], 6. Jh.; San Apollinare Nuovo Ravenna)

Sieger Theoderich

15. März 493. Bei einem Mahl tötet Ostgotenkönig Theoderich in Ravenna seinen Mitregenten Odoaker drei Wochen nach Abschluß eines Friedensvertrages zwischen den beiden Konkurrenten um die Herrschaft über Italien.

488 brachen rund 100 000 Ostgoten, darunter mehr als 20 000 Krieger, unter Führung Theoderichs auf, um im Auftrag des oströmischen Kaisers Zenon die Herrschaft Odoakers in Italien zu brechen und ein eigenes Reich zu gründen (→ 23. 8. 476).

Im Herbst 489 treffen die beiden Heere erstmals aufeinander. In zwei Schlachten am Isonzo und bei Verona muß sich Odoaker geschlagen geben und nach Ravenna zurückziehen. Doch Theoderichs unaufhaltsam erscheinender Vormarsch wird, trotz westgotischer Unterstützung, durch den Verrat einzelner Heeresteile sowie den Einfall der Burgunder in Nordwestitalien gebremst.

Im August 490 beginnt die als »Rabenschlacht« in die Heldensage eingegangene Belagerung der als uneinnehmbar geltenden Stadt Ravenna, die den Ostgoten zweieinhalb Jahre standhält. Beide Seiten erleiden schwere Verluste, so daß Theoderich am 25. Februar 493 einem Vermittlungsvorschlag des Stadtbischofs von Ravenna zustimmt, wonach Odoaker und Theoderich Italien gemeinsam regieren sollen.

Doch bereits zehn Tage nach dem Einzug der Ostgoten in Ravenna tötet Theoderich bei einem Festmahl persönlich seinen 63jährigen Widersacher und wird zum Alleinherrscher Italiens.

Gotisches Heer

Wie die West- sind auch die Ostgoten überwiegend Reiterkrieger. Zwar besitzt das Heer König Theoderichs auch Fußsoldaten, ihnen kommen aber nur taktische Aufgaben zu (z. B. die Sicherung einer Stellung durch Bogenschützen). Die gotischen Reiter tragen zumeist einen Spangenhelm mit Nacken- und Wangenschutz; sie stecken in einem beweglichen Panzeranzug. Als Hauptwaffe führen sie mit beiden Händen eine überlange Stoßlanze, für den Nahkampf zu Pferd oder zu Fuß verfügen sie ferner über Schwert und Rundschild. Die Reiter sitzen auf gepanzerten Pferden und greifen in dichtgedrängten Gruppen an. Nicht selten endet das steigbügellose Gegeneinanderreiten gleichwertiger Gegner mit dem Tod beider Kämpfer. Die Stärke der gotischen Kriegführung liegt in der einfachen, aber flexiblen Kampftaktik wie Blitzattacken, taktischen Rückzügen und Umgehungsmanövern.

501

501–600

Anfang 6. Jh. In der rechten Seitenkapelle der Friedhofskirche von Teurnia (St. Peter im Holz in Kärnten) entsteht ein Fußbodenmosaik im Ausmaß von rund 25 m². →

1. Hälfte 6. Jh. Die germanische Völkergruppe der Bayern (auch Bajuwaren oder Baiovarii) dringt in das Alpenvorland und das westliche Ostalpengebiet ein. →

Um 508. Die Langobarden unter König Tato besiegen, wahrscheinlich auf dem niederösterreichischen Marchfeld, die Heruler unter König Rodulf. Dies bedeutet das Ende des Herulerreiches. Statt dessen entwickelt sich ein eigenes Langobardenreich, das teilweise auch österreichisches Gebiet umfaßt und durch wirtschaftliche Umsicht und militärische Schlagkraft einen raschen Aufstieg nimmt (→ 568).

511. Eugippius, Abt des Severinklosters Lucullanum bei Neapel und selbst ein Schüler des hl. Severin (→ 8. 1. 482), verfaßt die »Vita Sancti Severini«, die bedeutendste Geschichtsquelle der spätrömischen Zeit Österreichs.

525. Der römische Abt Dionysius Exiguus führt erstmals die Zeitrechnung ab Christi Geburt ein. →

30. 8. 526. Der Ostgotenkönig Theoderich der Große stirbt in Ravenna, sein Reich beginnt zu zerfallen. →

Um 530. Die langobardische Macht erreicht unter König Wacho in Niederösterreich und im Burgenland einen Höhepunkt. (→ 568).

536. Der Ostgotenkönig Witigis muß das Gebiet der Alemannen am Bodensee an den Frankenkönig Theudebert I. abtreten.

Um 543. Von Marseille aus verbreitet sich die Beulenpest über weite Teile Europas, der österreichische Raum ist allerdings kaum betroffen.

Um 550. Mehrere slawische Stämme werden in Mittel- und Osteuropa seßhaft. Auf österreichischem Boden sind es die von den germanischen Stämmen geräumten Teile Niederösterreichs, Südkärntens (wo sich Slowenen niederlassen), Oberkärntens und Osttirols, die neu besiedelt werden.

Für das frühe 7. Jahrhundert ist auch der Name »marca Winedorum« belegt (allerdings erst aus einer Quelle des 9. Jahrhunderts). Aus der Bezeichnung »Winedi« wird bald das deutsche »windisch«, das schließlich für die slowenische Bevölkerung Anwendung findet.

Bei Hauskirchen im nördlichen Weinviertel Niederösterreichs befindet sich ein Langobardenfriedhof mit einem Fürstengrab. →

Nach 550. Die Bayern sind bereits beiderseits der Enns ansässig; ihr Herzog Garibald aus dem Geschlecht der Agilolfinger wird als fränkischer Gefolgsmann genannt.

Nach 560. Das mongolische Reitervolk der Awaren, 557 an der unteren Donau aufgetaucht, dringt auf dem Weg an die mittlere Elbe in den österreichischen Raum ein. Sie siedeln in Niederösterreich und Ungarn und unterwerfen die slawischen Stämme der Böhmen und Mähren. →

Die awarische Unterdrückung führt zu Aufständen der Slawen, die in die schwerer zugänglichen Alpentäler fliehen (weshalb sie fortan »Alpenslawen« genannt werden; → Ende 6. Jh.).

565. In einer Dichtung des Römers Venantius Fortunatus werden die Bayern erstmals in ihrem heutigen Siedlungsgebiet erwähnt.

567. Die Langobarden unter ihrem König Alboin schließen ein Bündnis mit den Awaren gegen die Gepiden, die in Ungarn vernichtend geschlagen werden.

568. Die Langobarden müssen dem Druck ihrer awarischen Bündnispartner weichen und ziehen südwärts. In Oberitalien (im Raum der nach ihnen benannten Lombardei) gründen sie ein neues Reich (das bis → 774 Bestand hat). →

Mit dem Zug der Langobarden endet die zweite germanische Völkerwanderung (die sog. slawische Völkerwanderung dauert noch bis Anfang des 8. Jahrhunderts an).

582. Die Awaren erobern die alte Metropole Sirmium (Mitrowitz) an der Save. Damit öffnen sie den Slawen den Weg drau- und saveaufwärts.

588. Ein fränkischer Zug nach Italien zur Vertreibung der Langobarden endet mit einer verheerenden Niederlage der Franken.

Um 590. Der irische Mönch Columban landet mit zwölf Gefährten an der Küste der Bretagne und beginnt seine Missionstätigkeit im Frankenreich (→ um 630).

591. Das Bistum Säben in Südtirol wird erstmals erwähnt. Eine christliche Kirche gibt es bereits seit dem 4. Jahrhundert.

592. Die nach Westen vordringenden Slawen werden von den Bayern unter Herzog Tassilo I. im Quellgebiet der Drau aufgehalten. Die Bayern haben ihr Siedlungsgebiet in den Raum Südtirol ausgeweitet.

Ende 6. Jh. Die Alpenslawen sind bereits in Kärnten, der Steiermark, in Osttirol und im salzburgischen Lungau ansässig. →

ZITAT:

In der Regel des hl. Benedikt von Nursia heißt es über den Gehorsam der Mönche:

»Der höchste Grad der Demut ist unverzüglicher Gehorsam … Dieser Gehorsam ist jedoch Gott nur dann wohlgefällig und den Menschen angenehm, wenn der Auftrag nicht zaghaft, nicht lässig, nicht lau, nicht mit Murren oder gar mit offener Widerrede ausgeführt wird. Wer den Oberen gehorcht, gehorcht ja Gott.«

Zeitrechnung ab Christi Geburt

525. Der römische Abt Dionysius Exiguus – ein bekannter Übersetzer – berechnet das Osterdatum neu und führt erstmals die Zeitrechnung ab Christi Geburt ein.
Die alexandrinische Kirche forderte in der Zeit Kaiser Diokletians (†305), daß man das Osterfest am ersten Sonntag nach dem Frühlingsvollmond – d.h. frühestens dem ersten Sonntag nach dem 21. März – feiern müsse. Dieses Datum und die Festlegung von Ostern nach alexandrinischem und römischem Brauch hat das Konzil von Nicäa (→20. 5. 325) verbindlich bestätigt.
Trotzdem dauerte der Osterstreit fort, weil die Berechnung des Osterzyklus manchen Unklarheiten unterlag. Ostern wurde weiterhin in den verschiedenen Reichsteilen an unterschiedlichen Tagen gefeiert.
Dionysius Exiguus, ein geborener Skythe, der seit etwa 500 in Rom lebt, empfiehlt der römischen Kirche anstelle der bisher gebrauchten eine vollkommenere Ostertafel. Sein neuberechneter Kanon hat Erfolg, weil er die diokletianische Ära ablehnt. Bisher hatte die alexandrinische Festrechnung die diokletianische Ära verwendet. Sie rechnet von dem Jahr des Regierungsantritts Diokletians (284) an nach der Tafel des Kyrillos, des Patriarchen von Alexandrien.
Dionysius aber lehnt es ab, die Ära des Christenverfolgers Diokletian zu übernehmen. »Wir wollen nicht«, so schreibt er, »unsere Zyklen mit dem Andenken dieses ruchlosen Verfolgers verknüpfen, sondern haben es vorgezogen, von der Fleischwerdung unseres Herrn Jesus Christus an die Jahresläufe zu bezeichnen.« Dieser Gedanke, der ihn zu seiner Neuberechnung angeregt hat, beeindruckt die Kirche. Dionysius ersetzt nun, um die Ära mit Christi Geburt beginnen zu lassen, das Jahr 248 seit Diokletian mit dem Jahr 532 seit Christi Geburt gleich und berechnet, daß Christus im 754. Jahr nach der Gründung Roms (der römischen Zeitrechnung) geboren wurde. Die von Dionysius eingeführte christliche Ära zählt also die Jahre nach Christi Geburt. Diese neue Zeitrechnung findet im Westen allmählich Verbreitung, während sie im byzantinischen Osten kaum beachtet wird (→1582).

Mausoleum des Ostgotenkönigs Theoderichs des Großen in Ravenna

Ostgotenkönig stirbt in Ravenna

30. August 526. Im Alter von etwa 73 Jahren stirbt der Ostgotenkönig Theoderich, der Große, infolge einer Ruhrerkrankung in Ravenna. Seine Tochter Amalasuntha übernimmt die Regierung für ihren noch unmündigen Sohn Athalarich.
Theoderich wurde um 453 als Sohn des ostgotischen Teilkönigs Thiudimer geboren und war als Geisel am Hofe Kaiser Zenons in Konstantinopel erzogen worden. 474 übernahm er nach dem Tod des Vaters die Führung der Ostgoten und zog 488 nach Italien, um den Heerkönig Odoaker zu stürzen und ein eigenes Reich zu gründen. Nachdem er Odoaker am→ 15. März 493 erschlagen hatte und zum Alleinherrscher über Italien geworden war, wurde er 497 von dem oströmischen Kaiser Anastasios I. als König von Italien anerkannt.
Theoderich war stets darum bemüht, Christentum, Germanentum und Antike zu verschmelzen. Während seiner Regierungszeit ließ er Sümpfe trockenlegen, Wasserleitungen bauen, Residenzen befestigen und antike Bauten pflegen.

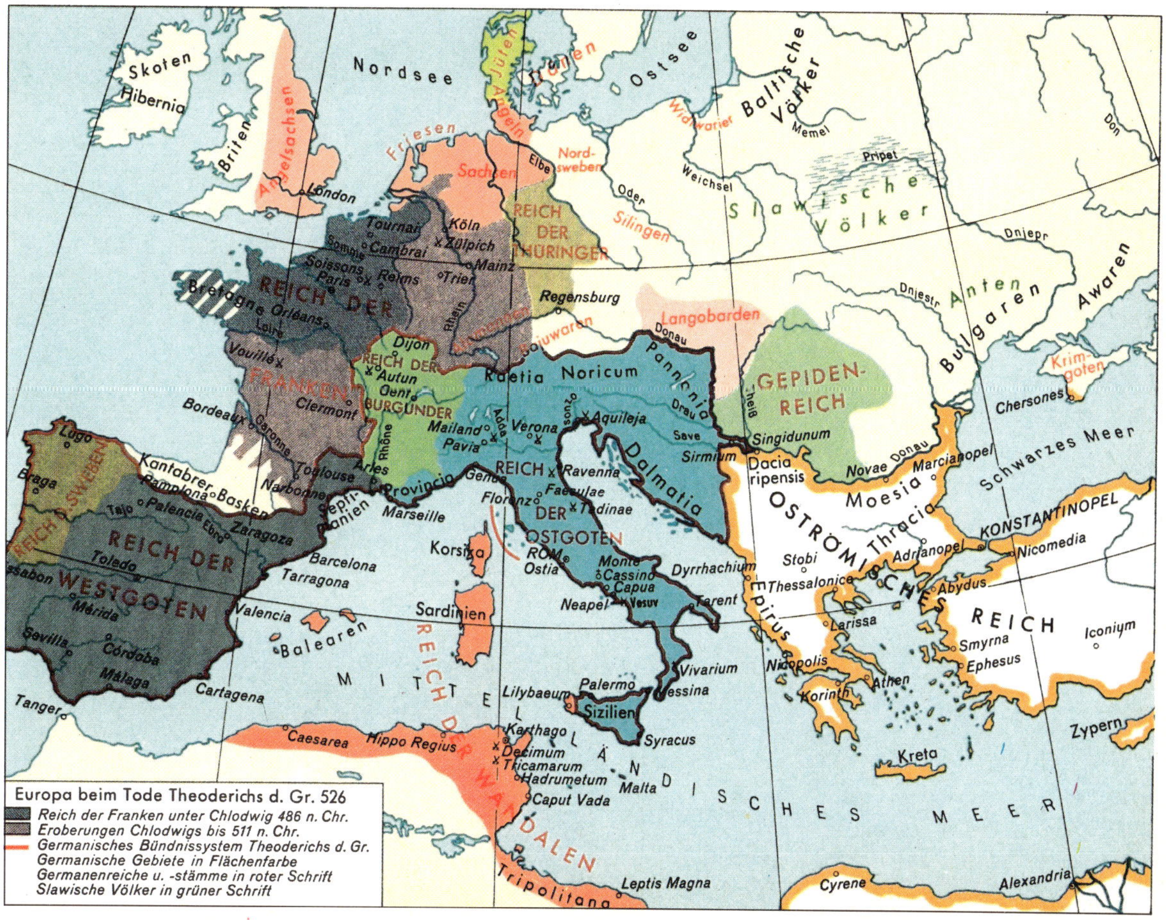

Die prunkvolle Eiserne Krone der Langobardenkönige

568. *Unter Führung ihres Königs Albion fallen die Langobarden von Pannonien aus mit 130 000 Mann in Italien ein und gründen in der Poebene (im Gebiet der nach ihnen benannten Lombardei) ein eigenständiges Reich. Der Grund für die Aufgabe ihres Siedlungsgebietes in Pannonien ist die bedrohliche Nachbarschaft zum kriegerischen Reitervolk der Awaren. Die Langobarden (und die mit ihnen ziehenden 20 000 Sachsen) stoßen auf nur geringen Widerstand der dort ansässigen Bevölkerung.*

Der Legende nach diente die abgebildete Eiserne Langobardenkrone (Kathedrale von Monza), ein mit Edelsteinen besetzter Goldreifen, der innen von einem eisernen Stützband zusammengehalten wird, zur Krönung der mittelalterlichen Könige und Kaiser Italiens. Es handelt sich allerdings um eine karolingische Krone aus der 2. Hälfte des 9. Jahrhunderts, mit der sich nur drei Herrscher (Karl V. 1530, Napoleon I. 1805 und Ferdinand I. 1838) krönen ließen. Die Kronen der langobardischen Könige sind verloren.

Die Bayern in Österreich

1. Hälfte 6. Jh. Im Verlauf der ersten Hälfte des 6. Jahrhunderts dringt die germanische Völkergruppe der Bayern (auch Bajuwaren oder Baiovarii genannt), vermutlich von Böhmen und der Slowakei her, in den Voralpenraum und das westliche Ostalpengebiet ein.

Die noch nicht christianisierten Bayern werden von Stammesherzögen regiert, die vermutlich burgundischer oder herulischer Abstammung sind. Sie übernehmen zum Teil die ehemaligen römischen Siedlungen (wie etwa Lorch oder Wels in Oberösterreich), bevorzugen aber die Siedlungsform der kleinen Weier und Einzelhöfe.

Bereits der erste mit Namen bekannte Bayernherzog, Agilolfinger Garibald, wird nach 550 als fränkischer Gefolgsmann genannt.

Die Karatanen und Kärnten

Allgemein wird mit »Karatanen« ein alpenslawischer Volksstamm Ende des 6. Jahrhunderts bezeichnet. Der Name stammt vermutlich von dem vorindogermanischen Wort »Car« (Felsgestein), was auf den Siedlungsraum des Stammes verweist, und nicht vom keltischen Begriff »carant« (Befreundete).

Die Karatanen sind nach dem Abzug der Langobarden in das freie Land an der mittleren Mur gezogen. Im 7. Jahrhundert spricht der Geograph von Ravenna in seiner »Cosmographie« davon, daß der »Volksname Carontani« bezeugt ist.

Aus dem ursprünglichen Wort »Carantanum« entwickeln sich das lateinische »Carinthia« ebenso wie die geographisch-politischen Bezeichnungen »Karantanische Mark« und später »Kärnten«.

Die Flucht in die Alpentäler

Ende 6. Jh. Die von dem mongolischen Reitervolk der Awaren unterdrückten slawischen Stämme weichen seit etwa 560 in die schwer zugänglichen Täler der Alpen aus, insbesondere in die Flußtäler der Mur, Drau und Enns, wo sie vor der Verfolgung durch die Awaren weitgehend sicher sind.

In den langen unwirtlichen Monaten des Jahres quartierten sich die Steppenreiter in den Siedlungen der Slawen ein und ließen sich von ihnen aushalten. Schon früh kam es daher zu Aufständen gegen die neuen Herren, die von diesen allerdings kompromißlos niedergeschlagen wurden. So ziehen sich mehrere slawische Stämme in die Alpen zurück, wo sie bald in Kärnten, der Steiermark, in Osttirol und im salzburgischen Lungau siedeln.

Das Reitervolk aus dem Osten

Nach 560. Rund 200 Jahre nach den hunnischen Reiterscharen fällt das mongolische Reitervolk der Awaren in den österreichischen Raum ein. Eine Spaltung des Volkes war wohl der Grund dafür, daß ein Teil der Awaren die weiten Steppen der Mongolei und des südlichen Sibiriens verließ und sich auf den langen Weg nach Westen machte.

Schon die zeitgenössischen chinesischen Quellen nennen sie »Zopfträger«. Charakteristisches Kennzeichen der Awarenkrieger sind nämlich die beiden Zöpfe, die jeder am Hinterkopf trägt und die von verzierten Zopfspangen gehalten werden. Nicht nur ihr fremdländisches Aussehen bewirkt Angst und Schrecken bei ihren Gegnern, sondern auch ihre außerordentliche Verbundenheit mit dem Pferd ruft Erstaunen hervor. Sie stehen unter der Führung eines Chagans (Großkönig). Neben der Stoßlanze mit eiserner Spitze sind die dreiflügeligen eisernen Pfeilspitzen typisch für die awarische Bewaffnung. Zum Teil kostbar verzierte Schwerter und Säbel vervollständigen die Ausrüstung. Nicht selten verwenden sie für diese Verzierungen (nicht nur der Waffen, sondern auch der Gürtelschnallen) wertvolle Edelmetalle.

Die Awaren erweisen sich auch als äußerst geschickt bei der Herstellung von Keramik, wenngleich hier die Formen einfach sind und nur geringe Verzierungen angebracht werden. Die hohe Wertschätzung der Pferde zeigt sich darin, daß es in der awarischen Oberschicht üblich ist, die Toten zusammen mit ihren Reitpferden zu bestatten.

Die Awaren leben in Zeltlagern, die sie meist ringförmig anlegen und mit hölzernen Palisaden, manchmal auch zusätzlich mit Dorngestrüpp, schützen. Entgegen anderslautenden Berichten bauen sie keine mehr oder weniger gewaltigen Befestigungsringe (sog. Awarenringe); dazu wäre eine größere Seßhaftigkeit Voraussetzung gewesen, die aber für ein nomadisierendes Reitervolk undenkbar ist.

Dieser Irrtum rührt vermutlich von fränkischen Kriegsberichten her, in denen vom awarischen »Hring« die Rede ist, was allerdings wohl nur auf die Ringform der awarischen Lager bezogen ist.

Kirchentradition in Lauriacum

2.–8. Jh. *Ein einmaliges Beispiel einer bruchlosen Kulturtradition in Österreich findet sich in Lauriacum (Enns-Lorch): Auf den Mauern eines römischen Stadttempels aus dem 2.–4. Jahrhundert erhebt sich eine frühchristliche Bischofskirche aus dem 4. Jahrhundert (neu adaptiert im 5. Jahrhundert), auf deren Fundamenten um 800 eine Wallfahrtskirche errichtet wird (Abb.: Ausgrabungen zeigen die halbkreisförmigen, konzentrischen Mauerreste der drei Kirchenbauten).*

Römisches Bodenmosaik in Teurnia

Anfang 6. Jh. *In der außerhalb der römischen Siedlung Teurnia (St. Peter im Holz, Kärnten) gelegenen Friedhofskirche entsteht in der südlichen Seitenkapelle ein kostbares, etwa 25 qm großes Fußbodenmosaik. Zwölf quadratische Felder, von einem Ornamentfries eingefaßt, zeigen christliche Symbole und eine Inschrift des Stifterpaares Urssus (wohl der Statthalter Binnennoricums) und seiner Gemahlin, die den in römischen Diensten stehenden Germanen als »vir spectabilis« bezeichnet.*

601

601–700

610. Im Verlauf einer Schlacht zwischen Slawen und Bayern wird Aguntum (Lienz in Osttirol) zerstört.

Abt Columban, Missionar irisch-schottischer Herkunft, gründet in Bregenz ein Kloster (→ um 623).

613–623. Der Merowingerkönig Chlothar II., seit 613 Alleinherrscher im Frankenreich, läßt das alemannische Recht aufzeichnen (»Pactus legis Alamannorum«).

Um 623. Die Franken fördern einen Aufstand böhmisch-mährischer Slawen unter Führung des fränkischen Fernkaufmanns Samo gegen die Awaren. Samo gründet ein unabhängiges Slawenreich, das sich von Thüringen und Böhmen über das östliche Niederösterreich bis nach Kärnten und Osttirol erstreckt. →

626. Ein awarisches Heer erleidet vor Konstantinopel eine schwere Niederlage.

Um 627. Der fränkische König Dagobert I. gründet das von Chur unabhängige Bistum Konstanz und setzt die Grenze Raetiens am Monstein fest.

Um 630. Die ersten Versuche einer christlichen Missionierung durch Abt Columban werden von seinem Schüler Gallus im Gebiet um den Bodensee fortgesetzt. →

Bei den Slawen im Donaugebiet missioniert der Wanderbischof Amandus.

630. Schwere innere Unruhen im Awarenreich, vor allem die andauernden Auseinandersetzungen mit den Bulgaren, führen zu einer starken wirtschaftlichen Abhängigkeit von Konstantinopel.

631. Samo, König des Mährischen Reiches, besiegt in der Schlacht bei Wogastisburg in Böhmen das Heer des Frankenkönigs Dagobert I. →

19. 1. 639. Im Alter von nur etwa 33 Jahren stirbt Dagobert I., seit 629 Herrscher über das gesamte Frankenreich. Er hatte Paris zu seiner Residenz erklärt und eine starke Zentralgewalt durchgesetzt. Nach seinem Tod erlangen Raetien und Alemannien fast völlige Unabhängigkeit vom Frankenreich.

Nach 660. Nach dem Tod des Slawenkönigs Samo zerfällt das von ihm errichtete Mährische Reich rasch. Der Einfluß der Bayern in Ostösterreich nimmt zu und reicht bis zum Gebiet des Wienerwaldes.

In Bozen (Südtirol) ist ein bayrischer Grenzgraf erwähnt.

Um 670. Nach kriegerischen Auseinandersetzungen zwischen Alemannen und Rätern wird der Rheingau alemannisch.

679. Ein Umsturz im Awarenreich führt zum Abzug der Bulgaren über die untere Donau.

Um 680. Theodo II. (auch Theoto) aus dem Geschlecht der Agilolfinger wird Herzog von Bayern. Er ist ein unermütlicher Verfechter des Christentums und sehr um die Organisation der Kirche bemüht.

680. In Kämpfen mit den Langobarden unterliegen die Bayern im Bereich von Bozen in Südtirol.

687. Der Sieg in der Schlacht bei Tetry sichert dem fränkischen Hausmeier Pippin II., dem Mittleren, die Herrschaft im ganzen Frankenreich und legt damit den Grundstein für den Aufstieg der Karolinger.

696. Bischof Rupert (auch Hruodpert oder Ruodpert) gründet ein Benediktinerkloster, die Erzabtei St. Peter (das älteste bestehende Kloster Österreichs). →

Um 700. Von Salzburg aus beginnt die christliche Missionierung des Alpenraumes.

GESTORBEN:

Um 660. Samo (* ?), fränkischer Fernkaufmann, Begründer und König des Mährischen Reiches (→ um 623).

GEBOREN:

Um 650. Rupert († 24. 3. 716 ?), Bischof von Salzburg.

672/73. Wessex: Bonifatius († 5. 6. 754), »Apostel der Deutschen«.

Um 700. Irland: Virgil († 27. 11. 784), Bischof von Salzburg.

ZITAT:

Die »Chronik« des sog. Fredegar (die einzig erhaltene Quelle zur Geschichte des Ostfränkischen Reiches) berichtet über den Kampf zwischen Slawen und Awaren:

»Jedes Jahr kamen die Hunnen [Awaren] zu den Slawen, um bei ihnen zu überwintern, und schliefen mit den Frauen und Töchtern der Slawen. Die Slawen erduldeten auch andere Niederträchtigkeiten und leisteten den Hunnen obendrein Tribute. Die Söhne aber, die die Hunnen mit den Frauen und Töchtern der Wenden gezeugt hatten, vermochten schließlich diese grausame Unterdrückung nicht mehr zu ertragen, verweigerten den Hunnen den Gehorsam und hatten so einen Aufstand begonnen. Als die Wenden mit Heeresmacht die Hunnen angriffen, zog der Kaufmann Samo an ihrer Seite im Heere mit.«

In der »Vita des heiligen Bonifatius« heißt es über die Jugend von Bonifatius, dem »Apostel der Deutschen«:

»Nachdem er so lange in anhalten dem Geistessinnen über die himmlischen Dinge nachgedacht und sich ganz in die Zukunft versenkt und nach oben gerichtet hatte, eröffnete er auch endlich dem Vater seine Herzensgedanken, Geistlicher zu werden, und bat ihn, seinen Wunsch zu unterstützen. Der Vater aber, heftig durch das Gehörte verblüfft, schalt ihn tüchtig aus …
Da geschah es auf sonderbare Weise, wie ja immer das göttliche Erbarmen zu handeln pflegt, daß Gottes Fürsorge seinem jugendlichen Streiter Trost im begonnenen Werke und Stärkung seines angstvollen Wunsches schenkte, sowie auch den widerstrebenden Geist seines Vaters plötzlich änderte, da zu derselben Zeit den Vater eine heftige Krankheit ergriff …«

Die Schlacht bei der Wogastisburg

631. Die Truppen König Samos, seit → 623 Herrscher über ein unabhängiges Slawenreich, besiegen das Heer des fränkischen Königs Dagobert I. bei Wogastisburg in Böhmen. Durch diesen Erfolg kann Samo sein Reich festigen und es dem fränkischen Einfluß entziehen.
Die »Chronik« des sog. Fredegar (um 660 von sechs unbekannten Verfassern geschrieben) berichtet über die Hintergründe der Schlacht: »Damals wurden in Samos Reich fränkische Kaufleute getötet und beraubt, ihr König Dagobert I. schickte einen Gesandten zu Samo mit der Forderung, wegen des verübten Mordes einzuschreiten, wie es die Gerechtigkeit verlange.
Da Samo den Boten aber nicht vorlassen wollte, kleidete sich dieser nach slawischem Brauch, erschien mit seinem Gefolge vor dem König und tat ihm kund, was ihm durch seinen Herrn aufgetragen worden war. Samo machte nichts von dem, was die Seinen verbrochen hatten, gut und verstand sich nur dazu, ein gerichtliches Verfahren gegen die Täter einzuleiten. Der Gesandte schmähte hierauf in törichter Weise Samo, daß dieser nämlich mit seinem ganzen Volke König Dagobert dienstbar zu sein habe.

Fränkische Krieger zu Pferd und zu Fuß belagern eine Burg (Buchmalerei im »Psalterium Aureum«, 9. Jh.; Stiftsbibliothek St. Gallen, Schweiz)

Samo erwiderte: ›Das Land, das wir innehaben, und wir selbst sind Dagoberts, jedoch nur im Falle, daß er Freundschaft mit uns bewahren will.‹ Der Gesandte antwortete: ›Es ist nicht möglich, daß Christen, die Knechte Gottes sind, mit Hunden in Freundschaft leben!‹ Samo sprach: › Wenn die Franken die Knechte Gottes und wir die Hunde sind, so ist uns erlaubt, sie zu beißen!‹ Mit diesem Worte warf der König den Gesandten hinaus. Als das Dagobert erfuhr, ließ er aus dem östlichen Teile seines Reiches ein Heer gegen Samo und die Wenden ins Feld rücken und in drei Abteilungen feindwärts ziehen, und beide führten ein ungeheure Menge slawischer Gefangener als Beute mit sich fort.
Als sich die Austrasier an die Belagerung der Samoschen Wogastisburg machten, wo sich die Hauptmacht der Wenden befand, kam es zu einer dreitägigen blutigen Schlacht, in der ein großer Teil von Dagoberts Heer durchs Schwert umkam. Die Franken ließen alle ihre Zelte, und was sie bei sich hatten, im Stiche und flohen nach Hause.«
Als das geschlagene fränkische Invasionsheer abgezogen ist, schließt sich auch der Stamm der Sorben dem Mährischen Reich des Samo an.

Kaufmannssohn wird Slawenkönig

623–660. Fränkische Fernkaufleute treiben schon seit einiger Zeit einen verhältnismäßig regen Handel mit den Slawen. So kommt auch der fränkische Kaufmannssohn Samo, vermutlich ein Karantaner, zu den böhmisch-mährischen Slawen, gerade als diese sich gegen die awarische Fremdherrschaft auflehnen. Der tatkräftige Samo stellt sich an die Spitze des Aufstandes und führt die Slawen zum Sieg über das mongolische Reitervolk, worauf ihn die Slawen zu ihrem König wählen. Samo errichtet in erstaunlich kurzer Zeit ein unabhängiges Slawenreich, das von Thüringen und Böhmen bis nach Kärnten reicht.
Die »Chronik« des sog. Fredegar berichtet: »Als das wendische Heer gegen die Hunnen auszog, begleitete es jener Handelsmann Samo. Dabei zeichnet er sich im Kampf gegen die Hunnen auf wunderbare Weise durch Tapferkeit aus. Eine ungeheure Menge von Hunnen fiel durch das Schwert der Wenden. Als diese die Tapferkeit des Samo erkannt hatten, wählten sie ihn zu ihrem König, und er herrschte 35 Jahre glücklich. Unter seiner Regierung lieferten die Wenden mehrere Schlachten gegen die Hunnen, und es war sein Verdienst, daß sie jedesmal Sieger blieben.«

Bischof Rupert gründet Erzstift St. Peter

696. Bischof Rupert gründet in der ehemaligen Römerstadt Iuvavum (Salzburg) ein Kloster nach der Regel des Benedikt von Nursia, das Erzstift St. Peter.
Rupert war zuvor Bischof von Worms gewesen, und es ist ungeklärt, ob ihn politische oder missionarische Gründe veranlaßten, nach Regensburg zu gehen, wo er vom Bayernherzog Theodo II. ehrenvoll aufgenommen wurde. Rupert beschloß, zunächst die Awaren zu bekehren, und begab sich auf der Donau nach Lorch – kehrte aber schon bald nach Seekirchen am Wallersee zurück. Von hier zog er in das weitgehend zerstörte Salzburg; die traditionsreiche Römerstadt schien ihm der richtige Ort für einen Bischofssitz zu sein. Herzog Theodo schenkte daraufhin Rupert die Stadt und die gesamte Talsiedlung.

Bischof Rupert und Virgil (Barocke Seidenstickerei; St. Peter Salzburg)

Vermutlich knüpft Rupert mit der Klostergründung bewußt an eine ältere Einrichtung an (schon der Abt Eugippius spricht in seiner Lebensbeschreibung des heiligen Severin 511 von einer Klosterkirche [basilica] sowie Mönchen unmittelbar bei der Stadt Iuvavum). Der gewählte Ort ist aufgrund seiner feuchten und lichtlosen Lage und wegen der ständigen Steinschlaggefahr der Mönchsbergwand kein einladender Platz. Rupert führt demnach doch eine Erneuerung durch, die einer Neugründung gleichkommt. In der »Gesta Hrodberti« heißt es, daß der Bischof den Ort von Bäumen überwuchert vorfand und sie roden ließ, um dann eine ansehnliche Kirche zu Ehren des Apostels Petrus bauen zu lassen. Im errichteten Kloster, das zum Zentrum der Salzburger Kirche wird, nimmt Rupert selbst seinen Sitz.

Die irische Missionierung

Um 630. Gallus, ein Schüler des irischen Mönches Columban, unternimmt einen abermaligen Missionierungsversuch im Gebiet um den Bodensee, nachdem sein Lehrer zuvor vergeblich versucht hat, die heidnischen Bregenzer zum christlichen Glauben zu bekehren.

Die streng asketisch lebenden irischen Mönche kennen als höchste Stufe der Entsagung die Auswanderung aus der Heimat, um das Christentum zu verbreiten. Auch Columban folgte um 590 seinem mönchischen Ideal, landete mit angeblich zwölf Getreuen (in Anlehnung an Christus und seine Jünger) an der Küste der Bretagne und gelangte an den burgundischen Hof des Frankenkönigs Theuderich II.

Wegen seiner freimütigen Kritik des Hoflebens und der strengen christlichen Maßstäbe, die er anlegte, wurde er vom König vertrieben und zog an den Hof des austrischen Königs Theudebert II., wo er freundlich aufgenommen wurde.

Theudebert schickte Columban zur Missionierung der noch heidnischen Untertanen ins Land und stellte ihm für seine Tätigkeit sogar einen königlichen Schutzbrief aus.

Nach ersten, erfolglosen Missionierungsversuchen in Raetien traf der Mönch 610 im Bregenzer Raum ein. Trotz des vorhandenen Schutzbriefes machten die Alemannen es Columban äußerst schwer. So führten sie z. B. Klage bei ihrem Herzog Gunzo, der Missionar würde an manchen Orten die öffentlichen Jagden zugrunderichten und erklärten dies mit dem bisher unüblichen Glokkengeläute. Doch selbst Gewalttaten schreckten Columban nicht ab: Er suchte, heißt es bei seinem Biographen Jonas von Susa, »einen Ort auf, der von allen gelobt wurde, eine innerhalb Germaniens gelegene, dem Rheine benachbarte, vormals zerstörte Stadt, welche Brigantias [Bregenz] hieß.« Hier gründete er 610 ein Kloster. Als aber Theudebert 612 im Machtkampf mit seinem Bruder unterlag, entschied sich der zunächst abwartende Herzog Gunzo für die Bregenzer und zwang Columban, das Land zu verlassen. Er zog zum Langobardenkönig Agilulf und gründete südlich von Piacenza das Kloster Bobbio, wo er am 23. November 615 – 70jährig – starb.

701

701–800

712. Am steirischen Erzberg wird der Bergbau wieder aufgenommen.

717. Der Goldbergbau »in der« Gastein (Salzburg) wird erfolgreich wieder aufgenommen.

15. 5. 719. Papst Gregor II. bestellt den angelsächsischen Mönch Wynfreth zum Missionar für die heidnischen Germanen und gibt ihm den Namen Bonifatius (Wohltäter; → 745/747).

739. Bonifatius gründet das Bistum Salzburg; der residierende Abt von St. Peter, Bischof Johannes, wird erster Diözesanbischof. Es gibt nun vier bayrische Diözesen: Regensburg, Passau, Freising und Salzburg.

740. Awareneinfall in Kärnten: Die karantanischen Slawen rufen Bayernherzog Odilo zu Hilfe, der die Eingedrungenen zurückschlägt. Fortan müssen die karantanischen Slawen dem Bayernherzog Heerfolge leisten.

745. Der irische Mönch Virgil wird Bischof von Salzburg. Planmäßig missioniert er in Kärnten.

745 und 747. Zwei Reichssynoden beenden vorläufig die von Bonifatius betriebene Reform der Kirche im Frankenreich. →

746. Der fränkische Hausmeier Karlmann hält in Cannstatt Gericht über die Anführer des Alemannenaufstandes.

Vor 748. Kurz vor seinem Tod gründet der Bayernherzog Odilo das Kloster Mondsee in Oberösterreich.

18. 1. 748. Nach dem Tod Odilos wird dessen sechsjähriger Sohn Tassilo III. Herzog von Bayern.

755. Der Name Salzburg wird erstmals urkundlich erwähnt.

Um 760. Zwei fränkische Adelige gründen auf den Ruinen der Römerstadt Cetium (St. Pölten in Niederösterreich) ein Benediktinerkloster.

763. Bayernherzog Tassilo III. verweigert dem Frankenkönig Pippin die Heerfolge gegen Aquitanien. →

767. Die Marienkirche in Maria Saal in Kärnten wird durch den Salzburger Chorbischof Modestus geweiht.

768. Erstmals wird in einem fränkischen Schriftstück der Begriff »theodiscus« (deutsch) verwendet. →

Um 770. Auf Veranlassung des Freisinger Bischofs Arbeo entsteht das »Abrogans«. →

771. In den Lorscher »Traditionen« ist erstmals die Dreifelderwirtschaft belegt. →

4. 12. 771. Nach dem Tod seines Bruders Karlmann wird Karl (der Große) Alleinherrscher im Frankenreich.

772. Bayernherzog Tassilo III. schlägt einen 769 begonnenen Aufstand der Karantanen nieder, die in enge Abhängigkeit von Bayern geraten.

774. Der fränkische König Karl (der Große) läßt sich in Pavia auch zum König der Langobarden erheben. Damit verliert das → 568 gegründete Lombardenreich seine Selbständigkeit.

24. 9. 774. Der Salzburger Dom wird geweiht.

Vor 777. Der Tassilokelch des Stiftes Kremsmünster (Oberösterreich) entsteht. →

777. Bayernherzog Tassilo III. gründet das Benediktinerstift Kremsmünster in Oberösterreich.

788. Der fränkische König Karl (der Große) setzt Herzog Tassilo III. von Bayern ab. →

Saalfelden in Salzburg wird als »Salafelda« urkundlich erwähnt.

790. Kufstein in Tirol wird zum ersten Mal urkundlich genannt (Caofstein).

791. Die Awaren fallen in Bayern und Friaul ein. Sie werden von den Franken insbesondere im niederösterreichischen Donauraum bekämpft. →

Um 793. König Karl (der Große) erläßt eine fränkische Verwaltungsordnung, das »Capitulare de villis«. Es regelt die Verwaltung des Königsguts im Frankenreich.

20. 4. 798. Das Bistum Salzburg wird zum Erzbistum erhoben, Bischof Arno erster Erzbischof. Die Bistümer Regensburg, Passau, Freising und Säben (Südtirol) werden Salzburg unterstellt.

799. Die frühkarolingische Martinskirche in Linz (die älteste erhaltene Kirche Österreichs) wird geweiht – erste urkundliche Erwähnung von »Linze«. →

Ende 8. Jh. In der 774 gegründeten »Salzburger Schreibstube« wird das Evangeliar des angelsächsischen Mönches Cutbrecht geschrieben und mit wertvollen Buchmalereien versehen. →

Der »Codex Millenarius« des Stiftes Kremsmünster entsteht.

Die Pfarrkirche von Karnburg in Kärnten wird errichtet.

25. 12. 800. Papst Leo III. krönt den Frankenkönig Karl (den Großen) zum Kaiser. →

GESTORBEN:

24. 3. 716 (?). Worms: Rupert (* um 650), Bischof von Salzburg. →

5. 6. 754. Bei Dokkum (Friesland): Bonifatius (* 672/73), »Apostel der Deutschen«.

27. 11. 784. Salzburg: Virgil (* um 700), Bischof von Salzburg.

11. 12. nach 794. Kloster Lorsch: Tassilo III. (* um 741), Herzog von Bayern (→ 788).

GEBOREN:

Um 741. Tassilo III. († 11. 12. nach 794), Herzog von Bayern.

2. 4. 747. Karl (der Große; † 28. 1. 814), König und Kaiser.

778. Casseneuil: Ludwig I., der Fromme († 20. 6. 840), Kaiser.

Kirchenreform des Bonifatius

745 und 747. Die beiden gesamtfränkischen Reichssynoden der Jahre 745 und 747 bringen die Reform der Kirche im Frankenreich, die der angelsächsische Missionar Bonifatius im Auftrag der karolingischen Hausmeier Karlmann und Pippin in Angriff genommen hatte, zu einem vorläufigen Abschluß.

Bonifatius hatte 732 vom römischen Papst die Würde eines päpstlichen Vikars für ganz Germanien erhalten. Er sah seine Aufgabe darin, die Annäherung des Frankenreiches an Rom zu fördern. Die Reichssynode von 747 krönt sein Bemühen mit Erfolg: Die fränkischen Bischöfe erklären in einer schriftlichen Urkunde ihre Unterwerfung unter den römischen Papst – ein epochales Ereignis, denn es besiegelt die Hinwendung Roms, bislang noch nach Byzanz orientiert, zum abendländischen Westen (→ 800). Den gesamtfränkischen Reichssynoden waren eine Reihe von Synoden in den Reichsteilen Austrien (Concilium Germanicum, 742; Synode von Estinnes, 743) und Neustrien (Synode von Soissons, 744) vorausgegangen, die wichtige Beschlüsse zur Reform der Kirche im Frankenreich faßten, die vor allem die Neuordnung der Kirchenorganisation, die Kirchengüter, Richtlinien für kirchliche Zucht und Ordnung sowie auch Eingriffe in das Leben der Laien betrafen.

Fränkischer Fürst als Stifter der Kirche St. Benedikt in Mals im Südtiroler Vintschgau (Fresko, um 800)

Bischof Rupert lebt nicht mehr

24. März 716 (?). In Worms stirbt im Alter von etwa 66 Jahren Rupert (auch Hruodpert oder Ruodpert), Gründer des Erzstifts St. Peter und erster Bischof von Salzburg (→ 696). Das genaue Todesjahr Ruperts ist nicht bekannt. In der »Conversio Bagoariorum et Carantanorum«, dem Weißbuch der Salzburger Kirche über ihre erfolgreiche Missionstätigkeit, heißt es nur:
»Er wußte aber den Tag seiner Heimholung schon lange im voraus und kehrte, nachdem er seine Schüler noch im Glauben gestärkt hatte, zu seinem eigenen Bischofssitz zurück. Im Beisein der Brüder, die er vorher mit göttlichen Worten ermahnte, gab er dort betend und in Frieden seinen Geist auf, und zwar am Tag der Auferstehung unseres Herrn Jesus Christus.«
Daraus geht hervor, daß Rupert nach Worms, seinem ehemaligen Bischofssitz zurückgekehrt ist und dort am 24. März stirbt. Daß der Bischof in einer Vereinbarung über die Organisation der bayrischen Kirche aus dem Jahre 716 nicht erwähnt wird, weist darauf hin, daß er zu diesem Zeitpunkt schon nicht mehr in Salzburg weilt. Daß Rupert nicht in Salzburg gestorben ist, ergibt sich zudem aus der Überlieferung, wonach sein Leichnam anläßlich der Weihe des Domes am 24. September 774 nach Salzburg überführt wird.

Rupert bei der Heidentaufe und auf dem Totenbett (Buchmalerei)

Mönche bei der Weinernte und -verarbeitung (Miniatur aus den »Dialogen Gregors des Großen«, 12. Jh.)

Das Leben der Mönche im Kloster

Im Verlauf des 7. Jahrhunderts sind zahlreiche Klöster gegründet worden. Der Charakter des Christentums bringt es mit sich, daß für viele Menschen der Glaube so wichtig ist, daß sie ihr ganzes Leben Gott weihen wollen und sich darum aus der Welt zurückziehen. Darüber hinaus bedeutet für viele Menschen in Zeiten, in denen Kriege, Naturkatastrophen und Armut die Lebensverhältnisse unsicher und schwierig machen, der Eintritt in ein Kloster eine soziale Absicherung.
Die Klöster erlangen eine große politische, wirtschaftliche und kulturelle Bedeutung für die Gesellschaft ihrer Zeit. Sie tragen dazu bei, den Staat auf der Grundlage der christlichen Weltanschauung neu zu organisieren, ihre straffe Organisation bildet ein Modell für die politische Verwaltung.
Die Klöster erschließen neue Wirtschaftsräume und Handelsbeziehungen. Die Mönche roden Land und kultivieren die Landwirtschaft. In ihren Schulen bilden sie neben Geistlichen auch Laien aus, die in Staat und Verwaltung eine bedeutende Rolle spielen. Sie sammeln und kopieren, in mühsamer, jahrelanger Handarbeit, die Werke antiker Dichter, Philosophen und Naturwissenschaftler und bewahren so das antike Bildungsgut.
Für die meisten Klöster verbindlich gilt die Ordensregel Benedikts von Nursia, die er um 530 aufgestellt hat. Der Leitsatz seiner Vorschriften lautet: »Ora et labora« – »Bete und arbeite«. Benedikt verlangt von den Mönchen Gebet, Andacht sowie nützliche Arbeit und Taten der Nächstenliebe. Es geht ihm nicht nur um die Abkehr von der Welt, sondern auch um die Erneuerung und Kultivierung der bestehenden Gesellschaft.
Jedes Kloster bildet ein eigenständiges, unabhängiges soziales und wirtschaftliches System. Es erhält sich selbst durch die Arbeit der Mönche als Bauern und Handwerker, Überschüsse werden gegen andere Waren eingetauscht. Die Grundlage für die wirtschaftliche Lebensfähigkeit bilden Stiftungen und Schenkungen zumeist adeliger Herren. Viele Klöster verfügen über einen großen Landbesitz, sie haben Hörige und Leibeigene und verpachten das Klostergut an Bauern, die zur Leistung von Frondiensten und Pachtzinsen verpflichtet sind.
Der Tagesablauf der Mönche ist in drei Phasen eingeteilt, in die Zeiten des Gebets, der Arbeit und des Studiums. Müßiggang sowie weltliche Gedanken und Gespräche sind verpönt.

Blick in die Krypta der Stiftskirche des Benediktinerinnenstiftes Nonnberg in Salzburg, um 700 von Bischof Rupert gegründet und ältestes heute noch bestehendes Frauenkloster im deutschen Sprachraum

Vasallentum im Mittelalter

Bei der Vasallität handelt es sich um ein Abhängigkeitsverhältnis des Vasallen von einem Herrn. Dem lateinischen Begriff »vasallus« liegt das keltische Wort »gwas« zugrunde, was Knecht bedeutet. Ursprünglich handelte es sich um ein reines Knechtschaftsverhältnis.
Die Vasallität wird durch eine bestimmte Rechtshandlung begründet, die man »Kommendation« nennt und die einen Ergebenheitsritus darstellt. Der Vasall ergibt sich förmlich dem Herrn, indem er seine Hände in die des Herrn legt, der sie wiederum umschließt. Der Vasall verpflichtet sich mit dieser Gebärde zu lebenslangem Gehorsam und Dienst. Der Herr gewährt ihm Schutz und Unterhalt.

Tassilo bricht seinen Eid
763. Herzog Tassilo III. von Bayern bricht seinen Vasalleneid und verweigert dem fränkischen König Pippin die Heeresfolge auf dem Kriegszug gegen Aquitanien, zu der er als Lehnsmann verpflichtet ist.
Tassilo gehört dem Geschlecht der Agilolfinger an, die eine starke Machtposition ausbauen konnten und den Karolingern praktisch gleichgestellt sind. Bayern ist zwar ein Teilreich des fränkischen Königtums, betreibt aber seit längerem eine antikarolingische Politik.
Nach dem Bruch mit Pippin versucht Tassilo, Bayern zu einem unabhängigen Reich zu machen. Pippin unternimmt zunächst nichts dagegen, da der Bayernherzog zu mächtig ist.

In der späten Merowingerzeit wandelt sich das ursprüngliche Knechtschaftsverhältnis in ein Dienstverhältnis zwischen Adeligen, die sozial gleichberechtigt sind. Es entsteht somit ein Vasallenverhältnis zwischen Gleichgestellten im Sinne der Gefolgschaft.
Die Bindung, die beide Seiten eingehen, wird verstärkt durch den Treueid, den beide abgeben. Der Gedanke des Treueids stammt aus dem germanischen Gefolgschaftswesen. Durch den Treueid wird die einseitige Bindung durch die zweiseitige Beziehung ersetzt: Der Eid verpflichtet sowohl den Vasallen wie auch den Herrn.

Autorporträt des hl. Johannes (8. Jh.; Nationalbibliothek Wien)

Erste Seite des Cutbrecht-Evangeliars (Nationalbibliothek Wien)

Segnender Christus (Evangeliar; Bibliothèque Nationale Paris)

Karolingische Renaissance – Wiedergeburt der Spätantike

König Karl der Große leitet im Frankenreich eine Erneuerung der Kunst und der Bildung ein, die sich an spätantiken Vorbildern orientiert und als karolingische Renaissance bezeichnet wird.
Der Hof Karls wird zum kulturellen Mittelpunkt, an dem die lateinische Sprache der christlichen Spätantike und der römischen Klassiker gepflegt wird. Alkuin, der bedeutendste Gelehrte der Zeit, bildet in der Aachener Hofschule und in Tours die geistliche Führungsschicht des Reiches heran.
Auf allen Wissensgebieten – auch in der Kunst – wird an die Tradition der Spätantike angeknüpft, so wie sich auch das karolingische Herrschertum an der spätrömischen Kaiseridee orientiert.
In der Malerei steht die Ausgestaltung biblischer Schriften und des liturgischen Buches im Vordergrund. Die Schreiber in den Klöstern entwickeln bei ihrer Arbeit eine eigene Schrift, die karolingischen Minuskel (eine Schrift in Kleinbuchstaben), die durch ihre Klarheit leicht lesbar ist. In den reich illuminierten liturgischen Büchern und Bibelhandschriften werden die Anfänge der Seiten mit Initialen geschmückt, die ornamental ausgestaltet sind und zum Teil mit Figuren und szenischen Darstellungen verbunden werden.

Der Tassilokelch des Stiftes Kremsmünster (Oberösterreich), ein Kupferkelch, innen und außen vergoldet, mit bildertragenden Silbermedaillons, wird vor 777 gefertigt – ursprünglich für die Hochzeit des Bayernherzogs Tassilo III. mit der langobardischen Königstochter Luitpirc. Unter den vier Bildern am Fuß des Kelches auch die Gottesmutter, mit großer Wahrscheinlichkeit das älteste erhaltene Marienbild nördlich der Alpen. – Da der Kelch im Perlenring zwischen Schale und dem Knauf drehbar ist, diente er wohl zunächst als Spendenkelch bei der Kommunionfeier.

Monatsbilder (9. Jh.; Österreichische Nationalbibliothek Wien)

Neuerungen in der Landwirtschaft

771. In den »Traditionen« des Klosters Lorsch wird erstmals die Dreifelderwirtschaft beschrieben – Beleg für die sich in der Karolingerzeit durchsetzenden Neuerungen in der Landwirtschaft.
Bei der Dreifelderwirtschaft, die auch schon in einer Urkunde des Klosters St. Gallen vom Jahr 763 Erwähnung findet, wird jedes Flurstück in regelmäßiger Folge im ersten Jahr mit Wintergetreide und im zweiten Jahr mit Sommergetreide bebaut; im dritten Jahr läßt man das Feld brachliegen. Vor der Einführung dieser Neuerung in der Landwirtschaft wechselten Bebauung und Brache jährlich.

Das erste Wörterbuch

Um 770. Auf Anregung des Bischofs Arbeo von Freising entsteht der »Abrogans«, ein lateinisch-althochdeutsches Synonymenlexikon; es ist nach seinem ersten Lemma (Stichwort) benannt.
Die bevorzugte geschriebene Sprache bleibt – auch in althochdeutscher Zeit – das Mittellatein. So ist die Entstehung des »Abrogans« den lateinischen Bildungsbestrebungen des deutschen Südostens zu verdanken; denn das Buch wurde nicht geschaffen, um die deutsche Sprache zu erlernen und zu verbreiten, sondern als Hilfsmittel und Einführung in die lateinische Stilkunst. Es dient dem Verständnis ausgefallener lateinischer Wörter, die glossiert und interpretiert werden. Ausschließlich der Eigennamen und der nicht althochdeutschen Glossen enthält der »Abrogans« in über 14 600 Belegen rund 3670 althochdeutsche Wörter.

Der Begriff »deutsch«

768. In einem Schriftstück findet sich (allerdings noch in der mittellateinischen Form »theodiscus«) eine erste Erwähnung des Begriffs »deutsch«.
Mit der amtlichen Bezeichnung »theodisca lingua« grenzt sich die altfränkische Volkssprache einerseits vom Lateinischen, andererseits von den einzelnen Stammessprachen im Frankenreich ab. Unter Karl dem Großen, der die politische Einheit der germanischen Stämme auf dem Festland verwirklichen will, wird diese Bezeichnung zum programmatischen Ausdruck für die angestrebte kulturelle Einheit der Franken.
Mit dem zunehmenden Einfluß der Romanen im Karolingerreich gewinnt aber der Gegensatz zwischen romanischen (west-) und germanischen (ostfränkischen) Volksstämmen an Bedeutung. Als Reaktion auf die politische Entwicklung betonen die germanischen Ostfranken in der Folge stärker ihr eigenes Volkstum.
In diesem Spannungsverhältnis entsteht die Bezeichnung »theudisk« (dem eigenen Stamm zugehörig); sie geht zurück auf das germanische Substantiv »thiot« (Volk), das durch die Endung »-isc« (-isch) zu einem Adjektiv mit der Bedeutung »zum Volk gehörig« wird.
Den Gegensatz dazu bildet »walhisk« (welsch, romanisch), das ursprünglich die Andersartigkeit der keltischen Bewohner Westeuropas bezeichnete, nach der Besetzung der keltischen Gebiete durch die Römer aber allmählich auf die dortige Bevölkerung allgemein übertragen wurde, besonders auf die Galliens und Italiens.
Als Volks- oder Sprachbezeichnung (noch nicht zur Kennzeichnung eines bestimmten Siedlungsraumes) sind zunächst drei Wortformen in Gebrauch: Das gemeinfränkische »theudisk«, das daraus abgeleitete »theodiscus« sowie das nur regional bekannte und wenig gebräuchliche ostfränkische »diutisc«, der unmittelbare Vorläufer der heutigen Form »deutsch«.
Das aus dem lateinischen Schrifttum bekannte Wort »teutonicus« meint zunächst nur »gallisch« und wird erst später mit »diutisc« gleichgesetzt, um diesem Begriff ein stärkeres, weil historisch fundiertes, Gewicht zu geben.

Martinskirche in Linz wird geweiht

799. *Durch den Umbau einer offenen Arkadenhalle aus dem frühen 8. Jahrhundert, die auf römischen Fundamenten ruht, entsteht die Martinskirche in Linz. Der frühkarolingische Bau ist die älteste Kirche Österreichs. Linz wird als »Linze« erstmals urkundlich erwähnt, ebenso die Burg und die Martinskirche. In dieser Lehensurkunde übergibt Bischof Waldarich von Passau Linz dem Grafen Gerold zu Afterlehen.*

Die Kaiserkrönung in der Darstellung von Jean Fouquet (um 1460; Bibliothèque Nationale Paris)

Karl erhält die Kaiserwürde

25. Dezember 800. Papst Leo III. krönt den fränkischen König Karl den Großen anläßlich einer gemeinsam zelebrierten Weihnachtsmesse in der Basilika des heiligen Petrus in Rom zum römischen Kaiser. Karl der Große ist damit neben dem byzantinischen Basileus der zweite Herrscher, der den Titel eines Kaisers führt, obwohl die kaiserliche Würde als unteilbar gilt.

In einer feierlichen Zeremonie setzt Leo III. König Karl, nachdem dieser sich vom Gebet erhoben hat, das Kaiserdiadem auf, welches auf dem Altar bereitliegt, und salbt ihm mit heiligem Öl die Stirn.

Die in der Kirche versammelten Römer begrüßen den neuen Kaiser mit seinem Titel: »Karl, der allergnädigste, erhabene, von Gott gekrönte, große und friedebringende Kaiser, der das Römische Reich regiert und der auch durch das Erbarmen Gottes König der Franken und der Langobarden ist.« Der Papst huldigt mit einem Kniefall.

Karl der Große, der seit 768 den Titel eines Schutzherrn der Römer (Patricius Romanorum) führt, nennt sich, in Anlehnung an antike Traditionen, Kaiser und Augustus. 324 Jahre nach der Absetzung des letzten weströmischen Kaisers Romulus Augustus (→ 23.8.476) gibt es im Westen wieder einen römischen Kaiser.

Kaiser Karl der Große erläutert die verschiedenen Aufgaben der Kirche und des Kaisertums bei gleicher Zielsetzung: »Unsere Sache ist es, nach Maßgabe der göttlichen Hilfe allüberall die Kirche Christi vor Einbrüchen der Heiden und Verwüstungen durch die Ungläubigen nach außen gewendet mit der Waffe zu verteidigen, im Innern aber durch Erkenntnis der katholischen Glaubenslehre zu befestigen; euer ist es, Heiligster Vater, wie Moses mit zu Gott erhobenen Händen unsere Kriegerschaft zu unterstützen ....«

Die Nachricht von der Erhebung König Karls des Großen zum Kaiser durch den Papst in Rom löst in Byzanz Verstimmung aus. Karls Losung von der »Erneuerung des Römischen Weltreiches« (Renovatio Romani imperii) bestreitet den Anspruch der byzantinischen Kaiser, die einzig legitimen Nachfolger der antiken römischen Kaiser zu sein, und verneint die ihrer Idee nach universale Einzigartigkeit des Kaisertums. Dieses »Zwei-Kaiser-Problem« belastet fortan die fränkisch-byzantinischen Beziehungen.

Kaiserkrönung Karls des Großen in Rom (Buchmalerei, 9. Jh.)

Bayernherzog ins Kloster verbannt

788. Mit der Absetzung Herzog Tassilos III. von Bayern hebt König Karl der Große das letzte Stammesherzogtum (nach dem thüringischen und alemannischen) auf und gliedert Bayern dem Frankenreich ein. Tassilo III. betrieb stets eine auf Unabhängigkeit vom Frankenreich gerichtete Politik und stützte sich dabei auf seine Verwandtschaft mit dem langobardischen Königshaus und dem Herzog Arighis von Benevent, den Hauptgegnern Karls.

Zwar war Tassilo III. durch mehrfach erneuerten Vasalleneid seit 757 an Pippin und Karl gebunden – er leistete auch 778 Heerfolge im Feldzug nach Spanien –, doch nutzte er jede Schwäche der Franken zum weiteren Ausbau seiner Selbständigkeit (→ 763).

Noch einmal versucht Tassilo III., die Unabhängigkeit zu erlangen, indem er 788 Beziehungen zu den Awaren anknüpfte.

Auch dieses Mal bleibt Tassilo III. ohne Rückhalt in Bayern, wird von Karl gefangengenommen und auf dem Reichstag zu Ingelheim zum Tode verurteilt. Karl wandelt den Spruch in eine lebenslängliche Klosterhaft um.

Feldzug gegen die Awaren

791. Die Franken ziehen unter der Führung von Pippin, dem Sohn König Karls (des Großen), und Markgraf Erich von Friaul gegen die in Bayern und Friaul eingefallenen Awaren. Zentrum der Auseinandersetzungen wird der niederösterreichische Donauraum.

Um 795 erobern die Franken die »Awarenringe« des mongolischen Reitervolkes am Kamp und im Wienerwald in Niederösterreich (→ nach 560). Das awarische Hauptlager zwischen Donau und Theiß wird eingenommen, als die Franken ihren Angriff über die zugefrorene Donau hinweg vortragen. Dabei wird der Überlieferung nach auch der legendäre Awarenschatz erobert.

Durch die erfolgreichen Feldzüge wird die Ostgrenze des fränkischen Reiches an die Raab verlegt. Die Awaren werden im Gebiet um den Neusiedler See angesiedelt.

801

801–900

9. Jh. An der romanischen Kirche in St. Peter am Bichl in Kärnten befinden sich karolingische Flechtwerksteine.

Anfang 9. Jh. Die bedeutende Salzburger Handschrift der »Johannes Chrysostomus Homilien« entsteht; sie ist mit kostbaren Buchmalereien ausgestattet.

803. Kaiser Karl der Große errichtet die Karolingische Mark, auch Awarische oder Pannonische Mark genannt; sie umfaßt das Gebiet von der Enns bis zum Wienerwald.

804. Schärding in Oberösterreich wird erstmals – als Wirtschaftshof des Hochstiftes Passau – urkundlich erwähnt (Scardinga).

805. Das Kloster St. Florian (Oberösterreich) wird gegründet.

14. 6. 811. Kaiser Karl der Große bestimmt die Drau als Grenze zwischen den Bistümern Salzburg und Aquileja (→ 5. 2. 816).

28. 1. 814. Ludwig I., der Fromme, seit 813 selbstgekrönter Mitkaiser, wird Nachfolger seines verstorbenen Vaters Karl dem Großen.

816. Papst Stephan IV. krönt in Reims Ludwig I. abermals zum Kaiser, wodurch das Kaisertum zu einer vom Papst verliehenen Würde wird.

5. 2. 816. Kaiser Ludwig der Fromme sichert dem Erzbistum Salzburg die »Immunität mit Königsschutz« zu. →

828. Die Mark Friaul, auch Karantanische Mark genannt, löst sich nach einer Bulgareninvasion auf.

Um 830. Fürst Moimir gründet ein mährisches Reich unter fränkischer Tributhoheit (→ 894).

6. 10. 830. Die Wachau wird als Wahowa erstmals urkundlich erwähnt. →

831. Das Kloster Mondsee (Oberösterreich) verliert seine Selbständigkeit und wird dem Hochstift Regensburg unterstellt.

5. 1. 831. Melk in Niederösterreich ist zum ersten Mal urkundlich genannt (Medilica).

Nach Ostern 840. Kaiser Ludwig der Fromme besiegt seinen aufständischen Sohn, König Ludwig den Deutschen.

10. 8. 843. Im Vertrag von Verdun wird das Frankenreich endgültig unter den Söhnen Ludwigs des Frommen aufgeteilt. →

Um 850. Die Pfarrkirche St. Maximilian in Bischofshofen (Salzburg) wird errichtet.

Erstes Zeugnis südostdeutscher Notenhandschrift sind vier Blätter aus einer Handschrift der Burg Falkenstein im Unterinntal (Tirol).

856. König Karlmann führt als Verwalter der östlichen Marken die fränkische Hufenverfassung ein. Erst der Besitz von vier Hufen (etwa 120 bis 160 Joch) berechtigt zum Wehrdienst, was eine höhere soziale Stellung bedeutet.

860. Bruck an der Mur (Steiermark) ist zum erstenmal urkundlich erwähnt (Prucca).

869. Baden bei Wien wird als Padun erstmals urkundlich genannt.

870. Kaiser Ludwig der Deutsche und Karl der Kahle schließen den Vertrag von Meersen. →

874. König Ludwig der Deutsche erkennt die Unabhängigkeit des Großmährischen Reiches an (→ 894).

28. 8. 876. Nach dem Tod Ludwigs des Deutschen treten seine Söhne König Karl der Dicke, Ludwig der Jüngere und Karlmann gemeinsam die Nachfolge an (→ 11. 11. 887).

878. Villach in Kärnten wird als Uillah erstmals urkundlich genannt.

881. Salzburger Annalen berichten von einem ersten Zusammenstoß zwischen Magyaren und Bayern »ad Weniam«; es ist dies die erste Nennung Wiens nach der Völkerwanderung.

885. Nach dem Tod des Missionars Methodius vertreibt Swatopluk dessen Anhänger; damit endet die slawisch-christliche Missionierung. →

Attersee in Oberösterreich wird als Atarnhova erstmals urkundlich erwähnt (als Mittelpunkt eines Königsgutbezirks).

11. 11. 887. Auf dem Reichstag zu Tribur wird Kaiser Karl der Dicke zur Abdankung gezwungen und Arnulf von Kärnten zum König gewählt. →

Um 890. Die Magyaren setzen sich – vom Balkan kommend – unter Fürst Árpád in der Tiefebene zwischen Donau und Theiß fest. Sie gehören der finnisch-ugrischen Völkergruppe an, weshalb sie auch Ugrier (und später Ungarn) genannt werden.

894. Mit dem Tod Fürst Swatopluks beginnt der Niedergang des Großmährischen Reiches. →

895. Dornbirn in Vorarlberg ist zum erstenmal urkundlich genannt (als Torrinpuirren).

Juli 895. Die böhmischen Adeligen unterwerfen sich König Arnulf.

GESTORBEN:

28. 1. 814. Aachen: Karl der Große (* 2. 4. 747), König und Kaiser. →

20. 6. 840. Ingelheim: Ludwig I., der Fromme (* 778), König und Kaiser.

28. 8. 876. Frankfurt am Main: Ludwig II., der Deutsche (* um 805), König von Ostfranken.

8. 12. 899. Regensburg: Arnulf von Kärnten (* vor 850), König von Ostfranken. →

GEBOREN:

Um 805. Ludwig II., der Deutsche († 28. 8. 876), König von Ostfranken.

Vor 850. Arnulf von Kärnten († 8. 12. 899), König von Ostfranken, letzter karolingischer Kaiser.

893. Öttingen: Ludwig IV., das Kind († 24. 9. 911), König.

In der Kirche St. Prokulus bei Naturns (im Vintschgau, Südtirol) finden sich die ältesten karolingischen Wandmalereien des deutschen Sprachraums

Arbeit und Gebet

In den Klöstern im karolingischen Reich leben die Mönche – überwiegend Benediktiner – nach der Regel, die Benedikt von Nursia (um 480–547), erlassen hat. Das Klostergesetz von 817 schreibt die Ordnung verbindlich für alle Klöster im Frankenreich vor.

Der Hauptinhalt des Klosterlebens ist der Gottesdienst. Eine Stunde nach Mitternacht wird zum erstenmal zum Gebet gerufen und danach noch sechsmal am Tag. Bei den Gottesdiensten werden Psalmen gesungen und Schriftlesungen gehalten. Zweimal am Tag versammeln sich die Mönche zu gemeinsamen Mahlzeiten, bei denen aus erbaulichen Schriften vorgelesen wird. Fleisch bekommen nur Kranke, jedoch steht jedem Mönch pro Tag ¼ l Wein zu oder das doppelte Quantum an Bier.

Neben den Gebeten spielen auch Arbeit und Bildung eine große Rolle im Klosterleben. Alle Mönche lernen lesen, schreiben, rechnen und die lateinische Sprache. In den großen Klöstern, die auch über ansehnliche Bibliotheken verfügen, werden vielfach antike Schriftsteller, theologische und biblische Schriften, aber auch deutsche Texte abgeschrieben. In jedem Kloster sollen auch Werkstätten, Gärten und Mühlen eingerichtet werden. Vor allem in der Züchtung von Obst und Gemüse führen die Mönche oft große Neuerungen ein.

Die Armen und Schwachen stehen unter der besonderen Fürsorge der Klöster. Manchen Abteien sind Krankenhäuser angeschlossen, in denen heilkundige Mönche sich der Kranken annehmen. Das Klostergesetz von 817 sieht außerdem vor, daß die Abteien ein Zehntel der ihnen geschenkten Güter an die Armen weitergeben müssen. Der Besitz wird häufig zum Bau von Armen- und Waisenhäusern verwendet, er kann aber auch der täglichen Fürsorge wie der Armenspeisung dienen.

Wer ins Kloster eintreten will, muß zunächst ein Jahr Novize sein. In dieser Zeit wird er in der Klosterordnung unterwiesen und muß vor allem karitative Arbeiten ausführen. Der Zugang zum Mönchstum soll eigentlich für jedermann offen sein, doch ist oftmals das geforderte Eintrittsopfer so hoch, daß nur Adelige die Summe aufbringen können.

Auf deutschem Gebiet wurden schon früh Nonnenklöster gegründet. Die Nonnen leben in strenger Abgeschiedenheit und widmen sich neben dem Gebet vor allem der Handarbeit und stellen die kostbaren liturgischen Gewänder für den Gottesdienst her.

Die Klöster erhalten vielfach Schenkungen von Adeligen, die sich die Aufnahme in die Fürbittgebete sichern wollen, aber auch die zivilisatorische Leistung der Klöster unterstützen möchten. Durch diese Opfergaben verfügen manche Klöster über erheblichen Grundbesitz, den sie von abgabepflichtigen Bauern bewirtschaften lassen.

Kaiser Karl stirbt

Kaiser Karl der Große, Herrscher des Frankenreiches, auf dem prunkvollen Thron (Psalter Karls des Kahlen; Bibliothèque Nationale Paris)

28. Januar 814. In Aachen stirbt im Alter von 67 Jahren Karl der Große. Am ersten Weihnachtsfeiertag des Jahres 800 hatte Papst Leo III. nach der Messe in der Peterskirche zu Rom Karl den Großen zum Kaiser gekrönt (→25.12.800). 32 Jahre davor war Karl zusammen mit seinem Bruder Karlmann als Nachfolger seines Vaters Pippin König des Frankenreichs geworden, über das er nach dem Tod Karlmanns seit 771 allein geherrscht hatte.

Schon bald gelang es Karl, die Mitspracherechte des Adels drastisch zu beschneiden, und seine militärischen Erfolge profilierten ihn als starken Herrscher, der seinen Machtbereich schon 773 nach dem Sieg über den Langobardenkönig Desiderius ausweiten konnte und selbst zum König der Langobarden erhoben wurde.

Als »Patricius Romanorum« geriet Karl in Rivalität mit dem Papst, denn er nahm für sich auch die Rolle des weltlichen Oberhaupts der Kirche in Anspruch. Dem Einfluß des Papstes steckte er territoriale und politische Grenzen. Die Herrschaft im Süden des Reiches sicherte Karl, indem er 806 seine Söhne Pippin als König von Italien und Ludwig den Frommen als König von Aquitanien einsetzte. Sein ältester Sohn Karl erhielt die Kernlande des Reichs zugesprochen.

Schwierigkeiten bereitete dem Herrscher der Nordwesten, wo er etwa 30 Jahre hindurch immer wieder gegen die aufrührerischen Sachsen zu Felde ziehen mußte, bis es ihm schließlich gelang, die Sachsen mit eigenem Recht in das Frankenreich zu integrieren. Neben den kriegerischen Mitteln, die er gegen Sachsen eingesetzt hatte, erfolgte die Eroberung auf dem Wege der christlichen Mission.

Durch die Eingliederung Bayerns (→788) band Karl schließlich alle germanischen Festlandsstämme in ein einziges geschlossenes Reich ein, dessen Hauptproblem in der schwierigen zentralen Verwaltung lag. Karl schuf dafür die Organisationsmittel: Eine neue Grafschaftsverfassung, ein Königsbotenamt, die neu geordnete königliche Kanzlei, das Pfalzgericht, ein straffes Lehenswesen und die Grenzmarken.

Karl war aber nicht nur auf dem Gebiet der Verwaltung ein innenpolitischer Neuerer. Er ordnete die Kirchenverhältnisse neu, erwies sich als Förderer der Wissenschaften und der Künste, die besonders an seinem Hof in Aachen, wo viele der größten Gelehrten der Zeit wirkten, ein reiches Tätigkeitsfeld fanden. Karl pflegte die Sprache und die gesamte deutsche Literatur (→780–789).

Außenpolitisch unterhielt Kaiser Karl enge Beziehungen zu anderen mächtigen Herrrschern, allen voran zu dem byzantinischen Kaiser und dem Kalifen von Bagdad, Harun al-Raschid.

Die Verleihung der Kaiserwürde durch den Papst ließ Karl der Große nicht ohne Besorgnis über sich ergehen. Er sah sich als allein Gott verantwortlichen und obersten Herrscher der Franken, nicht als späten Nachfolger der antiken heidnisch-römischen Kaiser.

Zudem bestand das römische Kaisertum in Byzanz weiter, und Karl befürchtete, der ihm befreundete byzantinische Monarch könnte seine Kaiserkrönung in Rom als Staatsstreich empfinden. Entgegen seinen Sorgen gelang es ihm, mit Byzanz ein freundschaftliches Nebeneinander zu erwirken. Den Sitz seines Kaisertums sah Karl in Aachen, wo er sich – und zugleich seinen Sohn Ludwig als Mitkaiser – 813 demonstrativ ein zweites Mal feierlich zum Kaiser krönen ließ. Als Ideal des christlichen Regenten, der nicht nur das Frankenreich vereinigt hatte, sondern in der »Karolingischen Renaissance« antike Tradition mit neuem Geist belebte, war Karl der Große der erste wirklich europäische Kaiser und prägte europäisches Regententum.

Der Ort Wachau erstmals genannt

6. Oktober 830. Eine Urkunde nennt erstmals den Namen Wachau, allerdings als Ort (locus Uuahouua = Wahowa), gelegen am linken Donauufer zwischen Mißlingbach und dem Edlingbach (eine ältere Urkunde vom 28. Juni 823 ist unecht). Die Herkunft des Namens ist nicht eindeutig geklärt, doch ist es wahrscheinlich, daß er vom Wort »wacta« (Wachen oder Wachtposten) stammt. Tatsächlich sind bei Wachau mehrere Wachtposten installiert.

Das Reich wird aufgeteilt

10. August 843. Nach dem Tod Kaiser Ludwigs des Frommen beschließen seine drei Söhne im Vertrag von Verdun die Teilung ihres Erbes in ein Ost-, Mittel- und Westreich. Lothar I. behält die Kaiserkrone und Italien; daneben wird ihm das karolingische Hausgut zwischen Rhein und Maas bis zur Rhône zugewiesen; sein Gebiet erstreckt sich von Italien aus nach Norden als ein schmaler Korridor zwischen dem Ostfrankenreich von Ludwig dem Deutschen und dem Westfrankenreich von Karl dem Kahlen. Ludwig bekommt die ostfränkischen Reichslande. Karl besitzt nun die fränkischen Kernlande mit dem alten merowingischen Hausgut. Trotz der Erbteilung des Frankenreiches bleibt die Reichseinheit ideell wie nominell gewahrt.

Immunität als Voraussetzung der Landesherrschaft

5. Februar 816. Kaiser Ludwig I., der Fromme, bekräftigt in Aachen die bereits von seinem Vater, Kaiser Karl dem Großen, erlassene Besitzbestätigung der erblichen Kirche in Salzburg und sichert dem Erzbistum die »Immunität mit Königsschutz« zu. Die Stellung des Salzburger Erzbistums wird dadurch wesentlich gefestigt.

Die Immunität ist aus dem alten Römerreich bekannt und findet sich seit dem 6. Jahrhundert auch im Fränkischen Reich als Befreiung von öffentlichen Abgaben und Leistungen sowie als gerichtliche Sonderstellung der auf dem Gebiet einer mit Immunität ausgestatteten Grundherrschaft ansässigen Leute. Zur Zeit Ludwigs I., des Frommen, sind die meisten Kirchen für den Bereich ihres Grundbesitzes mit diesem Recht ausgestattet. Die gerichtliche Sonderstellung besteht darin, daß die Gerichtsbarkeit dem öffentlichen Beamten entzogen ist und vom Immunitätsinhaber ausgeübt wird. Ist dies ein Geistlicher, läßt er sie durch seinen Vogt (vom lateinischen Wort »advocatus« = herbeigerufen abgeleitet) ausüben, da der Kirche durch einen kaiserlichen Erlaß aus dem Jahre 401 »advocati« vorgeschrieben sind, weil sie sich aller weltlichen Geschäfte enthalten soll.

Im Lauf des 9. Jahrhunderts befreit die Immunität auch von der Rechtsprechung in schweren Delikten. Dadurch wird die kirchliche Immunität bzw. die Vogtei und der damit betraute Beamte des Immunitätsherrn dem öffentlichen Gerichtsbezirk, also der Grafschaft, und der rechtlichen Stellung des Grafen ebenbürtig.

Kaiser Ludwig I. (Miniatur aus der Fuldaer Handschrift; Österreichische Nationalbibliothek Wien)

Aus der geistlichen Immunität kann eine geistliche Landeshoheit erwachsen, wenn es dem geistlichen Immunitätsherrn gelingt, sich von der Gewalt des Vogts zu befreien. So entsteht die Landesherrschaft der Salzburger Erzbischöfe, die sich aus der Grundherrschaft mit Immunität, zurückerworbenen Vogteien, aus Grafschaften und Regalien (verliehenen königlichen Hoheitsrechten) entwickelt.

Allerdings kann auch aus der Vogtei über einen geistlichen Immunitätsbereich durch den Vogt eine weltliche Landesherrschaft begründet werden, wenn die Beseitigung des Vogtes nicht möglich ist. Die Landesherrschaft der Grafen von Tirol entsteht z.B. vornehmlich aus den erworbenen Vogteien über die Kirchen von Brixen, Trient und Aquileja.

Der Königsschutz war ursprünglich stark eingeengt und stand nur den Klöstern und Stiften zu, die im Besitz des Königs waren. Seit Ludwig I., ist der Begriff auf alle Kirchen ausgedehnt, die das Vorrecht der Immunität besitzen.

Gefördert durch Landschenkungen der karolingischen Könige an geistliche und weltliche Grundherren nimmt zu Beginn des 9. Jahrhunderts die deutsche Kolonisation und die christliche Missionierung besonders in der niederösterreichischen Wachau und dem Gebiet östlich des Wienerwaldes und im Burgenland zu. Die christliche Missionierung wird vorwiegend durch die bayrischen Klöster Niederaltaich und Tegernsee sowie Kremsmünster, Mattsee und Mondsee betrieben. Das Erzbistum Salzburg hingegen nimmt sich mehr des südlichen Raumes an, gerät dabei aber in Konflikt mit dem Patriarchen von Aquileja, sodaß Kaiser Karl der Große selbst einschreiten muß und 811 durch Festlegung der Diözesangrenzen Ordnung schafft. Das Patriarchat Aquileja erhielt das Gebiet südlich der Drau, das Erzbistum Salzburg das nördlich der Drau bis in den Raum von Aspang und Pitten sowie bis zur Piesting und der Einmündung der Fischa in die Leitha in Niederösterreich. Das Gebiet entlang der Donau bis westlich der Raab wurde dem Bistum Passau zugeteilt.

Kranker Kaiser muß abdanken

11. November 887. Kaiser Karl der Dicke wird beim Reichstag zu Tribur zur Abdankung gezwungen, weil es ihm nicht gelungen ist, die Übergriffe der Normannen, Slawen und Sarazenen auf das Reich abzuwehren. Die Großen des ostfränkischen Reiches wählen statt dessen den 37jährigen Arnulf von Kärnten zum König.

Karl der Dicke, als Regierender schwach und körperlich krank, leidet unter Anfällen von Epilepsie und Kopfschmerzen. Er wurde 839 als jüngster Sohn Ludwigs des Deutschen geboren und übernahm 869 die Führung des Heeres seines Vaters, zeigte sich dabei aber militärisch unfähig.

Am 28. August 876 starb Ludwig der Deutsche und seine Söhne traten gemeinsam die Nachfolge an. Karl erhielt Alemannien und das Elsaß, Ludwig III. erbte Mainfranken, Thüringen, Sachsen und Lothringen, Karlmann Bayern und die östlichen Marken. Karlmann ordnete die Karolingische Mark neu und übertrug seinem Sohn Arnulf von Kärnten die Verwaltung Karataniens, zu dem Teile der Steiermark, Osttirols, Niederösterreichs und des Burgenlandes gehören.

880 starb Karls Bruder Karlmann und Karl übernahm dessen Erbe. Nach dem Tod seines Bruders Ludwig III. 882, vereinigte Karl der Dikke das ostfränkische Reich. 884, nach dem Tod König Karlmanns von Westfranken, bot der westfränkische Adel Karl, seit 881 Kaiser, die Nachfolge an – noch einmal wurde die Einheit des Reichs Karls des Großen hergestellt.

Erbteilungen

870. Nach dem Tod König Lothars II. teilen seine Brüder, Ludwig der Deutsche und Karl der Kahle, das Teilreich Lotharingien (Lothringen) unter sich auf (→ 10.8.843). Die durch den Vertrag von Meersen geschaffene Trennungslinie entlang der Maas und Mosel entspricht weitgehend der romanisch-germanischen Sprachgrenze. 880 fällt auch Westlothringen durch den Vertrag von Ribémont an das Ostfränkische Reich. Niederburgund hat sich bereits 877 zum selbständigen Königreich entwickelt.

Darstellung des »Ornatus palatii« Kaiser Arnulfs (1. Viertel 11. Jh.)

Der Aufstieg des Mährerreiches

894. Fürst Swatopluk von Mähren stirbt im Alter von etwa 64 Jahren. Nach seinem Tod beginnt der rasche Niedergang des Großmährischen Reiches.

Das Reich war um 830 von Fürst Moimir unter fränkischer Tributhoheit gegründet worden und umfaßte neben Mähren auch Teile des Marchfeldes sowie des Wein- und Waldviertels in Niederösterreich. Der nach größerer Unabhängigkeit von den Franken strebende Moimir wurde 846 von König Ludwig dem Deutschen abgesetzt. Sein Nachfolger und Neffe Rastislaw verfolgte jedoch die Politik seines Onkels mit größerem Geschick weiter und löste das mährische Reich allmählich aus der fränkischen Abhängigkeit. Ein wichtiger Schritt dazu war der Ruf byzantinischer Mönche nach Mähren, die ein Gegengewicht zu der von Passau ausgehenden fränkisch-christlichen Missionierung schaffen und eine slawische Nationalkirche aufbauen sollten. Ihre Führer waren die Brüder Konstantin und Methodius (→ 885).

Das Ziel der völligen Loslösung aus fränkischer Oberherrschaft wurde erst unter dem seit 870 regierenden Fürsten Swatopluk erreicht, der sich 871 gegen die Franken erhob und die Grenzgrafen Wilhelm und Engelschak besiegen konnte. König Ludwig der Deutsche mußte daraufhin 874 die Souveränität des Großmährischen Reiches anerkennen. Swatopluk dehnte in der Folge sein Herrschaftsgebiet systematisch über Polen, Böhmen, Mähren, Teile der Slowakei, das nördliche Niederösterreich, den Wiener Raum, das Burgenland und Westungarn aus; das Marchtal wurde zum Wirtschafts- und Kulturzentrum des Reiches. 884 gewann Swatopluk auch noch Pannonien und das Gebiet östlich des Wienerwaldes hinzu.

Erst Arnulf von Kärnten, seit → 11. November 887 König der Ostfranken, fügte den mährischen Fürsten 893 eine deutliche Niederlage zu; der Tod Swatopluks beschleunigt nur den bereits spürbaren Zerfall des Großmährischen Reiches.

Der letzte Kaiser der Karolinger

8. Dezember 899. In Regensburg stirbt der letzte karolingische Kaiser, Arnulf von Kärnten, im Alter von 49 Jahren.

Am → 11. November 887 hatten ihn die fränkischen Adeligen auf dem Reichstag von Tribur zum Nachfolger des kranken und zur Abdankung gezwungenen Königs Karl des Dikken gewählt. Die Arnulf angebotene Königswürde im Westfrankenreich lehnte er jedoch ab.

891 gelang es König Arnulf, die bisher unbesiegbar erscheinenden Wikinger in der Schlacht bei Leuwen an der Dyle zu schlagen – die Wikingergefahr für das Ostfrankenreich war gebannt. Durch diesen Sieg stieg das politische Ansehen Arnulfs beträchtlich. 892 zog er mit einem Heer aus Franken, Bayern, Alemannen und Ungarn nach Mähren gegen König Swatopluk, weil dieser Arnulf den Vasalleneid verweigerte, und konnte den Mährenkönig erstmals – wenn auch nicht entscheidend – besiegen.

Arnulf unternahm seinen ersten Italienzug 894 und konnte die Lombardei unterwerfen. Im Juli 895, beim Reichstag zu Regensburg, unterwarfen sich die böhmischen Herzöge dem König. Einige Monate später unternahm Arnulf seinen zweiten Italienzug, der mit der Einnahme Roms endete. Dort krönte Papst Formosus Arnulf 896 in einer feierlichen Zeremonie zum Kaiser.

Konstantin und Methodius – die »Apostel der Slawen«

885. Fürst Swatopluk vertreibt die slawisch-christlichen Missionare aus dem Großmährischen Reich, nachdem ihre beiden geistigen Führer, die Brüder Konstantin und Methodius, gestorben sind.

Die Berufung der beiden byzantinischen Mönche war 863 durch den mährischen Fürsten Rastislaw erfolgt, dessen Politik auf eine allmähliche Loslösung seines Landes aus fränkischer Oberherrschaft zielte. Er beabsichtigte daher, ein Gegengewicht zu der fränkisch-christlichen Missionierung zu schaffen und eine einheimische, unabhängige geistliche Hierarchie sowie einen im Volk durch die Sprache verankerten Gottesdienst zu entwicklen. Aus diesem Grunde zog vermutlich schon Ende 862 eine mährische Gesandtschaft nach Konstantinopel, um Missionare ins Großmährische Reich zu holen.

Zuerst galt es, liturgische Bücher und die Bibel selbst in eine slawische Sprache zu übersetzen, denn nur so konnte man an die Errichtung einer slawischen Nationalkirche gehen. Die beiden ins Land gerufenen Missionare Konstantin (als Mönch Kyrill) und Methodius bedienten sich dabei des Altbulgarischen (auch als Altslawisch bzw. Altkirchenslawisch bekannt), eines in der Umgebung ihrer Vaterstadt Thessalonich gesprochenen slawischen Dialektes, der damit zur Schriftsprache wurde. Zugute kam ihnen, daß die slawischen Sprachen noch wenig voneinander abwichen. Die Schrift, die Konstantin zur Übersetzung schuf, war das glagolitische Alphabet, das sich an die slawischen Laute anpaßte. (Daraus entwickelt sich nach der Vertreibung der Missionare in Bulgarien in äußerer Anlehnung an die griechische Schrift das kyrillische Alphabet.)

Auch nach dem Tod Konstantins (869) blieb Methodius seiner Missionstätigkeit treu; auf einer seiner Reisen nach Mähren wurde er aber vom Salzburger Erzbischof Adalwin gefangengenommen und nach Regensburg entführt. Hier mußte er vor dem König und den Bischöfen seine Tätigkeit verteidigen; Papst Johannes VIII. gelang zwar die Freilassung des Missionars, doch die Zuerkennung Pannoniens an Salzburg konnte er auch nicht verhindern.

Die Apostel Konstantin (Kyrill) und Methodius (Ikone, 1860; Sofia)

901

901–950

Anfang 10. Jh. Friesach in Kärnten wird Sitz des Salzburger Statthalters (Vizedom) und damit wichtigster Stützpunkt des Erzbistums in Kärnten.

In Kärnten werden der Fürstenstein von Karnburg und der Herzogstuhl auf dem Zollfeld errichtet.→

901. Abermals fallen die Ungarn in Bayern ein. Auf ihren Raubzügen durch die ostfränkischen Gebiete richten sie großen Schaden an.

Um 904. In Raffelstetten an der Donau (Gemeinde Asten in Oberösterreich) wird von einer königlichen Kommission eine Zollordnung ausgearbeitet.→

904–906. Die Ungarn vernichten das Großmährische Reich, wodurch der österreichische Raum bedroht wird.

907. Das Kloster Mattsee in Salzburg fällt an das Bistum Passau.

4. 7. 907. Bei Preßburg (erstmals erwähnt als Brezalauspurc) erleiden die Bayern in einer Schlacht gegen die Ungarn eine verheerende Niederlage. Markgraf Luitpold von Bayern fällt im Kampf. Die Niederlage bedeutet das Ende der Karolingischen Mark (→ 803), das Gebiet bis zur Enns kommt unter ungarische Herrschaft (→ 10. 8. 955).

10. 11. 911. Nach dem Tod des letzten Karolingerkönigs Ludwig IV., dem Kind, wird der fränkische Herzog Konrad (I.) zum König gewählt.→

913. Bei Passau fügt Herzog Arnulf (der Böse) von Bayern den Ungarn eine erste schwere Niederlage zu, die den Bayern fortan – gegen Tributzahlungen – die Schonung durch die Ungarn sichert.

12. 5. 919. Nach der Wahl des sächsischen Herzogs Heinrich zum König wird Arnulf (der Böse) von Bayern zum ersten deutschen Gegenkönig erhoben (muß sich aber schon 921 unterwerfen).→

920. Erstmals wird der Begriff »Regnum theutonicum« (Deutsches Reich) für die unter König Heinrich I. vereinigten deutschen Stämme angewandt.

Um 920. Die Ungarn setzen für das Gebiet zwischen Enns und Traisen einen deutschen Lehensgrafen mit Sitz in Bechelaren (Pöchlarn, Niederösterreich) ein.

921. Wenzel I. (der Heilige) wird Herzog von Böhmen.

Um 925. Die Michaelskirche in St. Michael (Steiermark) wird errichtet.

930. Schwaz in Tirol ist als Suates erstmals urkundlich erwähnt, ebenso Wattens in Tirol (Vuattanes).

931. Kaprun in Salzburg wird als Chataprunnin zum ersten Mal urkundlich genannt.

15. 3. 933. König Heinrich I. besiegt an der Unstrut die Ungarn, die in der Folge Sachsen mit ihren Einfällen verschonen.

935. Herzog Arnulf (der Böse) wird »Bagoariorum et Carantanorum dux« (Herzog der Bayern und Karantanen) genannt.

28. 9. 935. Herzog Wenzel I. (der Heilige) von Böhmen wird auf Veranlassung seines Bruders Boleslaw (I.) ermordet.

7. 8. 936. Nach dem Tod König Heinrichs I. wird dessen Sohn Otto (I.) zum König gekrönt.→

Herbst 938. König Otto I. setzt Berthold (auch Berchtold) als Herzog von Bayern ein.

8. 6. 940. König Otto I. bestätigt dem Erzbistum Salzburg alle Rechte »in auro et sale« (auf Gold und Salz) in seinen Besitzungen.

950. König Otto I. unterwirft Herzog Boleslaw I. von Böhmen und unterstellt das Land dem Herzog von Bayern.

GESTORBEN:

24. 9. 911. Ludwig IV., das Kind (* 893), König.

23. 12. 918. Konrad I. (* ?), Herzog von Franken, König.

14. 7. 937. Regensburg: Arnulf (der Böse; * ?), Herzog von Bayern, Gegenkönig (919–921).

GEBOREN:

23. 12. 912. Otto I., der Große († 7. 5. 973), König und Kaiser.

Um 924. Wolfgang († 31. 10. 994), Bischof von Regensburg.

949. Bregenz: Gebhard († 27. 8. 995), Erzbischof von Konstanz.

ZITAT:

Der sächsische Geschichtsschreiber Widukind berichtet über König Heinrichs I. Sieg über die Ungarn im Jahre 933:

» ... Das im Osten zurückgebliebene ungarische Heer aber hörte, daß die Schwester des Königs eine benachbarte Feste bewohne und viel Gold und Silber besäße. Deshalb begannen sie die Burg mit solcher Macht zu stürmen, daß sie, hätte nicht die Nacht die Kämpfer daran gehindert, dieselbe genommen hätten ... Der König aber führte am folgenden Tage sein Heer vorwärts und ermahnte die Reisigen, ihre Hoffnung auf Gottes Gnade zu setzen und nicht zu zweifeln, daß ihnen die göttliche Hilfe gleich wie in anderen Treffen beistehen werde; die Ungarn seien die gemeinsamen Feinde ihrer aller, sie sollten allein auf die Verteidigung ihres Vaterlandes und ihrer Angehörigen bedacht sein; bald würden sie sehen, daß die Feinde den Rücken kehren würden, wenn sie, mannhaft kämpfend, standhielten ... Der König aber besorgte, daß – wie es auch eintraf – die Feinde beim Anblick geharnischter Ritter sogleich die Flucht ergreifen möchten; so sandte er ein Fähnlein Thüringer mit nur wenig Rittern, damit jene die leicht bewaffneten verfolgen und bis ans Heer herangelockt werden möchten. Und so geschah es ...«

Handel nach Regeln

Um 904. Eine königliche Kommission befaßt sich zwischen 903 und 906 mit den Problemen des Donauhandels und erstellt eine detailreiche Zollordnung.

Vorsitzender der Kommission ist Markgraf Arbo, dem der östliche Teil Bayerns untersteht. Dieses Gebiet reicht sicher vom Traungau in Oberösterreich bis Melk und St. Pölten in Niederösterreich, denn nicht weniger als 41 Adelige beraten und unterzeichnen das Schlußdokument. Die Donaugrafschaft ist ein wohlgefügtes und -verwaltetes Gebiet, was dadurch bezeugt wird, daß die 41 Schwurmänner nicht nur Adelige »nobiles« sind, sondern zugleich auch Richter der Bewohner des Ostlandes (»iudices orientalium«). Allerdings sind unter den Schwurmännern auch sog. Vikare (»vicarii«), die als Vertreter der Grafen oder Adeligen zur Teilnahme bevollmächtigt wurden.

König Ludwig IV., das Kind, hat die Herren zusammenkommen lassen, damit die Zollgewohnheiten festgehalten werden, um so eine allgemein anerkannte, verbindliche Zollordnung zu schaffen. Die wichtigsten Bestimmungen der nach langen Beratungen in Raffelstetten, am rechten Donauufer (etwa 15 km vor Linz), verabschiedeten Ordnung lauten:

»6. ... Die von Westen her kommenden Schiffe geben, sobald sie den Passauer Wald hinter sich haben, zu Rosdorf oder wo sie sich mit dem Kram niederlassen und Handel treiben wollen, zu Zoll ½ Drachme.

7. Wollen aber diese Hausierer weiter gegen Linz hinabfahren, so zahlen sie von je einem Schiff 3 halbe Scheffel Salz, von Sklaven und anderen Waren aber nichts. Sie genießen dann das Recht, mit dem Kram sich niederzulassen und Handel zu treiben bis zum Böhmischen Wald ...

16. Slawen aber, die aus Rugiland oder Böhmen des Handels wegen kommen und irgendwo am Donauufer oder im Binnenland bei den Anwohnern der Rodl und in der Riedmarkt Märkte betreten, zahlen vom Honig ein Mäßchen, vom Wachs zwei Stück Stangenwachs, deren jedes 1½ Pfennig wert sein soll, von einer Manneslast ein Stück Stangenwachs im gleichen Wert. Wollen sie jedoch Knechte und Pferde verkaufen, so zahlen sie von einer Magd ein Drittel Schilling, ebenso von einem Hengst, von einem Knecht 1½ Pfennig, desgleichen von einer Stute.«

Zu den wichtigen Handelswaren gehören also nicht nur Salz, Vieh, Pferde, Honig und Wachs, sondern auch immer noch Menschen. Wenn man auch von keinem regelrechten Sklavenhandel reden kann, so ist es doch bezeichnend, daß Mägde und Knechte ihren »Zollwert« haben. Die sehr detaillierte Abfassung dieses ersten Wirtschaftsdokumentes Österreichs beweist den ebenso umfangreichen wie geregelten Handelsverkehr auf der Donau und damit in der ganzen Donaugrafschaft.

Transport von Lebensmitteln, der Haltbarkeit wegen in Salz eingelegt

Macht des Adels wird gestärkt

900–906. Nach dem Tod Kaiser Arnulfs (→ 8. 12. 899) wird sein sechsjähriger Sohn Ludwig das Kind von den ostfränkischen Großen zum König gewählt. Die Schwäche des unmündigen Königs begünstigt die Entwicklung starker Stammesherzogtümer im ostfränkischen Reich. Wegen der Unmündigkeit Ludwigs wäre es zwar möglich gewesen, sich bezüglich der Herrschaft an den Westfranken Karl den Einfältigen zu wenden, jedoch entspricht ein schwacher König den Interessen des ostfränkischen Adels, der sich um eine stärkere Teilhabe an der Macht bemüht.

Die schwere Bedrohung der Ostgrenzen, vor allem durch die Ungarn, verstärkt die Tendenzen zur Bildung von selbständigen Stammesherzogtümern. In Sachsen und Bayern, den gefährdetsten Gebieten, setzen sich die Familien durch, die den Schutz der Grenzen gewährleisten können. So steht in Sachsen der Liudolfinger Otto der Erlauchte an der Spitze, in Bayern übernimmt Markgraf Luitpold, der versucht, die Ungarn abzuwehren, die Führung des Stammes. In Schwaben versucht Markgraf Burchard von Raetien, wohl ursprünglich aus dem fränkischen Geschlecht der Hunfridinger gebürtig, die Stammesherrschaft an sich zu reißen. Er scheitert jedoch an Bischof Salomon III. von Konstanz, dem Regenten für Ludwig das Kind. In Franken streiten zwei Familien um die Vorherrschaft, zum einen die in Hessen, Mainfranken und am Mittelrhein begüterten Konradiner, zum anderen die Babenberger mit ihrem Besitz am Obermain.

902 sammeln die Babenberger eine starke Mannschaft in Bamberg und versuchen, die Konradiner in einer Schlacht zu besiegen. Da jedoch der Kampf unentschieden bleibt, setzt sich die Fehde fort, bis es den Konradinern 906 mit Hilfe der Reichsgewalt gelingt, die Babenberger zu unterwerfen. Der Babenberger Adalbert wird in Haft genommen und am 9. September 906 vor seiner Burg Theres (am Main) enthauptet.

Damit sind die Konradiner unter Konrad (→ 10. 11. 911) an die Spitze der Franken getreten, auch wenn sich ihre Herrschaft noch nicht über das ganze Stammesgebiet erstreckt.

Der Herzogstuhl auf dem Zollfeld

Anfang 10. Jh. *Auf dem Gelände der im 9. Jahrhundert errichteten Pfalz von Karnburg in Kärnten findet die Einsetzung des Herzogs von »Karantanien« statt; nach einem feierlichen Hochamt in Maria Saal zieht man gemeinsam zum Herzogstuhl auf dem Zollfeld. Auf diesem steinernen Doppelthron (Abb.) nimmt der Herzog auf dem nach Westen gerichteten (der Pfalzgraf auf dem östlichen) Sitz Platz und gelobt, die Rechte und Freiheiten des Landes zu wahren und zu schützen.*

Der erste Wahlkönig

10. November 911. Nach dem frühen Tod des erst 18jährigen Königs Ludwig des Kindes wählen die ostfränkischen Adeligen Konrad I., den Herzog von Franken, zum König.

Für die Stämme, aus denen das zukünftige römische Reich erwachsen soll, stellte sich nach dem überraschenden Tod des Königs die Frage, ob sie sich erneut einem Karolinger unterstellen wollen, denn im Westen regiert noch König Karl der Einfältige. Lotharingien hält an seinem Geblütsrecht und den Karolingern fest; es wendet sich wieder dem Westreich zu. Die Stammesherzöge und der Adel der Franken, Sachsen, Bayern und Schwaben entscheiden sich hingegen für eine Selbständigkeit des Ostreiches mit fränkischem Charakter und wählen aus ihrer Mitte Konrad I. zum ostfränkischen König. Zunächst hat man den Sachsenherzog Otto für die Wahl vorgesehen; doch dieser lehnte die Kandidatur wegen seines fortgeschrittenen Alters ab und schlug Konrad, den Herzog von Franken, vor.

Der neue König ist von Beginn an mit Streitigkeiten vor allem mit Herzog Heinrich von Sachsen konfrontiert (→ 12. 5. 919).

Traditionspflege unter Heinrich I.

12. Mai 919. In Fritzlar wählen Franken, Alemannen, Bayern, Thüringer und Sachsen den etwa 44jährigen sächsischen Herzog Heinrich aus dem Haus der Liudolfinger zum König. Als Heinrich I. tritt er die Nachfolge von König Konrad I. an.

Bereits unter König Konrad I. entfaltete Heinrich als Sachsenherzog deutliches Machtstreben. Das markgräfliche Stammesherzogtum der Liudolfinger im Harzvorland erweiterte er um Gebiete in Westfalen, Ostsachsen und Thüringen. Zum deutschen König gewählt, festigt er die Stabilität seines Herrschaftsgebietes durch drei wesentliche Maßnahmen: Er erneuert die sächsisch-fränkische Freundschaft, nötigt 921 Arnulf von Bayern, auf sein Gegenkönigtum zu verzichten, und engt die Selbständigkeit Schwabens ein. Im Vertrag zu Bonn sichert Heinrich I. am 7. November 921 die Westgrenze gegenüber dem Frankenreich Karls des Einfältigen. Die karolingische Tradition gewinnt unter Heinrich I. große Bedeutung, sodaß der König die Heilige Lanze, eine der vornehmsten der christlichen Reliquien und Herrschaftssymbol für Italien, Rudolf II. von Hochburgund abkauft. Sie soll einst Kaiser Konstantin dem Großen gehört haben und mit Partikeln von den Kreuzesnägeln Christi ausgestattet sein.

Die Heilige Lanze Heinrichs (Wien)

Einsetzung eines Ottonen zum Kaiser durch Christus (Widmungsbild einer Evangelienhandschrift, Ende 10. Jh.; Aachener Domschatz)

Feierliche Krönung

7. August 936. In der Pfalzkapelle von Aachen wird Otto I., der Große, designierter Nachfolger seines Vaters König Heinrich I., von den Erzbischöfen Hildebert von Mainz und Wichfrid von Köln zum deutschen König gekrönt.

König Heinrich I. hatte kurz vor seinem Tod 936 auf einem Hoftag in Erfurt Otto, seinen ältesten Sohn aus seiner zweiten Ehe mit Mathilde, zu seinem Nachfolger bestellt und die Unteilbarkeit des Reiches festgelegt. Aachen soll als Ort der Wahl und Krönung das politische Programm von Otto I. symbolisieren: Er will an das Vorbild von Kaiser Karl dem Großen anknüpfen und die königliche Gewalt wieder nachdrücklich zur Geltung bringen.

Das Krönungszeremoniell ist ein wohldurchdachter Staatsakt, der sich in mehreren Etappen vollzieht und an die karolingische Staatsauffassung anknüpft. Bereits am Morgen des Krönungstages haben die Großen des Reiches dem König in der Säulenhalle vor dem Münster gehuldigt und ihn damit zum König erhoben. Beim Betreten der Marienkapelle folgt die Akklamation durch das Volk und die Überreichung der königlichen Insignien: Zepter und Reichsapfel, Reichsschwert, Heilige Lanze und Krönungsornat. Anschließend salben und krönen die Erzbischöfe von Mainz und Köln am Hochaltar der Pfalzkapelle Otto I. zum König.

Danach geleiten die beiden Erzbischöfe den 24jährigen König über eine Wendeltreppe zum Thron Karls des Großen, der – wie der sächsische Geschichtsschreiber Widukind zu berichten weiß – »zwischen zwei marmornen Säulen von wunderbarer Schönheit so errichtet ist, daß der König von hier aus alle sehen und von allen wiederum gesehen werden konnte«. Im Anschluß an den feierlichen Krönungsakt gibt der König in der Pfalz ein Festbankett. Während die Bischöfe und das anwesende Volk an der Königstafel Platz nehmen, warten die Herzöge dem neuen König bei Tisch auf.

Herzog Giselbert von Lothringen überwacht als Kämmerer den Ablauf der Feierlichkeiten; Herzog Eberhard von Franken sorgt als Truchseß für die Beköstigung und Herzog Hermann von Schwaben kredenzt als Mundschenk die Getränke; Herzog Arnulf von Bayern ist für die Unterbringung der geladenen Gäste verantwortlich. Mit der Wahrnehmung der Aufgaben der alten karolingischen Hofämter am Krönungstag symbolisieren die Stammesherzöge die Unterordnung des hohen Adels unter die Herrschaft des Königs.

951

951–975

2. Hälfte 10. Jh. Der »Wiener Hundesegen« und das »Klosterneuburger Gebet« sind die ersten Zeugnisse deutscher Prosa auf österreichischem Boden. →

Mitte 10. Jh. Die Grafenfamilie der Udalrichinger, die rings um den Bodensee reich begütert ist, wählt Bregenz als Residenz.

Graf Guntram der Reiche, Ahnherr der Habsburger, ist urkundlich erwähnt. Sein Stammsitz befindet sich zwischen Aare und Reuß, westlich von Zürich.

König Otto I. läßt das Domschulwesen ausbauen und neue Schulen gründen, in denen »Beamte« für die Reichsverwaltung ausgebildet werden sollen.

10. 8. 955. In der Schlacht auf dem Lechfeld bei Augsburg besiegt das vereinte deutsche Heer die Ungarn entscheidend. →

Nach 955. Zum Schutz des Reiches errichtet König Otto I. nach karolingischem Vorbild wieder Grenzmarken. →

Im Bereich von Graz wird ein Kastell errichtet, das der Stadt vermutlich den Namen gibt (»gradec« bedeutet soviel wie »kleine Burg«).

958. Erzbischof Herold von Salzburg wird geblendet und abgesetzt, nachdem er sich an einer Verschwörung gegen König Otto I. beteiligt hat.

2. 2. 962. König Otto I., der Große, wird von Papst Johannes XII. zum römischen Kaiser gekrönt. →

25. 12. 967. König Otto II., der 12jährige Sohn Kaiser Ottos I., wird gegen jeden Brauch in Rom zum Kaiser gekrönt, obwohl sein Vater noch lebt.

Vor 970. Markwart von Eppenstein wird Markgraf der Kärntnermark. Sein Stammsitz ist vermutlich Judenburg in der Steiermark.

972. Großfürst Géza (auch Geisa), ein Urenkel des Großfürsten Árpád, wird Herzog von Ungarn. Er bemüht sich um gute Beziehungen zu Bayern, fördert das Christentum und versucht, sein Land Mitteleuropa kulturell anzupassen.

14. 4. 972. Kaiser Otto II. heiratet die byzantinische Prinzessin Theophanu. →

973. Herzog Boleslaw II. von Böhmen gründet das Bistum Prag, das dem Erzbistum Mainz unterstellt wird.

7. 5. 973. Nach dem Tod Kaiser Ottos I. übernimmt sein Sohn Otto II. die Herrschaft im deutschen Reich.

975. Der Bayernherzog Heinrich II., der Zänker, erhebt sich gegen seinen Vetter, Kaiser Otto II. Markgraf Burkhard, der auch Burggraf von Regensburg ist, schließt sich dem Aufstand an. Er wird daraufhin vom Kaiser als Markgraf der Ottonischen Mark abgesetzt (→ 976).

Kaiser Otto II. verleiht dem Ort Lieding (Liubedinga) in Kärnten das Markt-, Maut- und Zollrecht. Das Privileg ist für die Witwe Imma, wahrscheinlich die Großmutter der heiligen Hemma (→ 1043), ausgestellt, die bei Lieding mit dem Bau eines Nonnenklosters begonnen hat (vielleicht dem Vorläuferbau von Gurk).

GESTORBEN:

7. 5. 973. Memleben an der Unstrut: Otto I., der Große (* 23. 11. 912), König und Kaiser.

GEBOREN:

951. Heinrich II., der Zänker († 28. 8. 995), Herzog von Bayern und Kärnten.

Um 955. Hartwich von Sponheim († 1023), Erzbischof von Salzburg.

Ende 955. Otto II. († 7. 12. 983), König und Kaiser.

6. 5. 973. Bad Abbach: Heinrich II., der Heilige († 13. 7. 1024), König und Kaiser.

ZITAT:

Über die Schlacht auf dem Lechfeld 955 berichtet der sächsische Geschichtsschreiber Widukind u. a.:

»Wie nun der König [Otto I.] sah, daß sich die ganze Wucht des Kampfes ihm gegenüber in der Front zusammenballe, ermunterte er seine Mannen: ›Meine Kämpen, jetzt heißt es guten Mutes sein! Nicht in weiter Ferne, unmittelbar vor euch steht der Feind! Bis jetzt siegte ich durch eure nimmer rastende Faust, durch eure allum in fremden Landen ruhmreichen, nie bezwungenen Waffen, und nun sollte ich in meinem Lande und Reiche den Rücken zeigen müssen? Ich weiß, die Feinde sind uns über an der Zahl, nicht aber an Tapferkeit, nicht in der Rüstung. Nahezu allen von ihnen fehlen fast jede Waffen, und – unsere größte Zuversicht – ihnen fehlt Gottes Hilfe. Ihre Verwegenheit ist ihre einzige Burg, die unsere aber ist die Hoffnung auf Gottes Schirm und Schutz. Eine Schande wär's für uns, die Herren von fast ganz Europa, sich dem Feinde zu ergeben. Ist das Ende nahe, gut, so wollen wir lieber ruhmvoll im Kampfe fallen, als dem Feinde untertan ein Sklavenleben führen, oder was noch wahrscheinlicher ist, wie schädliche Tiere durch den Strick erwürgt werden. Noch manch ein Wort würde ich an euch, meine Mannen richten, wüßte ich, daß dadurch euer Mut und eure Tapferkeit gesteigert werden könnten. Doch so wollen wir lieber mit dem Schwert als mit der Zunge den Streit beginnen.‹ Hierauf ergriff der König den Schild und die Heilige Lanze und sprengte als erster gegen die Feinde vor, zugleich der tapferste Krieger und der beste Feldherr. Die verwegensten Feinde leisteten zuerst Widerstand, als sie jedoch ihre Kameraden den Rücken kehren sahen, befiel sie Schrecken; die Unseren drangen in ihren Reihen ein und erschlugen sie.«

Die Schlacht auf dem Lechfeld

10. August 955. Ein vereintes deutsches Heer unter Führung König Ottos I. besiegt auf dem Lechfeld vor Augsburg die Ungarn entscheidend; damit ist die Ungarn-Gefahr für Mitteleuropa gebannt.
Die Ungarn fielen im Juli in Bayern ein und hofften, auf einen zerstrittenen und daher schwachen Gegner zu treffen. Erst im Dezember 954 hatte Otto den Streit mit seinem Sohn, dem Herzog von Schwaben, beilegen können. Otto gelingt es, die soeben erzielte Einheit zu wahren, indem er vor allem die religiöse Seite des bevorstehenden Kriegszugs betont und die Ungarn als Feinde Gottes und des Christentums bezeichnet. So vergehen nur vier Wochen bis zum Sammeln eines geeinten Reichsheeres bei Ulm. Die Ungarn belagern unterdessen Augsburg, das aber den Angreifern standhält. Bevor die Ungarn zum Sturm blasen können, zwingt sie das heranrückende Reichsheer, die Belagerung aufzugeben.
Die Schlacht beginnt am Morgen des 10. August. Das in acht Gruppen geteilte deutsche Heer zählt zusammen fast 10 000 Panzerreiter, die der leichten ungarischen Reiterei überlegen sind. Dennoch gelingt den Ungarn ein erster Erfolg, als sie mit einem Teil ihrer Truppen das deutsche Heer umgehen und die böhmische Nachhut überfallen; die Ungarn erbeuten den gesamten Troß des Heeres und greifen aus dem Rükken auch den siebten und sechsten Heeresteil an, den die Schwaben bilden. Auch sie werden besiegt oder von den Ungarn in die Flucht geschlagen. Als König Otto erkennt, daß sein Heer zwischen zwei Fronten aufgerieben zu werden droht, schickt er die fränkische Abteilung unter Führung des früheren Herzogs von Lothringen, Konrad dem Roten, in den Kampf. Sie werfen die Ungarn zurück. Der Erfolg der Franken spornt auch die anderen Heeresteile zum entschlossenen Kampf an, und die fast schon verlorene Schlacht wendet sich zugunsten des deutschen Heeres. Die Ungarn erleiden eine entscheidende Niederlage: Entgegen bisheriger Gewohnheiten läßt Otto die fliehenden Feinde verfolgen und völlig vernichten.
Otto I. wird nach dem Sieg von seinem Heer nach römischem Vorbild als »Imperator« (Kaiser) begrüßt. Der Sieg wird als Beweis für die Huld Gottes und die Rechtmäßigkeit der ottonischen Herrschaft gewertet.

Darstellung eines ottonischen Kaisers (»Registrum Gregorii« Trier, um 983; Museé Condée Chantilly)

2. Februar 962. *Der 50jährige König Otto I. wird in Rom von Papst Johannes XII. zum Kaiser gekrönt und festigt die Position des weltlichen Herrschers gegenüber dem Papsttum. Die* **Kaiserkrönung** *erfolgt mit der vermutlich um 962 (vielleicht auf der Insel Reichenau im Bodensee) gefertigten Krone. Sie ist etwa 25,5 cm hoch und besteht aus Gold, Goldfiligran, verschiedenen Edelsteinen, Perlen sowie aus Email. Das Kreuz stammt erst aus der Zeit Kaiser Heinrichs II.; der Bügel geht auf seinen Nachfolger, Kaiser Konrad II. zurück (Weltliche Schatzkammer Wien).*

Die Ottonischen Grenzmarken

Nach 955. Nach dem Sieg über die Ungarn auf dem Lechfeld vor Augsburg (→ 10.8.955) läßt König Otto I. erneut Grenzmarken errichten. Im Gegensatz zur Karolingischen Mark sind die Grenzen der neugeschaffenen »Provincia inter Anesium fluvium et Comagenum montem« (Provinz zwischen Enns und Wienerwald, nach anderen Angaben zwischen Enns und Traisen) nach Osten hin offen.
Im südlichen Markengürtel gibt es ferner die Mark an der Drau und der mittleren Mur, die meist »marchia Carentana« oder »Kärntnermark« genannt wird und die Gebiete der mittleren und oberen Steiermark bis Pitten und Aspang in Niederösterreich umfaßt. Sie gilt als Kernland der Steiermark.
Die Ungarn setzen sich nach ihrer Niederlage auf dem Lechfeld endgültig in der Ungarischen Tiefebene fest; das Gebiet westlich des Wienerwaldes kommt wieder unter bayrische Herrschaft. Kleinere ungarische Gyepü-(Grenz-)Siedlungen bleiben allerdings im nördlichen und nordöstlichen Niederösterreich bestehen. – Nach 970 wird ein Burggraf von Regensburg namens Burkhard als Markgraf der Ottonischen Mark urkundlich erwähnt; vermutlich residiert er in Pöchlarn.

Der Anspruch des Kaisertums

Kaiser, vom römischen Personennamen und späteren Titel »Caesar« abgeleitet, war die Bezeichnung für den höchsten weltlichen Herrscher, den Regenten des römischen Weltreiches – das weströmische Kaisertum bestand bis 476, das oströmische bis 1453.
Die Geburtsstunde des »abendländischen Kaisertums« ist die Krönung des Frankenkönigs Karl des Großen in Rom am 25. Dezember 800 durch Papst Leo III. Das dadurch entstandene und das ganze Mittelalter bestehende »Zwei-Kaiser-Problem« wurde 812 durch einen Friedensschluß mit Byzanz vorerst gelöst. Karl der serkrönung als kirchliches Vorrecht. Das Kaisertum brachte dem König einen Vorrang an Würde und Hoheit, jedoch keine Erhöhung seiner Macht. Wenn er auch theoretisch die Oberhoheit über das Abendland beanspruchte, hatte er niemals die Universalherrschaft inne. Der Kaiser war »vicarius Christi« und »advocatus ecclesiae« und zum Schutz der Christenheit verpflichtet (Kreuzzüge). Der im Kaisertum liegende Anspruch führte oft zu schweren Konflikten mit dem Papsttum.
Der Kaiser wurde (wie bei der Königswahl) von den Kurfürsten gewählt. Der Erzbischof von Mainz

Der Kaiser führt als Zeichen seiner Unterordnung unter die geistliche Macht das Pferd des Papstes (um 1246, Santi Quatro Coronati Rom)

Große nannte sich nach der Krönung »imperator et augustus« (Befehlshaber und Erhabener). Der römische Ehrenname Augustus ging mit dem Zusatz »semper« (immer) auf die römischen Kaiser »deutscher Nation« über und wurde unter Ableitung von »augere« (vermehren) mit »allzeit Mehrer des Reiches« erweitert.
Das karolingische Kaisertum war eine Vor- und Oberherrschaft über andere Könige. Als Idee von größter Bedeutung spielte es »staatsrechtlich« keine Rolle. Karl der Große konnte das deutsche Kaisertum von Rom und dem Papsttum nicht unabhängig machen – Ende des 9. Jahrhunderts beanspruchte der Papst die Kai- als Erzkanzler des Reiches hatte innerhalb eines Monats nach dem Ableben des bisherigen Kaisers die Wahl nach Frankfurt am Main auszuschreiben. Die letzte Kaiserkrönung in Rom fand am 19. März 1452 statt (Friedrich III.); die letzte Kaiserkrönung durch den Papst erfolgte in Bologna am 24. Februar 1530 (Karl V.). Seit Maximilian I. (1508) führte der deutsche König den Titel »Erwählter Römischer Kaiser«. In der Regel erfolgte schon zu Lebzeiten des Kaisers die Wahl seines Nachfolgers zum »Römischen König«. Die Bezeichnung »Römisch-deutscher Kaiser« war niemals eine amtliche, genausowenig wie das »Heilige Römische Reich Deutscher Nation«.

Heiratsurkunde Kaiser Ottos II. mit der byzantinischen Prinzessin Theophanu (Goldschrift auf purpurgefärbtem Pergament mit Fabeltieren in den Medaillen, 972 [Ausschnitt]; Herzog-August-Bibliothek Wolfenbüttel)

Kaiser Otto anerkannt

14. April 972. In der Peterskirche zu Rom heiratet Kaiser Otto II., Sohn des deutschen Kaisers Otto I., die byzantinische Prinzessin Theophanu, die Nichte des regierenden Kaisers Johannes I. Tzimiskes.
Diese Hochzeit krönt die Politik Ottos I., der lange nach Anerkennung durch das alte oströmische (Byzantinische) Reich gestrebt hat. Der Vorgänger von Johannes Tzimiskes, Kaiser Nikephoros II., hatte sich geweigert, Ottos Kaisertitel anzuerkennen (»Zwei-Kaiser-Problem«; →25.12.800). Die Eheschließung soll nun den Frieden zwischen beiden Staaten sichern, die verfeindet sind, weil beide Ansprüche auf Unteritalien geltend machen.
In langwierigen Verhandlungen einigt man sich schließlich, daß Benevent und Capua beim Reich bleiben, während Byzanz die südlichen Gebiete erhält: Apulien, Kalabrien, Neapel und Salerno. Durch diese klare Abgrenzung der Einflußbereiche ist das nördlich gelegene Reichsitalien nicht länger gefährdet.

Religiöse Dichtung

2. Hälfte 10. Jh. Die ersten Zeugen (althoch-)deutscher Prosa im österreichischen Raum sind der »Wiener Hundesegen« und das »Klosterneuburger Gebet«.
Der »Hundesegen« erinnert noch stark an alte germanische Zaubersprüche:
»Christ ward geboren, ehe Wolf oder Dieb / da war Sankt Martin Christi Hirte. / Der heilige Christ und Sankt Martin, / der geruhe zu walten / hüte die Hunde und die Hündinnen, / daß ihnen Wolf und Wölfin nicht zum Schaden werden mögen, / so weit sie auch laufen, / Waldes oder Weges oder über die Heide. / Der heilige Christ und Sankt Martin, / der bringe sie mir heute alle heim gesund.«
Das »Klosterneuburger Gebet« ist auf dem letzten Blatt eines Psalters Markgraf Leopolds III., des Heiligen, überliefert:
»Herr [der] du mich Armen geschufest zu dem deinen Bilde und erlöstest mit dem deinen heiligen Blute, du erlöse mich Armen von allen meinen Sünden, die ich je getan und die ich täglich tue und von den künftigen. Herr, ich bitte dich, daß du mir an dem Jüngsten Tage helfest, so die Seele scheidet von dem Leichnam, daß ich mit wahrem Glauben und mit lauterer Buße und mit deiner höheren Liebe deines und meines Nächsten und mit der Gemeinschaft deines Leichnams und deines Blutes [scheide] . . .«

Die Babenberger und das österreichische »Interregnum«

Österreich unter den Babenbergern

976 beendete Kaiser Otto II. die durch den Aufstand Herzog Heinrichs II., des Zänkers, von Bayern ausgelöste innenpolitische Krise, indem er Kärnten aus der lehensrechtlichen Verbindung mit Bayern löste und zum selbständigen Herzogtum, dem ersten auf österreichischem Boden, erhob. Die »Mark im Osten« hingegen übergab er einem Mann aus dem bayrischen Hochadel, der schon bei der Kaiserkrönung Ottos I. in Rom 962 ein treuer Gefolgsmann war: Leopold I. (der Erlauchte), dessen Familie später wohl eher irrtümlich Babenberger genannt wurde (im Hinblick auf einen angeblichen Stammvater namens Adalbert von Bamberg).
Die Neuorganisation schmälerte sowohl den Machtbereich als auch den Einfluß Bayerns im östlichen und südöstlichen Grenzgebiet des Reiches erheblich. Die 270 Jahre dauernde Herrschaft der Babenberger bestätigte jedoch nachträglich den Erfolg der kaiserlichen Entscheidung.

Expansion nach Osten

Bereits unter Markgraf Leopold I. wurde die Ausdehnung Österreichs nach Osten deutlich: Seine wahrscheinlich anfängliche Residenz in Pöchlarn an der Donau verlegte der Markgraf schon 984 nach Melk. War dies auch vorerst kein großer Schritt, so zeigte sich die planvolle Erweiterung des babenbergischen Einflußbereiches unter Leopolds Nachfolgern deutlicher: Um 1050 war die Burg Thunau am Kamp Residenz, kurz darauf Tulln und 1106 die neu errichtete Pfalz im Gebiet des heutigen Klosterneuburg. 1156 residierte Heinrich II., Jasomirgott, bereits in Wien.
Durch die Ehe Markgraf Leopolds III., des Heiligen, mit der Kaisertochter Agnes waren die Babenberger mit dem salisch-staufischen Kaiserhaus eng verbunden und zählten zu den ersten Geschlechtern des Reiches. Dies wurde im Jahre 1125 unterstrichen, als man Leopold die Kandidatur bei der Königswahl anbot. Mit Rücksicht auf sein hohes Alter und im Hinblick auf seine acht Söhne, zwischen denen möglicherweise Auseinandersetzungen bei der Nachfolge entstehen könnten, lehnte er diese hohe Würde ab.
Die 1156 erfolgte Umwandlung der Markgrafschaft in ein Herzogtum war die weitere logische Entwicklung des Landes und eine Auszeichnung für das Herrschergeschlecht. Mit dem damit verbundenen Dokument, dem Privilegium minus, erhielt Österreich eine Selbständigkeit, die den Grundstein für das Herauswachsen aus dem Verband der deutschen Fürstentümer bot.
Durch einen Erbvertrag, die sog. Georgenberger Handfeste, erwarben die Babenberger im Mai 1192 auch das Herzogtum Steiermark und regierten damit über ein imponierendes, in sich geschlossenes und festgefügtes Herrschaftsgebiet.

Kirche und kulturelle Entwicklung

Für die Entwicklung der katholischen Kirche in Österreich war die Zeit der Babenberger von besonderer Bedeutung. Das gute Verhältnis der Landesfürsten zur Kirche ermöglichte einen gemeinsamen Aufstieg und auch eine gegenseitige Festigung.
Alle kirchlichen Einrichtungen und Strukturen, die sich in der Babenbergerzeit ausbildeten, behielten über 500 Jahre ihre Gültigkeit. (Gravierende Veränderungen erfuhr die kirchliche Domäne in Österreich erst durch die Reformen Kaiser Josephs II.) Die anfangs gut organisierte Christianisierung hatte durch die Ungarn im Jahre 907 ein jähes Ende gefunden und mußte knapp vor dem Herrschaftsbeginn der Babenberger wiederaufgenommen werden. So begann der Ausbau der kirchlichen Organisation und damit des Pfarrnetzes nahezu gleichzeitig mit der Ära der Babenberger. Doch die regen Passauer Bischöfe schwächten den Einfluß der Bistümer Salzburg und Regensburg im niederösterreichischen Raum erheblich. In Oberösterreich waren die Pfarren durch den benachbarten Bischofssitz früher durchorganisiert, und in der Steiermark dominierte die Missions- und Organisationstätigkeit Salzburgs.
Im 11. Jahrhundert erfolgten zahlreiche Klostergründungen. Diese leisteten nicht nur zur kirchlichen Entwicklung einen wesentlichen Beitrag, sondern schufen auch kulturell unschätzbare Werte. Die intellektuelle Entwicklung im Mittelalter ist ohne die Schreib- und Malschulen der Klöster nicht denkbar. Die angelegten Annalen blieben in vielen Fällen die einzigen Quellen für die Historiker heute. Darüber hinaus war der Zisterzienserorden, für seine ertragreiche Landwirtschaftstätigkeit bekannt, verantwortlich für eine große und sinnvolle Rodungstätigkeit. War der Stifter eines Klosters auch dessen Schutzvogt, dann konnte er mit sicheren Einnahmen rechnen und hatte sein Kapital gut angelegt.
Zusammenfassend sei festgestellt, daß in Österreich das Verhältnis und die Zusammenarbeit zwischen Kirche und Landesfürst überwiegend gut und ausgeglichen und für beide Teile vorteilhaft war.
Mit der Neubelebung der Klöster entfalteten sich auch die humanistischen Leistungen und knüpften an die bis ins 8. Jahrhundert zurückreichende Tradition der Buchmalerei und der Herstellung wertvoller Handschriften an. Die romanische Kunst entwickelte sich eindrucksvoll, im Kirchen- und Klosterbau genauso wie auf dem speziellen Sektor der Krypten und Karner. Auch das Handwerk blieb nicht zurück, wenn man an den 443,5 cm hohen siebenarmigen Leuchter aus vergoldeter Bronze im Stift Klosterneuburg denkt. Und der Profanbau der Romanik ist eindrucksvoll durch umfangreiche Burgen vertreten.
Gegen Ende des 12. Jahrhunderts wurde der Hof Herzog Leopolds V. in Wien zu einem einmaligen kulturellen Mittelpunkt. Fast alle berühmten Minnesänger des deutschsprachigen Raumes

weilten hier. Der Übergang vom romanischen zum gotischen Baustil ist durch mehrere Bauwerke, etwa die Stifte Heiligenkreuz und Lilienfeld, nachzuweisen. In diese Zeit fällt auch ein außergewöhnliches Denkmal romanischer Bildhauerkunst, die »steinerne Bibel«, eine Apsidenplastik an der Pfarrkirche von Schöngrabern in Niederösterreich.

Das babenbergische Erbe

Mit dem Tod Herzog Friedrichs II., des Streitbaren, in der Schlacht an der Leitha 1246 endete die Herrschaft der Babenberger in Österreich, denn der erst 35jährige Herzog hinterließ weder Nachkommen noch Bestimmungen über seine Nachfolge. Die herzoglose Zeit begann, der vier Jahre später – nach dem Tod des Staufers Friedrich II. – die kaiserlose Zeit folgte, die im allgemeinen als »Interregnum« (Zwischenherrschaft) bezeichnet wird und in Österreich 30, im Reich immerhin 22 Jahre währte.
Der Streit um das Erbe der Babenberger war verständlich, denn Österreich hatte in den 90 Jahren seit der Umwandlung der Mark zum Herzogtum einen ständigen Aufstieg genommen. So nennt z. B. die Chronik von Colmar für das Jahr 1218 das jährliche Einkommen des Herzogs von Österreich an zweiter Stelle unter den deutschen Fürsten (allesamt gewiß nicht schlecht dotierte Herren). Das Land mit seinen Bodenschätzen, einer klug und systematisch ausgebauten Infrastruktur sowie einer gut funktionierenden Wirtschaft galt mit Recht als ein lohnenswertes Streitobjekt. Österreich war allmählich herausgewachsen aus dem Verband des deutschen Reiches und hatte es verstanden, sich gegen die immer wieder auftauchenden Gefahren aus dem Osten erfolgreich zur Wehr zu setzen. Die erreichte, bedeutende Selbständigkeit wurde jedoch nicht – weder vom Landesfürsten noch vom Volk – übermäßig ausgenutzt, denn: Ob bei den kaiserlichen Feldzügen nach Italien oder auf den Kreuzzügen, stets fanden sich auch Österreicher und Steirer, Kärntner und Tiroler unter den Streitern des »Heiligen Römischen Reiches«.

Der Streit um die Nachfolge

Zu den zahlreichen Erbinteressenten gehörten zunächst einmal Kaiser Friedrich II. von Hohenstaufen und Markgraf Wladislaw von Mähren, der Sohn des böhmischen Königs und verheiratet mit Gertrud, einer Nichte Herzog Friedrichs des Streitbaren. Daneben zeigte sich auch der östliche Nachbar, König Béla IV. von Ungarn, interessiert an dem lukrativen Herzogtum.
Das offizielle Ringen um das Erbe spielte sich allerdings auf einer anderen Ebene, zwischen zwei anderen Mächten, Kaiser und Papst, ab. Als Schiedsrichter angerufen, erklärte Papst Innozenz IV. die Babenbergerprinzessin Gertrud für erbberechtigt. Es ist naheliegend, daß der Vatikan die umstrittenen Länder ungern in den Händen seines kaiserlichen Gegenspielers sah und lieber einen Parteigänger und Freund der Kirche mit der Herzogswürde belohnen wollte. Für Kaiser Friedrich II. waren die babenbergischen Länder hingegen Reichslehen, über deren Vergabe allein er zu entscheiden sich vorbehielt. Allerdings verhinderte der Streit mit dem Papst eine endgültige Regelung.
Das Problem verschärfte sich, als Markgraf Wladislaw Anfang 1247 starb. Innozenz IV. favorisierte nunmehr Margarete, eine Schwester des verstorbenen Babenbergerherzogs, die bei den Dominikanerinnen in Trier lebte. Auch Gertrud erneuerte nach ihrer Heirat mit Markgraf Hermann von Baden ihre Erbschaftsansprüche, vermochte sich jedoch in Österreich nicht durchzusetzen. Als der Kaiser 1250 starb, begann die bereits stark erschütterte Reichsgewalt zu zerfallen, ohne daß eine Lösung der Nachfolge im Reich wie in den österreichischen Ländern in Sicht war.

Die böhmische Herrschaft

Auf einem Landtag im Frühjahr 1251 beschlossen die österreichischen Stände, einen Sohn der Markgräfin von Meißen (der zweiten Schwester Herzog Friedrichs des Streitbaren) zum Landesherren zu erbitten. Die österreichische Delegation wurde aber auf dem Weg nach Meißen in Prag vom böhmischen König Wenzel aufgehalten, der seinen Sohn Przemysl Ottokar als Nachfolger in Österreich anbot und diesen sogleich mit einem starken Heer, aber auch mit viel Geld und Geschenken in das Herzogtum schickte.
Bereits im Frühjahr 1252 war ganz Österreich in der Hand des 22jährigen böhmischen Thronfolgers, der kurz darauf die bereits 47jährige Margarete von Babenberg heiratete. Den wegen des Verwandtschaftsverhältnisses notwendigen päpstlichen Dispens erteilte der Vatikan, und Przemysl Ottokar nannte sich fortan Herzog von Österreich und Steiermark.
Der junge Herrscher, nach dem Tod seines Vaters 1253 auch König von Böhmen, verstand es, klug zu regieren, wenn auch der wachsende slawische Einfluß in Österreich immer wieder auf Ablehnung stieß. 1273 wandte sich aber das Geschick gegen den Przemysliden, der – als einziger Gegenkandidat – bei der Wahl zum deutschen König dem Habsburger Grafen Rudolf (IV.) unterlag. Die antiböhmische Politik des neuen Regenten gipfelte 1275 in der Verhängung der Reichsacht über Przemysl Ottokar, der sich weigerte, auf die eingezogenen Lehen (in erster Linie das Babenbergererbe) zu verzichten. 1276 mußte sich Ottokar jedoch geschlagen geben und auf Österreich, Steiermark, Kärnten, Krain, die Windische Mark und das Egerland verzichten. Das österreichische »Interregnum«, im wesentlichen eine 24jährige böhmische Zwischenherrschaft, war beendet.

Babenberger-Porträts im Brunnenhaus des Kreuzganges von Stift Heiligenkreuz in Niederösterreich (um 1290, Ausschnitt)

976

976–1000

976. Kaiser Otto II. errichtet das Herzogtum Kärnten, das erste Herzogtum auf österreichischem Boden. Er setzt den Luitpoldinger Heinrich als Herzog ein, einen Sohn Herzog Bertholds von Bayern. →

21. 7. 976. In einer Urkunde Kaiser Ottos II. ist ein »Marchio Liutpold« genannt – der erste Beleg, daß einem Angehörigen des Geschlechtes der Babenberger die »marcha orientalis«, auch »orientalis marcha Baivarie« (die bayrische Mark im Osten) genannt, übertragen worden ist. Leopold I. residiert vermutlich in Pöchlarn an der Donau, schon zur Römerzeit ein befestigter Ort. →

In St. Wolfgang am Wolfgangsee gründet Bischof Wolfgang von Regensburg eine Pfarrkirche. Zu dieser Zeit weilt er im Kloster Mondsee, das zum Bistum Regensburg gehört (→31. 10. 994).

22. 7. 976. In Regensburg bestätigt Kaiser Otto II. dem Bischof Pilgrim von Passau Eigentum und Immunität der Klöster St. Florian und Kremsmünster in Oberösterreich sowie St. Pölten in Niederösterreich.

Um 979. Der ottonische Oktogonalbau des Chores der Pfarrkirche von Wieselburg an der Erlauf in Niederösterreich entsteht und wird mit Fresken ausgestattet.

Um 980. Der Traungauer Graf Otakar III. erbaut an der Mündung der Steyr in die Enns die Stiraburg, von der später der Name Steiermark (auch Steier und Steierland) abgeleitet wird.

7. 12. 983. König Otto III. tritt nach dem Tod seines Vaters, Ottos II., die Nachfolge an. Er war bereits im Mai in Verona zum König gewählt worden, da er aber erst drei Jahre alt ist, übernimmt seine Mutter Theophanu die Regentschaft.

984. Markgraf Leopold I. von Österreich besiegt ungarische Streifscharen. Melk an der Donau in Niederösterreich ist wahrscheinlich schon neue Residenz des Babenbergers.

5. 10. 989. Nach dem Tod Herzog Heinrichs von Kärnten vereinigt der bayrische Herzog Heinrich II., der Zänker, Kärnten wieder mit Bayern, was er seit der kaiserlichen Entscheidung von →976 immer wieder vergeblich versucht hat.

991. Die Ungarn fallen in die Mark der Babenberger ein. Gemeinsam mit einem Aufgebot Markgraf Leopolds I. dringt Herzog Heinrich II., der Zänker, von Bayern in das Wiener Becken vor und erobert das Gebiet zwischen Schwechat und Triesting, wodurch die Grenzen der Mark weiter nach Osten verschoben werden.

8. 7. 994. Bei einem Turnier in Würzburg wird Markgraf Leopold I. durch einen Pfeilschuß tödlich getroffen und stirbt zwei Tage danach an der Verletzung. Er ist das Opfer eines Mordanschlages, der allerdings nicht ihm galt. Sein Sohn Heinrich (I.) übernimmt die Markgrafschaft.

28. 8. 995. Durch den Tod Herzog Heinrichs II., des Zänkers, von Bayern wird das Herzogtum Kärnten endgültig aus dem Verband mit Bayern gelöst. Otto, ein Enkel Kaiser Ottos I., wird Herzog von Kärnten (→976).

1. 11. 996. In einer Schenkungsurkunde Kaiser Ottos III. an die bischöfliche Kirche von Freising wird der Name »ostarrîchi« erstmals genannt. →

997. Stephan I., der Heilige, wird König von Ungarn. Während seiner mehr als 40jährigen Regentschaft gestaltet er sein Reich nach deutschem Vorbild und gilt als Gründer des Ungarischen Reiches. Sein Krönungsmantel, mit reicher Goldstickerei versehen, ist die älteste Stickerei des Mittelalters überhaupt.

999. Boleslaw III. wird Herzog von Böhmen.

Um 1000. Die alte Pfarrkirche von Anras (Osttirol) wird errichtet; der rechteckige Bau gleicht der Taufkapelle des Domes von Brixen in Südtirol, da die dortigen Bischöfe Besitzungen in Anras haben.

In Vorarlberg wird der frühromanische Teil der Propsteikirche von St. Gerold erbaut; sie steht auf dem Boden der einstigen Einsiedelei des um 978 verstorbenen hl. Gerold.

Die frühromanische Krypta des Benediktinerinnenstiftes Göß (Steiermark) wird errichtet – unmittelbar nach der Stiftsgründung durch Pfalzgraf Aribo und seine Gemahlin Adula.

1000. Adalbero von Eppenstein wird Markgraf der Kärntnermark.

Die Glocke der Wallfahrtskirche Maria Schmerzen am Freudenberg (Tigring in Kärnten) wird gegossen. Es ist die älteste Glocke Österreichs.

GESTORBEN:

7. 12. 983. Rom: Otto II. (* Ende 955), König und Kaiser.

20./21. 5. 991. Passau: Pilgrim (* ?), Bischof von Passau. →

31. 10. 994. Pupping: Wolfgang (* um 924), Bischof von Regensburg. →

27. 8. 995. Konstanz: Gebhard (* 949), Bischof von Konstanz. →

28. 8. 995. Gandersheim: Heinrich II., der Zänker (* 951), Herzog von Bayern und Kärnten.

GEBOREN:

Um 980. Adalbero von Eppenstein (†9. 11. 1039), Herzog von Kärnten.

Juli 980. Otto III. (†24. 1. 1002), König und Kaiser.

Um 983. Hemma (†29. 6. 1045 ?), Gräfin von Friesach-Zeltschach.

Um 990. Adalbert der Siegreiche (†26. 5. 1055), Markgraf von Österreich.

Konrad II. (†4. 6. 1039), König und Kaiser.

Leopold I., der Erlauchte, erster Babenberger Markgraf von Österreich (Detail aus dem Babenberger-Stammbaum, 1489–1492, Stift Klosterneuburg)

Der erste Babenberger

21. Juli 976. Kaiser Otto II. belehnt den mainfränkischen Grafen Leopold I., einen Angehörigen des bayrischen Hochadels, mit der »marcha orientalis« (der bayrischen Mark im Osten). Mit Leopold (auch Liutpold oder Luitpold) beginnt die 270 Jahre dauernde Herrschaft der Babenberger in Österreich.

Der erste Markgraf stammt von der unteren Donau, etwa aus dem Gebiet um Straubing, und war 962 Gefolgsmann Kaiser Ottos I., des Großen, bei dessen Kaiserkrönung in Rom. Otto II. wählt also einen Mann, dem er vertrauen kann und der die nötigen Voraussetzungen für das nicht leichte Amt mitbringt. Die Neuvergabe der Markgrafenwürde ist notwendig geworden, da sich der bisherige Markgraf Burkhard im Vorjahr dem Aufstand des Bayernherzogs Heinrich II., dem Zänker, angeschlossen hatte und nach dessen Scheitern seines Amtes enthoben worden war.

Die Familie Leopolds ist wohl kaum mit dem Adelsgeschlecht der Bamberger verwandt; doch ist es ein Babenberger, der Geschichtsschreiber und Bischof Otto von Freising, der im 12. Jahrhundert dem Geschlecht den Namen »Babenberger« gibt und dies mit einer Abstammung von einem nicht weiter nachzuweisenden Adalbert von Bamberg begründet, dem angeblichen Stammvater des Geschlechts.

Das Territorium

Mark an der Donau: Teile des oberösterreichischen Alpenvorlandes, Niederösterreich von der Enns bis zur Traisen.
Markgrafschaft Mähren: Niederösterreich nördl. der Donau und das östl. Mühlviertel.
Fürstentum Ungarn: Niederösterreich östl. des Wienerwaldes und das Burgenland.
Herzogtum Kärnten: Das südl. Niederösterreich, die Steiermark, Kärnten und Osttirol.
Erzbistum Salzburg: Das Gebiet um die Stadt Salzburg.
Herzogtum Bayern: Das südl. und westl. Salzburg, das westl. und südl. Oberösterreich sowie Ost- und Südtirol.
Herzogtum Schwaben: Das nordwestl. Tirol und Vorarlberg.

»Ostarrîchi«

Die »ostarrîchi«-Urkunde vom 1. November 996, der »Taufschein Österreichs«, hat folgenden Wortlaut:

»Im Namen der heiligen und unteilbaren Dreifaltigkeit. Otto, durch göttliche vorausbestimmende Gnade Kaiser [und] Augustus. Alle unsere eifrigen Getreuen, die gegenwärtigen und auch die künftigen, mögen wissen, daß wir, die würdigen Bitten unseres geliebten Vetters Heinrich, des Herzogs der Baiern, erfüllend, gewisse Besitzungen unseres Rechts in der Gegend, die in der *Volkssprache Ostarrîchi* heißt, in der Mark und Grafschaft des Grafen Heinrich, des Sohnes des Markgrafen Liutpald, in dem Ort, der Niuvanhova genannt wird, das heißt mit eben diesem Hofe und dreißig in seiner unmittelbaren Umgebung liegende Königshufen mit bebautem und unbebautem Land, mit Wiesen, Weiden, Wäldern, Gebäuden, mit Quellen und Wasserläufen, mit Jagden, Bienenweiden, Fischwässern, Mühlen, mit beweglichem und unbeweglichem Gut, mit Wegen und unwegsamem Land, mit Ausgängen und Eingängen, mit erzielten und noch zu erzielenden Erträgen und mit allem, was nach Recht und Gesetz zu diesen Hufen gehört, dem Schoße der Freisinger Kirche, der jetzt unser getreuer Gottschalk, der ehrwürdige Bischof, vorsteht, zum Dienste der heiligen Maria und des heiligen Bekenners Christi und Bischof Corbinian zu eigenem und ewigen Gebrauch überlassen und durch unsere kaiserliche Macht fest übergeben haben, und zwar so und auf solche Weise, daß die genannte Freisinger Kirche, ihr Vorsteher Gottschalk und alle seine Nachfolger alles dieses in Hinkunft nach freiem Ermessen besitzen, eintauschen oder was immer sie wollen damit tun können. Und damit der Kraft unserer Schenkung von allen Söhnen der heiligen Kirche Gottes stets fester und unerschütterlicher Glaube geschenkt werde, haben wir diese Urkunde zu schreiben befohlen und sie, nach der Besiegelung mit unserem Siegel, unten mit eigener Hand unterschrieben.«

Fälscher im Interesse der Kirche

20./21. Mai 991. In Passau stirbt Bischof Pilgrim, seit 971 Bischof des Passauer Bistums.

Pilgrim war sofort nach Amtsantritt sehr um die Missionierung und die Interessen seines Bistums bemüht. Er ging dabei so weit, daß er die Abfassung von fünf sog. Lorcher Fälschungen veranlaßte, mit denen er beweisen wollte, daß sein Bistum rechtmäßiger Nachfolger eines wesentlich früheren Bistums sei, das sich in Lorch (Enns in Oberösterreich) befand. Pilgrim hoffte, daß dadurch eine Loslösung vom Salzburger Metropolitanverband möglich werde und eine unabhängige Kirchenprovinz für den von ihm missionierten Raum Österreich, Mähren und Ungarn zustande käme. Auf seine Veranlassung fertigte ein Notar aus der Kanzlei Kaiser Ottos II. in den Jahren 972 bis 977 insgesamt fünf Papsturkunden an, die den Anspruch Passaus belegen sollten.

Romanisches Fresko des Allherrschers (Detail, um 1080; Benediktinerstift Lambach, Oberösterreich)

Doch die Fälschungen wurden nicht anerkannt. Dennoch wußte Pilgrim die Probleme der Kirche in dem seiner Verantwortung unterstehenden Gebiet zu lösen. Seine umfangreiche Missionstätigkeit wird dadurch belegt, daß zahlreiche Kirchen in Nieder- und Oberösterreich dem hl. Stephan, dem Dompatron von Passau, geweiht sind. Außerdem hat er mehrere Synoden auf österreichischem Boden abgehalten. So gab es zwischen 983 und 991 drei: In Lorch, Mautern und Mistelbach. Auf der von Mautern im Jahre 991 ließ Pilgrim die Synode feststellen:

»... daß alles Zehentgebiet innerhalb der beschriebenen Grenzen, nämlich zwischen dem Ennsfluß und dem Wienerwald, vor der letzten barbarischen Verwüstung ihrer verlassenen [Gegend] unter der Botmäßigkeit und Herrschaft der Passauer Kirche und deren Regenten lag.«

Taufschein Österreichs

1. November 996. In einer Schenkungsurkunde Kaiser Ottos III. an die bischöfliche Kirche zu Freising wird der Name »Ostarrîchi« erstmals erwähnt. Otto schenkt darin dem Freisinger Bistum 30 Königshufen (vermutlich rund 1000 ha) nebst Zubehör in Niuvanhova (Neuhofen) an der Ybbs – in der »regione vulgari vocabulo ostarrîchi«, einem Gebiet also, welches im Volksmund Österreich genannt wird. Es handelt sich bei »ostarrîchi« folglich um einen bereits gebräuchlichen Namen für dieses Gebiet. Die in Bruchsal von Bischof Hildebald, dem Kanzler des Kaisers, ausgestellte Urkunde wird allerdings erst in den Jahren 1002 bis 1005 mit dem Siegel des Nachfolgers von Kaiser Otto III., König Heinrich II., gesiegelt. Es ist anzunehmen, daß dies vor 1006, dem Todesjahr des erwähnten Bischofs Gottschalk, geschieht.

»vocabulo ostarrîchi« – erste Erwähnung des Namens Österreich (Ausschnitt aus der Schenkungsurkunde Kaiser Ottos III. vom 1. 11. 996)

Kaiser errichtet neues Herzogtum

976. Nachdem der Aufstand Herzog Heinrichs II., des Zänkers, gegen seinen kaiserlichen Vetter zusammengebrochen und der Herzog im Juli nach Böhmen geflohen ist, errichtet Kaiser Otto II. – entschlossen, die Macht und den Einfluß seines aufrührerischen Vetters zu schmälern – das Herzogtum Kärnten. Als Herzog setzt er den Luitpoldinger Heinrich, einen Sohn des Herzogs Berthold von Bayern, ein.

Das Gebiet des neuen Herzogtums entsteht durch die Abtrennung des Ost- und Südostteils Bayerns: Es umfaßt Karantanien sowie die Marken Friaul, Verona, Istrien und Krain, die mit der Kärntnermark, der Mark an der Drau mit Marburg und Pettau, den Grafschaften an der Sann mit Cilli, Judenburg, Leoben und denen im Enns- und Mürztal sowie mit den Gebieten von Steyr in Oberösterreich und Pitten in Niederösterreich vereinigt werden. Die Trennung Kärntens von Bayern hat zunächst nur 13 Jahre Bestand; Ende 989 vereinigt Herzog Heinrich II., der Zänker, das Land noch einmal mit Bayern, bevor es nach seinem Tod 995 endgültig aus dem Verbund mit Bayern gelöst wird.

Kirchenreformer und Missionar

31. Oktober 994. Im hohen Alter von 70 Jahren stirbt Bischof Wolfgang von Regensburg in Pupping nahe Eferding in Oberösterreich.

Der Benediktinermönch Wolfgang war um das Jahr 924 in Schwaben, wahrscheinlich in Pfullingen, geboren worden. In den Jahren 971 und 972 missionierte er in Ungarn und wurde 972 Bischof von Regensburg. Die politischen Wirren in Bayern vertrieben ihn 976, doch er fand in dem zu seiner Diözese gehörenden Benediktinerkloster Mondsee in Oberösterreich Aufnahme. Bischof Wolfgang gründete 976 die Pfarrkirche in St. Wolfgang am Wolfgangsee. Belegt ist ferner seine Missionstätigkeit in der Erlaufgegend und die damit im Zusammenhang stehende Errichtung der Kirche von Wieselburg an der Erlauf. In einer Schenkungsurkunde Kaiser Ottos II. aus dem Jahr 976 heißt es u. a.:

»... daß der ehrwürdige Mann Uolfgangus, Bischof der Regensburger Kirche sich an die Erhabenheit unserer Höhe gewandt ... [und] von unserem Wohlwollen einen bestimmten Platz zwischen der größeren und der kleineren Erlauf, dort wo sie ineinanderfließen, der Zuisila [Zwiesel] genannt wird, zur Errichtung eines Kastells [erbeten hat]. Der Vorsprache dieses Mannes stimmen wir aus Liebe zu Gott und aus Verehrung für die vorgenannten Heiligen zu und übergeben den Ort zu immerwährendem Besitz an jene Kirche.«

Bischof wird Landespatron

27. August 995. Im Alter von 46 Jahren stirbt Bischof Gebhard von Konstanz. Der 949 geborene jüngste Sohn des Grafen Ulrich VI. von Bregenz war rasch zu einem tatkräftigen Mann der frühen Klosterreformbewegung geworden. Schon mit 30 Jahren war er Bischof von Konstanz und wurde von den Großen des Reiches immer wieder mit politischen Aufgaben betraut. 983 stiftete er die Benediktinerabtei Petershausen, wo er nun beigesetzt wird. (Seine Geburtsstätte soll jener Ort sein, an dem die Wallfahrtskirche auf dem Gebhardsberg in Bregenz steht; er ist Landespatron Vorarlbergs.)

1001

1001–1010

1. Hälfte 11. Jh. Bedeutende Evangeliare entstehen in den Salzburger Stiften Nonnberg, St. Peter und Michaelbeuren.

1001. Kaiser Otto III. läßt das ungarische Erzbistum Gran gründen; Ungarn soll – ebenso wie Polen – eng mit dem Reich verbunden werden. Der Überlieferung nach läßt sich Stephan I. von Ungarn mit einer vom Papst übersandten Krone (der sog. Stephanskrone) zum König krönen.

Ein Aufstand der Römer zwingt Kaiser Otto III. und Papst Silvester II., Rom zu verlassen.

24. 1. 1002. Nach der Rückeroberung Roms stirbt Kaiser Otto III.: Die kaiserliche Macht in Italien bricht zusammen, Polen und Ungarn lösen sich wieder vom Reich. →

7. 6. 1002. Herzog Heinrich von Bayern, der Sohn Heinrichs des Zänkers, kann sich gegen alle Konkurrenten um die Königskrone durchsetzen und wird von Erzbischof Willigis von Mainz als Heinrich II. zum Nachfolger Ottos III. gekrönt.

Sommer (?) 1002. König Heinrich II. schenkt Erzbischof Hartwig von Salzburg Mauterndorf im Lungau (Salzburg). Mauterndorf ist durch die Schenkungsurkunde als erste Zollstätte innerhalb der Ostalpen belegt.

Juli 1002. Nach der Ermordung Markgraf Ekkehards I. von Meißen fällt der polnische Herzog Boleslaw Chrobry in die Mark Meißen ein. Er erhält daraufhin von König Heinrich II. das Milzener Land und die Lausitz als Lehen.

1. 11. 1002. König Heinrich II. schenkt Markgraf Heinrich I. von Österreich mehrere Güter zwischen Dürrer Liesing, Triesting, Kamp und March. →

1003. Herzog Boleslaw Chrobry erobert das Gebiet des Böhmenkönigs Boleslaw III. und ist bestrebt, ein großpolnisches Reich aufzubauen. Der Pole verweigert daher König Heinrich II. die Anerkennung (→ Jänner 1018).

1004. König Heinrich II. befreit Böhmen und setzt den im Vorjahr gestürzten Jaromir erneut als Herzog ein.

Auf seinem Italienzug läßt sich Heinrich II. in Pavia zum König von Italien krönen.

1007. König Heinrich II. schenkt das Gebiet von Oberwölz (Steiermark) Bischof Egilbert von Freising.

GESTORBEN:

24. 1. 1002. Paternò (Italien): Otto III. (* Juli 980), König und Kaiser. →

Früher Tod Ottos III.

24. Jänner 1002. In Paternò bei Viterbo stirbt Kaiser Otto III. im Alter von knapp 22 Jahren, ohne einen Erben zu hinterlassen. Mit seinem Tod scheitert die Idee von der Reichserneuerung, die im Reich stark bekämpft wurde.

Otto III. bemühte sich während seiner Regierungszeit – er wurde 983 als Dreijähriger zum König gekrönt, regierte aber nach seiner Mündigerklärung 995 selbständig das Reich – um die »Renovatio Imperii romani«, eine Erneuerung des römischen Weltreiches. Seine Ziele waren einerseits die Schaffung eines zentralistisch regierten deutsch-italienischen Reiches mit Rom als Mittelpunkt, andererseits ein engerer Zusammenschluß von Papst- und Kaisertum, um das Christentum über die ganze Welt zu verbreiten.

Im Hinblick auf diese Ziele ersetzte Otto viele seiner deutschen Berater und Hofbeamten durch Italiener. Damit zog er sich den Zorn der deutschen Adeligen und Bischöfe zu, die um ihre Machtstellung fürchteten. Für diese Haltung des jugendlichen Herrschers war der Einfluß seiner beiden Freunde verantwortlich, des Bischofs Adalbert von Prag und seines Lehrers Gerbert von Aurillac, der in Otto den Wunsch zur Wiederaufrichtung des römischen Weltreiches geweckt hatte.

Krönung Kaiser Ottos III. durch Papst Gregor V. am 21. Juni 996 in Rom (Ausschnitt aus einem in Monza gefertigten Basrelief, 14. Jh.)

Markgraf erhält Land

1. November 1002. In einer Schenkungsurkunde übereignet König Heinrich II. mehrere Güter zwischen Dürrer Liesing, Triesting, Kamp und March dem Babenberger Markgrafen Heinrich I., dem Starken. In der Urkunde heißt es dazu: »... die [gemeint sind die übereigneten Königshufen] er sich, wo immer es sein Wunsch ist, aussuchen mag mit aller Nutznießung und allen Angelegenheiten, welche von Rechts wegen damit verbunden erscheinen, zusammen mit Leibeigenen beiderlei Geschlechts, mit Kirchen, Mühlen, Fischereigewässern, Wiesen, Wäldern, Weiden, Zuweiden, Gewässern und Wasserläufen, mit Wegen und unwegsamem Gelände, mit Abgaben und einzutreibenden Einkünften, bebautem und unbebautem Land, mit Gebäuden und was in ihnen dem Nutzen dient ... Wir überlassen es ihm in dem Sinne, daß dieser vorgenannte Heinrich Gewalt habe, daselbst zu tun, was ihm beliebt, diese Güter zu benützen, zu vererben, zu tauschen, zu verkaufen, Gott zu opfern oder, was ihm gefällt, Gewalt hat durchzuführen.«

Uneingeschränkter kann der König eine Schenkung kaum mehr formulieren, was zeigt, daß Heinrich II. seinen Markgrafen hoch schätzt und für dessen Leistungen – und die seines Vorgängers – belohnen will.

1011

1011–1020

12. 12. 1011. Nach dem Tod Herzog Konrads I. von Kärnten, einem Sohn des salischen Herzogs Otto von Kärnten, ist die Nachfolgefrage offen, da Konrad I. sich im Land nicht durchsetzen konnte.

1012. König Heinrich II. verleiht das Herzogtum Kärnten dem Markgrafen der Kärntnermark, Adalbero von Eppenstein.

17. 7. 1012. In Stockerau bei Wien wird Koloman, ein irischer Palästinapilger, als mährischer Spion gefangengenommen und aufgehängt.→

Pfingsten 1013. Friede von Merseburg: Herzog Boleslaw Chrobry von Polen erhält das Milzener Land und die Lausitz als Lehen und erkennt die Oberhoheit König Heinrichs II. an (→Jänner 1018).

1014. Bischof Berenger von Passau beginnt mit der Pfarrorganisation der babenbergischen Mark und errichtet auf passauischem Besitz fünf Mutterpfarren: Herzogenburg, Krems, Tulln, Sigwarswerde (Kirchberg am Wagram) und Stockerau, alle in Niederösterreich.

14. 2. 1014. König Heinrich II. wird in Rom von Papst Benedikt VIII. zum Kaiser gekrönt.→

1015. Markgraf Heinrich I. von Österreich sichert durch zwei Kriegszüge gegen Herzog Boleslaw Chrobry die Nordgrenze seiner Mark und dehnt sie dabei bis zur Thaya aus.

Jänner 1018. Der Friede von Bautzen beendet die Kriege Kaiser Heinrichs II. gegen Herzog Boleslaw Chrobry.→

23. 6. 1018. Nach dem Tod Markgraf Heinrichs I. von Österreich wird sein Leichnam in seiner Residenz Melk beigesetzt. Sein Bruder Adalbert der Siegreiche folgt ihm als dritter babenbergischer Markgraf nach.

1020. Das Diplom Kaiser Heinrichs II. für das Benediktinerstift Göß (Steiermark) trägt die älteste erhaltene Goldbulle eines deutschen Herrschers.

GESTORBEN:

12. 12. 1011. Konrad I. (* ?), Herzog von Kärnten.

23. 6. 1018. Heinrich I., der Starke (* ?), Markgraf von Österreich.

GEBOREN:

Um 1015. Westfalen: Altmann (†8. 8. 1091), Bischof von Passau.

28. 10. 1017. Heinrich III. (†5. 10. 1056), König und Kaiser.

Heinrich II. wird Kaiser

14. Februar 1014. Nachdem Heinrich, Herzog von Bayern und seit 1002 deutscher König, in Italien die Reichsherrschaft wiederhergestellt hat, erhält er – 41jährig – die römische Kaiserwürde.
Heinrichs diplomatisches Vermögen kommt besonders in seiner Ostpolitik zum Ausdruck, wo er sich gegen den polnischen Angreifer sogar mit den heidnischen Liutizen, einem Bund slawischer Stämme, und den Tschechen verbündet. Nach dem Bautzener Frieden (→Jänner 1018) belebt er wieder die Mission im Osten.
Im Westen folgt der Kaiser dem Vorbild Ottos I., des Großen, was zu einer geistig-religiösen und zugleich wirtschaftlichen Blüte mit erstarkenden Vasallenherrschaften führt.

Sakramentar Kaiser Heinrichs II. (Ottonische Buchmalerei; Bayrische Staatsbibliothek München)

Ende der Polenkriege

Jänner 1018. Mit dem Frieden von Bautzen werden die Kriege von Kaiser Heinrich II. gegen den polnischen Herzog Boleslaw Chrobry beendet. Nach mehrjährigen kriegerischen Auseinandersetzungen wurde im Frieden von Merseburg Pfingsten 1013 das Milzener Land und die Lausitz Boleslaw als Lehen zugesprochen. Dafür verpflichtete er sich, Heinrich auf dessen Italienfeldzügen Waffenhilfe zu leisten.
Als diese Unterstützung ausblieb, und Boleslaw auch eine Genugtuung verweigerte, zog Heinrich II. im Juli 1015 erneut gegen Polen. Nach anfänglichen Erfolgen gegen den Herzogsohn Mieszko erlitt die Nachhut des kaiserlichen Heeres eine schwere Niederlage. Eine Belagerung von Nimptsch in Schlesien blieb 1017 erfolglos, ebenso wie Verhandlungen mit dem Großfürsten von Kiew, um ihn zu einer Unterstützung gegen Boleslaw zu bewegen.
Durch Vermittlung sächsischer Fürsten wird im Jänner 1018 der Friede von Bautzen unterzeichnet, der im wesentlichen die Abmachungen des Merseburger Friedens von Pfingsten 1013 erneuert. Um seine Verbindungen mit dem sächsischen Adel zu festigen, nimmt Boleslaw eine Tochter Ekkehards von Meißen zur Frau.

Pilgermord bei Wien

17. Juli 1012. In Stockerau (Niederösterreich) wird der irische Palästinapilger und Mönch Koloman (Colomannus) als Spion erhängt, obwohl er auch unter der Folter seine Unschuld beschworen und beteuert hat. Koloman, der deutschen Sprache wohl nicht exakt mächtig, ist auf seiner Pilgerreise unter dem Verdacht, ein feindlicher Kundschafter zu sein, verhaftet und angeklagt worden. Bei seiner Hinrichtung beginnt – so berichtet die Legende – der bereits verdorrte Baum, an dem der Unschuldige erhängt wird, wieder zu grünen, und als jemand in den Leichnam sticht, fließt frisches Blut heraus. In der Folge ereignen sich mehrere Wunder am Ort der Hinrichtung, die ebenfalls von der Unschuld Kolomans zeugen. Als Markgraf Heinrich I., der Starke, davon hört, ordnet er die Überführung des Leichnams nach Melk, seiner Residenz, an. Hier erfolgt am 13. Oktober 1014 die feierliche Beisetzung in der Peterskirche. Fortan wird Koloman als Heiliger und Märtyrer verehrt.

1021

1021–1030

4. 9. 1024. Nach dem Tod Kaiser Heinrichs II. wird der Salier Konrad (II.) zum König gewählt und am 8. September in Mainz gekrönt (→26. 3. 1027).

1026. Papst Johannes XIX. verleiht Erzbischof Dietmar II. von Salzburg das Recht, sich ein Kreuz vorantragen zu lassen und auf einem Zelter mit roter Decke reiten zu dürfen. Vortragskreuz, Zelter und Purpur gelten als päpstliche Insignien.

Februar 1026. König Konrad II. designiert seinen Sohn Heinrich (III.) zum König und bricht zu einem Zug in die Lombardei auf. Die Regentschaft für Heinrich (III.) führt Bischof Brun von Augsburg. Noch 1026 läßt sich aber König Konrad II. in Mailand zum König von Italien krönen, worauf sich der Markgraf von Tuszien und die Lombardei unterwerfen.

26. 3. 1027. König Konrad II. wird von Papst Johannes XIX. in Rom zum Kaiser gekrönt.→

Die Abwesenheit König Konrads II. benützt der in Tirol reich begüterte Graf Welf zu aufständischen Umtrieben.

31. 5. 1027. Kaiser Konrad II. verleiht die Grafschaften im Inn- und Eisackgebiet dem Bischof von Brixen, den Vintschgau und die Grafschaften Bozen und Tirol dem Bischof von Trient und erhebt gleichzeitig beide Bischöfe in den Reichsfürstenstand. Damit soll für die Zukunft der Weg nach Italien gesichert werden.

1027. Zwischen den Babenbergern und dem Kaiser entsteht eine Entfremdung. Markgraf Adalbert steht auf der Seite seines Vetters, des Herzogs Ernst von Schwaben, der wegen Erbansprüchen Differenzen mit seinem Schwiegervater, Kaiser Konrad II., hat.

1027. Die Zollstätte Klausen an der Brennerstraße (Südtirol) wird als »clusa sub Sabione« erstmals urkundlich erwähnt.

1030. Das Reichsheer unter Kaiser Konrad II. wird vor Wien von den Ungarn gefangengenommen. Der Kaiser kann entkommen.→

GESTORBEN:

1023. Salzburg: Hartwich von Sponheim (* um 955), Erzbischof von Salzburg.

13. 7. 1024. Pfalz Grona: Heinrich II., der Heilige (* 6. 5. 963), König und Kaiser.

GEBOREN:

Um 1025. Ernst der Tapfere (†10. 6. 1075), Markgraf von Österreich.

Außenseiter als Kaiser

26. März 1027. Konrad II. wird von Papst Johannes XIX. in Rom zum Kaiser gekrönt. Im Petersdom nehmen u. a. König Rudolf III. von Burgund und König Knut der Große von England und Dänemark an der Zeremonie teil.

Vor drei Jahren – im September 1024 – wurde der 34jährige Konrad auf einer Versammlung in Kamba (bei Oppenheim am Rhein) zum König gewählt. Nachdem Kaiser Heinrich II. aus dem sächsischen Herrscherhaus der Ottonen gestorben war, ohne einen Thronfolger zu hinterlassen, galten die Vettern Konrad der Jüngere und Konrad der Ältere, beide Urenkel Herzog Konrads des Roten, als aussichtsreichste Kandidaten. Der Leiter der Versammlung, Erzbischof Aribo von Mainz, setzte sich für Konrad den Älteren ein. In Abwesenheit der Sachsen und gegen den Willen der Lothringer gewann der Salier – nunmehr Konrad II. – die Wahl.

In höfischen Kreisen gilt Konrad als Außenseiter. Er wuchs als Waise in der Obhut des Bischofs von Worms auf. Lesen und Schreiben hat er nie gelernt und auch seine Kenntnisse der Theologie sind dürftig, weil der Bischof die Erziehung vernachlässigte. 1017 heiratete Konrad – gegen den Willen der Kirche – Gisela von Schwaben.

Seinen Umritt als König (1025), währenddessen er die Angelegenheiten des Reiches ordnete, beschrieb der Hofkaplan Wipo:

»Sein Ruf wuchs durch seine vorzüglichen Eigenschaften. Als Verkünder des Friedens wurde er heute noch mehr als gestern geehrt, war allen noch teurer wegen seiner Güte und seines Wohlwollens, wurde geehrt wegen seines Wirkens als königlicher Richter.« Auf dem ersten Italienzug, dem traditionellen Heerzug zur Sicherung der Herrschaft in Italien, wird Konrad II. auch zum König der Lombardei gekrönt.

Reichskreuz

Um 1024. *Das Reichskreuz wird unter König Konrad II. vollendet und dient als Behältnis der Reichsreliquien (Heilige Lanze, Partikel vom Kreuz Christi und ein Zahn Johannes des Täufers). Kaiser Heinrich II. hat es in Auftrag gegeben. Es ist aus goldbeschlagenem Eichenholz gefertigt, mit Edelsteinen sowie Perlen verziert und 77 cm hoch (Weltliche Schatzkammer Wien).*

Konrad II. muß fliehen

1030. Das Reichsheer unter Führung von Kaiser Konrad II. wird »zu Vienni« (Wien) von den Ungarn gefangengenommen, während dem Kaiser die Flucht gelingt.

Der Herrscher, bereits im Vorjahr mit einem Heerzug gegen König Mieszko II. von Polen gescheitert, ist aufgebrochen, um gegen den ungarischen König Stephan I. zu ziehen. Markgraf Adalbert von Österreich beteiligt sich nicht an dem Feldzug, da Differenzen zwischen seinem Vetter, Herzog Ernst von Schwaben, und dem Kaiser bestehen, und der Babenberger an der Seite des schwäbischen Herzogs steht (der sich gegen seinen kaiserlichen Stiefvater erhoben hat und in die Acht erklärt worden ist).

Die Annalen des Klosters Niederaltaich (nordwestlich von Passau) berichten nur sehr kurz über die Niederlage des Reichsheers bei Wien: »Er [Konrad II.] kehrt aber aus Ungarn zurück ohne Mannschaft und ohne etwas ausgerichtet zu haben, dieweil das Heer Hunger litt und Wien von den Ungarn genommen wurde.«

1031

1031–1040

1031. Kaiser Konrad II. schließt Frieden mit dem ungarischen König Stephan I. und tritt das Gebiet zwischen Fischa, Donau und Leitha an Ungarn ab.

Juli 1033. König Mieszko II. von Polen verzichtet auf die Königswürde und muß die Lausitz und das Milzener Land an Konrad II. zurückgeben.

1035. Auf einem Hoftag Kaiser Konrads II. in Bamberg wird Adalbero von Eppenstein als Herzog von Kärnten abgesetzt. Ihm werden hochverräterische Verbindungen zu Kroaten und Ungarn vorgeworfen, die aber unbewiesen bleiben. Kaiser Konrad II. trennt nun die Kärntnermark vom Herzogtum Kärnten ab. →

28. 5. 1037. Auf seinem zweiten Italienzug erläßt Kaiser Konrad II. die »Constitutio de feudis«, mit der er den Ministerialen die Erblichkeit ihrer Lehen zusichert. →

1039. Dem seit 1035 in der Verbannung lebenden Herzog von Kärnten, Adalbero von Eppenstein, gelingt es nicht, den Vorwurf hochverräterischer Verbindungen zu entkräften.

4. 6. 1039. Nach dem Tod Kaiser Konrads II. tritt sein Sohn, König Heinrich III., unangefochten die Herrschaft im Reich an. Er ist bereits 1026 zum Thronfolger gewählt und am 14. April 1028 in Aachen zum König gekrönt worden.

Um 1040. Markgraf Adalbert der Siegreiche stiftet dem Stift Melk in Niederösterreich eine Kreuzpartikel, das sog. Melker Kreuz (→ 10. 11. 1362). Es ist das höchste und zugleich wertvollste Heiligtum des Stiftes.

1040. Die Mark Krain wird das erste Mal urkundlich erwähnt.

GESTORBEN:

4. 6. 1039. Utrecht: Konrad II. (* um 990), König und Kaiser, seit 2. Februar 1033 auch König von Burgund.

9. 11. 1039. In der Verbannung: Adalbero von Eppenstein (* um 980), Herzog von Kärnten (bis → 1035).

ZITAT:

Die Annalen des Benediktinerklosters Niederaltaich an der Donau (nordwestlich von Passau) – Altaicher Annalen genannt – berichten über Herzog Adalbero von Eppenstein:

»1035. Der Kaiser Chonrad hielt seinen Hoftag in Papinberc [Bamberg], woselbst Adalbero, Herzog der Karintanen, abgesetzt wird. Chonrad folgt ihm im Herzogtum.
1039. Adalbero, der Herzog der Carintanen, entkam durch die Flucht aus der Verbannung und schied aus dem Leben.«

Neue Herren in der Kärntnermark

1035. Kaiser Konrad II. trennt die Kärntnermark vom Herzogtum Kärnten und verleiht sie dem im Traungau begüterten Grafen Arnold von Lambach-Wels. Das Herzogtum Kärnten selbst erhält der kaiserliche Vetter Konrad der Jüngere.

Die staats- und reichsrechtliche Stellung der Mark ist mangels urkundlicher Zeugnisse ungeklärt. Aus der Karantanischen Mark des Jahres 970 ist im Laufe der Zeit die Kärntnermark geworden. Vermutlich handelt es sich dabei überhaupt mehr um einen geographischen als um einen politischen Begriff.

Schon während der Herrschaft der Eppensteiner (970–1035), die seit 1012 neben dem Amt des Markgrafen auch den Titel eines Herzogs von Kärnten führen, sind in diesem Gebiet auch andere Geschlechter ansässig. Besonders großen Besitz hat die bayrisch-pfalzgräfliche Familie der Aribonen; auch die Erzbischöfe von Salzburg verfügen über reichen Besitz im Sulm- und Laßnitztal, ebenso das Bistum Freising im Bereich von Oberwölz-Katsch in der Obersteiermark.

Die Markgrafschaft, die nun dem Grafen Arnold von Lambach-Wels (Oberösterreich) übertragen wird, ist als Beginn der echten Markgrafenschaft anzusehen, da fortan die vier karantanischen Grafschaften im Oberland mit der Mark an der Mur verbunden sind.

Auch kleine Lehen werden erblich

28. Mai 1037. Kaiser Konrad II. erläßt auf seinem zweiten Italienfeldzug ein Gesetz, das alle Lehen, auch die des niederen Adels (Ministerialität), zu Erbbesitz macht. Durch diese »Constitutio de feudis« zieht er sich den Zorn des höheren Adels und der Geistlichkeit zu.

Konrad will mit seinem Gesetz den niederen Adel stärken und auf seine Seite bringen, um so eine bessere Position gegenüber dem Hochadel zu erhalten. Das Gesetz schafft auch Institutionen, die verhindern sollen, daß die mächtigen Lehnsherren (»Capitanei«) den kleinen Vasallen (»Valvassores«) willkürlich die Lehen entziehen.

1041

1041–1050

Oktober 1041. König Heinrich III. zwingt Herzog Břetislaw I. von Böhmen zur Lehenshuldigung. Der Böhmenherzog wollte ein unabhängiges Slawenreich mit dem Mittelpunkt Böhmen schaffen.

1042/43. König Heinrich III. unternimmt mehrere Feldzüge nach Ungarn, nachdem der aus seinem Land vertriebene ungarische König Peter I. um Schutz gebeten hat.

1043. Ungarn muß die 1031 erhaltenen Gebiete zwischen Fischa, Donau und Leitha zurückgeben. König Heinrich III. errichtet die »Neumark« (auch »Ungarische Mark« genannt); sie reicht im Osten von den Leiser Bergen bis zur March und im Süden bis zur Fischa und Leitha. – Die vermutlich schon 1039 errichtete »Böhmische Mark« umfaßt das Gebiet zwischen Buchberg und Thaya im nördlichen Niederösterreich.

9. 12. 1043. Markgraf Leopold, der Sohn Markgraf Adalberts von Österreich, stirbt, nachdem er wenige Tage zuvor auf dem Fürstentag zu Ingelheim zum Markgrafen der »Neumark« ernannt worden ist.

5. 7. 1044. In der Schlacht bei Menfö besiegt ein deutsches Heer die Truppen König Abas (eigtl. Samuel) von Ungarn, der hingerichtet wird.

1045. In Stuhlweißenburg erkennt König Peter I. von Ungarn Heinrich III. als Lehensherrn an.

12. 7. 1045. König Heinrich III. weilt auf der Burg Persenbeug in Niederösterreich.→

1046. Andreas I. verdrängt König Peter I. von Ungarn vom Thron und weist deutsche Angriffe erfolgreich zurück.

24. 10. 1046. König Heinrich III. erläßt ein allgemeines Simonie-Verbot.→

7. 6. 1047. Welf (II.) wird Herzog von Kärnten.

Vor 1050. Der Kern der Burg Thunau in Gars am Kamp entsteht.

Um 1050. Otakar (auch Ottokar) von Traungau wird Markgraf der Kärntnermark.→

1050. Die Reichsfeste Heimenburg wird errichtet.→

GESTORBEN:

29. 6. 1045 (?). Gurk: Hemma (* um 983), Gräfin von Friesach-Zeltschach.→

GEBOREN:

1050. Leopold II. († 12. 10. 1095), Markgraf von Österreich.

11. 11. 1050. Goslar (?): Heinrich IV. († 7. 8. 1106), König und Kaiser.

Tragaltar der Markgräfin Swanhilde

Mitte 11. Jahrhundert. *Das Tragaltärchen der Markgräfin Swanhilde (auch Svonehild), Gemahlin von Markgraf Ernst dem Tapferen, ist eine kunstvoll gefertigte niederrheinische Arbeit aus der Mitte des 11. Jahrhunderts und besteht aus Elfenbein auf Holz mit Serpentin- und Goldauflagen. Es ist das einzige gesicherte Stück aus dem Familienbesitz der Babenberger (Benediktinerstift Melk).*

Die Feste Heimenburg

1050. Als starke Grenzfestung gegen Ungarn wird im Bereich von Deutsch-Altenburg in Niederösterreich die Reichsfeste Heimenburg errichtet. In den sog. Altaicher Annalen des bayrischen Benediktinerklosters Niederaltaich heißt es dazu: »Schmerzlich davon berührt, daß ihm [Kaiser Heinrich III.] Ungarn, vordem sichtlich nach dem Ratschluß Gottes unter seine Herrschaft gekommen, von den Feinden wieder entzogen worden war, berief er zu Nürnberg, seiner Stadt, die Fürsten ganz Bayerns zusammen ... Es wurde beschlossen, die Feste Heimenburg zu errichten und die Bauleute währenddessen von Kriegern beschützen zu lassen.«
Um das Jahr 1060 wird die Feste allerdings bereits nach dem nahe gelegenen Hainburg an der Donau verlegt, das bereits 1043 erstmals urkundlich erwähnt wird.

Tod der Stifterin von Kloster Gurk

29. Juni 1045 (?). Im Alter von etwa 62 Jahren stirbt Frau Hemma, Gräfin von Friesach-Zeltschach, die nach dem Tod ihres Mannes und ihrer beiden Söhne 1043 alle ihre Besitzungen in Kärnten, Krain und der Steiermark zur Gründung der Benediktinerinnenklöster Gurk (Kärnten) und Admont (Steiermark) gestiftet hat.
Besonders Gurk lag der Stifterin am Herzen; bereits 975 hatte sie von Kaiser Otto II. ein Privileg für die Errichtung eines dortigen Nonnenklosters erhalten. (1174 wird Hemma in der hundertsäuligen Krypta des romanischen Domes von Gurk beigesetzt; 1287 erfolgt die Selig-, 1938 die Heiligsprechung der gläubigen Frau, nach deren Tod von zahlreichen Wundern berichtet wird.)

Romanische Löwenfigur im Kloster Admont in der Steiermark

Unglück auf der Burg Persenbeug

12. Juli 1045. Bei einem Festmahl zu Ehren König Heinrichs III. auf Burg Persenbeug in Niederösterreich gibt eine Holzstütze vom Boden des Rittersaales wegen Überlastung nach, sodaß die anwesenden Herren in die darunter befindliche Badestube stürzen.
Der König kommt mit leichten Verletzungen davon, während zahlreiche Adelige zu Tode stürzen. Unter den Opfern des Unglücks befinden sich auch der Abt von Ebersberg und Bischof Bruno von Würzburg, der wenig später seinen erlittenen Verletzungen erliegt.

Otakar von Traungau

Um 1050. Otakar (auch Ottokar) von Traungau wird Markgraf an der mittleren Mur (der ehemaligen Kärntnermark).

Die Traungauer nennen sich »marchiones de stire«, Markgrafen von Steier, nach ihrem Hauptsitz, der Styraburg an der Mündung des Flusses Steyr in die Enns.

Sie sind vor allem im oberösterreichischen Traungau reich begütert, treten aber anfangs wenig in Erscheinung, da die Aribonen, die Eppensteiner und die Kirche über großen Besitz und – daraus resultierend – größeren Einfluß in der Mark verfügen. Zum ursprünglichen Markgebiet in der mittleren und östlichen Steiermark kommen die Grafschaften Traungau, Ennstal, Mürztal, Leoben, Judenburg und Pitten (in Niederösterreich) hinzu.

Über einen zweiten geschlossenen Besitzkomplex verfügen die Traungauer im Salzkammergut, wo sie auch die Vogteirechte über das 1030 gegründete Nonnenkloster Traunkirchen ausüben.

Die Traun, rechter Nebenfluß der Donau, ist der Namensgeber für den Traungau, dessen Gebiet die beiderseits der Traun zwischen Enns, Hausruck, Donau und dem Gebirgszug der Tauern gelegene Region umfaßt (Abb.: Oberlauf der Traun, Ölgemälde aus dem 18. Jh.)

Ämterkauf verboten

24. Oktober 1046. König Heinrich III. hält in der italienischen Stadt Pavia mit lombardischen, burgundischen und deutschen Bischöfen eine Synode ab, auf der ein allgemeines Verbot der Simonie, des käuflichen Erwerbs kirchlicher Ämter, erlassen wird.

Die Praxis der Simonie ist im gesamten christlichen Abendland weit verbreitet. Das geistliche Amt ist zu einem wirtschaftlichen und politischen Objekt geworden: Manche Bistümer werden von den Landesherren an den Meistbietenden regelrecht versteigert.

Heinrichs Erlaß richtet sich auch an das höchste geistliche Amt, das Papsttum, denn selbst in Rom hat die Simonie um sich gegriffen: Papst Gregor VI. kaufte im Vorjahr den Papsttitel von seinem Vorgänger, Papst Benedikt IX.

Heinrich steht durch seine Ehe mit der Französin Agnes von Poitou in enger Verbindung zu den Klosterreformen von Cluny, die sich zum Ziel gesetzt haben, den Einfluß von Laien in hohen kirchlichen Ämtern zurückzudrängen und die durchaus noch übliche und verbreitete Priesterehe zu beseitigen.

1051

1051–1060

1053. Kaiser Heinrich III. läßt seinen Sohn Heinrich (IV.) in Tribur zum König wählen. Die Krönung erfolgt am 17. Juli 1054 in Aachen.

1054. Morgenländisches Schisma: Römisch-katholische und griechisch-orthodoxe Kirche trennen sich endgültig.

1055. Die »Böhmische Mark« wird urkundlich erwähnt, ebenso ein (nicht weiter bekannter) Markgraf Adalbero.

26. 5. 1055. Ernst der Tapfere wird nach dem Tod seines Vaters Adalbert der Siegreiche Markgraf von Österreich. Ernst ist ein Sohn aus der zweiten Ehe Adalberts mit der Tochter des Dogen von Venedig.

13. 9. 1055. Nach dem Tod Herzog Welfs II. bleibt das Herzogtum Kärnten abermals unbesetzt (bis 25. Dezember 1056).

1056. Graf Adalbero von Wels-Lambach, Bischof von Würzburg und der letzte seines Geschlechts, gründet auf dem Stammschloß seiner Ahnen die Benediktinerabtei Lambach (Oberösterreich).

Azzo von Kuenring wird in einer Urkunde als Ministeriale genannt. Der Ahnherr des bedeutenden niederösterreichischen Adelsgeschlechtes entstammt einem hochfreien bayrischen Adelsgeschlecht, sog. Edelfreien.

5. 10. 1056. Nach dem Tod Kaiser Heinrichs III. übernimmt Kaiserin Agnes die Regentschaft für den knapp sechsjährigen König Heinrich IV.

25. 12. 1056. Konrad III. (auch Kuno), ein Lothringer, wird Herzog von Kärnten.

20. 9. 1058. Auf dem niederösterreichischen Marchfeld trifft Kaiserinwitwe Agnes in ihrer Eigenschaft als Reichsverweserin für den minderjährigen Heinrich IV. mit König Andreas I. von Ungarn zusammen und gibt die seit 1045 bestehende Oberhoheit über Ungarn auf. →

1059. Ein Dekret Papst Nikolaus' II. beschränkt den Einfluß des römischen Kaisers auf die Papstwahl entscheidend und legt die Wahl ausschließlich in die Hände der Kardinalbischöfe. Dem Kaiser verbleibt lediglich ein wenig bestimmtes Bestätigungsrecht.

GESTORBEN:

26. 5. 1055. Melk (?): Adalbert der Siegreiche (* um 990), Markgraf von Österreich.

5. 10. 1056. Pfalz Bodfeld (Harz): Heinrich III. (* 28. 10. 1017), König und Kaiser.

Oberhoheit über Ungarn beendet

20. September 1058. Auf dem Marchfeld in Niederösterreich treffen Kaiserin Agnes (die als Reichsverweserin die Herrschaft für ihren minderjährigen Sohn Heinrich IV. ausübt) und der ungarische König Andreas I. zusammen. Nachdem sich die Ungarn in den letzten Jahren erfolgreich gegen die deutsche Einflußnahme gewehrt haben, gibt Agnes, Witwe des 1056 verstorbenen Kaisers Heinrich III., die von ihrem Mann 1046 erzielte Lehenshoheit über Ungarn auf.

Die Altaicher Annalen berichten ausführlich über die Jahre der deutsch-ungarischen Auseinandersetzungen. So heißt es darin u. a.:

»1051 … Wider die Ungarn wurde eine beschwerliche und recht mühselige Heerfahrt unternommen: Die ganze Sommerzeit nämlich war reich an Regen und ließ gewaltige Wassermassen vorbrechen. Infolgedessen ertranken sowohl von Menschen als auch von Pferden manche … Der Kaiser aber richtete seine Reise so ein, daß er zu Schiff die Donau hinabfuhr. Ohne Verzug verheerte er [Kaiser Heinrich III.] alle Orte, welche er berührte, mit Feuer und Schwert, mit Ausnahme der Kirchen. Da aber der Feind offen bei Tage nicht entgegenzutreten wagte, und das Heer wegen der Länge der Zeit Hunger litt, zog er sich nach Hause zurück, mit der Absicht, im folgenden Jahre wiederzukommen.

1052 … Wieder eine Heerfahrt gegen die Ungarn, es wurde aber dem Reiche weder Ehre noch Frommen geschafft. Als sie nämlich die Stadt Preßburg, die an der Grenze der beiden Reiche liegt, in langer Belagerung bedrängten, wurden sie auf Beschwörung des Papstes veranlaßt, abzuziehen …

1058 … In diesen Tagen kamen zum öfteren Gesandte der Ungarn und verlangten, daß Friede würde, und forderten, damit dieser für die Zukunft ehrlicher und fester sei, die Schwester König Heinrichs IV. dem Sohne ihres Herrn mit dem Namen Salomon zur Ehe zu geben. Als dies endlich gutgeheißen wurde, kam der König mit seiner Mutter an die Grenzen Ungarns, ließ die Fürsten beider Reiche durch Eidschwur Frieden schließen, übergab seine Schwester und zog sich gleich darauf nach Franken zurück.«

1061

1061–1070

1061. Berthold von Zähringen wird Herzog von Kärnten.

April 1062. Erzbischof Anno II. von Köln entführt den minderjährigen König Heinrich IV.→

1063. Markgraf Ernst, der Tapfere, von Österreich vereinigt die »Böhmische Mark« und die »Neumark« mit seinem Herrschaftsgebiet, der Mark an der Donau. Dadurch erhält die Markgrafschaft ihre endgültigen Grenzen.

Vom Süden und vom Osten her wird das Waldviertel in Niederösterreich besiedelt. Die Ortsnamen belegen die Rodungen durch ihre Endungen auf -schlag, -reith, -reuth, -roith und -gschwend. Das Angerdorf setzt sich als Siedlungsform durch.

1065. König Heinrich IV. wird mündig und übernimmt selbst die Regierung im Reich.

1066. Das Monasterium Gurk wird erstmals urkundlich erwähnt.

1069. Im Reich beginnt eine Erneuerung des Mönchtums nach den Vorstellungen der Klosterreformer von Cluny.→

21. 3. 1070. Papst Alexander II. gestattet Erzbischof Gebhard von Salzburg die Errichtung des Bistums Gurk in Kärnten.

ZITAT:

Die »Annalen« des Lampert von Hersfeld schildern die Art der Regentschaft, die Erzbischof Adalbert von Bremen für den noch unmündigen König Heinrich IV. ausübte:

»Als dann Adalbert von Bremen in den Staatsrat aufgenommen wurde, sowohl wegen seines erlauchten Geschlechts als auch wegen seines Alters und der Bedeutung seines Erzbistums, hatte dieser den König durch häufige Unterredung und auch durch Willfährigkeit und Liebedienerei bald so stark an sich gefesselt, daß er sich in der gemeinsamen Regierung fast die Alleinherrschaft anzueignen schien. Die zweite Rolle nach ihm spielte Graf Werner, ein nach Veranlagung und Alter unbändiger junger Mann. Diese beiden herrschten an Stelle des Königs, von ihnen wurden Bistümer und Abteien, von ihnen alles, was an kirchlichen, was es an weltlichen Würden gibt, gekauft … Von Bischöfen allerdings und Herzögen hielten sie ihre Hände fern, doch mehr aus Furcht als aus Gewissensbedenken. Gegen Äbte dagegen, die sich gegen dieses Unrecht nicht wehren konnten, übten sie ihre Raubzüge mit völliger Hemmungslosigkeit, indem sie geltend machten, daß der König über sie nicht weniger Recht und Gewalt habe als über seine Vögte …«

Klosterreform »ora et labora«

1069. Während das Ansehen der Klosterreformer von Cluny in Frankreich bereits wieder zu sinken beginnt, setzen sich die Vorstellungen von der Erneuerung des Mönchtums unter Abt Wilhelm im fränkischen Kloster Hirsau erstmals im Reich durch.

Die nach dem französischen Kloster Cluny benannten Cluniazenser hatten seit 910 eine Rückkehr zu den ursprünglichen mönchischen Idealen gefordert. Dazu gehören: Strenger Gehorsam gegenüber dem Abt, Abkehr von der Handarbeit, aber auch die wirtschaftliche Ausdehnung der Klostergüter. Die Cluniazenser gerieten allerdings rasch in Mißkredit, weil sie durch die Ausdehnung der Klosterwirtschaft großen Reichtum anhäuften. Wanderprediger verbreiten die Ideen der Cluniazenser im Reich. (Abb.: Die dritte Kirche von Cluny; Buchmalerei im »Chronicon Cluniazense«; Bibliothèque Nationale Paris.)

Minderjähriger König entführt

April 1062. Um die Regentschaft der Kaiserin Agnes zu beenden, unternimmt Erzbischof Anno II. von Köln einen Staatsstreich, indem er den unmündigen König Heinrich IV. entführt.

Die Regierung der Kaiserin Agnes findet bei den Herzögen und auch bei der Kirche wenig Unterstützung, so daß sich unter dem Erzbischof Anno II. von Köln eine starke Opposition bildet. Mit der Macht der Herzöge im Hintergrund kann Anno II. es wagen, den zwölfjährigen König Heinrich IV. in Kaiserswerth am Rhein zu überfallen und in seine Gewalt zu bringen.

Der kaiserfeindliche Geschichtsschreiber Lampert von Hersfeld schildert die Entführung ausführlich in seinen »Annalen«: »Bisher hatte die Kaiserin [Agnes] ihren Sohn bei sich und erledigte selbst die Reichsgeschäfte, wobei sie sich in erster Linie auf den Rat des Bischofs Heinrich von Augsburg stützte … Das erregte bei den Fürsten schweren Anstoß. Sie ärgerten sich darüber, daß infolge der besonderen Zuneigung der Königin zu einem einzelnen Fürsten ihre Autorität, die doch im ganzen Staate die höchste Geltung haben sollte, fast völlig geschwunden war. Diese unwürdigen Zustände schienen ihnen unerträglich, sie kamen häufig zusammen, besorgten die Staatsgeschäfte immer lässiger, hetzten das Volk gegen die Kaiserin auf und setzten zuletzt alle Hebel in Bewegung, um den Knaben der Mutter zu entreißen und die Reichsverwaltung selbst in die Hand zu bekommen.

Der Erzbischof [Anno] von Köln fuhr nun im Einverständnisse mit dem Grafen Eckbert [von Braunschweig] und dem Baiernherzog Otto auf einem Schiffe zur Insel Kaiserswerth, wo sich der König gerade aufhielt. Als dieser eines Tages nach einer großen Tafel besonders fröhlich war, lud ihn der Bischof ein, sein Schiff anzusehen, das er für diesen Zweck ganz auffällig geschmückt hatte. Der arglose Knabe, der nichts weniger als eine List vermutete, ließ sich unschwer überreden. Kaum hatte er das Schiff betreten, umringten ihn Leute, welche der Bischof als Genossen und Diener seiner Partei gewonnen hatte, die Ruderer stürzten an die Riemen und trieben das Schiff mit kräftigen Schlägen unglaublich schnell mitten in den Strom.

Der König war über das neue Gesicht, das nun die Sache gewann, bestürzt, glaubte, man wolle ihn ermorden, und sprang in den Rhein. Die heftige Strömung hätte ihn nur allzu schnell überwältigt, wäre ihm nicht Graf Eckbert nachgesprungen. Er entriß ihn unter eigener großer Lebensgefahr mit knapper Not dem Tode und brachte ihn wieder auf das Schiff. Dann beruhigten sie den Knaben, so gut sie nur konnten, durch freundliches und liebevolles Zureden und führten ihn nach Köln. Die übrige Menge folgte auf dem Lande nach …«

Die Kaiserin zieht sich daraufhin auf ihre italienischen Besitzungen zurück und widmet sich religiösen Aufgaben. Bischof Anno jedoch wird als Vormund des Königs zum eigentlichen Herrscher im Reich.

1071
1071–1080

4. 2. 1072. König Heinrich IV. genehmigt die Gründung des Bistums Gurk in Kärnten. →

1074. Erzbischof Gebhard von Salzburg stiftet das Benediktinerkloster Admont in der Steiermark.

In einer Admonter Urkunde wird Judenburg in der Steiermark erstmals als Judinburch erwähnt.

9. 6. 1075. König Heinrich IV. schlägt in der Schlacht bei Homburg an der Unstrut die aufständischen Fürsten vernichtend. Markgraf Ernst, der Tapfere, von Österreich wird als Gefolgsmann des Königs schwer verwundet und stirbt am Tag nach der Schlacht.

10. 6. 1075. Leopold II., der Schöne, folgt seinem Vater als Markgraf von Österreich.

8. 12. 1075. In einem Brief rügt Papst Gregor VII. die eigenmächtige Einsetzung (Investitur) des Erzbischofs von Mailand durch Heinrich IV. →

14. 2. 1076. Auf der Fastensynode in Rom bannt Papst Gregor VII. König Heinrich IV., nachdem dieser zuvor den Papst für abgesetzt erklärt hat.

1077. Luitpold von Eppenstein wird Herzog von Kärnten. Der Stammsitz der Eppensteiner liegt in der Nähe von Judenburg in der Steiermark.

König Heinrich IV. verleiht die Mark Krain dem Patriarchen Sieghard von Aquileja.

Erzbischof Gebhard von Salzburg läßt die Feste Hohensalzburg sowie die Burgen Werfen (Salzburg) und Friesach (Kärnten) errichten. →

28. 1. 1077. Heinrich IV. unterwirft sich auf der Burg Canossa im Büßergewand Papst Gregor VII. und erreicht dadurch die Lösung des Kirchenbanns.

15. 3. 1077. Oppositionelle deutsche Fürsten wählen Herzog Rudolf von Schwaben zum Gegenkönig.

Um 1080. Der Westbau der Stiftskirche Lambach in Oberösterreich wird errichtet. →

GESTORBEN:

10. 6. 1075. Bei Homburg an der Unstrut: Ernst der Tapfere (* um 1025), Markgraf von Österreich.

GEBOREN:

Um 1075. Melk: Leopold III., der Heilige († 15. 11. 1136), Markgraf von Österreich.

1075 (?). Lothar von Supplinburg († 3./4. 12. 1137), König und Kaiser.

Der Papst bannt König Heinrich

14. Februar 1076. Auf der nach Rom einberufenen Fastensynode erklärt Papst Gregor VII. den deutschen König Heinrich IV. für abgesetzt und belegt ihn mit dem päpstlichen Bann. Gleichzeitig löst der Papst, kraft der ihm übertragenen Gewalt, den Treueid der königlichen Untertanen.

In einem Rundschreiben, das er an alle Gläubigen richtet, begründet Gregor VII. sein Vorgehen. Es ist das erste Mal, daß ein Papst den Bann über den deutschen König verhängt und es wagt, den »Gesalbten des Herrn« zu verfluchen.

Der Kirchenbann, der die Exkommunikation nach sich zieht, wird stets vom Papst verhängt. Er ist die höchste Kirchenstrafe und meist zeitlich begrenzt. Die Aufhebung des Kirchenbanns erfolgt durch die Buße des Exkommunizierten und die Erteilung der päpstlichen Absolution.

Acht hingegen bedeutet den Ausschluß einer Person aus der weltlichen Friedensgemeinschaft und den Verlust des Rechtsschutzes. Der Geächtete ist vogelfrei und kann von jedermann getötet werden. Wer dem Verfolgten hilft und ihn schützt, verfällt selbst der Acht. Sie wird vom König bzw. Kaiser verhängt und verkündet. Wie der Bann kann die Acht zeitlich begrenzt sein.

Im Sommer 1076 schwindet die Unterstützung der deutschen Bischöfe für Heinrich, darüber hinaus formiert sich die Opposition unter den deutschen Fürsten, die im Oktober 1076 beschließen, Heinrich nicht länger als König anzuerkennen, wenn er nicht binnen Jahresfrist die Aufhebung des Banns erreicht.

Um ein Zusammentreffen des Papstes mit der Fürstenopposition zu verhindern, zieht Heinrich IV. über die Alpen dem anreisenden Papst entgegen. Nach längeren Verhandlungen und nachdem Heinrich an drei aufeinanderfolgenden Tagen im Büßergewand vor der Burg Canossa erschienen ist, in die Gregor sich zurückgezogen hat, erreicht der König am 28. Jänner 1077 die Erlösung vom Kirchenbann. Über die Frage der Investitur von Bischöfen wird in Canossa jedoch keine Vereinbarung getroffen.

Der Kniefall von Canossa: König Heinrich IV. küßt den Schuh Papst Gregors VII. (Relief vom Grabmal Mathilde von Tusciens; Peterskirche Rom)

Investiturstreit zwischen Papst und König verschärft sich

8. Dezember 1075. Papst Gregor VII. wendet sich in einem Brief entschieden gegen die eigenmächtige Einsetzung (Investitur) des Erzbischofs von Mailand durch König Heinrich IV. und verlangt den unbedingten Gehorsam gegenüber dem Oberhaupt der Kirche.

Schon auf der Fastensynode im Februar 1075 hatte der Papst sich gegen Laieninvestitur (die Einsetzung in ein kirchliches Amt durch eine weltliche Macht) und Simonie (den Kauf und Verkauf kirchlicher Ämter) gewandt und Heinrich IV. mit dem Bann gedroht. Im März desselben Jahres erließ Gregor das Edikt »Dictatus papae«, das seinen Anspruch als unumschränkten Herrscher der Universalkirche betonen sollte. Die wichtigsten Bestimmungen dieses 27 Artikel umfassenden Edikts besagen:

»1. Daß die römische Kirche allein vom Herrn gegründet sei.

2. Daß der römische Papst zu Recht universal genannt wird.

3. Daß er allein Bischöfe einsetzen oder absetzen sowie begnadigen dürfe.

8. Daß er allein die kaiserlichen Insignien führe.

9. Daß allein des Papstes Füße alle Fürsten küssen sollen.

10. Daß sein Name alleine in den Kirchen angerufen werde.

12. Daß ihm das Recht zukomme, den Kaiser abzusetzen.

18. Daß sein Urteil von keinem andern abgeändert werden dürfe und daß er von allen allein es abändern dürfe.

19. Daß er von niemand gerichtet werden dürfe.

21. Daß die wichtigsten Rechtsfälle jeder Kirche vor ihn gebracht werden sollen.

22. Daß die römische Kirche niemals geirrt hat und, nach Zeugnis der Heiligen Schrift, niemals irren wird.

27. Daß er die Untertanen von der Treue gegen ungerechte Herrscher lösen kann.«

Heinrich IV. ist nicht bereit, im Streit mit dem Papst beizugeben: Am 24. Jänner 1076 wird Gregor VII. auf einer Reichssynode unter dem Vorsitz des Königs für abgesetzt erklärt.

König stimmt Klosterbau zu

Bereits am 21. März 1070 hatte Papst Alexander II. dem Salzburger Erzbischof die Errichtung des Bistums Gurk gestattet, doch erst fast zwei Jahre später – am 4. Februar 1072 – ist König Heinrich IV. bereit, die päpstliche Entscheidung zu bestätigen. Der Text der königlichen Urkunde lautet:

»... Heinrich, durch das Walten göttlicher Milde König.
So oft von uns erstrebt wird, was der Religion zukommt, müssen wir mit rascher Bewilligung beistimmen und die Zustimmung unserer Huld gnädig gewähren. Da also unser treuer Gebhard, Erzbischof von Salzburg, sich dauernd beklagt über die Gefahren, die den ihm anvertrauten Seelen drohen, weil er sein Bistum, das im Gebirge gelegen ist, wegen der ungeheuren Menge der Pfarren und der schwierigen Wegverhältnisse nicht regieren könne, verfügen wir auf den Rat unserer Getreuen zum Nutzen der Kirche und stimmen zu, daß er innerhalb eines Sprengels einen Bischof als Helfer seines Werkes bestimme und einen bischöflichen Sitz aufrichte. Daher gefiel es uns, daß er an dem Orte, der Gurca genannt wird, bei der Kirche der hl. Maria, wo früher eine Kongregation der Nonnen war, den bischöflichen Sitz errichte und diesem neuerrichteten Bischofssitz einen Teil seines Sprengels und von den Grundstücken und Zehenten wieviel ihm gebührend erscheint zuteile und an diesem Bischofssitz einen Bischof nach seinem Gutdünken einsetze, sodaß jenes Bistum der Salzburger Kirche und dem obgenannten Erzbischof und seinen Nachfolgern niemals genommen und dort kein Bischof, wann immer, sei es durch Investitur oder sonst durch irgendeinen Vertrag eingesetzt werde, außer dem, welchen der genannte Erzbischof und seine Nachfolger auswählten, einsetzten und weihten.
Und damit diese unsere königliche Verfügung fest und unverletzlich allezeit bestehe, haben wir diese hierauf abgefaßte Urkunde mit eigener Hand bekräftigt und durch Aufdrücken unseres Siegels zu signieren befohlen.«

Die 1077 errichtete und ab 1122 ausgebaute Burg Hohenwerfen (Salzburg)

Erzbischof läßt Burgen anlegen

1077. An der Stelle einer vorhandenen kleineren Befestigungsanlage läßt Bischof Gebhard von Salzburg die Feste Hohensalzburg erbauen. Außerdem errichtet er in seinem Herrschaftsbereich in Werfen (Salzburg) und in Friesach (Kärnten) ansehnliche Burgen.
Der Erzbischof steht im Streit zwischen König und Papst auf der Seite des Papstes. Die militärischen Stützpunkte sollen die Rückkehr König Heinrichs IV. nach Deutschland verhindern, zumindest aber erschweren helfen. Die Orte Werfen und Friesach sind strategisch besonders günstig gelegen und sperren wichtige Fernstraßen.

Fresken berichten vom Leben und Wirken Jesu Christi

Um 1080. *Im Westwerk der Stiftskirche Lambach (Oberösterreich) entsteht ein Freskenzyklus mit der Darstellung der Kindheit, Jugend und der Zeit des öffentlichen Wirkens Christi in 23 Szenen bzw. Szenenfragmenten, die zu den ältesten romanischen Fresken Österreichs zählen. Der Zyklus ist von hoher künstlerischer Qualität und gehört stilistisch zum spätottonischen Byzantinismus. 1040 hatte Graf Arnold II. von Wels-Lambach die Umwandlung seiner Stammburg in ein weltliches Chorherrenstift bestimmt, das sein Sohn, Bischof Adalbero von Würzburg, 1056 in eine Benediktinerabtei umwandelte.*

1081

1081–1090

Juli 1081. Markgraf Leopold II. von Österreich beruft seine Ministerialen nach Tulln in Niederösterreich. Auf der Versammlung sagt er sich öffentlich von König Heinrich IV. los, da er unter dem Einfluß Bischof Altmanns von Passau, einem Führer der Papstpartei, steht. Heinrich IV. reagiert mit der Absetzung Leopolds II. und der Verleihung der Mark Österreich an Herzog Wratislaw II. von Böhmen.

12. 5. 1082. Schlacht bei Mailberg in Niederösterreich: Am Fuße des Buchberges unterliegt Markgraf Leopold II. dem aus Bayern, Böhmen und Mähren bestehenden Heer Herzog Wratislaws II. →

1083. Bischof Altmann von Passau gründet das Augustiner-Chorherrenstift Göttweig in Niederösterreich. Bereits 1094 wird es den reformierten Benediktinern übergeben.

1084. Markgraf Leopold II. von Österreich unterwirft sich Heinrich IV. und wird von diesem in seinem Amt bestätigt.

31. 3. 1084. Nachdem König Heinrich IV. Rom erobert hat, wird er von Gegenpapst Klemens III. zum Kaiser gekrönt.

1085. Kaiser Heinrich IV. verkündet auf der Synode von Mainz einen Gottesfrieden für das ganze Reich. →

Heinrich IV. belohnt Herzog Wratislaw II. für seine Dienste und verleiht ihm – ad personam – die Königswürde.

1087. Heinrich IV. läßt seinen Sohn Konrad zum König krönen und bestimmt ihn damit zu seinem Nachfolger.

1089. Die Kanonie Melk in Niederösterreich wird in ein Benediktinerkloster umgewandelt. Damit hört Melk auf, Sitz der Landesfürsten zu sein. (Ob Markgraf Leopold II. seine Residenz nach Gars am Kamp oder nach Tulln verlegt, ist nicht erwiesen.)

GESTORBEN:

15. 10. 1080. Bei Hohenmölsen: Rudolf von Rheinfelden (* ?), Herzog von Schwaben und Gegenkönig (seit 1077).

15. 6. 1088. Werfen: Gebhard Graf von Helfenstein (* ?), Erzbischof von Salzburg.

GEBOREN:

Um 1085. Eberhard I. († 22. 6. 1164), Erzbischof von Salzburg.

11. 8. 1086 (?). Heinrich V. († 23. 5. 1125), König und Kaiser.

Die Schlacht bei Mailberg

12. Mai 1082. Bei Mailberg in Niederösterreich treffen die Heere des abgesetzten Markgrafen Leopold II. von Österreich und des königstreuen Herzogs Wratislaw II. von Böhmen aufeinander.
Leopold, der die Markgrafschaft weiterhin fest in der Hand hat, sieht sich einem übermächtigen Gegner gegenüber. Der böhmische Herzog hat sein Heer, dem 300 schwerbewaffnete Krieger fehlen, die Wratislaw II. König Heinrich IV. für dessen Italienzug zur Verfügung gestellt hat, durch ein Kontingent gut ausgerüsteter Söldner des Bischofs von Regensburg sowie eine mährische Abteilung verstärkt.
Die »Vita Altmanni«, eine papstfreundliche Chronik, berichtet über die Schlacht: »Der grausame Herzog [Wratislaw II.] aber rückte mit Slawen und Bayern in das Gebiet Altmanns [Bischof von Passau] und Leopolds ein und verwüstete alles mit Feuer und Schwert; Leopold stellte ihn mit seinem Volk beim Ort Muoriberg [Mailberg] und ließ ihn nicht weiter vorrücken. Dort ging man nach Ordnung der Schlachtreihen zuerst mit Speeren und Wurfgeschossen gegeneinander vor, dann zog man zum Nahkampf die Schwerter. Eine ungeheure Schlacht mit bedeutenden Streitkräften wurde geschlagen und viel Volk auf beiden Seiten verwundet zu Boden gestreckt. Schließlich trug nach unerforschlichem Ratschluß Gottes der Feind den Sieg davon.«
Die Niederlage des Babenbergers bedeutet einen schweren Schlag für die päpstliche Partei, wird doch die Position König Heinrichs IV. entscheidend gestärkt. Vor allem für die nördlichen Gebiete Niederösterreichs hat die Schlacht schlimme Folgen. Das Land wird stark verwüstet und muß eine Hungersnot überstehen. Trotz seiner Niederlage versteht Leopold II. es, sich in seiner Mark zu behaupten. Mehr noch, der erzwungene Rückzug aus der Reichspolitik bewirkt, daß er sich ganz dem Ausbau seines Landes und seiner Landesherrschaft widmen kann.

Bischof Altmann von Passau mit der von ihm gegründeten Stiftskirche von Göttweig (Federzeichnung im Gründungsbuch von Stift Göttweig)

Heinrich IV. setzt sich durch

1085. Auf der Synode von Mainz verkündet Kaiser Heinrich IV. gemeinsam mit den deutschen Bischöfen einen Gottesfrieden für das ganze Reich. Der Widerstand der oppositionellen Fürsten gegen den Kaiser ist gebrochen.
Heinrichs Bußgang nach Canossa (→ 14. 2. 1077), die Unterwerfung unter den Papst, brachte zwar seine Wiedereinsetzung als König; seine Position im Reich war jedoch geschwächt. Auf dem Fürstentag in Forchheim (1077) wählten oppositionelle Fürsten, die auf Unterstützung von Papst Gregor VII. hofften, den Schwabenherzog Rudolf von Rheinfelden zum deutschen König – erstmals gab es einen Gegenkönig, der außerdem nicht durch Erbanspruch, sondern durch freie Wahl das Amt erhalten hatte. An der Wahl beteiligten sich allerdings nur 15 Fürsten; die Stellung Rudolfs blieb schwach, da der Papst sich zunächst neutral verhielt.
1080 bannte Gregor VII. Heinrich zum zweiten Mal und setzte ihn als König ab. Doch diesmal blieb die Maßnahme wirkungslos, denn die deutschen Bischöfe schlugen sich auf die Seite des Königs. Sie waren mit der Verschärfung der Kirchenpolitik Gregors VII., der ein Verbot der Einsetzung von Laien auch auf niederen Priesterstellen erlassen hatte, nicht einverstanden. Heinrich IV. reagierte auf den Bann mit der Absetzung des Papstes und der Erhebung Wiberts von Ravenna zum Gegenpapst (als Klemens III.). 1080 folgte auch die Niederlage der innenpolitischen Gegner Heinrichs: Gegenkönig Rudolf verlor in der Schlacht an der Weißen Elster seine rechte Hand und starb noch am selben Tag. Sein Nachfolger, der am 6. August 1081 zum Gegenkönig gewählte Graf Hermann von Salm, blieb bedeutungslos. Mit der Eroberung Roms im Jahre 1084 triumphierte Heinrich IV.: Gregor VII. floh und Papst Klemens III. krönte Heinrich zum Kaiser.

1091

1091–1100

1091. Graf Engelbert von Spanheim gründet das Benediktinerkloster St. Paul im Lavanttal in Kärnten.

Kaiser Heinrich IV. verleiht die Grafschaft Pustertal in Südtirol dem Bischof von Brixen.

König Ladislaus I. von Ungarn erreicht die Herrschaft über Kroatien und gründet das Bistum Agram.

1093. Konrad, der Sohn Kaiser Heinrichs IV., fällt von seinem Vater ab und wird zum König von Italien gekrönt.

12. 10. 1095. Markgraf Leopold III., der Heilige, tritt die Nachfolge seines Vaters an

Mai 1096. Der erste Kreuzzug ins Heilige Land beginnt. Deutsche Ritter sind nicht daran beteiligt (→ 15. 7. 1099).

1096. Die Eppensteiner (Herzöge von Kärnten) gründen das Benediktinerkloster St. Lambrecht in der Steiermark.

27. 10. 1097. In Vorarlberg erfolgt die Grundsteinlegung des von Graf Ulrich von Bregenz gegründeten Zisterzienserstiftes Mehrerau.

1098. Kaiser Heinrich IV. läßt seinen 1087 zum König gekrönten abtrünnigen Sohn Konrad absetzen.

15. 7. 1099. Ein vereintes Kreuzfahrerheer erobert Jerusalem.→

Um 1100. Als Gnadenbild der Pfarrkirche von Serfaus in Tirol, einer vermutlich bis ins 10. Jahrhundert zurückreichenden Wallfahrtsstätte, entsteht eine Muttergottes aus Lindenholz.

Ende 11. Jh. Die (ehemalige) Benediktinerklosterkirche von Millstatt in Kärnten wird errichtet. Sie erhält romanische Bauplastiken am West- und Südportal sowie einen romanischen Kreuzgang mit einer eigenwillig gestalteten Doppelsäule.→

GESTORBEN:

8. 8. 1091. Zeiselmauer (Niederösterreich): Altmann (* um 1015), Bischof von Passau (im Investiturstreit 1077/78 Führer der Papstpartei).

12. 10. 1095. Leopold II., der Schöne (* 1050), Markgraf von Österreich.

GEBOREN:

1093. Polling (Bayern): Gerhoch von Reichersberg († 27. 6. 1169), Propst und theologischer Schriftsteller.

1093/94. Konrad III. († 15. 2. 1152), Herzog von Schwaben, Gegenkönig und König.

Belagerung von Jerusalem 1099 durch Kreuzritter (Buchmalerei, 1377)

Vorwärts mit Gott

15. Juli 1099. Den Truppen des vereinigten Kreuzfahrerheeres unter Führung von Herzog Gottfried von Bouillon und dem Normannen Tankred gelingt es nach vierwöchiger Belagerung, die Stadt Jerusalem im Sturm zu erobern. Damit geht rund drei Jahre nach dem Aufbruch des Kreuzfahrerheeres ins Heilige Land der erste Kreuzzug zu Ende.

Die siegreichen christlichen Truppen richten unter der muslimischen Bevölkerung ein Blutbad an. Die islamische Welt ist über die Grausamkeit der Christen entsetzt.

Ausgangspunkt für den Kreuzzug war die Rede Papst Urbans II. auf dem Konzil von Clermont am 27. November 1095, in der er zur Befreiung des Heiligen Grabes in Jerusalem aufrief. Die Versammlung endete mit den Worten: »Gott will es!«

Die Begeisterung für den Kreuzzug in Europa steigerte sich mit der Verbreitung der Predigt von Woche zu Woche. Die Kirche warb mit dem Ablaßhandel (Freikauf der Sünden durch Entgelt) für das Kreuzfahrerheer. Gottfried von Bouillon finanzierte seine Kreuzzugsteilnahme durch den Verkauf seines Schlosses, Robert von der Normandie verpfändete seinen Besitz.

Der Abmarsch der Kreuzfahrer, vom Papst auf den 15. August 1096 festgelegt, erfolgte ungeordnet und in getrennten Heereszügen.

In den folgenden Jahren kam es zu wechselhaften Kämpfen mit den regionalen muslimischen Herrschern im Heiligen Land, ehe mit der Eroberung Jerusalems der Widerstand der Mohammedaner vorerst gebrochen werden kann. Gottfried von Bouillon wird 1099 erster Herrscher des Königreichs Jerusalem.

1. Kreuzzug

Zeit: 1096 bis 1099.

Anlaß: Kreuzzugsaufruf Papst Urbans II. 1095 (»Gott will es!«), die christliche Kirche im Heiligen Land vor den Übergriffen der Mohammedaner zu schützen.

Teilnehmer: 330 000 (40 000 erreichen das Heilige Land) Ritter (vorwiegend Burgunder, Provenzalen, Lothringer und Normannen aus Süditalien).

Anführer: Herzog Gottfried von Bouillon von Nieder-Lothringen; Graf Raimund von Toulouse; Herzog Robert von der Normandie und Bohemund von Tarent.

Marschroute: Landweg über den Balkan; Land-/Seeweg über Sizilien, Griechenland.

Finanzierung: Eigenfinanzierung (Verkauf von Hab und Gut) und kirchliche Zuschüsse (Ablaß, Spenden).

Ergebnis: Gründung des Königreichs von Jerusalem 1099.

Wer schwimmt, ist schuldig

Zur Entscheidung in strittigen Rechtsfällen wird im Mittelalter die alte Form des Gottesurteils herangezogen. Damit soll die Richtigkeit einer Behauptung überprüft oder bei einer Straftat der Schuldige ermittelt werden. Man geht davon aus, daß in bestimmten Fällen Gott die Unschuld eines Menschen erweist. Zu den verbreiteten Formen des Gottesurteils zählen:

Zweikampf: Stellvertreter der gegnerischen Parteien kämpfen miteinander. Der Sieger ist unschuldig.

Kesselfang: Der Beschuldigte muß aus einem Kessel mit siedendem Wasser einen Gegenstand herausholen. Am Zustand der Brandwunden wird das Urteil abgelesen.

Eisenprobe: Der Beschuldigte muß ein glühendes Stück Eisen tragen oder über glühendes Eisen laufen. Bleibt er unverletzt, so ist seine Unschuld erwiesen.

Wasserprobe: Der Beschuldigte wird mit gebundenen Händen auf den Wasserspiegel gelegt. Nimmt ihn die »reine Flut« nicht an, wenn er also nicht ertrinkt, so ist er schuldig.

Bissenprobe: Dem Schuldigen wird ein großer Bissen Brot in den Mund gesteckt. Ist er schuldig, bleibt ihm der Bissen im Halse stecken.

Kreuzprobe: Die Parteien müssen sich mit erhobenen Armen vor ein Kreuz stellen. Wer zuerst seine Arme sinken läßt, ist schuldig.

Gottesurteil durch Wasserprobe zur Klärung von Rechtsfällen (Chronik des Diebold Schilling)

Teil des im romanischen Baustil angelegten Kreuzganges der Stiftskirche des um 1070 gegründeten ehemaligen Benediktinerklosters in Millstatt

Säulenvielfalt im Stift Millstatt

Ende 11. Jahrhundert. Die romanische Pfeilerbasilika des (ehemaligen) Benediktinerstiftes Millstatt in Kärnten wird errichtet. Besonders auffallend ist der Kreuzgang an der Südseite der Kirche: Die romanischen Säulen und Kapitele tragen zahlreiche symbolhafte Motive und sind äußerst eigenwillig gestaltet. Unter Abt Heinrich II. (1166–1178) wird das dreistufige Westportal errichtet, das ebenfalls durch die reiche Verzierung der Säulen sowie ein eindrucksvolles Tympanon gekennzeichnet ist. Im Bogenfeld des Portals sieht man Christus, der einen Abt (vermutlich Heinrich II.) mit dem Kirchenmodell Millstatts segnet.

Die Kapitelle der Säulen des Kreuzganges sind mit seltenen Tier- und Pflanzenskulpturen ausgestaltet

1101

1101–1110

Anfang 12. Jh. Der Taufstein vom romanischen Dom von Salzburg wird verfertigt.

Das Melker Marienlied entsteht. Die 14 Strophen werden auf die erste Seite einer Handschrift geschrieben, wobei die am Rand vorhandenen Noten nicht dazugehören. Das Lied ist das älteste erhaltene musikalische Denkmal Österreichs.

Die ältesten Krypten Österreichs werden erbaut: Im ehemaligen Benediktinerinnenstift Göß in der Steiermark, in der Pfarrkirche von St. Pantaleon sowie in der Burgkapelle von Oberranna in Niederösterreich (→ 1121–1130).

1105. König Heinrich V. nimmt seinen Vater, Kaiser Heinrich IV., gefangen.

Herbst 1105. Markgraf Leopold III. von Österreich stellt sich auf die Seite König Heinrichs V.

7. 8. 1106. Nach ersten Erfolgen im Kampf gegen seinen Sohn stirbt Kaiser Heinrich IV. (→1104–1106).

Heinrich V. nimmt daraufhin sofort Kontakt mit Papst Paschalis II. auf, doch scheitern die Verhandlungen an der Forderung des Königs, das Recht der Investitur (Einsetzung) kirchlicher Würdenträger zu behalten.

August (?) 1106. Markgraf Leopold III. von Österreich vermählt sich mit Agnes, der Tochter Kaiser Heinrichs IV. und Witwe Herzog Friedrichs von Hohenstaufen. Die reiche Mitgift aus königlichem Gut und die verwandtschaftliche Bindung zum Herrscherhaus steigern das Ansehen der Babenberger.

Markgraf Leopold III. verlegt seine Residenz von Tulln in die neu errichtete Pfalz im heutigen Klosterneuburg.

Vor 1108. Neben der »Neuen Burg« in Klosterneuburg wird ein Kloster (Kollegiatstift) gegründet.

1108. König Heinrich V. weilt zur Vorbereitung eines Feldzugs gegen Ungarn in Österreich. Bei dieser Gelegenheit übergibt er vermutlich alle in der Markgrafschaft noch vorhandenen Reichsrechte und -güter an den Babenberger Markgrafen Leopold III.

GESTORBEN:

1101. Konrad (* ?), ältester Sohn Kaiser Heinrich IV., 1088 zum König gekrönt, 1098 geächtet.

7. 8. 1106. Lüttich: Heinrich IV. (* 11. 11. 1050), König und Kaiser.

Heinrich V. wird Alleinherrscher

1104–1106. Die innen- und außenpolitischen Konflikte Kaiser Heinrichs IV. verschärfen sich durch das Eingreifen seines Sohnes Heinrich V. auf seiten seiner Gegner.
Als sich 1104 die Fürsten und der Adel gegen Heinrich IV. auflehnen, fällt Heinrich V. von seinem Vater ab. Er begründet seinen Schritt damit, daß die Politik seines Vaters die Einheit des Reiches gefährde und es nur ihm gelingen könne, mit der Kirche Frieden zu schließen. Heinrich IV. hatte nicht vermocht, die Lösung vom Kirchenbann zu erreichen, obwohl er Papst Paschalis II. für die Freisprechung vom Bannfluch eine Kreuzfahrt nach Jerusalem versprochen hat.

Kaiser Heinrich IV., der von seinem Sohn (Heinrich V.) abgesetzt wird

Der Bruch mit seinem Vater erklärt sich jedoch auch daraus, daß Heinrich V. von jeglicher Mitregierung ausgeschlossen ist.
Gestützt auf den Adel, beruft Heinrich V. einen Reichstag nach Mainz ein. Er sichert seinem Vater freies Geleit zu, nimmt ihn jedoch 1105 auf der Burg Böckelheim gefangen und zwingt ihn in der Pfalz Ingelheim zur Herausgabe der Reichsinsignien. Heinrich IV. verzichtet auf den Thron, verweigert aber die Ablegung eines Schuldbekenntnisses. Heinrich IV. gelingt die Flucht; er sammelt ein starkes Heer und besiegt die Streitmacht seines Sohnes. Am 7. August 1106 beendet der überraschende Tod Heinrichs IV. den Konflikt zwischen Vater und Sohn.

Szenen aus der Legende von der Gründung des Stiftes Klosterneuburg, dargestel

1505 malt der in Passau ansässige Rueland Frueauf d. J., Sohn des vermutlich aus Obernberg am Inn stammenden Tafelmalers Rueland Frueauf d. Ä., die Flügelbilder für einen Leopoldsaltar, auf denen die Gründungslegende des Stiftes Klosterneuburg in Niederösterreich dargestellt ist. Mehrere Künstler sind mit diesem Thema befaßt, da der populäre Babenberger Markgraf Leopold III. 1485 heiliggesprochen wird. Frueauf geht bei seinen Darstellungen jedoch völlig neue Wege, die ihn zum Mitbegründer der Donauschule werden lassen: Er malt nicht nur das Ereignis, um das es unmittelbar geht, sondern stattet es mit einer phantasievollen Steigerung des Erlebnisses aus. Die Figuren sind kleiner und agieren inmitten einer oft märchenhafte Züge tragenden Landschaft, deren Darstellung im Vordergrund steht. Die Naturverbundenheit des Künstlers führt gar dazu, eine rein profane Szene wie »Die Sauhatz« zum Thema eines Altarbildes zu machen.

Im Zusammenspiel von Motiv- und Farbkombination entsteht so eine selbständige lyrische Note, die über den Realismus der Darstellung hinausragt. Dem Wesen der Malerei der Donauschule entsprechend, ist die Darstellung

…uf den Flügelbildern vom »Leopoldsaltar« des Tafelmalers Rueland Frueauf d. J.

der Gründungslegende in einen raelistischen Rahmen gekleidet: »Der Ausritt des hl. Leopold« hat als unübersehbaren Hintergrund die Darstellung der Babenbergerburg auf dem Leopoldsberg, »Die Sauhatz« hält neben der Jagdszene die typische Landschaft um Klosterneuburg fest – die Donauauen und die dahinter ansteigenden Felder und Buschreihen des Buchberges. »Die Auffindung des Schleiers«, den der Wind vom Söller der Burg geweht hat, wird durch die Erscheinung der Muttergottes, die der Legende nach Markgraf Leopold III. zur Gründung eines Klosters veranlaßt hat, stark idealisiert, ist aber ebenfalls in die Klosterneuburger Landschaft eingebettet. »Die Erbauung der Stiftskirche« zeigt einerseits die Leutseligkeit des Babenbergerherzogs, der den Baumeister per Handschlag begrüßt, andererseits weist die Einbeziehung des Holunderstrauches wieder deutlich auf die Legende hin. Frueauf gelingt mit seiner Darstellung der Klosterneuburger Gründungslegende eine eindrucksvolle Verknüpfung von Realität und Fiktion; mit seinem Werk schafft er die wohl liebenswürdigsten Beispiele der deutschen Tafelmalerei überhaupt.

1111

1111–1120

4. 2. 1111. In einem Geheimvertrag mit König Heinrich V. verzichtet der vom König gefangengenommene Papst Paschalis II. zugunsten Heinrichs auf alle Reichsrechte und -güter und erhält dafür das Recht der Investitur.

13. 4. 1111. Papst Paschalis II. krönt König Heinrich V. in Rom zum Kaiser.→

11. 5. 1112. Udalschalk von Stille gründet das Benediktinerstift Seitenstetten in Niederösterreich und überläßt ihm größere Besitzungen.

1112. König Stephan II. von Ungarn fällt in Niederösterreich ein. Diese Raubzüge beantwortet Markgraf Leopold III. von Österreich mit Einfällen in Ungarn.

12. 6. 1114. Markgraf Leopold III. von Österreich legt den Grundstein zur Kirche des Stiftes Klosterneuburg in Niederösterreich. Er stattet das Stift großzügig aus und übergibt es 1133 den regulierten Augustiner-Chorherren.→

1115. Im Stift Göttweig wird mit dem Schreiben von Annalen begonnen.

1116. Nach dem Tod der Markgräfin Mathilde von Tuszien zieht Kaiser Heinrich V. nach Italien, um sich seine Erbschaft zu sichern.→

1118. Nach einem abermaligen Einfall König Stephans II. von Ungarn führt Markgraf Leopold III. einen Vergeltungsfeldzug durch. Das Gebiet um Eisenstadt im Burgenland wird dabei besonders in Mitleidenschaft gezogen.

25. 12. 1119. Auf einer Versammlung im Stift Melk werden die kirchlichen Besitzrechte aller Klöster und Pfarren im Bereich Niederösterreichs geregelt. Außer Markgraf Leopold III. von Österreich und zahlreichen Adeligen sind auch die Bischöfe von Passau und Freising, die hier großen Einfluß und Besitz haben, anwesend.

Um 1120. In der Nähe von Spital am Pyhrn in Oberösterreich, unmittelbar an der alten Römerstraße, entsteht ein Hospiz (»Hospital«, daher der Name Spital).

GEBOREN:

Um 1112. Klosterneuburg (?): Otto I. (†22. 9. 1158), Sohn Markgraf Leopolds III. von Österreich, Geschichtsschreiber und Bischof von Freising.

2. 4. 1114. Heinrich II., Jasomirgott (†13. 1. 1177), Herzog von Österreich und Bayern.

Um 1115. Konrad II. (†28. 9. 1168), Sohn Markgraf Leopolds III. von Österreich, Bischof von Salzburg.

Papst zum Nachgeben gezwungen

13. April 1111. *Unter dem Schutz deutscher Waffen wird Heinrich V. in der Peterskirche zu Rom von Papst Paschalis II. zum Kaiser gekrönt. Kurz zuvor hatten sich Kaiser und Papst über die umstrittene Frage der Investitur geeinigt: Paschalis II. gestattet dem König die weltliche Investitur mit Ring und Stab, behält sich aber die geistliche Investitur vor (Abb.: Kaiser und Papst; »Weltchronik«, um 1100).*

Eine Klostergründung

12. Juni 1114. Markgraf Leopold III., der Heilige, gründet neben seiner Residenz das Stift Klosterneuburg. Der Legende nach soll die Stelle, an der Leopold III. den Grundstein zur Stiftskirche legt, jene sein, an der man einen Schleier (den Brautschleier?) der Markgräfin Agnes gefunden hat, den der Wind neun Jahre zuvor vom Söller der Burg wehte. Wahrscheinlicher ist allerdings, daß der fromme Markgraf ein Kloster in seiner unmittelbaren Nähe wünscht und daher Klosterneuburg wählt, wohin er seine Residenz 1106 verlegt hat. Die historisch nicht belegte Legende entstammt dem späten 14. Jahrhundert.

Heinrich V. erbt Güter in Italien

1116. Kaiser Heinrich V. bricht nach Italien auf, um sich sein Erbe aus den Gütern der Markgräfin Mathilde von Tuszien zu sichern.
Markgräfin Mathilde, die im Jahr 1115 im Alter von 63 Jahren starb, hatte ihren Besitz ursprünglich Papst Urban II. vermacht. Nach dem Tod Urbans (1099) und nachdem ihr Heer von den Truppen Heinrichs V. geschlagen worden war (1111), setzte sie den Kaiser als Erben ein. Während des Investiturstreits hatte Mathilde mehrfach versucht, zwischen Kaiser und Papst zu vermitteln.

Mathilde von Tuszien (r., um 1114)

1121

1121–1130

Nach 1120. Markgraf Leopold I., der Starke, von Steier errichtet in Hartberg die erste Traungauerpfalz in der Steiermark. Er leitet damit das größte Rodungswerk des Landes ein.

1122. Erzbischof Konrad I. von Salzburg gibt im Rahmen seiner Reformtätigkeit dem Salzburger Domkapitel eine neue Organisation. Sie gleicht einer Art klösterlicher Verfassung (die bis 1514 bestehen bleibt).

Bei seinem Tod hinterläßt Herzog Heinrich III. von Kärnten keine Nachkommen. Die Herzogswürde fällt an Heinrich (IV.) von Spanheim (auch Sponheim), Neffe und Adoptivsohn Heinrichs III.

23. 9. 1122. Das Wormser Konkordat beendet den seit 1075 andauernden Investiturstreit zwischen Kaiser und Papst.→

1123. Im Stift Melk wird mit der Aufzeichnung von Annalen begonnen.

1125. Markgraf Leopold III. von Österreich erwirbt die Stadtherrschaft von Wien.

23. 5. 1125. Mit dem Tod Kaiser Heinrichs V. stirbt das salische Königshaus aus.

30. 8. 1125. Bei der Königswahl in Mainz lehnt Markgraf Leopold III. die ihm angetragene Kandidatur ab und unterstützt die Wahl des Sachsenherzogs Lothar (III). von Supplinburg. Leopold verweist auf sein hohes Alter von rund 50 Jahren und fürchtet, daß im Falle seiner Wahl Auseinandersetzungen zwischen seinen acht Söhnen entstehen könnten.

Pfingsten 1127. Herzog Heinrich der Stolze von Bayern heiratet Gertrud, die Tochter König Lothars III. Der Gegensatz zwischen Welfen und Staufern verschärft sich.

1129. Der Traungauer Otakar III. von Steier folgt Leopold I. als Markgraf der Steiermark nach.

Um 1130. Auf dem Schloßberg von Graz wird eine Herrschaftsburg erbaut.

Der Bergfried der Petersburg in Friesach (Kärnten) wird errichtet.

GESTORBEN:

23. 5. 1125. Utrecht: Heinrich V. (* 11. 8. 1086?), König und Kaiser.

7. 2. 1127. Melk oder Göttweig: Frau Ava (?), erste deutschsprachige Dichterin.

GEBOREN:

1122. Waiblingen (?): Friedrich I., Barbarossa (†10. 6. 1190), König und Kaiser.

Wormser Konkordat

23. September 1122. Auf der Ebene Lobwisen bei Worms wird vor einer großen Menschenmenge feierlich das Wormser Konkordat verkündet. Damit endet der fast 50jährige Streit zwischen Kaiser- und Papsttum.
Ursache der langjährigen Auseinandersetzungen war die Frage, wer von beiden Parteien in einem christlichen Staat die Vormachtstellung besitzen sollte; denn die Reformbewegung unter Papst Gregor VII., der die Laieninvestitur verboten hatte (→ 8. 12. 1075), fand es unzumutbar, daß ein weltlicher Herr Bischöfe und Äbte in einer dem Lehnsrecht nachempfundenen Zeremonie mit Ring und Stab in ihr Amt einführte. Heinrich V. gelingt es nun, gemeinsam mit Papst Calixt II. einen Kompromiß zu finden, der mit Zugeständnissen beider Seiten erkauft wird. Der König verzichtet in Zukunft auf die Investitur mit Ring und Stab und gesteht der Kirche die freie kanonische Wahl der Bischöfe zu. Die Wahlen sollen jedoch in Anwesenheit des Königs oder seines Bevollmächtigten vollzogen werden. Das gibt dem König zwar keine rechtlichen Befugnisse, bietet ihm aber faktisch die Möglichkeit, seinen Einfluß geltend zu machen. Außerdem soll der König bei zweifelhaften Wahlen nach dem Rat und Urteil des zuständigen Metropoliten dem im Recht befindlichen Teil seine Zustimmung geben.
Dieser Kompromiß hebt das ottonische Reichskirchensystem auf; die Bischöfe sind nun nicht mehr Reichsbeamte, denn in der Feudalordnung bedeutet Investitur Belehnung mit den Regalien, sodaß die Bischöfe jetzt zu Reichsvasallen, also zu geistlichen Reichsfürsten – mit unentziehbarem Anspruch auf die königlichen Hoheitsrechte – aufsteigen und somit auf einer Stufe mit dem weltlichen Hochadel stehen.

Die Wahl Lothars III.

1125–1128. Nach dem Tod von Kaiser Heinrich V. am 23. Mai 1125 bleibt seine Nachfolge zunächst ungeklärt, sodaß es zu Kämpfen um den Thron kommt. Dem Geblütsrecht nach besitzt der Staufer Herzog Friedrich II. von Schwaben, dem der kinderlose Heinrich V. seine Güter übergeben hat, ohne ihn ausdrücklich zum Nachfolger zu designieren, als Neffe des Kaisers die Anwartschaft auf den Thron.
Die mächtige Stellung, die dem Staufer durch den Besitz der salischen Güter zufällt, ruft jedoch im Adel eine starke Opposition hervor. Nachdem es dem Erzbischof Adalbert von Mainz gelungen ist, die Kaiserwitwe zur Herausgabe der Reichsinsignien zu bewegen, beruft er für den 24. August 1125 eine Wahlversammlung der Fürsten nach Mainz ein.
Da Lothar von Supplinburg, der sächsische Herzog, eine prokirchliche Politik vertritt und mächtig genug ist, sich durchzusetzen, wird er am 30. August als Lothar III. zum König gewählt. Der neue Regent fordert von dem Staufer Friedrich II. die Herausgabe des Reichsgutes. Friedrich II. lehnt dieses jedoch ab, sodaß es zu Auseinandersetzungen zwischen dem König und den Staufern kommt. Im Dezember 1125 verhängt Lothar III. über Friedrich II. die Reichsacht; im Sommer 1127 nimmt der König den Kampf auf und belagert – allerdings erfolglos – den staufischen Stützpunkt Nürnberg. Durch diesen Mißerfolg des Königs ermutigt, erheben die Staufer Konrad III., einen jüngeren Bruder Friedrichs II., zum Gegenkönig (→ 3./4. 12. 1137).

Lothar III. von Süpplinburg

Wandmalereien auf dem Erker über dem Eingangstor der Burg Ranna

Eine einzigartige Burganlage

12. Jh. Die nördlich von Spitz an der Donau gelegene Burg Ranna (Niederösterreich) erhält eine Krypta, die zu den ältesten Krypten Österreichs gehört.
Unter einer Empore des westlichen Querhauses liegt die Krypta halb versenkt. Die quadratische Halle ruht auf vier Säulen mit Würfelkapitellen, die verschiedene Szenen und Symbole tragen; sie zeigen gemeißelte Blätter, Tierfiguren und eine Tuba blasende Gestalt und erinnern an die vielgestaltigen Säulen im Kreuzgang der romanischen Pfeilerbasilika von Millstatt in Kärnten (→ 11. Jh).
Die Burgkapelle, einzigartiges Beispiel ottonischer Bauweise in Österreich, ist mit Fresken geschmückt. Der Edle Pilgrim von Grie (später: von Ranna) hatte seine Burg Markgraf Leopold III. geschenkt, da er selber, schwer erkrankt, den Tod erwartete. Nach seiner überraschenden Genesung wollte er die Schenkung rückgängig machen; 1122 kam man in Gars am Kamp (Niederösterreich) zusammen, um den Besitzstand zu klären. Pilgrim erhielt die Burg Ranna zurück und ließ Bergfried und Kirche errichten.
1398 kommt die Burg in den Besitz derer von Neidegg, die sie im 16. Jahrhundert wehrhaft machen: Ringmauern umgeben den Bau, hinter dem äußeren Graben wird ein zweiter, noch tieferer Ringgraben angelegt, um den Zugang zur Inneren Burg zu verwehren. Eine halbkreisförmige Bastei sichert die Brücke über den äußeren Graben.

Freskenmalerei in der Burgkapelle aus der Zeit Pilgrims von Grie

Blick in die halb versenkte romanische Krypta von Oberranna

Mitteleuropa zur Zeit der Ottonen und Salier

von 919 bis 1125

1131

1131–1140

4. 6. 1133. König Lothar III. wird von Papst Innozenz II. in Rom zum Kaiser gekrönt.

11. 9. 1133. Markgraf Leopold III. von Österreich gründet Stift Heiligenkreuz in Niederösterreich. Der Name wird von einem Kreuzpartikel abgeleitet, das allerdings erst 1188 dem Stift übergeben wird. →

1136. Markgraf Leopold III. gründet das Benediktinerkloster Kleinmariazell im Wienerwald.

15. 11. 1136. Leopold IV., der Freigebige, wird nach dem Tod seines Vaters Markgraf von Österreich. Seine älteren Brüder Adalbert und Heinrich (Jasomirgott) werden übergangen. →

1137. Wien wird erstmals »civitas« (Stadt/Bürgergemeinde) genannt. Eine neue Pfarrordnung erhebt vermutlich St. Stephan anstelle von St. Peter zur Pfarrkirche.

31. 12. 1137. Hadmar I. von Kuenring gründet das Zisterzienserstift Zwettl in Niederösterreich.

7. 3. 1138. Eine vom Papst unterstützte Minderheit deutscher Fürsten wählt den früheren Gegenkönig Konrad von Staufen, Herzog von Schwaben, nach dem Tod Kaiser Lothars III. zum König (→ 20. 10. 1139).

1139. Dietmar von Aist, der erste namentlich bekannte deutsche Minnesänger, wird urkundlich erwähnt.

Mai 1139. Markgraf Leopold IV. wird von König Konrad III. mit dem Herzogtum Bayern belehnt (→ 20. 10. 1139).

Oktober 1139. Konrad III. gewährt dem Stift Zwettl Vogteifreiheit und Königsschutz.

20. 10. 1139. Nach dem Tod Herzog Heinrichs des Stolzen spitzt sich der Streit um Bayern zu. →

Um 1140. Das passauische Linz wird erstmals als »civitas« (Stadt/Bürgergemeinde) genannt.

10. 1. 1140. Adalram von Waldegg gründet das Augustiner-Chorherrenstift Feistritz (→ 1142).

Ende April 1140. König Konrad III. belehnt den Babenberger Heinrich (Jasomirgott) mit der Pfalzgrafschaft bei Rhein.

GESTORBEN:

15. 11. 1136. Leopold III., der Heilige (* um 1075), Markgraf von Österreich. →

3./4. 12. 1137. Breitenwang: Lothar III. von Supplinburg (* 1075?), König und Kaiser. →

Die Zisterzienser in Österreich

11. September 1133. Markgraf Leopold III. von Österreich gründet das Zisterzienserkloster Heiligenkreuz im südlichen Wienerwald, das erste in der Markgrafschaft Österreich. Schon 1129 hatte allerdings Markgraf Leopold I. von Steier mit seiner Gemahlin in Rhein (auch Reun) in der Steiermark bereits ein Zisterzienserkloster gegründet (– das älteste noch bestehende Kloster dieses Ordens in der Welt).

Die Anregung dazu hat Leopold III. von seinem Sohn Otto, dem späteren Bischof von Freising und bedeutenden Geschichtsschreiber, erhalten. Dieser war auf seiner Studienfahrt nach Paris in den Bannkreis des neuen Ordens, einem Zweig der Benediktiner, geraten; Otto berichtete seinem Vater begeistert davon und bat ihn, den Zisterziensern auch im babenbergischen Bereich eine Chance zu geben.

Brunnenhaus von Heiligenkreuz

In der Mitte des 12. Jahrhunderts hat das Stift rund 300 Mönche und Konversen, besitzt 21 Weingärten und zahlreiche Wirtschaftshöfe, die »Grangien« genannt werden. Von diesen landwirtschaftlichen Betrieben sind die wichtigsten Trumau, Grub, Sulz und Thallern in Niederösterreich sowie Mönchhof und Königshof im Burgenland.

Aber auch für den Orden selbst sind die Heiligenkreuzer rege tätig: Zwettl wird von ihnen besiedelt, das Kloster Baumgartenberg übergeben und die Abtei Czikador in Südungarn 1142 gegründet. 1135 wird mit dem Bau des Langhauses der Stiftskirche von Heiligenkreuz begonnen. Der romanische Bau (1160 fertiggestellt) hat das älteste erhaltene Kreuzrippengewölbe des gesamten deutschsprachigen Raumes.

Tod des weisen Landesherrn

15. November 1136. Im Alter von etwa 61 Jahren kommt Markgraf Leopold III., der Heilige, von Österreich – vermutlich bei einem Jagdunfall – ums Leben.
Der um das Jahr 1075 geborene Babenberger war der einzige Sohn Markgraf Leopolds II. von Österreich. Durch seine zweite Ehe mit Agnes, der Tochter Kaiser Heinrichs IV., war er mit dem Kaiserhaus verschwägert, weshalb man ihm auch die Kandidatur bei der Königswahl 1125 anbot. Angesichts seines damaligen Alters von etwa 50 Jahren und im Hinblick auf seine acht Söhne und einen möglichen Thronfolgestreit lehnte er ab. Allein diese Haltung zeigt, wie umsichtig und weitblickend Leopold III. war, was er auch schon als Vermittler beim Zustandekommen des Wormser Konkordates (→ 23. 9. 1122) unter Beweis gestellt hatte.
Ansehen und Macht stellte Leopold in den Dienst seines Landes, das unter seiner Regentschaft einen spürbaren Aufschwung nahm und einen bisher nicht gekannten Wohlstand erreichte. Seine geschickte Familienpolitik festigte die Stellung der Babenberger in Österreich und schuf die Voraussetzungen für den weiteren Aufstieg der Markgrafschaft. (Leopold wird am 6. Jänner heiliggesprochen und seit 1663 als Landespatron Niederösterreichs verehrt.)

Markgraf Leopold III. (Detail aus dem Babenberger-Stammbaum)

Vom Außenseiter zum starken Kaiser

3./4. Dezember 1137. Auf der Heimkehr von seinem zweiten Italienzug stirbt der etwa 62jährige Kaiser Lothar III. auf einer Almhütte bei Breitenwang in Tirol. Kurz vor seinem Tod hat er die Reichsinsignien seinem Schwiegersohn, Herzog Heinrich dem Stolzen von Bayern, übergeben.
Die Zeit seiner Regentschaft wurde von dem Konflikt mit den Staufern geprägt, deren Gegenkönig Konrad III. sich erst 1134 unterwarf.
In Rom regelte Lothar die Besetzung des Heiligen Stuhls, als er nach der doppelten Papstwahl vom 14. Februar 1130 Innozenz II. gegen den durch König Roger II. von Sizilien protegierten Anaklet II. stützte. Auf einem ersten Italienfeldzug Lothars krönte ihn Innozenz 1133 zum römischen Kaiser.
Als designierter König stößt Heinrich der Stolze, nunmehr Herzog von Bayern und Sachsen und mächtigster Fürst im Reich, allerdings auf die Ablehnung zahlreicher Adeliger, die den starken Herrscher fürchten (→ 20. 10. 1139).

Sizilianischer Krönungsmantel der staufischen Kaiser aus dem Kronschatz

1133/34. *Der Krönungsmantel der römisch-deutschen Herrscher wird in Palermo für König Roger II. von Sizilien aus rotem Seidenstoff hergestellt. Das Motiv zeigt spiegelbildlich auf beiden Seiten je einen Löwen, der ein Kamel schlägt. Der Mantel gelangt mit der sizilianischen Erbschaft in den Besitz Kaiser Friedrichs II. Nach dessen Krönung in Rom (1220) wird er dem Reichsschatz einverleibt (Weltliche Schatzkammer Wien).*

Staufer kämpfen um die Macht

20. Oktober 1139. In Quedlinburg stirbt der erst 31jährige Welfenherzog Heinrich der Stolze, der sich im offenen Kampf mit dem Stauferkönig Konrad III. befindet.
Obwohl von seinem Schwiegervater, Kaiser Lothar III., zum Nachfolger designiert, hat Heinrich die Wahl Konrads zum König (7. März 1138) hinnehmen müssen, da die deutschen Fürsten einen starken König fürchteten und auch Papst Innozenz II. sich gegen Heinrich wandte, weil dieser entschieden für die Rechte des Reiches gegenüber der Kirche eintrat.
Nachdem sich eine Mehrheit der Fürsten für Konrad III. entschieden hatte, gab Heinrich seinen Thronanspruch auf und lieferte die Reichsinsignien aus, verweigerte aber dem neuen König die Huldigung, da der Staufer Heinrichs Ansprüche in Sachsen nicht anerkennen wollte und die Herausgabe eines der welfischen Herzogtümer forderte. Dies lehnte Heinrich der Stolze ab, worauf er im Juli 1138 geächtet wurde. Konrad III. gab Sachsen an Albrecht den Bären, Bayern wurde 1139 Markgraf Leopold IV. von Österreich, einem Halbbruder Konrads, übertragen.
Nach dem überraschenden Tod Heinrichs zieht Leopold IV. mit militärischer Unterstützung in Bayern ein, um seine Ansprüche gegen Welf VI., einen Bruder Heinrichs des Stolzen, zu verteidigen.
In Regensburg huldigen die bayrischen Stände dem Babenberger, doch der Adel sowie die Stifte und Klöster unter der Führung Welfs, Bruder des verstorbenen Heinrich, leisten Widerstand. Schließlich gehen sie soweit, daß sie den erst zehnjährigen Sohn Heinrichs des Stolzen, Heinrich (den Löwen), unter der Vormundschaft Welfs als Landesherrn anerkennen.
Im folgenden Jahr gelingt es der welfischen Partei, die Unruhen gegen den Babenberger derart zu steigern, daß den Grafen von Scheiern, Dachau und Wittelsbach ein Sieg über Truppen des österreichischen Markgrafen gelingt.
Die Differenzen zwischen Bayern und Österreich, die man auch das »bayrische Problem« nennt, werden erst durch das Privilegium minus vom → 17. September 1156 gelöst.

1141

1141–1150

1141. Otto von Wittelsbach verschwört sich gegen Markgraf Leopold IV. von Österreich, Herzog von Bayern.

18. 10. 1141. Heinrich II., Jasomirgott, tritt nach dem Tod seines Bruders Leopold IV. die Nachfolge an. →

1142. Das 1140 gegründete Stift Feistritz wird nach Seckau (Steiermark) verlegt, wo mit dem Bau einer romanischen Basilika begonnen wird. →

1143. In Salzburg wird der Bau der 1137 begonnenen Wasserleitung durch den Mönchsberg beendet. →

Mitte Jänner 1143. Nach dem Verzicht Heinrichs des Löwen belehnt König Konrad III. Markgraf Heinrich II., Jasomirgott, von Österreich mit Bayern (→ 18. 4. 1143).

18. 4. 1143. Nach dem Tod der welfischen Gattin Heinrichs II., Jasomirgott, fordert die bayrische Welfenpartei den Rücktritt des Babenbergers als Herzog von Bayern. →

1143–1146. Bischof Otto von Freising (Bruder Heinrichs II., Jasomirgott) verfaßt eine mittelalterliche Weltgeschichte in sieben Büchern (»Chronik der beiden Reiche«).

11. 9. 1146. Das Heer Heinrichs II., Jasomirgott, muß an der Fischa eine schwere Niederlage gegen einfallende Ungarn hinnehmen.

1147. Bischof Reginbert von Passau weiht die Kirche St. Stephan in Wien.

25. 2. 1147. König Konrad III. stellt dem Stift Klosterneuburg eine Besitzbestätigung mit Königsschutz aus: Erste urkundliche Nennung des Namens »Austria«.

Mai 1147. Nach dem Tod Graf Bernhards von Marburg fallen die Herrschaften Marburg, Radkersburg und Tüffer an seinen Neffen, Markgraf Otokar III. von Steier.

Sommer 1148. Heinrich II., Jasomirgott, heiratet die Nichte des byzantinischen Kaisers. →

8. 9. 1148. König Konrad III. bricht nach der erfolglosen Belagerung von Damaskus den Zweiten Kreuzzug ab. →

Um 1150. In Tirol kommt es zu einer Fehde rivalisierender Grafen. →

1150. Der Erzberg in der Steiermark wird erstmals urkundlich genannt. →

GESTORBEN:

18. 10. 1141. Kloster Niederaltaich: Leopold IV., der Freigebige (* ?), Markgraf von Österreich, seit Mai 1139 auch Herzog von Bayern. →

Leopold IV. belagert Regensburg (Detail des Babenberger-Stammbaums)

Tod nach Aufstand

18. Oktober 1141. Auf der Rückkehr aus Bayern stirbt Markgraf Leopold IV., der Freigebige, von Österreich im bayrischen Kloster Niederaltaich. Er hatte 1136 die Markgrafenwürde von seinem Vater Leopold III. übernommen und war seit Mai 1139 auch Herzog von Bayern. Sein Leichnam wird im Stift Heiligenkreuz beigesetzt.
Leopold IV. weilte in Regensburg, um einen Gerichtstag abzuhalten, als eine von Otto von Wittelsbach geführte Verschwörung gegen den Babenberger ausbrach. Leopold ließ Teile der Stadt in Brand stecken und konnte dadurch entkommen. In der Folge wurde Regensburg eine schwere Geldbuße auferlegt und die Zerstörung der Burgen der welfischen Oppositionsführer im Lechgebiet eingeleitet.

Heinrich II., Jasomirgott (Glasfenster, um 1340)

Nach dem Tod Leopolds IV. erhält sein älterer Bruder Heinrich II., Jasomirgott, Österreich. Er muß allerdings die Pfalzgrafschaft bei Rhein, die er seit Ende April 1140 innehat, an Graf Hermann von Stahleck und die salischen Hausgüter seiner Mutter Agnes an die Staufer abtreten. Das Herzogtum Bayern übernimmt König Konrad III. in Reichsverwahrung (→ 18. 4. 1143).

Welfen kontra Babenberger

18. April 1143. Nach der Geburt ihrer Tochter Richardis stirbt Gertrud, die welfische Gattin Heinrichs II., Jasomirgott, Markgraf von Österreich und seit drei Monaten auch mit dem Herzogtum Bayern belehnt. Die bayrische Welfenpartei fordert daraufhin den sofortigen Rücktritt Heinrichs als Herzog von Bayern.

Im Mai 1142 schien eine Lösung des Streites um Bayern möglich, als es König Konrad III. gelang, auf dem Fürstentag zu Frankfurt am Main einen Frieden zwischen Welfen und Staufern zu vermitteln. Markgraf Heinrich II. heiratete zudem Gertrud, die Witwe des Bayernherzogs Heinrich des Stolzen und Mutter Heinrichs des Löwen, der daraufhin im Jänner 1143 auf seine Ansprüche auf Bayern verzichtete, sodaß Heinrich II. mit dem Herzogtum belehnt wurde.

Nach dem plötzlichen Tod Gertruds wächst erneut der Widerstand der bayrischen Welfenpartei gegen den Babenbergerherzog, und es kommt zu langwierigen Kämpfen der Welfen gegen die Truppen Konrads und Heinrichs. Gipfelpunkt dieser Auseinandersetzungen ist eine Fehde im Jahr 1145, die Heinrich III. von Regensburg, der Gatte einer Schwester Heinrichs II., Jasomirgott, gegen den österreichischen Markgrafen führt und an der sich auch Markgraf Otakar III. von Steier auf seiten des Regensburgers beteiligt. Verwüstungen im Gebiet um Regensburg sind die Folge – eine Entscheidung des »bayrischen Problems« hingegen bleibt aus (→ 8. 9. 1156).

Gertrud, erste Gattin Herzog Heinrichs II., Jasomirgott (Detail aus dem Babenberger-Stammbaum)

Romanische Basilika im Stift Seckau

1142. *Nachdem Adalram von Waldegg 1140 in Feistritz (heute St. Marein bei Knittelfeld in der Steiermark) ein Augustiner-Chorherrenstift gegründet hat, stellt man fest, daß dieser Stelle wegen der nahe vorbeiführenden wichtigen Verkehrsader die nötige Ruhe und Abgeschiedenheit fehlt. Schon 1142 verlegt man deswegen das Stift in das wesentlich ruhigere und abseits gelegene Seckau, wo mit dem Bau einer romanischen Basilika mit vielfach gestuftem Westportal begonnen wird, 1164 fertiggestellt (Abb.: Blick vom Arkadenhof auf die beiden Türme der Benediktinerabtei Seckau, heutiger Bauzustand).*

Der steirische Erzberg

1150. Erstmals wird der Erzberg in der Steiermark, an dem schon unter den Kelten Eisenerz abgebaut und zu Stahl, dem begehrten »norischen Eisen«, verarbeitet wurde, urkundlich erwähnt (→ ab 100 v. Chr.).

Mit Schlägel und Eisen wird das Erz händisch abgebaut und in kleinen, gemauerten Gruben, sog. Rennöfen, geschmolzen (»rennen« bedeutet »rinnen« oder »schmelzen«). Erst rund 50 Jahre später werden dafür Blähäuser errichtet, in denen mittels Blasebälgen (daher: blähen) in einzelnen Stücköfen das Erz geschmolzen wird. Der am Erzberg gewonnene Spateisenstein ist fast völlig phosphor- und schwefelfrei.

Der Berg, ursprünglich ein Königsgut, ist seit dem 12. Jahrhundert ein landesfürstliches Kammergut, wobei auch Stifte und Klöster das Bergregal (Bergrecht) ausüben.

Der Handel mit dem Eisen weitet sich zusehends aus, wobei als Zentrum seit etwa 1050 Steyr in Oberösterreich anzusehen ist; die Stadt liegt an der Enns, auf der ein Großteil des Eisens von Groß Reifling aus geflößt wird. Steyr ist außerdem der Sitz der Traungauer, der Markgrafen der Steiermark.

Die byzantinische Heirat Heinrichs

Sommer 1148. Der 34jährige Babenberger Heinrich II., Jasomirgott, seit 1141 Markgraf von Österreich und seit 1143 zudem Herzog von Bayern, heiratet – höchstwahrscheinlich in Konstantinopel – die erst 15 Jahre alte Theodora Komnena, die Nichte des byzantinischen Kaisers Manuel I. Komnenos.

Der Babenberger genießt vor allem aufgrund seiner Verwandtschaft zum deutschen Königshaus hohes Ansehen in Konstantinopel und pflegt enge Kontakte mit dem byzantinischen Kaiser, der selbst mit einer Schwester König Konrads III. verheiratet ist. Außerdem verbindet die gemeinsame Gegnerschaft zu den Ungarn die Herrscher von Konstantinopel und Klosterneuburg auch politisch.

Die Hochzeitsfeierlichkeiten sind imposant. Überliefert ist ein Preisgedicht »Auf die Herrin Theodora ... und ihren Gemahl, den Bruder des Königs von Deutschland«, das mit den Versen beginnt: »Frohlocke, Deutschland, leuchte auf und Scherz und Spiel nun treibe.«

Fehde zwischen Tiroler Grafen

Um 1150. Die Rivalität der beiden in Südtirol einflußreichen Grafen von Eppan und von Tirol führt zu einer ausgedehnten Fehde. Die Grafen von Eppan haben im Bereich westlich der Etsch reichen Besitz und großen Einfluß, die Grafen von Tirol hingegen sind seit einiger Zeit Vögte der einflußreichen Bischöfe von Trient (Südtirol).

Der Höhepunkt dieser Auseinandersetzung ist erreicht, als die Eppaner den Bischof von Trient und zwei durchreisende Kardinäle kurz entschlossen gefangennehmen. Erst nach einer Intervention Heinrichs des Löwen, Herzog von Bayern, lassen sie ihre Gefangenen frei.

Schließlich unterliegen die Grafen von Eppan in dieser Fehde den geschickter operierenden Grafen von Tirol, was diese dazu nutzen, ihre Herrschaft in der Grafschaft Bozen wesentlich zu erweitern. Nach ihrer Stammburg nennen sich die früheren Grafen von Vintschgau seit etwa zehn Jahren Grafen von Tirol.

Konrad III. bricht Kreuzzug ab

8. September 1148. Nach einer Niederlage gegen die Seldschuken in Kleinasien und der vergeblichen Belagerung von Damaskus endet der mit großer Begeisterung begonnene zweite Kreuzzug ohne größere Erfolge. Die Führer, der deutsche König Konrad III. und der französische König Ludwig VII., kehren im Frühjahr 1149 in die Heimat zurück. Das Ziel, die Rückgewinnung der Grafschaft Edessa, des ältesten Kreuzfahrerstaates, ist damit nicht erreicht worden.

Die Vorbereitungen für den zweiten Kreuzzug begannen bereits 1145, als Papst Eugen III. nach der Eroberung Edessas 1144 durch Emir Zengi von Mossul zum Kreuzzug aufrief. Die Predigten für den Kreuzzug übernahm der wortgewaltige Abt Bernhard von Clairvaux, der mit seinen Reden eine gewaltige Kreuzzugsbewegung entfachte. Rund 240 000 Menschen nahmen das Kreuz. Als Lohn wurde ihnen ein reicher Ablaß in Aussicht gestellt.

Dem aus politischen Gründen unschlüssigen König Konrad III. predigte Bernhard von Clairvaux zu Weihnachten 1146: »Was tut ihr, Diener des Kreuzes? So wollt Ihr das Heiligtum den Hunden und die Perlen den Säuen geben? . . . Nimm das Kreuzeszeichen, und für alles, was Du reuigen Herzens beichtest, wirst Du auf einmal Ablaß erlangen.« Unter dem Eindruck dieser Worte nahm Konrad in Speyer das Kreuz.

◁ *Während seiner Reise durch Österreich im Zuge der Zweiten Kreuzfahrt bestätigt König Konrad III. auch die Gründung des Klosters Zwettl in Niederösterreich. Die Urkunde im Stiftungsbuch des Klosters zeigt den König gemeinsam mit dem Markgrafen Leopold IV. und dem Klostergründer, Hadmar von Kuenring.*

Der Aufbruch des deutschen Heeres erfolgte im Mai 1147 von Regensburg aus. Ebenso wie die Franzosen wählte man den Landweg. Als das französische Kreuzfahrerheer am 4. Oktober in Wien rastete, beschreibt der französische Hofkaplan Odo von Denil Österreich als »unwirtliche Gegend«.

2. Kreuzzug

Zeit: 1147 bis 1149.
Anlaß: Zengi, Emir von Mossul, erobert 1144 den Kreuzfahrerstaat Edessa.
Teilnehmer: 240 000 (90 000 erreichen das Heilige Land), darunter Markgraf Otakar III. von Steier, die Grafen Bernhard von Marburg, Konrad von Peilstein, Friedrich von Poigen, Rudolf von Machland und die Bischöfe von Regensburg, Freising und Passau (Markgraf Heinrich II., Jasomirgott, zog nur bis Konstantinopel mit dem Heer).
Anführer: König Konrad III., Herzog Friedrich von Schwaben und König Ludwig VII. von Frankreich.
Marschroute: Die Heere ziehen von Metz bzw. Regensburg über Ungarn und Serbien.
Finanzierung: Größtenteils Eigenfinanzierung, Ludwig VII. erhebt eine Kreuzzugssteuer.
Ergebnis: Der Kreuzzug scheitert; Edessa bleibt in muslimischer Hand; der Nimbus der Unbesiegbarkeit der Kreuzfahrer geht verloren.

Pionierleistung der Bautechnik

1143. Der Bau der sog. Almkanals, einer Wasserleitung für Salzburg, wird nach sechsjähriger Bauzeit abgeschlossen. Der Plan stammte von Abt Balderich von St. Peter und Domprobst Hermann von Salzburg, die dem ständigen Wassermangel der Stadt ein für allemal ein Ende setzen wollten: Ein Stollen durch den Mönchsberg soll die Zuleitung größerer Wassermengen in die Altstadt am linken Salzachufer sicherstellen.

Der Plan wurde vermutlich nach dem großen Stadtbrand 1127 gefaßt, als auch der alte Dom ein Opfer der Flammen wurde. Das Traditionsbuch des Salzburger Domkapitels berichtet genauestens über diesen einmaligen Stollenbau. 1136 wurde ein Fachmann namens Albert in den Dienst genommen (der später als Laienbruder in das Domkapitel eintrat und daher im Totenbuch zu finden ist als: »Albert, Konverse und unser Bruder, der die Wasserleitung durch den Berg angelegt hat«). Im Februar oder März 1137 ließen sich die beiden geistlichen Herren ihren Plan von Erzbischof Konrad I. genehmigen.

Vorerst schritten die Arbeiten gut voran, doch 1141 verschüttete ein Bergsturz den Großteil des Stollens wieder. Streitigkeiten zwischen den Domherren und den Mönchen von St. Peter mußten erst beigelegt werden, bevor 1143 tatsächlich der Stollendurchschlag erfolgt. Das Domkapitel ist für die Einwölbung und Erhaltung des Stollens, die Mönche von St. Peter sind für die Wasserzufuhr verantwortlich. Die Wasserzufuhr wird erst um 1160 abgeschlossen, da ein Holzgerinne und Absicherungen bei Unwettern angelegt werden müssen.

Das Kernstück dieser Wasserleitung für Salzburg ist der Stollen durch den Mönchsberg selbst. Er ist 370 Meter lang, im Schnitt etwa 80 bis 100 cm breit und 150 bis 220 cm hoch (und seit der Errichtung ohne Unterbrechung in Betrieb).

◁ *Der Stiftsarmstollen durch den Mönchsberg, errichtet im Auftrag des Salzburger Domkapitels*

Romanische Wandmalerei im Stift Nonnberg

Zierseite aus der Admonter Riesenbibel (um 1140)

Kunst und Kultur in Österreich 1101–1150

Im 12. Jahrhundert entfaltet sich die kulturelle Tätigkeit in Österreich merklich. Bedingt durch den systematischen Ausbau des Pfarrsystems sowie des bischöflichen und klösterlichen Einflusses werden im babenbergischen Raum verstärkt Kirchen gebaut.

Eine besondere Eigenart ist hier die Entwicklung des Karnerbaues, der auffallend auch in kleinen Orten anzutreffen ist. Karner sind zweigeschossige, rund oder viereckig gestaltete Friedhofskapellen. Der Name kommt vom unteren Geschoß, dem Beinhaus (lateinisch Carnarium). Das obere Geschoß dient Andachtszwecken. Nicht selten erhalten diese Bauwerke einen besonders reich gestalteten Portalschmuck und im Laufe der Entwicklung auch Fresken. Die meisten Karner stehen in Niederösterreich (insgesamt 110), aber auch in Kärnten sind sie häufig zu finden (47).

Doch auch der Profanbau (vor allem Burgen) nimmt in der Hochromanik zu, und die Liebe zum Detail macht sich bemerkbar; das Kunsthandwerk überhaupt zeigt deutlich sein Können.

Herausragende künstlerische Leistungen aus der ersten Hälfte und der Mitte des 12. Jahrhunderts in Österreich sind u.a.:

▷ Der Karner von Petronell in Niederösterreich, ein wertvoller romanischer Rundbau (heute die Abensberg-Traunsche Gruft)

▷ Der Bergfried und Palas der Schattenburg in Feldkirch (Vorarlberg); es ist dies der älteste Teil einer der bedeutendsten Burganlagen Mitteleuropas

▷ Das größte Bronzegußwerk der Romanik in Österreich, der siebenarmige Leuchter des Stiftes Klosterneuburg in Niederösterreich; er ist 443,5 cm hoch und aus vergoldeter Bronze

▷ Der Karner von St. Lambrecht in der Steiermark, urkundlich 1148 erwähnt (hat aber bereits ein gotisches Portal)

▷ Das romanische Westportal der Pfarrkirche von Wolfsberg in Kärnten

▷ Der Innenraum der Zisterzienserkirche Viktring in Kärnten

▷ Der Kern des Schlosses Straßburg in Kärnten, Sitz der Bischöfe von Gurk

▷ Die von den Kuenringern erbaute Burg Dürnstein an der Donau (Niederösterreich)

▷ Die Burg Reifenstein bei Judenburg in der Steiermark

▷ Der bronzene Türgriff, ein Löwenkopf mit Ring, für die südliche Seitentür der Pfarrkirche von Andelsbuch in Vorarlberg

▷ Die romanischen Wandmalereien des »Paradieses«, der ursprünglichen Westanlage der Stiftskirche Nonnberg in Salzburg→

▷ Die Ritterkapelle (ursprünglich Marienkapelle) des Stiftes Seitenstetten (Niederösterreich)

▷ Die Sammelhandschrift »Wiener Genesis«, wahrscheinlich in einem steirischen oder kärntnerischen Kloster entstanden

▷ »Der Kürenberger« schreibt Lieder, die zwischen Volkslied und Minnesang anzusiedeln sind; sein Geschlecht und seine Burg nördlich von Linz sind von 1100 bis 1217 nachweisbar

▷ Ritter Heinrich von Piela tritt als Laienbruder in das Stift Melk ein und schreibt als erster deutschsprachiger Satiriker Gedichte, u.a. »Pfaffenleben« und »Erinnerung an den Tod«

▷ Eine nicht näher bekannte Person, vermutlich eine Frau, verfaßt eine dichterische Selbstanklage, die als »Vorauer Sündenklage« bekannt wird

▷ In Admont entsteht die sog. Riesenbibel, eine großformatige zweibändige Bibelhandschrift; dieses Hauptwerk der Salzburger Buchmalerei hat 41 Initialen in Gold auf Farbgrund und 40 Miniaturen.→

Erschließung des Landes beendet

Um 1150. Das große Werk der Erschließung des niederösterreichischen Wald- und des oberösterreichischen Mühlviertels ist abgeschlossen.

In der Landwirtschaft ist die Anbaufläche größer als im 20. Jahrhundert. Beim Getreide dominieren der Hafer und der Roggen (da sowohl für die Ernährung der Menschen als auch als Viehfutter und zur Malzbereitung notwendig), wobei aber Hanf, Hopfen, Flachs sowie Gemüse und Obst nicht vernachlässigt werden. Die Viehzucht ist im alpinen Bereich von wesentlich größerer Bedeutung. In Niederösterreich wird eine besonders große Ortsdichte erreicht, so ist sie im nördlichen Wiener Becken und im Tullnerfeld größer als im 20. Jahrhundert.

Der Bauer hat nur mäßige Abgaben an die Grundherrschaft zu entrichten. Das Eigengut der Grundherren, sozusagen deren noch verbleibender Landbesitz, wird durch Meier, wie die Gutsverwalter genannt werden (daher auch: Meierhöfe), als Eigenbetrieb bewirtschaftet.

Tatsächliche freie Bauern gibt es noch in einigen Gebieten wie etwa im niederösterreichischen Ispertal, im oberösterreichischen Hausruckviertel, in Teilen Tirols und der Steiermark und im vorarlbergischen Walsertal.

Die Lehensleistungen der Bauern werden in Zinsregistern, sog. Urbaren, festgelegt – wesentlichen Quellen für die Wirtschafts- und Sozialstruktur des Landes. Aus den Märkten, die schon immer Zentren des Handels und des Gewerbes sowie Stützpunkte der Landesherren gewesen sind, entwickeln sich Städte, die nicht selten durch den befestigten militärischen Ausbau ein eindrucksvolles Aussehen erhalten.

In der Steiermark ist diese Zeit die des eigentlichen Landesausbaues. Die Traungauer haben ihre Machtbasis erweitern und das Land vergrößern können. Durch den Tod des Kreuzfahrers Graf Bernhard von Marburg, eines Spanheimers, fällt den Traungauern großer Besitz zu; da sie nun auch über die Mark an der Drau herrschen, reicht ihr Territorium bis zur Wasserscheide zwischen Sann und Drann und durch die Herrschaft Tüffer sogar bis zur Save (→um 1500).

1151

1151–1160

1151–1160. Das Antiphonar von St. Peter zu Salzburg entsteht. Es enthält wertvolle Buchmalereien.

Vor 1152. Mit dem Tod Graf Rudolfs von Bregenz sterben die Grafen von Bregenz aus. Es kommt zu einem Erbstreit zwischen Rudolfs Schwiegersohn Hugo von Tübingen (der die Grafschaft Churrätien erhält) und Rudolfs Neffen Rudolf von Pullendorf (der die Grafschaft Bregenz übernimmt).

1152. Ein Großbrand vernichtet Kloster und Münster des Stiftes Admont (Steiermark).

4. 3. 1152. Nach dem Tod König Konrads III. wird sein Neffe Friedrich von Schwaben (Friedrich I., Barbarossa) zum König gewählt und am 9. März in Aachen gekrönt.

Um 1153. Graf Ulrich II. von Pernepp gründet das Prämonstratenserstift Geras (Niederösterreich).

1155. Markgraf Heinrich II., Jasomirgott, von Österreich ruft irische Mönche nach Wien und gründet das Schottenstift.

18. 6. 1155. In Rom wird Friedrich I., Barbarossa, zum Kaiser gekrönt.

1156. Heinrich II., Jasomirgott, verlegt seinen Wohnsitz von Klosterneuburg nach Wien.

8. 9. 1156. Heinrich II., Jasomirgott, verzichtet auf Bayern.→

17. 9. 1156. Im Privilegium minus wird die Markgrafschaft Österreich in ein Herzogtum umgewandelt.→

1. 5. 1158. Dem Schottenkloster in Wien wird ein »Stiftsbrief« ausgestellt.→

3. 5. 1159. St. Pölten erhält von Bischof Konrad von Passau das Stadtrecht.→

Ab 1159. Das Kirchenschisma führt zu schweren Unruhen im Erzbistum Salzburg.→

Um 1160. Kaiser Friedrich I. Barbarossa verleiht Markgraf Otakar III. von Steier für sein gesamtes Hoheitsgebiet das Bergregal (Bergrecht).

1160. Leoben in der Steiermark wird als Liuben erstmals urkundlich genannt.

GESTORBEN:

15. 2. 1152. Bamberg: Konrad III. (* 1093/94), König.

22. 9. 1158. Kloster Morimond: Otto I. (* um 1112), Chronist und Bischof von Freising.→

GEBOREN:

1157. Leopold V., der Tugendhafte († 31. 12. 1194), Herzog von Österreich.

Um 1160. Hagenau: Reinmar der Alte († 1207), Minnesänger.

Österreich wird zum Herzogtum

8. September 1156. Auf einer festlichen Fürstenversammlung in Regensburg verzichtet Heinrich II., Jasomirgott, endgültig auf das Herzogtum Bayern, mit dem der Welfe Heinrich der Löwe belehnt wird. Kaiser Friedrich I., Barbarossa, trennt die ehemalige Markgrafschaft Österreich von Bayern und erhebt sie zu einem selbständigen Herzogtum, das der Babenberger erhält.

Damit ist nach jahrelangem Streit eine friedliche Lösung des sog. bayrischen Problems gefunden, das auch zu militärischen Auseinandersetzungen zwischen Welfen, Staufern und Babenbergern geführt hat (→ 18. 4. 1143). Die Bedeutung des Geschehens wird durch die große Teilnehmerzahl des Regensburger Hoftages unterstrichen.

Regensburg hat man mit gutem Grund als Ort des Geschehens gewählt, denn seit der Regierung König Ludwigs des Deutschen ist die Stadt der Hauptort des Landes, und alle wesentlichen und grundsätzlichen Angelegenheiten Bayerns sind hier behandelt worden. Zusätzlich war Regensburg die Residenz vieler Herzöge von Bayern, so auch die von Heinrich II., Jasomirgott. Deshalb verzichtet der Babenberger auch darauf, in die Stadt einzuziehen, denn er hätte verlangen können, als Herzog empfangen zu werden. Er lagert statt dessen auf den Barbinger Wiesen, zwei Meilen östlich der Stadt.

Das gewaltige Schauspiel findet nicht in Regensburg, sondern im Zeltlager des Babenbergers statt, dem damit ein Zeichen der Wertschätzung zuteil wird. Der förmliche Verzicht Heinrichs II., Jasomirgott, auf das Herzogtum Bayern erfolgt durch die Übergabe von sieben Fahnenlanzen als Symbol für Bayern an Kaiser Friedrich I., Barbarossa, der sie Herzog Heinrich dem Löwen überreicht, wodurch jener nun auch in feierlicher Zeremonie mit dem Herzogtum Bayern belehnt ist. Zwei Fahnenlanzen reicht der Welfe seinem kaiserlichen Lehensherrn zurück, als Symbol für die Markgrafschaft Österreich, die stets ein Lehen des Herzogtums Bayern war und nun aus diesem Einflußbereich gelöst wird. Darauf übergibt der Kaiser die beiden Fahnenlanzen dem Babenberger; die Markgrafschaft Österreich ist nun Herzogtum.

Herzog Heinrich II., Jasomirgott, unter dessen Herrschaft die Markgrafschaft Österreich von Kaiser Friedrich I., Barbarossa, zum Herzogtum erhoben wird (Glasfenster, 13. Jh.; Brunnenhaus des Stiftes Heiligenkreuz)

Österreichs Privilegium minus

17. September 1156. Das Privilegium minus ist die erste schriftlich abgefaßte Belehnung durch einen deutschen König. In dem Dokument sind nicht nur die üblichen Rechte hervorgehoben, sondern Sonderrechte enthalten, die zuvor keinem Fürsten zugestanden worden sind. Dadurch wird die Stellung Herzog Heinrichs II., Jasomirgott, im Reich gefestigt. Das oft als Magna Charta des deutschen Territorialstaates bezeichnete Privilegium minus hat folgenden Wortlaut:

»Im Namen der heiligen und ungeteilten Dreifaltigkeit. Friedrich von Gottes Gnaden Kaiser der Römer und Herrscher. Obwohl die Dinge schon vermöge ihrer tatsächlichen Einrichtung vor einer Änderung gesichert bleiben, und das in aller Form rechtens Vollzogene durch keinen Widerstand erschüttert werden kann, so muß doch, damit kein Zweifel über die Tatsache entstehen könnte, unsere kaiserliche Bestätigung dazukommen. Es sollen daher alle jetzt lebenden Getreuen Christi und unseres Kaiserreiches sowie die nachfolgenden Geschlechter wissen, wie wir mit Beihilfe der Gnade dessen, welcher den Frieden der Menschen vom Himmel auf die Erde gesandt hat, auf dem allgemeinen, zu Regensburg am Feste der Geburt der Jungfrau Maria abgehaltenen Hoftage in Gegenwart vieler frommer und katholischer Fürsten den Streit und die Zwietracht, welche wegen des Herzogtums Bayern zwischen unserem sehr geliebten Oheim Heinrich, dem Herzoge von Österreich, einerseits und unserem sehr geliebten Neffen Heinrich, dem Herzoge von Sachsen andererseits, lange herrschten, auf die Weise beigelegt haben, daß der Herzog von Österreich uns das Herzogtum Bayern zurückgab, welches wir allsogleich als Lehen dem Herzog von Sachsen überließen. Der Herzog von Bayern aber stellte uns zurück die Mark Österreich mit allen seinen Rechten und allen seinen Lehen, welche einst Markgraf Leopold vom Herzogtum Bayern besaß. Damit hierdurch die Ehre und der Ruhm unseres sehr geliebten Oheims nicht einigermaßen vermindert erscheine, verwandelten wir nach dem Rate und dem Urteile der Fürsten, indem Wladislaw der Glorreiche, Herzog von Böhmen, den Spruch verkündigte und alle Fürsten zustimmten, die Mark Österreich in ein Herzogtum und übergaben dieses Herzogtum mit allen Rechten unserem vorgenannten Oheim Heinrich und seiner erhabenen Gemahlin als Lehen und bestimmten gesetzlich für ewige Zeiten, daß sie und ihre Kinder nach ihnen, ohne Unterschied ob Söhne oder Töchter, dieses Herzogtum Österreich erblich vom Reiche innehabe und besitzen sollen. Wenn jedoch der vorgenannte Herzog von Österreich, unser Oheim, und seine Gemahlin ohne Kinder sterben sollten, so mögen sie das Recht haben, dieses Herzogtum wem immer nach ihrem Willen zuzuwenden. Wir bestimmen auch, daß keine hochgestellte oder niedrige Person in dem Gebiete dieses Herzogtums ohne Zustimmung und Erlaubnis des Herzogs die Ausübung irgendeiner Gerichtsbarkeit sich anmaße. Der Herzog von Österreich schuldet aber von seinem Herzogtume dem Reiche aber keinen anderen Dienst, als daß er zu den vom Kaiser in Bayern angesetzten Reichstagen über Vorladung erscheine. Auch soll er zu keinem anderen Kriegszuge verpflichtet sein als zu dem, welchen vielleicht der Kaiser gegen die an Österreich angrenzenden Königreiche und Länder anordnen würde. Damit übrigens diese unsere Verordnung für alle Zeiten gültig und unerschüttert bleibe, ließen wir die vorliegende Urkunde niederschreiben und mit unserem beigedruckten Siegel zeichnen im Beisein tauglicher Zeugen.

Zeichen des Herrn Friedrich, des unbesiegbaren Kaisers der Römer. Ich, Reinold, Kanzler, habe es in Vertretung Arnolds, des Erzbischofs von Mainz und Erzkanzlers, geprüft.

Gegeben zu Regensburg am 17. September, in der IV. Indiktion, im Jahre der Fleischwerdung unseres Herrn 1156, unter der Regierung des Herrn Friedrich, des Kaisers der Römer und Herrschers in Christus. Glückseligermaßen. Amen. Im fünften Jahre seines Königtums, im zweiten seines Kaisertums.«

Das Privilegium minus, das die Markgrafschaft Österreich zum eigenständigen Herzogtum erhebt, erhält 1359 ein entsprechendes Gegenstück, das Privilegium maius. Bei diesem Pendant handelt es sich um eine geschickte Urkundenfälschung, mit der Herzog Rudolf IV. versucht, Sonderrechte für Österreich festschreiben zu lassen. Das Dokument, obgleich als Fälschung erkannt, wird 1453 von Kaiser Friedrich III., einem Habsburger, bestätigt.

Heinrich II., Jasomirgott, zieht ins Heilige Land, r. das Schottenkloster in Wien (Babenberger-Stammbaum, 1489–1492; Stift Klosterneuburg)

Das bayrische Problem

Die Grundlage für das sog. bayrische Problem war die seit dem Tod Kaiser Lothars III. (→ 3./4. 12. 1137) andauernde Auseinandersetzung zwischen Welfen und Staufern, in den seit Mai 1139 auch die Babenberger verwickelt sind, nachdem Markgraf Leopold IV. von Österreich mit dem Herzogtum Bayern belehnt wurde (→ 20. 10. 1139).

Der Konflikt spitzte sich erneut zu, als die bayrische Welfenpartei nach dem Tod Gertruds, der aus welfischem Haus stammenden ersten Frau Heinrichs II., Jasomirgott, dessen Rücktritt als Herzog von Bayern forderte. Erst Konrads Nachfolger, König Friedrich I., Barbarossa, versuchte immer wieder, eine friedliche Beilegung des Streites zu erreichen. Seine Bemühungen, den Babenberger zum freiwilligen Verzicht auf Bayern zu bewegen, scheiterten jedoch.

Im Juni 1154, auf dem Reichstag zu Goslar, entzogen – auf Initiative des Königs – die bayrischen Fürsten Heinrich II., Jasomirgott, die Herzogswürde und anerkannten Heinrich den Löwen als Herzog von Bayern. Die Belehnung des Welfen durch den König unterblieb allerdings, weshalb der Babenberger vor allem im Osten Bayerns weiterhin anerkannt wurde und in Urkunden den Herzogtitel führte. Mitte Oktober des folgenden Jahres hielt König Friedrich I. in Regensburg einen Hoftag ab und ließ die bayrischen Adeligen den Lehens- und Treueid auf Heinrich den Löwen ablegen, da Heinrich II., Jasomirgott, immer wieder die Herausgabe Bayerns verweigert hatte.

Die Entscheidung brachte das Jahr 1156. Am 6. Juni hatte Heinrich II., Jasomirgott, eine geheime Unterredung mit dem inzwischen zum Kaiser gekrönten Friedrich. Obwohl darüber strengstes Stillschweigen bewahrt wurde, ist mit Sicherheit anzunehmen, daß bei diesem Gespräch alle Punkte des späteren Privilegium minus (→ 17. 9. 1156) und der Zeitpunkt der öffentlichen Kundmachung, der 8. September, festgelegt wurden.

Reitersiegel Heinrichs des Löwen, Herzog von Sachsen und Bayern

Bischof und Chronist

22. September 1158. Im Alter von etwa 45 Jahren stirbt Bischof Otto von Freising im Zisterzienserkloster Morimond in Burgund. Der anerkannte Geschichtsschreiber war der Sohn Markgraf Leopolds III. von Österreich und damit der (ältere) Bruder Leopolds IV. und Heinrichs II., Jasomirgott.
Schon um 1126 war er Propst des Stiftes Klosterneuburg, ging aber bald darauf nach Paris, um zu studieren. Auf der Rückreise in die Heimat geriet Otto in den Bann des in Burgund stark entfalteten Zisterzienserordens und trat 1132 in das Kloster Morimond ein. Nach nur sechs Jahren wurde er Abt von Morimond und am 9. Oktober 1138 zum Bischof von Freising ernannt.
Neben seinem geistlichen Amt widmete er sich historischen Studien. Zwischen 1143 und 1146 verfaßte er eine achtbändige »Chronik der Geschichte zweier Reiche« (die »Chronica sive historia de duabus civitatibus«). In diesem monumentalen Werk beschreibt Otto die Geschichte als Kampf zwischen Antichrist und Gottesstaat und beklagt die Trennung von geistlicher und kirchlicher Gewalt im »Heiligen Reich«. Seine Teilnahme am erfolglosen Zweiten Kreuzzug bestärkte seine pessimistische Weltsicht.
In seinem zweiten Werk, der »Gesta Frederici imperatoris«, zeigt sich Otto allerdings wesentlich optimistischer, denn seit dem Regierungsantritt Friedrichs I., Barbarossa, erwartete auch er einen glanzvollen Neuanfang der deutschen Reichspolitik. Otto schlug daher selbst vor, das Leben und die Taten seines kaiserlichen Neffen für die Nachwelt festzuhalten. Erstaunlich ist die Leistung, die Otto in nur einem Jahr vollbrachte, denn erst im Sommer 1157 konnte er mit seiner Arbeit beginnen, die bis zum Herbst 1158 beachtlich angewachsen war. Kurz vor seinem Tod übergab er sein unvollendetes Werk seinem Privatsekretär, dem Freisinger Domherrn Rahewin, mit der Bitte, es zu beenden. Nicht mehr bei bester Gesundheit trat Otto die beschwerliche Reise zum alljährlich im Stammkloster Cîteaux stattfindenden Generalkapitel der Zisterzienser an. Er erreicht nur mit Mühe wieder »sein« Kloster und stirbt dort.

Bischof Otto von Freising (Detail des Babenberger-Stammbaums)

Erneuter Streit mit dem Papst

1157. Kaiser Friedrich I. kann sich in den erneut aufflammenden Auseinandersetzungen mit dem Papst durchsetzen: Hadrian IV. muß die Proklamation Friedrichs, in der die Unabhängigkeit des Kaisertums vom Papsttum bekräftigt wird, unwidersprochen hinnehmen.
Der Streit zwischen Kaiser und Papst beginnt mit dem Streit um die Besetzung des höchsten kirchlichen Amts in Schweden: Als der vom Papst zum Oberhaupt der nordischen Kirche bestimmte Erzbischof Eskil von Lund auf dem Heimweg von Rom nach Schweden gefangengenommen wird, unternimmt Friedrich nichts zu seiner Befreiung. Auf dem Reichstag zu Besançon im Oktober 1157 erheben die päpstlichen Gesandten gegen das Verhalten Friedrichs Beschwerde. Der Versammlung wird ein Brief von Hadrian verlesen, in dem von seinen »beneficia« gegenüber dem Kaiser die Rede ist. Ein Sturm der Entrüstung erhebt sich, als Kanzler Rainald von Dassel dieses Wort mit »Lehen« übersetzt; fast kommt es zu tätlichen Auseinandersetzungen, als ein päpstlicher Legat daraufhin die provozierende Frage stellt: »Von wem hat der Kaiser das Kaisertum, wenn nicht vom Herrn Papst?«
In seinem Antwortschreiben weist Friedrich I. die päpstliche Auffassung von Kaisertum, die eine lehnsmäßige Abhängigkeit des Kaisers vom Heiligen Stuhl konstruiert, in scharfer Form zurück. Er besteht darauf, daß er das Kaisertum direkt von Gott erhalten habe. Der Papst wird damit zu einem bloßen Vollzugsgehilfen bei der Einsetzung des Kaisers: Er muß denjenigen krönen, dem dank der Gnade Gottes und der freien Wahl der deutschen Fürsten die Krone zusteht. Die deutschen Bischöfe bekräftigen diese Auffassung.

Kaiserkrönung Friedrichs I., Barbarossas, 1155 in Rom durch den Papst (Abb. aus de Beauvais' »Geschichtsspiegel«; Musée Condé Chantilly)

»Schotten« in Wien angesiedelt

1. Mai 1158. In einem »Stiftsbrief« beurkundet Herzog Heinrich II., Jasomirgott, von Österreich die Übergabe des Wiener »Schottenstiftes« an die irischen Mönche unter Abt Sanctius.
Schon 1155 hatte der Babenberger für seine Klostergründung irische Mönche aus Regensburg nach Wien berufen. Die »Scotia maior« genannten Benediktinermönche hießen in Wien bald recht vereinfacht »Schotten«. Auf dem sog. Steinfeld unmittelbar vor den Mauern der Stadt errichteten sie ihr Kloster und eine dreischiffige romanische Pfeilerbasilika mit einem Querschiff.

Stadtrecht für Sankt Pölten

3. 5. 1159. Bischof Konrad von Passau, ein Bruder Herzog Heinrichs II., Jasomirgott, verleiht als Stadtherr von St. Pölten in Niederösterreich dem Ort ein Stadtrecht. Es enthält Privilegien und Freiheiten, die zu einem Konflikt mit dem Herzog von Österreich führen, da dieser mit Recht eine Beeinträchtigung seiner Gerichts- und Vogteirechte sieht. (Dieses Stadtrecht wird als das älteste in Österreich angesehen.)

Kirchenspaltung bewegt Salzburg

Ab 1159. Durch das Kirchenschisma (Spaltung) der Päpste Alexander III. und Viktor IV., dem kaiserlichen Gegenpapst seit 7. September 1159, kommt es im Erzbistum Salzburg zu teilweise schweren Unruhen. Erzbischof Eberhard I. von Salzburg steht, ebenso wie anfangs Herzog Heinrich II., Jasomirgott, auf der Seite Papst Alexanders III.
Die Führung der päpstlichen Partei übernimmt in Österreich der Gelehrte Propst Gerhoch von Reichersberg. Die weltlichen Adeligen des Erzbistums Salzburg, ein Teil des österreichischen Klerus und die Klöster St. Florian in Oberösterreich und St. Pölten in Niederösterreich unterstützen ab 1164 unter der Führung Bischof Ruperts von Passau Gegenpapst Viktor IV.

1161

1161–1170

1161. Anläßlich der Turmerhöhung wird die Ruprechtskirche in Wien urkundlich genannt. →

22. 4. 1161. Gründungsurkunde des »Schottenstiftes« in Wien: Herzog Heinrich II., Jasomirgott, widmet dem Stift die Pfarrkirche zum hl. Michael in Pulkau (Niederösterreich) als Dotierung.

29. 6. 1164. Bischof Konrad von Passau, ein Babenberger, wird als Nachfolger Eberhards I. Erzbischof von Salzburg (→ 1164–1169).

31. 12. 1164. Nach dem Tod Markgraf Otakars III. von Steier wird sein knapp zwei Jahre alter Sohn Otakar IV. Nachfolger.

1165. Kitzbühel in Tirol wird als Chizbuhel erstmals urkundlich erwähnt.

Juli 1165. Herzog Heinrich II., Jasomirgott, legt einen Eid auf den kaiserlichen Gegenpapst Paschalis III. ab (→ 1159–1167).

1166. Schlacht bei Bregenz: Pfalzgraf Hugo von Tübingen wird besiegt und gerät in Gefangenschaft.

Um 1167. In Hartberg in der Steiermark (1166 zum Markt erhoben) wird ein romanischer Karner gebaut und mit Fresken ausgestattet.

5. 4. 1167. Salzburg wird durch einen Großbrand zerstört.

1168. Nach dem Aussterben der Grafen von Burghausen erhält Herzog Heinrich II., Jasomirgott, die Vogteirechte über das Stift Admont (Steiermark).

Um 1170. Die romanische Pfeilerbasilika der Pfarrkirche von Tulln (Niederösterreich) wird erbaut. →

In Weitersfeld (Kärnten) entsteht ein Glasfenster mit der Darstellung der hl. Magdalena (Filialkirche St. Magdalena).

1170. St. Veit an der Glan wird Hauptstadt des Herzogtums Kärnten.

GESTORBEN:

22. 6. 1164. Stift Rein: Eberhard I. (* um 1085), Erzbischof von Salzburg.

28. 9. 1168. Admont: Konrad II. (* um 1115), Erzbischof von Salzburg.

27. 6. 1169. Reichersberg: Gerhoch von Reichersberg (* 1093), Propst und theologischer Schriftsteller. →

Um 1170. Dietmar von Aist (* ?), Minnesänger. →

GEBOREN:

1165. Nimwegen: Heinrich VI. († 28. 9. 1197), König und Kaiser.

Um 1170. Südtirol (?): Walther von der Vogelweide († 1230), Minnesänger.

Europa im Streit um den Papst

1159–1167. Nach dem Tod von Papst Hadrian IV. am 1. September 1159 kommt es zu einer doppelten Papstwahl: Die Mehrheit des Kardinalkollegiums entscheidet sich für Alexander III., die Minderheit wählt den kaiserfreundlichen Viktor IV. zum Papst. Diese Spaltung des Papsttums steht in den folgenden Jahren im Mittelpunkt der Auseinandersetzungen zwischen den europäischen Mächten.

Auf der Synode von Pavia (1160) entscheiden sich die anwesenden deutschen und italienischen Bischöfe für Viktor IV.; Alexander III. antwortet mit dem Bannstrahl gegen den Kaiser.

Friedrich I. versucht seinerseits den Streit zwischen dem französischen König Ludwig VII. und dessen mächtigem Vasallen König Heinrich II. von England (er besitzt fast ganz Westfrankreich als Lehen) für sich ausnutzen.

Nachdem der Versuch der Verständigung mit Ludwig VII. gescheitert ist (1162), schließt Friedrich ein Bündnis mit Heinrich II. von England. Auf dem Würzburger Reichstag (Mai 1165) erkennen die weltlichen und geistlichen deutschen Fürsten sowie englische Gesandte auf Druck Friedrichs I. Gegenpapst Paschalis III. an (Viktor starb am 20. April 1164). Im Juli 1165 läßt der Kaiser auch Herzog Heinrich II., Jasomirgott, in Wien einen Eid auf Paschalis III. ablegen. 1167 erobert der Kaiser Rom – Paschalis III. wird feierlich inthronisiert.

Krönung von Papst Alexander III. (Fresko im Palazzo Pubblico Siena)

»Her Dietmar von Aist« (Illustriertes Blatt aus der Manessischen Handschrift, 426 Pergamentblätter umfassend, aus der 1. Hälfte des 14. Jh.; Universitätsbibliothek Heidelberg)

Minnesangs Frühling in Österreich

Um 1170. Dietmar von Aist (Eist), einer der ersten namentlich bekannten österreichischen Minnesänger, stirbt. Im Jahr 1139 ist er urkundlich erwähnt, seine Stammburg liegt in der oberösterreichischen Riedmark zwischen Ried und Wartberg; ansonsten fehlen biographische Angaben über ihn.

Dietmars Lieder sind noch nicht vom französischen Minnesang beeinflußt und daher wirklich bodenständig. Umstritten ist, ob er auch der Autor des ersten »Taglieds« ist, in dem die Stimmung eines Liebespaares beschrieben wird, das sich am Morgen trennen muß. Von den 56 unter seinem Namen überlieferten Strophen können nur 13 mit Sicherheit dem österreichischen Minnesänger zugeschrieben werden.

Die Abbildung zeigt den Dichter Dietmar von Aist als Kaufmann verkleidet, um sich so Zugang zu der wohlbehüteten Dame seines Herzens zu verschaffen.

Er steht mit seinem Esel vor der Burg, wo die Dame die angebotene Ware, die er ihr zum Kauf anpreist, prüft. Auf dem Arm hält sie ein Schoßhündchen. Das Wappen Dietmars zeigt ein im Mittelalter sehr beliebtes Fabeltier, das Einhorn.

Auseinandersetzung um Salzburg

1164–1169. Nach dem Tod Erzbischof Eberhards I. von Salzburg am 29. Juni 1164 wird Bischof Konrad von Passau, ein Bruder Herzog Heinrichs II., Jasomirgott, Erzbischof von Salzburg. Da das Salzburger Domkapitel die Treue zu Papst Alexander III. verlangt und der Babenberger diesem Gebot folgt, verweigert Kaiser Friedrich I., Barbarossa, die Belehnung.
Auf dem Hoftag zu Laufen in Bayern verhängt Kaiser Friedrich am 29. März 1166 die Reichsacht über den Erzbischof und läßt seine Güter konfiszieren und an Laien weitergeben. Er geht sogar soweit, von Herzog Heinrich II., Jasomirgott, zu verlangen, gegen seinen Bruder Konrad vorzugehen.
Am 5. April 1167 wird die Stadt Salzburg durch einen gewaltigen Brand zerstört, und es verstummen die Gerüchte nicht, nach denen der Brand in der Nacht vom 4. auf den 5. im Auftrag des Kaisers gelegt worden sei. Erzbischof Konrad II. flieht daraufhin in das Stift Admont in der Steiermark, wo er am 28. September 1168 stirbt.
Am 1. November 1168 wird Adalbert, ein Sohn König Wladislaws II. von Böhmen, der mit der Babenbergerin Gertrud verheiratet ist, zum Erzbischof gewählt. Er ist ebenfalls Anhänger Papst Alexanders III. und läßt sich, gegen die Bestimmungen des Wormser Konkordates vom →23. September 1122, durch Bischof Ulrich von Aquileja weihen und übt ohne Zustimmung des Kaisers seine lehensherrlichen Rechte aus. Doch im August 1169 zwingt ihn der Kaiser, da er um keine Belehnung nachgesucht hat, zum Verzicht auf die Ausübung seiner weltlichen Hoheitsrechte.

Buchmalereien aus dem Antiphonar von St. Peter, l. die Initiale A, r. Widmungsseite (Salzburg, um 1160; Österreichische Nationalbibliothek Wien)

Ideal der Zeit

Der 1155 zum Kaiser gekrönte Friedrich I. schenkt seinem Patenonkel eine vergoldete Porträtbüste. Der Kopf ist nach dem Vorbild antiker Imperatorenbildnisse gestaltet, weist aber eine hohe Porträtähnlichkeit auf. Der Mauerkranz am Sockel der Büste symbolisiert wohl die Stadt Rom.

Kirche trauert um Propst Gerhoch

27. Juni 1169. Im hohen Alter von etwa 76 Jahren stirbt Propst Gerhoch vom Augustiner-Chorherrenstift Reichersberg in Oberösterreich; mit ihm verliert die Kirche einen treuen Streiter und bedeutenden Gelehrten.
Gerhoch war seit 1132 Propst des Stiftes Reichersberg, das er zu einer geistigen und wirtschaftlichen Blüte führte. Im Kirchenschisma stand er treu auf der Seite Papst Alexanders III. und war ein unerbittlicher Gegner des Kaisers und der Gegenpäpste Viktor IV. und Paschalis III. (→1159–1167).
Als Vorkämpfer für ein streng religiöses Leben setzte sich Propst Gerhoch in zahlreichen seiner Schriften mit den Mißständen in der Kirche auseinander und bekämpfte entschieden die aufkommende scholastische Lehre. Bedeutend sind vor allem sein vierbändiger Psalmenkommentar (1144 bis 1167 verfaßt) sowie seine Regalienlehre.

Die älteste Kirche Wiens

1161. *Anläßlich der zweiten Turmerhöhung (die erste erfolgte bereits vor 1140) wird die Ruprechtskirche in Wien erstmals urkundlich erwähnt. Die (nicht belegte) Überlieferung spricht von einer Gründung im Jahr 740; Langhaus und die unteren Turmgeschosse stammen jedenfalls aus dem 11. Jahrhundert.*

Der Falkensteiner Codex

1166. *Mit der Abfassung des sog. Falkensteiner Codex', des einzig erhaltenen Traditionsbuches einer weltlichen Grundherrschaft (der in Niederösterreich begüterten Familie Neuburg-Falkenstein), wird begonnen (bis 1196 weitergeführt). Es enthält u. a. die älteste Darstellung der Burg Herrnstein (Abb.).*

1171

1171–1180

1173. Wladislaw II. dankt als König von Böhmen ab. →

12. 5. 1174. Leopold (V.), ältester Sohn Herzog Heinrichs II., Jasomirgott, von Österreich heiratet Helene (Ilona), Schwester König Bélas III. von Ungarn.

Juni 1174. Auf dem Reichstag zu Regensburg setzt Friedrich I., Barbarossa, Erzbischof Adalbert II. von Salzburg ab. Unter kaiserlichem Einfluß wird Propst Heinrich von Berchtesgaden zum Erzbischof ernannt (bis 1177 hat Salzburg fortan einen »päpstlichen« und einen »kaiserlichen« Erzbischof).

1175. Zwischen Markgraf Otakar IV. von Steier und den benachbarten Babenbergern und Spanheimern kommt es zu Adelsfehden. →

August 1176. Herzog Sobieslaw II. von Böhmen fällt in Österreich ein. →

Um 1177. Hadmar II. von Kuenring erhält von Heinrich II., Jasomirgott, das Gebiet von Weitra in Niederösterreich und erbaut dort eine Burg.

13. 1. 1177. Nach dem Tod Heinrichs II., Jasomirgott, übernimmt sein ältester Sohn als Leopold V. das Herzogtum. →

24. 7. 1177. In Venedig schließen Kaiser Friedrich I., Barbarossa, und Papst Alexander III. Frieden. →

1. 7. 1179. Auf dem Reichstag zu Eger werden die Grenzstreitigkeiten zwischen Österreich und Böhmen geregelt. →

1180. Der Bau des Domes von Gurk in Kärnten und der Klosteranlage des Stiftes Zwettl in Niederösterreich wird abgeschlossen. →

Graf Berthold III. von Andechs erwirbt Innsbruck. →

April 1180. Auf dem Reichstag zu Gelnhausen wird Markgraf Otakar IV. von Steier zum Herzog der Steiermark erhoben. →

GESTORBEN:

13. 1. 1177. Wien: Heinrich II., Jasomirgott (* 2. 4. 1114), Herzog von Österreich. →

GEBOREN:

Um 1175. Wien: Friedrich I., der Katholische († 16. 4. 1198), Herzog von Österreich.

1175/76 oder 1182. Argentan (Normandie): Otto IV. von Braunschweig († 19. 5. 1218), König und Kaiser.

1176. Wien: Leopold VI., der Glorreiche († 28. 7. 1230), Herzog von Österreich.

1177(?). Philipp von Schwaben († 21. 6. 1208), (Gegen-)König.

Um 1180. Neidhart von Reuenthal († nach 1237), Minnesänger.

Kampf um die Macht

1173. Nach der Abdankung Wladislaws II., eines Schwagers von Herzog Heinrich II., Jasomirgott, von Österreich, belehnt Kaiser Friedrich I., Barbarossa, überraschend den Führer der nationalen Partei Böhmens, Sobieslaw (II.), mit dem Königreich. Der Kaiser übergeht dabei Friedrich, den Sohn Wladislaws aus der Ehe mit Gertrud, einer Schwester des österreichischen Herzogs, da eine Belehnung des Babenbergers diesem einen bedeutenden Machtzuwachs gebracht hätte. Auch Markgraf Otakar IV. von Steier befürchtet einen allzu großen Einfluß Heinrichs II., Jasomirgott, und unterstützt aus diesem Grund Sobieslaw. Höhepunkte dieser Auseinandersetzung sind 1175 die Aktionen der Truppen Herzog Heinrichs II., Jasomirgott, die im Grenzgebiet die Orte Fischau und Enns niederbrennen. Steirische Ministeriale fallen ihrerseits im südlichen Niederösterreich ein, wobei in St. Veit an der Gölsen 300 Menschen in der brennenden Kirche ums Leben kommen.

Reiterschlacht (Fresko, um 1370; Filialkirche von Söll in Südtirol)

Streit mit Böhmen

August 1176. Der Böhmenherzog Sobieslaw II. fällt zum zweiten Mal mit einem etwa 60 000 Mann starken Heer (darunter Polen, Russen, Sachsen, Ungarn und sogar Steirer) in Österreich ein und verwüstet das Gebiet nördlich der Donau und westlich der March; zahlreiche Kirchen und Dörfer werden niedergebrannt.

Schon 1175/76 waren Truppen Sobieslaws II. in das österreichische Herzogtum eingefallen und hatten schwere Verwüstungen angerichtet. Grund sollen die unter Herzog Heinrich II., Jasomirgott, durchgeführten Rodungen im Waldviertel und im angrenzenden Nordwald sein.

Im Herbst 1176 führt Heinrich II., Jasomirgott, einen Gegenstoß, bei dem ihm sein Schwiegersohn, Herzog Hermann von Kärnten, tatkräftig zur Seite steht. In Prinzendorf an der Thaya und bei Staatz errichtet er Standlager und unternimmt von dort aus Plünderungszüge bis in den Raum Znaim. Am 29. November 1176 bricht der Herzog von Österreich mit seinem Pferd auf einer morschen Brücke ein und bricht sich ein Bein. Schwer verletzt muß er seine Truppen über die Donau zurückziehen (→ 13. 1. 1177).

Die kriegerischen Auseinandersetzungen mit Böhmen enden erst 1178, als Kaiser Friedrich I., Barbarossa, Herzog Sobieslaw II. absetzt und dafür Friedrich, den → 1173 übergangenen Sohn König Wladislaws II. von Böhmen (aus der Ehe mit der Babenbergerin Gertrud), zum Herzog ernennt.

Herzog Heinrich II., Jasomirgott (Relief, 1893; südliche Außenwand der Wiener Schottenkirche)

Der erste Herzog von Österreich

13. Jänner 1177. Herzog Heinrich II., Jasomirgott, von Österreich stirbt 62jährig an den Folgen eines Beinbruchs, den er sich am 29. November 1176 bei einer militärischen Aktion gegen Böhmen zugezogen hat.

Ende April 1140 war Heinrich, Sohn des Markgrafen Leopold III., von König Konrad III. mit der Pfalzgrafschaft bei Rhein belehnt worden, die er aber nach dem Tod seines jüngeren Bruders Leopold IV., dessen Nachfolge er antrat, abtreten mußte (→ 18. 10. 1141). Von Anfang 1143 bis November 1156 war Heinrich zudem Herzog von Bayern.

Durch seine kluge, wenn auch unnachgiebige Haltung im Zusammenhang mit der Lösung des sog. bayrischen Problems erreichte er die Umwandlung der Markgrafschaft Österreich in ein selbständiges Herzogtum, dessen erster Herzog er wurde (→ 8. 9. 1156).

Durch seine beiden Ehen sowohl mit dem deutschen Königs- als auch mit dem byzantinischen Kaiserhaus verwandt, genoß er hohes Ansehen und wurde wegen seiner geradlinigen Haltung allgemein geschätzt. (Heinrichs eigentümlicher Beiname ist erst im 14. Jahrhundert als »Jochsamergott« nachweisbar und hat mit dem oft zitierten Ausspruch »Ja so mir Gott helfe« nichts zu tun. Vermutlich handelt es sich um eine verstümmelte arabische Bezeichnung, die aus seiner Teilnahme am 2. Kreuzzug von 1147 herrührt.)

Frieden zwischen Papst und Kaiser

24. Juli 1177. Der Frieden von Venedig beendet den fünften Italienzug von Kaiser Friedrich I., Barbarossa, und bringt eine Aussöhnung zwischen dem Kaiser und Papst Alexander III. Außerdem schließt Friedrich I. einen Waffenstillstand mit dem lombardischen Städtebund sowie mit Sizilien.

1174 brach Friedrich erneut nach Italien auf, um die kaiserliche Macht wiederherzustellen. Vor allem mußte die Feste des lombardischen Bundes, Alessandria, bezwungen werden, die der Kaiser 1175 allerdings erfolglos belagerte. Im Vorfrieden von Montebello wurde am 16./17. April ein friedlicher Ausgleich gesucht. Doch brachen noch im selben Jahr die Kämpfe erneut aus. Friedrich I. versuchte im Jänner 1176 in Chiavenna vergeblich, Herzog Heinrich den Löwen zu militärischer Hilfestellung zu bewegen. So wurden der Kaiser und sein geringes Heer in der Schlacht von Legnano am 29. Mai geschlagen.

Diese Niederlage führte zu einer Kehrtwendung in Friedrichs Politik. In erneuten Verhandlungen bemühte er sich um einen Ausgleich mit der Kurie und den lombardischen Städten. Im November 1176 traf Friedrich I. mit Alexander III. ein Abkommen und erkannte ihn als rechtmäßigen Papst an.

Am 24. Juli 1177 kommt es zum endgültigen Friedensschluß. Kaiser Friedrich I. gibt dem Papst die ihm zustehenden Regalien und Besitztümer zurück, dafür löst ihn der Papst vom Bann und erkennt ihn als römischen Kaiser an. Der endgültige Frieden mit den Lombarden wird vertagt und zunächst ein Waffenstillstand für die nächsten sechs Jahre vereinbart. Auch mit Sizilien wird ein Waffenstillstand auf 15 Jahre geschlossen. Herzog Leopold V. von Österreich ist Zeuge bei diesem Friedensschluß, der auch das Ende des Streites um das Erzbistum Salzburg bringt (→ 1164–1169). Papst Alexander III. unterstützt Erzbischof Adalbert II. nicht mehr, und dieser muß ebenso auf das Erzbistum verzichten wie der im Juni 1174 vom Kaiser eingesetzte Propst Heinrich von Berchtesgaden. Kardinal Konrad von Mainz, ein Wittelsbacher, der Mainz hat verlassen müssen, wird als Konrad III. Erzbischof von Salzburg.

Der »Wiltener Kelch«, eine niedersächsische Goldschmiedearbeit mit der Stifterinschrift am Fuß (um 1170; Kunsthistorisches Museum Wien)

Kostbarer Kelch zur Erinnerung

1180. Graf Berthold III. von Andechs erwirbt vom Stift Wilten das Gebiet der Innsbrucker Altstadt. Auf dem linken Innufer, unterhalb des Dorfes Hötting besteht bisher nur eine unbedeutende Siedlung namens Anbruggen. Nun tritt das Stift ein kleines Gebiet auf dem rechten Flußufer ab und willigt in die Errichtung einer neuen Siedlung, »Innsprucke«, ein.

Als Dank dafür und zur Erinnerung übergegeben die Andechser dem Stift einen besonders kostbaren Kelch, eine bedeutende Augsburger Goldschmiedearbeit, die fortan »Wiltener Kelch« genannt wird.

»Liutold-Evangeliar« (Österreichische Nationalbibliothek Wien)

Malermönch im Kloster Mondsee

Im 3. Viertel des 12. Jahrhunderts arbeitet im Kloster Mondsee (Salzburg) ein besonders begabter Malermönch, von dem allerdings nur der Name Liutold bekannt ist.

Von ihm und seinen Gehilfen werden überaus wertvolle Handschriften mit Buchmalereien hergestellt, die zu den beachtenswertesten Hauptwerken der mittelalterlichen Buchmalerei zählen. Das »Liutold Heiligenleben« ist vielleicht schon um die Mitte, das »Liutold Evangeliar« sogar schon im zweiten Viertel des 12. Jahrhunderts entstanden; es ist reich mit Miniaturen, Initialen und Kanonseiten geschmückt.

Kanonseite des Evangeliars

Grenzverlauf vom Kaiser festgelegt

1. Juli 1179. Auf dem Reichstag zu Eger regelt Kaiser Friedrich I., Barbarossa, die Grenzstreitigkeiten zwischen Herzog Leopold V. von Österreich und Herzog Friedrich von Böhmen. Der Böhmenherzog hat nach seiner Einsetzung im Vorjahr durch die ständigen Einfälle seines Vorgängers Sobieslaw II. keine klaren Vorstellungen über den tatsächlichen Grenzverlauf zwischen Österreich und Böhmen. Der Kaiser erreicht einen Vergleich, wonach die österreichische Grenze in den mährischen Bereich vorgeschoben wird, etwa auf die Linie Hochburg – Gmünd – Quelle des Gestitzbaches. Anläßlich dieses Friedensschlusses kommt es zur Hochzeit Herzog Heinrichs von Mödling, dem jüngeren Bruder Herzog Leopolds V., mit Richeza (Richza), der Tochter König Wladislaws II. von Böhmen.

Neuordnung im Südosten

April 1180. Auf dem Reichstag zu Gelnhausen werden wichtige Entscheidungen getroffen, nachdem die Fürstenversammlung von Würzburg im Jänner den Welfen Heinrich den Löwen geächtet und dessen Reichslehen, die Herzogtümer Bayern und Sachsen, eingezogen hat. Heinrich hatte sich mehrfach geweigert, dem Kaiser Waffenhilfe im Streit um dessen schwäbisches Erbe zu leisten.
Nun verfügt der Kaiser neu über die eingezogenen Reichslehen. Graf Bernhard von Anhalt erhält das Herzogtum Sachsen, Pfalzgraf Otto von Wittelsbach wird das Herzogtum Bayern zugesprochen. Die verwaltungstechnisch an Bayern angegliederte Steiermark wird zum selbständigen Herzogtum erhoben, dem auch der Traungau angeschlossen wird. Außerdem verleiht Kaiser Friedrich I., Barbarossa, seinem Parteigänger Graf Berthold IV. als Markgraf von Istrien und Krain den Titel »Herzog von Kroatien, Dalmatien und Meranien«. – Meranien ist kein Herzogtum im räumlichen Sinn und bezieht sich auch nicht auf die Stadt Meran in Südtirol, sondern auf den Besitz der Andechser am Küstenstrich um den Quarnero.

Die Krypta des Doms von Gurk (Kärnten), deren Gewölbe von 100 Säulen getragen wird

Zwei bedeutende Bauwerke der Romanik in Österreich

1180. Die Errichtung des Domes von Gurk (Kärnten) und der Klosteranlage des Stiftes Zwettl (Niederösterreich) wird nach jeweils 40jähriger Bauzeit abgeschlossen. Der Dom von Gurk, bereits 1174 geweiht, ist das bedeutendste romanische Bauwerk Österreichs. Die 100säulige Krypta mit dem romanischen Steinsarkophag der heiligen Hemma ist eine der eindrucksvollsten Krypten ganz Österreichs. – Die Klosteranlage von Zwettl ist ein würdiges Gegenstück dazu: Das Zisterzienserkapitelhaus ist das älteste überhaupt, und das Dormitorium (der Schlafsaal der Mönche) hat eine unversehrt erhalten gebliebene romanische Latrinenanlage, der einzig erhaltenen Bau dieser Art im deutschsprachigen Raum.

Blick in den Dom zu Gurk

Deckengewölbe im Chorraum der Stiftskirche von Zwettl

Fresko am Dom zu Gurk

1181

1181–1190

Ab 1181. In Salzburg wird mit dem Neubau des Domes begonnen.

1181. Nikolaus von Verdun (Werden) gestaltet den »Verduner Altar« des Stiftes Klosterneuburg.→

November 1181. Herzog Heinrich der Löwe, dem 1180 die Reichslehen Bayern und Sachsen entzogen worden sind, muß sich Kaiser Friedrich I., Barbarossa, unterwerfen.

1182. Nach dem Tod Pfalzgraf Hugos von Tübingen, Graf von Bregenz und Rätien, regieren seine Söhne Rudolf und Hugo gemeinsam.

Kaiser Friedrich I., Barbarossa, erhebt Mähren zur reichsunmittelbaren Markgrafschaft.

1183. Erzbischof Adelbert III. wird wieder mit dem Erzbistum Salzburg belehnt, nachdem Kardinal Konrad nach Mainz zurückgekehrt ist.

Ab 1184. Die Erzbischöfe von Salzburg führen den Titel »Legat des hl. Apostolischen Stuhles«.

24. 3. 1185. Die erste bekannte Bergordnung des Alpenraums, die Bergordnung des Bistums Trient in Südtirol, wird erlassen.

17. 8. 1186. Herzog Leopold V. von Österreich und Herzog Otakar IV. von Steier schließen einen Erbvertrag.→

1187. Der Markt Innsbruck ist als »Innsprucke« erstmals urkundlich erwähnt.

März 1188. Auf dem »Hoftag Jesu Christi« in Mainz nimmt Kaiser Friedrich I., Barbarossa, das Kreuz und beschließt einen Kreuzzug.

11. 5. 1189. Das am 23. April in Regensburg aufgebrochene Kreuzfahrerheer macht Rast in Wien.→

1190. Feldkirch in Vorarlberg wird gegründet.

10. 6. 1190. Trotz des Todes Kaiser Friedrichs I., Barbarossa, wird der 3. Kreuzzug fortgesetzt. Nachfolger des Kaisers wird sein im Juli 1169 zum König gekrönter Sohn Heinrich VI., das Kreuzfahrerheer führt Herzog Friedrich von Schwaben, der jüngere Bruder Heinrichs VI.→

August 1190. Herzog Leopold IV. von Österreich bricht zusammen mit seinem Bruder, Herzog Heinrich von Mödling, zum Kreuzzug auf. Grenzstreitigkeiten mit König Béla III. von Ungarn haben die Herzöge bisher gehindert, ihr Kreuzzugsversprechen einzulösen.

GESTORBEN:

10. 6. 1190. Kleinasien: Friedrich I., Barbarossa (* 1122), im Fluß Saleph ertrunken, König und Kaiser.→

Klosterneuburgs »Verduner Altar«

1181. *Der »Verduner Altar« in der Leopoldskapelle des Stiftes Klosterneuburg (Niederösterreich) ist eines der wesentlichsten mittelalterlichen Emailkunstwerke. Bis zum Jahr 1330 dient der Altar als Verkleidung der Kanzelbrüstung in der Stiftskirche. Dann fügt man sechs Tafeln hinzu und baut ihn zu einem Flügelaltar um.*

Die Anordnung der Bildtafeln und die Umschriften bieten eine Überschau über den göttlichen Heilsplan, von der Uroffenbarung bis zum Ende der Zeiten. Der Altar besteht aus dem Mittelteil mit 27 und zwei Seitenflügeln mit je zwölf Bildtafeln, dazu kommen 68 Randzierleisten mit 48 verschiedenen Motiven. Nikolaus von Verdun (Werden) verwendet die Grubenschmelztechnik auf vergoldetem Kupfer, wobei alle jene Stellen, die Email aufnehmen sollen, mit einem Stichel ausgehoben worden sind. Der Schöpfer dieses Kunstwerks ist um 1200 nachweisbar; neben dem Klosterneuburger Altar gestaltet er auch den Marienschrein der Kathedrale von Tournai und Teile des Kölner Dreikönigenschreins.

Babenberger erbt die Steiermark

17. August 1186. Auf der Burg Georgenberg in Enns (Oberösterreich) schließen der Herzog der Steiermark, der Traungauer Otakar IV., und der Herzog von Österreich, der Babenberger Leopold V., einen Erbvertrag.

Der Traungauer regelt damit seine Nachfolge, da er an einer unheilbaren Krankheit, vermutlich dem Aussatz, erkrankt ist und keine Hoffnung auf Nachkommenschaft hat. Er setzt mit diesem Vertrag den Babenberger Leopold V. und dessen Sohn Friedrich als Erben in all seinen Besitzungen ein; die dem Traungauer näher verwandten Welfen werden übergangen.

Dem Erbvertrag ist eine weitere Urkunde angeschlossen, die neben den Nachfolgebestimmungen besondere Rechte für die steirischen Ministerialen und Klöster sowie eine Vereinbarung über die Unteilbarkeit der Länder Österreich und Steiermark enthält. Die wichtigsten Bestimmungen dieser sog. Georgenberger Handfeste lauten:

»... weil Gott nur in Würdigung seiner Barmherzigkeit zuerst unseren Eltern, dann uns an Leuten und Gütern großen Ruhm zuteilte, bedrängte uns eine nicht geringe Sorge, da wir keinen Erben haben, dem all unser Gut zum Erbteil werden sollte. Nachdem wir nun mit unseren Vornehmen klugen Rat gemeinsam gepflogen, haben wir den sehr edlen, sehr gestrengen und sehr getreuen Herzog von Österreich, Leopold, unseren Blutsverwandten, als unseren Nachfolger bezeichnet, wenn wir ohne Leibeserben abgehen sollten; da sein Land an unseres grenzt, kann jedes unter eines Friedens und Fürsten Gerechtigkeit leichter regiert werden. Da wir ihn uns sehr freundschaftlich gesinnt wissen, setzen wir auch das volle Vertrauen, daß er sein Leben lang nichts Übels gegen uns und die Unseren unternehmen werde. Damit jedoch keiner unserer Nachfolger, väterlicher Art und gegenseitiger Freundschaft vergessend, gegen unsere Dienstmannen und Landsleute gewissenlos und grausam zu handeln unternehme, haben wir beschlossen, die Rechte der Unsrigen, ihrem Verlangen zu Folge, durch eine schriftliche Urkunde festzustellen und zu bekräftigen. Insbesondere setzen wir fest, daß, wenn der genannte Herzog oder sein Sohn Friedrich, denen wir unser Eigen zugewendet haben, uns überleben sollten, so soll der, der Österreich innehat, auch das Herzogtum Steiermark regieren, völlig unangefochten von seinen Brüdern.« (Dieser Vertrag wird bereits im Mai 1192 durch den Tod des Traungauers rechtskräftig.)

Friedrich I., Barbarossa (um 1188)

Das Kreuzfahrerheer in Wien

11. Mai 1189. Auf dem Zug ins Heilige Land landet die Flotte des Kreuzfahrerheeres, die sich am 23. April in Regensburg eingeschifft hat, in Wien. Herzog Leopold V. von Österreich begrüßt Kaiser Friedrich I., Barbarossa, bereits an der Landesgrenze und geleitet ihn zur Kirche Maria am Gestade, wo ein feierliches Hochamt abgehalten wird.

Der eindrucksvolle Zug der weltlichen und geistlichen Würdenträger des Reiches wird von einer stattlichen Anzahl österreichischer und steirischer Adeliger angeführt. Hinter den Herolden und Bannerträgern folgen 50 Armbrustschützen, 300 Lanzenträger zu Fuß, 50 Edelleute und 100 Ritter.

Der Großteil des Kreuzfahrerheeres ist ebenfalls in Wien eingetroffen und lagert in einem Zeltlager außerhalb der Stadtmauern. Hier hält der Kaiser eine strenge Musterung ab. Über 500 Männer, die sich auf dem langen Weg in das Heer eingeschlichen haben, werden mit Schimpf und Schande abgewiesen.

Kreuzfahrerheer, hier Fußvolk (Miniatur, Schule von Gerona, 11./12. Jh.)

3. Kreuzzug

Zeit: 1189–1192.
Anlaß: Verlust Jerusalems 1187.
Teilnehmer: 350 000 (280 000 erreichen das Heilige Land).
Anführer: Kaiser Friedrich I. (bis zu seinem Tod im Juni 1190; danach Herzog Friedrich von Schwaben); König Philipp II. von Frankreich und König Richard von England.
Marschroute: Das deutsche Heer zieht von Regensburg über den Balkan nach Kleinasien. Die Franzosen und Engländer wählen den kombinierten Land-/Seeweg und erreichen das Heilige Land erst, als ein Großteil des kaiserlichen Heeres bereits wieder die Heimreise angetreten hat.
Finanzierung: Erhebung eines »Saladin-Zehnt« in Frankreich; im Reich Eigenfinanzierung.
Ergebnis: Vertrag mit Sultan Saladin, der den freien Zugang nach Jerusalem sichert.

Der Kaiser ertrinkt im Fluß Saleph

10. Juni 1190. Kaiser Friedrich I., Barbarossa, Führer des deutschen Kreuzfahrerheeres, ertrinkt beim Baden im Fluß Saleph in Anatolien. Die Todesnachricht verbreitet sich in Windeseile unter den Truppen und löst bei den Kreuzfahrern Bestürzung aus. Der Kreuzzug wird unter der Führung des Kaisersohnes, Herzog Friedrich von Schwaben, trotzdem fortgesetzt.

Der 68jährige Kaiser, so wird berichtet, habe nach dem Essen in der brütenden Hitze Anatoliens ein erfrischendes Bad nehmen wollen. Trotz Warnungen seiner Begleiter habe er sich in die eiskalten Fluten des Gebirgsflusses gestürzt, die ihn zum Entsetzen seiner Gefolgsleute sofort mitrissen. Flußabwärts kann man nur noch seinen Leichnam bergen, der nach Antiochia (oder Tyrus?) gebracht wird. Friedrich von Schwaben ordnet für das gesamte Kreuzfahrerheer eine mehrtägige Trauerfeier an. Ein Teil der Truppen tritt danach die Rückreise in die Heimat an.

Friedrich I., Barbarossa, hatte im März 1188 auf dem Hoftag in Mainz das Kreuz genommen; der Abmarsch wurde auf Mai 1189 festgelegt. Teilnehmen durfte nur, wer beritten war, Waffenübung besaß und ausreichende Geldmittel, um davon zwei Jahre leben zu können. Friedrichs Kreuznahme geschah weniger aus religiösem Eifer, sie war vielmehr geprägt von dem Bewußtsein, daß es die Pflicht des Kaisers als Oberhaupt der Christen sei, das Heilige Grab zu befreien (→ 12.7.1191).

Rodung zum Nutzen der Salzburger Kirche bewilligt

Um 1185 erteilt Erzbischof Adalbert III. von Salzburg die Erlaubnis, das Gebiet bei Deutschlandsberg in der Steiermark zu roden. Das Dokument ist ein typisches Beispiel für die Bewilligung einer Rodung im 12. Jahrhundert:

»Adalbert von Gottes Gnaden Erzbischof von Salzburg und Legat des Apostolischen Stuhles, allen Getreuen! ... Wir geben allen Gläubigen bekannt, daß der Priester Frodo, von frommem Eifer erfüllt, zu uns kam und bat, daß wir ihm nicht so sehr zu seinem Nutzen als zu dem unseren, d.h. des hl. Rupert Kirche, bisher unbebauten Wald im Ausmaß von 40 Huben an einem Orte, der Freiland heißt, im Gebiete unserer Burg Landsberg, mit dem Rechte geben, daß er den Platz dort aussuche, wo er leichter roden könne, unter der Bedingung, daß, was er dort an Nutzung ermitteln könne, mit den Zehenten und mit aller Gerichtsbarkeit und Nutzung, die sich für uns ergeben würde, ihm ohne jeden Widerspruch bis an sein Lebensende überlassen wird, damit er es frei und ruhig besitze, derart, daß er aus diesen 40 Huben drei, wem immer er wolle, zu seinem Seelenheil zu schenken, die Freiheit habe, jedoch so, daß sie nicht aus der Gewalt unserer Kirche kommen.

Wir aber haben beschlossen, nicht nur unseren, sondern auch seinen gegenwärtigen und künftigen Nutzen in der Sache erwägend, besonders, weil man Klerikern immer beistehen soll, seiner Bitte zu willfahren ...«

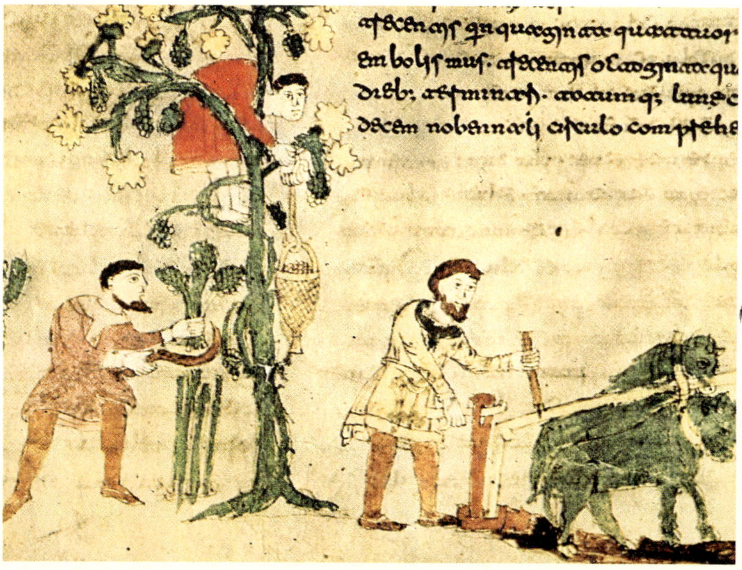

Bauernarbeit (Miniatur aus einer mittelalterlichen Handschrift, 14. Jh.)

1191

1191–1200

12. 7. 1191. Die Kreuzfahrer erobern Akkon nördlich von Jerusalem. →

8. 5. 1192. Mit dem Tod Herzog Otakars IV. von Steier wird der Vertrag von Georgenberg (→ 17. 8. 1186) rechtskräftig und das Herzogtum Steiermark mit dem Herzogtum Österreich vereinigt.

21. 12. 1192. König Richard I., Löwenherz, wird in Erdberg bei Wien erkannt und gefangengenommen. →

1193/94. In Wien wird eine Münzstätte eingerichtet und die Körperschaft der »Hausgenossen« geschaffen. →

Zwischen 1194 bis 1198. Der Markt Klagenfurt wird urkundlich erwähnt.

1194. Wegen der Gefangennahme eines Kreuzfahrers verhängt Papst Coelestin III. über Herzog Leopold V. von Österreich die Exkommunikation und über sein Land das Interdikt. →

4. 2. 1194. König Richard I., Löwenherz, wird nach der Bezahlung des Lösegeldes freigelassen. →

Herbst 1194. Herzog Leopold V. gründet Wiener Neustadt und befestigt mehrere Städte (→ 4. 2. 1194).

31. 12. 1194. Nach dem Tod Herzog Leopolds V. wird sein Sohn Friedrich (I.) Herzog von Österreich und dessen jüngerer Bruder Leopold (VI.) Herzog von Steiermark. →

1198. Doppelwahl im Reich: Der Staufer Philipp von Schwaben und der Welfe Otto (IV.) werden beide zu Königen gewählt. – Philipp von Schwaben verleiht Przemysl Ottokar I. von Böhmen die erbliche Königswürde und das Recht der Bischofsinvestitur. →

Wien erhält sein erstes Stadtrecht.

Vor 1200. In Enns (Oberösterreich) ist eine Fernmesse nachweisbar.

GESTORBEN:

31. 12. 1194. Graz: Leopold V., der Tugendhafte (* 1157), Herzog von Österreich und der Steiermark. →

28. 9. 1197. Messina: Heinrich VI. (* 1165), König und Kaiser.

16. 4. 1198. Akkon (?): Friedrich I., der Katholische (* um 1175), Herzog von Österreich. →

GEBOREN:

26. 12. 1194. Iesi bei Ancona: Friedrich II. († 13. 12. 1250), König und Kaiser.

Um 1200. Hohenems (Vorarlberg): Rudolf von Ems († um 1254), Dichter.

Herzog Leopold V. erhält nach der Einnahme von Akkon die rot-weiß-rote Fahne überreicht (Detail aus dem Babenberger-Stammbaum, 1489–1492)

Sieg und Schmach

12. Juli 1191. Nach dreijähriger Belagerung gelingt es dem Kreuzfahrerheer, die Stadt und Festung von Akkon nördlich von Jerusalem zu erobern. Herzog Leopold V. von Österreich zeichnet sich dabei durch Tapferkeit besonders aus und erstürmt mit seinen Leuten einen Turm, auf dem er seine Fahne hissen läßt. König Richard I. von England ordnet an, sie herunterzureißen und in den Schmutz zu werfen.

Richard Löwenherz sieht in der Handlung des Babenbergers eine Verletzung seiner Vormachtstellung als Führer des Kreuzfahrerheeres. Herzog Leopold – durch die entwürdigende Tat des englischen Königs gedemütigt – verläßt das Kreuzfahrerheer und zieht nach Österreich zurück.

(In das Reich der Legende gehört der Zusammenhang der Landesfarben Rot-Weiß-Rot mit dem blutgetränkten Waffenrock des österreichischen Herzogs, der durch das Wehrgehänge einen weißen Streifen erhalten haben soll.)

Das Interdikt über Österreich

1194. Papst Coelestin III. verhängt wegen der Gefangennahme eines Kreuzfahrers (König Richards von England; → 21. 12. 1192) über Herzog Leopold V. von Österreich die Exkommunikation und über sein Land das Interdikt.

Es beinhaltet das Verbot aller kirchlichen Handlungen; damit sind auch die Sakramente verbunden (u. a. Taufe, Eheschließung und Begräbnis). Das Interdikt wird allerdings in Österreich nicht befolgt.

Wien wird zur Kulturmetropole

Der Hof Herzog Leopolds V. von Österreich und Steier ist in kürzester Zeit gegen Ende des 12. Jahrhunderts zu einem beachtlichen kulturellen Mittelpunkt geworden.

Fast alle bedeutenden Minnesänger des deutschsprachigen Raumes weilen hier, wie etwa Reinmar der Alte, der Bayer Neidhart von Reuenthal und Walther von der Vogelweide. Begeistert nennt Walther Wien den »wünnecliche [wonnereichen] hof zu Wiene«.

König Richard in Gefangenschaft

21. Dezember 1192. In einem Gasthaus in Erdberg bei Wien wird König Richard I., Löwenherz, von England erkannt und gefangengenommen. Herzog Leopold V. von Österreich läßt ihn auf der Burg Dürnstein in Niederösterreich festsetzen. Richard war auf seiner Heimfahrt aus dem Heiligen Land bei Aquileja schiffbrüchig geworden und daher gezwungen, den Weg zu Land fortzusetzen. Der König reiste als Pilger verkleidet, da er von dem Plan Kaiser Heinrichs VI. und König Philipps II. von Frankreich, ihn gefangenzunehmen, wußte. Richard ist mit Philipp seit einem Streit während der Belagerung Akkons verfeindet.

Herzog Leopold kennt das Übereinkommen zwischen Heinrich und Philipp und zählt ebenfalls zu den Gegnern Richards, der den Babenberger vor Akkon gedemütigt hat (→ 12. 7. 1191).

Eine königliche Lösegeldzahlung

4. Februar 1194. König Richard I., Löwenherz, von England wird gegen ein enormes Lösegeld freigelassen. In der Heimat des Königs müssen gewaltige Steuern eingehoben sowie kirchliche und private Güter belastet und veräußert werden.

Zwischen Kaiser Heinrich VI. und Herzog Leopold V. von Österreich war bei der Übergabe des Gefangenen im März 1193 die Teilung des Lösegeldes vereinbart worden. Man spricht von einer Gesamtsumme in Höhe von 100 000 Mark Silber und zusätzlichen Abgaben. Das Lösegeld soll ein Gewicht von etwa 25 000 kg Silber haben (es gibt allerdings auch Stimmen, die von »nur« 11 690 kg sprechen).

Herzog Leopold V. legt noch im selben Jahr das erhaltene Lösegeld sinnvoll an. Er gründet auf dem zum Herzogtum Steiermark gehörenden Steinfeld die Stadt Wiener Neustadt (Niederösterreich) und läßt sie stark befestigen. Sie soll als Bollwerk gegen Osten dienen und den Handels- und Verkehrsweg von Wien über den Semmering nach dem Süden (zur Adria) wirksam sichern. Zusätzlich läßt er die Befestigungsanlagen mehrerer Städte verstärken.

Babenberger Farbfenster im Brunnenhaus von Stift Heiligenkreuz (13. Jh.)

Turnier mit Folgen

31. Dezember 1194. Der 37jährige Herzog Leopold V., der Tugendhafte, von Österreich und Steier stirbt an den Folgen eines Turnierunfalls: Am 26. Dezember stürzte der Herzog in Graz derart unglücklich vom Pferd, daß er seinen schweren Verletzungen nur fünf Tage später erliegt. Kurz vor seinem Tod löste der Salzburger Erzbischof Adalbert III. von Böhmen den vom Papst über Leopold verhängten Kirchenbann (→ 1194). Der Leichnam des Babenbergers wird im Stift Heiligenkreuz (Niederösterreich) beigesetzt.

Herzog Leopold V. wurde 1157 als Sohn Herzog Heinrichs II., Jasomirgott, geboren und war seit 13. Jänner 1177 Herzog von Österreich und ab 24. Mai 1192 auch von Steiermark. Er hat Zeit seines Lebens großes Ansehen genossen und es vorzüglich verstanden, das Erbe seines Vaters zu vergrößern.

Entgegen den Bestimmungen des Georgenberger Vertrags (→ 17.8. 1186) werden Leopolds Herzogtümer nach seinem Tod unter seinen beiden Söhnen, Friedrich I. und Leopold VI., geteilt.

Kampf um das Reich

1198. Nach dem plötzlichen Malariatod Kaiser Heinrich VI. in Italien kommt es im Reich zu Thronstreitigkeiten, die zur Königsdoppelwahl führen: Die Anhänger der Staufer wählen Herzog Philipp von Schwaben, Bruder Kaiser Heinrichs VI., zum deutschen König, die Anhänger der Welfen Otto IV.

Der Streit um den Thron entsteht, weil der dreijährige König Friedrich von Sizilien, Kaiser Heinrichs Sohn, unter der Vormundschaft seiner Mutter Konstanze im fernen Sizilien lebt und seine Ansprüche auf die Königskrone noch nicht geltend machen kann. Diese Chance nutzt Erzbischof Adolf von Köln, Gegner der staufischen Politik, um einen Mann seines Vertrauens auf den Thron zu heben: Er favorisiert den Welfen Otto, den Sohn des 1195 verstorbenen Herzogs Heinrich des Löwen.

Otto IV., am englischen Hof seines Onkels König Richard Löwenherz aufgewachsen, kennt das Reich kaum aus eigener Anschauung. Der 16jährige Welfe wird dennoch am 9. Juni von Erzbischof Adolf von Köln zum deutschen König gewählt und in Aachen gekrönt.

Dieser englisch-welfischen Koalition stehen die Staufer gegenüber. Philipp von Schwaben, der seinem dreijährigen Neffen die Krone erhalten will, übernimmt für diesen die Regentschaft und läßt sich von den ostdeutschen Reichsfürsten im März 1198 in Thüringen zum König wählen. Die Krönung erfolgt jedoch erst im September in Mainz. Beide Wahlen sind anfechtbar:

- ▷ Philipp von Schwaben wurde am falschen Ort (Mainz) gekrönt, aber mit den echten Reichsinsignien
- ▷ Otto IV. wurde am rechten Ort (Aachen), aber mit falschen, nämlich neuen Insignien gekrönt.

Kaiser Heinrich VI. (Darstellung in der Großen Heidelberger Liederhandschrift, 1. Hälfte 14. Jh.)

Vereinigung der »Hausgenossen«

1193/94. Die Einrichtung einer Münzstätte in Wien führt fast unmittelbar zur Gründung der Körperschaft der »Hausgenossen«.

Die Aufsicht über die Münzstätte hat der oberste Kämmerer des Herzogs, der Münzmeister, dem die Verantwortung über »Schrot und Korn« (Gewicht und Feinheit) übertragen ist. Als Kontrollorgan wird ein Münzanwalt eingesetzt.

Die Körperschaft der »Hausgenossen« ist eine Vereinigung kapitalkräftiger Bürger, die für den ungestörten Betrieb der Münze zu sorgen haben. Sie sind für den Prägebetrieb und die Materialbeschaffung verantwortlich und dafür am Ertrag beteiligt. (Das erste Privileg der Wiener Hausgenossen ist nicht erhalten.)

Kreuzritter im Kampf gegen die Moslems im Heiligen Land. Die Österreicher sind am rot-weiß-roten Bindenschild (r.) zu erkennen (Handschrift, 13. Jh.)

Tod des Herzogs im Heiligen Land

16. April 1198. Vermutlich in Akkon stirbt Herzog Friedrich I., der Katholische, von Österreich im Alter von nur 23 Jahren an der Malaria.

Mit großer Begeisterung hatte sich Friedrich, erst seit Jahresbeginn Herzog von Österreich, der verspäteten Kreuzfahrt Kaiser Heinrichs VI. angeschlossen. Nach dem Tod des Herrschers in Italien (auch Heinrich wurde ein Opfer der Malaria) folgte Friedrich nicht dem Großteil der deutschen Fürsten, die umkehrten, sondern blieb seinem Gelöbnis treu und setzte die Reise ins Heilige Land fort.

Nach seinem Tod bringt Bischof Wolfger die Gebeine des Herzogs in die Heimat zurück, wo sie im Stift Heiligenkreuz beigesetzt werden.

Das 1195 erstmals erwähnte Schloß Frauenstein (Kärnten)

Romanische Fresken in der Burgkapelle von Hocheppan (Südtirol)

Kunst und Kultur in Österreich 1151–1200

- ▷ Inmitten einer frühchristlichen Siedlung entsteht der romanische Bau der Filialkirche St. Helena am Wieserberg in Kärnten mit romanischen Fresken
- ▷ Ein bedeutendes romanisches Kruzifix aus Lindenholz (in der Pfarrkirche von Aflenz in der Steiermark) wird geschnitzt
- ▷ Die romanischen Fresken in der St.-Leonhard-Kapelle in Nauders in Tirol und die Wandmalereien der Pfarrkirche von Steirisch-Laßnitz entstehen
- ▷ Der romanische Karner von Mödling in Niederösterreich wird errichtet→
- ▷ Der große Neubau des Stiftes St. Paul im Lavanttal in Kärnten wird begonnen
- ▷ Der spätromanische Bau der Filialkirche Maria Magdalena in Rems (Niederösterreich) mit einem wertvollen Südportal und einem Wehraufgang innerhalb der Mauern wird errichtet
- ▷ Die Burgen Thalberg in der Steiermark und Hardegg bei St. Veit an der Glan in Kärnten werden erbaut
- ▷ Die romanischen Bergfriede der Burgen Matzen (Brixlegg in Tirol), Groppenstein in Kärnten sowie Rauhenstein und Rauheneck bei Baden in Niederösterreich werden erbaut
- ▷ Die Sammelhandschrift des Stiftes Vorau in der Steiermark wird verfertigt, eine Sammlung 23 bedeutender Denkmäler deutschsprachiger Dichtung→
- ▷ Die Burgkapelle von Hocheppan in Südtirol erhält romanische Fresken→
- ▷ Der sog. Drachenleuchter des Stiftes Göttweig (Niederösterreich) wird gefertigt→
- ▷ Im Kloster Mehrerau in Vorarlberg entsteht eine reich ausgestattete Handschrift des Markusevangeliums
- ▷ Die romanische Pfarrkirche von Petronell in Niederösterreich wird erbaut. Sie hat einen romanischen Triumphbogen, Würfelkapitelle und ein Rundbogenfries (die Kapelle an der Südseite stammt aus dem 14. Jh.)
- ▷ Die Bergfriede der Burg Ottenstein bei Zwettl in Niederösterreich und von Schloß Althofen in Kärnten entstehen
- ▷ Als wichtige Straßensicherung wird im oberen Murtal die Burg Katsch erbaut
- ▷ Die zweigeschossige romanische Burgkapelle (Michaelskapelle) in Ybbs an der Donau in Niederösterreich entsteht
- ▷ In der Winterkirche (auch Rosenkranzkirche) von Maria Wörth in Kärnten entstehen romanische Fresken
- ▷ Die romanische Feste Frauenstein bei St. Veit an der Glan (Kärnten) wird erbaut.→

Romanisches Portal des Karners von Mödling (Niederösterreich)

Johannes (Vorauer Evangeliar)

Göttweiger Drachenleuchter

1201

1201–1210

Anfang 13. Jh. In Klosterneuburg entsteht das sog. Klosterneuburger Osterspiel, eines der ältesten überlieferten geistlichen Mysterienspiele.

Mönche des Stiftes Rein in der Steiermark schaffen das »Reuner Musterbuch«.

1202. Herzog Leopold VI. von Österreich und Steiermark gründet das Zisterzienserstift Lilienfeld in Niederösterreich.

Um 1203. Das »Nibelungenlied« entsteht.→

Oktober 1203. In Wien heiratet der 27jährige Herzog Leopold VI. die byzantinische Prinzessin Theodora.

12. 11. 1203. In einer Reiseabrechnung Bischof Wolfgers von Passau findet sich die einzige urkundliche Erwähnung Walthers von der Vogelweide.→

Vor 1204. Herzog Leopold VI. gründet in Wien die Kommende des 1198 in Akkon begründeten Deutschen Ritterordens.

1204. In Wien sind eine Synagoge und eine jüdische Schule nachweisbar.

13. 4. 1204. Kreuzfahrer erobern Konstantinopel.→

1207. Die Errichtung eines eigenständigen Landesbistums in Wien wird von Papst Innozenz III. abgelehnt.

21. 6. 1208. In Bamberg heiratet Herzog Otto III. von Andechs-Meranien Beatrix von Burgund. Dadurch kommt die Grafschaft Burgund an das Haus Andechs-Meranien. Während der Feierlichkeiten wird der Stauferkönig Philipp von Schwaben ermordet.→

1209. Istrien kommt aus dem Besitz des Hauses Andechs-Meranien an den Patriarchen von Aquileja.

4. 10. 1209. König Otto IV. wird in Rom von Papst Innozenz III. zum Kaiser gekrönt.

Um 1210. Die romanische Apsidenplastik an der Pfarrkirche von Schöngrabern (Niederösterreich) entsteht. Wegen ihres Aufbaus wird sie auch »Steinerne Bibel« genannt.→

GESTORBEN:

1207. Wien: Reinmar der Alte (von Hagenau; * um 1160), Minnesänger.→

21. 6. 1208. Bamberg: Philipp von Schwaben (* 1177?), (Gegen-)König.→

GEBOREN:

Nach 1200. Im Lungau (Salzburg): Der Tannhäuser († um 1270), Minnesänger.

Ulrich von Liechtenstein († 1274/77), Landeshauptmann der Steiermark und Minnesänger.

Die Kreuzfahrer erobern Konstantinopel (Gemälde von Tintoretto)

4. Kreuzzug

Zeit: 1202–1204.
Anlaß: Papst Innozenz III. fordert die Wiederherstellung des Königreiches Jerusalem. Eigentliches Ziel der Kreuzfahrer ist die Eroberung Ägyptens.
Teilnehmer: 30 000, vorwiegend Nordfranzosen.
Anführer: Graf Bonifaz von Montferrat, Graf Ludwig von Blois, Graf Balduin von Flandern.
Ergebnis: Finanzielle Schwierigkeiten und venezianische Interessenpolitik führen zur Eroberung und Plünderung Konstantinopels sowie 1204 zur Errichtung des Lateinischen Kaiserreichs (Königreich Thessaloniki, Herzogtum Athen und Fürstentum Achaia). Kaiser wird Graf Balduin.

Schillinge und Wiener Pfennig

12. November 1203. In einer Reiserechnung des Passauer Bischofs Wolfger, der Walther von der Vogelweide fünf Solidi zur Beschaffung eines Pelzmantels gibt, findet sich die einzige urkundliche Erwähnung des vermutlich aus Südtirol stammenden Minnesängers.

Das Geldgeschenk des Bischofs ist keineswegs gering, denn Bayern und Österreich weichen in der Einteilung der Währung vom übrigen deutschen Raum ab:
Ein karolingisches Zählpfund hat 240 Silberdenare, die aus 20 Solidi zu 12 Denarii bestehen. Im bayrisch-österreichischen Raum jedoch besteht das Zählpfund aus 8 Solidi zu 30 Denarii. Aus diesem Grund bezeichnet man den Normalschilling als »kurzen Schilling« (solidi breves), den bayrisch-österreichischen Schilling als »langen Schilling« (solidi longi).

Der ab 1204 ausgeprägte »Wiener Pfennig« ist wegen seines ständig guten Silbergehaltes eine angesehene und beliebte Handels- und Tauschmünze, besonders im gesamten bayrischen Raum und bis nach Florenz. Ab der Mitte des 13. Jahrhunderts wird er jährlich eingezogen und neu geprägt, wodurch der exakte Wert garantiert ist. (Dies ist auch der Grund, daß der »Wiener Pfennig« bis zum Jahre 1400 in 150 Variationen bekannt ist.)

Mord bei der Hochzeit

21. Juni 1208. Die Ermordung König Philipps von Schwaben durch Pfalzgraf Otto von Wittelsbach in Bamberg beendet die seit der Doppelwahl von →1198 andauernden Thronstreitigkeiten zugunsten des Welfen Otto IV. von Braunschweig. Philipp von Schwaben war es in den vorangegangenen Jahren mehr und mehr gelungen, nicht nur eine stattliche Anzahl deutscher Fürsten auf seine Seite zu ziehen, sondern sich auch die Unterstützung von Papst

Philipp von Schwaben (Miniatur in der Kölner Königschronik; Bibliothèque Royale Albert Ier Brüssel)

Innozenz III. zu sichern, dessen Legaten König Otto 1207 zum Thronverzicht bewegen wollten, aber erfolglos blieben. Die Zeit schien für den Staufer zu arbeiten, denn sein Gegenspieler hatte sich nach Braunschweig zurückziehen müssen und drohte, auch von dort vertrieben zu werden.

Nun kommt es zu einer überraschenden Wende im Streit zwischen Staufern und Welfen. Während der Hochzeitsfeierlichkeiten für Herzog Otto III. von Andechs-Meranien und seine Braut Beatrix von Burgund, eine Nichte König Philipps wird der Staufer aus privater Rache von Otto von Wittelsbach mit dem Schwert getötet. Der Mörder war der Verlobte einer Tochter Philipps, die dieser jedoch im Rahmen der Verhandlungen mit Otto IV. im Vorjahr dem Welfen versprochen hat.
Der Tod Philipps macht den Weg frei für Otto IV., der sich am 11. November 1208 in Frankfurt am Main noch einmal zum König wählen läßt. Die Aussöhnung mit den Staufern wird durch Ottos Verlobung mit Philipps ältester Tochter, der erst zehnjährigen Beatrix, gefördert. (Die Hochzeit wird mit Rücksicht auf das Alter der Braut allerdings auf den 22. Juli 1212 verschoben.) Ottos Politik ist fortan kirchenfreundlich: 1209 verzichtet er zugunsten des Papstes auf alle seine Rechte aus dem Wormser Konkordat (→23. 9. 1122).

Der große »Alte«

1207. In Wien stirbt der Minnesänger Reinmar der Alte (eigentlich: von Hagenau). Der vermutlich um 1160 im Elsaß Geborene war ein anerkannter Meister seines Faches und lebte seit dem Ende des 12. Jahrhunderts in Wien, dort – zumindest zeitweise – am Hof Herzog Leopolds VI. von Österreich und Steiermark.

Mit großer Formgewandtheit schrieb Reinmar kunstvolle Lieder der »hohen Minne«, des hoffnungslosen Werbens um eine unerreichbare Dame, und verteidigte seine Minneauffassung gegen die der »Niederen Minne« Walthers von der Vogelweide, der erklärt, das »singen und sagen« von Reinmar erlernt zu haben. Der mittelhochdeutsche Dichter Gottfried von Straßburg widmet Reinmar in seinem Versepos »Tristan und Isolt« (um 1210) einen Nachruf, in dem er den großen »Alten« des deutschen Minnesangs als »Nachtigall von Hagenau« bezeichnet.

Eine Bildergeschichte aus Stein

Um 1210. *Die als »steinerne Bibel« bezeichnete Apsidenplastik an der romanischen Pfarrkirche Mariae Geburt im niederösterreichischen Schöngrabern entsteht; sie zeigt Szenen aus der biblischen Geschichte.*

Lepra verbreitet Angst in Europa

Das mittelalterliche Stadtbild verändert sich im Zeitalter der Kreuzzüge durch die Errichtung spezieller Krankenhäuser für Aussätzige (Leprakranke) vor den Toren der Stadt. Die Krankheit hatte sich mit den Kreuzfahrern vom Orient her in Europa verbreitet und war wegen der Ansteckungsgefahr sehr gefürchtet. Weil Aussätzige, anders als Seuchenkranke, nach der Infektion meist längere Zeit weiterleben, müssen sie isoliert untergebracht werden. Verständliche Angst vor Ansteckung verknüpft sich jedoch mit irrationalen Vorstellungen: Die Krankheit gilt als Strafe Gottes, und die Kranken werden – wie sonst die Juden – für alle möglichen Übel der Zeit verantwortlich gemacht.

Wirtschafts- und Sozialentwicklung

In allen österreichischen Bergwerken ist im 12. Jahrhundert der Blasebalg eingeführt worden, und erstmals ist in Unken (Salzburg) ein neuer Salinenbetrieb nachweisbar.

Der Hopfenanbau hat sich in großen Teilen Österreichs durchgesetzt, die Landwirtschaft insgesamt günstig entwickelt. Neben der Grundherrschaft hat sich immer mehr die Dorfgemeinde herausgebildet, die auch für Recht und Ordnung in ihrem Bereich sorgt.

Durch gewählte Dorfmeister (Dorfrichter) wird die niedere Gerichtsbarkeit ausgeübt. Die bestehenden Gewohnheitsrechte werden als sog. Weistümer aufgezeichnet. Zudem entstehen zahlreiche Marktrechte.

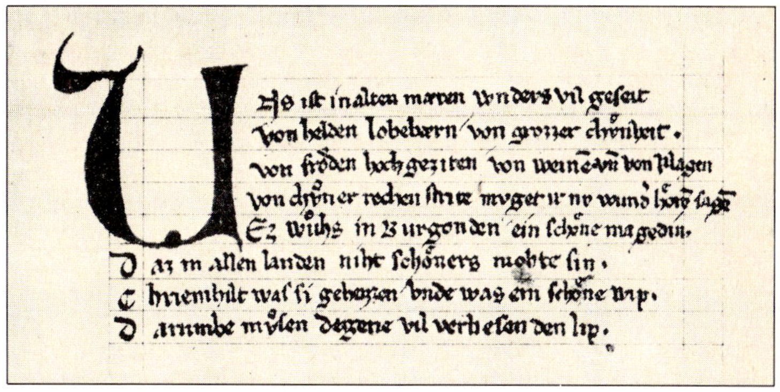

Uns ist in alten mæren wunders vil geseit
von helden lobebæren von grozer chvnheit.
von fröden hochgeziten von weinen vn von klagen
von chvner recken striten muget ir nu wunder hören sagen
Ez wuhs in Burgonden ein schöne magedin.
Daz in allen landen niht schöners mohte sin.
Chriemhilt was si geheizen unde was ein schöne wip.
Darumbe musen degene vil verliesan den lip.

Nibelungenlied (Hohenems-Lassbergische Handschrift, 13. Jh.)

»Daz ist der Nibelunge nôt«

Um 1203. Im Donaugebiet entsteht das »Nibelungenlied«, in dem ein unbekannter Dichter die Heldentaten des Recken Siegfried von Xanten mit der Geschichte vom Untergang der Burgunder verbindet.

Die 2400 Strophen (39 sog. Aventiuren) umfassende Dichtung verweist deutlich auf historische Ereignisse: Für die Siegfriedhandlung dient vermutlich die Einheirat eines Merowingerkönigs in das burgundische Königshaus als Vorbild; das Schicksal der Burgunder vermischt den Sieg der Hunnen über die Burgunder (436) mit der Vernichtung ihres Reiches durch die Franken (538).

Das »Nibelungenlied« berichtet von Siegfried, der dem Burgunderkönig Gunther hilft, Brunhild zu freien, um selbst Gunthers Schwester Kriemhild zur Frau zu bekommen. Als Brunhild erfährt, daß nicht Gunther, sondern Siegfried sie im Kampf und im Schlafgemach bezwungen hat, läßt sie den Helden von Gunthers Gefolgsmann Hagen ermorden. Siegfrieds Nibelungenschatz versenkt Hagen im Rhein, um der Witwe die Mittel für eine Rache zu nehmen. Kriemhild willigt daraufhin in die Heirat mit dem Hunnenkönig Attila ein, um die Hunnen ihrer Rache nutzbar zu machen. Sie lockt die Burgunder zu einem Fest an Attilas Hof und fordert die Auslieferung Hagens. Als die Burgunder dies verweigern, läßt Kriemhild ihren eigenen Stamm in einem Blutbad vernichten.

Im »Nibelungenlied« verbinden sich das Ethos der germanischen Heldendichtung und vorchristliche Schicksalsgläubigkeit mit höfischen Formen der Staufer-Ära. Siegfried entspricht dem Ideal eines vollkommenen Ritters, mit Kriemhild symbolisiert er ein vorbildliches Liebespaar des höfischen Romans.

Sieben Orte Niederösterreichs werden in dem Epos genannt: Enns (»Als sie über die Traun kamen bei Enns auf das Feld«), Pöchlarn (»die Burg zu Pöchlarn, die war aufgetan«), Melk (»Aus Melk heraus auf Händen ward getragen / manch schönes Goldgefäße, darinnen bracht man Wein«), Traismauer (»Bei der Traisen hatte der König vom Heunenland / eine Burg gar reiche . . . geheißen Traisenmauer«), Tulln (»Eine Stadt liegt an der Donau, sie liegt im Osterland. / Die ist geheißen Tulne«), Wien (»Da der König Etzel bei Kriemhilde lag / in der Stadt zu Wiene«) und Hainburg (»So kam der König Etzel bis in das heunische Land. / Zu Hainburg der alten sie waren über Nacht«).

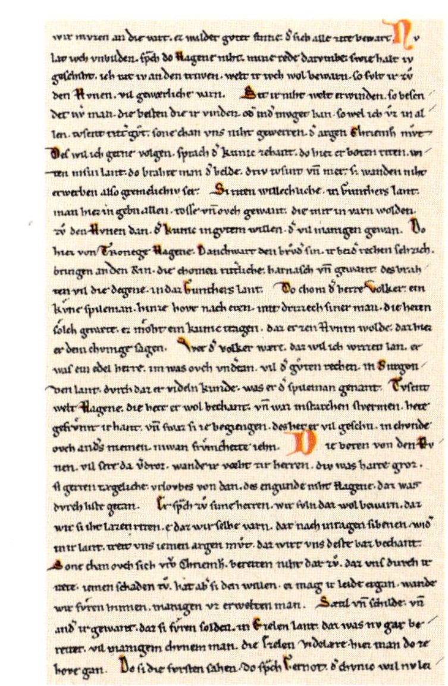

Seite aus dem Nibelungenlied

1211

1211–1220

1211. Gerhard, der Kaplan Herzog Leopolds VI. von Österreich, gründet in Wien das Heiligen-Geist-Spital. →

September 1211. Papst Innozenz III. läßt in Nürnberg den Staufer Friedrich II. zum (Gegen-)König wählen.

22. 4. 1212. Enns in Oberösterreich erhält von Herzog Leopold VI. das Stadtrecht, das älteste erhaltene Österreichs.

27. 7. 1214. Schlacht bei Bouvines: Kaiser Otto IV. erleidet eine Niederlage, die zu seiner Entmachtung führt. →

10. 6. 1215. Bischof Manegold von Passau stirbt in Wien, worauf Ulrich, Domherr von Passau und Sekretär Herzog Leopolds VI., als Ulrich II. Bischof von Passau wird.

1215/16. Thomas von Zirclaria, Kanonikus von Aquileja, verfaßt die höfische Tugendlehre »Der welsche Gast«.

Jänner 1217. Herzog Leopold VI. sammelt ein Kreuzfahrerheer, um sich König Andreas II. von Ungarn zum Kreuzzug gegen (die ägyptische Festung) Damiette am Nil anzuschließen.

1218. Erzbischof Eberhard II. von Salzburg errichtet das (Suffragan-)Bistum Seckau in der Steiermark.

Die Reichsvogtei Uri in der Schweiz wird den Grafen von Habsburg verliehen.

Die Chronik von Colmar im Elsaß wird begonnen (bis 1303 weitergeführt). →

Trotz drückenden Geldmangels bleibt Herzog Leopold VI. im Heiligen Land und nimmt im Sommer an der Belagerung Damiettes teil, das als »Schlüssel zu Ägypten« gilt.

25. 8. 1218. Nach schweren Kämpfen wird der Turm von Damiette am Nil von den Kreuzfahrern erobert. Herzog Leopold VI. kämpft an der Spitze der deutschen Ritter und ist maßgeblich am Erfolg beteiligt.

Mai 1219. Herzog Leopold VI. verläßt nach 18 Monaten mit seiner Schar in Ehren das Kreuzfahrerheer und kehrt nach Österreich zurück.

GESTORBEN:

19. 5. 1218. Harzburg: Otto IV. von Braunschweig (* 1175/76 oder 1182), König und Kaiser.

GEBOREN:

15. 6. 1211. Wiener Neustadt: Friedrich II., der Streitbare († 15. 6. 1246), Herzog von Österreich und Steiermark.

1. 5. 1218. Schloß Limburg (Breisgau): Rudolf I. († 15. 7. 1291), Graf von Habsburg und König.

Rückkehr der Staufer

27. Juli 1214. In der Schlacht von Bouvines besiegt der französische König Philipp II. August die verbündeten Könige Otto IV. und Johann Ohneland von England und löst damit die Rückkehr der Staufer auf den deutschen Thron aus.

Otto ist durch den Einfluß Erzbischof Adolfs I. von Köln 1198 zur deutschen Königswürde gekommen. Dieser verhalf 1189 dem Welfen Otto IV. gegen den Staufer Philipp von Schwaben auf den Thron. Im Reich hatte Otto aber nur wenige Anhänger und war deshalb auf die Unterstützung der Kurie angewiesen. Papst Innozenz III., dem er weitreichende Zugeständnisse machte, erkannte ihn 1200/01 als König an und bannte Gegenkönig Philipp von Schwaben und dessen Anhänger. 1209 zum römischen Kaiser gekrönt, wollte Otto seine Macht auch in Süditalien festigen; das aber führte zu Zerwürfnissen mit dem Papst. Nach der Niederlage Ottos bei Bouvines verhilft Innozenz III. dem Staufer Friedrich II. zur Herrschaft in Deutschland, während Otto IV. für abgesetzt erklärt wird.

Schlacht von Bouvines (Miniatur, 13. Jh.; Bibliothèque Nationale Paris)

Eine bedeutende Spitalsgründung

1211. Gerhard, der Pfarrer von Felling an der Piesting in Niederösterreich und Kaplan Herzog Leopolds VI. von Österreich und Steiermark, ein geschickter und gebildeter Arzt, gründet in Wien das Heiligen-Geist-Spital.

Die Spitalgründung erfolgt für den »Orden des Heiligen Geistes«, der Ende des 12. Jahrhunderts in Rom entstanden ist und sich der Betreuung von Armen, Kranken und Waisen widmet. Spital und Kirche befinden sich im Raum der heutigen Karlskirche/Paniglgasse. (Quellen, die bereits 1208 als Gründungsjahr nennen, sind nicht gesichert.)

Das Einkommen Herzog Leopolds

1218. Die Chronik der Stadt Colmar im Elsaß bringt eine Aufstellung der jährlichen Einkommen mehrerer deutscher Fürsten, derzufolge der Herzog von Österreich mit 60 000 Mark den zweiten Platz einnimmt. An erster Stelle steht (mit 100 000 Mark Jahreseinkommen) der König von Böhmen; in weiterer Folge finden sich die Landesherren von Brandenburg, Köln, Bayern und Salzburg. Selbst unter Berücksichtigung der Tatsache, daß es sich um eine eher subjektive Einschätzung des Colmarer Chronisten handelt, bleibt die hohe Wertschätzung Österreichs im Urteil der Zeitgenossen bestehen.

1221

1221–1230

18. 10. 1221. Wien erhält ein neues Stadtrecht. →

6.–8. 5. 1224. Herzog Leopold VI. von Österreich und Steiermark beruft einen Fürstentag nach Friesach (Kärnten) ein. →

1225. Erzbischof Eberhard II. von Salzburg errichtet in St. Andrä im Lavanttal (Kärnten) ein Augustiner-Chorherrenstift.

22. 11. 1225. Margarethe, eine Tochter Herzog Leopolds VI., heiratet den 1220 zum König gewählten Kaisersohn Heinrich VII.

Frühjahr 1226. Begünstigt durch die Abwesenheit seines Vaters, Herzog Leopolds VI., unternimmt dessen zweitgeborener Sohn Heinrich, der Grausame, einen Aufstand: Er bemächtigt sich der Stadt Hainburg und vertreibt seine Mutter Theodora. Als Leopold VI. aus Italien zurückkehrt, bricht der Aufstand rasch zusammen.

Mai–Juli 1226. König Przemysl Ottokar I. von Böhmen greift Österreich an. Unter der Führung des Ritters Heinrich von Kuenring werden alle Angriffe des Böhmenkönigs abgewehrt.

17./18. 3. 1229. Kaiser Friedrich II. zieht in Jerusalem ein.

Um 1230. Zwettl in Niederösterreich wird befestigt und erhält im Laufe der Zeit zehn Mauertürme (acht erhalten).

1230. Die Stiftskirche von Lilienfeld (Niederösterreich) wird geweiht.

Nach dem Tod des Grafen Hugo I. von Bregenz und Montfort regieren Graf Hugo II. von Montfort und Graf Rudolf I. von Montfort-Werdenberg bis um 1247 gemeinsam.

»Die Schwänke des Pfaffen Amis« von dem »Stricker« erscheinen.

28. 7. 1230. Nach dem Tod Herzog Leopolds VI., des Glorreichen, übernimmt sein jüngster Sohn, Friedrich II., der Streitbare, die Herzogtümer. →

30. 11. 1230. Herzog Friedrich II. verwendet nachweislich auf seinem Amtssiegel als Hauswappen den Bindenschild. →

GESTORBEN:

1230. Würzburg: Walther von der Vogelweide (* um 1170), Minnesänger. →

28. 7. 1230. San Germano (Apulien): Leopold VI., der Glorreiche (* 1176), Herzog von Österreich und Steiermark. →

GEBOREN:

25./26. 4. 1228. Andria (Apulien): Konrad IV. († 21. 5. 1254), Herzog von Schwaben, König.

Kreuzzug trotz Bann des Papstes

1227–1229. Kaiser Friedrich II. bricht im August 1227 zum Kreuzzug auf und erfüllt damit ein Gelübde, das er bereits bei seiner Krönung 1215 abgelegt und später auf Drängen des Papstes erneuert hat.
In Brindisi sammelt sich 1227 ein etwa 70 000 Mann starkes Heer überwiegend deutscher Kreuzfahrer. Zwar sticht die Flotte in See, doch bald brechen schwere Seuchen aus, und als der Kaiser selbst erkrankt, kehren die Kreuzfahrer nach zwei Tagen um. Papst Gregor IX. läßt die Krankheit nicht als Entschuldigung gelten, sondern bannt Friedrich II., um das Kaisertum unter päpstliche Botmäßigkeit zu bringen. Gregor IX. läßt sich nicht auf Verhandlungen mit dem Kaiser ein, der trotz des Bannes im Juli 1228 erneut ins Heilige Land aufbricht.
Auf diplomatischem Weg gelingt es dem Kaiser, vom ägyptischen Sultan el'Kamil die heiligen Stätten Bethlehem, Jerusalem und Nazareth kampflos zu gewinnen. Ausgenommen sind der Felsendom und die el'Aksa-Moschee auf dem Tempelberg. Der Vertrag gilt zehn Jahre. Am 17./18. März 1229 zieht der Kaiser in Jerusalem ein und krönt sich selbst – als Gebannter ohne kirchliche Zeremonien – in der Grabeskirche zum König von Jerusalem.

5. Kreuzzug

Zeit: 1228/29.
Anlaß: Kaiser Friedrich II. löst sein Kreuzzugsgelübde von 1215 ein. Trotz päpstlichen Banns zieht er ins Heilige Land.
Teilnehmer: 70 000 (60 000 erreichen das Heilige Land).
Anführer: Kaiser Friedrich II., Hermann von Salza, der Hochmeister des Deutschen Ordens.
Marschroute: Das Heer nimmt den Seeweg von Brindisi über Zypern nach Palästina.
Finanzierung: Der Kaiser finanziert das Kreuzzugsheer und trägt die alleinige Verantwortung für das Unternehmen.
Ergebnis: Kaiser Friedrich II. gewinnt kampflos Jerusalem, Bethlehem und Nazareth der Christenheit zurück.

Herzog Leopold VI., der Glorreiche

Ein Turnier hilft Streit schlichten

6.–8. Mai 1224. Herzog Leopold VI. von Österreich und Steiermark beruft einen Fürstentag nach Friesach in Kärnten ein, um einen seit Jahren vorhandenen Streit zwischen Herzog Bernhard von Kärnten und Markgraf Heinrich von Istrien zu schlichten.
Ein vor dem Fürstentag, am 6. Mai, angesetztes Turnier wird von 600 Rittern besucht. Geschickt sind die Parteien eingeteilt. Die eine Seite stellt Herzog Leopold, die andere setzt sich aus den verfeindeten Landesherren zusammen.
So trägt das Turnier wesentlich dazu bei, daß beim Fürstentag selbst Herzog Leopold VI. eine Einigung zwischen verfeindeten Landesherrn von Kärnten und Istrien herbeiführen kann.

Stadtrecht für Wien

18. Oktober 1221. Herzog Leopold VI. von Österreich und Steiermark verleiht Wien ein neues Stadtrecht (das zweite nach 1198), das der seit 1219 ständig wachsenden Residenzstadt gerecht wird. Wien hat bereits etwa 1000 Häuser und rund 20 000 Einwohner. (Die Ausdehnung des Ortes entspricht etwa dem heutigen 1. Wiener Bezirk.)
Mit diesem Stadtrecht verbunden ist ein Stapelrecht, das Wien ein Zwischenhandelsmonopol sichert, den Gästen den Geschäftsverkehr untereinander verbietet und den fremden Kaufleuten den Handel über Wien hinaus untersagt. Dieses Stapelrecht begründet den Reichtum der Wiener Kaufleute und den Aufschwung der Stadt zum Umschlagplatz nach Südosten.
Herzog Leopold läßt ferner einen Stadtrat von 24 Bürgern und die Einrichtung der »100 Genannten« als Zeugen bei gerichtlichen und außergerichtlichen Geschäften schaffen.

Der glorreiche Herzog

28. Juli 1230. Im Alter von 54 Jahren stirbt Herzog Leopold VI., der Glorreiche, von Österreich und Steiermark in San Germano (Apulien), nur fünf Tage nach dem Abschluß des von ihm wesentlich beeinflußten Friedensschlusses zwischen dem Stauferkaiser Friedrich II. und Papst Gregor IX.
Leopold, ein Sohn des Babenberger Herzogs Leopold V., wurde am → 31. Dezember 1194 zunächst Herzog der Steiermark und folgte nach dem überraschenden Tod seines Bruders Friedrich I. 1198 diesem als Herzog von Österreich.
Seinen Einfluß vergrößerte Leopold zunächst durch die Erweiterung landesfürstlicher Vogteirechte, dann auch durch die Verbindung zum deutschen Königshaus. Hinzu kam sein persönlicher Einsatz im Heiligen Land. Kein anderer deutscher Fürst konnte darauf verweisen, 18 Monate ohne Unterbrechung für die Kreuzzugsbewegung im Einsatz gewesen zu sein. Bereits im 13. Jahrhundert erhält er den Beinamen »gloriosus«.
Leopolds Eingeweide werden im Kloster Monte Cassino, seine Gebeine in der Stiftskirche Lilienfeld (Niederösterreich) beigesetzt. Sein jüngster Sohn übernimmt als Friedrich II. die Regentschaft in den beiden Herzogtümern.

Ritter im Turnier (Miniatur aus der Wiener Handschrift »Tristan und Isolde«, Anfang 15. Jh.; Österreichische Nationalbibliothek Wien)

Spiegel der Hofgesellschaft

Als Produkt und Abbild der ritterlichen Gesellschaft verbreitet sich der Minnesang, von den provenzalischen Troubadouren übernommen, seit etwa 1170 auch in Deutschland. Umherziehende, aber auch fest bei einer Burg ansässige Sänger tragen ihre selbstverfaßten Lieder vor. Der Gesang wird von Fiedel, Laute, Harfe und anderen Instrumenten begleitet. Die Melodien sind teils von den Sängern selbst erfunden, teils werden sie auch von anderen Liedern übernommen.

Vorgetragen werden die Lieder vor den Bewohnern und Gästen einer Burg, auf die bisweilen auch konkret Bezug genommen wird.
Die Minnesänger sind von unterschiedlicher Herkunft; häufig sind sie Ministeriale, aber auch Adlige versuchen sich in der Kunst.
Die erste Epoche des deutschen Minnesangs liegt zwischen 1170 und 1200. Inhaltlich befassen sich die Lieder dieser Zeit mit der Verehrung einer vornehmen verheirateten Burgdame durch den Sänger, der sozial unter ihr steht und sie bittet, »Minnedienst« leisten zu dürfen. Als Gegenleistung erhofft sich der Sänger kleine Zeichen der Gunst, ein Winken der Dame gilt bereits als Lohn.
»Minne« bedeutet also nicht die gegenseitige, sinnliche Liebe, sondern die verehrende Liebe zu einer Dame ohne Hoffnung auf einen »Liebeslohn«. Mit der Dame huldigt der Sänger zugleich auch der ganzen höfischen Gesellschaft und erhofft sich auch von ihr Anerkennung.
Mit den Kreuzzügen kommt ein zweites Element in die Minnelyrik. Der Sänger gerät in Widerstreit mit sich selbst, ob er zu Hause um die Zuneigung seiner Dame ringen oder auf dem Kreuzzug die »Gottesminne« erlangen soll. Ein führender Vertreter der »Kreuzlieder«, Friedrich von Hausen, entscheidet sich für die Teilnahme am Glaubenskrieg und stirbt auch 1190 auf dem Kreuzzug.
Nach etwa 1200 entstehen verschiedene Formen der Minnedichtung. Einige Sänger – etwa Hartmann von Aue und Reinmar der Alte (→ 1207) vertreten noch die »Hohe« Minne, in der die angebetete Dame weiter hochstilisiert wird und immer unpersönlichere Züge erhält. Der Sänger wird als Lohn von der Dame zu den sittlichen Idealen des Rittertums erzogen. Aber bereits bei Hartmann werden erste Zweifel an dem Sinn solcher Verehrung laut. So entstehen die Tagelieder, die den Abschiedsdialog zweier Liebender bei Tagesanbruch wiedergeben.
Walther von der Vogelweide geht mit seiner Vorstellung von der erfüllten Liebe noch weiter. Er weigert sich, den bedingungslosen Minnedienst zu versehen, und wendet sich der »Niederen Minne« zu, der Beziehung zu unverheirateten Frauen der niederen Volksschicht. Hier ist nicht mehr von »minne«, sondern von »herzliebe« die Rede.
Diese Art der Lieder wird von Neidhart von Reuenthal weitergeführt und zum Teil ironisch umgedeutet. In seinen »Sommer- und Winterliedern« mischt sich der Sänger unter die Dorfjugend, die sich beim Tanz vergnügt. Neidhart gebraucht in seinen Liedern zwar Vokabeln des höfischen Minnesangs, stellt sie aber in ein entgegengesetztes Umfeld und parodiert damit die ritterliche Gesellschaft.

Walther von der Vogelweide stirbt

1230. *Im Alter von etwa 60 Jahren stirbt in Würzburg Walther von der Vogelweide, einer der bedeutendsten Dichter seiner Zeit. Er verfaßte sowohl Minnelyrik wie auch politische Spruchdichtung. Wie viele andere Sänger war Walther auf die Gunst eines Herrn angewiesen, der Lebensunterhalt gewähren konnte. Er lebte zunächst am Babenberger Hof und zog 1198 nach dem Tod Herzog Friedrichs I. von Österreich zu König Philipp von Schwaben, den er in der Auseinandersetzung mit dem Welfen Otto IV. aktiv unterstützte. 188 Lieder und Sprüche sind von Walther überliefert, ein großer Teil davon mit (meist aktuellem) politischem Inhalt. Der Minnesänger kam um das Jahr 1170, vermutlich auf dem Vogelweidhof im Lajener Ried bei Bozen (Südtirol), zur Welt, doch ist der Geburtsort strittig (allein in Niederösterreich sind 14 »Vogelweidhöfe« nachweisbar; Abb.: Walther von der Vogelweide, Manessische Handschrift, 1. Hälfte 14. Jh.; Universitätsbibliothek Heidelberg).*

Siegel Herzog Friedrichs II. von Österreich (Sammlung Sava)

Der Bindenschild Herzog Friedrichs

Der Bindenschild wird nachweisbar von Herzog Friedrich II., dem Streitbaren, von Österreich am 30. November 1230 als Hauswappen auf seinem Amtssiegel verwendet. Da das Siegel aus ungefärbtem Wachs ist, sind die Wappenfarben Rot-Weiß-Rot erst durch das »Fürstenbuch« von Jans Enikel aus den Jahren 1280/85 belegt. Enikel schildert sie anläßlich des Ereignisses vom 2. Februar 1232, als Herzog Friedrich II. mit 200 Edlen im Wiener Schottenkloster zum Ritter geschlagen wird.
Die Babenberger, wie alle Reichsfürsten, haben stets den alten Reichsadler als »Amtswappen« verwendet. Als ältestes Wappen der babenbergischen Landesfürsten tritt um 1156 ein einköpfiger Adler auf, er scheint ab 1192 auch auf der Fahne auf.
Die nun zu verzeichnende Eigenständigkeit des Wappens gilt als sichtbarer Ausdruck des Wunsches Friedrichs, nicht mehr vom deutschen Königtum abhängig zu sein.
Die österreichische Fahne geht ebenfalls auf das 13. Jahrhundert zurück, sie ist damit das älteste staatliche Symbol dieser Art in Europa. Belegt ist sie durch ein Reitersiegel Herzog Friedrichs II., ebenfalls im Fürstenbuch des Jans Enikel erwähnt auf dem Siegel ist Graf Otto von Plain und Hardeck als Bannerträger zu sehen. Diese erste bildliche Darstellung stammt aus dem Jahre 1254. Als Heerfahne ist sie mehrmals im 14., 15. und 16. Jh. belegt.

1231
1231–1240

1231–1240. Die Glasfensterfolge der Legende der hl. Magdalena entsteht in der Stiftskirche (heute Pfarrkirche) von Ardagger in Niederösterreich.

1231. Herzog Friedrich II. von Österreich und Steier schlägt einen im Herbst 1230 begonnenen Aufstand des österreichischen Landadels nieder.

1232. Die Saline von Hallein in Salzburg ist urkundlich erwähnt.

2. 2. 1232. Gemeinsam mit 200 jungen Adeligen des Landes empfängt Herzog Friedrich II. durch Bischof Gebhard von Passau in der Wiener Schottenkirche die Schwertleite.→

29. 4. 1233. Herzog Friedrich II. erwirbt ganz Krain; er ist nun auch »Herr von Krain«.

Juli 1233. Nach einem Einfall König Wenzels von Böhmen zieht Herzog Friedrich II. mit angeblich 40 000 Mann über die Thaya und erobert die als uneinnehmbar geltende Burg Vöttau bei Znaim.

Herbst 1235. Herzog Friedrichs II. Versuch, den ungarischen Thron zu besteigen, scheitert. Der Babenberger muß dem rechtmäßigen König Béla IV. von Ungarn eine Geldbuße zahlen, weshalb die bereits hohen Abgaben in Österreich erneut erhöht werden. Dies löst eine Klage des Landadels, der Städte und Klöster an den Kaiser aus.→

Ende Juni 1236. Da Herzog Friedrich II. einer dreimaligen Ladung nicht Folge leistet, verhängt Kaiser Friedrich II. über ihn die Reichsacht und entsetzt ihn seiner Reichslehen.→

1237. Heirat der Töchter des Grafen Albert III. von Tirol: Adelheit heiratet Graf Meinhard III. von Görz und Elisabeth Graf Otto III. von Andechs-Meranien. Die Vereinigung Tirols bereitet sich vor.

April 1237. Kaiser Friedrich II. erhebt Wien zur unmittelbaren freien Reichsstadt.→

Weihnachten 1239. Wien muß sich Herzog Friedrich II. ergeben. Der Kaiser söhnt sich mit dem Babenberger aus.→

Um 1240. Das Riesentor von St. Stephan in Wien mit einem spätromanischen Trichterportal wird erbaut.

GESTORBEN:

Um 1240. Neidhart von Reuenthal (* um 1180), Minnesänger (→ 1221–1230).

GEBOREN:

1233. Przemysl Ottokar II. († 26. 8. 1278), König von Böhmen.

Der Adler, das Machtsymbol Kaiser Friedrichs II.

Kaiser Friedrich II. mit seiner Gattin Isabella

Ein Konflikt mit dem Kaiser

1234–1240. Im Herbst 1234 beginnt sich das Verhältnis Herzog Friedrichs II. von Österreich und Steier zu Kaiser Friedrich II. zunehmend zu verschlechtern. Der Babenberger steht auf der Seite König Heinrichs VII., seines Schwagers, der sich im September gegen seinen Vater, den Kaiser, erhoben hat.

Wie groß die Unzufriedenheit mit der strengen Regentschaft Herzog Friedrichs II. in Österreich und der Steiermark ist, zeigt sich im Herbst 1235: Der Herzog fällt mit einem Heer in Ungarn ein, wo ihn eine kleine Anhängerschaft nach dem Tod König Andreas' II. zum König erheben will. Der rechtmäßige Thronerbe, Béla IV., kann aber die Truppen Friedrichs schlagen und verfolgt den Babenberger bis vor die Tore Wiens, nachdem der österreichische Herzog von einem Großteil seiner Edlen verlassen worden ist, da diese hoffen, die Herrschaft des Herzogs abschütteln zu können.

Ende 1235 muß Friedrich Frieden mit Béla IV. schließen und eine hohe Geldbuße an den Ungarn zahlen. Die dadurch entstehenden Kosten versucht Friedrich, durch eine außerordentliche Steuer zu decken. Die ohnehin nicht geringen Abgaben werden zur drückenden Last, und der Landadel, die Städte und Klöster Österreichs und der Steiermark wenden sich an den Kaiser und klagen ihren Herzog an. Herzog Friedrich II. wird vom Kaiser geladen, doch erscheint er trotz dreimaliger Aufforderung nicht, worauf Ende Juni 1236 der Kaiser über ihn die Reichsacht verhängt und ihn seiner Reichslehen entsetzt.

Ende 1236 kommt Kaiser Friedrich II. selbst nach Österreich und besetzt große Teile des Landes. Im Jänner 1237 zieht der Kaiser in Wien ein und wird feierlich empfangen. Er bleibt bis April in der Stadt und hält Hof. Im Februar läßt er seinen neunjährigen Sohn Konrad (IV.) zum König wählen; im März bestätigt der Kaiser dem Schottenkloster die früher erteilten Privilegien.

Im April 1237 bestellt der Kaiser Bischof Eckbert von Bamberg zum Reichsverweser in Österreich und der Steiermark. Den Burggrafen von Nürnberg und den Grafen von Eberstein stellt er ihm zur Seite, nachdem der Kaiser seine Hoffnung aufgegeben hat, Herzog Friedrich II. werde sich freiwillig unterwerfen.

Nach dem überraschenden Tod Bischof Eckberts am 5. Juni 1237 zieht der Burggraf von Nürnberg eine Streitmacht auf dem Steinfeld bei Wiener Neustadt zusammen, um wirksam gegen Herzog Friedrich II. vorzugehen. Dieser aber greift die Streitkräfte vor ihrer Vereinigung einzeln an und vernichtet sie; ein kaiserliches Entsatzheer wird in die Flucht geschlagen. Zu Weihnachten 1239 muß sich auch Wien dem Herzog ergeben, da keine Verpflegung mehr vorhanden ist. Die kaiserlichen Privilegien der Reichsstadt gehen verloren, doch hält der Herzog kein Strafgericht.

Gegen Ende des Jahres 1239 versöhnt sich Kaiser Friedrich II. mit Herzog Friedrich II. und hebt die über den Babenberger verhängte Reichsacht auf. Der Kaiser will bei seiner Auseinandersetzung mit dem Papst (der ihn im 20. März erneut gebannt hat) den Babenberger nicht auch noch zum Gegner haben.

Wien wird zur freien Reichsstadt

April 1237. Der seit Jänner 1237 mit großem Gefolge in Wien residierende Kaiser Friedrich II., der sich im Streit mit Herzog Friedrich II. von Österreich und Steier befindet, stellt der Stadt einen Freiheitsbrief aus, in dem er Wien zur unmittelbaren freien Reichsstadt erhebt.

Der Kaiser verfügt ferner, daß die Abgabenleistung der Bürger auf freiwilliger Basis erfolgen und jährlich ein Stadtrichter bestellt werden soll. Die Juden werden allerdings von allen Stadtämtern ausgeschlossen. (Die »Goldbulle« des Kaisers ist nicht erhalten, es gibt nur eine Abschrift im sog. Eisenbuch der Stadt, einer 1320 begonnenen Handfeste Wiens.)

Diese Privilegien haben nur 33 Monate Bestand: Mit dem Einzug Herzog Friedrichs II. in Wien zu Weihnachten 1239 erlöschen sie wieder zugunsten der herzöglichen Rechte.

»*Schwertleite*«: *Aufnahme der Knappen in den Ritterstand (Buchmalerei)*

Tugend als Lebensziel

Zum vorbildlichen Leben eines idealen Ritters gehört die Pflege bestimmter Tugenden, die den von Geburt edlen Herren auch als adelig von Charakter ausweisen sollten. Wenn die Realität auch nur sehr selten dem hohen Anspruch des Tugendsystems gerecht wird, so ist die Gültigkeit dieser Zielvorstellungen im Mittelalter doch weitestgehend unbestritten.

Als oberstes Gebot wird vom Ritter »maze« verlangt, sein Verhalten soll stets ausgewogen und angemessen sein. Er hat seine Gemütsregungen zu unterdrücken und innere Festigkeit (»stæte«) zu beweisen, erst dadurch bestätigt sich seine adelige Geburt. Durch die ritterliche Erziehung (»zuht«) wird dem jungen Standesherrn das rechte Auftreten bei Hof (»höveschheit«) gelehrt.

»maze« und »stæte« sind zusammen mit gesellschaftlicher Tüchtigkeit und Zielstrebigkeit (»tugent« und »vrumkeit«) die Grundlagen für den Erfolg des einzelnen. Dazu gehören ferner ein fester Wille (»muot«), zu verstehen als die richtige Einstellung zum ritterlichen Leben, sowie Urteils- und Unterscheidungsfähigkeit (»bescheidenheit«); beides läßt den Herrn Gerechtigkeit gegen seine Untertanen üben (»reht«) und hilfsbereit und freigebig den Armen gegenüber sein (»milte«), um so die als göttlich angesehene Ordnung der Welt zu erhalten.

Mit der sog. Schwertleite werden junge Adelige feierlich in den Ritterstand aufgenommen. In der mittelalterlichen Chronik des Johannes von Beka heißt es dazu: »Ein jeglicher, der Ritter sein will, muß ... großsinnig im Unglück, adelig der Abstammung nach, reich an Rechtschaffenheit, hervorragend durch sein ganzes Verhalten, tapfer an männlicher Tugend [sein] ... Das also ist die Regel des Ritterstandes: Zuvörderst täglich eine Messe zu hören, für den Glauben kühnlich das Leben einzusetzen ... Witwen und Waisen in ihrer Not zu schützen, ungerechte Kriege zu vermeiden, unbillige Dienste zu versagen und ungerechten Sold auszuschlagen ...«

»*Schwertleite*« *(Buchmalerei aus Wolframs* »*Willehalm*«, *um 1320)*

1241

1241–1250

Mai 1241. König Béla IV. von Ungarn flieht vor den Mongolen zu Herzog Friedrich II. von Österreich und Steier. Gegen das Versprechen der Waffenhilfe verpfändet er die westungarischen Komitate Ödenburg, Wieselburg und Eisenburg.

Sommer 1241. Herzog Friedrich II. besetzt die westungarischen Grenzbefestigungen und stoppt dadurch den Vormarsch der Mongolen.

April 1242. Herzog Friedrich II. zieht gegen die Mongolen, die nach dem plötzlichen Tod ihres Oberkhans über Ungarn und Siebenbürgen abziehen, ohne daß es zur Schlacht kommt.

28. 5. 1244. Herzog Friedrich II. erläßt eine neue Maut-, Zoll- und Marktordnung für Wiener Neustadt.

1. 7. 1244. Wien bekommt ein neues Stadtrecht; die Juden erhalten einen Schutzbrief mit dem Recht des Geldverleihs.

29. 6. 1245. Die Hochzeit Kaiser Friedrichs II. mit Gertrud von Babenberg scheitert, weil die Braut nicht erscheint. →

17. 7. 1245. Papst Innozenz IV. erklärt Kaiser Friedrich II. für abgesetzt (→ 13. 12. 1250).

26. 1. 1246. Herzog Friedrich II. besiegt die eingefallenen Böhmen in der Schlacht bei Staatz.

15. 6. 1246. Bei Ebenfurth (?) an der Leitha kommt es zur Schlacht zwischen Ungarn und Österreichern. →

Ende 1246. Kaiser Friedrich II. ernennt Graf Otto von Eberstein für Österreich und Graf Meinhard III. von Görz für die Steiermark zu Statthaltern.

Frühjahr 1247. Philipp von Spanheim wird zum Erzbischof von Salzburg gewählt. →

April 1247. Wien wird abermals unmittelbare Reichsstadt.

1248. Die Frauenburg in der Steiermark wird urkundlich genannt.

19. 6. 1248. Herzog Otto III. von Andechs-Meranien stirbt – sein Erbe fällt zum Großteil an Graf Albert III. von Tirol.

GESTORBEN:

15. 6. 1246. An der Leitha: Friedrich II., der Streitbare (* 15. 6. 1211), Herzog von Österreich und Steier. →

1. 12. 1246. Friesach: Eberhard II. (* um 1170), Erzbischof von Salzburg (seit 1200).

13. 12. 1250. Fiorento bei Lucera: Friedrich II. (* 26. 12. 1194), König und Kaiser. →

GEBOREN:

Um 1250. Steiermark: Engelbert († 12. 5. 1331), Abt von Admont und Gelehrter.

Österreich wird kein Königreich

29. Juni 1245. Gertrud von Babenberg erscheint nicht zur vereinbarten Hochzeit mit Kaiser Friedrich II. in Verona und macht damit die Pläne einer Erhebung Österreichs zum Königreich hinfällig.

Das Verhältnis zwischen Kaiser und Herzog Friedrich II. von Österreich und Steier ist in den letzten Jahren immer enger und freundschaftlicher geworden, sodaß die beiden Regenten im April 1245 Verhandlungen über die Erhebung der beiden Herzogtümer zum Königreich Österreich aufnahmen. Krain sollte den Plänen zufolge lehenspflichtiges Herzogtum werden.

Als »Gegenleistung« soll der Kaiser Gertrud von Babenberg, eine Tochter Herzog Heinrichs des Grausamen und damit Nichte Friedrichs des Streitbaren, zur Frau bekommen. Der Kaiser hofft, durch diese Ehe einmal das babenbergische Erbe antreten zu können, da Herzog Friedrich auch nach zwei Ehen noch kinderlos ist. Alle Vorbereitungen für diesen politischen »Tauschhandel« sind getroffen, als die ungefragte Braut den Plan vereitelt. Gertrud kommt nicht nach Verona, dem Ort der geplanten Hochzeit, da sie keinen gebannten Kaiser heiraten will. Außerdem ist sie mit Markgraf Wladislaw von Mähren verlobt. So verhindert die babenbergische Prinzessin die Erhebung ihres Onkels zum König und damit auch die Bildung des Königreichs Österreich.

Friedrich II. (Illustration aus dem Falkenbuch des Kaisers, um 1260)

Das Geschlecht

Mit dem Tod Herzog Friedrichs II., des Streitbaren, endet das Geschlecht der Babenberger, aus dem in den vergangenen 270 Jahren alle zwölf Regenten Österreichs stammten. Im einzelnen waren dies:

Leopold I., der Erlauchte	976– 994
Heinrich I., der Starke	994–1018
Adalbert der Siegreiche	1018–1055
Ernst der Tapfere	1055–1075
Leopold II., der Schöne	1075–1095
Leopold III., der Heilige	1095–1136
Leopold IV., der Freigebige	1136–1141
Heinrich II., Jasomirgott	1141–1177
Leopold V., der Tugendhafte	1177–1194
Friedrich I., der Katholische	1194–1198
Leopold VI., der Glorreiche	1198–1230
Friedrich II., der Streitbare	1230–1246

Ab 1156 waren die Markgrafen auch Herzöge von Österreich. Zusätzlich hatte Markgraf Leopold IV., der Freigebige, von Mai 1139 bis zu seinem Tod im Oktober 1141 auch die Würde eines Herzogs von Bayern inne, ebenso Markgraf Heinrich II., Jasomirgott (von 1143 bis 1156). Seit 1156 ist Wien Residenzstadt der Babenberger.
In den zeitgenössischen Urkunden findet sich der Name Leopold nicht. Am häufigsten sind die Formen Luitpold und Liutpolt, später auch Leupold. Die Beinamen der Babenberger erscheinen erstmals in den »Tabulae Claustroneoburgenses« des Ladislaus Sunthaym aus dem Jahr 1491. Sunthaym schuf diesen »Stammbaum« der Babenberger im Zusammenhang mit der Heiligsprechung Markgraf Leopolds III., die 1485 erfolgte.

Der Tod Herzog Friedrichs II. in der Schlacht an der Leitha (Detail aus dem Babenberger-Stammbaum, 1489–1492)

Streit um Erbe des letzten Babenbergers

15. Juni 1246. An seinem 35. Geburtstag fällt Herzog Friedrich II., der Streitbare, von Österreich und Steier in der Schlacht (vermutlich bei Ebenfurth) an der Leitha.
König Béla IV. von Ungarn war in Österreich eingefallen, um seine im Frühjahr dem Babenberger verpfändeten Komitate Ödenburg, Wieselburg und Eisenburg zurückzuerhalten. Als die Ungarn bereits die Flucht ergreifen, wird das Pferd Herzog Friedrichs tödlich getroffen und begräbt seinen Reiter unter sich. Sofort ist der Herzog von einer Anzahl von Feinden umringt, die ihn erschlagen. Oberfeldherr Heinrich von Liechtenstein führt die Österreicher dennoch zum Sieg. Friedrich wird (so die Legende) noch während der Schlacht von seinem Schreiber gefunden, nur mehr mit einem Leinenuntergewand bekleidet, aber das Schwert immer noch fest in der Hand. Sein Leichnam wird im Kapitelsaal von Stift Heiligenkreuz (Niederösterreich) beigesetzt.
Friedrich II. war der jüngste Sohn Herzog Leopolds VI. und wurde bereits als 19jähriger Herzog von Österreich und Steier. Seit April 1233 war er auch Herr von Krain. Da seine beiden Ehen wegen Kinderlosigkeit geschieden worden sind, ist mit ihm das Geschlecht der Babenberger ausgestorben.

1247–1250. Als Kaiser Friedrich II. Ende des Jahres 1246 Statthalter für die Herzogtümer Österreich und Steiermark einsetzt (da er wegen seines Kampfes gegen den Papst und die oberitalienischen Städte keine endgültige Nachfolgeregelung treffen kann), legen die babenbergischen Prinzessinnen, gestützt auf die Bestimmungen des Privilegium minus vom → 17. September 1156, Anfang 1247 Einspruch ein und erheben ihre Erbschaftsansprüche. Der als Schiedsrichter angerufene Papst Innozenz IV. entscheidet im Laufe des Jahres 1247, daß Gertrud von Babenberg erbberechtigt ist. Der Papst will vor allem verhindern, daß sein kaiserlicher Gegenspieler durch den Einzug der beiden Reichslehen Österreich und Steiermark einen erheblichen Machtzuwachs erfährt.
Gertrud ist die Nichte Herzog Friedrichs II.; im Sommer 1248 heiratet sie Markgraf Hermann von Baden und läßt sich auf der Burg Mödling bei Wien nieder; der Markgraf kann sich jedoch im Land nicht durchsetzen. Als er 1250 stirbt, flieht seine Witwe zu ihrer Schwester Konstanze, der Markgräfin von Meißen. Die dritte anspruchsberechtigte Babenbergerin ist Friedrichs II. Schwester Margarete, die Witwe nach König Heinrich VII., die bei den Dominikanerinnen in Trier lebt (→ 3. 4. 1254).

Gotischer Kreuzgang im Zisterzienserstift Lilienfeld

Portal der Klosterkirche von Kleinmariazell

Kunst und Kultur 1201–1250

- ▷ Die Pfarrkirche St. Jakob in Unzmarkt (Steiermark) wird erbaut
- ▷ Benediktinerinnen verfertigen im Stift Göss (Leoben in der Steiermark) einen wertvollen Priesterornat→
- ▷ Das Chorturmjoch der Pfarrkirche von Muthmannsdorf in Niederösterreich erhält wertvolle Malereien→
- ▷ Die romanische Pfeilerbasilika und der Karner der Pfarrkirche von Deutsch Altenburg sowie der romanische Teil der Stadtpfarrkirche von Wiener Neustadt (Niederösterreich) entstehen
- ▷ Die romanischen Karner von Hainburg (Niederösterreich) und St. Marein bei Neumarkt in der Steiermark werden erbaut
- ▷ Der Kern der Pfarrkirche St. Michael in Lungau (Salzburg) entsteht (romanische Fresken an der Chorwand)
- ▷ Die romanische dreischiffige Pfeilerbasilika des Benediktinerstiftes Kleinmariazell (Niederösterreich) wird errichtet→
- ▷ Der wahrscheinlich aus dem Waldviertel stammende »Litschauer« schreibt das »Lob der sächsischen Freygebigkeit«
- ▷ Heinrich von Türlein (Türlin), ein Vertreter der höfischen Epik, ist in Kärnten ansässig
- ▷ Ein Unbekannter verfaßt die »Wiener Meerfahrt«, die erste Phäakendichtung und Heurigengeschichte
- ▷ Leuthold von Saeben, im Eisacktal 1220/30 nachweisbar, schreibt Minnelieder und Sprüche in der Art des Vogelweiders
- ▷ Ein nicht näher bekannter steirischer Dichter verfaßt das Epos »Biterolf und Dietleib«; der Stoff ist dem Dietrich-Sagenkreis entnommen
- ▷ Im Stift Lilienfeld (Niederösterreich) wird ein Kreuzgang mit frühgotischen Spitzbogen erbaut→
- ▷ Burgkapelle und Palas der Burg Lockenhaus (Burgenland), in dem sich ein vermutlich römischer Kultraum befindet, entstehen.

»Edelweißornat« (Pfarrkirche Göss)

Fresken im Kreuzgewölbe der Kirche St. Peter und Paul in Muthmannsdorf

Der Kaiser wird Opfer des Fiebers

13. Dezember 1250. Während der Vorbereitungen zu einem Kriegszug nach Deutschland erliegt Kaiser Friedrich II. in Apulien einem Fieber. Zu seinem Nachfolger als König und Kaiser bestimmte er testamentarisch seinen Sohn Konrad IV., zu dessen Statthalter in Sizilien und Reichsitalien seinen Sohn Manfred. Nachdem Papst Gregor IX. Kaiser Friedrich II. 1245 für abgesetzt erklärt hatte, büßte der Monarch auch in Italien an Einfluß ein. 1248 verlor er die Romagna und Teile Mittelitaliens; 1249 entging er knapp einem Giftmordanschlag. Seinen korrupten Kanzler und Großhofrichter Petrus de Vinea – einst sein vertrauter Ratgeber – ließ er gefangennehmen. Im selben Jahr verlor der Kaiser seinen Lieblingssohn Enzio, der die Lombardei befrieden sollte: Enzio muß bis zu seinem Tod 1272 in Bolognas Gefängnissen schmachten.

Petrus de Vinea trug zur Vertiefung des Zwiespalts zwischen Kaiser und Kurie bei, indem er die Taten Friedrichs II. in Briefmanifesten als die Werke eines Gottgesandten feierte. Der Kaiser betonte dennoch stets seine Rechtsgläubigkeit. Die Auseinandersetzungen mit der Kurie sah er als einen politischen Machtkampf, nicht als Glaubenskrieg. Vor dem politischen Einfluß des Kaisers mußte der Papst zittern, denn die Prinzipien des Monarchen hießen Machtkonzentration in der Erbdynastie, straffe Verwaltungshierarchie, Polizeistaat, Planwirtschaft und militärische Kraft. Seine Gedanken von der »Staatstauglichkeit« ließen ihn zugleich auch Philosophie, Dichtung und Literatur, religiöses Gespräch und wissenschaftliche Gelehrsamkeit fördern. So gründete er 1224 die Universität Neapel.

Das politische Ziel, eine europäische Einigung, die Papst, Kaiser und das den Welfen verbundene England zusammenführen sollte, konnte nicht gelingen. Zu groß war bereits das Selbständigkeitsgefühl der europäischen Herrscher.

Mit dem Tod des Kaisers kündigte sich bereits die Zeit des Interregnums im Reich an, denn Konrad IV. versucht vergeblich, den staufischen Machtanspruch gegen den vor allem von den norddeutschen Fürsten unterstützten Gegenkönig Wilhelm von Holland durchzusetzen.

1251

1251–1260

Nach 1250. Wernher der Gartenaere verfaßt die Erzählung »Meier Helmbrecht«.→

12. 12. 1251. Przemysl Ottokar, der Sohn König Wenzels von Böhmen, zieht in Wien ein.→

1252. Klagenfurt erhält ein Stadtrecht.

7. 4. 1252. Przemysl Ottokar II. von Böhmen heiratet Margarete von Babenberg.

27. 12. 1252. Graf Meinhard II. von Görz und Graf Albert II. von Tirol schließen mit dem Salzburger Erzbischof Philipp von Spanheim den Frieden von Lieserhofen (Kärnten).→

Ende 1252. Steirische Stände wählen den ungarischen Königssohn Stephan zum Herzog von Steiermark.

1254. Der 6. Kreuzzug scheitert.→

3. 4. 1254. Friede von Ofen: König Béla IV. von Ungarn und Przemysl Ottokar II. einigen sich über eine Teilung der babenbergischen Länder.→

1256. Erzbischof Philipp von Spanheim muß zugunsten des vom ungarischen König unterstützten Bischofs Ulrich von Seckau zurücktreten.→

Steirische Adelige lehnen sich gegen die ungarische Herrschaft auf.

28. 1. 1256. Nach dem Tod des deutschen Gegenkönigs Wilhelm von Holland beginnt das Interregnum im Reich.

1257. Im Reich kommt es abermals zu einer Doppelwahl zweier Könige.→

1258. Der Bau der Dominikanerkirche in Friesach (Kärnten) wird beendet.

1259. Steirische Adelige bieten Przemysl Ottokar II. die Landesherrschaft an.

1260. In Krems (Niederösterreich) wird mit dem Bau der Gozzoburg begonnen.→

12. 7. 1260. In der Schlacht bei Kroissenbrunn im Marchfeld siegt Przemysl Ottokar II. über das Heer König Bélas IV.

GESTORBEN:

Um 1254. Bruck an der Mur (?): Rudolf von Ems (* um 1200), mittelhochdeutscher Dichter.→

21. 5. 1254. Bei Lavello (Apulien): Konrad IV. (* 25./26. 4. 1228), Herzog von Schwaben und König.

GEBOREN:

Um 1255. Rheinfelden: Albrecht I. von Habsburg († 1. 5. 1308), Herzog von Österreich und Steier, König.

Adolf Graf von Nassau († 2. 7. 1298), König.

Reitersiegel König Przemysl Ottokars II. (Haus-, Hof- und Staatsarchiv Wien)

Friede für Kärnten

27. Dezember 1252. Ein in Lieserhofen (Kärnten) geschlossener Frieden zwischen Graf Meinhard II. von Görz und Graf Albert II. von Tirol auf der einen und dem Salzburger Erzbischof Philipp von Spanheim auf der anderen Seite beendet das Streben des Grafen von Görz nach Kärnten.

Im Herbst hatte Graf Meinhard, unterstützt von seinem Schwiegervater Graf Albert, überraschend die Burg Greifenburg belagert, der einzige Besitz der Spanheimer in Oberkärnten. Ein Sieg des erzbischöflichen Heeres am 8. September beendet aber das Expansionsstreben der Görzer Grafen in Kärnten.

Böhmenprinz hält Einzug in Wien

12. Dezember 1251. Przemysl Ottokar II., der Sohn König Wenzels von Böhmen, zieht mit einem ansehnlichen Heer in Wien ein, wo er freundschaftlich empfangen wird. Der böhmische Prinz will seinen Anspruch auf die Herrschaft in Österreich geltend machen.

Im Frühjahr 1251 hatten die österreichischen Landstände in Trübensee am nördlichen Donauufer (gegenüber von Tulln) einen Landtag abgehalten, um über die Zukunft des Landes nach dem Tod des letzten Babenbergers (→ 15.6.1246) und der ungeklärten Nachfolge (→ 1247–1250) zu beraten. Ergebnis des Landtags war der Beschluß, einen Sohn der Markgräfin Konstanze von Meißen, Schwester des letzten Babenbergerherzogs, zum Landesherrn zu erbitten. Eine Gesandtschaft unter der Führung Heinrichs von Liechtenstein sollte die Bitte der österreichischen Stände in Meißen vorbringen.

Bei einem Zwischenaufenthalt in Prag schlug jedoch König Wenzel von Böhmen überraschend seinen Sohn und Thronerben Ottokar als neuen Herrn in Österreich vor. Ohne eine Entscheidung der überraschten Landstände abzuwarten, zog dieser mit einem stattlichen Heer und kostbaren Geschenken über Linz und Enns nach Wien, ohne dabei auf Widerstand zu stoßen (→ 3.4. 1254).

Die Kreuzfahrerschiffe werden mit Proviant beladen (Miniatur, 14. Jh.)

6. Kreuzzug

Zeit: 1248 bis 1254.

Anlaß: Der französische König Ludwig IX., der Heilige, gelobt, das Heilige Land zu retten. Ziel ist die Eroberung der muslimischen Hauptmacht Ägypten.

Teilnehmer: 25 000 Franzosen (10 000 erreichen das Heilige Land).

Anführer: König Ludwig IX.

Marschroute: Die Truppen nehmen den Seeweg von Marseille über Zypern nach Ägypten.

Finanzierung: Ludwig IX. besteuert die Kirche mit dem »Kreuzzugszwanziger«.

Ergebnis: Der Kreuzzug scheitert. Der gefangengenommene König muß freigekauft werden.

Babenberger Erbe wird aufgeteilt

3. April 1254. Im Frieden von Ofen teilen König Béla IV. von Ungarn und König Przemysl Ottokar II. von Böhmen die babenbergischen Länder auf Wunsch von Papst Innozenz IV. unter sich auf. Ottokar behält Österreich und erhält dazu den Traungau (Oberösterreich), das Salzkammergut und das Gebiet um Pitten (Niederösterreich); Béla IV. erhält die übrigen Teile des Herzogtums Steiermark.

Ottokar hatte sich im Frühjahr 1252 die Herrschaft über Österreich gesichert, als der 22jährige Böhmenprinz die 47jährige Babenbergerin Margarete, eine Schwester Herzog Friedrichs II., des Streitbaren, geheiratet hatte. Nach der Hochzeit in Hainburg an der Donau (für die der Papst wegen des Verwandtschaftsverhältnisses zuvor eine Dispens erteilen mußte) nannte sich der Böhme Herzog von Österreich und Steier. Wegen Ottokars Anspruch auf die Steiermark kam es allerdings schon bald zu Auseinandersetzungen mit dem ungarischen König. Ende 1252 wählten die steirischen Stände Stephan, den Sohn König Bélas IV., einstimmig zum Herzog von Steiermark. Erst die Vermittlung Papst Innozenz' IV. führt zur vorübergehenden Verständigung zwischen Béla IV. und Ottokar (seit dem Tod seines Vaters im September 1253 auch König von Böhmen) über das babenbergische Erbe.

Ein Laie als Erzbischof

1256. Im Streit um den Salzburger Erzbischofstuhl unterliegt Przemysl Ottokar II., König von Böhmen und Herzog von Österreich: Der von ihm unterstützte »erwählte« Erzbischof Philipp von Spanheim muß zugunsten des vom ungarischen König geförderten Bischofs Ulrich von Seckau zurücktreten.

Der Spanheimer war im Frühjahr 1247 vom Salzburger Domkapitel zum Erzbischof gewählt worden, obwohl er nicht dem geistlichen Stand angehörte. Die Wahl erfolgte gegen den Willen des Papstes, und Philipps Position blieb stets umstritten, da er auch weiterhin die Priester- und Bischofweihe ablehnte.

Eine Stadtburg in Krems

Um 1275. *Stadtrichter Gozzo von Krems an der Donau (Niederösterreich) läßt auf dem »Hohen Markt« ein burgartiges Gebäude errichten, das sich durch die wohlproportionierte Gestaltung auffallend von den üblichen Bürgerbauten dieser Zeit unterscheidet. Gozzo, der Besitzer dieser »Stadtburg«, war zunächst »Landschreiber ob der Enns« (procurator Anasi) und behält diese Stellung auch unter dem Böhmenkönig Przemysl Ottokar II. inne. 1288 tritt er in das Stift Zwettl in Niederösterreich ein, nach Gozzos Tod (1291) kommt sein Haus in den Besitz der Habsburger.*

◁ Vorderfront des burgartigen Gebäudes auf dem »Hohen Markt« von Krems an der Donau, der sog. Gozzoburg
▷ Blick in die für einen Profanbau äußerst seltenen frühgotischen Erdgeschoßlauben der Gozzoburg

Kurfürsten bei der Wahl uneinig

1257. Wie schon → 1198 kommt es in Deutschland nach dem Tod des letzten Staufers Konrad IV. (1254) und dem des Gegenkönigs Wilhelm von Holland (1256) zur Wahl zweier Könige; die Doppelwahl wird wesentlich von außerdeutschen Interessen bestimmt.

Die Kurfürsten von Mainz, Köln und der Pfalz (die englische Partei) wählen Richard von Cornwall, den Schwager von Kaiser Friedrich II. und Bruder des englischen Königs Heinrich III., zum deutschen König; die Kurfürsten von Trier, Sachsen und Brandenburg (die französische Partei) entscheiden sich für König Alfons X., den Weisen, von Kastilien, der ebenfalls – über seine Mutter – mit den Staufern verwandt ist. Der siebte Kurfürst, König Przemysl Ottokar II. von Böhmen, ist in seiner Wahl gespalten: Er gibt beiden Kandidaten die Stimme. Zwei Ausländer erheben Anspruch auf den deutschen Thron, und beide haben, um ihre Wahl durchzusetzen, mit Versprechungen und »Handsalben« (so werden Zahlungen an die Kurfürsten genannt) nicht gespart.

Verfassungsrechtlich neu an dieser Königswahl ist, daß sie erstmals allein von sieben Kurfürsten durchgeführt wird. Bisher haben (seitdem das Geblütsrecht allein für die Bestimmung des Königs nicht mehr ausreicht) alle Fürsten des Reiches den König wählen können.

Die Entstehung des Kurkollegiums als Wahlgremium des deutschen Königs ist nicht geklärt. Der »Sachsenspiegel« führt die Würde der Kurfürsten auf die »Erzämter« zurück, die er aus den vier germanisch-fränkischen Hausämtern des Truchseß, Marschalls, Kämmerers und des Schenks herleitet, und ergänzt sie durch die Ämter der Erzkanzler für die drei geistlichen Kurfürsten. Dieser Zusammenhang ist jedoch umstritten. – An der Herausbildung des Kurfürstentums ist auch der Papst nicht unbeteiligt. Innozenz III. hatte bei der Doppelwahl 1198 die Entscheidung über die Rechtmäßigkeit des Königs für sich beansprucht, da er ihn krönen sollte. Er billigte dabei den deutschen Fürsten freies Wahlrecht zu, erklärte jedoch die Beteiligung bestimmter Wähler für unentbehrlich. Die Kurfürsten nehmen dieses vom Papst formulierte besondere Gewicht einzelner Wählerstimmen für sich in Anspruch und leiten daraus das Recht ab, den König allein wählen zu können.

Sieben Fürsten wählen den König

Dem Kurfürstenkollegium gehören drei geistliche und vier weltliche Fürsten an, die ihre Würde aus den sog. Erzämtern ableiten. Die Bischöfe von Mainz, Köln und Trier haben die Ämter der Erkanzler inne:

- ▷ Erzkanzler des Reiches ist der Erzbischof von Mainz
- ▷ Erzkanzler für Italien ist der Erzbischof von Köln
- ▷ Erzkanzler für Gallien und Burgund ist der Erzbischof von Trier.

Die Ämter der weltlichen Kurfürsten sind nach den alten fränkischen Hausämtern benannt:

- ▷ Erztruchseß ist der Pfalzgraf bei Rhein
- ▷ Erzmarschall ist der Herzog von Sachsen
- ▷ Erzkämmerer ist der Markgraf von Brandenburg
- ▷ Erzschenk ist der König von Böhmen.

Realismus in der Dichtung

Nach 1250. Der aus dem oberösterreichischen Innviertel stammende Wernher der Gartenaere, vermutlich ein fahrender Sänger (»Spielmann«), schreibt die Erzählung »Meier Helmbrecht«.
Wernher der Gartenaere spiegelt in seiner Erzählung den Verfall des Rittertums und die allmähliche Auflösung der mittelalterlichen Ständeordnung. Die satirische Erzählung handelt von einem Bauernsohn, der aus Geltungssucht nach »Höherem« strebt. Doch statt zum angesehenen Ritter wird er nur zum gefürchteten Räuber, der schließlich aufgehängt wird.

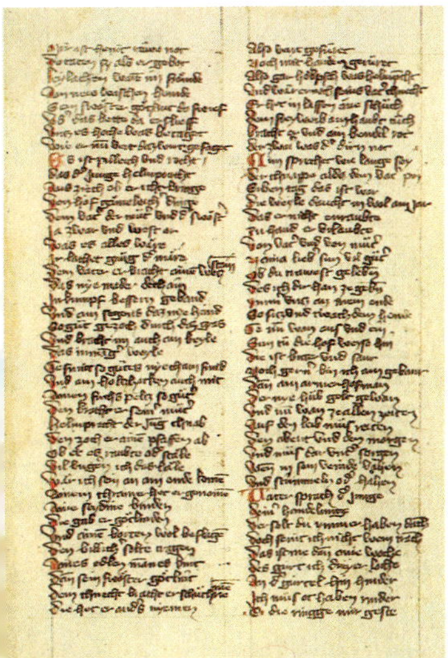

Seite aus dem »Meier Helmbrecht«

Ein Epiker und Reimchronist

Um 1254. Im Alter von etwa 54 Jahren stirbt der mittelhochdeutsche Epiker Rudolf von Ems – vermutlich in Bruck an der Mur (Steiermark). Rudolf stammte aus Hohenems in Vorarlberg und war Ministeriale der Herren von Montfort (am Bodensee). Das Werk Rudolfs steht in der Tradition der höfischen Epik, besonders in seinem 1235–1240 nach französischem Vorbild entstandenen Roman »Willehalm von Orlens« ist er um betont virtuose Sprachgestaltung bemüht. Seine 36000 Verse umfassende »Weltchronik« (unvollendet) reicht bis zu König Salomo und zeichnet sich durch ein stark lehrhaftes Moment aus.

1261

1261–1270

31. 3. 1261. Der erste Friede von Wien wird geschlossen.→

25. 10. 1261. Mit Zustimmung von Papst Urban IV. löst König Przemysl Ottokar II. von Böhmen seine Ehe mit Margarete von Babenberg und heiratet kurz darauf Kunigunde von Machow, eine Enkelin König Bélas IV. von Ungarn.

Um 1263. Die Westempore (Bischofskapelle) im Dom zu Gurk (Kärnten) wird mit Fresken ausgestattet.

1263. Przemysl Ottokar II. stärkt seine Machtposition.→

1264. Durch den Tod des letzten Kyburgers fällt die Grafschaft Kyburg an Graf Rudolf von Habsburg, einen Neffen des Verstorbenen.

Um 1266. Der Stadtplatz von Steyr in Oberösterreich, ein typisches Beispiel mittelalterlicher Stadtplatzgestaltung in Österreich, entsteht.

1267. Pfarrer Gerhard von St. Stephan gründet das Siechenhaus zum Klagbaum auf der Wieden vor Wien.

10.–12. 5. 1267. In der Wiener Stephanskirche wird eine »Provinzialsynode« abgehalten.→

1268. Przemysl Ottokar II. gründet Marchegg in Niederösterreich.→

Frühjahr/Sommer 1268. König Przemysl Ottokar II. schlägt mit Hilfe der Städte, Märkte und der Kirche einen Aufstand österreichischer und steirischer Adeliger nieder.

4. 12. 1268. Herzog Ulrich III. von Kärnten setzt seinen Vetter König Przemysl Ottokar II. vertraglich als Erben der Spanheimer Güter und Länder ein. Nach dem Tod Ulrichs am 27. Oktober 1269 wird der Böhmenkönig auch Herrscher über Kärnten und Krain.

Um 1270. Die Grafen von Görz-Tirol lassen einen Adlergroschen prägen.→

1270. Der siebte und letzte Kreuzzug wird abgebrochen.→

Herbst 1270. König Stephan V. von Ungarn fällt in Österreich ein (→ 14. 7. 1271).

GESTORBEN:

Um 1270. Der Tannhäuser (* nach 1200), Minnesänger.→

GEBOREN:

Um 1265. Otacher oûz der Geul (Ottokar von Steiermark; † 27. 9. 1320), Chronist.

Um 1270. Heinrich VI. († 2. 4. 1335), Herzog von Kärnten, Graf von Tirol, König von Böhmen und Polen.

Johann von Viktring († 1345/47), Chronist.

Ottokars Regierung

1263. Nachdem sich König Przemysl Ottokar II. von Böhmen am 6. August 1262 vom deutschen Schattenkönig Richard von Cornwall schriftlich und ohne Zustimmung der Kurfürsten mit Böhmen und den Herzogtümern Österreich und der Steiermark hat belehnen lassen, baut er seine Macht aus. Am 23. Dezember 1262 ließ sich Ottokar in Prag feierlich krönen.
Vom König bestätigt, geht er systematisch vor. Vom heimischen Adel fordert er alle Güter und Rechte zurück, die sich dieser seit dem Jahr 1246 angeeignet hat, und verlangt die Schleifung jener Burgen, die neu errichtet worden sind. Die wichtigsten Ämter in Österreich und der Steiermark übergibt er königstreuen böhmischen und mährischen Adeligen, die Bestimmungen des babenbergischen Landrechtes werden erneuert. Die Städte und Märkte sowie die Kirche fördert der Böhmenkönig sehr. Klug und überlegt schafft er sich durch diese Politik ein Gegengewicht gegen den Adel, indem er neue Städte anlegen läßt und die vorhandenen stärkt.

König Przemysl Ottokar (Otakar) II. von Böhmen (Federzeichnung im Stiftungsbuch »Liber fundatorum« des Klosters Zwettl in Niederösterreich)

Marchegg gegründet

1268. Allein militärische Überlegungen veranlassen König Przemysl Ottokar II. von Böhmen, im östlichen Marchfeld Niederösterreichs die Stadt Marchegg zu gründen. Südlich dieser Stelle befindet sich der alte Marchübergang, ein wichtiger Weg nach Osten – aber auch für die Einfälle nach Österreich. Hinzu kommt, daß es in diesem Bereich keinen gut befestigten Punkt gibt. (Bis heute ist Marchegg die östlichste Stadt Österreichs.)
Die systematisch angelegte Stadt ist eine von Mauern umgebene Rechteckanlage und erhält entsprechend befestigte Tore (Wiener und Ungartor sind teilweise erhalten), zwei rechteckige Stadtplätze und eine Stadtburg (das heute stark veränderte Schloß). Das Ausmaß der Stadt beträgt 900×750 m und soll 10000 Menschen Platz bieten, wird aber nicht fertig ausgebaut (heute rund 2200 Einwohner). Marchegg erhält auch eine großräumige frühgotische Pfarrkirche, die noch vor 1300 fertiggestellt wird.

Über eine Million Kreuzfahrer

1096–1270. An den insgesamt sieben Kreuzzügen, die seit 1096 stattfanden, nahmen über eine Million Menschen teil. Knapp die Hälfte von ihnen erreichte das Heilige Land. Die Zahl der Toten und Vermißten, die im Kampf starben, den Strapazen des Heerzuges nicht gewachsen waren oder Seuchen zum Opfer fielen, beläuft sich nach vorsichtigen Schätzungen auf über 500 000. Gemessen an ihrer Idee sind die Kreuzzüge, die päpstliche Unternehmen sein sollten, gescheitert. Ihr Ziel war fast immer Jerusalem. Die Kreuzfahrer wollten die Eroberung der Heiligen Stadt erreichen und die Erhaltung der heiligen Stätten für die Christenheit sichern. Der ursprüngliche Gedanke der Pilgerschaft ins Heilige Land, verbunden mit dem Gedanken von der Notwendigkeit und Berechtigung eines Heiligen Krieges gegen die Ungläubigen, schlug um in nationale Macht- und Interessenpolitik. Die universale Idee einer geeinten Christenheit geriet schnell in Vergessenheit. Die Päpste verloren bereits im zweiten Kreuzzug 1147–1149 die Kontrolle über die Kreuzzugsbewegung.

Der Kinderkreuzzug von 1212 bedeutete die Pervertierung der christlichen Kreuzzugsidee vom »Streiter Gottes« (miles christi). Religiöse Fanatiker und Geschäftemacher schickten Tausende von Kindern in den Tod. Bereits beim ersten Kreuzzug schlug die christliche Begeisterung in Haß auf Andersgläubige um. 1096 kam es zu den ersten Pogromen gegen Juden.

Unter Papst Innozenz III. wurden die Kreuzzüge im 13. Jahrhundert zu einem politischen Machtmittel, dessen man sich vor allem zur Durchsetzung politischer Ziele bediente. Man führte auch Kreuzzüge gegen getaufte Christen (Albigenserkreuzzug; 1209–1212).

7. Kreuzzug

Zeit: 1270.
Anlaß: Die Kreuzzugsbegeisterung des französischen Königs Ludwig IX., des Heiligen. Ziel ist die Bekehrung des Sultans von Tunis.
Teilnehmer: 25 000 Franzosen (10 000 erreichen Tunis).
Anführer: König Ludwig IX., Karl von Anjou.
Marschroute: Das Kreuzzugsheer segelt von Marseille aus.
Finanzierung: Der König finanziert den Kreuzzug privat.
Ergebnis: Ludwig IX., der Heilige, stirbt am 25. August 1270 vor Tunis. Karl von Anjou bricht das Unternehmen am 1. November ab, nachdem ihm der Sultan die gewünschten Rechte in Nordafrika zugestanden hat.

Parodiendichter Tannhäuser stirbt

Um 1270. Der Tannhäuser, ein vermutlich aus dem salzburgischen Lungau stammender Lied- und Spruchdichter, stirbt im Alter von etwa 66 Jahren. Sein Werk spiegelt die Auflösung höfischer Ideale und ritterlicher Lebensformen.

Tiroler prägen Adlergroschen

Um 1270. Graf Meinhard III. von Görz und sein Schwiegervater, Graf Albert III. von Tirol, lassen in Meran (Südtirol) nach Trientiner Vorbild einen »Adlergroschen« prägen. Auf einen dieser Groschen gehen 20 Veroneser Pfennige, daher werden sie auch »Zwanziger« genannt. Da die Münze ab 1271 auf einer Seite ein Doppelkreuz zeigt, kommt bald die Bezeichnung »Kreuzer« auf.

Das »Land ob der Enns« entsteht

31. März 1261. König Przemysl Ottokar II. von Böhmen und König Béla IV. von Ungarn schließen den ersten Frieden von Wien: Der ungarische König verzichtet zugunsten Ottokars auf das Herzogtum Steiermark, das ihm im Frieden von Ofen (→ 3. 4. 1254) zugefallen war.
Durch die Vereinigung des Traungaus mit den anderen obderennsischen Gebieten entsteht nunmehr das »Land ob der Enns« mit Linz als sich rasch entwickelnder Hauptstadt (→ 14. 7. 1271).

»Kombiniertes« Stadtwappen auf dem 1565–1568 errichteten Wacht- und Uhrturm (Stadtturm) von Enns

Provinzialsynode im Stephansdom

10.–12. Mai 1267. In der Wiener Stephanskirche findet eine von zahlreichen Äbten und Prälaten besuchte »Provinzialsynode« statt, die sich vornehmlich mit der Verbesserung von Zucht und Ordnung in der Kirche sowie der Bekämpfung von Irrlehren beschäftigt.
Anlaß für diese Zusammenkunft ist vermutlich das starke Anwachsen der als »ketzerisch« verurteilten Bewegung der Geißler (Flagellanten).
Die Wiener Provinzialsynode beschließt für die Geistlichkeit besondere Vorschriften in bezug auf Religiosität, Mäßigung und Keuschheit. Den Juden werden Verhaltensmaßregeln auferlegt: Sie sollen u. a. als besonderes Kennzeichen einen »gehörnten Hut« tragen.

1271

1271–1276

4. 3. 1271. Die Brüder Meinhard II. und Albert II. von Görz-Tirol teilen ihr Erbe. →

14. 7. 1271. Der zweite Friede von Wien wird geschlossen. →

1272. Graf Meinhard II. von Tirol gründet die Zisterzienserabtei Stams.

1. 10. 1273. Nach dem Tod König Richards von Cornwall wird Graf Rudolf IV. von Habsburg zum König gewählt. →

Dezember 1273. König Rudolf I. verkündet den allgemeinen Landfrieden für das Reich und fordert die seit 1245 widerrechtlich erworbenen Reichsgüter zurück.

20. 11. 1274. Albrecht von Habsburg, ältester Sohn Rudolfs I., heiratet Elisabeth, die Tochter Graf Meinhards II. von Tirol.

1275. König Przemysl Ottokar II. von Böhmen läßt in Wien eine Burg erbauen (heutiger Schweizertrakt).

24. 6. 1275. König Przemysl Ottokar II. werden die babenbergischen und spanheimischen Besitzungen entzogen, da er sich geweigert hat, bei König Rudolf I. um eine Neubelehnung nachzusuchen.

28. 3./16. und 30. 4. 1276. Feuersbrünste vernichten fast zwei Drittel der Stadt Wien. Der Böhmenkönig unterstützt die Bürger beim Wiederaufbau.

24. 6. 1276. Gegen König Przemysl Ottokar II. wird der Reichskrieg beschlossen. Fast kampflos besetzt Graf Meinhard II. von Tirol Kärnten, Krain und die Steiermark, König Rudolf I. zieht mit einem Reichsheer nach Österreich.

19. 9. 1276. Die Adeligen Kärntens und der Steiermark erkennen König Rudolf I. als neuen Landesherrn an.

18. 10. 1276. König Rudolf I. belagert das ottokartreue Wien. Als ein Großteil des Heeres Przemysl Ottokars II. den Böhmenkönig verläßt, muß sich dieser kampflos unterwerfen.

21. 11. 1276. Vor den Toren Wiens schließen Rudolf I. und Przemysl Ottokar II. Frieden. →

GESTORBEN:

1274/77 (?). Frauenburg: Ulrich von Liechtenstein (* um 1200), Landeshauptmann der Steiermark und Minnesänger. →

GEBOREN:

1271. Rheinfelden: Rudolf II. von Habsburg († 10. 5. 1290), Herzog von Österreich und Steiermark.

1274/75. Heinrich VII. († 24. 8. 1313), König und Kaiser.

Spanheimer gibt auf

14. Juli 1271. König Przemysl Ottokar II. von Böhmen und König Stephan V. von Ungarn schließen den zweiten Frieden von Wien (→ 31. 3. 1261): Der abgesetzte Salzburger Erzbischof Philipp von Spanheim verzichtet auf seine Ansprüche in Kärnten, und König Stephan V. erkennt Ottokars Herrschaft über Kärnten und Krain an.
Der ungarische König war im Herbst 1270 in Österreich eingefallen, um die Erbansprüche seines neuen Verbündeten, des ehemaligen »erwählten« Erzbischofs von Salzburg, Philipp von Spanheim (→ 1247), auf Kärnten zu verteidigen. Philipp war in einem am 4. Dezember 1268 geschlossenen Erbvertrag Herzog Ulrichs von Kärnten übergangen worden, der König Przemysl Ottokar zu seinem Nachfolger bestimmt hatte. Der Böhmenkönig konnte jedoch den ungarischen Einfall nicht nur abwehren, sondern im Verlauf der Kämpfe im April 1271 auch einen Teil des nordwestlichen Ungarns besetzen, sodaß Stephan V. in den zweiten Wiener Frieden einwilligen muß.

Erzbischof als Königsmacher (Figurengruppe im Mainzer Dom)

Rudolf I. gewählt

1. Oktober 1273. Nach langem Tauziehen gelingt es dem Mainzer Erzbischof Werner von Eppenstein, die deutschen Kurfürsten zur Königswahl in Frankfurt am Main zu versammeln und einen Nachfolger für den im April verstorbenen glücklosen König Richard von Cornwall zu küren: Nach längeren Beratungen entscheidet man sich einstimmig für Graf Rudolf IV. von Habsburg.
Einziger Gegenkandidat ist der abwesende König Przemysl Ottokar II. von Böhmen, dessen Kurrecht allerdings umstritten ist. Für ihn stimmt der Bruder des Pfalzgrafen bei Rhein, Herzog Heinrich von Niederbayern, ab – der sich ebenfalls für den Habsburger entscheidet.
Vergeblich läßt Przemysl Ottokar durch den Bischof von Bamberg Einspruch gegen die Wahl einlegen, auch ein Protest bei Papst Gregor X. (dem der Böhme sogar einen Kreuzzug verspricht) bleibt erfolglos. Rudolf von Habsburg ist keineswegs der »kleine, arme Graf«, als den ihn der Böhmenkönig bezeichnet; vielmehr ist er der vermögendste und wohl auch erfolgreichste Territorialherr im Südwesten Deutschlands. Sein Geschlecht läßt sich bis ins 10. Jahrhundert nachweisen, als die Habsburger Landgrafen des Zürich- und des Aargaus waren und die Vogteirechte am Vierwaldstättersee, in Schwyz, Uri und Unterwalden ausübten.
Allerdings ist Rudolf nicht so mächtig wie der Böhmenkönig, was vermutlich für die Kurfürsten gerade das ausschlaggebende Moment ist, ihn dem Böhmen vorzuziehen. Die Wahl des Habsburgers – einstimmig vollzogen – beendet nach 23 Jahren das Interregnum im Reich.

Frieden vor den Toren Wiens

21. November 1276. König Przemysl Ottokar II. von Böhmen muß vor den Toren Wiens Frieden mit König Rudolf I. schließen und auf Österreich, die Steiermark, Kärnten, Krain und die Windische Mark sowie das Egerland verzichten; dafür wird er von Rudolf I. mit Böhmen und Mähren belehnt. Der Beschluß wird von vier gewählten Schiedsrichtern bekräftigt.

Der Streit zwischen den beiden Herrschern hatte sich auf dem Reichstag zu Nürnberg im November 1274 zugespitzt, als König Rudolf I. ermächtigt wurde, alle seit 1245 erledigten oder neu vergebenen Reichslehen einzuziehen. Dieser Beschluß zielte vor allem auf das babenbergische Erbe und König Przemysl Ottokar II., der aufgefordert wurde, »binnen Jahr und Tag« um eine Neubelehnung anzusuchen. Am 25. Jänner 1275 wurde der Böhmenkönig zur Verantwortung nach Würzburg geladen, erschien allerdings nicht. Am 24. Juni wurden Przemysl Ottokar II. die babenbergischen und spanheimischen Besitzungen abgesprochen und der Böhme in die Reichsacht erklärt. Als der Geächtete sich auch weiterhin einer Herausgabe der Reichslehen widersetzte, folgte ein Jahr später die Erklärung der Aberacht und des Reichskriegs gegen ihn. Im Juli 1276 enthob Erzbischof Friedrich II. von Salzburg alle Untertanen des Böhmenkönigs des Eides, den sie ihrem Landesherrn geleistet hatten, und der Krieg gegen Przemysl Ottokar begann.

Rudolf I. zog mit einem Reichsheer gegen den Böhmenkönig, anfänglich direkt nach Böhmen, dann aber durch Österreich mit dem Ziel Wien. Am 10. Oktober 1276 erreichte das Heer Linz, am 15. Enns in Oberösterreich, am 18. schließlich das ottokartreue Wien. Der gelehrte Geschichtsschreiber Johann von Viktring verfaßt nachfolgenden Bericht über das Jahr 1276:

»Endlich betrat Rudolf, an Passau vorüberziehend, Österreich, nahm die feindlichen Festungen teils zu Gnaden an, teils legte er sie, wenn sie Widerstand leisteten, gänzlich nieder. Er belagerte Wien, verwüstete ringsum die Weinberge, Felder und Gärten und setzte die Belagerung sechs Monate lang fort. Zugleich erschien auf Befehl des Königs Graf Meinhard von Tirol in Kärnten und Steier, die Edlen fielen ihm zu, und rasch beugte er Städte und Einwohner dem Willen des Königs ... schließlich, indes sie die Umstrikkung allzusehr bedrängte, unterwarfen sie sich der Gnade des Königs, verlangten aber, daß er die Freiheiten und Rechte ihrer Stadt durch königliche Urkunden verbürge. Der König ging gern darauf ein und gewann so die Stadt.«

◁ *Rudolf I. (Fürstenfenster, St. Stephan; Historisches Museum Wien)*

Landesfürstentum Tirol gegründet

4. März 1271. Die Brüder Meinhard II. und Albert II. von Görz-Tirol führen auf Schloß Tirol eine Erbteilung durch, nachdem sie zehn Jahre lang gemeinsam regiert haben. Die Mühlbacher Klause am Eingang des Pustertals wird als Grenze festgelegt. Meinhard erhält die westlich dieser Talenge gelegene Grafschaft Tirol, Albert den östlichen Görzer Besitz, Görz, Istrien und das Pustertal.

Beiden Grafen bleiben die Titel erhalten; ferner einigt man sich auf eine Teilung der Einkünfte aus dem Berg- und Zollregal. Für den Fall des Aussterbens einer der beiden Linien wird zudem das gegenseitige Erbrecht vertraglich vereinbart, doch können sich die Görzer Grafen weder in Kärnten (→ 2.4.1335) noch in Tirol (→ 29.9.1369) gegen die Habsburger Konkurrenz durchsetzen.

Graf Meinhard waren 1259 durch seine Ehe mit der zehn Jahre älteren Elisabeth von Wittelsbach, der Witwe König Konrads IV., die staufischen Güter in Nordtirol zugefallen. Nun vollendet er das von seinem Haus begründete Landesfürstentum, die Grafschaft Tirol, »das Land an der Etsch, im Gebirg und im Inntal«.

Landeshauptmann und Minnesänger

1274/77. Auf seinem Stamm- und Lieblingssitz der Frauenburg bei Unzmarkt, stirbt der Minnesänger und Führer des steirischen Adels, Ulrich von Liechtenstein. Er wurde um 1200 geboren, war seit 1241 Truchseß und seit 1245 Landrichter und Landeshauptmann der Steiermark. Tapfer hatte er an mehreren Feldzügen teilgenommen – auch an der schicksalhaften Schlacht an der Leitha am → 15. Juni 1246.

Ulrich schrieb 57 Lieder und zwei Taglieder sowie die autobiographischen Epen »Frauendienst« (1255) und »Frauenlob« (1257), die er mit wertvollen kulturgeschichtlichen Einblicken in das Leben seiner Zeit ausgestaltet hat.

Ulrich war weit über die Grenzen seiner Heimat hinaus bekannt, wozu seine 1227 durchgeführte Minne- und Turnierfahrt wesentlich beigetragen hat: Als »Frau Venus« verkleidet hatte er von Venedig aus die Fahrt angetreten, die ihn durch Friaul, Kärnten, Steiermark und Österreich bis nach Böhmen führte

◁ *Ulrich von Liechtenstein (Manessische Handschrift, 1. Hälfte 14. Jh.)*

Die Habsburger – Österreichs neue Herren

Der Zerfall der alten Ordnung

Das in vielfacher Beziehung einheitliche Gefüge der mittelalterlichen Welt begann im 13. Jahrhundert, systematisch auseinanderzubrechen. Der Alltag der Menschen wandelte sich und wurde immer mehr von wirtschaftlichen und rechtlichen Bestimmungen beeinflußt. Die Selbstverständlichkeit der abendländischen Theologie hatte erstmals – durch die sich stark entwickelnde Scholastik, die sich bemühte, die Rationalität des natürlichen Denkens mit der Autorität der Kirchenlehrer zu vereinen – eine empfindliche Niederlage hinnehmen müssen. Die Rationalität, das realitätsbezogene Denken, bewirkte das Erstarken der städtischen Lebensform und der Geldwirtschaft.

Parallel zu dieser Entwicklung ging die führende Stellung des deutschen Reiches in Europa verloren – zugunsten von Frankreich, das kulturell führend war, in Paris den Mittelpunkt der Scholastik beherbergte und (nach Italien) die ersten Universitäten gegründet hatte (Paris, Montpellier, Angers und Toulouse). Frankreich war es zudem gelungen, die Kirche auf seine Seite zu ziehen: Von 1309 bis 1377 wurde Avignon zum Exil für sieben Päpste.

Während der letzte Stauferkönig Konradin sich um die Sicherung seiner Herrschaft in Italien mühte, nahm die zentrale Reichsgewalt nördlich der Alpen zusehends ab und zerfiel schließlich durch den Streit der vielfach vorhandenen Sondergewalten. Die Vielstaaterei führte sogar dazu, daß zwei »Ausländer«, Alfons X. von Kastilien und Richard von Cornwall, zu deutschen Königen gewählt wurden. Für die Interessen der einzelnen Fürsten war die Schwäche des Königtums wohl von Vorteil – ein Verantwortungsgefühl für das Reich als Ganzes schien es nicht mehr zu geben.

Das Ende des Interregnums

Dieses Erbe trat 1273 der bereits 55jährige Rudolf I. von Habsburg an. Vielfach herrschte die Auffassung, auch mit ihm sei ein eher schwacher König gewählt worden. Daß Rudolf sich sowohl gegen die nur ihre eigenen Interessen verfolgenden Territorialfürsten und die teilweise mächtigen Städte als auch gegen seinen stärksten Rivalen, den böhmischen König Przemysl Ottokar II., durchsetzen und seine Herrschaft festigen konnte, war für viele eine Überraschung. Rudolf von Habsburg entwickelte sich in kurzer Zeit zu einem bedeutenden Regenten: Es gelang ihm nicht nur, die Autorität des deutschen Königtums wiederherzustellen, er stärkte es auch wesentlich. Zudem mehrte er in seinen Stammlanden die habsburgische Hausmacht und weitete sie auf die Ostalpenländer aus. Mit Zustimmung der Kurfürsten belehnte er seine Söhne mit den Herzogtümern Österreich und Steiermark und begründete damit die erbliche Herrschaft der Habsburger über Österreich. Bis zu seinem Tod 1291 war die Macht Rudolfs I. derart gewachsen, daß die deutschen Kurfürsten keinen Nachfolger aus dem Hause Habsburg wählen wollten. Statt dessen wählten sie den schwachen Grafen Adolf von Nassau zum König, der nach siebenjährigem, vergeblichen Bemühen, seinen Herrschaftsanspruch durchzusetzen, in der Schlacht auf dem Hasenbühl 1298 wiederum von einem Habsburger besiegt wurde und im Kampf sein Leben ließ. Rudolfs ältester Sohn, Albrecht I., eine tatkräftige Persönlichkeit, bestieg als zweiter Habsburger den deutschen Thron.

Die Konkurrenz Luxemburg

Nach nur zehnjähriger Herrschaft mußten die Habsburger die Krone erneut einer anderen Dynastie überlassen: Nachdem Albrecht I. wegen Erbstreitigkeiten von einem seiner Neffen ermordet worden war, wählten die Kurfürsten einen Luxemburger, Heinrich (VII.), zum König. Für 130 Jahre wurden die Luxemburger nun die stärksten Konkurrenten der Habsburger um den Führungsanspruch im Reich.

Ihre Stellung festigten die Luxemburger vor allem durch die Ausweitung ihrer Hausmacht auf Böhmen (1310), sodaß sich 1346 der böhmische Thronfolger Karl (IV.) im Kampf um die Reichskrone durchsetzen konnte. Unter seiner Regierung wurde in Prag die erste deutsche Universität gegründet, mit der »Goldenen Bulle« von 1356 schuf er das »Grundgesetz« für das deutsche Reich, das de facto bis zum Jahr 1806 Gültigkeit behielt.

Als Reaktion auf die »Goldene Bulle«, in der die Habsburger übergangen wurden, ließ Herzog Rudolf IV. von Österreich und Steiermark eine Urkunde fälschen, das Privilegium maius, die den Habsburgern eine den Kurfürsten vergleichbare Stellung einräumte, in ihrer vollen Bedeutung allerdings erst viel später zum Tragen kam.

1410 bestieg mit Siegmund I. wieder ein starker (Luxemburger) König den Thron. Siegmund, ein Sohn Karls IV. und zuvor König von Ungarn, bewies sein diplomatisches Geschick vor allem auf dem Basler Reformkonzil (1431–1439); die Hussitenbewegung und das intensive Aufkeimen des böhmischen Nationalbewußtseins stellten ihn aber vor schwere Aufgaben, die er bis zu seinem Tod nicht zu lösen vermochte. Mit ihm starb 1437 das Geschlecht der Luxemburger aus, und der Erbvertrag von 1421 trat in Kraft, durch den Herzog Albrecht V. von Österreich und Steiermark – verheiratet mit der einzigen Tochter Kaiser Siegmunds – die Nachfolge im Reich antrat.

Damit fiel die Krone erneut an das Haus Habsburg und blieb – mit einer kurzen Unterbrechung von 1742 bis 1745 – den Habsburgern erblich, bis sie Kaiser Franz II. (I. von Österreich) 1806 in der Erkenntnis niederlegte, daß es de jure und de facto kein deutsches Reich mehr gab.

Habsburgs Territorialpolitik

Während der Luxemburgischen Ära waren die Habsburger darum bemüht, ihre Erblande zu festigen und zu mehren. Diese waren von Beginn an alles andere als ein Einheitsstaat. Jedes einzelne hatte seine eigene Verwaltung, Regierung und – nicht zu vergessen – eigene Stände. Die historisch gewachsenen Länder wurden allein durch die Person des Herrschers zusammengehalten.

Früh erkannten die Habsburger die Wichtigkeit eines ungeteilten Erbes, doch wurde diese Erkenntnis 1379 aufgegeben: Das Haus Habsburg teilte sich in eine albertinische (österreichische) und eine leopoldinische (steirische) Linie. Damit aber nicht genug: Ein Vierteljahrhundert später teilte sich die leopoldinische Linie abermals (in eine tiroler und eine steirische). Was jedoch in anderen Ländern zu einem unwiderruflichen Faktum wurde, blieb in Österreich nur Zwischenspiel – nicht immer harmonisch, aber überwindbar. Der 1452 zum Kaiser gekrönte Friedrich III. vereinte die habsburgischen Länder wieder in einer Hand und legte während seiner 53jährigen Herrschaft trotz aller innen- und außenpolitischen Schwierigkeiten den Grundstein zum Aufstieg der Habsburger zur Großmacht.

In seinen 78 Lebensjahren hat Friedrich nicht nur viele seiner Weggenossen und Rivalen überlebt, er bewährte sich auch als zäher Diplomat, der Heiratspolitik als Erbpolitik betrieb. Der – dem ungarischen König Matthias Corvinus zugeschriebene – Spruch »Bella gerant alii, tu felix Austria nube« (Kriege mögen andere führen, du, glückliches Österreich, heirate) charakterisiert treffend diese Politik des Kaisers, dessen Symbol, die Vokalreihe AEIOU (deren Bedeutung unklar ist; vermutlich entsprang sie den magisch-mystischen Beschäftigungen des Herrschers), weltgeschichtliche Bekanntheit erlangt hat.

Die »Habichtsburg«, Stammburg der Habsburger (Miniatur, 16. Jh.)

Gingen auch die alten Schweizer Besitzungen des Hauses Habsburg verloren, so gelang doch die Errichtung der habsburgischen Vorlande und – durch die Heirat Maximilians, des Kaisers Sohn und Erbe im Reich, mit Maria von Burgund (1477) – eine weitere Machtentfaltung Habsburgs, wenn zugleich auch aus dem Streit um das burgundische Erbe eine (langanhaltende) Feindschaft mit Frankreich entstand.

Mit einer weiteren Heirat wurde vorerst die letzte Sprosse des habsburgischen Aufstiegs erklommen: Die Hochzeit Philipps des Schönen, Sohn Maximilians I., mit der schwermütigen spanischen Prinzessin Johanna (der Wahnsinnigen) sollte durch das spanische Erbe die Grundlage für ein europäisches Kaisertum der Habsburger legen. Trotz des frühen Todes Philipps des Schönen konnte Maximilian seinem erst sechsjährigen Enkel Karl (V.) die Herrschaft sichern; die burgundisch-österreichischen Länder waren so mit dem europäisch-überseeischen Gebiet Spaniens in einer Hand vereinigt. Im Reiche Kaiser Karls V. ging die Sonne tatsächlich nicht mehr unter.

1555/56 teilte sich das Haus Habsburg erneut: Karls Sohn Philipp (II.) erhielt Spanien samt seinen Kolonien sowie die Niederlande, Karls Bruder Ferdinand (I.) übernahm die Herrschaft im Reich und begründete die österreichische Linie des Hauses, die in der Folge zur europäischen Großmacht aufstieg.

Die Förderung des kulturellen Lebens

Auch auf kulturellem Gebiet zeigten sich die Habsburger als aktive und vorwärtsblickende Regenten. Herzog Rudolf IV., mit Recht »der Stifter« genannt, gründete 1365 in Wien die zweite deutsche Universität. Trotz seiner regen und wohlüberlegten (Vertrags-)Politik fand er genügend Zeit, die kulturelle Entwicklung seiner Länder voranzutreiben. Er unterstützte ganz wesentlich den Bau von St. Stephan in Wien und wußte geschickt die Entwicklung der Städte zu begünstigen.

Dieses Erbe der kulturellen Förderung pflegten auch seine Nachfolger, nicht immer mit überdurchschnittlichem Erfolg, aber beständig und ohne Unterbrechung. In der mitteleuropäischen Geisteswelt des 15. Jahrhunderts hatte Österreich sein Wort mitzureden, obwohl es noch dem gotischen Gedankengut, besonders in der Baukunst, anhing. Der frühe Humanismus war in der zweiten Hälfte des 15. Jahrhunderts am Innsbrucker Hof Erzherzog Siegmunds von Tirol und seiner Gattin Eleonore von Schottland fest verankert, und unter Maximilian I. wurde Wien zu einem Zentrum der humanistischen Gedankenwelt. Wissenschaftliche Leistungen galten bald ebensoviel wie rein materielle.

Der zwangsläufig entstehende Einfluß durch die Erkenntnis der Weite der Welt, der Vielfalt ihrer Kulturen und Völker – und auch ihrer Reichtümer – bewirkte unter den Habsburgern eine intensive Beschäftigung mit dem neuen Kulturbereich. Dieses Interesse war in überwiegendem Maße idealistisch begründet, wenn auch gelegentlich andere (»weltlichere«) Motive eine nicht unerhebliche Rolle spielten.

1277

1277–1280

18. 1. 1277. König Rudolf I. hält in der Minoritenkirche in Wien eine Versammlung wegen der geistlichen Lehen ab, wobei beschlossen wird, daß kein Kirchenfürst ohne Wissen des Domkapitels Kirchengüter verleihen oder veräußern darf.

4. 3. 1277. Die Juden erhalten von König Rudolf I. das Recht, nur mehr vom König selbst gerichtet zu werden.

Sommer 1277. Um die Kosten für den vergangenen Feldzug decken zu können, verfügt König Rudolf I. für Österreich eine empfindliche Grundsteuer. Die entstandene Unzufriedenheit führt zu Fehden zwischen den Parteigängern Rudolfs und König Przemysl Ottokars II. von Böhmen.

20./24. 6. 1278. Wien erhält von König Rudolf die alten Stadtrechte bestätigt und wird zum dritten Mal zur freien Reichsstadt erhoben.

27. 6. 1278. Der Böhmenkönig zieht mit einem ansehnlichen Heer gegen Österreich.

26. 8. 1278. Schlacht auf dem niederösterreichischen Marchfeld: König Rudolf I. fügt dem Böhmenkönig eine vernichtende Niederlage zu. →

17. 10. 1278. Der Friede von Sedletz wird geschlossen. →

14. 2. 1279. Die Wiener Burg wird erstmals urkundlich erwähnt.

21. 7. 1279. Durch den Tod des letzten Spanheimers fällt das Herzogtum Kärnten als freies Lehen an das Reich. Graf Meinhard II. von Görz-Tirol, der bereits seit 1276 Statthalter in Kärnten ist, erhält die Verwaltung übertragen und Krain und die Windische Mark werden an ihn verpfändet.

Um 1280. Der Wiener Bürger Jans Enikel, auch Enenkel und Enichel (des Jans/Johans Enkel), verfaßt eine »Weltchronik« und ein »Fürstenbuch«, zwei wesentliche Quellen zur Geschichte Wiens und der Babenbergerzeit.

31. 8. 1280. König Rudolf I. legt den Grundstein für das von ihm gestiftete Dominikanerinnenkloster in Tulln (der angeblich ersten Habsburgergruft).

GESTORBEN:

26. 8. 1278. Auf dem Marchfeld: Przemysl Ottokar II. (* 1233), König von Böhmen. →

21. 7. 1279. Philipp von Spanheim (* ?), der »Erwählte« (Erzbischof) von Salzburg.

GEBOREN:

1280. Wien: Anna von Österreich († 1364), Königin von Ungarn.

König Rudolf I. vor dem Leichnam seines Konkurrenten, König Przemysl Ottokar II. (Kupferstichkabinett Brünn)

Die Schlacht auf dem Marchfeld

26. August 1278. Auf dem Marchfeld in Niederösterreich (bei den Orten Dürnkrut und Jedenspeigen) treffen die Heere König Rudolfs I. und König Przemysl Ottokars II. von Böhmen aufeinander; beide Herrscher befehlen ein Aufgebot von angeblich 30 000 Mann.

Der Böhmenkönig ist offensichtlich nicht bereit, sich mit seiner Niederlage vom Oktober 1276 abzufinden, in deren Folge er zugunsten Rudolfs auf die babenbergischen und spanheimischen Gebiete verzichten mußte (→ 21. 11. 1276). So versuchte Ottokar im April 1278, sich die aufkommende Unzufriedenheit in Österreich zunutze zu machen (die durch eine empfindliche Grundsteuer Rudolfs ausgelöst worden war) und einen Aufstand zu fördern, der aber durch das vorzeitige Losschlagen des Herrn Heinrich von Kuenring aufgedeckt wurde.

Am 27. Juni brach der Böhmenkönig daraufhin mit einer großen Streitmacht nach Österreich auf, um die Entscheidung auf dem Schlachtfeld zu suchen. Rudolf zog ihm von Wien aus entgegen, nachdem er sich im Vorjahr die Waffenhilfe des ungarischen Königs vertraglich gesichert hatte. Auf dem Marchfeld kommt es zur Begegnung der beiden Heere.

In vier Haufen kämpfen auf der Seite des Habsburgers Österreicher, Steirer, Kärntner, Salzburger, Schwaben, Schweizer und König Ladislaus IV. von Ungarn mit seinen Truppen; König Ottokar kämpft in sechs Heerhaufen mit Böhmen, Mährern, Thüringern, Meißnern, Bayern, Schlesiern, Sachsen und Polen. Gegen neun Uhr vormittags beginnt das Ringen; wechselvoll wogt der Kampf hin und her und einmal wird das Pferd König Rudolfs unter seinem Leib erstochen. Sein Gefolgsmann Walter von Ramswag aus dem Thurgau, der Heimat des Königs, rettet ihn.

König Przemysl Ottokar II. von Böhmen, der auf dem Marchfeld ermordet wird (Holzschnitt; Österreichische Nationalbibliothek Wien)

Des Habsburgers Taktik, eine bescheidene, aber gute Reserve zurückzubehalten, führt schließlich die Entscheidung herbei. Der Flankenangriff dieser Reserve unter dem steirischen Ministerialen Ulrich von Kapellen gegen 12 Uhr mittags bringt die endgültige Wende der Schlacht mit einer heillosen Flucht des ottokarischen Heeres. Ungezählte Getreue des Böhmenkönigs ertrinken bei der Flucht über die March.

König Przemysl Ottokar wird erschlagen; man findet seinen Leichnam zwischen den Orten Jedenspeigen und Drösing. Die Vermutung liegt nahe, daß er durch persönliche Feinde getötet worden ist (vielleicht von Seifried von Mährenberg). Der Böhme wird in Prag beigesetzt. (Seine Grabstätte wird erst am 14. Dezember 1976 hinter dem Hauptaltar des St. Veits Domes entdeckt.)

Die Verluste des böhmischen Heeres betragen rund 12 000 Mann, die der habsburgischen Seite sind nicht bekannt. Wenn die überlieferten Heeresstärken stimmen, so ist der Waffengang auf dem Marchfeld die wohl größte Ritterschlacht der Geschichte. Durch den entscheidenden Sieg König Rudolfs I. ist die Vormachtstellung der Przemysliden endgültig gebrochen und ein Grundstein für die habsburgische Macht gelegt.

Ehen stiften Frieden

17. Oktober 1278. Im Kloster Sedletz bei Kuttenberg in Böhmen wird Friede zwischen König Rudolf I. von Habsburg und dem erst siebenjährigen König Wenzel II. von Böhmen geschlossen.

Wenzel, der Sohn Przemysl Ottokars II., hat nach dem Tod seines Vaters in der Schlacht auf dem Marchfeld die Nachfolge in Böhmen angetreten. Er steht unter der Vormundschaft des Markgrafen Otto von Brandenburg, der Wenzel in einer Art Gefangenschaft hält.

In Sedletz wird der Wiener Frieden vom → 21. November 1276 erneuert und König Wenzel die Herrschaft über Böhmen und Mähren zugesichert. Zwei Hochzeiten zwischen den Kindern Rudolfs und Ottokars (bereits 1276 vereinbart) sollen einen dauernden Frieden garantieren. Mitte November findet die Doppelhochzeit in Iglau statt: Wenzel II. wird mit Gitta (auch Jutta) von Habsburg vermählt, Rudolf II. (der jüngste Sohn des Königs) heiratet Agnes, die Schwester Wenzels.

König Wenzel II. von Böhmen mit den Reichsinsignien (Chronica Aulae Regiae, Iglauer Handschrift)

Stadtrecht für Bruck an der Mur

1277. *König Rudolf I. verleiht Bruck an der Mur (Steiermark) das Stadtrecht und bestätigt zugleich das Recht der Salzniederlage, das zur Basis des wirtschaftlichen Aufschwungs des 860 erstmals urkundlich erwähnten Ortes wird (Abb.: Maßwerkscheibe aus der ehemaligen Minoritenkirche, Ende 13. Jh.; Steiermärkisches Landesmuseum Graz).*

1281

1281–1290

Um 1281. Vermutlich am Hof des Bischofs von Seckau werden die »Carmina burana«, eine Sammlung von Minne-, Spiel-, Naturliedern und Satiren, in lateinischer und deutscher Sprache aufgezeichnet. →

16. 2. 1281. Anna (vor der Krönung Gertrud), die Gemahlin König Rudolfs I., stirbt in Wien. Ihr Leichnam wird nach Basel überführt.

Ende Mai 1281. König Rudolf I. setzt seinen ältesten Sohn Albrecht als Reichsverweser in Österreich und der Steiermark ein.

24. 7. 1281. Albrecht von Habsburg erneuert das Niederlagsprivileg »für des Reiches Hauptstadt Wien«.

Sommer 1282. Nach längerer Verhandlung mit den Kurfürsten erhält König Rudolf I. die Zustimmung, seine Söhne mit den babenbergischen Herzogtümern belehnen zu dürfen.

22. 8. 1282. Erste urkundliche Nennung eines Bürgermeisters in Wien: Der Bürger Konrad Poll (Pollo) wird in einer Urkunde des Wiener Rates als »Magister civium« bezeichnet.

17.–21. 12 1282. Reichstag zu Augsburg. König Rudolf I. belehnt seine Söhne Albrecht und Rudolf zur »gemeinsamen Hand« mit den Herzogtümern Österreich und Steiermark. Mit Krain und der Windischen Mark werden sie ebenfalls belehnt, die Verpfändung der Länder an Graf Meinhard II. von Görz-Tirol bleibt aber bestehen. →

1283. In Großreifling (Steiermark) entsteht das Herrenhaus, ein stattlicher Ansitz eines »Hammermeisters« (Besitzer mehrerer kleiner Eisenhämmer).

1. 6. 1283. In Rheinfelden (Schweiz) wird das erste habsburgische Hausgesetz beschlossen. →

1284. In Murau (Steiermark) wird eine Pfeilerbasilika erbaut (die heutige Stadtpfarrkirche), einer der frühesten gotischen Bauten der Steiermark.

1285. Der 1269 begonnene Bau des Langhauses an der Pfarrkirche von Imbach (Niederösterreich) wird abgeschlossen.

1. 2. 1286. Als Dank für seine Hilfe im Kampf gegen den Böhmenkönig Przemysl Ottokar II. wird Graf Meinhard III. von König Rudolf I. mit dem Herzogtum Kärnten belehnt (→ 1. 9. 1286).

Sommer 1286. König Rudolf I. führt einen Krieg (mit Unterbrechungen bis 1288) gegen die verbündeten schwäbischen Grafen, denen sich auch Graf Ulrich von Montfort-Bregenz angeschlossen hat.

1. 9. 1286. Graf Meinhard III. wird feierlich als Herzog von Kärnten eingesetzt. →

1287. Wiener Patrizier lehnen sich gegen Herzog Albrecht I. auf, weil dieser die Reichsunmittelbarkeit der Stadt nicht bestätigt und »Schwaben« in mehrere Ämter eingesetzt hat. Während der Auseinandersetzung zieht sich Albrecht auf den Kahlenberg zurück und schneidet der Stadt die Lebensmittelzufuhr ab.

1288. In Wien ist die »St. Nicolai-Bruderschaft« nachweisbar, die älteste »Musikerzunft« im deutschsprachigen Raum.

Die Bruderschaft der Steinmetzen wird in Wien erstmals als Zunft genannt.

18. 2. 1288. In Klosterneuburg müssen sich Richter, Bürgermeister, Ratsherren und die Bürgergemeinde von Wien verpflichten, Herzog Albrecht I. als Herrn anzuerkennen. Von prominenten Patriziern verlangt Albrecht sogar einen Treuebrief.

28. 2. 1288. Feierlicher Verzicht Wiens auf die Privilegien, die König Rudolf I. am 20. und 24. Juni 1278 ausgestellt hat – Wien ist damit wieder eine landesfürstliche Stadt.

Sommer 1289. König Rudolf I. schließt mit den Grafen Rudolf und Hugo von Montfort Frieden, wodurch die seit dem Sommer 1286 dauernden Kriegszüge beendet werden. Harte Bedingungen zwingen die Montforter zu Zwangsverkäufen an Habsburg.

Vor 1290. Am Chorbogen und in der Apsis der Pfarrkirche von Michelstetten (Niederösterreich) entstehen Wandmalereien im sog. knittrigen oder Zacken-Stil.

Um 1290. Das Brunnenhaus im Kreuzgang des Stiftes Heiligenkreuz wird errichtet und mit bedeutenden Glasfenstern ausgestattet.

Der Wettinger Stifterkelch des Klosters Mehrerau (Vorarlberg) wird hergestellt. Er ist aus vergoldetem Silber und hat Medaillons aus durchscheinendem Email, eine Konstanzer Arbeit.

31. 8. 1290. König Rudolf I. belehnt Herzog Albrecht I. von Österreich mit Ungarn; bereits im Frühjahr 1291 muß der Habsburger allerdings wieder auf die Krone verzichten. →

GESTORBEN:

10. 5. 1290. Prag: Rudolf II. von Habsburg (* 1271), Herzog von Österreich und Steiermark (27. 12. 1282 – 1. 6. 1283).

GEBOREN:

1281. Wien: Rudolf III. von Habsburg († 4. 7. 1307), Herzog von Österreich und Steiermark, König.

Um 1283. Ludwig IV., der Bayer († 11. 10. 1347), König und römischer Kaiser.

1289. Wien: Friedrich I., der Schöne, von Habsburg († 13. 1. 1330), Herzog von Österreich und Steiermark, König.

1290. Prag: Johann von Habsburg (Johann Parricida; † 13. 12. 1313), Sohn Herzog Rudolfs II.

4. 8. 1290. Wien: Leopold I. von Habsburg († 28. 2. 1326), Herzog von Österreich und Steiermark.

Habsburgisch-österreichische Hausmacht gegründet

17.–21. Dezember 1282. *Auf dem Reichstag zu Augsburg werden die Söhne König Rudolfs I., Albrecht und Rudolf, »zur gemeinsamen Hand« mit den Herzogtümern Österreich und Steiermark belehnt. Die Belehnung nimmt der königliche Vater selbst vor, nachdem er die Zustimmung der Kurfürsten erhalten hat. Zahlreiche adelige Herren aus den Donaugebieten sind zu dem feierlichen Akt erschienen, der die habsburgisch-österreichische Hausmacht begründet (Abb. aus dem »Ehrenspiegel« der Fugger, Augsburg, um 1555).*

Die Rheinfelder Hausordnung

. Juni 1283. Mit dem Vertrag von heinfelden in der Schweiz wird das rste habsburgische Hausgesetz – ie Rheinfelder (oder Habsburgi-che) Hausordnung – beschlossen. ie bestimmt Herzog Albrecht I., den ltesten Sohn König Rudolfs I., zum leinigen Regenten in Österreich, er Steiermark, Krain und der Win-ischen Mark (mit allen Rechten, ie sie zuvor den Babenbergern Herzögen zugestanden haben). Der König reagiert mit diesem Hausgesetz auf ein Ersuchen zahlreicher Adeliger aus den babenbergischen Herzogtümern, die »Doppelregierung« seiner Söhne Albrecht und Rudolf zu beenden, die auf dem Reichstag zu Augsburg (→ 17.–21. 12. 1282) beschlossen worden ist. Herzog Rudolf, bisheriger Mitregent Albrechts, soll binnen vier Jahren mit Geld oder Land abgefunden werden (er stirbt allerdings 1290, ohne bis dahin in irgendeiner Form eine Abfindung erhalten zu haben; → 1. 5. 1308).

Österreichische Ministeriale bekräftigen in einer separaten Urkunde die Rheinfelder Hausordnung, mit der die eigentliche Landesherrschaft der Habsburger Dynastie in Österreich beginnt.

Amtseinsetzung eines Herzogs

1. September 1286. Graf Meinhard II. von Görz-Tirol wird auf dem Kärntner Herzogsstuhl feierlich in sein Amt eingesetzt. Es ist dies die erste urkundlich belegte Herzogseinsetzung in Kärnten, deren (seit langem praktizierter) Ablauf genau festgelegt ist.

Die offizielle Einsetzung des Kärntner Landesfürsten beginnt in der Karnburg auf dem Fürstenstein. Dort sitzt der »Herzogbauer« (aus der Mitte der freien Bauern gewählt), der den in bäuerlicher Kleidung erschienenen Landesherrn befragt, wie er die Führung der Regierung plane. Nach zufriedenstellender Antwort überläßt der Herzogbauer dem Herzog den Sitz auf dem Fürstenstein. Danach zieht man nach Maria Saal, wo ein feierliches Hochamt abgehalten wird. Nach dem festlichen Mahl schließt sich der Zug zum Herzogsstuhl auf dem Zollfeld an. Auf diesem steinernen Doppelthron nimmt der Herzog auf dem nach Osten gerichteten Sitz Platz, auf dem nach Westen gerichteten der Pfalzgraf. In feierlicher Form gelobt nun der Herzog, die Rechte und Freiheiten des Landes zu halten und zu schützen, dann nimmt er die Huldigungen entgegen und vergibt die Lehen.

Die letzte Erbhuldigung in Kärnten findet 1728 in Klagenfurt und nicht mehr auf dem Zollfeld statt (Ausschnitt aus dem Deckengemälde im Stiftsgebäude von Ossiach).

König von Ungarn für ein Halbjahr

31. August 1290. Nach der Ermordung König Ladislaus' IV. von Ungarn (10. August) macht König Rudolf I. die Herrschaftsansprüche des Reiches geltend und belehnt seinen Sohn Albrecht mit Ungarn.
Einem Einspruch Papst Nikolaus' IV. folgend, hat der ungarische Adel jedoch Andreas (III.), einen Neffen König Bélas IV. von Ungarn, zum König gewählt, der sich bereits im Spätherbst 1290 kriegerisch gegen seinen habsburgischen Konkurrenten wendet. Bis zum Frühjahr 1291 erreichen die Truppen des Ungarn Wien, worauf ein Vergleich zustande kommt, in dem Albrecht auf seinen Königstitel zugunsten von Andreas verzichtet.

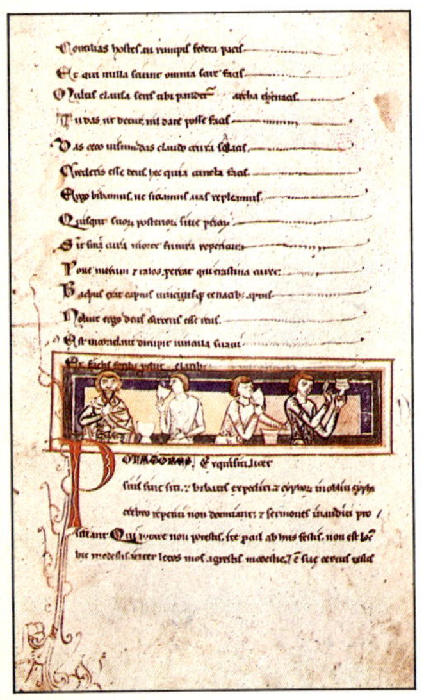

Carmina burana

Um 1281. Wahrscheinlich am Hof des Bischofs von Seckau (Steiermark) werden insgesamt 254 weltliche Lieder und geistliche Spiele aufgezeichnet.
Die Lieder der vierteiligen Sammlung »Carmina burana« handeln vom Leben der niederen Volksschichten. Die erste Gruppe enthält moralisch-satirische Dichtungen über die Verderbtheit und Unbeständigkeit der Welt. Im zweiten Teil folgen Liebeslieder, im dritten Trink- und Spielerlieder. Im letzten Teil sind Passions- und Weihnachtsspiele gesammelt (Abb.: Seite der Benediktbeurer Handschrift; Ende 13. Jh.).

1291

1291. In Wien sind Musiker (zwei »hovegumpelman« und der Pfeifer Gemperlein) als Hofspielleute Herzog Albrechts I. von Österreich und Steiermark nachweisbar.

2. Halbjahr 1291. Der steirische Adel, dem sich auch Kärntner anschließen, erhebt sich gegen Herzog Albrecht I. und seinen Landeshauptmann, Abt Heinrich II. von Admont. Mit großer Strenge hat Albrecht die Rückgabe der während des Interregnums 1246–1276 erworbenen Gebiete gefordert.

1. 8. 1291 (?). Die Waldstätten Uri, Schwyz und Unterwalden schließen den »Ewigen Bund« zur Abwehr der habsburgischen Territorialinteressen in der Zentralschweiz. →

1292. In Friesach (Kärnten) kommt es zu einem Vergleich zwischen Herzog Albrecht I. und dem steirischen Adel. Der Abt von Admont wird als Landeshauptmann abgesetzt und der Adel erhält Zugeständnisse.

5. 5. 1292. Die deutschen Fürsten wählen einstimmig Graf Adolf von Nassau zum Nachfolger des verstorbenen König Rudolfs I. Die Kurfürsten entscheiden sich damit gegen Herzog Albrecht I., weil sie ein zu starkes Anwachsen der habsburgischen Macht befürchten.

10. 11. 1295. Der österreichische Adel erhebt sich gegen die habsburgische Herrschaft, als ein Gerücht den Tod Herzog Albrechts I. meldet. Der Adel ist unzufrieden mit der Landespolitik Albrechts, dem die Bevorzugung von Adeligen seiner Heimat vorgeworfen wird.

1296. Der während einer Adelsfehde 1292 zerstörte Salzburger Zehentturm von Baierdorf (bei Schöder in der Steiermark) wird wieder aufgebaut. Diese Salzburger Sicherung des Sölkpasses ist auch Fluchtort und Aufbewahrungsort für den Zehent.

Bludenz in Vorarlberg erhält eine Stadtbefestigung mit oberem Tor, Mühletor und einem Pulverturm.

Herzog Albrecht I. übergibt dem Wiener Stadtrat das Schulpatronat von St. Stephan. Die Stephanschule wird zur ersten Bürgerschule von Wien.

12. 2. 1296. Wien erhält von Herzog Albrecht I. ein neues Stadtrecht verliehen. Im wesentlichen werden die alten Rechte bestätigt. (Es ist das erste in deutscher Sprache abgefaßte Stadtrecht Wiens.)

Frühjahr 1296. König Adolf von Nassau erkennt die Forderungen des österreichischen Adels an. König Wenzel II. von Böhmen und Erzbischof Konrad IV. von Salzburg unterstützen den deutschen König.

Frühjahr 1297. Herzog Albrecht I. söhnt sich mit Bayern, Böhmen und Salzburg aus, was zur unmittelbaren Niederwerfung des Adelsaufruhrs führt.

Juli 1297. Während der feierlichen Krönung König Wenzels II. von Böhmen in Prag fordern die mit der Regentschaft Adolfs von Nassau unzufriedenen deutschen Fürsten Herzog Albrecht I. zum Kampf gegen den König auf.

14. 8. 1297. Ein verheerender Brand zerstört das Kloster Melk mitsamt seiner romanischen Klosterkirche. Auch die wertvolle Bibliothek wird fast vollständig ein Opfer der Flammen.

24. 9. 1297. Herzog Albrecht I. erreicht mit dem Erzbistum Salzburg einen Ausgleich durch gegenseitige Zugeständnisse. – Salzburg unterstützt fortan die Politik der Habsburger.

Februar 1298. Eine Fürstenversammlung in Wien beschließt die Absetzung König Adolfs von Nassau und die Wahl Herzog Albrechts I. von Österreich.

23. 6. 1298. Auf der Kurfürstenversammlung in Mainz wird König Adolf von Nassau wegen Kirchenfrevel, Rechtsverweigerung, Eidbruch, Unfriedenstiftung sowie Bedrückung der Kirche und der Fürsten abgesetzt. Zum Nachfolger wird Herzog Albrecht I. gewählt.

2. 7. 1298. Albrecht I. besiegt den abgesetzten König Adolf von Nassau in der Schlacht bei Göllheim auf dem Hasenbühl. →

27. 7. 1298. Albrecht I. läßt sich in Frankfurt am Main abermals zum König wählen. Durch Bündnisse mit Böhmen, Brandenburg und Frankreich festigt er rasch seine Macht. Der Papst allerdings hat sich gegen die Wahl Albrechts ausgesprochen.

21. 11. 1298. König Albrecht I. belehnt seine Söhne »zu gemeinsamer Hand« mit den Herzogtümern Österreich und Steiermark und bestimmt Rudolf III., den ältesten, zur Führung der Regierung.

Dezember 1298. In Wien ist urkundlich der weihnachtliche »Christkindlmarkt« nachweisbar.

Vor 1300. Ein anonymer österreichischer Dichter (»Seifried Helbling«) verfaßt den »Kleinen Lucidarius«. →

1300. Herzog Rudolf III. vermählt sich mit Blanche von Valois, der Schwester des Königs von Frankreich. Im Ehekontrakt wird das wechselseitige Erbfolgerecht vereinbart.

GESTORBEN:

15. 7. 1291. Speyer: Rudolf I. von Habsburg (* 1. 5. 1218), König. →

1. 11. 1295. Greifenburg: Meinhard II. (* ?), Graf von Görz-Tirol, Herzog von Kärnten.

2. 7. 1298. Bei Göllheim: Graf Adolf von Nassau (* um 1255), König. →

GEBOREN:

10. 8. 1296. Johann der Blinde († 26. 8. 1346), König von Böhmen.

12. 12. 1298. Wien: Albrecht II. von Habsburg († 20. 7. 1358), Herzog von Österreich.

Ein kritischer Spiegel der Zeit

Vor 1300. Ende des 13. Jahrhunderts verfaßt ein anonymer österreichischer Autor die satirisch-didaktische Dichtung »Kleiner Lucidarius«, einen Zyklus von 15 Versdichtungen, in dem ein kritisches Bild der Zeit gezeichnet wird.
Als Autor gilt der im 13. Abschnitt des »Kleinen Lucidarius« erwähnte Spielmann Seifried Helbling; zwischen 1240 und 1300 ist ein niederösterreichischer Adeliger dieses Namens aus der Gegend um Zwettl nachweisbar, der vermutlich im Dienst der Kuenringer steht.

Aus dem »Kleinen Lucidarius«:

»Was je ein Volk bei uns begann,
hie zu land, das fang'n wir an.

Ich hab gehört von fern
von unsres Landes Herrn,
dem guten Herzog Friedrich,
daß der den Ungarn glich.
Dem sind wir noch nicht entwachsen;
kurzes Haar nach Art der Sachsen
haben wir auch getragen flink.

Der Böhmen Sitt uns nicht verging,
so daß wir jetzt sagen müssen,
wenn wir Freunde grüßen
des Morgens: »Tobroytra!« [Guten Morgen].
Ohne Borgen ist nichts mehr da.
Sogar unser Lachen
können wir auf böhmisch machen.
Ich sagt's euch, das geht so:
»Kurvysine! [Hurensohn] Ho, ho, ho!
Vitey pan poppomuz!« [Grüß dich, Herr, viel Glück]
– da ist's schon mit unserm Lachen
Schluß . . .
Bei den Pferderennen
rufen wir wie die Meißener . . .
. . . frech wie die Baiern
sind wir beim Fraße.
Wild in dem Maße
glauben wir uns wie die Steirer.
Und als täppische Leirer
können wir reden danach
in der Kärntner Sprach . . .«

Er gibt in seiner Dichtung die Stimmung im Volk wieder und wendet sich deutlich gegen die »schwäbische Invasion« der neuen habsburgischen Landesherrn. Aber auch den Verfall des Rittertums sowie die rittersüchtigen Bauern und Emporkömmlinge klagt er an und zieht gegen die modische Kleidung der Österreicher zu Feld, die ihm wie »Osteraffen« erscheinen. Der Autor zeigt sich selbst als Patriot, wenn er sich entschieden gegen die Nachahmung fremder Sitten wendet.

Habsburgs erster König ist tot

15. Juli 1291. Auf dem Weg nach Speyer stirbt im Alter von 73 Jahren König Rudolf I., zuvor als Rudolf IV. Graf von Habsburg und seit 1273 König im Reich.

Rudolf wurde 1218 auf Schloß Limburg im Breisgau geboren und übernahm die reichen Besitzungen seines Hauses am Oberrhein und in der Nordwestschweiz. Durch seinen Taufpaten, Kaiser Friedrich II., war er ein treuer Anhänger der Staufer und unterstützte auch die Italienpolitik Konradins, des letzten Vertreters dieses Geschlechtes, zog sich aber rechtzeitig aus Italien zurück. 1245 heiratete er Gertrude von Hohenberg, wodurch er seinen Herrschaftsbereich nochmals erweitern konnte. Eine weitere Vergrößerung ergab sich im Jahre 1264, als ihm durch das Aussterben der Grafen von Kyburg deren Erbe zufiel.

Am 1. Oktober 1273 wurde er in Frankfurt am Main vom Kollegium der sieben Kurfürsten einstimmig zum deutschen König gewählt. Als einziger war König Przemysl Ottokar II. von Böhmen ferngeblieben, dessen Kurstimme ohnehin rechtlich umstritten war. Die Differenzen zwischen den beiden Königen blieben bis zur entscheidenden Schlacht auf dem Marchfeld bestehen (→ 26. 8. 1278).

Rudolf von Habsburg hat es verstanden, mit starker Hand durchzugreifen und die Macht des Königs wieder unter Beweis zu stellen. Zweimal, 1276 und 1287, war ihm die Kaiserkrönung versprochen worden, beide Male starben die Päpste aber, ehe es dazu kam.

Dem Reich gegenüber war Rudolf ein gerechter und umsichtiger Herrscher, weshalb er auch beim Volk beliebt war. Seinem Geschlecht gegenüber handelte er besonders zukunftsweisend, denn er begründete für seine Nachkommen die habsburgische Herrschaft in Österreich (→ 17.–21. 12. 1282). Eines vermochte er allerdings nicht mehr: Die Wahl seines Sohnes Albrecht als Nachfolger im Reich zu sichern.

Grabplatte König Rudolfs I. in der Kaisergruft des Doms zu Speyer

Einzug Rudolfs I. in Basel 1273, (Städelsches Kunst-Institut Frankfurt)

»Ewiger Bund« gegen Habsburg

Anfang August 1291, nur zwei Wochen nach dem Tod König Rudolfs I., schlossen die Schweizer Orte Uri, Schwyz und Unterwalden einen Bund gegen Habsburg. In dem Bündnisbrief heißt es u. a.:

»Es mögen also alle wissen, daß die Leute des Tales Uri und die Landsgemeinde des Tales von Schwyz und die Gemeinde der Waldleute des unteren Tales in Anbetracht der Arglist der Zeit, um sich und das Ihre eher zu verteidigen und besser in gebührendem Stand zu bewahren, in guten Treuen versprochen haben, sich gegenseitig beizustehen mit Hilfe, Rat und Förderung jeder Art, mit Leib und Gut, innerhalb und außerhalb der Täler, mit aller Macht ... gegen alle und jeden ...«

Entscheidung auf dem Hasenbühl

2. Juli 1298. In der Nähe von Worms, auf dem Hasenbühl bei Göllheim, treffen die Heere des abgesetzten Königs Adolf von Nassau und seines Nachfolgers, Herzog Albrecht I. von Habsburg, zur Entscheidungsschlacht aufeinander.

Die Stärke der beiden Ritterheere ist nicht bekannt, doch hat der Habsburger das seine taktisch klüger aufgestellt, weshalb sich die schwere Reiterei des Nassauers nicht entfalten kann. Auf der Seite Adolfs stehen auch die Grafen Rudolf und Wilhelm von Montfort, die seit Jahren aufgrund von Besitzstreitigkeiten mit den Habsburgern verfeindet sind. In Einzelkämpfe aufgelöst, fällt die Entscheidung im Kampf Mann gegen Mann. Auch die beiden Rivalen geraten direkt aneinander; König Adolf verliert während der Schlacht sein Leben (ob durch die Hand Albrechts, bleibt aber ungeklärt). Nach dem Tod Adolfs fällt der Sieg an den Habsburger, der sich damit sieben Jahre nach dem Tod seines Vaters, König Rudolfs I., die Königskrone sichern kann.

König Albrecht I., mit dem Reichsadler auf dem Schild (Glasgemälde; Historisches Museum Wien)

Jahrhundert der Stadtgründungen

Im 13. Jahrhundert erfolgen die meisten Stadterhebungen oder auch ersten urkundlichen Stadtnennungen in Österreich. Fast ein Drittel der insgesamt 158 österreichischen Städte entfallen auf dieses Jahrhundert (genau 49; sieben auf die Zeit vorher, 20 auf das nachfolgende 14. Jahrhundert – nicht berücksichtigt jene Siedlungen, die bereits unter römischer Herrschaft zur »civitas« erhoben wurden).
Von dem Ausnahmefall Marchegg im niederösterreichischen Marchfeld abgesehen (einer planmäßigen Gründung von → 1268), handelt es sich durchwegs um alte, traditionsreiche Siedlungen, die im wesentlichen aus Marktflecken und Burgsiedlungen hervorgegangen sind. Ausschlaggebend für den wirtschaftlichen Aufstieg waren dabei meist Flußübergänge, Verkehrswege oder strategische Überlegungen.
Ein typisches Beispiel für den Einfluß des Handels ist Freistadt im oberösterreichischen Mühlviertel. Hier gründeten nach 1200 freie Kaufleute unmittelbar neben einer vorhandenen Burgsiedlung des Otto von Marchland planmäßig eine Stadt, die von Anfang an auch als »civitas« bezeichnet wurde.
Ganz abgesehen von den österreichischen Landeshauptstädten, die alle auf eine traditionsreiche Vergangenheit zurückblicken können, sind es besonders kleinere Städte, die – trotz großer erlittener Schäden – ihre historischen Stadtkerne erhalten haben. Das Feuer, der gewaltige Feind mittelalterlicher Siedlungen, und kriegerische Auseinandersetzungen haben es nicht vermocht, diese Stätten echter bürgerlicher Kultur restlos zu zerstören. So sind viele Stadtkerne erhalten, die noch viel von der alten Atmosphäre einer mittelalterlichen Stadt ausstrahlen. Dies gilt besonders für Steyr, Grein und Enns in Ober-, Hainburg, Krems und Weitra in Niederösterreich, Oberwölz, Murau und Radkersburg in der Steiermark, Friesach und St. Veit an der Glan in Kärnten, Hallein, Radstadt und Zell am See in Salzburg, Hall, Schwaz und Rattenberg in Tirol sowie Feldkirch und Bludenz in Vorarlberg.

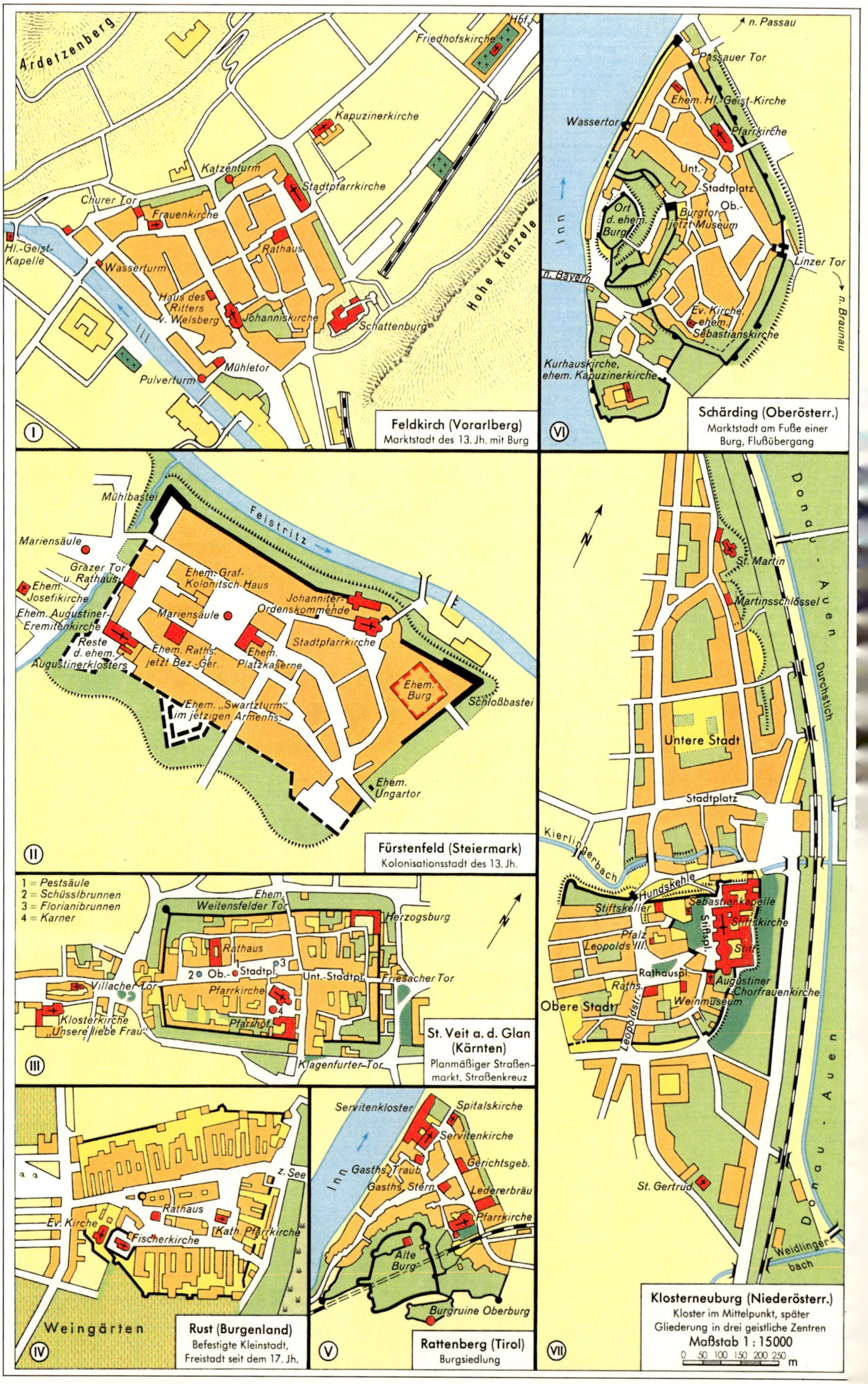

1. Feldkirch in Vorarlberg ist der Prototyp einer Marktstadt. 850 als »feldchirichun« erstmals genannt, wurde es um 1200 als Stadt gegründet und 1218 »civitas« genannt. Der Name leitet sich von »bei der Kirche auf dem Feld« (St. Peters-Kirche im Stadtteil Altenstadt) ab. Graf Hugo I. von Montfort errichtete gleichzeitig mit seiner Residenz, der Schattenburg, die Stadt und umgab beide mit einer Mauer. Strategisch und verkehrstechnisch ist Feldkirch ein wichtiger Platz; außer den beiden Illschluchten beherrscht es auch den Flußübergang nach Churrätien, ist also auch Brückenkopf am Übergang in die Schweiz, woraus sich beinahe zwangsläufig die bedeutende Marktfunktion der Stadt ergab.

2. Fürstenfeld an der Ostgrenze der Steiermark verkörpert den Typ der stark befestigten Kolonisationsstadt des Mittelalters. 1185 erstmals urkundlich erwähnt, wurde es um 1215 als Stadt erweitert und 1232 »forum« und »civitas« genannt. Um 1170 unter Markgraf Otakar IV. von Steier gleichzeitig mit einer Burg am Feistritz-Fluß gegründet, war Fürstenfeld von Beginn an als landesfürstliches Bollwerk gegen Osten gedacht. Schon kurz nach 1200 errichtete der Johanniter-Orden eine Kommende in der Stadt, die erste auf österreichischem Boden.

3. St. Veit an der Glan in Kärnten entstand am Kreuzungspunkt zweier Fernstraßen. 1131 erstmals urkundlich erwähnt, wurde es 1199 als Markt und 1224 als Stadt genannt. Ursprünglich im Besitz des Hochstiftes Bamberg, wurde St. Veit in der zweiten Hälfte des 12. Jahrhunderts Sitz der Herzöge von Kärnten, bis es 1518 den Rang der Landeshauptstadt an Klagenfurt abtreten mußte.
Herzog Bernhard II. von Spanheim ließ die Stadt in einem annähernd rechteck ummauern und die alte Eppensteiner Burg, dortan Residenz, miteinbeziehen. Die mittelalterliche Stadtmauer ist fast zur Gänze erhalten.

4. Rust im Burgenland entwickelte sich auf dem Boden einer bronzezeitlichen Siedlung. Der Name der Stadt soll auf die früher in den Weingärten stehenden Rüster zurückgehen. Sie wird erstmals 1385 erwähnt. Bald darauf erlebt der Ort durch die Errichtung einer Pfarre, die Verleihung des Marktrechtes und der Weinprivilegien von 1479 einen bedeutenden wirtschaftlichen Aufschwung.

5. Rattenberg am Inn in Tirol entstand als Burgsiedlung; der Burgname leitet sich von dem bayrischen Edlen Rato her. 1074 urkundlich genannt, wurde es 1254 Mark und erst 1393 Stadt. Im 13. Jahrhundert erfolgte eine wesentliche Erweiterung der im herzoglich-bayrischen Besitz befindlichen Burgsiedlung, die als Zoll- und Mautstelle zum Markt erhoben wurde. Erst 1504 fällt Rattenberg im Zuge des bayrisch-pfälzischen Erbfolgekriegs als Entschädigung an Österreich. Überragt von den beiden Burgen bietet Rattenberg ein geschlossenes Bild einer mittelalterlichen Stadt, die von der alten Durchzugsstraße parallel zum Inn (heute Südtiroler Straße) beherrscht wird.

6. Schärding am Inn im oberösterreichischen Innviertel ist der Typ einer Marktstadt an einem Flußübergang. Urkundlich 804 als »Scardinga« erstmals erwähnt, wurde es um 1200 Markt, aber erst 1316 Stadt. Im Schutz der um 1000 errichteten Burg am Innübergang entwickelte sich die Siedlung zuerst um einen kleinen Dreieckplatz (heute Unterer Stadtplatz) und kam 1158 als Mittelpunkt einer »Grafschaft Schärding« an die Grafen von Andechs-Meranien. Der alte Handels- und Verkehrsweg von Regensburg nach Wels und Linz hatte hier seinen wichtigsten Innübergang.

7. Klosterneuburg, nördlich von Wien, ist Beispiel für eine durch eine mächtige Klosteranlage geförderte Stadt. 1108 als »Nivvenburc« erstmals urkundlich erwähnt, wurde es 1298 Stadt und seit 1373 »Closter Neuburg« genannt.
Der Ort entwickelte sich auf historischem Boden: Die St. Martins-Kirche in der sog. Unteren Stadt soll 791 von Karl dem Großen gegründet worden sein; die Burg in der Oberen Stadt errichtete der Babenbergerherzog Leopold III. um 1106 auf den Ruinen eines römischen Kastells. Durch das Zusammenwirken von Residenz (1116–1156) und Augustiner-Chorherrenstift entwickelte sich Klosterneuburg zum wirtschaftlichen und kulturellen Zentrum des babenbergischen Österreich.

Die »Ministerialen«

Seit zwei Jahrhunderten nimmt der Einfluß der Ministerialen, ursprünglich die Oberschicht unfreier Dienstmannen im Hof-, Kriegs- und Verwaltungsdienst, stetig zu.
Schon im 11. Jahrhundert konnte der »unfreie« Ritter in die Hofämter des Hochadels aufrücken, wodurch er »ministeriales« (Dienstmann) wurde. Bald gewann diese Oberschicht viel Einfluß, war reich geworden und konnte Land zu Lehen vergeben. Seit der Mitte des 13. Jahrhunderts bildet dieser landesfürstliche Ministerialenadel gemeinsam mit den Grafen und Edelfreien den eigentlichen Kern der Landherrn, gegen den zu regieren für keinen Landesfürsten mehr möglich ist.
Die Ministerialen besitzen oft mehrere, an strategisch wichtigen Punkten errichtete Burgen und gebieten nicht selten über ein eigenes Heer. Sie herrschen oftmals nicht nur über Bauern, sondern auch über Stadtbürger. Nachdem sie die Erblichkeit ihrer Lehen erreicht hatten, nahmen sie selbst das Recht in Anspruch, einen »Unfreien«, der – ohne eigene Untergebene zu haben – Gefolgschaft und Waffendienst leistet, zum Ritter zu schlagen (sog. Einschildritter) – die Ministerialen sind somit im 13./14. Jahrhundert im niederen Adel aufgegangen.

Ritter (Miniatur, Anfang 15. Jh.)

Bade- und Spielszene (Manessische Handschrift, 1. Hälfte 14. Jh.)

Das höfische Leben des Adels

Das Leben am Hof bietet neben den Festen und Turnieren auch andere Unterhaltungen, besonders für die adeligen Herren.
Vor allem die Jagd eröffnet den Rittern die Möglichkeit, sich bei geringer Verletzungsgefahr als erfolgreiche Reiter und Krieger zu erweisen. Die Jagd ist daher ein wohlgehütetes Privileg des Adels, gegen Wilderer wird entschieden vorgegangen.
Den Jagdtag beschließt in der Regel ein Festmahl, auf dem auch das erlegte Wild verzehrt wird. Ferner werden am Hof Musik und Tanz gepflegt; zahlreiche Brettspiele (vor allem das von den Kreuzfahrern mitgebrachte Schachspiel) dienen der Unterhaltung in den Mußestunden. Ausgedehnte Bäder (links oben der Minnesänger Jakob von Warte) sind Bestandteil des geselligen Lebens.

Kunst und Kultur in Österreich in den Jahren 1251–1300

- ▷ Der gotische Hallenchor der Stiftskirche von Heiligenkreuz (Niederösterreich) wird erbaut
- ▷ Der Karner von Pulkau in Niederösterreich wird im spätromanisch-frühgotischen Übergangsstil errichtet
- ▷ Das Langhaus der frühgotischen (dreischiffigen) Kirche des Dominikanerklosters in Friesach (Kärnten) wird geweiht
- ▷ Die Michaelerkirche in Wien erhält romanische Wandmalereien→
- ▷ Ein Musterbeispiel mittelalterlicher Stadtbefestigung ist Hainburg (Niederösterreich); das Ungartor (um 1260) und das Wiener Tor (um 1270) zählen zu den künstlerischsten Stadttoren des deutschen Kulturraumes→
- ▷ Die Burg Mosham im salzburgischen Lungau entsteht
- ▷ Herr Ulrich von dem Türlein (auch Türlin) dichtet höfische Epen im Stil Wolframs von Eschenbach und ist in Niederösterreich ansässig
- ▷ Albrecht von Scharffenberg dichtet »Seifrid von Ardemont«; das in Kärnten und Krain begüterte Geschlecht wird auch Scharpfenbergc genannt
- ▷ Der spätromanische Karner (Dreikönigskapelle) von Tulln (Niederösterreich) entsteht; er ist außen elfseitig, innen rund→
- ▷ Die spätromanische Pfeilerbasilika der Pfarrkirche von St. Lorenzen im Mürztal (Steiermark) entsteht
- ▷ Der Chor der frühgotischen Filialkirche St. Walpurgis bei St. Michael (Steiermark) erhält Glasmalereien
- ▷ In Pöggstall (Niederösterreich) wird die Burg Roggendorf erbaut; der Bergfried hat eine vollständig eingerichtete Folterkammer (erhalten, nicht nachträglich zusammengestellt)
- ▷ Im Stift Klosterneuburg (Niederösterreich) wird die erste Fassung des Osterliedes »Christ ist erstanden« aufgezeichnet
- ▷ In Althofen (Kärnten) wird ein sechseckiger, frühgotischer Karner erbaut
- ▷ Die Altstadt von Bregenz erhält Befestigungsmauern
- ▷ In Lendorf (Kärnten) wird eine romanische Chorturmkirche errichtet

Turm und Außenbau der Wiener Michaelerkirche

Wiener Tor der Stadtbefestigung von Hainburg

Portal des romanischen Karners von Tulln

Das Gnadenbild »Magna Mater Austriae«

- ▷ Die Burg Liebenfels (Kärnten), auch Hochliebenfels genannt, wird mit zwei romanischen Bergfrieden erbaut
- ▷ Die mächtige Wasserburg Heidenreichstein (Niederösterreich) erhält romanische Bergfriede→
- ▷ Das Gnadenbild in der Wallfahrtskirche Mariazell (Steiermark), die »Magna Mater Austriae« (auch Alma Mater Austriae genannt), wird aus Lindenholz gefertigt→
- ▷ Die Minoritenkirche in Wels (Oberösterreich, heute Feuerwehrdepot) wird erbaut, eine der frühesten gotischen Kirchen Österreichs
- ▷ In Metnitz (Kärnten) wird die frühgotische Pfarrkirche, eine Wehrkirche, erbaut.

Die Wasserburg Heidenreichstein im Waldviertel (Niederösterreich)

1301

1301–1310

Anfang 14. Jh. Die Filialkirche St. Cäcilia bei St. Lorenzen ob Murau (Steiermark) entsteht (reiche gotische Innenausstattung).

Die Befestigungsanlage der Stadt Murau (Steiermark) wird angelegt, mit dem Friesacher Tor, dem Salztor und dem Turm der Burg Grünfels.

Im Göttweigerhof in Stein (Krems, Niederösterreich) wird eine frühgotische Kapelle errichtet.

Die Wolfgangkirche in Kirchberg am Wechsel (Niederösterreich) erhält eine Kanzel, die eigentlich die »Capella speciosa« des Stiftes Klosterneuburg ist.

In Bregenz wird der Martinsturm (Stadtturm) errichtet (Fresken erst von 1362).→

Die Liebfrauenkirche in Kitzbühel (Tirol) erhält einen frühgotischen Turm.

In Thörl bei Aflenz (Steiermark) wird das »Törlein«, eine mittelalterliche Straßensperre errichtet.

Bei Götzis (Vorarlberg) wird die romanisch-gotische Burg Neumontfort erbaut.

Für die Dominikanerkirche von Friesach in Kärnten wird eine Madonna aus Sandstein hergestellt.

Die lebensgroße Verkündigungsgruppe im Chor der Katharinenkapelle (vor 1404 an die Burgkapelle von Aufenstein in Tirol angebaut) entsteht.

14. 1. 1301. Mit dem Tod König Andreas' III. von Ungarn stirbt das Geschlecht der Arpaden im Mannesstamm aus.

27. 8. 1301. Der Sohn König Wenzels II. von Böhmen, Wenzel III., wird – als Ladislaus V. – zum König von Ungarn gewählt. Er kann sich allerdings nicht durchsetzen.

1303. In Wien finden vereinzelt Ausschreitungen gegen Juden statt.

30. 4. 1303. König Albrecht I. leistet Papst Bonifatius VIII. einen Treu- und Gehorsamseid und wird daraufhin von Rom anerkannt.→

1304. In Wien wird mit dem Bau am gotischen (Albertinischen) Chor der Stephanskirche begonnen (1340 fertiggestellt).

18. 8. 1305. Der Friede von Nürnberg beendet den Krieg zwischen König Albrecht I. und König Wenzel III. von Böhmen, der den Krieg seines im Juni verstorbenen Vaters weitergeführt hat. Wenzel III. verzichtet auf Ungarn, die Mark Meißen und das Egerland.

4. 8. 1306. Nach der Ermordung König Wenzels III. von Böhmen (der Mannesstamm der Przemysliden ist damit erloschen) zieht König Albrecht I. das ledige Reichslehen Böhmen und Mähren ein. Er verleiht es seinem ältesten Sohn, Herzog Rudolf III. von Österreich und Steiermark, der seine Herzogtümer an seine Brüder weitergibt: Friedrich I., der Schöne, wird Herzog von Österreich und Steiermark, sein jüngerer Bruder Leopold I. Mitregent.

16. 10. 1306. In Prag wird Rudolf III. von Habsburg zum König von Böhmen gekrönt.

Frühjahr 1307. König Rudolf von Böhmen gerät in Konflikt mit oppositionellen böhmischen Adeligen.

15. 8. 1307. Nach dem unerwarteten Tod König Rudolfs von Böhmen wählen die böhmischen Stände Herzog Heinrich VI. von Kärnten zum König.

15. 8. 1308. Friede von Znaim: König Albrecht I. erkennt Heinrich von Kärnten als böhmischen König an.

27. 11. 1308. Auf Betreiben des Trierer Erzbischofs Balduin von Luxemburg wird Graf Heinrich (VII.) von Luxemburg in Frankfurt am Main zum König gewählt, nachdem Albrecht I. im Mai von seinem Neffen Johann ermordet worden ist.

17. 9. 1309. In Speyer wird ein Vergleich zwischen König Heinrich VII. und den Söhnen des verstorbenen Habsburger Königs geschlossen.→

Herbst 1309. Der österreichische Landadel erhebt sich gegen die habsburgischen Landesherren (→ 17. 9. 1309).

1310. Im Wiener Schottenkloster wird eine Lateinschule eingerichtet.

Die Schuhmacher bauen in Wien ihr erstes Zunfthaus.

Die religiöse Genossenschaft der Lollarden kommt nach Wien. Diese »soziale Sekte« ist in den Niederlanden gegründet worden; sie widmet sich der Krankenpflege und sorgt für die Beerdigung wenig begüterter Verstorbener. Ihr Name kommt von dem niederdeutschen Wort »lollen«, was soviel wie »leise singen« bedeutet. Die Lollarden stoßen in Österreich auf wenig fruchtbaren Boden und verlassen daher das Land bald wieder.→

Jänner 1310. Herzog Friedrich I. hält in Wien ein strenges Strafgericht gegen die Anführer des Adelsaufstandes, sein Bruder Leopold I. in den Vorlanden gegen die Mörder ihres Vaters, König Albrecht I.

Dezember 1310. Nach der Vertreibung Heinrichs von Kärnten wird Johann von Luxemburg zum König von Böhmen gewählt.→

GESTORBEN:

4. 7. 1307. Horaždovice: Rudolf III. von Habsburg (* 1281), Herzog von Österreich und Steiermark, König von Böhmen.

1. 5. 1308. An der Reuß bei Brugg: Albrecht I. von Habsburg (* um 1255), Herzog von Österreich und Steiermark, König.→

GEBOREN:

23. 7. 1301. Wien: Otto der Fröhliche († 17. 2. 1339), Herzog von Kärnten.

Um 1310. Heinrich der Teichner († um 1377), Spruchdichter.

König leistet Treueid

30. April 1303. Der seit 1298 regierende König Albrecht I. kann zwar seine Gegner, die rheinischen Kurfürsten, ausschalten, vom Papst wird er jedoch erst nach einem Gehorsamseid anerkannt.

Das Bündnis mit Frankreich, das der König 1299 geschlossen hatte, bedeutete für die rheinischen Kurfürsten eine Gefährdung ihrer Machtposition. Am 14. Oktober 1300 fanden sie sich deshalb in Heimbach bei Bingen zu einem Schutzbündnis zusammen und planten die Absetzung des Königs. Im Gegenzug forderte Albrecht I., daß die rheinischen Kurfürsten alle eigenmächtig erhobenen Zölle aufheben. Da dieses im Interesse des Handels liegt, schlagen sich viele Städte auf die Seite des Habsburgers. Mit Hilfe dieser neugewonnenen Verbündeten kann der König die rheinischen Kurfürsten in den Jahren 1301/02 nacheinander zur Unterwerfung zwingen.

Die Auseinandersetzung mit den Kurfürsten wird von Papst Bonifatius VIII., der im Frühjahr 1300 bereits gegen Albrechts Bündnis mit den Franzosen protestiert hat, zum Anlaß genommen, weitere Vorwürfe gegen Albrecht zu erheben. Als Bedingung für die Anerkennung Albrechts als König, die er bisher verweigert hat, fordert der Papst die Abtretung der Toskana.

In der Bulle »Unam sanctam« verdeutlicht Bonifatius VIII. am 18. November 1302 den Anspruch des Papsttums auf Allgewalt auch über alle weltlichen Mächte und fordert deren unbedingten Gehorsam. Albrecht I. widerspricht den Ansprüchen des Papstes nicht, sondern leistet ihm am 30. April 1303 einen Treu- und Gehorsamseid, um von der Kirche anerkannt zu werden. Dafür verzichtet Bonifatius VIII. auf seine Ansprüche auf die Toskana, die beim Reich bleibt.

Der Martinsturm in Bregenz

Anfang 14. Jh. *In Bregenz (Vorarlberg) wird der Martinsturm an der Nordostecke der die »Oberstadt« umgebenden Ringmauer errichtet. Der auf romanischem Fundament ruhende Stadtturm dient in seinem unteren Teil als Getreidespeicher des ersten Hofes der Grafen von Bregenz. Die Fresken der Kapelle stammen von 1362; um 1600 erhält der Turm einen äußeren Treppenaufgang und Aufbau, die mächtige Haube stammt (wie der westlich anschließende Kirchenbau) aus dem Jahr 1701.*

Neffe ermordet König Albrecht I.

1. Mai 1308. An der Reuß bei Brugg, nahe der habsburgischen Stammburg, wird König Albrecht I. von seinem Neffen Johann ermordet.

Der etwa 18jährige Johann, fortan mit dem Beinamen »Parricida« (Vatermörder) belegt, ist der Sohn Herzog Rudolfs II., der durch die Bestimmungen der Rheinfelder Hausordnung (→ 1.6.1283) von der Regentschaft ausgeschlossen wurde. Johann, quasi Mitregent in den habsburgischen Stammländern, haßt seinen Onkel und Vormund, weil die 1283 vereinbarte Abfindung für seinen Vater nie geleistet worden ist. (Der Mörder flieht nach Pisa, wo er nach 1312 stirbt.)

Der 53jährige Albrecht war der älteste Sohn König Rudolfs I. von Habsburg; im Dezember 1282 wurde er Herzog von Österreich und Steiermark und regierte sechs Monate gemeinsam mit seinem Bruder Rudolf II., bis ihm durch die Rheinfelder Hausordnung die Alleinherrschaft zugesprochen wurde. Erst sieben Jahre nach dem Tod seines königlichen Vaters vermochte sich Albrecht 1298 auch die Reichskrone zu sichern (→ 2.7.1298). Während seiner fast zehnjährigen Regentschaft gelang es Albrecht, den Widerstand der oppositionellen Kurfürsten zu brechen und die Anerkennung seines Königtums durch den Papst zu erhalten (→ 30.4.1303).

König Albrecht I. von Habsburg (Halbgouache, um 1630)

Mittelalterliche Kampfszene (Miniatur aus einem Codex der Koninklijke Bibliotheek Den Haag)

Vergleich mit dem neuen König

17. September 1309. In Speyer kommt es zum Vergleich zwischen dem neugewählten König Heinrich VII. von Luxemburg und den Söhnen des verstorbenen Königs Albrecht I.: Herzog Friedrich I., der Schöne, von Habsburg und sein Bruder Leopold I. werden erneut mit Österreich und der Steiermark belehnt, Herzog Leopold bleibt ferner Verwalter der habsburgischen Vorlande.

Der Luxemburger Heinrich war am 27. November 1308 von den Kurfürsten zum Nachfolger König Albrechts I. gewählt worden; erneut hatten sich die Fürsten damit für ein anderes Geschlecht entschieden, um die Vormachtstellung eines Hauses im Reich zu verhindern. Obwohl die Söhne des Habsburgerkönigs sich im August 1308 mit Böhmen ausgesöhnt hatten, verzichteten sie auf einen Kampf um den Thron und reisten nach Speyer, um sich mit dem neuen König zu verständigen. Heinrich wiederum versucht sich im Reich abzusichern, um Rückendekkung für seine Italienpolitik (und die angestrebte Kaiserkrönung) zu erhalten.

Die Abwesenheit der habsburgischen Herzöge (die zudem mit der Verfolgung der Mörder ihres Vaters beschäftigt sind) nutzt der Wittelsbacher Herzog Otto III. von Niederbayern (seit Dezember 1305 auch König von Ungarn, ohne seinen Herrschaftsanspruch im Land durchsetzen zu können), um den österreichischen Landadel zu einem Aufstand gegen die Habsburger zu bewegen. Der Großteil der Wiener bleibt jedoch den Herzögen treu und schlägt die antihabsburgische Bewegung in der Stadt nieder. Dafür verwüstet der Landadel allerdings die Weinberge um Wien. Die ebenfalls herzogstreu gebliebenen Steirer unter ihrem Landeshauptmann Ulrich von Walsee und Abt Ulrich von Melk greifen schließlich ein und stellen in verhältnismäßig kurzer Zeit Ruhe und Ordnung wieder her.

Streit um Böhmen

Dezember 1310. Der im August 1307 zum böhmischen König gewählte Herzog Heinrich (VI.) von Kärnten wird aus Böhmen vertrieben und widmet sich fortan ausschließlich der Regierung seiner Erbländer. Wie sein Vorgänger, der Habsburger Rudolf III., hat sich Heinrich im Land nicht durchsetzen können, obwohl er mit Anna, der älteren Schwester des ermordeten Königs Wenzel III., vermählt ist.

Der böhmische Adel wählt daraufhin Johann von Luxemburg, den einzigen Sohn König Heinrichs VII., zu seinem König, nachdem dieser zuvor Elisabeth, eine Tochter König Wenzels II. geheiratet hat. Mit der Wahl Johanns wird die Grundlage der luxemburgischen Hausmacht in Böhmen geschaffen.

▷Heinrich VII. sitzt zu Gericht (»Codex Balduinensis«, um 1340)

1311

1311–1320

7. 2. 1311. Johann von Luxemburg wird in Prag zum König von Böhmen gekrönt.

Juli 1311. Die Habsburger schließen mit Herzog Heinrich von Kärnten einen Vergleich: Das Sanntal und Windischfeistritz fallen an das Herzogtum Steiermark.

1312. Am Graben in Wien ist der Arzt Heinrich von Neustadt (Wiener Neustadt?) nachweisbar. Er selbst nennt sich »Maister Hainrich von der Neustadt, ain Arzt von den püchen«. Bekannt wird er vor allem als Verfasser von allegorisch-mystischen Gedichten. Zwischen 1312 und 1318 entsteht sein 20 644 Verse umfassender Liebes- und Abenteuerroman »Apollonius von Tyrland«, mit dem er den byzantinischen Roman über König Apollonius von Tyrus im deutschen Kulturraum bekannt macht.

29. 6. 1312. Nach 62 Jahren wird erstmals wieder ein Deutscher in Rom zum Kaiser gekrönt. Da König Heinrich VII. nur einen Teil der Stadt erobern kann, läßt er sich im Lateran von zwei Kardinälen krönen. Papst Klemens V. ist 1309 nach Avignon übergesiedelt.

1313. Herzog Friedrich I., der Schöne, von Österreich und Steiermark stiftet gemeinsam mit seinen Brüdern das Kartäuserkloster Mauerbach im Wienerwald (Stiftsbrief erst 1316 datiert).

Die Pfarrkirche von Stams in Tirol wird im gotischen Stil neu erbaut (1318 vollendet).

In Deutschland wird erstmals Schießpulver als Treibmittel von Geschossen verwendet (Feuerwaffe). Erfinder ist vermutlich der Mönch Berthold Schwarz (daher auch Schwarzpulver genannt).

29. 5. 1313. Die Walser werden im Gebiet von Damüls (Vorarlberg) belehnt.→

Herbst 1313. Der Streit zwischen Habsburgern und Wittelsbachern spitzt sich zu (→ 9. 11. 1313).

9. 11. 1313. Die Habsburger erleiden in der Schlacht bei Gammelsdorf (nahe Landshut in Bayern) eine deutliche Niederlage gegen die Wittelsbacher.→

Jänner 1314. Die Schwyzer überfallen das unter habsburgischem Schutz stehende Kloster Einsiedeln. Damit beginnt der offene Konflikt zwischen den seit 1291 verbündeten Schweizern und den Habsburgern (→ 15. 11. 1315).

30. 1. 1314. Herzog Friedrich I. heiratet Elisabeth, die Tochter König Jakobs II. von Aragon.

16. 8. 1314. In Wien überlassen die Grafen Albrecht und Hug von Werdenberg den Herzögen Rudolf III. und Leopold I. die Feste Gutenberg bei Balzers (Liechtenstein) mit den dazugehörenden Gütern (der erste bedeutende Stützpunkt der Habsburger im Land vor dem Arlberg).

9. 9. 1314. Frastanz in Vorarlberg wird als »in banno Vrastes« urkundlich erwähnt.

19./20. 10. 1314. Erneut gibt es eine Königsdoppelwahl im Reich: Zwischen Friedrich I. von Habsburg und Herzog Ludwig IV. von Oberbayern kommt es zum Streit um die Königskrone.→

15. 11. 1315. Herzog Leopold I. von Habsburg erleidet in der Schlacht am Morgarten in der Schweiz eine vernichtende Niederlage.→

1316. Zur Steuerbemessung verlangt Herzog Friedrich I. eidesstattliche Erklärungen über das private Vermögen seiner Bürger – die erste Vermögenssteuer in Österreich.

Herzog Friedrich I. übergibt dem Stadtrat und den Bürgern von Wien das anheimgefallene Haus des Otto Haymo in der Wipplingerstraße. Es wird zum Rathaus umgestaltet (und bleibt es bis → 1883).

In Waidhofen an der Ybbs in Niederösterreich gibt es bereits eine so große Zahl von Eisenwerken, daß die bestehende Zunft geteilt werden muß: In Klingenschmiede, Schleifer und Messerer.

Der gotische Chor der Pfarrkirche von Hall in Tirol wird begonnen und 1318 beendet.

29. 3. 1316. König Ludwig IV. bestätigt den Schweizer Waldstätten ihre Privilegien und Rechte. Außerdem zieht er die in diesem Gebiet liegenden habsburgischen Besitzungen zugunsten des Reiches ein.

1318. Die Pfarrkiche St. Gallus in Bregenz wird geweiht. Für die Kirche wird ein Meßkelch mit Reliefdarstellungen verfertigt.

19. 7. 1318. Herzog Leopold I. schließt Waffenstillstand mit den Schweizer Waldstätten.

1319. Die Marienkirche des Stiftes St. Peter in Salzburg wird errichtet; es ist der erste gotische Bau in Salzburg.

Um 1320. Die Kapelle des Göttweigerhofes in Stein (Krems, Niederösterreich) erhält Fresken. Sie gehören zu den bedeutendsten gotischen Wandmalereien in Österreich.

GESTORBEN:

24. 8. 1313. Buonconvento bei Siena: Heinrich VII. von Luxemburg (* 1274/75), König und Kaiser.

13. 12. 1313. Pisa: Johann von Habsburg (Johann Parricida; * 1290), Sohn Herzog Rudolfs II.

27. 9. 1320. Otacher oûz der Geul (Ottokar von Steiermark; * 1265), Chronist.→

GEBOREN:

14. 5. 1316. Prag: Karl IV. († 29. 11. 1378), König und Kaiser.

1318. Margarete Maultasch († 3. 10. 1369), Gräfin von Tirol.

Um 1320. Peter Suchenwirt († nach 1395), Dichter.

Habsburger unterliegt

9. November 1313. In der Schlacht bei Gammelsdorf (bei Landshut in Bayern) erleidet das Heer Herzog Friedrichs I. von Habsburg eine Niederlage gegen die Truppen Herzog Ludwigs IV. von Oberbayern. Der Führer des österreichisch-steirischen Aufgebotes, Dietrich von Pilichsdorf, gerät sogar in bayrische Gefangenschaft.

Zum Streit zwischen Habsburgern und Wittelsbachern ist es nach dem Tod Herzog Ottos III. von Niederbayern gekommen, der seinen Vetter Ludwig IV. zum Vormund sowohl für seinen Sohn Heinrich den Jüngeren als auch für die Söhne seines verstorbenen Bruders Stephan I. bestimmt hat. Dadurch fühlte sich der niederbayrische Adel in seinen Rechten geschmälert und rief – gemeinsam mit der Witwe Stephans I. – die Habsburger zur Hilfe.

Der Streit um die Vormundschaft ist der Auftakt zu den Thronstreitigkeiten zwischen Wittelsbachern und Habsburgern ab 1314. Aufgrund seiner Niederlage bei Gammelsdorf muß Herzog Friedrich I. die ihm übertragenen Vormundschaftsrechte an den oberbayrischen Herzog abtreten. Der Konflikt zwischen beiden Häusern ist damit allerdings nur für kurze Zeit beigelegt.

Heinrich VII. wird nach seiner Wahl zum König auf den Altar der Wahlkirche gehoben (Miniatur aus dem »Balduineum«, um 1340; Koblenz)

Fürsten sind uneins

19./20. Oktober 1314. Nach dem Tod König Heinrichs VII. kommt es erneut zur Wahl zweier deutscher Könige; die Fürsten können sich nicht auf einen Kandidaten einigen: An zwei aufeinanderfolgenden Tagen werden daher der Habsburger Friedrich I., der Schöne, Herzog von Österreich und Steiermark, sowie der Wittelsbacher Ludwig IV., Herzog von Oberbayern, gewählt.

Ludwig erhält zwar mehr Stimmen (Mainz, Trier, Böhmen, Brandenburg und Sachsen-Lauenburg) als Friedrich, aber das Mehrheitsprinzip gilt noch nicht als verbindlich, zudem wird er zwar am rechten Ort (in Aachen), aber nicht mit den echten Insignien gekrönt. Friedrich der Schöne (gewählt von Köln, Pfalz, Sachsen-Wittenberg und Kärnten) läßt sich hingegen am falschen Ort (in Bonn), aber mit den echten Reichsinsignien krönen. Da es zur Zeit der Doppelwahl keinen gewählten Papst gibt (Klemens V. ist am 20. April gestorben und ein Nachfolger noch nicht bestimmt), existiert keine Instanz, die über den Streit im Reich entscheiden kann.

Sieg der Eidgenossen über die Habsburger (Abb.: Schlachtszene aus der Berner Chronik des Diebold Schilling, 1474–1483; Stadtbibliothek Bern)

Schlacht am Ägerisee

15. November 1315. Südlich des Ägerisees, am Paß Morgarten im Kanton Zug, kommt es zur entscheidenden Schlacht zwischen Herzog Leopold I. von Habsburg und den Schweizer Waldstätten. Rund 1000 Eidgenossen nützen das ihnen gut bekannte Gelände vorzüglich aus, schließen das mehr als doppelt so starke Heer des Habsburgers zwischen dem See, einem Sumpf und dem Gebirge ein und vernichten es fast völlig.

Leopold I. war mit seinen Truppen gegen die Schweizer gezogen, um die Reichsacht, die sein Bruder, König Friedrich I., der Schöne, über die Schweizer Waldstätten im Jänner des Vorjahres verhängt hatte, zu vollziehen. Ein weiteres Ziel war die Wiederherstellung der habsburgischen Rechte in diesem Gebiet (außerdem standen die Waldstätten im deutschen Thronstreit auf der Seite der Wittelsbacher). Nach ihrem Sieg erneuern die Eidgenossen ihren Bund vom 1. August 1291 und erhalten im März 1316 von König Ludwig IV., dem Bayern, ihre Privilegien und Rechte bestätigt.

Walser siedeln in Vorarlberg

29. Mai 1313. Die Walser werden im Gebiet von Damüls in Vorarlberg belehnt. Die Urkunde der Grafen Rudolf und Berchtold Montfort ist der erste Beleg für die Ansiedlung des alemannischen Volksstammes in Vorarlberg (obgleich es sicher erscheint, daß die Walser bereits im 13. Jahrhundert im Laternser Tal siedelten). Die Walser sind ein Volksstamm aus dem Oberwallis in der Schweiz und bekannt dafür, daß sie besonders in schwierig zugänglichen Alpentälern erfolgreich wirtschaften. Als Viehzüchter und Grasbauern bewähren sie sich sehr rasch in einigen vorarlbergischen Tälern.

Der steirische »Reimchronist«

27. September 1320. Im Alter von etwa 55 Jahren stirbt der bedeutende steirische Geschichtsschreiber Otacher oûz der Geul, auch Ottokar von Steiermark genannt. Er entstammte dem Geschlecht der Herren von Strettweg (bei Judenburg) und war ein Dienstmann Graf Ottos II. von Liechtenstein.

Sein Hauptwerk ist die fast 10 000 Verse umfassende »Steirische Reimchronik«, um 1300 verfaßt, das umfangreichste Geschichtswerk des Mittelalters in deutscher Sprache. Es behandelt die steirische und österreichische Geschichte ab 1250 und widmet sich auch der Reichspolitik.

1321

1321–1330

13. 12. 1321. Der seit Jahresbeginn andauernde Streit zwischen denen von Montfort-Werdenberg und den Habsburgern wird geschlichtet. Graf Hugo von Altmontfort beschwört eine Schadenersatzleistung.

1322. Schladming in der Steiermark wird zur Stadt erhoben.

15. 9. 1322. Der im Sommer von den Habsburgern abgefallene Graf Wilhelm von Montfort-Tettnang hält mit seinen Verwandten in Langenargen am Bodensee eine Versammlung ab. Unmittelbar darauf belagert Herzog Leopold I. von Habsburg Tettnang und kommt dadurch zu spät zur Schlacht von Mühldorf.

28. 9. 1322. Schlacht bei Mühldorf am Inn: König Ludwig IV., der Bayer, besiegt König Friedrich I., den Schönen, von Habsburg. →

18. 12. 1323. König Ludwig IV., der Bayer, appelliert an ein allgemeines Konzil und erklärt, der Papst sei nicht zuständig für das deutsche Königtum.

23. 3. 1324. Papst Johannes XXII. spricht den Bann über Ludwig IV., den Bayern.

1324. Nach langen Verhandlungen erhält Herzog Leopold I. die Unterstützung Frankreichs und des Papstes für einen geplanten Krieg gegen Bayern.

13. 3. 1325. Nach dem vertraglich festgehaltenen Verzicht des Habsburgers auf die Königskrone entläßt König Ludwig IV., der Bayer, Friedrich I., den Schönen, aus der Gefangenschaft.

Sommer 1325. Friedrich I. von Habsburg kehrt freiwillig in die Haft auf Burg Trausnitz zurück.

5. 9. 1325. Geheimvertrag von München: König Ludwig IV., der Bayer, erkennt Friedrich I. von Habsburg als Mitregenten an. →

1. Viertel 14. Jh. Die bemerkenswerte gotische Doppelkapelle von Wilhelmsburg (Niederösterreich) wird erbaut.

Die Stadtpfarrkirche von Steyr (Oberösterreich) wird mit Glasmalereien versehen.

Der Frauenturm in Enns (Oberösterreich) erhält gotische Fresken.

Der Stadtturm von Innsbruck wird erbaut (Kern noch erhalten).

Die Stadt Oberwölz (Steiermark) erhält eine starke Befestigung (zum Großteil erhalten).

7. 1. 1326. Die beiden deutschen Könige, Ludwig IV. und Friedrich I., schließen in Ulm erneut einen Geheimvertrag (→ 1325–1327).

5. 12. 1326. Eine gewaltige Feuersbrunst in Wien legt ein Drittel der Stadt in Schutt und Asche.

1327. Herzog Friedrich I. stiftet neben seiner Burg in Wien das Augustinerkloster.

Im Stift Admont (Steiermark) wirkt ein Organist mit Namen Johannes. Er ist der erste namentlich bekannte Organist Österreichs.

Anfang 1327. König Ludwig IV. und Herzog Friedrich I. schließen in Innsbruck einen Vergleich, worauf sich der Habsburger auf die Regierung in seinen Erblanden beschränkt. →

1328. Der Bau der Stiftskirche St. Lambrecht (Steiermark) wird begonnen (vollendet 1421).

17. 1. 1328. Ludwig IV., der Bayer, läßt sich in Rom von städtischen Beamten und einem Kardinal »im Namen des Volkes von Rom« zum Kaiser krönen.

1. Halbjahr 1328. Gestützt auf Waffenbündnisse mit den Königen von Böhmen und Ungarn und entgegen den Unteilbarkeitsbestimmungen für die habsburgischen Länder verlangt Otto der Fröhliche, der jüngste Bruder Friedrichs des Schönen, eine Gebietsteilung.

21. 9. 1328. Vertrag von Bruck an der Leitha: Otto dem Fröhlichen werden die Vorlande und die Stadt Hainburg zugesprochen.

1330. Dietrich Ladtner von Prin, ein bayrischer Baumeister, errichtet den Großteil der gotischen Augustinerkirche in Wien (bis 1339).

Auf Schloß Tirol (Südtirol) wird das erste bekannte Bücherverzeichnis in deutscher Sprache angelegt.

13. 1. 1330. Nach dem Tod Herzog Friedrichs I. wird sein Bruder Albrecht II. Herzog von Österreich und Steiermark.

9. 5. 1330. Vergleich von Landau: Die Habsburger verzichten bis auf weiteres auf die Bewerbung um die deutsche Königskrone (→ 6. 8. 1330).

6. 8. 1330. Im Vertrag von Hagenau (Elsaß) erkennen die Habsburger Ludwig IV. als König und römischen Kaiser an. →

26. 11. 1330. Als Reaktion auf die Heirat des böhmischen Thronfolgers Johann Heinrich mit der Tochter Herzog Heinrichs von Kärnten, Margarete Maultausch, schließt Ludwig der Bayer in Augsburg einen Geheimvertrag mit den Habsburger Herzögen, in dem er diesen die lehensrechtliche Anwartschaft auf Kärnten, Krain und Südtirol überträgt und erhält dafür die Zusicherung habsburgischer Unterstützung bei der Erwerbung des übrigen Tirols durch Bayern.

GESTORBEN:

28. 2. 1326. Straßburg: Leopold I. von Habsburg (* 4. 8. 1290), Herzog von Österreich und Steiermark (→ 13. 1. 1330).

13. 1. 1330. Burg Gutenstein: Friedrich I., der Schöne, von Habsburg (* 1289), Herzog von Österreich und Steiermark, König. →

GEBOREN:

1325. Hessen: Heinrich von Langenstein († 11. 2. 1397), Astronom, Kirchen- und Staatspolitiker.

Die Schlacht von Mühldorf entscheidet den Streit um die Reichskrone

28. September 1322. *Die Schlacht bei Mühldorf am Inn (in Bayern) bringt die Entscheidung im deutschen Thronstreit: Ohne die Hilfe seines heranahenden Bruders Leopold I. abzuwarten, nimmt Herzog (und Gegenkönig) Friedrich I., der Schöne, von Habsburg die Schlacht an und wird von König Ludwig IV., dem Bayern, besiegt. Nach anfänglichen Erfolgen des habsburgischen Heeres setzt der Wittelsbacher die zunächst abseits gehaltene Reiterei des Burggrafen Friedrich VI. von Nürnberg ein und entscheidet damit den Kampf zu seinen Gunsten. Zahlreiche Österreicher fallen, Herzog Friedrich wird gefangengenommen und auf Burg Trausnitz an der Naab (Bayern) interniert (Abb.: Schlacht bei Mühldorf, 1334).*

Wittelsbacher kontra Habsburg

1325–1327. Aufgrund seiner Differenzen mit König Johann von Böhmen und Papst Johannes XXII. schließt König Ludwig IV., der Bayer, auf Burg Trausnitz an der Naab einen Vertrag mit dem dort internierten Herzog Friedrich I. von Habsburg: Am 13. März 1325 verzichtet der Habsburger auf den Thron und erhält dafür die Freiheit wieder.

Nach Wien zurückgekehrt, stößt Friedrich auf eine wachsende Ablehnung seines Thronverzichts. Sein Bruder Leopold I., der Papst und eine nicht geringe Anzahl deutscher Fürsten sprechen sich offen gegen den Vertrag von Trausnitz aus. Im Laufe des Sommers kehrt Friedrich daraufhin freiwillig in die Gefangenschaft zurück, da er sich zur Einhaltung des Vertrages verpflichtet fühlt. König Ludwig ist von diesem Schritt so beeindruckt, daß er dem Habsburger am 5. September 1325 im Vertrag von München die gemeinsame Regierung anbietet.

Da erneut Papst und Kurfürsten dem Vertrag die nötige Anerkennung versagen, zieht sich Herzog Friedrich I. auf die Burg Gutenstein in Niederösterreich zurück. Im Jänner 1326 ist Ludwig zu einem neuen Vertragsabschluß bereit: Er will die Herrschaft im Reich an den Habsburger abtreten, besteht dafür aber auf den Erwerb der Kaiserkrone. Der am 7. Jänner in Ulm geschlossene Geheimvertrag wird aber hinfällig, als im Februar überraschend Herzog Leopold I. stirbt. Im Streit mit Ludwig dem Bayern war er es gewesen, der den Kampf um die Königskrone des Reiches vorantrieb. Leopold war eine tatkräftige Persönlichkeit; ihn fürchtete Ludwig zuletzt mehr als den verhandlungsbereiten Friedrich. Seit 1308 war Leopold Herr in den habsburgischen Vorlanden, vermochte allerdings nicht, die Rechte seines Hauses in der Schweiz zu sichern (→ 15. 11. 1315). Zu Jahresbeginn 1327 verzichtet Friedrich I. abermals und endgültig auf seine Thronansprüche und beschränkt sich nunmehr allein auf die Regierung seiner habsburgischen Erbländer. Im Streit um die Königskrone siegt der Wittelsbacher.

Ludwig IV., der Bayer (Siegel)

Ein König ohne Glück

13. Jänner 1330. Auf Burg Gutenstein in Niederösterreich stirbt 40jährig Herzog Friedrich I., der Schöne, von Habsburg. Sein Leichnam wird im Kartäuserkloster Mauerbach im Wienerwald beigesetzt. Die Regierung übernehmen seine jüngeren Brüder Albrecht II. und Otto der Fröhliche.

Friedrich war der zweitälteste Sohn König Albrechts I. und am 21. November 1298 gemeinsam mit Rudolf III. mit den Herzogtümern Österreich und Steiermark belehnt worden. Sein älterer Bruder führte allerdings bis zu seiner Krönung als König von Böhmen im Oktober 1306 die Regierung, die sich Friedrich fortan mit seinem jüngeren Bruder Leopold I. teilen mußte. In der Doppelwahl vom → 19./20. Oktober 1314 wurde Friedrich zum (Gegen-) König gewählt, vermochte sich jedoch nicht durchzusetzen.

Habsburger Erben erklären Verzicht

6. August 1330. Die Brüder des im Jänner verstorbenen Herzog Friedrichs I. von Habsburg, der – seit März nach einer Lebensmittelvergiftung an Händen und Füßen gelähmte – Albrecht II. und Otto der Fröhliche, versuchen, durch eine vertragliche Festlegung ihre Herrschaft in den habsburgischen Erbländern zu sichern: In Hagenau im Elsaß erkennen sie den ehemaligen Gegner ihres Vaters, den Wittelsbacher Ludwig IV., den Bayern, als Kaiser an; Ludwig belehnt die Brüder daraufhin erneut mit den Herzogtümern Österreich und Steiermark und übergibt ihnen pfandweise die Reichsstädte Schaffhausen, Rheinfelden sowie Breisach und Neuenburg am Rhein.

Am 9. Mai haben die beiden Brüder im Vergleich von Landau (in Bayern) bereits gegenüber dem aus dem Hause Luxemburg stammenden König Johann von Böhmen erklärt, bis auf weiteres auf die Bewerbung um die Reichskrone zu verzichten. Die Luxemburger dagegen bereiten sich systematisch darauf vor, die Reichskrone wieder zurückzugewinnen, die nach dem Tod Heinrichs VII. 1313 an Ludwig den Bayern gefallen war.

Die Luxemburger vermählen den neunjährigen Johann Heinrich, den Sohn des böhmischen Königs, mit der zwölfjährigen Margarete Maultasch, Tochter Herzog Heinrichs von Kärnten, die ein reiches Erbe zu erwarten hat (→ 2.4.1335).

Der Reichsapfel, eines der Insignien der Herrscher im Reich (Weltliche Schatzkammer Wien)

1331

1331–1340

Nach 1330. Der bayrische Baumeister Dietrich Ladtner von Prin errichtet den Großteil der gotischen Augustinerkirche in Wien.

Die geschnitzte Madonna der Stadtpfarrkirche von Bad St. Leonhard in Kärnten entsteht.

1331. Der »Verduner Altar« des Stiftes Klosterneuburg, in Niederösterreich, bei einem Brand im Vorjahr beschädigt, wird ergänzt und zu einem Flügelaltar umgebaut. Die vier Temperabilder der Rückseite sind die ältesten datierten Tafelbilder Mitteleuropas (→ 1181).

In Wien und Klosterneuburg entsteht die »Biblia pauperum«, die sog. Armenbibel.

1332. Der Kirchenbau der Kartause von Gaming (Niederösterreich) wird begonnen (1342 vollendet). Gaming ist die größte Kartause der deutschen Ordensprovinz.

23. 8. 1332. Kaiser Ludwig der Bayer schließt mit König Johann von Böhmen ein »ewiges Freundschaftsbündnis«.

7. 11. 1332. Die Schweizer Waldstätten schließen den »Ewigen Bund« mit Luzern. Der Einspruch Habsburgs bleibt ohne Erfolg.

1333/34. Im Dominikanerkloster in Krems (Niederösterreich) schreibt Chonradus Suevus ein Neues Testament und versieht es mit prunkvollen Initialen.

1333. Der Abbau von Blei- und Zinkerzen ist in Bleiberg (Kärnten) belegt.

5. 5. 1333. Für Wien wird eine »Generalreinigung« angeordnet. Gleichzeitig wird verboten, Unflat auf die Gasse zu schütten, wie »Mist, tote Hundt oder Katzen«.

1334. Im Wiener Stephansdom ist eine Orgel nachweisbar.

Das Wiener Bürgerspital vor dem Kärntnertor kann bereits 600 Kranke versorgen und wird nun auch vom Landesfürsten unterstützt.

2. 5. 1335. Nach dem Tod des letzten Grafen von Görz-Tirol belehnt Kaiser Ludwig IV. gemäß dem Augsburger Geheimvertrag vom 6. August 1330 die Habsburger Herzöge mit Kärnten und Südtirol sowie dem »erledigten« Pfand Krain.

Sommer 1335. König Johann von Böhmen führt wegen der Belehnung der Habsburger einen Feldzug gegen diese, um Kärnten und Krain für seinen Sohn Johann Heinrich und dessen Frau Margarete (Maultasch), die Tochter des verstorbenen Grafen von Görz-Tirol, zu sichern.

9. 10. 1336. Friede von Enns (Oberösterreich): König Johann von Böhmen muß auf Kärnten und Krain zugunsten der Habsburger verzichten. Seine Söhne und die Tiroler Stände erkennen den Verzicht jedoch nicht an.

1337. Konrad von Megenberg übernimmt die Leitung der Stephansschule in Wien (bis 1341). In dieser Zeit verfaßt der gelehrte Schulmann sein »Buch der Natur«, die erste Naturgeschichte in deutscher Sprache.

In der Augustinerkirche in Wien wird die Georgskapelle errichtet. Sie verfügt über die beste hochgotische Raumgestaltung aller Wiener Sakralbauten.

1. 11. 1337. Die Grafen von Montfort-Feldkirch und die Stadt Feldkirch (Vorarlberg) schließen mit den Habsburgerherzögen ein »dauerndes Bündnis«. Es enthält die wichtige Zusage der Habsburger, im Raum vor dem Arlberg militärische Hilfe zu leisten.

1338. Wanderheuschrecken suchen alle habsburgischen Länder heim und fressen sie kahl.

In Hainburg an der Donau (Niederösterreich) wird eine Synagoge erbaut. (Die einzige erhaltene mittelalterliche in Österreich.)

20. 1. 1338. Die Habsburgerherzöge erlassen eine Judenordnung, da es zu Ausschreitungen gegen Juden kommt, denen die Schuld an den Mißernten von 1337 gegeben wird.

16. 7. 1338. Rhenser Kurverein: Die Kurfürsten erklären, der von ihnen bzw. ihrer Mehrheit gewählte König bedürfe nicht der päpstlichen Approbation. →

26. 7. 1338. Nach dem Tod Graf Hugos von Bregenz wird die Grafschaft Bregenz zwischen Montfort-Tettnang und Montfort-Feldkirch geteilt.

4. 8. 1338. Ludwig der Bayer verkündet das Reichsgesetz »Licet iuris«: Das Kaisertum leitet sich allein aus der gültigen Wahl der Kurfürsten ab. Eine Bestätigung durch den Papst ist nicht erforderlich.

Um 1339. Meister Jacobus von Paris beginnt mit dem Bau der gotischen Minoritenkirche in Wien (vollendet um 1370).

März 1339. Vergleich zwischen Kaiser Ludwig IV. und König Johann von Böhmen: Johanns Sohn Johann Heinrich wird mit Tirol belehnt.

1340. Hochwasser der Donau und ihrer Nebenflüsse führen zu großen Überschwemmungen in Österreich.

24. 7. 1340. Herzog Albrecht II. verleiht Wien ein neues Stadtrecht, mit dem die Anzahl der »Genannten« auf 200 erhöht wird.

GESTORBEN:

12. (?) 5. 1331. Admont: Engelbert von Admont (* um 1250), Abt und Gelehrter (Verfasser des »Tractatus de musica«).

2. 4. 1335. Schloß Tirol: Heinrich VI. (* um 1270), Herzog von Kärnten, Graf von Tirol und König von Böhmen (1307–1310). →

17. 2. 1339. Neuberg: Otto der Fröhliche (* 1301), Herzog von Kärnten (seit 1336).

GEBOREN:

1. 11. 1339. Wien: Rudolf IV. von Habsburg († 27. 7. 1365), Herzog von Österreich und Steiermark.

Der letzte Graf von Görz-Tirol

2. April 1335. Im Alter von etwa 65 Jahren stirbt Heinrich VI., Herzog von Kärnten und Graf von Tirol, auf Schloß Tirol (Südtirol). Er ist der letzte Regent aus der tirolisch-kärntnerischen Linie der Grafen von Görz-Tirol. Der jüngste Sohn Graf Meinhards II. von Görz-Tirol hatte 1295 gemeinsam mit seinen Brüdern die Regierung in Kärnten und Tirol übernommen und herrschte nach dem Tod der Brüder allein. Vom August 1307 bis → Dezember 1310 war er zudem König von Böhmen, hatte sich jedoch nicht durchzusetzen vermocht.

Das gewaltige Erbe fällt Heinrichs Tochter Margarete (Maultasch) zu. Aufgrund des Geheimvertrags von Augsburg (6.8.1330) belehnt Kaiser Ludwig IV., der Bayer, die Habsburger mit Kärnten und Südtirol sowie mit Krain. Vergeblich versuchen Margarete und ihr luxemburgischer Gatte Johann Heinrich, mit Hilfe ihres (Schwieger-)Vaters, König Johann von Böhmen, das Erbe für sich zu gewinnen. Nach einem erfolglosen Feldzug muß König Johann am 9. Oktober 1336 im Frieden von Enns (Oberösterreich) zugunsten der Habsburger auf Kärnten und Krain verzichten (→ 10.2.1342).

Kurfürsten küren deutsche Könige

16. Juli 1338. Die Kurfürsten des deutschen Reiches, mit Ausnahme des Königs von Böhmen, die in Rhense am linken Rheinufer tagen, erklären, daß allein das Kurfürstenkolleg das Recht besitzt, den deutschen König zu wählen. Sie verwahren sich ausdrücklich gegen jegliche Einmischung des Papstes in die Königswahl.

In dem Beschluß heißt es, die Tatsache der Wahl des deutschen Königs durch die Mehrheit der Kurfürsten begründe allein die Herrschaftsrechte im deutschen Reich, ohne daß hierzu die Bestätigung (Approbation) des Papstes notwendig sei. Die Kurfürsten stellen sich damit hinter Kaiser Ludwig IV., den Bayern, der 1324 vom Papst Johannes XXII. gebannt worden ist, weil er ohne päpstliche Approbation den deutschen Königstitel führte.

1341

1341–1350

Um 1341. Der gotische Chor und die Glasgemälde der Pfarrkirche von Lieding (Kärnten) entstehen.

Das nördliche Seitenschiff der Stadtpfarrkirche von St. Leonhard (Kärnten) erhält Glasmalereien (insgesamt 56 Scheiben).

Die Pfarrkirche von Götzis (Vorarlberg) wird erbaut (um 1509 erweitert).

Sommer 1341. Kaiser Ludwig IV. erhebt den Freien Friedrich von Sanneck zum Grafen von Cilli. Die Stammburg steht bei Preßberg im Sanntal (Steiermark).

November 1341. Die Tiroler Landstände vertreiben den Gatten der Tiroler Gräfin Margarete Maultasch, Johann Heinrich von Böhmen (→ 10. 2. 1342).

10. 2. 1342. Margarete Maultasch vermählt sich mit Markgraf Ludwig von Brandenburg. →

Frühjahr 1342. Erneut verursachen Hochwasser der Donau und ihrer Nebenflüsse verheerende Schäden.

1343. Der Bau am gotischen Chor der Stiftskirche von Zwettl (Niederösterreich) beginnt.

Die Burg Glopper bei Hohenems in Vorarlberg wird erbaut.

1343/44. Die Luxemburger betreiben die deutsche Thronkandidatur des böhmischen Thronfolgers Karl.

1345. Herzog Albrecht II. von Habsburg läßt den ersten österreichischen Goldgulden prägen.

Der Turm der Stadtpfarrkirche von Hall (Tirol) wird mit einem »spitzgemauerten Dach« versehen.

11. 7. 1346. In Rhense wählen die deutschen Kurfürsten den Luxemburger Karl (IV.) als Gegenkönig zu Kaiser Ludwig IV., dem Bayer.

26. 8. 1346. Der seit 1340 erblindete König Johann von Böhmen fällt in der Schlacht bei Crécy, einer Auseinandersetzung zwischen Engländern und Franzosen, die mit den Böhmen verbündet sind. Gegenkönig Karl IV., der älteste Sohn Johanns, wird König von Böhmen.

11. 10. 1347. Nach dem Tod Kaiser Ludwigs IV., des Bayern, ist König Karl von Böhmen als Karl IV. unangefochten König im Reich.

1348/49. Katastrophen in Österreich: Mißernten und Überschwemmungen führen zu Hungersnöten, die Beulenpest breitet sich aus. →

1348. Die Geißlerfahrten nehmen von Österreich aus ihren Anfang und verbreiten sich im ganzen Reich (Papst Klemens VI. erklärt die Geißler 1349 zu Ketzern). →

25. 1. 1348. Verheerendes Erdbeben in Österreich: In Kärnten wird Villach zerstört und ein Bergrutsch des Dobratsch vernichtet 17 Dörfer.

7. 4. 1348. Karl IV. gründet in Prag die erste deutsche Universität.

5. 6. 1348. König Karl IV. belehnt Herzog Albrecht II. und seine Söhne mit den habsburgischen Gebieten.

Der älteste Sohn Albrechts II., der neunjährige Rudolf (IV.), wird mit der etwa sechsjährigen Katharina, der Tochter König Karls IV., verlobt. →

Vor 1350. In Neuberg an der Mürz (Steiermark) werden Kirche und Kreuzgang der Zisterzienserabtei errichtet. Die Kirche hat den größten Holzdachstuhl Österreichs.

In Enns (Oberösterreich) entsteht die Wallseer Kapelle der Pfarrkirche.

Um 1350. Abt Ulrich von Lilienfeld (Niederösterreich) verfaßt die »Concordantia caritatis«, in der er Ereignisse des Neuen Testaments und der Heiligengeschichten den alttestamentarischen Vorbildern gegenüberstellt.

Das doppeltürmige Westwerk der Stiftskirche Kremsmünster (Oberösterreich) wird errichtet.

Die gotische Wallfahrtskirche St. Ehrhard in der Breitenau (Steiermark) wird gebaut.

Die Kapelle des Schlosses Ulmerfeld (Niederösterreich) wird mit bedeutenden Fresken ausgestattet.

Februar 1350. König Karl IV. belehnt Markgraf Ludwig von Brandenburg, den Gatten der Gräfin von Tirol, mit Tirol, Kärnten, Görz und der Vogtei über die Bistümer Brixen und Trient.

GESTORBEN:

1345/47. Johann von Viktring (* um 1270), Chronist. →

26. 8. 1346. Crécy: Johnann der Blinde (* 10. 8. 1296), König von Böhmen, Begründer der Luxemburger-Dynastie in Böhmen.

11. 10. 1347. Fürstenfeldbruck: Ludwig IV., der Bayer (* um 1283), König und Kaiser.

GEBOREN:

1343/45. Meinhard III. († 13. 1. 1363), Graf von Tirol.

9. 9. 1348. Wien: Albrecht III. von Habsburg († 29. 8. 1395), Herzog von Österreich und Steiermark.

ZITAT:

In der »Limburger Chronik« heißt es über die Pest und die Bewegung der Geißler u. a.:

»Item da man schrieb tausend dreihundert und in dem neuundvierzigsten Jahre, da kam ein groß Sterben in deutsche Lande, das ist genannt das große erste Sterben...
Item da das Volk den großen Jammer von Sterben sah, das auf Erdreich war, da fielen die Leute gemeinlich in eine große Reue ihrer Sünde und suchten Poenitentien ... Und verhauften sich die Männer in den Städten und in dem Lande und gingen mit den Geißeln hundert, zweihundert oder dreihundert oder in der Maße. Und war ihr Leben also, daß jegliche Partie gingen dreißig Tage mit der Geißeln von einer Stadt zu der andern und führten Kreuze und Fahnen als in der Kirchen ...«

König Karl belehnt die Habsburger

5. Juni 1348. *König Karl IV., der nach seinem Regierungsantritt die Freundschaft zu Habsburg sucht, belehnt Herzog Albrecht II. und dessen Söhne mit Österreich, der Steiermark, Kärnten, Krain, der Windischen Mark und den habsburgischen Besitzungen in den Vorlanden. Das Fresko zeigt den König (l.) bei einer Belehnung (Burg Karlstein, um 1355).*

Die Ehen der Gräfin

10. Februar 1342. Die 23jährige Gräfin von Tirol, Margarete Maultasch, heiratet in zweiter Ehe Markgraf Ludwig von Brandenburg, einen Sohn Kaiser Ludwigs IV., des Bayern, nachdem sie sich im November 1341 von ihrem ersten Mann, Johann Heinrich von Böhmen, getrennt hat.

Johann Heinrich, der Sohn König Johanns von Böhmen, war bereits als Neunjähriger 1330 mit der Tochter und Erbin Herzog Heinrichs von Kärnten und Tirol verheiratet worden, um den Luxemburgern die Anwartschaft auf diese Länder zu sichern. Nach dem Tod des Herzogs (→ 2. 4. 1335) vermochten sich Margarete und ihr Mann trotz der Hilfe des böhmischen Königs nur im nördlichen Tirol durchzusetzen.

Als Johann Heinrich nach und nach immer mehr Ratgeber und Günstlinge aus seiner Heimat nach Tirol holte, wuchsen Unruhe und Unzufriedenheit in seinem Land. Im November 1341 vertrieben die Tiroler Landstände schließlich den ungeliebten Herrn, was Margarete nicht ungelegen kam. Ihr Mann galt als geistig zurückgeblieben, und die Ehe wurde wegen Nichtvollzugs für ungültig erklärt, jedoch kirchlich nicht gelöst. Der Papst sprach vielmehr den Bann über die Eheleute, und erst 1350 gelingt es durch die Vermittlung Herzog Albrechts II. von Habsburg, den Kirchenbann zu lösen.

Margarete Maultasch, Gräfin von Tirol (Holzschnitt; Österreichische Nationalbibliothek Wien)

Ein Jahr voller Katastrophen

1348/49. Mißernten und abermalige Überschwemmungen führen zu ausgedehnten Hungersnöten in Österreich, Erdbeben unterschiedlicher Stärke erschüttern fast ganz Europa.

In Kärnten löst ein Erdbeben am 25. Jänner 1348 einen gewaltigen Erdrutsch des Dobratsch aus, der 17 Dörfer vernichtet und Villach zerstört. Wie viele Tote dieses größte Erdbeben, das Österreich je erlebt hat, forderte, ist nicht bekannt. In der sog. Kleinen Klosterneuburger Chronik heißt es darüber:

»Anno 1348 in dem jar nach weynachten geschah ain grosser erdpidem in carnten in ainer stadt, hayst villach, die zerfiell über all, die ringmaur, leit noch heut des tags im graben, es geschah an pauli bekherung und was ain schoner tag, es verfiellen sich auch 10 guetter vesten, sich zerriss ein perg von einander, und fiell in ein tieffen see, es ertrencht der see aus wol 7 dörffer, es geschah zu mittag, die weil das volckh verdarb zu der predig sass in ainer gewelbten khirchen, das volckh verdarb alles, der prediger kham davon, lebet aber nur pis an 3 tag und starb, und verdarben gar vill khauffleut. hie in osterreich hueben sich die buessleut an, und gaisleten sich bitterlich hin und her im landt, es stund gar kläglich, sich verkhert die sun vorhin und geschahen vill zaichen.«

»Die Geißler zu Doornik im Jahre 1349« (Miniatur aus der Chronik des Aegidius Li Muisis)

Von Asien kommend, verbreitet sich zudem noch die Beulenpest in Österreich, der Steiermark und in Kärnten – und von hier aus sowie im Westen vom Rhônetal her über ganz Mitteleuropa. Zahlreiche Städte und Dörfer werden von dieser erschrekkenden Krankheit, gegen die es kein Mittel gibt, erfaßt und die Bevölkerung zum großen Teil ausgerottet. So sterben in Wien an manchen Tagen des Monats Juni 1349 mehrere hundert Menschen. Eine Chronik berichtet, daß in die Pestgrube beim Kärntnertor 14000 Leichen geworfen worden sind.

Die Menschen sehen in den Katastrophen und Seuchen eine Strafe Gottes, und schon bald bildet sich eine Büßerbewegung, deren Anhänger umherziehen und sich gegenseitig geißeln. Obwohl Papst Klemens VI. noch im selben Jahr die Geißler zu Ketzern erklärt, wächst die Bewegung und erhält Zulauf im ganzen deutschen Sprachraum und teilweise auch darüber hinaus.

Im Laufe des Jahres 1349 verbreitet sich allerdings auch der Glaube, die Juden seien Schuld an allem Unglück. Es kommt zu Ausschreitungen gegen jüdische Bürger; der schreckliche Höhepunkt ist die Mißhandlung und Ermordung unzähliger Juden in den niederösterreichischen Orten Krems, Stein und Mautern im September 1349.

Tod des gelehrten Abts von Viktring

1345/47. Im hohen Alter von etwa 75 Jahren stirbt der Abt des Zisterzienserklosters Viktring bei Klagenfurt, Johannes II., unter dem Namen Johann von Viktring einer der bedeutenden Geschichtsschreiber seiner Zeit.

1312 wurde Johann Abt des gut dotierten Zisterzienserstiftes Viktring. Aufgrund seiner Bildung und seiner fundierten Kenntnisse der Geschichte diente er von 1330 bis 1335 als Geheimschreiber Herzog Heinrichs VI. von Kärnten und Graf von Tirol. Anschließend war Johann am Hof der Habsburger tätig (bis 1342). Sein berühmtestes Werk ist die von 1211 bis 1342 reichende Geschichte Kärntens, das »Liber certarum historiarum« (verlorengegangen).

Kunst und Kultur in Österreich 1301–1350

- ▷ Im südlichen Läuthaus der Stiftskirche Kremsmünster (Oberösterreich) wird das Hochgrab für Gunther, den Sohn Herzog Tassilos II. von Bayern, errichtet→
- ▷ Die Leechkirche in Graz erhält Glasmalereien
- ▷ Der gotische Chor der Pfarrkirche von Eggenburg (Niederösterreich) wird erbaut
- ▷ Die Hochburg mit Wehrturm und Vorburg der Burg Strechau bei Rottenmann (Steiermark) entsteht
- ▷ In Prutz (Tirol) wird der »Obere Turm« erbaut – exakter Typ einer gotischen Dorfburg
- ▷ Der gotische Ludwigschor der Minoritenkirche in Wien wird errichtet
- ▷ Die Klosterneuburger Madonna wird aus Kalkstein gefertigt
- ▷ Die Dienstbotenmadonna der Stephanskirche in Wien, ein Hauptwerk der Wiener Gotik, wird geschnitzt
- ▷ In Perchtoldsdorf (Niederösterreich) wird der Turm der Herzogsburg erbaut
- ▷ Die gotischen Pfarrkirchen von Gmunden (Oberösterreich) und Imst (Tirol) entstehen.

Hochgrab für Gunther in der Stiftskirche von Kremsmünster

1351

1351–1360

1. 5. 1351. Die Schweizer Waldstätten schließen ein Bündnis mit Zürich, das zum Krieg Herzog Albrechts II. von Habsburg gegen die Eidgenossen führt.

24. und 27. 6. 1352. Die Eidgenossen verbünden sich mit Glarus und Zug.

14. 11. 1352. Friede zwischen Habsburg und den Eidgenossen: Die grundherrlichen Rechte der Habsburger werden anerkannt und die Verbindung der Eidgenossen zu den habsburgischen Orten aufgegeben. Dafür verzichtet Herzog Albrecht II. auf seine gräflichen Rechte in Schwyz und Unterwalden.

1353. Karl IV. beruft den Gelehrten Johannes von Neumarkt als Hofkanzler nach Prag. Er schafft die Grundlagen für eine einheitliche Kanzleisprache und wird wesentlicher Mittler zwischen italienischer Renaissance und deutschem Frühhumanismus.

6. 5. 1353. Die Schweizer Eidgenossen schließen ein Bündnis mit Bern.

Sommer 1353. Erneut kommt es zum Krieg zwischen den Habsburgern und den Eidgenossen, der sich bis 1355 hinzieht.

13. 7. 1353. Herzog Rudolf IV., der älteste Sohn Herzog Albrechts II., heiratet Katharina, eine Tochter König Karls IV.

1354. Wiener Patrizier lassen aus den Glashütten des Böhmerwaldes Glas kommen, das als »Waldglas« bekannt wird. – Die älteste Ordnung der Wiener Glaser entsteht.

20. 5. 1354. Durch die Teilung der Grafschaft Tettnang-Bregenz entsteht die neue Grafschaft Bregenz.

1355. Der Bau der gotischen Wallfahrtskirche Straßengel bei Graz wird beendet. Sie hat große Ähnlichkeit mit dem Wiener Stephansdom.

Ostern 1355. Karl IV. wird in Rom zum Kaiser gekrönt.

Sommer 1355. Der Friede von Regensburg beendet die Auseinandersetzungen zwischen Herzog Albrecht II. und den Schweizer Eidgenossen.

25. 11. 1355. Herzog Albrecht II. erläßt die sogenannte Albertinische Hausordnung. Sie bestimmt, daß nach seinem Tod seine Söhne Rudolf IV., Friedrich III., Leopold III. und Albrecht III. die österreichischen Länder gemeinsam regieren sollen.

10. 1. 1356. Auf dem Reichstag zu Nürnberg läßt Kaiser Karl IV. das Reichsgrundgesetz (»Goldene Bulle«) veröffentlichen. Fortan dürfen allein die sieben Kurfürsten den König wählen. Es sind dies die Erzbischöfe von Köln, Mainz und Trier, der König von Böhmen, der Pfalzgraf bei Rhein, der Herzog von Sachsen und der Markgraf von Brandenburg.→

1357. Der Offizial des Bischofs von Passau verlegt seinen Sitz von Krems (Niederösterreich) nach Wien, in die Nähe der Kirche Maria am Gestade.

20. 7. 1358. Nach dem Tod Herzog Albrechts II. von Habsburg tritt Herzog Rudolf IV., der Stifter, die Regierung an, vormundschaftlich auch für seine noch minderjährigen Brüder.

1358/59. In den Wintermonaten läßt Herzog Rudolf IV. von Habsburg, als Reaktion auf die »Goldene Bulle« Kaiser Karls IV., das Privilegium maius in seiner Kanzlei »herstellen«.→

30. 3. 1359. Herzog Rudolf IV. führt das »Ungeld« ein, eine zehnprozentige Abgabe auf alle in öffentlichen Gaststätten ausgeschenkten Getränke. Gleichzeitig verzichtet er auf den bisher üblichen jährlichen »Münzverruf«, bei dem die im Umlauf befindlichen Münzen nur zum tatsächlichen Silberwert eingelöst werden, was für den Münzherrn eine beachtliche Zusatzeinnahme bedeutete. Die Bevölkerung fordert daher schon lange die Einführung eines »ewigen Pfennigs«.

7. 4. 1359. Grundsteinlegung und Baubeginn für den Südturm von St. Stephan in Wien erfolgen (Bau bis 1433). Gleichzeitig wird das gotische Langhaus zu bauen begonnen (1511 vollendet).

Vor 1360. Das Gabelkruzifix der Pfarrkirche von Steirisch-Laßnitz (Steiermark) wird gefertigt.

Um 1360. Im Stadtturm von Bregenz wird die Martinskapelle errichtet und mit Fresken ausgestattet.

15.–23. 6. 1360. Herzog Rudolf IV. schließt mit den Grafen von Montfort-Feldkirch mehrere Verträge, mit denen er ihnen seinen Schutz zusichert.

25. 7. 1360. Bischof Peter von Chur, der sich bereits 1358 den Habsburgern unterworfen hat, übergibt diesen für acht Jahre die weltliche Regierung seines Bistums.

2. 8. 1360. In Wien werden Liegenschaftsänderungen schriftlich festgehalten. (Die ersten Aufzeichnungen sind verlorengegangen; die ältesten erhaltenen stammen von 1368.)

GESTORBEN:

20. 7. 1358. Wien: Albrecht II. von Habsburg (* 12. 12. 1298), Herzog von Österreich und Steiermark.→

17. 8. 1360. Gaming: Konrad von Gaming (auch Konrad von Hainburg; * ?), Abt und Hymnendichter.

GEBOREN:

1. 11. 1351. Wien: Leopold III. von Habsburg († 9. 7. 1386), Herzog von Österreich, Steiermark, Kärnten, Tirol und den Vorlanden.

5. 5. 1352. Amberg: Ruprecht († 18. 5. 1410), Kurfürst von der Pfalz und König.

1357. Hugo von Montfort († 4. 4. 1423), Minnesänger.

Um 1360. Ulrich Putsch († 29. 8. 1437), Bischof von Brixen.

Die »Goldene Bulle«

10. Jänner 1356. Auf dem Reichstag zu Nürnberg erläßt Kaiser Karl IV. in Anwesenheit geistlicher und weltlicher Reichsfürsten und anderer hoher Herren ein Gesetz, welches die Königswahl und die Rechte der Kurfürsten erstmals schriftlich und einheitlich regelt (Teil 2 wird erst auf dem Reichstag zu Metz im Dezember 1356 veröffentlicht).

In der Vorrede zu dem Reichsgesetz, das wegen seines kaiserlichen Goldsiegels »Goldene Bulle« genannt wird, heißt es, die Urkunde sei verabschiedet, um »die Einigkeit unter den Kurfürsten zu fördern [und] um Einhelligkeit bei der Wahl herbeizuführen ...«. Die wichtigsten Bestimmungen der »Goldenen Bulle« lauten:

- ▷ Die Zahl der Kurfürsten, die den König wählen dürfen, wird auf sieben festgelegt
- ▷ Frankfurt am Main wird zum Wahlort bestimmt; Aachen wird Krönungsort
- ▷ Für die Wahl zum deutschen König gilt das Mehrheitsprinzip
- ▷ Der Erzbischof von Mainz leitet die Wahl. Er hat auch die Kurfürsten form- und fristgemäß nach Frankfurt am Main einzuladen
- ▷ Die Kurfürstentümer werden für unteilbar erklärt
- ▷ Klage gegen den König kann nur der Pfalzgraf bei Rhein erheben. Dies ist nur auf Hoftagen und in Anwesenheit des Monarchen und der Kurfürsten möglich.

Darüber hinaus werden den Kurfürsten vom König und Kaiser besondere Vorrechte zugestanden:

- ▷ Die Kurfürsten erhalten unbeschränkte Gerichtsgewalt in ihren Territorien
- ▷ Kurfürstliche Untertanen dürfen nicht von fremden Gerichten abgeurteilt werden
- ▷ Die königlichen Hoheits- und Nutzungsrechte (Regalien), wie das Berg-, Münz-, Salz- und Zollregal, fallen an die Kurfürsten
- ▷ Verboten werden weiterhin jede Art von Vereinigungen und vor allem Städtebünde
- ▷ Den Städten wird die Aufnahme von Pfahlbürgern (Untertanen des Landesherrn, die das Bürgerrecht besitzen und sich der Untertanenpflicht entziehen wollen) untersagt. – Die Bestimmungen der »Goldenen Bulle« bringen in wesentlichen Punkten keine Neuerungen bisher geübter Rechtspraxis. Sie fassen aber das in Jahrhunderten gewachsene Recht erstmals einheitlich zusammen. Mit der »Goldenen Bulle« werden die Habsburger übergangen, die im Kurfürstengremium nicht aufscheinen, während die Luxemburger gleich zweimal vertreten sind (mit den Stimmen Böhmens und Brandenburgs).

Seite der »Goldenen Bulle« (aus einer Prachthandschrift, um 1400; Österreichische Nationalbibliothek)

Das Privilegium maius (Titelblatt einer Handschrift von 1512; Wien)

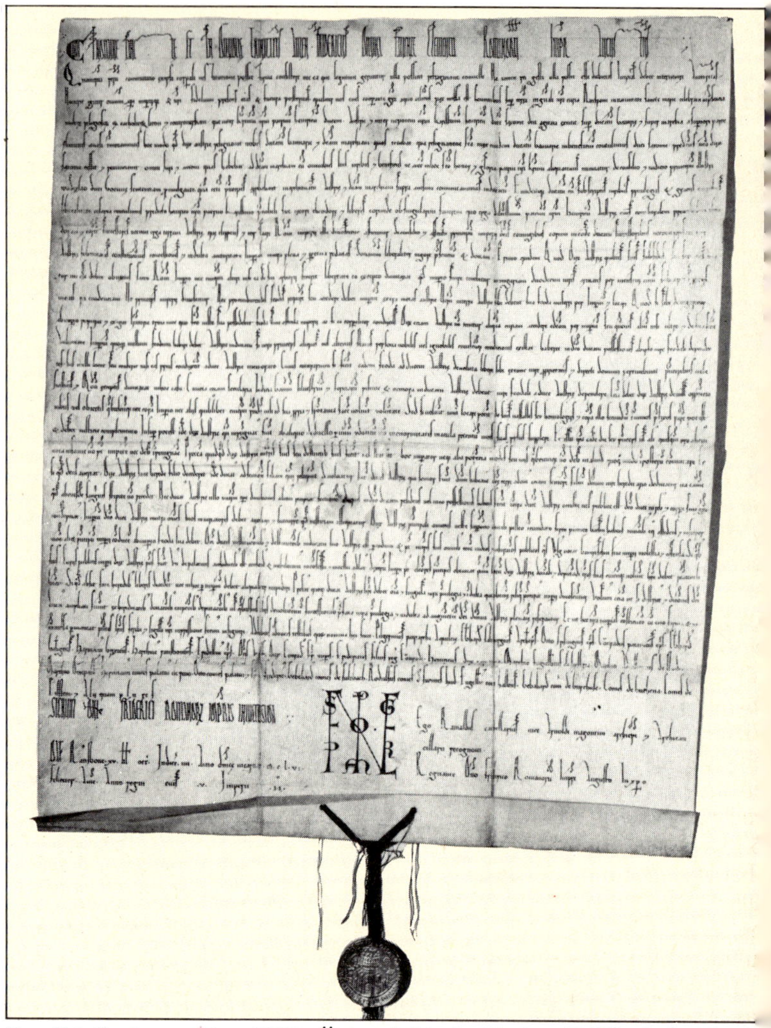

Das Privilegium maius (1359; Österreichische Nationalbibliothek Wien)

Herzog Rudolf IV. läßt Urkunden fälschen

1358/59. Herzog Rudolf IV. von Habsburg läßt in seiner Wiener Kanzlei fünf Schriftstücke fälschen, die beweisen sollen, daß der Herzog von Österreich schon immer eine bevorzugte Stellung im Reich eingenommen hat.

Rudolf fühlt sich durch die Bestimmungen der »Goldenen Bulle« Kaiser Karls IV. gegenüber den sieben Kurfürsten zurückgesetzt und benachteiligt. Mit Hilfe der Fälschungen will er sich seine angestammten Rechte sichern – eine in der dokumentenarmen Zeit des Mittelalters weit verbreitete Methode. Als Vorlage dient das Privilegium minus Kaiser Friedrichs I., Barbarossa, in dem Österreich am → 17. September 1156 zum Herzogtum erhoben worden war. Von dieser echten Urkunde wird das kaiserliche Siegel entfernt und auf dem Falsifikat befestigt, die alte Urkunde läßt man klugerweise »verschwinden«.

Bei den fünf gefälschten Schriftstücken handelt es sich im einzelnen um:

▷ Einen Brief Kaiser Heinrichs IV. aus dem Jahre 1058 an den Markgrafen Ernst von Österreich. Darin werden die Privilegien der römischen Kaiser bestätigt

▷ Einen Brief Kaiser Friedrichs I., Barbarossa, aus dem Jahre 1156, der einen wesentlich erweiterten Text des echten Privilegium minus zum Inhalt hat – das sog. Privilegium maius

▷ Einen Brief König Heinrichs VII. aus dem Jahre 1228, der nicht nur eine Bestätigung, sondern bereits eine Erweiterung des Privilegium minus enthält

▷ Einen Brief Kaiser Friedrichs II. aus dem Jahre 1245, dem die tatsächliche Bestätigung des Privilegium minus aus diesem Jahr zugrunde liegt

▷ Ein Privileg König Rudolfs I. von Habsburg aus dem Jahre 1283, das alle vorangegangenen Privilegien ausdrücklich bestätigt.

Die Systematik der gefälschten Urkunden offenbart die Absicht des Auftraggebers, die Stellung des Herzogs von Österreich mit außergewöhnlichen Vorrechten zu untermauern.

Privilegien »aus besonderer Gunst«

Im sog. Privilegium maius heißt es u. a.:

»... Aus besonderer Gunst, die wir gegen das Land Österreich, welches als der Schild und das Herz des heiligen Römischen Reiches erkannt wird, hegen, erteilten und schenkten wir gnädig nach dem Rate und mit Zustimmung der Reichsfürsten den genannten Eheleuten, ihren Nachfolgern in diesem Herzogtume und dem obenerwähnten Lande Österreich folgende Gesetze, Zugeständnisse und Gnaden aus kaiserlicher Macht als volles und immerwährendes Recht kraft des vorliegenden Briefes: Zuerst, daß der Herzog von Österreich mit Heeresfolge und Lehensdienst zu nichts verpflichtet sein soll, weder dem heiligen Römischen Reiche noch jemand anderem ... Zum Empfang der Lehen braucht er das Reich nicht aufzusuchen oder anzugehen ... Wenn der Herzog bei einem öffentlichen Reichstag anwesend ist, so soll er als ein Pfalz-Erzherzog angesehen und ebenso in der Versammlung sowie beim Einzuge an der rechten Seite des Kaisers den ersten Platz nach den Kurfürsten einnehmen ...«

Ein gelähmter, aber weiser Herr

0. Juli 1358. In Wien stirbt 59jährig Herzog Albrecht II., der Weise, von Habsburg, aufgrund seiner Behinde-ungen an Händen und Füßen infol-e einer Lebensmittelvergiftung uch »der Lahme« genannt. Al-recht war ein angesehener Landes-err und auch von den deutschen eichsfürsten wegen seiner vermit-elnden Haltung bei Fehden und Händeln geachtet.

ls vierter Sohn König Albrechts I. ar er ursprünglich für den geistli-hen Stand bestimmt worden. Nach-em aber seine älteren Brüder früh estorben waren, übernahm Al-recht 1330 – vorerst gemeinsam mit einem Bruder Otto dem Fröhlichen die Regierung in den Erbländern. m 26. März 1324 hatte Albrecht in Vien die Gräfin Johanna von Pfirt eheiratet, die erhebliche Besitzun-en im Oberelsaß mit in die Ehe rachte. Nach einem Mahl am 5. März 1330 traten Lähmungser-cheinungen an seinen Händen und üßen auf, Ursache war ein verdor-enes Lebensmittel.

ufgrund seiner Behinderung muß-Albrecht in einer Sänfte reisen, as große Kosten verursachte, wes-alb ihm seine Gattin mehrere diplo-atische Missionen abnahm. Nach jähriger Ehe stellte sich auch der hoffte Kindersegen ein, obwohl Jo-nna bereits 39 Jahre alt war. Bis zu rem 51. Lebensjahr gebar sie Al-echt elf Kinder; vier Söhne und vei Töchter blieben am Leben.

rzog Albrecht II., der Weise ndsteinfigur, um 1360/65)

1361

1361–1370

1361/62. Die wachsenden Spannungen zwischen Kaiser Karl IV. und Herzog Rudolf IV. von Habsburg wegen des vom Kaiser nicht bestätigten »Privilegium maius« führen beinahe zum Krieg zwischen beiden Regenten; Katharina, die Gattin Rudolfs und eine Tochter des Kaisers, kann aber erfolgreich vermitteln. →

31. 5. 1361. Eine gewaltige Feuersbrunst vernichtet fast ein Drittel der Stadt Wien.

Sommer 1361. Zwischen Herzog Rudolf IV. und dem Patriarchen von Aquileja kommt es zu Gebietsstreitigkeiten um Friaul.

Um 1362. Der sechseckige Wohnturm und der fünfeckige Treppenturm von Burg Mariastein bei Kufstein in Tirol werden errichtet.

5. 2. 1362. Friede von Kopreinitz: Der Patriarch von Aquileja muß die Ansprüche Rudolfs IV. anerkennen, nachdem er als Gefangener des Herzogs nach Wien gebracht worden ist. – Kaiser Karl IV. erklärt den Friedensschluß jedoch für ungültig.

10. 11. 1362. Aus dem Stift Melk (Niederösterreich) werden wertvolle Kunstgegenstände gestohlen. →

13. 1. 1363. Mit dem Tod Graf Meinhards III. von Tirol erlischt die Linie Oberbayern-Tirol der Wittelsbacher, was zu Erbstreitigkeiten zwischen Habsburgern und Wittelsbachern führt (→ 29. 9. 1369).

26. 1. 1363. Gräfin Margarete Maultasch übergibt in Bozen die Herrschaft über Tirol an Herzog Rudolf IV. unter Vorbehalt ihrer Regierung auf Lebenszeit.

8. 4. 1363. Die Burg Neuburg bei Koblach (Vorarlberg) wird von den Habsburgern gekauft. Es ist die erste direkte Erwerbung der Habsburger vor dem Arlberg.

2. 9. 1363. Gräfin Margarete Maultasch verzichtet auf die Ausübung der Regierung in Tirol und zieht sich auf ihr Schloß in der Nähe Wiens zurück. Am 8. Februar 1364 werden daraufhin Herzog Rudolf IV. von Habsburg und seine Brüder vom Kaiser in Brünn mit der Grafschaft Tirol belehnt.

10. 2. 1364. Zwischen den Häusern Habsburg und Luxemburg wird ein Erbvertrag geschlossen. →

August 1364. Die Kämpfe zwischen Herzog Rudolf IV. und dem Patriarchen von Aquileja leben wieder auf.

18. 11. 1364. Herzog Rudolf IV. schließt einen Familienvertrag mit seinen Brüdern – die »Rudolfinische Hausordnung«. →

1365. Der Bau am gotischen Bischofstor von St. Stephan in Wien wird begonnen (1370 fertiggestellt).

12. 3. 1365. Herzog Rudolf IV. gründet in Wien die zweite deutsche Universität. →

Juli 1365. Herzog Rudolf IV. führt in Mailand Verhandlungen zur Vermählung seines Bruders Leopold III. mit der Tochter des Herzogs von Mailand. Rudolf gewinnt dadurch einen wichtigen Bundesgenossen in Oberitalien (die Hochzeit findet am 22. Februar 1366 in Wien statt).

27. 7. 1365. Nach dem Tod Herzog Rudolfs IV. übernimmt sein Bruder Albrecht III. – gemeinsam mit Leopold III. – die Regierung.

26. 3. 1366. Herzog Albrecht III. von Habsburg erneuert den Erbvertrag mit dem Hause Luxemburg.

1367. Der Bau des Bergfrieds des (ehemaligen) landesfürstlichen Schlosses von Freistadt (Oberösterreich) wird abgeschlossen.

Herzog Albrecht III. stiftet den Ritterorden »Von der Locke«, auch »Zopforden« genannt. Der Zeitpunkt der Stiftung ist nicht ganz gesichert, doch handelt es sich auf jeden Fall um den ältesten Orden Österreichs. Das Ordenszeichen ist ein um den Hals zu legender goldblonder Haarzopf, der auf der Brust zusammengeknöpft ist und eine offene Haarlocke trägt. (Er ist nur in einem Exemplar im Grazer Landesmuseum Joanneum erhalten und stammt aus dem Besitz der Grafen von Stubenberg.)

1368. Herzog Leopold III. von Habsburg erwirbt die Stadt und Landgrafschaft Freiburg im Breisgau.

Salzburg erhält ein neues Stadtrecht, das bald von den übrigen Städten Salzburgs übernommen wird.

Sommer 1369. In Kärnten kommt es zu einem Aufstand gegen die Herrschaft der Habsburger, der von den Wittelsbachern unterstützt wird, die in Tirol einfallen (→ 29. 9. 1369).

29. 9. 1369. Habsburger und Wittelsbacher schließen den Frieden von Schärding (Oberösterreich). →

Vor 1370. Die Pfarrkirche von Maria Pfarr im Lungau (Salzburg) erhält gotische Fresken.

Um 1370. Herzog Albrecht III. legt im Schloß Laxenburg bei Wien einen botanischen und einen Tiergarten an – die ersten Gärten dieser Art auf deutschem Boden.

1370. Die Habsburger schließen einen Vergleich mit Venedig im Streit um Triest: 1368 haben Triestiner Autonomisten um die Schutzhoheit der Habsburger nachgesucht, nun werden die österreichischen Ansprüche durch Venedig abgelöst.

GESTORBEN:

13. 1. 1363. Meinhard III. (* 1343/45), Graf von Tirol.

27. 7. 1365. Mailand: Rudolf IV., der Stifter, von Habsburg (* 1. 11. 1339), Herzog von Österreich und Steiermark. →

3. 10. 1369. Bei Wien: Margarete Maultasch (* 1318), Gräfin von Tirol. →

GEBOREN:

26. 2. 1361. Nürnberg: Wenzel († 16. 8. 1419), König von Böhmen.

15. 2. 1368. Nürnberg: Siegmund († 9. 12. 1437), König und Kaiser.

Habsburger nicht Pfalzerzherzöge

1361/62. Die Nichtanerkennung des »Privilegium maius« (→ 1358/59) durch Kaiser Karl IV. führt zu wachsenden Spannungen zwischen dem Kaiser und den Habsburgern. Karl IV. hatte sich von den phantastischen Schriftstücken nicht beeindrucken lassen und sie dem italienischen Humanisten Francesco Petrarca übergeben, der die Unhaltbarkeit verschiedener Behauptungen bestätigte. Herzog Rudolf IV. ist daher gezwungen, den bereits offiziell angenommenen Titel eines Pfalzerzherzogs wieder abzulegen. (1441 bzw. 1453 erhalten die Schriftstücke doch noch die königliche bzw. kaiserliche Bestätigung – durch Friedrich III., einen Habsburger.)

Der Luxemburger Karl IV., Gegenspieler der Habsburger (14. Jh.)

Ein Erbvertrag von großer Bedeutung

10. Februar 1364. In Brünn wird ein Erbvertrag zwischen den Häusern Habsburg und Luxemburg abgeschlossen: Wechselseitig soll im Falle des Aussterbens eines der beiden Geschlechter dem anderen der gesamte Landbesitz zufallen. (Der Vertrag tritt am → 9. Dezember 1437 in Kraft.)

Zwei Tage zuvor hat Kaiser Karl IV. den Habsburger Herzog Rudolf IV. und seine Brüder mit der Grafschaft Tirol belehnt, nachdem die Gräfin Margarete Maultasch bereits am 2. September 1363 zugunsten des Habsburgers auf die Ausübung ihrer Regierung verzichtet hat.

Kunstdiebstahl im Stift Melk

10. November 1362. Der reiche Emmersdorfer Bürger Otto Grimsinger entwendet die kostbare Kreuzreliquie des berühmten Melker Kreuzes, mehrere Kelche und Altargeräte sowie ein wertvolles Prälatenkreuz aus dem seinem Heimatort an der Donau gegenüberliegenden Benediktinerstift Melk.
Der Täter wird jedoch ausfindig gemacht, verurteilt und am 21. Dezember öffentlich hingerichtet. Die gestohlenen Gegenstände werden dem Stift zurückgegeben – die Kreuzreliquie am 7. Dezember. Sie war zum Zeitpunkt der Tat nicht in der Schatzkammer, sondern nur in der Sakristei aufbewahrt worden, weil man täglich mit dem Eintreffen der neuen, von Herzog Rudolf IV. von Habsburg gestifteten Fassung rechnete. Das Melker Kreuz ist in der neuen Fassung ein Hauptwerk der Goldschmiedekunst des 14. Jahrhunderts (der Fuß stammt allerdings erst aus der Zeit um 1420).

Die Hausordnung Herzog Rudolfs

18. November 1364. Herzog Rudolf IV. von Habsburg schließt einen Familienvertrag mit seinen beiden jüngeren Brüdern, die sog. Rudolfinische Hausordnung.
Rudolf hatte 1358 nach dem Tod des Vaters, Herzog Albrecht II., als Ältester (19jährig) die Regierung übernommen. Seine Brüder waren mit elf (Friedrich), zehn (Albrecht) und sieben Jahren (Leopold) damals noch zu jung. Nun scheint Rudolf die Zeit gekommen, mit den verbliebenen beiden eine Familienvereinbarung zu treffen (Friedrich ist bereits 1362 gestorben. Für ihn ließ Rudolf unter dem Chor des Wiener Stephansdomes eine Gruft ausbauen, in der er selber 1365 beigesetzt wird).
Die Rudolfinische Hausordnung legt fest, daß der gemeinsame Besitz der ungeteilten habsburgischen Länder zu gelten habe, daß keine Länderteilung erfolgen darf und daß die Gesamtregierung unter Wahrung bestimmter Vorrechte dem Ältesten zusteht. Diese Vorrechte betreffen die Außenpolitik, die Hofhaltung, die Belehnung und zu schließende Staatsverträge.

Älteste Bilddarstellung der 1365 gegründeten Universität in Wien (l.) und einer Vorlesung (Miniatur, 14. Jh.)

Die zweite deutsche Universität

12. März 1365. Herzog Rudolf IV., der Stifter, von Habsburg gründet in Wien eine Universität, die zweite im deutschen Sprachraum (nachdem Kaiser Karl IV. 17 Jahre zuvor die Universität Prag ins Leben gerufen hat). Die ältesten europäischen Universitäten sind Salerno und Bologna (10. bzw. 11. Jahrhundert), Reggio (1188/1210) sowie Oxford und Paris (beide wurden im 12. Jahrhundert gegründet).
An den Vorbereitungen waren die Bischöfe von Passau und Brixen, sowie der Legat Agapetus von Colonna und der Gelehrte Albert von Riggendorf, der auch der erste Rektor der Wiener Universität wird, wesentlich beteiligt.
Kaiser Karl IV. befürchtet durch diese Gründung eine spürbare Konkurrenz zu seiner Prager Stiftung und erreicht, daß Papst Urban V. am 18. Juni 1365 die Stiftung mit Ausnahme des Studiums der Theologie bestätigt. Die Einschränkung durch den Papst hat aber auch noch einen anderen Grund: Urban V. fürchtet, daß die vom Habsburger zur Verfü gung gestellten Mittel für eine voll wertige Universität nicht ausreichen könnten.
Der plötzliche Tod des Stifters läß ein Scheitern der Universitätsgrün dung möglich erscheinen, doch zeig sich rasch, daß sein Nachfolger, Her zog Albrecht III., das Werk sorgsa weiterbetreut. Schon ab 1377 wer den regelmäßig Rektoratswahle durchgeführt und Matrikel angeleg Außerdem nützt Albrecht geschicl den an der Pariser Universität ausg brochenen Konflikt und beruft u das Jahr 1383 namhafte Pariser Pr fessoren nach Wien. Gestützt a diese Maßnahmen erreicht d Habsburger am 20. Februar 13 von Urban VI. die Zustimmung z Errichtung einer theologischen F kultät. Der wissenschaftliche R der »Alma mater Rudolphin wächst derart, daß um 1400 berei rund 4000 Studenten in Wien ihre Studium nachgehen.
Der Kursus an den Universität verläuft an allen vier Fakultäten f immer gleich:

- ▷ Grundunterweisung der Stude ten zwischen 14 und 20 Jahren der Artistenfakultät; Abschl mit dem Doktorgrad
- ▷ Die Fächer Medizin und Rec kann man im Alter von 20 bis Jahren studieren
- ▷ Das Studium der Theolo dauert rund 15 Jahre, das Minde alter zur Erreichung der Dokt würde liegt hier bei 35 Jahren.

Lehrbetrieb in einer mittelalterlichen Universität (Miniatur aus dem »Liber Ethicorum« des Frater Henricus de Alemannia, 14. Jh.; Berlin)

Rudolf – ein umsichtiger Regent Österreichs

?7. Juli 1365. Völlig unerwartet stirbt der erst 26jähri-?e Herzog Rudolf IV., der Stifter, von Habsburg in ?ailand. Trotz seines geringen Alters und seiner nur ?iebenjährigen Regierungszeit verdankt ihm das Haus ?absburg die Schaffung der Grundlagen für den kul-?urellen und politischen Aufstieg der Dynastie.

?udolf war das erste Kind aus der Ehe Herzog Al-?rechts II. von Habsburg mit der Gräfin Johanna von ?firt. Bereits als 19jähriger mußte er 1358 nach dem ?od des Vaters die Regierung übernehmen und rea-?ierte sofort auf die als Zurücksetzung des Herzogs ?on Österreich empfundenen Bestimmungen der ?Goldenen Bulle« Kaiser Karls IV. (→10.1.1356): ?udolf ließ insgesamt fünf Schriftstücke fälschen, ?arunter das »Privilegium maius«, um die Gleichstel-?ung der Habsburger mit den Kurfürsten des Reiches ?u erlangen (→1358/59). Da die Dokumente als Fäl-?chungen erkannt wurden, mußte er den bereits ange-?ommenen Titel eines Pfalzerzherzogs wieder aufge-?en und verzichtete nach einer entsprechenden Auf-?orderung des Kaisers auch auf den Titel Erzherzog. ?ie umsichtig und politisch klug er zu handeln ver-?ochte, bewies Rudolf durch den Abschluß eines ?echselseitigen Erbvertrags mit den Luxemburgern ?→10.2.1364).

Herzog Rudolf IV. (um 1360; Diözesanmuseum Wien)

Tirol fest in der Hand Habsburgs

29. September 1369. In Schärding am Inn in Oberösterreich wird ein Frieden zwischen Wittelsbachern und Habsburgern geschlossen, der den Streit um Tirol beendet.

Ermuntert durch einen (wenig bedeutenden) Aufstand gegen die habsburgische Herrschaft in Kärnten, waren die Bayern im Sommer in Tirol eingefallen, um die Erbansprüche der Wittelsbacher geltend zu machen, die aus der Ehe der Tiroler Gräfin Margarete Maultasch mit dem Wittelsbacher Markgrafen Ludwig von Brandenburg resultierten. Als ihnen aber Herzog Leopold III. mit einem starken Heer entgegentrat, zogen sich die Bayern kampflos zurück. In Schärding stimmen sie der Erwerbung Tirols durch die Habsburger zu und erkennen deren Herrschaft an. Habsburg zahlt dafür eine Entschädigung und tritt vier Städte, darunter Schärding und Rattenberg, an Bayern ab.

Die unglückliche Gräfin von Tirol

3. Oktober 1369. 51jährig stirbt Gräfin Margarete Maultasch von Tirol auf ihrem Schloß bei Wien, auf das sie sich nach ihrem Regierungsverzicht 1363 zurückgezogen hat.

Die vielumworbene, wenn auch nicht gerade schöne Tochter Herzog Heinrichs von Kärnten wurde wegen ihrer bedeutenden Erbaussichten bereits als Zwölfjährige mit dem erst neunjährigen Johann Heinrich von Böhmen vermählt (→2.4.1335), den die Tiroler Stände allerdings 1341 aus dem Lande vertrieben. Margarete heiratete daraufhin Markgraf Ludwig von Brandenburg aus dem Hause Wittelsbach (→10.2.1342).

Am 17. September 1361 starb ihr zweiter Ehemann und nur 16 Monate später ihr erst 20jähriger Sohn Meinhard (III.). Nach diesem doppelten Schicksalsschlag war Margarete bereit, ihre Herrschaft den Habsburgern zu übergeben, denen sie 1363 ihr Land überließ.

◁ *Urkunde über die Abtretung Tirols (Tiroler Landesarchiv)*

1371

1371–1380

1371. Die Habsburger erwerben durch Kauf die Herrschaft Adelsberg (Postojna; Slowenien).

28. 12. 1372. Erstmals wird eine mechanische Turmuhr in Österreich erwähnt. →

1373. Die Habsburger erwerben im Krieg mit Venedig und dem Signor von Padua, Franz von Carrara, Feltre, Belluno und Cividale im Patriarchat von Aquileja.

23. 3. 1373. Papst Gregor XI. lobt in einem Brief den Wein von Altenberg bei Retz in Niederösterreich (»vinum in antiquo monte apud Retzam«).

18. 8. 1373. Kaiser Karl IV. zwingt den Wittelsbacher Markgrafen Otto den Faulen, ihm gegen eine Geldzahlung die Kurmark Brandenburg zu überlassen.

1374. Durch den Tod Graf Alberts IV. von Görz-Istrien wird der Erbvertrag vom 27. April 1363 wirksam, und die Besitzungen in Istrien und der Windischen Mark fallen an die Habsburger. Ihre Herrschaft ist jetzt bis zur Adria ausgedehnt und in Krain gefestigt.

Siegmund (auch Sigmund und Sigismund), ein Sohn Kaiser Karls IV., verlobt sich mit Maria, der Tochter König Ludwigs I. von Ungarn.

Um 1375. Am Hof Erzbischof Pilgrims II. von Salzburg ist der Komponist Hermann (auch Johann) von Salzburg tätig. →

1375. Der Bau des gotischen Singertors der Stephanskirche in Wien wird aufgenommen (1380 beendet).

22. 5. 1375. Um 30 000 Gulden erwirbt Herzog Leopold III. von Habsburg von Graf Rudolf IV. von Montfort die Grafschaft Feldkirch und den inneren Bregenzerwald. (Dies ist praktisch der Beginn des »Landes vor dem Arlberg«, wenn auch der Vollzug erst durch den Tod des Montforter Grafen 1390 erfolgt.)

10. 6. 1376. Wenzel, der Sohn Kaiser Karls IV., wird in Frankfurt am Main zum deutschen König gewählt.

17. 12. 1376. Die Stadt Feldkirch in Vorarlberg erhält von Graf Rudolf IV. von Montfort den großen Freiheitsbrief.

19. 11. 1377. Herzog Leopold III. von Habsburg muß den Kaufvertrag mit Graf Rudolf IV. von Montfort aus dem Jahr 1375 erneuern und die Rechte des Volkes bestätigen. Der Habsburger hat bisher erst 3000 Gulden (10 % der vereinbarten Kaufsumme) erlegt.

1378. In der Stiftskirche Eberndorf in Kärnten wird mit dem Bau einer Krypta begonnen (1381 vollendet; ein seltenes Beispiel einer gotischen Krypta).

16. 10. 1378. Herzog Leopold III. von Habsburg verpflichtet sich urkundlich, kein Gebiet der Herrschaft Feldkirch in Vorarlberg von den anderen Teilen zu trennen oder zu verpfänden.

29. 11. 1378. Nach dem Tod Kaiser Karls IV. tritt sein Sohn Wenzel die Nachfolge im Reich an.

1379. Die Burg Stein wird zur Pfarrkirche von Maiersdorf (Niederösterreich) umgestaltet; der Bergfried wird zum Kirchturm, der Palas zum romanischen Langhaus.

27. 2. 1379. König Wenzel gründet auf dem Reichstag zu Frankfurt am Main gemeinsam mit den vier rheinischen Kurfürsten den »Urbansbund«, der Urban VI. als rechtmäßigen Papst anerkennt. Herzog Leopold III. hingegen unterstützt den in Avignon residierenden Gegenpapst Klemens VII.

25. 9. 1379. Vertrag von Neuberg an der Mürz (Steiermark): Das Haus Habsburg wird in eine albertinische (albrechtinische) und eine leopoldinische Linie geteilt. →

Oktober 1379. Durch Kauf erwirbt Herzog Leopold III. mehrere Landvogteien in Schwaben.

Um 1380. Das gotische Kruzifix der Krypta des Stiftes Göttweig (Niederösterreich) wird hergestellt. Es hat eine Herzkammer, in die man Tierblut füllen kann, das dann durch die Lanzenwunde heraussickert.

1380. Die gotische Heiligkreuzkapelle »im Kehr« in Feldkirch (Vorarlberg) wird errichtet.

Die Kronburg bei Zams (Tirol) wird erbaut.

An der gotischen Kirche der Kartause in Aggsbach-Dorf (Niederösterreich) wird zu bauen begonnen (1395 vollendet).

9. 1. 1380. Die verpfändeten Gebiete von Dornbirn, Hinterer Bregenzerwald, Langenegg und Staufen gehen unter der Bedingung, daß die Freiheitsrechte belassen werden, an die Habsburger über.

17. 1. 1380. König Wenzel bestätigt den Neuberger Teilungsvertrag vom → 25. September 1379.

GESTORBEN:

1374. Brixen: Johann Platzheim (Blatzheim; * ?), Bischof von Gurk (1359–1364 als Johann von Lenzburg) und von Brixen.

Um 1377. Heinrich der Teichner (* um 1310), Spruchdichter. →

29. 11. 1378. Prag: Karl IV. (* 14. 5. 1316), König und Kaiser, gründete 1348 in Prag die erste deutsche Universität.

GEBOREN:

1371. Wien: Leopold IV. von Habsburg († 3. 6. 1411), Herzog von Österreich.

1377. Bruck an der Mur: Ernst, der Eiserne, von Habsburg († 10. 6. 1424), Herzog von Steiermark.

2. 5. 1377. Schloß Schöneck: Oswald von Wolkenstein († 2. 8. 1445), Minnesänger.

19. 9. 1377. Wien: Albrecht IV. von Habsburg († 14. 9. 1404), Herzog von Österreich.

Brüderliche Teilung

25. September 1379. Im Zisterzienserkloster Neuberg an der Mürz in der Steiermark vereinbaren die Brüder Albrecht III. und Leopold III. von Habsburg vertraglich die Teilung der habsburgischen Länder unter Aufrechterhaltung der gegenseitigen Erbansprüche.

Die Teilung in eine albertinische (auch albrechtinische) und eine leopoldinische Linie erfolgt gegen die

Herzog Albrecht III. von Österreich, der »die Universitet zu Wienn fundierte« (Stich von Lukas Kilian)

Bestimmungen des Familienvertrags vom → 18. November 1364, in dem der ein Jahr später verstorbene Herzog Rudolf IV. mit seinen jüngeren Brüdern die Unteilbarkeit der habsburgischen Länder festgeschrieben hat. Eben diese Brüder beschließen nun ohne äußeren Zwang die Aufspaltung ihres Besitzes, dessen Folge ein Machtverfall der Habsburger sowie spürbar geschwächte Finanzen sind. (Kaiser Karl IV. soll angesichts der sich vor Jahren bereits abzeichnenden Teilung bemerkt haben: »Wir haben uns viel Mühe gegeben, die Herzöge von Österreich zu demütigen, aber den Weg dazu nicht gefunden, jetzt zeigen sie uns denselben selbst«.)

Dem Vertrag entsprechend behält Herzog Albrecht III. Österreich ober und unter der Enns einschließlich der Stadt Steyr und des Salzkammergutes, jedoch ohne Wiener Neustadt und die Grafschaft Pitten, die zur Steiermark gehören. Herzog Leopold III. erhält die Steiermark, Kärnten, Krain, Tirol und die habsburgischen Vorlande sowie Inner-Istrien und die Neuerwerbungen an der Adria. Die Titel beider Regenten bleiben gleich und die gegenseitigen Erbansprüche sowie das Vorkaufsrecht werden beibehalten.

Die »habsburgischen Vorlande«

Die Bezeichnung »habsburgische Vorlande«, aus der später »Vorderösterreich« wird, bezieht sich auf die habsburgischen Besitzungen in der Schweiz (Aargau, Thurgau und Zürichgau), in Schwaben und im Elsaß (Sundgau). Die Stadt Freiburg im Breisgau kam 1368 an die Habsburger und wird zum politischen und kulturellen Mittelpunkt Vorderösterreichs.

Mit den Vorlanden mehr oder weniger eng verbunden sind die Landvogteien im Unterelsaß und der Ortenau (sowie ab 1572 die schwäbischen Herrschaften Burgau, Hohenberg, Nellenburg, Tettnang und die oberschwäbische Landvogtei).

Als Begründer Vorderösterreichs ist Herzog Leopold III. von Habsburg anzusehen, dem durch den Neuberger Teilungsvertrag vom → 25. September 1379 die Herrschaft über diese Gebiete zugesprochen wird. Mit seinen nachfolgenden Gebietserwerbungen strebt er eine territoriale Verbindung der vorderösterreichischen Länder an.

Die Schweizer Besitzungen der Habsburger gehen dem Haus allerdings nach den Niederlagen von Morgarten (1315), Sempach (1386) und Näfels (1388) verloren, der Aargau 1415 durch die Ächtung Herzog Friedrichs IV., Rapperswil 1458, der Thurgau 1460 und zuletzt Winterthur 1467.

Sitz der vorderösterreichischen Regierung wird zuerst Ensisheim im Elsaß. Kaiser Maximilian I. unterstellt sie 1490 der von ihm geschaffenen Zentralverwaltung für Tirol und die Vorlande mit dem Sitz in Innsbruck. Ab 1651 ist der Sitz der vorderösterreichischen Regierung Freiburg im Breisgau.

Eine mechanische Turmuhr für Tulln

28. Dezember 1372. Der Breslauer Bürger Niclas Swaelbl verspricht als Buße für den Totschlag am Tullner Stadtschreiber Konrad neben anderen Leistungen auch eine mechanische Schlaguhr für den Turm der Pfarrkirche von Tulln (Niederösterreich). Es ist dies die erste Erwähnung einer mechanischen Turmuhr in Österreich, obwohl nicht ganz gesichert ist, ob dieses Projekt auch tatsächlich verwirklicht wird.
Mechanische Turmuhren sind bereits in anderen Städten nachweisbar, so 1354 in Straßburg, um 1360 in Nürnberg und 1364 in Augsburg.

Salzburger Mönch als Komponist

Um 1375. Am Hof des Erzbischofs Pilgrim II. von Salzburg wirkt in der zweiten Hälfte des 14. Jahrhunderts ein Benediktinermönch, der Hermann (auch Johann) von Salzburg genannt wird.
Er verfaßt nach dem Vorbild lateinischer Hymnen mehrstimmige geistliche (40) und volkstümliche (mehr als 60) Lieder (u. a. das »Taglied« und den »Martinskanon«). Darüber hinaus ist der Mönch von Salzburg auch der erste namhafte Übersetzer lateinischer Hymnen und Sequenzen ins Deutsche.

Ein Spruchdichter ersten Ranges

Um 1377. Im Alter von etwa 67 Jahren stirbt der Spruchdichter Heinrich der Teichner, als Verfasser von rund 750 Reimreden (mit über 70 000 Versen) der schaffensfreudigste Lehrdichter des Mittelalters.
Heinrich stammte vermutlich aus der Steiermark oder aus Kärnten und lebte lange Zeit am Wiener Hof. In seinen Lehrgedichten bekämpfte er immer wieder die Auswüchse des Rittertums, beklagte die Mißachtung der gottgewollten Ordnung, verurteilte die um sich greifende Unsittlichkeit und nahm persönlich dazu Stellung. Besonders bekannt sind seine »Gespräche mit der Weisheit«. Sein Werk ist in zahlreichen Handschriften überliefert.

1381

1381–1390

1381. Herzog Leopold III. von Habsburg erwirbt durch Kauf von Graf Rudolf von Hohenberg Besitzungen beiderseits des oberen Neckars.

1382. In Wien findet das erste »Scharlachrennen« statt. →

11. 9. 1382. Nach dem Tod König Ludwigs I. von Ungarn kommt die ungarische Krone an die Luxemburger, da Markgraf Siegmund von Brandenburg mit der ältesten Tochter des verstorbenen Ungarnkönigs verheiratet ist.

30. 9. 1382. Die Stadt Triest stellt sich unter den Schutz Herzog Leopolds III. Venedig hatte am 7. Oktober 1381 die Selbständigkeit Triests anerkannt, doch fühlten sich die Triestiner nicht sicher. – Mit dem wichtigen Adriahafen umfaßt der habsburgische Herrschaftsbereich nun rund 90 000 km².

1383. Der Bau am gotischen Chor der Stiftskirche von Zwettl (Niederösterreich) wird beendet.

1384/85. Die »Österreichische Chronik von den 95 Herrschaften« entsteht. →

1384. Herzog Albrecht III. von Habsburg beruft den in Paris lehrenden Scholastiker Heinrich von Langenstein als Universitätsprofessor nach Wien.

Um 1385. In der Kapelle der Burg Klam (Oberösterreich) entstehen bedeutende gotische Fresken.

1385. In Weißenkirchen in der Wachau wird eine Volksschule errichtet. Es ist die älteste im Kern erhaltene Schule auf österreichischem Boden.

Der Knecht Heinrich von Kempen gründet das Hospiz St. Christoph am Arlberg. →

21. 2. 1385. In Konstanz am Bodensee wird ein Bündnis zwischen den schwäbischen und oberrheinischen Städten einerseits und Luzern, Zürich, Zug, Bern und Solothurn andererseits geschlossen. Damit soll die Ausweitung der habsburgischen Besitzungen in Schwaben und der Schweiz unterbunden werden.

28. 12. 1385. Ein Luzerner Aufgebot überfällt das habsburgische Rothenburg ob der Tauber und zerstört die Burg Wolhausen.

9. 7. 1386. In der Schlacht bei Sempach im Kanton Luzern fällt Herzog Leopold III. von Habsburg. →

10. 10. 1386. Wilhelm, der älteste Sohn des gefallenen Herzogs Leopold und etwa 16 Jahre alt, schließt mit seinem Onkel, Herzog Albrecht III., einen Vertrag, der die Vormundschaft und die Regierungsübernahme der »leopoldinischen« Länder durch Albrecht beinhaltet. Der Neuberger Teilungsvertrag (→ 23. 9. 1379) wird damit für die Lebenszeit Herzog Albrechts III. aufgehoben.

1387. Der Kanton Glarus gibt sich mit Unterstützung der Eidgenossen ein eigenes Landrecht, obwohl der Kanton unter österreichischem Schutz steht. – Herzog Albrecht III. fordert mehrmals vergeblich die Wiederherstellung der alten Ordnung.

1387. Nach mehreren siegreichen Kämpfen gegen Karl von Durazzo aus dem Haus Anjou wird Markgraf Siegmund von Brandenburg in Stuhlweißenburg zum König von Ungarn gekrönt.

9. 4. 1388. Schlacht bei Näfels im Kanton Glarus: Die Habsburger müssen im anschließenden Waffenstillstand auf die meisten ihrer Besitzungen in der Schweiz verzichten. →

1389. In Prag wird mit der Anfertigung der sog. Wenzelsbibel begonnen. Es ist die erste Bibel in hochdeutscher Sprache. →

In Wien ist erstmals ein Kanalbau, »Möhrung« genannt, erwähnt.

5. 5. 1389. König Wenzel schließt auf dem Reichstag zu Eger einen Reichslandfrieden und überbrückt damit den scharfen Gegensatz zwischen Fürsten und Städtebünden, die beide um den Ausbau ihrer Territorien und ihres Einflusses bemüht sind.

Vor 1390. In der Minoritenkirche von Bruck an der Mur (Steiermark) entsteht das Fresko »Marter der 10 000 vom Berge Ararat«.

Um 1390. Das Kirchenschiff und der Turm der gotischen Pfarrkirche von Lech am Arlberg werden erbaut (der Choranbau mit Fresken entsteht erst nach 1480).

Der Weyrmühlturm der Stadtbefestigung von Friesach (Kärnten) wird mit 3,5 m dicken Mauern errichtet.

Die gotischen Emporenfiguren der Pfarrkirche von Spitz an der Donau (Niederösterreich) werden gefertigt.

Die gotischen Fresken im Querhaus des Gurker Domes und das Fresko der Kreuzigung in der Filialkirche von Utsch (Steiermark) entstehen.

Die Krypta der Pfarrkirche St. Andreas in Lienz (Osttirol) erhält eine Pietà aus Stein.

2. 6. 1390. Zur Absicherung der gegenseitigen Macht schließt Herzog Albrecht III. mit König Siegmund von Ungarn und Markgraf Jobst von Mähren ein Bündnis.

GESTORBEN:

9. 7. 1386. Bei Sempach: Leopold III. von Habsburg (* 1. 11. 1351), Herzog von Steiermark, Kärnten, Tirol und den Vorlanden. →

GEBOREN:

1382. Wien: Friedrich IV. von Habsburg († 24. 6. 1439), Herzog von Tirol.

Um 1385. Johann von Gmunden († 23. 2. 1442), Humanist.

10. 8. 1388. Haselbach: Thomas Ebendorfer († 12. 1. 1464), Theologe und Geschichtsschreiber.

Vor 1390. Hanns Puchspaum († nach 1455), Dombaumeister.

Pferderennen erstmals in Wien

1382. Am Rennweg in Wien findet zum ersten Mal das »Scharlachrennen« statt. Dieses Pferderennen wird nach seinem ersten Preis so genannt, einem Stück scharlachroten Tuch. Als zweiter Preis dient eine Spansau und der dritte ist eine Armbrust.
Das Rennen wird in der Folge (bis 1534) am Himmelfahrtstag, also im Mai oder Juni, und am Katharinentag im November abgehalten. Diese große Volksbelustigung wird jeweils mit einem »Fußrennen« der Männer und der »öffentlichen Dirnen« beendet.

Das »Scharlachrennen« in Wien

Der Retter vom Arlberg

1385. In St. Christoph auf der Tiroler Seite des Arlberges gründet der Knecht Heinrich von Kempen (vielfach auch Heinrich Findelkind genannt) ein Hospiz. Obwohl er zunächst nur einen Helfer zur Seite hat, rettet er bereits im ersten Winter sieben Menschen das Leben.
Kurz zuvor hat er die Christophorus-Bruderschaft gegründet, um sein Werk zu finanzieren. Im Sommer zieht er durch halb Europa, um zahlungskräftige Gönner zu gewinnen. Das 1395 angelegte »Bruderschaftsbuch« ist eine kostbare Dokumentation der Heraldik, da sich in ihm die Gönner mit Wappen und Siegel zu den versprochenen Zahlungen verpflichteten.

Entscheidung in der Schweiz

9. Juli 1386. Bei Sempach im Schweizer Kanton Luzern kommt es zur Schlacht zwischen dem Ritterheer Herzog Leopolds III. von Habsburg und einem von den Waldstätten verstärkten Heer Luzerns. Trotz zahlenmäßiger Überlegenheit erleiden die Österreicher eine Niederlage, Leopold fällt auf dem Schlachtfeld.

Die Auseinandersetzung war unvermeidbar geworden, nachdem ein Luzerner Aufgebot am 28. Dezember 1385 das habsburgische Rothenburg ob der Tauber überfallen und die Burg Wolhausen zerstört hatte. Im Juni rüstete daraufhin Leopold III. ein 4000 Mann starkes Heer für den Feldzug gegen Luzern aus. Obwohl die Österreicher in der Überzahl sind, entscheidet ihre Schwerfälligkeit die Schlacht zugunsten der Schweizer, die nur 200 ihrer rund 1600 Mann verlieren. Das habsburgische Ritterheer hingegen beklagt den Tod von 1800 Streitern, allen voran Herzog Leopold III.

Der knapp 35jährige Habsburger war der jüngere Sohn Herzog Albrechts II. und seit dem →27. Juli 1365 gemeinsam mit seinem Bruder Albrecht III. Regent der habsburgischen Länder. Bei der Teilung des Erbes (→25. 9. 1379) erhielt Leopold die Steiermark, Kärnten, Krain, die Windische Mark, Istrien, Tirol und die Vorlande zugesprochen. Den Machtverfall Habsburgs in der Schweiz vermochte er jedoch nicht aufzuhalten.

Schlacht von Sempach zwischen den Habsburgern und den Schweizern (Abb. Luzerner Chronik des Diebold Schilling, 1513, Burgerbibliothek Luzern)

9. April 1388. Weniger als zwei Jahre nach der Schlacht von Sempach kommt es zur erneuten Konfrontation zwischen Schweizern und Österreichern.

Der Kanton Glarus gibt sich – obwohl er unter habsburgischem Schutz steht – mit Unterstützung der Eidgenossen ein eigenes Landrecht; mehrfache Aufforderungen Herzog Albrechts III. nach Wiederherstellung der alten Ordnung bleiben unbeantwortet.

Darauf läßt der Herzog ein etwa 6000 Mann starkes Heer zusammenstellen, das unter der Führung der Grafen Hans von Werdenberg-Sargans und Donat von Toggenburg gegen die Schweizer zieht. Bei Näfels (Kanton Glarus) treffen die feindlichen Heere aufeinander. Es gelingt den Österreichern, die eidgenössische Landwehr zu durchbrechen, und das Heer löst sich bereits auf, um zu plündern, als es überraschend von 600 Glarnern überfallen und zum Rückzug gezwungen wird. Dabei stürzt die Brücke über die Maag ein und reißt zahlreiche der gepanzerten Ritter in die Tiefe. Die Verluste auf seiten der Habsburger betragen rund 1700 Mann, während die Schweizer angeblich nur 55 Tote zu beklagen haben.

Diese zweite Niederlage der Österreicher hat zur Folge, daß die Habsburger mit den Schweizern einen Waffenstillstand schließen, der 17 Jahre gelten soll. Außerdem müssen sie auf die meisten Schweizer Besitzungen verzichten. (1394 wird der Waffenstillstand in einen 20jährigen Frieden umgewandelt, der 1412 zu einem 50jährigen wird.)

Turmbau zu Babel (Wenzelsbibel)

Bibelhandschrift für König Wenzel

1389. In Prag wird mit der Anfertigung der vom Luxemburger König Wenzel IV. von Böhmen in Auftrag gegebenen Prachthandschrift der Bibel begonnen. Die (als Codex Vindobonensis 2759–2564 der Österreichischen Nationalbibliothek in Wien überlieferte) sog. Wenzelsbibel ist in deutscher Sprache verfaßt und mit 646 Miniaturen sowie symbolhaftem Randschmuck versehen. Etwa zehn Jahre wird an diesem Werk gearbeitet. Ursprünglich dreibändig, wird die Wenzelsbibel im 18. Jahrhundert in sechs Bände aufgeteilt.

König Salomon (Wenzelsbibel)

Eine merkwürdige Landes-Chronik

1384/85. Vermutlich in Wien entsteht die »Österreichische Chronik der 95 Herrschaften« (im 15. Jahrhundert auch als »Cronica patrie« bezeichnet), eine historisch-dichterische Landesgeschichte Österreichs, die mit einer sagenhaften Urgeschichte beginnt.

Als Autor gilt Leopold Stainreuter, ein Augustinerpater, der etwa zwischen 1340 und 1400 in Wien lebt. Er hat in Paris studiert und ist seit 1368 Mitglied der Augustiner Eremiten in Wien. Von 1377 bis 1385 ist er als »Lesmeister Lewpolt« bezeugt und dient Herzog Albrecht III. von Habsburg als Hofkaplan.

1391

1391–1400

1391. In Wien ist der Orgelbauer Jörg Behaim erwähnt – die erste Nennung eines Orgelbauers in Österreich.

1392. In Pichelsdorf (Oberösterreich) wird mit dem Bau an der gotischen Pfarrkirche begonnen (1419 vollendet).

1393. Für die Pfarrkirche von Altenmarkt im Pongau (Salzburg) wird eine gotische Madonna aus Kalkstein gefertigt – ein wichtiges Frühwerk des sog. weichen Stils.

20. 3. 1393. König Wenzel läßt Johann von (Ne)Pomuk, den Generalvikar des Erzbischofs von Prag, gefangennehmen und nach Folterung in der Moldau ertränken. →

1394. Mit dem Bau des Langhauses und des oberen Teils des Turms der Kirche Maria am Gestade in Wien wird begonnen (vollendet 1414).

5. 4. 1394. Herzog Albrecht III. erwirbt von Graf Albrecht von Heiligendorf die Herrschaft Bludenz, wozu auch das Montafon gehört (Vorarlberg). Nach dem Tod des Grafen 1418 erfolgt die Übernahme.

8. 5. 1394. Aufständische Adelige unter Markgraf Jobst von Mähren nehmen König Wenzel, den Vetter des Markgrafen, gefangen. Durch den Einspruch der deutschen Kurfürsten wird er wieder freigelassen.

29. 8. 1395. Nach dem Tod Herzog Albrechts III. von Habsburg übernimmt sein Sohn Albrecht IV. die Herrschaft der Albertinischen Linie. →

22. 11. 1395. Vertrag von Hollenburg an der Donau (Niederösterreich): Herzog Wilhelm als Ältester der leopoldinischen Linie des Hauses Habsburg beansprucht die Gesamtherrschaft, doch kommt es zum Vergleich, der die Gleichberechtigung beider Herzöge und die wechselseitige Mitregentschaft vorsieht.

1396. Aufgrund der drohenden Türkengefahr wird erstmals ein österreichischer Landtag einberufen. →

30. 3. 1396. Im Vertrag von Wien wird die Spaltung der leopoldinischen Linie des Hauses Habsburg beschlossen (Beginn der sog. leopoldinischen Streitigkeiten).

25. 9. 1396. Schlacht bei Nikopolis an der Donau: Das Kreuzfahrerheer unter König Siegmund von Ungarn erleidet eine vernichtende Niederlage gegen die Türken.

24. 10. 1396. Graf Johann von Werdenberg verpfändet die Grafschaft Sargans an die Habsburger.

1398. Herzog Albrecht IV. von Habsburg unternimmt eine Pilgerfahrt ins Heilige Land.

Vor 1400. Der Chor der zum Teil romanischen Pfarrkirche von Viktorsberg (Vorarlberg) erhält gotische Wandmalereien.

Für die Pfarrkirche Großgmain (Salzburg) wird eine gotische Madonna aus Gußstein hergestellt.

Um 1400. In einem Haus an der Tuchlauben in Wien entsteht ein 15 m langer Freskenzyklus über die Sommer- und Winterlieder des Neidhart von Reuenthal. →

Der gotische Chor der Pfarrkirche von Deutsch Altenburg (Niederösterreich) wird errichtet und zeigt deutlich eine Verbindung zur Bauhütte von St. Stephan in Wien.

Wertvolle Glasmalereien der Wiener Herzogswerkstatt erhalten die Pfarrkirche St. Erhard in der Breitenau (Steiermark) und das Zisterzienserkloster Viktring bei Klagenfurt. Die Pfarrkirche St. Erhard in der Breitenau erhält außerdem ein gotisches Westportal mit Relief.

Das Gnadenbild, eine geschnitzte Muttergottes, für die Wallfahrtskirche von Kaltenbrunn (Tirol) wird gefertigt.

Die Filialkirche Gödnach (Tirol) erhält einen hl. Georg aus Stein, ein frühes Beispiel gotischer Großplastik in Österreich.

Johannes von Tepl schreibt den Prosadialog »Der Ackermann aus Böhmen«, ein Gespräch zwischen Bauer und personifiziertem Tod.

Aus dem Weingebiet Niederösterreichs werden rund 100 000 hl Wein exportiert.

1400. In Goisern (Salzburg) wird mit der Abfassung einer Chronik begonnen, der ältesten erhaltenen »Dorfchronik« Österreichs.

20. 8. 1400. Die vier rheinischen Kurfürsten erklären König Wenzel für abgesetzt, dem sie Vernachlässigung der Reichsgeschäfte und Versagen in der Frage der Kirchenspaltung vorwerfen. Wenzel, der König von Böhmen bleibt, erkennt seine Absetzung nicht an, leistet aber auch keinen wesentlichen Widerstand.

21. 8. 1400. Mit der Mehrheit ihrer vier (von sieben) Stimmen wählen die rheinischen Kurfürsten einen der ihren, Ruprecht III. Pfalzgraf bei Rhein, einen Wittelsbacher, zum deutschen König.

GESTORBEN:

29. 8. 1395. Schloß Laxenburg: Albrecht III. von Habsburg (* 9. 9. 1348), Herzog von Österreich und Steiermark. →

Nach 1395. Peter Suchenwirt (* um 1320), Hauptvertreter der Heroldsdichtung.

11. 2. 1397. Wien: Heinrich von Langenstein (auch Heinrich von Hessen, der Ältere, genannt; * 1325), Astronom, Kirchen- und Staatspolitiker, 1393/94 Rektor der Universität Wien.

GEBOREN:

16. 8. 1397. Wien: Albrecht V. von Habsburg († 27. 10. 1439), Herzog von Österreich, König von Böhmen und Ungarn, deutscher König.

Vor 1398. Ulrich von Eyczing († 20. 11. 1460), Hubmeister und Ständeführer.

»Vater des Friedens«

29. August 1395. Auf dem von ihm erbauten Schloß Laxenburg bei Wien stirbt Herzog Albrecht III. von Habsburg, der Begründer der albertinischen (albrechtinischen) Linie des Hauses, kurz vor Vollendung seines 47. Lebensjahres.

Er war am 9. September 1348 in Wien als Sohn Herzog Albrechts II. geboren worden. Nach dem Tod seines Bruders Rudolf IV. übernahm er gemeinsam mit seinem Bruder Leopold III. die Regierung. Um eine Erbeinigung mit den Luxemburgern zu erreichen, heiratete Albrecht 1366 die erst achtjährige Tochter Kaiser Karls IV. Da diese schon mit 15 Jahren starb, vermählte er sich 1375 ein zweites Mal, und zwar mit Beatrix, der Tochter des Burggrafen von Nürnberg.

Auf Drängen seines Bruders Leopold willigte Albrecht am → 25. September 1379 in den Neuberger Teilungsvertrag ein, der seine Herrschaft auf Österreich ober und unter der Enns beschränkte. Erst nach dem Tod Leopolds in der Schlacht bei Sempach (→ 9. 7. 1386) führte Albrecht wieder die Regierung auch über die »leopoldinischen« Länder. Innenpolitisch war Albrecht III. überaus erfolgreich: Geschickt hat er es verstanden, die selbständige Territorialpolitik des österreichischen Adels zurückzudrängen und seine Landesherrschaft auszubauen. Ohne Übertreibung kann gesagt werden, daß Herzog Albrecht III. erstmals ein »österreichisches Landesbewußtsein« geschaffen hat.

Albrecht III. von Habsburg mit den Insignien des Zopfordens (Kunsthistorisches Museum Wien)

Peter Suchenwirt, ein Hauptvertreter der deutschen Heroldsdichtung, ehrte Herzog Albrecht III. von Habsburg in einem langen Gedicht als »rechten Vater des Friedens«. Darin heißt es u. a.:

»Sein edel hertz und auch sein muot
pran in der chunste fewre.
daz nye chain fürst hat vor bedacht,
daz er hat wol verstanden,
daz er di hohen schuol her pracht
hat zw dewtschen landen
gen Wienn in di werden stat,
der man hat lob und ere,
daz manig grosser maister hat
pewärt mit weiser lere . . .
Auf chainem pett er nicht enlag
die samptztagnacht, der weise:
andächtichleich er dienstes pflag
Got und der Magt zw preise . . .
sein scherz der stund im hofleich an:
/ pey fürsten und pey frawen,
pey ritter, chnechten sunder wan
liez er sich vröleich schawen.
Den hat der tod nu abgezalt,
dem niemant mag entweichen . . .«

König foltert Vikar

20. März 1393. Auf Befehl König Wenzels wird der Generalvikar des Erzbistums Prag, Johann von Pomuk, im Alter von 45 Jahren von der Karlsbrücke in die Moldau gestürzt und ertrinkt.

Der um 1348 geborene Geistliche kam in dem kleinen Städtchen Pomuk, auch Nepomuk genannt, zur Welt, weshalb sich der Beiname Nepomuk für den heiligen Mann einbürgerte. Nachdem König Wenzel den Geistlichen hat verhaften lassen, foltert er ihn persönlich – zusammen mit zwei Prälaten – so heftig, daß Johann lebensgefährlich verletzt wird. Daraufhin läßt Wenzel ihn knebeln und in der Moldau ertränken. Die eigentliche Zielscheibe des Jähzorns von Wenzel ist allerdings der Erzbischof selbst, Johann von Jenzenstein. Wenzel forderte den Erzbischof, der ihm auch als Kanzler gedient hatte, auf, ein neues Bistum für einen königlichen Günstling zu gründen. Der Erzbischof weigerte sich. Kurz bevor Jenzenstein verhaftet werden sollte, konnte er fliehen. Da entlädt sich Wenzels Zorn über Nepomuk. Es gehen aber auch Gerüchte um, daß Wenzel den Geistlichen so gequält habe, weil der Generalvikar die Beichtgeheimnisse der Königin nicht verraten wollte.

Habsburgische Lande
Luxemburgische Lande
Wittelsbachische Lande:
Bayerische Linie
Pfälzische Linie
Lande der Wettiner
Lande der Welfen
Lande der Askanier
Geistliche Gebiete
Reichsstädte
Reichsgrenze (Reichsgebiet in Flächenfärbung)
B. = Bamberg
Br. = Braunschweig
Bx. = Brixen
Fr. = Freising
G. = Gurk
K. = Köln
M. = Magdeburg
Mz. = Mainz
Me. = Metz
MB. = Meißen
P. = Passau
Rav. = Ravensburg
Rb. = Ratzeburg
S. = Salzburg
Sp. = Speyer
St. = Straßburg
Wb. = Würzburg
In dicht beschrifteten Gebieten ist bei Gleichnamigkeit von Territorium und Ort dem Namen des Territoriums der Vorzug gegeben und die Ortssignatur ohne eigenen Namen eingetragen.
KGR. DÄNEMARK
Seeland
Bornholm
OSTSEE
NORDSEE
Fsm. Rügen
1325 an Pommern
Deutschordens-Gebiet
Pommerellen
Mecklenburg
Pommern-Wolgast
Holstein
Hzm. Schleswig
Friesland
Erzbm. Bremen
Hzm. Braunschw.
Lüneburg
Kurfsm. Brandenburg
Neumark
KGR. POLEN
1386 mit Litauen unter den Jagiellonen
Markgft. Lausitz
Schlesische Hzme.
Sachsen
Anhalt
Lgft. Thüringen
Mgft. Meißen
Bm. Münster
Bm. Utrecht
Holland
Hzm. Geldern
Seeland
Flandern
Hzm. Brabant
Hennegau
Hzm. Jülich
Erzbm. Köln
Westfalen
Landgft. Hessen
Gft. Nassau
Hzm. Luxemburg
Erzbm. Trier
Kurpfalz
Erzbm. Mainz
Bm. Würzburg
Bm. Bamberg
Nürnberg
Vogtland
KGR. BÖHMEN
Mgft. Mähren
Ober-Pfalz
Burggft. Nürnbg.
Württemberg
Bayern-Straubing
Bayern-Landshut
Bayern-München
Hzm. Österreich
ob d. Enns
unter d. Enns
Hzm. Lothringen
Hzm. Bar
Gft. Champagne
KGR. FRANKREICH
Freigft. Burgund
Hzm. Burgund
Lande der Eidgenossen
Wallis
Gft. Tirol
Erzbm. Salzburg
Hzm. Steiermark
Hzm. Kärnten
Krain
KGR. UNGARN
1387 lux.
Savoysche Lande
Dauphiné
1349 franz.
Gft. Provence
1246 Anjou
Visconti
Mgft. Montferrat
Mgft. Saluzzo
Republik Genua
Patriarchat Friaul Aquileja
Bm. Trient
Della Scala
Carrara
REPUBLIK VENEDIG
Este
KIRCHENSTAAT
Florenz
Siena
Pisa
Lucca
LIGURISCHES MEER
ADRIATISCHES MEER
Kroatien
Dalmatien
Slawonien
Südl. Banschaften
BOSNIEN
1322–91

Der erste Landtag

1396. Erstmals tritt der österreichische Landtag zusammen und berät über die drohende Gefahr durch die Türken im Osten.
Die Zusammenkünfte der Landstände dienen dem Zweck einer gemeinsamen Beratung anstehender Probleme und beschäftigen sich in erster Linie mit »Hilfe, Rat und Beistand« für den Landesherrn. Vornehmlich handelt es sich um Beschlüsse über anstehende Kriegsdienstleistungen, die Zustimmung zu Verträgen, die unmittelbar das Land betreffen, die Mitwirkung bei der Erhaltung des Friedens und der Sicherheit in Notzeiten und schließlich die Bewilligung von verlangten Steuern.
Den Vorsitz bei den Landtagen, die um 1400 zu einer ständigen Einrichtung werden, führt im Lande unter der Enns der Landmarschall, in den anderen Ländern der Landeshauptmann. Die Landstandschaft, also das Recht der Teilnahme, wird von der jeweiligen Kurie bestimmt. Dies ist besonders beim Herren- und Ritterstand wesentlich, da der Landesherr durch die Schaffung neuer Herren und Ritter leicht an Einfluß gewinnen kann. Die gefaßten Beschlüsse müssen vom Landesherrn ihre Zustimmung erhalten und heißen nach der erfolgten Bestätigung Landtagsabschied oder »Libell«. Meist werden zwei Ausfertigungen hergestellt, damit der Landesherr und die Stände je eine Urkunde zur Verfügung haben. In den habsburgischen Ländern erweist es sich bald als notwendig, mit den Landständen mehrerer oder auch aller Länder gemeinsam zu verhandeln, weshalb die Generallandtage eingeführt werden.
Bemerkenswert ist ferner, daß bereits Herzog Rudolf IV. von Habsburg bei der Ausstellung der Urkunde des »Münzverrufs« am 30. März 1359 anmerken ließ: »Ditz geschah in ainem gemainen und offen gesprech mit allen lantherrn, rittern und chnechten ze Oesterreich, die darzu gehörten und ze rechten zeiten gerueft wurden nach ir allem ainhellem und gemainem rate.«

…n 13./14. Jahrhundert suchen vor allem drei Geschlechter, die Habsburger, …ittelsbacher und Luxemburger, durch kluge Hausmachtpolitik ihren Ein…uß zu mehren und Ansprüche auf die Reichskrone geltend zu machen.

Schöne Madonna in der Hochgotik

Um 1400. *Der sog. weiche Stil der Hochgotik zeigt sich in den »schönen Madonnen«, die um 1400 im gesamten deutschsprachigen Gebiet verbreitet sind. Dieser weiche Stil zeichnet sich durch eine Biegsamkeit und Weichheit der Konturen und Formen und durch eine Vorliebe für schlanke Proportionen aus. Der leichte, lange Fall der Gewandfalten erzeugt Licht-und Schattenwerte, die den vorher glatt gestalteten Oberflächen mehr Plastizität verleihen.*
Ein weiteres Kennzeichen für die Hochgotik ist die naturalistische Gestaltung von Personen. Auffällig ist ferner die Hinwendung zu stark emotionalen Inhalten, wie sie auch in den »schönen Madonnen« zum Ausdruck kommen (Abb.: Die »schöne Madonna« von Altenmarkt, 1393; Dekanats-Pfarrkirche von Altenmarkt im Pongau, Salzburg).

Die »Neidhart-Fresken« in Wien

Um 1400. *In einem Haus in der Tuchlauben in Wien entsteht ein 15 m langer Freskenzyklus, der zu den ältesten profanen Fresken Österreichs zählt (erst 1979 wiederentdeckt). Er zeigt Szenen aus dem Werk des nach 1237 vermutlich auf seinem Gut bei Melk verstorbenen Minnesängers Neidhart von Reuenthal, der lange Zeit am Wiener Hof des Babenberger Herzogs Leopold VI., der Glorreiche, lebte.*
Mit seinen Tanzweisen, Sommer- und Winterliedern machte Neidhart die »niedere Minne« literaturfähig; er gilt als Begründer der Dorfpoesie. Als Bauernfeind und Hofnarr lebt er in der spätmittelalterlichen Schwanksammlung »Neidhart Fuchs« weiter. Das abgebildete Fresko zeigt den »Reigen«, die älteste Wiener Tanz-Musik-Darstellung.

Kunst und Kultur 1351–1400

- ▷ Der gotische Chor der Pfarrkirche von St. Andrä-Wördern (Niederösterreich), der Stiftskirche von Göß (Leoben, Steiermark) und der gotische Teil der Wallfahrtskirche Mariazell (Steiermark) entstehen
- ▷ Ab etwa 1368 entwickelt sich die Hofmusikkapelle; sie besteht aus Pfeifern, Posaunisten, Trompetern sowie Paukern und hat ihren Sitz in Wien
- ▷ Ab etwa 1372 lebt Peter Suchenwirt, ein Fahrender und Hauptvertreter der mittelalterlichen Herolds- und Wappendichtung, am Wiener Hof; in zahlreichen Gedichten wendet er sich gegen die Mißstände im Rittertum; sein Hauptwerk, »Ehrenreden«, handelt von den Taten berühmter Zeitgenossen
- ▷ Am Singertor von St. Stephan in Wien werden die steinernen Stifterfiguren Herzog Rudolfs IV. von Habsburg und seiner Gemahlin Katharina von Böhmen angebracht
- ▷ Der gotische Teil des Pfarrhofes von Laa an der Thaya (Niederösterreich) wird errichtet
- ▷ Der Chor der Stadtpfarrkirche von Wels (Oberösterreich) erhält bedeutende gotische Glasmalereien
- ▷ Die Wasserburg der Familie Kanizsai wird in Eisenstadt errichtet (Teile der Keller- und Erdgeschoßmauern des heutigen Schlosses Esterházy)
- ▷ In Lienz (Osttirol) wird beim alten Siechenhaus ein gotischer Bildstock augestellt, der älteste Tirols
- ▷ Die gotische Pfeilerbasilika der Pfarrkirche von Theben (Niederösterreich) wird errichtet
- ▷ Die Stadtpfarrkirche von Leoben (Steiermark) erhält gotische Glasmalereien
- ▷ Die Wallfahrtskirche von Straßengel bei Graz erhält an den Toren Bogenfeldreliefe→
- ▷ Im Stift Lambach (Oberösterreich) wird der »Alte Kapitelsaal« errichtet. Das Benediktinerstift war 1089 durch die Bischöfe Adalbero von Würzburg und Altmann von Passau geweiht worden
- ▷ Der gotische Chor der Pfarrkirche Königswiesen (Oberösterreich) wird erbaut
- ▷ Die Kapelle St. Quirin und Veit in Sellrain (Tirol) erhält die gotische Zwölf Apostel-Gruppe
- ▷ Die Johanneskirche in Feldkirch (Vorarlberg) wird erbaut
- ▷ Im Codex Nummer 532 der Stiftsbibliothek Admont (Steiermark) ist ein Rezept zur Bekämpfung des Bücherwurms aufgezeichnet; das »Remedium contra vermes librorum« empfiehlt eine Substanz aus Harz, Wermut und Myrrhe und wird vom »Librarius in Gemnyk« (Gaming in Niederösterreich) seinen steirischen Kollegen »ex caritate« übermittelt.

Das ausdrucksstarke Relief aus Sandstein im Tympanon des Südportals der Wallfahrtskirche zur hl. Maria in Straßengel (nordwestlich von Graz) zeigt eine Beweinung Christi; das Kreuz ist in der Form eines Lebensbaums gestaltet (entstanden gegen Ende des 14. Jh.). Auch das Westportal weist ein eindrucksvolles Bogenrelief auf.

1401

1401–1410

Anfang 15. Jh. Trotz politischer Wirren und Unsicherheiten florieren Universität und Domschule von St. Stephan in Wien. Der Humanismus breitet sich allmählich in ganz Österreich aus.

Im Wiener Schottenstift entsteht die Weltchronik eines unbekannten Verfassers, höchstwahrscheinlich ein Österreicher.

Spiel und Tanz, beide mit einem zunehmenden Anteil der Musik, entwickeln sich zusehends und verbreiten sich in ganz Österreich. In einer Handschrift des Klosters Mondsee (Oberösterreich) sind zahlreiche Kunst- und Volkslieder des 14. und beginnenden 15. Jahrhunderts aufgezeichnet.

Die Hl.-Blut-Kirche in Pulkau (Niederösterreich) erhält ein bemerkenswertes gotisches Doppeltor.

6. 1. 1401. Graf Ruprecht III. von der Pfalz wird in Köln zum deutschen König gekrönt.

1402. Herzog Wilhelm und Herzog Leopold IV. von Habsburg schließen den Vertrag von Bruck an der Mur (Steiermark).→

Im Auftrag seines Bruders, König Siegmund von Ungarn, wird König Wenzel von Böhmen gefangengenommen und auf der Burg Schaunberg festgesetzt.

1403. Die umfangreichen Schäden, die ein Hochwasser der Donau im Vorjahr verursacht hat, führen zu einer gewaltigen Teuerungswelle in Niederösterreich. Dennoch muß Herzog Albrecht IV. wegen eines bevorstehenden Kriegszuges gegen Mähren eine neue Steuer erheben (von »jedem Pfunde Geldes zwölf Pfennige«).

1404. An der Wiener Universität wird erstmals eine Leiche seziert – gegen das strikte Verbot der Kirche.

Anfang 1404. Dem nach Wien überstellten böhmischen König Wenzel gelingt die Flucht aus der Gefangenschaft; mährische Streifscharen machen Niederösterreich unsicher.

Juli/August 1404. Albrecht IV. von Habsburg und König Siegmund von Ungarn belagern das von Mährern besetzte Znaim. Als die Ruhr im Heer ausbricht, muß die Belagerung ergebnislos abgebrochen werden.

14. 9. 1404. Nach dem Tod Herzog Albrechts IV. übernehmen seine beiden leopoldinischen Brüder Wilhelm und (ab 1406) Leopold IV. die Vormundschaftsregierung für den erst siebenjährigen Albrecht V.→

1405. In Prag predigt der Universitätsprofessor Johannes Hus eine neue Lehre (gegen Papsttum und kirchliche Sakramentenlehre).

17. 6. 1405. Am Paß Stoß bei Altstätten muß Herzog Friedrich IV. von Habsburg eine empfindliche Niederlage gegen die Appenzeller hinnehmen (→ 4. 4. 1408).

1406. Im Zisterzienserstift Rein (Steiermark) wird der Bau der gotischen Kreuzkapelle begonnen (vollendet 1469).

24. 2. 1406. Leopold IV. und Friedrich IV. erlassen gemeinsam eine Landordnung für Tirol.

15. 7. 1406. Der Tod Herzog Wilhelms löst einen erbitterten Streit unter seinen leopoldinischen Brüdern aus.→

Herbst 1406. Herzog Friedrich IV. verlegt seine Residenz von Meran nach Innsbruck.

1407. Die gotische Kapelle St. Adolari und St. Ulrich am Pillersee in Tirol wird erbaut. Sie erhält in den folgenden Jahren bedeutende Fresken (Marienzyklus).

22. 9. 1407. Die Appenzeller beginnen mit der Einschließung von Bregenz (→ 4. 4. 1408).

1408. Durch das Aussterben der Laufenburger Linie des Hauses fallen Laufenburg (Aargau) und Säckingen (Baden) den österreichischen Habsburgern zu.

Leonhard Egkelzain verfaßt den »Schladminger Bergbrief« (→ 1408/09).

Der gotische Bau der Filialkirche Irrsdorf (Salzburg) erhält einen geschnitzten Türflügel.

4. 4. 1408. Der Friede von Konstanz beendet den Appenzeller Krieg.→

1409. Am Koglmoos bei Schwaz in Tirol wird eine neue Erzader entdeckt (→ 1408/09).

13. 3. 1409. König Siegmund von Ungarn bestätigt den Schiedsspruch im habsburgischen Herzogsstreit.→

1410. Ein Schüler des Prager Professors Johannes Hus predigt dessen Lehre erstmals in Wien.→

Die Wiener Maler erhalten ein eigenes »Malerrecht«; bisher waren sie mit Goldschmieden und Kunstgewerblern zusammen in der »Lukaszeche« vereint.

August 1410. Abermals verbreitet sich die Pest in Österreich (bis Februar 1411).

20. 9. 1410. Nach dem Tod König Ruprechts wird König Siegmund von Ungarn zum deutschen König gewählt.→

GESTORBEN:

14. 9. 1404. Klosterneuburg: Albrecht IV. von Habsburg (* 19. 9. 1377), Herzog von Österreich.→

18. 5. 1410. Landskrone (Oppenheim): Ruprecht (* 5. 5. 1352), Kurfürst von der Pfalz und König.

GEBOREN:

1401. Kues an der Mosel: Nikolaus von Kues († 11. 8. 1464), Kirchenrechtler und Philosoph, Bischof von Brixen und Kardinal.

Um 1406. Steiermark: Ulrich II. († 9. 11. 1456), Graf von Cilli.

Herzog Wilhelm von Österreich, † 1406 (Stich von Wolfgang Kilian)

Herzog Leopold IV. von Österreich, † 1411 (Stich von Wolfgang Kilian)

Herzog Friedrich IV. von Österreich, † 1433 (Stich von Wolfgang Kilian)

Bruderzwist im Hause Habsburg

1402–1409. Die bereits 1396 begonnene Auseinandersetzung innerhalb der leopoldinischen Linie des Hauses Habsburg geht auch Anfang des 15. Jahrhunderts weiter.

1402 bestätigen Herzog Wilhelm und Herzog Leopold IV. von Habsburg im Vertrag von Bruck an der Mur (Steiermark) im wesentlichen die Bestimmungen des Vertrags von Wien (30. März 1396), regeln darüber hinaus aber auch den Anteil ihrer jüngeren Brüder an der Regierung der Länder: Wilhelm und Ernst (der Eiserne) regieren fortan in Innerösterreich, Leopold IV. und Friedrich IV. (Friedl mit der leeren Tasche) in Tirol und den Vorlanden.

Ein Zerwürfnis zwischen den Brüdern führt im März 1404 abermals zu einer Neuregelung: Ein Schiedsspruch bestätigt die Gleichberechtigung der Herzöge Albrecht IV. (Regent der albertinischen Länder) und Wilhelm sowie das gegenseitige Erbrecht. Ferner erfolgt eine Neueinteilung der leopoldinischen Länder: Herzog Wilhelm behält das Gebiet um Wiener Neustadt, Kärnten, Krain, die Windische Mark, Istrien und Triest; Herzog Leopold IV. erhält die Steiermark, Friedrich IV. Tirol; die habsburgischen Vorlande werden von Wilhelm und Leopold gemeinsam regiert.

Trotz dieser Einigung kommt es im Herbst 1404 erneut zum Streit zwischen den leopoldinischen Brüdern: Kurz vor Vollendung seines 27. Lebensjahrs stirbt Herzog Albrecht IV. in Klosterneuburg – vermutlich an der Ruhr, an der er im Spätsommer bei der Belagerung Znaims erkrankt ist. Neuer Herzog von Österreich wird sein Sohn Albrecht V., der allerdings erst sieben Jahre alt ist, sodaß die Frage der Vormundschaft geklärt werden muß. Die Regentschaft der albertinischen Länder übernimmt zunächst Herzog Wilhelm, nach dessen Tod 1406 Herzog Leopold IV., der dafür seinem Bruder Ernst die Steiermark überläßt.

Die zunehmenden Streitigkeiten zwischen den leopoldinischen Brüdern führen zu einer Polarisierung auch im Volke. So bilden sich in Wien zwei Lager, die einander feindlich gegenübertreten. Während Patrizier und Landherren auf der Seite von Herzog Ernst stehen, unterstützen Ritter und Handwerker Leopold IV. Am 5. Jänner 1408 läßt der Wiener Bürgermeister Konrad Vorlauf fünf Führer der sog. Handwerkerpartei auf dem Hohen Markt enthaupten – im Gegenzug ordnet Herzog Leopold die Hinrichtung der Führer seiner Oppositionspartei an: Am 11. Juli 1408 werden auf dem Schweinemarkt in Wien (Lobkowitzplatz) Bürgermeister Vorlauf, Münzmeister und Judenrichter Hanns Rock (Rokk) und Hansgraf (Richter der Kaufmannschaft und Vertreter des Bürgermeisters) Konrad Ramperstorfer enthauptet.

Schließlich gelingt dem Bischof von Trient ein Vermittlungsversuch, und die zwölf angesehendsten Landstände arbeiten Anfang 1409 einen Schiedsspruch aus, der am 13. März 1409 vom ungarischen König Siegmund bestätigt wird. Danach sollen Leopold IV. und Ernst die Vormundschaftsregierung für Albrecht V. gemeinsam führen und die Einkünfte untereinander teilen.

Innerösterreich

Die sich Anfang des 15. Jahrhunderts einbürgernde Bezeichnung Innerösterreich für eine bestimmte Gebietseinheit der habsburgischen Erbländer ist durch die Erbteilungen im Hause Habsburg entstanden.

Ursprünglich umfaßt Innerösterreich die Herzogtümer Steiermark, Kärnten und Krain, die Grafschaft Görz sowie die Windische Mark. Graz wird im Laufe der Zeit die Residenz der innerösterreichischen (steirischen) Linie der Habsburger. Bis 1564 wird Innerösterreich um Gradiska, Triest, Istrien, Fiume und das österreichische Friaul erweitert und hat damit seine größte Ausdehnung erreicht. Mit 47 776 km² ist es der größte Teilstaat des Reiches – größer als das Kurfürstentum Brandenburg oder Bayern. 1619 wird Innerösterreich mit den anderen Erblanden, außer Tirol und den Vorlanden, vereinigt.

Friede beendet Appenzeller Krieg

4. April 1408. Der Friede von Konstanz beendet den seit 1401 bzw. 1405 andauernden Appenzeller Krieg zwischen den Habsburgern und dem eidgenössischen Bund »ob dem See«. König Ruprecht von der Pfalz löst den Bund auf und verfügt die Rückgabe der eroberten Gebiete an die rechtmäßigen Herren.

Der Bauernkrieg der Appenzeller begann bereits 1401 und richtete sich zunächst gegen den Abt von St. Gallen. Im Frühjahr 1405 griff Herzog Friedrich IV. von Habsburg als Verbündeter des Abtes in die Kämpfe ein, mußte jedoch am 17. Juni 1405 am Paß Stoß bei Altstätten (Kanton Appenzell) eine empfindliche Niederlage hinnehmen und das habsburgische Heer nach großen Verlusten zurückziehen.

Am 16. Oktober 1405 schlossen sich Bludenz, Fussach, Rankweil, Höchst, der Walgau und das Montafon dem Bund »ob dem See« an, 1406 folgten auch die Bregenzwälder. Fast ganz Vorarlberg wurde damit von den Bauern kontrolliert, und am 22. September 1407 begannen die Eidgenossen mit der Belagerung der Stadt Bregenz.

Erst der Zusammenschluß des bedrängten süddeutschen Adels zu einer Rittergesellschaft brachte die Wende: Am 13. Jänner 1408 wurde der eidgenössische Bund bei Bregenz besiegt, der Weg für den Frieden war geebnet.

Sieg der Appenzeller Bauern über den Abt von Sankt Gallen (Schweizer Chronik des Diebold Schilling)

Christus unter dem Kreuz mit den trauernden Maria und Johannes (unbekannter österreichischer Meister, um 1420; Gemäldegalerie Berlin)

Die Auferstehung Christi (eines von drei Tafelbildern vom Meister von Wittingau [Südböhmen], gemalt für den Altar der Augustiner-Chorherrenstiftskirche St. Ägidius, um 1380; Národni Galerie Prag)

Die Anbetung Christi durch die Weisen aus dem Morgenland (Tafelbild vom Meister der Wiener Anbetung, um 1410/20; Schloß Belvedere Wien)

Die heilige Dreifaltigkeit, gemalt vom Meister der St. Lambrechter Votivtafel, einer ganzen Reihe von kleinformatigen Andachtsbildern zugehörig, die nach 1400 in Wien entstehen (um 1430; Schloß Belvedere Wien)

Buchmalerei in der »Biblia pauperum«, der sog. Armenbibel, vermutlich aus Klosterneuburg (um 1331; Österreichische Nationalbibliothek Wien)

»Die Linzer Kreuztragung«, von einem unbekannten Meister nach 1430 gemalt und vermutlich von Herzog Albrecht VI. für den Flügelaltar im Linzer Schloß in Auftrag gegeben; das Tafelbild war der Mittelteil eines zweiflügeligen Altaraufsatzes (Oberösterreichisches Landesmuseum Linz)

Religiöse Malerei in Österreich

Um 1400. Die österreichische Tafelmalerei der Gotik, zunächst unter dem Einfluß der süddeutschen Schulen stehend, erreicht nach 1400 eine ausgesprochene Blüte und ein beeindruckend hohes künstlerisches Niveau. Richtungweisend werden vor allem die Meister der Donauschule, die durch die Einbeziehung der Landschaft und der Naturstimmungen einen neuen Weg beschreiten.

Zahlreiche Meister dieser Zeit sind namentlich nicht bekannt und werden daher nach ihren Werken benannt. Aber auch von den Künstlern, deren Namen überliefert sind, ist selten mehr als die Datierung ihrer Werke bekannt.

Ein typisches Beispiel dieser Zeit ist Meister Hans, in dessen Schaffen auch die allmähliche Abkehr vom »weichen Stil« der Hochgotik, als dessen Hauptvertreter er gilt, sichtbar wird. Sein wohl wichtigstes Werk ist die St. Lambrechter Votivtafel, entstanden zwischen 1425 und 1430. Sie stellt den Kampf König Ludwigs von Ungarn gegen die Türken dar. Die linke Hälfte deutet mit der vor der Mariazeller Gnadenmutter betende Heilige auf den siegreichen Ausgang der Schlacht hin, den man der Mariazeller Wunderkraft zuschreibt. In die sonst märchenhafte Erzählung mischen sich aber durchaus reale Aspekte, wie etwa das Gespräch der Reiter oder das Handgemenge.

Sehr ähnlich verhält es sich auch mit der »Linzer Kreuztragung«, die nach 1430 entsteht. Von ihrem Meister wissen wir nur, daß er um 1380 geboren wurde und zwischen 1410 und 1440 in Wien bzw. im Wiener Raum tätig ist. Nicht viel mehr ist von den Meistern von Heiligenkreuz, von Wittingau und dem des Albrechtaltars überliefert. Letzterer ist wohl der Hauptvertreter des etwas kräftigeren und realistischeren Stils der Wiener Malerei um die Mitte des 15. Jahrhunderts. Ganz abgesehen von der oft großartig stimmungsvoll dargestellten Natur und Landschaft, vermittelt dieser Meister – um die perspektivische Darstellung bemüht – Stadt- und Gebäudeansichten, darunter die älteste der Stadt Wien.

Die Botschaft des Engels an Joachim (Meister des Albrechtaltars, 1438; Schloß Belvedere Wien)

Anrufung der Mariazeller Muttergottes, durch deren Hilfe König Ludwig von Ungarn 1377 einen Sieg im Kampf gegen die Türken erringen kann (Tafelmalerei des Kleinen Mariazeller Wunderaltars, 1512; Graz)

Bergbau im Aufwind

1408/09. Der Bergbau in Österreich erfährt einen neuen Aufschwung, was vor allem durch zwei Ereignisse belegt wird:
1408 verfaßt der Bergrichter von Schladming in der Steiermark, Leonhard Egkelzain, den rasch bekannt werdenden »Schladminger Bergbrief«. Der angesehene Fachmann hält in diesen Texten die Gewohnheiten, Rechte und Bräuche des Bergbaues fest. Er geht bei seinen Aufzeichnungen so exakt vor, daß der »Schladminger Bergbrief« bald zur Grundlage zahlreicher Bergrechte in Österreich, Salzburg, Tirol und Bayern wird.
Für 1409 berichtet eine Sage die Wiederaufnahme des Bergbaues in der Umgebung von Schwaz in Tirol, doch ist der Zeitpunkt sicher erst 1410, vielleicht auch kurz danach, anzusetzen.
Die sagenhafte Entdeckung der Erzader am Koglmoos im Falkenstein, östlich von Schwaz, soll durch einen Stier erfolgt sein, der mit seinen Hörnern die Erzader freigelegt hat. So berichtet es die Magd Gertraud Kandlerin, die den Stier gehütet hat. Tatsächlich besitzt diese neu entdeckte Erzader den hohen Kupfergehalt von 30 bis 35%, mit einem Zusatz von etwa 0,5% Silber. Damit beginnt eine neue Welle des Bergbaues im Tiroler Unterland. Schon in vorgeschichtlicher Zeit existierte hier der Bergbau und in mittelalterlichen Quellen findet sich seit 1273 die Erwähnung des »Arzbergs« (Erzberg) bei Schwaz.

Bergbaupatron Klemens (Flügelaltar [Detail], 1514; Klagenfurt)

Königswahl ist erneut umstritten

20. September/1. Oktober 1410. Erneut kommt es nach dem Tod des deutschen Königs Ruprecht von der Pfalz zu einer Doppelwahl im Reich: Eine Minderheit der Kurfürsten wählt den 42jährigen Siegmund, König von Ungarn, zum neuen Herrscher, während acht Tage später der brandenburgische Markgraf Jobst von Mähren ebenfalls zum König gekürt wird.
Für den ungarischen König Siegmund stimmen Trier und die Pfalz sowie Burggraf Friedrich VI. von Nürnberg, dem Siegmund die von ihm beanspruchte Kurstimme Brandenburgs übertragen hat, für Jobst von Mähren entscheiden sich Mainz und Köln sowie Jobst selbst; Sachsen schließt sich erst nachträglich der Wahl des Mähren an. Wieder droht dem Reich ein langwieriger Thronstreit, der allerdings ein unerwartetes Ende findet, als Jobst am 18. Jänner 1411 überraschend stirbt.

Erste Wiener Hussitenpredigt

1410. Hieronymus von Prag, Schüler des Prager Universitätsprofessors Johannes Hus, predigt in Wien erstmals die hussitische Lehre.
Der Passauer Offizial Andreas von Grillenberg und die Wiener Universität beziehen sofort Stellung gegen Hieronymus, der daraufhin nach Mähren flieht, um einer Verhaftung zu entgehen. Im selben Jahr wird auch sein Lehrer vom Prager Erzbischof mit dem Kirchenbann belegt. Der 1369 im böhmischen Husinec geborene Johannes Hus predigt seit 1405 in der Prager Bethlehemskirche seine neuen Ideen, die dem englischen Theologen John Wyclif folgen, der die dogmatische Abendmahlslehre ablehnte und die verweltlichte Kirche im Sinn der in Armut lebenden Urkirche reformieren wollte.
Hus' Anhängerschaft vergrößert sich rasch, und seine Lehre dringt bald auch über die Grenzen Böhmens und Mährens hinaus.

1411

1411–1420

23. 4. 1411. Obwohl die Vormundschaft für Herzog Albrecht V. von Habsburg abgelaufen ist, geben die leopoldinischen Herzöge ihren Einfluß nicht auf. Albrecht wird daraufhin – mit seinem Einverständnis – von den österreichischen Landständen nach Eggenburg (Niederösterreich) entführt und für großjährig erklärt.

3. 6. 1411. Der plötzliche Tod Herzog Leopolds IV. von Habsburg beendet den Vormundschaftsstreit. Herzog Ernst zieht sich in die Steiermark zurück. – Wenig später kommt es auch zur Einigung unter den beiden noch lebenden leopoldinischen Brüdern: Ernst regiert Innerösterreich, Friedrich IV. Tirol und die Vorlande.

13. 10. 1411. König Siegmund erklärt den 14jährigen Herzog Albrecht V. für großjährig und verlobt ihn mit seiner zweijährigen Tochter Elisabeth. Albrecht übernimmt die Regierung in Österreich ober und unter der Enns.

Anfang 1412. Herzog Albrecht V. erläßt einen Landfrieden und bekommt von den Ständen eine außerordentliche Steuer zur Besserung der Finanzlage bewilligt.

28. 5. 1412. Zwischen den Habsburgern und den Schweizer Eidgenossen wird ein 50jähriger Friede geschlossen.

25. 7. 1412. Herzog Albrecht V. bestätigt Wien die alten Rechte.

1414. Der 1394 begonnene Bau am Langhaus und am oberen Teil des Turmes der Kirche Maria am Gestade in Wien wird beendet.

18. 3. 1414. Nach altem Brauch läßt sich Herzog Ernst, der Eiserne, auf dem Zollfeld in Kärnten huldigen. (Es ist dies die letzte Herzogseinsetzung in Kärnten.) Unter Berufung auf das »Privilegium maius« nennt Ernst sich fortan »Erzherzog«.

15. 10. 1414. Herzog Friedrich IV. schließt einen Geheimvertrag mit (Gegen-)Papst Johannes XXIII. und übernimmt als Generalhauptmann der päpstlichen Truppen den Schutz des Papstes.

5. 11. 1414. Das Konzil von Konstanz, die größte Kirchenversammlung des Mittelalters, wird eröffnet (→ 22. 4. 1418).

20. 3. 1415. Mit Hilfe Herzog Friedrichs IV. flieht (Gegen-)Papst Johannes XXIII. von Konstanz nach Schaffhausen. König Siegmund verhängt daraufhin die Reichsacht über den Habsburger.

30. 4. 1415. Herzog Friedrich IV. wird in Konstanz von König Siegmund gefangengenommen.

Sommer 1415. Der Tiroler Adel erhebt sich unter Führung Oswalds von Wolkenstein gegen den gebannten Herzog.

6. 7. 1415. Der böhmische Reformator Johannes Hus, unter Zusicherung des freien Geleits zum Konzil gekommen, wird in Konstanz als Ketzer verurteilt und verbrannt (→ 30. 7. 1419).

1416. Hans Zink hat in Wien das Bierbraurecht zu Lehen (→ 1432).

30. 3. 1416. Herzog Friedrich IV. flieht aus Konstanz und kehrt über Bludenz nach Tirol zurück. →

Um 1417. Der Wiederaufbau der durch Brände weitgehend zerstörten Basilika der Stadtpfarrkirche von Radstadt (Salzburg) beginnt.

1417. Der Bau des Bürgerspitals mit Kirche in Braunau am Inn (Oberösterreich) wird aufgenommen (1430 vollendet).

1. 1. 1417. Herzog Ernst, der Eiserne, und Herzog Friedrich IV. schließen einen endgültigen Vergleich: Die leopoldinischen Länder bleiben getrennt, die Einkünfte werden zu gleichen Teilen aufgeteilt.

27. 2. 1417. Die Herrschaft Feldkirch (Vorarlberg) wird von König Siegmund an Graf Friedrich von Toggenburg verpfändet. Am 14. Juni erobert der Graf die Schattenburg.

Dezember 1417. Bludenz wehrt die von Graf Friedrich von Toggenburg geplante Unterwerfung ab.

1418. Im Stift Melk beginnt die »Melker Reform«. →

12. 5. 1418. König Siegmund und Herzog Friedrich IV. schließen einen Vergleich. →

22. 4. 1418. Das Konstanzer Konzil wird beendet. →

30. 7. 1419. Religiöse Auseinandersetzungen führen zum »Prager Fenstersturz«. →

1420. Der Neubau des gotischen Langhauses der Stadtpfarrkirche von Hall (Tirol) wird begonnen (vollendet 1437).

23. 5. 1420. In Österreich beginnt eine große Judenverfolgung. Ein Monsterprozeß endet mit zahlreichen Todesurteilen gegen Juden, die Vollstreckung – durch Verbrennen – erfolgt am 12. März 1421. Als Ort wird die »Gänseweid« im Erdberg, in der unmittelbaren Nähe von Wien, ausgewählt. Berichten zufolge sollen 86 Wagen für den Transport der Verurteilten nötig sein. →

1. 11. 1420. Auf dem Ziskaberg bei Prag besiegen die Hussiten das Heer König Siegmunds (→ 1421–1429).

GESTORBEN:

3. 6. 1411. Wien: Leopold IV. von Habsburg (* 1371), Herzog von Österreich.

16. 8. 1419. Böhmen: Wenzel (* 26. 2. 1361), König von Böhmen, deutscher König (1378–1400).

GEBOREN:

21. 9. 1415. Innsbruck: Friedrich V. von Habsburg († 19. 8. 1493), Herzog von Steiermark, Kärnten und Krain, König und Kaiser.

18. 12. 1418. Wien: Albrecht VI. von Habsburg († 2. 12. 1463), Herzog der Vorlande.

Konstanzer Konzil geht zu Ende

22. April 1418. Nach mehr als dreijähriger Dauer (seit 5. November 1414) geht das Konstanzer Konzil zu Ende, das zusammengetreten war, um die Kirchenspaltung, das Abendländische Schisma – seit 1378 gab es zwei, seit 1409 sogar drei Päpste –, zu überwinden, eine durchgreifende Reform der Kirche zu beschließen und die Ketzerei niederzuschlagen.
Das Konzil war zur höchsten Instanz der Kirche geworden, nachdem sich das Papsttum als unfähig erwiesen hatte, die Kirchenspaltung von 1378 zu beseitigen. Die konziliare Theorie vom allgemeinen Konzil als der höchsten Instanz der Kirche kann sich aber nicht gegen das Papsttum durchsetzen.
Auf Drängen König Siegmunds berief der Pisaner Papst Johannes XXIII. das Konzil nach Konstanz ein. Unter Schirmherrschaft und Vorsitz des Königs trat eine fast das ganze Abendland repräsentierende Kirchenversammlung zusammen: 29 Kardinäle, etwa 300 Bischöfe und Prälaten, über 150 Fürsten und Grafen, mehrere hundert Universitätsdoktoren, ferner Priester, Mönche, Edelleute und Gesandte ausländischer Fürsten.
Die drei Päpste werden für abgesetzt erklärt bzw. treten zurück. Das Konzil wählt am 11. November 1417 Martin V. zum neuen Papst.
In den Reformbeschlüssen werden der päpstlichen Willkür bei der Besetzung von geistlichen Stellen enge Grenzen gezogen. Weitere Regelungen sind Konkordaten zwischen dem Papst – und den fünf Konzilsnationen vorbehalten.

ünig Siegmund (Miniatur aus der erner Chronik des Diebold Schilng, 1485; Burgerbibliothek Bern)

Sitzung der Geistlichen während des Konstanzer Konzils (Illustration aus der Chronik des Ulrich von Richental, 1482; Rosgarten-Museum Konstanz)

Der Torwächter von Bludenz

30. März 1416. In der Nacht nach seiner geglückten Flucht aus Konstanz kommt Herzog Friedrich IV. von Habsburg nach Bludenz, wo er vom Wächter des oberen Tores zunächst abgewiesen wird. Eine Chronik des 15. Jahrhunderts berichtet von dieser – im Kern durchaus historischen – Episode wie folgt:

»Item, als unser natürlicher gnädiger Herr Hertzog Friedrich mit Künig Sigmund ze Constentz unains ward und von Constentz wichen must, do belaib er von Constentz niendert underwegen und rait ilends, bis das er gen Bludentz kam an das Thor umb Mitte Nacht und klopfet an. Da fragt der Wächter, wer da were? Do gab Hertzog Friedrichs Diener ze Antwurt (denn er kam nur selb dritten), das es wer och ainer da. Do sprach der Wächter (der wist aber nit, wer da were): Ain Dreck vor dem Thor, der ist auch ainer. Kanst du nit mälden, wer du bist, denn es sind schwer seltsam Löf [Kriege] vorhanden, man lat nit ain jegklichen jetzt in! Do sprach er [der Diener]: Es ist Hertzog Friedrich von Österreich da, darumb lauß in hinin, und willst du es nit geloben, so gang zu dem Schädler sine Wirt [Kronenwirt in Bludenz], und haiß in dahär komen! Also wölt der Wächter in nit herain laußen, dan es war im verpotten, nachts niemand zu derselben Zit herain ze laußen, und luff ilends nach dem Schädler; der kam und ließ in herin. Do schickht Hertzog Friedrich nach dem Wächter, der fiel im ze Fuß und bitt sein fürstliche Gnad umb Verzeihung und Vergebung seiner groben Wort. Also sprach sin Gnad: er hette im recht thon und lud in ze Gast und schankt im ain Gab.«

Klosterreform im Stift Melk

1418. Mit dem Amtsantritt des neuen Abtes von Stift Melk (Niederösterreich), Nikolaus Seyringer, beginnt die rasch sich ausbreitende »Melker Reform«, ausgelöst durch Seyringers theologische Schrift »Melker Observanz«.
Die Reform befaßt sich besonders mit der strengen Beobachtung der Fastenregeln, des Armutsgelübdes, des liturgischen Lebens und der klösterlichen Disziplin. Sie ist demnach praktisch eine Erneuerung der benediktinischen Ordensregel.

Judenverfolgung in Österreich

23. Mai 1420. Herzog Albrecht IV. von Habsburg erläßt einen Befehl, demnach die Juden in allen österreichischen Städten gefangenzunehmen und ihre Vermögen zugunsten der herzoglichen Kammer einzuziehen sind.
Ausgelöst wurde diese Maßnahme durch das ungeklärte Verschwinden dreier »Christenknaben«; zudem verbreitet sich das Gerücht, die Frau des Messners von St. Lorenz in Enns (Oberösterreich) habe den Juden zu Ostern eine Hostie zu »frevlerischem Mißbrauch« verkauft.

Die Reichsacht wird aufgehoben

12. Mai 1418. Zwischen König Siegmund und Herzog Friedrich IV. von Habsburg wird ein Vergleich geschlossen, der den Streit zwischen den beiden Regenten beendet. Friedrich war 1415 wegen seiner Parteinahme für Gegenpapst Johannes XXIII. in die Reichsacht erklärt und auf dem Konstanzer Konzil gefangengenommen worden, konnte jedoch im März 1416 entkommen. Allerdings war der Einfluß des Habsburgers in der Schweiz durch den Streit mit dem König gesunken, sodaß Friedrich in dem nunmehr vereinbarten Vergleich auf die von den Eidgenossen während der Zeit seiner Ächtung an sich gebrachten Gebiete verzichten muß. Damit gehen der Aargau, die Grafschaften Kyburg und Lenzberg endgültig verloren.

Hus auf dem Scheiterhaufen (1482; Rosgarten-Museum Konstanz)

»Prager Fenstersturz«

30. Juli 1419. Anhänger des in Konstanz als Ketzer verbrannten Johannes Hus stürmen das Neustädter Rathaus in Prag und werfen die katholischen Stadträte aus den Fenstern in die unten wartende Volksmenge. Dort werden sie von mehreren Lanzen aufgespießt.

Zu der Tat kommt es, als der katholische Rat der Prager Neustadt eine hussitische Prozession stört. Mit den nun einsetzenden Unruhen erreicht die religiös-revolutionäre Bewegung der Hussiten in Böhmen einen ersten Höhepunkt, denn die Verurteilung ihres Führers Johannes Hus und seine Verbrennung am 6. Juli 1415 haben einen Sturm der Entrüstung hervorgerufen.

Zu den religiösen Motiven der Aufständischen kommen nationale hinzu. Mehrere Proteste des tschechischen Adels vor dem Konstanzer Konzil fanden keine Beachtung. Noch während das Konzil tagte, verbündeten sich die Anhänger von Johannes Hus in ganz Böhmen und Mähren. Nach ersten Zusammenstößen mit kirchentreuen Katholiken bekämpft König Wenzel von Böhmen die Hussiten. Als ihn die Nachricht vom Prager Fenstersturz erreicht, trifft ihn der Schlag (†16. August 1419).

Die Anhängerschaft des zum nationalen Märtyrer gewordenen Hus spaltet sich in zwei Gruppen:

▷ Die aus dem niederen Adel und dem Besitzbürgertum stammenden gemäßigten Calixtiner oder Utraquisten fordern, daß auch Laien beim Abendmahl aus dem Kelch (calix) trinken dürfen. Ihr Führer ist Jakob Mies

▷ Die radikal-chiliastischen Taboriten werden von der Landbevölkerung und dem niederen Klerus unterstützt. Sie lehnen die Hierarchie und überlieferten Kultformen der Kirche ab und bekennen sich zum Laienpriestertum. Ihr Führer ist Johannes von Selau.

Hus wird zum Scheiterhaufen geführt (Chronik des Ulrich von Richental, 1482; Konstanz)

1421

1421–1430

Um 1421. Der »Albertinische Plan« von Wien wird erstellt.→

1421/22. In Klosterneuburg (Niederösterreich) entsteht die sog. Fridericus-Karte, die erste moderne Darstellung Mitteleuropas.→

Frühjahr 1421. Herzog Albrecht V. befiehlt, alle wehrfähigen, adeligen wie nichtadeligen Männer des Landes mitsamt ihren Waffen aufzuzeichnen – erster Schritt zur Aufstellung eines Volksaufgebotes (Landwehr).

25. 3. 1421. König Siegmund belehnt Herzog Albrecht V. von Habsburg mit dessen Ländern und bestätigt das gefälschte »Privilegium maius« als Dank für die österreichische Hilfe gegen die Hussiten.

28. 9. 1421. König Siegmund und Herzog Albrecht V. schließen den Vertrag von Preßburg.→

1422. Das Wiener Ghetto (um den Judenplatz) wird abgebrochen.

Die niederösterreichischen Städte Eggenburg, Waidhofen an der Thaya und Drosendorf an der Thaya werden neu befestigt.

8. 1. 1422. Schlacht bei Deutsch-Brod in Ostböhmen: Die Hussiten unter Johann Ziska schlagen das Heer König Siegmunds vernichtend. Erstmals wird (auf hussitischer Seite) die Artillerie als taktische Waffe eingesetzt (→1421–1429).

23. 3. 1422. König Siegmund überträgt Herzog Albrecht V. die Statthalterschaft über Mähren.

22. 4. 1422. Herzog Albrecht V. heiratet Elisabeth, die einzige Tochter König Siegmunds, wodurch die Habsburger die Anwartschaft auf die Kronen Ungarns und Böhmens erwerben.

Ende April 1422. Nahe Zwettl (Niederösterreich) dringen die Hussiten erstmals in Österreich ein.

1423. In Meran wird der erste Tiroler Landtag abgehalten.

4. 10. 1423. König Siegmund belehnt Herzog Albrecht V. förmlich mit Mähren.

17. 1. 1424. Die deutschen Kurfürsten schließen sich im »Binger Kurverein« zusammen und fordern von König Siegmund Mitsprache bei der Reichsregierung.

10. 6. 1424. Nach dem Tod des steirischen Herzogs Ernst übernimmt Herzog Friedrich IV. von Habsburg die Vormundschaftsregierung für seine drei minderjährigen Neffen.→

1425. Die Wallfahrtskirche Maria Saal (Kärnten) erhält ihr Gnadenbild, eine thronende Madonna.

Anfang 1425. Hussitische Streifscharen richten große Zerstörungen in Niederösterreich nördlich der Donau an.

März 1425. Herzog Albrecht V. setzt für die Zeit seiner Abwesenheit in Österreich »Anwälte« ein.

11. 6. 1425. Aus militärischen Gründen werden Ober- und Niederösterreich in Viertel eingeteilt.→

November 1425. Die Hussiten dringen bis Pulkau (Niederösterreich) vor, zerstören mehr als 30 Ortschaften und erobern die Stadt Retz, wo sie rund 1000 Einwohner töten und alle Urkunden vernichten.

1426. Die »Alte Zeche« in Schwaz (Tirol) wird wieder in Betrieb genommen.

Die Hussiten fallen mehrmals in Niederösterreich ein und erreichen sogar bei Stockerau die Donau.

1427. Die Stadtbefestigung von Schärding am Inn (Oberösterreich) erhält das Wassertor.

1. 1. 1427. Das Stift Zwettl (Niederösterreich) wird von Hussiten niedergebrannt. Klosterschatz und Bibliothek sind allerdings zuvor auf Burg Lichtenfels in Sicherheit gebracht worden.

25. 3. 1427. Schlacht bei Zwettl: Nach ihrem Sieg über ein österreichisches Heer ziehen die Hussiten plündernd durchs Land.

1428. Die Michaelskirche (Karner) von Berg (Kärnten) erhält eine gemalte Gewölbedekoration.

Sommer 1428. Hussitenscharen fallen im Land ober der Enns ein.

März 1429. Die Hussiten ziehen nach Ungarn und belagern auf dem Rückweg Eggenburg (Niederösterreich).

1430. Peter Harberger beginnt mit dem Bau der Wallfahrtskirche St. Leonhard in Tamsweg (Salzburg). Die 1433 vollendete Kirche hat besonders edle Maßverhältnisse.

Nach einem Brand wird mit dem Bau der Pfarrkirche St. Wolfgang am Wolfgangssee begonnen (1460 vollendet). St. Wolfgang steht in der Rangordnung der Wallfahrtsorte (hinter Rom, Aachen und Einsiedeln) an vierter Stelle.

10. 1. 1430. Herzog Philipp, der Gute, von Burgund stiftet in Brügge den »Orden vom Goldenen Vlies«. Die Würde des Großmeisters des Ordens kommt →1477 an König Maximilian I., wodurch der Orden zum Hausorden der Habsburger wird.

GESTORBEN:

4. 4. 1423. Hugo von Montfort (* 1357), Minnesänger und Landeshauptmann der Steiermark (1413–1416).

10. 6. 1424. Bruck an der Mur: Ernst, der Eiserne, von Habsburg (* 1377), Herzog der Steiermark.→

GEBOREN:

30. 5. 1423. Peuerbach (Oberösterreich): Georg von Peuerbach (†8. 4. 1461), Mathematiker.

26. 10. 1427. Innsbruck: Sigmund von Habsburg (†4. 3. 1496), Herzog von Tirol.

Um 1430. Kärnten (?): Jakob Unrest (†um 1500), Chronist.

Hussiten bleiben vorerst siegreich

1421–1429. Vergeblich versucht König Siegmund in mehreren Feldzügen, die Anhänger des 1415 als Ketzer verbrannten tschechischen Reformators Johannes (Jan) Hus zu unterwerfen. Die Hussiten leisten dem König erfolgreich Widerstand und fügen ihm mehrmals empfindliche militärische Niederlagen zu.
Siegmund steht vor der Aufgabe, die katholische Ordnung in Böhmen wiederherzustellen. Als Papst Martin V. am 1. März 1420 zu einem Kreuzzug gegen die Hussiten aufrief, zog Siegmund mit einem großen Aufgebot nach Prag, konnte die Stadt allerdings nicht erobern. Im Veitsdom ließ er sich dennoch zum König von Böhmen krönen.
Da sich das Kreuzzugsheer bald wieder auflöste, mußte der König am 1. November 1420 in der Schlacht auf dem Ziskaberg bei Prag eine schwere Niederlage gegen die Hussiten hinnehmen, die nach einem weiteren Sieg (im Jänner 1421 bei Ha-)ern) Siegmund als böhmischen König absetzen und die Unabhängigkeit des Landes erklärten. Obwohl die Hussiten ein ausgeprägtes tschechisches Nationalgefühl verbindet, führen religiöse Unterschiede zu Auseinandersetzungen und Spaltungen der Bewegung.
Seit 1421 wird auch das benachbarte Österreich in den Krieg einbezogen. Herzog Albrecht V. von Habsburg, der bereits im Frühjahr 1421 erste Hilfstruppen nach Mähren geschickt hat, erhält im März 1422 die Statthalterschaft in Mähren übertragen. Ende April 1422 dringen erstmals hussitische Streifscharen über die Grenze nach Österreich vor (bis in die Nähe von Zwettl); von nun an ziehen fast jedes Jahr Hussiten plündernd durch das Land Albrechts V. und brandschatzen zahlreiche Städte (u. a. Retz, die Stifte Zwettl und Altenburg, Döllersheim und Fuglau).
Der Vormarsch der Hussiten in das Reichsgebiet deckt die mangelnde Abwehrkraft des Reiches auf. König Siegmund sieht sich gezwungen, Verhandlungen mit den Hussiten aufzunehmen, die kriegerischen Auseinandersetzungen dauern jedoch an (→ 14. 10. 1431/5. 7. 1436).

König Siegmund (Chronik des Ulrich von Richental, 1482; Konstanz)

Tod des eisernen Erzherzogs Ernst

10. Juni 1424. Im Alter von 47 Jahren stirbt in Bruck an der Mur Herzog Ernst, der Eiserne, von Habsburg, der Begründer der steirischen Linie des Hauses, die zur Stammlinie der Dynastie wird.
1377 als dritter Sohn Herzog Leopolds III. von Habsburg geboren, war Ernst in den Streit der vier leopoldinischen Brüder verwickelt und stand besonders zu seinem Bruder Leopold IV. in scharfem Gegensatz, was zu einem blutigen Bürgerkrieg führte (→ 1402–1409). Nach dem Tod des Rivalen 1411 wurde Ernst Alleinherrscher in Innerösterreich und widmete sich erfolgreich dem wirtschaftlichen und kulturellen Aufstieg seiner Länder.
Ernst, der Eiserne, war der letzte Herzog, der sich dem alten Brauch der Amtseinsetzung auf dem Zollfeld in Kärnten unterzog (→ Anfang 10. Jh./1. 9. 1286), er war allerdings auch der erste, der sich nach dieser Zeremonie – unter Berufung auf das Privilegium maius (→ 1358/59) – »Erzherzog« nannte.
Ernst hinterläßt drei minderjährige Söhne, für die sein Bruder Friedrich IV. die Vormundschaft übernimmt.
Der jüngste Sohn, Ernst II., stirbt bereits 1432, der mittlere, Albrecht VI., löst eine abermalige Konfrontation im Hause Habsburg aus, wird aber vom ältesten Sohn, Friedrich V., überlebt, der als Kaiser Friedrich III. den Aufstieg Habsburgs zur Großmacht vorbereitet.

Älteste moderne Karte Europas

1421/22. Rechnungsbücher des Stiftes Klosterneuburg (Niederösterreich) verzeichnen die Ausgabe für eine Landkarte (mappa); mit Sicherheit ist die sog. Fridericus-Karte gemeint (wahrscheinlich von dem Mönch Friderich aus dem Kloster St. Emmeram in Regensburg). Es ist die erste moderne Darstellung Mitteleuropas, ohne die übliche Beeinflussung durch das ptolemäische Weltbild. Die Karte zeichnet sich durch große Genauigkeit aus. (Sie ist nicht erhalten, doch einige Koordinationstafeln und Gewässerskizzen lassen eine Rekonstruktion zu.)

Vertrag sichert Erbanwartschaft

28. September 1421. König Siegmund und Herzog Albrecht V. von Habsburg schließen in Preßburg einen Vertrag, mit dem der Herzog dem König Waffenhilfe im Kampf gegen die Hussiten zusagt (→ 1421–1429). Siegmund gibt seinerseits dem Habsburger seine einzige Tochter Elisabeth, seit 13. Oktober 1411 mit Albrecht verlobt, zur Frau und sagt ihm die Erbfolge in Ungarn und Böhmen zu, falls er ohne weiteren Erben stirbt. (Die Hochzeit findet am 22. April 1422 statt.) Albrecht erhält ferner eine Mitgift in Höhe von 100 000 Dukaten.

Krieg fördert Landeinteilung

11. Juni 1425. Die Länder Österreich ober und unter der Enns erhalten eine Einteilung in Vierteln für die Durchführung des militärischen Aufgebotes. Ein eigener »Viertelhauptmann« wird bestimmt, dessen Aufgabe es ist, die Organisation durchzuführen und zu überwachen. Für Niederösterreich sind dies die Viertel ober und unter dem Mannhardsberg und ober und unter dem Wienerwald; für Oberösterreich Mühl-, Traun- und Hausruckviertel sowie das Viertel im Machland, der Ebene nördlich der Donau zwischen Mauthausen und Grein.

Herzog Ernst, der Eiserne, von Habsburg (Mitte) mit seinen Söhnen (Glasfenster [Detail], 1424)

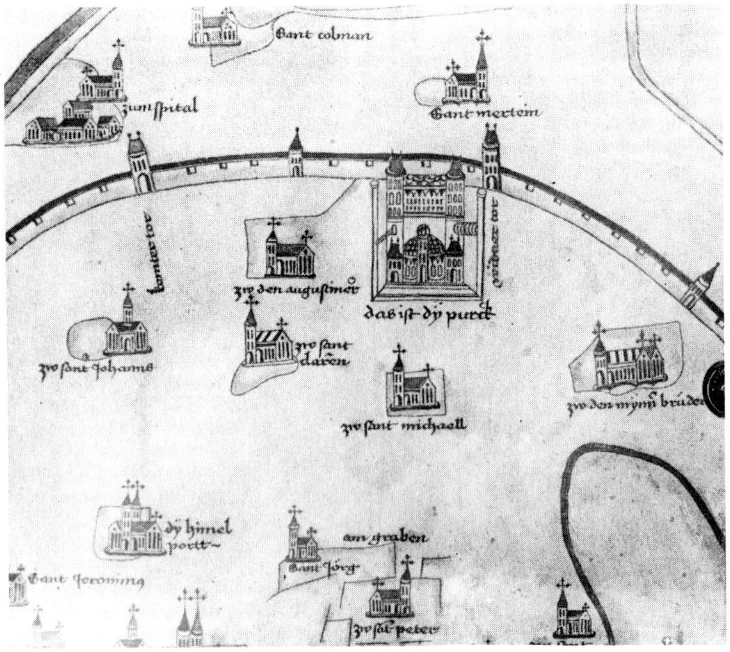

Der »Albertinische Plan von Wien«

Um 1421. *Der sog. Albertinische Plan von Wien, der erste Stadtplan Wiens und einer der ersten bekannten Stadtpläne überhaupt, wird im Maßstab von etwa 1:5280 erstellt. Er verzeichnet auch Preßburg, vermutlich eine Anspielung auf den dort am → 28. September 1421 geschlossenen Vertrag. Der Plan zeigt den Standort wichtiger Gebäude wie etwa Burg und Universität mit den Bezeichnungen »das ist dy purck«, »das ist dy hochschul« sowie eine fast kreisrund angelegte Stadtmauer mit sieben namentlich bezeichneten Stadttoren und zahlreichen kleineren Türmen. – Der erhaltene Plan (Abb.: Ausschnitt) ist eine Kopie aus der zweiten Hälfte des 15. Jahrhunderts, eine kolorierte Federzeichnung auf Papier im Format 40 × 58 cm.*

Handwerk blüht auf

In den Städten erlebt das Handwerk einen Aufschwung. Die Handwerker schließen sich verstärkt in Berufsorganisationen, sog. Zünften, zusammen.

Die Gründung von Zünften wird von der Stadtobrigkeit gefördert, da durch sie die Kontrolle des Gewerbes und die Erhebung der Abgaben erleichtert wird. Um zur Zunft gehören zu können, muß der Meister bestimmte Voraussetzungen erfüllen: Neben seiner beruflichen Qualifikation als Handwerker gehört dazu auch ein guter Leumund.

Die Mitglieder der Zunft legen sowohl Art und Qualität der Produkte fest, die von ihnen hergestellt werden, als auch Preis und Menge. Die Zunftordnung begrenzt ferner die Zahl der Gesellen und Lehrlinge, die ein Meister beschäftigen darf, verbietet es, mehr als eine Werkstätte oder einen Verkaufsstand zu betreiben und einem anderen Meister Gesellen oder Kunden abspenstig zu machen sowie eine von einem anderen Meister begonnene Arbeit fortzusetzen.

Dem Grundgedanken einer Garantie von stetigen und sicheren Einkünften entsprechend, werden Zuzugsverbote für auswärtige Handwerker erlassen und die Gesellenlöhne festgesetzt.

Das Aufblühen der städtischen Wirtschaft führt zu einer weitgehenden Differenzierung des Handwerks. Durch die Aufspaltung großer Zünfte in immer spezialisiertere Berufsorganisationen werden allerdings oftmals die als Hemmnis empfundenen Zunftbeschränkungen umgangen. Mit der ökonomischen Stärkung des Handwerks einher geht auch ein wachsender Anspruch der Zünfte auf Beteiligung an der politischen Macht.

1431

1431–1440

Februar/März 1431. Zwei Reichstage in Nürnberg beschließen den fünften (zugleich letzten) Kreuzzug gegen die Hussiten (→ 14. 10. 1431).

28. 4. 1431. Herzog Albrecht V. von Habsburg erläßt im Einvernehmen mit dem Landtag eine unfangreiche Landwehrordnung (1432 geringfügig abgeändert).

14. 8. 1431. Bei Taus in Böhmen flieht das Reichsheer vor den Hussiten, bevor die eigentliche Schlacht begonnen hat (→ 14. 10. 1431).

14. 10. 1431. In der Schlacht bei Kirchberg an der Wild erleiden die Hussiten eine vernichtende Niederlage. →

1432. Die Hussiten fallen mehrfach in Österreich ein, werden aber im Dezember bei Znaim erneut besiegt.

1433. Das Wiener Bürgerspital kauft das Bierbraurecht für Wien. →

16. 3. 1433. Herzog Albrecht V. stiftet den »Orden vom Adler« zur Bekämpfung des religiösen Fanatismus (Devise: »Thue recht und scheue Niemand«).

31. 5. 1433. König Siegmund wird von Papst Eugen IV. zum Kaiser gekrönt.

30. 11. 1433. Das seit 1431 tagende Basler Reformkonzil schließt mit den gemäßigten Hussiten (Calixtinern) die sog. Prager Kompaktaten, die von den radikalen Hussiten (Taboriten) abgelehnt werden, was im Frühjahr 1434 zur Spaltung der hussitischen Bewegung führt.

4. 3. 1434. Herzog Albrecht V. schließt einen fünfjährigen Landfrieden mit den Hussiten.

30. 5. 1434. Bei Lipany in Böhmen kommt es zur Schlacht zwischen den beiden Hussitenflügeln: Die radikalen Taboriten werden besiegt und verlieren rasch an Einfluß.

Um 1435. Das Passionsspiel von St. Stephan in Wien entsteht und erlebt schnell eine weite Verbreitung.

1435. Der Bau der Pfarrkirche St. Andreas in Kitzbühel (Tirol), einer gotischen Hallenkirche, wird begonnen (1506 vollendet).

25. 5. 1435. Wiener Übereinkommen: Herzog Friedrich IV. von Habsburg verpflichtet sich, die innerösterreichischen Länder binnen Jahresfrist an seine Neffen, Friedrich V. und Albrecht VI., auszufolgen.

1436. Der Bau der gotischen Pfarrkirche von Eggelsberg (Oberösterreich) mit einem 72 m hohen Turm wird vollendet.

Der Kärtner Ritter Georg von Auersberg läßt auf eigene Kosten die Ruprechtskirche in Wien restaurieren.

5. 7. 1436. Die Iglauer Kompaktaten beenden die Hussitenkriege. →

9. 12. 1437. Mit dem Tod Kaiser Siegmunds erlischt der Mannesstamm der Luxemburger. Durch den Erbvertrag vom → 28. 9. 1421 wird Herzog Albrecht V. von Habsburg rechtmäßiger Nachfolger in Ungarn und Böhmen sowie »empfohlener« Thronfolger im Reich.

18./27. 12. 1437. Herzog Albrecht V. wird nacheinander zum König von Ungarn und von Böhmen gewählt.

1438. Ulrich von Eyczing läßt die Wehrkirche des Schlosses Schrattenthal (Niederösterreich) erbauen.

18. 3. 1438. Herzog Albrecht V. wird in Frankfurt am Main einstimmig zum deutschen König gewählt. →

29. 5. 1438. Die Wahl Prinz Kasimirs von Polen zum böhmischen (Gegen-) König führt zu Auseinandersetzung zwischen dem Habsburger und dem Polen um die böhmische Krone.

1439. Die »Leobener Eisenhandelsgesellschaft« wird gegründet – die erste »Aktiengesellschaft« Österreichs.

In der Kartause Gaming (Niederösterreich) wird der älteste »Wiener Kalender« hergestellt. Außer den Heiligennamen sind auch die Aspekte der Planeten und Ernteaussichten eingetragen.

10. 2. 1439. König Albrecht II. schließt einen Waffenstillstand mit Prinz Kasimir von Polen, der auf die böhmische Krone verzichtet.

24. 6. 1439. Nach dem Tod Herzog Friedrichs IV. von Habsburg führt Herzog Friedrich V. (bis 1446) die Vormundschaftsregierung in Tirol.

1440. Der Philosoph und Theologe Nikolaus von Kues lehrt, die Erde könne nicht der Mittelpunkt des Kosmos sein.

2. 2. 1440. Herzog Friedrich V. von Habsburg wird nach dem Tod König Albrechts II. zu dessen Nachfolger im Reich gewählt.

15. 5. 1440. Der erst drei Monate alte nachgeborene Sohn König Albrechts II., Ladislaus (Postumus), wird zum König von Ungarn gekrönt.

23. 8. 1440. Die Verträge von Hainburg führen zur ersten Regelung im Vormundschaftsstreit um Ladislaus (Postumus). →

GESTORBEN:

29. 8. 1437. Brixen: Ulrich Putsch (* um 1360), Bischof von Brixen.

9. 12. 1437. Znaim: Siegmund (* 15. 2. 1368), König und Kaiser.

24. 6. 1439. Innsbruck: Friedrich IV. von Habsburg (* 1382), Herzog von Tirol.

27. 10. 1439. Bei Gran: Albrecht V. von Habsburg (* 16. 8. 1397), Herzog von Österreich und König. →

GEBOREN:

Um 1435. Bruneck (?): Michael Pacher († 1498), Maler und Bildschnitzer.

Um 1440. Neustift: Friedrich Pacher († nach 1508), Tafelmaler.

22. 2. 1440. Komorn: Ladislaus (Postumus; † 23. 11. 1457), König von Ungarn und Böhmen, Erzherzog von Österreich.

Habsburger nun dreifacher König

18. März 1438. Herzog Albrecht V. von Habsburg wird in Frankfurt am Main von den deutschen Kurfürsten einstimmig zum König gewählt. Er tritt damit die Nachfolge des im Dezember 1437 verstorbenen Kaiser Siegmunds an, mit dessen Tod der Mannesstamm der Luxemburger ausgestorben ist.
Gemäß des luxemburgisch-habsburgischen Erbvertrags vom → 28. September 1421 ist Albrecht auch rechtmäßiger Thronfolger in Ungarn und Böhmen. Bereits am 18. Dezember 1437 wurde er daher in Stuhlweißenburg zum König von Ungarn gewählt (die Krönung erfolgte am 1. Jänner 1438 in Stuhlweißenburg), am 27. Dezember wählte ihn eine Mehrheit der Stände in Prag zum böhmischen König (Krönung am 29. Juni 1438 im Prager Veitsdom).
Der Habsburger, als König im Reich nunmehr Albrecht II., nimmt die Wahl am 29. April an, bedingt sich aber für die Krönung in Aachen eine Frist aus (vermutlich zwei Jahre), da er zuvor die böhmische Frage geklärt wissen möchte.
Bei seiner Wahl zum böhmischen König stand die nationale Partei abseits; diese wählt am 29. Mai 1438 Prinz Kasimir von Polen, einen jüngeren Bruder des polnischen Königs Wladislaw III., zum Gegenkönig. Die nationalen Kräfte Böhmens, darunter die Hussiten, lehnen den katholischen Habsburger entschieden ab und bevorzugen eine Vereinigung Böhmens mit Polen. Im Herbst kommt es zur militärischen Auseinandersetzung: Ein bei Tabor verschanztes polnisches Heer muß nach einem zermürbenden Stellungskrieg abziehen; einem polnischen Einfall in Schlesien bleibt ebenfalls der Erfolg versagt. Durch diese Mißerfolge entmutigt, schließt Kasimir am 10. Februar 1439 einen Waffenstillstand mit Albrecht und verzichtet auf die Krone Böhmens.
Trotz der Klärung der böhmischen Frage kommt es nicht mehr zur Krönung Albrechts in Aachen. Am 27. Oktober 1439 stirbt der König in Neszmély bei Gran im Alter von erst 42 Jahren. Die drei von ihm beanspruchten Königskronen bleiben dem Hause Habsburg jedoch erhalten.

Albrecht V. von Habsburg, König von Böhmen und Ungarn sowie als Albrecht II. deutscher König

Erster Erfolg gegen Hussiten

14. Oktober 1431. Bei Kirchberg an der Wild im niederösterreichischen Waldviertel gelingt einem österreichischen Aufgebot ein erster bedeutender Sieg über die Hussiten.
Unter der Führung von Leopold von Krayg, Georg von Puchheim, Ulrich und Martin von Eyczing sowie des Truchseß Niklas erleiden die auf dem Rückzug befindlichen Hussiten eine vernichtende Niederlage. Mehr als 1000 von ihnen werden getötet, 700 geraten in Gefangenschaft.
Nachdem die Reichstage zu Nürnberg Anfang 1431 den fünften Reichskrieg gegen die Hussiten beschlossen hatten, wurde ein Reichsheer unter Führung des Kurfürsten von Brandenburg aufgestellt. Als die Hussiten im August abermals in Österreich einfielen und über Weitersfeld bis nach Pernegg vordrangen, zog das Reichsheer von Norden her nach Böhmen, während die Truppen Herzog Albrechts V. von Habsburg den Angriff durch erfolgreiche Kämpfe in Mähren unterstützten. Der Sieg des österreichischen Aufgebots bei Kirchberg an der Wild bedeutet allerdings keine Wende in der langwierigen Auseinandersetzung mit den Hussiten (→ 1421–1429). In einem Rachefeldzug Mitte Dezember dringen hussitische Truppen erneut bis Waidhofen an der Thaya (Niederösterreich) vor und brennen Litschau nieder.

Hussitische Wagenburg (Miniatur; Österreichische Nationalbibliothek Wien)

Nach 17 Jahren wieder Frieden

5. Juli 1436. Kaiser Siegmund schließt mit Vertretern Böhmens und des seit 1431 tagenden Basler Reformkonzils die Iglauer Kompaktaten, die das Ende der seit → 30. Juli 1419 andauernden Hussitenkriege bedeuten.
Siegmund wird als rechtmäßiger König von Böhmen anerkannt, die Hauptforderungen der gemäßigten Hussiten werden erfüllt: Prag erhält einen calixtinischen Bischof, und der Laienkelch (die Erlaubnis, daß auch Laien beim Abendmahl aus dem Kelch trinken dürfen) wird in ganz Böhmen zugelassen.
Die Einigung kommt zustande, nachdem mehrere Kreuzzüge gegen die Hussiten erfolglos geblieben waren und sich die gemäßigten Calixtiner 1434 gegen den radikalen Flügel der Hussiten, die Taboriten, durchgesetzt haben. Bereits 1433 hatten Konzilsvertreter die Prager Kompaktaten geschlossen, durch die eine modifizierte Fassung der Vier Prager Artikel von 1420 anerkannt wurde: Predigtfreiheit, Laienkelch, apostolische Armut des Klerus und Verbot der Simonie (Kauf und Verkauf kirchlicher Ämter). 1433 konnte auch Herzog Albrecht V. von Habsburg nach Friedensverhandlungen einen Waffenstillstand mit den Hussiten schließen, der 1435 in einen fünfjährigen Landfrieden umgewandelt wurde.

Der nachgeborene Sohn Ladislaus

23. August 1440. In Hainburg einigen sich die habsburgischen Brüder, König Friedrich IV. und Herzog Albrecht VI., vertraglich über die Vormundschaft für Ladislaus, den sechs Monate alten Sohn König Albrechts II.
Albrecht VI. verzichtet zugunsten seines königlichen Bruders auf die Vormundschaft, dieser unterstützt seinerseits Elisabeth, die Mutter von Ladislaus, finanziell im Streit um die ungarische Krone, die vom polnischen König Wladislaw III. beansprucht wird.
Ladislaus war erst vier Monate nach dem Tod seines Vaters geboren worden und erhielt deshalb den Beinamen Postumus. Nach dem Willen des verstorbenen Königs Albrecht II. übernahm seine Mutter Elisabeth gemeinsam mit seinem Onkel Friedrich die Vormundschaft.
Elisabeth übertrug diese jedoch am 10. April auf Herzog Albrecht VI., was den Streit zwischen den beiden habsburgischen Brüdern auslöste. Ladislaus, am 15. Mai zum König von Ungarn gekrönt und rechtmäßiger Nachfolger seines Vaters auch in Böhmen (die böhmischen Stände trugen die Krone des Landes im Juni vergeblich Herzog Albrecht III. von Bayern an), wird nach der Hainburger Vereinbarung nunmehr in die »Obhut« König Friedrichs IV. nach Wiener Neustadt gebracht (→ 22. 10. 1450).

Bierbraurecht an Spital verkauft

1432. Der Wiener Bürger Stephan Kraft verkauft das Bierbraurecht an das Bürgerspital. Sein Vorgänger Hans Zink führt seit 1416 ein »Pyr- und Prawhaus mitsamt Gertlein« in der Weidenstraße nahe dem Widmertor (heute Getreidemarkt).
Schon im 13. Jahrhundert wurde in Wien Bier getrunken, das allerdings im eigenen Haushalt hergestellt werden mußte.
Mit Rücksicht auf den Schaden, den der wachsende Bierkonsum den Weingartenbesitzern zufügte, wurde das uneingeschränkte Bierbrauen in der zweiten Hälfte des 14. Jahrhunderts verboten und zum landesfürstlichen Monopol erklärt.

1441

1441–1450

7. 7. 1441. König Friedrich IV. muß einen für ihn ungünstigen Vergleich mit den österreichischen Ständen schließen. →

1442. Der italienische Humanist Enea Silvio Piccolomini wird als erster von König Friedrich IV. in Wien zum Dichter gekrönt. →

April 1442. Der Landtag von Krems (Niederösterreich) wählt in Abwesenheit des Königs einen Landmarschall sowie 22 Landräte.

17. 6. 1442. Der 1440 gewählte König Friedrich IV. wird in Aachen feierlich gekrönt.

19. 12. 1442. Durch den Tod Elisabeths, der Witwe König Albrechts II., wird König Friedrich IV. alleiniger Vormund über den erst zweijährigen Ladislaus (Postumus), König von Ungarn (→ 22. 10. 1450).

Frühjahr/Sommer 1443. Mährische, ungarische und polnische Streifscharen unternehmen Raubzüge im nördlichen und nordöstlichen Niederösterreich.

Sommer 1443. König Friedrich IV. schließt einen Waffenstillstand mit Ungarn. Der polnische König Wladislaw III. aus dem Haus der Jagellonen ist nun im Besitz eines Großteils des Landes.

1444. Der Scheiblingturm der Stadtbefestigung von Freistadt (Oberösterreich) wird erbaut (vollendet 1447).

Die gotische, dreischiffige Basilika, der Pfarrkirche von Lienz (Osttirol) wird auf den Grundmauern des romanischen Vorgängerbaues errichtet (vollendet 1457).

30. 4. 1444. Die Appenzeller erklären Zürich und dessen Verbündeten Österreich den Krieg (→ 6. 3. 1446).

26. 8. 1444. Die Eidgenossen werden in der Schlacht bei St. Jakob an der Birs besiegt (→ 6. 3. 1446).

Zwischen 1445 und 1450. Martinus Opifex, Mitglied der Wiener Hofminiatorenwerkstatt, schreibt »Guido de Columnis. Der trojanische Krieg« und stattet die Handschrift mit 350 Miniaturen und zahlreichen Initialen aus.

1445. Ladislaus (Postumus) wird von der nationalen Partei Ungarns nach dem Tod des Jagellonen Wladislaw III. als König anerkannt.

Februar 1445. In Znaim findet ein gemeinsamer Landtag der österreichischen und mährischen Stände statt, der über die andauernden Raubzüge berät. Im Dezember schließen die Stände beider Länder einen Waffenstillstand.

1446. Der Heerführer und ungarische Magnat Johann Hunyadi wird zum Reichsverweser von Ungarn ernannt.

Das Langhaus der Pfarrkirche Mariapfarr (Salzburg), eine gotische Basilika, wird erbaut.

Der gotische Neubau des Chores der Schottenkirche in Wien wird begonnen (vollendet 1448).

6. 3. 1446. Bei Ragaz kommt es zur letzten Schlacht im »Alten Zürichkrieg«. →

25. 3. 1446. In Wien wird ein Landfrieden für Österreich und Mähren beschlossen.

30. 3.–9. 4. 1446. Vergleich über die Verwaltung der habsburgischen Länder unter Aufrechterhaltung der Unteilbarkeit: Herzog Sigmund erhält Tirol, Herzog Albrecht IV. die Vorlande, König Friedrich IV. Innerösterreich und die Länder ober und unter der Enns.

21. 9. 1446. Meister Hanns Puchspaum wird zum leitenden Baumeister von St. Stephan in Wien bestellt. →

1447. Ein gotischer Flügelaltar für das Neukloster in Wiener Neustadt entsteht.

Der Münzturm der Burg Hasegg in Hall (Tirol) wird errichtet.

Die Wiener Hofburgkapelle (der älteste Teil der Hofburg) wird vergrößert und umgestaltet.

Johannes Gutenberg druckt in Mainz mit beweglichen Lettern einen Kalender – das erste Druckwerk, das von einem gesetzten Text vervielfältigt wird.

1. 6. 1447. König Friedrich IV. und Johann Hunyadi schließen ein Waffenstillstandsabkommen, demnach Ladislaus (Postumus) in der Obhut des Königs verbleibt.

17. 2. 1448. König Friedrich IV. besiegelt in Wien das »Reichskonkordat« mit Papst Nikolaus V. →

3. 9. 1448. Der Reichsverweser von Böhmen, Georg von Podiebrad, sichert sich durch einen Handstreich Prag (→ 22. 10. 1450).

1449. Der vom König gestiftete Dreifaltigkeitsaltar für die Spitalskirche von Bad Aussee (Steiermark) entsteht.

Um 1450. In Wien entsteht die humanistische »Enea-Silvio-Gemeinde«, die sich rasch im ganzen Land verbreitet. →

1450. In Wien erfolgt die Grundsteinlegung für den Nordturm von St. Stephan.

22. 10. 1450. Friedrich IV. und Johann Hunyadi schließen erneut einen Vergleich. →

GESTORBEN:

23. 2. 1442. Laa: Johann von Gmunden (* um 1385), Humanist.

2. 8. 1445. Burg Hauenstein: Oswald von Wolkenstein (* 2. 5. 1377), Minnesänger. →

GEBOREN:

1442. Leonhard von Keutschach († 1519), Erzbischof von Salzburg.

Um 1445. Obernberg am Inn (?): Rueland Frueauf d. Ä. († 1507), Tafelmaler.

Um 1448. Hans Valkenauer († nach 1518), Bildhauer.

Mißliche Lage der Finanzen

7. Juli 1441. König Friedrich IV. wird über Vermittlung der Stände zu einem für ihn ungünstigen Vergleich gezwungen und muß den Hubmeister (Verwalter des landesfürstlichen Vermögens) Ulrich von Eyczing unter seine Räte aufnehmen. Zusammen mit 150 anderen Gläubigern hatte dieser dem König am 12. Mai 1441 einen Fehdebrief wegen noch nicht bezahlter Soldforderungen geschickt, was von der mißlichen Lage der österreichischen Finanzen zeugt. Hervorgerufen durch die Großmachtpolitik König Albrechts II. wiesen die Hubmeisterrechnungen der Jahre 1437 bis 1440 einen Fehlbetrag in Höhe von rund 14 000 Dukaten auf.

Letzter Sänger

2. August 1445. *Auf Burg Hauenstein in Tirol stirbt im Alter von 68 Jahren Oswald von Wolkenstein – der letzte Vertreter des deutschen Minnesangs. Oswalds Melodien sind bereits liedmäßig, einige seiner Werke auch mehrstimmig; neben echter Liebeslyrik schrieb er drastische Trink- und burleske Tanzlieder (Abb.: Oswalds Gedenkstein am Dom zu Brixen in Südtirol).*

Ein Zentrum des Humanismus

Um 1450. Der Humanismus ist in Österreich weit verbreitet, woran die Wiener Universität wesentlichen Anteil hat. In den ersten Jahrzehnten des 15. Jahrhunderts verdoppelt sich die Studentenzahl auf rund 6000. Hervorragende humanistische Geister lehren in Wien, allen voran der Italiener Enea Silvio Piccolomini, der 1437 in die Stadt gekommen war und sich rasch als Dichter und Historiker einen Namen machte.
1442 wurde er als erster von König Friedrich IV. zum Dichter gekrönt – eine besondere Auszeichnung, zumal der König ihn auch als Sekretär zu sich nahm und sich seiner diplomatischen Fähigkeiten bedient. Piccolomini beherrscht mehrere Sprachen und hat bereits als 27jähriger am Basler Reformkonzil teilgenommen. 1444 verfaßte er den ersten Wiener Prosaroman, »Euryalus und Lucretia«, durch den die Renaissancenovellistik Eingang in den deutschen Sprachraum fand. Bald entstanden auch sog. Enea-Silvio-Gemeinden, die das humanistische Gedankengut verbreiten. Im Rahmen dieser Gemeinden arbeiten u. a. in Salzburg Johann Tröster, in Hall (Tirol) Johann Fuchsmagen und in Kärnten der Sonnenberger.

Zu den großen Persönlichkeiten des Humanismus gehört der Italiener Enea Silvio Piccolomini, der 1442 von König Friedrich IV. von Habsburg in Wien zum Dichter gekrönt wird. Piccolomini wirkt in der Folge als Sekretär Friedrichs, als Pfarrer in Sarnthein (Südtirol), Aspach (Oberösterreich), Irdning (Steiermark) und Altenmark (Steiermark), wird 1447 Bischof von Trient und 1458 als Pius II. zum Papst gewählt. Der achtteilige Freskenzyklus Pinturicchios im Dom von Siena (1502–1505) zeigt u. a. die Dichterkrönung Piccolominis inmitten einer stilisierten Idealarchitektur.

Über die Stadt Wien

Im April 1438 schrieb der italienische Humanist Enea Silvio Piccolomini (der spätere Papst Pius II.) an einen Basler Freund einen Brief, in dem er diesem von der Stadt Wien berichtet. Darin heißt es u. a.:

»... Die Wohnhäuser der Bürger sind groß, reichlich ausgeschmückt und gut gebaut, mit breit gewölbten Hausfluren. An Stelle der Halle hat man hier heizbare Zimmer, welche ›Stuben‹ genannt werden; denn nur auf diese Weise erwehrt man sich der strengen Winterkälte. Überall gibt es Glasfenster und eiserne Türen. Vielfach hält man Singvögel, schönen Hausrat findet man in den Wohnungen, die Ställe sind voll von Pferden, Zugvieh und allen Arten von Haustieren. Die Straßen bedeckt Granitpflaster. Die Häuser sind hochgegiebelt und machen einen stattlichen Eindruck; unschön ist nur, daß die Dächer meistens mit Schindeln und nur wenige mit Ziegeln gedeckt sind. Gebaut sind übrigens die meisten Häuser aus Stein, Malereien schmücken sie innen und außen ...
Die meisten Weinkeller sind so tief und ausgedehnt, daß man sagt, unter der Erde wäre ein zweites Wien ...«

Hanns Puchspaum Dombaumeister

1. September 1446. Der Rat der Stadt Wien und der Kirchenmeister von St. Stephan bestellen den Meister Hanns Puchspaum zum leitenden Baumeister des Stephansdomes. Puchspaum, ein bedeutender Baumeister der Hochgotik, stammt vermutlich aus dem südwestdeutschen Raum und ist vor 1390 geboren worden. Unter seiner Leitung entstehen die Vorhalle des Singertores (vor 1450), der Baldachinaltar im rechten Seitenschiff (um 1448) und der Nordturm (ab 1450). Von Puchspaum stammt auch der Entwurf des Denkmals »Spinnerin am Kreuz« in Wien. (Über 50 seiner einzigartigen exakten Baurisse sind in der Dombauhütte von St. Stephan erhalten, welche die umfangreichste Sammlung gotischer Architekturzeichnungen der Welt besitzt.)

Der »münzreiche« Herzog von Tirol

1446. *Herzog Siegmund von Habsburg wird neuer Landesherr von Tirol; während seiner 54jährigen Regentschaft erlebt Tirol eine kulturelle Blütezeit und die Bautätigkeit einen großen Aufschwung: So entstehen u. a. die Jagdschlösser Sigmundsburg, Sigmundslust und Sigmundsried sowie die Zollfeste Sigmundseck bei Finstermünz am Inn (Abb.).*

Einigung zwischen Kirche und Reich

17. Februar 1448. König Friedrich IV. besiegelt in Wien als Reichsoberhaupt das Konkordat mit Papst Nikolaus V., das die Beziehungen zwischen Kurie und Reich regelt.
Seit dem 17. September 1447 hat der König in Wien mit dem päpstlichen Gesandten, Kardinal Carvajal, verhandelt. Das Ergebnis ist ein Konkordat, das die Beschlüsse des Basler Reformkonzils unberücksichtigt läßt, die finanziellen Belastungen der deutschen Kirche durch die römische Kurie mildert, dafür aber die Stellung des Papstes stärkt, der Rechte bei der Einnahme von Annaten (Abgaben für die Verleihung eines kirchlichen Amtes), der Bischofswahl und der Pfründenbesetzung erhält. Der König darf seinerseits die kirchlichen Stellen in seinem Territorium selbst belegen.

Entscheidung im Alten Zürichkrieg

6. März 1446. Ein österreichisches Heer unter Hans von Rechberg erleidet bei Ragaz im Kanton St. Gallen eine Niederlage gegen die eidgenössischen Truppen – es ist dies die letzte Schlacht in dem seit 1436 andauernden »Alten Zürichkrieg«.
König Friedrich IV. hatte am Tag seiner Krönung in Aachen ein Bündnis mit Zürich geschlossen; als Antwort erklärten die Appenzeller am 30. April 1444 Österreich und Zürich den Krieg. In der Nähe von Basel, bei St. Jakob an der Birs, kam es am 26. August 1444 zur Schlacht. Um seinen Bündnisverpflichtungen nachzukommen, hatte Friedrich ein Heer französischer Söldner zur Hilfe gerufen, das den Eidgenossen eine Niederlage zufügte.
Nach der Schlacht bei Ragaz werden die Friedensverhandlungen intensiviert; sie führen 1450 zu einem Schiedsspruch, in dem das Bündnis zwischen Zürich und Österreich als unzulässig bezeichnet wird. – Stillschweigend verzichtet Österreich auf alle an die Eidgenossen verlorenen Gebiete und Rechte.

Friedrich gibt Böhmen preis

22. Oktober 1450. König Friedrich IV. und Johann Hunyadi schließen den Preßburger Vergleich: Hunyadi wird als Reichsverweser von Ungarn anerkannt, der rechtmäßige König Ladislaus (Postumus), nachgeborener Sohn König Albrechts II., verbleibt bis zur Vollendung seines 18. Lebensjahrs im Februar 1458 in der Obhut Friedrichs IV.
Der Habsburger ist seit dem Tod der Königinwitwe Elisabeth Ende 1442 alleiniger Vormund für Ladislaus, unternahm aber nichts, um die Rechte seines Mündels in Böhmen und Ungarn zu wahren. Erst nach dem Tod des polnischen Königs Wladislaw III., der auch die ungarische Krone beanspruchte, wurde Ladislaus 1445 von der nationalen Partei Ungarns als rechtmäßiger Herrscher anerkannt, der Heerführer und Magnat Johann Hunyadi allerdings 1446 zum Reichsverweser ernannt. In Böhmen hingegen schwindet der Einfluß des minderjährigen Thronfolgers immer mehr.

Maria mit Kind (um 1420, Stift St. Florian)

Lebensbaumfenster (1434–1440; St. Leonhard)

Halbfigur des Schmerzensmannes von St. Stephan zu Wien (auch »Zahnwehherrgott« genannt)

Kunst und Kultur 1401–1450

▷ Das Stift St. Paul im Lavanttal (Kärnten) erhält eine vergoldete Turmmonstranz aus Silber
▷ Die St.-Magdalenen-Kapelle in Hall (Tirol), die Apsis der Filialkirche von Hart (Kärnten), die Pfarrkirche von St. Veit im Defereggen (Osttirol) und die Außenwand der Leonhardkirche in Zwickenberg (Kärnten) werden mit Fresken versehen
▷ Das Salzburger Franziskanerkloster erhält eine »Schöne Madonna« aus Gußstein
▷ Die Halbfigur des Schmerzensmannes an der Choraußenwand von St. Stephan in Wien wird geschaffen und vom Volk »Zahnwehherrgott« genannt→
▷ Für die Pfarrkirche von St. Georgen am Weinberg (Kärnten) werden die Figuren des hl. Florian und des hl. Georg geschnitzt – typische Werke des sog. weichen Stils
▷ Die Pfarrkirche von St. Peter am Kammersberg (Steiermark) erhält ein Dreikönigsfresko, auf dem es keinen »schwarzen« König gibt
▷ Die gotischen Pfarrkirchen von St. Martin im Lungau (Salzburg) und Altenberg (Kärnten) werden errichtet
▷ Der Chor der Kirche Maria-Waasen in Leoben (Steiermark) erhält einen reichen Glasgemäldeschmuck
▷ Die Wallfahrtskirche von Maria Saal (Kärnten) erhält Fresken→
▷ Die Stiftskirche von St. Florian (Oberösterreich) erhält wertvolle Glasfenster→
▷ Die Wallfahrtskirche St. Leonhard in Tamsweg (Salzburg) wird mit wertvollen gotischen Glasmalereien versehen→
▷ Auf den Resten der romanischen Pfarrkirche von Laa an der Thaya (Niederösterreich) wird eine gotische Hallenkirche errichtet
▷ Der linke Seitenaltar der Peterskirche in St. Lambrecht (Steiermark) entsteht, eine bedeutende Tafelmalerei des Meisters der St. Lambrechter Kreuzigung
▷ Die Stadtbefestigung von Freistadt (Oberösterreich) erhält den Pfefferbüchsturm (auch Dechantturm genannt)
▷ Im Stift Rein findet sich eine Grabplatte für Herzog Ernst, den Eisernen, von Habsburg – eine bemerkenswerte Reliefarbeit aus rotem Marmor.

Das sog. Hl.-Dreikönigs-Fresko (1435) von Maria Saal (Kärnten)

1451

14. 10. 1451. Mailberger Bündnis: Die österreichischen Stände unter Führung von Ulrich von Eyczing und Graf Ulrich II. von Cilli verbünden sich gegen König Friedrich IV., um die Freigabe des minderjährigen Ladislaus (Postumus) zu erreichen, den sie als rechtmäßigen Landesherrn anerkennen.

1452. In der Burgkapelle von Mauterndorf (Salzburg) wird ein gotischer Flügelaltar errichtet.

16. 3. 1452. König Friedrich IV. vermählt sich in Rom mit Eleonore von Portugal.

19. 3. 1452. Papst Nikolaus V. krönt den habsburgischen König als Friedrich III. zum römischen Kaiser. →

4. 4. 1452. Der Papst erläßt eine Bulle gegen die Gegner des Kaisers.

1. 9. 1452. Kaiser Friedrich III. schließt einen Vergleich mit den Ständen. – Ladislaus (Postumus) zieht daraufhin als Landesherr in Wien ein. →

1453. Der Bau der Burg in Graz, Residenz Kaiser Friedrichs III., wird vollendet.

1453. Der Ausbau der Burgkapelle von Wiener Neustadt mit einer Wappenwand an der östlichen Hoffassade wird beendet. →

6. 1. 1453. Kaiser Friedrich III. bestätigt das Privilegium maius. →

29. 5. 1453. Die Türken erobern Konstantinopel; dies bedeutet das Ende des Byzantinischen Reiches.

13. 5. 1453. Erzherzog Ladislaus (Postumus) ordnet in Wien die Anlage von »Kornkasten und Mehlgruben« an, um in Notzeiten Korn und Mehl billig abgeben zu können.

18. 9. 1453. Ulrich von Eyczing, Hubmeister von Österreich, kann auf dem Landtag von Korneuburg in Niederösterreich Ladislaus (Postumus) auf seine Seite ziehen. In der Nacht vom 4. auf den 5. Oktober wird daraufhin Ladislaus' Onkel, Graf Ulrich II. von Cilli, aus Wien vertrieben.

28. 10. 1453. Ladislaus (Postumus) wird in Prag zum König von Böhmen gekrönt.

1455. Nach den Plänen von Meister Lorenz von St. Stephan wird mit dem Bau des Wiener Rathauses begonnen (1457 vollendet).

16. 2. 1455. Ladislaus (Postumus) söhnt sich mit seinem Onkel, Graf Ulrich II. von Cilli, aus.

1456. In der Filialkirche von Obermauern (Osttirol) entsteht der bedeutende Freskenzyklus des Simon von Taisten.

14. 4. 1456. Ladislaus (Postumus) erläßt eine Verordnung gegen den Umlauf der »fremden Münze«. →

September 1456. Nach dem Tod des Reichsverwesers Johann Hunyadi zieht Ladislaus (Postumus) nach Ungarn, um seine Ansprüche zu sichern.

9. 11. 1456. Die Grafschaft Cilli fällt nach der Ermordung Graf Ulrichs II. an die Habsburger.

23. 11. 1457. Nach dem Tod von Ladislaus (Postumus) kommt es zum Streit zwischen Kaiser Friedrich III. und Erzherzog Albrecht VI. um die Erbansprüche. →

1458. Konrad von Friesach fertigt das Fastentuch von Gurk. Das rund neun qm große Tuch zeigt 99 Darstellungen aus dem Alten und Neuen Testament.

24. 1. 1458. Matthias Hunyadi wird vom Großteil der ungarischen Magnaten zum König gewählt. Er nennt sich nach seinem Hauswappen, einem Raben, Matthias Corvinus.

2. 3. 1458. Die böhmischen Stände wählen den Reichsverweser Georg von Podiebrad zum neuen König.

2. 10. 1458. Kaiser Friedrich III. schließt einen Frieden mit König Georg Podiebrad von Böhmen, der sein Heer daraufhin aus Österreich zurückzieht.

17. 2. 1459. Unzufriedene westungarische Magnaten wählen Kaiser Friedrich III. zum (Gegen-)König.

7. 4. 1459. In der Schlacht bei Körmend (Ungarn) besiegt ein kaiserliches Heer die Truppen von König Matthias Corvinus.

Sommer/Herbst 1459. Mißernten, wirtschaftliche Not und Münzverschlechterung sowie plündernde Räuber- und Söldnerbanden verunsichern Österreich.

1460. Die Habsburger verlieren den Thurgau an die Eidgenossen.

25. 1. 1460. Der Friede von Pusarnitz (Kärnten) beendet den Streit um das Cillier Erbe. →

GESTORBEN:

Nach 1455. Wien: Hanns Puchspaum (* vor 1390), Dombaumeister.

9. 11. 1456. Belgrad: Ulrich II. (* um 1406), Graf von Cilli.

23. 11. 1457. Prag: Ladislaus (Postumus; * 22. 2. 1440), Erzherzog von Österreich, König von Böhmen und Ungarn. →

20. 11. 1460. Schloß Schrattenthal: Ulrich von Eyczing (* vor 1398), Hubmeister von Österreich. →

GEBOREN:

21. 3. 1456. Georg von Slatkonia († 26. 4. 1522), Musiker, Bischof von Wien.

1459. Obersalm (Flandern): Niklas Graf zu Salm († 4. 5. 1530), oberster Feldhauptmann.

25. 1. 1459. Radstadt: Paul Hofhaimer († 1537), Komponist und Organist.

22. 3. 1459. Wiener Neustadt: Maximilian I. von Habsburg († 12. 1. 1519), König und Kaiser.

Um 1460. Brünn (?): Anton Pilgram († um 1515), Bildhauer und Baumeister.

Reichskrone und Eheschließung

19. März 1452. *Der Habsburger König Friedrich IV. wird in Rom von Papst Nikolaus V. zum Kaiser gekrönt. Es ist die letzte Kaiserkrönung in Rom durch den Papst. Am 16. hat Kaiser Friedrich III. dort seine Hochzeit mit Eleonore von Portugal gefeiert (Ölgemälde, 15. Jh.; Münster).*

Das AEIOU-Symbol Friedrichs III.

Der Habsburger Friedrich, als Herzog der V. seines Namens, als König der IV. und als Kaiser der III., wird oft wegen seines Hangs zum Mystischen belächelt – dennoch wird sein gewähltes Symbol, die Vokalreihe AEIOU, weit über die Grenzen seines Machtbereiches hinaus bekannt.

Fast alle Gegenstände, die dem Kaiser gehören, weisen dieses Symbol auf – oft sogar eigenhändig von Friedrich ausgeführt. Das AEIOU findet sich zudem auf Bauwerken wie der Ruprechtskirche in Wien, der Burg von Wiener Neustadt, dem Grazer Dom und der Bürgerspitalskirche in Krems. Wahl- und Wappensprüche sind im Mittelalter weit verbreitet und werden »liberey« genannt. Welche Bedeutung des Kaisers Devise hat, ist unbekannt – vermutlich liegt dem AEIOU keiner der zahlreichen »Österreichsinnsprüche« zugrunde (wie etwa »Alles Erdreich ist Österreich untertan«), vielmehr ist das Symbol wahrscheinlich Ergebnis der magisch-mystischen Beschäftigungen des Herrschers und zeugt keineswegs von etwaigen Plänen einer habsburgisch-österreichischen Weltherrschaft, wie sie später in die kaiserliche Devise hineininterpretiert werden.

Die Kaiserkrönung in Rom

Freiherr Kaspar Enenkel von Albrechtsberg, ein Augenzeuge der Krönung aus dem Gefolge Friedrichs, gibt einen ausführlichen Bericht über die Ereignisse. Darin heißt es:

»In dem Jar als man zelt von Unseres Lieben HErrn JEsu Christi Geburt 1452, der Allerdurchleuchtigst, Grossmächtigst und Aller-Christlichst Römisch König Fridrich, allzeit Mehrer des Reichs, ein regierender, gebohrener Fürst von Oesterreich zu emphahen die heilig-würdig Kayserlich-Cron, und

Kaiser Friedrich III.

sein Gemahelschafft zu Rom zu vermählen, zog aus nacher Rom aus der Stadt St. Veith in Kärndten, welches ein Ertz-Hertzogtum und der Fürsten von Oesterreich ist. Welches Ausziehen beschehen ist in Weynacht-Feyertagen desselben Jars …

Am Mittwoch vor Oculi [dritter Fastensonntag] ist der König sambt der Königin vor die würdige Stadt Rom kommen, aber des Nachts also vor der Stadt bliben. Man lägert sich auf einer Wisen in schönen Zeltenvon blau, roth und weisser Seiden, welche der Pabst aufzuschlagen bestellt.

Donnerstag vor Oculi legten sich alle an in Streitt-Harnisch. Und führt der Reichs-Panner … der Wohlgeborren Edl Herr, Herr Michel des heiligen Römischen Reichs Burggraf zu Maydburg und Graf zu Hardeck, zu dem sind geordnet gewest Grafen, Herren und Ritter wohl bei 500 Mann in köstlich Harnisch mit ihren Dienern. Vor dem Panner zogen auch ze Ross 200 Mann wohl geharnischt. Nach dem Panner seynd geordnet gewest wohl 600 ze Ross … Danach ritt der Römisch König, und vor ihm der Senat von Rom, all in Sammat und Scharlach gekleydt … Neben dem König ritten zwen herrliche Cardinal, sambt vil Geistlich und weltlichen von Lands Herren und Grafen, item des Königs Räte und Doctores. Es giengen auch ze Fussen vil Lands-Herren und des Königs Cammerer und Truchsessen bey 50 Mann in ihren Harnisch, dass niemand zu dem König nahen möcht. Und nach demselben zug wohl bey 200 Knaben mit Fahnen, auch alle ze Ross, und nach demselben aber vil Herren, Ritter und Knecht. Darnach reit daher die Edl zierlich Königin Leonora …

Am Sonntag Laetare ward der Pabst mit sein Cardinalen und 400 Bischoffen versammelt in S. Peters Münster. Darin kam der Kayser in ein blauen wullin [wollenen] Rock, knyet für den Pabst. Darnach führt ihn der Pabst mit sambt den Chor-Herren beyseits, und legten ihm sein kayserliche Kleyder an … Nachdem führten ihn der Pabst und Chor-Herren zu obrist in die Kirchen zu S. Mauritien-Altar mit einer löblichen Procession; da legt man dem König an Kayserlich Gezier und Gewandt, und salbet ihn da der Bischoff Hostiensis [von Ostia] Creutz-weiss mit dem heiligen Öl zwischen den gerechten [rechten] Armb und der Schulter mit grosser Andacht und Würdigkeit …

Darnach ging der Kayser zu S. Peters Altar in ein breiten Tabernacl [Nische], da emphieng ihn der Papst mit dem Kuss des Friedens, als ein seiner Diener und Diacon. Also hueb man die Mess an ze singen … Dan nach dem Evangelio führt der Pabst den Kayser und die Kayserin vor S. Petrus Altar, da knyet der Kayser nider, und lase der Pabst etwas lang über ihn, und setzt ihm auf die heilig Cronen Kayser Carls, und sprach alles in Latein zu ihm. Darnach gab er ihm in die Hand das heilig Schwerdt Carls also bloss, und ward also der Kayser S. Peters Ritter … Darnach gab ihm der Pabst in die rechte Hand das heilig Scepter, in die lincke den heilig Majestät-Apfel …«

Friedrich gibt nach

1. September 1452. Zwischen Kaiser Friedrich III. und den österreichischen Ständen wird ein Vergleich geschlossen: Gegen Rückerstattung der besetzten kaiserlichen Besitzungen und Freilassung der Gefangenen übergibt der Kaiser sein Mündel, den zwölfjährigen Ladislaus (Postumus), an dessen Onkel, Graf Ulrich II. von Cilli. Am 6. September zieht Ladislaus, der nachgeborene Sohn König Albrechts II., als Landesherr in Wien ein.

Der Streit zwischen Kaiser und Ständen um die Herausgabe Ladislaus' hatte sich im Herbst 1451 zugespitzt, als sich die Stände im Mailberger Bündnis mit Graf Ulrich zusammenschlossen und notfalls auch eine Entführung ihres rechtmäßigen Landesherrn beabsichtigten. Im Dezember 1451 waren bereits 254 Adelige dem Bund beigetreten, bis zum Sommer 1452 verdoppelte sich ihre Zahl nochmals. Am 5. März hielt die Opposition eine große Heerschau in Wien.

Die Klagen der Stände über den Kaiser bezogen sich nicht allein auf dessen Haltung im Streit um Ladislaus, sondern betrafen auch die lethargische Art des Herrschers, die Regierungsgeschäfte zu führen. Am 28. Juli erhielt Friedrich III. einen Absagebrief der ständischen Partei – unmittelbar darauf begannen die Kampfhandlungen:

Hainburg an der Donau wurde von bömischen Söldnern des Kaisers eingenommen, eine Anzahl Walseeischer Burgen in Oberösterreich von ständischen Truppen belagert und das kaiserliche Schloß Weitenegg erobert. Am 15. August mußte sich Schloß Orth an der Donau ergeben. Am 28. erschien ein ständisches Heer vor Wien, der Sturm auf Burg und Stadt konnte aber durch den Widerstand der steirischen Söldner unter Andreas Baumkircher verhindert werden.

Nach dem Vergleich mit dem Kaiser regiert Ladislaus (Postumus) zunächst mit der Hilfe seines Onkels Graf Ulrich. Dieser wird jedoch im Oktober 1453 zum Verlassen Wiens gezwungen, und Ladislaus muß sich den Wünschen der zwölf ständischen Anwälte unterwerfen, die bis zu seinem 20. Lebensjahr die Regierung in »Österreich niderhalb und ob der Enns« führen wollen.

Wappenwand von Wiener Neustadt

1453. *Meister Peter von Pusika vollendet den 1449 begonnenen Ausbau der Georgskapelle in der Burg von Wiener Neustadt (Niederösterreich). Bemerkenswert ist die Gestaltung der Hoffassade der Burgkapelle; sie zeigt als Wappenwand die 14 Wappen der habsburgischen Länder. Zur Raumausfüllung sind noch 93 Phantasiewappen hinzugefügt.*

Titel »Erzherzog« wird bestätigt

6. Jänner 1453. Kaiser Friedrich III. bestätigt abermals (nach einer wirkungslosen Bestätigung am 25. Juli 1452) das gefälschte Privilegium maius vom Winter → 1358/59. Damit wird der Titel »Erzherzog« für den österreichischen Landesherrn amtlich anerkannt. Der Kaiser stellt den Landesfürsten Österreichs, der nicht in die Reihe der deutschen Kurfürsten aufgenommen worden war, über alle anderen Herzöge des Reiches. Die Einschränkung auf das Landesoberhaupt bleibt nur kurze Zeit bestehen, dann wird der Titel »Erzherzog« für alle Prinzen des Hauses Habsburg üblich.

Münzverfall und Finanzprobleme

14. April 1456. Mit einer Verordnung gegen den Umlauf »fremder Münze« versucht Erzherzog Ladislaus (Postumus), König von Böhmen, dem zunehmenden Währungsverfall Einhalt zu gebieten.
Trotzdem wird die Finanzlage immer schwieriger. Händel und Kriege verschlingen zuviel Geld, und es werden Münzen mit immer geringerem Wert ausgeprägt, sodaß der Goldkurs in Österreich bald auf das Achtfache seines ursprünglichen Niveaus steigt. Auch die Verordnung wider den Umlauf »fremder Münze« bringt keine Änderung.

Krieg um die Grafschaft Cilli

25. Jänner 1460. Mehr als drei Jahre vergehen nach der Ermordung Graf Ulrichs II. von Cilli, bevor der Friede von Pusarnitz (Kärnten) eine Einigung im Streit um das Erbe des Grafen bringt: Graf Johann von Görz, der seit dem Vorjahr im Krieg mit Kaiser Friedrich III. steht, muß zugunsten des Kaisers auf alle eroberten Gebiete und die Görzer Besitzungen diesseits der Lienzer Klause (Osttirol) verzichten. Damit ist das Cillier Erbe, nach dem Tod des letzten Grafen aus dem Geschlecht derer von Cilli mit der Steiermark vereinigt, endgültig in den Besitz der Habsburger übergegangen.

Reich verzierte Seite aus der Grammatik des Ladislaus (Postumus), um 1450

Habsburger im Streit

23. November 1457. Im Alter von erst 17 Jahren stirbt in Prag der nachgeborene Sohn König Albrechts II., Ladislaus (Postumus), Erzherzog von Österreich, König von Ungarn und Böhmen, vermutlich an der Pest, wenn auch Gerüchte von einer Vergiftung des jungen Regenten sprechen. Mit ihm erlischt die albertinische Linie des Hauses Habsburg sowie die Personalunion Österreich-Ungarn-Böhmen, und es kommt zum Erbstreit zwischen den habsburgischen Brüdern.
Sowohl Kaiser Friedrich III. als auch Erzherzog Albrecht VI. versuchen, ihren Einfluß geltend zu machen. Die Stadt Wien erklärt sich jedoch neutral, und eine Ständeversammlung Ende 1457 bleibt ohne Ergebnis. In dieser Situation wächst das Bandenunwesen vor allem im niederösterreichischen Raum.
Als ein weiterer Landtag Mitte Mai erneut keine Einigung bringt, ergreift Albrecht VI. selbst die Initiative: In der Nacht vom 25. auf den 26. Juni 1458 dringt er durch die Vorstadtbefestigungen sowie das Widmer Tor in Wien ein, wo sein Bruder wegen des vergangenen Landtages noch immer weilt.
Tatsächlich einigen sich die Brüder durch eine »Beredung« (Vereinbarung) am 27. Juni, die aber nicht schriftlich festgelegt wird. Erst am 3. August wird der Teilungsvertrag von Wien in Wiener Neustadt beschlossen. Da Herzog Siegmund von Tirol auf seinen Drittelanspruch zugunsten Albrechts verzichtet hat, erhält nun Kaiser Friedrich III. das Land unter der Enns und Albrecht das Land ober der Enns. Abermals stört ein böhmischer Einfall, sodaß der Teilungsvertrag erst am 21./22. August 1458 schriftlich niedergelegt und beurkundet wird.

Tod des »Dämons von Österreich«

20. November 1460. Im Alter von 62 Jahren stirbt Ulrich von Eyczing, 1437 Hubmeister von Österreich, Mitbegründer des Mailberger Bundes (→ 1. 9. 1452) und Parteigänger König Ladislaus' (Postumus), von vielen der »Dämon Österreichs« genannt.
Eyczing war in Niederösterreich nördlich der Donau reich begütert. Als Hubmeister verwaltete er das landesfürstliche Vermögen, und bald zeigte sich, daß er die Erbschaft des minderjährigen Ladislaus' nicht nur verwalten, sondern gern auch selbst erlangen wollte.

Ladislaus Postumus (Stich, 1855)

Nach dem Einzug Ladislaus' als neuer Landesherr in Wien schwand der Einfluß Eyczings, und sein ehemaliger Verbündeter, Graf Ulrich II. von Cilli, wurde zum engsten Ratgeber des jungen Regenten. Erst nach dem Tod des Grafen und durch seine Parteinahme für den böhmischen Reichsverweser Georg von Podiebrad gelang es Eyczing, Ladislaus noch einmal in seinen Einflußkreis zu ziehen. In königlichem Auftrag verkündete Eyczing am 31. Oktober 1457 in Wien die Absetzung des Hubmeisters sowie des Bürgermeisters der Stadt, durch den plötzlichen Tod von Ladislaus (Postumus) sank Eyczings Stern abermals. Nach der Einigung zwischen Kaiser Friedrich III. und dem in Österreich eingefallenen neugewählten Böhmenkönig Georg Podiebrad am 26. September 1458 wurde der gefangengenommene Eyczing an den Kaiser ausgeliefert, der ihn auf sein Schloß Schrattenthal in Niederösterreich bringen ließ, wo der gescheiterte »Dämon Österreichs« stirbt.

1461

1461–1470

1461. Der Bau der spätgotischen Kirchen von Dornach (Kärnten) und Drosendorf (Niederösterreich) wird begonnen (vollendet 1463/64).

18. 2. 1461. Erzherzog Albrecht VI. schließt mit König Georg Podiebrad von Böhmen ein Bündnis gegen Kaiser Friedrich III. Diesem Bündnis schließt sich am 9. April Graf Johann von Görz an (→ 12. 12. 1463).

26. 9. 1461. Kaiser Friedrich III. verleiht der Stadt Wien als Dank ein neues Wappen. →

1462. Der Meistersinger Michael Behaim hält sich (bis 1465) in Wien auf und schreibt in der sog. Angstweise das »Buch von den Wienern«.

Der Bau der spätgotischen Filialkirche Magdalensberg (Kärnten) beginnt (vollendet 1502).

Anfang 1462. Plünderungen und Übergriffe von Söldnerhorden verunsichern ganz Niederösterreich.

6. 9. 1462. Papst Pius II. (Enea Silvio Piccolomini) bestätigt das von Kaiser Friedrich III. 1461 errichtete Bistum Laibach.

2. 12. 1462. Vertrag von Korneuburg: Der Kaiser überläßt seinem Bruder, Erzherzog Albrecht VI., für acht Jahre die Regierung in Österreich.

26. 12. 1462. Wien leistet Erzherzog Albrecht VI. den Treueid und übergibt dem Landesfürsten die Burg.

1463. Zwischen Stein und Mautern an der Donau (Niederösterreich) wird eine Brücke errichtet (sie bleibt bis zum Ende des 15. Jh. die einzige Donaubrücke zwischen Wien und Passau).

Der Neubau der Stiftskirche Nonnberg in Salzburg wird begonnen (1507 vollendet) – die Krypta ist die letzte im Stil der Gotik in Österreich.

8./9. 4. 1463. Ein Putschversuch des kaisertreuen Wiener Bürgermeisters Wolfgang Holzer gegen Erzherzog Albrecht VI. schlägt fehl.

24. 7. 1463. Im Vertrag von Wiener Neustadt erkennt Kaiser Friedrich III. Matthias Corvinus abermals als König von Ungarn an, behält sich aber den Titel vor und sichert sich auch die Erbfolge.

2. 12. 1463. Der Tod Erzherzog Albrechts VI. beendet den habsburgischen Bruderkrieg. →

13.–23. 12. 1463. Der Landtag von Hadersdorf am Kamp (Niederösterreich) wird zum »Anerkennungslandtag« für Kaiser Friedrich III.

6. 2. 1464. Kaiserliche Gesandte verkünden in Wien die »Verzeihung« des Kaisers (→ 26. 9. 1461).

29. 3. 1464. Matthias Corvinus, Sohn des Johann Hunyadi, wird zum König von Ungarn gekrönt.

4. 7. 1464. Erzherzog Siegmund von Tirol verzichtet zugunsten Friedrichs auf seinen Anteil am Erbe Albrechts VI.

1466. Der Bau der Stadtpfarrkirche von Braunau am Inn (Oberösterreich) wird abgeschlossen.

Herbst 1466. Kaiserin Eleonore wird auf dem Weg von Heiligenkreuz (Niederösterreich) nach Baden überfallen. →

1467. Erzherzog Siegmund verpfändet Winterthur, den letzten habsburgischen Besitz in der Schweiz.

Im Stephansdom wird mit der Errichtung des Grabmals für Kaiser Friedrich III. begonnen (1513 fertiggestellt).

15. 2. 1467. Auf dem Landtag von Linz sieht sich Kaiser Friedrich III. nichterfüllten Forderungen aus der Zeit seiner Auseinandersetzung mit Albrecht VI. gegenüber. Dieser sowie acht weitere Landtage 1467 (in Linz und Wels) bleiben ohne Ergebnis.

1468. Streifscharen Herzog Viktorins, eines Sohns des Böhmenkönigs Georg Podiebrad und Landeshauptmann von Mähren, fallen in Ober- und Niederösterreich ein. →

Herbst 1468. Der steirische Adel erhebt sich gegen Kaiser Friedrich III. (→ 23. 4. 1471).

18. 1. 1469. Auf einer Romfahrt erhält Kaiser Friedrich III. die päpstliche Zustimmung zur Errichtung des Bistums Wien. Graf Leopold Spaur wird erster Bischof, die Propsteikirche St. Stephan Kathedrale.

Um 1470. Der Hochaltar der Schottenkirche in Wien entsteht. →

29. 6. 1470. Der Landtag der Stände des Landes ober der Enns in Linz beschließt eine Landwehrordnung.

GESTORBEN:

8. 4. 1461. Wien (?): Georg von Peuerbach (* 30. 5. 1423), Mathematiker und Astronom. Als erster im Abendland führte er den Sinus in der Trigonometrie ein, erfand »quadratum geometricum« für Höhen- und Entfernungsmessungen, errechnete Tafeln der Sonnen- und Mondfinsternisse. Besonders bekannt sind sein arithmetisches Buch »Elementa arithmetices, algorithmus de numeris integris« (gedruckt 1492) und sein Werk über die Planetenbewegungen (»Theoriae novae planetarum«, 1472 veröffentlicht).

2. 12. 1463. Wien: Albrecht VI. von Habsburg (* 18. 12. 1418), Erzherzog von Österreich. →

12. 1. 1464. Wien: Thomas Ebendorfer (* 10. 8. 1388), Theologe und Geschichtsschreiber (»Cronica Austrie« 1449, »Kaiserchronik« 1452).

11. 8. 1464. Todi (Italien): Nikolaus von Kues (* 1401), Kirchenrechtler, Philosoph, Bischof von Brixen und Kardinal.

GEBOREN:

1468. Augsburg: Matthäus Lang von Wellenburg († 30. 3. 1540), Kardinal, Bischof von Gurk, Erzbischof von Salzburg.

Um 1470. Rueland Frueauf d. J. († nach 1545), Maler der Donauschule.

Der Kaiser und Wien

26. September 1461. Kaiser Friedrich III. verleiht Wien als Dank für die bewiesene Treue ein neues Wappen. Es trägt einen goldenen Doppeladler auf schwarzem Grund. (1463 erhält der Adler einen Brustschild, ein weißes Kreuz im roten Feld.)
Bereits am 6. Oktober wendet sich die Stadt jedoch gegen den Kaiser: Die Wiener übergeben Friedrich III. eine Absage, nachdem sie ihn vergeblich um Schutz und Abhilfe gegen die im Raum Wien plündernden Söldnerhorden gebeten haben. (Der Kaiser will seine Hilfe nur gegen ein Darlehen von 6000, mindestens aber 3000 Gulden gewähren.) Am 12. August 1462 verhaftet die Ständepartei während des Landtags zu Wien den kaisertreuen Bürgermeister sowie den Rat der Stadt; eine Woche später wird Wolfgang Holzer, ein Anhänger Erzherzog Albrechts VI., abermals zum Bürgermeister von Wien gewählt. Erst nach demütigenden Verhandlungen kann Kaiser Friedrich III. am 25. August in die Stadt einziehen.
Im Herbst beginnt Holzer die Feindseligkeiten gegen die Wiener Burg und den darin befindlichen Kaiser, der praktisch eingeschlossen wird. Am 1. November kann sogar Erzherzog Albrecht in die Stadt einziehen. Der von Friedrich erhoffte militärische Entsatz der Burg scheitert, und der Kaiser muß Verhandlungen mit seinem Bruder aufnehmen, der auf alles eroberte Land verzichtet, dafür aber acht Jahre lang die Regierung behält. Am 26. Dezember 1462 leistet Wien Albrecht VI. den Treueid und übergibt ihm die Burg. Am 19. April 1463 spricht Friedrich III. die Reichsacht und Aberacht gegen Wien aus – in der Stadt reagiert man gelassen; man witzelt: »Acht und Aberacht macht sechzehn«. Erst der Tod Erzherzog Albrechts führt die Stadt wieder an die Seite des Kaisers, die im Dezember 1463 eine eigene Gesandschaft zu Friedrich schickt und Mitte Jänner 1464 schriftlich ihre Unterwerfung erklärt.

Neues Wappen von Wien (bis 1918)

Friedrich anerkannt

2. Dezember 1463. Erzherzog Albrecht VI. stirbt kurz vor Vollendung seines 55. Lebensjahres (an der Pest oder an einer Blutvergiftung) in Wien. Mit seinem Tod endet der seit 1461 andauernde Zwist zwischen den habsburgischen Brüdern.
Albrecht VI. hatte 1461 seinem kaiserlichen Bruder eine Absage erteilt, in der er betonte, es dem Hause Österreich schuldig zu sein, das Land vor weiterem Schaden durch die Regentschaft des zaudernden Kaisers zu bewahren. Bis Ende Juni schlossen sich 485 Adelige dem habsburgischen Erzherzog an.
Am 12. August scheiterte jedoch der Versuch des 3000 Mann starken herzoglichen Heers, Wien zu erobern, am Widerstand der Stadt. (Für die Kaisertreue verlieh Friedrich III. Wien am → 26. September 1461 ein neues Wappen.) Ein am 6. September zwischen den feindlichen Brüdern geschlossener Waffenstillstand brachte die Auseinandersetzungen zunächst zur Ruhe.
Im Oktober 1462 begann der Wiener Bürgermeister Wolfgang Holzer Kaiser Friedrich III. in der Wiener Burg zu belagern, sodaß der Erzherzog am 1. November in die Stadt einziehen konnte. Auf Vermittlung des böhmischen Königs wurde am 2. Dezember der Vertrag von Korneuburg geschlossen: Albrecht gab die Eroberungen im Land unter der Enns zurück, sollte aber auf acht Jahre die Regierung behalten.
Im Herbst 1463 keimen die Auseinandersetzungen erneut auf, mit dem Tod Albrechts VI. enden jedoch die Feindseligkeiten, und Friedrich III. wird als Landesherr anerkannt.

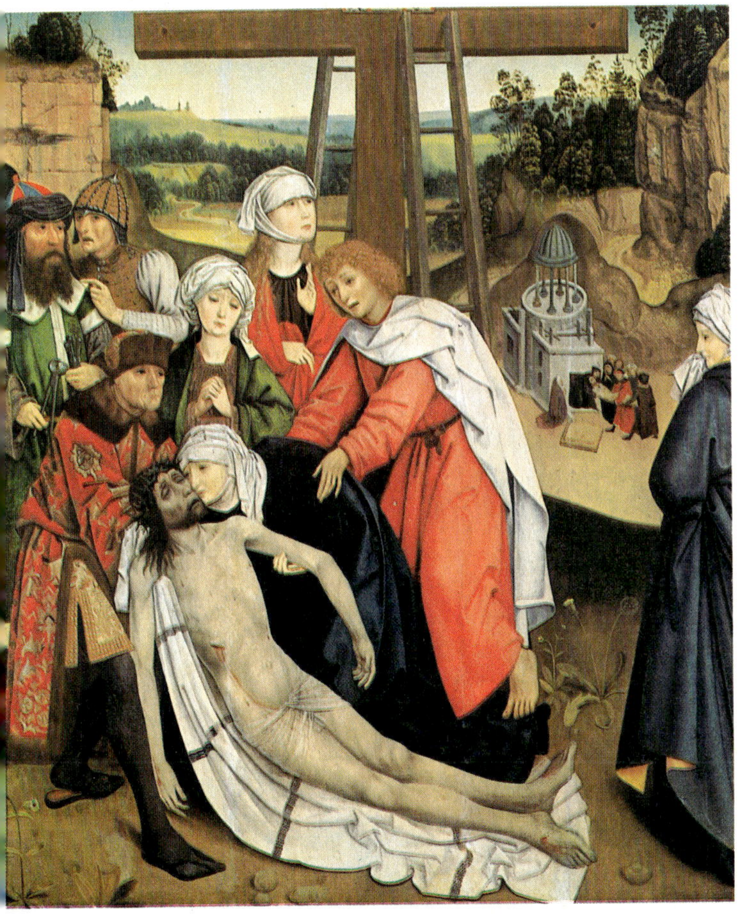

Unbekannter Meister vollendet Altar für die Schottenkirche in Wien

Um 1470. *Die Schottenkirche in Wien erhält einen Hochaltar, bestehend aus 24 Tafelbildern eines unbekannten Meisters, den man daher nur »Meister des Schottenaltars« (oder auch »Schottenmeister«) nennt. Die wertvollen Tafeln zeigen auf dem Bild »Flucht nach Ägypten« die älteste Ansicht Wiens und auf der »Maria Heimsuchung« (rechte Abb.) die Kärntner Straße in Wien. Die linke Abbildung zeigt die »Beweinung Christi«. Von den ursprünglich 24 Tafeln des Altars sind nur 19 erhalten geblieben (17 im Wiener Schottenstift, 2 im Schloß Belvedere Wien)*

›ie Hemden der ‹aiserin Eleonore

›erbst 1466. Auf dem Rückweg von ›nem Besuch im Stift Heiligen-›euz wird die in Baden zur Kur wei-›nde Kaiserin Eleonore, die Ge-›ahlin Kaiser Friedrichs III., ein Op-›r des Räuberunwesens in Öster-›ich: Jörg von Stein und Wilhelm ›n Puchheim überfallen die kaiser-›chen Wagen, lassen allerdings Eleo-›re weiterfahren und bemächtigen ›ch allein des Gepäckwagens, den ›e ausrauben und leer nach Wiener ›eustadt zurückschicken.
›ber den gestohlenen Proviant und ›n Schmuck verliert die Kaiserin ›ein Wort, aber hart getroffen ist sie ›urch den Verlust von zwei Hem-›en, die unter der Bekleidung waren. ›ie Kaiserin besitzt nämlich nur ›rei, was einen besonderen Reich-›um darstellt. (Jörg von Stein soll die zwei wertvollen kaiserlichen Hemden zurückgegeben und dafür Straffreiheit erhalten haben.)

Kaiserin Eleonore, die Gemahlin von Friedrich III. (Gemälde, 15. Jh.; Landesmuseum Linz)

Zweiter Hussitenkrieg

1468. Herzog Viktorin, ein Sohn des Böhmenkönigs Georg Podiebrad und Landeshauptmann von Mähren, schickt Kaiser Friedrich III. am 8. Jänner einen Absagebrief und fällt mit seinen Scharen in Ober- und Niederösterreich ein, nachdem die Forderung Viktorins nach Zahlung der noch offenen Schuld Friedrichs an Georg Podiebrad vom Kaiser unbeantwortet geblieben ist.
Nach wechselhaftem Erfolg bedrohen Viktorins Truppen Ende März Freistadt in Oberösterreich und stehen bei Stockerau in der Nähe von Wien. Am 9. April bricht jedoch der ungarische König Matthias Corvinus von Preßburg aus auf, um gegen Mähren zu ziehen. Er verfügt über etwa 16 000 Mann und 2000 Wagen. Ihm schließen sich ein Aufgebot der österreichischen Stände und böhmischer Adeliger sowie kaiserliche Söldner in der Gesamtstärke von etwa 5000 Mann an. Monatelang kämpfen die Streitscharen mit wechselvollem Erfolg an der Thaya. Am 30. September fordert der Kaiser die Stände ober der Enns, am 4. Oktober die unter der Enns auf, das ungarische Heer zu unterstützen. Matthias Corvinus verschreibt er auf ein Jahr die Einkünfte der Länder ober und unter der Enns.
Am 3. Mai 1469, nach einer erfolgreichen Offensive und der Gefangennahme Viktorins, wird König Matthias Corvinus in Olmütz von mehreren Adeligen zum König von Böhmen gewählt, da Georg Podiebrad 1466 von Papst Paul II. gebannt worden war. Mit dem Tod des gebannten Böhmenkönigs (22. März 1471) endet dieser sog. zweite Hussitenkrieg.

1471

1471–1480

Nach 1470. Die Ölbergfresken des »Meisters von Schöder« entstehen in der Pfarrkirche St. Nikolaus von Bad Gastein (Salzburg).

1471. Kaiser Friedrich III. erwirbt durch Kauf von Graf Heinrich von Wallsee Stadt und Hafen Fiume.

Erzherzog Sigmund von Tirol läßt den Brückenturm der Zollfeste Sigmundseck in Finstermünz (Tirol) errichten.

23. 4. 1471. Kaiser Friedrich III. läßt den Anführer der steirischen Adelserhebung, Andreas Baumkircher, in Graz hinrichten. →

13. 12. 1471. Mit Michael Pacher wird der Vertrag zur Errichtung des Flügelaltars von St. Wolfgang am Wolfgangssee (Oberösterreich) geschlossen. Dabei werden die Kosten auf maximal 1200 ungarische Gulden festgesetzt. →

Sommer 1472. Besonders die Steiermark ist von türkischen Raubzügen betroffen, die sich bis 1480 fast jährlich wiederholen.

8. 11. 1472. Kaiser Friedrich III. erkennt den ungarischen König Matthias Corvinus als König von Böhmen an.

1473. Der Neubau der spätgotischen Pfarrkirche von Rattenberg am Inn (Tirol) wird begonnen (vollendet 1507).

Die Schwanksammlung »Der Pfaff vom Kalenberg«, verfaßt bzw. gesammelt von dem Wiener Philipp Frankfurter, erscheint.

28. 9. 1473. Kaiser Friedrich III. trifft mit Herzog Karl dem Kühnen zusammen, um die Ehe seines Sohnes Maximilian mit Karls Tochter Maria von Burgund zu vereinbaren. →

11./13. 3. 1474. Kaiser Friedrich III. schließt mit dem 1471 gewählten böhmischen Gegenkönig Wladislaw Jagello von Polen Verträge gegen König Matthias Corvinus und den österreichischen Adelsbund.

2. 10. 1474. »Ewige Richtung«: Erzherzog Sigmund von Tirol verzichtet in Feldkirch (Vorarlberg) auf alle habsburgischen Ansprüche in der Schweiz.

3. 12. 1474. Matthias Corvinus schließt in Breslau einen Waffenstillstand mit Wladislaw Jagello auf drei Jahre.

4. 2. 1475. Die österreichischen Stände und kaiserliche Räte leisten gegenseitige Versprechungen zur Befriedung des Landes.

1476. Ulrich Auer gestaltet das 14eckige Taufbecken für den Stephansdom in Wien mit einem 5,12 m hohen, reich gestalteten Deckel (der die Jahreszahl 1481 trägt).

Das bereits 1469 vom Papst begründete Bistum Wiener Neustadt wird errichtet. →

6. 5. 1476. Kaiser Friedrich III. und Herzog Karl der Kühne schließen einen Heiratsvertrag für ihre Kinder (→ 28. 9. 1473).

8. 12. 1476. Kaiser Friedrich III. verbündet sich mit (Gegen-)König Wladislaw Jagello gegen König Matthias Corvinus von Ungarn und Böhmen und belehnt den Polen am 10. Juni 1477 offiziell mit Böhmen.

1477. Der bewehrte Pulverturm von Krems (Niederösterreich) wird erbaut.

5. 1. 1477. Herzog Karl der Kühne wird in der Schlacht von Nancy von den Eidgenossen besiegt und fällt; mit seinem Tod kommt die Würde des Großmeisters des 1430 gegründeten »Ordens vom Goldenen Vlies« an Maximilian I. von Habsburg. →

12. 6. 1477. König Matthias Corvinus von Ungarn erklärt Kaiser Friedrich III. den Krieg, fällt im August in Österreich ein und kann 30 Städte und rund 100 Burgen in seine Gewalt bringen.

19. 8. 1477. In Gent findet die Hochzeit zwischen Erzherzog Maximilian und Maria von Burgund statt.

1. 12. 1477. Friede von Gmunden: Kaiser Friedrich III. muß den Ungarnkönig Matthias Corvinus als König von Böhmen anerkennen und ihm 100 000 Gulden Kriegsentschädigung zahlen.

1478. Langhaus und Nordwestkapelle der Stadtpfarrkirche von Feldkirch (Vorarlberg) werden errichtet.

2. Halbjahr 1478. Zunehmende Steuerlasten sowie Münzverschlechterungen führen zu Bauernunruhen in Kärnten und der Steiermark.

7. 12. 1478. Im Frieden von Olmütz einigt sich Matthias Corvinus mit seinem Rivalen Wladislaw Jagello: Der Ungarnkönig behält Mähren, Schlesien und die Lausitz, der Polenkönig Böhmen.

7. 8. 1479. Bei Guinegate (Nordfrankreich) sichert sich Erzherzog Maximilian durch einen Sieg über das Heer des französischen Königs Ludwig XI. das burgundische Erbe.

1480. Erzherzog Siegmund von Tirol beruft den Organisten Paul Hofhaimer an den Innsbrucker Hof.

Das sog. deutsche Gesellschaftslied erlebt in Österreich durch Erasmus Lapicida einen ersten Höhepunkt.

Einfälle böhmischer, mährischer und türkischer Truppen verunsichern weite Teile Österreichs.

Eine Heuschreckenplage und die Pest veröden ganze Landstriche der Steiermark.

5. 7. 1480. Baden bei Wien wird zur Stadt erhoben.

GEBOREN:

1478. Leutkirch (Allgäu): Johannes Fabri († 21. 5. 1541), Bischof von Wien.

22. 7. 1478. Brügge: Philipp I., der Schöne, von Habsburg († 25. 9. 1506), Herzog von Burgund, König von Spanien.

10. 1. 1480. Brüssel: Margarete von Österreich († 1. 12. 1530), Erzherzogin, Generalstatthalterin der Niederlande.

Heiratsverhandlungen mit Burgund

28. September 1473. *Kaiser Friedrich III. und sein 14jähriger Sohn Maximilian treffen mit Karl dem Kühnen, Herzog von Burgund, zusammen, um eine Vereinbarung über die Verlobung des Kaisersohns mit der 16jährigen Herzogstochter Maria zu treffen, die als einzige Tochter Karls das burgundische Erbe antreten wird. Am 25. November werden die Gespräche jedoch ergebnislos abgebrochen, da Karl die Königswürde beansprucht und Friedrich erfahren hat, daß der Burgunderherzog auch mit König Matthias Corvinus von Ungarn und Böhmen in Verhandlungen steht. 1474 kommt es in Trier allerdings zu einem erneuten Treffen, auf dem der Heiratsplan verabschiedet wird. Der förmliche Heiratsvertrag wird am 6. Mai 1476 geschlossen (Miniatur aus der »Chronik der Burgunderkriege« des Diebold Schilling, 15. Jh.; Zürich).*

Ein neues Bistum

1476. Trotz des anhaltenden Widerstands des Passauer Bischofs wird das neue Bistum Wiener Neustadt errichtet und Chorherr Peter Engelprecht, der Erzieher Erzherzog Maximilians, des Sohnes von Kaiser Friedrich III., als Bischof eingesetzt. Wiener Neustadt wurde bereits durch die päpstliche Bulle vom 18. Jänner 1469 – gemeinsam m Wien – zum Bistum erhoben. Die E richtung scheiterte jedoch zunäch am hartnäckigen Widerstand des B schofs von Passau, der seinen große Einfluß in Österreich wahren woll und dabei zeitweilig auch vom Sal burger Erzbischof unterstützt wo den war.

Adelserhebung endet

23. April 1471. In Graz wird auf Befehl Kaiser Friedrichs III. der Anführer der steirischen Adelserhebung, Andreas Baumkircher, ohne vorherige Gerichtsverhandlung hingerichtet, da er seine Fehde trotz eines getroffenen Ausgleichs mit dem Kaiser weitergeführt hat.

Im Herbst 1468 erhob sich der steirische Adelsbund gegen Friedrich III., da dieser den Sold für die Truppen während des Bruderkrieges mit Erzherzog Albrecht VI. noch immer nicht bezahlt hatte. Der Bund wurde angeführt von Andreas Baumkircher, den der Kaiser im November 1462 zum Freiherrn von Schladming erhoben hatte. Man beschloß, den fehlenden Betrag durch Plünderungen einzutreiben. Im Juli 1469 kam es bei Fürstenfeld zu einem Gefecht mit kaiserlichen Truppen, die eine schwere Niederlage hinnehmen mußten.

Zur Wiederherstellung von Ruhe und Ordnung berief Friedrich III. im April 1470 einen Landtag für die Steiermark, Kärnten und Krain ein. Durch die militärischen Erfolge Baumkirchers war der Kaiser gezwungen, einem Ausgleich zuzustimmen und Baumkircher zu begnadigen. Dieser führte die Fehde trotzdem weiter, und das Gerücht eines geplanten Anschlags auf den Kaiser hielt sich hartnäckig.

Meßornat des Ordens vom Goldenen Vlies (Detail mit dem Bildnis Marias von Burgund; niederländische Stickerei auf Samt und Leinen, vor 1477)

Der Orden vom Vlies

5. Jänner 1477. Nach dem Tod Herzog Karls, des Kühnen, von Burgund gelangt die Würde des Großmeisters des »Ordens vom Goldenen Vlies« an Erzherzog Maximilian von Habsburg, den Verlobten der Herzogstochter Maria von Burgund.

Der Orden, 1430 von Herzog Philipp, dem Guten, von Burgund gestiftet, ist einer der höchsten weltlichen Ritterorden überhaupt und hat sein Vorbild in der Argonautensage. Er sieht seine Aufgaben auf religiöser Ebene in der Wahrung des Kreuzzugsgedankens, auf ethischer in der des Rittertums. In der Folge wird er zum Hausorden der Habsburger.

Ordens-Statutenbuch (um 1518)

»Die Krönung Mariens« (Detail des Pacheraltars für St. Wolfgang, 1481)

Ein Flügelaltar für St. Wolfgang

Am 13. Dezember 1471 wird im Kloster Mondsee ein Kontrakt zwischen dem Abt Benedikt II. Eck von Piburg und dem Meister Michael Pacher über ein Altarwerk für die Kirche in St. Wolfgang geschlossen. Zu diesem Zeitpunkt waren gerade die Fundamente des neuen Chores der Tochterkirche von Mondsee fertig. Im Vertrag heißt es:

»Vermerchkt dy abred und das geding der tafel gen sand Wolfgang ze machen, so beschehen ist zwischen des erwirding und geistlichen heren Benedicten abbt zw Mannsee und seines convents daselbs und maister Micheln maler von Prawnegk an sand Lucientag im LXXI jare. Item von erst ist zw merken, das dy tafel sol gemacht werden nach dem ausczug und visierung, als er uns dy hat zwbracht gen Mannsee als vil das gesein mag hoch halben. Item der sarich sol innen vergolt sein darzw dy pildung Marie mit dem chindlein siczund, Joseph und dy drey kunig mit dem opfer . . . alles vergolt.

Item das corpus sol sein dy chronung Marie mit engeln und gulden tuechern nach dem chostlichen und pesten, so er das gemachen mag. Item zw ainer seyten sand Wolfgang mit innfel, stab, kirchen und hacken, zw der andern sand Benedict in aim birret mit stab und mit ainem glas, gancz vergolt und versilbert nach notturft . . .

Item das geding ist gemacht auf zwelifhundert ungrisch gulden oder ducaten oder dafur munss, wie dan der gulden gilt. Item ob dy tafel des gelts nicht werd oder etwas hinüber pesser wurd und wir uns unteinander nicht vertragen möchten, so sullen payd tail darzw geleich werichlewt geben, dy sach zw entschaiden.«

1481 wurde das fertige Werk in der Pacherschen Werkstatt in Bruneck im Pustertal verpackt, auf Ochsenkarren verladen, über den Brenner nach Innsbruck und Hall gebracht, von dort auf dem Inn abwärts bis Braunau verschifft und dann, wieder auf Wagen verladen, ins »Aberseeische gepürg« gefahren.

1481

1481–1490

1481. Das Friedrichstor des Schlosses von Linz wird fertiggestellt.

Juli 1481. Der Reichstag von Nürnberg sichert Kaiser Friedrich III. Waffenhilfe gegen den ungarischen König Matthias Corvinus zu; im August trifft aber nur ein bescheidenes Truppenkontingent in Wien ein.

August 1481. Unzufriedene kaiserliche Söldner ziehen plündernd durch Österreich.

1482. In Wien ist die Buchdruckerkunst (der Druck mit beweglichen Lettern, um 1440 von Johannes Gutenberg in Mainz erfunden) nachweisbar.

März 1482. König Matthias Corvinus von Ungarn erklärt Kaiser Friedrich III. abermals den Krieg.

24. 3. 1482. Maria von Burgund, Gattin Erzherzog Maximilians, setzt ihre Kinder Philipp und Margarete als Gesamterben ihres Besitzes ein, ihren Gemahl bestellt sie zum Vormund. Am 27. stirbt sie in Brügge.

23. 12. 1482. Friede von Arras: Das französische Lehen Burgund kommt an Frankreich. Gleichzeitig findet die Verlobung Margaretes, der zweijährigen Tochter Maximilians, mit dem französischen Dauphin (dem späteren König Karl VII.) statt. Es wird vereinbart, daß Margarete Burgund und die Grafschaft Artois als Mitgift erhalten soll.

1483–1486. Meister Mathes Klayndl erbaut Böhmertor und Linzer Tor der Stadtbefestigung sowie den Chor der Stadtpfarrkirche von Freistadt.→

April 1483. Kaiser Friedrich III. verlegt seine Residenz von Wien nach Wiener Neustadt und kurz darauf nach Graz.

1484. Die Wiener Universität verzeichnet nur vier Neueintragungen von Studenten – der Tiefstand seit der Gründung 1365.

Die gotische Pfarrkirche von Damüls (Vorarlberg) wird erbaut und erhält 1490 Wandmalereien.

November 1484. Der Kaiser verlegt sein Hauptquartier nach Linz.

6. 1. 1485. Markgraf Leopold III. von Österreich wird fast 350 Jahre nach seinem Tod heiliggesprochen.

1. 6. 1485. Vier Tage nach der Kapitulation Wiens zieht König Matthias Corvinus in die Stadt ein.→

1486. Michael Pacher beginnt mit der Arbeit am Hochaltar der Franziskanerkirche in Salzburg (fertiggestellt 1498).

Die Münze von Hall in Tirol prägt erstmals Guldengroschen – die ersten Münzen in Talergröße.

In Hallein (Salzburg) wird eine Brauerei gegründet – die erste Hofbrauerei der Welt.

16. 2. 1486. Auf dem Reichstag zu Nürnberg wird Erzherzog Maximilian zum »römischen« König gewählt. Dieser Titel gilt fortan für den Nachfolger des Kaisers. Ferner bewilligt der Reichstag die Aufstellung eines 34 000 Mann starken Heeres gegen König Matthias Corvinus.

1487. Der schmiedeeiserne Beschlag der Sakristeitür in der Stiftskirche Mondsee – ein Meisterwerk spätgotischer Schmiedekunst – entsteht.

Ende März. Der Nürnberger Reichstag gewinnt Herzog Albrecht von Sachsen als Befehlshaber für das Reichsheer gegen König Matthias Corvinus.

16. 12. 1487. Herzog Albrecht und König Matthias Corvinus schließen in Markersdorf an der Pielach (bei St. Pölten, Niederösterreich) einen Waffenstillstand.

1488. Trotz des Waffenstillstandes von Markersdorf ziehen weiterhin ungarische Streifscharen durch Österreich.

1. 2. 1488. König Maximilian I. wird in Brügge gefangengenommen.→

1489–1492. Der Babenbergerstammbaum des Stiftes Klosterneuburg (Niederösterreich) entsteht.

10. 2. 1489. König Matthias Corvinus bestätigt der Universität Wien ihre alten Rechte.

22. 7. 1489. König Maximilian I. und der französische König Karl VIII. schließen den Frieden von Frankfurt am Main: Karl VIII. bestätigt den Anspruch Maximilians auf Flandern.

Oktober 1489. In Linz wird über eine Räumung Österreichs durch den ungarischen König verhandelt. Die Gespräche ziehen sich ergebnislos über Monate hin.

Um 1490. Lienhart Ast verfertigt den geschnitzten spätgotischen Flügelaltar der Pfarrkirche Gampern (Oberösterreich).

19. 3. 1490. Erzherzog Siegmund von Tirol verzichtet zugunsten von Maximilian auf die Regierung in Tirol und den habsburgischen Vorlanden. Damit ist der habsburgische Besitz wieder in der Hand einer Linie.

6. 4. 1490. König Matthias Corvinus stirbt in Wien.→

14. 8. 1490. In einem Brief König Maximilians I. an die Stadt Speyer wird erstmals im deutschen Sprachraum der Begriff »Post« verwandt.

Oktober 1490. Das Heer König Maximilians I. hat die ungarischen Besatzer aus Österreich vertrieben.

23. 12. 1490. Nach Wiener Neustadt zurückgekehrt, beginnt König Maximilian I. mit seiner Verwaltungsreform (→26. 3. 1495).

GEBOREN:

Um 1484. Feldkirch (Vorarlberg): Wolf Huber (†3. 6. 1553), Maler der Donauschule.

23. 8. 1486. Wippach (Krain): Sigmund Freiherr von Herberstein (†28. 3. 1566), kaiserlicher Diplomat.

Um 1490. Sterzing (Südtirol): Michael Gaismair (†15. 4. 1532), Bauernführer.

Ungar regiert in Wien

1. Juni 1485. Nach mehr als einjähriger Belagerung kann König Matthias Corvinus von Ungarn feierlich in Wien einziehen. Der ungarische König nutzt die wirtschaftliche Not in der Stadt geschickt für sich aus: Bei seinem Einzug fahren ihm 24 mit Lebensmitteln beladene Wagen voran, dem König und seinen 3000 Kämpfern folgen 3000 Rinder – eine großzügige Tat zur Linderung der Not und eine kluge politische Inszenierung zugleich.

Wien hat zu diesem Zeitpunkt etwa 50 000 Einwohner, die in zwei- bis dreistöckigen Steinhäusern leben. Wegen der zu den Palais gehörenden Gärten bleibt wenig Raum für andere Nutzflächen, weshalb der Weinbau außerhalb der Stadtmauern ein wichtiger Erwerbszweig der Bevölkerung ist. Im Herbst 1483 schloß man sogar für die Zeit der Weinlese einen Waffenstillstand. Der jährliche Weinexport aus dem Wiener Raum beträgt etwa 75 000 Hektoliter – ein Beleg für die wirtschaftliche Bedeutung des Weins, der bis nach Polen und Norddeutschland exportiert wird.

Bis zu seinem Tod am →6. April 1490 residiert König Matthias Corvinus fortan in Wien; seine kostspielige Hofhaltung zieht zahlreiche Gelehrte und italienische Künstler in die Stadt, setzt die Einwohnerschaft aber auch einem stetig steigenden Steuerdruck aus, was den Unmut gegen den Ungarnkönig wachsen läßt.

König Matthias Corvinus (Gemälde von Giovanni Boltraffio)

Österreich wieder frei

6. April 1490. Der plötzliche Tod des 45jährigen ungarischen Königs Matthias Corvinus, zweiter Sohn des Heerführers und Magnaten Johann Hunyadi, bringt die Wende in dem seit fünf Jahren andauernden Streit mit den Habsburgern. Obwohl Matthias Corvinus seinen außerehelichen Sohn Johann (angeblich aus einer Verbindung mit einer Dienstmagd aus Stein an der Donau stammend) zu seinem Nachfolger bestimmt hat, wird König Wladislaw Jagello von Böhmen am 15. Juli auch zum ungarischen König gewählt.

Seit dem →1. Juni 1485 hatte Matthias Corvinus in Wien residiert; alle Versuche, die Ungarn wieder aus Österreich zu vertreiben, waren bislang gescheitert. 1489 nahmen ungarische Gesandte in Linz Verhandlungen auf mit König Maximilian I., dem der Ungarnkönig gegen eine Zahlung von 700000 Gulden die Räumung des Landes anbot – der Habsburger konnte jedoch nur 100 000 Gulden aufbringen, weshalb sich die Verhandlungen hinzogen.

Nach dem Tod von Matthias Corvinus und der Wahl des Jagellone bricht König Maximilian Anfan August 1490 mit einem Heer vo Graz aus auf und zieht über de Semmering. Am 17. August öffne ihm Wiener Neustadt die Tore; bi Oktober 1490 werden die ungarischen Besatzer aus ganz Österreic vertrieben.

Um seinen Anspruch auf die ungarische Krone zu demonstrieren, über schreitet der Habsburger mit seinen Heer im Oktober die österreichisch ungarische Grenze und erobe Stuhlweißenburg (17. November Aus Geldmangel muß Maximilia den erfolgreichen Feldzug jedoc abbrechen. Der Kriegszustan dauert bis zum 7. November 1491 a bevor König Wladislaw Jagello i Frieden von Preßburg einlenkt: Maximilian sichert sich die von ihm e oberten westungarischen Gebiet den Titel eines König von Ungar und die im Vertrag von Wiener Ne stadt (24.7. 1463) vereinbar Thronfolge.

Tätigkeitsbericht eines Baumeisters

1483–1486. Meister Mathes Klayndl errichtet das Böhmertor und das Linzer Tor der Stadtbefestigung von Freistadt in Oberösterreich sowie den Chor der Stadtpfarrkirche St. Katharina. »Reitzedl« (Rechnungslisten) berichten über die Tätigkeit des Baumeisters und geben einen Einblick in die Art der Datumsangaben. So heißt es u. a.: »Am Montag vor dem Auffahrtstag (8. Mai) 1484 beginnt Meister Mathes mit dem Behauen der Steine. In der Woche Alexi (11.–17. Mai) 1484 wurden die Fundamente gelegt, und in der Woche vor dem Auffahrtstag (8. Mai) 1485 wurde die Kapelle zu mauern angefangen.«

Maximilian I. (Peter Paul Rubens; Kunsthistorisches Museum Wien)

Der König muß sich freikaufen

. Februar 1488. Die Bürger der flanrischen Stadt Brügge nehmen König Maximilian I. gefangen – ein Ausruck für die wachsende Feindchaft der Niederlande gegenüber em Hause Habsburg.
:he noch ein Reichsheer zur gewaltamen Befreiung des Königs einrifft, erkauft sich Maximilian seine reilassung durch die Unterzeichung eines Vertrags, in dem er die chutzhoheit Frankreichs über die iederländischen Provinzen anerennen und die Regierung in Flanern an einen ständigen Rat abtreten uß. Daraufhin wird der König am 6. Mai freigelassen.

1491

1491–1500

1491. Böhmische Ritter fallen im Raum von Freistadt in Oberösterreich ein. Erst im Laufe des Sommers gelingt es den Truppen König Maximilians I., die Länder ober und unter der Enns zu befrieden.

Nach 45jähriger Bauzeit wird die Wehrkirchenanlage der Pfarrkirche Hochfeistritz (Kärnten) fertiggestellt.

26. 5. 1491. Grundsteinlegung und Baubeginn für die Greinburg (Oberösterreich): Die zunächst Stettenfels genannte Burg gilt als erster Schloßbau im deutschsprachigen Gebiet (die Bauten im sächsischen Meißen und in Prag wurden über älteren Grundrissen errichtet).

7. 11. 1491. Maximilian I. und König Wladislaw Jagello von Böhmen schließen den Frieden von Preßburg (→ 6. 4. 1490).

1493. Die Stadtpfarrkirche St. Martin in Dornbirn (Vorarlberg) erhält einen freistehenden Glockenturm.

Mai 1493. Die ungarische »schwarze Garde« König Wladislaws Jagello von Böhmen fällt in Niederösterreich ein, wird aber von den Truppen des österreichischen Landmarschalls Christoph von Liechtenstein besiegt.

23. 5. 1493. Maximilian I. und König Karl VIII. von Frankreich schließen den Frieden von Senlis: Das Herzogtum Burgund bleibt bei Frankreich, Habsburg sichert sich dafür die Freigrafschaft Burgund und die Niederlande.

19. 8. 1493. Nach dem Tod Kaiser Friedrichs III. ist König Maximilian I. alleiniger Herrscher über alle habsburgischen Besitzungen. →

25. 11. 1493. Der Landtag der Stände ober und unter der Enns berät über Verbesserungen des darniederliegenden Handels und Gewerbes.

16. 3. 1494. In Innsbruck findet die Hochzeit König Maximilians I. mit Maria Blanca Sforza, einer Nichte des Herzogs von Mailand, statt. →

1495. Unter Erzbischof Leonhard von Keutschach beginnt der bedeutendste Bauabschnitt der Festung Hohensalzburg (bis 1519).

26. 3. 1495. Auf dem in Worms beginnenden Reichstag wird eine grundlegende Reichsreform beschlossen und der »Ewige Landfrieden« verkündet. →

31. 3. 1495. Maximilian I., Papst Alexander VI., Venedig sowie die Herzöge von Mailand und Aragon schließen sich zur »Heiligen Liga« gegen König Karl VIII. von Frankreich zusammen.

1496. Maximilian I. errichtet in Innsbruck die allgemeine oder »gemeine« Schatzkammer. →

1. Halbjahr 1496. König Maximilian bewilligt die Ausweisung der Juden aus Kärnten, der Steiermark und Krain; für die Bewilligung zahlen die Steirer 38 000, die Kärntner 4000 Gulden an den König.

21. 10. 1496. Erzherzog Philipp, Sohn Maximilians und Erbe Burgunds, wird mit Johanna von Kastilien-Aragon vermählt (sog. spanische Heirat). →

1497. In Steyer (Oberösterreich) wird das Bummerlhaus, ein spätgotisches Bürgerhaus, erbaut.

3. 4. 1497. Erzherzogin Margarete von Österreich, Tochter König Maximilians, heiratet den Infanten Johann von Kastilien-Aragon (→ 21. 10. 1496).

1498. Die Saline von Hallein (Salzburg) erzeugt 46 000 Tonnen Salz im Jahr.

Friedrich Pacher malt den Magdalenenaltar für die Filialkirche Thal in Osttirol.

13. 2. 1498. Maximilian I. erläßt die Hofratsordnung. →

20. 7. 1498. Maximilian I. gründet die Hofmusikkapelle und die Kapellenknaben, die unter der Leitung des Domherrn von St. Stephan, Georg Slatkonia, stehen.

1499. Ein Meister der Donauschule malt die Tafelbilder der Pfarrkirche von Großgmain (Salzburg).

Der Bau des Kornmesserhauses in Bruck an der Mur (Steiermark), ein gotischer Profanbau, wird begonnen (1508 fertiggestellt).

1499/1500. Die gotische Doppelwendeltreppe, das technische Kunstwerk der Grazer Burg, wird erbaut.

22. 9. 1499. Durch den Frieden von Basel scheiden die Eidgenossen faktisch aus dem Reich aus.

Vor 1500. Das Bergwerk in Schwaz (Tirol) fördert rund 280 Tonnen Brandsilber und 16 800 Tonnen Kupfer.

1500. Am sog. Neuen Hof in Innsbruck wird das »Goldene Dachl« fertiggestellt. →

12. 4. 1500. Mit dem Tod des Grafen Leonhard von Görz fallen seine Besitzungen an das Haus Habsburg: Die Grafschaft Görz, Gradiska und Gebiete im Pustertal, in Krain und Friaul. Pustertal und Lienz werden mit Tirol vereinigt.

GESTORBEN:

19. 8. 1493. Linz: Friedrich V. von Habsburg (* 21. 9. 1415), Herzog von Kärnten, Steiermark und Krain, König und Kaiser. →

4. 3. 1496. Innsbruck: Siegmund von Habsburg, der Münzreiche (* 26. 10. 1427), Herzog von Tirol.

1498. Salzburg: Michael Pacher (* um 1435), Maler und Bildschnitzer (Hochaltar von St. Wolfgang am Wolfgangssee).

GEBOREN:

Um 1500. Kemnat (Oberpfalz): Wolfgang Schmeltzl († nach 1560), Dichter und Pfarrer.

24. 2. 1500. Gent: Karl V. von Habsburg († 21. 9. 1558), König von Spanien und Kaiser.

Friedrich III. (Grabplatte nach Entwürfen des Niclas Gerhaert van Leyden; St. Stephan Wien)

Friedrich III. – König für 53 Jahre

19. August 1493. Kurz vor Vollendung seines 78. Lebensjahrs stirbt Kaiser Friedrich III. in Linz. Trotz zahlreicher innen- wie außenpolitischer Schwierigkeiten regierte er 53 Jahre lang im Reich, davon 41 Jahre als römischer Kaiser.'
Friedrich war der älteste Sohn von Herzog Ernst dem Eisernen aus der leopoldinischen Linie des Hauses Habsburg. Als Friedrich V. wurde er 1424 Herzog von Steiermark, Kärnten und Krain. Nach dem Tod König Albrechts II. wurde ihm 1440 (als Friedrich IV.) die Reichskrone angetragen, zwölf Jahre später folgte die Kaiserkrönung in Rom als Friedrich III.; (→ 19. 3. 1452).
Der Habsburger wurde oftmals wegen seiner Schicksalsergebenheit belächelt und kritisiert, wegen seiner zeitweiligen Unentschlossenheit übergangen und geringgeschätzt, wegen seiner mystischen Gedankengänge verspottet. Bezeichnend ist, daß ungeklärt bleibt, was Friedrich mit seinem Symbol, der Vokalreihe AEIOU, meinte.
Durch seinen unerschütterlichen Glauben an die Größe Österreichs legte Friedrich während seiner langen Regierungszeit den Grundstein zur habsburgischen Großmacht. Eine kluge und weitsichtige Heiratspolitik – von seinem Sohn und Nachfolger Maximilian fortgeführt – sicherte seinem Haus große und bedeutende Erbansprüche.

Fortan soll ewig Friede herrschen

26. März 1495. In Worms wird der Reichstag eröffnet, auf dem König Maximilian I. eine Zentralisierung der gesamten Reichsverwaltung erreichen will. Obgleich der Habsburger letztlich am Partikularismus der Länder scheitert, werden am 7. August doch vier bedeutende Gesetze beschlossen:

▷ Der »Ewige Landfrieden« wird verkündet, in dem alle Reichsmitglieder auf den friedlichen Rechtsweg verwiesen werden

▷ Das Reichskammergericht wird geschaffen und eingesetzt; es soll eine regelmäßige Rechtsprechung sichern und ist die erste Zentralbehörde des Reiches

▷ Zur Erhaltung dieser obersten Rechtsinstanz sowie des Reichsheeres wird der »gemeine Pfennig« eingeführt, der eine Art Einkommenssteuer darstellt

▷ Sechs Verwaltungskreise werden errichtet (1512 erhöht sich die Zahl auf zehn), darunter der österreichische Kreis für die habsburgischen Länder und der bayrische für Bayern und das Erzbistum Salzburg.

Maximilian I. reformiert die Verwaltung Österreichs

Die Verwaltungsreformen König Maximilians I. wandeln den mittelalterlichen Lehensstaat in einen modernen Beamtenstaat um. Neben dem Grundgedanken der Zentralisierung steht die straffere Organisation der einzelnen Bereiche und die Förderung der Zusammengehörigkeit.

Die bis zu dieser Zeit ehrenamtlich ausgeführten Verwaltungstätigkeiten (wofür vom Landesherrn Lehen vergeben wurden) haben durch die Subjektivität des Standpunktes Unzulänglichkeiten als logische Folge. Außerdem waren wichtige Aufgabengebiete, wie Gesundheits- und Unterrichtswesen oder Wohlfahrtspflege, nicht in der Hand des Lehensträgers, sondern Sache der Kirche, der Stände oder sogar der Städte und Zünfte. Die gesamten Erbländer werden nun in zwei selbständige Verwaltungsgebiete geteilt:

▷ Oberösterreich (ab 1490)
Tirol, fast ganz Vorarlberg, Vorderösterreich, die Windische Mark, die Grafschaft Görz, Teile Istriens mit Triest und Teile in der Mark Friaul

▷ Niederösterreich (ab 1493)
Österreich unter der Enns und ober der Enns, die Steiermark, Kärnten, Krain und Teile des Salzkammergutes.

Maximilian I. (A. Dürer, 1519; Kunsthistorisches Museum Wien)

An der Spitze steht jeweils die Regierung, das »Regiment«. Sitz für Oberösterreich ist Innsbruck, für Vorderösterreich Ensisheim (später Freiburg im Breisgau, jedoch Innsbruck unterstellt), für Niederösterreich Linz, jedoch bald darauf Wien. Die Regimenter besorgen die politische Verwaltung und die Justiz, die Raitkammern (Rechnungskammern) die Finanzen. Die beiden Gebiete werden in »Viertel«, auch Landbezirke, eingeteilt. An die Stelle der Grafschaften und früheren Gaue treten die Landgerichtssprengel.

Der Landesfürst teilt die oberste Verwaltung mit den Landständen, er ernennt auch den Landeshauptmann, dem ständige Ausschüsse beigegeben sind. Auf sog. Generallandtagen werden die nötigen Übereinkommen getroffen. Der Generallandtag von Innsbruck im Jahre 1518 ist der erste und ein Vorläufer des österreichischen Gesamtparlamentes.

1496 errichtet Maximilian in Innsbruck die allgemeine oder »gemeine« Schatzkammer, eine zentrale Finanzbehörde für alle habsburgischen Länder. Sie ist als Zentralkasse für die Einkünfte und Ausgaben gedacht und soll als eine Art Abrechnungsstelle dienen. Die altösterreichischen Stammländer fühlen sich zurückgesetzt und wehren sich gegen die Einrichtung in Innsbruck.

Maximilian reagiert rasch und plant gegen Ende 1497 die Errichtung eines Hofrates und der Hofkammer; der Hofrat ist oberster Gerichtshof und oberste Regierungsbehörde, die Hofkammer oberste Finanzbehörde. Beide Institutionen sind für das Reich und die habsburgischen Erblande gedacht, können sich aber gegen die Reichsstände nicht durchsetzen.

Spanische Heirat stärkt Habsburg

21. Oktober 1496. Erzherzog Philipp, der Schöne, von Habsburg heiratet Johanna von Kastilien-Aragon; am 3. April 1497 findet die Vermählung zwischen Philipps Schwester Margarete von Österreich und dem Infant Johann von Kastilien-Aragon, dem Bruder Johannas, statt. Die Doppelhochzeit der beiden Kinder König Maximilians I. aus seiner ersten Ehe mit Maria von Burgund festigen das Bündnis zwischen dem Hause Habsburg und dem spanischen Herrscherhaus.

Allerdings stirbt der spanische Thronerbe bereits am 4. Oktober (erst 28jährig), wodurch die Anwartschaft auf die spanische Krone an das zweite junge Paar fällt. Johanna wiederum liebt ihren Philipp so sehr, daß sie durch ihre Eifersucht in den Wahnsinn getrieben wird. Sie schenkt dem Habsburger allerdings sechs Kinder, die Söhne Karl und Ferdinand sowie vier Töchter (→ 28.6.1516).

Dritte Braut für zweite Ehe

16. März 1494. In Innsbruck heiratet König Maximilian I. die Italienerin Maria Blanca Sforza, auch Bianca Maria genannt, eine Nichte des Herzogs Ludovico Moro von Mailand. De facto ist es die dritte Heirat Maximilians, denn nach dem Tod seiner ersten Frau, Maria von Burgund, ließ er sich Ende 1490 »per procuram« mit Anna, der Erbin des reichen Herzogtums Bretagne, vermählen. Dies führte zur Auseinandersetzung mit König Karl VIII. von Frankreich, der eine Verbindung Habsburgs mit der Bretagne fürchtete und seinerseits Anna 1491 heiratete. Die Ehe Maximilians mit der Mailänderin bleibt glück- und kinderlos. Die Vermählung ist vor allem politisch begründet und dient der habsburgischen Interessenpolitik in Oberitalien, das nach dem Einfall der Franzosen 1491 für zwei Jahrzehnte zum Kriegsschauplatz wird.

◁ Maximilian I. und Maria Blanca Sforza (Glasfenster in der Burgkapelle von Wiener Neustadt, 16. Jh.)
▷ Die Familie Kaiser Maximilians I.: v. l. der Kaiser, seine Enkel Ferdinand und Karl, sein Sohn Philipp der Schöne, seine Gemahlin Maria von Burgund und Ludwig von Ungarn (Tafelbild von Bernhard Strigel, 1515; Kunsthistorisches Museum Wien)

CLEOPHAS FRATER CARNALIS IO=
SEPHI MARITI DIVAE VIRG MARIÆ
I
IACOBVS MINOR EPVS
HIEROSOLIMITANVS
MARIA CLEOPHÆ SOROR
VIRG MAR PVTATIVA MA
TERTERA D N
III
IOSEPH IVSTVS
II
SIMON ZELOTES CONSO
BRINVS DNI NRI

Kunst und Kultur 1451–1500

- ▷ Das Rathaus von Hall (Tirol) erhält einen eindrucksvollen Rittersaal
- ▷ In der Pfarrkirche von Altenmarkt (Kärnten) entsteht ein Frühwerk des Freskenmalers Thomas von Villach, die »Schutzmantelmadonna«→
- ▷ Der Dom von Graz wird erbaut
- ▷ Kaspar von Roggendorf veranlaßt die Erweiterung der Rosenburg (Niederösterreich)
- ▷ Der spätgotische Schnitzaltar der Wallfahrtskirche Maria Laach (Niederösterreich) entsteht
- ▷ Die spätgotische Filialkirche von Weigersdorf (Oberösterreich) wird errichtet
- ▷ Die Hauptwerke des Thomas von Villach, Meister der gotischen Fresken- und Tafelmalerei, entstehen in der Pfarrkirche von Thörl, in der Georgskirche von Gerlamoos und im Stift St. Paul im Lavanttal, alle in Kärnten
- ▷ Gilg Mitterhofer aus Schwaz (Tirol) baut die spätgotische Pfarrkirche von Jenbach (Tirol)
- ▷ Rueland Frueauf d. J. ist im Stift Klosterneuburg (Niederösterreich) tätig (1496–1507); der bedeutende Maler der Donauschule schafft hier die »Kreuzigung« (1496), vier Tafeln eines Passionsaltars (um 1498), den Johannesaltar (um 1500), den Leopoldsaltar (1501) und die Darstellung des hl. Leopold (1507)
- ▷ Der spätgotische Flügelaltar der Pfarrkirche Kefermarkt (Oberösterreich) entsteht→
- ▷ Die eindrucksvolle Anlage der Wehrkirche von Diex (Kärnten) wird errichtet
- ▷ Vermutlich auf einer vorchristlichen Weihestätte wird in Lavant (Osttirol) die Kirche St. Peter und Paul gebaut
- ▷ Die spätgotische Hoferkapelle aus rotem Kramsacher Marmor in der Servitenkirche von Rattenberg (Tirol) wird erbaut
- ▷ Friedrich Pacher und seine Mitarbeiter schaffen den Flügelaltar der alten Pfarrkirche von Gries bei Bozen (Südtirol)→
- ▷ Große Teile der – nie eingenommenen oder zerstörten – Wasserburg Heidenreichstein werden erbaut
- ▷ Der spätgotische Hochaltar der Pfarrkirche von Pöggstall (Niederösterreich) wird errichtet
- ▷ Der sog. Töpferaltar für St. Stephan in Wien entsteht; wegen der (1745 verbotenen) Darstellung der hl. Dreifaltigkeit als Menschen-Dreiheit 1750 nach Baden (Pfarrkirche St. Helena) verkauft
- ▷ Die Sakristeitür der Pfarrkirche von Bruck an der Mur (Steiermark) wird gefertigt – eine der bedeutendsten gotischen Schmiedeeisenarbeiten
- ▷ In St. Veit an der Glan (Kärnten) werden Teile der Stadtmauer errichtet
- ▷ Das »Goldene Dachl« in Innsbruck wird vollendet→
- ▷ Das Volkslied erlebt seine erste große Blüte in Österreich; u. a. entstehen die Lieder »Es tagt in osterriche« und »Es steht manch' Schloß in Österreich«
- ▷ Im Stift Kremsmünster (Oberösterreich) wird ein Stundenbuch verfaßt und in die Form eines Buchbeutels gebracht, daher auch »Beutelbuch« genannt; es ist das einzig erhaltene in Österreich
- ▷ Der 1469 als Pfarrer in Techelsberg (Kärnten) nachweisbare Jakob Unrest verfaßt eine Geschichte Kärntens, Österreichs und Ungarns (die erste in deutscher Sprache).

Die »Schutzmantelmadonna« nimmt die Zufluchtsuchenden in ihre Obhut (Fresko von Thomas von Villach, um 1470; Altenmarkt)

Das »Goldene Dachl« am sog. Neuen Hof in Innsbruck

Geschnitzter Flügelaltar (um 1497; Pfarrkirche Kefermarkt)

Gotischer Flügelaltar (Friedrich Pacher, 1475; Pfarrkirche Gries)

1501

1501–1510

1501. Die »Goldene Stube« in der Festung Hohensalzburg entsteht.

15. 8. 1501. Das Hochwasser der Donau verursacht großflächige Überschwemmungen besonders in Niederösterreich: In der Pfarrkirche von Melk steigt das Wasser eine Elle über den Altartisch.

13. 10. 1501. Friede von Trient: König Maximilian I. erkennt die Herrschaft Frankreichs in der Lombardei an.

1502. Der Humanist und Dichter Konrad Celtis gründet das »Collegium Poetarum et Mathematicorum«, eine Gelehrtengesellschaft der Wiener Universität.→

Die Filialkirche von Magdalensberg (Kärnten) erhält einen prachtvollen geschnitzten Flügelaltar aus einer St. Veiter Werkstatt.

25. 2. 1502. Maximilian I. erläßt eine neue Ordnung für das niederösterreichische Regiment.→

1. 12. 1503. Durch den Tod Herzog Georgs von Landshut-Ingolstadt entsteht der bayrisch-pfälzische Erbfolgekrieg (→ 30. 7. 1505).

1504. Für König Maximilian I. entsteht das »Tiroler Fischereibuch«, eine ausschließliche Beschreibung der Fischereigewässer von Tirol mit zahlreichen Illuminationen von Jörg Kölderer.→

12. 9. 1504. Die Schlacht bei Schönberg entscheidet den bayrisch-pfälzischen Erbfolgekrieg zugunsten Maximilians I. (→ 30. 7. 1505).

2. 5. 1505. Maximilian I. erneuert den Vertrag mit Ludwig Freiherr von Brandis über die gemeinsame Landesverteidigung in Vorarlberg, die in erster Linie von den Ständen getragen wird.

30. 7. 1505. Mit dem Königsspruch auf dem Reichstag zu Köln beendet Maximilian I. den bayrisch-pfälzischen Erbfolgekrieg.→

Oktober 1505. Der ungarische Reichstag beschließt, in Zukunft nur mehr einen Ungarn zum König zu krönen.

Um 1506. Das Langhaus der Pfarrkirche von Eberndorf (Kärnten) wird vollendet.

1506. Das niederösterreichische Regiment mit Sitz in Linz wird reorganisiert.

Der Bau der Pfarr- und Wallfahrtskirche von Fernitz (Steiermark) wird begonnen (1514 fertiggestellt).

20. 3. 1506. Als Antwort auf die Entscheidung des ungarischen Reichstags, nur mehr einen Ungarn krönen zu wollen, schließen Maximilian I. und König Wladislaw Jagello von Böhmen und Ungarn den Vertrag von Wiener Neustadt.→

1507. Jakob Mennel, Hof-Geschichtsschreiber und kaiserlicher Rat, verfaßt eine Chronik der Habsburger.

März 1507. Erzherzogin Margarete von Österreich wird von Maximilian I. zur Generalstatthalterin der Niederlande ernannt und mit der Erziehung ihres Neffen Karl betraut.

Um 1508. Im Habsburger Saal von Schloß Tratzberg in Tirol (fertiggestellt 1515) entsteht ein gemalter Habsburger-Stammbaum, vermutlich von Hans von Schwaz oder Ulrich Funk d. Ä.

1508. Venezianer dringen in Krain ein, worauf Landtage in Krems und Wien Geld für ein 3000 Mann starkes Heer unter Graf Niklas von Salm bewilligen.

Die Münze von Hall in Tirol prägt den »Doppelschauguldiner« anläßlich der Annahme des Kaisertitels durch Maximilian I. Erstmals erscheint der Name »Europa« auf einer Münze: Die Rückseite trägt 27 Wappenkombinationen und die Umschrift »Pluriumq(ue) Europe Provinciar(um) Rex et Princeps Potentis(s)im(us)«.

4. 2. 1508. Maximilian I. nimmt im Dom von Trient den Titel »Erwählter römischer Kaiser« an.→

10. 3. 1508. Ein kaiserliches Heer erleidet in Pieve di Cadore an der Tiroler Südgrenze eine vernichtende Niederlage gegen die Venezianer. 1300 Köpfe der gefallenen Kaiserlichen werden in Venedig öffentlich zur Schau gestellt.

10. 12. 1508. Gegen Venedig wird die »Liga von Cambrai« gebildet. Ihr gehören Maximilian I., Papst Julius II., König Ludwig XII. von Frankreich und Ferdinand von Aragon-Kastilien an (→ 4. 10. 1511).

1510. Der gemalte spätgotische Flügelaltar für die Kapelle des Rissschlößchens in Flaurling (Tirol) entsteht.

März 1510. Maximilian I. zieht mit zwei Armeen nach Italien, doch die verbündeten Franzosen wollen eine Schlacht gegen Venedig vermeiden und ziehen sich nach Mailand zurück.

10. 4. 1510. Das sog. Augsburger Libell des Reichstags hebt das Reichskammergericht auf. – Das niederösterreichische Regiment übernimmt dessen Kompetenzen und wird von Enns (Oberösterreich) nach Wien verlegt.

GESTORBEN:

25. 9. 1506. Burgos: Philipp I., der Schöne, von Habsburg (* 22. 7. 1478), Herzog von Burgund, König von Spanien.

1507. Passau: Rueland Frueauf d. Ä. (* um 1445), spätgotischer Tafelmaler.

Nach 1508. Bruneck: Friedrich Pacher (* um 1440), Tafelmaler.

GEBOREN:

1503. Nürnberg: Augustin Hirschvogel († 5. 3. 1553), Kartograph und Radierer.

10. 3. 1503. Alcalá de Henares: Ferdinand I. von Habsburg († 25. 7. 1564), Erzherzog von Österreich, König und Kaiser.

Neues Menschenbild

1502. Der aus dem Fränkischen stammende Humanist und Dichter Konrad Celtis gründet an der Wiener Universität die Gelehrtengesellschaft »Collegium Poetarum et Mathematicorum«, eine Art Hochschulseminar mit einer Arbeitsgemeinschaft.

1497 bewirkte Johannes Fuchsmagen, selbst ein bedeutender Humanist und Diplomat (Präsident der »Sodalitas litteraria Danubia«), die Berufung von Celtis an die Wiener Universität. Dieser ist seit langem um die Verbreitung humanistischer Ideen bemüht und gründet nach dem Muster der italienischen Akademien gelehrte Gesellschaften (1494: »Gelehrte Donaugesellschaft«). Während seiner Lehrzeit in Wien und Ingolstadt führt er neue Lehrmethoden ein und fördert das Studium des Griechischen und der Rechtswissenschaft. 1487 wurde er von Kaiser Friedrich III. in Nürnberg zum Dichter gekrönt.

Der Humanist Johannes Cuspianus (Gemälde von Lucas Cranach d. Ä.; Winterthur)

Konrad Celtis (ein die Leistungen des Humanisten beschreibender Holzschnitt von Hans Burgkmair)

Mit der Auflösung feudaler Strukturen, der festgefügten Ordnungssysteme des Mittelalters mit Ständen und Zünften, und mit der Ausweitung des Handels, der Kämpfe um wirtschaftliche Entfaltung sieht sich der einzelne auf sich selbst zurückverwiesen und besinnt sich auf seinen individuellen Wert, seine Leistungen und seine Handlungsfreiheit. Die Menschen entwickeln Selbstwertgefühl und Selbstbewußtsein; sie verstehen sich als die zentralen Wesen in der Welt; sie vertrauen auf Vernunft und Erfahrung und entwickeln ihre neuen Lebensideale in der Rückbesinnung auf die Antike. Auf den geistigen Grundlagen der italienischen Renaissance entwikkelt sich das neue, humanistische Menschenbild. Das Streben der Menschen richtet sich nunmehr auf das Diesseits. Die neuen Ideale – Autonomie des Ich und Weltzugewandtheit – tasten auch die Autorität der Kirche an.

Das Bildungsziel der Humanisten ist die freie, selbstbewußte und sprachgewandte Persönlichkeit, lateinische und griechische Sprachstudien und die Kenntnis der antiken Dichtung bilden hierfür die Grundlage. Als Entdecker klassischer und mittelalterlicher Geschichtsquellen tritt besonders der aus Schweinfurt stammende Humanist Johannes Cuspianus (eigentlich Spießhaymer) hervor. Seit 1492 in Wien, wurde er 1500 Rektor der Universität, Diplomat sowie Leibarzt des Kaisers und ist neben Celtis Kopf des Wiener Humanismus. Seine Hauptwerke, ein »Kaiserbuch« von den Römern bis zu Maximilian I. (»De Caesaribus atque Imperatoribus Romanis«), und die topographische Landeskunde »Austria«, werden erst nach seinem Tod (1529) veröffentlicht. Johannes Cuspianus gibt ferner das Geschichtswerk des Babenbergers Otto von Freising (→ 22. 9. 1158) heraus.

Das »Regiment«

25. Februar 1502. König Maximilian erläßt eine neue Ordnung für das »niederösterreichische Regiment« und beschreibt darin sehr genau die Aufgaben dieses Regierungsbereichs. (Das aus dem Lateinischen stammende Wort »Regiment« bedeutet soviel wie »Herrschaft« oder »Führung«; erst im 17. Jahrhundert entwickelt sich daraus die militärische Bezeichnung.)

Die neue Ordnung legt fest, daß sich jeder Untertan direkt an das Kollegium der juristischen Beamten wenden kann. Außerdem werden dem Regiment die Lehensangelegenheiten übertragen, die Zuständigkeiten in militärischen Belangen hingegen eingeschränkt. Alle Ständemitglieder sind fortan verpflichtet, regelmäßig Angaben über ihre Einkünfte zu machen, die als Grundlage für die Besteuerung dienen (die bisher unregelmäßig eingehobene Ständesteuer ist zu einer dauernden Einrichtung geworden).

Doch schon bald werden die Auffassungsunterschiede, besonders der Gegensatz zwischen Länderautonomie und Staatsgewalt, deutlich. Als erster wendet sich der steirische Landtag gegen die Reform, wobei die Kritik an der Einrichtung des Regiments als ständige Behörde und der dauerhaften Übertragung der herzoglichen Gewalt an das Hofgericht in Wiener Neustadt im Vordergrund steht.

Bis in die Mitte des Jahres 1503 beschäftigen sich die Landtage und Beratungen der Stände immer wieder mit der maximilianischen Regimentsreform. 1506 wird wegen der anhaltenden Beschwerden über das Kammergericht eine Reorganisation des niederösterreichischen Regiments durchgeführt. Streitigkeiten, die aus bisherigen ständischen Freiheiten entstehen, werden dem Regiment zugewiesen, wobei als letzte Instanz der königliche Hofrat gilt.

Maximilian befindet sich auf der Höhe seiner Macht im Reich. Allein der Kaisertitel fehlt ihm noch.

Habsburger zum Kaiser gekrönt

4. Februar 1508. *Maximilian I., seit 1493 Alleinherrscher im Reich, nimmt als erster deutscher Regent mit päpstlicher Zustimmung den Titel eines »Erwählten Römischen Kaisers« an. Die Kaiserproklamation im Dom von Trient markiert einen wichtigen Schritt auf dem Weg zur Unabhängigkeit der Kaiserwürde von Rom, wohin Maximilian wegen eines Durchzugsverbots der Venezianer nicht ziehen kann (Gemälde von Bernhard Strigel; Kunsthistorisches Museum Wien).*

Maximilians Spruch

30. Juli 1505. Mit dem Königsspruch, auch Kölner Schiedsspruch genannt, beendet König Maximilian I. auf dem Reichstag zu Köln den bayrisch-pfälzischen Erbfolgestreit. Mit dem Tod Herzog Georgs von Landshut-Ingolstadt am 1. Dezember 1503 war die Landshuter Linie der Wittelsbacher ausgestorben, und schon bald entbrannte ein Kampf um das Erbe. Maximilian unterstützte seinen Wittelsbacher Schwager, Herzog Albrecht IV. von Bayern-München, gegen die Pfälzer; am 12. September 1504 kam es bei Schönberg, nördlich von Regensburg, zur entscheidenden Schlacht zwischen den Truppen des Königs und einem böhmischen Söldnerheer. Nach seinem Sieg erhielt Maximilian im Frieden von Schärding am Inn (Oberösterreich) als Entschädigung mehrere schwäbische Herrschaften sowie Kitzbühel, Rattenberg und Kufstein in Tirol (Grafschaft Unterinntal) zugesprochen.

Auf dem Reichstag zu Köln wird der Frieden von Schärding bestätigt. Die Grafschaft Unterinntal und das Mondseegebiet mit St. Wolfgang in Oberösterreich fallen an Maximilian, Neuburg am Inn, Rannariedl und Neuhaus an der Mühl kommen zu Oberösterreich.

Ein doppeltes Eheversprechen

20. März 1506. Als Antwort auf die Entscheidung des ungarischen Reichsrates vom Oktober 1505, fortan nur noch einen Ungarn auf den Thron zu erheben, schließen König Maximilian I. und König Wladislaw Jagello von Böhmen und Ungarn den Vertrag von Wiener Neustadt. Darin wird folgendes Eheversprechen vereinbart: Ferdinand, Enkel Maximilians aus der Ehe Philipps des Schönen mit Johanna von Aragon-Kastilien und gerade drei Jahre alt, soll mit Anna, der zweijährigen Tochter Wladislaws, vermählt werden; falls Wladislaw ein Sohn geboren wird (was bereits am 2. Juli der Fall ist), soll dieser Maria, die Schwester Ferdinands, heiraten.

Im zweiten Jahresviertel zieht Maximilian mit einem Heer nach Ungarn, um seine Ansprüche unter Beweis zu stellen und besetzt Preßburg und die westungarischen Grenzkomitate. Der Wiener Friede vom 19. Juli 1506 zwischen Maximilian und König Wladislaw bestätigt noch einmal alle Rechte Maximilians aus den früher geschlossenen Verträgen.

Fischereibuch

1504. *Auf Veranlassung von König Maximilian I. verfaßt Wolfgang Hohenleiter ein »Tiroler Fischereibuch«, das von Jörg Kölderer mit acht ganzseitigen Miniaturen ausgestattet wird, darunter auch der »Krebsfang an der Lienzer Klause« (Österreichische Nationalbibliothek Wien).*

1511

1511–1520

1511. Mit der Einstellung der Bauarbeiten am Nordturm des Stephansdomes in Wien endet dessen Hauptausbauphase.→

23. 1. 1511. Erzbischof Leonhard von Keutschach läßt Bürgermeister und Rat der Stadt Salzburg verhaften und zwingt sie, auf ihre 1481 bestätigten Rechte zu verzichten.

7. 2. 1511. Vertrag von Baden (Aargau): Kaiser Maximilian I. und die Eidgenossen regeln die österreichisch-schweizerischen Beziehungen (der Vertrag behält über Jahrhunderte Gültigkeit).

23. 6. 1511. Maximilian I. erläßt das »Tiroler Landlibell«, mit dem er die Sonderstellung Tirols festigt.

4. 10. 1511. Nach dem Scheitern der antivenezianischen »Liga von Cambrai« wird die antifranzösische »Heilige Liga« gegründet.→

1512. Kaiser Maximilian plant einen Triumphzug nach altrömischem Vorbild (der allerdings nie durchgeführt wird).

Der Neubau der Pfarrkirche von Eisenerz (Steiermark), der einzig vollständig erhaltenen Wehrkirche Österreichs, wird geweiht.

11. 4. 1512. Die Franzosen besiegen in der Schlacht von Ravenna die Truppen der »Heiligen Liga«.

19. 11. 1512. Kaiser Maximilian I. tritt der »Heiligen Liga« bei, nachdem Venedig ausgeschlossen worden ist (→ 3. 12. 1516).

17. 10. 1513. Maximilian I. schließt mit England und Spanien gegen Frankreich das Angriffsbündnis von Lille (→ 3. 12. 1516).

1513. Meister Anton Pilgram vollendet den Orgelfuß (mit Selbstporträt) im Wiener Stephansdom.

19. 1. 1515. Maximilian I. erläßt eine Handelsordnung für Wien zugunsten der Handelsfreiheit und der oberländischen Großhändler.

22. 7. 1515. In Wien findet die habsburgisch-jagellonische Doppelhochzeit statt.→

Herbst 1515. »Windischer Aufstand«: In der Untersteiermark, in Kärnten und Krain erheben sich die Bauern gegen den Krieg und die steigenden Steuerlasten. Der Aufstand wird jedoch blutig niedergeworfen.

1516. Hans Ried vollendet das sog. Ambraser Heldenbuch.→

23. 1. 1516. Nach dem Tod König Ferdinands von Aragon-Kastilien übernimmt Karl, der Enkel Maximilians, die Herrschaft in Spanien.

13. 3. 1516. Der erst zehnjährige Ludwig (II.) wird nach dem Tod seines Vaters, König Wladislaws Jagello, König von Böhmen und Ungarn. Die Vormundschaft führen Maximilian und König Sigismund I. von Polen, ein Onkel Ludwigs.

3. 12. 1516. Maximilian schließt mit Venedig den Frieden von Brüssel.→

9. 10. 1517. Der Kaiser bewilligt den Wiener Hausgenossen die Begünstigung bei der Metallbeschaffung für die (stark eingeschränkte) Prägetätigkeit.

20. 11. 1517. Wien erhält ein neues Stadtrecht, in dem Maximilian die Rechte und Freiheiten der Stadt bestätigt.

1518. Maximilian schenkt den Kärntner Landständen die Stadt Klagenfurt.

15. 1. 1518. In Innsbruck beginnt der erste Generallandtag der österreichischen Länder.→

15. 12. 1518. Maximilian schließt mit den drei eidgenössischen Bünden die »ewige Erbeinigung«.

28. 1. 1519. Im Wiener Stephansdom findet die Totenfeier für den am 12. Jänner verstorbenen Kaiser statt.

Gleichzeitig tritt in Wien der Landtag der Stände des Landes unter der Enns zusammen, um sich der Macht des Regiments zu entledigen (fünf Tage später folgen die Stände »ober der Enns«; → 1519/20).

28. 6. 1519. Maximilians Enkel, König Karl I. von Spanien, wird in Frankfurt am Main einstimmig zum König und römischen Kaiser gewählt (Karl V.).→

25. 11. 1519. Kaiser Karl V. lehnt die von den österreichischen Ständen geforderte Absetzung des Regiments ab (→ 1519/20).

Um 1520. Niclas Preu fertigt den Flügelaltar der Pfarrkirche von Pulkau (Niederösterreich) – ein Hauptwerk der Donauschule.

1520. Der wittenbergische Theologe Martin Luther verfaßt die reformatorischen Hauptschriften »An den christlichen Adel« und »Von der Freiheit eines Christenmenschen«.

Die Pacher-Schüler Wolfgang Aßlinger und Marx Reichlich schnitzen den Wandelaltar der Pfarrkirche von Heiligenblut (Kärnten).

25. 1. 1520. Als erstes österreichisches Land leistet Kärnten Kaiser Karl V. den Erbhuldigungseid (kurz darauf folgen Tirol, die Steiermark und das Land ober der Enns).

23. 10. 1520. Karl V. wird in Aachen zum König gekrönt.

GESTORBEN:

Um 1515. Wien: Anton Pilgram (* um 1460), Bildhauer und Baumeister (→ 1541–1550).

Nach 1518. Hans Valkenauer (* um 1448), Bildhauer (Denkmal für Leonhard von Keutschach an der Georgskirche der Festung Hohensalzburg, 1501/02).

1519. Leonhard von Keutschach (* 1442), Erzbischof von Salzburg.

12. 1. 1519. Wels: Maximilian I. von Habsburg (* 22. 3. 1459), König und Kaiser.→

GEBOREN:

31. 10. 1514. Wien: Wolfgang Lazius († 19. 6. 1565), Humanist und Historiograph.

1516. *Nach rund zwölfjähriger Arbeit vollendet der Schreiber der Innsbrucker Kanzlei, Hans Ried, das sog.* **Ambraser Heldenbuch,** *eine Sammlung mittelhochdeutscher Dichtungen, die zum Teil nur aus diesem Heldenbuch bekannt sind. Ein Künstler aus Nordtirol (möglicherweise Ulrich Funk) versieht das Buch im Jahre 1517 mit einem Titelblatt (Abb.) und zahlreichen Randdekorationen (Österreichische Nationalbibliothek Wien).*

Ein Rückschlag für Maximilian

4. Oktober 1511. Nach dem Zerfall der antivenezianischen »Liga von Cambrai« (1508 von Kaiser Maximilian I., Papst Julius II., König Ludwig XII. von Frankreich und König Ferdinand von Aragon-Kastilien geschlossen) wird die »Heilige Liga» gegen Frankreich gegründet. Ihr gehören neben Venedig und dem Papst England, die Schweiz und Aragon-Kastilien an; der Kaiser bleibt dem Bündnis vorerst fern.

Die durch den diplomatischen Einfluß der Erzherzogin Margarete von Österreich, seit 1507 Generalstatthalterin der Niederlande, zustandegekommene »Liga von Cambrai« sollte der Rückeroberung der von Venedig besetzten Gebiete in Oberitalien dienen. 1510 suchte Maximilian gemeinsam mit den Franzosen die Entscheidungsschlacht, doch das französische Heer wich dem Kampf aus. Aufgrund erfolgreicher diplomatischer Bemühungen Venedigs mußte der Kaiser seine Italienpläne aber Ende 1510 aufgeben.

Friedensschluß für Oberitalien

3. Dezember 1516. Kaiser Maximilian I. schließt mit Venedig den Frieden von Brüssel: Der Kaiser verzichtet gegen eine Entschädigung auf Verona, behält aber seine Eroberungen im Alpenraum (Peutelstein, Ampezzo sowie Rovereto, Riva und Torbole am Gardasee); Tirol wird zur »gefürsteten Grafschaft« erhoben (die Südgrenze des Landes bleibt in dieser Form bis 1918 bestehen).

Durch erste militärische Erfolge gegen Venedig und Frankreich ermutigt, schlossen der Kaiser, König Heinrich VIII. von England und König Ferdinand von Aragon-Kastilien 1513 das Angriffsbündnis von Lille. Der Krieg geriet jedoch ins Stocken. Nach zwei französischen Siegen wurde ein Vorfriede geschlossen, der nachfolgende Vertrag von Noyon sieht die Beendigung des Krieges zwischen Frankreich und der »Heiligen Liga« vor. Knapp vier Monate später wird nun der Streit um Oberitalien durch den Brüsseler Friedensschluß endgültig beigelegt.

Kaiser Maximilian I. von Habsburg zu Pferde (Farbholzschnitt von Hans Burgkmair d. Ä., 1508)

«Der letzte Ritter«

12. Jänner 1519. In Wels (Oberösterreich) stirbt im 60. Lebensjahr Kaiser Maximilian I., seit 1486 König im Reich und seit dem →4. Februar 1508 »Erwählter römischer Kaiser«. Maximilian war der einzige überlebende Sohn Kaiser Friedrichs III. (zwei Brüder starben bereits kurz nach ihrer Geburt) und wurde nach dem Tod seines Vaters (→19. 8. 1493) Alleinherrscher im Reich. Seinen Zeitgenossen galt Maximilian als vorbildlicher Ritter, womit nicht nur sein militärisches Talent, sondern auch seine Wertschätzung mittelalterlicher Ideale gemeint war. Gemeinsam mit seinem Sekretär Marx Treitz-Sauerwein verfaßte er ein autobiographisches Werk (»Weißkunig«) und das allegorische Versepos »Theuerdank«. Als Herrscher nutzte er die von seinem Vater hinterlassenen Grundlagen zur Stärkung der Stellung Habsburgs und bereitete den Aufstieg seines Hauses zur europäischen Großmacht vor.

Kurz vor seinem Tod verfaßte der erkrankte Maximilian sein Testament, worin er detailliert über Zuwendungen und Stiftungen sowie sein persönliches Eigentum bestimmt.

Da das 1502 in Auftrag gegebene Innsbrucker Grabmal noch nicht vollendet ist, verfügt er, neben seiner Mutter in der Burg von Wiener Neustadt bestattet zu werden.

Schloßhof der habsburgischen Hofburg in Innsbruck (Aquarellzeichnung von Albrecht Dürer, 1494/95

Des Kaisers Bestimmungen über seine Bestattung

Das Werk »De Caesaribus atque Imperatoribus Romanis«, 1540 von dem Wiener Universitätsprofessor und anerkannten Humanisten Johannes Cuspinianus verfaßt, endet mit der Biographie Kaiser Maximilians I. Das sog. Kaiserbuch ist 1541 in Straßburg in deutscher Sprache erschienen; darin heißt es über den Tod des Kaisers in Wels:

»… [da] ist beschehen, das in dem tausend fünf hundert und achtzehenden Jar in dem Heumonat eyn erschrockenliche Finsternis der Sonnen worden ist, die Maximiliani Geburt und Nativitet etwas verduncklet hat, im gefärlich und tödtlich gewesen ist … Maximilianus, der zu der selben Zeyt mit den Seinen zu Ynßbruck sich hielte, ist auß Zorn bewegt in eyn verborgen Fieber gefallen. Dieß Fieber hat seines Gemüts Angst und Sorg gemehret, also das er göhn Welsa kommen ist, er offenbarlich anfieng kranck zu sein …

Dann er befolhen hat, man solte im eilentz eyn Niderkleid anlegen, damit nach seinem Todt sein Gemächt und Scham niemandt sehe … Niemandt hat gesehen, das er das Wasser, wie man sagt, abgeschlagen, oder das er zu Stul gangen sey. Gar wenig Artzet haben sein Harn, als er kranck war, gesehen, so gantz schamhaftig ist er gewesen. Demnach hat er befolhen, das so er den Geyst aufgeben, das man sein Har an dem gantzen Leib abscheren solt und in alle Zeen [Zähne] außbrechen und eyn Gruben in dem Kirchhof machen und mit feürigen Kohlen zudecken.

Seinen Leib sollte man geysslen und nachmals in eynen dryfachen Sack auß Leynwandt, weisser Seiden und in Damast einwicklen, doch Kalck und Eschen darein vermischen. Auch solte der Leib in eyn Todtenbar gelegt werden, welche er mehr dann fünf Jar zu sollichem Gebrauch mit im hatt herumb geführet, welche von innen seer wol beschlagen war.

Wiewol eyner seiner Secretarien vermeinet, das er dise fünf Jar diesen Kasten für eyn Lad und Behaltnüs seiner Geschicht [Geschichtswerke] gebraucht hett, der selbig wußte nicht, warumb der Keyser disen Trog so wol hett lassen beschlagen.«

Generallandtag in Innsbruck

15. Jänner 1518. In Innsbruck ver sammeln sich die Abgeordneten de ersten Generallandtags aller öster reichischen Länder, der aufgrun des Erscheinens von Vertretern alle Länder als erstes österreichische Parlament bezeichnet werden kan Vertreten sind die niederösterreichi schen Länder durch 35 Abgeordne te, Tirol mit acht, die Vorlande (mi Schwaben und dem Elsaß) mit 2 und Görz mit fünf Delegierten. Di oberösterreichische Ländergrupp hat sich im Laufe der Jahre imme mehr gelockert, weshalb Tirol un die Vorlande in Innsbruck getrenn auftreten.

Die Verhandlungen ziehen sich b zum 6. Juni hin, da zuerst die Abg ordneten jedes Landes einig werde müssen, um dann im Plenum g schlossen auftreten zu können. G meinsame Sitzungen des Genera landtags finden folglich nur wenig statt; dennoch verabschiedet dies erste österreichische Parlament a 24. Mai 1518 drei wesentliche B schlüsse, die sog. »Innsbrucker I belle«: 1. »Libell kais. Maj. H ordnung und anderer Betrachtung 2. »das Libell der Rüstung halber 3. »das Libell gemeiner Beschw rungen«.

Die Verwaltungsfragen bleiben trotz des scheinbaren Zusamme schlusses aller österreichisch Landstände – im wesentlichen na dem Willen des Kaisers in der alt Ordnung bestehen.

Die Doppelhochzeit

22. Juli 1515. Im Wiener Stephansdom findet die Doppelhochzeit der habsburgischen und jagellonischen Thronanwärter statt: Kaiser Maximilian I. läßt sich stellvertretend für einen seiner Enkel (Karl oder Ferdinand) mit Anna, der Tochter König Wladislaws Jagello von Böhmen und Ungarn trauen und krönt dabei die zwölfjährige Anna zur Königin. Anschließend erfolgt die Trauung Ludwigs, des achtjährigen Sohnes König Wladislaws, mit Maria, der Enkelin des Kaisers.

Diese Doppelhochzeit, bereits am →20. März 1506 im Vertrag von Wiener Neustadt vereinbart und am 12. November 1507 bestätigt worden, begründet und bekräftigt die Erbansprüche Habsburgs auf Böhmen und Ungarn (→29. 8. 1526). Die Feierlichkeiten haben bereits am 17. Juli begonnen, als der Kaiser Wladislaw mit seinem großen Gefolge bei Schwechat empfing und in festlichem Geleit nach Wien führte. Erst am 29. Juli verlassen die beiden Regenten die Stadt in Richtung Wiener Neustadt, von wo sie am 3. August in bestem verwandtschaftlichen und freundschaftlichen Einvernehmen voneinander scheiden.

Ludwig II., Sohn von Wladislaw Jagello (Bernhard Strigel, 1515; Kunsthistorisches Museum Wien)

arl V. (sitzend) im Haus des Kaufmanns Jakob Fugger, der die Schuldverschreibung des Kaisers vernichtet

Geld entscheidet die Königswahl

3. Juni 1519. Nach dem Tod Kaiser laximilians I. wird sein Enkel, Kög Karl I. von Spanien, als Karl V. in rankfurt am Main von den deut-hen Kurfürsten einstimmig zum önig und römischen Kaiser geählt. Die Wahl ist durch Geldzahngen (Handsalben) in Höhe von ehr als 850 000 Rheinischen Goldulden an die Kurfürsten entschieen worden. Diese Summe strecken eutsche und italienische Kaufleute em König vor.

is zu seinem Tod war es Maximian I. nicht gelungen, die Nachfolge ı Reich zu regeln. Als Bewerber um e Königswürde treten zwei ausländsche Herrscher auf: König Franz I. on Frankreich und Karl, der 19jährige Enkel Maximilians, seit 1506 errscher der Niederlande und seit 516 auch König des vereinigten paniens, von Neapel und Sizilien wie der überseeischen spanischen ebiete. Nach dem Tod seines Großters hat Karl auch den gesamten absburgischen Besitz geerbt: sterreich ober und unter der Enns, eiermark, Kärnten, Krain, Tirol, e Vorlande und die burgundischen sitzungen.

anz I. von Frankreich, der mit der nterstützung Papst Leos X. rechn kann, da dieser eine Umklammeng des Kirchenstaats durch die absburger fürchtet, versucht ebenls, durch Wahlgelder in Form von rengeschenken, Pensionen und stechungsgeldern die Kurfürsten f seine Seite zu ziehen. Diese sind jedoch – durch eine Verbindung mit dem mächtigen Frankreich um ihre Privilegien fürchtend – der Wahl des Franzosen abgeneigt.

Für die Wahl muß Karl insgesamt 851 718 Gulden aufbringen, von denen Jakob Fugger 543 385, die Welser 143 333 und drei italienische Kaufleute jeweils 55 000 Gulden zur Verfügung stellen.

Für den Kredit an Karl V. erhält Jakob Fugger u.a. Sicherheit durch die Verpfändung von Bergwerken, wodurch ihm stetige Einnahmen und ein nachhaltiger Einfluß auf den jungen König sicher sind.

Dem Anschein nach hat sich der junge Kaiser fast völlig verausgabt, um seine Wahl durchzusetzen, auch wenn ihm von der geliehenen Summe selbst noch ein bescheidener Betrag übrig bleibt. Die finanzielle Notlage Karls ändert sich aber rasch, denn reiche Gold- und Silberlieferungen aus Amerika treffen in Europa ein. 1520–1550 beträgt die Gesamtmenge des importierten Edelmetalls 263 914 kg Silber und 58 430 kg Gold. Bis 1600 steigen diese Transporte noch erheblich an, danach läßt vor allem die Goldeinfuhr nach, während Silber weiterhin in großen Mengen abgebaut wird.

Karl V. (Peter Paul Rubens, um 1519)

Das Regiment soll abgesetzt werden

1519/1520. Die österreichischen Stände hoffen nach dem Tod Kaiser Maximilians I., sich der Macht des Regiments, der eigentlichen Regierung, entledigen zu können. Anführer der ständischen Opposition wird die Stadt Wien.

Bereits am Tag der Totenfeier für den verstorbenen Kaiser tritt der Landtag des Landes unter der Enns zusammen, fünf Tage später, am 2. Februar 1519, folgen die Länder ober der Enns. Am 9. Mai kommt es zum Treffen der Feldhauptleute aller habsburgischen Länder in Bruck an der Mur (Steiermark) – nur der Tiroler Feldhauptmann erscheint nicht. Nach längeren Beratungen wird beschlossen, eine Gesandtschaft zu den habsburgischen Erben, König Karl von Spanien und Erzherzog Ferdinand, zu schicken, um die Forderungen der Stände vorzubringen. Der neugewählte Kaiser Karl V. lehnt jedoch die geforderte Absetzung des Regiments am 25. November strikt ab, und die Gesandtschaft muß unverrichteter Dinge die Heimreise antreten.

Als die Gesandten am 5. Februar 1520 wieder in Wien eintreffen, haben Kärnten und Tirol den vom Kaiser geforderten Erbhuldigungseid bereits geleistet; kurz darauf folgen die Steiermark und das Land ober der Enns. Das Land unter der Enns, Vorreiter der Ständerevolte, huldigt erst am 9. Juli – die Stadt Wien verweigert jedoch den geforderten Eid unter Berufung auf ihr angebliches Recht, außerhalb ihrer Mauern keinen Schwur leisten zu müssen. So nehmen Regierungskommissäre den Wienern den Eid erst am 11. Juli in der Stadt ab – die Opposition gegen das Regiment ist damit aber nicht beseitigt.

Im August und September wird in Augsburg über die vom Reichsregiment vorgeschlagene Errichtung eines eigenen Regiments für die fünf »niederösterreichischen« Länder verhandelt. Da die Vertreter der Länder zu keiner Einigung gelangen, beschließt das Reichsregiment am 4. September, die Regierung zu behalten und je einen Vertreter der Länder beizuziehen. Nur das Land unter der Enns soll eine sog. Mittelregierung erhalten, die allerdings nicht aus Ständemitgliedern gebildet wird (→ 10. 7. 1522).

Der Ausbau von St. Stephan

1511. Mit dem Abbruch der Bauarbeiten am Nordturm endet die Hauptausbauphase des Wiener Stephansdomes.
1137 begann unter dem Babenberger Markgrafen Leopold IV. der Bau einer neuen Pfarrkirche, die 1147 von Bischof Reginbert von Passau zu Ehren des hl. Stephan geweiht wurde. Langhaus und Westteil der dreischiffigen romanischen Kirche wurden um 1160 vollendet, die Basilika erreichte eine Länge von 83 m. Um 1240 begann man mit einem fast gänzlichen Neubau auf dem Grundriß der alten Kirche. Die Schlußweihe dieses letzten großen Sakralbaus der Spätromanik im deutschen Sprachraum erfolgte allerdings erst 1263, da ein Brand am 7. August 1258 einen Großteil der Kirche zerstörte.
1304 begann die dritte Bauphase von St. Stephan, der Neubau eines gotischen Domes mit dreischiffigem Hallenchor mit Kreuzrippengewölbe (»Albertinischer Chor«, 1340 geweiht). 1359 erfolgte die Grundsteinlegung für das sog. Rudolfinische Langhaus und den Südturm (dem 137 m hohen »Steffel«); zweigeschossige Doppelkapellen dienten zur Verbindung des romanischen Westbaus mit dem breiteren gotischen Langhaus. Unter Dombaumeister Hanns Puchspaum (→ 21. 9. 1446) wurde das Langhaus eingewölbt und der Bau des Nordturmes (Adlerturm) begonnen, der nunmehr auf halber Höhe unterbrochen und 1523 endgültig eingestellt wird (1568–1578 erhält der Turm eine achteckige »welsche« Haube mit Glockenhelm). Nach fast 375 Jahren endet das große Baugeschehen an der Stephanskirche.

St. Stephan zu Wien (Kupferstich von Salomon Kleiner, 1724)

BÖHMEN
MÄHREN
Regensburg
Landshut
Budweis
Krumau
Brünn
Znaim
Nikolsbg.
Feldsberg
Falkenstein
Litschau
Heidenreichstein
Raabs
Gmünd
Waidhofen a.d. Thaya
Weitra
Zwettl
Drosendorf
Hardegg
Retz
Seefeld
Laa
Mailberg
Staatz
Eggenburg
Horn
Poigen
Altenbg.
Krumau
Gars
Rappottenstein
Böhm. Mark
Ernstbrunn
Dürnkrut
March
HOCH STIFT PASSAU
Passau
Neuburg
Vichtenst.
Schärding
Engelhardszell
Falkenstein
Schlägl
Hohenfurth
Freistadt
Riedmark
Wildberg
Steyregg
Waldhausen
Mauthsn
Grein
Machland
Ardagger
Persenbeug
Ybbs
Pöchlarn
Melk
Pöggstall
Spitz
Dürnstein
Krems-Stein
Arnsdorf
Mautern
Göttweig
Traismauer
Tulln
Herzogenbg.
St. Pölten
Wolfstn
Triebensee
Kreuzenstein
Korneuburg
Klosterneuburg
Königstetten
Dornbach
Schotten
Wien
Großenzersdf.
Orth
Marchegg
Preßburg
Hainbg.
Mödling
Heiligenkreuz
Baden
Bruck a.d. L.
Leitha
Neumark
Wienerwald
ÖSTARRICHI
Ulmerfeld
Steinakirchen
Neuhofen
Hainfeld
Lilienfeld
Nöstach
Waidhofen a.d. Ybbs
Gaming
Ötscher
Göller
Starhemberg
Fischau
Wiener Neustadt
Neunkirchen
Gloggnitz
Pitten
Gft. Pitten
Kranichberg
Semmering
Spital a. S.
Mürzzuschlag
Neuberg
Mariazell
Gft. Mürztal
Kindberg
Hornstein
Eisenstadt
Neusiedler See
Rust
Illmitz
Forchtenstein
Ödenburg
Kobersdorf
Landsee
Lockenhaus
Güns
Bernstein
Schlaining
Rechnitz
Steinamanger
Güssing
UNGARN
Ranshofen
Braunau
Burghausen
Altötting
Mühldorf
Ampfing
Gars
Reichersberg
Obernberg
Schaunburg
Aschach
Eferding
Wilhering
Linz
Ebelsberg
St. Florian
Enns
Wels
Starhemberg
Lambach
Kremsmünster
Steyr
Hall
Garsten
Seitenstetten
Schlierbach
Seisenburg
Gmunden
Leonstein
Traungau
Innviertel
Hausruck
Mattiggau
Vöcklabruck
Attergau
St. Georgen
Kammer
Mattsee
Mondsee
Traunkirchen
St. Wolfgang
Ischl
Pötschen-H.
Aussee
Pyhrn-P.
Admont
Rottenmann
Spital a. P.
Hallstatt
Gröbming
Gft. Ennstal
Haus
Schladming
Rottenm. Tauern
Sölker Tauern
Gft. Judenburg
Gft. Leoben
Leoben
Bruck a.d. Mur
Vorau
Friedberg
Hartberg
Stubenberg
Seckau
Knittelfeld
Rothenfels
Frauenburg
Judenburg
Eppenstein
Oberwölz
Baiersdorf
St. Peter a. K.
Murau
Tamsweg
Lungau
Mauterndorf
Radstadt
Radst. Tauern
Pongau
Werfen
Dachstein
Hallein
Salzburg
Reichenhall
Berchtesgaden
Laufen
Lebenauer Gft.
Tittmoning
Chiemsee
Chiemgau
ERZSTIFT SALZBURG
Kufstein
Kitzbühel
Zell a. S.
Mittersill
Gerlos-P.
Oberpinzgau
Felber Tauern
Pinzgau
Gastein
Großglockner
Windisch-Matrei
Lienz
Gft. Görz
Innichen
Sillian
Heunburg
Anras
Lengbg.
Oberdraubg.
Lurn
Stall
Feldsbg.
Sachsenbg.
Spittal
Greifenburg
Millstatt
Gmünd
Rauchenkatsch
Katschberg
HZM. KÄRNTEN
Mauthen
Plöcken-P.
Kreuzberg
Hermagor
Landskron
Villach
Malborghet
Tarvis
Arnoldstein
Predil-P.
Flitsch
Ampezzo
Cortina
Belluno
PATRIARCHAT AQUILEJA
Venzone
Spilimbergo
Portenau
Cividale
Udine
Tolmein
Görz
GFT. GÖRZ
Wippach
Duino
Monfalcone
Aquileja
Grado
Triest
Capodistria
Venez. Istrien
Mgft. Istrien
Castua
Mitterburg
Fiume
Adriatisches Meer
Venedig
Gurk
Friesach
Straßburg
Hüttenberg
St. Veit
Taggenbrunn
Hochosterwitz
Feldkirchen
Ossiach
Klagenfurt
Maria Saal
Völkermarkt
St. Andrä
St. Paul
Wolfsberg
Lavamünd
Bleiburg
Viktring
Gft. Jaun
Windischgraz
Eisenkappel
Loibl-P.
Seeberg-P.
Veldes
Bischoflack
Krainburg
Stein
Laibach
Sittich
KRAIN
Windische Mark
Seisenberg
Rudolfswerth
Möttling
Gottschee
Gabar
Tschernembl
Adelsbg.
Laas
Trojana-Sattel
Save
Tüffer
(Gft. Cilli)
Cilli
Mark im Sanntal
Lichtenwald
Reichenburg
Rann (Rain)
Landstraß (Brunnen)
Sichelbg. (Žumberak)
Agram
KROATIEN
Pettau
Friedau
Wurmberg
Drauwald
Mark hinter dem Drauwald
Marburg
Mahrenberg
Arnfels
Leibnitz
Radkersburg
Seggau
Wildon
Hengsbg.
Stainz
Deutschlandsberg
Leonhard
Voitsberg
Rein
Gösting
Graz
um 995
S. Straßgang
Fürstenfeld
Riegersburg
Feldbach
MARK a.d. MUR
(KÄRNTNER MARK)
STEIERMARK
HZM. STEIERMARK
Plannberg
Weiz
Mur
Drau
Drann
Donau
Traun
Kamp
Moldau
Thaya
Leitha
Inn
© 61 V&K

1521

1521–1526

27. 1. 1521. Kaiser Karl V. eröffnet den Reichstag zu Worms (der bis zum 15. Mai tagt).

18. 4. 1521. Der Reformator Martin Luther rechtfertigt sich vor dem Wormser Reichstag. Seine Lehre ist auch in Österreich verbreitet: Der Salzburger Domprediger Paulus Seratus verkündet die lutherische Lehre von der Kanzel des Wiener Stephansdomes.

28. 4. 1521. Kaiser Karl V. und sein Bruder, Erzherzog Ferdinand I., schließen den Wormser Vertrag. →

8. 5. 1521. Durch das Wormser Edikt Kaiser Karls V. wird Martin Luther in die Reichsacht erklärt.

26. 5. 1521. Die Ehe Erzherzog Ferdinands mit Anna von Böhmen und Ungarn wird in Linz vollzogen.

5. 6. 1521. Erzherzog Ferdinand eröffnet in Ybbs an der Donau (Niederösterreich) den gemeinsamen Landtag der Länder ober und unter der Enns. →

1522. Die Ehe zwischen König Ludwig II. von Böhmen und Ungarn und Erzherzogin Maria von Österreich wird vollzogen.

7. 2. 1522. Im Vertrag von Brüssel überläßt Karl V. seinem Bruder Ferdinand den gesamten österreichischen Besitz der Habsburger. →

März 1522. Der Reichstag von Nürnberg berät über die Türkengefahr. Sultan Süleyman II., der Prächtige, hat am 29. August 1521 Belgrad erobert und bedroht nun Kärnten und Krain.

10. 7. 1522. Erzherzog Ferdinand eröffnet in Wiener Neustadt das Verfahren gegen die oppositionellen Stände. →

März 1523. In Innsbruck übernimmt Erzherzog Ferdinand die Regierung der oberösterreichischen Länder.

11. 7. 1523. Wie schon 1511 will die Stadt Salzburg ihre Sonderrechte bestätigt erhalten, doch Erzbischof Matthäus Lang von Wellenburg rückt mit einer Heerschar in die Stadt ein und zwingt Bürgermeister und Rat zum Verzicht auf ihre Forderungen.

5. 9. 1523. Erzherzog Ferdinand erwirbt durch Kauf von Graf Hugo, dem Letzten von Montfort, die Herrschaft Bregenz.

Juni 1524. Infolge wirtschaftlicher Not, Rechtsunsicherheit und fehlender Mitsprachemöglichkeiten kommt es zu Bauernaufständen in Stuhlingen und St. Blasien; sie bedeuten den Beginn des deutschen Bauernkriegs, der 1525 auch auf die österreichischen Länder übergreift (→ 1525/26).

18. 7. 1524. Salzburg erhält eine neue Stadtordnung auf absolutistischer Basis.

13. 5. 1525. Unter Führung von Michael Gaismair erheben sich die Bauern im Bistum Brixen. →

25. 5. 1525. Bauern und Bergknappen aus dem Gasteiner Tal (Salzburg) formulieren ihre Forderungen in 24 Punkten. →

30. 5.–8. 6. 1525. In Meran (Südtirol) tagt das erste österreichische Bauernparlament. →

7. 6. 1525. Aufständische Bauern besetzen die Stadt Salzburg. →

12. 6. 1525. Rund 200 Abgeordnete der Bauern verhandeln in Innsbruck über einen Vergleich mit Erzherzog Ferdinand. →

3. 7. 1525. Die steirischen Bauern erobern Schladming (Steiermark). – Die Stadt wird im September zurückerobert, niedergebrannt und das Stadtrecht aberkannt. →

1526. Die radikale religiöse Bewegung der sog. Wiedertäufer breitet sich in Wien aus.

12. 3. 1526. Erzherzog Ferdinand erläßt eine neue Stadtordnung für Wien (→ 10. 7. 1522).

14. 4.–2. 7. 1526. Aufständische Bauern belagern ergebnislos Radstadt (Salzburg).

1. 7. 1526. Südlich von Zell am See (Salzburg) werden die aufständischen Bauern von einem Heer des Schwäbischen Bundes besiegt; die Niederlage bedeutet praktisch das Ende der Bauernerhebung in Österreich. →

11. 7. 1526. Vor den Mauern von Radstadt (Salzburg) findet ein großes Strafgericht gegen die Bauern statt. →

29. 8. 1526. Schlacht bei Mohács: Im Kampf gegen die Türken fällt König Ludwig II. von Böhmen und Ungarn. Mit dem Tod des letzten Jagellonen fallen seine Länder an das Haus Habsburg. →

24. 10. 1526. Erzherzog Ferdinand wird zum König von Böhmen gewählt und bis Dezember von Mähren, Schlesien und der Lausitz anerkannt.

10. 11. 1526. Die ungarischen Stände wählen Johann Zápolya, den Woiwoden von Siebenbürgen, zum König. Er wird von England, Frankreich, Polen, Venedig sowie einigen deutschen Fürsten unterstützt, die eine allzu große Machtfülle der Habsburger fürchten.

17. 12. 1526. In Preßburg wird Erzherzog Ferdinand von den westungarischen Komitaten zum (Gegen-) König gewählt (→ 29. 8. 1526).

Ende 1526. Erzherzog Ferdinand errichtet den Hofrat – damit beginnt die Verwaltungsordnung Ferdinands (→ 1. 1. 1527).

GESTORBEN:

26. 4. 1522. Wien: Georg von Slatkonia (* 21. 3. 1456), Musiker, Bischof von Wien.

GEBOREN:

8. 5. 1521. Nimwegen: Petrus Canisius († 21. 12. 1597), erster deutscher Jesuit.

2. 2. 1523. Bayern: Georg Eder († 19. 5. 1587), Humanist und Historiker.

Macht wird geteilt

28. April 1521 / 7. Februar 1522. Kaiser Karl V. und sein Bruder, Erzherzog Ferdinand I., einigen sich in zwei Verträgen über die Teilung der Macht in den habsburgischen Besitzungen.

Mit dem Vertrag von Worms (1521) überläßt Karl V. seinem jüngeren Bruder zunächst die »niederösterreichischen« Länder: Österreich ober und unter der Enns, Steiermark, Kärnten und Krain. Er entbindet diese Länder von dem ihm gegenüber geleisteten Erbhuldigungseid und verweist sie an Ferdinand. Nach dem Vertragsschluß verläßt der Erzherzog den Wormser Reichstag und zieht nach Österreich.

Schon bald zeigt sich aber, daß die vereinbarte Teilung der Erblande wirtschaftlich und politisch untragbar ist. Karl verzichtet daher am 30. Jänner 1522 auch auf die ihm vorbehaltenen Herrschaften in Kärnten und Krain (u.a. Görz) zugunsten Ferdinands.

Im Vertrag von Brüssel überläßt der Kaiser seinem Bruder dann den gesamten österreichischen Besitz des Hauses Habsburg, also auch die »oberösterreichischen« Länder Tirol und die Vorlande (die Herrschaften Feldkirch, Bregenz, Bludenz, Hohenberg, Schelklingen und Nellenburg) sowie Württemberg. Karl behält sich allerdings den Titel eines Erzherzogs von Österreich und den Anspruch auf die habsburgischen Besitzungen im Elsaß vor (die Ferdinand »nur« auf Lebenszeit übertragen bekommt). Damit erfolgt die Teilung des Hauses Habsburg in eine österreichische und eine spanische Linie. (Der Vertrag soll zunächst sechs Jahre geheim bleiben, doch bewilligt der Kaiser schon am 25. Februar 1525 die Veröffentlichung.)

Karl V. (Jakob Seisenegger, 1532; Kunsthistorisches Museum Wien)

Der Landtag von Ybbs

5. Juni 1521. In Ybbs an der Donau (Niederösterreich) eröffnet Erzherzog Ferdinand I. seinen ersten Landtag, der ein gemeinsamer der Länder ober und unter der Enns ist. Beide Länder legen den Erbhuldigungseid ab, doch weist Ferdinand die sofort erhobenen Forderungen der Stände schroff zurück.

Ferdinand lehnt die Bestrebungen der österreichischen Stände nach mehr Selbständigkeit und die Bemühungen um die Wahrung ihrer Sonderrechte entschieden ab. Der Erzherzog, von spanischen und niederländischen Höflingen umgeben und selbst nicht der deutschen Sprache mächtig, folgt dabei vor allem seinem Geheimsekretär Gabriel von Salamanca (der 1533 mit dem Bau eines Schlosses in Spittal beginnt, dem späteren Sitz der Fürsten Porcia).

Auf dem Landtag beschließt Ferdinand auch umfangreiche Sofortmaßnahmen gegen die vorhandene Straßenräuberei besonders im oberösterreichischen Mühlviertel.

Erzherzog Ferdinand I. (Kupferstich von Barthel Beham, 1531)

Wien verliert seine Privilegien

10. Juli 1522. Erzherzog Ferdinand eröffnet in Wiener Neustadt ein Verfahren gegen die oppositionellen Stände Wiens. Alle Vorfälle seit dem Tod Kaiser Maximilians im Jänner 1519 werden untersucht und am 23. Juli acht Todesurteile gefällt.

Wien war → 1519/20 zum Zentrum der ständischen Opposition gegen die Herrschaft des Regiments, der eigentlichen Regierung in Österreich, geworden. Nun werden die Anführer dieser Bewegung gerichtet: Am 8. August erfolgt die Enthauptung von Hans von Puchheim und Michael von Eyczing (Adelspartei), am 11. August die von Bürgermeister Martin Siebenbürger, Hansgraf Stephan Schlagindweit und der Ratsmitglieder Friedrich Piesch, Martin Flaschner und Hans Schwarz. Damit ist der Kampf um ständische Vorrechte zugunsten der absoluten Macht des Landesherrn beendet.

Ferdinand aberkennt der Stadt Wien am 16. August ihre Privilegien und Gewohnheitsrechte, doch erläßt er am 12. März 1526 bereits ein neues Stadtrecht. In diesem werden die alten Privilegien Wiens als »nichts nutz« und Ursache aller »Irrungen« unter den Bürgern bezeichnet. Das neue Stadtrecht sieht vor, daß der Erzherzog zwölf der 24 Mitglieder des inneren Rates ernennt. Sind Wahlen nicht einstimmig, so entscheidet der Landesherr, dem unbedingter Gehorsam zu leisten ist. Die Macht liegt in der Hand des vom Landesfürsten eingesetzten Stadtanwalts, der Bürgermeister ist nur mehr Repräsentant der Stadt. Damit kommt die ständische Verwaltung unter die dauernde Kontrolle der landesfürstlichen Behörden, was das Ende der bürgerlichen Freiheit und mittelalterlichen Selbstverwaltung Wiens bedeutet.

Im Laufe des Jahres 1520 war die ständische Opposition Österreichs zusammengebrochen; ein Land nach dem anderen leistete den von Kaiser Karl V. geforderten Erbhuldigungseid. Ein Anfang Oktober in Klosterneuburg abgehaltener Landtag der Stände des Landes unter der Enns führte zur fast vollständigen Isolierung der radikalen Wiener Bürgerpartei, deren Anführer nunmehr – da die Macht des neuen Erzherzogs gefestigt ist – zur Rechenschaft gezogen und hingerichtet werden.

Reiterschlacht König Ludwigs von Ungarn (Votivtafel der Benediktinerabtei St. Lambrecht in der Steiermark)

Der Tod des letzten Jagellonen

Sultan Süleyman II., der Prächtige (Bildmitte, auf dem Schimmel), in der Schlacht von Mohács (türkische Miniatur, 1588; Topkapi Saray Istanbul)

29. August 1526. Bei Mohács wird ein ungarisches Heer unter König Ludwig II. von Böhmen und Ungarn von den türkischen Heerscharen Sultan Süleymans II., des Prächtigen, entscheidend besiegt.

In der überaus blutigen Schlacht fallen zahlreiche ungarische Adelige; König Ludwig ertrinkt auf der Flucht in einem Moor. Ungarn gerät fortan unter osmanische Herrschaft (bis gegen Ende des 17. Jahrhunderts), und die Türkengefahr nähert sich den österreichischen Grenzen. Dennoch bringt die Niederlage von Mohács den Habsburgern auch Vorteile, denn durch den Tod des kinderlosen Ludwigs, des letzten Jagellonen, werden die bestehenden Erbverträge gültig: Böhmen und Ungarn fallen an das Haus Habsburg (→ 22. 7. 1515). Gleichzeitig tritt aber auch der den Erbverträgen widersprechende Beschluß des ungarischen Landtags, keinen landfremden König mehr zu wählen, in Kraft. Nicht nur die nach europäischer Vormacht strebenden Habsburger, sondern auch der mächtigste ungarische Fürst, Johann Zápolya, glauben, Ansprüche auf den ungarischen Thron geltend machen zu können. Im November 1526 wird Zápolya, Woiwode von Siebenbürgen, von den ungarischen Ständen zum König gewählt, worauf ein vom Palatin István Báthory, dem Führer der Habsburgerpartei, einberufener Gegenlandtag der westungarischen Komitate Erzherzog Ferdinand am 17. Dezember zum (Gegen-)König kürt.

Österreichische Bauern erheben sich

1525/26. Auch in Österreich kommt es zu zahlreichen regionalen Bauernaufständen gegen die kirchlichen und adeligen Obrigkeiten, die jedoch ohne einheitliche Führung bleiben und von Ritterheeren blutig niedergeschlagen werden.

Ende April 1525 begann die militärische Niederwerfung der süddeutschen Bauern durch die Truppen des Schwäbischen Bundes. Erst in dieser Endphase greift der Aufstand auch auf die österreichischen Länder über, vor allem auf Tirol, Salzburg und Teile der Steiermark. Er richtet sich gegen den Adel, die kirchlichen Herren und landesfürstlichen Beamten. So wird ein Geistlicher zum Ziel der Bauernerhebung im Salzburgischen: Erzbischof Matthäus Lang von Wellenburg. Am 6. Juni öffnet die Bürgerschaft Salzburgs den Bauern die Tore und die Belagerung des Erzbischofs in der Festung Hohensalzburg beginnt (sie wird erst am 29. August ergebnislos abgebrochen).

Am 25. Mai haben sich Bauern und Bergknappen aus dem Gasteiner Tal (Salzburg) in Hofgastein und Zell am See versammelt, um in 24 Artikeln ihre Forderungen gegen das harte Regiment des Erzbischofs zu formulieren. Das Wort Gottes, so verlangen sie, soll ohne »menschlichen Zusatz« gepredigt werden, ihre Seelsorger wollen sie frei wählen, die zahlreichen »kleinen Steuern« sollen abgeschafft und der Handel erleichtert werden. Anfang Juni ist das ganze Salzburger Land in der Hand der Bauern, die von Matthias Stöckel angeführt werden.

Auch in Tirol erheben sich die Bauern im Mai 1525. Vor allem im Bistum Brixen, aber auch im Trientino und Vintschgau sammeln sich die bewaffneten Bauern und wählen Michael Gaismair, Sohn eines begüterten Bauern und kleinen Gewerkers aus Sterzing, zum obersten Feldhauptmann; er lenkt die Bauernhaufen mit großem militärischen Geschick und wird auch zum geistigen Führer der Bauernbewegung.

Auf dem Meraner Landtag vom 30. Mai bis 8. Juni 1525 stellen die Bauern die 64 »Meraner Artikel«, eine wesentlich auf Gaismair zurückgehende neue Landes- und Kirchenordnung, auf. Zwar verlangen die Bauern auch die Ablösung des verhaßten erzherzöglichen Geheimsekretärs, Gabriel von Salamanca, doch wird nirgendwo die völlige Aufhebung der Untertanenpflicht gefordert. So zeigt sich Erzherzog Ferdinand anfangs zu Zugeständnissen bereit, entscheidet sich letztlich aber für eine militärische Beendigung der Bauernerhebung.

Auch in der Steiermark können die Bauern zunächst Erfolge verzeichnen. Am 3. Juli wird das Heer des steirischen Landeshauptmanns Siegmund von Dietrichstein bei Schladming vernichtend geschlagen, 40 Landsknechte aufgehängt und 14 Adelige gefangengenommen. Im September allerdings wird Schladming von dem Heer des Grafen Niklas zu Salm zurückerobert, zur Strafe niedergebrannt und erhält das Stadtrecht aberkannt (erst 1925 wird Schladming wieder zur Stadt erhoben).

Die Niederwerfung der Bauern erfolgt Schritt für Schritt: Am 30./31. August werden zwei Bauernhaufen vor den Toren Trients besiegt und 2000 Söldner »befrieden« im September gewaltsam Südtirol. Das Salzburger Bauernheer schließt angesichts seiner militärischen Unterlegenheit am 31. August einen Friedensvertrag und löst sich auf; nach dem Fall von Schladming unterwirft Graf Salm auch das Ausseerland.

Dennoch kommt es im Frühjahr 1526 zu einer abermaligen Erhebung im Salzburgischen, wo der aus dem Schweizer Exil zurückgekehrte Gaismair ein neues Bauernheer sammelt und Radstadt belagert (14. April–2. Juli). Nach einer Niederlage gegen ein Heer des Schwäbischen Bundes bei Zell am See muß die Belagerung aber ergebnislos abgebrochen werden; Gaismair flieht mit etwa 2000 Mann über die Hohen Tauern. Die Bauernerhebung in Österreich ist damit endgültig gescheitert, Gaismairs Vision einer demokratischen Bauernrepublik hat sich als nicht durchsetzbar erwiesen.

△ Die Verfolgung der besiegten Bauern in das Gebirge (Kupferstich aus »Die Ehre deß Herzogthums Crain«, Band 4, 1573)
◁ Matthäus Lang von Wellenburg (Meister der Donauschule, 1529; Residenzgalerie Salzburg)
▽ Exekution aufständischer Bauern (Holzschnitt von Hans Weiditz).

Der Aufstieg Österreichs zur europäischen Großmacht

Die Teilung des Hauses Habsburg

Anfang des 16. Jahrhunderts war das Haus Habsburg kometenhaft zu einer Großmacht aufgestiegen; im Herrschaftsbereich Karls V., 1519 zum römischen König gewählt und 1530 – als letzter Regent im Reich – vom Papst zum Kaiser gekrönt, ging tatsächlich »die Sonne nicht unter«, denn der jugendliche Monarch vereinigte die habsburgischen Erblande seines Großvaters väterlicherseits, Kaiser Maximilian I., mit dem Besitz seines Vaters, Erzherzog Philipp von Österreich, Herr der Niederlande, und dem Erbe seines Großvaters mütterlicherseits, König Ferdinand II. von Aragon-Kastilien. Damit herrschte Karl zugleich auch über die amerikanischen Besitzungen Spaniens, die ihm in der Folge reiche Einnahmen an Gold und Silber verschafften.
Doch bereits 1521/22 teilte Karl V. die Herrschaft mit seinem jüngeren Bruder Ferdinand (I.), und das Haus Habsburg agierte fortan in einer spanischen und einer österreichischen Linie. Die habsburgischen Erblande (Österreich ober und unter der Enns, Steiermark, Kärnten, Krain, Tirol und die Vorlande) entwickelten sich zu einer europäischen Großmacht, die nunmehr vor allem die Entwicklung in Mittel- und Südosteuropa beeinflußte. Mit Ausnahme eines nur 44 Monate währenden Intermezzos in den Jahren 1742–1745 (Kaiser Karl VII., ein Wittelsbacher) trugen die Habsburger 368 Jahre ununterbrochen die Reichskrone, bevor sie Kaiser Franz II. (als Franz I. Kaiser von Österreich) 1806 in der Erkenntnis niederlegte, daß das sog. Heilige Römische Reich Deutscher Nation faktisch aufgehört hatte zu existieren.

Erfolgreiche Heiratspolitik

Kaiser Friedrich III. hatte Ende des 15. Jahrhunderts eine kluge dynastische Erb- und Heiratspolitk eingeleitet, die von seinem Sohn Maximilian I. weitergeführt wurde. Entscheidend waren die als »spanische Heirat« bekannte Verbindung Erzherzog Philipps, des Schönen, mit Johanna von Aragon-Kastilien, aus der die späteren Kaiser Karl V. und Ferdinand I. hervorgingen, sowie die habsburgisch-jagellonische Doppelhochzeit der Kinder Maximilians und Wladislaws II. Jagello, dem König von Böhmen und Ungarn. Da der letzte Jagellone, Ludwig II., bereits 1526 in der Schlacht von Mohács fiel, ohne Kinder zu hinterlassen, war der Weg frei für die habsburgische Nachfolge in Böhmen und Ungarn.
Auch weiterhin blieb Politik durch Heirat eine Spezialität der Habsburger, allerdings war sie nicht in jedem Fall so erfolgreich wie unter Maximilian I. Die derart zustande gekommenen Ehen waren nicht immer glückliche, stets aber verwandtschaftlich äußerst komplizierte Verbindungen. Eines der einfacheren Beispiele des Heiratswirrwarrs zwischen Wien und Madrid sei kurz dargestellt: König Philipp IV. von Spanien hatte in zweiter Ehe seine Nichte Maria Anna, die zweite Tochter Kaiser Ferdinands III., geheiratet. Margarete Theresia, Tochter aus dieser Verbindung, wurde die erste Gattin Kaiser Leopolds I., ein Bruder der Brautmutter. Nun war Philipp IV. der Schwiegervater seines Schwagers, Maria Anna die Schwiegermutter ihres Bruders und Leopold selber der Onkel seiner eigenen Frau.
Maria Theresia, die Stammutter des Hauses Habsburg-Lothringen, wurde gar durch ihre Heiratspolitik zur »Schwiegermutter Europas«: Fünf ihrer Töchter waren mit regierenden Fürsten Europas vermählt, darunter auch die unglückliche Marie Antoinette, deren Leben die Guillotine 1793 ein abruptes Ende machte.

Glaubenskampf und Türkenabwehr

Lange Zeit hindurch hatte das Haus Habsburg zwei deklarierte Gegner, und die religiöse Überzeugung wurde zum Paten blutiger Kriege: Zum einen waren dies die Anhänger der Lehren des wittenbergischen Reformators Martin Luther; die habsburgische Antwort war eine strenge Gegenreformation mit allen Auswüchsen der aus Spanien importierten Inquisition. Die Religion diente oft auf beiden Seiten nur als Vorwand für persönliche und politische Interessen, und der Glaubenskampf eskalierte in einem furchtbaren, 30jährigen Krieg, der weite Teile Europas verheerte und entvölkerte. – Zum anderen waren es die Expansionsbestrebungen des Osmanischen Reiches, enthusiastisch getragen vom Missionsgedanken des Islam. Wien, das Tor zum Abendland und Residenz seines obersten Repräsentanten, dem Kaiser, wurde zum Ziel der osmanischen Kriegszüge, vermochte aber zweimal, 1529 und 1683, dem Ansturm der Türken zu widerstehen.
Dieses Zeitalter der Kriege, von den Mächtigen gelenkt, gebar zahlreiche Helden, die in die Geschichte eingegangen sind; getragen aber wurde es von einem eher armen Volk, bezahlt von den nie genannten Toten auf den zahllosen Schlachtfeldern Europas.

Eine Frau setzt sich durch

Anfang des 18. Jahrhunderts veränderten kriegerische Auseinandersetzungen spürbar das Machtgefüge in Europa: Spanien verlor seine Rolle als Weltmacht, das britische Königreich übernahm die Herrschaft zur See; Schweden und Polen büßten jegliche politische Bedeutung ein, ihre Rolle im Osten ging an das russische Zarenreich und den habsburgischen Territorialstaat über; Frankreich profilierte sich als Großmacht, ohne aber das spanische Erbe antreten zu können, und zwei Kleinstaaten wuchsen zu neuen Machtfaktoren heran, das 1700 zum Königreich erhobene Brandenburg-Preußen sowie Sardinien-Piemont (Savoyen).

Für das Haus Habsburg stellte sich ein anderes Problem: Leopold, der Sohn Kaiser Karls VI., war bereits im Jahr seiner Geburt gestorben, und die Gefahr groß, daß Erbstreitigkeiten Habsburgs Position erschüttern könnten. Mit der »Pragmatischen Sanktion« ermöglichte Karl VI. deshalb 1713 die weibliche Nachfolge, nach langen diplomatischen Anstrengungen außenpolitisch abgesichert und teuer bezahlt. Doch wie wenig diese auswärtigen Garantien im Ernstfall wert waren, sollte die 23jährige Erbtochter Maria Theresia bereits 57 Tage nach dem Tod ihres kaiserlichen Vaters erkennen. Schon ihre Ehe mit dem Herzog von Lothringen mußte sich die junge Habsburgerin erkämpfen, denn am Wiener Hof hätte man eine Verbindung mit Wittelsbach, ja sogar mit Preußen vorgezogen. Als aber in der Folge vier Kriege Entschlossenheit und Entscheidungsfähigkeit forderten, zeigte diese Frau ihre beherzte Kraft. Und dies in doppeltem Sinne, denn in den Kriegsjahren von 1740 bis 1763 schenkte Maria Theresia 13 Kindern das Leben, dem letzten 1756, bevor der Siebenjährige Krieg erneut Einsatz und Tatkraft der Erzherzogin verlangte.
Als man den Gatten Maria Theresias, Franz Stephan, 1746 zum Kaiser krönte, lehnte sie diese Ehrung aus Kostengründen ab (was aber weder Zeitgenossen noch Historiker hinderte, sie »Kaiserin« zu nennen; de facto war Maria Theresia allerdings »nur« Erzherzogin von Österreich, Regentin der habsburgischen Erblande, Königin von Böhmen und Ungarn und – wie man nach Wiener Unsitte formulierte – »Frau Kaiser«). 15 Friedensjahre waren der Habsburgerin noch vergönnt, in denen sie sich vor allem der Reform von Verwaltung, Justiz- und Schulwesen annahm.

Vom Josephinismus zu Napoleon

Bereits unter Maria Theresia wurde auf Drängen Kaiser Josephs II. die Leibeigenschaft aufgehoben (21 Jahre vor Preußen); als Alleinherrscher war dem Bewunderer des aufgeklärten Absolutismus der kaiserliche Wirkungsbereich im langsam auseinanderfallenden Reich zu wenig; sein Versuch, der kaiserlichen Gewalt größere Geltung zu verschaffen, scheiterte aber. Zudem war Joseph II. die Gedankenwelt der Gegenreformation ebenso fremd wie die des Barock. Mit seinen Reformen setzte er sich hartnäckig, selbst gegenüber dem Papst, durch. Doch die zentralistischen Maßnahmen des »Reformkaisers« stießen weder in Ungarn noch in den Österreichischen Niederlanden auf große Gegenliebe, und Joseph II. war noch vor seinem Tod gezwungen, den Großteil seines Reformwerkes zu widerrufen.
Allerdings war der Kaiser seiner Zeit wohl voraus und ließ, was schließlich den Ausschlag gab, seine Reformen allzu unnachgiebig und rücksichtslos durchführen. Dennoch kann man sagen, daß Joseph II. Österreich, und wahrscheinlich auch anderen Staaten Europas, eine Revolution wie in Frankreich erspart hat.
Josephs Nachfolger, Leopold II., war nur eine kurze Regierungszeit vergönnt, und Leopolds ältester Sohn Franz II. (I.) wurde bald nach Regierungsantritt 1792 mit dem ersten Koalitionskrieg gegen das revolutionäre Frankreich konfrontiert. Seine jüngeren Brüder, Karl und Johann, waren gewiß stärkere Persönlichkeiten als der neue Kaiser, doch muß man berücksichtigen, daß ihm mit Napoleon Bonaparte ein außergewöhnlicher Gegenspieler gegenüberstand, dem kaum einer gewachsen war.
Das Ende des zweiten Koalitionskrieges zeitigte die territoriale Umgestaltung im Deutschen Reich. Über ein Jahr beschäftigte sich der Reichsdeputationshauptschluß mit den Entschädigungsansprüchen, und Österreich hatte alle seine westlichen Besitzungen verloren. Die Fürsten wurden in ihrer Position gestärkt, während die Stellung des Kaisers weiter an Autorität einbüßte. 1806 legte Franz I. daher die Reichskrone nieder.

Renaissance in Österreich

Bedingt durch die harten Maßnahmen der Gegenreformation mußte die Wiener Universität im 16. Jahrhundert einen Niveauverlust hinnehmen. Dafür entstanden Jesuitenkollegien mit Gymnasien, die zu Vorläufern neuer Universitäten wurden (wie etwa in Graz). Auch die Protestanten gründeten Schulen, um unabhängig lehren zu können, was im Land ob der Enns zur Vorbereitung der Linzer Universität führte, wo schließlich der Astronom Johannes Kepler tätig wurde.
Die Kunst der Renaissance zeigte sich deutlich im Profanbau. Die Landhäuser von Graz oder Linz z. B. sowie zahlreiche Schlösser und Bürgerhäuser sind eindrucksvolle Zeugen. Dominierend war allerdings das Kunsthandwerk, das in allen Bereichen glänzte: Angefangen bei der Innenausstattung der Räume, Wandverkleidungen, Möbeln und Gobelins, bei Rüstungen und Waffen bis zur Goldschmiedekunst und der Anfertigung astronomischer Instrumente, darüber hinaus in der Tafel- und Wandmalerei sowie dem verbreiteten Renaissancegraffito. Ferner wurde der Gedanke der Kunstpflege lebendig, und die ersten bedeutenden Sammlungen entstanden, so auf Schloß Ambras (Tirol), in Prag oder Wien.

Barock, Rokoko und Klassizismus

Die Freude am Leben (genauer: Die Freude, die Greuel des Dreißigjährigen Krieges überlebt zu haben) und die Festigung des katholischen Glaubens waren die Basis, auf der sich der Geist des Barock entfaltete. Die Stilformen des römischen und französischen Barock erfuhren eine eigenständige Umformung, die eine unbändige Bautätigkeit zur Entfaltung kommen ließ. Kirchen und Klöster wurden – nicht immer zu ihrem Vorteil – barock umgestaltet, später in immer größerer Zahl neu errichtet. Schloßbau, Malerei und Plastik standen dem nicht nach, und das Barocktheater und die Barockoper zeugen glanzvoll vom Lebensstil dieser Zeit.
Ziel des Theaters war das Gesamtkunstwerk, ein harmonisches Zusammenspiel von Musik, Schauspiel, Tanz und Bühnenarchitektur. Die aus dem Italienischen stammende Oper entsprach überhaupt dem barocken Lebensstil und erreichte durch Johann Joseph Fux einen ersten österreichischen Höhepunkt, bevor dann Wolfgang Amadeus Mozart mit seiner Musik geradezu zum Symbol dieser Epoche wurde.
Parallel dazu entstanden in Österreich die ersten Theaterbauten Europas: Das Steintheater von Hellbrunn (1613–1616) und die Dogma in Innsbruck (1629/30). Recht bescheiden blieb hingegen die österreichische Barockliteratur.
Das Rokoko, die verspielte Weiterentwicklung des Barock, zeigt sich eigenständig fast nur in der Innenausstattung und verschmolz meist mit dem österreichischen Spätbarock, eine besondere Blüte erlebte allerdings abermals das Kunsthandwerk.
Der Klassizismus wurde in Österreich nicht recht heimisch, wenngleich es auf allen Gebieten Künstler von Rang gab. In der Malerei standen Porträt- und Historienmalerei im Vordergrund, entsprechend der Forderung nach Naturtreue und Realismus im Sinne des neuen Begriffs von der »Wahrheit« eines Kunstwerkes. Allgemein sind im österreichischen Klassizismus aber bereits Spuren des typisch Biedermeierlichen anzutreffen, das bestimmend für die Kunst in der ersten Hälfte des 19. Jahrhunderts wurde.

1527

1527. Der Neubau der spätgotischen Pfarrkirche von Kötschach (Kärnten) wird vollendet.

1. 1. 1527. Erzherzog Ferdinand I. errichtet den »Geheimen Rat« und die »Allgemeine Hofkammer«.→

In Cetin wird Erzherzog Ferdinand zum König von Kroatien gewählt.

24. 2. 1527. Die böhmischen Stände wählen Erzherzog Ferdinand in Prag zum König.

Sommer 1527. Erzherzog Ferdinand zieht mit einem Heer gegen die Truppen des ungarischen (Gegen-) Königs Johann Zápolya.

27. 9. 1527. Bei Tokai (Ungarn) besiegt Ferdinands Heer die Truppen Zápolyas und zieht in Ofen ein.

7. 10. 1527. Auf dem Reichstag von Ofen wird die Wahl Erzherzog Ferdinands zum König von Ungarn (durch die westungarischen Komitate am 17. Dezember 1526) allgemein anerkannt.

Dezember 1527. Johann Zápolya flieht zu seinem Schwager, König Sigismund von Polen und versucht, mit den Türken ein Bündnis gegen Habsburg zu schließen.

Jänner 1528. Erzherzog Ferdinand errichtet die »Allgemeine Hofkanzlei« (→ 1. 1. 1527).

Februar 1528. Sultan Süleyman II., der Prächtige, fordert die sofortige Räumung Ungarns durch den Habsburger Regenten.

10. 3. 1528. Balthasar Hubmaier, ehemaliger Domprediger von Regensburg und Führer der Wiedertäuferbewegung, wird in Erdberg bei Wien öffentlich verbrannt.

25. 9. 1528. In der Schlacht bei Sárospatak (Ungarn) wird Johann Zápolya abermals von Erzherzog Ferdinand besiegt.

1529. Der Ausbau der Burg Hohenwerfen (Salzburg) zu einer Festung mit zwei Vorwerken beginnt (1540 fertiggestellt).

14.–17. 2. 1529. Erzherzog Ferdinand schließt in Feldkirch (Vorarlberg) ein Bündnis mit den katholischen Schweizer Orten Luzern, Uri, Schwyz, Unterwalden und Zug.→

15. 3.–22. 4. 1529. (2.) Reichstag zu Speyer: Die evangelischen Reichsstände unterzeichnen eine »Protestation«, die sich vor allem gegen die Aufrechterhaltung der geistlichen Obrigkeit richtet.

10. 5. 1529. Sultan Süleyman II. bricht in Istanbul zu einem Feldzug gegen Ungarn auf.

5. 8. 1529. Auf Vermittlung von Erzherzogin Margarete von Österreich und Herzogin Louise von Savoyen schließen Kaiser Karl V. und König Franz I. von Frankreich den »Damenfrieden« von Cambrai: Franz muß auf Burgund, Mailand, Genua, Neapel und die Souveränität über Flandern und Artois verzichten.

20. 8. 1529. Nach langwierigen Verhandlungen gewähren die Reichsstände »Eilende Türkenhilfe«: Ein fast 10 000 Mann starkes Reichsheer zieht nach Niederösterreich.

8. 9. 1529. Das osmanische Heer Sultan Süleymans II. erobert die Festung Ofen.

11. 9. 1529. Johann Zápolya wird von Sultan Süleyman II. auf den ungarischen Thron erhoben; das Land ist fortan ein osmanisches Lehen, der König ein wohlbewachter Statthalter.

25. 9. 1529. Die Belagerung Wiens durch die Türken beginnt.

9. 10. 1529. Erster (erfolgloser) Ansturm der Türken auf die Stadt – Niklas Graf zu Salm, oberster Feldhauptmann und Leiter der Verteidigung Wiens, wird beim Kärntnerturm schwer verwundet.

14. 10. 1529. Sultan Süleyman II. bricht die Belagerung Wiens ab. Ausschlaggebende Gründe sind die hohen Verluste der Türken, Seuchen und der beginnende Winter.→

Ende Oktober 1529. Kaiserliche Reichstruppen besetzen nach dem Rückzug der Türken die westungarischen Städte Raab, Komorn, Gran, Ödenburg und Tyrnau.

10. 12. 1529. In Innsbruck sind gerichtliche Sitzungsgelder belegt.→

7. 2. 1530. Instruktion für die Wächter auf den Wiener Stadtmauern: »Sooft die Uhr bei St. Stephan das Viertel geschlagen und der Türmer aufschreit, sollen die Wachter sich mit einem Geschrei melden.«

24. 2. 1530. In Bologna wird Karl V. von Papst Klemens VII. zum Kaiser gekrönt (letzte Kaiserkrönung durch einen Papst).→

25. 6. 1530. Der Versuch Kaiser Karls V., auf dem Augsburger Reichstag die Glaubenseinheit zu retten, scheitert: Nach der Zurückweisung der »Confessio Augustana« durch Kaiser und katholische Reichsstände verlassen die »Protestanten« den Reichstag (→ 23. 7. 1532).

Herbst 1530. Truppen unter Führung Wilhelms von Roggendorf erobern Erlau und Tokai zurück, scheitern aber am von den Türken stark verteidigten Ofen.

GESTORBEN:

4. 5. 1530. Salmhof bei Marchegg: Niklas Graf zu Salm (* 1459), oberster Feldhauptmann, Verteidiger Wiens.

1. 12. 1530. Mecheln (Flandern): Margarete von Österreich (* 10. 1. 1480), Erzherzogin, Statthalterin der Niederlande.→

GEBOREN:

21. 5. 1527. Valladolid: Philipp II. von Habsburg († 13. 9. 1598), König von Spanien.

31. 7. 1527. Wien: Maximilian II. von Habsburg († 12. 10. 1576), König und Kaiser.

14. 6. 1529. Linz: Ferdinand II. von Habsburg († 24. 1. 1595), Erzherzog, Graf von Tirol.

Unterschiedliche Arten von Bewaffnung und Kleidung osmanischer Krieger des 16. Jahrhunderts (Gouache in einer Handschrift, Ende des 16. Jh.)

Türken belagern Wien

14. Oktober 1529. Nach dem Scheitern des vierten Sturms auf Wien beschließt Sultan Süleyman II., der Prächtige, die fast dreiwöchige Belagerung der Stadt abzubrechen und mit seinem Heer nach Istanbul zurückzukehren. Damit ist die erste Türkenbelagerung Wiens beendet.

Der erste Angriff der Türken auf Wien erfolgte bereits am 22. September, wurde jedoch mühelos zurückgeschlagen. Am 24. ordnete der oberste Feldhauptmann, Niklas Graf zu Salm, die Niederbrennung der Wiener Vororte an, da diese keine Minute länger verteidigt werden konnten: Mehr als 800 Häuser fielen den Flammen zum Opfer. Am 25. trafen die letzten Reichstruppen zur Verteidigung Wiens in der Stadt ein, am darauffolgenden Tag hatte das osmanische Heer seinen Aufmarsch beendet, am 27. war auch die Donaufront geschlossen, nachdem die Flotte der Türken die Donaubrücken und den Tabor in Brand gesteckt hatten. Die Belagerung begann.

Dreimal versuchten die Türken, die Stadt im Sturm zu nehmen, doch vergebens. Für den 14. Oktober wird daraufhin zum letzten, entscheidenden Angriff geblasen. Doch die nur notdürftig geschlossenen Breschen der Stadtbefestigung halten dank des mutigen Einsatzes der Verteidiger stand. Gegen 15 Uhr ist der Ansturm der Türken abgewehrt.

Die hohen Verluste, Seuchen im Heerlager und die ungünstiger werdenden Witterungsverhältnisse veranlassen Sultan Süleyman, die Belagerung Wiens erfolglos abzubrechen. Gegen Mitternacht ertönt lautes Geschrei aus dem Lager der Türken, die nur die jungen und gesunden Gefangenen in die Sklaverei mitführen wollen, die alten und kranken aber niedermachen.

Am 17. Oktober ist das Gros des osmanischen Heeres bereits abgezogen, am 18. verläßt auch die Nachhut unter Ibrahim Pascha das aufgegebene Lager. Zwei Tage später treffen die vom Pfalzgraf Friedrich bei Rhein geführten Entsatztruppen in Wien ein.

»Ain gründtlicher und wahrhaffter Bericht« über die Belagerung Wiens

In einem zeitgenössischen Bericht über die erste Türkenbelagerung Wiens heißt es:

»Anfänglich hat es sich begeben, einen Tag oder zwei ungefähr vor Matthäi, das ist, am 19. und 20. September, sind auf Wienn zu angekommen des Türcken Vorreiter, haben ein Scharmützel gehalten mit der Herren und Hauptleute Reisigen, so in Wienn waren. Diese haben sich wohl gehalten, also, daß etliche Türcken von ihnen erlegt worden sind. Darnach am Tag Matthäi, den 22. September, kamen die Türcken gewaltiglich mit Heereskraft dahergezogen …

Am Montag vor Michaelis, den 27. September, umringten die Türcken die ganze Statt Wienn, unten und oben und auch an allen Orten zugleich, nahmen also den Paß der Donau ein beim Kahlenberg [heute Leopoldsberg], daß weiter niemand mehr mochte weder aufnoch abpassieren, er wollte denn seines Lebens nicht verwagen …

Am Samstag nach Michaelis, den 2. Oktober, ward ein Auflauf in der Stadt, denn viele der Feinde zu Fuß und Roß hatten sich hineingelassen in die Vorstadt vor dem Schottentor, da erhob sich ein Scharmützel zwischen denen von Wienns Kriegsvolk und den Türcken, denn man schoß tapfer in die Feinde, daß sie wieder haufenweise mußten hinwegfliehen …

Am 13. Oktobris war es ganz ruhig und still den ganzen Tag; aber sie bauten stark inwendig an Mauern und Schanzen. Es ward je einer bei der Arbeit erschossen, auch Mägde und Knecht, so an der Arbeit waren. An dem abgemeldeten Tag in der Nacht, wie der Türck morgens hinwegziehen wollte, hat er alles deutsche Volk, so bei ihm gefangen gewesen, tyrannisch und erbärmlich erwürgen lassen vor der Stadt. Es war ein solches jämmerliches Geschrei unter dem Volk, als sie so in Wienn auf der Wache waren, nie gehört haben. Am 14. Oktobris, Morgens um 7 Uhr, ward wieder ein Lärm, da mußte man in Ordnung stehen bis 12 Uhr, da ging ab. Darnach, ehe eine Stunde verging, hob sich wieder Lärm, und währte bis um drei Uhr, unter diesem Lärm fiel ein Fähnlein Knechte hinaus in die Vorstadt vor das Stubentor und erwürgten, was sie ergriffen, zwischen den Stöcken der abgebrannten Häuser und brachten auch vier Kameele mit herein. Man hat auch die vergangene Nacht den Türcken etliche Tonnen Pulver genommen, damit sie die Mauer sprengen wollten. In dieser Nacht haben sich die Türcken gerüstet zu dem Abzug, sind also abgezogen auf dem Lande am morgen, aber erst gegen Tag auf dem Wasser mit vielen Schiffen, die alle um den Kahlenberg gelegen sind, auch an anderen Orten der Donau. Sie sind auch von den Schiffen an das Land gegangen, wo sie haben gewollt.

Da sie davonfuhren, wurde gar weidlich auf sie geschossen, daß sie eines Teils im Wasser schwammen …«

Sultan Süleyman II., der Prächtige (Kunsthistorisches Museum Wien)

Sultan Süleyman II. belagert Wien (Türkische Buchmalerei, um 1588)

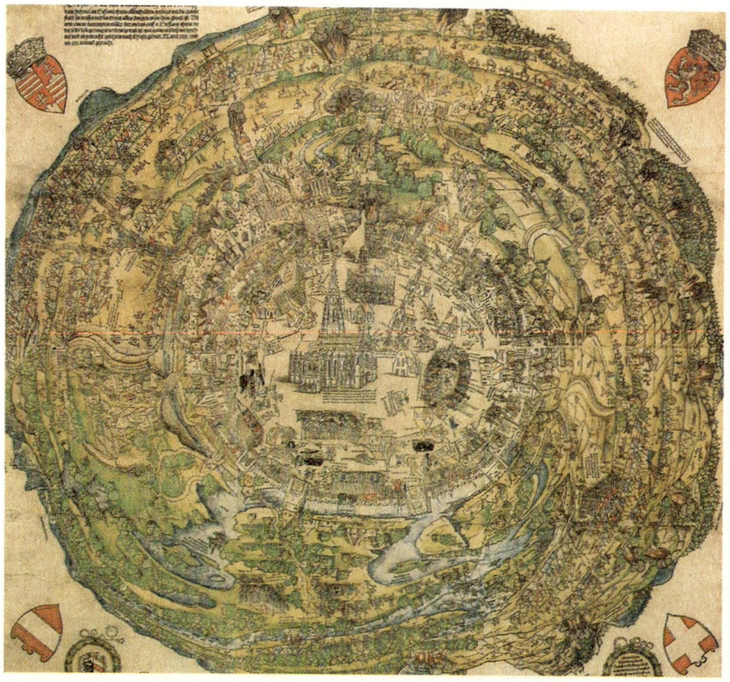

Erste Türken-Belagerung Wiens (Karte; Historisches Museum Wien)

Ferdinand ordnet Verwaltung neu

1. Jänner 1527. Mit einer neuen Verwaltungsordnung, begonnen Ende 1526 mit der Einrichtung eines Hofrates, schafft Erzherzog Ferdinand die Grundlage für die Zentralverwaltung der österreichischen, böhmischen und ungarischen Länder (die zum Großteil bis 1848 gültig bleibt). Diese Zentralverwaltung gliedert sich wie folgt:

- Geheimer Rat: Für Familienpolitik und Außenpolitik zuständig (wird zur Zentrale der Regierung)
- Hofrat: Oberste Justizbehörde (nach der Wahl Ferdinands zum Kaiser »Reichshofrat« mit dem Erzbischof von Mainz als Reichskanzler; er verliert nach 1620 den Einfluß auf die österreichischen Länder)
- Hofkanzlei (1528 errichtet): Dem Hofrat untergeordnete ausführende Behörde; der Vorstand heißt Oberster Kanzler, ihm folgt der Vizekanzler (nach der Wahl Ferdinands zum Kaiser »Reichshofkanzler« und »Reichsvizekanzler«; Kaiser Ferdinand II. errichtet 1620 eine eigene österreichische Hofkanzlei)
- Allgemeine Hofkammer: Zentrales Finanzorgan; sie hat auch die Oberaufsicht über die Landeskammern in Wien, Innsbruck, Prag und Preßburg
- Hofkriegsrat (kommt erst 1556 als eigenes Amt hinzu): Für alle Belange der Landesverteidigung zuständig.

Die gerichtlichen Sitzungsgelder

0. Dezember 1529. In Innsbruck ‹erden der Buchhändler Balthasar ‹esst und seine Frau hingerichtet, ‹nhänger der radikalreformatori‹chen Bewegung der »Wiedertäu‹r«.
‹ie Aufzeichnungen des Richters ‹on Sonnenburg beweisen, daß es be‹its üblich ist, Sitzungsgelder bei Ge‹cht zu verrechnen: »... mir und dem ‹erichtsschreiber unser Sitzgeld je‹em zwei Gulden, facit 4 Gulden. ‹em Züchtiger (Henker) von bei‹en Personen zu richten 1 Gulden 4 ‹fund ... Summa summarium aller ‹osten wie oben steht, facit 11 Gul‹en, 3 Pfund, 3 Kreuzer, 4 Vierer.«

Die letzte Krönung durch den Papst

24. Februar 1530. *In Bologna findet die letzte Krönung eines römischen Kaisers durch den Papst statt: Klemens VII. krönt mit dem 30jährigen Habsburger Karl V. (der bereits am 28. Juni 1519 zum König und Kaiser gewählt worden war), den mächtigsten Herrscher seiner Zeit, in dessen Reich tatsächlich »die Sonne nicht untergeht« (Abb.: Der Einzug Karls V. und Klemens' VII. in Bologna; zeitgenössische Darstellung; Herzog August-Bibliothek Wolfenbüttel).*

Österreich versagt Unterstützung

14.–17. Februar 1529. *In Feldkirch (Vorarlberg) schließt Erzherzog Ferdinand ein Bündnis mit den »altgläubigen« (katholischen) Schweizer Orten Luzern, Uri, Schwyz, Unterwalden und Zug. Das Bündnis ist jedoch nur von kurzer Dauer: Aufgrund fehlender Unterstützung durch Habsburg müssen die Katholischen im Sommer 1529 dem Druck Zürichs und Berns nachgeben und einen für die Reformierten günstigen Frieden schließen. Statt zum Kampf kommt es zum gemeinsamen »Kappeler Milchsuppenessen« und dem Abschluß des »Ersten Kappeler Landfriedens« (historisierende Darstellung; Zentralbibliothek Zürich).*

Habsburgs kluge Statthalterin

1. Dezember 1530. In Mecheln stirbt 50jährig Erzherzogin Margarete von Österreich, seit 1507 Generalstatthalterin der Niederlande.
1480 als Tochter Maximilians I. von Habsburg und seiner Gemahlin Maria von Burgund in Brüssel geboren, wurde Margarete als zweijähriges Kind mit dem Dauphin Karl, dem späteren König Karl VII. von Frankreich, verlobt und wuchs am französischen Hof auf. Die Ehe wurde allerdings nie vollzogen.
Am 3. April 1497 heiratete Margarete den Infanten Johann von Kastilien-Aragon, der aber schon sechs Monate nach der Hochzeit starb (→21.10.1496). Auch ihre zweite Ehe mit Herzog Philibert II. von Savoyen währte nicht lang: Der Herzog starb bereits drei Jahre nach der Vermählung.
Besondere Verdienste erwarb sich Margarete durch die Erziehung ihrer beiden Neffen Karl und Ferdinand. Nach dem Tod des Vaters, Philipp von Habsburg (ein Bruder Margaretes), verfiel dessen Gattin Johanna zusehends dem Wahnsinn, und Margarete nahm die beiden Jungen – einem Wunsch Kaiser Maximilians folgend – zu sich an den Hof von Mecheln. Die Habsburgerin bewies darüber hinaus diplomatisches Geschick; so war sie wesentlich am Zustandekommen der »Liga von Cambrai« (→4.10.1511) und am »Damenfrieden« von Cambrai (5.8.1529) beteiligt und wahrte geschickt die habsburgischen Interessen an der Westflanke des Reiches.

Die junge Margarete von Österreich (Porträt, Bernaert von Orley)

1531

1531–1540

Nach 1530. Das Deutschordenshaus in Innsbruck, eine Mischung aus spätgotischen und Renaissance-Elementen, wird errichtet.

Die Stadtbefestigung von Fürstenfeld in der Steiermark wird verstärkt.

1531. Nach einem Entwurf von Leonhard Magt gießt Stefan Godl den Bronzeepitaph für Ulrich Fugger in der Stadtpfarrkirche von Schwaz (Tirol).

Die Pfarrkirche von Weißenkirchen in der Wachau (Niederösterreich) erhält eine Wehranlage.

5.1.1531. Erzherzog Ferdinand I. wird in Köln zum König gewählt. →

27.2.1531. In Schmalkalden (Thüringen) schließen sich die evangelischen Reichsstände zu einem Bund zusammen (→ 23.7.1532).

24.10.1531. Die Fürsten-Opposition gegen die Wahl Ferdinands zum König schließt das Saalfelder Bündnis (→ 5.1.1531).

1532. In Schwaz (Tirol) ist eine Meistersingerschule nachweisbar.

Frühjahr 1532. Sultan Süleyman II., der Prächtige, fällt in die Steiermark ein; osmanisch-ungarische Streifscharen (rund 150 000 Mann) ziehen auch durch weite Teile Niederösterreichs.

23.7.1532. Kaiser Karl V. erläßt einen Religionsfrieden (den »Nürnberger Anstand«). →

27.7.1532. Auf dem Reichstag zu Regensburg wird eine »Peinliche Gerichtsordnung« Kaiser Karls verabschiedet. →

Herbst 1532. Die Türken bedrohen Niederösterreich, das Burgenland und die Steiermark. Ein 86 000 Mann starkes Reichsheer schützt den Wiener Raum.

10.9.1532. Die Sensenschmiede von Waidhofen an der Ybbs (Niederösterreich) besiegen auf der »Schwarzen Wiese« vor der Stadt eingefallene Türken. Zur Erinnerung an den Sieg wird 1535–1542 ein Stadtturm errichtet.

19.9.1532. Nach schweren Gefechten mit dem Reichsheer in Niederösterreich muß sich Sultan Süleyman II. zurückziehen.

4.10.1532. Kaiser Karl V. und König Ferdinand I. ziehen in Wien ein.

30.12.1532. König Ferdinand I. schließt mit dem ungarischen König Johann Zápolya einen Waffenstillstand.

1533. Der Bau von Schloß Porcia in Spittal an der Drau, einer der bedeutendsten Renaissancebauten Österreichs, wird begonnen. →

Hans Valkenauer gestaltet in der Stiftskirche von Millstatt (Kärnten) das Grabmal für den Hochmeister Johann Geumann aus weißem Marmor.

1534. Der Arzt und Naturforscher Theophrastus Bombastus von Hohenheim (Paracelsus) hält sich in Sterzing (Südtirol) auf. →

Radstadt (Salzburg) wird befestigt (der größte Teil der Stadtmauer sowie drei Ecktürme erhalten).

29.6.1534. Der Friede von Kaaden (Nordböhmen) beendet den Streit zwischen König Ferdinand und Herzog Ulrich von Württemberg. →

11.9.1534. Der Friede von Linz festigt Ferdinands Stellung im Reich (→ 29.6.1534).

1535. König Ferdinand I. stellt ein Privileg für die Siedler im Grenzbereich von Krain aus: Die Entwicklung der österreichischen »Militärgrenze« beginnt. →

Um 1536. In Schwaz (Tirol) wird das alte Pflegegericht erbaut, ein spätgotischer Gruppenbau.

25.2.1536. Der in Klausen (Tirol) gefangengenommene Führer der radikal-reformatorischen Wiedertäufer, Jakob Hutter, wird in Innsbruck öffentlich verbrannt.

September 1537. König Ferdinand I. zieht gegen die Türken, um seine Stellung als König von Ungarn zu festigen.

9.10.1537. Bei Gorian (Ungarn) wird die Streitmacht König Ferdinands von den Türken vernichtend geschlagen.

24.2.1538. Geheimfriede von Großwardein: Johann Zápolya wird von König Ferdinand als ungarischer König bestätigt und erhält das Land östlich der Theiß (mit Siebenbürgen), muß aber das habsburgische Erbrecht in Ungarn bedingungslos anerkennen.

1540. Die Stadt Wien bestellt einen »Magister sanitatis« als Leiter des Gesundheitswesens.

7.7.1540. Johann Zápolya widerruft nach der Geburt seines Sohnes Johann Sigmund das Geheimabkommen von Großwardein.

21.7.1540. Nach dem Tod Johann Zápolyas nimmt seine Witwe, Isabella von Polen, den Kampf gegen König Ferdinand I. auf und läßt ihren Sohn Johann Sigmund zum König von Ungarn ausrufen.

27.9.1540. Papst Paul III. bestätigt den 1534 von Ignatius von Loyola gegründeten Jesuitenorden (SJ).

15.10.1540. Kaiser Karl V. ernennt den Landesverweser von Krain, Bartholomäus von Rauber, zum Hauptmann des Sichelberger Raumes.

GESTORBEN:

15.4.1532. Padua: Michael Gaismair (* um 1484), Tiroler Bauernführer der Jahre 1525/26. →

1537. Salzburg: Paul Hofhaimer (* 25.1.1459). Komponist und Organist. →

30.3.1540. Salzburg: Matthäus Lang von Wellenburg (* 1468), Kardinal, Bischof von Gurk, Erzbischof von Salzburg (→ 1525/26).

GEBOREN:

1533. Stephan IV. Báthory († 12.12.1586), König von Polen, Fürst von Siebenbürgen.

Nachfolger bestimmt

5. Jänner 1531. Kaiser Karl V. läßt seinen Bruder, Erzherzog Ferdinand I., König von Ungarn und Böhmen, zum König wählen. Als Stellvertreter Karls soll er die Reichsgeschäfte führen.

Auf dem Reichstag in Augsburg 1530 gewann Karl die Mehrheit der Kurfürsten durch hohe finanzielle Zuwendungen für sein Vorhaben, obgleich die geplante Wahl gegen alle Traditionen des Reiches verstößt. Denn einerseits ist dem Herrscher in Spanien bereits ein erbberechtigter Sohn geboren worden, andererseits bedeutet die Wahl Ferdinands eine vorzeitige Festlegung der Nachfolge Karls V.

Kaiser Karl V. mit Reichskrone und Doppeladler und den Säulen des Herkules (Holzschnitt, 1557)

Vor allem unter den Protestanten ist die Zahl der entschiedenen Gegner Ferdinands so groß, daß der Kaiser die Wahl vom protestantischen Frankfurt am Main ins katholische Köln verlegt. Am 24. Oktober 1531 wird daraufhin das Saalfelder Bündnis geschlossen, um einen allzu großen Machtzuwachs Habsburgs zu verhindern. Die Wahl Ferdinands zum König wird für nichtig erklärt und soll beim Kaiser angefochten werden.

Nach langen Verhandlungen schließen folgende Fürsten das antihabsburgische Bündnis: Kurfürst Johann von Sachsen, die (katholischen) Herzöge Wilhelm IV. (der unterlegene Thronprätendent) und Ludwig von Bayern, Philipp von Braunschweig, Ernst und Franz von Lüneburg, Landgraf Philipp von Hessen, Fürst Wolfgang von Anhalt sowie die Grafen Gebhard und Albrecht von Mansfeld. Frankreich tritt im Mai 1532 der Fürsten-Opposition bei (→ 27.6.1534).

Gaismair ermordet

15. April 1532. Gedungene Söldner ermorden in Padua den etwa 48jährigen Michael Gaismair, den Tiroler Bauernführer der Jahre → 1525/26.

Als Sohn eines Bauern kannte der aus Sterzing (Südtirol) stammende Gaismair die drückenden Probleme der Bauern und Bergknappen sehr gut, wenngleich sein Vater (selbst an bescheidenen Bergwerken beteiligt) ihm eine Ausbildung ermöglichte, die ihn zum Sekretär des Bischofs von Brixen werden ließ. Im Mai 1525 stellte sich Gaismair dennoch an die Spitze der aufständischen Bauern, die er mit großem militärischen Geschick führte, letztlich aber der starken landesfürstlichen Macht unterlag.

Nach seiner Flucht in die Schweiz traf er in Zürich mit dem Reformator Ulrich Zwingli zusammen. Unter dem Eindruck der gescheiterten Bauernerhebung und beeinfluß von der reformatorischen Lehre entwarf Gaismair eine »Tirolische Landesordnung« für eine demokratische Bauernrepublik, deren wesentliche Gedanken allerdings ers viel später in der Schweiz verwirklicht werden sollten.

Auch sein zweiter Versuch eine Umgestaltung der gesellschaftliche Verhältnisse, diesmal im Salzburgischen, scheiterte, und Gaismair flo 1526 mit rund 2000 Getreuen in da Gebiet der Republik Venedig. Zuletzt lebte er, von der republikanischen Patrizierfamilie Strozzi aufgenommen, in Padua; sein Wohnsit galt bald als Treffpunkt antihabsburgischer Agitatoren, Gaismair wurd als »ketzerischer Eiferer« und »lutherischer Deutscher« verschrien sodaß der Tiroler das Ziel mehrere Mordanschläge wurde.

Übergabe der Confessio Augustana durch Kurfürst Johann an Karl V. (Gemälde [Detail] von Andreas Hemeisen)

Kaiser beendet Religionsstreit

23. Juli 1532. Die heftigen Auseinandersetzungen zwischen dem katholischen Kaiser Karl V. und den protestantischen Fürsten finden mit dem Nürnberger Religionsfrieden, den Kaiser Karl V. mit den evangelischen Reichsständen schließt, ein vorläufiges Ende.

Der »Nürnberger Anstand«, wie das Abkommen heißt, bezieht die evangelischen Reichsstände bis zu einem auf später verschobenen Konzil, auf dem die Religionszwistigkeiten geklärt werden sollen, in den Reichslandfrieden ein.

Das Wormser Edikt vom 8. Mai 1521, das die Protestanten in die Acht erklärt hat, ist damit aufgehoben. Indem der Kaiser mit den protestantischen Fürsten einen Vertrag schließt, erkennt er zum ersten Mal, wenn auch mit Einschränkungen, die protestantische Lehre an und trennt das Reichsrecht vom katholischen Kirchenrecht. Der Kaiser erklärt sich damit einverstanden, alle Religionsprozesse beim Reichskammergericht einzustellen. Die Verfolgung der Protestanten hört auf. Die Reformation kann sich nunmehr ungehindert ausbreiten.

Die Entscheidung von Kaiser Karl V., den Nürnberger Religionsfrieden zu schließen, erklärt sich aus der außenpolitischen Situation des Reiches und aus dem Verhalten der protestantischen Reichsstände. Karl kann nicht gewaltsam gegen die Protestanten vorgehen, weil er zur Abwendung der Türkengefahr im Reich freie Hand braucht.

Der Reformator Martin Luther aus Wittenberg (Gemälde von Lucas Cranach d. Ä., 1532; Nürnberg)

Am 27. Februar 1531 hatten sich die evangelischen Fürsten mit einer Reihe oberdeutscher Städte zum Schmalkaldischen Bund zusammengeschlossen. Sie gingen davon aus, daß Widerstand in einem Glaubenskrieg, wie vom Kaiser gegen die Protestanten geplant, erlaubt sei, da den Fürsten als den wahren Obrigkeiten ein Widerstandsrecht gegen den Kaiser als gewählte Obrigkeit zustehe. Sie versuchten, die fürstliche Freiheit vor der Zentralgewalt des Kaisers zu schützen, ein Argument, das auch das katholische Bayern dazu bewegte, sich dem Bund anzuschließen. Die protestantischen Fürsten verteidigten zudem handfeste wirtschaftliche Interessen, weil sie durch die Einziehung des verwaisten katholischen Kirchenguts und den Aufbau eines Landeskirchenregiments ihre Machtbasis erheblich vergrößert hatten. Die Einigung im Schmalkaldischen Bund bewirkt ferner eine Verständigung zwischen den Anhängern unterschiedlicher Glaubensauslegungen.

Gleiches Recht für alle im Reich

27. Juli 1532. Der Reichstag zu Regensburg verabschiedet das erste allgemeine deutsche Strafgesetzbuch für das Reich: Unter der Bezeichnung »Kaiser Karls V. und des Heiligen Römischen Reichs peinliche Gerichtsordnung« (»Constitutio criminalis Carolina«) wird mit diesem Gesetz versucht, eine einheitliche Rechtsprechung im Reich zu schaffen, in dem bisher die verschiedenen Landesrechte gegolten haben. Die Gerichtsordnung regelt die Verfahrensweise beim Strafprozeß und unterscheidet nach Delikten (Mord, Körperverletzung, Diebstahl). Sie führt ein genaues Strafensystem ein, in dem jedes Verbrechen mit dem entsprechenden Strafmaß aufgeführt wird. Das Gesetz führt u. a. aus:

- ▷ Der Täter kann nur bei erwiesener Schuld bestraft werden
- ▷ Das Recht auf Notwehr wird anerkannt

Hinrichtung aufständischer Bergleute (Burgerbibliothek Luzern)

- ▷ Es wird beim Strafmaß unterschieden zwischen vorsätzlicher Tötung (Mord) und fahrlässiger Tötung (Totschlag)
- ▷ Strafzweck ist die Vergeltung
- ▷ Die Frage nach der Zurechnungsfähigkeit von angeklagten Jugendlichen und Geisteskranken soll ein Rat von Rechtsverständigen klären.

Diese Gerichtsordnung ist der vorläufige Endpunkt einer Reform des spätmittelalterlichen Strafrechts, die 1496 auf dem Reichstag zu Lindau ihren Anfang genommen hat.

Ferdinand I. im Reich anerkannt

29. Juni 1534. Der Frieden von Kaaden (Nordböhmen) zwischen König Ferdinand I. und Herzog Ulrich von Württemberg beendet die Zwistigkeiten zwischen dem Habsburger und dem Württemberger: Herzog Ulrich erhält sein Land als erbliches österreichisches Afterlehen und erkennt seinerseits Ferdinand als König an. Ferner wird vereinbart, daß die Reichskammergerichtsverfahren gegen Protestanten endgültig eingestellt werden.
Das Herzogtum Württemberg war Österreich zugesprochen und von Truppen König Ferdinands besetzt worden, da Herzog Ulrich wegen Unterdrückung und Gewaltherrschaft seit Jahren aus seinem Land vertrieben war.
Am 12. und 13. Mai 1534 kam es bei Lauffen am Neckar zu einer Schlacht, in der die Truppen des Königs geschlagen wurden. Der Herzog von Württemberg hatte sich mit Landgraf Philipp von Hessen verbündet und verfügte über ein ansehnliches Heer.
Als Folge dieser Niederlage kommt es zum Friedensschluß von Kaaden. Kurz darauf (am 11. September) verständigt sich Ferdinand I. auch mit Herzog Wilhelm IV. von Bayern (einem führenden Mitglied der fürstlichen Königs-Opposition), der nach dem Einlenken Herzog Ulrichs in der Ablehnung Ferdinands weitgehend isoliert ist.

Schloß Salamanca/Porcia in Spittal

1533. *Der Bau von Schloß Porcia (eigentlich: Salamanca) in Spittal an der Drau (Kärnten) beginnt. Gabriel von Salamanca, der Generalschatzmeister und Berater Erzherzog Ferdinands, ist 1524 mit der Grafschaft Ortenburg belehnt worden und läßt sich nun eine repräsentative Residenz erbauen. Schon zu Lebzeiten Salamancas († 1539) ist der Bau weitgehend abgeschlossen, doch werden die Anlagen in den folgenden Jahrhunderten, vor allem unter den Fürsten Porcia, wesentlich erweitert und verändert. Auf quadratischem Grundriß fügen sich vier dreigeschossige Flügelbauten so zusammen, daß ein Innenhof mit besonders schönen Arkaden entsteht (Abb.). Schloß Porcia gehört zu den bedeutendsten Renaissancebauten Österreichs.*

Die Anfänge der »Militärgrenze«

1535. König Ferdinand I. stellt das erste Privileg für die Siedler im Grenzbereich von Krain aus.
600 Familien mit rund 3000 Mitgliedern waren aus osmanischen Gebieten in das Herzogtum Krain eingewandert. Die Krainer Landstände wiesen den Flüchtlingen, man nennt sie »Uskoken« (vom kroatischen »uskočiti = flüchten, entspringen«), den öden und wüsten Landstrich um Schloß Sichelburg zu. Mit dieser Ansiedlung beginnt die Entwicklung der »Militärgrenze«, des Schutzes der Ostgrenze durch eine Art von Wehrbauern (die Grenze erreicht unter Maria Theresia eine Länge von rund 1750 km). Die anfangs mehr »wilden Grenzer« werden allmählich zu gutorganisierten militärischen Stützpunkten.
Am 5. September 1538 erteilt König Ferdinand I. in Linz den Uskoken ein großes Privileg, mit dem sie als Gegenleistung für ihre Grenzerdienste die durch die Türkeneinfälle verödeten Ländereien steuerfrei erhalten. Von der Türkenbeute sollen sie ein Drittel dem königlichen Zahlmeister übergeben, der es zur Auslösung gefangener Grenzer und anderer Begünstigungen verwenden soll.

Hauptmeister der Liedsatztechnik

1537. Im hohen Alter von 78 Jahren stirbt in Salzburg Paul Hofhaimer, ein bedeutender Organist und einer der wichtigsten Komponisten der Renaissance.
Hofhaimer (auch Hofheimer und Hoffheimer) stammte aus dem salzburgischen Radstadt. Schon 148[illegible] berief ihn Erzherzog Siegmund von Tirol an den Innsbrucker Hof; Hofhaimer avancierte rasch zur führenden und einflußreichsten Persönlichkeit der kaiserlichen Hofkapelle, der er 1490 beitrat.
Etwa um das Jahr 1509 übersiedelte er nach Augsburg, kehrte jedoch nach dem Tod Kaiser Maximilians (1519) nach Salzburg zurück, wo er ab 1522 als Domorganist tätig war (ab 1524 urkundlich nachweisbar). Hofhaimer wurde auch als Lehrer hoch geschätzt und gilt als Hauptmeister des mehrstimmigen Liedes im deutschen Sprachraum.

Das Rezept des Paracelsus gegen die »pestilenz«

1534. Der Arzt und Naturforscher Theophrastus Bombastus von Hohenheim (der sich selber später »Paracelsus« nennt) kommt nach Sterzing (Südtirol), wo kurz vorher die Pest gewütet hat.
Paracelsus beschäftigt sich mit dieser Seuche und verfaßt ein Büchlein »von der pest an die stat Sterzingen; ein kurze ordnung mit bewerten recepten«. Es findet jedoch beim »ersamen fürsichtigen und weisen herren burgermeister und rat der stat« kaum Beachtung und erscheint erst 1576 in Straßburg im Druck. Ein Rezept daraus lautet »Also sol das trank gemacht werden, dadurch die pestilenz im schweiß ausgetriben wird«:

Theophrastus Bombastus von Hohenheim (Holzschnitt, 19. Jh.)

»Eines guten gebranten weins, ein moß; eines guten tiriaks, zwölf lot; myrrhen, vier lot; wurzen von roßhuf, sechs lot; sperma ceti; terrae sigillatae ietlichs ein lot; schwalbenwurz, zwei lot; diptan, bibernel, baldrianwurzel ietlichs ein halb lot; gaffer, ein quint.
Dise ding alle durch einander gemischet, in ein saubers glas wol vermacht, auf acht tag an der sonnen stehen lassen.
Nachfolgents dem kranken ein halben löffel vol eingeben oder ein löffel vol, nach ansehen [Konstitution] der person, wol zugedeckt und in sechs stunden nichts zu essen oder trinken geben und handeln in alweg wie obstet.«

1541

1541–1550

1541. Georg Thüring baut das Trautsonhaus in Innsbruck im Übergangsstil von der Gotik zur Renaissance.

Frühjahr 1541. Der erste belegbare gemeinsame Landtag der Vorarlberger Herrschaften Feldkirch, Bludenz, Bregenz und Sonnenberg findet im »Walgev« (Walgau) statt.

Sommer 1541. Gesamtösterreichischer Landtag in Linz: Aus den habsburgischen Herrschaften vor dem Arlberg erscheinen nur Bauern als Abgeordnete.

In Wien wütet die Beulenpest. Ein Drittel der Einwohner fallen ihr zum Opfer.

29.12.1541. Vertrag von Gyalu (Ungarn): Wegen der Türkenherrschaft kommt es zur Annäherung zwischen König Ferdinand I. und Isabella von Polen, der Witwe König Johann Zápolyas von Ungarn.

1542. Der Kartograph Augustin Hirschvogel aus Nürnberg zeichnet eine Karte Oberösterreichs – die erste Karte eines österreichischen Landes (→ 1621–1630).

Sommer 1542. Ein Reichsheer zieht gegen die Türken. Die Eroberung von Pest scheitert jedoch im September an der unzulänglichen Führung des Heeres, das sich daraufhin wieder zurückzieht.

1543. Beginn der osmanischen Eroberungszüge in Ungarn: Die Städte Gran, Fünfkirchen und Stuhlweißenburg werden von den Türken eingenommen.

König Ferdinand erläßt ein Edikt, das anordnet, alle Buchdrucker und -händler zu ertränken, die ketzerische (protestantische) Bücher herstellen oder verbreiten. Die Bücher selbst sollen verbrannt werden.

1544. Die Türken erobern die ungarischen Festungen Visegrád, Waitzen und Neográd.

18.9.1544. Der Friede von Crépy beendet den letzten Krieg zwischen Kaiser Karl V. und Frankreichs König Franz I. Der Franzose widerruft sein Bündnis mit dem Osmanischen Reich und sagt dem Kaiser Hilfe gegen die Türken zu.

1545. Der Humanist Wolfgang Lazius veröffentlicht die erste österreichische Landeskunde: »Interpretatio Chorographiae Austriae«. Ein Jahr später erscheint seine Geschichte Wiens (»Vienna Austriae«). →

13.12.1545. Auf Drängen Kaiser Karls V. eröffnet Papst Paul III. das Konzil von Trient; das sog. Tridentinum tagt mit Unterbrechungen bis 1563. Den Protestanten wird die Teilnahme verweigert.

1546. In Wien wird die »Stadtguardia« aufgestellt (70 Landsknechte). Bislang taten bewaffnete Bürger und Handwerker den Dienst auf den Wällen und an den Toren.

6.6.1546. Karl V. verbündet sich mit Papst Paul III. gegen den (protestantischen) Schmalkaldischen Bund.

7.6.1546. Der Kaiser schließt mit König Ferdinand und Herzog Wilhelm IV. von Bayern den Regensburger Geheimvertrag. →

14.6.1546. König Ferdinand und Herzog Wilhelm IV. von Bayern schließen einen Ehevertrag für ihre Kinder Anna und Albrecht. Die Hochzeit erfolgt am 4. Juli. Der Vertrag dokumentiert die Annäherung Bayerns an Habsburg und dient der Absicherung Österreichs im bevorstehenden Krieg.

Juni 1546. Kaiser Karl V. verhängt die Reichsacht über die Führer des Schmalkaldischen Bundes und eröffnet den Krieg gegen sie.

1546/47. Burg Hallegg bei Klagenfurt wird zu einem Renaissanceschloß umgebaut (1576 erweitert).

1547. Augustin Hirschvogel zeichnet einen Rundplan von Wien im Maßstab von 1:2000 – die erste kartographisch verläßliche Aufnahme der Stadt.

24.4.1547. In der Schlacht bei Mühlberg an der Elbe besiegen die kaiserlichen Truppen das Heer des (protestantischen) Schmalkaldischen Bundes (→ 30.6.1548).

12.5.1547. Das »bemalte Haus« in Eggenburg (Niederösterreich) wird fertiggestellt. In Sgrafittotechnik zeigt es Szenen aus dem Alten Testament.

13.6.1547. König Ferdinand schließt einen fünfjährigen Waffenstillstand mit den Türken, deren Sultan ein jährliches »Ehrengeschenk« von 30 000 Dukaten erhalten soll.

1548. In der Burg Rapottenstein (Niederösterreich) wird mit dem Bau des Hofes begonnen (1550 fertiggestellt).

15.5.1548. Auf dem Augsburger »Geharnischten Reichstag« diktiert Kaiser Karl V. allen Reichsständen das »Augsburger Interim«. →

Juni 1548. König Ferdinand erläßt die »Reformationsordnung« gegen Mißstände in der katholischen Kirche. – Der protestantische Glauben ist weit verbreitet; so leben z. B. in Wien beinahe soviel Lutheraner wie Katholiken.

Um 1550. Die Produktion auf dem steirischen Erzberg erreicht jährlich 12 000 t Eisen. Die wöchentliche Arbeitszeit beträgt 51 Stunden.

1550. In Innsbruck wird das Maximilian-Grab vollendet. →

GESTOBEN:

21.5.1541. Wien: Johannes Fabri (* 1478), Humanist, 1530–1541 Bischof von Wien.

Nach 1545. Passau: Rueland Frueauf d. J. (* um 1470), Maler der Donauschule.

GEBOREN:

3.6.1550. Wien: Karl II. von Habsburg (* 10.7.1590), Erzherzog von Innerösterreich.

Feldlager Kaiser Karls V. (im Zelt mit dem Doppeladler) vor Lauingen an der Donau (Gemälde von Matthias Gerung, 1551; Stadthaus Lauingen)

Regensburger Vertrag

7. Juni 1546. Kaiser Karl V. schließt mit seinem Bruder, König Ferdinand I., und dem bayrischen Herzog Wilhelm IV. den Regensburger Geheimvertrag gegen die »Hartnäckigkeit« der protestantischen Fürsten und Städte im Reich.

Nachdem sich der Kaiser am Tag zuvor der Unterstützung des Papstes in einem Krieg gegen den (protestantischen) Schmalkaldischen Bund versichert hat, erhält er nun die bayrische Artillerie zur Verfügung. Herzog Wilhelm erklärt sich jedoch öffentlich als neutral, wenngleich er die kaiserlichen Rüstungsausgaben unterstützt. Dem Wittelsbacher wird seine Neutralität durch eine Ehe des bayrischen Erbprinzen Albrecht mit Anna, der Tochter König Ferdinands, und den daraus erwachsenden Erbanspruchsmöglichkeiten vergolten.

Der Kaiser hat sich so für einen Krieg gegen den Schmalkaldischen Bund, dem Kursachsen, Hessen, Lüneburg, Anhalt-Kothen, Mansfeld, Magdeburg und Bremen angehören, hinreichend abgesichert und erklärt die protestantischen Führer in die Reichsacht. Ein »Reichskrieg« soll die Entscheidung zugunsten der Katholiken bringen und die Glaubensspaltung gewaltsam beenden.

Johannes I., Kurfürst von Sachsen, der Gründer des Schmalkaldischen Bundes (Gemälde der Cranach-Schule; Uffizien Florenz)

Kaiser Karl V. in der Schlacht bei Mühlberg am 24. März 1547, die den Schmalkaldischen Krieg entscheidet (Gemälde von Tizian; Prado Madrid)

Karls Interimslösung

15. Mai 1548. Auf dem bereits seit neun Monaten tagenden »Geharnischten Reichstag« zu Augsburg diktiert Kaiser Karl V. nach seinem Sieg über die Protestanten im Schmalkaldischen Krieg allen Reichsständen das »Augsburger Interim«. Diese kaiserliche Verordnung zielt darauf ab, die Protestanten des Reichs wieder in die reformierte katholischen Kirche einzugliedern, scheitert jedoch letztlich am Widerstand der deutschen Reichsfürsten.

Das »Augsburger Interim« ist das Ergebnis des im Frühjahr 1547 (Schlacht bei Mühlberg am 24. März 1547) entschiedenen Schmalkaldischen Krieges zwischen den Truppen Kaiser Karls V. und dem Heer der Protestanten unter Führung von Kurfürst Johannes I., dem Beständigen, von Sachsen und Landgraf Philipp I. von Hessen.

Die Bestimmungen des »Interims« vertreten in wesentlichen Punkten die katholische Lehre und gestehen den Protestanten lediglich die Priesterehe und den Laienkelch zu (das Recht, daß auch Laien und nicht nur Priester beim Abendmahl aus dem Kelch Wein trinken dürfen). Die Katholiken betrachten die wenigen Reformzugeständnisse an die evangelische Seite als Zumutung und lehnen die Durchführung des »Interims« in ihren Gebieten ab.

Gegenüber den Protestanten setzt Karl V. die Bestimmungen des »Interims« mit Gewalt durch. Konstanz läßt er durch seine Truppen rekatholisieren. Die im Schmalkaldischen Krieg besiegten süddeutschen Städte müssen hohe Entschädigungen zahlen; die Zünfte in den Städten werden entmachtet. Viele evangelische Geistliche sind zur Flucht ins Ausland gezwungen.

KGR. DÄNEMARK
OSTSEE
Bornholm
Fünen
Rügen
Hzm. Schleswig
Hzm. Holstein
Hzm. Mecklenburg
Hzm. Pommern
Hzm. Wolgast
Hzm. Stettin
1532–1625 geteilt
Bm. Cammin
Neumark
Uckermark
Prignitz
Kurfsm. Brandenburg
Mittelmark
Altmark
Berlin
Hzm. Braunschweig-Lüneburg
Erzbm. Magdeburg
Anhalt
Kursachsen
Kurfsm. Sachsen
Hzm. Sachsen
Nieder-Lausitz
Mgft. Oberlausitz
1526 österr.
Hzm. Schlesien
Breslau
Oppeln
Ratibor
Teschen
KGR. BÖHMEN
1526 österr.
Prag
Mgft. Mähren
1526 österr.
Brünn
Olmütz
Ober-Pfalz
Bayreuth
Hzm. Bayern
München
Regensburg
Nürnberg
Bamberg
Würzburg
Fsm. Ansbach
Erzhzm. Österreich
ob d. Enns
unter der Enns
Wien
Linz
Erzbm. Salzburg
Hzm. Steiermark
Graz
Hzm. Kärnten
Hzm. Krain
Gft. Tirol
Innsbruck
Bm. Trient
REPUBLIK VENEDIG
Venedig
Adriat. Meer
Triest
Fiume
ÖSTERREICH. UNGARN
1526 österr.
Preßburg
TÜRKISCH-UNGARN
Ofen 1526, 1541 türk.
Pest
Gran 1543 türk.
Stuhlweißenburg 1543 türk.
Szegedin 1541 türk.
Mohács 1526
Fünfkirchen 1543 türk.
Esseg 1526 türk.
Peterwardein 1526 türk.
Belgrad
Semlin
KÖNIGREICH POLEN
1569 Realunion mit Litauen und Kgl. Preußen
Groß-Polen
Klein-Polen
Hzm. Masowien
1526 mit Polen vereint
Warschau
Krakau
Posen
Kgl. Preußen
1466–1569 in Personalunion mit Polen
Danzig
Hzm. Preußen
1525 Weltl. Hzm. (Haus Hohenzollern)
Königsberg
Bm. Ermland
GRESM. LITAUEN
Lublin
Kaschau
Debrecen
Temesvár
Arad
Großwardein
© 61 V&K

»Beschreibung der Hauptstadt Wienn«

Das bekannteste Werk des Historiographen und Professors der Wiener Universität Wolfgang Lazius ist seine 1546 erschienene Geschichte Wiens unter dem Titel »Vienna Austriae«. Die nachfolgenden Stellen sind der in Wien 1619 erschienenen Übersetzung von Heinrich Abermann »Historische Beschreybung der kays. Hauptstadt Wienn in Österreich« entnommen:

»Heut zu Tag gibt man dem Stadt Anwaldt den ersten Orth und Sitz, den andern dem Burgermaister, den dritten dem Stadt Richter, und den letzten dem Stadt Schreiber, welchem dann der Stadt Cammerer auch zugethan ist. Sie haben zway Rath Häuser oder zweyerley Rath und seynd beede mit zwölf Männer ersetzet. Der Burgermaister helt mit Hülff und Vorwissen deß Stadt Anwaldts, so deß Lands Fürsten Stell vertreten thut, seyn Rathsversammblung im Rath Hauß. Dessen Rathschluß verfaßt der Stadt Schreiber schrifftlich und damit alle Sachen recht und fleißig abgeschrieben werden, so hält er seyne eygne Schreiber und Diener.

Der Stadt Richter aber hat zwar nit an der Dignitet, sondern an der Zahl einen gleichen Rath, welchen er in einem eygnen Hauß... hat, in der Wochen dreymal versamblet; allda werden peinliche und Schulden Sachen abgehandelt und wann man einen Übeltäter am Leben soll straffen, sitzet man allda auff dem Richt Stuel...

Am S. Thomas deß Apostels Tag [21. Dezember] beschicht die Wahl, es stehet aber der vollmächtige Gewalt bey dem Rath. Derselbige verordnet vier Führer, Stadt Obriste oder Viertl Maister, deren einem jeden sampt ihrem Fendrichen ein gewiß Viertl der Stadt vertrauet würdt.

Die Viertl haben ihre Nameb von den fürnembsten Thoren der Stadt, als von dem Kärner Thor (villeicht von der Nahendt der alten Stadt Carnunti, deren alte Mauren und Staynhauffen sechs Meil underhalb Wienn zu Petronell noch vorhanden sein), vom Stueben-, Schotten- und Holtz Thor. Disen ist anbefohlen, daß ein jeder in öffentlichen Brunsten und wann ein Gefahr vom Feindt zubesorgen und ein Forcht verhanden ist, seine Burger zur Wehr ermahne und anhalte, sie auch, wann ein Befehl publicirt würdt, in das Feldt führe.«

Frühe authentische Ansicht von Wien (Ausschnitt aus dem Tafelbild »Die Flucht nach Ägypten« des Meisters des Schottenaltars, um 1470)

Das Maximilian-Grab in Innsbruck

1550. Das Bronzewerk des Maximilian-Grabes in Innsbruck wird nach 42jähriger Arbeit vollendet. Nach Ideen Kaiser Maximilians I. vom Hofmaler Gilg Sesselschreiber entworfen, war es ursprünglich für Wiener Neustadt bestimmt.

Zu dieser größten figuralen Grabanlage des Abendlandes gehören 28 überlebensgroße porträtgetreue Bronzestatuen der Ahnen und Verwandten des habsburgischen Herrschers (geplant waren 40), die einen kerzentragenden Trauerzug bilden. Die Entwürfe stammen von Albrecht Dürer, Christof Amberger, Gilg Sesselschreiber, Hans Pohlheimer, Jörg Kölderer und Ulrich Tiefenbrunn; die Statuen wurden in den Gußwerkstätten Stefan Godls und Sesselschreibers in Mühlau (Tirol), Gregor Löfflers in Hötting (Tirol) und Peter Vischers in Nürnberg hergestellt.

Hinzu kommen 21 Büsten römischer Kaiser (34 geplant) und 23 Statuetten der »Familienheiligen des Hauses Habsburg« (100 geplant) nach Entwürfen Kölderers 1514–1520 von Godl gegossen.

△ Bronzestatue Kaiser Maximilians I. auf dem 1561–1563 von Alexander Colin errichteten Kenotaphen in der Innsbrukker Hofkirche; die Tumba ist leer, da der Kaiser in Wiener Neustadt bestattet werden wollte.

◁ Drei Frauenfiguren aus dem Trauergeleit: v. l. Elisabeth von Görz, Maria von Burgund und Elisabeth von Ungarn.

Kunst und Kultur 1501–1550

▷ Im Chor der Pfarrkirche von Schöder (Steiermark) werden 46 bemerkenswerte Fresken angebracht
▷ Spätgotische Wappenschilder (Reichsadler, Österreich und Tirol) werden für das Kloster St. Martin im Gnadenwald (Tirol) angefertigt
▷ Die Nordkapelle der Pfarrkirche von Obervellach (Kärnten) erhält einen gemalten Renaissanceflügelaltar Jan van Scorels
▷ Der spätgotische Schnitzaltar der Filialkirche von Möllbrücke (Kärnten) wird gefertigt
▷ Vermutlich von Martin Kriechbaum stammt der geschnitzte Flügelaltar der Pfarrkirche von Mauer bei Melk (Niederösterreich)
▷ Anton Pilgram vollendet die Kanzel in der Wiener Stephanskirche (mit einem Selbstporträt am Kanzelfuß) →
▷ Die Pfarrkirche von Maria Gail am Faakersee (Kärnten) erhält einen spätgotischen Flügelaltar (der sog. Friesacher Werkstatt zugeschrieben)
▷ Wichtigster Bauabschnitt der sog. Fischerkirche von Rust (Burgenland)
▷ Der spätgotische Schnitzaltar der Pfarrkirche von Hallstatt (Oberösterreich) wird gefertigt, vermutlich von Lienhart Ast
▷ Die Halbfiguren der Schloßbesitzer Wilhelm und Margareta von Zelking in der ehemaligen Schloßkapelle von Sierndorf (Niederösterreich) zählen zu den frühesten Renaissanceplastiken Österreichs
▷ Für die Filial- und Wallfahrtskirche St. Wolfgang ob Grades (Kärnten) fertigt eine jüngere Villacher Werkstatt einen mächtigen Flügelaltar
▷ Das Langhaus der Pfarrkirche von Königswiesen (Oberösterreich) wird erhöht (besonders reiche Gewölbegestaltung)
▷ Aus der Werkstatt von Lienhart Ast stammt der geschnitzte gotische Flügelaltar in der Pfarrkirche von Gröbming in der Steiermark
▷ Barthlmä Firtaler erbaut die spätgotische Filialkirche von Laas (Kärnten)
▷ Das Rathaus von St. Veit an der Glan (Kärnten) wird errichtet (mit Arkadenhof und Renaissanceportal)
▷ In Wels (Oberösterreich) wird das Haus der Salome Alt mit einem bemerkenswerten spätgotischen Erker erbaut →
▷ Wolf Huber malt den St. Annen-Altar für die Stadtpfarrkirche von Feldkirch (Vorarlberg) →
▷ Für die Filialkirche St. Ulrich in Krakauhintermühlen (Steiermark) wird von einem unbekannten Meister ein spätgotischer Flügelaltar mit Renaissanceeinfluß geschaffen
▷ Die Burg Roggendorf in Pöggstall (Niederösterreich) erhält ein riesiges Kanonenrondell (50 m Durchmesser)
▷ In der Deutschordenskirche von Wien wird das Grabmahl für Jobst Truchseß von Wetzhausen in der Form eines Renaissanceflügelaltars gestaltet
▷ Der Rittersaal im Schloß Goldegg (Salzburg) entsteht; er enthält bedeutende Renaissancemalereien, besonders das »Spielmannsfresko« →
▷ In Weißenkirchen in der Wachau (Niederösterreich) wird der burgartige Teisenhoferhof errichtet →
▷ Der Buchdrucker Johann Singriener stellt in Wien die erste gedruckte deutsche Lautentabulatur her: Hans Judenkünigs »Ain schone kunstliche underweisung«.

Das sog. Spielmannsfresko im 1536 fast gänzlich mit Malereien ausgestalteten Rittersaal von Schloß Goldegg, dem Sitz der Herren von Pongau

Selbstbildnis des Anton Pilgram am Orgelfuß im Stephansdom

»Anbetung der Könige im Schnee« (Altarbild von Wolf Huber)

Der burgartige Teisenhoferhof in Weißenkirchen an der Donau (seit 1965 Wachaumuseum)

Erker des Hauses der Salome Alt, Lebensgefährtin Fürsterzbischofs Wolf Dietrichs, in Wels

1551

1551–1560

4.6.1551. Der mit einem Heer nach Klausenburg entsandte General Johann Baptista Castaldo, Markgraf von Cassano, nimmt die Huldigung der Stände Siebenbürgens für König Ferdinand I. entgegen.

19.7.1551. Weißenburger (auch Karlsburger) Vertrag: Isabella von Polen verzichtet zugunsten Ferdinands auf ihre Ansprüche in Ungarn und kehrt nach Polen zurück.

1.8.1551. Kaiser Karl V. erläßt eine Verordnung, wonach alle Juden auf der linken Brustseite ihrer Oberbekleidung einen gelben Tuchlappen zu tragen haben.

1552. König Ferdinand I. läßt das Schweizertor der Wiener Hofburg errichten.→

Erzherzog Maximilian (II). läßt neben dem kaiserlichen Jagdschloß Ebersdorf bei Wien ein Tiergehege anlegen (»Menagerie« genannt).

1.5.1552. König Ferdinand und der vom Kaiser abgefallene Kurfürst Moritz von Sachsen unterzeichnen den Vertrag von Linz (→2.8.1552). Trotzdem fällt der Kurfürst kurz darauf in Tirol ein.

2.8.1552. Moritz von Sachsen unterzeichnet den Vertrag von Passau, der das Ende der sog. Fürstenverschwörung gegen Kaiser Karl V. markiert.→

1553. Nikolaus Türing d. J. und Marx della Bolla beginnen mit dem Bau der Hofkirche von Innsbruck (1563 fertiggestellt).

25.2.1554. König Ferdinand I. erläßt eine Hausordnung.→

27.5.1554. Die Jesuiten beziehen das ihnen vom König übergebene (verwaiste) Karmeliterkloster Am Hof in Wien, wo sie ihr erstes Kollegium errichten.

1555. Der Jesuit Petrus Canisius veröffentlicht den gegenreformatorischen »Kleinen Katechismus«.→

Gallus Seliger errichtet die Renaissancesteinkanzel der Hauptstadtpfarrkirche von Villach (Kärnten).

Jörg Ebert beginnt in Ravensburg mit dem Bau einer Orgel für die Innsbrucker Hofkirche (1561 vollendet, ist sie die älteste – erhaltene und bespielbare – Kirchenorgel nördlich der Alpen).

25.9.1555. Der »Augsburger Religionsfriede« wird verkündet.→

25.10.1555. Kaiser Karl V. übergibt in einem feierlichen Staatsakt in Brüssel die Niederlande seinem Sohn Philipp (II.).

Jänner 1556. König Ferdinand I. errichtet den österreichischen Hofkriegsrat, eine Zentralbehörde, die Kriegsführung und -verwaltung zusammenfaßt.

16.1.1556. Karl V. übergibt auch die spanischen und italienischen Besitzungen seinem Sohn Philipp (II.).

12.9.1556. Karl V. überläßt (durch einen Brief) seinem Bruder, König Ferdinand I., die Kaiserwürde.→

22.10.1556. Unter osmanischer Oberhoheit übernimmt Johann Siegmund Zápolya die Herrschaft in Siebenbürgen.

1557. Erzherzog Ferdinand von Österreich (später: von Tirol) heiratet die Augsburger Patriziertochter Philippine Welser – seine Nachkommen verlieren durch diese nichtstandesgemäße Ehe ihr Erbrecht.

Der Bau des Haupttraktes des Landhauses in Graz wird begonnen (1565 fertiggestellt).

1558. Der Bau des vierflügeligen Hofgebäudes neben der Wiener Hofburg wird begonnen (die Renaissanceanlage wird um 1565 zum Hofstallgebäude umgebaut).

24.3.1558. In Aachen wird Ferdinand I. von Habsburg zum römischen Kaiser gekrönt.

12.4.1558. In Wien beginnt man mit der systematischen Pflasterung der Straßen und Plätze.

1559. Papst Paul IV. erläßt den »Index librorum prohibitorum«, ein Verzeichnis aller Bücher, deren Lektüre für Katholiken verboten ist.

1560. Die spätgotische Anlage des Schlosses Weyer (Oberösterreich) wird erbaut (1561 um einen Arkadenhof erweitert).

27.4.1560. Kaiser Ferdinand I. erhebt die Herrschaft Hohenems (Vorarlberg) zur Reichsgrafschaft.

GESTORBEN:

5.3.1553. Wien: Augustin Hirschvogel (* 1503), Kartograph.

3.6.1553. Passau: Wolf Huber (* um 1484), Maler der Donauschule (→1541–1550).

21.9.1558. Estremadura (Spanien): Karl V. von Habsburg (* 24.2.1500), König von Spanien und Kaiser (→12.9.1556).

GEBOREN:

18.7.1552. Wien: Rudolf II. von Habsburg († 20.1.1612), König und Kaiser.

19.2.1553. Wien: Melchior Klesl († 18.9.1630), Bischof von Wiener Neustadt und Wien, Kardinal.

15.6.1553. Wien: Ernst von Habsburg († 20.2.1595), Erzherzog von Österreich.

1557. Klausenburg: Stephan Bocskay († 29.12.1606), Woiwode von Siebenbürgen.

24.2.1557. Wien: Matthias von Habsburg († 20.3.1619), König und Kaiser.

12.10.1558. Wiener Neustadt: Maximilian III. von Habsburg († 2.11.1618), Erzherzog von Österreich.

Februar 1559. Schloß Tilly (Brabant): Johann Tserclaes Graf von Tilly († 30.4.1632), kaiserlicher Feldherr, Generalleutnant.

26.3.1559. Schloß Lochau (Vorarlberg): Wolf Dietrich von Raitenau († 16.1.1617), Fürsterzbischof von Salzburg.

Einigung in Passau

2. August 1552. Kurfürst Moritz von Sachsen unterzeichnet in seinem Lager vor Frankfurt am Main den Passauer Vertrag, der am 15. August auch von Kaiser Karl V. in München ratifiziert wird. Damit endet die sog. Fürstenverschwörung gegen den Kaiser.

Der sächsische Kurfürst hatte im Jänner 1551 mit König Heinrich II. von Frankreich einen Vertrag geschlossen und sich mit den protestantischen Reichsfürsten gegen Karl V. erhoben. Die Fürsten sind unzufrieden mit dem ihnen aufgezwungenen »Augsburger Interim« (→15.5.1548), der Stationierung spanischer Truppen im Reich sowie den Plänen des Kaisers, die Kaiserkrone dem Hause Habsburg – unter Bevorzugung der spanischen Linie – zu erhalten. Unter Hinzuziehung Erzherzog Maximilians (II.) von Österreich, Herzog Albrechts von Bayern und kaiserlicher Gesandter verhandelten König Ferdinand I und Kurfürst Moritz im April 1552 über eine Beilegung des Streites. Der am 1. Mai geschlossene Vertrag von Linz sieht vor, die Fürstenverschwörung im Rahmen eines Friedenskongresses in Passau beizulegen; über die strittigen Fragen wurde allerdings keine Einigung erzielt, so daß Moritz von Sachsen einen Waffenstillstand ablehnte und am 18. Mai in Tirol einfiel. Trotzdem begannen Ende Mai – entsprechend den Vereinbarungen von Linz – die Verhandlungen der Kurfürsten und Reichsstände mit König Ferdinand speziell über die Freilassung der sei 1547 gefangenen evangelischen Für sten, die Religionsbeschwerden der Protestanten und die Freiheiten der deutschen Landesherrn. Im Augus wird dann endlich eine Vereinba rung unterzeichnet, die den Weg für den Augsburger Religionsfrieden vom →25. September 1555 ebnet.

1552. *Vermutlich von Pietro Ferrabosco wird am Westportal des Schweize traktes der Wiener Hofburg mit dem Bau des Schweizertores begonnen (155 fertiggestellt). Das Innere des Durchgangs ist mit Deckenfresken geschmück eine Zugbrücke (im 18. Jahrhundert demontiert) sichert die Burg*

Der Augsburger Religionsfriede

25. September 1555. König Ferdinand I. und die Reichsstände verkünden im Rahmen des seit Februar agenden Reichstags den »Augsburer Religionsfrieden« als Reichsgeetz. Mit ihm wird die Religionseineit des Reiches auch rechtlich aufegeben und die »Confessio Augutana«, das Augsburger Bekenntnis er Lutheraner vom 25. Juni 1530, nerkannt.

Der Religionsfriede beendet somit ie seit 1517 andauernden Auseinndersetzungen mit den Anhängern er evangelischen Glaubenslehre. Den Protestanten wird Religionseiheit und politische Rechtsgleichheit zugesichert; jeder Landesherr bestimmt die Religion seiner Untertanen: Wer sich dem Bekenntnis seines Landesherrn nicht anschließen will, muß Hab und Gut verkaufen nd hat freien Abzug. Praktisch ommt diese Bestimmung einer usweisungsbefugnis des Herrchers gleich. Es gilt der Grundsatz Cuius regio – eius religio« (Wessen Herrschaft, dessen Glaube).

erdinand I.

en Städten wird eine Sonderstelng garantiert, sodaß dort beide onfessionen nebeneinander bestehen können. Geistliche Fürsten, die im protestantischen Glauben bertreten, unterliegen dem sog. eistlichen Vorbehalt. Das bedeut, daß sie mit dem Konfessionsechsel Amt, Land und Herrschaft erlieren, die im Besitz der katholihen Kirche bleiben. Den Untertaen geistlicher Fürsten, die bereits em Protestantismus angehören, ird in der »Declaratio Ferdinanea« garantiert, daß sie ihren Glaun beibehalten dürfen.

it dem »Augsburger Religionsfrieen« sind zwar zunächst die Glaunskämpfe innerhalb des Reiches endet, der Vertrag schreibt jedoch e Glaubensspaltung fest und liert so Anlaß zu neuen Auseinandertzungen. Die Macht der Landesrsten wird gestärkt, während der önig an Einfluß verliert und das eich immer mehr zu einem lockem Verband der Reichsstände wird.

Kaiser Karl V. zieht sich zurück

12. September 1556. Nach 37jähriger Regentschaft legt Karl V. von Habsburg die Kaiserwürde nieder und zieht sich in die Villa Estremadura (neben dem Kloster San Jeronimo de Yuste östlich von Toledo) in Spanien zurück.

Bereits ein Jahr zuvor hat er seinem Sohn Philipp (II.) die Niederlande übergeben, im Jänner 1556 auch die Herrschaft über die spanischen und italienischen Besitzungen. Nun überläßt der erst 56jährige Karl seinem Bruder, König Ferdinand I., die Kaiserwürde, nachdem seine Versuche, Philipp (II.) zum Alleinerben einzusetzen, am Widerstand Ferdinands und der deutschen Landesfürsten gescheitert sind.

Karl wurde 1500 als Sohn Erzherzog Philipps, des Schönen, von Österreich in Gent geboren; nach dem frühen Tod seines Vaters sicherte ihm der kaiserliche Großvater, Maximilian I., die Herrschaftsansprüche in Spanien, dessen Thron Karl am 25. Jänner 1516 bestieg. 1519 wurde er – als Nachfolger Maximilians – zum König und römischen Kaiser gewählt, wobei ihm vor allem reiche Geldzahlungen den Erfolg sicherten (→ 28. 6. 1519). Als letzter Herrscher wurde er 1530 vom Papst zum Kaiser gekrönt (→ 24. 2. 1530).

Im Reiche Karls V. ging tatsächlich »die Sonne nicht unter«: In seinem Auftrag eroberten die spanischen Konquistadoren Hernán Cortes und Francisco Pizarro das Azteken- und Inkareich (Mexiko und Peru), wobei es dem Kaiser zunächst um die Missionierung dieser Länder ging, deren reiche Edelmetallvorkommen allerdings rücksichtslos ausgebeutet werden. Karl strebte während seiner ganzen Regierungszeit danach, die Einheit des Reiches zu wahren und das Kaisertum als universale christliche Macht durchzusetzen.

Nach dem Scheitern seiner Politik und dem Sieg der Territorialherren über die Idee des universalen Kaisertums zieht sich Karl verbittert nach Spanien zurück, wo er zwei Jahre später, am 21. September 1558, stirbt.

Kaiser Karl V. im Alter von 48 Jahren, im Jahr des »Geharnischten Reichstages« zu Augsburg (Gemälde, Tizian, 1548; Alte Pinakothek München)

Die Hausordnung König Ferdinands

25. Februar 1554. König Ferdinand I. erläßt eine Hausordnung, mit der die Teilung der österreichischen Erblande nach seinem Tod unter seinen drei Söhnen geregelt werden soll: Maximilian, Nachfolger im Reich, in Böhmen und Ungarn, erhält Österreich ober und unter der Enns sowie Hallstatt und das Salzkammergut; Ferdinand erhält Tirol und die habsburgischen Vorlande, Karl die Steiermark, Kärnten, Krain, Görz, Triest und Istrien.

Der Jesuit und Hofprediger Petrus Canisius (Kupferstich, Ende 16. Jh.)

Ein Hauptwerk der Gegenreformation

1555. Der Jesuit Petrus Canisius veröffentlicht den im Auftrag König Ferdinands I. verfaßten »Kleinen Katechismus« (»Summa doctrinae christianae«), ein übersichtliches Lehrbuch der katholischen Religion in Form von Frage und Antwort.

Die gegenreformatorische Schrift des aus Nimwegen stammenden Jesuitenpaters und Hofpredigers Canisius wird rasch zum wichtigsten und grundlegenden Lehrbuch der katholischen Kirche nach der Bibel.

1561

1561–1570

1561. Alexander Colin gestaltet (bis 1563) den Kenotaph des Maximilian-Grabes in Innsbruck mit der knienden Figur des Kaisers und den Kardinaltugenden (→ 1550).

Der Um- und Neubau von Schloß Großkirchen in Döllach (Kärnten) beginnt.

Wolfgang Lazius veröffentlicht die »Typi chorographici Austriae«, elf mit Kommentaren versehene Karten der österreichischen Länder.

1562. In Grein an der Donau (Oberösterreich) wird das Rathaus erbaut.

März 1562. Kaiser Ferdinand I. schließt Frieden mit dem Osmanischen Reich, wobei der gegenseitige Besitzstand garantiert wird.

6. 6. 1562. Kaiser Ferdinand I. läßt dem – mit Unterbrechungen – seit 1545 tagenden Konzil von Trient sein »Reformationslibell« vorlegen. →

24. 11. 1562. Erzherzog Maximilian (II.) wird in Frankfurt am Main zum König gewählt, nachdem er sich seinem kaiserlichen Vater gegenüber zum Festhalten am katholischen Glauben verpflichtet hat.

Dezember 1562. Maximilian II. wird zum König von Böhmen gewählt und gekrönt.

1563. Der erste Bauabschnitt von Schloß Hohenems (Vorarlberg) beginnt (1567 fertiggestellt).

4. 12. 1563. Das Konzil von Trient wird beendet: Beginn der Gegenreformation in Europa (→ 23. 3. 1566).

1564. Erzherzog Ferdinand II., Statthalter von Böhmen, Tirol und den habsburgischen Vorlanden, läßt die Burg Ambras (Innsbruck) zum Schloß umbauen. →

18. 6. 1564. Im Bistum Wien wird die »Gewährung des Laienkelches« (auch Laien dürfen beim Abendmahl aus dem Kelch trinken) feierlich verkündet.

25. 7. 1564. Nach dem Tod Kaiser Ferdinands I. tritt sein ältester Sohn Maximilian II. die Nachfolge im Reich an. →

26. 9. 1564. Kaiser Maximilian II. bestätigt der Stadt Wien die alten Freiheiten und Ordnungen.

1565. Am Hauptplatz von Gmünd (Niederösterreich) werden das Sgraffitohaus und ein Renaissance-Zunftkreuz errichtet.

September 1565. Erzherzog Ferdinand II. von Tirol veranstaltet als Statthalter von Böhmen in Prag das erste große Festschießen (»Freyschiessen«); das erste größere »Schützenfest« fand bereits 1432 in Hall (Tirol) statt.

1566. Der Bau der 1531 begonnenen Befestigungsanlagen der Stadt Wien wird abgeschlossen; Wien verfügt nun über zwölf Bastionen.

Durch das Hofquartieramt erfolgt die erste Konskription und Beschreibung der Bebauung Wiens: Es werden 1065 Häuser gezählt.

23. 3. 1566. Maximilian II. eröffnet den Reichstag zu Augsburg. →

Frühjahr 1566. Landtag der niederösterreichischen Stände in Wien: Der Kaiser verlangt Unterstützung im Kampf gegen die Türken, wofür die Stände die freie Ausübung der »Confessio Augustana« verlangen (und gewährt erhalten).

Sommer 1566. Kaiser Maximilian II. zieht mit einem 60 000 Mann starken Heer gegen die Türken.

5./6. 9. 1566. In der Nacht stirbt vor den Mauern der belagerten ungarischen Festung Sziget Sultan Süleyman II., der Prächtige, der 46 Jahre die Geschicke des Osmanischen Reiches lenkte, das unter seiner Führung eine Blüteperiode erlebte. – Der Tod des Sultans wird zunächst geheimgehalten; Nachfolger wird sein Sohn Selim II.

8. 9. 1566. Um die Übergabe der Festung Sziget an die Türken zu verhindern, unternimmt der kroatisch-ungarische Festungskommandant Miklós Zrinyi einen Ausfall; er wird gefangengenommen und enthauptet.

1567. Erzherzog Ferdinand II. beginnt mit der Gegenreformation in Tirol.

1568. Nach vierjähriger Bauzeit wird der 59 m hohe Stadtturm von Enns (Oberösterreich) vollendet.

17. 2. 1568. Maximilian II. und Sultan Salim II. schließen den Frieden von Adrianopel, der zunächst für acht Jahre gelten soll. →

31. 10. 1568. Maximilian II. erläßt für Wien eine umfassende Polizeiordnung.

7. 12. 1568. Der Kaiser bewilligt den adeligen Ständen, Herren und Rittern im Lande ober und unter der Enns die freie Ausübung der »Confessio Augustana«.

1569. Maximilian II. läßt vor den Toren Wiens ein Renaissance-Lustschloß errichten – das sog. Neugebäude (1574 fertiggestellt).

In Innerösterreich, Ungarn und Kroatien kommt es zu Bauernunruhen (bis 1573); Ursachen sind die Ausnutzung durch den Landadel und Fragen der freien Religionsausübung.

1570. Johann Siegmund Zápolya verzichtet im Vertrag von Speyer auf den Titel eines Königs von Ungarn (→ 17. 2. 1568).

GESTORBEN:

25. 7. 1564. Wien: Ferdinand I. von Habsburg (* 10. 3. 1503), König und Kaiser. →

19. 6. 1565. Wien: Wolfgang Lazius (* 31. 10. 1514) Humanist. →

28. 3. 1566. Wien: Siegmund Freiherr von Herberstein (* 23. 8. 1486), kaiserlicher Diplomat.

GEBOREN:

22. 3. 1570. Madrid: Franz Fürst Dietrichstein († 19. 9. 1636), Kardinal, Bischof von Olmütz.

Versammlung auf dem Konzil von Trient; in der Mitte Kaiser Ferdinand I. und Papst Pius IV., im Hintergrund Vertreter des Papstes (Gemälde)

Das Reformationslibell

6. Juni 1562. Kaiser Ferdinand I. läßt dem Konzil von Trient sein »Reformationslibell« vorlegen. Er fordert vertretbare Zugeständnisse gegenüber den Protestanten, doch die Kirchenversammlung lehnt ab. Trotzdem erreicht Kaiser Ferdinand I. von Papst Pius IV. die Bewilligung, daß das Abendmahl in beiderlei Gestalt verabreicht werden darf (»Laienkelch«). Ferdinand will damit de[n] Protestanten beweisen, daß es eine[n] Weg der Verständigung zwische[n] den beiden Glaubensrichtunge[n] gibt. Der Protestantismus nimmt i[n] Österreich zu, besonders in Wie[n] Hernals bei Wien wird unter de[m] Schutz der hier begüterten Freihe[r]ren von Jörger zum Hauptsitz de[r] Reformation.

Burg Ambras wird umgebaut

1564. *Der Umbau der Burg Ambras (Innsbruck) zum Schloß beginnt (fertiggestellt 1589). Erzherzog Ferdinand II. läßt es für seine Gemahlin, Philippine Welser, sowie zur Aufbewahrung seiner umfangreichen »Ambraser Sammlung« umbauen. 1570/71 wird der sog. Spanische Saal (Abb.) aus dem Felsen gesprengt: Mit 43 m Länge und 10 m Breite der größte Renaissancesaal dieser Zeit im deutschen Sprachraum.*

Ein Kaiser der Verständigung

25. Juli 1564. Im Alter von 61 Jahren stirbt Kaiser Ferdinand I. von Habsburg. Seit 1531 führte er die Reichsgeschäfte für seinen kaiserlichen Bruder Karl V., nach dessen Rücktritt am → 12. September 1556 Ferdinand zum Kaiser gewählt wurde.
Ferdinand war ein Sohn Erzherzog Philipps, des Schönen, von Österreich und Enkel Kaiser Maximilians I. 1521 erhielt er die Regentschaft über die österreichischen Erblande des Hauses Habsburg, 1522 auch über Tirol und die Vorlande. Durch die Heirat mit Anna, Tochter König Ludwigs II. von Böhmen und Ungarn, gelangte er 1526 in den Besitz der böhmischen und ungarischen Krone.
Mit einer Verwaltungsreform (→ 1. 1. 1527) schuf Ferdinand die Grundlage für die zentrale Regierung Österreichs, Böhmens und Ungarns. Fast während seiner ganzen Regierungszeit war er um einen Ausgleich mit den Protestanten bemüht, deren Hilfe er angesichts der ständigen Türkengefahr benötigte. Sein Ziel blieb dennoch eine Wiedervereinigung der Konfessionen.
Gemäß der Hausordnung Ferdinands vom → 25. Februar 1554 werden nach dem Tod des Kaisers die österreichischen Länder unter seinen Söhnen aufgeteilt. – Maximilian II., der älteste Sohn Ferdinands, tritt die Nachfolge als Kaiser im Reich und als König von Böhmen und Ungarn an.

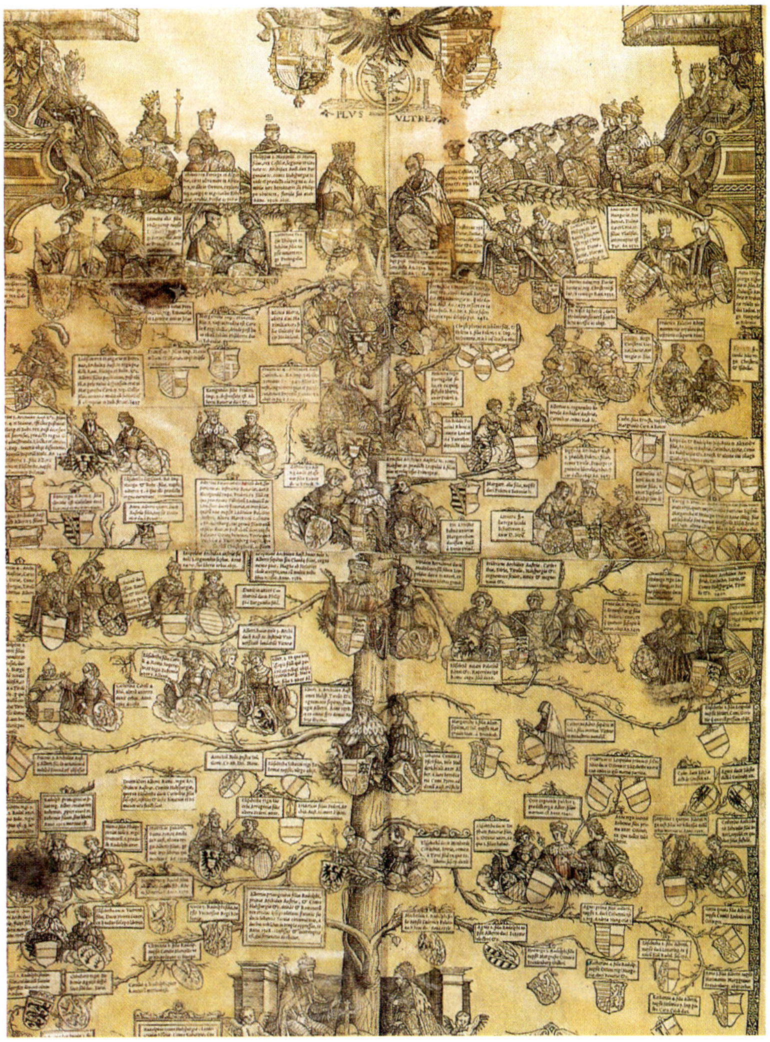

Stammbaum der Habsburger von König Rudolf I. († 1291) bis zu Kaiser Ferdinand I. (Jörg Breu d. J.; Städtische Kunstsammlungen Augsburg)

Der Auftakt zur Gegenreformation

23. März 1566. Kaiser Maximilian II. eröffnet persönlich den Reichstag von Augsburg, gewillt, eine Lösung der konfessionellen Gegensätze zu finden. Maximilian II. und die katholischen Reichsstände übernehmen offiziell die Beschlüsse des Reformkonzils von Trient, das 1563 18jähriger Dauer zu Ende gegangen ist.
Die sog. tridentinischen Reformen sind die Reaktion der katholischen Kirche auf die Reformation. Die traditionellen katholischen Glaubensvorstellungen grenzen sich durch Dogmatisierung von den evangelischen Lehren ab. Zugleich werden Mißstände bei der geistlichen Ausbildung und in der pastoralen Praxis beseitigt. Der römische Zentralismus wird durch die Beschlüsse von Trient gestärkt: Die »Gesellschaft Jesu«, der mit der Durchführung der Gegenreformation beauftragte Orden der Jesuiten, erkennt den vorbehaltlosen Gehorsam gegenüber dem Papst an.
Nach dem Augsburger Reichstag schreiten die Länder Bayern und Österreich sowie die geistlichen Fürsten von Mainz, Augsburg, Fulda und Würzburg zur Rekatholisierung ihrer Territorien. Die Gegenreformation verläuft jedoch im allgemeinen gewaltlos: Der Katholizismus beschränkt sich darauf, die Rechtspositionen aus dem Augsburger Religionsfrieden (→ 25.9. 1555) zu verteidigen.

Humanist, Arzt und Historiograph

?. Juni 1565. 50jährig stirbt der humanistische Gelehrte Wolfgang Lazius in Wien; er gehörte zu den bedeutendsten Humanisten seiner Zeit. Lazius wurde 1541 Professor für Medizin an der Wiener Universität, später Leibarzt des Kaisers und Hofhistoriograph. Er verfaßte die erste Geschichte Wiens (»Vienna Austriae«; → 1545) und die erste österreichische Landeskunde (»Interpretatio Chorographiae Austriae«). Neben zahlreichen Werken zur antiken Geschichte, Numismatik und Genealogie fertigte Lazius Karten von Bayern, Ungarn und Griechenland und veröffentlichte 1561 den ersten gedruckten Atlas Österreichs.

Oberösterreich (Lazius, 1561)

Der Friede im Osten

17. Februar 1568. Kaiser Maximilian II. und Sultan Selim II. schließen den Frieden von Adrianopel: Die Übereinkunft des letzten Friedensschlusses vom März 1562 wird erneuert (gegenseitige Anerkennung der jeweiligen Besitzstände, Fortzahlung eines jährlichen Ehrengeschenks an den osmanischen Sultan) und eine Friedensdauer von acht Jahren vereinbart (trotz ständiger kleinerer Grenzzwischenfälle wird der Frieden von Adrianopel dreimal – 1576, 1584 und 1592 – verlängert).
Selim II. hat den Krieg seines Vaters, Sultan Süleymans II., des Prächtigen, nach dessen Tod Anfang September 1566 bei der Belagerung der ungarischen Festung Sziget weniger heftig weitergeführt und zeigte sich zu einer Einigung mit dem Kaiser bereit. Der Friedensschluß von Adrianopel führt auch zu einem Vertrag zwischen Maximilian II. und dem ungarischen (Gegen-)König Johann Siegmund Zápolya, der fortan nicht mehr mit der Unterstützung durch die Türken rechnen kann und deshalb im Vertrag von Speyer (16.8.1570) auf den Titel eines Königs von Ungarn verzichtet, allerdings Fürst von Siebenbürgen bleibt und mehrere ungarische Komitate zu Lehen erhält. In einem zusätzlichen Geheimvertrag sichert Zápolya dem Kaiser Hilfe gegen seine einstigen Verbündeten zu.

1571

1571–1580

1571. Die Riegersburg (Steiermark) wird zu einer mächtigen Renaissanceanlage mit neun Basteien und sieben Toren ausgebaut.

14. 3. 1571. Nach dem Tod Fürst Johann Siegmund Zápolyas wird der habsburgfeindliche Fürst Stephan IV. Báthory zum neuen Woiwoden von Siebenbürgen gewählt.

1572. In Wien wird der »Spanische Reitstall« errichtet (Vorläufer der »Spanischen Hofreitschule«).

Der Umbau der Schallaburg (Niederösterreich) zu einem eindrucksvollen Renaissanceschloß beginnt (1600 vollendet). →

Frühjahr 1572. Der innerösterreichische Landtag tritt zusammen. →

26. 9. 1572. Erzherzog Rudolf (II.) wird zum König von Ungarn gewählt und gekrönt.

1573. Die Stände des Landes vor dem Arlberg erringen die Steuerhoheit.

Kaiser Maximilian II. beruft den französischen Botaniker Carolus Clusius an die Universität Wien.

November 1573. In Graz gründen Jesuiten das Akademische Gymnasium.

1574. Gestützt auf ein Generalmandat des Kaisers von 1572 erfolgen in Wien Judenausweisungen.

Papst Gregor XIII. läßt in Wien ein Priesterseminar gründen.

Anstelle der 1535 abgebrannten herzoglichen Burg wird in Klagenfurt mit dem Bau des Landhauses begonnen (1578 fertiggestellt; → 1591).

22. 8. 1574. Paul Fabricius und Carolus Clusius besteigen erstmals den Ötscher in Niederösterreich und führen geographische Ortsbestimmungen durch.

7. 9. 1575. Erzherzog Rudolf (II.) wird einstimmig zum König von Böhmen gewählt und am 22. September im Prager Veitsdom gekrönt.

14. 12. 1575. Der polnische Senat wählt Kaiser Maximilian II. zum König; die polnischen Stände erheben jedoch Fürst Stephan IV. Báthory auf den Thron.

25. 6. 1576. Trotz seines angegriffenen Gesundheitszustands eröffnet der Kaiser persönlich den Reichstag von Regensburg.

27. 10. 1576. Erzherzog Rudolf (II.) wird nach dem Tod seines kaiserlichen Vaters auf dem Regensburger Reichstag zum König und römischen Kaiser gewählt und am 1. November im Dom zu Regensburg gekrönt. →

1577. Der erste Bauabschnitt der späteren Amalienburg (nordwestlicher Abschlußtrakt der Wiener Hofburg) wird vollendet (ab 1581 von Pietro Ferrabosco und von 1600 bis 1611 von Anton de Moys und Hans Schneider weitergeführt).

Der Bau des »Verderberhauses« in Retz (Niederösterreich), eines zinnenbekrönten Renaissancebürgerhauses, beginnt (1583 fertiggestellt).

20. 3. 1577. Der Leichnam Kaiser Maximilians II. – zunächst im Prager Jakobskloster aufbewahrt – wird feierlich im St. Veits-Dom zu Prag beigesetzt.

3. 10. 1577. Erzherzog Matthias verläßt heimlich Wien, um die Macht in den Niederlanden zu ergreifen. →

1578. Josua Opitz, ein prominenter protestantischer Prediger, wird aus Wien ausgewiesen, der Gottesdienst in der Landhauskapelle in Wien verboten und die protestantische Landhausschule geschlossen – Wien hat keinen protestantischen Gottesdienst mehr. Bereits im Jahr zuvor sind bei Strafe der öffentliche protestantische Gottesdienst und das Schulehalten verboten worden.

1. 1. 1578. Der Landtag von Innerösterreich tritt in Bruck an der Mur (Steiermark) zusammen.

9. 2. 1578. Erzherzog Karl II. von Innerösterreich bestätigt im »Brucker Libell« die 1572 gewährte Glaubensfreiheit auch den landesfürstlichen Städten und Märkten.

Sommer 1578. Kaiser Rudolf II. setzt seine Brüder als Verantwortliche für die Landesverteidigung gegen die Türken ein. →

13. 7. 1578. Die Stände des Landes ober der Enns erklären, daß sie die Erbhuldigung für den Kaiser von der Zusage, die »Confessio Augustana« behalten zu dürfen, abhängig machen.

September 1578. Rudolf II. erkrankt an einem Magenleiden.

1579. In der Herrschaft Bregenz wird die Leibeigenschaft aufgehoben.

André Peuerweg malt die Fresken an der Nordwand der Filialkirche St. Korbinian in Thal (Osttirol).

19. 7. 1579. Wiener Protestanten überreichen Erzherzog Ernst eine Sturmpetition zur Erlangung der freien Religionsausübung.

Um 1580. Für die Pfarrkirche Umhausen (Tirol) wird ein Triumphkreuz geschnitzt.

Schloß Spielfeld (Steiermark) wird erbaut (1620 fertiggestellt).

1580. In Lipizza (Lipica im Karst) wird ein Hofgestüt errichtet.

GESTORBEN:

12. 10. 1576. Regensburg: Maximilian II. von Habsburg (* 31. 7. 1527), König und Kaiser. →

GEBOREN:

24. 6. 1574. Hohenems: Markus Sittícus Graf Hohenems († 9. 10. 1619), Fürsterzbischof von Salzburg.

Um 1575. Paul Peuerl († um 1625), Komponist.

1576. Verna (bei Lugano): Santino Solari († 10. 4. 1646), Baumeister.

9. 7. 1578. Graz: Ferdinand II. von Habsburg († 15. 2. 1637), König und Kaiser.

Demonstration für den Glauben

Frühjahr 1572. Auf dem innerösterreichischen Landtag zu Graz erklärt Erzherzog Karl II. von Innerösterreich, daß er allen Herren und Rittern volle Gewissensfreiheit und Religionsausübung gestatte, wenn sie ihm den schuldigen Gehorsam leisten und die katholische Religion nicht schmähen würden. – Dies wird in der »Grazer Religionspazifikation« festgehalten.
Erzherzog Karl läßt anschließend das Fronleichnamsfest besonders feierlich begehen und beruft Jesuiten nach Graz. Die Haltung des Erzherzogs ist eine deutliche Demonstration seines Festhaltens am katholischen Glauben.

Erzherzog Karl II. von Inneröste reich (anonymes Gemälde, 156 Sammlung Schloß Ambras)

*Um 1553 mal Giuseppe Arcin boldo Kaiser Ma ximilian II. un seine Famili Das Gemäld zeigt den Mona chen mit sein Gattin Mari von Spanien un den drei älteste Kindern, v. l. Er herzogin Ann (*2. 11. 1549), Er herzog Rudolf (*18. 7. 1552), de späteren Kais Rudolf II. und i der Wiege Er herzog Ernst (*1 6. 1553); der ers geborene Soh Ferdinand sta bereits 1552.*

Unglücklicher Kaiser

12. Oktober 1576. In Regensburg stirbt Kaiser Maximilian II. im 50. Lebensjahr.
Der protestantenfreundliche Maximilian, Sohn Kaiser Ferdinands I. und seit dem → 25. Juli 1564 Kaiser, war während seiner ganzen Regierungszeit um eine Verständigung mit den Protestanten bemüht, wenngleich er selbst sich vor seiner Wahl zum König im November 1562 hatte verpflichten müssen, am Katholizismus festzuhalten. So stand der deutlich zum evangelischen Glauben neigende Herrscher zw schen den Fronten des Konfessior streites; charakteristisch für ihn si die Worte des spanischen Gesan ten in Wien, der erklärt: »Der U glückliche ist gestorben, wie er gele hat.« Erst bei seinem Tod bekann sich Maximilian offen zum Pro stantismus: Trotz der Bestürmung seiner Gattin, des päpstlichen Leg ten, des spanischen Gesandten u des Herzogs von Bayern starb er, o ne die Sakramente der katholisch Kirche empfangen zu haben.

Das Abenteuer eines Erzherzogs

. Oktober 1577. Der 20jährige Erz-
ıerzog (und spätere Kaiser) Mathias verläßt ohne das Wissen seines
aiserlichen Bruders Rudolf II. Vien, nachdem er von revoltieren-
len niederländischen Edelleuten ufgefordert worden ist, die Macht
n den um ihre Unabhängigkeit ämpfenden spanischen Niederlan-
len zu ergreifen.

Aatthias, von seinem Bruder bei der ufteilung der finanziellen Unter-
tützung übergangen, wagt dieses benteuerliche Unternehmen, bleibt
llerdings erfolglos. Seine Statthal-
erschaft wird nur von einigen rebel-
erenden Adeligen getragen und erstößt gegen die Interessen des
Iauses Habsburg.

)hne jeden politischen Einfluß und hne irgendwelche Einkünfte, ist
Aatthias gezwungen, die faktisch aum existente Statthalterschaft am
5. Mai 1578 zurückzulegen. Wegen er leichtfertig gemachten Schulden
ann der junge Erzherzog nicht ein-
ıal nach Wien zurückkehren und uß warten, bis ihn Rudolf II. aus-
öst. Der Kaiser ist über das unüber-
gte Handeln seines Bruders derart erärgert, daß er ihn aus Wien ver-
annt und ihm Linz als Wohnort zu-
eist.

er Kaiser setzt eine Brüder ein

ommer 1578. Weil trotz des Frie-
ens von Adrianopel (→ 17. 2. 1568) e osmanischen Grenzzwischenfäl-
anhalten, setzt Kaiser Rudolf II. ine Brüder als Verantwortliche für
e Grenzverteidigung ein.

zherzog Ernst ist für die ungari-
he, Erzherzog Karl II. von Inner-
terreich für die kroatische Grenze ständig. Der Kaiser ernennt sei-
n Bruder Ernst zudem zum Statt-
lter im Lande ober und unter der ns, wo der Erzherzog umgehend
genreformatorische Maßnahmen ıleitet, die von dem Jesuiten Mel-
ior Klesl (auch Khlesl) stark geför-
rt werden.

esl, der Sohn eines protestanti-
hen Wiener Bäckermeisters, ist ein ıatischer Katholik und wird – ob-
ıhl erst 28jährig – 1581 bereits Of-
ial des Bischofs von Passau und 88 Bischof von Wien.

Spanische Etikette und Gegenreformation unter Rudolf II.

27. Oktober 1576. *Der Habsburger Rudolf II., Erzherzog von Österreich, König von Böhmen und Ungarn, wird nach dem Tod seines Vaters, Maximilian II., zum König und römischen Kaiser gewählt. Die Krönung findet am 1. November im Regensburger Dom statt. Rudolf, der am spanischen Hof von Jesuiten erzogen wurde, führt die strenge spanische Etikette und die Tracht spanischer Herrscher auch in Prag und Wien ein und betreibt die Gegenreformation in seinem Machtbereich mit großem Einsatz.*

Trotz seiner Weltoffenheit bekämpft der hochgebildete Kaiser die Reformation zunächst, indem er Katholiken in wichtige Hofstellen und städtische Ämter einsetzt, sodann durch eine direkte Bedrohung des Luthertums. Rudolf gerät damit in Widerspruch zu den weitgehend protestantischen Fürsten Österreichs und Böhmens. (Die Abb. zeigt Rudolf, der im Kaiserhof zu Prag die Erzherzöge Ernst und Karl II. zu Rittern schlägt; Miniatur aus einem Codex von 1590; Österreichische Nationalbibliothek Wien).

Die Schallaburg in Niederösterreich wird ausgebaut

1572. *Unter den Losensteinern, seit 1431 im Besitz der Schallaburg bei Loosdorf (Niederösterreich), beginnt der Ausbau der Burg zu einem Renaissanceschloß (um 1600 abgeschlossen). 1573 gestaltet Jakob Bernecker den Terrakottahof; 1576 erhält die Hochburg einen Lauben- und einen Turnierhof. In der Krypta aus dem 12. Jahrhundert wird 1587 das Hochgrab für den Burgherrn Wilhelm von Losenstein errichtet.*

1581

1581–1590

1581. Die Reichsgrafen von Hohenems versuchen, Vorarlberg in ein erbliches Fürstentum umzuwandeln (der Versuch scheitert 1583 am Widerstand der Stände und der Regierung Tirols und der Vorlande).

2. 7. 1582. Kaiser Rudolf II. eröffnet in Augsburg den ersten Reichstag unter seiner Führung. →

September 1582. Dem Kaiser wird der neue »Gregorianische« Kalender überreicht (→ 2. 7. 1582).

20. 9. 1582. Ende des Augsburger Reichstags: Rudolf II. reist nach Wien, da in Prag die Pest wütet.

1583. In einer Grenzbeschreibung des Gerichts Kals (Osttirol) wird erstmals der »Glogger« (Großglockner) genannt.

An einen Turm der Stadtbefestigung von Radkersburg (Steiermark) wird das Palais Herberstorff angebaut (der spätere Freyspurghof).

Die Rosenburg am Kamp (Niederösterreich) wird zum Renaissanceschloß umgebaut (1597 vollendet).

Der in Köln ansässige oberösterreichische Geschichtsschreiber und Publizist Michael Freiherr von Aitzing beginnt mit der Herausgabe von Nachrichtensammlungen, sog. Meßrelation über politische und gesellschaftliche Ereignisse.

Februar 1583. Der Kaiser nimmt in Wien an Karnevalsveranstaltungen teil, doch zeigt sich bald wieder seine »Melancholie«.

Frühsommer 1583. Rudolf II. zieht endgültig nach Prag und residiert fortan auf dem Hradschin.

27. 9. 1583. Einzige Hexenverbrennung in Wien: Die aus Mank (Niederösterreich) stammende 70jährige Elisabeth Plainacherin ist angeklagt worden, ihre 16jährige Enkelin »verhext« zu haben.

1584. Das »Speculum vitae humanae« Erzherzog Ferdinands II. von Tirol erscheint – ein revueartiges »Moralitätenstück«.

1586. Erzherzog Karl II. von Innerösterreich gründet in Graz eine Universität (Vorläufer war die Stiftung der Jesuitenakademie 1585).

Nach 16jähriger Bauzeit wird der Umbau von Burg Hochosterwitz (Kärnten) fertiggestellt. →

Frühjahr 1586. Papst Sixtus V. läßt die Exkommunikationsbulle »In coena Domini« verkünden. Wegen der religiösen Spannungen im Reich macht der Kaiser derartige Veröffentlichungen künftig von seiner Genehmigung abhängig.

16. 12. 1586. Für Schulbücher besteht in Tirol eine Approbationspflicht. →

1587. In der Stiftskirche von Seckau (Steiermark) wird mit dem Bau des Mausoleums für Erzherzog Karl II. begonnen (1611 vollendet).

22. 8. 1587. Drei Tage nach der Wahl Sigismunds, Sohn König Johanns III. von Schweden, zum polnischen König wählt eine polnische Adelsopposition Erzherzog Maximilian (III., den Deutschmeister) von Österreich zum (Gegen-)König von Polen.

1588. Der Hofbotaniker Carolus Clusius führt in Wien den Erdapfel ein. →

24. 1. 1588. König Sigismund von Polen besiegt bei Pitschen das kleine Heer Erzherzog Maximilians, der in Gefangenschaft gerät.

1589. In Wels (Oberösterreich) wird das Weißsche Freihaus erbaut.

9. 3. 1589. Friede von Beuthen-Bendzin: Erzherzog Maximilian verzichtet auf Polen und erhält dafür seine Freiheit.

1590. Der Bau des Schlosses Weitra (Niederösterreich) wird begonnen (1606 fertiggestellt).

Ulrich Vogelsang beginnt mit der Errichtung des Lindwurmbrunnens in Klagenfurt (sein Bruder Andreas vollendet ihn 1636).

15. 9. 1590. Ein Erdbeben erschüttert Wien und Niederösterreich. →

GESTORBEN:

12. 12. 1586. Stephan IV. Báthory (* 1533), König von Polen, Fürst von Siebenbürgen.

19. 5. 1587. Wien: Georg Eder (* 2. 2. 1523), Historiker, Ratgeber der Kaiser Maximilian II. und Rudolf II.

10. 7. 1590. Graz: Karl II. von Habsburg (* 3. 6. 1550), Erzherzog von Innerösterreich.

GEBOREN:

24. 9. 1583. Hermanič (Ostböhmen): Albrecht Wenzel Eusebius Graf von Wallenstein († 25. 2. 1634), Herzog von Friedland, Feldherr.

16. 9. 1584. Trient: Matthias Gallas Graf von Campo und Herzog von Lucera († 25. 4. 1647), kaiserlicher General.

14. 4. 1585. Schloß Kalsdorf (Steiermark): Adam Graf Herberstorff († 11. 9. 1629), Statthalter und Landeshauptmann »ober der Enns«.

5. 10. 1586. Graz: Leopold V. von Habsburg († 17. 9. 1632), Bischof von Passau und Straßburg, Erzherzog von Tirol.

2. 11. 1585. Budweis: Rudolf Graf von Colloredo-Waldsee († 27. 1. 1657?), kaiserlicher Feldmarschall.

28. 11. 1586. Castellano: Paris Graf Lodron († 15. 12. 1653), Fürsterzbischof von Salzburg.

1587. Hirschberg (Schlesien): David Gregor Corner († 9. 1. 1648), Abt von Göttweig.

21. 2. 1588. Klagenfurt: Franz Christoff Graf Khevenhüller († 13. 6. 1650), kaiserlicher Diplomat und Historiker.

10. 12. 1588. Diedenhofen: Johann von Aldringen († 22. 7. 1634), kaiserlicher Feldmarschall.

Um 1590. Laugheim: Wilhelm Biener († 17. 7. 1651), Hofkanzler von Tirol.

Rudolfs Reichstag

2. Juli 1582. Kaiser Rudolf II. eröffnet den Augsburger Reichstag, die erste Fürstenversammlung unter seiner Führung, nachdem er am 27. Juni in althergebrachter Weise und mit großem Pomp in die Stadt Augsburg eingezogen ist.

Nach der feierlichen Eröffnung schildert Erzherzog Karl II. von Innerösterreich die abermals akute Türkengefahr. Als Verteidiger der österreichischen Grenze von der Drau bis zur Adria (→ Sommer 1578) kann er über besorgniserregende Details berichten. Die erste Reaktion der protestantischen Reichsfürsten ist jedoch, die Bewilligung einer Türkenhilfe davon abhängig zu machen, daß der Kaiser zuvor ihre Beschwerden über die Gegenreformation anerkennt.

Mitte September überreicht Kardinal Madruzzo dem Kaiser den im Auftrag Papst Gregors XIII. verbesserten Kalender und »mahnt« Rudolf, ihn umgehend einzuführen. Er soll ab 15. Oktober 1582 Gültigkeit erhalten – allerdings zunächst nur in den katholischen Ländern. Obwohl dieser »Gregorianische« Kalender ein Ergebnis der immer exakter werdenden Naturwissenschaften ist, lehnen die protestantischen Landesherren die Einführung wegen des diktatorischen Tones der päpstlichen »Mahnung« ab. Rudolf II. spricht sich für die Kalenderreform aus und erklärt: »Es kommt nicht darauf an, von wem der Kalender herrührt, sondern daß er gut ist.«

Am 20. September wird der Augs
burger Reichstag beendet: Die Für
sten haben eine ansehnliche Tür
kenhilfe bewilligt und den »Grego
rianischen« Kalender in den katholi
schen Reichsteilen eingeführt. Da
der Reichstag ohne Einigung übe
die Kalenderreform auseinander
geht, unternimmt der Papst eine
weiteren Versuch der »Verbesse
rung des Kalenders«. In einem
Schreiben an den Kaiser schlägt e
vor, »wo also in Deinen Gebieten di
Verbesserung noch nicht durchge
führt worden ist«, diese »im folgen

Kaiser Rudolf II. beschäftigte sich auf der Pra
ger Burg, wo er seit 1583 lebte, nicht nur mit de
Alchimie und Astronomie sowie mit Gesprä
chen in Künstlerkreisen, wie man es dem »me
lancholischen« Herrscher nachsagte, sonde
beobachtete auch die politische Entwicklun
im Reich sehr genau, die er am 30. Juni 1587
einem Brief an seinen Onkel, Erzherzog Ferd
nand von Tirol, wie folgt beschrieb:

„. . . gefährliche Practiken im Reic
Trennung der Stände durch auslär
dische Potentaten … Auf einer Seit
ist der Ungehorsam und die Neue
rungen der Unruhigen, auf der and
ren Seite die unumgängliche N
und Türkengefahr, allenthalbe
aber der Verzug höchst gefährlich.

den Jahr nach dem 10. Februar stat
finden« zu lassen und nach einer
sofort den 20. zu zählen. Die prote
stantischen Länder gehen jedoc
nicht darauf ein, sodaß in den näc
sten Jahren unterschiedliche Zei
rechnungen im Reich nebeneinar
der bestehen (bis 1700).

Kaiser Rudolf II. (Gemälde, Hans von Aachen; Oberösterreichisches Landesmuseum Linz)

Kaiser Rudolf II. als Autumn
(Verkörperung des Herbstes; G
mälde von Guiseppe Arcimbold

Approbation für Schulbücher

6. Dezember 1586. Die Schulordnung von Tirol wird erlassen; sie verlangt ausdrücklich die Approbation aller in Verwendung befindlicher Schulbücher. In der Verordnung heißt es dazu:
... Weitter solle durch die Schuelmaister unnd ihre Substituten oder Jungkmaister den Kindern ainig Buech oder Tractätl das sey Geystlich oder Weltlich in den Schuelen und sonst nit vorgelesen werden daselb seye dann durch die fürgesetzte Gaistlich und Weltlich Obrigkait sambt den Schuelherrn zuuor ersehen und approbiert worden.«

Clusius pflanzt Erdäpfel in Wien

588. Der französische Botaniker Carolus Clusius führt den Erdapfel (Kartoffel) in Österreich ein und flanzt sie erstmals – als botanische Rarität – in Wien an.
Kaiser Maximilian II. hatte Clusius 573 an die Wiener Universität berufen, gleichzeitig wurde der angesehene Gelehrte auch Hofbotaniker und verfaßte während seines 15jährigen Aufenthalts in Wien das erste Buch über die österreichische Flora.
Am 22. August 1574 bestieg er – gemeinsam mit seinem Universitätskollegen, dem Mathematiker Paul Fabricius, erstmals den 1893 m hohen Ötscher in Niederösterreich, um geographische Ortsbestimmungen durchzuführen. 1576 brachte er bereits die Kastanie nach Wien, nunmehr auch die ersten Erdäpfel.

Schwere Schäden durch Erdbeben

5. September 1590. Das heftigste Erdbeben der Geschichte Niederösterreichs erschüttert vor allem das Wiener Becken und das Tullnerfeld. Von 17 Uhr bis gegen Mitternacht bebt die Erde in unterschiedlicher Stärke. Zahlreiche Tote und Verletzte sind in diesem Raum zu beklagen, viele Gebäude stürzen ein oder werden beschädigt (so in Wien viele Häuser und der Stephansdom; der Turm der Michaelerkirche bricht überhaupt ab).

Der »Gregorianische« Kalender wird eingeführt

1582. Aufgrund der von dem Wittenberger Mathematiker Erasmus Reinholt 1551 berechneten Planetentafeln, die das Jahr erstmals zu genau 365,2525 Tagen ausweisen, ordnet Papst Gregor XIII. eine Reform des seit dem Jahr 46 v. Chr. gültigen »Julianischen« Kalenders an. Dieser rechnete mit 365,25 Tagen pro Jahr und berücksichtigte den Vierteltag durch den Einschub eines Schalttages alle vier Jahre.
Durch die scheinbar geringfügige Ungenauigkeit (das tropische Jahr ist um genau 0,0076 Tagesbruchteile kürzer als vom Julianischen Kalender angenommen) hat sich aber der vom Konzil zu Nicäa (→ 20. 5. 325) auf den 21. März festgelegte Frühlingsanfang bis 1582 um immerhin zehn Tage verschoben.
Reinholt berechnete seine »Prutenischen Tafeln« nach den neuen Kopernikanischen Gesetzen und gab zeitabhängig genau den Stand von Mond und Planeten an. Da sich diese Stellungen periodisch wiederholen, liefern die Tafeln ein Zeitmaß auch für die Berechnung der Jahreslänge, die nach Reinholts verbesserten Daten exakt 365,2525 Tage beträgt.
Der neue »Gregorianische« Kalender läßt nun einmalig auf den 4. den 15. Oktober 1582 folgen, um die entstandene Ungenauigkeit des Julianischen Kalenders auszugleichen. Fortan bleibt jedes vierte Jahr ein Schaltjahr; die Korrektur des Kalenders wird dadurch erreicht, daß alle vier Jahrhunderte drei Schalttage »ausfallen«, und zwar die der Säkularjahre, deren Zahlenwert nicht durch 400 teilbar ist (also 1700, 1800 und 1900, nicht aber 1600 und 2000).

Sitzung der päpstlichen Kalenderkommission (Staatsarchiv Siena)

Die Festung Hochosterwitz

1586. *Nach 15jähriger Bauzeit wird der renaissancemäßige Umbau der Burg Hochosterwitz (Kärnten) abgeschlossen.*
Die auf einem 160 m in die Höhe ragenden Felskegel bei Launsdorf gelegene mittelalterliche Burg gelangte 1571 in den Besitz Georg Khevenhüllers; der Landeshauptmann von Kärnten und Hofrat Erzherzog Karls II. von Innerösterreich ließ die Burg zu einer wehrhaften Festung umgestalten, die »zum Nutzen des Staates« den Türken trutzen soll. 14 Torbauten umgeben die weitläufige Anlage und blockieren die sich den Berg hinaufwindende Straße. Das achte Tor trägt die Jahreszahl 1586; alle Tore weisen eine beachtliche künstlerische Ausgestaltung auf. Die im Kern romanische Burgkapelle in der Ostmauer des Großen Burghofes erhält 1570 Freskenmalereien (Abb.: Hochosterwitz, Ausschnitt aus der Khevenhüller-Chronik von 1625).

1591

1591–1600

1591. Der Ausbau der Festungsanlagen von Klagenfurt wird abgeschlossen. Nach 9jähriger Bauzeit wird auch der Dom der Stadt, die älteste größere Wandpfeilerkirche Österreichs, vollendet. →

1592. Obwohl der Friede von Adrianopel (→ 17. 2. 1568) ein zweites Mal verlängert wird, kommt es zu regelmäßigen Grenzverletzungen durch die Türken, die Einfälle ohne Artillerie nicht als Friedensverletzungen begreifen.

Frühjahr 1593. Pascha Hassan von Bosnien überschreitet ohne Kriegserklärung den Grenzfluß Kulpa und belagert die wichtige kroatische Festung Sissek (Sisak).

22. 6. 1593. Die Schlacht bei Sissek endet mit einem Sieg der kaiserlichen Truppen; Pascha Hassan und rund 20 000 Türken bleiben auf dem Schlachtfeld zurück.

13. 8. 1593. Sultan Murad III. erklärt Kaiser Rudolf II. den Krieg und fällt mit einer großen Streitmacht in Kroatien ein (der folgende Türkenkrieg dauert bis zum → 11. November 1606).

13. 5. 1594. Kaiser Rudolf II. eröffnet den Reichstag zu Regensburg. Trotz der Türkengefahr steht der Streit über die Religionsfreiheit im Vordergrund.

19. 8. 1594. Der Regensburger Reichstag endet: Mit diplomatischem Geschick hat der Kaiser eine ansehnliche Türkenhilfe bewilligt erhalten. – Auch Papst Klemens VIII. sagt Hilfstruppen zu.

Herbst 1594. Die kaiserliche Armee unter Erzherzog Matthias wird mehrmals von dem überlegenen osmanischen Heer geschlagen. Die ungarische Festung Raab muß sich den Türken ergeben. – Die bewilligten Reichstruppen stehen noch nicht zur Verfügung.

Im Land ober der Enns kommt es erneut zu Bauernunruhen, die bis September 1597 andauern.

28. 1. 1595. Kaiser Rudolf II. anerkennt Sigismund Báthory als freien Fürsten von Siebenbürgen und gewinnt damit einen tatkräftigen Verbündeten gegen die Türken.

6. 8. 1595. Sigismund Báthory heiratet Erzherzogin Maria Christine, eine Tochter Erzherzog Karls II. von Innerösterreich.

13. 11. 1595. Rund 4000 aufständische Bauern besiegen bei Neumarkt im Hausruck (Oberösterreich) ein nur 400 Mann starkes landesfürstliches Aufgebot.

Anfang 1596. Der 18jährige Erzherzog Ferdinand III., Sohn Erzherzog Karls II. tritt die selbständige Regierung in Innerösterreich an und leitet sofort mit großer Strenge gegenreformatorische Maßnahmen ein.

13. 10. 1596. Schlacht bei Meszö-Keresztes (nahe Erlau): Die Türken besiegen die kaiserlich-siebenbürgischen Truppen und erobern Erlau.

1597. Elia Castello und Hans Knapp beginnen mit dem Bau der Gabrielskapelle auf dem Sebastianfriedhof in Salzburg (der Renaissancerundbau mit kostbarer Innenausstattung wird 1603 fertiggestellt).

September 1597. Der Bauernaufstand im Land ober der Enns wird durch mehrere »Befriedungszüge« beendet, ein Großteil der Bauernführer hingerichtet.

6. 10. 1597. Rudolf II. erläßt für das Land ober der Enns eine Resolution, wonach dort nur mehr die katholische Religion zu gelten habe.

27. 12. 1597. Rudolf II. und Sigismund Báthory schließen den Vertrag von Prag: Báthory tritt Siebenbürgen an den Kaiser ab und erhält dafür die schlesischen Herzogtümer Oppeln und Ratibor.

29. 3. 1598. Kaiserliche Truppen erobern die Festung Raab zurück.

8. 4. 1598. Die Stände Siebenbürgens huldigen Rudolf II. Wenig später rufen die unzufriedenen Stände jedoch Sigismund Báthory zurück, der am 21. August wieder nach Siebenbürgen kommt.

Herbst 1598. Erzherzog Ferdinand III. von Innerösterreich gibt Weisung, daß die Protestanten innerhalb von 14 Tagen das Land verlassen müssen.

1599. Der Kaiser residiert in Pilsen, da in Prag die Pest wütet.

Um 1600. Der bereits um 1520 begonnene Renaissanceumbau des Schlosses Aistersheim (Oberösterreich) wird beendet.

Sommer 1600. Der Gesundheitszustand Rudolfs II. verschlechtert sich: Der Kaiser leidet zeitweilig an Verfolgungswahn.

November 1600. Der gegen Kaiser Rudolf II. gerichtete Vertrag von Schottwien am Semmering wird geschlossen. →

GESTORBEN:

24. 1. 1595. Innsbruck: Ferdinand II. von Habsburg (* 14. 6. 1529), Erzherzog von Österreich, gefürsteter Graf von Tirol. →

20. 2. 1595. Brüssel: Ernst von Habsburg (* 15. 6. 1553), Erzherzog von Österreich.

13. 9. 1598. Escorial: Philipp II. von Habsburg (* 21. 5. 1527), König von Spanien. →

GEBOREN:

1591. Georg I. Rákóczi († 11. 10. 1648), Fürst von Siebenbürgen.

29. 5. 1594. Pappenheim (Schwaben): Gottfried Heinrich Graf zu Pappenheim († 17. 11. 1632), kaiserlicher Reitergeneral.

11. 11. 1597. Florenz: Oktavio Piccolomini († 11. 8. 1656), Herzog von Amalfi, kaiserlicher Feldmarschall.

28. 5. 1600. Innsbruck: Christoph Gumpp († 2. 3. 1672), Baumeister.

Erzherzog Ferdinand II. (Gemälde, Francesco Terzio?; Schloß Ambras)

Die Patriziertochter Philippine Welser (Gemälde; Schloß Ambras)

Förderer der Kunst

24. Jänner 1595. Erzherzog Ferdinand II. von Tirol (eigentlich: von Österreich und gefürsteter Graf von Tirol) stirbt im Alter von 65 Jahren in Innsbruck.

Mit dem Tod des jüngeren Bruders Kaiser Maximilians II. und Onkels Rudolfs II. fällt dessen Herrschaftsgebiet an die beiden anderen habsburgischen Linien, 1602 schließlich an die steirische Linie unter Erzherzog Maximilian III.

Ferdinand, seit 1563 Landesfürst von Tirol, war seit 1557 in nicht standesgemäßer Ehe mit der Augsburger Patriziertochter Philippine Welser verheiratet, weshalb seine Nachkommen keinen Erbanspruch haben. Einer zweiten Ehe des Erzherzogs mit Anna Katharina von Mantua entstammt Anna, die spätere Gemahlin Kaiser Matthias'.

Ferdinand war ein Förderer der Kunst, verfaßte selbst ein revueartiges »Moralitätenstück« in deutscher Sprache (»Speculum vitae humanae«), das für die Entwicklung des Volkstheaters in Österreich bedeutsam wird, und legte die berühmte Kunstsammlung auf Schloß Ambras an, das er umbauen läßt (→ 1564). Darüber hinaus änderte er aber auch die Behörden-Organisation seines Herrschaftsgebietes überaus sinnvoll und verbesserte 1574 die Tiroler Landesordnung.

Mehr als 40 Jahre König von Spanien

13. September 1598. In der auf seine Veranlassung errichteten monumentalen Klosteranlage Escorial bei Madrid stirbt 71jährig Philipp II. von Habsburg, seit 1556 König von Spanien. Der Sohn Kaiser Karls V. war von seinem Vater als Alleinerbe vorgesehen, mußte jedoch die Herrschaft im Reich und den österreichischen Erblanden seinem Onkel Ferdinand I. überlassen. Unter Philipps Regentschaft wurde die Gegenreformation in Spanien und den Niederlanden mit Macht vorangetrieben, und Spanien erreichte als Weltmacht einen Höhepunkt (Gewinn des Königreichs Portugal mitsamt seinen überseeischen Besitzungen).

König Philipp II. von Spanien (Gemälde [Detail] von Alfonso Sánchez Coello, 1582; Prado Madrid)

)er Kaiser fühlt sich verfolgt

vember 1600. In Schottwien am ımmering treffen sich die Erzher-ẓe Matthias und Maximilian, Brü-Kaiser Rudolfs II., mit Erzherzog dinand III. von Innerösterreich, über Maßnahmen gegen den de-ssiven Kaiser zu beraten.

t Monaten ist die »Melancholie« Herrschers stärker geworden, ınngleich dieser sich immer wie-· bemüht zeigt, seinen kaiserli-:n Pflichten nachzukommen. ch ist die Nachfolgefrage völlig en, da Rudolf keine Anstalten cht zu heiraten (wenngleich er : seiner Ankunft in Prag 1583 mit · Tochter des kaiserlichen Anti-ırs Jacopo da Strada liiert ist).

Sommer hat den Kaiser eine ıwere Nervenkrise erfaßt, sodaß n Hofkammerpräsident in einem ief an Erzherzog Ferdinand III. er-ırt: »Tag und Nacht quäle den Kai-der Gedanke, er sei verlassen, ha-niemanden Getreuen …, man ll' ihm nach dem Leben und der gierung, man geb' ihm Gift, man ır' ihm das Essen im Magen um, s Gesicht verpreßt man, er müsse ı, was andere wollen, er sei verzau-

Kaiser Ferdinand II. (Gemälde von Jacob de Monte, um 1591/93; Sammlung Schloß Ambras, Innsbruck)

Kaiser Rudolf II. von Habsburg mit Krone, Zepter und Reichsapfel (Halbgouache, 1580)

bert.« Nicht ohne Grund befürchten die Erzherzöge daher einen Selbstmord ihres kaiserlichen Verwandten, bevor die Nachfolge geklärt ist.

Die Erzherzöge entschließen sich daher zu einer »Ermahnung« an den Kaiser und fordern ihn auf, alsbald einen Thronfolger zu ernennen.

lagenfurt – eine ıoderne Festung

91. Der Ausbau der Festungsanla-n von Klagenfurt ist beendet. Er ·olgte seit 1534 nach den Plänen s italienischen Festungsbaumei-:rs Domenico de Lalia (auch ll'Allio) in der Form eines nach ɔrdwesten verzogenen Quadrats t je einer Bastei an den Ecken und ıem Torbollwerk in der Mitte einer len Seite.

ıch 13jähriger Bauzeit wird der agenfurter Dom geweiht. Er ist ein ltenes Beispiel österreichischer ·formationsbaukunst. Die Kärnt-:r Landstände waren durch die kai-rliche Schenkung von 1518 Her-n der Stadt geworden; ihr wach-ndes politisches Selbstbewußtsein ird noch durch die Ideen der Refor-ation gestärkt und findet Aus-·uck sowohl im Bau des Domes er ältesten größeren Wandpfeiler-rche Österreichs; Baumeister ist :rmutlich Christoph Windisch) als ıch des Landhauses, des bedeu-ndsten Profanbaus der Stadt Kla-:nfurt (1574 errichtet).

Ansicht der Stadt Klagenfurt (Stich von Matthäus Merian)

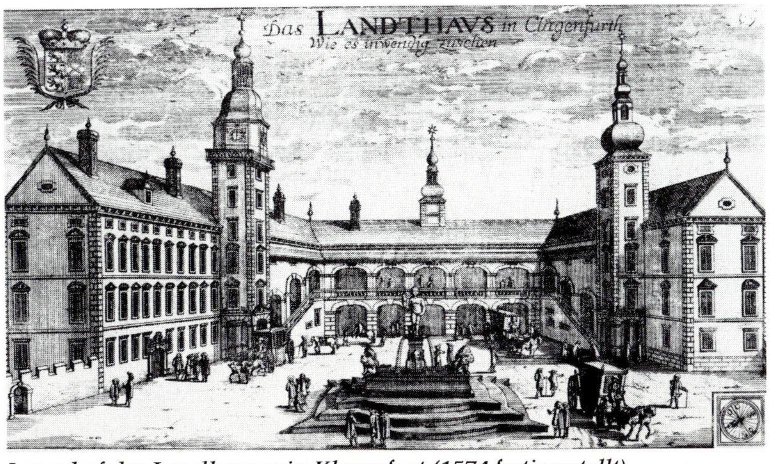

Innenhof des Landhauses in Klagenfurt (1574 fertiggestellt)

Kunst und Kultur 1551–1600

▷ In Schwaz (Tirol) werden das Fuggerhaus und das Kreuzwegerhaus errichtet

▷ Im ehemaligen Judenviertel von Feldkirch (Vorarlberg) – »Im Kehr« – wird ein turmartiges Rheintalerhaus erbaut

▷ Die Hofkirche von Innsbruck erhält einen Anbau, die sog. Silberne Kapelle; diese Grabkapelle für Erzherzog Ferdinand II. von Tirol und seine erste Gattin Philippine Welser hat einen silbernen Altar von Anton Ort sowie eine Renaissanceorgel

Der Uhrenturm von Graz

▷ In Österreich verbreiten sich Meistersingerschulen; nachweisbar sind die von Steyr und Wels in Oberösterreich

▷ Schloß Schwarzenau (Niederösterreich), ein Wasserschloß in einheitlichem Renaissancestil, wird erbaut

▷ Schloß Frondsberg (Steiermark) wird neu erbaut – Beispiel eines steirischen Adelssitzes der Renaissance

▷ Aus dem Teil eines gotischen Wehrbaues wird der Uhrturm von Graz errichtet→

▷ Schloß Hartheim (Oberösterreich) wird erbaut

▷ Für den Hochaltar der Filialkirche St. Konrad bei Oberwang (Oberösterreich) wird das manieristische Bildwerk »Madonna mit Kind« geschaffen

▷ Auf Schloß Jaufen bei Sillian (Osttirol) entsteht eine Liedersammlung, deren 51 Stükke Volkslieder, balladenartige Gedichte und geistliche Dichtungen umfassen.

1601

1601–1610

3. 2. 1601. Kaiserliche Truppen schlagen bei Gorosslo an der Samos Einheiten des Fürsten Sigismund Báthory.

28. 7. 1601. Kaiserliche Patente verlangen die Annahme des katholischen Glaubens oder die Auswanderung.

30. 7. 1601. Offener Aufstand der Protestanten in Hallstatt (Oberösterreich), der sich unter den Salzknechten und Bauern des Salzkammergutes rasch ausbreitet.

1602. Kaiser Rudolf II. läßt in Prag eine eigene Krone anfertigen. →

5. 2. 1602. Nach langen Verhandlungen wird die Verwaltung der Länder des verstorbenen Erzherzogs Ferdinand II. von Tirol Erzherzog Maximilian III. übertragen.

13. 2. 1602. Fürst Sigismund Báthory tritt Siebenbürgen endgültig an Rudolf II. ab.

28. 2. 1602. Im Land ober der Enns wird mit der Durchführung der kaiserlichen Anordnungen vom 28. Juli 1601 begonnen.

1603. Pater Bonaventura Daum beginnt mit dem Bau der Franziskanerkirche in Wien (1611 fertiggestellt).

3. 2. 1604. Ungarischer Landtag in Preßburg: Im Auftrag des Kaisers fordert Erzherzog Matthias die Auflösung der protestantischen Gemeinden in Ungarn.

November 1604. Aufstand in Ungarn und Siebenbürgen: An der Spitze steht der verarmte siebenbürgische Edelmann Stephan Bocskay.

22. 2. 1605. Bocskay wird von den Adeligen Siebenbürgens zum Fürsten gewählt. Am 20. April rufen auch die oberungarischen Stände Bocskay zum Fürsten aus; Sultan Ahmed I. verleiht ihm daraufhin Ungarn und Siebenbürgen als osmanisches Lehen.

28. 5. 1605. Rudolf II. erteilt in Prag Erzherzog Matthias die Vollmacht zur Kriegsführung in Ungarn – verweigert aber die von ihm geforderte Lösung der Nachfolgefrage.

8. 10. 1605. Ein osmanisches Unterstützungsheer erobert Gran, kurz darauf auch Visegrád, Palota, Veszprém und Neuhäusel.

11. 11. 1605. Stephan Bocskay huldigt in Pest dem osmanischen Großwesir.

Anfang 1606. Bocskay fällt mit seinen Truppen in Mähren und Niederösterreich ein.

In verschiedenen Verhandlungen beschäftigen sich die Reichsfürsten mit der Möglichkeit, den Kaiser angesichts seiner Krankheit abzusetzen.

25. 4. 1606. Bei Geheimverhandlungen der habsburgischen Erzherzöge in Wien wird Matthias zum Oberhaupt des Hauses Habsburg ernannt: Der sog. Bruderzwist beginnt (→ 25. 6. 1608).

11. 11. 1606. Zwischen Erzherzog Matthias und Sultan Ahmed I. wird der Friede von Zsitvatorok (bei Komorn) geschlossen. →

12. 2. 1607. Die Stände Siebenbürgens wählen nach dem Tod Stephan Bocskays Siegmund Rákóczi zum Fürsten. Dagegen errhebt sich Gabriel Báthory, worauf Rákóczi wieder abdankt. Am 5. März 1608 wird Báthory zum Fürsten von Siebenbürgen gewählt.

1. 2. 1608. Preßburger Konvention: Erzherzog Matthias schließt mit Vertretern der Protestanten Böhmens, Mährens, Österreichs und Ungarns Bündnisse zur Erhaltung des Friedens.

Ende April. Erzherzog Matthias zieht mit einem Heer gegen seinen kaiserlichen Bruder Rudolf II.

14. 5. 1608. Die Union der protestantischen Reichsstände wird gegründet. →

25. 6. 1608. Vertrag von Lieben: Rudolf II. tritt Österreich, Ungarn und Mähren an Matthias ab. →

11. 9. 1608. In Horn (Niederösterreich) sagen sich die protestantischen Stände ober und unter der Enns von Erzherzog Matthias los und verbinden sich am 3. Oktober mit dem »Horner Bündnisbrief« auch vertraglich (→ 25. 6. 1608).

16. 10. 1608. Reichstag zu Preßburg: Erzherzog Matthias wird zum König von Ungarn gewählt.

1609. In Prag veröffentlicht der Astronom Johannes Kepler zwei Planetengesetze. →

In Ehrenhausen (Steiermark) wird mit dem Bau des Mausoleums der Eggenberger begonnen (1614 fertiggestellt). →

9. 7. 1609. Rudolf II. erläßt den böhmischen »Majestätsbrief«. →

10. 7. 1609. Herzog Maximilian von Bayern gründet die katholische Liga (→ 14. 5. 1608).

1610. Erzherzog Leopold, Bischof von Passau und Straßburg, bildet das »Passauer Kriegsvolk«. →

10. 9. 1610. Im Vertrag von Prag erkennen die Erzherzöge Kaiser Rudolf II. als Haupt des Hauses Habsburg an.

GESTORBEN:

29. 12. 1606. Kaschau: Stephan Bocskay (* 1557), Fürst von Siebenbürgen.

GEBOREN:

4. 6. 1604. Florenz: Claudia von Medici († 25. 12. 1648), Landesfürstin von Tirol.

13. 7. 1608. Graz: Ferdinand III. von Habsburg († 2. 4. 1657), König und Kaiser.

1609. La Rochelle: Ludwig Graf de Souches († 6. 8. 1683), kaiserlicher Feldmarschall.

21. 2. 1609. Schloß Montecuccoli: Raimund Fürst von Montecuccoli († 16. 10. 1680), Feldmarschall.

Rudolfs habsburgische Hauskrone

1602. *Kaiser Rudolf II. läßt in der kaiserlichen Hofwerkstatt in Prag eine eigene Krone anfertigen – sie wird 1804 bzw. 1806 zur österreichischen Kaiserkrone. Die Krone ist 28,6 cm hoch, aus Gold und Email und besitzt einen Saphir sowie Rubine und Perlen – allerdings erweist sie sich als zu schwer, um getragen zu werden (Weltliche Schatzkammer Wien).*

Friede in Zsitvatorok

11. November 1606. Vertreter Erzherzog Matthias' und Sultan Ahmeds I. schließen in Zsitvatorok nördlich von Komorn (Ungarn) einen Frieden, der den sog. langen Türkenkrieg Kaiser Rudolfs II. beendet.

Grundlage des Friedensvertrags ist der tatsächliche Besitzstand beider Parteien; für die Habsburger gehen somit nur Gran, Erlau und Kanizsa verloren. Das bisherige jährliche Ehrengeschenk (30 000 Dukaten) an den Sultan, praktisch eine Art Tributleistung, wird durch ein einmaliges »Geschenk« in Höhe von 200 000 Gulden ersetzt. Ferner wird Stephan Bocskay als Fürst von Siebenbürgen bestätigt.

Erstmals wird mit dem Vertrag vo Zsitvatorok der Kaiser von den Tü ken als gleichberechtigter Partne anerkannt; Rudolf II. stimmt de Frieden trotzdem nur widerwillig z – der Grund dafür liegt aber wo weniger in den Vertragsbestimmu gen als vielmehr in der Abneigun des Kaisers gegenüber seinem Br der Matthias. Zudem war der Kais vom Schah von Persien um die We terführung des Kampfes gebete worden, um dem osmanischen Su tan in einem Zweifrontenkrieg d erhoffte schwere Niederlage beiz bringen.

Der auf 20 Jahre abgeschlosse Friedensvertrag wird schon 161 und abermals 1625 erneuert.

Habsburgs Bruderzwist beendet

25. Juni 1608. Auf dem Hradschin in Prag unterzeichnet Kaiser Rudolf II. den Vertrag von Lieben, durch den er Österreich, Ungarn und Mähren an seinen Bruder, Erzherzog Matthias, abtritt, dem Rudolf auch die Anwartschaft auf die böhmische Krone zusichert.
Nachdem Matthias am 25. April 1606 bei Geheimverhandlungen aller Erzherzöge in Wien zum Oberhaupt des Hauses Habsburg ernannt worden war und ein halbes Jahr später den Frieden mit den Türken geschlossen hatte, verschärfte sich der Konflikt zwischen dem Kaiser und seinem Bruder.
Ende April 1608 zog Matthias mit einem Heer gegen Rudolf, nachdem er sich zuvor durch den Abschluß der Preßburger Konventionen mit den Protestanten Böhmens, Mährens, Österreichs und Ungarns verständigt hatte. Am 19. Mai standen die Truppen des Erzherzogs bei der Ortschaft Lieben, 4 km vor Prag, der Residenzstadt des Kaisers. Rudolf war zu Verhandlungen gezwungen, die mit der Vertragsunterzeichnung am 25. Juni enden. Matthias verzichtet seinerseits – zugunsten seines Bruders Maximilian – auf Tirol und die habsburgischen Vorlande. Am 6. Oktober 1608 wird der 51jährige Matthias zum ungarischen König gewählt und am 19. November gekrönt, nachdem er den ungarischen Ständen alle Forderungen religiöser und politischer Art erfüllt hat.
Doch bereits am 29. Juni kommt es angesichts wachsenden Mißtrauens gegenüber dem ehrgeizigen Erzherzog zu einem Geheimbund der Protestanten Österreichs, Ungarns und Mährens: Am 11. September sagen sich 166 Mitglieder der protestantischen Stände der Länder ober und unter der Enns öffentlich von Matthias los und binden sich mit dem »Horner Bündnisbrief« vom 3. Oktober auch vertraglich. Sie wollen dem Erzherzog erst dann huldigen, wenn die Bestätigung ihrer Privilegien durchgeführt und ihren – überwiegend religiöse Fragen betreffenden – Beschwerden stattgegeben worden ist.
Die »Horner« ziehen in der Folge selbst Steuern ein und bieten ihre Untertanen auf – Handlungen, die allein dem Landesfürsten zustehen. Am 19. März 1609 kommt es daher in Wien zu Verhandlungen zwischen dem Erzherzog und den protestantischen Ständen, deren Rechte erweitert werden. Daraufhin huldigen die Stände der Länder ober und unter der Enns Matthias, der »Horner Bund« bleibt allerdings weiterhin bestehen.

Büste Kaiser Rudolfs II. (1603)

Blick auf den Hradschin in Prag (Gemälde von Giovanni und Cosimo Castrucci, Prager Hofwerkstatt, frühes 17. Jh.)

Zwei konfessionelle Bündnisse

. Mai 1608. In Ahausen (bei Nördlingen) wird die Union protestantischer Reichsstände gegründet, ein Verteidigungsbündnis auf zehn Jahre, dem Kurpfalz, Anhalt, Baden, Ansbach, Württemberg und Pfalz-Neuburg angehören.
Schon seit langem drängte die protestantische Kurpfalz auf eine wirksame Demonstration der Stärke. Den Anlaß dafür bot die Exekution der Reichsacht gegen die freie Reichsstadt Donauwörth: Dort war es bei einer katholischen Prozession zu einem Zwischenfall gekommen, weshalb die Stadt in die Acht erklärt und am 17. Dezember 1607 von einem Heer Herzog Maximilians von Bayern besetzt worden war. Da Donauwörth die Kosten für dieses Unternehmen nicht aufbringen konnte, wurde es zur bayrischen Landstadt erniedrigt. Diese Maßnahmen veranlaßten Kurpfalz und weitere protestantische Stände, am 27. April 1608 den Reichstag zu Regensburg zu verlassen; Kaiser Rudolf II. wurde so das volle Ausmaß seiner politischen Ohnmacht demonstriert.
Die Gründung der protestantischen Union beantwortet Herzog Maximilian am 10. Juli mit der Bildung der katholischen Liga zur Wahrung des alten Glaubens. Ihr schließen sich neben Bayern die Bischöfe von Passau, Regensburg, Augsburg und Konstanz an, wenig später auch die katholischen Reichsstände.

Der Astronom Johannes Kepler

Keplers erste Planetengesetze

1609. Nach sechsjähriger Rechenarbeit veröffentlicht der Astronom Johannes Kepler zwei Grundgesetze der Himmelsmechanik: Das erste und zweite Planetengesetz.
Kepler kam im Oktober 1600 gemeinsam mit seiner Frau nach Prag; er war von dem am Kaiserhof lebenden dänischen Astronom Tycho Brahe – mit kaiserlicher Genehmigung – nach Prag berufen worden, nachdem er als Protestant seine Beschäftigung in Graz verloren hatte.
1609 entdeckt er, daß die Gestirne ihre Bahnen nach genauen mechanischen Regeln beschreiben, die sich rechnerisch einfach darstellen lassen. Kepler formuliert seine beiden ersten Planetengesetze:
1. Die Planeten beschreiben Ellipsen um die Sonne. Die Sonne selbst steht genau in einem der beiden Ellipsenbrennpunkte.
2. Verbindet man die Sonne durch eine gedachte Linie mit einem Planeten, so überstreicht diese Linie während der Wanderung des Planeten in gleichen Zeiträumen gleich große Flächen.
Angeregt durch seine Erkenntnisse, versucht Kepler, weitere Gesetzmäßigkeiten der Himmelsmechanik herauszufinden, denn die beiden Gesetze zeigen ihm, daß zwischen den bewegten Himmelskörpern ein Kräftegleichgewicht bestehen muß. Er berechnet erstmals die Anziehungskräfte, welche die Gestirne aufeinander ausüben, und gibt zahlenmäßig die Anziehungskräfte zwischen Erde und Mond an. Als irdischen Beweis für das Vorhandensein dieser Kräfte nennt Kepler die durch die Gravitation des Mondes ausgelösten Gezeiten.

Handstein aus Eisen, Holz und E[...] fenbein mit Kompaß (Ende 16. Jh[...]

Habsburg[...]

Das Sammelwesen hat seinen U[...] sprung im Frankreich des 14. Jah[...] hunderts; die Mitglieder des Hause[...] Habsburg entwickeln dabei alle[...] dings eine besondere Leidenschaf[...] die stets einer Prämisse folgt: So pe[...] sönlich die Neigungen des einzelne[...] Sammlers auch sein mögen, in erste[...] Linie versteht er seine Tätigkeit a[...] Dienst für das Haus Habsburg, d[...] an Repräsentation zunehmen so[...] und dessen Universalität es zu doku[...] mentieren gilt.

Abgesehen von wertvollen Bibli[...] theken sowie Gemälde- und Kuns[...] sammlungen behauptet sich bei de[...] Habsburgern die oft eher besche[...] den als »Kuriositätenkabinett« b[...] zeichnete Sammlung von »Exo[...] ka«. Besonders durch die Einbezi[...] hung der Kulturen fremder Völk[...] geben diese Abteilungen den Samm[...] lungen neue Impulse.

Der Beginn des habsburgisch[...] Hausschatzes liegt bei Herzog R[...] dolf IV., dem Stifter, der 1364 [...] einem Vertrag mit seinen Brüde[...] »alle Kleinodien welcher Gest[...] und Benennung immer« als gemei[...] sames Familieneigentum bezeichn[...]

◁ *Kabinettschrank aus Alabast[...] Marmor, Holz, Silber und Bron[...] vergoldet und mit Halbedelstein[...] verziert, 65 cm hoch (Ende 16. Jh[...]*

…Der Sturz des Phaeton« (Gemälde auf Alabaster vom »Kammermaler« …aiser Rudolfs II., Hans von Aachen, 37×45 cm; 2. Hälfte des 16. Jh.)

Gebirgspaß mit Korallen, aus Korallen und Gips gefertigt, auf einem Holzsockel, 52 cm hoch; dargestellt ist die Zollfeste Sigmundseck beim Innübergang von Finstermünz bei Nauders in Tirol; 2. Hälfte des 16. Jh.)

…Kunstkammern

… Die erste echte Sammlerpersön…hkeit war Kaiser Friedrich III., …r besonderen Wert auf die wis…nschaftlichen Belange der Kunst…hätze legte. Seine Enkelin Mar…rete von Österreich lebte in ihrem …alast in Mecheln erstmals mit den …hätzen und verbannte sie nicht in …ne Kunstkammer. Ihr Neffe, Kai…r Ferdinand I., war es, der als erster …e Sammlungen der Habsburger zu…mmenstellte und dadurch zum eigentlichen Begründer der Kunstkammer wurde. Erzherzog Ferdinand II. war der perfekteste Sammler des Hauses Habsburg; auf Schloß Ambras in Tirol betrieb er seine Sammelleidenschaft mit wissenschaftlicher Systematik. Kaiser Rudolf II., der hervorragendste Sammler der Familie, zeigt eine hohe Wertschätzung der Ambraser Sammlung seines Onkels und versteht, sie sinnvoll zu erweitern.

…herzgefäß aus Ton mit abnehm…rem Kopf, der als Stöpsel dient …hristoph Gandtner, um 1600)

»Tödlein« aus Ebenholz, Kelheimerstein, Marmor und Glassteinen (Paul Reichel, 2. Hälfte 16. Jh.)

»Landschaft« (Commesso in Pietra Dura, Halbedelsteine auf einer Schieferplatte im Holzrahmen, 20×27 cm, vermutlich von Giovanni Castrucci aus der kaiserlichen Hofwerkstatt in Prag, um 1600)

Der »böhmische Majestätsbrief«

9. Juli 1609. Kaiser Rudolf II. erläßt den »böhmischen Majestätsbrief«, mit dem er allen Bewohnern Böhmens weitgehende Gewissensfreiheit zusichert sowie die Errichtung von Kirchen und Schulen gestattet. Der Majestätsbrief bedeutet den vollständigen Sieg der Protestanten Böhmens. In Prag dürfen sie ein Konsistorium errichten und fortan Priester ohne Behinderung durch den Prager Erzbischof ernennen und installieren; außerdem wird der Augsburger Religionsfriede (→ 25.9. 1555) ausdrücklich für gültig erklärt und die Aufhebung aller gegen die protestantischen Stände erlassenen Mandate zugesagt. Auch die katholischen Landstände akzeptieren diese kaiserlichen Zusagen. Am 20. August erläßt Rudolf II. einen Majestätsbrief auch für die schlesischen Stände.
Vor seiner Krönung zum König von Böhmen am 23. Mai 1611 bestätigt Erzherzog Matthias den Majestätsbrief. Die Nichteinhaltung der gegebenen Zusagen führt schließlich zum »Prager Fenstersturz« vom → 23. Mai 1618.

Das »Kriegsvolk« des Erzherzogs

Frühjahr 1610. Gestützt auf ein kaiserliches Patent vom 9. Jänner wirbt Erzherzog Leopold, Bischof von Passau und Straßburg, ein Neffe Kaiser Rudolfs II., Truppen an, das sog. Passauer Kriegsvolk.
Leopold begründet die Aufstellung einer Streitmacht mit der Notwendigkeit, erfolgreich in den Erbfolgestreit von Jülich-Kleve eingreifen zu können. (Auch Kaiser Rudolf II. bemüht sich nach dem Tod des letzten Herzogs von Jülich-Kleve-Berg um das verwaiste Herzogtum.)
Anfang Dezember 1610 wird das »Passauer Kriegsvolk« nach Böhmen verlegt, nachdem die Umgebung von Passau durch die Söldner bereits stark in Mitleidenschaft gezogen worden ist. Da die zugesagten Soldzahlungen ausbleiben und ein Verpflegungsmangel eintritt, fällt das Kriegsvolk am 21. Dezember in Oberösterreich ein und plündert die Umgebung der Stadt Linz.
Am 24. Jänner 1611 zieht das Passauer Kriegsvolk Richtung Böhmen ab, besetzt im Februar die Prager Kleinseite und plündert die Residenzstadt Rudolfs II.

Schloß Würting wird ausgebaut

1610. Das Wasserschloß Würting (Oberösterreich) wird im Stil der Renaissance prächtiger und höher ausgebaut; zudem erhält es zwei weitere Rundwehrtürme. Der 1462 zum gotischen Wasserschloß umgebaute ehemals romanische Schankhof gehört dem Welser Handelsherrn Christoph Weiß und seiner Gattin Felicitas von Altenau (einer Tochter des Salzburger Erzbischofs Wolf Dietrich von Raitenau). Weiß läßt den stattlichen Bau auch innen fürstlich ausgestalten, bemerkenswert sind vor allem die Deckengemälde in den neuerrichteten Rundtürmen.

1611

1611–1620

24. 3. 1611. In die prächtige ungarische Tracht gekleidet, zieht Erzherzog Matthias an der Spitze seiner Truppen in Prag ein. Am 23. Mai wird er im St. Veits-Dom zum König von Böhmen gekrönt.

Ende November 1611. Der Gesundheitszustand Kaiser Rudolfs II. verschlechtert sich zusehends.

4. 12. 1611. Erzherzog Matthias heiratet in Wien seine Tante Anna, die zweite Frau Erzherzog Ferdinands II. von Tirol.

1612. In Steyr (Oberösterreich) wird ein Getreidespeicher gebaut, der »Innerberger Stadl«.

Bartholomäus Steinle errichtet den Renaissance-Hochaltar der Stiftskirche Stams (Tirol).

13. 6. 1612. Nach dem Tod Kaiser Rudolfs II. wird Erzherzog Matthias zum römischen König und Kaiser gewählt (→ 20. 1. 1612).

Dezember 1612. Markus Sitticus von Hohenems wird zum Erzbischof von Salzburg gewählt und beginnt sofort mit der Gegenreformation in seinem Herrschaftsbereich.

1613. In Erl (Tirol) wird erstmals ein Passionsspiel aufgeführt.

10. 2. 1614. Auf der Bühne der Salzburger Residenz wird ein »Orfeo« aufgeführt – die erste »außeritalienische« Opernaufführung (Komponist und Textdichter sind unbekannt).

1615. Peter Carlone erbaut in Leoben (Steiermark) den »Schwammerlturm«, einen Mautturm, der zugleich als westlicher Brückenkopf der Stadt dient.

6. 5. 1615. Kaiser Matthias schließt mit Gabriel Bethlen, dem Fürsten von Siebenbürgen, den Frieden von Tyrnau. →

Sommer 1615. Wegen der Piraterie der Innerösterreich unterstehenden Uskoken kommt es zur Auseinandersetzung Erzherzog Ferdinands (III.) mit Venedig. →

Mai 1616. Kaiser Matthias verbietet den Bau protestantischer Kirchen in Braunau (Nordböhmen) und Klostergrab bei Prag und bricht damit die Zusagen des »böhmischen Majestätsbriefes« vom → 9. Juli 1609.

1617. Die um 1600 gegründete »Glaureter Gewerkschaft« erhält von der Tiroler Regierung die Bewilligung, bei St. Jakob im Defereggen eine Erzschmelzanlage zu errichten.

20. 3. 1617. Erzherzog Ferdinand (III.) und König Philipp III. von Spanien schließen den Oñate-Vertrag.

29. 6. 1617. Erzherzog Ferdinand wird zum König von Böhmen gekrönt.

16. 5. 1618. Nach langwierigen Verhandlungen wird Erzherzog Ferdinand als König von Ungarn anerkannt und am 1. Juli gekrönt.

23. 5. 1618. Mit dem »Prager Fenstersturz« beginnt der offene Aufruhr in Böhmen. →

Anfang 1619. Nach dem Tod Erzherzog Maximilians III. übernimmt Erzherzog Leopold, Bischof von Passau und Straßburg, die Verwaltung Tirols und der Vorlande.

16. 8. 1619. Die protestantischen Stände Böhmens und Österreichs verbünden sich gegen Ferdinand, dessen Wahl zum böhmischen König am 19. August für ungültig erklärt wird.

28. 8. 1619. Nach dem Tod Kaiser Matthias' wird König Ferdinand in Frankfurt am Main zum römischen Kaiser gewählt. →

8. 10. 1619. Kaiser Ferdinand II. verbündet sich mit Herzog Maximilian von Bayern gegen die Böhmen.

4. 11. 1619. Kurfürst Friedrich V. von der Pfalz wird zum böhmischen König gekrönt.

1620. Heinrich Reinhart gießt das Bronzegrabmal für Erzherzog Maximilian III. (Stadtpfarrkirche Innsbruck).

27. 8. 1620. Fürst Gabriel Bethlen wird auf dem Reichstag von Neusohl (Banská Bystrica) zum König von Ungarn gewählt.

8. 11. 1620. In der Schlacht am Weißen Berg bei Prag werden die aufständischen Böhmen vernichtend geschlagen. →

Ende November 1620. Ferdinand II. errichtet die von der Reichskanzlei unabhängige Österreichische Hofkanzlei zur Stärkung der österreichischen Erblande (Sitz in Wien).

GESTORBEN:

20. 1. 1612. Prag: Rudolf II. von Habsburg (* 18. 7. 1552), König und Kaiser. →

16. 1. 1617. Salzburg: Wolf Dietrich von Raitenau (* 26. 3. 1559), Fürsterzbischof von Salzburg (seit 1612 Gefangener auf der Hohensalzburg).

2. 11. 1618. Wien: Maximilian III. von Habsburg (* 12. 10. 1558), Erzherzog von Österreich.

20. 3. 1619. Wien: Matthias von Habsburg (* 24. 2. 1557), König und Kaiser.

9. 10. 1619. Salzburg: Markus Sitticus Graf von Hohenems (* 24. 6. 1574), Fürsterzbischof von Salzburg.

GEBOREN:

16. 1. 1614. Graz: Leopold Wilhelm von Habsburg († 20. 11. 1662), Erzherzog von Österreich.

1615. Georg II. Rákóczi († 6. 6. 1660), Fürst von Siebenbürgen.

27. 6. 1615 (getauft): Innsbruck: Johann Paul Schor († 6. 3. 1674), Barockmaler.

16. 12. 1616. Wien: Guidobald Graf Thun und Hohenstein († 1. 6. 1668), Fürsterzbischof von Salzburg.

Vor 1617. Absam (Tirol): Jakob Stainer († Oktober/November 1683), Geigenbauer.

Kaiser Rudolf II. (Schriftmusterbuch, Georg Hoefnagel, vor 1611; Kunsthistorisches Museum Wien)

Kaiser stirbt an »Melancholie«

0. Jänner 1612. Im 60. Lebensjahr irbt Rudolf II., seit 1576 König und ömischer Kaiser; Nachfolger wird ein Bruder, Erzherzog Matthias.
ie Regierung des am spanischen of streng katholisch erzogenen Rulfs zerfiel in zwei gegensätzliche hasen: Einer von gegenreformatoschem Eifer geprägten Zeit politiher Aktivität folgten von manihen Depressionen gekennzeichte Jahre des Rückzugs aus der polischen Verantwortung.
ach der Übernahme der Regiengsgeschäfte erschien der noch nge Herrscher vor allem als Wahrer des katholischen Glaubens; sein streng gegenreformatorischer Kurs zielte darauf ab, die Stellung der Protestanten und Calvinisten im Reich zu schwächen, verschärfte aber noch die konfessionelle Spaltung.

Goldgefaßtes Medaillon (Chalzedon) mit dem Bildnis Kaiser Rudolfs II. von Habsburg (4,1 x 2,7 cm; Prager Hofwerkstatt, Anfang 17. Jh.; Kunsthist. Museum Wien).

In den 90er Jahren entzog sich Rudolf II. zunehmend dem politischen Tagesgeschehen. In der prunkvollen Prager Residenz umgab sich der krankhaft mißtrauisch gewordene Kaiser vorwiegend mit Künstlern und Naturwissenschaftlern, darunter die beiden Astronomen Johannes Kepler und Tycho Brahe. Angesichts der »Melancholie« Rudolfs (→ November 1600) zog dessen Bruder Matthias nach und nach die Macht an sich, sodaß Rudolf zuletzt nur noch als »Schattenkaiser« residierte.

Die Verständigung mit Siebenbürgen

6. Mai 1615. Im Frieden von Tyrnau anerkennt Kaiser Matthias den habsburgfeindlichen Gabriel Bethlen als Fürsten von Siebenbürgen und erhält von diesem die Zusage der Unterstützung im Kampf gegen die Türken.
Bereits im März 1613 hatte der Kaiser Gabriel Báthory als Fürsten anerkannt, doch die Stände Siebenbürgens wählten im Oktober 1613 den von ihnen favorisierten Bethlen zum Landesherrn. Der wegen seiner Willkürherrschaft bei Volk und Ständen verhaßte Báthory wurde am 27. Oktober in Großwardein ermordet; er war der letzte seines Geschlechts, sodaß der Weg frei war für Bethlen, mit dem Matthias nunmehr auf Drängen des Generallandtags Frieden schließt.

Kaiser Matthias, »ein wunderbar gemischter Charakter« (Holzschnitt von Hugo Bürkner)

Einigung über Nachfolgefrage

20. März 1617. Erzherzog Ferdinand (III.) von Innerösterreich und König Philipp III. von Spanien schließen den sog. Oñate-Vertrag: Der spanische König – ein Enkel Kaiser Maximilians II. – verzichtet auf die Bewerbung um die Kaiserkrone und erhält dafür das Elsaß sowie Hagenau und Ortenburg.
Am 15. Juni bestätigt Kaiser Matthias den Oñate-Vertrag, wodurch Erzherzog Ferdinands Nachfolge als König von Böhmen und Ungarn sowie als Kaiser gesichert ist, da seine kinderlosen Brüder verzichtet haben.

Fenstersturz führt zum Krieg

Der Prager Fenstersturz (kolorierter Kupferstich, Matthäus Merian d. Ä.)

23. Mai 1618. Abgesandte einer protestantischen Adelsversammlung werfen zwei kaiserliche Statthalter aus den Fenstern der Böhmischen Kanzlei auf dem Hradschin in Prag und geben damit das Signal für den Aufstand der böhmischen Stände gegen den katholischen Landesherrn, König Ferdinand. Mit dem »Prager Fenstersturz« beginnt der Dreißigjährige Krieg.

Bis zum Jahresende erklären sich die Stände des Landes ober der Enns, die Protestanten des Landes unter der Enns sowie Schlesien für die Aufständischen; Kurfürst Friedrich V. von der Pfalz und Herzog Karl Emmanuel von Savoyen treten mit den Böhmen in Verbindung, während Spanien und Frankreich Kaiser Matthias ihre Unterstützung zusagen.

Im April 1619 besetzt Heinrich Matthias Graf von Thurn, der Führer der protestantischen Stände Böhmens, mit einem Heer Mähren, vereinigt sich mit den aufständischen Ungarn und fällt in Niederösterreich ein. Am 5. Juni erreichen die Protestanten Wien und überreichen dem in der Wiener Burg residierenden Ferdinand eine »Sturmpetition«, doch der Habsburger lehnt jedes Zugeständnis in Glaubensangelegenheiten und einen Verzichtfrieden mit Böhmen entschieden ab. Angesichts der verstärkten Wiener Garnison zieht Graf Thurn mit seinen Truppen wieder ab.

Am 31. Juli 1619 beschließt der Prager Landtag die »Böhmische Konföderationsakte«, eine 100 Artikel umfassende Vereinbarung über Regierungshoheit, Stellenbesetzung, Verteidigungsordnung u. a. – ein erster Versuch, Böhmen eine ständische Verfassung zu geben. Anschließend bemühen sich die Böhmen um ein Bündnis mit anderen protestantischen Ständen der habsburgischen Erblande.

Der Aufstand gipfelt in der Absetzung Ferdinands als König von Böhmen und der Wahl Friedrichs V. von der Pfalz zum (Gegen-) König (August 1619). Der (calvinistische) Kurfürst nimmt – wenn auch nach längerem Zögern – die Wahl an, der ursprünglich innerhabsburgische Konflikt weitet sich damit zur Angelegenheit des ganzen Reiches aus.

Der böhmische Aufstand

23. 5. 1618: Prager Fenstersturz: Der Aufstand der Böhmen gegen ihren katholischen Landesherrn beginnt.

31. 7. 1619. Der Prager Landtag verabschiedet eine »Böhmische Konföderationsakte«.

19. 8. 1619: König Ferdinand II. wird für abgesetzt erklärt.

26./27. 8. 1619: Die böhmischen Stände wählen Friedrich V. von der Pfalz zum König.

28. 8. 1619: Ferdinand II. wird zum römischen Kaiser gewählt.

8. 10. 1619: Kaiser Ferdinand II. verbündet sich mit Maximilian I. von Bayern, dem Führer der katholischen Liga, gegen die aufständischen Böhmen.

8. 11. 1620: In der Schlacht am Weißen Berg bei Prag kann Kaiser Ferdinand II. die Truppen der aufständischen Böhmen entscheidend schlagen; Friedrich V. muß fliehen.

21. 6. 1621: In Prag werden bei der »Altstädter Exekution« die Führer des böhmischen Aufstandes hingerichtet; die Gegenreformation in Böhmen beginnt.

10. 5. 1627: Durch die »Verneuerte Landesordnung« werden Böhmen und Mähren (10. 5. 1628) feste Bestandteile der habsburgischen Erblande.

28. August 1619. *In Frankfurt am Main wird der 41jährige Ferdinand von Habsburg zum Kaiser gewählt und am 19. September gekrönt. Ferdinand II., Wortführer der katholischen Erneuerung, ist seit 1595 Regent von Innerösterreich, seit 1617 König von Böhmen und seit 1618 auch von Ungarn. Die böhmischen Stände haben ihm jedoch die Huldigung verweigert (zeitgenössischer Kupferstich).*

Kaiser Ferdinand befriedet Böhmen

8. November 1620. In der Schlacht am Weißen Berg vor Prag schlägt Kaiser Ferdinand II. die Truppen der aufständischen Böhmen vernichtend. Ihr Führer, der von den böhmischen Ständen zum König gewählte Kurfürst Friedrich V. von der Pfalz (»Winterkönig«), muß in die Niederlande fliehen.

Nachdem Ferdinand II. 1619 Kaiser geworden war, bestand seine erste Aufgabe in der Niederschlagung des böhmischen Aufstandes, um die Macht der Habsburger zu erhalten. Er konnte die Unterstützung von Herzog Maximilian I. von Bayern, dem Führer des Heeres der katholischen Liga, gewinnen. Maximilian I. verlangte dafür die Erstattung der Kriegskosten und Landverluste sowie die Übertragung der Kurwürde des pfälzischen »Winterkönigs« auf ihn. Die protestantische Union dagegen hält sich in diesem Konflikt zurück und hilft dem böhmischen »Winterkönig« nicht.

Weil Friedrich V. – aufgrund der Bevorzugung der Calvinisten – in Böhmen Differenzen mit den Ständen hat, befindet er sich in einer isolierten Position, als im Herbst 1620 die Truppen der Liga und des Kaisers auf Prag vorrücken. In kaum zwei Stunden können die katholischen Truppen das böhmische Heer am Weißen Berg entscheidend schlagen. Der Widerstand bricht zusammen, die ständische Regierung wird aufgelöst und der »Winterkönig« muß fliehen. Am 29. Jänner 1621 wird er in die Acht erklärt, seine pfälzischen Lande werden von dem spanischen General Ambrogio Spinola eingenommen. Kaiser Ferdinand II. kann Böhmen in seinem Sinn befrieden. Am 21. Juni 1621 läßt der Kaiser in Prag ein großes Strafgericht abhalten: Bei der »Altstädtischen Exekution 2[illegible] böhmischer Herren« werden die Anführer des Aufstands hingerichtet, andere Beteiligte verbannt, und ihre Besitzungen an landfremde Adelige verteilt, die nun die herrscherabhängige katholische Oberschicht Böhmens bilden. Das Land wird gewaltsam rekatholisiert. In der »Verneuerten Landesordnung« vom 10. Mai 1627 wird der Verlust der böhmischen Selbständigkeit gesetzlich verankert, indem die Erblichkeit Böhmens und Mährens im Haus Habsburg festgelegt wird.

1621

1621–1630

November 1621. In Wien erscheint wöchentlich die »Ordinari-Zeitung«, eine »Ordentliche Postzeitung aus Wien«.

31. 12. 1621. Kaiser Ferdinand II. und Fürst Gabriel Bethlen schließen den Frieden von Nikolsburg: Bethlen entsagt der ungarischen Krone und wird durch schlesische und ostungarische Gebiete entschädigt.

14. 5. 1622. Eine Ständeversammlung in Feldkirch (Vorarlberg) beschließt, daß kein Einsatz von Vorarlbergern außerhalb der Landesgrenzen gestattet wird.

Ende August 1622. Erzherzog Karl schlägt einen Aufstand in Graubünden nieder – acht Gerichte und das Unterengadin werden wieder österreichisches Untertanengebiet.

25. 2. 1623. Herzog Maximilian I. von Bayern erhält als Dank für seine Hilfe gegen Böhmen die pfälzische Kurwürde; auch das Land ober der Enns wird ihm (vorbehaltlich der kaiserlichen Landeshoheit) als Kriegskostenersatz zugesprochen.

18. 7. 1623. Wien erhält ein großes »Einstandsprivilegium«. →

11. 10. 1623. Die höhere Lehranstalt für Theologie und Philosophie in Salzburg wird zur Universität erhoben und feierlich eröffnet.

23. 10. 1623. Ferdinand II. schließt mit seinem Bruder, Erzherzog Karl, Bischof von Breslau und Brixen, einen Erbteilungsvertrag: Karl erhält die Grafschaft Glatz, die Herzogtümer Oppeln und Ratibor, die Markgrafschaft Burgau sowie die Herrschaften Nachod und Freudenthal.

Herbst 1624. Die Juden werden aus Wien ausgewiesen und im Unteren Werd (Leopoldstadt) angesiedelt.

4. 10. 1624. Der Kaiser erläßt harte Rekatholisierungsbestimmungen für Oberösterreich.

7. 4. 1625. Graf Albrecht von Wallenstein wird zum Oberkommandierenden des kaiserlichen Heeres ernannt. →

Mai 1625. König Christian IV. greift zugunsten der protestantischen Fürsten Norddeutschlands in den Reichskrieg ein (→22. 5. 1629).

15. 5. 1625. »Frankenburger Würfelspiel«: Der bayrische Statthalter, Adam Graf Herberstorff, läßt 36 protestantische Bauernführer um ihr Leben würfeln und 16 von ihnen hängen: Dies löst den oberösterreichischen Bauernkrieg aus. →

24. 9. 1625. Ein Erbteilungsvertrag spricht Erzherzog Leopold Tirol und die Vorlande zu. →

17. 5. 1626. Die organisierte Erhebung der oberösterreichischen Bauern unter Führung Stephan Fadingers und Christoph Zellers beginnt. →

27. 11. 1626. Erzherzog Ferdinand wird in Ödenburg zum König von Ungarn gewählt.

21. 1. 1627. Ein kaiserliches Dekret verbietet katholischen Ärzten die Behandlung von Protestanten.

21. 4. 1627. Eine Feuersbrunst in Wien legt 146 Häuser in Schutt und Asche.

10. 5. 1627. Die »Verneuerte Landesordnung« degradiert Böhmen zur österreichischen Provinz.

September 1627. Ferdinand II. schließt einen 25jährigen Frieden mit dem Osmanischen Reich.

14. 9. 1627. Ein kaiserliches Edikt verfügt die Ausweisung aller protestantischen Geistlichen und Schulmeister aus dem Land unter der Enns.

22. 2. 1628. Kurfürst Maximilian I. von Bayern verzichtet auf den Pfandbesitz des Landes ober der Enns.

1. 8. 1628. Der protestantische Adel von Innerösterreich wird aufgefordert, binnen Jahresfrist den katholischen Glauben anzunehmen – mehrere Hundert Adlige verlassen daraufhin das Land.

25. 9. 1628. Der Dom von Salzburg wird geweiht. →

1629. Erzherzog Leopold V. von Tirol läßt in Innsbruck ein »Komödienhaus« errichten (1630 fertiggestellt) – eines der ersten im deutschen Sprachraum.

6. 3. 1629. Der Kaiser erläßt das »Restitutionsedikt«: Alle seit dem 2. August 1552 von den Protestanten eingezogenen geistlichen Güter müssen rekatholisiert werden. →

22. 5. 1629. Ferdinand II. und König Christian IV. von Dänemark schließen den Frieden von Lübeck. →

1. 12. 1630. Stephan Bethlen, Bruder des verstorbenen Fürsten Gabriel Bethlen, verzichtet zugunsten des stärkeren Georg I. Rákóczi auf Siebenbürgen.

GESTORBEN:

Um 1625. Steyr (?): Paul Peuerl (* um 1575), Komponist.

11. 9. 1629. Schloß Orth am Traunsee: Adam Graf Herberstorff (* 14. 4. 1585), bayrischer Statthalter und (seit 1628) Landeshauptmann »ob der Enns«.

18. 9. 1630. Wiener Neustadt: Melchior Klesl (Khlesl; * 19. 2. 1553), Bischof von Wiener Neustadt (ab 1588) und Wien (ab 1598), Kardinal und (seit 1611) Direktor des »Geheimen Rates«, im Volksmund »Vizekaiser« genannt.

GEBOREN:

28. 10. 1623. Linz: Johannes Grueber († 30. 9. 1680), Jesuit.

Vor 1626. Wasserburg: Michael Zürn d. J. († nach 1691), Bildhauer.

22. 4. 1628. Wenns (Tirol): Georg Matthäus Vischer († 13. 12. 1696), Geograph und Zeichner.

27. 11. 1630. Innsbruck: Sigmund Franz von Habsburg († 25. 6. 1665), Erzherzog von Tirol.

Kampfszene aus dem oberösterreichischen Bauernkrieg mit der Ansicht von Enns (Gemälde; Oberösterreichisches Landesmuseum Linz)

16 Bauern gehängt

15. Mai 1625. Adam Graf Herberstorff, seit 1623 bayrischer Statthalter im Land ober der Enns, läßt 36 angesehene Vertreter der Bauernschaft um ihr Leben würfeln – wer verliert, wird aufgehängt.

Dieses »Blutgericht am Haushamerfeld« (später als »Frankenburger Würfelspiel« bezeichnet), bei dem 16 Bauernführer hingerichtet werden (nachdem Graf Herberstorff zwei »Verlierer« begnadigt hat), führt zur bewaffneten Erhebung der Bauern im Lande ober der Enns.

Der aus der Steiermark stammende Adam von Herberstorff (Graf seit 1623) wurde am 20. August 1620 als bayrischer Statthalter in Oberösterreich eingesetzt, nachdem Kaiser Ferdinand II. Herzog Maximilian I. von Bayern das Land ober der Enns als Pfandbesitz für entstandene Kriegskosten bei der Niederschlagung des böhmischen Aufstandes (→8. 11. 1620) übergeben hatte. Herberstorff, selbst Konvertit, wurde daraufhin zum eifrigen Verfechter des Katholizismus und der Gegenreformation. Am 4. Oktober 1624 erließ der Kaiser strenge Bestimmungen für die Rekatholisierung Oberösterreichs, schließlich erhielten die Einwohner des Landes ober der Enns am 10. April 1625 den Befehl, binnen eines Jahres den katholischen Glauben anzunehmen oder auszuwandern; die Herrschaft des bayrischen Statthalters wurde in der Folge immer härter.

Aus Protest gegen die gewaltsame Einsetzung eines katholischen Pfarrers in Frankenburg belagerten protestantische Bauern am 11./12. Mai den Oberpfleger der Grafschaft in dessen Schloß Frankenburg. Graf Herberstorff läßt daraufhin die Bauern der umliegenden Gemeinden, rund 5000 Mann, auf dem Haushamerfeld zwischen Vöcklamarkt und Pfaffing zusammenkommen und demonstriert seine Macht durch das anschließende »Würfelspiel«. Diese (rechtswidrige) Gewalttat des Statthalters führt zur Empörung der Bevölkerung und schließlich zum organisierten und bewaffneten Aufstand.

Stefan Fadinger, oberösterreichischer Bauernführer 1626 (anonymes zeitgenössisches Gemälde)

17. Mai 1626. An die Spitze der aufständischen Bauern treten Stephan Fadinger und sein Schwager, der Gastwirt Christoph Zeller, beide aus St. Agatha im Hausruck. Am 19. Mai plündern die Bauern, denen es vor allem um religiöse, weniger um wirtschaftliche und soziale Fragen geht, das Rathaus von Aschach und besiegen zwei Tage später ein ansehnliches Aufgebot des Grafen Herberstorff. Am 23. Mai trifft Fadinger mit seiner Hauptmacht vor Wels ein, das ihm die Tore öffnet. Kampflos ziehen die Bauern über Lambach, Kremsmünster und Steyr nach Linz, das eingeschlossen wird. Bei der Belagerung verlieren beide Bauernführer das Leben, und der Landedelmann Achaz Wiellinger von der Au wird zum »Hauptmann über alle Bauern im Land ob der Enns« gewählt.
Nach einmonatiger Belagerung erobern die Bauern Freistadt, ihr Sturm auf Linz wird jedoch zurückgeschlagen – damit wendet sich das Kampfglück gegen die Bauern.
Am 23. Juli erreicht eine kaiserliche Streitmacht unter dem Obristen Hans Christoph Freiherr von Löbl das belagerte Enns, besiegt die Bauern, vernichtet anschließend ihr Heerlager bei Ebelsberg und erobert Freistadt zurück. Am 22. August ergibt sich Steyr den kaiserlichen Truppen, am 27. kann Löbl in Wels einziehen. Am 29. müssen die Bauern die Belagerung von Linz abbrechen, und es wird eine Art Waffenstillstand vereinbart. Trotzdem kommt es in der Folge zu mehreren blutigen Kämpfen zwischen den Bauern und kaiserlich-bayrischen Truppen.
Die Entscheidung fällt am 9. November in der Schlacht im Emlinger Holz (bei Eferding): Ein vereinigtes Heer des bayrischen Generalwachtmeisters Gottfried Heinrich Graf Pappenheim, der kaiserlichen Truppen Löbls und einer kleinen Einheit Graf Herberstorffs – insgesamt mehr als 8000 Mann – ziehen gegen die Bauern, die 3000 Tote zu beklagen haben. Nachfolgende Gefechte bei Pinsdorf (westlich von Gmunden), Wolfsegg und Vöcklabruck besiegeln die Niederlage der Bauern.
Im Jänner 1627 beginnen die Verhandlungen gegen die gefangenen »Rebellen«, deren Anführer hingerichtet werden (u. a. auch Wiellinger sowie mehrere Bürger und höhere Beamte, die mit den Bauern sympathisiert haben). – Damit ist der Weg frei für eine unumschränkte Durchführung der Gegenreformation auch in Oberösterreich.

△ *Landkarte von Oberösterreich im Maßstab 1:400000 (kolorierter Kupferstich von Abraham Holzwurm, in »Geographiae Blavianae, Volumen tertium«, Amsterdam 1662; Österreichische Nationalbibliothek Wien).*
◁ *Adam Graf Herberstorff, bayrischer »Statthalter des Erzherzogtumb Österreich ob der Enns« (Ölgemälde, 17. Jh.; Oberösterreichisches Landesmuseum Linz).*
▽ *Die Belagerung von Linz und die Anlandung bayrischer Truppen im August 1626 (Kupferstich nach einer zeitgenössischen Darstellung; Oberösterreichisches Landesmuseum Linz).*

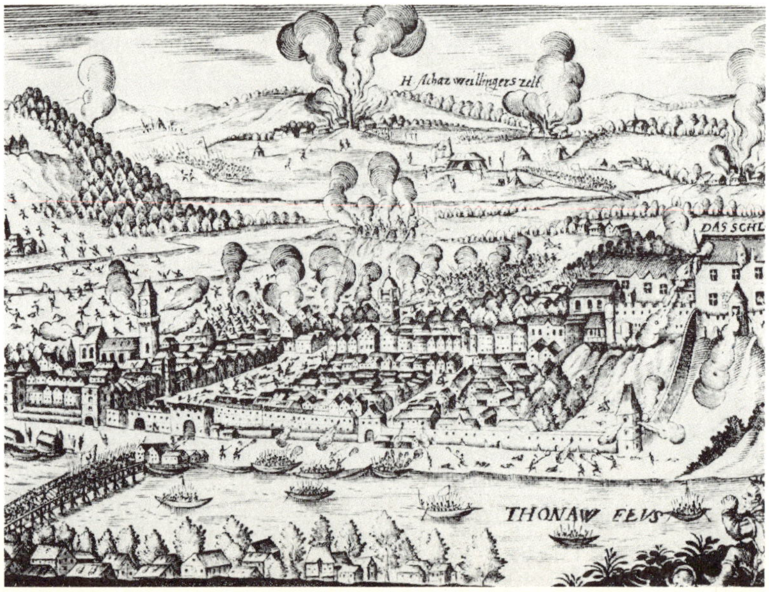

Habsburger Besitz wird aufgeteilt

24. September 1625. Zwischen Kaiser Ferdinand II. und seinem Bruder Leopold, dem Bischof von Passau und Straßburg, wird ein Erbteilungsvertrag geschlossen, durch den Leopold Tirol und die Vorlande erhält, deren Verwaltung der Bischof aus dem Hause Habsburg schon seit Anfang 1619 (nach dem Tod Erzherzog Maximilians III.) innehat.
Am 20. April 1626 entsagt Erzherzog Leopold seiner geistlichen Würden und heiratet Claudia von Medici, eine Tochter des Großherzogs Ferdinand I. von Toskana; die Ehe begründet die (allerdings kurzlebige) tirolisch-vorderösterreichische Linie der Habsburger (sie stirbt schon 1665 mit dem Tod des jüngeren Sohnes Erzherzog Leopolds, Sigmund Franz, wieder aus).

Kaiser Ferdinand II. (Brustbild in ovalem Rahmen; Kupferstich aus der Mitte des 16. Jh.)

Wien erhält das Einstandsprivileg

18. Juli 1623. Ein großes »Einstandsprivileg« für die Stadt Wien gewährt den dort ansässigen Katholiken besondere Vorrechte: Der Erwerb von Haus- und Grundbesitz ist fortan nur noch Bürgern gestattet, doch nur ein Katholik kann Bürger sein.
Viele Protestanten wollen die Stadt daraufhin verlassen und auswandern, müssen zuvor aber ein sog. Abfahrtsgeld entrichten, welches zehn Prozent ihres Vermögens beträgt.

Gefecht zwischen einzelnen Reitern (Gemälde von Palamedes Palamedesz; Historisches Museum Frankfurt a. M.)

Katholische Truppen erfolgreich

22. Mai 1629. Der Frieden von Lübeck zwischen Kaiser Ferdinand II. und dem dänischen König Christian IV. beendet den seit Mai 1625 andauernden dänisch-niedersächsischen Krieg, die zweite Phase des Dreißigjährigen Krieges.

Der Dänenkönig verpflichtet sich zur Neutralität gegenüber Vorgängen im Reich, verzichtet auf ein Bündnis mit den norddeutschen Fürsten und auf die niedersächsischen Bistümer. Der katholische Einfluß in Norddeutschland wird dadurch erheblich gestärkt.

Christian IV. hatte im Mai 1625 zugunsten der bedrohten protestantischen Stände in den Krieg eingegriffen. Rückendeckung gab ihm ein Bündnisvertrag mit Großbritannien und den niederländischen Generalstaaten. Gegen den neuen Gegner mobilisierte Kaiser Ferdinand II. eine neue, von der katholischen Liga unabhängige Armee unter dem böhmischen Grafen Albrecht von Wallenstein, der die Protestanten bei Dessau besiegte (25. April 1626).

Bei Lutter am Barenberge wurden die Dänen am 27. August 1626 vom kaiserlichen Feldhauptmann Johann Tserclaes Graf von Tilly entscheidend geschlagen, dessen Truppen anschließend Jütland (1627) sowie Mecklenburg und Pommern (1628) besetzten.

Die Söldnerheere im Dreißigjährigen Krieg 1618–1648

Mit dem Niedergang des Lehnswesens beginnt der Aufstieg der Söldnertruppen. Die Söldnerheere des 16. und 17. Jahrhunderts lösen die Ritterheere des Mittelalters ab.

Beruf: Söldner sind Soldaten, die für Löhnung Kriegsdienste leisten. Sie kämpfen nicht aus Überzeugung, sondern allein für Geld. Söldner dienen demjenigen Herrn, der ihnen den höchsten Sold zahlt.

Sold: Die Besoldung wird unterschiedlich gehandhabt. Sie erfolgt in Form von Geld oder Beute oder beidem. Plünderungen sind an der Tagesordnung.

Kleidung: Die Kleidung ist bunt gehalten, aber zweckmäßig: Gutes Schuhwerk, großer Mantel und breitkrempiger Schlapphut gegen Regen und Kälte. Die Oberbekleidung ist meist aus Leder.

Bewaffnung: Bevorzugt werden Degen, Hellebarde, Muskete und Pistole. Artillerie kann geschlossen »gemietet« werden.

Truppen: Die Söldnerheere rekrutieren sich zum Großteil aus ausländischen Truppenkontingenten. So befehligt z. B. der Söldnerführer Ernst Graf von Mansfeld britische und niederländische Söldner. Aufsehen erregen die orientalisch gekleideten »Stradioten« aus Griechenland.

Söldnerlager (Sebstian Vrancx)

Werbung: Die Soldaten eines Söldnerheeres werden angeworben. Der Werbungs-Offizier erhält von seinem Kriegsherrn ein Patent, in dem alle Modalitäten der Werbung festgelegt sind. Das zur Werbung und Uniformierung nötige Geld leiht der Werbungs-Offizier.

Versorgung: Unter Graf Albrecht von Wallenstein setzt sich der Grundsatz durch, daß der Krieg den Krieg ernähren müsse. Ohne Unterschied von Freund und Feind läßt Wallenstein die Bevölkerung ohne Gegenleistung für Verpflegung, Sold und Quartier aufkommen.

Der Heerführer Kaiser Ferdinands

7. April 1625. Graf Albrecht von Wallenstein, Herzog von Friedland, wird zum Oberbefehlshaber des kaiserlichen Heeres ernannt und erhält von Kaiser Ferdinand II. die Generalvollmacht, eine Armee von rund 20 000 Mann aufzustellen.

Wallenstein verpflichtet sich, das Heer in kürzester Zeit aufzubieten, die Werbungskosten selbst zu tragen und dem Kaiser die finanziellen Mittel für Sold, Verpflegung und Ausrüstung vorzustrecken. Diese kaiserliche Armee soll dem Heer der katholischen Liga unter Johann von Tilly Hilfe leisten, das in Norddeutschland gegen die dänischen Truppen kämpft.

Der Heerführer Graf Albrecht Wenzel Eusebius von Wallenstein, Herzog von Friedland (Gemälde; Prag)

Albrecht von Wallenstein, geboren am 24. September 1583 in Hermanič (Ostböhmen), trat bereits 1604 in kaiserliche Dienste. 1606 konvertierte er zum Katholizismus, 1607 wurde er Kämmerer am Wiener Hof. Nach der Niederschlagung des böhmischen Aufstandes von 1618/19, in dem er als kaisertreuer Parteigänger seinen gesamten Besitz verlor, wurde er Gouverneur von Böhmen. Mit Hilfe der konfiszierten Güter der protestantischen Aufständischen verschaffte sich Wallenstein erneut einen bedeutenden Grundbesitz; 1623 wird Wallenstein in den Reichsfürstenstand und 1625 zum Herzog von Friedland erhoben.

Südansicht des Salzburger Domes (Kupferstich, Franz A. Danreiter)

Die Weihe des Salzburger Domes

25. September 1628. Nach 14jähriger Bauzeit und zweimaliger Grundsteinlegung ist der Neubau des Salzburger Domes abgeschlossen. Acht Tage steht die Stadt anläßlich der Domweihe ganz im Zeichen des Katholizismus und erlebt die Prachtentfaltung des Barockzeitalters.

Nach dem Brand des Domes am 11. Dezember 1598 wurden Anfang des 17. Jahrhunderts erste Pläne für einen Neubau gefaßt; Fürsterzbischof Wolf Dietrich von Raitenau legte 1611 den Grundstein für das neue Bauvorhaben, nach seiner Gefangennahme erfolgte eine zweite Grundsteinlegung durch Fürsterzbischof Markus Sitticus Graf Hohenems, im Jahre 1614. Der aus Oberitalien stammende Baumeister Santino Solari lieferte die Pläne und führte den Dombau aus. Am Samstag, den 23. September 1628, treffen die hohen Gäste zur Domweihe in Salzburg ein: 781 Personen, darunter Erzherzog Leopold V. von Tirol (dieser allein mit 120 Begleitern), die bayrischen Kurfürsten Maximilian und Albrecht, die Bischöfe von Gurk, Seckau, Münster, Osnabrück, Paderborn und Regensburg sowie zahlreiche weitere geistliche Würdenträger. Am Rupertitag, dem 24. September, findet ein großer Festumzug statt, der von sieben Uhr früh bis um 14 Uhr dauert und durch ein Hochamt beendet wird. Der Tag der Domweihe selbst wird mit einem großen Feuerwerk beschlossen, die großen und kleinen Feierlichkeiten dauern noch bis zum 28. September an.

Seitenansicht des Salzburger Domes (Kupferstich, Franz A. Danreiter)

Das Restitutionsedikt

6. März 1629. Kaiser Ferdinand II. erläßt auf Betreiben der katholischen Reichsfürsten (und gegen den Rat seines Oberbefehlshabers, Graf Albrecht von Wallenstein) das »Restitutionsedikt«, eine harte Anweisung zur Durchführung des Augsburger Religionsfriedens (→25.9. 1555): Die katholische Kirche wird befugt, alle seit dem Passauer Vertrag vom →2. August 1552 von den Protestanten eingezogenen geistlichen Güter zurückzufordern.

Der »Geistliche Vorbehalt« des Augsburger Religionsfriedens legte fest, daß bei Konfessionswechsel eines geistlichen Regenten zum Protestantismus er seiner Ämter und seines Territoriums verlustig gehen und ein neuer katholischer Regent eingesetzt werden sollte. Dieser Passus war ohne Zustimmung der evangelischen Reichsfürsten verabschiedet worden. Seither wurden jedoch zahlreiche Bistümer und mehr als 500 Klöster und Kirchen mit protestantischen Administratoren besetzt. Das Restitutionsedikt verfügt nun, daß die durch Konfessionswechsel oder mit Gewalt eingezogenen geistlichen Besitzungen wieder der katholischen Kirche zugeführt werden sollen. Die strikte Durchführung des Edikts soll von kaiserlichen Kommissaren überwacht, die Verweigerung der Restitution mit der Reichsacht bestraft werden.

Am 3. Juli 1630 eröffnet der Kaiser, der sich durch die Restitution und den Sieg über Dänemark (→22.5. 1629) in seiner Macht gestärkt fühlt, den Reichstag von Regensburg und

Kaiser Ferdinand II., der Führer der Gegenreformation, um 1623/24

bemüht sich, die Wahl seines Sohnes Ferdinand (III.) zum König vorzubereiten. Die Reichsfürsten befürchten jedoch eine zu große Ausweitung der habsburgischen Macht und verlangen vom Kaiser zunächst die Aussetzung des Restitutionsedikts, die Verringerung der kaiserlichen Armee (mehr als 100 000 Mann), Milderung der Kriegslasten und die Entlassung Wallensteins.

Am 13. August gibt Ferdinand dem Drängen der Kurfürsten nach und entläßt Wallenstein als Oberbefehlshaber der kaiserlichen Armee, die auf 39 000 Mann verringert wird (obwohl der schwedische König Gustav II. Adolf am 5. Juli mit 12 500 Mann auf der Insel Usedom gelandet ist und ein neuer Krieg droht). Ferdinand, nunmehr militärisch auf die katholische Liga angewiesen, ernennt nach längeren Verhandlungen den Oberbefehlshaber der Truppen der Liga, Johann Tserclaes Graf von Tilly zum kaiserlichen Generalleutnant (→17.9.1631).

Allegorie auf die Gegenreformation Ferdinands II. (Pietro de Pomis; Alte Galerie im Joanneum Graz)

1631

1631–1640

4. 3. 1631. Im Vertrag von Kaschau anerkennt Kaiser Ferdinand II. Georg Rákóczi als Fürsten von Siebenbürgen.

6. 4. 1631. Der Friede von Cherasco beendet den Mantuanischen Erbfolgekrieg.→

20. 5. 1631. Johann Tserclaes Graf von Tilly erobert Magdeburg, die Stadt wird vollkommen eingeäschert.

17. 9. 1631. In der Schlacht auf dem Breitenfeld bei Leipzig besiegen die Schweden das Heer der katholischen Liga.→

1632. In Schwechat bei Wien wird eine Bierbrauerei gegründet.

15. 4. 1632. Graf von Tilly wird in der Schlacht bei Rain am Lech schwer verwundet; Ferdinand II. betraut Albrecht Graf Wallenstein am 23. April erneut mit dem Oberbefehl über das kaiserliche Heer.

13. 8. 1632. Erneute Bauernunruhen in Oberösterreich: Bauern ermorden den herrschaftlichen Pfleger von Peuerbach→

16. 11. 1632. Die Schlacht bei Lützen zwischen dem Heer Wallensteins und den Schweden verläuft unentschieden, doch der schwedische König Gustav II. Adolf fällt im Kampf.→

17. 11. 1633. Der Kaiser erläßt eine Verordnung, kraft derer Bauern und Bürgern das Tragen von Schußwaffen verboten wird.

13. 1. 1634. »Erster Pilsner Schluß«: 49 Generäle und Obristen erklären ihre Treue zu Wallenstein, der trotz kaiserlichen Befehls einen Winterfeldzug gegen Herzog Bernhard von Sachsen-Weimar abgelehnt hat.

24. 1. 1634. Ein kaiserliches Geheimpatent enthebt Offiziere und Soldaten des Gehorsams gegenüber Wallenstein.

20. 2. 1634. Nur mehr 32 Oberste unterzeichnen den »Zweiten Pilsner Schluß« zugunsten Wallensteins.

22. 2. 1634. Die Absetzung Wallensteins als Oberbefehlshaber des kaiserlichen Heeres wird öffentlich bekanntgegeben.

5./6. 9. 1634. In der Schlacht bei Nördlingen erleiden die Protestanten eine vernichtende Niederlage.→

24. 11. 1634. Ferdinand II. und der Kurfürst von Sachsen schließen den Vorfrieden von Pirna.

1635. Burg Forchtenstein (Burgenland) wird erbaut.

19. 5. 1635. Frankreich erklärt Spanien den Krieg und tritt damit offen in den Dreißigjährigen Krieg ein, um die Vormachtstellung Habsburgs zu brechen.

30. 5. 1635. In Prag schließt Kaiser Ferdinand II. einen Sonderfrieden mit Kursachsen.→

18. 9. 1635. Ferdinand II. erklärt Frankreich den Krieg.

4. 10. 1636. Die Schweden besiegen das kaiserliche Heer unter General Melchior Graf Hatzfeld bei Wittstock in Mecklenburg.

22. 12. 1636. Erzherzog Ferdinand, ältester Sohn des Kaisers, wird zum römischen König gewählt.

15. 2. 1637. Nach dem Tod des Kaisers tritt sein Sohn als Ferdinand III. die Nachfolge im Reich an.→

3. 3. 1638. Schlacht bei Rheinfelden: Der in französischen Diensten stehende Herzog Bernhard von Sachsen-Weimar besiegt die kaiserlichen Truppen und nimmt die gesamte Generalität gefangen.

22. 3. 1638. Rheinfelden muß kapitulieren: Damit ist der Weg in die habsburgischen Länder frei.

23. 9. 1640. Beginn des Reichstags von Regensburg: Die Reichsstände beschließen, Friedensverhandlungen mit Frankreich und Schweden aufzunehmen.

GESTORBEN:

30. 4. 1632. Ingolstadt: Johann Tserclaes Graf von Tilly (* Februar 1559), kaiserlicher Feldherr, Generalleutnant.→

17. 9. 1632. Innsbruck: Leopold V. von Habsburg (* 5. 10. 1586), Bischof von Passau und Straßburg, Erzherzog von Tirol.

17. 11. 1632. Leipzig: Gottfried Heinrich Graf zu Pappenheim (* 29. 5. 1594), kaiserlicher Reitergeneral.

25. 2. 1634. Eger: Albrecht Wenzel Eusebius Graf Wallenstein (* 24. 9. 1583), Herzog von Friedland, Feldherr.→

22. 7. 1634. Bei Landshut: Johann von Aldringen (* 10. 12. 1588), kaiserlicher Feldmarschall.

19. 9. 1636. Brünn: Franz Fürst Dietrichstein (* 22. 3. 1570), Kardinal, Bischof von Olmütz.

15. 2. 1637. Wien: Ferdinand II. von Habsburg (* 9. 7. 1578), König und Kaiser.→

GEBOREN:

26. 10. 1631. Komorn: Leopold Graf Kollonitz († 20. 1. 1707), Bischof von Wiener Neustadt und Kardinal.

1632. Michael Apáfi († 10. 4. 1690), Fürst von Siebenbürgen.

24. 8. 1633. Schnifis (Vorarlberg): Laurentius von Schnifis († 7. 1. 1702), Dichter.

8. 9. 1633. Wien: Ferdinand V. (IV.) von Habsburg († 9. 7. 1654), König.

5. 6. 1634. Ried im Innkreis: Thomas Schwanthaler († 13. 2. 1707), Bildschnitzer.

1635. Pfalz (?): Samuel Oppenheimer († 3. 5. 1703), Hofbankier und Heereslieferant.

12. 1. 1638. Graz: Ernst Rüdiger Graf Starhemberg († 4. 1. 1701), Feldmarschall.

9. 6. 1640. Wien: Leopold I. von Habsburg († 5. 5. 1705), König und Kaiser.

Soldaten ziehen raubend, mordend und plündernd durch Bauerndörfer (Radierung, Hans Ulrich Franck; Germanisches Nationalmuseum Nürnberg)

Erneute Unruhen

13. August 1632. In Oberösterreich kommt es abermals zu einer Erhebung der Bauern: 6000 von ihnen dringen in den Markt Peuerbach ein, verhaften den herrschaftlichen Pfleger und ermorden ihn im nahen Waizenkirchen.

Seit Jahresbeginn predigt der aus dem oberösterreichischen Mühlviertel stammende Jakob Greimbl im Traun- und Hausruckviertel gegen den Katholizismus; Greimbl war schon während des Bauernkrieges von 1626 als »Rebellenprädikant« tätig. Gemeinsam mit Martin Aichinger, der im Mühlviertel predigt, ruft er angesichts der militärischen Erfolge der Schweden im Dreißigjährigen Krieg zum Aufstand auf.

Am 7. September besetzen die Bauern Vöcklabruck, werden aber schon zehn Tage später von einem Aufgebot Franz Christoff Graf Khevenhüllers vertrieben und müssen sich auch bei Köppach und Wolfsegg geschlagen geben. Gleichzeitig werden reguläre Truppen unter dem Oberbefehl des Obristen Werner Tserclaes Graf von Tilly (einem in Oberösterreich begüterten Neffen des kaiserlichen Feldherrn) zusammengezogen, deren erster Angriff am 25. September von den Bauern noch zurückgewiesen werden kann. Am 9. Oktober besiegen Tillys Truppen die Aufständischen bei Eferding entscheidend, die Bauernerhebung im Land ober der Enns ist beendet. Es folgt ein besonders grausames Strafgericht.

Krieg um Mantua

6. April 1631. Der Friede von Cherasco beendet den Mantuanischen Erbfolgekrieg: Kaiser Ferdinand II. belehnt – trotz der militärischen Erfolge österreichischer Truppen – den von dem französischen Ersten Minister, Kardinal Richelieu, begünstigten Herzog von Nevers-Gonzaga mit Mantua und Montferrat.

Der letzte Herzog von Mantua war Ende 1627 gestorben und Ferdinand II. wollte das Herzogtum als erledigtes Reichslehen einziehen, um es an Spanien zu verleihen, doch besetzte der französische Herzog von Nevers-Gonzaga (als nächster Erbe) Mantua. Im Mai 1629 drangen daraufhin österreichische Truppen nach Oberitalien vor, um in den Erbfolgekrieg zwischen Spanien und Frankreich einzugreifen. Im Juli 1630 eroberten kaiserliche Truppen unter General Matthias Gallas Graf von Campo und Herzog von Lucera Mantua. Trotz dieses Erfolges schloß der Kaiser auf dem Regensburger Fürstentag im Oktober 1630 mit der französischen Gesandtschaft eine für ihn ungünstige Vereinbarung, die zum Frieden von Cherasco führte.

Schlachtenglück wogt hin und her

Zwischen dem kaiserlichen Heer und den schwedischen Truppen König Gustavs II. Adolf kommt es in den Jahren 1631 bis 1634 zu mehreren äußerst blutigen Schlachten, ohne daß eine der beiden Parteien einen entscheidenden Sieg davon tragen kann.

17. September 1631. Auf dem Breitenfeld bei Leipzig werden die kaiserlichen Truppen unter Generalleutnant Johann Tserclaes Graf von Tilly von den vereinigten Schweden und Sachsen vernichtend geschlagen. Dem kaiserlichen Heer in der Stärke von rund 36 000 Mann (davon 11 000 Reiter und 26 Kanonen) stehen rund 40 000 Mann gegenüber (13 000 Reiter, 75 Kanonen). Die Verluste der Kaiserlichen betragen 12 000 Mann; 7000 geraten in schwedische Gefangenschaft, zudem geht Tilly aller Kanonen verlustig, während Gustav II. Adolf »nur« rund 3000 Tote zu beklagen hat. Es ist der erste große Sieg der Protestanten während des Dreißigjährigen Krieges.

16. November 1632. Die Schlacht bei Lützen (nahe Leipzig), ein wechselvoller Kampf des kaiserlichen Heeres unter Albrecht Graf Wallenstein mit rund 15 000 Soldaten (davon 5400 Reiter) und 21 Geschützen gegen die Schweden unter Gustav II. Adolf mit etwas mehr als 16 000 Mann (5100 Reiter) und 60 Geschützen, endet unentschieden. Die Schweden verlieren jedoch ihren König in der Schlacht. Trotzdem vermögen sie das Feld zu behaupten: Ihre Verluste betragen rund 1500 Mann, die der Kaiserlichen etwa das Doppelte, darunter auch Reitergeneral Gottfried Heinrich Graf zu Pappenheim.

Nach dem Tod Gustavs II. Adolf übernimmt Herzog Bernhard von Sachsen-Weimar den Oberbefehl über die protestantische Armee.

5./6. September 1634. Die Schlacht bei Nördlingen bringt den Protestanten eine vernichtende Niederlage gegen das kaiserliche Heer unter Erzherzog Ferdinand (III.) und General Matthias Gallas Graf von Campo und Herzog von Lucera. Die vereinigten Schweden und Sachsen verlieren mehr als 10 000 Mann, die Kaiserlichen rund 2000 Soldaten; die katholische Partei kann fast ganz Süddeutschland zurückerobern.

Reiterkampf während der Erstürmung einer Burg (Ausschnitt aus einem Gemälde von Philips Wouwerman, 1646; National Gallery London)

Feldherr Tilly tödlich verwundet

Johann Tserclaes Graf von Tilly, der Feldherr der katholischen Liga

30. April 1632. An den Folgen einer Verwundung in der Schlacht bei Rain am Lech stirbt 73jährig Johann Tserclaes Graf von Tilly, erfolgreicher Feldherr und treuer Gefolgsmann des Kaisers. Tilly, der aus dem Brabanter Adel stammte, unterstützte bereits Kaiser Rudolf II. im Bruderzwist des Hauses Habsburg; 1610 wurde er Bundesfeldherr der neugegründeten katholischen Liga. Durch den Sieg in der Schlacht am Weißen Berg bei Prag (→ 8. 11. 1620) entschied er den böhmischen Aufstand zugunsten Kaiser Ferdinands II., der Tilly 1630 auf Drängen der Kurfürsten zum kaiserlichen Generalleutnant ernannte. Seine erste schwere Niederlage erlitt Tilly in der Schlacht auf dem Breitenfeld bei Leipzig, die einen Wendepunkt im Krieg gegen die Schweden darstellte.

Territorialgewinne im Schwedenkrieg

1630–1635. Die Beteiligung Schwedens am Dreißigjährigen Krieg ist vor allem in dem Wunsch König Gustavs II. Adolf begründet, seine Ostseeherrschaft durch Eingliederung von Teilen Norddeutschlands zu erweitern.

Nachdem Gustav II. Adolf mit geringen Streitkräften am 6. Juli 1630 auf der Insel Usedom vor Pommern gelandet ist, verschafft er sich in 14 Monaten eine breite Operationsbasis. Im Vertrag von Coswig (11. September 1631) schließt er mit Kursachse[n] ein Bündnis gegen Kaiser Ferdi nand II. Im Winter 1631/32 finde[n] verschiedene Friedensbesprechun gen zwischen den Reichsstände[n,] dem Kaiser, Frankreich und Schwe den statt. Weil aber Gustav II. Ado[lf] auf einem Territorialgewinn beharr[t,] wird der Krieg verschärft weiterge führt. Kurfürst Maximilian I. vo[n] Bayern beauftragt den Generalissi mus Albrecht vom Wallenstein mi[t] der Aufstellung eines Heeres. A[m] → 16. November 1632 fällt Gustav I[I.] Adolf in der Schlacht bei Lütze[n.] Sein Tod bedeutet einen unersetzl[i]chen Verlust für Schweden und di[e] protestantische Sache.

Stationen im Schwedenkrieg

6. 7. 1630: Der schwedische König Gustav II. Adolf landet mit 12 500 Mann auf der Insel Usedom im Oderdelta. Von hier aus schafft er sich in 14 Monaten eine norddeutsche Operationsbasis.

11. 9. 1631: Im Vertrag von Coswig schließt Kursachsen mit Gustav II. Adolf ein Bündnis gegen Kaiser Ferdinand II.

17. 9. 1631: In der Schlacht auf dem Breitenfeld schlagen die vereinten schwedisch-kursächsischen Truppen das Heer der katholischen Liga und ziehen nach Südwestdeutschland.

15. 4. 1632: In der Schlacht bei Rain am Lech besiegt Gustav II. Adolf erneut das Heer der katholischen Liga.

16. 11. 1632: Die Schlacht bei Lützen, in der das schwedische Heer gegen die kaiserliche Armee unter Graf Albrecht von Wallenstein kämpft endet mit leichtem Vorteil für die Schweden, doch fällt Gustav II Adolf in der Schlacht.

Wallensteins Ermordung durch ehemalige Offiziere seiner Armee (zeitgenössischer kolorierter Kupferstich)

Wallenstein in Eger ermordet

25. Februar 1634. Graf Albrecht Wenzel Eusebius von Wallenstein, Herzog von Friedland und Mecklenburg, Fürst von Sagan und kaiserlicher Generalissimus, wird in seinem Quartier im Stadthaus von Eger von ehemaligen Offizieren seines Heeres erstochen. Die Ermordung Wallensteins, der sich mit Vertrauten auf der Flucht vor den Häschern befand, geschieht auf Veranlassung Kaiser Ferdinands II. Wallenstein steht im Verdacht, Hochverrat begangen zu haben.

Über den Hergang der Tat schreibt der Stadtkommandant von Eger einen Bericht. Darin heißt es, daß eine Kompanie Dragoner am späten Abend gegen 22 Uhr das Quartier Wallensteins stürmt. Die Soldaten, angeblich in angetrunkenem Zustand, stechen den Kammerdiener nieder, verwunden den Pagen und töten den ahnungslosen Wallenstein mit einer Hellebarde.

Am 13. Jänner 1634 vereidigte Wallenstein, der für den Kaiser Krieg gegen die Schweden führte, die Kommandeure seines Heeres auf seine Person. Zur gleichen Zeit verhandelte Wallenstein eigenmächtig und ohne Zustimmung des Kaisers mit Sachsen und Schweden über die friedliche Beilegung des Krieges. Diese Eigenmächtigkeiten trugen Wallenstein den Vorwurf des Hochverrats ein. Am 24. Jänner beschloß die kaiserliche Kanzlei die Absetzung des Generals. Am 18. Februar, sieben Tage vor seiner Ermordung, erging das kaiserliche Proskriptionspatent, das über Wallenstein die Acht verhängte und jedermann aufforderte, ihn »tot oder lebendig« vor den Kaiser zu bringen.

Gleichzeitig gelang es, den größten Teil der Kommandeure Wallensteins auf die kaiserliche Seite zu ziehen. Wallenstein floh daraufhin von Pilsen nach Eger, wo er sich mit den Sachsen und Schweden verbünden wollte. Seine Ermordung verhinderte dies. Seit Wallenstein mit unbeschränkten Vollmachten Krieg führte, war er zu einer unabhängigen politischen und militärischen Macht im Reich geworden. Gerüchte besagen, er habe die böhmische Königskrone angestrebt.

Der Sonderfriede mit Kursachsen

30. Mai 1635. Nachdem bereits am 24. November 1634 in Pirna ein Vorfrieden zwischen Kaiser Ferdinand II. und Kurfürst Johann Georg I. von Sachsen geschlossen worden ist, wird in Prag ein Sonderfrieden vereinbart, »damit die werthe Teutsche Nation zu voriger Integrität, Tranquillität, Libertät und Sicherung zurückgeführt« werde. Ein allgemeiner Friedensschluß ist wegen der auf dem Gebiet des Reiches kämpfenden ausländischen Parteien vorerst noch unerreichbar.

Der Frieden von Prag sieht vor, daß Sachsen gegen das Versprechen der Loslösung von Schweden und der Waffenhilfe gegenüber dem Kaiser die Ober- und Niederlausitz erhalten soll. Das von dem protestantischen Kurfürsten entschieden abgelehnte Restitutionsedikt (→ 6.3. 1629) bleibt zwar formal bestehen, wird jedoch durch zahlreiche Bestimmungen in der Wirkung aufgehoben. Durch diesen Kompromiß wird der Friede im Reich vorbereitet. Bis 1637 treten fast alle Reichsstände (mit Ausnahme von Baden, Hessen-Kassel und Württemberg) der Vereinbarung bei. Da die französischen und schwedischen Interessen unberücksichtigt bleiben, geht der Krieg im Norden und Westen des Reiches mit unverminderter Brutalität weiter.

Keplers Horoskop für den noch jungen Wallenstein

Im Jahre 1608 erstellte Johannes Kepler für Albrecht von Wallenstein ein Horoskop; zu diesem Zeitpunkt war Wallenstein ein kaum bekannter junger Mann von 25 Jahren. Aus diesem Horoskop stammt folgende markante Charakteristik des Feldherrn:

»Solchergestalt mag ich von diesem Herrn in Wahrheit schreiben, daß er ein wachendes, aufgemuntertes, emsiges, unruhiges Gemüt habe, allerhand Neuerungen begierig, dem gemeines menschliches Wesen und Händel nicht gefallen, sondern der nach neuen, unversuchten, oder doch sonst seltsamen Mitteln trachte ... Denn Saturnus im Aufgang machet müßige, melancholische, allzeit wachende Gedanken, bringt Neigung zu Alchymiam, Magiam, Zauberei, Gemeinschaft zu den Geistern, Verachtung und Nichtachtung menschlicher Gebote und Sitten, auch aller Religionen; machet alles argwöhnisch und verdächtig, was Gott oder die Menschen handeln, als wenn es alles lauter Betrug und viel ein anderes dahinter wäre, denn man fürgibt. Und weil der Mond verworfen stehet, wird ihm diese Natur zu einem merklichen Nachteil und Verachtung bei denen, mit welchen er zu conversieren hat, gedeihen, daß er für einen einsamen, leichtschätzigen Unmenschen wird gehalten werden. Gestaltsam er auch sein wird: Unbarmherzig, ohne brüderliche oder eheliche Lieb, niemand achtend, nur ihm und seinen Wollüsten ergeben, hart über seine Untertanen, an sich ziehend, geizig, betrüglich, ungleich im Verhalten, meist stillschweigend, oft ungestüm, auch streitbar ...«

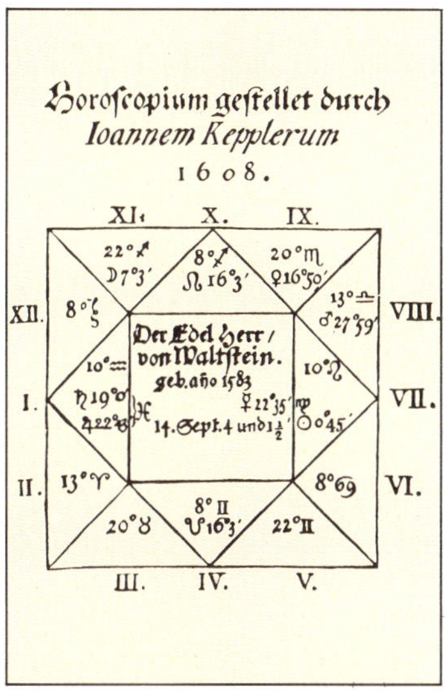

Wallensteins Horoskop, 1608 von Johannes Kepler gestellt

Kaiser Ferdinand II., einer der entschiedensten Verfechter der katholischen Gegenreformation

Ein Vorkämpfer des Absolutismus

15. Februar 1637. Kaiser Ferdinand II., ein entschiedener Verfechter der Gegenreformation, stirbt im Alter von 58 Jahren. Sein im Vorjahr zum König gewählter Sohn Ferdinand III. folgt ihm auf den Thron.
Ferdinands Regierungszeit war geprägt von dem Bemühen, die Stellung der katholischen Kirche zu stärken und die kaiserliche Reichsgewalt zu vergrößern. Nach seiner Wahl zum König von Böhmen (1617) und Ungarn (1618) führte die energische Politik der Gegenreformation zum Aufstand des überwiegend protestantischen böhmischen Adels. Nach der Unterwerfung und Rekatholisierung Böhmens und den Erfolgen der kaiserlichen Truppen im dänisch-niedersächsischen Krieg (→ 22.5. 1629) erreichte Ferdinand II. den Höhepunkt seiner Macht.
Das am → 6. März 1629 erlassene Restitutionsedikt, das die Rekatholisierung der protestantisch gewordenen geistlichen Güter vorsah und eine bedeutende Machterweiterung des Hauses Habsburg beinhaltete, vereinte aber nicht nur die protestantischen Gegner, sondern stärkte auch die katholische Opposition gegen den nach absolutistischer Machtfülle strebenden Kaiser. Der 1635 geschlossene Friede von Prag führte praktisch zum Widerruf des Restitutionsedikts, ohne daß Ferdinand II. den Krieg im Norden und Westen des Reiches damit beenden konnte.

1641

1641–1650

25. 12. 1641. Kaiser Ferdinand III. vereinbart mit Frankreich und Schweden die Aufnahme von Friedensverhandlungen in Münster und Osnabrück (→ 24. 10. 1648).

1642. Martin Zürn gestaltet den Hochaltar der Stadtpfarrkirche von Braunau (Oberösterreich; 1909 abgebrochen, die Figuren sind seitdem in der Kirche verteilt aufgestellt).

2. 11. 1642. Zweite Schlacht auf dem Breitenfeld bei Leipzig: Das zahlenmäßig überlegene kaiserliche Heer wird von den Schweden besiegt. →

22. 3. 1643. General Matthias Gallas Graf von Campo und Herzog von Lucera erhält den Oberbefehl über die kaiserlichen Truppen.

16. 11. 1643. Fürst Georg Rákóczi von Siebenbürgen verbündet sich mit Frankreich und Schweden.

17. 2. 1644. Fürst Rákóczi ruft zum Kampf um die Freiheit Ungarns auf. Ende Februar erobert er Kaschau, wird aber von kaiserlichen Truppen zurückgedrängt.

24. 1. 1645. Die schwedische Vorhut unter General Lennart Graf Torstenson rückt in Böhmen ein.

6. 3. 1645. Schlacht bei Jankau (Mähren): Die Schweden schlagen ein kaiserliches Heer in die Flucht und dringen nach Österreich vor. →

Ende Juni 1645. Fürst Rákóczi zieht mit seinen Truppen durch Mähren, um General Torstenson bei der Belagerung Brünns zu unterstützen.

8. 8. 1645. Kaiser Ferdinand III. unterzeichnet in Wien die Präliminarien für einen Frieden mit Fürst Rákóczi. Die Urkunden werden am 22. August ausgetauscht. – General Torstenson bricht die Belagerung Brünns erfolglos ab.

16. 10. 1645. Maximilian Graf Trautmansdorff, kaiserlicher Obersthofmeister, erhält von Ferdinand III. Geheiminstruktionen und Vollmachten für die Friedensverhandlungen.

1. 12. 1645. In Münster kommt es zur einer ersten Unterredung Graf Trautmansdorffs mit dem spanischen Gesandten – dies ist der praktische Beginn der Friedensverhandlungen zur Beendigung des Dreißigjährigen Krieges (→ 24. 10. 1648).

13. 12. 1645. Friede von Linz: Fürst Rákóczi verpflichtet sich zur Aufgabe des Bündnisses mit Schweden und Frankreich sowie zur Rückgabe der eroberten Gebiete, erhält dafür die von ihm geforderten ungarischen Gebiete. Damit ist der Krieg im Osten beendet.

15. 12. 1645. Feldmarschall Torstenson legt aus gesundheitlichen Gründen den Oberbefehl über die schwedischen Truppen zurück, Nachfolger wird General Carl Gustaf Wrangel.

1646. Wien erhält für die Sicherheit der Stadt eine »Rumorwache« (ein »Rumormeister«, ein Leutnant mit zwölf Mann sowie 2 Stockmeister [Prügelknechte]).

Februar 1646. Vereinigte kaiserliche und bayrische Truppen vertreiben die Schweden aus Böhmen.

5. 8. 1646. Erzherzog Ferdinand, der älteste Sohn des Kaisers, wird zum böhmischen König gekrönt.

10. 8. 1646. Vereinigung des französischen mit dem schwedischen Heer: Diese überlegene Streitmacht besetzt große Teile Bayerns und stößt nach Vorarlberg vor. →

3. 6. 1647. Erzherzog Ferdinand wird auch zum König von Ungarn gewählt und am 10. Juni gekrönt.

1648. Die Klaviervariationen Wolfgang Ebners über ein Thema Kaiser Ferdinands III. (des ersten komponierenden Habsburger Regenten) erscheinen gedruckt.

24. 10. 1648. In Münster und Osnabrück wird der sog. Westfälische Frieden geschlossen. Er beendet den Dreißigjährigen Krieg. →

1649. In Feldkirch gründen Jesuiten das erste Vorarlberger Gymnasium, die »Stella Matutina«.

In Wien wird Kaiser Ferdinands III. allegorische Szenenfolge »Drama musicum« aufgeführt.

GESTORBEN:

10. 4. 1646. Salzburg: Santino Solari (* 1576), Dom- und Hofbaumeister der Salzburger Erzbischöfe.

25. 4. 1647. Wien: Matthias Gallas Graf von Campo und Herzog von Lucera (* 16. 9. 1584), kaiserlicher General.

9. 1. 1648. Göttweig: David Gregor Corner (* 1587), Abt von Göttweig, veröffentlichte 1625 die Kirchenliedersammlung »Groß Catholisch Gesangbuch«.

11. 10. 1648. Georg I. Rákóczi (* 1591), Fürst von Siebenbürgen.

25. 12. 1648. Innsbruck: Claudia von Medici (* 4. 6. 1604), Gemahlin Erzherzog Leopolds V., seit 1632 Landesfürstin von Tirol.

13. 6. 1650. Baden bei Wien: Franz Christoff Graf Khevenhüller (* 21. 2. 1588), kaiserlicher Diplomat und Historiker (»Annales Ferdinandei«).

GEBOREN:

5. 4. 1643. Wien: Karl V. Leopold, Herzog von Lothringen († 18. 4. 1690), Feldmarschall.

7. 11. 1643. Innsbruck: Johann Martin Gumpp d. Ä. († 3. 7. 1729), Barockbaumeister.

Um 1644. Matthias Steinl († 18. 4. 1727), Baumeister und Bildhauer.

2. 7. 1644. Kreenheinstetten (Baden): Abraham a Sancta Clara (Johann Ulrich Megerle; † 1. 12. 1709), Prediger und Schriftsteller.

1648. Cles (Südtirol): Paul Strudel Freiherr von Vochburg († 20. 11. 1708), Bildhauer und Architekt.

17. 4. 1649. Einsiedeln (?): Meinrad Guggenbichler († 10. 5. 1723), Bildhauer.

Niederlage mit großen Folgen

2. November 1642. In der zweiten Schlacht auf dem Breitenfeld bei Leipzig (→ 17. 9. 1631) schlagen die Schweden das zahlenmäßig überlegene kaiserliche Entsatzheer unter Erzherzog Leopold Wilhelm und Feldmarschall Oktavio Piccolomini; die Verluste der Kaiserlichen betragen mehr als 5000 Tote und Verwundete sowie ebenso viele Gefangene. Die Schweden dringen daraufhin nach Mähren und Schlesien vor; auch ein erster Vorstoß in den Raum nördlich von Wien gelingt ihnen.

General Lennart Graf Torstenson

Des Krieges längste Schlacht

6. März 1645. Bei Jankau, 60 km südöstlich von Prag, kommt es zum wohl längsten Aufeinandertreffen zweier Heere während des Dreißigjährigen Krieges: Die Schweden unter General Lennart Graf Torstenson besiegen ein kaiserliches Heer unter General Melchior Graf Hatzfeld, der in schwedische Gefangenschaft gerät.
Beide Heere sind etwa gleichstark, doch verfügen die Schweden über eine bessere Artillerie. Nachdem die österreichische Kavallerie besiegt und in die Flucht geschlagen worden ist, vermag sich auch der Rest des kaiserlichen Heeres – trotz verlustreichen Widerstandes – nicht zu behaupten und muß sich nach Prag zurückziehen.
Während die Schweden angeblich nur 600 Mann verlieren, beklagen die Kaiserlichen rund 4000 Tote und nicht weniger Gefangene.

Die Schweden in Österreich

In den Jahren 1645 bis 1647 dringen schwedische Truppen bis nach Österreich vor, besetzen zahlreiche Städte, Burgen und Stifte und machen oftmals reiche Beute. Im folgenden eine Chronologie der wichtigsten Ereignisse dieser Zeit:

1645:

24. März. Eine schwedische Einheit überschreitet die Donau und erreicht Göttweig (Niederösterreich).

1646:

Februar. Vereinigte kaiserliche und bayrische Truppen vertreiben die Schweden aus Böhmen.

30. März. Fast alle größeren Ortschaften, Burgen, Stifte und Städte des Waldviertels sind in der Hand der Schweden.

31. März. Schwedische Truppen ziehen in Krems an der Donau (Niederösterreich) ein.

5. April. Die Schweden besetzen Korneuburg (Niederösterreich).

9. April. Die kaiserlichen Truppen räumen auf Befehl Kaiser Ferdinands III. in der Nacht die von den Schweden belagerte Wolfsschanze, einen Brückenkopf am linken Donauufer an der Straße von Wien nach Norden. – Am 10. wird die Wolfsschanze von den Schweden besetzt.

14. April. Da die erhoffte Unterstützung durch Fürst Georg Rákóczi von Siebenbürgen ausbleibt, verläßt der schwedische Generalissimus Lennart Graf Torstenson mit seinem Heer Stammersdorf und zieht nach Mistelbach (Niederösterreich) – allerdings wagt er es nicht, Wien anzugreifen.

17. April. Die Schweden erobern Nikolsburg, am 19. auch Laa an der Thaya (Niederösterreich).

24. April. Die Schweden erobern Staatz (Niederösterreich).

27. April. General Torstenson bricht von Mistelbach auf und marschiert gegen Brünn. Am 4. Mai beginnt die Belagerung der Stadt.

5. Mai. Die schwedische Besatzung von Krems kapituliert.

29. Mai. Kaiserliche Truppen erobern die von den Schweden stark verteidigte Wolfsschanze zurück.

4. August. Kapitulation der schwedischen Besatzung von Korneuburg.

Anfang September. Niederösterreich ist von den schwedischen Truppen befreit.

1647:

4. Jänner. Der schwedische Feldmarschall Carl Gustaf Wrangel erobert Bregenz (Vorarlberg). Er macht große Beute, da viele geistliche und weltliche Schätze dort in Sicherheit gebracht worden sind – die Wertangaben schwanken zwischen 6 und 10 Millionen Gulden.

18. Jänner. In Vorarlberg vordringende schwedische Truppen rücken in Feldkirch ein – die Schattenburg wird ihnen kampflos übergeben.

14. März. Kurfürst Maximilian von Bayern schließt in Ulm einen Waffenstillstand mit Schweden und Frankreich.

10. April. Feldmarschall Adrian Graf Enckevoert, der Präsident des vorderösterreichischen Hofkriegsrates, trifft mit zwei kaiserlichen Regimentern, von Tirol kommend, in Bludenz ein und beginnt sofort mit der Sicherung des Vorarlberger Oberlandes.

23. Mai. Die Schweden übergeben gegen freien Abzug die Festung Neuburg nördlich von Hohenems in Vorarlberg.

Anfang Juni. Graf Enckevoert zieht nach Bregenz und läßt die Befestigungswerke wiederherstellen.

2. September. Maximilian von Bayern schließt trotz des Waffenstillstandes mit Schweden und Frankreich ein Bündnis mit Kaiser Ferdinand III. Die militärische Situation der kaiserlichen Partei bleibt jedoch schlecht.

1648:

17. Mai. Schlacht bei Zusmarshausen (unweit von Augsburg): Niederlage des kaiserlichen Heeres unter General Peter (Melander) Reichsgraf von Holzappel (der noch am selben Tag stirbt). Schweden und Franzosen verwüsten daraufhin fast ganz Bayern.

Schwedische Truppen bei der erfolglosen Belagerung einer Stadt, 1642/43 (Gemälde von Peeter Snayers; Heeresgeschichtliches Museum Wien)

Kaiserliche Musketiere in Stellung (Anonyme Ölskizze in einem italienischen Geschäftsbuch, 17. Jh.; Heeresgeschichtliches Museum Wien)

30 Jahre Krieg im Überblick

Der Dreißigjährige Krieg 1618 bis 1648 setzt sich aus vier kriegerischen Perioden zusammen, wobei die beiden ersten überwiegend religiösen Charakter hatten und sich zu einer Auseinandersetzung zwischen dem katholischen und dem protestantischen Europa entwickelten:

▷ Der Böhmisch-Pfälzische Krieg von 1618 bis 1623 (→ 8. 11. 1620)

▷ Der Niedersächsisch-Dänische Krieg von 1623 bis 1629 (→ 22. 5. 1629).

Die beiden folgenden Kriegsphasen waren politischer Natur und entsprangen dem Kräfteverhältnis der Macht:

▷ Der Schwedische Krieg von → 1630 bis 1635

▷ Der Französisch-Schwedische Krieg von 1635 bis 1648.

Der »Westfälische Frieden« vom → 24. Oktober 1648 brachte den protestantischen Mächten und Frankreich – teilweise sogar bedeutende – Gewinne.

Die Habsburger erhalten die Erblande garantiert und bleiben im Besitz der Kaiserwürde. Sie müssen allerdings große Teile Vorderösterreichs an Frankreich abtreten.

Die österreichisch-habsburgischen Länder, bisher ein lockeres Nebeneinander, werden zum »Haus Österreich« – »Casa d'Austria« (seit etwa 1400 übliche spanische Bezeichnung für das Haus Österreich).

Deutschland wurde vom Krieg am ärgsten betroffen; es stand vor dem wirtschaftlichen und moralischen Ruin, es gab territoriale und religiöse Zerwürfnisse; von 18 Millionen Deutschen blieben nur 7 Millionen am Leben. Österreich war von den Kampfhandlungen weniger betroffen: Von 1629 im Krieg zerstörten Städten lagen nur 23 in Österreich, von 18 310 zerstörten Dörfern 313, von 1976 zerstörten Schlössern nur 51.

Österreich erholte sich rasch, nicht zuletzt durch die Einheit in politischer und religiöser Hinsicht, was im Hinblick auf die heranreifende Türkengefahr besonders wichtig war.

Westfälischer Frieden

24. Oktober 1648. In Münster und Osnabrück wird der 120 Paragraphen umfassende »Westfälische Frieden« geschlossen. Er beendet einen verheerenden Krieg, der Millionen Tote gefordert und ganz Mitteleuropa verwüstet hat.

Der »Westfälische Frieden« wird zum »ewigen Grundgesetz« des Reiches erklärt, die Durchführung seiner Bestimmungen (wie die Räumung von Gebieten, Zahlung von Entschädigungen etc.) zieht sich allerdings über Jahre hin und ist erst 1654 abgeschlossen.

Der Friedensschluß besteht aus zwei aufeinander abgestimmten Vertragswerken zwischen Kaiser Ferdinand III. und seinen Verbündeten auf der einen sowie Frankreich bzw. Schweden auf der anderen Seite. Zunächst erfolgte – am 6. August 1648 in Münster – die Vertragsunterzeichnung mit den Bevollmächtigten König Ludwigs XIV. von Frankreich und seinen Alliierten; dieser Vertrag ist die Grundlage für den Frieden von Osnabrück, der am 14. Oktober von den Gesandten Königin Christines von Schweden unterzeichnet wird.

Der »Westfälische Frieden« regelt Konfessionsfragen zwischen Reich und Reichsständen ebenso wie die Stellung der Stände zu Kaiser und Reich sowie des Reiches zum Ausland. Die konfessionelle Spaltung bleibt erhalten; neben dem Katholizismus und dem Luthertum wird auch der Calvinismus als religiöses Bekenntnis anerkannt. Religiösen Minderheiten werden die Freiheit der Religionsausübung sowie gewisse Rechte garantiert. Der Reichstag muß seine Beschlüsse in Religionsfragen nach Konfessionen getrennt fassen. Der Friedensschluß bindet die Entscheidungen des Kaisers an das Votum der Stände und erklärt die einzelnen Territorien für souverän. Sie dürfen ein eigenes Heer aufstellen und Bündnisse mit fremden Mächten schließen. Die kaiserliche Gewalt wird auf ein Minimum reduziert, das Reich ist fortan nur mehr ein lockerer Staatenbund.

»Der Frieden ist gemacht . . .«

1648. *Nach der Unterzeichnung des »Westfälischen Friedens« wird die Nachricht vom Ende des Dreißigjährigen Krieges in ganz Europa verkündet. Der Text eines zeitgenössischen Flugblattes (Abb.) lautet: »Ich komme von Münster her gleich Spornstreich geritten / und habe nun des meist des Weges überschritten / Ich bringe gute Post und neue Friedenszeit / der Frieden ist gemacht / gewendet alles Leid . . . / Ganz Münster, Osnabrugg und alle Welt ist froh / die Glocken tönen stark / die Orgeln lieblich klingen / Herr Gott wir loben dich / die frohen Leute singen, die Stücke donnern und sausen in der Luft / die Fahnen fliegen schön und alles jauchzend ruft: / Der Höchste sei gelobt / der Friede ist getroffen / fortan hat männiglich ein besser Jahr zu hoffen / der Priester und das Buch / der Ratherr und das Schwert / der Bauer und der Pflug / der Ochse und das Pferd.«*

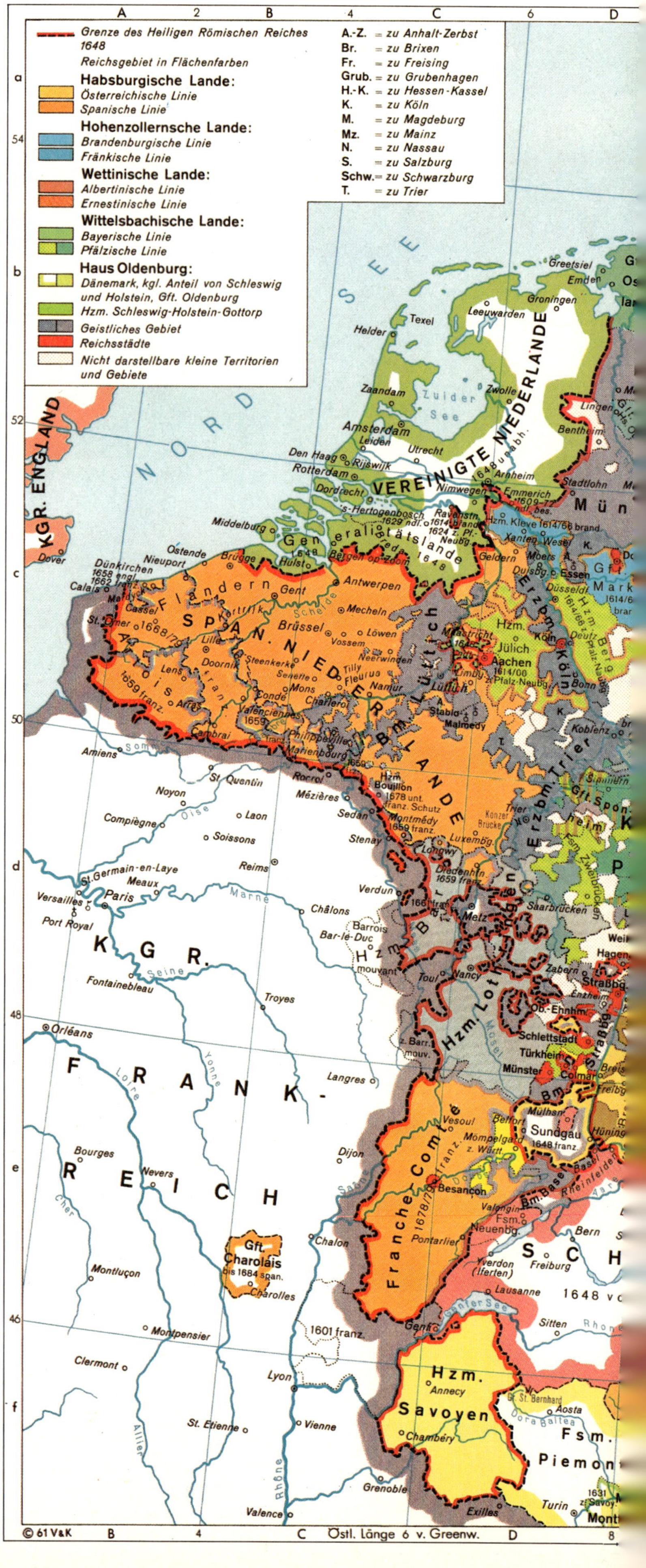

KGR. DÄNEMARK
Fünen
Seeland
Bornholm
1658-60 schwed.
OSTSEE
Rügen
Holstein
Lübeck
Hzm. Mecklenburg
Schwerin
Güstrow
Vorpommern
Hinterpommern
Pommerellen
Danzig
Elbing
Fürstbm. Ermld.
Preußen
bis 1657/60 poln. Lehen
Hzm.
Königsberg
Tilsit
Grfsm. Litauen
seit 1569 durch Lubliner Union vereinigt
Kulmerld.
Thorn
Bremen
Hzm. Lüneburg
Kurfsm. Brandenburg
Berlin
Erzbm. (Hzm.) Magdeburg
1680 brand.
Fsm. Anhalt
Niederlausitz
Oberlausitz
Kursachsen
Dresden
Leipzig
Landgft. Hessen-Kassel
Sächs. Herzogtümer
Vogtland
Bayreuth
Würzburg
Bamberg
Nürnbg.
Fsm. Ansbach
Oberpfalz
Kfsm. (bis 1623 Hzm.)
Bayern
München
Augsburg
Regensbg.
Passau
Erzbm. Salzburg
Gft. Tirol
Trient
KGR. BÖHMEN
Prag
Mgft. Mähren
Brünn
Hzm. Schlesien
Breslau
Glatz
Erzhzm. Österreich
ob d. Enns
unter der Enns
Wien
Linz
Hzm. Steiermark
Graz
Hzm. Kärnten
Klagenfurt
Hzm. Krain
Laibach
Friaul
REPUBLIK VENEDIG
Venedig
Adriat. Meer
Istrien
Triest
KGR. POLEN
Groß-Polen
Posen
Gnesen
Warschau
Krakau
Lublin
KGR. UNGARN
TÜRKISCH-UNGARN
1687/99 an Österreich
1645-87 zu Siebenbürgen
Preßburg
Ofen
Pest
Gran
Komorn
Belgrad
Peterwardein
Szegedin
Temesvár
Debrecen
Großwardein

Hauptportal des 1613–1615 errichteten Lustschlosses Hellbrunn

Teil der weitläufigen Gartenanlage von Schloß Hellbrunn in Salzburg

Kunst und Kultur in Österreich in den Jahren 1601–1650

- ▷ Schloß Hellbrunn bei Salzburg wird erbaut; es ist das älteste erhaltene Lustschloß im deutschen Sprachraum →
- ▷ In Graz wird das Mausoleum für Kaiser Ferdinand II. errichtet (Baumeister sind Pietro de Pomis und Peter Valnegro) →
- ▷ Die Anlage des Turnierhofes der Rosenburg (Niederösterreich) mit 46 Arkaden entsteht
- ▷ Der Bau der von Kaiser Matthias und seiner Gemahlin Anna gestiftete Kapuzinerkirche in Wien mit der Kaisergruft wird begonnen
- ▷ Der Großteil der Greinburg in Oberösterreich – mit dreigeschossigen Bogengängen im Hof – wird erbaut
- ▷ Der frühbarocke Neubau der Kartause von Mauerbach (Niederösterreich) wird errichtet
- ▷ Michael Hönel schnitzt den 16×9 m großen barocken Hochaltar für den Dom zu Gurk (Kärnten)
- ▷ Der fünfgeschossige Hochaltar der Stiftskirche Viktring (Klagenfurt) wird errichtet →
- ▷ Pietro Valnegro baut nach einem Entwurf des Laurenz van de Sype das Schloß Eggenberg bei Graz
- ▷ Der Neubau von Stift Vorau (Steiermark) beginnt (erst im 18. Jahrhundert abgeschlossen)
- ▷ Der Bau der Michaelskirche in Steyr (Oberösterreich) wird begonnen
- ▷ Der schmiedeeiserne Brunnen auf dem Hauptplatz von Bruck an der Mur (Steiermark) wird geschaffen
- ▷ Andrea d'Allio d. Ä. und d. J. sowie Silvestro Carlone beginnen mit der Gestaltung der Westfassade der Schottenkirche in Wien
- ▷ In Dornbirn (Vorarlberg) wird das »Rote Haus« errichtet, ein beachtenswerter Holzbau
- ▷ Das Stift St. Lambrecht (Steiermark) wird von Domenico Sciassia im barocken Stil umgebaut
- ▷ In Graz wird das Zeughaus erbaut; es enthält eine eindrucksvolle Waffensammlung →
- ▷ Ulrich Mayer beginnt mit dem Bau der frühbarocken Dreifaltigkeitskirche von Rust (Burgenland).

Mausoleum für Kaiser Ferdinand II. in Graz mit Stuck Johann Bernhard Fischer von Erlachs

Ständisches Zeughaus in Graz, mit einer Waffensammlung aus der Zeit der Türkenkriege

Barocker Hochaltar und Chorfenster (um 1400) in der ehemaligen Stiftskirche Viktring

1651

1651–1660

Mitte 17. Jh. Schloß Seggau in Leibnitz (Steiermark) wird erbaut – mit einem dreigeschossigen Bogengang.

Das Rathaus von Eisenstadt wird errichtet, ein Barockbau mit originell gestalteter Fassade.

1651. In Wien wird das erste »Comödie-Haus« erbaut (an der Stelle des späteren Stadtpalais des Prinzen Eugen von Savoyen).

Christoph Gumpp beginnt mit dem barocken Neubau der Stiftskirche Wilten (Innsbruck; → 1671–1680).

1652. Der Neubau der Stiftskirche von Lambach (Oberösterreich) wird begonnen (1656 vollendet).

Mai 1653. Der Kurfürstentag von Augsburg wählt Erzherzog Ferdinand, den ältesten Sohn des Kaisers, zum König.

17. 5. 1654. Kaiser Ferdinand III. schließt den Regensburger Reichstag. →

Um 1655. In der Zürn-Werkstatt entsteht die hl. Maria vom Hochaltar der Pfarrkirche von St. Martin am Grimming (Steiermark).

Sommer 1655. Der schwedisch-polnische Krieg beginnt (bis 1660). Der Kaiser unterstützt die polnische, Fürst Georg II. Rákóczi die schwedische Seite.

27. 6. 1655. Erzherzog Leopold wird nach dem überraschenden Tod Erzherzog Ferdinands als dessen Nachfolger zum König von Ungarn gewählt.

3. 11. 1655. Königin Christine von Schweden tritt in Innsbruck feierlich zum katholischen Glauben über. →

1656. Martin und Michael Zürn errichten den Martinsaltar in der Stadtpfarrkirche von Ried (Oberösterreich).

In Salzburg wird mit der Errichtung des Residenzbrunnens begonnen; er ist der größte Barockbrunnen nördlich der Alpen.

16. 8. 1656. Kaiserliche Truppen meutern in Kärnten und weigern sich, als Hilfstruppen Spaniens auf dem italienischen Kriegsschauplatz eingesetzt zu werden.

September 1656. Die Kärntner Meuterei weitet sich auf die Steiermark aus, wird aber am 16. friedlich beigelegt. Die Truppen kommen nicht zum Einsatz.

14. 9. 1656. Erzherzog Leopold wird zum König von Böhmen gewählt und gekrönt.

Juli 1657. Fürst Georg II. Rákóczi wird von den Türken abgesetzt, die Achaz Barcsay zum Fürsten von Siebenbürgen erheben.

1658. Die Kapelle zum hl. Koloman wird in Kolomansberg (Oberösterreich) erbaut; sie ist der älteste erhaltene Holzblockbau Österreichs.

18. 7. 1658. Nach dem Tod Kaiser Ferdinands III. wird Erzherzog Leopold zum Kaiser gewählt. →

15. 8. 1658. Mehrere deutsche Fürsten gründen gemeinsam mit König Ludwig XIV. von Frankreich den (ersten) Rheinbund. →

1660. »Il sacrifizio d'Abramo«, ein Sepolcro (die spezifisch wienerische Sonderform des italienischen Oratoriums) Kaiser Leopolds I., wird in Wien uraufgeführt.

Der vollständige Neubau der Stiftskirche von Vorau (Steiermark) beginnt (1662 fertiggestellt; die Wandpfeilerbasilika erhält 1700–1750 eine barocke Ausstattung).

Der Bau der Wallfahrtskirche von Maria Taferl (Niederösterreich) beginnt (Baumeister sind Georg Gerstenbrand und Carlo Lurago; 1697 vollendet).

GESTORBEN:

17. 7. 1651. Rattenberg: Wilhelm Biener (* um 1590), Hofkanzler von Tirol (wegen angeblichen Hochverrats enthauptet).

15. 12. 1653. Salzburg: Paris Graf Lodron (* 28. 11. 1586), Fürsterzbischof von Salzburg.

9. 7. 1654. Wien: Ferdinand V. (IV.) von Habsburg (* 8. 9. 1633), König von Böhmen und Ungarn sowie römischer König.

11. 8. 1656. Wien: Oktavio Piccolomini (* 11. 11. 1599), Herzog von Amalfi, Feldmarschall.

27. 1. 1657. (?) Prag: Rudolf Graf Colloredo-Waldsee (* 2. 11. 1585), kaiserlicher Feldmarschall. →

2. 4. 1657. Ferdinand III. von Habsburg (* 13. 7. 1608), König und Kaiser. →

6. 6. 1660. Georg II. Rákóczi (* 1615), Fürst von Siebenbürgen.

GEBOREN:

13. 8. 1651. Kammer bei Traunstein: Balthasar Permoser († 20. 1. 1732), Bildhauer.

1654. Laufen (Salzburg): Johann Michael Rottmayr († 25. 10. 1730), Barockmaler.

28. 2. 1655. St. Georgen (Attergau): Johann Beer († 6. 8. 1700), Barockdichter.

20. 7. 1656. St. Martin bei Graz: Johann Bernhard Fischer von Erlach († 5. 4. 1723), Baumeister.

8. 5. 1657. Neapel: Martino Altomonte († 14. 9. 1745), Barockmaler.

25. 9. 1657. Imre Graf Tököly († 13. 9. 1705), Fürst von Siebenbürgen.

11. 11. 1657. Graz: Guido Graf Starhemberg († 7. 3. 1737), Feldmarschall.

1660. Cles (Südtirol): Peter Strudel Freiherr von Strudendorff († 4. 10. 1714), Barockmaler und Bildhauer.

Hirtenfeld (Steiermark): Johann Joseph Fux († 14. 2. 1741), Komponist und Musiktheoretiker.

16. 7. 1660. (getauft). Stanz (Tirol): Jakob Prandtauer († 16. 9. 1726), Baumeister.

Erfolgloser Reichstag

17. Mai 1654. Kaiser Ferdinand III. schließt den Reichstag von Regensburg, der seit Juni 1653 tagt. Vergeblich hat der Kaiser versucht, das Reichsheer durch eine Reform zu stärken. Dagegen ist ihm eine Neuordnung des Reichskammergerichts gelungen.

Der Reichstag verhandelte in drei Kollegien: Kurfürsten, Fürsten und Reichsstädte (die seit dem »Westfälischen Frieden« vom → 24. Oktober 1648 gleichberechtigt sind). Durch die Wiederverleihung der Kurstimme an die Pfalz (deren Kurwürde 1623 an Bayern vergeben worden war) gibt es nun acht Kurfürsten (fünf katholische, drei protestantische), 96 weltliche und 69 geistliche Fürsten sowie 62 Reichsstädte. Die Gesamtheit der Reichsstände gliedert sich in den »Corpus Catholicorum« und den »Corpus Evangelicorum«. Im Verlauf des Reichstages siegte das Territorialfürstentum über die Zentralgewalt, das Reich wird zu einem Bund souveräner Einzelstaaten; die Macht des Kaisers bleibt nach außen hin unbestritten, wird aber de facto immer geringer. In den habsburgischen Ländern ist der Kaiser absoluter Herrscher, wodurch die Sonderentwicklung Österreichs weiter voranschreitet.

Sensation in Tirol

3. November 1655. In einer feierlichen Zeremonie in der Innsbrucker Hofkirche tritt Königin Christine von Schweden zum katholischen Glauben über. Die Konvertierung gilt als europäische Sensation.

Christine hatte nach zehnjähriger Regentschaft im Juni 1654 abgedankt, nachdem sie bereits heimlich zum Katholizismus übergetreten war. Nun konnte sich die 28jährige Tochter König Gustavs II. Adolf ihren Wunsch, nach Rom zu reisen, erfüllen. Von Brüssel aus wählte sie den Weg über Tirol, wo man in aller Eile Straßen ausbesserte und Gasthäuser adaptierte.

Neun Tage weilt Christine in Innsbruck; die Festlichkeiten stürzen Tirol in finanzielle Not: Allein für die Verköstigung sind mehr als 14 000 Gulden ausgegeben worden.

Königin Christine von Schweden dankt nach zehnjähriger Regierung ab und tritt zum Katholizismus über

Rheinbund gegründet

15. August 1658. Deutsche Fürsten beider Konfessionen schließen sich zum (ersten) Rheinbund zusammen, dem auch der französische König Ludwig XIV. beitritt.

Der Rheinbund richtet sich gegen Habsburg, da mehrere Fürsten angesichts der Festigung der habsburgischen Macht eine für sie nachteilige Revision des »Westfälischen Friedens« vom → 24. Oktober 1648 fürchten. Das Bündnis wird auf zehn Jahre geschlossen (und nach Ablauf nicht verlängert).

Außer Frankreich, das sich seinen Einfluß auf die Reichspolitik sichern will, schließen sich folgende Fürsten unter Führung von Johann Philipp von Schönborn, dem Erzbischof von Mainz, dem Rheinbund an:

Die Kurfürsten von Trier, Köln und der Pfalz, die Herzöge von Bayern, Jülich, Kleve und Berg, der König von Schweden (in seiner Eigenschaft als Herzog von Bremen und Verden), die Herzöge von Braunschweig-Lüneburg sowie der Landgraf von Hessen.

Kaiser der Verständigung

2. April 1657. *In Wien stirbt im Alter von nur 48 Jahren Kaiser Ferdinand III., der mehr als 20 Jahre die Geschike des Reiches lenkte. 1636 zum römischen König gewählt, war er in der letzten Phase des Dreißigjährigen Krieges um einen Friedensschluß bemüht. Sein Ziel, die Reichseinheit zu wahren, konnte er allerdings nur auf Kosten eines Machtverlustes erreichen (→24. Oktober 1648). Die österreichisch-habsburgischen Länder wuchsen hingegen unter Ferdinands Regentschaft zum »Haus Österreich« zusammen, dessen inneren Ausbau der kunstliebende Herrscher nachhaltig förderte. Der Kaiser fand neben den Regierungsgeschäften Zeit für die Kunst und gehörte zu den wenigen bedeutenden Kunstsammlern seiner Zeit, interessierte sich vor allem für den Steinschnitt (Abb.: Reiterbildnis Ferdinands III., Kupferstich von Wolfgang Kilian, 1653).*

Jugendlicher Thronfolger

18. Juli 1658. *Der erst 18jährige Erzherzog Leopold wird als Nachfolger seines Vaters Ferdinand III. zum römischen Kaiser gewählt. Der Wahl gehen langwierige Verhandlungen voraus, da Frankreichs Erster Minister, Kardinal Jules Mazarin, die erneute Thronbesteigung eines Habsburgers im Reich verhindern möchte. Leopold muß sich verpflichten, nicht in den Krieg zwischen Frankreich und Spanien einzugreifen.*

Leopold war zunächst für den geistlichen Stand vorgesehen, wurde aber nach dem überraschenden Tod seines älteren Bruders und Thronprätendenten, Erzherzog Ferdinand V. 1655 zum König von Ungarn und Böhmen gewählt und übernahm die Anwartschaft auf die Nachfolge Kaiser Ferdinands, der am 2. April 1657 in Wien 48jährig gestorben war. (Abb.: Kaiser Leopold I., Kupferstich von Abraham Aubry, 1658.)

Der Verteidiger von Prag stirbt

27. (?) Jänner 1657. Im Alter von 7 Jahren stirbt der kaiserliche Fel marschall Rudolf Graf Collored Waldsee, seit dem »Westfälische Frieden« vom →24. Oktober 16 Gouverneur von Prag.

Der 1629 in den Reichsgrafenstar erhobene Offizier aus dem weitve zweigten Adelsgeschlecht der Coll redos wurde 1639 kommandiere der General in Böhmen, wo er in d Endphase des Dreißigjährigen Kri ges die Prager Altstadt erfolgreic gegen die Schweden verteidigte. Fü seine kaisertreue Haltung wurd ihm die Führung des Doppeladle im Wappen gestattet.

Rudolf Graf Colloredo-Waldsee

Erzherzog Leopold Wilhelm trug maßgeblich zur Erweiterung der Habsburger Kunstsammlung bei

Die Sammlung des Erzherzogs

Der wohl bedeutendste Kunstsammler des Hauses Habsburg im 17. Jahrhundert ist der jüngere Sohn Kaiser Ferdinands II., Erzherzog Leopold Wilhelm. 1647 bis 1655 Statthalter der Spanischen Niederlande, sammelt der ursprünglich für den geistlichen Stand bestimmte Erzherzog (seit 1642 auch Hochmeister des Deutschen Ordens) nicht nur wertvolle Gemälde, sondern auch Reliquien und Ornate, ferner Uhren, Kristalle und kunstgewerbliche Arbeiten sowie »Mirabilien«. Seine Sammlung ist daher in eine Schatz- und Kunstkammer unterteilt.

Erzherzog Leopold Wilhelm besichtigt seine Bildergalerie in Brüssel – Grundstock für die Gemäldegalerie des Kunsthistorischen Museums (David Teniers d. J., um 1655; Kunsthistorisches Museum Wien)

1661

1661–1670

März 1661. Johann Kemény wird von den Ständen Siebenbürgens zum Fürsten gewählt. Er läßt Achaz Barcsay ermorden und sucht eine Annäherung an Österreich; daraufhin erheben die Türken Michael Apáfi zum Fürsten – Kemény fällt 1662 im Kampf um den Thron.

Nach 1661. In Wien wird das Palais Starhemberg neu errichtet.

1662. Die Westfassade der Kirche Am Hof in Wien wird errichtet – eine Sonderform des Frühbarocks.

Herbst 1662. Johann Ulrich Megerle (später Abraham a Sancta Clara genannt) tritt in den Augustiner-Barfüßerorden ein und beginnt sein Noviziat im Kloster Mariabrunn.

1663. Thomas Prünner beginnt den Neubau von Stift Reichersberg (Oberösterreich; 1664 vollendet).

Nach Plänen von Carlo Martino Carlone beginnt der Neu- und Umbau von Schloß Esterházy in Eisenstadt (1672 fertiggestellt).→

20. 1. 1663. Kaiser Leopold I. eröffnet den Reichstag zu Regensburg. Da er ohne Beschluß auseinandergeht, wird er als »Immerwährender Reichstag« zur ständigen Einrichtung (in der Folge zu einem permanent tagenden Gesandtenkongreß herabgemindert, besteht er bis 1806).

Sommer 1663. Ein osmanisches Heer (100 000 Mann) unter Großwesir Ahmed Köprili zieht gegen Ungarn und Mähren.

27. 9. 1663. Die Türken erobern die Festung Neuhäusel und in der Folge ganz Oberungarn.

19. 10. 1663. Der Kaiser erhebt mit Patent den hl. Leopold (Babenberger Markgraf 1095–1136) zum Landespatron der Länder ober und unter der Enns.

21. 1. 1664. Miklós Graf Zrinyi, der Banus von Kroatien, beginnt einen eigenmächtigen Feldzug gegen die Türken.

Februar 1664. Der Reichstag beschließt die Aufstellung eines Heeres gegen die Türken.

14. 5. 1664. Großwesir Köprili überschreitet mit 40 000 bis 70 000 Mann und 100 Kanonen die wiedererrichtete Draubrücke. Der Feldzug der Türken gegen Österreich beginnt.

5. 6. 1664. Feldmarschall-Leutnant Raimund Graf Montecuccoli wird Oberbefehlshaber des kaiserlichen Heeres in Ungarn.

19. 7. 1664. Feldzeugmeister Ludwig Graf de Souches besiegt bei Szent Benedek in Ungarn mit 12 000 Mann ein doppelt so starkes Aufgebot der Türken.

1. 8. 1664. In der Schlacht bei St. Gotthard an der Raab (genauer: bei Mogersdorf) wird das osmanische Heer entscheidend besiegt; der Vormarsch der Türken nach Westen ist damit beendet.→

1665. Der Bau des Ursulinerinnenklosters in Wien beginnt (1675 vollendet).

25. 6. 1665. Durch den Tod von Erzherzog Sigmund Franz von Tirol erlischt die letzte regierende Seitenlinie der österreichischen Habsburger – die habsburgischen Erblande sind endgültig wieder vereint.

1666. Der Prunksaal von Schloß Eggenberg bei Graz wird ausgestaltet (die Malereien stammen von Hans Adam Weißenkirchner, 1683 fertiggestellt).

12. 12. 1666. In Wien findet die Hochzeit Kaiser Leopolds I. mit der 15jährigen Infantin von Spanien, Margarete Theresia, statt.→

Um 1667. Im Schloß Herberstein (Steiermark) wird ein Arkadenhof (der Florentinerhof) errichtet.

24. 1. 1667. In der Wiener Hofburg wird das »Rosseballett« aufgeführt (→ 12. 12. 1666).

23. 1. 1668. In der Wiener Hofburg bricht ein Großbrand aus.→

13./14. 7. 1668. Die Barockoper »Il pomo d'oro« wird in Wien aufgeführt.→

15. 8. 1668. Der Rheinbund löst sich auf (→ 15. 8. 1658).

1669. Pietro Francesco Carlone beginnt mit dem Bau der Jesuitenkirche in Linz (1678 fertiggestellt).

1670. Carlo Carlone beendet den 1651 begonnenen Bau der Servitenkirche in Wien.

1670. Der Neubau von Schloß Trautenfels (Steiermark) beginnt (1672 fertiggestellt).

Andreas Thamasch beginnt mit der Errichtung einer Gruftanlage in der Stiftskirche Stams (Tirol; 1681 vollendet).

14. 2. 1670. Kaiser Leopold I. erläßt einen Befehl gegen die Juden (→ 23. 1. 1668).

18. 8. 1670. Der Kaiser legt den Grundstein für die Kirche zum hl. Leopold in Wien (→ 23. 1. 1668).

GESTORBEN:

20. 11. 1662. Wien: Leopold Wilhelm von Habsburg (* 16. 1. 1614), Erzherzog von Österreich, Bischof und Hochmeister des Deutschen Ordens (→ 1651–1660).

25. 6. 1665. Innsbruck: Sigmund Franz von Habsburg (* 27. 11. 1630), Erzherzog von Tirol.

1. 6. 1668. Wien: Guidobald Graf von Thun und Hohenstein (* 16. 12. 1616), Fürsterzbischof von Salzburg und Kardinal.

GEBOREN:

1663. Venedig: Giovanni Giuliani († 1744), Bildhauer.

18. 10. 1663. Paris: Eugen von Savoyen († 21. 4. 1736), Feldherr.

14. 11. 1668. Genua: Johann Lukas von Hildebrandt († 16. 11. 1745), Baumeister.

4. 9. 1669. Linz: Johann Michael Prunner († 26. 4. 1739), Baumeister.

19. 10. 1669. Wien: Wierich Graf Daun, Fürst von Thiano († 30. 7. 1741), Feldmarschall.

Sieg über die Türken in der Schlacht bei St. Gotthard an der Raab/bei Mogersdorf (zeitgenössischer Kupferstich von Sébastien Le Clerc)

Vormarsch gestoppt

1. August 1664. In der Schlacht bei St. Gotthard an der Raab (genauer: beim 3 km westlich gelegenen Mogersdorf im Burgenland) erleidet das osmanische Heer unter Großwesir Ahmed Köprili eine vernichtende Niederlage, die den weiteren Vormarsch nach Westen verhindert.

Unter dem Oberbefehl von Raimund Graf Montecuccoli kämpfen Reichstruppen unter Generalfeldmarschall Leopold Wilhelm Markgraf von Baden und französische Einheiten gemeinsam mit dem kaiserlichen Heer, alles in allem eine Streitmacht von etwa 25 000 Mann, der mehr als 120 000 Türken gegenüberstehen. Dennoch gelingt der Koalitionsarmee ein vernichtender Sieg gegen Köprilis Truppen.

Der Sieg der Koalitionstruppen führt unmittelbar – am 10. August – zum Abschluß des Friedens von Vasvár (Eisenburg): Trotz des militärischen Erfolgs überläßt Kaiser Leopold I. den Türken Neuhäusel und Großwardein, zudem wird der von Istanbul protegierte Michael Apáfi als Fürst von Siebenbürgen anerkannt. Der für den Kaiser wenig vorteilhafte Vertrag wird auf 20 Jahre geschlossen (er verliert mit dem Zug zur zweiten Türkenbelagerung Wiens 1683 seine Gültigkeit).

Das Schloß des Fürsten Esterházy

1663. *Für Fürst Paul Esterházy wird in Eisenstadt mit dem Neu- und Umbau des Schlosses begonnen (1673 fertiggestellt). Die Pläne stammen von Carlo Martino Carlone; auffällig ist besonders die eindrucksvolle Fassade mit den Büsten von 18 ungarischen Heerführern im Mezzanin.*

Leopolds prunkvolle Hochzeit

12. Dezember 1666. In Wien finden die »allerhöchst feyerlichen Festivitäten« zur Hochzeit des 26jährigen Kaisers Leopold I. mit seiner 15jährigen Nichte, der spanischen Infantin Margarete Theresia, statt.

Die Reise der Braut von Genua nach Wien dauerte mehr als drei Monate, da immer wieder Unterbrechungen für kostspielige Tafeln und Unterhaltungen eingelegt wurden. Der Einzug in Wien am 5. Dezember erfolgte in 32 Gruppen und dauerte drei Stunden. Die Braut fuhr in einer offenen Staatskarosse, »einem ganz güldenen Wagen«, der allein 100 000 Taler gekostet hatte. An den folgenden Tagen trägt Margarete Theresia Kleider von erlesener Kostbarkeit – »dritten Tags ein Kleid von lauter Gold, dessen jeder Knopf von neun Diamanten versetzt« ist.

Höhepunkt der Hochzeitsfeierlichkeiten soll die Aufführung der italienischen Oper »Il pomo d'oro« sein, doch die aufwendige Theaterinszenierung wird nicht rechtzeitig fertig (→ 13./14. 7. 1668). Am 24. Jänner 1667 kann allerdings das ebenfalls lange vorbereitete »Rosseballett« im inneren Burghof aufgeführt werden. Dieses »Freudenfest zu Pferd« dauert vier Stunden. Dekorativer Aufwand und Bühnentechnik sind ebenso beeindruckend wie die Mitwirkung von 1000 Personen, unter ihnen der kostbar gekleidete Kaiser.

Die Infantin Margarete Theresia im blauen Kleid – der spanische Hof schickte das Gemälde der achtjährigen Braut zur Vorbereitung der Verlobung nach Wien (Diego Velázquez; Kunsthistorisches Museum Wien)

Ein gewaltiges barockes Theaterspektakel in Wien

13./14. Juli 1668. In Wien wird das Hauptwerk des italienischen Komponisten Marc Antonio Cesti, die Barockoper »Il pomo d'oro« (Das Urteil des Paris), aufgeführt. Wegen des Umfanges muß die Oper auf zwei Nachmittage verteilt dargeboten werden. Mehr als 1000 Sänger, Schauspieler, Tänzer, Musiker und Bühnentechniker sind mit der Aufführung befaßt.

Das großartige Spektakel ist als Geburtstagsgeschenk für Kaiserin Margarete Theresia von Spanien, die Gattin Kaiser Leopolds I., gedacht, muß aber doch als ein nachgeholter Teil der Hochzeitsfeierlichkeiten vom → 12. Dezember 1666 angesehen werden. Obgleich die Oper auch ein klassisches Thema zum Inhalt hat, ist sie doch als pompöse Huldigung auf die junge Regentin gedacht.

Kaiser Leopold I. als Schauspieler (Gemälde; Schloß Ambras)

Voraussetzung für die als Gesamtkunstwerk verstandene barocke Operninszenierung war ein geeignetes Theater, das erst errichtet werden mußte. Das schließlich »auf der Cortina« genannte Opernhaus wurde zwischen Josefsplatz und Burggarten errichtet; der Holzbau ist 75 m lang, 27 m breit und 15 m hoch und verfügt über eine 7 m tiefe Unterbühne. Der Bühnenausschnitt ist 12 m breit und 9 m hoch, das Theater bietet 5000 Zuschauern Platz. Die technische Einrichtung ist nahezu vollkommen, sodaß in kürzester Zeit die erforderlichen Verwandlungen des Bühnenbildes ausgeführt werden können.

Großbrand in der Wiener Hofburg

23. Februar 1668. Um zwei Uhr früh bricht im neuen Trakt der Wiener Hofburg zwischen Schweizerhof und Amalienburg (1660–1666 errichtet) ein Brand aus. Kaiser Leopold I. und seine Familie sowie die wertvollsten Geräte können gerade noch gerettet werden.

Der Brand hält bis gegen Mittag des folgenden Tages an und vernichtet das ganze Gebäude. (Der Neubau dieses Teiles, den man den Leopoldinischen Trakt nennt, erfolgt nach Plänen Giovanni Pietro Tencalas, in den Jahren bis 1680, Bauführer ist Domenico Carlone.)

Nach dem Brand des Hofburgtraktes wird die Schuld an mancherlei Unglück den Juden zugeschrieben. Am 14. Februar 1670 erläßt Kaiser Leopold I. einen Befehl, wonach alle Juden Wiens bis zum Fronleichnamstag die Stadt zu verlassen haben – eine Ausnahme bildet der Judenrichter Marcus Schlesinger, der sich besondere Verdienste erworben hat. Bereits am 30. Juni 1669 hat der Kaiser alle Juden ohne »Haus- und Kaufschatz« ausweisen lassen.

Am 24. Juli 1670 übergibt Leopold dem Rat der Stadt Wien die ehemalige Judenstadt und das »Untere Werd«, dem er kurz zuvor den Namen »Leopoldstadt« verliehen hat. Am 18. August legt der Kaiser persönlich den Grundstein für die Errichtung der Kirche zum hl. Leopold, die an der Stelle der abgerissenen Neuen jüdischen Synagoge errichtet wird.

Pfarrkirche zum hl. Leopold (Vedute von Salomon Kleiner, 1733)

1671

1671–1680

1671. Giovanni Antonio Dario beginnt mit dem Neubau der Wallfahrtskirche Maria Plain bei Salzburg (1674 vollendet).

Anfang 1671. In Ungarn, Kroatien und der Steiermark kommt es zu Aufständen gegen zentralistische und gegenreformatorische Maßnahmen Kaiser Leopolds I.

April 1671. Verrat eines angeblichen Mordanschlags auf den Kaiser: Die Verschwörer, Franz Graf Nádasdy, Franz Frangipani (Markgraf des Küstenlandes), Peter Graf Zrinyi (Banus von Kroatien) und Erasmus Graf Tattenbach (Statthalter der Steiermark) werden verhaftet.

30. 4. 1671. Nádasdy, Frangipani und Zrinyi werden in Wien bzw. Wiener Neustadt enthauptet. Die Hinrichtung des Grafen Tattenbach erfolgt am 1. Dezember in Graz. →

24. 7. 1671. In der Wiener Leopoldstadt wird auf Veranlassung des Kaisers ein Zuchthaus errichtet. →

1. 11. 1671. Ein Geheimvertrag zwischen dem Kaiser und König Ludwig XIV. von Frankreich verpflichtet Österreich zur Neutralität im französisch-niederländischen Krieg.

1672. Französische, kurkölnische und münstersche Truppen fallen in den Niederlanden ein.

23. 6. 1672. Kaiser Leopold I. schließt einen Allianzvertrag mit Kurfürst Friedrich Wilhelm von Brandenburg (der die Niederländer unterstützt), da Frankreich die vereinbarte Achtung der Reichsinteressen verletzt hat (→ 5. 2. 1679).

1673. Domenico Sciassia leitet den barocken Umbau der Stadtpfarrkirche von Judenburg (Steiermark).

Domenico Carlone und Carlo Canevale vollenden den 1660 begonnenen Bau von Schloß Petronell (Niederösterreich).

Herbst 1673. Der kaiserliche Feldmarschall-Leutnant Raimund Graf Montecuccoli führt ein 36 000 Mann starkes Heer gegen Frankreich und drängt den Gegner auf das linke Rheinufer zurück.

1674. Der 65jährige Graf Montecuccoli zieht sich aus dem aktiven Militärdienst zurück. Uneinige Kriegsführung der kaiserlichen Partei verhilft den Franzosen daraufhin zu Erfolgen.

1675. Meinrad Guggenbichler gestaltet den Hochaltar der Pfarrkirche von Straßwalchen (Salzburg).

1675/76. Für die Pfarrkirche St. Wolfgang am Wolfgangsee schafft Thomas Schwanthaler einen barokken Doppelaltar.

1677. Pietro Carlone beginnt mit dem Neubau der Stiftskirche Garsten (Oberösterreich), 1693 von seinen Söhnen Carlo Antonio und Giovanni Battista fertiggestellt.

26. 4. 1677. Kaiser Leopold I. gründet die Universität Innsbruck (der Lehrbetrieb wurde bereits 1671 aufgenommen).

28. 4. 1677. Johann Ulrich Megerle (Abraham a Sancta Clara genannt) wird zum Hofprediger ernannt.

16. 11. 1677. Französische Truppen erobern das habsburgische Freiburg im Breisgau.

1679. In Österreich breitet sich eine Pestepidemie aus. →

Meinrad Guggenbichler beginnt mit der Arbeit am Hl.-Geist-Altar der Stiftskirche Mondsee (Oberösterreich; 1681 fertiggestellt).

5. 2. 1679. Zwischen dem Reich, Frankreich und Schweden wird der Friede von Nimwegen geschlossen. Der bisherige Besitzstand wird festgeschrieben.

1680. Die Pestbußpredigt »Mercks Wien« des Abraham a Sancta Clara erscheint gedruckt.

Pietro Francesco und Carlo Antonio Carlone beginnen den Neubau der Stiftskirche von Schlierbach (Oberösterreich; 1695 vollendet).

Auf Veranlassung von Fürsterzbischof Max Gandolf von Kuenburg wird auf der Festung Hohensalzburg mit der Errichtung einer Feuerbastei begonnen (1681 fertiggestellt).

GESTORBEN:

1672. Riegersburg (Steiermark): Katharina Elisabeth Freifrau von Galler (* ?), die »schlimme Liesl«. →

2. 3. 1672. Innsbruck: Christoph Gumpp (* 28. 5. 1600), Hofbaumeister.

6. 3. 1674. Rom: Johann Paul Schor (* 27. 6. 1615), Barockmaler (seit 1650 in Rom, daher auch Giovanni Paolo Tedesco genannt).

30. 9. 1680. Sárospatak (Ungarn): Johannes Grueber (* 28. 10. 1623), Jesuit und Missionar. →

16. 10. 1680. Linz: Raimund Fürst Montecuccoli (* 21. 2. 1609), kaiserlicher Feldmarschall. →

GEBOREN:

9. 2. 1676. Udine: Johann Jakob von Marinoni († 10. 1. 1755), Hofmathematiker und Astronom.

14. 2. 1675. Wilten (Innsbruck): Johann Cyriak Hackhofer († 9. 5. 1731), Barockmaler.

27. 3. 1676. Borsi: Franz II. Rákóczi († 8. 4. 1735), Fürst von Siebenbürgen.

10. 9. 1676. Graz: Josef Anton Stranitzky († 19. 5. 1726), Schauspieler.

1677. Wien: Anton Ospel († 3. 4. 1756), frühklassizistischer Architekt.

30. 5. 1677. Wien: Sigismund Graf Kollonitz († 12. 4. 1751), erster Erzbischof Wiens und Kardinal.

26. 7. 1678. Wien: Joseph I. von Habsburg († 17. 4. 1711), König und Kaiser.

Um 1679. Claudius Innozenz Du Paquier († 28. 12. 1751), Hofkriegsagent und Porzellanfabrikant.

5. 3. 1680. Schnann (Tirol): Josef Munggenast († 3. 5. 1741), Baumeister.

Titelblatt des Zuchthausprivilegs

24. Juli 1671. *Kaiser Leopold I. erläßt ein »Privileg zur Errichtung eines Zuchthauses« in Wien. Der Gebäudekomplex wird durch die Zusammenlegung von drei Judenhäusern in der Leopoldstadt geschaffen. In dem mit Werkstätten ausgerüsteten Zuchthaus sollen Bettler, unbotmäßige Dienstleute, arbeitsscheue Handwerksburschen, Prostituierte und Kupplerinnen zur Arbeit angehalten werden.*

Ein barocker Neubau in Wilten

1665 beendete Christoph Gumpp d. J. den 1651 begonnenen Neubau der Stiftskirche Wilten (Innsbruck); Paul Huber gestaltete den barokken Hochaltar mit tiefenillusionistischer Säulenarchitektur. Das Altarbild »Maria als Rosenkranzkönigin« stammt von Egid Schor (1671). Die weiße Stuckierung des Langhauses erfolgt erst Anfang des 18. Jh.

Das Pestlazarett am Alsergrund, das zur Isolierung und Behandlung der Kranken dient (Votivbild eines unbekannten Künstlers, 1680)

Ein Jahr der Pest in Österreich

Am Graben in Wien wird eine hölzerne Pestsäule errichtet; bereits 1687 beginnen allerdings mehrere Bildhauer mit den Arbeiten an einer neuen Säule, die nach Plänen Johann Bernhard Fischer von Erlachs und Ludovico Ottavio Burnacinis errichtet wird. Die Hauptgruppe gestaltet Paul Strudel (Fertigstellung 1693).

1679. In Österreich breitet sich eine Pestepidemie aus, die bereits Ende Jänner in Wien 410 Opfer gefordert hat. Bedingt durch die große Bevölkerungsdichte der Stadt hat Wien auch in der Folge die meisten Pesttoten zu beklagen, bis November insgesamt 49 486.

Die Seuche verbreitet sich im Frühjahr, erreicht im Juli mit mehr als 7500 Toten ihren Höhepunkt und klingt erst im November allmählich wieder ab. Hinzu kommen noch einmal rund 30 000 Pestopfer in den Wiener Vorstädten. Die zeitgenössischen Angaben sind allerdings stark übertrieben, vereinzelt wird sogar von 140 000 Toten gesprochen; tatsächlich wird die Zahl der Opfer allerdings erheblich niedriger anzusetzen sein.

In Hartberg (Oststeiermark) wird die Seuche Anfang September durch Wolle aus dem Osmanischen Reich eingeschleppt. Trotz zahlreicher Vorsichtsmaßnahmen erfaßt die Pest die ganze Stadt sowie die Umgebung und klingt erst Anfang 1680 wieder ab. Aus Niederösterreich wird berichtet, daß in Herzogenburg 1000 Menschen der Pest zum Opfer fallen, in Retz 2223, in Pöchlarn 98 und in dem kleinen Ort Rossatzbach 19. Das Jahr 1680 bringt abermals Pestfälle, vor allem in Niederösterreich. So sterben z. B. in Gmünd von Juli bis Weihnachten 239 Menschen.

Die »schlimme Liesl«

1672. Auf der Riegersburg in der Steiermark stirbt die etwa 65jährige Katharina Elisabeth Freifrau von Galler, eine geborene Wechsler aus Radkersburg, die wegen ihrer zahlreichen Prozesse und vielfältigen Streitigkeiten, vor allem mit der Geistlichkeit, auch die »schlimme Liesl« genannt wurde.

Seit 1648 war sie Herrin auf der Riegersburg, die sie von ihrem Onkel geerbt hatte. Die Gallerin stammte aus einem alten Radkersburger Geschlecht. Sie heiratete dreimal: 1630 Hans Wilhelm Freiherrn von Galler, den Hofkriegsratspräsidenten in Graz; aus dieser Ehe stammt ihr einziges Kind, Regina (seit 1659 mit Johann Ernst Freiherr von Purgstall vermählt, der den Ausbau der Riegersburg zu Ende führte).

Der zweite Mann der Gallerin, der Obrist Detloff Freiherr von Kapell, fiel in der Schlacht bei St. Gotthard (Mogersdorf) 1664, von ihrem dritten Gemahl, Rittmeister Hans Rudolf Freiherr von Stadl, ließ sie sich 1669 scheiden.

Des Kaisers General

16. Oktober 1680. In Linz stirbt im Alter von 71 Jahren Raimund Fürst Montecuccoli, kaiserlicher Feldmarschall und Bezwinger der Türken in der Schlacht bei St. Gotthard (Mogersdorf; → 1. 8. 1664).

Der Offizier wurde 1609 auf Schloß Montecuccoli bei Modena geboren und trat mit 16 Jahren in österreichische Dienste. Er bewährte sich im Dreißigjährigen Krieg, kämpfte erfolgreich gegen die Schweden im schwedisch-polnischen Krieg und verhinderte durch seinen Sieg über die Türken den weiteren Vormarsch des osmanischen Heeres nach Westen.

1674 zog sich Montecuccoli aus dem aktiven Militärdienst zurück; 1678 wurde er zum Fürsten erhoben. Montecuccoli war der Schöpfer des ersten stehenden Heeres in Österreich und bekleidete das Amt des Präsidenten des Hofkriegsrates. Zudem galt er als fähiger Diplomat und bedeutender Militärhistoriker. Von ihm stammt die Feststellung: »Zum Kriegführen braucht man drei Dinge: Geld, Geld und nochmal Geld!«

Der kaiserliche Feldmarschall Raimund Fürst Montecuccoli (Gemälde, nach Elias Grießler)

Missionar aus Linz

30. September 1680. Als Feldkurat der österreichischen Armee stirbt 56jährig der Jesuitenpater Johannes Grueber. Der Mathematiker und Missionar zeichnete die ersten Abbildungen der »verbotenen Stadt« Lhasa in Tibet.

Der aus Linz stammende Grueber war 1659 bis 1661 am chinesischen Kaiserhof tätig und befaßte sich vor allem mit Sternberechnungen und geographischen Ortsbestimmungen. Auf seiner Rückreise benutzte er als erster Europäer den Landweg, durchquerte Tibet, hielt sich in Lhasa, der »verbotenen Stadt«, auf, überschritt den Himalaja und blieb einige Zeit in Katmandu (Nepal). Seine Reisebeschreibungen haben großen wissenschaftlichen Wert; von Grueber stammen die ersten Berichte aus Tibet und Handzeichnungen des Potala in Lhasa; für mehr als 200 Jahre die einzigen in Europa zugänglichen Ansichten der Stadt überhaupt.

Die Festung Hohensalzburg von Osten (Stich; Franz A. Danreiter, 1730)

Die Festung Hohensalzburg von Westen (Franz A. Danreiter, 1730)

Erzbischof Wolf Dietrich von Raitenau, 1612–1617 Gefangener auf der Hohensalzburg (um 1615)

Die Festung Hohensalzburg

1680/81. Mit der Errichtung einer mächtigen Feuerbastei (auch Kuenberg-Bastei genannt) wird der Ausbau der Festung Hohensalzburg unter Fürsterzbischof Max Gandolf von Kuenburg abgeschlossen.

Seit 1465 hat die 1077 erstmals erwähnte Burg eine Folge von Umbauten und Erweiterungen erlebt, deren Höhepunkt um 1500 unter Erzbischof Leonhard von Keutschach erreicht wurde. Die kleine Festungsanlage des Mittelalters wandelte sich zur mächtigen Burg mit einer doppelten Umfassungsmauer und stark befestigten Türmen. Auch innen wurde die Hohensalzburg eindrucksvoll ausgestaltet: Die prachtvollen Fürstenzimmer und die Goldene Stube sind Zeugnis dieser Bauphase. Ein 1502 errichteter »Reißzug« erleichterte den Transport von Proviant und Baumaterial.

Im Zuge der Befestigung Salzburgs während des Dreißigjährigen Krieges ließen die Fürsterzbischöfe Markus Sitticus Graf Hohenems (1612–1619) und Paris Graf Lodron (1619–1653) etliche Ergänzungsbauten errichten, die westlichen Vorwerke anlegen und die Dächer aller Gebäude abflachen. Die Hohensalzburg wurde somit zur modernen Festung umgestaltet, die zahlreichen Flüchtlingen Schutz bot. In Anlehnung an den römischen Namen Salzburgs (Iuvavum, abgeleitet von »iuvare« = helfen) erhielt die Feste im Volksmund den Beinamen »Helfenburg«.

Der Friedhof der Erzabtei St. Peter in Salzburg (Lithographie von Leopold Rottmann nach einer Zeichnung von Georg Petzold, um 1860)

Ansicht der Stadt Salzburg mit der Festung im Hintergrund (Ausschnitt aus einer Stadtansicht von 1553; Erzabtei St. Peter zu Salzburg)

1681

1681–1690

23. 5. 1681. In Ödenburg wird der allgemeine ungarische Reichstag eröffnet: Die kaiserliche Regierung nimmt bei den Verhandlungen fast alle zentralistischen und gegenreformatorischen Maßnahmen zurück.

9. 11. 1681. »Versöhnung Ungarns«: Kaiser Leopold I. stellt die alte ungarische Verfassung wieder her und gewährt Religionsfreiheit sowie Selbständigkeit der Hofkammer in Preßburg (→ 30. 4. 1671).

1682. Meinrad Guggenbichler errichtet den Corpus-Christi-Altar der Stiftskirche Mondsee (Oberösterreich; bis 1684) und den Hochaltar von Irrsdorf (Salzburg; bis 1685).

1683. Die Schäferkomödie »Der Thörichte Schäffer« mit der Musik von Kaiser Leopold I. wird in Wien uraufgeführt.

Der barocke Umbau der Wallfahrtskirche Mariazell (Steiermark) durch Domenico Sciassia wird nach fast 40jähriger Bauzeit beendet.

1. 5. 1683. Sultan Mehmed IV. übergibt dem Großwesir Kara Mustafa in Belgrad den Oberbefehl über das Richtung Wien ziehende osmanische Heer.

15. 7. 1683. Die zweite Türkenbelagerung Wiens beginnt. →

12. 9. 1683. Entsatzschlacht von Wien: Die Türken werden in die Flucht geschlagen. →

1684. »Österreich über alles, wann es nur will«, das grundlegende Werk über den österreichischen Merkantilismus von Philipp Wilhelm von Hörnigk, erscheint.

27. 6. 1684. Schlacht bei Waitzen: Kaiserliche Truppen unter Herzog Karl V. von Lothringen besiegen das Heer des Paschas von Türkisch-Ungarn. Am 30. Juni wird Pest erobert.

1. 8. 1684. »Deferegger Exulanten«: Die im Defereggen-Tal (Osttirol) ansässigen Protestanten werden ausgewiesen. →

15. 8. 1684. »Regensburger Stillstand«: Kaiser und Reich schließen einen Waffenstillstand mit König Ludwig XIV. von Frankreich. →

1685. In Wien wird Am Hofe eine Feuerwehrzentrale eingerichtet – die erste Berufsfeuerwehr Europas.

Johann Kaspar Zugalli beginnt in Salzburg mit dem Bau der Kajetanerkirche (1700 fertiggestellt) und der Erhardkirche (1689 vollendet).

Das Heldenepos »Adlerskraft oder Europäischer Heldenkern« über die Belagerung Wiens von Johann Konstantin Feige (Feigius) erscheint.

17. 1. 1685. Geburtsstunde des Wiener Kaffeehauses: Der Armenier Johannes Diodato erhält für Kundschafterdienste das Privileg, »solches orientalisches Getränkh auf 20 jahr allein zu verkaufen.« →

22. 3. 1686. Kaiser Leopold I. schließt mit Kurfürst Friedrich Wilhelm von Brandenburg ein Bündnis gegen Frankreich.

28. 6. 1686. Mit dem »Hallerschen Diplom« wird Siebenbürgen dem Hause Habsburg angeschlossen. →

2. 9. 1686. Kaiserliche Truppen erobern Ofen von den Türken zurück.

1687. Wien erhält die erste Straßenbeleuchtung. →

Am Graben in Wien wird die Pestsäule errichtet (→ 1679).

12. 8. 1687. Der Sieg über die Türken in der Schlacht von Mohács bedeutet das Ende der osmanischen Herrschaft in Ungarn. →

31. 10. 1687. Der Wiener Stephansturm erhält eine neue Bekrönung: Einen kupfernen Doppeladler.

9. 12. 1687. Der erst neunjährige Erzherzog Joseph wird in Preßburg zum König von Ungarn gekrönt (→ 12. 8. 1687).

6. 9. 1688. Belgrad wird erobert: Erstmals ist die Stadt in kaiserlicher Hand. →

15. 2. 1689. Der Regensburger Reichstag beschließt den Reichskrieg mit Frankreich. →

24. 9. 1689. Ludwig Wilhelm Markgraf von Baden besiegt die Türken in der Schlacht bei Nisch.

22. 12. 1689. Ein schweres Erdbeben erschüttert nach zwei Uhr morgens Innsbruck und verursacht große Gebäudeschäden.

Um 1690. Nach den Plänen Johann Bernhard Fischer von Erlachs entsteht der Mirabellgarten in Salzburg.

24. 1. 1690: Erzherzog Joseph wird auf dem Kurfürstentag von Augsburg zum römischen König gewählt.

Sommer 1690. Der von den Türken eingesetzte Emmerich Graf Tököly wird vom Landtag als Fürst von Siebenbürgen anerkannt.

GESTORBEN:

6. 8. 1683. Brünn: Ludwig Graf de Souches (* 1609), kaiserlicher Feldmarschall.

9. 9. 1683: Wien: Andreas von Liebenberg (* 1627), Bürgermeister von Wien. →

Oktober/November 1683. Absam: Jakob Stainer (* vor 1617), Geigenbauer.

10. 4. 1690. Michael Apáfi (* 1632), Fürst von Siebenbürgen.

18. 4. 1690. Wels: Karl V. Leopold, Herzog von Lothringen (* 5. 4. 1643), Feldmarschall.

GEBOREN:

18. 12. 1681. Bezau (Vorarlberg): Peter Thumb († 4. 3. 1766), Baumeister.

12. 10. 1682. Innsbruck: Georg Anton Gumpp († 19. 12. 1754), Baumeister.

1. 10. 1685. Wien: Karl VI. von Habsburg († 20. 10. 1740), König und Kaiser.

23. 10. 1689. Straßburg: Johann Christoph Freiherr von Bartenstein († 6. 8. 1767), Staatsmann.

Kara Mustafa Pascha (1696; Historisches Museum der Stadt Wien)

Die Türken vor Wien

1683. Im Frühjahr bricht Sultan Mehmed IV. mit einem großen osmanischen Heer von Adrianopel Richtung Nordwesten auf; am 3. Mai übergibt er dem Großwesir Kara Mustafa in Belgrad den Oberbefehl über das 150 000 Mann starke Heer, das mit 300 Kanonen gegen Wien zieht. Die Einnahme der Residenzstadt Kaiser Leopolds I., der als Repräsentant des christlichen Abendlandes verstanden wird, soll die Überlegenheit des islamischen Morgenlandes dokumentieren.

Am 7. Mai hält der Kaiser in der Nähe von Preßburg Heerschau; gemeinsam mit seinem Verbündeten, Kurfürst Max Emanuel von Bayern, überträgt Leopold Herzog Karl V. von Lothringen den Oberbefehl über das kaiserliche Heer: 22 000 Mann Infanterie, 11 000 Kavalleristen und 56 Kanonen. Auf Anraten des päpstlichen Legaten werden die Feldzeichen mit dem Bild der Go[…] tesmutter versehen (die österreic[…] schen Truppen behalten dies[…] Brauch 255 Jahre bei), was den re[…] giösen Charakter des bevorsteh[…] den Feldzugs gegen die »heid[…] schen« Türken unterstreicht.

Am 1. Juli überschreitet Kara Mus[…] fa die Leitha, am Abend des 7. fli[…] der Kaiser, der »nit wolte in W[…] eingespehrt werden«, nach Li[…] Ernst Rüdiger Graf von Starhe[…] berg wird zum Stadtkommandan[…] ernannt, am 8. trifft Herzog Kar[…] mit seiner Kavallerie in Wien […] Am 13. folgen 6000 Mann der reg[…] ren kaiserlichen Infanterie. Zus[…] men mit der Bürgerwehr und an[…] ren Freiwilligen zählen die Verte[…] ger Wiens ungefähr 15 000 Ma[…] Am selben Tag beginnt die Bela[…] rung von Wiener Neustadt, das ü[…] zwei Monate standhält. Die Tür[…] haben bereits Hainburg (Nie[…]

önig Johann III. Sobieski (anonymes Gemälde; Nationalmuseum Krakau)

Kaiser Leopold I. (anonymes Gemälde; Steirisches Landesmuseum Graz)

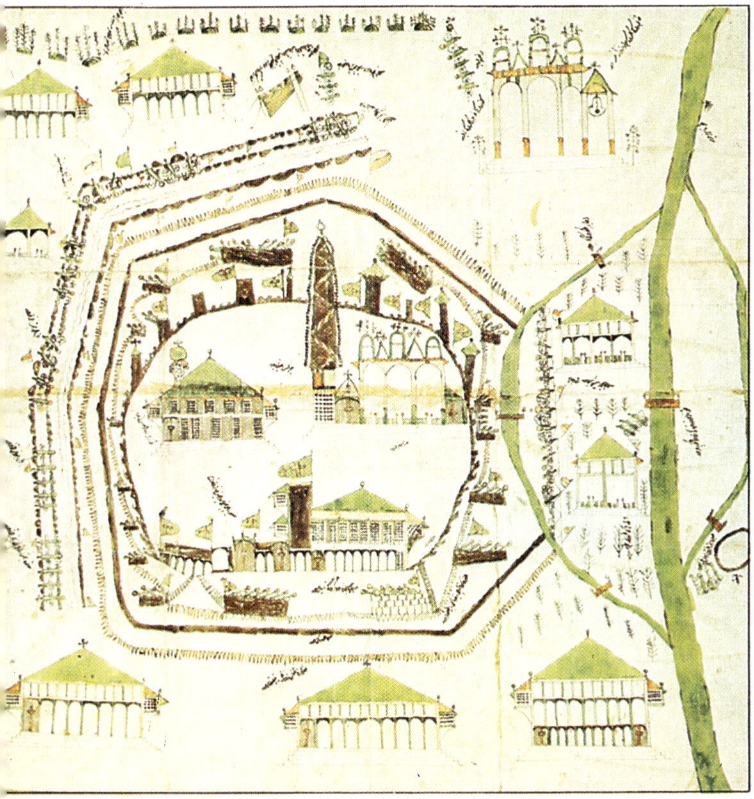

◁ *Türkischer Plan von Wien (Kolorierte Federzeichnung; Historisches Museum Wien)*

österreich) erobert und Schwechat, Pellendorf, Laa sowie Inzersdorf gebrandschatzt. Am 14. Juli erscheint das osmanische Heer vor Wien und beginnt mit der Einschließung der Stadt. Herzog Karl V. zieht mit seinem Reiterheer auf das linke Donauufer und verhindert dadurch, daß Wien gänzlich umzingelt wird. Nachdem die Aufforderung, den islamischen Glauben anzunehmen und sich auf Tribut zu ergeben, abgelehnt worden ist, beginnt am 15. Juli die Kanonade Wiens; am folgenden Tag ist die Stadt in einem Halbkreis von der Donau bei Erdberg bis zur Donau in der Roßau eingeschlossen. Reiterschwärme durchziehen das Land südlich und westlich von Wien, brechen jeglichen Widerstand, plündern und brandschatzen Dörfer, Märkte und Klöster. Osmanische Streifscharen ziehen über das Tullnerfeld entlang der Donau bis nach Oberösterreich. Nur wenige befestigte Pätze vermögen den Ansturm der Türken, die sich in St. Pölten festsetzen, erfolgreich abzuwehren (u. a. die Stifte Lilienfeld, Melk und Klosterneuburg).

Am 2. August zünden die Türken erstmals eine Mine; die fortan regelmäßig erfolgenden Sprengungen verursachen zum Teil schwere Schäden an den Befestigungsmauern der Stadt; der Kampf um Wien ist durch wechselnde Angriffe der Belagerer und Ausfälle der Verteidiger gekennzeichnet. Am 17. August kehrt der am 13. ausgeschickte Kundschafter Georg Franz Koltschitzky mit der Nachricht zurück, daß ein polnisches Entsatzheer im Anmarsch ist. Am 31. übergibt Herzog Karl V. im niederösterreichischen Oberhollabrunn dem vorausgeeilten polnischen König Johann III. Sobieski (seit dem 31. März mit Kaiser Leopold verbündet) das Oberkommando über den Entsatz von Wien.

Sieg vor den Toren Wiens bannt die Türkengef

September 1683. Die Lage der Verteidiger Wiens wird immer bedrohlicher. Am 3. September fällt der heftig umkämpfte Burgravelin in die Hände der Türken. Neben dem Lebensmittel- und Munitionsmangel macht sich die Ruhr in der Stadt immer stärker bemerkbar; 8000 Mann, mehr als die Hälfte der Verteidiger Wiens, sind bereits gefallen, verwundet oder erkrankt, der Angriff auf die Löbelbastei am 4. kann nach stundenlangem Kampf nur mit letztem Einsatz abgewehrt werden. In der Nacht schießen die Verteidiger Raketen ab, um das heranziehende Heer von der schwierigen Lage zu unterrichten. Am 9. September stirbt der Wiener Bürgermeister Andreas von Liebenberg an den Folgen einer Verwundung und an der Ruhr; er hat großes Verdienst an den Verteidigungsvorbereitungen und der Organisation der Bürgerwehr. Am selben Tag erreicht das Entsatzheer den nördlichen Rand des Wienerwaldes und zieht in getrennten Marschsäulen weiter. Gegen sechs Uhr morgens, am 12. September 1683, beginnen die drei Heersäulen ihren Vormarsch über die Abhänge des Kahlenbergs (heute Leopoldsberg).
Den linken Flügel führt Herzog Karl V. von Lothringen, an seiner Seite stehen auch Markgraf Ludwig Wilhelm von Baden (der spätere

Eintragung im Tagebuch des »Zeremonienmeisters des Reiches«, der Großwesir Kara Mustafa begleitet, mit dem Datum 13. Juli 1683:

»... Auf dem heutigen Marsch zum Nachtlager waren zur Rechten und Linken an die zehn eingeäscherte Dörfer und Palanken [befestigte Orte] zu sehen. Ferner führte der Weg an einer kleinen Stadt [Fischamend] vorbei ... Unbeschreibliche Mengen von Brennholz, Bauholz und Brettern sowie von Mühlsteinen und feinem Mehl, all das wurde verbrannt. Und an der gleichen Straße lag ein Garten mit einer hohen Mauer, ein Lustgarten und Ausflugsort des Kaisers [Lustschloß Ebersdorf], wie man seinesgleichen noch nicht gesehen hat ... Es wurde alles in Brand gesteckt, vernichtet und dem Erdboden gleichgemacht.«

Das am selben Tag erreichte »Neugebäude« wird von den Türken verschont, da es angeblich auf dem Platz errichtet worden ist, auf dem während der ersten Türkenbelagerung von 1529 das Prunkzelt Sultan Suleimans II. stand und diesem teilweise nachgebildet sein soll.

ür Europa

Türkenlouis«) und der erst 19jähri-
e Prinz Eugen von Savoyen; die
Aitte bilden die Bayern, Sachsen so-
ie Reichstruppen des fränkischen
nd schwäbischen Kreises, am rech-
en Flügel marschieren die Polen un-
r Johann III. Sobieski. Gegen zwölf
hr kommen der linke Flügel und
n Teil der Mitte zum Stehen; man
uß auf den Polenkönig warten, der
as schwierigere Gelände zu bewäl-
gen hat. Gegen 14 Uhr ist Johann
obieski in Sichtweite der übrigen
eeresteile. Zu einem gewaltigen
ingen entwickelt sich die Schlacht
er die Türkenschanze. Zwischen
5 und 16 Uhr ist der Kampf ent-
hieden, die Türken beginnen zu
ehen. – Johann III. Sobieski betritt
s erster das Zelt Kara Mustafas und
acht mit seinen Soldaten reiche
eute im osmanischen Lager.
m nächsten Tag zeigt sich das Aus-
aß des errungenen Sieges: 10 000
fallene Türken; alle 300 Geschüt-
und 15 000 Zelte, ungezählte Waf-
n und Feldzeichen haben die Bela-
rer bei ihrer Flucht zurückgelas-
n. Die Verbündeten hingegen be-
gen »nur« 2 000 Tote, darunter
rst Stanislaus Potocki und mehre-
polnische Kommandanten. Aller-
ngs sind Hunderte von Sklaven
d Kriegsgefangenen von den Tür-
n vor ihrer Flucht erschlagen wor-
n; 6 000 Männer, 11 000 Frauen,
000 Mädchen und 50 000 Kinder
s Niederösterreich und der Steier-
rk sollen sie als Sklaven mitge-
mmen haben.
ch am 13. September zieht der
nische König in Wien ein, der
rische Kurfürst schließt sich ihm
Erst einen Tag später trifft der
ser auf dem Schlachtfeld ein und
et durch das Stubentor in die
dt, wo im Stephansdom ein
kgottesdienst zelebriert wird.
15. treffen Leopold I. und Jo-
n III. Sobieski bei Schwechat zu-
men – vor der parademäßig auf-
ellten Armee. Der Habsburger
ibelt dem Polen dessen alleini-
Einzug in die kaiserliche Resi-
zstadt, die nach 62 Tagen eines
denlosen Verteidigungskampfes,
ßen Verlusten und starken Ver-
tungen von der Belagerung
h die Türken befreit ist.

r Sturm auf die Löbelbastei« ton Romako [1832–1889]; Hi- isches Museum der Stadt Wien)

»Entsatz von Wien während der zweiten Türkenbelagerung durch Johann III. Sobieski« (Martino Altomonte, 1685)

»Die Entsatzschlacht von Wien 1683« (Detail aus einem zeitgenössischen Gemälde eines anonymen Meisters; Heeresgeschichtliches Museum Wien)

Heeresstärken

Die Angaben über die Stärke der Heere bei der Entsatzschlacht Wiens differieren; das kaiserliche Aufgebot verfügt über rund 75 000 Mann und 150 bis 170 Geschütze; die Türken haben mehr als 30 000 Mann in den Gräben und treten mit etwa 107 000 Mann dem Entsatzheer entgegen. Dieses besteht aus:

▷ Der kaiserlichen Feldarmee unter Herzog Karl V. von Lothringen: Etwa 8 000 Mann zu Fuß, 12 900 Reiter, 70 Geschütze
▷ Sachsen unter Kurfürst Johann Georg III.: 7 000 Mann zu Fuß, 2 000 Reiter, 1 400 Artilleristen, 16 Geschütze
▷ Bayern unter Kurfürst Max Emanuel: 7 500 Mann zu Fuß, 3 000 Reiter, 800 Troßknechte, 26 Geschütze
▷ Reichstruppen des fränkischen und schwäbischen Kreises unter Feldmarschall Georg Friedrich Fürst von Waldeck: 7 000 Mann zu Fuß, 2 500 Reiter, 28 Geschütze
▷ Polen unter König Johann III. Sobieski: 10 200 Mann zu Fuß, 14 000 Reiter, 28 Geschütze.

Ein glanzvoller Sieg bei Mohács

12. August 1687. Ein kaiserliches Heer unter Herzog Karl V. von Lothringen erringt in der Schlacht an der Donaubrücke bei Mohács in Ungarn einen entscheidenden Sieg über die Türken, der zur Rückeroberung ganz Ungarns und zum Ende der osmanischen Herrschaft im Land führt.

Nahe dem Lager der Türken am Berg Hasan treffen die beiden Heere aufeinander: 60 000 Türken stehen rund 50 000 Kaiserlichen gegenüber, die von Herzog Karl V. und Kurfürst Max Emanuel von Bayern zum Sieg geführt werden. Die nach Streitigkeiten unter den Heerführern wieder vereint kämpfende kaiserliche Armee verliert mehr als 5000 Mann, die Türken beklagen etwa 8000 Tote. Neben den beiden kaiserlichen Heerführern zeichnen sich vor allem Markgraf Ludwig Wilhelm I. von Baden (später »Türkenlouis« genannt) und der junge Prinz Eugen von Savoyen aus.

Der am 30. Oktober 1687 in Preßburg eröffnete ungarische Reichstag (er berät bis Jänner 1688) ändert auf Wunsch Kaiser Leopolds I. die Verfassung: Fortan ist die ungarische Krone für den habsburgischen Mannesstamm erblich. Am 9. Dezember wird der erst neunjährige Erzherzog Joseph (I.), der älteste Sohn des Kaisers, in Preßburg zum König von Ungarn gekrönt.

»Es müssen also das ganze Absehen, Kunst und Bemühen darauf gerichtet sein, einen Sieg auf freiem Felde zu erringen, denn ist einmal die Infanterie besiegt und geschlagen, dann ist Jedem . . . einleuchtend, wie schwierig es [den Türken] ist, die Heere wieder aufzurichten« erklärte Feldmarschall Raimund Graf Montecuccoli; (Abb.; Tapisserie aus Nancy, 1709–1718).

Am 6. September 1688 erobern kaiserliche Truppen unter dem Oberbefehl von Kurfürst Max Emanuel von Bayern das seit 1521 von den Türken besetzte Belgrad. Anfang August hat das kaiserliche Belagerungsheer (rund 53 000 Mann) die Stadt eingeschlossen; nach einmonatiger Belagerung fällt die strategisch wichtige Stadt samt Festung nach Eintreffen der schweren Artillerie erstmals in kaiserliche Hand. Prinz Eugen von Savoyen und Ernst Rüdiger Graf von Starhemberg zeichnen sich durch ihren persönlichen Einsatz im Kampf besonders aus, werden allerdings beide verwundet – Prinz Eugen sogar schwer.

Am 8. Oktober 1690 kann das Heer des osmanischen Großwesirs Mustafa Köprili die Stadt jedoch wieder zurückerobern.

Oberhoheit über Siebenbürgen

28. Juni 1686. In Wien wird das so Hallersche Diplom beschlosse nachdem eine Delegation des Fü sten Michael Apáfi von Siebenbü gen mehrere Monate über de Anschluß des Landes an Ungar verhandelt hat. Die Delegation wi von Johannes Haller geführt, dess Namen das nunmehr vereinbar Diplom trägt.

Kaiser Leopold I. macht darin fo gende Zugeständnisse: Sicheru der freien Religionsausübung, B freiung von Winterquartieren u Wahrung der Rechte des Fürst von Siebenbürgen. Am 27. Oktob 1687 anerkennt der Kaiser im V trag von Blasendorf die fürstlic Würde Apafis und seines Sohn worauf die Stände Siebenbürge auf dem Landtag von Hermannsta am 9. Mai 1688 beschließen, si endgültig von der osmanisch Herrschaft loszusagen und sich Le pold I. zu unterstellen.

Am 16. Oktober 1690 erkennt Kaiser im »Diploma prius« die s benbürgische Landesverfassung erläßt allerdings am 4. Dezemb 1691 eine neue Verfassung, »Dip ma Leopoldinum« genannt. Da garantiert der Kaiser abermals vorhandenen Religionsverhältnis Besitz, Würde und Titel sowie Re te und Privilegien der ungarisch Könige für Siebenbürgen.

Das Kaffeehaus wird geboren

17. Jänner 1685. Der Armenier Johannes Diodato erhält für Kundschafterdienste während der Belagerung Wiens durch die Türken das kaiserliche Privileg, »solches orientalisches Getränkh auf 20 jahr allein zu verkauffen«; dies ist die Geburtsstunde des Wiener Kaffeehauses.

Erst einige Jahre später wird die Kaffeesiederei zum bürgerlichen Gewerbe erhoben, das erste bürgerliche Kaffeehaus eröffnet 1697 ebenfalls ein Armenier, Isaak de Luca. In das Reich der Legende gehört hingegen die Geschichte von Georg Franz Koltschitzky, der das erste Wiener Kaffeegewölbe betrieben haben soll.

Eine Legende ins Bild gesetzt: Franz Schams malte »Das erste Kaffeehaus in Wien« mit Georg Franz Koltschitzky im Mittelpunkt (1862)

Wiens Straßen sind beleuchtet

1687. In der Wiener Dorotheerga wird die erste Straßenbeleucht der Stadt eingerichtet; sie best aus 17 Laternen. Die Beleucht soll der Sicherheit der Bürger nen. Weitere Laternen sind gep

Am 5. Juni 1688 erhalten alle gr ren Straßen Wiens eine Beleu tung. Für die erforderlichen Öll pen und die Betriebskosten ha die Hausherrn aufzukommen. eigenes »Beleuchtungskorps« v eingesetzt; ihm wird die Verantv tung für die Einhaltung der Bele tung übertragen.

Auch die kaiserliche Burg er neue Beleuchtungskörper. Bi sind vor allem Fackeln aus Kien in unterschiedlicher Größe verv det worden.

1691

1691–1700

19. 8. 1691. In der Schlacht bei Szlankamen besiegt Markgraf Ludwig Wilhelm I. von Baden (»Türkenlouis«) die Türken entscheidend. →

4. 12. 1691. Kaiser Leopold I. erläßt die neue Verfassung für Siebenbürgen (→ 28. 6. 1686).

1691/92. Meinrad Guggenbichler gestaltet den Hochaltar der Klosterkirche von Michaelbeuren (Salzburg), das Altargemälde stammt von Johann Michael Rottmayr.

1692. Peter Strudel gründet auf seinem Strudelhof in Wien eine private Kunstschule (durch Vereinigung wird daraus 1773 die Akademie der Bildenden Künste).

17. 12. 1692. Erzbischof Johann Ernst verbietet den Salzburger Büchsenmachern die Herstellung von Gewehren für Bauern.

1693. Leopold I. läßt in der Wiener Alservorstadt ein »Großes Armenhaus« errichten, das mehr als 700 Bettler, 600 Militärinvaliden und 150 mittellose Studenten aufnimmt.

In Salzburg wird die Sommerreitschule (Felsenreitschule) erbaut.

Vor 1694. Nach Plänen von Domenico Martinelli wird in Wien das Palais Liechtenstein erbaut (1706 fertiggestellt).

1694. Johann Bernhard Fischer von Erlach wird Hofarchitekt und -ingenieur in Wien. →

März 1694. In Wien wird die siebenbürgische Hofkanzlei errichtet, die vierte nach der österreichischen, böhmischen und ungarischen Kanzlei.

15. 3. 1695. Franz Ludwig Pfalzgraf bei Rhein, Herzog von Neuburg und Hoch- und Deutschmeister des Deutschen Ordens, errichtet die »Teutschmeistertruppe«. →

Sommer 1695. Die Türken verdrängen die schwachen kaiserlichen Truppen aus Serbien.

1696. Melchior Stadl malt das Deckenfresko im Kaisersaal des Stiftes Kremsmünster (Oberösterreich).

März 1696. Michael II. Apáfi verzichtet zugunsten Leopolds I. auf die Fürstenwürde von Siebenbürgen (→ 28. 6. 1686).

2. 6. 1697. Kurfürst Friedrich August (der Starke) von Sachsen nimmt bei den Augustinern in Baden bei Wien den katholischen Glauben an, um zum König von Polen gewählt werden zu können.

11. 9. 1697. Prinz Eugen von Savoyen besiegt die Türken bei Zenta südlich von Szegedin. →

30. 10. 1697. Kaiser und Reich treten dem Frieden von Rijswijk bei. Damit ist der Pfälzische Erbfolgekrieg beendet.

26. 6. 1698. Zar Peter I. (der Große) von Rußland weilt während seiner Europareise gut einen Monat in Wien und führt mehrere geheime Unterredungen mit dem Kaiser.

26. 1. 1699. Der Friede von Karlowitz beendet den Türkenkrieg. →

6. 2. 1699. Der bayrische Kurprinz Joseph Ferdinand stirbt. Er war von König Karl II. von Spanien, dem letzten Regenten der spanischen Habsburger, 1698 zum Universalerben eingesetzt worden; durch seinen Tod ist die spanische Erbfolge erneut ungeklärt.

3. 9. 1699. Die Stände Vorarlbergs beschließen eine neue Landwehrordnung.

1700. Im niederösterreichischen Stift Lilienfeld wird eine Bibliothek erbaut (1704 vollendet).

22. 7. 1700. In Wien kommt es zu Ausschreitungen gegen die Juden. Das Haus des Hofbankiers Samuel Oppenheimer wird geplündert; der Schaden soll rund 100 000 Gulden betragen.

1. 11. 1700. Der Tod des letzten Habsburger Königs von Spanien, Karl II., führt zum Spanischen Erbfolgekrieg (→ 12. 9. 1703).

16. 11. 1700. Kaiser Leopold I. verleiht Kurfürst Friedrich III. von Brandenburg die Königswürde. →

GESTORBEN:

Nach 1691. Wasserburg am Inn: Michael Zürn d. J. (* vor 1626), Bildhauer.

13. 12. 1696. Linz: Georg Matthäus Vischer (* 22. 4. 1628), Geograph und Zeichner. →

6. 8. 1700. Weißenfels (Sachsen): Johann Beer (* 28. 2. 1655), Dichter. →

GEBOREN:

1693. Oberdrauburg (Kärnten): Josef Ferdinand Fromiller († 9. 12. 1760), Freskenmaler.

24. 5. 1693. Eßling bei Wien: Georg »Raphael« Donner († 15. 2. 1741), Bildhauer.

13. 9. 1693. Wien: Joseph Emanuel Fischer von Erlach († 29. 6. 1742), Barockbaumeister.

22. 5. 1694. (Tauftag). Wien: Daniel Gran († 16. 4. 1757), Fresken- und Altarbildmaler.

21. 3. 1695. Telfs: Anton Zoller († 16. 4. 1768), Barockmaler.

24. 6. 1695. Stockholm: Martin van Meytens († 23. 3. 1770), Maler.

9. 9. 1695 (Tauftag). Joseph Thaddäus Stammel († 21. 12. 1765), Bildhauer und -schnitzer.

9. 8. 1696. Prag: Joseph Wenzel Fürst von und zu Liechtenstein († 10. 2. 1772), Feldmarschall.

17. 9. 1696. Lissabon: Emanuel Graf Silva-Tarouca († 8. 3. 1771), Staatsmann.

30. 10. 1698. Welsberg: Paul Troger († 20. 7. 1762), Barockmaler.

22. 7. 1699. Wien: Jakob Christoph Schletterer († 19. 5. 1774), Bildhauer.

8. 10. 1699. Wien: Gottfried Prehauser († 29. 1. 1769), Schauspieler.

17. 10. 1699. Steyr: Gotthard Hayberger († 7. 3. 1764), Baumeister.

7. 5. 1700. Leiden: Gerhard van Swieten († 18. 6. 1772), Arzt.

Sieg des Türkenlouis

19. August 1691. Nach ganztägigem Kampf besiegt das von Markgraf Ludwig Wilhelm I. von Baden (dem »Türkenlouis«) geführte kaiserliche Herr bei Szlankamen an der Theißmündung die Truppen des osmanischen Großwesirs Mustafa Köprili, der in der Schlacht fällt.

Das kaiserliche Heer greift das gut ausgebaute und befestigte Lager der Türken an, obwohl dem »Türkenlouis« nur etwa 34 000 Mann (gegenüber rund 60 000 Türken) zur Verfügung stehen. Trotz dieser zahlenmäßigen Unterlegenheit kann der badische Markgraf die Schlacht für sich entscheiden. Die Verluste der Türken betragen fast 20 000 Mann, die kaiserliche Armee beklagt immerhin rund 8500 Tote; sie ist dadurch derart geschwächt, daß sie auf eine Verfolgung der Türken verzichten muß.

Trotzdem bringt dieser Sieg eine über drei Jahre anhaltende Waffenruhe, da die Türken erst neue Truppen aufstellen und ausrüsten müssen und Kaiser Leopold I. durch den Pfälzischen Erbfolgekrieg (→ 30. 10. 1697) im Westen des Reiches gebunden ist.

Der »Türkenlouis« hat sich bereits 1687 in der Schlacht von Mohács im Kampf gegen die Türken ausgezeichnet (→ 12. 8. 1687) und war 1689 an der Spitze eines bescheidenen kaiserlichen Heeres nach Serbien gezogen. Trotz zahlenmäßiger Unterlegenheit besiegte er die Türken am 30. August bei Batotschina und am 24. September bei Nisch.

Im November mußte der badische Markgraf seine Truppen jedoch aus Südserbien wieder zurückziehen, wo die Türken unter dem neuernannten Großwesir Mustafa Köprili zum Gegenschlag ansetzten und 1690 das besetzte Belgrad zurückeroberten (→ 6. 9. 1688). Bei Szlankamen gelingt dem »Türkenlouis« nun der entscheidende Sieg über das osmanische Heer. Erst im Sommer 1695 führt Sultan Mustafa II. wieder frische Truppen heran und verdrängt die Kaiserlichen in einer neuen Offensive aus Serbien.

Verherrlichende Darstellung des »Türkenlouis«, des kaiserlichen Feldherrn Markgraf Ludwig Wilhelm I. von Baden, Sieger von Szlankamen. Seine Erfolge werden in zahlreichen künstlerischen Darstellungen gefeiert. (Abb.: Deckenfresco in der Winterprälatur des Stiftes Altenburg).

Die »Teutschmeister«

15. März 1695. Franz Ludwig Pfalzgraf bei Rhein, Herzog von Neuburg und Hoch- und Teutschmeister des Deutschen Ordens, errichtet mit Hilfe seines Bruders Johann Wilhelm Kurfürst von Pfalz-Neuburg und auf Kosten des Ordens die »Teutschmeistertruppe«.

Franz Ludwig wird der erste Regimentsinhaber. Die vier noch bestehenden Kompagnien werden zum Grundstock des Regimentes. Am 3. Juni 1695 findet in Donauwörth die erste Musterung statt. (Ab 1788 »Hoch- und Deutschmeister« und Wiener Hausregiment durch die seit 1781 festgelegten Werbebezirke, namentlich die 13 Vorstädte Wiens; ab 1889 k.u.k. Infanterieregiment Hoch- und Deutschmeister Nr. 4.)

Erfolg im Krieg mit den Türken

26. Jänner 1699. 16 Jahre nach dem Entsatz von Wien (→1683) schließen Kaiser Leopold I. und Sultan Mustafa II. den Frieden von Karlowitz (östlich von Peterwardein an der Donau). Das Osmanische Reich muß Ungarn und Siebenbürgen, allerdings ohne das Temesvarer Banat, an Österreich, Teile Dalmatiens und der Herzegowina sowie Morea an Venedig abtreten und auch mit Polen Frieden schließen.

Die Verhandlungen über eine Beendigung des 16jährigen Krieges wurden bald nach dem entscheidenden Sieg des Prinzen Eugen von Savoyen in der Schlacht bei Zenta (→11. September 1697) aufgenommen, wo mehr als 25 000 Türken gefallen sein sollen (die Verluste der kaiserlichen Truppen betrugen nur 429 Tote und 1568 Verletzte).

Angesichts der späten Jahreszeit konnte Prinz Eugen seinen militärischen Sieg strategisch nicht weiter nutzen, da ein Vorrücken auf das von rund 30 000 Türken gehaltene Temesvár aufgrund der unlösbaren Versorgungs- und Transportprobleme unmöglich war.

Der Prinz leitete allerdings die Gespräche zwischen Gesandten des Kaisers und der »Hohen Pforte« in Istanbul ein, die zum Abschluß des Friedens von Karlowitz führen (der Friede soll 25 Jahre gelten, doch kommt es bereits im April 1716 zu einem erneuten Krieg mit den Türken; →21.7.1718).

Prinz Eugens großer Sieg bei Zenta

11. September 1697. *Bei Zenta (südlich von Szegedin) gelingt dem kaiserlichen Heer unter Prinz Eugen von Savoyen ein vernichtender Sieg über die Türken: Mit einem 50 000 Mann starken Heer drängt der Prinz die Türken beim Theißübergang zurück. Nur 2000 Türken sollen das rechte Theißufer erreicht haben, mehr als 25 000 gefallen sein (Abb.: Prinz Eugen von Savoyen, Gemälde von Johann Kupetzky; Heeresgeschichtliches Museum Wien).*

Ein bedeutender Schlösser- und Burgenzeichner

13. Dezember 1696. In Linz stirbt 68jährig der Zeichner und Topograph Georg Matthäus Vischer, der bedeutendste österreichische Geograph des 17. Jahrhunderts.

Der aus Tirol stammende Vischer war Pfarrer in Leonstein (Oberösterreich) und Wien, zuletzt Lehrer in Kremsmünster. Er schuf mehr als 1000 Ansichten von Städten, Schlössern und Burgen, vor allem aus Nieder- und Oberösterreich, der Steiermark, Mähren und Ungarn. Seine Arbeiten sind von großer baugeschichtlicher Bedeutung. Ferner zeichnete Vischer mehrere Kartenwerke. (Abb.: »Cremsmunster«, 1674).

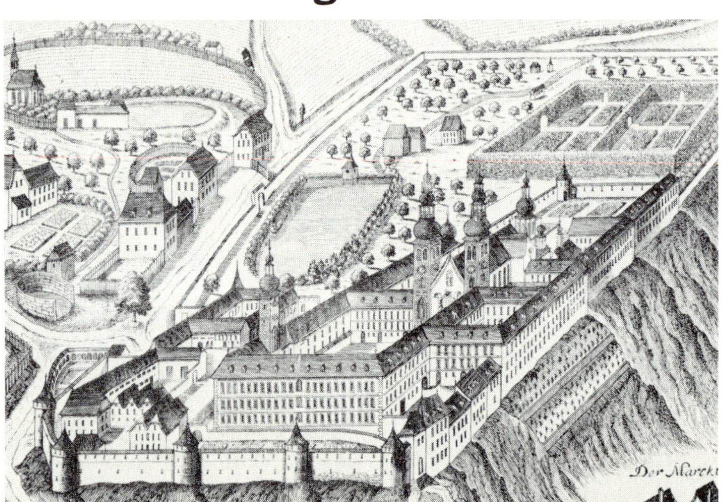

Schicksal eines Oberösterreichers

6. August 1700. Im Alter von 45 Jahren stirbt der Barockdichter und Musiker Johann Beer bei einem Jagdunfall in Weißenfels (Sachsen). Der vielseitig begabte Gastwirtssohn aus dem oberösterreichischen Attergau mußte seine Heimat wegen seines protestantischen Glaubens verlassen und trat in den Dienst des Herzogs von Sachsen-Weißenfels. Als Hofmusikus, Konzertmeister und Bibliothekar verfaßte er zahlreiche Dichtungen, vor allem Ritter- und Schelmenromane. Beers Hauptwerke sind »Der simplizianische Welt-Kucker« (vier Bände 1677–1679), »Das Narrenspital« (1681), »Die teutschen Winter-Nächte« (1682) und deren Fortsetzung »Die kurtzweiligen Sommer-Nächte« (1683); die Kompositionen Beers sind fast vollständig verloren, erhalten sind allerdings einige seiner musiktheoretischen Schriften.

Preußen erhält die Königswürde

16. November 1700. Kaiser Leopold I. und Kurfürst Friedrich III. von Brandenburg schließen in Wien einen Kronvertrag (auch Krontraktat von Wien genannt), durch den Friedrich die Königswürde erhä[lt]. Seit 1690 hat sich Friedrich III. um die Erhebung bemüht, allerdings nicht für sein Kurfürstentum, sondern für das vom Reich unabhängige Preußen. 1697 wurden Verhandlungen aufgenommen, die zum Abschluß des Artikel und sechs Separatartikel u[m]fassenden Kronvertrags führt[en]. Darin verpflichtet sich der König [in] Preußen, dem Kaiser gegen e[ine] jährliche Zahlung von 150 000 G[ulden] den 8000 Mann im spanischen E[rb]folgestreit gegen Frankreich zur V[er]fügung zu stellen, die Erhebu[ng] Hannovers zum Kurfürstentum [zu] billigen und bei kommenden Kais[er]wahlen den Kandidaten Habsbu[rgs] zu unterstützen.

Friedrich I.

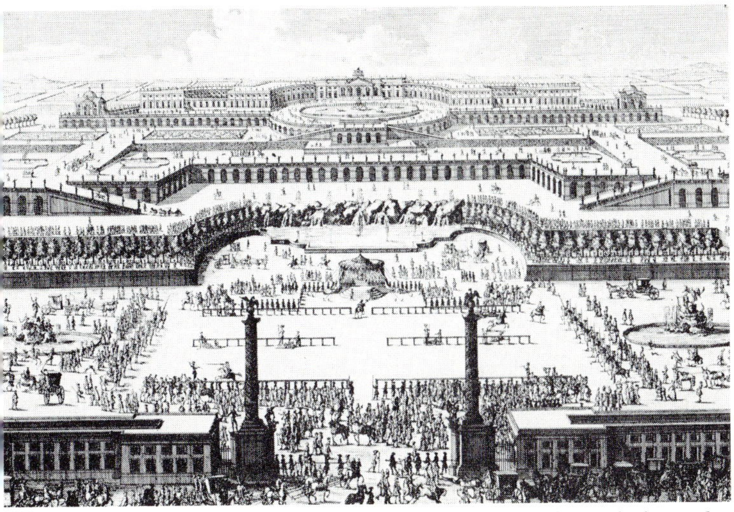

»Erstes Projekt, das der Autor angefertigt hat, um das kaiserliche Jacht-Schloß auf der Höhe von Schönbrunn zu plazieren . . .«; Stich aus dem »Vierten Buch« des 1721 erschienenen Werks »Entwurf einer historischen Architektur« von Johann Bernhard Fischer von Erlach

»Prospect des Neuen Gebäud und Gartens Schönbrunn, so Seine Kaiserl. Majist. JOSEPHUS I., als Römischer König, vor ein Jacht-Haus bauen zu lassen angefangen 1696«; Stich aus dem »Vierten Buch« des »Entwurfs einer historischen Architektur« (1721) von Fischer von Erlach

Hofmarstallschwemme mit der Marmorgruppe »Rossebändiger«

Gartenansicht von Schloß Klesheim, 1700–1709 erbaut

Das Wirken des Johann Bernhard Fischer von Erlach

Der am 20. Juli 1656 in St. Martin bei Graz geborene Johann Bernhard Fischer, der sich nach dem ersten Gatten seiner Mutter, Sebastian Erlacher, »von Erlach« nennt, wirkt seit 1686 als Baumeister in Österreich.

Mit der Arbeit an der Wiener Pestsäule begann die überaus produktive Tätigkeit in seinem Heimatland. 1687 fertigte Fischer von Erlach die Stuckdekorationen im Mausoleum Kaiser Ferdinands II. in Graz, 1693 arbeitete er für den Salzburger Erzbischof, bevor er 1694 kaiserlicher Hofarchitekt und Hofingenieur in Wien wurde. Zu seinen Hauptwerken (→ 1737) gehören u. a.:

▷ Der Hochaltar der Wallfahrtskirche Mariazell (Steiermark), 1692 begonnen und 1704 fertiggestellt

▷ Der erste Kirchenbau Fischer von Erlachs, die Dreifaltigkeitskirche in Salzburg (1694–1702), für die Johann Michael Rottmayr 1700 das Kuppelfresko gestaltet

▷ Das Portal des Hofmarstalls und die Hofmarstallschwemme in Salzburg (1693/94), für die Bernhard Michael Mandl die Marmorgruppe »Rossebändiger« gestaltet (1732 restauriert) →

▷ Die Pläne für das Wiener Stadtpalais des Prinzen Eugen von Savoyen (ab 1702 von Johann Lukas von Hildebrandt fortgeführt)

▷ Der Bau der Wallfahrtskirche von Maria Kirchenthal in Salzburg (1705 fertiggestellt)

▷ Die Weiterführung des von Johann Lukas von Hildebrandt 1697 begonnenen Baus des Palais Schwarzenberg in Wien (1728 von Joseph Emanuel Fischer von Erlach vollendet) →

▷ Die Aufnahme der Arbeiten an der Ursulinenkirche in Salzburg (1699–1705) und am Palais Batthyány-Schönborn in Wien (1699–1706)

▷ Der Bau von Schloß Klesheim bei Salzburg (1700–1709). →

1696–1700 erbaut Fischer von Erlach die kaiserliche Sommerresidenz Schloß Schönbrunn. Sein erster Entwurf, der den Bau eines gigantischen Schlosses auf dem »Gloriette-Hügel« vorsah, erwies sich als nicht realisierbar. Nun errichtet er ein 175 m breites und 55 m tiefes Schloßgebäude, das zur Hof- und Parkseite hin zwei ähnliche, reich gegliederte Barockfassaden besitzt. Die stufenweise hervortretenden Flügel der Hofseite erinnern an das Versailler Vorbild des Schlosses, aber auch die Einflüsse des italienischen Palastbaus werden deutlich (z. B. an der Balustrade). Die Außenwände sind in einem warmen Gelbton gehalten, dem sog. Schönbrunner Gelb.

Das kaiserliche Lustschloß Schönbrunn, von der Gartenseite gesehen (Ölgemälde von Bernando Bellotto, genannt Canaletto, um 1760)

1701

1701–1710

1701. In Wien erscheint das erste »Postbüchl« von Obrist-Hoff-Post-Ampts-Tax-Briefträger Johann Jordan. Es beinhaltet u. a. den Fahrplan der von Wien abgehenden Post, ein Straßenverzeichnis der Stadt und alle Wirtshäuser der Wiener Vorstädte.

9. 7. 1701. Nachdem die kaiserlichen Truppen des Prinzen Eugen von Savoyen die Tridentinischen Alpen überquert haben, kommt es bei Carpi (Oberitalien) zur ersten Schlacht im Spanischen Erbfolgekrieg; die zahlenmäßig überlegenen Franzosen werden zum Rückzug gezwungen.

7. 9. 1701. Kaiser Leopold I., Großbritannien und die Niederlande schließen die »Große (auch Haager) Allianz« gegen Frankreich.

28. 9. 1702. Gegen Frankreich wird der Reichskrieg erklärt (im Reich stehen nur Bayern und Köln weiter auf französischer Seite; → 13. 8. 1704).

Juni 1703. Neue Steuern und der Versuch, die Protestanten abermals zu unterdrücken, führen in Ungarn zu einer Erhebung unter Franz II. Rákóczi (→ 1703–1711).

8. 8. 1703. Die Nummer 1 des »Wiennerischen Diariums« erscheint (zunächst zweimal wöchentlich); sie enthält »Alles Denckwürdige so von Tag zu Tag so wohl in dieser Kayserlichen Residenz-Stadt Wienn selbsten sich zugetragen als auch von andern Orthen auß der gantzen Welt.«

12. 9. 1703. Kaiser Leopold I. verzichtet im »Pactum mutuae successionis« für sich und seinen Sohn Joseph zugunsten seines zweiten Sohnes Karl (III.) auf Spanien. Der Geheimvertrag bestimmt ferner, daß im Falle des Aussterbens des Hauses Habsburg im Mannesstamm die Erbfolge auf die Töchter übergehen soll (→ 19. 4. 1713).

1704. Andrea Pozzo beginnt mit dem Deckenfresko im Marmorsaal des Wiener Gartenpalais Liechtenstein (1709 vollendet).

16. 1. 1704. Kaiser Leopold I. verfügt die Befestigung der Wiener Vorstädte. →

13. 8. 1704. Schlacht bei Höchstädt: Ein vereintes kaiserlich-britisches Heer fügt den französisch-bayrischen Truppen eine vernichtende Niederlage zu. →

1705. Josef Anton Stranitzky beginnt seine Schauspieltätigkeit in Wien; rasch wird er zum Schöpfer des künstlerischen Stegreifspiels und der Hanswurst-Figur.

5. 5. 1705. Nach dem Tod Kaiser Leopolds I. wird sein ältester Sohn Joseph (I.) Kaiser. →

19. 12. 1705. Österreichische Truppen besetzen gemäß dem Vertrag von Ilbesheim (7. 11. 1704) München.

25. 12. 1705. »Sendlinger Mordweihnacht«: 1031 Bauern aus Sendlingen bei München, die sich gegen die österreichische Besetzung Bayerns erhoben haben, werden ermordet.

8. 3. 1706. Die »Wiener Stadtbank« wird errichtet; sie soll binnen 15 Jahren die alten Staatsschulden tilgen. (Die Bank wird im März 1745 geschlossen, nachdem sie ab 1721 nur mehr als Staatszentralkasse tätig ist.)

1707. Eine gewaltige Brandkatastrophe zerstört den Großteil der Burg Landsee (Burgenland).

14. 3. 1707. Kaiser Joseph I. stellt das Gründungspatent für ein »Versatz- und Frag-Ambt« in Wien aus. →

21. 6. 1707. Konföderationstag von Onód (Ungarn): Die ungarischen und siebenbürgischen Aufständischen schließen sich unter Fürst Franz II. Rákóczi zusammen und sprechen Kaiser Joseph I. die ungarische Krone ab (→ 1703–1711).

1709. In Wien wird das Kärntnertortheater (durch eine italienische Schauspieltruppe) eröffnet.

GESTORBEN:

4. 1. 1701. Wesendorf: Ernst Rüdiger Graf Starhemberg (* 12. 1. 1638), kaiserlicher Feldmarschall, Stadtkommandant während der Türkenbelagerung Wiens 1683.

7. 1. 1702. Konstanz: Laurentius von Schnifis (* 24. 8. 1633), Dichter.

3. 5. 1703. Wien: Samuel Oppenheimer (* 1635), Hofbankier und Heereslieferant.

5. 5. 1705. Wien: Leopold I. von Habsburg (* 9. 6. 1640), König und Kaiser. →

13. 9. 1705. Imre Graf Tököly (* 25. 9. 1657), Fürst von Siebenbürgen.

20. 1. 1707. Wien: Leopold Karl Graf Kollonitz (* 6. 10. 1631), Bischof der Wiener Neustadt, Kardinal, Primas von Ungarn und Minister.

13. 2. 1707. Ried im Innkreis: Thomas Schwanthaler (* 5. 6. 1634), Bildschnitzer (→ 1675/76).

20. 11. 1708. Wien: Paul Strudel, Freiherr von Vochburg (* 1648), Bildhauer und Architekt.

1. 12. 1709. Wien: Abraham a Sancta Clara (eigentlich Johann Ulrich Megerle; * 2. 7. 1644), Prediger und Schriftsteller. →

GEBOREN:

24. 9. 1705. Wien: Leopold Joseph Graf Daun, Fürst von Thiano († 5. 2. 1766), Feldmarschall.

23. 10. 1705. Basel: Maximilian Graf Browne († 27. 6. 1757), Feldmarschall.

1706. Hochosterwitz: Johann Josef Fürst Khevenhüller-Metsch († 1776), Obersthofmeister Maria Theresias.

1. 4. 1707. Navis: Franz de Paula Penz († 12. 3. 1772), Kirchenbaumeister.

8. 12. 1708. Nancy: Franz I. Stephan (18. 8. 1765), Herzog von Lothringen und Kaiser.

Sieg bei Höchstädt

13. August 1704. In der Schlacht bei Höchstädt an der Donau erringen die verbündeten Truppen des Prinzen Eugen von Savoyen und des Herzogs John Churchill von Marlborough einen entscheidenden Sieg über die Bayern und Franzosen. Mehr als 10 000 Tote bleiben auf dem Schlachtfeld, beide Seiten verzeichnen ferner zusammen etwa 20 000 Verwundete; die Kaiserlichen machen zudem rund 11 000 Gefangene. Die Reste der geschlagenen französischen Armee ziehen sich auf das linke Rheinufer zurück; sie haben die gesamte Bagage sowie die Kriegskasse verloren. Kurfürst Max Emanuel von Bayern schlägt ein Friedensangebot Kaiser Leopolds I. aus und folgt seinen französischen Verbündeten. Bayern kommt (bis 1714) unter österreichische Verwaltung.

Die erste militärische Auseinandersetzung im Spanischen Erbfolgekrieg fand am 9. Juli 1701 bei Carpi in Oberitalien statt. Das Heer des Prinzen Eugen besiegte die zahlenmäßig weit überlegenen Franzosen und zwang sie zum Rückzug. Am 1. September folgte ein Sieg in der Schlacht bei Chiari. Der unzulängliche Nachschub über die Alpen ließ die Position des Prinzen allerdings zunehmend schwieriger werden. Im Au-gust 1702 mußte er die Belageru Mantuas ergebnislos abbrechen, Schlacht bei Luzzara am 15. end ohne Entscheidung.

Am 28. September 1702 wurde Reichskrieg gegen Frankreich klärt; nur der bayrische Kurfü und der Erzbischof von Köln stellt sich auf die französische Seite. Jänner 1703 übergab Prinz Eug den Oberbefehl über die kaiserlic Südarmee an Guido Graf Starhe berg; er selbst eilte nach Wien, ihm als Hofkriegsratspräsident Verantwortung für die gesan Kriegsführung übertragen wurde Im April 1703 begannen die Feind ligkeiten am Rhein. Die kaiserlic Rheinarmee unter Reichsfeldma schall Ludwig Wilhelm Markg von Baden (dem »Türkenlouis vermochte nicht, die Vereinigu der französischen und bayrisch Truppen an der oberen Donau verhindern, die daraufhin die F stung Kufstein nahmen und a 2. Juli in Innsbruck einmarschierte Ein Erfolg des Nordtiroler Lan sturms unter Landrichter Mart Sterzinger über eine bayrische Ei heit an der Pontlatzer Brücke b Landeck löste jedoch eine Volkse hebung in Tirol aus, wodurch ei Besetzung des Landes durch d Bayern verhi dert wurde.

Im Frühsom mer 1704 vere nigten sich d britischen Tru pen des Herzo von Marlb rough bei Ul mit dem Reich heer. Der vo Prinzen Euge von Savoye ausgearbeitete Feldzugsplan sollte die milit rische Entsche dung bringe Am 2. Juli ka es am Schelle berg bei Donau wörth zum e sten Aufeinar dertreffen m dem bayrische Heer, desse Niederlage de Weg nac Bayern öffnete

Bayrische Soldaten stürmen die Festung Kufstein (1703)

Ein Musiker auf dem Kaiserthron

5. Mai 1705. Kurz vor Vollendung seines 65. Lebensjahrs stirbt Kaiser Leopold I. von Habsburg, seit 1655/56 König von Ungarn und Böhmen und am → 22. Juli 1658 zum römischen Kaiser gewählt.

Als zweitgeborener Sohn Kaiser Ferdinands III. war Leopold ursprünglich für den geistlichen Stand bestimmt und genoß daher eine umfassende Ausbildung. Erst nach dem frühen Tod seines Bruders, Erzherzog Ferdinand V., ging die Anwartschaft auf die Nachfolge im Reich auf ihn über. Dem vielseitig begabten Regenten mangelte es in der Politik zwar oftmals an Entschlußkraft, doch verstand er es im allgemeinen, sich mit den richtigen Beratern zu umgeben und diese geschickt einzusetzen.

Leopold entwickelte allerdings großes Talent für Kunst und Musik; seine musische Begabung drückt sich in der Vielzahl seiner mehr als 300 Werke aus, die er neben seinen Regierungsgeschäften verfaßte. Darunter finden sich zahlreiche Einlage-Arien und -Szenen (vier Sepolcri sind erhalten), rund 170 Stücke vokaler Kammermusik für eine bis acht Stimmen (sechs erhalten) und viele kirchenmusikalische Werke (zwei Messen, vier Oratorien und 38 kleinere Arbeiten erhalten). Vom Kaiser sind ferner sechs Schauspielmusiken, 103 Tänze, drei Serenaden und eine Sonata für vier Violen überliefert (→ 13./14. 7. 1668).

Kaiser Leopold I. (Gemälde von Leopold Kupelwieser, 19. Jh.; im »Römer« zu Frankfurt am Main)

Kaiser Karl VI. von Habsburg (Ölgemälde von Daniel Kupetzky, um 1720)

Streit um Spanien

Der Steit um die Nachfolge im ungeteilten spanischen Reich, das Ende des 17. Jahrhunderts Spanien, Sardinien, Sizilien, Neapel, Mailand, die Spanischen Niederlande sowie die ausgedehnten überseeischen Kolonien umfaßt, spitzt sich nach dem Tod König Karls II. am 1. November 1700 zu.

Karl, der letzte aus der Linie der spanischen Habsburger, hatte 1699 auf Betreiben der Kirche ein zweites Testament verfaßt; darin erklärte er den Bourbonen Philipp von Anjou, einen Enkel des französischen Königs Ludwig XIV., zu seinem Universalerben. Nach dem Tod Karls erhebt allerdings Kaiser Leopold I. Erbansprüche für das Haus Habsburg. Während Frankreich Philipp von Anjou als Philipp V. zum König von Spanien ausrufen läßt, proklamiert Leopold I. seinen zweiten Sohn Karl am 12. September 1703 als Karl III. gleichfalls zum spanischen König. Dem Kaiser schwebt dabei die Restauration des habsburgischen Weltreiches Kaiser Karls V. vor; Ludwig XIV. hingegen, ebenfalls mit Karl II. verschwägert, will Frankreichs Anspruch als europäische Großmacht sichern.

Mit Frankreich verbünden sich Kurfürst Max II. Emanuel von Bayern (dem Ludwig XIV. für den Fall eines Sieges die Kaiserwürde zugesichert hat) sowie der Erzbischof von Köln, der Herzog von Mantua und (bis 1703) Savoyen. Oberster Heerführer wird Herzog Louis Joseph von Vendôme. Auf kaiserlicher Seite stehen König Friedrich I. in Preußen, der sich im Krontraktat von Wien zu militärischer Hilfe verpflichtet hat (→ 16. 11. 1700), Hannover, Großbritannien und die Niederlande, ab 1702 die Reichsstände (Bayern und Köln ausgenommen) und ab 1703 auch Portugal und Savoyen.

Das kaiserliche Heer wird von Prinz Eugen von Savoyen, das britische von John Churchill Herzog von Marlborough geführt. Zunächst operiert das kaiserliche Heer an zwei Fronten: Die Rheinarmee unter Reichsfeldmarschall Ludwig Wilhelm Markgraf von Baden (dem »Türkenlouis«) steht gegen Frankreich, die Südarmee Prinz Eugens gegen Savoyen.

Stationen im Erbfolgekrieg

Nach ihrem Sieg in der Schlacht bei Höchstädt können die vereinigten kaiserlichen und britischen Truppen weitere Erfolge verzeichnen, u. a.:

7. 9. 1706: Das Reichsheer unter Prinz Eugen befreit mit piemontesischer Hilfe das von den Franzosen belagerte Turin.

13. 3. 1707: Gegen freien Abzug seiner Truppen aus Mailand überläßt der französische König Ludwig XIV. Kaiser Joseph I. die Lombardei.

30. 9. 1707: Unter dem Befehl General Wierich Graf Dauns erstürmen österreichische Truppen das belagerte Gaeta.

23. 10. 1708: Das Heer Prinz Eugens erobert Ryssel (Lille).

11. 9. 1709: Nach der mehrstündigen Schlacht bei Malplaquet (nordöstlich von Cambrai) müssen sich die Franzosen zurückziehen; sie haben zwischen 12 000 und 14 000 Mann verloren, das vereinigte Heer des Prinzen Eugen und des Herzogs von Marlborough beklagt 6300 Tote und mehr als 14 000 Verwundete. Damit zählt diese Schlacht zu den blutigsten dieser Zeit.

10. 12. 1710: Bei Villaviciosa (Spanien) besiegen die Truppen unter General Guido Graf von Starhemberg ein zahlenmäßig überlegenes spanisches Heer.

Der kaiserliche Generalleutnant Markgraf Ludwig Wilhelm I. von Baden, »Türkenlouis« genannt

Zum Schutz der Vorstädte Wiens

16. Januar 1704. Kaiser Leopold I. verfügt, durch die Anlage einer Befestigungslinie die Vorstädte der Stadt Wien zu schützen.

Prinz Eugen von Savoyen hat zuvor einen entsprechenden Antrag eingebracht, denn es zeigte sich nach der zweiten Belagerung Wiens durch die Türken, daß die Haupt- und Residenzstadt keineswegs genügend gegen Angriffe gesichert war.

Prinz Eugen

Aufgrund dieser Verfügung entsteht der sog. Linienwall, der von der Donau bei St. Marx über den Wiener Berg hinter der Stadt vorbei bis wieder zur Donau hinter Liechtenthal reicht.

Sein Umfang beträgt vier deutsche Meilen; er wird zwölf Schuh hoch angelegt, ist mit Palisaden und Schanzen ausgestattet und mit einem Graben von 1½ Klaftern Tiefe umgeben. – Ein beachtlicher, geschlossener Verteidigungsring um die Stadt ist damit entstanden, der allen zukünftigen Angreifern trotzen soll.

Die Gründung des »Dorotheums«

14. März 1707. Kaiser Joseph I. unterfertigt das Gründungspatent für ein »Versatz- und Frag-Ambt« in Wien, damit »den nothleidenden gegen versatz einiger pfänder von juwelen, gold, silber, schatzgeld, zinn, kupfer, lein- und pöttgewandt gegen abstattung geringer tax aufgeholfen werde.«

Sitz des Amtes wird das kaiserliche Gießhaus in der unteren Annagasse. Schon nach einem Jahr sind die »drei großen gewelber« zu klein für die Einrichtung, sodaß »aldo wirklich befindlichen effecten als tuech, zeug, leingewandt, tepich und dergleichen fünff-, sechs- und achtfach aufeinandergelegt werden mueßten.« 1788 übersiedelt das Amt daher in das wesentlich größere, aufgelassene Dorotheerkloster und wird fortan »Dorotheum« genannt.

Der Aufstand der ungarischen Kuruzzen gegen die habsburgische Herrschaft zieht sich über acht Jahre hin (Abb.: Kuruzzen im Kampf)

Aufstand in Ungarn

1703–1711. Neue Steuern und der abermalige Versuch, den protestantischen Glauben zu unterdrücken, führen im Juni 1703 zu einem Aufstand der Ungarn unter Führung von Franz II. Rákóczi gegen die habsburgische Herrschaft. Der rasch anwachsenden Bewegung schließen sich auch die Kuruzzen an.

Nach ersten Erfolgen (im September erobern die Aufständischen die Burg Zisp, am Neujahrstag 1704 Tokaj) wird Franz II. Rákóczi zum Fürsten von Siebenbürgen gewählt; der Kampf der Ungarn gegen Habsburg verschärft sich. Ein von Kaiser Leopold I. nach Ungarn entsandtes Heer unter General Siegbert Graf Heister kann den zahlenmäßig weit überlegenen Ungarn am 26. Dezember 1704 bei Tyrnau eine empfindliche Niederlage zufügen, dennoch gelingt es den Kuruzzen, bis vor die Tore Wiens vorzudringen; auf ihrem Weg haben sie Rohrau, Fischamend und Schwechat (Niederösterreich) niedergebrannt, weichen aber einem Kampf mit den herannahenden Truppen Graf Heisters aus. In den folgenden Jahren können beide Seiten abwechselnd Erfolge verzeichnen.

Im Juni 1707 kommt es im ungarischen Onód zur Bildung einer Konföderation der ungarischen und siebenbürgischen Aufständischen unter Franz II. Rákóczi. Die Versammelten sprechen Kaiser Joseph I. die ungarische Krone ab, der Kampf gegen Habsburg wird mit unterschiedlichem Erfolg weitergeführt (die Einnahme von Mattersdorf im Burgenland scheitert, hingegen kann Schloß Theben erobert werden).

1708 wendet sich das Kriegsglück zugunsten der Österreicher: In der Schlacht bei Trenčin besiegen 5000 Mann unter Graf Heister rund 12 000 Konförderierte, wodurch Oberungarn wieder unter habsburgische Kontrolle kommt. Anfang 1709 überschreiten Truppen unter General Johann Graf Pálffy die Arvaer Karpaten und vertreiben die Aufständischen aus ihren Verschanzungen, 1709 kann Graf Heister das hart umkämpfte Veszprém zurückgewinnen, 1710 fallen Leutschau und Neuhäusel.

Die Erfolge der Österreicher führen am 29. April 1711 zum Friedensschluß von Szatmár. Im wesentlichen wird der Reichstag von Preßburg vom →30. Oktober 1687 erneuert. Franz II. Rákóczi wird nach Leistung des Treueides gegenüber Österreich die Rückgabe seiner Besitzungen garantiert, doch er flieht nach Polen (er wird zur Symbolgestalt des ungarischen Freiheits- und Unabhängigkeitswillens).

Wiens Prediger-Original ist tot

1. Dezember 1709. Im Alter von 65 Jahren stirbt der Prediger und Schriftsteller Abraham a Sancta Clara (eigentlich Johann Ulrich Megerle). Der aus Kreenheinstetten in Baden stammende Megerle trat mit 18 Jahren (im Herbst 1662) in den Wiener Augustiner-Barfüßerorden ein und begann sein Noviziat im Kloster Mariabrunn bei Wien.

Am 28. April 1677 wurde er zum Hofprediger ernannt und war sei 1690 Provinzial seines Ordens. Al Meister der barocken Sprachkuns geißelte er in scharfen, urwüchsigen Predigten die Schwächen und Nöte seiner Zeit. Seine zahlreichen Veröffentlichungen ließen ihn zum Volksschriftsteller werden; berühmt sin seine Bußpredigten »Mercks, Wien« (1680) und »Auf, auf, ihr Christen« (1683). Das Hauptwerk Abraham a Sancta Claras, die satirische Sammlung predigtartiger Abhandlunger »Judas der Erzschelm«, erschien 1686–1695.

Abraham a Sancta Clara (Detai aus einem Ölgemälde)

Faksimile aus Abrahams Bu predigt »Merks Wien«

1711

1711–1720

17. 4. 1711. Mit dem Tod Kaiser Josephs I. fällt das Erbe an seinen jüngeren Bruder Karl (III. von Spanien). →

29. 4. 1711. Der Friede von Szatmár beendet den ungarisch-siebenbürgischen Aufstand gegen die Herrschaft Habsburgs (er regelt die Beziehungen zwischen beiden Ländern bis zum österreichisch-ungarischen Ausgleich 1867; → 1703–1711).

21. 7. 1711. In Wien wird die »Pummerin« gegossen. →

12. 10. 1711. Der Habsburger Karl III. von Spanien wird als Karl VI. zum Kaiser gewählt.

22. 5. 1712. Karl VI. wird zum König von Ungarn gekrönt.

Anfang 1713. Die Pest wird abermals in Wien eingeschleppt. →

19. 4. 1713. Kaiser Karl VI. erläßt die »Pragmatische Sanktion«. →

6. 3. 1714. Der Friede von Rastatt beendet auf der Grundlage des Friedens von Utrecht vom 11. April 1713 die Auseinandersetzungen zwischen Frankreich und Kaiser Karl VI. im Rahmen des Spanischen Erbfolgekrieges. →

7. 9. 1714. Im Frieden von Baden (Schweiz) schließen sich die Reichsstände dem Frieden von Rastatt an (→ 6. 3. 1714).

1715. Einer seit 1713 in Friesach (Kärnten) wütenden Pestepidemie fällt die Hälfte der Stadtbevölkerung zum Opfer.

April 1716. Kaiser Karl VI. und Venedig schließen ein Bündnis gegen die Türken; der Kaiser fordert das Osmanische Reich zur Einhaltung des Friedens von Karlowitz (→ 26. 1. 1699) auf, die Türken antworten mit einer Kriegserklärung an Österreich (→ 21. 7. 1718).

1717. In Wien wird das Merkantil- und Wechselgericht errichtet (Vorgänger des Handelsgerichtes).

Für die Stadt Wien wird die regelmäßige Straßenreinigung, die Anbringung von Dachrinnen und die Durchführung der Totenbeschau angeordnet.

Jacob Prandtauer baut die Fischbehälter des Stiftes Kremsmünster (Oberöstereich). →

22. 8. 1717. Nach zweimonatiger Belagerung erobert ein österreichisches Heer unter Prinz Eugen von Savoyen Stadt und Festung Belgrad. Nach dieser Niederlage leiten die Türken Friedensverhandlungen mit Kaiser Karl VI. ein (→ 21. 7. 1718).

Dezember 1717. Die Steuereinnahmen Österreichs betragen 1717 insgesamt 8 688 777 Gulden.

7. 1. 1718. Kaiser Karl VI. gründet die Ingenieursakademie in Wien.

27. 5. 1718. Der Porzellanerzeuger Claudius Innozenz Du Paquier erhält ein kaiserliches Privileg zur Erzeugung von Porzellan. →

21. 7. 1718. Der Friede von Passarowitz (Serbien) beendet den seit 1716 andauernden ersten Türkenkrieg Kaiser Karls VI. →

2. 8. 1718. Großbritannien, Frankreich und Kaiser Karl VI. schließen die gegen Spanien gerichtete Quadrupelallianz von London (der vorgesehene Anschluß der Niederlande erfolgt nicht, daher eigentlich nur eine Tripelallianz).

22. 5. 1719. Die »Privilegierte Orientalische Kompagnie« wird gegründet und erhält vom Kaiser die Erlaubnis, mit den osmanischen Ländern Handel zu treiben.

18. 1. 1720. Zwischen Spanien und den Verbündeten der Quadrupelallianz wird der Friede von Haag geschlossen. →

GESTORBEN:

17. 4. 1711. Wien: Joseph I. von Habsburg (* 26. 7. 1678), König und Kaiser. →

4. 10. 1714. Wien: Peter Strudel Freiherr von Strudendorff (* 1660), Maler und Bildhauer, Begründer der Kunstschule auf dem Strudelhof zu Wien (der ältesten Kunstakademie Mitteleuropas).

GEBOREN:

2. 2. 1711. Wien: Wenzel Anton Fürst von Kaunitz-Rietberg († 27. 6. 1794), Staatsmann.

12. 12. 1712. Lunéville: Karl Alexander († 4. 7. 1780), Herzog von Lothringen, Feldmarschall.

Um 1714. Wien: Joseph Adam von Mölck († 18. 2. 1794), Fresken- und Altarbildmaler.

2. 7. 1714. Erasbach (Oberpfalz): Christoph Willibald Gluck († 15. 11. 1787), Komponist.

23. 11. 1714. Innsbruck: Christoph Anton Graf Migazzi († 15. 9. 1803), Erzbischof von Wien und Kardinal.

29. 1. 1715. Wien: Georg Christoph Wagenseil († 1. 3. 1777), Komponist.

5. 3. 1716. Wiener Neustadt: Nikolaus Franz Freiherr von Pacassi († 11. 11. 1790), Architekt.

3. 5. 1716. Reutte: Franz Anton Zeiller († 4. 3. 1793), Freskenmaler.

4. 1. 1717. Innsbruck: Balthasar Ferdinand Moll († 3. 3. 1785), Bildhauer.

2. 2. 1717. Tootzen (Livland): Gideon Ernst Freiherr von Laudon († 14. 7. 1790), Feldmarschall.

13. 5. 1717. Wien: Maria Theresia von Habsburg († 29. 11. 1780), Erzherzogin von Österreich.

7. 9. 1717. Graz(?): Martin Dobrizhoffer († 17. 7. 1791), Jesuit und Volkskundler.

11. 11. 1717. Jormannsdorf: Johann Thomas Trattner († 31. 7. 1798), Drucker und Verleger.

1718. Königshof (Böhmen): Johann Wenzel Bergl († 25. 1. 1789), Freskenmaler.

25. 9. 1718. Grafenwörth bei Krems: Martin Johann Schmidt († 28. 6. 1801), Maler.

Junger Kaiser Opfer der Blattern

17. April 1711. *Im 33. Lebensjahr stirbt Kaiser Joseph I. von Habsburg an den schwarzen Blattern. Er hinterläßt nur zwei Töchter, weshalb das Erbe an seinen jüngeren Bruder Karl fällt, der seit 1703 als Karl III. die spanische Krone beansprucht.*
Joseph I., der älteste Sohn Kaiser Leopolds I., war im Jänner 1690 zum römischen König gewählt worden und hatte nach dem Tod seines Vaters (→ 5. 5. 1705) die Nachfolge im Reich angetreten. Seine nur sechsjährige Regentschaft war wesentlich geprägt durch den Krieg um das spanische Erbe, der bei seinem Tod andauert. Sein Bruder, fortan Kaiser Karl VI., ist im Zuge der militärischen Auseinandersetzungen in Barcelona nahezu eingeschlossen und trifft erst am 26. Jänner 1712 in Wien ein. Bis dahin führt die Kaiserinmutter Eleonore die Staatsgeschäfte (Zeitgenössische Grisaille; Heeresgeschichtliches Museum Wien).

Die »Pummerin« für St. Stephan

21. Juli 1711. Aus erbeuteten Kanonenkugeln der zweiten Türkenbelagerung Wiens 1683 gießt Johann Achamer (auch Aichhammer genannt) eine große Glocke für den Wiener Stephansdom.
Die im Volksmund bald als »Pummerin« bezeichnete Glocke ist mit ihren 22 511 kg die größte Glocke Österreichs und besticht durch ihren sonoren, vollen Klang; sie wird im Südturm von St. Stephan aufgehängt und heißt eigentlich – zum Gedenken an den soeben verstorbenen Kaiser – »Josephinische Glock«. (Beim Brand des Stephansdomes im April 1945 zerstört, wird die »Pummerin« am 5. September 1951 neu gegossen.)

Abermals wütet die Pest in Wien

Anfang 1713. Von einer aus Ungarn kommenden Schwäbin wird die Pest nach Wien gebracht. Die Seuche bricht in der Vorstadt Roßau aus und greift auf das Bürgerspital über.
Die Pest war 1712 von Kleinasien nach Ungarn eingeschleppt worden, weshalb Kaiser Karl VI. entlang der Grenze zum Osmanischen Reich »Cordons und Sanitätsanstalten« errichten ließ, die wesentlich dazu beitragen, daß die Seuche das letzte Mal in Österreich wütet. Durch Vorsichtsmaßnahmen werden die Ausmaße eingedämmt; trotzdem läßt die Epidemie erst mit Beginn der kalten Jahreszeit nach. In Wien fordert die Pest insgesamt 8644 Opfer, in den Ländern gibt es weniger Todesfälle.

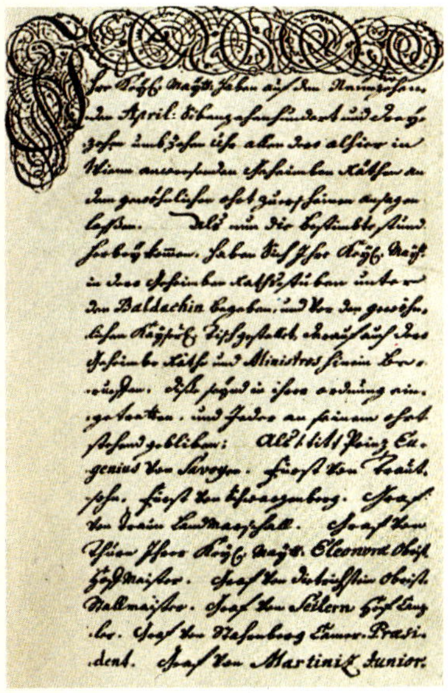

Pragmatische Sanktion (erste Seite)

Auch Frauen dürfen regieren

19. April 1713. Kaiser Karl VI. erläßt die »Pragmatische Sanktion«, durch die er seine Töchter vor den beiden Töchtern seines 1711 verstorbenen Bruders, Kaiser Joseph I., als erbberechtigt erklärt. Karl VI. setzt damit das »Pactum mutuae successionis« Kaiser Leopolds I. vom 12. September 1703 außer Kraft, das die »josephinische« (österreichische) Linie vor die »karolinische« (spanische) Linie des Hauses Habsburg stellte. Ferner beinhaltet die »Pragmatische Sanktion« die Unteilbarkeit der habsburgischen Länder.
Eine kaiserliche Kommission hat dieses Vertragswerk in monatelanger Diskussion beraten. Es ist maßgeblich von dem österreichischen Hofkanzler Johann Friedrich Reichsgraf von Seilern erarbeitet worden und wird nunmehr zum Staats- und Hausgesetz erhoben. Nach Veröffentlichung stimmen in den Jahren 1720 bis 1723 die österreichischen Länder, Ungarn und Siebenbürgen dem Vertrag zu. Damit ist im Falle eines Aussterbens der Habsburger im Mannesstamm die Erbfolge für die älteste Tochter gesichert.
Die Anerkennung der Erbfolgeregelung in ganz Europa durchzusetzen wird zum bestimmenden Ziel der kaiserlichen Außenpolitik. 1720 beginnen langwierige Verhandlungen, bei denen von seiten des Wiener Hofes große Zugeständnisse gemacht werden müssen, um den Anspruch Erzherzogin Maria Theresias auf den Thron zu sichern.

Krieg um Spaniens Thron beendet

6. März 1714. Mit dem Frieden von Rastatt zwischen Kaiser Karl VI. und König Ludwig XIV. von Frankreich wird der Spanische Erbfolgekrieg, der seit 1701 große Teile Europas in Mitleidenschaft gezogen hat, endgültig beendet.
Bis 1710 hatte es herausragende Erfolge der kaiserlichen Partei gegeben, und Frankreich schien fast am Ende, als zwei Ereignisse zur unerwarteten Wende führten: Zunächst wurde John Churchill Herzog von Marlborough, der Führer der britischen Regierungspartei, gestürzt, und Großbritannien nahm geheime Friedensverhandlungen mit Frankreich auf; als 1711 König Karl III. von Spanien seinem Bruder Joseph I. als Kaiser im Reich nachfolgte, waren die habsburgischen Verbündeten nicht länger bereit, Karls Ansprüche auf die spanische Krone zu unterstützen, da sie ein Wiederaufleben des Weltreichs Kaiser Karls V. fürchteten.
Unterhandlungen mit Frankreich führten daraufhin am 11. April 1713 zum Abschluß des ersten von insgesamt elf Verträgen im Rahmen des Friedens von Utrecht. Der Kriegszustand zwischen Großbritannien und Frankreich wurde beendet, in der Folge schlossen auch die Niederlande, Brandenburg-Preußen, Portugal und Savoyen Frieden mit Ludwig XIV. Österreich und das Reich blieben dem Abkommen zunächst fern, da es die Anerkennung Philipps V., eines Bourbonen, als rechtmäßigem König von Spanien vorsah. Doch mußte Kaiser Karl VI. rasch erkennen, daß der Krieg gegen Frankreich allein nicht fortgeführt werden konnte. Am 6. März 1714 schließen der Kaiser und Frankreich daraufhin den Frieden von Rastatt, durch den Österreich erhebliche Landgewinne verzeichnen kann: Alt-Breisach, Freiburg im Breisgau und die Festung Kehl, die Spanischen Niederlande (mit Ausnahme der von den holländischen Generalstaaten beanspruchten Grenzfestungen) sowie Sardinien; ferner behält es die ehemals spanischen Besitzungen in Italien, Neapel, Mailand und Mantua. Frankreich verpflichtet sich, seine rechtsrheinischen Fortifikationen abzubrechen und die den Reichsständen abgewonnenen Gebiete zurückzugeben. Die beiden Verbündeten Frankreichs im Reich, Kurfürst Max Emanuel von Bayern und der Erzbischof von Köln, erhalten Titel und Territorium zurück.

Der Fischkalter von Kremsmünster wird erweitert

1717. *Jakob Prandtauer erweitert den Nutzbau des Fischbehälters im Stift Kremsmünster (Oberösterreich) – ursprünglich von Carlo Antonio Carlone errichtet – um zwei Becken. Die Anlage ist eine eindrucksvolle baukünstlerische Leistung: Fünf mit Figuren geschmückte Becken werden von Arkadengängen umrahmt, die einen stets wechselnden Ausblick auf die Spiegelungen der Wasseroberflächen erlauben. Die Steinbrüstungen tragen statt der Mittelfelder kunstvoll geschmiedete Gitter, die lebensgroßen Brunnenfiguren sind aus »Forellenmarmor«.*

Prinz Eugen erobert Belgrad

21. Juli 1718. In Passarowitz an der Donau (in Serbien) schließen Österreich und das Osmanische Reich einen 20 Artikel umfassenden Friedensvertrag, der den seit 1716 andauernden ersten Türkenkrieg Kaiser Karls VI. beendet.

Der Kaiser war im April 1716 von Venedig um Beistand gegen die Türken gebeten worden, die das zu Venedig gehörende südgriechische Königreich Morea besetzt hatten. Die Aufforderung Karls, die Bestimmungen des Friedens von Karlowitz (→ 26. 1. 1699) einzuhalten, beantwortete das Osmanische Reich mit der Kriegserklärung an Österreich. Bereits am 5. August 1716 kam es bei Peterwardein zum ersten großen Aufeinandertreffen der beiden Heere: Prinz Eugen von Savoyen besiegte mit rund 78 000 Mann und 80 Geschützen die fast doppelt so starke Streitmacht der Türken unter Großwesir Damad Ali Pascha, der in der Schlacht fiel.

Am 13. Oktober eroberte Prinz Eugen das von den Türken gehaltene Temesvár, am 19. Juni 1717 nahm er die Belagerung von Belgrad auf. Die an der Mündung der Save in die Donau gelegene Stadt wurde durch Verbindungswälle von einem Fluß zum anderen vollkommen eingeschlossen, die Gesamtlänge dieser Verschanzungen betrug fast 16 km. Durch Brücken über beide Flüsse sicherte Prinz Eugen seine Verbindungswege, die Donaubrücke ruhte auf 127 »schwimmenden« Unterteilen. Diese Meisterwerke der Feldbefestigung werden fortan »Eugensche Linien« genannt.

Prinz Eugen von Savoyen in der Schlacht um Belgrad im August 1717 (anonymes zeitgenössisches Gemälde; Heeresgeschichtliches Museum Wien)

Im August gelang es einem zahlenmäßig weit überlegenen osmanischen Entsatzheer (Großwesir Chalil Pascha verfügte über nahezu 200 000 Mann) nicht, den Belagerungsring der rund 90 000 Österreicher zu durchbrechen, worauf Stadt und Festung Belgrad am 22. August genommen werden konnten.

Bald nach dem Verlust Belgrads leiteten die Türken Friedensverhandlungen ein, bei denen Großbritannien und die Niederlande die Vermittlerrolle übernahmen.

Der nunmehr geschlossene Friede von Passarowitz bringt Österreich erheblichen Landgewinn: Es erhält die fünf Distrikte der Walachei, das Banat, Teile Serbiens mit Belgrad sowie Teile Bosniens. Außerdem verpflichten sich die Türken zur Toleranz gegenüber den ihnen untertanen Christen und schließen einen Handelsvertrag mit Österreich.

Kaiser Karl VI. (Gemälde von Johann Gottfried Auerbach, um 1740)

Sizilien an Österreich

18. Jänner 1720. Die Verbündeten der 1718 gegründeten Quadrupelallianz von London (Kaiser Karl VI., Großbritannien und Frankreich) schließen mit Spanien den Frieden von Haag: Der Habsburger Kaiser erkennt seinen einstigen Konkurrenten Philipp V. (einen Bourbonen) als König von Spanien an, das seinerseits die 1717 bzw. 1718 besetzten Mittelmeerinseln Sizilien und Sardinien räumt.

Spanien hatte 1717 mit der Rückeroberung der an Österreich übergegangenen spanischen Nebenländer in Italien begonnen, worauf Kaiser Karl VI. das Bündnis mit Großbritannien und Frankreich schloß (der geplante Beitritt der Niederlande erfolgte nicht, weshalb eigentlich nur von einer Tripelallianz gesprochen werden kann).

Im Dezember 1719 fielen französische Truppen in Spanien ein und zwangen dadurch Philipp V. zum Haager Friedensschluß. Österreich gibt nun Sardinien an das Haus Savoyen-Piemont (dessen Herzog fortan den Titel eines Königs von Sardinien führt) und erhält Sizilien.

Augarten-Porzellan (18. Jh.)

Porzellan aus Wien-Augarten

27. Mai 1718. Kaiser Karl VI. stellt dem Porzellanerzeuger Claudius Innozenz Du Paquier ein Sonderprivileg für die Erzeugung von Porzellan aus. In der Roßau gegenüber dem liechtensteinischen Gartenpalais stellt Du Paquier den ersten Brennofen auf.

Schon 1720 hat er wegen der Qualität Absatzschwierigkeiten, seine Mitarbeiter verlassen ihn. Trotzdem beginnt er neu und größer – es entsteht die »Wiener Porzellanmanufaktur Augarten«, die zweitälteste Porzellanmanufaktur Europas. Bereits 1708 war es Johann Friedrich Böttger im sächsischen Meißen gelungen, erstmals in Europa weißes Hartporzellan herzustellen; 1710 wurde dort die erste Porzellanmanufaktur errichtet. Das von Böttger entwickelte europäische Porzellan unterscheidet sich in der Zusammensetzung erheblich von dem chinesischen: Während in Asien der Feldspat als Grundstoff überwiegt, benutzt Böttger Kaolin, einen weißen, an sich unschmelzbaren Ton, dem er als Flußmittel geringe Mengen Feldspat und etwas Quarz beimengt.

Augarten-Porzellan (18. Jh.)

Die österreichische Armee

Die österreichische Armee bestand 1706 aus 36 »Infanterie-Regimentern« mit zusammen 82700 Mann, 28 »Kavallerie-Regimentern« mit insgesamt 30000 Reitern und einer Artillerie, die recht starken Schwankungen unterworfen war. Das stärkste Heer dieser Zeit besitzt Frankreich (1706 insgesamt 300000 Mann).

1711 hat Österreich bereits 39 Infanterie-Regimenter mit 92000 Mann und 1728 65 Infanterie-Regimenter mit 195000 Mann, hinzukommen (1711) 37 Kavallerie-Regimenter, 20 Kürassier-, 11 Dragoner- und 6 Husaren-Regimenter. 1740 sind es 40 Regimenter, 18 Kürassier-, 14 Dragoner- und 8 Husaren-Regimenter.

Ein österreichisches Infanterie-Regiment besteht aus jeweils drei Bataillonen zu je vier Kompanien und zwei Grenadier-Kompanien. Außer den höheren Chargen hat eine Kompanie 6 Korporäle, 18 Gefreite und 144 Gemeine sowie 8 Bagagepferde. Eine Rotte hat 16 Mann, vier Rotten bilden eine Korporalschaft. Der Waffenrock ist bereits einheitlich weiß oder perlgrau, das Wams (Kamisol) und die Hose sind aus einer dem Regimentsinhaber genehmen Farbe.

Ein österreichisches Kavallerie-Regiment besteht aus sechs Eskadronen (= 12 Kompanien) sowie einer Grenadier-Kompanie zu Pferd von leicht unterschiedlicher Reiterzahl. Die Aufteilung auf Kürassiere, Dragoner und Husaren ist Anfang des 18. Jahrhunderts noch uneinheitlich. Dies ändert sich auch in den folgenden Jahrzehnten kaum, sodaß Maria Theresia 1746 vorwurfsvoll schreibt: »Wer würde glauben, daß nicht das mindeste eingeführt war in Regul bei meinen Trouppen; ein jeder machte ein anderes manoevre im Marsche, in Exercition und in allen; einer schüssete geschwind, der andere langsam, die nemlichen Wort und Befehle wurden bei einem also, bei dem anderen wiederumb anderst ausgedeutet; und ist wahrhaft kein Wunder, wann zehn Jahre vor meiner Regierung der Kayser allezeit geschlagen worden ...«

Das österreichische Heer (Abb. aus der Albertina-Handschrift »Dessins des Uniforms des Troupes ...« von 1762; l. »Stampach-Kürassier«, r. »Savoyen-Dragoner«. Das 1753 Carl Freiherr Kager von Stampach verliehene Regiment wurde 1682 errichtet; das Dragoner-Regiment »Savoyen«, ebenfalls 1682 errichtet (als Dragoner-Regiment Johann Heinrich Graf zu Kuefsteins), wurde 1683 dem Prinzen Eugen verliehen.

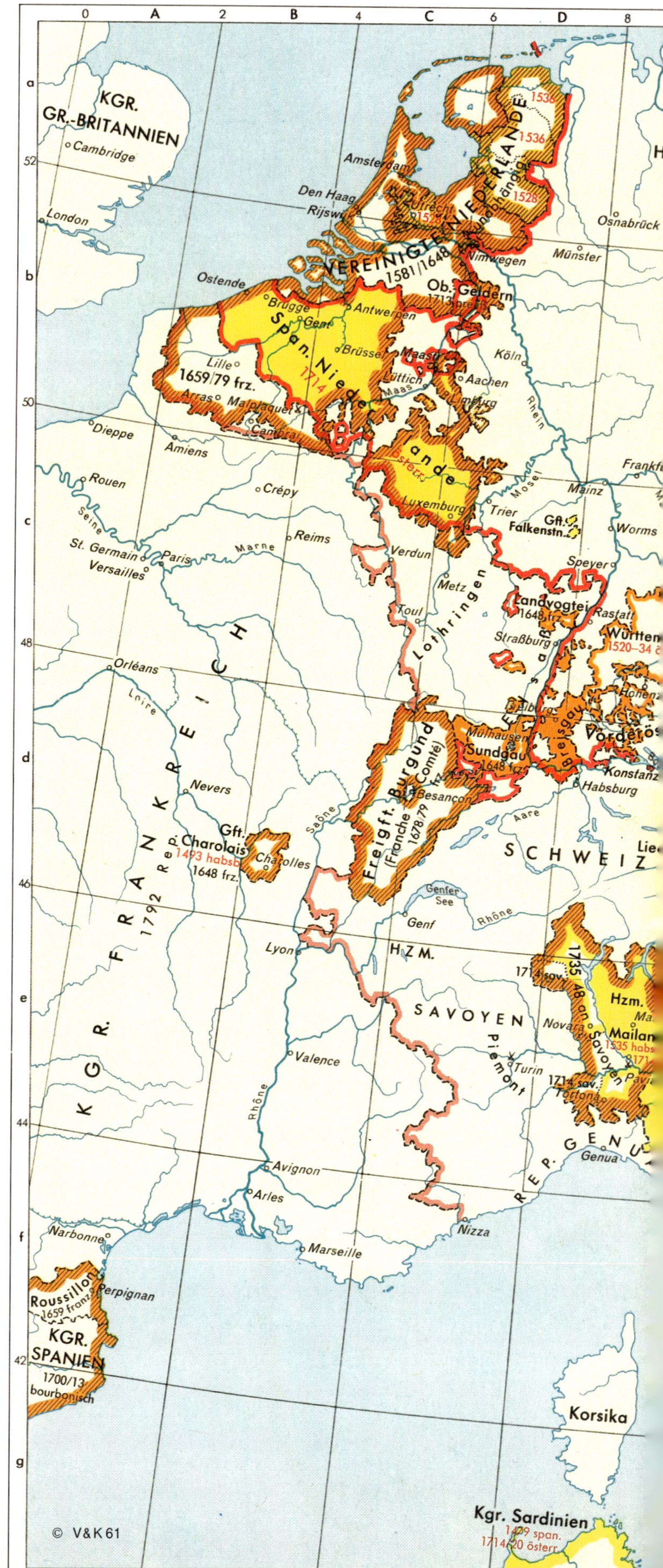

Habsburgische Stammlande vor 1526 (Österreichische Lande)
Erwerbungen 1526 (Schlacht bei Mohacs), in den Niederlanden Erwerbungen bis 1536
Erwerbungen bis 1699 (Friede von Karlowitz)
Erwerbungen bis 1737 (Span. Erbe 1714, Friede von Passarowitz 1718)
Erwerbungen bis 1795 (1. und 3. Teilung Polens)
Geistliche Territorien innerhalb der österreichischen Länder
Habsburgische Sekundogenituren
1526 Jahr der Angliederung
Militärgrenze gegen die Türken mit Begründungsdaten
Grenze des Heiligen Römischen Reiches 1526
Grenze des Heiligen Römischen Reiches 1789
Gebiete der spanischen Linie
Gebietsstand 1795 (im Westen 1792), [wieder] verlorene Gebiete in Randfärbung
Maßstab 1 : 6500000
0 50 100 150 200 250 km
Brandenburg
Sachsen
Bayern
KGR. POLEN
West-Galizien 1795
Wolhynien
Kgr. Galizien u. Lodomerien 1772
Podolien
Hzm. Schlesien
Kgr. Böhmen 1526
Mgft. Mähren 1526
Erzhzm. Österreich
ob d. Enns
unter d. Enns
Ober-Ungarn 1526
West-Ungarn (1526) 1699
Ungarn
Grfsm. Siebenbürgen 1699
Hzm. Bukowina 1775
Moldau
Salzburg
Tirol
Hzm. Steiermark
Hzm. Kärnten
Hzm. Krain
Kgr. Kroatien
Kgr. Slavonien 1699
Banat 1718
Kleine Walachei 1718–39
Große Walachei
Nord-Bosnien 1718–39
Nord-Serbien 1718–39
Bosnien
Herzegowina
Dalmatien
VENEDIG
OSMANISCHES REICH
Bulgarien
Albanien
Adriatisches Meer
KIRCHENSTAAT
Kgr. Neapel 1504 span. 1714–35 österr.
REP. RAGUSA
MONTENEGRO
Wien
Prag
Preßburg
Ofen
Pest
Warschau
Krakau
Lemberg
Breslau
Belgrad
Sarajewo
Venedig
Rom
Bukarest

1721

1721–1730

1721/22. Christian Neupauer erbaut das Palais Auersperg in Wien.

21. 10. 1721. Ein Hofdekret gegen die »Schuhknechte« führt zum offenen Aufruhr in Wien.

2. 12. 1721. Erstmals wird der Name »Vorarlberg« offiziell verwendet. →

1722. In den österreichischen und böhmischen Ländern wird die Post verstaatlicht, was eine Beschleunigung und Verbesserung des Nachrichtenverkehrs zur Folge hat.

1. 6. 1722. Papst Innozenz XIII. erhebt Wien zum Erzbistum; erster Erzbischof wird der bisherige Bischof Sigismund Graf von Kollonitz.

16. 6. 1722. Kaiser Karl VI. übernimmt die Schutzherrschaft über die »Ostendische Handelskompagnie«. →

1723. Der Bau der Hofbibliothek in Wien beginnt (1726 fertiggestellt; → 1731–1740).

Nach nur zweijähriger Bauzeit vollendet Johann Lukas von Hildebrandt das Obere Belvedere in Wien (→ 1731–1740).

1723/24. Bartolomeo Altomonte gestaltet das Deckengemälde »Sieg Österreichs und Ungarns über die Türken« im Marmorsaal des Stiftes St. Florian (Oberösterreich).

6. 12. 1723. Die »Pragmatische Sanktion« (→ 19. 4. 1713) wird nach der Anerkennung durch die österreichischen Stände zum Grundgesetz erklärt und öffentlich bekanntgemacht.

1724. Peter von Ghelen kauft die in Wien erscheinende Zeitung »Mercurius« (um sie einzustellen) und das »Wiennerische Diarium«, das fortan als offizielle Stadtzeitung von Wien fungiert.

18. 1. 1725. Das Viertel unter dem Wienerwald wird vom Bistum Passau getrennt und mit dem Erzbistum Wien vereinigt.

30. 4. 1725. Karl VI. und König Philipp V. von Spanien schließen den »Wiener Vertrag«. →

1726. Joseph Emanuel Fischer von Erlach beginnt den Bau des Reichskanzleitraktes der Wiener Hofburg (1730 vollendet).

6. 8. 1726. Zarin Katharina I. von Rußland tritt dem österreichisch-spanischen Bündnis bei.

12. 10. 1726. Kaiser Karl VI. und König Friedrich Wilhelm I. in Preußen schließen den (Geheim-)Vertrag von Wustershausen; Preußen erkennt darin die »Pragmatische Sanktion« (→ 19. 4. 1713) an.

1727. Johann Christoph von Bartenstein wird Protokollführer der geheimen Staatskonferenz und verdrängt den bereits 63jährigen Prinzen Eugen von Savoyen.

Johann Lukas von Hildebrandt vollendet den Bau von Schloß Mirabell in Salzburg (1721 begonnen; → 1731–1740).

26. 11. 1727. Der Wiener Erzbischof Graf Kollonitz wird auf Wunsch des Kaisers zum Kardinal ernannt.

1729. Der Salzburger Erzbischof unterdrückt mit Hilfe von 6000 österreichischen Soldaten eine Auflehnung der Protestanten.

Johann Lukas von Hildebrandt vollendet den 1725 begonnenen Bau von Schloß Schloßhof (Niederösterreich; → 1731–1740).

Joseph Emanuel Fischer von Erlach beginnt mit dem Bau der Winterreitschule der Wiener Hofburg (1735 fertiggestellt).

1730. Österreich besitzt bereits ein Einheitsporto, das sechs Kreuzer für einen einfachen Brief beträgt, wovon Absender und Empfänger jeweils die Hälfte bezahlen.

GESTORBEN:

5. 4. 1723. Wien: Johann Bernhard Fischer von Erlach (* 20. 7. 1656), Barockbaumeister (→ 1691–1700, 1737–1740).

10. 5. 1723. Mondsee: Meinrad Guggenbichler (* 17. 4. 1649), Bildhauer (Altäre in den Pfarrkirchen von Irrsdorf, Straßwalchen und Michaelbeuren sowie Mondsee und Oberwang).

19. 5. 1726. Wien: Joseph Anton Stranitzky (* 10. 9. 1676), Schauspieler. →

16. 9. 1726. St. Pölten: Jakob Prandtauer (* 16. 7. 1660), Barockbaumeister (→ 1736).

18. 4. 1727. Wien: Matthias Steinl (* um 1644), Baumeister und Bildhauer (Kanzel der Wiener Peterskirche, Hochaltar und Kanzel der Stiftskirche Vorau).

4. 8. 1727. München: Melchior Michael Steidl (* ?) Tiroler Fresken- und Altarbildmaler (Fresken im Kaisersaal des Stiftes Kremsmünster).

3. 7. 1729. Innsbruck: Johann Martin Gumpp d. Ä. (* 7. 11. 1643), Barockbaumeister.

25. 10. 1730. Wien: Johann Michael Rottmayr (* 1654), Fresken- und Altarbildmaler (→ 1741–1750).

GEBOREN:

22. 2. 1723. Oberperfuß (Tirol): Peter Anich († 1. 9. 1766), Kartograph.

8. 6. 1724. Langenarden (Bodensee): Franz Anton Maulbertsch († 8. 8. 1796), Rokokomaler.

21. 10. 1725. Petersburg: Franz Moritz Graf Lacy († 24. 11. 1801), Feldmarschall.

16. 10. 1726. Straß (Bayern): Wolfgang Hagenauer († 16. 12. 1801), Hofbaumeister.

3. 5. 1729. Brüx (Böhmen): Florian Gaßmann († 20. 1. 1774), Komponist.

27. 9. 1729. Schärding am Inn: Michael Denis († 29. 9. 1800), Jesuit und Schriftsteller.

2. 5. 1730. Gerlachatern (Krain): Siegmund Anton Graf Hohenwart († 30. 6. 1820), Fürsterzbischof von Wien.

»Vorländische Union« amtlich

2. Dezember 1721. Der Name »Vorarlberg« wird erstmals offiziell verwendet.

In Überlingen am Bodensee sind die Abgeordneten der drei vorländischen (vorderösterreichischen) Körperschaften zusammengekommen; »... zue Beybehaltung fernerer gueter Union« kommt man überein, daß in bezug auf die »subdivisionis [Unterteilung] der freiwilligen Jahresverwilligung« für die Jahre 1720–1723 »dergestalten ausgethaillet werden, dass zum Exempel an 80 000 fl Breisgau 21 400 fl, Schwäbisch Österreich 41 400 fl und Vorarlberg 17 200 fl tragen.« Damit nimmt die »Vorländische Union« erstmals greifbare Gestalt an.

Handel mit Ost- und Westindien

16. Juni 1722. Kaiser Karl VI. übernimmt die Schutzherrschaft über die 1719 gegründete »Ostendische Handelskompagnie« und erteilt ihr für 30 Jahre das alleinige Recht, Handel in Ost- und Westindien sowie an der afrikanischen Küste zu treiben. Außerdem wird ihr freie Verwaltung zugestanden sowie die Bewilligung erteilt, unter kaiserlicher Flagge zu segeln.

Karl VI. hatte den Hafen von Ostende zu einem großen Handelsplatz ausbauen lassen, um der Wirtschaf in den Österreichischen Niederlanden den Handel mit den Kolonien zu erleichtern. Übergriffe der Holländer veranlassen den Kaiser nun zu dieser Schutzherrschaft.

Ausgleich mit Spanien

Don Carlos

30. April 1725. Die einstigen Konkurrenten um die spanische Krone, Kaiser Karl VI. und König Philipp V. von Spanien, schließen den Wiener Vertrag, in dem der Kaiser endgültig auf Spanien, Philipp V. auf die (ehemals Spanischen) Niederlande, Mailand und Sizilien verzichtet.

Ferner enthält der Vertrag die gegenseitige Anerkennung und den grundsätzlichen Verzicht auf die Vereinigung beider Länder; Spanien erklärt zudem sein Einverständnis mit der »Pragmatischen Sanktion« (→ 19. 4. 1713). Don Carlos, dem Sohn Philipps V., wird vom Kaiser die Anwartschaft auf Florenz, Parma und Piacenza zugesichert. In einem zusätzlichen Geheimpapier vom selben Tag vereinbaren die beiden Regenten außerdem die gegenseitige Hilfe im Kriegsfall.

Am 1. Mai schließen Österreich und Spanien auch einen Handels- und Schiffahrtsvertrag, der die gegenseitige Handelsfreiheit garantiert und Spaniens Anerkennung der »Ostendischen Handelskompagnie« enthält (→ 16. 6. 1722).

Als Reaktion auf den österreichisch-spanischen Ausgleich schließen Großbritannien, Hannover, Preußen und Frankreich am 3. September 1725 den auf 15 Jahre befristeten Vertrag von Herrenhausen, der eine gegenseitige Besitzstandsgarantie enthält und darüber hinaus für den Kriegsfall wechselseitige Waffenhilfe vereinbart.

Vater des Hanswurst

19. Mai 1726. Im 50. Lebensjahr stirbt der Schauspieler Joseph Anton Stranitzky in Wien. Er gilt nicht nur als Erfinder des »Hanswurst«, sondern auch als Schöpfer des künstlerischen Stegreifspiels.

Der aus Graz stammende Stranitzky kam 1705 als Mitglied einer Wanderbühne nach Wien und übernahm bereits 1706 die Leitung der Truppe. 1712 wurde Stranitzky Direktor des Kärtnertortheaters, wo er überaus erfolgreich wirkte. Mit dem »Hanswurst« schuf er die typisch wienerische Bühnenfigur.

Zahlreiche italienische Prunk- und Zauberopern arbeitete er in Stegreifkomödien um; Stranitzky gilt zudem als der erste Vertreter der Altwiener Volkskomödie.

1731

1731–1740

16. 3. 1731. Kaiser Karl VI. schließt mit Großbritannien den Vertrag von Wien. →

Juli 1731. Eine Deputation Salzburger Protestanten wendet sich mit einer Klage an den Reichstag. →

31. 10. 1731. Ein erzbischöfliches Edikt zwingt die Salzburger Protestanten zur Auswanderung (→ Juli 1731).

Jänner 1732. Durch die Vermittlung Preußens anerkennt die Mehrzahl der Reichsstände die »Pragmatische Sanktion« (→ 19. 4. 1713).

2. 2. 1732. Preußen erklärt sich zur Aufnahme der aus Salzburg ausgewiesenen Protestanten bereit.

5. 10. 1733. Kurfürst Friedrich August von Sachsen setzt seine Wahl zum König von Polen durch. Damit beginnt der polnische Erbfolgekrieg, der de facto zu einem Krieg Frankreichs und seiner Verbündeten gegen Österreich wird. →

1735. Joseph Emanuel Fischer von Erlach vollendet die Winterreitschule in Wien. →

3. 10. 1735. Frankreich und Österreich schließen den Vorfrieden von Wien. Er beendet den polnischen Erbfolgekrieg (→ 5. 10. 1733).

1736. Joseph Emanuel Fischer von Erlach beginnt mit dem Bau der Kaiserstiege im Stift Göttweig (Niederösterreich). →

12. 2. 1736. Die 19jährige Erzherzogin Maria Theresia vermählt sich in Wien mit dem seit 1723 am Wiener Hof lebenden Herzog Franz Stephan von Lothringen (27 Jahre).

18. 5. 1736. Der Reichstag verzichtet auf die Zugehörigkeit des Herzogtums Lothringen zum Deutschen Reich (→ 5. 10. 1733).

1737. Joseph Emanuel Fischer von Erlach beendet den Bau der Wiener Karlskirche.

Georg »Raphael« Donner beginnt mit den Arbeiten am Providentiabrunnen in Wien (1739 fertiggestellt; → 15. 2. 1741).

24. 1. 1737. Kaiser Karl VI. belehnt Herzog Franz Stephan mit dem Großherzogtum Toskana, dessen rechtmäßiger Herr der Lothringer im Juli 1737 wird.

18. 7. 1737. Nach dem Eintritt Österreichs in den 1736 begonnenen Russisch-Türkischen Krieg kommt es bei Banja Luka zur ersten Schlacht im zweiten Türkenkrieg Karls VI.

1739. »Alt und Neues Wien«, eine Geschichte Wiens von Matthias Fuhrmann, erscheint (die zweite Stadtgeschichte nach der von Wolfgang Lazius aus dem Jahr 1546).

18. 9. 1739. Der Friede von Belgrad beendet den zweiten Türkenkrieg Kaiser Karls VI. →

20. 10. 1740. Mit dem Tod Kaiser Karls VI. wird gemäß der »Pragmatischen Sanktion« Erzherzogin Maria Theresia Nachfolgerin; ihr Gatte Franz Stephan, Großherzog der Toskana, ist formell Mitregent. →

16. 12. 1740. König Friedrich II. in Preußen fällt ohne Kriegserklärung in Schlesien ein: Beginn des Ersten Schlesischen Krieges, der sich 1741 zum Österreichischen Erbfolgekrieg ausweitet (→ 28. 7. 1742).

GESTORBEN:

9. 5. 1731. Vorau: Johann Cyriak Hackhofer (* 14. 2. 1675), Barockmaler.

20. 2. 1732. Dresden: Balthasar Permoser (* 13. 8. 1651), Bildhauer.

8. 4. 1735. Rodosto: Franz II. Rákóczi (* 27. 3. 1676), Fürst von Siebenbürgen.

21. 4. 1736. Wien: Prinz Eugen von Savoyen (* 18. 10. 1663), Feldherr. →

7. 3. 1737. Wien: Guido Graf Starhemberg (* 11. 11. 1657), Feldmarschall.

26. 4. 1739. Linz: Johann Michael Prunner (* 4. 9. 1669), Baumeister (Klosterkirche von Spital am Phyrn in Oberösterreich).

20. 10. 1740. Wien: Karl VI. von Habsburg (* 1. 10. 1685), König und Kaiser. →

GEBOREN:

7. 2. 1732. Wien: Johann Ferdinand Hetzendorf von Hohenberg († 14. 12. 1816), Baumeister.

31. 3. 1732. Rohrau: Joseph Haydn († 31. 5. 1809), Komponist.

31. 5. 1732. Wien: Hieronymus Graf Colloredo-Waldsee († 20. 5. 1812), Fürsterzbischof von Salzburg.

22. 6. 1732. Straß: Johann Baptist Hagenauer († 9. 9. 1810), Bildhauer.

1733 (?). Nikolsburg (Mähren): Josef Freiherr von Sonnenfels († 25. 4. 1817), Jurist und Staatsrat.

3. 4. 1733. Wien: Jakob Matthias Schmutzer († 2. 12. 1811), Maler und Kupferstecher.

28. 5. 1733. Wien: Cornelius Hermann von Ayrenhoff († 15. 8. 1819), Feldmarschall-Leutnant und Dramatiker.

23. 5. 1735. Brüssel: Charles Joseph Fürst von Ligne († 13. 12. 1814), Feldmarschall und Diplomat.

27. 9. 1735. Wien: Philipp Hafner († 30. 7. 1764), Dramatiker.

11. 11. 1735. Regensburg: Joseph Graf Colloredo-Waldsee († 26. 11. 1818), Feldmarschall.

6. 2. 1736. Wiesensteig (Württemberg): Franz Xaver Messerschmidt († 19. 8. 1783), Bildhauer.

31. 3. 1736. Linz: Johann Amadeus Franz de Paula Freiherr von Thugut († 28. 5. 1818), Staatsmann.

14. (15.) 9. 1737. Rohrau: Michael Haydn († 10. 8. 1806), Komponist.

11. 7. 1738. Moritzburg: Albert von Sachsen-Teschen († 10. 2. 1822), Feldmarschall.

2. 11. 1739. Wien: Karl Ditters von Dittersdorf († 24. 10. 1799), Komponist.

»Bekenntnis reiner Lehr und Lieb zu Gottes Wort, treibt diese arme Leuth aus ihrem Lande fort« (Kupferstich über die Salzburger Auswanderer)

Auszug aus Salzburg

Juli 1731. Eine Deputation von Protestanten aus den Salzburger Gerichten Radstadt, Wagrain, Werfen, Bischofshofen, St. Johann, St. Veit und Gastein wendet sich an den Reichstag in Regensburg, um auf die zunehmend unhaltbar werdende Lage im Erzbistum Salzburg aufmerksam zu machen. 19 000 Protestanten dieser Region haben kurz zuvor in Schwarzach einen Bund geschlossen und freie Religionsausübung oder ungehinderten Abzug gefordert.

Am 31. Oktober erläßt daraufhin der Salzburger Erzbischof Leopold Anton Freiherr von Firmian ein Patent, wonach die Protestanten des Landes unter freiwilligem Verzicht auf die übliche dreijährige Frist auszuwandern haben. »Unangesessenen« werden acht Tage, Angesessenen bis zu drei Monaten Frist eingeräumt. Das Emigrationsedikt wird am 30. November veröffentlicht, worauf bis zum 29. März 1732 insgesamt 3 184 »Unangesessene« in sieben Kolonnen Salzburg verlassen. Bevorzugte Ziele sind die Reichsstädte Kaufbeuren, Kempten, Memmingen, Ulm und Augsburg. Einige ziehen gar bis in die Niederlande und nach Nordamerika (wo sie sich in Georgia niederlassen).

Am 2. Februar 1732 erläßt König Friedrich Wilhelm I. in Preußen ein Einwanderungsedikt, das fortan von den Salzburger Protestanten stark genutzt wird. Sie werden zur Kolonisation in Ostpreußen angesiedelt. Als am 2. Juli 1732 die letzte Gruppe von »Angesessenen« (zusammen mehr als 7000 Personen) das Land verläßt, sind insgesamt 10 546 Protestanten aus Salzburg ausgewandert (die verschiedentlich zitierte Zahl von 19 000 bis 20 000 bezieht sich vermutlich auf die Gesamtzahl der seit Beginn des 18. Jahrhunderts aus dem Salzburgischen Ausgewanderten).

Blick auf den Hauptaltar im Dom zu Salzburg (Kupferstich von Melchior Khüsell, um 1680)

Der polnische Erbfolgekrieg

5. Oktober 1733. Nach dem Tod von König August II. (dem Starken) von Sachsen-Polen am 1. Februar 1733 kommt es zum Streit um den polnischen Thron: Friedrich August, ein Sohn Augusts II., setzt mit russischer und österreichischer Unterstützung seine Wahl zum König von Polen (als August III.) durch, obgleich der polnische Adel zuvor – unter starkem französischen Einfluß – Stanislaus Leszczyński, den Schwiegervater König Ludwigs XV. von Frankreich, zum Nachfolger des Sachsenkönigs gekürt hat.
Frankreich nimmt die Vertreibung Leszczyńskis zum Anlaß, militärisch gegen Österreich vorzugehen, und beginnt mit der Besetzung Lothringens. Spanien und Sardinien stellen sich auf die Seite Ludwigs XV. Mitte Jänner 1734 wird daraufhin (gegen die Stimmen Bayerns, Kölns und der Pfalz) der Reichskrieg gegen Frankreich beschlossen, doch bleibt das Reichsaufgebot unter Prinz Eugen von Savoyen recht schwach und muß auf dem italienischen Kriegsschauplatz gegen die durchwegs zahlenmäßig überlegenen Gegner mehrere Niederlagen hinnehmen.
Erst am 26. August 1735 trifft ein 13000 Mann starkes russisches Hilfskorps auf dem westlichen Kriegsschauplatz ein. Im Gefecht bei Klausen an der Mosel erringen die kaiserlichen Truppen unter Feldmarschall Friedrich Heinrich Reichsgraf von Seckendorf einen ersten größeren Sieg über die erneut zahlenmäßig überlegenen Franzosen; diese sind nun zum Einlenken in der polnischen Frage bereit.
Bereits am 3. Oktober ist in Wien ein Präliminarfrieden vereinbart worden, in dem Kurfürst Friedrich August von Sachsen als polnischer König anerkannt wird. Die Toskana soll nach dem Ableben der Großherzöge aus dem Hause Medici an das Haus Lothringen fallen, das dann Lothringen an Stanislaus Leszczyński abtreten muß. Dieser verzichtet allerdings auf Sitz und Stimme im deutschen Reichstag. (Nach Leszczyńskis Tod 1766 fallen seine Herzogtümer Bar und Lothringen an Frankreich.) Österreich tritt Neapel und Sizilien an den spanischen Infanten Don Carlos ab und erhält als Ersatz Parma und Piacenza. Ferner erkennt Frankreich die »Pragmatische Sanktion« vom → 19. April 1713 an.
Am 18. November 1738 auf der Grundlage des Wiener Vorfriedens wird der Friede von Wien zwischen Frankreich und Österreich geschlossen, der den polnischen Thronstreit endgültig beendet.

August II., der Starke (vor 1722)

Stanislaus Leszcyński (um 1736)

Anerkennung nur unter Vorbehalt

16. März 1731. Einen politischen Umschwung am englischen Hof nutzend, vermittelt Prinz Eugen von Savoyen den Wiener Vertrag zwischen Kaiser Karl VI. und Großbritannien. Der Kaiser stimmt erst nach langen Verhandlungen zu, um die »Pragmatische Sanktion« (→ 19. 4. 1713) nicht zu gefährden.
Großbritannien erkennt die »Pragmatische Sanktion« allerdings nur unter der Bedingung an, daß Karls VI. älteste Tochter Maria Theresia keine Ehe eingeht, durch die das »europäische Gleichgewicht« gestört werden könnte. Als Gegenleistung liquidiert der Kaiser die »Ostendische Handelskompagnie« (→ 16. 6. 1722) und untersagt den Bewohnern der habsburgischen Erblande jeglichen Export nach Ostindien.

Musikliebender Kaiser Karl VI.

1738. Kaiser Karl VI. komponiert ein »Miserere a 4 voci: In nomine Domini« für vier Singstimmen mit Orgelbaß. Der Monarch unterhält eine 86 Mann starke Kapelle, die ihn jährlich 43 700 Gulden kostet.

Die Kaiserstiege im Stift Göttweig

1736. *Joseph Emanuel Fischer von Erlach beginnt im Nordwesten der Klosteranlage von Stift Göttweig (Niederösterreich) mit dem Bau der sog. Kaiserstiege in einem eigenen dreigeschossigen Trakt (oben; Kupferstich von Salomon Kleiner, 1745). Nach Vollendung 1739 gestaltet Paul Troger (rechts; Selbstbildnis, Ausschnitt, um 1730) das Deckengemälde »Apotheose Kaiser Karls VI.«*

Ohne Kriegsglück gegen die Türken

18. September 1739. Österreich und das Osmanische Reich schließen den Frieden von Belgrad: Österreich verzichtet darin auf alle Erwerbungen aus dem ersten Türkenkrieg Kaiser Karls VI. (→ 21.7.1718) mit Ausnahme des Temesvárer Banats, ferner verliert es Serbien und die österreichische Walachei.
Der verantwortliche österreichische Unterhändler, Wilhelm Reinhard Graf Neipperg, wird aufgrund der für Österreich wenig vorteilhaften Vertragsbestimmungen beschuldigt, die Instruktionen des Kaisers mißachtet zu haben, und für seine Verhandlungsführung zur Rechenschaft gezogen.
1737 war Karl VI. in Erfüllung des Beistandspaktes mit Rußland (vom 6. August 1726) in den Russisch-Türkischen Krieg eingetreten; die österreichischen Truppen kämpften mit wechselndem Erfolg, wurden Ende 1738 aber zunehmend von den Türken bedrängt und mußten in der Schlacht bei Krotzka nahe Belgrad am 22. Juli 1739 eine Niederlage hinnehmen. Am 25. Juli begann die osmanische Belagerung des von rund 20 000 Österreichern verteidigten Belgrads, die Stadt und Festung trotz feindlicher Überlegenheit bis zum Friedensschluß halten können.

Der »edle Ritter«

21. April 1736. Im Alter von 72 Jahren stirbt Prinz Eugen von Savoyen, kaiserlicher Feldherr und Präsident des Hofkriegsrates, in Wien.
1663 als Sohn des Prinzen Eugen Moritz von Savoyen-Carignan und der Olympia Mancini, einer Nichte des französischen Kardinals Jules Mazarin, in Paris geboren, floh er vom Hof König Ludwigs XIV. von Frankreich und trat 1683 in die kaiserliche Armee ein. Seine militärische Feuertaufe erlebte er bei der Entsatzschlacht von Wien am →12. September 1683. Am 14.12. 1683 erhielt der Prinz von Kaiser Leopold I. das Kommando über das Dragonerregiment Kufstein (mehr als 800 Mann); Ludwig XIV. hatte ihm wenige Monate zuvor nicht einmal den Befehl über eine Kompanie, etwa 40 Mann stark, anvertrauen wollen.
In der Schlacht bei Gran (16. 8. 1685) bewies der Prinz erneut sein militärisches Geschick und seine persönliche Tapferkeit, sodaß er vom Kaiser zum Generalfeldwachtmeister befördert wurde. 1688 bei der Eroberung Belgrads schwer verwundet, war sein Aufstieg dennoch ungebrochen: 1693 folgte die Ernennung zum Feldmarschall, 1697 zum Oberbefehlshaber der kaiserlichen Truppen; 1703 übernahm er das Amt des Hofkriegsratspräsidenten.
Zu den bedeutendsten seiner zahlreichen Siege gehören die Erfolge in den Schlachten bei Zenta am →11. September 1697, bei Höchstädt am →13. 8. 1704 und bei Belgrad am 16. August 1717 (→21. 7. 1718).
Als Staatsmann war Prinz Eugen an fast allen Friedensschlüssen seiner Zeit beteiligt. Er stand mit zahlreichen Gelehrten in Verbindung und war ein großer Förderer der Kunst sowie ein kenntnisreicher Sammler von Büchern und Landkarten.
Über sein Verhältnis zu den drei Habsburger Regenten, denen er diente, soll der Prinz einmal erklärt haben: »Kaiser Leopold I. war mein Vater, Joseph I. mein Bruder und Karl VI. mein Herr.«

Prinz Eugen von Savoyen (Johann Gottfried Auerbach, 1728; Berlin)

◁ Mit der 1721 fertiggestellten Skulptur »Apotheose des Prinzen Eugen« verherrlicht der Bildhauer Balthasar Permoser den schon zu Lebzeiten legendären Feldherrn. Die verklärende Darstellung der Taten Eugens (von diesem persönlich in Auftrag gegeben) ist reich an symbolträchtigen Elementen, die den ewigen Ruhm als Lohn adliger Tugend verheißen (Österreichische Galerie Wien).

Barocker Neubau von Stift Melk

1736. *Unter Abt Berthold Dietmayr wird das bereits 1113 begründete Stift Melk in Niederösterreich, durch zahlreiche Brände und den Türkeneinfall 1683 völlig zerstört, von Grund auf neu erbaut. 1702 nahm Jakob Prandtauer die Arbeiten auf, die nach seinem Tod 1726 von seinem Neffen Josef Munggenast vollendet werden. 1735 richtete ein Brand erhebliche Schäden an, und Munggenast erneuerte die Türme. Der auf einem Granitfelsen oberhalb der Donau gelegene Komplex hat eine unregelmäßige Front, während die als reiner Zweckbau errichtete 320 m lange Südseite völlig ungegliedert ist.*

Winterreitschule in Wien vollendet

1735. *Joseph Emanuel Fischer von Erlach vollendet nach sechsjähriger Bauzeit das Gebäude der Winterreitschule (r. im Bild); der prachtvolle barocke Reitsaal (57 m lang und 19 m breit) dient der von Kaiser Karl VI. neu gegründeten Spanischen Hofreitschule als Ort der Morgenarbeit und der Vorführungen. Der bereits 1572 ins Leben gerufene Reitstall ist die älteste Reitschule der Welt. Waren die zunächst trainierten Pferde überwiegend südspanischer Abstammung, so wurden in der Folgezeit ausschließlich Hengste (in der Regel Schimmel) aus dem 1580 in Lipizza bei Triest gegründeten Hofgestüt verwendet, einer auf spanischem, neapolitanischem und arabischem Blut aufgebauten Zucht.*

Das kaiserliche Lustschloß Schloßhof bei Marchegg (Westansicht; Gemälde von Bernardo Belotto; Kunsthistorisches Museum Wien)

Blick auf das barocke Gartenpalais Liechtenstein in der Rossau in Wien, vom Oberen Belvedere aus gesehen (Gemälde von Bernardo Bellotto)

Garten von Schloß Mirabell, der Sommerresidenz des Erzbischofs von Salzburg (Kupferstich von Johann Friedrich Probst nach Mathias Diesel)

Barocke Baukunst

Die barocke Baukunst widmet sich in der Zeit des fürstlichen Absolutismus vor allem dem Schloßbau. Das gesteigerte Repräsentationsbedürfnis läßt überall großartige Schlösser inmitten prachtvoller Gartenanlagen entstehen. Beeindruckend sind allerdings auch die barocken Umgestaltungen sakraler Bauten bzw. die großzügigen Neubauten wie z. B. Stift Melk (Niederösterreich).

Der barocke Baustil ist gekennzeichnet durch ein perfektes Zusammenspiel von Architektur und Plastik, Malerei und Lichteffekten Ziel ist die Schaffung eines Gesamtkunstwerkes, dessen Faszination aus einer theatralisch anmutender Raumdynamik erwächst. Diesem Ziel sind die einzelnen Element untergeordnet, obgleich sie – fü sich genommen – durchwegs hand werklich wie künstlerisch bedeut same Leistungen darstellen.

Zu den großen Barockbauten i Österreich gehören u. a. die Schlös ser Schloßhof in Niederösterreich Mirabell in Salzburg und das Obere Belvedere in Wien.

Großer Saal der Wiener Hofbibliothek (heute Nationalbibliothek)

Marmorsaal des Augustiner-Chorherrenstiftes St. Florian bei Linz. Den Umbau leitete Baumeister Jakob Prandtauer von 1708 bis 1726

»Die Himmelfahrt Mariens« (Fr ko von Franz Anton Maulbertsc

3lick auf das Obere Belvedere in Wien, das Prinz Eugen von Savoyen nicht ·um Wohnen, sondern als Lustschloß für Festlichkeiten errichten ließ

Toreinfahrt zum Unteren Belvedere, das Johann Lukas von Hildebrandt 1714–1716 errichtete. Die Außenfassade des Schlosses ist betont schlicht gehalten, dafür sind die Säle im Inneren umso prächtiger ausgestaltet

1 ganz Österreich

;chloßhof und Belvedere gehen ·eide zurück auf die Initiative des ·rinzen Eugen von Savoyen, der ·en ursprünglich befestigten Vierlügelbau von Schloßhof an der 1arch 1725–1729 von Johann Lu·as von Hildebrandt umbauen läßt.)ieser ergänzt den bestehenden ·rakt um zwei Seitenflügel, sodaß ·in Ehrenhof entsteht; 1732 voll·ndet Hildebrandt die beeindruk·ende barocke Gartenanlage. Hil·ebrandt, 1695/96 Feldbaumeister ·nd Festungsingenieur des Prinzen ·ugen, errichtet für diesen auch das ·runkvolle Obere Belvedere, nach·em er bereits 1714–1716 das Unte· Belvedere, ein äußerlich eher ·hlichtes Lustschloß, gebaut hat.

Hildebrandts Ziel ist es, das Schoß in die Landschaft »hineinzumodellieren«; seine Pläne werden von dem künstlerisch gebildeten Prinzen mit Begeisterung aufgenommen. – Ein barocker Terrassengarten mit Statuen, Fontänen und Kaskaden verschmelzt die beiden Schlösser zu einer kunstvollen Schöpfung der Barockarchitektur, der die prächtige Inneneinrichtung in nichts nachsteht.

1721–1727 leitet Hildebrandt auch den Umbau des 1606 errichteten Schlößchens Altenau (heute Mirabell) in Salzburg. Hier erweist sich der erfolgreiche Baumeister auch als kluger Umgestalter bereits vorhandener Bausubstanz.

·nz in Weiß gehalten: »Sala terrena« (Erdgeschoßsaal) im Oberen Belve·e; den Stuck schuf Santino Bussi, die Plastiken Dominique Girard

Die Wiener Karlskirche, 1716–1737 von Johann Bernhard Fischer von Erlach bzw. (ab 1723) von seinem Sohn Joseph Emanuel errichtet

Nachfolge umstritten

20. Oktober 1740. Kaiser Karl VI., der Schöpfer der »Pragmatischen Sanktion«, stirbt kurz nach seinem 55. Geburtstag in Wien. Nach dem Tod seines älteren Bruders, Kaiser Joseph I., wurde er 1711 zum römischen König und Kaiser gewählt. Von 1703 bis 1720 erhob der Habsburger als Karl III. auch Anspruch auf den spanischen Thron, verzichtete allerdings im Frieden von Haag (→ 18. 1. 1720) zugunsten des Bourbonen Philipp von Anjou.

Seit 1713 war Karls Außenpolitik wesentlich von dem Bemühen geprägt, die am → 19. April 1713 erlassene »Pragmatische Sanktion« von den europäischen Mächten anerkennen zu lassen. Zwischen 1720 und 1735 gelang es dem Kaiser, die Zustimmung der meisten europäischen Großmächte (oft gegen erhebliche Zugeständnisse, → 16. 3. 1731) zu erhalten, sodaß Erzherzogin Maria Theresia, die 23jährige älteste Tochter Karls VI., als Nachfolgerin die Regierung der habsburgischen Erblande übernimmt.

Gegen die Thronbesteigung einer Frau protestieren umgehend die Kurfürsten Karl Albrecht von Bayern (er ist mit Maria Amalia, der jüngsten Tochter Kaiser Josephs I., verheiratet) und Friedrich August III. von Sachsen (verheiratet mit Maria Josepha, der älteren Tochter Josephs I.). Beide Herrscher haben bei der Annahme der »Pragmatischen Sanktion« durch die Reichsstände im Jänner 1732 gegen das habsburgische Hausgesetz gestimmt. Sie finden Unterstützung bei König Philipp V. von Spanien und Preußens König Friedrich II. (dem Großen).

Karls VI. Politik der diplomatischen Absicherung seiner Nachfolge ist damit gescheitert. Am 16. Dezember 1740 marschieren preußische Truppen in Schlesien ein, während Österreichs Armee keineswegs bestens gerüstet ist. So bewahrheitet sich der Ausspruch des Prinzen Eugen von Savoyen, der kurz vor seinem Tod erklärte: »Hunderttausend Mann und ein gefüllter Schatz sind die besten Garantien der Pragmatischen Sanktion« (→ 1741–1748).

Erzherzogin Maria Theresia, die Tochter Karls VI., deren Thronanspruch die »Pragmatische Sanktion« sichern soll (Gemäldesammlung Schloß Ambras)

1741

1741–1750

27. 5. 1741. In Wien findet die erste Militärparade mit einer Kapelle statt: Die Panduren des Majors Franz Freiherr von der Trenck defilieren vor Erzherzogin Maria Theresia.

4. 6. 1741. König Friedrich II. (der Große) in Preußen tritt dem antihabsburgischen Bündnis Frankreichs, Spaniens und Bayerns bei. Der Erste Schlesische Krieg weitet sich damit zum Österreichischen Erbfolgekrieg aus (→ 1741–1748).

25. 6. 1741. Maria Theresia wird in Preßburg zur Königin von Ungarn gekrönt.

31. 7. 1741. Bayrische Truppen besetzen Passau: Der Österreichische Erbfolgekrieg beginnt.

1742. Maria Theresia errichtet die »Geheime Haus-, Hof- und Staatskanzlei« für die auswärtigen Angelegenheiten.

24. 1. 1742. Kurfürst Karl Albrecht von Bayern wird in Frankfurt am Main als Karl VII. zum Kaiser gewählt.

5. 2. 1742. Im umgebauten Ballsaal der Wiener Hofburg wird das »Königliche Theater nächst der Burg« eröffnet.

28. 7. 1742. Österreich und Preußen schließen den Frieden von Berlin, der den Ersten Schlesischen Krieg beendet. →

12. 5. 1743. Maria Theresia wird in Prag zum König von Böhmen gekrönt.

14. 8. 1744. Preußische Truppen marschieren in Böhmen und Sachsen ein: Der Zweite Schlesische Krieg beginnt. →

1745. Maria Theresia beruft den Niederländer Gerhard van Swieten nach Wien. Er lehrt als erster Universitätsprofessor Physiologie und Pathologie und wird Leibarzt der Monarchin.

20. 1. 1745. Der Tod Kaiser Karls VII. beendet die militärischen Unternehmungen Bayerns gegen Österreich, die am 22. April den Frieden von Füssen schließen.

13. 9. 1745. Großherzog Franz Stephan von Toskana, der Gatte Maria Theresias, wird in Frankfurt am Main zum Kaiser gewählt. →

25. 12. 1745. Der Friede von Dresden beendet den Zweiten Schlesischen Krieg; Österreich erneuert seinen Verzicht auf Schlesien (→ 14. 8. 1744).

24. 2. 1746. Maria Theresia gründet die »Theresianische Ritterakademie« (Theresianum) in Wien und stellt den Jesuiten dafür das Lustschloß Favorita zur Verfügung.

18. 10. 1748. Mit dem Frieden von Aachen endet der Österreichische Erbfolgekrieg (→ 1741–1748).

1749. Der Feldzeugmeister Leopold Graf Daun veröffentlicht ein neues Reglement für die österreichische Armee. →

15. 1. 1749. Mit einem Handschreiben Maria Theresias beginnt die Reorganisation des Justiz- und Verwaltungswesens. →

2. 5. 1749. Mit einem weiteren Handschreiben vollzieht Maria Theresia die staatsrechtliche Umwandlung der österreichischen Erblande und der böhmischen Länder zu einem Einheitsstaat. →

1750. Maria Theresia läßt eine neue Währung einführen, um das »Münzchaos« zu beseitigen. →

21. 1. 1750. Zur Ausrottung der »listigen, diebischen und gefräßigen Tiere« wird in Kärnten ein »Spatzenpatent« erlassen und die Einsetzung von neun »Spatzen-Commissarii« angeordnet.

GESTORBEN:

14. 2. 1741. Wien: Johann Joseph Fux (* 1660), Komponist, seit 1715 Hofkapellmeister.

15. 2. 1741. Wien: Georg »Raphael« Donner (* 24. 5. 1693), Bildhauer. →

3. 5. 1741. St. Pölten: Josef Munggenast (* 5. 3. 1680), Baumeister (Stift Melk, → 1736).

30. 7. 1741. Wien: Wierich Graf Daun, Fürst von Thiano (* 19. 10. 1669), Feldmarschall.

29. 6. 1742. Wien: Joseph Emanuel Fischer von Erlach (* 13. 9. 1693), Barockbaumeister (Karlskirche, Reichskanzleitrakt der Hofburg, Palais Schwarzenberg, sämtlich in Wien; → 1735).

1744. Heiligenkreuz: Giovanni Giuliani (* 1663), Bildhauer (seit 1694 in Heiligenkreuz, schuf u. a. Hochaltar und Dreifaltigkeitssäule des Stiftes).

22. 10. 1744. Salzburg: Leopold Anton Freiherr von Firmian (* 27. 5. 1679), Fürsterzbischof von Salzburg.

14. 9. 1745. Heiligenkreuz: Martino Altomonte (* 8. 5. 1657), Maler. →

16. 11. 1745. Wien: Johann Lukas von Hildebrandt (* 14. 11. 1668), Baumeister (→ 1721–1730).

GEBOREN:

13. 3. 1741. Wien: Joseph II. von Habsburg († 20. 2. 1790), König und Kaiser.

28. 5. 1741. Laibach: Philipp Graf Cobenzl († 30. 8. 1810), Staatsmann.

30. 10. 1741. Chur: Angelica Kauffmann († 5. 11. 1807), Malerin.

1. 4. 1745. Preßburg: Johann Josef Laroche († 8. 6. 1806), Schauspieler.

12. 9. 1745. (Tauftag). Wien: Karl von Marinelli († 28. 1. 1803), Schauspieler, Theaterdichter und -leiter.

5. 7. 1746. Untervalpatan: Franz Anton von Zauner († 3. 3. 1822), Bildhauer.

5. 5. 1747. Wien: Leopold II. von Habsburg-Lothringen († 1. 3. 1792), Großherzog von Toskana und Kaiser.

16. 3. 1749. Wien: Joseph Richter († 16. 6. 1813), Schriftsteller.

18. 8. 1750. Legnano: Antonio Salieri († 7. 5. 1825), Komponist.

Schlesien fällt an Preußen

28. Juli 1742. Österreich und Preußen schließen auf der Grundlage des Vorfriedens von Breslau vom 11. Juni den Frieden von Berlin, der den Ersten Schlesischen Krieg beendet. Österreich muß fast ganz Schlesien (mit Ausnahme von Teschen, Troppau und Jägerndorf) an Preußen abtreten (38 000 km² mit etwa 1 400 000 Einwohnern).

König Friedrich II. (der Große) in Preußen verzichtet seinerseits auf weitere Gebietsforderungen, garantiert die katholische Religion in Schlesien und verpflichtet sich, im Österreichischen Erbfolgekrieg neutral zu bleiben. Zusätzlich überträgt Maria Theresia dem Preußenkönig und seinen Nachkommen den Titel eines Herzogs von Schlesien und Grafen von Glatz.

Preußische Truppen waren am 16. Dezember 1740 ohne Kriegserklärung unter dem Vorwand, Erbansprüche auf Schlesien geltend machen zu wollen, in das seit mehr als 200 Jahren österreichische Land einmarschiert. Maria Theresia hatte zuvor das Angebot des Preußenkönigs abgelehnt, für die Anerkennung der »Pragmatischen Sanktion« vom → 19. April 1713 und die Unterstützung ihres Gatten Franz Stephan bei der Kaiserwahl Schlesien an Friedrich II. abzutreten.

Mit Ausnahme der Festungen Glogau, Brieg und Neiße sowie des neutralen Breslau hielten die Preußen Ende Jänner 1741 das ganze Land besetzt. Der preußische Sieg in der Schlacht bei Mollwitz (10. 4. 1741) ermutigte die geheimen Feinde Habsburgs (Bayern, Frankreich und Spanien), ihrerseits offen gegen Österreich vorzugehen. Sie schlossen sich am 28. Mai im »Nymphenburger Bündnis« zusammen, dem am 4. Juni auch der Preußenkönig beitrat (ohne aber an dem allgemeinen Angriff auf Österreich teilzunehmen). Damit weitete sich der Erste Schlesische Krieg zum Österreichischen Erbfolgekrieg aus.

Durch britische Vermittlung kam bereits am 9. Oktober 1741 der Geheimvertrag von Klein-Schnellendorf zwischen Maria Theresia und Friedrich II. zustande. Da der darin vereinbarte Friedensschluß vor Jahresende unmöglich schien und die beabsichtigte Geheimhaltung nicht eingehalten wurde, ließ der Preußenkönig seine Truppen Ende November nach Oberschlesien, Böhmen und Mähren vordringen und eroberte am 27. Dezember Olmütz. Eine weitere Niederlage der Österreicher in der Schlacht bei Chotusitz (17. 5. 1742) führt endlich zum Präliminarfrieden von Breslau, in dem sich Maria Theresia zum Verzicht auf beinahe ganz Schlesien bereit erklären muß, um die dringend benötigte Entlastung an der Nordfront Österreichs zu erreichen.

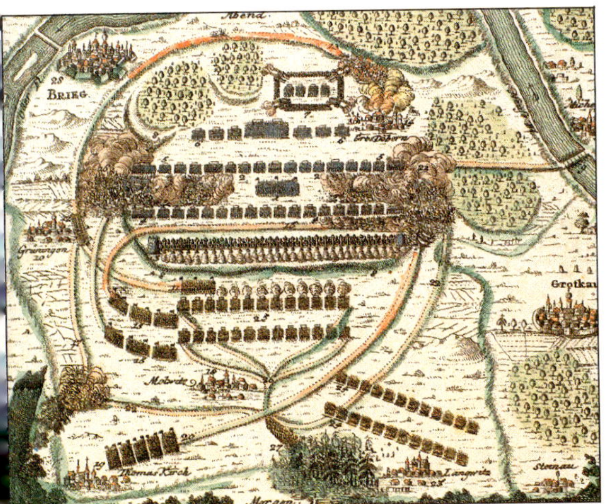

Aufstellung der österreichischen und preußischen Truppen in der Schlacht bei Mollwitz am 10. April 1741

König Friedrich II. in Preußen feiert am 3. Jänner 1741 nach dem Sieg seiner Truppen seinen Einzug in Breslau

Der Zweite Schlesische Krieg

14. August 1744. König Friedrich II. in Preußen läßt (abermals ohne Kriegserklärung) seine Truppen ein zweites Mal in Böhmen einrücken. Die zunehmenden Erfolge Österreichs im Erbfolgekrieg und das Anwachsen der habsburgischen Macht durch die Verträge von Worms (mit Großbritannien und Sardinien) und mit Sachsen beunruhigten den Preußenkönig, der – seinerseits durch Bündnisse mit Frankreich und dem Wittelsbacher Kaiser Karl VII. gestärkt – durch ein erneutes Eingreifen in den Krieg österreichische Truppen binden und Österreich friedensbereit machen will.

Doch Maria Theresia lehnt auch nach der verheerenden Niederlage in der Schlacht von Hohenfriedberg (5. 6. 1745), in der die vereinigten Österreicher und Sachsen mehr als 15 000 Mann verloren haben (die Verluste der Preußen betragen weniger als 5000 Mann), jegliche Friedensverhandlungen ab. Erst nach weiteren militärischen Erfolgen der Preußen in den Schlachten bei Soor (30. 9. 1745) und Kesselsdorf (15. 12. 1745), in denen die Österreicher erneut mehr als 10 000 Tote beklagen, willigt Maria Theresia in den Frieden von Dresden ein: Am 25. Dezember 1745 wird der Friede von Berlin bestätigt (→ 28. 7. 1742) und der Verzicht Österreichs auf Schlesien erneuert. Preußen erkennt dafür Franz I. Stephan, den Gatten Maria Theresias, als neuen Kaiser an.

Providentia-(Donner-)Brunnen

Donners Werk

15. Februar 1741. In Wien stirbt 47jährig Georg »Raphael« Donner, der bedeutendste Bildhauer des österreichischen Barocks. Der aus Eßling bei Wien stammende Donner arbeitete ab 1725 als Modelleur und Plastiker in Salzburg, trat 1729 in den Dienst des Grafen Esterházy in Preßburg (Plastiken im dortigen Dom) und war seit 1734 größtenteils in Wien tätig. Hier schuf er 1737–1739 den Providentiabrunnen, auf dem Neuen Markt auch Donner-Brunnen genannt, und den Andromedabrunnen (1740).

»Apotheose auf Karl VI.«

Maria Theresia als Königin von Ungarn, 1743 (Ölgemälde, um 1745; Kunsthistorisches Museum Wien)

Franz I., der Gemahl Maria Theresias, als »Franz von Lothringen« (anonymes Porträt; Stift Melk)

Maria Theresia behauptet sich

1741–1748. Unbegründete Ansprüche der Kurfürsten von Bayern und Sachsen auf einen Teil des habsburgischen Erbes Kaiser Karls VI. führen im Mai 1741 zu einem Bündnis der antihabsburgischen Kräfte (Bayern, Frankreich und Spanien), die Österreichs militärisches Engagement im Ersten Schlesischen Krieg mit Preußen ausnutzen wollen. Durch den Bündnisbeitritt König Friedrichs II. (des Großen) in Preußen weitet sich der Krieg um Schlesien im Juni 1741 zum Österreichischen Erbfolgekrieg aus, dem sich in der Folge auch Sachsen, Schweden, Sardinien, Neapel, die Kurpfalz und Köln auf seiten der Gegner Österreichs anschließen.

Maria Theresia bleibt zunächst ohne Verbündete, da Großbritannien einen Neutralitätsvertrag mit Frankreich schließt; 1742 stellt es sich aber doch auf die Seite Österreichs, das auch von Rußland und den Niederlanden Unterstützung erhält. Nach dem Friedensschluß mit Preußen (→ 28.7.1742) und bald darauf mit Sachsen verlagert sich der Schwerpunkt des Krieges an den Rhein. Ende Jänner 1743 landet ein 16000 Mann starkes britisches Heer an der Atlantikküste und vereint sich mit hannoverschen, hessischen und österreichischen Truppen. Diese sog. Pragmatische Armee (rund 40000 Mann) besiegt die Franzosen in der Schlacht bei Dettingen (nahe Aschaffenburg) am 27. Juni 1743. Militärische Erfolge der Österreicher, die auch Sardinien als Verbündeten gewinnen können, zeugen vom Wiedererstarken der habsburgischen Macht und veranlassen den Preußenkönig Friedrich II., mit dem Einfall in Böhmen am → 14. August 1744 den Zweiten Schlesischen Krieg zu eröffnen, um die Gegner Österreichs zu entlasten.

Trotz militärischer Rückschläge gegen Preußen gelingt Maria Theresia mit der Bildung der Warschauer Quadrupelallianz (8.1.1745) zwischen Österreich, Sachsen, Großbritannien und den Niederlanden eine Festigung ihrer Position. Der Tod Kaiser Karls VII. im Jänner 1745 führt am 22. April zum Frieden von Füssen: Kurfürst Maximilian III. Joseph, Sohn und Nachfolger des verstorbenen Monarchen, verzichtet, anerkennt die »Pragmatische Sanktion« und verspricht, die Kaiserwahl Franz Stephans, des Gatten Maria Theresias, zu unterstützen. Er behält dafür Bayern in den Grenzen von 1741, ohne Reparationskosten an Österreich leisten zu müssen.

Nach Beendigung des Zweiten Schlesischen Kriegs im Dezember 1745 verlagert sich der Erbfolgekrieg auf den Boden des Reiches. Das Ende wird schließlich durch das Eingreifen Rußlands herbeigeführt, das Hilfstruppen an den Rhein schickt. Nach langwierigen Verhandlungen schließen Österreich, Großbritannien, Sardinien und die Niederlande einerseits sowie Frankreich, Spanien, Modena und Genua andererseits am 18. Oktober 1748 den Frieden von Aachen, der den Österreichischen Erbfolgekrieg nach siebenjähriger Dauer beendet. Das Haus Habsburg verliert neben Schlesien (dessen Zugehörigkeit zu Preußen garantiert wird) nur die oberitalienischen Herzogtümer Parma, Piacenza und Guastalla (an Spanien), behält aber die Österreichischen Niederlande. Die Erbansprüche Maria Theresias sind nun allgemein anerkannt, und die Reichskrone ist wieder im Besitz der Habsburger. Österreich hat seine europäische Machtstellung behauptet.

Kaiserkrone für Franz I. Stephan

13. September 1745. Nach einem »Intermezzo« von 44 Monaten kommt die Kaiserwürde wieder an das Haus Habsburg(-Lothringen): In Frankfurt am Main wird Franz (I.) Stephan, der 36jährige Gemahl Maria Theresias, zum Kaiser gewählt und am 4. Oktober feierlich gekrönt. Maria Theresia bricht am 15. September von Wien auf, um an den Krönungsfeierlichkeiten in Frankfurt teilzunehmen. Ihre erste Reise über die Grenzen ihrer Erblande hinaus wird zum Triumphzug, obwohl sie als Privatperson und nicht als künftige Kaiserin reist. Maria Theresia hat es mit dem Hinweis auf die hohen Kosten abgelehnt, ebenfalls gekrönt zu werden:

Sie bleibt also Erzherzogin von Österreich, Königin von Böhmen und Ungarn und damit »selbstregierende Königin« in den habsburgischen Erblanden.

»Er fragt nicht nach Prunk«

In einem Bericht an seinen König gab der preußische Gesandte Otto Christoph Graf von Podewils am 15. Februar 1747 eine umfangreiche Charakteristik des neuen Regenten Franz I. Stephan. Darin heißt es u. a.:

»... Seine Anrede ist höflich, aber ziemlich kalt und ernst, vor allem gegenüber Personen, die er wenig kennt, und er erscheint Ausländern gegenüber sogar etwas schüchtern. Er drückt sich mit Leichtfertigkeit aus. Er hat eine ziemlich lebhafte Einbildungskraft, ein gutes Gedächtnis und viel gesunden Menschenverstand. Aber da er von Natur träge ist, weiß er sich mit keiner Sache gründlich zu befassen. Er haßt die Arbeit. Er ist wenig ehrgeizig und kümmert sich so wenig wie möglich um die Regierungsgeschäfte. Er will das Leben genießen, es angenehm verbringen und überläßt der Kaiserin gerne den Ruhm und die Sorgen der Regierung...

Bei den kleinen Zwistigkeiten, die zwischen ihm und der Kaiserin vorkommen, ist er es gewöhnlich, der nachgibt und zuerst einlenkt ... Er fragt nicht nach Prunk, am wenigsten in der Kleidung. Oft kleidet er sich sogar an Galatagen zu nachlässig, und er ist manchmal von seinem ganzen Hofe der am wenigsten Prächtigste...«

Reform von Justiz und Verwaltung

15. Jänner 1749. Mit einem Handschreiben schafft Maria Theresia zwei neue Zentralstellen:

- ▷ Die Oberste Justizstelle, die alle Funktionen des Obersten Gerichtshofes und des Justizministeriums ausübt; ein Kanzler fungiert als Präsident, ihm sind zwei Vizekanzler und 15 Räte beigegeben
- ▷ Die Oberste Verwaltungsstelle, mit dem Titel »Directorium in internis« (auch »Directorium in publicis et cameralibus« genannt), die für Inneres und Finanzen zuständig ist; erster Leiter wird der Schlesier Friedrich Wilhelm Graf Haugwitz.

Der Hofkriegsrat für das Kriegswesen und die »Geheime Haus-, Hof- und Staatskanzlei« für Äußere Angelegenheiten bleiben bestehen. Vater des Reformplans ist Graf Haugwitz, der die Grundsätze einer Zentralverwaltung durch Konzentration der Behörden zuvor bereits in Schlesien sowie in Kärnten und Krain erprobt hat.

Die Armee wird reorganisiert

1749. Nach 20 Beratungen und mehreren Besprechungen mit Maria Theresia veröffentlicht Feldzeugmeister Leopold Graf Daun den von ihm erarbeiteten ersten Teil einer österreichischen Heeresreform, das »Regulament und Ordnung des Gesamten Kaiserlich-Königlichen Fuß-Volkes«.

Nach einer schon recht umfangreichen Einleitung, in der auch die Bildung des Offiziers gefordert wird, beschäftigt sich ein 175 Seiten starker zweiter Teil mit den Forderungen an die einzelne militärische Einheit, besonders im Felde. Der zweckmäßige und sinnvolle Drill steht dabei im Vordergrund.

Besondere Bedeutung wird dem Infanterieregiment zugemessen, da bis dahin nicht nur unterschiedliche, sondern auch widersprechende Vorschriften durch die einzelnen Regimentschefs üblich waren. Auf Tafeln wird erläutert, wo jeder Offizier und Mann bei der Parade, in der Schlacht oder im Lager zu stehen hat. Die Adjustierung wird einfacher und einheitlicher, von Offizieren wird vorbildliche Haltung verlangt; zudem werden das Disziplinarrecht humanisiert und der Weg der Beschwerdeordnung festgelegt.

Die Friedensstärke eines Infanterieregiments wird mit 2408 Mann festgesetzt. Die bisher mit dem Namen des Inhabers bezeichneten Regimenter erhalten fortlaufende Nummern. – 1751 läßt Daun das neue Reglement für die Kavallerie folgen.

Standbild Leopold Graf Dauns (Maria-Theresia-Denkmal Wien)

Die Gründung des Einheitsstaates

2. Mai 1750. Mit einem Handschreiben vollzieht Maria Theresia einen bedeutenden staatsrechtlichen Umbruch: Sie faßt die österreichischen Erblande und die Länder der böhmischen Krone zu einem einheitlichen Staat zusammen; alle Länder und Provinzen diesseits der Leitha (»Zisleithanien«) erhalten die amtliche Bezeichnung »Die im Reichsrat vertretenen Königreiche und Länder«; Ungarn bleibt unangetastet und trägt die Bezeichnung »Die Länder der ungarischen Krone«.

Gleichzeitig wird das »Haus-, Hof- und Staatsarchiv« in Wien errichtet. Alle für Staat und Herrscherhaus wichtigen Dokumente sollen hier erfaßt und aufbewahrt werden. Schon 1137 wurde das Archiv der österreichischen Landesfürsten erwähnt, das unter Kaiser Maximilian I. neu geordnet und zentralisiert wurde, doch Länderteilungen zerrissen es mehrmals (heute verfügt es über mehr als 70000 Urkunden, 3000 Handschriften sowie 36000 Siegelabdrücke und Stempel).

Meytens malt das »Damenkarussell des Wiener Hofes«

Das Faschingsfest des Jahres 1743, eigentlich »Frauen-Carossels« genannt, wird durch die Wiedereroberung Prags zu einer Siegesfeier in der Hofreitschule der Wiener Burg. Maria Theresia hat es persönlich initiiert und seit mehr als zwei Monaten geprobt. Nach dem Einzug und einer Ehrenrunde beginnt das Turnier, das durch je zwei Quadrillen zu Pferd und im Wagen ausgeführt wird, und zwar mit Lanze, Pistole, Wurfpfeil und Degen. Der Hofmaler Martin van Meytens hat den Höhepunkt des Festes in seinem Gemälde »Damenkarussell des Wiener Hofes« (1743; Kunsthistorisches Museum Wien) festgehalten: Maria Theresia an der Spitze der acht Reiterinnen mit gezogenem Degen, hinter ihr (an der Spitze der Wagen) ihre Schwester Maria Anna.

Der Weg aus dem »Münzchaos«

1750. Maria Theresia führt eine neue Währung ein, um wieder Ordnung in das durch die vergangenen Kriege entstandene »Münzchaos« zu bringen. Mit Bayern wird eine Münzkonvention geschlossen, in der ein neuer Münzfuß vereinbart wird: Eine »feine Kölner Mark« (233,81 g Silber) entspricht 20 Gulden, ein Gulden ist gleich einem halben Taler und hat 14 g Silber.

Damit ist das Verhältnis zwischen Gulden und Taler auf 2:1 festgesetzt; man spricht von einer »Conventionsmünze« (C.M.), weil sie eine Vertragsmünze ist, deren gleichmäßiges Edelmetallverhältnis unter mehreren Staaten vereinbart worden ist. Die meisten süddeutschen Länder schließen sich der neuen Münzkonvention an.

Um eine Beschneidung der Münze zu verhindern, wird die Randschrift eingeführt, außerdem werden Scheidemünzen aus Kupfer (die Kreuzer) ausgeprägt. Diese Maßnahme und eine Steuerreform führen in der Folge zur Gesundung der Finanzlage.

Westfassade der Stiftskirche Wilhering in Oberösterreich

Chororgel von Nikolaus Rummel in der Stiftskirche Wilhering

Blick in das Innere des Langhauses der Rokokokirche von Wilhering

Deckenfresko von Bartolomeo Altomonte in Wilhering

Kunst und Kultur in Österreich 1701–1750

▷ Johann Lukas von Hildebrandt erbaut das Schloß Halbturn im Burgenland (1701–1711)

▷ Giovanni Battista Carlone beginnt mit dem Bau der Wallfahrtskirche Christkindl bei Steyr (Oberösterreich), 1725 von Jakob Prandtauer fertiggestellt

▷ Gabriele Montani beginnt mit dem Bau der Peterskirche in Wien (1733 vollendet)→

▷ Andreas und Johann Georg Stengg errichten die Wallfahrtskirche Maria Trost bei Graz (1714–1724)

▷ Der von Jakob Prandtauer begonnene Neubau des Stiftes Herzogenburg (Niederösterreich) wird 1726–1746 von Josef Munggenast vollendet

▷ Johann Michael Prunner errichtet die Wallfahrtskirche von Stadl-Paura (Oberösterreich)

▷ Johann Jakob Herkomer beginnt den Bau der Stadtpfarrkirche von Innsbruck, 1730 von Johann Georg Fischer vollendet

▷ Georg Anton Gumpp erbaut das Landhaus in Innsbruck (1725–1728)

▷ Josef Munggenast vollendet den Bau der Wallfahrtskirche Sonntagberg (Niederösterreich)

▷ Matthias Steinl beginnt den Bau der Stiftskirche Dürnstein (1733 von Josef Munggenast fertiggestellt)

▷ Johann Lukas von Hildebrandt erbaut das Gartenhaus von Schloß Obersiebenbrunn (Niederösterreich), das von Jonas Drentwert mit Groteskenmalerei ausgestattet wird

▷ Die Stiftskirche Wilhering (Oberösterreich) wird errichtet (1733–1751); die Innenausstattung ist ein herausragendes Beispiel des österreichischen Rokoko→

▷ Josef Munggenast gestaltet den Marmorsaal von Stift Geras (Niederösterreich), das Deckengemälde stammt von Paul Troger (1738)

▷ Die Bibliothek des Stiftes Altenburg (Niederösterreich), der Typ einer barocken »Schaubibliothek«, wird errichtet; die Stifte Schlierbach (Oberösterreich) und Vorau (Steiermark) erhalten ebenfalls eindrucksvolle Bibliothekssäle.→

»Die Gründungslegende des Stiftes Klosterneuburg« (Ölskizze von Martino Altomonte, vor 1750)

Adler-Brunnen auf dem Stiftshof des Augustiner-Chorherrenstiftes St. Florian in Oberösterreich

»Ansicht des Platzes und der Kirche von St. Peter« (Kupferstich von Carl Schütz, 1779)

Bibliothekssaal der Zisterzienserabtei Schlierbach, vermutlich von J. M. Prunner gestaltet

1751

1751–1760

1751. Der »Maria-Theresien-Taler« wird in Österreich als Zahlungsmittel eingeführt. →

26. 2. 1752. Maria Theresia errichtet die »Zahlen-Lotterie«. →

Mitte 1752. In der neuen Menagerie von Schloß Schönbrunn in Wien werden die ersten Tiere untergebracht. →

14. 12. 1752. In Wiener Neustadt wird die Militärakademie errichtet; die Leitung der Offiziersschule übernimmt Feldzeugmeister Leopold Graf Daun.

1753. Die Metallwaren- und Messingnadelfabrik in Lichtenwörth (Niederösterreich) wird gegründet. →

April 1753. Maria Theresia betraut Wenzel Anton Graf Kaunitz als Staatskanzler mit den Auswärtigen Angelegenheiten; die »Geheime Haus-, Hof- und Staatskanzlei« wird zum Außenministerium

April 1754. Die erste Volkszählung in Österreich ergibt 6 134 558 Einwohner.

Maria Theresia errichtet die »Orientalische Akademie« in Wien. →

1755. Der Buchdrucker Johann Thomas Trattner beherrscht den deutschen Buchmarkt. →

29. 6. 1755. Der Arzt Jakob Hermann Obereit aus Lindau am Bodensee findet im Schloß Hohenems in Vorarlberg eine Handschrift des Nibelungenliedes (→ um 1200).

16. 1. 1756. Preußen und Großbritannien schließen die Konvention von Westminster. →

5. 4. 1756. In den Räumen der neu erbauten Wiener Universität wird der Beginn der Vorlesungen feierlich begangen.

1. 5. 1756. Der Vertrag von Versailles zwischen Österreich und Frankreich wird geschlossen. →

29. 8. 1756. Preußische Truppen überschreiten ohne Kriegserklärung die sächsische Grenze: Damit beginnt der Siebenjährige Krieg.

10. 1. 1757. Der Reichstag beschließt den Reichskrieg gegen Preußen.

18. 6. 1757. In der Schlacht bei Kolin (östlich von Prag) besiegen die Österreicher das preußische Heer. Maria Theresia stiftet daraufhin den »Militärischen Maria-Theresien-Orden«. →

1759. Der 1748 begonnene Bau der Sternwarte des Stiftes Kremsmünster (Oberösterreich) wird vollendet; der von Anselm Desing errichtete »Mathematische Turm« ist das erste »Hochhaus« Europas.

12. 8. 1759. Preußische Truppen erleiden eine vernichtende Niederlage in der Schlacht bei Kunersdorf gegen Österreicher und Franzosen. →

Um 1760. Im Wiener Schloß Schönbrunn entsteht die Große Galerie. →

1760. Maria Theresia gründet in Schemnitz (Ungarn) die erste »Bergakademie« Europas.

Friedrich von Knaus baut in Wien den ersten bekannten »Schreibautomaten« – eine Art Vorläufer der Schreibmaschine.

7. 12. 1760. Feldmarschall Graf Daun wird zum Staatsminister ernannt.

GESTORBEN:

12. 4. 1751. Wien: Sigismund Graf Kollonitz (* 30. 5. 1677), erster Erzbischof Wiens und Kardinal.

28. 12. 1751. Wien: Claudius Innozenz Du Paquier (* um 1679), kaiserlicher Hofkriegsagent und Porzellanfabrikant (→ 27. 5. 1718).

19. 12. 1754. Innsbruck: Georg Anton Gumpp (* 12. 10. 1682), Baumeister (Landhaus und Johanneskirche in Innsbruck).

10. 1. 1755. Wien: Johann Jakob von Marinoni (* 9. 2. 1676), Hofmathematiker und Astronom. →

3. 4. 1756. Wien: Anton Ospel (* 1677), frühklassizistischer Architekt (Leopoldskirche und Zeughaus in Wien).

16. 4. 1757. St. Pölten: Daniel Gran (* 22. 5. 1694), Fresken- und Altarbildmaler. →

27. 6. 1757. Prag: Maximilian Graf Browne (* 23. 10. 1705), Feldmarschall.

9. 12. 1760. Klagenfurt: Josef Ferdinand Fromiller (* 1693), Freskenmaler. →

GEBOREN:

1. 9. 1751. Straubing (Bayern): Emanuel (eigentlich Johann Josef) Schikaneder († 21. 9. 1812), Theaterdichter und -direktor.

26. 12. 1751. Taßwitz (Mähren): Klemens Maria Hofbauer († 15. 3. 1820), Redemptoristenpater.

12. 2. 1753. Wien: Bernhard Freiherr von Eskeles († 7. 8. 1839), Bankier.

21. 11. 1753. Brüssel: Ludwig Graf Cobenzl († 22. 2. 1809), Staatsmann.

17. 5. 1754. Basel: Johann Heinrich Freiherr von Geymüller († 1. 4. 1824), Bankier.

1. 6. 1754. Wien: Ferdinand Karl von Habsburg-Lothringen († 24. 12. 1806), Erzherzog von Österreich.

2. 11. 1755. Wien: Marie Antoinette von Habsburg-Lothringen († 16. 10. 1793), Königin von Frankreich.

21. 12. 1755. Steyr: Aloys Blumauer († 16. 3. 1798), Schriftsteller.

27. 1. 1756. Salzburg: Wolfgang Amadeus Mozart († 5. 12. 1791), Komponist.

18. 6. 1757. Ruppersthal: Ignaz Joseph Pleyel († 14. 11. 1831), Komponist.

20. 2. 1758. Asparn an der Zaya: Josef Hardtmuth († 23. 5. 1816), Fabrikant und Baumeister.

26. 9. 1759. Türnau (Böhmen): Wenzel Müller († 3. 8. 1835), Komponist.

Der Theresien-Taler

1751. In Österreich wird der »Maria-Theresien-Taler« als Zahlungsmittel eingeführt. Er wurde zwischen 1741 und 1750 in den Münzstätten von Wien und Kremnitz ausgeprägt und rasch populär. Erst später prägen auch andere Münzstätten (Hall in Tirol, Prag, Graz, Günzburg und Karlsburg in Siebenbürgen) diese Silbermünze. Ab 1780 trägt der Taler das Altersbildnis Maria Theresias mit dem Witwenschleier und bleibt gültiges Zahlungsmittel bis 1858. (Noch heute ist die Münze in Teilen Afrikas und Ostasiens als Nebenwährung beliebt.)

Maria-Theresien-Taler von 1780 mit dem Altersbildnis der Monarchin mit Witwenschleier (Silber)

Erste Ziehung im Zahlen-Lotto

26. Februar 1752. Maria Theresia erteilt die Genehmigung zur Errichtung der »Zahlen-Lotterie« (auch »Lotto di Genova« genannt, das heutige »Kleine Lotto«) und überträgt das alleinige Recht der Ausübung dem Italiener Ottavio Conte di Cataldi. Die erste Ziehung erfolgt am 21. Oktober 1752, doch bereits 1756 wird dem Conte das Privileg wieder entzogen und das Lotto verstaatlicht. Das neu eingerichtete Amt heißt »Lottogefällsdirektion«.

Ein Tiergarten in Schönbrunn

Mitte 1752. Unweit des Wiener Schlosses Schönbrunn errichtet der aus Lunèville stammende Architekt Jean Nicolas Jadot de Ville-Issey eine Menagerie; 1751 hat ihm Kaiser Franz I. Stephan einen entsprechenden Auftrag erteilt. Nun werden bereits die ersten Tiere untergebracht und die »friedlichen« Tiere vom Neugebäude hierherverlegt. Auf dem Gelände des damit ältesten Tiergartens der Welt bestand schon seit 1570 ein Wildpark.

Schönbrunns »Große Galerie«

Um 1760. *Im Schloß Schönbrunn wird die Große Galerie erbaut, ein Gegenstück zum Spiegelsaal von Schloß Versailles und architektonischer Mittelpunkt des Schlosses. Der über elf Achsen reichende Repräsentationssaal dient als Raum für Galadiners, Festlichkeiten und Ballveranstaltungen; das Deckengemälde gestaltet Gregorio Guglielm.*

Aufschwung durch Metallindustrie

1753. Das »Münz- und Bergwerkwesen-Direktions-Hofkollegium« gründet in dem kleinen Ort Lichtenwörth bei Wiener Neustadt (Niederösterreich) eine Metallwaren- und Messingnadelfabrik, die das Volk bald »Nadelburg« nennt.
Für die Fabrik hat das Hofkollegium das Areal des seit den Türkeneinfällen völlig verarmten Ortes vom Bischof von Wiener Neustadt erworben; zusätzlich wird eine aus 50 Häusern und einer Kirche bestehende Wohnsiedlung errichtet, da man für das Unternehmen Facharbeiter aus Aachen und Nürnberg angeworben hat. Diese Siedlung wird mit einer Mauer umgeben.
Lichtenwörths »Nadelburg« ist ein frühes Beispiel staatlicher Industrieansiedlung (1815 verkauft der Staat das Unternehmen, das daraufhin stark erweitert wird und bis 1939 bestehen bleibt; noch heute ist es größtenteils erhalten).

Der österreichische Staatskanzler Wenzel Anton Graf Kaunitz (Gemälde von Johann Baptist Lampi d. Ä.)

Neue Bündnissysteme

16. Jänner / 1. Mai 1756. In Europa kommt es zu einer gänzlichen Umkehrung des bisher bestehenden Bündnissystems: Großbritannien, in den Kriegen der letzten Jahrzehnte an der Seite Österreichs, schließt eine Art Neutralitätsvertrag mit Preußen, Österreich verbündet sich mit seinem langjährigen Hauptgegner Frankreich.
Am Anfang dieser Entwicklung steht der Abschluß der Konvention von Westminster (16.1.). zwischen König Georg II. von Großbritannien und Irland und Preußenkönig Friedrich II. (dem Großen). Kern dieses Vertrags ist die gegenseitige Verpflichtung, einen Einfall fremder Mächte in das Reich gemeinsam zu verhindern.
Frankreichs König Ludwig XV. fühlt sich durch dieses Übereinkommen von seinem alten Bündnispartner Preußen hintergangen und ist bereit, Verhandlungen mit Österreich aufzunehmen. Seit 1477, dem Jahr der Heirat Erzherzog Maximilians m Maria von Burgund, sind die Häus Habsburg und Bourbon miteinar der verfeindet, nun gelingt durch da diplomatische Geschick des öste reichischen Staatskanzlers Wenz Anton Graf Kaunitz der Abschlu eines Vertrages, der die Verpflicl tung der gegenseitigen Hilfe (m einem 24000 Mann starken Hee für den Fall beinhaltet, daß die eur päischen Besitzungen eines der be den Länder angegriffen werden. Di sem Vertrag tritt am 11. Jänner 175 Rußland bei; am ersten Jahrestag d Bündnisses schließen Österreic und Frankreich eine Offensivalliar gegen Preußen, der auch ein Grol teil der deutschen Reichsfürsten be tritt.
Dieses Bündnis sieht für den Fa eines siegreichen Krieges die Aufte lung Preußens unter den Verbünd ten vor; ferner unterstützt Fran reich Österreich mit jährlich zwö Millionen Livres.

Die Gründung der Orient-Akademie

1754. Maria Theresia errichtet in Wien die »Orientalische Akademie«. Fähige »Jünglinge« sollen hier in fünf Jahren für die Geschäfte mit der »Ottomanischen Pforte« ausgebildet werden.
Zuerst am Dominikanerplatz untergebracht, wechselt die Akademie im Laufe der Jahre mehrmals das Domizil (1898 wird sie zur hochgeschätzten Konsularakademie).

Wiener beherrscht den Buchmarkt

1755. Der Wiener Buchdrucker Johann Thomas (ab 1764 Edler von) Trattner betreibt 15 Druckpressen und beherrscht damit praktisch den deutschen Buchmarkt. Großzügig setzt er sich über den (noch nicht geregelten) Schutz geistigen Eigentums hinweg und druckt all das nach, was Erfolg verspricht. Zum Leidwesen seiner Kollegen produziert er dadurch auffallend preisgünstig. Seine beträchtlichen Einnahmen nützt Trattner allerdings zur Unterstützung Maria Theresias.

»Klassische« Barockmalerei

16. April 1757. *Der Barockmaler Daniel Gran stirbt etwa 63jährig in St. Pölten (Niederösterreich). Neben Paul Troger zählt Gran zu den Hauptvertretern der »klassischen« österreichischen Barockmalerei. Ab 1732 nannte er sich (ohne daß eine solche Erhebung nachweisbar ist) »della Torre«. Gran schuf Fresken- und Altarbilder in hellen Farben, die Ruhe und Übersichtlichkeit ausstrahlen. Zu seinen Hauptwerken gehören die Fresken im Palais Schwarzenberg in Wien (1724), im Prunksaal der Wiener Hofbibliothek (1730 vollendet), in der Wiener Karlskirche (1735), in der Wallfahrtskirche von Sonntagberg (Niederösterreich, 1738–1743), im Wiener Schloß Hetzendorf (1746/47) und im Marmorsaal des Stiftes Klosterneuburg (Niederösterreich, 1749). Seine bedeutendsten Altarbilder finden sich in den Stiftskirchen Herzogenburg und Lilienfeld (Niederösterreich; Abb.: Bozetto für das Deckengemälde im Schloß Rosenau bei Zwettl).*

Hofmathematiker und Astronom

0. Jänner 1755. Im Alter von fast 79 ahren stirbt der aus Udine stammende Mathematiker, Geometer nd Astronom Johann Jakob (seit 726 Edler von) Marinoni (eigentch Gian Giacomo Marinoni), der rbauer der ersten Sternwarte Viens.

Marinoni wirkte seit 1696 in der kaierlichen Residenzstadt, wurde 1703 Hofmathematiker und entwarf den om Prinzen Eugen beantragten Beestigungswall um die Wiener Vorädte (→ 16. 1. 1704); 1714 erfand er ine planimetrische Meßwaage. Auf einem 1728 erworbenen Haus auf er Mölker Bastei baute Marinoni inen zweistöckigen Turm, in dem er ine Sternwarte, die erste der Stadt Vien, einrichtete. Mit der Vermesung des Herzogtums Mailand 1722) führte er erstmals in Europa ine Katastervermessung durch, auerdem führte er das Klaftermaß mit ezimaler Unterteilung ein.

Erste Verleihung des militärischen Maria-Theresien-Ordens am 7. März 1758 (Gemälde von Carl von Blaas, 1866)

Orden für höchste Tapferkeit

18. Juni 1757. In der Schlacht bei Kolin (östlich von Prag) besiegt das österreichische Heer unter Feldmarschall Leopold Graf Daun die Preußen unter König Friedrich II., die mehr als 13 000 Mann verlieren. Die Österreicher beklagen den Tod von rund 80 000 Mann, darunter sechs Generäle.

Zur Erinnerung an diese erste vollständige Niederlage des Preußenkönigs, der den Nimbus der Unbesiegbarkeit trug, stiftet Maria Theresia den »Militärischen Maria-Theresien-Orden«, die erste und zugleich höchste militärische Tapferkeitsauszeichnung für Offiziere der österreichischen Armee (ab dem 18. Jahrhundert auch an Ausländer verliehen). Verbunden mit der Ordensverleihung sind die Erhebung in den persönlichen Ritterstand (»Maria-Theresien-Ritter«) und eine Jahrespension auf Lebenszeit.

Die Auszeichnung wird für eine aus eigener Initiative unternommene, erfolgreiche und einen Feldzug wesentlich beeinflussende Waffentat, die ein Offizier ohne Tadel auch hätte unterlassen können, verliehen. (Daß diese Tat gegen einen gegebenen Befehl ausgeführt sein muß, ist eine Fehlinterpretation.) Das erste Großkreuz des Ordens erhält Graf Daun, der auch die Statuten für den Orden entworfen hat; die Auszeichnung wird ihm – und dem Prinzen Karl von Lothringen – am 7. März 1758 in der Wiener Hofburg feierlich durch Kaiser Franz I. Stephan überreicht. Maria Theresia übermittelt Graf Daun in einem Brief ihre Glückwünsche. Großmeister des Ordens ist der jeweilige »allerhöchste Kriegsherr«, also der Monarch. Der Orden ist unterteilt in Großkreuze, Kommandeurkreuze und Kleinkreuze.

Das goldene, weiß emaillierte Kreuz mit leicht ausgebogenen Kanten ist mit einem runden, goldeingefaßten rotweißroten Medaillon versehen, das von einem goldeingefaßten weiß emaillierten Ring mit der goldenen Aufschrift »FORTITUDINI« (der Tapferkeit) umgeben wird.

Der Glückwunsch der Monarchin

In einem Brief an den ersten Ordensträger gibt Maria Theresia ihrer übergroßen Freude über den Sieg von Kolin, den sie auch als »Geburtstag der Monarchie« bezeichnet, Ausdruck. U. a. schreibt sie:

»Lieber Graf Daun, unmöglich könnte ich den heutigen großen Tag vorbeigehen lassen, ohne ihme meinen gewissen herzlichsten und erkenntlichen Glückwunsch zu machen. Die Monarchie ist ihm seine Erhaltung schuldig und ich meine existence meiner schönen und lieben Armee und mein einzigen liebsten Schwagern [Prinz Karl von Lothringen]. Dies wird mir gewiß so lang als ich lebe, niemalens aus meinem Herzen und Gedächtnis kommen ... Dies ist der Tag auch, wo mein Namen auch vor das militaire sollte verewigt werden, auch seiner Händ Werke und ist er wohl billig leider mit seinem Blut mein erster chevalier worden. Gott erhalte ihme mir noch lange Jahr zum Nutzen des Staates, des militaire und meiner Person als meinen besten, wahrsten, guten Freund, ich bin gewiß, so lang als ich lebe, seine gnädigste Frau Maria Theresia.«

J. F. Fromillers Freskenmalerei

9. Dezember 1760. *67jährig stirbt der Kärntner Freskenmaler Josef Ferdinand Fromiller in Klagenfurt. Der von der flämischen und italienischen Malerei beeinflußte Künstler war der führende Barockmaler Kärntens. Zu seinen Hauptwerken gehören die Fresken im Großen Wappensaal des Landhauses in Klagenfurt sowie die Groteskmalereien in der Pfarr- und Stiftskirche Ossiach (Abb.: Fresken in der Taufkapelle).*

Österreichischer Sieg in der Schlacht bei Hochkirch am 14. 10. 1758 (Gemälde von Franz Paul Findenigg; Heeresgeschichtliches Museum Wien)

Krieg mit Preußen

12. August 1759. Mit der Niederlage der preußischen Armee bei Kunersdorf (östlich von Frankfurt an der Oder) gegen ein vereintes österreichisch-russisches Heer scheint die Entscheidung im seit 1756 andauernden Krieg zwischen Österreich und Preußen gefallen zu sein. Die auch als Dritter Schlesischer Krieg bezeichnete Auseinandersetzung bekommt durch den gleichzeitigen Kampf Großbritanniens und Frankreichs um die Vorherrschaft in den Kolonien globale Ausmaße. Nach der Umkehr der Bündnissituation in Europa (→ 16. 1./1. 5. 1756) ließ der preußische König Friedrich II. (der Große) seine Truppen in das mit Österreich verbündete Sachsen einmarschieren, da Maria Theresia eine Zusicherung verweigert hatte, daß Österreich Preußen weder in diesem noch im nächsten Jahr anzugreifen beabsichtige.

Auf Preußens Seite standen Großbritannien, Hannover, Braunschweig, Hessen-Kassel und Gotha; Österreich wurde von Frankreich, Rußland, Schweden und den meisten deutschen Fürsten unterstützt. Bereits am 16. Oktober 1756 mußte Sachsen kapitulieren; im Frühjahr 1757 marschierten die Preußen in Böhmen ein, wo es am 6. Mai östlich von Prag zur Schlacht kam: Die Österreicher unter Prinz Karl von Lothringen erlitten eine deutliche Niederlage, verteidigten aber das von preußischen Truppen belagerte Prag. Nach der Niederlage seiner Armee bei Kolin (→ 18. 6. 1757) mußte Friedrich II. die Belagerung abbrechen und Böhmen räumen.

Am 16. Oktober 1757 gelang es Feldmarschall-Leutnant Andreas Graf Hadik von Futák, mit 3500 Mann und nur vier Geschützen in Berlin einzumarschieren und die Zahlung einer Kriegsentschädigung durchzusetzen; am 17. zog er seine Truppen ohne Verluste wieder zurück.

In dieser bedrohlichen Lage konnte Friedrich II. in der Schlacht bei Roßbach (5. 11. 1757) mit nur 22 000 Mann ein zahlenmäßig weit überlegenes Heer von französischen und Reichstruppen besiegen. Großbritannien verstärkte darauf sein Heer in Norddeutschland, die preußische Armee zog in Eilmärschen nach Schlesien, wo sie in der Schlacht bei Leuthen (5. 12. 1757) abermals einen Sieg errang. 72 000 Österreicher mußten gegen 43 000 Preußen eine verheerende Niederlage hinnehmen; die Preußen eroberten Schlesien zurück.

Im Sommer 1759 wurde eine preußische Armee (rund 27 000 Mann) bei Kay in der Mark Brandenburg vernichtend geschlagen (23. 7. 1759). Trotzdem greift Friedrich II. mit rund 43 000 Mann bei Kunersdorf das 71 000 Mann starke österreichisch-russische Heer an, wird aber in der mehr als achtstündigen Schlacht besiegt. Eine vollkommene Niederlage droht, doch lehnen die Russen die geforderte Verfolgung der Preußen ab (→ 15. 2. 1763).

1761

1761–1770

1761. Leopold Auenbrugger, Primarius des Spanischen Hospitals in Wien, veröffentlicht seine »Perkussion« genannte Untersuchungsmethode, durch Beklopfen des Brustkorbes verborgene Krankheiten zu entdecken.

26. 1. 1761. Der österreichische Staatsrat wird errichtet. →

15. 6. 1762. In Österreich wird das Papiergeld eingeführt. →

5. 10. 1762. In Wien findet die Uraufführung der Oper »Orpheus und Eurydike« von Christoph Willibald Gluck statt.

13. 10. 1762. Der sechsjährige Wolfgang Amadeus Mozart spielt mit seinem Vater vor Maria Theresia.

5. 2. 1763. Der Friede von Hubertusburg (bei Leipzig) beendet den Siebenjährigen Krieg. →

9. 7. 1763. Der Neubau des 1761 abgebrannten Kärntnertortheaters in Wien (fortan »Kaiserliches Hoftheater«) wird eröffnet.

27. 3. 1764. Erzherzog Joseph wird in Frankfurt am Main zum König gewählt und am 3. April gekrönt.

6. 8. 1765. Erzherzog Leopold, der jüngere Bruder König Josephs (II.), heiratet in Innsbruck die Infantin von Spanien, Maria Ludovica.

18. 8. 1765. Nach dem plötzlichen Tod Kaiser Franz' I. Stephan wird sein ältester Sohn als Kaiser Joseph II. Nachfolger im Reich und Mitregent Maria Theresias in Österreich. →

1. 1. 1766. Kaiser Joseph II. schafft – mit Ausnahme des Neujahrstags – alle »Galatage« ab und beschränkt den Aufwand des Hofes.

7. 4. 1766. Kaiser Joseph II. gibt das kaiserliche Jagdrevier »Prater« in Wien der Bevölkerung zur Benützung frei. →

1767. Maria Theresia gründet die »Pferde-Cur-Schule« für Militär-Fahnenschmiede in Wien (1776 zum »Thier-Spital« erweitert, ist sie Vorläufer der Wiener Universität für Veterinärmedizin).

In Salzburg wird der Bau des Neutores (auch »Sigmundstor«) beendet.

7. 12. 1768. Die (erst 1770 fertiggestellte) Waisenhauskirche in Wien wird mit der »Waisenhausmesse« Wolfgang Amadeus Mozarts (der selbst dirigiert) eröffnet.

25.–28. 8. 1769. Kaiser Joseph II. und König Friedrich II. (der Große) in Preußen kommen in Neiße zusammen, um über die politische Lage (besonders den wachsenden Einfluß Rußlands) zu beraten.

Herbst 1769. Österreichische Truppen besetzen 13 Zipser Städte. →

1. 1. 1770. In Österreich tritt die »Constitutio Criminalis Theresiana« in Kraft. →

16. 5. 1770. In Paris findet die Vermählung der Erzherzogin Marie Antoinette mit Frankreichs Thronfolger Ludwig (XVI.) statt. →

GESTORBEN:

20. 7. 1762. Wien: Paul Troger (* 30. 10. 1698), Barockmaler. →

7. 3. 1764. Steyr: Gotthard Hayberger (* 17. 10. 1699), Baumeister (Stiftsbibliothek St. Florian, → 1741–1750; Stiftsbibliothek Admont, → 1774).

18. 8. 1765. Innsbruck: Franz I. Stephan von Habsburg-Lothringen (* 8. 12. 1708), Großherzog von Toskana und Kaiser. →

21. 12. 1765. Admont: Joseph Thaddäus Stammel (* 9. 9. 1695), Bildschnitzer (Hochaltar von St. Martin in Graz, mehrere Arbeiten für Stift Admont, → 1774).

5. 2. 1766. Wien: Leopold Joseph Graf Daun, Fürst von Thiano (* 24. 9. 1705), seit 1754 Feldmarschall (→ 18. 6. 1757), seit 1760 Staatsminister.

4. 3. 1766. Konstanz: Peter Thumb (* 18. 12. 1681), Baumeister (Stiftskirche und Bibliothek von St. Gallen).

1. 9. 1766. Oberperfuß (Tirol): Peter Anich (* 22. 2. 1723), Kartograph. →

6. 8. 1767. Wien: Johann Christoph Freiherr von Bartenstein (* 23. 10. 1689), Staatsmann. →

16. 4. 1768. Hall: Anton Zoller (* 21. 3. 1695), Barockmaler (Fresken in den Tiroler Pfarrkirchen von Telfs, Mutters und Patsch sowie im Stift Stams).

29. 1. 1769. Wien: Gottfried Prehauser (* 8. 10. 1699), Schauspieler.

23. 3. 1770. Wien: Martin van Meytens (* 24. 6. 1695), Maler (→ 1743).

GEBOREN:

18. 6. 1763. Mainz: Johann Philipp Graf Stadion († 15. 5. 1824), Staatsmann.

2. 5. 1764. Breslau: Friedrich von Gentz († 9. 6. 1832), Staatsmann und Publizist.

2. 11. 1766. Třebnice (Böhmen): Johann Josef Wenzel Graf Radetzky von Radetz († 5. 1. 1858), Feldmarschall.

22. 11. 1767. St. Leonhard: Andreas Hofer († 20. 2. 1810), Tiroler Freiheitskämpfer.

12. 2. 1768. Florenz: Franz II. (I.) von Habsburg-Lothringen († 2. 3. 1835), König und Kaiser.

27. 3. 1768. Wien: Joseph Schreyvogel († 28. 7. 1832), Dramatiker.

6. 10. 1768. Kufstein: Josef Madersperger († 2. 10. 1850), Erfinder.

6. 5. 1769. Florenz: Ferdinand III. von Habsburg-Lothringen († 18. 6. 1824), Großherzog von Toskana.

7. 9. 1769. Wien: Karoline Pichler († 9. 7. 1843), Dichterin.

16. 12. 1770. Bonn: Ludwig van Beethoven († 26. 3. 1827), Komponist.

Der »Siebenjährige Krieg« geht zu Ende

15. Februar 1763. Der durch sächsische Vermittlung zustandegekommene Friede von Hubertusburg (einem Schloß bei Leipzig) beendet den seit 1756 andauernden Dritten Schlesischen Krieg, fortan auch Siebenjähriger Krieg genannt. In 21 Artikeln, zwei Geheimartikeln und einer Zusatzerklärung werden die alten Friedensschlüsse zwischen Österreich und Preußen erneuert und sanktioniert (→ 28.7.1742/ 25.12.1745). Österreich verzichtet damit endgültig auf die reiche Provinz Schlesien und die Grafschaft Glatz. Die beiden Geheimartikel enthalten die Zusage König Friedrichs II. in Preußen, seine brandenburgische Kurstimme bei der Kaiserwahl dem habsburgischen Kandidaten, Erzherzog Joseph (II.), zu geben. Der Friede von Hubertusburg sichert Preußen die Stellung als europäische Großmacht und vertieft dadurch den preußisch-österreichischen Gegensatz. Anfang 1760 hatte sich der Preußenkönig, unter dem Eindruck der vernichtenden Niederlage von Kunersdorf (→ 12.8. 1759) um das Zustandekommen eines Friedens bemüht, stieß allerdings auf Ablehnung Österreichs und Rußlands. Der Krieg dauerte an, und Preußen vermochte erneut, militärische Erfolge zu erringen (bei Liegnitz, 15.8.1760, und Torgau, 3.11.1760). Allerdings war die preußische Armee zu geschwächt, um diese Siege zu nutzen, und die Kampfhandlungen zogen sich auch über das ganze Jahr 1761 hin.

Eine unerwartet günstige Wendung ergab sich für Preußen durch den Tod der russischen Zarin Elisabeth am 5. Jänner 1762; ihr Nachfolger, Zar Peter III., war ein begeisterter Verehrer des Preußenkönigs und schloß bereits am 5. Mai 1762 einen Sonderfrieden mit Friedrich II. Der Zar vermittelte ferner auch einen Frieden zwischen Preußen und Schweden und stellte Friedrich II. im Juni ein 20 000 Mann starkes Heer zur Verfügung.

Noch einmal schien sich das Kriegsglück zugunsten Preußens zu wenden, als Peter III. am 9. Juli von seiner Gattin Katharina II. gestürzt wurde. Obwohl nun die erhoffte russische Unterstützung ausblieb, besiegte König Friedrich II. die Österreicher unter Feldmarschall Leopold Graf Daun in der Schlacht bei Burkersdorf (nahe Schweidnitz, 21.7.1762). Auch bei Freiberg in Sachsen (29.10.1762) mußten die Österreicher, unterstützt von Reichstruppen, eine Niederlage hinnehmen. Es war dies allerdings die letzte blutige Auseinandersetzung des Siebenjährigen Krieges.

Österreich, fast am Ende seiner wirtschaftlichen und militärischen Kräfte, von den einstigen Verbündeten Rußland und Schweden verlassen, mußte im Herbst 1762 auch das Ausscheiden Frankreichs (das am 3. November einen Präliminarfrieden mit Großbritannien schloß) aus dem Krieg erwarten. Mit sächsischer Vermittlung wurde am 24. November ein Waffenstillstand zwischen Preußen und Österreich vereinbart, der den Weg für den Frieden von Hubertusburg ebnete.

Österreichs Verluste und Beute

Die österreichischen Verluste im Siebenjährigen Krieg betragen:

- 303 592 Mann (Tote, Verwundete, Invalide und Gefangene)
- 82 483 Pferde, 554 Munitionswagen, 397 Kanonen, 31 Mörser, 89 Fahnen, 23 Standarten und eine Pauke.

Österreich erbeutete:

- 522 Kanonen, 34 Haubitzen, 15 Mörser, 8 Steinbüchsen, 89 metallene Doppelhacken, 101 Munitionswagen, 250 Fahnen, 32 Standarten und 8 Pauken.

Allegorie auf den Frieden von Hubertusburg mit (v. l.) König Friedrich II., Kurfürst Friedrich August II. und Maria Theresia (zeitgenössischer Stich)

Erstmals Wiener Stadt-Banco-Zettel

15. Juni 1762. *Als erster Staat in Mitteleuropa führt Österreich durch kaiserliche Verordnung das Papiergeld ein. Die »Wiener-Stadt-Banco-Zettel« tragen als Ausgabedatum den 1. Juli 1762. Die Idee stammt von Philipp Ludwig Graf Sinzendorf, dem Präsidenten der Hofkammer, der das Privatkapital der Bürger der Öffentlichkeit dadurch zugute kommen lassen will, daß die Erwerbung staatlicher Schuldscheine (nichts anderes stellt Papiergeld dar) ermöglicht wird. Die weitgehend von der Hofkammer abhängige (1706 gegründete) »Stadt Wiener Bank«, auch Wiener Stadtbank genannt, wird veranlaßt, unverzinsliche Wertpapiere im Gesamtumfang von 12 Millionen Gulden auszugeben.*

Die Regierung verfügt, daß fortan alle Steuern und Abgaben zu einem Drittel in diesen Scheinen bezahlt werden müssen. Durch diese Maßnahme gelingt es Österreich (anders als Preußen), den Krieg ohne Münzverschlechterung zu überstehen. (Abb.: Nicht zur Ausgabe gelangter Banco-Zettel von 1759.)

Der Staatsrat wird errichtet

26. Jänner 1761. Auf Anregung des österreichischen Staatskanzlers Wenzel Fürst von Kaunitz-Rietberg wird als höchste beratende Institution der Staatsrat errichtet, um der krisenhaften Lage des Staates angesichts des Krieges mit Preußen wirksam entgegenzutreten.

Der österreichische Staatsrat setzt sich zusammen aus drei Vertretern des Herrenstandes, die den Titel »Staatsminister« erhalten, und aus drei Vertretern des Ritterstandes (»Staatsräte« genannt). Mit Ausnahme des Staatskanzlers darf kein anderes Mitglied des Staatsrates ein weiteres Amt bekleiden.

Im Zusammenhang mit der Errichtung dieser neuen Institution steht auch die Umwandlung des »Directoriums in publicis et cameralibus« (→15.1.1749) in die »Vereinigte böhmisch-österreichische Hofkanzlei«, wodurch die Innen- und die Finanzverwaltung zusammengefaßt werden.

Tiroler Bauer und Kartograph

1. September 1766. Im Alter von nur 43 Jahren stirbt der Tiroler Bauernkarthograph Peter Anich. Der Sohn eines Bergbauern in Oberperfuß bei Innsbruck mußte bereits als 19jähriger die elterliche Landwirtschaft übernehmen und konnte sich seiner großen Leidenschaft, der Erd- und Himmelskunde, nur nebenher widmen. Seine große Begabung verschaffte ihm allerdings einen Platz an der Universität Innsbruck, wo er Geometrie, Astronomie und Geodäsie studierte. Anichs Himmelsglobus, ein Meisterwerk mit fast 2000 Einzelsternen, verschaffte ihm Anerkennung auch über die Grenzen Tirols hinaus.

1760 erhielt Anich von Maria Theresia den Auftrag, eine Karte Tirols zu zeichnen. Gemeinsam mit seinem Freund Blasius Hueber stellte sich der Bauernkartograph der Aufgabe, das schwer begehbare Land zu vermessen. Nach Anichs Tod führt Hueber die Arbeit allein weiter, und 1770 erscheint das aus 20 Blättern bestehende Kartenwerk Tirols, das erstmals auch das Problem der Hochgebirgskartographie löst.

Die kaiserliche Familie (Gouache Erzherzogin Maria Christines, 1763; Schloß Belvedere Wien)

Plötzlicher Tod des Kaisers

18. August 1765. In Innsbruck erliegt Kaiser Franz I. Stephan 56jährig einem Schlaganfall; sein ältester Sohn, König Joseph (II.), wird Nachfolger im Reich und von Maria Theresia zum Mitregenten der habsburgischen Erblande eingesetzt.

Franz I. Stephan, Herzog von Lothringen, lebte seit 1723 am Wiener Hof und vermählte sich am 12. Februar 1736 mit der Erbin des Hauses Habsburg, Erzherzogin Maria Theresia. Seit 1737 Großherzog von Toskana, wurde der Lothringer am →13. September 1745 zum Kaiser gewählt. Wenn auch politisch von seiner Gemahlin überragt, zeichnete sich Franz I. Stephan doch durch seine wirtschaftlichen und finanztechnischen Fähigkeiten aus, die ihn zu einem der reichsten Männer seine Zeit machten. Die Sanierung de österreichischen Staatsfinanzen is sein Verdienst.

Unmittelbar nach dem Tod des Kai sers übereignen Maria Theresia und Joseph II. das Vermögen des Verstor benen dem Staat und lassen in de Folge alle Staatsschuldverschrei bungen öffentlich verbrennen.

Die kaiserliche Familie auf der Terrasse von Schloß Schönbrunn in Wien; links der Kaiser, ihm gegenüber Maria Theresia und (im roten Rock) Erzherzog Joseph (II.), der Thronfolger (Gemälde aus der Werkstatt des Hofmalers Martin van Meytens, um 1750; Kunsthistorisches Museum Wien)

Der naturwissenschaftlich intere sierte Kaiser Franz I. Stephan (Po trät von Johann Zoffany; Kuns historisches Museum Wien)

Ein Staatsmann mit Weitblick

. August 1767. 77jährig stirbt in Vien Johann Christoph Freiherr on Bartenstein, österreichischer taatsmann und seit 1715 in kaiserli-hen Diensten.

)er aus Straßburg stammende Bar-enstein wurde 1727 protokollfüh-ender Sekretär der »Geheimen taatskonferenz« und 1733 als Ge-eimer Staatssekretär mit der Lei-ung der österreichischen Außenpo-tik betraut. Als enger Vertrauter aiser Karls VI. verdrängte er den al-ernden Prinzen Eugen von Savoyen nd war maßgeblich an den Bemü-ungen zur Anerkennung der Pragmatischen Sanktion« (→ 19.4. 713) beteiligt. Als Berater Maria heresias trat 1753 Staatskanzler Venzel Fürst von Kaunitz-Rietberg n seine Stelle; Bartenstein blieb als 'izekanzler des »Directoriums in ublicis et cameralibus« mit innen-olitischen Aufgaben betraut. Zu-or war er für die Ausbildung Erz-erzog Josephs mitverantwortlich.

Veiter peinliche trafen und Tortur

Jänner 1770. Ein vereinheitlichtes eues Strafrecht, die »Constitutio riminalis Theresiana« tritt in Kraft. 752 hatte Maria Theresia eine ommission zu Erarbeitung eines ntwurfs eingesetzt, den sie am . Dezember 1768 zum Gesetz er-ob. Diese peinliche Halsgerichts-rdnung, »Nemesis Theresiana« nannt, bleibt in Kraft, die »Consti-tio« dient vor allem der Verein-itlichung der oftmals unterschied-hen Rechtsbestimmungen in sterreich und Böhmen.

ie theresianische Halsgerichtsord-ng wird von vielen (u. a. auch von aatskanzler Wenzel Fürst von unitz-Rietberg) als rückständig gelehnt, da sie die Tortur (Folter) ibehält, Zauberei als strafwürdi-s Verbrechen behandelt und die einlichen Strafen« noch ver-härft. Erst 1776 wird die Tortur in sterreich abgeschafft; maßgebli-en Anteil daran hat der Wiener iversitätsprofessor Joseph Frei-rr von Sonnenfels, einer der uptvertreter der (von Kaiser Jo-oh II. geförderten) Aufklärung in sterreich.

Fresken von kühner Raumillusion

20. Juli 1762. *Im 64. Lebensjahr stirbt der Südtiroler Wand- und Tafelmaler Paul Troger, Hauptvertreter der österreichischen Barockmalerei. Nach Studien in Venedig, Rom, Neapel und Bologna kam Troger nach Wien, wo er 1753–1759 als Professor an der Akademie der bildenden Künste lehrte. Er schuf zahlreiche Altarbilder und mehr als 50 Freskenzyklen, darunter die im Stift Altenburg (Niederösterreich), in der Salzburger Kajetanerkirche (1728), im Stift Melk (Niederösterreich; 1731/32), im Marmorsaal von Stift Geras (Niederösterreich; 1738 – Abb.: Skizze), im Stiegenhaus von Stift Göttweig (Niederösterreich; → 1739) und im Dom von Brixen (Südtirol; 1748–1750).*

Österreich besetzt 13 Zipser Städte

Herbst 1769. Kurz nach dem ersten Zusammentreffen Kaiser Josephs II. mit dem Preußenkönig Friedrich II. in Neiße (25.–28. August) besetzen österreichische Truppen 13 Zipser Städte, während Preußen (mit russischer Zustimmung) im polnischen Westpreußen einmarschiert.

Die Zipser Städte wurden 1412 im Frieden von Lublau von Ungarn an Polen verpfändet. Die am Fuß der Hohen Tatra in der Slowakei gelegene deutsche Volksinsel bestand ursprünglich aus 24 Städten mit rund 2500 qkm Fläche. Die Gemeinschaft besitzt eine Selbstverwaltung unter einem eigenen Grafen und mit eigenem Recht (das erst 1876 von Ungarn aufgehoben wird).

Die militärischen Aktionen gegen polnische Besitzungen sind Vorzeichen der ersten Teilung Polens am → 5. August 1772, als Österreich neben Ostgalizien und Lodomerien auch die 13 Zipser Städte zugesprochen erhält.

Wiener »Prater« zur öffentlichen Benützung freigegeben

7. April 1766. *Kaiser Joseph II. übergibt den »Prater«, bisher kaiserliches Jagdrevier in Wien, der Bevölkerung zur freien Benützung. In dem am 9. April veröffentlichten Avertissement heißt es:*

»Es wird anmit jedermanniglich kundgemacht…, daß künftighin und von nun an zu allen Zeiten des Jahrs und zu allen Stunden des Tags, ohne Unterschied jedermann in den Bratter sowohl als auch in das Stadtgut frey spazieren zu gehen, zu reiten und zu fahren… erlaubet, auch Niemandem verwehrt seyn soll, sich daselbst mit Ballenschlagen, Kegelscheiben und anderen erlaubten Unterhaltungen eigenen Gefallen zu divertieren« (»Gegend im Prater«, Gemälde von Friedrich August Brand, um 1785; Historisches Museum der Stadt Wien).

Erzherzogin Maria Christine von Habsburg (Schloß Ambras)

Marie Antoinette heiratet Dauphin

16. Mai 1770. In Paris findet die feierliche Vermählung der jüngsten Tochter Erzherzogin Maria Theresias statt: Die 15jährige Erzherzogin Marie Antoinette, eigentlich auf den Namen Maria Antonia getauft, heiratet den französischen Dauphin Ludwig (den späteren König Ludwig XVI.). Marie Antoinette war bereits drei Tage nach Ostern in der Wiener Augustinerkirche durch »Prokuration« vermählt worden.
Damit führt Maria Theresia ihre europäischen Ehebünde systematisch zum Abschluß; die »Schwiegermutter Europas« hat ihre Kinder nach Parma, Mailand, Toskana, Neapel, an den Rhein und nun auch nach Paris verheiratet.

Maria Theresia als 27jährige (Martin van Meytens, 1744)

1771

1771–1780

1771. Die erste Volkszählung in Österreich **und** Ungarn wird durchgeführt.→

Bei St. Stephan in Wien wird die erste Normalschule eröffnet, eine Musterschule zur Einführung der allgemeinen Volksschule.

1.8.1771. Ein kaiserliches Patent veranlaßt die Ausgabe von neuen Banco-Zetteln im Wert von 12 Millionen Gulden (→ 15.6.1762).

5.8.1772. Preußen, Rußland und Österreich teilen ein Drittel Polens unter sich auf.→

Herbst 1772. Joseph Haydn komponiert die »Abschiedssymphonie«.

1774. Die Pragerin Maria Sager veröffentlicht »Karolinens Tagebuch«, den ersten rationalistischen Tagebuchroman in deutscher Sprache.

Die Bibliothek des Stiftes Admont (Steiermark) wird eröffnet.→

27.5.1774. Der aus Bayern stammende Kunstfeuerwerker Georg Johann Stuwer veranstaltet auf der Jesuitenwiese im Wiener Prater (fortan Feuerwerkswiese genannt) sein erstes Großfeuerwerk.

September 1774. Maria Theresia verfügt die Einziehung der Güter des (1773 aufgehobenen) Jesuitenordens.

6.12.1774. Die »Allgemeine Schulordnung für Österreich« wird veröffentlicht.→

30.4.1775. Kaiser Joseph II. gibt die Favorita zur öffentlichen Benützung frei. Das 144 880 Quadratklafter große Areal wird nun der »Augarten«.

7.5.1775. Österreichische Truppen besetzen die Bukowina, die 1786 verwaltungsmäßig mit Galizien vereinigt wird.

2.1.1776. In Österreich wird die Tortur (Folter) abgeschafft.

23.3.1776. Das Wiener »Theater nächst der Burg« wird »Hof- und Nationaltheater«.→

13.5.1777. Die Wiener Universitätsbibliothek wird eröffnet.

3.1.1778. Kaiser Joseph II. und Kurfürst Karl Theodor von Pfalz-Sulzbach schließen die Wiener Konvention.→

13.5.1779. Der Friede von Teschen beendet den 1778 begonnenen Bayrischen Erbfolgekrieg.→

26.6.1779. Aus unbekanntem Grund explodiert der Pulverturm nächst der Nußdorfer Linie in Wien; 50 Menschen finden den Tod, zahlreiche Häuser werden zerstört.

29.11.1780. Nach dem Tod Erzherzogin Maria Theresias ist Kaiser Joseph II. Alleinregent der habsburgischen Erblande.→

GESTORBEN:

8.3.1771. Wien: Emanuel Graf Silva-Tarouca (* 17.9.1696), Staatsmann, Berater Maria Theresias.

10.2.1772. Joseph Wenzel Fürst von und zu Liechtenstein (* 9.8.1696), Feldmarschall (erbte 1748 das Fürstentum).

18.6.1772. Wien: Gerhard van Swieten (* 7.5.1700), Leibarzt und Berater Maria Theresias.

20.1.1774. Wien: Florian Gaßmann (* 3.5.1729), Komponist (Vorläufer der »Wiener Klassik«).

19.5.1774. Wien: Jakob Christoph Schletterer (* 22.7.1699), Bildhauer.

1776. Wien: Johann Josef Fürst Khevenhüller-Metsch (* 1706), Obersthofmeister Maria Theresias.

1.3.1777. Wien: Georg Christoph Wagenseil (* 29.1.1715), Komponist.→

4.7.1780. Tervuren (Brabant): Karl Alexander Herzog von Lothringen (* 12.12.1712), Feldmarschall.

29.11.1780. Wien: Maria Theresia von Habsburg (* 13.5.1717), Erzherzogin von Österreich.→

GEBOREN:

15.4.1771. Wien: Karl Philipp Fürst zu Schwarzenberg († 15.10.1820), Feldmarschall.

5.9.1771. Florenz: Karl Ludwig Johann von Habsburg-Lothringen († 30.4.1847), Erzherzog von Österreich, Generalfeldmarschall.

6.11.1771. Prag: Alois Senefelder († 26.2.1834), Erfinder.

2.11.1772. Nagy-Lángh (Ungarn): Johann Ladislaus Pyrker von Felsö-Eör (* 2.12.1847), Erzbischof von Erlau und Dramatiker.

15.5.1773. Koblenz: Klemens Wenzel Nepomuk Lothar Fürst von Metternich-Winneburg († 11.6.1859), Staatsmann.

1.11.1773. Ambras (Tirol): Josef Klieber († 11.1.1850), Bildhauer und Maler.

1774. Campestro (Tessin): Peter von Nobile († 7.11.1854), Architekt.

9.6.1774. Graz: Joseph Freiherr von Hammer-Purgstall († 23.11.1856), Orientalist.

8.4.1775. Wien: Adam Albert Graf Neipperg († 22.2.1829), General.

23.3.1777. Karl Ludwig Graf von Ficquelmont († 16.4.1857), Staatsmann.

6.5.1777. Wien: Moritz Christian Graf Fries († 26.12.1826), Bankier.

21.9.1777. St. Virgil: Katharina Lanz († 8.7.1854), Tiroler Freiheitskämpferin.

31.1.1778. Prag: Franz Anton Graf Kolowrat-Liebsteinsky († 4.4.1861), Staatsmann.

27.3.1778. Medias (Siebenbürgen): Paul Traugott Meissner († 9.7.1864), Erfinder.

15.6.1780. Linz: Theodor Graf Baillet von Latour († 6.10.1848), General und Kriegsminister.

15.9.1780. Hanau (Hessen): Johann Peter Krafft († 28.10.1856), Maler.

28.10.1780. Iglau (Mähren): Karl Friedrich Freiherr von Kübeck († 11.9.1855), Staatsmann.

Volkszählung in Österreich-Ungarn

1771. 17 Jahre nach der ersten Volks-zählung in Österreich wird erstmal eine Erhebung der Bevölkerungs-zahl in Österreich und Ungarn vor genommen. Danach leben hie 18 875 099 Menschen. Im einzelne schlüsselt sich das Ergebnis (das ers 1772 vorliegt) wie folgt auf:

▷ Sudeten- und Alpenländer: 7 306 408 (1754: 6 134 558)
▷ Galizien: 3 888 946
▷ Ungarn: 4 756 594
▷ Siebenbürgen: 422 283
▷ Kroatien und Slawonien: 2 219 300.

Der Rest entfällt auf mehrere klein Teilgebiete. In den österreichische Niederlanden und in Mailand is nicht gezählt worden.

Drei Großmächte teilen Polen

5. August 1772. Im Petersburge Vertrag einigen sich Rußland, Pre ßen und Österreich über eine – vo russischer Seite bereits mehrfac vorgeschlagene – Teilung von run einem Drittel des polnischen Staat gebiets untereinander.
Das russische Zarenreich verzeic net zwar einen erheblichen Gebiet zuwachs (84 000 km² westlich vo Düna und Djnepr sowie in Livland den größten Nutzen hat allerdin Preußen durch den Gewinn Wes preußens und des Netze-Distrik wodurch Brandenburg und (Ost Preußen miteinander verbunde werden. Österreich erhält die 13 Zi ser Städte (bereits im → Herbst 17(besetzt) sowie Ostgalizien und L domerien (zwischen Galizien u der Bukowina gelegen). Der G bietszuwachs beträgt rund 850(km² mit mehr als 2 Millionen E wohnern.
Auf Kosten Polens wird so ein e neuter europäischer Krieg verm den, da durch die militärischen F folge Rußlands im Krieg mit dem C manischen Reich auf dem Balk ein österreichisch-russischer Int essenkonflikt drohte.
Widerwillig muß der polnisc Reichstag den Petersburger Vertr am 30. September 1773 akzeptier da das Land ohne Verbündete schwach ist, wirksamen Widersta zu leisten (→ 23.1.1793).

Prunkbibliothek im Stift Admont

1774. *Nach den Plänen von Gotthard Hayberger aus dem Jahr 1742 errichtet Joseph Hueber die Bibliothek des Benediktinerstiftes Admont (Steiermark). Der prunkvolle Saal ist 72 m lang und erstreckt sich über zwei Stockwerke. Der elliptische Zentralkuppelraum wird 1776 mit einem Dekkenfresko von Bartolomeo Altomonte geschmückt. (»Religion und Kirche schützen Kunst und Wissenschaft«).*
Der 1765 verstorbene Bildhauer Joseph Thaddäus Stammel schuf 18 Skulpturen für die Bibliothek, darunter die Darstellung der »Vier letzten Dinge« (Tod, Gericht, Himmel und Hölle) und überlebensgroße Statuen der Propheten Moses und Elias sowie der Apostel Petrus und Paulus. Mit einem Bestand von mehr als 130 000 Bänden, 1100 Handschriften und 900 Inkunabeln zählt Admont zu den größten Klosterbibliotheken der Welt. (Der Bibliothek sind das reich ausgestattete Naturhistorische Museum und das Kunsthistorische Museum angegliedert.)

Umstrittene Erbansprüche

3. Jänner 1778. Durch die »Wiener Konvention« zwischen Kaiser Joseph II. und Kurfürst Karl Theodor von Pfalz-Sulzbach, dem Erben Bayerns, sichert sich das Haus Habsburg seine Ansprüche auf Niederbayern, Teile der Oberpfalz, Leuchtenberg und Mindelheim. Unverzüglich läßt der Kaiser österreichische Truppen in die beanspruchten Gebiete einmarschieren.
Mit dem Tod des Kurfürsten Maximilian III. Joseph am 30. Dezember 1777 war die bayrische Linie des Hauses Wittelsbach ausgestorben, und Joseph II. hielt die Gelegenheit für günstig, die österreichischen Verluste der letzten Kriege durch bayrische Erwerbungen zu kompensieren. Da der Pfälzer Kurfürst sein Erbe nur widerwillig antrat, war er leicht zur Anerkennung der äußerst anfechtbaren Rechtsansprüche Habsburgs zu bewegen. Er erhielt dafür die Zusage des Kaisers, ihn bei der Beschaffung eines Reichsfürstentums für seine illegitimen Söhne zu unterstützen. Gegen die »Wiener Konvention« erheben nicht nur die Bayern, sondern auch der preußische König Friedrich II. (der Große) Einspruch (→ 13.5.1779).

Geburtsstunde des Burgtheaters

3. März 1776. Mit einem Handbil-
-tt erhebt Kaiser Joseph II. das Theater nächst der Burg« zum Hof- und Nationaltheater«. Dies ist ie »Geburtsstunde« des Wiener urgtheaters.
eeinflußt von den Ideen des Aufärers Gotthold Ephraim Lessing rlangt der Kaiser vom »Teutschen ationaltheater« vor allem »gute relmäßige Originale und wohlgerane Übersetzungen«. Für kurze eit übernimmt Joseph II. persönch die Leitung des Theaters. Die chauspieler werden Hofbeamte, ıs Niveau des Spielplans steigt ürbar, und die finanziellen hwierigkeiten der letzten Jahre ınnen endgültig beseitigt werden.
m 8. April findet die feierliche Erfnung des »Hof- und Nationaleaters« mit den Lustspielen »Die hwiegermutter« von Franz Fuß ıd »Die indianische Witwe« von ienne Framéry statt.

Das Burgtheater (kolorierter Stich; Historisches Museum Wien)

Schulordnung für Österreich

6. Dezember 1774. Die »Allgemeine Schulordnung für Österreich« wird veröffentlicht. Sie stammt von Johann Ignaz von Felbiger, dem Abt des Augustinerklosters von Sagan (Niederschlesien), den Maria Theresia 1773 nach Wien berufen und mit der Ausarbeitung einer Reform der österreichischen Volksschulen beauftragt hat.
Die neue »Schulordnung« wandelt die kirchlichen Volksschulen in Staatsschulen um und gliedert sie in Trivial-, Normal- und Hauptschulen. Statt des Einzelunterrichts werden Klassen eingeführt, der Religionsunterricht wird zum regulären Schulfach. Felbiger schafft ferner neue, wohlüberlegte Lehrpläne und gründet Seminare zur Ausbildung der Lehrer. 1775 veröffentlicht er sein »Methodenbuch für die Lehrer der deutschen Schulen in den k.k. Erbländern«.

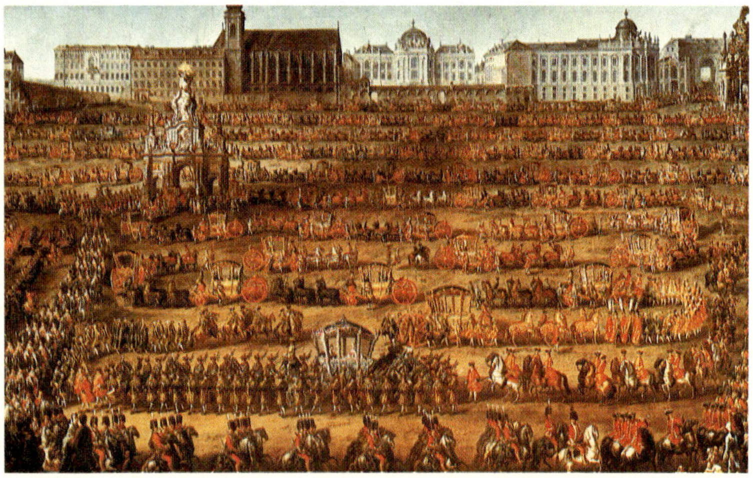

»Öffentlicher Einzug der Prinzessin Isabella von Parma als Braut des späteren Kaisers Joseph II. in Wien, am 6. Oktober 1760« (Gemälde aus der Werkstatt des Hofmalers Martin van Meytens, der die Prachtentfaltung und prunkvolle Selbstdarstellung des Zeitalters Maria Theresias in zahlreichen Gemälden eindrucksvoll dargestellt hat, → 1743; Kunsthistorisches Museum Wien: Zeremoniensaal von Schloß Schönbrunn)

Konzert im Wiener Hoftheater in Anwesenheit der kaiserlichen Familie In der Mitte der ersten Reihe sitzen Maria Theresia und ihr Gatte, Kaise Franz I. Stephan, neben dem Vater Erzherzog Joseph (II.), neben der Mutte sein Bruder Leopold (II.) sowie die anderen Kinder des Kaiserpaares (Ma ler der Österreichischen Schule, 2. Hälfte des 18. Jh.; Kunsthistorische Museum Wien: Zeremoniensaal von Schloß Schönbrunn)

Krönungsmahl zu Ehren Erzherzog Josephs (II.) am 3. April 1764 in Frankfurt am Main; der Erzherzog war zuvor (am 27. März) von der Fürstenversammlung zum römisch-deutschen König gewählt und damit zum Anwärter auf die Reichskrone bestimmt worden, die sein Vater, Franz I. Stephan, dem Joseph 1765 als Kaiser nachfolgt, seit 1745 trägt

»Verstand, Geist un

Die Zeitgenossen Maria Theresias berichten einhellig mit großem Respekt von der regierenden habsburgischen Erzherzogin. So heißt es z. B. in einem Bericht des preußischen Gesandten Otto Christoph Graf Podewils vom 13. Juni 1746 u. a.:

»Ihr Wuchs ist eher über als unter Mittelgröße. Er war vor ihrer Heirat sehr schön, aber die zahlreichen Geburten, die sie durchgemacht hat, dazu ihre Körperfülle, haben sie äußerst schwerfällig werden lassen. Trotzdem hat sie einen ziemlich freien Gang und eine majestätische Haltung. Ihr Aussehen ist vornehm, obgleich sie es verdirbt durch di Art, sich zu kleiden. Der kleine eng lische Reifrock, den sie trägt, ent stellt sie. Sie hat ein rundes volle Gesicht und eine freie Stirn. Die gu gezeichneten Augenbrauen sind wie auch die Haare, blond, ohne in Rötliche zu schimmern. Die Augen sind groß, lebhaft und zugleich vol Sanftmut, wozu ihre Farbe, die vo einem hellen Blau ist, beiträgt. Di Nase ist klein, weder gebogen noch aufgestülpt, der Mund ein weni

»Kadetten der Theresianischen Militärakademie beim Eislaufen und Fa nenschwingen« im Garten der 1752 von Maria Theresia in der ehemalige Burg von Wiener Neustadt errichteten Offiziersschule, deren Leitun Leopold Graf Daun, dem späteren Sieger von Kolin, übertragen wurd (Gouache von Bernhard Albrecht; Wiener Neustadt)

…aria Theresia, Regentin der habs…urgischen Erblande, Königin von …ngarn und Böhmen (Büste von …ranz Xaver Messerschmidt, um …775; Österreichisches Barockmu…eum, Schloß Belvedere Wien)

…Anmut«

…roß, aber ziemlich schön, die Zäh…e weiß, das Lächeln angenehm. …als und Kehle gut geformt. Arme …nd Hände wundervoll. Der Teint …uß es nicht minder gewesen sein …ach dem, was man noch sieht, trotz …er geringen Sorgfalt, die sie darauf …rwendet hat. Sie hat gewöhnlich …el Farbe. Ihr Gesichtsausdruck ist …fen und heiter, ihre Anrede …eundlich und anmutig. Man kann …cht leugnen, daß sie eine schöne …erson ist.«

…1752 schildert ein schlesischer Edelmann, …Carl Joseph Maximilian Freiherr von Fürst und …Kupferberg, Maria Theresia so:

…Die Kaiserin ist eine der schönsten …inzessinnen von Europa. Aller …rer Nachtwachen und Wochen…tten zum Trotz hat sie sich sehr …t konserviert. Sie hat einen maje…itischen und doch zugleich …eundlichen Blick, selten ver…hwindet die Heiterkeit von ihrem …esicht. Man nähert sich ihr nicht, …ne von Bewunderung durch…ungen zu sein.«

…m 15. Juli 1753 schreibt der britische Ge…andte Sir Charles Hambury Williams an den …erzog von Newcastle über Maria Theresia:

…hre Persönlichkeit ist ganz dafür …schaffen, eine Krone zu tragen; … Gemüt aber verleiht derselben …t den rechten Glanz. Ihr Antlitz …rrät Verstand, Geist und Anmut, …e ihrer Bewegungen ist voll Gra… und Würde.«

»Das Neujahrsfest in Wien, 1. Jänner 1782«, erstmals unter Kaiser Joseph II. mit einer feierlichen Gala begangen, zu der Hieronymus Löschenkohl einen großformatigen Stich mit genau gestochenen Porträts anfertigte (am Fenster Kaiser Joseph II., 4. v. r., im Gespräch mit Prinzessin Elisabeth Wilhelmine von Württemberg)

Maria Theresia zu Pferd (Holzmalerei aus der 2. Hälfte des 18. Jh.)

Untertasse mit goldenem Dekor aus Alt-Wiener-Porzellan

»Austria empfängt die Huldigung des Landes Oberösterreich« (Modell für das Deckenfresko Carlo Carlones im Linzer Landhaus, 1717)

Ein Vorläufer der »Wiener Klassik«

1. März 1777. 62jährig stirbt der Komponist Georg Christoph Wagenseil, der Klavierlehrer Maria Theresias und ein Vorläufer der »Wiener Klassik«.
Wagenseil war ein Schüler des Barockkomponisten und Musiktheoretikers Johann Joseph Fux und ein hervorragender Pianist. 1739 wurde er kaiserlicher Hofkomponist und beeinflußte durch seine Opern Christoph Willibald Gluck maßgeblich. Die meisten Werke Wagenseils, darunter 15 Opern und zahlreiche Orchesterwerke sowie Klavier- und Orgelstücke, blieben Manuskript, die wenigen gedruckten Werke erschienen nicht in Wien, sondern in Paris, London und Den Haag.

Ein »Rummel« um Bayerns Erbe

13. Mai 1779. Der Friede von Teschen beendet den vor gut zehn Monaten begonnenen sog. Bayrischen Erbfolgekrieg zwischen Österreich und Preußen. Bayern bleibt in der bisherigen Gestalt – mit Ausnahme des Innviertels, das an Österreich kommt – in der Hand der Wittelsbacher; Preußen sichert sich Ansprüche auf Ansbach und Bayreuth.
Der Krieg, wegen der geringen militärischen Aktionen, die sich zumeist auf die Erbeutung von Lebensmitteln beschränkten, im Volksmund bald (österreichisch) »Zwetschkenrummel« bzw. (preußisch) »Kartoffelkrieg« genannt, begann nach der Besetzung bayrischer Gebiete durch Österreich (→ 3.1. 1778). Am 5. Juli 1778 überschritten preußische und sächsische Truppen unter König Friedrich II. (dem Großen) von Preußen die böhmische Grenze; im Sommer standen sich beide Armeen – 230 000 Preußen und Sachsen und 251 000 Österreicher unter Kaiser Joseph II. – gegenüber, ohne daß es zu größeren Gefechten kam. Ende Oktober bezog man die Winterquartiere, im März 1779 wurde bereits ein Waffenstillstand geschlossen.
Trotz der kaum erwähnenswerten Kriegshandlungen waren die Verluste auf beiden Seiten erheblich: Österreich verlor fast 20 000 Mann (ebensoviel wie Preußen).

Maria Theresia mit ihren vier Söhnen; 2. v. r. Joseph II., ihr Nachfolger (Gemälde von Louis Joseph Maurice, 1775; Kunsthistorisches Museum Wien)

Sarkophag Maria Theresias u Franz' I. Stephan (Kapuzinergru

Regentin, Kaiserin und Mutter

29. November 1780. Im Alter von 63 Jahren stirbt Maria Theresia, Regentin der habsburgischen Erblande (seit dem 20. Oktober 1740), Königin von Ungarn (1741) und Böhmen (1743), in Wien.

Maria Theresia in ihren letzten Regierungsjahren (Schloß Ambras)

Die älteste Tochter Kaiser Karls VI. war von 1736 bis 1765 mit Franz (I.) Stephan verheiratet, dem sie 16 Kinder (fünf Söhne und elf Töchter) gebar. Ihr ältester Sohn, Kaiser Joseph II. (seit 1765 Mitregent), tritt nunmehr die Nachfolge an.
Maria Theresia übernahm die Regierung in Österreich aufgrund der Bestimmungen der »Pragmatischen Sanktion« (→ 19.4.1713), mußte sich allerdings erst im Österreichischen Erbfolgekrieg (→ 1741–1748) behaupten. Dreimal führte sie Krieg gegen Preußen, dessen König Friedrich II. (der Große) zum wichtigsten Gegner der Habsburgerin wurde und Schlesien sowie die Grafschaft Glatz für Preußen gewinnen konnte (→ 15.2.1763).
Maria Theresia war stets um die Zentralisierung der Staatsführung bemüht, reformierte Verwaltung, stiz (→ 15.1.1749) und das östern chische Heer (→ 1749). Ihre Schul setzgebung wurde richtungsw send für ganz Europa (→ 6.12.177 Maria Theresia meisterte die C schicke ihrer Regierungszeit r Tatkraft und Entschlossenheit; Gemahl blieb auch als Kaiser r formell Mitregent der habsbur schen Erblande.
Als Franz Stephan 1746 zum Kai gewählt wurde, lehnte seine Gat ihre Krönung aus Kostengründen (→ 13.9.1746). Obwohl sie also facto nie den »Kaisertitel« trug, w de Maria Theresia von ihren Zeit nossen dennoch »Kaiserin« nannt. Ihre überlegte Heiratspoli ließ sie ferner auch zur »Schwieg mutter Europas« werden (→ 16 1770).

Der Tagesablauf Maria Theresias

Aus dem Gebetbuch Maria Theresias ist ein Zettel erhalten, den die Monarchin vermutlich kurz nach dem Tod ihres Gatten, Kaiser Franz I. Stephan, 1765 schrieb. Sie rechnet darin aus, wie lange ihr Gatte gelebt hat, wie viele Jahre, Tage und Stunden sie mit ihm verheiratet war und erklärt, sie wolle sich von nun an ganz Gott widmen. Danach beschreibt sie ihren Tagesablauf:

»*. . . die ordinari täge: halb 6 Uhr aufstehen, ankleyden, meßhören, geistliche lesung 2 stund bis halb 8 Uhr. von halb 8 Uhr mit denen cabinetssecretären expediren bis 9 Uhr. von 9 bis 12 Uhr ministre audienzen. 12 Uhr kinderfrauen, andere sehen. 1 Uhr taffe bis 3 Uhr unterhaltung oder ruhen. 3 Uhr lesung todten officium. 4 bis 6 Uhr expedieren, schreiben oder audienzen. 6 Uhr rosenkrantz. von da bis 9 Uhr schreiben, conversiren, spaziren, stille amusemens lesung. sonntag audienz, abends damen.*«

1781

1781–1790

13. 10. 1781. Kaiser Joseph II. erläßt das »Toleranzedikt«.

12. 1. 1782. Ein kaiserliches Patent führt zur Aufhebung von etwa einem Drittel aller Klöster in Österreich und Ungarn. →

22. 3. 1782. Kaiser Joseph II. empfängt Papst Pius VI. in Österreich.

12. 7. 1782. Im Wiener »Nationaltheater nächst der Burg« wird das Singspiel »Die Entführung aus dem Serail« von Wolfgang Amadeus Mozart uraufgeführt. →

1783. Oberstleutnant Georg von Vega, Mathematiklehrer im 2. Feldartillerieregiment, veröffentlicht als erster »Logarithmische, trigonometrische und andere Tafeln«.

16. 1. 1783. Das »Ehepatent« des Kaisers führt die »Civil-Ehe« ein.

1784. Der Kaiser gründet die »Österreichische Tabakregie«.

Erstmals werden die seit 1775 von der Wiener Sternwarte verfaßten »meteorologischen Notierungen« (Wetterberichte) regelmäßig in der »Wiener Zeitung« veröffentlicht.

20. 1. 1784. Während seines Aufenthaltes in Rom schließt Joseph II. ein Konkordat mit dem Vatikan.

16. 8. 1784. In Wien wird das »Allgemeine Krankenhaus« eröffnet. →

30. 12. 1784. Der Kaiser erläßt drastische Einfuhrbeschränkungen für Österreich. →

Anfang 1785. Der Kaiser errichtet ohne päpstliche Mitwirkung die Bistümer Linz und St. Pölten; 1786 folgt Leoben für die Obersteiermark.

April 1785. Die 1775 gegründete, stark verschuldete »Österreichische-ostindische Handelskompanie« muß liquidiert werden.

23. 7. 1785. In Berlin wird der antihabsburgische »Deutsche Fürstenbund« gegründet. →

7. 11. 1785. Die »Medizinisch-Chirurgische Josephs-Akademie« (Josephinum) in Wien wird eröffnet (→16. 8. 1784).

1. 5. 1786. Wolfgang Amadeus Mozarts Opera buffa »Die Hochzeit des Figaro« wird in Wien uraufgeführt.

11. 7. 1786. In Wien findet die Uraufführung des Singspiels »Doktor und Apotheker« von Karl Ditters von Dittersdorf statt.

1. 11. 1786. Der erste Band des »Allgemeinen Bürgerlichen Gesetzbuches« wird veröffentlicht.

18. 2. 1787. Ein kaiserliches Hofdekret verbietet die Fabrikarbeit für Kinder unter acht Jahren.

Juni 1787. Die kaiserlichen Reformen führen zu Unruhen in den Österreichischen Niederlanden.

9. 2. 1788. Österreich erklärt zur Unterstützung seines russischen Verbündeten dem Osmanischen Reich den Krieg (→27. 7. 1790).

22. 10. 1788. Das Wiener »Theater in der Josephstadt« wird eröffnet.

10. 2. 1789. Kaiser Joseph II. erläßt ein Steuerdekret. →

28. 1. 1790. Der Kaiser widerruft fast alle Reformen in Ungarn. →

20. 2. 1790. Nach dem Tod Kaiser Josephs II. tritt sein jüngerer Bruder, Großherzog Leopold von Toskana, die Nachfolge an. →

27. 7. 1790. In der Konvention von Reichenbach erklärt Österreich seine Bereitschaft zum Friedensschluß mit den Türken. →

30. 9. 1790. Großherzog Leopold wird in Frankfurt am Main einstimmig zum Kaiser gewählt.

15. 11. 1790. Kaiser Leopold II. wird in Preßburg zum König von Ungarn gekrönt.

10. 12. 1790. Der Vertrag von Haag soll den Aufruhr in den Österreichischen Niederlanden beenden. →

GESTORBEN:

19. 8. 1783. Preßburg: Franz Xaver Messerschmidt (* 6. 2. 1736), Bildhauer. →

3. 3. 1785. Wien: Balthasar Ferdinand Moll (* 4. 1. 1717), Bildhauer.

15. 11. 1787. Wien: Christoph Willibald Gluck (* 2. 7. 1714). →

25. 1. 1789. Wien: Johann Wenzel Bergl (* 1718), Freskenmaler.

20. 2. 1790. Wien: Joseph II. von Habsburg-Lothringen (* 13. 3. 1741), König und Kaiser. →

14. 7. 1790. Neutitschein (Mähren): Ernst Gideon Freiherr von Laudon (* 2. 2. 1717), Feldmarschall.

11. 11. 1790. Wien: Nikolaus Franz Freiherr von Pacassi (* 5. 3. 1716), Architekt (Ausbau von Schloß Schönbrunn in Wien).

GEBOREN:

20. 1. 1781. Innsbruck: Josef Hormayr Freiherr von und zu Hortenburg († 5. 11. 1848), Historiker.

6. 3. 1781. Wien: Ignaz Franz Castelli († 5. 2. 1862), Schriftsteller.

10. 1. 1782. Florenz: Johann von Habsburg-Lothringen († 10. 5. 1859), Erzherzog von Österreich (der »steirische Prinz«).

19. 11. 1782. Wien: Josef Kornhäusel († 31. 10. 1860), Architekt.

1. 3. 1786. Brünn: Franz Freiherr von Pillersdorf († 22. 2. 1862), Staatsmann.

11. 5. 1787. Brüssel: Alfred Fürst zu Windischgrätz († 21. 3. 1862), Feldmarschall.

7. 11. 1787. Krakau: Karl Carl (eigtl. Karl von Bernbrunn; † 14. 8. 1854), Theaterdirektor.

27. 9. 1789. Frankfurt am Main: Jakob Alt († 30. 9. 1872), Maler.

25. 1. 1790. Wien: Moritz Michael Daffinger († 22. 8. 1849), Maler.

28. 2. 1790. Schloß Johannisberg (Schlesien): Joseph Christian Freiherr von Zedlitz († 16. 3. 1862), Lyriker und Dramatiker.

1. 6. 1790. Wien: Ferdinand Raimund († 5. 9. 1836), Dramatiker.

Kaiser und Kirche

1781–1786. Die Zeit der Alleinregierung Kaiser Josephs II. ist durch einen steten Konflikt mit der katholischen Kirche und dem Papst gekennzeichnet.

Im Jahre 1770 gab es in Österreich und Ungarn insgesamt 2163 Klöster mit etwa 45 000 Mönchen und Nonnen. Am 29. November 1781 kündigt der Kaiser erstmals die beabsichtigte Aufhebung von Klöstern an und erklärt, »jene Orden können Gott nicht gefällig sein, die sich nicht mit Krankenpflege und Jugenderziehung beschäftigen, also dem Nächsten ganz und gar unnütz sind«. In einem Patent vom 12. Jänner 1782 nennt er ausdrücklich die aufzuhebenden Orden: »Kartäuser, Kamaldulenser, Eremiten, Karmeliterinnen, Klarissen, Kapuzinerinnen und Franziskanerinnen«, kurz darauf erweitert er diese Liste um »Pauliner, Dominikanerinnen, Benediktinerinnen und Coelestinnen«.

Bis 1786 werden daraufhin 738 Klöster in Österreich und Ungarn aufgehoben und in Spitäler, Irrenhäuser und Arbeiterwohnungen, aber auch Kasernen, Monturdepots und Verwaltungsgebäude umgewandelt, einige wenige auch in Schlösser.

Aus dem eingezogenen Vermögen wird für jedes Land ein »Religionsfonds« geschaffen, der Güter und Bargeld verwaltet. Im Jahre 1783 beträgt der Bargeldbestand dieses Religionsfonds rund 1½ Millionen Gulden – für die zahlreichen zu finanzierenden Kirchenbauten, Pensionen und Kongrua (Staatseinkommen der Seelsorger) fast zuwenig.

Papst Pius VI. protestiert sofort. Der aufsehenerregende Entschluß des Papstes, den Kaiser in Wien aufzusuchen, wird auch nicht durch die Erklärung des Kaisers geändert: »Wir sind von der Richtigkeit Unserer Ansichten in Kirchensachen so sehr überzeugt, daß es nicht möglich ist, etwas auszusinnen oder beizubringen, was Uns eines anderen bereden oder von Unserem Unternehmen abzustehen jemals bewegen könnte.«

Am 22. März 1782 wird der Papst vom Kaiser in Neunkirchen feierlichst empfangen. Trotz des einmonatigen Aufenthaltes in Wien erreicht das Kirchenoberhaupt nichts. Das Volk allerdings jubelt dem Papst zu, wenn er in der Öffentlichkeit zu sehen ist. Die Kirchenpolitik des Kaisers bleibt davon aber unberührt.

Mit Hofdekret vom 30. März 1783 bestimmt der Kaiser die Errichtung von Generalseminarien »für alle künftigen Weltgeistlichen und Religiosen ... wo alle Jünglinge den ganzen theologischen Kurs in öffentlichen Schulen zu hinterlegen, und nachher ein Jahr hindurch Gattungen von praktischen Seelsorgeverrichtungen unter der Seminariendirektion auszuüben haben.«

Am 24. Oktober 1783 folgt eine weitere Verfügung für die Neuordnung der Seelsorge:

»Wo die Seelsorger an der Zahl zu wenig, oder von ihren Gemeinden zu entfernt sind, werden, nach Maß der Volksmenge, entweder eigene Pfarrer oder Lokalkapläne be-

Papst Pius VI. zelebriert die Ostermesse im Stephansdom zu Wien (Kupferstich, Carl Schütz, 1782)

stimmt, oder die von ihren Pfarreien zu weit entlegenen Ortschaften näheren zugeteilt, als durch welche Veränderung in Zukunft niemand weiter, als höchstens eine Stunde, bis zu seiner Pfarrkirche haben soll. Wo die Kirchen und Pfarrhöfe mangeln, werden dieselben, wenn die Ortsherrschaften solche nicht selbst freiwillig herstellen, aus dem Religionsfond erbaut ... Von Klöstern werden diejenigen, welche entweder zur Versehung der eigenen Pfarreien, oder zur Aushilfe der Seelsorge notwendig sind, beibehalten ... Die übrigen für die Seelsorge ganz entbehrlichen Klöster gehen nach und nach ein ...«

Die wichtigsten Reformen des »Josephinismus«

1. 5. 1781: Die »Allgemeine Gerichtsordnung« für die österreichischen und böhmischen Länder beseitigt die Unterschiede der Gerichtsbarkeit zwischen Adeligen und Nichtadeligen.
1. 9. 1781: Das »Patent über die Bestrafung der Untertanen und das Verfahren bei ihren Beschwerden« schränkt die gutsherrliche Strafgewalt ein.
13. 10. 1781: Das kaiserliche »Toleranzedikt« garantiert die freie Religionsausübung sowie gleiche Rechte für alle protestantischen Bekenntnisse und die griechische Kirche. Jeder nichtkatholischen Gemeinde mit mehr als 100 Gläubigen wird die Errichtung eines Gotteshauses gestattet.
1. 11. 1781: Das »Untertanenpatent« hebt die Leibeigenschaft in den böhmischen Ländern auf (in den Alpenländern genossen die Bauern seit Jahrhunderten größere Freiheiten als in den Sudetenländern).
12. 1. 1782: Ein kaiserliches Patent ordnet die Aufhebung zahlreicher Klöster in Österreich und Ungarn sowie die Schaffung eines »Religionsfonds« an.→
24. 12. 1782: Kaiser Joseph II. errichtet die »Vereinigte böhmisch-österreichische Hofkanzlei, Hofkammer und Ministerialbancodeputation« als Verwaltungszentralstelle.
16. 1. 1783: Das »Ehepatent« des Kaisers führt die »Civil-Ehe« ein, die den Charakter eines bürgerlichen Vertrags zwischen den Partnern hat. Die kirchliche Trauung bleibt obligat, doch werden Scheidung und Wiederverheiratung Geschiedener möglich.
16. 8. 1783: Die »Magisterordnung« für Wien gliedert die Stadtverwaltung in drei voneinander unabhängige Senate unter Leitung des Bürgermeisters (1773–1804 Josef Georg Hörl). Die Bestätigung durch die Regierung gilt vier Jahre. Alle Räte werden durch einen »Bürgerausschuß« gewählt.
1. 11. 1783: Joseph II. befiehlt allen höheren Unterrichtsanstalten, die Vorlesungen der philosophischen, medizinischen, juristischen und theologischen Fakultät in deutscher Sprache abzuhalten. Ausgenommen sind allein die Disziplinen Dogmatik und kanonisches Recht.
18. 5. 1784: In Ungarn wird Deutsch als Amtssprache eingeführt, um die zentralistischen Verwaltungsmaßnahmen zu erleichtern.
23. 8. 1784: Das Begräbniswesen wird neugeordnet: Alle Grüfte und Friedhöfe innerhalb der Ortschaften sind zu schließen, die Toten müssen ohne Sarg in einem Leinensack beigesetzt werden (die Verordnung wird bereits am 27. 1. 1785 widerrufen).
1785: Die Komitatsverfassung Ungarns wird in eine Distriktverwaltung umgewandelt; an der Spitze eines jeden Distrikts steht ein königlicher Kommissär.
Anfang 1785: Kaiser Joseph II. errichtet ohne päpstliche Mitwirkung die Bistümer Linz und St. Pölten. Damit werden ganz Oberösterreich und fast ganz Niederösterreich von Passau getrennt und als Suffragane dem Erzbistum Wien unterstellt. Das 1476 gegründete Bistum Wiener Neustadt wird aufgelöst. 1786 errichtet der Kaiser zudem das Bistum Leoben in der Steiermark (1859 mit Seckau vereinigt).
1. 11. 1786: Band 1 (Personenrecht) des »Allgemeinen Bürgerlichen Gesetzbuches über Verbrechen und deren Bestrafung« wird veröffentlicht. Die Todesstrafe darf nurmehr bei Standrecht angewendet werden.
18. 2. 1787: Ein kaiserliches Hofkanzleidekret bestimmt, daß Kinder »vor dem Antritt des neunten Lebensjahres nicht ohne Not zur Fabrikarbeit aufgenommen werden dürfen.«
1. 5. 1787: Die »Josephinische Gerichtsverordnung« tritt in Kraft. Justiz und Verwaltung werden getrennt, die Sondergerichte abgeschafft und ein Kriminalgericht errichtet.

Kaiser Joseph II.; seine Reformen prägen die Zeit des »Josephinismua« (Gemälde von Anton von Maron, 1775; Sammlung Schloß Ambras)

»Ein absichtlicher Schalksnarr (Franz Xaver Messerschmidt)

Der Schöpfer der Charakterköpfe

19. August 1783. Franz Xave Messerschmidt, Bildhauer zwische Barock und Klassizismus, stirb im Alter von 47 Jahren in Preßbur Der aus Württemberg stammend Künstler war 1769–1774 Professo an der Akademie der Künste in Wie besonders ausdrucksstark sind sein »Charakterköpfe«, die verschieden Menschentypen darstellen.

Der Kaiser verfüg Einfuhrverbote

30. Dezember 1784. Joseph II. ve bietet die Einfuhr aller Fertigfabr kate und zahlreicher Rohstoffe au dem Ausland. Der Staat hat in de Jahren zuvor jährlich fast 24 Milli nen Gulden durch Importe eing büßt, nun werden hohe Zölle erla sen. Bestimmte Waren dürfen n zum privaten Gebrauch eingefüh werden und erhalten einen Au schlag von 60%.
Der Kaiser selbst läßt die in der Ho küche vorhandenen ausländisch Eßwaren und Weine in das »Allg meine Krankenhaus« bringen. Ve boten werden u.a. Tuche, Leine Glaswaren, Steingut, Seide, Wo und Baumwollstoffe, Zucker, Ka fee und Indigo. Die Lager der Ka leute müssen bis zu einem bestimi ten Zeitpunkt abverkauft sein, d dann noch vorhandene Ware gilt a Schmuggelgut, wird beschlagnah und anschließend vernichtet. (17 werden Tuch, Leinen und Samt i Gesamtwert von 30 000 Gulden ö fentlich verbrannt, 1786 soll d Wert der vernichteten Waren 70 0 Gulden betragen haben.)

Mozarts erste eigenständige Oper wird uraufgeführt

12. Juli 1782. *Im überfüllten Wiener »Nationaltheater nächst der Burg« wird Wolfgang Amadeus Mozarts Singspiel »Die Entführung aus dem Serail« uraufgeführt; es ist die erste Oper, für die der erwachsene Mozart (nunmehr 26 Jahre alt) die alleinige Verantwortung trägt, und die Aufführung wird zu einem Triumph für den Komponisten, der konstatiert: »Die Leute, kann ich sagen, sind recht närrisch mit dieser Oper.« Die »Entführung«, obwohl Singspiel genannt und eben solche Elemente enthaltend, ist die erste deutsche Oper, die höhere musikalische Ansprüche stellt als die meisten ihrer italienischen Vorläufer. (Abb.: Mozart, am Klavier, mit seiner Schwester Nannerl und Vater Leopold, auf dem Bild die bereits verstorbene Mutter des Komponisten; Johann Nepomuk della Croce, 1780/81; Mozarteum Salzburg.)*

Ein Fürstenbund gegen Habsburg

23. Juli 1785. In Berlin wird das Gründungsdokument des Deutschen Fürstenbundes zur Wahrung des Besitzes und der Rechte der Reichsstände unterzeichnet. Initiator und Führer dieses gegen Habsburg gerichteten Bundes ist König Friedrich II. von Preußen, zu den Unterzeichnern gehören ferner Hannover und Sachsen, wenig später schließen sich auch Weimar, Gotha, Zweibrücken, Braunschweig, Baden, Ansbach, Hessen, Anhalt, Mecklenburg und Kurmainz an.

Auslösender Grund ist die Absicht Kaiser Josephs II., die Österreichischen Niederlande gegen Bayern einzutauschen und als Königreich Burgund dem Kurfürsten Karl Theodor von Pfalz-Sulzbach zu geben (→ 3. 1. 1778). Der Kaiser kann sich jedoch nicht weiter mit der Realisierung seiner Pläne beschäftigen, da Unruhen in den Österreichischen Niederlanden und der Krieg mit dem Osmanischen Reich seine ganze Aufmerksamkeit verlangen. (Nach dem frühen Tod Josephs II. und der Annäherung zwischen Österreich und Preußen infolge der Französischen Revolution verliert der Fürstenbund rasch an Bedeutung und löst sich auf.)

Wien erhält ein modernes Spital

16. August 1784. Kaiser Joseph II. eröffnet das Wiener »Allgemeine Krankenhaus«, das auf kaiserliche Veranlassung nach Entwürfen von Isidor Canevale und Matthias Gerl auf dem Areal des 1693 erbauten »Großarmenhauses« errichtet wurde.

Das Krankenhaus wird mit dem Gebär- und Irrenhaus vereinigt und ist damit das größte und modernste Spital des 18. Jahrhunderts. Fast gleichzeitig wird das Tollhaus, der sog. Narrenturm, fertiggestellt (heute im 6. Hof). Das kreisförmige Gebäude hat in jedem seiner fünf Geschosse 28 Zellen. Es wird wegen seiner Form vom Volk bald »Kaiser-Josephs-Gugelhupf« genannt. Das erste im »Allgemeinen Krankenhaus« geborene Kind läßt der Kaiser auf seinen Namen taufen und stiftet der Mutter, einem Wiener Stubenmädchen, 100 Dukaten. Das Haus verfügt über rund 2000 (in vier Klassen eingeteilte) Betten. Zur Hebung des medizinischen Niveaus der Feldchirurgen läßt Joseph II. am 7. November 1785 die »Medizinisch-Chirurgische Josephs-Akademie« (Josephinum) in Wien eröffnen. Hier sollen die meist nur »handwerklich« geschulten Feldscher zu soliden Wundärzten weitergebildet werden.

»Aussicht des allgemeinen Krankenhauses« (Peter Schaffer, 1793)

Begründer der Reformoper tot

15. November 1787. 73jährig stirbt in Wien der Komponist Christoph Willibald (Ritter von) Gluck. Seine Bedeutung liegt in der Erneuerung der ernsten Oper, in der er die Einheit von Text, Musik und Ausführung wiederherstellt.

Der aus der Oberpfalz stammende Gluck lebte seit 1750 in Wien und war von 1754 bis 1764 Hofkapellmeister. Seine Reformoper »Orpheus und Euridice«, 1762 in Paris uraufgeführt, wendet sich gegen den italienischen Stil, der die sängerische Virtuosität in den Vordergrund stellt. Demgegenüber sieht Gluck die Hauptziele seiner Reform in der psychologischen Durchdringung der Rezitative, der Erneuerung des Chores im Sinn des antiken Dramas und der Ouvertüre als Handlungsprolog. Der Musiker soll sich in den Dienst der dramatischen Handlung stellen.

Revolutionäres von »Oben«

10. Februar 1789. Kaiser Joseph II. erläßt ein Steuerdekret – das revolutionärste Gesetz vor der Französischen Revolution. Es bedroht das Fundament der Feudalherrschaft, da es die Zwangsarbeit der Bauern aufhebt und feste Steuernormen festsetzt.

Ein Bauer darf fortan 70% seines Bruttoeinkommens für sich behalten, 12,5% muß er als Grundsteuer an den Staat abführen, 17,5% an Gutsherrn und Gemeinde.

Der Adel sieht sich mit diesem Gesetz bedroht und fürchtet den Ruin, in Ungarn kommt es zu einem Aufstand der Adeligen. Dennoch tritt das Steuergesetz am 1. November in Kraft. (Trotz großer wirtschaftlicher Anstrengungen ist der Staatshaushalt wegen der hohen Militärausgaben nicht ausgeglichen.) 1787 standen noch 92,5 Millionen Gulden Staatseinnahmen 85,7 Millionen Gulden Ausgaben gegenüber. 1790 gibt es bereits ein Defizit von 22,5 Millionen Gulden und eine Staatsschuld von 370 Millionen.

Joseph widerruft seine Reformen

28. Jänner 1790. Der starke öffentliche Druck zwingt Kaiser Joseph II., fast alle in Ungarn eingeführten Reformmaßnahmen zu widerrufen und die alte Verfassung wiederherzustellen.

Der Kaiser erklärt dazu: »Nur aus Sorge um das gemeine Wohl, und in der Hoffnung, daß ihr, durch Erfahrung belehrt, die Reformen als Annehmlichkeit empfinden werdet, haben Wir sie vorgenommen. Jetzt aber haben Wir Uns davon überzeugt, daß ihr die alte Verwaltung vorzieht… Es ist aber Unser Wille, daß Unser Toleranzedikt, die Regelung zur Schaffung neuer Pfarrgemeinden und die Erlässe über die Behandlung der Leibeigenen und ihre Beziehung zum Grundherrn in Kraft bleiben.«

Auch in den österreichischen Ländern nimmt der Kaiser zahlreiche Reformen zurück – bestehen bleiben im wesentlichen nur das Toleranzedikt, das Untertanenpatent und die Bestimmungen über den Religionsfonds (→ 1781–1786).

Kaiser Joseph II. im Kreise seiner vielköpfigen Familie (Gemäldesammlung Schloß Ambras)

Als Kaiser seiner Zeit voraus

20. Februar 1790. Im 49. Lebensjahr stirbt Kaiser Joseph II. in Wien; die Regierungszeit des konsequenten Verfechters eines aufgeklärten Absolutismus' auf zentralistischer Grundlage ist durch zahlreiche Reformmaßnahmen geprägt, die von der Geschichte als »Josephinismus« bezeichnet werden.

Der älteste Sohn Kaiser Franz' I. Stephan und Maria Theresias wurde 1763 zum König gewählt, konnte allerdings erst nach dem Tod seiner Mutter 1780 mit der Verwirklichung seines Staatsideals beginnen. Sein Ziel formulierte Joseph II. in einem Gespräch mit dem Leibarzt und Berater seiner Mutter, Gerhard Freiherr van Swieten, wie folgt:

»In meinen Ländern soll Fanatismus in Zukunft nur noch daran zu erkennen sein, daß ich ihn verachte. Niemand darf mehr wegen seines Glaubens verfolgt oder gezwungen werden, sich zur Staatsreligion zu bekennen, wenn das gegen seine Überzeugung ist und er eine andere Vorstellung über den rechten Weg zur ewigen Seligkeit hat. Mein Reich soll von nun an nicht mehr Schauplatz der Intoleranz sein.«

Trotzdem stieß der »Reformkaiser« allerorten auf Widerstand und Ablehnung. Kurz vor seinem Tod mußte er bereits einen Teil seiner Neuerungen widerrufen, die vor allem in Ungarn und den Österreichischen Niederlanden zu teils blutigen Konflikten geführt hatten und das Verhältnis zwischen Wien und Rom schwer belasteten. Der enttäuschte Kaiser erklärte gegenüber Staatskanzler Wenzel Anton Fürst vo[n] Kaunitz-Rietberg: »Im Innerste[n] überzeugt von der Integrität meine[r] Absichten, habe ich die Kraft zu ho[f]fen, daß nach meinem Tode di[e] Nachwelt günstiger, unparteiische[r] und folglich gerechter als mein[e] Zeitgenossen über meine Taten de[n]ken und meine Ziele prüfen wir[d] ehe sie mich verurteilt.«

Kaiser Joseph II. und sein Bruder Leopold (II.), 1769 (Pompeo Batoni; Kunsthistorisches Museum Wien)

Statt Trauer zeigt die Bevölkerun[g] Erleichterung über den Tod des u[n]geliebten Monarchen. In Ungar[n] feiert man gar Freudenfeste, Pe[st] wird illuminiert, und der Kardina[l] Erzbischof von Gran singt ein feier[li]ches »Tedeum«. Nachfolger Joseph[s] wird sein jüngerer Bruder Leopo[ld] (II.), Großherzog von Toskana, de[n] die Kurfürsten am 30. Septemb[er] zum neuen Kaiser wählen.

Am 1. März verläßt Leopold sei[ne] Residenz in Florenz, um nach Wi[en] zu reisen. Schon in Mantua, sein[er] ersten Station auf österreichische[m] Boden, verspricht er die Wiederhe[r]stellung der gewünschten alten Or[d]nung. Am 21. Juli erläßt er ein Hau[s]gesetz, in dem er zugunsten sein[es] zweitgeborenen Sohnes Ferdina[nd] auf die Toskana verzichtet; den er[st]geborenen Sohn Franz bestimmt zu seinem Nachfolger.

Friede mit dem Sultan

27. Juli 1790. Österreich und Preu-ßen schließen die Konvention von Reichenbach: Gegen die Zusage Preußens, die Unterstützung der aufständischen Niederländer einzustellen, erklärt Österreich seine Bereitschaft, Frieden mit dem Osmanischen Reich zu schließen, ohne Gebietsansprüche zu stellen.
Damit ist der Weg zur Beendigung des Russisch-Türkischen Kriegs geebnet, in den Kaiser Joseph II. am 9. Februar 1788 als Verbündeter Rußlands eingetreten war. 1788 leitete der Kaiser selbst den österreichischen Feldzug, im Dezember mußte er jedoch, an der Lunge erkrankt, nach Wien zurückkehren. Am 15. September 1789 begann die Belagerung Belgrads; am 8. Oktober wurde die Stadt genommen, Feldmarschall Ernst Gideon Freiherr von Laudon gewährte der 9000 Mann starken türkischen Besatzung freien Abzug.
Anfang 1790 konnte Sultan Selim III. Preußen als Verbündeten gewinnen. Trotzdem errangen Österreicher und Russen in der Schlacht bei Kalafat (Walachei; 26.6.1790) einen entscheidenden Sieg über das osmanische Heer.
Die Österreicher zogen daraufhin gegen Preußen, doch wird der Streit beigelegt, bevor es zum Kampf kommt. Am 4. August schließen Österreich und das Osmanische Reich den Frieden von Sistowa.

Kaiser Joseph II. während eines Manövers mit seinen Offizieren

Kampf um Belgien

0. Dezember 1790. Kaiser Leopold II. schließt mit den Königen von Großbritannien und Preußen sowie Vertretern der Niederlande den Vertrag von Haag, der die Aufhebung der meisten Reformen Kaiser Josephs II. verspricht, die Souveränität der niederländischen Provinzen garantiert und betont, daß diese unteilbarer und unveräußerlicher Bestandteil des Hauses Habsburg bleiben sollen.
Gegen der Reformmaßnahmen Kaiser Josephs II. war es bereits 1786 in Löwen zu einem Aufstand gekommen, der Mitte 1787 auf ganz Brabant übergriff. Unter dem Eindruck der Französischen Revolution kam es im Oktober 1789 zu ersten bewaffneten Aktionen der Niederländer, die sich am 1. Jänner 1790 zu einem »Nationalkongreß« zusammenschlossen. Am 11. Jänner verkündeten die Stände Flanderns, Brabants, des Hennegaus und der Österreichischen Niederlande die Verfassung der »Vereinigten Staaten von Belgien«. Am 18. Mai zog daraufhin ein 30 000 Mann starkes österreichisches Heer unter Feldmarschall Johann von Bender von Luxemburg aus gegen die aufständischen Niederländer. Als Preußen am → 27. Juli 1790 den Abbruch seiner Hilfe für die Belgier ankündigte, konnten die Truppen Feldmarschall Benders den Aufstand bis zum Jahresende niederwerfen.

1791

1791–1800

20. 2. 1791. Die Siebenbürgische Hofkanzlei wird errichtet.

15. 4. 1791. Das Einfuhrverbot für Zucker in Österreich wird aufgehoben.

6. 7. 1791. Dem französischen Luftfahrtpionier Jean-Pierre Blanchard gelingt ein Ballonaufstieg im Wiener Prater.→

4. 8. 1791. Österreich und das Osmanische Reich schließen den Frieden von Sistowa (→ 27. 7. 1790).

27. 8. 1791. Kaiser Leopold II., König Friedrich Wilhelm II. von Preußen und Karl Graf von Artois schließen die Pillnitzer Konvention.→

1. 3. 1792. Nach dem Tod Kaiser Leopolds II. übernimmt dessen ältester Sohn Franz die Regierungsgeschäfte.→

6. 6. 1792. Erzherzog Franz wird zum König von Ungarn gekrönt.

14. 7. 1792. In Frankfurt am Main findet die Krönung des österreichischen Erzherzogs Franz zum Kaiser statt. Feierlichkeiten hat der neue Regent aus Kostengründen untersagt, die dafür vorgesehenen Gelder sollen an die Armen verteilt werden.

9. 8. 1792. Kaiser Franz II. wird zum König von Böhmen gekrönt.

1793. Max Graf Egger errichtet in Lippitztal (Unterkärnten) das erste Eisenwalzwerk Mitteleuropas.

27. 3. 1793. Franz Freiherr von Thugut übernimmt die Leitung der auswärtigen Angelegenheiten.

29. 3. 1795. Ludwig van Beethoven gibt sein erstes größeres öffentliches Konzert (im Wiener Burgtheater).→

5. 4. 1795. Preußen und Frankreich schließen in Basel einen Sonderfrieden (→ 1792–1796).

24. 10. 1795. Österreich, Rußland und Preußen teilen Restpolen untereinander auf.→

12. 2. 1797. Joseph Haydns Lied »Gott erhalte Franz, den Kaiser« wird zum Geburtstag Kaiser Franz' II. erstmals öffentlich gesungen (der Text stammt von Lorenz Leopold Haschka).

17. 10. 1797. Der Friede von Campoformido beendet den Ersten Koalitionskrieg gegen Frankreich.→

13. 4. 1798. »Fahnenrummel in Wien«: Vom Haus der französischen Gesandtschaft wird die Trikolore heruntergerissen und verbrannt; Österreich verweigert die verlangte Genugtuung (→ 12. 3. 1799).

12. 3. 1799. Frankreich erklärt an Österreich den Krieg; der Zweite Koalitionskrieg beginnt.

28. 7. 1800. Der Großglockner, mit 3798 m der höchste Gipfel der Ostalpen, wird erstmals bestiegen.

18. 9. 1800. Johann Ludwig Graf Cobenzl übernimmt anstelle von Franz Freiherr von Thugut die Leitung der auswärtigen Angelegenheiten.

25. 12. 1800. Österreich und Frankreich schließen den Waffenstillstand von Steyr (Oberösterreich).→

GESTORBEN:

5. 12. 1791. Wien: Wolfgang Amadeus Mozart (* 27. 1. 1756), Komponist.→

1. 3. 1792. Wien: Leopold II. von Habsburg-Lothringen (* 5. 5. 1747), Kaiser.→

4. 3. 1793. Reutte: Franz Anton Zeiller (* 3. 5. 1716), Freskenmaler.

16. 10. 1793. Paris (auf der Guillotine): Marie Antoinette von Habsburg-Lothringen (* 2. 11. 1755), Königin von Frankreich.

18. 2. 1794. Wien: Joseph Adam von Mölck (* um 1714), Fresken- und Altarbildmaler (in den Pfarrkirchen von Hall, Lienz und Klagenfurt).

27. 6. 1794. Wien: Wenzel Anton Fürst von Kaunitz-Rietberg (* 2. 2. 1711), Staatsmann.→

8. 8. 1796. Wien: Franz Anton Maulbertsch (* 8. 6. 1724), Maler.→

16. 3. 1798. Wien: Aloys Blumauer (* 21. 12. 1755), Schriftsteller.

31. 7. 1798. Wien: Johannes Thomas Edler von Trattner (* 11. 11. 1717), Drucker und Verleger.

24. 10. 1799. Neuhof (Böhmen): Karl Ditters von Dittersdorf (* 2. 11. 1739), Komponist.→

GEBOREN:

15. 1. 1791. Wien: Franz Grillparzer († 21. 1. 1872), Schriftsteller.

12. 12. 1791. Wien: Maria Luise (Marie Louise) von Habsburg-Lothringen († 17. 12. 1847), Erzherzogin von Österreich, Kaiserin der Franzosen.

15. 1. 1793. Wien: Ferdinand Georg Waldmüller († 23. 8. 1863), Maler.

3. 3. 1793. Poppitz (Mähren): Charles Sealsfield (eigtl. Karl Anton Postl; † 26. 5. 1864), Schriftsteller.

19. 4. 1793. Wien: Ferdinand I. von Habsburg-Lothringen († 29. 6. 1875), Kaiser von Österreich (1835–1848).

29. 6. 1793. Chrudim (Böhmen): Josef Ressel († 10. 10. 1857), Erfinder.

4. 9. 1795. Wien: Rudolf von Arthaber († 9. 12. 1867), Fabrikant und Kunstsammler.

2. 7. 1796. Boppard am Rhein: Michael Thonet († 3. 3. 1871), Tischler und Industrieller.

27. 7. 1796. Wien: Ignaz Bösendorfer († 14. 4. 1859), Klavierbauer.

4. 9. 1796. Wien: Peter Fendi († 28. 8. 1842), Maler.

17. 10. 1796. Piesting: Leopold Kupelwieser († 17. 11. 1862), Maler.

31. 1. 1797. Wien: Franz Schubert († 19. 11. 1828), Komponist.

23. 1. 1799. Primiero (Südtirol): Alois Negrelli Ritter von Moldelbe († 1. 10. 1858), Techniker.

9. 2. 1800. Kratzau (Böhmen): Joseph von Führich († 13. 3. 1876), Maler.

2. 10. 1800. Krumau (Böhmen): Felix Fürst zu Schwarzenberg († 5. 4. 1852), Staatsmann.

Fürstenbündnis gegen Frankreich

27. August 1791. Auf Schloß Pillnitz bei Dresden schließen Kaiser Leopold II., König Friedrich Wilhelm II. von Preußen und der Führer der französischen Emigranten, Karl Graf von Artois (ein Bruder König Ludwigs XVI. von Frankreich), die sog. Pillnitzer Konvention. Darin erklären sie die Lage des französischen Monarchen zur gemeinsamen Sache aller Fürsten und vereinbaren die Bereitstellung von Truppen, machen ein militärisches Eingreifen jedoch vom Verhalten der anderen europäischen Staaten abhängig.

Bereits am 6. Juli forderte der Kaiser in einer Note alle Souveräne Europas auf, sich der monarchischen Interessen des französischen Königshauses anzunehmen, um die sofortige Freilassung König Ludwigs XVI. zu erreichen.

Die französische Nationalversammlung reagiert jedoch äußerst scharf auf die als Einmischung empfundene Pillnitzer Konvention. Am 25. Jänner 1792 wird der Kaiser ultimativ aufgefordert, bis zum 1. März eine Erklärung abzugeben, ob Österreich am Bündnis mit Frankreich aus dem Jahr 1756 festhalten wolle oder nicht. Der Kaiser soll ferner ausdrücklich auf jede Intervention zugunsten des französischen Königs verzichten und seine Truppen entwaffnen. Ein gegenteiliges Verhalten käme, so die Nationalversammlung, einer Kriegserklärung gleich.

Kaiser Leopold II. (Gemälde von Leopold Kupelwieser, zwischen 1842 und 1853; Kaisersaal im »Römer« zu Frankfurt am Main)

Konzert des Sängers Pierre Jélyotte (mit Gitarre) und des zehnjährigen Wolfgang Amadeus Mozart (am Cembalo) im Salon »Temple« des Prinzen Conti in Paris (Gemälde von Michel Bathélemy Olliver, 1766; Louvre Paris)

Wolfgang Amadeus Mozart (Barbara Kraft, 1819; Museum Carolino Augustum Salzburg)

Der Genius Mozart

5. Dezember 1791. Im Alter von erst 35 Jahren stirbt der Komponist Wolfgang Amadeus (eigentlich Johannes Chrysostomus Wolfgangus Theophilus) Mozart, einer der Hauptvertreter der Wiener Klassik. In seinen Kompositionen verband der aus Salzburg stammende Künstler deutsche und italienische Elemente des Spätbarocks und Rokokos sowie der aufkommenden Romantik zu einem eigenen Musikstil.

Mozarts musikalische Begabung zeigte sich schon früh: Bereits als Fünfjähriger verfaßte er ein Andante für Klavier, wenig später trat er erstmals öffentlich auf und wurde bald als Wunderkind gefeiert. 176[illegible] durfte er vor Maria Theresia in Wie[illegible] spielen, als Dreizehnjähriger wurd[illegible] er 1769 zum erzbischöflichen Kon[illegible]zertmeister von Salzburg ernann[illegible] ein Jahr später erhob ihn Papst Kle[illegible]mens XIV. zum Ritter vom Golde[illegible]nen Sporn. Nach drei Italienreise[illegible] auf denen er große Erfolge verzeich[illegible]nen konnte, kehrte Mozart nac[illegible] Salzburg zurück, und vier produkt[illegible]ve Jahre künstlerischen Schaffen[illegible] folgten.

Im September 1777 quittierte er de[illegible] Salzburger Hofdienst und bega[illegible] sich erneut auf Reisen, ohne daß sic[illegible] die sensationellen Erfolge der Ki[illegible]

»W.A.M.« (Gouache-Temperaminiatur von Johann Nepomuk della Croce, um 1870; Wien)

Mozarts Bühnenwerke (Opern, Singspiele und Ballettmusik)

»Apollo et Hyacinthus«, Lateinisches Intermezzo (KV 38), Salzburg 1767
»Bastien und Bastienne«, Singspiel (KV 50), Wien 1768
»La finta semplice«, Opera buffa (KV 51), Salzburg 1769
»Mitridate, rè di Ponto«, Opera seria (KV 87), Mailand 1770
»Ascanio in Alba«, Serenata (KV 111), Mailand 1771
»Il sogno di Scipione«, Serenata (KV 126), Salzburg 1772
»Lucio Silla«, Dramma per musica (KV 135), Mailand 1772
»La finta giardiniera«, Opera buffa (KV 196), München 1775
»Il rè pastore«, Dramma per musica (KV 208), Salzburg 1775
»Les petits riens«, Ballettmusik (KV App. 10), Paris 1778
»Zaïde«, Oper (KV 344), 1779/80 (Fragment)
»Idomeneo, rè di Creta«, Opera seria (KV 366), München 1781
»Die Entführung aus dem Serail«, Singspiel (KV 384), Wien 1782
»L'oca del Cairo«, Opera buffa (KV 422), 1783 (Fragment)
»Lo sposo deluso«, Opera buffa (KV 430), 1783/84 (Fragment)
»Der Schauspieldirektor«, Komödie (KV 486), Schloß Schönbrunn 1786
»Le nozze di Figaro«, Commedia in musica (KV 492), Wien 1786
»Don Giovanni«, Dramma giocoso (KV 527), Prag 1787
»Così fan tutte«, Opera buffa (KV 588), Wien 1790
»Die Zauberflöte«, Oper (KV 620), Wien 1791
»La clemenza di Tito«, Opera seria (KV 621), Prag 1791

Leopold Mozart mit seinen Kindern Wolfgang Amadeus und »Nannerl«; das Aquarell entstand 1763/64 und existiert in drei Versionen, die sich in Chantilly, Paris und London befinden (Abb.: Musée Condé Chantilly)

lerzeit wiederholten. 1779–1781 ebte Mozart noch einmal in Salzurg, als Konzertmeister und Hoforanist, empfand allerdings als Weitereister die Enge Salzburgs zunehend als bedrückend. Nach einem Zusammenstoß mit dem Salzburger Erzbischof wurde Mozart von diem am 8. Juni 1781 aus dem Dienst ntlassen und versuchte fortan, seien Lebensunterhalt als »freier« Künstler in Wien zu bestreiten.

m 4. August 1782 vermählte er sich it Konstanze Weber, der Schweer seiner Jugendliebe Aloysia; echs Kinder gingen aus dieser Ehe ervor, von denen aber nur zwei öhne (Karl Thomas und Wolfgang madeus, eigentlich Franz Xaver Volfgang) den Vater überlebten. otz nie erlahmender künstlerier Aktivität verschlechterte sich e wirtschaftliche Lage der Familie ozart immer mehr. Als der Künstr am 5. Dezember 1791 an den Folen einer zunehmenden Niereninffienz stirbt, hinterläßt er 626 Verke, darunter 20 Opern und Oraorien, 53 Symphonien, 50 Instruentalkonzerte und 15 Messen. Trotzdem ist der 1787 zum »k.k. Kammer-Kompositeur« ernannte Mozart völlig verarmt und wird in einem Armengrab (einem sog. Schachtgrab) auf dem Friedhof St. Marx bei Wien beigesetzt.

K.K. priv. Wiedner Theater

Heute Freytag den 30ten September 1791.

Werden die Schauspieler in dem kaiserl. königl. privil. Theater auf der Wieden die Ehre haben aufzuführen

Zum Erstenmale:

Die

Zauberflöte.

Eine grosse Oper in 2 Akten, von Emanuel Schikaneder.

Personen.

Der Anfang ist um 7 Uhr.

Theaterzettel vom 30. 9. 1791

Nur 24 Monate Kaiser

1. März 1792. Völlig unerwartet stirbt der erst 44jährige Kaiser Leopold II. von Habsburg-Lothringen; er war am 28. Februar an der Lunge erkrankt. Sein erstgeborener Sohn, der 24jährige Erzherzog Franz, tritt als Franz II. die Nachfolge an.

Leopold II., dritter Sohn Kaiser Franz' I. Stephan und Maria Theresias, wurde durch den Verzicht seines älteren Bruders Joseph (II.) 1765 Großherzog von Toskana und folgte diesem 1790 als römischer Kaiser und König von Ungarn. Leopold war ein entschiedener Gegner der Reformmaßnahmen Kaiser Josephs II. Nach seiner Ankunft in Wien beklagte er sich über die »in allen Geschäften herrschende allgemeine Unordnung«. Trotzdem war seine Regierungszeit nicht durch eine dramatische Umkehr des von Joseph II. eingeschlagenen Weges gekennzeichnet. Der preußische Gesandte in Wien, Constans Philipp Wilhelm von Jacobi-Klöst, gab seinem König am 14. Jänner 1792 folgenden Bericht über die Innenpolitik Leopolds II.:

»In der österreichischen Monarchie schmeichelten sich zu Anfang seiner Regierung die Stände fast aller Provinzen und der Klerus, daß für sie der Zeitpunkt gekommen sei, wo sie ihre Privilegien und Prärogativen wiedererlangen könnten. Auch fanden in der Tat verschiedene Reklamationen des Adels Berücksichtigung und einige Klöster wurden wiederhergestellt. Übrigens darf man bei der Gerechtigkeitsliebe des Kaisers nicht annehmen, daß er in die Rechte irgend Jemands, wer es auch sei, wird eingreifen wollen; aber es ist doch ebenso bekannt, daß seine Grundsätze von Philosophie und politischer Ökonomie ihn in eben diesen Rechten viele Usurpationen erblicken lassen …

Aber er weiß zu gut den gegenwärtigen Volksgeist und die ansteckenden Prinzipien zu würdigen, welche die Völker beherrschen, um nicht zu temporisieren …«

Erster Ballonflug im Wiener Prater

6. Juli 1791. *Beim dritten Versuch gelingt dem französischen Ballonflieger Jean-Pierre Blanchard im Prater der Aufstieg mit einem Wasserstoffballon. Die »Wiener Zeitung« vom 9. Juli berichtet darüber wie folgt: »Am abgewichenen Mittewoche machte Hr. Blanchard allhier seine 38. Luftfahrt. Er erhob sich mit einem Luftballon im Prater gegen 12 Uhr mittags, blieb durch 14 Minuten sichtbar … [und] erreichte die Erde um 1 Uhr in der Nähe der Stadt Groß-Enzersdorf an der Donau …« Blanchards erste Ballonfahrt fand am 2. März 1784 in Paris statt; am 7. Jänner 1785 überquerte er mit einem Ballon den Ärmelkanal. (»Ankunft Blanchards in Groß-Enzersdorf«, kolorierter Kupferstich von Hieronymus Löschenkohl, 1791; Historisches Museum Wien).*

Krieg mit Frankreich

1792–1796. Mit der französischen Kriegserklärung vom 20. April 1792 beginnt der sog. Erste Koalitionskrieg zwischen dem revolutionären Frankreich und einer Koalition verschiedener europäischer Staaten unter Führung des Kaisers. Am 23. Juni tritt das Königreich Preußen auf Österreichs Seite in den Krieg ein, im September folgen Rußland, Hessen-Kassel und Baden.

Dem zunächst nur 300 000 Mann starken französischen Heer stehen damit mehr als 650 000 Mann gegenüber (400 000 Österreicher, 250 000 Preußen, 6000 Hessen und rund 8000 französische Emigranten). Ende Juli überschreiten die Verbündeten unter dem Oberbefehl von Herzog Karl Wilhelm Ferdinand von Braunschweig den Rhein.

Während die Nordarmee unter Herzog Albert von Sachsen-Teschen den Gegenangriff der Franzosen auf die Österreichischen Niederlande abwehren kann, agiert die Hauptarmee weniger glücklich: Die Kanonade der Festung Valmy muß ergebnislos abgebrochen werden (20. 9. 1792), Nachschubschwierigkeiten und Schlechtwetter, aber auch Mißtrauen und Unentschlossenheit spalten die Verbündeten, sodaß die Franzosen fast die ganzen Österreichischen Niederlanden besetzen können.

Am 1. Februar 1793 erklärt Frankreich auch Großbritannien und den Niederlanden den Krieg und fällt in Holland, aber auch in die linksrheinische Pfalz ein. Der Angriff kann jedoch von den Verbündeten, denen sich nun auch Spanien, Portugal, Sardinien, Neapel und das Reich angeschlossen haben – abgewehrt werden; in der Folge nehmen die Koalitionstruppen die französischen Verteidigungslinien (Weißenburger Linien) im Elsaß, die bis dahin als unüberwindlich galten.

Unter der Führung des neuen Oberbefehlshabers, des erst 31jährigen Generals Jean Baptiste Jourdan, gelingt den Franzosen im Herbst 1793 die Wende: Am 16. Oktober werden die Österreicher bei Wattignies geschlagen, woduch das weitere Vordringen der Verbündeten nach Frankreich verhindert wird. Die Franzosen gewinnen die Weißenburger Linien zurück und besiegen die Österreicher unter General Dagobert Siegmund Graf von Wurmser bei Reichshofen (22.12.); Wurmser zieht seine Truppen daraufhin über den Rhein zurück.

Anfang 1794 gerät die Koalition in eine politische Krise, da König Friedrich Wilhelm II. von Preußen seine Truppen auf 20 000 Mann reduzieren will, um das Gros an die polnische Grenze zu verlegen. Zwar verhindern Großbritannien und die Niederlande durch die Zusage von Subsidienzahlungen das Ausscheiden Preußens aus der Koalition, trotzdem müssen die Östereicher nach ihrer schweren Niederlage in der Schlacht von Fleurus (Hennegau) die Österreichischen Niederlande räumen, die damit endgültig verloren sind.

Am 5. April 1795 schließt Preußen mit Frankreich den Sonderfrieden von Basel, da es freie Hand für die dritte Teilung Polens benötigt (→ 24. 10. 1795). Der Großteil der nord- und mitteldeutschen Reichsstände sowie Spanien schließen sich dieser Vereinbarung an – die Koalition ist gesprengt. Österreich verliert somit wichtige Verbündete und sieht sich zudem einem französischen »Volksheer« gegenüber, das 850 000 Mann stark ist.

Die Franzosen wollen nun Österreich von Süden (Italien) und Westen (Bayern/Franken) her niederkämpfen, erleiden aber zunächst Niederlagen. Am 23. November wird die österreichische Armee allerdings auf dem neuen italienischen Kriegsschauplatz besiegt und ein fünfmonatiger Waffenstillstand vereinbart. Erzherzog Karl, der jüngere Bruder Kaiser Franz' II., übernimmt am 9. Februar 1796 den Oberbefehl über die österreichischen Truppen am Rhein, am 27. März wird der erst 26jährige General Napoleon Bonaparte mit der Führung der Franzosen in Italien betraut. Er fügt den Österreichern mehrere Niederlagen zu und kann am 16. Mai in Mailand einziehen. Obwohl die österreichische Rheinarmee unter Erzherzog Karl den Franzosen erfolgreich Widerstand leistet, entscheidet sich der Krieg durch die Siege Napoleons in Italien zuungunsten Österreichs. Im August 1796 verbündet sich Preußen mit Frankreich. Württemberg und Baden scheiden aus dem Koalitionskrieg aus, und die Truppen Napoleons bedrohen die Südgrenze Österreichs.

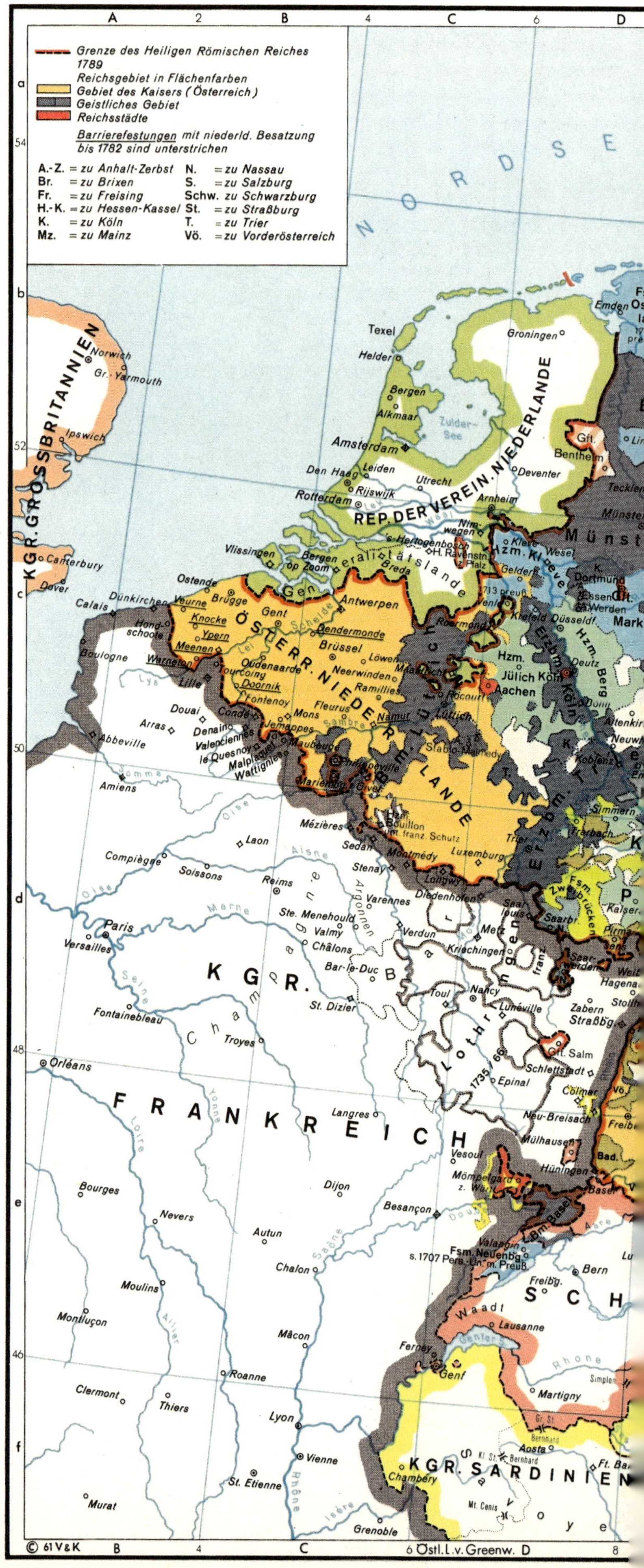

KGR. DÄNEMARK
Fünen
Seeland
Bornholm
OSTSEE
Rügen
Holstein
Schleswig
Lübeck
Hamburg
Hzm. Mecklenburg-Schwerin
Hzm. Meckl. Strelitz
Vorpommern
Hinterpommern
Danzig Freie Stadt 1793 preuß.
Westpreußen
KGR. PREUSSEN
Ostpreußen
Ermland 1772 preuß.
Königsberg
Memel
Tauroggen 1691 - 1793 preuß.
Serrey 1691 - 1793 preuß.
Neu-Ostpreußen 1795
Netzedistrikt
Kurfsm. Hannover
Kurfsm. Brandenburg
Berlin
Magdeburg
Fsm. Anhalt
Kurfsm. Sachsen
Nieder-Lausitz
Ober-Lausitz
Dresden
Leipzig
Sächs. Herzogtümer
Landgf. Hessen-Kassel
Würzburg
Bamberg
Nürnbg.
Mgft. Ansbach 1791 preuß.
Mgft. Bayreuth 1768 zu Ansbach 1791 preuß.
Ober-Pfalz
Kurfsm. Bayern seit 1777 Pfalz-Bayern
München
Augsburg
Regensburg
KÖNIGREICH POLEN
Südpreußen 1793 preuß.
Warschau
Posen
Neu-Schlesien 1795 preuß.
Schlesien 1742 preuß.
Breslau
Österr. Schlesien
KGR. BÖHMEN
Prag
Mgft. Mähren
Brünn
Westgalizien 1795 österr.
KGR. GALIZIEN 1772 österr.
Krakau
Zips 1772 ungar.
Erzhzm. Österreich
ob der Enns
unter der Enns
Wien
Preßburg
Linz
Innviertel 1779 z. Österr.
Erzbm. Salzburg
Gft. Tirol
Innsbruck
Bm. Brixen
Bm. Trient
Hzm. Steiermark
Graz
Hzm. Kärnten
Klagenfurt
Hzm. Krain
Laibach
Triest
Friaul
Udine
Campoformio
REPUBLIK VENEDIG
Venedig
Adriat. Meer
Kroatien
Agram
KGR. UNGARN
Ofen
Pest
Plattensee
Neusiedler See
Belgrad
Donau
Elbe
Oder
Weichsel

Ein erfolgreiches Politikerleben

27. Juni 1794. Im Alter von 83 Jahren stirbt Wenzel Anton Fürst von Kaunitz-Rietberg in Wien. Seit 1735 im Staatsdienst, bestimmte er wesentlich die österreichische Außenpolitik und vertrat innenpolitisch die Idee des aufgeklärten Absolutismus. Sein erster diplomatischer Erfolg war der Abschluß des Friedens von Aachen (→ 18. 10. 1748). 1753 wurde er von Erzherzogin Maria Theresia zum Staatskanzler ernannt und bekleidete dieses Amt fast 30 Jahre. Durch sein Organisationstalent nahm er maßgeblichen Einfluß auf fast alle Reformen der Verwaltung und des Wohlfahrtswesens. Da er sich mit den Nachfolgern Maria Theresias nur schlecht verstand, demissionierte der greise Staatskanzler – als 81jähriger – am 6. August 1792.

Beethoven im Burgtheater

29. März 1795. Am Burgtheater in Wien stellt sich Ludwig van Beethoven in einem Konzert zum ersten Mal einer größeren Öffentlichkeit als Pianist vor. Er spielt sein Klavierkonzert B-Dur, op. 19, in der ursprünglichen Fassung.
Bereits 17 Jahre zuvor war Beethoven öffentlich aufgetreten. Sein Vater versuchte den Achtjährigen, den er um zwei Jahre jünger machte, als ein Wunderkind ähnlich dem jungen Wolfgang Amadeus Mozart auszugeben. Der Erfolg blieb jedoch aus. Beethoven erhielt Klavier- und Geigenunterricht und erlernte daneben das Orgelspiel. Seit 1782 vertrat er den Bonner Hoforganisten Christian Gottlob Neefe, der zugleich sein Lehrer war, gelegentlich. 1784 wurde Beethoven Mitglied der Hofkapelle des Kölner Kurfürsten und Erzbischofs Maximilian Franz in Bonn.
1787 erhielt er die Möglichkeit einer Studienreise nach Wien zu Mozart. Er mußte die Reise jedoch wegen einer schweren Erkrankung seiner Mutter vorzeitig abbrechen. Im November 1792 reiste Beethoven zum zweiten Mal nach Wien, wo er zunächst – ohne großen Erfolg – bei Joseph Haydn studierte, dann Unterricht im Kontrapunkt und in italienischer Gesangskomposition erhielt.

Polen (rot) nach der 2. Teilung

Das Ergebnis der 3. Teilung Polens

Polen wird geteilt

24. Oktober 1795. Österreich, Rußland und Preußen teilen das nach der zweiten polnischen Teilung am 23. Jänner 1793 verbliebene Territorium Polens endgültig untereinander auf. Damit ist das Königreich Polen von der Landkarte verschwunden (→ 5. 8. 1772).
Bereits am 3. Jänner waren die österreichisch-russischen Teilungsvereinbarungen bekanntgegeben worden, am 20. Mai beteiligte sich auch Preußen an der Allianz gegen Polen. Anlaß für die Auflösung des Königreiches waren von Frankreich unterstützte Aufstände der polnischen Bevölkerung gegen den zweiten Teilungsvertrag zwischen Preußen und Rußland. Zarin Katharina II. (die Große) nahm diese Erhebungen zum Anlaß, sich mit Österreich, dann auch mit Preußen über die endgültige Aufteilung Polens zu verständigen. Österreich erhält Westgalizien bis zum Bug (Sandomir, Lublin, Radom sowie Teile von Brzesko, Podlachien und Masowien; etwa 51 000 km² mit rund 1 Million Einwohnern), Preußen den Hauptteil von Masowien mit Warschau, das Gebiet zwischen Weichsel, Bug und Njemen sowie einen Teil des Beziks Krakau (43 000 km² mit etwa 1 Million Einwohnern), an Rußland fällt der große Rest des ehemaligen Königreichs (146 000 km²).

Meister der spätbarocken Malerei

8. August 1796. *In Wien stirbt 72jährig Franz Anton Maulbertsch (auch Maulpertsch), ein Hauptvertreter der österreichischen Malerei des Spätbarocks (Rokoko). Der in Langenargen (Vorderösterreich) geborene Maler kam 1739 nach Wien und schuf zahlreiche Altar- und Tafelbilder sowie eine Vielzahl von Zeichnungen. Im Mittelpunkt seines künstlerischen Schaffens steht allerdings die Freskenmalerei (Abb.: Skizze für ein Wandgemälde in der Pfarrkirche von Schwechat, 1765).*

Der Friede von Campoformido

17. Oktober 1797. Österreich muß im Frieden von Campoformido (die übliche Schreibweise Campo Formio ist unrichtig) die Österreichischen Niederlande an Frankreich abtreten, ebenso die Lombardei und ganz Oberitalien bis zur Etsch. Der Herzog von Modena erhält den Breisgau, da sein Herzogtum mit Mailand zur neugegründeten Cisalpinischen Republik vereinigt wird. Österreich wird mit Teilen der aufgelösten Republik Venedig entschädigt (u. a. Istrien und Dalmatien). Ein Friedenskongreß zu Rastatt soll den Friedensschluß zwischen Frankreich und dem Reich vorbereiten.
1796 hatte Frankreichs »Erster Konsul« Napoleon Bonaparte den Krieg in Oberitalien zu seinen Gunsten entschieden; nach dem Fall Mantuas im Jänner 1797 fielen die Franzosen in Tirol und der Steiermark ein und eroberten Ende März Villach und Klagenfurt. Da aber die geplante Vereinigung mit der französischen Rheinarmee durch die Erfolge der Österreicher unter Erzherzog Karl mißlang, wurde auf Vorschlag Napoleons am 7. April ein Waffenstillstand vereinbart, der zum Präliminarfrieden von Leoben führte.

Opernkomponist und Violinvirtuose

24. Oktober 1799. Im böhmischen Neuhof stirbt kurz vor Vollendung seines 60. Lebensjahres Karl Ditters von Dittersdorf, der zu den Begründern der komischen Oper in deutscher Sprache zählt.
Neben Oratorien, Messen, Symphonien und Streichquartetten schuf der aus Wien stammende Komponist 30 Bühnenwerke, darunter vor allem die komische Oper »Doctor und Apotheker« (1786). Mit seinem Opernschaffen wird er zum Wegbereiter der Wiener Operette.
1769 nahm Ditters von Dittersdorf die Stellung eines Kapellmeisters im schlesischen Johannisberg an; er fühlte sich dort so wohl, daß er 177· die Berufung zum Hofkapellmeister in Wien ausschlug, denn in Schlesien bot sich ihm die Möglichkeit zugleich als Forstmeister zu arbeiten und ein kleines Privattheater zu betreuen.

Ein Schritt zur Ruhe der Welt

Am 16. Juni 1800, nach der für ihn siegreichen Schlacht bei Marengo in Norditalien, schreibt General Napoleon Bonaparte, erster Konsul Frankreichs, einen Brief an Kaiser Franz II., in dem er diesem ein Friedensangebot unterbreitet:

»Auf dem Schlachtfeld von Marengo, mitten unter den Leiden und von 15 000 Leichnamen umgeben, beschwöre ich Ew. Majestät, den Schmerzensruf der Menschen zu hören ... Wenn Ew. Majestät den Frieden will, so ist er geschlossen; lassen Sie uns den Vertrag von Campo-Formio beiderseitig vollziehen und durch einen Zusatz die Gewährleistung der kleinen Staaten sichern, die vorzüglich die Ursache des Friedensbruchs gewesen zu sein scheint ...
Ich konnte die ganze Armee Ew. Majestät gefangen nehmen. Ich habe mich mit einer Waffenruhe begnügt, indem ich die Hoffnung hatte, daß es ein erster Schritt zur Ruhe der Welt wäre, die mir umso mehr am Herzen liegt, als man vermuten könnte, daß ich, vom Krieg erzogen und in ihm groß geworden, an die Übel, die er nach sich zieht, so ziemlich gewöhnt bin.
Indessen wird Ew. Majestät begreifen, daß, wenn die Waffenruhe, die stattfindet, nicht zum Frieden führen sollte, sie ohne Zweck und den Interessen meines Volkes zuwider ist. Daher glaube ich, Ew. Majestät vorschlagen zu sollen: 1. daß der Waffenstillstand sich auf alle Armeen erstrecke; 2. daß von beiden Seiten Unterhändler insgeheim oder öffentlich, wenn Ew. Majestät es wünscht, an einen Ort zwischen dem Minco und der Chiesa geschickt werden, um sich über ein System der Gewährleistung für die kleinen Mächte zu verständigen und die Artikel des Vertrages von Campo-Formio zu erklären, die dessen benötigen, wie die Erfahrung gezeigt hat: Wenn Ew. Majestät diese Vorschläge zurückweise, so würden die Feindseligkeiten wieder beginnen: Sie erlauben mir, es offenherzig zu sagen, Sie würden in den Augen der Welt allein für den Krieg verantwortlich sein ...«

Napoleon im März 1797 während der Kämpfe in Tirol (Gemälde von Nicolas Didier Boguet; Musée de Versailles)

Frankreich besiegt die Koalition

25. Dezember 1800. Im oberösterreichischen Steyr einigen sich Österreich und Frankreich auf einen Waffenstillstand im Zweiten Koalitionskrieg auf der Basis des Status quo und nehmen Friedensverhandlungen auf.
Am 12. März 1799 hatte Frankreich an Österreich den Krieg erklärt, obwohl der Friedenskongreß von Rastatt (zur Ausarbeitung der einzelnen Bestimmungen des Friedens von Campoformido, → 17. 10. 1797) noch tagte. Damit begann der sog. Zweite Koalitionskrieg, da sich rasch eine neue Koalition gegen das revolutionäre Frankreich bildete, der sich Großbritannien, Rußland, Portugal, Neapel und das Osmanische Reich anschlossen.
Nach ersten Erfolgen im Frühjahr und Sommer 1799 mußten die verbündeten Österreicher und Russen in der sog. zweiten Schlacht bei Zürich am 26./27. September eine erste empfindliche Niederlage hinnehmen: Die französische Armee besiegte am 26. zunächst ein russisches Heer vernichtend, schlug am folgenden Tag auch die Truppen (des am 25. gefallenen) Feldmarschall-Leutnants Friedrich Freiherr von Hotze und zwang die Österreicher zum Rückzug über den Rhein. Am 9. November wurde General Napoleon Bonaparte »Erster Konsul« und damit Alleinherrscher Frankreichs. Er richtete ein Friedensangebot an Kaiser Franz II., das dieser jedoch ablehnte. Nach einer Reorganisation der französischen Armee führte Napoleon seine Truppen im Mai 1800 über den Großen St. Bernhard nach Oberitalien, wo er am 2. Juni Mailand eroberte, die Österreicher am 9. in der Schlacht bei Montebello besiegte und am 14. auch die Schlacht bei Marengo für sich entscheiden konnte.

Napoleon am Großen St. Bernhard (Jacques-Louis David; Kunsthistorisches Museum Wien)

Die militärischen Erfolge der Franzosen führten zum Waffenstillstand (Konvention) von Alessandria: Napoleon »gewährte« den Österreichern Bedenkzeit, um den Wiener Hof zum Friedensschluß zu bewegen; harte Waffenstillstandsbedingungen sollten eine rasche Entscheidung herbeiführen (am 9. Juli schloß auch die österreichische Westarmee einen Waffenstillstand).
Da die in Paris aufgenommenen Friedensverhandlungen bereits an den Präliminarien scheiterten, kündigte der französische General Jean Victor Moreau die Waffenruhe, und am 3. Dezember 1800 kam es bei Hohenlinden (östlich von München) zur entscheidenden Schlacht. Die zahlenmäßig unterlegenen Franzosen (49 000 Mann) besiegten ein durch bayrische Truppen auf 57 000 Mann verstärktes österreichisches Heer unter Erzherzog Johann vernichtend. Johann zog sich mit dem beinahe halbierten Heer hinter die Enns zurück, dem das Kommando übernehmenden Erzherzog Karl blieb als Ausweg nur der Waffenstillstand von Steyr (→ 9. 2. 1801).

Kunst und Kultur 1751–1800

- ▷ Die Pfarrkirche Wilten (Innsbruck) wird von Franz Penz und Josef Stapf errichtet (1751 bis 1756)
- ▷ Franz Kleinhaus vollendet den Bau der Pfarrkirche von Lermoos (Tirol) mit einem prächtigen Rokoko-Innenraum
- ▷ Die sog. Fischerkanzel der Pfarrkirche von Traunkirchen (Oberösterreich) entsteht
- ▷ Die »alte« Aula der Universität von Wien (heute Sitz der Akademie der Wissenschaften) wird erbaut
- ▷ Johann Ohmeyer errichtet Schloß Heiligenkreuz-Gutenbrunn (Niederösterreich; 1755 bis 1758)
- ▷ Nikolaus Pacassi leitet den Bau der Gardekirche in Wien; das Innere der 1763 fertiggestellten polnischen Nationalkirche ist das letzte bedeutende Beispiel des Rokokos in Österreich
- ▷ In Strengen (Tirol) wird eine gedeckte Holzbrücke erbaut; es ist die älteste erhaltene kombinierte Balken- und Hängewerksbrücke Österreichs
- ▷ Nach Plänen Johann Gotthard Haybergers wird das Rathaus von Steyr (Oberösterreich) errichtet (1765-1778)
- ▷ Johann Ferdinand Hetzendorf von Hohenberg errichtet die Gloriette von Schloß Schönbrunn (1775)→
- ▷ Wolfgang und Johann Hagenauer vollenden die Mariensäule in Salzburg→
- ▷ Der Barockmaler Johann Wenzel Bergl gestaltet das Goeß-Appartement im Wiener Schloß Schönbrunn (1775)→
- ▷ Franz Anton Maulbertsch und J.J. Winterhalder gestalten das große Deckengemälde im Riesensaal der Innsbrucker Hofburg (1775/76)
- ▷ Nach Plänen von Jean Baptiste d'Avrange wird der spätbarocke Hochaltar der Wiener Michaelerkirche errichtet; die Figuren stammen von Martin Fischer
- ▷ Balthasar Ferdinand Moll gestaltet das Reiterdenkmal für Kaiser Franz I. Stephan, das älteste Reiterdenkmal in Wien
- ▷ Das Wiener Palais Pallavicini wird errichtet (1783/84)
- ▷ Der ehemalige Getreidespeicher des Rathauses von Grein an der Donau (Oberösterreich) wird zu einem Stadttheater (dem ältesten erhaltenen Österreichs) umgebaut
- ▷ In Melk (Niederösterreich) wird das spätbarocke Posthaus errichtet; es gilt als schönstes Posthaus Österreichs.

»Ansicht der Gloriette in dem Hofgarten von Schönbrunn« (kolorierter Kupferstich von Johann Ziegler nach Laurenz Janscha, um 1792)

Goeß-Appartement im Wiener Schloß Schönbrunn

Die Mariensäule auf dem Salzburger Domplatz

1801

1801–1803

9. 1. 1801. Erzherzog Karl wird Präsident des Hofkriegsrates und beginnt sofort mit der Reform des Heerwesens.

9. 2. 1801. Der Friede von Lunéville wird geschlossen.→

24. 4. 1801. In Wien wird Joseph Haydns Oratorium »Die Jahreszeiten« uraufgeführt.

13. 6. 1801. Das »Theater an der Wien« wird eröffnet.→

1802. Zacharias Werner unternimmt in Nußdorf bei Wien, Preßburg und Znaim erste Versuche einer Gasbeleuchtung.

6. 10. 1802. Ludwig van Beethoven schreibt sein »Heiligenstädter Testament«.→

1803. Der Wiener Neustädter Kanal wird fertiggestellt.→

11. 2. 1803. Der Fürsterzbischof von Salzburg dankt als Landesherr ab.→

25. 2. 1803. Der Reichsdeputationshauptschluß wird verabschiedet.→

GESTORBEN:

28. 6. 1801. Stein an der Donau: Martin Johann Schmidt (* 25. 9. 1718), Maler.→

24. 11. 1801. Wien: Franz Moritz Graf Lacy (* 21. 10. 1725), Feldmarschall.

16. 12. 1801. Salzburg: Wolfgang Hagenauer (* 16. 10. 1726), Baumeister.→

28. 1. 1803. Wien: Karl von Marinelli (* 12. 9. 1745), Schauspieler, Theaterdichter und -leiter.

15. 9. 1803. Wien: Christoph Anton Graf Migazzi (* 23. 11. 1714), Erzbischof von Wien und Kardinal.

GEBOREN:

12. 4. 1801. Wien: Josef Lanner († 14. 4. 1843), Komponist.

7. 12. 1801. Graz: Johann Nepomuk Nestroy († 25. 5. 1862), Dramatiker.

28. 12. 1801. Freudenthal: Therese Krones († 28. 12. 1830), Soubrette.

10. 1. 1802. Venedig: Karl von Ghega († 14. 3. 1860), Verkehrstechniker.

13. 1. 1802. Wien: Eduard von Bauernfeld († 9. 8. 1890), Dichter.

13. 8. 1802. Csatád (Banat): Nikolaus Lenau († 22. 8. 1850), Lyriker.

7. 12. 1802. Wien: Franz Karl von Habsburg-Lothringen († 8. 3. 1878), Erzherzog von Österreich.

14. 4. 1803. Wien: Friedrich von Amerling († 15. 1. 1887), Maler.

29. 11. 1803. Salzburg: Christian Doppler († 17. 3. 1853), Physiker.

Der Rhein wird Reichsgrenze

9. Februar 1801. Der Frieden von Lunéville (nahe Nancy) zwischen Frankreich und Österreich beendet den Zweiten Koalitionskrieg. Der Friedensschluß von Campoformido wird erneuert, zugleich aber auch auf das Reich ausgedehnt.

Der 1799 durch eine Kriegserklärung Frankreichs an Österreich ausgelöste Krieg endet mit einer empfindlichen Niederlage Österreichs und einer Schwächung des Kaisertums. Nach dem französischen Sieg in der Schlacht von Hohenlinden im Dezember 1800 blieb dem Oberkommandierenden der österreichischen Armee, Erzherzog Karl, nurmehr der Abschluß eines sofortigen Waffenstillstandes (→ 25.12.1800). Österreich muß in Lunéville folgende Bestimmungen akzeptieren:

▷ Die linksrheinischen Reichsgebiete fallen an Frankreich, die dadurch geschädigten deutschen Fürsten sollen mit rechtsrheinischen Territorien entschädigt werden

▷ Österreich verbleiben die oberitalienischen Besitzungen Venedigs, Istrien und Dalmatien; es muß allerdings alle von Frankreich errichteten Republiken anerkennen und verliert seinen Einfluß in Italien

▷ Kaiser Franz II. muß endgültig auf den habsburgisch-lothringischen Nachfolgeanspruch im Herzogtum Modena und im Großherzogtum Toskana verzichten

▷ Die österreichischen Truppen werden in die Erblande zurückgezogen, die französischen räumen im Gegenzug das Reichsgebiet

▷ Der Reichstag von Regensburg stimmt den Friedensbestimmungen am 7. März 1801 zu. Zur Klärung der Entschädigungsfragen schlägt der Reichstag die Einsetzung einer Reichsdeputation vor, die im August 1802 zusammentritt (→ 25.2.1803).

Ludwig van Beethoven (Gemälde von W. J. Mähler, um 1815)

Ein gigantisches Kanalprojekt

1803. Der Bau des sog. Wiener Neustädter Kanals, eines Schiffahrtskanals von Wien über Laxenburg, Guntramsdorf, Baden und Sollenau nach Wiener Neustadt, wird nach achtjähriger Bauzeit abgeschlossen. 1818 erfolgt die Verlängerung des Kanals bis Pöttsching (Burgenland); der geplante Ausbau bis zur Adria bei Triest unterbleibt allerdings. Der Kanal hat 52 Schleusen (1873 wird er im Wiener Bereich zugeschüttet, 1879 der Schiffsverkehr endgültig eingestellt).

Blick auf Baden bei Wien (Aquarell von Laurenz Janscha; Albertina Wien)

Beethoven klagt über Taubheit

6. Oktober 1802. In einem Brief an seine Brüder, geschrieben in Wien-Heiligenstadt, einer der zahlreichen Wohnstätten des Komponisten, klagt Ludwig van Beethoven über fortschreitende Taubheit und läßt erkennen, daß er mit dem baldigen Tod rechnet.

Anzeichen für den beginnenden Gehörverlust haben sich bei Beethoven schon vor Jahren eingestellt. In dem Brief, dem »Heiligenstädter Testament«, schildert er die Auswirkungen der Krankheit auf sein Schaffen und seine Persönlichkeit. Er fühlt sich benachteiligt, ist aber nicht in der Lage, für seine Taubheit um Verständnis zu bitten.

Mit der Krankheit begründet Beethoven seine Übellaunigkeit in Gesellschaft und sein häufiges Fernbleiben von geselligen Vergnügungen. »Nahe ich mich einer Gesellschaft, so überfällt mich eine heiße Ängstlichkeit, indem ich befürchte in Gefahr gesetzt zu werden, meinen Zustand merken zu lassen.«

Beethoven beschreibt am Schluß des Briefes sein Warten auf den Tod, der seinem Leiden ein Ende setzen könnte, befürchtet aber gleichzeitig, früher aus dem Leben gerissen zu werden, »als ich Gelegenheit gehabt habe, noch alle meine Kunst-Fähigkeiten zu entfalten«.

1803 bezieht Beethoven eine Dienstwohnung im Neubau des »Theaters an der Wien«, in der er Teile seiner einzigen Oper, »Fidelio«, komponiert (→ 23.5.1814).

Das »Theater an der Wien«

13. Juni 1801. Mit der Erstaufführung der »heroischen Oper« in zwei Aufzügen »Alexander« (Text von Emanuel Schikaneder, Musik vom Kompositeur des Theaters« Franz Teyber) und dem »allegorischen Vorspiel Thepsis' Traum« (ebenfalls von Schikaneder) wird das »K.k. privilegierte Schauspielhaus an der Wien« eröffnet.

1797 hatte Franz Jäger mit dem Neubau des Theaters begonnen, das eine Gesamtlänge von 45 m und eine Breite von 21 m hat; der Zuschauerraum ist 19 m lang, die Bühnentiefe beträgt 13 m plus 10,5 m für die Hinterbühne. (Das Seitenportal – der unverändert erhaltene Teil des Theaters – wird auch Papagenotor genannt, da hier Emanuel Schikaneder als Papageno dargestellt ist.

Das »Theater an der Wien«, wo 1805 Beethovens 3. Symphonie »Eroica« uraufgeführt wird (kolorierter Kupferstich; Historisches Museum Wien)

Meßgewand mit dem Wappen des Hieronymus Graf Colloredo

Erzbistum fällt an Habsburger

11. Februar 1803. Erzbischof Hieronymus Graf Colloredo dankt als Landesherr von Salzburg ab. Am 15. Februar wird das Erzbistum vom Hausc Habsburg für Erzherzog Ferdinand III. von Österreich und Großherzog von Toskana, einen Bruder Kaiser Franz' II., in Besitz genommen. Ferdinand III. erhält Salzburg als Ersatz für sein Großherzogtum, das er im Frieden von Lunéville (→ 9. 2. 1801) abtreten mußte.
Der Erzherzog regiert drei Jahre im »Kurfürstentum Salzburg«, bevor es im Frieden von Preßburg (→ 26. 12. 1805) erstmals an Österreich fällt und nach und nach in das neue Kaiserreich integriert wird.

Der Salzburger Hofbauverwalter

16. Dezember 1801. 75jährig stirbt der aus Bayern stammende Wolfgang Hagenauer, seit 1760 als Hofbaumeister für das gesamte Bauwesen des Salzburger Erzstiftes verantwortlich.
Hagenauer leitete den Bau zahlreicher Kirchen (u. a. der Dekanatskirche in Hallein, 1769, und der frühklassizistischen Pfarr- und Wallfahrtskirche von Böckstein bei Badgastein, 1767), deren Hochaltäre oftmals in Zusammenarbeit mit seinem Bruder, dem Bildhauer Johann Baptist Hagenauer, entstanden. In Salzburg selbst errichtete er das Neutor (1764–1767) und die Marienstatue auf dem Domplatz (1766–1771).

Die Reichsauflösung droht

25. Februar 1803. Die im August 1802 zusammengetretene Reichsdeputation beschließt die endgültige Regelung der Entschädigung der deutschen Fürsten für ihre in den Koalitionskriegen mit Frankreich verlorenen Gebiete.
Dieser sog. Reichsdeputationshauptschluß ist durch die französisch-russischen Vereinbarungen vom 3. Juni 1802 praktisch vorweggenommen worden. Die territorialen, staats- und kirchenrechtlichen Veränderungen des Beschlusses werden als letztes Reichsgrundgesetz verankert und am 24. März vom Regensburger Reichstag verabschiedet (die kaiserliche Anerkennung erfolgt am 29. April). In den zahlreichen Friedensbeschlüssen der Jahre 1795–1801 (→ 17. 10. 1797; 9. 2. 1801) ist eine Entschädigung der Fürsten immer wieder vorgesehen worden, die durch Säkularisation (Umwandlung von geistlichen Herrschaften in weltliche) und Mediatisierung (Unterstellung eines reichsunmittelbaren Standes unter die Landeshoheit eines anderen Reichsstandes) erfolgen soll. 112 Reichsstände werden nun durch den Reichsdeputationshauptschluß aufgelöst, wovon rund drei Millionen Menschen betroffen sind. Sämtliche geistlichen Fürsten (mit Ausnahme des Kurfürsten von Mainz und des Hoch- und Deutschmeisters des Deutschen Ordens) müssen als Landesherren abdanken. Von den Reichsstädten bleiben allein Hamburg, Bremen, Lübeck, Nürnberg, Augsburg und Frankfurt am Main frei. Österreich muß den Breisgau (Vorderösterreich) und Ortenau an den Herzog von Modena abtreten, erhält dafür allerdings endgültig die Bistümer Brixen und Triest. Großherzog Ferdiand III. von Toskana, Erzherzog von Österreich, erhält für sein Land, das zum Königreich Etrurien umgewandelt und einem Bourbonen übergeben worden ist, das Erzbistum Salzburg, Berchtesgaden und Teile der Bistümer Eichstädt und Passau (→ 11. 2. 1803).
Die Bestimmungen des Reichsdeputationshauptschlusses stärken erneut die deutschen Reichsfürsten, während die Macht des Kaisers erheblich geschmälert wird, und stellen damit einen ersten Schritt zur Auflösung des »Heiligen Römischen Reiches Deutscher Nation« dar.

Die Malerei des Kremser-Schmidt

28. Juni 1801. Im Alter von 82 Jahren stirbt der Barockmaler Martin Johann Schmidt, genannt Kremser-Schmidt, in Stein an der Donau (Niederösterreich). Der aus Grafenwörth bei Krems stammende Künstler schuf zahlreiche Deckengemälde und mehr als 1000 Altar- und Andachtsbilder, im Alter auch Bilder zu mythologischen Themen sowie Radierungen und Zeichnungen.
Zu seinen Hauptwerken gehören u. a. die Deckengemälde in der Pfarrkirche von Stein (1751), in der Kapelle des Stiftes Herzogenburg (Niederösterreich; 1756), im Refektorium des ehemaligen Klarissinnenklosters Dürnstein (Niederösterreich; 1775) und in der Pfarrkirche von Krems (Niederösterreich; 1787); Schmidts Altarbilder finden sich u. a. in der Wallfahrtskirche Maria Taferl (Niederösterreich; 1775), in der Stiftskirche der Benediktinerabtei St. Peter in Salzburg (1775–1782) sowie in der ehemaligen Stiftskirche von Spital am Pyhrn (Oberösterreich; 1780/81).

◁ *»Die Kreuzigung Christi« (Ölbild von Martin Johann Schmidt, Ende des 18. Jh.; Oberösterreichisches Landesmuseum Linz).*

Das Kaiserreich Österreich 1804–1867

Das Ende des römisch-deutschen Kaisertums

Das 19. Jahrhundert gilt vielen als das österreichische Jahrhundert, nicht nur, weil Österreich nun ein Kaiserreich geworden ist, sondern weil das Land in diesem Säkulum mehr denn je zuvor Leistungen hervorbrachte, die ihren Platz in Europa und der Welt gefunden haben. Und dies nicht nur im künstlerisch-musischen Bereich, sondern auch auf dem technischen und industriellen Sektor.
Schon seit 1797 sang das Volk »Gott erhalte Franz, den Kaiser, Unsern guten Kaiser Franz«, doch erst sieben Jahre später nahm der Monarch aus dem Hause Habsburg-Lothringen tatsächlich den Titel eines »erblichen Kaisers von Österreich« an und wandelte die habsburgischen Erblande, Königreiche und Fürstentümer in das Kaiserreich Österreich um. Dieser Schritt war vor allem eine Reaktion auf die Selbsternennung Napoleon Bonapartes zum Kaiser der Franzosen, dem das Oberhaupt des »Heiligen Römischen Reiches Deutscher Nation« nicht nachstehen konnte, wollte er nicht weiter an Ansehen und Einfluß verlieren.
Doch die Position des Kaisers im Reich wurde zusehends schwächer: Immer mehr deutsche Fürsten schlossen Sonderverträge mit dem Kaiser der Franzosen; der Reichsdeputationshauptschluß vom 25. Februar 1803 war ein erster, deutlicher Schritt in Richtung Reichsauflösung, denn erneut wurde die Stellung der Fürsten auf Kosten der Reichsgewalt gestärkt. In mehreren Kriegen versuchten die konservativen europäischen Mächte in den Jahren von 1792 bis 1805 in wechselnden Koalitionen gegen das revolutionäre Frankreich vorzugehen, doch das strategische Genie Napoleons führte die Franzosen zu immer neuen Siegen. Mit der Gründung des unter französischem Schutz stehenden Rheinbundes im Juli 1806 war die Einheit des Reiches endgültig zerstört. Dem trug Kaiser Franz II. Rechnung, als er am 6. August 1806 die Krone des Reiches niederlegte und das römisch-deutsche Kaisertum für erloschen erklärte. Fortan regierte er als Franz I. ausschließlich das Kaiserreich Österreich.

Europa tagt in Wien

Es bedurfte der gemeinsamen Anstrengung aller Deutschen und Russlands, um den Usurpator Europas, Napoleon Bonaparte, zu entmachten. Der Sieg in der Völkerschlacht bei Leipzig (1813) erfolgte unter maßgeblicher Beteiligung der Österreicher: Das Oberkommando über die Befreiungsarmee hatte Karl Philipp Fürst zu Schwarzenberg, der Schlachtplan stammte von seinem Generalstabschef Johann Josef Wenzel Graf Radetzky von Radetz. Das Aufatmen in Europa nach der Niederlage Napoleons war allgemein, und gerne folgte man dem Ruf zu einem Kongreß nach Wien, um über die »Neuordnung Europas« zu beraten. Rund 200 Staaten, Herrschaften, Städte und Körperschaften kamen in die Donaumetropole, die Delegationsstärke schwankte zwischen eins und 63. Den österreichischen Staat kostete jeder Tag angeblich 80 000 Gulden – und man verhandelte fast neun Monate (vom 16. Setember 1814 bis zum 9. Juni 1815). Zu gemeinsamen Sitzungen aller Beteiligten kam es nie, dafür bildete man im Laufe der Zeit 17 verschiedene Kommissionen.
Fast unvorstellbar ist die Zahl der Feste und Veranstaltungen, die den Kongreß begleiteten. In fünf Wiener Theatern gab es allein 297 Vorstellungen, und schon bald hieß es: »Der Kongreß macht keine Fortschritte, er tanzt!« Zum Leidwesen der anfangs begeisterten Wiener bot der österreichische Staatskanzler Klemens Wenzel Nepomuk Lothar Fürst von Metternich-Winneburg ein Heer von Spitzeln auf, daneben belasteten Teuerungen und neue Steuern die Bevölkerung.
Die Rückkehr Napoleons aus der Verbannung erschütterte die Kongreßteilnehmer und förderte den Abschluß der Verhandlungen. Auch über die heftig umstrittene »deutsche Frage« konnte man sich endlich einigen: Unter maßgeblichem Einfluß Österreichs wurde der Deutsche Bund, ein Zusammenschluß von 41 souveränen Fürsten und Freien Städten, gebildet; die Zersplitterung Deutschlands in durch Zollschranken und politische Grenzen getrennte Einzelstaaten blieb bestehen.

Biedermeier und Vormärz

Die Zeit nach dem Wiener Kongreß und der Gründung des Deutschen Bundes war von Kämpfen um eine liberale Verfassung und der einsetzenden Reaktion gekennzeichnet. Der Metternichsche Polizeistaat diente zur Unterdrückung jeglicher liberaler Bestrebungen und drängte das zu Geld gekommene, aber politisch unmündige Bürgertum in die Welt des Biedermeier. Politische Resignation und der Rückzug ins Private förderten das geistige Leben und Schaffen. Neben Theater und Kaffeehaus wurde der häusliche Bereich des Menschen zur Stätte der Begegnung, wodurch Musik und Literatur Auftrieb erhielten; in den Ballsälen dominierte der »Wiener Walzer«, daheim die Hausmusik. Wien wurde rasch zur »Weltstadt der Musik«.
Theater (hier vor allem das Volksstück), Dichtung und Malerei erfuhren eine Blüte, während Österreich gleichzeitig eine beachtliche Wirtschaftsentwicklung erlebte, die der Preußens kaum nachstand. Die Dampfschiffahrt und der Eisenbahnbau ermöglichten einen industriellen Aufschwung, der aber auch zunehmend wirtschaftliche Gegensätze und soziale Spannungen zeitigte, von denen die Zeit des sog. Vormärz' geprägt wurde. Durch die Lösung der hausherrschaftlichen Bindungen standen freie Arbeitskräfte zur Verfügung, die rasch zum Industrieproletariat der städtischen Wirtschaftszentren wurden. Diese Menschen lebten am Rande des

Existenzminimums, in oft unwürdigen Behausungen und unter katastrophalen hygienischen Bedingungen und wurden neben den Studenten, kleinen Gewerbetreibenden und Intellektuellen zu Trägern revolutionärer Ideen.
So sehr der Metternichsche Überwachungsstaat ausländische Einflüsse auch fernhielt, so aufmerksam jedes Aufkeimen revolutionärer Gedanken in ganz Europa beobachtet und unterdrückt wurde, so freundlich sich der »gute Kaiser Franz« bei vielen Gelegenheiten auch der Öffentlichkeit zeigte – wirksame Maßnahmen zur Linderung von Not und Elend des Volkes unterblieben ebenso wie liberale Ansätze zur politischen Beteiligung der mündig gewordenen Staatsbürger. Zudem wuchsen die nationalen Bewegungen in den Ländern des österreichischen Kaiserreichs, doch die reaktionäre Politik Metternichs verschärfte sich nur noch angesichts der Julirevolution in Frankreich (1830), zumal dem schon wenig tatkräftigen, wenngleich gutwilligen Kaiser Franz 1835 der allzu schwache Kaiser Ferdinand I. folgte. Die Entscheidungsunfähigkeit des neuen Regenten stellte in der Folge das absolutistische System selbst in Frage, da er dem tiefgreifenden sozialen Wandel tatenlos gegenüberstand, nicht fähig, die dringend notwendigen politisch-gesellschaftlichen Veränderungen einzuleiten.

Revolution in Österreich

1848 explodierte die seit langem aufgestaute Unzufriedenheit über Zustände, die länger nicht zu erdulden waren. Der Intellektuelle war in ein Zensursystem gepreßt, das allzuoft auch nur der geringsten Logik entbehrte; der Gewerbetreibende wußte nicht mehr, was er tun sollte, um seine Familie ernähren und der industriellen Konkurrenz standhalten zu können; der Fabrikarbeiter war überhaupt nur mehr ein geschundenes Wesen; selbst der Beamte war unzufrieden angesichts einer unüberschaubar gewordenen Bürokratie.
»Ja, dürfens denn das?« soll Kaiser Ferdinand I. gefragt haben, als man ihm im März 1848 den Ausbruch der Revolution meldete. Der Hauptverantwortliche, Staatskanzler Metternich, floh nach England, den Kriegsminister hängte das Volk an einen Laternenmast. Träger der revolutionären Bewegung waren neben den Studenten vor allem der niederösterreichische Gewerbeverein, die Buchhändler und Drucker; Zentrum des Aufruhrs wurde Wien. Rund 2000 Tote gab es bis Ende Oktober 1848, die Erfolge blieben eher bescheiden: Zwar wurde die josephinische Agrarreform durch die völlige Beseitigung bäuerlicher Untertänigkeitsverhältnisse abgeschlossen, die Durchsetzung der liberal-demokratischen Verfassungsforderungen scheiterte jedoch an der ungelösten Nationalitätenfrage.
Die Niederwerfung der nationalen Erhebungen in Böhmen und Italien begünstigte die antirevolutionären Kräfte in Österreich, wo die sog. Oktoberrevolution, die ein Eingreifen österreichischer Truppen im revolutionären Ungarn verhindern sollte, blutig niedergeschlagen wurde. Nach dem erzwungenen Thronwechsel zugunsten des erst 18jährigen Kaisers Franz Joseph I. mehrte sich der Widerstand gegen die sich bei den Verhandlungen in der Frankfurter Paulskirche abzeichnende kleindeutsche Lösung (unter Preußens Führung und ohne Österreich). Die überwiegend bürgerlichen Abgeordneten der Frankfurter Nationalversammlung verabschiedeten ein im großen und ganzen konservatives Verfassungswerk; die Wahl des österreichischen Erzherzogs Johann zum Reichsverweser zeigte deutlich, daß die Versammlung kaum in der Lage war, sich vom Einfluß der Fürsten frei zu machen, geschweige denn gegen sie durchzusetzen.

Der junge Kaiser Franz Joseph

Der junge Regent übernahm eine schwere Bürde, zeigte sich aber keineswegs untätig – eher wenig gut beraten. Seine Maßnahmen zur Neuordnung der Gerichtsbarkeit und zur Grundentlastung waren ebenso positiv wie die Gemeindeordnung und die Errichtung der Gendarmerie. Hingegen hatte seine zentralistische Märzverfassung von 1849 keine lange Lebensdauer.
Franz Joseph I. strebte einen neoabsolutistischen Staat an, besaß allerdings mit dem Reichsrat, in dem sich die nationalen Interessen immer stärker artikulierten, einen ständigen Problemherd. Zudem spitzten sich die außenpolitischen Schwierigkeiten zu: Preußen strebte nach einer Vormachtstellung in Mitteleuropa, in Italien verstärkten sich (von Frankreich geschürt) die Einigungsbestrebungen immer mehr, und in Ungarn forderte man unmißverständlich eine Neuordnung. So ging in der Folge der Einfluß Österreichs in Italien verloren, während Preußen die Entscheidung auf dem Schlachtfeld suchte. Die österreichische Niederlage im sog. Deutschen Krieg (Schlacht von Königgrätz am 3. Juli 1866) veränderte die politische Gesamtsituation des Kaiserreichs Österreichs grundlegend.
Der Sieg der Preußen nahm Österreich jeglichen Einfluß auf die von Berlin geförderte Neuordnung Deutschlands; sollte die Großmachtstellung Österreichs nicht gefährdet werden, so mußten wenigstens die Verhandlungen mit Ungarn zu einem »gemeinsamen Ende« kommen, was mit dem österreichisch-ungarischen Ausgleich von 1867 auch gelang.

Gründerzeit und Ringstraßen-Ära

Im Gegensatz zu der wenig erfreulichen Entwicklung auf dem politischen Sektor wurden die Jahre nach der gescheiterten Revolution von 1848 im wirtschaftlichen Bereich zu einer Phase des Aufschwungs und der Industrialisierung, die den Namen Gründerzeit erhielt. Die Einführung des Freihandels sowie liberale Ansätze in der Verwaltung und Gesetzgebung förderten den Ausbau der Eisenbahnstrecken, wodurch nicht nur der Verkehr revolutioniert, sondern auch die Grundlage für die Entwicklung beinahe aller Wirtschaftszweige gelegt wurde. In zunehmendem Maße entstanden Industrie-, Banken- und Aktiengesellschaften, und eine große Anzahl von neuen Arbeitsplätzen sicherte dem zuvor oft hungernden Proletariat ein – wenn auch bescheidenes – Einkommen.
»Es ist Mein Wille« hatte Franz Joseph seinen Entschluß vom 20. Dezember 1857 eingeleitet, die Basteien, Festungsmauern und Tore, die Wiens sog. Innere Stadt umgaben, gegen den massiven Einspruch der Militärs niederreißen zu lassen, um alle Hemmnisse einer notwendigen Stadterweiterung zu beseitigen. So entstand die Ringstraße. Mit ihr entwickelte sich ein Bau- und Lebensstil, den man nicht als eigene Kunstrichtung ansprechen kann, der aber der Auffassung der Gründerzeit entsprach: Künstlerisch gesehen wurde viel »nachempfunden« und in Repräsentation umgemünzt. Die neue Lebenshaltung war der Ausdruck einer Kombination von Rationalismus und Romantizismus – trotzdem, als Gesamtes gesehen, wurde die Ringstraße ein Kunstwerk, das die Welt bestaunte. Wieder einmal waren es das Theater und die Musik, die triumphierend Einzug hielten – bei den Reichen und auch bei den weniger Begüterten; die Literatur »entdeckte« den Realismus, und es war ein Österreicher, Ferdinand von Saar, der 1874 die erste Arbeiternovelle der deutschen Literatur schrieb: »Die Steinklopfer«.

1804

18. 5. Der erste Konsul Frankreichs, Napoleon Bonaparte, läßt sich zum Kaiser der Franzosen ausrufen und am 2. Dezember krönen. Aus Empörung über diesen Schritt löscht Ludwig van Beethoven die Widmung »An Napoleon« seiner 3. Sinfonie in Es-Dur, die fortan den Titel »Eroica« trägt.

11. 8. Kaiser Franz II. erläßt ein Patent, mit dem er den Titel und die Würde eines erblichen »Kaisers von Österreich« annimmt. →

26. 9. Kaiser Franz I. von Österreich gründet die »K.k. Hof- und Staatsdruckerei« in Wien. →

6. 11. Österreich und Rußland schließen ein Verteidigungsbündnis gegen Frankreich. Erzherzog Karl lehnt es wegen der ungenügenden Ausrüstung der österreichischen Armee ab und tritt als Präsident des Hofkriegsrates zurück. Sein Nachfolger wird General Karl Freiherr von Mack.

7. 12. Das kaiserliche Patent über die Errichtung des Kaisertums Österreich wird von Regierungskommissären öffentlich verlesen.

Die sog. Albertinische Wasserleitung, die erste Trinkwasserleitung Wiens, ist fertiggestellt.

Auf Veranlassung Erzherzog Johanns wird der 3899 m hohe Ortler (Südtirol) erstmals bestiegen.

GESTORBEN:

1804. Taxach bei Ried im Zillertal: Peter Prosch (* ?), Hausierer und Spaßmacher, bekannt an vielen Fürstenhöfen Europas; Prototyp eines Zillertaler Händlers, die seit dem 17. Jahrhundert als Ölträger und Wanderhändler durch ganz Europa ziehen.

24. 7. Mailand: Martin Knoller (* 8. 11. 1725), Historien- und Bildnismaler.

GEBOREN:

21. 1. Wien: Moritz von Schwind († 8. 2. 1871), Maler und Graphiker.

19. 2. Königgrätz: Karl Freiherr von Rokitansky († 23. 7. 1878), Pathologe.

14. 3. Wien: Johann Strauß (Vater; † 25. 9. 1849), Komponist.

6. 5. Werfen: Ferdinand Sauter († 30. 10. 1854), Dichter.

14. 7. Ödenburg: Ludwig von Benedek († 27. 4. 1881), Feldzeugmeister.

17. 10. Scheibbs (Niederösterreich): Franz Schuh († 22. 12. 1865), Chirurg.

Österreich wird zum Kaiserreich

11. August 1804. Kaiser Franz II. erläßt ein Patent über die Annahme des Titels und der Würde eines erblichen Kaisers von Österreich. Als solcher ist er fortan Kaiser Franz I. Der schwarze Doppeladler auf goldenem Grund, das Symbol des Deutschen Reiches, wird zum Wappen des Kaiserreichs Österreich.

Der Schritt des Habsburgers ist die Antwort auf den Entschluß Napoleon Bonapartes, sich zum Kaiser der Franzosen erheben zu lassen (am 2. Dezember krönt der »Erste Konsul« Frankreichs sich selbst in der Pariser Kathedrale Notre-Dame und läßt sich von Papst Pius VII. salben). Damit verliert das römische Kaisertum seinen universellen Charakter. Um dem am Wiener Hof als usurpatorisch empfundenen Akt Napoleons zu begegnen, empfiehlt der seit Jänner 1801 mit der Leitung der auswärtigen Angelegenheiten betraute österreichische Hof- und Staatskanzler Johann Ludwig Graf Cobenzl in einer Denkschrift, Österreich ebenfalls zum Kaiserreich zu erheben und damit eine Ranggleichheit der habsburgischen Großmacht mit Frankreich herzustellen.

Kaiser Franz I. mit Marschallstab und den Insignien des Ordens vom Goldenen Vlies, dessen Großmeisterwürde seit dem 5. Jänner 1477 (dem Todestag des Burgunderherzogs Karl der Kühne) beim Hause Habsburg liegt. Franz I. nimmt am 11. August die Würde eines Kaisers von Österreich an. (Gemälde von Johann Baptist d. J. Ritter von Lampi; Oberösterreichisches Landesmuseum Linz).

Die Erhebung Österreichs zum Kaiserreich ist nach dem Reichsdeputationshauptschluß vom →25. Februar 1803 der zweite wichtige Schritt hin zur Auflösung des fast 900 Jahre alten »Heiligen Römischen Reiches Deutscher Nation« (→6. 8. 1806).

Das Patent vom 11. August 1804

In dem 16 Blätter umfassenden kaiserlichen Dokument heißt es u. a.:

»Obwohl Wir durch göttliche Fügung und durch die Wahl der Kurfürsten des Römisch-Deutschen Reiches zu einer Würde gediehen sind, welche Uns für Unsere Person keinen Zuwachs an Titel und Ansehen zu wünschen übrig lässt; so muss doch Unsere Sorgfalt als Regent des Hauses und der Monarchie von Oesterreich dahin gerichtet sein, dass jene vollkommene Gleichheit des Titels und der erblichen Würde mit den vorzüglichsten Europäischen Regenten und Mächten aufrecht erhalten und behauptet werde, welche den Souveränen Oesterreichs, sowohl in Hinsicht des uralten Glanzes Ihres Erzhauses, als vermöge der Grösse und Bevölkerung Ihrer, so beträchtlichen Königreiche und unabhängige Fürstenthümer in sich fassenden Staaten gebühret.

... Wir sehen Uns demnach zur dauerhaften Befestigung dieser Vollkommenen Rangs-Gleichheit veranlasst und berechtigt, nach den Beyspielen, welche in dem vorigen Jahrhunderte der Russisch-Kaiserliche Hof, und nunmehr auch der neue Beherrscher Frankreichs gegeben hat, dem Hause von Oesterreich, in Rücksicht auf dessen unabhängige Staaten, den erblichen Kaiser-Titel gleichfalls beyzulegen.

In Gemässheit dessen haben Wir ... beschlossen, für Uns und für Unsere Nachfolger in dem unzertrennlichen Besitze Unserer unabhängigen Königreiche und Staaten, den Titel und die Würde eines erblichen Kaisers von Oesterreich (als den Nahmen Unseres Erzhauses) dergestalt feyerlichst anzunehmen und fest zu setzen, dass Unsere sämmtlichen Königreiche, Fürstenthümer und Provinzen, ihre bisherigen Titel, Verfassungen, Vorrechte und Verhältnisse fernerhin unverändert beybehalten sollen ...«

Staatsdruckerei gegen Preiskartell

26. September 1804. Kaiser Franz I. von Österreich schließt einen Vertrag mit dem Hofbuchdrucker Vinzenz Degen aus der Wiener Alserstraße, demzufolge Degen seine Druckerei provisorisch in Staatsbesitz überführen soll.

Mit 17 Handpressen und rund 100 Mitarbeitern wird unmittelbar darauf im ehemaligen Franziskanerkloster in der Singerstraße der Betrieb der »K. k. Hof- und Staatsdruckerei« aufgenommen.

Der Schritt des Kaisers erklärt sich aus seiner Verstimmung über den Zusammenschluß von vier Wiener Buchdruckern zu einem Preiskartell, nachdem die Verträge der Hofdrucker 1804 ausgelaufen waren. Das Kartell soll verhindern, daß sich die Buchdrucker bei der Bewerbung um staatliche Druckaufträge gegenseitig unterbieten. Degen ist dem Preiskartell nicht beigetreten und daher zu einem Privatvertrag mit dem Kaiser bereit.

1805

7. 4. Ludwig van Beethovens 3. Symphonie »Eroica« wird in Wien uraufgeführt.

11. 4. Rußland und Großbritannien schließen das Bündnis von Petersburg, dem sich kurz danach auch Schweden anschließt – die dritte Koalition gegen Frankreich ist gebildet.

9. 8. Österreich und Neapel schließen sich dem Petersburger Bündnis an.

25. 8. Kaiser Napoleon I. von Frankreich verbündet sich mit Bayern.

8. 9. Österreichische Truppen überschreiten die Grenze nach Bayern.

23. 9. Frankreich erklärt an Österreich den Krieg – der Dritte Koalitionskrieg beginnt.

20. 11. Ludwig van Beethovens Oper »Fidelio« wird – in der ersten Fassung – in Wien uraufgeführt und fällt durch.

2. 12. Die Armee Kaiser Napoleons I. besiegt bei Austerlitz das vereinigte österreichisch-russische Heer. →

4. 12. Kaiser Franz I. von Österreich und Kaiser Napoleon I. treffen bei der Mühle von Nasiedlowitz (Südmähren) zu einem Gespräch zusammen.

6. 12. Österreich und Frankreich unterzeichnen den Waffenstillstand von Austerlitz.

10. 12. Kaiser Napoleon I. erhebt Bayern zum Königreich und verspricht österreichische Gebiete für die Waffenhilfe.

15. 12. Auf Druck Napoleons I. muß Preußen seine Neutralitätspolitik aufgeben und ein Offensiv- und Defensivbündnis mit Frankreich schließen.

25. 12. Johann Philipp Reichsgraf von Stadion wird zum Außenminister ernannt.

26. 12. Der Friede von Preßburg beendet den Dritten Koalitionskrieg. →

Der Wiener Fleischhauermeister Johann Georg Lahner »kreiert« die »Frankfurter« (Wiener) Würstchen.

Antonio Canova vollendet das Marmorgrab für Erzherzogin Maria Christine in der Wiener Augustinerkirche.

GEBOREN:

21. 2. Wien: Johann Matthias Ranftl (†1. 11. 1854), Maler.

12. 6. Düren (Rheinland): Alexander von Schoeller (†11. 11. 1886), Industrieller.

19. 8. Wien: Joseph Danhauser (†4. 5. 1845), Maler.

23. 8. Wien: Anton Ritter von Schmerling (†23. 5. 1893), Politiker.

23. 10. Oberplan (Böhmen): Adalbert Stifter (†28. 1. 1868), Schriftsteller.

Das Treffen der Kaiser von Frankreich und Österreich, Napoleon Bonaparte und Franz I., am 4. Dezember (zwei Tage nach der Schlacht von Austerlitz) bei der Mühle von Nasiedlowitz in Südmähren

Die Dreikaiserschlacht

2. Dezember. Bei Austerlitz, östlich von Brünn, kommt es zur entscheidenden Schlacht im Dritten Koalitionskrieg gegen Frankreich. Sie wird wegen der Anwesenheit Kaiser Franz' I. von Österreich, Zar Alexanders I. von Rußland und Kaiser Napoleons I. von Frankreich auch »Dreikaiserschlacht« genannt.

Am Jahrestag seiner Kaiserkrönung führt Napoleon das französische Heer in den Mittagsstunden zu einem vollständigen Sieg über die verbündete österreichisch-russische Armee. Die Gesamtverluste der Alliierten betragen rund 27 000 Mann (darunter 5922 Österreicher), 100 Geschütze und 50 Fahnen; die Franzosen verlieren angeblich nur knapp 7000 Mann.

Das schwer angeschlagene Heer der Verbündeten zieht sich nach Göding an der March zurück, während Napoleon im Fürstlich-Kaunitzschen Schloß zu Austerlitz Quartier nimmt.

Napoleon beobachtet den Fortgang der Schlacht von Austerlitz

Lager der österreichischen Infanterie; im Mittelpunkt einige Offiziere zu Pferd (Kupferstich von W. Kobell)

Harte Friedensbedingungen

26. Dezember. Österreich und Frankreich schließen den Frieden von Preßburg, der den Dritten Koalitionskrieg beendet. In 24 Artikeln werden die Verpflichtungen des besiegten Österreichs festgehalten, die allein einen Gebietsverlust von 1000 Quadratmeilen mit drei Millionen Einwohnern beinhalten.

Österreich muß Venetien, Istrien und Dalmatien (Erwerbungen aus dem Frieden von Campoformido, → 17. 10. 1797) an das Königreich Italien abtreten, Tirol, die Bistümer Brixen und Trient, ganz Vorarlberg und die Gebiete von Tettnang, Argen und Lindau sowie Burgau, Eichstätt und den Rest von Passau an Bayern (das von Kaiser Napoleon I. von Frankreich zum Königreich erhoben worden ist), die Donaustädte Elchingen, Munderkingen, Riedlingen, Mengen und Saulgau, die Grafschaften Hohenberg und Nellenburg, das Amt Altdorf und die Städte Villingen und Bräunlingen an das neue Königreich Württemberg und den ganzen Breisgau, die Ortenau, die Insel Mainau und die Stadt Konstanz an Baden. Damit ist ganz Vorderösterreich verloren.

Als einzige Entschädigung erhält Österreich das »Erzbistum Salzburg mit Berchtesgaden«; Großherzog Ferdinand III., Erzherzog von Österreich und jüngerer Bruder Kaiser Franz' I., seit drei Jahren Kurfürst von Salzburg (→ 11. 2. 1803), wird mit dem Bistum Würzburg abgefunden. Kaiser Franz I. muß dafür Napoleon I. als König von Italien sowie die Königreiche Bayern und Württemberg anerkennen.

Die Initiative für ein Wiederaufleben des Kampfes gegen Frankreich ging Anfang 1805 von Großbritannien und Rußland aus. Eine am 11. April 1805 in Petersburg unterzeichnete britisch-russische Allianz hatte die Schaffung eines europäischen Föderativsystems auf der Grundlage eines neuen Völkerrechts zum Ziel. Durchführbar war dieser Plan jedoch nur, wenn sich ihm die beiden deutschen Großmächte Österreich und Preußen anschlossen.

Als sich Napoleon ohne Rücksicht auf habsburgische Besitzrechte zum König von Italien krönen ließ (am 26. Mai), waren die Widerstände in Wien beseitigt. Österreich schloß sich am 9. August 1805 der Koalition an. Preußen dagegen blieb neutral.

Einzug der siegreichen französischen Armee in Wien am 13. November (Kolorierter Kupferstich von Johann Ziegler; Musée Carnavalet Paris)

Bayern, Baden und Württemberg schlossen hingegen Bündnisverträge mit Napoleon.

Am 8. September marschierten die Österreicher unter dem Oberbefehl von Erzherzog Karl in Bayern ein und eröffneten damit den Dritten Koalitionskrieg. Nach zwei Niederlagen in kleineren Gefechten wurden die Österreicher (23 000 Mann) in Ulm eingeschlossen und am 17. Oktober zur Kapitulation gezwungen (Feldmarschall-Leutnant Karl Freiherr von Mack wird dafür später von einem Kriegsgericht zur Rechenschaft gezogen). Durch den gleichzeitigen Sieg der Franzosen über das Korps Werneck bei Neresheim stand Napoleon der Weg nach Wien frei – Erzherzog Johann mußte wegen der Niederlagen der Hauptarmee die Räumung Tirols und Vorarlbergs befehlen.

Am 30. Oktober besetzten französische Truppen Salzburg; erstmals seit ihrem Bestehen wurde die Festung Hohensalzburg von fremden Soldaten betreten; am 5. November marschierten die Franzosen in Innsbruck ein, am 12. November erreichten sie Wien. Zwei Tage später traf auch Kaiser Napoleon in Wien ein. Nach der Vereinigung der österreichisch-russischen Truppen in Mähren (zusammen fast 85 000 Mann) und der Sammlung der französischen Armee bei Brünn (rund 75 000 Mann) fiel die Entscheidung in der Schlacht bei Austerlitz (→ 2. Dezember). Aufgrund des französischen Erfolgs wandte sich Preußen Napoleon zu und unterzeichnete ein Offensiv- und Defensivbündnis mit Frankreich, daß sich gegen die Verlierer von Austerlitz, Österreich und Rußland, richtet. Kaiser Franz I. mußte – nach einer persönlichen Unterredung mit dem Kaiser der Franzosen – am 6. Dezember den Waffenstillstand von Austerlitz unterzeichnen, dessen wesentlichster Inhalt der sofortige Rückzug der russischen Armee war. Nur Ungarn (mit Ausnahme von Preßburg), Kroatien, Galizien, die Bukowina sowie die nördlichen Teile von Böhmen und Mähren bleiben frei von französischer Besatzung, in den übrigen Teilen Österreichs herrscht ein strenges Regiment der Franzosen, die hohe Kontributionen eintreiben.

1806

22. 1. Kaiser Franz I. von Österreich erläßt eine Proklamation mit dem unüberhörbaren Aufruf zur inneren Erneuerung und Festigung des Landes.

6. 2. Erzherzog Karl übernimmt erneut das Amt des Präsidenten des Hofkriegsrates und beginnt unmittelbar mit dem Ausbau der Armee und der Durchführung von Heeresreformen.

März. Klemens Wenzel Graf Metternich wird österreichischer Gesandter in Paris, wo er im Juli eintrifft.

1. 7. Die »Wiener allgemeine Theaterzeitung«, herausgegeben von Adolf Bäuerle, erscheint (1859 eingestellt).

12. 7. Die Rheinbund-Akte wird unterzeichnet: 16 deutsche Reichsstände schließen sich unter französischem Protektorat zum (zweiten) Rheinbund zusammen. →

1. 8. Die Staaten des Rheinbundes erklären ihren Austritt aus dem Reichsverband (→ 6. 8.).

6. 8. Kaiser Franz legt die römisch-deutsche Kaiserwürde nieder. →

6. 10. Kaiser Napoleon I. von Frankreich erklärt den Krieg an Preußen, das sich Rußland genähert hat: Der Vierte Koalitionskrieg beginnt (ohne Beteiligung Österreichs).

An der Universität Wien wird eine Lehrkanzel für gerichtliche Medizin und »Medizinalpolizei« errichtet – die erste dieser Art in Europa.

Johann Michael Schmidt erbaut den Turm des Rathauses von Radkersburg (Steiermark).

Die Wiener Malteserkirche wird im klassizistischen Stil umgebaut (1808 vollendet).

GESTORBEN:

10. 8. Salzburg: Michael Haydn (* 14. 9. 1737), Komponist (schuf u. a. 28 Messen, 2 Requien, 114 Gradualien, 67 Offertorien, 30 Symphonien und 50 Präludien für Orgel)

24. 12. Wien: Ferdinand Karl von Habsburg-Lothringen (* 1. 6. 1754), Erzherzog von Österreich, Begründer des Hauses Österreich-Este.

GEBOREN:

1. 4. Wien: Franz Eybl († 29. 4. 1880), Maler.

2. 4. Krakau: Friedrich Halm (eigentlich Eligius Franz-Joseph Freiherr von Münch-Bellinghausen; † 22. 5. 1871), Dramatiker.

11. 4. Laibach: Anastasius Grün (eigentlich Anton Alexander Graf Auersperg; † 12. 9. 1876), Lyriker.

18. 9. Sprottau: Heinrich Laube († 1. 8. 1884), Schriftsteller und Publizist, Burgtheaterdirektor.

Kaiser Franz legt die Reichskrone nieder

6. August. Kaiser Franz I. legt die als Franz II. getragene Würde eines römischen Kaisers nieder. Er hat sich bereits im Juli zu diesem Schritt entschlossen, da nach der Gründung des Rheinbundes (→ 12.7.) der Reichsverband faktisch aufgelöst war. Zudem drohte der französische Kaiser Napoleon I., unter dessen Protektorat der Rheinbund steht, am 22. Juli damit, seine Truppen den Inn überschreiten zu lassen, sollte Franz nicht »freiwillig« abdanken.
Angesichts der politischen Realitäten gibt der Kaiser folgende Erklärung ab, die das Ende des »Heiligen Römischen Reichs Deutscher Nation« bedeutet:
»Wir Franz der Zweite, von Gottes Gnaden erwählter römischer Kaiser, zu allen Zeiten Mehrer des Reiches, Erbkaiser von Österreich etc., König in Germanien, zu Hungarn, Böheim, Croatien, Dalmazien, Slavonien, Lodomerien und Jerusalem, Erzherzog zu Oesterreich etc. Nach dem Abschlusse des Preßburger Friedens war Unsere ganze Aufmerksamkeit und Sorgfalt dahin gerichtet, allen Verpflichtungen, die Wir dadurch eingegangen hatten, mit gewohnter Gewissenhaftigkeit das vollkommenste Genüge zu leisten, und die Segnungen des Friedens Unsern Völkern zu erhalten, die glücklich wieder hergestellten friedlichen Verhältnisse allenthalben zu befestigen, und zu erwarten, ob die durch diesen Frieden herbeigeführten wesentlichen Veränderungen im deutschen Reiche es Uns ferner möglich machen würden, den nach der kaiserlichen Wahlcapitulation Uns als Reichs-Oberhaupt obliegenden schweren Pflichten genug zu thun.
Die Folgerungen, welche mehreren Artikeln des Preßburger Friedens gleich nach dessen Bekanntwerdung und bis jetzt gegeben worden, und die allgemein bekannten Ereignisse, welche darauf im deutschen Reiche Statt hatten, haben Uns aber die Ueberzeugung gewährt, dass es unter den eingetretenen Umständen unmöglich seyn werde, die durch den Wahlvertrag eingegangenen Verpflichtungen ferner zu erfüllen: und wenn noch der Fall übrig blieb, dass sich fördersamer Beseytigung eingetretener politischer Verwicklungen ein veränderter Stand ergeben dürfte, so hat gleichwohl die am 12. Julius zu Paris unterzeichnete Konvention, welche nachher von den kontrahierenden Theilen ratifiziert wurde und ihrer gänzlichen Trennung von dem Reiche und ihrer Vereinigung zu einer besonderen Conföderation, die gehegte Erwartung vollends vernichtet.
Bei der hierdurch vollendeten Ueberzeugung von der gänzlichen Unmöglichkeit, die Pflichten Unseres kaiserlichen Amtes länger zu erfüllen, sind Wir es Unsern Grundsätzen und Unserer Würde schuldig auf eine Krone zu verzichten, welche nur so lange Werth in Unsern Augen haben konnte, als Wir dem von Churfürsten, Fürsten und Ständen und übrigen Angehörigen des deutschen Reiches Uns bezeigten Zutrauen zu entsprechen und den übernommenen Obliegenheiten ein Genüge zu leisten, im Stande waren.
Wir erklären demnach durch Gegenwärtiges, dass Wir das Band, welches Uns bis jetzt an den Staatskörper des deutschen Reiches gebunden hat, als gelöst ansehen, dass Wir das reichsoberhauptliche Amt und Würde durch die Vereinigung der conföderirten rheinischen Stände als erloschen und Uns dadurch von allen übernommenen Pflichten gegen das deutsche Reich losgelöst betrachten und die von wegen desselben bis jetzt getragene Kaiserkrone und geführte kaiserliche Regierung, wie hiermit geschieht, niederlegen . . .
Unsere sämmtlichen Provinzen und Reichsländer zählen Wir dagegen wechselseitig von allen Verpflichtungen, die sie bis jetzt unter was immer für einen Titel, gegen das deutsche Reich getragen haben, los, und Wir werden selbige in ihrer Vereinigung mit dem ganzen österreichischen Staatskörper als Kaiser von Oesterreich unter den wiederhergestellten und bestehenden Verhältnissen mit allen Mächten und benachbarten Staaten zu jener Stufe des Glückes und Wohlstandes zu bringen beflissen seyn, welche das Ziel aller Unserer Wünsche, der Zweck Unserer angelegensten Sorgfalt stets seyn wird.«

Kaiser Franz I. von Österreich als römisch-deutscher Kaiser (kolorierter Kupferstich, 1792)

Rheinbund führt zum Reichszerfall

12. Juli. Mit der Unterzeichnung der Rheinbund-Akte in Paris sagen sich 16 Fürsten West- und Süddeutschlands vom römisch-deutschen Reich los und gründen den (zweiten) Rheinbund unter dem Protektorat des französischen Kaisers Napoleon I. (→ 15.8.1658).
Der Kern der Rheinbund-Akte besteht in einem Offensiv- und Defensivbündnis der Rheinbundstaaten mit Frankreich. Die Fürsten verpflichten sich, im Kriegsfall Truppenkontingente in der Höhe von insgesamt 63 000 Mann zu stellen, dazu kommen dann 200 000 französische Soldaten. Bis 1808 treten – mit Ausnahme Österreichs, Preußens, Dänisch-Holsteins und Schwedisch-Pommerns – nach und nach alle deutschen Einzelstaaten dem Rheinbund bei.
Am 1. August erklären die Rheinbundstaaten dem »immerwährenden« Reichstag zu Regensburg ihren Austritt aus dem Reichsverband. Mit diesem Schritt ist das »Heilige Römische Reich Deutscher Nation« nach fast 900jähriger Geschichte faktisch aufgelöst und eine Reaktion des habsburgischen Kaisers zwingend erforderlich (→ 6.8.).

»Der Lorbeerblätter-Krammer, und das Kräutlerweib in Wien« (Aquatinta-Radierung von Benedikt Piringer und Kilian Ponheimer d. Ä., um 1810, nach Georg Emanuel Opitz)

»Ein Kässtecher, ein hölzerne Uhren-Verkäufer und ein Aschensammler« (Aquatinta-Radierung von Benedikt Piringer und Kilian Ponheimer d. Ä., um 1810, im Verlag von Josef Eder)

»Ein Bilder- und Liederkrämer in Wien, nebst einem Lehrjungen, welcher das Mittagessen seinem Meister trägt« (Aquatinta-Radierung von B. Piringer und K. Ponheimer, um 1810)

»Zahnstocherverkäuferin« (Aquatinta-Radierung aus der »Collection des Vues…«, Wien, um 1800)

»Ein anderes, eigenes frohes Leben«

Im Mai 1807 reist der schlesische Dichter Joseph Freiherr von Eichendorff mit seinem älteren Bruder Wilhelm von Ratibor über Linz und Regensburg nach Heidelberg. Am 10. Mai notiert er in seinem Reisetagebuch:

»Bald kamen wir an einem Mauthause dem gegenüber aus einem Berge ein schöner Sprudelquell entspringt (Leopoldschlager Berg im Mühlviertel), nach dem schönen, blühenden Österreich ob der Enns. Die Gegenden wurden herrlich, die Vegetation immer üppiger und ein anderes, eigenes frohes Leben begann. Die Straße wimmelte von Fuhrleuten, die von und nach Linz fuhren, und eine Menge Leute gingen, da es gerade Sonntag war, in die Kirche. Ihre Tracht ist schon national verschieden. Die Männer schwarze Röcke und Hosen, rote Westen und grüne Tiroler Hosenträger. Die Weiber auch schwarz und große weiße Hüte oder bunte Tücher auf dem Kopfe. Ihre Gesichter sind eigen frisch, großäugig und herzig und ihre ganze Form ein Abbild der starken und reichen Natur, die sie umgibt.
Bald erhoben sich auch in der Ferne vor uns die fürchterlich schönen und wunderbarzackigen Schneeberge von Steiermark. Unsere erste Station in Österreich war das Bergstädtchen Freystadt, das eine romantische Lage hat in einem Kessel von schönen Bergen.«

»Der Tintenmann. Die Korb- und Sesselflechter« (Aquatinta-Radierung, Wien um 1810)

»Tyroler aus dem Lechthal / Tyroler aus Gröden« (»Vollständige Völkergallerie«, 1830)

»Bauern aus Oestreich / Wiener Ladenmädchen« (»Vollständige Völkergallerie«, 1830)

»Brautpaar aus Ober-Oestreich / Steyersches Brautpaar« (»Vollständige Völkergallerie«)

1807

Februar. Österreich bemüht sich, durch Johann Philipp Graf Stadion zwischen Rußland und Preußen einerseits und Frankreich andererseits zu vermitteln.

15. 2. Erzherzog Johann veröffentlicht eine Denkschrift über die Bedeutung Österreichs für die Befreiung Deutschlands von der französischen Besatzung.

7.–9. 7. Der Friede von Tilsit zwischen Preußen und Rußland einerseits und Frankreich andererseits beendet den Vierten Koalitionskrieg: Preußen verliert durch seine Niederlage mehr als die Hälfte seines Territoriums.

16. 9. Das Kloster Georgenberg-Fiecht (bei Vomp in Tirol) wird aufgehoben (1816 wiedererrichtet).

4. 11. Das Gymnasium des Schottenstiftes in Wien wird feierlich eröffnet. Es hat vier Grammatikalklassen und zwei Humanitätsklassen. Pater Meinrad Lichtensteiner wird zum ersten Präfekten bestellt. (Bereits um 1800 waren die drei existierenden Wiener Gymnasien – Akademisches, Piaristen und Annaeum – derart überfüllt, daß die Regierung mit der Bitte um Abhilfe an das Stift herangetreten war.)

Der Wiener Uhrmacher Jakob Degen unternimmt erste Flugversuche mit einem von ihm selbst konstruierten »Schwingenflieger«. (Ein von Degen entwickeltes Verfahren für den Banknotendoppeldruck wird 1821 von der »Oesterreichischen Nationalbank« angewandt und in der Folge von zahlreichen anderen europäischen Notenbanken übernommen). →

Der Bau des Wiener Palais Rasumofsky wird abgeschlossen; der Entwurf stammt von Louis de Montoyer, die Stuckplastik im Empirestil von Franz Christian Thaller.

Der Bildhauer Franz Anton Zauner vollendet das Reiterdenkmal für den 1790 verstorbenen Kaiser Joseph II. (Wien, Josefsplatz). →

GESTORBEN:

5. 11. Rom: Angelica Kauffmann (* 30. 10. 1741), Malerin. →

GEBOREN:

6. 1. Szépesbéla (Ungarn): Josef Petzval († 17. 9. 1891), Mathematiker, Pionier der Photographie.

9. 1. Wien: Matthias Ritter von Schönerer († 30. 10. 1881), Eisenbahntechniker.

20. 9. Scheuchenstein (Niederösterreich): Friedrich Gauermann († 7. 7. 1862), Maler.

Reiterdenkmal für Kaiser Joseph II.

Der Bildhauer Franz Anton Zauner beendet nach zwölf Jahren Arbeit das von Kaiser Franz II. (I.) in Auftrag gegebene bronzene Reiterdenkmal für den am → 20. Februar 1790 verstorbenen Kaiser Joseph II. Es zeigt den Monarchen als römischen Imperator und ist dem Standbild des römischen Kaisers Mark Aurel auf dem Kapitol in Rom nachempfunden (→ 17. 3. 1800). Das Reiterstandbild steht auf dem 1783 angelegten Platz, der seit etwa 1800 Josephsplatz genannt wird.

Der Schwingenflieger

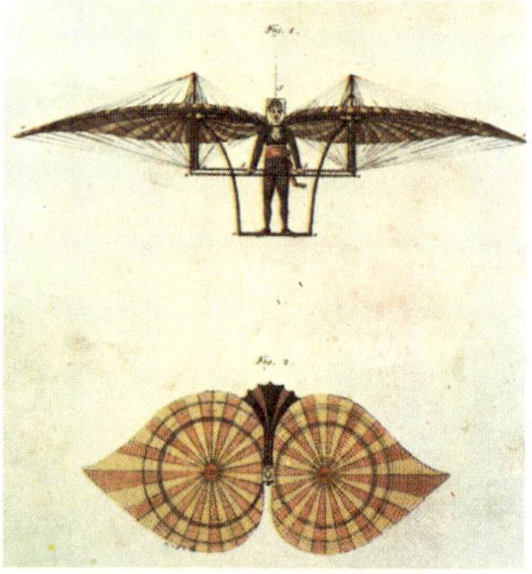

Jakob Degens Flugapparat (zeitgenössischer kolorierter Kupferstich)

Der aus dem schweizerischen Liedertswill stammende Wiener Uhrmacher Jakob Degen konstruiert einen mit Muskelkraft angetriebenen und von einem Ballon getragenen »Schwingenflieger«, mit dem er erste Flugversuche unternimmt. Das Kombinationsgerät ermöglicht Degen etliche Kurzflüge; 1810 bewältigt er die Strecke Laxenburg–Vösendorf in einer Stunde. Der Uhrmacher beschäftigt sich auch weiterhin mit technischen Problemen und Erfindungen und entwickelt ab 1816 ein Verfahren für den Banknotendoppeldruck.

Zwischen Rokoko und Klassizismus

5. November. Im Alter von 66 Jahren stirbt die Malerin Angelica Kauffmann in Rom. Sie gehörte zu den bekanntesten Künstlerinnen des 18. Jahrhunderts und gewann die Freundschaft zahlreicher Persönlichkeiten ihrer Zeit, darunter Johann Wolfgang von Goethe und Johann Joachim Winckelmann (die sie beide auch porträtiert hat).

Angelica war die Tochter des Vorarlberger Freskenmalers Joseph Johann Kauffmann und wurde im schweizerischen Chur geboren. Bereits als 16jährige malte sie bemerkenswerte Altarbilder. Die künstlerisch zwischen Rokoko und Klassizismus stehende Malerin reiste

»Szene mit Miranda und Ferdinand« (Ausschnitt; Angelica Kauffmann, 1782; Schloß Belvedere Wien)

1762/63 mit ihrem Vater nach Italien, lernte dort den Geist der Antike kennen und kopierte zahlreiche Gemälde großer Meister wie Raffael oder Correggio. 1766 reiste sie nach London, wo sie große Erfolge feierte und äußerst produktiv arbeitete. 1781 heiratete sie in zweiter Ehe den venezianischen Maler Francesco Zucchi, mit dem sie erst nach Venedig, später nach Rom zog, wo sie bis zu ihrem Tod lebte.

Ihr Haus wurde zum Treffpunkt der Gesellschaft. Auch Kaiser Joseph II. und Kronprinz Ludwig von Bayern waren hier zu Gast. Um 1800 malte sie das eindrucksvolle Hochaltarbild »Krönung Mariä«, das sie der Pfarrkirche von Schwarzenberg, Heimatort ihres Vaters, schenkte.

1808

18. 2. Österreich muß die vom französischen Kaiser Napoleon I. am 21. November 1806 über Großbritannien verfügte Kontinentalsperre anerkennen.

20. 2. Mit Ausnahme von Matrei und Nikolsdorf werden alle salzburgischen Seelsorgestationen in Osttirol dem Bischof von Brixen übergeben.

27. 3. Anläßlich des 76. Geburtstags von Joseph Haydn wird in der Aula der Wiener Universität im Rahmen der »adeligen Liebhaberkonzerte« sein Oratorium »Die Schöpfung« feierlich aufgeführt; der bereits kranke Komponist wird in einer Sänfte in die Aula getragen, muß aber bereits in der Pause wegen der allzu großen Anstrengung wieder nach Hause gebracht werden. Es ist Haydns letztes Auftreten in der Öffentlichkeit (→ 31. 5. 1809).

12. 5. Kaiser Franz I. erläßt ein Patent über die Errichtung von Reservebataillonen.

9. 6. Ein kaiserliches Patent führt zur Gründung der Landwehr. →

Sommer. Erzherzog Johann betreibt zusammen mit dem Historiker Joseph Freiherr von Hormayr zu Hortenburg in Österreich und den Rheinbundstaaten eine systematische vaterländische Propaganda.

27. 7. Frankreich fordert von Österreich die sofortige Abrüstung seiner Streitkräfte.

22. 12. Ludwig van Beethoven gibt ein großes Konzert in Wien; aufgeführt werden seine 5. und 6. Symphonie sowie Teile der Messe op. 86 und eine Chorphantasie.

Der Name Tirol wird abgeschafft; ganz Nordtirol bildet nun den bayrischen Innkreis. Geldentwertung, die Aufhebung der Landesfreiheiten und die Einmischung Bayerns in alle Kirchenangelegenheiten führen zu großer Unzufriedenheit unter der Bevölkerung. Erste Vorbereitungen für einen Aufstand gegen die bayrische Herrschaft werden getroffen.

GEBOREN:

16. 2. Krummnußbaum bei Pöchlarn: Eduard Fenzl (†29. 9. 1879), Botaniker.

ZITATE:

Der Vikar von Ellmau (südöstlich von Kufstein in Tirol) schrieb über die Stimmung in der Tiroler Bevölkerung im Jahre 1808 u. a.

»Das Volk ist dermalen gegen alles, was von Bayern kommt, wenn es auch das Vernünftigste wäre, unglaublich eingenommen. Wenn Gottes Sohn wäre in Bayern geboren worden, hätten sie ihn sicher verleugnet …«

Aufführung der »Schöpfung« (nach Balthasar Wigand, 1808)

Ein »Spektakl«

27. März. In der Aula der Wiener Universität wird anläßlich des 76. Geburtstages des Komponisten Joseph Haydn sein Oratorium »Die Schöpfung« aufgeführt. Der Schriftsteller Josef Richter beschrieb bereits 1799 (anläßlich der Uraufführung des Oratoriums) in seinen »Briefen eines Eipeldauers an seinen Herrn Vetter in Kakran über d'Wienstadt« den tiefen Eindruck, den Haydns Musik auf ihn gemacht hatte:

»Ich hätt's mein Lebn nicht glaubt, das der menschliche Blasbalg und d'Schafdarm und 's Kalbfell solche Wunder machen könnten. Da hat bloß d'Musik den Donner und den Blitz ausdruckt, und da hat der Herr Vetter den Regnguß und 's Wasser rauschen ghört, und da habn d'Vögel wirklich gsungen, und der Löw hat brüllt, und da hat man so gar hörn können, wie d'Würmer auf der Erden fortkriechen … ich bin noch nie so vergnügt ausn Theater fortgangen.«

Die Landwehr wird errichtet

9. Juni. Kaiser Franz I. von Österreich erläßt ein Patent über die Errichtung einer Landwehr. Es ist von Erzherzog Karl ausgearbeitet worden, nachdem Johann Philipp Graf Stadion im Juni des vergangenen Jahres einen entsprechenden Vorschlag unterbreitet hat.

Mit der Landwehr wird zugleich auch die Grundlage für die allgemeine Bewaffnung in den Kronländern geschaffen: Das Mindestalter wird auf 18, das Höchstalter auf 45 Jahre festgesetzt; betroffen sind alle Männer, die vom Wehrdienst befreit sind, ausgedient haben oder wegen geringer körperlicher Mängel untauglich gemustert worden sind. Im einzelnen verteilt sich die Landwehr wie folgt auf die Kronländer:

Niederösterreich:
19 Bataillone – 15 000 Mann
Oberösterreich:
15 Bataillone – 13 200 Mann
Salzburg:
4 Bataillone – 4 260 Mann
Steiermark:
13 Bataillone – 13 800 Mann
Kärnten:
5 Bataillone – 5 900 Mann
Krain, Küstenland und Triest:
15 Bataillone – 15 300 Mann
Böhmen:
55 Bataillone – 50 400 Mann
Mähren und Schlesien:
24 Bataillone – 25 100 Mann

Jeder Kreis soll ein Bataillon, zwischen 800 und 1400 Mann stark (je nach Bevölkerungsdichte), aufstellen, insgesamt 150 Bataillone. In Galizien werden keine Bataillone aufgestellt, da dort zahlreiche Ergänzungsbezirke von Infanterieregimentern eingerichtet sind.

Bereits 1809 kommt die Landwehr erstmals zum Einsatz. Die anschließende beschleunigte Aufrüstung und die umfangreicher werdende nationale Presse fördern die Kriegsbegeisterung gegen Frankreich.

Napoleon-Gegner sehen in Österreich den einzigen wirksamen Gegenpol zum übermächtig gewordenen Frankreich. Kaiser Napoleon I., in Spanien stark in Anspruch genommen, vermeidet vorerst einen Krieg mit Österreich.

Einschließlich der Landwehr, der Grenzer und der von Ungarn gestellten Freiwilligen verfügt Österreich über insgesamt 725 000 Mann und 60 000 Pferde, davon zur Offensive über die Landesgrenzen 396 000 Mann und 36 000 Pferde.

»Die Heimkehr eines Landwehrmannes« (Ölgemälde von Johann Peter Krafft, 1820; Österreichische Galerie, Schloß Belvedere Wien)

1809

Ende Jänner. Erzherzog Johann bespricht in Wien mit dem Tiroler Schützenhauptmann Andreas Hofer die bevorstehende Volkserhebung Tirols gegen Bayern.

9.4. Österreich erklärt den Krieg an Frankreich (→ 14.10.). Österreichische Truppen marschieren in Bayern ein, in Tirol erhebt sich die Bevölkerung gegen die bayrische Herrschaft.

15.4. Das von Friedrich von Gentz verfaßte »Österreichische Kriegsmanifest«, ein unüberhörbarer Aufruf zum Befreiungskampf gegen die französische Herrschaft, wird von der »Wiener Zeitung« veröffentlicht; es bleibt ohne Widerhall, da Preußen die Neutralität vorzieht und Rußland im Bündnis mit Frankreich steht.

21./22.5. In der Schlacht bei Aspern und Eßling zwingen die Österreicher die Armee des französischen Kaisers Napoleon I. zum Rückzug.→

29.5. Kaiser Franz I. von Österreich richtet aus Wolkersdorf (Niederösterreich) ein Schreiben an die Tiroler.→

5./6.7. Napoleons Sieg in der Schlacht bei Deutsch Wagram entscheidet den Krieg zugunsten Frankreichs.→

4.8. Johann Philipp Graf Stadion tritt als Außenminister zurück; Nachfolger wird Klemens Wenzel Nepomuk Lothar Graf Metternich-Winneburg.

15.8. Andreas Hofer zieht in Innsbruck ein und übernimmt als Oberkommandant von Tirol die Regierung des Landes.→

12.10. Ein Attentatsversuch des Naumburger Pastorensohns Friedrich Staps auf Kaiser Napoleon I. im Hof des Wiener Schlosses Schönbrunn scheitert; Staps wird am 16. Oktober erschossen.

14.10. Der Friede von Schönbrunn beendet den österreichisch-französischen Krieg.→

1.11. Die Bayern siegen in der fünften Schlacht am Bergisel; Andreas Hofer zieht sich nach Südtirol zurück.

GESTORBEN:

22.2. Wien: Ludwig Graf Cobenzl (* 21.11.1753), Staatsmann (1801–1805 Vizekanzler sowie Außenminister).

31.5. Wien: Joseph Haydn (* 31.3.1732), Komponist.→

GEBOREN:

6.4. Wien: Friedrich Fürst zu Schwarzenberg († 27.3.1885), Fürsterzbischof von Salzburg und Kardinal.

25.7. Steyr: Ferdinand Redtenbacher († 16.4.1863), Maschineningenieur.

Erst ein Sieg – dann Niederlage

Der seit dem 9. April andauernde österreichisch-französische Krieg bringt der Armee des Erzherzogs Karl zwar den ersten Sieg über die Truppen Kaiser Napoleons I. von Frankreich bei Aspern und Eßling, aber auch eine kriegsentscheidende Niederlage bei Deutsch Wagram.

21./22. Mai. Acht Tage nach der Kapitulation Wiens kommt es östlich der Residenzstadt zum Aufeinandertreffen der österreichischen und der französischen Armee. Erzherzog Karl verfügt – trotz der großen Verluste im ersten Kriegsmonat (fast 45 000 Mann) – über rund 84 000 Mann, 14 250 Reiter und 288 Geschütze; Kaiser Napoleon kann wegen der Schwierigkeiten beim Donauübergang infolge von Hochwasser nur rund 67 000 Mann, 10 000 Reiter und 152 Geschütze zum Einsatz bringen, am ersten Kampftag sogar nur etwa 30 000 Infanteristen und 9300 Kavalleristen.

Die Schlacht beginnt am 21. gegen 13 Uhr und dauert bis in die Abendstunden; im Morgengrauen des 22. wird der Kampf fortgesetzt und endet gegen 16 Uhr mit dem Rückzug der Franzosen. Die Verluste sollen auf beiden Seiten je 20 000 Mann betragen. Der als unbesiegbar geltende Napoleon erleidet damit seine erste Niederlage, die im Lager der Österreicher begeistert gefeiert wird und große Zuversicht für den weiteren Kriegsverlauf weckt. Erzherzog Karl wird in der Folge als »Sieger von Aspern« glorifiziert.

5./6. Juli. Entgegen der Erwartung Erzherzog Karls zeigt sich der Kaiser der Franzosen nach seiner Niederlage nicht verhandlungsbereit, sondern plant eine Entscheidungsschlacht; in der Nacht zum 5. überschreitet die französische Armee, fast 180 000 Mann, die Donau und stellt sich dem Heer Erzherzog Karls (rund 120 000 Mann) bei Deutsch Wagram zum Kampf. Die österreichischen Truppen Erzherzog Johanns, die bei Preßburg stehen, können nicht mehr rechtzeitig zur Schlacht anrücken. Der erste Tag de Schlacht endet mit massiven Angri fen der Franzosen, die jedoch vo den Österreichern zurückgeworfe werden; am zweiten Tag müssen di Truppen Erzherzog Karls gegen Mi tag der französischen Übermach weichen. Als Karl die Meldung e hält, das mit dem Eintreffen de 12 000 Mann starken Ersatzarme seines Bruders Johann nicht vor 1 Uhr zu rechnen ist, gibt er gege 14.30 Uhr den Befehl zum Rückzu in Richtung Znaim.

Auf dem Schlachtfeld bleiben meh als 5600 Tote zurück; 18 000 Öste reicher sind verwundet, ebenso vie geraten in französische Gefange schaft. Napoleon verzeichnet meh als 7000 Tote, 26 000 Verwunde und 4000 Gefangene.

Am 11. Juli kommt es bei Znaim zu letzten Gefecht des österreichisc französischen Krieges; während d Kampfes handeln Parlamentä einen Waffenstillstand aus, der u 17 Uhr verkündet wird. Erzherz Karl schließt ihn gegen den Wille Kaiser Franz' I., der hofft, den Kam mit ungarischer Unterstützung we terführen zu können. Am 19. J muß aber auch der Kaiser dem Wa fenstillstand zustimmen; Österrei ist besiegt (→ 14. Oktober).

Erzherzog Karl von Österreich in der Schlacht bei Aspern und Eßling (Gemälde von Johann Peter Krafft; Kunsthistorisches Museum Wien)

Des Kaisers Handbillett

29. Mai. Kaiser Franz I. von Österreich richte aus Wolkersdorf (Niederösterreich) ein Schrei ben an die Tiroler. Diese Wolkersdorfer Prokla mation spiegelt den Enthusiasmus im kaiserli chen Hauptquartier eine Woche nach dem Sie in der Schlacht von Aspern und Eßling wider

»... Nach bedeutenden Unglücks fällen, und nachdem der Feind selbs die Hauptstadt der Monarchie ein genommen hat, ist es Meiner Arme gelungen, die Französische Hauptar mee unter Napoleons eigener An führung im Marchfelde am 21. und wiederholt am 22. May zu schlager und nach einer großen Niederlag über die Donau zurückzuwerfer Die Armee und die Völker Oester reichs sind von höheren Enthusias mus als je beseelt; alles berechtigt z großen Erwartungen.

Im Vertrauen auf Gott und Mein gerechte Sache, erkläre ich hiermi Meiner treuen Grafschaft Tyrol, mi Einschluß des Vorarlbergs, daß si nie mehr von dem Körper de Oesterreichischen Kaiserstaates so getrennt werden ...«

Der harte Friede von Schönbrunn

14. Oktober. Der Friede von Schönbrunn beendet den am 9. April begonnenen österreichisch-französischen Krieg; in 18 Artikeln wird das Kaiserreich Österreich zur Abtretung von Gebieten im Ausmaß von mehr als 2000 Quadratmeilen mit 3,5 Millionen Einwohnern gezwungen. Ein Geheimartikel verlangt zudem eine Kriegsentschädigung in Höhe von 85 Millionen Franc und die Beschränkung der österreichischen Truppen auf 150 000 Mann.
Kaiser Napoleon I. von Frankreich kann den Österreichern nach seinem entscheidenden Sieg in der Schlacht bei Deutsch Wagram (→ 5./

Kaiser Napoleon I. 1809 (Horace Vernet; Musée de Versailles)

Juli) überaus harte Friedensbedingungen diktieren: Kaiser Franz I. von Österreich muß folgenden Gebietsabtretungen zustimmen:
ayern erhält Salzburg, Berchtesgaen, das Innviertel (Oberösterreich), e Hälfte des Hausruckviertels)berösterreich), Tirol und Vorarl-rg; Italien erhält Görz, Monfalcon, iest, Krain, den Villacher Kreis ıd das Gebiet rechts der Save; ıchsen die böhmischen Enklaven; ıs Großherzogtum Warschau estgalizien, Krakau und den Zaoscer Kreis; an Rußland fällt ein il von Ostgalizien.
ıiser Napoleon stellt den an den ıfständen beteiligten Tirolern und ɔrarlbergern eine Generalamnee in Aussicht, wofür sich Österıch der Kontinentalsperre gegen roßbritannien anschließt. – Am 16. ktober verläßt Napoleon Wien, chdem er 158 Tage im Schloß hönbrunn residiert hat.

Joseph Haydn – Musik klassischer Vollendung

31. Mai. Im Alter von 77 Jahren stirbt der Komponist Joseph Haydn, der erste Meister der Wiener Klassik.
Der Sohn eines Wagnermeisters und Kleinbauern aus dem niederösterreichischen Rohrau wurde 1740 Kapellknabe (Sängerknabe) von St. Stephan in Wien. 1755 entstanden Haydns erste Streichquartette und das Orgelkonzert in C-Dur, 1759 trat er als Kapellmeister in den Dienst des Grafen Morzin im böhmischen Lukavec. Hier komponierte er auch seine erste Symphonie.
1761, nach der Auflösung des Orchesters, ging Haydn nach Eisenstadt, wo er zunächst als Zweiter, ab 1766 als Erster Kapellmeister der Fürsten Esterházy tätig war. Hier dirigierte er fast 30 Jahre das 15köpfige, später auf 30 Musiker erweiterte Orchester, mit dem er 1769 von Eisenstadt ins nahegelegene Schloß Esterházy zog. Ab 1776 übernahm er auch das Amt des Kapellmeisters der fürstlichen Oper. 1779 wurden Haydns Symphonien erstmals in Frankreich, 1782 zum ersten Mal in Amerika aufgeführt.
Nach dem Tod des kunstliebenden Fürsten Nikolaus Joseph von Esterházy löste dessen Sohn die Hofkapelle 1790 auf und »beurlaubte« Haydn. Ausgestattet mit einer Pension von 1400 Gulden siedelte der 58jährige Komponist nach Wien über, unternahm noch im selben Jahr seine erste Reise nach London.
1792/93 lebte der international anerkannte und finanziell weitgehend unabhängige Künstler wieder in Wien. 1794 reiste er ein zweites Mal nach England und komponierte, abermals enthusiastisch gefeiert, mehrere Symphonien und Streichquartette.
1795 berief ihn Fürst Nikolaus II. Esterházy wieder als Kapellmeister des neugebildeten Orchesters an seinen Hof, wo die großen oratorischen Werke Haydns (darunter »Die Schöpfung«) entstanden. 1797 komponierte Haydn die Kaiserhymne »Gott erhalte Franz den Kaiser«, 1803 sein letztes Streichquartett; von Alter und Krankheiten geschwächt stirbt der Komponist am 31. Mai in Wien.
Haydns umfangreiches Werk umfaßt etwa 104 Symphonien, 83 Streichquartette, 22 Opern, 12 Messen und 60 Klaviersonaten (genaue Angaben sind aufgrund der großen Zahl Haydn unterschobener bzw. fälschlich zugeschriebener Werke kaum möglich).

Joseph Haydn im Alter von 59 Jahren (Thomas Hardy, 1791; London)

Der prachtvolle »Konzertsaal«, Wirkungsstätte Joseph Haydns, im Schloß Esterházy in Esterháza bei Fertöd (Westungarn), 1764–1766 vermutlich nach Plänen des in Wien lehrenden Baumeisters Melchior Hefele erbaut und oft als »ungarisches Versailles« bezeichnet

Joseph Haydns Werk
1772: Joseph Haydn schreibt die »Abschiedssymphonie« und seine »Sommerquartette«.
1785: Die Symphonien 82 bis 87 entstehen.
1794: Auf der zweiten Englandreise komponiert Haydn die Symphonien 100 bis 102 (darunter »Die Uhr«).
1795: Die Symphonie mit dem Paukenschlag entsteht.
1796: Haydn beginnt mit der Arbeit an dem Oratorium »Die Schöpfung« (am 29. und 30. April 1798 in Wien uraufgeführt).
1797: Für Kaiser Franz II. komponiert Haydn die Kaiserhymne.
24. 4. 1801: In Wien findet die Uraufführung des Oratoriums »Die Jahreszeiten« statt.
1803: Haydn komponiert sein letztes Streichquartett (op. 103).

Die Entscheidung am Bergisel

15. August. Zwei Tage nach dem Sieg der Tiroler über die Bayern in der dritten Schlacht am Bergisel, einem bewaldeten Hügel an der Mündungsschlucht des Sillflusses, zieht der Tiroler Schützenhauptmann Andreas Hofer als neuer Oberkommandant Tirols in Innsbruck ein und übernimmt die Regierung des Landes.

Die Volkserhebung der Tiroler gegen die bayrische Herrschaft begann gleichzeitig mit der Kriegserklärung Österreichs an Frankreich. Rund 18 000 Bauern beteiligen sich; sie sind wesentlich schlechter ausgerüstet als die regulären bayrischen und französischen Truppen, denen sie in insgesamt fünf Schlachten am Bergisel gegenüberstehen.

Am 11. April errangen die Tiroler im Sterzinger Moor (Südtirol) einen Sieg über die Bayern; die Aktion zur Befreiung Innsbrucks wird als erste Schlacht am Bergisel bezeichnet. Die zweite Schlacht fand am 25. Mai statt; starke Regenfälle beendeten den Kampf, ohne daß es dem inzwischen zum Oberkommandanten ausgerufenen Hofer gelungen war, die verbündeten bayrisch-französischen Truppen zu vertreiben. Dieses gelang erst am 29. Mai: Durch Bauern aus dem Oberinntal und eine kaiserliche Einheit verstärkt, zwangen die Tiroler (insgesamt etwa 15 000 Mann) die bayrisch-französischen Truppen (5500 Mann) zum Rückzug; am 30. Mai war Innsbruck zum zweiten Mal befreit.

Auch die vierte Schlacht am Bergisel, am 13. August, endete mit einem Sieg für die Tiroler: Französisch-bayrische Truppen hatten Innsbruck am 30. Juli erneut besetzt, nachdem die österreichischen Einheiten Tirol geräumt hatten; nach zwölfstündigem Kampf blieben die Tiroler erfolgreich, der Rückzug der feindlichen Truppen begann am folgenden Tag. Im Frieden von Schönbrunn (→ 14. Oktober) muß Kaiser Franz I. allerdings zahlreiche Gebiete, darunter auch Tirol, an Bayern abtreten. Am 1. November kommt es zur fünften und entscheidenden Schlacht am Bergisel: 8500 Tiroler müssen der Übermacht von rund 20 000 bayrischen Soldaten weichen und sich zurückziehen. Andreas Hofer fordert seine Landsleute daraufhin zur Unterwerfung auf und kehrt nach Südtirol zurück (→ 20. 2. 1810).

△ »Erstürmung der Innbrücke bey Innsbruck am 12. April 1809« (Aquarell von Jakob Plazidus Altmutter, 1819; Tiroler Landesmuseum Ferdinandeum Innsbruck)
◁ »Andreas Hofer Sandwirth und Obercommandant der Landesvertheidiger im Tirol. anno 1809« (Aquarell eines anonymen Tiroler Malers für den Gasthof Linde in Innsbruck; Privatsammlung)
▽ »Der Tiroler Landsturm anno neun« (Gemälde von Josef Anton Koch, 1819; Tiroler Landesmuseum Ferdinandeum Innsbruck)

Hofers Aufruf »An die Tiroler!«

Am 18. August 1809 veröffentlichte Andreas Hofer als »Ober-Commandant in Tyrol« einen Erlaß zur Landesverteidigung. Darin heißt es u. a.:

»Da wir nun mit Gottes Hilfe den Feind geschlagen und von unsern lieben Vaterlande vertrieben haben, so ist es also sehr nothwendig, darauf bedacht zu seyn und auf Mittel zu denken, daß das liebe Vaterland künftig hin geschützt, und vor allen feindlichen Einfällen bewahret werde. Dieses zu erzwecken ist also das Nothwendigste, daß alle waffenfähige Mannschaft von 18 bis 60 Jahren ordentlich beschrieben, in Compagnien eingetheilt, zu jeder Compagnie taugliche und rechtschaffene Offiziere gewählt, und die Standeslisten an den Unterzeichneten eiligst eingeschickt werden. Diejenigen aber, welche zu alt oder zum Dienste untauglich sind und Vermögen besitzen, soll gehalten seyn, den ausrükkenden Compagnien eine billige Zulage (welche nach Verhältniß von der Orts-Obrigkeit bestimmt werden solle) zu geben. Es ist hier auch zu bemerken, daß jeder Compagnie-Mannschaft frey stehe, ihre Offiziere selbst zu wählen. – Dagegen wird der Mannschaft schärfstens aufgetragen, dieselben gehörig zu respektiren, und ihre Befehle genau zu vollziehen: Denn Widerspenstige und Ungehorsame werden in Zukunft gehörig bestraft werden.

Jeder vernunftige Mensch wird und kann sich wider diese Verordnung nicht auflehnen – denn ohne Ordnung, ohne Respect und Unterwerfung gegen seine Obern, kann nichts Gutes ausgeführt werden. Ordnung ist die Seele der Geschäfte.

Lieben Brüder, überlegt es selbst! Wenn unter uns Uneinigkeit und Zwietracht herrscht: Was würde in der Folge daraus werden? Innerlicher Krieg, Zerstörung, Mord und Todtschlag würden die unausbleiblichen Folgen seyn...

Laßt uns daher mit vereinten Kräften arbeiten, den Segen des Himmels anflehen – und dann werden wir unsere gute Sache glücklich ausführen...«

1810

28. 1. In den Morgenstunden werden Andreas Hofer, seine Frau, sein 15jähriger Sohn Hans und sein Schreiber Kajetan Sweth auf der Pfandleralm (Südtirol) von den Franzosen gefangengenommen.

Ende Jänner. Außenminister Klemens Wenzel Graf Metternich übernimmt auch das Amt des österreichischen Staatskanzlers.

11. 3. In Wien findet die Prokuratstrauung der Kaisertochter Marie Louise mit Kaiser Napoleon I. von Frankreich statt. →

17. 3. Das Schauspiel »Das Kätchen von Heilbronn« von Heinrich von Kleist wird in Wien uraufgeführt.

Mai. Der deutsche Dichter und Geschichtsphilosoph Friedrich Schlegel hält an der Wiener Universität Vorlesungen über neuere Geschichte.

Sommer. Der romantische Dichter Joseph Freiherr von Eichendorff kommt nach Wien (er lebt hier bis 1813).

10. 9. Die Vorschrift zur Leitung des Zensurwesens wird erlassen. →

13. 9. Ein Großbrand verursacht verheerende Schäden an der Kirche und am Klostergebäude von Stift Lilienfeld (Niederösterreich).

30. 9. Österreich übergibt Salzburg gemäß den Bestimmungen des Friedens von Schönbrunn (→ 14. 10. 1809) an Bayern.

Die Passionsspiele in Erl und Thiersee (Tirol) werden verboten, »da solche theatralische Vorstellungen mit der Würde der Religion unvereinbar sind.«

GESTORBEN:

20. 2. Mantua: Andreas Hofer (* 22. 11. 1767), Tiroler Freiheitskämpfer. →

30. 8. Wien: Philipp Graf Cobenzl (* 28. 5. 1741), Staatsmann (1792/93 Hof- und Staatskanzler sowie Außenminister, 1801–1805 österreichischer Gesandter in Paris).

9. 9. Wien: Johann Baptist Hagenauer (* 22. 6. 1732), Bildhauer.

GEBOREN:

Leoben (Steiermark): Franz Mayr Freiherr von Melnhof († 27. 12. 1889), Gewerke.

10. 6. Wien: Anton Dreher († 27. 12. 1863), Brauereibesitzer und Politiker.

23. 6. Wien: Franziska (Fanny) Elßler († 27. 11. 1884), Balletttänzerin.

2. 7. Wien: Eduard von Steinle († 18. 9. 1886), Maler.

22. 7. Wien: Ludwig Tuerck († 25. 2. 1868), Neurologe.

Andreas Hofer wird auf dem Wall von Mantua erschossen (kolorierter Kupferstich aus Nürnberg, 1810)

»Für Kaiser und Vaterland«

20. Februar. Der Tiroler Freiheitskämpfer und »Ober-Commandant« des Landes während des Volksaufstandes der Tiroler gegen die bayrische Herrschaft (→ 15. 8. 1809), der Gastwirt Andreas Hofer, wird auf ausdrücklichen Befehl Kaiser Napoleons I. von Frankreich gegen 10.45 Uhr im Festungsgraben von Mantua erschossen.

Hofer wurde 1767 auf dem Sandhof bei St. Leonhard im Passeiertal (Südtirol) geboren; hier führte er ein Wirtshaus, den »Sandwirt«, und nahm bereits 1797 als Oberleutnant im Tiroler Landsturm am Kampf gegen die Franzosen teil. 1809 wurde er rasch zum Anführer der Bauern im Tiroler Freiheitskampf; vom Wiener Hof auch nach dem Waffenstillstand von Znaim (12. Juli) zum Weiterkämpfen ermutigt, führte er den Kampf fort und vertrieb die bayrisch-französischen Truppen aus Tirol. Als sich nach dem Frieden von Schönbrunn (→ 14. 10. 1809) das Kriegsglück zugunsten der Besatzer wandte, forderte Hofer seine Landsleute zunächst zur Unterwerfung auf, ließ sich aber ein weiteres Mal zum Widerstand bewegen und blieb in der Schlacht am Küchelberg bei Meran (16. November) ein letztes Mal siegreich. Das Herannahen starker französischer Truppenverbände erstickte jedoch den Widerstand der Tiroler, worauf die Freiheitskämpfer in die Berge flohen.

Hofer suchte Zuflucht auf der 1300 m hoch gelegenen Pfandleralm, wurde jedoch verraten und am 28. Jänner verhaftet. Am selben Tag wie Hofer wird auch sein Kampfgefährte Peter Mayr in Riffian bei Bozen standrechtlich erschossen.

Erzherzogin als Friedenspfand

11. März. In Wien findet die Prokuratstrauung zwischen Marie Louise von Habsburg-Lothringen, der ältesten Tochter Kaiser Franz' I. von Österreich, und Kaiser Napoleon I. von Frankreich statt. Auf Wunsch und mit Vollmacht Napoleons vertritt Erzherzog Karl den Bräutigam während der Hochzeitszeremonie.

Die Idee zu dieser Verbindung stammt von Österreichs neuem Staatskanzler Klemens Wenzel Graf Metternich, der hofft, den Frieden zwischen Frankreich und Österreich durch seine Heiratsdiplomatie festigen zu können. Nach der Prokuratstrauung begleitet ein imposanter Zug die 19jährige Braut nach Paris: Der Konvoi Marie Louises besteht aus 20 sechsspännigen Hofwagen, die von einigen Eskadronen Militär, berittenen Leibgarden und Postillonen eskortiert werden. Am 2. April finden die offiziellen Hochzeitsfeierlichkeiten in Paris statt.

»Übergabe der Erzherzogin Marie Louise« als Braut Napoleons (1810)

1810

Neue Methoden bei der Zensur

10. September. Eine neue Vorschrift zur Leitung des Zensurenwesens in Österreich nimmt auch die klassischen Werke der Dichtkunst nicht von der Zensur aus und bestimmt, sie keinesfalls mit besonderer Nachsicht zu behandeln, »um so weniger, als sie, das wahre Wohl der einzelnen oder des Ganzen zu befördern, nicht geeignet sind…«
In §6 der Bestimmungen heißt es weiter: »Broschüren, Jugend- und Volksschriften, Unterhaltungsbücher müssen nach der ganzen Strenge der Zensurgesetze behandelt werden. Hier muß nicht nur alles entfernt werden, was der Religion, der Sittlichkeit, der Achtung und Anhänglichkeit an das regierende Haus, die bestehende Regierungsform usw. geradezu oder mehr gedeckt entgegen ist, sondern es sind

Der »Antizeitgeist« als Esel, charakterisiert durch Perücke, Staatsrock, Stammbaum und »alte Rechte«; er tritt die Waage, das Zeichen der Gerechtigkeit, die Jakobinermütze als Symbol der Freiheit und das Licht der Aufklärung mit Füßen (kolorierte Radierung von Johann Michael Voltz, 1819)

auch alle Schriften zu entfernen, welche weder auf den Verstand noch auf das Herz vorteilhaft wirken und deren einzige Tendenz es ist, die Sinnlichkeit zu wiegen. Es soll daher allen Ernstes getrachtet werden, der so nachteiligen Romanlektüre ein Ende zu machen.«

1811

Anfang 1811. Der Banknotenumlauf in Österreich erreicht die Milliardengrenze – das Zehnfache von 1800. Der Preis für 1 kg Rindfleisch ist seit 1800 von 65 Kreuzern auf sechs Gulden gestiegen.

20. 2. Das Papiergeld wird auf ein Fünftel des Nennwertes abgewertet. →

1. 6. Das »Allgemeine Bürgerliche Gesetzbuch« (ABGB) wird kundgemacht. Es tritt am 1. Jänner 1812 in Kraft. →

16. 7. Erzherzog Johann gründet in Graz das »Landesmuseum Joanneum«, dem er seine Privatsammlungen schenkt. Es ist Museum, Lehranstalt und Lehrmittelsammlung zugleich; zur Leitung werden drei Kuratoren bestimmt.

31. 10. Durch die napoleonischen Grenzänderungen werden die südöstlichen Teile Osttirols an das Bistum Laibach abgetreten.

Ende Dezember. In Innsbruck zählt man 574 Häuser und 10 237 Einwohner.

Christian Georg Hornbostel, Besitzer einer Seidenfabrik in Wien, gelingt die Erfindung eines selbstwebenden Stuhles, der durch Anwendung eines Schwungrades gleichzeitig acht Webstühle in Bewegung setzt. Vorbild dafür waren die aus England eingeführten mechanischen Baumwollwebstühle, die allerdings für die Seidenerzeugung völlig umkonstruiert werden mußten. Zur Bedienung von acht Webstühlen sind nun nur noch drei Weber nötig.

In Klagenfurt wird die Zeitschrift »Carinthia« gegründet; es ist die älteste ununterbrochen erscheinende Zeitschrift Österreichs und die drittälteste im deutschen Sprachraum.

GEBOREN:

13. 1. Breitenfurt: Georg Sigl (†9. 5. 1887), Maschinenbauer.

20. 3. Paris: Napoleon Franz Joseph Karl (†22. 7. 1832), Sohn Kaiser Napoleons I. von Frankreich und Marie Louises von Habsburg-Lothringen, Herzog von Reichstadt.

7. 4. Tetschen (Nordböhmen): Leo Graf von Thun und Hohenstein (†17. 12. 1888), Politiker.

19. 4. Brünn: Heinrich Drasche Edler von Wartinberg (†24. 7. 1880), Industrieller.

20. 10. Raiding (Burgenland): Franz von Liszt (†31. 7. 1886), Komponist und Pianist.

20. 10. Theresienfeld (Niederösterreich): Franz Freiherr von Uchatius (†4. 6. 1881), Feldmarschall-Leutnant, Waffentechniker und Erfinder.

Der Staatsbankrott

20. Februar. Kaiser Franz I. von Österreich muß mit einem Patent den Umlauf der »Banco-Zettel« regeln, um einen drohenden Staatsbankrott zu verhindern. Die im Umlauf befindlichen »Banco-Zettel« (Papiergeld) müssen bis zum 31. Jänner 1812 zu einem Fünftel ihres Nennwertes gegen Einlösungsscheine umgewechselt werden, danach verlieren sie ihre Gültigkeit. Die Einlösungsscheine sind nach dem 31. Jänner 1812 das einzige im Umlauf befindliche Papiergeld; sie dürfen die zum Umwechseln benötigte Summe, 212 159 750 Gulden, nicht überschreiten.
Die Abwertung der »Banco-Zettel« ist eine seit Jahren dringend notwendige Maßnahme zur Abwendung des Staatsbankrotts, wurde aber wegen ihrer geringen Popularität vom Kaiser immer wieder hinausgezögert.

Eiserner Kassenschrank der Stadt Wien (1770)

Die Folge war eine immer größer werdende Inflation, die durch die Kriegsschuldzahlungen an Frankreich noch verschärft wurde. Schon 1806 stieg der Notenumlauf auf 377 Millionen an, das Silbergeld wurde gehamstert, und Anfang 1811 erreichte der Banknotenumlauf die Milliardengrenze, das Zehnfache des Jahres 1800.

Ein neuer Civil-Codex

1. Juni. Das »Allgemeine Bürgerliche Gesetzbuch« (ABGB) wird veröffentlicht; es soll am 1. Jänner 1812 – vorerst nur für die österreichischen und böhmischen Erbländer sowie Galizien – in Kraft treten.
Das Gesetzbuch basiert auf dem Codex Theresianus von 1766 und dem allgemeinen Gesetzbuch von 1786/87. In 1502 Paragraphen regelt es das gesamte Personen- und Sachrecht. Verfasser ist der Wiener Universitätsprofessor Franz von Zeiller, der seinen ebenfalls 1811 erschienenen »Commentarii« folgende Zueignung an Kaiser Franz I. voranstellt. Darin heißt es u.a.:
»Eurer Majestät verdanken die Deutschen Provinzen des Oesterreichischen Kaiserthums, nach dem mit allgemeinem Beyfall aufgenommenen, und bereits durch sechs Jahre mit dem gedeihlichsten Erfolge in Ausübung gesetzten Strafgesetze über Verbrechen und schwere Polizey-Uebertretungen, nun auch die große Wohltat eines einheimischen allgemeinen Civil-Codex, wodurch der Bürger über seine und seiner Mitbürger Rechte und Rechtspflichten belehrt, die Streitsucht beschränkt, und die Willkür für immer aus den Gerichtshöfen verbannt werden soll…«
Das zunächst nur für die »Deutschen Erbländer der Österreichischen Monarchie« bestimmte Gesetzbuch erhält in der Folge (allerdings mit leichten Änderungen) auch Gültigkeit in Siebenbürgen, Kroatien, Slawonien, Bosnien und der Herzegowina.

1812

1. 1. Das »Allgemeine Bürgerliche Gesetzbuch (ABGB) tritt in den »deutschen Erbländern der Österreichischen Monarchie« in Kraft (→1. 6. 1811).

14. 3. Im Bündnis von Paris muß Österreich sich verpflichten, ein 30 000 Mann starkes Hilfskorps zu stellen, falls Frankreich gegen Rußland Krieg führt.

18. 5. Der Fürstentag von Dresden beginnt: Kaiser Napoleon I. von Frankreich demonstriert seine Macht und läßt sich von den Rheinbundfürsten, Kaiser Franz I. von Österreich und Preußenkönig Friedrich Wilhelm III. huldigen.

22. 6. Frankreich erklärt an Rußland den Krieg. Napoleons Armee zählt 600 000 Mann, davon sind 200 000 Mann deutsche Hilfstruppen. Das österreichische Hilfskorps (→ 14. 3.) wird von Feldmarschall Karl Philipp Fürst zu Schwarzenberg kommandiert.

14. 9. Das Heer Kaiser Napoleons besetzt Moskau, das Feldmarschall Michael Kutusow kampflos preisgegeben hat. Der Brand Moskaus und der Wintereinbruch führen zu Nachschubschwierigkeiten, sodaß Napoleon I. am 19. Oktober mit dem Rückzug beginnt.

26.–28. 11. Die napoleonische Armee erleidet beim Übergang über die Beresina schwere Verluste.

31. 12. Die Erwerbssteuer (später Gewerbesteuer genannt) wird eingeführt.

Lorenz und Joseph Anton Rhomberg gründen eine mechanische Weberei in Dornbirn (Vorarlberg). →

Auf Anregung des Regierungsrates Josef Sonnleithner wird die »Gesellschaft der Musikfreunde« gegründet.

GESTORBEN:

20. 5. Salzburg: Hieronymus Graf Colloredo-Waldsee (* 31. 5. 1732), letzter souveräner Fürsterzbischof Salzburgs.

21. 9. Wien: Emanuel (eigentlich Johann Josef) Schikaneder (* 1. 9. 1751), Theaterdichter und -direktor. →

GEBOREN:

9. 1. Wien: Eduard van der Nüll († 3. 4. 1868), Architekt.

13. 8. Wien: Karl Rahl († 9. 7. 1865), Maler.

28. 8. Wien: Rudolf Ritter von Alt († 12. 3. 1905), Aquarellist und Landschaftsmaler.

8. 12. Lemberg: Agenor d. Ä. Graf Goluchowski von Goluchowo († 3. 8. 1875), Staatsmann.

Ein Theatergenie stirbt in Armut

21. September. Im Alter von 61 Jahren stirbt der Theaterdichter und -direktor Emanuel (Johann Josef) Schikaneder in Armut und Wahnsinn. Der aus dem bayrischen Straubing stammende Schauspieler, Sänger, Regisseur und Theaterdichter kam 1785 ans Nationaltheater nach Wien, übernahm 1789 die Leitung des Wiener Freihaus-Theaters und gründete 1801 das »Theater an der Wien« (→ 13. 6. 1801). Schikaneder verfaßte 55 Sprechstücke sowie 44 Opern- und Singspielbücher, darunter auch das Textbuch zu Wolfgang Amadeus Mozarts »Zauberflöte«.

Emanuel Schikaneder (Titelkupfer von Ignaz Albrecht für den Wiener Almanach für Theaterfreunde 1791)

Älteste Weberei in Vorarlberg

Lorenz Rhomberg gründet gemeinsam mit seinem Vetter Joseph Anton Rhomberg die erste mechanische Weberei Vorarlbergs.
Über die von den Rhombergs selbst konstruierte »Flachsspinn-Maschine« heißt es in einem Bericht des königlichen General-Commissariats des Illerkreises: »Es laufen auf die Flachsspinn-Maschine 2016 Spindeln, welche nach den erhaltenen Resultaten der angestellten amtlichen Probe und Untersuchung in einem Tage zu zwölf Arbeitsstunden zwey Millionen 993 760 bayrische Ellen Garn liefern [1 Elle = 60 cm] und wozu, wenn das Garn die Feinheit wie bei der vorgenommenen Probe erhält, nur 153 Pfund Flachs erfordert werden.«

1813

30. 1. Zwischen Österreich und Rußland wird ein Waffenstillstand vereinbart.

27. 3. Preußen erklärt Frankreich den Krieg: Beginn der sog. Befreiungskriege.

14. 4. Österreich übernimmt die »bewaffnete Vermittlung« zwischen Frankreich einerseits und Preußen/Rußland andererseits. Am 4. Juni wird der Waffenstillstand von Pläswitz geschlossen.

27. 6. Vertrag von Reichenbach (Böhmen): Österreich verpflichtet sich zur Kriegserklärung an Frankreich, falls dieses nicht zur Rückgabe der in den letzten Jahren eroberten Gebiete bereit ist.

10. 8. Der österreichische Staatskanzler und Außenminister Klemens Wenzel Graf Metternich löst den »Friedenskongreß von Prag« auf und läßt Frankreich die Kriegserklärung Österreichs zustellen.

17. 8. Die Feindseligkeiten im sog. Herbstfeldzug beginnen.

8. 10. Bayern tritt vom Bündnis mit Frankreich zurück und erklärt diesem am 14. den Krieg.

16.–19. 10. In der »Völkerschlacht bei Leipzig« besiegen die verbündeten Österreicher, Preußen und Russen das Heer Napoleons I. entscheidend. →

28. 10. Die 1. Symphonie von Franz Schubert wird in Wien uraufgeführt.

2. 11. Mit nur rund 60 000 Mann kehrt Napoleon I. nach Frankreich zurück. Dennoch weist er die Friedensbedingungen der Verbündeten entschieden zurück.

Ende Dezember. Österreichische Truppen haben mit Ausnahme von Ragusa und Cattaro ganz Dalmatien zurückerobert.

GESTORBEN:

16. 6. Wien: Josef Richter (* 16. 3. 1749), Schriftsteller und Journalist. →

GEBOREN:

17. 3. Erfurt: Anton Dominik Fernkorn († 15. 11. 1878), Bildhauer.

11. 5. Wels: Alois Auer Ritter von Welsbach († 10. 7. 1869), Buchdrucker.

13. 7. Kopenhagen: Theophil Freiherr von Hansen († 17. 2. 1891), Architekt.

17. 9. Görz: Viktor Franz Freiherr von Andrian-Werburg († 25. 11. 1858), Politiker.

30. 11. Hrochowteinitz: Friedrich Simony († 20. 7. 1896), Geograph und Alpenforscher.

6. 12. Budapest: August Siccard von Siccardsburg († 11. 6. 1868), Architekt.

Schriftsteller und Journalist Josef Richter, der »Eipeldauer«

Die spitze Feder des Eipeldauers

16. Juni. In Wien stirbt im Alter von 64 Jahren der Schriftsteller und Journalist Josef Richter, der »Eipeldauer«, der gelegentlich auch das Pseudonym F. A. Obermeyer Hilarion verwendete.
Richter gab im Fasching 1778 das erste Wiener Witzblatt, den »Spaßvogel«, heraus; bekannt wurde er vor allem durch die seit 1785 von ihm edierten »Briefe eines Eipeldauers an seinen Herrn Vetter in Kakran über d'Wienstadt«, eine wertvolle Quelle für die Kulturgeschichte der Stadt Wien. Richters Stilelemente sind Witz, Satire und der Wiener Dialekt. 1793 begann er mit der Veröffentlichung eines regelmäßig erscheinenden Wochenblatts; außerdem ist er der Verfasser zahlreicher Pamphlete, von denen das bekannteste »Warum wird Kaiser Joseph von seinem Volke nicht geliebt« (1767) großes Aufsehen erregte.

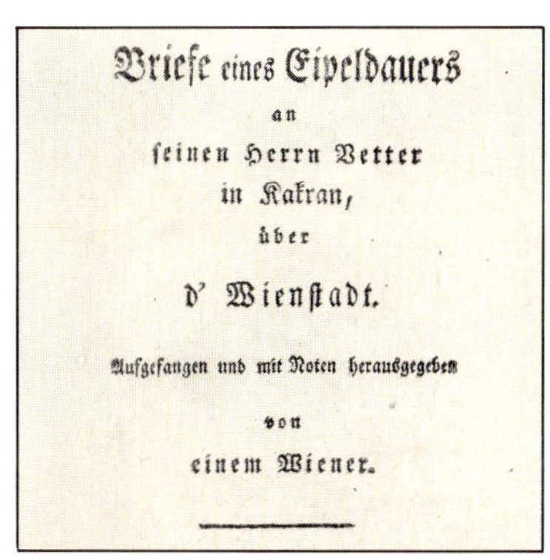
Briefe eines Eipeldauers
an
seinen Herrn Vetter
in Kakran,
über
d' Wienstadt.
Aufgefangen und mit Noten herausgegeben
von
einem Wiener.

Titelblatt der »Briefe eines Eipeldauers« von Josef Richter (1785)

Feldmarschall Karl Philipp Fürst zu Schwarzenberg überbringt die Nachricht vom Sieg den Monarchen von Preußen, Österreich und Rußland

König Friedrich Wilhelm III. von Preußen, Kaiser Franz I. und Zar Alexar der von Rußland beim Erhalt der Siegesnachricht von Leipzig

Napoleons Herrschaft in Europa geht zu Ende

16.–19. Oktober. Bei Leipzig kommt es zum entscheidenden Aufeinandertreffen der Befreiungsarmee des antinapoleonischen Bündnisses (Österreich, Preußen, Rußland und Schweden) mit dem Heer Kaiser Napoleons I. von Frankreich. Nach dreitägigem, erbittertem Kampf bleiben die zahlenmäßig überlegenen Verbündeten siegreich.

Am 16. eröffnen die Verbündeten südöstlich der Stadt die Schlacht. Das Befreiungsheer, rund 330 000 Mann (davon ein Drittel Österreicher) steht unter dem Oberkommando von Feldmarschall Karl Philipp Fürst zu Schwarzenberg, dessen Generalstabschef, General Johann Josef Wenzel Graf Radetzky von Radetz, den Feldzugplan entworfen hat. Kaiser Napoleon I. verfügt über 200 000 Mann. Am 17. tritt überraschend eine Kampfpause ein, doch Verhandlungsangebote des Franzosen bleiben von den Verbündeten unbeantwortet. Am 18. greift Feldmarschall Fürst zu Schwarzenberg mit der Hauptarmee an und schnürt den Ring um die von den Franzosen besetzte Stadt Leipzig enger. Nach und nach gehen die sächsischen und württembergischen Hilfstruppen Napoleons auf die Seite der Verbündeten über, am Nachmittag vollendet die Nordarmee (Preußen, Russen und Schweden) die Einkesselung. Am 19. erstürmen die Verbündeten in einem blutigen Straßenkampf die Stadt.

Die Verluste in dieser bislang größten Schlacht der Weltgeschichte sind gewaltig: Die Franzosen beklagen etwa 35 000 Tote und Verwundete sowie 37 000 Gefangene und Versprengte, die Verbündeten verlieren insgesamt fast 54 000 Mann (22 605 Russen, 16 033 Preußen, 14 958 Österreicher und 178 Schweden). Die napoleonische Niederlage bei Leipzig entscheidet den Kampf um die Vorherrschaft in Europa. Napoleon I. muß die rechtsrheinischen Gebiete räumen – eine unzulänglich durchgeführte Verfolgung ermöglicht ihm den Rückzug und seinen letzten Sieg auf deutschem Boden: Am 30./31. Oktober besiegen die Franzosen bei Hanau (Hessen) ein bayrisch-österreichisches Heer, das sich – in Verkennung der tatsächlichen Truppenstärken (80 000 Franzosen gegen weniger als 30 000 Mann) – Napoleon entgegenstellt, um seinen Rückzug aufzuhalten; die Franzosen verzeichnen jedoch rund 9000 Tote und Verwundete sowie mehr als 10 000 Gefangene, sodaß

◁ *Der Oberkommandierende der Befreiungsarmee, Karl Philipp Fürst zu Schwarzenberg (Gemälde von François Gérard; Musée de Versailles)*

»Für die Freiheit Europas«

Vor der Völkerschlacht bei Leipzig richtete der Oberkommandierende der Befreiungsarmee, Feldmarschall Karl Philipp Fürst zu Schwarzenberg, folgenden Aufruf an die Truppen:

»Die wichtigste Episode des hl. Kampfes ist erschienen, die entscheidende Stunde schlägt; bereitet Euch zum Streite! Das Band, das mächtige Nationen zu einem Zwecke vereint, wird auf dem Schlachtfelde fester und enger geknüpft. Russen, Preußen und Österreicher! Ihr kämpft für eine Sache, kämpft für die Freiheit Europas, für die Unabhängigkeit Eurer Sache, für die Unsterblichkeit Eurer Namen! Alle für Einen! Jeder für Alle! Mit diesem erhabenen, mit diesem männlichen Rufe eröffnet den hl. Kampf! Bleibt ihm treu in der entscheidenden Stunde, und der Sieg ist Euer!«

Kaiser Napoleon am 2. Novemb
mit einem Heer von nur noch 60 0(
Mann nach Frankreich zurüc
kehrt.

Der »Befreiungskrieg« begann m
dem preußisch-russischen Frü
jahrsfeldzug, doch konnte Kais
Napoleon mit neuen Truppen Sac
sen wieder in seine Gewalt bringe
der Waffenstillstand von Pläswi
(4.6.), den Napoleon später »d
größte Dummheit seines Leben
genannt hat, verhalf den Verbünd
ten zu einer wertvollen Kampfpa
se, in der sie ihre Truppen neu or
nen und durch den Kriegseintri
Österreichs eine wesentliche Unte
stützung erhalten konnten. A
17. August begannen die Feindseli
keiten im sog. Herbstfeldzug. Die
drei Teilarmeen gegliederten fa
450 000 Mann der Verbündet
mußten zwar in der Schlacht b
Dresden (26./27.8.) noch einm
eine Niederlage hinnehmen, blieb
in der Folge allerdings aufgru
ihrer zahlenmäßigen Überlegenh
in mehreren kleineren Gefechten
folgreich. Die entscheidende Wen
zugunsten der Verbündeten gela
der Schlesischen Armee unter Fü
rung des preußischen Generals Ge
hard Leberecht von Blücher: A
3. Oktober erzwang sie den Üb
gang über die Elbe und schuf dar
die Voraussetzung zur Einkreisu
der napoleonischen Truppen
Sachsen. Der Abfall Bayerns v
Frankreich (8./14. 10.) stärkte die
lianz, die Napoleons Heer bei Le
zig zur Entscheidungsschlacht stel

1814

11. 1. Österreich schließt ein Bündnis mit König Gioacchino (Joachim) Murat von Neapel (einem Schwager Kaiser Napoleons I.), der sich zum Kampf gegen Frankreich verpflichtet.

1. 3. »Zur Wahrung des Gleichgewichts in Europa« schließen Österreich, Preußen, Rußland und Großbritannien die Quadrupelallianz von Chaumont, ein Offensiv- und Defensivbündnis gegen Frankreich.

30. 3. Paris muß kapitulieren.

2. 4. Eine provisorische französische Regierung erklärt Kaiser Napoleon I. für abgesetzt und proklamiert Ludwig XVIII. zum König von Frankreich.

11. 4. Vertrag von Fontainebleau: Napoleon I. behält den Kaisertitel und erhält die Insel Elba als selbständiges Fürstentum; Kaiserin Marie Louise erhält das Fürstentum Parma.

23. 5. Die letzte Fassung von Ludwig van Beethovens Oper »Fidelio« wird in Wien uraufgeführt. →

30. 5. Der (erste) Friede von Paris wird geschlossen. →

3. 6. Österreich und Bayern einigen sich über die Rückgabe der 1805 und 1809 an Bayern abgetretenen Gebiete (eine Einigung über Salzburg erfolgt erst 1816); am 26. Juni wird die Besitznahme Tirols durch Österreich öffentlich verkündet, am 7. Juli folgt Vorarlberg.

18. 9. Der »Wiener Kongreß« beginnt. →

24. 12. Ein Geheimpolizist meldet, daß im Haus des jüdischen Bankiers Arnstein in der Bräunerstraße 9 nach »Berliner Sitte« ein »Christbaumfest« abgehalten wird; es ist dies der erste Bericht über einen Christbaum in Wien.

Der Tiroler Josef Madersperger erfindet die Nähmaschine. →

GESTORBEN:

13. 12. Wien: Charles Joseph Fürst von Ligne (* 23. 5. 1735), Feldmarschall. →

GEBOREN:

24. 2. Wien: Carl Michael Geyling († 2. 1. 1880), Maler.

1. 5. Prag: Carlos (Karl) Fürst Auersperg († 4. 1. 1890), Herzog von Gottschee, Staatsmann.

26. 5. Pleß (Schlesien): Wilhelm Freiherr von Engerth († 4. 9. 1884), Eisenbahn- und Maschinenbauingenieur.

19. 9. Wien: Cajetan Freiherr von Felder († 30. 11. 1894), Bürgermeister von Wien.

30. 12. Wien: Betty Paoli (eigentlich Babette Elisabeth Glück; † 5. 7. 1894), Dichterin.

Friedensschluß mit Frankreich

30. Mai. Der (erste) Friede von Paris beendet die »Befreiungskriege«. Frankreich werden in vier getrennt ausgearbeiteten Vertragswerken mit Österreich, Preußen, Rußland und Großbritannien die Grenzen vom 1. Jänner 1792 garantiert und insgesamt milde Friedensbedingungen auferlegt. Zur politischen und territorialen Neuordnung wird ein Kongreß nach Wien einberufen.

Nach der militärischen Niederlage Kaiser Napoleons I. von Frankreich (→ 16.–19. 10. 1813), in deren Folge er am 6. April 1814 abdanken und sich auf sein Fürstentum Elba zurückziehen mußte, kehrt mit König Ludwig XVIII. ein Bourbone auf den Thron zurück. Der Friede von Paris soll das nun restaurierte Königtum in Frankreich nicht mit allzu harten Friedensbedingungen belasten. Die wichtigsten Bestimmungen des Friedens legen daher fest:

- Das Königreich Frankreich bleibt in den Grenzen vom 1. Jänner 1792 bestehen. Es wird zudem eine Vergrößerung seines Territoriums entsprechend einer neuen Demarkationslinie erhalten (es handelt sich um etwa 150 Quadratmeilen mit rund 500 000 Einwohnern in einigen Distrikten Belgiens, Savoyens etc.)
- Die Niederlande werden unter die Souveränität des Hauses Oranien gestellt und vergrößert
- Die Staaten Deutschlands sollen unabhängig sein und durch ein föderatives Band geeinigt werden
- Die unabhängige Schweiz soll sich auch weiterhin selbst regieren
- Italien soll sich außerhalb der Grenzen der Lande, die an Österreich zurückfallen, aus souveränen Staaten zusammensetzen.

Die Zielsetzung, die Europas Monarchen mit den milden Friedensbedingungen verbinden, wird in Artikel 13 offen ausgesprochen:

»In dem Wunsche, Seiner Allerchristlichsten Majestät [dem König von Frankreich] einen neuen Beweis ihres Bestrebens zu geben, die Folgen der unglücklichen Zeit ... durch den vorliegenden Frieden zu überwinden, verzichten die alliierten Mächte auf die gesamte Summe, welche ihre Regierungen von Frankreich zu fordern haben ...«

Die allegorische Darstellung des (ersten) Pariser Friedens zeigt die siegreichen Herrscher Preußens, Österreichs und Rußlands, die den Ölzweig als Zeichen des nun geschlossenen Friedens erhalten, während Frankreich, mit dem Lilienmantel bekleidet, den rechtmäßigen König Ludwig XVIII. wieder auf den Thron hebt. Kaiser Napoleon I. aber wird von den verbündeten Armeen in den Abgrund gestürzt.

Wiener Kongreß berät über die Neuordnung Europas

18. September. Eine gemeinsame Sitzung der Großmächte Österreich, Preußen, Rußland und Großbritannien eröffnet den »Wiener Kongreß«, um die durch den (ersten) Frieden von Paris (→ 30. Mai) festgelegte »Neuordnung Europas« zu beraten. Seit dem 2. September reisen die Teilnehmer an; die feierliche Eröffnung des Kongresses erfolgt am 1. November. Das Gemälde von Jean-Baptiste Isabey zeigt die wichtigsten Delegationsteilnehmer, darunter die Österreicher Klemens Wenzel Fürst Metternich (7. v. l., stehend), Friedrich von Gentz (5. v. r., Generalsekretär des Kongresses) und Johann Philipp Freiherr von Wessenberg (11. v. r., am Tisch).

Erfolg mit »Fidelio«

23. Mai. Im Wiener Kärntnertortheater wird die Oper »Fidelio oder Die eheliche Liebe« von Ludwig van Beethoven in ihrer endgültigen Form uraufgeführt und vom Publikum mit Beifall aufgenommen.

Beethovens einzige Oper handelt von Florestan, der von seinem politischen Gegner Don Pizzaro gefangengehalten wird. Florestans Frau Leonore schleicht sich unter dem Decknamen Fidelio als Mann verkleidet beim Gefängnisaufseher ein und trägt schließlich zur Befreiung Florestans bei. Leitgedanke der Oper ist die Idee der Freiheit, die in der Schlußszene mit einem großen Chor gefeiert wird.

»Fidelio« war am 20. November 1805 uraufgeführt worden und durchgefallen; die geplante Aufführung der zweiten Fassung am 29. März 1806 wurde auf Beethovens eigenen Wunsch hin abgesetzt.

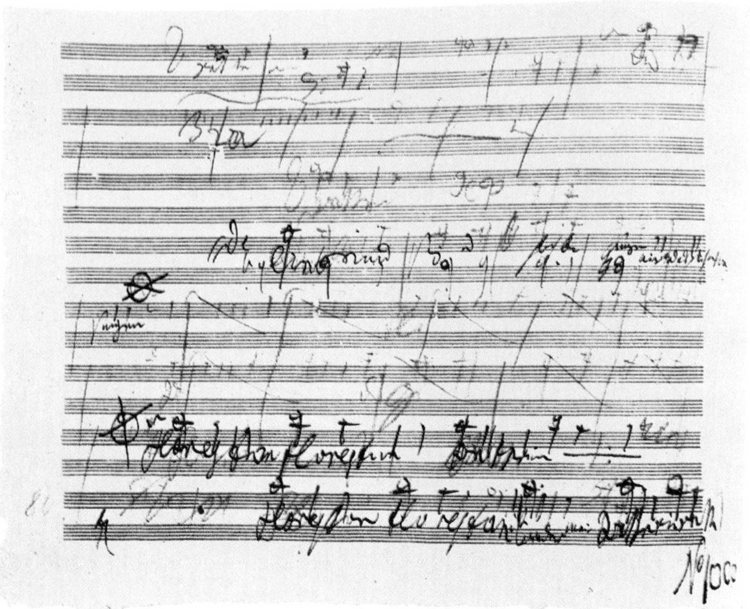

Autograph Ludwig van Beethovens zu seiner einzigen Oper »Fidelio«

Feldmarschall und »rosaroter Prinz«

13. Dezember. Im 80. Lebensjahr stirbt in Wien Feldmarschall Charles Joseph Fürst von Ligne, der »rosarote Prinz«.

Der als Sohn eines österreichischen Feldmarschalls in Brüssel geborene Feldherr trat als 17jähriger in das österreichische Militär ein, nahm am Siebenjährigen Krieg 1756–1763 teil und erstürmte im zweiten Türkenkrieg Kaiser Josephs II. am 8. Oktober 1789 die Festung Belgrad. Ligne verfaßte Kriegstagebücher und militärwissenschaftliche Werke, aber auch Schriften über das Theater und rein Schöngeistiges. Wegen seiner Lieblingsfarbe wurde er der »rosarote Prinz« genannt: Seine Kutschen, die Livreen, das Briefpapier und sein Haus auf der Mölker Bastei in Wien waren rosarot.

Tiroler erfindet Nähmaschine

Der Tiroler Schneider Josef Madersperger läßt sich eine von ihm konstruierte Nähmaschine privilegieren (patentieren), verfügt aber nicht über das notwendige Geld, um seine Erfindung auszuwerten.

Madersperger benutzt einen »mechanischen Finger«, der die sog. Weisentalsche Nadel (eine zweigespitzte Nähnadel mit dem Öhr in der Mitte, die das Wenden der Nadel überflüssig macht) durch den Stoff hindurchsticht. Die Maschine arbeitet nach dem Prinzip der Fadenverschlingung. Dieses Nähmaschinenprinzip gerät fast 30 Jahre in Vergessenheit, bevor es 1842 von dem Amerikaner John J. Greenough aufgegriffen wird, ohne aber eine größere Bedeutung für die industrielle Produktion zu erlangen.

1815

5. 3. In Wien trifft die Nachricht ein, daß Kaiser Napoleon I. nach Frankreich zurückgekehrt ist. Am 20. März zieht er in Paris ein, die napoleonische »Herrschaft der 100 Tage« beginnt.

13. 3. Die auf dem »Wiener Kongreß« versammelten Mächte erklären Napoleon des »Schutzes der Gesetze und der bürgerlichen Ordnung« für verlustig.

April. König Gioacchino (Joachim) Murat von Neapel (ein Schwager Napoleons) bricht das Bündnis mit Kaiser Franz I. und erklärt Österreich den Krieg.

2./3. 5. Schlacht von Tolentino: Die Truppen König Murats von Neapel werden von den Österreichern unter General Adam Adelbert Graf Neipperg vernichtend geschlagen, Murat flieht nach Südfrankreich.

8. 6. Unter dem Eindruck der Rückkehr Napoleons einigen sich die Gesandten auf dem seit 1814 tagenden »Wiener Kongreß« über die Gründung des Deutschen Bundes. →

9. 6. Mit der Annahme der sog. Kongreßakte wird der »Wiener Kongreß« beendet. →

18. 6. In der Schlacht bei Waterloo (Belle-Alliance) besiegen die vereinigten Briten und Preußen das französische Heer entscheidend; Napoleon muß zum zweiten Mal abdanken.

10. 7. Kaiser Franz I. von Österreich, Zar Alexander I. von Rußland und König Friedrich Wilhelm III. von Preußen ziehen feierlich in Paris ein.

15. 7. Auf Beschluß der Verbündeten wird Napoleon als Kriegsgefangener auf die britische Atlantikinsel St. Helena verbannt.

8. 8. Das eingeschlossene Gaeta kapituliert; damit ist ganz Neapel in österreichischer Hand.

26. 9. Österreich, Preußen und Rußland bilden die »Heilige Allianz«. →

6. 11. In Wien wird das »Polytechnische Institut« eröffnet, das erste dieser Art im deutschen Sprachraum (und Vorläufer der Technischen Universität Wien).

20. 11. Die Verbündeten schließen mit Frankreich den (zweiten) Frieden von Paris.

GEBOREN:

28. 4. Nauders: Carl Ritter von Blaas († 19. 3. 1894), Maler.

20. 11. Bruck an der Mur: Franz Freiherr von John († 25. 5. 1876), Feldzeugmeister, Kriegsminister und Chef des Generalstabs.

Bundesakte unterzeichnet

8. Juni. Mit der Unterzeichnung de sog. Deutschen Bundesakte wird au dem »Wiener Kongreß« die deut sche Frage zugunsten der Territorial fürsten und gegen die Einigungsbe strebungen der patriotischen un bürgerlich-liberalen Bewegung i Deutschland entschieden.

41 souveräne Fürsten und Frei Städte schließen sich damit zur Deutschen Bund zusammen, eine »unauflöslichen« Allianz zur Erha tung der inneren und äußeren S cherheit sowie der Unabhängigkei und Unverletzlichkeit der Mitglieds staaten. Einziges Organ des Bunde ist die Bundesversammlung i Frankfurt am Main (auch Bundes tag genannt), ein ständiger Gesanc tenkongreß, in dem Österreich a »primus inter pares« (Erster unte Gleichen) den Vorsitz führt. Da all Mitglieder gleichberechtigt sinc können die Kleinstaaten theoretisc zwar die Politik des Bundes bestin men, praktisch aber ist die Funk tionsfähigkeit des Bundes von de Zusammenarbeit der beiden deu schen Großmächte, Österreich un Preußen, abhängig, die dem Deu schen Bund allerdings nur mit de Gebieten angehören, die bis 180 auch Teil des Reiches waren.

Dem Bürgertum, das sich aktiv a den Befreiungskriegen beteiligt ha wird weiterhin jegliche Mitwirkun am politischen Leben verwehrt. A tikel 13 der Bundesakte versprich zwar, daß in allen Bundesstaate eine »landständische Verfassung eingerichtet werden solle, doch d Auslegung bleibt den Fürsten übe lassen. (In der »Wiener Schlußakte vom 15. Mai 1820 wird ausdrücklic bestätigt, daß »die gesamte Staatsg walt in dem Oberhaupte des Staat vereinigt bleiben« solle.) Nicht n die politische, auch die ökonon sche Betätigung des Bürgertur wird behindert, weil Zollbestin mungen eine freie Handels-und Pr duktionstätigkeit beschränken.

Unter dem maßgeblichen Einflu des österreichischen Staatskanzle Klemens Wenzel Fürst Metterni wird der Bund in der Folge zu Vollstrecker der Restauration Deutschland, indem er die liberal Bewegungen unterdrückt und dab selbst die Souveränität der Einz staaten verletzt, um liberale Verfa sungen zu verhindern.

Ganz Europa im Zeichen der Restauration

. Juni. Mit der Annahme der sog. ;ongreßakte geht der am 1. November 1814 eröffnete »Wiener Konreß« zu Ende, der über eine Neuordnung Europas nach dem turz des französischen Kaisers Naoleon I. beraten hat.

in dem Kongreß nahmen Vertreter on rund 200 Staaten, Herrschaften, tädten und Körperschaften aus anz Europa teil; außer dem »Gastgeber«, Kaiser Franz I. von Österich, waren zahlreiche Regenten ersönlich anwesend, darunter Zar lexander I. von Rußland, König riedrich Wilhelm III. von Preußen, önig Karl Friedrich I. von Würtmberg, König Maximilian I. Joseph on Bayern, König Friedrich VI. von änemark und Großherzog Karl ugust von Sachsen-Weimar.

sterreich, Preußen, Rußland und roßbritannien bildeten einen europäischen Ausschuß, der durch die ufnahme Frankreichs, Spaniens, ortugals und Schwedens zu einem chtteiligen Zentralkomitee erweirt wurde. Den Vorsitz übernahm er österreichische Staatskanzler lemens Wenzel Fürst Metternich, riedrich von Gentz wurde zum Generalsekretär und Protokollführer es Kongresses bestellt.

ie wichtigsten Delegierten der roßmächte waren – neben den bereits genannten Österreichern – ürst André Kirillowitsch Rasuowsky und Graf Karl Wassiljeitsch Nesselrode für Rußland, Karl ugust Fürst von Hardenberg und Vilhelm Freiherr von Humboldt für reußen, Herzog Arthur Wellesley on Wellington und Lord Robert ewart Viscount Castlereagh für roßbritannien sowie Herzog Chars Maurice Talleyrand-Périgord für ankreich.

1 gemeinsamen Sitzungen aller ongreßteilnehmer kam es nicht; s Zentralkomitee hatte daher die ufgabe, förmlich festzustellen und Protokoll zu geben, was in den t geheimen) Besprechungen und sonderen Schriftwechseln zwihen den einzelnen Delegationen reinbart wurde. Wichtigste Theen waren die Klärung der Ansprüe Rußlands auf das von Napoleon gründete Großherzogtum Warhau und Preußens auf Sachsen soe die Neuordnung der deutschen rhältnisse.

e Verhandlungen über die polnische, vor allem aber über die sächsische Frage führten Ende Dezember 1814 zu ernsten Spannungen zwischen den Großmächten; ein Krieg drohte, obgleich alle europäischen Länder durch die napoleonischen Befreiungskriege erschöpft und kriegsmüde waren. Ein gegen die preußisch-russischen Ansprüche gerichteter Geheimvertrag zwischen Österreich, Großbritannien und Frankreich vom 3. Jänner 1815 verschärfte die Spannungen noch.

Letztlich entschied die Rückkehr Kaiser Napoleons nach Frankreich den Streit; die Großmächte einigten sich friedlich, um ihre Waffen nicht gegeneinander, sondern im Kampf gegen Napoleon einzusetzen, der vergeblich gehofft hatte, die Differenzen auf dem »Wiener Kongreß« für sich nutzen zu können. Mitte Juni war die napoleonische »Herrschaft der 100 Tage« beendet, der Kaiser wurde auf die Atlantikinsel St. Helena verbannt, wo er am 5. Mai 1821 stirbt.

Auch das dritte Hauptproblem, die deutsche Frage, konnte gelöst werden, nachdem sich Österreich und Preußen am 13. Mai über Form und Gestaltung Deutschlands geeinigt hatten. Am → 8. Juni wurde die sog. Deutsche Bundesakte unterzeichnet, die als Artikel 15 bis 64 auch in die Schlußakte des »Wiener Kongresses« aufgenommen wird.

Am 9. Juni endet der Kongreß, dessen Zielsetzung, die Restauration der politischen Verhältnisse von 1792 (also vor dem ersten Koalitionskrieg), durch die Solidarität der regierenden Monarchen und ihr gemeinsames Interesse, alle liberalen und revolutionären Bestrebungen zu unterdrücken, erreicht worden ist. Die Wiener Kongreßakte stellt das angestrebte Gleichgewicht der fünf Großmächte her:

▷ *Frankreich* bleibt in seinem Besitzstand von 1792
▷ *Großbritannien* – in Personalunion (gemeinsamer Herrschaft) mit dem neu entstandenen Königreich Hannover – ist der eigentliche Sieger
▷ *Rußland* gewinnt durch die vierte Teilung Polens das sog. Kongreßpolen (mit der Hauptstadt Warschau), das eine eigene Verfassung erhält, und steigt zur führenden Kontinentalmacht auf
▷ *Österreich* verzichtet auf die habsburgischen Niederlande (Belgien) zugunsten von Gebietsgewinnen in Galizien, Oberitalien und Dalmatien
▷ *Preußen* erhält den größeren Teil Sachsens und außerdem die Rheinprovinzen sowie Westfalen.

Zeitgenössische Karikatur auf den Wiener Kongreß, an dem Delegationen von rund 200 Staaten, Herrschaften, Städten und Körperschaften teilnehmen, ohne ein einziges Mal gemeinsam zu verhandeln (in der Mitte: Kaiser Franz I.)

Der österreichische Staatskanzler Klemens Wenzel Fürst Metternich (Kreidezeichnung von Anton Graff)

Der preußische Chefdelegierte Karl August Freiherr von Hardenberg

Die Stimme Frankreichs, Charles Maurice Talleyrand-Périgord

Londons Vertreter in Wien, Arthur Wellesley Herzog von Wellington

Der russische Botschafter Andr Kirillowitsch Fürst Rasumowsky

Der »Kutscher Europas«, Österreichs Staatskanzler Klemens Wenzel Fürst Metternich (Gemälde von Thomas Lawrence, um 1815; Kanzleramt Wien)

Europa trifft sich in

Ungezählte rauschende Feste begleiten den »Wiener Kongreß«, der den österreichischen Staat täglich 80 000 Gulden kostet. Die Wiener, die sich zunächst an den Festlichkeiten ergötzen, werden bald mit Teuerung und neuen Steuern konfrontiert.

In der Zeit vom 29. September 1814 bis zum 4. März 1815 finden allein 63 größere Feste (Monarchentreffen, Ballveranstaltungen, Redouten und Jagden) statt, das erste ist ein Feuerwerk im Prater, das letzte eine Ausfahrt des Hofes in den Prater und Augarten. In den fünf Wiene
Theatern gibt es zwischen den
1. Oktober 1814 und dem 9. Jun
1915 – also an 232 Tagen – insge
samt 1297 Vorstellungen, an de
Spitze liegt dabei das Burgtheate
mit allein 289 Aufführungen. Ne
ben klassischen Stücken wie »Ma
ria Stuart« (zwölfmal im Burgthea
ter) oder »Fidelio« (fünfzehnmal i
Kärntnertortheater) wird vor alle
eine Vielzahl von Possen und zei
genössischen Komödien aufge
führt.

Besonders beeindruckt die Öffen

»So hat er denn mit Erfolg gewirkt«

Im Jahre 1896 veranstaltete das »K.k. Österreichische Museum« eine Wiener-Congress-Ausstellung, die den Anstoß gab für die Herausgabe eines prachtvoll ausgestatteten Dokumentationsbandes. In Kapitel II berichtete Eugen Guglia über die Persönlichkeiten, die das Kongreßgeschehen prägten. Über den österreichischen Staatskanzler Klemens Wenzel Fürst Metternich schrieb er u. a.:

»Den Fürsten Clemens Lothar Metternich hat man häufig über-, noch häufiger unterschätzt ... Unter seiner Leitung hatte sich Österreich zögernd und bedachtsam, aber doch im richtigen Moment, der Coalition der Nordmächte gegen Napoleon angeschlossen, damals aber schon, die Schwierigkeiten voraussehend, die sich erheben sollten, Bürgschaften für Österreichs Vortheil gefordert und erhalten ... So hat er denn auch auf dem Congresse vor allem in dieser Richtur
gewirkt, und, wie wir gesehen h
ben, mit Erfolg ... Über seine pe
sönliche Haltung am Congresse i
von einzelnen Theilnehmern v
geklagt worden, von keinem me
als dem Zaren, der ihm wohl au
persönlich hart begegnete und ei
Zeitlang gar nicht mit ihm verha
deln wollte. In der Gesellschaft d
Congresses war er eine der glä
zendsten Erscheinungen, den D
men besonders interessant dur
die Leidenschaft zu einer schön
Frau, der Herzogin von Sagan, üb
die seine Vertrauten und Freun
öfters klagten, weil ihn die Sorg
der Liebe, so meinten sie, zu viel d
Geschäften des Tages entzogen.«

Kaiser Franz I. mit König Friedrich Wilhelm III. von Preußen und Zar Alexander I. von Rußland (Aquarell von J. G. Mansfeld und J. A. Klein)

Die Rückkehr Kaiser Franz' I. von Österreich nach Wien im Jahre 1814 (Gemälde von Johann Peter Krafft; Kunsthistorisches Museum Wien)

Wien

chkeit die große Militärparade der rei alliierten Monarchen (Kaiser ranz I. von Österreich, Zar Alexnder I. von Rußland und König riedrich Wilhelm III. von Preuen) zur Feier des Jahrestages der Völkerschlacht« bei Leipzig am 8. Oktober 1814.

ie Kette der Feste ist ununterbronen, jeder erdenkliche Anlaß wird azu genützt. Manche dieser Feste agen allerdings mehr privaten harakter, es sind Höflichkeiten, elche sich die einzelnen Souveräe beständig erweisen (so überrahen z. B. der Zar und der preußihe König Kaiser Franz I. an dessen eburtstag bereits in aller Frühe, n ihm einen prächtigen Zobelhlafrock als Geschenk zu überreinen), während hinter der glanzvoln Atmosphäre der Bälle und Reouten Intrigen geschmiedet und eheimabsprachen getroffen wern.

l diese Festivitäten und Feierlichiten prägen das Bild des »Wiener ongresses«, dessen politisch-diomatische Aufgaben nur äußerst hleppend vorangetrieben wern, sodaß der österreichische Feldarschall Charles Joseph Fürst von gne, der »rosarote Prinz« 13.12.1814), bereits im Spätrbst 1814 ironisch anmerkt, »Le ngrès ne marche pas, il danse« er Kongreß macht keine Forthritte, er tanzt).

»Fuit Decimo Octavo Octobris« (Militärfest im Prater am 18. Oktober 1814; Gouache von Balthasar Wigand; Historisches Museum Wien)

»Galakonzert«, Beispiel für die Prachtentfaltung an den Fürstenhöfen Europas (Gemälde von Francesco Guardi; Mozarteum Salzburg)

Art. CXXI.

Le présent Traité sera ratifié, et les ratifications seront échangées dans l'espace de six mois, par la Cour de Portugal dans un an, ou plus tôt si faire se peut.

Il sera déposé à Vienne aux Archives de Cour et d'Etat de Sa Majesté Impériale et Royale Apostolique un Exemplaire de ce Traité général pour servir dans le cas où l'une ou l'autre des Cours de l'Europe pourrait juger convenable de consulter le texte original de cette pièce.

En foi de quoi les Plénipotentiaires respectifs ont signé cet Acte et y ont apposé le Cachet de leurs armes.

Fait à Vienne le Neuf Juin de l'An de Grâce Mil-huit-Cent-quinze.

(suivent les signatures dans l'ordre alphabétique des Cours)

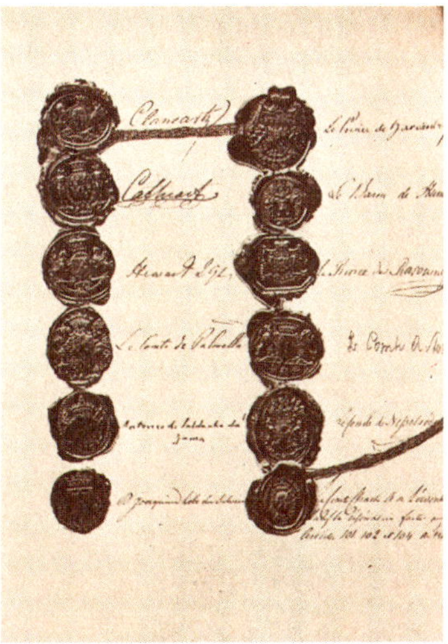

Signaturen der Bevollmächtigten unter der Wiener »Kongreßakte«

Europa nach dem Wiener Kongreß
PARMA Nach dem Wiener Kongreß restaurierte und neugeschaffene Staaten in roter Schrift
Neu- oder wiedererworbene Gebiete in intensiver Farbstufe
Grenze des Deutschen Bundes 1815
Nebenlinien des Hauses Habsburg in Italien
Gebiet der Militärgrenze gegen die Türken (bis 1867)
Reich Mehemed Alis von Ägypten um 1840
© 61 V&K
KGR. NORWEGEN
Eidsvoll 1814 Union
KGR. SCHWEDEN
Grfsm. Finnland 1809 russ.
KGR. DÄNEMARK
KGR. GROSSBRITANNIEN UND IRLAND
bis 1837 Pers. Un. m. Hannover
Schottland
England
Irland
Nordsee
Ostsee
ATLANTISCHER OZEAN
Golf von Biscaya
KGR. DER VEREINIGTEN NIEDERLANDE
PREUSSEN
Grhzm. Mecklenbg.
Kgr. Polen („Kongreß-Polen") 1815 russ., b.1831 autonom
REP. KRAKAU
KGR. FRANKREICH 1815–48 Kgr., 1848–52 Rep. 1852–70 Kaiserreich
Kgr. Sachsen
Kgr. Hannover
Kgr. Württemberg
Kgr. Bayern
Kgr. Böhmen
Mähren
KAISERTUM ÖSTERREICH
Kgr. Galizien
Kgr. Ungarn
SCHWEIZ
Tirol
Kgr. Lombardo-Venetien
Kgr. Illyrien
Kgr. Dalmatien
Slawonien
Banat
Serbien 1817 tributpflicht. Fsm.
Bosnien
Herzegowina
MONTENEGRO
Albanien
Thessalien
Livadien
Morea
IONISCHE INSELN 1815–64 Rep. unter brit. Schutz
Piemont
Savoyen
KGR. SARDINIEN
FSM. MONACO
HZM. LUCCA
REP. SAN MARINO
GRHZM. TOSKANA
KIRCHEN-STAAT
KÖNIGREICH BEIDER SIZILIEN
Korsika
Adriatisches Meer
Tyrrhenisches Meer
MITTELLÄNDISCHES MEER
KGR. SPANIEN
KGR. PORTUGAL
REP. ANDORRA
Balearen
MAROKKO
ALGERIEN 1830/47 franz.
Tunesien osman. Vasall
Tripolitanien osman. Vasall, 1835 osman. Provinz
Kleine Syrte
Große Syrte
Estland
Livland
Kurland
Litauen

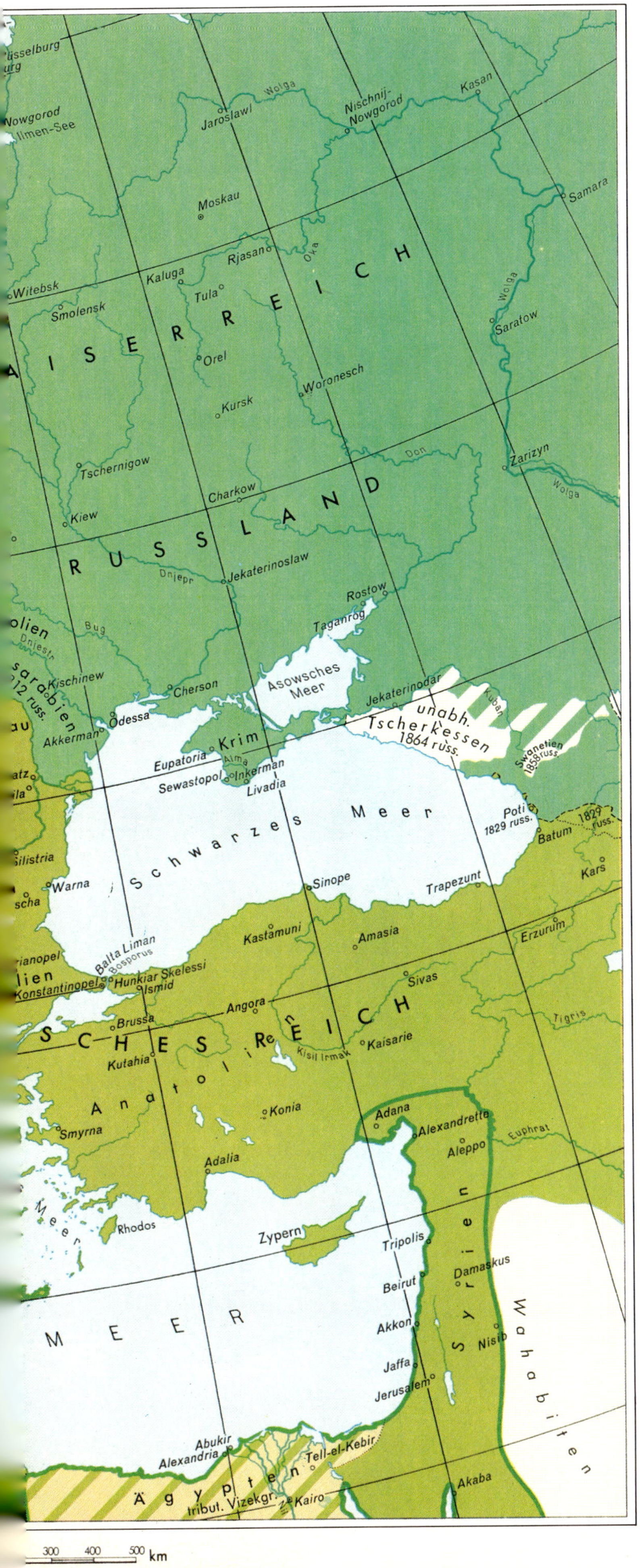

Wiener Kongreßakte

Die am 9. Juni 1815 unterzeichnete sog. Kongreßakte regelt die Neuordnung Europas nach dem Zusammenbruch der napoleonischen Herrschaft. Ihre wichtigsten Bestimmungen für Österreich sind:

Österreich verzichtet endgültig auf die Österreichischen Niederlande (Belgien, das mit Luxemburg und Holland zum Königreich der Niederlande vereinigt und dem Hause Oranien unterstellt wird) sowie Vorderösterreich (das unter Bayern, Baden und Württemberg aufgeteilt worden ist) und erhält dafür folgende Gebiete: Istrien, Dalmatien, die ehemals Venetianischen Inseln im adriatischen Meer, die Bucht von Cattaro, die Stadt Venedig, die Lagunen sowie die anderen Provinzen und Distrikte des Festlandes des ehemaligen venetianischen Staates am linken Ufer der Etsch, die Herzogtümer Mailand und Mantua, die Fürstentümer Brixen und Trient, die Grafschaft Tirol, Vorarlberg, das österreichische Friaul, das ehemals venetianische Friaul, das Gebiet von Monfalcone, Stadt und Gebiet von Triest, Krain, Oberkärnten, Kroatien am rechten Ufer der Save, Fiume, das ungarische Küstenland und das Gebiet von Castua. Außerdem wird Krakau als Freie Stadt unter den gemeinsamen Schutz Österreichs, Preußens und Rußlands gestellt.

Das Gebiet Österreichs umfaßt damit 670 000 km² und bildet eine geschlossene politische Einheit. Österreich sichert sich seine Vormachtstellung in Italien und Mitteleuropa. Zudem bekommt Erzherzog Ferdinand III. (ein Bruder Kaiser Franz' I. von Österreich) das Großherzogtum Toskana zurück (→ 9. 2. 1801), Erzherzog Franz von Este erhält Modena, Reggio und Mirandola, Erzherzogin Marie Beatrice von Este Massa und Carrara.

Die strittige »deutsche Frage« wird durch die Gründung des Deutschen Bundes gelöst (→ 8. Juni).

Kaiser Napoleon nach seinem Rücktritt (Gemälde von Paul Delaroche; Armeemuseum Paris)

Die »Heilige Allianz«

26. September. Auf Anregung Zar Alexanders I. schließen sich Österreich, Preußen und Rußland zur »Heiligen Allianz« zusammen, in der sie sich gegenseitige Hilfe gegen innere und äußere Feinde zusichern. In drei Artikeln verpflichten sich die Monarchen, die christlichen Grundregeln der Gerechtigkeit, der Liebe und des Friedens zur Richtschnur ihrer Politik zu machen, ihre Länder also nach den Grundregeln der »heiligen Religion« zu regieren.

Obwohl die Monarchen unterschiedlichen Konfessionen angehören (Zar Alexander I. ist orthodoxen, Kaiser Franz I. von Österreich römisch-katholischen und König Friedrich Wilhelm III. von Preußen protestantischen Glaubens), unterzeichnen sie ein »Manifest«, in dem sie alle christlichen Staaten Europas auffordern, der Allianz beizutreten. Mit Ausnahme von Großbritannien (das den Beitritt aus staatsrechtlichen Gründen ablehnt) und Papst Pius VII. treten alle europäischen Regenten diesem Bündnis bei; das Osmanische Reich bleibt allerdings aus religiösen Gründen ausgeschlossen.

Die »Heilige Allianz« soll zur Erhaltung der Ordnung Europas dienen und richtet sich gegen die verbreiteten Liberalisierungsbestrebungen, gewinnt allerdings keine wesentliche machtpolitische Bedeutung.

1816

14. 4. Durch den Vertrag zwischen Bayern und Österreich kommen die im Frieden von Schönbrunn (→ 14. 10. 1809) an Bayern gefallenen Gebiete wieder an Österreich: Teile des oberösterreichischen Hausruckviertels, das oberösterreichische Innviertel und das Herzogtum Salzburg – das Gebiet links der Salzach und Saalach (der Rupertiwinkel) sowie Berchtesgaden bleiben bei Bayern. Österreich verzichtet auf die linksrheinische Pfalz und ehemalige Fuldaer Besitzungen. Von der französischen Kontribution erhält Bayern 15 Millionen Francs.

22. 4. Die Salzburger Gebiete im Ziller- und Brixental sowie im (heutigen) Osttirol werden mit Tirol vereinigt.

1. 5. Das Herzogtum Salzburg wird in einem feierlichen Festakt offiziell an Österreich übergeben. →

1. 6. Zwei kaiserliche Patente verfügen die Gründung der »Oesterreichischen Nationalbank«, die am 1. Juli ihre Schalter öffnet und mit der Ausgabe von Banknoten beginnt. →

5. 11. In Frankfurt am Main wird der »Deutsche Bundestag« eröffnet. Den Vorsitz hat der Österreicher Johann Rudolf Graf Buol-Schauenstein inne.

GESTORBEN:

23. 5. Wien: Joseph Hardtmuth (* 20. 2. 1758), Erfinder, Fabrikant und Baumeister. →

14. 12. Wien: Johann Ferdinand Hetzendorf von Hohenberg (* 7. 2. 1732), Baumeister. →

GEBOREN:

16. 9. Proßnitz (Mähren): Johann Nepomuk Berger († 9. 12. 1870), Politiker und Schriftsteller.

ZITAT:

Der preußische Staatsmann Wilhelm von Humboldt äußerte sich bereits 1815 skeptisch über die Möglichkeiten des Deutschen Bundes. In einem Brief Humboldts an seine Frau heißt es:

»Der ganz ungenügende Ausgang mit der deutschen Verfassung macht mir viel Kummer und ich hätte lieber gewollt, Preußen hätte allein eine kräftige und gute mit wenigen gut gesinnten Fürsten geschlossen, als daß dies hervorgekommen wäre . . .
Sobald aber, wie nun der Fall ist, der Bund mit Bayern, Württemberg, Baden, Österreich, die alle keinen Begriff von einer Verfassung und keinen Funken Gefühl für Deutschland haben, geschlossen werden sollte, konnte keine einzig wirklich gerechte, einer Verfassung würdige und liberale Idee darin aufgenommen werden.«

Salzburg endgültig bei Österreich

1. Mai. *Im Markus-Sittikus-Saal der Salzburger Residenz findet die offizielle Übergabe des Herzogtums Salzburg an Österreich statt. Das ehemalige Fürsterzbistum war im Frieden von Schönbrunn (→ 14. 10. 1809) an Bayern gefallen und wurde aufgrund seiner großen strategischen Bedeutung zum Hauptproblem der praktisch seit 1813 andauernden Verhandlungen zwischen Bayern und Österreich. Im Jänner 1816 drohte es sogar wegen Salzburg zu einer militärischen Auseinandersetzung zwischen beiden Ländern zu kommen, bevor im Vertrag von München (14. 4. 1816) ein Kompromiß gefunden werden konnte. Der Festakt wird von einer Parade auf dem Residenzplatz der Stadt begleitet, mit der die Übergabe symbolisch dargestellt werden soll (Residenzplatz; kolorierte Lithographie von Leopold Rottmann nach Georg Petzold, um 1850).*

Ein Architekt des Klassizismus

14. Dezember. *Johann Ferdinand Hetzendorf von Hohenberg (eigentlich Hetzendorfer, erst seit 1766 von Hohenberg) stirbt 84jährig.*
Der Architekt des »spätbarocken Klassizismus« schuf 1760 die Festausstattung der Redoutensäle der Wiener Hofburg und gehört zu den wichtigsten Mitgestaltern des Wiener Schlosses Schönbrunn: 1766/67 erbaute er das Schloßtheater, 1772 entwarf er den Gesamtplan für den Schloßpark. 1777 schuf er den Obelisken und 1778 die römische Ruine im Schönbrunner Schloßpark (Abb.), leitete um 1785 den Umbau der Wiener Minoritenkirche und um 1792 den der Michaelerkirche.

Franz I. errichtet eine Nationalbank

1. Juni. Zwei kaiserliche Patente bestimmen die Gründung der Oesterreichischen Nationalbank. Das erste, das Hauptpatent, beinhaltet die Herstellung und Ordnung im Geldwesen; das zweite, das Bankpatent, befaßt sich mit ausführlichen Bestimmungen zur Errichtung einer privilegierten österreichischen Nationalbank und enthält genaue Bestimmungen über Papiereinlösungen und Aktienausgabe.
Die Nationalbank erhält am 25. Juni die vorgesehene Dotation: 10 Millionen Gulden in Conventionsmünzen, 10 Millionen in Banknoten, 25 Millionen in Obligationsanweisungen und 10 000 Stück Aktienanweisungen. Am 1. Juli öffnet sie ihre Schalter und beginnt mit der Ausgabe der Noten zu 1000, 500, 100, 50, 25, 10 und 5 Gulden Conventionswährung. Der Umwechselkurs liegt bei 246 bis 249 Gulden »Wiener Währung« (→ 20. 2. 1811) für 100 Gulden Conventionswährung.
Die »Wiener Währung« war durch ungedecktes Papiergeld ruiniert worden – im Ausland hatte ein Papiergulden nur noch einen Kaufwert von 20 Kreuzern.

Der Erfinder des »Steingutes«

23. Mai. Im Alter von 58 Jahren stirbt der Baumeister und Fabrikant Joseph Hardtmuth in Wien.
1783 hatte er die Einrichtung der Bibliothek des »Josephinums« entworfen, 1790 gründete er eine Fabrik zur Erzeugung von Steingutgeschirr, acht Jahre später erhielt Hardtmuth das Privileg für eine von ihm nach langwierigen Vorstudien entwickelte und unter dem Namen »Steingut« bekanntgewordene Masse. Steingut, ein feinkeramisches Erzeugnis, wird zur Herstellung von Haushaltswaren und technischen Geräten verwendet. Es ist dauerhafter als Ton. 1802 erfand Hardtmuth ein Verfahren zur Herstellung maschinell gepreßter Ziegel; 180[illegible] nahm er die Herstellung der von ihm erfundenen »keramischen Graphitmine« – des Bleistiftes – auf, 1808 erzeugte er Tusche, und zwei Jahre später stellte der vielseitige Erfinder einen künstlichen Bimsstein her.

1817

31. 1. Im »Theater an der Wien« wird Franz Grillparzers Drama »Die Ahnfrau« uraufgeführt.

18./19. 10. Auf der Wartburg (bei Eisenach) kommen rund 500 Studenten und Professoren aus ganz Deutschland zu einer Kundgebung für die nationale Einheit zusammen. Der österreichische Staatskanzler Klemens Wenzel Fürst Metternich fürchtet eine konspirative Vereinigung der Burschenschaften und verschärft das Spitzelwesen und die Zensur in seinem Einflußbereich.

Josef Graf Sedlnitzky wird »Präsident der Obersten Polizei- und Zensurbehörde« in Wien und perfektioniert den »Polizeistaat« durch einen nochmals verstärkten Einsatz von »Vertrauten« und Spitzeln. Druckerzeugnisse und auch Briefe werden fast lückenlos von der Zensur erfaßt.

In Wien wird die Gasbeleuchtung eingeführt (in der Wiener Innenstadt erst 1832 abgeschlossen).

Die Wiener Dichter- und Künstlervereinigung »Ludlamshöhle« wird gegründet.→

GESTORBEN:

25. 4. Wien: Josef Freiherr von Sonnenfels (* 1733), Jurist und Staatsrat (kämpfte erfolgreich für die Abschaffung der Folter; →2. 1. 1776).

GEBOREN:

15. 5. Všeradice (Böhmen): Adolf M. Pollak von Rudin († 1. 6. 1884), Erfinder.

3. 8. Wien: Albrecht von Habsburg-Lothringen († 18. 2. 1895), Erzherzog von Österreich und Feldmarschall.

20. 8. Thanstetten bei Steyr: Cölestin Josef Ganglbauer († 14. 12. 1889), Erzbischof von Wien und Kardinal.

14. 9. Wien: Stephan Viktor von Habsburg-Lothringen († 19. 2. 1867), Erzherzog von Österreich und Vizekönig von Ungarn.

ZITAT:

Erzherzog Johann beschäftigte sich bereits früh mit dem Problem der Fabriken im Zuge der Industrialisierung. Am 21. August 1817 notierte er dazu in seinem Tagebuch:

». . . Eine halbe Million Schulden hat die Innerberger Gewerkschaft an verschiedene Leute. Herauswickeln, blühen wird sie nie solange sie ein Eigenthum des Staates ist. Ein Staat Fabrikant! . . . Die Regie frisst alles auf und die Mitwetteifernden sind immer getrennt. Hier ist keine Hilfe als der Verkauf des ganzen Körpers, stückweise an Private.«

Die Vereinigung der Ludlamisten

Wenngleich als Gründungsjahr der Wiener Dichter- und Künstlervereinigung »Ludlamshöhle« mehrfach 1818 angegeben wird, so reichen die Anfänge der »Ludlamisten« bereits in das Jahr 1817. Initiator und wahrscheinlich auch Gründer der Vereinigung ist der Dichter Ignaz Franz Castelli.

Zunächst treffen sich die »Ludlamisten« täglich im Gasthaus »Zum Blumenstöckchen« in der Wiener Ballgasse, bis man schließlich – nach einer kurzen »Wanderzeit« – im Gasthaus Haidvogel im Schlossergäßchen heimisch wird. Der Name der Vereinigung stammt von einem Theaterstück des Dänen Adam Gottlieb Oehlenschläger.

Die »Ludlamisten« unterscheiden sich nicht nur durch ihre prominenten Teilnehmer bzw. Mitglieder von den vielen anderen Geselligkeitsvereinen des Biedermeiers, sondern auch durch zahlreiche Riten und Gebräuche. Besondere Spezialität ist die Namensgebung, der Mitglieder ebenso wie fast aller umgangssprachlichen Begriffe. So heißen z. B. die Monate bei den »Ludlamisten« (mit dem Jänner angefangen) Mutter, Höhle, Kalif, Vize, Ex, Zote, Infant, Wächter, Kellersitzer, Hogarth, Improvisator und schließlich Punschessenzen für den Dezember.

In den »Memoiren meines Lebens« (1861) berichtet Castelli auch über die Namen der wichtigsten Mitglieder der »Ludlamshöhle« (die 1826 als »staatsgefährlich« von den Behörden aufgelöst wird):

»**Saphokles der Istrianer,** Grillparzer, als Erinnerung an sein vorzügliches Werk ›Sappho‹ und als echter Österreicher, welcher am Ister geboren ist.

Lord Plautel Plauting, der Hofsekretär und bekannte Schriftsteller Christian Kuffner, weil er den ›Plautus‹ übersetzt hatte. Der englische Ausgang seines Namens rührt daher, weil man überhaupt bei Zuteilung der Namen darauf bedacht war, allen Nationen in Ludlam Sitz und Stimme zu gewähren, und daher Namen erfand, die dem Klange nach an verschiedene Nationen erinnern.

Sansmestill von Disputirowat – Deinhardstein, weil er sehr gerne disputierte, daher ist auch sein Name in dem Chor, wodurch man Schweigen gebot, enthalten.

Dichter Franz Grillparzer

Initiator Ignaz Franz Castelli

Komponist Carl Maria von Weber

Joseph Christian von Zedlitz

Cif Charon der Höhlenzote, Castelli, weil die Anfangsbuchstaben meiner Namen: J. F. C., wenn sie versetzt werden, Cif geben. Charon, weil dieser die Schatten auf den Styx in das Elysium übersetzt und ich auch viele Stücke aus dem Französischen übersetzte. Das Prädikat Höhlenzote erhielt ich als Professor der Frivolitätswissenschaft.

Hochholz von Sankt Blasius. Der Hofmusiker Sellner, weil er die Oboe mit Meisterschaft blies.

Sedl von Latscheck, der Flötenvirtuose Sedlatscheck, bloß als Verballhornung seines Namens, doch war es in Ludlam gebräuchlich, daß man ihn während der Sommerszeit bloß Sedl und zur Winterszeit bloß Latscheck nannte, weil man unter vielem anderen Unsinn auch diesen behauptete, in Latscheck könne man sich besser gegen die Kälte einhüllen.

Columbus Turturella, Ludlams Solon, der Dichter Baron Zedlitz, so genannt von seinem ersten dramatischen Werke: ›Turturell‹ und Ludlams Solon, weil er Gesetze für die Ludlam verfaßt hat.

Voran der Geharnischte, der Dichter Friedrich Rückert. ›Voran‹, weil er an Talent allen Dichtern vorgeht, ›der Geharnischte‹ als Anspielung auf seine . . . geharnischten Sonette.

Zweipfiff der Sizilianer, der Dichter Gabriel Seidl. Ein Quart Getränke wird in Österreich ›Seidel‹ genannt und enthält zwei ›Pfiffe‹, daher der Name ›Zweipfiff‹ und ›Sizilianer‹, weil er zur Zeit seiner Aufnahme eben Sizilianen gedichtet hatte.

Agathus der Zieltreffer, Edler von Samiel. Carl Maria von Weber. Dieser Tondichter hat mit seinem Freischützen das große Ziel getroffen, worin der Part der ›Agathe‹ einer der vorzüglichsten. Man glaubte, diesem Manne eine große Ehre erweisen zu müssen, indem man ihn allein unter allen Ludlamiten in den Adelstand erhob mit dem Prädikate ›Edler v. Samiel‹.

Hudltei, Schirmherr der Abruzzen. Der Dichter und Schauspieler Holtei. Er hieß ›Hudltei‹ als verhunztes Holtei und ›Schirmherr der Abruzzen‹, weil er infolge eines Streites mit der Theaterdirektion in Breslau wegen der damals mit ihrer Spektakelkomödie ›Die Räuber in den Abruzzen‹ debutierenden Tourniaireschen Kunstreitergesellschaft die dortige Bühne verließ.«

1818

28. 1. In Wien wird das Todesurteil gegen den Räuberhauptmann Johann Georg Grasel bekanntgegeben und am 31. vollstreckt. →

1. 3. Im Gasthof »Zum Römischen Kaiser« in Wien findet die erste öffentliche Aufführung eines Werkes von Franz Schubert statt; es handelt sich um die »ouverture im italienischen Stil«.

21. 4. Franz Grillparzers Trauerspiel »Sappho« wird im Wiener Burgtheater uraufgeführt.

2. 5. Papst Pius VII. erläßt die Bulle »Ex imposito«, die u. a. auch die Errichtung der Diözese Vorarlberg beinhaltet.

26. 5. König Maximilian I. Joseph von Bayern erläßt eine liberale Verfassung. →

Sommer. Das Dampfschiff »Carolina« unternimmt erste Probefahrten auf der Donau bei Wien. →

29. 9. Gemäß der Vereinbarung vom → 26. September 1815, zur Sicherung des Friedens in Europa regelmäßig zusammenzukommen, treffen sich die Monarchen der »Heiligen Allianz« zur ersten Konferenz in Aachen. Die Tagung dauert bis zum 21. November (→ 9. 10.).

9. 10. Der Monarchenkongreß der »Heiligen Allianz« verabschiedet eine Konvention, das sog. Aachener Protokoll. →

15. 11. König Ludwig XVIII. von Frankreich tritt der Quadrupelallianz von Chaumont bei, der Österreich, Preußen, Rußland und Großbritannien angehören.

25. 12. Während der Christmette wird in der Pfarrkirche von Oberndorf bei Salzburg das Weihnachtslied »Stille Nacht, heilige Nacht« gesungen. →

In Vorarlberg beginnt der wirtschaftliche Aufstieg der Baumwollindustrie.

GESTORBEN:

28. 5. Wien: Johann Amadeus Franz de Paula Freiherr von Thugut (* 31. 3. 1736), Staatsmann, 1793–1800 Außenminister.

26. 11. Wien: Joseph Graf Colloredo-Waldsee (* 11. 11. 1735), Feldmarschall, 1809–1814 Kriegsminister.

GEBOREN:

15. 3. Prag: Leopold Hasner von Artha († 5. 6. 1891), Nationalökonom und Politiker.

25. 6. Wien: Eduard Jäger von Jaxtthal († 5. 7. 1884), Arzt.

1. 7. Ofen: Ignaz Philipp Semmelweis († 13. 8. 1865), Arzt.

3. 9. Liegnitz (Schlesien): Karl Freiherr von Vogelsang († 8. 11. 1890), Politiker und Publizist.

Die Ankunft eines Dampfschiffs wird sehnlichst erwartet (Aquarell von Alois Greil, Oberösterreichisches Landesmuseum Linz)

Donaudampfer fahren

Sommer. Das von dem Deutschungarn Anton Bernhard konstruierte Dampfschiff »Carolina« absolviert erstmals mehrere Probefahrten auf der Donau im Raum Wien.

Mit einer Ladung von 350 Zentnern erreicht die »Carolina« eine Geschwindigkeit von 2,5 m/sec. Das Schiff ist als Zugschiff für Last- und Reisefahrzeuge gedacht, da man aus Sicherheitsgründen (vor allem der Furcht vor einer Kesselexplosion) die Reisenden möglichst weit entfernt von Kessel und Maschine unterbringen möchte. Gleichzeitig mit dem aus Fünfkirchen (Pecs) stammenden Bernhard treten auch die beiden Franzosen Chevalier Meras de St. Leon und Philipp Henri de Girard als Pioniere der Donaudampfschiffahrt auf. Ihre 20 PS starke »Duna« befährt im Herbst die Strecke Pest–Komorn mit einer Nutzlast von nahezu 1000 Zentnern. Am 31. Dezember erhalten sowohl Bernhard als auch die beiden Franzosen Privilege für die Dampfschifffahrt auf der Donau.

Die »Ruhe der Welt«

9. Oktober. Die in Aachen zusammengekommenen Vertreter der »Heiligen Allianz« (→ 26. 9. 1815), darunter Kaiser Franz I., Zar Alexander I. von Rußland und König Friedrich Wilhelm III. von Preußen, verabschieden das sog. Aachener Protokoll, in dem die Großmächte ihre Absicht bekräftigen, für die »Ruhe der Welt« (le repos du monde) einzutreten.

Ferner wird Frankreich als fünfte europäische Großmacht neben Österreich, Preußen, Rußland und Großbritannien anerkannt. Die deutschen Besatzungstruppen sollen die aufgrund der Bestimmungen des (zweiten) Pariser Friedens vom 20. November 1815 besetzten 17 französischen Grenzfestungen räumen, die Kriegsschuldzahlung Frankreichs wird herabgesetzt.

Zar Alexander I., Kaiser Franz I., Preußenkönig Friedrich Wilhelm III.

Räuberhauptmann wird verurteilt

28. Jänner. In Wien wird das Todesurteil gegen den Räuberhauptmann Johann Georg Grasel und zwei seiner Mitangeklagten bekanntgegeben und am 31. auf dem Glacis vor dem Neutor der Stadt durch Erhängen vollstreckt.

Grasel, ein desertierter Soldat, trieb seit 1810 im nördlichen Niederösterreich sein Unwesen. Zeitweise hatte er eine recht große Räuberbande um sich versammelt, sodaß am 6. November 1815 ein Steckbrief erlassen und eine Belohnung von 4000 fl W. W. (= Gulden Wiener Währung) ausgesetzt wurde. Durch eine List konnte Grasel 14 Tage später in einem Gasthaus in Mörtersdorf, südöstlich von Horn, gefangengenommen und eingekerkert werden.

»Demagogische Verfassungen«

26. Mai. König Maximilian I. Joseph erläßt für sein Königreich Bayern eine liberale Verfassung; am 22. August folgt das Großherzogtum Baden dem bayrischen Beispiel.

Der österreichische Staatskanzler Klemens Wenzel Fürst Metternich kommentiert diese Entwicklung wie folgt: »Das, was Schwäche jahrelang in Preußen vorbereitet hatte, hat Baiern mit einem Schlage ausgeführt: . . . die Einführung rein demagogischer Verfassungen.«

Ein Lied geht um die Welt

25. Dezember. In der Pfarrkirche von Oberndorf bei Salzburg wird in der Christmette erstmals das Weihnachtslied »Stille Nacht, heilige Nacht« gesungen.

Der Hilfsgeistliche von Oberndorf, Joseph Mohr, hat den von ihm verfaßten Liedtext am 24. dem befreundeten Volksschullehrer Franz Xaver Gruber im benachbarten Arnsdorf gesandt, der eine Melodie dazu komponierte und das Weihnachtslied in der Christmette selbst auf seiner Gitarre begleitet. Es wird mit großer Begeisterung aufgenommen und rasch über die Grenzen Salzburgs hinaus bekannt.

1819

4. 2. Kaiser Franz I. bewilligt die Statuten der k. k. Landwirtschaftsgesellschaft in der Steiermark; sie soll den Engpaß in der Nahrungsmittelversorgung der Steiermark überwinden helfen.

März. Der erste Versuch der Gründung einer Dampfschifffahrts-Aktiengesellschaft für die Donau durch Anton Bernhard scheitert (→ Sommer 1818).

23. 3. In Mannheim ermordet der Theologiestudent Karl Ludwig Sand den konservativen Theaterdichter und Publizisten August von Kotzebue. Der Mord dient als Anlaß für die Verabschiedung der sog. Karlsbader Beschlüsse (→ 20. 9.).

28. 3. In Graz findet die erste Versammlung der neugegründeten Landwirtschaftsgesellschaft statt.

29. 7. Österreichs Staatskanzler Klemens Wenzel Fürst Metternich bespricht in Teplitz mit König Friedrich Wilhelm III. von Preußen das gemeinsame Vorgehen gegen die Burschenschaften. Am 1. August verabschieden sie die sog. Punktation von Teplitz (→ 27. 7.).

6.–31. 8. Auf einer Ministerkonferenz in Karlsbad werden Maßnahmen zur Unterdrükkung der nationalen und liberalen Bewegungen beschlossen (→ 20. 9.).

20. 9. Der Bundestag in Frankfurt am Main nimmt einstimmig die Beschlüsse der Ministerkonferenz von Karlsbad an.→

25. 11. In Wien beginnt eine Konferenz aller deutschen Bundesstaaten unter dem Vorsitz von Fürst Metternich. Sie soll eine weitere Verschärfung der sog. Karlsbader Beschlüsse verabschieden (→ 15. 5. 1820).

Auf Anregung der »Gesellschaft der Musikfreunde« in Wien wird mit der Sammlung und Aufzeichnung des alten Volksmusikgutes begonnen.

Der Schriftsteller Amand Berghofer (der »österreichische Rousseau«) veröffentlicht seine Selbstbiographie.

GESTORBEN:

15. 8. Wien: Cornelius Hermann von Ayrenhoff (* 28. 5. 1733), Feldmarschall-Leutnant und Dramatiker.

GEBOREN:

18. 4. Spalato (Dalmatien): Franz von Suppé (eigtl. Francesco Ezechiele Ermenegildo Suppé-Demelli; † 21. 5. 1895), Operettenkomponist.

4. 9. Erl am Inn (Tirol): Adolf Pichler († 15. 11. 1900), Dichter und Geologe.

Gemeinsam gegen Burschenschaften

27. Juli. Der österreichische Staatskanzler Klemens Wenzel Fürst Metternich trifft in Teplitz (Töpliz, Erzgebirge) mit dem preußischen König Friedrich Wilhelm III. zusammen, um über ein gemeinsames Vorgehen vor allem gegen die Burschenschaften zu beraten.

Am 1. August schließen Metternich und Preußens Staatskanzler Karl August Fürst von Hardenberg die sog. Punktation von Teplitz, eine geheime Vereinbarung gegen die nationalen und liberalen Bewegungen in Deutschland. Aktuelle Anlässe sind die Ermordung des konservativen Theaterdichters, Publizisten und russischen Staatsrates August von Kotzebue am 23. März in Mannheim durch den Burschenschafter Karl Ludwig Sand sowie ein Attentatsversuch auf den nassauischen Staatsrat Ibell am 1. Juli. Metternich sieht in der Ermordung Kotzebues nicht die Tat eines Einzelgängers, sondern das Wirken eines Geheimbundes. Sein Streben geht dahin, »die möglichste Partie aus ihr zu ziehen, und in dieser Sorge werde ich nicht lau vorgehen«.

Die beiden deutschen Großmächte beschließen daher, gemeinsame Grundsätze für die Unterdrückung der national-liberalen Bewegung durchzusetzen; in Absprache mit Preußen beruft Metternich daher eine Ministerkonferenz nach Karlsbad ein (→ 20. September).

»Der Schlossplatz in Töpliz«, r. das Gebäude des Fürstlich Claryschen Schlosses, l. daneben die Schloßkirche (kolorierte Radierung, um 1825)

Die »Karlsbader Beschlüsse«

20. September. Der Bundestag des Deutschen Bundes nimmt ohne Gegenstimme die sog. Karlsbader Beschlüsse an, die auf einer Ministerkonferenz von zehn deutschen Staaten in Karlsbad (6.–31. August) verabschiedet worden sind.

Die im Einvernehmen mit Preußen vom österreichischen Staatskanzler Klemens Wenzel Fürst Metternich nach Karlsbad einberufene Konferenz hat als »einzig wirksame Maßnahme« gegen die liberalen und nationalen Bewegungen in Deutschland vier Gesetze verabschiedet und sich zum Ziel gesetzt, diese auch im Bundestag einzubringen. Die Annahme der Karlsbader Beschlüsse zeugt vom maßgeblichen Einfluß Österreichs im Deutschen Bund und bestätigt das sog. Metternichsche System eines perfekten Überwachungsstaates.

Im einzelnen werden folgende Gesetze vom Bundestag angenommen:

Bundesuniversitätsgesetz: An jeder Universität wird ein Bevollmächtigter eingesetzt, der über die »strengste Vollziehung der bestehenden Gesetze und Disciplinar-Vorschriften« zu wachen hat; alle nicht regierungskonformen Studentenverbände werden verboten.

Bundespressegesetz: Das Gesetz sieht vor, daß sämtliche Veröffentlichungen, die weniger als »20 Bogen im Druck« (320 Seiten) umfassen, vor dem Druck den zuständigen Landesbehörden zur Zensur vorgelegt werden müssen.

Bundesuntersuchungsgesetz: In Mainz wird eine zentrale Untersuchungskommission gebildet, um den Ursprung der »revolutionären Umtriebe und demagogischen Verbindungen« zu klären.

Bundesexekutionsgesetz: Eine »Provisorische Exekutionsordnung« soll dem Deutschen Bund die Durchsetzung (Exekution) der Bestimmungen gegenüber einzelnen Bundesstaaten im Falle eines Aufruhrs ermöglichen.

»Der Denker-Club«, Karikatur zur Unterdrückung der Meinungs- und Pressefreiheit durch die Beschlüsse der Ministerkonferenz von Karlsbad

1820

18. 4. Kaiser Franz I. erteilt dem Redemptoristenorden die Zulassung in Wien.

15. 5. Die Schlußakte der seit dem 25. November 1819 tagenden »Wiener Konferenz« der deutschen Bundesstaaten wird unterzeichnet und am 8. Juni vom Bundestag in Frankfurt am Main bestätigt. →

Juli. Eine Verschwörung im Königreich beider Sizilien (Neapel und Sizilien sind 1815 von dem Bourbonen Ferdinand I. von Neapel zusammengelegt worden) zwingt den König zu Zugeständnissen (→ 15. 5. 1821).

20. 8. Kaiser Franz I. besucht den Eisenverarbeitungsbetrieb des Andreas Töpper in Neubruck (Niederösterreich). →

20. 10. In Troppau beginnt ein Fürstenkongreß der »Heiligen Allianz«; Österreich, Preußen und Rußland unterzeichnen am 19. November das sog. Troppauer Protokoll. →

Wenzel Friedrich aus Böhmen übernimmt die Glashütte in Hörbrunn bei Hopfgarten (Tirol) und führt sie zu einem bedeutenden Wirtschaftsaufschwung. Zeitweise arbeiten hier 120 böhmische Glasbläser.

In Wien gibt es 27 Druckereien, 50 Buchhandlungen, 18 Kunsthandlungen und zehn lithographische Anstalten; es erscheinen allein in Wien 30 politische und 28 unpolitische Schriften; in der Stadt sind etwa 550 aktive Schriftsteller ansässig.

Im Wiener Volksgarten wird mit dem Bau des klassizistischen Theseustempels begonnen; die Pläne stammen von Peter Nobile (1823 vollendet).

GESTORBEN:

15. 3. Wien: Klemens Maria Hofbauer (* 26. 12. 1751), Redemptoristenpater, seit 1808 in Wien tätig; gilt als geistiger Überwinder der Josephinischen Aufklärung und Mittelpunkt des Wiener Romantikerkreises (1888 selig- und 1909 heiliggesprochen).

15. 10. Leipzig: Karl Philipp Fürst zu Schwarzenberg (* 15. 4. 1771), Feldmarschall, Oberbefehlshaber der Befreiungsarmee in der »Völkerschlacht« bei Leipzig (→ 16.–19. 10. 1813).

GEBOREN:

3. 11. Wien: Anton Gruschka († 5. 8. 1911), Erzbischof von Wien und Kardinal.

3. 11. Prag: Joseph Alexander Freiherr von Helfert († 16. 3. 1910), Politiker und Historiker.

9. 12. Wien: Eduard Herbst († 25. 6. 1892), Politiker und Jurist.

»Die Grenadier Caserne und der Kayserliche Marstall« in Wien (kolorierter Stich von Johann Ziegler, 1780); im Vordergrund exerzierende Soldaten

»Wiener Schlußakte«

15. Mai. Die seit dem 25. November 1819 tagende »Wiener Konferenz« der Mitglieder des Deutschen Bundes verabschiedet die »Wiener Schlußakte«; sie dient zur Ausgestaltung der Bundesverfassung vom → 8. Juni 1815, einem nur sehr allgemein gehaltenen Rahmenvertrag über die Gründung des deutschen Staatenbundes.

Die wichtigsten Bestimmungen der »Schlußakte«, die am 8. Juli vom Plenum des Bundestages in Frankfurt am Main ohne Gegenstimme angenommen wird, beinhalten folgende Festlegungen:

▷ Ziel des Bundes ist die »Erhaltung der inneren und äußeren Sicherheit Deutschlands« (Artikel 1)

▷ Zur Aufrechterhaltung der »inneren Ruhe und Ordnung in den Bundesstaaten« ist der Bund auch zur militärischen Intervention befugt (Artikel 26); hält sich eine Regierung nicht an Bundesgesetze, erfolgt die Zwangsexekution (Artikel 31–35)

▷ Das in Artikel 57 verankerte monarchische Prinzip (Zusammenfassung der Regierungsgewalt in der Hand des Regenten) beschränkt die Kompetenzen der landständischen Vertretung erheblich und richtet sich damit gegen die Ansätze demokratischer Mitsprache der Bevölkerung in den Ländern des deutschen Bundes.

Ja zur Intervention

20. Oktober. In Troppau wird der Fürstenkongreß der »Heiligen Allianz« eröffnet, der am 19. November das sog. Troppauer Protokoll verabschiedet.

Der österreichische Staatskanzler Klemens Wenzel Fürst Metternich verlangt von den anwesenden Monarchen, Kronprinzen und Diplomaten Rußlands und Preußens (Frankreich und Großbritannien sind nur durch Gesandte vertreten) einen Beschluß, daß die »Ruhe der Welt« (→ 9. 10. 1818) in von »revolutionären Umtrieben« bedrohten Staaten durch eine bewaffnete Intervention der Großmächte wiederhergestellt werden soll. Metternich bezieht sich dabei auf die Unruhen im Königreich beider Sizilien, aber auch in Spanien und Portugal. Am 19. November unterzeichnen Österreich, Preußen und Rußland ein entsprechendes Protokoll, Großbritannien lehnt hingegen eine militärische Intervention aus grundsätzlichen Erwägungen ab; auch Frankreich schließt sich nicht dem sog. Troppauer Protokoll an (→ 26. 1. 1821).

Am 20. Dezember wird der Fürstenkongreß beendet; die Beteiligten kommen aber überein, sich am → 26. Jänner 1821 in Laibach erneut zu treffen.

Erstes Eisenwerk in Österreich

20. August. Auf einer Reise nach Mariazell besucht Kaiser Franz I. das Eisenverarbeitungswerk des Andreas Töpper in Neubruck bei Scheibbs in der niederösterreichischen Eisenwurzen.

Der aus Schwanberg in der Steiermark stammende 34jährige Töpper hat ein ausgedientes Hammerwerk übernommen und anstelle der alten Hämmer zwei neue Walzwerke und zwei Flammöfen mit Holzfeuerung errichtet. Die zum Betrieb benötigte erhöhte Wasserkraft gewinnt er aus einem neu angelegten Reservoir. Diese Umgestaltungen erregen den Unwillen seiner Mitgewerken aus dem Erlauftal, was dem auf Schloß Weinzierl weilenden Kaiser zu Ohren kommt, der beschließt, sich selbst ein Bild von den Aktivitäten des vielkritisierten Jungunternehmers zu machen.

Töpper entwickelt mehrere technische Verbesserungen für die Eisengewinnung und -verarbeitung und erzeugt in den folgenden Jahren jährlich 14 000–16 000 Zentner »Kaufmannsgüter«, die nach Pöchlarn an der Donau transportiert und von dort auf Schiffen nach Linz und Wien gebracht werden. 1827 erhält er die »Regierungsbewilligung« zur Führung des »k. k. Adlers auf allen seinen Werken und Fabriken«, als Werkszeichen und »zur Aufmunterung und zum Beweis der Anerkennung seines Unternehmens«, des ersten Eisen-, Stahl- und Walzblechwerks in Österreich.

»Kupferschmelz in Kalwang« (Aquarell von Matthäus Loder)

1821

26. 1. In Laibach beginnt der dritte Fürstenkongreß der »Heiligen Allianz«. →

6. 2. Österreich entsendet 42 371 Mann Infanterie, 4071 Mann Kavallerie und 17 Batterien unter dem Kommando von General Johann Maria Graf Frimont in das Königreich beider Sizilien. →

Mitte Februar. Auch im Königreich Sardinien-Piemont kommt es zu Unruhen.

7. 3. Schlacht bei Rieti: Die Österreicher besiegen das rund 50 000 Mann starke neapolitanische Heer.

12. 3. König Viktor Emanuel I. von Sardinien-Piemont muß zugunsten seines Bruders Karl Felix zurücktreten.

24. 3. Österreichische Truppen ziehen in Neapel ein.

26./27. 3. Das dramatische Gedicht »Das goldene Vließ« von Franz Grillparzer wird im Wiener Burgtheater uraufgeführt; es besteht aus den Trauerspielen »Der Gastfreund«, »Die Argonauten« und »Medea«.

8. 4. Schlacht bei Novara: Vereinigte österreichische und piemontesische Truppen besiegen die Aufständischen.

12. 4. Der Aufstand in Sardinien-Piemont ist niedergeschlagen (→ 15. 5.).

Mai. 8000 Österreicher besetzen die Insel Sardinien.

15. 5. Das Königreich beider Sizilien wird wiederhergestellt, König Ferdinand I. ist wieder Souverän. →

25. 5. Kaiser Franz I. ernennt Klemens Wenzel Fürst Metternich zum Haus-, Hof- und Staatskanzler – eine solche Ernennung hat es seit dem Fürsten von Kaunitz-Rietberg (→ 27. 6. 1794) nicht mehr gegeben.

3. 10. Am Wiener Burgtheater wird das Drama »Prinz Friedrich von Homburg« von Heinrich von Kleist uraufgeführt, zehn Jahre nach dem Selbstmord des Dichters.

Johann Pezzl, seit 1784 in Wien lebender Schriftsteller, veröffentlicht einen Reiseführer für die Kaiserstadt.

GEBOREN:

3. 5. Wien: Arthur Maximilian Graf Byland-Rheidt († 21. 2. 1891), General, Politiker und Waffentechniker.

3. 7. Wien: Ferdinand Kürnberger († 14. 10. 1879), Schriftsteller.

21. 7. Prag: Adolf Carl Daniel Fürst Auersperg († 5. 1. 1885), Staatsmann.

23. 10. Wien: Karl Schindler († 22. 8. 1842), Maler.

7. 12. Wien: Friedrich Schlögl († 7. 10. 1892), Schriftsteller.

Metternichs Erfolg

26. Jänner. In Laibach beginnt der dritte Monarchenkongreß der »Heiligen Allianz«, der den am 20. Dezember 1820 beendeten Fürstenkongreß von Troppau fortsetzt.

Kaiser Franz I., Zar Alexander I. von Rußland und König Ferdinand I. beider Sizilien sind persönlich erschienen; der preußische König Friedrich Wilhelm III. läßt sich durch seinen Staatskanzler, Karl August Fürst von Hardenberg, vertreten. Frankreich, Sardinien, die Toskana und der Kirchenstaat haben Gesandte nach Laibach geschickt, Großbritannien ist nur durch Beobachter vertreten.

Staatskanzler Klemens Wenzel Fürst Metternich gelingt es, den Auftrag der Allianz zu einer bewaffneten Intervention Österreichs in Neapel und Sardinien-Piemont zu erhalten, obwohl sich die französischen und italienischen Gesandten gegen ein Eingreifen der Großmächte aussprechen. Frankreich und Großbritannien ziehen sich von der Konferenz zurück (→ 20. 10. 1822).

Kaiser Franz I. (Gemälde von Leopold Kupelwieser, 1824)

Zug Kaiser Franz' I. über die Vogesen (von Johann Nepomuk Höchle)

Eingreiftruppe bleibt siegreich

15. Mai. Durch den massiven Einsatz österreichischer Truppen wird ein Aufstand im Königreich beider Sizilien niedergeschlagen und König Ferdinand I. wieder als unumschränkter Souverän inthronisiert.

Ein fast 47 000 Mann starkes österreichisches Heer war Anfang Februar in Marsch gesetzt worden, um den von dem Geheimbund der Carbonari (Köhler) gelenkten Aufstand niederzuwerfen; fast gleichzeitig kommt es auch in Sardinien-Piemont zu einer Erhebung gegen das Königshaus. Nach mehreren Siegen der österreichischen Eingreiftruppe (bei Rieti, Capua und Novara) ist die Ruhe in Italien wiederhergestellt.

Die Raketenwaffe

6. Februar. Mit dem österreichischen Heer, das zur Niederschlagung der revolutionären Unruhen ins Königreich beider Sizilien (Neapel) entsandt wird, werden erstmals auch österreichische Raketenbatterien zum Kriegseinsatz geschickt: Zwei Fuß-Batterien der »Feuerwerks-Feldkompagnie« verfügen über jeweils sechs Lafetten, zu deren Bedienung je neun Mann erforderlich sind. Ferner ist jede Batterie mit sechs weiteren Raketengestellen als Reserve ausgerüstet, die beim Troß mitgeführt werden.

Schon 1808 wurden auf Befehl der »k.k. General-Artillerie-Direktion« erste Versuche mit Kriegsraketen unternommen. Die in der »Völkerschlacht« bei Leipzig (→ 16.–19. 10. 1813) zum Einsatz gebrachten britischen Raketen beeindruckten den österreichischen Feldzeugmeister Vinzenz Freiherr von Augustin derart, daß er seinen Generalstabschef, General Johann Josef Wenzel Graf Radetzky von Radetz, für seine Pläne gewinnen konnte und auf dem niederösterreichischen Steinfeld bei Wöllersdorf (nahe Wiener Neustadt) ein Laboratorium und Versuchsgelände einrichtete.

Neben der äußerst primitiven »Abschußrampe« (eher ein Gestell denn eine Lafette) entwickelt Augustin rasch mehrere unterschiedlich wirkende Raketengeschosse.

Als der erfindungsreiche Feldzeugmeister 1858 nach 65 Dienstjahren schließlich seinen Abschied nimmt, ist seine Raketenwaffe allerdings bereits veraltet und den weittragenden französischen Geschützen deutlich unterlegen.

König Ferdinand I. beider Sizilien (Gemälde, Königspalast Neapel)

1822

13. 3. Die Marktgemeinde Spitz an der Donau klagt, »daß der auf den Spitzer Bergen wachsende Wein wegen seiner Säure zum Trinken gar nicht, sondern nur höchstens zum Essig geeignet« sei.

7. 5. Der Ober- und Untermarkt von Imst in Tirol wird von einer Brandkatastrophe heimgesucht: Von 220 Häusern bleiben nur vier unversehrt, die Kirchen werden zum Teil stark zerstört; der Gesamtschaden beträgt 581 730 Gulden.

3. 10. Das von Joseph Kornhäusel umgebaute Theater in der Josefstadt von Wien wird mit dem Festspiel »Weihe des Hauses« von Ludwig van Beethoven eröffnet. →

20. 10. Der Fürstenkongreß von Verona beginnt.

14. 12. Der Kongreß von Verona geht zu Ende: Österreich, Rußland, Frankreich, Preußen Sardinien-Piemont und Neapel verurteilen den Aufstand der Griechen gegen die osmanische Herrschaft und ermächtigen Frankreich, die revolutionäre Bewegung in Spanien mit einer bewaffneten Intervention niederzuschlagen. Allein der Gesandte der britischen Krone stimmt gegen diesen Beschluß des Fürstenkongresses.

30. 12. Kaiser Franz I. und Zar Alexander I. treffen auf der Rückreise von Verona in Ellmau (südöstlich von Kufstein in Tirol) ein, wo sich bereits der preußische König Friedrich Wilhelm I. (unter dem Decknamen »Graf von Ruppin«) aufhält.

Der Schriftsteller Nikolaus Lenau weilt im nördlichen Burgenland; »am Leithastrand« entsteht eine Vielzahl seiner Gedichte, mit denen er die Stimmung der Landschaft einfängt.

GESTORBEN:

10. 2. Wien: Albert von Sachsen-Teschen (* 11. 7. 1738) Herzog, Feldmarschall.

3. 3. Wien: Franz Anton von Zauner (* 5. 7. 1746), Bildhauer.

GEBOREN:

10. 5. Wien: August von Pettenkofen († 21. 3. 1889), Maler und Lithograph.

22. 7. Heinzendorf (Mähren): Gregor Johann Mendel († 6. 1. 1884), Vererbungsforscher.

20. 9. Partschins (Südtirol): Peter Mitterhofer († 27. 8. 1893), Instrumentenbauer.

3. 10. Eichhorn (Mähren): Jaromir von Mundy († 23. 8. 1894), Arzt.

»Weihe des Hauses«

3. Oktober. Mit der Festspielmusik »Die Weihe des Hauses« des Komponisten Ludwig van Beethoven wird das von Joseph Kornhäusel umgebaute Wiener Theater in der Josefstadt eröffnet.

Obwohl, wie die »Theaterzeitung« am 12. Oktober berichtet, »die gespannteste Erwartung im hiesigen Publikum« herrschte und bereits Wochen im voraus »alle gesperrten Sitze (400 an der Zahl) und Logen (14) . . . vergriffen waren«, ist der Eröffnung ein nur mäßiger Erfolg beschieden. Dies liegt nicht zuletzt an dem fast tauben Komponisten, der noch einmal – vom Klavier aus – die Oberleitung übernommen hat, dabei allerdings oftmals in völligem Gegensatz zu seinen beiden Unterleitern agiert, die Aufführung aber – dank der Umsicht des Orchesters – dennoch ohne merklichen Zwischenfall über die Bühne bekommt. Der deutsche Musikschriftsteller Friedrich Rochlitz beschreibt den trotz seiner Taubheit produktiven und gefeierten Komponisten 1822 wie folgt: »Denke Dir einen Mann von 50 Jahren, mehr noch kleiner als mittlerer, aber sehr kräftiger, stämmiger Statur, gedrängt, von besonders starkem Knochenbau . . . unruhige, leuchtende, ja bei fixiertem Blick fast stechende Augen; keine oder hastige Bewegungen; im Ausdruck des Antlitzes . . . eine Mischung oder zuweilen augenblicklicher Wechsel von herzlichster Gutmütigkeit und von Scheu.«

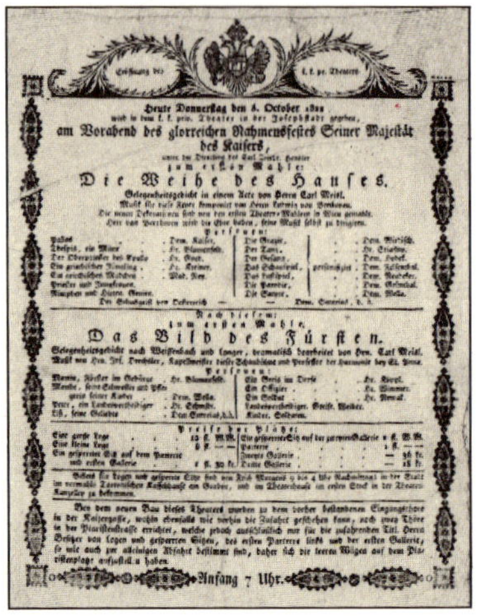
Heute Donnerstag den 6. October
am Vorabend des glorreichen Nahmensfestes Seiner Majestät des Kaisers,
zum ersten Mahle:
Die Weihe des Hauses.
Gelegenheitsgedicht in einem Acte von Herrn Carl Meisl.
Nach diesem:
zum ersten Mahle
Das Bild des Fürsten.
Anfang 7 Uhr.

Konzertanzeige zur Eröffnung des Josefstädter Theaters in Wien

Wagenmoden im Biedermeier

Wagen der unterschiedlichsten Konstruktion dienen über ihren praktischen Zweck als Reise- und Spazierfahrzeuge hinaus zur Repräsentation bei den verschiedendsten Anlässen. Ihre Bauart ist – wie die Damenmode – dem Zeitgeschmack unterworfen.
Im Biedermeier stehen nicht mehr Eleganz und Zierlichkeit, sondern Bequemlichkeit und Robustheit im Vordergrund (Abb.: Oben Reise-Coupé und Reise-Landauer mit Langbaum Gestell, unten Spazierkalesche und Pritschka mit Druckfedern).

1823

4. 4. Kaiser Franz I. stimmt einer Ehe Erzherzog Johanns mit der Postmeistertochter Anna Plochl zu. →

14. 4. Die (erste) »Donaudampfschiffahrtsaktiengesellschaft« wird konstituiert. – Der Franzose Philippe Henri de Girard baut in seiner »Werft« bei Fischamend an einem verbesserten Dampfschiff.

30. 5. Ein Dekret des Magistrats von Krems an der Donau (Niederösterreich) schafft die hölzernen Rauchfänge ab.

10. 10. Girards neues Dampfschiff »Franz I.« fährt von Fischamend bis in die Nähe des Lusthauses im Wiener Prater; am 13. Oktober fährt das Schiff weiter nach Pest.

25. 10. Die Oper »Euryanthe« von Carl Maria von Weber wird in Wien uraufgeführt.

29. 10. Das Dampfschiff »Franz I.« kehrt nach Wien zurück; es hat für den Weg von Pest 83 Stunden und 35 Minuten gebraucht. →

18. 12. Im Theater in der Leopoldstadt findet die Uraufführung von Ferdinand Raimunds »Barometermacher auf der Zauberinsel« statt (Musik von Wenzel Müller). →

20. 12. Im Wiener Kärntnertortheater wird das romantische Schauspiel »Rosamunde« von Helmina de Chézy ohne großen Erfolg uraufgeführt. Franz Schubert hat die Zwischenakt- und Ballettmusik geschrieben, die sich größerer Beliebtheit als das Drama erfreut.

Nach langen Verhandlungen mit dem Vatikan wird das Erzbistum Salzburg wieder mit allen früheren Privilegien ausgestattet. Der Erzbischof (Augustin Gruber) erhält den Titel eines österreichischen Fürsten.

Johann Friedrich Voigtländer, seit 1808 Inhaber einer Werkstätte für optische Instrumente in Wien, erfindet ein »Doppel-Theaterperspektiv« – das Opernglas.

Joseph Kornhäusel errichtet die Weilburg bei Baden. →

GEBOREN:

12. 2. Ingrowitz (Böhmen): Richard Graf Belcredi († 2. 12. 1902), Politiker.

8. 3. Kaschau: Julius d. Ä. Graf Andrássy († 18. 2. 1890), Staatsmann.

23. 10. Lobenstein (Schlesien): Hans Kudlich († 11. 11. 1917), Politiker.

30. 10. Graz: Karl von Stremayr († 22. 6. 1904), Staatsmann.

24. 11. Lana (Südtirol): Johann Kravogl († 1. 1. 1889), Büchsenmacher und Erfinder.

Erzherzog Johann erzwingt Heirat

4. April. In einem Brief Kaiser Franz' I. erteilt dieser als Oberhaupt des Hauses Habsburg sein Einverständnis mit der beabsichtigten Hochzeit Erzherzog Johanns mit der Postmeistertochter Anna Plochl aus Aussee. In dem Brief des Kaisers heißt es:
»Für die zu Beruhigung Deines Gewissens von mir erbetene eheliche Verbindung mit der Jungfrau Anna Plochl von Aussee in Steiermark, ertheile ich hiemit meine Zustimmung jedoch nur unter der ausdrücklichen Bedingniß daß dadurch weder ihr noch den aus dieser Ehe entstehenden Kindern ein Anspruch von was immer für eine Art auf Deinen Namen Stand und Versorgung von Seite des Österreichischen Staates und von Seite unseres Hauses erwachsen dürfe.«
Der 41jährige Erzherzog, noch immer Junggeselle, widmete sich seit Jahren mit großem Einsatz der Steiermark; auf einer seiner zahlreichen Wanderungen und Fahrten (in höchst bescheidenen Wagen) lernte er am Toplitzsee Anna Plochl, die Tochter des Postmeisters von Aussee, kennen. Johann ist aufrichtig bemüht, die bürgerliche Anna zu heiraten und erbittet daher die Zustimmung des Kaisers zu dieser nicht standesgemäßen Verehelichung.

Erzherzog Johann von Österreich (Ölgemälde von Theodoro Matteini)

Der Erzherzog selbst schreibt im Frühjahr 1850 die Geschichte dieser Liebe nieder und nennt sie »Der Brandhofer und seine Hausfrau« (nach dem Brandhof, einem Jagdschloß und landwirtschaftlichem Mustergut Johanns in der Gemeinde Gußwerk im steirischen Selztal). Darin heißt es über die Reaktion des Erzherzogs auf des Kaisers (seines »Herrn«) briefliche Zustimmung:
»Hätte der Brandhofer wollen, wie vielleicht viele es gethan hätten, so wäre er im Besitz dieses Documentes zur Ausführung geschritten; allein bemerkend, wie schwer der Herr dasselbe gab, und um den Beweis zu geben, daß es ihm Ernst sey, nahm er die Schrifft und steckte sie ein; auf die Frage, wann er wieder kommen würde, antwortete er: anfangs Mai, worauf ersterer ihm sagte, er vertraue auf ihn, daß er nichts ausführen würde, bevor er nicht noch einmal da gewesen. Wie konnte er dieses seinem Herrn abschlagen, – was war dieß anderes, als Zeit gewinnen wollen, um dann auf den Brandhofer einzuwirken, um ihn von seinem Vorsatz abstehen zu machen? Wie wenig kannte man ihn … allein man wußte nicht, daß in jenen Punkten des Worts haltens und des Gewissens er unbeugsam und fest war« (→ 18. 2. 1829).

Ein Debüt

18. Dezember. *Mit der Uraufführung seines Zauberspiels »Der Barometermacher auf der Zauberinsel« im Wiener Theater in der Leopoldstadt feiert der 33jährige Ferdinand Raimund sein Debüt als Theaterdirektor. Das Szenenbild (Abb.) zeigt Raimund der selbst die Rolle des Barometermachers übernahm im goldenen Frack (Bildmitte) zusammen mit Friedrich Josef Kornreuther (Prinz Tutu) und Therese Krones (Fee).*

Erzherzog Karl läßt bei Baden die Weilburg errichten

Erzherzog Karl, der »Sieger von Aspern« (→ 21./22. 5. 1809), beauftragt den Architekten Joseph Kornhäusel mit dem Bau eines Schlosses, der Weilburg bei Baden, die von diesem in den Jahren 1820–1823 errichtet wird. Der Erzherzog, von seinem kaiserlichen Bruder Franz I. von den Regierungsgeschäften weitgehend ausgeschlossen, lebt fortan mit seiner Familie zurückgezogen auf der im Helenental gelegenen Burg (die nach 1945 aufgrund allzu großer Zerstörungen nicht wieder aufgebaut wird; Abb.: Die Weilburg, Gemälde von Thomas Ender, um 1830; Niederösterreichisches Landesmuseum Wien).

Begeisterung über ein Dampfschiff

29. Oktober. Das von dem Franzosen Philippe Henri de Girard in Fischamend gebaute Dampfschiff »Franz I.« legt die Strecke Pest–Wien in 83 Stunden und 35 Minuten zurück. Der »Oesterreichische Beobachter«, eine offiziöse Tageszeitung, berichtet über die »triumphale« Rückkehr des Schiffes am 6. November wie folgt:
»Ob dieses Dampfschiff die Zweifel über die Möglichkeit der Fahrt mit Dampfschiffen auf der Donau gelöst, mögen nun alle Sachverständigen beurteilen. Das Schiff hat alle Hindernisse besiegt, Winde, Strömungen, niedern Wasserstand, ungünstige Jahreszeit, ungeübte Schiffleute. Die folgenden Fahrten werden unter günstigeren Umständen gewiß noch schneller zurückgelegt werden. Die Actien-Gesellschaft, die das bisher unmöglich Scheinende ausgeführt, wird nicht beim ersten Schritte stehen bleiben.«
1824 werden die Nachrichten allerdings spärlicher (→ 4. 9. 1830).

1824

15. 4. Eine »Hofkanzley-Entschliessung« regelt die Armentarife für Land- und Wundärzte. →

7. 5. Die 9. Symphonie Ludwig van Beethovens wird im Wiener Kärntnertortheater uraufgeführt. →

16. 8. Der Bundestag des Deutschen Bundes in Frankfurt am Main verlängert die »Karlsbader Beschlüsse« (→ 20. 9. 1819) auf unbestimmte Zeit (sie werden erst am 2. April 1848 außer Kraft gesetzt).

Johann Nepomuk Reithoffer erhält das Privileg zur Herstellung wasserdichter Stoffe. Der Schneidermeister ist der Begründer der Kautschuk-Industrie und -Weberei in Österreich: 1831 gründet er in Wimpassing (Niederösterreich) eine Fabrik zur Herstellung von »gummierten Geweben«, der eine weitere in Steyr (Oberösterreich) folgt (die älteste Gummiwarenfabrik auf dem europäischen Kontinent – »Semperit«).

In Wien wird der 1821 nach einem Entwurf von Peter Nobile begonnene Bau des »Äußeren Burgtores« vollendet.

Die reichen Händler des Tiroler Lechtales stiften in Elbingenalp (südwestlich von Reutte) eine Arztpraxis zur Betreuung des ganzen Tales mit einem Betrag von 10 000 Gulden.

Die Sängergesellschaft Rainer aus dem Tiroler Zillertal zieht – in die heimatliche Tracht gekleidet – durch Europa. Die Zillertaler, schon im 17. Jahrhundert als Wanderhändler bekannt, treten nun als Handschuhhändler und Heimatsänger auf.

GESTORBEN:

1. 4. Wien: Johann Heinrich Freiherr von Geymüller (* 17. 5. 1754), Bankier, Mitbegründer der Oesterreichischen Nationalbank. Sein Haus in der Wallnerstraße in Wien, das Palais Caprara, war ein gesellschaftlicher Mittelpunkt im Wiener Vormärz.

15. 5. Baden bei Wien: Johann Philipp Graf Stadion (* 18. 6. 1763), Staatsmann (1805–1809 Außenminister).

18. 6. Florenz: Ferdinand III. von Habsburg-Lothringen (* 6. 5. 1769), Großherzog von Toskana (→ 11. 2. 1804, 9. 6. 1815).

GEBOREN:

2. 2. Meidling bei Wien: Josef Selleny († 22. 5. 1875), Maler.

12. 2. Wien: Karl Sigmund Graf Hohenwart von Gerlachstein († 26. 4. 1899), Staatsmann.

4. 9. Ansfelden (Oberösterreich): Anton Bruckner († 11. 10. 1896), Komponist.

Das Kärntnertortheater (kolorierter Stich; Historisches Museum Wien)

Beethovens »Neunte« uraufgeführt

Am 7. Mai 1824 wurde Ludwig van Beethovens 9. Symphonie im Wiener Kärntnertortheater uraufgeführt. Die »Theaterzeitung« veröffentlichte darüber am 13. Mai folgenden Bericht:

»Am 7. Mai wurde im k. u. k. Hof-Operntheater ein musikalisches Hochfest abgehalten: Beethoven gab eine musikalische Akademia und führte von seiner Komposition eine große Overtüre, drey Hymnen und eine große Symphonie mit im Finale eintretenden Solo- und Chor-Stimmen auf Schillers Lied an die Freude auf.

Der Musikverein hatte die Verstärkung des Chors und Orchesters übernommen. Der Compositeur selbst zeigte sich bei der Leitung des ganzen tätig.

Die Eintrittspreise waren die gewöhnlichen, das Haus sehr gefüllet. Das Publikum empfing den großen Ton-Heroen mit dem ehrendsten Anteil, hörte seine wundervollen, gigantischen Schöpfungen mit der gespanntesten Aufmerksamkeit an und brach oft während den Teilen, nach jedem derselben aber wiederholtemalen in jubelnden Beifall aus.

Beethoven hat durch seine Symphonien schon lange diesem Zweige der Komposition einen so hohen Standpunkt unter den menschlichen Kunstschöpfungen angewiesen, daß es seitdem jedem Komponisten schwer wird, an den Abhang dieses Helikon zu gelangen, allein diese neueste Symphonie ist gewiß das größte Kunstwerk, welches Beethoven mit seiner vollen Titanskraft zustandegebracht hat. Alle Teile derselben machten die entschiedenste Wirkung, zumal das Skerzo, und dies würde sich durch die frappierende Fantasie, welche den Schlußchor einleitet, und durch selben selbst noch mehr gesteigert haben, wenn es den Mitwirkenden möglich gewesen wäre, diesen Teil vollkommen zu geben, als er es erfordert. Man kann rücksichtlich des Orchesters nicht mehr sagen, als daß es unbegreiflich ist, wie es diese schwierigen Kompositionen mit drey Proben so vollkommen habe aufführen können, denn sie gaben sie wirklich trefflich …

Der sehnlichste Wunsch des zahlreichen Publikums geht wohl dahin, diese Kunstwerke, welche das Göttliche in der Menschennatur so herrlich offenbaren, bald wieder zu hören; möchte er in Erfüllung gehen!«

Titelblatt der Partitur der Neunten

Hofkanzlei erläßt Armentarife

15. April. Eine »behördliche Vorschreibung« regelt die Kosten, die ein Arzt für seine Behandlung minderbemittelter Personen künftig verrechnen darf. Sie trägt den Titel »Tariff in Conventions-Münze, nach welchem in Folge hoher Hofkanzley-Entschliessung … die Landärzte und Wundärzte ihre gemachten Operationen bey Waisen und Findelkindern, dann bey unbemittelten Personen und Bezirksarmen vom 1. May d. J. an zu übernehmen haben. Im einzelnen legt die ›Verschreibung‹ folgende Tarife für chirurgische Operationen und sonstige ärztliche Dienste fest:

Für chirurgische Operationen	fl.	kr.
Für ein Aderlaß	–	12
Für die Ausziehung eines Zahnes	–	6
Für die Anwendung eines Schröpfkopfes	–	3
Für die Anwendung eines Blutegels	–	8
Für die Anwendung eines größeren oder kleineren Blasenpflasters samt Heftpflaster und Heilung, wenn nicht eine längere Eiterung neue Zugmittel erfordert, welche dann nach der Arzneytaxe in Specie aufzurechnen sind	–	18
Für die Anwendung von vier oder mehreren Stücken Seidelbastes	–	18
Für die Anwendung eines Haarseils	–	24
Für die Anwendung eines Fontanels, mit Ausnahme der Zugmittel, wie oben	–	20
Für die Anwendung eines Klystiers, ohne Ingredienzien, welche im Conto specifiziert angesetzt werden müssen	–	6
Für die Anwendung eines Katheders	–	12
Für Eröffnung eines Abcesses, einer Drüsse, Geschwulsz und dergl.	–	8
Für eine Einspritzung in irgend eine natürliche Höhle des Körpers, als: in den Mund, die Nase, Ohren u. s. w. mit Ausnahme der Arzneyen, wie oben	–	4
Für den Verband einer Wunde, eines einfachen oder complicirten Geschwüres	–	3
Für die Einrichtung einer einfachen oder complicirten Luxation	1	12
Für die Einrichtung eines Beinbruches	1	36
Für den jedesmal zu erneuernden Verband bey der Luxation oder dem Beinbruche	–	[illegible]
Für die Zurückbringung eines Bruches (hernia) durch die Taxis	–	2[illegible]
Für die Ausziehung eines in irgend einer Höhle des Leibes gebrachten fremden Körpers	–	2[illegible]
Für die Anlegung einer Nadel zur blutigen Nath bey Verwundungen	–	1[illegible]
Für die Einwickelung der Gliedmaßen bey Anschwellungen derselben	–	[illegible]
Für ein einfaches Bruchbändchen mit lederner Pilote und barchetenen Riemen	–	4[illegible]
Für ein doppeltes	1	
Für die Amputation eines Fingers oder einer Zehe	–	4[illegible]
Für die Amputation einer Hand, eines Armes, Fußes oder Schenkels	3	
Für die Operation einer Haasenscharte	2	
Für das Lösen des Zungenbändchens	–	[illegible]

Eine Anmerkung weist darauf hin, daß »für Operationen, welche in diesem Tariffe nicht enthalten sind, … eine billige Aufrechnung erwartet [wird], welche aber der Beurtheilung und Censur unterzogen werden muß.«

1825

19. 2. Franz Grillparzers Trauerspiel »König Ottokars Glück und Ende« wird im Wiener Burgtheater uraufgeführt. →

5. 8. Der 2995 m hohe Dachstein (auch Thorstein und Schneeberg genannt) in der Steiermark wird zum ersten Mal bestiegen. →

Johann Strauß (Vater) trennt sich von Joseph Lanner und tritt fortan mit einer eigenen Kapelle auf.

Der k. k. Registratur-Accessist Josef Kyselak unternimmt seine merkwürdigen Reisen durch die Donaumonarchie: Mit einer wetterfesten schwarzen Ölfarbe hinterläßt er mittels einer Schablone seinen Namen auf Fels-, Haus- und Kirchenwänden, Brücken u. ä.

Der 20jährige Josef Danhauser malt das Historienbild »Der Eremit von Lilienthal« zu »Szenen aus der Rudolphias«, einer 1824 erschienenen Dichtung des Patriachen von Venedig, Johann Ladislaus Pyrker von Felsö-Eör. Dieser ist von Danhausers Gemälden derart beeindruckt, daß er den jungen Künstler 1826 nach Venedig einlädt.

GESTORBEN:

7. 5. Wien: Antonio Salieri (* 18. 8. 1750), Komponist (seit 1768 in Wien; 1788–1790 Hofkapellmeister; stirbt in geistiger Umnachtung).

GEBOREN:

17. 4. Wien: Johann Fürst († 19. 10. 1882), Alt-Wiener Volkssänger.

11. 9. Prag: Eduard Hanslick († 6. 8. 1904), Musikkritiker.

22. 10. Frickenhofen (Württemberg): Friedrich Freiherr von Schmidt († 23. 1. 1891), Architekt und Dombaumeister.

25. 10. Wien: Johann Strauß (Sohn; † 3. 6. 1899), Komponist.

ZITAT:

Anfang Juni 1825 schrieb Franz Schubert einen Brief an Johann Wolfgang von Goethe, dem er ein am 6. Juni erschienenes Liederheft mit drei von ihm vertonten Goethe-Gedichten beilegte (der »Dichterfürst« ließ auch diesen Brief unbeantwortet):

»Euer Exzellenz! Wenn es mir gelingen sollte, durch die Widmung dieser Kompositionen Ihrer Gedichte meine unbegrenzte Verehrung gegen Euer Exzellenz an den Tag legen zu können, und vielleicht einige Beachtung für meine Unbedeutendheit zu gewinnen, so würde ich den günstigen Erfolg dieses Wunsches als das schönste Ereignis meines Lebens preisen.«

Grillparzers Geschichtsdrama

19. Februar. Im Wiener Burgtheater wird Franz Grillparzers Trauerspiel in fünf Akten »König Ottokars Glück und Ende« uraufgeführt. Das bereits 1823 geschriebene Stück konnte wegen Schwierigkeiten mit den Zensurbehörden nicht früher aufgeführt werden; nun hat sich Kaiser Franz I. auf Veranlassung seiner Gattin persönlich dafür eingesetzt.

Grillparzer geht es in seiner Tragödie nicht so sehr um die Darstellung des individuellen Schicksals des böhmischen Königs Przemysl Ottokar II. in seiner Auseinandersetzung mit Rudolf von Habsburg; der Autor zieht vielmehr Parallelen zur Gestalt Kaiser Napoleons I. von Frankreich und arbeitet das der Geschichte zugrunde liegende allgemeine, typische Verhalten des um die Macht kämpfenden und dabei Schuld auf sich ladenden Menschen heraus.

Die Handlung des Trauerspiels nimmt ihren Ausgang in einem Rechtsbruch des Protagonisten (Ottokar löst seine Ehe mit Margarete von Österreich), der im Laufe des Geschehens jedoch das Unrecht seines Tuns erkennt und von dem Repräsentanten der Rechtmäßigkeit (König Rudolf I.) bezwungen wird. Als Quellen für sein Geschichtsdrama dienten Grillparzer Joseph Freiherr von Hormayrs »Österreichischer Plutarch« von 1807–1814 und die mittelhochdeutsche Reimchronik Otachers oûz der Geul (→ 27. 9. 1320), den Grillparzer als Ottokar von Horneck im Stück selbst auftreten läßt.

Porträt des Dramatikers Franz Grillparzer (Kreidezeichnung von Josef Schmeller aus dem Jahre 1826)

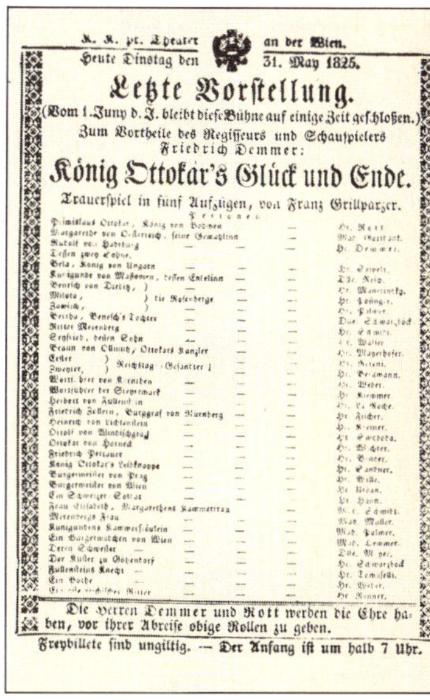

K. K. pr. Theater an der Wien.
Heute Dinstag den 31. May 1825.
Letzte Vorstellung.
(Vom 1. Juny d. J. bleibt diese Bühne auf einige Zeit geschloßen.)
Zum Vortheile des Regisseurs und Schauspielers Friedrich Demmer:
König Ottokar's Glück und Ende.
Trauerspiel in fünf Aufzügen, von Franz Grillparzer.
Personen.
Die Herren Demmer und Rott werden die Ehre haben, vor ihrer Abreise obige Rollen zu geben.
Freybillete sind ungiltig. — Der Anfang ist um halb 7 Uhr.

Die vorerst letzte Vorstellung von »König Ottokars Glück und Ende« ist zum 31. Mai 1825 angekündigt

Der 2995 m hohe Dachstein wird erstmals bezwungen

5. August. *Jakob Buchsteiner (der »Schladminger Jackl«) und Georg Kalkschmied gelingt die Erstbesteigung des Dachsteins in der Steiermark. Zwischen 17 und 18 Uhr erreichen die beiden Bergsteiger den 2995 m hohen Gipfel (»Ansicht des Dachsteins«, Gemälde von Ferdinand Georg Waldmüller, 1840).*

1826

9. 6. In einer Instruktion für den österreichischen Gesandten in der Schweiz legt Staatskanzler Klemens Wenzel Fürst Metternich die Grundlage seiner Politik dar. →

Sommer. Schlechtes Geschäftsgebaren führt zum unaufhaltsamen Niedergang der (ersten) »Donau-Dampfschiffahrtsaktiengesellschaft«; eine Aktie zum Nominalwert von 1000 Gulden hat nur noch einen Kurswert von 15 Gulden.

Oktober. Franz Anton Graf Kolowrat-Liebsteinsky wird zum »dirigierenden Staats- und Konferenzminister« (Kabinettsminister) ernannt. Er ist das Haupt der liberalen Hofpartei und ein deklarierter Gegner des konservativen Fürsten Metternich, durch dessen Unterdrückungsmethoden er eine Katastrophe für den Staat heranwachsen sieht. Als Kabinettsminister gewinnt Kolowrat-Liebsteinsky nun großen Einfluß auf die gesamte innere Verwaltung.

10. 11. Ferdinand Raimunds »Romantisches Original-Zaubermärchen mit Gesang«, »Der Bauer als Millionär«, wird in Wien uraufgeführt.

Joseph Kornhäusel und Joseph Adelpoldinger beginnen mit dem Bau des Schottenstiftes (heutiger Schottenhof) in Wien. Der klassizistische Bau (1832 fertiggestellt) steht an der Stelle des ehemaligen gotischen Kreuzganges des Stiftes.

GESTORBEN:

26. 12. Paris: Moritz Christian Graf Fries (* 5.6.1777), Bankier und Kunstmäzen (Besitzer von mehr als 300 Meisterwerken und 16000 Büchern; Ludwig van Beethoven widmete ihm seine 7. Symphonie).

GEBOREN:

13. 2. Wien: Karl Weiß († 23.12.1895), Historiker, Chronist der Stadt Wien.

30. 4. Paderborn (Westfalen): Julius von Ficker († 10.7.1902), Historiker und Rechtsgelehrter.

18. 12. Aken (Sachsen): Theodor von Sickel († 21.4.1908), Historiker.

ZITAT:

Franz Grillparzer notiert am 26. März 1826 in seinen Tagebuchblättern:

»... Äußere Ursachen, die mir seit der Aufführung Ottokars (19. Februar 1825) die Arbeit verleidet haben, waren: Mißmut über das Nichtdurchgreifen des Stückes, über das Unbeachtetbleiben desselben von seiten der Kritik und der Besseren in Deutschland. Nachwirken des Ärgers über die Zensurkämpfe vor der Aufführung ...«

Metternich-Politik der Restauration

9. Juni. Österreichs Hof- und Staatskanzler Klemens Wenzel Fürst Metternich erläutert in einer Instruktion für den österreichischen Gesandten in der Schweiz Grundlagen seiner Politik. In dem Dokument heißt es: »... Das erste Ziel der Bemühungen unserer Regierung und aller seit der Wiederherstellung der Unabhängigkeit Europas mit ihr verbündeten Regierungen ist die Aufrechterhaltung der gesetzlichen Ordnung ...

Seit einigen Jahren sehen wir zu unserer Genugtuung, wie mehrere der Regierungen, die am spätesten die Notwendigkeit der zur Erreichung dieses Zieles geeigneten Maßnahmen einsahen, sich endlich zu der Überzeugung durchrangen, daß die Unterdrückung des noch bestehenden Übels die erste und unerläßlichste Vorbedingung dafür ist. Dieses Übel, man kann es nicht verhehlen, hat gerade seit der allgemeinen Befriedung erschreckende Fortschritte gemacht. Es ist allumfassend in seiner unheilvollen Betätigung, es äußert sich in allen möglichen Formen, in fast allen Ländern. Da es in seiner destruktiven Betätigung allumfassend ist, kann es nur durch einen allumfassenden Widerstand bekämpft und besiegt werden.

Dieses Übel ist der revolutionäre Geist, geboren aus jener ordnungswidrigen Unruhe, welche die Umwälzungen der Epoche der heutigen Generation aufgeprägt haben, gespeist durch begehrliche Leidenschaften und tiefe Entsittlichung der einen, begrüßt durch den Fanatismus der anderen. Systematisch in ihren Plänen, streng folgerichtig in ihrem lichtscheuen Treiben finden die Führer dieser gottlosen Sekte, die sich zum Umsturz der Altäre und Throne zusammenschloß, von einem Ende Europas zum andern Verbündete für die Durchführung ihrer verbrecherischen Unternehmungen, überall da, wo dieselben Leidenschaften, dieselben sozialen Verhältnisse in gleicher Weise auf die Geister sich auswirken. Wo sie im Augenblick ihre Brandfackel noch nicht schleudern können, bauen sie ihre Batterien für die Zukunft auf; durch Unglauben und Freigeisterei korrumpieren sie die Gesinnung einer irregeleiteten Jugend, um ihr im günstigen Augenblick die Waffen in die Hand zu drücken ...«

Ländliche Szenen sind beliebte Motive im Biedermeier (»Oberösterreichische Bauernhochzeit«, Gemälde, Johann Baptist Wengler, 1845)

Interieur vom Palais Auersperg (Aquarell, Franz Barbarini, 1840)

Wandernde, musizierende und tanzende Gesellen (Stich)

»Die Familie des Notars Dr. Eltz« ist der Titel dieses Ölgemäldes von Ferdinand G. Waldmüller (1835; Österreichische Galerie Wien)

Biedermeierliches Wohnzimmer (Gouache; Historisches Museum Wien)

Arbeitszimmer des Fürsten Metternich (Gouache aus dem Jahre 1829)

Biedermeier in Österreich

Als »Biedermeier« (einem Begriff erst aus der Mitte des 19. Jahrhunderts) wird jene Epoche zwischen Romantik und Realismus bezeichnet, die – historisch genau fixiert – jene 33 Jahre zwischen dem Ende der napoleonischen Herrschaft in Europa 1815 und der bürgerlichen Revolution von 1848 umfaßt.

Politisch ist es die Zeit des Polizeistaats Metternichscher Prägung, der das zu Geld und Ansehen gelangte Bürgertum von jeglicher politischen Verantwortung ausschließt und liberal-demokratische Gesinnung rücksichtslos unterdrückt. Die Folge ist der Rückzug des Bürgers in die geordnete Welt seines Hauses, wo er sich behaglich einrichtet und eine gewisse Genußfreudigkeit entwickelt, während die Welt »draußen« ihm unerfreulich, fremd und feindlich vorkommt. Den technischen Umwälzungen, der Industrialisierung und Zuspitzung der sozialen Frage setzt er die heimelige Atmosphäre seiner »biedermeierlichen« Welt entgegen.

Die Wohnung, das Heim, wird zum Mittelpunkt des Lebens (nicht zufällig ist »Biedermeier« noch heute Bezeichnung für einen Möbelstil). Bei aller Schlichtheit und Einfachheit in der Form fällt die Neigung zu freundlicher Helligkeit auf, nicht zuletzt durch die typischen geblümten und gestreiften Stoffe sowie die Verwendung heimischer (heller) Holzarten. Ähnliches gilt für die Kleidung, denn die häusliche Geselligkeit gewinnt – trotz Kaffeehaus und Theater, den wichtigsten Stätten der Begegnung – zunehmend an Bedeutung.

Die Musik ist wesentlicher Bestandteil des kulturellen Lebens und wird durch die Hausmusik auch in den Privatbereich mit einbezogen. Der Wiener Walzer erlebt seinen Höhepunkt und erfaßt alle gesellschaftlichen Kreise – Wien wird in den Jahrzehnten des Biedermeiers, obgleich es sich bei dieser Stilrichtung um eine gesamteuropäische Erscheinung handelt, zur Weltstadt der Musik.

Auch das Theater erlebt eine Blüte, vornehmlich das Volksstück avanciert zum Publikumsliebling, eine Entwicklung, die untrennbar mit Namen wie Ferdinand Raimund und Johann Nepomuk Nestroy verbunden ist. Der Bürger betritt als »Held« die Bühne der Theater – und von dort aus die politische Bühne des nach ihm benannten bürgerlichen Zeitalters.

In der bildenden Kunst dominiert die Malerei, denn sie kommt dem Hang zur Beschaulichkeit am nächsten. Sitten- und Genrebilder, Landschafts- und Stillebenmalerei sowie die Porträtkunst in all ihren Formen wirken gleichwertig nebeneinander. In der Baukunst hat bereits der Spätklassizismus vielfach die geschmackvolle Einfachheit des Biedermeierhauses vorbereitet, wenn nicht gar vorweggenommen, ähnliches gilt für die Bildhauerei.

»Nestroy als ›Sansquartier‹« (Johann Christian Schöller, 1842; Historisches Museum Wien)

Mädchen aus dem Biedermeier (Daguerreotypie, um 1847)

Porträt der Leopoldine Linden (Alois von Anreiter, 1843)

Porträt einer jungen Dame (Moritz Michael Daffinger, 1818)

1827

Februar. Die österreichischen Interventionstruppen ziehen aus dem Königreich beider Sizilien ab (→ 15. 5. 1821).

15. 12. Johann Nepomuk Nestroy gibt sein Debüt als »Lokalpossendichter« mit »Der Zettelträger Papp« – Nestroy selbst spielt die Titelrolle. Am selben Abend tritt er auch erstmals in seiner künftigen Glanzrolle als »Sansquartier« in »Zwölf Mädchen in Uniform« auf. Der Dichter und Schauspieler beherrscht bereits 76 Gesangspartien und 143 Sprechrollen, davon 51 »komische in Lokalstücken«.

Im Park des Schlosses Esterházy in Eisenstadt (Burgenland) wird eine der ersten Dampfmaschinen Österreichs aufgestellt.

Am Ursprungsbach in der Nähe von Scheibbs (Niederösterreich) errichten die Brüder Anton und Ignaz Diettrich eine Spiegelfabrik. (Spiegel der Diettrichschen Produktion sind noch heute in Scheibbser Gasthöfen erhalten.)

Der Architekt Joseph Kornhäusel beendet den 1825 begonnenen Bau seines Wohnhauses in der Seitenstettengasse in Wien. Das turmartige Biedermeier-»Hochhaus« hat auch ein Atelier für den Hausherrn und wird bald »Kornhäuselturm« genannt.

In Wien wird zur Hebung des Gartenbaus die »Gartenbaugesellschaft« gegründet. Jährlich sollen in einem eigenen Garten auf der Landstraße Ausstellungen veranstaltet werden.

Die Zillertaler Sängergesellschaft Rainer feiert in London große Erfolge. König Georg IV. von Großbritannien schenkt den Zillertalern einen mit Silber beschlagenen Ranzen (Bauchgurt); »Tyrolese Melodies« kommen in Mode. Die Sängergesellschaft verbreitet auf ihren (bis 1838 andauernden) Reisen durch Europa vor allem das »Andreas-Hofer-Lied« und »Stille Nacht, heilige Nacht«.

In Leipzig erscheint das Buch »Wien wie es ist«.→

GESTORBEN:

26. 3. Wien: Ludwig van Beethoven (* 16. 12. 1770), Komponist.→

GEBOREN:

11. 1. Mailand: Rainer von Habsburg-Lothringen († 27. 1. 1913), Erzherzog von Österreich, Feldzeugmeister.

26. 4. Hildesheim: Friedrich Ehrbar († 23. 2. 1905), Klavierfabrikant.

23. 12. Marburg: Wilhelm Freiherr von Tegetthoff († 7. 4. 1871), Admiral.

Trauer um Ludwig van Beethoven

26. März. Im Alter von 56 Jahren stirbt in Wien der Komponist Ludwig van Beethoven, der als Vollender der »Wiener Klassik« gilt. Er schuf u. a. die Oper »Fidelio«, neun Symphonien, fünf Klavierkonzerte, 16 Streichquartette, 24 Menuette, 32 Klavier- und Violinsonaten sowie 91 Klavierlieder, mehrere Tänze und kleinere Stücke.

Die Trauerfeier findet in der Pfarrkirche »Zur Allerheiligsten Dreifaltigkeit« in der Alser Straße, das Begräbnis am 29. März auf dem Währinger Ortsfriedhof (heute Schubertpark) statt. Eine gewaltige Menschenmenge gibt dem Komponisten das letzte Geleit; der Schauspieler Heinrich Johann Imanuel Anschütz verliest die von Franz Grillparzer verfaßte Grabrede.

Der in Bonn geborene Beethoven stammte aus einer Musikerfamilie und wurde bereits 1784 Mitglied der Hofkapelle des Kölner Kurfürsten Maximilian Franz. 1792 unternahm er seine zweite Reise nach Wien (eine erste Studienreise zu Wolfgang Amadeus Mozart hatte Beethoven 1787 wegen der schweren Erkrankung seiner Mutter abbrechen müssen); die politischen Wirren in seiner Heimatstadt hinderten den Komponisten an einer Rückkehr nach Bonn, sodaß er seinen ständigen Wohnsitz in Wien nahm.

Beethovens Kompositionen lassen sich in drei Perioden einteilen. Bis etwa 1802 war er sehr stark der »Wiener Klassik«, vor allem Mozart und Joseph Haydn, verhaftet. Im folgenden Jahrzehnt löste sich Beethoven von den überlieferten Formen musikalischer Gattungen und gestaltete sie individueller. Das Alterswerk des Komponisten sprengte die vorgegebenen Formen immer mehr, etwa in dem Einsatz von Chor- und Solostimmen im Schlußsatz der 9. Symphonie, und gelangte zu einer bis dahin unbekannten Subjektivität des Ausdrucks (→ 7. 5. 1824).

Im Gegensatz zu anderen Komponisten seiner Zeit wollte Beethoven ein Kunstwerk von letzter Gültigkeit schaffen, das über den jeweiligen Gebrauchszweck hinaus Bestand haben sollte. Während Mozart 53 und Haydn über 100 Symphonien komponierten, brachte Beethoven es nur auf neun. Häufig hatte er seine Kompositionen jahrelang im Kopf, bevor er sie zu Papier brachte. Dabei kam ihm zugute, daß er nie in den Diensten eines Fürsten oder anderer Brotherren stand und sich auch durch die Rente, die er von drei Wiener Gönnern erhielt, in seiner musikalischen Anschauung nicht beeinflussen ließ.

Die zunehmende Taubheit, die Beethoven von der Gesellschaft und auch von seinem eigenen Werk abschloß, machte ihn immer verbitterter (→ 6. 10. 1802). Seit 1814 zwang ihn sein Leiden, nicht mehr als Pianist aufzutreten. Wenn er dirigierte, übernahm häufig ein anderer in seinem Rücken die eigentliche Stabführung (→ 3. 10. 1822).

Ludwig van Beethoven (Gemälde von Ferdinand G. Waldmüller, 1823)

Gedruckte Seite aus der 8. Sinfonie von Ludwig van Beethoven

Eine unübersehbare Menschenmenge, darunter alle in der Stadt weilenden Musiker, nimmt am Wiener Trauerzug für den Komponisten Ludwig van Beethoven teil (Aquarell von F. Stöber, Beethovenhaus Bonn)

Beethovens Lebenswerk

26. 3. 1778: Erstes öffentliches Auftreten als klavierspielendes »Wunderkind«.

November 1792: Beethoven reist nach Wien, wo er seinen ständigen Wohnsitz nimmt.

29. 3. 1795: Erstes öffentliches Auftreten als Pianist in Wien.

Februar 1796: Konzertreisen nach Prag und Berlin, beginnende Taubheit.

2. 4. 1800: Aufführung der 1. Symphonie C-Dur op. 21.

6. 10. 1802: Abfassung des sog. Heiligenstädter Testaments.→

5. 4. 1803: Aufführung der 2. Symphonie D-Dur op. 36 und des Oratoriums »Christus am Ölberg«.

7. 4. 1805: Aufführung der 3. Symphonie Es-Dur op. 55, »Eroica«.

20. 11. 1805. Uraufführung der Oper »Fidelio« im Theater an der Wien. Da das Stück durchfällt, wird es von Beethoven umgearbeitet (Aufführung der endgültigen Fassung am 23. 5. 1814).

5. 3. 1807: Aufführung der 4. Symphonie B-Dur op. 60.

22. 12. 1808: Aufführung der 5. Symphonie c-Moll op. 67 »Schicksalssymphonie« und der 6. Symphonie F-Dur op. 68 »Pastorale« im Theater an der Wien.

1. 3. 1809: Dekret von Erzherzog Rudolph, Fürst Franz Joseph Lobkowitz und Ferdinand Kinsky, in dem Beethoven eine jährliche Rente von 4000 Gulden zugesichert wird.

Juli 1812: Begegnung mit Johann Wolfgang von Goethe in Teplitz, Beethoven ist vom »Dichterfürsten« enttäuscht.

8. 12. 1813: Aufführung der 7. Symphonie A-Dur op. 92 und der »Schlachtsymphonie« op. 91 (»Wellingtons Sieg in der Schlacht bei Vittoria«).

27. 2. 1814: Aufführung der 8. Symphonie F-Dur op. 93.

23. 5. 1814: Aufführung der endgültigen Fassung der Oper »Fidelio«.→

1818: Fast völlige Taubheit, Beethoven beginnt Konversationshefte zu führen.

7. 5. 1824: Aufführung der 9. Symphonie d-Moll op. 125.→

Der vorwiegend als Aquarellist hervorgetretene Rudolf Alt malte diese »Ansicht von Wien von der Spinnerin am Kreuz« (Aquarell und Deckfarben, 1843; Historisches Museum Wien)

»Wien wie es ist«

In Leipzig erscheint unter dem Titel »Wien wie es ist« ein »Charakter- und Sittengemälde« der Donaumetropole. Der Autor beruft sich bei seiner Darstellung auf Augenzeugenberichte. Über den Wohlstand und die »Moden« in Wien heißt es darin:

»Der Wohlstand ist wirklich außerordentlich groß und (obwohl ich Paris und London nur aus Beschreibungen kenne, trau ich mir doch zu versichern) gleichmäßiger und also viel beglückender als in jenen beiden Hauptstädten. Es ist ein angenehmes Schauspiel für einen Menschen, der gern Fröhliche und Glückliche um sich sieht, an Sonntagen die Versammlungsplätze der unteren Klassen, wozu die Handwerksburschen, Tagelöhner, Handlanger, Handarbeiterinnen und Fabriksarbeiter zählen, zu besuchen. Zerrissene oder auch nur schadhafte oder beschmutzte Kleider zu sehen, ist eine außerordentliche Seltenheit. Man sieht beinahe kein Weib aus den unteren Ständen, das nicht irgendein seidenes und sehr sauberes Kleidungsstück, sei es nun Rock, Korsett oder Schürze hätte; die größte Anzahl hat sogar goldreiche Hauben. Die Männer sind nach ihrer Art ebenfalls gut gekleidet ...

Im vorigen Sommer suchten sich zwei liebenswürdige Schwestern dem Zustande der Natur in dem Maße zu nähern, daß sie weiße leichte, durchschimmernde flordünne Kleider und darunter keine Hemden trugen: Und so ihre Straßenpromenade am hellen Mittag machten. Ganz Wien fast war entzückt über die Naivität der schönen Mädchen ...«

Blick vom Stock-im-Eisen-Platz auf den Stephansdom in Wien (kolorierter Stich von Carl Schütz)

Buntes Treiben auf dem Kohlmarkt in Wien (kolorierter Stich von L. Beyer; Historisches Museum der Stadt Wien)

1828

28. 2. Unter großem Beifall und in Anwesenheit Kaiser Franz' I. findet im Wiener Burgtheater die Uraufführung des Trauerspiels »Ein treuer Diener seines Herrn« von Franz Grillparzer statt. →

14. 7. Mit einer kaiserlichen Entschließung wird in Graz die »k. k. privilegierte wechselseitige Brandschaden-Versicherungs-Anstalt« gegründet; ihr Wirkungsbereich soll Steiermark, Kärnten und Krain sein. Initiator ist die steierische »Landwirtschaftsgesellschaft« mit ihrem Präsidenten, Erzherzog Johann.

25. 7. Ignaz Bösendorfer erhält den Meisterbrief für das Klaviermachergewerbe und den Bürgerbrief der Stadt Wien. Der 32jährige gründet daraufhin eine Klavierfabrik in der Wiener Josefstadt.

17. 10. Ferdinand Raimunds »Romantisch-komisches Märchen mit Gesang«, »Der Alpenkönig und der Menschenfeind«, wird in Wien uraufgeführt.

Der Topograph Christian Crusius veröffentlicht den 25. und letzten Band seines seit 1789 edierten »Topographischen Postlexikons aller Ortschaften der k. k. Erbländer.«

Christian Tschuggmal aus Wenns im Tiroler Pitztal fährt mit einem von ihm selbst konstruierten »Mechanischen Kunsttheater« durch ganz Europa; er wird u. a. in Wien, Berlin, Dresden, Petersburg, Moskau und Kasan mit Begeisterung empfangen.

GESTORBEN:

19. 11. Wien: Franz Schubert (*31. 1. 1797), Komponist. →

GEBOREN:

7. 7. Wien: Heinrich Freiherr von Ferstel (†14. 7. 1883), Architekt.

7. 12. Wien: Heinrich Karl Freiherr von Haymerle (†10. 10. 1881), Diplomat.

ZITAT:

Am 8. März 1828 berichtet der Wiener Polizeipräsident Josef Graf Sedlnitzky Kaiser Franz I. von dem »revolutionären Gehalt« des Dramas »Wilhelm Tell« von Friedrich Schiller und vergleicht es mit Franz Grillparzers »Ein treuer Diener seines Herrn«:

»Bei aufmerksamer Vergleichung . . . ergibt sich, daß das Schauspiel ›Wilhelm Tell‹ einen durch Verschwörung bewirkten . . . und in sehr günstigem Lichte geschilderten Volksaufstand gegen die österreichische Herrschaft darstellt, während in dem Trauerspiel ›Ein treuer Diener seines Herrn‹ der . . . Volksaufstand auf eine das monarchische Prinzip in seiner vollen Gewalt darstellenden Art bestraft wird.«

»Die mildeste Tyrannei . . .«

28. Februar. Im Wiener Burgtheater wird Franz Grillparzers Trauerspiel in fünf Akten »Ein treuer Diener seines Herrn«, 1825 vom Wiener Hof anläßlich der Krönung von Kaiserin Karoline Auguste zur Königin von Ungarn in Auftrag gegeben, uraufgeführt und begeistert aufgenommen. Der Kaiser selbst wohnt der Aufführung bei.

Eine Woche später bestellt der Wiener Polizeipräsident (und damit oberster Zensor der Stadt) Josef Graf Sedlnitzky den Dichter zu sich. Grillparzer notiert über diese Begegnung in seinem Tagebuch:

»5. März. Gestern Vormittags ließ mich der Polizeiminister zu sich entbiethen. Um 2 Uhr gieng ich hin. Ich hatte früher schon vernommen, daß der Kaiser sich höchst günstig über den treuen Diener seines Herrn ausgesprochen; ich machte mich daher auf eine Belobung gefaßt. Doch war ich schon zu oft in der Höhle gewesen, zu der viele Fußstapfen hin führen, wenige aber zurück, als daß sich nicht unheimliche Besorgniße in meine Stimmung gemischt hätten. Ich trat ein. – Seine Majestät hieß es, hätten mein Stück mit großem Wohlgefallen gesehen, und befohlen mir Deren volle Zufriedenheit anzukündigen. Nur hegten Sie in Bezug auf dasselbe noch einen Wunsch. – Welchen? – Das Stück ausschließlich zu besitzen. – Ich war wie vom Donner gerührt. – Ich möchte angeben, welche Vortheile ich mir von der Aufführung außer Wien, von dem Honorar für den Druck erwarte. Se. Majestät seyen bereit mir jeden Schaden zu vergüten. Sodann aber würde die Handschrift in Dero Privatbibliothek aufgestellt werden, keine Kopien genommen, nirgends außer Wien aufgeführt, Niemanden mitgetheilt, der Druck bis auf Weiteres untersagt. In Wien selbst werde es in längern und längern Zwischenräumen wieder gegeben werden, dann aber allmählich verschwinden. Nicht Censursrücksichten verlangten Dieß, denn da brauchte man ja nur geradezu zu verbiethen, sondern – es sey der Wunsch Se. Majestät alleiniger Besitzer dieses ihm wohlgefallenden Stückes zu seyn ... Ich möchte meine Bedingungen nicht ängstlich ansetzen, Seine Majestät seyen zu Opfern bereit. Sie hätten sich mit väterlicher Güte über mich und mein Stück geäußert, das Ihnen sehr gefallen; aber Ihr Wunsch bliebe derselbe. Man gab mir einen Tag Bedenkzeit und ich gieng. Das ist die mildeste Tyrannei von der ich noch gehört!

Was sollte ich thun? Die Erfüllung verweigern? In ihren Händen waren alle Mittel, sie zu erzwingen. Ich schrieb daher einen ostensibeln Brief an den Polizeiminister, in dem ich alles anführte, was Menschlichkeit und Billigkeit gegen einen solchen Wunsch einwenden können. Ich setzte – nachdem ich betheuert hatte, die freie Schaltung über mein Werk jedem erdenklichen Gewinne tausendmal vorzuziehen –, die Entschädigung, nicht unmäßig, aber doch so hoch an [3000 Gulden], daß die bekannte Sparsamkeit des Kaisers davor zurückschrecken konnte . . .«

Eine Antwort des Kaisers oder des Polizeipräsidenten bleibt aus; Grillparzer schreibt daraufhin am 19. März einen weiteren Brief (von einer Antwort ist auch hier nichts bekannt). Sein Drama »Ein treuer Diener seines Herrn« wird allerdings stillschweigend vom Spielplan gestrichen; 1830 erscheint es im Druck.

»An alle Freunde der Naturgeschichte«

Menagerien, die von Stadt zu Stadt ziehen und seltene Tiere ausstellen, erfüllen im ausgehenden 18. und 19. Jahrhundert das große Informationsbedürfnis und die Schaulust vieler Menschen, die dadurch die Möglichkeit erhalten, unbekannte Tiere mit eigenen Augen zu sehen, wie 1828 in Van Dinters »Großer, vermehrter Menagerie« (Werbeplakat, 58×44 cm groß, vom August 1828).

»Fahrt der Schubertianer von Atzenbrugg nach Aumühl« (nach einem Aquarell von Leopold Kupelwieser aus dem Jahre 1820)

Franz Schubert (vorn links am Klavier) im Kreise seiner Freunde bei einem Gesellschaftsspiel (Aquarell von Leopold Kupelwieser, 1821)

Der Klassiker der Romantik

19. November. Im Alter von nur 31 Jahren stirbt der Komponist Franz Schubert. Der aus der Wiener Vorstadt Himmelpfortgrund stammende Musiker gilt als »Liederfürst« und »Klassiker der Romantik oder Romantiker der Klassik«. Sein Leichnam wird am 21. neben dem Grab Ludwig van Beethovens auf dem Währinger Ortsfriedhof beigesetzt.

Schubert, 1808–1813 Schüler des Wiener Stadtkonvikts und Chorknabe in der Hofkapelle, war Autodidakt; nur kurze Zeit erhielt er Kompositionsunterricht durch den Hofkapellmeister Antonio Salieri. Seine erste Komposition schrieb Schubert als 13jähriger: Die »Fantasie in G-Dur« für Klavier zu vier Händen. Insgesamt schuf er acht Symphonien, sieben Messen, 15 Streichquartette, ein Klavierquintett sowie zahlreiche Klavierwerke (darunter 22 Sonaten) und rund 600 Lieder.

Im Herbst 1814 übernahm der Komponist die Stellung eines Hilfslehrers; nach der vergeblichen Bewerbung um eine Lehrerstelle in Laibach verließ Schubert Ende 1817 das Elternhaus und lebte fortan als »freier« Künstler in Wien. Am . März 1818 fand die erste öffentliche Aufführung eines seiner Werke, der »ouverture im italienischen Stil«, statt. Zwei Aufenthalte als Hausmusiklehrer des Grafen Johann Karl Esterházy in Ungarn unterbrachen seine von finanziellen Sorgen und einer venerischen Erkrankung gekennzeichnete Künstlerexistenz. In Wien war Schubert Mittelpunkt eines Freundeskreises, dessen Zusammenkünfte »Schubertiaden« genannt wurden. Der Dichter Eduard von Bauernfeld berichtet über das unstete Leben der »Schubertianer« wie folgt:

»Wie oft strichen wir drei [Schubert, Bauernfeld und der Maler Moritz von Schwind] bis gegen Morgengrauen herum, begleiteten uns gegenseitig nach Hause – da man aber nicht imstande war, sich zu trennen, so wurde nicht selten bei diesem oder jenem übernachtet ... Wer eben bei Kasse war, zahlte für den oder für die anderen.

Nun traf es sich aber zeitweilig, daß zwei kein Geld hatten und der dritte gar keins! Natürlich, daß Schubert unter uns dreien die Rolle des Krösus spielte und ab und zu in Silber schwamm, wenn er etwa ein paar Lieder an den Mann gebracht hatte oder gar einen ganzen Kranz, wie die Gesänge aus Walter Scott, wofür ihm Artaria fünfhundert Gulden W. W. bezahlte. Die erste Zeit wurde flott gelebt und bewirtet, auch nach rechts und links ausgegeben, dann war wieder Schmalhans Küchenmeister, kurz, es wechselte Ebbe und Flut.«

Schuberts Versuche, sich einen geregelten Lebensunterhalt zu verschaffen, schlugen sämtlich fehl. Sein einziges öffentliches Konzert am 26. März 1828 wurde allerdings zu einem großen Erfolg.

Der junggestorbene Komponist Franz Schubert (Aquarell von Wilhelm August Rieder, 1825; Schubertmuseum Wien)

Schuberts Werk

28. 10. 1813: Uraufführung der 1. Symphonie.
1814: Erste Messe in F-Dur.
19. 10. 1814: Lied »Gretchen am Spinnrad«.
1815: Vertonung des »Erlkönigs«.
1816: 4. und 5. Symphonie und das »Stabat mater«.
Mai–August 1817: Sieben Klaviersonaten.
Februar 1818: 6. Symphonie.
Herbst 1819: Das »Forellenquintett«.
19. 8. 1820: Uraufführung der »Zauberharfe« in Wien.
1821: Chormusik »Gesang der Geister über den Wassern«.
Februar 1822: Oper »Alfonso und Estrella«.
September 1822: Die Messe in As-Dur, die 8. Symphonie (»Die Unvollendete«) und die »Wanderer-Phantasie« für Klavier.
April 1823: Singspiel »Der häusliche Krieg«.
Mai–November 1823: Liederzyklus »Die schöne Müllerin«.
20. 12. 1823: Uraufführung der Zwischenakt- und Ballettmusik zu »Rosamunde«.
1826: Vollendung des 14. Streichquartetts »Der Tod und das Mädchen«.
1827: Deutsche Messe in F-Dur für Chor und Orgel und Liederzyklus »Die Winterreise«.
1828: Die 9. Symphonie – diese »große« C-Dur-Symphonie wurde lange irrtümlicherweise als 7. bezeichnet – und der Liederzyklus »Der Schwanengesang«.

1829

18. 2. Um Mitternacht findet in der Hauskapelle des Brandhofes (in der Gemeinde Gußwerk bei Mariazell, Steiermark) die kirchliche Trauung Erzherzog Johanns mit der Postmeistertochter Anna Plochl statt. →

13. 3. Auf der »constituirten« Generalversammlung der wieder ins Leben gerufenen Donaudampfschiffahrtsaktiengesellschaft wird die »Erste österreichische k. k. privilegierte Donau Dampfschiffahrts-Gesellschaft« gegründet. Bereits 1828 haben die Briten John Andrews und Joseph Prickard ein Privileg zum Bau von Dampfschiffen für die Donau erhalten.

11. 8. Der 19jährige Frédéric Chopin debütiert in Wien als Klaviervirtuose und Komponist.

18. 8. Johann Nepomuk Nestroy feiert im Theater in der Josefstadt sein Wiener Debüt als Bühnendichter: Er selbst spielt den Herrn von Dappschädl in seinem Stück »Der Tod am Hochzeitstage«.

14. 9. Der Machtzuwachs Rußlands durch den Frieden von Adrianopel läßt Österreichs Staatskanzler Klemens Wenzel Fürst Metternich eine militärische Stärkung der Donaumonarchie fordern. →

8. 12. Anton Freiherr von Baldacci legt Kaiser Franz I. 108 Tafeln mit dem Titel »Versuch einer Darstellung der österreichischen Monarchie in statistischen Tafeln« vor. Baldacci hat am 6. April vom Kaiser den Auftrag erhalten, die Bevölkerungszahlen aller österreichischen Provinzen statistisch zu erfassen – damit ist das »Statistische Zentralamt« errichtet.

Josef Ressel unternimmt eine erfolgreiche Probefahrt mit seinem Schraubenschiff »Civetta«; 1827 hat er bereits ein Privileg auf die von ihm erfundene Schiffsschraube erhalten. →

Joseph Lanner wird Musikdirektor der Redoutensäle in Wien.

GESTORBEN:

22. 2. Wien: Adam Albert Graf Neipperg (* 8. 4. 1775), General (seit 1821 mit Ex-Kaiserin Marie Louise von Frankreich, der ältesten Tochter Kaiser Franz' I. von Österreich, verheiratet).

GEBOREN:

26. 4. Bergen (Insel Rügen): Theodor Billroth († 6. 2. 1894), Chirurg.

22. 6. Wien: August von Wörndle († 26. 4. 1902), Maler.

2. 8. Wien: Ludwig Lobmeyr († 25. 3. 1917), Industrieller.

Erzherzog Johann mit Gemahlin und Begleitern am Gamskarkogel

Erzherzog heiratet Bürgerstochter

18. Februar. In der Hauskapelle des Brandhofes, dem Jagdschloß des Erzherzogs Johann in der Gemeinde Gußwerk bei Mariazell (Steiermark), wird der 47jährige Johann von Habsburg-Lothringen mit der Bürgerlichen Anna Plochl, Tochter des Postmeisters von Bad Aussee, in aller Stille kirchlich getraut.

Obwohl Kaiser Franz I. als Oberhaupt des Hauses Habsburg seine Zustimmung zu der nicht standesgemäßen Verbindung des Erzherzogs erteilt hat (→ 4. 4. 1823), wird die Hochzeit nicht öffentlich bekanntgegeben.

Erzherzog Johann, Bruder Kaiser Franz I., genannt der »steirische Prinz« (Ölgemälde)

Erste Dampfschraube

Der böhmische Forstintendant und Marinebeamte Josef Ressel, seit 1821 in Triest ansässig, unternimmt mit seinem Schraubenschiff »Civetta« eine erfolgreiche Probefahrt im Triester Hafen.

Bereits 1812 hatte Ressel erste Versuche mit einer von ihm konstruierten Dampfschraube unternommen, doch dauerte es bis zum Jahre 1827, bevor er seine Schraube zum Patent anmelden konnte. Obwohl seine Probefahrt im Hinblick auf die Funktionsfähigkeit der von ihm entwickelten Schiffsschraube ein voller Erfolg ist, werden weitere Versuchsfahrten polizeilich verboten, weil auf der »Civetta« ein Dampfleitungsrohr gebrochen ist.

Ressel gebührt der Ruhm, als erster den praktischen Beweis für die Verwendbarkeit der Schiffsschraube erbracht zu haben, wenn ihm auch die Auswertung seines Erfolges versagt bleibt.

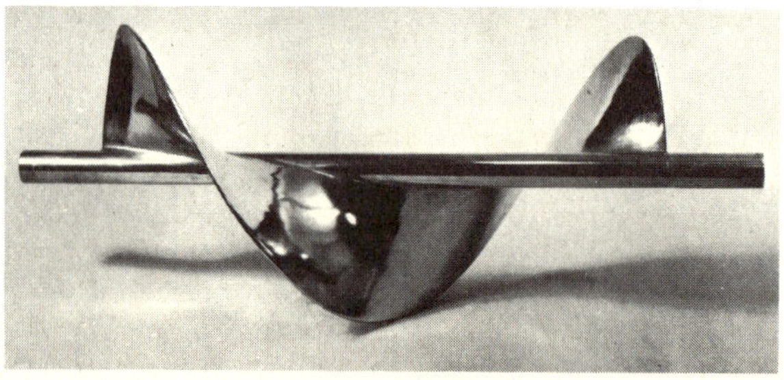

Modell der Schiffsschraube von Joseph Ressel

Österreich muß wieder stark sein

14. September. Im Frieden von Adrianopel zwischen Rußland und dem Osmanischen Reich wird die Unabhängigkeit Griechenlands vereinbart; Rußland sichert sich darüber hinaus erhebliche Handelsprivilegien und die faktische Schutzherrschaft über Serbien, die Moldau und die Walachei.

Dieser Machtgewinn Rußlands beunruhigt den österreichischen Haus-, Hof-, und Staatskanzler Klemens Wenzel Fürst Metternich. Im Oktober tritt er gegenüber Kaiser Franz I. entschieden für eine militärische Stärkung der Donaumonarchie ein. Metternich führt u. a. aus: »Die Zeit, in der wir leben, ist keine gewöhnliche. Europa wird von einer moralischen Pest heimgesucht; die Erhaltung der öffentlichen Gesundheit macht denen, welchen diese höchste aller Sorgen anvertraut ist, Maßregeln zur Pflicht, die im geregelten Zustande entbehrlich sein möchten ... Mit Bedauern, aber im vollen Gefühl der Wahrheit, müssen wir uns gestehen, daß die gesamte orientalische Sache entweder nie ernstlich zur Sprache gekommen oder wenigstens nicht bis zu so leidigen Resultaten verfolgt worden wäre, wenn sich Österreich in einer anderen Verfassung befunden hätte ... Rußland würde sich nie so leicht in ein schwer zu begrenzendes Unternehmen eingelassen haben, wenn es mehr Rücksicht auf Österreich nehmen zu müssen geglaubt hätte.

Der Friede von Adrianopel ist als ein augenblicklicher Ruhepunkt zu betrachten ... er beweist die Notwendigkeit neuer politischer Gestaltungen. In diesen müssen wir unsere Stelle einnehmen. Eure Majestät müssen jedoch die Mittel besitzen, sie zum Heil der Monarchie wie zum allgemeinen Wohle Europas zu behaupten. Hierzu gehören vor allem zwei voneinander unzertrennliche Bedingungen: Der *finanzielle* und der *militärische* Stand der Monarchie.

... Ruhe in der heutigen Zeit ist bei dem allgemeinen Stande der europäischen Angelegenheiten und bei der gegenwärtigen Stimmung der Gemüter auf die Länge nicht denkbar, wenn sich Österreich, als die große Zentralmacht, nicht in eine materielle Verfassung setzt, welche nötigenfalls *Ruhe gebieten* kann ...

1830

28. 2. Ein gewaltiger Eisstoß auf der Donau hat verheerende Überschwemmungen in den Wiener Vorstädten zur Folge. →

4. 9. Der Raddampfer »Kaiser Franz I.« unternimmt die erste Probefahrt von Wien nach Pest. →

28. 9. Erzherzog Ferdinand wird in Preßburg zum König von Ungarn gekrönt. →

10. 10. Ein Dekret über die Errichtung der »k. k. Grenzjäger-Truppe« (14 000 Mann stark) wird erlassen (sie ist der Vorläufer der heutigen Zollwache).

31. 10. Der Bundestag in Frankfurt am Main beschließt als Antwort auf die Auswirkungen der französischen Julirevolution »Maßregeln zur Herstellung und Erhaltung der Ruhe in Deutschland«. →

Die Marktgemeinde Lustenau (Vorarlberg) verliert ihre Sonderstellung in bezug auf Verwaltung und Justiz.

In Schwaz (Tirol) wird eine Tabakfabrik gegründet.

Michael Thonet erfindet eine Methode, Holz zu biegen; daraus entwickelt sich ab 1842 der »Wiener Sessel«.

Der Wiener Feinmechaniker und Linsenschleifer Simon Plößl baut das erste dialytische Fernrohr.

Der aus Ungarn stammende Chemiker Ladislaus Stefan Romer erfindet »Phosphor-Zündhölzer«, die nach ihm benannt werden.

In Wien breitet sich eine Cholera-Epidemie aus. →

GESTORBEN:

28. 12. Wien: Therese Krones (* 7. 10. 1801), Soubrette. →

GEBOREN:

Wien: Johann Schrantz († 1. 4. 1902), Industrieller.

24. 3. Kirchberg am Walde: Robert Hamerling (eigentlich Rupert Hammerling; † 13. 7. 1889), Schriftsteller.

18. 5. Keszthely (Ungarn): Karl Goldmark († 2. 1. 1915), Komponist.

18. 8. Schloß Schönbrunn (Wien): Franz Joseph von Habsburg-Lothringen († 21. 11. 1916), Kaiser von Österreich.

13. 9. Schloß Zdislavice (Mähren): Marie Freifrau von Ebner-Eschenbach, geb. Gräfin Dubsky († 12. 3. 1916), Dichterin.

18. 10. Liesing (Kärnten): Matthias von Lexer († 16. 4. 1892), Germanist.

23. 11. Herzebrock (Westfalen): Kaspar von Zumbusch († 27. 9. 1915), Bildhauer.

28. September. *Erzherzog Ferdinand von Österreich wird nach alter Tradition in der St. Martins-Kirche zu Preßburg als Ferdinand V. zum Apostolischen König von Ungarn gekrönt. Vor der Zeremonie segnet Kaiser Franz I. seinen ältesten Sohn, der vor dem Vater niederkniet (Abb.). Franz I. läßt seinen nicht ganz gesunden Sohn bereits zu Lebzeiten zum König von Ungarn krönen, um an der Nachfolge Ferdinands als Kaiser von Österreich keinen Zweifel aufkommen zu lassen (→ 1835).*

Auch uns kann der Galgen blühen

31. Oktober. Als Reaktion auf die Unruhe in einigen deutschen Bundesstaaten nach der Julirevolution in Frankreich beschließt der Frankfurter Bundestag »Maßregeln zur Herstellung und Erhaltung der Ruhe in Deutschland« und verschärft die »Demagogenverfolgungen«.

Der Sturz König Karls X. von Frankreich und die Berufung des Herzogs Louis Philippe von Orléans zum König der Franzosen (»Bürgerkönig«) setzten Zeichen für die Erhebung der Bevölkerung in weiten Teilen Europas. Im Deutschen Bund hatten sich die sozialen Gegensätze durch steigende Steuern, polizeistaatliche Maßnahmen und eine strikte Zensur seit Jahren zugespitzt. Unmittelbar nach der Julirevolution erhoben sich in einigen deutschen Staaten liberale Bürger, Handwerksgesellen, Bauern und bereits auch Arbeiter, um für Pressefreiheit, Abschaffung der Zölle sowie der drückendsten Steuern und für eine Repräsentativverfassung zu kämpfen. Die Erhebungen blieben regional begrenzt, weil ihnen keine einheitliche Organisation zugrunde lag. In vielen Staaten ging das Besitzbürgertum offen auf die Seite der Aristokratie über, sodaß keine wesentlichen Veränderungen erreicht werden.

In einem Brief erklärt der österreichische Hofrat und konservative Publizist Friedrich von Gentz am 24. Oktober, daß er in »der wirklichen Lage der Dinge nichts Alarmierendes« sehen könne. Gentz schreibt weiter:

»An fernere große Veränderungen in Frankreich glaube ich allerdings; da aber die legitime Regierung einmal zum Henker ist und nie wieder auferstehen kann, so ist mir ziemlich gleichgültig, wer heute oder morgen regiert. Ich fürchte – dort und allenthalben – nur ein Einziges. Und das ist die wirkliche, dringende und vor der Hand unheilbare Not der unteren Volksklassen, ihre Verzweiflung und die Ausschweifungen, zu welchen gottlose Demagogen sie verleiten können. Diese Gefahr ist groß; auch sie kann ihrer Natur nach immer nur vorübergehend sein; die Masse derer, die etwas zu verlieren haben, muß allemal siegen; aber es können Zwischenräume blutiger und scheußlicher Unordnungen eintreten, und in solchen Zwischenräumen kann allerdings auch uns der Galgen erblühen. Indessen ist mir doch viel wahrscheinlicher, daß wir beide im Bette sterben ...«

Das Ausmaß der Katastrophe zeigt das Bild »Überschwemmung in Wien« (Ölgemälde von Leander Russ)

Ein Eisstoß auf der Donau

Ende Februar. Am 26./27. Februar erhebt sich in der Wachau ein Eisstoß (der größte seit 1799) und richtet durch Überschwemmungen verheerende Schäden an. Am 28. erreichen die Naturgewalten Wien.
13 Wochen lang war die Donau zugefroren, nun bricht gegen Mitternacht das Eis auf, und das überflutende Wasser steigt binnen weniger Minuten auf fünf Schuh (etwa 1,60 m). Besonders die Wiener Vororte Roßau, Leopoldstadt, Weißgerber und Erdberg sind betroffen. Der Wasserstand sinkt erst am 1. März ab 14 Uhr wieder, und gegen Abend setzen sich die Eismassen auf der Donau in Bewegung. Die Flut fordert 74 Menschenleben und verursacht große Sachschäden.
Auch das niederösterreichische Marchfeld wird von den Überschwemmungen betroffen. Kaiser Franz I. setzt sich persönlich für Hilfsmaßnahmen ein, wovon das »Denkbuch« von Kimmerleinsdorf, fortan Franzensdorf genannt, zeugt: »Unvergeßlich für die Lebenden und Nachkommen soll der 7. September 1830 bleiben, wo unser allergnädigster Kaiser Franz u. Se. Majestät die Kaiserin Carolina die Ruinen unseres verfallenen Dorfes besah…, dann das auf Allerhöchsten Befehl schon zum Umbau angefangene Dorf in Augenschein nahm, und nachsah, ob seine für Kimmerleinsdorf angewiesenen Summen zweckmäßig verwendet werden…«

Die Cholera bedroht Wien

Eine 1826 in Indien ausgebrochene Cholera-Epidemie erreicht Mitteleuropa und breitet sich u.a. auch in Österreich aus. Die Infektionskrankheit kam zunächst über Persien und Sibirien nach Rußland und Polen, wo sie trotz vielfältiger Bemühungen nicht unter Kontrolle gebracht werden konnte.
In Österreich ist als erstes Wien von der Seuche betroffen. Kaiser Franz I. schreibt in einem Brief vom 5. Juli an seinen Bruder, Erzherzog Joseph, u.a.: »Die Cholera war eine große Geißel, vorzüglich wegen der Angst, welche sie verbreitet und dem Zeitpunkt, in dem sie eingetroffen [die Schrecken des Hochwassers sind noch kaum vergessen] … Ob die Kordone die Cholera abhalten werden weiß ich nicht, thun sie es nicht, so sind erstere eine große Plage ohne Not. Das Wichtigste und Notwendigste dürfte sein, da wo Cholera in Orten ausbricht, dort Hilfe leisten, wo Mangel ist, die gehörige Unterstützung zweckmäßig leisten und die Kranken absperren und gleich zu selben sehen, um sie zu heilen …«
Trotz großer Fürsorge verbreitet sich die Cholera-Epidemie auch auf andere Teile Österreichs. Kärnten wird 1831/32 erfaßt, ihren Höhepunkt in Wien erreicht die Cholera im Herbst 1831 – rund 2000 Menschen fallen ihr zum Opfer. In Nörsach, dem östlichsten Ort an der Grenze Osttirols, hat man eine »Contumaz-Anstalt« eingerichtet: Sorgfältige Reinigungsprozeduren aller Reisenden sollen die Einschleppung der Krankheit nach Tirol verhindern.

14 Stunden bis Pest

4. September. Die erste Probefahrt des neuen Raddampfers der »k.k. privilegierten Donau Dampfschifffahrts-Gesellschaft« (DDSG) ist ein uneingeschränkter Erfolg: Die am 26. Juli vom Stapel gelaufene »Kaiser Franz I.« bewältigt die Strecke Wien–Pest in 14 Stunden und 15 Minuten; für die Rückfahrt – stromaufwärts – benötigt man 48 Stunden und 20 Minuten.
Der neuerliche Anlauf zur erfolgreichen Dampfschiffahrt auf der Donau geriet mehrfach in Gefahr: Zunächst verzögerte der besonders strenge Winter 1829/30 die Lieferung der komplett in London gefertigten Maschinenanlage, dann drohte der Eisstoß auf der Donau (→ Ende Februar) den im Bau befindlichen Rumpf der »Kaiser Franz I.« in Floridsdorf bei Wien zu zerdrücken.
Nach dem Stapellauf im Juli wurde der DDSG am 1. September nach behördlicher Überprüfung ein Privileg zur Donaudampfschiffahrt auf 15 Jahre ausgestellt – obwohl noch nicht einmal alle Anteile der Aktiengesellschaft verkauft sind.

Schauspielerin Therese Krones

»Künstlerin in jeder Beziehung«

28. Dezember. Im Alter von nur 2… Jahren stirbt die Schauspielerin Therese Krones. Sie war die populärste Schauspielerin Wiens, wo sie von 1821 bis Anfang 1830 im Theater in der Leopoldstraße und danach im Theater an der Wien auftrat. Der Hofschauspieler Carl Ludwig Costenoble urteilte über seine junge Kollegin: »Mit Therese Krones ist ein unaussprechlich großes Talent für niedrig komische Rollen verloren gegangen«, eine Künstlerin »in jeder Bedeutung und Beziehung«.

1831

7. 1. Von 19 bis 23 Uhr ist über Wien ein Nordlicht zu beobachten – in diesen Breitengraden ein äußerst seltenes Naturereignis.

5. 2. Ein Aufstand in Rom breitet sich rasch auch auf Modena und Parma aus. Kaiserin Marie Louise, die Witwe Kaiser Napoleons I. von Frankreich, verläßt ihr Herzogtum Parma und begibt sich nach Österreich.

25. 2. Österreichische Truppen unter General Johann Graf Frimont ziehen im Herzogtum Parma ein und besiegen die Aufständischen bei Firenzuola.

5. 3. Die Österreicher schlagen die Aufständischen bei Novi.

9. 3. Österreichische Truppen marschieren im Herzogtum Modena ein.

25. 3. Auch bei Rimini werden die Italiener von den Österreichern besiegt.

29. 3. Österreichische Truppen besetzen die zum Kirchenstaat gehörende Provinz Ancona; Papst Gregor XVI. hat den Aufstand in seinem Territorium allein nicht unter Kontrolle bringen können.

5. 4. Das Trauerspiel »Des Meeres und der Liebe Wellen« von Franz Grillparzer wird im Wiener Burgtheater uraufgeführt.

Sommer. General Johann Josef Wenzel Graf Radetzky von Radetz zum Generalkommandanten der österreichischen Truppen in Lombardo-Venetien ernannt.→

21. 7. Prinz Leopold I. von Sachsen-Coburg-Gotha besteigt den Thron des neu errichteten Königreichs Belgien (der ehemaligen Österreichischen Niederlande).

Herbst. Die seit → 1830 in Wien herrschende Cholera-Epidemie erreicht ihren Höhepunkt, klingt aber zum Winter hin merklich ab. Entlang der beiden Wienflußufer hat man sog. Cholerakanäle angelegt, um die Abwässer aufzunehmen, bevor sie das Flußbett erreichen.

Die Bevölkerungszahl des Deutschen Bundes beträgt rund 30 Millionen; in Österreich, dem größten Mitgliedsstaat, lebt fast ein Drittel davon.→

GEBOREN:

26. 2. Steierdorf: Josef Werndl (†29. 4. 1889), Waffentechniker.

18. 9. Malchin (Mecklenburg): Siegfried Marcus (†30. 6. 1898), Erfinder.

20. 11. Prag: Josef Federn (†9. 11. 1920), Internist.

25. 12. Wien: Johann von Herbeck (†28. 10. 1877), Komponist und Dirigent.

Der »Vormärz« in Österreich

Mit »Vormärz« wird die Zeit vor der »Märzrevolution« des Jahres 1848 bezeichnet, parallel zum sog. Biedermeier (→ 1826) mit dem »Wiener Kongreß« 1815 beginnend, zuweilen aber auch enger gefaßt und auf die Jahre nach der Julirevolution in Frankreich 1830, als der reaktionäre Karl X. gestürzt und der »Bürgerkönig« Louis Philippe von Orléans eingesetzt wird, beschränkt.

Der »Vormärz« ist für Mitteleuropa eine Zeit des äußeren Friedens und der inneren Unterdrückung. Gekennzeichnet durch die als Metternichsches System bezeichnete Politik des Hauptrepräsentanten der Restauration, Haus-, Hof- und Staatskanzler Klemens Wenzel Fürst Metternich, der jede revolutionäre Veränderung durch militärische Intervention zu verhindern sucht, entwickelt sich Österreich zu einem Polizeistaat, der keine offenen liberaldemokratischen oder nationalen Ideen duldet. Die sog. Karlsbader Beschlüsse (→ 20. 9. 1819) und ihre Verschärfung auf der Wiener Ministerkonferenz (→ 12. 6. 1834) bieten die rechtliche Grundlage für diese Entwicklung.

Scharfe Zensurbestimmungen und ein straff organisierter Polizeiapparat richten sich vor allem gegen die literarisch Schaffenden. Bereits 1819 erklärte Metternich: »Das größte und demnach das dringendste Übel ist heute die Presse.« Der österreichische Hofrat und konservative Publizist Friedrich von Gentz (→ 9. 6. 1832) versteift sich gar zu der geradezu grotesk erscheinenden Forderung: »Es soll zur Verhütung des Mißbrauchs der Presse binnen Jahren gar nichts gedruckt werden. Punktum. Dieser Satz als Regel, mit äußerst wenigen Ausnahmen, die ein Tribunal von anerkannter Superiorität zu bestimmen hätte, würde uns in kurzer Zeit zu Gott und zur Wahrheit zurückführen.«

Die Zensur richtet sich gegen jede Form populärer Schriften, Zeitungen und Zeitschriften, Flugblätter und Broschüren. Die politische Dichtung eines Eduard von Bauernfeld, Franz Grillparzer oder Anastasius Grün zeugt von den Auseinandersetzungen dieser Zeit. Das Theater entwickelt die Kunst der Anspielung und der Pantomime, die besonders ein Johann Nepomuk Nestroy glänzend beherrscht. Die patriotische Geschichtsschreibung eines Joseph Freiherr von Hormayr oder Joseph Chmel wird zwar offiziell gefördert, findet aber nur eine geringe Breitenwirkung – beeinflußt aber positiv die Heranbildung einer bodenständigen Geschichts- und Kulturforschung in Österreich. Dadurch wird vor allem die Gründung von Landesmuseen wesentlich vorangetrieben.

Unaufhaltsam ist in dieser Zeit aber der Aufschwung der Technik. Die Gründung von Technischen Hochschulen in Graz und Wien ermöglicht die Ausbildung einer größeren Zahl von qualifizierten naturwissenschaftlich-technischen Fachkräften. Der Erfindergeist der Menschen zeitigt immer neue, immer bessere Ergebnisse, und der Wille zur Tat zeigt sich in Österreich vor allem an der Schaffung einer (funktionierenden) »Donaudampfschiffahrts-Gesellschaft« (→ 4. 9. 1830), der Errichtung der ersten Pferdeeisenbahn (→ 1. 8. 1832) und der Übernahme der Dampfeisenbahn (→ 19. 11. 1837). Dadurch entwickelt sich auch der industrielle Bereich Österreichs (→ 1841).

Es wächst allerdings auch das städtische Industrieproletariat und mit ihm die soziale Frage, ohne daß die Regierung Verständnis für die sich zuspitzende soziale Krise zeigt. Soziale Not und Unzufriedenheit über die politische Unterdrückung werden so zum Damoklesschwert für die Monarchie. Zudem wächst der Nationalismus der Völker im Kaiserreich Österreich, in dem – wie in den anderen europäischen Staaten – das Volk zunehmend empfänglich wird für revolutionäre Ideen, die 1848 tatsächlich zum Ausbruch kommen.

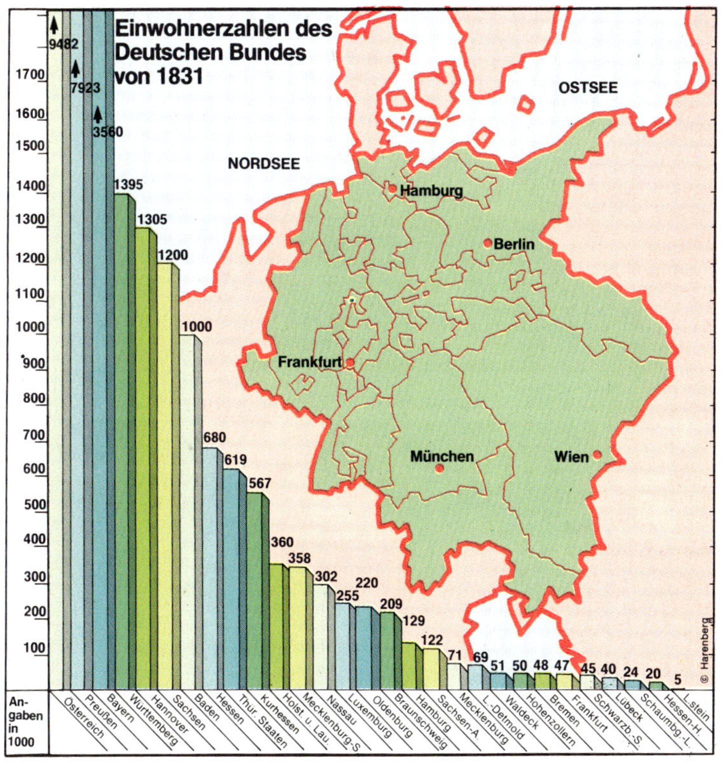

30 Millionen im Deutschen Bund

Die Bevölkerung des Deutschen Bundes beträgt rund 30 Millionen Menschen. In Österreich und Preußen, den zwei größten Mitgliedsstaaten, leben allein fast 17,5 Millionen Menschen, das sind rund 58% der Gesamtbevölkerung. Insgesamt sieben der 38 Mitgliedsstaaten haben mehr als eine Million Einwohner. Neben Preußen und Österreich sind dies Bayern, Württemberg, Hannover, Sachsen und Baden; 86% der Bevölkerung des Deutschen Bundes lebt in diesen sieben Staaten. Die Stärke der Heereskontingente beträgt jeweils 1% der Einwohnerzahl.

Ein Kommando für Graf Radetzky

Sommer. Kaiser Franz I. beruft den Festungskomandanten von Olmütz, General Johann Josef Wenzel Graf Radetzky von Radetz, zum Generalkommandanten der österreichischen Armee in Lombardo-Venetien. Radetzky, Generalstabschef des Feldmarschalls Karl Philipp Fürst zu Schwarzenberg in der »Völkerschlacht« bei Leipzig (→16.–19.10. 1813), gilt als angesehener Militärstratege. Er berichtet selbst in seinen Aufzeichnungen (in der dritten Person) über die Ernennung:
»Eines Tages wurde Radetzky, damals Festungskommandant in Olmütz, nach Wien berufen. Dort angelangt, befahl der Kaiser, daß Radetzky nach Italien sich augenblicklich begebe, um an der Seite [General Johann Graf] Frimonts zu fungieren, mit dem Beisatz, sich zugleich zu dem Fürsten Metternich zu begeben und den folgenden Tag um siebeneinhalb Uhr im Kabinett Seiner Majestät zu erscheinen.
Radetzky befolgte pünktlich den A. h. Befehl und wurde beim Eintreffen den folgenden Morgen gleich vorgelassen und mit der Frage angesprochen: ›Waren Sie beim Fürsten?‹ Antwort: ›Ja!‹ Der Kaiser: ›So wissen Sie alles?‹ Antwort: ›Bitte um Vergebung, der Fürst sprach drei Stunden, aber ich weiß nichts.‹ Der Kaiser lächelte, befahl, mit ihm auf und ab zu gehen, und in kurzem wurde die politische Lage Österreichs klar ... [Seine Majestät trug ihm auf], ›die Armee in Italien aufzuwecken und solche mir für den Krieg vorzubereiten.‹ «

Johann Josef Wenzel Graf Radetzky von Radetz (Peter Krafft)

1832

Mai. Der Dichter Nikolaus Lenau bricht zu einer Reise nach Amerika auf.→

27.–30. 5. Mehr als 30 000 Bürger, Handwerker und Bauern versammeln sich auf dem Hambacher Schloß bei Neustadt an der Weinstraße (Pfalz), um für Einheit und Freiheit in Deutschland zu demonstrieren. Als Reaktion auf dieses Treffen der liberal-demokratischen Bewegung, das sog. Hambacher Fest, verkündet der Bundestag des Deutschen Bundes am 5. Juli mehrere Erlässe, die Presse-, Vereins- und Versammlungsfreiheit weiter einschränken; das Tragen schwarz-rot-goldener Abzeichen wird unter Strafe gestellt.

21. 7. Kaiser Franz I. und seine Gemahlin eröffnen durch ihre Fahrt von Urfahr nach St. Magdalena die Pferde-Eisenbahn von Linz nach Budweis (→1. 8.).

1. 8. Auf der Strecke der Pferde-Eisenbahn von Linz nach Budweis wird der regelmäßige Güterverkehr aufgenommen.→

9. 8. Im Helenental bei Baden (Niederösterreich) wird auf Erzherzog Ferdinand, den ältesten Sohn Kaiser Franz' I., ein Attentat verübt. Der Erzherzog entgeht dem Anschlag und verwendet sich gar für den Attentäter, den pensionierten Hauptmann Franz Reindl.

GESTORBEN:

9. 6. Weinhaus bei Wien: Friedrich von Gentz (* 2. 5. 1764), Staatsmann.→

22. 7. Schloß Schönbrunn (Wien): Napoleon Franz Joseph Karl (* 20. 3. 1811), »König von Rom« und Herzog von Reichstadt.→

28. 7. Wien: Joseph Schreyvogel (* 27. 3. 1768), Schriftsteller, seit 1814 Direktor des Burgtheaters.

GEBOREN:

29. 5. Hippach (Tirol): Johann Katschthaler (†27. 22. 1914), Fürsterzbischof von Salzburg und Kardinal.

6. 7. Wien: Maximilian I. (eigentl. Ferdinand Max von Habsburg-Lothringen; †19. 6. 1867), Erzherzog von Österreich, Kaiser von Mexiko.

17. 9. Wiener Neustadt: Wendelin Böheim (†1. 11. 1900), Waffentechniker und -historiker.

20. 10. Atzgersdorf bei Wien: Anton Romako (†8. 3. 1889), Maler.

26. 10. Osterwitz: Leo Reinisch (†24. 12. 1919), Afrikanist und Ägyptologe.

14. 11. Wien: Franz von Jauner (†23. 2. 1900), Schauspieler und Theaterleiter.

Lenaus Abschiedslied

Mai. Der 29jährige Dichter Nikolaus Lenau (eigentlich Nikolaus Franz Niembsch Edler von Strehlenau) reist nach Amerika, weil dies »nothwendig zu seiner Ausbildung« gehöre. »Meine Poesie«, erklärt er gegenüber seiner Schwester, »lebt und webt in der Natur, und in Amerika ist die Natur schöner, gewaltiger als in Europa ... Ich verspreche mir eine wunderbare Wirkung davon auf mein Gemüth.«
Vor der Abreise schreibt Lenau das Gedicht »Abschied«, das »Lied eines Auswandernden«:

»Sei mir zum letztenmal gegrüßt
Mein Vaterland, das, feige dumm,
Die Ferse dem Despoten küßt
Und seinem Wink gehorchet stumm.

Wohl schlief das Kind in deinem Arm;
Du gabst, was Knaben freuen kann;
Der Jüngling fand ein Liebchen warm;
Doch keine Freiheit fand der Mann.

Im Hochland streckt der Jäger sich
Zu Boden schnell, wenn Wildesschar
Heran sich stürzet fürchterlich;
Dann schnaubt vorüber die Gefahr:

Mein Vaterland, so sinkst du hin,
Rauscht deines Herrschers Tritt heran,
Und lässest ihn vorüberziehen
Und hältst den bangen Atem an. –

Fleug, Schiff, wie Wolken durch die Luft,
Hin, wo die Götterflamme brennt!
Meer, spüle mir hinweg die Kluft,
Die von der Freiheit noch mich trennt!

Du neue Welt, du freie Welt,
An deren blütenreichem Strand
Die Flut der Tyrannei zerschellt,
Ich grüße dich, mein Vaterland!«

Dichter Nikolaus Lenau (Ölgemälde von Friedrich Amerling)

»Kaiser« Napoleon II.

22. Juli. Im Wiener Schloß Schönbrunn stirbt Napoleon Franz Joseph Karl, Herzog von Reichstadt, erst 21jährig an Tuberkulose.
Das einzige Kind aus der Ehe Kaiser Napoleons I. von Frankreich mit der Tochter Kaiser Franz' I. von Österreich, Marie Louise (→11. 3. 1810), wurde gleich nach seiner Geburt von Kaiser Napoleon zum »König von Rom« ernannt. Als der Monarch am 4. April 1815 abdanken mußte, tat er dies zugunsten seines Sohnes, doch die Siegermächte erkannten den erst vierjährigen Prinzen nicht als Kaiser an. Seine Mutter brachte ihn daraufhin nach Wien, wo er in der Obhut seines Großvaters (Kaiser Franz I.) aufwuchs. 1817 erhielt Napoleon Franz Joseph Karl anstelle des Erbrechts auf Parma (das Herzogtum seiner Mutter) die nordböhmische Herrschaft Reichstadt (Zákupy) und führte fortan den Titel eines Herzogs von Reichstadt. Nach seinem frühen Tod wird der Leichnam des Herzogs in der Kapuzinergruft in Wien beigesetzt.

Napoleon II. (M.) mit Franz Josep[h] (l.) und Prinzessin Lina Salerno

Die erste Eisenbahn

. **August.** Die Pferde-Eisenbahn .inz–Budweis nimmt den regelmä- ßigen Güterverkehr auf. Bereits am 1. Juli ist sie mit einer kurzen Fahrt les Kaiserpaares von Urfahr bei .inz nach St. Magdalena feierlich er- öffnet worden. Der Personenver- kehr wird erst im folgenden Jahr auf- genommen.
)iese erste Eisenbahn auf dem euro- päischen Kontinent hat eine Ge- amtstreckenlänge von 128,8 km, Irei Umspannstationen, sieben Sta- ionen und 46 Wächterhäuser (eini- e Stationsgebäude und Viadukte sind bis heute erhalten). 1836 erfolgt eine Streckenerweiterung nach Süden, von Linz nach Gmunden.
Franz Anton Ritter von Gerstner hat bereits im Herbst 1824 eine 227 m lange Versuchsstrecke für eine Pferde-Eisenbahn im Wiener Prater gebaut und daraufhin am 7. September ein Privileg zur Errichtung einer »Holz- und Eisenbahn« erhalten. Probleme haben den Bau der Linie allerdings immer wieder unterbrochen und verzögert. Erst acht Jahre später kommt es nun zur Eröffnung der ersten Eisenbahnlinie.

)ie Pferde-Eisenbahn Linz–Budweis (Zeichnung aus dem Jahre 1832)

Gegner der Revolution

. **Juni.** Im Alter von 68 Jahren stirbt er aus Schlesien stammende Publi- ist und außerordentliche Hofrat riedrich von Gentz.
er entschiedene Gegner der Fran- ösischen Revolution wurde 1793 reußischer Kriegsrat, entfernte ch allerdings im Laufe der Jahre im- er mehr von der offiziellen Politik reußens und ging 1803 nach Wien. ls freier Publizist wurde Gentz asch zum Mittelpunkt der konser- ativen antinapoleonischen Kräfte. r trat für eine Wiederherstellung es europäischen Gleichgewichts uf der Basis der vorrevolutionären tuation ein; 1810 betraute ihn der sterreichische Staatskanzler Kle- ens Wenzel Graf Metternich mit em Aufbau einer offiziösen Presse em »Oesterreichischen Beobach- r«). 1813 begann Gentz' Karriere s Hofrat, in deren Folge er an den ichtigsten Kongressen der nächsten beiden Jahrzehnte teilnahm; auf dem »Wiener Kongreß« (→ 18. 9. 1814) wählte man ihn zum Generalsekretär.

Der Publizist und Hofrat Friedrich von Gentz (Stahlstich von A. Weger)

1833

22. 3. Der preußisch-hessische Zollverein schließt sich mit dem bayrisch-württembergischen zum Deutschen Zollverein zusammen. Mit seinem Inkrafttreten am 1. Jänner 1834 ist die wirtschaftliche Einigung Deutschlands erreicht – allerdings unter Ausschluß Österreichs. →

3. 4. Studenten und Handwerker stürmen die Haupt- und Konstablerwache in Frankfurt am Main, in der Hoffnung, so die Bundesversammlung sprengen zu können. Der Aufstand, der das Signal zur Erhebung der liberal-demokratischen Opposition in Süd- und Westdeutschland geben soll, wird durch den Einsatz von Militär niedergeworfen.

11. 4. Im Theater an der Wien wird Johann Nepomuk Nestroys Zauberposse mit Gesang »Der böse Geist Lumpazivagabundus oder Das liederliche Kleeblatt« uraufgeführt; Nestroy selbst spielt den Schuster Knierim, Wenzel Scholz den Schneider Zwirn und Theaterdirektor Carl (eigtl. Karl von Bernbrunn) den Tischler Leim.

30. 6. Der deutsche Bundestag beschließt auf Antrag Österreichs, eine neue Zentraluntersuchungskommission gegen die revolutionären Umtriebe einzusetzen. (Die am → 20. 9. 1819 in Karlsbad eingesetzte Kommission hat ihre Arbeit 1828 beendet und sich aufgelöst.)

August. Konferenz von Münchengrätz (Böhmen): Kaiser Franz I., Zar Alexander I. von Rußland und Kronprinz Friedrich Wilhelm (IV.) von Preußen beschließen ein gemeinsames Vorgehen gegen die revolutionären Bewegungen und sagen sich gegenseitigen Beistand zu.

Die »k. k. privilegierte Donau Dampfschiffahrts-Gesellschaft« (DDSG) vereinbart die Aufnahme eines Linienverkehrs von Wien nach Konstantinopel.

GEBOREN:

24. 2. Wien: Eduard Graf Taaffe († 29. 11. 1895), Staatsmann.

7. 5. Hamburg: Johannes Brahms († 3. 4. 1897), Komponist.

20. 7. Wien: Karl Freiherr von Hasenauer († 4. 1. 1894), Architekt.

17. 8. Dublany (Galizien): Eduard Bitterlich († 20. 5. 1872), Maler und Bildhauer.

30. 9. Wien: Ferdinand von Saar († 24. 7. 1906), Schriftsteller.

10. 10. Wien: O. F. Berg (eigtl. Ottokar Franz Ebersberg; † 16. 1. 1886), Schriftsteller.

Ein Zollverein ohne Österreich

22. März. Der bayrisch-württembergische und der preußisch-hessische Zollverein schließen einen Zollvereinigungsvertrag, dem sich auch Sachsen und die thüringischen Staaten anschließen. Mit Wirkung vom 1. Jänner 1834 soll der Deutsche Zollverein in Kraft treten und 18 Mitgliedsstaaten des Deutschen Bundes wirtschaftlich zusammenschließen.
Österreich hat sich vergeblich bemüht, das Zustandekommen des von Preußen dominierten Zollvereins zu verhindern. Der österreichische Staatskanzler Klemens Wenzel Fürst Metternich legt in einem Bericht für Kaiser Franz I. die Gründe für seine Kritik am Deutschen Zollverein dar. Er schreibt u. a.:
»Es kann aber auch dem uneingeweihten Blicke nicht zweifelhaft bleiben, daß eine und dieselbe Zolllinie, die die Grenze der Monarchie von Krakau bis Salzburg und Bregenz umfaßt, unseren ganzen westlichen Ein- und Ausfuhrhandel ... unbedingt beherrscht; und wenn man bedenkt, daß diese Herrschaft in die Hände eines Staates wie Preußen gelegt ist, welcher in Natur- wie in Industrieprodukten auf den Märkten Europas als einer unserer vorzüglichsten Nebenbuhler betrachtet werden kann, so läßt sich von dessen neu erworbenem Einflusse auf alle unsere Kommunikationswege durch und mit Deutschland nur eine sehr ungünstige Rückwirkung auf Produktion und Industrie im Kaiserstaate erwarten. Allein noch viel bedenklicher dürfte diese Rückwirkung auf dem politischen Felde sich für uns gestalten ... In dem großen Bundesverein entsteht ein kleinerer Nebenbund, in dem vollsten Sinne des Wortes ein status in statu, welcher nur zu bald sich daran gewöhnen wird, seine Zwecke mit seinen Mitteln in erster Linie zu verfolgen und die Bundeszwecke und Bundesmittel nur in zweiter Linie, insofern sie mit den ersteren sich vereinbaren lassen, zu berücksichtigen ... Mit allen Künsten diplomatischer Tätigkeit, mit allen Verlockungen durch materielle Interessen wird daher in der Zukunft Preußen dahin streben, an den seinem System verschriebenen Höfen den Einfluß Österreichs zu schwächen ...«

1834

Jänner. In Wien kommen die Bevollmächtigten der Regierungen des Deutschen Bundes zu einer geheimen Ministerkonferenz zusammen, um über Maßnahmen gegen die revolutionären Umtriebe zu beraten (→ 12.6.).

13. 1. Conradin Kreutzers Oper »Nachtlager in Granada« wird im Wiener Theater in der Josefstadt uraufgeführt.

20. 2. Im Wiener Theater in der Josefstadt findet die Uraufführung des »Original-Zaubermärchens mit Gesang«, »Der Verschwender«, von Ferdinand Raimund statt.

10. 5. Matthias Constantin Reichsgraf von Wickenburg, Gouverneur der Steiermark, gründet den Kurort Bad Gleichenberg mittels eines »Gleichenberger Johannisbrunnen-Aktienvereins«, der die finanziellen Mittel zum Ankauf der Quellen und Grundstücke sowie zur Errichtung der notwendigen Gebäude aufbringen soll.

9. 6. Der dänische Märchendichter Hans Christian Andersen besucht zum ersten Mal Wien (er bleibt bis zum 8. Juli).

12. 6. Die geheime Wiener Ministerkonferenz verabschiedet ein (erst 1843 vollständig veröffentlichtes) Schlußprotokoll. →

8. 9. Ein Großbrand in Wiener Neustadt vernichtet 500 Häuser; 47 Menschen kommen in den Flammen ums Leben, der Sachschaden geht ins Unermeßliche.

4. 10. »Der Traum ein Leben«, ein »dramatisches Märchen« von Franz Grillparzer, wird im Wiener Burgtheater uraufgeführt.

13. 10. Das »Neue Wiener Tagblatt« berichtet über die Verurteilung des Musikdirektors Johann Strauß wegen »verbothenen Spiels und einer feuersgefährlichen Handlung« zu einer Geldstrafe in Höhe von 900 Gulden Wiener Währung.

In Hofgarten (Tirol) sterben 124 Einwohner an der »gallichten« Ruhr.

Der Pathologe Karl Freiherr von Rokitansky wird Universitätsprofessor in Wien.

GESTORBEN:

26. 2. München: Alois Senefelder (* 6. 11. 1771), Erfinder. →

GEBOREN:

1. 3. Josefstadt (Böhmen): Wilhelm Winternitz († 22. 2. 1917), Arzt.

1. 3. Köln: Charlotte Wolter († 14. 6. 1897), Schauspielerin.

23. 3. Zara (Dalmatien): Johann Freiherr von Chlumetzky († 11. 12. 1924), Politiker.

Konferenz in Wien

12. Juni. Die seit Jänner tagenden Bevollmächtigten der Regierungen des Deutschen Bundes beenden die geheimen Beratungen der Wiener Ministerkonferenz mit der Verabschiedung eines Schlußprotokolls. Es umfaßt 60 Artikel (die vollständig erst 1843 veröffentlicht werden), die grundsätzlich eine Bekräftigung der »Wiener Schlußakte« vom → 15. Mai 1820 darstellen.

Artikel 1 des Schlußprotokolls betont, daß »die gesamte Staatsgewalt in dem Oberhaupte des Staats vereinigt bleiben« müsse und erklärt jede Teilung der Macht für unvereinbar mit den bestehenden Rechtsgrundsätzen. Neben der Einschränkung der ständischen Rechte konstitutioneller Repräsentativorgane in den Bundesstaaten wird vor allem die Zensurgesetzgebung verschärft und eine strenge Überwachung der Universitäten angeordnet.

Die Geheimartikel legen fest, daß nirgendwo das Militär auf die Verfassung vereidigt werden darf; ständische Einsprüche sollen keinerlei Einfluß auf die Regierungsentscheidungen erhalten. Für den Fall einer völligen Steuerverweigerung wird beschlossen, die Ständeversammlungen aufzulösen.

Das Wiener Schlußprotokoll stellt den Höhepunkt der vom österreichischen Staatskanzler Klemens Wenzel Fürst Metternich betriebenen Restaurationspolitik in Deutschland dar. Die Veröffentlichung der nicht geheimen Beschlüsse der Konferenz ruft in den freiheitlich gesinnten Kreisen Verbitterung hervor.

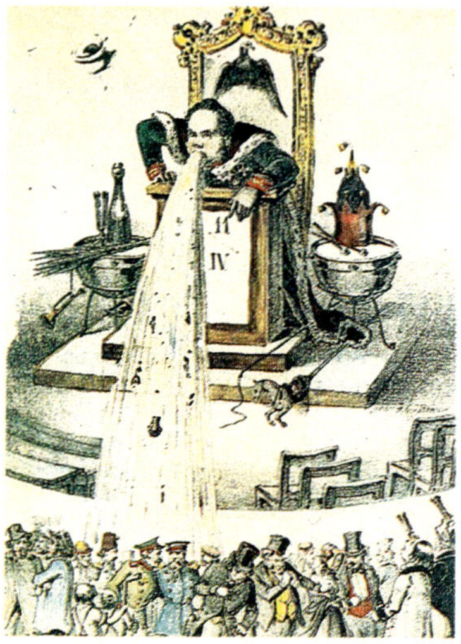

»Das Volk ist mir zum Kotzen«

Der erste Lithograph

26. Februar. Der aus Prag stammende Drucker Alois Senefelder stirbt 62jährig in München; er ist der Erfinder einer neuen Drucktechnik, von ihm »Steindruckerei« (seit 1803 auch »Lithographie«) genannt.

1796 entwickelte Senefelder ein sog. Flachdruckverfahren, bei dem im Gegensatz zum bereits bekannten Hoch- und Tiefdruck der zu druckende Text (oder das Bild) spiegelbildlich (und wie bei den anderen Verfahren) mit Fettstift oder fettiger Tusche auf die Druckplatte gezeichnet wird. Die beschriftete oder bezeichnete Platte wird mit einer Scheidewasserlösung geätzt und danach mit einer mineralsauren Gummiarabikumlösung behandelt. Dadurch saugen die nicht mit Fettstift bedeckten Plattenpartien besonders gut das Wasser auf. Färbt man nun die Platten mit einer fetthaltigen Druckfarbe ein, so nimmt nur die Zeichnung Farbe an, während die bildfreie, feuchte Fläche die Farbe abweist.

Alois Senefelder (Zeichnung von Franz Hanfstaengl, 1834)

1799 erwarb Senefelder in Bayern das Privileg zur Errichtung einer Steindruckerei, verwirklichte seinen Plan aber erst 1803, als er in der Wiener Josefstadt die erste Druckerei dieser Art gründete. 1818 veröffentlichte Senefelder das »Vollständige Lehrbuch der Steindruckerey«.

1835

2. 3. Nach dem Tod Kaiser Franz' I. besteigt der 41jährige Erzherzog Ferdinand den Thron. Der neue Kaiser ist seit 1830 – als Ferdinand V. – König von Ungarn. →

Mai. Der französische Romancier Honoré de Balzac besucht für 18 Tage Wien.

10. 6. Österreichische Truppen besiegen bei Vacup bosnische Einheiten, nachdem diese zuvor mehrfach die Grenze beunruhigt haben.

24. 9. In Wien findet die Uraufführung der »Lokalposse mit Gesang«, »Zu ebener Erde und erster Stock oder Die Launen des Glückes«, von Johann Nepomuk Nestroy statt. Die Kritik nennt das Werk eine »Umwälzung« und fordert von Nestroy, auch weiterhin das »neue Volksstück« zu pflegen.

17. 10. Die Bosnier werden von österreichischen Truppen abermals besiegt, wodurch eine Beruhigung an der Grenze eintritt.

10. 12. Ein Beschluß des deutschen Bundestags verbietet die Schriften der dem »Jungen Deutschland« zugerechneten Autoren.

12. 12. Mit kaiserlicher Entschließung tritt erstmals die »Geheime Staatskonferenz« zusammen, um die Regentschaft des neuen Kaisers Ferdinand I. mit Gutachten über bedeutende Staatsangelegenheiten zu unterstützen. →

Die »k. k. privilegierte Donau Dampfschiffahrts-Gesellschaft« (DDSG) errichtet in Budapest eine moderne Werftanlage, die über zwei gedeckte Schiffbauhallen verfügt.

In Wien findet die erste »Zentral-Gewerbe-Producenten-Ausstellung« statt, ein Vorläufer der »Wiener Messe«.

GESTORBEN:

2. 3. Wien: Franz II. von Habsburg-Lothringen (* 12. 2. 1768), römischer Kaiser (1792–1806) und als Franz I. Kaiser von Österreich (seit 1804). →

3. 8. Baden bei Wien: Wenzel Müller (* 26. 9. 1759), Singspielkomponist (von ihm stammen u. a. mehr als 200 Zauberopern und Possen).

GEBOREN:

15. 3. Wien: Eduard Strauß († 28. 12. 1916), Komponist.

30. 4. Stronach (Osttirol): Franz von Defregger († 2. 1. 1921), Genre- und Historienmaler.

24. 6. Halle (Sachsen): Karl Faulmann († 28. 6. 1894), Schriftsetzer und Stenograph.

20. 9. Wien: Josef Lewinsky († 27. 2. 1907), Schauspieler.

Tod des »guten« Kaisers Franz I.

. März. Im Alter von 67 Jahren :irbt Kaiser Franz I. von Österreich. ıls ältester Sohn Kaiser Leopolds II. ːat er 1792 die Nachfolge seines Va- ːrs im Reich an. Im selben Jahr wur- ːe Franz II. (so sein Name als römi- ːher Kaiser) zum König von Un- ːarn und Böhmen gekrönt.

.m → 11. August 1804 errichtete er – ːs Reaktion auf die Annahme des ːaisertitels durch Napoleon I. von ːrankreich – das Kaiserreich Öster- ːich; zwei Jahre später mußte er auf ːruck Napoleons und in der Er- ːenntnis des praktischen Zerfalls ːes Reiches die römische Kaiserwür- ːe niederlegen (→ 6.8.1806). Auch ːach dem Ende der napoleonischen ːerrschaft in Europa verzichtete ːranz auf eine Restauration des rö- ːischen Kaisertums.

ːranz I. unterstützte voll das auf ːem »Wiener Kongreß« begründete ːetternichsche System der Restau- ːtion (→ 9.6.1815) und trat im Rah- ːen der »Heiligen Allianz« für die ːilitärische Intervention zur Auf- ːchterhaltung der monarchischen ːrdnung in Europa ein (→ 20.10. ːȝ20). Der autoritär-konservative ːonarch scheute aber davor zu- ːck, unpopuläre und harte Maß- ːahmen persönlich zu unterferti- ːn. Trotz der polizeistaatlichen Ver- ːältnisse unter seiner Regierung war ːr Kaiser in Österreich nicht unbe- ːbt, und der Monarch zeigte sich ːrne volkstümlich.

ːiermal war Franz verheiratet: Zu- ːichst mit Prinzessin Elisabeth Wil- ːelmine von Württemberg († 17.2. ːʼ90), dann mit Maria Theresia von ːeapel-Sizilien, einer Bourbonin ː13.4.1807), mit Maria Ludovika ːn Österreich-Modena d'Este ː7.4.1816) und zuletzt mit Prinzes- ːı Karoline Auguste Charlotte von ːıyern. Franz war 13facher Vater: ːe Tochter Ludovika aus erster Ehe ːırb bereits im zweiten Lebensjahr; ːs der Ehe mit Maria Theresia ːammen zwölf Kinder, darunter ːarie Louise (die Gattin Kaiser Na- ːleons I.), Ferdinand (der Thron- ːger), Leopoldine (die Kaiserin von ːasilien wurde) sowie Franz Karl ːater des späteren Kaisers Franz Jo- ːɔh I.).

ːchfolger Kaiser Franz' I. wird sein ːester Sohn Ferdinand, obwohl ːm kränkelnden und geistig zu- ːckgebliebenen Erzherzog die Eig- ːng für das schwere Amt fehlt.

Kaiser Franz I. von Österreich mit der Krone Rudolfs II. von Habsburg (Ölgemälde von Friedrich von Amerling, 1832)

Die »Geheime Staatskonferenz«

12. Dezember. Die mit kaiserlicher Entschließung ins Leben gerufene »Geheime Staatskonferenz«, eine mündlich beratende Körperschaft, tritt erstmals zusammen.

Die Konferenz wird nach dem Willen des verstorbenen Monarchen Franz I. zur Unterstützung und Entlastung des körperlich und geistig nicht ganz gesunden Thronfolgers, Kaiser Ferdinand I., geschaffen. Sie soll – unter dem Vorsitz des Kaisers – Gutachten über bedeutende staatspolitische Entscheidungen und Angelegenheiten erstellen. Ferdinand I. läßt sich in der Konferenz allerdings durch Erzherzog Ludwig, den Bruder seines Vaters, vertreten. Dadurch regiert faktisch der Staatsrat anstelle des Kaisers.

Ständige Mitglieder der »Geheimen Staatskonferenz« sind neben Erzherzog Ludwig Erzherzog Franz Karl, jüngerer Bruder des Kaisers, sowie Haus-, Hof- und Staatskanzler Klemens Wenzel Fürst Metternich sowie Staatsminister Franz Anton Graf Kolowrat-Liebsteinsky. Die seit langem bestehenden Meinungsunterschiede, aber auch die persönlichen Rivalitäten zwischen Metternich und Kolowrat-Liebsteinsky nehmen nach dem Tod Franz I. ständig zu – auf Kosten des Fürsten.

Über die Güte seiner Majestät des Kaisers Franz I.

Kaiser Franz I. war zeitlebens bemüht, durch Zeichen der Güte seiner Sorge um das einfache Volk Ausdruck zu geben und dessen Not zu lindern. So berichtet z. B. der Prälat von Zwettl, Abt Julius Hörweg, am 18. Juni 1834 Gast des Kaisers auf Schloß Persenbeug in der Wachau, über die Volkstümlichkeit des Monarchen folgendes:

»Unter dem Essen wurden nebst dem besten Tischwein noch Malage, Johannsberger, Champagner, Madera und Tokayer Essenz herumgegeben. Gespeist wurde auf weißen Porzellein, die Schüsseln, Caßarole etc. waren aber vom Silber. Sr. Majestät der Kaiser tranken nichts als Wasser; die Kaiserin hatte eine Boutelle Bier vor sich stehen, welches Sie sich noch wässerte. Außer mir und Hr. Generaladjutant trank niemand Wein ...

Nach Tisch ging auf einmal eine Seitentüre auf, und wer kam herein? Eine ganze Schaar Schulkinder paar und paar mit kothigen Füßen, mit und ohne Schuhe oder Stiefl, mit und ohne Rock und Kamisol etc. wie sie aus der Schule kamen.

Da traten ihnen Sr. Majestät die Kaiserin entgegen und ein Leiblaquai kam mit einer großen Schüssel voll Tortletten und anderen Gebäcken ... Ich war über diese Güte und Herablassung nicht wenig erstaunt.«

Kaiser Franz I. besucht Wiener Arbeiter (kolorierte Lithographie, 1831)

Ballkleid aus Gaze (Abb. aus der »Wiener Zeitschrift für Kunst, Literatur, Theater und Mode«, 1826)

»Pariser Anzug« (l.) und »Wiener Anzug« (aus dem Modeblatt »Der Spiegel« vom 25. 6. 1829)

Bürgerliche Mode

Mit der alten politischen Ordnung hatten die Damen der Französischen Revolution auch Reifröcke, Korsetts und Roben zugunsten des fast durchsichtigen, frei fallenden Hemdkleides abgestreift.
Mit der Wiederherstellung der alten Ordnung werden die Kleider prunkvoller, man orientiert sich an feudal-mittelalterlichen Vorbildern. Neben die breit ausladenden Ärmel und die Spitzenrüschen des weiten Halsausschnitts tritt wieder die Enge des Korsetts und, in Form der Krinoline, lebt der Reifrock wieder auf. Als Kopfbedeckung bleibt der Schutenhut mit breitem Rand und reicher Verzierung in Mode.

Pariser Ball- und Gesellschaftstoiletten (Abb. aus der »Wiener Allgem. Damenzeitung«, 1848)

Kopf- und Kleider-Aufputze (Abb. aus »Die Wiener Elegante«, 1849)

1836

9. 4. Kaiser Ferdinand I. gestattet der von Salomon von Rothschild geplanten und finanzierten Eisenbahnlinie Wien–Bochnia (Galizien) die Verwendung des Namens »Kaiser Ferdinands-Nord-Bahn«. Rothschild hat »unterthänigst« darum gebeten, da der Absatz der aufgelegten Aktien äußerst schlecht war. Der neue Name der Bahnlinie führt zum Abverkauf aller Aktien in kürzester Zeit.

30. 8. Der Schauspieler und Dramatiker Ferdinand Raimund unternimmt einen Selbstmordversuch (→ 5. 9.).

17. 9. Johann Josef Wenzel Graf Radetzky von Radetz wird – 72jährig – zum Feldmarschall ernannt.

Der 1830 entthronte König Karl X. von Frankreich findet Aufnahme im Schloß des Herzogs Peter Ludwig Casimir Blacas d'Aulps in Kirchberg am Walde (Niederösterreich).

In Triest wird der »Österreichische Lloyd« gegründet, um den Seeverkehr mit der Levante sowie nach dem Fernen Osten und nach Südamerika aufrechterhalten zu können (der Name blieb bis 1918 erhalten; heute »Lloyd Triestino«). Bereits 1847 besitzt das Unternehmen 21 Dampfschiffe (1854 sogar schon 60).→

Ignaz Bösendorfer, der 1828 in der Wiener Josefstadt eine Klavierfabrik eröffnet hat, wird zum »k. k. Hof- und Kammerklavierverfertiger« ernannt. Mit seinen Flügeln erringt er auf den Wiener Gewerbeprodukt-ausstellungen 1839–1845 jeweils erste Preise.

Joseph Kornhäusel beginnt mit dem umfangreichen Ausbau von Stift Klosterneuburg (Niederösterreich).

Architekt Kornhäusel hat sich mit seinen eher konservativen Bauplänen gegen den Architekten Carl Roesner durchgesetzt; der Ausbau folgt nun der alten Fassadengliederung und sieht einen klassizistisch dekorativen Bibliotheksaal vor, der sich dem alten barocken Bauprinzip unterordnet (1842 fertiggestellt).

GESTORBEN:

5. 9. Pottenstein (Niederösterreich): Ferdinand Raimund (* 1. 6. 1790), Dramatiker.→

GEBOREN:

27. 1. Lemberg: Leopold Ritter von Sacher-Masoch († 9. 3. 1895), Schriftsteller.

26. 7. Graz: Marie Geistinger († 29. 9. 1903), Volksschauspielerin und Sängerin.

3. 12. Wien: Adolf von Lieben († 6. 6. 1914), Chemiker.

»Österreichischer Lloyd« gegründet

In Triest wird die Dampfschiffahrts-Gesellschaft des »Österreichische Lloyd« gegründet, um den Seeve kehr mit der Levante sowie nac dem Fernen Osten und nach Süc amerika aufrecht zu erhalten.
Bereits 1832 war in dem aufstreber den Hafen an der Adria auf Betre ben der dort ansässigen sieben Vers cherungsgesellschaften der Lloy ins Leben gerufen worden, um d Kaufleute und Versicherungen m den genauesten Nachrichten übe den Handel und Schiffverkehr in a ler Welt zu versorgen. Nun wird di ses Unternehmen um eine eigen Dampfschiffahrts-Gesellschaft e weitert, die 1839 den Titel »k. k. pr

Plakat des »Österreichische Lloyd« mit Abfahrtszeiten von Trie

viligierter Österreichischer Lloyc erhält und 1847 schon 21 Damp schiffe besitzt.
1855 erhält der Lloyd eine staatlic Subvention auf zehn Jahre und e wickelt sich in der Folge von eine auf Triest begrenzten Unternehm zu einer österreichischen Gese schaft, mit bereits 60 Dampfschiff Mit der Eröffnung des Suez-Kan (→ 17. 11. 1869) vergrößert sich d Verkehrsgebiet des Lloyd erhebli Nach einer anfänglichen Konze tration vor allem auf die Adria, d östliche Mittelmeer und das Schw ze Meer richtet das Unternehm nun auch Linien nach dem Fern Osten ein, die sich zunehmender I liebtheit erfreuen. Ein übriges tut wachsende Frachtaufkommen, das immer neue »Lloyd-Dampfe vom Stapel laufen.

Der Meister des Volksstücks

. September. 46jährig stirbt der ›chauspieler und Dramatiker Ferdi-and Raimund (eigentlich Ferdi-and Jakob Raimann) an den Folgen ines Selbstmordversuchs. Er gilt als Klassiker« des Märchen- und Zau-erspiels und damit als Vollender des ılt-Wiener-Volksstücks überhaupt. aimund, Sohn eines Wiener)rechslermeisters, wurde 1804 Zuk-erbäckerlehrling und kam als Ver-äufer von Süßigkeiten und Erfri-chungen im Burgtheater früh mit em Theater in Berührung. Bereits 808 zog er als Schauspieler mit iner Wandertruppe nach Preßburg nd Ödenburg; 1814–1817 spielte er n Wiener Theater in der Josefstadt nd anschließend (bis 1830) am eopoldstädter Theater, wo er 1821 pielleiter und 1828 Direktor wurde. 334 zog sich Raimund ins nieder-sterreichische Gutenstein zurück. mmer öfter litt er an depressiven nfällen, sodaß ihn ein harmloser ratzer an der Hand, den ihm ein und am 30. August zufügte, aus em Gleichgewicht brachte: Aus pa-scher Angst, er könnte Tollwut be-ommen, schoß sich der Künstler ıf der Fahrt zum Arzt in Potten-ein eine Kugel in den Mund; nach ner qualvollen Woche stirbt er an en Folgen dieser Verletzung.

ie Ideale des Biedermeier – Treue und Dankbarkeit, Zufriedenheit und Maßhalten – sind die Grundgedanken seiner Stücke, die Welt der Phantasie und der Boden der Heimat die Ebenen, auf denen sie spielen. Vergeblich strebte Raimund, zeitweilig in einer gewissen Rivalität mit dem elf Jahre jüngeren Johann Nepomuk Nestroy, die hohe Form der klassischen Tragödie an; sein Wunsch, im Wiener Burgtheater aufgeführt zu werden, erfüllte sich zu Lebzeiten nicht mehr (erst 1885 gibt die Hofoper Raimunds »Verschwender« und 1912 das Burgtheater den »Bauern als Millionär«).

Ferdinand Raimund (Lithographie von Joseph Nikolaus Kriehuber)

In den Gefilden der Seligen angelangt, wird der aus dem Kahn steigende Dichter Ferdinand Raimund von Goethe begrüßt (Aquarell von Schoeller)

Raimund als Aschenmann in »Das Mädchen aus der Feenwelt«

Der Stundenplan des sechsjährigen Erzherzogs Franz Joseph von Österreich

Uhrzeit	Montag	Dienstag	Mittwoch	Donnerstag	Freitag	Samstag	Sonntag
7.00– 7.30	Anziehen	Anziehen	Anziehen	Anziehen	Anziehen	Anziehen	Anziehen
7.30– 8.00	Ungarisch	Ungarisch	Ungarisch	Ungarisch	Ungarisch	Ungarisch	Ungarisch
Um 8.00	Frühstück	Frückstück	Frühstück	Frühstück	Frühstück	Frühstück	Frühstück
8.30– 9.00							
9.00– 9.30							Messe
9.30–10.00	Zeichnen	Französisch	Zeichnen	Französisch	Zeichnen	Französisch	Katechismus
10.00–10.30	Deutsch		Deutsch		Deutsch		
10.30–11.00		Schreiben		Schreiben		Schreiben	
11.00–11.30	Schreiben		Schreiben		Schreiben		
11.30–12.00	Geographie	Geographie	Religion	Zeichnen	Geographie	Geographie	
12.00–12.30							
12.30–13.00	Ausgehen	Ausgehen	Ausgehen	Ausgehen	Ausgehen	Ausgehen	Ausgehen
13.00–13.30							
13.30–14.00							
14.00–14.30	Speisen	Speisen	Speisen	Speisen	Speisen	Speisen	Speisen
14.30–15.00							
15.00–15.30	Erholung	Erholung	Erholung	Erholung	Erholung	Erholung	Erholung
15.30–16.00							
16.00–16.30	Französisch	Deutsch	Französisch	Deutsch	Französisch	Deutsch	
16.30–17.00							
17.00–17.30	Tanz	Exerzieren	Voltigieren	Tanz	Exerzieren	Voltigieren	
17.30–18.00							
18.00–18.30							
18.30–19.00							
Um 19.00	Nachtessen	Nachtessen	Nachtessen	Nachtessen	Nachtessen	Nachtessen	Nachtessen
Um 20.00	Zu Bette	Zu Bette	Zu Bette	Zu Bette	Zu Bette	Zu Bette	Zu Bette

Im Spätherbst wird für den gerade sechsjährigen Erzherzog Franz Joseph – wie für alle Erzherzöge üblich – ein exakter Unterrichtsplan erarbeitet. Die »Stunden-Eintheilung für Se. kaiserliche Hoheit den durchlauchtigsten Erzherzog« stammt von Heinrich Franz Graf Bombelles und Johann Alexius Graf Coronini-Cronberg, die zunächst auch den Unterricht des jungen Franz Joseph übernehmen. Später kommen bekannte Persönlichkeiten wie etwa Oberst Franz Ritter von Hauslab, Josef Othmar Ritter von Rauscher, Leiter der Wiener Diplomatenschule und späterer Erzbischof von Wien, hinzu. Zwar fehlt die Mathematik völlig im Stundenplan, doch wird ein Teil der sechs Deutschstunden für die Unterweisung im Rechnen verwendet.

1837

12. 1. Eine kaiserliche Entschließung befiehlt den Zillertaler Protestanten, die auf ihrem Austritt aus der katholischen Kirche beharren, die Auswanderung. Ihre Bitte, eine Glaubensgemeinschaft bilden zu dürfen, ist von Kaiser Ferdinand I. – wie zuvor schon von Kaiser Franz I. – abgelehnt worden. Die Entscheidung betrifft 427 Menschen; sie dürfen allerdings ihre Habe und den Erlös ihrer Liegenschaften mitnehmen.

11. 7. Kundmachung »von dem Magistrate der Haupt- und Residenzstadt Wien«: »Demnach wird das Tabakrauchen auf den Gassen, Plätzen in der inneren Stadt, mit Einschluß der Stadtthore und Brücken, neuerdings und ausdrücklich untersagt.« In dieser Kundmachung wird erwähnt, daß dieses Verbot bereits viermal ausgesprochen worden ist.

13. 9. Erste Fahrt eines Dampfschiffes der »k. k. privilegierten Donau Dampfschiffahrts-Gesellschaft« (DDSG) stromaufwärts, von Wien nach Linz. Der hölzerne Raddampfer »Maria Anna« bietet Platz für 250 Passagiere, ist 45 m lang und mit einer 60-PS-Maschine ausgestattet. Die Fahrt dauert 55 Stunden und 22 Minuten. Wegen des zu hohen Wasserstandes der Donau ist die Taborbrücke zu nieder und das Schiff muß durch den (heutigen) Donaukanal fahren.

19. 11. Die »Kaiser-Ferdinands-Nord-Bahn« unternimmt ihre erste öffentliche Fahrt von Floridsdorf nach Deutsch Wagram; sie benötigt 26 Minuten für die Strecke. →

Johann Pirchl aus Kitzbühel (Tirol) hebt in Rattenberg 16 französische Kanonen aus dem Inn, die 1800 bei einem Transport im Fluß versunken sind. Pirchl erhält dafür 3685 Gulden.

GEBOREN:

5. 5. Wien: Josef Tautenhayn († 1. 4. 1911), Bildhauer und Medailleur.

24. 12. München: Prinzessin Elisabeth (»Sisi«) in Bayern († 10. 9. 1898), Kaiserin von Österreich.

ZITAT:
In den 38 Punkten der Vorschriften der »Direction der k. k. ausschließlich priv. Kaiser-Ferdinands-Nord-Bahn« heißt es u. a.:

»29. Mit den Personenwagen werden auch Equipagen und Pferde befördert; diese sind aber womöglich den Tag vor der Abfahrt zu avisieren, und wenigstens eine Stunde vor derselben in den Bahnhof zu senden.«

Ansicht № 1.
Ferdinands Nordbahn, Abfahrt des Wagenzuges vom Bahnhofe in Wien.

Ansicht № 3.
Fahrt des ganzen Wagenzuges über die zweite Eisenbahnbrücke.

Ansicht № 5.
Fahrt außer Floridsdorf nach Wagram.

Die »Kaiser-Ferdinands-Nord-Bahn«, Österreichs erste Da

19. November. Mit der ersten öffentlichen Fahrt der »Kaiser-Ferdinands-Nord-Bahn« von Floridsdorf nach Deutsch Wagram wird die erste Dampfeisenbahnlinie Österreichs eröffnet. Mit 164 geladenen Ehrengästen (darunter auch Erzherzog Karl) benötigt der Zug 26 Minuten für die Hin- und 24 Minuten für die Rückfahrt.

Die Lokomotive »Austria« stammt aus der Werkstätte George Stephensons im englischen Newcastle, der 1825 die erste Eisenbahnlinie der Welt zwischen Stockton und Darlington eröffnete (wobei allerdings für Steigungen noch stationäre Antriebsmaschinen benötigt wurden). Sie erreicht eine Höchstgeschwindigkeit von 33 km/h und zieht acht Waggons, die – sämtlich in Österreich gefertigt – sich in der Ausstattung stark unterscheiden.

Es gibt vier Wagenklassen: Die I. Klasse in Kutschform ist auch verglast, die IV. nur mehr ein unbedachter, offener Kasten. »Geistiger Vater« des Eisenbahnbaus in Österreich ist Franz Xaver Riepl, Professor am Polytechnikum in Wien und Planer der Bahn. Der Ausbau der Strecke schreitet rasch voran, zeitweise werden bis zu 10 000 Taglöhner beschäftigt, sodaß 1839 bereits Brünn erreicht wird. Der Wiener Kaffeesieder Ignaz Weißenberger, der neben der Station von Deutsch Wagram ein bescheidenes Gasthaus – das erste »Bahnhofsrestaurant« – errichtet hat, muß den Betrieb nach

Entwicklung der Eisenbahn

1803: Der Engländer Richard Tr vithick baut die erste (fünf Tonn schwere) Dampflokomotive.

1808: Trevithicks Lokomoti »Catch me who can« fährt zu R klamezwecken auf einem Sch nenkreis.

1812: Auf der Strecke Middleto Leeds wird eine Zahnradlokom tive eingesetzt.

1814: William Hedley nimmt n der »Puffing Billy« in Yorksh die erste erfolgreich arbeiten Grubenlokomotive in Betrieb.

1816: George Stephenson ba eine Lokomotive, bei der Achsen direkt von zwei vertikal

Ansicht N°2.
Fahrt der Sicherheits Locomotif über die erste Eisenbahn-Brücke.

Ansicht N°4.
Fahrt über Floridsdorf.

Wien, bei Anton Paterno sel. Witwe.
Ansicht N°6.
Ankunft des Wagenzuges nach Wagram auf der ersten Eisenbahnstation.

nbahn, verkehrt zwischen Floridsdorf und Deutsch Wagram

ylindern angetrieben werden.
325: Stephensons Dampfloko-otive »Locomotion« erreicht uf der Strecke Stockton–Darlinn eine Geschwindigkeit von 5 km/h.
329: Stephenson gewinnt mit seier »Rocket« mit 50 km/h den Lokomotivwettbewerb von Rainhill.
330: Auf der Strecke Manche-er–Liverpool wird der regelmäge Personenzugverkehr aufge-ommen.
335: Die erste deutsche Eisen-ahn nimmt zwischen Nürnberg nd Fürth den Verkehr auf.
337: Die erste Dampfeisenbahn-ie Österreichs wird eröffnet.

15 Monaten schließen, da die Zahl der Gäste aufgrund des raschen Streckenausbaus stark abnimmt. (Die »Wasserstation« gegenüber dem Bahnhofsgebäude von Deutsch Wagram, 1846 errichtet, ist heute noch erhalten.)
Weite Kreise der Bevölkerung reagieren allerdings auch mit heftigem Protest gegen die als »teuflisch« angesehene neue Technik. Anerkannte Wissenschaftler, vor allem Ärzte, warnen vor den Folgen des Eisenbahnverkehrs; sie befürchten u.a., daß nicht nur die Fahrgäste, sondern auch jene Menschen, die das Ungetüm lärmend und dampfend mit »hoher« Geschwindigkeit vorbeirattern sehen, geisteskrank werden könnten. So heißt es z.B. in dem Gedenkbuch der Marktgemeinde Bockfließ (Niederösterreich):
»Als auf der Kaiser-Ferdinands-Nord-Bahn die ersten Züge verkehrten, kamen viele Bewohner in Scharen, um sie zu besehen. Bei Annäherung des Zuges warfen sie sich auf die Erde und standen erst wieder auf, wenn der Zug vorüber war. Pfiff der Lokomitivführer, so glaubten sie, der Teufel stoße einen Schmerzensschrei aus, weil der Maschinenführer ihn in den Schwanz zwicke, damit er mehr anschiebe und schneller fahre.«
Die Eisenbahn ist aber nicht mehr aufzuhalten: Am 6. Jänner 1838 fährt bereits der erste reguläre Eisenbahnzug von Wien nach Deutsch Wagram.

»Jubelgeschrei von allen Seiten«

Die »Wiener allgemeine Theaterzeitung« veröffentlichte folgenden Bericht des Schriftstellers Franz Carl Wiedmann über die Probefahrt der »Kaiser-Ferdinands-Nord-Bahn«:

»Als ich vor zehn Uhr Floridsdorf betrat, zeigte sich mir ein ebenso grandioses als reichbewegtes Bild. Eine Wagenburg von zahllosen Equipagen war auf dem geräumigen Platze am Damme aufgefahren. Tausende von Zuschauern bedeckten den Damm, den Abfahrtsplatz und die Bahnstrecke, soweit das Auge reichte. Schon wirbelte hoch auf der Rauch aus der Maschine und die Colonne setzte sich eben in Bewegung, als ich den Damm betrat. Die schöne Lokomotive Austria, aus der Kunstwerkstätte Stephensons in Newcastle, führte acht Wagen (fünf I. Kl. zu 18 Personen und drei II. Kl. zu 24 Personen) im raschen Fluge dahin auf der Bahn ... Das Dahingleiten des Zuges auf der schönen weiten Bahn gewährte einen imposanten Anblick. Jugelgeschrei und freudiger Zuruf erscholl ihm von allen Seiten. Man begrüßte ihn mit Freudenschüssen, Schwenken der Hüte usw. und rings zeigte sich der lebendigste Anteil an der interessanten Fahrt ... Der Bau dieser Wagen und ihre innere Einrichtung läßt nichts zu wünschen übrig. Eleganz und Bequemlichkeit ist auf die ansprechendste Weise in diesen Wagen vereinigt. Jeder der gepolsterten Sitze ist mit Armlehnen und Ohren versehen ... Die Bewegung selbst ist für den Fahrenden von der angenehmsten Art. In den bequemen Sitzen ruhend, ohne die geringste Erschütterung, sodaß man während der Fahrt bequem lesen kann, gewahrt man die ... Schnelligkeit nur an dem magischen Vorübergleiten der an der Bahn stehenden Zuschauer, welche wie in einer Laterna magica erscheinen und verschwinden ... So begrüßen wir denn mit jener freudigen Erregung, welche jeder Sieg des Geistes ... und der Industrie in uns erwecken muß, die Realisierung eines großartigen Unternehmens ...«

1838

6. 1. Nach Fertigstellung der Brücke über die Donau fährt der erste Eisenbahnzug der »Kaiser-Ferdinands-Nord-Bahn« vom neuerrichteten Wiener Nordbahnhof nach Deutsch Wagram. (→ 19. 11. 1837).

6. 3. Franz Grillparzers Lustspiel »Weh dem, der lügt!« wird im Wiener Burgtheater uraufgeführt; da das Stück durchfällt, verschließt der verbitterte Autor alle seine noch unveröffentlichten Werke in seiner Schublade.

6. 9. Kaiser Ferdinand I. wird in Mailand mit der »eisernen Krone von Monza« gekrönt. Mit dieser wertvollen Krone aus der 2. Hälfte des 9. Jahrhunderts haben sich zuvor nur Kaiser Karl V. (1530) und Kaiser Napoleon I. von Frankreich (1805) krönen lassen.

18. 12. Theaterdirektor Carl (eigtl. Karl von Bernbrunn) erwirbt durch Kauf das Theater in der Wiener Leopoldstadt (das spätere Carl-Theater).

Für den Bau einer Eisenbahn im Tiroler Unterinntal erstellt Oberingenieur Alois Negrelli ein umfangreiches Gutachten.

Franz Morawetz erhält die Erlaubnis, sein Dampfbad in der Wiener Marxergasse »Sophienbad« zu nennen.→

Alois Graf Arco-Steppberg läßt das Wasserschloß Anif bei Salzburg großzügig erneuern.→

Der deutsche Komponist Robert Schumann kommt nach Wien; er plant die Herausgabe einer Musikzeitung.

Ferdinand Waldmüller malt das biedermeierliche Landschaftsbild »Blick auf Ischl«.

GEBOREN:

20. 1. Trofaiach (Steiermark): Josef Forster (†23. 3. 1917), Komponist.

20. 1. Teschen (Mähren): Julius Ritter von Wiesner (†9. 10. 1916), Botaniker.

18. 2. Turas (Mähren): Ernst Mach (†19. 2. 1916), Physiker.

27. 2. Leipzig: Josephine Gallmeyer geb. Tomasselli (†3. 2. 1884), Schauspielerin und Soubrette.

12. 6. Wien: Paul Grohmann (†29. 7. 1908), Alpinist.

15. 6. Wien: Karl Kundmann (†9. 6. 1919), Bildhauer.

8. 9. König (Hessen): Karl von Weyprecht (†29. 3. 1881), Polarforscher und Seekartograph.

13. 9. Greiz (Vogtland): Otto Benndorf (†2. 1. 1907), Archäologe.

4. 12. Graz: Albrecht Graf Wikkenburg (†17. 12. 1911), Schriftsteller.

Bad und Ballsaal

Der aus Böhmen stammende Franz Morawetz erhält die Erlaubnis, sein Dampfbad in der Wiener Marxergasse 13 nach der Erzherzogin Sophie benennen zu dürfen. Eine Kammerfrau der Erzherzogin ist im Dampfbad des Böhmen geheilt worden und zeigt sich nun auf diese Weise erkenntlich.

Das Leben des 1793 in Rudnice geborenen Morawetz ist reich an solchen glücklichen Fügungen des Geschicks. Mühsam lernte er als Junge Lesen und Schreiben und wurde Lehrling bei einem Tuchscherer. Als im Befreiungskrieg 1813 russische Truppen durch seinen Heimatort zogen, quartierte sich ein Oberst bei Morawetz ein und verlangte ein russisches Dampfbad. Dieser Luxus war in Rudnice unbekannt, doch mit etwas Phantasie und seinem berufsbedingten Wissen über Dampf gelang es Morawetz, den Oberst zufriedenzustellen, der sich mit einem größeren Geldbetrag erkenntlich zeigte. Mit diesem Geld zog Morawetz nach Wien, machte die Meisterprüfung und kaufte sich mit der Mitgift seiner Frau das Haus in der Marxergasse. Hier richtete er eine Tuchschererwerkstatt ein, doch die zunehmende Mechanisierung stand einem weiteren Geschäftserfolg im Wege. Morawetz wandelte daraufhin die Werkstatt in ein Dampfbad um.

Das Sophienbad in Wien (Lithographie von F. Kaliwoda)

Der Name »Sophienbad« wirkt sich in der Folge äußerst positiv auf die Entwicklung des Unternehmens aus, und Morawetz – zwischenzeitlich erblindet – läßt das Bad mit Marmorwannen und chinesischen Malereien ausstatten. 1845–1848 erbauen Eduard van der Nüll und August Siccard von Siccardsburg anstelle des Dampfbades eine Schwimmhalle, die nur im Sommer benützt und für die Wintermonate zu einem Ballsaal umgestaltet wird. (Daraus entwickeln sich die stadtbekannten »Sophiensäle«, berühmt vor allem wegen ihrer Ballveranstaltungen zur Faschingszeit.)

Das neugotische Wasserschloß Anif

Alois Graf Arco-Steppberg läßt das bereits im 16. Jahrhundert erwähnte Wasserschloß Anif bei Salzburg nach Plänen Heinrich Schönauers umbauen; Anif wird so zu einem Dokument romantischer Baukunst.

1839

20. 2. Ein Kärntner Postmeister verschickt den ersten mit einer Postmarke versehenen Brief der Welt.→

11. 3. Anna Freifrau von Brandhofen, die Gattin Erzherzog Johanns (→ 18. 2. 1829), schenkt einem Sohn das Leben; Franz Ludwig bleibt das einzige Kind dieser Ehe und wird zum Stammvater der Grafen von Meran.

19. 4. Österreich, Preußen, Rußland, Frankreich und Großbritannien sowie Belgien und die Niederlande unterzeichnen das Londoner Protokoll, in dem Belgiens Unabhängigkeit und dauernde Neutralität bestätigt wird.

Juli. Hauptmann Lobinger legt den Plan für die von Erzherzog Johann angeregte Eisenbahnlinie von Wiener Neustadt nach Triest vor.→

7. 7. Auf der »Kaiser-Ferdinands-Nord-Bahn« ereignet sich das erste Zugunglück.→

27. 8. Erstmals wird im Wiener Leopoldstädter Theater ein Stück von Johann Nepomuk Nestroy aufgeführt: »Zampa, der Tagdieb«.

In Wien wird der »Österreichische Gewerbeverein« gegründet, eine Interessenvertretung der Gewerbetreibenden. Er unterhält mehrere Spezialkommissionen.

Das »Militärgeographische Institut« in Wien wird gegründet. Es entsteht durch die Vereinigung des 1814 errichteten »Mailänder Geographischen Instituts« mit der 1806 in Wien gegründeten »Topographischen Anstalt des k.k. General-Quartiermeisterstabes« und fördert die Entwicklung der österreichischen Karthographie.

GESTORBEN:

7. 8. Hietzing bei Wien: Bernhard Freiherr von Eskeles (* 12. 2. 1753), Bankier (Finanzberater der Kaiser Joseph II. und Franz I.; Mitbegründer der »Oesterreichischen Nationalbank«, → 1. 6. 1816).

GEBOREN:

7. 2. Prag: Robert Sterneck (†1. 11. 1910), Geodät und Astronom.

23. 3. Baden bei Wien: Marianne Hainisch, geb. Perger (†5. 5. 1936), Begründerin der österreichischen Frauenbewegung.

24. 6. Klagenfurt: Emanuel Herrmann (†13. 7. 1902), Nationalökonom.

16. 10. Wien: Edmund Guschelbauer (†6. 2. 1912), Wiener Volkssänger.

29. 11. Wien: Ludwig Anzengruber (†10. 12. 1889), Schriftsteller.

ine neue Bahnlinie

Der I lauptmann Lobingcr lcgt – Anregung Erzherzog Johanns – Projektplan für eine Eisenbahn- : vom niederösterreichischen ·ner Neustadt bis nach Triest vor. Gesamtlänge der Strecke wird 19,5 Meilen (etwa 165 km) ange- ɜn, allerdings ist vorgesehen, eini- treckenabschnitte nur mit einer ·de-Eisenbahn zu bewältigen, ınter auch den Weg von Schott- n über den Semmering nach ırzzuschlag.

on 1825 hatte Erzherzog Johann len Hofkanzler Franz Josef Graf rau geschrieben: »Die Eisenbah- sind es, durch welche man am nellsten und wohlfeilsten dieses ɛicht, welche weit alle Canäle, züglich in gebirgigen Ländern, ·rwiegen ...« Der »Steirische ız« dachte an eine Linie von dweis nach Mauthausen, Enns, yr, Altenmarkt, Reifling, Hieflau, ɛnerz, Vordernberg, Leoben, ıck, Graz, Ehrenhausen, Mar- g, Gonobitz, Cilli, Laibach über den Karst nach Triest. Die Adria hätte dadurch eine Verbindung nach Böhmen und von dort auf der Moldau und Elbe eine Weiterführung bis nach Hamburg erhalten (→ 17. 7. 1843).

Erstes Eisenbahnunglück

7. Juli. Auf der »Kaiser-Ferdinands-Nord-Bahn« kommt es zum ersten Eisenbahnunglück in Österreich: Der englische Lokführer des mit 180 Fahrgästen besetzten und festlich geschmückten Eisenbahnzugs von Brünn nach Wien rammt in der Station Branowitz (Mähren) einen dort stehenden Zug, dessen letzte beiden Waggons »im strengsten Sinne des Wortes zerschmettert« werden. Sieben Personen erleiden schwere, 15 leichtere Verletzungen; der Sachschaden ist erheblich. Die Eisenbahngesellschaft stellt den Fahrplan um.

ie Eisenbahn in Wien« *(Lithographie von Ignaz Sonntag, 1838)*

)ie älteste Postmarke

Februar. Auf einen Brief »An die ıgfer Konstanzia Egarter« in Kla- ıfurt klebt die Frau des k. k. Post- ·isters Ferdinand Egarter aus Spit- an der Drau (Kärnten) die älteste stmarke der Welt.

arter hat als erster ein aufklebba- Postwertzeichen mit Wert- und ährungsangabe geschaffen; be- ts 1836 schlug Lorenz Koschier, ıterbeamter der Wiener Postver- ıltung, die Schaffung einer Brief- ırke vor, fand allerdings kein Ge- r bei seinen Vorgesetzten. Nun verwirklicht Egarter diese Idee in seinem Sprengel, da auf diese Weise die Postgebühr wesentlich leichter zu verrechnen ist.

Egarters Marke ist 25 × 21 mm groß, zeigt eine weiße Eins und ist im Mehrfarbdruck (rot und blau) hergestellt. In schwarzer Schrift trägt sie zudem die Buchstaben ÖP (vermutlich »Österreichische Post«). Das kreuzähnliche Zeichen neben der Eins ist ein Kürzel für Kreuzer. Der kleine Negativstempel mit dem P dürfte »bezahlt« (payé) bedeuten.

1840

16. 1. Josef Lanner dirigiert zum ersten Mal auf dem Wiener Hofball. →

15. 7. Zur Befriedigung der Levante wird in London ein Quadrupelvertrag zwischen Österreich, Frankreich, Preußen, Großbritannien und dem Osmanischen Reich geschlossen. Der Heiligen Pforte wird der Schutz der Verbündeten durch Hilfeleistung im seit 1839 andauernden Krieg mit dem von Frankreich unterstützten Vizekönig von Ägypten, Mehmet Ali, zugesichtert.

16. 12. Die Posse mit Gesang »Der Talisman« von Johann Nepomuk Nestroy wird im Leopoldstädter Theater in Wien uraufgeführt. Nestroy selbst spielt den Titus Feuerfuchs, Direktor Carl (eigtl. Karl von Bernbrunn) den Spund. Mit dem »Talisman« endet praktisch die reine Singspieltradition.

Das Drahtwalzwerk des Grafen Ferdinand Egger wird in Feistritz im Rosental (Kärnten) in Betrieb genommen. Durch das Walzen von Eisen erzeugt das Werk die zehn- bis zwölffache Menge gegenüber der bisher üblichen Methode, bei der gehämmertes Eisen mit Zangen »ausgezogen« wurde, und verhilft dieser Kärntner Erfindung bald zum Durchbruch.

Auf der Südbahnstrecke wird der Eisenbahnverkehr zwischen Wien und Mödling aufgenommen.

In Wien verkehrt die erste Pferde-Eisenbahn (sie wird aber schon 1842 wieder eingestellt).

Die Handweberei des Philipp Haas im niederöstereichischen Mitterndorf fertigt ihren ersten Teppich. →

In Stuttgart erscheint das Buch »Wien und die Wiener« von Jean Charles. →

Die ersten Erzählungen des Schriftstellers Adalbert Stifter, »Condor« und »Das Heidedorf«, werden in der Wiener »Zeitschrift für Kunst, Literatur, Theater und Mode« veröffentlicht.

Die neu gegründete Zillertaler Sängerschaft Rainer fährt auf Tournee in die USA.

GEBOREN:

9. 4. Gänserndorf (Niederösterreich): Wilhelm Franz Exner (†25. 5. 1931), Technologe.

13. 4. Prag: Ludwig Mauthner (†20. 10. 1894), Augenarzt.

29. 5. Salzburg: Hans Makart (†3. 10. 1884), Bildnis- und Historienmaler.

29. 9. Görz: Johann Graf Gleispach (†21. 2. 1906), Politiker.

Erster Teppich aus Mitterndorf

In der Handweberei von Philipp Haas in Mitterndorf (Niederösterreich) wird erstmals ein Teppich produziert. In der Folgezeit wird die Weberei auf diesem Sektor zur führenden Manufaktur.

Philipp Haas, 1791 in Wien geboren, hatte 1810 aus den Mitteln eines Preises eine Werkstätte zur Erzeugung von Textilien gegründet, 1825 schloß er die Fertigung von Kleiderstoffen und eine Zeugdruckerei in seinem Betrieb an.

1831 gründete Haas die Handweberei in Mitterndorf, wo 1845 bereits 30 mechanische Webstühle zum Einsatz kommen. Besonders erfolgreich wird Haas in der nun aufgenommenen Teppichproduktion – sogar die Ringstraßenbaumeister Theophil Hansen und Johann Heinrich Ferstel fertigen Entwürfe für die Haasschen Muster.

Lanner dirigiert

16. Januar. *Zum ersten Mal dirigiert Josef Lanner auf dem Hofball in Wien.*

Lanner (→ 14. 4. 1843), seit seinem 15. Lebensjahr ausübender Musiker, seit 1824 Leiter eines eigenen Orchesters und seit 1829 Musikdirektor der Redoutensäle in Wien, steht damit auf dem Höhepunkt seines Erfolgs. Er repräsentiert den für die Wiener Biedermeierzeit typischen Musikanten, des geigenden Dirigenten, der auch komponiert (Abb.: Josef Lanner mit Geige, Lithographie von Gutsch und Rupt).

Die Kassiererin im »Silbernen Kaffeehaus« des Ignatz Neuner in Wien (Aquarell)

Billardspieler in dem berühmten Wiener Kaffeehaus »Hugelmann« (Aquarell)

Die Besucher eines literarischen Kaffeehauses in Wien

In seinem 1840 in Stuttgart veröffentlichten Buch »Wien und die Wiener« beschreibt Jean Charles u. a. einige prominente Kaffeehausbesucher, darunter auch die Schriftsteller Nikolaus Lenau, Franz Grillparzer und Anastasius Grün:

»Vor mir auf und ab schreitet ein kleiner Mann von einigen dreißig Jahren, von gedrungener Gestalt, etwas gebückt. Ein sehr schöner Kopf mit Adleraugen! Es ist Niembsch von Strehlenau, unter dem Dichternamen Lenau berühmt ... Er ist, seinem weichen Gemüte und seiner elastischen Fantasie nach so schwärmerischer Katholik wie durch seine leidenschaftliche Liebe zur Natur Pantheist, und verschmilzt in seiner Kunst beide Elemente so rein und schön, daß man nicht weiß, ob man ihn mehr seiner naturhistorischen Darstellung wegen bewundern oder um seiner Pietät lieben soll ...

Grillparzer tritt ein. Er setzt sich, ringsum freundlich grüßend, an einen Tisch neben mir und sieht sogleich äußerst aufmerksam dem Schachspiele zu; der Marqueur bringt ihm die lange Pfeife und Zuckerwasser. Ich habe Muße, ihn genau zu betrachten. Er ist ein Mann in den Vierzigern, von mittlerer Größe, hager, leidend, von stark gezeichneten Gesichtszügen und wunderschönen blauen Augen von schwärmerischen und doch tiefsinnigen Ausdrucks. Seltsam, ja peinlich kontrastieren mit dieser echten Dichtergestalt die krankhaft heftige Gestikulation und die weinerliche Stimme, noch mehr sein ordinäres Wiener Deutsch. Geist und Körper zeugen von innerem Unbehagen, das um so deutlicher hervortritt, je ängstlicher er sich verbergen will. In Wahrheit hat dieser geniale Mann auch Ursache, mit der Gegenwart unzufrieden zu sein. Er erfuhr nicht die Satisfaktion, die sein poetisches Wirken verdiente ...

Sieh da, wer tritt ein? Viele erheben sich und begrüßen ihn. Es ist der geniale Dichter Anastasius Grün. Ein hochgewachsener Blondin mit großen blauen Augen, von etwas seltsamer, beinahe schroffer Haltung. Ich hatte ihn mir ganz anders gedacht. Wer sähe diesem jungen Manne die feine Fourniere des Geistes an, die seine schönen Lieder charakterisiert! Er gleicht mehr einem südsteirischen Gemsenjäger als einem Poeten. Sein Blick endlich entschädigt. Das große gesättigte Auge läßt die Idealität ahnen, die ihn begeistert.«

Schachspieler im Kaffeehaus (Ausschnitt aus einem Gemälde)

Szene in einem Wiener Kaffeehaus (kolorierter Holzstich nach einer Zeichnung von Ferdinand Wüst)

1841

13. 3. Ägyptens Vizekönig Mehmet Ali willigt in die von der Quadrupelallianz von London gestellten Friedensbedingungen ein (→ 13.7.).

Frühjahr. Truppen einer britisch-österreichischen Flotte besetzen Beirut; die Briten beschießen Alexandria.

20. 6. Die Eisenbahnlinie Wien–Wiener Neustadt wird eröffnet; sie wird »Wien-Raaber Bahn« genannt, da der Plan bestand, eine Hauptstrecke von Wien über Bruck an der Leitha nach Raab (Györ in Ungarn) zu errichten. Dieser Plan wird allerdings aufgegeben, und die Linie erhält am 17. Dezember 1842 den Namen »Wien-Gloggnitzer Bahn«.

13. 7. In London unterzeichnen Österreich, Preußen, Rußland, Frankreich, Großbritannien und das Osmanische Reich den »Dardanellen-Vertrag«, der allen nichttürkischen Kriegsschiffen im Frieden die Durchfahrt durch die Dardanellen und den Bosporus untersagt.

Preußen führt das 1827 von Nikolaus Dreyse entwickelte Zündnadel-Hinterlader-Gewehr in seiner Armee ein. 1848 erkennt Erzherzog Johann in Frankfurt am Main die Bedeutung dieser neuen Waffe und macht den österreichischen Generalstab darauf aufmerksam, Feldzeugmeister Vinzenz Augustin fällt jedoch ein vernichtendes Urteil.

GEBOREN:

20. 1. Senftenberg (Böhmen): Eduard Albert († 25. 9. 1900), Chirurg.

13. 7. Penzing bei Wien: Otto Wagner († 11. 4. 1918), Architekt.

15. 9. Wien: Josef Scheu († 12. 10. 1904), Komponist.

18. 10. Eger: Ernst Edler von Plener († 30. 4. 1923), Staatsmann.

26. 10. Gratzen (Böhmen): Theodor von Oppolzer († 26. 12. 1886), Arzt.

ZITAT:

Der Wiener Seidenweber Franz Kargl berichtete über die Zustände in den Textilfabriken:

»Wenn ein Kind kaum dem Gangelbande entwachsen und seine Hände zu gebrauchen weiß, so wird es in diese Fabriken zum Farbenaufstreichen und dergleichen verwendet ... Fast keiner der Arbeiter kann lesen oder schreiben; für ihn gibt es keine Kirche, keine Schule. Die bitterarmen Eltern, größtenteils selbst in dichte Geistesnacht begraben, haben nicht Mittel und Wege, das Schulgeld zu bestreiten ...«

Wirtschaft expandiert

In dem Jahrzehnt zwischen 1840 und 1850 erlebt die industrielle Entwicklung in Österreich einen besonders starken Zuwachs, der sogar einem Vergleich mit Deutschland standhalten kann:

Erzeugung von	In Österreich		In Deutschland	
	1840	1850	1840	1850
Roheisen (in t)	150 000	225 000	143 000	325 000
Steinkohle (in t)	500 000	2 000 000	4 000 000	8 000 000
Bau von Eisenbahnlinien (in km)	144	2800	549	8289
Vorhandene Dampfmaschinen (in PS)	30 000	580 000	40 000	600 000

Wie unterschiedlich sich diese Industrialisierungswelle regional auswirkt, verdeutlicht das Beispiel der österreichischen Baumwollindustrie im Jahre 1841. Die nachfolgende Übersicht zeigt auch die verschieden hohe Arbeitsproduktivität bei gleichem Einsatz von Menschen und Maschinen in den verschiedenen Regionen:

	Niederösterreich	Böhmen	Tirol und Vorarlbg.	Oberösterr.	Küstenland	Steiermark	Kärnten und Krain
Erzeugte Garne in Wiener Pfund	8 557 903	5 515 537	2 504 774	430 729	271 408	213 809	135 270
Arbeiter	7 491	7 524	2 272	324	317	148	164
Spinnmaschinen	1 978	1 695	403	75	45	29	16
Spindeln	371 950	356 546	132 720	13 864	13 500	5 948	5 340
Spinnereibetriebe	40	81	17	4	1	1	1

Besonders beachtlich ist die Kapazität der Wiener Industrie, die fast ein Achtel der Industrieproduktion des Kaiserreichs (ohne Ungarn) ausmacht. Der Bruttoproduktionswert beträgt 1841 (in Millionen Gulden Conventionsmünze) in Wien 45,8 (Gewerbeproduktion 15,1), im übrigen Niederösterreich 35,9 (Gewerbe 11,0) und im ganzen Kaiserreich ohne Ungarn 373,7 (Gewerbe 125,5). Die angegebenen 45,8 Millionen Gulden Bruttoproduktionswert für Wien gliedern sich im einzelnen wie folgt: 12,0 Mill. Seidenwaren, 9,0 Mill. Metallwaren, 7,0 Mill. Schafwollwaren, 5,0 Mill. Baumwollwaren, 3,0 Mill. Wagen und Fahrzeuge, 3,0 Mill. Leder und Lederwaren, 2,5 Mill. Zucker, 2,0 Mill. Ziegel sowie 2,3 Mill. sonstige Produkte.

Die hohe Industrieproduktion in der Haupt- und Residenzstadt findet ihren Niederschlag auch in der Entwicklung der Wiener Vorstädte: Während die Zahl der Häuser in der Stadt zwischen 1840 und 1843 nur um eins steigt, verzeichnen die Vorstädte ein Plus von 97 Häusern im gleichen Zeitraum. Dabei ragen vor allem Gumpendorf mit 46 und Wieden mit 20 neuen Häusern heraus.

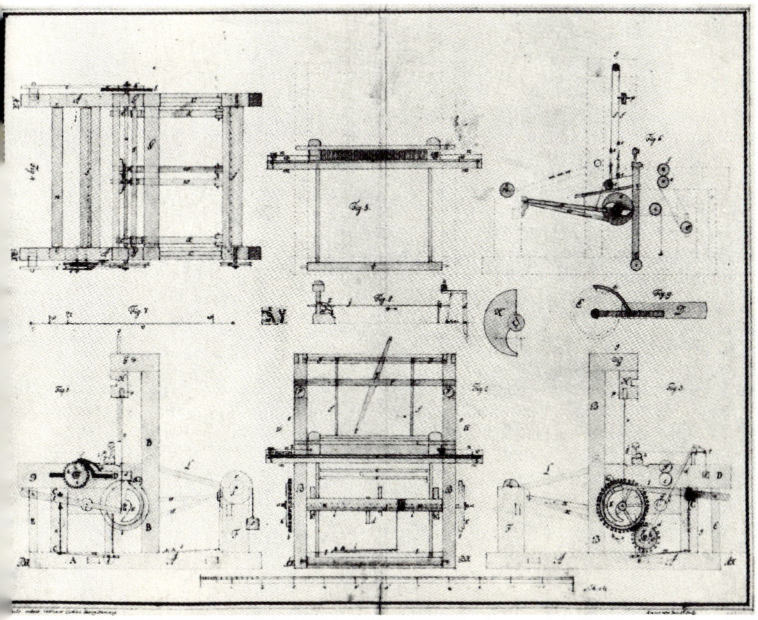

Mechanische Webstühle tragen zum Aufschwung der Baumwoll- und Seidenindustrie in Österreich bei; Schemazeichnung des ersten mechanischen Seidenwebstuhls in Österreich in der Hornbostelschen Fabrik

1842

28. 3. Am Ostermontag findet das erste Philharmonische Konzert der neu gegründeten »Wiener Philharmoniker« unter Hofkapellmeister Otto Nicolai im »k. k. großen Redouten-Saale« statt. Nicolai hat sein Ensemble aus Mitgliedern des Hof-Operntheaters zusammengestellt (bereits 1854 hält das Orchester einen regelmäßigen Konzertbetrieb aufrecht).

22. 6. Am Zwieselberg bei Neuhaus am Zellerrain (Niederösterreich) erlegt der Holzknecht Maximilian Peter um 2 Uhr früh den letzten Bären in dieser Gegend.

8. 7. In Österreich gibt es eine totale Sonnenfinsternis.

Der Physiker Christian Doppler veröffentlicht seine Arbeit »Über das farbige Licht der Doppelsterne und einiger anderer Gestirne des Himmels«, in dem er das nach ihm benannte Gesetz der Wellenlehre darstellt (Dopplereffekt; → 17. 3. 1853).

In Österreich wird die Arbeit von Kindern unter zwölf Jahren verboten; die Arbeitszeit für Jugendliche unter 16 Jahren darf maximal zwölf Stunden pro Tag betragen. Die normale Arbeitszeit liegt bei etwa 97 Stunden in der Woche: An Werktagen muß von 5 bis 20 Uhr, an Sonntagen bis 12 Uhr gearbeitet werden.

Der »Allgemeine Unterstützungs-Verein für erkrankte Buchdrucker- und Schriftgießergehilfen« wird in Wien gegründet.

In der Wiener Hofburg wird mit der Errichtung eines Denkmals für Kaiser Franz I. begonnen (→ 1846 vollendet). →

GESTORBEN:

22. 8. Laab im Walde (Niederösterreich): Karl Schindler (* 23. 10. 1821), Aquarellist. →

28. 8. Wien: Peter Fendi (* 4. 9. 1796), Maler, Kupferstecher und Graphiker. →

GEBOREN:

15. 1. Wien: Josef Breuer († 20. 6. 1925), Arzt.

27. 4. Wien: Emil Jakob Schindler († 9. 8. 1892), Maler.

29. 4. Wien: Karl Joseph Millöker († 31. 12. 1899), Komponist.

11. 6. Prag: Alfred Prinz von und zu Liechtenstein († 8. 10. 1907), Politiker.

19. 6. St. Peter in der Au (Niederösterreich): Karl Zeller († 17. 8. 1898), Komponist.

17. 7. Wien: Georg Ritter von Schönerer († 14. 8. 1921), Politiker.

2. 9. Teplitz-Schönau: Julius von Payer († 30. 8. 1915), Polarforscher.

Geltungssucht und soziale Not

Die Zeit des friedlichen Biedermeier ist von starken sozialen Gegensätzen gekennzeichnet. Während sich eine Arbeiterfamilie in Wien wöchentlich höchstens ein halbes Pfund Fleisch minderer Qualität leisten kann, lebt vor allem der neue »Geldadel« verschwenderisch.

So wird z. B. über die Hochzeit des Postmeisters Karl Höffeter in Strengberg (Niederösterreich) mit der Tochter des Oberförsters der k. k. Staatsherrschaft Waidhofen berichtet, daß die Festtafel aus 26 Gängen besteht, was selbst für eine »Feudalhochzeit« recht komfortabel gewesen wäre. Die Speisekarte Höffeters hat folgendes Aussehen:

» 1. Braune Suppe mit Hirngallin
2. Kaviar mit Sardellen und Limoni
3. Salami mit Aspik
4. Gebratene Hühner, mit Mayonnaise und Salat garniert
5. Forellen in Aspik
6. Hascheepastete
7. Fasan mit gedünstetem Kraut
8. Bratwürste mit Senf
9. Rindfleisch und Lungenbraten, garniert mit Makkaroninudeln; grüne Fisolen, gelbe Rüben und Erdäpfel, Champignon- und Kapernsoße, kalter Pomeranzenkrenn und Gurken
10. Gebackene Hühner mit grünen Erbsen
11. Huchen, warm, mit Holländersoße
12. Rebhendl in Soße, mit gedünstetem Reis garniert
13. Krebsenkoch in Dunst
14. Hirschziemer in Ribislsoß
15. Seibling mit Aspik, garniert, und eine italienische Soß
16. Krebse
17. Rehbraten und gebratene Enten mit Salat und Kirschenragout
18. Bischkottenkoch mit Himbeerüberguß
19. Kompotte mit verschiedenen eingemachten Früchten
20. Kleine Bäckerei
21. Punschsulz und Blamache
22. Kalte Schale
23. Gefrorenes 2 Gattungen, Marillen- und Vanillegefrorenes
24. 4 Torten und 1 Prügelkrapfen
25. Obst
26. Kaffee.«

Im gleichen Jahr erscheint eine scharfe Kritik des Metternichschen Systems in Österreich; der Verfasser von »Österreich und dessen Zukunft«, der Hofsekretär und kaiserliche Kämmerer Viktor Freiherr von Andrian-Werburg, bleibt zunächst anonym (erst 1846 bekennt er sich zur Autorenschaft). Seine Formulierungen sprechen große Teile der Bevölkerung an, die von der hart kritisierten »künstlichen Treibhaus-Industrie« betroffen sind. Andrian-Werburg schreibt u. a.: »Die gefährlichen Reichen sind die, welche es durch Industrie geworden. Wie Vampire liegen sie auf dem Lande. Die Kapitale werfen sich auf die Geldgeschäfte des Staates ... Ganze Gassen der Stadt Wien werden von einem Reichen gekauft und der Logiezins unmäßig in die Höhe geschraubt.«

»Der frierende Brezelbub auf dem Glacis« (Gemälde von Peter Fendi)

Maler des Wiener Vorstadt-Alltags

28. August. Kurz vor seinem 46. Geburtstag stirbt der Maler und Graphiker Peter Fendi in Wien.
Seit 1818 war er Zeichner und Kupferstecher des k. k. Münz- und Antiquitätenkabinetts. Fendis leicht sentimentale Genrebilder aus dem Alltagsleben in den Häusern und Gassen der Wiener Vorstädte ließen ihn zu einem der beliebtesten Maler des österreichischen Biedermeier werden.

»Das Abendgebet« (Aquarell von Peter Fendi aus dem Jahre 1839)

Ein virtuoser Aquarellist

22. August. *Im Alter von nur 20 Jahren stirbt der Aquarellist Karl Schindler, der sich in seinen Bildern vor allem dem Thema Militär widmete. Dabei ging es dem »Soldatenmaler« Schindler nicht um die Darstellung der Schlachten, Kriege und ihrer Helden, sondern vielmehr um jene Begebenheiten am Rande, die den Alltag der Soldaten prägen (Abb. »Der Wachtposten«, um 1840; Schloß Belvedere Wien)*

1843

11. 5. Die ungarische Ständetafel setzt durch, daß im ungarischen Reichstag fortan nurmehr in ungarischer Sprache gesprochen wird.

1. 7. Die Gasbeleuchtung der Straßen und Plätze Wiens wird von der englischen Firma »Imperial-Continental-Gas-Association« durchgeführt, die zuvor die beiden bestehenden Gaswerke in Wien aufgekauft hat.

17. 11. Die Uraufführung der Posse »Nur Ruhe!« von Johann Nepomuk Nestroy findet im Leopoldstädter Theater in Wien statt. Wegen der antiwienerischen Tendenz stößt das Stück beim Publikum auf schroffe Ablehnung.

Johann Nepomuk Reithoffer erzeugt in seiner 1824 gegründeten Kautschukfabrik in Wimpassing (Niederösterreich) 60 000 Hosenträger, 6000 Paar Schuhe, 20 000 Bandagen und 4000 Mieder (1833 waren es jährlich nur etwa 700 Hosenträger). Er beschäftigt 140 Arbeiter sowie 70 Meister.

54 Weinbauern aus Rossatz und zehn aus Rossatzbach in der niederösterreichischen Wachau werden wegen Verweigerung der Robotleistung – das Hauen der herrschaftlichen Weingärten und Führen des »Herrenholzes« – zu Schadenersatz verurteilt. Im niederösterreichischen Landtag stellt daraufhin Anton Freiherr von Doblhoff-Dier den Antrag, die Robot-, Urbarial- und Zehentrechte abzulösen, was mit 47 : 33 Stimmen abgelehnt wird (→ 24. 1. 1844).

In Wien werden erste Versuche mit der Telegraphie unternommen.

Der Redakteur August Schmidt von der Wiener »Allgemeinen Musik-Zeitung« gründet den »Wiener Männergesang-Verein«.

GESTORBEN:

14. 4. Ober-Döbling bei Wien: Josef Lanner (* 12. 4. 1801), Tanzgeiger und Komponist. →

9. 7. Wien: Karoline Pichler (* 7. 9. 1769), Schriftstellerin. →

GEBOREN:

17. 4. Wien: Camillo Sitte († 16. 11. 1903), Architekt und Stadtplaner.

2. 5. Wien: Karl Michael Ziehrer († 14. 11. 1922), Militärkapellmeister und Operettenkomponist.

9. 6. Prag: Bertha Freifrau von Suttner, geb. Gräfin Kinsky († 21. 6. 1914), Schriftstellerin.

31. 7. Alpl bei Krieglach: Peter Rosegger († 26. 6. 1918), Volksschriftsteller.

Ein Konglomerat von Völkern

Der österreichische Offizier u Schriftsteller Friedrich Fürst Schwarzenberg notiert im Ap 1843 folgende Überlegungen üb das Nationalitätenproblem im K serreich Österreich in seinem Ta buch:
»Österreich ist keine Monarchie gewöhnlichen Sinne des Wort kein abgesondertes, für sich bes hendes, durch einen Souverän giertes und im patriarchalischen S ne durch eine Dynastie in der V kerfamilie repräsentiertes Vol und Staatswesen, nein, es ist e Konglomerat ganz verschiedenar ger Völker und Staaten, ... die si wohl unter den Schutze einer stra lenden Krone vereinigen, un einem milden Szepter gemeinscha lich regieren, nicht aber verschm zen lassen. Jeder Versuch dazu wi de die Vernichtung der Nationalit folglich des Lebensprinzips eines den dieser Völker in sich begreife man würde im Falle des Gelinge politische Leichen aneinand schmieden, nicht ein großes, leben ges Ganzes erzeugen.
Der König von Ungarn und Bö men, von Galizien und der Lomba dei, der Erzherzog von Österrei und Großfürst von Siebenbürge Graf von Tirol und Markgraf Mähren repräsentiert die Interess der seiner Vaterhuld anvertraut Völkerschaften, sie können si allenfalls durch Stände in ihren i neren Verhältnissen administriere aber sobald ihre wechselseitigen B ziehungen und ihre Stellung na außen zur Sprache kommen sollte dürften sie sich wohl allenfalls unt einem Hute, wenn diesen die schi zende, leuchtende Krone umgil nicht aber in einem Ratsaale verein gen lassen.
Der Ungar, der Tscheche, der Ga zier, der Kroate, der Lombarde kö nen mit Herz und Kopf österre chisch fühlen und denken, das heiß Sie können für das Haus ›Öste reich‹ Leib und Leben, Gut und Bl einsetzen, weil sie sich unter desse Regierung verbunden, geschirm und beglückt fühlen, aber Österre cher werden sie darum ebensow nig, wie ein Tiroler etwa ein Chine oder ein Andalusier ein Marokkan werden kann. Sie sind daher wo österreichisch, aber darum doch ke ne Österreicher!«

Eine patriotische Schriftstellerin

9. Juli. Karoline Pichler, die vaterländische Dichterin, stirbt im 74. Lebensjahr in Wien.

Die Tochter des Hofrates Franz Greiner und der Kammerdienerin Maria Theresias, Charlotte Hieronymus, wuchs in einem Haus auf, in dem die Kunst ebenso gepflegt wurde wie die Naturwissenschaft. Von Jugend an mit dem Schöngeistigen verbunden, wurde ihr Haus in der Wiener Alservorstadt (Alserstraße 25) zum Treffpunkt des kulturellen Wiens ihrer Zeit.

Der »Salon Pichler« war nie eine snobistische Einrichtung, sondern stets eine Stätte der Begegnung für Künstler und Denker. Franz Grillparzer, Nikolaus Lenau, Otto Nicolai und Joseph Freiherr von Hammer-Purgstall waren bei ihren Soiréen ebenso zu Gast wie Dorothea und Friedrich Schlegel. Außerdem stand die wegen ihrer allseitigen künstlerischen Bildung geschätzte Karoline Pichler mit zahlreichen Persönlichkeiten des kulturellen Lebens in ganz Europa in Verbindung. Die Dichterin verfaßte selbst Balladen, patriotische Romane und Erzählungen mit moralisierender Tendenz; ihr erstes Gedicht »Auf die Genesung meiner Freundin« erschien im »Wiener Musenalmanach« von 1782. Ihr Hauptwerk sind die vierbändigen »Denkwürdigkeiten aus meinem Leben« (1844 veröffentlicht), ein grundlegendes Quellenwerk zur Geschichte des Wiener Kulturlebens.

Musikalische Soirée in einem Salon (Ölskizze von Moritz von Schwind)

Der Vater des Wiener Walzers

14. April. Im Alter von 41 Jahren stirbt Josef Lanner, berühmter Komponist, Tanzgeiger und Kapellmeister des Wiener Biedermeier.

Der aus Wien stammende Lanner gründete bereits 1824 ein eigenes Orchester, in dem auch Johann Strauß (Vater) spielte. 1829 wurde Lanner, inzwischen zum »Vater« des Wiener Walzers avanciert, zum Hofball-Musikdirektor ernannt. Wenn er auch nicht der Erfinder des Walzers ist, so hat er ihn doch durch die Erweiterung der Form zum Kunsttanz erhoben. Lanners Gesamtwerk – seine erste Komposition erschien 1826 im Druck – umfaßt 208 Werke, darunter neben Walzern wie »Die Schönbrunner«, »Hofballtänze« oder »Die Werber« auch zahlreiche Ländler, Galoppe, Kotillons und Klavierwerke.

Husaren

Pioniere

Deutsche Infanterie

Dragoner

Die Truppen des Kaiserreichs

Von 1835 bis 1843 erscheint in Würzburg das wohl bedeutendste Bilderwerk über das Militär in Mitteleuropa, »Saemmtliche Truppen von Europa in charakteristischen Gruppen dargestellt, entworfen und nach dem Leben gezeichnet von H. A. Eckert und D. Monten«, das in seiner ersten Abteilung die Truppen des deutschen Bundesheeres vorstellt. Band III ist den Streitkräften Österreichs gewidmet; dabei werden auch Nationen vorgestellt, die nicht zum Deutschen Bund gehören.

Generalmajor in Galauniform

Lombardische Gendarmerie

Matrosen-Corps

1844

24. 1. Die niederösterreichischen Stände verabschieden eine Eingabe an Kaiser Ferdinand I., in der sie zu einigen Hemmnissen für die Landwirtschaft Stellung nehmen.→

9. 4. Johann Nepomuk Nestroys Posse mit Gesang »Der Zerrissene« wird uraufgeführt.

15. 10. Johann Strauß (Sohn) debütiert mit einer eigenen Kapelle.→

21. 10. Die Eisenbahnlinie Mürzzuschlag–Graz wird eröffnet; die Strecke über den Semmering muß noch in Pferdewagen zurückgelegt werden. Damit ist die Entscheidung für die Südtrassenführung über den Semmering gefallen. In der Folge überbieten sich Ingenieure mit der Vorlage kühner Eisenbahnprojekte für die Semmeringstrecke.

Ludwig Schwanthaler beginnt mit den Arbeiten am »Austria-Brunnen« auf der Freyung in Wien (1846 vollendet). Das Bronzebildwerk ist eine Stiftung der Wiener Bürgerschaft zu Ehren Kaiser Ferdinands I.

Mit der Herausgabe des neunten und letzten Bandes beendet Josef Freiherr von Hormayr zu Hortenburg sein Werk »Wien, seine Geschichte und seine Denkwürdigkeiten« (Band 1 erschien bereits 1822).

Adalbert Stifter veröffentlicht den Sammelband »Wien und die Wiener«.

GEBOREN:

27. 1. Wien: Andreas Scheu (†28.8.1927), Arbeiterführer.

27. 2. Wien: Franz Freiherr von Schönaich (†25.1.1916), Feldzeugmeister, Kriegsminister.

20. 2. Wien: Ludwig Boltzmann (†5.9.1906), Physiker.

19. 7. Znaim: Fritz Franz Maier (†15.12.1926), Schiffskonstrukteur.

24. 10. Wien: Karl Lueger (†10.3.1910), Politiker, Bürgermeister von Wien.

25. 10. Preßburg: Viktor Tilgner (†16. 4.1896), Bildhauer.

ZITAT:

Unter dem Titel »Völkerwanderung im Innern« nimmt der sich immer mehr politisch engagierende Schriftsteller Franz Grillparzer 1844 zu der Entwicklung in Österreich Stellung:

»Es wäre möglich, daß, was für die Kultur der Alten Welt die Völkerwanderung und der Einbruch fremder Barbaren gewesen sind, für unsere heutige und ihre Fortbildung das Emporkommen einheimischer Barbaren würde, eine Erscheinung, deren erste Keime schon in der Übervölkerung und dem Kommunismus fühlbar werden.«

Ein Hemmnis der Landwirtschaft

24. Jänner. Obwohl der niederösterreichische Landtag im Vorjahr erst einen Antrag auf Abschaffung der Robot und des Zehents abgelehnt hat, befaßt er sich bereits zu Jahresbeginn erneut mit diesem Problem und verabschiedet eine Eingabe an Kaiser Ferdinand I., in der es u.a. heißt:

»Euer Majestät treugehorsamsten Ständen ist nicht unbekannt, daß der Zehent eine höchst lästige, den emsigen Betrieb der Landwirtschaft hemmende, die Gesamtproduktion des Landes, somit seinen Nationalreichtum vermindernde Abgabe ist. Es bedarf nur eines flüchtigen Blikkes, um in einer Feldflur den zehentpflichtigen Acker an seiner Pflege und Frucht von dem zehentfreien zu unterscheiden; der *Zehent* ist ein wesentliches Hindernis, daß ergiebige Grundstücke bebaut werden, denn ihr Ertrag kann nach Abzug des Zehents nicht mehr lohnen. Es ist unmöglich, den Landwirt bei

Bauer aus der Steiermark (Aquarell von Karl Russ)

Entrichtung des Zehents nicht zu beirren und demselben gerade bei der Ernte bedeutenden Schaden zuzufügen ... Andererseits vermindern die Kosten der Einsammlung und Einführung des Zehents den Ertrag desselben beträchtlich ... Den nieder-österreichischen Ständen sind ferners die Nachteile sehr wohl bekannt, welche mit der Robot verbunden sind ... Die *Robot* ist eine der wesentlichsten Ursachen der sittlichen Entartung des Volkes; Unzufriedenheit, Erbitterung der Gemüter und endlose Streitigkeiten sind die gewöhnlichen Begleiter derselben. In der Robot lernt der Arbeiter Trägheit, Nachlässigkeit und allerlei Unrechtlichkeiten, wodurch er sich die Arbeit auf Kosten des Gutsherrn zu erleichtern sucht ... Durch eine zweckmäßige, dem Berechtigten wie dem Verpflichteten gleichentsprechende Aufhebung der Robot gewinnen der Bauer, der Gutsherr, der Staat ... Es ist nicht mehr die seit fünfzig Jahren verhandelte Frage, ob diese Institution der Vorzeit aufzulösen sei, sondern wie diese Aufhebung mit dem geringsten Nachteile für den Berechtigten durchzuführen sei ...«

»Triumph mein Strauß Sohn – Triumph mein Wien«

Am 15. Oktober 1844 debütiert Johann Strauß (Sohn) beim »Dommayer« in Hietzing bei Wien mit einer eigenen Kapelle. »Der Wanderer« berichtet darüber am 19. Oktober:

»Mir kommt Strauß Sohn bisweilen vor wie ein junges ungebändigtes Füllen von echt arabischer Race, das übermüthig mit den Mähnen herumwirft, dem jede Ader von Lebenskraft strotzt, das wild nach allen Seiten hin ausschlägt und das bei aller wilden Ungebärdigkeit doch ein anmuthiges reizendes Bild gewährt. Strauß Sohn soll erst seit einigen Monaten an der Spitze dieses Orchesters stehen; wenn daß der Fall, dann müssen wir neuerdings das eminente Talent dieses jungen Mannes – das Talent sich ein Ensemble zu bilden – rühmend anerkennen. Es war wirklich in allen producirten Musikstücken das abgerundetste, graziöseste Zusammenspiel wahrzunehmen und selbst in den rapidesten Tempos, die bisweilen genommen wurden, jene eingehende haarscharfausgeprägte Raschheit, die sonst kaum Jahrelang zusammengeübten Orchester dieser Art eigen ist.

Strauß Sohn hat am Abende des 15. Oktobers die Feuer- und Wasser-Probe (denn er muß sich in Wasser gebadet haben) glänzend bestanden. Er hat die Herzen Aller in Sturm genommen und am Theresien-Abend eine Schlacht gewonnen, für welchen Sieg wir ihm einen musikalischen Theresien-Orden verleihen möchten. Triumph mein Strauß Sohn – erst 21 Jahre alt und so viel schon für die Ewigkeit in Walzer und Quadrille gethan! Triumph mein Wien, das jetzt einen Strauß Vater und Strauß Sohn in seiner Mitte hat – das Geschlecht der Oerindur stirbt nicht aus. Wie werden nun in der nächsten Carnevals-Saison die Wiener-Füße ... aufjauchzen, wenn dieser Strauß Sohn die Massen ins Feuer führt ...?«

Johann Strauß' (Sohn) Debüt (kolorierte Zeichnung von Theo Zasche)

1845

8. 1. Das »Odeon« in Wien wird eröffnet; es wird unmittelbar zum vornehmsten Etablissement der Stadt.→

11. 3. Die Wiener Schriftsteller verfassen eine Petition an Kaiser Ferdinand I., in der sie Klage über das willkürliche Zensurverfahren erheben.→

3. 6. In einer Petition an den Kaiser fordern die niederösterreichischen Stände die vollständige Wiederherstellung ihrer verfassungsmäßigen Rechte.

9. 7. Für den Holztransport wird eine Pferde-Eisenbahn vom Oisrechen der Ybbs über Lackenhof bis Randegg eröffnet.

Oktober. Mehrere Wiener Polizeiberichte schildern die Situation der Arbeiterschaft vor allem in den Ortschaften um Wien.→

Eine große Lebensmittelteuerung in ganz Österreich wirkt sich besonders in den Städten spürbar aus. Von Juni bis November steigen die Weizenpreise um mehr als 100 %, die Roggenpreise gar um 125 %. Fast die Hälfte aller Wiener Gewerbetreibenden sind vom Bankrott bedroht.

Eine Entlassungswelle in vielen Branchen führt, vor allem in den Industriestädten, zu zahlreichen Arbeiterunruhen.

In der Wiener Herrengasse (11) wird mit dem Bau einer neuen niederösterreichischen Statthalterei begonnen; die Pläne stammen von Hofbaurat Paul Sprenger (1848 fertiggestellt).

Pfarrer Gottlieb August Wimmer gründet in Oberschützen (Burgenland) zwei evangelische Schulanstalten; dadurch entwickelt sich Oberschützen bald zu einem kulturellen Zentrum.

Der französische Komponist Hector Berlioz weilt längere Zeit in Wien und gibt eine Reihe von Konzerten.

GESTORBEN:

4. 5. Wien: Joseph Danhauser (* 19. 8. 1805), Maler des Wiener Biedermeier (»Der Eremit von Lilienthal« 1825; »Der reiche Prasser« 1836).

GEBOREN:

21. 1. Waizenkirchen (Oberösterreich): Franz Maria Doppelbauer († 2. 12. 1908), Bischof von Linz.

8. 2. Schiltern (Niederösterreich): Anton Weichselbaumer († 22. 10. 1920), Anatom und Bakteriologe.

10. 7. St. Georgen (Steiermark): Amalie Materna († 19. 1. 1918), Sängerin.

15. 9. Linz: Andreas Reischek († 3. 4. 1902), Naturforscher.

Der »Odeon«-Saal in Wien 1845 (Lithographie nach einer Zeichnung von Rain)

8. Jänner. *Wiens größtes Vergnügungsetablissement, das »Odeon« in der Leopoldstadt, wird eröffnet. Johann Strauß (Vater) spielt den Wienern auf, die den verschwenderisch ausgestatteten Tanzsaal rasch in ihr Herz schließen. In dem 78 Klafter langen und 18 Klafter breiten Saal können gleichzeitig drei Musikkapellen spielen.*

Proteste gegen die Zensur

11. März. 100 Wiener Schriftsteller unterzeichnen eine Petition an Kaiser Ferdinand I., in der sie ein geordnetes Zensurverfahren fordern. An der Spitze der Unterzeichnenden steht Franz Grillparzer, an dritter Stelle der Verfasser Eduard Bauernfeld. In ihrer Petition rechnen die Schriftsteller der Regierung vor, welchen materiellen Schaden die kritisierte Zensurpraxis dem österreichischen Buchhandel zufügt.

Dadurch, daß die in Österreich verbotenen Werke in nord- oder süddeutschen Staaten des Deutschen Bundes trotzdem gedruckt würden, werde »dem buchhändlerischen Verkehr jährlich wenigstens eine Million Gulden entzogen«, ohne daß die vom Staat erhoffte Wirkung einträte. So heißt es in einer Denkschrift des Börsenvereins der Deutschen Buchhändler im Juni 1845 u. a.: »Durch Zwangsmaßregeln gegen den Buchhandel kann der Staat vielleicht die Masse der in's Publicum kommenden Exemplare mißfälliger Schriften vermindern, aber die Zahl der Leser wird dadurch in viel größerem Maße gesteigert.«

Die Schriftsteller erhoffen sich dabei keineswegs die Abschaffung der Zensur – eine im Metternichschen Österreich kaum realisierbare Forderung –, sondern lediglich eine einheitliche Zensurgesetzgebung und die Möglichkeit der Beschwerde gegen ergangene Zensurmaßnahmen. In der Petition heißt es, daß der Zensor seine Aufgabe allzu oft mit der des Kritikers verwechsle und »einen Vorschlag, eine Bemerkung, eine Erörterung bloß deshalb streicht, weil er über die vorliegende Frage anders denkt, ohne daß die Meinung des Schriftstellers irgend etwas Gemeingefährliches oder sonst durch die Zensurvorschriften Verbotenes enthielte.«

Karikatur zur Zensur (aus der Wiener Theaterzeitung)

Auch der in Wien weilende deutsche Schriftsteller Karl Gutzkow, dessen Werke seit zehn Jahren auf dem Index stehen, mokiert sich. Über die bornierte Zensurpraxis im Wiener Burgtheater schreibt er:

»Das spielende Frivole, das neckisch Zweideutige wird herzlich gern geduldet; jeder ernste Anlauf aber zur Lösung irgendeiner sozialen Frage wird mit Mißtrauen betrachtet. Die Geschichte, die Politik, die Religion sind völlig verschlossene Gebiete. Das ginge noch. Aber auch die Moral ist hier eigentümlich und von den Standesvorurteilen abhängig. Es darf hier keine illegitimen Kinder auf der Bühne geben, keine Väter dürfen mit ihren Söhnen, keine Söhne mit ihren Vätern zerfallen, Könige müssen immer vortrefflich sein, schlechte Präsidenten und Minister werden Vizedome getauft und wie die Liste jenes baren Unsinns weiter lautet, den sich das gute Wiener Publikum hier gefallen läßt. Der Präsident in Kabale und Liebe ist hier des Major Walters Onkel und nicht der Vater! ›Ich habe einen Fleck in meinem Herzen‹, sagt hier Ferdinand, ›wohin der Name *Onkel* noch nie gedrungen ist!‹ Ich würde mich schämen, Beherrscher eines Staates, Minister einer Regierung zu sein, die solche Albernheiten beschönigt.«

Delogierung einer Handwerkerfamilie (Gemälde von Alois Schön)

Bedrohtes Handwerk

Oktober. Wiener Polizeiberichte melden in recht düsteren Farben die immer stärker werdenden Probleme »in den nächst den hiesigen Linien liegenden Ortschaften zu Atzgersdorf, Perchtoldsdorf, Himberg, Mödling, Hacking, Meidling und Penzing«, wo »zusammen an 660 Arbeiter, darunter viele Familienväter, brotlos wurden.«

Die vornehmlich landwirtschaftlich ausgerichteten Wiener Vororte haben seit etwa 1830 einen gewaltigen Bevölkerungszuwachs zu verzeichnen, was die Unternehmer zu nutzen verstanden. Arbeitskräfte waren und sind hier billig, da die am Linienwall übliche »Verzehrungssteuer« hier nicht eingehoben wird.

Die Einführung von Maschinen in den Stoffdruckereien wirkt sich in den um Wien herum angesiedelten Fabriken bald verheerend aus, und tatsächlich zeigen die Polizeiberichte von der Proletarisierung des Handwerks ein ungeschminktes Bild:

»Die arbeitslos gewordenen Druckereigehilfen sind auch gewiß diejenigen, die am schwierigsten wieder anderwärts Arbeit finden und für die öffentliche Ruhe am bedenklichsten werden, da sie meistens schon mit 7 bis 8 Jahren als Streiferjungen verwendet, bei einiger Leistungsfähigkeit bald als Lehrjungen angenommen und auf den halben Gesellenlohn gesetzt, eine äußerst einseitige technische Bildung erlangen, unter dem schlechtesten Beispiele in den Fabriken aufwachsen, selbst ihre Körperkraft nicht entsprechend üben ...

Ein anderer Umstand, der mit auf die Arbeiterentlassung in den Druckfabriken einwirkte, liegt darin, daß sich mehrere Drucker sogenannte Perotinmaschinen angeschafft haben, von welchen eine ungefähr dreißig Gesellen ersetzt.«

Schach statt Schule

Trotz wirtschaftlichen Aufbruchs und Emanzipation des Bürgertums gibt es in Österreich auch weiterhin Beispiele für feudalherrliches Despotentum.

So wird über den Gutsherrn Adolf Freiherr von Borsch berichtet, daß er auf seinem Schloß Poppendorf bei Gnas (Oststeiermark) mit seinen Gästen gerne Schach mit lebenden Figuren spielt. Um sich dieses »Vergnügen« zu ermöglichen, wird der Schulmeister von Gnas angewiesen, die Schule zu sperren und mit 32 Kindern im Schloßhof – der ein Schachbrett-Muster hat – Aufstellung zu nehmen. Die Kinder hat man zuvor zu Schachfiguren umgekleidet; nun muß der Schulmeister sie in jene Positionen bringen, die ihm von den herrschaftlichen Schachspielern angegeben werden.

1846

18. 2. In Krakau beginnt ein Aufstand polnischer Nationalisten. Seit Monatsbeginn wenden sie sich in Galizien offen gegen die Unterdrückung durch Österreich.

3. 3. Österreichische Truppen besetzen Krakau; damit ist der Aufstand in Galizien niedergeschlagen.

15. 4. Mit russischem und preußischem Einverständnis wird der »Freistaat Krakau« dem Kaiserreich Österreich einverleibt; Frankreich und Großbritannien protestieren vergeblich dagegen.

22. 4. Jenny Lind, die »schwedische Nachtigall«, gastiert als Norma in der gleichnamigen Oper von Vincenzo Bellini im Theater an der Wien, das damit bestätigt, ein ernstzunehmender Konkurrent zur Wiener Hof-Oper zu sein.

1. 5. Die 48jährige Forschungsreisende Ida Pfeiffer tritt ihre erste Weltreise an.→

30. 5. Die Oper »Der Waffenschmied« von Gustav Albert Lortzing wird im Theater an der Wien uraufgeführt; der Komponist dirigiert selbst.

Jahresende. Der Kurs der Industriepapiere sinkt; einige Zeit darauf fällt auch der von Staatspapieren. Der Konjunkturabschwung verschärft sich und wird stärker spürbar als in den Jahren zuvor, was zu Geldanlagen in Realitäten führt.

In Vordernberg (Steiermark) werden die Radwerke (Hochöfen) 3 und 4 errichtet (sie sind als Museum noch heute erhalten; Radwerk 3 besitzt zudem das älteste erhaltene Gebläse mit Dampfbetrieb).

Der Internist und Primararzt Joseph Skoda wird Professor an der Universität Wien.→

Johann Strauß (Vater) wird zum »Hofballmusikdirektor« ernannt.

Der Schriftsteller Ignaz Franz Castelli gründet zusammen mit »zwölf ehrenwerten Männern« den »Wiener Tierschutzverein«.

GEBOREN:

19. 3. Prag: Georg Wellner (†8. 9. 1909), Luftfahrtpionier.

29. 5. Baden bei Wien: Gustav Marchet (†27. 4. 1916), Staatsmann und Gelehrter.

11. 6. Wien: Emil Steinbach (†26. 5. 1907), Politiker.

14. 10. Surochów (Galizien): Kasimir Felix Graf Badeni (†9. 7. 1909), Staatsmann.

18. 11. Prag: Alois Prinz von und zu Liechtenstein (†25. 3. 1920), Politiker und Sozialreformer.

Die medizinische Schule von Wien

Der 40jährige Internist und Prima arzt Joseph Skoda wird als Professo an die Universität Wien berufe Sein Hauptwerk, eine »Abhandlur über Perkussion und Auskultation erschien 1839; die darin vorgestell Untersuchungsmethode baut Skod zur Grundlage der modernen phys kalisch-medizinischen Diagnosti aus.

Gemeinsam mit dem 1834 nac Wien gekommenen Pathologe Karl Freiherr von Rokitansky en wickelt der aus Pilsen stammenc Kliniker aufgrund der genauen B schreibung der Krankheitsbefund sowie einer neuen Pathologensprache ein (heute noch gültiges) Syster der Krankheiten und begründet da mit die zu Weltgeltung gelangend Wiener medizinische Schule.

Wien kann jedoch schon auf eine be achtliche medizinische Traditio verweisen, an deren Anfang der au Leiden stammende Gerhard va Swieten steht. Dieser wurde 174 von Maria Theresia als Leibarz nach Wien berufen, wo er den Un versitätsbetrieb und die ganze öste reichische Sanitätsgesetzgebung re formierte. Swieten lehrte als erste Universitätsprofessor Physiologi und Pathologie und richtete di Chirurgie als eigenständiges Leh fach ein.

Ferner gründete Swieten Hebammer schulen und Findelhäuser sowie di erste Schule für Tierärzte in Wien. Leopold von Auenbrugger (1722 1809), ein Schüler Swietens, erfan 1761 die Perkussion, eine Method zur Entdeckung verborgene Krankheiten durch Beklopfen de Brustkorbes, und Swietens Nachfol ger als kaiserlicher Leibarzt, de Schwabe Anton von Störck (1731 1803), gilt als Pionier der experimen tellen Pharmakologie.

Kaiser Joseph II. verdankt Wien di Gründung des »Allgemeinen Kran kenhauses« (→ 1784) und der »Me dizinisch-chirurgischen Josephs Akademie« (Josephinum, 1785) einer Ausbildungsstätte für Militär ärzte. Das »Allgemeine Kranken haus« entwickelte sich zur Heim stätte der Wiener Medizin; von hie ging die Einführung der Lehrfäche Hygiene und Gerichtsmedizin aus 1812 schuf Georg Joseph Bee (1763–1821) hier die erste Lehr kanzel für Augenheilkunde.

eltreisende Ida Pfeiffer (Photographie aus dem Jahre 1856)

Reise um die Welt

Mai. Die 48jährige Ida Pfeiffer icht zu einer Weltreise auf, die sie den nächsten zwei Jahren nach rasilien, Chile, auf die Gesellhafts-Inseln, nach Tahiti, China, dien, Persien, Armenien und leinasien führt. Die Wiener Forhungsreisende ist damit die erste au, die ein solches »Abenteuer« nternimmt.

a Pfeiffer, 1797 als Ida Reyer in Vien geboren, heiratete 1820 den dvokaten Pfeiffer, von dem sie sich lerdings nach der Geburt ihrer inder trennte. Erst nachdem sie die rziehung der Kinder abgeschlosn hatte, wurde Frau Pfeiffer zur orschungsreisenden: 45jährig beichte sie Palästina und Ägypten, 345 zog es sie nach Island und kandinavien. Die Eindrücke und rlebnisse ihrer Unternehmungen hrieb sie nieder und veröffentlich bereits 1843 ihr erstes Buch, »Rei einer Wienerin in das Heilige and« (zwei Bände).

851–1855 unternimmt Ida Pfeiffer re zweite Weltreise, die sie über England und Afrika auf die Sundainseln führt, wo sie 18 Monate bleibt. Anschließend reist sie über Australien nach Amerika, wo sie Kalifornien, Oregon, Peru, Ecuador, Neugranada, das gesamte Mississippigebiet und die nordamerikanischen Binnenseen besucht. Von dieser Reise bringt sie wertvolle Sammlungen für das »kaiserliche Naturalienkabinett« in Wien mit.

1856 tritt Ida Pfeiffer bereits ihre fünfte Reise an; nach Aufenthalten in Berlin und Paris läßt sie sich in Rotterdam nach Madagaskar einschiffen, wo sie allerdings nach anfänglich guter Aufnahme in Gefangenschaft gerät und nach einiger Zeit des Landes verwiesen wird. Gesundheitlich angeschlagen, kehrt sie über England nach Wien zurück, wo sie 1858, kurz nach ihrem 61. Geburtstag, stirbt. Sie hat auf ihren Reisen mehr als 240 000 km zur See und rund 32 000 km zu Lande zurückgelegt und dabei Gegenden aufgesucht, die vor ihr noch kein Europäer bereiste.

1847

Frühjahr. Mißernten und Wirtschaftskrise führen zu einer Hungersnot: In den Wiener Vorstädten plündern Arbeitslose Lebensmittelgeschäfte. Polizeiberichte sprechen von der Angst der Fabrikanten, »es könnte bei zunehmender Brotlosigkeit zu Gewalttaten gegen ihre Person und ihr Eigentum kommen«.

14. 5. In Wien wird die »Akademie der Wissenschaften« gegründet. Sie ist in eine mathematisch-naturwissenschaftliche und eine philosophisch-historische Abteilung (später: Klasse) gegliedert.

1. 6. In ganz Österreich werden die Brot- und Getreidepreise drastisch erhöht, da nach der Mißernte von 1846 die Aussichten auf die bevorstehende Ernte ebenfalls schlecht sind.

25. 9. Die Oper »Martha« von Friedrich von Flotow wird in Wien uraufgeführt.

10. 10. Preiserhöhungen, Lebensmittelknappheit und abermalige Entlassungen von Fabrikarbeitern führen zu einer wachsenden Unzufriedenheit der Massen: In Wien werden daraufhin Bäckerläden und Fabrikantenhäuser gestürmt.

10. 12. Das umgebaute Theater in der Leopoldstadt wird als Wiener »Carl-Theater« neueröffnet.

Die Telegraphenlinie Wien–Brünn–Prag nimmt den Betrieb auf; sie ist die erste große Überlandverbindung auf dem europäischen Festland.

Die Bahnlinie Wiener Neustadt–Ödenburg wird eröffnet.

GESTORBEN:

30. 4. Wien: Karl Ludwig Johann von Habsburg-Lothringen (* 5. 9. 1771), Erzherzog von Österreich, Generalfeldmarschall. →

2. 12. Wien: Johann Ladislaus Pyrker von Felsö-Eör (* 2. 11. 1772), Erzbischof von Erlau und Dramatiker. →

17. 12. Parma: Maria Luise (Marie Louise) von Habsburg-Lothringen (* 12. 12. 1791), Kaiserin der Franzosen. →

GEBOREN:

13. 2. Hannover: Erich Graf Kielmannsegg († 23. 2. 1923), Staatsmann.

15. 6. Wien: Vincenz Chiavacci († 2. 2. 1916), Bühnendichter.

2. 9. Tetschen: Franz Anton Fürst von Thun-Hohenstein († 1. 11. 1916), Staatsmann.

10. 9. Wien: Viktor Urbantschitsch († 17. 6. 1921), Arzt.

7. 10. Holitz (Böhmen): Emil Holub († 21. 2. 1902), Ethnologe.

Der »Sieger von Aspern«

30. April. Im Alter von 75 Jahren stirbt Erzherzog Karl Ludwig Johann von Habsburg-Lothringen, Herzog von Teschen (seit 1822) und Generalfeldmarschall, der »Sieger von Aspern«.

Der jüngere Sohn Kaiser Leopolds II. begann seine militärische Laufbahn in den Österreichischen Niederlanden; nach Erfolgen im Ersten Koalitionskrieg gegen Frankreich wurde er dort als Statthalter eingesetzt (1793). Am 9. Februar 1796 ernannte ihn Kaiser Franz II.

Erzherzog-Karl-Denkmal (Standbild auf dem Heldenplatz in Wien)

zum Reichsgeneralfeldmarschall und übergab ihm das Oberkommando über die österreichische Rheinarmee; ab Jänner 1797 führte er die österreichischen Truppen in Oberitalien, ohne aber den Vormarsch der Franzosen aufhalten zu können. 1799 hatte Erzherzog Karl den Oberbefehl in Böhmen, legte ihn jedoch Anfang 1800 wegen Differenzen mit dem Hofkriegsrat und Außenminister Franz Freiherr von Thugut nieder. Im Zuge der Entlassung Thuguts im Jänner 1801 übernahm Karl das Amt des Präsidenten des Hofkriegsrates und begann unmittelbar mit der Reform des österreichischen Heerwesens.

Seinen größten Erfolg verzeichnete der 1806 zum Generalissimus und Kriegsminister des Kaiserreichs Österreich ernannte Erzherzog in der Schlacht bei Aspern und Eßling (→ 21./22. 5. 1809), wo er Kaiser Napoleon I. von Frankreich die erste militärische Niederlage zufügte. Dem Sieg folgte die Niederlage: Nach der Schlacht bei Deutsch Wagram (→ 5./6. 7. 1809), die den Krieg zugunsten der Franzosen entschied, demissionierte der Erzherzog.

Die »Kaiserin der Franzosen« ist tot

17. Dezember. Fünf Tage nach ihrem 56. Geburtstag stirbt Erzherzogin Maria Luise (Marie Louise) von Habsburg-Lothringen, die älteste Tochter Kaiser Franz II.
Am → 11. März 1810 wurde die damals 18jährige Erzherzogin in einer Prokuratstrauung in Wien mit Kaiser Napoleon I. von Frankreich vermählt, dem sie 1811 einen Sohn, Napoleon Franz Joseph Karl, »König von Rom« und späterer Herzog von Reichstadt, gebar (→ 22. 7. 1832).
Als Kaiserin der Franzosen mußte sie 1814 das Land verlassen, sie ging mit ihrem Sohn nach Schönbrunn bei Wien, behielt allerdings ihren Titel und bekam auf dem »Wiener Kongreß« (→ 9. 6. 1815) die Herzogtümer Parma, Piacenza und Guastalla zugesprochen, deren Regentschaft sie im folgenden Jahr antrat.
Nach dem Tod Napoleons heiratete sie 1821 ihren Obersthofmeister Adam Albert Graf Neipperg, der zum Fürsten von Montenuovo erhoben wurde. Nach seinem Tod 1829 ging Maria Luise 1834 eine dritte Ehe ein, und zwar mit Charles René Graf Bombelles, mit dem sie allerdings eine morganatische (nicht standesgemäße) Ehe führte.
Der Leichnam der verstorbenen Erzherzogin wird Anfang 1848 nach Wien übergeführt und am 25. Jänner feierlich in der Kapuzinergruft beigesetzt.

Maria Luise als Kaiserin der Franzosen (von François Gérard; Kunsthistorisches Museum Wien)

Erzbischof und Schriftsteller

2. Dezember. In Wien stirbt 75jährig Johann Ladislaus Pyrker von Felsö-Eör, Erzbischof im ungarischen Erlau und ein bekannter Autor patriotisch-historischer Dramen.
Pyrker entstammte einer ungarischen Adelsfamilie, trat in den Zisterzienserorden ein und wurde 1812 Abt des niederösterreichischen Stiftes Lilienfeld; 1818 zum Bischof von Zips (Slowakei) ernannt, wurde er 1821 Patriarch von Venedig und 1827 Erzbischof von Erlau.
Neben seiner Tätigkeit als Geistlicher fand Pyrker noch die Zeit, schriftstellerisch tätig zu werden. Er schrieb lyrische Gedichte und Legenden, klassizistische Versepen sowie patriotische Geschichtsdramen (»Rudolf von Habsburg«, 1825); viele seiner Gedichte wurden rasch populär, so »Die Allmacht« und »Das Heimweh«, beide von Franz Schubert vertont. Pyrker förderte auch den jungen Franz Grillparzer, dem er freundschaftlich verbunden war. 1832–1834 erschien eine erste Ausgabe seiner »Sämtlichen Werke«.

Hungerlohn für 16 Arbeitsstunden

1847 beträgt die durchschnittliche Arbeitszeit in Industrie und Handwerk 16 Stunden pro Tag; allein am Sonntag wird »nur« bis Mittag gearbeitet. Kinder zwischen 12 und 16 Jahren dürfen bereits zwölf Stunden täglich arbeiten (allerdings wird die Einhaltung dieser Beschränkung nur unzureichend kontrolliert).
In der Industrie verdient ein Arbeiter pro Tag etwa 50 Kreuzer, Kinderarbeit wird mit acht Kreuzern entlohnt. Ein Handwerksgeselle erhält – bei freier Kost und Logis – 18 Kreuzer. Das Jahresgehalt eines Beamten beträgt durchschnittlich 400 Gulden; ein freischaffender Künstler kann sowohl am Hungertuch nagen, als auch zu den Großverdienern zählen: So garantiert z. B. das Carl-Theater in Wien dem Schauspieler und Bühnendichter Johann Nepomuk Nestroy ein Jahreseinkommen von 10 000 Gulden; der Schriftsteller Franz Grillparzer erhielt bereits für die erste Auflage seines Trauerspiels »König Ottokars Glück und Ende« 1500 Gulden.

Kind als Bauarbeiter (Ölgemälde von Ferdinand G. Waldmüller, 1856)

1848

1./2. 1. In Mailand, Padua und Brescia kommt es zu blutigen Ausschreitungen (sog. Zigarrenrummel).→

3. 1. Erstmals werden in Wien billige Suppen an Arme ausgegeben.→

3. 3. Der ungarische Oppositionsführer Ludwig (Lajos) Kossuth hält im Reichstag zu Pest die sog. Taufrede der österreichischen Revolution.→

13. 3. Unruhen in Wien: Staatskanzler Klemens Wenzel Fürst Metternich tritt zurück und flieht nach England.→

17./18. 3. In Venedig und Mailand kommt es zum offenen Aufstand gegen die österreichische Herrschaft.→

31. 3. In der Frankfurter Paulskirche wird das deutsche Vorparlament eröffnet.→

25. 4. Die »Pillersdorfsche Verfassung« wird verkündet.→

29. 5. In Prag bildet sich eine provisorische böhmische Regierung.→

28. 6. In Wien wird der »Erste allgemeine Arbeiterverein« gegründet (→ 13. 3.).

1. 7. Die Uraufführung der Posse mit Gesang »Freiheit in Krähwinkel« von Johann Nepomuk Nestroy stößt auf zum Teil heftige Kritik.→

3. 7. Die erste Nummer der »Presse« erscheint.

7. 9. Der Reichstag beschließt die Gründung der »Österreichischen Arbeiterzeitung«.

9. 9. Kaiser Ferdinand I. bestätigt den Reichstagsbeschluß zur Aufhebung der bäuerlichen Untertänigkeit.→

6. 10. In Wien beginnt die sog. Oktoberrevolution.→

22. 11. In Kremsier (Südmähren) wird der österreichische Reichstag eröffnet.→

2. 12. Kaiser Ferdinand I. dankt in Kremsier (Kroměříč) ab; der kaiserliche Bruder, Erzherzog Franz Karl, verzichtet zugunsten seines Sohnes Franz Joseph auf den Thron.→

5. 12. Ein kaiserliches Patent hebt die Befreiung des Adels von der Militärpflicht auf.

GESTORBEN:

6. 10. Wien: Theodor Graf Baillet von Latour (* 15. 6. 1780), Kriegsminister (gelyncht).→

5. 11. München: Joseph Freiherr von Hormayr zu Hortenburg (* 20. 1. 1781), Historiker und Publizist.

GEBOREN:

25. 7. Marburg: Ottokar Kernstock († 5. 11. 1928), Lyriker.

14. 11. Mór (Ungarn): Alexander Graf Wekerle († 26. 8. 1921), Staatsmann.

In Wien gärt es

Im Winter 1847/48 verschärft sich die wirtschaftliche Not der Massen; vor allem in Wien gärt es in der wegen der Inflation besonders stark von Hunger und Elend betroffenen Arbeiter- und Handwerkerschaft.
Der sächsische Legationsrat Carl Friedrich Graf Vitzthum von Eckstädt, ein genauer Beobachter der österreichischen Verhältnisse, zeigt sich besorgt über die Situation in der Hauptstadt. Er berichtet am 5. März über die Stimmung unter der Bevölkerung in Wien:
»Hier herrscht eine trübe, unheimliche Stimmung in allen Kreisen. Wie ein Donnerschlag hat die Pariser Revolution die Dunkelheiten unserer Lage erhellt. Die Vorstädte sollen in sehr gereiztem Zustand sein. Der kleinere Bürgerstand befindet sich in offenbarer Gärung. Die unheilvollsten Gerüchte zirkulieren. Es ist, als wäre es darauf abgesehen, den Staat demnächst zum Bankrott zu zwingen. Die Wechselbank der Banknoten war gestern fast bestürmt. Anstatt der üblichen zwei mußte man zehn Kassen errichten, dem Andrang zu genügen... So gibt es Leute, die in die Tabakläden gehen und eine Zigarre mit einem Fünfguldenschein bezahlen, um die Wertlosigkeit des Papiergeldes recht anschaulich zu machen... Das Gold ist so teuer, daß der Dukaten mit fünf Gulden zwölf Kreuzer bezahlt wurde; sein reeller Wert ist vier Gulden dreißig Kreuzer... Das Fleisch hat um zwei Kreuzer aufgeschlagen, und vorgestern versammelte sich ein Volkshaufe auf dem Graben unter den Fenstern eines jüdischen Bankiers, der einen Ball gab; man solle nicht tanzen, hieß es, während das Volk kein Fleisch habe. Die Polizei hat dieses kleine Attroupement leicht zerstreut, doch bleibt dies immer ein bedenkliches Anzeichen ...«

Der Zigarrenrummel

Zigarrenrummel (zeitgenössisches Gemälde)

1./2. Jänner. Mit der Parole »Kauft keine Tabakwaren« beginnt in Mailand, Padua und Brescia ein Boykott der »k. k. Tabac-Fabrication«, die den Italienern als augenfälligstes Symbol der österreichischen Herrschaft in Lombardo-Venezien gilt; die blutigen Ausschreitungen der Bevölkerung in diesen Städten zu Jahresbeginn, der sog. Zigarrenrummel, werden vom Militär gewaltsam unterdrückt.

Erstmals billige Suppen für die Armen von Wien

3. Jänner. *Erstmals wird auf dem Wiener Schottengrund, auf der Landstraße und in Mariahilf für die Armen billiges Essen ausgeteilt. Man hat zu diesem Zweck sog. Rumfordsche Suppenanstalten eröffnet, benannt nach Graf Rumford (eigentlich Benjamin Thompson), einem gebürtigen Amerikaner, der 1785 in bayrische Dienste trat und 1797 erstmals Massenspeisungen mit »Rumford-Suppen« (aus getrockneten gelben Erbsen, Gewürzen und durchwachsenem Speck) in München organisierte (»Wiener Scene«, Farblithographie der »Wiener Theaterzeitung« 1848; Historisches Museum Wien).*

Die Sintflut

Am 29. Februar 1848, zwei Wochen vor dem ersten Aufstand in Wien und dem folgenden Rücktritt des 74jährigen Staatskanzlers Klemens Wenzel Fürst Metternich schreibt der sächsische Legationsrat Carl Friedrich Graf Vitzthum von Eckstädt aus Wien:

»Täglich brachte die italienische Post Nachricht von einer Konstitution, einer Revolution oder wenigstens einigen politischen Meuchelmorden. Wenn Metternich das ›après nous le déluge‹ [nach uns die Sintflut] zur Staatsmaxime genommen, so rächt sich die Geschichte furchtbar an ihm, indem sie ihn die Sintflut noch erleben läßt. Wenn man ihn sieht, den schwachen, stocktauben Mann, in längst verbrauchte Phrasen und Redensarten eingepuppt, ein kindgewordener Greis, so begreift man, daß dieser Kopf nicht mehr stark genug ist, den jetzigen Stürmen zu trotzen. Und der Kaiser, mein Gott! Zum ersten Male sah ich ihn gestern auf dem Hofball. So schlimm dachte ich ihn mir nicht. Die fromme Kaiserin, den ganzen Tag mit einem Beichtiger eingeschlossen, wird das Übel auch nicht wegbeten, welches jetzt über Österreich hereinbrechen will.«

Fabrikensturm in den Vororten von Wien (zeitgenössische Darstellung)

Die »Oktroyierte Verfassung« vom 25. April 1848 wird proklamiert

Kämpfe in den Straßen der Residenzstadt

13. März. Einen Tag, nachdem die Wiener Studenten in einer Petition an Kaiser Ferdinand I. die Freiheit der Universität und der Presse gefordert haben, überschlagen sich in Wien die Ereignisse: Die »Märzrevolution« fordert die ersten Toten.
Während einer Sitzung des niederösterreichischen Landtags in Wien dringen Studenten und Bürger wegen der Nichtbeantwortung ihrer Petition in das Landhaus in der Herrngasse ein; Dr. Adolf Fischhof, Sekundararzt am Allgemeinen Krankenhaus und einer der Anführer, erläutert die Gründe für die Unzufriedenheit der Menge, anschließend verliest Max Goldner die Rede des ungarischen Oppositionsführers Ludwig (Lajos) Kossuth vom →3. März. Arbeiter aus den Vorstädten Wiens stoßen zu den Demonstranten, und am Nachmittag kommt es zum ersten Zusammentreffen mit militärischen Einheiten.
In den Vorstädten stürmen Arbeiter Fabriken und zerstören die Maschinen. Auch hier fordert der Einsatz von Militär weitere Opfer – 45 Tote.
Der österreichische Staatskanzler Klemens Wenzel Fürst Metternich – bereits 74jährig – tritt angesichts der drohenden Revolution zurück und flieht nach England. Der Kaiser sieht sich am 15. März »zur Erfüllung der Wünsche unserer treuen Völker« gezwungen und verspricht die Einführung einer freiheitlichen Verfassung in Österreich.
Am 21. März wird anstelle der »Geheimen Staatskonferenz« ein provisorisches Staatsministerium gebildet, dessen Vorsitz am 4. Mai Franz Freiherr von Pillersdorf übernimmt. Dieser erarbeitet eine neue (die sog. Pillersdorfsche) Verfassung, die am 25. April verkündet wird.
Da sie ohne Volksvertretung vom Staatsoberhaupt erlassen wird, bezeichnet man sie auch als »Oktroyierte Verfassung«. Die Liberalen lehnen sie als zuwenig demokratisch ab, eine Sturmpetition der Nationalgarden, Studenten und Arbeiter in der Wiener Hofburg fordert am 15. und 16. Mai die sofortige Rücknahme der Verfassung (die am 16. in eine »provisorische« umgewandelt und im Juli endgültig zurückgezogen wird) und die Einberufung eines konstituierenden Reichstags, der aus einer allgemeinen, direkten und freien Wahl hervorgehen soll. Nach heftigen Straßenkämpfen in Wie[n] bewilligt die Regierung am 16. di[e] Forderungen der Aufständische[n], am Tag darauf flieht der Kaiser m[it] seiner Familie nach Innsbruck.
Am 26. Mai kommt es zum dritte[n] Aufstand in Wien, ausgelöst durc[h] die beabsichtigte Auflösung de[r] »Akademischen Legion«. Nationa[l]garde, Bürger und Studenten setze[n] das Fortbestehen der Legion durc[h] und erreichen die Bildung eines so[g.] Sicherheitsausschusses, dessen Vo[r]sitz Dr. Fischhof übernimmt. Gleic[h]zeitig wird ein Arbeiterkomitee g[e]gründet, das am 28. Juni die Bildun[g] eines »Ersten allgemeinen Arbeite[r]vereins« durchsetzen kann.
Auf Verlangen des Sicherheitsau[s]schusses muß Freiherr von Piller[s]dorf am 8. Juli vom Vorsitz de[s] Staatsministeriums zurücktrete[n] und Anton Freiherr von Dolblhof[f-]Dier wird mit der Bildung eine[r] neuen Regierung (der ersten mit d[e]mokratischem Einfluß) betraut.
Am 22. Juli eröffnet Erzherzog J[o]hann in Wien den konstituierende[n] Reichstag; die 383 Deputierten d[er] deutschen und slawischen Länd[er] sind nach Nationen unterteilt, d[er] jüngste Abgeordnete ist der 25jähr[i]ge Student Hans Kudlich. Am 26. J[u]li beantragt er im Reichstag die Au[f]hebung der bäuerlichen Untertäni[g]keit (→9.9.). Vom 21. bis 23. Augu[st] kommt es wegen der Herabsetzun[g] der Arbeitslöhne zum vierten M[al] zum Aufstand, die Wiener Stadtga[r]de kann – mit einem wahren Geme[t]zel – die Ruhe wiederherstellen.

Kaiser Ferdinands Proklamation

»Wir Ferdinand I. von Gottes Gnaden Kaiser von Österreich; König von Hungarn und Böhmen u.s.w. haben nunmehr solche Verfügungen getroffen, die Wir zur Erfüllung der Wünsche Unserer treuen Völker erforderlich erkannten.
Die Preßfreiheit ist durch Meine Erklärung der Aufhebung der Censur in derselben Weise gewährt, wie in allen Staaten, wo sie besteht. – Eine Nationalgarde, errichtet auf den Grundlagen des Besitzes und der Intelligenz, leistet bereits die ersprießlichsten Dienste. – Wegen Einberufung von Abgeordneten aller Provinzial-Stände und der Central-Congregationen des lombardisch-venetischen Königreiches in der möglichst kürzesten Frist mit verstärkter Vertretung des Bürgerstandes und unter Berücksichtigung der bestehenden Provinzialverfassungen zum Behufe der von Uns beschlossenen Constitution des Vaterlandes ist das Nöthige verfügt.
Sonach erwarten Wir mit Zuversicht, daß die Gemüther sich beruhigen, die Studien wieder ihren geregelten Fortgang nehmen, die Gewerbe und der friedliche Verkehr sich wieder beleben werden. Dieser Hoffnung vertrauen Wir um so mehr, als Wir Uns heute in Eurer Mitte mit Rührung überzeugt haben, daß die Treue und Anhänglichkeit, die ihr seit Jahrhunderten Unseren Vorfahren ununterbrochen und auch Uns bei jeder Gelegenheit bewiesen habet, Euch noch jetzt wie von jeher beseelet.
Gegeben in Unserer kaiserlichen Haupt- und Residenzstadt Wien, den 15. März 1848 [in der »Wiener Zeitung« vom 16. März veröffentlicht], Unserer Reiche im vierzehnten Jahre. Ferdinand«

ede eines Studenten an die Arbeiter am 27. Mai 1848 (Ausschnitt aus nem Aquarell von Johann Nepomuk Höfel)

Iniversitätsbarrikade, errichtet am 26. Mai 1848, als sich Studenten und rbeiter zum Sturz der Regierung Pillersdorf verbünden

Die Taufrede der Revolution

3. März. Vor dem ungarischen Reichstag in Pest hält der Führer der ungarischen Opposition, Ludwig (Lajos) Kossuth, eine flammende Rede gegen den »erstickenden Dampf des tödlichen Windes, der aus den Bleikammern des Wiener Regierungssystems, alles niederdrückend, lähmend, vergiftend einherweht«.

Die Opposition in Ungarn ist stark antihabsburgisch eingestellt und fest im nationalistischen Gedankengut verankert, sodaß Reden von großer Emotionalität gegen die Regierung in Wien gehalten werden. Kossuths Appell gilt als Taufrede der österreichischen Revolution, wenngleich die Erhebung in Ungarn erst nach dem Aufruhr in Wien erfolgt und offen bleibt, ob Kossuths Worten tatsächlich die ihnen beigemessene Bedeutung als auslösendes Moment zukommt.

Am 22. März wird in Ungarn ein liberales Ministerium (Regierung) unter Führung von Ludwig Graf Batthyány von Német-Ujvár (Güssig) gebildet, in dem Kossuth die Verantwortung für die Finanzen übernimmt. Erzherzog Stephan Viktor von Österreich erhält den Titel eines Vizekönigs von Ungarn. Die zentralistischen Tendenzen in Ungarn führen zur Erhebung der ungarischen Slawen und der Rumänen in Siebenbürgen gegen die Zentralisierung in Pest.

Die wichtigsten Ereignisse in Ungarn vor dem Ausbruch der Revolution am 12. Dezember sind:

11. Mai: Die Slowaken erheben sich gegen den ungarischen Zentralismus.

13. Mai: Auch die Serben im Banat erheben sich.

15. Mai: Die Rumänen Siebenbürgens folgen dem Beispiel der Slowaken und Serben.

2. Juli: Palatin Erzherzog Stephan Viktor eröffnet den neugewählten ungarischen Reichstag in Pest; dieser beschließt die Aufstellung einer ungarischen Nationaltruppe (Honvéd) sowie Steuereinhebung und Papiergeldausgabe (sog. Kossuth-Noten).

August: Im Banat tobt ein erbitterter Nationalkrieg zwischen Serben und Ungarn.

11. September: Der am 22. März gewählte Banus von Kroatien, Oberst Josef von Jellačić, marschiert mit seinen Truppen auf Budapest.

12. September: Kossuth übernimmt für den zurückgetretenen Grafen Batthyány das Amt des Ministerpräsidenten.

21. September: Palatin Erzherzog Stephan Viktor legt die Würde des Vizekönigs von Ungarn nieder.

28. September: Der Oberbefehlshaber der kaiserlichen Truppen in Ungarn, Feldmarschall Franz Philipp Graf Lamberg, wird in Pest ermordet.

Ludwig (Lajos) Kossuth

29. September: Die Truppen des Banus von Kroatien werden von den Ungarn bei Velencze zurückgeschlagen.

3. Oktober: Kaiser Ferdinand I. löst den ungarischen Reichstag auf, verhängt den Belagerungszustand über das Land und überträgt dem Banus von Kroatien die Statthalterschaft über Ungarn und den Oberbefehl über die kaiserlichen Truppen.

Der ungarische Reichstag erklärt die kaiserliche Verfügung für ungesetzlich und Jellačić zum Hochverräter.

12. Dezember: Die Ungarn verweigern dem neuen Kaiser Franz Joseph I. die Anerkennung als König von Ungarn. Feldmarschall Alfred Fürst zu Windischgraetz marschiert daraufhin mit einem Heer in Ungarn ein, nimmt Tyrnau, Preßburg, Ödenburg und Raab und rückt gegen Budapest vor (→ 14.4.1849).

Ein deutsches »Vorparlament«

31. März. In der Paulskirche von Frankfurt am Main tritt ein aus 500 Vertrauensmännern aller deutschen Länder gebildetes »Vorparlament« zusammen, um sich über die Bildung einer konstituierenden Nationalversammlung zur Beratung einer Reichsverfassung zu einigen.

Das »Vorparlament«, in dem die Befürworter einer konstitutionellen Monarchie in der Mehrheit sind, schafft die Voraussetzungen für die Einberufung einer verfassungsgebenden Versammlung, deren Abgeordnete in einer allgemeinen, gleichen und freien Wahl bestimmt werden sollen (ein Abgeordneter für je 50 000 Einwohner). Der deutsche Bundestag stimmt diesen Forderungen zu, hebt die »Karlsbader Beschlüsse« (→ 6. 8. 1819) auf und beruft die Deutsche Nationalversammlung für den 18. Mai nach Frankfurt. Am 11. April lehnt der tschechische Historiker František Palacký die Einladung zur Nationalversammlung ab. In einem Brief an das Frankfurter Parlament bekennt er sich zum Austroslawismus und lehnt eine Einbeziehung Österreichs (und damit Böhmens) in das Deutsche Reich ab.

Erzherzog Johann spricht vor der Frankfurter Nationalversammlung

Am 18. Mai wird die Nationalversammlung in der Frankfurter Paulskirche eröffnet; 115 der 585 Abgeordneten kommen aus Österreich. Die Arbeit geht zunächst nur schleppend voran; die Versammlung verfügt über praktisch keine Befugnisse und stößt vor allem bei der Frage der Eingliederung der beiden deutschen Großmächte Österreich und Preußen in einen deutschen Einheitsstaat auf große Schwierigkeiten. Trotzdem wird am 29. Juni eine provisorische Zentralregierung geschaffen, die jedoch weitgehend machtlos ist, weil ihr die Organe zur Ausübung der exekutiven Gewalt fehlen. Erzherzog Johann von Österreich wird als »unverantwortlicher Reichsverweser« zum Haupt eines verantwortlichen Reichsministeriums (Regierung) gewählt, das erstmals am 12. Juli zusammentritt.

Präsident des Reichsministeriums ist Karl Fürst von Leiningen, die Regierungsgewalt liegt in der Hand des Reichsverwesers; der deutsche Bundestag wird aufgelöst. Doch die eigentliche Aufgabe der Nationalversammlung, die Beratung einer gesamtdeutschen Verfassung, gerät zunächst in den Hintergrund. Die Parlamentarier beraten vordringlich über einen Entwurf der »Grundrechte des deutschen Volkes«.

Die Machtlosigkeit des Frankfurter Parlaments, durch den eigenmächtigen Waffenstillstand Preußens im Krieg mit Dänemark (Malmö-Vertrag vom 24. August) und die nachträgliche Billigung durch die Nationalversammlung deutlich demonstriert, führt zum sog. Septemberaufstand der unzufriedenen Anhänger der »Linken«, der jedoch von österreichischen und preußischen Truppen am 18. September niedergeschlagen wird.

Septemberaufstand vor der Paulskirche (aus der Bilderzeitung »Das merkwürdige Jahr 1848«)

Am 19. Oktober beginnen in der Paulskirche die Beratungen über den Verfassungsentwurf; im Vordergrund steht bald die Frage, ob eine groß- oder kleindeutsche Lösung (mit oder ohne Österreich) angestrebt werden soll. Die mit der großdeutschen Lösung verbundene Forderung, Österreich solle auf seine nichtdeutschen Gebiete verzichten, wird jedoch vom österreichischen Ministerpräsidenten Felix Fürst zu Schwarzenberg Ende November entschieden abgelehnt. In der Folge tritt der österreichische Ministerialgesandte Anton Ritter von Schmerling am 12. Dezember aus dem Reichsministerium zurück; damit ist die Vorentscheidung zugunsten einer kleindeutschen Lösung unter Führung Preußens gefallen (→ 28. 3. 1849).

Ein Vermoderer

Robert Blum, Mitglied der Frankfurter Nationalversammlung und am 9. November 1848 in Wien standrechtlich erschossen, gehörte am 12. Juli 1848 zur Begrüßungskommission Erzherzog Johanns in Frankfurt am Main. Noch am selben Tag schilderte Blum in einem Brief seinen Eindruck von dem »steirischen Prinzen«:

»... Den Hallo, Spektakel und offiziellen Jubel kannst Du aus den Zeitungen lesen; aber wahrscheinlich hast Du trotz allem Jubel den Reichsverweser und Vermoderer nicht gesehen und ich muß Dir also melden, daß er ein so erdiges, abgelebtes, totes und regungsloses Gesicht hat, daß es den übelsten Eindruck macht und jedes Fünkchen Hoffnung, welches sich an ihn knüpfte, vernichtet hat.

Im Privatverkehr ist er ein achtungswerter und liebenswürdiger Mensch, der aber in jedem Wort zeigt, daß er eben nur ins Haus taugt, nicht ins politische Leben.

Es ist entsetzlich, daß man diesem Menschen Deutschland vertrauen will; allein Bestand kann die Sache nicht haben, oder vielmehr, er kann nur eine unbedeutende Puppe sein, die aber hemmt auf Schritt und Tritt ...«

Der Prager Slawenkongreß

29. Mai. In Prag wird eine provisor sche böhmische Regierung unt dem Vorsitz von Leo Graf Thun-H henstein gebildet, der u. a. auch d Historiker František Palacký un Ladislaus Rieger angehören.

Am 2. Juni eröffnet Palacký den Pr ger Slawenkongress, unter ihnen d Führer der Slowaken, Pavel Josef Š fařík, und der russische Revoluti när Michail Bakunin. Die Tscheche fordern ein selbständiges Köni reich, gebildet aus Böhmen, Mähre und Österreich-Schlesien, und lege einen Verfassungsentwurf vor, d jedoch von Kaiser Ferdinand I. z rückgewiesen wird. Am 12. Ju kommt es daraufhin zum Zusan menstoß tschechischer National sten mit kaiserlichem Militär; dies sog. Prager Pfingstaufstand wird b zum 17. Juni von den Truppen d Statthalters Alfred Fürst zu Wi dischgraetz blutig niedergeschlage der Slawenkongreß aufgelöst.

Kampf der Italiener gegen die österreichische Besatzungsmacht an der Porta Tosa in Mailand am 22. März 1848 (anonymer Holzstich, 1848)

Pfändung des Besitzes einer Bauernfamilie, die ihre Steuern nicht bezahlen kann (Gemälde von Ferdinand Georg Waldmüller)

Aufruhr in Italien

17./18. März. Mit Aufständen in Venedig und Mailand beginnt in Oberitalien die offene Auflehnung gegen die österreichische Herrschaft, wobei es zum militärischen Aufeinandertreffen der Truppen König Karl Alberts von Sardinien-Piemont (auf seiten der Aufständischen) und der Österreicher unter Führung des Landesgouverneurs und Oberkommandierenden in Italien, Feldmarschall Johann Joseph Wenzel Graf Radetzky von Radetz, kommt.

Erst im Juni gelingt es Feldmarschall Radetzky, den Vormarsch der Italiener zu stoppen und in der Schlacht bei Custoza (südlich des Gardasees) am 25. Juli den entscheidenden Sieg zu erringen. König Karl Albert muß sich nach dieser Niederlage nach Mailand zurückziehen, während die Österreicher die ganze Lombardei besetzen und nach weiteren Erfolgen am 6. August in Mailand einmarschieren (Franz Grillparzer schreibt darauf »In Deinem Lager [Radetzky] ist Österreich«).

Der am 9. August unterzeichnete Waffenstillstand zwingt König Karl Albert, sich in sein Königreich zurückzuziehen, sodaß österreichische Truppen also auch in das Herzogtum Parma einrücken können.

Der Herzog von Modena, Franz V. von Habsburg-Este, kehrt daraufhin in sein Herzogtum zurück, während Herzog Karl III. (ein Bourbone) die Nachfolge Karls II. Ludwig im Herzogtum Parma antritt.

Befreiung der Bauern

9. September. Kaiser Ferdinand I. bestätigt den auf Antrag des schlesischen Abgeordneten Hans Kudlich am 26. Juli vom Reichstag verabschiedeten Beschluß, »das Untertänigkeitsverhältnis samt allen daraus entspringenden Rechten und Pflichten« aufzuheben. Damit erfolgt die wirtschaftliche Befreiung der österreichischen Bauern aus der Fesseln der Erbuntertänigkeit; die Bauern werden freie Eigentümer ihres Bodens.

In seiner Antragsbegründung vor dem Reichstag führte Kudlich u.a. aus: »Mein Antrag bezweckt einfach die nötige Gleichstellung der Untertanen mit denjenigen, welche mit dieser Benennung nicht mehr gebrandmarkt sind. – Die Gesetze aus der alten vorjosephinischen Zeit sind später zwar in bezug auf die Ausdehnung, aber nicht auf das innere Wesen der Untertänigkeit verändert worden. Niemals wurde der Grund des Verhältnisses angegriffen, wenn man auch die Größe der Robot [Frondienste] verminderte oder die Höhe der Abgaben herabsetzte. Auch sind gerade jene Gesetze nicht verbessert worden, durch welche die persönliche Freiheit der Untertanen noch jetzt in einer abnormen Weise beeinträchtigt wird, sodaß diese Untertanschaft eigentlich nichts anderes ist als ein Ausnahmezustand, welchen eine Versammlung, die sich auf die Souveränität des Volkes stützt, nimmer dulden darf ...«

»Die wahre Revolution«

Karl Friedrich Kübeck Freiherr von Kübau, verantwortlich für Finanzen im ersten (provisorischen) Staatsministerium vom 21. März 1848, urteilte über die Bauernbefreiung in Österreich wie folgt:

»... In den bäuerlichen Verhältnissen steckt die wahre und bleibende Revolution, da alle herrschaftlichen Giebigkeiten de facto aufgehoben sind und nie wieder hergestellt werden können ... viele, sehr viele Herrschaftsbesitzer, zumal solche, die stark verschuldet sind, sind in ihrer Existenz bedroht. Der Moment ist für die Verlierenden sehr herb; allein die Folgen dürften günstig sein ...«

Parodie auf die Freiheit

1. Juli. Im Wiener Carl-Theater wird Johann Nepomuk Nestroys Posse »Freiheit in Krähwinkel« uraufgeführt. Das Stück löst zum Teil heftige Kritik aus; so schreibt z.B. die »Die Presse« am 3. Juli: »Hr. Nestroi parodirt die – Freiheit! Ist sie der Stoff dazu? Weiß Hr. Nestroi nicht, daß es eine Heiligkeit gibt, welche unser Herz nie profaniren läßt? Die Freiheit – der Kampf – das Streben um sie ist das heiligste und heiligendste Gefühl – und Hr. Nestroi parodirt sie!«

Szene aus dem 3. Akt, »Die Reaktion«, von Johann Nepomuk Nestroys Posse »Freiheit in Krähwinkel«; l. Nestroy als Metternich

Die »Oktoberrevolution« in Wien scheitert

6. Oktober. Höhepunkt der revolutionären Ereignisse des Jahres 1848 in Österreich ist die sog. Oktoberrevolution in Wien, die etwa 2000 Todesopfer fordert. Auslöser ist ein Wiener Grenadierbataillon, das sich weigert, gegen das revolutionäre Ungarn zu marschieren. Nationalgarde, Arbeiter und Studenten schließen sich den meuternden Soldaten an, es werden Barrikaden errichtet und die Eisenbahnlinie nach Ungarn wird zerstört.

Nach ersten Zusammenstößen der Bevölkerung mit dem Militär kommt es zu blutigen Kämpfen um den Stephansdom, da die Nationalgarde das Sturmläuten verhindern will. Kriegsminister General Theodor Graf Baillet von Latour wird in seinem Ministerium Am Hof gelyncht; sein Tod führt zum energischen Vorgehen gegen die Aufständischen. Am 7. marschiert Feldmarschall Alfred Fürst zu Windischgraetz mit kaiserlichen Truppen von Prag aus gegen Wien, aus dem Kaiser Ferdinand I. mit seinem Hof Richtung Olmütz geflohen ist. Von Osten rückt der Banus von Kroatien, Josef von Jellačić, gegen Wien vor. Am 12. trifft er mit 50 000 Mann auf dem Wiener Berg ein und vereinigt sich mit der Wiener Garnison; am 20. erreicht Feldmarschall Windischgraetz die Stadt.

Aus Olmütz ruft Kaiser Ferdinand zum Kreuzzug gegen die Revolution auf, der österreichische Reichstag

Die Leiche des gelynchten Kriegsministers General Theodor Graf Baillet von Latour wird an eine Laterne geknüpft (Gemälde)

Der Oberkommandant der Nationalgarde, der ehemalige Kaiserliche Leutnant Wenzel Messenhauser, wird am 16. November 1848 hingerichtet

wird von Wien nach Kremsier (Krc meřiž in Südmähren) verlegt. Wie lehnt jedoch die Aufforderung zu bedingungslosen Kapitulation ab Eine Woche lang toben erbittert Kämpfe in den Vororten der Stadt deren Verteidigung der ehemalig kaiserliche Leutnant Wenzel Messenhauser als Oberkommandan und der aus Südtirol gebürtige ehemalige Offizier Ferdinand Danie Fenner von Fenneberg organisieren Am 29. dringen die kaiserliche Truppen bis zur Inneren Stadt vor Messenhauser und Fenneberg müssen wegen Lebensmittel- und Munitionsmangel aufgeben, der Gemeinderat beschließt, die Stadt auf Gnade und Ungnade zu übergeben. Als jedoch am darauffolgenden Tag – die kaiserlichen Truppen rücken vor allen Seiten in Wien ein – der Wächter von St. Stephan um 14 Uhr das Herannahen eines ungarische Heeres meldet, nehmen die Revolutionäre den Kampf erneut auf. Der erhoffte Entsatz bleibt jedoch aus, da die Ungarn von den Truppen Jellačićs bei Schwechat und Rauchenwarth zurückgeschlagen werden Am 31. ist Wien fest in der Hand der Kaiserlichen. Der Kampf um Wien hat rund 2000 Revolutionären den Tod gebracht; am 9. November werden zudem Messenhauser (der sich freiwillig gestellt hat), zwei Journalisten sowie der radikalliberale Abgeordnete Robert Blum standrechtlich erschossen; Fenneberg kann fliehen.

Fürst Windischgraetz proklamiert Belagerungszustand

Am 1. November 1848 erneuert Feldmarschall Alfred Fürst zu Windischgraetz den bereits am 23. Oktober verhängten Belagerungszustand über Wien. In seiner diesbezüglichen »Proclamation« ordnet er u. a. an:

»1. Die Stadt Wien, ihre Vorstädte und Umgebungen in einem Umkreis von 2 Meilen werden in Belagerungsstand erklärt, das ist: alle Localbehörden für die Dauer dieses Zustandes nach der im § 9 enthaltenen Bestimmung der Militärbehörde unterstellt.

2. Die akademische Legion und Nationalgarde, letztere jedoch mit Vorbehalt ihrer Reorganisirung, sind aufgelöst.

3. Die allgemeine Entwaffnung, falls sie noch nicht vollständig durchgeführt worden wäre, ist durch den Gemeinderath binnen 48 Stunden, von der Kundmachung gegenwärtiger Proclamation an gerechnet, zu beendigen …

4. Alle politischen Vereine werden geschlossen, alle Versammlungen auf Straßen und öffentlichen Plätzen von mehr als 10 Personen sind untersagt, alle Wirths- und Kaffeehäuser sind in der innern Stadt um 11 Uhr, in den Vorstädten und Umgebungen aber um 10 Uhr Abends zu schließen.

Die dawider Handelnden werden verhaftet, und vor ein Militärgericht gestellt.

7. Wer überwiesen wird:

a) unter den k.k. Truppen einen Versuche unternommen zu haben, dieselben zum Treubruch zu verleiten,

b) wer durch Wort oder That zum Aufruhr aufreizt, oder einer solchen Aufforderung werkthätige Folge leistet,

c) wer bei einer etwaigen Zusammenrottung auf die erste Aufforderung der öffentlichen Behörde sich nicht zurückzieht, und

d) wer bei einer aufrührerischen Zusammenrottung mit Waffen in der Hand ergriffen wird – unterliegt der standrechtlichen Behandlung.

7. Alle Barrikaden in der Stadt und den Vorstädten sind durch den Gemeinderath allsogleich spurlos wegräumen … zu lassen …«

Feldmarschall Alfred Fürst zu Windischgraetz (Gemälde)

Kaiser Ferdinand I. übergibt seinem Neffen Franz Joseph die Regierung (Xylographie)

Kaiser Ferdinand I. dankt ab

2. Dezember. Ferdinand I. von Habsburg-Lothringen dankt in Kremsier (Kroměříč in Südmähren), wohin der österreichische Reichstag am 22. Oktober wegen der revolutionären Ereignisse in Wien verlegt worden ist, als Kaiser von Österreich ab. Der am 21. November zum Ministerpräsidenten und Außenminister ernannte Felix Fürst zu Schwarzenberg hat die Abdankung des schwachen und körperlich sowie geistig kranken Monarchen durchgesetzt.

Der 55jährige Ferdinand zieht sich auf den Hradschin in Prag zurück, wo er bis zu seinem Tod als Privatmann lebt (→ 29.6.1875). Der Bruder des Kaisers, Erzherzog Franz Karl, verzichtet zugunsten seines Sohnes Franz Joseph auf den Thron; der erst 18jährige Erzherzog übernimmt als Kaiser Franz Joseph I. von Österreich die Regierung der von Revolutionen erschütterten Donaumonarchie. In einer Proklamation gibt der junge Monarch seiner Hoffnung Ausdruck, »daß es mir gelingen werde, alle Länder und Stämme der Monarchie zu einem großen Staatskörper zu vereinigen«.

Am 5. Dezember hebt der neue Kaiser mit einem Patent die Befreiung des Adels von der Militärpflicht auf. Das stellungspflichtige Alter aller Militärtauglichen beginnt mit dem 20. und endet mit dem vollendeten 26. Lebensjahr.

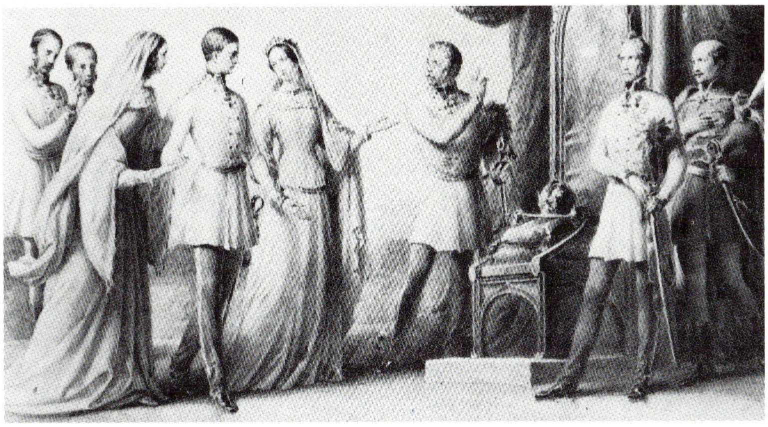

Allegorie von Leopold Kupelwieser auf den Thronwechsel: Während die Paladine (auch der nicht anwesende Radetzky ist abgebildet) den Thron umstehen, geleitet Erzherzogin Sophie ihren Sohn Franz Joseph zur Krone

Franz Joseph in Leutnantsuniform

Kaiser Ferdinand I. dankt ab

»Kein Auge blieb trocken«

Der kaiserliche Protokollchef Alexander von Hübner schildert die Regierungsübergabe an Erzherzog Franz Joseph in der fürsterzbischöflichen Residenz zu Olmütz wie folgt:

»Genau um 8 Uhr öffnete sich die Tür des Thronsaales, um den Erzherzögen, den Erzherzoginnen, den Ministern, dem Feldmarschall Windischgraetz, dem Banus Jellačić und dem Grafen Grünne Einlaß zu geben. Als Protokollführer hatte ich gleichfalls diesem geschichtlichen Staatsakt beizuwohnen. Nachdem sich die Tür hinter uns wieder geschlossen, erschienen die Majestäten, sodann Erzherzog Franz Karl mit Gemahlin, Erzherzogin Sophie, und seinem Sohn Erzherzog Franz Joseph.

Ihre Majestäten ließen sich auf zwei Lehnstühlen vor dem Thron nieder. Eine feierliche Stille herrschte in dem Saal. Kaiser Ferdinand las mit sichtlicher Bewegung eine Erklärung, in welcher er mit wenigen Worten sagte, daß ihn wichtige Gründe bestimmten, nachdem sein geliebter Bruder auf die Nachfolge verzichtet habe, die kaiserliche Krone zugunsten seines Neffen niederzulegen. Fürst Felix Schwarzenberg, sonst immer so kalt und gleichmütig, aber heute blässer als gewöhnlich, schien tief ergriffen, als er die Akte der Großjährigkeit des Erzherzogs, die Entsagungsakte von dessen Vater, endlich die Erklärung des Kaisers, betreffend die Niederlegung der Krone mit lauter, aber zitternder Stimme vorlas. Nachdem Seine Majestät und Erzherzog Franz Karl diese Dokumente unterschrieben hatten, näherte sich der junge Kaiser, ließ sich vor seinem Onkel auf ein Knie und empfing dessen Segen. ›Gott segne dich‹, sagte Ferdinand I., ›sei brav, es ist gern geschehen.‹ Die Kaiserin drückte den jungen Monarchen an ihr Herz und hielt ihn lange mit ihren Armen umfangen. Kein Auge blieb trocken.«

1849

15. 1. In Wien konstituiert sich die Handelskammer; erster Präsident wird der Seidenfabrikant Theodor von Hornbostel.

4. 3. Kaiser Franz Joseph I. erläßt das Gesetz über die Grundentlastung.→

7. 3. In Österreich wird die (oktroyierte) Märzverfassung verkündet.→

13. 3. Der Kaiser erläßt ein Patent gegen den Mißbrauch der Presse.→

17. 3. Das »Gemeindegesetz« wird vom Kaiser sanktioniert.→

28. 3. Die Frankfurter Nationalversammlung nimmt die »Frankfurter Verfassung« an und wählt König Friedrich Wilhelm IV. von Preußen zum »Kaiser der Deutschen«.→

8. 6. In Österreich wird die Gendarmerie errichtet.→

14. 6. Österreich erhält eine neue Gerichtsverfassung.→

28. 7. Ministerpräsident Felix Fürst zu Schwarzenberg bildet seine Regierung um.→

8. 8. Auf Antrag der kaiserlichen Akademie der Wissenschaften in Wien wird in Österreich ein meteorologisches Beobachtungssystem eingeführt.

30. 8. Der Aufstand in Oberitalien ist niedergeschlagen.→

1. 9. Der Kaiser genehmigt den Entwurf zur Organisation der Gymnasien und Realschulen.

8. 9. In Kritzendorf (Niederösterreich) wird eine Ackerbauschule eröffnet, die erste in Österreich.

13. 9. In der Stiftskirche St. Florian (Oberösterreich) wird Anton Bruckners »Requiem« uraufgeführt.

25. 9. Der Briefposttarif wird reformiert.→

3. 10. Mit der Kapitulation der Festung Komorn endet der Widerstand in Ungarn.→

29. 10. Der Kaiser ordnet die Einführung der Einkommenssteuer an.→

30. 12. Ein kaiserliches Patent verkündet Landesverfassungen und Landtagswahlordnungen.→

Im niederösterreichischen Kleinwetzdorf wird der »Heldenberg« fertiggestellt.→

GESTORBEN:

22. 8. Wien: Moritz Michael Daffinger (* 25. 1. 1790), Maler.

25. 9. Wien: Johann Strauß (Vater; * 14. 3. 1804), Komponist.→

GEBOREN:

25. 3. Lemberg: Agenor d. J. Graf Goluchowski von Goluchowo († 28. 3. 1921), Staatsmann.

Die Märzverfassung

7. März. In Österreich wird die am 4. von Kaiser Franz Joseph I. sanktionierte »Märzverfassung« verkündet; diese oktroyierte Verfassung ist von Justizminister Alexander Bach ausgearbeitet worden.

Weder der Kaiser noch Ministerpräsident Felix Fürst zu Schwarzenberg stehen hinter der neuen Verfassung; sie dient allein dazu, dem vom österreichischen Reichstag in Kremsier (Kroměřič, Südmähren) erarbeiteten föderalistischen Verfassungsentwurf, der am 15. März beraten werden soll, zuvorzukommen. Um diese Beratung zu verhindern, läßt die Regierung den Reichstag mit militärischer Gewalt auflösen.

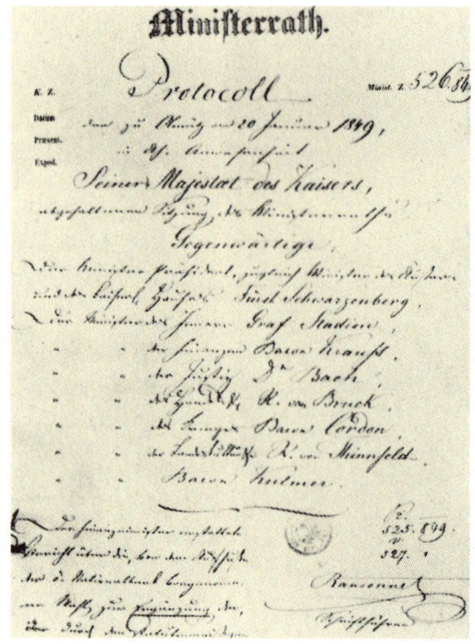
Ministerrath.
Protocoll

Verordnung zur Auflösung des österreichischen Reichstags

Bereits am 27. November 1848 hatte Fürst Schwarzenberg vor dem Reichstag das Ziel seiner Regierung klar formuliert. Von der in Frankfurt am Main tagenden deutschen Nationalversammlung vor die Alternative gestellt, das Kaiserreich von seinen nicht-deutschen Teilen zu trennen oder auf einen Anschluß Österreichs an das zu gründende deutsche Reich zu verzichten, erklärte der Ministerpräsident leidenschaftlich:

»Wir wollen die konstitutionelle Monarchie aufrichtig und ohne Rückhalt ... wir wollen sie begründet auf der gleichen Berechtigung und unbehinderten Entwicklung aller Nationalitäten ... Das große Werk, welches uns im Einverständnisse mit den Völkern obliegt, ist die Begründung eines neuen Bandes, das alle Lande und Stämme der Monarchie zu einem großen Staatskörper vereinigen soll.«

Am 9. März erläutert die österreichische Regierung in einer Note ihre Vorstellungen von der Neuordnung Europas in der es u. a. heißt: »Österreich, auf seine eigene Macht und Verfassung gestellt, kann seine deutschen Provinzen nicht aus dem innigen Verbande reißen, der die Monarchie zur Einheit gestaltet. Wenn Deutschland das Bedürfnis nicht anerkennt, wird die k. k. Regierung es beklagen, aber deshalb ihre Lebensbedingungen nicht aufgeben. Wer die Einheit Deutschlands wirklich will, wird den Weg suchen, der es Österreich möglich macht, ohne Aufgabe seiner selbst im großen Gesamtvaterlande zu verbleiben ... Die kaiserlich königliche Regierung will ein großes, ein starkes Deutschland mit Achtung der wohlerworbenen Rechte aller, mit Berücksichtigung und Förderung der staatlichen und materiellen Interessen, mit Institutionen, welche die Ordnung nicht untergraben, sondern gewährleisten ...«

Allegorie auf Österreichs Schicksal (Fresko von Leopold Kupelwieser)

Maßnahmen des Kaisers

4. März: Gesetz über die Grundentlastung. Die auf Grund und Boden liegenden Rechte und Lasten werden gegen eine Entschädigung aufgehoben.

13. März: Patent gegen den Mißbrauch der Presse. Wenn auch nicht die restriktiven Zensurbestimmungen der Ära Metternich wiedereingeführt werden, so gibt es doch wesentliche Einschränkungen gegenüber zahlreichen Presseerzeugnissen.

17. März: Gemeindegesetz. Das von Innenminister Franz Graf Stadion ausgearbeitete Gesetz bildet mit seinen 177 Paragraphen die Grundlage des österreichischen Gemeindewesens; es beginnt mit den Worten: »Die Grundlage des freien Staates ist die freie Gemeinde.«

8. Juni: Errichtung der Gendarmerie. Dieser neue Sicherheits- und Verwaltungsapparat auf dem Lande ist zunächst Bestandteil der Armee und wird der Militärgerichtsbarkeit unterstellt.

14. Juni: Neue Gerichtsverfassung. Österreichs Justiz und Verwaltung werden streng getrennt; der Staat übernimmt die gesamte Gerichtsbarkeit, unabhängige Richter sollen den Gerichten vorstehen. Am 26. Juni wird die Organisation der Gerichte in Nieder- und Oberösterreich, Salzburg, Tirol, Vorarlberg, Böhmen, Mähren und Österreich-Schlesien genehmigt, am 25. Juli auch in der Steiermark, Kärnten und Krain, am 1. August in Görz, Gradiska, Istrien und Triest.

31. August: Für Untersuchungsgefangene und bis zu einem Jahr Haft Verurteilte wird Einzelhaft angeordnet.

29. Oktober: Die Einkommenssteuer (heutige Vermögenssteuer) wird eingeführt.

30. Dezember: Ein kaiserliches Patent verkündet Landesverfassungen und Landtagswahlordnungen für die Länder Nieder- und Oberösterreich, Salzburg, Tirol, Vorarlberg, Steiermark, Kärnten, Krain, Böhmen, Mähren und Schlesien.

Regierung umgebildet

28. Juli. Der am 21. November 1848 zum Ministerpräsidenten und Außenminister ernannte Felix Fürst zu Schwarzenberg nimmt eine Regierungsumbildung vor; Ursache ist der krankheitsbedingte Rücktritt des für das Innenressort zuständigen Franz Graf Stadion am 7. Mai.
Stadions Ressort übernimmt der bisherige Justizminister Alexander Bach, an dessen Stelle der Deutschliberale Anton Ritter von Schmerling tritt (bis zum Frühjahr österreichischer Bevollmächtigter bei der Zentralgewalt in Frankfurt am Main). Das Unterrichtsministerium leitet der Katholisch-Konservative Leo Graf von Thun-Hohenstein (im Vorjahr Vorsitzender der provisorischen böhmischen Regierung in Prag; →29.5.1848). Philipp Freiherr von Krauß (Finanzen) und Karl Ludwig Freiherr von Bruck (Handel) bleiben in ihren Ämtern. Unter der Regierung Schwarzenberg löst das Heer die Polizei als Stütze des Herrschers ab, sodaß sich im Zuge der Konterrevolution praktisch eine Militärdiktatur in Österreich etabliert; ein achtgliedriger Reichsrat ersetzt die Volksvertretung (→13.4. 1851). Es sind auch Reformen zu verzeichnen, u.a. die Vereinheitlichung des Zollsystems, das Staatsbürgerrecht, die Vereinfachung der Verwaltung und ihre Trennung von der Justiz, die Gemeindeselbstverwaltung, die Einführung von Geschworenengerichten und das indirekte Steuersystem auch in Ungarn.

nnenminister Alexander Bach (Lithographie, Josef Kriehuber, 1849)

Franz Graf Stadion tritt aus Krankheitsgründen zurück (Lithographie)

Posttarif reformiert

5. September. Kaiser Franz Joseph I. gibt im Schloß Schönbrunn ie Genehmigung zur Reform des riefposttarifs. Handelsminister arl Ludwig Freiherr von Bruck hat n wie folgt begründet: »... Östereich dürfe nicht hinter den zivilierten Staaten Europas zurückbleien, es wäre auch in Österreich die rankierung der Briefe mittels veräuflicher und aufgeklebter Stemel einzuführen.«
chon 1850 gibt es Briefmarken →20.2.1839): Ein Kreuzer (gelb) ir Drucksachen; Zwei Kreuzer chwarz) für Ortsbriefe bis zu Loth; Drei Kreuzer (rot) für Briefe bis 10 Meilen gerader Richtung (Luftlinie ca. 75 km); Sechs Kreuzer (braun) für Briefe von 10 bis 20 Meilen (ca. 75 bis 150 km); Neun Kreuzer (blau) für Briefe über 20 Meilen (zum Vergleich: ein Laib Brot im Gewicht von 1 kg 12 dag kostet dagegen 10 Kreuzer).
Ein in Peggau (Steiermark) am 4. Oktober aufgegebener Brief ist am 6. Oktober in Padua. Lokalbriefe werden am Tag der Aufgabe zugestellt – es gibt Städte mit sechsmaliger Postzustellung.
Bis zur Zehnmeilengrenze erfolgt die Zustellung eines Briefes am Tag nach der Aufgabe.

Kaiser Franz Joseph I. beim Einzug in Raab (Xylographie)

Die Konterrevolution

3. Oktober. Die seit einer Woche von den Truppen des österreichischen Feldzeugmeisters Julius Freiherr von Haynau eingeschlossene Festung Komorn kapituliert unter ehrenvollen Bedingungen. Damit ist der letzte Widerstand gegen die Konterrevolution in Ungarn beendet.
Die Erhebung Ungarns gegen die österreichische Herrschaft hatte im Dezember 1848 begonnen, als der ungarische Reichstag die Anerkennung Kaiser Franz Josephs I. als König verweigerte. Vor den daraufhin in Marsch gesetzten Truppen des Feldmarschalls Alfred Fürst zu Windischgraetz flüchteten Ministerpräsident Ludwig (Lajos) Kossuth und der Reichstag mitsamt der Krone, Reichsinsignien und Notenpresse nach Debrecen. In der Schlacht bei Kápolna (26./27.2.) wurde das von Freischaren und polnischen Emigranten verstärkte ungarische Revolutionsheer zunächst von den Österreichern besiegt; in der Folge konnte es jedoch mehrere Gefechte für sich entscheiden und die Österreicher durch den Erfolg in der Schlacht bei Waitzen (Vác; 10.4.) zur Räumung von Pest und zur Aufgabe der Belagerung von Komorn zwingen.
Am 14. April erklärte der ungarische Reichstag in Debrecen das Haus Habsburg-Lothringen der ungarischen Krone für verlustig und rief die Republik aus. Gubernator wurde Kossuth, Kriegsminister und Oberkommandierender General Artur Görgey, der die Österreicher im April weiter zum Rückzug zwang.
Am 12. Mai kündigte Kaiser Franz Joseph I. den »Völkern Ungarns« an, daß Österreich zur Niederschlagung der Revolution die Hilfe Rußlands in Anspruch nehmen werde. Ende Mai kam der Kaiser in Warschau mit Zar Nikolaus I. von Rußland zusammen und vereinbarte einen gemeinsamen Feldzugplan gegen Ungarn: Von Norden marschierten die Russen unter Generalfeldmarschall Iwan Paskiewitsch Fürst Warschawski, von Süden die Truppen des Banus' von Kroatien und Statthalters von Ungarn, Oberst Josef von Jellačić, von Westen die Österreicher unter Feldzeugmeister Haynau.
Das ungarische Revolutionsheer war der Übermacht des Feindes nicht gewachsen; in zahlreichen Gefechten Ende Juni bis Anfang August mußte es Niederlagen hinnehmen, Raab und Debrecen räumen und Siebenbürgen aufgeben. Am 7. August beschloß der nach Alt-Arad geflohene Kriegsrat, General Görgey die Diktaturgewalt zu übergeben. Doch auch dieser verzweifelte Schritt vermochte das Kriegsglück nicht mehr zu wenden. Am 9. August besiegte das Heer Haynaus die Ungarn bei Temesvár und zog noch am Abend in die Stadt ein. In der Folge kapitulierte Görgey vor den Russen; die anderen ungarischen Einheiten und Festungen – mit Ausnahme von Komorn – folgten seinem Beispiel.
General Görgey wird auf Fürsprache des Zaren begnadigt, Revolutionsführer Kossuth gelingt die Flucht. Am 6. Oktober halten die Sieger in Arad »Blutgericht«: 14 Führer des ungarischen Aufstandes werden hingerichtet sowie weitere 114 Todesurteile gefällt und vollstreckt.

Ruhe in Italien wiederhergestellt

30. August. Mit dem Einzug von Feldmarschall Johann Joseph Wenzel Graf Radetzky von Radetz in Venedig, das eine Woche zuvor kapituliert hat, ist der letzte Aufstand gegen die österreichische Herrschaft in Oberitalien niedergeschlagen.

Der neuerliche Krieg entstand nach einer Erhebung in der Toskana gegen Großherzog Leopold II. von Habsburg-Lothringen, der Ende Jänner nach Gaeta fliehen mußte. Am 12. März kündigte König Karl Albert von Sardinien-Piemont den Waffenstillstand von Vigevano (→ 17./18.3.1848) und zog mit mehr als 100 000 Mann gegen die Österreicher unter Feldmarschall Radetzky, der über knapp 80 000 Mann verfügte.

Dennoch konnten die Österreicher bei Mortara (südwestlich von Pavia; 21.3.) und Novara (westlich von Mailand; 23.3.) Siege erringen. Die entscheidende Schlacht bei Novara dauerte von elf Uhr vormittags bis in die Abendstunden; Radetzkys Verluste betrugen 410 Tote und 1850 Verwundete, der Gegner verlor 1085 Mann und verzeichnete 1854 Verwundete; 5326 Mann gerieten in österreichische Gefangenschaft.

Aufgrund dieser vernichtenden Niederlage verzichtete König Karl Albert noch in der Nacht zum 24. zugunsten seines Sohnes Viktor Emanuel (II.) auf die Krone und floh nach Portugal.

Der neue König von Sardinien schloß am 26. März einen Waffenstillstand mit den Österreichern, und Leopold II. konnte in sein Großherzogtum zurückkehren. Ein Friedensschluß von Mailand (6.8.) brachte keine territorialen Veränderungen, Sardinien wurde allerdings zur Zahlung einer Kriegentschädigung in Höhe von 75 Millionen Francs verpflichtet.

Nach dem Erfolg über die Italiener und der Niederwerfung der Aufstände in der Toskana und in Brescia zogen die Österreicher im April gegen Venedig. Die Belagerung der Stadt dauerte bis zum 24. August, als Venedig nach der Flucht des Diktators Daniele Manin kapitulierte. Damit haben die Truppen Radetzkys auch die Kontrolle über die letzte aufständische Stadt Oberitaliens zurückgewonnen.

Die Ruhe in Italien ist damit wiederhergestellt.

Feldmarschall Johann Joseph Wenzel Graf Radetzky von Radetz mit seinem Stab vor Mailand (Gemälde von Albrecht Adam)

Durch die Porta Romana zieht Radetzky nach der Niederschlagung des Aufstands in Mailand ein (Heeresgeschichtliches Museum Wien)

»Interim« statt Reichseinheit

28. März / 9. September. Die deutsche Nationalversammlung, die seit dem 18. Mai 1848 in der Frankfurter Paulskirche tagt, nimmt die am Vortage verabschiedete Reichsverfassung an und wählt den preußischen König Friedrich Wilhelm IV. zum »Kaiser der Deutschen«. Damit haben sich die Parlamentarier für ein »kleindeutsches« Reich unter preußischer Führung, aber ohne Österreich entschieden. Nach der überraschenden Oktroyierung einer österreichischen Verfassung durch Kaiser Franz Joseph I. (→ 7.3.1849) fürchteten die Abgeordneten, auch andere Länder könnten dem Beispiel Österreichs folgen. Die Verhandlungen über den Verfassungsentwurf wurden daher beschleunigt und zu einem baldigen Ende geführt. Die Hoffnung der Nationalversammlung, König Friedrich Wilhelm IV. werde sich »nun als Schutz und Schirm der Einheit, der Freiheit, der Größe unseres Vaterlandes bewähren«, wird jedoch rasch enttäuscht.

Bereits am 3. April lehnt der preußische König die Annahme der Kaiserkrone mit dem Hinweis ab, er wolle zunächst das »freie Einverständnis der gekrönten Häupter, der Fürsten und der freien Städte Deutschlands« abwarten. Gegenüber Vertrauten erklärt der Monarch jedoch unmißverständlich, die ihm angetragene Kaiserkrone sei »ein Hundehalsband«, mit dem man ihn an die Revolution von 1848 ketten wolle; am 28. April erfolgt die endgültige Ablehnung der Krone.

Bereits am 5. April ruft der österreichische Ministerpräsident Felix Fürst zu Schwarzenberg seine Abordnung aus der Nationalversammlung zurück, die damit endgültig gescheitert ist. Österreich und Preußen verfolgen hingegen eigene Pläne: Am 9. September einigen sich Kaiser Franz Joseph I. und Friedrich Wilhelm IV. auf Schloß Pillnitz bei Dresden über die Errichtung einer vorläufigen deutschen Zentralgewalt, »Interim« genannt, der je zwei Vertreter beider Staaten angehören sollen. Am 20. Dezember legt Erzherzog Johann die Würde eines »unverantwortlichen Reichsverwesers« nieder und überträgt seine Befugnisse dem neugeschaffenen »Interim« (→ 29.11.1850).

1850

15. 1. Mit kaiserlichem Patent wird in ganz Österreich eine allgemeine Wechselordnung eingeführt.

1. 3. Für die in den Oktobertagen 1848 »empfindlich« Geschädigten werden 650 000 Gulden vom Staat zur Verfügung gestellt.

12. 4. Die Verfassung der »reichsunmittelbaren Stadt Triest« wird verkündet.

26. 4. Österreich lädt zu einer Plenarsitzung des »Deutschen Bundes« nach Frankfurt am Main ein. →

7. 6. Der Kaiser hebt die Zollgrenzen zwischen Ungarn und den übrigen Kronländern auf.

26. 6. Die ungarische Verfassung vom 22. März 1848 wird aufgehoben und das Land neu geordnet: Siebenbürgen, Kroatien, Slavonien und die Wojwodina werden eigene Kronländer, der verbliebene Teil Ungarns wird in fünf Distrikte mit 45 Komitaten unterteilt und Feldzeugmeister Julius Freiherr von Haynau zum Generalgouverneur ernannt.

7. 8. Kaiser Franz Joseph I. vollendet die Neuordnung des Justizwesens. →

29. 9. Die Neuwahlen für den Wiener Gemeinderat beginnen; durch die Eingemeindung der Vorstädte bis zum Linienwall (vom Kaiser am 6. März sanktioniert) hat Wien nun 431 000 Einwohner. →

29. 11. Österreich und Preußen schließen die »Olmützer Punktation«. →

Adolf Ignaz Mautner und Julius Reininghaus entwickeln das »Wiener Verfahren« zum Bierbrauen. →

Der Wiener Anatom und Universitätsprofessor Joseph Hyrtl gründet das Museum für vergleichende Anatomie in Wien.

GESTORBEN:

11. 1. Wien: Josef Klieber (* 1. 11. 1773), Bildhauer und Maler.

22. 8. Oberdöbling bei Wien: Nikolaus Lenau (eigtl. Nikolaus Franz Niembsch Edler von Strehlenau; * 13. 8. 1802), Lyriker. →

2. 10. Wien: Josef Madersperger (* 6. 10. 1768), Erfinder der Nähmaschine (→ 1815).

GEBOREN:

22. 5. Wien: Johann Schrammel († 17. 6. 1893), Komponist und Geiger.

18. 6. Graz: Richard Heuberger († 28. 10. 1914), Komponist.

5. 12. Graz: Alexander Girardi († 20. 4. 1918), Schauspieler.

)ie »Große Galoppade« der Straußschen Kapelle (Stich von A. Geiger)

Der Vater des Walzers

:5. September. Im Alter von 45 Jahen stirbt der Kapellmeister und Komponist Johann Strauß (Vater). Gemeinsam mit Josef Lanner → 14. 4. 1843) schuf er die neue Form des Wiener Walzers und nachte sie gesellschaftsfähig.
Als 15jähriger trat Strauß in das Ensemble Lanners ein und gründete 825 eine eigene, 25köpfige Kapelle. 1834 wurde Strauß Kapellmeister des 1. Wiener Bürgerregiments, 1835 folgte die Ernennung zum »Hofballmusikdirektor«. Seine Kompositionen, insgesamt 251 Werke, umfassen 152 Walzer, 32 Quadrillen, 24 Galopps, 13 Polkas und 18 Märsche, darunter der 1848 entstandene »Radetzky-Marsch zu Ehren des großen Feldherrn«.

Der »Heldenberg« Österreichs

Der erfolgreiche Armeelieferant Josef Pargfrieder beendet die im Vorjahr begonnene Anlage eines »Heldenberges« auf seinem Gut in Kleinwetzdorf (Niederösterreich). Die spätklassizistische Anlage soll als Gedächtnisstätte des österreichischen Soldatentums dienen und ist mit einer Ehrenhalle ausgestattet. Hier sind 142 gegossene Büsten österreichischer Heerführer und verdienter Soldaten aufgestellt. Pargfrieder, ein überaus wohlhabender Mann, hilft mehreren Militärs des öfteren auch mit barem Geld aus, wodurch er sie dazu verpflichtet, sich auf seinem »Heldenberg« beisetzen zu lassen (Photo: Nechuta).

Neuordnung des Gerichtswesens

7. August. Mit dem kaiserlichen Patent über die Organisation des »Obersten Gerichts- und Cassationshofes« ist die Neuorganisation des Justizwesens durch Kaiser Franz Joseph I. abgeschlossen.
Sie begann am 17. Jänner mit einem kaiserlichen Patent über eine neue Strafprozeßordnung, die Geschworenengerichte für alle schweren Verbrechen vorsieht (am 27. Mai 1852 wieder eingeschränkt). Bereits am 11. September 1849 hatte der Kaiser eine provisorische Vorschrift über die Bildung von Geschworenenlisten für die »Preßgerichte« (Presse-/Zensurgerichte) genehmigt. Am 28. Jänner erließ er ein Gesetz über die Gerichtsstellen, das die jeweiligen Kompetenzbereiche gegeneinander abgrenzt: Bezirksgerichte sind für die meisten Zivilangelegenheiten zuständig, für Übertretungen und leichte Vergehen, Bezirkskollegial- und Landgerichte für schwere Vergehen und Verbrechen; in zweiter Instanz wird grundsätzlich vor dem Oberlandesgericht jedes Kronlandes verhandelt, in dritter und letzter Instanz vor dem nun eingerichteten »Obersten-Gerichts- und Cassationshof«.
Als Sondergerichte bleiben das »Oberste Hofmarschallamt« für Mitglieder des kaiserlichen Hauses, Handels- und Konsulargerichte sowie Militärgerichte bestehen.

Ein erfolgreicher Wiener Bierbrauer

Dem Wiener Brauereibesitzer Adolf Ignaz Mautner gelingt zusammen mit dem aus Westfalen stammenden Julius Reininghaus die Herstellung einer brauchbaren Backhefe, die sich unter dem Namen »Wiener Verfahren« in der Welt durchsetzt. Es ist dies zugleich die Geburtsstunde der Preßhefe-Industrie.
1840 übernahm der aus Böhmen stammende 39jährige Mautner als vierter Pächter die St. Marxer Brauerei in Wien, die er zu einem Großunternehmen ausbaut. Bis 1876 steigert er den Bierausstoß von 36 000 auf 167 360 Hektoliter; am 15. Mai 1872 wird dem erfolgreichen Industriellen der Titel eines »Ritters von Markhof« verliehen.

Streit um die Bundesregierung

26. April. Als Reaktion auf das am 20. März in Erfurt zusammengetretene Unionsparlament lädt Österreich die Staaten des alten »Deutschen Bundes« zu einer Plenarsitzung nach Frankfurt am Main ein. Daraufhin vertagt sich die Erfurter Versammlung bis auf weiteres.

Immer deutlicher zeigt sich im Laufe des Jahres 1850 das Tauziehen der beiden deutschen Großmächte Österreich und Preußen um die Führungsrolle in Deutschland. Preußen beabsichtigt die Gründung einer »Deutschen Union«, eines Staatenbundes unter preußischer Hegemonie; Österreich favorisiert dagegen eine »großdeutsche« Bundesversammlung. Am 9. Mai beginnt ein nach Berlin einberufener Fürstenkongreß mit der Debatte über den preußischen Unionsplan; am 19. Juli erläßt Österreich seinerseits eine Note zur Wiedereröffnung des deutschen Bundestages. Obwohl sich Preußen unmißverständlich gegen die Wiederherstellung des Bundestages ausspricht, wird er am 1. September eröffnet; nunmehr gibt es in Deutschland zwei nicht anerkannte Bundesregierungen: Den Bundestag in Frankfurt am Main und das »Fürstenkollegium« in Berlin.

Kavalleriegeschütz südlich von Wien; in der Bildmitte die Waisenhauskirche am Rennweg (Lithographie)

Säbelgerassel vor der Einigung

29. November. Österreich und Preußen schließen die sog. Olmützer Punktation; in dieser Übereinkunft erklärt Preußen, den Bundestruppen in Kurhessen »kein Hindernis« mehr entgegenzustellen und stimmt einer Ministerialkonferenz über die Bundesreform zu, die Mitte Dezember in Dresden zusammentreten soll. Damit hat sich der österreichische Standpunkt in der deutschen Frage durchgesetzt.

Anlaß für den offenen Konflikt zwischen den beiden deutschen Großmächten war ein Verfassungsstreit zwischen Kurfürst Friedrich Wilhelm I. von Hessen-Kassel und den Ständen seines Landes, die ihre Steuerzahlungen verweigerten. Der von Österreich geführte Bundestag in Frankfurt am Main sicherte dem Kurfüsten am 21. September militärischen Beistand zu; am 11. Oktober kamen Kaiser Franz Joseph I. und die Könige von Bayern und Württemberg überein, gegen »den Aufruhr« in Kurhessen vorzugehen und die »Bundesexekution« einzuleiten. Am 1. November überschritt das Bundesexekutionsheer (gebildet aus Bayern und Österreichern) die kurhessische Grenze; Preußen wollte jedoch eine Bundesexekution verhindern, weil diese die Anerkennung der Rechtmäßigkeit des deutschen Bundestages bedeutet hätte (→ 26. April). Am 2. November marschierten preußische Truppen daher in Kurhessen ein und besetzten Kassel. Am 8. kam es bei Bronnzell (nahe Fulda) zum ersten und einzigen Vorpostengefecht zwischen Preußen und dem Exekutionsheer: Fünf österreichische Jäger und ein preußisches Pferd wurden verwundet.

Kurhessische Soldaten

König Friedrich Wilhelm IV. entschied sich jedoch im letzten Augenblick zum Einlenken. Am 15. erklärte Preußen die »Deutsche Union« für aufgelöst und zog seine Truppen nach Hersfeld zurück.

Am 29. kommt man in der sog. Olmützer Punktation überein, »die beiderseitigen Heere gleichzeitig auf den Friedensstand zurückzuführen«. Am 21. Dezember zieht das Exekutionsheer in Kassel ein, und die Stände Kurhessen müssen die landesherrlichen Anordnungen anerkennen. Am 23. wird daraufhin in Dresden eine Ministerialkonferenz zur Regelung der deutschen Verhältnisse eröffnet (→ 15./16. 5. 1851).

Österreich ist der Gewinner

Am 1. November 1850 zieht Karl Marx, mit Friedrich Engels Autor des 1848 veröffentlichten »Kommunistischen Manifestes«, in der »Neuen Rheinischen Zeitung« folgendes Resümee des österreichisch-preußischen Konflikts:

»Im Jahre 1849 schien es sich um die Hegenomie Preußens in Deutschland zu handeln; im Jahr 1850 handelte es sich um die Teilung der Gewalt zwischen Österreich und Preußen; im Jahre 1851 handelt es sich nur noch um die Form, in der Preußen sich Österreich unterwirft und als reuiger Sünder in den Schoß des vollständig wiederhergestellten Bundestages zurückkehrt ... Preußen hat jede Demütigung geduldig hinnehmen müssen und ist aus der Reihe der Großmächte verschwunden ...

Preußen hatte überall die Reaktion wieder zur Herrschaft gebracht, und in demselben Maß, als die Reaktion fortschritt, fielen die Duodezfürsten von Preußen ab, um sich Österreich in die Arme zu werfen. Konnten sie wieder in vormärzlicher Weise herrschen, so stand ihnen das absolutistische Österreich näher als eine Macht, die ebenso wenig absolutistisch sein konnte als sie liberal sein wollte. Dazu führte die österreichische Politik nicht zur Mediatisierung der kleinen Staaten, sondern im Gegenteil zu ihrer Aufrechterhaltung als integrierende Bestandteile des wiederherzustellenden Bundestages ...

In Kurhessen, in einem Staat der Union, den es galt aus der preußischen Umarmung zu reißen, trat Österreich seinem Rivalen direkt entgegen. Österreich war es, das den Kurfürsten geradezu zu seinem Angriff auf die Verfassung aufstachelte, und ihn dann sogleich unter den Schutz des Bundestages stellte. Um diesem Schutz Nachdruck zu verleihen, um an der kurhessischen Angelegenheit Preußens Widerstand gegen Österreichs Herrschaft zu brechen, um Preußen wieder in den Bundestag hinein zu drohen, stellten sich jetzt österreichische Truppen in Franken und Böhmen auf. Preußen rüstet ebenfalls.«

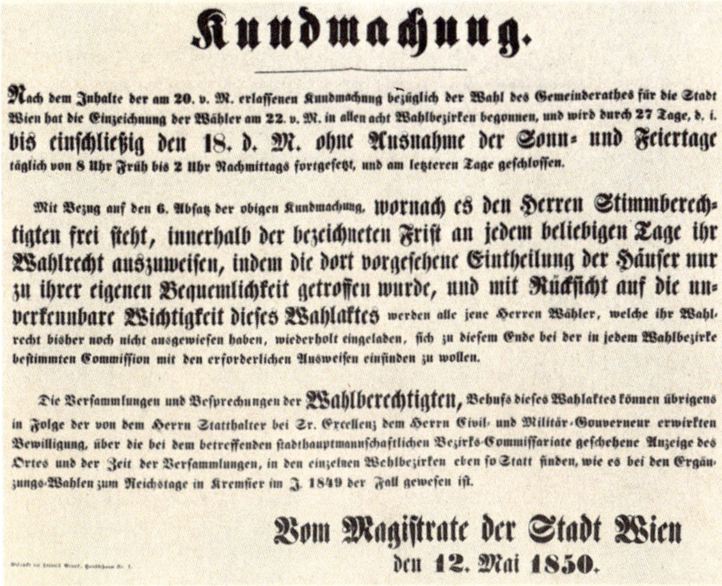
Kundmachung.

Nach dem Inhalte der am 20. v. M. erlassenen Kundmachung bezüglich der Wahl des Gemeinderathes für die Stadt Wien hat die Einzeichnung der Wähler am 22. v. M. in allen acht Wahlbezirken begonnen, und wird durch 27 Tage, d. i. bis einschließig den 18. d. M. ohne Ausnahme der Sonn- und Feiertage täglich von 8 Uhr Früh bis 2 Uhr Nachmittags fortgesetzt, und am letzteren Tage geschlossen.

Mit Bezug auf den 6. Absatz der obigen Kundmachung, wornach es den Herren Stimmberechtigten frei steht, innerhalb der bezeichneten Frist an jedem beliebigen Tage ihr Wahlrecht auszuweisen, indem die dort vorgesehene Eintheilung der Häuser nur zu ihrer eigenen Bequemlichkeit getroffen wurde, und mit Rücksicht auf die unverkennbare Wichtigkeit dieses Wahlaktes werden alle jene Herren Wähler, welche ihr Wahlrecht bisher noch nicht ausgewiesen haben, wiederholt eingeladen, sich zu diesem Ende bei der in jedem Wahlbezirke bestimmten Commission mit den erforderlichen Ausweisen einfinden zu wollen.

Die Versammlungen und Besprechungen der Wahlberechtigten, Behufs dieses Wahlaktes können übrigens in Folge der von dem Herrn Statthalter bei Sr. Excellenz dem Herrn Civil- und Militär-Gouverneur erwirkten Bewilligung, über die bei dem betreffenden stadthauptmannschaftlichen Bezirks-Commissariate geschehene Anzeige des Ortes und der Zeit der Versammlungen, in den einzelnen Wahlbezirken eben so Statt finden, wie es bei den Ergänzungs-Wahlen zum Reichstage in Kremsier im J. 1849 der Fall gewesen ist.

Vom Magistrate der Stadt Wien
den 12. Mai 1850.

Wiener Gemeinderatswahlen

25. September. *Die Neuwahlen für den Wiener Gemeinderat beginnen; obwohl die Residenzstadt nach der Eingemeindung der Vorstädte 431 000 Einwohner hat, sind nur 6000 Bürger wahlberechtigt, rund 1,5%. Zwei Drittel von ihnen machen von ihrem Wahlrecht Gebrauch. Es wird in drei Wahlkörpern abgestimmt, die je 40 Gemeinderäte stellen, sodaß auch nach den Revolutionsjahren 1848/49 faktisch eine kleine Gruppe von Reichen die Politik der Stadt bestimmt.*

Melancholische Lyrik

2. August. In der Heilstätte Oberöbling bei Wien, wo er seit 1844 ebt, stirbt der Dichter Nikolaus Leau (eigentlich Nikolaus Franz Niembsch Edler von Strehlenau) im lter von 48 Jahren. 1832 erschienen zum geistigen Zusammenbruch. Aus Lenaus dichterischem Schaffen ragt vor allem die melancholisch-romantische Lyrik heraus; die episch-dramatischen Dichtungen blieben entweder Fragment (wie der

Iimmelstrauer

m Himmelsantlitz wandelt ein Gedanke,
e düstre Wolke dort, so bang, so schwer;
ie auf dem Lager sich der Seelenkranke,
irft sich der Strauch im Winde hin und her.

om Himmel tönt ein schwermutmattes Grollen,
e dunkle Wimper blinzet manches Mal,
So blinzen Augen, wenn sie weinen wollen, –
nd aus der Wimper zuckt ein schwacher
trahl.

un schleichen aus dem Moore kühle Schauer
nd leise Nebel übers Heideland;
er Himmel ließ, nachsinnend seiner Trauer,
e Sonne lässig fallen aus der Hand.

Nikolaus Lenau (Steinzeichnung)

ine von Weltschmerz und romanscher Ruhelosigkeit geprägten Gedichte«, darunter die bekannten Schilflieder«. Im selben Jahr ging er ach Amerika (→ Mai 1832), von wo : aber bereits 1833 zurückkehrte. eine Schwermut, gesteigert durch ne aussichtslose Liebe, führte 1844 »Faust«, 1836) oder formal unbewältigt (wie »Die Albigenser«, 1842). Lenau gilt als der dritte große Dichter des Weltschmerzes (neben dem Italiener Giacomo Leopardi und dem Engländer George Lord Byron). 1855 ediert Anastasius Grün Lenaus »Sämtliche Werke«.

1851

2. 1. In Wien wird eine »Centralcommission für Erforschung und Erhaltung vaterländischer alter Baudenkmale« errichtet. →

15. 1. In Wien tagt das erste österreichische Geschworenengericht (→ 7. 8. 1850).

23. 1. Justizminister Anton Ritter von Schmerling tritt aus der Regierung aus; sein Nachfolger wird Karl Ritter von Krauß.

2. 3. Eine kaiserliche Verordnung regelt die Errichtung von Realschulen und den gewerblichen Unterricht.

15. 3. Die österreichischen Telegraphenlinien treten mit den deutschen in unmittelbare Verbindung.

27. 3. Venedig wird zum Freihafen erklärt.

14. 4. Der »Reichsrat« wird eingesetzt. →

29. 4. Ministerpräsident Felix Fürst zu Schwarzenberg übernimmt auch das Amt des Militär- und Zivilgouverneurs von Siebenbürgen.

16. 5. Österreich und Preußen schließen einen geheimen Allianzvertrag. →

23. 5. Handelsminister Karl Ludwig Freiherr von Bruck wird auf eigenen Wunsch seines Postens enthoben und durch Andreas Freiherr von Baumgartner ersetzt.

20. 8. Kaiser Franz Joseph I. legt fest, daß die Minister nur ihm verantwortlich sind: Die absolute Regierungsgewalt wird weiter ausgebaut.

22. 8. Der Kaiser hebt die Nationalgarde im gesamten Kaiserreich auf.

12. 9. Erzherzog Albrecht wird Militär- und Zivilgouverneur von Ungarn sowie Kommandant des 3. Armeekorps.

10. 10.–5. 11. Kaiser Franz Joseph I. unternimmt eine Reise durch Galizien, die zum Triumphzug wird.

18. 10. Österreich und Sardinien unterzeichnen einen Handels- und Schiffahrtsvertrag mit gegenseitigen Garantien.

26. 12. Finanzminister Philipp Freiherr von Krauß tritt zurück; Andreas Freiherr von Baumgarten übernimmt sein Ministerium.

GEBOREN:

18. 1. Roštín (Mähren): Heinrich Friedjung († 14. 7. 1920), Historiker.

26. 2. Wien: Paul Gautsch Freiherr von Frankenthurn († 20. 4. 1918), Staatsmann.

14. 6. Kritzendorf: Ernst Fuchs († 21. 11. 1930), Augenarzt.

31. 10. Prag: Alfred Fürst zu Windischgraetz († 23. 11. 1927), Staatsmann.

Denkmalschutz in Österreich

2. Jänner. Die »Centralcommission für Erforschung und Erhaltung vaterländischer alter Baudenkmale« wird in Wien gegründet.
In den einzelnen Kronländern werden »Conservatoren« bestellt, deren Aufgabe es ist, umsichtig alle Baudenkmale von kulturgeschichtlicher Bedeutung festzustellen und Angaben über ihre Erhaltung zu machen. Dies ist die Geburtsstunde des Denkmalschutzes in Österreich.

Der »Reichsrat« wird eingesetzt

14. April. Kaiser Franz Joseph I. errichtet die beratende Körperschaft des »Reichsrates«, die einen Ersatz für die nicht existente Volksvertretung darstellen soll.
Am → 7. März 1849 wurde der österreichische Reichstag gewaltsam aufgelöst. An seine Stelle tritt nun der aus acht Mitgliedern (sechs Österreichern und zwei Ungarn) bestehende »Reichsrat«; den Vorsitz – eine dem Ministerpräsidenten ähnliche Stellung – führt Karl Friedrich Kübeck Freiherr von Kübau.

Geheimvertrag mit Preußen

15./16. Mai. Die am 23. Dezember 1850 eröffnete Ministerialkonferenz von Dresden zur Regelung der deutschen Verhältnisse wird beendet; der Konflikt zwischen Österreich und Preußen ist vorübergehend beigelegt.
Einen Tag nach Konferenzschluß unterzeichnen die beiden deutschen Großmächte einen geheimen Allianzvertrag, der neben der offiziellen Konferenz ausgehandelt worden ist. Beide Staaten garantieren sich gegenseitig den jeweiligen Besitzstand – allerdings wird die Vertragsdauer zunächst nur auf drei Jahre festgelegt (am 20. April 1854 für die Dauer des Krimkrieges verlängert). Trotz der Rückkehr Preußens zum deutschen Bundestag bleibt die Rivalität zwischen den Staaten bestehen. Österreichs Plan einer mitteleuropäischen Zolleinigung stößt in Preußen auf Ablehnung.

1852

1. 1. Das sog. Sylvesterpatent Kaiser Franz Josephs I. wird kundgemacht. →

5. 4. Nach dem überraschenden Tod von Ministerpräsident Felix Fürst zu Schwarzenberg übernimmt Kaiser Franz Joseph I. die Staatsführung. Innenminister Alexander Bach wird das Haupt der Regierung. →

25. 4. Die Polizeiverwaltung wird vom Innenministerium getrennt; in Wien wird eine »Oberste Polizeibehörde« errichtet, der die Polizeidirektionen der Kronländer unterstellt sind (die Leitung übernimmt Feldmarschall-Leutnant Johann Kempen Freiherr von Fichtenstamm) – die Polizeimethoden ähneln stark denen der Metternichschen Ära.

1.–11. 5. Zar Nikolaus I. von Rußland hält sich zu Besuch in Wien auf.

8. 5. Mit dem »Londoner Protokoll« garantieren die europäischen Großmächte die »Ungeteiltheit Dänemarks«.

27. 5. Die Strafprozeßordnung vom 17. Jänner 1850 wird novelliert (Einschränkung der Geschworenengerichte).

5. 6.–9. 7. Kaiser Franz Joseph I. bereist Ungarn, anschließend Siebenbürgen (10. 7.–14. 8.).

12. 7. Eine Kundmachung der niederösterreichischen Statthalterei führt auch in Wien das Linksfahren ein (wie seit 1819 in Niederösterreich üblich).

1.–15. 10. Der Kaiser bereist Kroatien.

20. 11. Die »Jurisdiktionsnorm« wird erlassen; sie regelt die Zuständigkeit der Gerichte in bürgerlichen Rechtsangelegenheiten.

GESTORBEN:

5. 4. Wien: Felix Fürst zu Schwarzenberg (* 2. 10. 1800), Staatsmann. →

GEBOREN:

3. 3. Wien: Josef Schrammel († 24. 11. 1895), Komponist.

22. 5. Troppau: Moritz von Auffenberg († 18. 5. 1928), General.

30. 5. Wien: Manfred Graf Clary und Aldringen († 12. 2. 1928), Staatsmann.

24. 6. Prag: Viktor Adler († 11. 11. 1918), Führer der Sozialdemokraten.

11. 11. Penzing bei Wien: Franz Freiherr Conrad von Hötzendorf († 25. 8. 1925), Feldmarschall.

25. 11. Florenz: Johann Salvator von Habsburg-Lothringen (Johann Orth; † 1891), Erzherzog von Österreich.

24. 12. Wernstedt (Böhmen): Josef Strobach († 11. 5. 1905), Politiker.

Das Sylvesterpatent

1. Jänner. Das sog. Sylvesterpatent Kaiser Franz Josephs I. wird öffentlich kundgemacht. Es stellt die absolute Monarchie wieder her.

Das am 31. Dezember 1851 vom Kaiser unterfertigte Patent hebt die oktroyierte Verfassung vom 4. März 1849 auf (obwohl diese praktisch nicht in Kraft war) und schafft Pressefreiheit, öffentliche Gerichtsverfahren und Gemeindeverfassungen wieder ab. Das sog. Bachsche System (36 von Innenminister Alexander Bach gemeinsam mit Karl Friedrich Kübeck Freiherr von Kübau ausgearbeitete Paragraphen) bildet das Fundament des absolutistischen Staates.

Zu den Gegnern des Sylvesterpatents, vor allem seiner zentralistischen und auf die Unterdrückung der nicht deutschsprachigen Völker des Kaiserreichs abzielenden Bestimmungen, gehören u.a. Erzherzog Johann sowie die Dichter Anastasius Grün und Franz Grillparzer. Die wichtigsten Berater des jungen Monarchen sind – neben seiner Mutter, Erzherzogin Sophie – der Wiener Kardinal Othmar von Rauscher und der Generaladjutant des Kaisers, Karl Ludwig Graf Grünne.

Der Kaiser mit seinen Brüdern: v. l. Karl Ludwig, Ludwig Viktor, Franz Joseph und Ferdinand Maximilian (Photographie)

Des Kaisers Mentor

5. April. Völlig unerwartet stirbt der erst 51jährige österreichische Ministerpräsident und Feldmarschall-Leutnant Felix Fürst zu Schwarzenberg in Wien.

Schwarzenberg trat 1824 als Offizier in den diplomatischen Dienst; nach der Wiener »Oktoberrevolution« wurde er am 21. November 1848 zum Ministerpräsidenten bestellt, setzte die Abdankung des kranken Kaisers Ferdinand I. durch und förderte die Thronbesteigung des jugendlichen Erzherzogs Franz Joseph. Als Anhänger einer zentralistischen Regierungsform mit dem Kaiser als unumschränktem Staatsoberhaupt leitete Schwarzenberg die Phase des sog. Neoabsolutismus in Österreich ein. Obwohl er die Einheit Österreichs erfolgreich zu sichern vermochte, blieben doch zahlreiche innenpolitische Probleme, vor allem die Nationalitätenfrage, ungelöst.

Ministerpräsident Felix Fürst zu Schwarzenberg (Gemälde)

1853

6. 2. Nach einer Revolte in Mailand ergreift Feldmarschall Johann Josef Wenzel Graf Radetzky von Radetz harte Vergeltungsmaßnahmen.

18. 2. Kaiser Franz Joseph I. wird bei einem Mordanschlag oberhalb des Kärntnertors in Wien leicht verletzt. →

19. 2. Österreich und Preußen unterzeichnen einen Handelsvertrag mit zwölfjähriger Gültigkeit.

31. 7. Die Gesandten Österreichs, Preußens, Frankreichs und Großbritanniens richten von Wien aus eine Note an das Osmanische Reich, den russischen Forderungen nach Räumung der Donaufürstentümer nachzugeben.

24. 9. Kaiser Franz Joseph I. berät in Olmütz mit Zar Nikolaus I. von Rußland den bevorstehenden Krimkrieg mit den Türken.

23. 10. Rußland und das Osmanische Reich treten in den Kriegszustand.

5. 12. Wiener Konferenz der europäischen Großmächte: Österreich, Preußen, Frankreich und Großbritannien bemühen sich um eine Beilegung des russisch-türkischen Konflikts, die von der Konferenz vorgeschlagenen Friedensbedingungen werden jedoch von Rußland abgelehnt.

Unter zahlreichen Protesten der betroffenen Gemeinden wird mit dem Bau der Eisenbahnstrecke im Unterinntal zwischen Innsbruck und Kufstein (Tirol) begonnen.

Der Industrielle Franz Wertheim stellt die von ihm entwikkelten feuerfesten Panzerschränke der Öffentlichkeit vor. →

Auf dem Wiener Heldenplatz wird mit der Errichtung des Denkmals für Erzherzog Karl begonnen; der Sockel stammt von Eduard van der Nüll, das Bronzestandbild von Anton Fernkorn (→ 15. 11. 1878).

Das Kärntnertortheater in Wien wird zum »k.k. Hofoperntheater«.

GESTORBEN:

17. 3. Venedig: Christian Doppler (* 29. 11. 1803), Mathematiker und Physiker. →

GEBOREN:

19. 2. Andelsbuch: Jodok Fink († 1. 7. 1929), Politiker.

21. 5. Seitenstetten: Heinrich Lammasch († 6. 1. 1920), Staatsmann.

31. 12. Wien: Jakob Reumann († 29. 7. 1925), Politiker, Bürgermeister von Wien.

ttentat auf Kaiser Franz Joseph I. (Ölgemälde von Johann Josef Reiner, 1853; Historisches Museum Wien)

Mordanschlag auf den Kaiser

8. Februar. Der 21jährige Ungar Já-os Libényi unternimmt auf der Ba-ei oberhalb des Kärntnertores nen Mordanschlag auf Kaiser ranz Joseph I. Durch das schnelle ingreifen des den Kaiser begleiten-en Flügeladjutanten Oberst Maxi-ilian Graf O'Donell, der den Atten-iter abwehrt, wird der Monarch urch einen Messerstich nur leicht Kopf verletzt. Der zufällig anwesende Fleischhauer Josef Ettenreich überwältigt den jungen Ungarn.

Der Attentäter wird zum Tode durch den Strang verurteilt und am 26. Februar hingerichtet. Ettenreich erhält als Dank den Franz-Josephs-Orden (den ihm der Kaiser am 20. Februar persönlich überreicht) und wird wenige Tage danach in den erblichen Adelsstand erhoben. Graf O'Donell wird, »in allergnädigster Anerkennung des Allerhöchstdemselben bei dem meuchlerischen Anfalle auf Allerhöchst ihre Person am 18. Februar persönlich geleisteten Beistandes« (»Kaiserliche Wiener Zeitung« vom 10. März), das Commandeurkreuz des Leopoldsordens verliehen. Erzherzog Maximilian regt zur Erinnerung den Bau einer Kirche an, deren Grundsteinlegung am 24. April 1856 erfolgt (→ 24. 4. 1879).

Panzerschränke von Wertheim

Der aus Krems an der Donau stammende Industrielle Franz Wertheim stellt der Öffentlichkeit am Wiener Stadtrand nächst der Belvederelinie feuerfeste Panzerschränke vor, die er selbst in einer aufgelassenen Kerzenfabrik in Wien-Erdberg entwikkelt hat: Drei der Panzerschränke stehen auf einem mächtigen Scheiterhaufen und werden durch das Feuer bis fast zur Glut erhitzt – die in ihnen verwahrten Geldscheine bleiben unversehrt.

Wertheim begann 1841 mit der Herstellung von Werkzeugen, die ihm erstmals 1845 öffentliche Anerkennung einbrachten. 1847 beteiligte er sich an der Papierherstellung seines Schwiegervaters und erzeugte als erster in Österreich Zigarettenpapier (1870 produziert er täglich Hülsen für zehn Millionen Zigaretten). Als ihm 1848 seine »eiserne Kasse« aufgebrochen wurde, suchte er nach einer besseren Lösung; das Ergebnis, einen feuerfesten und (weitgehend) einbruchssicheren Panzerschrank, stellt er nun dem Publikum vor (1938 verläßt die 100 000. Wertheim-Kasse die Fabrik in Wien).

Ein bedeutender Physiker ist tot

17. März. Der Mathematiker und Physiker Christian Doppler stirbt im 50. Lebensjahr in Venedig.

Der aus Salzburg stammende Doppler wurde 1835 Professor der Mathematik in Prag. In den »Abhandlungen der Böhmischen Gesellschaft der Wissenschaften« veröffentlichte er 1842 seine Arbeit »Über das farbige Licht der Doppelsterne und einiger anderer Gestirne des Himmels«, in der er das nach ihm benannte Gesetz der Wellenlehre darstellt (»Dopplereffekt«): Danach ist die Höhe eines Tons oder die Farbe von Licht davon abhängig, mit welcher Geschwindigkeit sich die Ton- oder Lichtquelle dem Beobachter nähert bzw. sich von ihm entfernt.

Die Tragweite dieses Prinzips wird erst zehn Jahre nach dem Tod Dopplers bekannt, der 1850 als erster Direktor des neugegründeten Physikalischen Instituts der Universität nach Wien berufen wurde.

1854

28. 3. In Österreich wird die Stempelmarke eingeführt. →

20. 4. Österreich und Preußen verlängern den geheimen Allianzvertrag vom 16. Mai 1851 auf die Dauer des Krimkrieges.

In Österreich wird die Prügelstrafe eingeführt (bisher nur in Ungarn üblich), eine Folge des Bachschen Polizeisystems.

24. 4. In der Wiener Augustinerkirche findet die feierliche Vermählung Kaiser Franz Josephs I. mit der bayrischen Prinzessin Elisabeth statt. →

28. 4. Österreich und Preußen vereinbaren, mit Waffengewalt gegen Rußland vorzugehen, falls dieses eine Annexion der Donaufürstentümer oder den Einmarsch auf dem Balkan beabsichtigt.

29. 5. Die Wirksamkeit der politischen Landesbehörden in Nieder- und Oberösterreich, Salzburg, Tirol, Steiermark, Kärnten, Krain, Kroatien, Slowenien, Küstenland, Böhmen, Mähren, Schlesien, Galizien, Bukowina und Siebenbürgen beginnt.

17. 7. Die Eisenbahnstrecke über den Semmering, die erste Gebirgsbahn Europas, wird eröffnet. →

2. 12. Österreich tritt dem Bündnis der Westmächte Frankreich und Großbritannien gegen Rußland bei. 300 000 österreichische Soldaten stehen an der russischen Grenze, es kommt aber zu keinen Kampfhandlungen.

Das »Lesebuch zur Förderung humaner Bildung«, herausgegeben von Adalbert Stifter und Johannes Aprent, erscheint.

GESTORBEN:

8. 7. Andraz (Tirol): Katharina Lanz (* 21. 9. 1777), Tiroler Freiheitskämpferin von 1797.

14. 8. Bad Ischl: Karl Carl (eigtl. Karl von Bernbrunn; * 7. 11. 1787), Theaterdirektor. →

1. 11. Wien: Johann Matthias Ranftl (* 21. 2. 1804), Maler des Wiener Biedermeier (»Hunde-Raffael«).

7. 11. Wien: Peter von Nobile (* 1774), Architekt. →

GEBOREN:

10. 3. Troppau: Josef Maria Stowasser († 24. 3. 1910), Altphilologe.

21. 4. Weidenau: Adolf Lorenz († 12. 2. 1946), Orthopäde.

16. 6. Dresden: Hugo Thimig († 24. 9. 1944), Schauspieler.

6. 9. Wien: Max Wladimir Freiherr von Beck († 20. 1. 1943), Staatsmann.

27. 9. Groß-Skal (Böhmen): Aloys Graf Lexa von Aehrenthal († 17. 2. 1912), Politiker.

Einzug der kaiserlichen Braut Elisabeth in Bayern in das festlich geschmückte Wien (Gemälde)

Prunkvolle Hochzeit in Wien

24. April. In der Wiener Augustinerkirche heiratet der 23jährige Kaiser Franz Joseph I. von Österreich die 16jährige bayrische Prinzessin Elisabeth, zweitälteste Tochter Herzog Maximilians in Bayern.

Die Verlobung des jugendlichen Kaisers mit der jungen Elisabeth kam allgemein überraschend: Erzherzogin Sophie, die Mutter Franz Josephs, hatte ihren Sohn zunächst mit Prinzessin Anna, der Nichte des preußischen Königs, dann mit der sächsischen Prinzessin Sidonie verheiraten wollen, war aber im ersten Fall am Widerstand Berlins, im zweiten Fall an der ablehnenden Haltung Franz Josephs gescheitert. Daraufhin faßte sie eine Verbindung mit dem Haus Wittelsbach ins Auge.

Nur acht Monate nach dem ersten Zusammentreffen Franz Josephs mit Elisabeth am 16. August 1853 in Bad Ischl findet nun die Hochzeit in Wien statt. Elisabeth wurde bei ihrer Landung in Nußdorf vom Kaiser mit einem Kuß begrüßt und unter dem Jubel der Wiener Bevölkerung nach Schloß Schönbrunn geführt. Noch feierlicher ist die Fahrt in die Wiener Hofburg am 23.: Das Brautpaar sitzt in einem Prunkwagen, der von acht Schimmeln gezogen wird.

Die Hochzeitsfeierlichkeiten dauern bis zum 30.; Höhepunkte sind eine prächtige Beleuchtung der Stadt Wien am 25., ein großes Volksfest im Prater am 29. sowie ein Festball in den Redoutensälen der Hofburg am 30. April. Überall wird die junge Monarchin mit Jubel empfangen, und die Wiener singen: »Rose von Bayerland / Just am Erblühn / Sollst nun am Donaustrand / Duften und glühn«.

Die »Allerhöchste Vermählungsfeier« hatte auch ihre Schatten vorausgeworfen. Österreich verfügte ja noch über die alte Kaiserhymne, nicht zu Unrecht auch »Volkshymne« genannt, deren Text allerdings ganz auf Kaiser Franz I. zugeschnitten war. Innenminister Alexander Freiherr von Bach schrieb daher einen Wettbewerb für einen neuen Text aus, und der Kaiser persönlich entschied sich für den Vorschlag Johann Gabriel Seidls: »Gott erhalte Gott beschütze / unsern Kaiser, unser Land«. Am 9. April wurde der Text in der »Wiener Zeitung« veröffentlicht, und Schulkinder und Gesangvereine lernten die neuen Worte zu der bekannten Melodie.

Kaiser Franz Joseph I. und Prinzessin Elisabeth werden von Fürsterzbischo[f] Josef Othmar Rauscher getraut (aus dem »Illustrirten Gedenkbuch«)

Verbindungen mit Bayern

In fast 600 Jahren, seit die älteste Tochter König Rudolfs I. von Habsburg 1273 mit Herzog Ludwig II. in Bayern vermählt wurde, gab es 16 eheliche Verbindungen zwischen Österreich und Bayern (wobei allerdings nur die Ehen »regierender« Habsburger und deren Nachkommen gezählt worden sind):

24.10.1273 in Heidelberg: Gräfin Mathilde von Habsburg (* um 1253, † 23.12.1304) mit Herzog Ludwig II., dem Strengen, in Bayern und Pfalzgraf bei Rhein.

Um 1279 in Wien: Gräfin Katharina von Habsburg (* um 1256 als drittes Kind König Rudolfs I., † 4.4.1282) mit Herzog Otto III. von Niederbayern.

15.5.1325 in Wien: Herzog Otto, der Fröhliche (* 23.7.1301 als siebentes Kind König Albrechts I., † 17.2.1339), in erster Ehe mit Prinzessin Elisabeth von Niederbayern († 25.3.1330).

21.9.1328 in Landshut: Herzogin Anna (* um 1318 als drittes Kind König Friedrichs, des Schönen, † 14.12.1343) in erster Ehe mit Herzog Heinrich III. von Niederbayern († schon 18.6.1333).

24.4.1390 in Wien: Herzog Albrecht IV. (* 19.9.1377 aus der zweiten Ehe Herzog Albrechts III., † 14.9.1404) mit Prinzessin Johanna Sofie von Bayern.

25.11.1412 in Landshut: Herzogin Margarethe (* 26.6.1395, † 24.12. 1447) mit Herzog Heinrich IV., dem Reichen, von Bayern.

3.1.1487 in München: Erzherzogin Kunigunde (* 16.3.1465 als viertes Kind Kaiser Friedrichs III., † 6.8. 1520) mit Herzog Albrecht IV. von Bayern.

4.7.1546 in München: Erzherzogin Anna (* 7.7.1528 als drittes Kind Kaiser Ferdinands I., † 16.10.1590) mit Herzog Albrecht V. von Bayern.

26.8.1571 in Wien: Erzherzog Karl II. von Innerösterreich (* 3.6. 1540 als zwölftes Kind Kaiser Ferdinands I., † 10.7.1590) mit Prinzessin Maria Anna von Bayern.

23.4.1600 in Graz: Kaiser Ferdinand II. (* 9.7.1578 Sohn Erzherzog Karls II. von Innerösterreich, † 15.2. 1637) in erster Ehe mit Prinzessin Maria Anna von Bayern († 8.3. 1616).

.5.7.1635 in München: Erzherzogin Maria Anna (* 13.1.1610 als fünftes Kind aus der ersten Ehe Kaiser Ferdinands II., † 25.9.1665) mit Kurfürst Maximilian I. von Bayern.

5.7.1685 in München: Erzherzogin Maria Antonie (* 18.1.1669 als zweites Kind aus der ersten Ehe Kaiser Leopolds I., † 24.12.1692) mit Kurfürst Maximilian II. von Bayern.

.10.1722 in München: Erzherzogin Amalia Maria (* 22.10.1701 als drittes Kind Kaiser Josephs I., † 11.12.1756) mit Kurfürst Karl Albrecht von Bayern, dem späteren Kaiser Karl VII.

3.1.1765 in Wien (Schönbrunn): Kaiser Joseph II. (* 13.3.1741 als viertes Kind Maria Theresias, † 20.2.1790) in zweiter Ehe mit Prinzessin Maria Josefa von Bayern (Tochter Kaiser Karls VII., † schon 28.5.1767).

0.11.1816 in Wien: Kaiser Franz I. von Österreich (* 12.2.1768 als zweites Kind Kaiser Leopolds II., † 2.3.1835) in vierter Ehe mit Prinzessin Karoline Auguste Charlotte von Bayern.

.11.1824 in Wien: Erzherzog Franz Karl von Österreich (* 7.12. 1802 als achtes Kind der zweiten Ehe Kaiser Franz I., † 8.3.1878) mit Prinzessin Sophie Friederike von Bayern (Eltern Kaiser Franz Josephs I.).

Kaiser Franz Joseph I. (Lithographie, um 1855)

Kaiserin Elisabeth von Österreich (Gemälde)

Vom Landmädchen zur österreichischen Kaiserin

Prinzessin Elisabeth, kurz »Sisi« genannt, kam am 24. Dezember 1837 in München als zweite Tochter des Wittelsbacher Herzogs Maximilian in Bayern zur Welt.

Maximilian entstammt einer Nebenlinie des regierenden Hauses. Er besitzt keine offizielle Funktion am Münchener Hof, zu dem er wenig Kontakte unterhält. Sisi verbrachte darum eine unbeschwerte Jugend auf dem Landsitz der Familie in Pfaffenhofen, fern von allen höfischen Zwängen. Ihre Erziehung entsprach nicht der einer künftigen Regentin: Sie lernte hervorragend Reiten, Angeln und Bergsteigen, aber nicht, wie man sich auf dem gesellschaftlichen Parkett zu bewegen hat.

Ihre Heirat mit dem österreichischen Kaiser Franz Joseph I. kam überraschend: Franz Josephs Mutter, Erzherzogin Sophie, wünschte eine Verbindung mit dem Haus Wittelsbach, und dachte dabei an die älteste Tochter ihrer Schwester Ludovika, Prinzessin Helene. Das künftige Brautpaar sollte sich am 16. August 1853 in der kaiserlichen Sommerfrische Ischl kennenlernen; »nebenbei«, so hoffte Ludovika, könnte sich auch eine Verbindung ihrer zweitältesten Tochter Elisabeth mit Erzherzog Karl Ludwig, dem jüngeren Bruder des österreichischen Kaisers, ergeben.

Doch es kam ganz anders: »In dem Augenblick, als der Kaiser Sisi erblickte, [erschien] ein Ausdruck so großer Befriedigung in seinem Gesicht, daß man nicht mehr zweifeln konnte, auf wen die Wahl fallen würde« (Karl Ludwig). Der 22jährige Monarch war begeistert von der Natürlichkeit und dem Liebreiz Sisis.

Die Hochzeit wurde auf den 24. April 1854 festgesetzt. Bis dahin versuchte man in Pfaffenhofen, die erheblichen Lücken in Sisis Erziehung aufzufüllen und eine standesgemäße Aussteuer zusammenzustellen. Trotz aller Bemühungen ist die junge Braut den Anforderungen des Wiener Hoflebens nicht gewachsen. Zwar begeistert sie den gesamten Hof mit ihrer Grazie, doch kommt es schon bald zu ersten Differenzen, vor allem mit der kritischen Schwiegermutter.

Die junge Kaiserin zieht sich in der Folge immer mehr zurück. Auch die anfangs sehr glückliche Ehe leidet unter den ständigen Auseinandersetzungen. Nach der Geburt ihres dritten Kindes, des Erzherzogs Rudolf, kommt es zur Krise (→ 1862).

Ausfahrt Kaiser Franz Josephs I. mit Elisabeth bei Bad Ischl

Die erste Bahn über den Berg

17. Juli. Die erste Gebirgsbahn der Welt, die Eisenbahnlinie über den Semmering, wird nach sechsjähriger Bauzeit eröffnet.

Der kühne Plan zu diesem Projekt stammt von dem Ingenieur Karl Ritter von Ghega. Als Maximalsteigung sind 25 Promille (1:40) vorgesehen, ein Problem, das Ghega durch eine an sich einfache Methode meisterhaft löst: Er fährt die Seitentäler jeweils ganz aus.

17 ein- und zweistöckige Brückenbauten mußten errichtet, 15 Tunnel in mühseliger Arbeit geschlagen werden. Mehr als die Hälfte der 41 km langen Strecke, die sich harmonisch in die Gebirgslandschaft einfügt, verläuft in Bögen, die Steigungen erreichen ebenfalls über mehr als die Hälfte der Bahnlinie den angegebenen Grenzwert.

Die zweigleisige Bahnstrecke beginnt in Gloggnitz (Niederösterreich) in einer Höhe von 438 m und erreicht im großen, 1430 m langen Scheiteltunnel unterhalb des Semmeringpasses eine Höhe von 898 m über dem Meeresspiegel. Von hier senkt sich die Strecke nach Mürzzuschlag in der Steiermark (682 m Seehöhe).

Die Trassenführung ist allerdings nur ein Teil des Projekts, denn es gab noch keine geeignete Lokomotive, die eine ausreichende Leistung erbringen konnte.

Im Spätsommer 1851 veranstaltete man deshalb eine Konkurrenzfahrt auf einem bereits fertiggestellten Teilstück der Semmeringstrecke. Vier Lokomotiven traten zur Probefahrt an: Die »Bavaria« von Maffei in München, die »Wiener Neustadt« aus der dortigen Lokomotivfabrik, die »Seraing« der Firma Cockeril in Belgien und die »Vindobona« von Haswell aus Wien – keine von ihnen vermochte die Fachleute zu überzeugen.

Der Ingenieur Wilhelm von Engerth machte sich daraufhin die Erfahrungen des Wettbewerbs zunutze und konstruierte einen neuen Lokomotivtyp. Seine dreifach gekuppelte »Engerth-Stütztenderlokomotive« ist der erste brauchbare Typ einer Gebirgslokomotive. Ihre wesentliche Neuerung besteht darin, daß Engerth eine Achse des gelenkig verbundenen Tenders stützend vor die Feuerbüchse legte.

Brücken und Tunnel müssen gebaut werden, um eine gleichmäßige Steigung der Strecke zu ermöglichen (Zeichnung)

Die Engerthsche Stütztenderlokomotive, die erste brauchbare Gebirgslokomotive der Welt (zeitgenössische Darstellung)

Sechs Jahre zog sich der Bau der ersten Gebirgsbahn hin (Szene vom Streckenbau der Semmeringbahn, zeitgenössische Darstellung)

Der Zug kommt

Peter Rosegger schildert in seiner Autobiographie »Als ich noch der Waldbauernbub war« (1903) den Eindruck, den die Semmeringbahn auf die staunenden Zeitgenossen machte:

»... Da tat es schon ein kläglich Stöhnen. Auf der eisernen Straße heran kam ein kohlschwarzes Wesen. Es schien anfangs stillzustehen, wurde aber immer größer und nahte mit mächtigem Schnauben und Pfustern und stieß aus dem Rachen gewaltigen Dampf aus. Und hinterher – –

›Kreuz Gottes!‹ rief mein Pate, ›da hängen ja ganze Häuser dran!‹ Und wahrhaftig, wenn wir sonst gedacht hatten, an das Lokomotiv wären ein paar Steirerwäglein gespannt, auf denen die Reisenden sitzen konnten, so sahen wir nun einen ganzen Marktflecken mit vielen Fenstern heranrollen, und zu den Fenstern schauten lebendige Menschenköpfe heraus, und schrecklich schnell ging's, und ein solches Brausen war, daß einem der Verstand still stand. Das bringt kein Herrgott mehr zum Stehen! fiel's mir noch ein. Da hub der Pate die beiden Hände empor und rief mit verzweifelter Stimme: ›Jessas, Jessas, jetzt fahren sie richtig ins Loch!‹ Und schon war das Ungeheuer mit seinen hundert Rädern in der Tiefe ...«

»Zahl und pick!«

28. März. Statt des gebräuchlichen Stempelpapiers werden in Österreich Stempelmarken eingeführt. Bisher mußten Schriftstücke auf den eigens dafür eingerichteten »Stempelämtern« abgestempelt werden, was für viele Einreichende mit großem Zeit- und Fahrtaufwand verbunden war. Mit der Einführung von Stempelmarken werden die Ämter aufgelöst; die neuen Stempelmarken tragen noch keine Jahreszahl, durch die das Ausgabejahr ersichtlich ist. Eine solche Angabe erweist sich allerdings bald als zweckmäßig und wird 1870 eingeführt. – Österreich ist der erste Staat mit einer solchen Einrichtung.

Ein Architekt des Spätklassizismus

7. November. *Peter von Nobile, seit 1818 Direktor der Architekturabteilung an der Akademie der bildenden Künste in Wien, stirbt im Alter von 80 Jahren. Der aus dem Tessin stammende Architekt des Spätklassizismus baute u. a. den Theseustempel im Wiener Volksgarten (1820–1823), das äußere Burgtor in Wien (1824 vollendet), das Schauspielhaus in Graz (1824/25) sowie 1836/37 den Festsaal der Technischen Universität Wien (Abb.: Inneres Burgtor, Kuppelraum).*

Theaterdirektor Carl

14. August. Im Alter von 66 Jahren stirbt der aus Krakau stammende Volksschauspieler und Theaterdirektor Karl Carl, mit bürgerlichem Namen Karl von Bernbrunn, nach seinem zweiten Schlaganfall in Bad Ischl.

Der äußerst populäre Carl war 1827–1845 Direktor des Theaters an der Wien und des Theaters in der Josefstadt, 1838 kaufte er das Leopoldstädter Theater, das er am 10. Dezember 1847 nach einem Umbau als »Carl-Theater« neueröffnete. Carl, der in zahlreichen Stücken mit dem Dramatiker und Schauspieler Johann Nepomuk Nestroy auf der Bühne stand, gilt als Begründer der Hanswurstfigur des Staberl.

Theaterdirektor Karl Carl (Gemälde von Friedrich Schlichter, 1834)

1855

15. 1. Das neue Militärstrafgesetzbuch wird kundgemacht; es sieht die Abschaffung der »Spitzrutenstrafe« (Spießrutenlaufen) vor.

10. 3. Karl Ludwig Freiherr von Bruck wird nach dem Rücktritt von Andreas Freiherr von Baumgartner am 14. Jänner neuer Finanzminister.

21. 5. Eine neue Notariatsordnung ersetzt die vom 29. September 1850.

4. 6. Die am 15. März begonnenen Wiener Friedensverhandlungen zur Beendigung des Krimkrieges scheitern an den russischen Bedingungen.

17. 7. Österreich und die Schweiz schließen einen Staatsvertrag über die gegenseitige Auslieferung von Verbrechern. Am 13. November schließt Österreich einen gleichlautenden Vertrag mit Frankreich.

18. 8. Das Konkordat zwischen Österreich und dem »Heiligen Stuhl« wird unterzeichnet.→

29. 10. Eine kaiserliche Ermächtigungsurkunde gestattet die Gründung einer »Creditanstalt« (→31. 10.).

31. 10. In Wien wird die »privilegierte österreichische Creditanstalt« errichtet.→

16. 12. Außenminister Karl Ferdinand Graf Buol-Schauenstein übermittelt Rußland die Forderungen der verbündeten Mächte (Österreich, Frankreich, Großbritannien, Sardinien-Piemont und das Osmanische Reich) zur Beendigung des Krimkrieges (→30. 3. 1856).

GESTORBEN:

11. 9. Hadersdorf bei Wien: Karl Friedrich Kübeck Freiherr von Kübau (*28. 10. 1780), Staatsmann.

GEBOREN:

8. 3. Ringelshain (Böhmen): Johann Schicht (†3. 6. 1907), Seifenfabrikant.

16. 3. Krems: Josef Maria Eder (†18. 10. 1944), Pionier der Phototechnik.

9. 4. Wien: Joseph Hellmesperger (†26. 4. 1907), Komponist.

1. 7. Wien: August Engel von Mainfelden (†9. 1. 1941), Politiker.

11. 9. Baden bei Wien: Katharina Schratt (†17. 4. 1940), Schauspielerin.

13. 9. Wien: Jakob Zeidler (†21. 8. 1911), Literaturhistoriker.

1. 11. Eibenschitz (Mähren): Guido Adler (†15. 2. 1941), Musikwissenschaftler.

26. 11. Wien: Franz Nagl (†3. 2. 1913), Erzbischof von Wien und Kardinal.

Konkordat mit »Heiligem Stuhl«

18. August. In Wien wird das Konkordat zwischen Österreich und dem Papst in Rom unterzeichnet. Bereits am 18. April 1850 hatte Kaiser Franz Joseph I. den österreichischen Bischöfen den »freien Verkehr mit dem Papst«, die Gerichtsbarkeit über den Klerus und die Leitung der Priesterseminare gestattet, die Kaiser Joseph II. untersagt hatte (→1781–1786). Nun wird der Kirche auch die Verantwortung für folgende Bereiche übertragen: Selbstverwaltung des kirchlichen Vermögens, Ehegerichtsbarkeit, Religionsunterricht an den öffentlichen Schulen und die Zensur von Büchern religiösen Inhalts. Die Jesuiten dürfen wieder Lehranstalten errichten.

Eine wichtige Bankgründung

31. Oktober. In Wien wird die »privilegierte österreichische Creditanstalt« gegründet. Der Ansturm auf die zur Subskription aufgelegten Aktien zeigte bereits, wieviel Geld tatsächlich im Lande war und wie sehr sich weite Kreise für Möglichkeiten zur Anlage ihres Kapitals interessierten.

Obwohl es anfangs Schwierigkeiten gibt, Interessenten für Industriekredite zu finden, gelingt der neuen Bank bereits 1856 ein spektakuläres Geschäft: Gemeinsam mit den Rothschilds in Paris kauft man die Eisenbahnen im lombardo-venezianischen Königreich und beteiligt sich bei der Gründung des Konsortiums für den Bau der Westbahn. Mit der »Creditanstalt« im Rücken erwirbt Baron Anselm Salomon Rothschild 1859 auch die Majorität an der Südbahn. Das Geschäft mit den Eisenbahnaktien führt später Nathaniel Rothschild weiter.

N. Rothschild

Eine große Handelskrise, von den Vereinigten Staaten nach Europa exportiert, schwächt allerdings bereits 1857 den Elan der Bank, deren Aktivitäten in den folgenden Jahren aber wieder zunehmen.

1856

Jänner. Franz Liszt dirigiert die Festlichkeiten anläßlich des 100. Geburtstages von Wolfgang Amadeus Mozart in Wien.

10. 1. Rußland nimmt die von den verbündeten Mächten am 16. Dezember 1855 gestellten Bedingungen zur Beendigung des Krimkrieges an.

30. 3. Der Frieden von Paris beendet den Krimkrieg zwischen Rußland und den mit dem Osmanischen Reich verbündeten Mächten. →

17. 4. Österreich beginnt mit der Räumung der besetzten Donaufürstentümer (am 30. März 1857 abgeschlossen).

24. 4. In Wien erfolgt die Grundsteinlegung für die Votivkirche, die nach Plänen des Architekten Johann Heinrich von Ferstel errichtet wird.

29. 4. Österreich, Frankreich und Großbritannien ratifizieren den am 15. April vereinbarten Separatvertrag, der die Verpflichtung zum gemeinsamen Handeln im Falle von Verletzungen des Pariser Friedens (→ 30. 3.) zum Inhalt hat.

19. 10. Kaiser Franz Joseph I. und Kaiserin Elisabeth besuchen Hallstatt (Oberösterreich). In ihrer Gegenwart öffnet der Bergmeister Johann Georg Ramsauer das 342. Grab des von ihm entdeckten Gräberfeldes. →

Der 1849 begonnene Bau des Arsenals in Wien wird vollendet. Dieser typisch klassizistische Bau ist von Ludwig Förster, Eduard van der Nüll, August Siccard von Siccardsburg, Carl Rösner und Theophil Hansen errichtet worden.

Die Jesuiten lassen sich in Feldkirch (Vorarlberg) nieder und gründen die Lehranstalt »Stella Matutina«.

GESTORBEN:

28. 10. Wien: Johann Peter Krafft (* 15. 9. 1780), Maler. →

23. 11. Wien: Joseph Freiherr von Hammer-Purgstall (* 9. 6. 1774), Orientalist. →

GEBOREN:

25. 2. Trebitsch (Mähren): Matthias Zdarsky († 20. 6. 1940), Begründer des alpinen Skilaufs.

1. 4. Verona: Rudolf von Larisch († 24. 3. 1933), Graphiker.

6. 5. Pribor (Mähren): Sigmund Freud († 23. 9. 1939), Arzt, Begründer der Psychoanalyse.

4. 6. Groß Seelowitz (Mähren): Friedrich von Habsburg-Lothringen († 30. 12. 1936), Erzherzog von Österreich.

6. 12. Brünn: Hans Molisch († 8. 12. 1937), Botaniker.

Krimkrieg beendet

30. März. Der Frieden von Paris beendet endgültig den seit Oktober 1853 andauernden Krimkrieg zwischen Rußland und den verbündeten Mächten Österreich, Frankreich, Großbritannien, Sardinien-Piemont und dem Osmanischen Reich.
Rußland muß die Donaumündungen und einen Teil Bessarabiens an das Fürstentum Moldau abtreten; ferner erlischt sein Protektorat über die Donaufürstentümer und die Schutzherrschaft über die Christen im Osmanischen Reich. Dadurch wird die Donauschiffahrt frei und das Schwarze Meer neutral.
Die Beratungen des Friedenskongresses haben am 26. Februar begonnen. Den Vorsitz führte der französische Außenminister Alexander Joseph Graf Walewski, ein Sohn Kaiser Napoleons I. und der polnischen Gräfin Walewska. Österreich protestierte zunächst gegen die Teilnahme Sardinien-Piemonts, doch erhält das durch den Grafen Camillo von Cavour vertretene Königreich starke Unterstützung von seiten Frankreichs. Preußen, das während des Krieges neutral geblieben ist, wird erst zur Unterzeichnung des sog. Dardanellenvertrages eingeladen.
Der Krimkrieg hat das europäische Übergewicht Rußlands erheblich geschwächt; an die Stelle des Zaren als Protektor der »Heiligen Allianz« vom → 26. September 1815 tritt nun der französische Kaiser.

Biedermeier- und Historienmaler

28. Oktober. *In Wien stirbt 76jährig der aus dem hessischen Hanau stammende Maler Johann Peter Krafft. Der seit 1808 in Wien tätige Maler des Klassizismus schuf sachliche Genrebilder – Szenen aus dem österreichischen Militärleben, vaterländische Historien- und Schlachtengemälde sowie Schilderungen der bürgerlichen Privatsphäre (Abb.: Die Tochter des Künstlers, Marie, am Schreibtisch; um 1830).*

Ein Europäer von hohem Rang

23. November. Im Alter von 82 Jahren stirbt der Orientalist Joseph Freiherr von Hammer-Purgstall in Wien. Ab 1799 als Diplomat in Konstantinopel, ab 1807 »Hofdolmetsch« an der Wiener Staatskanzlei, gab er 1809–1818 die Zeitschrift »Fundgruben des Orients« in sechs Bänden heraus; 1812 erschien der »Diwan des Hafis« (der Johann Wolfgang von Goethe zu seinem »West-östlichen-Divan« anregte), 1827–1832 eine »Geschichte des Osmanischen Reiches« in zehn Bänden.
Hammer-Purgstal setzte sich entschieden für die Gründung der Akademie der Wissenschaften ein und wurde 1847 (bis 1849) ihr erster Präsident. 1835 hatte der angesehene Orientalist (eigentlich Joseph Edler von Hammer) von einer Gräfin Purgstall Schloß und Gut geerbt, worauf er sich Hammer-Purgstall nannte.

Die Geschichte wird entdeckt

Der Dichter und Schauspieler Ignaz Franz Castelli besucht 1856 die Hallstätter Sensation – Johann Georg Ramsauer hatte in Hallstatt (Oberösterreich) ein riesiges Gräberfeld entdeckt – und berichtet darüber in den »Memoiren meines Lebens«:
»... Ramsauer führte mich noch ein paar hundert Schritte aufwärts an den Platz der Ausgrabungen selbst. Es liegt dieser am Saume eines Waldes und ist ein mit Steingerölle beschütteter Abhang. Er zeigte mir das vor wenigen Tagen (am 19. Oktober 1856) in Gegenwart des Kaisers von ihm geöffnete 342ste Grab und das Gerippe, welches darin noch mit allem seinem Schmuck behangen lag. Den Gerippen nach zu urteilen müssen das Riesenmenschen gewesen sein. Dann ließ er mir zu Ehren drei Schritte von diesem die Erde aufgraben und sagte mir, als ich Zweifel äußerte, ob hier etwas zu finden sein werde, daß überall Gräber seien, und wirklich waren kaum die Steine und die obere Erddecke weggeräumt, und das 343ste Altertumsgrab war geöffnet. Eine Spitze von einer eisernen Lanze und zwei Fibulä, welche wir dabei fanden, schenkte er mir zum Andenken.«

1857

24. 1. Österreich schließt mit den Mitgliedsstaaten des Deutschen Zollvereins einen Münzvertrag.

4. 4. Die Bauarbeiten an der »Kaiserin-Elisabeth-Westbahn« (bald nurmehr Westbahn genannt) werden aufgenommen.

9. 4. Erster gelungener Versuch der Dampfschiffahrt auf der Salzach: Am 11. April trifft der königlich-bayrische Dampfer »Otto« in Salzburg ein.

30. 4. In Triest beginnt die Weltumseglung der Fregatte »Novara« (→ 1859).

18. 5. In Ofen stirbt Erzherzogin Sophie, das am 5. März 1855 in Wien geborene erste Kind des österreichischen Kaiserpaares.

19. 9. Österreich gibt nach fast 100 Jahren die »Conventionswährung« (CW) auf; ein kaiserliches Patent regelt das Münzwesen neu: 100 Gulden CW entsprechen 105 Gulden österreichischer Währung.

20. 11. Der Markt Ried im Innkreis (Oberösterreich) wird zur Stadt erhoben.

20. 12. Kaiser Franz Joseph I. verfügt die Schleifung der Wiener Stadtbefestigung, um die notwendige Stadterweiterung zu ermöglichen. →

200 Tiroler aus dem Oberinntal wandern nach Amerika aus und gründen 1859 am Ostrand des Hochlandes von Zentralperu eine Siedlung mit dem Namen Pozuzo (1967 hat die ausgedehnte Gemeinde 1600 Einwohner, davon 360 österreichischer Abkunft).

GESTORBEN:

16. 4. Venedig: Karl Ludwig Graf Ficquelmont (* 23. 3. 1777), Staatsmann.

10. 10. Laibach: Josef Ressel (* 28. 6. 1793), Erfinder der Schiffsschraube (→ 1829).

GEBOREN:

17. 1. Waizenkirchen: Wilhelm Kienzl († 3. 10. 1941), Opernkomponist.

7. 3. Wels: Julius Wagner von Jauregg († 27. 9. 1940), Psychiater.

12. 4. Wien: Dominik Ertl († 4. 2. 1911), Komponist.

7. 6. Ober St. Veit bei Wien: Rudolf Carl Slatin, genannt Slatin-Pascha († 4. 10. 1932), Forschungsreisender, anglo-ägyptischer General.

16. 6. Hermannstadt (Siebenbürgen): Arthur Arz Freiherr von Straußenburg († 1. 7. 1935), Generaloberst.

20. 7. Wien: Viktor Mataja († 23. 1. 1937), Politiker.

Mit dem Abbruch der Basteien beginnt die von Kaiser Franz Joseph I. verfügte Stadterweiterung von Wien (Zeichnung)

Es ist der Wille des Kaisers

20. Dezember. Kaiser Franz Joseph I. verfügt die Schleifung der Wiener Stadtbefestigungen, um so die dringend erforderliche Erweiterung der Stadt zu ermöglichen.

In der »Wiener Zeitung« vom 25. Dezember wird das »Allerhöchste Handschreiben« an den Innenminister veröffentlicht: »Lieber Freiherr von Bach! Es ist Mein Wille, daß die Erweiterung der inneren Stadt Wien mit Rücksicht auf eine entsprechende Verbindung derselben mit den Vorstädten ehemöglichst in Angriff genommen und hierbei auch auf die Regulierung und Verschönerung Meiner Residenz- und Reichshauptstadt Bedacht genommen werde. Zu diesem Ende bewillige ich die Auflassung der Umwallung und der Fortifikationen der inneren Stadt sowie der Gräben um dieselbe...«

Am 29. März 1858 beginnt die Abtragung der Festungswerke von Wien beim Rotenturmtor. Außer den Stadtmauern werden auch 125 längs des Innenrundganges der Festungswerke entstandene »Basteihäuser« abgebrochen. Bis 1864 ist der Abbruch zum Großteil beendet, der Festungsgraben aufgefüllt, die umfassenden Planierungsarbeiten sind erledigt und die Trassierung der Ringstraße beendet. Ab 1860 entstehen bereits die ersten Häuser an der Ringstraße.

Bis 1910 beträgt die vom »Stadterweiterungsfonds« vergebene Grundfläche 2400000 m², davon 1500000 m² für Straßen, Plätze und Gärten, rund 380000 m² für öffentliche Bauten und etwas mehr als 500000 m² für Privatbauten. Die Baukosten der Ringstraße für Verkehrsflächen und öffentliche Bauten betragen annähernd 130 Millionen Kronen, der Abbruch der Befestigungsanlagen kostet 50 Millionen Kronen.

Schon bald sind alle Kreise der Residenzstadt mit dem großen Projekt vertraut. Der in Wien besonders beliebte Komiker Wenzel Scholz, der oft mit Johann Nepomuk Nestroy auf der Bühne steht, nimmt sich der Stadterweiterung auch einmal im »Theater an der Wien« an:

»Die Bastei'n wer'n zerbröckelt,
Sie zerfall'n Stück für Stück,
Die Welt schreit, da seht nur,
Die Wiener hab'n Glück,
Was der Türk' net hat z'samm'bracht,
Mit Müh' und mit Plag',
Das tut der Krowot*
Um zwanz'g Kreuzer per Tag.«

Von Johann Strauß (Sohn), dem Walzerkönig, stammt die (1863 im Druck erscheinende) »Demolier-Polka«.

* Kroaten, die als Bauhilfsarbeiter tätig sind

Die Auflassung der Fortifikationen Wiens erfolgt gegen den Willen der Militärs, die unter Hinweis auf das Revolutionsjahr 1848 besondere Absicherungen für die kaiserliche Residenz, die Hofburg, fordern. Erst die Zusage für den Bau je einer Kaserne an den Endpunkten der Ringstraße bricht die militärische Opposition gegen das moderne Projekt. So entstehen die Rossauer-Kaserne sowie die Franz-Josephs-Kaserne (gegenüber dem heutigen Regierungsgebäude am Stubenring). Zudem wird der Wunsch, das Burgareal mit einem mindestens drei Meter hohen Eisengitter zu schützen, bewilligt (der überwiegende Teil ist – entlang von Burg- und Volksgarten – bis heute erhalten).

Ganz abgesehen von der beabsichtigten Errichtung einer Prachtstraße, an der die erforderlichen neuen öffentlichen Gebäude stehen sollen (und auch die der Herren der sog. Gründerzeit), ist die Stadterweiterung eine dringende Notwendigkeit. Das zu verbauende Glacis bietet den ersehnten Platz für neue Häuser, die zur Linderung der Wohnungsnot zwischen Bastei und Linienwall beitragen sollen. Der Verkaufserlös der neuen Grundstücke fließt in einen »Stadterweiterungsfonds«, aus dem die Mittel für die Errichtung der geplanten öffentlichen Bauten kommen sollen.

1858

29. 3. Die Abtragung der Festungswerke von Wien beginnt beim Rotenturmtor (→ 20. 12. 1857).

27. 4. Ein kaiserliches Patent regelt die Verhältnisse im Münzverkehr und die Anwendung der neuen Währung; außerdem wird eine Silberwährung eingeführt (1 Gulden = 60 Kreuzer).

1. 5. Der »Donauquai« (der Kai am Donaukanal) wird eröffnet – das erste sichtbare Ergebnis der Wiener Stadterweiterung.

20. 7. Geheimtreffen in Plombières: Kaiser Napoleon III. von Frankreich sichert dem Ersten Minister des Königreichs Sardinien-Piemont, Graf Camillo von Cavour, Hilfe bei der Einigung Italiens zu, dafür verspricht Cavour die Abtretung von Nizza und Savoyen an Frankreich. Beide Seiten sehen als Ziel eines bevorstehenden Krieges, »die Österreicher ganz aus Italien zu vertreiben« (Cavour).

28. 8. Die Festungswerke von Königgrätz werden aufgelassen.

26. 9. Die »Kaiserin-Elisabeth-Westbahn« wird auf der Strecke Wien–Linz eröffnet. Der nachfolgende Streckenabschnitt bis Salzburg ist erst am 1. August 1860 fertiggestellt.

Der Tiroler Tischler, Uhrmacher und Erfinder Christian Reithmann konstruiert einen Zweitakt-Gasmotor zum Antrieb der Arbeitsmaschinen in seiner Münchner Werkstatt und entwickelt daraus den ersten Viertakt-Gasmotor.

GESTORBEN:

5. 1. Mailand: Johann Josef Wenzel Graf Radetzky von Radetz (* 2. 11. 1766), Feldmarschall. →

1. 10. Wien: Alois Negrelli von Moldelbe (* 23. 1. 1799), Techniker. →

25. 11. Wien: Viktor Franz Freiherr von Andrian-Werburg (* 17. 9. 1813), Diplomat und Publizist.

GEBOREN:

2. 1. Wieselburg (Ungarn): Josef Kainz († 20. 9. 1910), Schauspieler.

15. 7. Wien: Ludwig Lohner († 15. 6. 1925), Fabrikant.

15. 8. Aue bei Schottwien: Michael Hainisch († 26. 2. 1940), Politiker.

21. 8. Laxenburg bei Wien: Rudolf von Habsburg-Lothringen († 30. 1. 1889), Erzherzog von Österreich, Kronprinz.

1. 9. Wien: Carl Freiherr Auer von Welsbach († 4. 8. 1929), Chemiker.

30. 11. Wien: Rosa Mayreder, geb. Obermayer († 19. 1. 1938), Schriftstellerin.

Abschied von »Vater Radetzky«

5. Jänner. Im hohen Alter von 91 Jahren stirbt in Mailand Feldmarschall Johann Josef Wenzel Graf Radetzky von Radetz, der wohl populärste Heerführer der österreichischen Armee und von seinen Soldaten »Vater Radetzky« genannt.

Radetzky wurde 1766 als Sohn eines böhmischen Grafen auf dem Gut Trebnice geboren, am 1. August 1784 trat er als »Expropiis-Kadett« in das Kürassierregiment Caramelli ein – damit begann seine mehr als 72jährige militärische Laufbahn. 1809 zum Chef des Generalquartiermeisterstabes (also Generalstabschef) und General ernannt, entwickelte er 1813 den Feldzugsplan für die »Völkerschlacht bei Leipzig« (→ 16.–19. 10. 1813); seine Verdienste bei der Niederwerfung der napoleonischen Herrschaft wurden in Frankreich, Großbritannien und Rußland hoch eingeschätzt, nur der eigene Kaiser belohnte sie nicht sonderlich: Radetzky blieb weiterhin Feldmarschall-Leutnant (seit 1809) und erbat sich die Versetzung zur Truppe. Kaiser Franz I. schickte ihn als Kavallerie-Divisionär nach Ödenburg; mit 50 schien Radetzky den Höhepunkt seiner militärischen Karriere überschritten zu haben.

1818–1829 war er Berater Erzherzog Ferdinands, des Generalkommandanten von Ungarn, 1829 erhielt er das Kommando über die Festung Olmütz; erst 1831 übertrug der Kaiser dem bereits 65jährigen General wieder ein verantwortungsvolles Kommando, den Oberbefehl über die österreichische Armee im Königreich Lombardo-Venetien. Hier verwirklichte Radetzky auch sein vorbildliches Ausbildungssystem des Heeres. 1836 zum Feldmarschall befördert, sind die Siege der Jahre 1848/49 untrennbar mit seinem Namen verbunden.

Am 28. Februar 1857 enthob Kaiser Franz Joseph I. Radetzky mit Handschreiben »der Stellen eines Generalgouverneurs Meines lombardo-venezianischen Königreiches, sowie eines Kommandierenden Generals der 2. Armee«, ohne ihn aber zu pensionieren, denn der Kaiser fügte ausdrücklich hinzu: »... muß ich Sie dringend bitten, Ihren Kaiser auch in der Zukunft mit Ihrem weisen Rat zu unterstützen, den in bedeutungsschweren Ereignissen in Anspruch zu nehmen Ich Mir vorbehalte.«

Leichenparade für den populären Feldmarschall Graf Radetzky von Radetz in Wien (Gemälde von F. von Zellenberg)

Am 6. März verabschiedete sich das Kaiserpaar in Verona persönlich von dem greisen Feldmarschall. Die Enthebung von seinen Funktionen traf den greisen Radetzky, einen Soldaten aus Passion, schwer; sie war allerdings aus Alters- wie aus Gesundheitsgründen überfällig: Ein Augenleiden verschlimmerte sich zusehends, und zum Jahresende war der alte Mann schon – aufgrund eines Beinbruchs – auf den Rollstuhl angewiesen.

Am Tage des Todes von Radetzky ordnet Franz Joseph I. eine 14tägige Trauer an. Am 19. wird der Sarg Radetzkys in Anwesenheit des Monarchen in der Gruft auf dem Heldenberg von Kleinwetzdorf beigesetzt. Radetzky – oftmals in Geldnöten – hat den Heldenberg testamentarisch zu seiner letzten Ruhestätte erklärt, da ihm dessen Initiator, der Heereslieferant Gottfried Joseph Pargfrieder, zu Lebzeiten mehrfach mit barem Geld ausgeholfen hat (→ 1849).

Wir
Gemeinde-Ausschuß und Magistrat
der Haupt und Residenzstadt Wien

GRAF JOSEF VON
RADETZKY

GRAFEN Josef VON
RADETZKY

Ehrenbürgerurkunde für Radetzky, verliehen am 7. August 1848 (Heeresgeschichtliches Museum Wien)

Feldmarschall Johann Josef Wenzel Graf Radetzky von Radetz (Ölgemälde von G. Decker)

Alois Negrelli der Kanalplaner †

1. Oktober. Im 60. Lebensjahr stirbt der Techniker, Eisenbahn-, Wasser- und Straßenbauingenieur Alois Negrelli von Moldelbe, seit 1856 Generalinspektor der österreichischen Eisenbahnen.

Seit 1840 leitete er den Bau mehrerer Eisenbahnlinien im österreichischen Staatsgebiet. 1846–1856 entwarf Negrelli die Pläne zum Bau des Suezkanals, einer schleusenlosen Verbindung des Mittelmeers mit dem Roten Meer zur Verkürzung des Seewegs nach Asien. Der von dem Südtiroler projektierte Kanal wird 1859–1869 von dem Franzosen Ferdinand de Lesseps verwirklicht, ohne daß dieser den Namen des geistigen Vaters Negrelli nennt. Lesseps, ehemaliger französischer Konsul in Kairo, gelingt es, die immensen politischen und finanziellen Hindernisse für den Kanalbau in langwierigen Verhandlungen auszuräumen. Vor allem Großbritannien bemühte sich, eine Zustimmung des Osmanischen Reiches zum Suezkanal zu verhindern, da London durch den Bau einer neuen Route nach Asien, seine Handelsvorteile bedroht sieht. Zur Finanzierung des Projekts gründet Lesseps 1858 die »Compagnie Universelle du Canal Maritim du Suez«, die in wenigen Wochen Aktien im Wert von mehr als 100 Millionen Francs verkauft (→ 18. 11. 1869).

Der Suezkanal, projektiert von Alois Negrelli (Zeichnung)

1859

10. 1. Als Antwort auf eine Erklärung König Viktor Emanuels II. von Sardinien-Piemont, er könne dem »Schmerzensschrei Italiens« gegenüber nicht länger gleichgültig sein, verhängt Österreich das Kriegsrecht über die Lombardei.

23. 4. Österreich verlangt in einem Ultimatum von Sardinien-Piemont die sofortige Auflösung des Freikorps Garibaldi, was am 25. abgelehnt wird.

26. 4. Kaiser Napoleon III. von Frankreich erklärt, daß der Übergang der österreichischen Truppen über den Tessin einer Kriegserklärung gleichkomme.

17. 5. Außenminister Karl Ferdinand Graf Buol-Schauenstein tritt zurück; Nachfolger wird Johann Bernhard Graf Rechberg und Rothenlöwen.

20. 5. Bei Montebello kommt es zum ersten Gefecht im Krieg mit Sardinien-Piemont. →

24. 6. In der Schlacht bei Solferino fällt die Entscheidung im Krieg in Oberitalien (→ 20. 5.).

10. 8. Die Fregatte »Novara« kehrt von ihrer Weltumseglung zurück. →

21. 8. Innenminister Alexander Freiherr von Bach und Polizeiminister Johann Kempen Freiherr von Fichtenstamm werden entlassen – Zeichen für den beginnenden Abbau des Neoabsolutismus in Österreich.

20. 10. Kaiser Franz Joseph I. enthebt seinen Generaladjutanten Karl Ludwig Freiherr von Grünne sowie den kurz zuvor ernannten Polizeiminister Joseph Alexander Freiherr von Hübner ihrer Posten.

10. 11. Der Frieden von Zürich beendet den Krieg in Oberitalien. →

11. 11. Der Kaiser ordnet die Errichtung einer Budgetkommission an.

20. 12. Mit kaiserlichem Patent wird eine neue Gewerbeordnung erlassen.

GESTORBEN:

14. 4. Wien: Ignaz Bösendorfer (* 27. 7. 1796), Klavierbauer.

10. 5. Graz: Johann von Habsburg-Lothringen (* 20. 1. 1782), Erzherzog von Österreich. →

11. 6. Wien: Klemens Wenzel Nepomuk Lothar Fürst von Metternich-Winneburg (* 15. 5. 1773), Staatsmann. →

GEBOREN:

2. 1. Wien: Anna Sacher († 25. 2. 1930), Hotelbesitzerin.

9. 3. Wien: Peter Altenberg (eigtl. Richard Engländer; † 8. 1. 1919), Feuilletonist.

30. 10. Graz: Karl Graf Stürgkh († 21. 10. 1916), Staatsmann.

Erzherzog Johann von Habsburg-Lothringen, der »steirische Prinz«, bei einer Kahnfahrt mit seiner Gemahlin Anna (Gemälde von Matthäus Loder)

Der steirische Prinz

11. Mai. Im Alter von 77 Jahren stirbt Erzherzog Johann von Habsburg-Lothringen, wegen seiner aufopfernden Tätigkeit und der Zuneigung für »seine« Steiermark und ihr Volk von diesem der »steirische Prinz« genannt.

Johann kam als Sohn Großherzog Leopolds von Toskana, des späteren Kaisers Leopold II., in Florenz zur Welt; 1800 übergab ihm sein kaiserlicher Bruder Franz den Oberbefehl über die in Bayern gegen die Franzosen kämpfende Armee. Johann, der erst kurz zuvor die militärische Grundausbildung erhalten hatte, war für ein solches Kommando völlig unvorbereitet – tatsächlich führte auch ein braver, aber ebenso falsch eingesetzter General die österreichischen Truppen, die trotz zahlenmäßiger Übermacht bei Hohenlinden von den Franzosen besiegt wurden. Die Schuld für die Niederlage schob man auf den Oberkommandierenden, Erzherzog Johann, der dies nur schwer überwand, aber trotzdem Soldat blieb.

1801 übernahm er als »General-Genie-Direktor« die Verantwortung für das österreichische Festungs- und Verteidigungswesen.

Mit Erfolg organisierte Johann 1805 die Landwehr und engagierte sich 1809 besonders stark beim Aufstand der Tiroler gegen die bayrische Herrschaft. Als Oberbefehlshaber der Südarmee zeigte er Umsicht und Tapferkeit, mußte sich aber nach den Niederlagen von 1809 dem Befehl des Kaisers beugen, sein geliebtes Tirol nie mehr zu betreten. So wandte sich der 28jährige Erzherzog in die Steiermark, wo er fast unmittelbar sein erfolgreiches Wirken für das Land und seine Menschen begann.

1829 durfte Johann – nach langem Bemühen – endlich die Postmeisterstochter Anna Plochl heiraten, vergeblich hatte Kaiser Franz I. versucht, seinen Bruder von der nicht standesgemäßen Eheschließung abzuhalten (→ 18. 2. 1829). Mit seiner Gattin führte der Erzherzog ein glückliches Leben auf seinem Jagdschloß, dem Brandhof in der Gemeinde Gußwerk bei Mariazell (Steiermark), aus dem ihn die Ereignisse des Revolutionsjahres noch einmal herausrissen.

Da man sich in Wien an die starke Persönlichkeit des Erzherzogs erinnerte, wurde er Stellvertreter des schwachen Kaisers Ferdinand I. und eröffnete den konstituierenden Reichstag; auch in die Reichspolitik griff Johann ein, da ihn die Frankfurter Nationalversammlung zum »unverantwortlichen Reichsverweser« bestellte (→ 31. 3. 1848). In den folgenden Monaten verstand es der Erzherzog, den Wirren der Zeit zu trotzen und die österreichischen Interessen im Bund zu vertreten. Als der Hader um die Führung im Reich unerträglich wurde, legte er 1849 sein Amt nieder. Unermüdlich blieb Erzherzog Johann aber auch im letzten Jahrzehnt seines Lebens weiterhin für »seine« Steiermark tätig.

Entscheidung bei Solferino

20. Mai. Mit dem Gefecht bei Montebello, bei dem die Österreicher unter Feldzeugmeister Josef Graf Stadion zum Rückzug gezwungen werden, beginnen die Kampfhandlungen im Krieg um Oberitalien.

Am 28. April hat Kaiser Franz Joseph I. in einem Manifest den bevorstehenden Krieg mit König Viktor Emanuel II. von Sardinien-Piemont und seinem verbündeten Frankreich angekündigt, nachdem Sardinien die geforderte Auflösung und Entwaffnung des Freikorps unter Giuseppe Garibaldi abgelehnt hatte. Den 150 000 Österreichern (davon 40 000 Mann Besatzungen) stehen rund 180 000 Franzosen und Italiener gegenüber. Feldzeugmeister Franz Graf Gyulai von Máros-Németh und Nádaska hat den Oberbefehl wegen des schlechten Zustands des ungenügend ausgerüsteten Heeres nur sehr widerstrebend angenommen.

Nach mehreren kleinen Gefechten kommt es am 4. Juni bei Magenta zur ersten großen Schlacht des Krieges; die zahlenmäßig überlegenen Österreicher verlieren rund 10 000 Mann (Tote, Verwundete und Gefangene) und werden besiegt.

Gegen den Rat des Generalstabes, mit den noch reichlich vorhandenen Truppen weiterzukämpfen, befiehlt Gyulai die Räumung der Lombardei und den Rückzug in das Festungsviereck Peschiera–Mantua–Verona–Legnano. Der Oberbefehlshaber wird daraufhin vom Kaiser seines Kommandos enthoben, Franz Joseph I. übernimmt persönlich den Oberbefehl.

Die Entscheidung des Krieges fällt am 24. Juni in der Schlacht bei Solferino südlich des Gardasees: Der Kampf beginnt schon im Morgengrauen mit Einzelgefechten, erreicht um die Mittagsstunden seinen Höhepunkt und wird durch ein schweres Gewitter gegen 17 Uhr beendet, die Rückzugsgefechte dauern bis etwa 18.30 Uhr an. Die Österreicher (138 400 Mann) verlieren 2300 Tote, 10 800 Verwundete und 1500 Gefangene und ziehen sich hinter den Mincio zurück.

Am 8. Juli wird der Waffenstillstand von Villafranca geschlossen, am 11. Juli akzeptiert Kaiser Franz Joseph I. das französische Friedensangebot, die Friedensverhandlungen können beginnen (→ 10. 11.).

Dem Staat Österreich wird ein Bein abgeschnitten (Karikatur auf den Verlust der Lombardei an Sardinien; links die Freiheitsgöttin mit der italienischen Flagge)

Attacke eines österreichischen Husarenregiments bei Solferino

Österreichs Stellung geschwächt

10. November. Nach der militärischen Entscheidung in der Schlacht bei Solferino schließt Österreich mit Frankreich und Sardinien-Piemont den Frieden von Zürich.

Das Kaiserreich Österreich muß die Lombardei (ohne die Festungen Peschiera und Mantua) an Frankreich abtreten, das sie Sardinien übergibt. Italien soll ein Staatenbund unter dem Ehrenvorsitz des Papstes werden. Sardinien tritt seinerseits als Entschädigung für die französische Kriegshilfe Nizza und Savoyen an Frankreich ab. Volksabstimmungen sollen darüber entscheiden, ob die Herzöge von Toskana, Modena und Parma wieder eingesetzt werden. (In den Abstimmungen am 18. bis 22. März 1860 spricht sich die befragte Bevölkerung für eine Vereinigung der drei Herzogtümer mit dem Königreich Sardinien zu einem italienischen Nationalstaat aus. Damit gehen die habsburgischen Sekundogenituren in Modena, Parma und in der Toskana verloren.)

Der sächsische Diplomat Karl Friedrich Graf Vitzthum von Eckstädt beurteilt das Kriegsergebnis 1859 äußerst skeptisch:

»Jedenfalls hat der Kaiser von Österreich diplomatisch glücklicher manövriert als auf dem Schlachtfelde. Behält Österreich Venetien mit der Mincio-Linie und dem Festungs-Viereck, so behauptet es seine strategische Stellung in Italien.

Der Friede wird niemand befriedigen. Sardinien wähnte das lombardisch-venetianische Königreich, Toskana, Parma und Modena bereits in der Hand zu halten. Das Danaergeschenk der Lombardei aus Frankreichs Händen erscheint daher nur als eine magere Abschlagszahlung für die schweren Opfer des Krieges. Auch Frankreich wird mit den erzielten Resultaten nicht zufrieden sein ...«

Gedenktafel für Dunant, Gründer des »Roten Kreuzes«

Das Rote Kreuz

Henri Dunant, ein 27jähriger Geschäftsmann aus Genf, ist Augenzeuge des Gemetzels von Solferino am 24. Juni 1859. Er sieht, wie Tausende Verwundete von den Pferden der Kavallerie zertrampelt und von der Artillerie überrollt werden. In seinen »Erinnerungen an Solferino« schreibt er: »Es ist ein allgemeines Schlachten, ein Kampf wilder, blutdürstiger Tiere. Selbst die Verwundeten verteidigen sich bis zum letzten Augenblick. Wer keine Waffe hat, packt den Gegner und zerreißt ihm die Gurgel mit den Zähnen ... Sollte nicht der Anblick der jungen Invaliden, die einen Arm oder ein Bein verloren haben, und die traurig nach Hause zurückkehren, Gewissensbisse bei uns erwecken oder zum mindesten ein Bedauern, daß wir nicht alles versucht haben, um den verderblichen Folgen von Wunden zu begegnen, die durch schnelle und wirksame Hilfe noch hätten geheilt werden können? ... Gibt es während einer Zeit der Ruhe und des Friedens kein Mittel, um Hilfsorganisationen zu gründen, deren Ziel es sein müßte, die Verwundeten in Kriegszeiten durch begeisterte, aufopfernde Freiwillige, die für ein solches Werk besonders geeignet sind, pflegen zu lassen?«

Tatsächlich kommt es durch die Initiative Henri Dunants am 22. August 1864 zur Gründung des »Roten Kreuzes« in Genf.

1860

1. 1. Die Landesregierung in Salzburg wird aufgelöst und das Kronland Salzburg der Statthalterei in Linz unterstellt.

5. 3. Ein kaiserliches Patent verfügt die Verstärkung des Reichsrates. →

18.–22. 3. In Norditalien stimmen die Einwohner für eine Vereinigung der Herzogtümer Toskana, Parma und Modena mit dem Königreich Sardinien-Piemont zu einem italienischen Nationalstaat (→ 10. 11. 1859).

19. 4. Auf ausdrücklichen Wunsch enthebt Kaiser Franz Joseph I. Erzherzog Albrecht als General- und Zivilgouverneur in Ungarn; Nachfolger wird Feldzeugmeister Ludwig August Ritter von Benedek. Die ungarische Komitatsverfassung von 1848 wird wiederhergestellt.

22. 4. Finanzminister Karl Ludwig Freiherr von Bruck wird seines Amtes enthoben. →

17. 6. Die Landesregierungen von Kärnten und Krain werden aufgelöst und die Herzogtümer den Statthaltereien in Graz bzw. Triest unterstellt.

26. 7. Kaiser Franz Joseph I. trifft in Teplitz mit dem preußischen Prinzregenten Wilhelm (I.) zusammen; Preußen übernimmt die Garantie über Österreichisch-Venetien.

21. 8. Innenminister Agenor Romuald Graf Goluchowski wird zum Staatsminister ernannt.

20. 10. Der Kaiser erläßt das sog. Oktoberdiplom. →

24. 11. Im Wiener Carltheater wird die Operette »Das Pensionat« von Franz von Suppé uraufgeführt. →

13. 12. Graf Goluchowski wird als Staatsminister entlassen.

GESTORBEN:

14. 3. Wien: Karl Ritter von Ghega (* 10. 1. 1802), Verkehrstechniker. →

31. 10. Wien: Josef Kornhäusel (* 19. 11. 1782), Architekt. →

GEBOREN:

13. 3. Windischgraz: Hugo Wolf († 22. 2. 1903), Komponist.

2. 5. Budapest: Theodor Herzl († 3. 7. 1904), Begründer des Zionismus.

4. 5. Wien: Emil Nikolaus von Rezniček († 2. 8. 1945), Komponist.

30. 6. Budapest: Julius d. J. Graf Andrássy († 11. 6. 1929), Staatsmann.

7. 7. Kalischt (Böhmen): Gustav Mahler († 18. 5. 1911), Komponist.

31. 7. Schloß Steinhaus: Anton Freiherr von Eiselsberg († 25. 10. 1939), Arzt.

Der »Kutscher Europas« ist tot

11. Juni. Im hohen Alter von 86 Jahren stirbt Klemens Wenzel Fürst von Metternich-Winneburg in Wien, wo er nach seiner Rückkehr aus England (wohin er beim Ausbruch der Revolution im März 1848 geflohen war) als Privatmann lebte.

Metternich wurde 1773 als Sohn des wenig begabten Diplomaten Franz Georg Karl Graf Metternich-Winneburg-Beilstein in Koblenz geboren. Durch die Flucht der Familie 1794 kam er nach Wien, heiratete in erster Ehe die Enkelin des ehemaligen Staatskanzlers Wenzel Anton Fürst von Kaunitz-Rietberg (→ 17. 9. 1794) und trat in den diplomatischen Dienst ein. 1801 wurde Metternich österreichischer Gesandter in Dresden, anschließend in Berlin (1803–1805), von 1806–1809 vertrat er die Interessen des Kaiserreichs Österreich als Botschafter in Paris.

Am 8. Oktober 1809 wurde der 36jährige Metternich zum Außenminister, Ende Jänner 1810 auch zum Staatskanzler ernannt; damit begann seine Vermittlerrolle als Ehestifter zwischen Kaiser Napoleon I. von Frankreich und der ältesten Tochter Kaiser Franz' I. von Österreich, Maria Luise (→ 11. 3. 1810). Als einer der Hauptakteure der antinapoleonischen Koalition übernahm er, im Oktober 1813 zum Fürsten erhoben, als Präsident des »Wiener Kongresses« (→ 9. 6. 1815) die Lenkung der europäischen Politik. Als »Kutscher Europas« bewährte er sich dermaßen, daß sein Einfluß am Wiener Hof weiter anstieg. Am 25. Mai 1821 ernannte ihn der Kaiser zum »Haus-, Hof- und

Karikatur auf Fürst Metternich

Klemens Wenzel Fürst Metternich

Staatskanzler«, eine Position, die seit dem Rücktritt des Fürsten Kaunitz 1792 nicht mehr vergeben worden war. Für drei Jahrzehnte prägte Metternich fortan die Politik in Österreich und wesentlich auch in Europa. Als erklärter Gegner der Demokratie und des Liberalismus errichtete er einen Polizeistaat (das sog. Metternichsche System) und suchte seine Ideen auch im Reich durchzusetzen.

Letzte Weltumseglung

10. August. Die Fregatte »Novara« kehrt in den Hafen von Pola zurück; sie war am 30. April 1857 von Triest aus zu einer Weltumseglung aufgebrochen.

Kommodore und Befehlshaber der Expedition ist Bernhard von Wüllerstorf-Urbair. Die wissenschaftliche Kommission besteht aus Dr. Karl Scherzer (Länder- und Völkerkunde), Dr. Ferdinand Hochstetter (Geologie und Physik der Erde), Dr. Eduard Schwarz (Botanik) und dem Kunstgärtner Anton Jellinek, Georg Frauenfeld und Johann Zelebor (Zoologie) und dem Maler Joseph Selleny. Inklusive der Mannschaft sind 352 Mann an Bord. Die »Novara« ist das letzte große Segelschiff, das die Erde umfährt.

Die Gesamtkosten der Expedition betragen rund 587 200 Gulden Conventionsmünze bzw. 616 560 Gulden österreichischer Währung. Die umfassenden Forschungsergebnisse werden in einem 1863–1876 erscheinenden umfangreichen Werk von 21 Bänden veröffentlicht.

Erst Entlassung, dann Selbstmord

22./23. April. Finanzminister Karl Ludwig Freiherr von Bruck ersucht den Kaiser um seine einstweilige Entlassung, die Franz Joseph I. in ungnädiger Form gewährt. Am Morgen des darauffolgenden Tages findet man den Minister mit durchschnittener Kehle in seinem Bett; am Nachmittag des 23. erliegt Bruck seiner Verletzung.

Der aus Elberfeld (Westfalen) stammende Bruck lebte seit 1821 in Triest. Am 22. November 1848 wurde er als Handelsminister in das Kabinett Schwarzenberg berufen und im Dezember 1849 wegen seiner Verdienste in den Freiherrenstand erhoben. Seit März 1855 amtierte Bruck als Finanzminister.

Durch den italienischen Krieg 1859 war der österreichische Staatshaus-

Karl Ludwig Freiherr von Bruck

halt arg belastet worden und Kriegsgewinnler hatten noch dazu beigetragen, den Staat zu schädigen (so durch Betrügereien bei der Lieferung von Kriegsmaterial). Von der von Bruck ausgeschriebenen Lotterieanleihe in Höhe von 200 Millionen Gulden waren nur 70 Millionen gezeichnet worden. In dieser schwierigen Finanzlage wurde der Minister auch noch in einen Unterschleifprozeß verwickelt. Am 20. April als Zeuge vor den Untersuchungsrichter geladen, bat der 61jährige Bruck um seine einstweilige Entlassung. Die ungnädige Form der Gewährung durch den Kaiser mag dann der Auslöser für den Entschluß des Ministers gewesen sein, aus dem Leben zu scheiden. (Ein späterer Prozeß stellt seine Unschuld fest.)

Der Reichsrat wird verstärkt

5. März. Ein kaiserliches Patent ordnet die Verstärkung des Reichsrates (→ 14.4.1851) durch 38 Vertreter der Landtage an. Der Vorsitz soll Erzherzog Rainer übertragen werden. Damit beginnt die Verfassungsreform Kaiser Franz Josephs I.
Am 1. Mai werden die Mitglieder des verstärkten Reichsrates ernannt und am 31. beginnen die Beratungen des erweiterten Gremiums, das von Beginn an von großen Gegensätzen gekennzeichnet ist. Während die Zentralistisch-Liberalen (die Deutschen) eine freiheitliche Verfassung und die Einschränkung der Länderautonomie befürworten, geben die Föderalisten (Ungarn und Tschechen) den Landtagen den Vorrang. Schließlich erhalten die Föderalisten die Zustimmung des Kaisers (→ 20.10.).

Karl Ritter von Ghega, der Erbauer der Semmeringbahn (Lithographie von Joseph Kriehuber, 1851)

Lebenswerk: Die Semmeringbahn

14. März. Im Alter von 58 Jahren stirbt der Verkehrstechniker Karl Ritter von Ghega, seit 1850 Vorstand der Generalbaudirektion für den Staatseisenbahnbau.
Die bedeutendste Leistung des in Venedig geborenen Ingenieurs, der bereits als 18jähriger promovierte und 1836–1840 den Bau mehrerer Teilstrecken der »Kaiser-Ferdinands-Nordbahn« leitete, ist die Projektierung der Semmeringbahn, der ersten Gebirgsbahn der Welt (→ 17.7. 1854). An diese technische Meisterleistung Ghegas erinnert ein 1869 auf dem Semmeringpaß errichtetes Denkmal, das die Inschrift trägt: »Durch die Eisenbahnen verschwinden die Distanzen. Die materiellen Interessen werden gefördert, die Kultur gehoben und verbreitet.«

Autonomie für die Kronländer

20. Oktober. Kaiser Franz Joseph I. erläßt nach dem Scheitern der Reichsratsberatungen über eine neue Verfassung das sog. Oktoberdiplom, ein »beständig unwiderrufliches Staatsgrundgesetz«, das die Autonomie der Kronländer und die Einheit des Kaiserreiches sichern soll.
In Ungarn wird die vor 1848 gültige Verfassung wiederhergestellt, die anderen Länder erhalten Landtage; der Reichsrat soll ausschließlich für die gemeinsamen Angelegenheiten zuständig sein. Das Oktoberdiplom scheitert allerdings am Widerstand der Ungarn, die auf der Beibehaltung der Komitatsverfassung von 1848 bestehen, und der Deutschen, die ein politisches Übergewicht der Slawen im Kaiserreich befürchten.

Wiener Operette

Der 24. November 1860, der Tag der Uraufführung der Operette »Das Pensionat« von Franz von Suppé im Wiener Carltheater, gilt als der »Geburtstag« der Wiener Operette.
Das Wort stammt aus dem Italienischen (»operetta«) und meint nichts anderes als »Werkchen«, also etwas Bescheideneres, Einfacheres, weshalb die Operette auch überwiegend heiteren Charakters ist, gesprochene Dialoge besitzt

Operettenstar Alexander Girardi

und kaum ohne den auflockernden Tanz auskommt. Das Vorbild der »opera buffa« wurde durch Jacques Offenbach in Frankreich zur erfolgreichen Operette.
Wien wird nun zur zweiten anhaltenden Heimat der Operette. Vorbereitet durch die Singspiele von Joseph Haydn, Karl Ditters von Dittersdorf und Wolfgang Amadeus Mozart, beeinflußt von den Zauberspielen mit Gesang des Ferdinand Raimund und der mit Gesang ausgestatteten Possen Johann Nepomuk Nestroys, war der Boden in Wien äußerst fruchtbar für diese neue, heiter-musikalische Form. Nestroy ist es auch, der die Offenbachsche Operette am Carltheater, dessen Direktor er ist, heimisch macht.
Zwei Jahre nach der ersten Aufführung einer Offenbach-Operette feiern die Wiener mit dem Werk Franz von Suppés die Geburtsstunde »ihrer« Operette, die eine als »goldene Zeit der Wiener Operette« bezeichnete Ära einleitet. Wenn auch nicht immer großartige Meisterwerke auf die Bühne kommen, so handelt es sich doch überwiegend um große und anhaltende Publikumserfolge, vor allem wohl deshalb, weil sie von Meistern der

Szene in der Loge des Theaters an der Wien (Lithographie)

Musik komponiert und von talentierten Sängerinnen und Sängern, aber auch von Schauspielern interpretiert werden.
Die von Franz von Suppé eingeleitete »goldene Zeit« wird fortgeführt von Johann Strauß (Sohn), Carl Millöcker, Karl Zeller und Richard Heuberger, aber auch von den Militärkapellmeistern Karl Michael Ziehrer und Charles Weinberger – womit nur die ganz »Großen« genannt sind. Aus der unermeßlichen Zahl der Interpreten ragen Marie Geistinger, Josephine Gallmeyer, Alexander Girardi und Josef Matras heraus.

Der Erbauer des Kornhäuselturmes

31. Oktober. Kurz nach Vollendung seines 78. Lebensjahres stirbt der Wiener Architekt des Klassizismus, Josef Kornhäusel.
Seine erste Tätigkeit war der Umbau des Hotels »Zur Kaiserin Elisabeth« in Wien (1804); 1811 errichtete er den Emilienhof in Baden bei Wien, 1812 den Husarentempel bei Mödling, 1815 das Rathaus in Baden. 1820–1822 folgten der sog. Kornhäuselturm in der Wiener Seitenstettengasse 2 sowie das benachbarte Haus Nr. 4 mit eingebauter Synagoge. Der äußerst vielseitige Architekt leitete ferner den Umbau des Schottenstiftes (1826–1832) und des Göttweiger-Hofes (1828–1830), beide in Wien, sowie die Umbauten am Stift Klosterneuburg (Niederösterreich; 1833–1842).

Die »goldene« Operetten-Ära

Die am häufigsten gespielten Operetten der »goldenen Zeit« zwischen 1860 und der Jahrhundertwende geben ein eindrucksvolles Bild vom Glanz dieser musikalischen Blütezeit, die → 1901 nahtlos in die sog. silberne Ära übergeht. Die lange Reihe der wichtigsten Operettenerfolge wird angeführt von Franz von Suppé:

1860: »Das Pensionat« (Suppé)
1863: »Flotter Bursche« (Suppé)
1864: »Pique Dame« (Suppé)
1873: »Carneval in Rom« (Strauß)
1874: »Die Fledermaus« (Strauß)
1875: »Cagliostro in Wien« (Strauß)
1878: »Das verwunschene Schloß« (Millöcker)
1879: »Boccaccio« (Suppé)
1879: »Gräfin Dubarry« (Millöcker)
1881: »Wiener Kinder« (Ziehrer)
1882: »Der Bettelstudent« (Millöcker)
1883: »Eine Nacht in Venedig« (Strauß)
1884: »Gasparone« (Millöcker)
1885: »Der Zigeunerbaron« (Strauß)
1886: »Der Vagabund« (Zeller)
1891: »Der Vogelhändler« (Zeller)
1898: »Der Opernball« (Heuberger)

1861

26. 2. Kaiser Franz Joseph I. erläßt das »Februarpatent«. →
Der verstärkte Reichsrat wird aufgelöst und als beratendes Gremium für den Kaiser der »Staatsrat« eingesetzt.

8. 4. Kaiser Franz Joseph I. erläßt das sog. Protestantenpatent, das den Protestanten die »prinzipielle Gleichheit vor dem Gesetz und hinsichtlich der Beziehung ihrer Kirchen zum Staat« zusichert.

1. 5. Der neue Reichsrat wird in Wien eröffnet. Die Landtage Ungarns, Kroatiens, Istriens und Venetiens verweigern die Beschickung, sodaß nur der »engere Reichsrat« tagt, in dem allerdings die Tschechen, Slowenen und Ungarn in Opposition stehen (→ 26. 2.).

29. 10. Karl Marx wird Korrespondent der »Presse«. →

8. 12. Die beiden Donaufürstentümer Moldau und Walachei werden durch eine Proklamation des Fürsten Alexander Johann I. zum Staat Rumänien zusammengefaßt.

Der 1848 begonnene Bau der Altlerchenfelder Kirche in Wien wird beendet.

Wegen Einsturzgefahr müssen 38 m des Stephansturmes in Wien abgetragen und neu errichtet werden.

In Wien wird mit der Anlage des Stadtparks begonnen (1863 abgeschlossen).

Die Künstlervereinigung »Genossenschaft der bildenden Künstler in Wien« wird gegründet; sie errichtet 1865–1868 das Künstlerhaus.

GESTORBEN:

4. 4. Wien: Franz Anton Graf Kolowrat-Liebsteinsky (* 31. 1. 1778), Staatsmann, 1826–1848 Staatsminister und 1848 Ministerpräsident.

GEBOREN:

27. 2. Kraljević (Kroatien): Rudolf Steiner († 30. 3. 1925), Anthroposoph und Religionsphilosoph, Begründer der Waldorf-Pädagogik.

24. 3. Wien: Richard Weiskirchner († 30. 4. 1926), Politiker.

3. 4. Wien: Charles (eigtl. Karl) Weinberger († 1. 11. 1939), Operettenkomponist.

22. 4. Budapest: Stephan Graf Tisza von Borosjenö und Szeged († 31. 10. 1918), ungarischer Ministerpräsident.

23. 9. Wien: Theodor Reich († 17. 6. 1939), Erfinder.

11. 11. Feldsberg (Niederösterreich, heute ČSSR): Leopold Adametz († 27. 1. 1941), Tierzuchtforscher.

Wir Franz Joseph der Erste,
von Gottes Gnaden Kaiser von Oesterreich;
König von Hungarn und Böhmen, König der Lombardei und Venedigs, von Dalmatien, Kroatien, Slawonien, Galizien, Lodomerien und Illirien, König von Jerusalem etc.; Erzherzog von Oesterreich; Großherzog von Toscana und Krakau; Herzog von Lothringen, von Salzburg, Steyer, Kärnthen, Krain und der Bukowina; Großfürst von Siebenbürgen; Markgraf von Mähren; Herzog von Ober- und Nieder-Schlesien, von Modena, Parma, Piacenza und Guastalla, von Auschwitz und Zator, von Teschen, Friaul, Ragusa und Zara; gefürsteter Graf von Habsburg und Tirol, von Kyburg, Görz

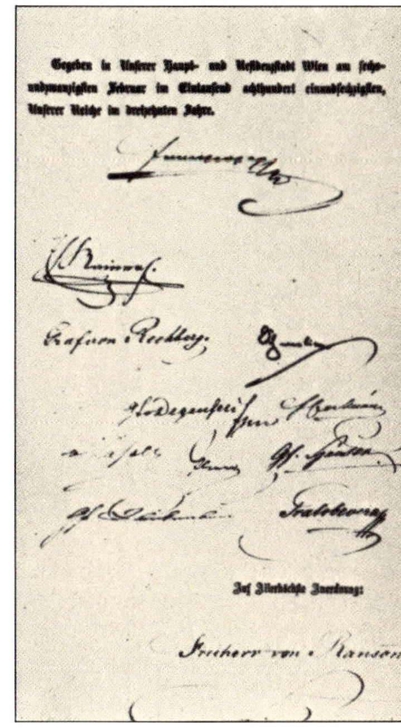
Gegeben in Unserer Haupt- und Residenzstadt Wien am sechsundzwanzigsten Februar im Eintausend achthundert einundsechzigsten, Unserer Reiche im dreizehnten Jahre.

Auf Allerhöchste Anordnung:

Erste und letzte Seite des vom Kaiser erlassenen Februarpatents

Das »Februarpatent«

26. Februar. Kaiser Franz Joseph I. erläßt das sog. Februarpatent (wegen seiner zentralistischen Verfassung auch Februarverfassung genannt); es soll für das ganze Kaiserreich Österreich gelten. Zudem werden Landesverordnungen für alle Kronländer – mit Ausnahme von Ungarn und Venetien – erlassen.
In seinem sog. Oktoberdiplom vom → 20. Oktober 1860 hatte der Kaiser ein »beständig unwiderrufliches Staatsgrundgesetz« gefordert, das die Autonomie der Kronländer und die Einheit des Kaiserreiches sichern sollte. Damit waren die Weichen für eine Rückkehr zu konstitutionellen Einrichtungen gestellt, doch scheiterte das Oktoberdiplom am Widerstand der Ungarn. Am 13. Dezember 1860 ernannte Franz Joseph I. daraufhin den Deutschliberalen Anton Ritter von Schmerling zum Staatsminister und erteilte ihm den Auftrag, das Oktoberdiplom »zu vollenden«. Gemeinsam mit dem Juristen Hans von Perthaler erarbeitete Schmerling eine zentralistische Verfassung, die einerseits die Zustimmung sowohl der Liberalen als auch der Ungarn bekommen konnte, zugleich aber auch die absolute Gewalt des Kaisers unangetastet läßt.
In fünf debattenreichen Ministerratssitzungen einigte man sich auf die endgültige Formulierung. Das Februarpatent sieht ein Zweikammersystem vor; dem Herrenhaus gehören erbliche Mitglieder an und solche, die vom Kaiser ernannt werden; im Abgeordnetenhaus sind 343 Abgeordnete vertreten, davon 120 aus der ungarischen Reichshälfte, die von den Landtagen in direkter Wahl bestellt werden. Beide Kammern sollen den Reichsrat bilden, wobei der »engere Reichsrat« (223 Abgeordnete) für die österreichische Reichshälfte zuständig ist.
Die Landtage werden von vier Kurien beschickt: 1. Großgrundbesitz, 2. Handels- und Gewerbekammern, 3. Städte und Märkte sowie 4. Landgemeinden. Wahlberechtigt sind allein die direkt Steuern zahlenden Bürger.
Wurde Ungarn im Oktoberdiplom noch als Staat behandelt, gilt es im Februarpatent nur noch als Provinz des Kaiserreiches, was ein Fortbestehen der Auseinandersetzungen mit den Ungarn vorhersehbar scheinen läßt. Die Eröffnungssitzung des neuen Reichstages am 1. Mai 1861 in Wien bestätigt diese Erwartung: Die Landtage Ungarns, Kroatiens, Istriens und Venetiens verzichten auf eine Entsendung von Abgeordneten, sodaß nur der »engere Reichsrat« zusammentritt, in dem allerdings die Tschechen, Slowenen und Polen gegen das Februarpatent opponieren. (Ohne jemals tatsächlich wirksam zu werden, wird es vom Kaiser am 20. September 1865 aufgehoben.)

Karl Marx am Schreibtisch (Pastellzeichnung von Ernst Schaumann)

Marx schreibt für die »Presse«

29. Oktober. Max Friedländer, Chef und Begründer der liberalen Wiener Tageszeitung »Presse« engagiert den in London lebenden Kopf der kommunistischen Bewegung, Karl Marx, als ständigen Korrespondenten für sein Blatt.

Die »Presse« hat zu diesem Zeitpunkt rund 30 000 Bezieher und einen guten Ruf in ganz Europa. Das ist auch der Grund dafür, daß man Marx als Mitarbeiter gewinnen will, denn der 1849 zur Emigration gezwungenen Philosoph und Nationalökonom ist in Wien bekannt.

Marx berichtet fortan regelmäßig für die Wiener Tageszeitung, die – wie allgemein üblich – keineswegs alles druckt, was da aus London kommt. Der ohnehin stets in finanziellen Schwierigkeiten befindliche Marx beschwert sich darüber auch mehrmals in Briefen an seinen Freund und Mitstreiter Friedrich Engels. So heißt es in einem seiner Briefe u.a.: »Was ich einzunehmen habe Ende des Monats, wird sich auf 30 Pfund höchstens belaufen, da die Lausekerls von der ›Presse‹ einen Teil meiner Artikel nicht drucken. Ich muß mich natürlich erst daran gewöhnen, innerhalb der ›Grenzen der deutschen Vernunft‹ zu handeln. Nebenbei aber machen sie in ihrem Blatt großes Wesen von meinen Beiträgen ...« Tatsächlich erscheinen 49 Beiträge aus der Feder von Karl Marx in der »Presse«.

1862

2. 2. Österreich, Bayern, Württemberg, Sachsen, Hannover, Hessen-Darmstadt und Nassau protestieren in gleichlautenden Noten an Preußen gegen Pläne zur Schaffung eines deutschen Bundesstaates unter preußischer Führung.

2. 5. Die Wiener Vorstädte werden eingemeindet, wodurch die Bezirke 1–9 der Stadt Wien geschaffen werden.

20. 7. Preußen lehnt den Antrag Österreichs auf Eintritt in den deutschen Zollverein ab.

25. 8. In Wien tagt der »Deutsche Juristentag«.

17. 12. Das Handelsgesetzbuch wird erlassen.

31. 12. Österreichs Staatsschuld beträgt 2 539 090 826 Gulden, das Zinserfordernis beträgt 122 478 000 Gulden. Das Budget für 1863 beläuft sich auf 367 087 748 Gulden, von denen 304 585 094 Gulden durch Steuereinnahmen gedeckt sind.

In Wien wird anstelle der alten Konskriptsnummern der Häuser eine gassenweise Hausnumerierung eingeführt.

Der Musikwissenschaftler Ludwig Ritter von Köchel veröffentlicht das (nach ihm benannte) »Chronologisch-thematische Verzeichnis sämtlicher Tonwerke Wolfgang Amadeus Mozarts«.

GESTORBEN:

5. 2. Wien: Ignaz Franz von Castelli (* 6. 3. 1781), Dichter. →

22. 2. Wien: Franz Freiherr von Pillersdorf (* 1. 3. 1786), Staatsmann.

16. 3. Wien: Joseph Christian Freiherr von Zedlitz (* 28. 1. 1790), Dichter. →

21. 3. Wien: Alfred Fürst zu Windischgraetz (* 11. 5. 1787), Feldmarschall.

25. 5. Graz: Johann Nepomuk Nestroy (* 7. 12. 1801), Dramatiker. →

7. 7. Wien: Friedrich Gauermann (* 20. 9. 1807), Maler.

17. 11. Wien: Leopold Kupelwieser (* 17. 10. 1796), Maler. →

GEBOREN:

15. 5. Wien: Arthur Schnitzler († 21. 10. 1931), Dramatiker und Erzähler.

5. 6. Schwechat: Ernst Seidler von Feichtenegg († 23. 1. 1931, Staatsmann.

27. 6. Sakusak bei Pettau: Johann Puch († 19. 7. 1914), Mechaniker.

14. 7. Baumgarten bei Wien: Gustav Klimt († 6. 2. 1918), Maler.

18. 10. Wien: Theodor Zasche († 15. 11. 1922), Maler und Karikaturist.

Ein Repräsentant des Biedermeier

5. Februar. Im Alter von 80 Jahren stirbt der Dichter Ignaz Franz Castelli, ein typischer Repräsentant des Wiener Biedermeier.

1809 mußte Castelli wegen seiner patriotischen »Wehrmannlieder« vor den Franzosen nach Ungarn fliehen, 1809/10 gab er den »Sammler«, 1810/11 die Zeitschrift »Thalia« und das »Wiener Conversationsblatt« heraus. Als Theaterdichter am Wiener Kärntnertortheater verfaßte er 1811–1814 rund 200 Theaterstücke (meist Übersetzungen aus dem Französischen). → 1817 war er Initiator und Mitbegründer der Dichter- und Künstlervereinigung »Ludlamshöhle«, die 1826 als »staatsgefährdend« verboten wurde. 1843 erschienen Castellis »Sämtliche Werke« in 16 Bänden. Auch als Gründer des Wiener Tierschutzvereins trat der engagierte Dichter hervor (1847).

Vorläufer der politischen Lyrik

16. März. Joseph Christian Freiherr von Zedlitz, Lyriker und Dramatiker, stirbt 72jährig in Wien.

Der aus Österreichisch-Schlesien stammende Zedlitz, Sohn eines fürstbischöflichen Landeshauptmanns, wurde 1806 Kadett in Troppau und Berufsoffizier (Husarenoberleutnant). Seit 1817 lebte er in Wien und Pest, unternahm 1831–1835 Reisen nach Süddeutschland, ins Rheinland und nach Italien und trat 1838 in den Dienst der Metternichschen Staatskanzlei (bis 1848). Zedlitz gilt als Vorläufer der politischen Dichtung in Österreich. Bekannt sind vor allem seine Napoleon-Ballade »Die nächtliche Heerschau«, sowie das Versepos »Waldfräulein«. Neben patriotischer Lyrik verfaßte er zahlreiche Dramen nach spanischen Vorbildern. Eine Ausgabe seiner »Ausgewählten Werke« erscheint erst 1909.

Ein Meister der religiösen Themen

17. November. *Leopold Kupelwieser, seit 1836 Professor an der Wiener Akademie der bildenden Künste, stirbt 66jährig. Der Maler des Klassizismus malte nach seiner Italienreise 1823–1825 ausschließlich Ölbilder und Fresken religiösen Inhalts und gehört zur Gruppe der »Nazarener«, die eine Erneuerung der religiösen Malerei anstreben. Zu seinen Hauptwerken zählen das Hochaltarbild der Wiener Dominikanerkirche (1839), der Freskenzyklus im Festsaal des Statthaltereigebäudes in Wien (1848–1850) sowie vor allem die Ausmalung großer Teile der Altlerchenfelder Kirche in Wien (1855–1858). Abb.: »Die Heiligen Drei Könige« (1825; Schloß Belvedere Wien).*

ohann Nepomuk Nestroy als Hutmacher Baldrian Zwickl (r.; Aquarell)

Nestroy als »Sansquartier« in »Zwölf Mädchen in Uniform«

Nestroy als Tratschmidl (Photographie von Hermann Klee)

Einen Jux wollt' er sich machen

25. Mai. Johann Nepomuk Nestroy,)ramatiker, Schauspieler und Vollender des Altwiener Volkstheaters, tirbt 60jährig in Graz, wohin er sich 860 zurückgezogen hat.

Nestroy, Sohn eines Rechtsanwalts n Wien, begann zunächst ein Juratudium, ging aber bereits als 20jähiger zur Bühne, wo er als Opernsänger debütierte (am 24. August 1822 ls Sarastro in Wolfgang Amadeus Mozarts' »Zauberflöte«). Nach Engagements in Amsterdam, Brünn nd Graz, bei denen er immer öfter Sprechrollen übernahm, lebte er ab 831 in Wien und wurde als Theaerdichter und Schauspieler rasch um Rivalen des Begründers der Viener Volksposse, Ferdinand Raiund (→ 5.9.1836).

Nach dem Tod des Theaterdirekors Carl (→ 14.8.1854) übernahm Iestroy sechs Jahre lang selbst die eitung des Leopoldstädter (später arl-)Theaters, bevor er sich 1860 in en Ruhestand zurückzog. Nestroy chuf rund 80 Theaterstücke und ossen, oft mit Gesangseinlagen, von enen vor allem zu nennen sind: Der böse Geist Lumpazivagabunus« (1833), »Zu ebener Erde und rster Stock« (1835), in dem mittels ner geteilten Bühne das arme Leen im Erdgeschoß mit dem prächtien der Reichen in der Beletage konastiert wird, »Das Haus der Tempemente« (1837), »Einen Jux will er ch machen« (1842), »Der Talisan« (1843) sowie »Der Zerrissene« (1844). Seine Posse mit Gesang »Freiheit in Krähwinkel« stieß bei der Uraufführung am → 1. Juli 1848 beim Publikum auf großen Widerspruch.

Nestroy behielt auch nach der gescheiterten Revolution von 1848 seine oppositionelle Haltung.

Das 1849 entstandene, aber aufgrund von Zensurmaßnahmen zu Lebzeiten des Autors nicht zur Aufführung gelangte Volksstück »Der alte Mann mit der jungen Frau« enthält die schärfste Zeit- und Gesellschaftskritik.

Zu Nestroys Glanzrollen als Schauspieler gehören besonders der »Sansquartier« in »Zwölf Mädchen in Uniform« und der Titus Feuerfuchs in »Der Talisman«.

Er beherrschte sein Publikum

Der Schauspieler Max Devrient zeichnete folgendes Bild seines berühmten Kollegen Johann Nepomuk Nestroy:

»Nestroy war von großer, hagerer Gestalt und etwas strengen Gesichtszügen. Indessen sein Humor, seine sarkastische Schalkheit, hatte so viel Energie, er verstand alle komischen Momente mit solcher Sicherheit und Schärfe wirken zu lassen, im Couplet so unfehlbar zu pointieren, daß er seine Zuschauer beherrschte und mit seinen komischen Erfindungen fortriß. Das Publikum ergötzte sich an dem, was der Humorist Nestroy *meinte*, wenn auch der Schauspieler Nestroy zuzeiten dahinter zurückblieb ...«

Szene aus Nestroys Stück »Die schlimmen Buben« (Aquarell, 1849)

d'Weltgeschicht

In seiner Posse mit Gesang »Freiheit in Kräwinkel« faßt Nestroy die politische Lage 1848 wie folgt zusammen:

Frankreich denkt sich: was tu i,
Es prellt uns der Loui,
Um d' Freiheit allmählich
Durch d' Minister gar so schmählich,
's tut's nit mehr orleanisch,
Werd'n wir republikanisch. –
's kommt zur Realisierung,
D' Proletarier-Regierung.
In einem Tag waren's auf Rosen
Gebettet d' Franzosen.
So hätt's Leben in Frankreich
recht a freundlichs Gesicht
Aber d' Weltgeschicht sagt: Justamentnicht.
Es wollen d' Republiken
In Europa nicht glücken,
Selbst für die von die Schweizer,
Geb' ich keine 5 Kreuzer:
Von d' Pariser nicht wenig
Wollen schon wieder an König,
Woher nehmen und nicht stehlen,
Viele kriegerische Seelen.
Ein' Napoleon verlangen,
Da werd'n sie's erst fangen,
Oh! ich bin drauf kurios,
Na, da gibt's noch ein Stoß,
Es is d' Gärung zu groß,
Es geht überall los.
Anders tut sich Österreich machen,
Da gehen umgekehrt die Sachen,
Zwar is d' Aufgab keine kleine,
Da z' kommen ins reine,
's sollt' ein Zirkel Völkerschaften
An einen Mittelpunkt haften,
Unserer Aufgab war schwierig,
Und viele haben schon gierig
G'wart auf unsere Auflösung,
Sie haben schon glaubt, daß
alles feindlich in Teile zerbricht
Aber d' Weltgeschicht sagt: Justamentnicht.
Eine Freiheit vereint uns,
So wie eine Sonne nur bescheint uns,
G'schehen auch Umtrieb von Ischl,
Oder von Leutomischel,
Wir kommen zur Klarheit,
G'sunder Sinn find't schon d' Wahrheit.
Und trotz der Differenzen,
Wird Österreich hoch glänzen
Fortan durch Jahrhundert,
Gepriesen, bewundert,
Wir stehen da ganz famos
Und wir fürchten kein' Stoß,
Is die Gärung auch groß,
Bei uns geht nichts mehr los. –

Elisabeth mit ihrem Lieblingshund Shadow (Photographie)

Franz Joseph I. mit seinen Kindern Gisela und Rudolf (Photo)

Sisi – die unglückliche Kaiserin

18. August. Kaiserin Elisabeth (Sisi) kehrt – nach fast zweijähriger Abwesenheit vom Hofe – zum Geburtstag ihres Gatten, Kaiser Franz Joseph I., nach Wien zurück.

Sisis Ehe, die so glücklich begonnen hat (→ 24.4.1854), steckt in einer tiefen Krise.

Franz Joseph hat ein sehr enges Verhältnis zu seiner Mutter. Mit ihr bespricht er alle politischen Fragen und läßt sich von ihrem Rat leiten. Sisi fühlt sich dadurch beiseite gedrängt. Zudem kann sie am Wiener Hof nicht heimisch werden. Das strenge Protokoll ist ihr zuwider, sie wird menschenscheu, ihre Repräsentationspflichten empfindet sie als eine drückende Last.

In dieser Situation flüchtet sie in die Krankheit. 1860 ist ihr Gesundheitszustand derart geschwächt, daß sie sich zu einer Kur nach Madeira begibt. Nach sechs Monaten trifft sie ihren Mann in Triest wieder und kehrt mit ihm nach Wien zurück. Ihre lange Abwesenheit hat zu zahlreichen Gerüchten Anlaß gegeben. Schon nach vier Tagen bekommt sie wieder Fieberanfälle, die offizielle Diagnose lautet »galoppierende Lungenschwindsucht«. Sisi reist nach Korfu, wo sie bis Mai 1862 bleibt, von dort fährt sie für drei Monate nach Bad Kissingen.

Kronprinz Rudolf in der Uniform eines Obersten (Photographie)

Sisis Tante und Schwiegermutter, Erzherzogin Sophie (Photo)

1863

30. 3. Österreich und Preußen protestieren gegen die Vereinigung des Herzogtums Schleswig mit Dänemark (→ 18. 1. 1864).

14. 4. Erzherzog Ferdinand Maximilian reist nach Mexiko, um die ihm angetragene Kaiserwürde anzunehmen. →

20. 5. In Wien erfolgt die Grundsteinlegung für das Opernhaus (→ 25. 5. 1869 vollendet).

Juni. Zweite Sitzung des Reichsrates in Wien: Die Ungarn und Südslawen bleiben der Sitzung fern, die Tschechen ziehen ihre Vertreter nach kurzer Zeit zurück. Damit ist der Reichsrat praktisch arbeitsunfähig.

17. 8.–1. 9. Auf dem Frankfurter Fürstentag scheitert ein österreichischer Versuch zur Reformierung des Deutschen Bundes. →

1. 10. Auf Antrag Preußens beschließt der deutsche Bundestag in Frankfurt am Main die Bundesexekution gegen Dänemark. (→ 18. 1. 1864).

13. 12. In Wien stirbt der deutsche Dramatiker Friedrich Hebbel. Der seit 1845 in der Kaiserstadt lebende »Wahlösterreicher«, schrieb hier den Großteil seiner Dramen.

GESTORBEN:

16. 4. Karlsruhe: Ferdinand Redtenbacher (* 25. 7. 1809), Maschineningenieur (faßte 1857 die Grundlagen der Atomphysik zusammen).

27. 12. Wien: Anton Dreher (* 10. 6. 1810), Brauereibesitzer. →

GEBOREN:

1. 1. Wien: Heinrich Graf Clam-Martinic († 7. 3. 1932), Staatsmann.

18. 4. Wien: Leopold Graf Berchtold († 21. 11. 1942), Staatsmann.

29. 4. Loosdorf: Maria Theresia Gräfin Ledochowska († 6. 7. 1922), Missionarin.

27. 5. Wien: Franz Schalk († 3. 9. 1931), Dirigent.

2. 6. Zara (Dalmatien): Felix Paul Weingartner Edler von Münzberg († 7. 5. 1942), Komponist.

13. 7. Wien: Friedrich Fränzl († 26. 2. 1938), Solotänzer.

19. 7. Linz: Hermann Bahr († 15. 1. 1934), Dichter.

16. 12. Wien: Konrad Prinz zu Hohenlohe-Schillingsfürst († 21. 12. 1918), Staatsmann.

18. 12. Graz: Franz Ferdinand von Habsburg-Lothringen (ab 1875 von Österreich-Este; † 28. 6. 1918), Erzherzog von Österreich, Thronfolger.

Mexikos Krone lockt Erzherzog

14. April 1863. Der jüngere Bruder Kaiser Franz Josephs I., Erzherzog Ferdinand Maximilian, nimmt Abschied von seiner Heimat. Gemeinsam mit seiner Gattin Charlotte verläßt er Triest, um in Mexiko die ihm angebotene Kaiserkrone anzunehmen. Das österreichische Kriegsschiff »Novara« soll ihn in sein neues Kaiserreich bringen.

Ferdinand Maximilian hat die Krone auf Betreiben Kaiser Napoleons III. von Frankreich angenommen. Gestützt auf die Gewehre französischer Truppen, die durch ein österreichisches Korps ergänzt werden, glaubt er, sich in Mexiko durchsetzen zu können. (→ 19. 6. 1867).

Das Kaiserpaar von Mexiko

Erfolg mit Bier aus Schwechat

27. Dezember. Im Alter von 53 Jah- ren stirbt der Brauereibesitzer Ar- ton Dreher in Wien.

Er übernahm am 1. April 1836 di väterliche Brauerei in Klein-Schwe chat bei Wien (seit 1794 in Familier besitz), baute sie aus und führte da Lagerbier ein. Im Geschäftsjah 1836/37 braute er hier 20 560 Eime Bier, 1862/63 bereits 391 260 Eime – die Brauerei war zur größten Eurc pas geworden. – 1861 wurde Drehe Bürgermeister von Schwechat, bal darauf Abgeordneter des niede österreichischen Landtags und i den Reichsrat delegiert.

e Teilnehmer des Fürstentags in Frankfurt am Main, den Kaiser Franz Joseph I. gegen Preußen einberuft

Fürstentag endet ohne Ergebnis

. August–1. September. Ein auf nladung Kaiser Franz Josephs I. in ankfurt am Main zusammengetreher Fürstentag aller deutschen ındesstaaten geht ohne Ergebnis seinander.

er preußische Ministerpräsident to von Bismarck lehnt eine Teilhme des preußischen Königs Wilm I. mit dem Hinweis auf »das ıpraktische dieser Fürstenkonfenz« ab. Kaiser Franz Joseph I. legt ıen Plan zur Reform des Deuthen Bundes (→ 8. 6. 1815) vor:

Der Bund soll künftig von einem fünfköpfigen Fürstendirektorium geleitet werden, dem Österreich, Preußen, Bayern und zwei von den übrigen Mitgliedsstaaten zu wählende Vertreter angehören

Neben dem Direktorium soll eine Delegiertenversammlung eingerichtet werden, die mit 300 Abgeordneten der einzelnen Landtage beschickt wird

Sowohl im Direktorium wie in der Delegiertenversammlung soll Österreich den Vorsitz führen

Ferner soll ein Oberstes Bundesgericht eingerichtet werden.

nter dem Vorbehalt der Stellunghme Preußens nehmen die in ankfurt am Main Versammelten n österreichischen Vorschlag an. lbst der darin enthaltene Führngsanspruch Österreichs löst kein Widerspruch aus. Drei Tage ch dem Abschluß des Fürstentags rmuliert der preußische Diplomat bert Graf von der Goltz folgende Vorbedingungen für die Änderung der Bundesverfassung:

▷ Volle Parität mit Österreich in allen Beziehungen
▷ Ein unbedingtes Veto in allen wichtigen Fragen, insbesondere bei der Entscheidung über Krieg und Frieden
▷ Eine »angemessene und den wirklichen Verhältnissen der Bevölkerung im Bunde entsprechende« Zusammensetzung der Nationalversammlung
▷ Die Beteiligung einer solchen Nationalversammlung bereits an der Erarbeitung einer neuen Bundesverfassung.

Der Frankfurter Fürstentag endet zwar mit einem diplomatischen Erfolg Österreichs, die Durchführung der Reformvorschläge scheitert aber am Widerstand Preußens. Der österreichische Außenminister, Johann Bernhard Graf von Rechberg und Rothenlöwen, stellt am 13. September selbstkritisch fest:

»Österreich mußte sich in Frankfurt ... mit einem ganz allgemein gehaltenen Versprechen der Fürsten, für die Durchführung der Reformakte zu wirken, begnügen und im übrigen sich darauf beschränken ... zu verhüten, daß in irgendeiner Weise ein Veto Preußens gegen eine partielle Ausführung der Reform als berechtigt anerkannt werde ...«

Politische Zusammenkünfte werden auch als gesellschaftliche Ereignisse gefeiert; hier eine Galaveranstaltung in Schloß Schönbrunn

1864

5. 1. Der Dichter Franz Grillparzer wird Ehrenbürger der Stadt Wien.

18. 1. Der deutsch-dänische Krieg beginnt. →

7. 7. Die wissenschaftliche Erforschung der Pfahlbauten in Österreich beginnt. →

12. 7. Der Wiener Gemeinderat faßt einen Grundsatzbeschluß über den Bau einer Hochquellenwasserleitung.

22. 8. Gründungstag des »Roten Kreuzes«: In Genf wird die Konvention »zum Schutz der Verwundeten und Kranken im Kriege« unterzeichnet, eine Folge der Schlacht bei Solferino (→ 24. 6. 1859).

27. 10. Außenminister Johann Bernhard Graf von Rechberg und Rothenlöwen tritt zurück, da er sich vom preußischen Ministerpräsidenten Otto von Bismarck für Preußens Interessen (deutsch-dänischer Krieg) hat einspannen lassen; Nachfolger wird Alexander Graf Mensdorff-Pouilly.

30. 10. Der Frieden von Wien beendet den deutsch-dänischen Krieg. →

Der Abbruch der Festungswerke von Wien ist zum Großteil abgeschlossen, es stehen nur noch vereinzelte Stadttorteile. Auch die 125 entlang des »Innenrundgangs« entstandenen Basteihäuser sind abgebrochen, die Planierungsarbeiten beendet und die Ringstraße ist trassiert.

GESTORBEN:

26. 5. Solothurn (Schweiz): Charles Sealsfield (eigtl. Karl Postl; * 3. 3. 1793), Schriftsteller. →

9. 7. Neuwaldegg bei Wien: Paul Traugott Meissner (* 27. 3. 1778), Naturforscher, Begründer der modernen Luftheizungstechnik (entwickelte einen Sparherd).

GEBOREN:

14. 3. Lemberg: Alfred Redl († 25. 5. 1913), Oberst im Generalstab.

10. 4. Adelwang: Michael Mayr († 21. 5. 1922), Politiker.

11. 7. Wien: Franz Schuhmeier († 11. 2. 1913), sozialdemokratischer Arbeiterführer.

19. 8. Wien: Josef Engelhart († 19. 12. 1941), Maler.

2. 10. Brünn: Alfred Roller († 22. 6. 1935), Maler und Bühnenbildner.

15. 10. Landskron: Friedrich Gustav Piffl († 21. 4. 1932), Erzbischof von Wien und Kardinal.

11. 11. Wien: Alfred Fried († 4. 5. 1921), Schriftsteller.

Der Krieg gegen Dänemark

18. Jänner–30. Oktober. Die Vereinigung des Herzogtums Schleswig mit Dänemark, im März 1863 vom Reichstag in Kopenhagen beschlossen und am 1. Jänner 1864 in Kraft getreten, führt nach einem erfolglos gebliebenen österreichisch-preußischen Protest zum offenen Krieg zwischen den Truppen der beiden deutschen Großmächte und dem Königreich Dänemark.
Die österreichische Einheit, rund 20 000 Mann, steht unter dem Kommando von Feldmarschall-Leutnant Ludwig Karl Wilhelm Freiherr von Gablenz, den Oberbefehl über das etwa 53 000 Mann starke Heer hat der bereits 80jährige preußische Generalfeldmarschall Friedrich Heinrich Graf Wrangel. Am 1. Februar überschreiten die Verbündeten die dänische Grenze und drängen den Gegner in mehreren Gefechten zurück. Am 7. Februar ziehen Österreicher und Preußen in Flensburg ein, nachdem die Dänen am Vortag bei Oeversee von den Österreichern besiegt worden sind, am 18. April erstürmen die Preußen die Düppeler Schanzen, eine befestigte Stellung der Dänen bei Sonderburg. Dieser Erfolg bedeutet eine Vorentscheidung des Krieges und stärkt die Position Preußens gegenüber dem österreichischen Verbündeten.
Am 9. Mai kommt es bei der Nordseeinsel Helgoland zu einem Seegefecht: Eine österreichische Eskader unter Linienschiffskapitän Wilhelm von Tegetthoff mit den Fregatten »Schwarzenberg« und »Radetzky« sowie drei preußischen Kanonenboote stehen drei wesentlich stärkeren dänischen Kriegsschiffen gegenüber (das Kanonenverhältnis beträgt 82 : 102). Nach hartem Kampf muß sich Tegetthoff mit seinem brennenden Flaggschiff »Schwarzenberg« zurückziehen, doch die Dänen verzichten auf eine Verfolgung und ziehen sich ebenfalls zurück. Obwohl das Gefecht somit ohne Entscheidung endet, wird es als eine Niederlage Dänemarks gewertet, das seine Blockade der Nordsee aufgeben muß.
Am 12. Mai vereinbaren die kriegführenden Parteien einen Waffenstillstand, doch erst am 30. Oktober kommt es zum Friedensschluß von Wien: Dänemark tritt die Herzogtümer Schleswig, Holstein und Lauenburg an Österreich und Preußen ab, die eine gemeinsame Regierung mit Sitz in Schleswig vereinbaren (→ 14. 8. 1865).

Die Entdeckung der Pfahlbauten

7. Juli. In einer Anfrage an die mathematisch-naturwissenschaftliche Klasse der Kaiserlichen Akademie der Wissenschaften zu Wien erkundigt sich der Akademiepräsident Andreas Freiherr von Baumgartner, »ob es die Klasse nicht angezeigt fände, daß auch die österreichischen Seen hinsichtlich des Vorkommens von Pfahlbauten, die jetzt die Aufmerksamkeit der Naturforscher und Archäologen in so hohem Ausmaß erregen, einer Untersuchung unterworfen werden sollten.« – Damit beginnt die wissenschaftliche Entdekkung der Pfahlbauten in Österreich. Bereits 1548 berichtete die »Schweizer Chronik« von Pfahlbausiedlungen im Bodensee. Dies bestätigte auch der Humanist und Historiker Joachim Vadian (von Watt), 1512–1518 Professor an der Wiener Universität (→ 5000–1001 v. Chr.).
Trotzdem dauerte es mehr als 300 Jahre, bevor man sich wieder der frühen Erkenntnisse erinnerte und der Kärntner Geschichtsverein (unabhängig von der Anfrage Baumgartners) 1864 eigene Untersuchungen anregt, die allerdings nur zur Auffindung eines Pfahlbaus im Keutschacher See führen – zu einem Zeitpunkt, da man in Deutschland und der Schweiz bereits mehr als 200 Pfahlbauten lokalisiert hat.

Wilhelm von Tegetthoff (vorn, Mitte) mit seiner Mannschaft auf der »Schwarzenberg« am 6. Juni 1864 in Cuxhaven (Photographie)

Ein früher Realist

26. Mai. Im schweizerischen Solothurn stirbt der aus Poppitz (Mähren) stammende 71jährige Schriftsteller Charles Sealsfield (eigentlich Karl Anton Postl), ein Klassiker der exotischen Dichtung.
Als Angehöriger des Kreuzherrenklosters in Prag floh Postl 1822 in die Schweiz und reiste 1823 nach Nordamerika, von wo er 1831 unter seinem neuen Namen in die Schweiz zurückkehrte. Die wahre Identität Sealsfields bleibt mehr als 30 Jahre unbekannt und wird erst nach seinem Tod aufgedeckt.
Seine Romane und Erzählungen haben das Amerika der Siedlerzeit als Hintergrund; zu seinen Hauptwerken gehören »Austria as it is« (1828), »Tokeah or The white Rose« (1828, 1833 erweitert unter dem deutschen Titel »Der Legitime und die Republikaner« erschienen), »Lebensbilder aus beiden Hemisphären« (sechs Bände, 1835–1837) sowie »Das Cajütenbuch oder Nationale Charakteristiken« (zwei Bände, 1841). 1841 bis 1846 erschien eine erste Ausgabe der »Gesammelten Werke« von Charles Sealsfield in 16 Bänden.

1865

16. 2. Österreich und Großbritannien unterzeichnen ein Freihandelsabkommen.

1. 5. Kaiser Franz Joseph I. eröffnet die Wiener Ringstraße.→

Juni. Der Kaiser besucht Budapest. In einem Versöhnungsversuch verzichtet er auf das zentralistische Februarpatent (→ 26. 2. 1861) und ernennt den konservativen Grafen Mailáth zum ungarischen Hofkanzler. Dies ist der Beginn des »Ausgleichs mit Ungarn« (→ 15. 3. 1867).

27 .7. Staatsminister Anton Ritter von Schmerling tritt zurück und das sog. Drei-Grafen-Ministerium wird gebildet: Ministerpräsident wird Richard Graf Belcredi, Finanzminister Johann Graf Larisch, Außenminister bleibt Alexander Graf Mensdorff-Pouilly. Damit sitzen österreichische Föderalisten und ungarische Konservative gemeinsam in der Regierung.

14. 8. Österreich und Preußen schließen die Gasteiner Konvention.→

1. 10. Mehrere hundert Einwohner aus dem Raum Ödenburg wandern über den fast völlig ausgetrockneten Neusiedler See. Der muschelartig gebrochene und von der reichen Sodaausschwitzung silbrig glänzende Schlamm hat sich in einen festen Boden verwandelt.

4. 10. In Wien wird die erste Pferdestraßenbahn Europas eröffnet.

17. 12. Franz Schuberts 8. Symphonie (»Die Unvollendete«) wird in Wien uraufgeführt.

Der Bau der Roßauer Kaserne im 9. Wiener Bezirk beginnt.→

GESTORBEN:

9. 7. Wien: Karl Rahl (* 13. 8. 1812), Maler.→

13. 8. Wien: Ignaz Philipp Semmelweis (* 1. 7. 1818), Arzt.→

23. 8. Hinterbrühl: Ferdinand Georg Waldmüller (* 15. 1. 1793), Maler.→

22. 12. Wien: Franz Schuh (* 17. 10. 1804), Chirurg (führte 1840 als erster eine Punktierung des Herzbeutels durch).

GEBOREN:

2. 3. Wien: Elise Richter († 1942), Sprachforscherin, erste Universitätsprofessorin in Österreich.

1. 4. Wien: Richard Zsigmondy († 23. 9. 1929), Chemiker.

3. 5. Preßburg: Max Hussarek Freiherr von Heinlein († 6. 3. 1935), Staatsmann.

7. 10. Wien: Theodor Scheimpflug († 22. 8. 1911), Pionier der Luftbild-Kartographie.

›ihäusergruppe an der Ringstraße in Wien. Das mittlere Haus wurde nach Plänen von Ritter von Förster erbaut (nach einem Stich von L. E. Petrovits)*

Der Ring – mehr als eine Prachtstraße

Mai. Kaiser Franz Joseph I. eröff- . die Wiener Ringstraße, das ›indruckendste städtebauliche oßprojekt der Zeit. Sie ist das Er- mis der Stadterweiterung Wiens, → 20. Dezember 1857 vom Kaiser ·fügt und trotz dreier Kriege in ıd sieben Jahren vollendet.

› Abbrucharbeiten der Befesti- ıgsanlagen Wiens begannen im ırz 1858, die Arbeit an der Ring- aße selbst wurde am 29. Februar 54 aufgenommen. Sie ist 57 m ›it, beiderseits von Alleen einge- ımt und rund 4 km lang. Die be- ımtesten Architekten Europas steten ihren Beitrag zu dieser ge- ltigen Meisterleistung des Histo- mus; zu nennen sind vor allem ıristian Friedrich Ludwig Ritter n Förster, Theophil Freiherr von ınsen, Eduard van der Nüll, Au- st Siccard von Siccardsburg, edrich Schmidt, Heinrich Ferstel, rl Hasenauer, Gottfried Semper, d Carl Roesner. Durch die zusätz- he Bauplastik und die Errichtung n Denkmälern entsteht ein Ge- ntkunstwerk, das weit mehr dar- ›llt als die Errichtung einer reinen ›rachtstraße«.

›ben den offiziellen Bauten (wie ›ernhaus, Museen, Reichsratsge- ude und Rathaus, Burgtheater ıd Universität) werden auch ächtige Privatbauten, die sog. ıngstraßenpalais, errichtet. Der ›chadel und das Wiener Großbür- rtum setzen Geld und Ehrgeiz ein, um den Glanz der Reichshaupt- und Residenzstadt zu mehren. Zum Zeitpunkt der Ringstraßeneröffnung ist mit 64 Häusern beinahe die Hälfte der geplanten Privatbauten fertiggestellt.

Ferner entstehen Büro- und Geschäftshäuser, Luxushotels und die atmosphärenreichen Ringstraßen-Cafés. Sind die Privatbauten oftmals eher von zurückhaltender Bescheidenheit, dokumentieren sie doch stets gediegene Vornehmheit und werden innen verschiedentlich äußerst kunstvoll gestaltet. Die sich so entwickelnde Eigenart der Außen- und Innenarchitektur wird bald als »Ringstraßenstil« bezeichnet und findet in weiten Teilen der Donaumonarchie Verbreitung. Als Ganzes gesehen ist die Wiener Ringstraße ein gelungenes Zusammenspiel von Architektur, Malerei und Plastik.

Bestechend ist vor allem, daß es sich hier um ein geschlossenes, durchdachtes und konsequent ausgeführtes Konzept handelt, das seine Wirkung auch dadurch gewinnt, daß die offiziellen Großbauten – gemäß dem historistischen Einfluß – jeweils alten Baustilen nachempfunden sind. Hinzu kommt die Überlegung, den Schwerverkehr von der Ringstraße fernzuhalten und auf eine Parallelstraße zu leiten, die am Rande des ehemaligen Glacis entsteht und im Volksmund recht bezeichnend »Lastenstraße« genannt wird.

Das reiche Wiener Großbürgertum – der Geldadel der »Gründerzeit« – und die wohlhabenden Angehörigen der Aristokratie setzen sich mit der Ringstraße ein städtbauliches Denkmal, das selbst zwei Weltkriege überdauern sollte und seine einzigartige Wirkung bewahrt hat.

Der Franz-Josephs-Kai an der Ringstraße knapp nach der Fertigstellung (kolorierter Stich)

Gasteiner Konvention

14. August. Der preußische Ministerpräsident Otto von Bismarck und der österreichische Gesandte in Bayern, Franz Graf Blome, einigen sich in Bad Gastein über eine Beilegung der Differenzen zwischen den beiden deutschen Großmächten bei der gemeinsamen Verwaltung Schleswig-Holsteins.

Österreichs Außenminister Alexander Graf Mensdorff-Pouilly nennt in einem Rundschreiben vom 15. August die wichtigsten Bestimmungen der sog. Gasteiner Konvention: »An die Stelle seitherigen Kondominiums tritt bis auf weitere Vereinbarung eine reelle Teilung. Der Besitz Holsteins geht auf Österreich über, der Besitz Schleswigs auf Preußen. Kiel wird Bundeshafen, Rendsburg Bundesfestung. Österreich kommt durch diese Übereinkunft in die Lage, seine eigene Stellung in Deutschland sowie den Bundesstandpunkt vollständig zu wahren. Der definitiven Lösung wurde durch das neue Provisorium nicht vorgegriffen ...« (Gegen Bezahlung von 2,5 Millionen dänischen Talern tritt Österreich zudem das Herzogtum Lauenburg an Preußen ab.)

Obwohl die Übereinkunft Preußens Stellung abermals stärkt, billigt Kaiser Franz Joseph I. das Abkommen aus wirtschaftlichen und finanziellen Gründen. Am 20. August wird die Konvention von den Monarchen Österreichs und Preußens in Salzburg unterzeichnet; sie tritt am 15. September in Kraft. Österreichischer Gouverneur Holsteins wird Feldmarschall-Leutnant Ludwig Karl Wilhelm Freiherr von Gablenz.

Der preußische Ministerpräsident Otto von Bismarck (Stich)

Ein Vorläufer des Realismus

23. August. *In der Helmstreitmühle von Hinterbrühl bei Mödling (Niederösterreich) stirbt der Wiener Maler Ferdinand Georg Waldmüller im Alter von 72 Jahren.*

1829–1857 bekleidete Waldmüller das Amt des Kustos der Wiener Gemäldegalerie und war zugleich Professor an der Akademie der bildenden Künste in Wien. Wegen seiner Streitschriften gegen die Lehrweise an der Akademie wurde er 1857 pensioniert, sieben Jahre später allerdings von Kaiser Franz Joseph I. rehabilitiert. Waldmüller ist der Vorkämpfer des Realismus in der österreichischen Malerei; neben zahlreichen Porträts schuf er hervorragende Genrebilder und Landschaftsdarstellungen (obere Abb.: »Kinder im Fenster«; Residenzgalerie Salzburg).

»Reisigsammler im Wienerwald« (1855; Schloß Belvedere Wien)

Ein Kasernenbau ohne Abortanlage

Der Bau der Roßauer Kaserne im 9. Wiener Bezirk wird begonnen. Die Kaserne, ein Ziegelrohbau im Windsorstil, stellt das Pendant zur Franz-Joseph-Kaserne am Stubenring dar und soll zur Sicherung der Inneren Stadt und damit des Regierungsviertels einschließlich der Hofburg dienen. Nach Vollendung des Baus 1869 muß man allerdings feststellen, daß bei der Planung die Abortanlagen vergessen worden sind, die nachträglich eingebaut werden müssen.

Monumentale Deckengemälde

9. Juli. Im Alter von 52 Jahren stirbt der Maler Karl Rahl in Wien. Er schuf vor allem monumentale Dekkengemälde und Friese allegorisch-historischen Inhalts. Zu seinen Hauptwerken gehören die Fresken in der griechischen Kirche (1856) die Fresken und Wandgemälde im Palais Todesco (1861) sowie Wandgemälde im Palais Sina-Wimpffer (1860) und Gemälde im Arsena (1863), sämtlich in Wien.

Kämpfer gegen das Kindbettfieber

13. August. In einer Wiener Irrenanstalt stirbt 47jährig der ungarisch Arzt, Geburtshelfer und Gynäkolo ge Ignaz Philipp Semmelweis a einer Blutvergiftung.

Der aus Buda stammende Arzt wa zunächst an der gynäkologische Abteilung des Wiener Allgemeine Krankenhauses tätig, wo er die Urs che des Kindbettfiebers – die Kon taktinfektion – entdeckte. En täuscht, daß seine Entdeckun kaum Anerkennung fand, ging Sem melweis 1851 in seine Heimatsta zurück und wurde 1855 Profess der Geburtshilfe an der dortige Universität. Seine Forschungsergeb nisse veröffentlichte er 1861 in se nem Buch »Die Ätiologie, der B griff und die Prophylaxis des Kin bettfiebers«.

Erst nach seinem Tod finden Sem melweis' Erkenntnisse die ihnen z kommende Anerkennung.

1866

28. 2. Der preußische Ministerrat beschließt einen Krieg gegen Österreich. →
8. 4. Preußen schließt ein Schutz- und Trutzbündnis mit Italien.
20. 4. Karl Prinz von Hohenlohe-Sigmaringen wird zum Fürsten von Rumänien gewählt.
27. 4. Kaiser Franz Joseph I. läßt die österreichische Nordarmee mobilisieren; den Oberbefehl erhält Feldzeugmeister Ludwig Ritter von Benedek. →
7. 6. Preußische Truppen rücken in das von Österreich verwaltete Herzogtum Holstein ein (→ 14. 8. 1865).
14. 6. Auf Antrag Österreichs ordnet der deutsche Bundestag in Frankfurt am Main die Mobilmachung gegen Preußen an. Daraufhin erklärt Preußen den Deutschen Bund für aufgelöst. →
20. 6. Italien erklärt Österreich den Krieg. →
24. 6. Die österreichische Südarmee besiegt die Italiener in der Schlacht bei Custoza (→ 24. 6.).
3. 7. Bei Königgrätz (Böhmen) kommt es zur Entscheidungsschlacht im sog. deutschen Krieg. →
20. 7. Die Österreicher entscheiden die Seeschlacht bei Lissa gegen die italienische Flotte zu ihren Gunsten. →
26. 7. Österreich und Preußen schließen den Präliminarfrieden von Nikolsburg. →
August. Slawenkongreß in Wien: Kroaten, Tschechen und Polen fordern den Föderalismus von fünf Ländergruppen im Kaiserreich.
23. 8. Der Frieden von Prag beendet den sog. deutschen Krieg (→ 26. 7.).
24. 8. In Wien und Niederösterreich bricht eine Cholera-Epidemie aus. →
3. 10. In Wien schließen Österreich und Italien Frieden (→ 20. 6).
30. 10. Friedrich Ferdinand Freiherr von Beust tritt die Nachfolge Alexander Graf Mensdorff-Pouillys als Außenminister an.
11. 12. Frankreich und Österreich unterzeichnen ein Handelsabkommen.

GEBOREN:

24. 3. Kopfing: Johann Nepomuk Hauser († 8. 2. 1927), Prälat und Politiker.
16. 8. Pradl bei Innsbruck: Rudolf Greinz († 16. 8. 1942), Schriftsteller.
23. 9. Wien: Julius Schlosser († 1. 12. 1938), Kunsthistoriker.
9. 11. Oberdorf (Österreich-Schlesien): Ferdinand Hanusch († 28. 9. 1923), Politiker.

Der Stab der österreichischen Nordarmee vor der entscheidenden Schlacht bei Königgrätz (Photographie)

Der »deutsche Krieg« beginnt

Der sog. deutsche Krieg im Sommer 1866, vom preußischen Kronprinzen Friedrich Wilhelm als »Bruderkrieg«, bezeichnet, gilt als »Kampf um die Vorherrschaft in Deutschland«. Tatsächlich hat Österreich nie eine Vorherrschaft im Reich besessen, die Habsburger verfügten allein über einen »Ehrenvorrang«, weshalb sie über Jahrhunderte den Herrscher stellten, nicht aber den Territorialherrn. Der Krieg zwischen Österreich und Preußen ist daher eher ein Kampf für oder gegen die Beibehaltung der staatsbündischen Ordnung des »Deutschen Bundes«.

Der Konflikt entzündete sich an der holsteinischen Frage, die Österreich durch einen Schiedsspruch des deutschen Bundestages in Frankfurt am Main geklärt wissen möchte. Als der Bundestag am 14. Juni die von Österreich geforderte Mobilmachung der Bundestruppen gegen Preußen anordnet und dies mit dem Bruch der Verträge von Wien und Gastein begründet (→ 30. 10. 1864/14. 8. 1865), erklärt der preußische Gesandte Friedrich Karl von Savigny den Bund für aufgelöst.

Preußen richtet ein Ultimatum an Hannover, Sachsen und Hessen-Kassel, vom Mobilmachungsbeschluß des Bundestages zurückzutreten, und rückt nach Ablehnung des Ultimatums in die drei Staaten ein (16. Juni). Die sächsische Armee (etwa 26 000 Mann) vereinigt sich daraufhin mit der österreichischen Nordarmee, die unter dem Oberbefehl Ludwig Ritter von Benedeks steht. Der 62jährige Feldzeugmeister hat das Kommando nur widerstrebend angenommen, da die Preußen für den bevorstehenden Krieg eindeutig besser gerüstet sind.

Ende Juni marschieren drei preußische Armeen in Böhmen ein, insgesamt 254 000 Mann, die Stärke der österreichischen Nordarmee beträgt 283 000 Mann. Am 23. Juni kommt es bei Kratzau, Einsiedel und Friedrichshain zu ersten Feindberührungen, in der Folge sind die Preußen in mehreren Gefechten bei Hühnerwasser, Podol, Trautenau, Soor, Skalitz, Münchengrätz und Schweinschädel erfolgreich, obwohl die Österreicher einige Male von der Zahl wie von der Artilleriestärke her überlegen sind.

Feldzeugmeister Ludwig Ritter von Benedek, Nordarmee-Kommandeur

Mit der Niederlage bei Gitschin (29. Juni) ist der von Josefstadt aus geplante österreichische Vormarsch endgültig gescheitert, die preußischen Armeen können auf Königgrätz vorrücken, wo es am → 3. Juli zur Entscheidungsschlacht im sog. deutschen Krieg kommt. Nach dem Sieg seiner Armeen lehnt Preußens König Wilhelm I. am 4. Juli ein österreichisches Friedensangebot ab, worauf Kaiser Franz Joseph I. versucht, die Unterstützung Frankreichs zu gewinnen und dafür Venetien an Kaiser Napoleon III. abtritt.

Am 8. Juli besetzen die Preußen Prag, am 12. Brünn und erreichen am 13. die Thaya. Die österreichischen Truppen werden daraufhin im Raum Wien zusammengezogen, das Oberkommando erhält der bisher nur für die Südarmee verantwortliche Erzherzog Albrecht. Beide Seiten vereinbaren einen fünftägigen Waffenstillstand, der am → 26. Juli zum Präliminarfrieden führt.

Schwarzer Tag der Nordarmee

3. Juli. Bei Königgrätz in Böhmen verlieren die Österreicher die entscheidende Schlacht des sog. deutschen Krieges mit Preußen. Ausschlaggebend für den Sieg der preußischen Armee unter König Wilhelm I. und seinem Generalstabschef, Generalfeldmarschall Helmut Graf von Moltke, ist neben der unglücklichen Taktik des österreichischen Oberkommandierenden Ludwig Ritter von Benedek die stark überlegene Feuerkraft des von den Preußen benutzten Zündnadelgewehrs.

Bei Königgrätz (die Schlacht wird auch nach dem heftig umkämpften Ort Sadowa benannt) stehen sich die österreichische Nordarmee, verstärkt mit rund 21 000 Sachsen, zusammen etwa 215 000 Mann mit 770 Geschützen, und drei preußische Armeen (zusammen mehr als 220 000 Mann mit 780 Geschützen) gegenüber. Die Schlacht beginnt um 7.30 Uhr mit einem Artilleriegefecht und bleibt bis Mittag für die Österreicher erfolgreich. Die Wende führt gegen 14 Uhr ein Flankenangriff der 2. preußischen Armee unter Kronprinz Friedrich Wilhelm herbei, wobei Benedeks Schlüsselstellung bei Chlum erstürmt wird. Der Geschützkampf der österreichischen Artillerie dauert noch bis in die Abendstunden hinein fort, während sich die Infanterie bereits zurückzieht.

Die österreichischen Verluste betragen (einschließlich des Anteils von etwa 1500 Sachsen) 5658 Tote, 7574 Verwundete 7410 Vermißte und 22 170 Gefangene; 6010 Pferde, 187 Geschütze und 641 Fuhrwerke gehen verloren. Die preußischen Verluste betragen 1920 Tote, 6948 Verwundete und 276 Vermißte. Das große Mißverhältnis vor allem bei den Toten beider Seiten zeigt deutlich die verheerenden Auswirkung des neuartigen preußischen Zündnadelgewehrs.

Die österreichische Armee zieht sich auf Olmütz zurück, die Preußen – deren Führung nicht gleich das Ausmaß des Sieges erkennt – verzichten zunächst erschöpft auf eine Verfolgung des Gegners, die erst am Nachmittag des 4. Juli aufgenommen wird; ein österreichisches Friedensangebot weist König Wilhelm I. zurück.

Die Zündnadelgewehre tragen entscheidend zum Sieg der Preußen bei Königgrätz bei (Gemälde, Österreichische Nationalbibliothek Wien)

Der preußische König Wilhelm I., Moltke und Bismarck (zu Pferde hinter der Kanone) auf dem Schlachtfeld (Gemälde von Christian Sell)

Nach der Niederlage bei Königgrätz. Die Österreicher mußten hohe Verluste hinnehmen (Gemälde, Heeresgeschichtliches Museum Wien)

»Überraschung« bei Königgrätz

Am 28. August 1866 besucht der preußische Schriftsteller Theodor Fontane den Kriegsschauplatz bei Königgrätz. In seinen Reisebriefen, im September 1866 im »Berliner Fremden-und Anzeigenblatt« veröffentlicht, schildert er den entscheidenden taktischen Fehler des österreichischen Feldzeugmeisters Ludwig Ritter von Benedek:

»Die Stelle nämlich [auf der Chlumer Höhe] wo Benedek hielt, gestattet nach allen Seiten eine vorzügliche Aussicht, *nur* nicht nach rechts. Nach rechts hin sieht man den Thurm von Chlum, der aus einer dichten Obstbaum-Anpflanzung mit seinen weißgelben Wänden und seiner kurzen Thurmspitze aufragt, alles aber, was hinter dem grünen Schirm dieses Obstwäldchens, der wohl gar am Fuß oder Abhang des hier … nach der kronprinzlichen Seite hin steil abfallenden Hügels gelegen ist, entzieht sich dem Auge. Sogar das am Höhenrand gelegene Dorf Chlum selbst ist nicht sichtbar. Auf dieser hinter einer Waldcoulisse sich bergenden Linie rückten nun aber die Preußen gerade heran und außer durch die Beschaffenheit des Terrains auch noch durch Nebel, Regen und Pulverdampf einem etwa beobachtenden Blick entzogen, glückte es ihnen (ohne daß der vierhundert Schritt davon haltende feindliche Oberfeldherr auch nur eine Ahnung davon gehabt hätte) sich im Dorf Chlum und den nächst gelegenen Punkten festzusetzen. Nichts wird den Feldzeugmeister … von dem Vorwurf reinigen können, einen so wichtigen Punkt, und zwar in seiner nächsten Nähe, unbesetzt oder *so gut* wie unbesetzt gelassen, und dadurch dem Feinde einen Vorstoß in den Mittelpunkt seiner Stellung ermöglicht zu haben. Chlum … mußte über Verteidigungskräfte verfügen, stark genug, jedem Angriff von der rechten Flanke her wenigstens auf Stunden hin zu begegnen. Was aber … hier nicht möglich sein durfte, das war eine Ueberraschung …

Von dem Augenblick an, wo diese Ueberraschung gemeldet wurde, trat die Schlacht in ihre *zweite* Hälfte ein …«

Venetien geht an Frankreich

20. Juni. Italien, seit dem 8. April durch ein Schutz- und Trutzbündnis mit Preußen verbunden, erklärt den Krieg an Österreich.
Die österreichische Armee, rund 80 000 Mann stark, steht unter dem Kommando von Erzherzog Albrecht. Das italienische Heer verfügt über etwa 120 000 Mann. Am 12. Juni hat sich Österreich die französische Neutralität gesichert, mußte sich dafür aber für den Fall eines Sieges u. a. zur Abtretung Venetiens an Frankreich verpflichten. Am 24. Juni kommt es bei Custoza zwischen Gardasee und Etsch zur einzigen größeren Kriegshandlung zu Lande während des österreichisch-italienischen Krieges.
Trotz zahlenmäßiger Unterlegenheit besiegen die Truppen Erzherzog Albrechts die Italiener, die sich über den Mincio zurückziehen müssen. Der Ort Custoza wird während der Schlacht mehrmals von beiden Seiten erobert. Die österreichischen Verluste betragen 1170 Tote, 3984 Verwundete und 120 Gefangene, die Italiener beklagen 712 Tote, 3141 Verwundete und 89 Gefangene; 4243 Italiener gelten als vermißt.
Mitte Juli suchen die Italiener den Krieg noch einmal zu ihren Gunsten zu wenden, werden aber in der Seeschlacht bei Lissa am →20. Juli erneut besiegt. Der Frieden von Wien beendet am 3. Oktober den Krieg zwischen Italien und Österreich, das aufgrund der Niederlage an der Nordfront (→3. Juli) trotz der Siege von Custoza und Lissa zum vorteilslosen Friedensschluß gezwungen ist und Venetien abtreten muß.

Feldmarschall Erzherzog Albrecht

»Muß Sieg von Lissa werden«

Konteradmiral Wilhelm Freiherr von Tegetthoff während der Seeschlacht bei Lissa auf der Brücke seines Admiralschiffs »Erzherzog Ferdinand Maximilian« (Gemälde von Anton Romako, Schloß Belvedere Wien)

20. Juli. In der Seeschlacht bei Lissa (heute Vis) vor der dalmatinischen Küste, gelingt der österreichischen Flotte unter Konteradmiral Wilhelm Freiherr von Tegetthoff ein überlegener Sieg über die Italiener unter Admiral Carlo Graf Persano. Tegetthoff greift mit nur 27 Schiffen, darunter sieben Panzerschiffe, die italienische Flotte mit 34 Schiffen (darunter zwölf Panzerschiffe) vor der Insel an und zwingt sie zum Rückzug.
Um sieben Uhr läßt Tegetthoff signalisieren »Distanzschießen – den Feind rammen« und gleich darauf »Muß Sieg von Lissa werden«. Sein Flaggschiff »Erzherzog Ferdinand Maximilian« rammt das Panzerschiff »Rè d'Italia«, das nach zwei Minuten sinkt, das Panzerschiff »Palestro« – von den Österreichern in Brand geschossen – explodiert, mehrere andere italienische Schiffe werden schwer beschädigt. Gegen 17 Uhr zieht die italienische Flotte gegen Ancona ab. Eine Verfolgung der Italiener ist sinnlos, weil sie schneller sind, und ihre Geschütze eine größere Reichweite haben.
Das Linienschiff »Kaiser« hat beträchtliche Schäden, das Panzerschiff »Erzherzog Ferdinand Maximilian« durch den Rammstoß ein Leck am Bug. Die Verluste der Österreicher betragen drei Offiziere und 35 Mann an Toten und rund 140 an Verwundeten, die Italiener verloren 38 Offiziere und 574 Mann an Toten und rund 200 an Verwundeten. – Tegetthoff wird zum Vizeadmiral befördert und erhält das Komturkreuz des militärischen Maria-Theresia-Ordens.

Wilhelm Freiherr von Tegetthoff

13 000 Cholera-Opfer

24. August. In Wien bricht eine Cholera-Epidemie aus, die bis zum 23. November anhält und insgesamt 1609 Todeopfer fordert. In der Umgebung der Residenzstadt zählt man rund 4000 Tote; in Niederösterreich hält die Cholera in 490 Ortschaften Einzug, ein Drittel der von der Seuche erfaßten rund 23 000 Menschen sterben.

Die furchtbare Seuche brach zuerst im preußischen Heer aus, wo sie mehr als 3000 Menschenleben forderte, und wurde von den Soldaten während des sog. deutschen Krieges in das östliche Niederösterreich eingeschleppt.
In knapp vier Monaten werden mehr als 13 000 Österreicher Opfer dieser Epidemie.

»Lissa vom Feinde entsetzt«

Aus dem Rapport des Konteradmirals Wilhelm Freiherr von Tegetthoff an das Armeekommando in Wien nach der Seeschlacht bei Lissa am 20. Juli 1866:

»... Bei allmählicher Annäherung gegen Lissa, welches gegen die See aus südlicher Richtung Deckung gibt, und nachdem auch die Brise nach NW umgesetzt hatte, nahm der Wellengang nach und nach ab, und gegen 10 Uhr hellte sich der Himmel wieder auf. Man gewahrte auch sofort den Feind unter Lissa, in zwei Gruppen getrennt, welche, wie es schien, sich zu vereinigen suchten ... Ich ließ sofort die Divisions- und Schiffsdistanzen schießen, die Schiffe in Gefechtsbereitschaft setzen und die Fahrt derselben erhöhen.

An die Panzerdivision gab ich den Befehl: ›den Feind anlaufen, um ihn zum Sinken zu bringen!‹ Die feindliche Linie kreuzte indessen vor der Kurslinie des Escadre, und der Führer derselben, das Panzerschiff ›Principe di Carignano‹ mit Konteradmiral Vacca an Bord, eröffnete ein nicht sehr wirksames Feuer, welches alsbald von den nächsten österreichischen Schiffen erwidert und in Kürze allgemein wurde. Bald darauf ward die Linie der Sarden durch die österreichische Panzerdivision durchbrochen. Es begann sich ein allgemeiner Kampf zu entwickeln. Die Schiffe der feindlichen Panzerkolonne, welche hinter dem Punkte lagen, wo durchbrochen worden war, fielen nordwärts ab; hiedurch waren die eigenen Holzdivisionen bedroht und ich ließ demnach die eigene Panzerdivision ebenfalls nordwärts wenden, um den Holzschiffen Luft zu machen und die vom Gros getrennten feindlichen Panzerschiffe ins Kreuzfeuer zu bringen. Die Holzdivisionen verfolgten indessen ihren Weg und brachen sich Bahn durch die feindlichen Panzerschiffe, wobei sie – Fregatten wie Kanonenboote – mannigfache Gelegenheit fanden, sich mit den gegnerischen Panzerschiffen zu messen.

Das Linienschiff ›Kaiser‹, Flaggenschiff der zweiten Division, Commodore Petz, ward hiebei von vier Panzerschiffen gleichzeitig engagiert. Commodore Petz besann sich nicht lange, rannte in eines dieser Panzerschiffe, während er konzentrierte Lagen den anderen in den Leib jagte, und dies unter Umständen, welche dazu angetan waren, nicht minder auch den Mut und die Ausdauer seiner Mannschaft zu erproben; denn im Momente des Anlaufes stürzte der Fockmast, zertrümmerte den Schornstein der Maschine und richtete mannigfache Verheerungen auf Deck an, ohne jedoch wunderbarerweise die auf Deck befindliche Mannschaft irgendwie ernstlich zu beschädigen. Zugleich drohte die Gefahr eines mächtigen Brandes, da der Fockmast mit der Takellage über den Schornstein zu liegen kam. Durch dieses tapfere Benehmen gewann aber der Commodore für sich und seine Division den Weg durch die feindliche Übermacht. Das Mélée ward stets allgemeiner, und es ist schwer, in dessen Einzelheiten einzugehen, das sich die Schiffe, mit ganzer Kraft fahrend, stets kreuzten und es oftmals schwer war, Freund von Feind zu unterscheiden, obwohl beiderseits die kleine Flaggengala gehißt war ...

Bei dieser allgemeinen Jagd gelang es dem Geschicke und der Bravour des Commandanten meines Flaggschiffes, Linienschiffkapitän Max Baron von Sterneck, im Zeitraume einer halben Stunde drei sardische Panzerschiffe anzulaufen; zwei wurden schwer beschädigt, die Flagge des einen herabgerissen, das dritte, der ›Rè d'Italia‹, eines der größten der italienischen Flotte, ward in den Grund gebohrt und versank binnen zwei Minuten mit einer Bemannung von mehr als 600 Mann. Jeder Versuch, die schwimmende Mannschaft des ›Rè d'Italia‹ zu retten, mußte leider aufgegeben werden, denn ein Angriff von allen Seiten forderte dringend, das Augenmerk auf die eigene Sicherheit zu richten ...

Nach einigen wechselseitigen Schüssen wendete die Sardische Flotte in westlicher Richtung, und somit erreichte das Gefecht ein Ende, nachdem es 10½ Uhr vormittags bis 2 Uhr nachmittags gedauert hatte. Mein Zweck war hiemit erfüllt und Lissa vom Feinde entsetzt. Um 2 Uhr 30 sah man das in Brand geschossene sardische Schiff [die ›Palestro‹] durch Explosion den Untergang finden ...«

In Nikolsburg, dem Hauptquartier der preußischen Truppen, wird der Präliminarfriede geschlossen; vorn preußische Soldaten (kolorierte Lithographie, Wehrgeschichtliches Museum Rastatt)

Friede von Nikolsburg

26. Juli. Österreich und Preußen schließen den Präliminarfrieden von Nikolsburg, der am 23. August im Friedensschluß von Prag bestätigt wird. Damit ist der sog. deutsche Krieg beendet.

Österreich muß die Auflösung des Deutschen Bundes anerkennen und mit den von Preußen vorgenommenen Gebietsänderungen in Norddeutschland sowie der geplanten Neugestaltung Deutschlands zustimmen. Kaiser Franz Joseph I. überträgt alle seine Rechte in Schleswig-Holstein an Preußen, und Österreich verpflichtet sich zur Zahlung einer Kriegsentschädigung in Höhe von 20 Millionen Talern.

In der Folge dieses Vorfriedens werden auch mit den anderen kriegführenden deutschen Staaten Vereinbarungen geschlossen: Schleswig-Holstein, Hannover, Kurhessen, Nassau und Frankfurt am Main verlieren ihre Selbständigkeit und werden mit dem Königreich Preußen vereinigt, ein Schutz- und Trutzbündnis zwischen den nord- und süddeutschen Staaten verpflichtet letztere im Kriegsfall zur Stellung von Truppen unter preußischem Oberbefehl.

Die Niederlage Österreichs im sog. deutschen Krieg vollzieht den endgültigen Ausschluß Österreichs von Deutschland, bildet damit allerdings auch die Voraussetzung für den Ausgleich mit Ungarn.

Die Verhandlungen in Nikolsburg; in der Mitte stehend Otto von Bismarck, vorn links (mit dem Rücken zum Betrachter) Moltke, daneben der preußische König Wilhelm I. (Stich von Fritz Kriehuber)

Die österreichisch-ungarische Monarchie 1867–1918

Die militärischen Niederlagen Österreichs im Sardinisch-Französisch-Österreichischen Krieg (1859/60), bezahlt mit dem Verlust der Lombardei, Modenas und der Toskana, hatten Österreich nicht nur außenpolitisch isoliert, sondern auch innenpolitisch dem Absolutismus und Wiener Zentralismus den Todesstoß versetzt. Vor allem Ungarn forderte mehr Selbständigkeit innerhalb Österreichs. Mit verfassungsrechtlichen »Diplomen« versuchte der junge Kaiser Franz Joseph I., diesen Bestrebungen zu begegnen. Der kaiserliche Einheitsstaat sollte eine Art bundesstaatlichen Charakter erhalten.

Die innenpolitische Lage beruhigte sich jedoch nicht, bei den einzelnen Nationen wuchsen Skepsis und Unzufriedenheit. Besonders die Ungarn pochten auf das historische Recht ihrer Nation auf Eigenstaatlichkeit. Die Notwendigkeit eines Ausgleichs mit Ungarn wurde durch die unerwartete Niederlage Österreichs im Deutschen Krieg gegen Preußen (1866) noch verstärkt.

Der Ausgleich – die Doppelmonarchie

Durch den »Ausgleich mit Ungarn«, der am 15. März 1867 in Kraft trat, wurde der Einheitsstaat des Kaiserreichs Österreich in eine Doppelmonarchie umgewandelt, die nur durch die Person des österreichischen Kaisers, der auch apostolischer König von Ungarn war, verbunden blieb. Außerdem wurden die Außenpolitik, das Finanzwesen und die Verteidigung weiterhin gemeinsam geregelt. Jede Reichshälfte war ein selbständiges, gleichberechtigtes Staatsgebilde. Cisleithanien, das waren die Länder diesseits der Leitha, die im »Reichsrat vertretenen Königreiche und Länder« – Transleithanien, also jenseits der Leitha, das waren die Länder der »heiligen ungarischen Stephanskrone«.

Nach Rußland war die österreichisch-ungarische Monarchie der zweitgrößte Staat in Europa und eine nicht zu unterschätzende Großmacht. Durch eine vielfältig gestaltete Industrie und den Reichtum an Bodenschätzen war die Doppelmonarchie ein fast ideales Wirtschaftsgebiet, das von günstigen Verkehrswegen durchzogen war und über Adriahäfen verfügte. Knapp 52 799 000 Menschen lebten 1914 auf 676 615 Quadratkilometer, fast ein halbes Jahrhundert lang ohne kriegerische Auseinandersetzung, wenn auch nicht immer untereinander friedlich.

Auch der Staatshaushalt war bis zum Ausbruch des Weltkrieges in Ordnung. 1880 waren die Ausgaben des Staates um 10 Millionen Gulden höher als die Einnahmen – etwa 2,5 %, doch zehn Jahre später betrug das Budgetplus bereits knapp 3,8 %. Erst die enormen Ausgaben zur Finanzierung des Ersten Weltkrieges verschlangen alle Reserven und zwangen den Staat, die Bevölkerung mit gewaltigen Steuern zu belasten.

Am Beginn der österreichisch-ungarischen Monarchie, die erstmals offiziell am 14. November 1868 so genannt wurde, steht auch das »Staatsgrundgesetz über die allgemeinen Rechte der Staatsbürger für die im Reichsrate vertretenen Königreiche und Länder«. Es legte u. a. die rechtliche Gleichstellung aller Staatsbürger vor dem Gesetz, die Freizügigkeit, die Unverletzlichkeit des Eigentums, Presse- und Glaubensfreiheit fest. Dieses Staatsgrundgesetz war ein im wahrsten Sinne des Wortes grundlegendes Gesetz, das in die Bundesverfassungsgesetze der Ersten sowie der Zweiten Republik aufgenommen wurde.

Das Nationalitätenproblem

Das große Problem der Monarchie war die Nationalitätenfrage, schon bei der Revolution von 1848 und den daraus resultierenden Unabhängigkeitsbestrebungen der einzelnen Völker war sie deutlich geworden. In der Doppelmonarchie wurde die Nationalitätenfrage zum Dauerproblem.

Der durch den Ausgleich mit Ungarn entstandene Dualismus war für die anderen Nationen Anlaß, ebenfalls die Gleichberechtigung zu fordern. In der Doppelmonarchie lebten 47 % Slawen, 24 % Deutschsprachige und 20 % Ungarn. Der immer wieder überlegte Trialismus – die Einbeziehung der slawischen Bevölkerung – wäre vielleicht eine zufriedenstellende Lösung gewesen, wurde aber nicht verwirklicht.

Der Tschechenführer František Palacký sprach es 1867 deutlich aus: »Der Tag der Ausrufung des Dualismus wird zugleich auch der Geburtstag des Panslawismus in seiner am wenigsten wünschenswerten Form sein. Wir waren vor Österreich und werden auch nach ihm sein.«

In der Nationalitätenfrage waren aber die Ungarn zu keinem Kompromiß bereit, denn in den Ländern der ungarischen Krone dominierten sie mit 43 % und konnten sich zusätzlich auf den 12 %igen Anteil der deutschsprachigen Bevölkerung stützen. Die andere Reichshälfte hatte aber ganz andere Verhältnisse. So etwa betrug der deutschsprachige Anteil der Bevölkerung 36 % gegenüber 23 % tschechischen und 16 % polnischen Einwohnern. Schon vor dem Ausgleich mit Ungarn hatte der Neoabsolutismus den Föderalismusgedanken verdrängt, nun aber war der Nationalitätengedanke zum leidenschaftlichen Anliegen, ja zum Kampf geworden.

Innenpolitik und Parteienbildung

Seit 1860 war die österreichische Innenpolitik durch einen permanenten Kampf um die Nationalitätenfrage und die Verfassung gekennzeichnet. 24 Regierungen wechselten sich vom Oktoberpatent (1860) bis zum Tod Kaiser Franz Josephs I. (1916) ab. Zu viele Interessen und Auffassungen standen einander gegenüber.

Zusehends wurde der Staatsbürger mündig und begann sich für

Politik zu interessieren. Sehr bald zeigte sich, daß die politische Landschaft Österreichs von drei Lagern dominiert wurde, wenngleich sich einige Splitterparteien immer wieder um politischen Einfluß bemühten. Fand der Großteil der Arbeiterschaft in der sozialdemokratischen Bewegung seine Heimat, so sammelte sich der bürgerliche und bäuerliche Bevölkerungsteil überwiegend bei den Christlichsozialen, die erst spät zu einem gemeinsamen Programm fanden. Etwas kleiner war das Lager der Deutschnationalen, das sich aus recht unterschiedlichen Bevölkerungsschichten zusammensetzte. Die Parteiprogramme, anfangs von ideologisch-weltanschaulichen Aspekten gekennzeichnet, wandten sich zunehmend wirtschafts- und sozialpolitischen Gesichtspunkten und Grundsätzen zu.
Schließlich waren die letzten Jahrzehnte des 19. Jahrhunderts vom Ringen um ein allgemeines Wahlrecht geprägt. Erst am 26. Jänner 1907 sanktionierte Kaiser Franz Joseph das »Gesetz über die Einführung des allgemeinen, gleichen und direkten Wahlrechtes« in Österreich. Frauen blieben jedoch weiterhin von den Wahlen ausgeschlossen. Das Kuriensystem allerdings, das nur 6% der Gesamtbevölkerung das Wahlrecht zuerkannt hatte, war mit der Reform von 1907 abgeschafft.

Reich an geistigen Leistungen

Kaum ein Bereich des Schöpferischen, in dem nicht auch österreichische Leistungen zu verzeichnen sind. Die Hauptvertreter der bildenden Künste, der Musik, des Theaters und der Literatur wurden über Europa hinaus bekannt. Die Wiener Operette und die Walzer von Vater und Sohn Johann Strauß eroberten die Welt, Komponisten wie Gustav Mahler und Schriftsteller wie Hugo von Hofmannsthal und Arthur Schnitzler wurden berühmt.
Wien und die »Wiener Werkstätte« wurden zu Zentren des Jugendstils, der Kunstepoche der Jahrhundertwende. 1917, mitten im Ersten Weltkrieg, wurde die Salzburger Festspielgemeinde gegründet.
Der österreichische Forscher Gregor Mendel schuf die Grundlagen der Vererbungslehre und vor allem im Bereich der Medizin leisteten Österreicher Bedeutendes, Sigmund Freud legte die Grundlagen der Psychoanalyse.

Der Erste Weltkrieg

Am 28. Juni 1914 ermordeten serbische Attentäter den österreichischen Thronfolger Erzherzog Franz Ferdinand und seine Frau in Sarajevo. Der Mord mußte die Donaumonarchie innerlich erschüttern, denn er war nicht die Tat einiger Fanatiker, er war ein Zeichen für das fortschreitende Selbstbewußtsein und Unabhängigkeitsstreben der Nationalitäten innerhalb des Habsburgischen Vielvölkerstaats. Friedlich ließ sich diese Entwicklung nicht mehr aufhalten, zumal Rußland die nationalen Bewegungen auf dem Balkan unterstützte. Die allgemeine Kriegsbereitschaft und Kriegsbegeisterung in Europa verhinderte eine diplomatische Lösung des neuen Konflikts.
Am 28. Juli erklärte Österreich-Ungarn Serbien den Krieg. Weil Serbien mit russischer Hilfe rechnen konnte, mußten die Habsburger auf eine Ausweitung des Kriegs gefaßt sein, der sie mit Sicherheit politisch und militärisch nicht gewachsen waren.
Aber auch Österreich-Ungarn konnte auf Verbündete zählen: Von der deutschen Regierung hatte es schon am 5. Juli praktisch einen Blankoscheck für militärische Aktionen bekommen. Aufgrund der 1914 bestehenden Bündnissysteme standen die Gegner bereits fest. Der Krieg erfaßte ganz Europa und schließlich auch Asien, Afrika sowie den amerikanischen Doppelkontinent.
Der Mord von Sarajevo, für den zumindest Österreich-Ungarn die serbische Regierung verantwortlich machte, entfesselte nicht nur Auseinandersetzungen zwischen Habsburg und Serbien, er forderte von Anfang an das System von Allianzen heraus, das sich in den letzten Jahrzehnten des vergangenen Jahrhunderts aus Sicherheitsgründen gebildet hatte und Europa in zwei große Machtblöcke teilte. Österreich-Ungarn, das Deutsche Reich und Italien hatten einander im Dreibund von 1882 für den Fall eines Angriffs durch andere Mächte wohlwollende Neutralität bzw. Waffenhilfe garantiert. Großbritannien und Frankreich hatten sich 1904 in der Entente cordiale zusammengefunden, der sich 1907 Rußland anschloß.
Die Spannungen zwischen den Blöcken resultierten aus den Expansionsbestrebungen und wirtschaftlichen Interessengegensätzen der einzelnen Staaten, Imperialismus und Nationalismus kennzeichneten die Vorkriegsära. Zwischen dem Deutschen Reich und Frankreich schwelte der alte Streit um Elsaß-Lothringen, zwischen dem Deutschen Reich und Großbritannien herrschte Rivalität im Flottenausbau. Die Mittelmächte fühlten sich isoliert und allseitig bedroht. Großbritannien und Frankreich, obwohl durch das Zweckabkommen der Entente cordiale äußerlich versöhnt, wetteiferten um Ansprüche in den Kolonien.
Mit dem Zusammenbruch der Fronten im September und Oktober 1918 begann auch das Ende des Herrscherhauses Habsburg-Lothringen, das Ende der Doppelmonarchie und der einstigen Großmacht. Noch vor dem Waffenstillstand vom 3. November 1918 und dem Thronverzicht Kaiser Karls I. brach der Vielvölkerstaat auseinander: Ungarn, Tschechoslowakei und Jugoslawien wurden selbständige Staaten. Der Friedensvertrag von St. Germain-en-Laye (10. 9. 1919) bestätigte diese Regelungen und untersagte Österreich den Anschluß an das Deutsche Reich. Jeder 47. Staatsbürger Österreichs starb in diesem verlustreichen Krieg, der etwa 90 Milliarden Kronen gekostet hat.

Kaiser Franz Joseph I. von Österreich (zeitgenössisches Gemälde)

1867

7. 2. Ministerpräsident Richard Graf Belcredi muß zurücktreten, da die Deutschnationalen die Teilnahme an der von ihm ausgeschriebenen Neuwahl des Reichrates verweigern; Außenminister Friedrich Ferdinand Freiherr von Beust bildet daraufhin eine neue Regierung.

15. 2. Im Dianasaal in Wien wird der Walzer »An der schönen blauen Donau« von Johann Strauß uraufgeführt. →

18. 2. Die Verhandlungen über den »Ausgleich mit Ungarn« werden abgeschlossen. →

15. 3. Die ungarische Regierung leistet Kaiser Franz Joseph I. den Treueid. →

23. 4. Zwischen Österreich und Italien wird ein Freihandelsabkommen geschlossen.

22. 5. Der neu bestellte cisleithanische (diesseitige) Reichsrat wird eröffnet und Innenminister Eduard Graf Taaffe mit der Bildung einer interimistischen Regierung beauftragt.

8. 6. In Budapest wird Kaiser Franz Joseph I. zum König, seine Gemahlin Elisabeth zur Königin von Ungarn gekrönt (→ 18. 2./15. 3).

18.–23. 8. Kaiser Napoleon III. von Frankreich kommt zu einem offiziellen Kondolenzbesuch nach Österreich und trifft Kaiser Franz Joseph I. in Salzburg.

21. 12. Der Kaiser bestätigt das »Staatsgrundgesetz«. →

24. 12. Der Kaiser ernennt das »Reichsministerium für gemeinsame Angelegenheiten«, die gemeinsame Regierung der Doppelmonarchie. →

GESTORBEN:

19. 6. Querétaro (Mexiko): Ferdinand Maximilian von Habsburg-Lothringen (* 6. 7. 1832), Erzherzog von Österreich, Kaiser von Mexiko. →

9. 12. Oberdöbling bei Wien: Rudolf von Arthaber (* 4. 9. 1795), Fabrikant. →

GEBOREN:

21. 2. Ödenburg: Anton Freiherr von Lehár († 12. 11. 1962), General.

24. 2. Axams: Karl Schönherr († 15. 3. 1943), Dramatiker.

28. 5. St. Veit im Defreggen: Sebastian Rieger, genannt Reimmichl († 2. 12. 1953), Volksschriftsteller.

18. 8. Eibiswald: Hans Kloepfer († 27. 6. 1944), Mundartdichter.

24. 11. Agram: Albert Sever († 12. 2. 1942), Politiker.

22. 12. Troppau: Josef Maria Olbrich († 8. 8. 1908), Architekt, Maler und Kunstgewerbler.

Der »Ausgleich mit Ungarn«

18. Februar/15. März. Der mit einem Besuch Kaiser Franz Josephs I. in Ungarn im Juni 1865 in Angriff genommene »Ausgleich mit Ungarn« wird erfolgreich abgeschlossen.

Die Wiener Verhandlungen über die Bedingungen für den »Ausgleich«, die seit 1865 von den Repräsentanten des »Ungarntums«, Ferenc Deák und Julius Andrássy d. Ä., geführt worden sind, zeitigen nun wesentliche Ergebnisse: Am 27. Februar wird der ungarische Reichstag wiederhergestellt und ein eigenes Ministerium (Regierung) für Ungarn gebildet; Ministerpräsident wird Graf Andrássy, der am 15. März mit seinen Ministern in Ofen den Treueid gegenüber Franz Joseph I. ablegt. Mit diesem Tag tritt die Neuregelung des staatsrechtlichen Verhältnisses zwischen Österreich und Ungarn in Kraft.

Beide Reichshälften – Österreich (Cisleithanien) und Ungarn (Transleithanien) – sind gleichberechtigte und selbständige Staatsgebilde, die nur durch die Person des Herrschers und gemeinsame Angelegenheiten (Äußeres, Heer und Finanzen) verbunden sind. Die gemeinsamen Reichsangelegenheiten werden durch das »Delegationsgesetz« vom November 1867 geregelt. Mit Delegation ist ein Parlamentsausschuß von je 60 Mitgliedern der beiden Parlamente gemeint, der jährlich abwechselnd in Wien und Budapest tagt. Als Beitragsquoten für die gemeinsamen Ausgaben sind festgelegt: Österreich 70% (sinkt bis 1907 auf 63,4%), Ungarn 30% (steigt bis 1907 auf 36,6%). Eine Währungs- und Zollunion soll wirtschaftliche Einheit gewährleisten.

Cisleithanien sind die Länder diesseits der Leitha: Niederösterreich, Oberösterreich, Salzburg, Tirol, Vorarlberg, die Steiermark, Kärnten, Krain, Görz, Gradiska, Istrien, Dalmatien, Böhmen, Mähren, Schlesien, Galizien und die Bukowina; sie unterstehen dem Kaiser von Österreich (die Bezeichnung Österreich für dieses Gebiet wird offiziell erst 1915 gebraucht).

Transleithanien sind die Länder jenseits der Leitha: Ungarn, Siebenbürgen, Kroatien und Slawonien (die »Länder der heiligen ungarischen Stephanskrone«); sie unterstehen dem König von Ungarn.

Am 14. November 1868 verfügt Kaiser Franz Joseph, der am 8. Juni zum König von Ungarn gekrönt worden ist mit Handschreiben die Bezeichnung »österreichisch-ungarische Monarchie«. Die Bezeichnung für gemeinsame Behörden und Angelegenheiten ist »k. u. k.« (kaiserlich und königlich), für die österreichische Reichshälfte »k. k.« (kaiserlich-königlich), für nur ungarische »kgl.« (königlich).

Die Errichtung der Doppelmonarchie, des Dualismus, bringt den Ausgleich mit Ungarn, aber nicht die Lösung des Nationalitätenproblems (Bevölkerungsanteile: 47% Slawen, 24% Deutschsprachige, 20% Ungarn). Die Slawen beider Reichshälften verlangen ebenfalls eine Sonderstellung, und Rußland nährt den Panslawismus. Die Ungarn sind jedoch in der Nationalitätenfrage zu keinem Kompromiß bereit. Der Tschechenführer František Palacký erklärt dazu: »Der Tag der Ausrufung des Dualismus wird zugleich auch der Geburtstag des Panslawismus in seiner am wenigsten wünschenswerten Form sein. Wir waren vor Österreich und werden auch nach ihm sein.«

Kaiser Franz Joseph I. von Österreich und Kaiserin Elisabeth (Photographie aus Anlaß der ungarischen Königskrönung)

Der ungarische Ministerpräsident Julius Graf Andrássy (Zeichnung von Vinzenz Katzler, 1872)

Die Krönung Kaiser Franz Josephs zum König von Ungarn (nach einer Zeichnung von Katzler)

Die Dezemberverfassung tritt in Kraft

21. Dezember. Kaiser Franz Joseph I. bestätigt das vom cisleithanischen Reichsrat ausgearbeitete »Staatsgrundgesetz über die allgemeinen Rechte der Staatsbürger für die im Reichsrat vertretenen Königreiche und Länder«. Es setzt die Verfassung vom →26. Februar 1861 (»Februarpatent«) als »Gesetz über die Reichsvertretung« wieder in Kraft. Beides – Staatsgrundgesetz und Reichsvertretungsgesetz – werden als »Dezemberverfassung« bezeichnet.

»Art. 1. Für alle Angehörigen der im Reichsrate vertretenen Königreiche und Länder besteht ein allgemeines österreichisches Staatsbürgerrecht. Das Gesetz bestimmt, unter welchen Bedingungen das österreichische Staatsbürgerrecht erworben, ausgeübt und verloren wird.

Art. 2. Vor dem Gesetze sind alle Staatsbürger gleich.

Art. 3. Die öffentlichen Ämter sind für alle Staatsbürger gleich zugänglich.

Für Ausländer wird der Eintritt in dieselben von der Erwerbung der österreichischen Staatsbürgerschaft abhängig gemacht.

Art. 4. Die Freizügigkeit der Person und des Vermögens innerhalb des Staatsgebietes unterliegt keiner Beschränkung . . .

Art. 5. Das Eigentum ist unverletzlich . . .

Art. 6. Jeder Staatsbürger kann an jedem Orte des Staatsgebietes seinen Aufenthalt und Wohnsitz nehmen, Liegenschaften jeder Art erwerben und über dieselben frei verfügen, sowie unter den gesetzlichen Bedingungen jeden Erwerbszweig ausüben . . .

Art. 7. Jeder Untertänigkeits- und Hörigkeitsverband ist für immer aufgehoben . . .

Art. 8. Die Freiheit der Person ist gewährleistet . . .

Art. 9. Das Hausrecht ist unverletzlich . . .

Art. 10. Das Briefgeheimnis darf nicht verletzt und die Beschlagnahme von Briefen, außer dem Falle einer gesetzlichen Verhaftung oder Haussuchung, nur in Kriegsfällen oder auf Grund eines richterlichen Befehles in Gemäßheit bestehender Gesetze vorgenommen werden.

Art. 11. Das Petitionsrecht steht jedermann zu . . .

Art. 12. Die österreichischen Staatsbürger haben das Recht, sich zu versammeln und Vereine zu bilden . . .

Art. 13. Jedermann hat das Recht, durch Wort, Schrift, Druck oder bildliche Darstellung seine Meinung frei zu äußern . . .

Art. 14. Die volle Glaubens- und Gewissensfreiheit ist jedermann gewährleistet . . .

Art. 15. Jede gesetzlich anerkannte Kirche und Religionsgesellschaft hat das Recht der gemeinsamen öffentlichen Religionsübung.

Art. 16. Den Anhängern eines gesetzlich nicht anerkannten Religionsbekenntnisses ist die häusliche Religionsübung gestattet, sofern dieselbe weder rechtswidrig, noch sittenwidrig ist.

Art. 17. Die Wissenschaft und ihre Lehre ist frei . . .

Art. 18. Es steht jedermann frei, seinen Beruf zu wählen und sich für denselben auszubilden . . .

Art. 19. Alle Volksstämme des Staates sind gleichberechtigt, und jeder Volksstamm hat ein unverletzliches Recht auf Wahrung und Pflege seiner Nationalität und Sprache. Die Gleichberechtigung aller landesüblichen Sprachen in Schule, Amt und öffentlichem Leben wird vom Staate anerkannt . . .«

Wappen der Hauptstadt Wien

»Die Erschießung Kaiser Maximilians von Mexiko« (Gemälde von Edouard Manet, 1867; Kunsthalle Mannheim)

Eine gemeinsame Reichsregierung

24. Dezember. Das erste »Reichsministerium für gemeinsame Angelegenheiten«, eine gemeinsame Regierung für die gesamte Monarchie, wird ernannt. Erster Ministerpräsident und Außenminister wird Friedrich Ferdinand Freiherr von Beust, der fortan den Titel eines »Reichskanzlers« führt.
Als »gemeinsame Angelegenheiten« gelten die Außen- und Finanzpolitik sowie das Heerwesen. Dem Reichsministerium gehören daher neben Beust nur noch zwei weitere Mitglieder an: Max Wladimir Freiherr von Beck als Reichsfinanzminister und Feldmarschall-Leutnant Franz Freiherr von John als Reichskriegsminister.

Reichskanzler Friedrich Ferdinand Freiherr von Beust (Stich)

Maximilians Ende

19. Juni. Der 34jährige Erzherzog Ferdinand Maximilian von Habsburg-Lothringen, seit 1863 als Maximilian I. Kaiser von Mexiko, wird nach seiner Niederlage gegen den rechtmäßigen Präsidenten des Landes, Benito Juárez, zum Tode verurteilt und standrechtlich erschossen. Maximilian war am → 14. April 1863 von Triest aufgebrochen, um die mexikanische Kaiserkrone anzunehmen. Am 28. Mai traf der Erzherzog auf der österreichischen Fregatte »Novara« im Hafen von Veracruz ein. Seine Herrschaft stützte sich allerdings nur auf eine konservativklerikale Minderheit und die Macht französischer Kolonialtruppen, die durch ein österreichisches Freiwilligen-Korps verstärkt werden. Statt einer begeisterten Aufnahme erwartete den neuen Kaiser aber ein blutiger Bürgerkrieg. Als die französischen Truppen 1866/67 von den USA zum Verlassen Mexikos gezwungen wurden, war die Niederlage Maximilians nur noch eine Frage der Zeit.
Mit dem Kaiser werden auch zwei seiner Gefolgsleute, der Indianer Thomas Mejia und der Offizier Miguel Miramon, erschossen.

Erzherzog Ferdinand Maximilian von Habsburg-Lothringen, als Maximilian I. Kaiser von Mexiko

»An der schönen blauen Donau«

15. Februar. Der Wiener Männergesangverein führt im Dianasaal an der Oberen Donaustraße anläßlich der Faschingsliedertafel den Walzer »An der schönen blauen Donau« von Johann Strauß erstmals auf. Aufgrund eines »unmöglichen« Textes (der Hausdichter des Männergesangvereins, Josef Weyl, hat dem Walzer den Text eines »politischen Couplets« unterlegt) fällt der Walzer durch; erst später wird er – wie die Strauß-Kompositionen »Wiener Blut« und »Kaiserwalzer« – als Konzertwalzer gefeiert und im Laufe der Zeit zur »zweiten österreichischen Bundeshymne«. Der dem Titel angemessene Text »Donau, so blau ...« stammt erst aus dem Jahr 1890.

Titel einer Auflage für Pianoforte des Johann-Strauß-Walzers (»An der schönen blauen Donau«)

Ein Fabrikant als Kunstsammler

9. Dezember. Im Alter von 72 Jahren stirbt der Wiener Fabrikant und Kunstsammler Rudolf von Arthaber in Oberdöbling bei Wien.
Er übernahm 1819 die väterliche »Kurrentwarenhandlung« auf dem Stephansplatz, gründete Zweigniederlassungen in Pest, Mailand und Rom und 1826 ein Handelshaus für österreichische Manufakturwaren in Leipzig. Arthaber war ein Förderer der österreichischen Textilindustrie und Pionier des österreichischen Exports. 1837 Mitbegründer des Niederösterreichischen Gewerbevereins, regte er die Gründung des Österreichischen Kunstvereins (1850) an, dessen erster Präsident er war. Er besaß eine der umfangreichsten privaten Kunstsammlungen.

1868

1. 1. Die erste parlamentarische Regierung in Cisleithanien wird ernannt. →

9. 3. Zwischen Österreich-Ungarn und dem deutschen Zollverein wird ein Freihandelsabkommen unterzeichnet.

12. 4. In Wiener Neustadt findet der erste »Allgemeine Arbeitertag« statt. →

9. 5. Anton Bruckners 1. Symphonie wird in Linz uraufgeführt.

10. 5. Der V. Arbeitertag in Wien verabschiedet ein »Manifest an das arbeitende Volk in Österreich«. →

25. 5. Kaiser Franz Joseph I. sanktioniert drei Kirchengesetze, die auf Betreiben der Deutschnationalen vom Reichsrat verabschiedet worden sind; sie bewirken eine merkliche Einschränkung des Konkordats vom 18. August 1855.

28. 5. Auf der Richtstätte bei der Spinnerin am Kreuz in Wien wird der 23jährige Raubmörder Georg Ratkay gehängt; es ist dies die letzte öffentliche Hinrichtung in Wien.

26. 9. Ministerpräsident Carlos Wilhelm Fürst von Auersperg tritt wegen Differenzen mit der slawischen Opposition zurück. →

10. 10. Über Böhmen wird der Belagerungszustand verhängt, da seit Wochen gegen den Reichsrat protestiert wird.

14. 11. Ein kaiserliches Handschreiben verfügt die Bezeichnung »österreichisch-ungarische Monarchie«.

5. 12. Ein neues Wehrgesetz wird erlassen. →

GESTORBEN:

28. 1. Linz: Adalbert Stifter (* 23. 10. 1805), Dichter. →

3. 4. Wien: Eduard van der Nüll (* 9. 1. 1812), Architekt. →

11. 6. Weidling bei Wien: August Siccard von Siccardsburg (* 6. 12. 1813), Architekt. →

25. 12. Wien: Ludwig Tuerck (* 22. 7. 1810), Neurologe.

GEBOREN:

19. 1. Stribach bei Lienz: Albin Egger-Lienz († 4. 11. 1929), Maler.

19. 1. Wien: Gustav Meyrink († 4. 12. 1932), Schriftsteller.

10. 2. Eisenerz: August Musger († 30. 10. 1929), Erfinder.

30. 3. Wien: Kolo (Koloman) Moser († 18. 10. 1918), Maler und Graphiker.

14. 6. Baden bei Wien: Karl Landsteiner († 26. 6. 1943), Serologe.

23. 12. Linz: Hedwig Bleibtreu († 24. 1. 1958), Schauspielerin.

Vorderansicht der Hofoper (Zeichnung zur »Concours-Ausschreibung«)

Eduard van der Nüll

August Siccard von Siccardsburg

Der Tod zweier Architekten

3. April / 11. Juni. Der 56jährige Architekt Eduard van der Nüll begeht in Wien Selbstmord; zwei Monate später stirbt auch sein Freund und Geschäftspartner, der 54jährige Architekt August Siccard von Siccardsburg, der den Freitod seines Freundes nicht verwinden kann.

Van der Nüll, seit 1844 Professor für Architektur und Ornamentik an der Akademie der bildenden Künste in Wien, gehörte zu den bedeutendsten Architekten der »Gründerzeit« und war ein Vertreter des dekorativen Historismus. Gemeinsam mit dem aus Budapest stammende Siccard von Siccardsburg, ebenfalls Architekturprofessor an der Akademie (seit 1843) und 1861 erster Präsident des Wiener Künstlerhauses, realisierte van der Nüll mehrere Bauprojekte (so das Wiener Sophienbad 1848), wobei er sich mehr den kunsthandwerklichen und ornamentalen Problemen widmete, während Siccard von Siccardsburg stets den technischen und geschäftlichen Part übernahm.

1861 gingen die beiden Baumeister als Sieger der »Concours-Ausschreibung« für den »Bau eines neuen Hof-Operntheaters in Wien« hervor. Ihr Entwurf stieß jedoch schon bald auf Ablehnung in der Öffentlichkeit, die den »Mischmasch der Stile« kritisierte und reimte »Gotisch, Klassisch, Renaissance – olles ans«. Je näher der Termin der Fertigstellung des Gebäudes rückte (→ 25. 5. 1869), desto schärfer und unsach licher wurde die Kritik. Als das Ober ste Hofbauamt während der Bauar beiten das Straßenniveau der Ring straße noch um fast einen Mete erhöhen ließ, galt der Spott den bei den Architekten und ihrer »versun kenen Kiste«.

»Sehen genug – aber hören nix! Schon bei der Generalprobe entdeckter Übelstand der Hofoper.«

Van der Nüll, durch die zahlreiche Anfeindungen selbst unsicher ge worden, erhängt sich daraufhin an 3. April in einer Mariahilfer Villa Siccard von Siccardsburg, der gerad eine schwere Operation hinter sic hat, kann den Freitod seines Freun des nicht überwinden und stirbt an 11. Juni in einer von ihm erbaute Villa bei Klosterneuburg.

Nach dem tragischen Ende der bei den Baumeister veranstaltet di »Wiener Künstler-Genossenschaft eine Gedächtnisausstellung, un Kaiser Franz Joseph I. ordnet an, a der Hauptstiege der Oper Marmo medaillons mit den Porträts der bei den Architekten anzubringen.

Stifter – »Er erzählt uns gleichsam mit dem Pinsel«

28. Jänner. Der aus dem böhmischen Oberplan stammende Dichter Adalbert (eigentlich Albert) Stifter scheidet im Alter von 62 Jahren freiwillig aus dem Leben. Der oft als klassischer Romancier bezeichnete Stifter war zugleich auch Maler und gilt als Vorläufer des Impressionismus.
Nach dem Besuch des Stiftsgymnasiums in Kremsmünster (1818 bis 1826) begann Stifter ein Jurastudium in Wien, später studierte er auch Mathematik, Naturwissenschaften und Geschichte, verließ die Universität allerdings 1830 ohne einen Abschluß. 1829 erschienen seine ersten Gedichte unter dem Titel »Ostade« im Linzer »Österreichischen Bürgerblatt für Verstand, Herz und gute Laune«; im Jahre 1839 war er mit fünf Gemälden auf der Akademie-Ausstellung vertreten.
1840 veröffentliche er die Erzählungen »Der Condor« (in der »Wiener Zeitschrift für Kunst, Literatur, Theater und Mode«) und »Feldblumen« (im Almanach »Iris« auf das Jahr 1841); der Verleger Gustav Heckenast gewann Stifter 1841 als Herausgeber des Sammelbandes »Wien und die Wiener«. Im selben Jahr erschien seine Erzählung »Der Hochwald« (erneut im Almanach »Iris«).
Ab 1843 war Stifter als Hauslehrer in mehreren Wiener Adelshäusern tätig; 1850 wurde er Schulrat (Landschulinspektor) für die Volksschulen in Oberösterreich, zuvor hatte er seine »Studien« in sechs Bänden veröffentlicht und die Rechte daran notgedrungen an Heckenast verkauft. 1851 widmete sich Stifter archäologischen Studien und wurde 1853 zum oberösterreichischen Landeskonservator ernannt; im selben Jahr erschienen sechs Erzählungen unter dem Titel »Bunte Steine«.
Gemeinsam mit Johannes Aprent veröffentlichte Stifter 1854 ein »Lesebuch zur Förderung humaner Bildung« und erhielt den Franz-Josephs-Orden; im selben Jahr begann sein Nervenleiden. Nach dem Entzug der Inspektion der von ihm gegründeten Realschule in Linz verschlimmerte sich seine Krankheit, finanzielle Sorgen kamen hinzu. Dennoch entstand nun erst Stifters Romanwerk: »Der Nachsommer« (zwei Bände, 1857) und »Witiko« (drei Bände, 1865 bis 1867). Ab 1864 verschlechterte sich Stifters Gesundheitszustand zusehends; am 25. November 1865 wurde er – mit dem Titel eines Hofrates – in den dauernden Ruhestand versetzt. Zahlreiche Kuraufenthalte brachten aber nur eine vorübergehende Besserung seiner Krankheit, Stifter fürchtete den Selbstmord als Folge seiner »sinnverwirrenden Schmerzen«. Am 26. Jänner 1868 fügte er sich mit einem Rasiermesser einen Schnitt an der Kehle zu, an dessen Folgen er nach zwei Tagen stirbt.
1874 charakterisiert Schriftsteller Peter Rosegger den »Stifterschen Stil«, geprägt von der Verbindung des Schreibens und Malens:
»Stifter söhnt seine Leser aus mit der Welt, haben sie sich grollend von ihr gewendet; er legt den milden Sonnenschein auf die Menschen und über die Natur. Er belehrt nicht, er drängt uns nie seine Ideen auf, er sucht uns nie durch schöngeistige Phrasen zu bestechen, er erzählt uns nur lächelnden Auges. Aber er erzählt uns gleichsam mit dem Pinsel, er stellt uns ein Bild dar, das wir mit Augen sehen, aber es ist doch keine Malerei, es ist lebendig, verklärt, wie kein Maler malen kann – und so wie Stifter erzählt keiner. Man labt sich an seiner Milde und Ruhe und Liebe und wird im Lesen ein anderer Mensch.«

Aus »Nachsommer« (Bayerische Staatsbibliothek München)

Stifter zeichnete sich durch eine ungemeine Körperfülle aus (Gemälde von Bartholomäus Székely)

»Die Teufelmauer bei Hohenfurth« (Gemälde von Adalbert Stifter, 1845)

Manifest an das arbeitende Volk

12. April / 10. Mai. In Wiener Neustadt spricht sich der erste »Allgemeine Arbeitertag« für die von Ferdinand Lassalle propagierte deutschnationale Richtung der Sozialdemokratie aus.
Lassalle hatte im Mai 1863 in Leipzig den »Allgemeinen Deutschen Arbeiterverein« (ADAV) ins Leben gerufen, dessen erster Präsident er wurde. Ziel des Vereins ist die »Vertretung der sozialen Interessen des deutschen Arbeiterstandes«, er will »auf friedlichem und legalem Weg, insbesondere durch das Gewinnen der öffentlichen Überzeugung, für die Herstellung des allgemeinen und direkten Wahlrechts« eintreten.
Auf dem V. Arbeitertag, der am 10. Mai in Zobels Bierhalle in Wien zusammentritt, formuliert das sozialistische Lager der österreichischen Arbeiterschaft sein erstes Programm, ein »Manifest an das arbeitende Volk in Österreich«. Neben Resolutionen zur Frage des allgemeinen Wahlrechts und dem Nationalitätenproblem soll es die Grundlage für eine umfassende, nicht durch Nationalitätenstreitigkeiten zersplitterte Arbeiterbewegung bilden. In diesem Manifest heißt es u. a.:
»... Es muß deshalb zugleich mit dem Erlangen der politischen Freiheit und mit der Erlangung des demokratischen Volksstaates die Emanzipation der arbeitenden Klassen vom Kapital angestrebt, durch zeitige Agitation und Aufklärung die Masse der Arbeiter vor planlosen Kämpfen bewahrt und die Bewegung in festen Bahnen zu bestimmten Zielen gelenkt werden.
... Heute handelt es sich darum, das arbeitende, das produzierende Volk zu erlösen, indem es zur Gleichberechtigung in der Gesellschaft und im Staate emporsteigt. Der Arbeitsmarkt kennt keine Nationalitätsgrenzen, der Weltverkehr schreitet über alle Sprachgrenzen hinweg.
... In früheren Zeiten konnte man mit dem Volke machen, was man wollte; heute dagegen, wo mehr geistiges Licht in die Massen gedrungen ist, dürfen wir uns der Hoffnung hingeben, daß die Bevölkerung Österreichs sich ebenso wenig durch Nationalitäts-, als durch pfäffische Streitigkeiten zersplittern und in der alten Abhängigkeit erhalten läßt ...«

Deutschliberale Ära beginnt

1. Jänner. Das sog. Bürger- und Doktorenministerium, die erste parlamentarische Regierung in Cisleithanien, wird ernannt; Ministerpräsident ist Carlos (Karl) Wilhelm Fürst von Auersperg.
Als Minister gehören der Regierung an: Eduard Graf Taaffe (Landesverteidigung), Karl Giskra (Inneres), Eduard Herbst (Justiz), Rudolf Brestel (Finanzen), Leopold Hasner Ritter von Artha (Kultus und Unterricht), Ignaz Edler von Plener (Handel) sowie Johann Nepomuk Berger (Minister ohne Portefeuille). Mit dieser Regierung beginnt die Herrschaft der Deutschliberalen Partei in Österreich (→ 26.9.1868).

Fürst Auersperg tritt zurück

26. September 1868. Vor allem wegen den Differenzen mit der slawischen Opposition, aber auch wegen der Bekämpfung des 1855 abgeschlossenen Konkordats mit dem Hl. Stuhl in Rom tritt Ministerpräsident Carlos (Karl) Wilhelm Fürst von Auersperg mit seinem Kabinett zurück. Auersperg erreichte in seiner kurzen Amtszeit drei neue Kirchengesetze und das »Reichsvolksschulgesetz«, mit dem die allgemeine Schulpflicht eingeführt wird.

Wehrpflicht auf 12 Dienstjahre

5. Dezember. Für die gesamte österreichisch-ungarische Monarchie wird ein Wehrgesetz erlassen.
Mit diesem Gesetz wird die allgemeine Wehrpflicht auf die Dauer von zwölf Dienstjahren eingeführt und die aktive Armee in der gesamten Monarchie erhält eine einheitliche Organisation.
Das jährliche Rekrutenkontingent beträgt in Österreich (Cisleithanien) 55 000 Mann, in Ungarn (Transleithanien) 40 000 Mann. Die Kriegsstärke der k.u.k. Armee wird mit 800 000 Mann festgesetzt.
Die Landwehr erhält in beiden Reichshälften eine eigene Organisation, die am 11. April 1869 gesetzlich geregelt wird.

1869

11. 4. Die erste Nummer des Organs der Sozialdemokratischen Partei, »Volksstimme«, erscheint.

9. 5. Der Deutsche Alpenverein wird gegründet. →

10. 5. Der Entwurf eines Bündnisvertrags zwischen Österreich-Ungarn, Frankreich und Italien gegen Preußen ist erarbeitet.

14. 5. Das »Reichsvolksschulgesetz« wird erlassen; es sieht die Einführung der allgemeinen Volksschulpflicht in Österreich und Ungarn vor.

25. 5. Das neue Opernhaus an der Wiener Ringstraße wird eröffnet. →

21. 10. In Österreich wird die »Correspondenzkarte« eingeführt. →

17. 11. Kaiser Franz Joseph I. nimmt an der feierlichen Eröffnung des Suez-Kanals teil. →

6. 12. Für die Wiener Hochquellenleitung wird die erste Stollenmine im niederösterreichischen Höllental gesprengt.

8. 12. Eröffnung des I. Vatikanischen Konzils in Rom: Die starke Konzilsopposition wird von den österreichischen Erzbischöfen aus Wien, Prag und Kroatien angeführt.

13. 12. Auf dem Paradeplatz in Wien demonstrieren rund 20 000 Arbeiter für das »Koalitionsrecht« (Recht auf Bildung von Arbeitervereinen/Gewerkschaften).

Der Bau der Roßauer Kaserne in Wien wird fertiggestellt (→ 1865).

Das nach Plänen des Architekten Theophil Freiherr von Hansen errichtete Gebäude der »Gesellschaft der Musikfreunde« in Wien wird fertiggestellt.

GESTORBEN:

10. 7. Hietzing bei Wien: Alois Auer Ritter von Welsbach (* 11.5.1813), Buchdrucker (erfand die selbsttätige Schnellpresse und die automatische Kupferdruckpresse).

GEBOREN:

18. 1. Wien: Julius Meinl († 16.5.1944), Wirtschaftspionier.

24. 2. Brünn: Matthias Eldersch († 20.4.1931), Politiker.

18. 6. Göding: Josef Redlich († 12.11.1936), Politiker.

3. 9. Laibach: Fritz Pregl († 13.12.1930), Chemiker.

4. 9. Wien: Karl Seitz († 3.2.1950), Politiker.

6. 9. Budapest: Felix Salten (eigtl. Siegmund Salzmann; † 8.10.1945), Schriftsteller.

28. 9. Linz: Robert Reininger († 17.6.1955), Philosoph.

Kaiser Franz Joseph I. am Suez-Kanal

17. November. *In Anwesenheit von Kaiser Franz Joseph I. und zahlreichen weiteren hohen Gästen eröffnet die französische Kaiserin Eugénie den Suez-Kanal; der 160 km lange Schiffahrtsweg verbindet das Mittelmeer mit dem Roten Meer (→ 1.10.1858). Der erste Spatenstich war am 25. April 1859 bei Port Said erfolgt, mehr als 20 000 Arbeiter bauten den Kanal in rund zehn Jahren (Abb.: Kaiser Franz Joseph I. auf seiner Orientreise 1869, umgeben von der Suite, in Konstantinopel).*

Die »Correspondenzkarte« eingeführt

21. Oktober. *In Österreich wird die »Correspondenzkarte« eingeführt; die Anregung dazu stammt von Prof. Emanuel Herrman, der die Einführung am 26. Jänner in einem Artikel in der »Neuen Freien Presse« gefordert hat. Bereits 1870 wird gestattet, die Karte auf einer Seite mit einem Bild zu bedrucken (Abb.: Die erste Postkarte, 1869).*

Alpenfreunde gründen Verein

9. Mai. Unter maßgeblicher Beteiligung des Tirolers Franz Senn wird in München der Deutsche Alpenverein gegründet, der sich zum Ziel setzt, »die Kenntnis von den Alpen zu verbreiten und zu erweitern, die Liebe zu ihnen zu fördern und ihre Bereisung zu erleichtern«.
Der 1831 im Ötztal geborene Senn zählt zu den Pionieren des Alpinismus. Er studierte Theologie und wurde 1860 – nach mehreren Stellen als Kooperator – Kurat in Vent, von wo aus er mit Cyprian Granbichler, dem wohl bekanntesten Tiroler Bergführer dieser Zeit, zahlreiche Bergbesteigungen der Ötztaler Alpen unternahm und für die Errichtung von Saumwegen und Stützpunkten tätig wurde.
Bei einer Bergwanderung von Meran über das Hochjoch nach Vent gerieten Senn und Granbichler am 7. November 1868 in einen fürchterlichen Schneesturm; Senn erreichte mit letzten Kräften Vent, sein Bergführer und Freund Granbichler wurde ein Opfer des Sturms und des Berges. Senns Tatendrang blieb dennoch ungebrochen, sodaß er nun mit Freunden zusammen in München den ersten Deutschen Alpenverein gründet.

Staatsschuld

Nach dem verlorenen Krieg (→ 1866) ist die Finanzlage gespannt, sodaß verstärkt Staatsschuldverschreibungen (siehe Abb.) ausgegeben werden.

Die neueröffnete Wiener Hofoper (Aquarell von Franz Alt; Graphische Sammlung Albertina Wien)

Die Eröffnung des Opernhauses

25. Mai. Fast genau sechs Jahre nach der Grundsteinlegung am 20. Mai 1863 wird das neue Hofopernhaus an der Wiener Ringstraße in Anwesenheit von Kaiser Franz Joseph I. feierlich eröffnet. Nach einem Prolog, gesprochen von der ungekrönten Königin des Burgtheaters, Charlotte Wolter (im Kostüm der Vindobona), spielt man Wolfgang Amadeus Mozarts »Don Giovanni« (noch unter dem Titel »Don Juan«).
Die Pläne für das Opernhaus stammten von den Architekten Eduard van der Nüll und August Siccard von Siccardsburg, stießen aber in der Öffentlichkeit auf starke Kritik, die van der Nüll am → 3. April 1868 in den Selbstmord trieb.
Das als »Königgrätz der Baukunst« gescholtene Operngebäude kostete 3 Millionen Gulden (das Zwanzigfache der Baukosten des Kärntnertortheaters); es bietet 2324 Zuschauern Platz, bei voller Ausnützung der Stehplätze und Nutzung der Logen durch je fünf Personen erweitert sich diese Zahl auf 3100. Die Bühne ist 29 m breit und (mit Hinterbühne) 48 m tief. Das Innere des Opernhauses ist verschwenderisch und behaglich zugleich gestaltet, die bedeutendsten Maler und Bildhauer Wiens, allen voran Moritz von Schwind, der die Entwürfe für den dekorativen Vorhang lieferte, waren daran beteiligt.
Daß die Eröffnungsvorstellung nicht ganz ausverkauft ist, kann mit den hohen Eintrittspreisen (ein Parkettsitz kostet 25 Gulden) erklärt werden, die Auseinandersetzung um das Gebäude führt allerdings dazu, daß bereits die zweite Vorstellung am 26. Mai schlecht besucht wird und die Kritik lange Jahre nicht verstummt.

Der Vorhang der Hofoper, gestaltet nach Entwürfen von Moritz von Schwind

1870

1. 2. Leopold Hasner Freiherr von Artha übernimmt das Amt des Ministerpräsidenten, tritt jedoch bereits am 4. April wieder zurück. →

7. 4. Der Reichsrat nimmt ein Gesetz an, das Streik und Aussperrung erlaubt.

12. 4. Das sog. Beamtenkabinett unter Alfred Graf Potocki wird ernannt. →

Mai. Wegen des andauernden Fernbleibens der slawischen Abgeordneten werden Reichsrat und Landtage aufgelöst.

14. 5. Die Arbeiten an der Donauregulierung in Wien beginnen. →

19. 5. In der »Tagespost« wird das Aktionsprogramm des »Grazer Vereins der Deutschnationalen« veröffentlicht, das die Deutschen auffordert, sich auf ihr Gebiet zu beschränken, dort aber eine radikal-deutsche Politik zu betreiben.

23. 6. Die Eisenbahnstrecke Wien–Pilsen ist fertiggestellt. →

4. – 13. 7. In einem Hochverratsprozeß gegen die Teilnehmer einer Demonstration für das »Koalitionsrecht« Ende 1869 werden Strafen zwischen zwei Jahren und zehn Monaten verhängt.

18. 7. Der Kronrat beschließt, daß Österreich-Ungarn im bevorstehenden Deutsch-Französischen Krieg neutral bleiben soll.

8. 10. Der »Kirchenstaat« wird dem Königreich Italien einverleibt – endgültige Einigung Italiens.

Franz Freiherr von Dingelstedt übernimmt die Leitung des Wiener Burgtheaters. →

GESTORBEN:

9. 12. Wien: Johann Nepomuk Berger (* 16. 9. 1816), Politiker.

GEBOREN:

7. 2. Wien: Alfred Adler († 28. 5. 1937), Arzt und Psychologe.

6. 3. Wien: Oscar Straus († 11. 1. 1954), Operettenkomponist.

30. 4. Komorn: Franz Lehár († 24. 10. 1948), Operettenkomponist.

21. 5. Wien: Ferdinand Schmutzer († 26. 10. 1928), Maler.

2. 10. Graz: Alfred Cossmann († 31. 3. 1951), Radierer.

10. 12. Brünn: Adolf Loos († 23. 8. 1933), Architekt.

14. 12. Untertannowitz (Mähren): Karl Renner († 31. 12. 1950), Staatsmann.

15. 12. Pirnitz (Mähren): Josef Hoffmann († 7. 5. 1956), Innenarchitekt und Kunstgewerbler.

Das Beamtenkabinett

1. Februar/12. April. Nach dem Rücktritt des föderalistischen und slawenfreundlichen Teils des Kabinetts Taaffe (der Minister für Landesverteidigung, Eduard Graf Taaffe, leitet seit dem 26. September 1869 vertretungsweise die Regierung), übernimmt nun Leopold Hasner Freiherr von Artha das Amt des Ministerpräsidenten.

Die Deutschnationalen unterstützen nun ebenfalls die Slawen und verlassen gemeinsam mit Polen, Tschechen, Slowenen, Istrianern und Bukowinern das Abgeordnetenhaus. Der Deutschliberale Hasner will daraufhin die Landtage dieser Länder auflösen, erhält dazu aber nicht die Zustimmung Kaiser Franz Josephs I., worauf er mit seinem Kabinett am 4. April wieder zurücktritt. Wie seine beiden Vorgänger scheitert auch Hasner an der ungelösten »Slawenfrage«. Am 12. April wird das sog. Beamtenkabinett unter Alfred Graf Potocki, einem Polen, ernannt. Die Ministerien für Inneres und Landesverteidigung übernimmt Graf Taaffe. Doch auch die Verständigungsversuche dieser »gemischten« Regierung bleiben ohne Erfolg; wegen des andauernden Fernbleibens der slawischen Abgeordneten werden der Reichsrat und die Landtage im Mai aufgelöst und Neuwahlen ausgeschrieben, die allerdings keine Änderung der politischen Verhältnisse bringen.

Burgtheaterdirektor Dingelstedt

Dingelstedt wird Burgtheaterleiter

Der 56jährige Franz Freiherr von Dingelstedt, seit 1867 Direktor der Wiener Hofoper, übernimmt die Leitung des Wiener Burgtheaters, das unter seiner Führung eine Blüte erlebt.

Der aus dem hessischen Marburg stammende Dingelstedt war Theaterdirektor in München und Weimar, bevor er nach Wien kam, um die Leitung des Burgtheaters zu übernehmen.

Da diese Position besetzt war, übergab der Generalintendant der Hoftheater ihm zunächst die Operndirektion, quasi als »Übergangsposition«. Obwohl Dingelstedt seine Arbeit an der Oper als »ein notwendiges Übel« betrachtete, zeigte er großes Verständnis für die Probleme dieser ihm weitgehend fremden Kunstgattung.

Die Anerkennung der Wiener freilich vermochte er sich nicht zu erwerben, zahllose Karrikaturen zeigen den äußerst arroganten Dingelstedt (»von Dünkel stets«, wie er genannt wird) in Anspielung auf seinen 1841 (anonym) veröffentlichten Gedichtband »Lieder eines kosmopolitischen Nachtwächters« stets als Nachtwächter.

Im Juli 1869 holte Dingelstedt Wiens Lieblingsdirigent, Hofkapellmeister Johann von Herbeck, als Leiter »der musikalischen Angelegenheiten« an die Oper; als sich nun sein Traum von der Leitung des Burgtheaters erfüllt, übernimmt Herbeck die Direktion der Hofoper. (Dingelstedt stirbt – nach elf Jahren erfolgreicher Arbeit an der »Burg« – am 15. Mai 1881 in Wien.)

Franz-Josephs-Bahn fertiggestellt

23. Juni. *Mit der Eröffnung des letzten Teilstücks der »Kaiser-Franz Josephs-Bahn« von Wien nach Eggenburg ist die wichtige Bahnverbindung zwischen der Haupt- und Residenzstadt und dem Nordwesten des Reiches (Pilsen) fertiggestellt. In drei Etappen ist somit ein 349 km langer Streckenabschnitt gebaut worden, der den Anschluß an die bereits seit 1862 in Betrieb befindliche Bahnlinie Pilsen–Prag herstellt. Die Kosten betragen insgesamt 96,7 Millionen Gulden (Abb.: »Der Nordwestbahnhof in Wien«; Ölgemälde von Karl Karger, 1875).*

Die Donau soll reguliert werden

14. Mai. Kaiser Franz Joseph I. eröffnet mit einem Spatenstich die Arbeiten zur Donauregulierung in Wien. Anlaß dazu gaben die besonders argen Überschwemmungen der Jahre 1830 und 1862. Nun soll ein Strombett für die Donau in gerader Linie von Nußdorf (im Norden Wiens) bis Albern (südöstlich von Wien und schon in Niederösterreich gelegen errichtet werden (→ 30. 5. 1874).

Erste Seilbahn für Vorarlberg

Über die Bregenzer Ache wird zwischen Adelsbruch und Schwarzenberg im vorarlbergischen Bregenzerwald eine Seilfähre errichtet, die den Namen »Andelsbucher Drahtsteg« erhält.

Der Wagen für die Beförderung hängt an sechs Rundstahldrähten und wird von einem Fährmann mittels eines Hanfseiles von einem Ufer zum anderen gezogen.

1871

18.1. König Wilhelm I. von Preußen wird im Spiegelsaal von Schloß Versailles zum deutschen Kaiser proklamiert.

10.2. In Wien findet die Uraufführung der Operette »Indigo und die 40 Räuber« von Johann Strauß statt.

27.2. Karl Sigmund Graf Hohenwart wird neuer Ministerpräsident.

April. In die Regierung wird ein Landesminister für Galizien aufgenommen.

5.5. Ministerpräsident Graf Hohenwart legt dem cisleithanischen Reichsrat einen Autonomieentwurf für Galizien vor und verspricht einen ebensolchen auch für Böhmen.

23.7. Ein Gesetz führt Metermaß und Kilogramm in Österreich-Ungarn ein. →

August. In Gastein treffen Kaiser Franz Joseph I. und Kaiser Wilhelm I. zu politischen Gesprächen zusammen, deren Ergebnis ein »vorläufiges Einverständnis« ist.

12.9. Kaiser Franz Joseph I. gibt die Zusage zur Errichtung der Autonomie für Böhmen.

26.10. Ministerpräsident Graf Hohenwart sucht um seine Entlassung an. →

6.11. Der ungarische Ministerpräsident Julius Graf Andrássy wird als Nachfolger von Friedrich Ferdinand Graf Beust k. u. k. Außenminister.

25.11. Der Deutschliberale Adolf Carl Daniel Fürst Auersperg bildet eine neue Regierung (→ 26.10.).

9.12. Das Volksstück mit Gesang »Der Meineidbauer« von Ludwig Anzengruber wird in Wien uraufgeführt.

GESTORBEN:

8.2. München: Moritz von Schwind (* 21.1.1804), Maler und Zeichner. →

3.3. Wien: Michael Thonet (* 2.7.1796), Techniker und Industrieller. →

7.4. Wien: Wilhelm Freiherr von Tegetthoff (* 23.12.1827), Admiral.

22.5. Wien: Friedrich Halm (eigentlich Eligius Freiherr von Münch-Bellinghausen; * 2.4.1806), Dramatiker. →

GEBOREN:

18.1. Wien: Franz Blei († 14.7.1942), Schriftsteller.

8.7. Bern: Walter Breisky († 25.9.1944), Politiker.

8.8. Wien: Karl Tautenhayn († 25.11.1949), Komponist.

8.9. Pola: Franz Karl Ginzkey († 11.4.1963), Dichter.

11.11. Wien: Leopold Kunschak († 13.3.1953), Politiker.

Keine Unabhängigkeit

26. Oktober. Ministerpräsident Karl Sigmund Graf Hohenwart muß um seine Entlassung ansuchen, nachdem Kaiser Franz Joseph I. am 21. Oktober die neue böhmische Landordnung abgelehnt hat.

Die Bestrebungen nach Autonomie waren nach dem Ausgleich mit Ungarn (→ 1867) vor allem in den slawischen Ländern zu einem Anliegen geworden. Am 5. Mai legte Graf Hohenwart dem cisleithanischen Reichsrat einen Autonomieentwurf für Galizien vor und erklärte seine Bereitschaft, einen ebensolchen Entwurf auch für die böhmischen Länder vorzubereiten. Die vom böhmischen Landtag erarbeitete neue Landordnung mit 18 Fundamentartikeln, die den böhmischen Ländern eine ähnliche Sonderstellung verschafft hätten, wie sie Ungarn seit 1867 innehat, wird jedoch vom Kaiser – unter dem Einfluß des Reichskanzlers und k.u.k. Außenministers Friedrich Ferdinand Graf Beust und des ungarischen Ministerpräsidenten Julius Graf Andrássy – abgelehnt. Die Folge ist das Rücktrittsersuchen Graf Hohenwarts. Neuer Ministerpräsident wird Adolf Carl Daniel Fürst Auersperg.

Märchen mit dem Pinsel erzählt

8. Februar. In München stirbt der Zeichner und Maler Moritz von Schwind kurz nach Vollendung seines 67. Lebensjahrs. Der Maler der Wiener Romantik war seit 1847 als Professor an der Münchner Akademie tätig.

Neben zahlreichen Märchen- und Sagenillustrationen machten Schwinds humorvolle Szenen aus dem Alltagsleben und der kleinbürgerlichen Biedermeieridylle den Maler populär. Ferner bearbeitete er auch historische und religiöse Themen und schuf illustrative Freskenmalereien, u. a. in der Wiener Wertheimsteinvilla (1840) und in der Hofoper (1866–1868).

»Der Besuch« (Gemälde von Moritz von Schwind aus der Serie »Reisebilder«, 1855)

Fortan Metermaß und Kilogramm

23. Juli. Per Gesetz werden das »Metermaß« und das »Kilogramm« in Österreich-Ungarn eingeführt. Im amtlichen Text heißt es zu dieser für den Alltag und die öffentlichen Ämter folgenschweren Neuerung:

»Art. I: Die Grundlage des gesetzlichen Maßes und Gewichtes ist das Meter. Das Meter ist die Einheit des Längenmaßes; aus demselben werden die Einheiten der Flächen und des Körpermaßes abgeleitet.

Das Kilogramm, gleich dem Gewichte eines Kubikdecimeters destillierten Wassers im luftleeren Raume bei der Temperatur von + 4 Grad des hunderttheiligen Thermometers, bildet die Einheit des Gewichts.

Art. II: Als Urmaß gilt derjenige Glasstab, welcher sich im Besitze der k. k. Regierung befindet, und in der Achse seiner sphärischen Enden gemessen, bei der Temperatur des schmelzenden Eises gleich 999 997,64 Millimeter des in dem französischen Staatsarchive in Paris deponierten Metre prototype befunden worden ist.

Als Urgewicht gilt das im Besitze der k.k. Regierung befindliche Kilogramm aus Bergkrystall, welches im luftleeren Raume gleich 999 997,8 Milligramm des in dem französischen Staatsarchive zu Paris aufbewahrten Kilogramme prorotype befunden worden ist.

Art. V: Die neuen Maße und Gewichte sind ab 1. 1. 1876 im öffentlichen Verkehr ausschließlich anzuwenden.«

Der Erfinder des Holzbiegens

3. März. Im Alter von 75 Jahren stirbt der aus Boppard am Rhein stammende Techniker und Industrielle Michael Thonet in Wien.

Thonet erfand 1830 eine Methode, Holz zu biegen, und wurde 1842 von Staatskanzler Klemens Wenzel Fürst Metternich nach Wien gerufen. 1849 begann er im eigenen Betrieb mit der Anfertigung von Möbeln, besonders dem »Wiener Sessel« (auch Thonet-Sessel genannt). Bei seinem Tod hat das Unternehmen vier Fabriken, 18 Arbeitsfilialen und Verkaufshäuser in allen europäischen Großstädten und beschäftigt 4000 Arbeiter.

Eines der typischen Gebäude der Ringstraßenzeit ist das Thonet-Haus auf dem Stephansplatz

Ein beliebter Theaterdichter

22. Mai. 65jährig stirbt der Schriftsteller und Dramatiker Friedrich Halm (eigentlich Eligius Freiherr von Münch-Bellinghausen), einer der beliebtesten Theaterautoren seiner Zeit.

Der gebürtige Galizier wurde 1845 Kustos der Wiener Hofbibliothek und bekleidete 1867–1870 das Amt des Generalintendanten der Wiener Hoftheater. Von seinen Dramen sind besonders »Griseldis« (1837), »Der Sohn der Wildnis« (1843) und »Der Fechter von Ravenna« (1857) bekannt. Eine zwölfbändige Ausgabe der Werke Halms erscheint 1856–1872.

1872

Mai. Seit Anfang 1871 sind in Wien 530 neue Aktiengesellschaften gegründet worden (das Kapital beträgt 900 Millionen Gulden, die Aktienhöhe rund 2,8 Milliarden Gulden) – die sog. Gründerzeit hat begonnen.

25. 5. Spatenstich zur Errichtung des Rathauses an der Wiener Ringstraße: Der neugotische Bau wird → 1883 vollendet.

13. 6. Die österreichisch-ungarische Nordpolexpedition beginnt. →

5. 9. Kaiser Franz Joseph I. reist zu einem Besuch nach Berlin, wo er mit dem deutschen Kaiser Wilhelm I. und Zar Alexander II. von Rußland zusammentrifft.

12. 10. Ludwig Anzengrubers Bauernkomödie mit Gesang »Die Kreuzelschreiber« wird uraufgeführt.

15. 10. Im Wiener Palais Schönborn wird die Hochschule für Bodenkultur eröffnet.

15. 12. Auf der Pferdeeisenbahnstrecke Linz-Freistadt (Oberösterreich) verkehrt der letzte Zug.

In Wien beginnen die Bauarbeiten am Kunsthistorischen und Naturhistorischen Museum (→ 1891 vollendet).

Karl Kundmann errichtet (nach Vorarbeiten von Moritz von Schwind) das Schubert-Denkmal im Wiener Stadtpark.

GESTORBEN:

21. 1. Wien: Franz Grillpanzer (* 15. 1. 1791), Dichter. →

20. 5. Wien: Eduard Bitterlich (* 17. 8. 1833), Maler und Bildhauer.

30. 9. Wien: Jakob Alt (* 27. 9. 1789), Maler. →

GEBOREN:

4. 1. Wien: Edmund Rumpler († 7. 9. 1940), Flugzeugkonstrukteur.

23. 1. Laibach: Josef Plečnik († 6. 1. 1957), Architekt.

4. 4. Zell am Ziller: Georg Maikl († 22. 8. 1951), Kammersänger.

13. 4. Puszta-Zdenci (Slowenien): Alexander Roda Roda (eigtl. Rosenfeld; † 20. 8. 1945), Humorist und Satiriker.

26. 9. Dimokur (Böhmen): Ottokar Graf Czernin († 4. 4. 1932), Politiker.

15. 10. Krems: Wilhelm Miklas († 20. 3. 1956), Politiker.

1. 11. Graz: Friedrich Funder († 19. 5. 1959), Publizist und Journalist.

29. 11. Wien: Anna Bahr-Mildenburg († 28. 1. 1947), Kammersängerin.

»Der österreichische Klassiker«

21. Jänner. Eine Woche nach seinem 81. Geburtstag stirbt Franz Grillparzer, Österreichs wohl bedeutendster Dichter des 19. Jahrhunderts, in seiner Heimatstadt Wien.

Grillparzers Vater war Advokat, seine Mutter stammte aus der musikverbundenen Familie Sonnleithner; von ihr erbte der Sohn den Hang zur Schwermut. 1811 beendete Grillparzer die 1807 aufgenommenen juristischen Studien und wurde – nach einer Anstellung als Hauslehrer – 1813 (unbezahlter) Praktikant der Wiener Hofbibliothek, 1815 dann Beamter der »Allgemeinen Hofkammer«. Am 31. Jänner 1817 fand die Uraufführung von Grillparzers Drama »Die Ahnfrau« im Theater an der Wien statt und machte ihn mit einem Schlag berühmt.

Seine Begabung war bereits frühzeitig vom Dramaturgen und Direktor des Wiener Burgtheaters, Joseph Schreyvogel, erkannt und gefördert worden. Trotz seiner Erfolge auf der Bühne (nach der Uraufführung von »Sappho« 1818 Ernennung zum Hoftheaterdichter auf fünf Jahre) und im Staatsdienst (1832 Ernennung zum Direktor des Hofkammerarchivs) wurde Grillparzer nicht glücklich; allzu sehr litt der Dichter unter den Zensurmaßnahmen des Metternichschen Systems (→ 11.3. 1845/19. 2. 1825) und quälerischen Selbstzweifeln.

Nach dem Mißerfolg seines Lustspiels »Weh dem, der lügt« (Uraufführung am 6. März 1838 im Wiener Burgtheater) verschloß der Dichter seine noch unveröffentlichten Werke in der Schublade und entzog sich fortan weitgehend der öffentlichen Kritik. Seine drei Dramen »Ein Bruderzwist in Habsburg« (1848), »Die

Grillparzer (von Waldmüller)

Jüdin von Toledo« (1851) und »Libussa« (1849), die Grillparzers Wunsch entsprechend eigentlich vernichtet werden sollten, können – ebenso wie sein Frühwerk »Blanka von Kastilien« (1809) – erst nach seinem Tod uraufgeführt werden.

In Grillparzers vielschichtigem Gesamtwerk dominiert das dramatische Schaffen, wenn er auch ein umfangreiches lyrisches Werk hinterläßt, von dem er einmal sagte: »Meine Gedichte sind meine Biographie«. Daneben gelang ihm aber auch meisterhafte Prosa, so die Künstlernovelle »Der arme Spielmann« (1847/48), ein Spiegelbild des Innenlebens des Dichters, und die der Romantik zuneigende Erzählung »Das Kloster von Sendomir« (1827), von Gerhart Hauptmann als »Elga« dramatisiert.

Grillparzers Arbeitszimmer in der Spiegelgasse (Holzstich, 1860)

Das Werk des bedeutendsten Dramatikers Österreichs

31. 1. 1817: Uraufführung des Dramas »Die Ahnfrau« im Theater an der Wien.

21. 4. 1818: Uraufführung des Trauerspiels »Sappho« im Wiener Burgtheater.

26./27. 3. 1821: Uraufführung des dramatischen Gedichts »Das goldene Vließ« (bestehend aus den Trauerspielen »Der Gastfreund«, »Die Argonauten« und »Medea«) im Burgtheater.

19. 2. 1825: Uraufführung des Trauerspiels »König Ottokars Glück und Ende« im Burgtheater.

1828: Niederschrift der Erzählung »Das Kloster von Sendomir«.

28. 2. 1828: Uraufführung des Trauerspiels »Ein treuer Diener seines Herrn« im Burgtheater.

5. 4. 1831: Uraufführung des Trauerspiels »Des Meeres und der Liebe Wellen« im Burgtheater.

4. 10. 1834: Uraufführung des dramatischen Märchens »Der Traum ein Leben« im Burgtheater.

1835: Veröffentlichung der Gedichtsammlung »Tristia ex Ponto«.

6. 3. 1838: Uraufführung von »Weh dem, der lügt« im Burgtheater.

1847/48: Veröffentlichung der Novelle »Der arme Spielmann« in »Iris. Deutscher Almanach für das Jahr 1848«.

1848: Vollendung des Dramas »Ein Bruderzwist in Habsburg« (Uraufführung 1872).

1849: Niederschrift des Trauerspiels »Libussa« (Uraufführung 1874).

1851: Entstehung des Dramas »Die Jüdin von Toledo« (Uraufführung 1873).

1853: Niederschrift der »Selbstbiographie«.

29. 3. 1868: Uraufführung des Dramenfragments »Esther« im Burgtheater.

1958: Uraufführung von »Blanka von Kastilien« am Wiener Volkstheater.

Die »Admiral Tegetthoff« im Eismeer (Photographie, August 1872)

Die Polarexpedition

13. Juni. Unter der Leitung von Julius Ritter von Payer und Karl Weyprecht verläßt eine österreichisch-ungarische Nordpolexpedition auf dem Dreimastschoner »Admiral Tegetthoff« Bremerhaven. Payer gibt in seinem 1876 veröffentlichten Werk »Die österreichisch-ungarische Nordpolexpedition in den Jahren 1872–1874« einen genauen Bericht über die Reise. Darin heißt es u. a.:
»Ein denkwürdiger Tag war der 30. August 1873; er brachte eine Überraschung, wie sie nur in der Wiedergeburt zu neuem Leben liegt. Es war um die Mittagszeit, da wir, über die Bordwand gelehnt, in die flüchtigen Nebel starrten, durch welche dann und wann das Sonnenlicht brach, als eine vorüberziehende Dunstwand plötzlich rauhe Felszüge fern in Nordwest enthüllte, die sich binnen wenigen Minuten zu dem Anblick eines strahlenden Alpenlandes entwickelten! … Jahrtausende waren dahingegangen, ohne Kunde von dem Dasein dieses Landes zu den Menschen zu bringen. Und jetzt fiel einer geringen Schar fast Aufgegebener seine Entdeckung in den Schoß …, und diese geringe Schar, welche die Heimat bereits zu den Verschollenen zählte, war so glücklich, ihrem fernen Monarchen dadurch ein Zeichen ihrer Huldigung zu bringen, daß sie dem neuentdeckten Land den Namen Kaiser Franz-Josephs-Land gab.«

Ein österreichischer Vedutenmaler

30. September. *Kurz nach Vollendung seines 83. Lebensjahres stirbt der Wiener Landschaftsmaler, Aquarellist und Lithograph Jakob Alt (Abb.: Ansicht der Stadt Wien von der Triester Straße; Aquarell, 1817).*

1873

15. 2. Im Reichsrat wird ein Gesetz zur Durchführung der Wahlreform eingebracht. Fortan werden die Mitglieder des Abgeordnetenhauses in direkten Wahlen bestellt, wahlberechtigt sind allerdings nur diejenigen, die im Jahr zehn Gulden direkte Steuern bezahlen (etwa 6% der Bevölkerung).

1. 5. Die V. Weltausstellung in Wien wird eröffnet.→

9. 5. In Wien kommt es zum »großen Krach« an der Börse.→

23. 5. Eine neue Strafprozeßordnung wird erlassen; sie garantiert das mündliche und öffentliche Verfahren.

6. 6. Österreich-Ungarn und Rußland schließen die »Schönbrunner Konvention«.→

30. 8. Die österreichisch-ungarische Nordpolexpedition entdeckt eine unbekannte Inselgruppe und gibt ihr den Namen »Kaiser Franz-Josephs-Land« (→ 13. 6. 1872).

24. 10. Die erste Wiener Hochquellenwasserleitung wird feierlich eröffnet.→

Eine Gleichstrommaschine versorgt den Industriebetrieb Krupp in Berndorf (Niederösterreich) mit elektrischer Energie – dies ist der Beginn der Energiewirtschaft in Österreich.

Die Arbeiten für das Universitätsgebäude an der Wiener Ringstraße werden aufgenommen (→ 1883 vollendet).

Josef Schöffel, der »Retter des Wienerwaldes«, wird Bürgermeister von Mödling bei Wien.→

GEBOREN:

15. 1. Wien: Max Adler (†28. 6. 1937), Theoretiker der Sozialdemokratie.

18.1. Wien: Viktor Kienböck (†23. 11. 1956), Politiker.

2. 2. Olmütz: Leo Fall (†16. 9. 1925), Komponist.

6. 4. Ottenstein: Franz Dinghofer (†12. 1. 1956), Politiker.

24. 4. Komorn: Theodor Körner (†4. 1. 1957), Politiker.

3. 6. Frankfurt: Otto Loewi (†25. 12. 1961), Pharmakologe.

15. 6. Wien: Fritz Schönpflug (†18. 2. 1951), Karrikaturist.

8. 7. Wien: Carl Vaugoin (†10. 6. 1949), Politiker.

18. 8. Mährisch-Schönberg: Leo Slezak († 1. 6. 1946), Kammersänger (Tenor).

9. 9. Baden: Max Reinhardt (eigtl. Goldmann; †31. 10. 1943), Regisseur.

11. 9. Groß Pawlowitz (Mähren): Rudolf Kassner (†1. 4. 1959), Kulturphilosoph.

27. 10. Wien: Alfred Polgar (†24. 4. 1955), Essayist.

»Schönbrunner Konvention«

6. Juni. Neun Monate nach ihrem Zusammentreffen in Berlin schließen Kaiser Franz Joseph I. und Zar Alexander II. von Rußland ein Abkommen, das die gegenseitige Verpflichtung zur friedlichen Beilegung von Konflikten und zur gemeinsamen Haltung bei kriegerischen Auseinandersetzungen in Europa enthält. Mit dieser auf Schloß Schönbrunn unterzeichneten Konvention wird der Versuch unternommen, das Prinzip der monarchischen Solidarität wieder aufleben zu lassen, das auch Grundlage der »Heiligen Allianz« (→ 26. 9. 1815) war. In dem Vertragstext heißt es u. a.:
»1. Ihre Majestäten versprechen sich gegenseitig, selbst wenn die Interessen Ihrer Staaten in Einzelfragen auseinander gehen sollten, Abreden

Franz Joseph I.

Alexander II.

zu treffen, damit diese Gegensätze nicht die Oberhand gewinnen können über die Erwägungen höherer Ordnung, die Sie vornehmlich beschäftigen.
Ihre Majestäten sind fest entschlossen zu verhindern, daß man Sie hinsichtlich der Grundsätze veruneinigen könne, die nach Ihrer Ansicht allein vermögen, die Aufrechterhaltung des Friedens in Europa gegen alle Umwälzungen, von welcher Seite sie auch kommen, zu sichern und nötigenfalls zu erzwingen.
2. Für den Fall, daß ein Angriff einer dritten Macht den europäischen Frieden bedroht, verpflichten sich Ihre Majestäten gegenseitig, ohne neue Bündnisse zu suchen oder zu schließen, zuerst untereinander ins Benehmen zu treten, um die gemeinsam zu befolgende Linie festzulegen…«
Am 22. Oktober tritt auch Kaiser Wilhelm I. für das Deutsche Reich der Konvention bei, die dadurch zum »Drei-Kaiser-Abkommen« erweitert wird.

Die Wiener Rotunde bei der Eröffnung der Weltausstellung (Tempera-Gemälde von Eugen Enslen, 1873)

V. Weltausstellung im Prater

1. Mai. Kaiser Franz Joseph I. eröffnet feierlich die V. Weltausstellung im Wiener Prater. Neben dem Kaiserpaar sind – trotz strömenden Regens – die Kronprinzen von Preußen, Großbritannien, Dänemark und Belgien sowie mehr als 1000 Aussteller anwesend.

Für die Weltausstellung, die bis zum 2. November dauert, ist eine Rotunde errichtet worden, die einschließlich der Laterne 84 m hoch ist und einen Durchmesser von 105 m hat. Der auf 32 Säulen stehende Rundbau verfügt im Zentrum über vier im Quadrat angelegte Galerien von je 190 m Länge. Heinrich Schmidt hat den Plan des Engländers Scott Russel umgearbeitet, die gesamte bauliche Gestaltung lag in den Händen von Karl Hasenauer, durch dessen Kunst der Dekoration die Eisenkonstruktion fast völlig verdeckt wird. Insgesamt besuchen rund sieben Millionen Menschen die Wiener Weltausstellung, unter ihnen der deutsche Kaiser Wilhelm I. und sein Reichskanzler, Fürst Otto von Bismarck, König Leopold II. von Belgien, Zar Alexander II. von Rußland, König Karl I. von Württemberg, König Viktor Emanuel II. von Italien, Königin Sofie Friderike der Niederlande, Königin Olga von Schweden, Fürst Carol von Rumänien, Schah Nasr-ed-din von Persien sowie König Friedrich von Dänemark. Die prominenten Gäste werden stets vom Kaiser persönlich durch die Ausstellung geführt.

Trotz der hohen Besucherzahl schließt die Weltausstellung mit einem Defizit von fast 15 Millionen Gulden. Positiv registriert werden allein die wirtschaftlichen und politischen Kontakte, die in Wien geknüpft bzw. gepflegt werden. Die Liste der Negativa ist weit länger: Das Rotundengebäude weist zahlreiche bauliche Mängel auf (so tropft der Mörtel bei der Eröffnung noch von den Wänden und die Aufzüge funktionieren im August immer noch nicht störungsfrei), das Wetter spielt bei der Eröffnungsfeier nicht mit, und die Begleitumstände sind mehr als ungünstig: Eine Woche nach Ausstellungsbeginn kommt es an der Wiener Börse zum »großen Krach« (→ 9. Mai), in der Nacht vom 10. auf den 11. Juli erkranken im sog. Küß-den-Pfennig-Haus 30 Personen an der Cholera (bis zum Jahresende fordert die Seuche 2855 Opfer), fast gleichzeitig grassiert eine Blatternepidemie.

Der »Schwarze Freitag« in Wien

9. Mai. Ein Börsenkrach in Wien (fortan »der große Krach« genannt) leitet das Ende des Freihandels in Österreich ein. Infolge der durch die gewaltige Spekulationswelle der sog. Gründerzeit ungesund aufgeblähten Wirtschaft kommt es an der Wiener Börse zu einem rapiden Kursverfall, der diesen Tag zum »schwarzen Freitag« werden läßt (ein Ausdruck, der bis heute für Börsen- und Finanzkrisen allgemein gebräuchlich geworden ist).

Der Ausdruck »Krach« wird erstmals von Börsenbesuchern aus Galizien benutzt und soll sich auf das englische Wort »crash« (Zusammenbruch) beziehen. Ferdinand Kürnberger, ein exzellenter Feuilletonist dieser Tage und »das gute Gewissen« der öffentlichen Meinung, schreibt in einem Brief am 10. Mai über den Börsenkrach:

»Gestern, Freitag, den 9. Mai, mittags um ein Uhr, wurde die Wiener Börse polizeilich geschlossen. Und da sage man noch, daß der Freitag ein Unglückstag ist! Die Börse brach unter der Überlast ihrer Verbrechen zusammen. Seit gestern können ehrliche Leute wieder über die Straße gehen, und Menschen, welche arbeiten, werden nicht mehr Dummköpfe genannt. Seit gestern heißt ein Dieb wieder Dieb und nicht mehr Baron. Nie hat ein schöneres Gewitter eine verpestetere Luft gereinigt.«

Das »schmachvolle Treiben«

Der Wiener Bürgermeister Cajetan Felder schreibt in seinen Erinnerungen über den Börsenkrach u. a.:

»Schon Jahre zuvor hatten geniale Finanzgauner, darunter Leute von Vermögen, Ansehen und Stellung, das Strafgesetz, die große Masse an Dummköpfen ... verhöhnt, gar nicht existierende Werte auf dem Papier fingiert, um damit Kartenhäuser zu bauen, die der erste Luftzug umwerfen mußte. Und dieser Windstoß kam, nachdem seine Vorboten bereits einige Tage zuvor die Luft bewegt hatten, durch große Verkaufsaufträge aus dem Auslande, infolge welcher an der Börse die leitende Kreditaktie in einer Stunde um fünfundzwanzig Gulden fiel. Alle anderen Papiere folgten nach und sanken bis zur Wertlosigkeit ...«

Der »Retter des Wienerwaldes«

Seit 1870 kämpft der in Mödling ansässige Josef Schöffel in Reden und Publikationen um die Erhaltung des Wienerwaldes, wodurch er den bereits beschlossenen Verkauf an ein Holzschläger-Konsortiums verhindern kann. Schöffel ist einer der ersten, der konsequent die Idee des Heimat- und Naturschutzes vertritt und durch persönlichen Einsatz und zähen Kampf in die Tat umsetzt. 1873 wird er Bürgermeister von Mödling.

Wasser für Wien

24. Oktober. Vor dem Hochstrahlbrunnen auf dem Schwarzenbergplatz in Wien wird die erste Wiener Hochquellenwasserleitung von Bürgermeister Cajetan Felder feierlich in Betrieb genommen.

Der Brunnen ist eine Stiftung des Bauunternehmers der Wasserleitung, Gabrielli, und ist mit einem Kostenaufwand von 200 000 Kronen errichtet worden. (→ 23.6.1906).

Durch das Anwachsen der Stadt Wien war die Wasserversorgung in den 60er Jahren nicht ausreichend. Cajetan Felder, damals noch stellvertretender Bürgermeister, setzte sich für den Bau einer Wasserleitung ein, die das Hochquellenwasser vom Fuß des Schneeberges nach Wien bringen sollte.

Am 1. Mai 1865 schenkte Kaiser Franz Joseph I. Wien die an der Südwestseite des Schneeberges entspringende Quelle (den »Kaiserbrunnen«), am 21. April 1870 begannen mit einem feierlichen Spatenstich des Kaisers beim Reservoir am Rosenhügel die Bauarbeiten.

1874

7. 3. Die Zahnradbahn von Nußdorf auf dem Kahlenberg wird eröffnet.

5. 4. Im Theater an der Wien wird die Operette »Die Fledermaus« von Johann Strauß uraufgeführt. →

5./6. 4. In Neudörfl (Burgenland) wird die Sozialdemokratische Arbeiterpartei Österreichs gegründet. →

Mai. Vier neue Kirchengesetze regeln die Rechtsverhältnisse der katholischen Kirche, das staatliche Aufsichtsrecht über die Klöster, die Beiträge aus den Pfründenvermögen sowie die Anerkennung der Religionsgemeinschaften.

2. 9. Der Bau des Reichsratsgebäudes (Parlament) an der Wiener Ringstraße beginnt (1883 fertiggestellt).

1. 11. Der mehr als 2 km² große Wiener Zentralfriedhof wird eröffnet.

16. 12. An der Wiener Ringstraße erfolgt der erste Spatenstich für den Bau des Burgtheaters (→ 1888 vollendet).

Theophil Freiherr von Hansen beginnt mit dem Bau der Börse an der Wiener Ringstraße. Der Bau wird 1877 fertiggestellt. →

Kaspar von Zumbusch nimmt die Arbeiten am Maria-Theresia-Denkmal in Wien auf (→ 1887 vollendet).

Der Bau von Burg Kreuzenstein (Niederösterreich) beginnt.

GEBOREN:

8. 1. Czernowitz: Oskar Laske (†30. 11. 1951), Maler und Graphiker.

1. 2. Wien: Hugo von Hofmannsthal (†15. 7. 1929), Dichter.

12. 3. Wien: Edmund Eysler (eigentl. Eisler; †4. 10. 1949), Operettenkomponist.

9. 4. Wien: Julius Bittner (†9. 1. 1939), Komponist.

28. 4. Gitschin: Karl Kraus (†12. 7. 1936), Kulturkritiker und Dichter.

12. 5. Hirschstetten: Clemens Pirquet (†28. 2. 1929), Arzt.

27. 5. Brünn: Richard von Schaukal (†10. 10. 1942), Erzähler und Lyriker.

13. 9. Wien: Arnold Schönberg (†14. 7. 1951), Komponist.

23. 9. Mies (Böhmen): Ernst Streer von Streeruwitz (†19. 10. 1952), Politiker.

14. 11. Perg: Johannes Schober (†19. 8. 1932), Politiker.

22. 12. Preßburg: Franz Schmidt (†11. 2. 1939), Komponist.

26. 12. Hanau: Rosa Albach-Retty (†26. 8. 1980), Schauspielerin.

»Durch Freiheit zur Bildung«

5./6. April. 74 Delegierte der österreichischen Arbeiter- und Arbeiterbildungsvereine gründen im Leithagasthof des kleinen Ortes Neudörfl bei Wiener Neustadt die Sozialdemokratische Partei Österreichs und verabschieden das sog. Neudörfler Programm.

Die Delegiertenversammlung sollte ursprünglich in Baden bei Wien stattfinden, wurde dort aber verboten, so daß die Vertreter von rund 25 000 organisierten Arbeitern kurzfristig nach Neudörfl (ungarisch: Szent Miklós) ausweichen müssen. Die Beratungen beginnen daher erst gegen 20 Uhr, dauern die ganze Nacht an und enden gegen 7 Uhr am Morgen des 6. April. Anschließend ziehen die Delegierten singend nach Wiener Neustadt, wo am Nachmittag in der Brunner-Bierhalle die erste Versammlung der Sozialdemokratischen Partei stattfindet.

Die sozialdemokratische Arbeiterbewegung ist seit der Verabschiedung ihres ersten Manifestes auf dem V. Arbeitertag in Wien (→ 10. 5. 1868) vor allem durch die Arbeiterbildungsvereine wesentlich angewachsen, die ihre ursprüngliche Devise »Freiheit durch Bildung« in die kämpferische Forderung »Durch Freiheit zur Bildung« abgewandelt hat. 1873 gibt es bereits 237 Arbeitervereine (also Gewerkschaften und Arbeiterbildungsvereine), rund 100 mehr als im Vorjahr.

Das sog. Neudörfler Programm entspricht im wesentlichen dem »Eisenacher Programm« vom Allgemeinen Deutschen Sozialdemokratischen Arbeiterkongreß vom 7. bis 9. August 1869. Als Ziel hält das neue Programm fest:

»... Die österreichische Arbeiterpartei erstrebt im Anschluß an die Arbeiterbewegung aller Länder die Befreiung des arbeitenden Volkes von der Lohnarbeit und der Klassenherrschaft durch Abschaffung der modernen privatkapitalistischen Produktionsweise. Sie erstrebt an deren Stelle die gemeinschaftliche, staatlich organisierte Produktion der Güter ... Als Ziel zur Verwirklichung ihrer Grundsätze ... stellt die Partei folgende Forderungen:

- ▷ Allgemeines, gleiches, direktes Wahlrecht für alle Staatsbürger vom 20. Lebensjahr an ...
- ▷ Vollständige Presse-, Vereins-, Versammlungs- und Koalitionsfreiheit.
- ▷ Trennung der Kirche vom Staat und Trennung der Schule von der Kirche.
- ▷ Obligatorischer Unterricht in den Volksschulen und unentgeltlicher Unterricht in allen öffentlichen Lehranstalten.
- ▷ Errichtung der Volkswehr ...
- ▷ Unabhängigkeit der Richter, Wahl der Richter durch das Volk.
- ▷ Einführung eines Normalarbeitstages, Einschränkung der Frauen- und Abschaffung der Kinderarbeit in den Fabriken ...
- ▷ Abschaffung aller indirekten Steuern.«

Wiener Arbeiter (Photographie)

Arbeitervereine in Österreich-Ungarn

	1872	1873
Wien	38	51
Niederösterreich	19	28
Oberösterreich	7	7
Steiermark	16	37
Salzburg	2	6
Kärnten und Krain	10	20
Tirol	4	5
Mähren u. Schlesien	12	28
Böhmen	26	36
Ungarn, Kroatien, Slowenien	–	18
Galizien	–	1

Ob es im Jahr 1872 in Ungarn, Kroatien, Slowenien und Galizien tatsächlich keine Organisationen gegeben hat, kann nicht gesagt werden, jedenfalls fehlen dafür die nötigen Angaben.

Hansen baut die Wiener Börse

In Wien wird mit dem Bau der Börse begonnen, die 1877 feierlich eröffnet wird. Die Pläne stammen von dem Architekten Theophil Freiherr von Hansen, einem angesehenen Ringstraßenbaumeister. Der reichgegliederte, freistehende Baublock der Börse erinnert mit seiner Freitreppe und den vorgesetzten Säulen an römische Bauten. Die Mauern läßt Hansen teilweise mit roten Tonplatten verkleiden. Der große Börsensaal (mit einer wertvollen Kassettendecke) wird 1956 durch einen Großbrand zerstört.

Szene aus der Uraufführung der »Fledermaus« im Theater an der Wien

Die »Fledermaus«

5. April. Im Theater an der Wien wird »Die Fledermaus«, eine »komische Operette« von Johann Strauß (Sohn), uraufgeführt. Der Publikumserfolg ist gewaltig, die Kritiken sind zum überwiegenden Teil ausgezeichnet, vor allem die effektvolle Inszenierung und die hervorragende Musik ernten allgemeines Lob.
Die vor der Premiere geäußerten Bedenken darüber, daß die Operette in zeitgenössischen Kostümen aufgeführt wird, sind verstummt. Dem Chor des Theaters wird allerdings vorgeworfen, daß er die Fräcke mit zuwenig Eleganz getragen habe und die Tänzer »zerfranst« ausgesehen hätten. Ganz selten findet sich ein Hinweis auf das etwas gewagte, um nicht zu sagen unmoralische Geschehen auf der Bühne. Strauß hatte seine Operette in 42 Herbst- und Winterwochen in seiner Villa in der Wiener Hetzendorfferstraße niedergeschrieben. Einen Monat vor der Premiere reichte er sein Werk bei der Zensurbehörde ein. Mit Rücksicht auf die Berühmtheit des »Walzerkönigs« wurden die Änderungsvorschläge, von deren Annahme durch den Komponisten die Zulassung abhängig gemacht wurde, nur mündlich vorgebracht. Sie betrafen einige politisch interpretierbare Passagen sowie etwas pikant-erotische Stellen, die Strauß daraufhin abänderte.

Titelblatt einer Ausgabe der nach Motiven der Operette komponierten »Fledermaus-Polka«

Johann Strauß (Sohn) am Dirigierpult (Ölgemälde von August Eisenmenger, entstanden 1887/88)

1875

19. 3. In Wien wird die Rohrpost eingeführt, eine besonders schnelle Beförderungsart der Briefpost durch ein Rohrleitungssystem zwischen den Postämtern.

20. 5. Kaiser Franz Joseph I. unterzeichnet das internationale Abkommen von 17 Staaten zur Einführung des metrischen Maßsystems (es tritt am 1. Jänner 1876 in Kraft).

30. 5. Das neue Donauflußbett wird für den Schiffsverkehr freigegeben. →

Juli. In Bosnien und der Herzegowina kommt es zu Aufständen gegen die Herrschaft der Türken (→ 13. 7. 1878).

22. 10. Ein Gesetz verfügt die Errichtung des Verwaltungsgerichtshofes.

5. 11. Ein Eisenbahnunglück bei Schwarzenau (Niederösterreich) fordert elf Menschenleben. →

18. 11. Der Markt Mödling wird zur Stadt erhoben.

Der aus Mecklenburg stammende Wiener Mechaniker Siegfried Marcus entwickelt den ersten Kraftwagen mit Viertaktmotor und elektromagnetischer Zündung (→ 1888).

Der Grazer Schlossermeister Wenzel Wlcek erfindet einen Sicherheitsbriefkasten. →

GESTORBEN:

22. 5. Inzersdorf: Josef Selleny (* 2. 2. 1824), Maler.

29. 6. Prag: Ferdinand I. von Habsburg-Lothringen (* 19. 4. 1793), Kaiser. →

3. 8. Lemberg: Agenor d. Ä. Graf Goluchowski von Goluchow (* 8. 12. 1812), Staatsmann.

GEBOREN:

31. 1. Goisern: Sepp Straffner († 29. 10. 1952), Politiker.

2. 2. Wien: Fritz Kreisler († 29. 1. 1962), Komponist und Geigenvirtuose.

30. 5. Innsbruck: Ferdinand Exl († 28. 10. 1942), Schauspieler und Theaterleiter.

3. 9. Maffersdorf (Böhmen): Ferdinand Porsche († 30. 1. 1951), Autokonstrukteur.

15. 10. Karlsbad: Alfred Grünberger († 25. 4. 1935), Politiker.

10. 11. Wien: Hansi Niese († 4. 4. 1934), Schauspielerin.

4. 12. Prag: Rainer Maria Rilke († 29. 12. 1926), Lyriker.

24. 12. Altach (Vorarlberg): Otto Ender († 25. 6. 1960), Politiker.

25. 12. Weipert (Böhmen): Theodor Innitzer († 9. 10. 1955), Erzbischof von Wien, Kardinal.

Donauregulierun ist abgeschlosse

30. Mai. Das neu errichtete, 30C breite Donaubett wird für d Schiffsverkehr freigegeben. Dar ist die Donauregulierung nach f genau fünf Jahren Arbeit ab schlossen.
Die Gesamtkosten für den Bau eir neuen Flußbettes von Nußdorf Albern in Niederösterreich betrag 25 Millionen Gulden, die zu je eine Drittel von der Stadt Wien, de Land Niederösterreich und de Staat aufgebracht worden sind. I Überschwemmungen der tiefer ge genen Teile Wiens mit zum Teil g ßen Verheerungen sind nunme unmöglich. Zusätzlich könn durch die Baumaßnahme mehre Sandbänke der Donau und Augeb te als Baugrund nutzbar gemac werden. Der am 15. April mit groß Bangen durchgeführte »Durc stich« des sog. Rollerdammes hat n geringfügige Schäden am neuen D naubett verursacht – nun kann d neue Flußabschnitt auch von Sch fen befahren werden.

Neue Postkästen

Der Grazer Schlossermeister Wenzel Wlcek entwickelt einen Sicherheitsbriefkasten, einen »von unten zu öffnenden Behälter, der eine widerrechtliche Manipulation während des Entleerens verhindert«. Der neue Briefkasten löst rasch die recht schmucklosen Holzkästchen ab und wird wegen seiner hohen Sicherheit auch im Ausland eingeführt. Der Erfinder Wlcek erhält Dankes- und Anerkennungsschreiben aus der ganzen Welt (Post- und Telegraphenmuseum Wien).

Ferdinand stirbt in Prag

29. Juni. Im Alter von 82 Jahren stirbt Ferdinand I. von Habsburg-Lothringen, der älteste Sohn Kaiser Franz' I. von Österreich und dessen Nachfolger (→ 2.3.1835). Der kränkliche, körperlich wie geistig schwache Regent war den politischen Anforderungen seines hohen Amtes nie gewachsen, erwarb sich allerdings durch seine persönliche Herzlichkeit im Volk den Beinamen »der Gütige«. Ferdinands Regierungszeit war von einer politischen wie auch wirtschaftlichen Stagnation Österreichs gekennzeichnet. Im Revolutionsjahr (→ 2.12.1848) mußte er schließlich zugunsten seines erst 18jährigen Neffen Franz Joseph auf die Kaiserwürde verzichten.

Ferdinand I. (Gemälde von Amerling)

Ein Zug stürzt in die Tiefe

. November. Um 0.31 Uhr verunglückt der Personenzug Wien-Budweis kurz vor der Station Schwarzenau in Niederösterreich: Die Lokomotive und elf Waggons stürzen von der Willinger Brücke in die Tiefe. Das Unglück fordert elf Tote und 80 Verletzte. Ein 6 m langes Gleisstück war in der Nacht entfernt worden; der Bahnwärter Franz Moser entdeckte dies und lief dem Zug entgegen, seine Warnsignale wurden vom Lokführer wegen des dichten Nebels jedoch nicht gesehen. (Erst auf dem Totenbett gesteht Moser, daß er die Gleise zerstört hatte – in der Hoffnung, den Zug durch seine Warnsignale rechtzeitig zum Halten bringen zu können und als »Retter des Zuges« eine Geldprämie zu erhalten.)

1876

31. 1. Österreich-Ungarn unterbreitet dem Osmanischen Reich Vorschläge zur Beseitigung der Mißstände auf dem Balkan. Obwohl von türkischer Seite sofortige Abhilfe versprochen wird, halten die Unruhen in Bosnien und der Herzegowina an (→ 13.7.1878).

10.–13. 5. Ministerpräsident Julius Graf Andrássy, der deutsche Reichskanzler Otto Fürst von Bismarck und der russische Kanzler Alexander Fürst Gortschakow beraten in Berlin die »Orientalische Frage« und verabschieden ein Memorandum an das Osmanische Reich, das aufgefordert wird, binnen zwei Monaten die notwendigen Reformen auf dem Balkan durchzuführen.

8. 7. Kaiser Franz Joseph I. trifft auf Schloß Reichstadt (Nordböhmen) mit Zar Alexander II. von Rußland zusammen; der Zar erhält die Zusage der österreichisch-ungarischen Neutralität für den Fall eines russisch-türkischen Krieges, Rußland erklärt sich dafür mit einer eventuellen Besetzung Bosniens und der Herzegowina durch Österreich-Ungarn einverstanden (→ 13.6.–13.7.1878).

21. 8. Die »Kronprinz-Rudolf-Brücke« (später Reichsbrücke) über die Donau wird feierlich eröffnet. →

GESTORBEN:

13. 3. Wien: Josef von Führich (* 9.2.1800), Maler. →

25. 5. Wien: Franz Freiherr von John (* 20.11.1815), Feldzeugmeister und Generalstabschef.

12. 9. Graz: Anastasius Grün (eigtl. Anton Alexander Graf Auersperg; * 11.4.1806), Lyriker. →

GEBOREN:

25. 2. Kitzbühel: Otto Juch († 19.2.1964), Politiker.

31. 3. Wilten: Otto Nußbaumer († 5.1.1930), Physiker.

15. 4. Wien: Raoul Auernheimer († 6.10.1948), Schriftsteller.

22. 4. Wien: Robert Bárány († 8.4.1936), Physiologe.

27. 4. Prag: Heinrich Mache († 1.9.1954), Physiker.

13. 7. Pöstien (Ungarn): Mizzi Zwerenz (eigtl. Marie Guttmann; † 14./15.6.1947), Operettensoubrette.

19. 7. Wien: Ignaz Seipel († 2.8.1932), Prälat und Politiker.

15. 11. Graz: Anton Rintelen († 28.1.1946), Politiker.

27. 11. Mürzzuschlag: Viktor Kaplan († 23.8.1934), Maschinenbauer.

Nazarener von Führich

13. März. In Wien stirbt im Alter von 76 Jahren der Maler und Kupferstecher Josef von Führich, Hauptvertreter der Nazarener (einer Malerschule der Wiener Akademie) und Neubegründer der christlich-religiösen Malerei in Österreich.
1826 erhielt der aus Böhmen stammende Führich ein Reisestipendium für Italien, wo er Anschluß an die Künstler-Bewegung der Nazarener fand, die sich um die Darstellung religiöser Themen in einer vorzugsweise klassischen Form (dem Stil der italienischen Renaissancemalerei) bemühte. Führich erklärte in Rom, die Heilige Schrift wäre für ihn fortan »der Kreis, in welchem ich mich bewegen wollte«. 1829 kehrte Führich nach Prag zurück, folgte 1834 einem Ruf nach Wien (als Kustos der Gräflich Lambergschen Galerie) und erhielt 1840 eine Professur für Historienmalerei an der Wiener Akademie der bildenden Künste, wo er bis zu seiner Versetzung in den Ruhestand 1872 (mit einer kurzen Unterbrechung 1848–1851) lehrte. Er schuf zahlreiche religiöse Tafelbilder und Freskenzyklen (so 1844–1846 in der Altlerchenfelder Kirche in Wien).

Pferdetramways im Wiener Stadtbild

Die »Tramways«, die Straßenbahnen, bestimmen das Stadtbild von Wien. Seit 1872 setzen sich die offenen »Salonwagen« (Abbildung) immer mehr durch, die sich durch Plattformsitze auszeichnen. Um die Fahrgäste bemühen sich die »Wiener Tramway-Gesellschaft«, seit 1868 Rechtsnachfolgerin der privaten Schweizer Baugesellschaft Schaeck-Jaquet & Co. und die 1871 gegründete »Neue Wiener Tramway-Gesellschaft«, die eine Konzession zur Errichtung neuer Linien in den (noch nicht eingemeindeten) Vororten und über die Gürtelstrecke erhalten hatte. Geplant waren auch neue Linien beiderseits des Wienflusses.

Die »Kronprinz-Rudolf-Brücke« in Wien (Photographie, 1876)

»Kronprinz-Rudolf-Brücke« eröffnet

21. August. Nach vierjähriger Bauzeit wird die Wiener »Kronprinz-Rudolf-Brücke« (später Reichsbrücke) über die Donau feierlich eröffnet.

Einschließlich der beiden Auffahrtsrampen ist sie fast 1020 m lang und 11,5 m breit; das schweißeiserne Gittertragwerk ruht auf fünf Steinpfeilern (drei davon stehen im Flußbett) und ist (ohne Geländer und Verkleidungen) 2139 t schwer. Die Baukosten betragen rund 3,5 Millionen Gulden. Trotz der erstaunlichen Brückenbreite ist die Fahrbahn nur 7,58 m breit.

Kronprinz Rudolf in Uniform

Der »Wiener Poet«

Titelblatt der »Spaziergänge« (1831)

12. September. Der Dichter Anastasius Grün (eigentlich Anton Alexander Graf Auersperg) stirbt 70jährig. Mit seiner politischen Lyrik wurde Grün im sog. Vormärz zum Vorkämpfer der Freiheit in Österreich. Grüns Hauptwerk, der 1831 anonym erschienene Gedichtzyklus »Spaziergänge eines Wiener Poeten«, wendet sich entschieden gegen das Metternichsche System sowie gegen religiöse Heuchelei und Unduldsamkeit und tritt für ein »offenes Wort in Schrift und Mund« ein. 1848 war Grün Mitglied des Frankfurter Vorparlaments, wurde 1861 in das österreichische Herrenhaus aufgenommen und galt als Führer der Deutschliberalen in Österreich.

1877

15. 1. Österreich-Ungarn und Rußland schließen den Geheimvertrag von Budapest, der die Ergebnisse des Gesprächs der Monachen beider Länder am 8. Juli 1876 festhält. Der Öffentlichkeit wird dieser Vertrag erst 1887 bekanntgegeben.

30. 4.–3. 5. Erster gesamtösterreichischer Katholikentag in Wien: 2 300 Delegierte (darunter 13 Bischöfe und mehr als 680 Kleriker) diskutieren vor allem das Problem des antikirchlichen Staatsschulsystems. Der Katholikentag leitet die Aktivierung des Katholizismus in Österreich ein.

1. 7. Der »Atzgersdorfer Parteikongreß« der Sozialdemokratischen Arbeiterpartei Österreichs bestätigt das »Neudörfler Programm« (→ 5./6. 4. 1874), die geplante Einigung der Arbeiterbewegung in einer Österreichischen Arbeiterpartei kommt allerdings nicht zustande.

27. 8. Siegfried Marcus erhält ein Privileg »auf eine elektrische Lampe«; kurz darauf kommt diese neue Erfindung im Wiener Carltheater erstmals zur öffentlichen Anwendung.

11. 12. Im Wiener Hof-Operntheater findet die erste öffentliche Tanzveranstaltung statt; am 2. März 1878 gibt es die erste »Redoute«; in der Folge werden diese »Opernredouten« zur ständigen Einrichtung, bis 1899 der »Ball der Stadt Wien« an ihre Stelle tritt. →

29. 12. Das Volksstück »Das vierte Gebot« von Ludwig Anzengruber wird in Wien uraufgeführt.

GESTORBEN:

28. 10. Wien: Johann von Herbeck (* 25. 12. 1831), Komponist und Dirigent.

GEBOREN:

14. 3. Wien: Heinrich Mataja († 23. 1. 1937), Politiker.

10. 4. Leitmeritz (Böhmen): Alfred Kubin († 20. 8. 1959), Graphiker, Maler und Dichter.

30. 4. Wien: Fritz von Herzmanovsky-Olando († 27. 5. 1954), Schriftsteller und Graphiker.

14. 7. Schatzlar (Böhmen): Karl Illner († 6. 8. 1935), Mechaniker und Flugpionier.

18. 8. Wien: Hugo Bettauer († 26. 3. 1925), Schriftsteller.

27. 9. Wien: Michael Skubl († 24. 2. 1964), Polizeipräsident.

8. 11. Wien: Hugo Hassinger († 13. 3. 1952), Geograph.

18. 11. Henndorf: Richard Mayr († 1. 12. 1935), Bassist.

18. 12. Wien: Max Pallenberg († 26. 6. 1934), Schauspieler.

Soirée wird zum ersten Opernball

11. Dezember. Im k. k. Hof-Operntheater zu Wien findet die erste öffentliche Tanzveranstaltung statt, eine Soirée, die (später) als erster Opernball bezeichnet wird.

Die »Leipziger Illustrirte Zeitung« berichtet am 18. Jänner 1878 wie folgt über das gesellschaftliche Ereignis in Wien:

»Von frommer Seite war darauf hingewiesen worden, daß in der heiligen Adventszeit das Tanzvergnügen verpönt sei, und es nicht angezeigt erscheine, durch den Tanz im Hause des Kaisers und in Anwesenheit des Hofs der sündigen Welt ein zur Nachahmung ermuthigendes Beispiel des Bruchs der Kirchengebote zu bieten. Diese Andeutung verhallte nicht ungehört; der projectirte Opernball verwandelte sich in eine Opernsoirée, die sich dann ihrerseits, wenn auch ohne officielle Tanzordnung, in einen regelrechten Opernball zurückmetamorphosirte. Dabei fanden das Kirchenregiment das sein Princip gewahrt sah, und das wiener Blut, dem die Tanzmusik in die Glieder fährt, gleichmäßig ihre Rechnung.

Die Einladungskarten des Comités trugen die sacramentale Bezeichnung u. A. w. g.; im gegebenen Fal[l] bedeutete dieselbe ausnahmsweise Unter anderem wird getanzt! Auch ohne diese verschleierte Aufforderung zum Tanze betrachtete es jedermann als selbstverständlich, daß Walzer und Polkas nicht bloß von Strauß'schen Orchester gespielt, sondern auch mit landesüblicher Verve getanzt würden, und so geschah es in der That.

Der Anblick des in einem wahren Lichtmeer strahlenden Riesensaals und seiner gefüllten Logen, mit seinem funkelnden Farbenspiel von prächtigen Toiletten und Uniformen, seiner harmonischen und stilvollen Ausschmückung war von entzückendem Reiz. Die Wiener Damenwelt war in ihren gefeiertsten Schönheiten vertreten, und was die Kaiserstadt an berühmten Namen aufzuweisen hat, das zog hier am Auge in interessantem Wechsel vorüber. Die kaiserliche Oper – das Haus als solches – hat glänzend als Ball- und Festlocal debutirt.«

Am 2. März 1878 gibt es die erste »Redoute«. Der erste »wahre« Opernball findet erst 1935 statt.

Laternenzünder (um 1877)

Schusterbub (1873/75)

Rauchfangkehrer (um 1877)

Wasserer (1877)

»Grabennymphe« (Prostituierte; Photo von Otto Schmidt, um 1880)

»Das sind wahrhafte Wiener Typen«

Seit 1873, dem Jahr der Weltausstellung in Wien, erscheinen im Verlag A. F. Czihak in Wien Photos, die unter dem Titel »Wiener Typen« ein realistisches Bild von den Menschen dieser Zeit geben. Der Journalist Friedrich Schlögl beschreibt voller Begeisterung diese neuen Dokumentaraufnahmen in seiner lokalhistorischen Studie »Von alten und neuen Sachen, Figuren und Dingen« 1882 wie folgt: »Und so treten uns denn, nicht als Phantasiebilder, sondern in lebendigster Treue, die markantesten Gestalten, wie sie das Wiener Pflaster trägt, fast grüßend entgegen. Wir haben sie tausendmal gesehen und können die frappante Ähnlichkeit des Portraits, wie den ganzen »Habitus« des und der »zum Schreien Getroffenen« beschwören. Das sind wahrhafte »Wiener Typen«. Man geht bei ihrer Betrachtung in Wien spazieren.«
Schlögl weist vor allem auf die neue Qualität der Photographie gegenüber der Malerei hin:
»War es früher den einzelnen Meistern überlassen, die gewählten Typen je nach ihren Künstlervermögen und dem richtigen Blick ihres Auges dem Beschauer zu versinnlichen, wobei statt der drastischen Originale nicht selten undefinirbare Ideale dem Blei und Pinsel entwuchsen, so nimmt nun der Photograph die Gestalten »von der Straße«, stellte sie vor sein unparteiisches Instrument und die Figuren stehen in unzweifelhafter Echtheit, ja nach Verlangen in unretouchirter Wahrheit auf dem Papiere.«

»'s Millimad'l« (Milchmädchen; Photo von Otto Schmidt, um 1880)

Blinder Bettler und Gehilfe (1873/75)

Drei Dienstmänner mit Auftraggeber (1873/75)

Stubenmädl (Photo von Otto Schmidt, 1873/75)

1878

3. 3. Der Vorfrieden von San Stefano beendet den 1877 begonnenen russisch-türkischen Krieg.

13. 6. In Berlin beginnt ein Kongreß zur Lösung der »Orientalischen Frage«. →

13. 7. Österreich-Ungarn und das Osmanische Reich schließen eine geheime Konvention über die Besetzung Bosniens und der Herzegowina. Am 29. Juli marschieren österreichisch-ungarische Truppen in beiden Ländern ein, zahlreiche Gefechte verzögern allerdings die Besetzung. →

Ende Oktober. Die Besetzung Bosniens und der Herzegowina durch Österreich-Ungarn ist abgeschlossen.

Die Krise in der deutschliberalen Regierung unter Adolf Fürst von Auersperg spitzt sich wegen der von den Deutschliberalen abgelehnten Balkanpolitik zu; der Einfluß der Konservativen und Slawen bei Hof wächst, weshalb Auersperg als Ministerpräsident demissioniert.

Die beiden Geiger Johann und Josef Schrammel gründen mit dem Gitarristen Anton Strohmayer und dem Klarinettisten Georg Dänzer das »Schrammelquartett« (→ 1887).

GESTORBEN:

8. 3. Wien: Franz Karl von Habsburg-Lothringen (* 7. 12. 1802), Erzherzog von Österreich.

23. 7. Wien: Karl Freiherr von Rokitansky (* 19. 2. 1804), Pathologe. →

15. 11. Wien: Anton Dominik Ritter von Fernkorn (* 17. 3. 1813), Bildhauer. →

GEBOREN:

21. 1. Wien: Egon Friedell (eigtl. Friedmann; † 16. 3. 1938), Kulturhistoriker.

1. 2. St. Wolfgang: Johann Maria Boykow († 22. 7. 1935), Erfinder.

8. 2. Wien: Martin Buber († 13. 6. 1965), Philosoph.

14. 2. Klosterneuburg: Hans Ledwinka († 2. 3. 1967), Techniker.

23. 3. Monaco: Franz Schrecker († 21. 3. 1934), Komponist.

28. 7. Saak (Kärnten): Vinzenz Schumy († 13. 12. 1962), Landbundpolitiker.

5. 9. Wien: Robert von Lieben († 20. 2. 1913), Physiker.

1. 10. Altmannsdorf: Othmar Spann († 8. 7. 1950), Nationalökonom.

12. 10. Groß-Enzersdorf: Karl Buresch († 16. 9. 1936), Politiker.

7. 11. Wien: Lise Meitner († 27. 10. 1968), Physikerin.

Die »Orientalische Frage«

13. Juni – 13. Juli. Auf dem Berliner Kongreß wird unter dem Vorsitz des deutschen Reichskanzlers Otto Fürst von Bismarck eine Lösung der »Orientalischen Frage« erzielt.

Am 3. März hat der Vorfrieden von San Stefano (bei Konstantinopel) den russisch-türkischen Krieg beendet, die harten Friedensbedingungen Rußlands werden in Berlin allerdings zugunsten des Osmanischen Reiches korrigiert. Durch die Vermittlung Bismarcks, der die Rolle des »ehrlichen Maklers« übernimmt und zwischen den streitenden Parteien einen Kompromiß herzustellen sucht, ohne selbst irgendwelche Forderungen anzumelden, kommt es am 13. Juli zur Unterzeichnung des Berliner Friedens durch Österreich-Ungarn, Frankreich, Großbritannien, Rußland, Italien, das Deutsche Reich und das Osmanische Reich.

Rußland muß auf die Bildung des von ihm geforderten Fürstentums Großbulgarien verzichten (Bulgarien bleibt auf den Raum zwischen Donau und Balkan-Gebirge beschränkt), erhält allerdings Bessarabien sowie Teile Armeniens; Rumänien, Serbien und Montenegro werden selbständig, Ostrumelien (zwischen Balkan-Gebirge und Ägäis) wird zur autonomen osmanischen Provinz. Großbritannien sichert sich Zypern als Militärstützpunkt, Österreich-Ungarn (in Berlin durch Außenminister Julius Graf Andrássy vertreten) erhält das Besetzungsrecht (wenn nötig militärisch) über Bosnien und die Herzegowina sowie den Bezirk Novipazar. So soll das Übergewicht einer europäischen Großmacht auf dem Balkan verhindert werden.

Am 13. Juli unterzeichnen Österreich-Ungarn und das Osmanische Reich zudem eine geheime Konvention wegen der Besetzung Bosniens und der Herzegowina, die völkerrechtlich nicht als »Annexion«, sondern als »Okkupation« von unbestimmter Dauer gelten soll; demzufolge bleibt auch die Souveränität des Sultans in beiden Ländern gewahrt. Am 29. Juli beginnen österreichisch-ungarische Truppen unter Feldzeugmeister Josef Freiherr von Philippović mit der Besetzung. Zahlreiche Gefechte gestatten nur einen langsamen Vormarsch. Am 19. August wird Sarajevo erstürmt, am 16. Oktober halten die österreichisch-ungarischen Truppen Einzug in Mostar. Bis Ende Oktober sind Bosnien und die Herzegowina vollständig besetzt.

Unterzeichnung des Berliner Vertrags (Gemälde von Anton von Werner)

Monumentale Standbilder

15. November. 65jährig stirbt der Bildhauer und Erzgießer Anton Dominik Ritter von Fernkorn. Der seit 1840 in Wien lebende Künstler prägte durch seine beiden Reiterstandbilder das Bild des 1819 bis 1823 angelegten Heldenplatzes vor der Wiener Hofburg: 1859 wurde das Erzherzog-Karl-Denkmal fertiggestellt, 1865 folgte die feierliche Enthüllung des Prinz-Eugen-Denkmals, errichtet zum Gedenken an die genialen Feldherren der Türkenkriege (→ 1683).

Seit 1856 leitete Fernkorn eine Kunsterzgießerei in der Gußhausstraße auf der Wieden.

Das von Anton Dominik Ritter von Fernkorn geschaffene Prinz-Eugen-Denkmal in Wien

Der Begründer der Pathologie

23. Juli. Im Alter von 74 Jahren stirbt der aus Königgrätz stammende Pathologe Karl Freiherr von Rokitansky, Mitbegründer der Wiener Medizinischen Schule (→ 1846).

Rokitansky war seit 1834 außerordentlicher, seit 1844 ordentlicher Professor für pathologische Anatomie an der Wiener Universität. Erstmals stellte er bestimmte Krankheitstypen auf und verfaßte ein lange Zeit gültiges Lehrbuch, das 1842 bis 1846 erschienene dreibändige »Handbuch der pathologischen Anatomie«.

1867 wurde der bekannte Pathologe für seine Verdienste von Kaiser Franz Joseph I. in den Freiherrenstand erhoben.

1879

Februar. Finanzminister Karl von Stremayr führt nach dem bewilligten Rücktritt von Ministerpräsident Adolf Fürst von Auersperg die Regierung interimistisch weiter.

21.4. Österreich-Ungarn und das Osmanische Reich schließen eine Vereinbarung über die Übernahme Bosniens und der Herzegowina in dauerhafte österreichische Verwaltung, wobei die Souveränitätsrechte des Sultans gewahrt bleiben sollen.

24.4. Die Wiener Votivkirche wird geweiht.→

27.4. Anläßlich der Silberhochzeit des Kaiserpaares wird ein prunkvoller »Festzug der Stadt Wien« veranstaltet.→

29.4. Alexander von Battenberg wird zum Fürsten von Bulgarien gewählt.

Juni/Juli. Bei den Neuwahlen zum Abgeordnetenhaus verlieren die Deutschliberalen aufgrund ihrer antislawischen und antikirchlichen Politik die Mehrheit. Am 11. Juli tritt das interimistische Ministerium Stremayr zurück – die deutschliberale Ära in Österreich ist damit beendet.

12.8. Eduard Graf Taaffe bildet das sog. Versöhnungsministerium.→

September. K. u. k.-Truppen besetzen den Bezirk Novipazar (→13.6.–13.7.1878).

7.10. Österreich-Ungarn und das Deutsche Reich schließen den »Zweibund«.→

8.10. Außenminister Julius Graf Andrássy demissioniert; Nachfolger wird Heinrich Karl Freiherr von Haymerle.

In Wien wird der erste Höhlenverein zur Erforschung der rund 4000 Höhlen Österreichs gegründet.

GESTORBEN:

14.10. München: Ferdinand Kürnberger (*3.7.1821), Schriftsteller und Publizist.

GEBOREN:

3.3. Staasdorf: Rudolf Buchinger (†20.2.1950), Politiker.

21.3. Warnsdorf (Böhmen): Mizzi Günther (†18.3.1961), Operettensoubrette.

22.3. Karlstadt: Richard Teschner (†4.7.1948), Maler.

6.7. Bad Aussee: Gunther Burstyn (†15.4.1945), Techniker.

9.7. Wien: Friedrich Adler (†2.1.1960), Politiker.

1.9. Wien: Bruno Granichstaedten (20.5.1944), Komponist.

25.12. Oberaltstadt (Böhmen): Igo (eigentlich Ignaz) Etrich (†4.2.1967), Pionier des Flugzeugbaues.

Tribüne mit dem Hof und den Ehrengästen, versammelt zur silbernen Hochzeit des Kaiserpaars am Äußeren Burgtor

Kirchenweihe und Festzug

24./27. April. Am Tage der Silberhochzeit des Kaiserpaares (→24.4. 1854) wird die Votivkirche »Zum göttlichen Heiland« an der Wiener Ringstraße geweiht. Drei Tage später findet ein prachtvoller »Festzug der Stadt Wien« zu Ehren Kaiser Franz Josephs I. und seiner Gattin Elisabeth statt.

Erzherzog Ferdinand Maximilian hatte den Kirchenbau als Dank für das Mißlingen eines Mordanschlags auf den Kaiser angeregt (→18.2. 1853); aus einem Architektenwettbewerb ging der erst 23jährige Johann Heinrich von Ferstel als Sieger hervor. Nach seinen Plänen wurde die Votivkirche in 23jähriger Bauzeit errichtet.

Die imposante Doppelturmfassade besitzt drei Figurenportale und eine bemerkenswerte Fensterrosette. Die dreischiffige Basilika ist ein eindrucksvolles Beispiel historisierender Architektur, denn sie folgt dem Vorbild der französischen Kathedralgotik des 13. Jahrhunderts und ist zugleich geistliches Symbol des österreichischen Reichsgedankens.

Der für den 25. geplante Festzug über die Wiener Ringstraße muß wegen starker Regenfälle zweimal verschoben werden. Für das Kaiserpaar und die Angehörigen des Herrscherhauses hat Otto Wagner vor dem äußeren Burgtor eine dekorative zeltartige Tribüne errichtet. Den Festzug hat der überaus beliebte Maler Hans Makart künstlerisch gestaltet (sodaß der Zug wegen des überdekorativen und farbenprächtigen Stil des Künstlers sogar dessen Namen erhält). 14000 Teilnehmer in historischen Kostümen ziehen über die Ringstraße, mit zahlreichen reich geschmückten Wagen. Rund 50000 Zuschauer auf den eigens errichteten Tribünen und mehr als 300000 entlang der Straße wohnen dem farbenprächtigen Spektakel bei.

Die Kosten für diesen Festzug betragen 66600 Gulden. Durch Zuschüsse und Einnahmen aus dem Kartenverkauf entsteht bei der Endabrechnung noch ein Überschuß in Höhe von 11000 Gulden.

Portal der Votivkirche in Wien

»Die Textilindustrie« (Wagen aus dem Festzug der Stadt Wien)

»Die Eisenbahnen« (aus dem von Hans Makart gestalteten Festzug)

Der »Zweibund«

7. Oktober. Österreich-Ungarn und das Deutsche Reich schließen in Wien einen »Zweibund«, der die beiden Vertragspartner im Falle eines russischen Angriffs zu gegenseitigem Beistand verpflichtet und für den Fall eines Angriffs durch eine andere Macht zumindest wohlwollende Neutralität zusichert.
Bereits im März haben die Monarchen beider Länder, Kaiser Franz Joseph I. und Kaiser Wilhelm I., in Bad Gastein Vorgespräche über ein gemeinsames Defensivbündnis geführt, im Juli begannen dann konkrete Vertragsverhandlungen zwischen k.u.k. Außenminister Julius Graf Andrássy und dem deutschen Reichskanzler Otto von Bismarck. Hintergrund für das Bündnis sind die deutsch-österreichischen Befürchtungen, daß Rußland, vom Ausgang des Berliner Kongresses (→ 13.6.–13.7.1878) enttäuscht, einen Angriff auf Polen oder die Donaumonarchie wagen bzw. Frankreich bei einem Angriff auf das Deutsche Reich unterstützen könnte. Der auf fünf Jahre geschlossene Geheimvertrag wird 1883 verlängert, 1902 wird festgelegt, daß er sich fortan automatisch für jeweils drei weitere Jahre verlängert. Öffentlich bekannt wird das Bündnis erst 1888.

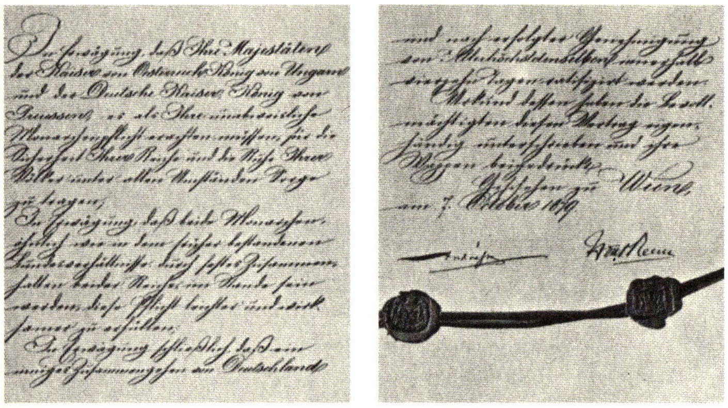

Zwei Seiten des Bündnisvertrags (Haus-, Hof- und Staatsarchiv Wien)

Deutsch-österreichischer Zweibund

Im Vertragstext des »Zweibundes« zwischen Österreich-Ungarn und dem Deutschen Reich vom 7. Oktober 1879 heißt es u. a.:

»1. Sollte … eines der beiden Reiche von Seite Rußlands angegriffen werden, so sind die Hohen Kontrahenten verpflichtet, einander mit der gesamten Kriegsmacht Ihrer Reiche beizustehen…
2. Würde eines der Hohen kontrahierenden Teile von einer anderen Macht angegriffen werden, so verpflichtet sich … der andere Hohe Kontrahent, dem Angreifer gegen seinen … Verbündeten nicht nur nicht beizustehen, sondern mindestens eine wohlwollende neutrale Haltung gegen den Hohen Mitkontrahenten zu beobachten…«

Die Regierung Taaffe

12. August. Eduard Graf Taaffe bildet nach dem Rücktritt des seit Februar interimistisch regierenden Deutschliberalen Karl von Stremayr eine konservative Koalitionregierung, das sog. Versöhnungsministerium, dem zunächst alle Parteien angehören, doch scheiden die Deutschliberalen schon bald aus.
Graf Taaffe gelingt es, auch die dem Reichsrat seit 15 Jahren ferngebliebenen Tschechen zur Zusammenarbeit zu gewinnen, er macht Zugeständnisse an die Slawen, doch mißlingt die angestrebte Versöhnung der Nationalitäten des Kaiserreichs. (Graf Taaffe bleibt 14 Jahre Ministerpräsident, eine Zeitspanne, die kein anderer kaiserlicher Regierungschef erreicht. Von ihm stammt das charakteristische Wort vom »fortwursteln«.)

1880

14.3. Unter der Patronanz des Kaiserpaares wird die österreichische Gesellschaft vom Roten Kreuz gegründet.

19.4. Die »Sprachenverordnung für Böhmen und Mähren« wird erlassen; sie verpflichtet die Behörden, Eingaben in der Landessprache zu erledigen, und legt eine sprachliche Teilung der Prager Universität fest. Die Verordnung ruft eine starke Opposition bei den Deutschen hervor.

Juli. Auf dem Großglockner (3797 m) wird das »Großglocknerkreuz« verankert, ein 2,5 m hohes Kreuz, gestiftet vom Österreichischen Alpenclub anläßlich der Silberhochzeit des Kaiserpaares. Der Entwurf stammt von Dombaumeister Friedrich von Schmidt.

27.7. Die erste elektrische Bahn Wiens wird eröffnet: Es handelt sich um eine anläßlich der Niederösterreichischen Gewerbeausstellung von dem gebürtigen Ungarn Béla Egger an der Ostfront der Rotunde im Prater errichtete »Vergnügungsbahn«.

2.7. Der Österreichische Schulverein wird in Wien gegründet. Initiiert vom radikal-deutschnationalen Deutschen Leseverein (»Deutscher Klub«), ist seine Aufgabe die Errichtung und Erhaltung deutscher Schulen in gemischtsprachigen Gebieten des Kaiserreichs.

GESTORBEN:

2.1. Wien: Carl Michael Geyling (* 14.2.1814), Glasmaler.

29.4. Wien: Franz Eybl (* 1.4.1806), Maler.

25.7. Inzersdorf bei Wien: Heinrich Drasche Edler von Wartinberg (* 19.4.1811), Industrieller. →

GEBOREN:

18.1. Wien: Paul Ehrenfest († 25.9.1933), Physiker.

3.4. Wien: Otto Weininger († 4.10.1903), Philosoph.

7.4. Brünn: Fritz Grünbaum († 14.1.1940), Kabarettist.

9.4. Wien: Eduard Heinl († 10.4.1957), Politiker.

13.4. München: Ludwig von Ficker († 20.3.1967), katholischer Kulturpolitiker.

4.7. Wien: Victor Kraft († 3.1.1975), Philosoph.

6.8. Wien: Hans Moser (eigtl. Jean Juliet; † 19.6.1964), Komiker und Schauspieler.

25.8. Graz: Robert Stolz († 27.6.1975), Komponist.

28.9. Wien: Josef Resch († 6.4.1939), Politiker.

6.11. Klagenfurt: Robert Musil († 15.4.1942), Dichter.

Ein erfolgreicher Großunternehmer

24. Juli. Im Alter von 69 Jahren stirbt der Industrielle Heinrich Drasche Edler von Wartinberg, der reichste Mann Wiens.
Der in Brünn geborene Drasche kam Anfang der 30er Jahre nach Wien und übernahm die Ziegelwerke auf dem Laaer Berg. 1837 erwarb er den Steinkohlenbergbau in Grünbach am Schneeberg (seit 1827 wurde hier abgebaut) – die Jahresproduktion betrug 1841 rund 37 800 Wiener Zentner Kohle, 1854 bereits 282 537 Wiener Zentner. Die vier Inzersdorfer Ziegeleien nahmen durch die Bautätigkeit der Wiener Stadterweiterung einen enormen

H. Drasche Edler von Wartinberg

Aufschwung. Drasche erwarb selbst ein Ringstraßengrundstück, auf dem er 1861–1863 den Heinrichshof (gegenüber der Oper) errichten ließ (1945 durch Bomben zerstört).
Drasche, seit 21. März 1870 Edler von Wartinberg, errichtete als einer der ersten Unternehmer Österreichs Arbeiterwohnhäuser und mehrere Sozialeinrichtungen (wie z. B. einen Pensionsfonds und Krankenfürsorgekassen). Bei seinem Tod besaß er 15 Kohlengruben mit einer jährlichen Förderung von mehr als sechs Millionen Zentnern Kohle und beschäftigte über 4000 Arbeiter. Außerdem war er Besitzer von zwölf Ziegelfabriken mit einer jährlichen Erzeugung von 188 Millionen Stück Ziegel und zweier Tonwarenfabriken mit einem Gesamtbeschäftigtenstand von 5700 Arbeitern.

1881

20. 2. Anton Bruckners 4. Symphonie (die »Romantische«) wird in Wien uraufgeführt.

10. 5. In Wien findet die Hochzeit des Kronprinzen Rudolf mit der belgischen Prinzessin Stephanie statt.

3. 6. Die »Wiener-Privat-Telegraphen-Gesellschaft« erhält eine Konzession. →

18. 6. Österreich-Ungarn, Rußland und das Deutsche Reich schließen ein Bündnis. →

28. 6. Kaiser Franz Joseph I. und Fürst Milan von Serbien unterzeichnen einen Geheimvertrag (am 30. Oktober durch eine gegenseitige Konvention ergänzt).

15. 10. In Berlin wird der Allgemeine Deutsche Schulverein gegründet, in dem der Österreichische Schulverein aufgeht.

Oktober. Gustav Sigmund Graf Kálnoky von Köröspatak wird neuer k. u. k. Außenminister.

November. Die Deutschliberalen schließen sich zur »Vereinigten Linken« zusammen.

8. 12. Ein Brand des Wiener Ringtheaters fordert 386 Todesopfer. →

»Österreichische-Alpine Montangesellschaft« wird gegründet.

GESTORBEN:

29. 3. Michelstadt: Karl von Weyprecht (* 8. 9. 1838), Polarforscher (→ 13. 6. 1872).

27. 4. Graz: Ludwig August von Benedek (* 14. 7. 1804), Feldzeugmeister (→ 1866).

4. 6. Wien: Franz Freiherr von Uchatius (* 20. 10. 1811), Feldmarschall-Leutnant. →

10. 10. Wien: Heinrich Karl Freiherr von Haymerle (* 7. 12. 1828), Diplomat, seit 1879 k. u. k. Außenminister.

30. 10. Wien: Matthias Ritter von Schönerer (* 9. 1. 1807), Eisenbahntechniker.

GEBOREN:

1. 1. Berlin: Else Wohlgemuth († 30. 5. 1972), Schauspielerin.

9. 3. Wien: Robert Hecht († 30. 5. 1938), Jurist.

9. 4. Graz: Ferdinand Maierhofer († 6. 6. 1960), Kammerschauspieler.

12. 4. Teschen: Rudolf Ramek († 24. 6. 1941), Politiker.

17. 4. Wien: Anton Wildgans († 3. 5. 1932), Schriftsteller.

2. 9. Pistritz: Wilhelm Zehner († 11. 3. 1938), General.

5. 9. Wien: Otto Bauer († 4. 7. 1938), Politiker.

20. 9. Untermais bei Meran: Richard Steidle († 30. 8. 1940), Heimwehrführer.

28. 11. Wien: Stefan Zweig († 22. 2. 1942), Schriftsteller.

Drei-Kaiser-Vertrag

18. Juni. In Berlin wird der sog. Drei-Kaiser-Vertrag zwischen Kaiser Franz Joseph I., Zar Alexander III. von Rußland und dem deutschen Kaiser Wilhelm I. unterzeichnet. Die drei Vertragsparteien vereinbaren darin wohlwollende Neutralität im Falle eines Konflikts eines Partners mit einer anderen Macht.
In einem Zusatzprotokoll erhält Österreich-Ungarn die Zustimmung, die Okkupation Bosniens und der Herzegowina zu einem beliebigen Zeitpunkt in eine Annexion umzuwandeln. Das Deutsche Reich und Österreich-Ungarn erklären zudem ihre Bereitschaft, die von russischer Seite gewünschte Vereinigung des Fürstentums Bulgarien mit der autonomen osmanischen Provinz Ostrumelien zu dulden. Trotzdem bleibt der österreichisch-russische Gegensatz auf dem Balkan bestehen, sodaß der deutsche Reichskanzler Otto Fürst von Bismarck sich in der Folge durch einen geheimen »Rückversicherungsvertrag« mit Rußland, der am 18. Juni 1887 geschlossen wird, zusätzlich abzusichern versucht.
Der Drei-Kaiser-Vertrag bleibt bis 1914 geheim.

Kaiser Franz Joseph I. an seinem Arbeitstisch (Xylographie, 1880)

Ein Telephonnetz für den Raum Wien

3. Juni. Fünf Jahre, nachdem der Schotte Graham Bell in den USA das erste brauchbare Telephon gebaut hat, erhält die »Wiener Telegraphen-Gesellschaft« die Konzession zur Installierung eines Telephonnetzes im Raum Wien.
Bereits am 1. Dezember kann das Ortstelephonnetz in Betrieb genommen werden, es hat 154 Anschlüsse. In einer Anzeige in allen Wiener Zeitungen wird das »Verzeichnis der bisher angemeldeten Abonnenten« – das erste »Telephonbuch« – kundgemacht.
Öffentliche Stellen, darunter auch Polizei und Feuerwehr, sind allerdings noch nicht ans Telephonnetz angeschlossen, ja nicht einmal der Wiener Bürgermeister, der Ministerpräsident oder gar der Kaiser verfügen über ein Telephon. Dafür haben die Banken und Geschäftsleute der Stadt die Bedeutung dieser neuen Einrichtung erkannt: Die Creditanstalt und die Länderbank, fast alle größeren Hotels, die Zeitungsredaktionen und großen Bahnhöfe sind an das Telephonnetz angeschlossen. Daneben gibt es 30 Anschlüsse »für directe Verbindungen von je 2 Etablissements«, meist Leitungen zwischen einem Unternehmer und seinem Betrieb. Alle anderen Verbindungen werden über »Klappschränke« in der Zentrale handvermittelt. Das Telephonieren ist kostspielig. Im Umkreis von 2 km um die Zentrale wird eine Jahresgebühr von 100 Gulden verrechnet, jeder weitere Kilometer kostet zusätzlich 25 Gulden.

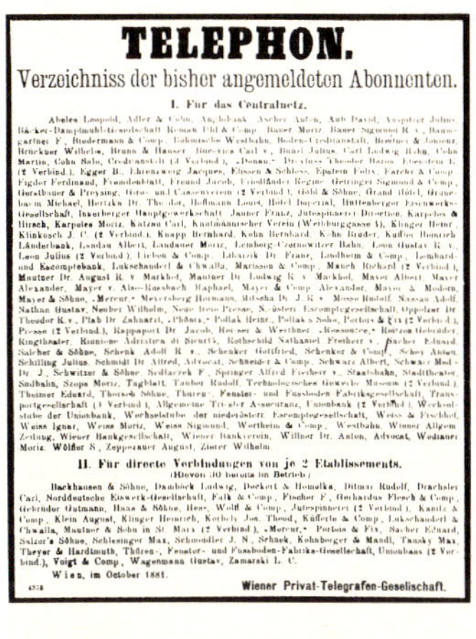

TELEPHON.

Verzeichniss der bisher angemeldeten Abonnenten.

I. Für das Centralnetz.

[illegible]

II. Für directe Verbindungen von je 2 Etablissements.

[illegible]

Wien, im October 1881.

Wiener Privat-Telegrafen-Gesellschaft.

Telephonverzeichnis von 1881

Der »Riese von Lengau«

Aus der Gemeinde Lengau in Oberösterreich wird von einem ungewöhnlich großen jungen Mann berichtet, der als »Riese von Lengau« bekannt wird und als der größte Mensch seiner Zeit gilt.
In der »Rieder Zeitung« heißt es über den am 27. April 1861 geborenen Franz Winkelmeier: »(Ein Riesenmensch.) Gelegentlich des am 18. d. stattfindenden Erst-Trabreiten wird sich hier ein aus Lengau gebürtiger 20jähriger Bursche sehen lassen, dessen Körperlänge bei vollkommen normalem Gliederbau nicht weniger als sieben Fuß drei Zoll beträgt. Gewiß eine anständige Größe!«
Winkelmeier erreicht in der Folge noch eine Größe von acht Fuß und sechs Zoll (2,58 m) und wird von geschickten Geldmachern eine Zeitlang durch ganz Deutschland und halb Europa geschickt. In Berlin unterzieht ihn der berühmte Medizinprofessor Rudolf Virchow einer gründlichen Untersuchung und erklärt ihn zum größten Menschen der Welt.
In London erreicht Winkelmeier, dessen Auftritt überall großes Aufsehen erregt, die Nachricht vom Tod seiner Mutter; sofort kehrt er nach Lengau zurück, wo er als gebrochen scheinender Mensch ankommt. Nur wenige Wochen nach seiner Mutter stirbt Winkelmeier, erst 26jährig, am 24. August 1887 in seinem Heimatdorf. Im Totenbuch wird als Todesursache allein »Lungentuberkulose« vermerkt.

Selbstmord eines Waffentechnikers

4. Juni. Im Alter von 69 Jahren scheidet der Waffentechniker und Erfinder, Feldmarschall-Leutnant Franz Freiherr von Uchatius, freiwillig aus dem Leben.
Uchatius erfand 1846 einen Bildwerfer, mit dem man bewegliche Bilder an die Wand projizieren konnte, einen Laufbildprojektor – das erste »Heimkino« –, der aber nicht ausgewertet wurde. 1874 erfand er eine Stahlbronze, die sich durch außergewöhnliche Elastizität auszeichnet, für den Bau von Geschützen verwendet wird und als »Uchatius-Stahlbronze« Weltruf erlangt.

»Ein riesiger Feuerherd«

Am 9. Dezember 1881 gab das »Fremden-Blatt« Wien folgenden Bericht über den Brand des Ringtheaters:

»Es sollte gestern die zweite Aufführung der Offenbachschen Operette »Hoffmanns Erzählungen« im Ringtheater sein. Um 6¾ Uhr war es, als die ersten Zuschauer durch das Hauptportal des Theaters mit dem Schreckensrufe »Feuer!« auf die Straße stürzten. In demselben Augenblick drangen bereits aus den Fenstern des vierten Stockwerkes auf der Frontseite des Theaters Rauchwolken. Im Inneren des Theaters erloschen die Gasflammen, und die bereits in ziemlich bedeutender Anzahl, namentlich auf den Galerien, versammelten Zuschauer, welche schreckensbleich nach den Ausgängen drängten, waren mit einemmal im Dunkeln – ein Moment, das den Schrecken und die Panik ins Entsetzliche steigerte. An den Fenstern im ersten und zweiten Stocke erschienen hilferufende Gestalten. Auf der Straße tauchten jammernd und rufend Personen auf, deren Angehörige in das Ringtheater gegangen waren ... Es war ein Bild entsetzlichster Verwirrung, welche jeder Beschreibung spottet. Inzwischen hatte sich das Feuer Bahn durch das Dach gebrochen und schoß in weithin leuchtenden Garben zum Himmel, die schauerliche Szene mit gelbem Lichte beleuchtend und den Schrecken unter den noch im Hause befindlichen Zuschauern vermehrend. Endlich, nach zehn wie eine Ewigkeit langen Minuten ertönten die Hornsignale der Feuerwehr. Spritzen auf Spritzen, Wasserwagen auf Wasserwagen rasselten an, und Rettungsrequisiten wurden herbeigebracht. Schreckliche Sekunden verstrichen, bis das Sprungtuch entfaltet war und zuerst die auf dem Balkon wartenden 84 Zuschauer der Reihe nach herabsprangen, die Weiber und Kinder unter schrecklichem Geschrei, zaudernd und doch zuletzt durch die Angst zum Sprunge getrieben.«

Das Wiener Ringtheater steht in Flammen (zeitgenössische Darstellung)

Ringtheater brennt

8. Dezember. Unmittelbar vor Beginn einer Vorstellung bricht im Wiener Ringtheater ein Brand aus, der 386 Todesopfer unter den Besuchern fordert.

Vor allem die Zuschauer der oberen Ränge können den Flammen nicht mehr entfliehen, da kurz nach Ausbruch des Brandes die Beleuchtung im Theater erlischt und im Dunkeln eine Panik ausbricht. Die Feuerwehr kann nur noch einen Teil der Theaterbesucher mit dem Sprungtuch retten. Das 1700 Zuschauer fassende Theater brennt völlig aus. Direktor Franz Jauner wird zur Rechenschaft gezogen.

Als Folge der Katastrophe werden in allen Theatern sog. eiserne Vorhänge eingeführt, strenge Brandschutzvorschriften erlassen und die Wiener Feuerwehr grundlegend reorganisiert. Unter dem Eindruck des Unglücks gründen Hans Graf von Wilczek, Eduard Graf Lamezan-Salins und Jaromir Mundy die »Wiener freiwillige Rettungsgesellschaft«.

An der Stelle des niedergebrannten Theaters läßt Kaiser Franz Joseph I. aus den Mitteln der Privatschatulle das »Sühnehaus« errichten. Die Baupläne stammen von Dombaumeister Friedrich von Schmidt, die Eröffnung findet am 8. Dezember 1885 statt. Es handelt sich dabei um ein Zinshaus, dessen Zinsertrag wohltätigen Zwecken (zum Teil auch den Opfern des Ringtheaterbrandes bzw. ihren Hinterbliebenen) zugeführt wird. (1951 wird das schwer beschädigte Gebäude abgetragen und an dieser Stelle die neue Polizeidirektion errichtet.)

Direktor Jauner wird wegen des Brandes zur Verantwortung gezogen

1882

20. 4. Für die slowenischen Gebiete der Steiermark wird eine Sprachverordnung erlassen.

20. 5. Österreich-Ungarn, Italien und das Deutsche Reich unterzeichnen einen Bündnisvertrag, der allerdings nur in Kraft tritt, wenn eine Vertragspartei von zwei oder mehr Staaten angegriffen wird. Damit wird der Zweibund vom → 7. Oktober 1879 zum Dreibund erweitert.

2. 6. Georg Ritter von Schönerer gründet den »Deutschnationalen Verein«. →

1. 9. Das Linzer Programm der Deutschnationalen wird veröffentlicht. →

20. 10. Für Österreichisch-Schlesien wird eine Sprachverordnung erlassen.

Die neu errichtete Sternwarte auf der Türkenschanze in Wien nimmt ihre Tätigkeit mit dem größten Linsenfernrohr der Welt auf (68 cm Objektivöffnung, 10,5 m Brennweite).

Der Arzt Hermann Nothnagel wird an die Wiener Universität berufen. →

GESTORBEN:

19. 10. Wien: Johann Fürst (* 17. 4. 1825), Volkssänger, eröffnete 1862 das »Fürst-Theater«, eine Wiener Singspielhalle.

GEBOREN:

13. 1. Wiener Neustadt: Ferdinand Ebner († 17. 10. 1931), Philosoph.

27. 2. Braunau am Inn: Edmund Glaise-Horstenau († 20. 7. 1946), Politiker.

5. 3. Wien: Louis Nathaniel von Rothschild († 15. 1. 1955), Bankier.

21. 3. Linz: Wolfgang Denk († 4. 2. 1970), Chirurg.

21. 3. Wien: Fritzi Massary († 30. 1. 1969), Operettensängerin.

14. 4. Berlin: Moritz von Schlick († 22. 6. 1936), Philosoph.

11. 5. Graz: Joseph Marx († 3. 9. 1964), Komponist.

26. 6. Mokrice (Krain): Friedrich von Gagern († 15. 11. 1947), Schriftsteller.

19. 8. Wien: Emil Schipper († 20. 7. 1957), Opernsänger.

27. 8. Wien: Hubert Marischka († 4. 12. 1959), Schauspieler und Regisseur.

24. 9. Wien: Alfons Petzold († 26. 1. 1923), Arbeiterdichter.

2. 11. Prag: Leo Perutz († 25. 8. 1957), Schriftsteller.

10. 11. Marburg: Max Mell († 12. 12. 1971), Dichter.

10. 12. Wien: Otto Neurath († 22. 12. 1945), Nationalökonom.

Deutschnationale Partei gegründet

2. Juni. Georg Ritter von Schönerer gründet den »Deutschnationalen Verein«, der das bereits 1880 von Viktor Adler und Engelbert Pernerstorfer (den späteren Führern der Sozialdemokraten) sowie dem Historiker Heinrich Friedjung ausgearbeitete sog. Linzer Programm veröffentlicht.

Für die Stärkung des Deutschtums

Am 1. September 1882 wurde das sog. Linzer Programm der Deutschnationalen in seiner endgültigen Fassung veröffentlicht. Neben sozialen Forderungen steht das Deutschtum im Mittelpunkt des in 33 Punkte gegliederten Programms:

»...Es ist sowohl im nationalen, als im staatlichen Interesse gelegen, daß diejenigen Länder der österreichisch-ungarischen Monarchie, welche ehemals dem Deutschen Bunde angehörten, für sich ein möglichst unabhängiges und streng einheitlich organisiertes Ganzes bilden... Es ist durch die Lage und durch die historische Entwicklung der diesseitigen Reichshälfte bedingt, daß jenen Ländern der Monarchie, welche ehemals dem Deutschen Bunde angehörten, der deutsche Charakter gewahrt bleibe, und es muß daher gefordert werden, daß durch ein Gesetz die deutsche Sprache als Staatssprache erklärt, insbesondere aber verfügt werde...«

Die Deutschnationalen fordern darin die Zusammenfassung der deutschsprachigen Länder, einen engeren Anschluß an das Deutsche Reich und nur eine Personalunion mit Ungarn. Bereits am 18. Dezember 1878 hatte Schönerer im Reichstag erklärt: »Wenn wir nur schon zum Deutschen Reich gehören würden.« In seinem »Programm« vom Juni 1879 forderte u.a.: ...Österreich muß, seines Ursprunges und seiner Geschichte eingedenk, den Deutschen die Gewähr bieten, daß deren Nationalität nicht gefährdet werde und soll an der Solidarität der Deutschen in Österreich entschieden festgehalten werden.« Schönerers Bewegung wird in der Folge rasch radikal, österreichfeindlich und antisemitisch. 1855 wird in einem Zusatz zum Programm die »Beseitigung des jüdischen Einflusses auf allen Gebieten des öffentlichen Lebens« gefordert.

Das Kollegium der Wiener medizinischen Schule, in der Mitte stehend der große Chirurg Theodor Billroth

Erfolge der Wiener Ärzte

Der 41jährige Internist Hermann Nothnagel, 1872–1874 Professor in Freiburg, anschließend in Jena, wird nach Wien berufen, wo er die Innere Medizin zu einem neuen Höhepunkt führt, und das Ansehen der Wiener medizinischen Schule erneut vermehrt (→ 1846). Nothnagel begründet auch das monumentale Werk »Specielle Pathologie und Therapie« (24 Bände), dessen Herausgeber er bis zu seinem Tod 1905 bleibt. Neben Nothnagel sind eine Reihe weiterer Mediziner für das Ansehen der Wiener Universität verantwortlich:

▷ Ferdinand von Hebra (1816 bis 1880), durch den die Lehre von den Hautkrankheiten ihre wissenschaftliche Grundlage erhielt; er führte auch die Wasserbett-Behandlung ein

▷ Ignaz Philipp Semmelweis (→ 13.8.1865), der die Ursache des Kindbettfiebers entdeckte

▷ Ludwig Tuerck (1810–1866), ein namhafter Neurologe und Laryngologe, der die Gehirn- und Rückenmarksbahnen erforschte

▷ Johann Nepomuk Czermak (1828–1873), der gleichzeitig mit (aber unabhängig von) Tuerck den Kehlkopfspiegel entwickelte und die Laryngoskopie einführte

▷ Theodor Meynert (1833–1892), der die Ursachen der Geisteskrankheiten erforscht und dadurch die Grundlagen für die Psychiatrie schafft

▷ Gustav Gärtner (1855–1937), der als Pathologe wertvolle Beiträge für die Ernährungslehre liefert und gemeinsam mit S. Basch das erste Blutdruckmeßgerät konstruiert

▷ Theodor Billroth (→ 6.2.1894), Begründer der großen chirurgischen Tradition der Wiener medizinischen Schule

▷ Josef von Mikulicz-Radecki (1850 bis 1905), der einen Speiseröhrenspiegel entwickelt und erfolgreich anwendet

▷ Leopold von Dittel (1815–1898), der die Urologie als selbständiges medizinisches Fach begründet und die Zystoskopie einführt

▷ Leopold Schrötter von Kristelli (1837–1908), der 1870 die Laryngologische Klinik in Wien gründete und die erste Lehrkanzel für Laryngologie überhaupt schuf.
Er entwickelt auch die klimatologische Behandlung der Tuberkulose in geschlossenen Anstalten und errichtet 1896 die Lungenheilstätte Alland in Niederösterreich

▷ Ernst Wilhelm Brücke (1819 bis 1892), der als vielseitiger Physiologe die Erfindung des Ophtalmoskops anregte, das durch Ernst von Jaeger (1818–1884) zur praktischen Anwendung gebracht wurde

▷ Ferdinand von Arlt (1812–1887), »Vater der modernen Augenheilkunde«, der als erster die Ursachen der Kurzsichtigkeit erkennt

▷ Anton Freiherr von Eiselsberg (1860–1939), der das Erbe Theodor Billroths antritt und Mitbegründer der Neurochirurgie wird

▷ Friedrich Schauta (1849–1919) und Ernst Wertheim (1864–1920), zwei Gynäkologen, die bahnbrechende Operationsmethoden entwickeln

▷ Ernst Fuchs (1851–1930), bereits als 30jähriger Universitätsprofessor in Lüttich, ab 1885 in Wien, führt neue Operationsmethoden in die Augenheilkunde ein

▷ Julius Wagner von Jauregg (1857 bis 1940), Psychiater, der zum Begründer der Fiebertherapie wird und 1927 den Nobelpreis für Medizin erhält

▷ Karl Landsteiner (1868–1943), der 1927 die Blutgruppen entdeckt und dafür 1930 den Nobelpreis erhält

▷ Robert Bárány (1876–1936), Physiologe und Ohrenarzt, dem 1914 für seine Arbeiten über den Bogengangapparat des Ohres der Nobelpreis verliehen wird.

▷ Adolf Lorenz (1854–1946), der die moderne Orthopädie begründet

▷ Karl Friedrich Wenckebach (1864 bis 1940), langjähriger Leiter der Medizinischen Klinik, ein Pionier der Elektrokardiographie und anerkannter Herzspezialist.

1883

12. 1. Georg Coch gründet das Österreichische Postsparkassenamt.→

17. 6. Das Statut über die Gewerbeinspektorate wird erlassen.→

17. 10. Die elektrische Lokalbahn Mödling–Hinterbrühl wird eröffnet.→

27. 10. In Wien fährt die erste Dampftramway auf der Strecke Hietzing–Perchtoldsdorf.

30. 10. Österreich-Ungarn und Rumänien schließen ein geheimes Defensivbündnis gegen Rußland, dem sich das Deutsche Reich anschließt.

4. 12. Im neu errichteten Reichsratsgebäude (Parlament) an der Wiener Ringstraße findet die erste Sitzung statt.

15. 12. Der radikale Sozialdemokrat Anton Kammerer erschießt in Wien den Polizisten Franz Hlubek (→ 10. 1. 1884).

Auf einer Gewerbe-Enquete stellen Adelige sozialpolitische Forderungen auf.→

Der 1873 begonnene Bau der Universität an der Wiener Ringstraße wird vollendet.→

Der Schriftsetzer und Stenograph Karl Faulmann entwikkelt in Wien ein eigenes System der »phonetischen Stenographie«.

GESTORBEN:

14. 7. Wien: Johann Heinrich Freiherr von Ferstel (* 7. 7. 1828), Architekt.→

GEBOREN:

30. 1. Görlitz: Hildegard Burjan († 11. 6. 1933), Sozialpolitikerin.

8. 2. Triesch: Josef Alois Schumpeter († 8. 1. 1950), Volkswirtschaftler.

25. 3. Wien: Franz von Zülow († 27. 2. 1963), Maler und Graphiker.

19. 3. Wiener Neustadt: Joseph Matthias Hauer († 22. 9. 1959), Komponist.

5. 6. Mährisch Budwitz: Ralph Benatzky († 16. 10. 1957), Operettenkomponist.

10. 6. Mattsee: Burghard Breitner († 28. 3. 1956), Chirurg.

24. 6. Schloß Waldstein: Viktor Franz Hess († 17. 12. 1964), Physiker.

3. 7. Prag: Franz Kafka († 3. 6. 1924), Dichter.

16. 7. Lautschin: Franz Nabl († 19. 1. 1974), Erzähler und Dramatiker.

20. 8. Wien: Karl Reichert († 20. 12. 1953), Optiker.

20. 9. Oberau: Andreas Thaler († 28. 6. 1939), Politiker.

3. 12. Wien: Anton von Webern († 15. 9. 1945), Komponist.

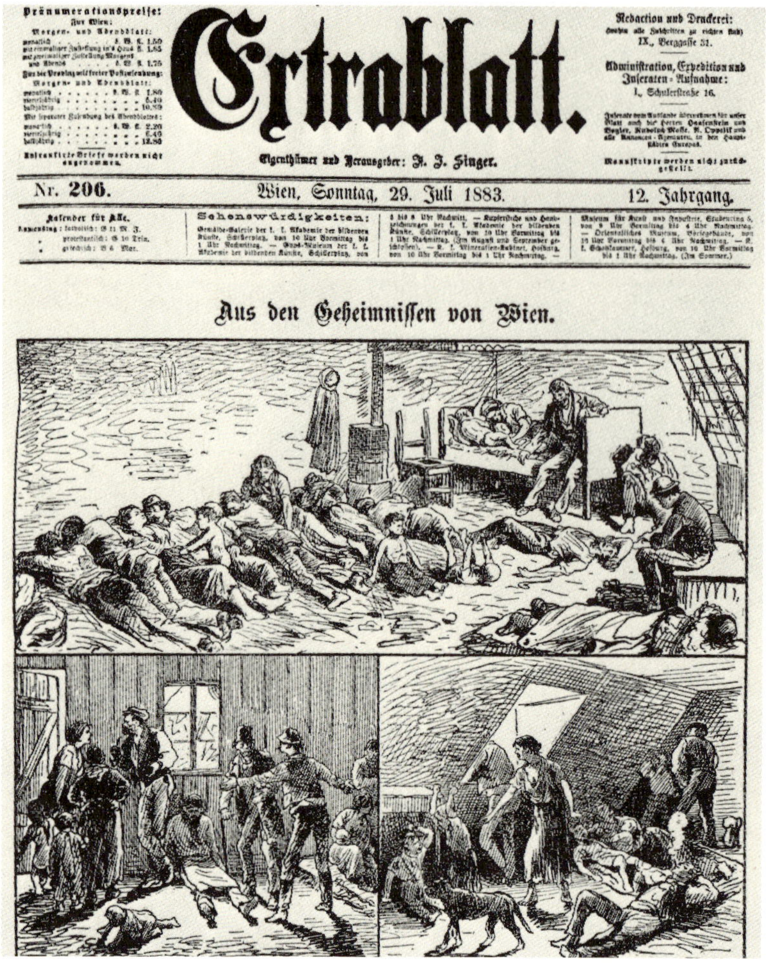

Pränumerationspreise:

Extrablatt.

Redaction und Druckerei:

Administration, Expedition und Inseraten-Aufnahme:

Eigenthümer und Herausgeber: F. J. Singer.

Nr. 206. — Wien, Sonntag, 29. Juli 1883. — 12. Jahrgang.

Sehenswürdigkeiten:

Aus den Geheimnissen von Wien.

Wohnungselend des Wiener Proletariats (Titel des »Extrablattes«)

Das Elend des Wiener Proletariats

1883 rückt das Elend der Wiener Arbeiter zunehmend ins Bewußtsein der Öffentlichkeit. Nicht nur, daß Zeitungen wie das »Illustrirte Wiener Wochenblatt« auf der Titelseite über das für viele, vom Glanz der Ringstraßenpracht geblendete Bürger fremde Wien, das Wien der Armut und der Not, berichten, erstmals nehmen sich auch Politiker der sozialen Mißstände an: Auf einer Gewerbe-Enquete fordert eine Gruppe feudaler Hocharistokraten unter der Führung der Prinzen Aloys und Alfred von und zu Liechtenstein die Einführung der 60-Stunden-Woche sowie ein Verbot der Kinder- und Feiertagsarbeit (→ 1895). Die Adeligen entsprechen damit der Aufforderung des »Extrablattes«, in dem es heißt: »... so wird man sich bei ruhigem Nachdenken eines tiefen Mitleides für die Armen und Elenden nicht erwehren können, welche von der harten Noth in diese abgeschiedenen und abgelegenen, menschenunwürdigen Aufenthaltsorte gejagt wurden. ... es wäre Pflicht der denkenden und fühlenden Menschheit, das Los der Ärmsten zu verbessern.«

Baumeister Ferstel stirbt in Grinzing

14. Juli. *Im Alter von 55 Jahren stirbt der Architekt Johann Heinrich Freiherr von Ferstel, ein Hauptvertreter des Historismus in Österreich. Ferstel war seit 1866 Professor für Hochbau am Wiener Polytechnischen Institut (Technische Universität). Als 26jähriger erhielt er seinen ersten großen Auftrag – den Bau der Votivkirche an der Wiener Ringstraße (→ 24./27. 4. 1879). Zu seinen Hauptwerken (alle in Wien) gehören ferner das Museum für angewandte Kunst (1868–1871), das chemische Institut der Universität (1869–1872), die Hochschule für angewandte Kunst (1875–1877) und das Gebäude der Wiener Universität im Stil der italienischen Renaissance (Abbildung).*

Der Welt erster Postscheckverkehr

12. Jänner. Georg Coch gründet in Wien das Österreichische Postsparkassenamt, dessen erster Direktor er wird (bis 1886). Seit 1861 gibt es ein englisches Vorbild; Cochs Verdienst liegt daher (neben der Überwindung mancher Widerstände) in der Realisierung einer völlig neuen Idee:

Als erstes Postsparkassenamt der Welt führt das Wiener den »Postscheckverkehr« ein.

Die Besonderheit liegt dabei nicht darin, Spareinlagen entgegenzunehmen bzw. Rückzahlungen zu leisten, sondern einen bargeldlosen Geldverkehr der bei der Post vorhandenen Postsparbücher untereinander zu ermöglichen. Der so geborene »Postscheckverkehr« tritt praktisch unmittelbar seinen Siegeszug um die Welt an.

Das k.k. Postsparkassenamt wird in einem Teil des ehemaligen Dominikanerklosters in der Wiener Wollzeile eingerichtet, das Sparkonto Nr. 1 erhält Kaiser Franz Joseph I.

Das Gewerbe wird kontrolliert

17. Juni. Das Statut über die Einrichtung von Gewerbeinspektoraten wird erlassen; diese sollen die Überwachung der zum Schutz der Arbeiter erlassenen Gesetze (die Arbeitsräume, den elfstündigen Maximalarbeitstag, die Sonntagsruhe, den Lohn und Kündigungsschutz sowie die Jugend- und Frauenbeschäftigung betreffend) sicherstellen.
Damit beginnt die vorbildliche Sozialgesetzgebung der Regierung von Ministerpräsident Eduard Graf Taaffe, die in anderen Ländern erst wesentlich später einsetzt.

Eduard Graf Taaffe

Erste elektrische Bahn in Europa

17. Oktober. Das erste Teilstück der elektrischen Lokalbahn Mödling–Hinterbrühl von Mödling nach Klausen wird eröffnet und am 22. Oktober der reguläre Betrieb aufgenommen.
Am 6. April 1885 wird auch das Teilstück Klausen–Vorderbrühl und am 14. Juli 1885 der letzte Streckenabschnitt Vorderbrühl–Hinterbrühl dem Verkehr übergeben. Die Gesamtlänge der Bahnlinie beträgt 4,476 km, die Spurweite 1 m. Von der Berliner Firma Siemens & Halske entwickelt, wird die Lokalbahn von der »K. k. privilegierten Südbahngesellschaft« betrieben.
Eine als Reserve bereitgestellte Dampflokomotive wird bereits 1887 wieder abgezogen, da sich die elektrische Einrichtung in jeder Hinsicht ausgezeichnet bewährt.
Die Lokalbahn Mödling–Hinterbrühl ist die erste elektrisch betriebene Bahn in Europa, die für den öffentlichen Verkehr bestimmt ist.

1884

10. 1. Der Anarchist Hermann Stellmacher tötet den Kriminalbeamten Ferdinand Blöch und den Wechselstubenbesitzer Heinrich Eisert. →

30. 1. Wegen der Zunahme anarchistischer Attentate wird über Wien-Florisdorf, Korneuburg und Wiener Neustadt der Ausnahmezustand verhängt.

27. 3. In Skierniewice (Rußland) wird der sog. Drei-Kaiser-Vertrag vom → 18. Juni 1881 auf weitere drei Jahre verlängert.

20. 9. Kaiser Franz Joseph I. übergibt die »Arlbergbahn« dem Verkehr. Die Strecke Innsbruck – Bregenz ist in 50monatiger Bauzeit errichtet worden und kostete 19 082 641 Gulden. Der Arlbergtunnel hat eine Länge von 10 249,9 m.

10. 10. Das neue Gebäude der Universität an der Wiener Ringstraße wird feierlich eröffnet (→ 14. 7. 1883).

Steyr (Oberösterreich) nimmt als erste Stadt in Europa eine elektrische Straßenbeleuchtung in Betrieb. Die Idee stammt von Josef Werndl; erstmals kommt dabei aus Wasserkraft gewonnene Energie zur Anwendung.

GESTORBEN:

6. 1. Brünn: Gregor Johann Mendel (* 22. 7. 1822), Vererbungsforscher. →

3. 2. Wien: Josephine Gallmeyer, geb. Tomaselli (* 27. 2. 1838), Schauspielerin und Soubrette.

1. 6. Wien: Adolf M. Pollak von Rudin (* 15. 5. 1817), Erfinder der Zündholzschachtel mit Reibflächen und des Lackierens der Zündholzköpfe.

5. 7. Wien: Eduard Jäger von Jaxtthal (* 25. 6. 1818), Augenarzt. →

1. 8. Wien: Heinrich Laube (* 18. 9. 1806), Schriftsteller. →

4. 9. Leesdorf bei Baden: Wilhelm Freiherr von Engerth (* 26. 5. 1814), Techniker.

3. 10. Wien: Hans Makart (* 29. 5. 1840), Maler. →

27. 11. Wien: Franziska (Fanny) Elßler (* 23. 6. 1810), Ballettänzerin. →

GEBOREN:

2. 2. Lackenbach: Julius Deutsch (* 17. 1. 1968), Politiker.

23. 5. Neudörfl (Böhmen): Josef Nadler († 14. 1. 1963), Literaturwissenschaftler.

27. 5. Prag: Max Brod († 20. 12. 1968), Schriftsteller und Kulturphilosoph.

30. 10. Gröbming: Rudolf Forster († 26. 10. 1968), Schauspieler.

Mendels Gesetze

6. Jänner. Im Alter von 61 Jahren stirbt der aus Nordmähren stammende Vererbungsforscher Gregor Mendel, seit 1868 Abt des Brünner Augustinerklosters.
Schon früh beschäftigte Mendel sich mit botanischen Untersuchungen, weshalb er auch Naturwissenschaft studierte. 1854 wurde er Lehrer für Naturgeschichte an der Oberrealschule in Brünn (bis 1868). In acht Jahren führte er mehr als 10 000 Einzelversuche durch (zunächst mit Gartenerbsen, dann auch mit Gartenbohnen) und entdeckte so die Gesetzmäßigkeiten der Vererbung.
Seine Erkenntnisse faßte er in seinen beiden Hauptwerken, den »Versuchen über Pflanzenhybriden« (1865) und »Über einige aus künstlicher Befruchtung gewonnene Heracium-Bastarde« (1869), zusammen.
Mendel stellte darin drei Grundregeln über die Weitergabe von Erbanlagen auf (das sog. Uniformitätsgesetz, das Spaltungsgesetz und das Gesetz der freien Kombinierbarkeit der Erbfaktoren), die um 1900 wiederentdeckt werden. 1901 veröffentlicht Erich von Tschermak Mendels Hauptwerk von 1865 neu und verschafft dem Augustinerabt die ihm gebührende Anerkennung.

Vererbungsforscher Gregor Mendel

Opfer von Anarchisten

10. Jänner. Der wachsende Anarchismus in Österreich fordert zwei weitere Opfer: Den Wiener Kriminalbeamten Ferdinand Blöch und den Wechselstubenbesitzer Heinrich Eisert. Bei dem Täter handelt es sich um einen Radikalen unbestimmter politischer Richtung namens Hermann Stellmacher.
Vor allem Reiche und Polizisten sind die bevorzugten Opfer anarchistischer Anschläge, die einen, weil sie als Repräsentanten des vom Anarchismus bekämpften Systems gelten, die anderen, weil durch Raubüberfälle auf wohlhabende Bürger die Kassen der radikalen Arbeiterklubs gefüllt werden sollen. – Aufgrund der zunehmenden Zahl von anarchistischen Attentaten wird am 30. Jänner der Ausnahmezustand über Wien-Florisdorf, Korneuburg und Wiener Neustadt verhängt. Die anschließende Welle sog. Sozialistenprozesse trifft die gesamte österreichische Arbeiterbewegung schwer. In Wien werden insgesamt 18, in Graz 28 Angeklagte verurteilt.

»Wechsler Eisler in seinem Blute« (Illustriertes Wiener Extrablatt)

Ihr Tanz begeisterte

27. November. Im Alter von 74 Jahren stirbt die Ballettänzerin Franziska (Fanny) Elßler in Wien. Bis zu ihrem Rückzug von der Bühne im Jahre 1851 feierte sie große Triumphe in ganz Europa und in Nordamerika.
Fanny Elßler erhielt ihre Ausbildung ab 1817 am Kärntnertortheater in Wien, wo sie acht Jahre blieb. Nach einem Engagement in Neapel kehrte sie 1827 als Solistin nach Wien zurück, bevor sie als gefeierte Ballerina in Berlin, wo sie 1830 ihre ersten großen Erfolge feierte (»sie tanzt Weltgeschichte«, behaupteten die Berliner), London, und Paris auftrat. Weltruhm erlangte sie auf ihren Gastspielreisen in die USA, nach Kuba, Rußland und quer durch ganz Europa.
Besonders geschätzt wurden ihre ausgesprochen realistisch dargebotenen Nationaltänze (wie die andalusische Cachucha), die sie grundsätzlich in der jeweiligen Nationaltracht tanzte.
Ihr ausdrucksstarker neuartiger Tanzstil, der die gemessene Feierlichkeit der herrschenden französischen Schule des Balletts durch natürlich-anmutige Bewegung ersetzt, und ihre Schönheit machten sie zu einer der gefeiertsten Tänzerinnen des 19. Jahrhunderts und begründeten zugleich den Weltruf des Wiener Balletts.

Fanny Elßler, die durch ihren Tanzstil dem Ballett neue Ausdrucksmöglichkeiten verliehen hat

Ein Augenarzt von Weltgeltung

5. Juli. Der Augenarzt Eduard Jäger von Jaxtthal stirbt kurz nach Vollendung seines 66. Lebensjahres in Wien. Der Professor an der Universität Wien führte den Augenspiegel zur Bestimmung des Brechungsvermögens in die Augenheilkunde ein und erlangte durch seine Augenoperationen Weltruf.
Jäger von Jaxtthal erwarb sich ferner große medizinische Verdienste um die Behandlung des Glaukoms (grüner Star).

Direktor von Burg- und Stadttheater

1. August. 77jährig stirbt der Schriftsteller und Publizist Heinrich Laube, 1872–1880 Leiter des neuerbauten Stadttheaters in Wien.
Der aus Schlesien stammende Laube arbeitete zunächst als Redakteur für mehrere Zeitschriften; wegen seiner Romane »Das neue Jahrhundert« (2 Bände, 1833) und »Das Junge Europa« (5 Bände, 1833–1837) galt er als einer der Wortführer des sog. Jungen Deutschlands, einer Gruppe liberaler Autoren, deren Schriften 1835 von der Bundesversammlung in Frankfurt am Main verboten wurden.
1848 gehörte Laube der Frankfurter Nationalversammlung an, bevor er 1850 als Direktor des Hofburgtheaters nach Wien berufen wurde. In den 17 Jahren unter seiner Leitung erlebte das Burgtheater eine Blütezeit; 1872 begründete Laube das Wiener Stadttheater, dessen erster Direktor er wurde. Als Schriftsteller trat er vor allem durch historische Romane und Dramen hervor, darunter »Die Karlsschüler« (1846) und »Struensee« (1847).

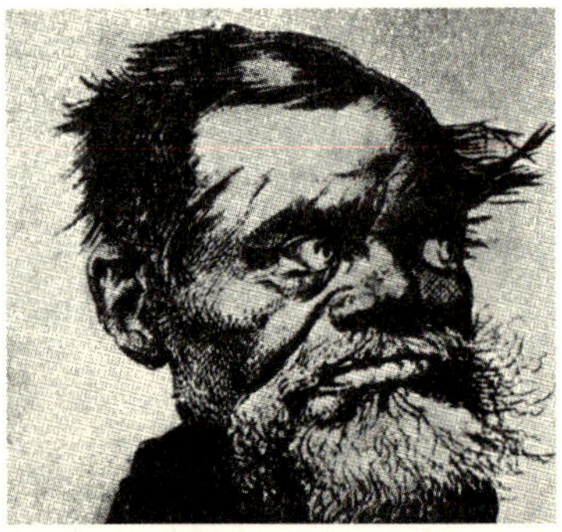

Heinrich Laube (Karikatur)

»Triumph der Ariadne« (Gemälde, 1873; Schloß Belvedere Wien)

Der Schöpfer des »Makartstils«

3. Oktober. Erst 44jährig stirbt der Historien- und Bildnismaler Hans Makart in Wien. Der aus Salzburg stammende Maler der »Gründerzeit« prägte durch seine überladenen Gemälde den Kunststil seiner Zeit, die auch seinen Namen trägt.
Makart wurde am 1. Jänner 1879 Professor an der Wiener Kunstakademie und organisierte den »Festzug der Stadt Wien« anläßlich der Silbernen Hochzeit des Kaiserpaares (→ 24./27. 4. 1879). Mit seinem Gemälde »Einzug Kaiser Karls V. in Antwerpen« versetzte Makart ganz Wien in Erstaunen, da zahlreiche der dargestellten Personen (vor allem die Frauen) Gesichtszüge der Damen aus der Wiener Gesellschaft tragen. Der Ruhm des Meisters stieg rasch, die Nachfrage nach seinen Werken ebenso. Die dekorative, theatralische Überladenheit seiner Großgemälde erhält ihre Wirkung vor allem durch die üppige Farbenpracht, die in dieser Kombination in Österreich neu war.
Makart lebte, wie er malte, und beeinflußte dadurch die Mode seiner Zeit ebenso wie den Wohnstil. Die glanzvollen Feste in seinem mit verschwenderischem Prunk ausgestatteten Atelier wurden zu gesellschaftlichen Ereignissen, in deren Zentrum der »Malerfürst« Makart stand.

»Geruch« aus dem Zyklus ▷ »Die fünf Sinne« (1872–1879; Schloß Belvedere Wien)

1885

März. Kaiser Franz Joseph I. lehnt die von König Milan von Serbien angebotene Einverleibung Serbiens in die k. u. k. Monarchie ab.

11. 3. Das erste Gesetz zum Schutz der Fabrikarbeiter wird erlassen; es begrenzt die Maximalarbeitszeit auf elf Stunden pro Tag und verbietet die Nachtarbeit für Frauen und Jugendliche.

Sommer. Die erste Telephon-Überlandleitung Österreichs wird in Betrieb genommen (Wien–Brünn).

23. 6. Der Wiener Gemeinderat bezieht das neue Rathaus an der Ringstraße. →

24. 10. Die Operette »Der Zigeunerbaron« von Johann Strauß wird im Theater an der Wien uraufgeführt.

13. 11. Wegen der bulgarischen Annexion Ostrumeliens erklärt Serbien den Krieg an Bulgarien.

28. 11. Österreich-Ungarn fordert die sofortige Waffenruhe zwischen Serbien und Bulgarien und droht andernfalls mit dem militärischen Eingreifen.

Otto Wagner baut seine erste Villa in dem von ihm geforderten Stil der »freien Renaissance« (Wien, Hüttelbergstraße).

GESTORBEN:

5. 1. Schloß Goldegg: Adolf Carl Daniel Fürst Auersperg (* 21. 7. 1821), Staatsmann.

27. 3. Wien: Friedrich Fürst zu Schwarzenberg (* 6. 4. 1809), Fürsterzbischof von Salzburg und Kardinal.

GEBOREN:

15. 1. Wolfurt (Vorarlberg): Lorenz Böhler († 20. 1. 1973), Unfallchirurg.

9. 2. Wien: Alban Berg († 24. 12. 1935), Komponist.

14. 3. Datschitz (Mähren): Emmerich Czermak († 18. 4. 1965), Politiker.

28. 6. Wien: Berthold Viertel († 24. 9. 1953), Schriftsteller.

27. 8. Raudnitz (Böhmen): Georg Wilhelm Pabst († 29. 5. 1967), Filmregisseur.

6. 9. Wien: Franz Theodor Csokor († 5. 1. 1969), Schriftsteller.

21. 10. Wien: Egon Joseph Wellesz († 9. 11. 1974), Komponist.

3. 11. Laibach: Odo Neustädter-Stürmer († 19. 3. 1938), Heimwehrführer.

4. 11. Wien: Felix Braun († 29. 11. 1973), Schriftsteller.

9. 12. Wien: Grete Wiesenthal († 22. 6. 1970), Ballettänzerin.

14. 12. Müglitz (Mähren): Richard Schmitz († 27. 4. 1954), Politiker.

Ein neues Rathaus für Wien

23. Juni. Im 1872–1883 von Dombaumeister Friedrich von Schmidt erbauten neuen Rathaus findet die erste Sitzung des Wiener Gemeinderates statt. Bereits zu Beginn der Stadterweiterung Wiens war der Neubau eines Verwaltungsgebäudes gefordert worden, da das seit 1316 bestehende, mehrfach erweiterte Rathaus an der Wipplingerstraße den Ansprüchen der Zeit in keiner Weise genügte. Doch erst 1870 gelang es Bürgermeister Cajetan Felder, vom Kaiser die Zustimmung zum Bau auf dem damaligen Exerzier- und Paradeplatz an der Wiener Ringstraße zu erhalten.

Die Geschichte der Entstehung des Rathauses ist von Planungslosigkeit bestimmt. Unterschiedliche Interessen des Kaisers und der Staatsverwaltung, des Landes Niederösterreich und der Stadt Wien, der Militärbehörden und der verschiedenen politischen Gruppierungen führten dazu, daß immer wieder ein anderer Bauplatz vorgesehen wurde. Als 1868 der Architektenwettbewerb ausgeschrieben wurde, aus dem Friedrich von Schmidt als Sieger hervorging, war noch ein Grundstück gegenüber dem Stadtpark als Standort genannt. Das im neugotischen Stil errichtete Rathaus (mit fast 14 Millionen Gulden Wiens teuerster Bau des 19. Jahrhunderts) besitzt einen fast 98 m hohen Mittelturm und vier kleinere Seitentürme. Als Vorbild für die Fassadengestaltung diente das Rathaus von Brüssel.

Das neue Rathaus auf dem Parade- und Exerzierplatz (Photographie)

Das alte Rathaus an der Wipplingerstraße (kolorierter Stich)

Entwurf des Architekten Friedrich Schmidt für den Arkadenhof des Wiener Rathauses

Entwurf des Festsaales des Rathauses von Friedrich Schmidt; die Kassettendecke wurde nicht verwirklicht

Das Wahlrecht wird erweitert

Bei den Reichstagswahlen des Jahres 1885 dürfen erstmals die sog. Fünfguldenmänner zu den Urnen gehen. Damit sind jene Staatsbürger des Kaiserreichs gemeint, die mindestens fünf Gulden Steuern im Jahr zahlen. Das Wahlgesetz vom 15. Februar 1873 hatte nur denjenigen das Wahlrecht zuerkannt, die mehr als zehn Gulden direkte Steuern im Jahr bezahlten (nicht mehr als 6% der Bevölkerung).

Wie bunt gemischt die neue Wählergruppe ist, zeigt ein Bericht der Wiener Gemeindezeitung, in dem die Berufsstruktur der 12243 Wiener »Fünfguldenmänner« aufgeschlüsselt wird: 7591 Kleingewerbetreibende, 2833 Privatbeamte, 558 Kommunalbeamte, 472 Lehrer, 455 Stadtträger, 221 Diener, 152 Kastanienbrater, 61 Hausierer, 35 Karrenschleifer, 34 Poliere, 13 Lohndiener, 9 Zimmerputzer, 3 Sesselträger, 1 Kesselflicker, 1 Hundescherer.

Ein Krieg droht

Als es im November 1885 wegen der bulgarischen Annexion Ostrumeliens zum Krieg zwischen Bulgarien und Serbien kommt, droht Österreich-Ungarn mit dem Einmarsch seiner Truppen in Serbien. Der deutsche Reichskanzler Otto von Bismarck kritisiert in dieser Situation die Politik Wiens wie folgt:

»Wenn Österreich ... dem Vertrage [gemeint ist der sog. Drei-Kaiser-Vertrag vom → 18. Juni 1881] mit Rußland zuwiderhandelte, so sind wir allerdings nicht berechtigt, die österreichische Politik zu beeinflussen oder zu kritisieren; aber daß wir unsere eigene auf *diesem* Wege eventuell bis zum Bruch mit Rußland mit engagieren lassen, wird man in Wien nicht erwarten können.

Jedem aggressiven Verhalten oder jeder vertragswidrigen Provokation Rußlands gegenüber, werden wir Österreich mit voller Macht zur Seite stehen, wenn aber der Bruch mit Rußland dadurch herbeigeführt werden sollte, daß Österreich ohne vorgängige vertragsmäßige Verständigung in Serbien einrückte, so würden wir einen solchen Fall ... als Anlaß zu einem deutsch-russischen Kriege nicht wohl vertreten können ...«

1886

9. 5. Auf Anregung von Victor Adlers und der Abgeordneten Engelbert Pernerstorfer, Ferdinand Kronewetter und Karl Außerer findet in Wien die erste gemeinsame Versammlung der radikalen und gemäßigten Sozialdemokraten statt, die sich um eine gemeinsame Linie bemühen (→ 30. 12. 1888).

21. 8. Staatsstreich russophiler Gruppen in Bulgarien: Fürst Alexander (von Battenberg) legt am 7. September die Fürstenwürde nieder (→ 1889).

11. 12. Die erste Nummer der von Victor Adler herausgegebenen sozialdemokratischen Wochenschrift »Gleichheit« erscheint. Die Zeitschrift wird am 21. Juni 1889 verboten.

Das k. u. k. Heer führt das Mannlicher-Repetiergewehr ein. Es ist von dem Waffentechniker Ferdinand Ritter von Mannlicher entwickelt.

Auf dem 3105 m hohen Sonnblick (Salzburg) wird ein Observatorium eingerichtet, die erste Gipfelwetterwarte der Alpen.

GESTORBEN:

16. 1. Wien: O. F. Berg (eigentlich Ottokar Franz Ebersberg; * 10. 10. 1833), Volksschriftsteller, Gründer der Witzblätter »Tritsch-Tratsch« und »Kikeriki«.

31. 7. Bayreuth: Franz von Liszt (* 20. 10. 1811), Komponist. →

19. 9. Frankfurt am Main: Eduard von Steinle (* 2. 7. 1810), Maler.

11. 11. Wien: Alexander von Schoeller (* 12. 6. 1805), Industrieller. →

26. 12. Wien: Theodor von Oppolzer (* 26. 10. 1841), Mathematiker und Astronom. →

GEBOREN:

26. 1. Stögersbach: Johann Böhm († 13. 5. 1959), Gewerkschaftsführer.

29. 1. New York: Alexander Graf Kolowrat-Krakowsky († 4. 12. 1927), Filmproduzent.

1. 3. Pöchlarn: Oskar Kokoschka († 22. 2. 1980), Maler.

13. 3. Wien: Emil Fey († 16. 3. 1938), Major, Heimwehrführer.

27. 3. Fulpmes: Clemens Holzmeister († 12. 6. 1983), Architekt.

11. 7. Wien: Richard Beer-Hofmann († 26. 9. 1945), Dichter.

30. 7. Gröbming: Franz Thoma († 10. 7. 1966), Politiker.

1. 11. Wien: Hermann Broch († 30. 5. 1951), Dichter und Kulturphilosoph.

20. 11. Wien: Karl Ritter von Frisch († 12. 6. 1982), Zoologe.

Franz Liszt am Klavier (Gemälde von Josef Danhauser, 1840)

Ein Klaviervirtuose

31. Juli. Der Komponist und Klaviervirtuose Franz von Liszt stirbt 74jährig in Bayreuth. Er gilt als Schöpfer einer neuen Klaviertechnik und wird mit seinen Orchesterwerken richtungweisend für das 20. Jahrhundert.

Liszt wurde 1811 im burgenländischen Raiding geboren und trat bereits 1820 erstmals öffentlich auf (in Ödenburg und Preßburg), was ihm eine Studienhilfe ungarischer Magnaten einbringt. 1821–1823 ist er als Klavierschüler in Wien, anschließend in Paris, von wo er 1824 zu ersten Konzertreisen durch Frankreich, England und die Schweiz aufbricht. Am 17. Oktober 1825 wird seine Oper »Don Sancho« in Paris uraufgeführt. In den 30er Jahren feiert Liszt als Pianist in ganz Europa beispiellose Triumphe. 1848 übernahm er die Position des Hofkapellmeisters in Weimar, wo sich der Kreis der sog. neudeutschen Schule um ihn scharte. 1859 wurde Liszt in den österreichischen Ritterstand erhoben. Ab 1861 lebte er in Rom, wo er 1865 die niederen Weihen erhielt; in seinen letzten Lebensjahren wechselte er seinen Wohnsitz mehrfach zwischen Rom, Weimar und Budapest. 1871 erfolgte seine Ernennung zum königlich ungarischen Rat.

Franz von Liszt schuf insgesamt 673 musikalische Werke, darunter 19 Ungarische Rhapsodien (1847 bis 1853) und 40 Orchesterwerke. Daneben war er auch schriftstellerisch tätig, seine »Gesammelten Schriften« erschienen 1880–1883 in sechs Bänden.

Franz Liszt um 1860 (Photographie)

1830: Entwurf zu einer Revolutionssymphonie.

1836: Entstehung der »Hugenottenphantasie«.

1857: Entstehung der symphonischen Dichtung »Hunnenschlacht«.

15. 8. 1865: Uraufführung des geistlichen Chorwerkes »Die Legende von der hl. Elisabeth« in Pest.

8. 6. 1867: Uraufführung der ungarischen Krönungsmesse.

29. 5. 1873: Erste vollständige Aufführung des geistlichen Chorwerkes »Christus« in Weimar.

1882: Entstehung der symphonischen Dichtung »Von der Wiege bis zum Grabe«.

1887

Ein erfolgreicher Großindustrieller

11. November. Im Alter von 81 Jahren stirbt der Industrielle Alexander Ritter von Schoeller.
Der seit August 1833 als Textilgroßhändler in Wien ansässige Rheinländer gründete am 25. Mai 1843 die Berndorfer Metallwarenfabrik und nahm die Essener Firma Krupp als stillen Teilhaber auf. Diese wendet als erste Fabrik die galvanische Versilberung an und macht sie unter der selbstgewählten Bezeichnung »Alpakasilber« bekannt.
1866 führte Schoeller für seine Arbeiter in Berndorf (Niederösterreich) eine Unfallversicherung ein – 23 Jahre vor der gesetzlichen Pflichtversicherung in Österreich-Ungarn.

Ein Schandfleck an der Ringstraße

Der anerkannte Geologe Eduard Sueß, als liberaler Abgeordneter Mitglied des Wiener Gemeinderates, fordert den Abbruch der Franz-Josephs-Kaserne, die er als Schandfleck der Ringstraße bezeichnet. – Die Kaserne ist nach 1848 errichtet worden – ein düsterer Koloß und ein Fremdkörper inmitten der Ringstraßenpracht. Die Militärs lehnen jedoch einen ersatzlosen Abriß entschieden ab.

Er kannte alle Finsternisse

26. Dezember. Der Mathematiker und Astronom Theodor Ritter von Oppolzer stirbt 45jährig in Wien. Der gebürtige Prager kam 1850 in die Kaiserstadt, wo er 1861 seine erste Arbeit (»Über die Bahn des Kometen I«) veröffentlichte. In seinem Haus in der Alser Straße 25 richtete Oppolzer sich eine private Sternwarte ein. 1870 wurde er außerordentlicher, 1875 ordentlicher Professor an der Wiener Universität. Er veröffentlichte insgesamt 320 Arbeiten über die Bahnberechnung verschiedener Kometen und Planeten sowie über Fragen der theoretischen Astronomie. In seinem »Canon der Finsternis« berechnete er alle Sonnen- und Mondfinsternisse von 1207 v. Chr. bis 2163 n. Chr.

9. 2. Der Geheimvertrag zwischen Österreich-Ungarn und Serbien vom 28. Juni 1881 wird bis 1895 verlängert.
20. 2. Der Bündnisvertrag zwischen Österreich-Ungarn, Italien und dem Deutschen Reich vom 20. Mai 1882 wird bis 1892 verlängert.
7. 3. In Wien wird der »Christlichsoziale Verein« gegründet. →
24. 3. Der sog. Orientalische Dreibund zwischen Österreich-Ungarn, Großbritannien und Italien zur Aufrechterhaltung des Status quo im Mittelmeer, der Adria und im Schwarzen Meer wird geschlossen.
4. 5. Das Mittelmeerabkommen wird durch eine Note Spaniens, das westliche Mittelmeer betreffend, ergänzt.
18. 6. Das Deutsche Reich und Rußland schließen einen geheimen Neutralitätsvertrag (den sog. Rückversicherungsvertrag), da der »Drei-Kaiser-Vertrag« vom 22. Oktober 1873 wegen Spannungen zwischen Österreich-Ungarn und Rußland nicht verlängert wurde.
Das Maria-Theresien-Denkmal von Kaspar Zumbusch wird fertiggestellt. →

GESTORBEN:
14. 1. Wien: Friedrich von Amerling (* 14. 4. 1803), Porträtmaler. →
9. 5. Wien: Georg Sigl (* 13. 1. 1811), Maschinenbauer. →

GEBOREN:
3. 2. Salzburg: Georg Trakl († 3. 11. 1914), Lyriker.
5. 2. Wien: Albert Paris Gütersloh (eigtl. Albert Conrad Kiehtreiber; † 16. 5. 1973), Maler und Schriftsteller.
3. 4. St. Michael (Lungau): Dagobert Peche († 16. 4. 1923), Graphiker
12. 8. Wien: Erwin Schrödinger († 4. 1. 1961), Physiker.
17. 8. Schloß Persenbeug: Karl Franz Josef von Habsburg-Lothringen († 1. 4. 1922), Kaiser von Österreich.
24. 8. Wien: Franz Friedrich Wallack († 31. 10. 1966), Techniker.
3. 10. Wien: Hans Pernter († 25. 7. 1951), Politiker.
6. 10. Brünn: Maria Jeritza (eigtl. Jedlitzka; † 10. 7. 1982), Opernsängerin.
12. 10. Wien: Paula von Preradovic († 25. 5. 1951), Schriftstellerin.
14. 11. Wien: Bernhard Paumgartner († 27. 7. 1971), Dirigent und Musikwissenschaftler.
16. 11. Tattendorf: Oskar Helmer († 13. 2. 1963), Politiker.

Wahlaufruf für den Christlichsozialen Politiker Karl Lueger

Die Christlichsozialen

7. März. Fast gleichzeitig organisieren sich die zwei politischen Gruppierungen des christlichsozialen Lagers durch die Gründung des »Christlichsozialen Vereins«, der von Ludwig Psenner geführt wird, und der Partei »Vereinigte Christen«, an deren Spitze Karl Lueger steht.
Beide Organisationen sind sich in den Zielen einig: Bekämpfung der Deutschliberalen, Gleichberechtigung aller Staatsbürger, soziale Reformen im Sinne der katholischen Soziallehre und eine grundsätzliche Stärkung Österreichs und der Monarchie. Der geistige Vater der sich nun etablierenden christlichsozialen Bewegung in Österreich ist der katholische Sozialpolitiker Karl Freiherr von Vogelsang. Der aus Liegnitz in Schlesien stammende Vogelsang war 1875 Redakteur der Wiener katholisch-konservativen Zeitung »Das Vaterland« und gründete 1879 die »Österreichische Monatsschrift für Gesellschaftswissenschaft und Volkswirtschaft«.

Ein kolossales Denkmal in Wien

Das von Kaspar Zumbusch in 14jähriger Arbeit gestaltete Maria-Theresien-Denkmal für den gleichnamigen Platz an der Wiener Ringstraße wird fertiggestellt. Das gewaltige Denkmal ist 19,4 m hoch und hat ein Gesamtgewicht in 44 t. Auf dem von zahlreichen Figuren geschmückten Kolossalsockel thront die Bronzefigur Maria Theresias.

Das »Schrammelquartett« spielt auf

Am 4. März attestiert der Walzerkönig Johann Strauß dem »Schrammelquartett« in origineller Weise seine musikalischen Qualitäten. An den »Herrn Schrammel, Musikdirektor« schreibt er: »Erkläre hiermit mit Vergnügen, und Überzeugung, daß die musikalische Leistung der Gesellschaft in der Ausführung und im Vortrag im wahren Sinne des Wortes von künstlerischer Bedeutung ist und jedermann, der für die getreue musikalische Wiedergabe des Wiener Humors, der poetischen Eigenthümlichkeit des Wiener Volksmusikgenre Sinn besitzt, auf das Wärmste zu empfehlen ist.«
Das 1878 gegründete »Schrammelquartett« gastiert ständig im Gasthaus »Zur goldenen Waldschnepfe« in Dornbach, einem der beliebtesten Ausflugsziele der Wiener. Oft zählt man bis zu 300 Fiaker, mit denen die Gäste aus den inneren Bezirken der Residenzstadt nach Dornbach kommen, wenn die Brüder Johann und Josef Schrammel sowie Anton Strohmayer und Georg Dänzer in der »Waldschnepfe« spielen.

Krise machte den Erfolg zunichte

9. Mai. Im Alter von 76 Jahren stirbt der Wiener Industrielle Georg Sigl. 1846 verlegte Sigl seine 1840 in Berlin gegründete Maschinenfabrik nach Wien, wo er hauptsächlich Buchdruck- und Schnellpressen produzierte. 1857 begann er mit dem Lokomotivbau. 1861 erwarb Sigl die »Günthersche Lokomotivfabrik« in Wiener Neustadt, wo bereits am 1. März 1870 die 1000. Lokomotive fertiggestellt wurde. In Wien beschäftigte der Industrielle in diesen Jahren rund 1700, in Wiener Neustadt gar 2000 Arbeiter und Angestellte. Die Krise des Jahres 1873 traf die Maschinenindustrie besonders schwer. Sigl mußte 1875 die Fabrik in Wiener Neustadt an die Creditanstalt übereignen, die sie als Aktiengesellschaft weiterführte – erstmals war in Österreich ein Unternehmen in Bankeigentum übergegangen.

Gesuchter Porträtmaler

14. Jänner. Im Alter von 83 Jahren stirbt der Wiener Porträtmaler Friedrich von Amerling, der mehr als 1000 Arbeiten hinterläßt. Berühmt wurde der Künstler 1832 durch sein Bildnis Kaiser Franz' I. von Österreich (→ 2.3.1835), das ihn zum gesuchtesten Porträtisten der Wiener Gesellschaft machte.

»Mädchen mit gelbem Strohhut« (Gemälde von Amerling, 1835)

1888

30. 3. Das Gesetz über die »obligate Arbeiterkrankenversicherung« wird erlassen. →

5. 5. Der Deutschnationale Georg Ritter von Schönerer wird zu vier Monaten Kerker verurteilt und geht seines Adelstitels sowie des aktiven und passiven Wahlrechts (und damit auch seines Reichsratsmandats) verlustig. Er war am 8. März gewaltsam in die Redaktionsräume des »Neuen Wiener Tagblattes« eingedrungen und gegen Redakteure tätlich geworden, die verfrüht den Tod Kaiser Wilhelms I. gemeldet hatten.

14. 10. Mit Werken von Franz Grillparzer und Friedrich von Schiller wird das k. k. Burgtheater im neuen Haus an der Wiener Ringstraße eröffnet. →

30. 12. Erster Parteitag der Sozialdemokraten in Hainfeld (Niederösterreich): Victor Adler und Engelbert Pernerstorfer gelingt eine Versöhnung der radikalen und der gemäßigten Linie der österreichischen Arbeiterbewegung. →

Der Mechaniker Siegfried Marcus entwickelt in seiner Wiener Werkstatt ein Benzinautomobil mit Viertaktmotor, kümmert sich aber weder um die Weiterentwicklung noch um die komerzielle Nutzung dieses »Spielzeugs«.

GESTORBEN:

17. 12. Wien: Leo Graf Thun-Hohenstein (* 7. 4. 1811), Politiker, 1849 – 1860 Unterrichtsminister.

GEBOREN:

14. 1. Wien: Vicki Baum († 2. 8. 1960), Schriftstellerin.

10. 2. Graz: Wilhelm Thöny († 1. 5. 1949), Maler.

27. 2. Perleberg (Brandenburg): Lotte Lehmann († 26. 8. 1976), Kammersängerin.

23. 3. Wien: Hans Thirring († 22. 3. 1976), Physiker.

19. 4. Meran: Oswald Menghin († 29. 11. 1973), Frühgeschichtsforscher.

17. 5. Wien: Annie Rosar († 5. 8. 1963), Schauspielerin.

4. 7. Kanitz (Mähren): Karl Schwetz († 21. 3. 1965), Maler und Radierer.

15. 8. Wien: Hermann Leopoldi (eigtl. Ferdinand Kohn; † 28. 6. 1959), Klavierhumorist und Komponist.

17. 9. Wien: Carl Karwinsky Freiherr von Karwin († 10. 4. 1958), Politiker.

26. 10. Czernowitz: Joseph Gregor († 12. 10. 1960), Theaterwissenschaftler.

13. 11. Taya: Leopold Schönbauer († 11. 9. 1963), Chirurg.

Versicherung gegen Krankheit

30. März. Die Regierung Taaffe erläßt das »Arbeiterkrankenversicherungsgesetz«, der zweite wesentliche Schritt im Rahmen der Sozialgesetzgebung unter Ministerpräsident Eduard Graf Taaffe. Bereits am → 17. Juni 1883 wurden sog. Gewerbeinspektorate zur Überwachung der zum Schutz der Arbeiter erlassenen Gesetze eingerichtet.
Den »Gegenstand« der obligaten Arbeiterkrankenversicherung »bildet die Gewährung von Krankenunterstützungen und Beerdigungskosten in der durch dieses Gesetz bestimmten Art und Höhe« (§ 6). Als Krankenunterstützung ist fortan mindestens zu gewähren:
»1. Vom Beginn der Krankheit an freie ärztliche Behandlung mit Inbegriff des geburtshilflichen Beistandes, sowie der nothwendigen Heilmittel und sonstigen therapeutischen Behelfe;
2. Im Falle die Krankheit mehr als drei Tage dauert und der Kranke erwerbsunfähig ist, vom Tage der Erkrankung an für jeden Tag ein Krankengeld in der Höhe von 60 Procent des im Gerichtsbezirke üblichen Taglohnes gewöhnlicher, der Versicherungspflicht unterliegender Arbeiter.
Die Krankenunterstützung ist, so lange die Krankheit dauert, und, wenn sie nicht früher endet, durch mindestens 20 Wochen vom Beginn der Krankheit, und zwar wöchentlich im nachhinein zu gewähren.
Wöchnerinnen ist bei normalem Verlaufe des Wochenbettes, die Krankenunterstützung auf die Dauer von mindestens vier Wochen nach ihrer Niederkunft zu gewähren. Für den Todesfall eines Versicherten sind den Hinterbliebenen die Beerdigungskosten wenigstens im zwanzigfachen Betrage des in Ziffer 2 bezeichneten Taglohnes zu gewähren.
§ 7. Die Höhe des in jedem Gerichtsbezirke üblichen Taglohnes gewöhnlicher, der Versicherungspflicht unterliegender Arbeiter wird von der politischen Behörde erster Instanz nach Anhörung von Vertrauensmännern . . . periodisch festgesetzt.
Ergeben sich hierbei sehr erhebliche Verschiedenheiten, so kann der übliche Taglohn in mehreren Kategorien festgesetzt werden . . .«

Das neue Burgtheater im Bau (Photographie aus »Wiens neue Monumentalbauten«, 1885)

Premiere im neuen Burgtheater

14. Oktober. Zwei Tage nach der letzten Vorstellung im k.k. Burgtheater am Michaelerplatz (mit Johann Wolfgang von Goethes »Iphigenie auf Tauris«) wird das neue Haus des Burgtheaters an der Wiener Ringstraße eröffnet.
Das alte, 1776 von Kaiser Joseph II. zum »Nationaltheater« erhobene Haus am Michaelerplatz muß dem Ausbau der Hofburg weichen; als »Ersatz« ist ein neues Haus nach den Plänen der Baumeister Gottfried Semper und Carl Hasenauer errichtet worden:
Während das Äußere dem Stil der italienischen Hochrenaissance folgt (und in der Gestaltung an Sempers Dresdner Opernhaus angelehnt ist), wird das Innere von Hasenauer mit barocker Dekoration prachtvoll ausgestaltet.

Innenansicht des alten Burgtheaters mit Blick gegen die Bühne (Aquarell von Franz Matsch, 1887/88)

Der Vorhang ist gefallen ...

Das »Neue Wiener Tagblatt« berichtet am 13. Oktober 1888 über die Abschiedsvorstellung im alten Burgtheater wie folgt:

»Zum letzten Male ist also im alten Hause der Vorhang gefallen, der Abschied hat sich vollzogen, und wie schwer er den Freunden des verwitterten, schmucklosen und doch uns Allen so theuren Baues geworden, das läßt sich in schlichte Prosa nicht fassen ... Diesmal waren übrigens sogar Sperrsitz- und Logeninhaber aus ihrer sonstigen olympischen Ruhe aufgeschreckt, und obzwar sie gewiß sein durften, ihre Plätze zu finden, trafen auch sie zu ungewohnt früher Stunde ein, und schon um 6½ Uhr war ein großer Theil des Hauses besetzt. Niemand wollte zu spät kommen; und so kam beinahe Alles zu früh. Die Aufregung, in welcher sich das Publikum befand, dokumentirte sich in einer höchst lebhaften Konversation. Das summte und surrte wie in einem Bienenkorbe ... Das Haus war von ›tout Vienne‹ besetzt.«

Sozialdemokraten einigen sich

30. Dezember. In Hainfeld (Niederösterreich) beginnt der erste Parteitag der Sozialdemokraten. Bis zum 1. Jänner 1889 wird die innerparteiliche Spaltung in Radikale und Gemäßigte überwunden und ein von Victor Adler (dem Führer der Radikalen) ausgearbeitetes und von Karl Kautsky (einem Führer der Gemäßigten) gebilligtes Parteiprogramm angenommen.
Mit 69 gegen 3 Stimmen (bei einer Enthaltung) stimmen die Delegierten für die sog. Prinzipienerklärung Adlers, die bewußt auf eine umfassende theoretische Herleitung verzichtet und stattdessen die gemeinsamen Ziele in den Vordergrund stellt.

Verhandlungen
des
Parteitages
der
Österreichischen Sozialdemokratie
in
Hainfeld
(30. 31. Dezember 1888 und 1. Januar 1889).

Parteitagsprotokoll (Titelblatt)

In der Erklärung heißt es u.a.: »Das Proletariat politisch zu organisieren, es mit dem Bewußtsein seiner Lage und seiner Aufgabe zu erfüllen, es geistig und physisch kampffähig zu machen und zu erhalten, ist daher das eigentliche Programm der Sozialdemokratischen Arbeiterpartei in Österreich, zu dessen Durchführung sie sich aller zweckdienlichen und dem natürlichen Rechtsbewußtsein des Volkes entsprechenden Mittel bedienen wird...«
Es folgen sieben »Grundsätze«, die im wesentlichen dem »Neudörfler Programm« vom → 5. April 1874 entsprechen.
Das Ergebnis des Hainfelder »Einigungsparteitages« ist der Zusammenschluß der österreichischen Sozialdemokratie; daneben werden zahlreiche Resolutionen über die politischen Rechte, die Arbeiterschutzgesetzgebung und Sozialreform, die Presse, gewerkschaftliche Organisation, Arbeiterkammern und die Volksschule verabschiedet. Ein förmliches Programm geben sich die österreichischen Sozialdemokraten erst 1901.

1889

April. Tramway-Streik in Wien: Niedriger Lohn, bis zu 16 Stunden Arbeit pro Tag und zahlreiche »Strafgelder« führen zum berechtigten Protest der Tramway-Fahrer.

4.4. Das Gesetz über die »obligate Arbeiterunfallversicherung« wird erlassen.

11.4. Ein neues Wehrgesetz wird erlassen.→

25.4. Friedrich Hebbels Tragödie »Gyges und sein Ring« wird in Wien uraufgeführt.

12.7. Die erste Nummer der »Arbeiter-Zeitung«, erscheint.

14.9. Mit dem Volksstück »Der Fleck auf der Ehr« von Ludwig Anzengruber wird das Deutsche Volkstheater in Wien eröffnet.

Alexander von Battenberg, bis 1886 Fürst beider Bulgarien, läßt sich als Graf von Hartenau in Graz nieder und tritt als Oberst in die k.u.k. Armee ein.

In Wien gründet der Arbeiterpriester Anton Maria Schwartz den katholischen Orden der Kalasantiner (1926 approbiert).

Otto Wagner erbaut das Palais Hoyos in Wien.

GESTORBEN:

1.1. Brixen: Johann Kravogl (* 24.11.1823), Büchsenmacher.→

30.1. Mayerling: Rudolf von Habsburg-Lothringen (* 21.8.1858), Erzherzog von Österreich, Kronprinz.→

8.3. Wien: Anton Romako (* 20.10.1832), Maler.→

21.3. Wien: August von Pettenkofen (* 10.5.1822), Maler und Lithograph.

29.4. Steyr: Josef Werndl (* 26.2.1831), Waffentechniker.→

13.7. Graz: Robert Hamerling (eigentlich Rupert Hammerling; * 24.3.1830), Schriftsteller.

10.12. Wien: Ludwig Anzengruber (* 29.11.1839), Volksschriftsteller.→

27.12. Leoben: Franz Mayr Freiherr von Melnhof (* 1810), Industrieller.→

GEBOREN:

1889. Wien: Julius Herrmann (†14.2.1977), Kapellmeister.

31.3. Wien: Otto Friedländer (†20.7.1963), Schriftsteller.

20.4. Braunau: Adolf Hitler (†30.4.1945), NS-Politiker.

26.4. Wien: Ludwig Wittgenstein (†29.4.1951), Philosoph.

5.6. Wien: Helene Thimig (†7.11.1974), Kammerschauspielerin.

9.6. Brünn: Alfred Jerger (†18.11.1976), Kammersänger.

Baronesse Mary Vetsera

Kronprinz Rudolf

Thronanwärter Franz Ferdinand

Die Tragödie von Mayerling

30. Jänner. Im Jagdschloß Mayerling bei Heiligenkreuz in Niederösterreich begeht der 30jährige Kronprinz, Erzherzog Rudolf von Habsburg-Lothringen, Selbstmord. Mit ihm in den Tod geht seine Geliebte, die erst 18jährige Baronesse Mary Vetsera.

Rudolf hatte, vor allem aufgrund seiner liberalen, ungarnfreundlichen Einstellung, oftmals Differenzen mit seinem kaiserlichen Vater Franz Joseph I. Die am 10. Mai 1881 geschlossene Ehe mit der belgischen Königstochter Stephanie war nicht glücklich: Nach der Geburt einer Tochter (Elisabeth) konstatierten die Ärzte, daß mit weiterem Kindersegen – d.h. mit einem männlichen Thronfolger – nicht gerechnet werden konnte. Der Kronprinz dachte schließlich an Scheidung und wandte sich – ohne das Einverständnis des Vaters – an den Papst mit der Bitte, der Auflösung der Ehe zuzustimmen. Der Papst jedoch informierte unverzüglich den Kaiser, der von den Plänen seines Sohnes entsetzt war.

Obgleich Rudolf als Kronprinz eine pfeilschnelle militärische Karriere machte und bis zum Feldmarschall-Leutnant und Infanterie-Inspektor aufstieg, wurde er von seinem Vater doch nicht an der praktischen Politik beteiligt. Der Antrittsbesuch des deutschen Kaisers Wilhelm II. im Oktober 1888 traf Rudolf doppelt: Zum einen zeigte sich Wilhelm II. vom Ausbildungs- und Ausrüstungsstand der k.u.k. Infanterie wenig begeistert – für beides war der Kronprinz unmittelbar verantwortlich –, zum anderen machte der Deutsche (fünf Monate jünger noch als Rudolf) dem Habsburger seine unglückliche Situation als Kronprinz Österreich-Ungarns überdeutlich: Während Wilhelm bereits Regent des mächtigen Bundesgenossen war, blieb Rudolf auf lange Sicht nur die Rolle des Kronprinzen, denn sein Vater war ein tatkräftiger Mann von erst 58 Jahren. Und Franz Joseph I., selbst mit 18 Jahren überraschend zum Kaiser gekrönt und daher ohne eigene Erfahrungen in der Rolle des Thronfolgers, zeigte keinerlei Verständnis für die Nöte seines einzigen Sohnes.

Über die wahren Beweggründe für den Freitod des Kronprinzen gibt es zahlreiche Spekulationen. Von Kaiser Franz Joseph soll der Ausspruch stammen: »Die Wahrheit ist viel ärger als alle Versionen.« Daß es zu einer solchen Legendenbildung kommt, ist nicht zuletzt die Schuld des Hofes, denn immer wieder ändert man die Angabe der Todesursache: Bereits am Nachmittag des 30. Jänner berichtet ein Extrablatt der »Wiener Zeitung« über den Tod des Kronprinzen durch einen Schlaganfall. Im amtlichen Teil dieser Zeitung heißt es am 31. »Herzschlag«, und erst am 1. Februar wird von einem »Selbstmord durch Revolverschuß« berichtet. Am 2. veröffentlicht das Blatt schließlich den offiziellen Obduktionsbefund, der von einem »aus unmittelbarer Nähe gegen die rechte vordere Schläfengegend abgefeuerten Schuß« spricht, den sich der Kronprinz ohne jeden Zweifel »selbst beigebracht hat«.

Kronprinz Rudolf mit Gattin Stephanie (l.), Kaiser Wilhelm II. mit Auguste Viktoria (r.)

Am 3. Februar wird der Leichnam Rudolfs in die Hofburgkapelle gebracht, wo die Wiener an den folgenden beiden Tagen von dem Kronprinzen Abschied nehmen können. Am 5. Februar folgt die Überführung in die Kapuzinergruft, wo der Sarg beigesetzt wird. Die kirchliche Einsegnung hat der Kaiser erst durch ein umfangreiches Telegramm an den Papst erreicht; der Selbstmord Rudolfs erfolgte nach offizieller Version »in geistiger Umnachtung«. Trotzdem wird berichtet, daß in mehreren Garnisonen katholische Geistliche erst auf ausdrückliche Anordnung der jeweiligen Kommandanten zur Abhaltung von Gedenkgottesdiensten bereit sind. – Der Tod der Baronesse Mary Vetsera an der Seite des Kronprinzen wird vom Hof verschwiegen.

Der Erfinder des Elektromotors

1. Jänner. In Armut stirbt der Südtiroler Büchsenmacher Johann Kravogl 65jährig in Brixen. Er entwickelte 1867 ein »elektrisches Kraftrad«, sozusagen den ersten Elektromotor der Welt.
Kravogls Unerfahrenheit und Unentschlossenheit verhinderten allerdings die Auswertung und industrielle Nutzung seiner bahnbrechenden Erfindung.

Armee bleibt übernational

11. April. Für Österreich-Ungarn wird ein neues Wehrgesetz erlassen; die Grundlage bildet die allgemeine Wehrpflicht ab dem 21. Lebensjahr, sie dauert zwölf Jahre (davon drei Jahre aktiv, sieben in Reserve, zwei bei der Landwehr).
Die Armee gliedert sich wie folgt: K.u.k. Heer, k.u.k. Kriegsmarine, k.k. österreichische Landwehr, kgl. ungarische Honvéd; außerdem gibt es in beiden Teilen den Landsturm, dem alle wehrfähigen Männer von 19 bis 42 Jahren angehören (Offiziere bis zum 60. Lebensjahr). Die Forderung der ungarischen Opposition nach Aufstellung einer eigenen ungarischen Armee wird nicht erfüllt. Die k.u.k. Armee bleibt überparteilich, übernational und kaisertreu.

Straßen dank Werndl beleuchtet

29. April. 58jährig stirbt der Büchsenmacher und Waffentechniker Josef Werndl; durch seine Initiative wurde die erste elektrische Straßenbeleuchtung Europas in Steyr (Oberösterreich) installiert und 1884 in Betrieb genommen. Dabei benützte man auch erstmals die Wasserkraft für die Stromerzeugung. Werndl hatte 1855 den väterlichen Betrieb übernommen und baute 1865 das nach ihm benannte Hinterladergewehr. 1869 gründete er die Österreichische Waffenfabriks-AG – die Vorläuferin der Steyr-Werke. Er beschäftigte zeitweise bis zu 10 000 Arbeiter und schuf vorbildliche Sozialeinrichtungen wie Arbeitersiedlungen und Versicherungen.

Szene aus Anzengrubers Stück »Das vierte Gebot«, das sich gegen die Unbedingtheit der Forderung, Vater und Mutter zu ehren, wendet

Ein Millionär im Ruhestand

27. Dezember. Im Alter von 79 Jahren stirbt der Industrielle Franz Mayr Freiherr von Melnhof.
Er hatte von seinem Vater die Eisenhämmer in Bruck an der Mur, die Kupferhämmer in Waasen bei Leoben und die Hütten in Kapfenberg übernommen. Mit dem Stahlwerk Franzenshütte begründete er die Donawitzer Gußstahlindustrie und damit die moderne Eisenindustrie in der Steiermark.

Ein Schilderer des Bauernlebens

10. Dezember. Der Volksschriftsteller Ludwig Anzengruber stirbt kurz nach Vollendung seines 50. Lebensjahrs in Wien. Der Meister des bäuerlichen Volksstücks schuf neben Romanen und Erzählungen 19 Volksstücke aus dem Milieu der Alpenbauern und städtischen Kleinbürger.
Anzengruber, zunächst Buchhändler, schloß sich 1860 als Schauspieler einer Wandertruppe an und wurde 1869 Kanzleibeamter bei der Wiener Polizei. Erst ab 1871 lebte er als »freier« Schriftsteller in Wien, da ihn die Aufführung des liberalen Volksstücks »Der Pfarrer von Kirchfeld« bekannt gemacht hatte. Als Theaterdichter schrieb er für das Theater an der Wien, später für das Volkstheater und gab daneben das Wochenblatt »Die Heimat« (1884 bis 1889) und das Witzblatt »Figaro« (1884–1889) heraus.
Von seinen, vom liberalen Zeitgeist geprägten religions- und sozialkritischen Volksstücken sind vor allem »Der Meineidbauer« (1871), »Die Kreuzlschreiber« (1872), »Der G'wissenswurm« (1874) und »Das vierte Gebot« (1878) zu nennen.
Seine realistischen Romane (u.a. »Der Schandfleck«, 1876, und »Der Sternsteinhof«, 1885) sind Vorläufer des modernen Bauern- und Dorfromans.

Maler Anton Romako – ein Vorläufer der Moderne

8. März. *In Wien stirbt 56jährig der Maler Anton Romako, der als Vorläufer der österreichischen Moderne gilt. 1847 trat er in die Wiener Akademie ein, wo Ferdinand Waldmüller und Carl Rahl seine Lehrer wurden. Bereits seine frühen Bilder faszinieren durch die eigenwillige Farbkomposition. Romako widmet sich vor allem der Historienmalerei, setzt sich allerdings kühn über deren Traditionen hinweg (so z. B. bei der Darstellung Admiral Wilhelm Freiherr von Tegetthoffs in der Seeschlacht bei Lissa, → 20. 7. 1866). Seine weitere Ausbildung erhielt Romako bei Wilhelm von Kaulbach in München und Karl Werner in Venedig. 1857 bis 1876 lebte Romako in Rom, wo er sich der Genremalerei zuwandte (Abb. l.: »Porträt eines Mannes«, Residenzgalerie Salzburg); sein Spätwerk (vorwiegend Landschaftsgemälde und -aquarelle) weist bereits auf den kommenden Impressionismus in der europäischen Malerei hin, wie seine Gasteiner Landschaften beweisen (Abb. r.: Gasteiner Tal II, 1877; Schloß Belvedere Wien).*

1890

1.5. Mit einem großen Aufmarsch begeht die Sozialdemokratische Partei die erste Maifeier der Wiener Arbeiter. →

18.6. Der sog. Rückversicherungsvertrag zwischen dem Deutschen Reich und Rußland wird nicht mehr erneuert.

19.12. Kaiser Franz Joseph I. bewilligt das Eingemeindungsgesetz des Wiener Gemeinderats vom Vorjahr. →

20.12. 43 Vororte Wiens, die außerhalb des Linienwalls (heute Gürtel) liegen, werden in das Gemeindegebiet der Residenzstadt einbezogen. →

GESTORBEN:

4.1. Prag: Carlos (Karl) Wilhelm Fürst von Auersperg (* 1.5.1814), Staatsmann, 1868 Ministerpräsident.

18.2. Volosca (Istrien): Julius d. Ä. Graf Andrássy (* 8.3.1823), Staatsmann. →

9.8. Wien: Eduard von Bauernfeld (* 13.1.1818), Lustspieldichter. →

8.11. Wien: Karl Freiherr von Vogelsang (* 3.9.1818), katholischer Sozialpolitiker und Publizist.

GEBOREN:

13.1. Wien: Karl Mantler (†4.8.1965), Politiker.

12.2. Wien: Ernst Arnold (eigtl. Jeschke; †5.1.1962), Liederkomponist.

27.1. Wien: Hans Duhan (†6.3.1971), Kammersänger.

20.4. Nikolsburg: Adolf Schärf (†28.2.1965), Politiker.

12.6. Tulln: Egon Schiele (†31.10.1918), Maler.

3.7. Krakau: Josef Manovarda (†24.12.1942), Opernsänger.

20.7. Marienkirchen: Richard Billinger (†7.6.1965), Dichter.

3.8. Ferlach: Josef Friedrich Perkonig (†8.2.1959), Schriftsteller.

5.8. Wien: Erich Kleiber (†27.1.1956), Dirigent.

11.9. Prag: Franz Werfel (†26.8.1945), Dichter.

3.10. Wien: Hermann Thimig, Kammerschauspieler.

25.10. Brünn: Ernst Lothar (eigtl. Müller; †30.10.1974), Schriftsteller.

1.11. Wien: Robert Ettenreich (†7.1.1951), Pionier der Radioindustrie.

3.11. Wien: Karl Maisel (†13.3.1982), Politiker.

5.12. Wien: Fritz Lang (†2.8.1976), Filmregisseur.

29.12. St. Peter bei Nürnberg: Käthe Dorsch (†25.12.1957), Kammerschauspielerin.

»Heraus zum 1. Mai!«

1. Mai. Rund 200 000 Menschen demonstrieren in Wien für den Achtstunden-Arbeitstag. Auch in zahlreichen anderen europäischen und amerikanischen Städten kommt es zu machtvollen Demonstrationen und Kundgebungen.

Im Juli 1889 war auf dem Gründungskongreß der II. Arbeiter-Internationale in Paris beschlossen worden, dem Plan der amerikanischen Arbeiter zu folgen und am 1. Mai 1890 weltweit die Arbeit niederzulegen und für den Achtstunden-Arbeitstag zu demonstrieren. Am 28. November 1889 proklamierten die Sozialdemokraten für den 1. Mai 1890 die Arbeitsruhe. Am 4. April erklärte der Statthalter von Niederösterreich, Erich Graf Kielmannsegg, die Aktion für ungesetzlich. Trotzdem propagierten die Sozialdemokraten auch weiterhin die Arbeitsruhe für den 1. Mai, betonten aber den »ruhigen und würdigen« Ablauf. Die Wiener Polizeidirektion bewilligte schließlich doch die »angesuchten Versammlungen«. Den Prater läßt man allerdings am 1. Mai vom Militär vorsorglich »besetzen« – die Demonstrationen der 200 000 Arbeiter verlaufen jedoch diszipliniert und ohne irgendwelche Ausschreitungen.

Arbeiter am 1. Mai im Prater (aus »Illustriertes Wiener Extrablatt«)

Konversation- und Salonlustspiele

9. August. Der Wiener Lustspieldichter Eduard von Bauernfeld stirbt im Alter von 88 Jahren. Seine vornehmlich für das Wiener Burgtheater verfaßten Stücke weisen ein starkes Wiener Lokalkolorit auf.

Der junge Bauernfeld gehörte zum Kreis um den Komponisten Franz Schubert (→ 19.11.1828). Als ein engagierter Vertreter des bürgerlichen Liberalismus nahm er an der Revolution von 1848 regen Anteil. Nach seiner Entlassung aus dem Staatsdienst (1849) lebte er als freier Schriftsteller in seiner Heimatstadt Wien.

Allein in den Jahren 1821 bis 1849 erreichte Bauernfeld mit 43 Stücken rund 1 000 Aufführungen.

Wiener Vororte eingemeindet

19./20. Dezember. Kaiser Franz Joseph I. bewilligt mit »kaiserlicher Entschließung« das Eingemeindungsgesetz der Gemeinde Wien. Der Gemeinderat hat bereits am 6. Dezember 1889 beschlossen, die alten Versorgungssteuergrenzen am Linienwall (dem heutigen Gürtel) aufzuheben und 43 Vororte einzugemeinden.

Am Tag nach der kaiserlichen Bewilligung tritt das Eingemeindungsgesetz in Kraft, die Residenzstadt verdreifacht durch die 43 eingemeindeten Vororte ihre Grundfläche, die Einwohnerzahl Wiens steigt von rund 525 000 auf etwa 1 265 000 an; aus den Vororten werden die neuen Gemeindebezirke 11 bis 19.

Julius d. Ä. Graf Andrássy

Ungarns erster Ministerpräsident

18. Februar. Im Alter von 66 Jahren stirbt der österreichisch-ungarische Staatsmann Julius d. Ä. Graf Andrássy, 1867 erster ungarischer Ministerpräsident.

Im Revolutionsjahr 1848 kämpfte der aus einem alten ungarischen Magnatengeschlecht stammende Andrássy für die Unabhängigkeit Ungarns und wurde 1851 wegen Hochverrats zum Tode verurteilt. Bis zu einer Amnestie 1857 lebte er im Exil, nach seiner Rückkehr sagte er sich vom radikalen ungarischen Nationalismus los und trat für einen zentralistischen Dualismus mit Österreich ein. Nach dem »Ausgleich mit Ungarn« 1867 wurde er Ministerpräsident seines Landes. 1871 setzte er sich gemeinsam mit Außenminister Friedrich Ferdinand Graf Beust für die Ablehnung der böhmischen Landesordnung ein, die den Tschechen eine ähnliche Stellung in der Monarchie verschaffen sollte wie den Ungarn.

Als Nachfolger von Graf Beust war Andrássy 1871–1879 für die Außenpolitik Österreich-Ungarns verantwortlich und trug wesentlich zum Abschluß des »Drei-Kaiser-Vertrages« mit Rußland und dem Deutschen Reich bei (→ 6.6.1873). 1878 erreichte er auf dem Berliner Kongreß die Zustimmung der Großmächte zur Besetzung Bosniens und der Herzegowina durch Österreich-Ungarn; innenpolitische Schwierigkeiten zwangen den Politiker am 8. Oktober 1879 zur Demission.

1891

Jahresanfang. Martin Schindler arbeitet ein »Christlich-soziales« Programm aus. →

März. Die Wahlen zum Reichstag ergeben einen erheblichen Mandatsgewinn für die liberalnationale Partei der Jungtschechen. Ministerpräsident Eduard Graf Taaffe kann nur mit Hilfe der »Vereinigten Linken« weiterregieren.

6. 5. Der Dreibundvertrag (Österreich-Ungarn, Italien und das Deutsche Reich) wird zum zweiten Mal erneuert.

8. 5. Nach der Eingemeindung von 43 Vororten (→ 19./20. 12. 1890) wird der erste Wiener Stadtrat gewählt.

17. 10. Das Kunsthistorische Museum an der Wiener Ringstraße wird eröffnet. →

Franz Pichler, ein Elektroingenieur aus Weiz (Steiermark), errichtet am Weizbach ein Elektrizitätswerk, die erste Mehrphasenanlage in Österreich (Vorläufer der Elin-Werke).

Der »Erste Wiener Skiverein« wird gegründet; es ist der erste Skiverein in Österreich.

Der letzte von 60 Bänden des von Constant Wurzbach von Tannenberg herausgegebenen »Biographischen Lexikons des Kaisertums Österreich« erscheint (Band 1 von 1856).

GESTORBEN:

23. 1. Wien: Friedrich Freiherr von Schmidt (* 22. 10. 1825), Architekt. →

17. 2. Wien: Theophil Freiherr von Hansen (* 13. 7. 1813), Architekt. →

21. 2. Wien: Arthur Maximilian Graf Bylandt-Rheidt (* 3. 5. 1821), General, Politiker und Waffentechniker.

5. 6. Bad Ischl: Leopold Hasner von Artha (* 15. 3. 1818), Nationalökonom und Politiker, 1870 Ministerpräsident.

17. 9. Wien: Josef Petzval (* 6. 1. 1807), Pionier der Photographie, berechnete 1840 das erste Porträtobjektiv sowie photographische Linsen mit 40facher Lichtstärke.

In Südamerika vermißt: Johann Salvator von Habsburg-Lothringen (Johann Orth; * 25. 11. 1852), Erzherzog von Österreich (bis 1889). →

GEBOREN:

6. 1. Wien: Fritz Imhoff (eigtl. Friedrich Jeschke; † 24. 2. 1961), Schauspieler und Komiker.

11. 3. Linz: Ernst Koref, Politiker.

12. 7. Wien: Anton Kuh († 18. 1. 1941), Journalist.

29. 11. St. Pölten: Julius Raab († 8. 1. 1964), Politiker.

Die Christlichsozialen

Jahresanfang. Zu den Reichstagswahlen 1891 verfaßt Monsignore Martin Schindler das erste »christlichsoziale« Programm; es gliedert sich in vier Abschnitte, die wie folgt lauten:

»I. *Allgemeine Forderungen*
1. Besteuerung des mobilen Kapitals
2. Energische Wahrung der wirtschaftlichen Interessen aller Berufsklassen ...
3. Wahlreform, zunächst Sicherung des direkten Wahlrechtes ...
4. Weitere Einschränkung des Legalisierungszwanges.
5. Dienstpragmatik für die öffentlichen Beamten ...
7. Festhaltung der achtjährigen Schulpflicht ...

II. *Bezüglich des Grundbesitzes*
1. Fortentwicklung der Gesetzgebung zur Erhaltung eines lebenkräftigen Bauernstandes ...
4. Ausschließung des Zwischenhandels bei staatlichen Einkäufen landwirtschaftlicher Produkte.

III. *Bezüglich des Kleingewerbes und des Kleinhandels*
1. Strenge Durchführung der Gewerbenovelle ...
5. Erweiterung des Markenschutzgesetzes.
6. Neuregelung des Verfahrens bei Bemessung der Erwerbs- und Einkommensteuer ...
7. ... Einschränkung der Konsumvereine ...

IV. *Bezüglich der Großindustriearbeiter*
1. Strenge Durchführung der Arbeiterschutzgesetze ...
2. Erweiterung der Arbeiterschutzgesetze ...
3. Vorkehrungen gegen Monopolisierungstendenzen ...«

Bei den Wahlen können die Christlichsozialen die Zahl ihrer Mandate von bisher zwei auf zehn erhöhen.

Dombaumeister von St. Stephan

23. Jänner. Im Alter von 65 Jahren stirbt der aus Frickenhofen in Württemberg stammende Architekt und Dombaumeister Friedrich Freiherr von Schmidt, ein Hauptvertreter der Neugotik.

Schmidt wurde 1859 als Professor an die Akademie der bildenden Künste nach Wien berufen und im Oktober 1862 zum Dombaumeister von St. Stephan ernannt. Zu seinen Hauptwerken (sämtlich in Wien) gehören der Bau der Lazaristenkirche (1860–1862), des Akademischen Gymnasiums (1863–1866), der Pfarrkirche St. Othmar unter den Weißgerbern (1866–1869), der Pfarrkirche Maria vom Siege in Fünfhaus (1868–1875) und des Neuen Rathauses (→ 1883). 1864 leitete Schmidt die Turmhelmrenovierung des Südturmes von St. Stephan, am 22. Jänner 1886 wurde er für seine Verdienste in den Freiherrenstand erhoben.

Das Arsenal, größter Gebäudekomplex Wiens aus dem 19. Jahrhundert, erbaut von dem dänischen Architekten Theophil Freiherr von Hansen

Die Akademie der Künste mit dem Schillerdenkmal (Photographie)

Ein »Wiener« aus Dänemark

17. Februar. Der aus der dänischen Hauptstadt Kopenhagen stammende Architekt Theophil Freiherr von Hansen stirbt im Alter von 67 Jahren in seiner Hauptwirkungsstätte Wien.

Hansen kam nach kurzer Tätigkeit in Athen im Jahre 1846 in die österreichische Kaiserstadt. Er gehört zu den bedeutendsten Ringbaumeistern und prägte mit seiner historisierenden Architektur die umfassende Neugestaltung von Wien. Hansen begründete seinen Ruf als Architekt mit dem Bau des Arsenals (1850–1856), es folgten die evangelische Friedhofskirche am Matzleinsdorfer Platz (1857/58), die evangelische Schule am Karlsplatz (1860 bis 1862), der Heinrichshof (1861 bis 1863, 1945 zerstört), das Musikvereinsgebäude (1867–1869), die Akademie der bildenden Künste (1872 bis 1877), die Börse (1874–1877) sowie mehrere Ringstraßenpalais. Die Krönung seiner Arbeit war jedoch das Reichsratsgebäude (Parlament), ein 1873–1883 errichteter Monumentalbau im hellenischen Stil.

Erzherzog ist verschollen

Der 38jährige Erzherzog Johann Salvator von Habsburg-Lothringen geht – aller Wahrscheinlichkeit nach vor der Südküste Südamerikas – mit seinem Schiff »Margerita« unter. Johann Salvator wurde als jüngster Sohn des Großherzogs Leopold II. von Toskana 1852 in Florenz geboren; 1879 wurde er Feldmarschall-Leutnant und Divisionskommandeur in Preßburg. Mit seiner Schrift »Drill oder Erziehung« (1883 in Wien veröffentlicht) erregte Johann Salvator das Mißfallen des Oberbefehlshabers, Erzherzog Albrecht. 1887 wurde er wegen seiner eigenmächtigen Bewerbung um den bulgarischen Fürstenthron des Kommandos der 3. Infanterie-Division in Linz enthoben. 1889 verzichtete der Habsburger auf Titel und Rechte eines Erzherzogs und nahm den bürgerlichen Namen Johann Orth an (nach seinem künftigen Wohnort, Schloß Orth bei Gmunden am Traunsee). 1890 trat Johann Salvator (Orth) mit dem Segelschiff »Margerita« eine Weltreise an; er besaß ein Kapitänspatent und führte selbst das Schiff. Von dieser Fahrt kehrt der frühere Erzherzog nicht mehr zurück (angeblich taucht er 1899 im Departement Concordia der argentinischen Provinz Entre Rios wieder auf; offiziell aber gilt er als verschollen und wird 1911 für tot erklärt).

Heimstätte der Kunst in Wien

17. Oktober. Das Kunsthistorische Museum an der Wiener Ringstraße wird eröffnet. 1871–1891 nach Plänen von Carl Hasenauer und Gottfried Semper erbaut, erhält es eine reiche Innenausgestaltung von namhaften Künstlern wie Hans Makart, Michael Munkácsy, Gustav und Ernst Klimt, Rudolf Weyr und August Eisenmenger. Von den zwölf Teilgebieten der Museumssammlungen können nur sechs untergebracht werden, vor allem die Gemäldegalerie (der habsburgische Bilderbesitz seit dem 15. Jahrhundert), zu deren größten Schätzen Gemälde niederländischer Meister (Rembrandt van Rijn, Pieter Bruegel, Peter Paul Rubens) gehören. Der Bestand der Sammlungen geht aus den landesfürstlichen Sammlungen in Wien, Ambras (Tirol), Graz, Innsbruck, Brüssel und Prag hervor.

Die Kuppel des 1891 fertiggestellten Kunsthistorischen Museums

Rembrandt van Rijn, Großes Selbstbildnis

Pieter Bruegel d. J., Winterlandschaft mit Eisläufern und Vogelfalle (Gemälde, Kunsthistorisches Museum Wien)

1892

1. 1. Die neuen magistratischen Bezirksämter von Groß-Wien nehmen ihre Tätigkeit auf.

11. 8. In Österreich-Ungarn werden die Goldwährung und eine neue Münzeinheit, die Krone, eingeführt. Sie wird am → 1. Jänner 1900 zum ausschließlichen Zahlungsmittel.

November. Der »Österreichische Skiverein« des Baron von Wangenheim löst den »Ersten Wiener Skiverein« ab.

4. 12. Der »Christlichsoziale Arbeiterverein« konstituiert sich. →

Der Wiener Afrikaforscher Oskar Baumann entdeckt auf einer Expedition südlich des Victoriasees die Quelle des Kagera – die lang gesuchte tatsächliche Quelle des Nils. →

GESTORBEN:

16. 4. Nürnberg: Matthias von Lexer (* 18. 10. 1830), Germanist und Lexikograph.

9. 8. Westerland auf Sylt: Emil Jakob Schindler (* 27. 4. 1842), Maler. →

7. 10. Wien: Friedrich Schlögl (* 7. 12. 1821), humoristischer Schriftsteller.

GEBOREN:

9. 3. Wien: Josef Weinheber († 8. 4. 1945), Lyriker.

8. 4. Wien: Richard Neutra († 16. 4. 1970), Architekt.

24. 4. Moosburg: Bruno Grimschitz († 13. 6. 1964), Kunsthistoriker.

9. 5. Villa Pianore: Zita von Bourbon-Parma, Kaiserin von Österreich.

16. 5. Linz: Richard Tauber (eigtl. Ernst Seiffert; † 8. 1. 1948), Tenor.

31. 5. Lienz: Andreas Rohracher († 6. 8. 1976), Erzbischof von Salzburg.

6. 6. Konstantinopel: Erwin H. Rainalter († 29. 10. 1960), Schriftsteller.

12. 7. Öblarn: Paula Grogger († 31. 12. 1983), Schriftstellerin.

22. 7. Stannern bei Iglau: Arthur Seyss-Inquart († 16. 10. 1946), NS-Politiker.

23. 7. Laibach: Bruno Brehm († 5. 6. 1974), Schriftsteller.

4. 10. Texing: Engelbert Dollfuß († 25. 7. 1934), Politiker.

4. 10. St. Ulrich (Südtirol): Luis Trenker, Bergsteiger und Schriftsteller.

19. 10. St. Veit an der Glan: Hermann Hubert Knaus († 22. 8. 1970), Gynäkologe.

22. 12. Pola: Hermann Potočnik († 27. 7. 1929), Raketentechniker.

Österreichischer Frühimpressionist

9. August. *Der Wiener Maler Emil Jakob Schindler stirbt im Alter von 50 Jahren in Westerland auf der Nordseeinsel Sylt. Schindler, Haupt einer Gruppe von frühimpressionistischen Landschaftsmalern, schuf zahlreiche Bilder der niederösterreichischen Landschaft (Abb.: »Februarstimmung«, 1884; Schloß Belvedere Wien).*

Wiener entdeckt die Nilquelle

Vom Jänner 1892 bis Februar 1893 bereist der Wiener Geograph Oskar Baumann das Gebiet um den Kilimandscharo im Osten Afrikas. Dabei entdeckt er, daß der aus den Mondbergen kommende Kagerafluß, der größte Zufluß des Victoriasees, der seit langem gesuchte Quellfluß des Nils ist.

Der erst 28jährige Wiener hatte bereits 1885 an der Kongofahrt teilgenommen und dabei den Unterlauf des Kongo kartiert; 1886 erforschte er die Insel Fernando Póo im Golf von Guinea.

Katholischer Arbeiterverein

4. Dezember. In Wien konstituiert sich der »Christlichsoziale Arbeiterverein«, nachdem es dem erst 21jährigen Wiener Sattlergehilfen Leopold Kunschak am 21. September gelungen war, die verschiedenen christlichen Arbeitervereinigungen zusammenzuschließen.

Bis dahin gab es zahlreiche, getrennt arbeitende katholische Gesellenvereine und Interessengruppen, die vor allem in den größeren Städten recht stark waren. Kunschak leitet den »Christlichsozialen Arbeiterverein« bis zu dessen Auflösung 1934.

1893

1. 2. In Mürzzuschlag wird der »Verband steirischer Skiläufer« gegründet.

18. 2. Die Arbeiten an der Anlage der Wiener Stadtbahn beginnen (→ 1901).

17. 5. Während einer Sitzung des Böhmischen Landtags in Prag kommt es zu tumultartigen Szenen. →

10. 10. Ministerpräsident Eduard Graf Taaffe legt seinen Plan zur Reform des Wahlrechts vor.

29. 10. Ministerpräsident Eduard Graf Taaffe tritt zurück. →

11. 11. Das sog. Koalitionsministerium unter Ministerpräsident Alfred Fürst zu Windischgraetz wird gebildet. →

28. 11. Mit Ferdinand Raimunds Posse »Die gefesselte Phantasie« wird das Raimundtheater in Wien eröffnet.

4. 12. Am Kohlmarkt in Wien wird die erste elektrische Straßenbeleuchtung der Stadt in Betrieb genommen.

24.–26. 12. In Wien tagt der erste allgemeine Gewerkschaftskongreß und gründet eine »Reichsgewerkschaftskommission«.

31. 12. Erstes Fußballspiel in der k. u. k. Monarchie: In Prag schlägt »Viktoria« Berlin den Ruderklub »Regatta« mit 7 : 0.

Der 1889 begonnene Bau des Michaelertraktes der Wiener Hofburg wird vollendet. →

Der Einakterzyklus »Anatol« von Arthur Schnitzler wird in Wien uraufgeführt.

GESTORBEN:

23. 5. Wien: Anton Ritter von Schmerling (* 23. 8. 1805), deutschliberaler Politiker, 1861–1865 Staatsminister.

17. 6. Wien: Johann Schrammel (* 22. 5. 1850), Geiger und Komponist.

27. 8. Partschins: Peter Mitterhofer (* 20. 9. 1822), Tischler und Erfinder. →

GEBOREN:

2. 1. Wien: Ernst Marischka († 12. 5. 1963), Operettenlibrettist und Regisseur.

26. 1. Linz: Heinrich Gleißner († 18. 1. 1984), Politiker.

24. 2. Eisenstadt: Gustinus Ambrosi († 1. 7. 1975), Bildhauer.

31. 3. Wien: Clemens Krauss († 16. 5. 1954), Dirigent.

5. 4. St. Michael (Steiermark): Josef Böck-Greissau († 21. 4. 1953), Politiker.

28. 10. Wien: Karl Farkas († 16. 5. 1971), Kabarettist und Textdichter.

Die Jungtschechen lärmen

Krawalle der Jungtschechen

17. Mai. Bei einer Sitzung des Böhmischen Landtags kommt es zu Ausschreitungen: Die Abgeordneten der Jungtschechen klappern so lange mit den Pultdeckeln, daß die Sitzung unterbrochen werden muß. In dem entstehenden Krawall werden die Notizzettel der Stenografen zerrissen und die Wahlurne, in der soeben Stimmzettel gesammelt werden sollten, erhält einen Fußtritt.

Das offizielle Wiener »Fremdenblatt« nennt die Jungtschechen daraufhin eine »Pöbelpartei« und fordert Adel und Deutschtum auf, in Böhmen die »Ordnung zu schützen«. Die Auseinandersetzungen sind weniger auf den Sprachengegensatz als vielmehr auf soziale Spannungen zurückzuführen. Es stehen sich nicht nur Deutschböhmen und Jungtschechen gegenüber, sondern auch Adel und Großbürgertum gegen Kleinbürgertum und Arbeiterschaft.

Erneut kommt es am 17. August zu Ausschreitungen in Prag, als Militärkapellen am Vorabend des Kaisergeburtstags durch die Stadt ziehen. Zwischen Tschechen und Deutschen kommt es mehrfach zu Prügeleien, die antideutsche Stimmung wird von den Jungtschechen und ihrem Geheimbund »Omladina« noch geschürt.

Die Krawalle dauern an, obgleich Truppen aus anderen Kronländern nach Prag geschickt werden, der Ausnahmezustand verhängt wird und eine Verhaftungswelle einsetzt.

Eduard Graf Taaffe muß zurücktreten

29. Oktober / 11. November. Nach mehr als 14 Jahren als Ministerpräsident muß Eduard Graf Taaffe am 29. Oktober den Rücktritt seiner Regierung erklären. Er ist an dem Plan einer Wahlrechtsreform gescheitert, durch die ein Großteil der Bevölkerung, vor allem die Arbeiter, das Wahlrecht erhalten und das Parlament neugestaltet werden sollte.
Die Anregung für die Reform stammte von Finanzminister Emil Steinbach; als Graf Taaffe seinen Plan am 10. Oktober der Öffentlichkeit vorlegte, erhoben allerdings sowohl die Konservativen als auch die »Vereinigte Linke« massiven Protest gegen diese Pläne. Denn das Ziel Taaffes war es, jeden Bürger über 24 Jahre, der lesen und schreiben konnte oder zumindest den Wehrdienst absolviert hatte, an die Wahlurnen zu lassen, um so die traditionellen Parteien »zu Brei zu zerschlagen«. Im Reichsrat kam es zu tumultartigen Szenen, Konservative und »Vereinigte Linke« entzogen der Taaffe-Regierung ihre Unterstützung, worauf der Ministerpräsident seinen Rücktritt erklären muß.
Am 11. November bildet Alfred Fürst zu Windischgraetz das sog. Koalitionsministerium aus Katholisch-Konservativen (dem sog. Hohenwartklub, benannt nach Karl Graf Hohenwart, Ministerpräsident des Jahres 1871), »Vereinigten Linken« und den Polen. Die Tschechen bleiben ausgeschaltet, eine Lösung der böhmischen Frage ist nicht in Sicht.

Ministerpräsident Eduard Graf Taaffe (Lithographie) tritt zurück

Abbruch des alten Burgtheaters (Aquarell eines unbekannten Künstlers)

Michaelertrakt fertig

Der von Ferdinand Kirschner geleitete Bau des Michaelertraktes der Wiener Hofburg wird nach vierjähriger Bauzeit fertiggestellt. Die großzügige Anlage geht teilweise noch auf Pläne Joseph Emanuel Fischer von Erlachs zurück, gehört aber als ganzes deutlich in die Ringstraßenära der Kaiserstadt. Der mächtige Kuppelraum ist 54 m hoch, das Riesenportal folgt mit seiner konkaven Form der Rundung des Michaelerplatzes.
Abbruch alter Gebäude und Errichtung neuer Monumentalbauten bestimmen das Wiener Stadtbild.

Der neue Michaelertrakt

Der Erfinder der Schreibmaschine

27. August. 70jährig stirbt der Tischler und Instrumentenmacher Peter Mitterhofer. 1866/67 konstruierte er das erste brauchbare Modell einer Schreibmaschine aus Holz (Abb.) und verbesserte es 1870. Beide Male ging er zu Fuß bis nach Wien und erhielt 200 Gulden bzw. (beim zweiten Modell) 150 Gulden vom Kaiser.

1894

25. 2. Der plötzliche Tod des 57jährigen liberalen Bürgermeisters von Wien, Dr. Johann Prix, führt zu einer drei Jahre andauernden Differenz zwischen Gemeinderat und Kaiser.

5. 3. Die Demolierung des Wiener Linienwalls beginnt.

1. 6. In Österreich-Ungarn wird die mitteleuropäische Zeit eingeführt.

15. 10. Erstes reguläres Fußballspiel zweier Vereine in Österreich: »Vienna Cricket« schlägt den »First Vienna F. C.« 4:0. →

GESTORBEN:

4. 1. Wien: Carl Freiherr von Hasenauer (* 20. 7. 1833), Architekt. →

6. 2. Abbazia (Italien): Theodor Billroth (* 26. 4. 1829), Chirurg. →

19. 3. Wien: Karl Ritter von Blaas (* 28. 4. 1815), Historienmaler. →

28. 6. Wien: Karl Faulmann (* 24. 6. 1835), Schriftsetzer und Stenograph, seit 1854 in Wien, entwickelte 1874–1883 ein eigenes System der »phonetischen Stenographie«.

5. 7. Baden bei Wien: Betty Paoli (eigtl. Babette Elisabeth Glück; * 30. 12. 1814), Schriftstellerin des Wiener Biedermeier, Kunstkritikerin und Übersetzerin.

23. 8. Wien: Jaromir von Mundy (* 3. 10. 1822), Arzt, Mitbegründer der Wiener freiwilligen Rettungsgesellschaft.

20. 10. Wien: Ludwig Mauthner (* 13. 4. 1840), Augenarzt.

30. 11. Wien: Cajetan Freiherr von Felder (* 19. 9. 1814), liberaler Politiker, 1868–1878 Bürgermeister von Wien.

GEBOREN:

29. 4. Budapest: Paul Hörbiger († 5. 3. 1981), Schauspieler.

3. 6. Klagenfurt: Herbert Boeckl († 20. 1. 1966), Maler.

10. 6. Hinterbrühl bei Wien: Oskar Karlweiß († 24. 1. 1956), Schauspieler.

12. 6. Frauenhofen: Johann Steinböck († 14. 1. 1962), Politiker.

25. 6. Hermannstadt (Siebenbürgen): Hermann Oberth, Raketenforscher, Pionier der Weltraumfahrt.

10. 8. Großwarasdorf: Lorenz Karall († 17. 3. 1965), Politiker.

28. 8. Graz: Karl Böhm († 14. 8. 1981), Dirigent.

2. 9. Schwabendorf bei Brody (Galizien): Josef Roth († 27. 5. 1939), Schriftsteller.

16. 11. Tokio: Richard Coudenhove-Kalergi († 27. 7. 1972), Pazifist.

Billroth (r., sitzend) mit Ärzten des Allgemeinen Krankenhauses

Bahnbrecher der Chirurgie

6. Februar. Im Alter von 64 Jahren stirbt der Chirurg Theodor Billroth im italienischen Abbazia.
Der in Bergen (auf der Ostseeinsel Rügen) geborene Billroth kam 1853 nach Wien, wo er ab 1867 als Universitätsprofessor tätig war. 1874 gelang ihm die erste vollständige Kehlkopfentfernung, 1881 erstmals eine Magenresektion. Er führte die Mischnarkose aus Äther und Chloroform und den wasserdichten Verbandstoff – »Billroth-Batist« genannt – in die Medizin ein und wirkte wegweisend auf dem Gebiet der inneren und Kriegs-Chirurgie.

Fußballspiel in Wien

15. Oktober. Auf der Kuglerwiese in Wien-Heiligenstadt findet das erste reguläre Fußballspiel zweier Vereinsmannschaften in Österreich statt: Der »Vienna Cricket and Football Club« schlägt das Team des »First Vienna Football Club« 4:0.
Beide Vereine sind erst in diesem Jahr gegründet worden, und zwar – wie bereits die Namen zeigen – nicht nur nach englischem Vorbild, sondern von in Wien lebenden Briten, Arbeitern und Angestellten verschiedener in Wien ansässiger Firmen aus Großbritannien. Demzufolge dominieren in den Mannschaften auch die englischen Namen (Blackley, Blythe, Gandon, Shires etc.), und der erste Präsident der »Österreichischen Fußball-Union« trägt den wenig deutschen Namen Nicholson. Das erste Fußballspiel im Kaiserreich fand bereits ein Jahr zuvor, am Silvestertag des Jahres 1893, in Prag statt, wo eine Mannschaft des Ruderklubs »Regatta« Viktoria Berlin 0:7 unterlag. Das erste Spiel auf österreichischem Boden fand wohl am 18. März 1894 in Graz statt, wo zwei Teams des Akademisch-technischen Radfahrvereins gegeneinander antraten.
Der Fußball kann sich erst allmählich in Österreich etablieren, das Regelwerk ist noch nicht vereinheitlicht und oft arten die »Spiele« in wilde Prügeleien aus. Das erste offizielle Länderspiel am 8. April 1901 in Wien endet allerdings mit einem Sieg (4:0 über die Schweiz).

Ein Ritter als Freskenmaler

19. März. Carl Ritter von Blaas stirbt kurz vor Vollendung seines 79. Lebensjahres in Wien. Der aus Südtirol stammende Historienmaler gehörte der Gruppe der sog. Nazarener an. Blaas (seit 1877 Ritter von) wurde 1850 als Professor der Historienmalerei an die Akademie der bildenden Künste in Wien berufen.
Seine Hauptwerke sind 24 Fresken in der Altlerchenfelder Kirche in Wien (1854–1858) sowie 45 Fresken im Arsenal (heute Heeresgeschichtliches Museum) in Wien entstanden (1859 bis 1872).

Ein Architekt des dekorativen Stils

4. Jänner. 60jährig stirbt der Architekt Carl von Hasenauer, ein Vertreter des historisierenden Stils und bedeutender Ringstraßenbaumeister.
1884–1894 lehrte Hasenauer an der Akademie der bildenden Künste in Wien, nachdem er die Bauten (u.a. die Rotunde) für die Weltausstellung 1873 gebaut hatte. Seine Hauptwerke schuf er jedoch für die Wiener Ringstraße: Gemeinsam mit Gottfried Semper die beiden Hofmuseen (1872–1891) und das Burgtheater (1874–1888), ferner die Hermesvilla im Lainzer Tiergarten (1882).

1895

9. 2. Der Geheimbund zwischen Österreich-Ungarn und Serbien vom 9. Februar 1887 wird nicht mehr verlängert.

Mai. Agenor d. J. Graf Goluchowski wird neuer k. u. k. Außenminister.

17. 5. Im großen Musikvereinssaal in Wien findet eine Kundgebung der Christlichsozialen statt, die eine programmatische Resolution verabschieden und darin ihre Papst-, Bischof-, Kaiser- und Staatstreue betonen.

18. 5. Im Wiener Prater wird der Vergnügungspark »Venedig in Wien« eröffnet.→

Anfang Juni. Die Koalitionsregierung unter Alfred Fürst zu Windischgrätz tritt zurück.→

1. 8. Die österreichische Zivilprozeßordnung wird erlassen.

17.–26. 9. Aus den Wahlen zum Wiener Gemeinderat gehen die Christlichsozialen als Sieger hervor; sie wählen am 29. Oktober Karl Lueger zum Bürgermeister von Wien.→

2. 10. Der Statthalter von Galizien, Kasimir Felix Graf Badeni, wird neuer Ministerpräsident.→

Die Arbeit von Kindern unter 14 Jahren sowie die Nachtarbeit für Frauen und Jugendliche werden verboten und der 11-Stunden-Arbeitstag sowie die 24stündige Sonntagsruhe eingeführt.

In Wien wird das erste jüdische Museum der Welt eingerichtet.

GESTORBEN:

18. 2. Arco: Albrecht von Habsburg-Lothringen (* 3. 8. 1817), Feldmarschall.→

9. 3. Lindheim (Hessen): Leopold Ritter von Sacher-Masoch (* 27. 1. 1836), Schriftsteller, aufgrund der erotischen Grausamkeiten in seinen Werken wird die sexualpathologische Haltung des »Masochismus« nach ihm benannt.

21. 5. Wien: Franz von Suppé (* 18. 4. 1819), Komponist.→

24. 11. Wien: Josef Schrammel (* 3. 3. 1852), Komponist.

29. 11. Ellischau (Böhmen): Eduard Graf Taaffe (* 24. 2. 1833), konservativer Politiker.

GEBOREN:

9. 2. Bozen: Max Valier († 17. 5. 1930), Pionier der Raumfahrt.

16. 2. Wien: Carry (Carl Maria) Hauser, Maler und Graphiker.

27. 11. Korneuburg: Nico Dostal († 27. 10. 1981), Komponist.

30. 11. Eferding: Johann Nepomuk David, Komponist.

3. 12. Wien: Anna Freud († 8. 10. 1982), Psychoanalytikerin.

Der Sieger von Custoza

18. Februar. Im Alter von 77 Jahren stirbt Erzherzog Albrecht von Habsburg-Lothringen. Der Sohn des berühmten Siegers von Aspern, Erzherzog Karl, kommandierte 1866 die kaiserliche Italien-Armee. Der erfolgreiche Feldmarschall befürwortete eine offensive Kriegsführung und besiegte trotz zahlenmäßiger Unterlegenheit die Italiener bei Custoza (→ 24. 6. 1866). Albrecht war mit der bayrischen Prinzessin Hildegard verheiratet, die allerdings schon 1864 starb.

Erzherzog Albrecht (Photographie)

Trauer um Franz von Suppé

21. Mai. Im Alter von 76 Jahren stirbt der Kapellmeister und Operettenkomponist Franz von Suppé (eigentlich Francesco Ezechiele Ermenegildo Suppé-Demelli) in Wien.
Der aus Spalato in Dalmatien stammende Suppé komponierte bereits 1834 – als 15jähriger – seine erste Messe; ab 1839 studierte er in Wien, wo er 1862–1882 als Kapellmeister (zunächst drei Jahre am Theater an der Wien, dann am Carl-Theater) tätig war. Er schuf 31 Operetten, daneben mehrere Chorwerke und Streichquartette sowie das Marschlied »O du mein Österreich«. Die Uraufführung seiner Operette »Das Pensionat« am →24. November 1860 gilt als der »Geburtstag« der Wiener Operette.

Lueger verzichtet »dermalen«

Der christlichsoziale Politiker Karl Lueger (l.) mit Kaiser Franz Joseph I.

17.–26. September. Bei den Wahlen zum Wiener Gemeinderat gewinnen die Christlichsozialen eine Zweidrittelmehrheit – 92 von 138 Mandaten. Am 29. Oktober wählt der Gemeinderat Karl Lueger zum neuen Bürgermeister, doch verweigert Kaiser Franz Joseph I. die Bestätigung.

Die Christlichsozialen, erst seit 1893 unter der Führung Luegers fest organisiert, verfügten bereits 1894 über 64 Abgeordnete im Wiener Gemeinderat (gegenüber 66 Liberalen und acht Parteilosen). Da aber keine arbeitsfähige Mehrheit zustande kam, verfügte der Statthalter von Niederösterreich, Erich Graf Kielmannsegg, die Auflösung des Gemeinderates und Neuwahlen.

Sein Programm hatte Lueger bereits 1870 in seiner rechts- und staatswissenschaftlichen Dissertation verkündet; darin schrieb er u. a.: »Alle großjährigen Staatsbürger, welche lesen und schreiben können, sollen aktives und passives Wahlrecht haben ... Die Nationalitätenidee ist verwerflich und ein Hemmschuh des Fortschritts der Mehrheit.« Der Adel und das Großbürgertum wandte sich daher entschieden gegen eine Wahl Luegers.

Der Gemeinderat findet sich allerdings nicht mit der Ablehnung Luegers durch den Kaiser ab; am 13. November wird der christlichsoziale Politiker erneut – dieses Mal mit 93 Stimmen – zum Bürgermeister gewählt, der Kaiser verweigert jedoch erneut die Bestätigung und läßt den Gemeinderat auflösen. Die Wiener geben trotzdem nicht nach. Im April 1896 – bei der dritten Bürgermeisterwahl – erhält Lueger bereits 96 Stimmen; Wien gleicht einem Hexenkessel, die Christlichsozialen marschieren, und Ministerpräsident Kasimir Felix Graf Badeni erkennt, daß ihm hier ein möglicher Verbündeter gegen die Liberalen heranwächst. Vermittelnd greift er ein und arrangiert eine Audienz beim Kaiser, der Lueger in einem einstündigen Gespräch veranlaßt, »dermalen« freiwillig auf das Amt des Bürgermeisters zu verzichten und sich mit der Position des Vizebürgermeisters zu begnügen. Luegers Parteifreund Josef Strobach (im Volksmund nur noch »Strohmann« genannt), wird Bürgermeister (→ 8. 4. 1897).

Der Ruf nach dem »starken Mann«

Juni/Oktober. Wegen einer vergleichsweise unbedeutenden Frage – der Debatte um die Einrichtung einer slowenischen Schule in Cilli – scheitert das sog. Koalitionsministerium unter Alfred Fürst zu Windischgraetz, der Anfang Juni seinen Rücktritt erklärt.

Am 2. Oktober ernennt Kaiser Franz Joseph I. den 49jährigen Statthalter von Galizien, Kasimir Felix Graf Badeni, zum Ministerpräsidenten. Badeni genießt den Ruf eines »starken Mannes«, denn er unterdrückt seit seinem Amtsantritt als Statthalter 1888 mit besonderer Härte die Ruthenen in Galizien.

In sein Kabinett beruft er ausschließlich Nichtparlamentarier und übernimmt persönlich das Amt des Innenministers.

Eine neue Sensation: Venedig in Wien

»Venedig in Wien« (Plakat von S. Czeiger, um 1900)

18. Mai. *Auf dem Areal des Englischen Gartens im Wiener Prater eröffnet Gabor Steiner den Vergnügungspark »Venedig in Wien«. Die Idee, die Atmosphäre der Lagunenstadt einzufangen, ist vorzüglich verwirklicht worden; auf einer Wasserfläche, die rund 8000 m² bedeckt, fahren Serenadengondeln die zahlreichen Kanäle entlang, und die »Gondolieri« singen ihre Arien. »Venedig in Wien« wird rasch zu einer vielbesuchten Attraktion der Kaiserstadt. Ausländische Künstlergruppen und Solotänzer werten das ohnehin reichhaltige Programm zusätzlich auf, ein eigens errichtetes Sommertheater bietet zudem mehrere Vorstellungen hintereinander (1901 wird daraus die »Internationale Stadt«).*

1896

1. 1. Die »OHG Laurin & Klement – Erste Jungbunzlauer Fahrradfabrik« wird in das Wiener Handelsregister eingetragen. →

5. 1. Der erste Christlichsoziale Arbeitertag findet in Wien statt. →

27. 3. In Wien gibt es die erste Kinovorstellung auf österreichischem Boden. →

5.–14. 4. In Athen werden die I. Olympischen Spiele der Neuzeit veranstaltet. →

27. 4. Kaiser Franz Joseph I. verlangt von Karl Lueger, der zum dritten Mal in sieben Monaten vom Wiener Gemeinderat für dieses Amt gewählt worden ist, »dermalen« auf die Wahl zum Bürgermeister von Wien zu verzichten (→ 17.–26. 9. 1895).

14. 6. Der Kaiser sanktioniert die Wahlrechtsreform der Regierung Badeni. →

9. 10. Bei einem Staatsbesuch in Paris betont Zar Nikolaus II. die besondere »Waffenbrüderschaft« zwischen Rußland und Frankreich.

25. 10. Das Personaleinkommensteuergesetz wird erlassen. →

November. Matthias Zdarskys Werk über die »Alpine Lilienfelder Skilauftechnik« erscheint (→ 19. 3. 1905).

GESTORBEN:

16. 4. Wien: Viktor Tilgner (* 25. 10. 1844), Bildhauer.

20. 7. St. Gallen (Steiermark): Friedrich Simony (* 30. 11. 1813), Geograph, Erforscher der Alpen.

11. 10. Wien: Anton Bruckner (* 4. 9. 1824), Komponist. →

GEBOREN:

3. 2. Prag: Johannes Urzidil († 2. 11. 1970), Dichter.

22. 2. Prag: Maria Eis († 18. 12. 1954), Kammerschauspielerin.

17. 3. St. Pölten: Richard Eybner, Kammerschauspieler.

2. 4. Agram: Egon Caesar Conte Corti († 17. 9. 1953), Schriftsteller.

21. 4. Budapest: Attila Hörbiger, Kammerschauspieler.

10. 5. Gurnitz: Ferdinand Wedenig († 11. 11. 1975), Politiker.

31. 7. Brunn am Gebirge: Franz Ruhm († 20. 3. 1966), Kochlehrer.

5. 9. Weidlingau bei Wien: Heimito von Doderer († 23. 12. 1966), Romancier.

23. 9. Subotica (Kroatien): Josef Gerö († 28. 12. 1954), Justizminister.

14. 11. Alsó Neudra (Ungarn): Koloman von Pataky († 28. 2. 1964), Operntenor.

Die Forderungen der Christsozialen

5. Jänner. Auf dem ersten Christlichsozialen Arbeitertag in Wien wird ein sog. christlich-soziales Arbeiter-Programm verabschiedet, das 19 knapp formulierte Artikel enthält. Die wichtigsten Forderungen der Christlichsozialen sind:
»*Artikel 1:* Die Arbeit ist Pflicht und Gemeingut aller gesunden Menschen; sie ermöglicht die Gewährleistung des Rechtes auf Existenz. Durch ehrliche und tüchtige Arbeit, sowie durch gerechte Verwertung und Entlohnung derselben wird der allgemeine Wohlstand der Völker geschaffen ...
Artikel 3: Der Staat ist verpflichtet, durch Gesetzgebung und Verwaltung die ehrliche Arbeit zu schützen; er muß daher eine zweckentsprechende Organisation derselben schaffen, damit sie vor Ausbeutung und Wucher geschützt und jedem Arbeiter der seiner Arbeitsleistung entsprechende gerechte Lohn gesichert werde.
Artikel 4: Die Kinderarbeit sowie die Frauenarbeit in Fabriken müssen abgeschafft werden ...
Artikel 6: An Sonn- und Feiertagen hat alle Arbeit zu ruhen ...
Artikel 7: Die Arbeitszeit soll in einer, den gerechten Interessen der Arbeitnehmer und Arbeitgeber entsprechenden Weise staatlich geregelt werden ...
Artikel 11: Damit jedem Staatsbürger die Erlangung eines entsprechenden Bildungsgrades ermöglicht werde, hat der Unterricht an allen staatlichen Bildungsanstalten unentgeltlich zu erfolgen ...
Artikel 15: Wir verlangen, daß alle männlichen Staatsbürger, welche im Vollgenusse der bürgerlichen Rechte sind, vom vollendeten 24. Lebensjahr an das aktive, und vom vollendeten 30. Lebensjahr an das passive Wahlrecht erlangen ...
Artikel 17: Die Ausgabe von Geld und Geldzeichen jeder Art, das Kredit- und Versicherungswesen, das Post-, Telegraphen-, Telephon- und Eisenbahnwesen, der Bergbau einschließlich der Erdölgewinnung sollen der Privatunternehmung entzogen sein ...
Artikel 19: Wir treten für die Aufrechterhaltung des auf gerechte Art erworbenen persönlichen Eigentums, aber auch für eine weitgehende Reform des Erbrechtes ein.«

Start zum 12-Stunden-Rennen, das der Österreicher Schmal gewinnt

Erstmals Olympia

5.–14. April. In Athen finden die I. Olympischen Spiele der Neuzeit statt; 311 Teilnehmer aus 13 Nationen nehmen an den 43 Wettkämpfen teil, darunter auch vier Österreicher und acht Ungarn.
Die Idee einer Wiederbelebung der antiken Wettkämpfe entstand im Zusammenhang mit Ausgrabungen im Olympia der alten Griechen; Ziele der Spiele sollen die internationale Förderung des Sports, die Völkerverständigung und Sicherung des Friedens sein. Initiator ist der französische Baron Pierre de Coubertin, der 1894 einen Kongreß nach Paris einberief, der die Gründung eines Internationalen Olympischen Komitees (IOC) und die Durchführung Olympischer Spiele alle vier Jahre beschloß. Bei der Eröffnung erklärt der griechische König Georg I.: »Möge die Wiederbelebung der Olympischen Spiele die Bande der gegenseitigen Liebe stärken ...«
Österreicher gewinnen zwei Gold- und drei Bronzemedaillen: Im Schwimmen belegt Paul Neumann Platz 1 über 500 m Freistil und Otto Herschmann Platz 3 über 100 m Freistil; im Radfahren siegt Felix Schmal im Bewerb über zwölf Stunden (mit fast 315 km) und wird jeweils Dritter über 1000 m und 333,33 m.

Kinovorstellung in Österreich

27. März. In Wien, Kärntner Straße 45 (Eingang Krugerstraße 2), findet die erste Kinovorstellung auf österreichischem Boden statt: Von 10 bis 20 Uhr werden »nonstop« folgende sechs Produktionen der französischen Filmpioniere Auguste und Louis Jean Lumière gezeigt: »Der Concorde-Platz in Paris«, »Bubis Frühstück«, »Die Schmiede«, »Schiffspromenade«, »Das Meer« und »Die Eisenbahn«. Der Eintritt beträgt 50 Kreuzer.
(Im Jahre 1900 wird das Erika-Kino in der Wiener Kaiserstraße eröffnet, es ist das älteste Kino der Welt, in dem heute noch Vorführungen stattfinden; der erste österreichische Spielfilm »Von Stufe zu Stufe« wird erst 1908 gedreht.)

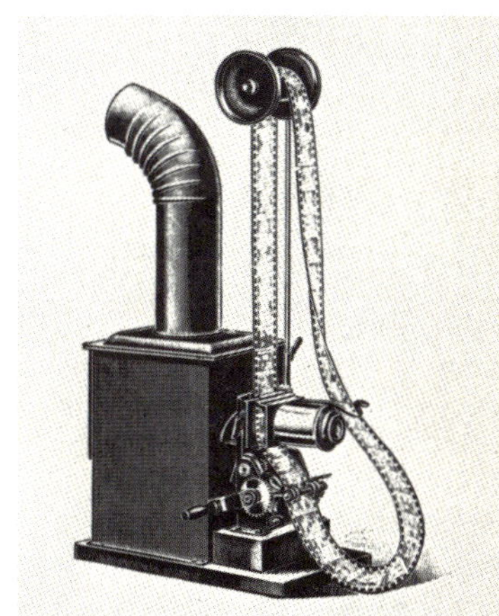

Kinematograph (Zeichnung)

Ärger führt zur Gründung einer Fahrradfabrik

1. Jänner. In das Wiener Handelsregister wird die »OHG Laurin & Klement – Erste Jungbunzlauer Fahrradfabrik« eingetragen.
Wenzel Klement war 1895 erst kurze Zeit als selbständiger Buchhändler in Jungbunzlau ansässig, als er sich wegen einer Reparatur seines Fahrrads an die Aussiger Filialwerkstätte der Dresdner Fabrik für Fahrräder »Seidel und Naumann« wandte. Da er den Brief in tschechischer Sprache abfaßte, erhielt er ihn mit dem Vermerk zurück: »Wenn Sie von uns eine Antwort haben wollen, ersuchen wir Sie, Ihre Mitteilung in einer uns verständlichen Sprache zu schreiben.« Aus Verärgerung über eine solche Antwort setzt Klement sich mit dem Mechaniker Wenzel Laurin in Verbindung und gründet mit ihm eine Fahrradfabrik in Jungbunzlau; noch im Gründungsjahr bringen sie ihr erstes Fahrrad heraus, das sie »Slavia« nennen. 1899 geht der Fahrradboom recht plötzlich zu Ende; trotzdem arbeiten die Jungunternehmer weiter. 1899 ist ihr Typ B eines Motordreirads produktionsreif und entspricht in den Grundzügen bereits dem modernen Motorrad. Damit ist das erste serienmäßig gefertigte Motorrad der k. u. k. Monarchie geboren und kann in der Folge glänzenden Erfolg verzeichnen. 1900 beschäftigt die Fabrik bereits 68 Arbeiter.

Reklame für Puch-Räder (Josef Maria Auchentaller, 1899/1900)

5,5 Millionen neue Wähler

14. Juni. Kaiser Franz Joseph I. sanktioniert die Wahlrechtsreform der Regierung Badeni. Als 5. Kurie wird eine »Allgemeine Wählerklasse« eingeführt, in der alle Staatsbürger ab dem 24. Lebensjahr, ohne Rücksicht auf ihre Steuerleistung, wahlberechtigt sind. Die Zahl der Mitglieder des Abgeordnetenhauses wird von 353 auf 425 erhöht.
Obwohl diese Wahlrechtsreform mit einem Schlag 5,5 Millionen Menschen die Möglichkeit eröffnet, zu den Urnen zu gehen, ist sie doch wenig gerecht, vor allem was das Verhältnis von Wählerzahl zu Abgeordnetenzahl betrifft: So kommt in der 5. Kurie ein Abgeordneter auf 75 000 Wahlberechtigte, in der 1. Kurie beträgt das Verhältnis etwa 1:600. Die Forderung der Massen nach einer neuerlichen Wahlreform bleibt daher bestehen (allerdings bringt erst die Becksche Wahlreform vom → 26. Jänner 1907 die erhoffte grundlegende Änderung).

Kurie	Wähler	Abgeordnete
Allgemeine Wählerklasse	5 500 000	72
Großgrundbesitzer	5 402	85
Handelskammern	583	21
Städte und Märkte	383 500	118
Landgemeinden	1 378 572	129
	7 268 057	425

Ein progressives Steuergesetz

25. Oktober. Das Personaleinkommensteuergesetz wird erlassen und tritt in Kraft. Die Steuer beträgt 5% des Einkommens, für höhere Dienstbezüge wird eine Besoldungssteuer geschaffen. Die bereits bestehende sog. Erwerbssteuer (Einkommenssteuer) wird in der bisherigen Form belassen.
Neu an diesem Steuergesetz ist das Progressionsprinzip, d.h. Personen mit höherem Einkommen müssen prozentual mehr Steuern bezahlen. Es bewegt sich allerdings in einem äußerst bescheidenen Ausmaß.

Ruhm als Organist

11. Oktober. Im Alter von 72 Jahren stirbt der Organist und Komponist Anton Bruckner, einer der größten Symphoniker Österreichs.
Der aus dem oberösterreichischen Ansfelden stammende Bruckner wurde 1845, nach Jahren als Schulgehilfe in Windhaag, Stiftsorganist in St. Florian (Oberösterreich), wo er sich musikalisch im Selbststudium weiterbildete, bis ihm 1855 das Amt des Domorganisten in Linz übertragen wurde. Erst mit 40 Jahren schrieb er seine ersten großen Werke (1864 Uraufführung der 1. Messe in d-moll im Linzer Dom). 1868 siedelte Bruckner nach Wien über, wo er als Professor für Generalbaß, Kontrapunkt und Orgel am Konservatorium lehrte; 1875 wurde er auch Lektor für Harmonielehre und Kontrapunkt an der Wiener Universität. 1871 unternahm er als bereits anerkannter Organist Konzertreisen nach Paris und London, 1878 erfolgte seine Ernennung zum Hoforganisten.
Neben Orgelwerken und geistlicher Musik, darunter sein »Te Deum«, das »Requiem« und der 150. Psalm, schrieb Bruckner drei große Messen und neun Symphonien. Seine Musik erlangt, wenngleich von Richard Wagner beeinflußt, eine hohe Eigenständigkeit und musikalische Ausdruckskraft. Lange Zeit im Schatten seiner Zeitgenossen stehend (Wagner, Franz von Liszt, Johannes Brahms), erlangte Bruckner als Komponist erst mit der Aufführung seiner 7. Symphonie (am 30. Dezember 1884 in Leipzig) die ihm gebührende Anerkennung. 1891 wurde er als Konservatoriumsprofessor pensioniert, nachdem er bereits 1890 krankheitshalber beurlaubt worden war; 1895 stellte ihm Kaiser Franz Joseph I. eine Wohnung im Schloß Belvedere zur Verfügung, wo Bruckner fortan lebte. Sein Leichnam wird unter der Bruckner-Orgel in der Stiftskirche St. Florian beigesetzt.

Anton Bruckner (Gemälde von F. Schickedanz)

Bruckner in seinem Arbeitszimmer

Bruckners Werk
1864: Uraufführung der 1. Messe in d-moll im Dom zu Linz.
9. 5. 1868: Uraufführung der 1. Symphonie in Linz.
1872: Uraufführung der Messe in f-moll in Wien.
26. 10. 1873: Uraufführung der 2. Symphonie in Wien.
1877: Erfolglose Uraufführung der 3. Symphonie in Wien.
1881: Uraufführung der umgearbeiteten 4. Symphonie in Wien.
30. 12. 1884: Uraufführung der 7. Symphonie in Leipzig.
1886: Uraufführung des »Te Deums« in Wien. Verleihung des »Franz-Josephs-Ordens«.

1897

22. 1. Ministerpräsident Kasimir Felix Graf Badeni löst das Parlament auf und schreibt Neuwahlen aus.

28. 1. Die erste Straßenbahnlinie Wiens – vom Schottentor nach Dornbach – wird eröffnet.

14. 2. Gustav Hügel wird in Stockholm Weltmeister im Eiskunstlaufen; bei der ersten Weltmeisterschaft 1896 belegte er bereits den 2. Platz.

März. Bei den Wahlen zum Abgeordnetenhaus erleiden die Deutschliberalen eine empfindliche Niederlage. →

2. 4. Gabriele von Possaner wird als erste Frau zum »Doktor der gesamten Heilkunde« promoviert. →

5. 4. Ministerpräsident Graf Badeni erläßt eine Sprachenverordnung für Böhmen und Mähren. →

8. 4. Karl Lueger wird zum Bürgermeister von Wien gewählt. →

24. 4. Österreich-Ungarn und Rußland schließen die sog. Balkanentente.

22. 5. In Wien wird die »Vereinigung bildender Künstler Österreichs Secession« gegründet (→ 25. 3. 1898).

3. 7. Das Riesenrad im Wiener Prater wird in Betrieb genommen (→ 1900).

3. 11. In Berlin-Tempelhof scheitert ein Probeflug des von David Schwarz konstruierten Luftschiffes. →

Mitte November. Wegen der Badenischen Sprachenverordnung kommt es zu Krawallen in Wien (→ 5. 4.).

28. 11. Ministerpräsident Graf Badeni wird vom Kaiser entlassen; Paul Gautsch Freiherr von Frankenthurn bildet eine neue Regierung (→ 5. 4.).

11. 12. In Wien findet der »Deutsche Volkstag« der Deutschnationalen statt.

GESTORBEN:

3. 4. Wien: Johannes Brahms (* 5. 7. 1833), Komponist. →

8. 6. Wien: Charlotte Wolter (* 1. 3. 1834), Hofschauspielerin.

GEBOREN:

26. 3. Wien: Hugo Adolf Bernatzik († 9. 3. 1953), Ethnologe.

20. 5. Brünn: Erich Wolfgang Korngold († 29. 11. 1957), Komponist.

15. 9. Dresden: Paul Schöffler († 21. 11. 1977), Baß-Bariton.

10. 12. Bad Gastein: Karl Heinrich Waggerl († 4. 11. 1973), Schriftsteller.

14. 12. Riva: Kurt von Schuschnigg († 18. 11. 1977), Politiker.

Niederlage der Deutschliberalen

März. Die Neuwahlen zum Abgeordnetenhaus bringen eine politische Umschichtung der Mehrheitsverhältnisse: Die Deutschliberalen erleiden eine schwere Niederlage (sie verlieren 37 ihrer 114 Mandate), die Christlichsozialen und »Schönerianer« gewinnen 14, die Sozialdemokraten bei ihrem ersten Auftreten ebenfalls 14 Mandate.
Die Neuwahlen wurden notwendig, nachdem Ministerpräsident Kasimir Felix Graf Badeni am 22. Jänner das Parlament aufgelöst hatte; erstmals konnten dabei alle Staatsbürger über 24 Jahre ihre Stimme abgeben (→ 14. 6. 1896).

Komponist Johannes Brahms

»Wahlwiener« Brahms

3. April. Im Alter von 63 Jahren stirbt der seit 1862 in Wien ansässige Komponist Johannes Brahms an Gelbsucht.
Der gebürtige Hamburger wird oft als Gegenspieler Richard Wagners angesehen; er hielt an den Traditionen der Klassik fest und war zu Konzessionen an den Publikumsgeschmack kaum bereit. Zu seinem Schaffen zählen u. a. kammermusikalische Werke (das Streichquintett op. 111 aus dem Jahre 1890 wird von vielen als der Höhepunkt seines Schaffens angesehen), vier Symphonien, zwei Klavierkonzerte, ein Violinenkonzert, ein Konzert für Violine und Violoncello und zahlreiche Klavierkompositionen.

Bilder einer Sitzung im Abgeordnetenhaus (Zeitungsillustration)

Der Sprachenstreit

5. April. Ministerpräsident Kasimir Felix Graf Badeni erläßt eine Sprachenverordnung für Böhmen und Mähren, durch die eine doppelsprachige Amtsführung auch in den deutschsprachigen Gebieten eingeführt werden soll. Die Beamten haben drei Jahre Zeit, die zweite Sprache zu erlernen (in der Regel Tschechisch, da die Tschechen zumeist die deutsche Sprache beherrschen, aber nur wenige Deutsche des Tschechischen mächtig sind).

Graf Badeni

Die Sprachenverordnung löst Entrüstung bei den Deutschen aus, in mehreren deutschsprachigen Städten Böhmens und Mährens kommt es zu Tumulten und Ausschreitungen; die deutschen Parteien im Reichsrat gehen auf Obstruktionskurs und beantragen Ministeranklage gegen Badeni, da Sprachenfragen laut Staatsgrundgesetz nur per Gesetz, nicht aber durch Verordnung geregelt werden dürfen. Stundenlange Obstruktionsreden, Geschrei und Trommeln mit den Pultdeckeln machen eine sachliche Auseinandersetzung unmöglich. Am 8. Mai muß der Reichsrat vertagt werden. Als der Reichsrat im September erneut zusammentritt, geht der Streit in gleicher Weise weiter. Am 26. Oktober lehnt der Reichsrat mit 172:145 Stimmen den Antrag auf Ministeranklage ab. Für kurze Zeit scheint es, daß damit die Entscheidung zugunsten Badenis gefallen ist. Doch Mitte November kommt es erneut zu Krawallen im Reichsrat und im Parlament. Wiens Bürgermeister Karl Lueger, der sich ebenfalls den deutschnationalen Forderungen anschließt, erklärt mehrfach, daß er für die Aufrechterhaltung von Ruhe und Ordnung in der Stadt nicht mehr garantieren könne. Am 26. November versucht Badeni, die zur Saalschlacht ausartende Parlamentssitzung mit Polizeigewalt wieder in den Griff zu bekommen – doch vergeblich. In den Straßen Wiens kommt es mehrfach zu blutigen Begegnungen der Menge mit dem Militär, eine revolutionäre Stimmung macht sich allenthalben breit. Da entscheidet sich der Kaiser, seinen »starken Mann« fallenzulassen: Am 28. November werden Ministerpräsident Badeni und seine Regierung entlassen (→ 7. 3. 1898).

Österreichs erster weiblicher Doktor

2. April. Gabriele von Possaner wird an der Wiener Universität zum »Doktor der gesamten Heilkunde« promoviert – als erste Frau in Österreich.
Obwohl sie ihre Studien bereits abgeschlossen und in Zürich den Doktorgrad erworben hat, muß sie in Wien alle vorgeschriebenen Prüfungen noch einmal ablegen.

Karl Lueger wird Bürgermeister

8. April. Nachdem Josef Strobach am 31. März als Bürgermeister von Wien zurückgetreten ist, wird Vizebürgermeister Karl Lueger mit großer Mehrheit zum vierten Mal in das höchste Amt der Stadt Wien gewählt. Kaiser Franz Joseph I., der Lueger am 27. April des Vorjahres veranlaßte, »dermalen« auf das Amt zu verzichten, bestätigt diesmal am 14. April die Wahl des Gemeinderates (→ 17.–26. 9. 1895).
Zu den engsten Mitarbeitern des 52jährigen Lueger gehört der profilierte christlichsoziale Arbeiterführer Leopold Kunschak.

Das Scheitern des Luftfahrtpioniers

3. November. Auf dem Flugfeld Berlin-Tempelhof scheitert ein Probeflug mit dem von David Schwarz 1895/96 entwickelten Luftschiff aus Aluminiummetall.
Der aus Zalaegerszeg in Westungarn stammende Schwarz war am 13. Jänner 1897 überraschend im Alter von nur 46 Jahren gestorben. Der Pionier der Luftfahrt fand bei den österreichischen Behörden nach mehreren nicht sehr glücklichen Versuchen kein Interesse für seine Projekte und ging zunächst nach Rußland, dann nach Berlin, wo er ein Luftschiff mit einem starren, spindelförmigen Ballonkörper konstruierte.
Noch vor der Fertigstellung erliegt Schwarz einem Herzschlag, doch seine Witwe verfolgt das Projekt weiter, sodaß es zu einem Probeflug kommt, der zunächst positiv verläuft, bis das Luftschiff bei der Landung zerstört wird.

1898

Jänner. Heft 1 der Zeitschrift »Ver Sacrum«, »officielles Organ der Vereinigung bildender Künstler Österreichs Secession«, erscheint in Wien.→

7. 3. Rücktritt der Regierung Gautsch; neuer Ministerpräsident wird Franz Anton Graf Thun und Hohenstein.→

26. 3. In Wien wird die erste Ausstellung der Künstlervereinigung »Secession« eröffnet (bis 15. Juni).→

7. 5. Anläßlich des 50. Jahrestages der Thronbesteigung Kaiser Franz Josephs I. (am 2. Dezember) wird im Wiener Prater eine »Jubiläums-Ausstellung« eröffnet (bis 1. Oktober).→

11. 5. Die erste Teilstrecke der Wiener Stadtbahn (von Heiligenstadt nach Penzing) wird dem Verkehr übergeben.

14. 12. In Wien findet die Eröffnung des »Kaiser-Jubiläums-Stadttheaters« (heute Volksoper) an der Währingerstraße statt; es ist unter dem Patronat der Gemeindeverwaltung von einer Vereinigung Wiener Bürger in zehnmonatiger Bauzeit errichtet worden; die Pläne stammen von Franz Freiherr von Krauß und Alexander Graf.

Die antikatholische Agitation der Deutschnationalen unter Georg Ritter von Schönerer führt zu einem starken Anwachsen der sog. Los-von-Rom-Bewegung: Bis 1901 treten 14835 Österreicher aus der katholischen Kirche aus.

Otto Wagner baut die Wohnhäuser Nr. 38 und 40 in der Wiener Linken Wienzeile.

In Wien findet die erste Weltmeisterschaft im Gewichtheben statt; den Titel gewinnt der Wiener Wilhelm Türk (der bis 1902 Weltmeister bleibt).

GESTORBEN:

30. 6. Wien: Siegfried Marcus (* 18.9.1831), Mechaniker.

17. 8. Baden bei Wien: Carl Zeller (* 19.6.1842), Komponist.→

10. 9. Genf: Elisabeth von Österreich (* 24.12.1837), Kaiserin, Königin von Ungarn.→

GEBOREN:

24. 2. Mostar (Herzegowina): Alois Podhajsky († 23.5.1973), Leiter der Spanischen Hofreitschule.

9. 4. Wien: Julius Patzak († 26.1.1974), Kammersänger.

31. 7. Atzgersdorf bei Wien: Karl Skraup († 2.10.1958), Volksschauspieler.

2. 9. Imst (Tirol): Alfons Gorbach († 31.7.1972), Politiker.

3. 10. Elberfeld: Ewald Balser († 17.4.1978), Schauspieler.

Die Slawenregierung

7. März. Nach weniger als vier Monaten Amtszeit tritt die Regierung unter Ministerpräsident Paul Gautsch Freiherr von Frankenthurn zurück; ihr ist es nicht gelungen, die politische Hauptaufgabe zu bewältigen, nämlich die durch die Sprachenverordnungen für Böhmen und Mähren ausgelösten Unruhen beizulegen (→5.4.1897).
Der böhmische Feudalherr Franz Anton Graf Thun und Hohenstein bildet daraufhin eine neue Regierung unter Beteiligung der Deutschkonservativen, Tschechen und Polen und regiert mit Notverordnungen nach § 14 der Verfassung.
Das Mitwirken der Katholisch-Konservativen an der »Slawenregierung« läßt vor allem in den Städten eine radikale antikatholische Stimmung aufkommen; diese sog. Los-von-Rom-Bewegung der Deutschnationalen richtet sich gegen die »Ultramontanen« (die »über das Gebirge«, nach Rom, Schauenden) und erhält selbst von den Christlichsozialen Unterstützung.

Feierlichkeiten zum Thronjubiläum

7. Mai–1. Oktober. *Im Wiener Prater (Abb.: Militärkapelle im 3. Kaffeehaus) findet aus Anlaß der 50. Wiederkehr der Thronbesteigung Kaiser Franz Josephs I. (2. Dezember) eine »Jubiläums-Ausstellung« statt.*

Carl Zeller (Photo)

Welterfolg mit »Vogelhändler«

17. August. In Baden bei Wien stirbt 56jährig der Komponist Carl Zeller, im Hauptberuf Jurist (Ministerialrat) im k.k. Unterrichtsministerium. 1886 trat Zeller, in seiner Jugend Sängerknabe der Wiener Hofkapelle, erstmals mit eigenen Kompositionen hervor und schuf volkstümlich-singspielhafte Operetten.
Weltberühmt wurde Zeller durch den »Vogelhändler« (1891), der en suite 49 Aufführungen in Wien erlebte, bekannt sind ferner die Operetten »Der Vagabund« (1886) und »Der Obersteiger« (1894).

»Die Kaiserin sank zur Erde«

Gräfin Irma Sztáray, die Hofdame der Kaiserin, schilderte dem Untersuchungsrichter kurz nach dem Attentat das furchtbare Ereignis wie folgt:

»... Beim Hotel de la Paix, wo drüben auf der anderen Straßenseite die Kutscher mit ihren Wagen stehen, kam ein Mann auf uns zu. Unmittelbar vor uns schien er plötzlich zu straucheln. Er machte eine Bewegung mit der Hand. Ich glaubte, um sich beim Stolpern aufrecht zu halten. Mehr habe ich in der Sekunde nicht wahrgenommen. Ich wäre bereit gewesen zu schwören, daß er nichts in der Hand hatte. Gar nichts. Die Kaiserin sank zur Erde. Völlig lautlos. Da erst kam mir der Gedanke, daß dieses Scheusal Ihre Majestät geschlagen haben mußte. Das war gewiß schlimm. Aber Schlimmeres konnte ich auch noch nicht ahnen ...
»Es ist mir nichts geschehen«, antwortete die Kaiserin ruhig ... Wir erreichten die Anlegestelle. Auf der Gangway, die zum Dampfer hinüberführte, ging die Kaiserin noch leichten Schritts vor mir her. Kaum hatte sie jedoch das Schiff betreten, sagte sie mit erstickender Stimme »Jetzt ihren Arm! Schnell, bitte!« Ich konnte sie nicht halten, ihren Kopf an meine Brust pressend, sank ich mit ihr in die Knie »Einen Arzt! Einen Arzt!« schrie ich. Die Kaiserin lag totenbleich in meinen Armen ...
Sie öffnete die Augen und lag einige Minuten mit umherirrendem Blick da. Dann setzte sie sich langsam mit meiner Hilfe auf. »Was ist denn mit mir geschehen?« fragte sie. Das waren ihre letzten Worte! Unmittelbar danach sank sie wieder in Bewußtlosigkeit.
Ich öffnete ihr Bluse und das Seidenmieder, um ihr Erleichterung zu verschaffen. Als ich die Bänder auseinanderriß, sah ich auf dem Batisthemd darunter einen dunklen Fleck in der Größe eines Silberguldens. Ich schob das Hemd beiseite und entdeckte in der Herzgegend eine kleine Wunde. Ein Tropfen gestocktes Blut klebte an ihr. In diesem Augenblick stand die lähmende Wahrheit vor mir. Die Kaiserin war erdolcht worden.«

Tausende verfolgen den Trauerzug mit dem Sarg Kaiserin Elisabeths von Österreich am 18. September 1898 in Wien (Photo an der Albrechtsrampe)

»Sisi« wird das Opfer eines Attentats

10. September. Kaiserin Elisabeth wird in Genf von dem italienischen Anarchisten Luigi Lucchenì ermordet. Die 60jährige Monarchin, Tochter des Herzogs Maximilian in Bayern, war seit dem → 24. April 1854 mit Kaiser Franz Joseph I. von Österreich verheiratet und wurde 1867 zur Königin von Ungarn gekrönt (→ 18. 2./15. 3. 1867).

Die wegen ihrer Schönheit und Liebenswürdigkeit beim Volke äußerst beliebte Kaiserin »Sisi« schenkte drei Töchtern und einem Sohn, Erzherzog Rudolf, das Leben, litt aber schon bald unter der strengen Etikette am Wiener Hof und wurde in der konservativen Adelsgesellschaft der Residenzstadt zur Außenseiterin. Ihre bevorzugten Aufenthaltsorte waren daher Gödöllö in Ungarn und Schloß Achilleion auf Korfu. Nach dem Tod des Thronfolgers am → 30. Jänner 1889 in Mayerling zog Elisabeth sich vollends vom Hofleben und den damit verbundenen Repräsentationspflichten zurück und führte, vereinsamt und zur Schwermut neigend, ein ruheloses Leben. An der Uferpromenade des Genfer Sees wird sie das (zufällige) Opfer des Anarchisten Lucchenì, der kurz nach der Tat verhaftet und am 10. November zu lebenslangem Zuchthaus verurteilt wird (1910 erhängt er sich in seiner Zelle).

◁ *Die letzte gemeinsame Photographie von Kaiserin Elisabeth und ihrem Gemahl Franz Joseph I. Ende April/Anfang Mai in Bad Kissingen (Unterfranken).*

▷ *Elisabeth, Kaiserin von Österreich (Ölgemälde von Franz Xaver Winterhalter; Kunsthistorisches Museum Wien).*

Umschlag des ersten Heftes der »Secessions«-Zeitschrift »Ver Sacrum« von Alfred Roller

Eisenkuppel des von Joseph Maria Olbrich 1898 für die »Secession« errichteten Gebäudes

»Dame in Gelb« (Gemälde von Max Kurzweil, Abbildung in »Ver Sacrum«, Heft 7/1899)

Die Wiener Secession

»Ein dekorativer Fleck in Rot und Grün«, Farblithographie von Kolo Moser (Beilage zu »Ver Sacrum« 1)

26. März. In den Sälen der Wiener Gartenbau-Gesellschaft eröffnet die 1897 gegründete »Vereinigung bildender Künstler Österreichs Secession« ihre erste Ausstellung.

In den Statuten der von dem Maler Gustav Klimt geführten Vereinigung heißt es, »daß Werke aller Arten bildender Kunst ... aufzunehmen sind, also auch solche, bei denen sich der Künstler irgend einer kunstgewerblichen Technik als Ausdrucksmittel bedient hat«.

1892 gründeten Künstler in München als Gegenbewegung zum sog. Historismus zur Verbreitung ihrer später als »Jugenstil« bezeichneten Kunstauffassung die »Sezession«; ihr Ziel ist die Erneuerung der angewandten und bildenden Künste. Phantasievolle Gestaltung soll mit Sachlichkeit und Zweckmäßigkeit zu einem Gesamtkunstwerk verbunden werden.

Anfang 1898 schaffen sich die Wiener »Secessionisten« ein eigenes Organ, die Zeitschrift »Ver Sacrum«. Sie soll »ein Anruf an den Kunstsinn der Bevölkerung sein, zur Anregung, Förderung und Verbreitung künstlerischen Lebens und künstlerischer Selbständigkeit« beitragen und »das Kunstempfinden *unserer Zeit* wekken, anregen und verbreiten ...«

Jugendstil-Postkarte (Farblithographie eines anonymen Wiener Künstlers, um 1900)

Tuschzeichnung Joseph Maria Olbrichs in »Ver Sacrum« Heft 7

Der Kaiser gibt sich die Ehre

5. April. Kaiser Franz Joseph I. besucht die erste Ausstellung der Wiener »Secession«. Rudolf von Alt, der 86jährige Ehrenpräsident der Künstlervereinigung, dankt dem Monarchen für »die hohe Ehre des Besuchs« und erklärt: »Mögen Eure Majestät überzeugt sein, daß wir es mit der Kunst ernst meinen... Ich bin zwar wirklich schon alt, Majestät, aber ich fühle mich noch jung genug, um immer wieder von vorne anzufangen.« Bei einem Rundgang zeigt sich der Kaiser sehr interessiert und äußerst sich wohlwollend über die Exponate.

»Eröffnung der ersten Ausstellung der Wiener Secession«, Bleistiftzeichnung Rudolf Bachers, 1898 (2. v. l. der Kaiser, 4. v. l. Rudolf von Alt)

1899

8. 1. Der im Herbst 1898 gegründete »1. Wiener Arbeiter Fußball-Club« wird in »SC Rapid« umbenannt.

12. 2. Gustav Hügel wird in Davos zum zweiten Mal Weltmeister im Eiskunstlauf.

1. 4. In Wien erscheint die erste Nummer der Zeitschrift »Die Fackel«. →

19. 4. In Wien wird der erste öffentliche Zigarettenautomat aufgestellt; er heißt »K. k. Tabakverschleißautomat«.

20. 5. Die Deutschnationalen veröffentlichen ihr sog. Pfingstprogramm, in dem sie sich als »die deutschen oppositionellen Parteien im Abgeordnetenhaus« bezeichnen.

21. 5. Auf der Albrechtsrampe in Wien findet die feierliche Enthüllung des Reiterdenkmals Erzherzog Albrechts statt. →

24.–29. 9. Erster Gesamtparteitag der Sozialdemokraten (in Brünn).

2. 10. Nach dem Rücktritt der Regierung von Ministerpräsident Franz Anton Graf Thun und Hohenstein bildet Manfred Graf Clary und Aldringen ein Übergangskabinett. →

17. 10. Die Regierung hebt die Badenischen Sprachenverordnungen vom → April 1897 auf.

21. 12. Manfred Graf Clary und Aldringen tritt als Ministerpräsident zurück, Nachfolger wird Heinrich Wittek.

Ende Dezember. Sigmund Freud veröffentlicht seine Schrift »Die Traumdeutung«. →

In Wien-Simmering wird das städtische Gaswerk in Betrieb genommen.

GESTORBEN:

26. 4. Wien: Karl Sigmund Graf Hohenwart von Gerlachstein (* 12. 2. 1824), Staatsmann (1871 Ministerpräsident).

3. 6. Wien: Johann Strauß (Sohn; * 25. 10. 1825), Komponist (der »Walzerkönig«). →

31. 12. Baden bei Wien: Carl Joseph Millöcker (* 29. 4. 1842), Komponist. →

GEBOREN:

8. 5. Wien: Friedrich August von Hayek, Nationalökonom.

10. 5. Eferding: Ernst Rüdiger Fürst Starhemberg († 15. 3. 1956), Politiker.

8. 6. Leoben: Alma Seidler († 8. 12. 1977), Kammerschauspielerin.

3. 7. Komotau (Böhmen): Ernst Fischer († 1. 8. 1972), Politiker.

16. 9. Budapest: Hans Swarowsky († 10. 9. 1975), Dirigent.

4. 10. Wien: Franz Jonas († 24. 4. 1974), Politiker.

Denkmal für den Sieger von Custoza

21. Mai. *Auf der Albrechtsrampe in Wien wird in Anwesenheit von Kaiser Franz Joseph I. das Reiterstandbild Erzherzog Albrechts, der 1866 die Italiener mit der Südarmee bei Custoza besiegt hatte, enthüllt. Das Bronzedenkmal des 1895 verstorbenen Erzherzogs, des ältesten Sohnes Erzherzog Karls, wurde von Kaspar Zumbusch gestaltet (Abb.: »Albertina«, Aquarell von Erwin Pendl, 1913).*

Kabinett für 80 Tage

2. Oktober. Nach dem Rücktritt des Ministerpräsidenten Franz Anton Graf Thun und Hohenstein am 23. September bildet Manfred Graf Clary und Aldringen, Statthalter der Steiermark, eine Übergangsregierung und führt die von der Regierung Gautsch eingeleitete Rücknahme der Sprachverordnungen vom → April 1897 zum Abschluß.

Bereits am 21. Dezember erklärt Graf Clary allerdings seinen Rücktritt, nachdem er erfolgversprechende Ausgleichsverhandlungen mit den Ungarn aufgenommen hat, aber auf den Widerstand der tschechischen Partei stößt und nicht gewillt ist, wie sein Vorgänger mit Notverordnungen zu regieren. Graf Clary zieht sich wieder auf den Posten des Statthalters der Steiermark zurück, neuer Regierungschef wird der bisherige Eisenbahnminister Heinrich Wittek, der allerdings auch nur eine »Übergangslösung« darstellt (→ 18. 1. 1900).

Die Traumdeutung Sigmund Freuds

Ende Dezember. Im Verlag Franz Deuticke in Wien erscheint (bereits mit der Jahreszahl 1900 auf dem Titelblatt; s. Abb.) Sigmund Freuds Schrift »Die Traumdeutung«. Obwohl der 43jährige Arzt und Psychiater kein Unbekannter mehr ist (1894 veröffentlichte er bereits – zusammen mit dem Internisten Josef Breuer – »Studien zur Hysterie«), werden in den ersten sechs Wochen nur 123 Exemplare verkauft, die erste Auflage des Werkes (600 Stück) ist erst 1908 ausverkauft.

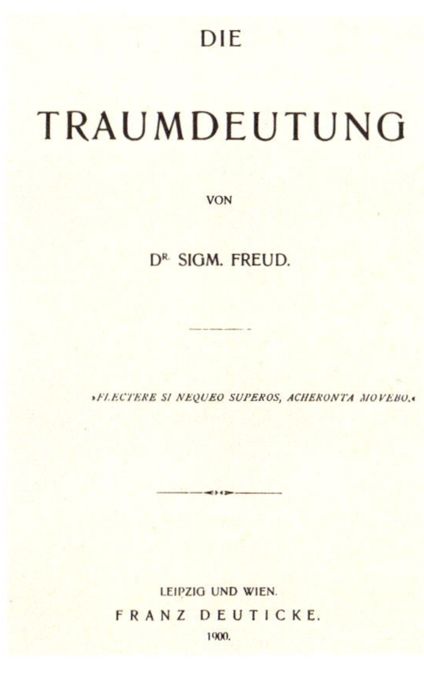

DIE

TRAUMDEUTUNG

VON

Dr. SIGM. FREUD.

»FLECTERE SI NEQUEO SUPEROS, ACHERONTA MOVEBO.«

LEIPZIG UND WIEN.
FRANZ DEUTICKE.
1900.

Kulturkritik mit spitzer Feder

1. April. Der 24jährige Satiriker Karl Kraus gibt in Wien die erste Nummer der zeit- und kulturkritischen Zeitschrift »Die Fackel« heraus, die innerhalb von 14 Tagen eine Auflage von 30 000 Exemplaren erreicht.

Kraus will in der »Fackel« den Mißbrauch der Sprache, die Vergötterung der Maschine und die Versklavung von Geist und Natur bekämpfen. Sein programmatischer Leitartikel im ersten Heft beginnt mit den Worten:

»In einer Zeit, da Österreich noch vor der von radicaler Seite gewünschten Lösung an acuter Langeweile zugrunde zu gehen droht, in Tagen, die diesem Lande politische und sociale Wirrungen aller Art gebracht haben, einer Öffentlichkeit gegenüber, die zwischen Unentwegtheit und Apathie ihr phrasenreiches oder völlig gedankenloses Auskommen findet, unternimmt es der Herausgeber dieser Blätter, ... einen Kampfruf auszustoßen ...; kein tönendes ›Was wir bringen‹, aber ein ehrliches ›*Was wir umbringen*‹ hat sie [diese Zeitung] sich als Leitwort gewählt. Was hier geplant wird, ist nichts, als eine Trockenlegung des weiten Phrasensumpfes, den andere immerzu national abgrenzen möchten ... So möge denn die ›Fackel‹ einem Lande leuchten, in welchem – anders als in jenem Reiche Karls V. – die Sonne niemals aufgeht.«

Titelblatt des ersten Heftes der Zeitschrift »Die Fackel« (1. 4. 1899)

Welterfolg: »Der Bettelstudent«

31. Dezember. Im Alter von 57 Jahren stirbt der Komponist Carl Joseph Millöcker, einer der bedeutendsten Vertreter der Wiener Operette neben Johann Strauß (Sohn; → 3. Juni) und Franz von Suppé (→ 21.5.1895). Millöcker war 1864–1882 als Kapellmeister in Graz, Budapest und Wien tätig, bevor ihm mit den Operetten »Gräfin Dubarry« (1879) und vor allem »Der Bettelstudent« (1882) der Durchbruch als Komponist gelang. Er schrieb die Musik zu insgesamt 19 Operetten, darunter »Gasparone« (1884), »Der arme Jonathan« (1890) und »Der Probekuß« (1894), sowie 70 Possen.

Ansicht des Grazer Opernhauses (Zeichnung von Bauleiter Ludwig Muhry)

Grazer Opernhaus wird eröffnet

16. September. In Graz wird der neubarocke Bau des Opernhauses (Stadttheaters) eröffnet; die Leitung des Baus hatte Ludwig Muhry inne, die nur 17 Monate dauernden Bauarbeiten kosteten insgesamt 860 000 Gulden. Das Haus bietet 1800 Zuschauern Platz.
Zur Eröffnung des Hauses erscheint eine Gedenkschrift mit einer von Bauleiter Muhry gezeichneten Ansicht des Gebäudes.
(Der Portikus mit den Giebelskulpturen Ernst Hegenbarths und der figurale Fassadenschmuck desselben Künstlers sind nach dem Zweiten Weltkrieg abgetragen worden.)

Der »Walzerkönig« Johann Strauß stirbt

3. Juni. Im Alter von 73 Jahren stirbt der »Walzerkönig« Johann Strauß (Sohn) in Wien.
Der durch seine Tourneen in ganz Europa und Nordamerika bekannte Komponist und Dirigent machte den Wiener Walzer weltweit populär. Seine Musik war ständeübergreifend, denn sie erklang ebenso in den Gaststätten der Vorstadt wie im Ballsaal der Hofburg. Während sein Vater Johann und dessen langjähriger Freund Josef Lanner als die eigentlich Väter des Walzers gelten, ist Strauß (Sohn) der ungekrönte König des Walzers, den er vom ursprünglich bescheidenen Biedermeiertanz zum symphonisch instrumentierten Konzertwalzer entwickelt.
Johann Strauß (Sohn), 1864–1870 Hofballmusikdirektor, komponierte rund 560 Musikstücke, darunter 145 Walzer, 15 Operetten und eine Oper. Zu seinen berühmtesten Walzern gehören »G'schichten aus dem Wiener Wald« (1868), »Wein, Weib und Gesang« (1869), »Wiener Blut« (1873), »Der Kaiserwalzer« (1889) sowie »An der schönen blauen Donau« (→ 15.2. 1867), der zur inoffiziellen Hymne Wiens wird.
Der Wiener »Walzerkönig« stirbt 73jährig als protestantischer Sachse, was man ihm bei Hofe sehr übel genommen hat. Der Grund liegt im katholischen Eherecht: Strauß' erste Gattin Henriette war 1878 gestorben, und der Komponist heiratete die um 25 Jahre jüngere Angelika, von der er allerdings am 9. Dezember 1882 vom Wiener Landgericht wieder geschieden wurde. Eine Wiederverheiratung war in Österreich unmöglich, sodaß Strauß die Hilfe Erzherzog Johann Salvators (des späteren Johann Orth) in Anspruch nahm. Der Erzherzog ebnete dem »Walzerkönig« den Weg zum Herzog von Sachsen-Coburg-Gotha, der Strauß am 24. Juni 1886 die Staatsbürgerschaft seines Herzogtums bestätigte (nachdem Strauß am 8. Dezember 1885 von der k. k. Niederösterreichischen Statthalterei sein Ausscheiden aus dem Staatsverband der Monarchie bewilligt erhalten hatte). Strauß legte am 28. Jänner 1887 in Gotha den Staatsbürgereid ab, worauf Herzog Ernst am 11. Juli 1887 die Ehe mit Angelika trennte, sodaß einer Trauung des Komponisten mit Adele, die wie ihr künftiger Gatte zum Protestantismus übergetreten war, nach sächsischem Recht nichts mehr im Wege stand.

Hofballmusikdirektor Johann Strauß (Aquarell von Theo Zasche)

Abend bei Johann Strauß (Gemälde von Franz von Bayros, 1894)

1900

1. 1. Die neue Kronenwährung (Goldwährung) wird ausschließliches Zahlungsmittel. →

2. 1. Die erste Nummer der Tageszeitung »Österreichische Kronen-Zeitung« erscheint. →

18. 1. Ernest von Koerber wird neuer Ministerpräsident. →

10./11. 2. In Davos gewinnt Gustav Hügel zum dritten Mal die Weltmeisterschaft in Eiskunstlaufen.

14.–22. 7. II. Olympische Spiele in Paris: Für Österreich gewinnt Otto Wahle zweimal Silber (über 1000 m Freistil und 200 m Hindernisschwimmen), Bronze erreichen Karl Ruberl (über 200 m Rückenschwimmen und 200 m Freistilschwimmen) sowie Siegfried Flesch (im Säbelfechten).

1. 7. In Reichstadt (Böhmen) findet die Hochzeit von Erzherzog Franz Ferdinand und Sophie Gräfin Chotek statt. →

30. 10. In Wien geben die Wiener Symphoniker unter Leitung von Ferdinand Löwe ihr Eröffnungskonzert. Vorerst noch »Conzertvereinsorchester« genannt, sind sie das erste vom Theaterdienst unabhängige Orchester Österreichs.

25. 12. Die Veröffentlichung der Erzählung »Lieutnant Gustl« von Arthur Schnitzler führt zu einem Skandal. →

Otto Schönthal beginnt mit dem Bau der Villa Vojcsik in Wien (1901 vollendet).

GESTORBEN:

23. 2. Wien: Franz von Jauner (* 14. 11. 1832), Theaterleiter (Selbstmord).

25. 9. Senftenberg (Böhmen): Eduard Albert (* 20. 1. 1841), Chirurg.

1. 11. Wiener Neustadt: Wendelin Böheim (* 17. 9. 1832), Waffentechniker.

15. 11. Innsbruck: Adolf Pichler (* 4. 9. 1819), Schriftsteller.

GEBOREN:

18. 1. Wien: Otto Rudolf Schatz († 26. 4. 1961), Maler.

22. 1. Wien: Franz Salmhofer († 22. 9. 1975), Komponist.

23. 1. Wien: Bruno Marek, Politiker.

20. 4. Wien: Fred Raymond (eigtl. Raimund Friedrich Vesely; † 10. 1. 1954), Operetten- und Schlagerkomponist.

25. 4. Wien: Wolfgang Pauli († 15. 12. 1958), Physiker.

23. 7. Wien: Hans Thimig, Kammerschauspieler und Regisseur.

23. 8. Wien: Ernst Křenek, Komponist.

3. 12. Wien: Richard Kuhn († 31. 7. 1967), Chemiker.

Erzherzog Franz Ferdinand mit Gattin Sophie, geb. Gräfin Chotek

Ehe und Verzicht

1. Juli. Der österreichische Thronfolger, der 36jährige Erzherzog Franz Ferdinand, heiratet in der Schloßkapelle von Reichstadt in Böhmen die 32jährige Gräfin Sophie Chotek.

Franz Ferdinand sollte eigentlich eine der Töchter Erzherzog Friedrichs und seiner Frau Isabella heiraten, entschied sich aber für die nicht standesgemäße Hofdame der Töchter und setzte seine Heiratsabsicht gegen den Willen des Hofes durch. Am 28. Juni mußte der Thronfolger jedoch vor seinem kaiserlichen Onkel und mehreren geladenen Persönlichkeiten (Erzherzögen, Geheimen Räten und Ministern) eine Erklärung abgeben, daß er für die aus der Verbindung mit der Gräfin Chotek hervorgehenden Kinder auf die Thronfolge verzichtet. Entsprechend dem Familienstatut Kaiser Ferdinands I. vom 3. Februar 1839 gilt die Gräfin dem Kaiserhaus als nicht »ebenbürtig«, sodaß eine Verbindung mit ihr einer sog. morganatischen Ehe gleichkommt. Die Zuneigung Franz Ferdinands zu seiner künftigen Gattin ist so stark, daß er sich zu der geforderten Verzichtserklärung bereit findet. – Am Tag nach der Eheschließung erhebt Kaiser Franz Joseph I. die Gräfin Chotek zur Fürstin von Hohenberg mit dem Prädikat »Fürstliche Gnaden«.

Ein Skandal um »Lieutnant Gustl«

25. Dezember. In der Weihnachtsbeilage der »Neuen freien Presse« wird auf den Seiten 34–41 die Erzählung »Lieutnant Gustl« von Arthur Schnitzler veröffentlicht. Inhalt und Präsentation der Erzählung führen zu einem Skandal in Wien.

Zum einen erregt die Geschichte selbst, die Schilderung eines allzu ängstlichen Buben in Uniform, die Gemüter; so kann und darf ein k. u. k. Offizier in den Augen der Öffentlichkeit nicht sein. Schnitzler wird für diese Darstellung wegen Beleidigung des »Ansehens der österreichisch-ungarischen Armee« am 14. Juni 1901 seine Offizierscharge als Oberarzt aberkannt.

Unmut erregt aber auch die Präsentation der Erzählung in der Zeitung: »Lieutnant Gustl« beginnt auf der unteren Hälfte der Seite 34, der obere Teil dieser Seite wird von einer Anzeige ausgefüllt, die unter der Schlagzeile »Paprika-Schlesinger's Weihnachtstraum!« (dreimal so groß gesetzt wie der Titel der Schnitzler-Erzählung) ein 30strophiges Werbegedicht bringt. Auch die anderen Seiten bieten neben der Geschichte großformatige Annoncen, u. a. für »Die schneidigen Uniformen für Reserve-Officiere und Cadetten« sowie für »Fernolendt, die beste Schuhwichse der Welt«. Im selben Jahr hat Schnitzler bereits seine Komödie »Der Reigen« auf eigene Kosten in einer Auflage von 200 Exemplaren drucken lassen und an Freunde verschenkt (→ 23. 12. 1920).

Österreich hat eine neue Zeitung

2. Jänner. Die erste Nummer der »Österreichischen Kronen-Zeitung« erscheint; sie kostet im Monatsabonnement eine Krone, eine Nummer nur vier Heller – genausoviel wie eine Semmel.

Gründer der neuen Tageszeitung ist Gustav Davis, Chefredakteur der »Reichswehr«, eines angesehenen, aber nicht volkstümlichen Blattes. Die »Kronen-Zeitung« trägt daher in den ersten Jahren unter ihrem Titel den Vermerk »Kleine Ausgabe der Reichswehr«. Davis und sein Redaktionskollegium streben eine große Breitenwirkung an.

Wieder Wechsel an der Spitze

18. Jänner. Ernest von Koerber löst mit seinem Kabinett die Übergangsregierung des ehemaligen Eisenbahnministers Heinrich Wittek ab (→ 2. 10. 1899).

Koerber bekleidete bereits von 1897/98 das Amt des Handels- und 1899 das des Innenministers und weckt wegen seiner umsichtigen Art große Hoffnungen. Im Mittelpunkt seiner Politik steht die Lösung der wirtschaftlichen und sozialen Probleme, doch ist auch er aufgrund der Obstruktionspolitik der Tschechen im Abgeordnetenhaus gezwungen, mit Notverordnungen zu regieren.

Zwei Kronen statt Gulden

1. Jänner. Die Kronenwährung, eine Goldwährung, wird ausschließliches Zahlungsmittel in der k. u. k. Donaumonarchie. Eine Krone hat 100 Heller und entspricht einem halben Gulden alter Währung.

Die Einführung der neuen Währung ist bereits am 11. August 1892 beschlossen worden, doch konnte sie sich im Alltagsleben nur mühsam durchsetzen. Das Volk blieb dem Gulden treu, die 2-Heller-Münze heißt ganz einfach Kreuzer, die 10-Heller-Münze »Fünferl« und die 20-Heller-Münze »Sechserl« besonders in Wien bis 1938 üblich.

Repräsentation und Demonstration militärischer Präsenz: Die Leibgarde Kaiser Franz Josephs I., hier die Reitereskadron auf dem Weg in ihre Kaserne in der Schweighofergasse in Wien. Rechts ist das Parlamentsgebäude zu sehen, erbaut von 1873 bis 1883 im historisierenden griechischen Stil der Ringstraßenarchitektur von dem aus Dänemark stammenden Baumeister Theophil Hansen (Photographie, um 1900).

Wien ist auch das wirtschaftliche Zentrum der k. u. k. Monarchie, hier e Frachtkahn auf dem Donaukanal (Photographie)

Die Nationalitätenfrage – das dränge

Eines der dringlichsten Probleme der k. u. k. Monarchie Ende des 19. Jahrhunderts ist die ungelöste Nationalitätenfrage. Gelang → 1867 mit dem »Ausgleich« mit Ungarn ein erster Erfolg bei der Lösung dieses Problems, so blieben weitere Schritte aus oder endeten ohne Ergebnis – wie die mehrfach aufgenommenen Ausgleichsverhandlungen mit den Tschechen. Elf ethnische Hauptgruppen leben in dem Vielvölkerstaat Österreich-Ungarn, die im wesentlichen neun verschiedene Sprachen sprechen; für das Jahr 1900 ergeben sich dabei folgende Zahlen (bei einer Gesamtbevölkerung von rund 25,6 Millionen):

Sprache	absolut	in %
Deutsch	9 171 614	35,78
Tschechisch	5 955 397	23,24
Polnisch	4 252 483	16,59
Ruthenisch	3 381 570	13,21
Slowenisch	1 192 780	4,65
Serbokroatisch	711 330	2,77
Italienisch-Ladinisch	727 102	2,83
Rumänisch	230 963	0,90
Magyarisch	9 516	0,03

Wenngleich sich Kaiser Franz Joseph I. auf dem Fürstentag zu Frankfurt am Main im August

Der am → 8. April 1897 nach langen Auseinandersetzungen endlich zum Wiener Bürgermeister bestellte Christlichsoziale Karl Lueger erfreut sich bei den Bürgern der Kaiserstadt großer Beliebtheit. Die Abbildung zeigt den Führer der Christlichsozialen bei einer Praterausfahrt (Gemälde von Wilhelm Gause, 1904; Historisches Museum der Stadt Wien).

Seit dem Tod seines Vaters, Erzherzog Karl Ludwig, im Jahre 1896 ist Erzherzog Franz Ferdinand, der Neffe von Kaiser Franz Joseph I., zwar nicht offiziell erklärter, aber faktischer Thronfolger in Österreich, hier mit Offizieren als Zuschauer bei Manövern auf dem Truppenübungsplatz Bruck an der Leitha (Photographie, vor 1900).

Die Dampfeisenbahn, ein Symbol des Industriezeitalters

Problem

1863 ausdrücklich als »deutscher Fürst« bezeichnete, bevorzugt er doch keines der unter seiner Regierung stehenden Völker besonders. Franz Joseph I. empfindet den Dualismus als eine Zerstörung des Einheitsgedankens des Reiches; dennoch hat er ihn akzeptiert, da ihm bewußt ist, daß eine Wiederherstellung der Einheit vermutlich nur auf Kosten eines Bürgerkriegs zu erzielen ist. Einer Ausweitung zum »Trialismus«, wie ihn der Thronfolger Erzherzog Franz Ferdinand befürwortet, steht er mehr als unwillig gegenüber.

Die Hofoper ist ein Mittelpunkt des künstlerischen und gesellschaftlichen Lebens in Wien, Hofoperndirektor ist seit 1897 der Komponist Gustav Mahler (Farbradierung von Ferdinand Michl, Historisches Museum Wien).

Der volkstümliche Kaiser: Beim Kaisermanöver in Buziás im Banat (1898) überreicht ein sechsjähriger Landjunge Kaiser Franz Joseph eine Bittschrift.

Der aufgeblähte Verwaltungsapparat und die langwierigen Entscheidungsprozeduren in den Kanzleien der österreichisch-ungarischen Doppelmonarchie stoßen auf Kritik bei Feuilletonisten und Schriftstellern; hier ein Wiener Büroraum um die Jahrhundertwende (Magnesiumblitzaufnahme des Wiener Photographen J. Löwy).

Die Donaulände in Linz

Ein beliebtes winterliches Freizeitvergnügen vor allem der Jugend ist das Schlittschuhlaufen, hier auf dem Platz des Wiener Eislaufvereins (Photographie)

1901

24. 2. Die Strecke der schmalspurigen Eisenbahnlinie in das Zillertal (Tirol) wird (nachdem bereits am 20. Dezember 1900 der Abschnitt Jenbach–Fügen in Betrieb genommen worden ist) von Fügen nach Kaltenbach/Stumm eröffnet. Am 26. Mai folgt das Teilstück nach Erlach und am 21. Juli das nach Zell am Ziller. Das Endstück der schmalspurigen Eisenbahnlinie bis Mayrhofen ist erst am 31. Juli 1902 fertiggestellt.

7. 4. Zwischen Gablitz und dem Bahnhof Purkersdorf (Niederösterreich) eröffnet die Firma Hermann & Co. die erste Autobuslinie in Österreich; sie wird jedoch zum Jahresende wegen Unrentabilität wieder eingestellt.

8. 4. Erstes Fußball-Länderspiel: In Wien schlägt Österreich eine Auswahlmannschaft der Westschweiz 4:0.

21. 4. Erstmals wird im Wiener Burgtheater eine Posse von Johann Nepomuk Nestroy aufgeführt – »Der böse Geist Lumpazivagabundus«.

23. 5.–7. 6. In Wien findet die II. Internationale Automobilausstellung statt.

6. 8. Das Verbindungsgleis der Wiener Stadtbahn von der Friedensbrücke zur Nußdorfer Straße ist fertiggestellt: Damit ist eine Verbindung der Gürtellinie mit der Donaukanallinie geschaffen. →

3. 10. Auf dem Wienerwaldsee (Tullnerbach bei Wien) scheitert ein Flugversuch mit einem Drachenflugboot von Wilhelm Kreß. →

Herbst. Im umgestalteten Vergnügungspark »Venedig in Wien« im Wiener Prater, der sog. Internationalen Stadt im Prater, wird ein umfangreicher Nestroy-Zyklus aufgeführt.

2.–5. 11. Zweiter Gesamtparteitag der österreichischen Sozialdemokraten in Wien: Das verabschiedete sog. Wiener Programm stellt einen deutlichen Schritt nach rechts dar. →

Dezember. Die 4. Symphonie von Gustav Mahler mit einem Sopransolo im letzten Satz (die Melodie zum »Himmlischen Leben« aus »Des Knaben Wunderhorn«) wird in München uraufgeführt.

Nach langen Beratungen wird zwischen Österreich-Ungarn und Rumänien ein Verteidigungsbündnis geschlossen. Es richtet sich vor allem gegen die zunehmend auf den Balkan ausgerichtete Politik des russischen Zarenreiches.

Ludwig Hatschek erfindet den Asbestzement, ein Material für wetterbeständige Dachplatten (1903 nennt er seine Erfindung »Eternit«). Hatschek hat die Maschinen einer Asbestspinnerei günstig kaufen können, und hat so die Gelegenheit, in Vöcklabruck (Niederösterreich) die »Erste österreichisch-ungarische Asbestwarenfabrik Ludwig Hatschek« zu gründen.

Waldemar Porak de Varna erfindet in Mödling bei Wien eine »Helicoptere« (= Hubschrauber), die bei einem Eigengewicht von 300 kg eine Last von 500 kg in die Luft heben kann. Er erhält darauf auch ein Patent, doch ist er aus finanziellen Gründen nicht in der Lage, seine Erfindung soweit voranzutreiben, daß er sie wirtschaftlich ausnützen kann.

In Vorarlberg entbrennt ein regelrechter Kampf zwischen Feldkirch und Bregenz um den Rang der Landeshauptstadt. (Heute noch hat die Finanzlandesdirektion und das Landesgericht seinen Sitz in Feldkirch.)

In Wien wird die 9. Symphonie von Anton Bruckner uraufgeführt – fünf Jahre nach dem Tod des Komponisten.

Felix Salten gründet das »Jung-Wiener Theater zum Lieben Augustin«.

GEBOREN:

3. 1. Guntramsdorf: Josef Schoiswohl, Apostolischer Administrator des Burgenlandes und Bischof von Graz-Seckau.

25. 1. Bludenz: Guido Schmidt (†5. 12. 1957), christlichsozialer Politiker.

27. 1. Wien: Ferry Wunsch (†3. 7. 1963), Kapellmeister und Wiener Liederkomponist.

3. 2. Görz: Nora Gregor (†20. 1. 1949), Kammerschauspielerin.

13. 2. Wien: Paul Felix Lazarsfeld (†30. 8. 1976), Pionier der empirischen Sozialforschung.

3. 3. Karlsruhe: Otto Müller (†10. 2. 1956), Verleger.

13. 3. Graz: Josef Afritsch (†25. 8. 1964), Politiker.

18. 5. Wien: Siegfried Freiberg, Erzähler und Lyriker.

30. 5. Wien: Walter Felsenstein (†8. 10. 1975), Regisseur.

9. 8. Bruneck: Felix Hurdes (†12. 10. 1974), Politiker, erster Präsident des Nationalrates.

13. 8. Wien: Otto Strasser, Philharmoniker.

30. 8. Wien: Wilhelm Szabo, Lyriker und Essayist.

5. 9. Wien: Margarete Adametz, Malerin.

16. 9. Wien: Richard Wolfram, Volkskundler.

20. 9. Wien: Rudolf Brunngraber (†5. 4. 1960), Schriftsteller.

5. 11. Wien: Alfred Migsch (†19. 10. 1975), Politiker.

18. 11. Witkowitz (Mähren): Alexander von Sacher-Masoch (†30. 8. 1972), Schriftsteller und Feuilletonist.

5. 12. Wien: Hanns Jelinek (†27. 1. 1969), Komponist und Theoretiker der Zwölftonmusik.

9. 12. Fiume: Ödön von Horváth (†1. 6. 1938), Dramatiker und Erzähler.

Das Wiener Programm

2.–5. November. Auf ihrem zweiten Gesamtparteitag in Wien beschließen die österreichischen Sozialdemokraten das sog. Wiener Programm. Nach einer umfangreichen Einleitung und den bereits bekannten Grundsatzforderungen folgen sechs Punkte:

»Als Minimum an Arbeiterschutz fordert die österreichische Sozialdemokratie zunächst: 1. Volle Koalitionsfreiheit, gesetzliche Anerkennung der gewerkschaftlichen Organisation. 2. Achtstündigen Maximalarbeitstag ohne Klauseln und ohne Ausnahmen. 3. Verbot der Nachtarbeit. 4. Volle Sonntagsruhe in der Dauer von mindestens 36 Stunden. 5. Strenge Durchführung des Verbots der Erwerbsarbeit von Kindern unter 14 Jahren; ausreichende Schutzgesetze für Lehrlinge und jugendliche Arbeiter. 6. Ausschluß der Frauenarbeit aus den besonders für den weiblichen Organismus schädlichen Betrieben.«

Es schließt sich die Forderung nach dem »Ausbau des Gewerbe-Inspektorats« an und endet mit: »Über Unternehmer, die das Arbeitsschutzgesetz übertreten, sind strenge Strafen zu verhängen, die nicht in Geldstrafen umgewandelt werden dürfen. Die Arbeiterversicherung ist einer durchgreifenden Reform zu unterziehen, durch Einführung einer allgemeinen Alters- und Invalidenversicherung sowie Witwen- und Waisenversorgung zu ergänzen und unter durchgängiger Selbstverwaltung der Versicherten einheitlich zu organisieren.«

Die Sozialdemokraten waren im März 1897 erstmals mit vierzehn Sitzen in den Reichsrat eingezogen (Erinnerungspostkarte)

Ein Drachenflugboot

3. Oktober. Auf dem Wienerwaldsee nahe Tullnerbach scheitert ein Flugversuch von Wilhelm Kreß: Das von ihm als Wasserflugzeug gebaute Drachenflugboot, mit einem 35-PS-Daimlermotor ausgestattet, erweist sich als zu schwer; erst beim vierten Versuch heben sich die Schwimmer aus dem Wasser, doch zwingt das zu hohe Tempo Kreß zum Abdrehen, dabei wird er von einer Sturmbö erfaßt und kentert. Im letzten Augenblick kann der Pilot sich aus dem sinkenden Flugboot retten.

Kreß arbeitete seit 1873 als Klavierbauer und -stimmer in der Kaiserstadt. Schon 1876 baute er das Modell eines Drachenfliegers, für das er 1879 ein Patent mit dem Titel »Spielzeug, genannt Aeroveloce« erhielt. Auf der »Pariser Ausstellung für Luftschiffahrt« 1888 konnte er als einziger Aussteller Modelle im Flug zeigen, wodurch er Kaiser Franz Joseph I. für seine Erfindung gewinnen und mit der Entwicklung eines Drachenfliegers beginnen konnte, der auch einen Piloten haben sollte.

Station Ferdinandsbrücke (Donaukanallinie)

Haltestelle Gumpendorferstraße (Gürtellinie)

Stationsgebäude Westbahnhof (Gürtellinie)

Die Brücke über die Wienzeile, zugehörig zur Gürtellinie (teils noch in Bau)

Entwurf des Stationsgebäudes der Haltestelle Hernals, die zur Vorortelinie gehört

Wiener Stadtbahn wird ausgebaut

Die Pläne für diesen Verkehrsweg in der Haupt- und Residenzstadt Wien reichen bis in das Jahr 1851 zurück (sogar 1845 plante man schon eine Verbindung zwischen dem Nord- und Südbahnhof). Als 1873 die Gürtelstraße eröffnet wurde, erhielten die Pläne für eine Stadtbahn neuen Auftrieb. Nun waren auch die Militärs dafür, sie sahen darin die Möglichkeit einer raschen Truppenverschiebung innerhalb Wiens, da nun auch die Eisenbahnhöfe miteinander verbunden werden sollten.

1883 hatte das Wiener Stadtbauamt die Pläne für die Wienflußregulierung und das Stadtbahnnetz abgeschlossen. Die Gürtellinie (11 km Länge) war mit 10,5 Millionen Gulden, die Wientallinie (7 km) mit 13,5 Millionen Gulden und die Donaukanallinie (6,5 km) mit 9,5 Millionen Gulden veranschlagt. Das Finanzierungsproblem verhinderte die Realisierung, doch wurde die Verkehrsmisere durch die Eingemeindung der Vororte (11.–19. Bezirk) im Jahre 1890 noch ärger und man setzte erneut eine Kommission ein. Diese nahm den alten Plan auf und ergänzte ihn durch die Verbesserung der Vorortelinie. Dem feierlichen Spatenstich vom 7. Dezember 1892 folgte am 16. Februar 1893 bei Michelbeuern der Baubeginn. Eröffnet wurden:

▷ Am 11. 5. 1898 die Strecke Heiligenstadt–Penzing (Vorortelinie), 9,95 km lang
▷ Am 1. 6. 1898 die Strecke Heiligenstadt–Hütteldorf (Gürtel-, obere Wientallinie), 14,78 km
▷ Am 30. 6. 1899 die Strecke Meidling–Hauptzollamt (untere Wientallinie), 5,58 km
▷ Am 6. 8. 1901 die Strecke Hauptzollamt–Heiligenstadt (Donaukanallinie), 5,88 km, und der Verbindungsbogen zwischen Brigittabrücke und Nußdorferstraße, 1,23 km.

Die rund 38 km lange Strecke kostete schließlich 137,6 Millionen Kronen. Dem Jugendstil-Architekten Otto Wagner hatte man die Gestaltung der 30 Stationen, der Brükken und Galerien übertragen, die er formvollendet löste.

Das Gebäude der Haltestelle Karlsplatz, noch in Bau (Wientallinie)

Das imposante Gebäude der Haltestelle Gumpendorferstraße (Gürtellinie)

Der Entwurf des Jugendstil-Architekten Otto Wagner für die Überbrükkung der Währingerstraße und Fluchtgasse (Gürtellinie)

Blick auf die Stadtseite des Stationsgebäudes Währingerstraße, ebenfalls entworfen von Architekt Otto Wagner (Gürtellinie)

1902

29. 1. Die letzte Pferdestraßenbahnlinie Wiens wird elektrifiziert.

28. 6. Das Verteidigungsbündnis des Dreibund-Vertrags von 1882 zwischen Österreich-Ungarn, dem Deutschen Reich und Italien wird zum dritten Mal erneuert.

15. 9. Die schmalspurige Bregenzer-Wald-Bahn von Bregenz nach Bezau (Vorarlberg) wird in Betrieb genommen.

27. 9. Die seit 1894 erscheinende Wochenschrift »Die Zeit« kommt fortan als Tageszeitung mit einer Mittags- und einer Abendausgabe heraus; sie wird von Heinrich Kanner und Professor Isidor Singer herausgegeben. Obwohl sie lokale Belange eher vernachlässigt, gewinnt sie auf politischem und wirtschaftlichem Gebiet große Bedeutung; auch die Kulturberichterstattung steht auf einem beachtlichen Niveau. »Die Zeit« enthält u. a. Beiträge von Schriftstellern und Theoretikern wie Hermann Bahr, Felix Salten, Bertha von Suttner und Anton Wildgans.

12. 10. Ein Auswahlteam Wiens gewinnt ein Fußballspiel gegen Budapest 5:0.

1. 11. Italien und Frankreich schließen einen Geheimbund-Vertrag, der praktisch den am → 28. 6. verlängerten Dreibund-Vertrag mit Österreich-Ungarn und dem Deutschen Reich aufhebt. In der Folge wächst die österreichfeindliche Haltung Italiens, und die Tätigkeit der »Irredenta« (die Unerlöste), einer politischen Bewegung zur Vereinigung aller italienischsprachigen Gebiete, in Südtirol und Istrien nimmt zu.

31. 12. Zwischen der cisleithanischen (österreichischen) Reichshälfte und Ungarn wird ein Abkommen über den Fortbestand des gemeinsamen Wirtschaftsgebietes geschlossen. In Ungarn gibt es eine starke Strömung unter Führung der »Unabhängigkeitspartei« des Julius Kossuth d. J., die eine Loslösung Transleithaniens von der Doppelmonarchie anstrebt, aber auf hartnäckige Ablehnung beim Kaiser und seinem Ministerpräsidenten Ernest von Koerber stößt.

Winter. In Kitzbühel (Tirol) wird ein Wintersportverein gegründet, der das erste Skirennen auf dem Hahnenkamm veranstaltet.

In Wien wird nach Plänen von Rudolf Hemreich und Johann Scheininger mit dem Bau des Lainzer Versorgungshauses begonnen (1904 fertiggestellt); die Kosten werden vom Reingewinn der »Wiener Tramway« bestritten.

Im Wiener Künstlerhaus am Karlsplatz findet die vielbeachtete XXIX. Künstlerausstellung statt. →

GESTORBEN:

21. 2. Wien: Emil Holub (* 7. 10. 1847), Ethnologe und Afrikaforscher.

1. 4. Wien: Johann Schrantz (* 1830), Industrieller, Drahtfabrikant. →

3. 4. Linz: Andreas Reischek (* 15. 9. 1845), Forschungsreisender (erforschte die Kultur der Maori auf Neuseeland).

26. 4. Wien: August von Wörndle (* 22. 6. 1829), Historienmaler.

10. 7. Innsbruck: Julius von Ficker (* 30. 4. 1826), Historiker und Rechtsgelehrter.

13. 7. Wien: Emanuel Herrmann (* 24. 6. 1839), Nationalökonom.

2. 12. Gmunden: Richard Graf Belcredi (* 12. 2. 1823), Politiker, Staatsminister 1865–67.

GEBOREN:

9. 1. Wien: Rudolf Bing, Opernleiter, 1950–1972 Leiter der Metropolitan Opera New York.

27. 1. Wien: Karl Ziak, Schriftsteller.

8. 2. Wien: Lucie Englisch († 11. 10. 1965), Theater- und Filmschauspielerin.

12. 2. Wien: Anni Konetzni († 6. 9. 1968), Kammersängerin.

26. 2. München: Rudolf Moralt († 16. 12. 1958), Operndirigent.

8. 4. Wien: Josef Krips († 12. 10. 1974), Dirigent.

5. 5. Salzburg: Erich Schenk († 11. 10. 1974), Musikwissenschaftler.

10. 5. Düsseldorf: Max Lorenz († 12. 1. 1975), Kammersänger, Tenor.

1. 6. Wien: Leopold Lindtberg († 18. 4. 1984), Schauspieler und Regisseur.

22. 6. Markt Eisenstein (Böhmerwald): Alois (Lois) Weinberger († 17. 3. 1961), Politiker.

27. 6. Wien: Peter Hammerschlag († 1942), Lyriker.

28. 7. Wien: Karl Raimund Popper, Philosoph, Begründer des kritischen Rationalismus.

2. 8. Wien: Rudolf Prack († 1. 12. 1981), Filmschauspieler.

25. 8. Klagenfurt: Ludwig Weiß, Politiker.

2. 10. Rust im Tullnerfeld: Leopold Figl († 9. 5. 1965), Politiker.

17. 12. Wien: Albert Drach, Schriftsteller.

ZITAT:

»Die Zeit« berichtet am 25. Dezember 1902, auf Seite 21:

»Das absichtlich Primitive in den malerischen Mitteln, wie es von England und Frankreich aus propagiert wurde, kam der künstlerischen Entwicklung des Placats sehr zustatten, ebenso der Wunsch und der Drang ..., die Erscheinungen des Tages und selbst die Gegenstände des täglichen Gebrauches ... auszugestalten. Die Übertreibung, das heißt die Absicht der Künstler, das Placat von absolut malerischem Standpunkt zu gestalten und zu beherrschen, hat sich als nicht durchführbar erwiesen...«

Vom Siebmacher zum Firmenchef

1. April. Im 72. Lebensjahr stirbt der Drahtfabrikant Johann Schrantz in Wien. Sein Aufstieg vom Siebmacher zum erfolgreichen Unternehmer ist ein typisches Beispiel für die erfolgreiche Entwicklung eines Kleinbetriebes zur Fabrik in der zweiten Hälfte des 19. Jahrhunderts. Schrantz hatte die Tochter seines Meisters Michael Hutter geheiratet, der seine Siebmacherwerkstätte zunächst in der Wiener Nadlergasse, dann in der Windmühlgasse führte; unter der gemeinsamen Führung von Hutter und Schrantz wuchs die Firma rasch, denn Draht war angesichts zahlreicher Fabrikgründungen in der Donaumonarchie ein gefragter Artikel.
Die ersten Drahtwebstühle mußten aufgestellt werden, und als der Platz nicht mehr genügte, siedelte man in die Laxenburgerstraße an den Stadtrand über. Hier entwickelte sich die Firma Hutter & Schrantz zur angesehenen Spezialfabrik für den rasch steigenden Bedarf an Metalltüchern (Papiermaschinensieben).

Plakat von Alois Hans Schram

Besucherandrang im Künstlerhaus

Im Wiener Künstlerhaus findet die XXIX. Jahresausstellung statt. Fast 35 000 Besucher sehen die 461 ausgestellten Werke (vorwiegend Gemälde) von 326 Künstlern aus dem In- (124) und Ausland (202).

Der Kaiser und seine Vertraute

Seit dem Tod seiner Gattin, Kaiserin Elisabeth (→ 10. 9. 1898), gibt es nur noch eine Frau, die Kaiser Franz Joseph I., mittlerweile 72 Jahre alt, in sein Vertrauen zieht: Die 23 Jahre jüngere Burgschauspielerin Katharina Schratt. Schon die Kaiserin hat die Beziehung zwischen der zwar verheirateten, aber von ihrem ungarischen Ehemann getrennt lebenden Schratt und dem vereinsamten Kaiser gefördert und soll diesem sogar geraten haben, die Schauspielerin zu heiraten, falls sie, Elisabeth, sterbe. Doch die Schratt bleibt in den Briefen des Kaisers stets die »liebe theuerste Freundin«, die er bis an sein Lebensende mit »Sie« anredet (→ 17. 4. 1940); Abb.: Der Kaiser und Katharina Schratt auf dem Weg zur Villa der Hofschauspielerin in Bad Ischl)

1903

12. 5. In Wien findet die erste Genossenschaftsversammlung der »Wiener Werkstätte, Productivgenossenschaft von Kunsthandwerkern in Wien« statt. ›

23.–26. 5. John Philip Sousa, der amerikanische »March King«, gastiert mit seiner Militärkapelle im Wiener Sommertheater.

11. 6. König Alexander (Obrenowitsch) von Serbien wird mit seiner Gattin Draga (geb. Maschin) im Konak von Belgrad ermordet; der Grund für das Attentat liegt in der österreichfreundlichen Einstellung des Monarchen.

15. 6. Peter Karageorgewitsch wird zum neuen König von Serbien gewählt; im Gegensatz zu seinem Vorgänger, König Alexander, ist er habsburgfeindlich eingestellt und betreibt von Beginn an eine aggressive Politik gegen Österreich-Ungarn, wobei er von Rußland, Frankreich und Großbritannien Rückendeckung erhält.

31. 7.–4. 8. Konklave in Rom: Nach dem Tod des 93jährigen Papstes Leo XIII. wird Kardinal-Staatssekretär Mariano Rampolla von den Kardinälen als Nachfolger Leos XIII. gewählt, doch Kaiser Franz Joseph I. läßt durch Kardinal Puzyna von Krakau sein Veto gegen eine Wahl Rampollas einlegen, da dieser besonders in der Balkanfrage als österreichfeindlich bekannt ist. Das Konklave wählt daraufhin Giuseppe Sarto, den Patriarchen von Venedig, zum neuen Papst (Pius X.).

1. 9. In der Wiener Gumpendorferstraße wird das neu erbaute Variété »Apollo« eröffnet. Der Architekt Eduard Prandl hat es in nur halbjähriger Bauzeit errichten lassen. Die Leitung übernimmt der »Meister des Variétés« Ben Tieber.

30. 9.–3. 10. Zusammenkunft von Kaiser Franz Joseph I. mit Zar Nikolaus II. von Rußland in Mürzsteg (Steiermark): Die Monarchen vereinbaren den sog. Mürzsteger Reformplan, der von den Türken wirksame Reformen zur Befriedung Mazedoniens verlangt, wo seit 1895 ein erbittert geführter Kleinkrieg tobt.

25. 12. Maxime Laurion eröffnet ein Kaffeehaus an der Ecke Wollzeile/Stubenring in Wien. Das moderne, hochelegante Lokal ist unter Heranziehung berühmter Künstler wie Adolf Kaufmann und des Ateliers Sándor Jaray ausgestaltet worden; es verfügt auch über Klub- und Gesellschaftsräume im Souterrain sowie über einen (in rot und weiß gehaltenen) Saal, der 200 Personen faßt.

In Böhmen sind von den 24 721 Staatsbeamten rund 75 % Tschechen und weniger als 25 % Deutsche. Bezogen auf ihren Bevölkerungsanteil (rund 40 %) sind die Deutschen erheblich unterrepräsentiert – ein deutliches Zugeständnis an die Tschechen.

Die Grazer Firma Johann Puch bringt ihr erstes serienmäßig gefertigtes Motorrad (das sog. A-Modell) in den Handel. →

Josef Plecnik, ein Schüler Otto Wagners, beginnt mit dem Bau des »Hauses Zacherl« in Wien: es wird in reinem Jugendstil errichtet (1905 vollendet).

»Geschlecht und Charakter«, das Hauptwerk des Philosophen Otto Weininger, erscheint in Wien.
Der Verfasser unternimmt darin den Versuch, aus den physiologischen Unterschieden der Geschlechter Schlüsse auf ihren Charakter zu ziehen, wobei er der Frau (dem Idealtypus »Weib«, damit aber auch der empirischen Frau) die Vernunft und, da sie »nichts als Sexualität« sei, auch die Sittlichkeit abspricht. Das Buch erregt Aufsehen.

GESTORBEN:

22. 2. Wien: Hugo Wolf (* 13. 3. 1860), Komponist der Spätromantik, schuf etwa 245 Lieder nach Texten von Eduard Mörike, Joseph von Eichendorff u. a.

28. 9. Klagenfurt: Marie Geistinger (* 26. 7. 1836), Volksschauspielerin und Operettensängerin (die »Königin der Operette« genannt).

4. 10. Wien: Otto Weininger (* 3. 4. 1880), Philosoph und Psychologe (Selbstmord).

16. 11. Wien: Camillo Sitte (* 17. 4. 1843), Architekt und Stadtplaner, gilt als »Vater der Städtebaukunst«.

GEBOREN:

8. 2. Wien: Greta Keller († 4. 11. 1977), Chansonette.

10. 2. Kozlau bei Iglau: Mathias Sindelar († 26. 1. 1939), Fußballer.

16. 2. St. Lorenzen (Steiermark): Josef Krainer († 28. 11. 1971), Politiker.

21. 2. München: Dorothea Neff, Schauspielerin, seit 1939 am Wiener Volkstheater.

7. 4. Wien: Willi Forst († 11. 8. 1980), Schauspieler und Regisseur.

10. 6. Hannover: Theo Lingen († 10. 11. 1978), Schauspieler.

17. 6. Au (Vorarlberg): Natalie Beer, Schriftstellerin.

21. 7. Treffen: Guido Zernatto († 8. 2. 1943), Lyriker, Erzähler und Politiker.

6. 8. Kraubath: Peter Krauland, Politiker.

7. 8. Wien: Maria Reining, Kammersängerin, Sopran, 1931–33 und 1937–62 an der Wiener Staatsoper.

5. 9. Wien: Hans Kapfer, Politiker.

12. 9. Sarajewo (Bosnien): Hans Fronius, Graphiker und Buchillustrator.

4. 10. München: Paul Rusch, Bischof von Innsbruck.

3. 11. Mautern (Steiermark): Erwin Altenburger († 7. 2. 1984), Politiker.

7. 11. Altenberg an der Donau: Konrad Lorenz, Verhaltensforscher.

Erstes Motorrad von Puch aus Graz

Das erste serienmäßig hergestellte Motorrad der Firma Johann Puch in Graz, das sog. A-Modell, kommt in den Handel.
Am 28. September 1899 wurde die Firma »Johann Puch – Erste steiermärkische Fahrrad-Fabriks-Actiengesellschaft« – ins Grazer Handelsregister eintragen. Allerdings hatte Puch schon vorher Erfolg mit seiner bereits 1890 begonnenen fabrikmäßigen Erzeugung von Fahrrädern, die er »Styria« nannte.
Das Puch-Motorzweirad Type A ist eine leichte Tourenmaschine mit einem 254 ccm großen Einzylindermotor und 70 mm Hub.

Plakat für Puch-Fahrräder (1905)

Die Gründung der Wiener Werkstätte

12. Mai. In Wien findet die erste Genossenschaftsversammlung der »Wiener Werkstätte, Productivgenossenschaft von Kunsthandwerkern in Wien« statt. Bereits am 19. Mai erfolgt die Eintragung als »registrierte Genossenschaft mit unbeschränkter Haftung« ins Wiener Handelsregister. Josef Hoffmann und Koloman Moser, k.k. Professoren der Kunstgewerbeschule in Wien, werden als Direktoren, der Fabrikant Friedrich Wärndorfer als »Cassier« eingetragen. Leopold Wolfgang Rochowanski gibt folgenden Bericht über den Gründungsvorgang: »... im Café Heinrichshof ... fand sich eines Tages ein Gast mit Namen Fritz Wärndorfer ein. Auf die Frage Wärndorfers, was man denn eigentlich wolle, erklärte Kolo Moser kurz: Wenn wir fünfhundert Kronen besäßen, wüßten wir schon, wie wir anfangen sollten. Diese klare Antwort erfaßte Wärndorfer leicht, zog die Brieftasche und legte den geforderten ... auf den Tisch ... Als sie am nächsten Tage wieder beisammen waren, war von dem Gelde nichts mehr übrig. Zu dieser wiederum übersichtlichen Tatsache bemerkte Wärndorfer: Ich werde mit meiner Mutter sprechen. Das Ergebnis ... lautete: Es stehen fünfzigtausend Kronen zur Verfügung ...«

Mit der Gründung der »Wiener Werkstätte« ist ein Aufschwung auf dem graphischen Sektor verbunden, wovon u. a. die Blüte kunstvoller Exlibris zeugt. Koloman Moser, Mitbegründer der Werkstätte, gestaltet das nebenstehende Exlibris für Friedrich Wärndorfer.

1904

15. 6. In der Technischen Hochschule in Graz gelingt am physikalischen Institut dem 28jährigen, gebürtigen Tiroler Physiker Otto Nußbaumer mittels eines selbstgebauten Detektors erstmals eine drahtlose Musikübertragung. In Österreich wird diese Erfindung nicht weiter ausgebaut.

1. 8. Eröffnung der schmalspurigen Stubeitalbahn (Tirol): Die elektrische Schmalspurbahn führt von Innsbruck nach Fulpmes und hat in Innsbruck einen eigenen Bahnhof, den »Stubaitalbahnhof«.

29. 8.–3. 9. III. Olympische Spiele in St. Louis (USA): Österreich erreicht nur eine Bronzemedaille durch Otto Wahle im 440-Yards-Freistilschwimmen.

31. 12. Ernest von Koerber tritt mit seiner ersten Regierung zurück. Er hat mit seinem am → 18. Jänner 1900 gebildeten Kabinett nach vielen Jahren erstmals eine längere Regierungszeit durchgestanden trotz mehrerer nationalitätenbedingter Schwierigkeiten.

Im Laufe des Jahres erfolgt die Eingemeindung der Großgemeinde Floridsdorf und einiger anderer Ortschaften am linken Donauufer, die zum 21. Wiener Gemeindebezirk werden.

Der aus Eisenerz (Steiermark) stammende August Musger erhält ein Patent auf die von ihm entwickelte Zeitlupe, die er am 19. Juli 1907 erstmals in Graz vorführt (mit Hilfe des von ihm angeregten neuen Projektionsapparates).

Otto Wagner beginnt mit dem Bau der Kirche am Steinhof in Wien, einem Hauptwerk des Jugendstils. →

Das »Archiv für Geschichte und Landeskunde Vorarlbergs«, die erste wissenschaftliche Zeitschrift Vorarlbergs, wird gegründet.

In Wien gewinnt Josef Steinbach die Weltmeisterschaft im Stemmen (Klasse Schwergewicht).

Beim »Coupe Internationale« in Paris, der ersten internationalen Motorradkonkurrenz, startet je eine Dreier-Mannschaft aus Dänemark, Deutschland, Frankreich, Großbritannien und Österreich; auf einer Klement & Laurin-Maschine wird Tomann Zweiter.

In Böhmen werden neun Millionen Hektoliter Bier gebraut, 1,2 Mill. kommen allein aus den drei Pilsener Brauereien »Bürgerliches Bräuhaus« (808 000 Hektoliter), »Erste Pilsener Aktienbrauerei« und »Genossenschaftsbrauerei«.

Der Physiker Friedrich Hasenöhrl veröffentlicht seine »Theorie der Strahlung bewegter Körper« (1905 von Albert Einstein bestätigt).

GESTORBEN:

22. 6. Pottschach (Niederösterreich): Karl von Stremayr (* 30. 10. 1823), Politiker, 1879 Vorsitzender des Ministerrates.

3. 7. Edlach an der Rax (Niederösterreich): Theodor Herzl (* 2. 5. 1860), jüdischer Schriftsteller, Begründer des Zionismus. →

6. 8. Baden bei Wien: Eduard Hanslick (* 11. 9. 1825), Musikkritiker und Universitätsprofessor in Wien; entschiedener Gegner von Richard Wagner und Anton Bruckner, veröffentlichte 1854 »Vom Musikalisch-Schönen«.

12. 10. Wien: Josef Scheu (* 15. 9. 1841), Komponist und Chorleiter (schrieb u. a. das »Lied der Arbeit«).

GEBOREN:

8. 1. Wien: Karl Altmann († 29. 12. 1960), Politiker.

16. 2. Wien: Hugo Wiener, Kabarettist und Librettist.

16. 2. Salzburg: Josef Kaut († 8. 6. 1983), Politiker und Journalist.

8. 3. Nauders: Hans Tschiggfrey († 30. 6. 1963), Politiker.

5. 5. Wien: Robert Kronfeld († 12. 2. 1948), Pionier des Segelfluges.

19. 6. Linz: Karl Fellinger, Internist, Universitätsprofessor.

24. 8. Passau: Ludwig Schmidseder († 21. 6. 1971), Operettenkomponist und Filmmusiker.

3. 9. Wien: Eduard Hartmann († 14. 10. 1966), Politiker.

14. 9. Wien: Anton Zischka, Schriftsteller und Journalist.

25. 9. Esseg (Slawonien): Ernst Alexander Zwilling, Afrikaforscher und Reiseschriftsteller.

16. 10. Wien: Albert Josef Oskar Wellek († 27. 8. 1972), Musikforscher und Psychologe.

31. 10. Trautmannsdorf (Niederösterreich): Otto Tschadek († 4. 2. 1969), Politiker.

ZITAT:

In seinem Hauptwerk »Vom Musikalisch-Schönen« erörtert der Musikkritiker Eduard Hanslick die Beziehung zwischen dem musikalischen Kunstwerk und seinen Entstehungsbedingungen:

»Es ist nicht lange her, seit man angefangen hat, Kunstwerke im Zusammenhang mit den Ideen und Ereignissen der Zeit zu betrachten, welche sie erzeugte. Dieser unleugbare Zusammenhang besteht auch für die Musik. Eine Manifestation des menschlichen Geistes muß auch in Wechselbeziehung zu dessen übrigen Thätigkeiten stehen: zu den gleichzeitigen Schöpfungen der dichtenden und bildenden Kunst, den poetischen, socialen, wissenschaftlichen Zuständen ihrer Zeit, endlich den individuellen Erlebnissen und Ueberzeugungen des Autors ... Doch muß man dabei sich stets in Erinnerung halten, daß ein solches Parallelisiren künstlerischer Specialitäten mit bestimmten historischen Zuständen ein kunstgeschichtlicher, keineswegs ein rein ästhetischer Vorgang ist ...«

Der erste Zionist

3. Juli. Im Alter von 44 Jahren stirbt der jüdische Schriftsteller Theodor Herzl, der Begründer der zionistischen Bewegung.

Der aus Budapest stammende Herzl war 1891–1895 erfolgreicher Berichterstatter der »Neuen Freien Presse« in Paris, anschließend Feuilleton-Chef dieser Zeitung. Unter dem Eindruck der antijüdischen Hetze im Zusammenhang mit dem Dreyfus-Prozeß wandte er sich der Politik zu und trat in Schriften und Versammlungen für die Gründung eines jüdischen Staates ein.

Seine Forderungen veröffentlichte Herzl in der Schrift »Der Judenstaat – Versuch einer modernen Lösung der Judenfrage« (1896), die ihn zum Führer des Zionismus werden ließ. Als Präsident der Zionistischen Weltorganisation führte er Verhandlungen mit dem osmanischen Sultan, dem Papst und Kaiser Wilhelm II., um sein Ziel, die »Schaffung einer öffentlich-rechtlichen Heimstätte für das jüdische Volk« in Palästina zu verwirklichen.

Zionistenführer Theodor Herzl (Zeichnung aus dem Jahre 1934, nach einer Photographie)

Wagner baut Kirche Am Steinhof

Als Zentrum für die von ihm entworfene Anlage der 60 Pavillons umfassenden Heil- und Pflegeanstalt der Stadt Wien auf dem Gallitzinberg beginnt Otto Wagner mit dem Bau der Kirche Am Steinhof (1907 fertiggestellt). Der monumentale Zentralbau ist – wie das Postsparkassenamt (→ 1906) – mit genieteten Marmorplatten verkleidet, die das Bild beherrschende Kuppel mit Kupferplatten gedeckt. Das Kircheninnere besticht durch seine einheitliche Jugendstileinrichtung.

1905

2. 1. Paul Gautsch Freiherr von Frankenthurn bildet zwei Tage nach dem Rücktritt von Ministerpräsident Ernest von Koerber seine zweite Regierung.

19. 3. Auf dem Muckenkogel bei Lilienfeld (Niederösterreich) organisiert Matthias Zdarsky den ersten Slalomlauf der Welt. →

Juni. Persönliche Differenzen führen zum Austritt der bekanntesten Mitglieder aus der Wiener »Secession«, Gustav Klimt, Otto Wagner, Emil Orlik, Alfred Roller, Carl Moll, Josef Hoffmann und Koloman Moser (sog. Klimt-Gruppe).

1. 6. Die seit 1900 erscheinende Tageszeitung »Österreichische Kronenzeitung« erscheint von nun an unter dem Titel »Illustrierte Kronenzeitung«, um so auf ihre im Vergleich mit anderen Blättern reichhaltige Illustration hinzuweisen. Nach wie vor liegt der Schwerpunkt der Berichterstattung auf dem lokalen Sektor.

November. Eine internationale Flotte unter Führung Österreich-Ungarns demonstriert vor Piräus gegen die osmanische Politik in Mazedonien und besetzt die türkischen Inseln Mytilene und Lemnos; Sultan Abdulhamid II. muß daraufhin das von den Großmächten geforderte »Reformpaket« für Mazedonien annehmen.

4. 11. Ministerpräsident Paul Gautsch Freiherr von Frankenthurn verspricht die Vorlage einer Wahlrechtsreform.

27. 11. Der sog. Mährische Ausgleich wird verabschiedet; die vier Gesetzesvorlagen sind die erste, allerdings räumlich begrenzte Lösung im Nationalitätenstreit mit den Tschechen. →

28. 11. In Wien findet eine machtvolle Demonstration für ein allgemeines und gleiches Wahlrecht statt; 200 000 Menschen nehmen daran teil.

10. 12. In Oslo wird der Friedensnobelpreis an Bertha Freifrau von Suttner verliehen; seit 1901 werden aus den Zinsen der von Frau Suttner angeregten Stiftung des schwedischen Industriellen und Erfinders Alfred Nobel die bedeutendsten Leistungen auf den Gebieten Physik, Chemie, Medizin und Literatur sowie für erfolgreiche Bemühungen um den Weltfrieden mit einem »Nobelpreis« gewürdigt. →

18. 12. In Vorarlberg wird die elektrisch betriebene Eisenbahnlinie in das Montafon, von Bludenz nach Schruns, eröffnet.

30. 12. Im Theater an der Wien wird die Operette »Die lustige Witwe« von Franz Lehár uraufgeführt. →

Jahresende. Das von Paul Daimler entwickelte erste Panzerauto der Welt ist fertiggestellt. Bei den Herbstmanövern 1906 in Teschen wird es – mit einer 3,7 cm Kanone und einem Maschinengewehr ausgestattet – von Leutnant Heinrich Graf Schönfeldt vorgeführt. Es erregt allgemeines Mißfallen, da es die ausgewählte Verliererpartei zum Manöversieger macht und bei der Besichtigung durch Kaiser Franz Joseph I. durch das starke Motorengeräusch die Pferde scheu werden läßt – »So etwas ist für die militärische Verwendung nicht zu gebrauchen« urteilt daraufhin der Kaiser mit Entschiedenheit. →

Josef Steinbach wird abermals Gewichtheber-Weltmeister im Stemmen (Klasse Schwergewicht).

GESTORBEN:

23. 2. Hart bei Gloggnitz: Friedrich Ehrbar (* 26. 4. 1827), Klavierfabrikant.

12. 3. Wien: Rudolf Ritter von Alt (* 28. 8. 1812), Aquarellist und Landschaftsmaler. →

11. 5. Wien: Josef Strobach (* 24. 12. 1852), christlichsozialer Politiker, 1896/97 Bürgermeister von Wien.

GEBOREN:

21. 3. Wien: Hilde Konetzni, Kammersängerin.

26. 3. Wien: Victor Emil Frankl, Psychologe und Neurologe, Begründer der Existenzanalyse und der Logotherapie.

7. 4. Dornbirn: Ulrich Ilg, Politiker.

17. 4. Teschen-Bodenbach: Hans Erich Köhler († 7. 11. 1983), Karikaturist.

12. 5. Wien: Roland Grassberger, Jurist und Kriminologe.

18. 5. Traismauer: Theodor Berger, Komponist.

29. 5. Wien: Leon Epp († 21. 12. 1968), Schauspieler, Theaterdirektor.

29. 6. Wien: Alfons Überhör († 12. 4. 1967), Volksbildner.

12. 7. Wien: Eduard Heilingsetzer, Politiker.

25. 7. Rustschuk (Bulgarien): Elias Canetti, Schriftsteller und Essayist.

3. 8. Rabenstein: Franz König, Erzbischof von Wien und Kardinal.

3. 9. Wien: Bruno Pittermann († 19. 9. 1983), Politiker.

30. 10. Wien: Hugo Gottschlich, Schauspieler.

21. 11. Liesing: Eduard Weikhart, Politiker.

12. 12. Zaplotow (Galizien): Manès Sperber († 5. 2. 1984), Essayist und Dichter.

ZITAT:

In seiner »Lilienfelder Skilauf-Technik« schreibt Matthias Zdarsky:

»Der Ski, einfach aber sicher beherrscht, führt uns in die fabelhafte Pracht des solange verkannten Winters. Das Gelände wähle jeder nach seiner Erkenntnis, wer aber im Skilauf Befriedigung persönlicher Eitelkeit sucht, der lege dieses Buch schnell aus der Hand, denn es ist von seinem Gegner geschrieben.«

Mährischer Ausgleich

27. November. Der sog. Mährische Ausgleich, vier Gesetzesvorlagen für die Markgrafschaft Mähren und die mährischen Enklaven in Schlesien, wird geschlossen. Er ist, nach dem Ausgleich mit Ungarn (→ 18. 2./ 15. 3. 1867), der zweite erfolgreiche Lösungsversuch der Nationalitätenfrage im Kaiserreich Österreich-Ungarn. Die neuen Gesetze sehen vor, daß der mährische Landtag fortan in eine deutsche (40 Mandate) und eine tschechische (73 Mandate) Kurie geteilt wird, deren Vertreter in getrennten Wahlkreisen gewählt werden sollen.

Daimlers Panzerauto

Jahresende. Paul Daimlers erstes Panzerauto der Welt ist fertiggestellt: Seit 1903 arbeitet der Konstrukteur an diesem Projekt, für das die »Österreichische Daimler-Motoren-Gesellschaft« in Wiener Neustadt einen 30-PS-Vierzylindermotor entwickelt hat. Das zwei Tonnen schwere Fahrzeug hat Allrad-Antrieb.

Der berühmte »Austro-Daimler« aus dem Jahre 1905

Der erste Slalom

19. März. Auf dem 2000 m hohen Muckenkogel bei Lilienfeld in Niederösterreich organisiert der Skipionier Matthias Zdarsky den ersten Ski-Slalom der Welt. Bei einem Höhenunterschied von 500 m sind 85 Tore zu durchfahren, 23 Männer und eine Frau nehmen teil. Zdarsky benötigt 5 : 50 min, außer ihm erreicht kein Teilnehmer ohne Sturz das Ziel. Mit der Behauptung, Zdarsky hätte als erster Starter die besten Schneeverhältnisse, gehabt, legen Konkurrenten Protest ein; Zdarsky startet ein zweites Mal und erreicht das Ziel in nur 2 : 30 min.

Friedenspreis für eine Frau

10. Dezember. Die 62jährige Bertha Freifrau von Suttner erhält in Oslo den Friedensnobelpreis; damit wird ihr langjähriges Eintreten für die Erhaltung des Friedens geehrt. Die aus Prag stammende geborene Gräfin Kinsky begründete 1891 die »Österreichische Gesellschaft der Friedensfreunde« und erlangte Weltruhm mit ihrem zweibändigen Antikriegsroman »Die Waffen nieder!« (1899).

Bertha von Suttner

Rathausplatz in Gmunden (Gemälde; Österreichische Galerie Wien)

»Donau bei Wien« (Aquarell, 1842)

Das Rathaus in Mödling (Wien)

Der Vedutenmaler Rudolf Ritter von Alt – der »Canaletto Wiens«

12. März. Kurz nach Vollendung seines 93. Lebensjahrs stirbt der Maler Rudolf Ritter von Alt in seiner Heimatstadt Wien. Wegen seiner zahlreichen Architektur- und Vedutenbilder wird Alt auch als »Canaletto Wiens« bezeichnet.

Alt, Sohn des Malers Jakob Alt (→ 30. 9. 1872), kam bereits 1826 (als Vierzehnjähriger) auf die Wiener Akademie, wo er kurz darauf einen Preis (acht Silbertaler) gewann und dadurch die Befreiung vom Militärdienst erreichte. Schon bald konnte Alt von den Aufträgen leben, die er erhielt. Er malte zunächst vor allem Aquarellinterieurs, widmete sich in der Folge allerdings zunehmend der Vedutenmalerei und bevorzugte dabei die Kaiserstadt Wien, deren bauliche Wandlungen er über mehr als zwei Generationen in zahlreichen Bildern festgehalten hat.

Rudolf von Alt

Alts Darstellungen tragen oftmals mehr dokumentarischen als ausgeprägt künstlerischen Charakter, wie etwa sein Aquarell vom »Rathausplatz in Gmunden« zeigt. 1892 wurde der Maler in den Ritterstand erhoben. In den letzten Lebensjahren wandte er sich der Wiener »Secession« zu, deren Ehrenpräsident er wurde (→ 1898).

Die »Silberne Operettenära«

30. Dezember. Mit der Uraufführung der Operette »Die lustige Witwe« von Franz Lehár im Theater an der Wien feiert die sog. Silberne Ära der Wiener Operette ihren ersten Höhepunkt.

Dem 35jährigen Militärkapellmeister Lehár gelingt mit seinem Werk ein unbeschreiblicher Erfolg: Allein bis 1910 wird »Die lustige Witwe« 18 000mal auf der Bühne gespielt und ist damit Wegbereiter für den kommenden Siegeszug der Wiener Operette.

Die sog. silberne Ära begann bereits 1901 mit Heinrich Reinharts Operette »Das süße Mädel«. In der Folge sind es vor allem Franz Lehár, Oscar Straus, Leo Fall und Emmerich Kálmán, deren Operetten die Menschen begeistern. Mehr oder weniger wichtige Alltagsprobleme werden aufgegriffen und manchmal auch mit kabarettistischen Mitteln dargeboten. Im Unterschied zu der sog. goldenen Ära (→ 24. 11. 1860) ist nicht nur die größere Vielfalt der Operetten, sondern auch ihre weitaus höhere Anzahl an Aufführungen hervorzuheben.

Erfolgsoperetten

1901: »Das süße Mädel« (Reinhart).
1902: »Der Rastelbinder« (Lehár).
1905: »Die lustige Witwe« (Lehár).
1907: »Die Dollarprinzessin« (Fall).
1907: »Ein Walzertraum« (Oscar Straus).
1909: »Der Graf von Luxemburg« (Lehár).
1910: »Zigeunerliebe« (Lehár).
1915: »Die Csárdásfürstin« (Kálmán).
1917: »Die Faschingsfee« (Kálmán).
1920: »Der letzte Walzer« (Straus).
1920: »Der Tanz ins Glück« (Stolz).
1923: »Madame Pompadour« (Fall).
1924: »Gräfin Maritza« (Kálmán).
1926: »Die Zirkusprinzessin« (Kálmán).
1926: »Adieu Mimi« (Benatzky).
1927: »Der Zarewitsch« (Lehár).
1929: »Das Land des Lächelns« (Lehár).
1931: »Im Weißen Rößl« (Ralph Benatzky).
1932: »Venus in Seide« (Stolz).
1933: »Zwei Herzen im Dreivierteltakt« (Stolz).
1934: »Giuditta« (Lehár).
1937: »Maske in Blau« (Raymond).
1939: »Die ungarische Hochzeit« (Dostal).

Phantasievolle Operettenkostüme

Franz Lehár, der erfolgreichste Operettenkomponist der »Silbernen Ära«

1906

Jänner. »Marokkokonferenz« in Algeciras (Spanien): Elf europäische Staaten, darunter Österreich-Ungarn, und die USA unternehmen den Versuch, die politischen Spannungen in Europa abzubauen, die sich an der Frage der französischen Marokkopolitik verschärft haben. →

7. 1. In Österreich-Ungarn werden die ersten Kennzeichen für Kraftfahrzeuge ausgegeben: Weiße Tafeln mit schwarzen Bezeichnungen (seit 1930 umgekehrt).

22. 4.–2. 5. Bei den olympischen Zwischenspielen in Athen gewinnen die insgesamt 35 österreichischen Teilnehmer 3 Gold-, 3 Silber- und 2 Bronzemedaillen.

30. 4. Paul Gautsch Freiherr von Frankenthurn tritt mit seiner zweiten Regierung zurück; er ist an seinem Gesetzentwurf zur Wahlrechtsreform gescheitert. Der Statthalter von Triest, Konrad Prinz zu Hohenlohe-Schillingsfürst, bildet eine interimistische Regierung (bis zum 3. Juni).

26. 5. Buffalo Bill, der »Letzte des Wilden Westens«, gastiert mit seiner Truppe im Wiener Prater. →

3. 6. Max Freiherr von Beck bildet als neuer Ministerpräsident eine Koalitionsregierung aus Deutschen, Tschechen und Polen.

23. 6. Der Hochstrahlbrunnen auf dem Wiener Schwarzenbergplatz wird »beleuchtet« in Betrieb genommen. Die »Fontaine lumineuse« ist eine Spende des Baumeisters Gabrielli als Dank für erhaltene Bauaufträge.

Oktober. Aloys Freiherr Lexa von Aehrenthal wird k. u. k. Außenminister. Er steht dem Thronfolger, Erzherzog Franz Ferdinand, nahe und betreibt eine aktive Außenpolitik zur Stärkung der Donaumonarchie.

8. 11. Die Berliner Kammerspiele werden mit der vielbeachteten Inszenierung von Henrik Ibsens Drama »Gespenster« von Max Reinhardt eröffnet.

18. 11. Franz Freiherr Conrad von Hötzendorf wird Chef des k. u. k. Generalstabes. →

20. 11. Max Reinhardt inszeniert an den Berliner Kammerspielen die Tragödie »Frühlingserwachen« und verhilft damit dem Dramatiker Franz Wedekind zum künstlerischen Durchbruch (→ 8. 11.).

1. 12. Ministerpräsident Max Freiherr von Beck kann die Parteien im Abgeordentenhaus zur Annahme eines neuen Wahlgesetzes gewinnen. →

Das von Otto Wagner im Jugendstil gebaute Postsparkassenamt in Wien ist nach zweijähriger Bauzeit fertiggestellt. →

In Wien wird mit dem Bau des Gebäudes der französischen Botschaft begonnen (1910 fertiggestellt); die Pläne stammen von dem Pariser Architekten G. P. Chédone. Die Botschaft ist das einzige Beispiel des französischen Jugendstils in der Kaiserstadt.

Der rumänische Publizist Aurel Popovici veröffentlicht sein Buch »Die Vereinigten Staaten von Groß-Österreich«. →

In Wien erscheint die erste Nummer der Monatszeitschrift »Der Gral«, Forum der im Vorjahr gegründeten katholischen Schriftstellervereinigung »Gralbund«, der die kulturelle Erneuerung der katholischen Romantik anstrebt.

Karl Schlechter wird in Ostende (Belgien) internationaler Schach-Großmeister.

Von Rainer Maria Rilke erscheint die Novelle »Die Weise von Liebe und Tod des Cornets Christoph Rilke« in der endgültigen Fassung.

GESTORBEN

21. 2. Graz: Johann Graf Gleispach (* 29. 9. 1840), deutschnationaler Politiker (1895 Justizminister).

24. 7. Wien: Ferdinand von Saar (* 30. 9. 1833), Lyriker und Erzähler (»Die Steinklopfer«, Erzählung aus der Sammlung »Novellen aus Österreich«), verübt Selbstmord.

5. 9. Duino bei Triest: Ludwig Boltzmann (* 20. 2. 1844), Physiker (Selbstmord). →

GEBOREN:

9. 1. Wien: Karl Bruckner, Schriftsteller.

10. 1. Gloggnitz: Otto Sagmeister, Politiker und Gewerkschaftler.

15. 1. Mödling: Alfred Maleta, Politiker.

30. 1. Kronstadt (Siebenbürgen): Carl Merz (eigtl. Czell, † 31. 11. 1979), Kabarett-Autor, Pionier der Wiener Kleinkunstbühne.

18. 2. Wien: Hans Asperger, Kinderheilkundler und Neuropsychiater.

30. 3. Wien: Erika Mitterer, Schriftstellerin.

9. 4. Wien: Richard Pittioni, Frühgeschichtsforscher.

28. 4. Brünn: Kurt Gödel († 14. 1. 1978), Begründer der mathematischen Logik.

28. 5. Wien: Wolf (eigtl. Wolfgang) Albach-Retty († 21. 2. 1967), Schauspieler.

24. 6. Hans Jaray, Schauspieler, Regisseur und Schriftsteller.

7. 7. Wien: Anton Karas, Zitherspieler.

31. 7. Oberbaumgarten (Böhmen): Walter Glaser († 3. 2. 1960), Physiker.

13. 8. Wien: Fritz Klenner, Politiker und Gewerkschaftler.

18. 9. Wien: Guido Wieland, Schauspieler.

25. 11. Wien: Karl Waldbrunner († 5. 7. 1980), Politiker.

5. 12. Wien: Otto Preminger, Filmregisseur.

Konferenz in Algeciras

Jänner. Eine Konferenz der europäischen Großmächte im spanischen Algeciras soll die sog. erste Marokkokrise beilegen. Das Deutsche Reich hat gegen die französische Politik der »friedlichen Durchdringung« des Sultanats Marokko protestiert und die Sicherung seiner Interessen in Nordafrika gefordert. Obwohl das Algeciras-Abkommen Berlin formell eine »Politik der offenen Tür« in Marokko zugesteht, zeigt die Konferenz doch die Spaltung Europas: Allein Österreich-Ungarn hat sich an die Seite des Deutschen Reiches gestellt, das diplomatisch weitgehend isoliert ist.

Der am 4. April unterzeichnete Marokkovertrag sieht die Bildung einer von spanischen und französischen Offizieren geführten marokkanischen Polizei sowie eine Überwachung der Bank von Marokko durch ausländische Zensoren vor.

Beck setzt Wahlrechtsreform durch

1. Dezember. *Dem seit Juni amtierenden neuen Ministerpräsidenten Max Freiherr von Beck gelingt es, die im Abgeordnetenhaus vertretenen Parteien für ein neues Wahlgesetz zu gewinnen. Trotz der Wahlrechtsreform von → 1885 sind noch immer rund drei Viertel der volljährigen Männer nicht stimmberechtigt. Beck erhofft sich, durch das allgemeine Wahlrecht (für Männer) die Spannungen zu verringern (Abb.: Kundgebung für das allgemeine Wahlrecht, von Wilhelm Gause).*

Conrad von Hötzendorf (I. Salinger)

Hötzendorf wird Generalstabschef

18. November. Der 54jährige Regimentskommandeur Franz Freiherr Conrad von Hötzendorf wird zum Chef des k.u.k. Generalstabes ernannt. Er war dem Thronfolger, Erzherzog Franz Ferdinand, 1903 aufgefallen, der dem Kaiser bereits 1903 empfahl, »diesen hervorragenden General besonders im Auge zu behalten.« Conrad von Hötzendorf tritt für einen präventiven Angriffskrieg gegen Serbien und Italien ein, kann aber weder den Kaiser, noch den Thronfolger oder den Außenminister für seine Pläne gewinnen.

Der Kassensaal des Postsparkassenamtes mit einem Glasdach

Ein Postsparkassenamt im Jugendstil

Nach zweijähriger Bauzeit wird das von Otto Wagner entworfene Postsparkassengebäude in Wien fertiggestellt. Die schlichte Fassade erhält eine Granit- und Marmorplattenverkleidung mit auffallender Nietung, der Mittelteil der Attika ist durch eine Kranzdekoration hervorgehoben. Bemerkenswert ist allerdings vor allem der große Kassensaal, der die Prinzipien der »Secessionisten«, Betonung der Sachlichkeit und strenger Funktionalismus, verdeutlicht und das Postsparkassenamt zum Hauptgebäude des Jugendstils in Wien werden läßt. – 1912 wird das Gebäude erweitert, 1974/75 der Kassensaal umgebaut.

Architekt Otto Wagner

Sitzungssaal mit einem Bildnis des Kaisers von Wilhelm List

Vereinigte Staaten von Österreich

Der rumänische Publizist Aurel Popovici, der dem Kreis um den Thronfolger, Erzherzog Franz Ferdinand, angehört, veröffentlicht in Leipzig ein Buch unter dem Titel »Die Vereinigten Staaten von Groß-Österreich«.
Wohlüberlegt und ausgefeilt unterbreitet Popovici darin den Vorschlag, eine bundesstaatlich organisierte Habsburger-Monarchie zu errichten, die auf nationalen Grundlagen aufgebaut werden soll. Um die Nationalitätenfrage auf friedlichem und alle Seiten zufriedenstellendem Wege zu lösen, schlägt er die Bildung von 15 Nationalstaaten vor, die durch den bundesstaatlichen Gesamtgedanken und die Person des Kaisers eine ideelle Einheit bleiben und das alte Habsburger-Reich fortbestehen lassen sollen.
Aurel Popovicis Vorstellung von einem Bundesstaat ist ohne Chance auf eine Verwirklichung.

Freitod eines Wissenschaftlers

5. September. Im Alter von 62 Jahren scheidet der Physiker Ludwig Boltzmann, Universitätsprofessor in Graz und Wien, in Duino bei Triest freiwillig aus dem Leben.

Boltzmann

Boltzmann war einer der bedeutendsten Physiker Österreichs; sein großes Verdienst liegt darin, daß er die Maxwellsche elektromagnetische Lichttheorie erstmals experimentell bestätigte. Mit Hilfe der Wahrscheinlichkeitsrechnung klärte er den Zusammenhang zwischen Thermodynamik und Mathematik und wandte als erster die Gesetze der Statistik auf Gas-Moleküle an. Große Beachtung fand sein Werk »Über kinetische Gastheorie« (1898).

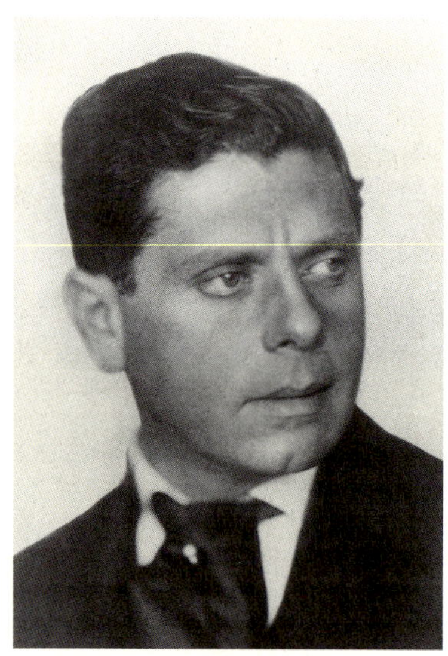

Regisseur Max Reinhardt

Max Reinhardt inszeniert Ibsen

8. November. Die Berliner Kammerspiele werden mit einer Aufsehen erregenden Aufführung eröffnet: Der 33jährige Max Reinhardt inszeniert Henrik Ibsens Drama »Gespenster«; am 20. November folgt Frank Wedekinds Tragödie »Frühlingserwachen«, die dem Dramatiker zum Durchbruch verhilft und den Namen des Regisseurs bekannt macht.

Programm der Buffalo-Bill-Show

Der Letzte des Wilden Westens

26. Mai. Auf dem Gelände neben der Rotunde im Wiener Prater gastiert die Showtruppe Buffalo Bills, des »Letzten des Wilden Westens«. 1883 hat der amerikanische Abenteurer, eigentlich William F. Cody, die erste »Wildwestschau« in den USA organisiert, mit der er in der Folge auf Tourneen in Europa große Triumphe feiert.

1907

26. 1. Kaiser Franz Joseph I. sanktioniert das Gesetz über die Einführung des allgemeinen, gleichen, geheimen und direkten Wahlrechtes. Das Kuriensystem ist damit endgültig abgeschafft, die Abgeordnetenzahl wird auf 516 erhöht (→ 14.–24. 5).

14.–24. 5. In Österreich werden die ersten allgemeinen Wahlen durchgeführt. →

8. 6. Das erste »Volksparlament« Österreichs wird eröffnet; Präsident ist der Christlichsoziale Richard Weiskirchner. Trotz sozialer Spannungen und nationaler Differenzen gelingt es, die Aktionsfähigkeit des Abgeordnetenhauses zu bewahren, das sich sogar mit der Weiterführung der Verhandlungen über die »gemeinsamen Angelegenheiten« mit Ungarn beschäftigt (→ 8. 10).

15. 7. Nach der Fertigstellung des letzten Teilstücks von Mariazell nach Gußwerk (Steiermark) wird die »Mariazellerbahn« auf der ganzen Strecke in Betrieb genommen. →

September. Adolf Hitler bemüht sich vergeblich um die Aufnahme in die Akademie der bildenden Künste in Wien.

8. 10. Der »neue Ausgleich« mit Ungarn wird unterzeichnet. Seit 1897 wurde dieses Übereinkommen über die »gemeinsamen Angelegenheiten« debattiert und verhandelt. Ab 1. Jänner 1908 übernimmt Ungarn fortan 36,6% der gemeinsamen Ausgaben (1867: 30%), dafür wird das bestehende Zoll- und Handelsbündnis durch einen Handelsvertrag und zwei gesonderte (allerdings gleichlautende) Zolltarife ergänzt.

19. 10. In Wien wird das »Kabarett Fledermaus« eröffnet. →

Weihnachten. »Meister« Dr. Georg Lanz von Liebenfels, eigentlich Adolf Josef Lanz, hißt auf der von ihm erworbenen Ruine Werfenstein bei St. Nikola an der Donau (Oberösterreich) die erste Hakenkreuzfahne (es ist dies die erste nachweisbare Hissung einer solchen Fahne). Lanz, ein ehemaliger Zisterzienserlaienbruder, macht Werfenstein zum Zentrum des von ihm gegründeten »Neutempler-Ordens«, eines dubiosen Männerbundes, der einen von Judenhaß geprägten »Germanismus« propagiert.

Im Wiener Volksgarten wird das Denkmal für Kaiserin Elisabeth errichtet; die Marmorsitzfigur der 1898 ermordeten Monarchin stammt von Hans Bitterlich.

Hugo Rhomberg und Alfred Rüsch errichten auf dem Bödele bei Dornbirn in Vorarlberg den ersten Schlepplift: Ein 4,5-PS-Motorradmotor zieht eine Wanne bergauf, die vier Skiläufern Platz bietet.

Nach zehnjähriger Tätigkeit als Intendant der Wiener Hofoper tritt Gustav Mahler von seinem Amt zurück; unter seiner Leitung erlebte die Oper einen ersten Höhepunkt. Er geht als Dirigent der Metropolitan Opera New York in die Vereinigten Staaten und kehrt erst kurz vor seinem Tode nach Wien zurück. Nachfolger Mahlers in Wien wird Felix von Weingartner.

GESTORBEN:

2. 1. Wien: Otto Benndorf (* 13. 9. 1838), Archäologe.

27. 2. Wien: Josef Lewinsky (* 20. 9. 1835), Charakterschauspieler (seit 1858 am Wiener Burgtheater).

26. 4. Wien: Joseph Hellmesberger (* 9. 4. 1855), Dirigent und Komponist, Leiter der Philharmonischen Konzerte.

26. 5. Purkersdorf bei Wien: Emil Steinbach (* 11. 6. 1846), Politiker, 1891–1893 Finanzminister.

3. 6. Aussig: Johann Schicht (* 8. 3. 1855), Seifenfabrikant. →

8. 10. Frauenthal (Steiermark): Alfred Prinz von und zu Liechtenstein (* 11. 6. 1842), katholisch-konservativer Politiker.

GEBOREN:

4. 1. Wien: Marte Harell (eigtl. Martha Schömig), Schauspielerin.

5. 1. Wien: Josef Holaubek, 1947–1972 Polizeipräsident von Wien.

20. 1. Wien: Paula Wessely, Kammerschauspielerin, seit 1951 am Wiener Burgtheater.

25. 1. Wien: Hans Selye, Arzt, Begründer der Lehre vom Streß, seit 1934 Professor im kanadischen Montreal.

5. 2. Wien: Walter Nausch († 11. 7. 1957), Fußballstar.

11. 2. Wien: Käthe Gold, Kammerschauspielerin, seit 1947 am Wiener Burgtheater.

23. 4. Wien: Fritz Wotruba († 28. 8. 1975), Bildhauer.

2. 5. Schlösselhof: Franz Korinek, Politiker.

20. 5. St. Radegund im Innviertel: Franz Jägerstätter († 9. 8. 1943), als Wehrdienstverweigerer hingerichtet.

15. 6. Klagenfurt: Ferdinand Graf († 8. 9. 1969), Politiker.

18. 6. Halbstadt (Böhmen): Reinhard Kamitz, Wirtschaftspolitiker.

27. 7. Graz: Franz Nemschak, Wirtschaftswissenschaftler.

14. 8. Krumau (Böhmen): Ernst Waldbrunn († 22. 12. 1977), Komiker und Charakterdarsteller.

18. 8. Fresen (Steiermark): Eduard Macheiner († 16. 7. 1972), Erzbischof von Salzburg.

29. 8. Joseph Wechsberg, Schriftsteller.

15. 11. Wien: August Zechmeister († 8. 11. 1963), Theologe und Schriftsteller.

30. 11. Linz: Fritz Eckhardt, Schauspieler und Drehbuchautor.

2. 12. Wien: Else Rambausek, Volksschauspielerin.

30. 12. Mistelbach: Walter Antoniolli, Verfassungsrechtler.

Allgemeine Wahlen

14.–24. Mai. Es finden die ersten Wahlen nach der am 26. Jänner vom Kaiser sanktionierten Wahlrechtsreform über die Einführung des allgemeinen, gleichen, geheimen und direkten Wahlrechts statt.

Das Gesetz hat endgültig das alte Kuriensystem beseitigt und die Mitgliedszahl des Abgeordnetenhauses auf 516 erhöht. Außerdem wird die Dauer der Legislaturperiode auf sechs Jahre festgesetzt. Wahlberechtigt ist fortan »jede Person männlichen Geschlechtes, welche das 24. Lebensjahr zurückgelegt hat, die österreichische Staatsangehörigkeit besitzt, nach den Bestimmungen der Reichsratswahlordnung vom Wahlrechte nicht ausgenommen und ausgeschlossen ist und innerhalb der im Reichsrate vertretenen Königreiche und Länder in der Gemeinde, in welcher das Wahlrecht auszuüben ist, am Tage der Ausschreibung der Wahl seit mindestens einem Jahr ihren Wohnsitz hat«.

Damit hat die Regierung unter Ministerpräsident Max Wladimir Freiherr von Beck die Forderung der Arbeiterschaft nach allgemeinen Wahlen erfüllt, auch wenn die Frauen weiterhin davon ausgeschlossen bleiben.

Nach Artikel II § 6 des Wahlgesetzes entfallen folgende Mandatszahlen auf die einzelnen Kronländer: Böhmen 130, Galizien und Lodomerien mit dem Großherzogtum Krakau 106, Niederösterreich 64, Mähren 49, Steiermark 30, Tirol 25, Oberösterreich 22, Ober- und Niederschlesien 15, die Bukowina 14, Krain 12, Dalmatien 11, Kärnten 10, Salzburg 7, Istrien 6, Görz und Gradiska 6, Triest 5 und Vorarlberg 4 Abgeordnete. Die Wahlen machen die Sozialdemokraten mit 87 Abgeordneten zur stärksten Partei; daraufhin schließen sich die Christlichsozialen (66) mit den 30 Katholisch-Konservativen zu einer Fraktion zusammen, der größten des ersten »Volksparlamentes«. Nach Nationalitäten gesehen setzt sich das neue Abgeordnetenhaus wie folgt zusammen: 233 Deutsche, 107 Tschechen, 82 Polen, 33 Ruthenen, 24 Slowenen, 19 Italiener sowie 13 Kroaten und 5 Rumänen.

Max Wladimir Freiherr von Beck

Das Parlamentsgebäude im neohellenistischen Stil von Theophil Hansen

Die Mariazellerbahn auf der Fahrt von St. Pölten nach Gußwerk

Die Mariazellerbahn

15. Juli. Mit der Inbetriebnahme des letzten, rund 7 km langen Teilstücks von Mariazell über Sigmundsberg nach Gußwerk (Steiermark) ist die gesamte Strecke der Mariazellerbahn von St. Pölten (Niederösterreich) bis Gußwerk fertiggestellt.

Die genial trassierte Bahnlinie hat eine Gesamtlänge von 92 km und führt durch 21 Tunnels, die zusammen rund 4 km lang sind. Ferner gibt es 19 größere und 136 kleinere Durchlässe und Brückenbauten, die von Ingenieur Josef Fogowitz projektiert worden sind. Die Gesamtkosten der in fast genau neun Jahren Bauzeit errichteten »Niederösterreichisch-steirischen Alpenbahn« (so der offizielle Name) belaufen sich auf etwa 15 Millionen Gulden.

»Schicht-Seife« überall bekannt

3. Juni. Im Alter von 52 Jahren stirbt der aus Böhmen stammende Seifenfabrikant Johann Schicht, dessen Name durch die Werbung allgemein bekannt ist. 1882 errichtete Schicht in Obersedlitz bei Aussig eine Seifenfabrik, die eine Bahnstation erhielt, da hier jährlich rund 19 000 Eisenbahnwaggons abgefertigt werden. Bei seinem Tod haben Schichts Werke einen Jahresumsatz von 38 Millionen Kronen und beschäftigen rund 1900 Arbeiter und Angestellte.

Programmheft der »Fledermaus«

Ein Wiener Kabarett

19. Oktober. In der Wiener Kärntnerstraße wird das »Kabarett Fledermaus« eröffnet; die Räume sind unter Leitung des Innenarchitekten Josef Hoffmann von der »Wiener Werkstätte« ausgestaltet worden. Ein beachtliches Niveau des neuen Wiener Kabaretts dokumentiert auch das Programm; zu den namhaften Mitarbeitern gehören u. a. Peter Altenberg, Hermann Bahr, Richard Dehmel, Detlev von Liliencron, Max Mell, Roda Roda, Gustav Klimt, Oskar Kokoschka und Emil Orlik.

1908

13. 1. Am Düsseldorfer Schauspielhaus wird das Drama »Erde« des Tiroler Heimatschriftstellers Karl Schönherr uraufgeführt.

29. 3. Der deutsche Reichskanzler Bernhard Fürst von Bülow kommt zu politischen Gesprächen nach Wien; Kaiser Franz Joseph I. zeigt sich dabei besorgt über die Haltung Rußlands.

6.–8. 6. Kurz hintereinander bestreitet eine österreichische Auswahlmannschaft das 2. bis 4. Fußball-Länderspiel. →

12. 6. Aus Anlaß des 60jährigen Thronjubiläums Kaiser Franz Josephs I. findet ein Kaiserhuldigungsfestzug über die Wiener Ringstraße statt. →

Juli. Eine unblutige Revolution der sog. Jungtürkischen Partei im Osmanischen Reich bestärkt in Österreich den Annexionsgedanken für Bosnien und die Herzegowina. Grundlage dafür ist der Drei-Kaiser-Vertrag vom → 18. Juni 1881.

13.–25. 7. IV. Olympische Spiele in London: Die sieben österreichischen Teilnehmer erreichen nur eine Bronzemedaille durch Otto Scheff im 400-m-Freistilschwimmen.

6. 8. Erzherzog Franz Ferdinand wendet sich in einem Schreiben an den k. u. k. Außenminister Aloys Freiherr Lexa von Aehrenthal gegen eine Annexion Bosniens und der Herzegowina. →

7. 8. Beim Eisenbahnbau wird in Willendorf an der Donau (Niederösterreich) ein 11 cm hohes Figürchen ausgegraben: Die etwa 25 000 Jahre alte »Venus von Willendorf«. →

13. 8. König Eduard VII. von Großbritannien besucht Kaiser Franz Joseph I. in Bad Ischl; er will den Habsburger dazu bewegen, das Bündnis zwischen Österreich-Ungarn und dem Deutschen Reich zu lösen.

15. 9. Außenminister Freiherr Lexa von Aehrenthal trifft in Buchlau bei Brünn mit dem russischen Außenminister Alexander Petrowitsch Iswolski zusammen, um ihn über die geplante Annexion Bosniens und der Herzegowina zu informieren. Rußland erhebt keinen Einspruch gegen die österreichische Absicht. →

3. 10. Kaiser Franz Joseph I. informiert die Staatsoberhäupter der europäischen Großmächte über die bevorstehende Annexion.

5. 10. Österreich-Ungarn zeigt den Signatarmächten des Berliner Kongresses (→ 13. 6. 1878) die Annexion Bosniens und der Herzegowina sowie den Rückzug seiner Truppen aus dem Bezirk Novipazar an. →

Fürst Ferdinand von Bulgarien proklamiert ein unabhängiges Königreich (Zarentum) und bezieht das bereits von ihm verwaltete Ostrumelien mit ein.

7. 11. Max Wladimir Freiherr von Beck tritt mit seiner Regierung zurück, da die Verhandlungen über einen Ausgleich mit den Tschechen gescheitert sind.

14. 11. Richard Graf Bienerth-Schmerling bildet als neuer Ministerpräsident ein sog. Beamtenkabinett.

2. 12. Am Tag der Thronbesteigung Kaiser Franz Josephs I. vor 60 Jahren finden in ganz Österreich Feierlichkeiten statt (→ 12. 6.)

In Prag kommt es nach dem Scheitern der Ausgleichsverhandlungen zu schweren Ausschreitungen zwischen Deutschen und Tschechen; das Standrecht wird verhängt.

7. 12. Der deutsche Reichskanzler Bernhard Fürst von Bülow sagt Österreich-Ungarn die volle Unterstützung in der Annexionskrise auf dem Balkan zu.

Der Photograph Anton Kolm führt den ersten österreichischen Spielfilm, »Von Stufe zu Stufe«, vor.

In Wien werden die Gewichtheber-Weltmeisterschaften im Stemmen ausgetragen: Die Österreicher Eibl (im Leichtgewicht) und Grafl (im Schwergewicht) werden neue Weltmeister.

Der Roman »Der Weg ins Freie« von Arthur Schnitzler erscheint, in dem ein Bild der Wiener höheren Gesellschaft mit ihrer Heuchelei, Doppelmoral und ihrem Antisemitismus entworfen wird.

GESTORBEN:

21. 4. Meran: Theodor Ritter von Sickel (* 18. 12. 1826), Historiker.

29. 7. Wien: Paul Grohmann (* 12. 6. 1838), Alpinist, Mitbegründer des Österreichischen Alpenvereins.

8. 8. Düsseldorf: Josef Maria Olbrich (* 22. 12. 1867), Architekt, Maler und Kunstgewerbler. →

2. 12. Linz: Franz Maria Doppelbauer (* 21. 1. 1845), Bischof von Linz (1888–1908).

GEBOREN:

18. 1. Wien: Erich Landgrebe, Schriftsteller und Maler.

1. 3. Wien: Erik Frey, Schauspieler.

30. 3. Neunkirchen: Vinzenz Kotzina, Politiker.

5. 4. Salzburg: Herbert von Karajan, Dirigent und Operndirektor.

23. 4. Wien: Oswald Lutz († 1. 12. 1974), Komponist.

12. 5. Wien: Erich Bielka-Karltreu, Diplomat.

29. 5. Wien: Hans Weigel, Kritiker, Schriftsteller und Übersetzer.

28. 6. Frankfurt am Main: Heinz Moog, Kammerschauspieler, seit 1943 am Wiener Burgtheater.

1. 7. Feldkirch: Bruno Wechner, Bischof von Feldkirch.

16. 7. Wien: Stella Kadmon, Schauspielerin.

16. 9. Wien: Friedrich Torberg (eigtl. Kantor-Berg; † 10. 11. 1979), Schriftsteller.

Manöver in Veszprém, vorn v. l. Kaiser Franz Joseph I., die Erzherzöge Franz Ferdinand und Carl Franz Joseph

Annexion führt zu einer Krise

5. Oktober. Die Ankündigung Österreich-Ungarns, Bosnien und die Herzegowina zu annektieren, führt zu einer ernsten Krise auf dem Balkan.
Am → 15. September hat sich k.u.k. Außenminister Aloys Freiherr Lexa von Aehrenthal der Zustimmung Rußlands zu der beabsichtigten Annexion versichert, und auch der deutsche Bündnispartner erklärt sich mit den Plänen Wiens einverstanden. Die Annexion stößt allerdings auf scharfe Ablehnung in Großbritannien, Frankreich, Serbien und Montenegro. Auch Rußland schließt sich dem Protest an, da die Briten die von Österreich-Ungarn in Aussicht gestellte Öffnung der Dardanellen für die russische Kriegsflotte ablehnen. Allein das Osmanische Reich läßt sich durch den Rückzug der k. u. k. Truppen aus dem Bezirk Novipazar und die Zahlung von 56 Millionen Kronen Entschädigung besänftigen.
Besondere Erbitterung ruft die Annexion in Serbien hervor, wo man fürchtet, das nächste »Opfer« zu sein. Der serbische Gesandte in Konstantinopel erklärt deshalb unmißverständlich:
»Die Annexion Bosniens und der Herzegowina durch Österreich-Ungarn ist der Tod Serbiens. Sie ist der Vorläufer der Annexion Serbiens durch Österreich-Ungarn oder durch Bulgarien, mit dem das Wiener Kabinett konspiriert hat um uns zu vernichten. Aber wir haben bereits mobilisiert und werden den letzten Blutstropfen vergießen, um unser Land zu retten oder doch mit Ehren unterzugehen ... Wir sind nur klein und schwach, aber wir sind revolutionär. Nicht nur in Bosnien, sondern auch in Ungarn, wo ein und ein halb Millionen Serben wohnen, wird jetzt eine serbische Bewegung losgehen, die Österreich schon schwere Zeiten bereiten wird.«

»Gegen alle Kraftstückeln«

Der österreichische Thronfolger, Erzherzog Franz Ferdinand, nimmt am 6. August 1908 in einem Schreiben an den k. u. k. Außenminister Aloys Freiherr Lexa von Aehrenthal offen zur Frage der Annexion Bosniens und der Herzegowina Stellung. Der Thronfolger erklärt u. a.:

»... Sollte eine Annexion für unbedingt notwendig erachtet werden, so kann ich derselben nur zustimmen, wenn die Provinzen als Reichsland, also beiden Teilen der Monarchie angehörend, erklärt werden. Sollte Ungarn für die Stephanskrone Anspruch auf die Länder erheben ..., so ist dem absolut nicht nachzugeben oder die Annexion ist nicht durchzuführen und der bisherige Zustand zu belassen ...
Im allgemeinen bin ich überhaupt bei unseren desolaten inneren Verhältnissen gegen alle solche Kraftstückeln.
Meiner Ansicht nach kann sich solche Sachen nur ein konsolidierter, kräftiger Staat erlauben; nachdem wir aber, dank dem Kampf der beiden Reichshälften, der künstlich mit Dampf betriebenen Abschaffung der Gesamtheit und dem Chaos weder konsolidiert noch kräftig sind, würde ich eher zuwarten ...
Hat man den Mut zur Annexion, muß man auch den Mut haben, dies ohne Befragen der Parlamente zu tun ...«

Rußlands Plazet

15. September. Im mährischen Buchlau treffen der k.u.k. Außenminister Aloys Freiherr Lexa von Aehrenthal und sein russischer Kollege Alexander Iswolski zu Gesprächen zusammen, um die bevorstehende Annexion Bosniens und der Herzegowina durch Österreich-Ungarn zu besprechen. Rußland, das nach seiner Niederlage im Krieg mit Japan (1904) und den revolutionären Ereignissen in St. Petersburg (Jänner 1905) weder außen- noch innenpolitisch für einen Krieg gerüstet ist, muß den Wiener Plänen zustimmen. Freiherr von Aehrenthal notiert in seinen Aufzeichnungen:
»Herr Iswolsky [hat erklärt], daß Rußland, wenn wir gezwungen sein würden, zur Annexion zu schreiten, diesem Geschehnisse gegenüber eine freundschaftliche und wohlwollende Haltung einnehmen würde ... und der Meinung Ausdruck gegeben, daß das fait accompli der Annexion durch die zur selben Zeit erfolgende Zurückziehung unserer Truppen aus dem Sadschak [Novipazar] jedenfalls in einem milderen Lichte erscheinen würde.
Indem er sich über diesen Gegenstand des weiteren ausließ, bemerkte Herr Iswolski, daß er die Konsolidierung des Besitzstandes der Monarchie, die durch die Annexion Bosniens und der Herzegowina erfolgen würde, keineswegs mit Mißtrauen betrachte ...« (→ 5.10.).

Die Fruchtbarkeit symbolisierende »Venus von Willendorf«

Kostbarer Fund in Willendorf

7. August. Die »Venus von Willendorf« wird ausgegraben, ein 11 cm hohes Figürchen aus oolithischem Kalkstein. Sie ist das älteste erhaltene Kunstwerk von Österreich, etwa 25 000 Jahre alt. Seit Juli ist in Willendorf systematisch gegraben worden, da beim Bahnbau steinzeitliche Siedlungsschichten gefunden worden sind. In Anwesenheit der Wissenschaftler J. Szombathy, J. Bayer und H. Obermaier hebt der Arbeiter J. Veran die Figur aus der Fundgrube. Obermaier gibt eine Beschreibung: »Schematisch-degenerierte Figur, die eine hohe, vorbildliche Schule repräsentiert (à la Tanagra!), kein Gesicht, nur dick und feminin ...«

Kaiser Franz Joseph I. (unter der Ehrentribüne) schaut der Parade zu Ehren seines 60. Kronjubiläums zu

60 Jahre Kaiser von Österreich

12. Juni. Zum zweiten Mal wird die Wiener Ringstraße Schauplatz eines prunkvollen Festumzugs: 29 Jahre nach dem »Festzug der Stadt Wien« zu Ehren der Silberhochzeit des Kaiserpaares (→ 24./27. 4. 1879) feiern die Wiener das 60. Regierungsjubiläum Kaiser Franz Josephs I. mit einem großen Kaiserhuldigungsfestzug, an dem Tausende aus allen Kronländern teilnehmen. Der Habsburger ist damit der zur Zeit am längsten regierende Monarch Europas. Bereits am 21. Mai haben 80 000 Schulkinder dem 77jährigen Monarchen auf Schloß Schönbrunn gehuldigt.

Ausstellungshaus der Wiener Secession von Olbrich

Hochzeitsturm in Darmstadt von Olbrich (1907–1908)

Ein Meister des Jugendstils

8. August. Im Alter von nur 41 Jahren stirbt in Düsseldorf der Architekt und Kunstgewerbler Joseph Maria Olbrich. Als Sohn eines Lebzelters in Troppau (Österreichisch-Schlesien) geboren, besuchte er von 1882–1886 die Staatsgewerbeschule in Wien. Da Wagner Olbrichs Berufung zum Professor in Wien nicht durchsetzen konnte, folgte Olbrich 1899 der Aufforderung des Großherzogs Ernst Ludwig von Hessen, als Gründungsmitglied der Künstlerkolonie nach Darmstadt zu kommen.
Als Mitbegründer der Wiener Secession (1897) erbaute Olbrich 1898/99 das Ausstellungsgebäude am Wiener Getreidemarkt – ein Hauptwerk des europäischen Jugendstils.

Gemäß der Idee vom Gesamtkunstwerk, die ein Kennzeichen des europäischen Jugendstils um die Jahrhundertwende ist, schuf der Architekt und Kunstgewerbler Joseph Maria Olbrich auch Entwürfe für Möbel und Wanddekorationen. Die Abbildung zeigt den Wandteppich für den Musiksaal im Neuen Palais in Darmstadt (Seidenstickerei auf Wollstoff, vor 1904 entstanden; Großherzogliche Hessische Privatsammlung)

Ein Sieg bei zwei Niederlagen

6.–8. Juni. In Wien tritt eine österreichische Fußball-Auswahlmannschaft an drei aufeinanderfolgenden Tagen zu drei Länderspielen an: Gegen England gibt es am 6. eine 1:6 Niederlage, gegen Deutschland am 7. einen 3:2 Erfolg und am 8. – abermals gegen England – eine deklassierende 1:11 Niederlage.
Es sind dies erst die Länderspiele Nummer 2–4 eines österreichischen Fußballteams, nachdem es 1901 einen 4:0 Sieg über eine Westschweizer Auswahlmannschaft gegeben hat. Nicht als Länderspiele gelten die Spiele gegen Ungarn. 1902–1907 trefen die Vertretungen beider Teile der Monarchie neunmal aufeinander.

Englische Nationalelf (oben) und Berliner Stadtauswahl, die 1908 in Wien 3:1 geschlagen wird (unten)

1909

25. 1. Uraufführung der Oper »Elektra« von Richard Strauss in Dresden: Diese Oper ist das erste Ergebnis der Zusammenarbeit des Komponisten Strauss mit dem Dichter Hugo von Hofmannsthal. →

10. 2. Ministerpräsident Richard Graf Bienerth-Schmerling bildet sein Kabinett um.

26. 2. Österreich-Ungarn und das Osmanische Reich verständigen sich über die Annexion Bosniens und der Herzegowina: Österreich-Ungarn verzichtet auf alle Rechte im Sandschak (Bezirk) Novipazar und zahlt eine Abfindungssumme von 56 Millionen Goldkronen. Das Abkommen zwischen den beiden Staaten wird von den europäischen Großmächten anerkannt (→ 5. 10. 1908).

10. 3. In einer Zirkulardepesche an die Großmächte betont Serbien, daß die bosnisch-herzegowinische Frage eine Angelegenheit der Signatarmächte des Berliner Kongresses vom → 13. Juni 1878 sei.

29. 3. Der deutsche Reichskanzler Bernhard Fürst von Bülow stellt sich in der Frage der Annexion Bosniens und der Heregowina an die Seite Österreich-Ungarns. →

31. 3. Serbien nimmt ebenfalls das Abkommen Österreich-Ungarns mit dem Osmanischen Reich vom 26. Februar an. →

31. 3. Dr. Karl Lueger wird zum siebten Mal zum Bürgermeister von Wien gewählt.

5. 4. In einer Geheimsitzung des türkischen Parlaments wird das Abkommen vom 26. Februar angenommen – damit ist die sog. Annexionskrise endgültig beigelegt.

8. 8. Auf dem Flugfeld von Wiener Neustadt (Niederösterreich) gelingt Karl Illner mit der »Etrich-Taube« der erste Flug – in einer Höhe von 4 m kommt er 40 m weit. Die »Etrich-Taube«, ein nach seinem Erbauer (Igo Etrich) benannter Entdecker, ist das erste österreichische Motorflugzeug.

23. 10. 300 000 Zuschauer, unter ihnen auch Kaiser Franz Joseph I., beobachten das Schaufliegen des Franzosen Louis Blériot auf der Simmeringer Haide in Wien. Ein Logenplatz kostet 150 Kronen, ein Stehplatz 1 Krone. →

24. 10. Vertrag von Racconigi: Rußland und Italien vereinbaren die Aufrechterhaltung des Status quo auf dem Balkan. Das Abkommen bedeutet die inoffizielle Aufnahme Italiens in die Tripelentente. Der Vertrag ist eindeutig gegen Österreich-Ungarn gerichtet, da er dazu beitragen soll, eine Ausdehnung der Donaumonarchie nach Südosten zu verhindern.

Dezember. Im Abgeordnetenhaus kommt es zu endlosen Debatten (bis zu 80 Stunden) über das neue Budget, dessen Annahme durch die Obstruktionspolitik der Tschechen verzögert wird.

22. 12. Der seit 9. Dezember dauernde Prozeß gegen den Historiker Heinrich Friedjung endet mit einem Vergleich: Friedjung ist wegen seines Artikels »Österreich-Ungarn und Serbien« in der »Neuen Freien Presse« vom 25. März von 52 serbisch-kroatischen Abgeordneten wegen Ehrenbeleidigung angeklagt worden.

Die Stadtgemeinde Wiener Neustadt (Niederösterreich) legt ein Flugfeld an – das erste in Österreich. Der erste Mieter eines Hangars ist der Flugpionier Igo Etrich.

Bei Bozen in Südtirol wird die Kollernbahn errichtet, die erste Seilbahn in Österreich.

In der Brigittenau wird »Tschauners Stegreifbühne« gegründet, später nach Ottakring verlegt. (Sie ist noch heute im Besitz der Witwe des Gründers und die einzige Stegreifbühne Österreichs).

Arnold Schönberg komponiert die berühmten »Fünf Orchesterstücke« op. 16, in denen er den Rahmen (erweiterter) Tonalität vollends verläßt und sich ins Neuland freier Tonalität wagt.

GESTORBEN:

9. 7. Krasne (Galizien): Kasimir Felix Graf Badeni (* 14. 10. 1846), 1895–97 Ministerpräsident und Innenminister.

8. 9. Auen bei Velden: Georg Wellner (* 19. 3. 1846), Pionier der Luftfahrt.

GEBOREN:

26. 1. Wien: Ernst Marboe († 28. 9. 1957), Schriftsteller.

16. 3. Nürnberg: Fred Adelmüller, Modeschöpfer.

19. 3. Wien: Rudolf Häuser, Politiker.

30. 3. Wien: Ernst Hans Josef Gombrich, Kunsthistoriker.

3. 5. Innsbruck: Karl Gruber, Politiker.

17. 5. Wien: Karl Schäfer († 23. 4. 1976), Eiskunstläufer.

20. 5. Wien: Erich Kunz, Kammersänger, seit 1941 an der Wiener Staatsoper.

28. 5. Wien: Franz Stoß, Schauspieler und Regisseur.

5. 6. Wien: Alfred Uhl, Komponist.

17. 6. Neutitschein: Fred Liewehr, Kammerschauspieler, seit 1933 am Wiener Burgtheater.

18. 9. Wien: Hertha Firnberg, Politikerin.

29. 9. Wien: Albin Skoda († 22. 9. 1961), Kammerschauspieler, seit 1946 am Wiener Burgtheater.

16. 10. Wien: Stephan Verosta, Völkerrechtler und Rechtsphilosoph.

22. 11. Wien: Hans Holt (eigtl. Hödl), Schauspieler.

29. 11. Ebensee: Hans Gillesberger, Kapellmeister und Chordirigent.

Treue zu Österreich

29. März. Vor dem deutschen Reichstag nimmt Reichskanzler Bernhard Fürst von Bülow zur Balkankrise Stellung und betont die »Nibelungentreue« im deutsch-österreichischen Verhältnis.

Bülow begründet die deutsche Unterstützung für Österreich-Ungarn wie folgt: »Uns klar und offen an die Seite von Österreich-Ungarn zu stellen, entsprach auch deshalb unserem Interesse, weil wir durch eine andere Haltung zu gefährlichen Versuchen ermuntert hätten, der Großmachtstellung von Österreich-Ungarn eine Schädigung zuzufügen. Eine diplomatische Niederlage unseres Bundesgenossen aber müßte notwendig ihre Rückwirkung auf unsere eigene Stellung in Europa ausüben.

Sie würde das Schwergewicht verringern, das Deutschland und Österreich-Ungarn gemeinsam repräsentieren und das bei vielen internationalen Fragen gemeinsam in die Waagschale geworfen wird …

Ich habe irgendwo ein höhnisches Wort gelesen über unsere Vasallenschaft gegenüber Österreich-Ungarn. Das Wort ist einfältig! Es gibt hier keinen Streit um den Vortritt, wie zwischen den beiden Königinnen im Nibelungenliede; aber die Nibelungentreue wollen wir gegenseitig wahren.«

Bernhard Fürst von Bülow

Serbien lenkt ein

31. März. Nachdem die Signatarmächte des Berliner Kongresses (→ 13. 6. 1878) das Abkommen zwischen Österreich-Ungarn und dem Osmanischen Reich über die Annexion Bosniens und der Herzegowina und die Rückgabe des Bezirks Novipazar an den Sultan anerkannt haben, muß Serbien als letztes Land seine Opposition gegen die österreichische Balkanpolitik aufgeben und auf jegliche territoriale, politische oder wirtschaftliche Entschädigung verzichten.

Serbien hat bis zuletzt auf russische Unterstützung für seine Forderungen gehofft. Noch Ende Februar verkündete Ministerpräsident Nowakowitsch: »Es sind nicht die drei Millionen Serben Serbiens und Montenegros, welche die serbische Nation bilden, nein, sie bilden nur den dritten Teil der Nation, die anderen zwei Drittel, sieben Millionen, sind in Dalmatien, Kroatien, Slavonien, Bosnien und der Herzegowina, die man annektieren will. Diese zwei Drittel wurden gegen ihren Willen vollständig dem habsburgischen Regiment unterworfen. Sie sind österreichische Untertanen … Wir wollen frei sein.«

Österreichs Außenminister Aloys Graf Lexa von Aehrenthal

Als Rußland am 25. März das Abkommen zwischen Österreich-Ungarn und dem Osmanischen Reich anerkennt, steht Serbien allein in der Opposition und muß seine Ansprüche zurückziehen.

Der drohende Krieg auf dem Balkan ist für die nächste Zeit vorerst vermieden worden.

»Der Mensch fliegt«

23. Oktober. »Der Mensch fliegt!« So beginnt der Bericht der »Neuen Freien Presse« über das Schaufliegen des Franzosen Louis Blériot in Wien. Die Vorführungen des bekannten Fliegers, der am 25. Juli mit einem selbstgebauten Flugzeug als erster den Ärmelkanal (in 27½ Minuten) überflogen hat, locken rund 300 000 Menschen, darunter auch Kaiser Franz Joseph I., auf die Simmeringer Haide.

In der »Neuen Freien Presse« heißt es weiter zu der Vorstellung des Fliegers: »Wer es jedoch zum erstenmal sah und mit dem Auge dem Manne folgte, der in seltsamer Einsamkeit auf leichtem Holzgerüste so stark und ruhig hoch über der Erde schwebte, wird nie vergessen, wie tief und nachhaltig die innersten Nerven davon berührt wurden. Spätere Geschlechter, für die der menschliche Flug zum gemeinen Hausrat des Werktags gehören dürfte, werden diese Gefühle kam verstehen, weil das Wunderbare im Gewöhnlichen nur selten beachtet wird. Die Empfindungen, von denen Hunderttausend auf der Simmeringer Haide, wo Blériot seine Wanderungen durch die Luft ausführte, ergriffen wurden, werden mit uns verloren gehen und kaum wieder mit gleicher Stärke die Volksmassen pakken, die staunend und doch mit vollem Sinne für den geschichtlichen Ernst dieses neuen Fortschritts einen hohen Festtag zu begehen glaubten ...«

Blériot-Doppeldecker

Uraufführung der Oper »Elektra«

25. Jänner. In Dresden kommt das erste Ergebnis der Zusammenarbeit des Komponisten Richard Strauss mit dem Dichter Hugo von Hofmannsthal auf die Bühne: Für die Strauss-Oper »Elektra« hat Hofmannsthal das Libretto geschrieben. Die »Musiktragödie in einem Akt« schildert in freier Umgestaltung des antiken Stoffes, wie Elektra, deren Mutter Klytämnestra ihren Gatten Agamemnon kurz nach dessen Rückkehr aus dem Trojanischen Krieg erschlagen hat, Rachegedanken gegen die Mutter und ihren »Buhlen« Ägisth hegt, die sich nach der Rückkehr des totgeglaubten Bruders Orest auf blutigste Weise verwirklichen lassen.

Wiener Kaffeehaus mit Orchester im Garten

Café Capua, gestaltet von Adolf Loos

Café Griensteidl; vorn links Hofmannsthal

Treffpunkt: Das Wiener Kaffeehaus

Mit der sog. Ringstraßenära beginnt auch eine neue Phase des Wiener Kaffeehauses. In den neuen Bauten entsteht auch ein neuer Kaffeehausstil; die Räumlichkeiten sind größer, eine Spur vornehmer, vielleicht auch etwas snobistisch, jedenfalls im Ganzen aufwendiger. Und allmählich gewinnt jedes Kaffeehaus seine Stammkundschaft, treffen einander bestimmte Kreise der Gesellschaft in bestimmten Cafés – so z. B. die Politiker im »Landtmann«. Unberührt davon bleiben die Traditionen des »Café Sperl« in der Gumpendorfer Straße, wo die Maler ihren Stammsitz haben, und des »Raimund« beim Volkstheater, wo man die Theaterleute findet. 1899 kommt ein neues Kaffeehaus, das von Adolf Loos erbaute »Café Museum« hinzu, das rasch zum Treffpunkt der secessionistischen Künstler wird.

Doch es gibt nicht nur das Kaffeehaus großen Stils; in der Vorstadt hat sich ein Kaffeehaus eigenen Typs entwickelt, das »Tschecherl« – ein bescheidenes Etablissement für den kleinen Mann und auf seine Bedürfnisse zugeschnitten. Doch auch in der Vorstadt gibt es Ende der Jahrhundertwende etwas Neues: Das »Volkskaffeehaus«, ein Treffpunkt der kleinen Angestellten, Kommis, Weißnäherinnen, Modistinnen u. ä., die weit weg von ihrer Wohnung arbeiten und hier ihre Mittagspause verbringen. Für ein paar Heller bekommen sie hausgemachte Strudel und Milchkaffee; sogar in der Inneren Stadt etablieren sich solche »Volkskaffeehäuser«.

Oberkellner im Praterwirtshaus

Die Geschichte des Wiener Kaffeehauses beginnt am → 17. Jänner 1685, als der Armenier Johannes Diodato das Privileg erhält, Kaffee zu sieden. Doch das Geschäft florierte nicht besonders, und Diodato ging nach Budapest, geriet dort in Schwierigkeiten und zog nach Venedig. Im Jahre 1700 erhielt daraufhin sein Landsmann Isaak de Luca die kaiserliche Konzession, und das Kaffeehaus erlebte seine erste Blütezeit: 1711 gab es bereits elf konzessionierte Kaffeesieder in Wien.

1910

17. 2. Bosnien und die Herzegowina erhalten eine eigene Verfassung, die ihnen eine ausgesprochene Sonderstellung zubilligt, da sie an keine Reichshälfte angeschlossen werden.

15./16. 4. Der Präsident der Vereinigten Staaten von Nordamerika, Theodore Roosevelt, besucht Wien.

Am 15. hat er eine einstündige Audienz bei Kaiser Franz Joseph I.

7. 5. Im Wiener Prater wird die erste Internationale Jagdausstellung eröffnet.→

17. 5. Ingenieur Karl Illner gelingt der erste österreichische Überlandflug mit der Etrich-Taube. In 300 m Höhe fliegt er von Wiener Neustadt nach Wien in 30 Minuten.

28. 5. Im Prozeß gegen Oberleutnant Adolf Hofrichter wird das Urteil gefällt: Tod durch den Strang. Hofrichter wird allerdings zu lebenslangem Kerker begnadigt.→

10. und 17. 7. Auf dem Wiener Neustädter Flugfeld findet das erste Preisfliegen statt; am 31. Juli folgt ein zweites.

8./11. und 18. 9. Drittes Preisfliegen in Wiener Neustadt: 50 000 Besucher wohnen dem Wettbewerb bei, am 18. ist auch Kaiser Franz Joseph I. anwesend.

10. 10. Flugwettbewerb »Großer Preis der Stadt Wien« (dotiert mit 20 000 Kronen): Voraussetzung ist ein Non-Stop-Flug von Wien nach Horn und zurück – innerhalb von 24 Stunden; Karl Illner legt die 85 km lange Strecke mit der »Etrich IV-Taube« beim Hinflug in einer Stunde und 14 Minuten zurück. Für den Rückflug benötigt er nur 56 Minuten.

Jahresende. Im cisleithanischen Abgeordnetenhaus wird die Obstruktion der Tschechen unhaltbar. Schon Anfang Februar führte diese Haltung zur Lähmung des Parlamentsbetriebes, doch untersagte ein Mehrheitsbeschluß die Obstruktion für die Dauer eines Jahres. Ministerpräsident Richard Graf Bienerth-Schmerling tritt deshalb mit seiner Regierung zurück.

Karl Schlechter wird in Hamburg Internationaler Schach-Großmeister.

In Österreich-Ungarn wird eine Volkszählung durchgeführt.→

Die zweite Hochquellenwasserleitung für Wien wird fertiggestellt. Von Bürgermeister Karl Lueger veranlaßt, führt sie in einer Länge von 200 km aus dem Hochschwabgebiet nach Wien. Die tägliche Kapazität beträgt 400 Millionen Liter.

Adolf Loos beginnt mit dem Bau des »Loos-Hauses« am Michaelerplatz (1911 fertiggestellt). Es ist das erste Haus ohne ornamentalem Schmuck, womit der Zweckhausbau revolutioniert wird.→

Wien verfügt über das bestausgebaute Straßenbahnnetz Europas mit einer Länge von rund 190 km.

Die Zeitschrift »Der Brenner« erscheint in Innsbruck. Die Halbmonatsschrift wird von Ludwig von Ficker herausgegeben und ist das katholische literarisch-kulturkritische Organ des österreichischen Frühexpressionismus (ab 1915 bzw. 1919 als Jahrbuch, 1954 mit der 18. Folge eingestellt).

Rainer Maria Rilkes Roman »Die Aufzeichnungen des Malte Laurids Brigge« erscheint.

Handesminister Viktor Mataja veröffentlicht das Buch »Die Reklame« und begründet damit die moderne Werbewissenschaft.

Bei den Weltmeisterschaften im Stemmen werden in Düsseldorf Klement (im Federgewicht) und Grafl (im Schwergewicht) Weltmeister.

GESTORBEN:

10. 3. Wien: Karl Lueger (* 24. 10. 1844), christlichsozialer Politiker, seit 1897 Bürgermeister von Wien.→

16. 3. Wien: Joseph Alexander Freiherr von Helfert (* 3. 11. 1820), Politiker und Historiker.

24. 3. Wien: Josef Maria Stowasser (* 10. 3. 1854), Altphilologe, verfaßte 1894 ein nach ihm benanntes Lateinwörterbuch.

20. 9. Wien: Josef Kainz (* 2. 1. 1858), Schauspieler, seit 1899 am Wiener Burgtheater.→

1. 11. Wien: Robert Sterneck (* 7. 2. 1839), Geodät und Astronom.

GEBOREN:

10. 2. Kischinjow (Bessarabien): Maria Cebotari (eigtl. Cebotaru; † 9. 6. 1949), Opernsängerin.

13. 3. Wien: Franz Olah, Klaviermacher, Politiker und Gewerkschaftler.

15. 3. Wien: Walter Goldinger, Historiker.

26. 4. Sternberg (Mähren): Ernst Tittel, Komponist und Organist.

1. 5. Klagenfurt: Roland Rainer, Architekt und Stadtplaner.

15. 5. Wien: Walter Birkmayer, Neurologe und Psychiater.

4. 6. Kropa: Anton Dermota, Kammersänger, seit 1936 an der Wiener Staatsoper.

30. 6. Wien: Grete Rehor, Politikerin.

15. 8. Mauthen (Kärnten): Josef Klaus, Politiker.

3. 9. Wien: Franz Jachym, Moraltheologe, Erzbischofkoadjutor von Wien (seit 1950).

ZITAT:

Karl Illner erhält nach seinem erfolgreichen ersten Überlandflug am 17. Mai 1910 ein huldvolles Schreiben, in dem es heißt:

»... haben K. u. K. Apostolische Majestät geruht, Euer Hochwohlgeboren aus Allerhöchst Deren Privatkassa den Betrag von 1000 Kronen Allergnädigst zu spenden, in Anerkennung des bravourösen, ersten österreichischen Überlandfluges ...«

Der Wiener Bürgermeister Karl Lueger (l.) mit Kaiser Franz Joseph I.

Bürgermeister Lueger

10. März. Im Alter von 65 Jahren stirbt der schwer erkrankte und erblindete Bürgermeister von Wien, Karl Lueger.

Lueger wurde 1844 in Wien als Sohn eines Aufsehers des technologischen Kabinetts der Technischen Hochschule geboren; nach einem glanzvoll abgeschlossenen Studium wurde er 1874 Advokat und bereits ein Jahr später in den Gemeinderat gewählt, legte aber 1876 sein Mandat nieder. Bei den Wahlen 1878 kam er erneut in den Gemeinderat und blieb dessen Mitglied bis zu seinem Tod. Unter Luegers Führung wuchsen die Christlichsozialen bis 1893 (→ 7. 3. 1887) zu einer festen Organisation zusammen und errangen ihre ersten Wahlerfolge.

Nach den Wiener Gemeinderatswahlen vom September 1895 wurde Lueger zum ersten Mal zum Bürgermeister der Residenzstadt gewählt; doch Adel und Großbürgertum wandten sich gegen den »Volksmann«, worauf Kaiser Franz Joseph I. die Bestätigung Luegers ablehnte (→ 17.–26. 9. 1895). Erst nach zwei weiteren Wahlen und Ablehnungen konnte Lueger am → 8. April 1897 das Amt des Bürgermeisters antreten. Bereits drei Jahre später, am 3. Juli 1900, wurde er zum Ehrenbürger der Stadt Wien ernannt.

Lueger trat politisch vor allem für eine Gleichberechtigung der Nationalitäten, die Erhaltung des Gesamtstaates und den Antisemitismus ein. Als Bürgermeister stellte er Gas- und E-Werk sowie die Straßenbahnen unter städtische Verwaltung, schuf die zweite Hochquellenwasserleitung, die Zentralsparkasse, das Lainzer Versorgungsheim, die Heil- und Pflegeanstalt Am Steinhof sowie zahlreiche Schulen, Waisenhäuser, Volksbäder und Parkanlagen. Ferner sicherte er per Gesetz den Wald- und Wiesen-Gürtel um Wien. Nach seiner siebten Wahl zum Bürgermeister 1909 erklärte er in seinen Dankesworten: »Mein Programm sind die Taten, die ich geschaffen habe.« Bürgermeister Lueger wurde von den Wienern sehr geliebt.

Karl Lueger, Wiener Bürgermeister von 1897 bis 1910, mit Amtskette

Der »Dionysos von Österreich«

20. September. Im Alter von 52 Jahren stirbt in Wien der große Sprachkünstler und hervorragende Charakterdarsteller des Wiener Burgtheaters Josef Kainz. Der aus dem ungarischen Wieselburg stammende Schauspieler war Autodidakt und kam nach Engagements an mehreren deutschen Bühnen 1899 an das Burgtheater. Kainz beherrschte jedes Detail seiner zahlreichen Rollen, erfaßte sie auch im geistigen Bereich und unterstrich sie durch seine gekonnte körperliche Ausdrucksfähigkeit. Zu seinen Glanzrollen gehören Hamlet und Mephistopheles.

Josef Kainz

Zyankali für den »Vordermann«

28. Mai. Der Prozeß gegen Oberleutnant Adolf Hofrichter, der bereits seit dem 26. November 1909 in Haft ist und seit fünf Monaten vor Gericht steht, endet mit einem Todesurteil (Tod durch den Strang).
Hofrichter war ein begabter Offizier, doch mußte er – wie in der k. u. k. Armee üblich – auf eine Beförderung warten, bis er entsprechend seiner Abgangsqualifikationsnummer von der Militärakademie an der Reihe war. Der in Militärkreisen verbreitete Spruch, daß der Leichengeruch des Vordermannes das schönste sei, entbehrte, obgleich äußerst makaber, nicht der Realität.
Um rascher befördert zu werden, versandte Hofrichter daher Zyankalikapseln, die er als »Nervenstärkungsmittel« (Aphrodisiakum) an vor ihm rangierende Offizierskameraden schickte. Insgesamt erhielten zehn Generalstabsoffiziere die gefährliche Post, einer von ihnen, der Hauptmann Richard Mader, starb am 18. November 1909 an dem Gift. Die Recherchen führten schon nach wenigen Tagen zur Verhaftung Hofrichters.
Das Todesurteil gegen den Oberleutnant wird in lebenslange Kerkerhaft umgewandelt.

Plakat von Elli Hoffmann für die Internationale Jagdausstellung

Erste Jagdausstellung

7. Mai. Im Wiener Prater wird die erste Internationale Jagdausstellung eröffnet. Kaiser Franz Joseph I., auch im hohen Alter noch ein begeisterter Jäger, stattet der Ausstellung mehrere Besuche ab. Am 24. August stiftet die österreichische Jägerschaft dem Monarchen anläßlich seines 80. Geburtstages ein Standbild am Laufener Wald in Ischl (Oberösterreich).

Ein »Scheusal vor einem Haus«

Am Michaelerplatz in Wien baut der Architekt Adolf Loos für die Herrenmodenfirma Goldman & Salatsch ein vierstöckiges Gebäude, das aufgrund seiner Schmucklosigkeit vom Wiener Gemeinderat Rykl als »Scheusal von einem Haus« bezeichnet wird. Es weist über einem noblen, mit Marmor verkleideten (Hoch-)Parterre für die Geschäftsräume keinerlei Ornamente auf – und dies in unmittelbarer Nachbarschaft zu Ringstraßenpalais, der Michaelerkirche und dem Michaelertrakt.

Volkszählung in Österreich-Ungar

Im Laufe des Jahres 1910 findet i der k. u. k. Monarchie eine Volkszäh lung statt; von den fast 51 Millione Einwohnern sind fast ein Viert Deutsche und rund ein Fünftel Ur garn. – Auch Kaiser Franz Joseph hat den »Anzeigezettel« ausgefüll in Kurrentschrift bezeichnet er sic als »Wohnungsinhaber«, gibt a Umgangssprache »Deutsch« an un notiert unter der Rubrik Berufsb zeichnung »Kaiser von Österreic König von Böhmen etc., Apostol scher König von Ungarn«.
Der Staatshaushalt 1910 ist ann hernd ausgeglichen: 1447,7 Mil

Ergebnis der letzten Volkszählung

Deutsche	12 011 081	(23,6 %
Ungarn	10 067 917	(19,8 %
Tschechen	6 643 059	(13,0 %
Slowaken	1 967 520	(3,8 %
Polen	4 977 643	(9,8 %
Ruthenen	3 999 100	(7,9 %
Rumänen	3 224 728	(6,3 %
Kroaten	2 888 171	(5,7 %
Serben	2 041 899	(4,0 %
Slowenen	1 371 256	(2,7 %
Italiener	771 054	(1,5 %
Mohammedanische Slawen	612 137	(1,2 %
Sonstige	367 853	(0,7 %
	50 943 418	

Gulden Einnahmen stehen Ausga ben in Höhe von 1450,7 Mill. Gulde gegenüber. Den Hauptanteil erha ten die staatlichen Eisenbahne (26,8 %) und das Militär (15,7 % 18,8 % werden zur Tilgung de Staatsschuld aufgewendet. Beson ders großen Schwankungen unterla gen die Ausgaben für militärisch Zwecke und Einrichtungen: Wur den dafür 1854 noch 51,8 % de Staatsausgaben verwendet, so sanl dieser Anteil auf 15,7 %.
Das Einkommen der Bürger ist äu ßerst unterschiedlich: Ein Arbeite verdient etwa 20–24 Kronen in de Woche, ein Facharbeiter bekomm durch die übliche Akkordarbei etwa das Doppelte. Besonder schlecht bezahlt werden Frauen, so müssen sich eine Modistin, Schnei derin oder Weißnäherin mit 30–4 Kronen im Monat zufriedengeben Ein Handelsangestellter erhält run 150, ein Staatsbeamter der mittlerer Gehaltsstufe 125 Kronen im Monat

Gebrauchsgegenstände aus Metall

»Schwimmende« (Mosaik)

Lusthaus im Prater (Jugendstilpostkarte)

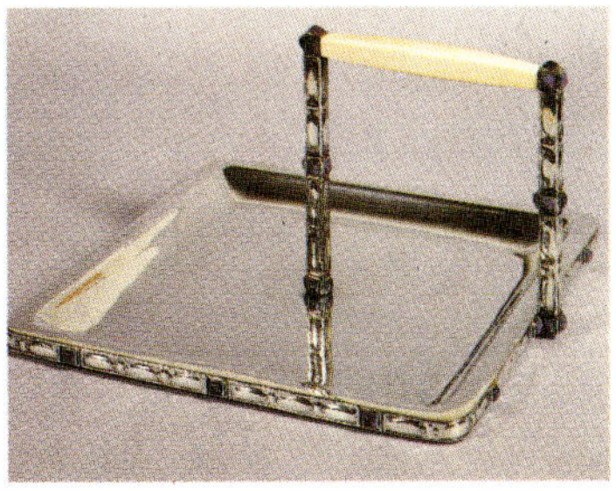

Serviertablett (Koloman Moser)

Jugendstil-Glückwunschkarte eines unbekannten Künstlers

Modelle, Wiener Werkstätte

Glasschale (Koloman Moser)

»Die Tänzerin Loie Fuller« (Koloman Moser)

»Wir gehen vom Zweck aus ...«

In einer Zeit, in der Massenproduktion zum Qualitätsverfall führt und die Nachahmung überkommener Stile dominiert, erlebt die → 1903 gegründete Wiener Werkstätte einen Aufschwung. Bereits die Wiener »Secession« (→ 1899) hat den historisierenden Stil der »Gründerzeit« scharf angegriffen; nun aber streben die Künstler der Wiener Werkstätte nach einer wirklichen Erneuerung der Kunst, die alle Lebensbereiche erfassen und durchdringen soll. Das Kunsthandwerk soll wieder zu seinem Recht kommen und die handwerkliche Qualität mit der künstlerischen Gestaltung verschmelzen. Josef Hoffmann und Koloman Moser formulierten dies im Arbeitsprogramm der Wiener Werkstätte 1904: »Unsere Stärke soll in guten Verhältnissen und in guter Materialbehandlung bestehen.« Im Gegensatz zur Kunst der »Gründerzeit« bevorzugen die Künstler der Wiener Werkstätte geradlinige Formen, rechtwinkelig und schlicht, dafür aber ernst und ästhetisch in der Ausstrahlung. Das Ornament, wenn es überhaupt zur Verwendung gelangt, ist klar und überwiegend geometrisch. Kein Lebensbereich soll von dem neuen Stil ausgespart bleiben; so sind es neben Möbeln, Schmuck und Ziergegenständen auch Geschirr, Bestecke, Glas, Tapeten, Buchschmuck, Postkarten und Mode. Die Devise heißt dabei stets: »Wir gehen vom Zweck aus, die Gebrauchsfähigkeit ist unsere erste Bedingung ...«

Karte von Gustav Kalhammer

Mela Köhler-Broman (Graphik aus der Wiener Werkstätte, 1912)

Modeentwurf von Otto Lendecke

1911

2. 1. Der Ende 1910 zurückgetretene Ministerpräsident Richard Graf Bienerth-Schmerling wird mit der Weiterführung der Regierungsgeschäfte betraut.

26. 1. Im königlichen Opernhaus in Dresden wird die Oper »Der Rosenkavalier« von Richard Strauss uraufgeführt; das Libretto stammt von Hugo von Hofmannsthal. →

Ende März. Richard Graf Bienerth-Schmerling löst das Abgeordnetenhaus der cisleithanischen Reichshälfte auf und läßt vorzeitige Neuwahlen ausschreiben.

13.–20. 6. Neuwahlen für den cisleithanischen Reichsrat: Die Deutschnationalen, -radikalen und -fortschrittlichen gewinnen 25 Mandate hinzu. →

Juni. Paul Gautsch Freiherr von Frankenthurn bildet seine dritte Regierung.

17. 9. Vor dem Wiener Rathaus und in Ottakring demonstrieren die Menschen gegen die Teuerungswelle vor allem bei Grundnahrungsmitteln. →

1.–8. 10. 1. Österreichische Flugwoche: Auf dem Flugfeld von Wiener Neustadt stellt Oberleutnant Heinrich Beer mit einer »Etrich-Taube« acht Weltrekorde auf.

9. 10. Nach mehr als drei Jahren (→6.–8. 6. 1908) findet ein Fußball-Länderspiel statt: In Dresden besiegt die österreichische Auswahlmannschaft Deutschland mit 2 : 1.

20. 10. In Felixdorf (Niederösterreich) wird der in der österreichischen Waffenfabrik Skoda in Pilsen entwickelte 30,5-cm-Mörser vorgeführt. →

21. 10. Auf Schloß Schwarzau im Steinfeld findet die Hochzeit des 24jährigen Erzherzogs Karl Franz Joseph mit der 19jährigen Prinzessin Zita von Bourbon-Parma statt.

19. 11. In München findet die Uraufführung von Gustav Mahlers »Das Lied der Erde« statt.

November. Ministerpräsident Paul Gautsch Freiherr von Frankenthurn tritt nach nur fünfmonatiger Amtszeit mit seiner dritten Regierung zurück. – Karl Graf Stürgkh bildet daraufhin eine neue Regierung, ist aber ebenfalls mit den ungelösten nationalen Gegensätzen konfrontiert.

1. 12. Hugo von Hofmannsthals »Jedermann« wird von Max Reinhardt im Berliner »Zirkus Schumann« uraufgeführt. →

10. 12. Alfred Hermann Fried erhält den Friedensnobelpreis. →

Der aus Bad Aussee stammende Techniker Gunther Burstyn entwickelt den ersten geländegängigen Panzerwagen (Tank), der auch schon mit einem drehbaren Geschützturm ausgerüstet ist.

Österreichische Stemmer erringen mehrere Weltmeistertitel: In Stuttgart gewinnen Hennermüller (im Mittelgewicht) und Grafl (im Schwergewicht), in Berlin Kliment (im Federgewicht), Schwabl (im Leichtgewicht), Oswald (im Mittelgewicht) und Karl Swoboda (im Schwergewicht), in Dresden gewinnt Tandler (im Schwergewicht) und in Wien sind Kliment (im Federgewicht), Komarek (im Leichtgewicht), Hennermüller (im Mittelgewicht) und Swoboda (im Schwergewicht) erfolgreich.

In der cisleithanischen Reichshälfte sind rund 7700 Autos und 8800 Motorräder angemeldet. →

GESTORBEN:

4. 2. Wien: Dominik Ertl (* 12. 4. 1857), Komponist, Kapellmeister des Hoch- und Deutschmeisterregiments.

1. 4. Wien: Josef Tautenhayn (* 5. 5. 1837), Bildhauer und Medailleur.

18. 5. Wien: Gustav Mahler (* 7. 7. 1860) Komponist und Dirigent. →

5. 8. Kranichberg: Anton Gruschka (* 3. 11. 1820), Erzbischof von Wien und Kardinal.

21. 8. Mödling: Jakob Zeidler (* 13. 9. 1855), Literaturgeschichtler.

22. 8. Wien: Theodor Scheimpflug (* 7. 10. 1865), Pionier der Luftbildkartographie.

17. 12. Wien: Albrecht Graf Wickenburg (* 4. 12. 1838), Schriftsteller.

GEBOREN:

9. 1. Wien: Heinz Sandauer, Komponist.

22. 1. Wien: Bruno Kreisky, Politiker.

12. 2. Budapest: Hans Habe (eigtl. Jànos Békessy; † 30. 9. 1977), Schriftsteller.

25. 2. Kufstein: Franz Hetzenauer, Politiker.

26. 2. Wien: Fritz Bock, Politiker.

19. 4. Graz: Oskar Weihs († 7. 2. 1978), Politiker.

6. 5. Berlin: Ellen Preis (Müller-Preis), Sportfechterin.

28. 5. Wien: Fritz Hochwälder, Dramatiker.

17. 9. Meran: Theodor Piffl-Perčević, Politiker.

19. 10. Wien: Hilde Spiel, Schriftstellerin

22. 10. Wien: Otto Mitterer, Politiker.

31. 10. Wien: Luise Ulrich, (Film-) Schauspielerin.

17. 11. Wien: Vilma Degischer, Schauspielerin.

17. 11. Linz: Otto Kranzlmayer, Politiker.

18. 11. Agram: Herbert Kraus, Politiker.

29. 12. Wien: Marcel Prawy (eigtl. Marcel Frydmann Ritter von Prawy).

29. 12. Wien: Otto Probst († 22. 12. 1978), Politiker.

Vorzeitige Neuwahlen

13.–20. Juni. Nach der vorzeitigen Auflösung des cisleithanischen Abgeordnetenhauses durch Ministerpräsident Richard Graf Bienerth-Schmerling finden in der österreichischen Reichshälfte der k. u. k. Monarchie Neuwahlen für den Reichsrat statt. Im Juni bildet Ministerpräsident Paul Gautsch Freiherr von Frankenthurm seine dritte Regierung. Die Christlichsozialen und Altklerikalen verlieren gegenüber der letzten Wahl (1907) 22 Mandate, während die Deutschnationalen, Deutschradikalen und Deutschfortschrittlichen 25 Abgeordnetensitze hinzugewinnen. Auch die Sozialdemokraten büßen Mandate ein.

Stürgkh, Gautschs Nachfolger

Mandatsverteilung und Parteien im Abgeordnetenhaus 1873–1911

	1873	1879	1885	1891	1897	1907	1911
Deutschliberale (die »Linke«)	200	170	114	114	77	–	–
Deutschnationale und »Schönerianer«	–	–	23	21	47	79	104
Deutschkonservative	26	40	38	29	43	98	76
Deutsche Christlichsoziale	–	–	2	10	30		
Tschechen	61	63	66	64	79	82	82
1879–1891 aufgesplittert in:							
Alttschechen		34	37	11			
Jungtschechen		7	12	35			
Tschechische Feudale		22	17	18			
Polen	61	58	58	58	62	71	75
Ruthenen	–	3	8	9	11	30	30
Südslawen	–	11	19	24	29	37	35
Italiener	–	2	16	16	19	18	16
Rumänen	–	3	5	5	6	5	5
Sozialdemokraten	–	–	–	–	14	87	82
Sonstige	5	3	4	3	6	9	9
Gesamtzahl der Mandate	353	353	353	353	425	516	516

Demonstration gegen Teuerungen

17. September. Wegen der Verteuerung der Grundnahrungsmittel kommt es vor dem Wiener Rathaus zu einer großen Demonstration mit anschließenden Zwischenfällen in der Bellariastraße zwischen der Polizei, die durch Kavallerieeinheiten verstärkt worden ist, und den Demonstranten.

Schließlich setzt man einen Teil der »Deutschmeister«, des Hausregiments von Wien, ein, wodurch die Ruhe mit Gewalt wieder hergestellt werden kann; es gibt allerdings zahlreiche Verletzte.

Am Nachmittag kommt es vor dem Arbeiterheim in Ottakring erneut zu schweren Zusammenstößen zwischen Arbeitern und der Polizei.

Illustrirtes Wiener Extrablatt.

Nr. 257. Wien, Montag, 18. September 1911. 40. Jahrgang.

Die Teuerungsrevolte in Wien.

Titelblatt des »Illustrierten Wiener Extrablatts« vom 18. September

Das Automobil wird standesgemäß

Autobushaltestelle auf dem Stephansplatz

Immer mehr Autos und Motorräder auf Österreichs Straßen

Die Verbreitung von Kraftfahrzeugen – von Autos ebenso wie von Motorrädern – hat in den letzten Jahren einen gewaltigen Aufschwung genommen. Gegenüber 1907 hat sich die Zahl der Autos in der cisleithanischen Reichshälfte mehr als verdoppelt.
In den einzelnen Ländern ergibt sich folgendes Bild:

Land	Autos 1907	Autos 1911	Motorräder 1907	Motorräder 1911
Niederösterr.	1294	4107*	1622	2933
Oberösterr.	57	104	161	297
Salzburg	13	42	43	99
Steiermark	105	320	339	540
Kärnten	41	72	95	114
Krain	13	33	47	74
Küstenland	85	263	171	379
Tirol/ Vorarlberg	91	361	291	346

Land	Autos 1907	Autos 1911	Motorräder 1907	Motorräder 1911
Böhmen	465	1603	2089	2940
Mähren	81	376	317	644
Schlesien	18	88	145	229
Galizien	40	241	40	150
Bukowina	7	33	11	31
Dalmatien	4	60	16	61
Zusammen	2314	7703	5387	8837

* (davon 4000 in Wien)

Friedenspreis für Alfred H. Fried

10. Dezember. Gemeinsam mit dem Niederländer Tobias Michael Asser erhält der aus Wien stammende 47jährige Pazifist Alfred Hermann Fried den Friedensnobelpreis. Beide Preisträger haben sich, so das Osloer Komitee, um die Verbreitung der Idee einer Weltfriedensordnung verdient gemacht.

Alfred H. Fried

Fried hatte 1892 die Deutsche Friedensgesellschaft gegründet, gab allerdings bald seine Hoffnung auf ein allgemeines Abrüsten auf und setzt sich verstärkt für die Schaffung einer internationalen Organisation ein, die dazu dienen soll, das Prinzip der militärischen Stärke als politisches Drohmittel einer zwischenstaatlichen Kontrolle zu unterwerfen.

Ein moderner Mörser

20. Oktober. Im niederösterreichischen Felixdorf wird k.u.k. Kriegsminister General Moritz von Auffenberg der neue 30,5-cm-Mörser vorgeführt.
Dieses Geschütz ist von der österreichischen Waffenfabrik Skoda in Pilsen entwickelt worden und zählt zu den modernsten Artilleriewaffen der Zeit.
Automobilkonstrukteur Ferdinand Porsche entwirft für den Transport des schweren Mörsers einen »Autozug«, der für die Mobilität des Geschützes unabdingbar ist.
(Der Mörser bewährt sich als Geschützwaffe im Ersten Weltkrieg und kommt auch bei der deutschen Armee an der Westfront mit Erfolg zum Einsatz; sogar im Zweiten Weltkrieg findet er noch Verwendung an der Front.)

Jedermann-Premiere

1. Dezember. Im Berliner »Zirkus Schumann« inszeniert Max Reinhardt Hugo von Hofmannsthals »Jedermann. Das Spiel vom Sterben des reichen Mannes.«
Den Stoff für den »Jedermann« entnahm der Dichter spätmittelalterlichen Quellen, um die von ihm als zeitlos verstandene »Geschichte von Jedermanns Ladung vor Gottes Richterstuhl« durch seine Bearbeitung dem »toten Wasser des gelehrten Besitzstandes« zu entreißen und dem deutschen Theater zurückzugeben, das den Stoff bereits einmal in einer »Comedi« des Meistersängers Hans Sachs kannte.
Hofmannsthal geht es dabei nicht um eine theologische Umgestaltung des Stoffes, sondern um eine künstlerische Neuformung des Spiels (→ 22. 8. 1920).

Der Rosenkavalier«, Bühnenbild von Alfred Roller für den dritten Aufzug: Separiertes Zimmer in einem Gasthof

Erfolg für Strauss und Hofmannsthal

26. Jänner. Im Dresdner Königlichen Opernhaus wird »Der Rosenkavalier«, eine »Komödie für Musik in drei Aufzügen« von Richard Strauss, uraufgeführt. Der Text stammt von Hugo von Hofmannsthal. Der Erfolg schon bei der Premiere widerlegt jene Stimmen, die nach der Uraufführung der Oper »Elektra« (→ 25. 1. 1909) eine weitere Zusammenarbeit des Komponisten Strauss mit dem Dichter Hofmannsthal als wenig aussichtsreich bezeichnet hatten.

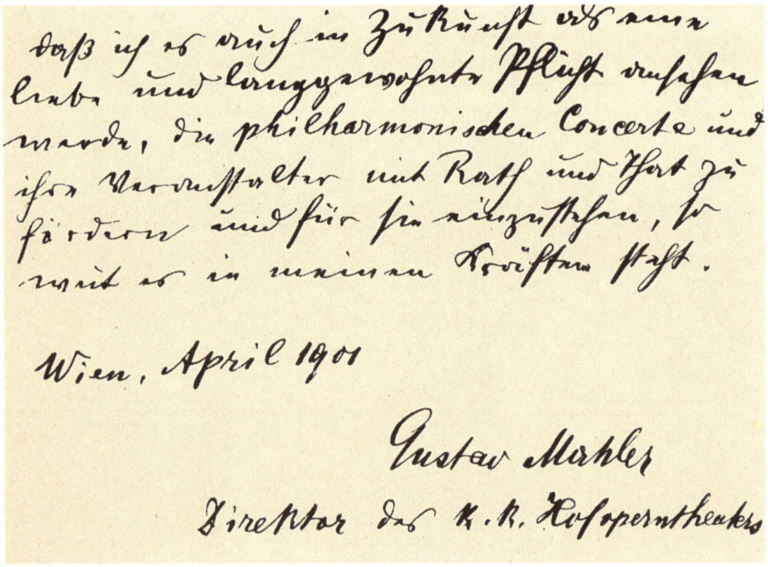
daß ich es auch in Zukunft als eine liebe und langgewohnte Pflicht ansehen werde, die philharmonischen Concerte und ihre Veranstalter mit Rath und That zu fördern und für sie einzustehen, so weit es in meinen Kräften steht.

Wien, April 1901

Gustav Mahler

Director des k.k. Hofoperntheaters

Ende eines Briefes von Gustav Mahler vom April 1901 (Autograph)

Gustav Mahler tot

18. Mai. Im Alter von 50 Jahren stirbt der Komponist und Dirigent Gustav Mahler in Wien. 1897–1907 war er Direktor der Wiener Hofoper, von 1908 bis kurz vor seinem Tod Dirigent an der Metropolitan Opera in New York.
Mahler, als Komponist der Spätromantik zugerechnet, schrieb zehn Symphonien (die letzte unvollendet) und zahlreiche Lieder. Nach Anstellungen als Kapellmeister in Laibach (1881/82) und als Direktor der ungarischen Oper in Budapest (1888–1891) wurde Mahler als Erster Kapellmeister an das Hamburger Stadttheater berufen. Am 11. Mai 1897 dirigierte er erstmals in der Wiener Hofoper, deren Intendant er noch im selben Jahr wurde. Unter seiner Leitung erlebte die Hofoper einen absoluten Höhepunkt: Mahler förderte nicht nur den Aufbau eines hervorragenden Sängerensembles, sondern entwickelte auch als erster eine eigenständige »moderne« Opernregie. Trotz seiner erfolgreichen Arbeit führten Mahlers künstlerischer Rigorismus und sein Hang zur Perfektion zu erheblichen Kontroversen und schließlich (1907) zum Rücktritt von der Hofopernleitung. Bis kurz vor seinem Tod arbeitete Mahler als Dirigent in New York.

Komponist Gustav Mahler

Das Schaffen Gustav Mahlers
1876: Erste Kompositionen, u. a. das Klavierquartett a-Moll, 1. Satz.
20. 11. 1889: Uraufführung der 1. Symphonie in Budapest.
11. 5. 1897: Debüt als Dirigent an der Wiener Hofoper (»Lohengrin«).
1898–1901: Dirigent der Philharmonischen Abonnementskonzerte in Wien.
1898: »Das klagende Lied« erscheint im Druck (von Mahler als Opus 1 bezeichnet).
15. 10. 1907: Letzter Auftritt als Dirigent in Wien (»Fidelio«).
1908: Dirigent an der Metropolitan Opera New York.
26. 6. 1912: Uraufführung der 9. Symphonie durch Bruno Walter in Wien.
1924: Die Partitur-Skizzen-Mappe zur 10. Symphonie erscheint.

1912

12. 1. In Wien findet die Premiere des österreichischen Films »Trilby« statt. →

16./17. 2. Fritz Kachler wird in Manchester (England) Weltmeister im Eiskunstlauf.

17. 2. Leopold Graf Berchtold wird neuer k. u. k. Außenminister.

13. 3. Serbien und Bulgarien schließen ein Bündnis; es markiert den Beginn des von Rußland vermittelten »Balkanbundes«, dem kurz darauf auch Griechenland und Montenegro beitreten.
Man beschließt den gemeinsamen Kampf gegen jede Großmacht, die auf dem Balkan türkisches Gebiet besitzt – gemeint ist damit die Doppelmonarchie Österreich-Ungarn.

22. 3. Der bekannte Reiseschriftsteller Karl May hält (acht Tage vor seinem Tod) in den Stephaniesälen in Wien einen Vortrag mit dem Titel »Empor ins Reich der Edelmenschen«. Unter den 2000 Zuhörern befindet sich auch Adolf Hitler.

29. 6.–22. 7. V. Olympische Spiele in Stockholm: Österreich erringt 2 Silber- und 2 Bronzemedaillen. Silber gewinnen die Mannschaft der Säbelfechter mit Richard Verderber, Otto Herschmann, Rudolf Cvetko und Friedrich Golling und das Herren-Doppel im Tennis mit Felix Pipes und Arthur Zborzil; 3. Plätze gibt es im Florett durch Richard Verderber und im 4 x 100-m-Schwimmen durch die Frauenstaffel mit Margarete Adler, Klara Milch, Josephine Stikker und Berta Zahourek.

30. 9. Serbien, Montenegro, Bulgarien und Griechenland – der sog. Balkanbund – mobilisiert seine Truppen gegen das Osmanische Reich – in Rußland gibt es eine »Probemobilisierung«. Österreich-Ungarn erhöht den Mannschaftsstand der Armee und sichert seine Südgrenze.

3. 10. Der Balkanbund fordert das Osmanische Reich ultimativ auf, Mazedonien, Altserbien und Albanien binnen drei Tagen die Autonomie zu gewähren. Am 4. Oktober lehnt die türkische Regierung diese Forderung ab (→ 8.–17. 10.).

8.–17. 10. Nacheinander erklären Montenegro, Serbien, Bulgarien und Griechenland dem Osmanischen Reich den Krieg. →

18.–24. 10. In Wien findet die I. Internationale Kino-Ausstellung statt.

5. 12. Österreich-Ungarn, Italien und das Deutsche Reich erneuern zum vierten Mal den Dreibund, der aber nurmehr formale Bedeutung hat, da Italien bereits mit der Entente verbunden ist.
Die italienischen Gebietsveränderungen, die während des Italienisch-Türkischen Krieges (1911/12) durch die Annexion von Tripolis und der Cyrenaika entstanden sind, werden anerkannt.

22. 12. Das Fußball-Länderspiel Österreich gegen Italien in Genua endet mit 3 : 1.

Rapid Wien wird erster österreichischer Fußballmeister. →

Der aus Tornowitz (Oberschlesien) stammende Ingenieur Max Mauermann entwickelt ein Verfahren zur Herstellung von rostfreiem Stahl.

In Wien beginnt der Bau an der jüngeren Otto-Wagner-Villa (14. Bez.), eine der ersten Stahlbetonbau-Konstruktionen (1913 vollendet).

GESTORBEN:

17. 2. Wien: Aloys Leopold Johann Graf Lexa von Aehrenthal (* 27. 9. 1854), Politiker, seit 1912 k. u. k. Außenminister, 1909 zum Grafen erhoben.

6. 2. Wien: Edmund Guschelbauer (* 16. 10. 1839), Wiener Volkssänger.

GEBOREN:

9. 1. Lauterach: Ernst Kolb, Politiker.

16. 1. Wien: Heinrich Drimmel, Politiker.

16. 1. Mährisch Schönberg: Karl Roman Scholz († 10. 5. 1944), Augustiner-Chorherr und Widerstandskämpfer.

16. 1. Gries bei Bozen: Franz Tumler, Schriftsteller.

4. 2. Wien: Erich Leinsdorf, Dirigent.

8. 2. Wien: Ilona Steingruber († 10. 12. 1962), Kammersängerin.

10. 2. Linz: Heinrich Fichtenau, Historiker.

16. 2. Wien: Karl Mantler, Politiker und Gewerkschaftler.

15. 3. Wien: Leopold Schmidt, Volkskundler.

22. 3. Nürnberg: Martha Mödl, Kammersängerin, seit 1952 an der Wiener Staatsoper.

17. 4. Budapest: Martha Eggerth, Sängerin.

21. 4. Gaweinstal: Hermann Withalm, Politiker.

8. 5. Pilsen: Gertrud Fussenegger, Erzählerin.

1. 6. Wien: Herbert Tichy, Geologe und Bergsteiger.

3. 6. Wien: Alois Pernerstorfer († 12. 5. 1978), Opernsänger.

6. 7. Obergassen am Zirbitzkogel: Heinrich Harrer, Alpinist und Forschungsreisender.

8. 7. Dortmund: Christel Goltz, Kammersängerin, seit 1951 an der Wiener Staatsoper.

11. 7. Innsbruck: Alois Lugger, Politiker.

8. 8. Wiener Neustadt: Leopold Ungar, Prälat (Präsident der Caritas).

8. 10. Wien: Anton Benya, Politiker und Gewerkschaftler.

20. 11. Reichenau an der Rax: Otto von Habsburg-Lothringen, Politiker (ältester Sohn Kaiser Karls I.).

8. 12. Charkow (Rußland): Jura Soyfer († 16. 2. 1939), Dichter des politischen Kabaretts.

Krieg auf dem Balkan beginnt

8.–17. Oktober. Die Mitgliedsländer des sog. Balkanbundes, Montenegro, Serbien, Bulgarien und Griechenland, erklären dem Osmanischen Reich den Krieg. Damit sind die Bemühungen Österreich-Ungarns und Rußlands, die Krise auf dem Balkan friedlich beizulegen, gescheitert.
Am 30. September haben die Mitgliedsstaaten des Balkanbundes ihre Streitkräfte mobilisiert und am 3. Oktober an Konstantinopel die ultimative Forderung gestellt, Mazedonien, Altserbien und Albanien binnen drei Tagen die Autonomie zu gewähren. Nach der Ablehnung dieses Ultimatums kommt es nun zum offenen Krieg: Ziel der Bündnisstaaten ist es, die Türken vom Balkan zu vertreiben. Eine Einigung über die Zukunft der zu befreienden Länder gibt es allerdings nicht.
Nach der schnellen Niederlage ihrer Armee bittet die osmanische Regierung die Großmächte Frankreich und Österreich-Ungarn am 3. November um Friedensvermittlungen. Da Wien jedoch seine Zustimmung zu einer von Großbritannien, Frankreich und Rußland vorgeschlagenen Erklärung verweigert, die das »Desinteressement der Großmächte an der Balkanfrage« betont, vereinbaren Frankreich und Rußland, jeder Gebietserweiterung einer Großmacht auf dem Balkan entgegenzutreten. Am 17. Dezember beginnt in London eine Konferenz zur Beendigung des Kriegs (→ 10. 8. 1913).

Rapid erster Fußballmeister

Rapid Wien wird erster offizieller (Wiener) Fußballmeister der Saison 1911/12.
In der ersten Klasse spielen die elf stärksten Wiener Vereine um den Titel (eine »österreichische Staatsliga« gibt es aufgrund der langsameren Entwicklung des Fußballs in den Ländern erst 1949/50). Mit 31 Punkten und einem Torverhältnis von 64 : 31 aus 20 Spielen gewinnt Rapid den Titel vor dem Sportklub (30 Punkte), dem WAF und WAC. Letzter wird der »Cricket and Football Club«, neben Vienna die älteste österreichische Vereinsmannschaft (→ 15. 10. 1894).

Plakat der ersten österreichischen Flugwoche

Der Kaiser mit dem Piloten einer Etrich-Taube

Österreichs Jahr der Luftfahrt

1912 wird zum Jahr der Luftfahrt in Österreich: In Wien findet die »Erste Internationale Flugausstellung« statt, und zahlreiche Flugrekorde werden aufgestellt.
Insgesamt steht Österreich-Ungarn mit 18 Weltrekorden dieses Jahr an zweiter Stelle (hinter der dominierenden Fliegermacht Frankreich, deren Luftpioniere allein 45, mehr als die Hälfte aller Rekorde dieses Jahres, aufstellen). Mit deutlichem Abstand folgen Italien (11), die USA (8) und das Deutsche Reich (5).
Auch bei der Gesamtzahl aller in der Luftfahrt bisher erzielten Weltrekorde nimmt Österreich-Ungarn (23) den zweiten Platz hinter Frankreich (76) ein. Es folgen Italien (11), die USA (9), England (6), das Deutsche Reich (5) und Belgien (1).

In einem Filmatelier

Graf Kolowrat-Krakowsky

»Lebende Photos«

Der schnelle Aufstieg des neuen Mediums Film

12. Jänner. Vier Jahre nach der Uraufführung des ersten österreichischen Spielfilms »Von Stufe zu Stufe« von Anton Kolm zeigt die Premiere des Kolm-Films »Trilby« den deutlichen Fortschritt des Mediums Film. Er stammt aus der Produktion der zweiten Firma des Photographen Kolm, seiner »Österreichisch-ungarischen Kinoindustrie Ges. m. b. H.«
Der neue Stern am Filmproduzentenhimmel heißt allerdings Alexander Joseph Graf Kolowrat-Krakowsky.
Nach dem Tod seines Vaters übernahm er 1910 dessen böhmische Güter und begann sich mit dem Film zu beschäftigen. 1912 übersiedelte er mit seinem »Laboratorium« nach Wien und gründete in der Pappenheimgasse die »Sascha«-Filmfabrik. Sein erster Film kommt am 19. Jänner 1912 in die Kinos: »Die Gewinnung des Erzes am steirischen Erzberg in Eisenerz«, zugleich der erste österreichische Industriefilm.
Seit 1903, als es in Wien erst drei Kinos gab, ist die Zahl der Lichtspieltheater ständig gestiegen, sodaß in der Kaiserstadt bereits die Hundertergrenze überschritten ist (1915 sind es gar 150). 1906 wurde das Kino Schäffer-Haushofer in der Mariahilferstraße 37 gegründet, das über 500 Plätze verfügt und bereits mit Parkett, Logen und einer Galerie ausgestattet ist.

1913

2. 1. Zwischen dem ungarischen Ministerpräsidenten István Graf Tisza von Borosjenö und Szeged und dem Führer der ungarischen Opposition, Mihály Graf Károlyi, kommt es zu einem Säbelduell. →

3. 1. Die »k. u. k. österreichische Klassenlotterie« wird eingeführt.

Mitte Jänner. Josef Stalin kommt im Auftrage des russischen Revolutionärs Wladimir Iljitsch Lenin nach Wien, um sich mit der Nationalitätenfrage zu beschäftigen. Er beginnt hier mit der Arbeit an seinem theoretischen Werk »Marxismus und nationale Frage«.

10. 2. Helene Engelmann und Karl Mejstrik werden in Stockholm Weltmeister im Eiskunstlauf der Paare.

15. 2. In Salzburg findet die erste Aufführung des von Anton Aicher gegründeten Marionettentheaters statt.

23. 2. Fritz Kachler wird in Wien abermals Weltmeister im Eiskunstlauf.

März. Der in Graz ansässige Psychologe und Privatdozent Vittorio Benussi konstruiert einen Apparat, mit dem mit großer Sicherheit festgestellt werden kann, ob ein Mensch lügt (»Lügendetektor«).

25. 5. Der als russischer Spion entlarvte Oberst Alfred Redl begeht Selbstmord. →

30. 5. In London wird ein Präliminarfrieden zur Beendigung des Balkankrieges geschlossen (→ 8.–17. 10. 1912).

9. 6. Ferdinand Graf Zeppelin landet mit seinem Luftschiff in Wien. →

15. 6. In Wien gewinnt Österreich ein Fußball-Länderspiel gegen Italien 2 : 0.

3. 7. Ausbruch des zweiten Balkankrieges: Der Streit um Mazedonien führt zum Kampf Serbiens, Griechenlands und Rumäniens gegen Bulgarien. Am 21. Juli tritt auch das Osmanische Reich in den Krieg gegen Bulgarien ein.

8. 7. Österreich-Ungarn, das Deutsche Reich und Rumänien erneuern ihr Defensivbündnis.

10. 8. Der Frieden von Bukarest beendet den zweiten Balkankrieg; Bulgarien muß Gebietsverluste hinnehmen. →

17. 8. Erzherzog Franz Ferdinand wird vom Kaiser zum »Generalinspektor der gesamten bewaffneten Macht« ernannt – eine Erweiterung seiner militärischen Kompetenzen. Der Thronfolger lehnt jedoch einen vom Chef des Generalstabes, Franz Graf Conrad von Hötzendorf geforderten Präventivkrieg gegen Serbien und Montenegro ab.

7. 9. Österreich-Ungarn, Italien und das Deutsche Reich festigen den Dreibund vom 20. Mai 1882. Italien, an dessen Bündnistreue im Konfliktfall man in Wien zweifelt, versichert, daß der Dreibund »im Kriegsfall wie ein einziger Staat handeln müsse.«

Nach fünfjähriger Bauzeit wird das Lainzer Krankenhaus in Wien fertiggestellt; bei der Eröffnung ist es das modernste Krankenhaus Europas.

Erdölbohrungen östlich von Wien verlaufen erstmals positiv.

In Breslau werden Kliment (im Federgewicht), Hennermüller (im Mittelgewicht) und Grafl (im Schwergewicht) Weltmeister im Stemmen.

Rapid Wien wird Fußballmeister 1912/13.

GESTORBEN:

27. 1. Wien: Rainer von Habsburg-Lothringen (* 11. 1. 1827), Erzherzog von Österreich, Feldzeugmeister und 1868–1906 Oberkommandant der Landwehr.

3. 2. Wien: Franz Nagl (* 26. 11. 1855), 1903–1909 Bischof von Trient, 1909–1911 Koadjutor und seit 1911 Erzbischof von Wien sowie Kardinal.

11. 2. Wien: Franz Schuhmeier (* 11. 7. 1864), sozialdemokratischer Arbeiterführer. →

24. 2. Wien: Robert von Lieben (* 5. 9. 1878), Physiker, wegweisend für die Radio- und Telephontechnik.

25. 5. Wien: Alfred Redl (* 14. 3. 1864), Oberst im Generalstab und Leiter des Nachrichtendienstes der k. u. k. Armee (Selbstmord). →

GEBOREN:

13. 2. Wien: Otto Wiener, Kammersänger, seit 1957 an der Wiener Staatsoper.

25. 2. Preßburg: Stephan Lászlo, Bischof von Eisenstadt.

29. 3. Wien: Gustav Manker, Regisseur und Bühnenbildner.

21. 4. Wien: Josef Meinrad, Kammerschauspieler, seit 1946 am Wiener Burgtheater.

28. 6. Wien: Franz Antel, Filmregisseur.

10. 7. Borissowo (Bulgarien): Ljuba Welitsch (eigtl. Veličkova), Kammersängerin, 1946–1962 Mitglied der Wiener Staatsoper.

30. 7. Bad Ischl: Franz Lipp, Volkskundler.

31. 7. Wien: Heinrich Treichl, Bankfachmann.

1. 8. Wien: Harry Fuss, Schauspieler.

22. 8. Wien: Robert Schollum, Dirigent und Komponist.

16. 10. Florenz: Cesar Bresgen, Komponist und Musikwissenschaftler, seit 1939 in Salzburg.

3. 11. Kairo: Marika Rökk, Schauspielerin und Tänzerin, Bühne und Film.

27. 11. Lienz: Hermann Wiesflecker, Historiker.

11. 12. Schluderns (Südtirol): Eduard Wallnöfer, Politiker.

21. 12. Wien: Heinz Conrads, Schauspieler und Komiker.

Politischer Streit führt zum Duell

2. Jänner. Zwischen den beiden ungarischen Politikern, István (Stefan) Graf Tisza von Borosjenö und Szeged und Mihály (Michael) Graf Károlyi, kommt es aufgrund politischer Konflikte zu einem Säbelduell, in dessen Verlauf Tisza seinen Gegner am Kopf verletzt und selbst einen Hieb auf die Hand erhält. Tisza, Ministerpräsident des ungarischen Abgeordnetenhauses, hat die Opposition mit Polizeigewalt aus dem transleithanischen Reichsrat entfernen lassen und ist deshalb vom Führer der Opposition, Graf Károlyi, angegriffen worden.

Mihály Graf Károlyi

Kennwort »Opernball«

25. Mai. Mit dem Selbstmord von Oberst Alfred Redl, dem Leiter des Nachrichtendienstes der k. u. k. Armee, endet die wohl größte Spionageaffäre der österreichisch-ungarischen Monarchie.

Redl, wegen homosexueller Beziehungen in finanzielle Schwierigkeiten geraten, verriet seit 1898 militärische Geheimnisse an Rußland, wofür er jährlich bis zu 100 000 Kronen erhielt. Für den Briefverkehr zur Nachrichtenübermittlung benützte er grundsätzlich postlagernde Sendungen mit dem Kennwort »Opernball«. Diese Sendungen trugen wesentlich zur Aufklärung des Spionagefalls bei.

Oberst Alfred Redl

Kampf um den Balkan

10. August. Der Friedensschluß von Bukarest beendet den seit dem → 8. Oktober 1912 tobenden Balkankrieg. Das türkische Heer ist in zwei Kriegszügen von den Verbündeten des Balkanbundes (Serbien, Montenegro, Bulgarien und Griechenland) besiegt worden und das Osmanische Reich muß sich zum Verzicht auf alle europäischen Besitzungen westlich der Linie Enos–Midia bereiterklären.

Im Juni kommt es aber zum Streit der Sieger um Mazedonien, das von Bulgarien und Serbien beansprucht wird. In einem dritten Kriegszug unterliegt die bulgarische Armee den Verbündeten und muß in Bukarest auf die Süddobrudscha (an Rumänien), den Großteil von Mazedonien (an Griechenland) und das Gebiet um Adrianopel (bleibt beim Osmanischen Reich) verzichten.

Die Neuordnung auf dem Balkan löst eine große Fluchtbewegung aus; mehr als 500 000 Menschen – vor allem Türken und Griechen – müssen ihre Heimat verlassen, weil diese an ein anderes Land fällt. Die Kritik Österreich-Ungarns an den Friedensbedingungen führt in der Folge zur Annäherung an Bulgarien, während Serbien, seine Ansprüche auf die Bildung eines Großserbischen Reiches unter Einbeziehung österreichischer Gebiete erneuert.

raf Zeppelin besucht Wien

. **Juni.** Der deutsche Luftschiff-ahrtspionier Ferdinand Graf Zeppelin besucht mit seinem Luftschiff Sachsen« Wien. Über Schloß chönbrunn führt Zeppelin ein albstündiges Flugmanöver durch, m Kaiser Franz Joseph I. damit zu uldigen.

)ie »Österreichische Flug-Zeitchrift« berichtet über den Besuch vie folgt: »Graf Zeppelin, der Viruose des Ausharrens, Durchhalens, Überwindens von Schwierigeiten, kam mit dem Riesenkörper eines Luftschiffes durch die Hügelandschaft des Wienerwaldes und iber die Stadt, um in der angesagten tunde, ja in der angesagten Minute lem alten Friedenskaiser und seiem an ihm mit Liebe hängenden /olke ein ›Grüß Gott‹ schicken zu önnen.«

ranz Schuhmeier

Arbeiterführer wird erschossen

11. Februar. Der sozialdemokratische Arbeiterführer und Wiener Geneinderat Franz Schuhmeier wird von Paul Kunschak, dem Bruder des ıngesehenen christlichsozialen Areiterführers Leopold Kunschak, erschossen.

Der 1864 in Wien geborene Schuhneier wurde 1894 Chefredakteur der »Volkstribüne« und 1896 Mitglied der Parteileitung. Seit 1900 gehörte er dem Wiener Gemeinderat und seit 1901 auch dem Reichsrat an. Der Attentäter erklärt, die Tat im Zustand größter Verzweiflung begangen zu haben. Er wird zum Tode durch den Strang verurteilt.

1914

11. 1. Österreich und Italien trennen sich in einem Fußball-Länderspiel in Mailand 0:0.

März. Wegen »Arbeitsunfähigkeit« wird der cisleithanische Reichsrat vertagt.

11. 5.–4. 6. Der (letzte) Landtag von Vorarlberg beschließt als Maßnahme zur Milderung der großen Lasten der Gemeinden die Einführung einer »Automobilsteuer« – der ersten dieser Art in Österreich.

28. 6. Der Thronfolger, Erzherzog Franz Ferdinand, und seine Gattin werden in Sarajevo durch Revolverschüsse des bosnischen Studenten Gavrilo Princip tödlich verwundet.→

23. 7. Österreich-Ungarn fordert Serbien ultimativ zur Bekämpfung antiösterreichischer Bewegungen und Geheimbünde auf.

25. 7. Die unbefriedigende Antwort Serbiens auf das Ultimatum vom 23. Juli führt zum Abbruch der diplomatischen Beziehung zwischen Wien und Belgrad.

28. 7. Österreich-Ungarn erklärt Serbien den Krieg. In einem Handschreiben wendet sich Kaiser Franz Joseph I. »An Meine Völker!«.→

29. 7. Erstmals erscheint eine Tageszeitung (die »Illustrierte Kronen-Zeitung«) mit einem weißen Fleck – Zeichen für die einsetzende Zensur.

31. 7. Allgemeine Mobilisierung der k. u. k. Streitkräfte, nachdem bereits am 25. Juli eine Teilmobilisierung erfolgt ist. Etwa 75% der männlichen Bevölkerung zwischen 18 und 50 Jahren, rund 8,5 Millionen, werden davon erfaßt.→

Der Mechanismus des europäischen Bündnissystems verhindert eine Begrenzung des österreichisch-serbischen Konflikts; auch Rußland, Serbiens Verbündeter, ordnet die Generalmobilisierung an, worauf das Deutsche Reich am 1. August Rußland den Krieg erklärt.

2. 8. Österreich-Ungarn, das Deutsche und das Osmanische Reich schließen ein Bündnis, Italien erklärt sich neutral.
Rom begründet das Ausscheiden aus dem Dreibund damit, daß Österreich-Ungarn einen Angriffskrieg gegen Serbien führt.

12.–24. 8. Erste österreichisch-ungarische Offensive gegen Serbien: Nach anfänglichen Erfolgen ist die k. u. k Armee zum Rückzug hinter die Save und Drina gezwungen.

21. 8. Bei Jaroslavice in Galizien kommt es zur »letzten Reiterschlacht der Weltgeschichte«.→

5. 9. Großbritannien, Frankreich und Rußland unterzeichnen den Londoner Vertrag, der die Verpflichtung enthält, keinen Sonderfrieden zu schließen.

10. 9. Nach dem gescheiterten Versuch, Lemberg zurückzuerobern, ziehen sich die k. u. k. Truppen aus Galizien zurück.

23. 9. Zwischen Rumänien und Italien wird ein geheimer Neutralitätsvertrag geschlossen.

6. 11. Die österreichisch-ungarische Großoffensive gegen Serbien beginnt; am 2. Dezember besetzen k. u. k. Truppen Belgrad.

7. 11. Nach der Kapitulation der deutschen Kolonie Tsingtau (Ostchina) wird der an der Verteidigung beteiligte k. u. k. Kreuzer »Kaiserin Elisabeth« von der Besatzung versenkt.

3. 12. Bei Arangjelovac erfolgt ein serbischer Gegenangriff; die 5. und die 6. k. u. k. Armee ziehen sich hinter die Save zurück.
Feldzeugmeister Oskar Potiorek tritt von seinem Kommando zurück; Erzherzog Eugen wird Oberbefehlshaber auf dem Balkan.

10. 12. Robert Bárány erhält den Nobelpreis für Medizin.→

Der WAF wird Fußballmeister.

GESTORBEN:

27. 2. Salzburg: Johann Katschthaler (* 29. 5. 1832), seit 1900 Erzbischof von Salzburg; seit 1903 Kardinal.

6. 6. Wien: Adolf von Lieben (* 3. 12. 1836), Pionier der organischen Chemie.

21. 6. Wien: Bertha Freifrau von Suttner (* 9. 6. 1843), Schriftstellerin, Trägerin des Friedensnobelpreises (→ 10. 12. 1905).

28. 6. Sarajevo: Franz Ferdinand von Österreich-Este (* 18. 12. 1863), Erzherzog von Österreich und Thronfolger.→

19. 7. Agram: Johann Puch (* 27. 6. 1862), Industrieller.

28. 10. Wien: Richard Heuberger (* 18. 6. 1850), Komponist.

3. 11. Krakau: Georg Trakl (* 3. 2. 1887), Lyriker (Selbstmord).→

GEBOREN:

22. 1. Karbitz (Böhmen): Emmy Loose, Kammersängerin, seit 1944 an der Wiener Staatsoper.

6. 2. Dornbirn: Franz Grubhofer, Politiker.

22. 2. Klagenfurt: Hans Böck, Geograph.

7. 3. Brüssel: Ferdinand Käs, Feldwebel, Widerstandskämpfer.

30. 3. Wien: Alexander Trojan, Kammerschauspieler, seit 1938 am Wiener Burgtheater.

9. 5. Wien: Peter Wehle, Kabarettist.

19. 5. Wien: Max Ferdinand Perutz, Chemiker.

8. 6. Zabokruki (Galizien): Oskar Jan Tauschinski, Schriftsteller.

6. 8. Lemberg: Adam Wandruszka, Historiker.

1. 9. Wien: Annemarie Selinko, Schriftstellerin.

15. 10. Brünn: Karl Freiherr von Lütgendorf († 9. 10. 1981), General und Verteidigungsminister.

23. 10. Wien: Otto Koenig jun., Zoologe.

4. 12. Wien: Rudolf Hausner, Maler.

Die Anker-Uhr am Hohen Markt

Die Anker-Uhr am Hohen Markt

Am neuen Gebäude der Lebens- und Rentenversicherungs-Gesellschaft »Der Anker« am Hohen Markt in Wien wird eine Figurenuhr errichtet. Die Idee und Ausführung stammen von Franz von Matsch. Matsch ist von der Tatsache, daß es auf diesem ältesten Platz Wiens im römischen Forum Vindobona eine Sonnenuhr gab und hier auch die erste mechanische Uhr Wiens aufgestellt wurde, zur Gestaltung einer Uhr auf einer 10m langen Brücke über den Bauernmarkt angeregt worden. Zwölf historische Figuren ziehen im Abstand von einer Stunde am Betrachter vorbei.

Wiener Ohrenarzt erhält Nobelpreis

10. Dezember. Der 50jährige Ohrenarzt Robert Bárány erhält für seine Arbeiten über Physiologie und Pathologie des Bogengangapparats des Ohres den Nobelpreis für Medizin zugesprochen. Bárány, Dozent für Ohrenheilkunde an der Wiener Universität, ist der erste österreichische Naturwissenschaftler und der dritte Österreicher überhaupt, der mit dem Nobelpreis geehrt wird. Vor ihm erhielten bereits Bertha Freifrau von Suttner, (→ 10. 12. 1905; sie ist am 21. Juni dieses Jahres gestorben) und Alfred Hermann Fried (→ 10. 12. 1911) den Friedensnobelpreis.

Europa vor dem Ersten Weltkrieg 1914
Städte um 1912:
Städte über 1 Mill. Einwohner
Städte von 500 000 – 1 Mill. Einwohner
Städte von 100 000 – 500 000 Einwohner
Städte unter 100 000 Einwohner
Hauptstädte sind unterstrichen
Die Habsburger Monarchie bis 1919:
Im Reichsrat vertretene Königreiche und Länder (Zisleithanien)
Länder der Ungarischen Krone (Transleithanien)
Bosnien und Herzegowina (Kondominium beider Reichsteile)
ATLANTISCHER OZEAN
Golf von Biscaya
Nordsee
Ostsee
Doggerbank
MITTELLÄNDISCHES
Tyrrhenisches Meer
Adriatisches Meer
Kleine Syrte
Große Syrte
GROSSBRITANNIEN UND IRLAND
Schottland
Irland
Ulster
NORWEGEN
1905 unabh. Kgr.
bis 1905 Union
SCHWEDEN
DÄNEMARK
Grfsm. Finnland
NIEDERLANDE
BELGIEN
LUXEMBG. 1890 selbst.
DEUTSCHES REICH
Helgoland 1890 deutsch
FRANKREICH 1870 Rep.
SCHWEIZ
LIECHT.
MONACO
ANDORRA
SPANIEN 1873–75 Rep.
PORTUGAL 1910 Rep.
ITALIEN
S. MARINO
ÖSTERREICH – UNGARN
Böhmen
Mähren
Galizien
Tirol
Ungarn
Krain
Kroatien
Dalmatien
Bosnien-Herzegowina 1908 annekt.
SERBIEN 1882 Kgr.
MONTE-NEGRO 1910 Kgr.
ALBANIEN 1912/13 unabh.
GRIECHENLAND
Korsika
Sardinien
Sizilien
Balearen
Malta brit.
Elba
Korfu
Er-Rif 1912 Prot.
Marokko 1912 franz. Prot.
Algerien
Tunesien 1881 franz. Prot.
Tripolitanien 1911/12 ital.
Südterritorien seit 1902
Tanger 1912 internat. Gebiet
Ceuta
Melilla
Gibraltar brit.
Kanal-In. brit.
Pantelleria ital.
LONDON
PARIS
BERLIN
WIEN
Madrid
Rom
Amsterdam
Brüssel
Kopenhagen
Kristiania
Stockholm
Lissabon
Budapest
Belgrad
Cetinje
Durazzo
HAMBURG
Meridian 0 v. Greenw.
© 61 V&K

Die Bündnissysteme

Bei Ausbruch des Ersten Weltkriegs stehen die Mittelmächte Österreich-Ungarn, das Deutsche Reich und Italien sowie ihre Verbündeten Rumänien und das Osmanische Reich, den alliierten Mächten Frankreich, Großbritannien, Rußland, Belgien, Serbien und Montenegro gegenüber. Ein kompliziertes und wechselvolles Bündnissystem hat in den letzten 40 Jahren zu dieser Konstellation geführt. Die wichtigsten Stationen dieser Entwicklung sind:

1873: Drei-Kaiser-Abkommen des Deutschen Reichs mit Österreich-Ungarn und Rußland; Verständigung im Fall eines Angriffs von fremder Seite (→ 6. 6. 1873).

1879: Zweibund zwischen dem Deutschen Reich und Österreich-Ungarn; Verpflichtung zu militärischer Hilfe bei einem Angriff Rußlands und zu wohlwollender Neutralität bei einem Angriff einer anderen Macht (→ 7. 10. 1879).

1881: Geheimes Neutralitätsabkommen zwischen dem Deutschen Reich, Österreich-Ungarn und Rußland; wohlwollende Neutralität bei einem Angriff eines anderen Staates (→ 18. 6. 1881).

1882: Dreibund durch Anschluß Italiens an den Zweibund; Zusage militärischer Unterstützung im Fall eines französischen Angriffs auf das Deutsche Reich oder auf Italien.

1883: Rumänien tritt dem Dreibund bei.

1892: Französisch-russisches Militärbündnis; bei Angriff einer Dreibundmacht unter Beteiligung des Deutschen Reichs Verpflichtung des anderen Partners zum Kampf gegen Deutschland.

1902: Einigung zwischen Frankreich und Italien in Kolonialfragen.

1904: Entente cordiale zwischen Großbritannien und Frankreich nach Beilegung der Kolonialstreitigkeiten.

1907: Vertrag zwischen Großbritannien und Rußland; Beendigung der Kolonialstreitigkeiten.

1908: Dreiverband: Bekräftigung der britischen und russischen Entente unter Hinzuziehung Frankreichs.

1909: Russisch-italienischer Geheimvertrag von Racconigi zur Erhaltung des Status quo auf dem Balkan.

1912: Balkanbund zwischen Serbien, Bulgarien, Griechenland und Montenegro; Bündnis gegen Ausdehnung Österreich-Ungarns auf dem Balkan und gegen die Vorherrschaft der Türken (→ 8.–17. 10. 1912)

Die Länder der österreichisch-ungarischen Monarchie

	Hauptstadt	Fläche in km²	Einwohner in 1 000	*
Die im Reichsrat vertretenen Königreiche und Länder – gesamt	Wien	300 004	29 193	36
Erzherzogtum unter der Enns	Wien	19 825	3 635	96
Erzherzogtum ober der Enns	Linz	11 982	864	99
Herzogtum Salzburg	Salzburg	7 153	221	100
Herzogtum Steiermark	Graz	22 425	1 468	68
Herzogtum Kärnten	Klagenfurt	10 326	406	72
Herzogtum Krain	Laibach	9 954	530	6
Küstenland (gefürstete Grafschaft Görz und Gradiska, Markgrafschaft Istrien, Triest)	Triest	7 969	938	2
Gefürstete Grafschaft Tirol (mit Vorarlberg)	Innsbruck	29 685	1 130	62
Königreich Böhmen	Prag	51 947	6 860	37
Markgrafschaft Mähren	Brünn	22 222	2 667	29
Herzogtum Schlesien	Troppau	5 147	776	47
Königreich Galizien und Lodomerien	Lemberg	78 497	8 212	3
Herzogtum Bukowina	Černowitz	10 441	818	21
Königreich Dalmatien	Zara	12 831	668	1
Länder der ungarischen Krone – gesamt	Budapest	325 411	21 530	12
Königreich Ungarn	Budapest	282 870	18 811	13
Fiume	Fiume	20	49	5
Königreich Kroatien und Slawonien	Agram	42 521	2 670	5
Bosnien und Herzegowina	Sarajevo	51 200	2 076	2
Österreichisch-ungarische Monarchie – gesamt		676 615	52 799	25

* Anteil der Deutschen in %

Erzherzog Franz Ferdinand und Gattin Sophie vor dem Attentat, bereits im Auto, auf dem Trittbrett Graf Harrach

Das Attentat von Sarajevo

28. Juni. Der österreichisch-ungarische Thronfolger, Erzherzog Franz Ferdinand, und seine Gemahlin, Herzogin Sophie von Hohenberg, fallen in Sarajevo einem Attentat zum Opfer: Während der Fahrt im offenen Wagen werden sie durch Schüsse des bosnischen Studenten Gavrilo Princip tödlich verwundet. Der Besuch des Thronfolgers am serbischen Nationalfeiertag scheint den bosnischen Nationalisten der geeignete Augenblick zu sein, ein Fanal gegen die österreichische Herrschaft auf dem Balkan zu setzen.

Zwei junge Nationalisten, die Kontakt zur serbischen Geheimorganisation »Schwarze Hand« haben, planen die Ermordung Franz Ferdinands und des k.u.k. Feldzeugmeisters Oskar Potiorek. Der 19jährige Schriftsetzer Nedeljko Cabrinović, ein überzeugter Sozialist und Anarcho-Syndikalist, wirft eine Bombe auf das Auto des Thronfolgers, die aber vom zusammengefalteten Dach auf die Straße fällt und erst unter einem nachfolgenden Fahrzeug explodiert. Franz Ferdinand und Herzogin Sophie setzen trotz dieses Zwischenfalls ihre Fahrt durch Sarajevo fort – eine Stunde später fallen sie den Revolverschüssen des 19jährigen Gymnasiasten Princip zum Opfer, der erklärt, seine Tat sei ein Racheakt für die Unterdrückung der Serben in Österreich-Ungarn.

Einen Monat nach dem Attentat erläßt Kaiser Franz Joseph I. sein Kriegsmanifest: »An Meine Völker! Es war Mein sehnlichster Wunsch, die Jahre, die Mir durch Gottes Gnade noch beschieden sind, Werken des Friedens zu weihen … Die Umtriebe eines haßerfüllten Gegners zwingen Mich, … zum Schwerte zu greifen …« (Titelblatt der »Neuen Freien Presse« vom 29. 7. 1914).

Neue Freie Presse.
Morgenblatt.
Nr. 17933. Wien, Mittwoch, den 29. Juli 1914.
Das Kriegsmanifest des Kaisers.
An Meine Völker!
Kaiser Franz Joseph an seine Völker.
Feuilleton.

Der Thronfolger Franz Ferdinand

Franz Ferdinand wurde 1863 als ältester Sohn Erzherzog Karl Ludwigs geboren; er erhielt 1890 sein erstes Kommando und befehligte zwei Jahre lang das Ödenburger Husarenregiment.

1895 mußte er seine militärische Laufbahn unterbrechen, da er schwer an einem Lungenleiden erkrankte. Als er nach dem Tod seines Vaters 1896 faktisch Thronfolger wurde, kämpfte er mit aller Macht gegen seine Krankheit und besiegte sie. Zum Feldmarschall-Leutnant aufgerückt und »zur Disposition des Allerhöchsten Oberbefehls« gestellt, nahm er ab 1897/98 seinen Dienst wieder auf und geriet rasch wegen seiner Beziehung zu der nicht standesgemäßen Hofdame Sophie Gräfin Chotek ins Rampenlicht der Öffentlichkeit. Am →1. Juli 1900 heiratete er die Gräfin.

Franz Ferdinand, seit August 1913 »Generalinspektor der gesamten bewaffneten Macht« Österreich-Ungarns, war den Serben wegen seiner positiven Einstellung zu den österreichischen Slawen verhaßt. Der Erzherzog wollte den österreichisch-ungarischen Dualismus durch die Gleichberechtigung der Südslawen in einen Trialismus umwandeln, die Serben hingegen verfolgen, die Bildung eines Großserbischen Reiches unter Einbeziehung Kroatiens, Bosniens und der Herzegowina. Nach der Ermordung Franz Ferdinands wird der Großneffe des Kaisers, Erzherzog Karl Franz Joseph, neuer Thronfolger.

Franz Ferdinand und Frau

Der österreichische Gesandte Baron Giesl überreicht das Ultimatum

Friede ohne Chance

Juli. In ganz Österreich herrscht nach dem Attentat von Sarajevo die Auffassung, daß Serbien für den Tod des Thronfolgers und seiner Gattin zur Rechenschaft gezogen werden müsse. Zudem erhält k. u. k. Außenminister Leopold Graf Berchtold die deutsche Zustimmung für ein militärisches Eingreifen auf dem Balkan, doch lehnt der ungarische Ministerpräsident István (Stephan) Graf Tisza von Borosjenö und Szeged einen Krieg ab.

Die spannungsgeladene Situation zwischen Serbien und Österreich-Ungarn verschärft sich allerdings – durch Presseattacken in beiden Ländern angeheizt – Tag für Tag. Tisza erreicht allerdings nur, daß anstelle einer sofortigen Kriegserklärung zunächst eine »Befristete Note« an Serbien überreicht wird, über deren Folgen allerdings kaum Zweifel bestehen können. Wie erwartet lehnt Belgrad – von russischer Seite unterstützt – das Ultimatum Wiens, das u. a. die Mitwirkung österreichischer Beamter an der Aufklärung des Attentats und die Säuberung der Armee, der Beamtenschaft, des Schulwesens und der Presse von österreichfeindlichen Kräften fordert, ab. Österreich-Ungarn bricht daraufhin die diplomatischen Beziehungen zu Belgrad ab; beide Staaten mobilisieren ihre Armeen. Mit der Nachricht von einem ersten Gefecht bei Temes-Kubin – in Wirklichkeit wohl nicht mehr als eine kleine Schießerei – veranlaßt Berchtold den greisen Kaiser Franz Joseph I. zur Unterzeichnung der Kriegserklärung an Serbien. Der erste Schritt ist getan – der Mechanismus des europäischen Bündnissystems verhindert eine Lokalisierung des Krieges auf dem Balkan. Viel zu spät versucht das Deutsche Reich, Wien zur Zurückhaltung gegenüber Serbien zu bewegen: Zwischen dem 31. Juli und dem 11./12. August treten Montenegro, das Deutsche Reich, Rußland, Frankreich, Belgien und Großbritannien in den Krieg ein, bis zum Jahresende folgen noch Japan und das Osmanische Reich.

Die Bevölkerung nimmt die Nachricht vom Kriegsbeginn überall mit patriotischer Begeisterung auf.

Begeisterung nach Kriegserklärung

Der Weg in den Ersten Weltkrieg

28. Juni: Der Mord an dem österreichischen Thronfolger Franz Ferdinand und seiner Gemahlin in Sarajevo wird zum unmittelbaren Anlaß für den Ersten Weltkrieg.

5./6. Juli: Der deutsche Kaiser Wilhelm II. und sein Reichskanzler Theobald von Bethmann Hollweg erklären die unbedingte Bündnistreue zu Österreich-Ungarn.

23. Juli: Der k. u. k. Gesandte Wladimir Freiherr Giesl von Gieslingen überreicht in Belgrad ein bis zum 25. Juli befristetes Ultimatum Österreich-Ungarns an Serbien, alle anti-österreichischen Aktionen zu unterbinden.

24. Juli: Außenminister Sergej D. Sasonow erklärt in Petersburg gegenüber dem Gesandten Serbiens, »daß Rußland in keinem Fall aggressive Handlungen Österreichs gegen Serbien zulassen werde.«

25. Juli: Die unbefriedigende Antwort Serbiens auf das Ultimatum vom 23. Juli hat den Abbruch der diplomatischen Beziehungen Österreich-Ungarns zu Serbien zur Folge.

Um 15 Uhr ordnet Serbien die Mobilmachung an.

Österreich-Ungarn befiehlt daraufhin um 21 Uhr eine Teilmobilisierung.

26. Juli: Rußland befindet sich seit 3.26 Uhr in der Kriegsvorbereitungsperiode.

28. Juli: Österreich-Ungarn erklärt Serbien den Krieg.

29. Juli: Zar Nikolaus II. von Rußland befiehlt abends die Teilmobilmachung seiner Truppen.

30. Juli: Um 18 Uhr schreitet das Russische Reich zur Gesamtmobilmachung.

Frankreich mobilisiert seinen Grenzschutz.

Das Deutsche Reich befiehlt »Sicherung« für die Flotte.

31. Juli: Um 12.23 Uhr erklärt Österreich-Ungarn die Gesamtmobilmachung.

Kaiser Wilhelm II. ordnet um 13 Uhr die Aufstellung des Grenzschutzes an. Um 15 Uhr richtet das Deutsche Reich an Rußland ein Ultimatum, das fordert, die Mobilmachung rückgängig zu machen.

Kaiser Wilhelm II. fordert Frankreich auf, für den Fall eines deutsch-russischen Krieges binnen 18 Stunden eine Neutralitätserklärung abzugeben.

1. August: Frankreich macht um 16.30 Uhr mobil.

Das Deutsche Reich ordnet um 17 Uhr die allgemeine Mobilmachung an und erklärt Rußland den Krieg.

2. August: Das Deutsche Reich richtet ein Ultimatum an Belgien mit der Forderung nach freiem Durchzug deutscher Truppen.

Bündnis zwischen Österreich-Ungarn, dem Deutschen und dem Osmanischen Reich.

3. August: Die deutsche Kriegserklärung an Belgien bietet den äußeren Anlaß zum Kriegseintritt Großbritanniens.

Der greise Kaiser Franz Joseph I. beim Unterzeichnen eines Dokuments

Dem Kriegsgeschehen fallen auch viele Pferde zum Opfer

Letzte Reiterschlacht

Der Krieg an der Ostfront verteilt sich auf zwei Schauplätze: In Ostpreußen stehen die Deutschen den Russen gegenüber, in Galizien treffen vier österreichisch-ungarische Armeen auf fünf russische. Am 21. August kommt es bei Jaroslavice in Galizien zur »letzten Reiterschlacht der Weltgeschichte«: Die 15er-Dragoner der k.u.k. Armee treffen auf die 10. russische Reiterdivision und eine dreifache russische Artillerieüberlegenheit. Nach dem mutigen, aber äußerst verlustreichen Kampf erklärt der russische Divisionskommandant dem k.u.k. Oberst Otto Graf Huyn: »Ich gratuliere Ihnen, Herr Oberst, zu Ihrem ausgezeichneten Regiment, das sich so tapfer geschlagen und sich die Bewunderung und Anerkennung seiner Gegner in höchstem Maß erworben hat.« – Nach wechselvollem Kampf erstarren die Auseinandersetzungen im Oktober zu einem Stellungskrieg. Nach der Schlacht bei Iwangorod (bei Warschau) am 22.–26. Oktober ziehen sich die Truppen der Verbündeten auf die Linie Warthe–Krakau–Karpaten zurück.

Selbstmord Trakls

4. November. Im Alter von nur 27 Jahren stirbt der Dichter Georg Trakl an einer Überdosis Kokain im Lazarett von Krakau. Trakl, bei Kriegsausbruch als Sanitätsfähnrich eingezogen, sah die schrecklichen Verletzungen der Soldaten und beschloß unter diesem Eindruck, seinem Leben durch Kokain ein Ende zu machen.
Seine Gedichte sind wesentlich vom französischen »Symbolismus« (Charles Baudelaire, Arthur Rimbaud) beeinflußt und von düsteren Stimmungen, Verfall und Tod geprägt; immer wieder tauchen darin Dämmerung, Herbst und Nacht als Leitmotive auf.
Trakl gilt als einer der bedeutendsten frühexpressionistischen Dichter deutscher Sprache.

Dichter Georg Trakl

1915

1. 1. Das Festungskommando in Przemyśl gibt die erste Flugpostkarte der Welt auf.

8. 1. Stephan Burián Freiherr von Rajecz wird neuer k. u. k. Außenminister.

6. 2. Der Geheimvertrag zwischen Italien und Rumänien wird in ein Defensivbündnis umgewandelt.

27. 2.–14. 3. Die Offensive der k. u. k. Truppen zum Entsatz von Przemyśl mißlingt, die Festung fällt am 23.

8. 3. Österreich-Ungarn erklärt sich zur Abtretung des Trentino an Italien bereit.

27. 4. Das k. u. k. U-Boot U 5 versenkt in der Straße von Otranto den französischen Kreuzer »Léon Gambetta«.

3. 5. Italien schließt einen Geheimvertrag mit der Entente.

4. 5. Italien erklärt seinen Austritt aus dem Dreibund. →

23./24. 5. Die k. u. k. Flotte greift die italienische Küste von Rimini bis Bari an.

3. 6. Die Festung Przemyśl wird zurückerobert.

9. 6. Auf dem Presanagletscher der Ardamellogruppe (nordwestlich von Trient) bleibt die k. u. k. Armee im ersten Gletschergefecht der Kriegsgeschichte erfolgreich.

22. 6. Verbündete Truppen erobern Lemberg.

23. 6.–7. 7. Die erste von vier Schlachten am Isonzo 1915 endet mit nur geringen italienischen Erfolgen, obwohl nur 15 Divisionen zur Verteidigung der österreichischen Südgrenze zur Verfügung stehen.

1. 7.–27. 9. Großoffensive der Verbündeten. In Russisch-Polen und Ostgalizien erfolgt eine Großoffensive der Verbündeten.

17. 7.–10. 8. Zweite Schlacht am Isonzo.

20. 7. Das k. u. k. U-Boot U 4 versenkt vor Gravosa den italienischen Panzerkreuzer »Giuseppe Garibaldi«.

6./7. 8. Nach der Eroberung Lublins und Iwangorods siegen die k. u. k. Truppen auch in der Schlacht bei Lubartow.

14. 8. Bei Flitsch-Tolmein (Küstenland) beginnt eine Großoffensive der Italiener.

31. 8./1. 9. K. u. k. Truppen besetzen Luck und Brody. Polen wird in das deutsche Generalgouvernement Warschau und das k. u. k. Militärgouvernement Kielce aufgeteilt.

6. 9. Österreich-Ungarn und das Deutsche Reich schließen mit Bulgarien einen Bündnisvertrag mit Militärkonvention.

14. 9. Das Osmanische Reich tritt dem Bündnis vom 6. September bei.

6. 10. Die Verbündeten beginnen eine Offensive gegen Serbien.

11. 10. Bulgarien tritt in den Krieg gegen Serbien ein.

16. 10. Die russische Armee beginnt mit der sog. Brussilowoffensive.

18. 10.–4. 11. Dritte Schlacht am Isonzo.

10. 11.–11. 12. Vierte Schlacht am Isonzo: Die k. u. k. Truppen verteidigen die österreichische Südgrenze erfolgreich.

14. 11. In Paris wird ein tschechischer »Nationalrat« gegründet. →

24./25. 11. Auf dem Amselfeld bei Pristina erringen die Verbündeten einen entscheidenden Sieg über die Serben.

26. 11. Görz wird durch italienisches Artilleriefeuer zerstört.

Dezember. Der Industrielle Julius Meinl gründet eine politische Gesellschaft, die sog. Meinl-Gruppe, die durch eine Friedensinitiative die Beendigung des Weltkrieges erreichen möchte.

Weihnachten. Die Offensive der Italiener bei Rovereto endet ohne Erfolg.

27. 12. Die »Neujahrsschlacht« in Ostgalizien und der Bukowina beginnt (bis 19. 1. 1916).

29. 12. In einem Seegefecht am Kap Rodoni siegt die k. u. k. Flotte über die Italiener.

Der Wiener AC gewinnt die auf eine Frühjahrsrunde beschränkte Fußballmeisterschaft 1914/15.

GESTORBEN:

2. 1. Wien: Karl Goldmark (* 18. 5. 1830), Komponist.

30. 8. Veldes (Krain): Julius von Payer (* 2. 9. 1842), Polarforscher (→ 13. 6. 1872).

27. 9. Rimsting (Bayern): Kaspar von Zumbusch (* 23. 11. 1830), Bildhauer (→ 1888, 1899).

GEBOREN:

8. 1. Hagen (Westfalen): Karl Dönch, Kammersänger, seit 1947 in Wien.

20. 3. Niederkappel: Rudolf Kirchschläger, Politiker.

1. 4. Klosterneuburg: O. W. (Otto Wilhelm) Fischer, Schauspieler.

12. 4. Wien: Lujo Tončić-Sorinj, Diplomat.

23. 4. Wien: Christine Busta, Dichterin.

28. 5. Wien: Wolfgang Schneiderhahn, Kammermusiker (Geiger).

1. 7. Wien: Hermann Vetters, Archäologe.

4. 7. Groß Edling bei Wolfsberg: Christine Lavant (eigtl. Habernig, † 7. 3. 1973), geb. Thonhauser, Dichterin.

15. 10. Wien: Karl Szokoll, Offizier, Widerstandskämpfer.

10. 11. Wien: Karl Hermann Spitzy, Internist.

9. 12. Jarotschin (Polen): Elisabeth Schwarzkopf, Kammersängerin.

13. 12. München: Curd Jürgens († 18. 6. 1982), Schauspieler.

Dreibund aufgelöst

4. Mai. Italien erklärt mit sofortiger Wirkung seinen Austritt aus dem seit 1882 bestehenden Dreibund mit Österreich-Ungarn und dem Deutschen Reich; damit entfällt die Verpflichtung zur Neutralität.

Am Vortag hat Italien mit den Entente-Staaten den Geheimvertrag von London geschlossen, der Italien Südtirol bis zum Brenner, Istrien und Dalmatien verspricht, wenn es binnen vier Wochen an der Seite der Entente in den Krieg eintritt. Am 23. Mai erklärt Rom den Krieg an Österreich-Ungarn.

Schon seit langem hegte man in Wien Zweifel an der Bündnistreue Roms im Konfliktfall. Es bestand der Eindruck, daß bereits die Verlängerung des Dreibund-Vertrages durch Italien 1912 nur erfolgte, um die Anerkennung der italienischen Gebietserweiterungen (in der Cyrenaika und Tripolis) aus dem Krieg mit dem Osmanischen Reich 1911/12 zu erhalten. Bei Kriegsbeginn 1914 erklärte sich Italien neutral, da Österreich-Ungarn einen Angriffskrieg gegen Serbien führte, der Dreibund aber nur ein Defensivbündnis war. Trotzdem erklärte sich Wien auf Drängen des Deutschen Reiches bereit, Italiens Gebietsforderungen nachzugeben, um einen Abfall Roms zu verhindern. Am 8. März 1915 erklärte Österreich-Ungarn seinen Willen zum Verzicht auf den italienischsprachigen Teil Südtirols.

Österreichischer Panzerzug an der italienischen Front

Die Serben sind auf dem Rückzug

6. Oktober. Eine verbündete deutsch-österreichische Armee unter dem Oberbefehl Generalfeldmarschalls August von Mackensen beginnt eine Großoffensive gegen Serbien und erobert bereits am 8. Belgrad.

Am 11. Oktober tritt auch Bulgarien in den Krieg gegen Serbien ein (wofür es von den Mittelmächten eine Kriegsanleihe in Höhe von 200 Millionen Franken sowie die Zusage über die spätere Annexion ganz Mazedoniens erhält). Die serbische Armee muß sich nach Albanien zurückziehen.

Tschechen bilden einen Nationalrat

14. November. In Paris veröffentlicht der tschechische Reichsratsabgeordnete und Philosophieprofessor Tomaš Masaryk ein Manifest zur Gründung eines selbständigen tschechoslowakischen Staates.

Masaryk fordert die Loslösung Böhmens, Mährens und der Slowakei von Österreich-Ungarn und erhält dabei Unterstützung von Frankreichs Ministerpräsident Aristide Briand. Mit französischer Hilfe bildet Masaryk in Paris einen »Nationalrat«, der sich selbst als die provisorische tschechische Regierung betrachtet.

1916

4. 1. Die k. u. k. Offensive gegen Montenegro beginnt.

23. 1. Skutari wird von k. u. k. Truppen besetzt, die daraufhin in Albanien einmarschieren.

25. 1. Montenegro muß einen Waffenstillstand mit Österreich-Ungarn unterzeichnen.

11.–16. 3. Fünfte Schlacht am Isonzo: Die Italiener führen einen Entlastungsangriff wegen der schweren Kämpfe an der Westfront (Verdun).

12.–18. 4. Schwere Kämpfe im Adamellogebiet; am 17. sprengen die Italiener den Gipfel des Col di Lana.

15. 5. In Südtirol beginnt eine Offensive der k. u. k. Truppen.

4. 6. Zwischen Dnjepr und Pruth an der Ostfront setzen die Russen zur großen Brussilowoffensive an; sie kommt am 16. östlich von Wladimir-Wolynsk zum Stehen.

17. 6. Die Südtiroloffensive wird abgebrochen; der Landgewinn beträgt nur etwa 15–25 km. – Die Russen erobern Czernowitz (Galizien).

13. 7. In Trient wird der ehemalige Reichsratsabgeordnete Cesare Battisti als Hochverräter standrechtlich erschossen. →

4.–17. 8. Sechste Schlacht am Isonzo.

17. 8. Rumänien schließt eine Militärkonvention mit der Entente.

21. 8. Der zunehmende Metallmangel führt zur behördlichen Requisition von privaten Metallgeräten. →

23. 8. Italien erklärt dem Deutschen Reich den Krieg.

27. 8. Rumänien erklärt Österreich-Ungarn den Krieg. In der Folge treten das Deutsche Reich, Bulgarien und das Osmanische Reich in den Krieg mit Rumänien ein.

1.–30. 9. Septemberschlacht in den Karpaten: Ein russischer Durchbruch nach Ungarn wird verhindert.

14.–18. 9. Siebente Schlacht am Isonzo.

26.–29. 9. In der Schlacht bei Hermannstadt wird die 1. rumänische Armee besiegt.

6.–9. 10. Bei Kronstadt erleidet auch die 2. rumänische Armee eine Niederlage.

9.–12. 10. Achte Schlacht am Isonzo.

14. 10. Eine russische Offensive zur Entlastung der Rumänen beginnt; sie scheitert Anfang November.

21. 10. Der Sozialist Friedrich Adler erschießt Ministerpräsident Karl Graf Stürgkh. →

Ende Oktober. Ernest von Koerber bildet seine zweite Regierung.

5. 11. Die Mittelmächte proklamieren das unabhängige Königreich Polen.

11.–16. 11. Verbündete Truppen dringen in die Walachei ein; die Rumänen werden in der Schlacht bei Turgu-Jiu (15.–17. 11.) erneut besiegt.

21. 11. Nach dem Tod Kaiser Franz Josephs I. tritt Erzherzog Karl Franz Joseph die Nachfolge an. →

Ende November. Kaiser Karl I. enthebt Erzherzog Friedrich des Oberbefehls über die k. u. k. Armee; am 2. Dezember übernimmt er selbst das Kommando.

1.–3. 12. Die Rumänen erleiden bei Argesch abermals eine Niederlage.

6. 12. Verbündete Truppen erobern Bukarest.

12. 12. Die Mittelmächte richten ein Friedensangebot an die Entente. →

15. 12. Ministerpräsident Ernest von Koerber tritt mit seiner Regierung zurück. Kaiser Karl I. beauftragt Heinrich Graf Clam-Martinic mit der Bildung eines neuen Kabinetts.

30. 12. Kaiser Karl I. wird in Ofen (als Karl VI.) zum König von Ungarn gekrönt.

Die Entente lehnt das Friedensangebot der Mittelmächte vom → 12. Dezember ab.

Rapid Wien wird Fußballmeister 1915/16.

GESTORBEN:

25. 1. Wien: Franz Freiherr von Schönaich (* 27. 2. 1844), Feldzeugmeister, 1905–1911 Verteidigungs- bzw. Kriegsminister.

2. 2. Wien: Vincenz Chiavacci (* 15. 6. 1847), Schriftsteller.

19. 2. Haar bei München: Ernst Mach (* 18. 2. 1838), Physiker.

12. 3. Wien: Marie Freifrau von Ebner-Eschenbach, geb. Gräfin Dubsky (* 13. 9. 1830), Schriftstellerin. →

18. 3. Wolfsbergkogel: Karl Gölsdorf (* 8. 6. 1861), Techniker.

27. 4. Schlackenwerth (Böhmen): Gustav Marchet (* 29. 5. 1846), Politiker.

9. 10. Wien: Julius Ritter von Wiesner (* 20. 1. 1838), Botaniker.

21. 10. Wien: Karl Graf Stürgkh (* 30. 10. 1859), Politiker. →

1. 11. Tetschen: Franz Anton Fürst von Thun-Hohenstein (* 2. 9. 1847), Staatsmann.

21. 11. Wien: Franz Joseph I. von Habsburg-Lothringen (* 18. 8. 1830), Kaiser. →

28. 12. Eduard Strauß (* 15. 3. 1835), Komponist.

GEBOREN:

12. 3. Wien: Christian Broda, Politiker.

10. 4. Wien: Friedrich Heer († 18. 9. 1983), Historiker.

26. 5. Wien: Ludwig Jedlicka († 29. 4. 1977), Historiker.

5. 6. Wien: Ernst Haeussermann († 10./11. 6. 1984), Regisseur und Burgtheaterdirektor.

19. 6. Balaton: Robert Lindner († 6. 6. 1967), Kammerschauspieler.

12. 12. Wien: Willfried Gredler, Politiker.

Der Kaiser in Galauniform

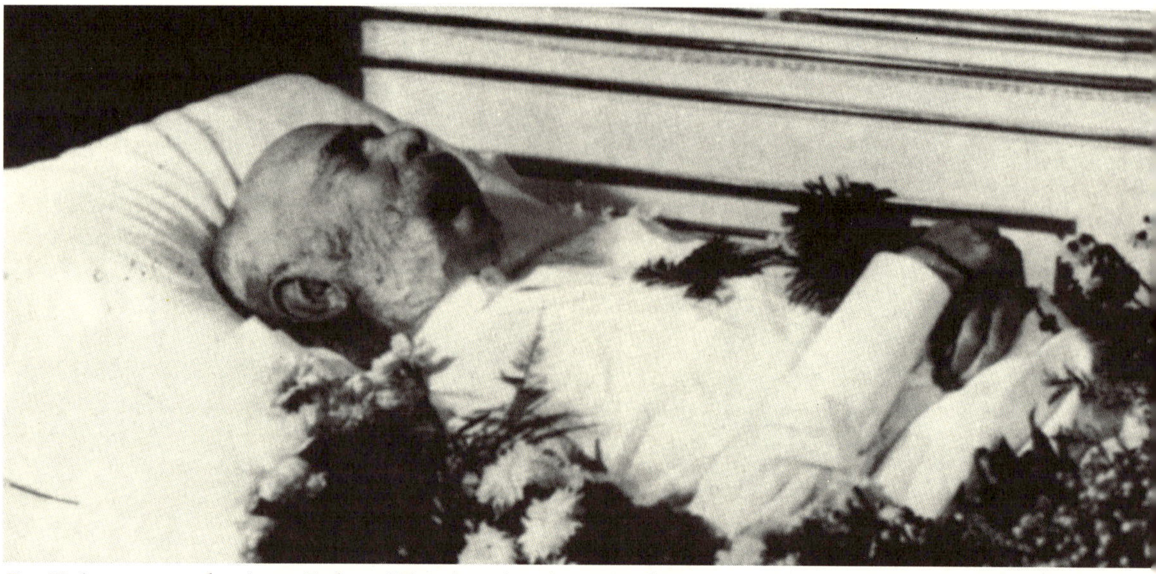

Der Kaiser war nach seinem Tod zwei Tage lang in seinem Sterbezimmer in Schloß Schönbrunn aufgebahrt

Bei Kaisermanövern in Galizien 1900

Kaiser Franz Joseph I. im Gebet

Porträt des greisen Monarchen

Trauer um Kaiser Franz Joseph I.

21. November. Im Alter von 86 Jahren stirbt Kaiser Franz Joseph I. gegen 21 Uhr im Wiener Schloß Schönbrunn.

Der Kaiser litt an einem schweren Bronchialkatarrh, der sich zusehends verschlimmerte, sodaß ab Mitte November kein Zweifel mehr am tödlichen Ausgang der Erkrankung bestand. Am 30. November findet die Einsegnung des Leichnams im Wiener Stephansdom statt, von dort geleitet ein Trauerzug den Sarg zur Kapuzinerkirche, in deren Gruft der Kaiser beigesetzt wird.

Franz Joseph I. bestieg im → Dezember 1848 – als 18jähriger – den Thron und regierte fast 68 Jahre das Kaiserreich Österreich. 1867 wurde er nach dem erfolgreichen »Ausgleich« (→ 18.2./15.3.1867) auch zum apostolischen König von Ungarn gekrönt. Am → 24. April 1854 heiratete er die damals erst 16jährige bayrische Prinzessin Elisabeth (Sisi), die dem Kaiser in ihrer 44jährigen Ehe vier Kinder (darunter einen Sohn, Erzherzog Rudolf) gebar. Nach dem Selbstmord des Thronfolgers und dem Tod seiner Gattin (→ 10.9.1898) vereinsamte der Kaiser immer mehr.

Der 1920 verstorbene Historiker Heinrich Friedjung charakterisiert Kaiser Franz Joseph I. 1919 wie folgt: »Selbstbespiegelung oder gar Ruhmredigkeit waren ihm fremd. Er hielt die Menschen in gemessenem Abstande von sich und thronte gewissermaßen in den Wolken ...«

48 Jahre hatte Franz Joseph I. dazu beigetragen, daß Österreich nach dem verlorenen »Deutschen Krieg« (→ 1866) in Frieden leben konnte; der einstige Gegner Preußen war zum engsten Verbündeten der Donaumonarchie geworden, die sich durch die Annexion Bosniens und der Herzegowina auf dem Balkan einen Ausgleich für die Gebietsverluste von 1866 geschaffen hatte. 1914 aber liefen die Ereignisse an dem fast 84jährigen vorbei. Als Kriegsminister Alexander von Krobatin den soeben vom Kaiser unterzeichneten Mobilmachungsbefehl per Telefon weitergeben wollte und noch einmal zögerte, erklärte der greise Monarch: »Gehen Sie, ich kann nicht anders.«

Kaiser Karl und Kaiserin Zita

Der Sarg Kaiser Franz Josephs I. in der Hofburgkapelle; l. vorn die ungarische Königskrone, r. die österreichische Kaiserkrone

Ein Hochverräter oder Nationalheld

13. Juli. Der Journalist Cesare Battisti wird wegen Hochverrats im Kastell von Trient erschossen.
Der 41jährige Südtiroler war 1911–1914 Mitglied des cisleithanischen Reichsrates, floh bei Kriegsausbruch nach Italien und förderte den Frontenwechsel Italiens zu den Ententemächten. Beim Kampf um den Monte Corno geriet Battisti in österreichische Gefangenschaft, wurde als Hochverräter angeklagt und verurteilt, obwohl er betonte, Italiener zu sein, und forderte, als Kriegsgefangener behandelt zu werden. Für die Italiener wird er zum Nationalhelden.

Hinrichtung von Cesare Battisti

Friedensvorschlag der Mittelmächte

12. Dezember. In Berlin wird ein Friedensangebot der Mittelmächte an die Entente vorgelegt; es betont einerseits die militärische Stärke des Deutschen Reichs und seiner Verbündeten Österreich-Ungarn, Bulgarien und Osmanisches Reich, schlägt andererseits aber auch Verhandlungen über eine Beendigung des Krieges vor.
Die Entente weist das Angebot zurück, da es keine konkreten Bedingungen enthält und nur dazu diene, die momentanen militärischen Erfolge der Mittelmächte (in Rumänien) auszunutzen, um einen Frieden nach ihren Bedingungen diktieren zu können.

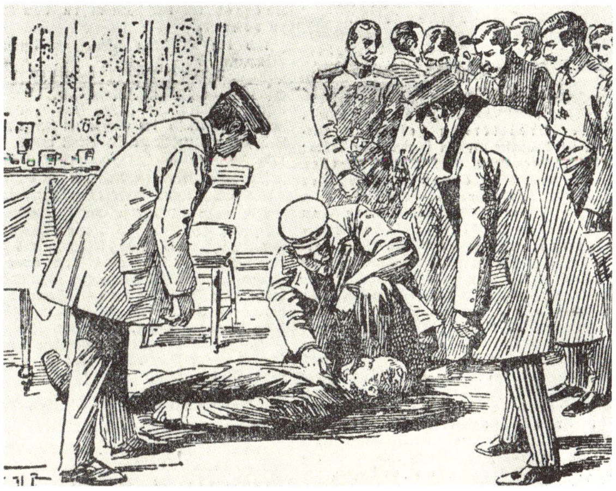

Das Attentat (Skizze aus »Neuigkeiten-Weltblatt«)

Adler (l.) erläutert dem Gericht seine Motive

Attentat auf Karl Graf Stürgkh

21. Oktober. Der Chefredakteur der sozialistischen Wiener Monatsschrift »Der Kampf«, Friedrich Adler, Sohn des gemäßigten sozialdemokratischen Parteiführers Viktor Adler, erschießt im Speisesaal des Wiener Hotels »Meißl und Schadn« den österreichischen Ministerpräsidenten Graf Stürgkh. Adler läßt sich nach der Tat widerstandslos festnehmen. Der 37jährige Adler, seit 1911 Führer der »Linken« im Reichsrat, war ein entschiedener Gegner der Kriegspolitik seiner Partei. Nach der fast völligen Ausschaltung des Parlaments durch Graf Stürgkh sieht er keine legale Möglichkeit mehr, seinen Protest kundzutun und entschließt sich zu einem Attentat auf den Ministerpräsidenten. Nach seiner Festnahme erklärt Adler: »Ich weiß, was ich getan habe; ich habe nicht antipatriotisch gehandelt.«
Adler wird zum Tode verurteilt. Eine Amnestie für politische Häftlinge zum Regierungsantritt Kaiser Karls I. rettet ihm das Leben: Seine Strafe wird in 18 Jahre Kerker umgewandelt; im November 1918 wird er begnadigt.

Thronfolger im Amt

21. November. Der 29jährige Erzherzog Karl Franz Joseph tritt als Karl I. die Nachfolge seines verstorbenen Großonkels Franz Joseph I. an. Karl war nach der Ermordung Erzherzog Franz Ferdinands in Sarajevo (→ 28.6.1914) überraschend in die Stellung des Thronfolgers aufgerückt, wurde aber wie seine Vorgänger vom Kaiser nicht zu den Regierungsgeschäften herangezogen.
Kaiser Karl I. hatte seit Frühjahr 1915 mit seiner Familie im Wiener Schloß Schönbrunn Wohnung genommen und durch seine bescheidene Haltung die Sympathie des Kaisers gewonnen, der bereits am Tag des Attentats von Sarajevo – nach den bekanntgewordenen Worten »Mir bleibt doch nichts erspart« – erklärt haben soll: »Auf jeden Fall kann ich mich auf dich verlassen.«

Karl I., Kaiser von Österreich

»An Meine Völker«
Am 21. November läßt Kaiser Karl I. eine Proklamation veröffentlichen, in der er betont, das Erbe des Verstorbenen »fortsetzen und vollenden« zu wollen: »Noch ist das Ziel nicht erreicht, noch ist der Wahn der Feinde nicht gebrochen, die meinen, in fortgesetztem Ansturme Meine Monarchie und ihre Verbündeten niederringen, ja zertrümmern zu können. Ich weiß Mich eins mit Meinen Völkern in dem unbeugsamen Entschluß, den Kampf durchzukämpfen, bis der Friede errungen ist, der den Bestand Meiner Monarchie sichert...«

Metallmangel deutlich spürbar

21. August. In Österreich beginnt die behördliche Requisition von Metallgeräten aus privaten Haushalten, besonders Kerzenleuchter, Mörser, Bügeleisen, Kupferkessel und Badeöfen werden gesammelt. In Wien überlegt man sogar, ob es zweckmäßig sei, die vermutlich in mehreren Millionen Stück vorhandenen Türklinken abzumontieren.

Aristokratische Anteilnahme

12. März. Im Alter von 86 Jahren stirbt die Schriftstellerin Marie Freifrau von Ebner-Eschenbach, eine geborene Gräfin Dubsky, in Wien. Hauptthemen ihrer Werke sind Adel und Bürgertum Wiens sowie die bäuerliche Welt ihrer mährischen Heimat, die sie mit psychologischem Einfühlungsvermögen darstellt. Auch ihre Aphorismen zeugen von einer vom aristokratischen Standpunkt ausgehenden Anteilnahme am Schicksal ihrer Mitmenschen.

1917

Februar. Feldmarschall Franz Freiherr Conrad von Hötzendorf wird seines Postens als Generalstabschef enthoben und erhält den Oberbefehl über die Heeresgruppe Südtirol. →

1. 2. Das Deutsche Reich erklärt den uneingeschränkten U-Boot-Krieg; die USA brechen daraufhin die diplomatischen Beziehungen zu Berlin ab. Kaiser Karl I. und sein Außenminister Ottokar Graf Czernin haben den deutschen Verbündeten vor diesem Schritt gewarnt.

Februar–April. Kaiser Karl I. führt über seinen Schwager, Prinz Sixtus von Bourbon-Parma, geheime Friedensverhandlungen mit Frankreich. →

12. 3. Erste (bürgerliche) Revolution in Rußland: Zar Nikolaus II. wird zur Abdankung gezwungen.

6. 4. Die USA erklären dem Deutschen Reich den Krieg. Damit verbessert sich die Lage der Entente entscheidend.

Mai. In Stockholm tritt ein Polenkongreß zusammen; große Versprechungen der Entente sollen die Polen für einen Kampf gegen die Mittelmächte gewinnen helfen.

12. 5.–5. 6. Zehnte Schlacht am Isonzo.

23. 5. Kaiser Karl I. veranlaßt den ungarischen Ministerpräsidenten István (Stephan) Graf Tisza zum Rücktritt. →

30. 5. Der seit März 1914 vertagte österreichische Reichsrat wird wieder einberufen; Ministerpräsident Heinrich Graf Clam-Martinic strebt die Bildung eines »Völkerkabinetts« an. Sein Scheitern zwingt ihn am 16. Juni zur Demission.

19. 6. Ernst Seidler von Feuchtenegg bildet eine neue Regierung.

29. 6. Griechenland erklärt Österreich-Ungarn, Bulgarien, dem Deutschen und dem Osmanischen Reich den Krieg.

2. 7. Kaiser Karl I. erläßt eine politische Amnestie. Statt der erhofften inneren Befriedung löst sie weitere nationale Differenzen aus, da sie als Schwäche gewertet wird.

19. 7. Beginn der Gegenoffensive der Verbündeten an der Ostfront: Die zum Teil in Auflösung befindliche russische Armee wird zurückgedrängt.

24. 7. Das »Kriegswirtschaftliche Ermächtigungsgesetz« wird erlassen. →

1. 8. Papst Benedikt XV. fordert alle kriegführenden Staaten auf, den Kampf ohne Annexionen und Kontributionen zu beenden – die USA und das Deutsche Reich weisen die päpstliche Note zurück.

In Wien wird die »Salzburger Festspielgemeinde« gegründet (→ 22. 8. 1920).

8. 8. Die Verbündeten setzen zum Gegenangriff am unteren Sereth und an der Putna an, wo am 22. Juli eine russisch-rumänische Offensive begonnen hat.

18. 8.–13. 9. Elfte Schlacht am Isonzo.

28. 9. In der Schlacht bei Ramadiji werden die Türken von den Briten besiegt.

24. 10.–2. 12. Zwölfte Schlacht am Isonzo: Die sog. Durchbruchsschlacht bei Flitsch-Tolmein führt zum Zusammenbruch der italienischen Isonzo-Front. →

7. 11. (26. 10. nach dem russischen Kalender) Oktoberrevolution in Rußland: Die Bolschewiki übernehmen die Macht.

10. 11. Die k. u. k. Offensive in Südtirol beginnt; Asiago wird erobert.

20.–29. 11. Bei Cambrai (Belgien) kommt es zur ersten großen Tankschlacht der Kriegsgeschichte.

7. 12. Die USA erklären Österreich-Ungarn den Krieg.

9. 12. Die Mittelmächte und Rumänien schließen den Waffenstillstand von Fokschani.

18. 12. Kärntner Truppen erobern den Monte Asolone.

23. und 26. 12. In Basel und Zürich spielt die österreichische Fußballauswahlmannschaft gegen die Schweiz 1:0 bzw. 2:3.

Rapid Wien wird Fußballmeister 1916/17.

GESTORBEN:

22. 2. Wien: Wilhelm Winternitz (* 1. 3. 1834), Arzt, Wasserheilkundler.

23. 3. Wien: Josef Forster (* 20. 1. 1838), Komponist.

25. 3. Wien: Ludwig Lobmeyer (* 2. 8. 1829), Glasindustrieller (→ 1910).

11. 11. Hoboken bei New York: Hans Kudlich (* 23. 10. 1823), Politiker (→ 9. 9. 1848).

GEBOREN:

10. 1. Brod an der Save: Hilde Krahl (eigtl. Koločný), Schauspielerin.

5. 2. Brunn am Gebirge: Otto Edelmann, seit 1947 an der Wiener Staatsoper.

28. 2. Wien: Julia Drapal, 1949–1959 Primaballerina der Wiener Staatsoper.

8. 3. Wien: Elisabeth Gürt, Schriftstellerin.

24. 3. Wien: Otto Rösch, Politiker.

12. 4. Klagenfurt: Erwin Deutsch, Internist.

15. 6. St. Pölten: Georg Josef Prader, Politiker.

30. 6. Niederedlitz: Franz Žak, seit 1961 Bischof von St. Pölten.

15. 9. Wien: Hilde Güden, Kammersängerin, seit 1947 an der Wiener Staatsoper.

18. 9. Wien: Hans Strotzka, Neurologe und Psychiater.

15. 12. Bromberg (Polen): Hilde Zadek, Kammersängerin, seit 1947 an der Wiener Staatsoper.

Schach! Hindenburg und Conrad im »Spiel« um Europa (Karikatur)

Conrad abberufen

Februar. Kaiser Karl I. enthebt Feldmarschall Franz Freiherr Conrad von Hötzendorf seines Postens als Generalstabschef und übergibt ihm den Oberbefehl über die Heeresgruppe Südtirol. Nachfolger Conrads wird General Arz von Straußenburg.

Karl I. übernimmt damit endgültig den Oberbefehl über die k. u. k. Armee. Da Kaiser Franz Joseph I. bei Kriegsausbruch das Oberkommando wegen seines hohen Alters nicht selbst übernehmen konnte, übergab er es dem damals 60jährigen Erzherzog Friedrich, der es bis zu seiner Ablösung durch Kaiser Karl I. am 2. Dezember 1916 innehatte. Die Heerführung lag faktisch jedoch bei Friedrichs Generalstabschef Conrad von Hötzendorf.

Conrad plante den Durchbruch bei Gorlice und den anschließenden Vormarsch bis Brest-Litowsk. Nach seiner Versetzung nach Südtirol agiert er allerdings weniger erfolgreich: Der Abbruch der Juni-Offensive im Abschnitt von Asagio und an der unteren Piave nach nur fünf Tagen (15.–20. 6. 1918) wird dem Feldmarschall zur Last gelegt.

Reformgegner muß zurücktreten

23. Mai. Der ungarische Ministerpräsident István (Stephan) Graf Tisza von Borosjenö und Szeged tritt zurück. Seine Demission erfolgt auf massiven Druck Kaiser Karls I., der den Gegner jeglicher demokratischer Reform abgelöst wissen möchte. Nachfolger Tiszas wird zunächst Moritz Graf Esterházy, der schon am 20. August von Alexander Wekerle wieder abgelöst wird. Wekerle war bereits 1892–1894 einmal ungarischer Ministerpräsident.

Graf Tisza

Regierung mittels Notverordnungen

24. Juli. Das »Kriegswirtschaftliche Ermächtigungsgesetz« für Österreich wird erlassen. Es gibt der Regierung das Notverordnungsrecht für die Dauer des Krieges.

§ 1 lautet: »Die Regierung wird ermächtigt während der Dauer der durch den Krieg hervorgerufenen außerordentlichen Verhältnisse durch Verordnung die notwendigen Verfügungen zur Förderung und Wiederaufrichtung des wirtschaftlichen Lebens … zu treffen.«

Die Regierung wird damit ermächtigt, für die Dauer des Krieges auf dem Verordnungsweg zu regieren. Das Gesetz bildet 1932/1933 die Grundlage für die autoritäre Regierung von Engelbert Dollfuß, der den Ständestaat errichtet.

Kaiser Karls Friedensangebot

Februar–April. Mit Wissen des k. u. k. Außenministers Ottokar Graf Czernin verhandelt Sixtus Prinz von Bourbon-Parma im Auftrag seines kaiserlichen Schwagers Karl I. über eine Beendigung des Krieges.
Unter strenger Geheimhaltung sucht Prinz Sixtus, Offizier in der belgischen Armee, den Kaiser auf, um sich über den Abschluß eines Sonderfriedens zwischen Österreich-Ungarn und der Entente zu verständigen. Die Verhandlungen sollen zunächst ohne den deutschen Bundesgenossen geführt werden, der erst nach einer »Aussprache« mit Frankreich und Großbritannien informiert werden soll.
Bei der Verabschiedung nach einem geheimen Besuch auf Schloß Laxenburg bei Wien am 24. März übergibt Kaiser Karl I. dem Prinzen Sixtus einen Brief, der eigentlich an den französischen Präsidenten Raymond Poincaré gerichtet ist. Karl legt darin seine Vorstellungen von den Bedingungen für einen Friedensschluß dar: Österreich-Ungarn ist bereit, Serbien zu räumen und ihm einen Zugang zur Adria zu gewähren sowie keine Offensive gegen Italien zu unternehmen; der deutsche Verbündete soll Elsaß-Lothringen an Frankreich zurückgeben, Belgien räumen und Kriegsentschädigung zahlen. Poincáre wertet die Briefe Karls (ein zweiter datiert vom 9. Mai) als Zeichen eines Zerfalls der Allianz der Mittelmächte; er bietet Österreich-Ungarn einen Sonderfrieden an, der Gebietsabtretungen auch an Italien (Südtirol) und Rumänien vorsieht. Dies lehnt der Kaiser ab; die Verhandlungen werden allerdings fortgeführt (→ 14.4.1918).

Sixtus Prinz von Bourbon-Parma

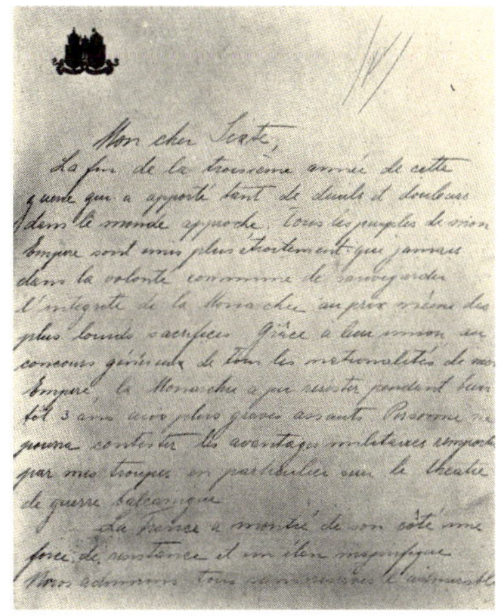

Mon cher Sixte,
La fin de la troisième année de cette guerre qui a apporté tant de deuils et douleurs dans le monde approche. Tous les peuples de mon Empire sont unis plus étroitement que jamais dans la volonté commune de sauvegarder l'intégrité de la Monarchie au prix même des plus lourds sacrifices. Grâce à leur union, au concours généreux de toutes les nationalités de mon Empire, la Monarchie a pu résister pendant bientôt 3 ans aux plus graves assauts. Personne ne pourra contester les avantages militaires remportés par mes troupes en particulier sur le théâtre de guerre balcanique.
La France a montré de son côté une force de résistance et un élan magnifique. Nous admirons tous

Karls Brief an Prinz Sixtus

Karls Brief

Am 24. März 1917 übergibt Kaiser Karl I. seinem Schwager Prinz Sixtus von Bourbon-Parma den eigentlich für den französischen Präsidenten Raymond Poincaré bestimmten Brief, in dem er seine Bedingungen für den Abschluß eines Friedens darlegt. Darin heißt es u. a.:

»... zur Kundgebung der Aufrichtigkeit meiner Gefühle in präziser Form bitte ich Dich, dem Präsidenten der französischen Republik, Herrn Poincaré, geheime und inoffizielle Mitteilung zu machen, daß ich mit allen Mitteln und mit meinem ganzen persönlichen Einfluß bei meinen Verbündeten die gerechte französische Zurückforderung Elsaß-Lothringens unterstützen werde.
Belgien muß als souveräner Staat wiederhergestellt werden und seine sämtlichen afrikanischen Besitzungen erhalten, ungeachtet der Entschädigungen, die es für die erlittenen Verluste erhalten sollte. Die Souveränität Serbiens wird wiederhergestellt werden, und wir sind, um unseren guten Willen zu beweisen, erbötig, ihm einen der Billigkeit entsprechenden natürlichen Zugang zum Adriatischen Meere und weitgehende wirtschaftliche Zugeständnisse zu garantieren. Österreich-Ungarn wird dagegen als unerläßliche Vorbedingung fordern, daß ... Serbien sich in Zukunft von jeder Gesellschaft oder Vereinigung mit der politischen Tendenz der Zerstückelung der Monarchie losmacht ...«

Schlacht am Isonzo: links Artilleriegeschütz, Mitte Zerstörung von Material, rechts Flammenwerferangriff

Durchbruch bei Flitsch-Tolmein

24. Oktober–2. Dezember. Die zwölfte und letzte Schlacht am Isonzo, einem Flußlauf von den Julischen Alpen durch die Ebene von Görz bis zur Bucht von Triest, wird zum unerwartet großen Sieg der verbündeten Truppen: Bei Flitsch-Tolmein gelingt fünf k. u. k. und sieben deutschen Infanteriedivisionen der Durchbruch durch die italienische Isonzofront, die in der Folge zusammenbricht.
Trotz zahlenmäßiger Überlegenheit (die Italiener verfügen über 25 Infanteriedivisionen und drei Armeekorps) wird Flitsch-Tolmein zur Verfolgungsschlacht, die 10 000 Italienern das Leben kostet, 30 000 werden verwundet, 300 000 geraten in Gefangenschaft. Die Verbündeten beklagen etwa 70 000 Tote und Verwundete. Da die Kräfte der Mittelmächte bereits zu sehr geschwächt sind, kann der Sieg am Isonzo nicht mehr entscheidend genutzt werden. Die Isonzofront war seit dem Kriegseintritt Italiens am 23. Mai 1915 der Schwerpunkt heftiger Kämpfe an der österreichisch-italienischen Grenze.

Kriegsführung kostet Unsummen

Die Beteiligung am Ersten Weltkrieg kostet die österreichisch-ungarische Doppelmonarchie Unsummen, und die k.u.k. Regierung versucht, die notwendigen finanziellen Mittel durch Kriegsanleihen aufzubringen. Mit großem Aufwand wird für diese Anleihen geworben. Während der Zeit des Ersten Weltkriegs werden insgesamt 25 Kriegsanleihen aufgelegt, die einen Gesamtbetrag von 51 Milliarden Kronen erbringen.
Der größte Teil dieser Summe, nämlich 33 Milliarden Kronen, wird von der Bevölkerung der österreichischen Reichshälfte aufgebracht.

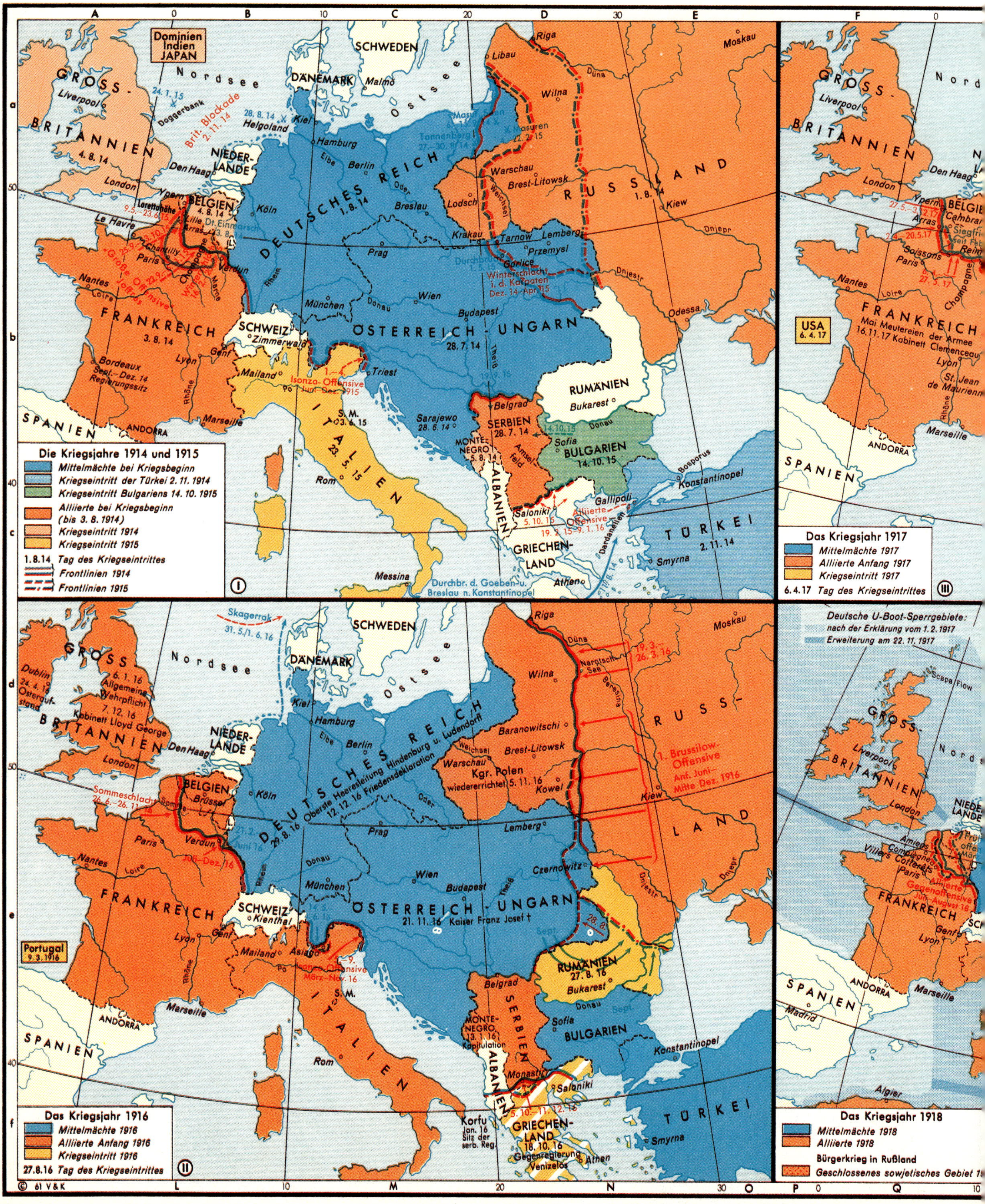
Dominien
Indien
JAPAN
Nordsee
Ostsee
SCHWEDEN
DÄNEMARK
GROSS-BRITANNIEN 4. 8. 14
NIEDER-LANDE
BELGIEN 4. 8. 14
DEUTSCHES REICH 1. 8. 14
RUSSLAND 1. 8. 14
FRANKREICH 3. 8. 14
SCHWEIZ
ÖSTERREICH-UNGARN 28. 7. 14
ITALIEN 23. 5. 15
RUMÄNIEN
SERBIEN 28. 7. 14
BULGARIEN 14. 10. 15
MONTE-NEGRO 5. 8. 14
ALBANIEN
GRIECHEN-LAND
TÜRKEI 2. 11. 14
SPANIEN
ANDORRA
Brit. Blockade 2. 11. 14
Bordeaux Sept.-Dez. 14 Regierungssitz
Winterschlacht i. d. Karpaten Dez. 14-Apr. 15
Isonzo-Offensive
Durchbr. d. Goeben u. Breslau n. Konstantinopel
Die Kriegsjahre 1914 und 1915
Mittelmächte bei Kriegsbeginn
Kriegseintritt der Türkei 2. 11. 1914
Kriegseintritt Bulgariens 14. 10. 1915
Alliierte bei Kriegsbeginn (bis 3. 8. 1914)
Kriegseintritt 1914
Kriegseintritt 1915
1.8.14 Tag des Kriegseintrittes
Frontlinien 1914
Frontlinien 1915
I
USA 6. 4. 17
Mai Meutereien der Armee
16.11.17 Kabinett Clemenceau
Das Kriegsjahr 1917
Mittelmächte 1917
Alliierte Anfang 1917
Kriegseintritt 1917
6.4.17 Tag des Kriegseintrittes
III
Skagerrak 31. 5./1. 6. 16
6. 1. 16 Allgemeine Wehrpflicht
7. 12. 16 Kabinett Lloyd George
Sommeschlacht 26. 6.-26. 11. 16
Verdun 21. 2.-Juli-Dez. 16
29. 8. 16 Oberste Heeresleitung Hindenburg u. Ludendorff
12. 12. 16 Friedensdeklaration
Kgr. Polen wiedererrichtet 5. 11. 16
1. Brussilow-Offensive Anf. Juni-Mitte Dez. 1916
21. 11. 16 Kaiser Franz Joseph †
RUMÄNIEN 27. 8. 16
Portugal 9. 3. 1916
MONTE-NEGRO 13. 1. 16 Kapitulation
Korfu Jan. 16 Sitz der serb. Reg.
GRIECHEN-LAND 18. 10. 16 Gegenregierung Venizelos
Das Kriegsjahr 1916
Mittelmächte 1916
Alliierte Anfang 1916
Kriegseintritt 1916
27.8.16 Tag des Kriegseintrittes
II
Deutsche U-Boot-Sperrgebiete:
nach der Erklärung vom 1. 2. 1917
Erweiterung am 22. 11. 1917
Alliierte Gegenoffensive Juli-August 18
Das Kriegsjahr 1918
Mittelmächte 1918
Alliierte 1918
Bürgerkrieg in Rußland
Geschlossenes sowjetisches Gebiet
© 61 V&K

1918

8. 1. US-Präsident Thomas Woodrow Wilson proklamiert ein 14 Punkte umfassendes Friedensprogramm. →

14.–20. 1. In Wien und anderen Industriestädten Österreichs demonstrieren und streiken Arbeiter für die Beendigung des Krieges.

1. 2. In Cattaro (Süddalmatien) meutern die Matrosen der k. u. k. Kriegsflotte.

9. 2. Die Mittelmächte schließen einen Sonderfrieden (»Brotfrieden«) mit der Ukraine.

3. 3. Die Mittelmächte und Sowjetrußland unterzeichnen den Frieden von Brest-Litowsk. →

1. 4. Auf der Linie Wien–Aspern–Olmütz–Krakau–Lemberg–Kiew wird die erste internationale Luftpostlinie der Welt eröffnet.

14. 4. K. u. k. Außenminister Ottokar Graf Czernin tritt zurück; Stephan Graf Burián von Rajecz wird Nachfolger. →

7. 5. Die Mittelmächte und Rumänien schließen den Frieden von Bukarest.

10. 6. Das Schlachtschiff »Szent István« wird von italienischen Torpedos getroffen und sinkt südwestlich der Insel Premuda in der Adria (89 Mann ertrinken).

15.–20. 6. Eine Offensive der k. u. k. Truppen an der italienischen Front wird abgebrochen. Mitte Juli enthebt Kaiser Karl I. Feldmarschall Franz Freiherr Conrad von Hötzendorf des Kommandos über die Südtirolarmee.

28. 6. Die US-Regierung erklärt, alle slawischen Völker von deutscher und österreichischer Herrschaft befreien zu wollen.

20. 8. Ernst Seidler von Feuchtenegg tritt mit seiner Regierung zurück; neuer Ministerpräsident wird Max Freiherr Hussarek von Heinlein.

10.–16. 9. Trotz einer feindlichen Übermacht halten k. u. k. Truppen den Monte Asolone.

14. 9. Kaiser Karl I. richtet eine Friedensnote an alle kriegführenden Staaten.

16. 10. Ein »Völkermanifest« Kaiser Karls I. soll durch Umwandlung der k. u. k. Monarchie in einen Bundesstaat den drohenden Zerfall des Habsburger-Reiches verhindern. →

21. 10. In Wien konstituiert sich die »Provisorische Nationalversammlung für Deutschösterreich«. →

26. 10. Kaiser Karl I. löst durch ein Telegramm an Kaiser Wilhelm II. das Bündnis mit dem Deutschen Reich.

27. 10. Heinrich Lammasch bildet die letzte kaiserliche Regierung.

28. 10. In Prag wird die »Tschechoslowakische Republik« ausgerufen.

29. 10. Der Zusammenbruch der k. u. k. Armee beginnt.

30./31. 10. In der Nacht wird die erste deutschösterreichische Regierung unter Vorsitz von Staatskanzler Karl Renner berufen.

2. 11. Laibach wird von serbischen Truppen besetzt.

3. 11. In der Villa Giusti bei Padua wird der Waffenstillstand unterzeichnet. →

11. 11. Kaiser Karl I. verzichtet auf jeden Anteil an der Regierung. →

12. 11. In Wien wird die Gründung der »Republik Deutschösterreich« verkündet. →

16. 11. Der neue ungarische Ministerpräsident Michael Graf Károlyi ruft in Budapest die Republik aus.

23. 11. 5000 italienische Soldaten besetzen Innsbruck (bis 3. 2. 1920).

1. 12. Die südslawischen Gebiete der k. u. k. Monarchie vereinigen sich mit Serbien und Montenegro zum Königreich der Serben, Kroaten und Slowenen.

5. 12. Die Kärntner Landesversammlung beschließt den bewaffneten Widerstand gegen die eingedrungenen südslawischen Truppen (→ 3. 5. 1919).

18. 12. Ein neues Wehrgesetz führt die allgemeine Wehrpflicht in der »Volkswehr« ein und beschränkt die Kommandogewalt der kommunistischen Soldatenräte.

Der FAC wird Fußballmeister 1917/1918.

GESTORBEN:

18. 1. Wien: Amalie Materna (* 10. 7. 1845), Opern-Sängerin.

6. 2. Wien: Gustav Klimt (* 14. 7. 1862), Maler. →

11. 4. Wien: Otto Wagner (* 13. 7. 1841), Architekt. →

20. 4. Wien: Paul Gautsch Freiherr von Frankenthurn (* 26. 2. 1851), Politiker.

20. 4. Wien: Alexander Girardi (* 5. 12. 1850), Schauspieler.

26. 6. Krieglach: Peter Rosegger (* 31. 7. 1843), Volksschriftsteller. →

18. 10. Wien: Kolo (Koloman) Moser (* 30. 3. 1868), Maler. →

31. 10. Wien: Egon Schiele (* 12. 6. 1890), Maler und Zeichner. →

31. 10.0 Budapest: István (Stephan) Graf Tisza (* 22. 4. 1861), ungarischer Politiker (ermodet).

11. 11. Wien: Viktor Adler (* 24. 6. 1852), Politiker. →

21. 12. Leoben: Konrad Prinz zu Hohenlohe-Schillingsfürst (* 16. 12. 1863), Politiker.

GEBOREN:

21. 5. Wien: Karl Schwanzer († 20. 8. 1975), Architekt.

22. 6. Wien: Kurt Moldovan († 16. 9. 1977), Maler und Graphiker.

30. 8. Wien: Alfred Huth († 8. 4. 1945), Widerstandskämpfer.

5. 9. Alm bei Saalfelden: Rosl Schwaiger († 19. 4. 1970), Opernsängerin.

21. 12. St. Andrä-Wördern: Kurt Waldheim, Diplomat.

Frieden von Brest-Litowsk

3. März. Die Kapitulation der sowjetischen Truppen führt zum – von den Mittelmächten diktierten – Friedensschluß von Brest-Litowsk. Kurland, Livland, Litauen, Estland und Polen werden von Rußland abgetrennt und bleiben von Deutschland und Österreich-Ungarn besetzt. Außerdem erkennt Rußland Finnland und die Ukraine als selbständige Staaten an. Die armenischen Gebiete Ardhan, Kars und Batum werden unter türkische Verwaltung gestellt. In einem Zusatzvertrag vom 27. August müssen sich die Russen zu Reparationszahlungen in Höhe von sechs Milliarden Goldmark verpflichten.

Die Waffenstillstandsverhandlungen mit Rußland hatten am 20. Dezember 1917 begonnen. In den Monaten Dezember bis Februar lösten sich die Ukraine, Finnland, Estland, Livland, Kurland, Litauen und Kaukasien – gemäß dem von den Sowjets proklamierten Recht auf Selbstbestimmung – aus dem russischen Staatsverband. Das Deutsche Reich unterstützte diese Bestrebungen, um sich selbst Einfluß zu sichern. Für Rußland war der Verlust dieser Gebiete nicht annehmbar, sodaß sowjetische Truppen in Finnland und in der Ukraine einmarschierten. Weil das Deutsche Reich die verschiedenen Unabhängigkeitsbestrebungen militärisch unterstützte, wurden die russischen Truppen zurückgeschlagen. Am 9. Februar schlossen das Deutsche Reich, Österreich-Ungarn und das Osmanische Reich mit der Ukraine einen Separatfrieden. Gegen die Lieferung von Getreide wurde ihre Unabhängigkeit anerkannt (»Brotfrieden«). Leo D. Trotzkij, russischer Vertreter in Brest-Litowsk, brach die Gespräche daraufhin ab. Am 18. Februar nahmen die Mittelmächte ihren Vormarsch wieder auf und zwangen die Sowjets zur Kapitulation.

Unterzeichnung des Waffenstillstands von Brest-Litowsk

»Sixtus-Affäre« wird publik

14. April. Nach einem schweren Zusammenstoß mit Kaiser Karl I. tritt k. u. k. Außenminister Ottokar Graf Czernin zurück.

Czernin hatte am 2. April vor dem Wiener Gemeinderat erklärt, der französische Ministerpräsident Georges Clemenceau habe Friedensverhandlungen aufnehmen wollen, die aber an der Forderung Frankreichs nach Rückgabe Elsaß-Lothringens gescheitert wären. Clemenceau veröffentlichte daraufhin den Brief Kaiser Karls I. vom →24. März 1917, in dem Karl ein Friedensangebot unterbreitet und seine Unterstützung der »gerechten französischen Zurückforderung Elsaß-Lothringens« zusagt. Graf Czernin war der Brief unbekannt.

Die Veröffentlichung der geheimen Friedensbemühungen Kaiser Karls I. erschüttert das Vertrauen der Verbündeten Österreich-Ungarns erheblich und bringt das Ansehen des Habsburgers in Mißkredit. Erst der Pfingstbesuch Karls im deutschen Hauptquartier in Spa (Belgien) führt zur Bereinigung der Situation.

US-Präsident legt Friedensplan vor

8. Jänner. In seiner Jahresbotschaft an den amerikanischen Kongreß verkündet US-Präsident Thomas Woodrow Wilson 14 Punkte als Grundlage für die Beendigung des Weltkrieges.

Voraussetzung für den Friedensplan Wilsons ist das Selbstbestimmungsrecht aller Völker. Als Vorbedingung für einen Frieden fordert er von den Mittelmächten die Rückgabe aller besetzten Gebiete in Rußland (→3.3.), Belgien, Frankreich (einschließlich Elsaß-Lothringen), Serbien, Rumänien und Montenegro.

In Polen soll ein autonomer Staat errichtet werden. Den nichttürkischen Völkern im Osmanischen Reich und den Völkern Österreich-Ungarns soll eine autonome Entwicklung zugestanden werden und eine Berichtigung der italienischen Grenzen nach »klar erkennbarem« nationalen Besitzstand erfolgen. Außerdem soll die Freiheit der Schiffahrt gewährleistet werden.

Friedensbotschaft

des

Präsidenten Wilson

am 8. Januar 1918 an den amerikanischen Kongreß gerichtet.

Vollständiger Text.

Anmerkung: Die Stellen, welche in der deutschen Presse nicht wiedergegeben wurden, sind unterstrichen.

Meine Herren!

Wieder einmal, wie schon wiederholt vorher, haben die Wortführer der Zentralmächte dem Wunsch Ausdruck gegeben, die Kriegsziele und womöglich eine Grundlage für einen allgemeinen Frieden zu besprechen. In Brest-Litowsk haben Verhandlungen zwischen Vertretern der Zentralmächte und Rußlands stattgefunden, auf welche die Aufmerksamkeit aller Kriegführenden gelenkt wurde, um in Erwägung zu ziehen, ob es möglich sei, diese Besprechungen zu einer allgemeinen Friedenskonferenz zu erweitern.

Die Vertreter Rußlands haben nicht allein eine festumschriebene Darlegung der Grundsätze, nach denen sie bereit wären, Frieden zu schließen, sondern auch ein ebenso klares Programm für die praktische Anwendung dieser Grundsätze vorgelegt. Die Vertreter der Zentralmächte legten ihrerseits den Entwurf zu einer Vereinbarung vor, der, wenngleich viel weniger klar, einer Auslegung im liberalen Sinne fähig

Zuwachs ihres Gebiets und ihrer Macht zu behalten.

Die Vermutung ist berechtigt, daß die zuerst vorgeschlagenen allgemeinen Grundsätze eines Übereinkommens von den liberalsten Staatsmännern Deutschlands und Österreichs stammten, von jenen Männern, welche im Begriffe sind, die Macht der Gedanken und der Wünsche ihres eigenen Volkes zu fühlen, während die eigentlichen Bedingungen des wirklichen Abkommens von den militärischen Führern herrührten, die keine anderen Gedanken haben, als zu behalten, was sie erobert haben. Die Verhandlungen wurden abgebrochen. Die russischen Vertreter hatten aufrichtig und im Ernst gesprochen. Sie können solche Eroberungs- und Herrschaftsgelüste nicht unterstützen.

Der ganze Zwischenfall ist bedeutungsvoll, aber auch sehr verwirrend. Mit wem verhandeln eigentlich die Vertreter Rußlands?

In seiner Friedensbotschaft regt US-Präsident Thomas Woodrow Wilson u. a. die Schaffung einer Friedensorganisation zur Beilegung internationaler Streitigkeiten an, die später mit dem Völkerbund verwirklicht wird

Alliierte lehnen Verhandlungen ab

14. September. Kaiser Karl I. wendet sich in einer Friedensnote »An alle!« kriegführenden Staaten und schlägt vor, sofortige Verhandlungen zu einem Verständigungsfrieden aufzunehmen, wie ihn auch US-Präsident Wilson in seiner Jahresbotschaft am →8. Jänner vorgeschlagen hatte. Der deutsche Kaiser Wilhelm II. antwortet, daß die Friedensnote »eine ernsthafte Gefährdung des Bündnisses zur Folge haben« könnte. Am 27. September macht US-Präsident Thomas Woodrow Wilson aber deutlich, daß die Alliierten nicht mit autoritären Regierungen verhandeln wollen, die »ihre Politik auf Gewalt stützen«. Der französische Mimisterpräsident Georges Clemenceau erklärt: »Auf zum fleckenlosen Sieg!« Damit ist die letzte Chance für einen Verständigungsfrieden verspielt. Am 26. September richtet Bulgarien als erster von den Verbündeten ein Waffenstillstandsangebot an die Entente.

Der Waffenstillstand ist unterzeichnet

3. November. In der Villa Giusti bei Padua wird der Waffenstillstand zwischen Österreich-Ungarn und der Entente unterzeichnet. Leiter der österreichischen Waffenstillstandskommission ist General Viktor Weber von Webenau, Leiter der italienischen General Pietro Badoglio.

Folgende Vereinbarungen werden getroffen: Sofortige Einstellung der Feindseligkeiten und Räumung Tirols bis zum Brenner und des Pustertals bis Toblach, des Tarviser Bekkens, des Isonzogebiets, Istriens samt Triest, Westkrains sowie Dalmatiens mit allen Adriainseln; Abzug der deutschen Einheiten; Bewegungsfreiheit alliierter Truppen auf österreichischem Boden; Heimführung der alliierten Kriegsgefangenen; Abrüstung auf 20 Divisionen und Auslieferung der halben Artillerie.

Bereits für den 3. November um 1.20 Uhr befahl das Armeeoberkommando die Einstellung der Feindseligkeiten, Italien hingegen hielt sich an das Inkrafttreten nach Unterzeichnung (4. November, 15 Uhr). Die Waffenstillstandskommission hat das Armeeoberkommando in Baden bei Wien am 2. um 22 Uhr mit einem Radiogramm davon in Kenntnis gesetzt, doch trifft dieses erst am 3. gegen Mittag in Baden ein. Dadurch geraten etwa 350 000 österreichische Soldaten kampflos in italienische Kriegsgefangenschaft. Ein Protest bleibt unbeantwortet.

Nach der vergeblichen Friedensnote Kaiser Karls I. vom → 14. September richteten die Mittelmächte am 4. Oktober eine Note an US-Präsident Thomas Woodrow Wilson und erklärten sich zur Anerkennung seiner 14 Punkte vom → 8. Jänner bereit. Diese Note wurde jedoch am 18. Oktober zurückgewiesen, da die geplante bloße Autonomie der Tschechen und Südslawen nicht mehr realisierbar sei. Am 27. Oktober bot die k. u. k. Regierung US-Präsident Wilson einen Sonderfrieden an, nachdem man dem deutschen Verbündeten am Vortag erklärt hatte, daß der militärische Zusammenbruch bevorstehe und ein Waffenstillstand unumgänglich sei. Der deutsche Reichstag beschließt daher am 28. den Übergang zum parlamentarischen Regierungssystem. Am 11. November schließt auch das Deutsche Reich einen Waffenstillstand mit der Entente.

Schwerverwundete Soldaten liegen aufgereiht vor dem Abtransport mit der Bahn

Die Bilanz des Krieges

49 Monate dauerte der erste Weltkrieg der Geschichte, rund zehn Millionen Menschen fielen ihm zum Opfer. Österreich-Ungarn beklagt laut amtlicher Angabe des k. u. k. Kriegsministeriums vom 6. November 1918 1,2 Millionen Tote und 3,86 Millionen Verwundete, Gefangene und Vermißte. Auf 46 Einwohner kommt ein Kriegstoter.

Österreich-Ungarn mobilisierte etwa 8,5 Millionen Männer für den Kriegsdienst – das sind rund 75% der männlichen Bevölkerung zwischen 18 und 50 Jahren. 13 verschiedene Völker dienten in der k. u. k. Armee, deren Friedensstand 450 000 Mann betrug, bis zum 21. August 1914 aber bereits auf 1 687 000 Mann erhöht wurde. 1915 waren durchschnittlich 4 080 000 Mann unter Waffen; diese Zahl stieg 1916 auf 4 880 000 Mann, 1917 auf 5 100 000 Mann und fiel 1918 wieder auf 4 650 000 Mann.

Bei Kriegsbeginn betrug die Bewaffnung der k. u. k. Armee 3782 Geschütze, 2761 MG und 2 474 000 Gewehre, bei Kriegsende – trotz schwerer Verluste – 9585 Geschütze und 17 277 MG; die Zahl der Gewehre fiel – trotz einer Kriegsproduktion von insgesamt 3,58 Millionen – auf 1 876 000.

Der Verzicht Kaiser Karls I.

11. November. Gegen 15 Uhr unterzeichnet Kaiser Karl I. im Wiener Schloß Schönbrunn ein Manifest an das deutschösterreichische Volk, in dem er auf jeden Anteil an der Regierung verzichtet. Das Manifest wird noch am selben Tage veröffentlicht. Es hat folgenden Wortlaut: »Seit Meiner Thronbesteigung war Ich unablässig bemüht, Meine Völker aus den Schrecknissen des Krieges herauszuführen, an dessen Ausbruch Ich keinerlei Schuld trage.
Ich habe nicht gezögert, das verfassungsmäßige Leben wieder herzustellen, und habe den Völkern den Weg zu ihrer selbständigen staatlichen Entwicklung eröffnet.
Nach wie vor von unwandelbarer Liebe für alle Meine Völker erfüllt, will Ich ihrer freien Entfaltung Meine Person nicht als Hindernis entgegenstellen. Im voraus erkenne Ich die Entscheidung an, die Deutschösterreich über seine künftige Staatsform trifft. Das Volk hat durch seine Vertreter die Regierung übernommen. Ich verzichte auf jeden Anteil an den Staatsgeschäften ...«

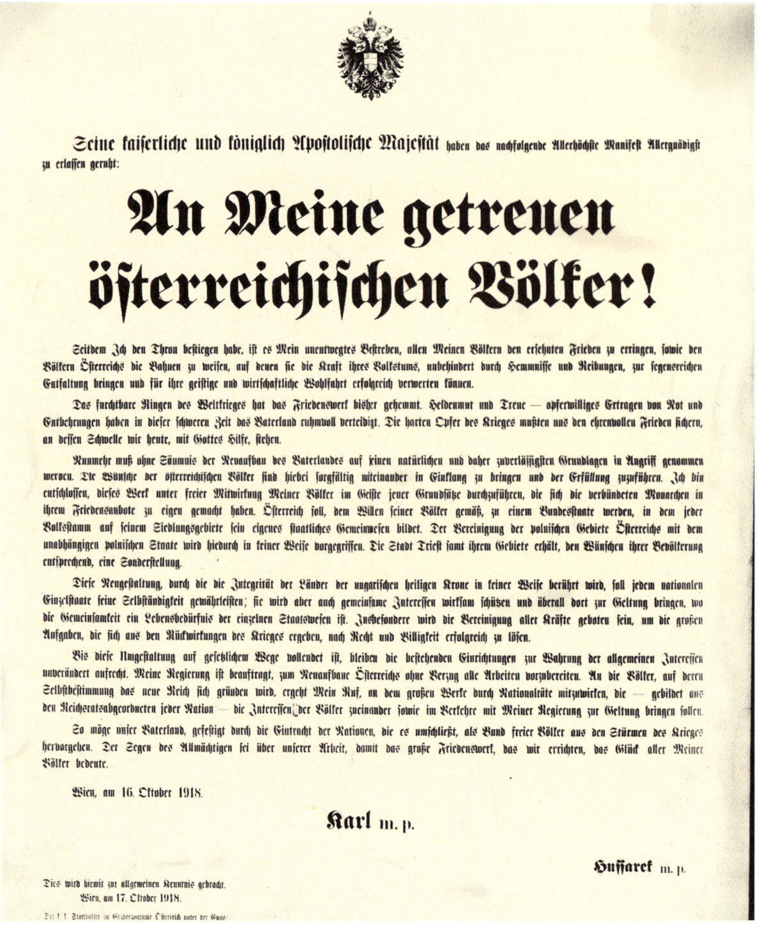

Seine kaiserliche und königlich Apostolische Majestät haben das nachfolgende Allerhöchste Manifest Allergnädigst zu erlassen geruht:

An Meine getreuen österreichischen Völker!

Seitdem Ich den Thron bestiegen habe, ist es Mein unentwegtes Bestreben, allen Meinen Völkern den ersehnten Frieden zu erringen, sowie den Völkern Österreichs die Bahnen zu weisen, auf denen sie die Kraft ihres Volkstums, unbehindert durch Hemmnisse und Reibungen, zur segensreichen Entfaltung bringen und für ihre geistige und wirtschaftliche Wohlfahrt erfolgreich verwerten können.

Das furchtbare Ringen des Weltkrieges hat das Friedenswerk bisher gehemmt. Heldenmut und Treue — opferwilliges Ertragen von Not und Entbehrungen haben in dieser schweren Zeit das Vaterland ruhmvoll verteidigt. Die harten Opfer des Krieges mußten uns den ehrenvollen Frieden sichern, an dessen Schwelle wir heute, mit Gottes Hilfe, stehen.

Nunmehr muß ohne Säumnis der Neuaufbau des Vaterlandes auf seinen natürlichen und daher zuverlässigsten Grundlagen in Angriff genommen werden. Die Wünsche der österreichischen Völker sind hiebei sorgfältig miteinander in Einklang zu bringen und der Erfüllung zuzuführen. Ich bin entschlossen, dieses Werk unter freier Mitwirkung Meiner Völker im Geiste jener Grundsätze durchzuführen, die sich die verbündeten Monarchen in ihrem Friedensanbote zu eigen gemacht haben. Österreich soll, dem Willen seiner Völker gemäß, zu einem Bundesstaate werden, in dem jeder Volksstamm auf seinem Siedlungsgebiete sein eigenes staatliches Gemeinwesen bildet. Der Vereinigung der polnischen Gebiete Österreichs mit dem unabhängigen polnischen Staate wird hiedurch in keiner Weise vorgegriffen. Die Stadt Triest samt ihrem Gebiete erhält, den Wünschen ihrer Bevölkerung entsprechend, eine Sonderstellung.

Diese Neugestaltung, durch die die Integrität der Länder der ungarischen heiligen Krone in keiner Weise berührt wird, soll jedem nationalen Einzelstaate seine Selbständigkeit gewährleisten; sie wird aber auch gemeinsame Interessen wirksam schützen und überall dort zur Geltung bringen, wo die Gemeinsamkeit ein Lebensbedürfnis der einzelnen Staatswesen ist. Insbesondere wird die Vereinigung aller Kräfte geboten sein, um die großen Aufgaben, die sich aus den Rückwirkungen des Krieges ergeben, nach Recht und Billigkeit erfolgreich zu lösen.

Bis diese Umgestaltung auf gesetzlichem Wege vollendet ist, bleiben die bestehenden Einrichtungen zur Wahrung der allgemeinen Interessen unverändert aufrecht. Meine Regierung ist beauftragt, zum Neuaufbaue Österreichs ohne Verzug alle Arbeiten vorzubereiten. An die Völker, auf deren Selbstbestimmung das neue Reich sich gründen wird, ergeht Mein Ruf, an dem großen Werke durch Nationalräte mitzuwirken, die — gebildet aus den Reichsratsabgeordneten jeder Nation — die Interessen der Völker zueinander sowie im Verkehre mit Meiner Regierung zur Geltung bringen sollen.

So möge unser Vaterland, gefestigt durch die Eintracht der Nationen, die es umschließt, als Bund freier Völker aus den Stürmen des Krieges hervorgehen. Der Segen des Allmächtigen sei über unserer Arbeit, damit das große Friedenswerk, das wir errichten, das Glück aller Meiner Völker bedeute.

Wien, am 16. Oktober 1918.

Karl m. p.

Hussarek m. p.

Dies wird hiemit zur allgemeinen Kenntnis gebracht.
Wien, am 17. Oktober 1918.

Der k. k. Statthalter im Erzherzogtume Österreich unter der Enns:

Das »Völkermanifest« Kaiser Karls I. vom 16. Oktober 1918

Das Ende des Vielvölkerstaats

September–November. Mit der militärischen Niederlage der k. u. k. Armee einher geht der Zusammenbruch des Habsburger-Reiches, dessen nichtdeutsche Völker nicht mehr nur Autonomie, sondern staatliche Selbständigkeit fordern.
Am 26. September proklamiert der tschechische Nationalrat (→ 14.11. 1915) in Paris die Errichtung eines selbständigen Staates; Tomaš Masaryk wird erster Staatspräsident, Eduard Beneš erster Außenminister der am 28. Oktober in Prag ausgerufenen »Tschechoslowakischen Republik«.
Am 6. Oktober bilden die österreichischen Kroaten, Serben und Slowenen in Agram einen eigenen Nationalrat und erklären am 29. den Zusammenschluß der südslawischen Gebiete zu einem unabhängigen Staat mit Anschluß an Serbien.
Der drohende Zerfall des Reiches veranlaßt Kaiser Karl I. am 16. Oktober zur Veröffentlichung eines sog. Völkermanifestes, das den – angesichts der politischen Entwicklung zu späten – Entschluß enthält, die k. u. k. Monarchie in einen Bundesstaat umzuwandeln, »in dem jeder Volksstamm auf seinem Siedlungsgebiete sein eigenes staatliches Gemeinwesen bildet.«
Die »provisorische Nationalversammlung« beschließt nach dem Rückzug des Kaisers in ihrer Sitzung am 12. November, daß alle Länder, die freiwillig ihren Beitritt zur »Republik Deutschösterreich« erklären, von der Republik beansprucht werden sollen.

Abgeordnete der provisorischen Nationalversammlung der Republik Deutschösterreich bei einer Sitzung

Der Weg zur Republik

21. Oktober: Konstituierende Sitzung der deutschsprachigen Mitglieder des cisleithanischen Abgeordnetenhauses als »provisorische Nationalversammlung für Deutschösterreich« in Wien. Eine Proklamation verspricht die Errichtung eines deutschösterreichischen Staates aller deutschsprachigen Gebiete der Monarchie.
22. Oktober: Max Freiherr Hussarek von Heinlein tritt mit seiner Regierung zurück.
27. Oktober: Heinrich Lammasch bildet die letzte kaiserliche Regierung.
30. Oktober: Die »provisorische Nationalversammlung« nimmt die von Karl Renner ausgearbeitete »provisorische Verfassung« an: »Deutschösterreich ist ein Bestandteil der deutschen Republik.« Die Nationalversammlung wählt einen 22gliedrigen Staatsrat mit drei Präsidenten: Erster Präsident wird Franz Dinghofer, Zweiter Prälat Johann Hauser (Christlichsozialer), Dritter Karl Seitz.
30./31. Oktober: In der Nacht wird die erste deutschösterreichische Regierung – eine Koalition aus Christlichsozialen, Deutschnationalen und Sozialdemokraten mit dem Sozialdemokraten Karl Renner als Staatskanzler und Regierungschef – berufen.
Demonstrationen in Wien gegen die Monarchie.
31. Oktober: Ministerpräsident Lammasch übergibt der provisorischen Regierung die Regierungsgewalt. Die provisorische Regierung erklärt die Farben Rot-Weiß-Rot zu Staatsfarben.
1. November: Kaiser Karl I. entbindet als apostolischer König von Ungarn die ungarische Regierung ihres Treueides.
2. November: Julius Graf Andrássy d. J. tritt als k. u. k. Außenminister zurück.
3. November: Die Volkswehr und die Kommunistische Partei werden gegründet.
8. November: Bekanntgabe der »Richtlinien für die Aufstellung der Volkswehr« – General Boog wird Oberster Befehlshaber.

)emonstration vor dem Parlament anläßlich der Ausrufung der Republik Deutschösterreich am 12. 11. 1918

Die Ereignisse des 12. November

.2. November. Um 15 Uhr beginnt ie Sitzung der provisorischen Naionalversammlung im Wiener Parament, dem ehemaligen Reichsratsebäude. Der am Vortag vom Staatsat unter Vorsitz des Prälaten Joıann Hauser angenommene Geetzentwurf für die Ausrufung der Republik wird einstimmig verabchiedet. Der Abgeordnete Wilhelm Miklas erklärt für die Christlichsoiale Partei, man hätte zwar lieber iner Volksabstimmung den Vorzug egeben um über den Fortbestand ler Monarchie zu entscheiden, wole aber doch »die Einigkeit in diesem eschichtlichen Augenblick nicht tören.« Am Vortag haben Miklas ınd zwei weitere Christlichsoziale ıoch gegen das Wort »Republik« ınd Miklas selbst gegen Artikel 2 in lem von dem Sozialdemokraten Karl Renner ausgearbeiteten Gesetzntwurf gestimmt, in dem es heißt: »Art. 1: Deutschösterreich ist eine lemokratische Republik. Alle öfentlichen Gewalten werden vom Volk eingesetzt. Art. 2: Deutschösterreich ist ein Bestandteil der leutschen Republik.«
Um 15.55 Uhr gibt Präsident Karl Dinghofer von der Rampe des Parlanents mit deutlich vernehmbarer Stimme den Gesetzentwurf für die Gründung der »Republik Deutschösterreich« bekannt. Mehrere zehntausend Menschen haben sich auf der Ringstraße eingefunden, um den historischen Augenblick mitzuerleben. Da stürzen sich mehrere Rotgardisten auf die zu den Fahnenstangen eilenden Parlamentsdiener, bringen die rot-weiß-rote Fahne der neuen Republik in ihre Gewalt, reißen den weißen Mittelstreifen heraus, hissen die nunmehr »rote Fahne« und fordern die Gründung einer »Sozialen Republik«.
Plötzlich fällt ein Schuß – es bleibt ungeklärt, von wo. Das schnelle Herablassen der Rollbalken an den Fenstern des Parlamentsgebäudes klingt wie Maschinengewehrfeuer – daraufhin entsteht ein Tumult auf der Straße und eine Schießerei, die zwei Tote und 40 Verletzte fordert. Die »Roten Garden«, die auf eine Solidarisierung der Massen gehofft haben, bleiben jedoch isoliert. Der Putschversuch, über den es bereits am Vortage Gerüchte gegeben hat, scheitert kläglich.
Daß die Ereignisse vor dem Parlament nicht isoliert zu betrachten sind, zeigt die gleichzeitige Aktion von Rotgardisten und »Deutschmeistern«, die um 17.15 Uhr das Redaktionsgebäude der »Neuen Freien Presse« in der Fichtegasse besetzen und ein Flugblatt veröffentlichen, in dem es heißt: »Vor dem Parlamentsgebäude wurde heute nachmittag die soziale Republik ausgerufen ... In Ausführung dieses Beschlusses der Kommunistischen Partei wurde heute nachmittag das Redaktionsgebäude der »Neuen Freien Presse« ... besetzt.« In einem weiteren Flugblatt vom gleichen Abend heißt es: »Wir haben Euch gezeigt, daß es nur an Euch liegt, die ganze politische und wirtschaftliche Macht sofort in Eure Hände zu nehmen.« Am 13. November heißt es im »Weckruf«, der Zeitung der KPÖ: »Die Massen ... bestätigen vollkommen die Überzeugung, daß der Zeitpunkt gekommen war, um auch hier die sozialistische Republik zu proklamieren.«
Die junge »Republik Deutschösterreich« hat ihre erste Bewährungsprobe bestanden – für eine sozialistische Revolution, die Ausrufung einer Sowjetrepublik fehlt es in Österreich (trotz einer zweifellos vorhandenen revolutionären Stimmung in der Arbeiterschaft vor allem Wiens) an einer gut organisierten Kraft; die Kommunistische Partei, Volkswehr und Rote Garden sind ausnahmslos Gründungen erst der letzten beiden Wochen.

An das Volk von Deutschösterreich

Am 12. November veröffentlicht die »provisorische Nationalversammlung« einen von Staatskanzler Karl Renner verfaßten Aufruf »An das Deutschösterreichische Volk!«. Darin heißt es u.a.:
»Die durch das gleiche Stimmrecht aller Bürger berufenen Vertreter des Volkes von Deutschösterreich haben in der Provisorischen Nationalversammlung unter den freigewählten Präsidenten vereinigt und beraten durch die von der Volksvertretung eingesetzten verantwortlichen Behörden den Beschluß gefaßt, den Staat Deutschösterreich als Republik, das ist als freier Volksstaat, einzurichten, dessen Gesetze vom Volk ausgehen und dessen Behörden ohne Ausnahmen durch die Vertreter des Volkes eingesetzt werden.
Zugleich hat die Provisorische Nationalversammlung beschlossen, ihre Vollmachten unverzüglich, sobald die nötigsten Vorkehrungen getroffen sind, in die Hände des Volkes zurückzulegen. Im Monat Jänner wird das gesamte Volk, Männer und Frauen, zur Wahl schreiten und sein äußeres Schicksal wie seine innere Ordnung allein, frei und unabhängig bestimmen.

Staatskanzler Karl Renner

Was dieses vom Unglück heimgesuchte, schwergeprüfte Volk seit den Tagen von 1848 immer begehrt, was ihm die Mächte des Rückschrittes ebenso hartnäckig wie kurzsichtig versagt haben, das ist nun inmitten des allgemeinen Zusammenbruches der alten Einrichtungen glücklich errungen.
Wir stellen die Volksfreiheit unter den Schutz der gesamten Bevölkerung! Wir fordern Euch auf, bereit zu sein, Eure Rechte, Eure Freiheiten, Eure Zukunft mit der Tatkraft, aber auch mit der Besonnenheit und Klugheit eines freien Volkes selbst zu wahren und zu beschirmen. Jetzt, da die Freiheit gesichert ist, ist es erste Pflicht, die staatsbürgerliche Ordnung und das wirtschaftliche Leben wiederherzustellen. Der neue Staat hat ein Trümmerfeld übernommen ...«

»Die Musik II«, Gemälde von Gustav Klimt aus dem Jahr 1898 (Supraportenbild im Palais Dumba, 1945 verbrannt)

Klimt, Moser, Schiele – drei Künstler der »Moderne«

6. Februar. Im Alter von 55 Jahren stirbt der Wiener Maler Gustav Klimt, einer der Hauptmeister des Jugendstils und Vorläufer der Wiener Schule des Phantastischen Realismus.
Klimt war einer der Gründer der Wiener Secession (→ 25. 3. 1899) und bis 1905 ihr Präsident. Sein ornamental-dekoratives Werk zeichnet sich durch die Verbindung von naturalistischer, in Pastelltönen gestalteter Körperdarstellung mit mosaikartig zusammengefügten, geometrischen und spiraligen Formen aus, die in dem nach 1905 entwickelten »Goldenen Stil« meist als Goldflächen wiedergegeben sind.
Inhaltlich stehen oft das Sinnliche betonende Darstellungen von Frauengestalten im Vordergrund, für die häufig Damen der Wiener Gesellschaft Modell standen.
Zu einem Skandal führten die Gemälde »Philosophie«, »Medizin« und »Jurisprudenz«, die Klimt in den Jahren 1900–1903 im Auftrag von Wiener Universitätsinstituten malte. Der Staat verweigerte die Annahme der in Auftrag gegebenen Bilder mit dem Argument, es handle sich um obszöne Darstellungen.

18. Oktober. Der Innenarchitekt, Maler und Graphiker Kolo (Koloman) Moser stirbt im Alter von 50 Jahren in Wien.
Moser war Gründungsmitglied der Wiener »Secession« und der »Wiener Werkstätte« (→ 1903). Durch seine zahlreichen Entwürfe in den verschiedenen Bereichen des Kunsthandwerks – Stoff- und Teppichmuster, Schmuck, Ledersachen, Spielzeug, Bucheinbände, für Bühnendekorationen und Inneneinrichtungen – und war er von starkem Einfluß auf die österreichische Spielart des Jugendstils.
Zu seinen Hauptwerken gehören die Entwürfe für das stilisierte Eulenmotiv, den »Reigen der Kranzträgerinnen« und das Glasfenster »Die Kunst« im Gebäude der Wiener Secession.

Gustav Klimt

Egon Schiele

31. Oktober. 28jährig stirbt der Maler und Zeichner Egon Schiele, ein Vertreter der expressiven Malerei, in Wien.
Entscheidend für die künstlerische Entwicklung Schieles war die Begegnung mit Gustav Klimt im Jahre 1907. Beeinflußt von dem Freund, Förderer und Vorbild, malte er in den folgenden Jahren (bis etwa 1910) im Formenkanon des Jugendstils, näherte sich danach jedoch dem expressiven Stil Oskar Kokoschkas an und wurde schließlich zu einem der ausdrucksstärksten Expressionisten.
Zu seinen bekanntesten Werken zählen die zahlreichen deformierenden Aktdarstellungen, die ihn – mit der Darstellung verrenkter Körper, verzerrter Gesichter und ekstatischer Gesten – als Zeitgenossen des Psychoanalytikers Sigmund Freud ausweisen, vom Publikum und von den Gerichten jedoch als pornographisch verurteilt wurden. Schiele mußte nach Beschlagnahme einiger Blätter 1912 eine 24tägige Gefängnisstrafe abbüßen.
Weitere Themen Schieles sind Landschaftsdarstellungen, Kinderbildnisse und analytische Selbstporträts.

Ein steirischer Schriftsteller

26. Juni. In Krieglach (Steiermark) stirbt 74jährig der Volksschriftsteller Peter Rosegger.
In den 80er Jahren des 19. Jahrhunderts begann er, Romane und Erzählungen zu veröffentlichen, die das Leben seiner steirischen Heimat in der Sprache der einfachen Menschen darstellen.

Peter Rosegger

Seine Autobiographie »Als ich noch der Waldbauernbub war« wird zum vielgelesenen Jugendbuch.

Seine Bauten prägen Wien

11. April. Im 78. Lebensjahr stirbt der Architekt Otto Wagner, der wohl bedeutendste Baumeister des Jugendstils und ein Vorläufer des modernen Städtebaus.
1892/93 leitete Wagners Generalregulierungsplan eine umfassende Stadtsanierung Wiens ein, in deren Verlauf Wagner die Stadtbahnbauten (→ 1901), die Kaianlagen zur Regulierung des Donaukanals und des Wienflusses, das Postsparkassenamt (→ 1906) und die Anstaltskirche Am Steinhof (→ 1904) errichtete.

Der Einiger der Sozialdemokratie

11. November. Im Alter von 66 Jahren stirbt der Einiger und Führer der österreichischen Sozialdemokraten Viktor Adler, seit dem 31. Oktober Staatssekretär für Äußeres in der deutschösterreichischen Regierung.
Der als »Armeleut-Doktor« bekanntgewordene Arzt führte die Einigung auf dem Hainfelder Parteitag (→ 30. 12. 1888) herbei und setzte sich für den arbeitsfreien → 1. Mai 1890 ein.

Viktor Adler

Die Erste Republik 1918–1938

1918 war der Erste Weltkrieg beendet, die österreichisch-ungarische Monarchie existierte nicht mehr, der Vielvölkerstaat war auseinandergebrochen. In Österreich, dem Kernland der ehemaligen Habsburgermonarchie, wurde die Republik ausgerufen.
Doch selbst die Geburtsstunde der Republik war von Gewalt überschattet. Über Machtansprüche und Meinungsverschiedenheiten der Parteien sowie die Gebietsforderungen angrenzender Länder konnte man auch im Frieden nur in der Waffensprache reden. Schon in den ersten Stunden sah sich die Regierung mit diesem Problem konfrontiert, ein Problem, das keiner weiteren Regierung der Ersten Republik erspart bleiben sollte.

»Der Rest ist Österreich«

»Der Rest ist Österreich« ist nicht nur der Ausspruch, den man dem französischen Ministerpräsidenten Georges Clemenceau zuschreibt, sondern auch die deprimierende Erkenntnis der Bevölkerung: Was als Republik weiter existieren sollte, war nur mehr der deutschsprachige Teil des einstigen Großreiches. Wegen seiner wirtschaftlichen Abhängigkeit von den abgetrennten Ländern gab man ihm wenig Überlebenschancen. Der Gedanke an den Anschluß an das Deutsche Reich lag nahe, obwohl dessen politisches Schicksal noch völlig unklar war.
Mit dieser Überlegung aller politischen Lager war nur ein Mann nicht einverstanden, der christlichsoziale Abgeordnete Wilhelm Miklas – jener Mann, der im Schicksalsjahr 1938 Bundespräsident war. Vorerst nannte man die junge Republik Deutschösterreich und entsprach damit exakt den Tatsachen.

Demokratie – Parteien – Not

Am 1. Oktober 1920 trat die demokratische Verfassung Österreichs in Kraft. Der demokratisch-republikanische Lernprozeß war mühsam, blutig und – mißlang. Ein ratloses Volk wurde von ratlosen Politikern geleitet, die sich befähigt wähnten, sich selbst und dem Volk demokratisches Verhalten übermitteln zu können, ohne es jemals erlernt zu haben. Die Pläne für eine Demokratisierung wurden durch das wirtschaftliche Elend der Nachkriegszeit stark beeinträchtigt – Nährboden für Unzufriedenheit und Ungeduld. Der Wille zum innenpolitischen Frieden soll niemandem abgesprochen werden, doch wurden weltanschauliche Meinungsverschiedenheiten und Machtansprüche der Parteien nicht demokratisch, sondern mit Waffengewalt ausgetragen.
Der Friedensvertrag von Saint-Germain-en-Laye (1919) brachte zusätzliche Einschränkungen und ließ den jungen Staat hart büßen, was vorher nicht allein von ihm verschuldet worden war. Der aus 381 Artikeln bestehende Friedensvertrag legte eine Änderung des Staatsnamens in Österreich fest und untersagte den Anschluß an das Deutsche Reich. Umfangreiche Gebietsabtretungen verkleinerten das Staatsgebiet erheblich: Südtirol und das Kärntner Kanaltal fielen an Italien, Südstiermark und das Kärntner Mießtal an Jugoslawien, niederösterreichische Gebiete um Feldsberg und Böhmzeil an die Tschechoslowakei. Außerdem wurde Österreich zur Leistung von Reparationen verpflichtet. Die Teilnahme an einem neuen Krieg sollte durch die Abschaffung der Wehrpflicht und die Begrenzung des Söldnerheeres auf 30 000 Mann verhindert werden.
Dennoch, allen politischen Unruhen, der Arbeitslosigkeit und der Inflation zum Trotz, entwickelten das Volk und einige besonnene Politiker einen Selbsterhaltungswillen, der große Bewunderung abverlangt.

Ohne Demokratie dem Ende entgegen

Die innenpolitische Unsicherheit und die wirtschaftlich schlechte Lage, die zum großen Teil durch die Gebietsverluste bedingt war, führten zu einer Radikalisierung des politischen Lebens. Seit 1925 kam es immer wieder zu blutigen Zusammenstößen zwischen dem sozialistischen Republikanischen Schutzbund und den nach italienisch-faschistischem Vorbild aufgebauten Heimwehren.
Der Wahlsieg der österreichischen Nationalsozialisten (1932) bei Landtags- und Gemeindewahlen und die Regierungsbildung durch den Christlichsozialen Engelbert Dollfuß beschleunigten das Ende der Demokratie. Dollfuß schaltete mit Hilfe eines kriegswirtschaftlichen Ermächtigungsgesetzes von 1917 den Nationalrat aus und schuf ein autoritäres Regime. Der Republikanische Schutzbund, die KPÖ und die österreichischen Nationalsozialisten wurden verboten, anstelle politischer Parteien wurde die Vaterländische Front gegründet.
1934 wurde auch gegen die SPÖ und die Gewerkschaften ein Verbot erlassen und der christliche Ständestaat mit berufsständischen Vertretungskörperschaften und Einparteiensystem geschaffen (Maiverfassung).
Der Putsch der Nationalsozialisten gegen das ständestaatliche Regime am 25. Juli 1934, bei dem Dollfuß ermordet wurde, scheiterte zwar, der Widerstand gegen das autoritäre System und die Unzufriedenheit wuchsen jedoch.
Rund 144 Personen, die in Uniformen des Bundesheeres und der Polizei gekleidet waren, beteiligten sich an dem nationalsozialistischen Putschversuch. Nach der Einnahme der Gebäude der österreichischen Rundfunkgesellschaft (RAVAG) gaben die Putschisten eine Erklärung über den Rücktritt des Bundeskanzlers Engelbert Dollfuß ab. Während des gleichzeitig erfolgten Überfalls auf das Bundeskanzleramts wurde Dollfuß angeschossen und erlag seinen Verletzungen, da ihm ärztliche Hilfe verweigert wurde.

Kurz danach konnten sowohl der Rundfunksender, als auch das Bundeskanzleramt von Polizeikräften geräumt werden.
Unter Dollfuß' Nachfolger, Bundeskanzler Kurt von Schuschnigg, erhöhte sich neben der innenpolitischen Instabilität der Druck des nationalsozialistischen Deutschen Reichs, das Österreich annektieren wollte, auf die junge Republik. Dem strukturell nicht einmal richtig durchdachten und geformten Ständestaat war das Ende anzumerken. Nach dem vielversprechenden »italienischen Weg« hatte man den »deutschen« eingeschlagen, doch beide erwiesen sich als Irrwege: Mit Diktatoren zu verhandeln und sich auf ihre Partnerschaft zu verlassen, erwies sich als höchste politische Naivität. Die Morgendämmerung der »Finis Austriae« wurde bald deutlich erkennbar und war nicht mehr aufzuhalten. Sicher hatte die Weltwirtschaftskrise ihren Anteil an der innenpolitischen Entwicklung ebenso wie an der außenpolitischen Situation der Ersten Republik – man hätte aber diese soziale Gärung und politische Polarisierung nicht noch vermehren dürfen. Mit dem Einmarsch deutscher Truppen endete 1938 Österreichs Selbständigkeit.

Österreichs Kultur bleibt unbestritten

Dank der Metropole Wien, dieser Stadt, die für die kleine Republik zwangsläufig zum oft geschmähten »Wasserkopf« geworden war, konnte Österreich sein kulturelles Niveau in Kunst und Wissenschaft bewahren und erweitern.
Im Verhältnis zu seiner Einwohnerzahl hatte (und hat) Österreich die meisten Nobelpreisträger (die erste war 1905 die Friedensnobelpreisträgerin Bertha von Suttner), wie man überhaupt die Leistungen des Landes in Kunst und Wissenschaft nie bestritt. Anders auf dem Gebiet der Erfindungen, deren Auswertungen all zu oft an der Finanzierbarkeit scheiterten. Das Wiener Burgtheater, die Staatsoper, die wieder leicht aufblühende Operette, bewahrten und mehrten ihren Weltruf. Noch während des Krieges wurde der Gedanke der Salzburger Festspiele entwickelt und in den schwierigsten Jahren in die Tat umgesetzt. Max Reinhardt gründete sein weltweit Anerkennung findendes Seminar, die literarische Kleinkunstbühne wurde heimisch, und das Kabarett entwickelte eine eigene österreichische Note. Die Literatur wurde erst jetzt richtig »österreichisch«, und nicht nur die Spezies der Kaffeehausliteraten errang Weltgeltung.
In der bildenden Kunst hatte das wohl einmalige Phänomen der »Wiener Werkstätte«, die während der Zeit des Jugendstils entstanden war schon im Jahre 1932 aufgehört zu bestehen, aber Malerei und Architektur österreichischer Künstler waren anerkannt.
Noch ein Bereich wurde weit über die Grenzen hinaus bekannt: Die Wiener Schulreform, basierend auf der Aktivität und den Gedanken Otto Glöckels. Das Niveau der österreichischen Schule konnte sich sehen lassen. Die volksbildnerischen Leistungen erreichten schließlich durch die Volkshochschulen und die Volksbüchereien einen beachtlichen Schritt vorwärts auf dem Sektor Bildungswesen, der nun endlich auch das bisher kaum genützte Reservoir der Arbeiterschaft miteinbezog.
Der gesamte Bereich des kulturellen Lebens und Schaffens bleibt aus der Ersten Republik als österreichische Leistung bestehen.

1919

31. 1. Bei einer Demonstration von Arbeitslosen in Wien kommt es zu Zusammenstößen mit der Polizei.

4. 2. In Linz demonstrieren die Massen gegen den Fleischmangel und plündern Geschäfte.

9. 2. Sozialdemokraten und Deutschnationale sprengen in St. Leonhard bei Horn (Niederösterreich) eine christlichsoziale Wahlversammlung; der Abgeordnete Wilhelm Miklas wird dabei schwer verletzt.

16. 2. In Deutschösterreich finden Wahlen zur verfassunggebenden (konstituierenden) Nationalversammlung statt.→

22. 2. Zusammenstöße zwischen Kommunisten und Deutschnationalen in Graz fordern sechs Tote und etwa 50 Verletzte.

27. 2.–2. 3. Der Staatssekretär für Äußeres Otto Bauer führt mit dem deutschen Außenminister Ulrich Graf Brockdorff-Rantzau Geheimverhandlungen über den Anschluß an Deutschland.

1./2. 3. Auf der »Reichskonferenz der Arbeiterräte« in Wien können sich die Kommunisten nicht durchsetzen.→

3. 3. Die erste Regierung Renner tritt zurück.

4. 3. Die verfassunggebende Nationalversammlung tritt erstmals zusammen. Der Sozialdemokrat Karl Seitz wird zum Ersten Präsidenten und damit zum Staatsoberhaupt Deutschösterreichs gewählt (→16.2.).

12. 3. Die Nationalversammlung erklärt: »Deutschösterreich ist ein Teil der Deutschen Republik.«

15. 3. Karl Renner bildet seine zweite Regierung (→16.2.).

Die in Paris tagende Kommission für die territorialen Friedensbestimmungen beschließt die Aufrechterhaltung der Grenze zwischen Deutschösterreich und Deutschland.

20. 3. In Ungarn wird eine kommunistische Räteregierung ausgerufen.

23. 3. Ex-Kaiser Karl I. verläßt mit seiner Familie Österreich und begibt sich ins Schweizer Exil. – Vor seiner Ausreise am 24. nimmt Karl im sog. Feldkircher Manifest seine seit dem 18. Oktober 1918 gemachten Zusagen zurück.

April. Der Lainzer Tiergarten in Wien wird für das Sommerhalbjahr öffentlich zugänglich.

3. 4. Die Nationalversammlung spricht die Landesverweisung und Enteignung des Hauses Habsburg-Lothringen aus. Ferner wird die Todesstrafe abgeschafft und das Führen von Adelstiteln verboten.

14. 4. US-Präsident Thomas Woodrow Wilson erklärt, daß Südtirol zu Italien kommen soll.

17. 4. In Wien beginnen kommunistische Unruhen.→

3. 5. Zusammenstöße zwischen der Bevölkerung und jugoslawischen Truppen in Kärnten führen zur Eskalation des Konflikts an der Südostgrenze Deutschösterreichs.→

11. 5. Die Vorarlberger entscheiden sich für einen Anschluß an die Schweiz.→

21. 5. Der Ministerrat bestimmt die zu verstaatlichenden Betriebe.

28. 5. Unter alliiertem Druck wird die Volkswehr auf 12 000 Mann begrenzt.

7. 6. Die Nationalversammlung lehnt den Friedensentwurf der Alliierten ab.

31. 7. Der sog Kärntner Abwehrkampf ist zu Ende (→3.5.).

27. 8. Mit der Entwaffnung des Volkswehrbataillons 41 sind die Kommunisten mit ihrem Versuch, eine Räterepublik zu proklamieren, endgültig gescheitert.→

6. 9. »Unter feierlichem Protest« nimmt die Mehrheit der Nationalversammlung den Friedensvertrag von Saint-Germain-en-Laye an.→

10. 10. In der Wiener Oper wird die Oper »Die Frau ohne Schatten« von Richard Strauss uraufgeführt; der Text stammt von Hugo von Hofmannsthal.

17. 10. Karl Renner bildet seine dritte Regierung.

21. 11. Die Nationalversammlung verabschiedet das Gesetz über die Staatsform.→

GESTORBEN:

8. 1. Wien: Peter Altenberg (eigtl. Richard Engländer; * 9.3.1859), Aphoristiker und Feuilletonist.

9. 6. Wien: Karl Kundmann (* 15.6.1838), Bildhauer.

24. 12. Maria Lankowitz (Steiermark): Leo Reinisch (* 26.10.1832), Afrikanist und Ägyptologe.

GEBOREN:

2. 1. St. Lambrecht bei Murau: Josef Moser, Politiker.

23. 1. Wien: Hans Has, Unterwasserforscher.

22. 5. Linz: Rudolf Bayr, Dramatiker.

6. 6. Wien: Margarethe Ottilinger, Politikerin.

23. 6. Alberschwende (Vorarlberg): Hermann Gmeiner, Gründer der SOS-Kinderdörfer.

14. 8. Wien: Ingrid Leodolter, Politikerin, Ärztin.

20. 8. Wien: Otto Vogl († 13.3.1939), Widerstandskämpfer.

5. 9. Knezitz (ČSR): Hans Georg Heintschel-Heinegg († 5.2.1944), Dichter und Widerstandskämpfer.

9. 10. Köngetried (Allgäu): Irmgard Seefried, Kammersängerin.

28. 10. St. Pölten: Bernhard Wicki, Schauspieler und Filmregisseur.

14. 11. Wiener Neustadt: Stephan Koren, Politiker.

12. 12. Wien: Fritz Muliar, Schauspieler.

Die ersten Wahlen

16. Februar. In Deutschösterreich finden die Wahlen zu einer verfassunggebenden (konstituierenden) Nationalversammlung statt. Die Sozialdemokraten werden stärkste Partei (72 Mandate), die Christlichsozialen erreichen mit 69 Sitzen ein nicht ganz befriedigendes Ergebnis, die Deutschnationalen Parteien erhalten nur 26 Abgeordnete.

Am 4. März tritt die Nationalversammlung zu ihrer ersten Sitzung zusammen und wählt den Sozialdemokraten Karl Seitz zum Ersten, den christlichsozialen Prälaten Johann Hauser zum Zweiten und den Deutschnationalen Franz Dinghofer zum Dritten Präsidenten. In der Tschechoslowakei kommt es an diesem Tag zu Demonstrationen für einen Anschluß an Deutschösterreich, die vom tschechischen Militär unterdrückt werden. 57 Tote und 100 Schwerverletzte sind die Folge. Das am 14. März verabschiedete Gesetz über die Volksvertretung und die Staatsregierung erklärt die Nationalversammlung zum höchsten Organ der Republik – ihr Erster Präsident ist zugleich Staatsoberhaupt Deutschösterreichs. Am 15. bildet Staatskanzler Karl Renner seine zweite Regierung, eine Koalition zwischen Sozialdemokraten und Christlichsozialen. Renner übernimmt auch die Ministerien für Inneres und Unterricht, der Sozialdemokrat Otto Bauer bleibt Staatssekretär für Äußeres, der Christlichsoziale Jodok Fink wird Vizekanzler.

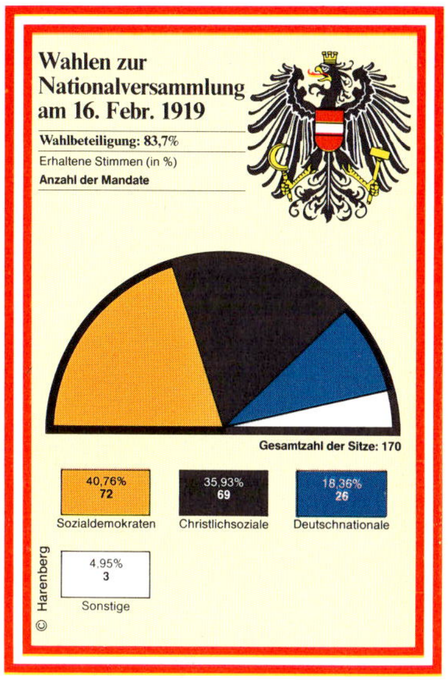

Wahlplakat zum 16. Februar 1919

Die Kärntnerstraße in Wien am Wahltag, übersät mit Flugblättern

Der Staatsvertrag von Saint-Germain-en-Laye

6. und 10. September. Nachdem die Mehrheit der Nationalversammlung den alliierten Friedensvertrag »unter feierlichem Protest vor aller Welt« angenommen hat, unterzeichnet Staatskanzler Karl Renner in Saint-Germain-en-Laye das »Staatsvertrag« genannte Dokument.

Die Friedensverhandlungen began-

Renner in Saint-Germain-en-Laye

nen am 2. Juni 1919 nahe Paris; Leiter der österreichischen Delegation war Staatskanzler Renner. Die Federführung bei den alliierten und assoziierten Mächten (insgesamt 27 Staaten) übernahmen die USA, Großbritannien, Frankreich, Italien und Japan.

Einen ersten Vertragsentwurf lehnte die österreichische Delegation und am 7. Juni auch die Nationalversammlung Deutschösterreichs ab. Wie bereits im Versailler Friedensvertrag mit Deutschland wird die Alleinschuld Deutschlands und seiner Verbündeten als Urheber des Krieges festgestellt. Die geforderten Gebietsabtretungen zeugen – vor allem in der Südtirolfrage – von einer Unkenntnis der völkischen Situation, und der Ausspruch des französischen Ministerpräsidenten Georges Clemençau kennzeichnet treffend die Haltung der Siegermächte gegenüber dem einstigen Habsburger-Reich: »Der Rest ist Österreich.«

Am 2. September wurde der nur geringfügig modifizierte Vertragstext übergeben; der Nationalversammlung bleibt angesichts der Machtverhältnisse nur die Annahme (endgültig am 17. Oktober).

Der Staatsvertrag von Saint-Germain-en-Laye behandelt Österreich als Nachfolgestaat der k. u. k. Monarchie. Es muß folgende Gebietsabtretungen akzeptieren:

- ▷ Südtirol und das Kärntner Kanaltal kommt an Italien
- ▷ Die Südsteiermark und das Kärntner Mießtal fallen an das Königreich der Serben, Kroaten und Slowenen
- ▷ Den niederösterreichischen Grenzstreifen um Feldsberg und Böhmzeil erhält die Tschechoslowakei.

Das deutschsprachige Gebiet Westungarns (Burgenland) bleibt bei Österreich; im gemischtsprachigen Gebiet Kärntens wird eine Volksabstimmung gestattet.

Außerdem erhält der Staatsvertrag folgende wichtige Bestimmungen:

- ▷ Der Staatsname Deutschösterreichs wird in Österreich geändert
- ▷ Österreich muß die Territorien der unabhängigen Staaten Polen, Tschechoslowakei, Ungarn und des Königreichs der Serben, Kroaten und Slowenen anerkennen
- ▷ Der Anschluß an Deutschland wird untersagt
- ▷ Österreich wird zu Wiedergutmachungsleistungen verpflichtet
- ▷ Eine allgemeine Wehrpflicht wird verboten, die Aufstellung eines 30 000 Mann starken Söldnerheeres ist gestattet.

Staatskanzler Karl Renner unterzeichnet den Staatsvertrag von Saint-Germain-en-Laye, den Friedensvertrag mit den Alliierten USA, Großbritannien, Frankreich, Italien und Japan

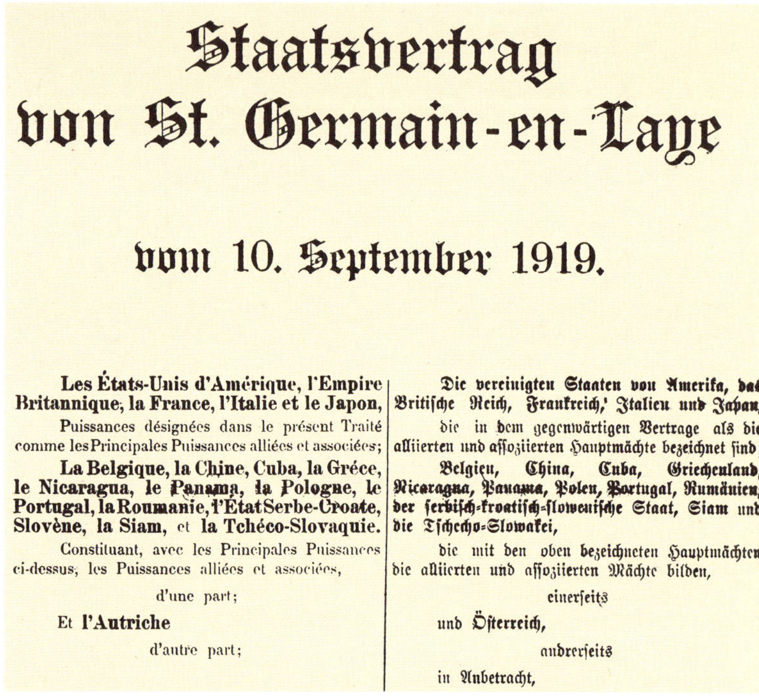

Staatsvertrag von St. Germain-en-Laye vom 10. September 1919.

Les États-Unis d'Amérique, l'Empire Britannique, la France, l'Italie et le Japon, Puissances désignées dans le présent Traité comme les Principales Puissances alliées et associées;

La Belgique, la Chine, Cuba, la Grèce, le Nicaragua, le Panama, la Pologne, le Portugal, la Roumanie, l'État Serbe-Croate-Slovène, la Siam, et la Tchéco-Slovaquie.

Constituant, avec les Principales Puissances ci-dessus, les Puissances alliées et associées,

d'une part;

Et l'Autriche

d'autre part;

Die vereinigten Staaten von Amerika, das Britische Reich, Frankreich, Italien und Japan, die in dem gegenwärtigen Vertrage als die alliierten und assoziierten Hauptmächte bezeichnet sind

Belgien, China, Cuba, Griechenland, Nicaragua, Panama, Polen, Portugal, Rumänien, der serbisch-kroatisch-slowenische Staat, Siam und die Tschecho-Slowakei,

die mit den oben bezeichneten Hauptmächten die alliierten und assoziierten Mächte bilden,

einerseits

und Österreich,

andrerseits

in Anbetracht,

Die erste Seite des Staatsvertrags von Saint-Germain-en-Laye

Keine Räterepublik

17. April–27. August. Durch die Ausrufung der kommunistischen Räterepublik in Ungarn bestärkt, unternehmen die Kommunisten in Wien einen erneuten Versuch, eine Räterepublike zu schaffen.

Ein Sturm auf das Parlament wird jedoch am 17. März von der Polizei zurückgeschlagen; dieser sog. Gründonnerstagsputsch fordert fünf Tote und 36 verletzte Polizisten sowie zehn verletzte Volkswehrmänner und eine Tote sowie 30 Verletzte bei den Demonstranten. Die Beschränkung der Volkswehr auf 12 000 Mann, am 28. Mai auf alliierten Druck hin verfügt, führt Anfang Juni zu neuen Protesten der Kommunisten in Wien. Die Tagung der Wiener Arbeiterräte am 13. Juni zeigt aber, daß die Kommunisten keine Mehrheit mehr finden. Ein abermaliger Putschversuch am 15. Juni wird bereits im Keim erstickt: Der Wiener Polizeipräsident Johannes Schober läßt 100 kommunistische Funktionäre verhaften, worauf ihre Anhänger zur Roßauer Kaserne ziehen wollen. In der Hörlgasse kommt es zum Zusammenstoß mit der Polizei, der 20 Tote und etwa 80 Verletzte fordert. Auf der »Reichskonferenz der Arbeiterräte« am 3. Juli in Wien lehnt die antikommunistische Mehrheit die Proklamation einer Räterepublik ab. Die Kommunisten sind endgültig gescheitert – die Entwaffnung des Volkswehrbataillons 41 am 27. August beraubt sie ihres militärischen Arms.

Volksabstimmung im Vorarlberg

11. Mai. Unsicherheit über die Lage in Deutschösterreich und das Bekanntwerden der Geheimverhandlungen über einen Anschluß an das Deutsche Reich haben in Vorarlberg den Gedanken an einen Anschluß des Landes an die Schweiz gefördert. Eine Volksabstimmung soll die Meinung der Vorarlberger über eine Verbindung mit dem westlichen Nachbarn dokumentieren: 47 208 Stimmberechtigte, rund 80 %, entscheiden sich für einen Anschluß an die Schweiz – 11 241 stimmen für den Verbleib bei Deutschösterreich. Bei den Friedensverhandlungen in Saint-Germain-en-Laye bleibt dies unberücksichtigt, da Staatskanzler Karl Renner es nicht zur Sprache bringt.

Die Heimwehren

Heimwehr (auch Heimatschutz oder Heimatwehr) ist ein Sammelbegriff für die unmittelbar nach Ende des Krieges entstehenden länderweise organisierten, freiwilligen Selbstschutzverbände. Sie sind zunächst überparteilich, bewaffnet und behördlich genehmigt und werden von ehemaligen Offizieren der k. u. k. Armee geführt.
Im Laufe des Jahres 1919 bilden sich Heimwehren in ganz Österreich, nachdem es bereits Ende 1918 in Kärnten, der Steiermark und Tirol erste Zusammenschlüsse gegeben hat. Ihre Hauptaufgabe ist es, als private Schutztruppe gegen gewalttätige Ausschreitungen im Inneren sowie gegen die Bedrohung der Landesgrenzen (Kärntner Abwehrkampf, → 3. 5.) zur Verfügung zu stehen. Die Frontkämpfervereinigung und bewaffnete parteiorientierte Sportvereine zählen nicht zu den Heimwehren. Ab 1920 wird die Heimwehr zunehmend zum politischen Instrument der christlichsozialen und der großdeutschen Partei gegen die Sozialdemokraten und deren Republikanischen Schutzbund. In Tirol steht die Heimwehr unter der Führung des deutschen Majors Waldemar Pabst, der nach dem gescheiterten antirepublikanischen Kapp-Putsch in Berlin im März 1920 nach Österreich flieht und sich der Heimatwehr anschließt.

Erste »Schutztruppe«

Geschützstellung der Kärntner Volkswehr bei St. Jakob im Rosental im Kärntner Abwehrkampf

Der »Kärntner Abwehrkampf«

3. Mai. In Cilli und Windischgrätz kommt es zu schweren Zusammenstößen zwischen der österreichischen Bevölkerung und jugoslawischen Truppen, die noch am selben Tag von Einheiten des Kärntner Heimatschutzes aus den Stellungen nördlich der Drau verdrängt werden. Am 6. erobern Freiwillige Bleiburg und Eisenkappel.
Die Forderung der Südslawen nach mehr als einem Drittel Kärntner Bodens führte bereits 1918 zu Differenzen, da man keine Einigung über eine Demarkationslinie entlang der Gailitz, Gail und Drau erzielen konnte. Diese Linie sollte bis zum Abschluß der Friedensverhandlungen gelten, wurde aber von südslawischen Truppen überschritten, worauf die Kärntner Landesversammlung am 5. Dezember beschloß, militärischen Widerstand zu leisten. Am 8. Jänner gelang es der Kärntner Volkswehr, den Gegner aus dem Lavant-, Gail- und Rosental zu vertreiben und einen Waffenstillstand zu schließen, der aber am 29. April von slowenischen Truppen gebrochen wird.
Der nunmehr aufgebotene »Kärntner Heimatschutz«, durch Freiwillige aus der Steiermark und aus Tirol verstärkt, drängt die jugoslawischen Truppen zurück, muß aber bei einem Gegenangriff am 28. Mai seinerseits hinter die Drau zurückweichen. Am 3. Juni besetzen die Jugoslawen Völkermarkt, am 6. Klagenfurt. Die Kärntner Landesregierung muß nach Spittal an der Drau verlegt werden. Überraschend interveniert die italienische Regierung gegen das Vorgehen der jugoslawischen Truppen, deren weiteres Vorrücken gestoppt wird. Im Auftrag der Pariser Friedenskonferenz besetzen die Italiener die Bahnlinie Villach–St. Veit; am 31. Juli räumen die jugoslawischen Einheiten schließlich die Stadt Klagenfurt.

»Republik Österreich« gegründet

21. November. Die Nationalversammlung beschließt das »Gesetz über die Staatsform«, in dem es heißt:
»Art. 1. Deutschösterreich in seiner durch den Staatsvertrag von Saint-Germain bestimmten Abgrenzung ist eine demokratische Republik unter dem Namen »Republik Österreich«. Die Republik Österreich übernimmt jedoch – unbeschadet der im Staatsvertrage von Saint-Germain auferlegten Verpflichtungen – keinerlei Rechtsnachfolge nach dem ehemaligen Staate Österreich, das ist den »im Reichsrate vertretenen Königreichen und Ländern«.
Art. 2. Wo in den geltenden Gesetzen von der Republik Deutschösterreich oder von ihren Hoheitsrechten die Rede ist, hat an Stelle dieser Bezeichnung nunmehr der Name »Republik Österreich« zu treten.
Art. 3. In Durchführung des Staatsvertrages von Saint-Germain wird die bisherige gesetzliche Bestimmung: »Deutschösterreich ist ein Bestandteil des Deutschen Reiches« außer Kraft gesetzt ...«
Staatskanzler Karl Renner hätte den Namen »Deutsche Alpenlande« vorgezogen, Universitätsprofessor Heinrich Lammasch hat »Norische Republik« vorgeschlagen.

Karl Renner, Staatskanzler der neugegründeten Republik Österreich

1920

10.2. Hungerdemonstrationen in Leoben (Steiermark) fordern fünf Tote und 45 Verletzte.

21. 2. Bayerns Ministerpräsident Gustav von Kahr sagt den österreichischen Heimwehrführern Unterstützung zu.

13. 3. Der christlichsoziale Abgeordnete Ignaz Seipel ersucht den ungarischen Gesandten in Wien um Finanzhilfe für die Heimwehrbewegung.

18. 3. Gemäß den Bestimmungen des Friedensvertrags (Staatsvertrags) vom → 10. 9. 1919 wird ein neues Wehrgesetz erlassen. Der bewilligte Höchststand des Söldnerheeres beträgt 30 000 Mann – aus finanziellen Gründen beträgt der Normalstand in der Ersten Republik stets nur etwa 21 000 Mann.

29. 3. In Wien wird die »Graphische Sammlung Albertina« eröffnet. →

4. 6. Mit der Unterzeichnung des Friedensvertrags von Trianon verpflichtet sich Ungarn zur Abtretung des westungarischen Gebietes (Burgenland) an die Republik Österreich.

7. 6. In Wien kommt es im Verlaufe von Hungerdemonstrationen zu Plünderungen.

In Graz demonstrieren Hausfrauen gegen die hohen Obst- und Gemüsepreise. Dieser sog. Kirschenrummel fordert 15 Tote und zahlreiche Verletzte.

10./11. 6. Die Christlichsozialen kündigen in der Nationalversammlung die Koalition mit den Sozialdemokraten auf.
Dies führt zum Rücktritt der Regierung Renner. →

7. 7. Der Christlichsoziale Michael Mayr bildet eine Proporzregierung aller Parteien.

15. 7. Erste große Parade des Bundesheeres auf dem Heldenplatz in Wien: Als einzigem Truppenteil wird dem Infanterieregiment Nr. 4 »Hoch-und Deutschmeister«, dem Wiener Hausregiment, eine rotweißrote Fahne mit dem Wappen der Republik übergeben.

16. 7. Der Friedensvertrag (Staatsvertrag) von Saint-Germain-en-Laye wird ratifiziert (→ 10. 9. 1919).

22. 8. Anläßlich der Eröffnung der ersten Salzburger Festspiele wird der »Jedermann« von Hugo von Hofmannsthal vor dem Salzburger Dom aufgeführt. →

5.–7. 9. Gründungsparteitag der »Großdeutschen Volkspartei« in Salzburg: Die Großdeutschen verabschieden das sog. Salzburger Programm, das den »Anschluß Österreichs an das Deutsche Reich« fordert.

1. 10. Die Nationalversammlung nimmt die Verfassung der Republik Österreich an. →

10. 10. Im südlichen Kärnten entscheidet sich die Bevölkerung in einer Volksabstimmung für den Verbleib bei Österreich. →

17. 10. Bei den Nationalratswahlen werden die Christlichsozialen stärkste Partei in Österreich. →

22. 10. Die sozialdemokratischen Minister scheiden aus der Regierung Mayr aus.

8. 11. Ex-Kaiser Karl I. erklärt die dynastische Verbindung zwischen Österreich und Ungarn für gelöst, betont aber, König von Ungarn bleiben zu wollen.

10. 11. Hildegard Burjan wird als erste Frau Mitglied des Nationalrats.

20. 11. Die zweite Regierung des Christlichsozialen Michael Mayr nimmt die Amtsgeschäfte auf.

9. 12. Der parteilose Michael Hainisch wird zum ersten Bundespräsidenten der Ersten Republik gewählt.

16. 12. Österreich wird einstimmig in den Völkerbund aufgenommen.

23. 12. Die Alliierten fordern Ungarn zur Räumung des Burgenlandes auf.

Der »Reigen« von Arthur Schnitzler wird in Berlin uraufgeführt. →

In ganz Österreich ist Notgeld im Umlauf. →

Stritesk wird in Wien Weltmeister im Stemmen (Leichtgewicht).

GESTORBEN:

6. 1. Salzburg: Heinrich Lammasch (* 21. 5. 1853), Straf- und Völkerrechtler, 1918 letzter kaiserlicher Ministerpräsident.

25. 3. Wien: Aloïs Prinz von und zu Liechtenstein (* 18. 11. 1846), christlichsozialer Politiker und Sozialreformer.

14. 7. Wien: Heinrich Friedjung (* 18. 1. 1851), Historiker.

22. 10. Wien: Anton Weichselbaumer (* 8. 2. 1845), Anatom und Bakteriologe.

9. 11. Wien: Josef Federn (6* 20. 11. 1831), Internist.

GEBOREN:

13. 1. Spittal an der Drau: Roland Minkowitsch, Politiker.

14. 2. Innsbruck: Judith Holzmeister, Kammerschauspielerin, seit 1947 am Wiener Burgtheater.

19. 2. Wien: Friedrich Weiß (Fritz Wöss), Romanschriftsteller.

8. 3. Wien: Gertrude Wondrak († 31. 7. 1971), Politikerin.

11. 4. Frauenstein: Marlen Haushofer († 21. 3. 1970), Schriftstellerin.

3. 5. Wien: Rudolf Wurzer, Stadtplaner.

9. 5. Ybbs an der Donau: Gerhard Weißenberg († 1. 10. 1980), Politiker.

15. 7. Treglwang (Steiermark): Friedrich Niederl, Politiker.

28. 7. Eisenstadt: Franz Soronics, Politiker.

6. 11. Wien: Hans Klecatsky, Verwaltungsrechtler und Politiker.

23. 11. Czernowitz: Paul Celan (eigtl. Antschel; † 28. 4. 1970), Lyriker.

7. 12. Gmünd: Walter Novotny († 8. 11. 1944), Kampfflieger.

Koalition gesprengt

11. Juni / 17. Oktober. Einen Tag nach der Aufkündigung der Koalition durch die Christlichsozialen tritt der sozialdemokratische Ministerpräsident Karl Renner mit seiner Regierung zurück. Eine Debatte um den Erlaß über die Wahl von Heeresvertrauensmännern hat zu unüberbrückbar scheinenden Differenzen zwischen den Koalitionspartnern geführt.

Am 7. Juli bildet der Christlichsoziale Michael Mayr eine Proporzregierung unter Beteiligung aller Parteien: Karl Renner wird Staatssekretär des Äußeren, der Sozialdemokrat Ferdinand Hanusch zum Vizekanzler ernannt.

Für den 17. Oktober werden aufgrund der Regierungskrise Wahlen zum Nationalrat ausgeschrieben.

Bei den Wahlen werden die Christlichsozialen zur stärksten Partei in Österreich; sie erringen fast 42% der Stimmen und gewinnen 16 Mandate hinzu, während die Sozialdemokraten drei Sitze verlieren (–5%). Die deutschnationalen Parteien gewinnen ein Mandat hinzu.

Aufgrund dieses eindeutigen Ergebnisses scheiden am 22. Oktober die sozialdemokratischen Minister aus der Regierung Mayr aus – die Koalition der beiden stärksten Parteien ist gesprengt, die Sozialdemokraten bleiben in der Ersten Republik in der Opposition.

Die neue Verfassung

1. Oktober. Die Nationalversammlung nimmt die Verfassung der Republik Österreich an. Sie wird ab dem 10. November wirksam.

Die Verfassung ist von Universitätsprofessor Hans Kelsen, dem Verfechter der »reinen Rechtslehre«, gemeinsam mit einigen staatsrechtlich versierten Politikern ausgearbeitet worden. Die Verfassung ist Grundlage der gesamten Gesetzgebung und Vollziehung, sie basiert auf drei Prinzipien:

▷ Dem demokratischen Prinzip: »Art. 1: Österreich ist eine demokratische Republik, ihr Recht geht vom Volke aus«

▷ Dem bundesstaatlichen Prinzip: »Art. 2: Abs. 1: Österreich ist ein Bundesstaat«

▷ Dem rechtsstaatlichen Prinzip: »Art. 18 Abs. 1: Die gesamte staatliche Verwaltung darf nur auf Grund der Gesetze ausgeübt werden.«

Die Verfassung ist ein Kompromiß zwischen zentralistischen und föderalistischen Ideen und sieht ein Zweikammernsystem vor: Den Nationalrat und den Bundesrat. Der Bundesrat ist die Länderkammer, er hat aber gegenüber Nationalratsbeschlüssen nur ein aufschiebendes Vetorecht. Nationalrat und Bundesrat zusammen bilden die Bundesversammlung, die den Bundespräsidenten wählt (ab 1951 erfolgt die Wahl durch das Volk).

Bundeskanzler Michael Mayr

Notgeld in ganz Österreich

Der Mangel an Kleingeld, nicht etwa der Zusammenbruch der Staatsfinanzen, führt zur Einführung des sog. Notgeldes. Im Deutschen Reich schon seit 1914 im Umlauf, erfolgt die erste Ausgabe in Österreich am 15. November 1918 durch die Stadtgemeinde Wiener Neustadt, am 4. Oktober 1919 folgt in großer Auflage die Stadt Wien und 1920 sind es bereits ungezählte Gemeinden und Institutionen in ganz Österreich. Die Werte sind überwiegend 5, 10, 20 oder 50 Heller, ganz selten nur Kronenwerte. Das Notgeld wird von Gemeinden Kaufleuten, Genossenschaften und Gastwirten ausgegeben.

Notgeld der Stadt Eferding

Volksabstimmung in Kärnten

10. Oktober. Gemäß dem Friedensvertrag von Saint-Germain-en-Laye (→ 10. 9. 1919) wird in Kärnten eine Volksabstimmung durchgeführt, die darüber entscheiden soll, ob das vom Königreich der Kroaten, Serben und Slowenen beanspruchte »strittige Gebiet« bei Österreich verbleibt.
Kärnten mußte im Friedensvertrag bereits die Abtretung des Kanaltales (an Italien) und des Mießtales (an das südslawische Königreich) akzeptieren. Nun werden für die Volksabstimmung zwei Zonen gebildet: Zone A, der südliche Landesstreifen mit vorwiegend slowenischer Bevölkerung und Zone B, das Klagenfurter Becken.
Am 10. Oktober findet die Volksabstimmung in Zone A unter Aufsicht einer Interalliierten Abstimmungskommission statt. 59,04% (22025 Kärntner) entscheiden sich für die Republik Österreich trotz jugoslawischer Propaganda. Aufgrund des Ergebnisses unterbleibt die geplante Volksabstimmung in der überwiegend deutschsprachigen Zone B.

Die Albrechtsrampe in Wien mit der Albertina und dem Reiterstandbild Erzherzog Albrechts

Die »Graphische Sammlung Albertina« in Wien wird eröffnet

29. März. In Wien wird die »Graphische Sammlung Albertina«, zusammengestellt aus der alten »Albertina« der Hofbibliothek, der Hofmuseen und der Fideikommißbibliothek, eröffnet. Sie ist die bedeutendste und mit ihren rund eine Million Blättern wohl auch die umfangreichste Graphiksammlung der Welt.
Die Sammlung ist nach Herzog Albert Kasimir von Sachsen-Teschen benannt, Schwiegersohn Maria Theresias, der kenntnisreich und mit großem Geschick Handzeichnungen und Druckgraphiken sammelte. So ist seit 1796 auch die schon von Kaiser Rudolf II. erworbene umfangreiche Sammlung der Handzeichnungen Albrecht Dürers in der herzoglichen Sammlung untergebracht.
Seit dem Tod des Herzogs 1822 ist die »Albertina« allgemein zugänglich. 1919 kam sie in den Besitz der Republik Österreich, wird 1920 um die wertvollen Bestände des Kupferstichkabinetts der ehemaligen Hofbibliothek sowie weiterer Sammlungen erweitert und neu eröffnet.
Das Gebäude der »Albertina« an der Augustinerbastei, das ehemalige Palais Silva-Tarouca, wurde 1801–1804 im Auftrag Herzog Albrechts umgebaut und erweitert; Kernstück ist der von Josef Kornhäusel gestaltete Hauptsaal im Stil des Wiener Klassizismus.

Erneut Skandal um Schnitzler

23. Dezember. Im Kleinen Schauspielhaus Berlin findet die Uraufführung des Dramas »Reigen« von Arthur Schnitzler statt, obwohl das Berliner Landgericht ein Aufführungsverbot erlassen hat wegen der vermeintlichen Unsittlichkeit des Stückes.
Trotz der Androhung einer sechswöchigen Haftstrafe entscheidet sich die Theaterdirektion für eine Aufführung und erreicht durch eine dezente Regie Anfang Jänner die offizielle Freigabe des »Reigen«. Dies ruft antisemitische Kräfte auf den Plan, die am 22. Jänner einen Krawall im Theater inszenieren, um die Absetzung des Stückes zu erzwingen. Unterstützung erhalten sie vom preußischen Regierungsrat Karl Brunner, »Sachverständiger« für sog. Schmutz- und Schundliteratur, der die Aufführung als »Ungeheuerlichkeit« und »schweres Ärgernis« bezeichnet.
Schnitzler schrieb den »Reigen« bereits 1896/97, hielt sein Werk aber zurück, da er einen Skandal vermeiden wollte, wie ihn die Veröffentlichung seiner Erzählung »Lieutnant Gustl« am → 25. Dezember 1900 auslöste.
In den zehn Dialogszenen des »Reigen« geht es um die Entlarvung falscher Moral und typischer, rituell verlaufender Verhaltensweisen.

Szene aus der Uraufführung des »Reigen« im Kleinen Schauspielhaus Berlin

Meilensteine der ersten 10 Jahre

1921 wird der »Jedermann« wiederholt.
1922 werden erstmals Opern aufgeführt: Es dirigieren Franz Schalk und Richard Strauss die Mozartopern »Die Entführung aus dem Serail«, »Don Giovanni«, »Figaros Hochzeit« und »Cosi fan tutte«.
1923 inszeniert Max Reinhardt Molières »Der eingebildete Kranke«.
1925 (nachdem man die fürsterzbischöfliche Reitschule und ihre Stallungen zum Festspielhaus umgebaut hat) wird »Das große Salzburger Welttheater« von Hugo von Hofmannsthal wiederholt. Außerdem gibt es eine neue Reinhardt-Inszenierung des »Apostelspiels« von Max Mell. Zum erweiterten Opernprogramm dirigieren Franz Schalk, Bruno Walter und Karl Muck je ein Orchesterkonzert.
1926 wird der Festspielhausumbau durch Clemens Holzmeister vollendet. Aufwertung des Programmangebotes durch Christoph Willibald Glucks »Don Juan« und Giovanni Battista Pergolesis »La serva padrona«, dirigiert von Franz Schalk; Bruno Walter dirigiert »Die Fledermaus« von Johann Strauß und Clemens Krauß »Ariadne auf Naxos« von Richard Strauss. Max Reinhardt inszeniert Carlo Goldonis »Der Diener zweier Herren«. Ferner finden vier Orchesterkonzerte, acht Kammerkonzerte und erstmals ein Domkonzert statt.
1927 wird die erste Oper im Festspielhaus gegeben – Franz Schalk dirigiert »Fidelio« von Ludwig van Beethoven. Erstmals im Hof der Residenz eine Mozart-Serenade.
1929 (im Todesjahr Hugo von Hofmannsthals) wird erstmals »Der Rosenkavalier« unter Clemens Krauß aufgeführt.
1930 feiern die Festspiele ihr 10jähriges Bestehen ohne nennenswerte Erweiterung des musikalischen Programms. Einzige Neuinszenierung ist Max Reinhardts »Victoria« von William Somerset Maugham.

Erste Festspiele in Salzburg

22. August 1920. Mit Hugo von Hofmannsthals »Jedermann«, dem »Spiel vom Sterben des reichen Mannes«, werden die ersten Festspiele vor dem Salzburger Dom eröffnet. Unter der Regie von Max Reinhardt entsteht eine eindrucksvolle Aufführung von hohem künstlerischen Rang. Die Mitwirkenden treten allesamt ohne Gage auf, da es sich um eine Wohltätigkeitsveranstaltung handelt; sie erhalten allerdings jeder ein Geschenk – Werner Krauß z. B. eine Lederhose. Der Gewinn aus den Einnahmen kommt vor allem den Kriegsinvaliden sowie einer von den Amerikanern organisierten Kinderhilfsaktion zugute.

Die Mitwirkenden

Regie:	Max Reinhardt
Bühnenaufbau:	Eduard Wiedenmann
Kostüme:	Alfred Roller
Musik:	Einar Nilson / Bernhard Paumgartner
Tänze:	Hede Nilson
Dirigent:	Bernhard Paumgartner
Die Salzburger Chorvereinigungen	
Stimme des Herrn	Raul Lange
Tod	Werner Krauß
Jedermann	Alexander Moissi
Jedermanns Mutter	Frieda Richard
Guter Gesell	Wilhelm Dieterle
Hausvogt	Fritz Reichl
Koch	Wilhelm Frick
Armer Nachbar	Fritz Richard
Schuldknecht	Emil Rameau
Schuldknechts Weib	Tiny Senders
Buhlschaft	Johanna Terwin
Dicker Vetter	Otto König
	Wilhelm Diegelmann
Dünner Vetter	Fritz Richard
Mammon	Heinrich George
Gute Werke	Helene Thimig
Glaube	Hedwig Bleibtreu
Teufel	Werner Krauß
Spielansager	Franz Löser

Theaterzettel zur Aufführung des »Spiels vom Sterben des reichen Mannes«, dem »Jedermann« (1920)

Plakat zu den 11. Salzburger Festspielen 1931; auf dem Programm – neben anderen Schauspielen, Opern und Konzerten – erneut der »Jedermann«

Dem erfolgreichen Festspielauftakt gingen zahlreiche Einwände voraus; so wurde u. a. behauptet, der Platz vor dem Dom würde durch das Spektakel eines Nichtchristen (Max Reinhardt ist Jude) entweiht. Der Salzburger Erzbischof Ignatius Rieder bezog jedoch eindeutig Position und erklärte: »Ein guter Jude ist mir lieber als ein schlechter Christ«, wodurch die Debatte entschieden wurde. Von dem geistlichen Würdenträger ist auch überliefert, daß er – vom Spiel der Burgschauspielerin Hedwig Bleibtreu (die im »Jedermann« den Glauben verkörpert) begeistert – diese zu sich gebeten hat; als sein Sekretär eintritt, winkt der Erzbischof ab: »Ich habe jetzt keine Zeit! Sie sehen ja, der Glaube ist bei mir!«
Der Grundstein zu den Salzburger Festspielen ist bereits drei Jahre zuvor gelegt worden: Am 1. August 1917 wurde in Wien die »Salzburger Festspiel-Gemeinde« gegründet, ihre Hauptinitiatoren waren Max Reinhardt, Hugo von Hofmannsthal, Alfred Roller, Franz Schalk und Richard Strauss. Sie wollten dem Absterben des kulturellen Lebens, während des Ersten Weltkriegs vom täglichen Kampf um das eigene Überleben verdrängt, Einhalt gebieten, und der Gedanke, Festspiele ins Leben zu rufen, wurde schon bald nach Kriegsende Realität.
Im Laufe der Zeit werden aus einer knappen Festspielwoche deren fünf (jeweils von der letzten Juliwoche bis Ende August), aus rund 200 Mitarbeitern Tausende, aus einer Handvoll Berichterstattern tausend Journalisten, aus sechs bescheidenen »Jedermann«-Aufführungen (am 22., 23., 25., 26., 27. und 29. August 1920) mehr als 100 Veranstaltungen, aus 3 000 verkauften Karten 150 000 – allerdings sind auch die der Festspielpremiere bereits überaus gefragt: Im Schwarzhandel wird mehr als das Zehnfache des offiziellen Preises von 300 Kronen geboten.

1921

26. 3.–4. 4. In Ungarn scheitert ein (erster) Restaurationsversuch Ex-Kaiser Karls I. zur Wiedererlangung der Apostolischen Königswürde; Karl wird in Szombathely (Steinamanger) zur Umkehr gezwungen.

24. 4. Bei einer inoffiziellen Volksbefragung in Tirol sprechen sich 98% für einen Anschluß an das Deutsche Reich aus.→

28. 4. Der Christlichsoziale Carl Vaugoin wird (als Nachfolger von Egon Glanz) Heeresminister.

8. 5. Eine Versammlung des Pfarrbauernrates in St. Lorenzen im Mürztal (Steiermark) wird von »marxistischen« Arbeitern gestört; sie verletzen den Landeshauptmann Anton Rintelen schwer und drei weitere Christlichsoziale leicht.

23. 5. Auch die Steiermark will eine Volksbefragung über den Anschluß an das Deutsche Reich durchführen.

29. 5. Nach Tirol wird auch in Salzburg eine inoffizielle Volksbefragung über den Anschluß durchgeführt.→

1. 6. Bundeskanzler Michael Mayr tritt mit seiner Regierung wegen der Anschlußfrage zurück.

21. 6. Der parteilose Johannes Schober, seit 1918 Polizeipräsident von Wien, bildet eine neue Regierung.

16. 7. In Wien sprengen Arbeiter einen Fackelzug der Christlichsozialen; zwölf Polizisten und vier Arbeiter werden dabei verletzt.

26. 7. Mit dem Inkrafttreten des Friedensvertrags von Trianon ist Ungarn zur Abtretung des Burgenlandes verpflichtet.

28. 8. Im Burgenland beginnt der ungarische Widerstand gegen die einrückenden österreichischen Einheiten.→

4. 9. Der ungarische Reichsverweser Nikolaus Horthy warnt Ex-Kaiser Karl I. vor einem weiteren Restaurationsversuch.

11. 9. Die erste »Wiener Messe« öffnet ihre Tore; 4700 Aussteller und rund 500 000 Besucher werden registriert.

23. 9. Auf der deutschen Automobilausstellung in Berlin wird das erste Stromlinienmodell, das sog. Rumpler-Tropfen-Auto, vorgestellt. Der von dem Ingenieur Edmund Rumpler konstruierte Dreisitzer ist das erste Auto, das mit Schwingachsen und Heckmotor ausgerüstet ist und einen Vorderantrieb hat.

12. 10. Ex-Kaiser Karl I. erklärt, keinen weiteren Restaurationsversuch in Ungarn zu planen.

13. 10. Mit der Unterzeichnung des »Protokolls von Venedig« wird eine einvernehmliche Regelung des Konfliktsum das Burgenland vereinbart.→

20. 10. Ex-Kaiser Karl I. und seine Gattin Zita landen mit einem Flugzeug in der Nähe von Ödenburg (Sopron). – Am 22. beginnt der Marsch der »kaiserlichen« Truppen unter General Anton von Lehár auf Budapest.

24. 10. Bei Budaörs erleiden die Truppen Ex-Kaiser Karls I. eine Niederlage gegen die Ungarn; das Ex-Kaiserpaar wird gefangengenommen.

13.–30. 11. Das österreichische Bundesheer besetzt entsprechend den Vereinbarungen des »Protokolls von Venedig« das Burgenland.→

26. 11. Zum letzten Mal fährt ein Personenzug der Zahnradbahn auf den Kahlenberg; zur Wasserversorgung verkehrt die Bahn bis 1922.

1. 12. Die galoppierende Inflation führt zu Plünderungen in Wien; zahlreiche Verletzte sind die Folge.

14.–16. 12. Im Raum Ödenburg (Sopron) findet die vereinbarte Volksabstimmung über die künftige Staatszugehörigkeit statt.→

16. 12. Österreich und die Tschechoslowakei unterzeichnen den Vertrag von Lana.→

Die Lebenshaltungskosten in Österreich steigen.→

In Vorarlberg wird der Rechtsverkehr auf den Straßen eingeführt.

Rapid Wien wird Fußballmeister der Saison 1920/21.

GESTORBEN:

2. 1. München: Franz von Defregger (* 30. 4. 1835), Maler.→

28. 3. Lwow: Agenor d. J. Graf Goluchowski von Goluchowo (* 25. 3. 1849), Politiker, 1895–1906 k. u. k. Außenminister.

4. 5. Wien: Alfred Hermann Fried (* 11. 11. 1864), Schriftsteller und Friedensnobelpreisträger (→ 10. 12. 1911).

17. 6. Wien: Viktor Urbantschitsch (* 10. 9. 1847), Arzt.

14. 8. Rosenau: Georg Ritter von Schönerer (* 17. 7. 1842), Politiker, Führer der Deutschnationalen.

26. 8. Budapest: Alexander Graf Wekerle (* 14. 11. 1848), 1892–95, 1906–10, 1917–18 ungarischer Ministerpräsident.

GEBOREN:

30. 1. Moosbierbaum: Hilde Rössel-Majdan, Kammersängerin.

16. 3. Graz: Walter Barth († 7. 4. 1945), Widerstandskämpfer.

25. 3. Wien: Josef Staribacher, Politiker.

27. 4. Temesvár (Rumänien): Erwin Ringel, Neurologe und Psychiater.

6. 5. Wien: Erich Fried, Lyriker.

26. 5. Oberndorf: Ernst Märzendorfer, Dirigent.

12. 6. Wien: H. C. (Hans Karl) Artmann, Schriftsteller.

13. 7. Attnang: Friedrich Peter, Politiker.

17. 8. Graz: Walter Koschatzky, Kunsthistoriker.

2. 8. Annaberg: Erwin Wenzl, Politiker.

1. 11. Wien: Ilse Aichinger, Schriftstellerin.

Streit um Anschluß

24. April/29. Mai. In zwei mehr oder weniger inoffiziellen Volksabstimmungen in Tirol und Salzburg spricht sich eine überwältigende Mehrheit der Bevölkerung für einen Anschluß an das Deutsche Reich aus.

In Tirol votieren 98% der an der Abstimmung beteiligten für den Anschluß, in Salzburg sind es gar 99,5%. Die Ergebnisse bringen die österreichische Regierung in eine schwierige Situation, da der Friedensvertrag (Staatsvertrag) von Saint-Germain-en-Laye (→ 10. 9. 1919) einen Anschluß untersagt und ihn zusätzlich von der Zustimmung des Völkerbundes abhängig macht. Nun drohen die Alliierten mit dem Abbruch der finanziellen und wirtschaftlichen Hilfsmaßnahmen für Österreich, wenn die Anschluß-Debatten nicht sofort beendet werden. In der Bevölkerung ist jedoch die Sorge weit verbreitet, daß der übriggebliebene Rest der einstigen Donaumonarchie, »Deutschösterreich«, allein nicht lebensfähig sei.

Als auch die Steiermark eine Volksabstimmung durchführen will, lehnt der christlichsoziale Bundeskanzler Michael Mayr die Verantwortung ab und tritt zurück. Am 21. Juni bildet der Wiener Polizeipräsident Johannes Schober sein erstes Kabinett, dem neben zwei Christlichsozialen und einem Großdeutschen nur Beamte angehören.

Empfang österreichischer Truppen in Oberwarth (Burgenland)

Ungarn gibt nach

August–Dezember. Die Abtretung des Burgenlandes an Österreich, zu der Ungarn im Friedensvertrag von Trianon verpflichtet wird, führt zu einem ernsten Konflikt zwischen den beiden Nachbarländern.

Am 28. August beginnt der bewaffnete Widerstand ungarischer Freischärler, aber auch regulärer ungarischer Truppenteile gegen die ins Burgenland einrückenden österreichischen Gendarmerie- und Zollwacheinheiten (zusammen etwa 2000 Mann). Der Einsatz des Bundesheeres ist Österreich von den Alliierten untersagt worden.

In der Folge kommt es mehrfach zu schweren Kämpfen mit den ungarischen Freischärlern; daraufhin beschließt die Bundesregierung, die Einheiten zurückzuziehen; die Verluste betragen bereits sechs Tote und 30 Verwundete.

Erst am 13. Oktober kommt durch italienische Vermittlung eine Einigung über das Burgenland zustande: Ungarn übergibt den Großteil des Landes kampflos, allein im Raum Ödenburg (Sopron) soll eine Volksabstimmung über die Abtretung entscheiden. Am 14.–16. Dezember stimmen Ödenburger mit 15343 : 8277 bei fast 8000 Enthaltungen für Ungarn, die betroffenen Landgemeinden entscheiden sich mit 3505 : 3199 knapp für Österreich.

Die Inflation »galoppiert«

Im Laufe des Jahres 1921 nimmt die Inflation deutlich zu und gerät aus der Kontrolle der Regierung.
Der Banknotenumlauf beträgt bereits 200 Milliarden Kronen – bei einer Bevölkerung von rund sechs Millionen.
Die Lebenshaltungskosten sind bereits Anfang Jänner katapultartig nach oben geschnellt (um etwa 24%); bis zur Jahresmitte steigen sie von 3800 Kronen auf 6200 Kronen (+ 63%) – bis zum Jahresende erfolgt eine Steigerung bis auf 25 600 Kronen. Das bedeutet einen Anstieg um 573% in zwölf Monaten.
Gleichzeitig vollzieht sich ein rasanter Aufstieg des Dollarkurses: Zahlt man zu Jahresbeginn 960 Kronen für einen US-Dollar, so steigt der Preis bis Dezember auf 6077 Kronen, was den dramatischen Verfall der österreichischen Währung dokumentiert. Wucher und Schleichhandel nehmen zu, und die Bevölkerung fordert ein härteres Durchgreifen der Behörden.

Vertrag von Lana ist unterzeichnet

16. Dezember. Auf Schloß Lana bei Prag schließen Österreich und die Tschechoslowakei einen Vertrag, um eine Annäherung der beiden Staaten herbeizuführen.
In dem von Bundeskanzler Johannes Schober unterzeichneten Vertrag garantieren sich beide Staaten gegenseitig ihre Gebiete und verpflichten sich, die Verträge von Saint-Germain-en-Laye und Trianon einzuhalten. Sollte ein Vertragspartner von einer dritten Macht angegriffen werden, verpflichtet sich der andere Partner zur Neutralität. Organisationen, die gegen die Sicherheit des Vertragspartners gerichtet sind, sollen nicht geduldet werden. Streitfragen zwischen beiden Signatarstaaten sollen durch ein Schiedsgericht geklärt werden.
Der Vertrag von Lana enthält ferner die Zusage eines Kredits in Höhe von 500 Millionen tschechischen Kronen zum Ankauf von Kohle und Zucker. Der Vertrag ist auf fünf Jahre abgeschlossen.

Das Atelier des Tiroler Malers Franz Defregger in München

Der »Salon-Tiroler«

2. Jänner. Im Alter von 86 Jahren stirbt der Tiroler Maler Franz Defregger in München. Der aus Stronach (Osttirol) stammende Bauernsohn zeichnete und schnitzte von Jugend an, studierte dann in Innsbruck, Paris und München, wo er 1867 in das Atelier des bekannten Historienmalers Karl Theodor von Piloty eintrat. 1878–1910 war Defregger Professor an der Akademie in München. Er schuf zahlreiche Genrebilder aus dem Alltagsleben der Tiroler Bauern. Seine Historienbilder sind von großer dramatischer Wirkung. Defreggers Gemälde »Der Salon-Tiroler« (1882) trug dem Maler die gleichnamige Bezeichnung ein.

1922

1.1. Die Stadt Wien wird von Niederösterreich getrennt und ein selbständiges Bundesland. Der Bürgermeister von Wien ist gleichzeitig Landeshauptmann.

Ungarn übernimmt Ödenburg (Sopron) und sieben benachbarte Landgemeinden.

26. 1. Der parteilose Bundeskanzler Johannes Schober tritt nach Angriffen der Großdeutschen zurück.

27. 1. Nach dem Ausscheiden der großdeutschen Minister aus dem Kabinett bildet Bundeskanzler Schober seine zweite Regierung. →

29. 1. Helene Engelmann und Alfred Berger werden in Davos (Schweiz) Eiskunstlauf-Weltmeister im Paarlaufen.

4.–6. 2. Herma Planck-Szábo wird in Stockholm Weltmeisterin im Eiskunstlauf.

April. Die Passionsspiele in Erl (Tirol) registrieren 70 000 Besucher.

27. 4. In Berlin wird Fritz Langs Film »Dr. Mabuse, der Spieler« uraufgeführt. →

10. 5. Sozialdemokraten und Großdeutsche stürzen den christlichsozialen Finanzminister Alfred Gürtler. Die Krone ist in den vergangenen Monaten rapide gefallen; ihr Wert fällt im Verhältnis zum Schweizer Franken von 17 : 1 (1. 7. 1920) über 122 : 1 (1. 7. 1921) auf 3600 : 1 (1. 7. 1922).

24. 5. Die anhaltenden Differenzen mit den Großdeutschen zwingt die Minderheitsregierung Schober zum Rücktritt.

31. 5. Der christlichsoziale Prälat Ignaz Seipel bildet seine (erste) Regierung. →

14. 7. Das Notenbankgesetz wird erlassen: Die Notenbank (»Oesterreichische Nationalbank« genannt) wird mit einem Aktienkapital von 30 Millionen Goldkronen errichtet und soll den Geldumlauf und den Zahlungsausgleich mit dem Ausland regeln. Sie hat die Währungsreserven zu verwalten und die Kreditpolitik zu bestimmen.

August. Bundeskanzler Seipel versucht, bei Reisen nach Verona, Berlin und Prag die dortigen Finanzkreise für eine finanzielle Hilfe an Österreich zu gewinnen.

13. 8. In der Salzburger Kollegienkirche wird Hugo von Hofmannsthals »Salzburger Großes Welttheater« im Rahmen der dritten Salzburger Festspiele uraufgeführt. Regie führt Max Reinhardt, Dirigent ist Einar Nilson.

14. 8. Erste Opernaufführung bei den Salzburger Festspielen: Im Landestheater dirigiert Richard Strauss Mozarts »Don Giovanni« mit Alfred Jerger als Don Giovanni, Richard Mayr als Leporello und Richard Tauber als Don Ottavio.

23. 8. Die Teilnehmer einer kommunistischen Arbeitslosendemonstration in Wien versuchen, das Parlament zu stürmen; der Einsatz der Polizei fordert 21 Verletzte (darunter elf Polizisten).

6. 9. Bundeskanzler Seipel erklärt vor dem Völkerbund in Genf: »Ehe das Volk Österreichs in seiner Absperrung zugrunde geht, wird es alles tun, um die Schranken und die Ketten, die es beengen und drücken, zu sprengen.«

27. 9. Unter dem Eindruck der Rede Seipels genehmigt der Völkerbund den von Österreich ausgearbeiteten Sanierungsplan.

Oktober. Bei den Vertrauensmännerwahlen des Bundesheeres werden 781 Sozialdemokraten, 16 Kommunisten und nur 20 »Nichtmarxisten« gewählt.

4. 10. Die Genfer Protokolle über die Völkerbundanleihe für Österreich werden unterzeichnet. →

14.–16. 10. Zwischen Arbeitern und der Gendarmerie kommt es in Köflach und im Rosental (Steiermark) zu Zusammenstößen, die einen Toten und mehrere Verletzte fordern.

14. 11. Der Christlichsoziale Viktor Kienböck löst seinen Parteifreund August Ségur als Finanzminister ab.

24. 11. Der Nationalrat nimmt gegen die Stimmen der Sozialdemokraten die Völkerbundanleihe an (→ 4. 10.).

26. 11. Ein außerordentlicher Kabinettsrat beschließt radikale Sparmaßnahmen im Rahmen des Wiederaufbauprogramms: 100 000 Staatsbeamte sollen bis Mitte 1924 abgebaut werden.

17. 12. Das von Clemens Holzmeister erbaute Krematorium auf dem Wiener Zentralfriedhof wird eröffnet.

Der Wiener Sportklub wird Fußballmeister der Saison 1921/22.

GESTORBEN:

1. 4. Funchal auf Madeira: Karl Franz Josef von Habsburg-Lothringen (* 17. 8. 1887), letzter Kaiser von Österreich. →

21. 5. Waldneukirchen: Michael Mayr (* 10. 4. 1864), christlichsozialer Politiker, 1920/21 Bundeskanzler.

6. 7. Rom: Maria Theresia Gräfin Ledóchowska (* 29. 4. 1863), Missionarin in Afrika (1975 seliggesprochen).

14. 11. Wien: Karl Michael Ziehrer (* 2. 5. 1843), Militärkapellmeister und Operettenkomponist.

15. 11. Wien: Theodor Zasche (* 18. 10. 1862), Maler und Karikaturist.

GEBOREN:

14. 1. Wien: Harald Zusanek, Lyriker.

29. 6. Glurns (Südtirol): Paul Flora, Zeichner.

14. 10. Wien: Hans Seidel, Volkswirtschaftler.

13. 11. Wien: Oskar Werner (eigtl. Josef Bschließmayer), Schauspieler.

13. 11. Wien: Gerhard Bronner, Kabarettist.

Bundeskanzler Ignaz Seipel (l.)

Kanzler Schober muß zurücktreten

27. Jänner/31. Mai. Einen Tag nach seinem Rücktritt wegen schwerer Angriffe der Großdeutschen, die den am → 16. Dezember 1921 mit der Tschechoslowakei geschlossenen Lana-Vertrag ablehnen, bildet der parteilose Bundeskanzler Johannes Schober seine zweite Regierung; die beiden großdeutschen Minister des ersten Kabinetts Schober sind durch Beamte ersetzt worden.
Der Konflikt mit den Großdeutschen dauert jedoch an und führt am 24. Mai zum erneuten Rücktritt der Regierung. Der christlichsoziale Prälat Ignaz Seipel erneuert das Bündnis mit den Großdeutschen und stellt am 31. Mai sein (erstes) Kabinett vor. Hauptaufgabe der Koalition ist die Sanierung der österreichischen Währung.

Johannes Schober

Die Völkerbundanleihe

4. Oktober. Eine Woche nach der Zustimmung des Völkerbundes zu dem von Österreich vorgelegten Sanierungsplan unterzeichnen Österreich, Großbritannien, Frankreich, Italien und die Tschechoslowakei die Genfer Protokolle für eine Völkerbundanleihe in Höhe von 650 Millionen Goldkronen auf 20 Jahre.
Die Signatarmächte verpflichten sich, die »politische Unabhängigkeit, die territoriale Unverletzlichkeit und die Souveränität Österreichs zu achten« – besonders die österreichischen Sozialdemokraten fürchten allerdings, das Land werde durch die Anleihe seine Unabhängigkeit verlieren.
Der Preis, den Österreich für die Völkerbundanleihe zu zahlen hat, ist hoch: Die Zinsen betragen rund 10%, Österreich ist zudem verpflichtet, nichtverwendete Teile des Anleihe-Erlöses bei ausländischen Banken zu einem Bruchteil dieses Zinssatzes anzulegen. Die Anleihe, von der Regierung erst im Laufe mehrerer Jahre verbraucht, beträgt nominal (inklusive Zinsen) 789,4 Millionen Goldkronen, der Anleihe-Erlös beläuft sich aber nur auf 631 Millionen Goldkronen (80% des Nominalwertes). Österreich muß also um 155,4 Millionen Goldkronen mehr verzinsen und zurückzuzahlen, als es erhält. Die große Differenz ist auf den ungewöhnlich niedrigen Emissionskurs (verschiedentlich nur 80%) zurückzuführen. Die effektive Verzinsung beträgt für Österreich 9,46 bis 10,20% jährlich.
Die Anleihe wird im Juni 1923 in elf Teilausgaben in zehn verschiedenen Währungen untergebracht und auf fast allen Börsenplätzen überzeichnet. Wenige Tage nach der Ausgabe steigen die Kurse. Das internationale Finanzkapital hat die Zwangs- und Notlage Österreichs für sich genützt. Gemäß den Vertragspunkten der Genfer Protokolle werden am 18. November die österreichischen Notenpressen versiegelt und stillgelegt.

Langs Dr. Mabuse wird uraufgeführt

27. April. In Berlin wird der erste Teil des Films »Dr. Mabuse, der Spieler« von Fritz Lang uraufgeführt. Nach »Halbblut« (1919) ist »Mabuse« der zweite vielbeachtete Film des 1890 in Wien geborenen Regisseurs.
Der Film erzählt die Geschichte des Psychoanalytikers Dr. Mabuse, der verzweifelten Menschen Heilung verspricht, sie jedoch immer weiter ins Verderben treibt. Mabuse erscheint als die Personifikation des Bösen, die Gesellschaft als Chaos. Lang fängt die hektische Genußsucht der modernen Großstadt ein und zeigt eine Lebenshaltung, der Politik und Gesellschaft als etwas Bedrohliches erscheinen. Noch im selben Jahr wird auch Teil 2 des Films uraufgeführt.
Ein Spiel mit dem Entsetzen der Zuschauer treibt auch der deutsche Regisseur Friedrich Wilhelm Murnau, dessen Film »Nosferatu – Eine Symphonie des Grauens« am 5. März Premiere hat.

Der letzte Kaiser von Österreich stirbt im Exil

1. April. In Funchal auf der Atlantikinsel Madeira stirbt Karl Franz Josef von Habsburg-Lothringen, der letzte Kaiser von Österreich, im Alter von nur 34 Jahren.
Der Erzherzog rückte nach der Ermordung des Erzherzogs Franz Ferdinand in Sarajevo (→ 28.6. 1914) überraschend zum Thronfolger auf und trat nach dem Tod Kaiser Franz Joseph I. am → 21. November 1916 die Nachfolge an; als Karl V. wurde er Ende 1916 auch zum apostolischen König von Ungarn gekrönt.
Ohne formell abzudanken, verzichtete Karl I. am → 11. November 1918 auf jegliche Beteiligung an den Regierungsgeschäften und verließ unter britischem Schutz am 23. März 1919 Österreich. Am 24. März nahm er im sog. Feldkircher Manifest alle seine zuvor gemachten Zusagen und Erklärungen zurück.
Nach seinem Verzicht auf die Kaiserkrone unternahm Ex-Kaiser Karl zwei Restaurationsversuche in Ungarn (zu Ostern und im Oktober 1921); beide schlugen fehl.

△ Der Sarg mit dem Leichnam Kaiser Karls I. wird in die Kapelle des von ihm bewohnten Landhauses bei Funchal (Madeira) getragen

◁ Kaiser Karl I. im Familienkreis: v. l. Tochter Adelheid, Gattin Zita und Sohn Otto

1923

1. 1. Die Notenbank (die »Oesterreichische Nationalbank«) nimmt ihre Tätigkeit auf.

27./28. 1. In Wien wird Fritz Kachler zum dritten Mal Weltmeister im Eiskunstlauf der Herren, bei den Damen gewinnt Herma Planck-Szábo zum zweiten Mal den Titel.

17. 2. Im 14. Wiener Gemeindebezirk kommt es zu einem Zusammenstoß zwischen Monarchisten und sozialdemokratischen Arbeitern, die einen Toten und zwei Verletzte zu beklagen haben.

2. 4. (Ostermontag) Auf dem Wiener Exelberg gehen 300 Nationalsozialisten unter Führung eines Münchner Kommandanten gegen 90 Angehörige des Republikanischen Schutzbundes vor. Diese sog. Schlacht auf dem Exelberg fordert zwei Verletzte auf seiten der Nationalsozialisten.

12. 4. Das Innenministerium bewilligt den Republikanischen Schutzbund, die bewaffnete Organisation der Sozialdemokratischen Partei; der Schutzbund wird von Julius Deutsch und General Theodor Körner geleitet. Vorläufer des Bundes waren die 1922 als Gegenstück zu den Heimwehren gegründeten Arbeiterwehren.

16. 4. Der christlichsoziale Bundeskanzler Ignaz Seipel demissioniert mit seiner (ersten) Regierung, um so vier Ministerien und zwei Ministerposten einzusparen: Die Ministerien für Äußeres, Justiz- und Volksernährung werden abgeschafft, die Ministerien für Handel und Gewerbe sowie für Verkehrswesen zusammengefaßt. Vizekanzler Felix Frank übernimmt auch die Leitung der Justizangelegenheiten, der bisherige Außenminister bleibt mit der Führung der Amtsgeschäfte betraut.

17. 4. Bundeskanzler Seipel bildet seine zweite Regierung.

4. 5. Die Nationalsozialisten halten in den Wiener Rosensälen eine Versammlung ab. Die Polizei verhindert Störversuche sozialdemokratischer und kommunistischer Arbeiter, doch kommt es nach Beendigung der Versammlung zum Zusammenstoß mit den Nationalsozialisten; ein Arbeiter wird erschossen, und insgesamt 50 Personen werden verletzt.

18. 7. Die italienische Regierung gibt ihr Programm für die »Entnationalisierung« Südtirols bekannt. →

11.–13. 8. Auf dem zweiten Reichsverbandstag der christlichsozialen Arbeitervereine Österreichs in Linz wird das sog. Linzer Programm verabschiedet.

21. 9. Der Wiener Stadtsenat beschließt, in den nächsten fünf Jahren Gemeindebauten mit insgesamt 25 000 Wohnungen zu errichten (→ 1924).

30. 9. Ein Zusammenstoß von Nationalsozialisten und sozialdemokratischen Arbeitern in Spillern (Niederösterreich) fordert einen Toten und mehrere Verletzte.

21. 10. Die zweiten Nationalratswahlen der Ersten Republik bestätigen die Regierung unter Bundeskanzler Seipel. →

9. 11. In München scheitert ein Putschversuch der von Adolf Hitler geführten Nationalsozialisten.

20. 11. Bundeskanzler Seipel tritt formell mit seiner zweiten Regierung zurück, die unverändert als drittes Kabinett Seipel im Amt bleibt.

Der Sozialdemokrat Karl Seitz löst seinen Parteifreund Jakob Reumann als Bürgermeister von Wien ab.

10. 12. Der aus Laibach stammende Chemiker Fritz Pregl erhält für seine Forschungen auf dem Gebiet der quantitativen Mikroanalyse organischer Verbindungen den Nobelpreis für Chemie.

Clemens Holzmeister erbaut die Pfarrkirche von Batschuns (Vorarlberg).

In Wien werden Andreas Stadler (Federgewicht), Joseph Edinger (Mittelgewicht) und Franz Aigner (Schwergewicht) Weltmeister im Stemmen.

Rapid Wien wird Fußballmeister der Saison 1922/23.

GESTORBEN:

26. 1. Kitzbühel: Alfons Petzold (* 24. 9. 1882), Arbeiterdichter.

23. 2. Wien: Erich Graf Kielmannsegg (* 13. 2. 1847), Staatsmann.

16. 4. Mödling: Dagobert Peche (* 3. 4. 1887), Graphiker.

30. 4. Wien: Ernst Edler von Plener (* 18. 10. 1841), Politiker, gründete 1888 die »Vereinigte Deutsche Linke«.

28. 9. Wien: Ferdinand Hanusch (* 9. 11. 1866), sozialdemokratischer Politiker, 1918–1920 Staatssekretär für Soziales.

GEBOREN:

12. 2. Wien: Reinhard Federmann († 30. 1. 1976), Schriftsteller.

7. 3. Budapest: Milo Dor (eigtl. Milutin Doroslovac), Schriftsteller.

14. 4. Innsbruck: Erich Auer, Kammerschauspieler.

20. 4. Wien: Hans Czettel (→ † 27. 9. 1980), Politiker.

8. 5. Wien: Adrian Hoven († 8. 4. 1981), Schauspieler.

28. 5. Wien: Wolfgang Schmitz, Politiker.

21. 6. Bleiburg: Rudolf Raschke († 8. 4. 1945), Oberleutnant, Widerstandskämpfer.

30. 6. Graz: Heinz Pototschnig, Schriftsteller.

14. 11. Knoppen: Herbert Zand († 14. 7. 1970), Schriftsteller.

30. 8. Wien: Gerhard Wimberger, Komponist und Dirigent.

15. 9. Wien: Anton Heiller († 15. 3. 1979), Komponist und Organist.

13. 10. Klagenfurt: Felix Ermacora, Politiker.

Regierung bestätigt

21. Oktober. In Österreich finden die zweiten Nationalratswahlen der Ersten Republik statt; das neue Wahlgesetz vom Juli 1923 hat die Zahl der Abgeordnetensitze von 183 auf 165 reduziert, weshalb alle Parteien Mandatsverluste hinnehmen müssen.

Die regierenden Christlichsozialen können ebenso wie die oppositionellen Sozialdemokraten bei den Stimmenanteilen deutliche Gewinne verzeichnen, während die Großdeutschen (Deutschnationale und Landbund) gegenüber 1920 (Deutschnationale) rund 4,5% an Stimmen verlieren. – Bundeskanzler Ignaz Seipel bleibt mit seiner unveränderten zweiten (nunmehr dritten) Regierung im Amt.

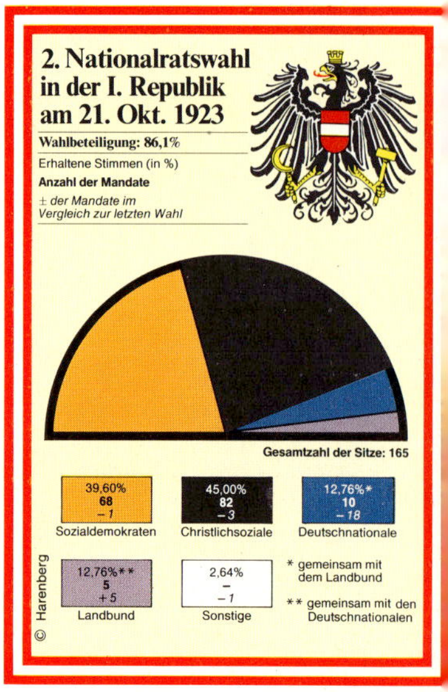

Das Denkmal Walthers von der Vogelweide in Bozen wird während der Italienisierung von seinem Standort entfernt und ins Museum gebracht

Südtirol italienisiert

18. Juli. Die italienische Regierung unter Benito Mussolini gibt ihr Programm für die »Entnationalisierung» Südtirols bekannt, nachdem das Land im Friedensvertrag von Saint-Germain-en-Laye (→ 10. 9. 1919) zur Gänze Italien zugesprochen worden ist.

Einzig gültige Amtssprache ist fortan das Italienische; die Bezeichnungen »Tirol« bzw. »Südtirol« werden abgeschafft, es gelten allein die Namen »Trentino« bzw. »Alto Adige«. In den deutschen Schulen wird Italienisch Pflichtfach.

Ein Ausnahmegesetz soll künftig die Einwanderung weiterer Deutscher bzw. Österreicher verhindern; diese erhalten nurmehr noch eine Aufenthaltserlaubnis für drei Monate. Hingegen wird der Zuzug und Landerwerb für die italienische Bevölkerung außerordentlich erleichtert.

Die Italienisierung des vor dem Krieg überwiegend deutschsprachigen Südtirols (1910 lebten hier nur etwa 7000 Italiener) schreitet unter dem Druck der faschistischen Regierung rasch voran: Der Anteil der Italienischsprechenden in Südtirol steigt von 3% (1918) über 8% (1921) auf 24% (1939).

1924

1. 1. Max Mells »Apostelspiel« wird in Graz uraufgeführt.

25. 1.–7. 2. In Chamonix (Frankreich) veranstaltet das Internationale Olympische Komitee eine »Internationale Wintersportwoche«, die nachträglich den Titel »I. Olympische Winterspiele« zugesprochen bekommt. →

14. 2. Im Berliner UFA-Palast wird der zweiteilige Film »Die Nibelungen« von Fritz Lang uraufgeführt.

16./17. 2. Herma Planck-Szábo wird in Oslo zum dritten Mal Weltmeisterin im Eiskunstlauf der Damen.

26./27. 2. Helene Engelmann und Alfred Berger gewinnen in Manchester die Weltmeisterschaft im Eiskunstlauf der Paare.

3. 5.–27. 7. VIII. Olympische Spiele in Paris: Österreichische Teilnehmer gewinnen drei Silber- und eine Bronzemedaille(n), sämtlich in der Schwerathletik. Zweiter werden Andreas Stadler (Federgewicht), Anton Zwerzina (Leichtgewicht) und Franz Aigner (Schwergewicht), im Halbschwergewicht muß sich Leopold Friedrich aufgrund seines um 100 gr. schwereren Körpergewichts trotz gleicher Leistung wie der Schweizer Fritz Hünenberger mit Bronze zufrieden geben.

11. 5. In Österreich wird der erste Muttertag gefeiert; die Initiative ging von Marianne Hainisch, der Mutter des Bundespräsidenten, aus.

1. 6. Karl Jaworek unternimmt im Wiener Südbahnhof ein Revolverattentat auf Bundeskanzler Ignaz Seipel, der jedoch nicht lebensgefährlich verletzt wird. →

28. 9. Die Zahlungsschwierigkeiten der Depositenbank des »Inflationskönigs« Camillo Castiglioni werden bekannt. Seit Jahren hat Castiglioni unsaubere Geldtransaktionen vorgenommen, sodaß im Mai Strafanzeige gegen ihn erfolgt ist. Als man ihn am Morgen des 28. festnehmen will, ist er unbekannten Aufenthaltes verreist.

22. 9. Das bayrische Innenministerium lehnt einen Antrag der Landespolizei ab, den am 1. April wegen Hochverrats verurteilten Adolf Hitler nach seiner Entlassung aus der Festungshaft als österreichischen Staatsbürger des Landes zu verweisen.

30. 9. In Wien wird die Radio Verkehrs AG (RAVAG) gegründet und Oskar Czeija zum Generaldirektor bestellt.

1. 10. Die Radio Verkehrs AG (RAVAG) strahlt ihre erste Sendung in Wien aus. Es sind bereits 11 000 Empfangslizenzen erteilt. →

8. 11. Bundeskanzler Ignaz Seipel tritt wegen eines Streites mit seinem Kabinett zurück. →

20. 11. Der Salzburger Rechtsanwalt Rudolf Ramek, wie Seipel ein Christlichsozialer bildet seine (erste) Regierung (→ 8. 11.).

9. 12. Michael Hainisch wird zum zweiten Mal zum Bundespräsidenten gewählt.

12. 12. In Österreich löst der Schilling die Krone als neue Währung ab. Damit ist auch die Inflation endgültig zu Ende. →

21. 12. Das Fußballänderspiel Österreich gegen Spanien in Barcelona endet 1:2.

Im 5. Bezirk wird als erster Wiener Gemeindebau der Matzleinsdorfer Hof fertiggestellt. →

Eduard Hütter beginnt mit dem Bau des provisorischen Festspielhauses für Salzburg, dem ehemaligen erzbischöflichen Marstall (1925 vollendet).

Von dem in Prag gebürtigen Schriftsteller Franz Werfel erscheint der Künstlerroman »Verdi, Roman der Oper«. Der Autor, der den italienischen Opernkomponisten sehr verehrte, hatte die literarische Darstellung von Verdis Leben schon seit über einem Jahrzehnt geplant. Der Roman, der den Übergang Werfels zum historischen Stoff markiert, stellt den menschlichen und künstlerischen Gegensatz zwischen Verdi, der nach der Vollendung der Oper »Aida« unter Unproduktivität leidet, und Richard Wagner dar. Die von Verdi angestrebte Begegnung mit Wagner in Venedig wird durch den vorzeitigen Tod des deutschen Komponisten unmöglich.

Die »Amateure« werden Fußballmeister der Saison 1923/24.

GESTORBEN:

3. 6. Kierling bei Wien: Franz Kafka (* 3. 7. 1883), Schriftsteller. →

11. 12. Bad Aussee: Johann Freiherr von Chlumetzky (* 23. 3. 1834), Politiker, 1893–1897 Präsident des Abgeordnetenhauses und Gründer der Hochschule für Bodenkultur in Wien.

GEBOREN:

8. 1. St. Gertraud im Lavanttal: Karl Schleinzer († 19. 7. 1975), Politiker.

26. 1. Wien: Robert Jelinek, Chirurg.

26. 3. Wien: Karl Pisa, Politiker.

28. 3. Wien: Gerhard Fritsch († 21. 3. 1969), Schriftsteller.

7. 4. Wien: Johannes Mario Simmel, Schriftsteller.

8. 4. Wien: Fritz Molden, Verleger.

19. 4. Graz: Hertha Töpper, Opernsängerin.

8. 6. Unterbergern (Niederösterreich): Michael J. Higatsberger, Atomwissenschaftler.

5. 7. Linz: Oskar Czerwenka, Kammersänger.

21. 9. Innsbruck: Hermann Buhl († 27. 6. 1957), Bergsteiger.

21. 10. Steyeregg: Franz Muhri, Politiker.

20. 12. Wien: Friederike Mayröcker, Schriftstellerin.

Attentat auf Seipel

1. Juni. Im Wiener Südbahnhof wird Bundeskanzler Ignaz Seipel bei einem Revolverattentat verwundet und muß ins Krankenhaus eingeliefert werden. Der Chirurg Anton Freiherr von Eiselsberg erinnert sich in seinen Memoiren an den Patienten: »Der Kanzler war in das dem Südbahnhofe nahe gelegene Wiedener Krankenhaus gebracht worden, wo ihm durch den diensthabenden Assistenzarzt der chirurgischen Abteilung sofort eine Tetanus-Antitoxin-Injektion gegeben wurde. Ich fand Dr. Seipel etwas hergenommen, doch bei klarem Bewußtsein vor. Die Untersuchung ergab, daß die Kugel in den Brustkorb eingedrungen und stecken geblieben war, eine schwere Verletzung schien erfreulicher Weise nicht erfolgt zu sein. In den folgenden Tagen konnten wir Ärzte uns an der unerschütterlichen Ruhe und Beherrschung unseres Patienten erbauen; es war wirklich eine Freude, diesen klugen, abgeklärten, ungewöhnlichen Mann öfters sehen zu können.
Wie sehr die Mitglieder der sozialdemokratischen Partei gegen Seipel eingestellt waren, geht daraus hervor, daß sie beschlossen, ihm, wenn er als aktiver Bundeskanzler im Herbst in das Parlament geheilt einziehe, keinerlei besondere Begrüßung zuteil werden zu lassen ...«

Bundeskanzler Ignaz Seipel

Kanzler stürzt über Sparpolitik

8. November. Der christlichsoziale Bundeskanzler Ignaz Seipel tritt mit seiner zweiten Regierung zurück. Äußerer Anlaß ist ein Streik der Eisenbahner, ausschlaggebend für die Demission sind jedoch die anhaltenden Differenzen mit den Bundesländern wegen der Sparpolitik der Bundesregierung.
Am 20. November bildet der christlichsoziale Salzburger Rechtsanwalt Rudolf Ramek seine (erste) Regierung, ein sog. Länderkabinett, dem nur noch zwei (bisher drei) großdeutsche Minister angehören.

Österreich erhält neue Währung

12. Dezember. Der Schilling wird als neue Währung in Österreich eingeführt. Er soll mit dem 1. Jänner 1925 wirksam werden (tritt aber erst am 1. März 1925 in Kraft).
Der Währungsumtausch der Krone in Schilling beginnt mit dem 20. Dezember, kann aber grundsätzlich bis zum 31. Mai 1937 durchgeführt werden. Die neue Währung hat als Scheidemünze 100 Groschen (die Krone 100 Heller). Ein Schilling entspricht dem Wert von 10 000 Papierkronen. Eine Goldkrone hat den Wert von 1,41 S.
Die Einführung der Schilling-Währung bedeutet das Ende der Inflation in Österreich.

Neue Zehn-Schilling-Note

Franz Kafka stirbt im Sanatorium

3. Juni. In Kierling bei Wien stirbt 40jährig in einem Sanatorium der Prager Schriftsteller Franz Kafka. Vom Werk Kafkas erschien wenig bereits zu Lebzeiten, den größten Teil veröffentlichte Max Brod – gegen den testamentarischen Willen des Autors – aus dem Nachlaß, darunter die Romane »Der Verschollene« (auch bekannt als »Amerika«), »Der Prozeß« und »Das Schloß«. Kafkas hermetisches Schreiben hat zu unterschiedlichsten Deutungen geführt. Es ist als religiös oder psychologisch motiviert, aber auch als Kritik am Bürokratismus zu lesen.

Schriftsteller Franz Kafka

Karl-Marx-Hof mit »Sämann« von Otto Hofner

Eröffnung des Lasalle-Hofes in Wien (1929)

Die Gemeinde Wien will 25 000 neue Wohnungen bauen

Der erste Wiener Gemeindebau, der Matzleinsdorfer Hof im 5. Gemeindebezirk, wird fertiggestellt. Das vom Wiener Gemeinderat am 21. September 1923 beschlossene erste Wohnbauprogramm sieht den Bau von 25 000 Wohnungen bis 1928 vor. Nach hitziger Debatte beschließt der Gemeinderat am 27. Mai 1927 mit den Stimmen der sozialdemokratischen Mehrheitsfraktion, weiterhin jährlich 5000 Wohnungen zu bauen; damit beginnt das zweite Wohnbauprogramm, das vorsieht, 1924–1934 insgesamt 60 000 neue Wohnungen in Wien zu errichten.
Zur Finanzierung wird eine Wohnbausteuer eingehoben, die jedoch nur einen Teil der Kosten deckt. Beispielsweise beträgt die Einnahme der Wohnbausteuer 1925 und 1926 jeweils rund 38 Millionen Schilling, rund 61 bzw. 81 Millionen Schilling müssen noch aus allgemeinen Steuern zugeschossen werden. Trotzdem tragen die Bauten die Aufschrift »Errichtet von der Gemeinde Wien aus Mitteln der Wohnbausteuer«. Bei allem finanziellen Mut und der sozialpolitischen Absicht darf die propagandistische Wirkung nicht unterschätzt werden. Die Zuteilung der Wohnungen durch das Wohnungsamt der Gemeinde ist oftmals von der Parteizugehörigkeit abhängig.
Bis 1934 gelingt tatsächlich die Fertigstellung von 348 Wohnhausanlagen mit 3505 Stiegenhäusern und 42 Siedlungsgruppen mit 5205 Häusern; insgesamt 61 175 Wohnungen und 2155 Geschäftslokale. Den typischen »Superblocks« stehen die »Stadtrandsiedlungen« gegenüber. Bis 1926 werden zwei Wohnungstypen bevorzugt: 75 % mit 38 m^2 und 25 mit 48 m^2 Grundfläche, bestehend aus Vorraum, WC, Wohnküche und Zimmer.

In Wien erstmals Rundfunksendung

1. Oktober. Einen Tag nach der Gründung der Radio Verkehrs AG (RAVAG) in Wien wird die erste Rundfunksendung vom obersten Stockwerk des Kriegsministeriums am Stubenring ausgestrahlt.
Bis zum Jahresende wird jeden Monat 113 Stunden lang ein Programm gesendet, das sich wie folgt aufteilt: 52 Stunden leichte und 36 Stunden ernste Musik, 6 Stunden Opern, 2 Stunden Märchen und 17 Stunden Verlautbarungen und Sonstiges.
In der Bevölkerung ist anfänglich die (von den Experten selbstverständlich vielbelächelte) Auffassung verbreitet, daß man, um einen guten Empfang zu haben, die Wohnungsfenster geöffnet lassen müsse, damit die Radiowellen ungehindert hineinkommen können.

Die erste Winterolympiade

25. Jänner–7. Februar. Im französischen Winterkurort Chamonix findet eine »Internationale Wintersportwoche« statt, an der fast 300 Sportler aus 16 Nationen teilnehmen.
Erst nach dem erfolgreichen Abschluß der Veranstaltung erklärt das zuvor recht skeptische Internationale Olympische Komitee die Wintersportwoche zur ersten Winterolympiade.
Vor allem die Skandinavier haben sich gegen Winterspiele gewehrt, das sie eine Konkurrenz zu den »Nordischen Spielen« fürchten. 1908 stand erstmals Eiskunstlaufen auf dem olympischen Programm, 1920 kam Eishockey hinzu, nun sind es bereits 14 Wettbewerbe in fünf Sportarten. Erstmals nach dem Krieg ist auch Österreich wieder bei einer Olympiade vertreten und gewinnt zwei Goldmedaillen und eine Silbermedaille, sämtlich in den Eiskunstlaufkonkurrenzen, wo die »Wiener Schule« ganz vorn ist: Herma Planck-Szábo und das Paar Helene Engelmann und Alfred Berger belegen jeweils den ersten Platz, Willi Böckl wird hinter dem Schweden Gillis Grafström Zweiter. Damit belegt Österreich in der Nationenwertung Platz 3 hinter Norwegen und Finnland. Star der Spiele ist der Norweger Thorleif Haug, der den 18-km- und den 50-km-Ski-Langlauf sowie die nordische Kombination gewinnt und im Spezialkunstlauf den dritten Platz belegt. Eine Landsmännin Haugs erregt in Chamonix Aufsehen: Sonja Henie, die im Alter von nur elf Jahren den achten Platz im Eiskunstlauf der Damen belegt und damit ihre internationale Karriere startet.

Eiskunstläufer Willi Böckl

1925

31. 1./1. 2. Herma Jaros-Szábo wird in Davos (Schweiz) zum vierten Mal Weltmeisterin im Eiskunstlauf.

14./15. 2. In Wien gewinnen Willi Böckl bei den Herren und Herma Jaros-Szábo und Ludwig Wrede im Paarlaufen den Weltmeistertitel im Eiskunstlauf.

1. 3. Die am → 12. Dezember 1924 eingeführte neue Schilling-Währung tritt in Kraft.

14. 3. Im Zuge der am 26. November 1922 beschlossenen Sparmaßnahmen sind insgesamt 84 362 Beamtenstellen abgebaut worden, davon 47 241 allein bei der Eisenbahn. Damit ist das gesteckte Ziel (100 000 Stellenstreichungen) nicht erreicht.

30. 3. Auf dem Grazer Schloßberg wird ein Rundfunksender in Betrieb genommen.

7. 4. Auf dem Wiener Rathausplatz veranstalten die Kommunisten eine Arbeitslosenversammlung; ein Zusammenstoß mit der Polizei fordert zehn Verletzte.

20./21. 5. In der Nacht kommt es in Mödling (Niederösterreich) zu einer »Schlacht« zwischen sozialdemokratischen Arbeitern und nationalsozialistischen Wehrorganisationen; der sozialdemokratische Mödlinger Gemeinderat Leopold Müller wird getötet, der Nationalsozialist Roland Steingruber schwer, einige andere Beteiligte leicht verletzt.

3. 6. In Teilabschnitten wird bis zum 20. Oktober die von der Gemeinde Wien übernommene Wiener Stadtbahn elektrifiziert.

10. 7. In Stockerau (Niederösterreich) kommt es zu einem Zusammenstoß zwischen Sozialdemokraten und Christlichsozialen; 21 Verletzte sind zu beklagen.

18. 7. Adolf Hitler veröffentlicht den ersten Teil seiner programmatischen Schrift »Mein Kampf«, die er während seiner achtmonatigen Festungshaft in Landsberg (Bayern) verfaßt hat.

29. 7. Der Nationalrat verabschiedet ein Gesetz über eine (nur geringe) Verwaltungs- und Verfassungsreform: Die Kontrolle des Rechnungshofes wird auch auf die Länder ausgedehnt (wovon Wien nicht betroffen ist, da es hier bereits ein Kontrollamt gibt), und der Bund erhält ein Einspruchsrecht gegen Finanz- und Steuergesetze der Länder.

11. 8. Das provisorisch errichtete Salzburger Festspielhaus wird mit Hugo von Hofmannsthals »Salzburger Großem Welttheater« eröffnet.

17./18. 8. Der bevorstehende Zionistenkongreß führt zu antisemitischen und regierungsfeindlichen Demonstrationen in Wien. Gemeinsam protestieren Nationalsozialisten, Deutschnationale und Christlichsoziale gegen den von der Bundesregierung ordnungsgemäß genehmigten Kongreß; ein Zusammenstoß mit Polizeikräften fordert 53 Verletzte (davon 22 Polizisten).

18.–31. 8. In Wien findet der XIV. Internationale Zionistenkongreß statt; gleichzeitig ist im Konzerthaus eine »Palästina-Ausstellung« zu besichtigen.

30. 8. Auf dem Wiener Rathausplatz demonstriert der österreichisch-deutsche Volksbund in einer »Groß-Kundgebung« für den Anschluß Österreichs an das Deutsche Reich.

1. 10. Der Wiener Komponist Arnold Schönberg übernimmt die »Meisterklasse der Komposition« an der Preußischen Akademie der Künste in Berlin. Zwei Jahre zuvor hat er die Zwölftontechnik als neue Kompositionsform entwickelt.

5. 10. Im Wiener Landgericht beginnt der Prozeß gegen Otto Rothstock, den Mörder des jüdischen Schriftstellers und Publizisten Hugo Bettauer (→ 10. 3.).

19. 10. Eisenstadt wird zur Landeshauptstadt des Burgenlandes erhoben.

10. 12. Der aus Wien stammende Göttinger Universitätsprofessor Richard Zsigmondy erhält den Nobelpreis für Chemie.

13. 12. In Berlin wird die Oper »Wozzek« von Alban Berg uraufgeführt.

Hakoah wird Fußballmeister der Saison 1924/25.

GESTORBEN:

26. 3. Wien: Hugo Bettauer (* 18. 8. 1877), Schriftsteller und Publizist. →

30. 3. Dornach (Schweiz): Rudolf Steiner (* 27. 2. 1861), Religionsphilosoph und Anthroposoph. →

15. 6. Wien: Ludwig Lohner (* 15. 7. 1858), Flugzeugkonstrukteur und erster österreichischer Autofabrikant.

20. 6. Wien: Josef Breuer (* 15. 1. 1842), Internist und Physiologe.

29. 7. Klagenfurt: Jakob Reumann (* 31. 12. 1853), Sozialdemokratischer Politiker, 1919–1923, Bürgermeister von Wien.

25. 8. Mergentheim (Deutsches Reich): Franz Graf Conrad von Hötzendorf (* 11. 11. 1852), Feldmarschall, 1906–1911 und 1912–1917, Generalstabchef der k. u. k. Armee.

16. 9. Wien: Leo Fall (* 2. 2. 1873), Operettenkomponist.

GEBOREN:

7. 2. Linz: Herbert Eisenreich, Schriftsteller.

6. 6. Wien: Erika Weinzierl, Historikerin.

27. 7. Wien: Inge Konradi, Kammerschauspielerin.

1. 8. Wien: Ernst Jandl, Lyriker.

26. 11. Basel: Annemarie Düringer, Kammerschauspielerin.

18. 11. Salzburg: Gerd Bacher, Journalist.

Zielscheibe antisemitischer Hetze sind die Schriften Hugo Bettauers

Mord eines Fanatikers

10. März. Am Nachmittag verübt der Nationalsozialist Otto Rothstock ein Revolverattentat auf den jüdischen Schriftsteller und Publizisten Hugo Bettauer, der am 26. an den Folgen der Schußverletzungen stirbt. Der 47jährige Bettauer ist Herausgeber der »Wochenschrift für Lebenskultur und Erotik – Er und Sie«, später in »Bettauers Wochenschrift« umbenannt. Außerdem schrieb er Romane, die alle mehrere Auflagen erreichten, zumeist recht freizügig geschrieben sind und eine projüdische Tendenz aufweisen, was ihm die Feindschaft der Antisemiten einbrachte, die gegen Bettauers »Pornographie« wetterten. Sein Roman »Die freudlose Gasse« wird von Georg Wilhelm Pabst verfilmt und mit Mai 1925 in Berlin uraufgeführt. Der 21jährige Attentäter ist ein ehemaliges Mitglied der NSDAP und SA, verließ diese Organisationen aber Ende 1924, um sie nicht durch seine Tat zu belasten. Trotz der Vorsätzlichkeit des Mordes wird Rothstock freigesprochen, da Gerichtsmediziner ihm »Jugendirresein« attestieren. Rothstock verbringt 15 Monate in der Nervenheilanstalt und anschließend weitere fünf Monate in der Psychiatrischen Klinik Wagner-Jauregg. Ende Mai 1927 wird er aufgrund eines Entscheids des Obersten Gerichtshofes entlassen.
(In einem Interview des ORF erklärt Rothstock Ende 1976: »Mit meinem heutigen Verstand würde ich wohl so einen kleinen Schriftsteller nicht mehr aufs Korn nehmen ... Ich müßte die Verantwortlichen für eine solche Entwicklung mir vorknöpfen, und dazu wäre vielleicht eine Tonne Dynamit nötig.«)

Begründer der Anthroposophie

30. März. 64jährig stirbt in Dornach Rudolf Steiner. Die Anthroposophie, die Steiner in Auseinandersetzungen mit Johann Wolfgang von Goethe, mit indischen, gnostischen, kabbalistischen, christlichen und theosophischen Vorstellungen entwickelte, geht davon aus, daß der Mensch durch Begreifen einer angenommenen stufenweisen Entwicklung der Welt zu einem »höheren Selbst« gelangen kann. Von großem Einfluß ist die von Steiner entwickelte Waldorf-Pädagogik.

Anthroposoph Rudolf Steiner

1926

14./15. 1. Um sein Kabinett umbilden zu können, tritt Bundeskanzler Rudolf Ramek mit seiner Regierung zurück; am 15. erfolgt der Amtsantritt der zweiten Regierung Ramek. Josef Kollmann löst Jakob Ahrer als Finanz-, Andreas Thaler Rudolf Buchinger als Land- und Forstwirtschaftsminister ab.

30. 1. In Wien wird der Rundfunksender auf dem Rosenhügel in Betrieb genommen.

7./8. 2. Herma Jaross-Szábo wird in Stockholm zum fünften Mal Weltmeisterin im Eiskunstlauf der Damen.

13./14. 2. Willy Böckl gewinnt in Berlin zum zweiten Mal die Weltmeisterschaft im Eiskunstlauf der Herren.

26. 2. Der Pan-Film »Der Rosenkavalier« läuft in den Wiener Kinos an.→

9. 6. Die vom Völkerbund über Österreich verhängte Finanzkontrolle wird aufgehoben (→4. 10. 1922). Der Beauftragte des Genfer Kontrollkomitees, Generalkommissär Alfred Zimmermann (ehemaliger Bürgermeister von Rotterdam und seit Ende 1922 in Wien), reist ab.

Die Seilbahn auf die Rax, den Wiener Hausberg in Niederösterreich, wird in Betrieb genommen. Diese erste Seilschwebebahn Österreichs ist 2150 m lang und wurde in dreijähriger Bauzeit fertiggestellt. Seit 15. April fährt sie bereits als Materialseilbahn.

20. 8. Anläßlich der Salzburger Festspiele wird die erste Vorstellung in der Felsenreitschule gegeben: Max Reinhardt inszeniert die Komödie »Der Diener zweier Herren« von Carlo Goldoni.

3.–6. 10. In Wien findet der erste »Paneuropa-Kongreß« statt.→

16. 10. Wegen eines angedrohten Streiks der Bundesbediensteten tritt der christlichsoziale Bundeskanzler Rudolf Ramek zurück.

16. 10. An den Hamburger Kammerspielen und dem Breslauer Lobetheater wird das Drama »Krankheit der Jugend« von Ferdinand Bruckner (eigtl. Theodor Tagger) uraufgeführt, das die sexuellen Gefährdungen Jugendlicher unverhüllt in Szene setzt.

20. 10. Der christlichsoziale Parteiobmann Prälat Ignaz Seipel bildet seine vierte Regierung.→

30. 10. Max Reinhardt, Leiter mehrerer Berliner Theater und seit 1924 auch des nach seinen Plänen umgebauten Theaters in der Wiener Josephstadt, feiert sein 25jähriges Bühnenjubiläum.

30. 10.–3. 11. Auf ihrem Linzer Parteitag verabschieden die Sozialdemokraten ein neues Parteiprogramm, das eine deutliche Hinwendung zum sog. Austromarxismus bedeutet. Obwohl der sozialdemokratische Theoretiker und Parteiführer Otto Bauer erklärt: »Wer zur Gewalt greift, ist der Gefangene der Gewalt«, verstärkt sich mit diesem Programm die Gewalt in der österreichischen Innenpolitik.→

29. 11. Der Parteirat der Christlichsozialen beschließt – ebenfalls in Linz – ein neues Parteiprogramm.→

Jahreswende. Die Zahl der offiziell unterstützten Arbeitslosen erreicht mit 202 000 einen Höchststand nach Kriegsende.

Unter der Direktion von Franz Schalk, seit 1924 alleiniger Intendant der Wiener Oper, erleben die Werke Giuseppe Verdis eine Renaissance: Mit dem nachgedichteten Libretto Franz Werfels erlebt Verdis Oper »Die Macht des Schicksals« in Wien (und Dresden) die deutsche Erstaufführung.

Das Salzburger Festspielhaus wird von Clemens Holzmeister umgebaut. Der sog. Stadtsaal wird miteinbezogen. Anton Faistauer gestaltet im Foyer beachtenswerte Fresken.

Hubert Gessner errichtet den Karl-Seitz-Hof im 21. Wiener Gemeindebezirk. Er ist ein typisches Beispiel für das Gemeindebauprogramm Wiens und hat 1173 Wohnungen.

Die »Amateure« werden Fußballmeister der Saison 1925/26.

GESTORBEN:

30. 4. Wien: Richard Weiskirchner (* 24. 3. 1861), christlichsozialer Politiker, 1912–1919 Bürgermeister von Wien.

4. 11. St. Justina (Südtirol): Albin Egger-Lienz (* 29. 1. 1868), Maler.

15. 12. Wien: Fritz Franz Maier (* 19. 7. 1844), Schiffbaukonstrukteur, entwickelte die gleitende Form des Schiffsrumpfes (Maier-Form).

29. 12. Val-Mont bei Montreux (Schweiz): Rainer (eigtl. René) Maria Rilke (* 4. 12. 1875), Dichter.→

GEBOREN:

5. 1. Wien: Maria Schell, Schauspielerin, ab 1955 auch Filmrollen.

17. 2. Wien: Friedrich Cerha, Komponist und Dirigent.

11. 4. Knittelfeld: Erwin Frühbauer, Politiker.

17. 5. Wien: Kurt Benesch, Schriftsteller.

21. 6. Wald am Arlberg: Günther Haiden, Politiker.

25. 6. Klagenfurt: Ingeborg Bachmann († 17. 10. 1973), Schriftstellerin.

30. 6. Wien: Peter Alexander (eigtl. Neumayer), Schauspieler und Liederinterpret.

9. 8. Scheibbs: Aglaja Schmidt, Kammerschauspielerin.

24. 9. Linz: Veit Relin, Schauspieler und Regisseur.

14. 11. Wien: Leonie Rysanek (eigtl. Rysanek-Grossmann), Kammersängerin, seit 1954 an der Wiener Staatsoper.

Eröffnung des ersten »Paneuropa-Kongresses« im Wiener Konzerthaus

»Paneuropa-Kongreß«

3.–6. Oktober. Im Wiener Konzerthaus treffen sich die Vertreter von 28 europäischen Staaten zum ersten »Paneuropa-Kongreß« der 1923 gegründeten Paneuropa-Union, die ihren Sitz in Wien hat.

Der Schriftsteller Richard Graf Coudenhove-Kalergi, Gründer der Paneuropa-Union und seit 1924 Herausgeber der Zeitschrift »Paneuropa«, trägt sein politisches Programm vor, das den Abbau der europäischen Binnengrenzen und die Bildung eines europäischen Staatenbundes vorsieht. Den Vorsitz des Kongresses hat der deutsche Reichstagspräsident Paul Löbe inne, dem »Ehrenpräsidium« gehören mehrere Staatsmänner an, darunter auch Bundeskanzler Ignaz Seipel und der tschechoslowakische Ministerpräsident Edvard Beneš.

Der »Paneuropa-Kongreß« endet am 6. mit der Annahme eines Manifestes, das die Forderung nach einer paneuropäischen Konferenz zur Vorbereitung des europäischen Zusammenschlusses enthält.

Der Austromarxismus

30. Oktober–3. November. Auf dem Linzer Parteitag der Sozialdemokraten wird ein von Otto Bauer vorgelegtes Programm verabschiedet, das an die Stelle des veralteten »Wiener Programms« tritt (→2.–5. 11. 1901). Das »Linzer Programm«, Hauptdokument des sog. Austromarxismus, strebt den »Übergang von der kapitalistischen zur sozialistischen Gesellschaftsordnung« an.

Sozialdemokrat Otto Bauer

Die wichtigsten Aussagen:

- ▷ »Große Industriekonzerne ... zwingen den Regierungen und Volksvertretungen ihren Willen auf. Die Großbanken beherrschen die Produktion. Das ganze arbeitende Volk gerät so unter die drückende Herrschaft einer kleinen Zahl von Kapitalmagnaten ...«
- ▷ Je stärker die Arbeiterklasse den Kampf gegen das Großkapital führt, umso größer wird die Unterstützung anderer Schichten der Bevölkerung sein
- ▷ Nach der »Eroberung der Staatsmacht« sollen die Produktionsmittel vergesellschaftet werden
- ▷ »Die Sozialdemokratie betrachtet den Anschluß Deutschösterreichs an das Deutsche Reich als notwendigen Abschluß der nationalen Revolution von 1918 ...«

1927

Wechsel nach Streikdrohung

20. Oktober. Der christlichsoziale Prälat Ignaz Seipel bildet seine vierte Regierung, erneut eine Koalition aus Christlichsozialen und Großdeutschen, die mit Franz Dinghofer (Vizekanzler und Justiz) und Hans Schürff (Handel und Verkehr) weiterhin zwei Regierungsmitglieder stellen. Bundeskanzler Rudolf Ramek ist vier Tage zuvor wegen eines angedrohten Streiks der Bundesbediensteten zurückgetreten.

Neues Programm der Kanzlerpartei

29. November. Als Reaktion auf das am →3. November verabschiedete sog. Linzer Programm der Sozialdemokraten beschließt der Parteirat der Christlichsozialen Partei unter dem Vorsitz von Bundeskanzler Ignaz Seipel ebenfalls ein neues Parteiprogramm. Das acht Punkte umfassende Programm stellt dem sozialdemokratischen Klassenkampf ein noch vages ständestaatliches Konzept entgegen.

Film erntet viel Lob

26. Februar. In den Wiener Kinos läuft der Film »Der Rosenkavalier« von Robert Wiene an. Drehbuch und Filmmusik des 1925 von der österreichischen Pan-Film AG produzierten Streifens stammen (wie bei der gleichnamigen Komödie, →26.1.1911) von dem Duo Hugo von Hofmannsthal/Richard Strauss. In den Hauptrollen spielen Michael Bohnen, Huguette Duflos und Paul Hartmann.
In »Paimann's Filmlisten« heißt es: »Alle Hochachtung vor der hochwertigen heimischen Arbeit, welche diesen Film zustandegebracht. Seine großzügige und dabei immer stilechte Aufmachung, die gewählten Kostüme und nicht zuletzt die vorzügliche Photographie verdienen uneingeschränkte Anerkennung ...«

Filmplakat zum »Rosenkavalier«

Abschied von Rilke

29. Dezember. In Valmont bei Montreux in der Schweiz stirbt im Alter von 51 Jahren der an Leukämie erkrankte Dichter Rainer Maria Rilke in einem Sanatorium.
Der aus Prag stammende Rilke entschied sich nach einem Studienjahr in München 1896 zur Existenz als freier Schriftsteller, befand sich danach meist auf Reisen, u.a. nach Rußland und nach Paris, wo er 1905/06 als Privatsekretär des Bildhauers Auguste Rodin tätig war. Rilke stand in Verbindung mit dem expressionistischen Künstlerkreis von Worpswede.
Das Werk Rilkes ist vorrangig durch lyrische Produktionen bestimmt. Berühmt wurde er durch die lyrische Prosa »Weise von Liebe und Tod des Cornets Christoph Rilke« (erste Fassung 1899, endgültige Fassung 1906), die mit ihrer erotisch gefärbten Feier des Todes von großer Wirkung u.a. in der Wandervogelbewegung war. Das »Stundenbuch« (1905), das Reiseerfahrungen ebenso wie Lektüreerlebnisse (Arthur Schopenhauer, Friedrich Nietzsche) verarbeitet, enthält die religiös-poetische Lebenslehre Rilkes. Der Verlust der im Glauben verhafteten Weltsicht ist in dem Roman »Die Aufzeichnungen des Malte Laurids Brigge« (1910) geschildert. Gedichtzyklen kreisen in metaphernreicher Sprache um das unsagbare, in der Kunst aufscheinende Göttliche.

10. 1. Fritz Langs Film »Metropolis« wird in Berlin uraufgeführt.

30. 1. In Schattendorf (Burgenland) kommt es zu einem Zusammenstoß zwischen Angehörigen des Republikanischen Schutzbundes und der Frontkämpfervereinigung, die zwei Tote und elf Verletzte fordert.→

5./6. 2. Willi Böckl wird in Davos (Schweiz) Weltmeister im Eiskunstlauf der Herren.

10. 2. In Leipzig wird die Jazzoper »Jonny spielt auf« des 21jährigen Österreichers Ernst Křenek mit großem Erfolg uraufgeführt.

12. 2. In Klagenfurt wird ein Rundfunksender in Betrieb genommen.

21. 2. In Berlin findet die Uraufführung der Operette »Der Zarewitsch« von Franz Lehár statt; mit dem Publikumsliebling Richard Tauber wird sie – nach »Paganini« 1926 – zum zweiten großen Erfolg des Duos Lehár/Tauber.

22./23. 2. Herma Jaros-Szábo und Ludwig Wrede werden in Davos abermals Weltmeister im Eiskunstlauf der Paare.

24. 4. In Österreich finden die dritten Nationalratswahlen der Ersten Republik statt.→

7. 5. Im Wiener Prater wird das erste Planetarium außerhalb des Deutschen Reiches eröffnet; der Kuppeldurchmesser beträgt 20 m.

19. 5. Bundeskanzler Ignaz Seipel bildet seine fünfte Regierung – eine Koalition aus Christlichsozialen, Großdeutschen und Landbund.

2. 6. In Innsbruck wird ein Rundfunksender in Betrieb genommen.

5. 7. Beginn des sog. Schattendorfer Prozesses: Drei Frontkämpfer haben sich vor einem Schwurgericht des Wiener Landesgerichts wegen der beiden Todesfälle am →30. Jänner in Schattendorf (Burgenland) zu verantworten.

14. 7. Das Wiener Schwurgericht spricht die drei Angeklagten des sog. Schattendorfer Prozesses frei.→

15. 7. Der Großteil der Wiener Arbeiterschaft (vorwiegend sozialdemokratisch orientiert) legt wegen des Schattendorf-Urteils kurz nach Arbeitsbeginn die Arbeit nieder und zieht in ungeordneten Haufen in die Innere Stadt, wo es zu einem schweren Zusammenstoß mit bewaffneten Polizeikräften kommt.→

16. 7. Ein ganztägiger Generalstreik und ein befristeter Verkehrsstreik werden nur zum Teil befolgt. Die Ausschreitungen in Wien gehen allmählich zu Ende; sie haben 89 Tote, rund 660 Schwer- und 1000 Leichtverletzte gefordert.
In den Bundesländern beteiligen sich die Heimwehren besonders an Maßnahmen gegen den Verkehrsstreik.

13. 8. Erste Opernaufführung im Salzburger Festspielhaus: Franz Schalk dirigiert Ludwig van Beethovens »Fidelio« mit Alfred Jerger als Pizarro, Lotte Lehmann als Leonore und Alfred Piccaver als Florestan.

17.–19. 9. Karl Kraus, Herausgeber der »Fackel«, läßt in Wien ein Plakat affichieren, das den Wiener Polizeipräsidenten Johannes Schober als Verantwortlichen für den Polizeieinsatz am 15. Juli zum Rücktritt auffordert. Im Oktober widmet Kraus eine Sondernummer der »Fackel« ausschließlich den Ereignissen des 15. Juli, die er als »mörderische Razzia gegen Wehrlose, Ahnungslose und Unschuldige« bezeichnet.

15. 9. In der Wiener Riemergasse 11 wird die Kleinkunstbühne »Faun« eröffnet.

26. 11. Kurz nach der Eröffnung des Wiener »Schneepalastes« verübt der Monarchist Richard Strebinger in der Wiener Nordwestbahnhalle (seit 1924 nicht mehr als Bahnhof genutzt) ein Revolverattentat auf Bürgermeister Karl Seitz, das aber mißglückt.

10. 12. Der Psychiater Julius Wagner Ritter von Jauregg erhält den Medizin-Nobelpreis für die Entdeckung der Malariatherapie der Paralyse.

Die Heimwehren erhalten eine gemeinsame Bundesführung unter Richard Steidle und Waldemar Pabst.

In Wien-Heiligenstadt wird mit dem Bau des Karl-Marx-Hofes begonnen, die größte Wohnbauanlage der Gemeinde Wien (fast 1600 Wohnungen). Die Pläne stammen von Karl Ehm.

Österreich wird Eishockey-Europameister.

Admira Wien wird Fußballmeister der Saison 1926/27.

GESTORBEN:

8. 2. Linz: Johann Nepomuk Hauser (* 24.3.1866), Prälat und christlichsozialer Politiker, seit 1908 Landeshauptmann von Oberösterreich.

28. 8. Rapperswil (Schweiz): Andreas Scheu (* 27.1.1844), radikaler Arbeiterführer.

23. 11. Wien: Alfred Fürst zu Windischgraetz (* 31.10.1851), konservativer Politiker, 1893–1895 Ministerpräsident.

4. 12. Wien: Alexander Graf Kolowrat-Krakowsky (* 29.1.1886), Filmproduzent.

GEBOREN:

11. 2. Wien: Helmuth Denck, Chirurg.

19. 2. Preßburg (Bratislava): Hugo Portisch, Journalist.

26. 4. Graz: Johann Weber, Bischof von Graz-Seckau.

16. 5. Wien: Paul Angerer, Komponist.

5. 6. Wien: Waltraut Haas, Schauspielerin.

9. 6. Wien: Helmut Zilk, Journalist und Politiker.

6. 10. Wien: Paul Badura-Skoda, Pianist.

4. 12. Klagenfurt: Leopold Wagner, Politiker.

Straßenschlacht nach Freispruch

15. Juli. Kurz nach Arbeitsbeginn legt ein Großteil der Wiener Arbeiterschaft (überwiegend Sozialdemokraten) aus Protest gegen das Urteil im Schattendorfer Prozeß die Arbeit nieder und marschiert in die Innere Stadt. Am Vortag hat ein Schwurgericht des Wiener Landesgerichts die drei Frontkämpfer, die am → 30. Jänner die Schüsse in Schattendorf abgegeben haben, freigesprochen, obwohl der Staatsanwalt die Geschworenen aufforderte, die Angeklagten schuldig zu sprechen, wenngleich »die moralische Verantwortung für die Ereignisse auf dem Schutzbund laste.«
Die sozialdemokratische Parteiführung hat sich jedoch am Abend des 14. darauf verständigt, nicht zur Demonstration gegen das Urteil aufzurufen, um damit der anderen Seite keine Argumente gegen die Geschworenengerichte zu geben, die von den Sozialdemokraten aus prinzipiellen Gründen unterstützt werden. So fehlen am 15. Juli sowohl Richtlinien als auch Ordnungstruppen der Sozialdemokraten, die den Unmut der Arbeiter in eine geordnete Massendemonstration hätten münden lassen können.
Gegen 10 Uhr konzentriert sich die Demonstration auf den Justizpalast am Schmerlingplatz. Schließlich dringen Arbeiter in das Gebäude ein, zünden Akten an und werfen Möbelstücke aus den Fenstern. Die anrückende Feuerwehr wird von den Demonstranten an der Löschaktion gehindert. Vergeblich versuchen sozialdemokratische Funktionäre, allen voran Bürgermeister Karl Seitz, die Massen zu beruhigen. Auch dem Republikanischen Schutzbund gelingt es nicht, die Menge zum Abzug zu veranlassen. Über die weiteren Vorgänge heißt es im ersten offiziellen Bericht der Polizeidirektion Wien: »Da die Bemühungen der Sicherheitswache beim Justizpalaste und beim Sicherheitswachzimmer Lichtenfelsgasse sich mit den normal zu Gebote stehenden Waffen (Säbel und Revolver) durchzusetzen vergeblich waren, mußten schließlich mit Gewehren ausgerüstete Sicherheitswacheabteilungen entsendet werden. Der Einsatz von Waffen bringt dem Wiener Polizeipräsidenten Johannes Schober den Namen »Arbeitermörder« ein. Die daraufhin ausgegebene Generalstreikparole wird von den Eisenbahn-, Post- und Telegraphenbediensteten nur kurze Zeit befolgt.
Am 16. Juli gehen die Ausschreitungen zu Ende; sie forderten 89 Tote (unter ihnen vier Polizei- bzw. Kriminalbeamte), 660 Schwer- und 1000 Leichtverletzte.

Sozialdemokratische Arbeiter demonstrieren gegen den Freispruch

Zusammenstoß in Schattendorf

30. Jänner. Ein in der Ersten Republik fast alltäglicher Zusammenstoß zwischen Mitgliedern des Republikanischen Schutzbundes und der Frontkämpfervereinigung im burgenländischen Schattendorf findet ein blutiges Ende: Drei Frontkämpfer schießen blindlings auf die Schutzbündler, verletzen fünf von ihnen und verwunden zwei Unbeteiligte tödlich.
Die etwa 30 Schattendorfer Frontkämpfer haben für diesen Sonntagnachmittag ein Treffen mit ihren Kameraden aus den Nachbarorten angekündigt und dazu auch eine Delegation aus Wien eingeladen. Der doppelt so starke Schutzbund zieht daraufhin zum Bahnhof und verprügelt die ankommenden Frontkämpfer. Auf ihrem Rückmarsch ziehen die Schutzbündler am Stammlokal der Frontkämpfer vorbei, dringen in die Wirtsstube ein und fordern die dort versammelten Frontkämpfer wie üblich auf: »Kummts außi, wanns euch trauts.« Von der Verschanzung des vergitterten Schlafzimmerfensters aus feuern drei dort wartende Frontkämpfer die »Antwort«.
Bis zu diesem Zeitpunkt beträgt die Zahl der bewaffneten politischen Zusammenstöße seit Kriegsende in Österreich bereits 65, die 80 Tote und 176 Schwerverletzte forderten.

»Arbeiter-Zeitung«: »Und diese namenlose Schandtat bleibt ungesühnt . . .«

In dem Leitartikel des Chefredakteurs der Wiener »Arbeiter-Zeitung«, Friedrich Austerlitz, vom 15. Juli 1927 heißt es u. a.:

»Nichts wird den drei Angeklagten, die am 30. Jänner in Schattendorf in eine Menschenmenge hineingeschossen, mit vollem Vorsatz die todbringenden Schüsse auf Menschen abgefeuert haben, die zwei Menschenleben vernichtet und fünf Menschen verletzt haben, nichts wird ihnen geschehen, kein Haar wird ihnen gekrümmt werden: Die eidbrüchigen Gesellen auf der Geschworenenbank haben sie von allen Schuldfragen freigesprochen und unter dem Siegesgeheul der angesammelten Frontkämpfer sind sie, die zwei Menschenleben auf dem Gewissen haben, sofort in Freiheit gesetzt worden. Eine Schurkerei ist diese Freisprechung, wie sie in den Annalen der Justiz wohl selten, vielleicht noch nie erlebt worden ist ... hier aber, bei dem unmenschlichen Schießen in Menschen hinein, ist kein Zweifel über die Tat, über ihre Vorsätzlichkeit und Planmäßigkeit möglich. Diese drei Frontkämpfer haben schon am Vormittag die Waffen zusammengetragen; sie haben sich, wie der Staatsanwalt sagte, eine Festung eingerichtet, von der aus, verborgen und unerreichbar, sie die Jagdgewehre auf die angesammelten Schutzbündler gerichtet haben; sie haben auch keinen Angriff abzuwehren gehabt, in keiner Notwehr sich befunden, sie haben einfach ihren zügellosen Rachedurst befriedigen wollen. Und diese namenlose Schandtat bleibt ungesühnt!
... Nach Ansicht dieser Geschworenen bedeutet es also gar nichts, auf Menschen zu schießen; das ist, wenn die Schießenden Frontkämpfer sind, wohl ein erlaubtes Jagdvergnügen! Die aber den Eid, den sie geleistet haben, so schnöde mit Füßen treten; die sich über Recht und Gerechtigkeit so frech hinwegsetzen, die sind keine Geschworenen, sind ehrlose Gesetzbrecher ...
Diese Schandtat, in lebendige Menschen wie in ein jagbares Wild hineinzuschießen, haben die feilen Regierungsblätter immerzu entschuldigt, bemäntelt, gerechtfertigt; die Sühne für sie zu vereiteln, war ihr bewußtes Bestreben!«

Friedrich Austerlitz

Seipel (u. M.) mit seinem 5. Kabinett

Regierung durch Wahl geschwächt

24. April. Die Nationalratswahlen lassen den Vorsprung der Christlichsozialen, die mit den Großdeutschen auf einer »Einheitsliste« kandidieren, gegenüber den Sozialdemokraten von 14 auf zwei Mandate schrumpfen. Der christlichsoziale Bundeskanzler Ignaz Seipel kann nur unter Einbeziehung des nationalliberalen Landbundes ein regierungsfähiges Kabinett bilden.
Für den Erfolg der oppositionellen Sozialdemokraten gibt es eine ganze Reihe von Gründen: Finanzskandale, die umstrittene Novellierung des Mieterschutzes und die ungeklärte Frage der Altersversorgung für Arbeiter haben die Unzufriedenheit der Bevölkerung anwachsen lassen.

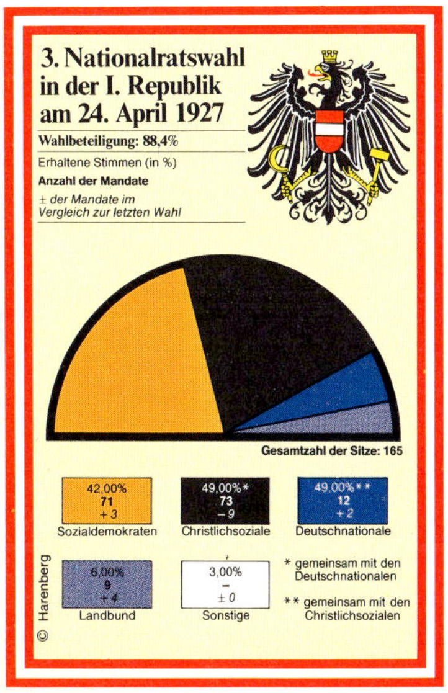

1928

1. 1. Einen Tag nach der Erstaufführung in Wien wird Ernst Křeneks Jazzoper »Jonny spielt auf« in der Staatsoper wiederholt.

13. 1. Die Schwurgerichtsprozesse gegen die Demonstranten des → 15. Juli 1927 gehen mit Freisprüchen zu Ende.

31. 1. Die »Interalliierte Militärkontrolle« über Österreich wird beendet.

5. 2. Bei Mariazell (Steiermark) wird die Seilschwebebahn auf die Bürgeralpe eröffnet.

11.–19. 2. Bei den II. Olympischen Winterspielen in St. Moritz gewinnen die österreichischen Eiskunstläufer vier Medaillen. →

25./26. 2. Nach dem Gewinn der Silbermedaille in St. Moritz wird Willy Böckl in Berlin Weltmeister im Eiskunstlauf.

1. Märzwoche. In St. Anton am Arlberg findet das erste Arlberg-Kandahar-Rennen statt. →

24. 3. In Feldkirchen (Kärnten) sprengt die Heimwehr eine sozialdemokratische Versammlung – 22 Personen werden verletzt.

22. 4. Bei den Wiener Gemeinderatswahlen können die Sozialdemokraten Stimmengewinne für sich verbuchen.

28. 4. Der einstige Führer der ungarischen Räterepublik von 1919, Béla Kun, wird in Wien verhaftet. →

3. 5. Das Wardanieri-Korps marschiert Richtung Süden. →

6. 5. Gleichzeitig treten zwei österreichische Fußballauswahlmannschaften zu Länderspielen an: In Wien gibt es einen 3 : 0 Sieg über Jugoslawien, in Budapest ein 5 : 5 gegen Ungarn.

27. 6. Der sozialdemokratische Abgeordnete Albert Sever stellt im Nationalrat den Antrag, das »Kriegswirtschaftliche Ermächtigungsgesetz« vom 24. Juli 1917 aufzuheben. Mit den Stimmen der Regierungskoalition wird der Antrag abgelehnt.

17. 7.–12. 8. Zweimal Gold und einmal Bronze gewinnen österreichische Sportler bei den IX. Olympischen Spielen in Amsterdam.

28. 7. Bei einer Rauferei in Meidling verwendet die Wiener Polizei erstmals Gummiknüppel.

31. 8. Der Ministerrat beschließt den Beitritt Österreichs zum Briand-Kellogg-Pakt. →

7. 10. Gleichzeitig treffen sich der Republikanische Schutzbund und die Heimwehr zu Großkundgebungen in Wiener Neustadt. Das Bundesheer steht einsatzbereit, doch es kommt zu keinen Zwischenfällen.

29. 10.–1. 11. Sozialdemokratischer Parteitag in Wien: Der von Karl Renner geführte gemäßigte Flügel der Partei befürwortet eine Beteiligung an der Staatsgewalt, kann sich aber nicht gegen die Mehrheit der Delegierten durchsetzen.

12. 11. Bei einem großen Heimwehraufmarsch in Innsbruck kommt es zum Zusammenstoß mit sozialdemokratischen Arbeitern; mehrere Personen werden verletzt.

25. 11. Bundeskanzler Ignaz Seipel eröffnet die Salzburger Universität neu; er selbst war hier 1909–1917 als Professor für Moraltheologie tätig.

5. 12. Die Bundesversammlung wählt den christlichsozialen Nationalratspräsidenten Wilhelm Miklas als Nachfolger von Michael Hainisch zum Bundespräsidenten. →

18. 12. Bundeskanzler Ignaz Seipel erklärt, daß er in der Heimwehr – mit gewissen Einschränkungen – einen Bundesgenossen der bürgerlichen Parteien sehe.

Jahresende. In Österreich gibt es 179 000 »unterstützte« Arbeitslose.

Der Raketentechniker Hermann Potočnik veröffentlicht sein Buch »Das Problem der Befahrung des Weltraums«. →

Admira Wien wird Fußballmeister der Saison 1927/28.

GESTORBEN:

12. 2. Schloß Hernau (Salzburg): Manfred Graf Clary und Aldringen (* 30. 5. 1852), Staatsmann.

18. 5. Wien: Moritz von Auffenberg (* 22. 5. 1852), General, 1911/12 Kriegsminister.

26. 10. Wien: Ferdinand Schmutzer (* 21. 5. 1870), Maler und Graphiker.

5. 11. Festenburg (Steiermark): Ottokar Kernstock (* 25. 7. 1848), Lyriker.

GEBOREN:

2. 1. Salzburg: Gerhard Amanshauser, Erzähler.

9. 1. Wien: Fritz Dirtl († 10. 6. 1956), Motorrad-Rennfahrer.

27. 2. Wien: Alfred Hrdlička, Bildhauer.

16. 3. Darmstadt: Karlheinz Böhm, Schauspieler.

16. 3. Berlin: Christa Ludwig, Kammersängerin.

18. 3. Wien: Gustav Peichl (Pseud. Ironimus), Architekt und Karikaturist.

2. 4. Wien: Fritz Uhl, Tenor.

31. 5. Wien: Marianne Schönauer, Schauspielerin.

12. 8. Wien: Erich Neuberg († 10. 1. 1969), Regisseur.

19. 9. Wien: Bruno Dallansky, Schauspieler.

8. 10. Wien: Helmut Qualtinger, Schauspieler und Kabarettist.

10. 11. Wien: Karl Lausecker, Politiker.

2. 12. St. Pölten: Jörg Demus, Pianist.

13. 12. Wien: Wolfgang Hutter, Maler und Graphiker.

15. 12. Wien: Friedensreich Hundertwasser (eigtl. Friedrich Stowasser), Maler.

Die »Befahrung des Weltraums«

Der 35jährige Raketentechniker Hermann Potočnik veröffentlicht sein Buch »Das Problem der Befahrung des Weltraums«, in dem er die Konstruktion »stehender Satelliten« vorgestellt, die als Weltraum-Observatorien dienen und mit Sonnenenergie betrieben werden sollen. Der in Pola geborene Potočnik, ehemaliger Offizier der k. u. k. Armee, hält den Bau solcher Orbitalstationen für durchaus möglich und stellt genaue Umlaufbahnberechnungen für die Verwirklichung an (die durch die moderne Weltraumforschung bestätigt werden).

Skandal um Jazz in der Staatsoper

Jänner. Die Aufführung der Jazzoper »Jonny spielt auf« des erst 28jährigen Komponisten Ernst Křenek in der Wiener Oper führt zu massiven Protesten antisemitischer und nationalsozialistischer Kräfte.
Nach der umjubelten Uraufführung am 10. Februar 1927 in Leipzig wurde die Jazzoper von insgesamt 50 deutschen Bühnen ins Programm aufgenommen und als Silvestervorstellung auch in der Wiener Oper in Szene gesetzt (anstelle der üblichen »Fledermaus«). Am Neujahrstag wird die Vorstellung wiederholt und wegen des großen Publikumszuspruchs bis März weitere 16mal aufgeführt. Die Nationalsozialisten rufen für den 13. Jänner zu einer Protest-Kundgebung gegen die »freche jüdisch-negerische Besudelung« der Oper durch einen »tschechischen Halbjuden« auf, an der sich allerdings nur wenige hundert Menschen beteiligen.
Die Sänger werden in »Jonny spielt auf« von einer Jazzband (mit Saxophonen, Trompete, Schlagzeug und Jazzbesen) begleitet. Ihre Blues-, Shimmy-, Tango- und Charlestonrhythmen werden von Alltagsgeräuschen (Staubsaugersummen, Polizeisirenen) durchmischt. Geschildert wird die Liebe zwischen einem grüblerischen jungen Komponisten und einer Halbwelt-Sängerin.
Die Inszenierung an der Wiener Staatsoper stammt vom Oberspielleiter des Hauses, Lothar Wallerstein. Es dirigiert Robert Heger.

Opposition entscheidet Wahl

5. Dezember. Im dritten Wahlgang wird der chistlichsoziale Nationalratspräsident Wilhelm Miklas als Nachfolger Michael Hainischs zum neuen Bundespräsidenten der Republik Österreich gewählt.
Vor der Wahl hat es einige Aufregung um die Kandidaten gegeben. Die Christlichsozialen schlugen zunächst eine Verfassungsänderung vor, um dem parteilosen Hainisch eine dritte Amtsperiode zu ermöglichen. Als die Sozialdemokraten ihre Zustimmung zu diesem Plan gaben, geschah dies in einer Form, die zur Meinungsänderung bei den Christlichsozialen führte: Die Sozialdemokraten erklärten, einer Verfassungsänderung nur deshalb zustimmen zu wollen, um die Wahl eines klerikalen Parteimanns als Bundespräsident zu verhindern. Daraufhin zogen die Christlichsozialen ihren Antrag zurück und nominierten Miklas für das höchste Staatsamt.

V. l.: Andreas Thaler, Michael Hainisch, Viktor Kienböck und der neue österreichische Bundespräsident Wilhelm Miklas von der christlichsozialen Partei (1928)

Doch Großdeutsche und Landbund, die beiden Koalitionspartner der Christlichsozialen, lehnten es ab, Miklas ihre Stimme zu geben, da dieser unmittelbar aus der Parteipolitik kommt. Die Sozialdemokraten suchten in dieser Situation eine Verständigung mit den Großdeutschen und dem Landbund und erklärten, einem »unpolitischen« Kandidaten der beiden Regierungsparteien ihre Stimmen geben zu wollen. Die beiden nationalen Parteien entschieden sich aber, um die Koalition mit den Christlichsozialen nicht zu gefährden, für einen höchst politischen Mann, den Wiener Polizeipräsidenten und Ex-Bundeskanzler Johannes Schober, den Verantwortlichen für den Polizeieinsatz am → 15. Juli 1927. Die Sozialdemokraten daraufhin leere Stimmzettel ab, sodaß Wilhelm Miklas mit den Stimmen seiner christlichsozialen Partei gewählt wird.

Räteführer Kun in Wien verhaftet

28. April. In Wien wird der unter falschem Namen eingereiste Führer der ungarischen Räterepublik von 1919, Béla Kun, verhaftet.
Der prominente Funktionär der Kommnunistischen Internationale wird Ende Juli nach Sowjetrußland abgeschoben.

Angriffskrieg wird geächtet

31. August. Auf Antrag von Bundeskanzler Ignaz Seipel beschließt der Ministerrat den Beitritt Österreichs zu dem am 27. in Paris von 15 Nationen unterzeichneten Kriegsächtungspakt, der auf Initiative des französischen Außenministers Aristide Briand und seines amerikanischen Kollegen Frank Billings Kellogg zustande gekommen ist (daher auch Briand-Kellogg-Pakt genannt). Der Pakt erklärt den im nationalen Interesse geführten Angriffskrieg für völkerrechtswidrig, enthält aber keine Vereinbarungen über Sanktionsmaßnahmen im Fall einer Zuwiderhandlung. Über Abrüstungsmaßnahmen wird keine Einigung erzielt.

Wie bei den I. Olympischen Winterspielen in Chamonix (Plakat) brillieren die Österreicher auch in St. Moritz im Eiskunstlauf

Erfolg bei Olympia

11.–19. Februar. Bei den II. Olympischen Winterspielen im Winterkurort St. Moritz (Schweiz) gewinnen die österreichischen Teilnehmer drei Silber- und eine Bronzemedaille(n), wie schon vor vier Jahren im französischen Chamonix alle in den Eiskunstlaufwettbewerben.
Zweite werden Willy Böckl, Fritzi Burger und das Paar Lilly Scholz/Otto Kaiser, Bronze gewinnen Melitta Brunner/Ludwig Wrede.

17. Mai – 12. August. Zweimal Gold für Österreich sowie eine Bronzemedaille sind die Ausbeute bei den IX. Olympischen Spielen in Amsterdam. Gold gewinnen die Schwerathleten Franz Andrysek und Hans Haas, der Doppelzweier mit Leo Losert und Viktor Flesch wird im Rudern Dritter. Im Rahmen der olympischen Kunstwettbewerbe erhält der Wiener Bildhauer Edwin Grienauer ebenfalls Gold.

Verzweifelter Zug von Arbeitslosen

3. Mai. Im Anschluß an eine Messe in der Kirche Wien-Mauer marschieren fast 200 Menschen, das sog. Wardanieri-Korps, mit grün-gelben Wimpeln nach Süden. Ziel der überwiegend aus Arbeitslosen bestehenden Gruppe ist Äthiopien, wo sie nach den Vorstellungen ihres »Wodosch« (Führers), dem ehemaligen k.u.k. Oberleutnant, Rotgardisten und Freikorpsler Peter Waller, das Reich Mora gründen sollen. Der Initiator des Marsches weilt allerdings zu dieser Zeit in der psychiatrischen Klinik Wagner-Jauregg.
Waller hat bereits 1924 das erste »Wardanische Reich«, auch »Asgard« (Asisches Reich) genannt, in den Donauauen der Lobau am linken Flußufer gegründet, wo Arbeitslose in einem höchst primitiven Lager hausten. Der Name der Bewegung leitet sich von einer deutschen Kolonistengruppe, den Warden, ab, die unter Kaiser Joseph II. aus Franken kommend in Südungarn angesiedelt wurden. Ihre Kampftruppe nannte sich Wardanieri. Am 7. Mai erreicht die führerlose Gruppe verzweifelter Arbeitsloser Gloggnitz, am 16. Knittelfeld in der Steiermark. Bis Anfang Juni zieht das stetig kleiner werdende Wardanieri-Korps planlos hin und her und versucht, bei Arnoldstein die Grenze nach Italien zu übertreten, was scheitert, da die meisten der Arbeitslosen keine Pässe besitzen.

Kandahar-Rennen am Arlberg

1. Märzwoche. In St. Anton am Arlberg organisiert Hannes Schneider das erste »Arlberg-Kandahar-Rennen«. Jeder Skiläufer muß ein »Nenngeld« in Höhe von 50 Groschen bezahlen.
Dreimal können sich österreichische Teilnehmer in die Siegerliste eintragen, einmal eine britische Sportlerin: Die Herrenabfahrt gewinnt Friedrich Schneider aus Stuben (Tirol), den Slalom und die Kombination Benno Leubner aus Innsbruck; in der Damenabfahrt siegt Lisl Polland aus Wien, die auch die Kombinationswertung für sich entscheidet, im Slalom ist die Engländerin Doreen Elliott erfolgreich.

1929

27. 1. Der christlichsoziale Arbeiterführer Leopold Kunschak stellt fest: »Die Heimwehrbewegung nimmt eine Entwicklung, die sie als Gefahr für das parlamentarische System erscheinen läßt.«

2./3. 2. Lilly Scholz und Otto Kaiser werden in Budapest Weltmeister im Eiskunstlauf der Paare.

3. 2. Heimwehrmänner stören in Gloggnitz (Niederösterreich) eine Versammlung der Sozialdemokraten, 36 Personen werden verletzt.

24. 3. Bei einem Heimwehraufmarsch in Gratwein bei Graz kommt es zum Zusammenstoß mit sozialdemokratischen Arbeitern, der 18 Verletzte fordert.

3. 4. Eine Krise in der Regierungskoalition führt zum Rücktritt der Regierung unter Bundeskanzler Ignaz Seipel.→

23. 4. Der Theaterintendant Max Reinhardt eröffnet in Wien das sog. Reinhardt-Seminar.→

1. 5. 19 Verletzte fordert ein Zusammenstoß zwischen dem Republikanischen Schutzbund und Heimwehrmännern in Kapfenberg (Steiermark).

4. 5. Der Vizepräsident der Handels- und Gewerbekammer, Ernst Streer Ritter von Streeruwitz (Christlichsozialer), bildet eine neue Bundesregierung.

5. 5. In Dresden wird das in Wien verbotene Stück »Die Unüberwindlichen« von Karl Kraus uraufgeführt.→

7. 5. In Graz wird die Aufführung der »Dreigroschenoper« von Demonstranten gestört.→

2.–16. 6. Festwochen in Wien: Max Reinhardt inszeniert mit großem Erfolg im Arkadenhof des Rathauses Georg Büchners »Dantons Tod«.

18. 7. Der 29jährige arbeitslose Schmiedegeselle Anton Leitner bedroht den Wachtposten vor dem Bundeskanzleramt in Wien mit einer Pistole und gibt an, den Bundespräsidenten erschlagen zu wollen. Leitner wird festgenommen und in psychiatrische Behandlung überstellt.

19. 8. Sozialdemokratische Arbeiter überfallen in Vösendorf bei Wien drei Heimwehrmänner. Der dabei getötete 27jährige Franz Janisch ist Mitglied der NSDAP und gilt bei den Nationalsozialisten daher als erster »Blutzeuge« in Österreich.

September. Der Creditanstalt (größte österreichische Bank) wird die Übernahme der bankrotten Bodenkreditanstalt »aufgezwungen«; diese Fusion trägt wesentlich zu den Schwierigkeiten der Creditanstalt 1930 bei.

25. 9. Bundeskanzler Streeruwitz erklärt seinen Rücktritt.→

26. 9. Wiens Polizeipräsident und Altbundeskanzler Johannes Schober bildet seine dritte Regierung mit mehreren außerparlamentarischen Persönlichkeiten, Vizekanzler wird der christlichsoziale Heeresminister Carl Vaugoin.

24. 10. Der New Yorker Börsenkrach beginnt (»Schwarzer Freitag« am 25.); die künstlich hochgetriebenen Aktienkurse fallen um bis zu 90%, was aufgrund der engen Verflechtung der amerikanischen mit der europäischen Finanzwelt eine Weltwirtschaftskrise auslöst (→ Mai 1931).

27. 10. Großkundgebung der Heimwehr auf dem Wiener Heldenplatz: 12 800 Heimwehrmänner versammeln sich in Wien, darunter etwa 2000 Jäger der »Privatarmee« des Fürsten Ernst Rüdiger Starhemberg.

7. 12. Die Bundesverfassung wird novelliert.→

Jahresende. Die Zahl der amtlich unterstützten Arbeitslosen liegt bei 193 000 (+ 7,8% gegenüber 1928).

Rapid Wien wird Fußballmeister der Saison 1928/29.

GESTORBEN:

28. 2. Wien: Clemens Pirquet (* 12. 5. 1874), Kinderarzt.

11. 6. Budapest: Julius d. J. Graf Andrássy (* 30. 6. 1860), Politiker, 1918 k. u. k. Außenminister.

1. 7. Andelsbuch: Jodok Fink (* 19. 2. 1853), christlichsozialer Politiker, 1919/20 Vizekanzler.

15. 7. Rodaun bei Wien: Hugo von Hofmannsthal (* 1. 2. 1874), Dichter.→

27. 7. Wien: Hermann Potočnik (* 22. 12. 1892), Raketentechniker (→ 1928).

4. 8. Schloß Welsbach: Carl Auer Freiherr von Welsbach (* 1. 9. 1858), Chemiker.→

23. 9. Göttingen: Richard Zsigmondy (* 1. 4. 1865), Chemiker.→

30. 10. Graz: August Ansger (* 10. 2. 1868), Erfinder der Zeitlupe.→

4. 11. St. Justina bei Bozen: Albin Egger-Lienz (* 19. 1. 1868), Maler.

GEBOREN:

2. 1. Nitra (Slowakei): Anton Lehmden, Maler und Graphiker.

4. 1. Wien: Arik (Erich) Brauer, Maler, Graphiker, Liedersänger und Komponist.

23. 1. Donawitz: Hannelore Valencak, Erzählerin.

2. 2. Wien: Waldemar Kmentt, Kammersänger.

5. 2. Neufeld: Fred Sinowatz, Politiker.

16. 3. Wien: Nadja Tiller, Schauspielerin.

8. 4. Wien: Walter Berry, Kammersänger.

8. 7. Wien: Eberhard Wächter, Kammersänger.

8. 8. Wien: Josef Mikl, Maler.

4. 11. Leopold Gratz, Politiker.

Bundeskanzler Streeruwitz beim 75. Jubiläum der Semmering-Bahn, Juni 1929

Drei Bundeskanzler

Die Republik Österreich verzeichnet eine schwere Regierungskrise des seit 1920 regierenden Bürgerblocks. Gleich zwei Bundeskanzler müssen demissionieren, eine Phase kurzlebiger Kabinette beginnt.

3. April. Spannungen innerhalb der Regierungskoalition, eine abgelehnte Amnestie und politisch motivierte Kirchenaustritte führen – zusammen mit dem angegriffenen Gesundheitszustand des Bundeskanzlers – zum Rücktritt der fünften Regierung Seipel. Der christlichsoziale Prälat hat zuletzt wesentlich den Aufstieg der Heimwehr gefördert, in der er einen Bundesgenossen gegen den »gottlosen Sozialismus« sieht, wird aber von seinen Koalitionspartnern wie auch von den eigenen Parteifreunden für die schwere Wahlniederlage des Jahres 1927 verantwortlich gemacht, bei der die Christlichsozialen neun Mandate verloren.

Wie schwierig die Lage des Bürgerblocks ist, zeigen die Probleme bei der Kabinettsbildung: Erst nach vier Wochen gelingt es dem Christlichsozialen Ernst Streer Ritter von Streeruwitz, Vizepräsident der Handels- und Gewerbekammer, eine neue Regierung vorzustellen. Doch der starke Druck der Heimwehr und der Widerstand des bürgerlichen Lagers lassen die Regierung Streeruwitz schon nach weniger als vier Monaten scheitern.

25. September. Bundeskanzler Ernst Streer Ritter von Streeruwitz gibt den Rücktritt seiner Regierung bekannt; vor dem christlichsozialen Parteivorstand erklärt er, »daß er der Meinung sei, mit der Durchführung der Reform der Bundesverfassung sei eine andere Regierung zu betrauen« (»Reichspost« vom 26. September).

Am 26. bildet Altbundeskanzler Johannes Schober, Polizeipräsident von Wien, seine dritte Regierung.

Verfassung novelliert

7. Dezember. Mit den Stimmen der Regierung und der sozialdemokratischen Opposition wird im Nationalrat die Novellierung der Bundesverfassung vom → 1. Oktober 1920 angenommen.

Die Reform stärkt die Bundesgewalt und die Stellung des Bundespräsidenten, dem künftig die Ernennung und Enthebung der Bundesregierung obliegt (bisher war nur die Mehrheit im Nationalrat nötig). Ebenso bedeutsam ist, daß der Bundespräsident das »Notverordnungsrecht« erhält, den Nationalrat auflösen kann und allein den Präsidenten des Verfassungsgerichtshofes ernennen darf. Ferner wird er Oberbefehlshaber des Bundesherres. – Diese Kompetenzerweiterungen des Bundespräsidenten gehen voll zu Lasten des Nationalrats.

Die außerdem geplante Bildung eines Länder- und Ständerates anstelle des Bundesrates wird nicht durchgeführt.

Hofmannsthal tot

15. Juli. In Rodaun bei Wien stirbt der Dichter, Dramatiker, Librettist und Essayist Hugo von Hofmannsthal im Alter von 55 Jahren.
Hofmannsthal, der schon in jungen Jahren als Verfasser von Versen auffiel, entschloß sich nach dem Scheitern der angestrebten akademischen Karriere (1901) zu einem Leben als freier Schriftsteller und schloß sich der Künstlergruppe »Das Junge Wien« an, der u. a. Arthur Schnitzler, Richard Beer-Hofmann und Hermann Bahr angehörten. Beeinflußt von dem belgischen Symbolisten Maurice Maeterlinck schuf Hofmannsthal die kleinen Dramen »Der Tod des Tizian« (1892) und »Der Thor und der Tod« (1900), die von einer ästhetizistischen Haltung geprägt sind.
Der sog. »Chandos-Brief« (1900), in dem ein fiktiver junger Dichter dem Philosophen Francis Bacon sein literarisches Verstummen erklärt, seinen totalen Wirklichkeits- und Sprachverlust mitteilt, gibt Zeugnis von der für Dichter um die Jahrhundertwende typischen Sprachkrise. Das Werk markiert Hofmannsthals Abwendung von Neuromantik und Ästhetizismus und seine Neuorientierung an antiken und christlich-abendländischen Vorbildern. In der Folgezeit entstehen u. a. die Dramen »Ödipus und die Sphinx« (1905) »Jedermann« (1911) und »Das Salzburger große Welttheater« (1922). Der Werteverlust in der höheren Gesellschaft des österreichischen Kaiserreichs ist in den Komödien »Der Schwierige« (1921) und »Der Unbestechliche« (1923) beschrieben. Hofmannsthal schuf Librettos zu Opern von Richard Strauss und war Mitbegründer der Salzburger Festspiele (→ 22. 8. 1920).

Begräbnis Hofmannsthals

Max Reinhardt

Max Reinhardts Theater-Seminar

23. April. Im Wiener Palais Cumberland eröffnet der 55jährige Theaterleiter Max Reinhardt ein Seminar, kurz »Reinhardt-Seminar« genannt, in dem er seine Vorstellungen von einem neuen Theater zu vermitteln sucht. In seiner »Rede über den Schauspieler« (1929) heißt es u. a.: »Das Theater ringt heute um sein Leben. Nicht so sehr aus wirtschaftlicher Not, die allgemein ist. Es krankt vielmehr an der Armut des eigenen Blutes ... Das Heil kann nur vom Schauspieler kommen, denn ihm allein gehört das Theater ...«

»Unüberwindliche« in Wien verboten

5. Mai. Das in Wien verbotene Stück »Die Unüberwindlichen« von Karl Kraus, seit → 1. April 1899 Herausgeber der kulturkritischen Zeitschrift »Die Fackel«, wird in Dresden uraufgeführt.
»Die Unüberwindlichen« – das sind in den Augen von Kraus die korrupte, von den Spekulanten der Nachkriegszeit unterstützte Presse und die Staatsgewalt, die auf Arbeiter schießen läßt und Schieber, Erpresser und andere Kriminelle begünstigt. Ihre Verbindung wird zu einem allmächtigen Kartell, gegen das es kein wirksames Mittel gibt, da die Wirklichkeit – wie Kraus in anderen Dramen und in zahlreichen Artikeln in der »Fackel« bloßlegt – nur das ist, was in der Presse berichtet wird und wie es berichtet wird. Das Verbot der Aufführung in Wien erfolgt wegen der darin enthaltenen massiven Angriffe auf den Wiener Polizeipräsidenten Johannes Schober und sein Verhalten während der Arbeiterunruhen in Wien am → 15. Juli 1927, als er mit Waffengewalt die Polizei gegen demonstrierende Arbeiter vorgehen ließ.

Nr. 838–844 SEPTEMBER 1930 XXXII. JAHR

DIE FACKEL

HERAUSGEBER

KARL KRAUS

INHALT:

Operette / Zum Empfang / Transzendentales bei Lippowitz / Briefwechsel mit der »Literarischen Welt« / Inschriften / Der Wiener Kanonade auf Spatzen (Glossen S. 46–117) Österreichische Revolution / Der Führer / Inschriften / Notizen / Mein Vaterland / La chanson de Schober / Gespenst am Tag

NACHDRUCK VERBOTEN

Preis dieses Heftes: S 2·80

VERLAG ‚DIE FACKEL', WIEN

III., Hintere Zollamtsstraße 3 Telephon Nr. U 12258

ERSCHEINT VIERTELJÄHRLICH MINDESTENS EINMAL

Demnächst folgen Hefte mit dem Inhalt: »Europäische Figuren«

Titelblatt der »Fackel«

Kulturkritiker Karl Kraus

Proteste gegen Brechts Oper

7. Mai. Die Aufführung der »Dreigroschenoper« von Kurt Weill und Bertolt Brecht (am 31. August 1928 in Berlin uraufgeführt) in Graz wird mehrfach durch lärmende Demonstranten unterbrochen. Erst das Eingreifen der Polizei ermöglicht die Fortsetzung des Stückes. Brechts »Dreigroschenoper« bringt die Kehrseite einer Großstadt mit ihren Bettlern, Huren und Hinterhofexistenzen auf die Bühne, um die Scheinheiligkeit der bürgerlichen Welt zu entlarven.

Nobelpreisträger stirbt in Göttingen

23. September. In Göttingen stirbt 64jährig der in Wien geborene Universitätsprofessor Richard Zsigmondy. Der Chemiker, Bahnbrecher auf dem Gebiet der Kolloidchemie, erhielt 1925 den Nobelpreis. Damit wurden Zsigmondys erfolgreicher »Nachweis der heterogenen Natur der kolloiden Lösungen und (für) die dabei angewandten Methoden, die für die moderne Kolloidchemie grundlegend sind«, vom Nobelpreiskomitee gewürdigt. 1918 erfand der Chemiker auch das Membran- und das Ultrafeinfilter.

Zsigmondy

Gymnasiallehrer erfand Zeitlupe

30. Oktober. Im 62. Lebensjahr stirbt der geistliche Gymnasialprofessor August Musger aus dem steirischen Eisenerz in Graz.
Musger erfand die Zeitlupe, für die er 1904 das Patent anmeldete. Das Prinzip beruht auf einer Spiegeltrommel als Ausgleichsorgan. Als 1914 eine Firma eine genau nach diesem Prinzip konstruierte Zeitlupe auf den Markt brachte, wurde der Name Musger nicht erwähnt. Ein zweites Patent der Zeitlupe, bei dem Musger Spiegelkränze verwendete, reichte er 1921 ein.

1930

1. 1. Anton Wildgans verliest im Wiener Rundfunk seine »Rede über Österreich«.

17. 1. Der Landbund gründet in ganz Österreich Bauernwehren.

20. 1. In der Schlußakte der zweiten Haager Konferenz wird Österreich von den Reparationspflichten, den Forderungen der Nachfolgestaaten der k. u. k. Monarchie und dem »Generalpfandrecht« befreit.

3.–5. 2. Karl Schäfer gewinnt in New York die Weltmeisterschaft im Eiskunstlauf.

6. 2. Bundeskanzler Johannes Schober unterzeichnet in Rom einen Freundschafts- und Schiedsgerichtsvertrag zwischen Österreich und dem faschistischen Italien.

23./24. 2. Bundeskanzler Schober reist zu einem offiziellen Besuch nach Berlin. Man erzielt Einigung über einen deutsch-österreichischen Handelsvertrag (am 12. April unterzeichnet).

4. 4. Der Nationalrat nimmt das Gesetz zum Schutz der Arbeits- und Versammlungsfreiheit (Antiterrorgesetz) an, um die politische Freiheit in den Betrieben zu sichern und Gesinnungszwang auszuschalten.

11. 4. Unbekannte Täter stehlen aus dem Trophäensaal der Wiener Hofburg 100 Maria-Theresien-Taler.

30. 4. Die Bohrung Windisch-Baumgarten Ia (bei Zistersdorf in Niederösterreich) fördert das erste Rohöl, allerdings noch nicht in wirtschaftlich nutzbarer Menge.

Mai. Die Zahl der offiziell unterstützten Arbeitslosen beträgt 284 543.

9. 5. Heeresminister Carl Vaugoin übernimmt von Ignaz Seipel die Führung der Christlichsozialen Partei.

18. 5. Die niederösterreichischen Heimwehren treffen sich zu einer Großkundgebung in Korneuburg. →

15. 6. Bundeskanzler Schober veranlaßt die Ausweisung des deutschen Ex-Majors Waldemar Pabst wegen unzulässiger politischer Betätigung. Der 1920 nach Österreich geflohene Pabst ist Bundesstabschef der Heimwehr.

27. 6.–3. 7. Heuschreckenschwärme verheeren große Teile Österreichs.

10. 7. Heimwehrführer Ernst Rüdiger Fürst Starhemberg trifft in Rom mit dem »Duce« Benito Mussolini zusammen.

14. 7. In London wird eine Investitionsanleihe für Österreich in Höhe von rund 440 Millionen Schilling abgeschlossen.

27. 7. Ein Zusammenstoß zwischen Heimwehr und Republikanischem Schutzbund in Puntigam bei Graz fordert 25 Verletzte.

2. 9. Fürst Starhemberg wird Bundesführer des »gesamten österreichischen Heimatschutzes« (→ 18. 5.).

25. 9. Bundeskanzler Schober tritt mit seiner dritten Regierung zurück (→ 30. 9.).

30. 9. Heeresminister Vaugoin bildet eine Minderheitsregierung aus Christlichsozialen und Heimwehr. →

1. 10. Bundespräsident Wilhelm Miklas löst den Nationalrat auf und setzt Neuwahlen an.

4. 10. Der neue Innenminister Fürst Starhemberg hebt die Ausweisung des Bundesstabschef der Heimwehr, Waldemar Pabst, auf.

November. Rapid Wien gewinnt den seit 1927 ausgespielten Mitropacup.

9. 11. Bei den letzten freien Nationalratswahlen in der Ersten Republik werden die Sozialdemokraten stärkste Partei. →

29. 11. Bundeskanzler Vaugoin tritt mit seiner Regierung zurück.

Dezember. Kurt von Schuschnigg gründet die »Ostmärkischen Sturmscharen«, die zur militärischen Gliederung der Christlichsozialen werden.

4. 12. Der Landeshauptmann von Vorarlberg, Otto Ender, bildet eine neue Regierung (→ 30. 9./9. 11).

10. 12. Der Wiener Arzt Karl Landsteiner erhält den Medizin-Nobelpreis für die Entdeckung der Blutgruppen.

21. 12. In Salzburg wird ein Rundfunksender in Betrieb genommen.

Jahresende. Die Zahl der offiziell unterstützten Arbeitslosen ist seit Mai auf 243 000 gefallen (+ 25,9 % gegenüber 1929).

Der Bau der Großglockner-Hochalpenstraße beginnt (→ 1935).

Rapid Wien wird Fußballmeister der Saison 1929/30.

GESTORBEN:

5. 1. Salzburg: Otto Nußbaumer (* 31. 3. 1876), Physiker.

25. 2. Wien: Anna Sacher (* 2. 1. 1859), Hotelbesitzerin. →

17. 5. Berlin: Max Valier (* 9. 2. 1895), Pionier der Raumfahrt.

21. 11. Wien: Ernst Fuchs (* 14. 6. 1851), Augenarzt.

13. 12. Graz: Fritz Pregl (* 3. 9. 1869), Chemiker. →

GEBOREN:

12. 2. Wien: Gerhard Rühm, Schriftsteller.

13. 2. Wien: Ernst Fuchs, Maler.

16. 5. Wien: Friedrich Gulda, Pianist.

17. 5. Wien: Erwin Lanc, Politiker.

23. 5. Schalchen: Friedrich Achleitner, Schriftsteller.

5. 6. Wien: Willibald Pahr, Politiker.

12. 6. Wien: Otto Schenk, Schauspieler und Regisseur.

29. 10. Wien: Heinz Nittel († 1. 5. 1981), Wiener Stadtrat.

30. 10. Budapest: György Sebestyén, Schriftsteller.

8. 12. Wien: Maximilian Schell, Filmschauspieler.

Bundeskanzler Schober (stehend hinter der Regierungsbank) im Nationalrat

Vaugoin gescheitert

30. September/9. November. Der Christlichsoziale Carl Vaugoin, Vizekanzler und Heeresminister der Regierung Schober, bildet ein Minderheitskabinett, nachdem Bundeskanzler Johannes Schober am 25. September zurückgetreten ist, da er die Zusammenarbeit mit der Heimwehr ablehnt.

Vaugoin nimmt in seine ansonsten rein christlichsoziale Regierung zwei Heimwehrmänner auf: Den Bundesführer Ernst Rüdiger Fürst Starhemberg (Innenminister) und Franz Hueber (Justizminister). Großdeutsche und Landbund sind aus der Koalition ausgeschieden. – Gleichzeitig wird der Nationalrat aufgelöst und Neuwahlen für den 9. November angesetzt.

Die Wahlen bringen jedoch eine deutliche Niederlage der Christlichsozialen, die sieben Mandate an den erstmals kandidierenden »Heimatblock« (die Heimwehrbewegung) verlieren. Erstmals seit 1919 werden die Sozialdemokraten wieder stärkste Fraktion, während der sog. Schoberblock, ein Zusammenschluß von »Nationalem Wirtschaftsblock« und Landbund, nur geringe Verluste hinnehmen muß. Die erstmals kandidierenden Nationalsozialisten erhalten 3,03 % (kein Mandat). Da sich das Bündnis mit der Heimwehr für die Christlichsozialen nicht ausgezahlt hat, wird die alte Koalition mit den Großdeutschen und dem Landbund erneuert. Am 4. Dezember bildet der Christlichsoziale Otto Ender eine Regierung.

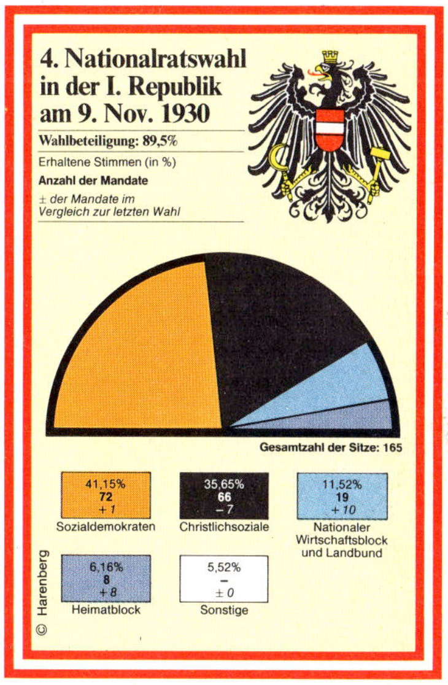

Trotz Propaganda erhalten die Nationalsozialisten kein Mandat

Ernst Rüdiger Fürst Starhemberg und Emil Fey inspizieren Einheiten der Heimwehr

Die Heimwehr formiert sich

18. Mai. In Korneuburg (Niederösterreich) trifft sich die Heimwehr zu einer Großkundgebung. Etwa 800 Delegierte beschließen den von Bundesführer Richard Steidle verlesenen sog. Korneuburger Eid, eine scharfe Absage an die parlamentarische Republik.

Unter dem Leitsatz »Wir wollen Österreich von Grund auf erneuern!« heißt es in diesem Beschluß der niederösterreichischen Heimwehr u. a.:

»Wir wollen den Volksstaat des Heimatschutzes. Wir fordern von jedem Kameraden: Den unverzagten Glauben ans Vaterland, rastlosen Eifer der Mitarbeit und die leidenschaftliche Liebe zur Heimat. Wir wollen nach der Macht im Staate greifen und zum Wohle des gesamten Volkes Staat und Wirtschaft neu ordnen.

Wir müssen eigenen Vorteil vergessen, müssen alle Bindungen und Forderungen der Parteien unserem Kampfziel unbedingt unterordnen, da wir der Gemeinschaft des deutschen Volkes dienen wollen! Wir verwerfen den westlich-demokratischen Parlamentarismus und den Parteienstaat!

Wir wollen an seine Stelle die Selbstverwaltung der Stände setzen und eine starke Staatsführung, die nicht aus Parteienvertretern, sondern aus den führenden Personen der großen Stände und aus den fähigsten und den bewährtesten Männern unserer Volksbewegung gebildet wird.

Wir kämpfen gegen die Zersetzung unseres Volkes durch den marxistischen Klassenkampf und liberalkapitalistische Wirtschaftsgestaltung. Wir wollen auf berufsständischer Grundlage die Selbstverwaltung der Wirtschaft verwirklichen. Wir werden den Klassenkampf überwinden, die soziale Würde und Gerechtigkeit herstellen.

Wir wollen durch eine bodenstarke und gemeinnützige Wirtschaft den Wohlstand unseres Volkes heben.

Der Staat ist die Verkörperung des Volksganzen, seine Macht und Führung wacht darüber, daß die Stände den Notwendigkeiten der Volksgemeinschaft eingeordnet bleiben.

Jeder Kamerad fühle und bekenne sich als Träger der neuen deutschen Staatsgesinnung: Er sei bereit, Gut und Blut einzusetzen, er erkenne die drei Gewalten: Den Gottesglauben, seinen harten Willen, das Wort seiner Führer!«

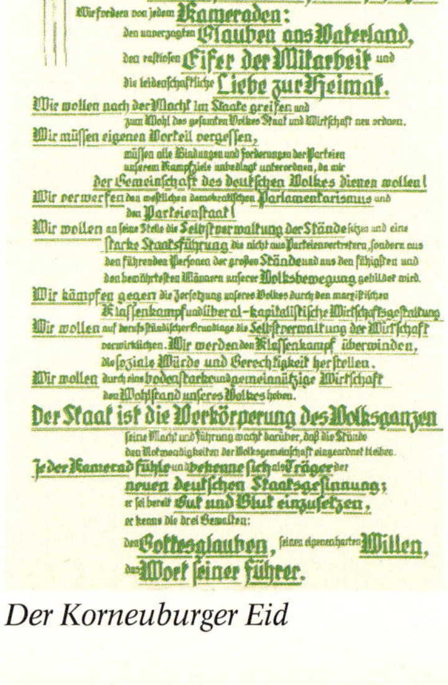

Richtung und Gesetz des Heimatschutzes.
(Korneuburger Eid, 18. Mai 1930)
Wir wollen Österreich von Grund aus erneuern!
Wir wollen den Volksstaat des Heimatschutzes.
Wir fordern von jedem Kameraden:
den unverzagten Glauben ans Vaterland,
den rastlosen Eifer der Mitarbeit und
die leidenschaftliche Liebe zur Heimat.
Wir wollen nach der Macht im Staate greifen und
zum Wohl des gesamten Volkes Staat und Wirtschaft neu ordnen.
Wir müssen eigenen Vorteil vergessen,
müssen alle Bindungen und Forderungen der Parteien
unserem Kampfziele unbedingt unterordnen, da wir
der Gemeinschaft des deutschen Volkes dienen wollen!
Wir verwerfen den westlichen demokratischen Parlamentarismus und
den Parteienstaat!
Wir wollen an seine Stelle die Selbstverwaltung der Stände setzen und eine
starke Staatsführung die nicht aus Parteienvertretern, sondern aus
den führenden Personen der großen Stände und aus den fähigsten und
den bewährtesten Männern unserer Volksbewegung gebildet wird.
Wir kämpfen gegen die Zersetzung unseres Volkes durch den marxistischen
Klassenkampf und liberal-kapitalistische Wirtschaftsgestaltung.
Wir wollen auf berufsständischer Grundlage die Selbstverwaltung der Wirtschaft
verwirklichen. Wir werden den Klassenkampf überwinden,
die soziale Würde und Gerechtigkeit herstellen.
Wir wollen durch eine bodenstarke und gemeinnützige Wirtschaft
den Wohlstand unseres Volkes heben.
Der Staat ist die Verkörperung des Volksganzen
seine Macht und Führung wacht darüber, daß die Stände
den Notwendigkeiten der Volksgemeinschaft eingeordnet bleiben.
Jeder Kamerad fühle und bekenne sich als Träger der
neuen deutschen Staatsgesinnung;
er sei bereit Gut und Blut einzusetzen,
er kenne die drei Gewalten:
den Gottesglauben, seinen eigenen harten Willen,
das Wort seiner Führer.

Der Korneuburger Eid

Damit bekennt sich die Heimwehr im wesentlichen zu den Grundsätzen des Faschismus, spaltet sich aber in einen monarchistischen (Legalisten) und einen großdeutschen Flügel (Putschisten). Hauptvertreter der Großdeutschen ist Walter Pfrimer, Führer der steirischen Heimwehr (daher auch »steirischer Flügel« genannt), Repräsentant der Legalisten Ernst Rüdiger Fürst Starhemberg, der am 21. Juni in Linz zum sog. Korneuburger Eid Stellung bezieht und ihn als »recht unklar und phrasenreich« bezeichnet.

Anfang September kann sich der Starhemberg-Flügel durchsetzen; Pfrimer und Steidle treten als oberste Heimwehr-Führer zurück, und Starhemberg wird Bundesführer »des gesamten österreichischen Heimatschutzes.« Systematisch vollzieht er eine Annäherung an die Christlichsoziale Partei und tritt am → 30. September in das Minderheitskabinett Vaugoin ein.

Eine wenig beachtete Entscheidung fällt noch im Dezember: Julius Raab zieht sich mit seiner niederösterreichischen Heimwehr aus dem gesamtösterreichischen Verband zurück; er hat schon bei der Korneuburger Kundgebung gezögert, den abverlangten »Eid« zu leisten und mußte von Steidle persönlich dazu aufgefordert werden.

Anna Sacher – ein Wiener Original

25. Februar. Im Alter von 71 Jahren stirbt Anna Sacher, die Besitzerin des weltberühmten Hotels hinter der Wiener Oper, dem Treffpunkt des ehemaligen Hochadels und der Diplomatie.

Die Zigarre rauchende Wienerin war ein Original der Stadt. Die von ihrem Gatten 1832 kreierte und weltberühmt gewordene Sachertorte war nicht die einzige Attraktion des Hotels: Anna Sachers Stolz galt ihrem »historischen« Tischtuch, auf dem die Unterschriften hoher und allerhöchster Persönlichkeiten von ihr nachgestickt wurden – in der Mitte die Kaiser Franz Josephs I., doch der war nachweislich nie im Sacher.

Anna Sacher (Photo 1907)

Ein Pionier der Mikrochemie

13. Dezember. In Graz stirbt 61jährig der Chemiker Fritz Pregl, ein Pionier der mikrochemischen Forschung.

Der aus Laibach stammende Naturwissenschaftler gilt als Schöpfer der quantitativen Mikroanalyse organischer Verbindungen und erhielt 1914 den Liebenpreis und 1923 den Nobelpreis für Chemie. Seine Methoden ermöglichen umwälzende Forschungen auf dem Gebiet des Stoffwechsels und der Hormone. Nach ihm wird ein Desinfektionsmittel, die Preglsche Jodlösung, benannt.

1931

3./4. und 7. 1. In mehreren Wiener Bezirken kommt es zu Demonstrationen gegen den Film »Im Westen nichts Neues« nach dem gleichnamigen Roman von Erich Maria Remarque. Vorwiegend Nationalsozialisten und Heimwehrmänner stören die Filmvorführungen.

26. 1. Österreich und Ungarn unterzeichnen einen Freundschafts- und Schiedsgerichtsvertrag.

27. 1. Die Heimwehrlandesleiter tagen in Wien: Die Landesleiter von Wien (Major Emil Fey) und des Burgenlandes (Michael Vas) verlassen aus Kritik an Bundesführer Ernst Rüdiger Fürst Starhemberg die gemeinsame Organisation.

Februar. Bei den ersten (inoffiziellen) Skiweltmeisterschaften in Mürren (Schweiz) belegen Inge Lantschner (Slalom) und Toni Seelos (Slalom) jeweils den zweiten, Irma von Schmiedegg (Abfahrt) den dritten Platz.

2. 2. Bei Graz wird die erste Postrakete der Welt gezündet.→

28. 2./1. 3. Karl Schäfer wird in Berlin zum zweiten Mal Weltmeister im Eiskunstlauf.

3.–5. 3. Der deutsche Außenminister Julius Curtius weilt zu einem offiziellen Besuch in Wien.

18./19. 3. In Wien kommen Österreich, das Deutsche Reich, Jugoslawien, Rumänien, Ungarn und die Tschechoslowakei zu einer mitteleuropäischen Wirtschaftskonferenz zusammen.

19. 3. In Wien wird ein deutsch-österreichischer Zollunionsvertrag unterzeichnet.→

21. 3. Frankreich, Italien und die Tschechoslowakei protestieren gegen die deutsch-österreichische Zollunion (→19.3.).

19. 4. Bei der oberösterreichischen Landtagswahl gewinnen die Christlichsozialen auf Kosten des »Heimatblocks« (Starhembergs Heimwehr), die 21 000 Stimmen verlieren.

25./26. 4. Der Bundesparteitag der Christlichsozialen in Klagenfurt distanziert sich erstmals deutlich von der Heimwehrbewegung.

Mai. Die Creditanstalt steht mit einem Defizit von 140 Millionen Schilling vor dem Zusammenbruch.→

2. 5. Ernst Rüdiger Fürst Starhemberg tritt als Bundesführer der Heimwehr zurück; sein Nachfolger wird der steirische Landeskommandant Walter Pfrimer.

16. 5. Die österreichische Fußball-Nationalmannschaft schlägt Schottland sensationell mit 5:0.→

16. 6. Bundeskanzler Otto Ender tritt mit seiner Regierung zurück.→

20. 6. Der christlichsoziale Landeshauptmann von Niederösterreich, Karl Buresch, bildet eine Koalitionsregierung der bürgerlichen Parteien.

11. 7. Im Wiener Prater wird das Sportstadion eröffnet.

12. 7. Der Zeppelin D-LZ 127 landet in Wien-Aspern.

17. 7. Der Nationalrat beschließt die Rekonstruktion der (vor dem Zusammenbruch geretteten) Creditanstalt.

19.–26. 7. In Wien findet die zweite Arbeiterolympiade statt.→

3. 9. Außenminister Johannes Schober erklärt in Genf, daß Österreich die Zollunion mit dem Deutschen Reich »nicht weiter zu verfolgen gedenke«.

Im Wiener »Apollo« wird Fritz Langs Film »M (Mörder unter uns)« uraufgeführt.→

12./13. 9. Heimwehrführer Walter Pfrimer unternimmt einen Putschversuch.→

9. 10. Der Christlichsoziale Wilhelm Miklas wird zum zweiten Mal zum Bundespräsidenten gewählt.

6. 11. Der Völkerbund bestellt den Niederländer Meinoud Rost van Tonningen als Finanzkontrolleur für Österreich.

18. 12. Der Hochverratsprozeß gegen den Anfang Dezember aus Jugoslawien nach Österreich zurückgekehrten Putschisten Walter Pfrimer endet mit einem überraschenden Freispruch der Geschworenen.

Jahresende. Österreich hat 302 000 unterstützte Arbeitslose (+ 24,2 % gegenüber 1930), hinzu kommen 98 000 »ausgesteuerte« Arbeitslose.

Österreich wird Europameister im Eishockey und belegt bei der Weltmeisterschaft hinter Kanada und den USA Platz 3.

Vienna Wien wird Fußballmeister der Saison 1930/31.

GESTORBEN:

23. 1. Wien: Ernst Seidler von Feuchtenegg (* 5. 6. 1862), Staatsmann, 1917/18 Ministerpräsident.

20. 4. Wien: Matthias Eldersch (* 24. 2. 1869), sozialdemokratischer Politiker, 1930/31 Präsident des Nationalrates.

25. 5. Wien: Wilhelm Franz Exner (* 9. 4. 1840), Technologe, gründete 1879 das Technologische Gewerbemuseum in Wien.

3. 9. Edlach: Franz Schalk (* 27. 5. 1863), Dirigent.

17. 10. Gablitz: Ferdinand Ebner (* 13. 1. 1882), Philosoph.

21. 10. Wien: Arthur Schnitzler (* 15. 5. 1862), Dramatiker und Erzähler.→

GEBOREN:

10. 2. Kloster Heerlen bei Maastricht: Thomas Bernhard, Schriftsteller.

4. 3. Wien: Willy Dirtl, Solotänzer.

18. 6. Wien: Conny Hannes Meyer, Theaterleiter.

Fliegen Sie in 8 Stunden von Wien nach Paris zur Kolonialausstellung
CIDNA
Wien I., Kärntnerring Nr. 7
Telephon R 20-3-83

Preis in Wien 32 Groschen.

Neue Freie Presse.

Morgenblatt.

Empress of Britain 42 500 Tonnen
nach AMERIKA
Kürzeste Überfahrt 3½ Tage auf offener See. 5 Tage insgesamt
CANADIAN PACIFIC
I., Opernring 6 • Telef: R 27-0-53

Nr. 23944 — Wien, Dienstag, den 12. Mai — 1931.

MAURICE CHEVALIER
in dem Tonfilm
„Der grosse Teich"
(Big Pond)
mit
Claudette Colbert
Heute und täglich
Ur- und Alleinaufführung im:

Eine abgewendete Finanzkatastrophe.

Verluste der Credit-Anstalt von hundertvierzig Millionen. Intervention von Regierung, Nationalbank und Haus Rothschild. Die Rettung gesichert.

Wien, 12. Mai.

Gutes Material für Genf. Ein herrlicher Beweis für das Wohlergehen in Oesterreich, das manchen Parlamentariern des Auslandes noch immer bemerkenswert erscheint. Die Credit-Anstalt, die bisher mächtigste und stärkste Bank von Oesterreich mit vertrauungswürdiger Führung, sie muß Verluste von hundertvierzig Millionen Schilling im Jahre 1930 …

Es wäre heute gänzlich sinnlos, wollte man in dieser Beziehung etwa Kritik üben. Wir stehen vor einer Situation, die mit scharfen Umrissen unabänderlich gegeben ist, wir können nur unter der Wirkung einer so nervenerschütternden Krise und mit dem schmerzlichen Anteil an dem Schicksal eines so ehrwürdigen Unternehmens, wir können heute nur die Genugtuung äußern, daß es in dreitägigen Verhandlungen geglückt ist, einer unnennbaren, gar nicht zu …

Die Finanzkrise wird bekannt – Titelblatt der »Neuen Freien Presse«

Regierung rettet Bank

Mai. Die größte österreichische Bank, die Creditanstalt, deren Hauptaktionär das Haus Rothschild ist, steht vor dem Zusammenbruch: Am 8. Mai teilt Finanzminister Otto Juch der Regierung mit, daß die Creditanstalt ihr Geschäftsjahr mit einem Defizit von 140 Millionen Schilling abgeschlossen hat.

Im September 1929 hatte die Bank Sanierungsmaßnahmen durchführen und auf Druck der Regierung die völlig bankrotte Bodenkreditanstalt übernehmen müssen. Da ein nicht unerheblicher Teil der österreichischen Industrieunternehmen zum Bankkonzern gehört und der Zusammenbruch daher eine Kette von Konkursen mit sich brächte, entschließt sich die Regierung, die Creditanstalt zu stützen: Am 10. wird ein Sanierungskonzept vorgelegt, wonach der Staat 100 Millionen, die Österreichische Nationalbank und das Haus Rothschild je 30 Millionen Schilling zur Verfügung stellen sollen. Am 12. Mai wird die Krise bekannt, und die Kunden stürmen die Bankschalter: am 24. steht der Zusammenbruch unmittelbar bevor. Die Bank für Internationale Zahlungen (BIZ) und zehn europäische Notenbanken entschließen sich zu einer Stützungsmaßnahme und gewähren einen Kredit in Höhe von 150 Millionen Schilling. Daraufhin ermächtigt der Nationalrat die Regierung am 28., die Haftung für die Schulden der Creditanstalt zu übernehmen. Damit sind die Voraussetzungen zur Rettung der größten österreichischen Bank geschaffen.

»Weltkampftag« der Kommunisten in Wien gegen Arbeitslosigkeit

Zollunion mit dem Deutschen Reich

19. März. In Wien wird ein deutsch-österreichischer Zollunionsvertrag unterzeichnet, der in geheimen Verhandlungen während des Besuchs des deutschen Außenministers Julius Curtius Anfang des Monats in Wien erarbeitet worden ist. Am 21. erheben Frankreich, Italien und die Tschechoslowakei Einspruch gegen die geplante Zollunion, da diese gegen das Genfer Protokoll vom →4. Oktober 1922 verstößt. Österreich und das Deutsche Reich müssen auf die Zollunion verzichten.

Heimwehrführer vor dem Burgtor in Wien, in der Mitte (mit heller Uniformjacke) Walter Pfrimer

2. Februar. *Der Ingenieur Friedrich Schmiedel feuert vom Schöckl bei Graz eine Postrakete, die erste der Welt, ab und befördert auf diese Weise 102 Poststücke nach Radegund am Fuß des Berges (Abb.: Schmiedel mit seiner Postrakete).*

Der Pfrimer-Putsch

12./13. September. In der Nacht unternimmt der steirische Landeskommandant und Bundesführer der Heimwehr Walter Pfrimer einen Putschversuch: Heimwehrmänner blockieren die Verkehrswege in der Obersteiermark, besetzen einige Bezirkshauptmannschaften und verhaften mehrere sozialdemokratische Bürgermeister. Pfrimer selbst ruft sich zum »Staatsführer« aus und hofft, durch einen »Marsch auf Wien«, dem sich die niederösterreichische Heimwehr anschließen soll, die Bundesregierung zu stürzen.
Pfrimers Putsch bricht noch am 13. kläglich zusammen, da die rechtsradikale »steirische« Heimwehr weder von der Bevölkerung noch von den anderen Heimwehren Unterstützung erhält. In Kapfenberg werden jedoch zwei Arbeiter erschossen, fünf weitere werden verletzt. Der Widerstand der sozialdemokratischen und kommunistischen Arbeiter zwingt die Heimwehrmänner zum Rückzug, doch das langsame und lasche Vorgehen von Polizei, Gendarmerie und Bundesheer ermöglicht den Putschisten, ihre Waffen und Uniformen in Ruhe zu verstecken. Rund 14 000 schwerbewaffnete Heimwehrmänner folgen dem Befehl Pfrimers, gerade 70 von ihnen werden (die meisten auch nur vorübergehend) festgenommen.
Einige mit den Putschisten sympathisierende Staatsbeamte werden vom Dienst suspendiert. Dem verhinderten »Staatsführer« Pfrimer gelingt die Flucht nach Marburg (Maribor in Jugoslawien). Die übrigen Heimwehrführer werden vor Gericht gestellt, aber freigesprochen.

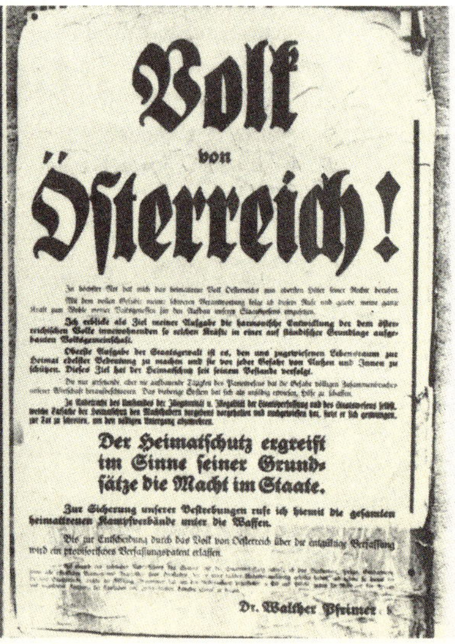

Volk von Österreich!

Der Heimatschutz ergreift im Sinne seiner Grundsätze die Macht im Staate.

Zur Sicherung unserer Bestrebungen rufe ich hiemit die gesamten heimattreuen Kampfverbände unter die Waffen.

Bis zur Entscheidung durch das Volk von Oesterreich über die endgültige Verfassung wird ein provisorisches Verfassungspatent erlassen.

Dr. Walther Pfrimer

Der Putschist Walter Pfrimer und der von ihm unterfertigte Aufruf

Film-Premiere

3. September. *Im Apollo-Kino in Wien wird der erste Tonfilm des Regisseurs Fritz Lang, »M (Mörder unter uns)«, mit Peter Lorre, Gustaf Gründgens und Theo Lingen in den Hauptrollen uraufgeführt.*
Der Film zeigt, wie Polizei und Unterwelt einen Kindermörder jagen, schildert die Angst der Bevölkerung, untersucht aber auch die Motive des Täters und rollt die Problematik der Todesstrafe auf. Lang nutzt dabei den Ton als dramatisches Element.

Keine Regierung aller Parteien

16. Juni. Nach dem Scheitern der Zollunionspläne mit dem Deutschen Reich (→19.3) und infolge der Krise um die Creditanstalt demissioniert Bundeskanzler Otto Ender mit seiner Regierung.
Enders Bemühungen, ein neues Kabinett zu bilden, scheitern ebenso wie die Verhandlungen von Altbundeskanzler Ignaz Seipel, der eine aus Vertretern aller Parteien bestehende sog. Konzentrationsregierung anstrebt. Die Sozialdemokraten lehnen jedoch den Eintritt in eine bürgerliche Koalition ab.

Olympiade der Arbeitersportler

19.–26. Juli. In Wien findet die zweite Arbeiterolympiade (nach Frankfurt am Main 1925) statt, zu der Arbeitersportler aus 17 Nationen angereist sind. Österreichs Sportler stellen bei insgesamt 29 Einzel- und 17 Mannschaftswettbewerben die Sieger und sind damit die erfolgreichste Mannschaft.
Auf dem gleichzeitig in Wien stattfindenden Kongreß der Arbeiter-Internationale hält der Führer der österreichischen Sozialdemokraten, Otto Bauer, ein vielbeachtetes Grundsatzreferat. Bauer erklärt, so die sozialdemokratische »Arbeiter-Zeitung« am 31. Juli, »das welthistorische Entweder-Oder! ... entweder die Rettung der Demokratie durch Maßnahmen der Regierungen, durch Abkehr des Kapitalismus von faschistischen Abenteuern – oder der Kampf mit allen Mitteln, Zusammenbruch der Zivilisation, gewaltsamer Durchbruch des Sozialismus; diesen Kampf würden ... die sozialdemokratischen Arbeiter in der ersten Linie der Schützengräben führen«.

Massenturnen auf der zweiten Arbeiterolympiade im Wiener Stadion

Arthur Schnitzlers treffende Kritik

21. Oktober. Der Schriftsteller Arthur Schnitzler stirbt im Alter von 69 Jahren in Wien.
Schnitzler war zunächst Arzt, gab jedoch seinen Beruf auf, um freier Schriftsteller zu werden. Er gehörte – wie u. a. Hugo von Hofmannsthal – zur Künstlergruppe »Junges Wien« und war mit dem Begründer der Psychoanalyse, Sigmund Freud, bekannt. In seinen Werken – Dramen (»Anatol«, 1893; »Der grüne Kakadu«, 1899; »Reigen«, → 23. 12. 1920), Erzählungen (»Lieutnant Gustl«, → 25. 12. 1900; »Fräulein Else«, 1924) und Romanen (»Der Weg ins Freie«, 1908) – kritisiert er die dekadente großbürgerliche Gesellschaft, ihre verlogene Sexualmoral, ihre überkommenen Ehrvorstellungen und ihren Antisemitismus.

Schnitzler

Sensationeller Sieg der österreichischen Fußballer gegen Schottland

16. Mai. Mit einem sensationellen 5:0 Sieg Österreichs endet das Fußball-Länderspiel gegen die Vertretung Schottlands auf der Hohen Warte in Wien. Dies ist der Beginn der in den nächsten zwei Jahren als »Wunderteam« gefeierten österreichischen Fußball-Nationalmannschaft. Der österreichische Fußball hat ein hohes Niveau, die Spieler beherrschen das gepflegte Flachpaßspiel.
Verbandskapitän Hugo Meisl, der wegen seiner unglücklichen Spielerauswahl in der Öffentlichkeit kritisiert worden war, hatte sich dem Druck der Öffentlichkeit gebeugt und die Wunschkandidaten, die in der Sportpresse gehandelt wurden, zu einer Mannschaft zusammengefügt: Im Tor: Hiden (WAC), Verteidigung: Schramseis (Rapid) und Blum (Vienna), Mittelfeld: Smistik (Rapid), Braun (WAC) und Gall (Austria), im Sturm: Zischek (Wacker), Gschweidl (Vienna), Sindelar (Austria), Schall und Vogel (beide Admira).
Dieses Team schlägt die auf dem Kontinent noch unbesiegten Schotten durch Tore von Zischek (2), Schall, Vogel und Gschweidl deutlich mit 5:0.
Die Begeisterung im In- und Ausland ist groß, die österreichische Auswahlmannschaft wird zum »Wunderteam« erklärt und selbst die »Neue Freie Presse«, deren Stärke keineswegs die Sportberichterstattung ist, erscheint mit der Schlagzeile: »Sensationeller Sieg der österreichischen Fußballer« (→ 9.4.1933).

Das »Wunderteam« der österreichischen Fußball-Nationalmannschaft mit Schlußmann Hiden

1932

Jänner. Der 33jährige Gustav Tauschek stellt eine von ihm entwickelte »lesende Maschine« vor (einen Vorläufer der Klarschriftleser).

27. 1. Wegen Differenzen mit den Großdeutschen tritt die erste Regierung Buresch zurück.

29. 1. Bundeskanzler Karl Buresch bildet seine zweite Regierung ohne Beteiligung der Großdeutschen.

Februar. Frankreichs Außenminister André Tardieu regt die Bildung einer »Donauföderation« an.→

4.–13. 2. III. Olympische Winterspiele in Lake Placid (USA): Österreich gewinnt eine Gold- und eine Silbermedaille im Eiskunstlauf (durch Karl Schäfer und Fritzi Burger).

17./18. 2. In Montreal (Kanada) wird Karl Schäfer zum dritten Mal Weltmeister im Eiskunstlauf.→

25. 2. Die Braunschweiger Regierung ernennt Adolf Hitler, den Führer der NSDAP, zum Regierungsrat und erkennt ihm damit die deutsche Staatsbürgerschaft zu.

März. In Österreich gibt es 362 000 unterstützte Arbeitslose (+ 19,9% gegenüber Dezember 1931); hinzu kommen etwa 150 000 »ausgesteuerte« Arbeitslose.

5. 3. Der christlichsoziale Arbeiterführer Leopold Kunschak fordert die »Entwaffnung der Parteienarmeen«.

24. 4. Landtagswahlen in Wien, Niederösterreich und Salzburg bringen den Nationalsozialisten deutliche Stimmengewinne.

6. 5. Eine Mißtrauenserklärung der Parlamentsmehrheit und der Ruf nach Neuwahlen führen zum Rücktritt der zweiten Regierung Buresch.

17. 5. In Friesach (Kärnten) wird erstmals in Österreich ein Nationalsozialist zum Bürgermeister gewählt.

20. 5. Der christlichsoziale Landwirtschaftsminister Engelbert Dollfuß bildet eine Koalitionsregierung aus Christlichsozialen, Land- und »Heimatblock«.→

23. 5. Der steirische Heimwehrführer Walter Pfrimer erklärt, er nehme nurmehr Weisungen aus München, der Zentrale der NSDAP, entgegen. – Damit ist die Spaltung der Heimwehrbewegung endgültig vollzogen.

27. 5. Saalschlacht zwischen Sozialdemokraten und Nationalsozialisten in Hötting bei Innsbruck fordert einen Toten und 60 Verletzte.

9. 6. Ernst Rüdiger Fürst Starhemberg erbittet in Rom Waffenlieferungen für die Heimwehr.

10. 7. Bei einem Zusammenstoß zwischen Sozialdemokraten und Heimwehrmännern in Göß (Steiermark) werden etwa 40 Personen verletzt.

15. 7. Österreich erhält eine zweite Völkerbundanleihe.→

15. 7. Der Eisenbahnattentäter Sylvester Matuschka wird zu sechs Jahren Kerker verurteilt.→

30. 7.–14. 8. X. Olympische Spiele in Los Angeles: Österreichische Sportler gewinnen eine Gold- (Ellen Preis im Florett-Fechten), eine Silber- (Hans Haas im Gewichtheben, Leichtgewicht) und drei Bronzemedaillen (Karl Hipfinger im Gewichtheben, Mittelgewicht, und Nikolaus Hirschl im griechisch-römischen und im Freistil-Ringen, Schwergewicht).

5.–10. 9. Letzte Ausstellung der »Wiener Werkstätte«; am 14. wird die Geschäftsauflösung vollzogen.

20. 9. Universitätsprofessor Theodor Innitzer wird Erzbischof von Wien.

29. 9.–2. 10. Die Nationalsozialisten veranstalten einen Gauparteitag in Wien.→

1. 10. Die Regierung Dollfuß wendet erstmals das »Kriegswirtschaftliche Ermächtigungsgesetz« von 1917 an.→

6. 11. Die letzten bedeutenden Wahlen in der Ersten Republik, Wahlen zum Vorarlberger Landtag, bringen Stimmengewinne der Nationalsozialisten und Kommunisten.→

4. 12. Ein Zusammenstoß zwischen Nationalsozialisten und Heimwehrmännern in Wolfern (Oberösterreich) fordert 34 Verletzte.

18. 12. Im Kaufhaus Gerngroß an der Mariahilferstraße in Wien verursachen Nationalsozialisten eine Panik, die zahlreiche Verletzte fordert.

Das »Hochhaus in der Herrengasse« in Wien ist fertiggestellt.→

Admira Wien wird Fußballmeister der Saison 1931/32.

GESTORBEN:

7. 3. Klam: Heinrich Graf Clam-Martinic (* 1. 1. 1863), Staatsmann, 1916/17 Ministerpräsident.

4. 4. Wien: Ottokar Graf Czernin (* 26. 9. 1872), Politiker, 1916–1918 k. u. k. Außenminister.

21. 4. Wien: Friedrich Gustav Piffl (* 15. 10. 1864), seit 1913 Erzbischof von Wien, seit 1914 Kardinal.

3. 5. Mödling: Anton Wildgans (* 17. 4. 1881), Schriftsteller.

26. 7. Schloß Nebburg: Josef Huber-Feldkirch (* 16. 3. 1858), Maler.→

2. 8. Pernitz: Ignaz Seipel (* 19. 7. 1876), Prälat, Politiker.→

19. 8. Baden: Johannes Schober (* 14. 11. 1874), großdeutscher Politiker.→

4. 10. Wien: Rudolf Carl Slatin (»Slatin Pascha«; * 7. 6. 1857), General.→

4. 12. Starnberg (Bayern): Gustav Meyrink (eigtl. Meyer; * 19. 1. 1868), Schriftsteller.→

GEBOREN:

5. 10. Wien: Johanna Matz, Schauspielerin.

2. 12. Wien: Ernst Eugen Veselsky, Politiker.

17. 12. Wien: Konrad Bayer († 10. 10. 1964), Schriftsteller.

Drei (Ex-)Kanzler: vorn (Mitte) Schober, hinten Buresch, rechts Dollfuß

Dollfuß wird Kanzler

20. Mai. Nach dem Scheitern der zweiten Regierung Buresch bildet der bisherige Landwirtschaftsminister Engelbert Dollfuß (Christlichsozialer) eine Koalitionsregierung aus Christlichsozialen, Landbund und »Heimatblock«. Durch die Aufnahme der Heimwehrbewegung ins Kabinett verfügt die Regierung über eine Mehrheit von einer Stimme im Nationalrat. Dollfuß übernimmt selbst das Außen- und Landwirtschaftsministerium.

Die Regierung unter Bundeskanzler Karl Buresch war bereits im Jänner in eine Krise geraten, als Differenzen mit dem großdeutschen Außenminister und Alt-Bundeskanzler Johannes Schober zum Rückzug der Großdeutschen aus der Regierungskoalition führten. Am 29. Jänner stellte Buresch sein zweites Kabinett vor, eine Minderheitsregierung aus Christlichsozialen und Landbund, die sich nur noch auf 75 der 165 Abgeordneten stützen konnte und im Parlament jeweils die Unterstützung der Großdeutschen oder des »Heimatblocks« benötigte. Als Justizminister trat erstmals der Tiroler Rechtsanwalt Kurt von Schuschnigg in Erscheinung.

Am 6. Mai führten ein Mißtrauensantrag der parlamentarischen Mehrheit zum Rücktritt der Regierung Buresch und der 39jährige Dollfuß wurde mit der Regierungsbildung beauftragt.

Plakatierung zur Gemeinderatswahl in Wien

9. November. *Die Landtagswahlen in Vorarlberg, die letzten bedeutenden Wahlen der Ersten Republik, enden mit Stimmenverlusten der Sozialdemokraten, Großdeutschen und des Landbundes. Die Nationalsozialisten können (wie am 24. 4. in Wien, Niederösterreich und Salzburg) deutliche Gewinne verbuchen, ebenso die Kommunisten.*

Donauföderation stößt auf Protest

Februar. Der französische Außenminister André Tardieu regt die Bildung einer »Donauföderation« an, die aus einem Zusammenschluß Österreichs und Ungarns mit den Staaten der sog. Kleinen Entente (ČSR, Jugoslawien und Rumänien) hervorgehen soll. Ziel einer solchen Föderation sollen Vorzugszölle und eine verstärkte wirtschaftliche Zusammenarbeit der Mitgliedsstaaten sein.
Am 8. März lehnt Italien den Tardieu-Plan ab, am 16. folgt das Deutsche Reich, die mit Recht fürchten, daß die »Donauföderation« zu einer Vorherrschaft Frankreichs im Donauraum führen wird. Eine Viermächtekonferenz Anfang April in London verläuft ergebnislos.

Bundeskanzler Engelbert Dollfuß

Völkerbundanleihe statt Zollunion

15. Juli. In Lausanne wird ein Vertrag über eine neue Völkerbundanleihe für Österreich unterzeichnet: Sie beläuft sich auf 300 Millionen Schilling und hat eine Laufzeit von 20 Jahren.
Österreich verpflichtet sich, auf den »Anschluß« an und eine Zollunion mit Deutschland zu verzichten. Dies ist der erste Erfolg des neuen Bundeskanzlers Engelbert Dollfuß, der aber bei Sozialdemokraten, Großdeutschen und Nationalsozialisten auf entschiedene Ablehnung stößt. Am 17. August nimmt der Nationalrat knapp – mit nur einer Stimme Mehrheit (81:80) – den Vertrag von Lausanne an.

Gautag der NSDAP in Wien, im Wagen Ernst Röhm (l.) und Hermann Göring, mit Kopfverband Frauenfeld

NSDAP demonstriert Stärke

29. September bis 2. Oktober. Die Nationalsozialisten veranstalten einen Gauparteitag in Wien. Am 2. Oktober sprechen bei einer Kundgebung auf dem Wiener Heldenplatz der Propagandachef der NSDAP, Joseph Goebbels, und der SA-Führer Ernst Röhm.
Ausschreitungen und Zusammenstöße mit sozialdemokratischen und kommunistischen Arbeitern in mehreren Wiener Bezirken fordern insgesamt vier Schwer- und 130 Leichtverletzte. Wie im Deutschen Reich sind die Nationalsozialisten auch in Österreich auf dem Vormarsch.

Motorisierte NS-Propaganda auf dem Opernring in Wien

Vier Attentate auf Eisenbahnen

15. Juli. Der Eisenbahnattentäter Sylvester Matuschka wird im Wiener Landesgericht zu sechs Jahren Kerker verurteilt. Als gebürtiger Ungar wird Matuschka im Juli 1933 nach Budapest überstellt und abermals verurteilt.
Matuschka ist für vier Anschläge 1931 verantwortlich: Am 1. Jänner bei Neulengbach (Niederösterreich), am 30. Jänner bei Anzbach (Niederösterreich), am 8. August nahe Jüterbog bei Berlin (16 Verletzte) und am 12./13. September 16 km vor Budapest (zahlreiche Tote und Schwerverletzte) – die Lokomotive und sechs Waggons des D-Zugs Wien–Budapest stürzen in eine 100 m tiefe Schlucht. Auf einem Betonpfeiler des gesprengten Viadukts fand man einen Brief des Attentäters, in dem es heißt: »Arbeiter, ihr habt keine Rechte. Wir werden sie euch von den Kapitalisten erwirken ... Es gibt keine Arbeitsmöglichkeit!«

Prozeß gegen den Eisenbahnattentäter Sylvester Matuschka (stehend)

Dollfuß erläßt Notverordnungen

1. Oktober. Zum ersten Mal nutzt die Regierung unter Bundeskanzler Engelbert Dollfuß das »Kriegswirtschaftliche Ermächtigungsgesetz« vom → 24. Juli 1917 zur Durchsetzung ihrer Politik. Das Gesetz ist in den Übergangsbestimmungen der Bundesverfassung vom → 1. Oktober 1920 enthalten und trotz der Forderung der Sozialdemokraten, es endlich aufzuheben, immer noch gültig.
Bundeskanzler Dollfuß nutzt das darin enthaltene Notverordnungsrecht, um Verordnungen des Justizministers im Zusammenhang mit der Creditanstalt-Affäre (→ Mai 1931) in Kraft zu setzen, ohne dabei den Nationalrat einzuschalten. Dies ist, so die sozialdemokratische »Arbeiter-Zeitung«, »Verfassungsbruch!«.

Erstes Hochhaus in der Herrengasse

Der Wohnturm des Hochhauses in der Herrengasse; in der Glaskuppel oben ein Dachrestaurant

Nach knapp zwei Jahren Bauzeit wird das »Hochhaus in der Herrengasse«, das erste Hochhaus Wiens, fertiggestellt. Es umschließt das Areal Herrengasse 6–8, Fahnengasse und Wallnerstraße 5–7. An dieser Stelle stand bis 1913 das Palais Liechtenstein, dann klaffte hier fast zwei Jahrzehnte lang eine unansehnliche und von vielen als störend empfundene Baulücke.
Der nun errichtete Stahlskelettbau hat niedrigere, der Gesimshöhe des Loos-Hauses (→ 1910) entsprechende Seitentrakte, weshalb der mittlere Wohnturm nicht übermäßig groß wirkt. Das nach Plänen der Architekten Siegfried Theiß und Hans Jaksch errichtete Hochhaus hat 266 Wohnungen und 22 Geschäftslokale, insgesamt acht Stiegen und zehn Aufzüge.

Trauer um zwei Alt-Bundeskanzler

2./19. August. Innerhalb von drei Wochen verliert Österreich zwei verdiente, wenn auch umstrittene Politiker: Im Alter von 56 Jahren stirbt Alt-Bundeskanzler Ignaz Seipel, nur ein Jahr älter wird Alt-Bundeskanzler Johannes Schober.
Seipel war seit 1921 Prälat. 1918 war er Minister für soziale Fürsorge in der letzten kaiserlichen Regierung, seit 1919 Mitglied des Nationalrats und 1921 bis 1929 Obmann der Christlichsozialen Partei. Zwischen 1922 und 1929 stand er insgesamt fünf Kabinetten als Kanzler vor.
Schober war seit Juli 1918 Polizeipräsident von Wien; zunächst nur Staatsbeamter, stand er den Großdeutschen nahe und war insgesamt drei Mal (1921/22, 1922 und 1929/30) Bundeskanzler. 1930 bildete er mit den Großdeutschen den »Nationalen Wirtschaftsblock«.

Olympiasieger und Weltmeister

17./18. Februar. Zum dritten Mal wird der Wiener Eiskunstläufer Karl Schäfer im kanadischen Montreal Weltmeister. Kurz zuvor hat er bei den III. Olympischen Winterspielen in Lake Placid (USA) das schwedische Eislaufidol Gillis Grafström vom Thron gestoßen: Nach Antwerpen, Chamonix und St. Moritz wollte Grafström zum vierten Mal Gold gewinnen, stürzte jedoch im Training und konnte zwar noch zum Wettkampf antreten, mußte sich aber mit der Silbermedaille hinter Schäfer begnügen.

Der Eiskunstläufer Karl Schäfer – Weltmeister und Olympiasieger

Anton Wildgans

Rudolf von Slatin

Gustav Meyrink

Wildgans stirbt in Mödling

3. Mai. Der 51jährige Lyriker und Dramatiker Anton Wildgans stirbt in Mödling. Wildgans versuchte in seiner Dichtung eine Verbindung von traditioneller und avantgardistischer Schreibweise. Der Lyriker, der zunächst Jura studiert hatte, sah seine Werke in der Nachfolge von Charles Baudelaire und Rainer Maria Rilke und knüpfte gleichzeitig an den Expressionismus an. Die Schrift »Kirbisch oder Der Gendarm, Die Schande und das Glück« ist eine Satire auf den Ersten Weltkrieg.

Ein Österreicher General im Sudan

4. Oktober. In Wien stirbt Rudolf Carl Slatin (eigentlich Rudolf Anton), bekannt unter dem Namen Slatin Pascha, im Alter von 75 Jahren. Der aus Ober St. Veit bei Wien stammende Slatin wurde 1878 von Gordon Pascha nach Ägypten berufen und 1880 als General und Militärgouverneur der Provinz Darfur im angloägyptischen Sudan eingesetzt. Nach zwölfjähriger Gefangenschaft bei den Mahdisten war Slatin 1900 bis 1914 und erneut nach 1919 britischer Generalinspektor im Sudan.

Der Schöpfer des Golem stirbt

4. Dezember. Einen Monat vor seinem 65. Geburtstag stirbt der Schriftsteller Gustav Meyrink. Der ehemalige Bankdirektor wurde 1903 Chefredakteur der humoristischen Wiener Zeitschrift »Der liebe Augustin« und war Mitarbeiter des Münchner »Simplicissimus«.
In seinen romantisch-okkulten Romanen verarbeitete der 1927 zum Buddhismus übergetretene Meyrink mystische, religiöse und Sagenstoffe; besonders erfolgreich wurden »Der Golem« (1915).

1933

8. 1. Die »Arbeiter-Zeitung« deckt die sog. Hirtenberger Waffenaffäre auf.→

15. 2. Die Zahl der unterstützten Arbeitslosen erreicht mit 402 000 (+ 11 % gegenüber 1932) den höchsten Stand in der Ersten Republik; zusammen mit den sog. »Ausgesteuerten« sind rund 600 000 Menschen ohne Arbeit.

18./19. 2. Karl Schäfer wird in Zürich zum vierten Mal Weltmeister im Eiskunstlauf.

1. 3. Österreichs Eisenbahner treten in einen zweistündigen Demonstrationsstreik; das Bundesheer besetzt daraufhin die Bahnhöfe.

4. 3. Nach dem Rücktritt aller drei Nationalratspräsidenten ist das Parlament arbeitsunfähig.→

7. 3. Die Bundesregierung bezeichnet sich als weiterhin im Amt befindlich.→

25. 3. Die Regierung verbietet den Republikanischen Schutzbund in ganz Österreich; am 30./31. wird der Bund aufgelöst, bleibt aber illegal bestehen.

9. 4. Die Fußball-Nationalelf verliert gegen die Tschechoslowakei.→

10. 4. Die Bundesregierung beschließt die Aufstellung eines »Freiwilligen Assistenzkörpers«.→

13. 4. Bundeskanzler Engelbert Dollfuß trifft in Rom mit dem »Duce« Benito Mussolini zusammen, der versichert, daß »Italien, falls nötig, die Selbständigkeit Österreichs mit Waffengewalt verteidigen werde« (zweites Treffen am 19./20. August).

1. 5. Die Bundesregierung verhindert den Maiaufmarsch der Sozialdemokraten.

5.–7. 5. Der Bundesparteitag der Christlichsozialen in Salzburg beschließt die Unterstützung der Regierungspolitik und wählt Carl Vaugoin zum Parteiobmann.

10. 5. Bundeskanzler Dollfuß bildet sein Kabinett um: Alt-Bundeskanzler Karl Buresch wird Finanz-, Fritz Stockinger Handels- und Vinzenz Schumy Innenminister.

Die Bundesregierung beschließt ein vorläufiges Verbot von Landtags- und Gemeinderatswahlen.→

12. 5. Die Sozialdemokraten beschließen, sich für die »völkerrechtliche Neutralisierung Österreichs« einzusetzen.

15. 5. Der nationalsozialistische deutsche Reichsjustizkommissar Hans Frank wird aus Österreich ausgewiesen.

Großdeutsche und Nationalsozialisten schließen ein Bündnis.

20. 5. Die »Vaterländische Front« (VF) wird als »überparteiliche« Zusammenfassung aller »regierungstreuen Österreicher« gebildet.

26. 5. Die KPÖ wird verboten.

27. 5. Das Deutsche Reich verhängt die sog. Tausendmarksperre.→

5. 6. Bundeskanzler Dollfuß und Justizminister Kurt von Schuschnigg unterzeichnen in Rom ein Konkordat mit dem Heiligen Stuhl.

September. Austria Wien gewinnt den zum siebten Mal ausgespielten Mitropacup.

1. 9. Der »Freiwillige Assistenzkörper« wird aufgestellt (→10. 4.).

8.–12. 9. In Wien findet der »Allgemeine Deutsche Katholikentag« ohne deutsche Beteiligung statt.

11. 9. Auf dem Wiener Trabrennplatz veranstaltet die »Vaterländische Front« ihre erste Großkundgebung.→

21. 9. Nach Spannungen mit dem Landbund, der eine »Nationalständische Front« gegründet hat, bildet Bundeskanzler Dollfuß ein neues Kabinett ohne ihn. Vizekanzler wird Heimwehrführer Emil Fey.

23. 9. Die Verordnung zur »Errichtung von Anhaltelagern zur Internierung politischer Häftlinge« wird erlassen.

27. 9. Die Heimwehr tritt korporativ in die »Vaterländische Front« ein; Ernst Rüdiger Fürst Starhemberg löst die Partei »Heimatblock« auf.

3. 10. Bundeskanzler Dollfuß wird bei einem nationalsozialistischen Revolverattentat leicht verletzt.

14.–16. 10. Der Parteitag der Sozialdemokraten beschließt die Streichung des »Anschlußartikels« aus dem Parteiprogramm.

25. 10. Die »Trefferanleihe« zur Finanzierung eines Arbeitsbeschaffungsprogramms wird überzeichnet.→

10. 11. Die Bundesregierung beschließt die Wiedereinführung der Todesstrafe.→

10. 12. Der Wiener Physiker Erwin Schrödinger erhält zusammen mit dem Engländer Paul Dirac den Nobelpreis für Physik.

Jahresende. Die Zahl der unterstützten Arbeitslosen ist auf 316 000 gefallen.

Vienna Wien wird Fußballmeister der Saison 1932/33.

GESTORBEN:

24. 3. Wien: Rudolf von Larisch (* 1. 4. 1856), Graphiker.

11. 6. Wien: Hildegard Burjan (* 30. 1. 1883), Politikerin.

23. 8. Kalksburg: Adolf Loos (* 10. 12. 1870), Architekt.→

25. 9. Leyden: Paul Ehrenfest (* 18. 1. 1880), Atomphysiker.

28. 12. Wien: Alexander Freiherr von Krobatin (* 12. 9. 1849), General.

GEBOREN:

19. 1. Wien: Andreas Urteil († 13. 6. 1963), Bildhauer.

8. 2. Wien: Josef Taus, Politiker.

Parlament am Ende

4. März. Nach hitziger Debatte geht der Nationalrat nach dem Rücktritt seiner drei Präsidenten beschlußunfähig auseinander. Die »Neue Freie Presse« berichtet am 5. über die Ereignisse des Vortages:

»Im Nationalrat kam es gestern bei der Abstimmung über die in der Eisenbahnerstreikdebatte gestellten Anträge zu so weitgehenden Meinungsverschiedenheiten des Präsidiums mit den Parteien, daß Dr. [Karl] Renner, Dr. [Rudolf] Ramek und Dr. [Josef] Straffner ihre Stellen als Präsidenten des Nationalrates niederlegten, so daß der Nationalrat derzeit keinen Präsidenten hat und nach dem Wortlaut der Verfassung niemand eine Sitzung einberufen kann, um die Neuwahl des Präsidiums vorzunehmen. Die Abgeordneten verließen den Sitzungssaal, ohne daß die Sitzung formell geschlossen werden konnte.«

In der allgemeinen Hektik hat niemand daran gedacht, dem ältesten Abgeordneten den Vorsitz zu übertragen, damit dieser die Sitzung ordnungsgemäß schließen und auf einen neuen Termin vertagen kann. So hat die Furcht aller Parteien, angesichts der knappen Mehrheitsverhältnisse eine Abstimmungsniederlage hinnehmen zu müssen, den Nationalrat in eine schwere Geschäftsordnungskrise gestürzt, die ihn handlungsunfähig macht.

Am 5. März erteilt Bundeskanzler Engelbert Dollfuß auf einer Bauernkundgebung in Villach (Kärnten) dem parlamentarischen System eine deutliche Absage. Am Nachmittag sprechen sich die christlichsozialen Parteiführer für ein Regieren ohne den Nationalrat aus.

Am 6. März kann man in der Presse erstmals das Schlagwort von der »Selbstausschaltung des Nationalrats« lesen, vermutlich von Sektionschef Robert Hecht geprägt, der als juristischer Berater des Bundeskanzlers empfiehlt, mit Hilfe des Notverordnungsrechtes des »Kriegswirtschaftlichen Ermächtigungsgesetzes« vom → 24. Juni 1917 weiterzuregieren.

7. März. *In einer Proklamation an das österreichische Volk bezeichnet sich die Bundesregierung als weiterhin im Amt befindlich und in keiner Weise von der Krise des Nationalrats betroffen. Eine Auflösung des funktionsunfähigen Nationalrats hätte Neuwahlen zur Folge, die aber vor allem von den bürgerlichen Parteien wegen des zu erwartenden Wahlerfolgs der Nationalsozialisten abgelehnt werden. – Mit einem Aufmarschverbot und der Einschränkung der Pressefreiheit beginnt am 8. März der »autoritäre Kurs« der Regierung Dollfuß.*

Hirtenberger Waffenaffäre

8. Jänner. Durch die Aufmerksamkeit sozialdemokratischer Eisenbahner wird ein großangelegter Waffenschmuggel von Italien über Österreich nach Ungarn aufgedeckt. Die sozialdemokratische »Arbeiter-Zeitung« macht diese sog. Hirtenberger Waffenaffäre durch einen Artikel publik. Darin heißt es:
»Die Hirtenberger Patronenfabrik, die bekanntlich dem Herrn Mandl, dem Freund Starhembergs und Förderer der Heimwehr, gehört, ist gegenwärtig der Schauplatz eines dunklen und gefährlichen Geschäftes. In den letzten zwei oder drei Tagen sind, als Eisenwaren deklariert, vierzig Waggons Gewehre und Maschinengewehre aus Italien in Hirtenberg eingetroffen. Als Aufgeber fungiert ein Commandatore Giuseppe Cortese in Verona, Empfänger ist die Hirtenberger Patronenfabrik. Die Waggons sind über Villach gegangen. Sie werden nunmehr in Hirtenberg umgeladen, und zwar auf Autos, die ihren Weg nach Ungarn nehmen. Einige dieser Autos sind bereits über die ungarische Grenze gegangen . . .«
Frankreich und Großbritannien erheben nach Bekanntwerden der Affäre scharfen Protest gegen den Waffenschmuggel, in dem sie einen Verstoß gegen die Friedensverträge von Saint-Germain-en-Laye und Trianon sehen, was die Bundesregierung jedoch in einer Antwortnote am 3. Februar zurückweist. Sowohl das innenpolitische Klima wie auch die außenpolitischen Beziehungen vor allem zu Frankreich und zur Tschechoslowakei sind stark belastet.
Angeblich handelt es sich um 50 000 Gewehre und 200 Maschinengewehre. Die tatsächlich geschmuggelte Zahl liegt wesentlich höher, da sich Österreich und Ungarn im März 1934 über eine Aufteilung der »übriggebliebenen« 84 000 Gewehre und 980 Maschinengewehre einigen. Das Gros der Waffen ist zur Unterstützung der ungarischen Horthy-Regierung bestimmt – ein Teil soll allerdings auch zur Aufrüstung der österreichischen Heimwehr dienen, deren Führer Ernst Rüdiger Fürst Starhemberg im Juni 1932 Verhandlungen mit dem italienischen »Duce« Benito Mussolini geführt und diesen um eine Waffenhilfe gebeten hat.

Kundgebung der Vaterländischen Front unter dem Motto »Österreich über alles, wenn es nur will«

Taxi-Demonstration in Wien

Der Ständestaat

Anläßlich des ersten Generalappells der »Vaterländischen Front« auf dem Wiener Trabrennplatz hält Bundeskanzler Engelbert Dollfuß am 11. September eine programmatische Rede, in der er für die Errichtung eines Ständestaates eintritt. Dollfuß erklärt u. a.:

». . . Die Zeit des kapitalistischen Systems, die Zeit kapitalistisch-liberalistischer Wirtschaftsordnung ist vorüber, die Zeit marxistischer materialistischer Volksverführung ist gewesen! Die Zeit der Parteienherrschaft ist vorbei! Wir lehnen Gleichschalterei und Terror ab, wir wollen den sozialen, christlichen, deutschen Staat Österreich auf ständischer Grundlage, unter starker, autoritärer Führung! . . . Autorität heißt geordnete Macht, heißt Führung durch verantwortungsbewußte Männer . . .«

Absperrung Innere Stadt

Katholikentag in Wien, ohne deutsche Beteiligung

Bundeskanzler Engelbert Dollfuß (Mitte) in Wien

»Autoritärer Kurs« wird abgesichert

10. April/10. Mai. Die Bundesregierung unter Engelbert Dollfuß versucht, den eingeschlagenen »autoritären Kurs« mit mehreren Maßnahmen abzusichern. Zunächst wird die Aufstellung eines »Freiwilligen Assistenzkörpers« (auch Assistenzkorps genannt) beschlossen, der aus 10 000 freiwilligen, nur kurzfristig dienenden (sechs Monate) Wehrmännern bestehen soll. Am 23. April bringen die Gemeinderatswahlen in Innsbruck allerdings einen unerwarteten Rückschlag für die Regierung: Christlichsoziale und Sozialdemokraten erleiden starke Verluste, während die Nationalsozialisten mit mehr als 40 % der Stimmen stärkste Partei werden. Daraufhin greift Bundeskanzler Dollfuß erneut zum Notverordnungsrecht des »Kriegswirtschaftlichen Ermächtigungsgesetzes« vom → 24. Juli 1917 und verbietet Landtags- und Gemeinderatswahlen vorerst bis zum 31. Oktober. Das Verbot wird dann bis zum 31. März 1934 verlängert.

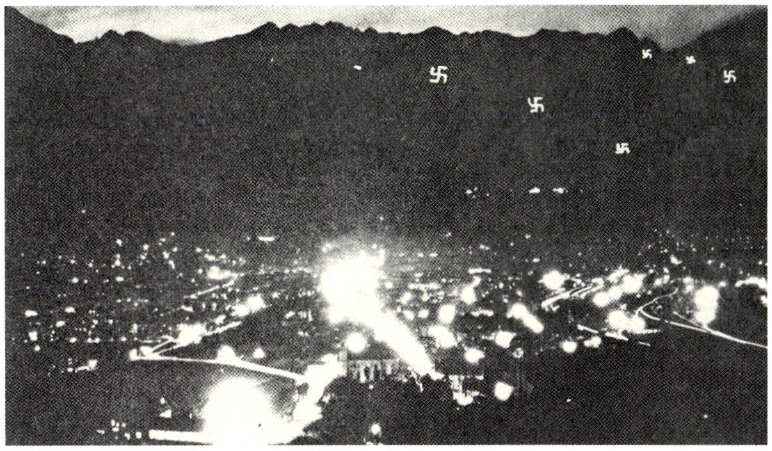

Nationalsozialisten brennen auf den Bergen Hakenkreuzfeuer ab

NSDAP-Anschläge

Juni. In Österreich kommt es zu einer Welle nationalsozialistischer Terroranschläge; an 18 Tagen des Monats gibt es Übergriffe verschiedenster Art, Böller- und Bombenexplosionen, Brandstiftungen, u. a.:

▷ Attentat auf den Tiroler Heimwehrführer Richard Steidle (am 11. Juni)
▷ Zahlreiche Sprengstoffattentate im gesamten Bundesgebiet (am 12.)
▷ Bombenanschlag auf eine Gruppe christlich-deutscher Turner in Krems an der Donau (am 19.)
▷ Bombenanschläge auf die Straßenbahn in Wien und die Eisenbahn in Mürzzuschlag (am 24.)
▷ Sprengstoffanschlag auf die Trisannabrücke der Arlbergbahn (am 4. Juli, nur zum Teil geglückt).

1000-Mark-Sperre gegen Österreich

27. Mai. Die deutsche Reichsregierung unter Adolf Hitler verhängt über Österreich eine sog. Tausendmarksperre. Fortan müssen Reichsangehörige für Reisen in oder durch die Republik Österreich eine Gebühr von 1000 Reichsmark entrichten. Dieser gegen den österreichischen Fremdenverkehr gerichtete Beschluß ist die Antwort auf die am 15. Mai verfügte Ausweisung des nationalsozialistischen Reichsjustizkommissars Hans Frank aus Österreich. Bundeskanzler Engelbert Dollfuß reagiert darauf am 19. Juni mit dem Verbot der NSDAP.

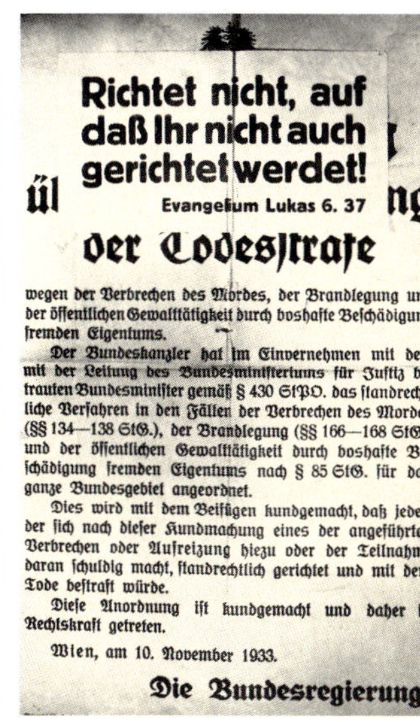

Richtet nicht, auf daß Ihr nicht auch gerichtet werdet!
Evangelium Lukas 6. 37

ül … ng der Todesstrafe

wegen der Verbrechen des Mordes, der Brandlegung und der öffentlichen Gewalttätigkeit durch boshafte Beschädigung fremden Eigentums.

Der Bundeskanzler hat im Einvernehmen mit dem mit der Leitung des Bundesministeriums für Justiz betrauten Bundesminister gemäß § 430 StPO. das standrechtliche Verfahren in den Fällen der Verbrechen des Mordes (§§ 134—138 StG.), der Brandlegung (§§ 166—168 StG.) und der öffentlichen Gewalttätigkeit durch boshafte Beschädigung fremden Eigentums nach § 85 StG. für das ganze Bundesgebiet angeordnet.

Dies wird mit dem Beifügen kundgemacht, daß jeder, der sich nach dieser Kundmachung eines der angeführten Verbrechen oder Aufreizung hiezu oder der Teilnahme daran schuldig macht, standrechtlich gerichtet und mit dem Tode bestraft würde.

Diese Anordnung ist kundgemacht und daher in Rechtskraft getreten.

Wien, am 10. November 1933.

Die Bundesregierung.

Tod als Strafe

10. November. Die Bundesregierung führt die 1919 abgeschaffte Todesstrafe wieder ein. Anlaß sind die nationalsozialistischen Gewalttaten.

Inneneinrichtung (Theke) und Eingang der von Adolf Loos entworfenen »Kärntner Bar« (American Bar)

Ein konsequenter Architekt des Neuen

23. August. Im Alter von 62 Jahren stirbt der Architekt Adolf Loos, zugleich auch ein leidenschaftlicher Erzieher und wortgewandter Publizist.
Loos' Bekenntnis, »Evolution der Kultur ist gleichbedeutend mit dem Entfernen des Ornaments«, ließ seine Bauten oftmals auf heftige Kritik der Öffentlichkeit stoßen – wie etwa sein schmuckloses Haus am Michaelerplatz in Wien (→ 1911). Loos rechtfertigte seine Arbeit, indem er erklärte, »wenn ein Haus im Stile seiner Zeit gebaut ist, paßt es in jede historische Umgebung«, also auch in die Nachbarschaft der Ringstraßenpalais. Nur wenige seiner Zeitgenossen erkannten, wie Karl Kraus es in der »Fackel« formuliert, daß Loos den Zukünftigen »das Leben vorbereitet, gereinigt und bewohnbar gemacht« hat.

Wohnhausentwurf von Loos

»Trefferanleihe« überzeichnet

25. Oktober. Die seit dem 2. Oktober aufliegende »Trefferanleihe« erreicht eine unerwartete Höhe: Der Zeichnungsbetrag von 200 Millionen Schilling wird um 65 Millionen Schilling überschritten. Zweck dieser Anleihe ist die Finanzierung des geplanten Arbeitsbeschaffungsprogramms; dazu gehören der Bau der Großglockner-Hochalpenstraße und die Wiener Reichsbrücke.

Das Ende des »Wunderteams«

9. April. Die österreichische Fußball-Nationalmannschaft, seit ihrem Sieg über Schottland am →16. Mai 1931 als »Wunderteam« gefeiert, verliert gegen den »Angstgegner« Tschechoslowakei in Wien knapp mit 1:2.

Damit geht eine Siegesserie zu Ende, deren stolze Bilanz bei 18 Spielen 14 Siege, zwei Unentschieden und nur zwei Niederlagen aufweist – bei einem Torverhältnis von 65:21.

Das »Wunderteam« spielte im einzelnen wie folgt:

24. 5. 1931 in Berlin: 6:0 Sieg über die Deutschen.

16. 7. 1931 in Wien: 2:0 Sieg über eine Schweizer Auswahl.

14. 9. 1931 in Wien: 5:0 Sieg im Revanchespiel gegen die Deutschen.

4. 10. 1931 in Budapest: 2:2 Unentschieden gegen den »Fußballerfeind« Ungarn; nach dem überaus harten Spiel kommt es zu Ausschreitungen, sodaß die Polizei das Spielfeld mit blanken Säbeln räumen muß.

29. 11. 1931 in Basel: 8:1 Sieg über die Schweiz.

24. 1. 1932 in Paris: 5:1 Sieg in einem Treffen der Stadtauswahlmannschaften von Wien und Paris.

28. 1. 1932 in Brüssel: 1:0 Sieg der Stadtauswahl Wien gegen die »Diables Rouges« (die belgische Nationalelf).

20. 3. 1932 in Wien: 2:1 Sieg über Italien.

24. 4. 1932 in Wien: 8:2 Sieg über Ungarn.

23. 10. 1932 in Wien: 3:1 Sieg über die Schweiz.

7. 12. 1932 in London: 3:4 Niederlage gegen »Fußball-Lehrmeister« England.

11. 12. 1932 in Brüssel: 6:1 Sieg über Belgien.

12. 2. 1933 in Paris: 4:0 Sieg über Frankreich.

Mit der Niederlage gegen die Tschechen ist die Zeit des »Wunderteams« zu Ende. Verletzungen und auch Abwanderungen haben die Mannschaft stark geschwächt, deren Glanzpunkte vor allem die weitgehend unverändert antretende Sturmreihe mit Zischek, Gschweidl, Sindelar, Schall und Vogel sowie Torhüter Rudi Hiden (der einzige Nicht-Wiener im Team, allerdings schon seit langem beim WAC spielend) waren (→27.5.–10.6.1934).

1934

Jänner. In ganz Österreich beginnt eine neue nationalsozialistische Terrorwelle.→

Die Heimwehr wird erneut aktiv.→

18. 1. Bundeskanzler Engelbert Dollfuß fordert die »ehrlichen Arbeiterführer« zur Zusammenarbeit auf.

20. 1. Die Sozialdemokraten weisen den Appell des Bundeskanzlers zurück, da ihnen der öffentliche Verkauf ihrer »Arbeiter-Zeitung« untersagt worden ist.

Die Operette »Giuditta« von Franz Lehár wird in Wien uraufgeführt.

2. 2. 100 000 niederösterreichische Bauern demonstrieren in Wien gegen den NS-Terror.

4. 2. Die Tiroler Landesregierung wird durch den Heimatschutz in einen autoritären Landesausschuß umgewandelt und der Heimatschutz zur Sicherung der Tiroler Landesgrenzen aufgeboten.

11. 2. Heimwehrübung im niederösterreichischen Großenzersdorf: Major Emil Fey erklärt in einer Kampfrede: »Wir werden morgen an die Arbeit gehen, und wir werden ganze Arbeit leisten!«

12.–15. 2. Sog. Februarunruhen: Sozialdemokratische Arbeiter versuchen, den Vormarsch des autoritärfaschistischen Ständestaates mit Waffengewalt aufzuhalten.→

16. 2. Die Bundesregierung verfügt die Annullierung der sozialdemokratischen Mandate und die Beschlagnahmung der Vermögenswerte der verbotenen Partei.

16.–18. 2. In Stockholm gewinnt Karl Schäfer zum fünften Mal den Weltmeistertitel im Eiskunstlauf.

17. 2. Frankreich, Großbritannien und Italien erklären die Notwendigkeit, »die Unabhängigkeit und Integrität Österreichs ... aufrechtzuerhalten.«

21. 2. Das am 12. verhängte Standrecht wird aufgehoben.

2. 3. Die Verordnung über die Errichtung einer Einheitsgewerkschaft wird erlassen.

17. 3. Unterzeichnung der »Römischen Protokolle«: Italien, Österreich und Ungarn vereinbaren die wirtschaftliche und politische Zusammenarbeit.

April. Die Zahl der unterstützten Arbeitslosen beträgt 311 000 (–1,6% gegenüber 1933).

24. 4. Die Bundesregierung erläßt die »Verfassung 1934« (→31. 10.).

Erzherzog Eugen von Habsburg-Lothringen erhält die Erlaubnis, nach Österreich zurückzukehren.

30. 4. Letzte Nationalratssitzung der Ersten Republik: Die nur mehr 76 stimmberechtigten Abgeordneten nehmen 466 von der Regierung seit dem 7. April erlassene Notverordnungen mit 74:2 Stimmen an.

Mai/Juni. Die Nationalsozialisten organisieren eine erneute Terrorwelle.

27. 5.–10. 6. Die österreichische Fußball-Nationalmannschaft belegt bei der Weltmeisterschaft in Italien Platz 4.→

19. 6. In Österreich wird die seit dem →10. November 1933 auf standrechtlicher Grundlage bereits vorhandene Todesstrafe wiedereingeführt.

10. 7. Bundeskanzler Engelbert Dollfuß bildet seine dritte Regierung.

12. 7. Die Bundesregierung beschließt ein Gesetz zur Abwehr politischer Gewalttaten, das den Besitz von Sprengstoff nach dem 18. Juli unter Todesstrafe stellt.

24. 7. In Klagenfurt wird ein Wiener SS-Kommando festgenommen. Es sollte einen Anschlag auf Bundespräsident Wilhelm Miklas verüben.

25. 7. Die Nationalsozialisten versuchen, in Österreich die Macht zu übernehmen. Bundeskanzler Dollfuß wird ermordet.→

29. 7. Bundesminister Kurt von Schuschnigg wird neuer Regierungschef.→

31. 7. Acht Hauptbeteiligte des nationalsozialistischen Putschversuchs vom 25. Juli werden hingerichtet.

21. 8. Bundeskanzler Schuschnigg reist zu einem Treffen mit dem »Duce« Benito Mussolini nach Florenz.

28. 8. Der Landbund wird aufgelöst.

27. 10. Bundeskanzler Schuschnigg nimmt Verhandlungen mit der »Nationalen Opposition« auf – ein vergeblicher Versuch, den inneren Frieden im Lande wiederherzustellen.

31. 10. Die neuen »gesetzgebenden Körperschaften« konstituieren sich.→

16.–20. 11. Bundeskanzler Schuschnigg reist zu einem Staatsbesuch nach Rom. Am 13. Dezember besucht er Budapest.

Admira Wien wird Fußballmeister der Saison 1933/34.

GESTORBEN:

15. 1. München: Hermann Bahr (* 19. 7. 1863), Essayist.

21. 3. Berlin: Franz Schreker (* 23. 3. 1878), Komponist.

4. 4. Wien: Hansi Niese (* 10. 11. 1875), Volksschauspielerin.

26. 6. ČSSR: Max Pallenberg (* 18. 12. 1877), Schauspieler (verunglückt).

25. 7. Wien: Engelbert Dollfuß (* 4. 10. 1892), christlichsozialer Politiker (ermordet).→

23. 8. Unterach am Attersee: Viktor Kaplan (* 27. 11. 1876), Erfinder der Wasserturbine (1919).

GEBOREN:

12. 3. Großenzersdorf: Adolf Frohner, Maler.

12. 5. Wildschönau: Sixtus Lanner, Politiker.

10. 6. Euratsfeld bei Amstetten: Alois Mock, Politiker.

Heimwehr fordert autoritären Kurs

Jänner. Die Heimwehr nützt die innenpolitischen Probleme Österreichs zu neuen Aktivitäten. Am 10. Jänner erklärt Heimwehrführer Ernst Rüdiger Fürst Starhemberg: »Unser Kampf ist die uneingeschränkte Durchsetzung der faschistischen Ideenwelt in einer unserem Vaterland entsprechenden Art und Weise.«

Am 2. Februar erzwingt der Tiroler Heimatschutz die Umwandlung der Innsbrucker Landesregierung in einen autoritären Landesausschuß. Durch den Tiroler Erfolg ermutigt, versucht auch die niederösterreichische Heimwehr, in die Landesregierung aufgenommen zu werden.

Bauern-Kundgebung für Dollfuß

Neuerliche NS-Terroraktionen

Jänner. Das Jahr 1934 beginnt mit einer abermaligen Terrorwelle der Nationalsozialisten, nachdem erst einen Monat zuvor zahlreiche Nationalsozialisten durch eine Weihnachtsamnestie enthaftet worden sind.

In der ersten Jännerwoche organisieren die Nationalsozialisten in allen Teilen Österreichs Sprengstoffanschläge – insgesamt 140. Die Bundesregierung überreicht daraufhin der deutschen Reichsregierung unter Adolf Hitler eine Protestnote wegen der nationalsozialistischen Übergriffe, die von deutscher Seite zurückgewiesen wird.

Februarunruhen: (l.) Café »Goeth Hof« mit Einschüssen, (M.) Suche nach Schutzbund-Waffen in Bruck, (r.) Festnahmen von Verdächtigen

Polizei-Panzerauto

Straßenbarrikade

Beschädigungen am Schlingerhof

Abtransport eines Verletzten

Österreichs Arbeiter besiegt

12.–15. Februar. Eine provokatorische Durchsuchung des Linzer Arbeiterheims Hotel Schiff löst den Widerstand des sozialdemokratischen Republikanischen Schutzbundes aus und führt zu viertägigen bürgerkriegsähnlichen Kämpfen von Heimwehr, Militär und Polizei gegen die sozialdemokratischen Arbeiter Österreichs.

Als die Polizei am 12. morgens das Linzer Arbeiterheim umstellt und gewaltsam eindringt, antwortet der illegale Republikanische Schutzbund mit Schüssen. Die seit Jahresbeginn wegen der Heimwehraktivitäten und nationalsozialistischer Terroranschläge bis zum äußersten gespannte Atmosphäre ist am Vortag vom Vizekanzler der Regierung Dollfuß, dem Wiener Heimwehrführer Major Emil Fey, zusätzlich angeheizt worden, als dieser ankündigte, die Heimwehr werde »morgen an die Arbeit gehen und … ganze Arbeit leisten!«

Die Schüsse von Linz werden zum Signal: der sozialdemokratische Parteivorstand beschließt, überall Angriffen Widerstand zu leisten. Die Kämpfe greifen bald auf die Industriestädte Steyr (Oberösterreich), St. Pölten (Niederösterreich), Bruck an der Mur, Kapfenberg, Eggenberg bei Graz und Weiz (Steiermark) sowie Wörgl (Tirol) über. Die Regierung verhängt daraufhin das Standrecht über Wien, Nieder- und Oberösterreich, die Steiermark und Kärnten.

Als die Sozialdemokraten gegen Mittag den Generalstreik ausrufen, gehen Heimwehr, Heer und Polizei bereits gegen die Arbeiterheime und Gemeindebauten in den Wiener Vororten vor, die von bewaffneten Schutzbündlern besetzt sind. Die Arbeiterschaft ist für eine solche Auseinandersetzung völlig unvorbereitet; die Sozialdemokratie ist ungenügend organisiert, die Kampfkraft der Arbeiter durch die anhaltende Massenarbeitslosigkeit der letzten Jahre stark geschwächt.

Sozialdemokrat Koloman Wallisch

Als die Bundesregierung am Nachmittag die Zustimmung zum Einsatz von leichten Feldgeschützen erteilt, der Generalstreik nicht greift (nur die Stromversorgung Wiens wird bis zum Abend lahmgelegt und der Straßenbahnverkehr blockiert) und die Staatsgewalt mit aller Macht zu Gegenaktionen schreitet, ist das Scheitern des Widerstands vorhersehbar. Dennoch gehen die Kämpfe unvermindert weiter und enden erst am 15. Die sog. Februarunruhen fordern nach offiziellen Angaben 314 Tote (196 Schutzbündler) und mehr als 800 Verletzte; vermutlich liegt die Zahl aber bei weit über 1000 Toten. Neun Sozialdemokraten werden standrechtlich zum Tode verurteilt und hingerichtet, unter ihnen Georg Weissel, Karl Münichreiter und Koloman Wallisch. Den beiden sozialdemokratischen Arbeiterführern Otto Bauer und Julius Deutsch gelingt die Flucht in die Tschechoslowakei. In Brünn gründen sie nach dem Verbot der Sozialdemokratischen Partei in Österreich die Zentrale der »Revolutionären Sozialisten«, die illegale Sozialistische Partei Österreichs. Tausende Sozialdemokraten werden in Haft genommen.

Kampf oder Kapitulation

In seinen Memoiren erinnert sich der Heimwehrführer Ernst Rüdiger Fürst Starhemberg an die Ausgangslage am 12. Februar 1934:

»Den zündenden Funken lieferte nun der von einem maßlosen Ehrgeiz beseelte, skrupellose Vizekanzler Major [Emil] Fey. Unbekümmert um etwaige politische Auswirkungen ging er plötzlich, sozusagen aus heiterem Himmel, daran, Waffensuchen beim Republikanischen Schutzbund zu veranstalten … Und ausgerechnet in Linz mußte es beginnen, wo eine besonders aktive und tatbereite Schutzbundgruppe war … Und um ja die provozierende Wirkung nicht zu verfehlen, kündigte er am Vorabend an, daß wir morgen ganze Arbeit leisten werden …«

Der Sozialdemokrat Julius Deutsch beschreibt die Lage der Arbeiter:

»Aber konnte man nun, da die Würfel gefallen waren, die Linzer Arbeiter im Stich lassen? Würde das nicht auf alle Fälle die schwerste Niederlage, vielleicht sogar das Ende einer selbständigen Arbeiterbewegung für Jahrzehnte bedeuten? Man durfte sich nicht mehr verhehlen: Wir standen mit dem Rücken an der Wand; wir mußten kämpfen oder kapitulieren …«

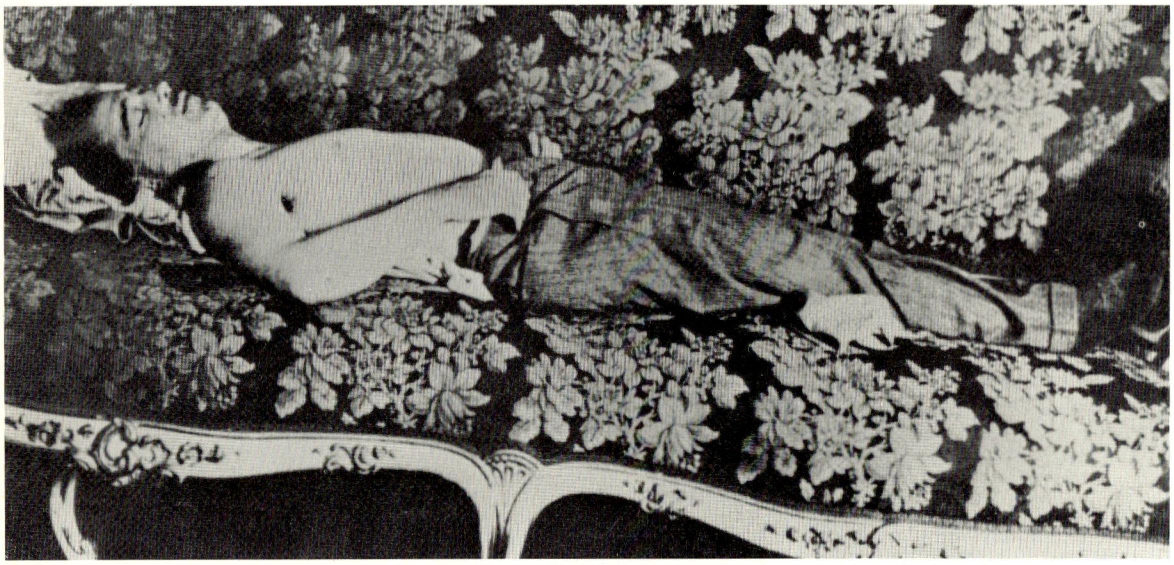

Bundeskanzler Engelbert Dollfuß wird während des nationalsozialistischen Putschversuchs ermordet

Putsch der Nationalsozialisten

25. Juli. Ein seit längerem vorbereiteter nationalsozialistischer Putsch in Österreich scheitert. Am Abend hat die Regierung die Situation in Wien gemeistert, in den Bundesländern ziehen sich die Kämpfe allerdings noch bis zum Monatsende hin. Im einzelnen nimmt der Putschversuch folgenden Verlauf:

12.15 Uhr: Bundeskanzler Engelbert Dollfuß unterbricht die Ministerratssitzung, nachdem ihm Major Emil Fey über eine Aktion gegen das Bundeskanzleramt berichtet hat. Die Minister werden vom Bundeskanzler in ihre Ministerien geschickt. Außer Dollfuß bleiben Fey, Wilhelm Zehner und Staatssekretär Carl Karwinsky im Kanzleramt.

12.53 Uhr: Die Lastwagen mit den Putschisten fahren in das Bundeskanzleramt ein. Zehner hat kurz vorher das Kanzleramt verlassen, um die Truppen zu alarmieren.

13 Uhr: Eine Gruppe von 15 Aufständischen dringt in die Senderäume der RAVAG in der Johannesgasse ein und zwingt einen Sprecher, über den Rundfunk bekanntzugeben: »Die Regierung Dollfuß ist zurückgetreten. Dr. Rintelen [seit 1933 österreichischer Gesandter in Rom] hat die Regierungsgeschäfte übernommen.« – Die Meldung ist das Signal für den Aufstand in ganz Österreich.

Kurz nach 13 Uhr: Im Eckzimmer des Kanzleramtes trifft ein Schuß aus der Pistole Otto Planettas Bundeskanzler Dollfuß, ein zweiter Schuß wird von einem Polizeibeamten auf den Kanzler abgegeben.

Eine Alarmabteilung der Polizei kämpft die Nationalsozialisten im Gebäude der RAVAG in der Johannesgasse nieder – vier Tote.

14.30 Uhr: Im ehemaligen Kriegsministerium am Stubenring tagen unter dem provisorischen Vorsitz von Unterrichtsminister Kurt von Schuschnigg die übrigen Regierungsmitglieder (Vizekanzler Ernst Rüdiger Fürst Starhemberg ist in Italien).

Schuschnigg erhält von Bundespräsident Wilhelm Miklas den Auftrag: »... mit allen Machtmitteln des Staates die gesetzliche Ordnung wiederherzustellen.«

15.45 Uhr (?): Engelbert Dollfuß erliegt seinen Verletzungen.

17.30 Uhr: Auf dem Ballhausplatz verhandeln Generalmajor Zehner und Sozialminister Odo Neustädter-Stürmer über die Kapitulation der Putschisten. Freier Abzug, falls kein Todesopfer zu beklagen ist.

Nach 19 Uhr: Die Putschisten öffnen die Tore des Bundeskanzleramtes für ihren freien Abzug. – Schuschnigg erklärt, daß durch den Tod des Kanzlers die Bedingung des freien Abzugs aufgehoben sei. Die Putschisten werden als Gefangene in die Polizeikaserne in der Marokkanergasse gebracht.

Dollfuß-Mord kein Geheimnis

Der österreichische Militärattaché in Paris, Oberst Lothar Rendulic, spricht schon im Jänner 1934 von dem geplanten Mord an Bundeskanzler Engelbert Dollfuß. Der Militärattaché der königlich-ungarischen Gesandtschaft in Paris schreibt am 24. Jänner nach Budapest:

»Der hiesige deutschösterreichische Militärattaché, General Svoboda, wurde ... nach einigen Monaten ... zurückberufen, und sein Nachfolger wurde Oberst Rendulic. Nach einer Erklärung, die Rendulic mir gegenüber machte, kann das Vordringen und der Sieg des Nationalsozialismus in Deutsch-Österreich nicht mehr verhindert werden ... seiner Meinung nach ist es nur die Frage einer kurzen Zeit, bis die nationalsozialistische Herrschaft Wirklichkeit wird. Sein Eindruck ist der, daß Kanzler [Engelbert] Dollfuß, Minister [Emil] Fey und andere wahrscheinlich als Folge ihres politischen Standpunktes das Leben verlieren werden. Seiner Meinung nach kann in der gegenwärtigen Zeit von einer offenen Einverleibung Deutsch-Österreichs in Deutschland keine Rede sein. Daraus schließt er, daß die Umbildung Deutsch-Österreichs in einen nationalsozialistischen Staat eintreten wird, der seine scheinbare Selbständigkeit vor der Welt – provisorisch – aufrecht erhalten wird, während er in Wirklichkeit gänzlich den deutschen Weisungen folgen wird ...«

»Verfassung 1934« wird wirksam

31. Oktober. Entsprechend der am 24. April beschlossenen und am 1. Mai verkündeten »Verfassung 1934« erfolgt die Konstituierung der »gesetzgebenden Körperschaften« für den sog. Ständestaat: Staatsrat, Bundeskulturrat, Bundeswirtschaftsrat und Länderrat. Am 1. Dezember tritt der von diesen vier »gesetzgebenden Körperschaften« gewählte Bundesrat erstmals zusammen.

Die »Verfassung 1934« (die mit dem Satz eröffnet wird: »Im Namen Gottes, des Allmächtigen, von dem alles Recht ausgeht, erhält das österreichische Volk für seinen christlichen, deutschen Bundesstaat auf ständischer Grundlage diese Verfassung«)

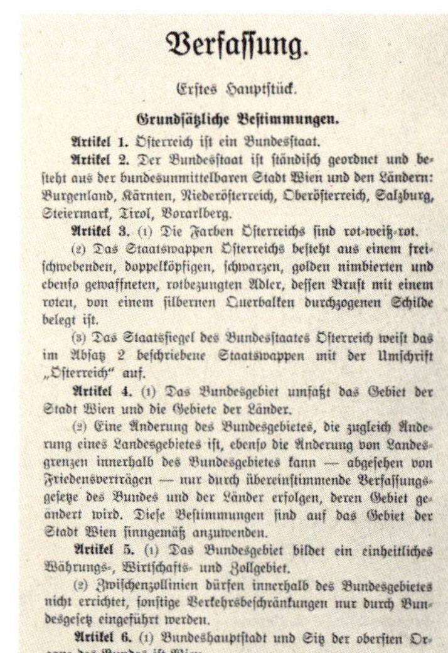

Verfassung.

Erstes Hauptstück.

Grundsätzliche Bestimmungen.

Artikel 1. Österreich ist ein Bundesstaat.

Artikel 2. Der Bundesstaat ist ständisch geordnet und besteht aus der bundesunmittelbaren Stadt Wien und den Ländern: Burgenland, Kärnten, Niederösterreich, Oberösterreich, Salzburg, Steiermark, Tirol, Vorarlberg.

Artikel 3. (1) Die Farben Österreichs sind rot-weiß-rot.

(2) Das Staatswappen Österreichs besteht aus einem freischwebenden, doppelköpfigen, schwarzen, golden nimbierten und ebenso gewaffneten, rotbezungten Adler, dessen Brust mit einem roten, von einem silbernen Querbalken durchzogenen Schilde belegt ist.

(3) Das Staatssiegel des Bundesstaates Österreich weist das im Absatz 2 beschriebene Staatswappen mit der Umschrift „Österreich" auf.

Artikel 4. (1) Das Bundesgebiet umfaßt das Gebiet der Stadt Wien und die Gebiete der Länder.

(2) Eine Änderung des Bundesgebietes, die zugleich Änderung eines Landesgebietes ist, ebenso die Änderung von Landesgrenzen innerhalb des Bundesgebietes kann — abgesehen von Friedensverträgen — nur durch übereinstimmende Verfassungsgesetze des Bundes und der Länder erfolgen, deren Gebiet geändert wird. Diese Bestimmungen sind auf das Gebiet der Stadt Wien sinngemäß anzuwenden.

Artikel 5. (1) Das Bundesgebiet bildet ein einheitliches Währungs-, Wirtschafts- und Zollgebiet.

(2) Zwischenzollinien dürfen innerhalb des Bundesgebietes nicht errichtet, sonstige Verkehrsbeschränkungen nur durch Bundesgesetz eingeführt werden.

Artikel 6. (1) Bundeshauptstadt und Sitz der obersten Organe des Bundes ist Wien.

Erste Seite der Verfassung von 1934

sieht im wesentlichen folgende Neuerungen vor: Österreich wird zum Bundesstaat auf christlicher und ständischer Grundlage. Die vier »gesetzgebenden Körperschaften« haben vorberatende Funktion; sie wählen den Bundesrat, der über Gesetzesvorlagen der Regierung entscheidet. Der Bundespräsident soll künftig von den Bürgermeistern des Landes gewählt werden. – Die Grund- und Freiheitsrechte der Staatsbürger sind mit wenigen Ausnahmen aus der alten Verfassung übernommen worden (→1.10.1920). Teile des Konkordats mit der katholischen Kirche vom 5. Juni 1933 werden in die Verfassung aufgenommen, die Kirche erhält damit bedeutenden Einfluß auf das Schul- und das Ehewesen.

Schuschnigg Kanzler

29. Juli. Vier Tage nach dem Mord an Bundeskanzler Engelbert Dollfuß ernennt Bundespräsident Wilhelm Miklas den bisherigen Unterrichtsminister Kurt von Schuschnigg zum neuen Bundeskanzler.
Schuschnigg übernimmt selbst die Leitung der Ministerien für Landesverteidigung, Justiz und Unterricht, Vizekanzler bleibt der Heimwehrmann Ernst Rüdiger Fürst Starhemberg, der zugleich für das Sicherheitswesen zuständig ist. Major Emil Fey übernimmt das Innen-, Egon Berger-Waldenegg das Außenministerium.
Zusammen mit Odo Neustädter-Stürmer (Soziale Verwaltung) sind vier Heimwehrmänner in der Regierung vertreten.

Die Regierung Schuschnigg

Österreichs Mannschaft vor dem Viertelfinalspiel gegen Ungarn. Österreich gewinnt das Spiel 2:1 durch Tore von Horvath und Bican

Österreich im Halbfinale gescheitert

27. Mai – 10. Juni. Bei der zweiten Fußball-Weltmeisterschaft in Italien (nach Uruguay 1930) belegt die österreichische Fußball-Nationalelf den etwas enttäuschenden vierten Platz. Nur ein umstrittenes Tor verhindert ihren Einzug ins Finale.
Ohne eine britische Mannschaft, ohne Titelverteidiger Uruguay und mit einer Amateur-Auswahl des Vizeweltmeisters Argentinien fehlte bei Turnierbeginn ein erklärter Favorit. Da von Anfang an nach dem K.-o.-System gespielt wird, kommt der Auslosung eine vorentscheidende Bedeutung zu. Österreich muß im ersten Spiel gegen Frankreich antreten und bleibt erst nach Verlängerung 3 : 2 Sieger. Bereits im Viertelfinale wartet mit Ungarn eines der stärksten europäischen Teams auf die Österreicher, die jedoch noch einmal an die Glanzzeit des »Wunderteams« anknüpfen und durch Tore von Horvath und Bican bei einem ungarischen Gegentreffer ins Halbfinale einziehen. Hier ist Gastgeber Italien der Gegner.
In dem kampfbetonten Spiel verhilft erst ein umstrittenes Tor den Italienern zum Sieg: Torwart Platzer kann einen von Schiavio getretenen Ball nicht festhalten und wird von Meazza samt Ball über die Linie gerempelt. Der Traum vom Finale ist vorbei. Im Spiel um den dritten Platz unterliegen die Österreicher – ohne ihren verletzten Stürmerstar Matthias Sindelar – den Deutschen mit 2 : 3.

1935

Jänner. Die Zahl der unterstützten Arbeitslosen beträgt 326 000 (–6,9 % gegenüber 1934).

7. 1. Frankreich und Italien verhandeln über einen »allgemeinen Nichteinmischungspakt« für Österreich.

20. 1. Vizekanzler Ernst Rüdiger Fürst Starhemberg erklärt auf der Führertagung der niederösterreichischen Hemwehr: »Wir werden uns mit den anderen Gegnern auseinandersetzen müssen« – gemeint sind Bundeskanzler Kurt von Schuschnigg und der sog. Politische Katholizismus.

26. 1. Erster Opernball in der Wiener Oper: 4000 Gäste aus aller Welt und die gesamte Bundesregierung nehmen daran teil.

Februar. (Inoffizielle) Skiweltmeisterschaften in Mürren (Schweiz): Franz Zingerle gewinnt die Abfahrt, Toni Seelos den Slalom und die Kombination, Friedl Pfeifer belegt im Slalom den dritten Platz.

16./17. 2. Karl Schäfer wird in Budapest zum sechsten Mal Weltmeister im Eiskunstlauf.

22./23. 2. Bundeskanzler Schuschnigg weilt zu einem Staatsbesuch in Paris; anschließend reist er nach London weiter (25./26.).

14. 3. Der ehemalige Landeshauptmann der Steiermark und Ex-Minister Anton Rintelen wird wegen seiner Mittäterschaft am → 25. Juli 1934 zu lebenslangem Kerker verurteilt.

24. 3. Das Fußballänderspiel Österreich gegen Italien in Wien endet 0:2.

April. 298 000 Arbeitslose erhalten Unterstützung.

11.–14. 4. Dreimächtekonferenz in Stresa (Italien): Die Regierungschefs von Frankreich, Großbritannien und Italien beraten über ihre Haltung gegenüber dem Deutschen Reich und in der Frage der Unabhängigkeit Österreichs.

21. 5. Der deutsche Reichskanzler und »Führer« Adolf Hitler erklärt: »Deutschland hat weder die Absicht noch den Willen, sich in innerösterreichische Angelegenheiten einzumischen, Österreich etwa zu annektieren oder anzuschließen.«

21. 6. Die bereits weitgehend nationalsozialistisch orientierte Frontkämpferbewegung wird aufgelöst.

11. 7. Der deutsche Gesandte in Wien, Franz von Papen, schlägt einen Ausgleich zwischen Österreich und dem Deutschen Reich vor.

13. 7. Die Landesverweisung von Mitgliedern des Hauses Habsburg wird aufgehoben; dadurch erhält die monarchistische Bewegung deutlichen Auftrieb.

3. 8. Die Großglockner-Hochalpenstraße wird feierlich eröffnet. Die Baupläne stammen von Diplom-Ingenieur Franz Friedrich Wallack. Die Maut erbringt bereits 1935 742 984 Schilling. →

Ende August. In Südtirol finden umfangreiche Manöver der italienischen Armee statt (500 000 Mann). Der »Duce« Benito Mussolini will damit Italiens »Wacht am Brenner« betonen, was er mit einem Besuch der österreichischen Zollwache am Brenner (am 30. 8.) unterstreicht.

9. 10. Österreich erklärt in Genf, daß es sich nicht an den Sanktionen gegen Italien beteiligen wird. →

16. 10. Die 9 km lange Wiener Höhenstraße wird eröffnet. Sie führt am Stadtrand von Wien über die Wienerwaldberge und ist teilweise auf der Trasse der ehemaligen Zahnradbahn auf den Kahlenberg errichtet worden.

17. 10. Bundeskanzler Schuschnigg bildet seine zweite Regierung. →

18. 11. Die vom Völkerbund verhängten Sanktionen gegen Italien treten in Kraft.

23. 12. Bundeskanzler Schuschnigg verkündet eine »Weihnachtsamnestie« für politische Gefangene: Von 1521 wegen der Ereignisse im Februar 1934 einsitzenden Sozialdemokraten werden 1505, von 911 wegen ihrer Beteiligung am 25. Juli 1934 einsitzenden Nationalsozialisten 440 entlassen.

Rapid Wien wird Fußballmeister der Saison 1934/35.

GESTORBEN:

6. 3. Wien: Max Freiherr Hussarek von Heinlein (* 3. 5. 1865), Politiker, 1918 Ministerpräsident.

25. 4. Paris: Alfred Grünberger (* 15. 10. 1975), christlichsozialer Politiker, 1922 Außenminister.

22. 6. Wien: Alfred Roller (* 2. 10. 1864), Maler, Bühnenbildner und Graphiker.

1. 7. Budapest: Arthur Freiherr Arz von Straußenburg (* 16. 6. 1857), Generaloberst, 1917/18 Generalstabschef.

22. 7. Berlin: Johann Maria Boykow (* 1. 2. 1878), Erfinder (entdeckte 1913 den sog. Nord-Drehfehler bei Kreiseln, erfand 1914 ein selbsttätiges Bombenabwurfgerät mit Zieleinrichtung für Flugzeuge, entwickelte 1919 eine nach ihm benannte Meßbild-Apparatur und 1923 einen Sonnenkompaß; auch der sog. Autopilot zur automatischen Steuerung von Flugzeugen geht auf Boykow zurück).

6. 8. Wien: Karl Illner (* 14. 7. 1877), Mechaniker und Flieger.

1. 12. Salzburg: Richard Mayr (* 18. 11. 1877), Bassist, seit 1902 an der Wiener Oper.

24. 12. Wien: Alban Berg (* 9. 2. 1885), Komponist, Hauptvertreter der Moderne. →

GEBOREN:

11. 6. Wien: Elfriede Ott, Schauspielerin.

17. 11. Kitzbühel: Toni Sailer, Skirennläufer.

Dank an Italien

9. Oktober. Vor der Vollversammlung des Völkerbundes in Genf erklärt der österreichische Delegierte, Baron Emmerich Pflügl, daß sich Österreich an den gegen Italien verhängten Sanktionen nicht beteiligen werde.
Der Völkerbund hat zuvor mehrere Zwangsmaßnahmen gegen das faschistische Italien beschlossen, nachdem der »Duce« Benito Mussolini seine Truppen am 3. Oktober in Abessinien einmarschieren ließ. – Österreich bedankt sich damit vor der Weltöffentlichkeit für die Haltung Italiens im Juli 1934. Als die Sanktionen gegen Italien am 18. Oktober wirksam werden, zeigt sich, daß auch das Deutsche Reich von einer Beteiligung daran Abstand nimmt. Dies ist ein erster Schritt in Richtung auf die künftige »Achse Berlin–Rom«. – Die vom Völkerbund verhängten Maßnahmen bleiben weitgehend ohne Wirkung, da die italienische Regierung Einsparungen verordnet. Am 9. April 1936 beschließt der faschistische »Großrat« in Rom Abessinien unter die volle Souveränität Italiens zu stellen, dessen König den Titel eines Kaisers von Abessinien annimmt.

Großglockner-Hochalpenstraße

3. August. Nach fünfjähriger Bauzeit wird die Großglockner-Hochalpenstraße fertiggestellt. Sie führt von Bruck an der Glocknerstraße (Salzburg) über das Fuscher Törl (2428 m) und das Hochtor (2505 m) mit einem 311 m langen Tunnel zum Guttal und weiter nach Heiligenblut (Kärnten).
Die Straße ist 47,8 km lang; die Gesamtkosten betragen (einschließlich der beiden Abzweigungen auf die Edelweißspitze und die Franz-Josephs-Höhe) 24,5 Millionen Schilling (1,5 Millionen mehr als veranschlagt).

Messe zur Eröffnung der Straße

Schuschnigg im Streit mit Fey

17. Oktober. Persönliche Differenzen, vor allem zwischen Bundeskanzler Kurt von Schuschnigg und Heimwehrführer Major Emil Fey, führen zur Umbildung des Kabinetts. Drei wichtige Positionen wurden von Heimwehrmännern besetzt: Vizekanzler ist Ernst Rüdiger Fürst Starhemberg, Außenminister Egon Berger-Waldenegg, Innen-und Sicherheitsminister Eduard Baar-Baarenfels.

Schuschnigg

Traditionen und »Neue Musik«

24. Dezember. Kurz nach seinem 50. Geburtatag stirbt der Komponist Alban Berg in Wien. Berühmt wurde er durch seine Oper »Wozzek« nach dem Drama von Georg Büchner, die 1925 von Erich Kleiber in Berlin uraufgeführt wurde. Seine Oper »Lulu« (nach der Tragödie von Frank Wedekind), an der Berg seit 1928 arbeitete, blieb Fragment. Den Nationalsozialisten gilt seine Musik als undeutsch und entartet.

Alban Berg

1936

Jänner. Die Zahl der unterstützten Arbeitslosen beträgt 322 000 (+ 3,5 % gegenüber 1935).

Februar. (Inoffizielle) Skiweltmeisterschaften in Innsbruck: Rudi Matt (Slalom) und Gerda Paumgartner (Slalom) werden Weltmeister.

6.–16. 2. IV. Olympische Winterspiele in Garmisch-Partenkirchen (Bayern): Österreichische Sportler gewinnen eine Gold- (Karl Schäfer im Eiskunstlauf), eine Silber- (Ilse und Erwin Pausin im Paarlauf) und zwei Bronzemedaillen (Felix Kaspar im Eiskunstlauf und Max Stiepl im 10 000-m-Eisschnellauf).

28./29. 2. Karl Schäfer wird in Paris zum siebenten Mal Weltmeister im Eiskunstlauf.

9. 3. Mit dem Besuch des tschechoslowakischen Ministerpräsidenten Milan Hodža in Wien beginnt eine Phase der engen Zusammenarbeit zwischen Österreich und der ČSR.

15. 3. Josef Bradl springt in Planica (ČSR) mit 101 m neuen Weltrekord im Skispringen.

21.–23. 3. Auf der Konferenz der Staaten der »Römischen Protokolle« unterzeichnen Italien, Österreich und Ungarn Zusatzprotokolle über weitere gegenseitige Zusicherungen.

25. 3. Die Versicherungsgesellschaft »Phönix« bricht zusammen (Abgang: 260 Millionen Schilling).

Mit einem Kapital von zehn Millionen Schilling wird die »Österreichische Versicherungs AG« gegründet.

1. 4. Die allgemeine Bundesdienstpflicht wird eingeführt.→

Alle Wehrverbände werden in der »Vaterländischen Front« zusammengefaßt.

29. 4. Eine Verordnung sieht die Rückgabe des Habsburgervermögens vor (wegen der zahlreichen Proteste nicht realisiert).

12. 5. Bundeskanzler Kurt von Schuschnigg und Vizekanzler Ernst Rüdiger Fürst Starhemberg beraten über ein Abkommen mit dem Deutschen Reich.→

13. 5. Internationale Proteste wegen eines Telegramms von Vizekanzler Starhemberg an den »Duce« Benito Mussolini nutzt der Bundeskanzler, den Rücktritt seines Vizekanzlers zu verlangen.

Innenminister Eduard Baar-Baarenfels schlägt einen Putsch der Heimwehr vor.

14. 5. Bundeskanzler Schuschnigg bildet seine Regierung um.

15. 5. Bundeskanzler Schuschnigg übernimmt die Führung der »Vaterländischen Front«.

30. 5. Die Packer Höhenstraße, die kürzeste Verbindung zwischen Steiermark und Kärnten, wird eröffnet.

11. 7. Das sog. Verständigungsabkommen zwischen Österreich und dem Deutschen Reich wird unterzeichnet.→

1.–16. 8. Die XI. Olympischen Spiele in Berlin werden zu einer gigantischen Propagandaveranstaltung der Nationalsozialisten.→

5. 8. Der Niederländer Rost van Tonningen tritt als Kontrollor des Völkerbundes für den finanziellen Wiederaufbau Österreichs zurück und erklärt seine Anwesenheit wegen der gebesserten wirtschaftlichen Lage für überflüssig.

12. 8. Der »Duce« Benito Mussolini warnt den österreichischen Militärattaché in Rom, Oberst Emil Liebitzky, vor Adolf Hitlers Aggressionsplänen.

28. 8. Das Unterrichtsministerium kündigt die Gründung des »Österreichischen Jungvolks« zur »vaterländischen Erziehung der Jugend außerhalb der Schule« an.

9. 10. Alle österreichischen Wehrverbände werden aufgelöst.

14. 10. Das Frontmilizgesetz wird erlassen; es führt die Tradition der Wehrverbände im Rahmen der »Vaterländischen Front« weiter. Generalkommandant wird Feldmarschall-Leutnant Lugwig Hülgerth.

1. 11. Benito Mussolini spricht erstmals von einer »Achse Berlin–Rom«.

3. 11. Kurt von Schuschnigg bildet seine vierte Regierung ohne Beteiligung ehemaliger Heimwehrmänner.→

11./12. 11. Auf der Konferenz der Staaten der »Römischen Protokolle« in Wien anerkennen Österreich und Ungarn die Eroberung Abessiniens durch Italien.

19. 11. Der Staatssekretär für Äußeres, Guido Schmidt, reist zu einem offiziellen Besuch nach Berlin.

16. 12. Zwei österreichische Wissenschaftler erhalten für ihre Leistungen den Nobelpreis verliehen.→

Österreich wird Tischtennis-Weltmeister im Mannschaftswettbewerb.

Admira Wien wird Fußballmeister der Saison 1935/36.

GESTORBEN:

8. 4. Uppsala: Robert Bárány (* 22. 4. 1876), Physiologe (Nobelpreisträger → 1914).

5. 5. Wien: Marianne Hainisch (* 23. 3. 1839), Begründerin der österreichischen Frauenbewegung.

22. 6. Wien: Moritz Schlick (* 14. 4. 1882), Philosoph (ermordet).→

12. 7. Wien: Karl Kraus (* 28. 4. 1874), Sprach- und Kulturkritiker, seit 1899 Herausgeber der »Fackel«.

16. 9. Wien: Karl Buresch (* 12. 10. 1878), christlichsozialer Politiker.

12. 11. Wien: Josef Redlich (* 18. 6. 1869), Politiker.

30. 12. Magyarosvár: Friedrich von Habsburg-Lothringen (* 4. 6. 1836), Erzherzog von Österreich.

Juliabkommen unterzeichnet

12. Mai/11. Juli. Ein Jahr, nachdem der deutsche Gesandte in Wien, Franz von Papen, der Bundesregierung erstmals eine Zusammenarbeit zwischen dem Deutschen Reich und Österreich angeboten hat, versucht Bundeskanzler Kurt von Schuschnigg mit Vizekanzler Ernst Rüdiger Fürst Starhemberg eine Einigung über ein Abkommen mit Hitler-Deutschland zu erzielen. Der politisch auf Rom ausgerichtete Führer der »Vaterländischen Front« lehnt jedoch jegliche Zusammenarbeit mit Berlin ab.

Zwei Tage später bietet ein enthusiastisches Glückwunsch-Telegramm Starhembergs an den »Duce« Benito Mussolini (anläßlich des italienischen Sieges in Abessinien) für Schuschnigg die Gelegenheit, seinen Vizekanzler zum Rücktritt zu veranlassen.

Mit dem Ausscheiden Starhembergs ist der Weg frei für das Abkommen mit dem Deutschen Reich.

Am 11. Juli kommt es zum Abschluß des Verständigungsabkommens (sog. Juliabkommen). Darin heißt es: »1. Im Sinne der Feststellungen des Führers und Reichskanzlers Adolf Hitler vom 21. Mai 1935 anerkennt die Deutsche Reichsregierung die volle Souveränität des Bundesstaates Österreich.

2. Jede der beiden Regierungen betrachtet die in dem anderen Lande bestehende innenpolitische Gestaltung, einschließlich der Frage des österreichischen Nationalsozialismus, als eine innere Angelegenheit des anderen Landes …

3. Die österreichische Bundesregierung wird ihre Politik … stets auf jener grundsätzlichen Linie halten, die der Tatsache, daß Österreich sich als deutscher Staat bekennt, entspricht …«

Wenngleich Hitler damit die »volle Souveränität« Österreichs anerkennt, so ist es doch nicht mehr als eine jederzeit widerrufbare Willenserklärung, während sich Österreich durch das Abkommen zu sofortigen Gegenleistungen verpflichtet, die zunächst geheim sind und erst nach und nach bekannt werden: Dazu gehört die Aufnahme des nationalsozialistischen Vertrauensmannes Edmund Glaise-Horstenau und des Kabinettsvizedirektors Guido Schmidt in die Regierung (→ 3.11.).

Werbung für das Bundesheer

Plakat zur Bundesdienstpflicht

Pflicht zum Dienst

1. April. Bundeskanzler Kurt von Schuschnigg verkündet im Bundestag die Einführung der allgemeinen Dienstpflicht für öffentliche Zwekke, die allerdings nicht mit einer – durch den Friedensvertrag von Saint-Germain-en-Laye (→ September 1919) untersagten – allgemeinen Wehrpflicht identisch sein soll.

Entgegen dem Rat des Generalstabschefs hat man sich für die Bezeichnung »Bundesdienstpflicht« entschieden (und nicht für »Wehrpflicht«), um so den Protesten der Militärattachés und Diplomaten der sog. Kleinen Entente zu entgehen. Faktisch bedeutet die Einführung der Bundesdienstpflicht allerdings den gesetzlichen Übergang vom bisherigen Söldnerheer (30 000 Mann stark) zu einer Armee der allgemeinen Wehrpflicht.

Ein erster Schritt in diese Richtung war bereits der zuvor erfolgte Zusammenschluß aller Wehrverbände in der »Vaterländischen Front«, die vom Bundesheer ausgebildet wird. Die Wehrverbände bleiben allerdings trotz der neuen Dienstpflicht (vorerst) bestehen.

Moritz Schlick war wegen seiner jüdischen Abstammung Anfeindungen ausgesetzt

Moritz Schlick erschossen

22. Juni. Kurz nach 9 Uhr wird der Philosophieprofessor Moritz Schlick auf der Philosophenstiege der Universität Wien erschossen. Der Mörder ist der 1903 in Brandel bei Lichtenegg geborene Bauernsohn Johann Nelböck, der 1930/31 bei Schlick promovierte. Vor dem Attentat hatte er mehrere Auseinandersetzungen mit seinem Lehrer und mußte einige Zeit am Steinhof verbringen, da er als »schizoider Psychopath« galt.

Der 54jährige Moritz Schlick, Führer des sog. Wiener Kreises, stammte aus Berlin und lehrte seit 1922 in Wien. Er war ein Vertreter der modernen Erkenntnistheorie und der Naturphilosophie positivistischer Richtung.

Neue Regierung ohne Heimwehr

3. November. Bundeskanzler Kurt von Schuschnigg bildet sein Kabinett um: Seiner vierten Regierung gehören keine Heimwehrmänner mehr an. Neuer Vizekanzler wird Ludwig Hülgerth, seit 14. Oktober Generalkommandant der Frontmiliz, Innenminister Edmund Glaise-Horstenau, ein Vertrauensmann der Nationalsozialisten, Justizminister der Rat des Bundesgerichtshofes Adolf Pilz, Finanzminister der Obersenatsrat Rudolf Neumayer. Staatssekretär im Außenministerium ist Guido Schmidt.

Bundeskanzler Kurt Schuschnigg

Zwei Österreicher ausgezeichnet

Otto Loewi

Viktor Franz

16. Dezember. Zwei österreichische Wissenschaftler werden mit Nobelpreisen ausgezeichnet:

Der Grazer Professor Otto Loewi teilt sich den Medzin-Nobelpreis mit dem Briten Henry Hallett-Dale für seine Studien über die chemische Übertragung von Nervenimpulsen.

Der Physikpreis geht zu gleichen Teilen an den Strahlungsforscher Viktor Franz Hess und den Amerikaner Carl David Anderson für die entdekkung und Erforschung der kosmischen Strahlen bzw. der Positronen.

Viermal Gold bei Propagandaspielen

1.–16. August. Wie die Italiener 1932 bei der Fußball-Weltmeisterschaft, so nutzt auch das nationalsozialistische Regime im Deutschen Reich die XI. Olympischen Spiele in Berlin zur Darstellung der Macht und Leistungsfähigkeit eines autoritär regierten Staates. Die Deutschen gewinnen insgesamt 89 Medaillen und damit überlegen die (inoffizielle) Nationenwertung. Österreichische Sportler sind 13 Mal erfolgreich: Sie gewinnen vier Gold-, sechs Silber- und drei Bronzemedaillen.
Ganz oben auf dem Siegerpodest stehen der Schwerathlet Robert Fein (gemeinsam mit dem Ägypter Anwar Mesbah im Leichtgewicht), Adolf Krainz und Alfons Dorfner (im Kajak-Zweier) sowie Gregor Hradetzky (im Kajak-Einer und im Faltboot über 10 000 m).
Weitere Medaillen gibt es im Rudern, im Kajak- und Kanadierfahren, im Fußball, Handball, Fechten und Dressur-Reiten. Ferner erringen Österreicher bei den olympischen Kunstwettbewerben noch vier Preise: Hermann Kutschera erhält Gold für seinen architektonischen Entwurf eines Skistadions, Bronze geht an Hermann Stieglholzer und Herbert Kastinger für den Entwurf einer »Kampfstätte für Auto-, Rad- und Pferdesport, Wien«. Rudolf Eisenmenger erhält Silber für das Gemälde »Läufer vor dem Ziel«, Hans Stoiber Bronze für das lyrische Werk »Der Diskus«.

Im Endspiel des olympischen Fußballturniers unterliegt die österreichische Nationalmannschaft den Italienern mit 2:1 Toren.

1937

Februar. Bei den ersten offiziellen Skiweltmeisterschaften im französischen Winterkurort Chamonix erreicht nur ein Österreicher eine Plazierung unter den ersten Drei: Willi Walch wird Zweiter im Slalom.

4. 2. Bundeskanzler Kurt von Schuschnigg ruft den »Siebener Ausschuß« ins Leben, dem u. a. Hugo Jury und Leo Tavs angehören. Damit sollen die illegalen »unentwegten« Nationalsozialisten zur Mitarbeit an der Regierung herangezogen werden.

12./13. 2. Felix Kaspar löst Karl Schäfer in Wien als Weltmeister im Eiskunstlauf ab.

13./14. 2. Bei den Eisschnellauf-Weltmeisterschaften in Oslo gewinnt Max Stiepl über 5000 m und belegt über 10 000 m Platz 3.

14. 2. Bundeskanzler Schuschnigg kündigt die Schaffung eines »Volkspolitischen Referates« an. (→ 17. 6.).

22./23. 2. Der deutsche Reichsaußenminister kommt zu einem offiziellen Besuch nach Wien (→ 24. 6.).

10. 3. Im Wiener Burgtheater wird das Drama »3. November 1918« von Franz Theodor Csokor uraufgeführt, das die Konflikte zwischen österreichischen Offizieren nach Bekanntwerden des Kriegsendes und des Zusammenbruchs des Habsburgerreiches darstellt.

20. 3. Der Wiener Polizeipräsident Michael Skubl wird zum Staatssekretär für Angelegenheiten der Sicherheit ernannt.

21. 3. Ein von antiitalienischen Ausschreitungen begleitetes Fußball-Länderspiel zwischen Österreich und Italien in Wien wird nach »derb geführtem Kampf« beim Stand von 2:0 für Österreich 17 Minuten vor Schluß abgebrochen.

15.–21. 4. Der den Nationalsozialisten nahestehende Innenminister Edmund Glaise-Horstenau weilt zu einem inoffiziellen Besuch in Berlin, wo er auch mit Adolf Hitler zusammentrifft.

21.–23. 4. Politische Gespräche des Bundeskanzlers in Italien verlaufen ohne Ergebnis. →

26. 4. Der Deutsche Reichsminister Hermann Göring führt politische Gespräche mit dem »Duce« Benito Mussolini in Rom, wobei auch über Österreich beraten wird (→ 21.–23. 4.).

3.–5. 5. Bundespräsident Wilhelm Miklas, Bundeskanzler Schuschnigg und Staatssekretär Guido Schmidt bemühen sich in Budapest um eine Intensivierung der gutnachbarlichen Beziehungen zu Ungarn.

12. 5. Staatssekretär Schmidt führt in London anläßlich der Krönungsfeierlichkeiten für König Georg VI. politische Gespräche über die Lage Österreichs; auf der Rückreise macht er auch in Paris Station. Trotz durchwegs freundlicher Aufnahme erreicht er keine staatlichen Garantien für Österreich.

17. 6. Das »Volkspolitische Referat« wird im Rahmen der »Vaterländischen Front« errichtet. →

24. 6. Der deutsche Reichskriegsminister Werner von Blomberg erläßt eine Weisung, die auch den »Fall Otto«, die militärische Intervention in Österreich, behandelt. →

Juli. Die Zahl der unterstützten Arbeitslosen liegt bei 193 000.

17. 9. Ein Großbrand vernichtet die Rotunde im Wiener Prater. →

26. 9. Bundeskanzler Schuschnigg trifft in Baden bei Wien mit dem tschechoslowakischen Ministerpräsidenten Milar Hodža zu politischen Gesprächen zusammen.

10. 10. Die neue Reichsbrücke über die Donau in Wien wird dem Verkehr übergeben. →

5. 11. In der Berliner Reichskanzlei erläutert Adolf Hitler seine Expansionspläne (→ 24. 6.).

Dezember. Die Zahl der unterstützten Arbeitslosen beträgt 246 000 (– 17,4 % gegenüber Jänner 1936).

11. 12. Italien tritt aus dem Völkerbund aus.

Clemens Holzmeister baut das Salzburger Festspielhaus ein zweites Mal um.

Der Ingenieur Sepp Bildstein errichtet auf dem Skiübungshang in Zürs am Arlberg den ersten modernen Schlepplift.

Richard Bergmann wird Weltmeister im Tischtennis (er gewinnt den Titel auch 1938, 1948 und 1950 – allerdings als britischer Staatsbürger).

Admira Wien wird Fußballmeister der Saison 1936/37.

GESTORBEN:

23. 1. Wien: Heinrich Mataja (* 14. 3. 1877), christlichsozialer Politiker, 1918/19 Staatssekretär für Inneres, 1924–1926 Außenminister.

17. 2. Wien: Hugo Meisl (* 16. 11. 1881), Sportjournalist, Schöpfer des Mitropacups, Fußball-Verbandskapitän.

28. 5. Aberdeen (Schottland): Alfred Adler (* 7. 2. 1870), Nervenarzt, Begründer der Individualpsychologie. →

28. 6. Wien: Max Adler (* 15. 1. 1873), Theoretiker des Austromarxismus. →

8. 12. Wien: Hans Molisch (* 6. 12. 1856), Botaniker, Mitbegründer der Mikrochemie der Pflanzenkörper.

GEBOREN:

25. 1. Graz: Werner Schneyder, Kabarettist.

2. 10. Wien: Michael Graff, Politiker.

20. 10. Amstetten: Jutta Schutting, Erzählerin.

7. 12. Graz: Peter Daniel Wolfkind, (eigtl. Peter Vujica), Erzähler.

Italien-Besuch ohne Ergebnisse

21.–23. April. Bundeskanzler Kurt von Schuschnigg und Staatssekretär Guido Schmidt treffen in Venedig mit dem »Duce« Benito Mussolini und dem italienischen Außenminister Galeazzo Graf Ciano zu politischen Gesprächen zusammen.
Am 23. berichtet die »offizielle« Tageszeitung »Giornale d'Italia«: »Tatsächlich werden die Nationalsozialisten in Österreich bald dazu aufgerufen werden, die Verantwortung in der Vaterländischen Front zu teilen, was den ersten Schritt zu einer direkten Teilnahme an der Regierung Österreichs bilden wird.« Diese Formulierung wird als Zustimmung Italiens zu einer solchen Entwicklung gewertet. Erfolgreicher verlaufen die Gespräche, die der deutsche Reichsminister Hermann Göring am 26. April in Rom mit dem »Duce« führt. Ausführlich bespricht man die »österreichische Frage«.

Schuschnigg (l.) bei Graf Ciano

Seyss-Inquart wird Staatsrat

17. Juni. Im Rahmen der »Vaterländischen Front« wird das von Bundeskanzler Kurt von Schuschnigg bereits am 14. Februar angekündigte »Volkspolitische Referat« geschaffen. Mit der Führung wird der national eingestellte Walter Pembauer betraut.
Trotz der Person Pembauers stehen die Nationalsozialisten dem neuen Referat recht skeptisch gegenüber. Allerdings wird gleichzeitig der Wiener Rechtsanwalt Arthur Seyss-Inquart, ein Nationalsozialist, zum Staatsrat ernannt und mit der »Angelegenheit der Befriedung der nationalen Kreise« betraut. Seine Aufgabe ist es, eine Verbindung zwischen Regierung und »nationaler Opposition« herzustellen.

Adolf Hitlers Expansionspläne

24. Juni. Der deutsche Reichskriegsminister, Generalfeldmarschall Werner von Blomberg, erläßt eine »Weisung für die einheitliche Kriegsvorbereitung der Wehrmacht«. Ein gesonderter Abschnitt trägt den Titel »Sonderfall Otto« und beschäftigt sich mit Österreich. »Ziel dieser Intervention wird es sein«, heißt es in der Weisung, »Österreich mit Waffengewalt zum Verzicht auf eine Restauration zu zwingen. Hierzu ist unter Ausnutzung der innenpolitischen Spaltung des österreichischen Volkes in allgemeiner Richtung auf Wien einzumarschieren und jeder Widerstand zu brechen.«

Bereits im Februar hat der deutsche Außenminister Konstantin Freiherr von Neurath bei einem offiziellen Besuch in Wien für den Fall einer Restauration der Habsburger mit der militärischen Macht des Deutschen Reiches gedroht. Zusammen mit wirtschaftlichen Forderungen, die auf einen ökonomischen Anschluß Österreichs an das Deutsche Reich hinausliefen, trug das Auftreten Neuraths zur »Abkühlung« des durch den Abschluß des sog. Juliabkommens normalisierten Beziehungen zwischen beiden Ländern bei (→ 11. 7. 1936).

Am 5. November erläutert Adolf Hitler in einem vierstündigen Monolog in der Berliner Reichskanzlei den Spitzen der deutschen Wehrmacht seine Pläne für die Zukunft. (Protokollführer ist der Adjutant Hitlers, Oberst Friedrich Hoßbach; sein Protokoll wird zu einem der wichtigsten Dokumente für die Auffassungen des »Führers«.)

Ziel der deutschen Außenpolitik, so Hitler, sei die Gewinnung von Siedlungsraum und Rohstoffen im Osten. Eine solche Raumerweiterung könne nur gegen Widerstand durchgesetzt werden und mache einen Angriffskrieg gegen die Sowjetunion notwendig; dieser Angriff solle in sechs bis acht Jahren erfolgen. Am Anfang dieser expansiven Politik müsse die Angliederung Österreichs und der Tschechoslowakei stehen: »Einverleibung der Tschechei und Österreichs können den Gewinn von Nahrungsmitteln für fünf bis sechs Millionen Menschen bedeuten, unter Zugrundelegung, daß eine zwangsweise Emigration aus der Tschechei von zwei, aus Österreich von einer Million Menschen zur Durchführung gelangt.« Ferner bedeute die Angliederung dieser Staaten militärpolitisch eine Entlastung durch kürzere Grenzziehung, Freiwerden von Streitkräften und Neuaufstellung von etwa zwölf Divisionen. Deckname für die Aktion gegen Österreich ist der »Fall Otto«. Die Reichsminister Neurath und Blomberg sowie der Oberbefehlshaber des Heeres, General Werner Freiherr von Fritsch, zweifeln an der Durchführbarkeit dieser Pläne. (Blomberg und Fritsch werden am 4. Februar 1938 ihrer Posten enthoben.)

Begeisterung für Adolf Hitler

Ein Theoretiker des Marxismus

28. Juni. Im Alter von 64 Jahren stirbt der bedeutende sozialistische Theoretiker Max Adler, gemeinsam mit Otto Bauer der Begründer des sog. Austromarxismus.

Der Professor für Soziologie an der Universität Wien suchte die Lehre von Karl Marx mit der Philosophie Immanuel Kants zu verbinden und entwickelte daraus eine eigenständige Kultur- und Lebenslehre, die er in seinen Hauptwerken »Die Staatsauffassung des Marxismus« und »Der Marxismus als proletarische Lebenslehre« (beide 1922) darlegte.

Geltungssucht als Krankheitsquelle

28. Mai. Im schottischen Aberdeen stirbt 67jährig der Wiener Psychologe und Nervenarzt Alfred Adler, der Begründer der Individualpsychologie. Adler, zunächst ein Schüler Sigmund Freuds, erklärte 1912, daß seelische Störungen nicht aus verdrängten sexuellen Komplexen, sondern aus der nicht erfolgten oder aber mißglückten Anpassung an die Gesellschaft entstünden. Er prägte den Begriff »Minderwertigkeitskomplex«.

Großbrand zerstört die Wiener Rotunde

17. September. *Ein Großbrand im Wiener Prater vernichtet die Rotunde, das 84 m hohe Ausstellungsgebäude der Weltausstellung von → 1873. Die Ursache des Brandes bleibt ungeklärt. 46 Löschgeräte, 250 Feuerwehrmänner und 500 Bundesheersoldaten sind 20 Stunden im Einsatz, doch von dem einstigen Wahrzeichen Wiens bleibt nur ein Stück des Osttores mit den Initialen Kaiser Franz Josephs I. erhalten.*

Die neue Reichsbrücke in Wien

10. Oktober. *Nach rund drei Jahren Bauzeit ist die neue Kettenbrücke über die Donau fertiggestellt und wird feierlich dem Verkehr übergeben. Als Bundespräsident Wilhelm Miklas die Sperrkette durchtrennt, ertönt die Bundeshymne. Anschließend zieht ein großer Festzug, in dem auch dekorierte Werkswagen aller am Bau beteiligten Stahlarbeiter und Bauhandwerker nicht fehlen, über die neue Reichsbrücke.*

Österreich unter der NS-Herrschaft 1938–1945

Zu spät hatte man in Österreich erkannt, welche Gefahr der Nationalsozialismus tatsächlich einmal sein könnte. Den wenigen Mahnern schenkte man kein Gehör, sie blieben einsame Rufer in der Wüste.
Mit Erscheinen des Hitler-Buches »Mein Kampf« hätte man sich mit der Gedankenwelt und den Bestrebungen des Nationalsozialismus vertraut machen können. Das gilt für den 1925 erschienenen ersten Band ebenso, wie für den zweiten von 1927. Nur zwei Jahre später erschien »Der Mythus des 20. Jahrhunderts« aus der Feder des NS-Ideologen Alfred Rosenberg. Aber wer hatte diese Bücher schon gelesen und wenn: Wer hatte sie durchschaut? Beide sind bereits vor 1938 in mehreren hunderttausend Exemplaren verbreitet worden. Auch ein Propagandaplakat aus dem Jahre 1933, das auf das Anwachsen des Nationalsozialismus in Österreich hinwies, rüttelte nicht auf – obwohl es in großer Aufmachung eine Landkarte zeigte, in der auch jene Gebiete Europas deutlich gekennzeichnet waren, die Hitler für sein Großdeutsches Reich beanspruchte – und schließlich auch erhielt.
Das Phänomen Adolf Hitler wurde unterschätzt und noch nicht einmal im Jänner 1933 ernst genommen. Seine massenpsychologisch wirkungsvoll gesetzten Maßnahmen waren von breitenwirkenden Schlagworten getragen. Dies fing beim Namen der Partei an, denn er setzte sich aus Begriffen zusammen, die alle politischen Lager ansprachen: National, sozialistisch, Deutsche und Arbeiter (= NSDAP). Die Unsicherheiten in Europa nach dem Ersten Weltkrieg – wirtschaftlich, politisch und territorial – waren ein Faktum, der Lernprozeß zu Demokratie und Republik erwies sich als zu langwierig. Gute Voraussetzungen für einen Mann, dessen Sendungsbewußtsein und Größenwahn ihn skrupellos alle diplomatischen und politischen Gepflogenheiten mißachten ließen. Die Brutalität, mit der die Nationalsozialisten von Anfang an vorgingen, erzeugte zwar Angst, mobilisierte aber vorerst nicht Widerstand, sondern wirkte lähmend.

Die Begeisterung

Am 13. März 1938 wurde nach dem Einmarsch deutscher Truppen in Linz der »Anschluß« Österreichs an das Deutsche Reich vollzogen. Unterschrieben wurde das Anschlußgesetz von dem Nationalsozialisten Arthur Seyss-Inquart, der auf deutschen Druck hin am 12. März österreichischer Bundeskanzler geworden war. Das westliche Ausland reagierte gelassen auf die Annexion und verfolgte weiterhin gegenüber dem nationalsozialistischen Deutschen Reich seine Nichteinmischungspolitik.
Begeisterte Menschenmassen, Fahnen, Reden, Parolen waren deutliche Merkmale der denkwürdigen Märztage des Jahres 1938. Österreich hatte »endlich« das autoritäre Regierungssystem überwunden und gegen eine skrupellose Diktatur eingetauscht, was aber die Mehrheit des Volkes nicht wahrhaben wollte. Es war ja schließlich »der Anschluß«, über den seit 1918 geredet wurde, der sogar bis Oktober 1933 im Parteiprogramm der Sozialdemokraten stand und der endlich den ersehnten wirtschaftlichen Aufschwung Österreichs bringen sollte. Dieser vor zwanzig Jahren konstruierte Kleinstaat war für viele nicht lebensfähig. Man erkannte aber nicht, daß der Grund im mangelnden Selbstvertrauen lag, daß Parteienhader und gegenseitiges Nichtverstehenwollen einer ruhigen Entwicklung entgegenstanden.
Die Menschenmassen, die auf dem Wiener Heldenplatz dem Diktator Adolf Hitler im März 1938 zujubelten, sind eine im Bild festgehaltene Tatsache. Ebenfalls eine Tatsache ist das Zustandekommen dieser Jubelkulisse.
Der 15. März, der für Hitlers Großauftritt in Wien gewählt wurde, war ein Dienstag und somit ein Arbeitstag. Betriebe, Ämter und Schulen hatten jedoch geschlossen – und vielfach zog man auch »geschlossen« zum Heldenplatz, mit den unmittelbaren Vorgesetzten an der Spitze. Begeisterung und Jubel sollen im historischen Rückblick nicht verkleinert werden, doch muß man auch die nachdrückliche Förderung in Betracht ziehen.
Gleichzeitig mit den deutschen Truppen war im März 1938 ein großes Aufgebot an Sicherheitskräften ins Land gekommen, die sofort mit dem Aufbau einer straffen Parteiorganisation begannen und die ersten »Säuberungen« im Staatsapparat vornahmen.
Zuständig für die Integration Österreichs in das nationalsozialistische Deutsche Reich war Josef Bürckel, der 1939 Gauleiter von Wien wurde. Die Zerschlagung der Einheit Österreichs wurde durch eine Neugliederung des Landes in sieben Gaue vollzogen.

Die Ernüchterung

Der Begeisterung über den Anschluß folgte bald die Ernüchterung, wenn auch vorerst nur in bestimmten Bevölkerungsschichten spürbar.
Aktive Politiker und Funktionäre aller politischen Richtungen waren die ersten, die den bestens informierten, diabolischen Apparat der nationalsozialistischen Geheimen Staatspolizei (Gestapo) kennenlernten. Die Juden, das »an allem Elend schuldige internationale Judentum«, folgten gleich unmittelbar und mußten mit den »Herrenmenschen« der SA und SS Bekanntschaft machen. Bereits 1938 wurde mit dem Bau des österreichischen Konzentrationslagers Mauthausen begonnen.
Nach kurzer Kampfpause waren es dann die Katholiken, denn was sollte neben dem »Glauben an Deutschland« noch Bestand haben können.
Schließlich traf es auch die »alten Illegalen«, die Wegbereiter Adolf Hitlers. Systematisch nahmen deutsche Nationalsozialisten ihre Plätze ein, denn »schlappschwänzigen Österreichern«, auch öster-

reichischen Nationalsozialisten »bester Bewährung«, konnte man eine straffe Führung des Volkes nicht zumuten. Neben dem Staatsapparat wurde auch fast die gesamte österreichische Wirtschaft von Deutschen übernommen. Dies führte zur Wiederbelebung des preußisch-österreichischen Gegensatzes, der so weit getrieben wurde, daß er auch vor den Sportplätzen nicht halt machte.

Der Widerstand

So regte sich, wenn auch zaghaft, doch schon nach wenigen Monaten, der Widerstand gegen den Nationalsozialismus.
Zuerst von reinem Idealismus getragen, kam bald der Glaube an ein lebensfähiges Vaterland hinzu, schließlich auch die Auflehnung gegen eine Gewaltherrschaft und eine alle Bereiche erfassende Diktatur, die es verstand, sich mit äußerster Brutalität durchzusetzen.
Wie schwer es war zu agieren, zeigen die vielen Verhaftungen und Verurteilungen. Entmutigend für die oft kleinen Gruppen katholischer und sozialistischer Widerstandskämpfer waren die Rückschläge, die den Widerstand auch im Deutschen Reich trafen. Im Laufe des Zweiten Weltkrieges bildeten sich besonders in ländlichen Gebieten Partisanengruppen, denen vor allem Kommunisten und Sozialisten angehörten. Den »totalen Krieg«, die totale Machtdemonstration, bekam auch die Widerstandsbewegung zu spüren, doch zerschlagen wurde sie nicht. Wenn auch empfindlich dezimiert, so war ihre Präsenz in den entscheidenden letzten Monaten der nationalsozialistischen Herrschaft über Österreich merklich spürbar.
Das Land Österreich war von Hitler zur Ostmark degradiert worden, doch zeigte sich bald, daß dieser Name dem Lokalpatriotismus förderlich war. Darum schuf er die »Alpen- und Donaugaue«, erreichte damit aber nur eine Stärkung des Nationalbewußtseins.

Zweiter Weltkrieg

Die Außenpolitik des nationalsozialistischen »Großdeutschland« (Österreich und Deutsches Reich) war auf eine hemmungslose Ostexpansion, eine Revision des Versailler Vertrags, ausgerichtet. Vorbereitet wurde der Krieg durch eine in aller Eile vorangetriebene Aufrüstung und die Einführung der Wehrpflicht. Die österreichische Armee wurde bereits mit dem Anschlußgesetz im März 1938 in die deutsche Wehrmacht eingegliedert.
1939 kündigte Hitler das deutsch-britische Flottenabkommen und den deutsch-polnischen Freundschaftsvertrag auf. Großbritannien beendete seine »Appeasement«-Politik mit einer Garantieerklärung für Polen (31. März 1939). Nachdem Hitler sich durch einen Nichtangriffspakt mit der Sowjetunion den Rücken frei gemacht hatte (23. August 1939), befahl er für den 1. September 1939 den Angriff auf Polen. Die deutschen Bemühungen, Polen von den Westmächten zu isolieren, scheiterten jedoch. Großbritannien und Frankreich standen zu ihrem Bündnisverpflichtungen und gaben Polen Militärhilfe. Der Zweite Weltkrieg begann. Hitlers Polenfeldzug begründete einen neuen Stil der Kriegführung, wegen der schnellen, raumgreifenden Vorstöße als »Blitzkrieg« bezeichnet. Terrorangriffe gegen die Zivilbevölkerung begleiteten ihn. Nach anfänglichen deutschen Siegen weitete sich der Krieg durch den deutschen Angriff auf die Sowjetunion (22. Juni 1941) und den Kriegseintritt der USA und Japans (Dezember 1941) zum Weltkrieg aus. Er endete erst nach Hitlers Selbstmord (30. April 1945) mit der Kapitulation der deutschen Wehrmacht am 8. Mai 1945. Lediglich in Asien brannte er noch bis zur atomaren Bombardierung Hiroshimas und Nagasakis im August, die allein fast 200 000 Japanern das Leben kostete, fort.

Kultur und Kunst

Viele österreichische Kulturschaffende wählten während der NS-Herrschaft die freiwillige Emigration, weil sie sich durch Verbote und Vorschriften geknebelt fühlten und politisch nicht mißbraucht werden wollten. Was künstlerisch und kulturell wertvoll war, bestimmte der »Reichsminister für Volksaufklärung und Propaganda«, Joseph Goebbels.
Alle Werke jüdischer Künstler waren verboten. Die Programme der Opern-, Theater- und Konzertveranstaltungen bedurften einer Genehmigung. Bildende Künstler sollten in erster Linie das »Deutschtum« verherrlichen. Das galt auch für Literatur und Film. Das gesamte Kulturschaffen wurde für die Propaganda mißbraucht. Wer nicht in dieses Schema paßte, wurde verfolgt und sein Werk als »entartete Kunst« bezeichnet. Trotz aller Knechtung gelang es einigen Männern und Frauen, Werke zu vollbringen, die diese Zeit des kulturellen Tiefstandes überdauern konnten.

Mahnmal für die Opfer des Faschismus im KZ Mauthausen

1938

9.–12. 1. In Budapest wird die letzte Konferenz der Staaten der »Römischen Protokolle« abgehalten. Bundeskanzler Kurt von Schuschnigg weist die Aufforderung, aus dem Völkerbund auszutreten zurück, ebenso den Beitritt zum Antikominternpakt.

12. 2. Im Berghof auf dem Obersalzberg kommt es zu einer Begegnung zwischen Adolf Hitler und Bundeskanzler Schuschnigg. →

15. 2. Bundeskanzler Schuschnigg bildet seine fünfte Regierung mit Arthur Seyss-Inquart als Innenminister (→ 12. 2.).

18. und 19. 2. Felix Kaspar wird in Berlin zum zweiten Mal Weltmeister im Eiskunstlauf.

Februar. Bei den Skiweltmeisterschaften in Engelberg (Schweiz) erreicht Österreich bei den Herren nur vierte und fünfte Plätze.

9. 3. Bundeskanzler Schuschnigg gibt für den 13. März die Abhaltung einer Volksbefragung über die Selbständigkeit Österreichs bekannt. →

10. 3. Hitler gibt dem Generalstabschef General Ludwig Beck den Auftrag, den Einmarsch in Österreich vorzubereiten (→ 13. 3.).

11. 3. Bundeskanzler Schuschnigg tritt angesichts des drohenden Einmarsches zurück (→ 13. 3.).

12. 3. Der Einmarsch deutscher Truppen in Österreich beginnt.

13. 3. Adolf Hitler läßt in Linz das »Gesetz über die Wiedervereinigung Österreichs mit dem Deutschen Reich« ausarbeiten. Bundeskanzler Seyss-Inquart unterschreibt das Gesetz. →

2. Märzhälfte. Zahlreiche Persönlichkeiten des politischen und kulturellen Lebens begehen Selbstmord.

Eine erste große Verhaftungswelle trifft vor allem ehemalige Regierungsmitglieder, Kommunisten, aber auch Wirtschaftstreibende und Intellektuelle.

16. 3. Offiziellen Protest gegen die Annexion Österreichs durch das Deutsche Reich erheben nur Chile, China, Mexiko, das republikanische Spanien und die Sowjetunion.

17. 3. Die Wertrelation des österreichischen Schilling zur Reichsmark wird neu festgelegt. →

1. 4. Der erste Transport aus Österreich in das KZ Dachau wird abgefertigt. →

3. 4. Karl Renner empfiehlt, in der Volksabstimmung vom → 10. April mit »Ja« zu stimmen. →

10. 4. In Österreich und im Deutschen Reich findet eine Volksabstimmung über den Anschluß Österreichs statt. →

3. 5. Adolf Hitler reist zu einem Staatsbesuch nach Rom. Er erklärt Benito Mussolini, die Brennergrenze anzuerkennen.

24. 5. Adolf Hitler verfügt die Aufteilung Österreichs in sieben Gaue. →

Frühsommer. Es bilden sich die ersten Widerstandsgruppen. →

21.–24. 7. Den Österreichern Heinrich Harrer und Fritz Kasparek sowie den Bayern Anderl Heckmair und Ludwig Vörg gelingt die Durchsteigung der Eiger-Nordwand (Schweiz).

8. 8. Gemäß einer Weisung Adolf Hitlers wird mit der Errichtung des KZ Mauthausen begonnen. →

5. 9. Die Reichskleinodien des Heiligen Römischen Reiches deutscher Nation werden aus der Wiener Schatzkammer nach Aachen gebracht.

29. 9. Das Münchner Abkommen zwischen dem Deutschen Reich, Großbritannien, Italien und Frankreich bestimmt, daß die Tschechoslowakei das Sudetengebiet an das Deutsche Reich abtreten muß.

9. 11. Einen ersten Höhepunkt erreichen die Maßnahmen gegen die jüdischen Bürger mit der »Reichskristallnacht«. →

GESTORBEN:

19. 1. Wien: Rosa Mayreder (* 30. 11. 1858), Frauenrechtlerin, Schriftstellerin.

26. 2. Wien: Friedrich Fränzl (* 13. 7. 1863), Solotänzer der Wiener Oper.

11. 3. Wien: Wilhelm Zehner (* 2. 9. 1881), General (Selbstmord).

16. 3. Wien: Egon Friedell (* 21. 1. 1878), Kulturhistoriker (Selbstmord). →

16. 3. Wien: Emil Fey (* 13. 3. 1886), Heimwehrführer (Selbstmord).

19. 3. Mödling: Odo Neustädter-Stürmer (* 3. 11. 1885), Heimwehrführer (Selbstmord).

April. Wien: Rudolf Beer (* 22. 8. 1889), Schauspieler, Regisseur (Selbstmord).

30. 5. KZ Dachau: Robert Hecht (* 9. 3. 1881), Rechtsberater von Dollfuß und Schuschnigg.

1. 6. Paris: Ödön von Horváth (* 9. 12. 1901), Schriftsteller. →

4. 7. Paris: Otto Bauer (* 5. 9. 1881), Sozialdemokrat.

16. 7. Gaspoltshofen: Franz Bachinger (* 31. 10. 1892), Landbund-Politiker.

21. 8. Wien: Franz Slama (* 19. 6. 1885), Justizminister 1927 bis 1929.

1. 12. Wien: Julius Schlosser (* 23. 9. 1866), Kunsthistoriker.

GEBOREN:

15. 2. St. Stefan/Lavanttal: Albin Schober, Politiker.

18. 4. Wien: Hannes Androsch, Politiker.

23. 9. Wien: Romy Schneider; eigtl. Rosemarie Albach († 29. 5. 1982), Schauspielerin.

18. 11. St. Anton am Arlberg: Karl Schranz, Skirennläufer.

5. 12. Pichl: Alois Brandstetter, Erzähler.

Hitlers Erpressung

Hitler spricht am 9. April in Wien

12. Februar. Angesichts des drohenden Einmarsches nationalsozialistischer deutscher Truppen nach Österreich bemüht sich Bundeskanzler Kurt von Schuschnigg, bei einer Begegnung mit Adolf Hitler im Berghof auf dem Obersalzberg eine Garantie für die Selbständigkeit Österreichs zu erhalten. Hitler präsentiert den Entwurf eines Abkommens, das ihm weitgehenden Einfluß auf die österreichische Politik sichert: Der Nationalsozialist Arthur Seyss-Inquart soll Innenminister mit absoluter Polizeigewalt werden, der Bankdirektor Hans Fischböck soll als Finanzminister eingesetzt werden, das Bekenntnis zum Nationalsozialismus soll ab sofort erlaubt und eine Amnestie für alle Nationalsozialisten erlassen werden.

Mit der Drohung des deutschen Einmarsches in Österreich erreicht Hitler die Unterschrift Schuschniggs unter das Abkommen. Allerdings gewinnt der Bundeskanzler einen zeitlichen Aufschub der Gültigkeit mit dem Hinweis, daß verfassungsrechtlich der Bundespräsident Ministerernennungen billigen muß.

Die Hoffnung Schuschniggs, die gewonnene Zeit dazu nutzen zu können, um die Unterstützung Frankreichs, Großbritanniens und Italiens zu erreichen, erfüllt sich nicht.

Nach langem Zögern stimmt Bundespräsident Wilhelm Miklas der von Hitler geforderten Kabinettsumbildung zu, sodaß Schuschnigg am 15. Februar seine neue Regierung mit Seyss-Inquart als Innen- und Sicherheitsminister vorstellen kann. Außerdem wird am 16. Februar eine Amnestie für politische Delikte erlassen und zwei Tage später den Nationalsozialisten die Legalität zugestanden.

Das Nachgeben Schuschniggs löst in Österreich heftige Unruhe aus. Am 17. Februar appelliert Otto von Habsburg-Lothringen an Schuschnigg, ihm die Regierung zu übertragen, gleichzeitig bieten die Vertrauensmänner der Wiener Arbeiterschaft Schuschnigg ihre Unterstützung an. Dieser reagiert auf beide Angebote mit Zurückhaltung, greift jedoch einen Vorschlag aus der französischen Presse auf und versucht, durch eine Volksabstimmung, die er am → 9. März in Innsbruck bekanntgibt, die Unabhängigkeit Österreichs zu sichern.

Letzte Regierung Schuschnigg, vierter v. r. hinten Seyss-Inquart

»Anschluß« an das Hitler-Deutschland

13. März. Adolf Hitler proklamiert in Linz den »Anschluß« Österreichs an das Deutsche Reich. Mit dem Einmarsch deutscher Truppen und der Einsetzung einer nationalsozialistischen Regierung unter Arthur Seyss-Inquart hat Österreich seine Unabhängigkeit verloren und steht unter Kontrolle des Berliner Regimes.

Die gewaltsame Eingliederung Österreichs begann, als Bundeskanzler Kurt von Schuschnigg eine Volksbefragung für »ein freies und ... unabhängiges ... Österreich« ankündigte. Ständige Kontakte der deutschen Regierung mit dem Politiker Seyss-Inquart, der auf Verlangen Hitlers zum österreichischen Innenminister bestellt worden war (16.2.), führten zu der Forderung an Schuschnigg, die Befragung zu verschieben. Schuschnigg, der zunächst ablehnt, stimmt der Verschiebung zu, nachdem er von einem deutschen Truppenaufmarsch an der Grenze erfahren hat. Die Forderung an Bundespräsident Wilhelm Miklas, Schuschnigg zu entlassen und Seyss-Inquart zum Bundeskanzler zu ernennen, wird abgelehnt. Nachdem Seyss-Inquart in Berlin um militärische Hilfe nachgesucht hat, unterzeichnet Hitler, der sich des Einverständnisses Italiens versichert hat, den Einmarschbefehl. Unter dem Druck der deutschen Reichsregierung tritt Schuschnigg am 11. März zurück und Bundespräsident Miklas akzeptiert eine nationalsozialistische Regierung unter Seyss-Inquart. Um 19.50 Uhr hält Bundeskanzler Kurt von Schuschnigg im österreichischen Rundfunk seine Abschiedsrede: »Der heutige Tag hat uns vor eine schwere und entscheidende Situation gestellt ... Die deutsche Reichsregierung hat uns ein Ultimatum gestellt, nach welchem der Herr Bundespräsident einen ihm vorgeschlagenen Kandidaten zum Bundeskanzler zu ernennen und die Regierung nach den Vorschlägen der deutschen Reichsregierung zu bestellen hätte, widrigenfalls der Einmarsch deutscher Truppen für diese Stunde in Aussicht genommen werde. Ich stelle fest vor der Welt, daß die Nachrichten, die in Österreich verbreitet wurden, daß Arbeiterunruhen gewesen seien, daß Ströme von Blut geflossen seien, daß die Regierung nicht Herrin der Lage wäre und aus Eigenem nicht hätte Ordnung machen können, von A bis Z erfunden sind. – Der Herr Bundespräsident beauftragt mich, dem österreichischen Volk mitzuteilen, daß wir der Gewalt weichen. Wir haben, weil wir um keinen Preis, auch in dieser Stunde nicht, deutsches Blut zu vergießen gesonnen sind, unserer Wehrmacht den Auftrag gegeben, für den Fall, daß der Einmarsch durchgeführt wird, ohne wesentlichen Widerstand, ohne Widerstand, sich zurückzuziehen und die Entscheidung der nächsten Stunde abzuwarten.«

Hitler im mit Hakenkreuzfahnen geschmückten Wien

Deutsche Wehrmacht in Innsbruck

Am 12. März beginnt der Einmarsch der deutschen Truppen in Österreich. Sie stoßen auf keinerlei Widerstand, sondern werden von einem Großteil der Bevölkerung stürmisch begrüßt. Der Jubel der Österreicher veranlaßt Hitler, selbst nach Österreich zu reisen. Über Braunau am Inn, seine Geburtsstadt, erreicht Hitler Linz, wo am 13. März bereits das Gesetz über den Anschluß Österreichs an das Deutsche Reich von Bundeskanzler Seyss-Inquart unterzeichnet wird. Österreich geht in »Großdeutschland« auf, das österreichische Bundesheer wird umgehend in die deutsche Wehrmacht eingegliedert. Am 15. März wird Hitler in Wien während einer »Befreiungsfeier« stürmisch umjubelt.

Gleichzeitig mit den rund 105 000 Soldaten marschieren etwa 16 000 Polizeikräfte ein und beginnen mit einer Verhaftungsaktion gegen Gegner des Nationalsozialismus.

Volksbefragung sollte die Unabhängigkeit garantieren

9. März. In einer Rede vor Amtswaltern der Vaterländischen Front in Innsbruck gibt Bundeskanzler Kurt von Schuschnigg die Abhaltung einer Volksbefragung über die Aufrechterhaltung der Unabhängigkeit Österreichs für den 13. März bekannt.

Schuschniggs Plan einer Volksbefragung, mit der er die Weltöffentlichkeit aufrütteln und Hitler überrumpeln will, ist jedoch trotz Geheimhaltung bereits in Berlin bekannt geworden. Um der Abstimmung zuvorzukommen, beschließt Adolf Hitler die Mobilmachung und den Einmarsch deutscher Truppen in Österreich für den 12. März (→ 13.3.).

Volksabstimmungspropaganda für Kurt von Schuschnigg

99,73 % stimmen für »Anschluß«

10. April. In Österreich und im Deutschen Reich läßt Adolf Hitler eine Volksabstimmung über den bereits vollzogenen »Anschluß« Österreichs durchführen. Die mit ungeheurem Aufwand betriebene Propaganda und der psychologische Druck haben eine Zustimmung der Bevölkerung »Großdeutschlands« von 99,73 % zum Ergebnis.
Der Text des Stimmzettels, der einen großen Kreis für das Ja zum Anschluß und einen wesentlich kleineren für das Nein hat, lautet: »Volksabstimmung und Großdeutscher Reichstag – Stimmzettel – Bist Du mit der am 13. März 1938 vollzogenen Wiedervereinigung Österreichs mit dem Deutschen Reich einverstanden und stimmst Du für die Liste unseres Führers Adolf Hitler?« Mit der Zusatzfrage ist die Einheitsliste für den deutschen Reichstag angesprochen, dem in Zukunft auch österreichische Abgeordnete angehören sollen.
Von den 4 474 138 wahlberechtigten Österreichern nehmen 4 460 778 an der Abstimmung teil, 4 443 208 befürworteten den Anschluß (99,73 %), während 11 807 (0,27 %) ihn ablehnen, bei 5763 ungültigen Stimmen. Im Deutschen Reich fällt das Ergebnis unter dem Druck des Hitler-Regimes ebenso positiv für den Anschluß aus.
Neben der nationalsozialistischen Propaganda war es vor allem die Katholische Kirche, die für eine Befürwortung des Anschlusses in der Öffentlichkeit warb. Am 18. März hatte die in Wien tagende österreichische Bischofskonferenz die Erlassung eines Hirtenbriefes beschlossen, der die Empfehlung an die Gläubigen enthielt, bei der Volksabstimmung mit »Ja« zu stimmen. Am 27. März wurde der Hirtenbrief von allen Kanzeln verkündet und von den nationalsozialistischen Machthabern in der Folge als Werbeplakat für die Abstimmung verwendet.
Mit ausschlaggebend für die Haltung der Katholischen Kirche war vermutlich eine – nie eingehaltene – Zusage des Wiener Gauleiters Josef Bürckel an den Wiener Erzbischof Kardinal Theodor Innitzer, die Katholische Kirche bei eventuellen Auseinandersetzungen zu schonen. Das Abstimmungsergebnis vom 10. April bestärkt das Ausland in seiner abwartenden Haltung und Nichteinmischungspolitik.

Stimmabgabe in der Wahlzelle zur Volksabstimmung über den »Anschluß«

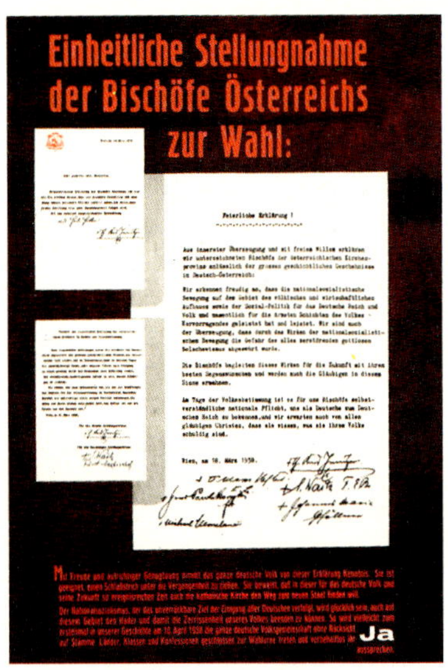

Erklärung der Bischöfe

Österreich wird »ausgeplündert«

17. März. Mit der Verordnung über die Eingliederung der Oesterreichischen Nationalbank in die Deutsche Reichsbank beginnt die Übernahme der österreichischen Wirtschaft durch die Deutschen.
Etwa 243 Millionen Schilling Goldreserven und 121 Millionen an Devisenbeständen werden nach Berlin gebracht. Außerdem wird die Wertrelation des Schilling zur Reichsmark im Verhältnis 1 RM = 1,5 öS neu festgelegt. Diese Wertumstellung bildet die Grundlage für den Aufkauf österreichischen Firmenbesitzes durch deutsche Industriebetriebe und Gesellschaften.

Sozialdemokraten auch für Anschluß

3. April. Auch der frühere sozialdemokratische Staatskanzler Karl Renner spricht sich in einem Interview des »Wiener Tagblatt« für die Befürwortung des Anschlusses in der Abstimmung vom 10. April aus. In dem Interview heißt es: »Als Sozialdemokrat und somit als Verfechter des Selbstbestimmungsrechts der Nationen, als erster Kanzler der Republik Deutsch-Österreich und als gewesener Präsident der Friedensdelegation zu Saint-Germain werde ich mit ›Ja‹ stimmen.«
Die Sozialdemokraten erhoffen sich dadurch einen Freikauf ihrer verhafteten Genossen, für die Nationalsozialisten bedeutet die Haltung des Sozialdemokraten Renner jedoch nur weiteres Propagandamaterial.

»Kronen-Zeitung« vom 16. März

Manipulation bei der Abstimmung

Nicht nur mit Werbeplakaten beeinflussen die nationalsozialistischen Machthaber die Volksabstimmung. In den Wahllokalen selbst hört die Propaganda nicht auf. Wahlberechtigte, die zur Abgabe ihrer Stimme in die Wahlzellen gehen wollen, werden angesprochen und davon »überzeugt«, daß es doch nicht notwendig sei, wegen eines »Ja«-Kreuzes eigens in die Wahlzelle zu gehen.

»Großdeutschland« (Plakat)

Wahlplakat zur Volksabstimmung

NS-Plakat mit Photos von KZ-Häftlingen in Dachau

Errichtung von KZs in Österreich

Kurz nach der Eingliederung in das »Großdeutsche Reich« beginnen auch in Österreich die Deportationen von Regimegegnern und Juden in die Konzentrationslager.
Bereits am 1. April 1938 geht der erste Transport von 150 Österreichern, vor allem prominenten Nazi-Gegnern, in das bayrische KZ Dachau.
Durch eine Weisung vom 8. August 1938 wird im oberösterreichischen Mauthausen mit der Errichtung eines neuen Konzentrationslagers begonnen. 300 Häftlinge aus dem KZ Dachau, in der Hauptsache Österreicher, werden zum Bau des Lagers eingesetzt.
Schon 1914 war hier ein Kriegsgefangenenlager, vor allem für Serben, eingerichtet worden.
In der Folgezeit erreicht das KZ Mauthausen den bedauernswerten Rekord, die höchste Sterbeziffer unter den »Sicherungsverwahrten« zu haben. Die höchste Häftlingsnummer trägt die Zahl 139 317, doch entspricht dies nicht den tatsächlichen Gegebenheiten, denn nachweislich werden ganze Gruppen von neu eingelieferten Häftlingen überhaupt nicht registriert.
Zusätzlich zum Lager Mauthausen werden in der Folgezeit 49 Nebenlager errichtet, von denen 47 auf dem heutigen Staatsgebiet Österreichs liegen.
Ab Ende Oktober 1939 beginnen die ersten Transporte in die Vernichtungslager nach Polen, denen vor allem die Wiener Juden zum Opfer fallen.
Angesichts der Deportationen bemühen sich viele Verfolgte um die Emigration (→ 2.5.1939).

Ein jüdisches Kind muß »Jude« an ein Geschäft schreiben

Antisemitische Propaganda

Das Eingangstor des 1938 errichteten Konzentrationslagers Mauthausen in Oberösterreich

Österreich wird neu aufgeteilt

24. Mai. Um die Einheit Österreichs als Staat endgültig aufzuheben, veranlaßt Adolf Hitler eine Aufteilung des Landes in sieben Gaue: Wien, Niederdonau, Oberdonau, Salzburg, Tirol-Vorarlberg, Steiermark und Kärnten. Das Burgenland wird auf die Gaue Niederdonau und Steiermark aufgeteilt.
Eine weitere Maßnahme Hitlers ist die Umbenennung Österreichs in Ostmark, ab 1942 werden die Gebiete gemäß Führererlaß als Alpen- und Donaugaue bezeichnet.
Am 15. Oktober tritt die Vergrößerung des Reichsgaus Wien durch niederösterreichische Gebiete in Kraft. Die Einbeziehung von 98 niederösterreichischen Gemeinden aus der Umgebung von Wien erweitert die Stadt auf eine Fläche von 1218 km^2 (bisher 278 km^2) und vergrößert die Einwohnerzahl auf 2 089 000 (entsprechend der Volkszählung von 1934). Der Großteil der überwiegend ländlichen Bevölkerung fühlt sich allerdings keineswegs als Städter.

Maßnahme gegen jüdische Bürger

9. November. Auf Anordnung der Parteileitung der NSDAP findet im Deutschen Reich und in Österreich ein Judenprogrom statt, die »Reichskristallnacht«. Anlaß für die Ausschreitungen ist die Ermordung des deutschen Legationsrats Ernst von Rath in Paris durch den jüdischen Polen Herschel Grynszpan.
Zahlreiche Verhaftungen von Juden, Plünderungen jüdischer Wohnungen und Geschäftslokale werden durchgeführt. Fast alle Synagogen gehen in Flammen auf. Die Aktionen, an denen vor allem SA-Truppen beteiligt sind, sollen die Juden weiter einschüchtern und zur Emigration veranlassen.
Die ersten Übergriffe auf Juden waren in Österreich bereits im März erfolgt. Jüdische Beamte wurden aus dem Dienst entfernt, im April wurden jüdische Schüler aus den Schulen entlassen. Am 5. November erließen die neuen Machthaber eine Verordnung über die Kennzeichnung jüdischer Geschäfte in Wien, die »arisiert« werden sollen.

Widerstand beginnt

Frühsommer. Neben den »Revolutionären Sozialisten«, denen sich im Mai die »Freien Gewerkschaften« anschließen, und den Kommunisten bilden sich bis zum Herbst weitere Widerstandsgruppen gegen das nationalsozialistische Regime. Einige Gruppen, denen vor allem Kommunisten angehören, nehmen den Partisanenkampf auf.
Der Gruppe um den Augustiner-Chorherrn Karl Roman Schulz im Stift Klosterneuburg gehören vor allem Katholiken an. Sie arbeiten ebenso in der Illegalität wie der Kreis um den Wiener Finanzbeamten Karl Lederer und die Hietzinger Kaffeehausrunde des Rechtsanwalts Jakob Kastelic.
Erste antinationalsozialistische Flugblätter erscheinen. So heißt es in der Schrift einer »Gruppe Tiroler Patrioten«: »Tiroler Landsbrüder! Landfremde Eroberer haben uns unser höchstes Gut geraubt: unsere Freiheit, unsere Heimat!
Im Oktober findet die erste größere Kundgebung der Katholischen Jugend gegen den Nationalsozialismus auf dem Wiener Stephansplatz statt. Im Gegenzug wird am 8. Oktober das erzbischöfliche Palais in Wien von etwa 100 Mitgliedern der Hitler-Jugend gestürmt und verwüstet. Die meisten Widerstandsgruppen werden von der Geheimen Staatspolizei (Gestapo) aufgespürt oder von Mitgliedern verraten. Scholz wird am 22. Juli 1940 verhaftet, mit ihm über 300 weitere Widerstandskämpfer.

Dramatiker Ödön von Horváth

Horváth stirbt im Pariser Exil

1. Juni. Im Alter von nur 37 Jahren wird der Schriftsteller Ödön von Horváth auf den Champs-Elysées in Paris von einem herabfallenden Ast erschlagen.
Horváth, der aus ungarischem Kleinadel stammt, gilt als Begründer des modernen Wiener Volksstücks. In seinen Bühnenwerken und Romanen (u.a. »Der ewige Spießer«, 1930; »Geschichten aus dem Wiener Wald«, 1931; »Jugend ohne Gott«, 1938) zeichnet Horváth ein getreues Bild der Enge und Heuchelei des Kleinbürgertums.

Friedell als Schauspieler

Selbstmord aus Angst vor Terror

16. März. Durch Selbstmord stirbt in Wien 60jährig der Kulturhistoriker, Journalist und Schauspieler Egon Friedell (eigentl. Egon Friedmann). Friedell war von 1908 bis 1910 Leiter des berühmten Wiener Kabaretts »Fledermaus«, von 1919 bis 1922 Theaterkritiker, danach als Schauspieler an den Max Reinhardt-Bühnen in Wien und Berlin. Seit 1927 war Friedell als freier Schriftsteller tätig. Seine »Kulturgeschichte der Neuzeit« erschien in drei Bänden zwischen 1927 und 1932, die »Kulturgeschichte des Altertums« 1936.

1939

8. 1. In Znaim erfolgt die feierliche Übergabe der südböhmischen und südmährischen Gebiete an die Ostmarkgaue Nieder- und Oberdonau.

30. 1. Josef Bürckel wird zum Gauleiter von Wien bestellt. →

31. 1. Die letzte Nummer der »Neuen Freien Presse« erscheint. →

1. 2. In der Münchner Parteizentrale der NSDAP treffen Berichte des Sicherheitsdienstes über die Stimmung in Österreich ein. →

Februar. In Zakopane (Polen) finden Skiweltmeisterschaften statt. Erster in der alpinen Kombination wird Pepi Jennewein, den zweiten Platz erringt Willy Walch.

Mit 76,5 m wird der Salzburger Josef Bradl erster im Sprunglauf.

13. 3. Von einem geheimen Militärgericht in Berlin wird der Soldat Otto Vogl wegen »Vorbereitung zum Hochverrat und Fahnenflucht« zum Tod verurteilt und am 16. März in Berlin-Plötzensee hingerichtet.

14. 3. Der unabhängige slowakische Staat wird unter dem Druck des Deutschen Reiches ausgerufen. Staats- und Ministerpräsident ist Josef Tiso. Am Abend überschreiten deutsche Truppen die tschechische Grenze.

16. 3. Das »Protektorat Böhmen und Mähren« wird errichtet.

31. 3. Der britische Premierminister Arthur Neville Chamberlain gibt eine britisch-französische Garantieerklärung für Polen ab. Vorausgegangen sind Meldungen über deutsche Angriffspläne auf Polen.

21. 4. Adolf Hitler bestimmt Gauleiter Josef Bürckel zum »Leiter der Stadt Wien« mit Wirkung ab 1. Mai. Der bisherige Bürgermeister, der österreichische Nationalsozialist Hermann Neubacher wird »sein allgemeiner Vertreter in der Stadtverwaltung« (→ 30. 1.).

28. 4. Das Gesetz über die Einhebung der Kirchenbeiträge wird ab 1. Mai auch für Österreich gültig.

2. 5. In Wien werden Zahlen über die Emigration von Juden bekannt. →

22. 5. Das Deutsche Reich und Italien schließen ein offensives Militärbündnis (»Stahlpakt«).

18. 6. Das Fußballspiel Schalke 04 gegen Admira Wien endet in Berlin 9 : 0. Mit diesem Sieg wird Schalke 04 deutscher Fußballmeister.

22. 6. Die Spanische Hofreitschule in Wien wird durch die deutsche Wehrmacht übernommen.

30. 8. Ein Führererlaß verbietet das Abhören ausländischer Rundfunksender.

1. 9. Um 4.45 Uhr beginnt der Einmarsch deutscher Truppen in Polen und damit der Zweite Weltkrieg. →

6. 10. Adolf Hitler richtet ein Friedensangebot an die Westmächte auf der Basis des Status quo – Frankreich und Großbritannien weisen das Angebot zurück.

8. 10. Westpolen und ein weit über die deutschen Grenzen von 1914 reichendes Territorium Polens werden dem Großdeutschen Reich eingegliedert.

21. 10. Das deutsche Reich und Italien unterzeichnen ein Abkommen über Südtirol. Eine »Umsiedlung der Volksdeutschen« ins Deutsche Reich bis zum 31. Dezember 1942 wird vereinbart.

25. 10. Rest-Polen wird als »Generalgouvernement Polen« mit Hauptstadt Krakau unter deutsche Zivilverwaltung genommen.

2. 11. Charles Layton fordert in seiner Zeitung, dem »News Chronicle«, die »Freiheit für Österreich« in einem Entwurf für die Neugliederung Europas nach dem Krieg.

6. 11. In der Antwortnote des französischen Staatspräsidenten Albert Lebrun auf den Friedensappell der Monarchen von Belgien und den Niederlanden wird zum ersten Mal die Wiedergutmachung des Österreich zugefügten Unrechts erwähnt.

31. 12. Mit der »Philharmonischen Silvester-Akademie«, dirigiert von Clemens Krauss, beginnen die traditionellen Neujahrskonzerte der Wiener Philharmoniker.

Der 1938 begonnene Umbau des Salzburger Festspielhauses durch Benno von Arent wird beendet.

GESTORBEN:

9. 1. Wien: Julius Bittner (* 9. 4. 1874), Komponist und Dichter.

26. 1. Wien: Matthias Sindelar (* 10. 2. 1903), Fußballer.

11. 2. Perchtoldsdorf: Franz Schmidt (* 22. 12. 1874), Komponist.

16. 2. KZ Buchenwald: Jura Soyfer (* 8. 12. 1912), Kabarettist.

13. 3. Berlin: Otto Vogl (* 20. 8. 1919), Wehrdienstverweigerer (hingerichtet).

6. 4. Wien: Josef Resch (* 28. 9. 1880), Christlichsozialer Politiker.

27. 5. Paris: Joseph Roth (* 2. 9. 1894), Erzähler und Romancier. →

17. 6. Wien: Theodor Reich (* 23. 9. 1861), Erfinder. →

28. 6. Dreizehnlinden (Brasilien): Andreas Thaler (* 20. 9. 1883), Bauernbundpolitiker.

23. 9. London: Sigmund Freud (* 6. 5. 1856), Begründer der Psychoanalyse. →

25. 10. bei St. Valentin: Anton Freiherr von Eiselsberg (* 31. 7. 1860), Chirurg. →

1. 11. Wien: Charles (Karl) Weinberger (* 3. 4. 1861), Komponist.

GEBOREN:

27. 2. Wien: Grete Zimmerl, Solotänzerin der Staatsoper.

30. 11. Wien: Walter Weller, Geiger und Dirigent.

7. 12. Wien: Herwig Seeböck, Schauspieler und Schriftsteller.

Neue Freie Presse letzte Ausgabe

31. Jänner. Unter der Nummer 26723 erscheint die letzte Ausgabe der Tageszeitung »Neue Freie Presse«. Schon die Zeitung vom 29. Jänner enthielt einen sachlich verfaßten Nachruf von Herausgeber Ernst Molden. Der Inhalt der letzten Nummer besteht aus einer sechsseitigen Führerrede und einem Abschieds-Feuilleton auf den Literarhistoriker Professor Ludwig Speidel.
Die »Neue Freie Presse«, ein weit über Österreich hinaus angesehenes liberal-großbürgerliches Blatt, war Nachfolgerin der 1848 gegründeten Tageszeitung »Die Presse«.

Massenemigration jüdischer Bürger

2. Mai. Erste Zahlen über die Auswanderung jüdischer Bürger aus Österreich werden in Wien bekannt. Von den rund 180000 ursprünglich in Österreich lebenden Juden sind bis zum Mai 1939 bereits 99672 emigriert. Nordamerika hat die größte Anziehungskraft für die Emigranten (20677).
6194 Juden emigrieren nach Palästina, weitere 14848 in andere asiatische Länder.
In Österreich selbst verbleiben noch etwa 80000 Juden, davon leben die meisten in Wien.

Wiener erfand die Kinematographie

17. Juni. Im Alter von 77 Jahren stirbt in Wien der Erfinder Theodor Reich.
Ein Jahr bevor der Franzose Auguste Lumière und sein Bruder Louis Jean mit der Erfindung des Kinematographen Erfolge feierten, kam der gebürtige Wiener Reich zur selben Entdeckung.
1894 projiziert Reich mit seinen Apparaten in London erstmals bewegliche Lichtbilder. Die Bewegung erzeugte Reich durch das ruckweise Weiterschalten eines gelochten Filmbandes.
Da einer der Filmstreifen bei einer Vorführung abbrannte, gab Reich entmutigt auf und entwickelte seine Erfindung nicht weiter.

Arthur Seyss-Inquart, der am 11. März 1938 unter massivem deutschen Druck zum Bundeskanzler ernannt worden war, übt vom 15. März 1938 bis Ende April 1939 das Amt eines Reichstatthalters von Österreich aus.

Bürckel Gauleiter

30. Jänner. Der »Reichskommissar für die Wiedervereinigung Österreichs mit dem Deutschen Reich«, Josef Bürckel, ist zum »Gauleiter von Wien« bestellt worden. Er löst den österreichischen Nationalsozialisten Odilo Globocnik ab.
Josef Bürckel, am 30. März 1897 in Lingenfeld in der Pfalz geboren, stammt aus katholischer Familie. Während des Ersten Weltkrieges meldete sich Bürckel als Freiwilliger. Nach Kriegsende wurde Bürckel Volksschullehrer und schloß sich bereits 1921 den Nationalsozialisten an. 1926 wurde er Gauleiter der NSDAP für Rheinpfalz, 1934 wurde er von Adolf Hitler zum »Saarbevollmächtigten der Reichsregierung« ernannt und 1935 zum Reichskommissar für die Rückgliederung des Saarlands bestellt.
Auf dem Gebiet der »Rückgliederung« besonders bewährt, wurde er von Hitler auch für Österreich ausgewählt und traf bereits am Nachmittag des 11. März 1938 – vor den deutschen Truppen – in Wien ein. Bürckel sorgte für den reibungslosen Ablauf der von Hitler veranlaßten Volksabstimmung vom →10. April 1938 und begann den unerbittlichen Kampf gegen die österreichische Katholische Kirche.
Am 21. April wird Bürckel zusätzlich zum Amt des Gauleiters Wien die Position eines »Leiters der Stadt Wien« übertragen (mit Wirkung ab 1. Mai).
Ähnlich wie das Amt des Gauleiters und »Leiters« von Wien werden zahlreiche Spitzenpositionen in der Politik von deutschen Nationalsozialisten eingenommen. Die österreichischen Nationalsozialisten, die vor dem Einmarsch der deutschen Truppen in der Illegalität gearbeitet hatten, verlieren ständig an Einfluß.

Die Propaganda der Nationalsozialisten versucht, besonders die Jugend anzusprechen

Versteckter Protest gegen Nazi-Regime in Österreich

Die Lageberichte des SD, des Sicherheitsdienstes der SS, geben ein genaues Bild von der Stimmung in Österreich und der Einstellung der Bevölkerung zum Nationalsozialismus. Zwar ist offener Widerstand selten, doch wo es relativ gefahrlos ist, wird der Protest gegen die neuen Machthaber deutlich.
So heißt es in einem Lagebericht vom 15. Februar 1939 über die Festvorstellung zum 50jährigen Bestehen des Deutschen Volkstheaters in Wien, bei der »König Ottokars Glück und Ende« von Franz Grillparzer vorgeführt wird: »Bei dem Loblied auf Österreich, das Ottokar von Horneck vor Rudolf von Habsburg spricht, kam es an der Stelle, wo der Unterschied zwischen dem reichsdeutschen und österreichischen Geistesleben gezeichnet wird, zu ostentativem Beifall.«
Über das Verhältnis der österreichischen Hitler-Jugend zur Katholischen Kirche heißt es in einem Bericht von Weihnachten 1939: »Es häufen sich die Beschwerden über die geringe Stoßkraft der ländlichen Hitler-Jugend und über den BDM (Bund Deutscher Mädchen) gegen die kirchlichen Bestrebungen ...«
Ein Bericht des Sicherheitsdienstes vom 26. Februar 1940 schildert ausführlich die Lage an der Lehrerbildungsanstalt Wien 1:
«... legen die Schüler eine derartig schlechte charakterliche und weltanschauliche Haltung an den Tag, daß seitens der Schulleitung größtes Bedenken besteht, diesen Leuten ein Lehrbefähigungszeugnis auszustellen. Im fünften Jahrgang sind die Schüler durchschnittlich begabt, stellen aber offen geschickte Gegenfragen und bringen Gegenargumente vor, wenn ihnen nationalsozialistisches Gedankengut vorgetragen wird.«

Sigmund Freud, der Begründer der Psychoanalyse, ist tot

23. September. Im hohen Alter von 83 Jahren stirbt in London, wohin er 1938 wegen seiner jüdischen Abstammung emigriert ist, Sigmund Freud, der mit der Psychoanalyse eine veränderte, unbewußte Vorgänge berücksichtigende Sicht vom Seelenleben des Menschen begründete und damit zugleich eine neue, wirksame Methode zur Behandlung psychischer Krankheiten schuf.

Freud war zunächst Dozent für Neuropathologie an der Wiener Universität, verzichtete jedoch aus finanziellen Gründen auf eine weitere Hochschullaufbahn und eröffnete eine psychiatrische Praxis in Wien. Sein Interesse richtet sich zunächst auf die Erforschung neuropathologischer Störungen und die Entwicklung wirksamer Behandlungsmethoden für die um die Jahrhundertwende weit verbreiteten hysterischen Erkrankungen. In Verbindung mit Josef Breuer und in Auseinandersetzung mit dem Pariser Neurologen Jean Martin Charcot, dessen Methoden der Suggestion und Hypnose bei der Heilung der Hysterie nur vorübergehende Erfolge zeitigten, entwickelte Freud sein Verfahren der Psychoanalyse.

Die Psychoanalyse ist eine Theorie über die Herausbildung und die Struktur des psychischen Apparats, die Entstehung psychischer Störungen und zugleich eine Therapie zur Behandlung solcher Störungen. Der psychische Apparat

Sigmund Freud

gliedert sich nach Freud in die drei Instanzen Es, Ich und Überich:

Zum *Es* gehören die (angeborenen) Triebe des Menschen, die unbewußt und vom Lustprinzip geleitet sind. Während Freud anfangs nur von einem Grundtrieb, dem Sexualtrieb, ausging, nahm er später an, daß es als polaren Gegensatz dazu einen Aggressionstrieb gebe. Nicht ausgelebte Triebregungen werden verdrängt und zeigen sich in Träumen (→ Ende Dezember 1899) und in unwillkürlichen Fehlhandlungen (Freudsche Fehlleistungen).

Das *Überich* ist das Gewissen des Menschen, das durch die Verinnerlichung von Forderungen und Verboten der Eltern herausgebildet wird. Vergleichbar mit einem Zensor, mißt es das Verhalten an Normen und an dem Bild davon, wie der Mensch zu sein habe (Ich-Ideal).

Das *Ich* repräsentiert das Bewußtsein des Menschen, es steuert Wahrnehmung und Verhalten, indem es die maßlosen Ansprüche des Es mit den strengen Forderungen des Überichs vermittelt und realitätsgerechtes Handeln ermöglicht.

Für die Entwicklung des psychischen Apparats ist die frühe Kindheit entscheidend. Störungen in dieser Entwicklung, besonders bei der Herausbildung des Überichs, können später zu neurotischen Erkrankungen führen.

In der psychoanalytischen Behandlung der Neurose ist der Patient gehalten, ohne bewußte Kontrolle seine Träume, Wünsche, Gedanken und Erinnerungen mitzuteilen (»freie Assoziation«). Der Analytiker wendet diesen Äußerungen – im Idealfall – »gleichschwebende Aufmerksamkeit« zu und deutet sie in Hinblick auf unbewußte Phantasien und Wünsche des Patienten, die schrittweise bewußt gemacht und verarbeitet werden. Wichtig für diesen Prozeß ist die »Übertragung«, d. h. die Projektion auf andere Personen gerichteter Gefühle auf den Analytiker – sie ermöglicht ein erneutes Durchleben früher Kindheitserfahrungen.

Romane über die Donaumonarchie

27. Mai. Im Alter von nur 45 Jahren stirbt der aus Ostgalizien stammende Schriftsteller Joseph Roth in Paris, wohin er 1933 emigriert ist – verarmt, dem Alkohol verfallen und voller Verzweiflung über die politische Entwicklung der letzten Jahre.

Während seine frühen Romane noch von einer sozialistischen Einstellung geprägt sind (»Hotel Savoy«, 1924; »Der stumme Prophet«, 1929), schwingt in den Werken der 30er Jahre – bei aller Ironie und Zeitkritik – melancholische Trauer über den Zerfall der Donaumonarchie mit (»Radetzkymarsch«, 1932; »Die Kapuzinergruft«, 1938).

Zugleich wendet sich Roth der Darstellung religiöser Themen zu (»Hiob«, 1930; »Die Legende vom heiligen Trinker«, 1939).

Schriftsteller Joseph Roth

Zweiter Weltkrieg beginnt in Polen

1. September. Ohne Kriegserklärung beginnt mit dem Überfall deutscher Truppen auf Polen der von Adolf Hitler seit langem vorbereitete Krieg. Zwei Tage später treten Großbritannien und Frankreich, die Garantieerklärungen für Polen abgegeben hatten, gegen das Deutsche Reich in den Krieg ein.

Hitlers Ziel ist es, Polen in einem Blitzkrieg zu besiegen, um den Kampf auf die Westfront beschränken zu können. Durch einen Nicht-Angriffs-Pakt mit der Sowjetunion hatte er sich im Osten Rückendeckung verschafft.

Zur deutschen Wehrmacht einberufene Österreicher werden gemustert

Eiselsberg stirbt nach einem Unfall

25. Oktober. Bei einem Eisenbahnunglück auf der Westbahn in der Nähe von St. Valentin in Niederösterreich stirbt im Alter von 79 Jahren der Chirurg Anton Freiherr von Eiselsberg.

Eiselsberg, der als wesentlicher Mitbegründer der Neurochirurgie gilt, verbesserte die Methoden der Gehirn- und Rückenmarksoperationen sowie der Magen-Darm-Chirurgie. Weitere Forschungen galten der Tetanie und der Tuberkulose. Aus seinen chirurgischen Erfahrungen heraus entwickelte Eiselsberg Modelle für vorbildliche Unfallstationen.

1940

22. 1. Der Eisstoß auf der Donau erreicht Wien.

27. 1. NSDAP-Gauleiter Josef Bürckel äußert sich abfällig über die Dynastie der Habsburger und ihre Repräsentanten.→

1. 2. Das »Neue Wiener Tagblatt« meldet, daß sich, entsprechend eines Aufrufes, rund 120 steirische Handwerker für einen Einsatz in den Ostgauen. Danzig-Westpreußen und Warthegau gemeldet haben.

8. 2. Die britische Labour Party verfaßt bei ihrem Jahreskongreß in Bournemouth eine Deklaration, in der es heißt: »Das österreichische Volk, das erste Opfer von Hitlers Aggression, muß frei sein in seiner Entscheidung, ob es im Deutschen Reich verbleiben will oder nicht.«

29. 2. Die »Wiener Zeitung« stellt ihr Erscheinen ein. Die amtlichen Verlautbarungen erscheinen ab 1. März im »Völkischen Beobachter, Wiener Ausgabe«.

31. 3. Ende September wird bekanntgegeben, daß im ersten Jahresviertel die Geburtenziffern in einigen »Ostmarkgauen« über dem Reichsdurchschnitt von 22,9 auf je 1000 Einwohner liegen: Kärnten und Salzburg 31,4, Tirol 29,7, Oberdonau 29,4 und Steiermark 27,6. Wien liegt mit 18 je 1000 Einwohner hinter den Großstädten Berlin und Hamburg.

April. Die Wiener Widerstandsgruppen Scholz, Lederer und Kastelic schließen sich zusammen. Sie haben bereits 1000 Mitglieder.

9. 4. Im Rahmen des militärischen Unternehmens »Weserübung« besetzt Generalmajor Eduard Dietl mit seinen 1700 Gebirgsjägern (überwiegend Österreicher, besonders Kärntner und Steirer) Narvik.

10. 5. Der deutsche Angriff gegen Frankreich beginnt, die Benelux-Staaten werden überrannt.

11. 5. »Dem Ernst der Lage entsprechend« werden alle Tanzveranstaltungen verboten.

Juni. Täglich gehen über 100 Eisenbahnwaggons mit Gemüse aus den besetzten Niederlanden in das Reich ab.

10. 6. Die österreichischen Gebirgsjäger ziehen endgültig in Narvik ein. Sie mußten sich nach ihrem Landungserfolg vom April in das Landesinnere zurückziehen und kämpfend zwei Monate lang behaupten, da sie keine ausreichende Unterstützung erhielten.→

7. 7. Reichsjugendführer Baldur von Schirach übernimmt das Amt des Gauleiters und Reichsstatthalters von Wien.

22. 7. Eine große Verhaftungswelle der Nationalsozialisten unter der österreichischen Widerstandsbewegung – darunter auch der Klosterneuburger Chorherr Roman Scholz – schwächt den politischen Widerstand erheblich. 240 Mitglieder werden bis 1945 abgeurteilt, wobei elf Todesurteile gefällt und vollzogen werden. Die Verhaftungswelle war durch den Verrat des Burgschauspielers Otto Hartmann ausgelöst worden.

30. 8. Im Schloß Belvedere in Wien wird der »Zweite Wiener Schiedsspruch« unterzeichnet. Er regelt die durch den Friedensvertrag von Trianon von Ungarn verlorenen Gebiete. Seit 1938 hatte Reichsverweser Nikolaus von Horthy die Gebiete teilweise bereits wieder »zurückgeholt«.

Oktober. Auf Wunsch der deutschen Luftwaffe stellen die deutschen Sender ihre Abendsendungen ein. Sendeschluß ist 20.15 Uhr, beim Deutschlandsender im allgemeinen 22.15 Uhr, nur der Reichssender Breslau sendet bis 2 Uhr früh.

14. 12. Der Reichsdeutsche Dr. Philipp Jung wird Bürgermeister von Wien.

14. 12. Anläßlich des 100. Jahrestages der Überführung des Leichnams Napoleons von der Insel Sankt Helena nach Paris, setzt Adolf Hitler eine Geste der »guten Beziehungen« und läßt den Leichnam von Napoleon II., Herzog von Reichstadt, aus der Wiener Kapuzinergruft nach Paris überführen.

20. 12. Die Uraufführung des Willi Forst-Films »Operette« im Großkino »Scala« in Wien bringt einen großen Erfolg.

Die Belegschaft des Steinkohlenbergwerkes Grünbach am Schneeberg wird als erste in Europa mit elektrischen Kopflampen ausgerüstet.

Rapid Wien wird Fußballmeister der Gauliga 1939/40.

GESTORBEN:

Nach 1939 (?) Marseille (?): Friedrich Rosenthal (* 20. 7. 1885), Dramaturg, gründete 1920 die erste staatliche Wanderbühne Österreichs.

14. 1. KZ Dachau: Fritz Grünbaum (* 7. 4. 1880), Kabarettist.

26. 2. Wien: Michael Hainisch (* 15. 8. 1858), 1920–1928 erster Bundespräsident, 1929/30 Handelsminister (parteilos).

17. 4. Wien: Katharina Schratt (* 11. 9. 1853), Schauspielerin, 1883–1900 am Burgtheater, Freundin von Kaiser Franz Joseph I.→

20. 6. St. Pölten: Matthias Zdarsky (* 25. 2. 1856), Begründer des alpinen Skilaufs.

30. 8. KZ Buchenwald: Richard Steidle (* 20. 9. 1881), Heimwehrführer.

7. 9. Tellow bei Züssaw (Mecklenburg): Edmund Rumpler (* 4. 1. 1872), Flugzeugkonstrukteur und Erfinder, gründete 1908 in Berlin die erste deutsche Flugzeugfabrik.

27. 9. Wien: Julius Wagner von Jauregg (* 7. 3. 1857), Psychiater, Nobelpreisträger (→ 10. 12. 1927).

Österreichs Einsatz

10. Juni. Im Rahmen des deutschen Norwegenfeldzuges erobern österreichische Gebirgsjäger unter Führung von Generalmajor Eduard Dietl endgültig Narvik. Die Stadt gilt wegen ihres Erzverladehafens als strategisch bedeutsam. Die Einnahme Narviks setzt den Schlußpunkt unter die Besetzung Norwegens.

Die überwiegend aus Kärntnern und Steirern bestehende 3. Gebirgsdivision konnte erst nach harten Kämpfen Narvik einnehmen. Bereits zwei Monate zuvor, am 9. April, hatten Dietls Truppen Narvik vorübergehend besetzen können, mußten sich jedoch in das Landesinnere zurückziehen, da infolge des Frankreichfeldzuges die notwendige militärische Unterstützung ausblieb. Der endgültige militärische Erfolg der österreichischen Division gründet sich vor allem auf die Tatsache, daß Dietl die Truppe selbst aufgestellt hat und sie ihm treu ergeben ist. Dietl selbst, Sohn eines bayrischen Finanzbeamten, nahm bereits als 24jähriger am Ersten Weltkrieg teil (Kompanieführer). 1935 wurde er im Rang eines Oberst Kommandeur eines Gebirgsjäger-Regiments.

Mit der Eroberung Narviks ist das Unternehmen »Weserübung« (Besetzung Dänemarks, Kapitulation Norwegens) abgeschlossen. Der Feldzug war von der Wehrmachtsführung und Hitler als notwendig erachtet worden, um die kriegswichtige schwedische Erzzufuhr ins Reich zu sichern. Die Eroberung Narviks galt dabei als erklärtes oberstes Ziel der militärischen Aktion.

Die militärische Kontrolle über die strategisch bedeutsamen Teile Nordeuropas verschaffen Hitler-Deutschland zudem eine breite Angriffsbasis für den geplanten Handelskrieg gegenüber Großbritannien. Die britischen Streitkräfte hatten bereits am 7. Juni, als ihre Niederlage im »Wettlauf« um Nordeuropa abzusehen war, Norwegen verlassen.

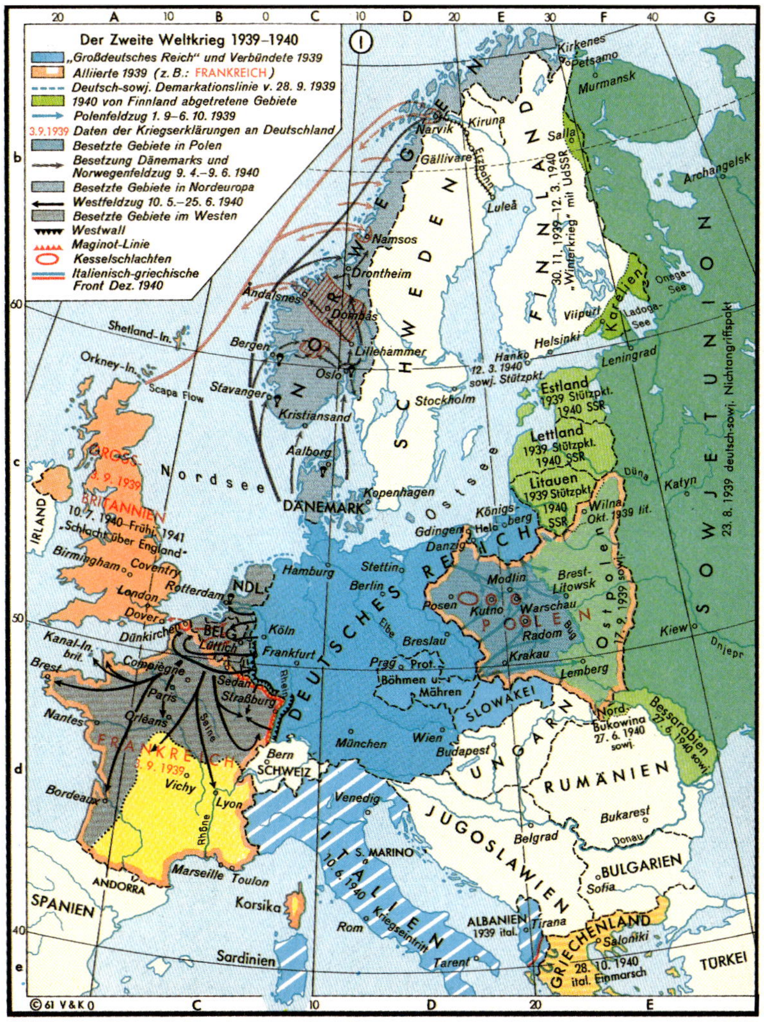

Hochstapler Otto von Habsburg?

27. Jänner. Anläßlich einer Massenveranstaltung der NSDAP in Wien spricht Gauleiter Josef Bürckel zur Bevölkerung. Höhepunkt seiner Ausführungen ist die Abrechnung mit der Habsburger Monarchie und ihren noch lebenden Repräsentanten. »Man kann es«, so heißt es in seiner Rede, »vielleicht bedauern, daß ein Haus, das einige große Fürsten, wie Rudolf von Habsburg, Maria Theresia und Josef II. hervorgebracht hat, das in der deutschen Geschichte in diesen wenigen Gestalten eine ruhmreiche Rolle spielt, so in der Schande enden mußte. Daß der Sohn der französischen Bourbonin und des Verräters Karl, der Erzherzog Otto, um kein Haar besser als sein Vater sein konnte, ist begreiflich. Das eben ist der Fluch der bösen Tat, daß sie fortzeugend Böses muß gebären. Dieser Otto, der zu keinem Volk mehr gehört, der völkisch heimatlos ist, und der mit dem schändlichen Versagen seines Vaters belastet ist, konnte nur ein internationaler Hochstapler werden...« Dabei wurde besonders Erzherzog Otto scharf angegriffen.

Die Schratt in »Die Sultanin«

Katharina Schratt (Gemälde)

Trauer um die Schratt

17. April 1940. Im hohen Alter von fast 87 Jahren stirbt in Wien die bekannte und beliebte Burgschauspielerin Katharina Schratt. Die Vertraute des Habsburger Kaisers Franz Joseph I. (→ 1902) lebte in den letzten Jahren zurückgezogen und fern jeder Öffentlichkeit.

Die Badener Arzttochter begann ihre Karriere auf den »Brettern, welche die Welt bedeuten« mit 15 Jahren. Ihre schauspielerische Ausbildung genoß sie bei Alexander Stakosch. 1872 bekam sie ein Engagement am Berliner Hoftheater.

Nach mehreren Gastspielen folgte 1883 ihre Verpflichtung am Wiener Burgtheater, dem sie bis 1900 angehörte. 1887 erhielt die Schratt den Titel Hofschauspielerin. 1893 wurde sie zum lebenslänglichen Mitglied des Burgensembles ernannt.

Weltruhm durch Fiebertherapie

27. September. Julius Ritter Wagner von Jauregg stirbt im Alter von 83 Jahren in Wien.

Der am 7. März 1857 im oberösterreichischen Wels geborene Psychiater erhielt 1927 den Nobelpreis für die »Malariatherapie der Paralyse«. Als Begründer der Fiebertherapie zählt er zu den bedeutendsten Männern der Wiener medizinischen Schule.

1883 wurde er Assistent an der niederösterreichischen Landesirrenanstalt. Von den schweren Fällen war Wagner von Jauregg so beeindruckt, daß er, gestützt auf seine Beobachtungen, bereits 1887 seine erste Publikation über die Fiebertherapie herausbrachte. 1889 wurde er Professor für Psychiatrie an der Universität Graz, 1893–1928 in gleicher Funktion in Wien. Ausschlaggebend für seine Therapie wurde 1917 die Einlieferung eines an Malaria erkrankten Soldaten, der eine Nervenverletzung hatte. Wagner von Jauregg war auch auf anderen medizinischen Spezialgebieten erfolgreich tätig, u. a. auf dem Gebiet der Behandlung von Schilddrüsenstörungen.

»Irgendwas braucht doch der Mensch, an das er sich halten kann«

Aussprüche bekannter Österreicher

Geruchssinn:
Heldentenor und Publikumsliebling Leo Slezak beobachtete das Schauspiel der Märztage 1938 vom Balkon seiner Wohnung im Heinrichshof, gegenüber der Oper, aus. Neben ihm stand Josef Greiner, der Jugendfreund Adolf Hitlers, der mit einer ausladenden Handbewegung auf die jubelnden Menschenmassen deutete und sagte: »Nun, Leo, was sagst du?« – »Mein lieber Freund, merk dir eins: Gegen den Weihrauch und den Knoblauch soll man nicht anstinken.«

Relativitätstheorie:
Als der später im KZ elend zugrunde gegangene Kabarettist Fritz Grünbaum im Strafgefangenenhaus auf der Wiener Elisabethpromenade in seiner Zelle rastlos auf und ab schritt, sagte er: »Jetzt weiß ich endlich, was die Relativitätstheorie ist! Ich gehe und gehe und gehe, und dabei sitze ich!«

Vermögenswerte:
Baron Louis Rothschild wurde ebenfalls sehr bald verhaftet und ausführlich befragt. So auch: »Welchen Wert haben ihre Besitzungen« und er antwortete: »Welchen Wert hat der Stephansdom?«

Eine stolze Antwort:
Dem Komponisten Robert Stolz legte man nahe, zurückzukehren, da er doch als »Arier« ungestört komponieren könne. »Ich möchte auch gerne zurückkommen«, meinte er, »Ich möchte auch gerne komponieren. Aber nur, wenn es ein Trauermarsch für Adolf Hitler ist!«

Das Buchstabieren wird leichter:
Der langjährige, sehr geschätzte Redakteur des »Neuen Wiener Journals« und durch sein Werk »Das Reich der Träumer« bekannt gewordene Schriftsteller hatte sich angewöhnt vorzustellen: »Mein Name ist Sassmann – SA SS Mann«.

Wer kann schon lachen:
Der Maler Alfred Kubin wurde gefragt, wie es seinem Kollegen Anton Faistauer geht, da dem Fragesteller dessen Tod nicht bekannt war, und Kubin antwortete: »Der kann lachen, der ist tot!«

Kulturförderung:
Anläßlich des ersten Großdeutschen Dichtertreffens im Oktober 1938 in Weimar, wandte sich der Reichsminister für Volksaufklärung und Propaganda, Joseph Goebbels, recht gönnerhaft an den Lyriker Josef Weinheber: »Nun, Herr Professor, was sollen wir tun, um die Kultur in Österreich zu fördern?« Darauf der Wiener: »In Ruah lassen, Herr Minister, in Ruah lassen!«

Ein gebildeter Mann:
Burgtheatermime Raoul Aslan wurde einmal von Reichsstatthalter Baldur von Schirach in die Reichsstatthalterei am Ballhausplatz eingeladen, worüber er launig berichtete: »Dieser Schirach ist ein hochgebildeter, feiner Mann. Er empfing mich am Eingang des Hauses und hob die Hand. Ich tat desgleichen. Und so schritten wir segnend durch die Räume«.

Der Halt des Menschen:
Als der KZ-Häftling Leopold Figl einmal von einer Außenarbeit ins Lager zurückgekehrt war, erzählte er: »Heut' hab i draußen g'hört, die Russen san scho in Kiew«, worauf man ihm erklärte, daß dies unmöglich schon der Fall sein könne. Figls Antwort darauf: »I waß es, daß die Russen no net in Kiew san! Aber irgendwas braucht doch der Mensch, an das er sich halten kann.«

VW im Einsatz

Oktober. *Die von der NSDAP mit großem Aufwand betriebene Werbung für den Volkswagen, auch KdF-Wagen genannt, entpuppt sich zunehmend als geschickt getarnter Schwindel. Zwei Blätter in Wien und Linz berichten, daß die von der Bevölkerung bisher geleisteten Sparbeträge für einen eigenen KdF-Wagen wegen des Kriegs zum Bau von Militärfahrzeugen genutzt wurden.*

Sieg an allen Frontabschnitten

November. Premierminister Winston Churchill, Chef der nationalen Koalitionsregierung in Großbritannien, erklärt in einer Rede, »Österreich sei eines der Länder, für die wir das Schwert gezogen haben«. Die Erklärung, infolge ihrer mangelnden Präzision unklar in ihrem Aussagewert (alliiertes Kriegsziel oder Wiedererrichtung Österreichs) stärkt den Widerstand in Österreich gegen den Nationalsozialismus, kann jedoch die militärischen Erfolge des Großdeutschen Reiches nicht verhindern.

Zwölf Tage nach der erfolgreichen Eroberung Norwegens (Unternehmen »Weserübung«; → 10.6.). mußte Frankreich am 22. Juni 1940 in Compiègne den Waffenstillstand unterzeichnen, der Frankreich in ein besetztes und ein unbesetztes Gebiet teilt. Die alliierten britischen Festlandstruppen waren im Verlauf des Westfeldzuges (»Fall Gelb«) in Dünkirchen nur knapp ihrer Vernichtung entgangen. Zuvor schon, am 15. und 28. Mai, hatten die Niederlande und Belgien sich den deutschen Truppen ergeben müssen und kapituliert.

»Rittersporn Göring, Löwenmaul Goebbels, das Volk ist das Zittergras«

Ganz abgesehen von überlieferten Anekdoten, die ein erstaunlich großes Ausmaß an Wahrheit enthielten, kursierte im nicht mehr existierenden Österreich in höchst umfangreichem Ausmaß – vielfach wurde behauptet stärker als im sogenannten Altreich – der Witz, den man wegen seiner KZ-Gefährlichkeit Flüsterwitz nannte. Es gab sogar eine schriftliche Weitergabe von Witzen. Mit Schreibmaschine geschrieben und mit zwei Heftklammern zusammengeheftet wurde ein 10 mal 15 cm großes Heftchen mit der Aufschrift »Streng Vertraulich!« in verläßlichen Kreisen weitergegeben. Aus den 60 hier gesammelten Witzen seien einige zitiert: Alte k. u. k. Militärwitze wurden umfunktioniert, neue erfunden. Die Wiener hatten schon lange den näselnden Grafen Bobby erfunden, den man durch seine Blödheit die Wahrheit aussprechen ließ:

Der Flüsterwitz im annektierten Österreich

Als Graf Bobby vor der Musterungskommission stand, äußerte er den Wunsch, im Führerhauptquartier Dienst machen zu wollen. Die selbstverständliche Reaktion des Vorsitzenden »Sind sie verrückt?« quittierte Graf Bobby mit der Gegenfrage »Ja, ist das eine Voraussetzung?«

Als er tatsächlich seine Pflicht im Führerhauptquartier erfüllen durfte, fragte er vor einer großen Landkarte: »Was ist der große grüne Fleck da, links?« – »Das ist Amerika« – »Und der riesige große rote Fleck da, hier rechts?« – »Das ist Rußland« – »Und der kleine blaue Fleck in der Mitte?« – »Das ist Deutschland«. Nach einer Pause des Nachdenkens fragte er noch einmal: »Weiß das der Führer?«

Das deutsche Reichswappen muß geändert werden, denn der Adler hat eine allzu jüdisch anmutende Nase; dafür Maikäfer, braun und Vierjahresplan.

Gauleiter Bürckel: »Wer sind Sie?« – »Pferdeführer« – »Unerhört, ein Mißbrauch des Namens Führer« – »Gut, dann bin ich Gaulleiter«.

Abstimmungsergebnis: Addiere 10, 4,19,38,7 (bis) 17 Uhr, 1 Volk, 1 Reich, 1 Führer und meine Stimme.

Hitler: »Ich werde mein Österreich in einen blühenden Garten verwandeln« – Schon gemacht. Hitler: Sonnenblume, Göring: Rittersporn, Goebbels: Löwenmaul, das Volk ist das Zittergras.

Lieber Heiland mach mich dumm, daß ich nicht nach Dachau kumm, lieber Heiland mach mich taub, daß ich allen Unsinn glaub, lieber Heiland mach mich blind, daß ich alles herrlich find. Lieber Heiland mach mich dumm und blind und taub zugleich, dann bin ich reif fürs Hitlerreich.

Komm Hitler und sei unser Gast und gib, was du versprochen hast, nicht nur Eintopf und Hering, sondern was du frißt und Göring.

Große und kleine Kreise auf den Abstimmungszetteln? – Große für Kurzsichtige, kleine für Weitsichtige. (Große waren für ja, kleine für nein)

Hitler kommt in ein Narrenhaus. Alles grüßt Heil Hitler, nur einer nicht. Hitler: »Wissen Sie nicht, daß ich der größte Staatsmann der Welt bin?« – Narr: »Aha! So hat's auch bei mir angefangen.«

Hitler in der Schule: »Ihr seid die Garanten der Zukunft! Was seid Ihr?« Erster Schüler: Die Granaten der Zukunft, zweiter: Die Emigranten der Zukunft – dritter: Garanten der Zukunft. Hitler: »Brav, wie heißt Du?« – Isaak Löwenstein.

1941

Jänner. Ein Gemischtwarenhändler aus den »Alpengauen« stellt fest, daß die Handhabung der Lebensmittelkarten eine enorme Arbeit bedeutet. 53 000 Abschnitte (der vergangenen vier Wochen) erfordern 159 000 Handgriffe bzw. Rechenaufgaben (abtrennen, sortieren, zählen, bündeln etc.).

2. 3. Einmarsch der Deutschen Wehrmacht in Bulgarien.

14. 3. Beim Luna Kino in der Hernalser Hauptstraße (Wien) werden acht Burschen aufgehalten, die zugeben, daß sie Angehörige der Hitlerjugend mißhandeln wollten. Im Tagesbericht der Gestapo heißt es dazu, daß es häufig vorkommt, »daß Angehörige der HJ in den Abendstunden auf dem Heimweg von ihren Versammlungslokalen von halbwüchsigen Burschen angestänkert und teilweise auch mißhandelt werden.«

25. 3. Die Fenster der Wagen der Wiener Straßenbahn und Omnibusse erhalten einen »durchsichtigen, blauen Farbanstrich«. Die Vorschrift für die Verdunkelung erlaubt nur blaues Licht.

6. 4. Beginn des Krieges auf dem Balkan.

17. 4. Jugoslawien kapituliert vor den Truppen der deutschen Wehrmacht.

18. 4. Die Rentnerin Theresia Rager wird von der Gestapo in St. Pölten festgenommen, weil sie im Dezember 1940 ein Schmähgedicht verbreitet hat:
»Wir wollen keinen Krieg,
Wir brauchen keinen Sieg,
Wir wollen unser freies Österreich
und freuen uns auf die Hitlerleich.«

28. 4. Der Reichssender Wien strahlt wieder eigene Sendungen aus.

10. 5. Der Stellvertreter des Führers, Rudolf Heß, fliegt auf eigene Faust nach Großbritannien.

Juni. Laufend Sabotageakte auf den Waggonpark der Reichsbahn (→ 11. 11. 1941).

22. 6. Beginn des Krieges gegen Rußland (»Unternehmen Barbarossa«).

22. 6. Rapid Wien besiegt Schalke 04 (Gelsenkirchen) im Olympiastadion von Berlin vor 90 000 Zuschauern mit 4 : 3 und wird Deutscher Fußballmeister. →

1. 7. Der Stand der »Schutzhaftgefangenen« der Gestapo in Wien beträgt 764 Personen (Tageszugang 14).

2. 7. Die Gestapoleitstelle Wien meldet, daß die Aktion gegen die KPÖ erfolgreich verlaufen ist. →

19. 9. Inkrafttreten der Polizeiverordnung, daß sich Juden nach dem vollendeten sechsten Lebensjahr ohne den gelben (»handgroßen«) Judenstern nicht in der Öffentlichkeit zeigen dürfen. →

21. 9. Das Semifinalspiel im Tschammerpokal in Gelsenkirchen zwischen Schalke 04 und Austria Wien endet mit einem 4 : 1 Sieg der Schalker Knappen. Während des Spiels kommt es eindeutig zu antiösterreichischem Verhalten als »Revanche« für den Rapid-Sieg vom → 22. Juni. Nach größeren Raufereien kann Austria nurmehr mit neun Mann weiterspielen.
(Als »Gegenmaßnahme« werden bei den meisten nachfolgenden Spielen in Wien Spieler reichsdeutscher Vereine verprügelt.)

5. 10. Gauleiter und Reichsstatthalter Baldur von Schirach erklärt bei einem Appell vor Würdenträgern der NSDAP: »Es ist das Betragen von einigen Altreichsdeutschen hier in der Stadt [Wien] so schlecht gewesen, daß ich durchaus Verständnis habe, daß sich als Reaktion auf dieses Betragen eine gewisse ablehnende Haltung entwickelt hat.«

25. 11. Der Antikominternpakt vom Jänner 1938 wird um fünf Jahre verlängert.

8. 12. Überraschungsangriff der japanischen Luftwaffe auf den amerikanischen Kriegshafen Pearl Harbor auf Hawaii.

16. 12. Die erste interalliierte Konferenz zwischen dem britischen Außenminister Anthony Eden und dem sowjetischen Diktator Josef Stalin erklärt als eines ihrer Kriegsziele die Wiederherstellung Österreichs.

29. 12. Gemäß Anordnung des Polizeipräsidenten müssen »Kraftdroschken im Reichsgau Wien um 21 Uhr den Betrieb einstellen«. Ausgenommen sind die Bereitschaftsfahrzeuge für Ärzte, für auf Bahnhöfen ankommende Reisende ect.

GESTORBEN:

9. 1. Wien: August Engel von Mainfelden (* 1. 7. 1855), 1914/15 k. u. k. Finanzminister, »Würge-Engel« genannt.

18. 1. New York (USA): Anton Kuh (* 12. 7. 1891), Essayist und Erzähler.

27. 1. Wien: Leopold Adametz (* 11. 1. 1861), Mitbegründer der modernen Tierzuchtlehre.

15. 2. Wien: Guido Adler (* 1. 11. 1855), Musikwissenschaftler.

24. 6. Salzburg: Rudolf Ramek (* 12. 4. 1881), Christlichsozialer 1921–24 Innen- und Unterrichtsminister, 1924–26 Bundeskanzler, 1926–33, zweiter Präsident des Nationalrates.

3. 10. Wien: Wilhelm Kienzl (* 17. 1. 1857), Opernkomponist, auch Textdichter seiner Opern.

19. 12. Wien: Josef Engelhart (* 19. 8. 1864), Bildhauer, Maler des Wiener Volkslebens, Mitbegründer der Secession.

GEBOREN:

3. 2. Kapfenberg: Michael Scharang, Schriftsteller.

18. 3. Graz: Wolfgang Bauer, Dramatiker.

25. 3. Wien: Erhard Busek, Politiker.

5. 7. Altaussee: Barbara Frischmuth, Erzählerin.

Mauerinschrift der KPÖ

KPÖ – Opfer einer Gestapo-Aktion

2. Juli. Der Gestapo gelingt ein schwerer Schlag gegen den kommunistischen Widerstand in Österreich. Im Verlauf einer gezielten Verhaftungskampagne gegen die KPÖ werden zahlreiche Funktionäre und Widerstandskämpfer festgenommen. Laut Bericht der Gestapoleitstelle Wien handelt es sich um insgesamt 315 Personen, wovon 30 kommunistische Spitzenfunktionäre sind. Weiterhin können bei der Kampagne Waffen und anderes Material sichergestellt werden.

Sabotageakte auf Reichsbahn

11. November. Die Gestapoleitstelle Wien spricht in ihrem Bericht an das Reichssicherheitshauptamt (RSHA) in Berlin von zunehmenden Sabotageakten auf die Reichsbahn. Der Bericht führt u. a. aus: ». . . Von wesentlich gefährlicherer Bedeutung waren indessen die seit Juni 1941 laufend vorgekommenen Sabotageanschläge auf den Waggonpark der Eisenbahn, wo laufend Kupplungsschläuche durchgeschnitten oder Kupplungsringe entfernt, Sand in die Achsenlager der Waggons gestreut oder die Schmierbüchsen der Lokomotiven verstopft wurden, um ein Heiß- oder Auslaufen der Lager herbeizuführen. Der Eisenbahn sind auf diese Weise in Kärnten erhebliche Mengen an Waggons und Lokomotiven beschädigt worden oder ausgefallen . . . Bemerkenswert an dieser Sache ist, daß die Sabotageanschläge immer nur an Waggons verübt werden, die für Wehrmachtszwecke bestimmt sind oder in Richtung Italien laufen . . .
Das Entfernen oder Vertauschen der Wagenbezettelung schickten diese in andere Richtungen und verursachten einen enormen Aufwand an Nachforschungen.«

Rapid Wien wird neuer Deutscher Fußb

22. Juni. Am Tag des Angriffs deutscher Truppen auf die Sowjetunion findet das Endspiel um die deutsche Fußballmeisterschaft in Berlin statt, an der seit dem erzwungenen »Anschluß« von 1938 auch österreichische Fußballmannschaften beteiligt sind.
Vor 90 000 Zuschauern stehen sich im Olympiastadion die Mannschaften des FC Schalke 04 und Rapid Wiens gegenüber.

»Bimbo« Binder erzielt den Siegtreffer für Rapid Wien im Endspiel um die Deutsche Fußballmeisterschaft gegen Schalke 04

Diskriminierung der Juden

Der Judenstern wird zum Stigma

19. September 1941. Eine Verordnung verpflichtet nunmehr Juden ab dem sechsten Lebensjahr zum Tragen des Judensterns in aller Öffentlichkeit. Der Kennzeichnungszwang ist ein weiterer erniedrigender Schritt zur Diskriminierung der Juden als minderwertiger Rasse.
Bereits im Februar war der israelitischen Kultusgemeinde in Wien von der Gestapo eröffnet worden, daß bis Mai rund 10 000 der in Wien wohnhaften Juden in das Generalgouvernement umgesiedelt werden.

eister

Schalke aus Gelsenkirchen gilt als haushoher Favorit – die Mannschaft hatte im Vorjahr gegen den Dresdner Sportclub mit 1:0 gewonnen und 1939 Admira Wien mit 9:0 deklassiert.
Nach einem deprimierenden 0:3-Rückstand gelingt es den Wiener Fußballern in einem mitreißenden Match jedoch noch, das Spiel für sich zu entscheiden. Allein »Bimbo« Binder erzielt drei Tore.
Der Empfang der siegreichen Mannschaft von Rapid Wien auf dem Wiener Ostbahnhof gerät zu einem Volksfest. Etwa 8000 österreichische Fußballfans säumen die Bahnsteige, um ihre Fußballhelden begeistert zu empfangen.
Bei den deutschen Fußballmeisterschaften des Vorjahres, bei denen Schalke 04 mit 1:0 gegen den Dresdner Sportklub gewann, erreichten die Spieler von Rapid Wien den dritten Platz.

1942

Jänner. Otto von Habsburg veröffentlicht in der US-amerikanischen Zeitschrift »Foreign Affairs« einen Artikel über eine »Donauföderation«.

15. 2. Es wird bekanntgegeben, daß wegen Kohlenmangels die Wiener Theater einen Tag in der Woche geschlossen bleiben.

18. 2. Der britische Premierminister Winston Churchill erklärt, daß Großbritannien die Annexion Österreichs nicht anerkennen werde. →

13. 3. In den Straßen der Wiener Innenstadt werden zahlreiche »Streuzettel« mit folgendem Text gefunden: »Hitlers Werk: Krieg, Hunger und Volksversklavung«.

6. 4. Mit Beginn der 35. Zuteilungsperiode werden die Lebensmittelrationen gekürzt. →

18. 4. Otto von Habsburg spricht sich in einem Interview mit der britischen Zeitung »Daily Mail« erneut für eine Donauföderation aus. →

26. 4. Adolf Hitler erklärt nach einem Abendessen in der Berliner Reichskanzlei, daß Linz nach dem Krieg eine »neue Weltstadt an der Donau« werden soll.

1. 5. Der Konstrukteur des Volkswagens, der 67 Jahre alte Ferdinand Porsche, wird zum »Pionier der Arbeit« ernannt.

5. 5. Die Mehrheit der Creditanstalt-Bankverein (51 %) geht an die Deutsche Bank. Die Bilanz von 1941 ergibt eine bilanzierte Summe von 1,009 Milliarden Reichsmark.

23. 5. 2000 Österreicher dienen bei der britischen Armee. →

28. 5. In der Wigmore-Hall in London findet die Hundertjahrfeier der Wiener Philharmoniker statt.

31. 5. Wegen Männermangel werden weibliche Hilfskräfte für den polizeilichen Revierdienst herangezogen.

Jahresmitte. Aus den deutschsprachigen Sendungen des BBC-London wird eine ausgesprochene »Österreich-Sendung«.

14. 7. Das Rektorat der Universität Wien gibt bekannt, daß wegen Ausbürgerung einigen Personen der akademische Grad entzogen wird.

28. 7. Der Außenminister der Vereinigten Staaten, Cordell Hull, gibt die formelle ab, daß die USA die Annexion Österreichs durch Deutschland niemals anerkannt haben. →

24. 8. An der Ostfront beginnt die Schlacht um Stalingrad, die bis zum 2. Februar 1943 dauert. In den dort kämpfenden Einheiten der deutschen Wehrmacht befindet sich ein großer Anteil Österreicher.

1. 9. Das »Mitteilungsblatt der österreichischen Freiheitsbewegung« erscheint als Flugblatt.

9. 9. Eine Sitzung im britischen Unterhaus behandelt die »Österreichfrage«.

10. 9. Es wird bekanntgegeben, daß die abendlichen Störungen der Rundfunksendungen durch technische Maßnahmen bedingt sind, die jedoch aus »Gründen der Reichsverteidigung« nicht näher erörtert werden können.

26. 10. In Wien beginnen zwei Sondergerichtsverhandlungen gegen Feldpostdiebinnen. Sie finden an den »Tatorten«, in der Paketumleitung des Postamtes Südbahnhof und in der Pakethalle des Postamtes Westbahnhof statt. Beide Postbeamtinnen werden zum Tod verurteilt.

11.–13. 11. Die deutsche Wehrmacht besetzt Süd- und Südostfrankreich.

19. 11. Das Kriegsministerium der USA erteilt die Bewilligung zur Aufstellung eines österreichischen Freiwilligenbataillons.

4. 12. Der Chef der polnischen Exilregierung, General Wladyslaw Sikorski, führt Gespräche mit dem US-amerikanischen Unterstaatssekretär Sumner Welles. Behandelt wird die »Österreichfrage«, die Frage einer Konföderation im Donauraum.

16. 12. Josef Stalin tritt offiziell für die Wiedererrichtung Österreichs als unabhängigen Staat ein.

Wilhelm Friedrich (Fred) Adlmüller ist zu dieser Zeit vielbeachteter »Modezar«. →

GESTORBEN:

1942. KZ Auschwitz: Peter Hammerschlag (* 27.6. 1902), Schriftsteller.

1942. KZ Theresienstadt: Elise Richter (* 2.3. 1865), Sprachforscherin. Erhielt als erste Frau in Österreich 1907 die Lehrberechtigung und 1922 den Titel Universitätsprofessor.

12. 2. Wien: Albert Sever (* 24. 11. 1867), Sozialdemokratischer Politiker.

22. 2. Petrópolis: Stefan Zweig (* 28. 11. 1881), Schriftsteller. →

15. 4. Genf: Robert Edler von Musil (* 6. 11. 1860), Schriftsteller. →

7. 5. Winterthur: Felix Pail von Weingartner, Edler von Münzberg (* 2. 6. 1863), Dirigent.

14. 7. New York: Franz Blei (* 18. 1. 1871), Schriftsteller, Essayist.

16. 8. Innsbruck: Rudolf Greinz (* 16. 8. 1866), Schriftsteller.

10. 10. Wien: Richard Schaukal (* 27. 5. 1874), Lyriker und Erzähler.

28. 10. Innsbruck: Ferdinand Exl (* 30. 5. 1875), Theaterleiter. →

21. 11. Peresznye (Ungarn): Leopold Graf Berchtold (* 18. 4. 1863), 1912–1915 k. u. k. Außenminister.

24. 12. Berlin: Josef Manowarda (* 3. 7. 1890), Bassist, seit 1919 Staatsoper.

GEBOREN:

24. 6. Graz: Gerhard Roth, Erzähler.

6. 12. Griffen: Peter Handke, Erzähler und Dramatiker.

Lebensmittel werden knapp

6. April 1942. Knapp 14 Tage nach der Bekanntgabe der Kürzung der Lebensmittelrationen tritt im Reich die 35. Zuteilungsperiode in Kraft. Die kriegsbedingten Kürzungen bringen der Zivilbevölkerung weniger Brot, Fleisch und Fett, dafür aber eine Erhöhung der Käseration und Sonderzuteilungen von Kondensmilch. Neben der Käseration, die von 125 auf 187,5 Gramm erhöht wird, erhält jeder Zuteilungsberechtigte weiterhin 125 Gramm Quark. Die Werte gelten jeweils bezogen auf eine Woche:

▷ Schwerstarbeiter erhalten an Brot statt bisher 4650 Gramm nurmehr 4400 Gramm; Normalverbraucher über 20 Jahre nur noch 2000 statt bisher 2250

Eintopf am »Opfer-Sonntag«

Gramm; die Ration bei Kleinstkindern (unter drei Jahren) wird um 200 Gramm auf 900 gesenkt

▷ Der Wochenanteil an Fett pro Person ändert sich bei Schwerstarbeitern von 738 auf 575 Gramm; bei Normalverbrauchern über 18 Jahren von 219 auf 206 Gramm; bei Kleinstkindern bleibt die Ration von 125 Gramm Fett unverändert

▷ Die Fleischrationierung reduziert sich bei Schwerstarbeitern um 150 auf 850 Gramm pro Woche, bei Normalverbrauchern um 100 auf 300 Gramm und bei Kleinstkindern ebenfalls um 100 auf 150 Gramm.

Bereits am 26. März wurde bekannt, daß Einzelverbraucher entsprechend dem Abschnitt auf ihren Bezugskarten 10 dkg (100 g) Trockengemüse erhalten.

Die zwei Gesichter der Heimatfront

1942. Der Krieg mit seinen Schrecknissen und Entbehrungen erreicht im dritten Kriegsjahr zunehmend auch die Zivilbevölkerung in der Heimat.

Zu der Angst, den Mann oder Sohn auf dem Schlachtfeld zu verlieren, kommt der Kampf ums tägliche Überleben. Vor allem in den größeren Städten, ständig bedroht von feindlichen Fliegerangriffen, fehlt es am notwendigsten.

Tauschhandel und Hamsterfahrten aufs Land zur Nahrungsbeschaffung sind an der Tagesordnung.

Doch die Kriegszeiten haben auch andere Seiten. Manche mögen die schönen Dinge im Leben nicht missen. Trotz Krieg, Angst und Unsicherheit bemüht sich Wilhelm Friedrich (Fred) Adlmüller in Wien um die Mode in Deutschland. Die Modelle aus seinem Salon in der Kärtnerstraße sind tonangebend für die Frauenmode.

Die streng und schmal geschnittenen Kostüme mit wattierten Schultern, die schwingenden Röcke und die fraulich wirkenden Fledermausärmel verleihen Adlmüllers Kreationen einen eigenen, unnachahmlichen Schick.

Zu seiner Stammkundschaft gehört ein Großteil der politischen und gesellschaftlichen Prominenz. Frau Emmy Göring ebenso wie Henriette von Schirach und eine ansehnliche Schar berühmter Schauspielerinnen und Sängerinnen, die von Berufs wegen eine große Garderobe benötigen. Die Wiener Bühnen sind überhaupt ein wesentlicher Umsatzträger des Adlmüllerschen Modesalons. So entwirft der Wiener Modezar zahlreiche Filmkostüme für Willy Forst.

Doch hinter dem Glanz verbirgt sich der Schrecken, das Unvorstellbare: Die Verfolgungen und Willkürakte der Gestapo gehen weiter, die Drangsalierung der Juden nehmen zu. Am 14. Juli entzieht die Universität Wien auf Beschluß des Rektorats verdienstvollen Akademikern ihre Doktorwürde (u.a. den Juden Martin Buber, Albert Ehrenzweig).

Wiener Ausgabe — Wiener Ausgabe

VÖLKISCHER BEOBACHTER

Kampfblatt der nationalsozialistischen Bewegung Großdeutschlands

Wien, Donnerstag, 1. Jänner 1942

Neujahrsaufruf des Führers an Front und Heimat

Auch das letzte Opfer für den Endsieg!

Die Parole der Wehrmacht: 1942 – Kampf bis zum Niederbruch des Feindes

Tagesbefehl | Einheitsfront vom Kanal bis Ostasien | In das Jahr 1942

Neujahrsausgabe des »Völkischen Beobachters« – Wiener Ausgabe

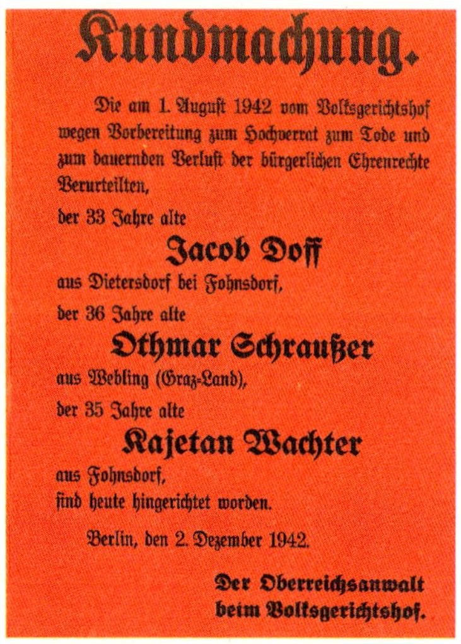
Kundmachung.

Die am 1. August 1942 vom Volksgerichtshof wegen Vorbereitung zum Hochverrat zum Tode und zum dauernden Verlust der bürgerlichen Ehrenrechte Verurteilten,

der 33 Jahre alte **Jacob Doff** aus Dietersdorf bei Fohnsdorf,

der 36 Jahre alte **Othmar Schraußer** aus Webling (Graz-Land),

der 35 Jahre alte **Kajetan Wachter** aus Fohnsdorf,

sind heute hingerichtet worden.

Berlin, den 2. Dezember 1942.

Der Oberreichsanwalt beim Volksgerichtshof.

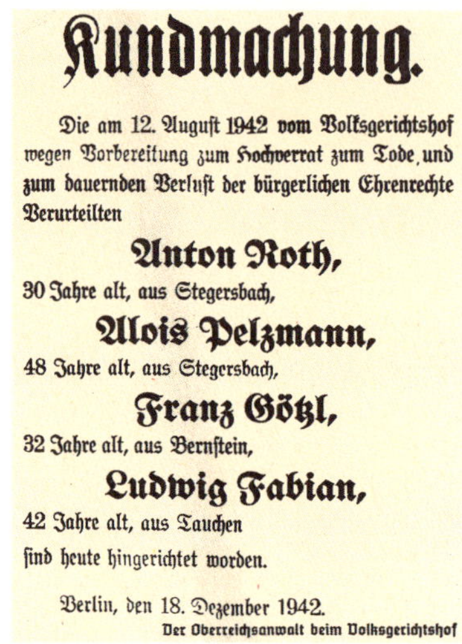
Kundmachung.

Die am 12. August 1942 vom Volksgerichtshof wegen Vorbereitung zum Hochverrat zum Tode und zum dauernden Verlust der bürgerlichen Ehrenrechte Verurteilten

Anton Roth, 30 Jahre alt, aus Stegersbach,

Alois Pelzmann, 48 Jahre alt, aus Stegersbach,

Franz Götzl, 32 Jahre alt, aus Bernstein,

Ludwig Fabian, 42 Jahre alt, aus Tauchen

sind heute hingerichtet worden.

Berlin, den 18. Dezember 1942.

Der Oberreichsanwalt beim Volksgerichtshof

Bekanntmachung von Hinrichtungen österreichischer Widerstandskämpfer

Heimweh treibt zum Selbstmord

22. Februar 1942. Stefan Zweig begeht in Petropolis bei Rio de Janeiro in Brasilien mit seiner Gattin Selbstmord.

Der am 28. November 1881 in Wien geborene Schriftsteller litt in der Emigration besonders stark an der Sehnsucht nach der Heimat und konnte mit diesem aufgezwungenen Leben in der Fremde nicht fertig werden. Seine Frau teilte den Freitod mit ihm – das Ehepar hatte sich vorzüglich verstanden. Stefan Zweig war von Jugend an Kriegsgegner, weshalb er auch im Jahr 1917 vorübergehend in die Schweiz emigrieren mußte.

Stefan Zweig

Sein umfangreiches Werk entspricht seiner pazifistisch-humanistischen Lebenshaltung und entspringt einer typischen altösterreichischen Geistigkeit. Besonders klar tritt diese Einstellung in seiner Biographie »Die Welt von Gestern« (erst 1943 veröffentlicht) zutage. Dem Buch gab er eine neue Form durch eine eigenwillige, von Sigmund Freud beeinflußte Miteinbeziehung psychologischer Überlegungen, die seine historischen Porträts besonders lebendig machen.

Österreichs politische Zukunft – ein Thema bei den Westalliierten

Das Jahr 1942 bringt Österreich bei den Westalliierten ins Gespräch. Vor dem Hintergrund einer zunehmend intensiveren Diskussion über die Nachkriegsordnung Europas wird auch wieder die Frage nach der politischen Stellung Österreichs in Friedenszeiten akut. Am 28. Juli gibt US-Außenminister Cordell Hull eine formelle Erklärung ab, daß die USA die Annexion Österreichs 1938 durch Hitler niemals anerkannt habe und auch nie anerkennen werde.

Schon im Jänner veröffentlichte Otto von Habsburg in der US-Zeitschrift »Foreign Affairs« einen vielbeachteten Artikel über eine »Donauföderation« Österreichs nach dem Krieg, und am 18. April erschien im Londoner »Daily Mail« ein Interview zu diesem Thema mit ihm.

Am 23. Mai griff der Londoner »Zeitspiegel« das Thema der österreichischen Freiwilligen bei den alliierten Streitkräften auf: »Noch haben die Österreicher in diesem Land, noch hat die englische Öffentlichkeit nicht genügend eindringlich erfahren, daß an die 2000 Österreicher in der britischen Armee dienen . . .«

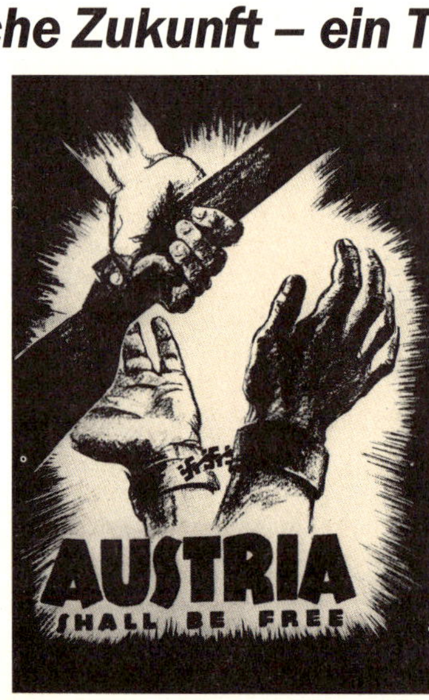

Plakat einer Emigrantengruppe

Veranstaltung österreichischer Emigranten in London

Musil – der Mann ohne Eigenschaften

15. April. In Genf stirbt im Alter von 61 Jahren der österreichische Schriftsteller Robert Musil.
Musil zählt bereits zu seinen Lebzeiten zu den bedeutendsten literarisch Schaffenden des 20. Jahrhunderts. Der am 6. November 1880 in Klagenfurt geborene Literat wurde 1906 mit seiner Veröffentlichung »Die Verwirrungen des Zöglings Törleß« bekannt. Musil studierte Ingenieurwissenschaften, Philosophie und Psychologie in Berlin; 1914 wurde er Redakteur der »Neuen Rundschau«, am Ersten Weltkrieg nahm er als Offizier teil. Nach dem Krieg lebte er als freier Schriftsteller in Berlin, ehe er 1933 nach Wien zog. 1938, nach dem »Anschluß« Österreichs, emigrierte Musil in die Schweiz.

Robert Musil

Der fragmentarische Roman »Der Mann ohne Eigenschaften«, den er 1930 begann und an dem er bis zu seinem Tod arbeitete, erzählt die Geschehnisse in Österreich und vor allem Wiens in den Jahren 1913/14. Österreich wird dabei zum Spiegel für alle geistigen und kulturellen Strömungen dieser Zeitenwende. Musil schrieb daneben auch Essays, ein Drama sowie eine Komödie.

»Exl-Bühne« trauert um ihren Gründer

28. Oktober. Im Alter von 67 Jahren stirbt in seiner Heimatstadt Innsbruck Ferdinand Exl. Der 1875 geborene Schauspieler gründete 1902 gemeinsam mit seiner Frau Anna eine eigene Theatergruppe, die »Erste Tiroler Bauernspiel-Gesellschaft«.
Exl, von Beruf Buchbindermeister, spielte im Pradler Bauerntheater mit, fand aber durch sein Familien-Ensemble zu einem eigenen, anspruchsvolleren Stil. Bodenständigkeit und Ursprünglichkeit waren die Grundpfeiler für Spiel und Regie. Auf zahlreichen Gastspielen in Wien, Deutschland und der Schweiz errang die »Exl-Bühne« beachtliche Erfolge.

1943

1943. Martha Musil gibt im Selbstverlag den unvollendeten Nachlaßteil des Romans »Der Mann ohne Eigenschaften« heraus (→ 15. 4. 1942).

1. 1. Nach Inkrafttreten der neuen Gemeindeverfassung ist die Gemeindeverwaltung der Stadt Wien nur mehr eine Abteilung der Reichsstatthalterei.

5. 1. Londoner Deklaration der Vereinten Nationen über die Ungültigkeit aller Transaktionen von Vermögen, Rechten und Interessen aller Art, welche unter der Okkupation von Regierungen vorgenommen wurden, mit welchen die Alliierten im Kriege stehen.

10. 1. Die deutsche 6. Armee ist in Stalingrad restlos eingeschlossen (→ 2. 2.).

14.–24. 1. Auf der Konferenz von Casablanca vereinbaren Winston Churchill und Franklin D. Roosevelt die Forderung der bedingungslosen Kapitulation der Achsenmächte zur Beendigung des Krieges.

25. 1. Im Flugzeugwerk Wiener Neustadt wird ein Sabotageakt an fünf Flugzeugen des Typs ME 109 entdeckt.

31. 1. Kapitulation der 6. Armee in Stalingrad (→ 2. 2.).

5. 2. Die Schließung kriegsunwichtiger Betriebe wird angeordnet.

18. 2. Joseph Goebbels ruft im Berliner Sportpalast zum »totalen Krieg« auf.

9. 3. Der Urlaub für Beamte und Angestellte im öffentlichen Dienst wird auf 14 Tage im Jahr herabgesetzt.

7. 4. Das »Initiativkomitee der Anti-Hitler-Bewegung Österreichs« versendet von den Wiener Postämtern 1 und 101 Flugblätter »Denkt und handelt, solange es noch Zeit ist«.

4. 5. Adolf Hitler verleiht der 44. Infanteriedivision den Namen »Reichsgrenadier-Division Hoch- und Deutschmeister«.

11. 5. Kürzung der Fleischrationen um 100 Gramm je Woche.

12. 5. Der britische Premierminister Winston Churchill legt in den USA sein Europakonzept vor. Es sieht Österreich ebenfalls als Bestandteil der Donaukonföderation vor (→ 20. 10.).

August. Die öffentlichen Spielbanken werden geschlossen. Es bestanden noch immer die Spielbanken Baden-Baden, Zoppot (Ostsee) und Baden bei Wien.

13. 8. Die alliierte Luftwaffe fliegt ihren ersten Luftangriff in Österreich auf die Flugzeugwerke in Wiener Neustadt. →

Zweite Augusthälfte. Ein besonders von den Alliierten beachtetes Flugblatt der »österreichischen Freiheitsfront« wird verteilt. →

8. 9. Italien akzeptiert die bedingungslose Kapitulation.

12. 9. Deutsche Fallschirmjäger unter SS-Hauptsturmführer Otto Skorzeny, einem geborenen Österreicher, befreien den im Gebiet des Gran Sasso gefangen gehaltenen Benito Mussolini. →

Anfang Oktober. Oberstleutnant Julius Schlegel, ein Österreicher, veranlaßt auf eigenes Risiko den Abtransport der Kunstschätze der Benediktinerabtei Monte Cassino in den Vatikan.

30. 10. Die Konferenz der alliierten Außenminister in Moskau (Anthony Eden, Großbritannien; Cordell Hull, USA; Wjatscheslaw M. Molotow, Sowjetunion) gibt eine Erklärung »der Alliierten über die Wiederherstellung eines freien und unabhängigen Österreich« ab. →

30. 10. In Montevideo wird das »Österreichische Zentralkomitee für Lateinamerika« gegründet. Höhepunkt der Gründungsfeierlichkeiten ist die Rede des uruguayischen Vizepräsidenten Dr. Alberto Guani.

5. 11. Die Führer der »Österreich-Bewegung« in den USA, Ferdinand Czernin und Julius Deutsch, äußern sich begeistert über die Dreimächteerklärung von Moskau (→ 30. 10).

23. 11. In den USA erscheint eine Fünf-Cent-Briefmarke zu Ehren Österreichs. Sie zeigt auf blauem Grund eine Fahne in den Farben Rot-Weiß-Rot.

5. 12. Marschall Jozip Broz Tito erläßt eine Proklamation über die Errichtung eines provisorischen Parlaments und eines Befreiungsausschusses.

6. 12. Hugo Jury, Gauleiter von Niederdonau, schreibt an Reichsleiter Martin Bormann: ». . . der Führer will einen Wechsel in der Führung des Gaues Wien vornehmen, weil Parteigenosse von Schirach nicht geeignet erscheint, ernste Vorkehrungen gegen die zu erwartenden Kriegsbelastungen in der erforderlichen Schnelligkeit und Vollkommenheit zu treffen.«

30. 12. Ingenieur Hans Blaschke, ein Wiener Nationalsozialist, wird Bürgermeister von Wien.

GESTORBEN:

20. 1. Wien: Max Wladimir Freiherr von Beck (* 6. 9. 1854), 1880–1906 Ackerbauminister, 1906–08 Ministerpräsident, setzte 1906 das Gesetz zur Wahlrechtsreform durch.

8. 2. New York: Guido Zernatto (* 21. 7. 1903), Lyriker und Erzähler.

15. 3. Wien: Karl Schönherr (* 24. 2. 1867), Dramatiker und Arzt.

26. 6. New York: Karl Landsteiner (* 14. 6. 1868), Arzt und Serologe.

9. 8. Berlin: Franz Jägerstätter (* 20. 5. 1907), Wehrdienstverweigerer (hingerichtet). →

30. 10. New York: Max Reinhardt, (eigtl. Goldmann; * 9. 9. 1873), Regisseur. →

GEBOREN:

11. 6. Wien: Walter Schmögner, Maler und Zeichner.

Stalingrad – die Wende im Osten

2. Februar 1942. Mit der Kapitulation der im Nordkessel eingeschlossenen deutschen Truppen unter dem Befehl von General Karl Strecker endet die Schlacht um Stalingrad. Zwei Tage zuvor hatte bereits die Südgruppe unter Feldmarschall Friedrich Paulus kapituliert.
Die am 19. August 1942 begonnene Schlacht um die sowjetische Wolgametropole kostete mehr als 190 000 Soldaten das Leben. 107 000 Soldaten, darunter 24 Generäle gingen in sowjetische Gefangenschaft. Die Stadt Stalingrad (heute Wolgograd) wurde während der fünfeinhalbmonatigen Kämpfen völlig zerstört. Rund 46 000 Einwohner verloren ihr Leben, über 60 000 Russen wurden von den Deutschen zur Zwangsarbeit verschleppt.

Aufruf an die Zivilbevölkerung

Die deutsche Niederlage bringt die Wende des Kriegsgeschehens im Osten zugunsten der Roten Armee. Von nun an befinden sich die deutschen Heeresverbände auf dem Rückzug.
Die Sowjets hatten am 22. November 1942 die 6. deutsche Armee unter Paulus in Stalingrad eingeschlossen. Ein Entsatzangriff der Heeresgruppe Don unter Generalfeldmarschall Erich von Manstein war Heiligabend 1942 jedoch am massiven Widerstand der Roten Armee gescheitert. Hitlers Starrsinn und die unzureichende Nachschuborganisation machte die Lage der Deutschen im Kessel von Stalingrad letztlich aussichtslos.

Bombben auf Wiener Neustadt

13. August. Genau um 13.50 Uhr beginnt ein verheerender Fliegerangriff der alliierten Luftwaffe auf Wiener Neustadt. Das Bombergeschwader wirft insgesamt 150 000 kg Brand- und Sprengbomben ab. 607 Treffer werden registriert, 77 Tote sind zu beklagen.
Es ist der erste Luftangriff alliierter Geschwader auf österreichisches Gebiet. Der Luftangriff ist möglich geworden durch die in Tunesien gewonnenen Luftbasen.
Die Stadt Wiener Neustadt ist zu diesem Zeitpunkt die mit Abstand größte »Flugzeugfabrik« Deutschlands. Bis zu diesem Angriff wurden hier pro Monat 280 Flugzeuge verschiedenen Typs hergestellt. Der alliierte Bombenangriff beschädigt zwar einige Produktionshallen, kann jedoch die Herstellung weiterer Maschinen für Hermann Görings Luftwaffe nicht verhindern.
Wiener Neustadt wird bis Kriegsende mehrmals stark bombardiert. Bei Kriegsende sind nur noch ganze 18 Häuser der Stadt unbeschädigt. In den folgenden Monaten erfolgen weitere Luftangriffe u. a. auf Wien, Steyr, Wels Graz und Linz.

Mussolini (in Zivil) und Otto Skorzeny (l. neben ihm) nach der Befreiung

Mussolini befreit

12. September. Knapp sieben Wochen nach seiner Absetzung durch den »Großen Faschistischen Rat« Italiens befreien deutsche Fallschirmjäger den »Duce« Benito Mussolini aus seiner Gefangenschaft in den Abruzzen.
Die Nacht-und-Nebel-Aktion steht unter der Leitung des österreichischen Hauptsturmführers der Waffen-SS Otto Skorzeny, der sich als »Befreier des Duce« feiern läßt.
Mussolini wird nach seiner Befreiung sofort nach Wien gebracht, wo er vom Hotel »Imperial« mit Hitler Kontakt aufnimmt und weitere Weisungen erhält. Am 15. September übernimmt Mussolini wieder »die oberste Leitung des Faschismus in ganz Italien«.

Flugblatt für ein freies Österreich

Zweite Augusthälfte. Nach dem Sturz Benito Mussolinis erscheint in Österreich ein Flugblatt mit folgendem Text (Auszug):
»Österreicher! Dieser Krieg ist verloren. Die Amerikaner und Engländer sind immer unsere Freunde gewesen. Und haben die Russen uns angegriffen? Oder wir sie? Wir kämpfen nicht für den Kommunismus, aber wir fühlen uns eins mit den russischen Arbeitern und Bauern. Nicht die Russen, sondern die nationalsozialistischen Unterdrücker sind die Feinde Österreichs. Es ist die Pflicht jedes treuen Österreichers, die Front zu sabotieren . . .«
Die bekannte schwedische Zeitung »Vecko-Journalen« veröffentlicht dieses Flugblatt und kommentiert dazu: »Die Organisation versucht, mit österreichischen Soldaten an der Front Kontakt zu halten, und ermutigt sie, zu desertieren. Sie fordert sie auf, die Waffen niederzulegen . . . Durch organisierte Flüsterpropaganda werden die Österreicher dazu aufgefordert, die Kriegsgefangenen in Österreich so menschlich als möglich zu behandeln und ihnen in jeder Beziehung behilflich zu sein . . .«

Jägerstätter – Tod aus Überzeugung

9. August. Um 16 Uhr wird Franz Jägerstätter in Berlin enthauptet. Der am 20. Mai 1907 in St. Radegund im oberösterreichischen Innkreis geborene Bauer war am 6. Juli wegen Wehrdienstverweigerung zum Tode verurteilt worden.
Jägerstätter war ein überzeugter Katholik und versah in seiner Heimatgemeinde nebenbei den Dienst als Meßner. Aus rein religiösen Gründen lehnte er den Dienst in der Deutschen Wehrmacht ab und wurde wegen Wehrdienstverweigerung vor Gericht gestellt.
Daß er ein besonderes Maß an Zivilcourage hatte, bewies er bereits im Jahre 1938, als er als einziger in seinem Heimatort St. Radegund bei der Volksabstimmung vom 10. April mit nein stimmte.
Allein bis zum Jänner 1940 waren in Berlin-Plötzensee 13 Österreicher wegen Verweigerung des Fahneneids hingerichtet worden.

Spekulationen über die Zukunft von Österreich

30. Oktober. Die Erklärung der Moskauer Außenministerkonferenz über die politische Zukunft Österreichs hat folgenden Wortlaut:
»Die Regierungen Großbritanniens, der Sowjetunion und der Vereinigten Staaten von Amerika kamen darin überein, daß Österreich, das erste freie Land, das der Hitlerschen Aggression zum Opfer gefallen ist, von deutscher Herrschaft befreit werden muß. Sie betrachten den Anschluß, der Österreich am 15. März 1938 aufgezwungen worden ist, als null und nichtig ... Sie geben ihrem Wunsch Ausdruck, ein freies und unabhängiges Österreich wiederhergestellt zu sehen ... Österreich wird jedoch darauf aufmerksam gemacht, daß es für die Beteiligung am Kriege auf seiten Hitlerdeutschlands die Verantwortung trägt, der es nicht entgehen kann, und daß bei der endgültigen Regelung unvermeidlich sein eigener Beitrag zu seiner Befreiung berücksichtigt werden wird.«
Ferdinand Czernin, Präsident der »American Federation of Austrian Democrats«, erklärt dazu, die Aussage »sei mehr, als wir erwarten konnten«. Ähnlich äußert sich General Julius Deutsch, langjähriger Führer der Sozialdemokraten, im Exil. Er hofft, daß »die Form, in der einem Nachkriegsösterreich die Unabhängigkeit gewährt würde, verschieden von jener sein werde, die Österreich nach 1918 erhielt«.

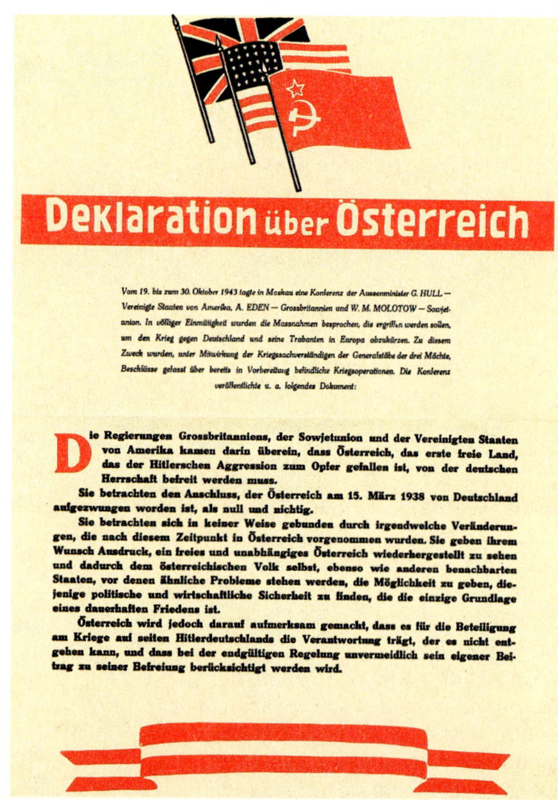

Deklaration über Österreich

Vom 19. bis zum 30. Oktober 1943 tagte in Moskau eine Konferenz der Aussenminister G. HULL – Vereinigte Staaten von Amerika, A. EDEN – Grossbritannien und W. M. MOLOTOW – Sowjetunion. In völliger Einmütigkeit wurden die Massnahmen besprochen, die ergriffen werden sollen, um den Krieg gegen Deutschland und seine Trabanten in Europa abzukürzen. Zu diesem Zweck wurden, unter Mitwirkung der Kriegssachverständigen der Generalstäbe der drei Mächte, Beschlüsse gefasst über bereits in Vorbereitung befindliche Kriegsoperationen. Die Konferenz veröffentlichte u. a. folgendes Dokument:

Die Regierungen Grossbritanniens, der Sowjetunion und der Vereinigten Staaten von Amerika kamen darin überein, dass Österreich, das erste freie Land, das der Hitlerschen Aggression zum Opfer gefallen ist, von der deutschen Herrschaft befreit werden muss.

Sie betrachten den Anschluss, der Österreich am 15. März 1938 von Deutschland aufgezwungen worden ist, als null und nichtig.

Sie betrachten sich in keiner Weise gebunden durch irgendwelche Veränderungen, die nach diesem Zeitpunkt in Österreich vorgenommen wurden. Sie geben ihrem Wunsch Ausdruck, ein freies und unabhängiges Österreich wiederhergestellt zu sehen und dadurch dem österreichischen Volk selbst, ebenso wie anderen benachbarten Staaten, vor denen ähnliche Probleme stehen werden, die Möglichkeit zu geben, diejenige politische und wirtschaftliche Sicherheit zu finden, die die einzige Grundlage eines dauerhaften Friedens ist.

Österreich wird jedoch darauf aufmerksam gemacht, dass es für die Beteiligung am Kriege auf seiten Hitlerdeutschlands die Verantwortung trägt, der es nicht entgehen kann, und dass bei der endgültigen Regelung unvermeidlich sein eigener Beitrag zu seiner Befreiung berücksichtigt werden wird.

Die Deklaration der Konferenz des britischen, sowjetischen und amerikanischen Außenministers in Moskau

Regisseur Max Reinhardt

Max Reinhardt – ein Theatermagier

30. Oktober. Im Exil in New York stirbt im Alter von 70 Jahren der international bekannte österreichische Schauspieler, Regisseur und Theaterleiter Max Reinhardt. Der »Magier des Theaters«, wie ihn die Fachpresse nannte, revolutionierte mit seinem Stil die gesamte Theaterlandschaft Europas.

Der als Max Goldmann in Baden bei Wien geborene Reinhardt wies der Bühnenkunst neue Wege durch Beleuchtungs- und Ausstattungseffekte, sowie durch eindrucksvolle Gestaltung von Massenszenen. Er machte aus dem naturalistischen Theater des 19. Jahrhunderts eine moderne, impressionistisch-magische Bühne des 20. Jahrhunderts. Zudem verstand Reinhardt es, Talente zu entdecken und zu fördern. 1938 mußte er vor den Nationalsozialisten in die USA emigrieren.

Böhm dirigiert nunmehr in Wien

Der österreichische Dirigent und Chef der Dresdner Staatskapelle, Karl Böhm, wechselt von Sachsen nach Österreich, wo er Direktor der Wiener Staatsoper wird. Der am 28. August 1894 in Graz geborene Böhm, ein promovierter Jurist, begann seine Dirigentenlaufbahn 1917 als Kapellmeister am Grazer Staatstheater. 1931 übernahm er die Leitung des Hamburger Stadttheaters.

1944

21. 3. Deutsche Truppen besetzen Ungarn, die alliiertenfreundliche Regierung Kállai wird abgesetzt, die deutschfreundliche Regierung Sztójay installiert.

April. In Wien werden breite, waagerechte weiße Pfeile mit Namen von großen Straßenzügen, Plätzen und Parkanlagen an den Hauswänden angebracht – zur Orientierung nach Fliegerangriffen.

12. 4. Der erste alliierte Luftangriff auf Wien wird geflogen.

23. 4. Wegen Plünderung wird ein 40jähriger Beamter von einem Sondergericht zum Tode verurteilt. Er hatte in Wiener Neustadt nach einem Fliegerangriff aus einem beschädigten Fleischhauerladen vier Stangen Wurst entwendet.

10. 5. Die Widerstandskämpfer Pater Karl Roman Scholz und Karl Lederer werden hingerichtet.

14. 7. Das Photographieren von »Luftkriegsschäden« wird verboten.

20. 7. Ein Bombenattentat auf Adolf Hitler im Führerhauptquartier »Wolfsschanze« mißlingt. Die Verschwörung in Wien funktioniert bis in die Abendstunden. →

21. 7. Die Verhaftungswelle der Gestapo erreicht ihren Höhepunkt. In Wien ist sie besonders intensiv, wodurch die österreichische Widerstandsbewegung fast restlos zerschlagen wird.

21. 7. Jakob Kastelic, der dritte Führer der österreichischen Widerstandsbewegung, wird in Berlin hingerichtet.

28. 8. In den Wiener Tageszeitungen erscheint der letzte »Theaterzettel« der Wiener Bühnen. →

September. Im Rundfunk wird der »Kuckucksruf« eingeführt. Er unterbricht die Sendung, um die Vorwarnung eines Fliegerangriffs anzukündigen.

10. 9. Vom ersten schweren US-amerikanischen Fliegerangriff auf Wien ist der Nordwestteil des 1. Bezirks besonders betroffen, auch das Bundeskanzleramt.

10. 10. Eine Abordnung österreichischer Industrieller und Offiziere fordern Reichsstatthalter Baldur von Schirach dazu auf, Wien zur offenen Stadt zu erklären.

16. 10. Bei einem schweren Fliegerangriff auf Salzburg wird die Kuppel des Domes zerstört.

18. 10. Die Aufstellung des Volkssturmes wird erlassen, sie betrifft alle männlichen Staatsbürger im Alter zwischen 16 und 60 Jahren.

18. 10. In Wien wird der Wasserverbrauch eingeschränkt. Die Haupthähne müssen bis zu 15 Stunden geschlossen werden.

22. 10. Baldur von Schirach kehrt vom Führerhauptquartier nach Wien zurück und gibt den Führerbefehl bekannt, daß Wien bis zum letzten Stein zu verteidigen sei: »Wer immer den Wunsch ausspreche, Wien zur offenen Stadt zu erklären, werde als Defaitist und Verräter am Großdeutschen Reich behandelt.«

28. 10. Bei einem Straßenbahnunglück in Wien – ein Beiwagen der Linie 48 springt Ecke Hernalser Hauptstraße–Güpferlingstraße durch einen Bremsdefekt aus dem Gleis – fordert zwei Menschenleben (sieben Verletzte).

31. 10. Bei einem Straßenbahnunglück der Linie 10 Ecke Reinlgasse–Linzerstraße, das ebenfalls auf einen Bremsdefekt zurückzuführen ist, sterben sechs Menschen, 20 Personen werden verletzt.

11. 11. Alle Reisen über 50 km sind »bescheinigungspflichtig«.

24. 11. Das erste österreichische Freiheitsbataillon in Slowenien wird aufgestellt. →

26. 11. Im Lager 27, Zone 1 (Sowjetunion) wird das »Antifaschistische Büro Österreichischer Kriegsgefangener« (ABÖK) gegründet. Erster Vorsitzender ist Oberleutnant Andreas Kirschhofer, ein Bauer aus der Steiermark.

Dezember. Der christlichsoziale Arbeiterführer Leopold Kunschak und der christlichsoziale Minister Eduard Heinl werden als »Vorbeugungsmaßnahme« abermals verhaftet. Beide waren bereits 1938 für längere Zeit in Haft genommen worden. Sogar der 73jährige ehemalige Bürgermeister Karl Seitz wird verhaftet.

18. 12. In Wien wird das »Provisorische Österreichische Nationalkomitee« gegründet. →

Im Laufe des Jahres werden im Wiener Landesgericht 165 österreichische Zivilpersonen und 61 Wehrmachtsangehörige österreichischer Abstammung hingerichtet.

GESTORBEN:

10. 5. Wien: Roman Scholz (* 16. 1. 1912), Widerstandskämpfer (hingerichtet).

16. 5. Alt-Prerau: Julius Meinl (* 18. 1. 1869), Wirtschaftspionier, Sohn des Gründers der Kaffeefirma.

20. 5. New York: Bruno Granichstaedten (* 1. 9. 1879), Operettenkomponist.

27. 6. Köflach: Hans Kloepfer (* 18. 8. 1867), Mundartdichter.

24. 9. Wien: Hugo Thimig (* 16. 6. 1854), Schauspieler. →

25. 9. Klosterneuburg: Walter Breisky (* 8. 7. 1871), christlichsozialer Politiker, 1920 Staatssekretär, 1920–22 Vizekanzler, 26./27. 1. 1922 Bundeskanzler.

18. 10. Kitzbühel: Josef Maria Eder (* 16. 3. 1855), Pionier der Phototechnik.

8. 11. Achmer: Walter Novotny (* 7. 12. 1920), Kampfflieger (gefallen). →

5. 12.(?): Hans Georg Heintschel-Heinegg (* 5. 9. 1919) Dichter und Widerstandskämpfer (hingerichtet).

Das »Unternehmen Walküre« in Wien

20. Juli. Das »Unternehmen Walküre«, der Plan hoher Offiziere, durch ein Attentat auf Adolf Hitler die NS-Herrschaft zu beseitigen, läuft auch in Wien an.

Unter der (falschen) Annahme, das Attentat von Oberst Claus Graf Schenk von Stauffenberg auf Hitler im Führerhauptquartier »Wolfsschanze« in Ostpreußen sei geglückt, erläßt Generalfeldmarschall Erwin von Witzleben einen Befehl, in dem es u.a. heißt, eine Gruppe volks- und frontferner Parteifunktionäre habe versucht, die Macht an sich zu reißen, weshalb die Wehrmacht unter seinem Kommando die Führung im Staat übernommen habe. Kurz nach 17.00 Uhr wird in Wien das Stichwort zur Verhaftung der hohen Partei- und Gestapofunktionäre und zur Besetzung der Gebäude des Staatsapparates ausgelöst. Reichsstatthalter Baldur von Schirach befindet sich zu diesem Zeitpunkt nicht in der Stadt, andere hohe NSDAP-Funktionäre, die zu einer dringenden Sitzung ins Generalkommando XVII geladen worden sind, werden dort interniert und entwaffnet.

Bis in die Abendstunden funktioniert der Ablauf des Plans ausgezeichnet, als jedoch bekannt wird, daß Hitler lebt, bricht der Widerstand zusammen; noch in der Nacht setzt eine Verhaftungswelle ein.

Hauptmann Karl Szokoll, der direkte Kontaktmann zu Oberst Claus Graf Schenk von Stauffenberg, berichtet in der »Presse« vom 1. und 7. Februar über den Verlauf der Ereignisse in Wien. Nach einem Anruf des Chefs des Oberkommandos der Wehrmacht, Wilhelm Keitel, daß Hitler lebe und die Aktion zu stoppen sei, telephoniert er mit Stauffenberg:

»Ich raste zu meinem Apparat und ließ mich mit Berlin verbinden. ›Bitte, Oberst Stauffenberg‹, ›Ja?‹ Der Klang seiner Stimme sagte mehr als alle Befehle Keitels. ›Durch einen Anruf Keitels läuft die Aktion in Wien nicht weiter. Esebeck ... ist umgefallen. Aber Walküre ist durchgeführt. Noch ist alles unklar. Ich bitte um Weisungen ...‹ Einen Moment war es still, dann hörte ich wieder seine Stimme, seine müde Stimme, es war wohl das letzte Telephongespräch, das er führte: ›Ihr werdet doch nicht auch schlapp machen wollen‹ ...«

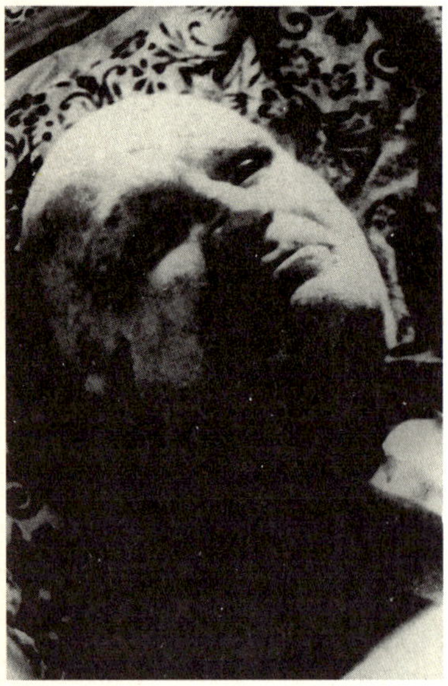

Widerstandskämpfer Jakob Kastelic

»05« am Stephansdom

Prozeß gegen Karoline Redler

Der Widerstand wächst an

18. Dezember: Trotz der nach dem Hitler-Attentat (→20.7.1944) einsetzenden Verhaftungswelle in Österreich wird ein »Provisorisches Österreichisches Nationalkomitee« gegründet, das die verschiedenen Widerstandsgruppen organisatorisch vereinigen soll. Die wichtigste dieser Gruppierungen nennt sich O5, ein Zeichen für »Österreich«: Der Buchstabe O und der fünfte Buchstabe des Alphabets, also E. Dieses Zeichen wird an mehreren prominenten Plätzen angebracht. Der Gruppe gelingt es, von Wien aus nach Westösterreich zu wirken und vor allem im Alpenraum einen militärischen Widerstand aufzubauen. Zunehmend werden auch Österreicher bei den alliierten Truppen eingesetzt.

Es wird weiter Theater gespielt

28. August. *Die Wiener Tagespresse bringt zum letztenmal eine Theaterrubrik. Auf dem Spielplan stehen u. a.: Im Raimundtheater die Operette »Veronika«, bei der Löwinger Bühne »Sepperl muß heiraten«.*

STAATSOPER WIEN

Freitag, den 30. Juni 1944

Preise II

DER RING DES NIBELUNGEN

Ein Bühnenfestspiel für drei Tage und einen Vorabend von Richard Wagner

Dritter Tag:

Götterdämmerung

In drei Aufzügen und einem Vorspiel

Musikalische Leitung: Hans Knappertsbusch

Spielleitung: Erich v. Wymetal

Personen der Handlung.

Siegfried	Dr. Julius Pölzer, Staatsoper München
Brünnhilde	Helena Braun, Staatsoper München
Gutrune	Daga Söderqvist
Hagen	Herbert Alsen
Gunther	Carl Kronenberg, Staatsoper München
Alberich	Adolf Vogel
Waltraute	Elisabeth Höngen
Die drei Nornen	Else Schürhoff, Elena Nikolaidi, Daniza Jlitsch
Die drei Rheintöchter	Esther Réthy, Aenne Michalsky, Elena Nikolaidi
Die drei Mannen	Egyd Toriff, Karl Ettl, Roland Neumann

Bühnenbilder und Kostüme nach Entwürfen von Alfred Roller

Österreicher bei den jugoslawischen Partisaneneinheiten

Das Freiheitsbataillon

24. November. Ein österreichisches Bataillon der Slowenischen Volksbefreiungsarmee wird gebildet. Zahlreiche Österreicher kämpfen in der Partisanenarmee mit.

In dem Armeebefehl des Hauptstabes der Slowenischen Volksbefreiungsarmee heißt es u.a.: »Entsprechend dem Wunsche österreichischer Kriegsgefangener und freiwillig auf die Seite der Slowenischen Volksbefreiungsarmee übergetretener österreichischer Soldaten sowie von Freiheitskämpfern aus Österreich wird befohlen: ... Alle Österreicher, die bereit sind, mit der Waffe in der Hand gegen den Faschismus bis zu seiner Vernichtung zu kämpfen, sind in einer besonderen Einheit zu formieren ...«

Flieger Novotny ist abgestürzt

8. November. Kurz vor Vollendung des 24. Lebensjahres stürzt Walter Novotny, Major der Luftwaffe und erster Kommandeur eines Düsenjägerverbandes (Me 262), bei Achmer in Norddeutschland während eines Luftkampfes ab. Novotny konnte bei 442 Einsätzen 250 Luftsiege verzeichnen (als einziger Flieger der Welt). Er war in so jungen Jahren schon Träger des Eichenlaubes mit Schwertern und Brillanten zum Ritterkreuz des Eisernen Kreuzes, der höchsten Auszeichnung der Deutschen Wehrmacht, die nur 26mal verliehen worden ist (einmal das goldene Eichenlaub).

Walter Novotny

Schauspieler Hugo Thimig gestorben

24. September. Im greisen Alter von 90 Jahren stirbt der aus Dresden stammende Schauspieler Hugo Thimig in Wien. Wirkungsstätten seines schauspielerischen Talents waren das Wiener Burgtheater – dem er auch zeitweise als Direktor vorstand – und das Theater in der Josefstadt. Hugo Thimig ist der Vater einer großen und berühmten Schauspielerfamilie. Seine Söhne Hermann und Hans wirkten ebenfalls am Burgtheater, seine Tochter Helene, verehelicht mit dem Regisseur und Theaterleiter Max Reinhardt, spielte zunächst in Berlin und Wien, weilte von 1938–1946 mit ihrem Gatten (bis zu seinem Tode am →30.10.1943) in den Vereinigten Staaten und wird zwei Jahre nach dem Tod ihres Vaters, 1946, Mitglied des Burgtheaters und schließlich 1949 Leiterin des Wiener Reinhardtseminars und Professorin an der Akademie für Musik und darstellende Kunst in Wien.

Hugo Thimig

1945

12. 3. Wien ist Ziel eines schweren Luftangriffs (→ 8.5.).

16. 3. Die sowjetische Offensive zwischen Plattensee und Donau mit Stoßrichtung Wien beginnt.

29. 3. Um 11.05 Uhr überschreiten Einheiten der Roten Armee die österreichische Grenze (→ 8.5.).

2. 4. Wien wird zum Verteidigungsbereich erklärt.

5. 4. Die »Schlacht um Wien« beginnt um 8 Uhr (→ 8.5.).

11. 4. Mitglieder der 05 errichten in Wien die erste österreichische Zivilgewalt.

13. 4. Um 14 Uhr ist die »Schlacht um Wien« beendet (→ 8.5.).

14. 4. Die Sozialistische Partei Österreichs (SPÖ) wird gegründet. →

17. 4. Die Österreichische Volkspartei (ÖVP) wird gegründet. →

17. 4. Theodor Körner wird zum Bürgermeister von Wien bestellt (→ 27.4.).

23. 4. Die Nummer 1 der Zeitung »Neues Österreich« erscheint. →

27. 4. Die »Provisorische Österreichische Staatsregierung« wird gebildet. →

1. 5. Die Bundesverfassung von 1920 in der Fassung von 1929 wird in Kraft gesetzt.

8. 5. Die NSDAP wird verboten. →

8. 5. Deutschland kapituliert.

Mitte Mai. Die Bezirkshauptmannschaften in ganz Österreich beginnen wieder zu arbeiten (→ 24.9.).

26. 6. Die Staatsregierung erläßt das Kriegsverbrechergesetz.

26. 6. Die Charta der Vereinten Nationen wird unterzeichnet.

4. 7. Das erste Kontrollabkommen der vier Mächte über Österreich wird unterzeichnet. →

4. 7. Der regelmäßige Personenverkehr auf der Bundesbahnstrecke Salzburg–Linz wird wiederaufgenommen.

5. 7. Die Oesterreichische Nationalbank konstituiert sich.

9. 7. Die Besatzungsmächte legen die Besatzungszonen fest. →

10. 7. Das Staatsbürgerschaftsüberleitungsgesetz wird erlassen.

17. 7.–2. 8. In Potsdam findet die letzte Dreimächtekonferenz statt (→ 4./9.7.).

20. 8. Die Konferenz der westlichen Bundesländer tagt in Salzburg (→ 24.9.).

25. 8. Die Arbeiterkammer für Wien, Niederösterreich und das Burgenland konstituiert sich.

29. 8. Das Burgenland wird wieder ein selbständiges Bundesland.

Anfang September. Die Alliierten beginnen mit der Erfassung der kriegsgefangenen Österreicher.

11. 9. In der Proklamation des Alliierten Rates werden ÖVP, SPÖ und KPÖ anerkannt. →

11. 9.–2. 10. Die Außenministerkonferenz der Großmächte endet ohne Ergebnis über Friedensverträge.

23. 9. Die Tagesration für Normalverbraucher wird von 800 auf 1500 Kalorien angehoben.

24. 9. Die Bundesländer treffen zu einer gesamtösterreichischen Länderkonferenz zusammen. →

1. 10. Der Alliierte Rat beschließt die Wiederherstellung der Pressefreiheit.

1. 10. Der Postverkehr wird in ganz Österreich wieder aufgenommen.

8. 10. Die Identitätskarte wird eingeführt. →

20. 10. Die Provisorische Staatsregierung wird von den Besatzungsmächten anerkannt (→ 4./9.7.).

10. 11. Die Gesetzgebung wird auf das ganze Bundesgebiet ausgedehnt.

12. 11. Wolfgang Pauli erhält den Nobelpreis für Physik.

25. 11. Der erste Nationalrat der Zweiten Republik wird gewählt. →

13.–20. 12. Die erste Währungsreform wird durchgeführt. →

20. 12. Das Kabinett Figl I tritt sein Amt an; Karl Renner wird zum Bundespräsidenten gewählt. →

21. 12. Der Bundeskanzler gibt die Regierungserklärung ab. →

24. 12. In einer Weihnachtsbotschaft wendet sich Bundeskanzler Leopold Figl an die Österreicher. →

GESTORBEN:

7. 4. Wien: Walter Barth (* 16.3. 1921), Widerstandskämpfer (erschossen).

8. 4. Wien: Alfred Huth (* 30.8. 1918), Hauptmann (gehängt).

8. 4. Wien: Rudolf Raschke (* 21.6. 1923), Oberleutnant (gehängt).

8. 4. Kirchstetten: Josef Weinheber (* 9.3.1892), Lyriker (Selbstmord).

15. 4. Klosterneuburg: Gunther Burstyn (* 6.7.1879), Erfinder des Panzerwagens.

30. 4. Berlin: Adolf Hitler (* 20.4. 1889), NS-Politiker (Selbstmord).

2. 8. Berlin: Emil Nikolaus von Reznicek (* 4.5.1860), Komponist.

20. 8. New York: Alexander Roda Roda (eigtl. A. Friedrich Rosenfeld; * 13.4.1872), Satiriker.

26. 8. Beverly Hills (USA): Franz Werfel (* 11.9.1890), Schriftsteller. →

15. 9. Mittersill: Anton von Webern (* 3.12.1883), Komponist (erschossen). →

26. 9. New York (USA): Richard Beer-Hofmann (* 11.7.1886), Schriftsteller.

18. 10. Zürich: Felix Salten (eigtl. Siegmund Salzmann; * 6.9.1869), Feuilletonist und Schriftsteller.

22. 12. Oxford (Großbritannien): Otto Neurath (* 10.12.1882), Philosoph. →

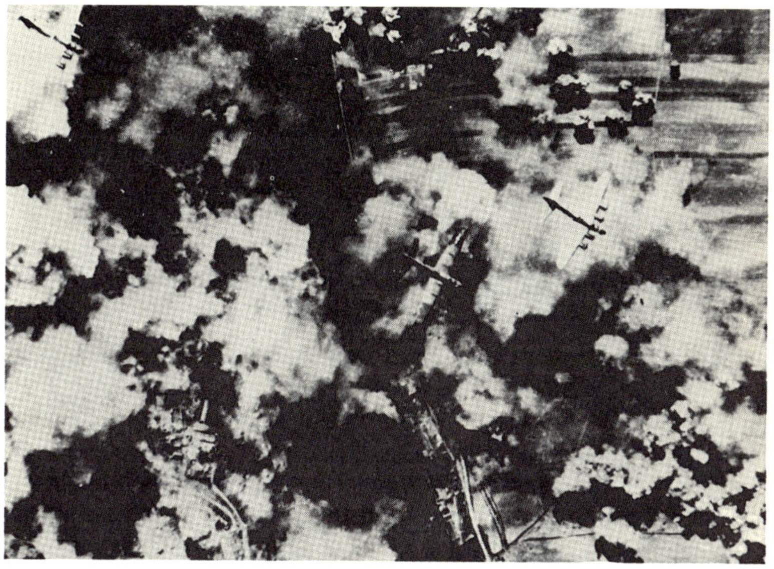

Der erste alliierte Luftangriff auf Wiener Neustadt im August 1943

Angriffe aus der Luft

16./25./26. 4. Noch in den letzten Kriegstagen fliegen die Alliierten schwere Luftangriffe auf österreichische Städte, denen hunderte von Zivilisten zum Opfer fallen.

Am 16. April fliegt die britische Luftwaffe in der Nacht einen schweren Angriff auf Villach (Kärnten). Drei Stunden dauert ein US-amerikanischer Fliegerangriff am 25. April auf Linz und Wels in Oberösterreich. Einen Tag später, am 26. April, ist Lienz (Osttirol) das Ziel eines US-amerikanischen Luftangriffs.

Österreich hatte bis 1943 als »Luftschutzkeller des Reiches« gegolten, denn es war von Angriffen aus der Luft verschont. Erst als die US-Luftwaffe von Tunesien aus starten konnte, wurden Süddeutschland und Österreich in den Luftkrieg einbezogen. Der erste Angriff erfolgte am 13. August 1943 auf die Flugzeugwerke in Wiener Neustadt.

Insgesamt fielen auf Österreich bis zum Kriegsende etwa 70 000 t Spreng- und Brandbomben. Es gab in Österreich 151mal Fliegeralarm, davon 101mal allein in Wien. Die schwersten Luftangriffe auf die Stadt erfolgten am 10. September 1944, am 7. Februar und am 12. März 1945, als die Stephanskirche, die Oper, der Heinrichshof, das Burgtheater und das Kunsthistorische Museum schwer beschädigt, in der Kärntnerstraße und im Kaiviertel Zerstörungen angerichtet wurden.

Von Luftangriffen betroffene Städte

	Angriffe	Tote	Gebäudeschäden (in % des Bestandes)
Wien	53	8769	28
Graz	56	1980	33
Linz	22	1679	33
Wiener Neustadt	29	790	88
St. Pölten	10	591	39
Salzburg	16	531	32
Innsbruck	22	504	60
Klagenfurt	48	477	69
Villach	37	266	85
Knittelfeld	20	218	?
Attnang-Puchheim	1	203	53
Feldkirch	1	168	?
Solbad Hall	2	72	?
Zeltweg	9	37	28

Zerstörungen am Stephansdom durch einen alliierten Luftangriff

Bei Waidhofen an der Ybbs: US-Truppen mit deutschen Kriegsgefangenen

Amerikanische Armee vor dem Gauhaus in Innsbruck (Archiv Pfaundler)

Letzte schwere Kämpfe in Österreich

8. Mai. Am Tage der Kapitulation des Deutschen Reiches sind auch die Kampfhandlungen des Zweiten Weltkriegs auf österreichischem Boden beendet.

Auf der Ennsbrücke bei Enns treffen der kommandierende General des 20. Korps der US-amerikanischen 3. Armee, General W. H. Walker, und Generalleutnant Brinkow von der sowjetischen 4. Gardearmee zusammen. Letzte Gefechte werden aus dem Raum um die Burg Kreuzenstein (Niederösterreich) gemeldet. Die deutschen Truppen in Westösterreich haben bereits am 2. Mai kapituliert.

Österreich war, da Adolf Hitler bis zuletzt daran festhielt, Wien als Schlüsselstellung in Mitteleuropa zu halten, in den letzten Kriegsmonaten Schauplatz schwerster Kämpfe, besonders in Niederösterreich und im Ostalpenraum.

Die von deutscher Seite großspurig angekündigte und angepriesene »Alpenfestung« – eine vom Gauleiter von Tirol-Vorarlberg, Franz Hofer, zu errichtende Verteidigungslinie – brach jedoch wegen kaum vorhandener militärischer Mittel zusammen und war allein von propagandistischer Bedeutung.

Die Besetzung Österreichs durch die alliierten Truppen nimmt folgenden Verlauf:

Am 29. März überschreiten die ersten sowjetischen Kampfverbände bei Klostermarienberg im Burgenland die österreichische Grenze.

Am 5. April beginnt die »Schlacht um Wien«, die Anstrengung der Roten Armee zur Einnahme der Stadt, die am 13. erfolgreich abgeschlossen ist. Obwohl beide Seiten mit Elitetruppen operieren, sind die Schäden in der Stadt – verglichen mit anderen europäischen Großstädten – vergleichsweise gering, dank der geschickten Kampfführung der sowjetischen Marschälle Fjodor Tolbuchin und Rodion Malinowski, aber auch dank der Unterstützung der Roten Armee durch die österreichische Widerstandsbewegung.

Einen Monat nach den Sowjets überschreiten die Westalliierten die Grenzen Österreichs: Am 28. April dringen US-Truppen zwischen Pfronten und Vils in Tirol ein, einen Tag später überschreiten französische Soldaten bei Hohenweiler (Vorarlberg) die Grenze, britische Truppen ziehen am 6. Mai in Kärnten ein.

Folgen des »Anschlusses« – Bilanz

Verfolgung und Krieg fallen Tausende von Österreichern vom »Anschluß« bis zum Ende des Krieges zum Opfer:

▷ 247 000 zur deutschen Wehrmacht eingezogene Österreicher kehren nicht zurück, davon sind 76 200 dauernd Vermißte
▷ 24 300 österreichische Zivilisten kommen bei Kriegshandlungen und Luftangriffen ums Leben
▷ 65 459 österreichische Juden werden ermordet
▷ 2700 Österreicher werden hingerichtet
▷ 16 100 Österreicher sterben in Gestapo-Haft
▷ 16 500 Österreicher sterben in Konzentrationslagern
▷ 100 000 Österreicher sind zwischen drei Monaten und sieben Jahren in Kerkern oder Konzentrationslagern gewesen
▷ 71 000 Wohnungen werden durch Luftangriffe zerstört
▷ 101 000 Wohnungen werden durch Fliegerangriffe beschädigt

Die Schadenssumme der durch Luftangriffe verursachten Zerstörungen beträgt nach dem österreichischen Jahrbuch von 1945/46 im Mai 1945 (nach damaligen Preisen) 7534 Millionen Schilling, davon entfallen auf Wien 33 %, auf Niederösterreich 25 % und auf die Bundesbahnen rund 16 %.

Sowjetische Soldaten spielen zum Tanz auf den Straßen des von der Roten Armee besetzten Wien

Erste Provisorische Regierung

Die Provisorische Staatsregierung Österreichs mit Karl Renner (Mitte, mit Brille) als Staatskanzler

27. April. Der »Geburtstag« der Zweiten Republik: An diesem Tag wird die Selbständigkeit Österreichs proklamiert und die Provisorische Staatsregierung mit Karl Renner als Staatskanzler gebildet.

Karl Renner hatte am 4. April 1945 in Hochwolkersdorf (Niederösterreich) Kontakt mit sowjetischen Stellen aufgenommen, um menschliches Verhalten gegenüber der Zivilbevölkerung zu erreichen. Wegen seiner Rolle in der Ersten Republik und seines Ansehens als Sozialdemokrat erschien er den Sowjets als der geeignete Mann, um eine Konzentrationsregierung aller antifaschistischen Kräfte Österreichs zustande zu bringen. Am 5. April verpflichtete sich Renner, eine provisorische Regierung zu bilden.

Nach der Einnahme Wiens durch die Rote Armee am 13. April (→ 8.5.), der Zulassung von ÖVP, SPÖ und KPÖ (s. S. 542) und der Bestellung des Sozialdemokraten und ehemaligen militärischen Beraters des Schutzbundes, Theodor Körner, zum Bürgermeister von Wien (17.4.), traf Renner am 21. April in Wien ein. Dem Allparteienkabinett, das er am 27. April präsentiert, gehören zehn Sozialisten, neun Mitglieder der ÖVP, sieben Kommunisten und drei Parteilose an. Zur sog. »Staatskanzlei« gehören außer Staatskanzler Renner die Staatssekretäre Adolf Schärf (SPÖ), Leopold Figl (ÖVP) und Johan Koplenig (KPÖ). Die wesentlichen Artikel der Proklamation über die Selbständigkeit Österreichs lauten:

»*Art. I:* Die demokratische Republik Österreichs ist wiederhergestellt und im Geiste der Verfassung von 1920 einzurichten.

Art. II: Der im Jahre 1938 dem österreichischen Volke aufgezwungene Anschluß ist null und nichtig.

Art. III: Zur Durchführung dieser Erklärung wird unter Teilnahme aller antifaschistischen Parteirichtungen eine Provisorische Staatsregierung eingesetzt und vorbehaltlich der Rechte der besetzenden Mächte mit der vollen Gesetzgebungs- und Vollzugsgewalt betraut.«

Am 1. Mai wird die Bundesverfassung vom → 1. Oktober 1920 in der Fassung von 1929 in Kraft gesetzt.

Die Provisorische Staatsregierung wird von der Sowjetunion sofort anerkannt. Ihr Wirkungsbereich beschränkt sich zunächst auf den sowjetisch besetzten Teil Österreichs, da die Westalliierten die Anerkennung verweigern (→ 4./9.7). Die Widerstandsgruppe 05 unterstellt sich der Provisorischen Regierung.

Wiens Bürgermeister Theodor Körner

Die erste Zeitung von Österreichern

23. April. »Österreicher! Zum ersten Mal seit sieben Jahren dürft Ihr nun wieder in aller Öffentlichkeit mit diesem uns allen so teuren Namen angesprochen werden. Die von Millionen Menschen unseres Vaterlandes so lange und so heiß ersehnte Stunde der Befreiung von der nazistischen Zwangsherrschaft ist gekommen«, mit diesen Worten wendet sich die Tageszeitung »Neues Österreich«, die erste wieder von Österreichern gestaltete Zeitung, in ihrer ersten Ausgabe an die Bevölkerung. Chefredakteur ist Ernst Fischer.

Registrierung von NS-Mitgliedern

8. Mai. Als eine ihrer ersten Amtshandlungen erläßt die Provisorische Staatsregierung das Gesetz über das Verbot der NSDAP. Alle Personen, die zwischen dem 1. Juli 1933 und dem 27. April 1945 der NSDAP oder einer ihrer Gliederungen angehört haben, müssen sich registrieren lassen. Das Gesetz kann vorerst nur im sowjetisch besetzten Gebiet Österreichs in Kraft treten, da die Regierung Renner von den westlichen Alliierten, die in ihren Zonen die Entnazifizierung selbst durchführen, noch nicht anerkannt ist.

Letzte Kriegstage

4.–11. 2. Auf der Jalta-Konferenz treffen die UdSSR, die USA und Großbritannien Vereinbarungen über die Neugestaltung Europas nach Kriegsende.
13. 2. Die Rote Armee erobert Budapest.
13./14. 2. Die Westalliierten fliegen schwere Luftangriffe auf Dresden.
12. 3. Bei einem Luftangriff auf Wien wird u. a. die Stephanskirche beschädigt.
14. 3. Der Generalangriff der Westalliierten an der Westfront beginnt.
16. 3. Die sowjetische Offensive zwischen Plattensee und Donau wird gestartet; Ziel: Wien.
29. 3. Sowjetische Truppen überschreiten die österreichische Grenze im Burgenland.
5. 4. Um 8 Uhr früh beginnt die Einnahme Wiens durch die Rote Armee.
8. 4. Ein Großbrand breitet sich in Wien aus; der Dachstuhl der Stephanskirche in Flammen.
11. 4. Mitglieder der Widerstandsgruppe 05 errichten im Palais Auersperg in Wien die erste österreichische Zivilgewalt.
12. 4. Nach dem Tod von Franklin D. Roosevelt wird Harry S. Truman neuer US-Präsident.
13. 4. Die »Schlacht um Wien« ist beendet.
17. 4. Theodor Körner wird Bürgermeister von Wien.
27. 4. Die Provisorische österreichische Regierung Renner wird gebildet.
28. 4. US-Truppen überschreiten die österreichische Grenze in Tirol.
28. 4. Benito Mussolini wird erschossen.
29. 4. Französische Soldaten überschreiten die österreichische Grenze im Vorarlberg.
30. 4. Adolf Hitler begeht in der Reichskanzlei in Berlin Selbstmord.
2. 5. Deutsche Truppen in Westösterreich, Berlin und Oberitalien kapitulieren.
3. 5. US-Truppen marschieren in Innsbruck ein, wo am Vortag die 05 die Verwaltung übernommen hat.
6. 5. Britische und US-Truppen dringen in Kärnten ein.
8. 5. Deutschland kapituliert.

Wiederbesinnung auf die österreichische Kultur

Mitten in Bombenruinen beginnt das kulturelle und wissenschaftliche Leben sich wieder zu regen. Die Wiener Philharmoniker geben wieder Konzerte, Oper und Burgtheater nehmen den Spielbetrieb auf, die Salzburger Festspiele finden wie gewohnt statt, die Universitäten und Volkshochschulen werden geöffnet, die ersten Zeitungen erscheinen, der Rundfunk strahlt wieder Programme aus.

Die äußeren Bedingungen sind denkbar schlecht: Die Oper, deren Gebäude durch einen Bombenangriff während der letzten Kriegstage zerstört wurde, ist auf das Ausweichquartier der Volksoper (ab Herbst 1945 auch Theater an der Wien), das Burgtheater auf das Ronacher-Gebäude angewiesen. Bei der materiellen Ausstattung, aber auch bei der Besetzung gibt es Probleme: Viele Künstler sind der Verfolgung durch das NS-Regime oder dem Krieg zum Opfer gefallen oder befinden sich noch im Exil, andere sind durch ihr nationalsozialistisches Engagement ins Zwielicht geraten (Karl Böhm und Herbert von Karajan haben z. B. zunächst Aufführungsverbot).

Der kulturelle Neubeginn steht ganz im Zeichen der Besinnung auf die Traditionen der österreichischen Kultur, der Schaffung eines Österreich-Bewußtseins – »Grillparzer, der Österreicher«, der Titel des ersten Vortrags in der wiedereröffneten Volkshochschule Wien-Ottakring ist dafür symptomatisch. Den »österreichischen Menschen« sucht der Historiker Alphons Lhotsky bei den Babenbergern, bei Friedrich III., Franz Grillparzer und Romanfiguren von Adalbert Stifter.

23. 4. Die erste Nummer der Tageszeitung »Neues Österreich« erscheint.

24. 4. In Wien finden Versammlungen von Künstlern und Sportlern zwecks Wiederaufnahme des kulturellen und sportlichen Lebens statt.

24. 4. Als erstes Kino eröffnet in Wien das Filmtheater Apollo mit dem sowjetischen Film »Iwan IV.«.

27. 4. Das Festkonzert der Wiener Philharmoniker im Wiener Konzerthaus dirigiert Clemens Krauss.

28. 4. Die Volkshochschule Wien-Ottakring wird wieder eröffnet.

29. 4. In Wien nimmt die Radiostation RAVAG-Wien den Sendebetrieb auf.

30. 4. Das Wiener Burgtheater nimmt mit Franz Grillparzers »Sappho« im Ausweichquartier »Ronacher« den Spielbetrieb auf.

1. 5. Die Staatsoper eröffnet mit Wolfgang Amadeus Mozarts »Hochzeit des Figaro« unter Josef Krips in der Volksoper.

1. 5. Das Theater in der Josefstadt eröffnet mit »Hofrat Geiger«.

11. 5. Erstmals erscheint die »Grazer antifaschistische Zeitung«.

13. 5. Das Volkstheater in Wien eröffnet mit »Die Katakomben« von Davis.

19. 5. Das Akademietheater in Wien eröffnet mit »Hedda Gabler« von Henrik Ibsen.

26. 5. An der Hochschule für Welthandel in Wien wird der Vorlesungsbetrieb aufgenommen.

29. 5. Die Wiener Universität ist wieder eröffnet.

5. 6. Die Staatsoper spielt im Redoutensaal der Wiener Hofburg die Operette »Wiener Blut« von Johann Strauß.

6. 6. US-General Robertson eröffnet in Salzburg den Sender »Rot-Weiß-Rot«.

11. 6. Die Nummer 1 der von den Amerikanern herausgegebenen Tageszeitung »Oberösterreichische Nachrichten« erscheint in Linz.

7. 7. Das Mozarteumorchester gibt im Salzburger Mozarteum sein erstes Konzert nach dem Krieg.

2. 8. In Wien erscheinen wieder die »Arbeiterzeitung«, Organ der SPÖ, und »Das kleine Volksblatt« (ÖVP). Die KPÖ gibt die »Volksstimme« heraus.

12. 8. Die ersten Salzburger Festspiele nach dem Krieg werden eröffnet.

Am 14. wird Hugo von Hofmannsthals »Der Tor und der Tod« im Mozarteum aufgeführt.

26. 8. Die erste Ausgabe des »Wiener Kurier«, der Tageszeitung der US-Besatzungsmacht, erscheint.

11. 9. Die »Grazer Festspielwoche« wird eröffnet.

18. 9. Die erste Nummer der »Weltpresse«, der Tageszeitung der Briten, erscheint.

21. 9. Die »Wiener Zeitung« erscheint wieder.

Oktober. Die Vorlesungen an allen österreichischen Hochschulen werden wiederaufgenommen.

23. 10. Die »Salzburger Nachrichten« erscheinen mit ihrer ersten Ausgabe.

27. 10. Der »Verband geistig Schaffender« wird gegründet.

16. 11. Die Nummer 1 der Tageszeitung »Vorarlberger Nachrichten« erscheint.

Studenten beim Inskribieren nach der Eröffnung der Universität Wien

Österreich soll unteilbar sein

24. September. Die erste gesamtösterreichische Länderkonferenz in Wien beschließt die Erweiterung der Provisorischen Staatsregierung (→ 27. 4. 1945), die bisher allein in der sowjetischen Besatzungszone tätig werden konnte, durch Politiker der westlichen Bundesländer. Dies ist ein eindeutiges Bekenntnis zu einem unteilbaren Österreich.

In die Renner-Regierung werden u. a. Karl Gruber (ÖVP Tirol) als Unterstaatssekretär für Äußeres und Vinzenz Schumy (ÖVP Kärnten) als Unterstaatssekretär für Sicherung, Verwaltung, Planung und Verwendung öffentlichen Vermögens aufgenommen. Des weiteren einigt sich die Länderkonferenz auf Initiative der ÖVP auf die Abhaltung von freien Wahlen am → 25. November.

Besatzer oder Befreier?

Bereits vor der endgültigen Aufteilung der Besatzungszonen (→ 4./ 9. 7.) hatten sich provisorische Landesregierungen konstituiert. Mitte Mai begannen die Bezirkshauptmannschaften in allen Bundesländern wieder zu arbeiten.

Da die westlichen Besatzungsmächte der Renner-Regierung mißtrauten, war eine Annäherung der westlichen Bundesländer an die sowjetisch besetzten zunächst erschwert. Auf der ersten Konferenz der westlichen Bundesländer am 20. August in Salzburg wurden jedoch alle Vorschläge, eine eigene Regierung in West- und Südösterreich zu konstituieren, entschieden abgelehnt.

Übergang zur sowjetischen Zone, Linzer Donaubrücke

Die alliierten Stadtkommandanten von Wien

Die Besatzer haben das Sagen

4./9. Juli. Die interalliierte Beratungskommission für europäische Fragen (EAC, European Advisory Commission) der vier Siegermächte USA, UdSSR, Großbritannien und Frankreich unterzeichnet in London am 4. Juli das erste Kontrollabkommen über Österreich, fünf Tage später werden die endgültigen Grenzen der Besatzungszonen festgelegt. Österreich ist damit faktisch einer alliierten Militärregierung unterstellt. Höchstes Organ ist der Alliierte Rat, der zu einstimmiger Beschlußfassung verpflichtet ist. Seine Anordnungen werden vom Exekutivkomitee ausgeführt.

Die Besatzungszonen innerhalb der Grenzen Österreichs von 1937 werden wie folgt aufgeteilt:

▷ *Sowjetische Zone:* Niederösterreich, Burgenland, Oberösterreich nördlich der Donau (Mühlviertel)

▷ *US-amerikanische Zone:* Salzburg, Oberösterreich südlich der Donau, das steirische Ausseer Land

▷ *Britische Zone:* Kärnten, Osttirol, Steiermark ohne Ausseer Land

▷ *Französische Zone:* Vorarlberg und Tirol ohne Osttirol.

Wien wird in fünf Sektoren geteilt, jede Besatzungsmacht verwaltet einen Sektor, der 1. Bezirk (Innere Stadt) wird gemeinsam (monatlich wechselnd von einer Besatzungsmacht) verwaltet. Am 24. Juli nehmen die Alliierten die Besatzungszonen ein, am 1. September die Sektoren in Wien.

Auf der Potsdamer Konferenz (17.7.–2.8.) der »großen Drei« – Josef Stalin, Winston Churchill und Harry S. Truman für den verstorbenen Franklin D. Roosevelt – wird beschlossen, von Österreich keine Reparationen zu verlangen, ausgenommen die Ansprüche auf Deutsches Eigentum (→ 15.7. 1946). Die Sowjetunion kann sich mit der Forderung nach Ausdehnung der Gewalt der Provisorischen Regierung auf ganz Österreich nicht durchsetzen; die Westalliierten mißtrauen der Renner-Regierung, war sie doch von den Sowjets einseitig »in den Sattel gehoben« worden. Erst nach der Konstituierung des Alliierten Rates der vier Militärkommissare am 11. September – Marschall Iwan Konjew für die Sowjetunion, General Mark Clark für die Vereinigten Staaten, Generalleutnant Richard McCreery für Großbritannien, Korpsgeneral Emile Béthouart für Frankreich – und der Erweiterung der Regierung auf der gesamtösterreichischen Länderkonferenz am → 24. September erklären sich die Westmächte zur Anerkennung der Regierung Renner bereit.

Am 20. Oktober beschließen die Militärkommissare die »Ausdehnung der Autorität der erweiterten Provisorischen Regierung Renner auf ganz Österreich«, mit der Auflage, daß die Renner-Regierung die Kontrollbefugnisse des Alliierten Rates anerkennt und sich zur Abhaltung von freien Wahlen verpflichtet (→ 25. 11.). Die Weichen für ein selbständiges demokratisches Österreich sind damit gestellt.

Der Alliierte Rat übt nunmehr lediglich die oberste Kontrolle über die österreichische Regierung aus. Alle Gesetze bedürfen der einstimmigen Zustimmung dieses Gremiums, um in Kraft treten zu können.

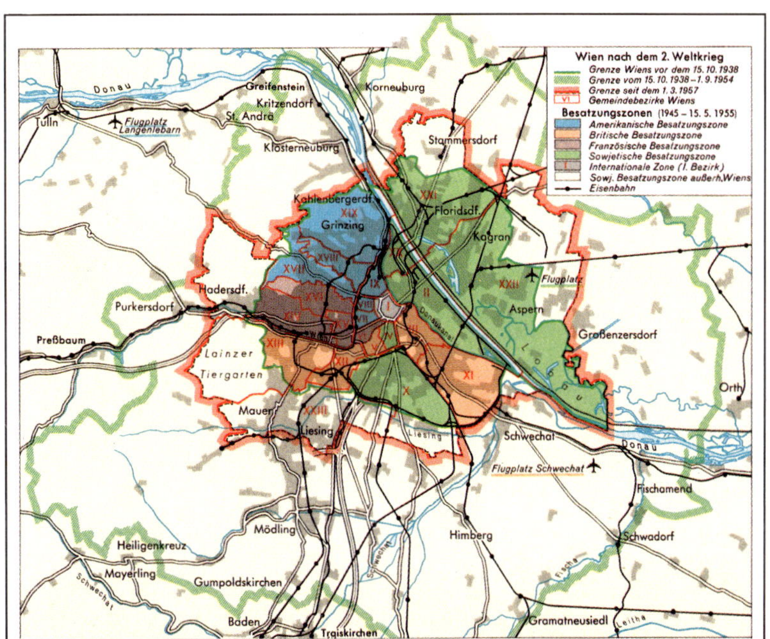

Aufruf an das Volk Österreichs

Auf seiner ersten Sitzung am 11. September, auf der die Zulassung der drei Parteien ÖVP, SPÖ und KPÖ in ganz Österreich beschlossen wird, verabschiedet der Alliierte Rat einen Aufruf an das österreichische Volk, in dem es u. a. heißt:

»Der Alliierte Rat sieht seine nächste Aufgabe darin, eine feste, politische, wirtschaftliche und kulturelle Grundlage für die Wiederherstellung eines wahrhaft demokratischen, freien und unabhängigen Österreichs und für die Sicherstellung eines dauernden Friedens zu schaffen.

Die dringendsten Aufgaben sind die Wiedervereinigung und der wirtschaftliche Aufbau des Landes sowie die Beseitigung der Kriegsfolgen und der Hitler-Mißwirtschaft und jedes deutschen Einflusses auf das gesamte Leben Österreichs. Völlige Gleichberechtigung der Rassen und Religionsfreiheit werden durch das Gesetz geschützt werden. Die alliierten Behörden werden den demokratischen Parteien völlige Freiheit gewähren, ihren politischen Ansichten durch Presse, im Rundfunk und in öffentlichen Versammlungen Ausdruck zu geben, als eine notwendige Maßnahme zur Vorbereitung von freien Wahlen. Die Abhaltung dieser Wahlen wird erfolgen, sobald die Umstände es gestatten.

Es ist unmöglich, die Aufgabe der Wiederherstellung eines freien österreichischen Staates zu erfüllen, ohne tatkräftigen, andauernden und entschlossenen Kampf gegen die Überreste des Nazismus und seine Träger auf allen Gebieten des politischen, kulturellen und wirtschaftlichen Lebens des Landes. Jede Spur von nazistischem und großdeutschem Einfluß und jeder Anschein des deutschen Militarismus muß ausgemerzt werden, um sämtliche Voraussetzungen zur Wiederholung einer deutschen Aggression zu vernichten . . .

Die Wiederherstellung des freien, unabhängigen und demokratischen Österreich muß Sache des österreichischen Volkes selbst werden!«

Figl gewählter Bundeskanzler

25. November/20. Dezember. Aus den Nationalratswahlen am 25. November geht die Österreichische Volkspartei (ÖVP) als Sieger hervor. Sie erreicht 85 der 165 Mandate des Nationalrats, bei einem Stimmenanteil von 49,80%, die Sozialistische Partei Österreichs (SPÖ) erhält 76 Mandate (44,60%), die Kommunistische Partei Österreichs (KPÖ) 4 Mandate (5,41%). Nur knapp dreieinhalb Millionen Österreicher sind wahlberechtigt; ausgeschlossen sind alle ehemaligen NSDAP-Mitglieder (→ 8.5.), außerdem befinden sich noch viele Männer in Kriegsgefangenschaft. Die gleichzeitig abgehaltenen Wahlen zu den neun Landtagen haben ähnliche Ergebnisse.

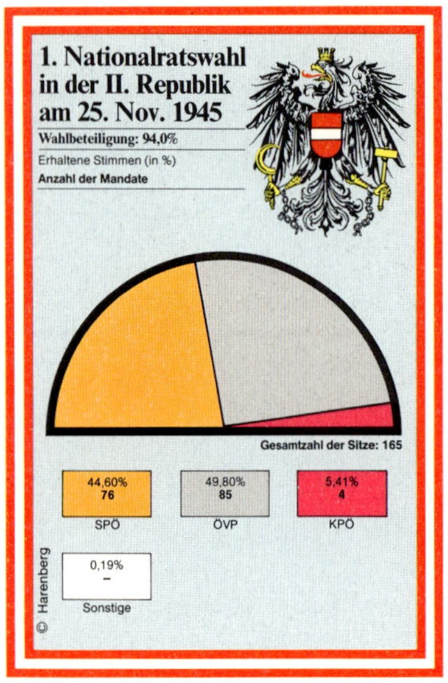

Am 18. Dezember wird das Allparteienkabinett mit Leopold Figl (ÖVP) als Bundeskanzler und Adolf Schärf als Vizekanzler (SPÖ) aufgrund des Wahlergebnisses vom Alliierten Rat anerkannt. Der Regierung gehört ein KPÖ-Minister an. Am Tag darauf wird das österreichische Parlament, der Nationalrat, feierlich eröffnet. Zum Präsidenten wird Leopold Kunschak (ÖVP), zum Zweiten Präsidenten Johann Böhm (SPÖ) gewählt, die Bundesverfassung wird vom Nationalrat anerkannt.

Am 20. Dezember tritt die Renner-Regierung zurück. Karl Renner wird in Anerkennung seiner Verdienste von der Nationalversammlung (National- und Bundesrat) einstimmig zum Bundespräsidenten gewählt.

Das Österreich von morgen bauen

21. Dezember. Einen Tag nach dem Rücktritt der Provisorischen Regierung Renner gibt Bundeskanzler Leopold Figl seine Regierungserklärung ab, in der es u. a. heißt:

»Das Österreich von morgen wird ein neues, ein revolutionäres Österreich sein. Es wird von Grund auf umgestaltet und weder eine Wiederholung von 1918 noch von 1933 noch eine von 1938 werden … Namens der neuen Regierung, die sich selbst als die Vertreterin der kommenden Generation in diesem Staat fühlt, rufe ich die Jugend zum Neuaufbau Österreichs. Wir wollen das neue, das junge Österreich, wir wollen Euer Österreich bauen!«

Die Identität ist nachzuweisen

8. Oktober. Für alle Österreicher gibt es von nun an eine Identitätskarte (in den vier Sprachen deutsch, englisch, französisch und russisch), deren Einführung die vier Besatzungsmächte in ihrer Deklaration vom → Juli beschlossen haben.

Die Identitätskarte ist beim Passieren der Grenzen zwischen den Besatzungszonen unaufgefordert vorzuzeigen.

Die Zonengrenzen zwischen den westlichen Alliierten können fast ohne Kontrolle überschritten werden, die Übergänge in die sowjetische Besatzungszone werden von Angehörigen der Roten Armee aber scharf kontrolliert.

Bezahlt wird mit Schilling

13.–20. Dezember. Die erste Währungsreform in Österreich wird durchgeführt: Der Schilling wird wieder gesetzliches Zahlungsmittel. Reichsmark und »Alliierte Militärschillinge« werden im Verhältnis 1:1 umgetauscht.

Pro Kopf der Bevölkerung werden jedoch nur 150 Reichsmark gegen die neuen Schillinge gewechselt, das übrige Geld befindet sich auf Sperrkonten (insgesamt etwa vier Milliarden Reichsmark). Bis April 1945 entstandene Konten werden zu 60% gesperrt, 40% sind in Ausnahmefällen – für die ein Dringlichkeitsnachweis zu erbringen ist – verfügbar.

Bürgermeister Körner

Bürgermeister der Stadt Wien ist seit dem 17. April Theodor Körner, der der sowjetischen Besatzungsmacht als Sozialdemokrat und Widerstandskämpfer als besonders geeignet für die Repräsentation des »neuen Österreichs« erscheint. Körner war 1915–1918 Generalstabschef der Isonzoarmee und in der Ersten Republik maßgeblich am Wiederaufbau des österreichischen Heeres beteiligt. 1924–1933 als Mitglied der sozialdemokratischen Fraktion Bundesratsabgeordneter, war Körner 1934 und nach dem mißglückten Hitler-Attentat am → 20. Juli 1944 erneut inhaftiert (Abb.: Körner mit Georg V. Palmer [l.] und Thomas E. Lewis bei der Übergabe der obersten Leitung der interalliierten Kommission am 15. 10.).

Drei Parteien zur Wahl zugelassen

Die drei Parteien, die sich um die Gunst der Wähler bei den Nationalratswahlen bewerben, sind bereits Mitte April 1945 von den Sowjets in ihrer Besatzungszone und auf der ersten Sitzung des Alliierten Rates am 11. September in ganz Österreich zugelassen worden.

Alle drei Parteien teilen das Bekenntnis zu einem unabhängigen Österreich und die Bereitschaft, aus den schweren politischen Fehlern der Vergangenheit zu lernen.

▷ **Die Sozialistische Partei Österreichs (SPÖ).** Sie wurde am 14. April als Nachfolgerin der früheren Sozialdemokratischen Partei gegründet, ein Zusammenschluß der ehemaligen Sozialdemokraten mit den Revolutionären Sozialisten unter der Leitung von Adolf Schärf. Die Partei verfolgt das Ziel eines demokratischen Sozialismus.

▷ **Die Österreichische Volkspartei (ÖVP).** Die Partei, die sich am 17. April im Wiener Schottenstift konstituierte, ist als Nachfolgerin der Christlichsozialen Partei anzusehen, allerdings in klarer Distanz zu den autoritären und klerikalen Ideen der Vaterländischen Front. Unter der Führung von Leopold Kunschak und Felix Hurdes wendet sich die Partei an die nichtsozialistischen demokratischen Teile der Bevölkerung.

▷ **Die Kommunistische Partei Österreichs (KPÖ).** Sie erhielt als einzige Partei ihre Führung aus dem Exil: Ernst Fischer und Johann Koplenig aus Moskau und Franz Honner aus Jugoslawien. Ihr Ziel ist die Errichtung einer Volksdemokratie in Österreich. Die Partei rühmt sich ihrer besonderen Beziehungen zur Sowjetunion, wird jedoch von vielen Wählern als verlängerter Arm der Besatzungsmacht angesehen und erringt deshalb bei den Nationalratswahlen nur 5,41% der Stimmen.

Expressionist und religiöser Dichter

26. August. Kurz vor Vollendung des 55. Lebensjahres stirbt in Beverly Hills (Kalifornien) der Schriftsteller Franz Werfel. Anfangs als expressionistischer Dichter hervorgetreten (»Der Spiegelmensch«, 1921) wandte er sich in der Spätphase religiösen Themen zu (»Das Lied von Bernadette«, 1941).

Franz Werfel

Tödlicher Irrtum: Webern erschossen

15. September. Auf tragische Weise kommt der Komponist Anton von Webern im Alter von 62 Jahren ums Leben. Bei einer Hausdurchsuchung wegen Schwarzhandels durch US-amerikanische Besatzungssoldaten wird er, als er vor die Tür seines Hauses im salzburgischen Mittersill tritt, um sich eine geschenkte Zigarre anzuzünden, von einem Soldaten erschossen. Webern war ab 1927 als Dirigent, ab 1930 auch als Lektor bei der RAVAG, der österreichischen Rundfunkanstalt, tätig. Wegen seiner kompromißlosen Haltung wurde ihm nach 1934 jede öffentliche Tätigkeit unmöglich. Weberns musikalische Entwicklung ging von spätromantisch beeinflußten Werken über die freie Atonalität bis zur Zwölftonmusik.

Neurath – Erfinder der Bildersprache

22. Dezember. In Oxford (Großbritannien) stirbt im Alter von 61 Jahren der aus Wien gebürtige Universitätsprofessor Otto Neurath.
Neurath war Nationalökonom und Soziologe und gehörte als führender Philosoph dem »Wiener Kreis« des logischen Empirismus an. Internationale Anerkennung hat außerdem die Entwicklung der »Wiener Methode« der Bildstatistik und der internationalen Bildersprache ISOTYPE durch Neurath und den Graphiker Gerd Arntz gefunden.

Frauen bemühen sich, für ihre Familie ein wenig Abfallholz zum Heizen zu ergattern

Trümmer, Elend und Not – Weihnachten im Frieden

24. Dezember. Die ersten Weihnachten im Frieden – es gibt kaum eine Familie, die diesen Festtag mit echter, ungeteilter Freude begehen kann. Die allerwenigsten Familien sind vollzählig beisammen. Wo nicht ein der Verfolgung zum Opfer Gefallener oder ein Kriegstoter zu beklagen ist, gibt es einen politisch Verschleppten oder zumindest einen Vermißten – irgendwo in Europa oder in den Vereinigten Staaten in einem Kriegsgefangenenlager.
Die materielle Not ist groß, Lebensmittel sind knapp, Heizmaterial nur spärlich vorhanden. Die Preise auf dem schwarzen Markt sind kaum zu bezahlen: Ein Kilogramm Schmalz kostet 1000 Schilling, ein Kilogramm Fleisch (keineswegs das beste) 600 Schilling und selbst ein Brot noch 40 Schilling, und das alles bei äußerst geringen Familieneinkommen.
Waren und Güter, die von den Zerstörungen des Krieges verschont geblieben sind, werden gegen das Lebensnotwendige getauscht. Auch amtlicherseits gedeiht der Tauschhandel. Wer in Wien 200 Kilogramm Glasscherben den Behörden abliefert, erhält den Bezugsschein für eine Fensterscheibe in der Größe eines Quadratmeters.
Die Stromversorgung in den österreichischen Großstädten ist arg gedrosselt. In Wien z.B. darf ein Haushalt von ein bis zwei Personen pro Tag nur zwei Kilowatt verbrauchen; in jedem Wohnraum darf nur eine einzige Lampe von 25 bis 40 Watt verwendet werden.

Lebensmittel sind knapp

Der Heilige Abend ist also auch im wörtlichen Sinne »düster«, aber die materielle Not wird in Kauf genommen, da der Krieg endlich zu Ende ist.
Bundeskanzler Leopold Figl wendet sich mit einer Weihnachtsansprache an das österreichische Volk. Erschüttert klingt seine Stimme, aber seine Rede ist überzeugend:
»Ich kann Euch zu Weihnachten nichts geben. Ich kann Euch für den Christbaum, wenn Ihr überhaupt einen habt, keine Kerzen geben. Ich kann Euch keine Gaben für Weihnachten geben. Kein Stück Brot, keine Kohlen zum Heizen, kein Glas zum Einschenken. – Wir haben nichts. Ich kann Euch nur bitten: *Glaubt* an dieses Österreich.«

Die Schäden durch Luftangriffe sind immer noch unübersehbar

Die Zweite Republik 1945–1984

Die ersten Stunden und Tage der Zweiten Republik waren noch vom Kanonendonner und den letzten Widerständen der Deutschen Wehrmacht überschattet, denn der Krieg war auf österreichischem Boden noch nicht zu Ende. Der »Führer und Reichskanzler« Adolf Hitler schrie noch immer seine Durchhalteparolen in den Äther, die nationalsozialistische Machtmaschinerie füsilierte noch ihre letzten Opfer, als am 27. April 1945 die Provisorische Regierung der Republik Österreich zu arbeiten begann.

Phoenix aus der Asche

Österreich gab es also wieder – doch wie sah es aus? Schier unübersehbare Schuttberge in den Städten, nur wenige befahrbare Bahnkilometer – falls Kohle und Lokomotiven überhaupt vorhanden waren – ruinierte Straßen und Brücken, eine kaum funktionierende Strom- und Gasversorgung und eine unvorstellbare Lebensmittelknappheit beherrschten die Szene. Nur ganz wenige Landstriche, – meist die hochgelegenen und abgeschiedenen, übrigens immer schon ärmeren Gebirgstäler – waren von Kriegsschäden teilweise kaum betroffen.

Gemäß den Beschlüssen, die von den Alliierten im Februar 1945 in Jalta gefaßt worden waren, wurden in Österreich vier Besatzungszonen eingerichtet. Oberösterreich nördlich der Donau mit Niederösterreich und Burgenland gehörte zur sowjetischen Zone, der Süden Oberösterreichs sowie Salzburg standen unter amerikanischer Verwaltung, die britische Zone umfaßte Steiermark, Kärnten und Osttirol, die Franzosen verwalteten Tirol und Vorarlberg. Wien wurde in vier Zonen geteilt.

Die Bildung einer provisorischen Regierung unter dem 74jährigen Karl Renner erfolgte im sowjetisch besetzten Ostteil Österreichs. Schon 1918 war Renner als aktiver und verantwortlicher Politiker ein Mann der ersten Stunde gewesen. Fast gleichzeitig meldeten drei politische Parteien ein Mitspracherecht an: Die dem christlichsozialen Gedankengut verwandte ÖVP, geläutert um die Torheit des autoritären Ständestaates; die sozialistische SPÖ, ohne radikalen Flügel und die kommunistische KPÖ, die sich von der sowjetischen Besatzungsmacht gestützt fühlte. Die Erfahrungen der Kriegsjahre, der Gefängnisse und Konzentrationslager hatten eine Annäherung und Zusammenarbeit der Politiker unterschiedlicher politischer Richtungen möglich gemacht.

Am 20. Oktober 1945 wurde die Provisorische Regierung auch von den drei westlichen Besatzungsmächten anerkannt, sodaß die Einheit Österreichs nicht gefährdet war. Über ein halbes Jahr verging allerdings, ehe die Österreicher in Ost und West zusammenkamen. Bei der ersten Nationalratswahl am 25. November 1945 zeigte sich, daß auch das Volk die Zusammenarbeit der beiden Großparteien ÖVP und SPÖ wünschte. Karl Renner wurde zum Bundespräsidenten gewählt. Als der erste Bundeskanzler, Leopold Figl, in seiner ersten Weihnachtsrede den Österreichern nichts versprach, weil er nichts versprechen konnte, aber um den Glauben an Österreich bat, verstand ihn das ausgehungerte, frierende und so mancher Besatzungswillkür ausgelieferte Volk.

Nahezu unvorstellbare Schwierigkeiten wurden in den ersten Jahren überwunden. Ruinen und Schuttberge wurden abgetragen und mit oft primitivsten Behelfen Werkstätten und Fabriken wieder in Betrieb genommen. Die Besatzungsmächte unterstützten zwar den Aufbauwillen, beeinträchtigten aber andererseits die Durchführung durch ihre Bevormundung und Uneinigkeit.

»Wenn der Steffl wieder wird, so wie er war« sangen nicht nur die Wiener, sondern alle Österreicher, und das ganze Land spendete für die Instandsetzung des Domes. Schon im ersten Jahrzehnt der neuen Republik war die Bilanz nicht nur ein gelungener Wiederaufbau, der nicht zuletzt durch die Marshallplanhilfe in Höhe von 1,6 Milliarden Dollar ermöglicht wurde, sondern auch die Verwirklichung neuer Vorhaben. Nicht nur Straßen und Brücken oder der Ausbau der Wasserkraft wurden bestaunt, ein neu entwickeltes Stahlverfahren aus Linz und Donawitz ließ sogar die Welt aufhorchen und wurde ein Exportschlager.

Den österreichischen Politikern dieses Jahrzehnts darf man diplomatisches Geschick, Schlauheit und Standfestigkeit nachsagen. Diese Eigenschaften befähigten sie, die Last der Besatzung teilweise in Hilfeleistung umzusetzen. Doch auf die Dauer war diese Politik nervenaufreibend und teuer. Darum war das Ende der Besatzungszeit eine dringende Notwendigkeit – mit der Unterzeichnung des Staatsvertrages am 15. Mai 1955 war auch dies erreicht.

Unabhängig und neutral

Österreich ist frei – unabhängig und neutral. Die »immerwährende Neutralität« verabschiedete der Nationalrat am 26. Oktober 1955 gegen die Stimmen der »dritten Kraft« im Lande, obwohl die diesbezügliche Entschließung am 7. Juni einstimmig erfolgt war. Diese dritte Kraft, die spätere FPÖ (Freiheitliche Partei Österreichs) hatte sich in der Parteienlandschaft bei den Wahlen 1949 erstmals etabliert und immerhin 11,67 % der Wählerstimmen erhalten. Im Laufe der Jahre verloren die Liberalen zwar die Hälfte ihres Stimmenanteils, blieben aber trotzdem eine Opposition, die gehört werden mußte. Mit den Nationalratswahlen 1959 verfehlten die Kommunisten ein Grundmandat und waren von da an nicht mehr im Parlament vertreten.

Die Regierung wurde bis 1966 von einer Koalition von ÖVP und SPÖ gebildet. Querelen um das Habsburgergesetz, den Status des österreichischen Rundfunks und innerparteiliche Konflikte führten Mitte der 60er Jahre zu einer Lockerung der Koalition.

Mit der Nationalratswahl von 1966 errang die ÖVP durch einen Stimmenanteil von 48,35 % die absolute Mehrheit und Bundes-

kanzler Josef Klaus bildete sein zweites Kabinett als ÖVP-Alleinregierung. Bei der nächsten Wahl drehte sich das Ergebnis um, und die SPÖ wurde die stärkste Partei im Land. Bruno Kreisky bildete seine erste Regierung und blieb mit seiner SPÖ-Alleinregierung dreizehn Jahre lang, bis 1983, im Amt.
Kreisky gelang es, Österreich wieder internationale Anerkennung zu verschaffen. Er bemühte sich um den Ost-West-Dialog und versuchte, im Nahostkonflikt vermittelnd einzugreifen.
Die Förderung des Sozialstaates führte zu einer anwachsenden Staatsverschuldung, wenngleich noch immer in einem erträglichen Ausmaß im Verhältnis zu den meisten anderen Staaten. Wirtschaftliche Rezession und die Absatzprobleme aller Industriestaaten schlugen auch auf Österreich durch und zeitigten erstmals wieder das Arbeitslosenproblem. Die Summe dieser Entwicklung führte bei der Nationalratswahl 1983 zum Verlust der absoluten Mehrheit der SPÖ, und Bundeskanzler Kreisky überließ die weitere Regierung seinem Vizekanzler und langjährigen Unterrichtsminister Fred Sinowatz. Da die Gesprächsebene zur wieder erfolgreicher werdenden ÖVP zu dünn war, bildete nun die SPÖ eine Koalitionsregierung mit der kleinen FPÖ.

»Österreich als Ausdruck der Weltkultur«

Unter diesem Titel hielt 1977 der Staatspräsident von Senegal, Literaturnobelpreisträger Leopold Sédar Senghor, die eindrucksvolle Festrede zur Eröffnung der Salzburger Festspiele.
Kunst und Kultur sind stets Ausdruck der Zeit. Besonders der bildende Künstler ist davon abhängig. Umso erstaunlicher, daß in dem kleinen Österreich während der Phase seines Wiederaufbaues die Malerei einen neuen Stil des Ausdrucks fand – die »Wiener Schule des phantastischen Realismus«, der Künstler wie Arik Brauer, Rudolf Hausner, Ernst Fuchs und Wolfgang Hutter angehören; daß österreichische Literatur (u.a. Ingeborg Bachmann) und österreichische Musik mit Erfolg in die Welt getragen werden.

»Österreich – Spiegel und Modell Europas«

Dies stellte Papst Johannes Paul II. bei seinem Besuch in Österreich im September 1983 fest.
Spiegel eines Kontinents zu sein, oder zu scheinen, ist ehrenvoll, doch auch problematisch. Wenn sich hier das vielschichtige Europa widerspiegelt, so bedeutet dies, daß sich in einem der kleinsten Länder dieses Erdteils dessen positive und negative Eigenschaften erkennen lassen.
Modell für einen ganzen Erdteil zu sein ist mehr eine Verpflichtung als existente Ehre. Wenn Österreich Modell ist, dann durch die Tatsache, daß es möglich war, ein kleines, von vielen großen umgebenes, zwangsläufig abhängiges Land wieder zu errichten und es in innerem und äußerem Frieden zu erhalten. Dieses Modell der Konzilianz war, und das muß hier angefügt werden, nur möglich mit und durch die bitteren Erfahrungen, die Österreich aus seiner Geschichte, vor allem der jüngsten Vergangenheit, gelernt haben dürfte. Es muß leider dürfen heißen, denn nun gilt es, dies für die Zukunft weiter zu erhalten, vor allem weiterzugeben.

1946

2. 1. Der Postverkehr mit dem Ausland, mit Ausnahme Deutschlands und Japans, wird wieder aufgenommen.

6. 1. General Mark Wayne Clark übergibt Bundeskanzler Leopold Figl die Reichskleinodien.→

7. 1. Die vier Besatzungsmächte anerkennen die Bundesregierung.

22. 1. Die Agréments für die diplomatischen Vertreter bei den Regierungen Frankreichs, Großbritanniens und der USA werden erfüllt.

23. 1. Die diplomatischen Beziehungen zur Sowjetunion werden aufgenommen.

10. 3. Auf dem ersten Städtetag in der Zweiten Republik wird der Österreichische Städtebund gegründet.

22. 3. Die Bundesregierung legt den ersten Bundesvoranschlag für 1946 vor. Er ist in der ordentlichen Gebarung mit vier Millionen Schilling aktiv.

12. 4. Mit den Stimmen der ÖVP und SPÖ lehnt der Nationalrat die auf Veranlassung der Sowjets erhobene Forderung, bis zum 1. Juli eine neue Verfassung auszuarbeiten, ab.

13. 4. US-Expräsident Herbert Hoover trifft in Wien ein, um sich ein Bild von der Ernährungslage in Österreich zu machen.→

25. 4.–16. 5. In Paris findet die Außenministerkonferenz der vier Großmächte statt. Österreich unternimmt mehrere vergebliche Vorstöße wegen der Rückgabe Südtirols und schlägt abermals eine Volksabstimmung vor. In Wien und in den Bundesländern finden zahlreiche Großkundgebungen für die Wiedervereinigung Südtirols mit Österreich statt (→5.9.).

10. 5. Der Alliierte Rat setzt die Besatzungskosten auf 35% des Staatshaushalts fest.→

10. 5. Der Alliierte Rat überläßt der Bundesregierung die Verwaltung der Bundesbahn.

19. 5. Die wiederhergestellte Floridsdorfer Brücke in Wien wird dem Verkehr übergeben.→

15. 6.–13. 7. Die Pariser Außenministerkonferenz wird fortgesetzt. Sie lehnt erneut den Anspruch Österreichs auf Südtirol ab.

28. 6. Die Vertreter des Alliierten Rates unterzeichnen in Wien ein neues Kontrollabkommen.→

5. 7. Der sowjetische Oberbefehlshaber, Generaloberst Wladimir Kurassow, befiehlt die Übergabe Deutschen Eigentums an die Sowjetunion.→

12. 7. Die Pariser Außenministerkonferenz beschäftigt sich mit der Frage des österreichischen Staatsvertrags. Die sofort auftretenden Differenzen beenden die Debatte.

17. 7. Die US-Besatzungsmacht übergibt der Bundesregierung mehrere Betriebe, darunter die Tauernkraftwerke, die Eisen- und Stahlwerke Linz und die Lenzinger Zellwolle- und Papierfabrik.

25. 7. Der Nationalrat nimmt einstimmig ein neues Nationalsozialistengesetz an.→

26. 7. Gegen die Stimmen der KPÖ beschließt der Nationalrat ein Verstaatlichungsgesetz.→

15. 8. Das US-Handelsministerium gibt bekannt, daß Österreich aus der Liste der Feindstaaten gestrichen ist.

23. 8. Der erste österreichische Nachkriegsfilm, »Schicksal in Ketten«, hat Premiere in der Wiener Scala; Regie: Eduard Hoesch, Hauptrollen: Maria Andergast, Hans Holt, Rudolf Prack, Karl Skraup.

5. 9. Außenminister Karl Gruber schließt mit dem italienischen Ministerpräsidenten Alcide de Gasperi ein Abkommen über Südtirol.→

1. 10. Der seit dem 14. November 1945 tagende Internationale Gerichtshof in Nürnberg fällt das Urteil über 21 deutsche Hauptkriegsverbrecher. Unter den zwölf zum Tode Verurteilten befindet sich auch der österreichische Nationalsozialist Arthur Seyss-Inquart.

6. 10. Die Alliierten heben die Zensur über die Inlandspost auf.

29./30. 10. Der Nationalrat tagt in geheimer Sitzung.→

1. 11. Österreich feiert seinen 950. Geburtstag.→

4. 11.–14. 12. Auf der Außenministertagung der vier Großmächte in New York wird beschlossen, bei der nächsten Zusammenkunft über den österreichischen Staatsvertrag zu beraten.

3. 12. Die Beatzungskosten werden auf 15% des Staatshaushalts gesenkt (→10.5.).

9. 12. Bundeskanzler Leopold Figl wird die Ehrendoktorwürde der Technischen Hochschule in Wien verliehen.

GESTORBEN:

28. 1. Graz: Anton Rintelen (* 15. 11. 1876), christlichsozialer Politiker, 1926 und 1932/33 Unterrichtsminister.

12. 2. Altenberg: Adolf Lorenz (* 21. 4. 1854), Begründer der modernen Orthopädie.

1. 6. Rottach-Egern am Tegernsee: Leo Slezak (* 18. 8. 1873), Kammersänger und Filmschauspieler.→

20. 7. Lager Langwasser bei Nürnberg: Edmund Glaise-Horstenau (* 27. 2. 1882), großdeutscher Politiker, 1938 Vizekanzler.

16. 10. Nürnberg: Arthur Seyss-Inquart (* 22. 7. 1892), nationalsozialistischer Politiker, 1938/39 Reichsstatthalter für die Ostmark, 1939–1945 Reichsminister ohne Geschäftsbereich.

GEBOREN:

17. 6. Wien: Peter Rosei, Schriftsteller.

20. 10. Mürzzuschlag: Elfriede Jelinek, Schriftstellerin.

Ein Zug mit Hilfsgütern der UNRRA trifft am Wiener Ostbahnhof ein

Lebensmittel knapp

13. April. Herbert Hoover, Ex-Präsident der Vereinigten Staaten, trifft in Wien ein, um die Ernährungslage in Österreich zu prüfen.

Die Versorgung der Bevölkerung mit lebensnotwendigen Gütern ist immer noch ein schwer lösbares Problem. Lebensmittel sind knapp, und wer keine Möglichkeit hat, sich selbst zu helfen – sei es auf dem Schwarzen Markt in der Stadt oder durch Tauschhandel auf dem Land – ist auf die öffentlichen Lebensmittelrationen angewiesen, die kaum ausreichen, um den nötigsten Bedarf zu decken.

Die Rationen für Normalverbraucher sind am 18. März auf 1200 Kalorien pro Tag herabgesetzt worden, sie müssen im Monat Mai abermals – auf 800 bis 900 Kalorien – gesenkt werden. Erst im November des Jahres können sie wieder auf den ausreichenden Satz von 1550 Kalorien angehoben werden.

Die UNRRA, die Hilfs- und Wiederherstellungsverwaltung der Vereinten Nationen, hat bereits am 22. August 1945 eine Hilfe für Österreich versprochen, die erste Lebensmittellieferung traf jedoch erst am 8. März 1946 ein, immerhin 8000 Tonnen Weizen. Knapp einen Monat später wird der UNRRA-Vertrag mit Österreich unterzeichnet, der weitere Hilfe zusichert. Die UNRRA ist sich des Ernstes der Lage bewußt; am 2. Mai erklärt Generaldirektor Fiorello La Guardia, daß »das österreichische Volk zu jenen Völkern der Welt zählt, die dem Niveau des Hungertodes am nächsten seien«.

Monatliche Lebensmittelration

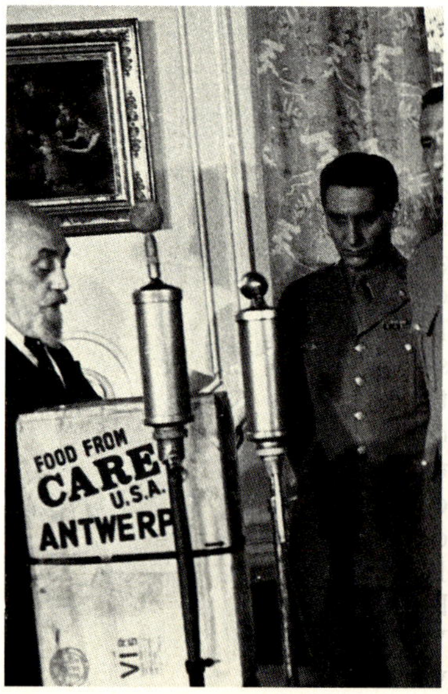

CARE-Pakete aus den USA

Reichskleinodien wieder in Wien

Feier zur Rückgabe der Reichskleinodien an Österreich

6. Jänner. Der US-amerikanische Hochkommissar General Mark Wayne Clark übergibt an Bundeskanzler Leopold Figl die Reichskleinodien, die Adolf Hitler als Symbol der Wiederherstellung eines »Großdeutschlands« am 5. September 1938 nach Nürnberg bringen und dort anläßlich des Parteitags der NSDAP in der Meistersinger-Kirche ausstellen ließ.
Vor dem ausgebreiteten Krönungsornat hält der Hochkommissar eine kurze Rede, in der er den Symbolen des alten Reiches eine aktuelle Bedeutung verleiht: Sie repräsentierten nun die Selbständigkeit und wiedergewonnene Souveränität Österreichs. In der Antwort von Bundeskanzler Figl heißt es u.a.: »... wenn Hitler meinte, diese Reichsinsignien aus Österreich wegzuschleppen... und damit den echten und wahren Geist Österreichs auszumerzen, war uns Österreichern damals besonders weh ums Herz.«

Umstrittene Entnazifizierung

25. Juli. Der Nationalrat beschließt mit den Stimmen aller drei Parteien ein neues Nationalsozialistengesetz, das insbesondere die Maßnahmen gegen sog. Minderbelastete gegenüber der Fassung vom Mai 1945 abschwächen soll.
Am → 8. Mai 1945 hatte die provisorische österreichische Staatsregierung als eine ihrer ersten Amtshandlungen die NSDAP verboten und eine Registrierungspflicht für alle Personen, die zwischen dem 1. Juli 1933 und dem 27. April 1945 der NSDAP oder einer ihrer Gliederungen angehört hatten, angeordnet. Am 11. Oktober 1945 wurde ehemaligen Nationalsozialisten außerdem das Wahlrecht entzogen.
Die Maßnahmen konnten zunächst nur im sowjetisch besetzten Gebiet durchgeführt werden, da die Regierung Renner von den Westmächten zu diesem Zeitpunkt noch nicht anerkannt war.
Die nun vom Nationalrat beschlossene abgemilderte Fassung des Nationalsozialistengesetzes kann allerdings nicht in Kraft treten, da es sich um ein Verfassungsgesetz handelt, das der einstimmigen Zustimmung der Besatzungsmächte bedarf.
Diese wird erst am 13. November 1946 erteilt, nachdem zahlreiche Verschärfungen vorgenommen worden sind.
Infolge dieser endgültigen Neufassung des Gesetzes, die am 6. Februar 1947 die einstimmige Zustimmung des Nationalrats erhält und schließlich am 17. Februar 1947 in Kraft tritt, werden 523 833 Personen als Nationalsozialisten registriert und – je nach Einstufung als Kriegsverbrecher, strafrechtlich zu verfolgend, belastet oder minder belastet – mit einem Strafverfahren überzogen bzw. zu Sühneleistungen herangezogen.
Die von österreichischer Seite bereits zu diesem Zeitpunkt gewünschte Aufhebung der Sanktionen für Minderbelastete erfolgt am → 21. April 1948.
Der erste Kriegsverbrecherprozeß findet im August 1945 statt. Drei KZ-Wächter, die bei der Verlegung von Insassen des Konzentrationslagers Engerau nach Mauthausen im Dezember 1944 an der Ermordung von 102 Personen beteiligt waren, werden zum Tode, einer zu acht Jahren Kerker verurteilt.

Kriegsverbrecherprozeß in Salzburg vor einem amerikanischen Gericht

Abkommen zur Südtirol-Frage

5. September. Auf der Pariser Außenministerkonferenz schließen Außenminister Karl Gruber und der italienische Ministerpräsident Alcide de Gasperi ein Abkommen über Südtirol.
Das Gruber-de-Gasperi-Abkommen garantiert den deutschsprachigen Südtirolern Gleichberechtigung mit den Italienern sowie ihren nationalen Bestand im Rahmen einer gewissen kulturellen und administrativen Autonomie (u.a. Gewährung des Schulunterrichts in der Muttersprache, Gleichstellung der deutschen und italienischen Sprache auf öffentlichen Ämtern) und verspricht ihnen wirtschaftliche Förderung.

Ministerpräsident Alcide de Gasperi

Die mangelhafte Ausführung des Abkommens führt in der Folgezeit wiederholt zu Spannungen zwischen Österreich und Italien (→ 21.9.1959).
Seit Kriegsende hatte sich die österreichische Regierung wiederholt mit der Forderung nach einer Rückgliederung Südtirols an Österreich bzw. nach einer Volksabstimmung in dem Gebiet an die Alliierten gewandt, stieß damit jedoch auf deutliche Ablehnung.
Das »Gruber-de-Gasperi-Abkommen« erhält am 21. September 1946 mit 13 gegen sechs Stimmen die Zustimmung der Pariser Außenministerkonferenz. Es wird schließlich am 10. Februar 1947 als Anhang dem Friedensvertrag der Alliierten mit Italien beigefügt.

Floridsdorfer Brücke eröffnet

19. Mai. Die während des Kriegs zerstörte Floridsdorfer Brücke in Wien ist wiederhergestellt und wird dem Verkehr übergeben. Sie trägt künftig (bis 1956) den Namen des sowjetischen Marschalls Rodion Malinowski, unter dessen Führung die Rote Armee Wien eingenommen hatte.
Die Wiedereröffnung der Brücke ist ein Zeichen für die zögernde Normalisierung des Lebens in der Stadt. Zwar sind die kriegsbedingten Bauschäden in Wien, verglichen mit anderen europäischen Großstädten, relativ gering, es wurden jedoch allein 87 000 Wohnungen zerstört.

Behelfsmäßiger Ersatz für die zerstörte Donaubrücke

Geheime Sitzung des Nationalrats

29./30. Oktober. Zum ersten Mal seit Juli 1918 tagt der Nationalrat in geheimer Sitzung – ein Hinweis auf den Ernst der Lage in Österreich.
In einer von allen Parteien gebilligten Resolution wird die Regierung aufgefordert, ihre Bemühungen für die folgenden Ziele fortzusetzen:
1. Freiheit und Unabhängigkeit Österreichs, Sicherung der Einheit des Landes
2. Beendigung der militärischen Besetzung
3. Schutz der Demokratie
4. Sicherung der heimischen Produktion für den inländischen Bedarf, Aufhebung aller wirtschaftlichen Beschränkungen
5. Überführung der besetzten Betriebe und Produktionsstätten in die Verfügungsgewalt der österreichischen Bundesregierung
6. Durchsetzung des österreichischen Eigentums mit Stand vom 12. März 1938
7. Rückführung des gesamten österreichischen Gold- und Devisenschatzes
8. Wiederherstellung der Währungsbasis 1938
9. Frühestmögliche vollständige Rückführung der österreichischen Kriegsgefangenen
10. Repatriierung der »versetzten Personen«, bis dahin Unterstellung der österreichischen Gerichtsbarkeit
11. Aufnahme Österreichs in die Vereinten Nationen.

Deutscher Besitz an die Sowjets

5. Juli. Generaloberst Wladimir Kurassow, der sowjetische Oberbefehlshaber, ordnet die Übergabe des gesamten Deutschen Eigentums in der sowjetisch besetzten Zone Österreichs an die UdSSR an. Der Befehl ist auf den 27. Juni rückdatiert.
Diese Maßnahme geht auf die Potsdamer Konferenz zurück, auf der die Sowjetunion auf Reparationszahlungen Österreichs verzichtete, dafür aber »geeignete deutsche Vermögenswerte im Ausland« zugesichert erhielt. Als Deutsches Eigentum definierten die Sowjets nicht nur den vor dem »Anschluß« in deutscher Hand befindlichen Besitz, sondern zusätzlich alle Unternehmen und Firmen, die danach bis zum Kriegsende in deutschen Besitz übergegangen bzw. in dieser Zeit errichtet oder ausgebaut worden waren – sie gingen dabei weit über die Auffassung der Westmächte hinaus, die Bundeskanzler Leopold Figl eine für Österreich günstige Entscheidung in ihren Besatzungszonen in Aussicht stellten.
Aufgrund des Befehls übernehmen die Sowjets nun u. a. die Erdölindustrie und die Donaudampfschifffahrtsgesellschaft, insgesamt über 300 Industriebetriebe und 140 land- und forstwirtschaftliche Besitzungen mit über 150 000 ha Kulturfläche. Sie kommen damit den Verstaatlichungsmaßnahmen zuvor (→ 26. 7.). Auf einer außerordentlichen Sitzung lehnt der Nationalrat am 10. Juli die sowjetischen Ansprüche unter Hinweis auf die Londoner Erklärung vom 5. Jänner 1943 mit den Stimmen von ÖVP und SPÖ ab. Bundeskanzler Leopold Figl erklärt: »Die Voraussetzungen für den Neuaufbau des Staates sind, daß man uns den Hammer, die Schaufel und die Pflugschar nicht wegnimmt. Das ist das einzige, um was wir die alliierten Mächte bitten. Das heißt also: Wir bitten um nichts anderes, als um das eine: Laßt uns Österreicher arbeiten.«

Alliierte geben Kompetenzen

28. Juni. Die Vertreter des Alliierten Rates unterzeichnen in Wien ein neues Kontrollabkommen über Österreich, daß de facto die Kompetenzen der österreichischen Regierung erweitert. In dem Abkommen wird u. a. die Unabhängigkeit und Gebietshoheit der österreichischen Regierung garantiert. Wenn auch Verfassungsgesetze z. B. der einstimmigen Genehmigung des Alliierten Rates bedürfen, einfache Gesetze können nun nicht mehr durch das Veto einer Besatzungsmacht zu Fall gebracht werden. Diplomatische Beziehungen zu Regierungen der Vereinten Nationen sind gestattet.

Renner, US-Hochkommissar Clark

Verstaatlichung der Großindustrie

26. Juli. Der Nationalrat beschließt gegen die Stimmen der KPÖ ein Gesetz, das die Verstaatlichung der drei größten Banken, der gesamten Erdöl- und Montanindustrie, der wichtigsten Werke der Metall- und der Elektroindustrie anordnet.
Trotz des schriftlichen Protestes des sowjetischen Oberbefehlshabers Wladimir Kurassow bei der Bundesregierung, dem die anderen Alliierten zustimmen, kann das Gesetz nach 31 Tagen, am 8. September in Kraft treten. Der Durchführung des Gesetzes stellen sich allerdings in der Folgezeit oft unüberwindliche Hindernisse in den Weg.

Geburtstagsfeier für Österreich

1. November. Zum 950. Mal jährt sich der Tag, als der Name Österreich (Ostarrichi) erstmals in einer Urkunde erscheint. Der Nationalrat hält am Vorabend dieses Jubiläums eine feierliche Sitzung ab.
Bereits am 15. September beging die Jugend in Wien die Erinnerung an diesen bedeutenden Tag. Die Sozialistische Jugend versammelte sich auf dem Rathausplatz, die ÖVP-Jugend hielt ihre Kundgebung zusammen mit den christlichen Jugendverbänden im inneren Burghof ab, da der Rathausplatz übervoll war und die Aufforderung, Platz zu machen, mit Pfiffen beantwortet worden war.

Hohe Zahlungen an die Alliierten

10. Mai. Nachdem sich die Sowjetunion zu einer entsprechenden Regelung auf der Sitzung des Alliierten Rates am 8. Mai bereit erklärt hat, werden die Besatzungskosten, die Österreich an die Alliierten zu zahlen hat, auf 35 % des Staatshaushalts festgelegt.
Es wird ein vierteljährliches Zusammentreffen der Oberbefehlshaber vereinbart, auf dem über die Aufteilung der Gesamtsumme entsprechend der Stärke der Verbände der Besatzungsmächte entschieden werden soll.
Zu den Kriegsschäden, der Demontage, der Übernahme Deutschen Eigentums durch die Sowjets in ihrer Besatzungszone (→5.7.) kommen nun die hohen Besatzungskosten als eine weitere schwer zu tragende Belastung für die österreichische Wirtschaft.
Bereits am 3. Dezember werden die Besatzungskosten durch eine Entscheidung des Alliierten Rates drastisch gesenkt: Künftig sind nur noch 15 % des Staatsbudgets an die Besatzungsmächte zu zahlen (→25.6.1947).
Bis Ende 1947 zahlt Österreich insgesamt über 4500 Millionen Schilling an Besatzungskosten –
1945: 1890 Millionen Schilling,
1946: 812,5 Millionen Schilling,
1947: 399,5 Millionen Schilling (zum Vergleich: die gesamten Staatsausgaben des Jahres 1946 betragen rund 3000 Millionen Schilling).

Vom Heldentenor zum Filmstar

1. Juni. Der Sänger und Filmschauspieler Leo Slezak stirbt im Alter von 72 Jahren in Rottach-Egern am Tegernsee. Slezak debütierte 1896 als Heldentenor am Stadttheater Brünn und ging 1901, nach Engagements in Berlin und Breslau, an die Wiener Hofoper, wo er – unterbrochen von zahlreichen Gastspielreisen – bis zur Beendigung seiner Bühnenlaufbahn (1934) blieb. Danach wirkte er – auffallend vor allem durch seine korpulente Erscheinung – in humoristischen Filmen mit. Slezaks Sinn für Komik fand auch in seinen autobiographischen Büchern Niederschlag.

1947

Jänner. Von Tschagguns nach Grabs in Vorarlberg wird die erste Sesselliftanlage errichtet.

11. 1. Wegen Kohlenmangels stellt die Bundesbahn den Verkehr ein (→14.1.).

14. 1. Die Bundesregierung richtet einen Appell zur Notlage an die Bevölkerung.→

14. 1.–25. 2. Erste Verhandlungen über den österreichischen Staatsvertrag finden auf der Konferenz der stellvertretenden Außenminister in London statt (→25.11.–15.12.).

25. 2. Die neue Bundeshymne wird eingeführt.→

7. 3. Der Wiener Gemeinderat beschließt, daß im Jahre 1947 6000 zerstörte Wohnungen instand gesetzt werden sollen.

Der Kohlenbergbau erreicht 98 % der Vorkriegsproduktion.

Ein-Schilling-Münzen werden ausgeprägt.

10. 3.–24. 4. Auf der Moskauer Außenministerkonferenz wird über den österreichischen Staatsvertrag verhandelt (→25.11.–15.12.).

22.–30. 3. Die erste Wiener Messe nach dem Krieg besuchen 700 000 Menschen.

26. 3. Der Nationalrat beschließt die Verstaatlichung der Elektrizitätswirtschaft.

1. 4. Das Ausstellen von Reisepässen und Sichtvermerken fällt wieder in die Kompetenz der Bundesregierung.

11. 4. Der Alliierte Rat gestattet den freien Warenverkehr zwischen den Besatzungszonen.→

12. 5. Die Staatsvertragsverhandlungen der alliierten Kommission werden in Wien aufgenommen (→25.11.–15.12.).

17. 5. Die Papier- und Zellstoffabrik Lenzing (Oberösterreich) nimmt die Produktion auf.

25. 5. Das renovierte Riesenrad im Wiener Prater nimmt mit halbierter Waggonstückzahl den Betrieb wieder auf.

5. 6. ÖVP und KPÖ verhandeln geheim über eine Regierungserweiterung.→

12. 6. Das Sozialversicherungswesen wird wiederhergestellt.

21. 6. Die USA verzichten auf die Bezahlung der Besatzungskosten (→25.6.).

22. 6. Die erste Nummer der »Wiener Tageszeitung« erscheint.

25. 6. Ein Hilfsabkommen zwischen den USA und Österreich wird unterzeichnet.→

27. 6.–2. 7. In Paris findet eine Konferenz über US-amerikanische Hilfe an Europa im Rahmen des Marshallplans statt. Als einziges nicht eindeutig zum westlichen Einflußbereich gehörendes Land wird Österreich in das Wiederaufbauprogramm des Marshallplans einbezogen, was Verstimmung bei der sowjetischen Besatzungsmacht zur Folge hat.

1. 8. Das erste Lohn- und Preisabkommen wird abgeschlossen.→

23. 8. Für die Per Albin-Hanson-Siedlung in Wien 10 wird der Grundstein gelegt.

12. 9. Der erste Heimkehrertransport aus der Sowjetunion trifft in Wiener Neustadt ein.→

15. 9. 19 Feuerwehren bekämpfen stundenlang einen Brand der Kuppel der Melker Stiftskirche. Die Kupferhaut der Kuppel glüht aus, das Kuppelgewölbe mit dem Fresko von Johann Michael Rottmayr bleibt erhalten.

18. 9. Im Wiener Burgtheater (zu dieser Zeit im Ronacher untergebracht) wird das Schauspiel »Der verlorene Sohn« von Franz Theodor Csokor uraufgeführt.

26. 9. Die Bundesregierung beschließt, den von den Alliierten beschäftigten 3000 Zensurbeamten kein Gehalt mehr zu zahlen.

19. 10. Vorarlberg wird durch ein Verfassungsgesetz wieder ein eigenes Bundesland.→

November. Österreich wird einstimmig in die UNESCO, die Organisation der Vereinten Nationen für Erziehung, Wissenschaft und Kultur, aufgenommen.

10. 11. Der Kaloriensatz für Normalverbraucher wird von 1550 auf 1700 pro Tag erhöht.

18. 11. Der Ministerrat beschließt den Entwurf eines Währungsschutzgesetzes (→11.–24.12.).

19. 11. Karl Altmann, das einzige kommunistische Mitglied der Bundesregierung, tritt zurück. Es wird eine Regierungskoalition aus ÖVP und SPÖ gebildet.→

25. 11.–15. 12. Die Außenministerkonferenz in London berät die Frage des Staatsvertrags.→

8. 12. Die »Weltpresse« und »Graz am Montag« erscheinen, herausgegeben vom britischen Informationsdienst.

11.–24. 12. Die zweite Währungsreform zur Verringerung des Geldumlaufs wird durchgeführt.→

Ellen Müller-Preis wird Weltmeisterin im Florettfechten.

Die Österreicherin Pritzi und die Ungarin Farkas werden Weltmeister im Tischtennis-Doppel der Damen.

GESTORBEN:

28. 1. Wien: Anna Bahr-Mildenburg (* 29.11.1872), Kammersängerin.

14./15. 6. Wien: Mizzi Zwerenz (eigtl. Maria Guttmann; * 13.7.1876), Opernsoubrette.

15. 11. Geigenberg: Friedrich von Gagern (* 26.6.1882), Schriftsteller (Jagd- und Tiergeschichten).

GEBOREN:

22. 3. Wien: André Heller, Schriftsteller und Chansonsänger.

Heimkehrer aus der Sowjetunion

Erste Heimkehrer aus der UdSSR

12. September. Der erste Heimkehrertransport von Kriegsgefangenen aus der Sowjetunion trifft auf dem Bahnhof Wiener Neustadt (Niederösterreich) ein.
Die Entlassung der österreichischen Soldaten aus der sowjetischen Gefangenschaft war von Anfang an ein besonderes Anliegen der Bundesregierung, doch blieben alle Bemühungen so lange ohne Reaktion, bis sich die KPÖ zu einer wirksamen Maßnahme entschloß. Am 18. Juni 1947 richtete sie einen Brief an den sowjetischen Staats- und Parteichef Josef Stalin mit der Bitte, die Heimführung der noch in Gefangenschaft befindlichen Österreicher zu ermöglichen. Stalin reagierte überraschend schnell und versprach, bis zum Jahresende alle Österreicher zu entlassen.
Tatsächlich waren bis zum Dezember 1947 162 000 Gefangene wieder daheim. Bis Mitte 1955 folgten noch weitere kleine Sondertransporte. Die Zahl der unter verschiedenen Anschuldigungen in der Sowjetunion zurückgehaltenen Österreicher wurde nie bekannt, ihr Schicksal in den meisten Fällen, obwohl sich die Österreichische Gesellschaft vom Roten Kreuz und Innenminister Oskar Helmer jahrelang dafür einsetzten, nicht geklärt.
Mit wenigen Ausnahmen war die Rückführung der österreichischen Kriegsgefangenen aus den anderen am Krieg beteiligten Staaten bis Ende 1946 abgeschlossen.

Konferenzthema Staatsvertrag

25. November–15. Dezember. Die Außenminister der vier Großmächte treffen in London zu einer Konferenz zusammen, auf der über einen zukünftigen Staatsvertrag für Österreich verhandelt wird.
Vorausgegangen sind im Laufe des Jahres eine Reihe von Zusammenkünften der Siegermächte auf verschiedenen Ebenen, die allerdings noch nicht zu konkreten Ergebnissen in der Österreich-Frage geführt haben.
Eine Einigung ist durch die Verschärfung der Ost-West-Auseinandersetzung erschwert: Am 12. März 1947 wird die Truman-Doktrin erlassen, in der die USA allen »in ihrer Freiheit bedrohten freien Völkern« Unterstützung zusagen; die Einbeziehung Österreichs in die US-amerikanische Marshallplanhilfe (→ 25. 6.) verstimmt die sowjetische Seite zusätzlich.
Die ersten Verhandlungen über den Staatsvertrag auf der Konferenz der stellvertretenden Außenminister in London (14. 1.–25. 2.) führen zwar zu einem Vertragsentwurf, bei dem allerdings nur in 14 Punkten eine Einigung erzielt wird; immerhin wird ein »Vertrag betreffend die Wiederherstellung eines unabhängigen demokratischen Österreichs«

Plakat für ein einiges Österreich

in Aussicht gestellt. Bei den folgenden Tagungen, der Moskauer Außenministerkonferenz, an der auch Österreich teilnimmt (10. 3.–24. 4.), und den Tagungen der österreichischen Vertragskommission der vier Mächte in Wien (12. 5.–11. 10.), stehen die beiden strittigen Fragen der jugoslawischen Gebietsforderungen an Österreich (→ 26. 4. 1948) und des Deutschen Eigentums (→ 5. 7. 1946) im Vordergrund.
Während die Westmächte auf den Grenzen von 1938 für Österreich beharren, machen sich die Sowjets die jugoslawischen Maximalforderungen zu eigen, um sie gegebenenfalls gegen westliche Zugeständnisse in der Frage des Deutschen Eigentums aufgeben zu können.
Die Auffassungen der Westmächte und der Sowjetunion über das, was als deutscher Besitz in Österreich anzusehen ist, klaffen weiterhin auseinander. Der Vermittlungsvorschlag des Franzosen Paul Cherrière, wonach die Sowjetunion 58% des Eigentums beim Erdöl und 100% der Donaudampfschiffahrtsgesellschaft sowie als Ablösezahlung für alle anderen Ansprüche 100 Millionen Dollar erhält, wird von Außenminister Wjatscheslaw Molotow auf der Londoner Außenministerkonferenz entschieden zurückgewiesen.

Marshallplan-Hilfe für landwirtschaftliche Betriebe

Hilfe aus den USA

25. Juni. In Wien wird ein Abkommen zwischen den USA und Österreich unterzeichnet, in dem sich die Vereinigten Staaten zu großzügigen Hilfeleistungen für Österreich durch die kostenlose Lieferung von Gütern für den Wiederaufbau des Landes verpflichten. Zwei Tage später gibt das US-Außenministerium bekannt, daß Österreich an erster Stelle des europäischen Unterstützungsprogramms der Vereinigten Staaten, das auf Anregung von US-Außenminister George Catlett Marshall ausgearbeitet worden ist, steht.

Güterverkehr von Zone zu Zone

11. April. Der Alliierte Rat gestattet den freien Warenverkehr zwischen den Besatzungszonen, aber erst am 17. Mai wird der freie Güterverkehr über die sog. Demarkationslinie, der Grenze zwischen der sowjetisch besetzten Zone und den Besatzungszonen der westlichen Alliierten, gestattet.
Im Wesentlichen betrifft diese Verordnung die Grenze zwischen Ober- und Niederösterreich an der Enns, die berühmte Ennsbrücke, die das wichtigste Verbindungsglied zwischen Ost- und Westösterreich darstellt. Allerdings ist die Genehmigung des Güterverkehrs über die Demarkationslinie erheblich eingeschränkt: Ausgenommen sind z. B. Lebensmittel, Heizmaterial, Industrieeinrichtungen und Schrott.
An diesem Beispiel wird deutlich, wie schwer es in den ersten Nachkriegsjahren ist, ein funktionierendes Wirtschaftssystem aufzubauen und die Versorgung der Bevölkerung zu garantieren.

Bundespräsident Karl Renner

Land der Berge, Land am Strome

25. Februar. Österreich erhält eine neue Bundeshymne, ein Text der Lyrikerin Paula von Preradović, der auf die Melodie des »Bundesliedes« aus der Freimaurerkantate von Wolfgang Amadeus Mozart zu singen ist. Die alte, von Haydn komponierte Kaiserhymne (»Gott erhalte ...), die seit 150 Jahren mit mehrmals verändertem Text gesungen wurde, erinnerte zu sehr an das »Deutschlandlied« der Hitlerzeit, dem dieselbe Melodie unterlegt war, sodaß sich der Ministerrat zur Wahl einer neuen Melodie und zu einem Preisausschreiben für einen neuen Text entschloß:

Land der Berge, Land am Strome,
Land der Äcker, Land der Dome,
Land der Hämmer zukunftsreich!
Heimat bist du großer Söhne,
Volk, begnadet für das Schöne,
vielgerühmtes Österreich.
Heiß umfehdet, wild umstritten,
liegst dem Erdteil du inmitten
einem starken Herzen gleich.
Hast seit frühen Ahnentagen
hoher Sendung Last getragen,
vielgeprüftes Österreich.
Mutig in die neuen Zeiten,
frei und gläubig sieh uns schreiten,
arbeitsfroh und hoffnungsreich.
Einig laß in Bruderchören,
Vaterland, dir Treue schwören,
vielgeliebtes Österreich.

Schwarzmarkt und Schleichhandel

14. Jänner. Mit einem Appell wendet sich die Bundesregierung an die Bevölkerung und ruft sie auf, angesichts der Nöte und Leiden der Nachkriegszeit nicht den Mut zu verlieren.

Die Versorgungsprobleme sind – besonders in den größeren Städten – noch immer groß, der schwarze Markt und der Schleichhandel blühen nach wie vor.

In Wien sind der Naschmarkt und der Resselpark vor der Technischen Hochschule die Zentren des Schwarzmarktes, Verkäufer sind hier fast ausschließlich die Angehörigen der Besatzungstruppen und deren österreichische Helfer und Mittelsmänner, Käufer die ungenügend mit Lebensmitteln, aber auch mit Zigaretten, Kaffee und Schokolade versorgten Bürger. Gezahlt wird nicht nur mit Geld (wovon es ebenfalls nicht mehr genug gibt), sondern mit Sachwerten, Edelmetallen, Schmuck und sogar mit Kunstgegenständen. Immer wieder durchgeführte Razzien stören den schwarzen Markt nie für längere Zeit.

Ebenso verhält es sich mit dem Schleichhandel, der nicht nur zwischen den Städtern stattfindet; zunehmend werden Wertgegenstände, auch größere Objekte wie Klaviere, Möbel und Teppiche, aus der Stadt aufs Land gebracht, um gegen die begehrten Lebensmittel getauscht zu werden. Für diesen Handel haben sich, trotz strenger Kontrollen, Fuhrunternehmen etabliert, die gegen unvorstellbar hohe Fuhrlöhne die Gegenstände transportieren.

Zu der ohnehin schlechten Versorgungssituation ist ein Katastrophenwinter mit einer Kältewelle hinzugekommen. Am 7. Jänner werden im salzburgischen Tamsweg 31 Grad minus und in Innsbruck 23 Grad minus gemessen.

Der Mangel an Kohle, Gas und Strom betrifft nicht nur die privaten Haushalte, er führt außerdem dazu, daß die industrielle Produktion in fast allen Teilen Österreichs in diesem Winter vollkommen zum Stillstand kommt. Auch der Personenverkehr der Bahn wird eingestellt.

Verbotene Tauschgeschäfte am Dobner-Eck in Wien

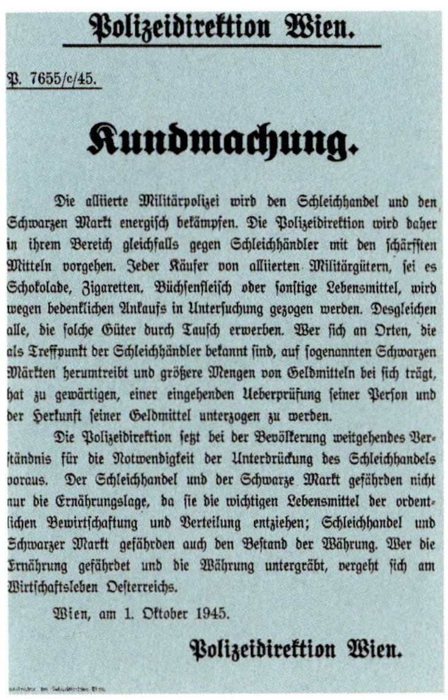
Polizeidirektion Wien.

P. 7655/c/45.

Kundmachung.

Die alliierte Militärpolizei wird den Schleichhandel und den Schwarzen Markt energisch bekämpfen. Die Polizeidirektion wird daher in ihrem Bereich gleichfalls gegen Schleichhändler mit den schärfsten Mitteln vorgehen. Jeder Käufer von alliierten Militärgütern, sei es Schokolade, Zigaretten, Büchsenfleisch oder sonstige Lebensmittel, wird wegen bedenklichen Ankaufs in Untersuchung gezogen werden. Desgleichen alle, die solche Güter durch Tausch erwerben. Wer sich an Orten, die als Treffpunkt der Schleichhändler bekannt sind, auf sogenannten Schwarzen Märkten herumtreibt und größere Mengen von Geldmitteln bei sich trägt, hat zu gewärtigen, einer eingehenden Ueberprüfung seiner Person und der Herkunft seiner Geldmittel unterzogen zu werden.

Die Polizeidirektion setzt bei der Bevölkerung weitgehendes Verständnis für die Notwendigkeit der Unterdrückung des Schleichhandels voraus. Der Schleichhandel und der Schwarze Markt gefährden nicht nur die Ernährungslage, da sie die wichtigen Lebensmittel der ordentlichen Bewirtschaftung und Verteilung entziehen; Schleichhandel und Schwarzer Markt gefährden auch den Bestand der Währung. Wer die Ernährung gefährdet und die Währung untergräbt, vergeht sich am Wirtschaftsleben Oesterreichs.

Wien, am 1. Oktober 1945.

Polizeidirektion Wien.

Maßnahmen gegen Schleichhandel

Geldumlauf wird weiter verringert

11.–24. Dezember. Gemäß einem Beschluß des Ministerrats, der die einstimmige Zustimmung des Alliierten Rats erhalten hat, wird eine zweite Währungsreform durchgeführt, um den Geldumlauf zu verringern. Pro Kopf der Bevölkerung werden 150 öS im Verhältnis 1 : 1 umgetauscht, weitere Beträge werden um zwei Drittel abgewertet. Die von Dezember 1945 bis zum 12. November 1947 eingerichteten Konten bleiben zu 100 % erhalten, andere Guthaben werden um 60 % verringert.

Die »Großen« der Nachkriegszeit: v. l. Bundespräsident Karl Renner, Bundeskanzler Leopold Figl, Wiens Bürgermeister Theodor Körner

Querelen in der Dreierkoalition

5. Juni. ÖVP und KPÖ führen Geheimverhandlungen über die Aufnahme weiterer kommunistischer Minister in die Regierung.

Die Kommunisten sahen sich mit ihrer Politik in der Dreierkoalition aus SPÖ, ÖVP und KPÖ nicht genügend vertreten: Ihnen widerstrebte die ablehnende Haltung der Regierung zu den sowjetischen Ansprüchen auf Deutsches Eigentum (→ 5.7.1946) und die Einbeziehung Österreichs in die Marshallplanhilfe (→ 25.6.1947). Mit Hungerdemonstrationen und Streiks versucht die KPÖ, ihren Einfluß zu stärken. – Versuche zur Regierungserweiterung und zur Bildung einer Zwei-Parteien-Koalition scheitern jedoch (→ 19.11.).

Die Ära der Großen Koalition beginnt

19. November. Karl Altmann, das einzige kommunistische Mitglied der Bundesregierung, tritt von seinem Posten als Energieminister zurück. Die Dreierkoalition von SPÖ, ÖVP und KPÖ ist damit beendet.

Die Zeit der Großen Koalition aus SPÖ und ÖVP beginnt, die für die nächsten 20 Jahre für die österreichische Politik verantwortlich sein wird. Zwischen den beiden Parteien wird vereinbart, alle Probleme mit Stimmeneinhelligkeit zu lösen und ein Proporzsystem bei der Verteilung öffentlicher Ämter durchzuführen. Die Kommunisten lehnten das Währungsgesetz zur Durchführung der zweiten Währungsreform ab und nahmen dies zum Anlaß für das Ausscheiden aus der Regierung.

Selbständigkeit für Vorarlberg

19. Oktober. Vorarlberg wird durch ein Verfassungsgesetz wieder ein eigenes Bundesland, die von Adolf Hitler durchgeführte Vereinigung mit Tirol zu einem Reichsgau wird aufgehoben. Vorarlberg ist das einzige Bundesland, das sich in seiner Verfassung als »selbständiger Staat« im Rahmen der Republik Österreich bezeichnet. Der Stellvertreter des Landeshauptmanns trägt daher den Titel »Statthalter«. Einmalig in Österreich ist auch, daß in Vorarlberg Volksbegehren und Volksabstimmung in der Landesverfassung verankert sind und für alle Wahlen und Abstimmungen Teilnahmepflicht besteht. Das Land bleibt bei der Apostolischen Administratur Innsbruck-Feldkirch.

Erstes Lohn- und Preisabkommen

1. August. Das erste Lohn- und Preisabkommen, das dem Schwarzhandel entgegenwirken und inflationistische Tendenzen eindämmen soll, tritt in Kraft.

Das Abkommen wurde zwischen den Interessenvertretungen der Arbeitgeber und Arbeitnehmer ausgehandelt und sieht eine drastische, aber ausgewogene Anhebung der Löhne und Preise vor.

Grundlage des Abkommens sind die Löhne und Preise des Jahres 1937. Die Löhne werden durchschnittlich um 250 % erhöht, Industriewaren steigen im Preis um 200 bis 500 %, und Agrarerzeugnisse werden um durchschnittlich 190 % teurer.

Weitere Lohn- und Preisabkommen folgen in den nächsten Jahren.

1948

2. 1. Zwischen Österreich und den USA wird ein Interimshilfsabkommen abgeschlossen, das die kostenlose Lieferung von Lebensmitteln und anderen lebenswichtigen Gütern bis zum Anlaufen des Marshallplans gewährleistet.

30. 1.–8. 2. Bei den V. Olympischen Winterspielen in St. Moritz in der Schweiz gewinnt die österreichische Mannschaft acht Medaillen. →

Februar. Von den 700 im Krieg zerstörten Brücken sind 125 wiederhergestellt und dem Verkehr übergeben.

15. 2. Auf der Anspangbahnstrecke wird der Verkehr wiederaufgenommen.

20. 2.–6. 5. Auf der Konferenz der stellvertretenden Außenminister in London wird u. a. über die jugoslawischen Gebietsforderungen an Österreich verhandelt (→ 26. 4.).

16. 4. Die OEEC (später OECD), die Organisation für wirtschaftliche Zusammenarbeit in Europa, wird gegründet.

21. 4. Der Nationalrat beschließt eine Amnestie für minderbelastete Nationalsozialisten. →

26. 4. Jugoslawien stellt in einem Memorandum erneut Forderungen an Österreich auf. →

27. 4. Die Kärntner Landesregierung legt bei der Londoner Konferenz der stellvertretenden Außenminister Protest gegen die jugoslawischen Gebietsansprüche auf Teile des Bundeslandes ein.

27. 4. Der Ministerrat spricht sich gegen die Abtretung von Gebieten an Jugoslawien aus.

20. 5. Die Bundesregierung protestiert gegen die weitere Zahlung der Besatzungskosten.

16. 6. Der Nationalrat beschließt das Wohnhauswiederaufbaugesetz.

2. 7. Das Marshallplanabkommen zwischen den Vereinigten Staaten und Österreich wird in Wien unterzeichnet.

2. 7. Die Premiere des Schauspiels »Medea« von Franz Theodor Csokor findet im Wiener Burgtheater (zu dieser Zeit im Ronacher) statt.

7. 7. Der Nationalrat beschließt das Vermögensabgabengesetz und das Vermögenszuwachsabgabengesetz.

28. 7. Bei den Salzburger Festspielen findet die erste Opernaufführung in der Felsenreitschule statt. Gespielt wird »Orpheus und Eurydike« von Christoph Willibald Gluck.

29. 7.–14. 8. Bei den XIV. Olympischen Spielen in London gewinnt Österreich eine Goldmedaille und drei Bronzemedaillen. Herma Bauma ist Siegerin im Speerwerfen.

30. 7.–18. 8. Auf der Donaukonferenz in Belgrad ist Österreich nur als Beobachter zugelassen.

August. Bei der Filmbiennale in Venedig werden die österreichischen Filme »Der Prozeß« (Regie: Georg Wilhelm Papst) und »Der Engel mit der Posaune« (Regie: Karl Hartl) ausgezeichnet.

14. 8. Mit Brasilien wird ein Kompensationsgeschäft abgeschlossen: Gegen 100 000 kg Kaffee werden 200 Puch-Motorräder an den südamerikanischen Staat geliefert.

27. 8. Österreich tritt der Weltbank und dem Internationalen Währungsfonds bei.

September. Österreichische Verleger stellen auf der Wiener Herbstmesse ihre Buchproduktion von 1945–1948 aus, insgesamt 2000 Bücher.

12. 9. Herma Bauma, Olympiasiegerin im Speerwerfen, stellt mit 48,63 m in Wien einen neuen Weltrekord auf.

13. 9. Der Verpflegsatz für Normalverbraucher wird auf 2100 Kalorien pro Tag erhöht.

14. 9. Das Ausseer-Gebiet wird von Oberösterreich wieder an die Steiermark rückgegliedert. Damit sind in allen Bundesländern die Grenzen vom 12. März 1938 wiederhergestellt.

16. 9. Interessenvertreter der Arbeitgeber und der Arbeitnehmer schließen das zweite Lohn- und Preisabkommen ab.

3. 10. Die US-amerikanische Militärpolizei übergibt die Kontrolle an der Zonengrenze Ennsbrücke der österreichischen Exekutive.

10. 10. In Klagenfurt findet eine Großkundgebung gegen die Gebietsforderungen Jugoslawiens statt (→ 26. 4.).

16. 12. Der Nationalrat beschließt ein Gesetz zur Stützung der Preise für landwirtschaftliche Produkte.

19. 12. Der restaurierte Teil des Stephansdoms (Langbau und Teile des Chores) wird feierlich eröffnet. Das Gebäude war am 13. April 1945 durch einen Brand nach Luftangriffen erheblich zerstört worden (→ 26. 4. 1952).

Das »Orchesterstück mit Sprecher und Männerchor« von Arnold Schönberg »A Survivor from Warsaw« (Ein Überlebender aus Warschau) wird in Albuquerque (USA) uraufgeführt.

GESTORBEN:

8. 1. London: Richard Tauber (eigtl. Ernst Seiffert; * 16. 5. 1892), Tenor. →

12. 2. Bei Lasham (Großbritannien): Robert Kronfeld (* 5. 5. 1904), Pionier des Segelflugs (verunglückt).

4. 4. La Paz (Bolivien): Georg Terramare (* 2. 12. 1889), Schriftsteller und Regisseur.

4. 7. Wien: Richard Teschner (* 22. 3. 1879), Maler und Graphiker.

6. 10. Oakland (USA): Raoul Auernheimer (* 15. 4. 1876), Schriftsteller.

24. 10. Bad Ischl: Franz Lehár (* 30. 4. 1870), Operettenkomponist. →

8. 11. Bad Kreuzen: Ferdinand Grimm (* 15. 2. 1869), Politiker.

Jugoslawien fordert

26. April. Jugoslawien legt ein neuerliches Memorandum über seine Ansprüche an Österreich vor, in dem die ursprünglichen Forderungen nur geringfügig reduziert sind.

Im Jänner 1947 hatte die jugoslawische Regierung in einem ersten Memorandum folgende Forderungen erhoben:

- Abtretung eines sog. »Slowenisch-Kärnten« mit 2470 km^2 und 180 000 Einwohnern (eingeschlossen die Städte Klagenfurt und Villach)
- Abtretung von Teilen der südlichen Steiermark mit slowenischer Bevölkerung, 130 km^2 mit 10 000 Einwohnern
- »Nationales Schutzstatut« für die kroatische Bevölkerung im Burgenland
- Reparationen für die während der Besetzung Jugoslawiens angerichteten Schäden in Höhe von 150 000 Dollar.

Die Reparationsforderungen werden in dem neuen Memorandum aufrechterhalten, die Gebietsansprüche werden um 680 km^2 reduziert (→ 19. 6. 1949).

v. l. Raab, Kraus, Außenminister Gruber, Bundeskanzler Figl

Amnestie für Minderbelastete

21. April. Mit den Stimmen aller drei Parteien beschließt der Nationalrat eine Amnestie für die sog. minderbelasteten Nationalsozialisten. Das Gesetz tritt am 4. Juni in Kraft.

Von den knapp 524 000 Personen, die sich als ehemalige Mitglieder der NSDAP registrieren lassen mußten (→ 25. 7. 1946), wird nun die weitaus überwiegende Mehrheit, 482 000, die als bloße Mitläufer angesehen werden, von den auferlegten Sühnefolgen befreit. Zugleich wird diesem Personenkreis die Teilnahme an den Nationalratswahlen (→ 9. 10. 1949) gestattet.

Der Weg für die Entstehung einer Partei der Rechten ist mit dieser lange erwarteten Entscheidung frei (→ 5. 2. 1949).

Erfolge in den Ski-Wettbewerben

30. Jänner – 8. Februar. Erstmals seit zwölf Jahren finden wieder Olympische Winterspiele statt – Austragungsort ist das schweizerische St. Moritz.

Die österreichische Mannschaft kann acht Medaillen für sich verbuchen, davon allein sechs in den alpinen Skiwettbewerben. Bei den Damen gibt es Gold für Trude Beiser und Bronze für Erika Mahringer in der Kombination, Silber für Trude Beiser und Bronze für Resi Hammerer im Abfahrtslauf, Bronze für Erika Mahringer im Slalom. Die einzige Medaille in den Skiwettbewerben der Herren erringt Franz Gabl, der im Abfahrtslauf dritter wird. Im Eiskunstlauf gibt es Silber für Eva Pawlik und Bronze für Edi Rada.

Lehár – Schöpfer der Tanzoperette

24. Oktober. Der beliebte Operettenkomponist Franz Lehár stirbt 78jährig in seiner Villa in Bad Ischl. Zuerst Militärkapellmeister, schuf Lehár durch die Einführung des Tanzliedes die Tanzoperette, die ihn zum prominentesten Vertreter der heiteren österreichischen Musik des 20. Jahrhunderts machte. Seine letzten Werke zeigen eine Annäherung an die komische Oper und das Singspiel. Lehárs am häufigsten gespielten Werke sind:

Operettenkomponist Franz Léhar dirigiert (Photographie 1912)

▷ »Wiener Frauen« (1902)
▷ »Die lustige Witwe« (1905)
▷ »Der Graf von Luxemburg« (1909)
▷ »Zigeunerliebe« (1910)
▷ »Paganini« (1925)
▷ »Der Zarewitsch« (1927)
▷ »Friederike« (1928)
▷ »Das Land des Lächelns« (1929)
▷ »Giuditta« (1934).

Operetten- und Filmstar Tauber

8. Januar. Im Alter von 65 Jahren stirbt der Tenor Richard Tauber in London, wohin er 1933 emigriert war.

Richard Tauber

Tauber wurde 1913 Mitglied der Dresdner Staatsoper, sang danach außerdem in Berlin, Wien und München sowie auf Festspielen; er wurde vor allem als Mozart-Interpret gefeiert. Internationale Berühmtheit erlangte Tauber in den 20er Jahren durch sein Auftreten in Operetten- (insbesondere von Franz Lehár) und in verschiedenen Musikfilmen.

1949

5. 1. Das österreichische Kulturinstitut in Rom wird wiedereröffnet.

8. 1. Die Nordbahnbrücke bei Gänserndorf (Niederösterreich) wird dem Verkehr übergeben.

9. 1. Die 220 000-Volt-Leitung von Ernsthofen (Niederösterreich) nach Wien (160 km lang) wird in Betrieb genommen.

11. 1. Die Brot- und Mehlrationierung wird aufgehoben.

12. 1. Die Bundesbahnstrecke Bregenz–St. Margarethen (Schweiz) wird elektrifiziert.

26. 1. Die Alliierten gestatten den kleinen Grenzverkehr zwischen Österreich und Deutschland.

Februar. Die Wiener Secession wird wiedereröffnet.

5. 2. Der Verband der Unabhängigen (VdU) wird gegründet. →

9.2. In London beginnt eine neue Verhandlungsrunde der stellvertretenden Außenminister über den Staatsvertrag (→ 19. 6.).

12. 2. Das Drama »Der öffentliche Ankläger« von Fritz Hochwälder hat im Wiener Burgtheater (im Ronacher) Premiere.

18. 2. Der Kriegszustand zwischen Indien und Österreich wird formell beendet.

25. 2. Der VdU gibt die Wochenzeitung »Neue Front« heraus.

1. 3. Die sowjetische Besatzungsmacht überträgt die Kontrolle von Zivilpersonen auf dem Flughafen Wien-Schwechat den österreichischen Behörden.

9. 4. Die Westmächte erklären ihren Verzicht auf Deutsches Eigentum in Österreich.

15. 4. Ellen Müller-Preis wird in Tokio Weltmeisterin im Florettfechten.

5. 5. Der Europarat wird gegründet.

18. 5. Der Nationalrat beschließt eine neue Wahlordnung, die eine Reihung von Kandidaten ermöglicht.

25. 5. Die Sowjetunion hebt die Vorkontrolle des Warenverkehrs an der Grenze zu ihrer Besatzungszone auf.

28. 5. In Oberweis (Oberösterreich) beraten Spitzenfunktionäre der ÖVP mit ehemaligen Nationalsozialisten über ihre Einbeziehung in die Partei. Die Verhandlungen scheitern an den überzogenen Forderungen der »Ehemaligen«.

4. 6. Die »Klagenfurter Zeitung« erscheint wieder.

19. 6. Auf der Pariser Außenministerkonferenz verzichtet die Sowjetunion auf die weitere Unterstützung der jugoslawischen Gebietsforderungen. →

27. 6. Das Ennskraftwerk Ternberg (Oberösterreich) wird in Betrieb genommen (Jahresleistung: 187 Millionen Kilowattstunden).

30. 6. Die Bundesregierung legt den → 9. Oktober als Termin für die Nationalratswahlen fest.

Juli. Die 17jährige Grete Scherzer erringt im Fach Klavier den ersten Preis beim internationalen Schubert-Wettbewerb in Genf.

Juli. Die Wasserspeicherung der Limbergsperre des Tauernkraftwerks Kaprun (Salzburg) beginnt.

Juli. Die erste Österreich-Rundfahrt der Radfahrer findet statt. Gewinner ist Richard Menapace.

1. 7. Die Sonderbeauftragten der vier Mächte beginnen eine neue Verhandlungsrunde zum Staatsvertrag in London.

6. 7. Die Wiederaufbauanleihe wird aufgelegt.

13. 7. Der Nationalrat beschließt die Streichung der minderbelasteten Nationalsozialisten aus den Listen (→ 21. 4. 1948).

9. 8. Bei den Salzburger Festspielen wird die Oper »Antigonae« von Carl Orff uraufgeführt. →

September. Das Salzaspeicherkraftwerk am Fuß des Grimming mit einer Jahresleistung von 30 Millionen Kilowattstunden wird in Betrieb genommen.

1. 9. Die Österreichische Wochenschau wird gegründet.

3. 10. In Linz wird der neue Hauptbahnhof eröffnet.

6. 10. Die Sonderbeauftragten der vier Mächte führen neuerliche Staatsvertragsverhandlungen in New York.

9. 10. Bei den Wahlen zum Nationalrat verzeichnen die großen Parteien ÖVP und SPÖ hohe Verluste. →

8. 11. Die neue Regierung tritt ihr Amt an. Bundeskanzler bleibt Leopold Figl (→ 9. 10.).

22. 11. Ein drittes Lohn- und Preis-Abkommen wird zwischen den Interessenvertretern von Arbeitgebern und Arbeitnehmern vereinbart.

10. 12. In Washington wird die Ausstellung »Österreichische Kunstschätze« eröffnet, die von 600 000 Menschen besucht wird.

16. 12. Der Nationalrat beschließt die Einführung einer Kinderbeihilfe sowie allgemeine Steuersenkungen.

GESTORBEN:

20. 1. Santiago de Chile: Nora Gregor (* 3. 12. 1901), Kammerschauspielerin (Selbstmord).

1. 5. New York: Wilhelm Thöny (* 10. 2. 1888), Maler und Graphiker.

9. 6. Wien: Maria Cebotari (eigtl. Cebotaru; * 10. 2. 1910), Opernsängerin.

10. 6. Krems: Carl Vaugoin (* 8. 7. 1873), christlichsozialer Politiker, 1921 und 1922–1923 Heeresminister.

5. 8. Wien: Hans Bitterlich (* 28. 4. 1860), Bildhauer.

4. 10. Wien: Edmund Eysler (* 12. 3. 1874), Operettenkomponist.

Neue Haltung zum Staatsvertrag

19. Juni. Der Verzicht der Sowjetunion auf die weitere Unterstützung der jugoslawischen Forderungen an Österreich auf der Pariser Außenministerkonferenz löst Euphorie aus: Der Weg zum Abschluß des Staatsvertrags scheint frei zu sein.

Jugoslawien hatte im Frühjahr seine Haltung wesentlich modifiziert, es forderte nunmehr lediglich Grenzberichtigungen, Autonomie für »Slowenisch Kärnten« innerhalb Österreichs sowie Minderheitenschutz in anderen Gebieten und zeigte sich auch in der Reparationsfrage flexibel (→ 26. 4. 1948).

Obwohl die Sowjetunion aufgrund des Bruchs zwischen Moskau und Belgrad (Dezember 1948) ihre ursprüngliche Verhandlungsposition aufgegeben und bereits 1948 den westlichen Forderungen in der Frage des Deutschen Eigentums zugestimmt hat, kommt es angesichts der Eskalation des Kalten Krieges nicht zu der angestrebten Fertigstellung des Vertrags bis 1. September.

Vierte Partei zur Wahl zugelassen

5. Februar. Pünktlich zu den Nationalratswahlen am → 9. Oktober wird eine neue Partei, der Verband der Unabhängigen, gegründet. Hauptinitiatoren sind Herbert Kraus und Viktor Reimann.

Die neue Partei, die als Wahlpartei der Unabhängigen (WdU) zu den Nationalratswahlen antritt, erhält die Zulassung der Alliierten – trotz personaler Zusammensetzung und programmatischer Aussagen, die sie als Sammlung des ehemaligen »nationalen Lagers« unter Einschluß der früheren Nationalsozialisten und das Landbundes der Ersten Republik ausweisen.

Das am 22. Juli 1949 verabschiedete Programm enthält unter den Grundforderungen »Recht, Sauberkeit, Leistung« u.a. eine grundsätzliche Ablehnung von Verstaatlichungen, ein Bekenntnis zum deutschen Volkstum »unter Wahrung unserer staatlichen Selbständigkeit« und die Forderung nach »Anerkennung des Grundsatzes der Schicksalsgemeinschaft aller« im Staat und in den Betrieben.

Verluste der »Großen«

9. Oktober. Bei den Nationalratswahlen müssen die beiden großen Parteien SPÖ und ÖVP überraschend hohe Verluste hinnehmen: Die SPÖ verliert neun, die ÖVP acht Mandate und damit die absolute Mehrheit. Eigentlicher Wahlsieger ist die WdU, die auf Anhieb 16 Mandate gewinnt.
Das Wahlergebnis ist u. a. auf das veränderte Wählerpotential zurückzuführen. Durch die Amnestie für minderbelastete Nationalsozialisten (→ 21. 4. 1948) und die Rückkehr des Großteils der Kriegsgefangenen hat sich die Zahl der Wahlberechtigten um rund eine Million erhöht. Trotz des Ergebnisses bleibt Leopold Figl Bundeskanzler, die Große Koalition wird fortgesetzt.

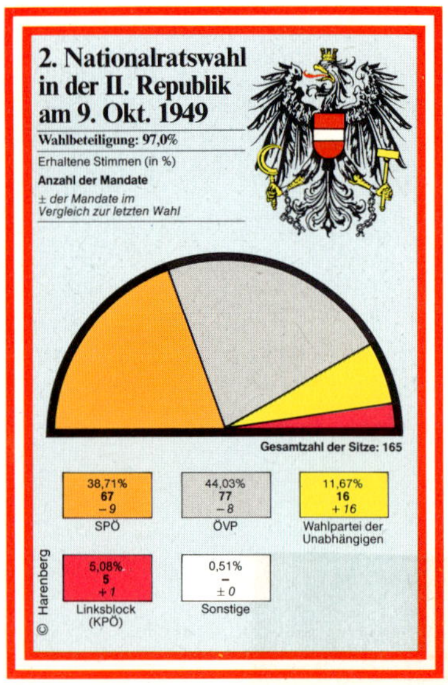

Parlamentssitzung am 8. November, vorn v. l. Bruno Pittermann, Adolf Schärf, Oskar Helmer, Theodor Körner, Franz Olah, Felix Slavik

Menapace wird Glockner-König

Juli. Nach dem Muster der traditionsreichen Tour de France hat nun auch Österreich mit der großen Österreich-Rundfahrt seine Radsportgroßveranstaltung.
Höhepunkt der Österreich-Rundfahrt ist die Etappe über den Großglockner. Die Veranstaltung sieht nur eine Beteiligung von Amateuren vor, wobei auch internationale Vereine zur Teilnahme eingeladen und vertreten sind.
Richard Menapace ist der Gewinner der ersten Österreich-Rundfahrt und als Sieger der Etappe über den Glockner auch der »Glockner-König«.

Orff-Oper hat in Salzburg Premiere

9. August. Unter der musikalischen Leitung von Ferenc Fricsay wird die Oper »Antigonae« von Carl Orff bei den Salzburger Festspielen uraufgeführt. Die ungewöhnliche Orchesterbesetzung – sechs Klaviere, vier Harfen, sechs Flöten, sechs Oboen, acht Pauken und ein riesiger Schlagzeugapparat –, die ostinate Wiederholung jeweils eines Akkordgebildes in einer Szene, der aus dem gesprochenen Wort hervorgehende Gesang, all dies dokumentiert Orffs Abwendung von der herkömmlichen Oper. Dem Libretto liegt die Übersetzung des Sophokles-Dramas von Friedrich Hölderlin zugrunde.

1950

9. 1. Die Sonderbevollmächtigten der vier Mächte setzen ihre Verhandlungen über den Staatsvertrag in London fort.

7. 2. Die zuvor bereits in Washington gezeigte Ausstellung »Österreichische Kunstschätze« wird im Metropolitan Museum New York eröffnet.

Februar. Der Bau des neuen Gebäudes des Wiener Westbahnhofs wird begonnen.

13.–18. 2. Bei den Skiweltmeisterschaften in Aspen (USA) belegen die Österreicher bei den Damen in allen drei Wettbewerben die ersten beiden Plätze. In der Abfahrt gewinnt Trude Beiser-Jochum vor Erika Mahringer, im Slalom Dagmar Rom vor Erika Mahringer, im Riesenslalom Dagmar Rom vor Trude Beiser-Jochum. Bei den Herren erzielt lediglich Egon Schöpf einen dritten Platz in der Abfahrt.

7. 3. Die Bundesregierung fordert in vier gleichlautenden Noten von den Besatzungsmächten Erleichterungen, darunter die Übernahme der Besatzungskosten, die Freigabe beschlagnahmten Wohnraums, die Aufhebung der Zonenkontrolle und der Zensur.

10. 3. Im Apollo-Kino in Wien wird der Film »Der Dritte Mann« uraufgeführt. →

31. 3. Der Nationalrat beschließt das Gesetz zum Schutz der Jugend vor Schmutz und Schund.

25. 4. Anläßlich des fünften Jahrestags der Zweiten Republik tagt der Ministerrat in feierlicher Sitzung. Er beschließt eine Proklamation an das österreichische Volk, die am 27. April dem Bundespräsidenten und dem Präsidenten des Nationalrats überreicht wird. Die Bundesregierung stellt darin fest, daß die Verantwortung für die Fortdauer der Besetzung bei den alliierten Mächten liegt.

Mai. Die österreichische Mannschaft gewinnt das internationale Jugendfußballturnier der FIFA.

11. 5. Die US-amerikanische Besatzungsmacht stellt die Kontrollen an der Zonengrenze ein.

16. 5. In Arnoldstein (Kärnten) wird das größte chemische Werk Österreichs in Betrieb genommen.

17. 5. Die Bundesbahnstrecke Villach–Spittal an der Drau wird elektrifiziert in Betrieb genommen.

22. 5. Auf der 254. Sitzung der Sonderbeauftragten der vier Mächte über den Staatsvertrag in London macht der sowjetische Delegierte Zarubin den Abschluß des Vertrags von einer Einigung über das Triest-Problem abhängig.

15. 6. Die Botschafter der Westmächte schlagen vor, die militärischen Oberbefehlshaber durch zivile Hochkommissare zu ersetzen.

21. 6. In Österreich wird die Todesstrafe abgeschafft.

Juli. Der Nationalrat beschließt ein Milchwirtschafts-, eine Getreidewirtschafts-, ein Viehverkehrs- und ein Ausfuhrförderungsgesetz.

1. 8. Sir Harold Caccia wird zum britischen Hochkommissar in Österreich ernannt. Er war bisher Gesandter.

16. 8. Bürgermeister Theodor Körner legt in Wien den Grundstein für die 10 000. Gemeindewohnung, die nach 1945 errichtet worden ist.

24. 8. Walter E. Donnelly wird amerikanischer Hochkommissar in Österreich (bis dahin Gesandter).

26. 8.–3. 9. In Innsbruck findet die erste Messe nach dem Krieg statt.

31. 8. Das Lebensmittelbewirtschaftungsgesetz wird außer Kraft gesetzt, die Zeit der Lebensmittelrationierungen in Österreich ist damit zu Ende.

7. 9. Jean Payart, bis dahin Gesandter, wird französischer Hochkommissar in Österreich.

22. 9. Die Verhandlungen über das vierte Lohn- und Preisabkommen werden aufgenommen.

26. 9. 120 000 Arbeiter streiken nach Billigung des Lohn- und Preisabkommens durch den Ministerrat (→ 6. 10.).

6. 10. Der Streik gegen das Abkommen wird abgebrochen. →

14. 10. Bundeskanzler Leopold Figl und Vizekanzler Adolf Schärf halten sich zu einem Freundschaftsbesuch in den skandinavischen Ländern auf.

November. In der Nähe von Loretto (Burgenland) wird ein bedeutendes urgeschichtliches Gräberfeld freigelegt.

22. 11. Geschworenengerichte werden wieder eingeführt.

22. 11. Die Blockwalzstrecke in der Hütte Donawitz (Steiermark) wird in Betrieb genommen, der größten in Österreich.

Ende Dezember. Die Eisenverarbeitung erreicht wieder den Stand von 1937. Die Industrieproduktion hat den Vorkriegsstand um 39 %, die Ausfuhr um 40 % überschritten.

Austria wird mit 38 Punkten aus 24 Spielen Fußballmeister der Saison 1949/50. →

GESTORBEN:

8. 1. Taconic (USA): Josef Alois Schumpeter (* 8. 2. 1883), Volkswirtschaftler, 1919 Staatssekretär für Finanzen.

3. 2. Wien: Karl Seitz (* 4. 9. 1869), sozialdemokratischer Politiker. →

20. 2. Tulln: Rudolf Buchinger (* 3. 3. 1879), christlichsozialer Politiker, 1922–1926 und 1945 Landwirtschaftsminister.

8. 7. Neustift: Othmar Spann (* 1. 10. 1878), Philosoph und Nationalökonom.

31. 12. Wien: Karl Renner (* 14. 12. 1870), sozialdemokratischer Politiker. →

Das vierte Lohn- und Preisabkommen führt zu Demonstrationen und Streiks besonders von Arbeitern der sowjetisch dominierten USIA-Betriebe

Gewaltige Streikbewegung

6. Oktober. Die »Gesamtösterreichische Betriebsrätekonferenz« beschließt den Abbruch eines Streiks, der seit zehn Tagen weite Teile des Landes erfaßt und in Wien fast die Ausmaße eines Putschversuchs angenommen hat.

Auslöser der gewaltigen Streikbewegung ist die Billigung des vierten Lohn- und Preisabkommens, das die Sozialpartner nach der Kürzung der Marshallplanhilfe ausgehandelt haben, durch den Ministerrat und die offizielle Bestätigung der Vereinbarung durch die Spitze des Österreichischen Gewerkschaftsbundes am 26. September.

Die nach dem Abkommen zu erwartende große Teuerungswelle führt zu Unruhe in der Arbeitnehmerschaft. In dieser Situation machen sich die Kommunisten zu Anwälten der Unzufriedenen und setzen sich an die Spitze von Streiks, Demonstrationen und Versuchen zur Besetzung von Gewerkschaftszentralen.

Am 26. September streiken etwa 120 000 Arbeiter, davon 40 000 aus den sowjetisch dominierten USIA-Betrieben. Vor rund 6000 Demonstranten erklärt der Wortführer der Kommunisten, Ernst Fischer, vor dem Bundeskanzleramt: »Die Demonstration auf dem Ballhausplatz ist ein Auftakt zu ernsten großen Kämpfen um Lohn und Brot.«

Einen Tag später gehen kommunistische Rollkommandos gegen die Elektrizitätswerke und Straßenbahnhöfe im sowjetisch besetzten Bezirk Wiens vor, sie scheitern jedoch am harten Vorgehen der Exekutive unter Befehl von Innenminister Oskar Helmer und an der festen Haltung der ÖGB-Führung.

Am 29. September protestieren die westlichen Hochkommissare gegen die Unterstützung der Streikbewegung durch die sowjetische Besatzungsmacht, am 30. September stellt die kommunistisch dominierte »Gesamtösterreichische Betriebsrätekonferenz« ein Ultimatum an die Bundesregierung, bis zum 3. Oktober das Lohn- und Preisabkommen zurückzunehmen. Nach der Ablehnung der Forderung erreicht die Streikwelle ihren Höhepunkt. In Wien werden Straßen blockiert, Straßenbahnweichen mit Beton ausgegossen, die Hauptpost und die Telefonzentrale in Wiener Neustadt wird besetzt (am folgenden Tag von der Polizei geräumt). Am 5. Oktober bricht die Streikbewegung zusammen, sodaß am 6. Oktober das offizielle Ende des Streiks erklärt wird.

Ernst Fischer am 26. September: »Die Regierung wagt es, hinter fest verschlossenen Polstertüren eine beispiellose Ausplünderung der arbeitenden Menschen zu beschließen ... Die Feiglinge haben sich vor den Massen versteckt, aber die Massen bekunden mit größter Erbitterung, daß es in Österreich nicht nur Amerikaner, Kapitalisten und Kettenhunde des Kapitals, sondern auch arbeitende Menschen gibt, deren Not zum Himmel schreit.«

Orson Welles (l.) bei der Verfolgungsjagd in »Der Dritte Mann«

»Der Dritte Mann« in Wien gesucht

10. März. Der Kriminalfilm »Der Dritte Mann«, der die Atmosphäre der besetzten und geteilten Stadt Wien überzeugend einzufangen weiß, hat Premiere im Apollo-Kino in Wien. Regie führt Carol Reed, der mit diesem Film nach einer Erzählung des britischen Autors Graham Greene weltberühmt wird, Hauptdarsteller ist Orson Welles.

Der perfekt inszenierte Thriller schildert die Erlebnisse eines amerikanischen Schriftstellers, der nach Wien kommt, um seinen Freund Harry Lime zu besuchen, statt dessen aber nur noch an dessen Beerdigung teilnehmen kann. Dort lernt er die Freundin des Toten und den Chef der britischen Militärpolizei kennen, der Andeutungen macht, Harry Lime sei in dunkle Geschäfte verwickelt. Bei den Nachforschungen des Schriftstellers, die er anstellt, um den Freund zu rehabilitieren, gelangt er schließlich zu der Erkenntnis, daß Lime tatsächlich ein Penicillinschieber ist, der sich durch seinen vorgetäuschten Tod der Polizei entziehen will. Der Schriftsteller hilft daraufhin bei der Verfolgung Limes mit, der nach einer spannenden Jagd in der Kanalisation Wiens stirbt. Die Schlußszene zeigt wie die Anfangsszene die Beerdigung Limes.

Der Film wird in Wien begeistert aufgenommen. Die »Weltpresse« veranstaltet sogar ein Preisausschreiben dazu.

Filmplakat

Ein aufrechter Sozialdemokrat

3. Februar. Im Alter von 80 Jahren stirbt der sozialdemokratische Politiker Karl Seitz in Wien.

Der Volksschullehrer Seitz wurde 1901 erstmals in den Reichsrat gewählt und wurde 1918/19 einer der drei Präsidenten der Provisorischen Nationalversammlung. Bis zum 9. Dezember 1920 amtierte er zugleich als erstes Staatsoberhaupt der Ersten Republik. 1920–1924 war er Obmann der Sozialdemokratischen Partei und von 1923–1934 Bürgermeister und Landeshauptmann von Wien. In seine Amtszeit fällt die Errichtung der großen Gemeindebauten und zahlreicher Einrichtungen des kommunalen Fürsorgewesens.

Karl Seitz

Während der sog. Februarunruhen (→ 12.–15. 2. 1934) wurde Seitz abgesetzt und kurzzeitig inhaftiert. 1944/45 internierten ihn die Nationalsozialisten abermals (im Konzentrationslager Ravensbrück).

Karl Renner lebt nicht mehr

31. Dezember. Zwei Wochen nach seinem 80. Geburtstag stirbt Bundespräsident Karl Renner in Wien.

Renner, seit 1907 sozialdemokratischer Reichsratsabgeordneter, war der Führer des gemäßigten (rechten) Flügels der Sozialdemokratischen Partei, 1918–1920 als Staatskanzler erster Regierungschef der Ersten Republik und leitete als solcher 1919 die österreichische Delegation bei den Friedensverhandlungen in Saint-Germain-en-Laye. 1930 wurde Renner Erster Präsident des Nationalrates.

Karl Renner

1945, beim Einmarsch der Roten Armee, lebte Renner in Gloggnitz (Niederösterreich). Um der Bevölkerung zu helfen, nahm er Kontakt zu den sowjetischen Kommandostellen auf und erhielt den Auftrag zur Bildung einer provisorischen Regierung. Seit 20. Dezember 1945 bekleidet er das Amt des Bundespräsidenten.

Austria österreichischer Meister

Der erste gesamtösterreichische Fußballmeister heißt Austria Wien. Vor dem Krieg traten ausschließlich Wiener Mannschaften in der höchsten Spielklasse an, da der Fußball in den Bundesländern mit dem Wiener Niveau nicht mithalten konnte. Mit der Saison 1949/50 gibt es nun erstmals einen gesamtösterreichischen Wettbewerb: Unter den 13 Mannschaften der »Österreichischen Staatsliga« sind mit Vorwärts Steyr, Sturm Graz und Gloggnitz drei Nicht-Wiener Teams vertreten, die schließlich die Plätze 9 bis 11 belegen (v. l. Merkel, Huber, Ocwirk).

1951

2. 1. Bundeskanzler Leopold Figl wird mit den Funktionen des Bundespräsidenten betraut.

16. 1. Der Nationalrat beschließt einstimmig, in Zukunft den Bundespräsidenten durch das Volk wählen zu lassen.

19. 1. Der Kriegszustand zwischen Österreich und Jugoslawien wird aufgehoben.

2. 2. Helmut Seibt wird Europameister im Eiskunstlauf der Herren.

20. 2. Der Ministerrat beschließt, ein Wirtschaftsdirektorium zu schaffen, das die Wirtschaftsordnung koordinieren soll.

März. In Wien wurden seit dem Krieg 120 Schulen wieder aufgebaut.

15. 4. In Imst (Tirol) wird das erste SOS-Kinderdorf eröffnet, die Idee zu seiner Gründung stammt von dem Sozialpädagogen Hermann Gmeiner. →

6. 5. Bei der ersten Bundespräsidentenwahl durch das Volk erreicht kein Bewerber die erforderliche absolute Mehrheit (→ 27. 5.).

21. 5. In Linz wird der dritte Hochofen angeblasen.

27. 5. In der erforderlichen Stichwahl zwischen den Bundespräsidenten-Kandidaten, die am 6. Mai die meisten Stimmen erhalten haben, wird Theodor Körner (SPÖ) zum Präsidenten gewählt. →

1. 6. Eine Volkszählung in Österreich ergibt 6 881 100 Einwohner.

1. 6. Im Nonntal, unterhalb der Feste Hohensalzburg, wird ein Blockhaus aus dem Anfang des 1. Jahrhunderts entdeckt. Die verkohlten Rundhölzer hatten ursprünglich eine Dicke von 10–15 cm, die Fugen waren mit Lehm verschmiert.

23. 6. Stadtrat Franz Jonas wird zum Bürgermeister von Wien gewählt, er ist der Nachfolger von Bundespräsident Theodor Körner.

28. 6. Die Bundesbahnstrecke Linz–Amstetten wird elektrifiziert in Betrieb genommen.

4. 7. Der Nationalrat verabschiedet das Kartellgesetz.

6. 7. Das Ennskraftwerk Großraming (Oberösterreich) wird in Betrieb genommen.

14. 7. In Bielefeld (BRD) findet die Uraufführung des Oratoriums »Das Buch mit sieben Siegeln« von Franz Schmidt statt.

16. 7. Das fünfte Lohn- und Preisabkommen tritt in Kraft.

18. 7. Der Nationalrat genehmigt den Beitritt Österreichs zum Allgemeinen Zoll- und Handelsabkommen GATT (General Agreement on Tariffs and Trade).

21.–28. 7. Der Grazer Franz Deutsch gewinnt die Österreich-Radrundfahrt (1260 km).

20. 8. Das Wirtschaftsdirektorium beschließt wegen der Fleischknappheit die Einführung von zwei fleischlosen Tagen in der Woche (Dienstag und Freitag). Die Bestimmung bleibt bis 22. Juli 1952 gültig. →

September. Österreich erreicht den Höchststand der Kohleförderung seit Bestehen des Kohlebergbaus: 476 740 t.

4. 9. Die sowjetische Besatzungsmacht übergibt das Donaukraftwerk Ybbs-Persenbeug der Bundesregierung.

21. 9. Die Wohnungsbeihilfe wird eingeführt; jeder Lohn- und Gehaltsempfänger erhält monatlich 30 öS. Die Beihilfe gilt in gleicher Höhe bis 31. Dezember 1983.

22. 9. Die Limbergsperre, die Hauptstufe des Tauernkraftwerkes Kaprun (Salzburg) wird feierlich eröffnet.

Oktober. Der Beschäftigtenstand erreicht mit 2 051 050 Personen den höchsten Stand seit 1918.

12. 10. Die Bundesregierung schlägt den Großmächten vor, die Gesandten durch Botschafter zu ersetzen. Bis Jahresende kommen Frankreich, Großbritannien und die USA dem Vorschlag nach, die Sowjetunion nicht. Die Vertretung des Vatikans wird wieder Nuntiatur.

7. 12. Frankreich, Großbritannien und die Sowjetunion erhöhen die Besatzungskosten.

Der Roman »Die Strudlhofstiege« von Heimito von Doderer kommt heraus. →

Rapid Wien wird Fußballmeister 1950/51.

GESTORBEN:

7. 1. Wien: Robert Ettenreich (* 1. 11. 1890), Pionier der Radioindustrie.

30. 1. Stuttgart: Ferdinand Porsche (* 3. 9. 1875), Autokonstrukteur. →

18. 2. Wien: Fritz Schönpflug (* 15. 6. 1873), Karikaturist.

31. 3. Wien: Alfred Cossmann (* 2. 10. 1870), Radierer und Kupferstecher.

29. 4. Cambridge: Ludwig Wittgenstein (* 26. 4. 1889), Philosoph. →

25. 5. Wien: Paula von Preradović (* 12. 10. 1887), Lyrikerin und Erzählerin.

30. 5. New Haven (USA): Hermann Broch (* 1. 11. 1886), Dichter und Kulturphilosoph. →

13. 7. Los Angeles (USA): Arnold Schönberg (* 13. 9. 1874), Komponist. →

25. 7. Bad Ischl: Hans Pernter (* 3. 10. 1887), christlichsozialer Politiker, 1936–1938 Unterrichtsminister.

19. 11. Fribourg: Leopold von Andrian-Werburg (* 9. 5. 1875), Diplomat und Dichter.

30. 11. Wien: Oskar Laske (* 8. 1. 1874), Maler und Graphiker.

GEBOREN:

15. 4. Wien: Trixi Schuba, Eiskunstläuferin (Olympiasiegerin 1972).

Propaganda der SPÖ für Theodor Körner auf der Feier zum 1. Mai

Vom Volk gewählt

27. Mai. In einer Stichwahl wird der Bürgermeister von Wien, Theodor Körner (SPÖ), mit 49,7% der Stimmen zum Bundespräsidenten gewählt. Er ist das erste direkt vom Volk gewählte Staatsoberhaupt.
Am 16. Jänner hatte der Nationalrat dem Gesetz zugestimmt, das die Wahl des Bundespräsidenten durch das Volk beinhaltet, was schon 1929 vorgesehen war. Beim ersten Wahlgang am 6. Mai erreichte keiner der Kandidaten die erforderliche absolute Mehrheit. Für das Amt bewarben sich neben Theodor Körner der Landeshauptmann von Oberösterreich, Heinrich Gleißner (ÖVP), der in der Stichwahl unterliegt, Burghard Breitner (VdU), Gottlieb Fiala (Linksblock), Johannes Ude und Ludovika Hainisch (beide parteilos). Für die Stichwahl unterstützten die Kommunisten Körner, der VdU gab die Stimmabgabe frei.
Die Niederlage der ÖVP führt zu einer Änderung in der Führungsspitze. Julius Raab löst Leopold Figl als Parteiobmann der ÖVP ab.

Ein wechselvolles Philosophenleben

29. April. Im Alter von 62 Jahren stirbt in Cambridge der Philosoph Ludwig Wittgenstein, dessen Leben ebenso fasziniert wie sein philosophisches Werk. Aus großbürgerlich-jüdischem Hause stammend, studierte Wittgenstein zunächst Ingenieurwissenschaften, ab 1912 Philosophie in Cambridge. Nach der Fertigstellung der ersten großen philosophischen Schrift (»Tractatus logicophilosophicus«, 1920) verschenkte er sein Vermögen, wurde Dorfschullehrer und schließlich Gärtner in einem Kloster, bis er 1929 nach Cambridge zurückkehrte (1939–1947 Professor). In dieser Zeit entstand das Hauptwerk der Spätphase, die »Philosophischen Untersuchungen« (erschienen postum 1953).
Der »Tractatus« geht von der Überzeugung aus, daß eine logische Erfassung der Welt durch Konstruktion einer idealen Sprache möglich ist: Einfache, voneinander unabhängige Elementarsätze bilden einfache Tatsachen ab, durch logische Verknüpfung solcher Sätze werden komplexe Tatsachen gewonnen. Im Spätwerk wird die Logik nicht mehr als Instrument zur Erkenntnis von Sprache und Welt angesehen, statt dessen stehen Untersuchungen über den Gebrauch der Alltagssprache im Vordergrund.

Der Konstrukteur des Volkswagens

30. Januar. Im Alter von 75 Jahren stirbt Ferdinand Porsche, Autokonstrukteur und Gründer des gleichnamigen Unternehmens.

Porsche

1899 konstruierte er den Radnabenmotor; auf der Pariser Weltausstellung 1900 rief sein Elektromotor mit den 2,5 PS starken Radnabenmotoren in der Vorderachse großes Aufsehen hervor. 1910 gewann er mit einem Auto in Tulpenform eine Fahrt mit einer Geschwindigkeit von 140 km/h. Im Ersten Weltkrieg konstruierte er eine schwere Zugmaschine für den österreichischen 30,5 cm Mörser. 1921 entwickelte Porsche einen Sportwagen mit einem Hubraum von 1100 ccm, den Typ Sascha, mit dem er 1922 bei einem Autorennen auf Sizilien siegte. 1922 ging er zu Daimler-Benz nach Stuttgart. Als Chefkonstrukteur bei den Steyr-Werken (1929–1931) entwickelte er das Rohrrahmen-Fahrgestell. 1933 stellte er den von ihm konstruierten Volkswagen vor. 1948/49 entwickelte er den »Porsche«.

SOS-Kinderdorf in Imst eröffnet

15. April. Das erste SOS-Kinderdorf in Imst (Tirol) wird seiner Bestimmung übergeben.
Es bietet elternlosen oder aus zerrütteten Familien kommenden Kindern eine neue Heimat in einer familienähnlichen Gemeinschaft. In einem Kinderdorf wohnen sieben bis neun Kinder unterschiedlicher Altersstufen zusammen mit einer Kinderdorfmutter in einem Familienhaus, ein Kinderdorf besteht aus zehn bis zwölf Häusern.
Die Idee des Kinderdorfs entwickelte der Sozialpädagoge Hermann Gmeiner, der während seiner Tätigkeit in der katholischen Jugendbewegung die Notlage verwahrloster Jugendlicher kennenlernte. Er gründete 1949 den Verein »SOS-Kinderdorf«.

Fleischlose Tage sind nötig

20. August. Infolge einer immer größer werdenden Knappheit auf dem Fleischmarkt beschließt das Wirtschaftsdirektorium als wirksame Gegenmaßnahme die Einführung von zwei fleischlosen Tagen, dem Dienstag und dem Freitag je Woche.
Die Verfügung erfolgt aufgrund von abermals auftretenden Versorgungsschwierigkeiten, die besonders den Fleischsektor betreffen.
Weite Kreise der Bevölkerung essen jedoch ohnehin nur höchst selten Fleisch, da ihre finanzielle Situation derartige Ausgaben nicht erlaubt. Besonders in kinderreichen Familien wird nur ein- oder höchstens zweimal in der Woche Fleisch gekocht. Im allgemeinen verbessert sich die Versorgungslage zusehends, allerdings bleibt dem Durchschnittsverdiener kein Geld für Luxuswaren übrig, da er sein Geld für den notwendigen Alltagsbedarf verbraucht.
Da die Landwirtschaft den Stand der Vorkriegserträge wieder erreicht hat, ist die Ernährung der Bevölkerung im wesentlichen gesichert. Die Zahl der zur Verfügung stehenden Kalorien pro Person und Tag steigt seit Kriegsende kontinuierlich an.
Die Verbesserung der wirtschaftlichen Situation hing entscheidend von der Marshallplanhilfe ab, die Österreich seit 1948 erhält. Der Staat vergab die Investitionen in einer bestimmten Rangfolge. Sie richteten sich zuerst auf die Verbesserung der Zahlungsbilanz.

Romanschauplatz Strudlhofstiege

Der Roman »Die Strudlhofstiege« von Heimito von Doderer erscheint. Doderer entwickelt ein Panorama der Wiener Gesellschaft vor, während und nach dem Ersten Weltkrieg. Der Roman spielt in den Jahren 1911 bis 1925, erzählt die Handlung jedoch nicht kontinuierlich, sondern mit Vor- und Rückgriffen. Im Mittelpunkt stehen die Lebensgeschichten des ehemaligen Infanterieleutnants Melzer und des Studenten und Historikers René Stangeler, ihre Schicksale verbinden sich mit einer Vielzahl weiterer Romanfiguren, deren Erlebnisse sich zu Romanen im Roman gestalten. Das Zentrum des Romans bildet die Strudlhofstiege, ein Ort, an dem die einzelnen Figuren immer wieder zusammentreffen.

Arnold Schönberg

Schönberg schuf Zwölftonmusik

13. Juli. Im Alter von 76 Jahren stirbt der Komponist Arnold Schönberg im amerikanischen Exil.
Schönberg begründete neben Matthias Hauer die Zwölftonmusik, die von den Gesetzen der klassischen Harmonik abweicht und in der die zwölf Halbtöne einer Oktave gleichgewichtig vertreten sind. Die Aufführungen seiner Werke lösten anfangs Skandale infolge der ungewöhnlichen Klangfolgen aus. 1918 gründete er in Wien den »Verein für musikalische Privataufführungen«, bei dessen Veranstaltungen er einen eigenwilligen Proben- und Aufführungsstil entwickelte. Von 1925 bis 1933 leitete er eine Meisterklasse der Berliner Musikakademie, und nach seiner Emigration arbeitete er als Lehrer in Los Angeles und Boston.

Mythisches im Werk Brochs

30. Mai. Der Schriftsteller Hermann Broch stirbt im Alter von 64 Jahren im amerikanischen Exil.
Brochs Werke gaben der modernen Literatur entscheidende Anstöße, er hob die traditionelle Romanform durch eingeschobene Essays und innere Monologe auf. In »Der Versucher« (1953) setzte er sich mit den psychologischen Bedingungen für den Faschismus auseinander und entwickelte naturmystische Vorstellungen.

1952

Jänner. Die Sendergruppe Rot-Weiß-Rot nimmt den 136 m hohen Sendemast am Steinhof in Wien in Betrieb.

Jänner. Die Alpine-Montan in Donawitz (Steiermark) nimmt eine neue Knüppelstrecke in Betrieb, die eine Jahresleistung von rund 40 000 t Walzstahl erbringt.

23. 1. Bei einer Umbildung der Bundesregierung wird Reinhard Kamitz Finanzminister, Ernst Kolb Unterrichtsminister, Josef C. Böck-Greissau Handels- und Franz Thoma Landwirtschaftsminister. Alle neuen Minister gehören der ÖVP an.

28./29. 1. Ein außerordentlicher Bundesparteitag der ÖVP in Wien beschließt die programmatischen Leitsätze »Alles für Österreich« sowie eine Trennung von Regierungs- und Parteifunktionen.

4.–6. 2. Helmut Seibt wird zum zweitenmal Europameister im Eiskunstlauf.

14.–25. 2. Bei den VI. Olympischen Winterspielen in Oslo (Norwegen) gewinnt die österreichische Mannschaft zwei Gold-, vier Silber- und zwei Bronzemedaillen. →

7. 3. In der Schiffswerft Linz läuft das tausendste Schiff vom Stapel.

12. 3. Außenminister Karl Gruber verhandelt in Rom über den Austausch von Botschaftern.

14. 3. Die Westmächte schlagen der UdSSR den Entwurf eines Räumungsprotokolls für Österreich vor. Am 14. August lehnt die Sowjetunion den Vertragsentwurf ab (→ 20. 12.).

2. 4. Der Nationalrat beschließt die Schaffung von Ehrenzeichen für Verdienste um die Republik Österreich.

3. 4. Eine außerordentliche Sitzung aller Landtage unterstreicht den Freiheitswillen Österreichs.

24. 4. Das Allgemeine Krankenhaus in Wien erhält das modernste Elektronenmikroskop der Welt.

26. 4. Der wieder aufgebaute Stephansdom in Wien wird feierlich eröffnet. →

7.–30. 5. Während seiner Staatsbesuche in Großbritannien, den USA und Frankreich führt Bundeskanzler Leopold Figl Unterredungen über den Staatsvertrag und über wirtschaftliche Fragen (→ 20. 12.).

11. 6. Die sowjetische Besatzungsmacht gibt die Donauschiffahrt frei.

12. 6. Die DDSG nimmt auf der Strecke Wien–Linz den Personenverkehr auf.

29. 6. Der amerikanische Außenminister Dean Acheson hält sich zu einem offiziellen Besuch in Wien auf. Es handelt sich um den ersten Besuch eines amerikanischen Außenministers in Wien.

Juli. Erstmals seit zwei Jahren sinkt der Index der Großhandelspreise.

3. 7. UN-Generalsekretär Trygve Lie besucht Wien, der Nationalrat faßt eine Resolution über die Aufnahme Österreichs in die UNO.

18. 7. Der Nationalrat beschließt die Amnestie für belastete Nationalsozialisten.

19. 7.–3. 8. Bei den XII. Olympischen Sommerspielen in Helsinki gewinnt Gertrude Liebhart eine Silbermedaille im Kajak-Einer über 500 m, Max Raub und Herbert Wiedermann erzielen Bronze im Kajak-Zweier über 1000 m. →

22. 7. Die Verfügung über die Einschränkung des Fleischkonsums, die zwei fleischlose Tage in der Woche vorsah, wird aufgehoben.

14. 8. Bei den Salzburger Festspielen findet die Uraufführung der Oper »Die Liebe der Danae« von Richard Strauss statt.

11. 9. In Wien tagt der Österreichische Katholikentag.

16. 9. Der von der SPÖ nominierte Fachmann Josef Gerö wird Justizminister.

23. 9. Der britische Außenminister Anthony Eden hält sich zu einem offiziellen Besuch in Wien auf (→ 20. 12.).

5. 10. Die Bundesbahnstrecke Villach–Arnoldstein wird elektrifiziert in Betrieb genommen.

15.–22. 10. Bundeskanzler Leopold Figl stattet Belgien, Luxemburg und den Niederlanden einen offiziellen Besuch ab.

23. 10. Nach dem Scheitern der Budgetvorlage demissioniert die Koalitionsregierung Figl. Am 28. Oktober beauftragt Bundespräsident Theodor Körner erneut Leopold Figl mit der Regierungsbildung. →

4. 11. Die Wiener Philharmoniker geben anläßlich der Eröffnung des neuen Konzerthauses in Klagenfurt ein Festkonzert.

22. 11. Das Koaxialkabel zwischen Salzburg und Innsbruck wird in Betrieb genommen.

11. 12. Der österreichische Rundfunk führt dem Rundfunkbeirat eine Fernsehversuchssendung vor.

13. 12. Bürgermeister Franz Jonas legt den Grundstein zur 25 000. Gemeindewohnung in Wien.

19. 12. Die Bundesbahnstrecke Wien–Amstetten wird elektrifiziert in Betrieb genommen, die Westbahn ist damit vollständig elektrifiziert.

20. 12. Eine Österreich-Resolution der UNO appelliert an die Großmächte, eine Einigung über den österreichischen Staatsvertrag zu erzielen. →

Rapid Wien wird Fußballmeister 1951/52.

GESTORBEN:

13. 3. Wien: Hugo Hassinger (* 8. 11. 1877), Geograph.

19. 10. Wien: Ernst Streer von Streruwitz (* 23. 9. 1874), christlichsozialer Politiker, 1929 Bundeskanzler.

29. 10. Goisern: Sepp Straffner (* 31. 1. 1875), Politiker.

Österreichfrage weiter ungelöst

20. Dezember. Der politische Ausschuß der UNO nimmt eine Österreich-Resolution an, in der die Großmächte aufgefordert werden, sich über den Staatsvertrag zu einigen und Österreichs Souveränität wiederherzustellen. Die Ostblockstaaten und einige andere Länder nehmen an der Abstimmung nicht teil.
Da die Verhandlungen über den Staatsvertrag ins Stocken gerieten, wandte sich Österreich an die UNO, um eine Beendigung der Besetzung zu erreichen. Österreich sieht den Nichtabschluß als eine Folge der Ost-West-Spannungen an.

Leopold Figl

Außerdem konferierte Bundeskanzler Leopold Figl mit der britischen, amerikanischen und französischen Regierung. Außenminister Karl Gruber besuchte im Sommer Brasilien und Mexiko; als Ergebnis seiner Unterredungen stellte Brasilien am 16. Oktober den Antrag, die Österreichfrage auf die Tagesordnung der nächsten UN-Vollversammlung zu setzen.
Am 14. März übergaben die drei Westalliierten der UdSSR einen Entwurf für den Staatsvertrag, der jedoch nur einen Teil der bisher erörterten Paragraphen umfaßte. Der Kurzvertrag ging nicht auf die Ablöse für das Deutsche Eigentum sowie auf Entmilitarisierung und Entnazifizierung ein, am 14. August wies die Sowjetunion den Entwurf zurück.

Der britische Außenminister Anthony Eden (r.) trifft während eines Österreich-Besuchs im September auf Schloß Teutschach ein

Stephansdom wiederaufgebaut

26. April. Der wiederaufgebaute Stephansdom in Wien wird feierlich eröffnet, und die neugegossene Glocke, die Pummerin, hält ihren Einzug in den Dom.
Am 13. April 1945 wurde der Dom durch einen Brand infolge von Kriegseinwirkungen stark zerstört. Eine hohe Stützmauer des alten Dachstuhls zerbarst und riß beim Einsturz die Gewölbe des Mittel- und Apostelchores mit sich, zerstört wurden ebenfalls die Kaiser- und Orgelempore sowie das alte Ratsherrengestühl. Nur die Gewölbefelder über dem Hochaltar und im Frauenchor blieben erhalten.
Sofort nach Kriegsende begann der Wiederaufbau des alten gotischen Domes, dessen 137 m hoher Südturm, der »Steffl«, das Wahrzeichen Wiens ist und zusammen mit dem großen Dach mit bunter Ziegelmusterung das Stadtbild beherrscht.
1948 war der Wiederaufbau des Langhauses vollendet, 1950 das Dach. 1951 waren die Gewölbe in allen Jochen wiederaufgebaut, Erzbischof Theodor Kardinal Innitzer schlug selbst den letzten Schlußstein ein. Die beschädigten Pfeiler mußten Stück für Stück erneuert werden. 1952 ist auch die neue Gestaltung des Innenraums vollendet. Die Aufbauarbeiten leitete der Baumeister Bruno Buchweiser.
Ganz Österreich beteiligte sich am Wiederaufbau des Doms, worauf folgende Inschrift im Dom hinweist:
»Die dich in dieses Gotteshaus ruft, *die Glocke,* spendete das Land Oberösterreich,
Das dir den Dom erschließt, *das Tor,* das Land Steiermark,
Der deinen Schritt trägt, *den Steinboden,* das Land Niederösterreich,
In der du betend kniest, *die Bank,* das Land Vorarlberg,
Durch die das Himmelslicht quillt, *die Fenster,* das Land Tirol,
Die in festlicher Helle erstrahlen, *die Kronleuchter,* das Land Kärnten,
An der du den Leib des Herrn empfängst, *die Kommunionbank,* das Burgenland,
Vor dem deine Seele sich in Andacht neigt, *dem Tabernakel,* das Land Salzburg,
Das die heiligste Stätte des Landes behütet, *das Dach,* spendete im Verein mit vielen hilfreichen Händen die Stadt Wien.«

Menschenmassen an den Straßen, um die Pummerin in Wien zu begrüßen

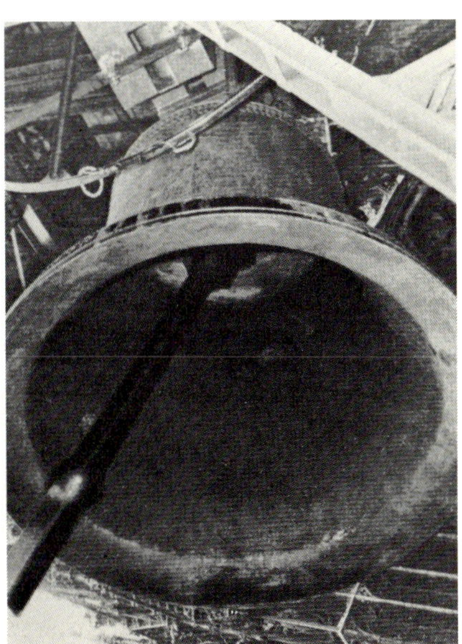
Die Pummerin, die Glocke des Doms

Die neue Pummerin wird von Enns nach Wien gebracht

Stephansdom – Baugeschichte

1137: Erste Bauphase – Beginn des romanischen Pfarrkirchenbaus unter dem Markgrafen Leopold IV. von Babenberg
1147: Weihung der Kirche zu Ehren des heiligen Stephan
1160: Vollendung des Langhauses und des Westteils
Um 1240: Zweite Bauphase – Beginn des romanischen Neubaus auf dem Grundriß der alten Kirche
1258: Zerstörung eines Großteils der Kirche durch einen Brand
1263: Schlußweihe der spätromanischen Kirche
1304: Dritte Bauphase – Beginn des Neubaus eines gotischen Doms
1340: Weihung des »Albertinischen Chores«
1359: Grundsteinlegung für das Rudolfinische Landhaus und den Südturm
1380/90: Vollendung des Bischofstors
1426: Abbruch der romanischen Bauteile
Nach 1440: Errichtung des Dachstuhls, Einwölbung des Langhauses durch den Dombaumeister Hans Puchspaum
1440/50: Vollendung des Singertors
1511: Abbruch der Bauarbeiten am Nordturm, Beendigung der Hauptaufbauphase des Doms
1523: Endgültige Einstellung der Bauarbeiten
1556–1578: Aufsatz einer achteckigen »welschen« Haube mit Glockenhelm auf den Nordturm durch die Dombaumeister Kaspar und Hans Saphoy
1723: Erhebung des Stephansdoms zum erzbischöflichen Dom
19. Jh.: Restaurierungsarbeiten am Dom unter den Dombaumeistern Leopold Ernst und Friedrich von Schmidt
13. 4. 1945: Schwere Zerstörung durch einen Brand
1945–1948: Restaurierung des Langhauses
1948–1952: Wiederaufbau des Hallenchores
26. 4. 1952: Eröffnung des wiederhergestellten Stephansdoms.

Auslaufen der Marshallplanhilfe

Das Wirtschaftswachstum und das Ansteigen des Nationalprodukts, das die ersten Jahre des Wiederaufbaus kennzeichnete, erfahren in diesem Jahr zum ersten Mal einen Stillstand.
Er hängt mit dem Auslaufen der finanziellen Unterstützung aus der Marshallplanhilfe (ERP) zusammen, die bisher 42 Milliarden öS betrugen. 1948 schloß Österreich das erste ERP-Abkommen mit den USA, das Österreich in die Lage versetzte, sein Nationalprodukt innerhalb von vier Jahren um mehr als das Doppelte zu steigern. Zudem stabilisierte sich die Währung, sodaß nach 1951 Lohn-Preis-Abkommen nicht mehr notwendig waren. Von 1945 bis 1951 stiegen die Preise um 133 %, die Löhne um 130 %.
Die schwierige Ernährungssituation ist überwunden.

Regierungskrise wegen Budget

23. Oktober. Die Koalitionsregierung unter Bundeskanzler Leopold Figl bietet ihren Rücktritt an, da sie keine Einigung über das Budget für 1953 erzielen kann.
Laut Auffassung der ÖVP würden die Forderungen der SPÖ zu einem unausgeglichenen Budget und damit zu einer inflationären Welle führen. Die Einigung scheiterte vor allem daran, daß die Dotierung der Rentenversicherung im Entwurf des Finanzministers Reinhard Kamitz nicht gesichert war. Zudem waren Bundes-, Wohn- und Siedlungsfonds nur unzureichend berücksichtigt.
Am 28. Oktober betraut Bundespräsident Theodor Körner erneut Figl mit der Regierungsbildung. Am 30. Oktober beschließt der Nationalrat die vorzeitige Beendigung der Legislaturperiode (→ 22. 2. 1953).

Das österreichische Team marschiert ins Stadion von Helsinki ein

Olympische Erfolge

14.–25. Februar / 19. Juli–3. August. Bei den VI. Olympischen Winterspielen in Oslo (Norwegen) schneidet das österreichische Team in der inoffiziellen Nationenwertung als erfolgreichste Mannschaft ab. Das Gastgeberland erreicht mit je einer Gold-, Silber-und Bronzemedaille den dritten Platz.
Bei der Abfahrt der Damen gewinnt Trude Beiser-Jochum Gold, im Riesenslalom erreicht Dagmar Rom den zweiten Platz. Im Slalom der Herren siegt Othmar Schneider, im Riesenslalom gewinnt Christian Pravda Silber vor Anton Spieß, in der Abfahrt belegt Othmar Schneider den zweiten Platz vor Christian Pravda. Im Eiskunstlauf der Herren gewinnt Helmut Seibt die Silbermedaille.
Die alpinen Disziplinen werden erstmals mit dem bis heute üblichen Programm (Abfahrt, Slalom und Riesenslalom bei Damen und Herren) ausgetragen, die alpine Kombination wird nicht gewertet.
Im Eiskunstlaufen der Herren zeigt der Goldmedaillengewinner, der Amerikaner Dick Button, zum ersten Mal einen Dreifachsprung.
Bei den XII. Olympischen Sommerspielen erhält Österreich nur einmal Silber und einmal Bronze, beide Male in den Kajak-Wettbewerben.

1953

11. 1. Sepp Bradl gewinnt vor der gesamten nordischen Springerelite die Vier-Schanzen-Tournee (Garmisch, Oberstdorf, Innsbruck, Bischofshofen).

7. 2. Das Edelstahlblechwerk der Schoeller-Bleckmann-Werke in Hönigsberg (Steiermark) wird in Betrieb genommen.

15. 2. Österreich erhält von der Schweiz eine Anleihe in der Höhe von 213 615 000 öS.

22. 2. Bei der Nationalratswahl erreicht die SPÖ die Mehrheit der Stimmen. →

22. 2. Bei den Landtagswahlen in Burgenland, Steiermark und Kärnten verbucht die SPÖ Gewinne, während die ÖVP Verluste hinnehmen muß.

18. 3. Felix Hurdes (ÖVP) wird zum Ersten Präsidenten des Nationalrates gewählt.

2. 4. Die Regierung Raab I. tritt ihr Amt an (→ 22. 2.).

6. 4. Gustav Mahlers X. Symphonie wird in der endgültigen Fassung von den Wiener Symphonikern uraufgeführt.

24. 4. Der Nationalrat beschließt das Energieanleihe- und Sparbegünstigungsgesetz. Bei der ersten Energieanleihe am 26. Mai werden 600 Millionen öS gezeichnet.

1. 5. Die Lebensmittelkarten werden nach 13 Jahren abgeschafft. →

18. 5. In Wien wird das Krebsforschungsinstitut gegründet.

22. 5. In Braz (Vorarlberg) wird das erste Kavernkraftwerk der ÖBB in Betrieb genommen.

8. 6. Die sowjetische Besatzungsmacht hebt die Kontrollen an der Zonengrenze auf. Linz und Urfahr werden wieder eine Stadt (→ 17. 8.).

26. 6. Botschafter Iwan Iwanowitsch Iljitschow wird neuer sowjetischer Hochkommissar in Österreich.

27. 6. Eine Amnestie der Sowjetregierung erlaubt 610 Österreichern, die sich aufgrund von Urteilen sowjetischer Militärbehörden in der UdSSR in Haft befinden, die Heimreise.

1. 7. Der Marshallplan läuft aus, die US-Wirtschaftshilfe betrug insgesamt 960 Millionen Dollar.

1. 7. Österreich wird Vollmitglied der Europäischen Zahlungsunion.

3. 7. Hermann Buhl bezwingt im Alleingang den 8126 m hohen Nanga Parbat im Himalaja.

20. 7. Fritzi Schwingl wird Weltmeisterin im Kajak-Einer.

31. 7. Bei der ersten Opernaufführung im Hof der Salzburger Residenz dirigiert Karl Böhm »Cosi fan tutte« von Wolfgang Amadeus Mozart.

17. 8. Die Westmächte ziehen den Kurzvertrag zurück. →

6. 9. Erste UKW-Sendungen werden über die Sender Kahlenberg und Klagenfurt ausgestrahlt.

11. 9. Der Alliierte Rat genehmigt der Bundesregierung das Ausstellen von Reisepässen (→ 17. 8.).

24. 9. Die Nationalbank senkt die Bankrate auf 4 %.

18. 10. Der Grundstein zum Bau der Wiener Stadthalle wird gelegt, Architekt ist Roland Rainer.

25. 10. Bei der Landtagswahl in Tirol gewinnt die SPÖ ein Mandat, die ÖVP verliert vier Mandate.

30. 10. In seiner Regierungserklärung erinnert Bundeskanzler Julius Raab an die Moskauer Deklaration über die Wiederherstellung der Freiheit und Unabhängigkeit Österreichs vor zehn Jahren. Zur Unterstreichung der Erklärung ruht in ganz Österreich um neun Uhr für fünf Minuten die Arbeit.

30. 10. Die Ennskraftwerke Rosenau (Oberösterreich) werden in Betrieb genommen.

6. 11. Der Alliierte Rat genehmigt die Amnestie für spätheimkehrende Nationalsozialisten.

9. 11. Anleihen zum Wiederaufbau der Staatsoper und des Burgtheaters werden gezeichnet. →

12. 11. Österreich und Jugoslawien tauschen Botschafter aus.

14. 11. Außenminister Karl Gruber tritt zurück. →

30. 11. Bis zu diesem Zeitpunkt wurden 140 000 Volksdeutsche aus verschiedenen Ländern in Österreich eingebürgert.

3. 12. Eine spürbare Ermäßigung der Lohn- und Einkommenssteuer tritt in Kraft.

4. 12. Der Nationalrat verlangt die Revision des Kontrollabkommens über Österreich und fordert, daß die österreichische Gesetzgebung von jeder Einschränkung und jedem fremden Einfluß befreit werden muß.

Austria Wien wird Fußballmeister 1952/53.

GESTORBEN:

9. 3. Wien: Hugo Adolf Bernatzik (* 26. 3. 1897), Ethnologe und Reiseschriftsteller, Begründer der angewandten Völkerkunde.

13. 3. Wien: Leopold Kunschak (* 11. 11. 1871), christlichsozialer Arbeiterführer.

21. 4. Wien: Josef C. Böck-Greissau (* 5. 4. 1893), Industrieller und ÖVP-Politiker, seit 1952 Handelsminister.

30. 7. Wien: Peter Mandorfer (* 19. 4. 1885), christlichsozialer Politiker, 1936–1938 Landwirtschaftsminister.

17. 9. Klagenfurt: Egon Caesar Conte Corti (* 2. 4. 1896), Schriftsteller.

24. 9. Wien: Berthold Viertel (* 28. 6. 1885), Schriftsteller und Mitbegründer der Wiener Volksbühne.

20. 12. Wien: Karl Reichert (* 20. 8. 1883), Optiker.

Bundeskanzler Julius Raab (Mitte, sitzend) präsentiert sich mit seiner neuen Koalitionsregierung

Schwierige Regierungsbildung

22. Februar. Bei der vorzeitig anberaumten Nationalratswahl gewinnt die SPÖ die Mehrheit der Wählerstimmen, erhält jedoch aufgrund des Wahlrechts ein Mandat weniger als die ÖVP.
Da die vorherige Regierung an der Budgetaufstellung scheiterte, standen wirtschaftspolitische Probleme im Vordergrund des Wahlkampfs. Die ÖVP trat für die weitere Stabilisierung und private Investitionen ein, die SPÖ schlug ein Zehn-Punkte-Programm der Vollbeschäftigung und der öffentlichen Investitionen vor.
Infolge der Mandats-Patt-Situation (ÖVP: 74, SPÖ: 73) verläuft die Regierungsbildung äußerst schwierig. Die ÖVP tritt für eine Dreiparteienkoalition unter Einbeziehung des WdU (Wahlpartei der Unabhängigen) ein, um das bürgerliche Lager zu stärken. Die SPÖ und auch Bundespräsident Theodor Körner lehnen eine Dreiparteienregierung ab. Nach dem Scheitern von Leopold Figl wird Julius Raab, Obmann der ÖVP, mit der Regierungsbildung beauftragt, er stellt am 2. April die neue Koalitionsregierung Raab/Schärf vor, eine Fortsetzung der großen Koalition mit der SPÖ. Als Regierungsziele benennt Raab die Beseitigung der Arbeitslosigkeit und die Erringung der Freiheit.

Der neue Bundeskanzler Raab

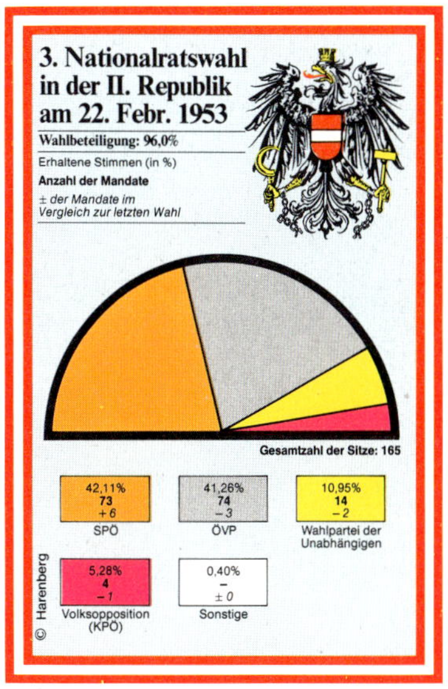

Stabilisierung in Ernährungslage

1. Mai. Die Lebensmittelkarten werden 13 Jahre nach ihrer Einführung abgeschafft.
Nach dem Zweiten Weltkrieg war die Ernährungssituation in Österreich katastrophal. Im Herbst 1945 bekam die Wiener Bevölkerung pro Kopf und Tag 800 Kalorien. Die Stadtbevölkerung mußte sich noch jahrelang mit einer Tageskalorienzahl von 1500 zufrieden geben, bestimmte Lebensmittel (z. B. Fleisch) blieben rationiert.

Aufbauanleihen für Staatsoper

9. November. Der Verkauf der Anleihen für den Wiederaufbau der zerstörten Wiener Staatsoper und des Burgtheaters beginnt. Die Höhe der Anleihe beträgt 100 Millionen öS, die erste Tranche in Höhe von 55 Millionen öS ist bereits am ersten Tag überzeichnet. Staatsoper und Burgtheater wurden am 12. März 1945 von Fliegerbomben getroffen. Die Oper brannte bis auf die Hauptfront, den Kassenraum und die Haupttreppe aus (→ 5. 11. 1955).

Rücktritt von Minister Gruber

14. November. Außenminister Karl Gruber (ÖVP) tritt aus Gründen der Parteiräson zurück, sein Nachfolger wird Leopold Figl.
Der Grund für den Rücktritt liegt im Teilvorabdruck von Grubers Memoiren, in dem er ein Gespräch zwischen Leopold Figl und Ernst Fischer (KPÖ) von 1947 über die Zukunft Österreichs und die Rolle von Bundeskanzler Julius Raab bei dieser Unterredung ausführlich und detailliert schildert.

Diskussionen über Neutralitätsfrage

17. August. Die drei Westalliierten ziehen ihre von der UdSSR abgelehnte Kurzfassung für den österreichischen Staatsvertrag zurück (→ 20. 12. 1952), da die Sowjetunion seit dem Frühjahr, seit dem Tod von Parteichef Josef Stalin, eine flexiblere Außenpolitik betreibt. Die Westmächte erwarten für die Zurückziehung von der UdSSR die Bereitschaft, einen Vertrag auszuhandeln, der Österreich die politische und wirtschaftliche Unabhängigkeit bringt.
Als Fortschritt auf dem Weg zum Abschluß des Staatsvertrages gelten auch die Erleichterungen, die in der sowjetischen Besatzungszone in diesem Jahr erfolgen. Am 8. Juni hebt die sowjetische Besatzungsmacht die Kontrollen an der Zonengrenze auf; am 30. Juli verzichtet die UdSSR auf die Bezahlung der Besatzungskosten (Großbritannien verzichtet am 19. August, Frankreich am 19. September). Am 12. August hebt die UdSSR die Zensur in ihrer Zone auf, am 1. Oktober gibt sie 178 von ihr besetzte Gebäude frei. Am 11. September genehmigt der Alliierte Rat der Bundesregierung das Ausstellen von Reisepässen, die Beschränkungen im Reise- und Güterverkehr innerhalb Österreichs werden aufgehoben. Am 28. November verläßt die letzte britische Truppeneinheit Graz.
Zur Entspannung der Verhandlungssituation trägt auch eine Wendung in der österreichischen Außenpolitik bei. Die neue Regierung Raab/Schärf geht von der Präferenz für die Westmächte ab und bemüht sich um ein besseres Verhältnis zur Sowjetunion. Als Gegenleistung für die Besatzungserleichterungen schränkt Österreich antisowjetische Äußerungen und Stellungnahmen ein und bereitet eine Liberalisierung des Osthandels vor.
Von Bedeutung ist auch die einsetzende Diskussion über die zukünftige Neutralität Österreichs, da die UdSSR einen Anschluß Österreichs an die Bundesrepublik Deutschland fürchtet. Österreich deutet seine Bereitschaft an, keine militärischen Basen fremder Staaten auf seinem Gebiet zuzulassen, keine Militärbündnisse abzuschließen und sich von einseitigen politischen Bindungen fernzuhalten (→ 25. 1.–28. 2. 1954).

1954

11. 1. In Vorarlberg gehen mehrere Lawinen nieder. →

20. 1. Der Prozeß wegen Amtsmißbrauch und unsauberer Parteienfinanzierung gegen den ehemaligen Bundesminister für Vermögenssicherung und Wirtschaftsplanung, Peter Krauland (ÖVP), beginnt. Er wird aufgrund des Amnestiegesetzes am 6. Juli freigesprochen.

25. 1.–28. 2. Eine Außenministerkonferenz in Berlin verhandelt über den Staatsvertrag. →

19. 2. Die Bundesregierung stellt 480 Millionen öS für den Ausbau der Bundesstraßen bereit.

27. 2.–6. 3. Bei den Skiweltmeisterschaften in Aare (Schweden) erreicht Christian Pravda den ersten Platz in der Abfahrt.

3. 4. Eine amtliche Erklärung ordnet an, daß von der bisher üblichen Beflaggung der Bundesgebäude am 13. April (Tag der Befreiung) abzusehen ist.

9. 4. Der Nationalrat beschließt die Erhöhung des Kulturbudgets um 150 Millionen öS, nachdem am 23. März 3000 Vertreter aus Kunst und Wissenschaft in Wien gegen das geringe Kulturbudget demonstriert haben.

Mai. Der mehrfach ausgezeichnete Film »Die letzte Brücke« von dem deutschen Regisseur Helmut Käutner läuft in den Wiener Kinos an.

16. 5. Der Ministerrat beschließt ein Zehn-Milliarden-Investitionsprogramm für die nächsten zehn Jahre.

13. 6. Die hundertste seit 1945 in Niederösterreich erbaute Schule (Steinakirchen am Forst) wird eröffnet.

16. 6.–4. 7. Bei der Fußballweltmeisterschaft in der Schweiz erreicht die österreichische Mannschaft den dritten Platz. →

30. 6. Der Außenhandel im Rahmen der OEEC (Organization for Europeen Economic Cooperation) wird zu 75 % liberalisiert.

2. 7. Die letzte Nummer der amerikanisch beeinflußten Tageszeitung »Wiener Kurier« kommt heraus, sie erscheint mit dem Kopf »Neuer Kurier« weiter.

3. 7. Die Weltliche Schatzkammer in der Wiener Hofburg wird wiedereröffnet.

7. 7. Der Nationalrat beschließt das Gesetz über die Schillingeröffnungsbilanz. Wertansätze in den Bilanzen der Betriebe müssen berichtigt werden.

20. 7. Die Wiener Kammeroper wird gegründet.

25. 7. Rupert Hollaus wird Weltmeister in der 125-cm³-Klasse der Motorräder.

26. 7. Österreich erzielt einen Mannschaftssieg bei den Kajakweltmeisterschaften.

1. 10. Der Bau des Donaukraftwerks Ybbs-Persenbeug beginnt (Fertigstellung 1959).

5. 10. Die Alliierten unterzeichnen in London das Abkommen über Triest, die Regelung beseitigt ein Hindernis für den Abschluß des Staatsvertrages.

15. 10. Der Hugo-Breitner-Hof in Wien 14 wird seiner Bestimmung übergeben, er umfaßt 1152 Wohnungen und ist der größte kommunale Wohnungsbau seit 1945.

17. 10. Bei den Landtagswahlen in Niederösterreich gewinnen ÖVP und SPÖ je ein Mandat; in Salzburg gewinnt die ÖVP drei Mandate und die SPÖ vier; bei der Wahl in Vorarlberg verliert die WdU drei Mandate an die SPÖ.

19. 10. Herbert Tichy besteigt erstmals den Cho-Oyu im Himalaya. →

3. 11. Der Ministerrat erklärt, daß Personen, die die Voraussetzungen des Staatsbürgerschaftsüberleitungsgesetzes erfüllen, österreichische Staatsbürger sind, auch wenn sie im Ausland leben. Er reagiert auf eine Erkenntnis des Bundesverfassungsgerichtes der BRD, wonach in der BRD lebende Österreicher die deutsche Staatsbürgerschaft besitzen sollen. Am 21. Dezember erklärt das Kabinett der BRD in diesem Zusammenhang das Reichsgesetz über die Wiedervereinigung Österreichs mit dem Deutschen Reich von 1938 für null und nichtig.

15. 12. Der Nationalrat beschließt das Familienlastenausgleichsgesetz.

Bei der Landtagswahl in Wien gewinnt die SPÖ sieben Mandate.

Vienna Wien wird Fußballmeister 1953/54.

GESTORBEN:

10. 1. Überlingen (Baden): Fred Raymond (eigtl. Raimund Friedrich Vesely; * 20. 4. 1900), Operetten- und Schlagerkomponist.

11. 1. Bad Ischl: Oscar Straus (* 6. 3. 1870), Kapellmeister und Operettenkomponist.

27. 4. Wien: Richard Schmitz (* 14. 12. 1885), christlichsozialer Politiker, 1930 Vizekanzler, 1934–1938 Bürgermeister von Wien.

16. 5. Mexiko City: Clemens Krauss (* 31. 3. 1893), Dirigent. →

27. 5. Schloß Rametz (Südtirol): Fritz von Herzmanovsky-Orlando (* 30. 4. 1877), Schriftsteller. →

1. 9. Wien: Heinrich Mache (* 27. 4. 1876), Physiker, nach ihm ist die alte Maßeinheit der Radioaktivität benannt.

18. 12. Wien: Maria Theresia Eis (* 22. 2. 1896), Burgtheaterschauspielerin.

28. 12. Wien: Josef Gerö (* 23. 9. 1896), parteiloser Politiker, 1945–1949 und seit 1952 Justizminister, seit 1946 Präsident des Österreichischen Olympischen Komitees und des Fußballbundes.

Keine Einigung bei Staatsvertrag

25. Jänner bis 28. Februar. Auf der Berliner Außenministerkonferenz unterhandeln die vier alliierten Mächte wieder gemeinsam über den Staatsvertrag. Zum ersten Mal nimmt auch Österreich als gleichberechtigter Verhandlungspartner teil. Außenminister Leopold Figl (ÖVP) und Staatssekretär Bruno Kreisky (SPÖ) leiten die österreichische Delegation.

Die Annäherung vom Vorjahr (→17. 8. 1953) führt jedoch nicht zu einem erfolgreichen Abschluß. Österreich geht von einer ungünstigen Position aus: Die Westmächte zeigen sich über die Annäherung der Bundesregierung an die UdSSR verstimmt, die Sowjetunion honoriert die Kursänderung der österreichischen Außenpolitik noch nicht. Die UdSSR fordert, daß Österreich keine Militärbündnisse abschließt und fremde Militärstützpunkte nicht auf österreichischem Gebiet zuläßt. Die UdSSR will einen – auch wirtschaftlichen – Anschluß Österreichs an die Bundesrepublik verhindern. Sie erklärt sich einverstanden, die Ablösesumme in Warenlieferungen zu akzeptieren.

Die Westmächte befürchten, daß eine Neutralität Österreichs ein Machtvakuum in Mitteleuropa verursachen könnte. Am 16. Februar schlägt Figl eine militärische Neutralität Österreichs vor. Der sowjetische Außenminister Wjatscheslaw Molotow verzichtet auf die Forderung, die Neutralisierung Österreichs vertraglich festzulegen, und geht auch von der Junktimierung der Österreich- mit der Triestfrage ab.

Keine Einigung wird jedoch in der Frage nach dem Zeitpunkt des Abzugs der letzten Besatzungstruppen erzielt. Die Sowjetunion steht auf dem Standpunkt, die Besatzungstruppen sollten bis zum Abschluß eines Friedensvertrages mit Deutschland in Österreich stationiert bleiben. Die österreichische Delegation hält die Verknüpfung mit der Deutschlandfrage für eine schwerwiegende Belastung, da Österreich auf die Lösung dieses weltpolitischen Konflikts keinen Einfluß nehmen kann. Als die UdSSR das österreichische Angebot, die Besatzungszeit solle am 30. Juni 1955 enden, ablehnt, scheitern die Verhandlungen (→ 15. 5. 1955).

Expedition ohne Sauerstoffgerät

19. Oktober. Der Geologe und Schriftsteller Herbert Tichy bezwingt erstmals den 8189 m hohen Cho-Oyu im Himalaya, nahe dem Mount Everest. Er benutzt kein Sauerstoffgerät, und da eisiger Sturm herrscht, zieht er sich schwere Erfrierungen zu.

Sein Begleiter ist der Sherpa Pasang Dawa Lama, zu den europäischen Expeditionsteilnehmern gehören außer Tichy der Ingenieur Josef Jöchler und der Geograph Helmut Heumberger. Tichy schreibt ein Buch über seine Bergbesteigung.

Tichy mit Sherpa und dessen Frau

Lawinenunglücke in Vorarlberg

11. Jänner. Im großen Walsertal gehen 32 Lawinen nieder, die 45 Bauernhäuser und 75 Ställe in die Tiefe reißen. Das Unglück fordert 80 Todesopfer. Im Montafon, im Klostertal und im Bregenzer Wald sterben insgesamt 45 Menschen bei weiteren Lawinenabgängen. Die Lawinen lösen sich, weil innerhalb von zwei Tagen über zwei Meter lockerer Neuschnee gefallen war, der nicht genügend Halt fand. Am 12. Jänner vernichtet eine Lawine einen Teil des Bahnhofes Dalaas im Klostertal und reißt einen Waggon eines Schnellzugs in die Tiefe, wobei zehn Menschen den Tod finden.

Satiren über die k. u. k. Monarchie

Fritz von Herzmanovsky-Orlando

27. Mai. Im Alter von 77 Jahren stirbt der Schriftsteller Fritz von Herzmanovsky-Orlando.
Nach einer Lungenerkrankung zog sich der studierte Architekt auf sein Familienschloß zurück. Zu seinen Lebzeiten erschienen nur zwei seiner Werke: Der Roman »Der Gaulschreck im Rosennetz« (1928) und das Drama »Der Kommandant von Kalymnos« (1926). Seine satirischen Werke enthalten eine Fülle von Anekdoten, skurrilen Einfällen, grotesken Details und phantastischen Elementen. Herzmanovsky-Orlando benutzte die altösterreichische Kanzleisprache und die Dialekte der alten Donaumonarchie. Er karikierte die Lebensform des österreichischen Kaiserreichs.

Förderer der Moderne

16. Mai. Der Dirigent Clemens Krauss stirbt im Alter von 61 Jahren in Mexiko City.
Krauss gilt als einer der bedeutendsten Operndirigenten des 20. Jahrhunderts. Er dirigierte die Uraufführungen verschiedener Opern von Richard Strauss, mit dem er befreundet war. Er bemühte sich um die Werke zeitgenössischer Komponisten wie Alban Berg, Carl Orff und Benjamin Britten. Krauss begann seine musikalische Laufbahn 1902 als Sängerknabe der Hofburgkapelle in Wien. 1929 wurde er Direktor der Wiener Staatsoper und 1939 Direktor des Mozarteums und der Festspiele in Salzburg.

Dritter bei Fußballweltmeisterschaft

16. Juni bis 4. Juli. *In der Endrunde der Fußballweltmeisterschaft in der Schweiz erreicht Österreich den dritten Platz. Fußballweltmeister wird die Bundesrepublik vor Ungarn. Der sensationelle Sieg über die Schweiz mit 7:5 am 26. Juni öffnet Österreich den Weg ins Halbfinale. Am 30. Juni unterliegt Österreich der BRD mit 1:6 (Abb.); beim Spiel um den dritten Platz am 3. Juli besiegt Österreich Uruguay mit 3:1.*

1955

8. 1. Die neu erbaute Rotundenbrükke über den Wiener Donaukanal wird dem Verkehr übergeben.

29. 1. Hana Eigl wird in Budapest Europameisterin im Eiskunstlauf der Damen.

6. 2. Karla Kienzl wird Weltmeisterin im Rodeln. H. Krautner und J. Thaler gewinnen den Weltmeistertitel im Rodeln-Zweisitzer.

9. 3. Bundeskanzler Julius Raab gibt bekannt, daß Österreich den Anschluß an die Weltwirtschaft erreicht hat.

16. 3. Die Bundesregierung erklärt ihre Absicht, keinen militärischen Bündnissen beizutreten oder militärische Stützpunkte auf dem Staatsgebiet errichten zu lassen.

15. 4. Ein österreichisch-sowjetisches Kommuniqué, das »Moskauer Memorandum«, über die Ergebnisse der Staatsvertragsverhandlungen (12.–14. 4.) wird erstellt (→ 15. 5.).

Mai. Im Wiener Akademietheater findet die Uraufführung des Stücks »Caesars Witwe« von Franz Theodor Csokor statt.

2.–12. 5. Die Wiener Botschafterkonferenz erzielt die Übereinstimmung über den Staatsvertrag (→ 15. 5.).

15. 5. Der österreichische Staatsvertrag wird im Schloß Belvedere in Wien unterzeichnet. →

20. 5. Die amerikanische Regierung gibt 869 000 US-Dollar Auslandshilfemittel frei.

26. 5. Auf dem Flugplatz Schwechat landet das erste österreichische Flugzeug seit 1945.

27. 5. Großbritannien und die Schweiz nehmen den Flugverkehr nach Innsbruck auf.

3. 6. Die Bundesbahnstrecke Wels-Passau wird elektrifiziert in Betrieb genommen.

4. 6. In Wiener Neustadt trifft ein größerer Heimkehrertransport aus der Sowjetunion ein. →

7. 6. Der Nationalrat nimmt den Staatsvertrag und die Neutralitätserklärung einstimmig an.

10. 6. Die Bundesbahnstrecke Villach–Rosenbach wird elektrifiziert in Betrieb genommen.

23. 6. Die Identitätskartenverordnung wird aufgehoben.

7. 7. Die Österreichische Casinogesellschaft (später Spielbanken AG) eröffnet das Spielkasino Baden bei Wien.

12. 7. Österreich und die UdSSR unterzeichnen ein Abkommen über Entschädigungen für sowjetisch verwaltete Betriebe: Österreich soll 150 Millionen Dollar innerhalb von sechs Jahren zahlen und zehn Jahre lang jährlich eine Million Tonnen Rohöl liefern.

15. 7. Im Bundeskanzleramt wird das Amt für Landesverteidigung eingerichtet.
Am 7. September verabschiedet der Nationalrat das Wehrgesetz.

22. 7. Das Koaxialkabel Wien–St. Gallen (Schweiz) wird in Betrieb genommen.

27. 7. Der Staatsvertrag tritt in Kraft, die letzte Sitzung des Alliierten Rates findet statt.

1. 8. Die erste österreichische Fernsehsendung wird ausgestrahlt. →

17. 8. Im Rahmen der Salzburger Festspiele findet die Uraufführung der Oper »Irische Legende« von Werner Egk statt.

8. 9. Der Nationalrat beschließt das Allgemeine Sozialversicherungsgesetz.

16. 9. Österreich erhält seine Lufthoheit zurück.

26. 9. Vor Bundespräsident Theodor Körner findet in Wien die erste Parade österreichischer Truppen seit 17 Jahren statt.

15. 10. Zur Wiedereröffnung des Wiener Burgtheaters wird Franz Grillparzers »König Ottokars Glück und Ende« gespielt. →

23. 10. Österreich und Italien unterzeichnen ein Abkommen, wonach Triest der Heimathafen österreichischer Schiffe wird.

26. 10. Der Tag wird zum »Tag der Fahne« erklärt (ab 1965 zum Nationalfeiertag).

26. 10. Der Nationalrat verabschiedet das Bundesverfassungsgesetz über die Neutralität Österreichs. Nur die WdU stimmt dagegen.

3. 11. Die Freiheitliche Partei Österreichs (FPÖ) wird gegründet. →

5. 11. Die wiederaufgebaute Wiener Staatsoper wird feierlich eröffnet. →

15. 12. Österreich wird in die UNO aufgenommen. →

16. 12. Die höchste Seilbahn am Vallugagrad-Vallugagipfel in Vorarlberg wird in Betrieb genommen.

21. 12. Bundeskanzler Julius Raab, Vizekanzler Adolf Schärf, Außenminister Leopold Figl und Staatssekretär Bruno Kreisky erhalten den Karl-Renner-Preis.

Bei der Landtagswahl in Oberösterreich gewinnt die SPÖ vier Mandate und die ÖVP zwei.

Nach Plänen von Clemens Holzmeister wird die Pfarrkirche in Erpfendorf (Tirol) erbaut.

Vienna Wien wird Fußballmeister 1954/55.

GESTORBEN:

15. 1. Karibik: Louis Nathaniel Rothschild (* 5. 3. 1882), Bankier, letztes Oberhaupt der österreichischen Rothschild-Linie.

24. 4. Zürich: Alfred Polgar (* 17. 10. 1875), Schriftsteller.

17. 6. Wien: Robert Reininger (* 28. 9. 1869), Philosoph.

9. 10. Wien: Theodor Innitzer (* 25. 12. 1875), Erzbischof von Wien, Kardinal.

Außenminister Figl zeigt den unterzeichneten Staatsvertrag; v. l. Foster Dulles, Pinay, Figl, Vizekanzler Schärf, Molotow, und Bundeskanzler Raab

»Österreichs Volk dankt für die Freiheit«

15. Mai. Nach langwierigen Verhandlungen unterzeichnen die Außenminister der vier alliierten Mächte sowie Österreichs im Marmorsaal des Wiener Schlosses Belvedere um 11.30 Uhr den österreichischen Staatsvertrag, der dem Land zehn Jahre nach Kriegsende die staatliche Souveränität und Unabhängigkeit zurückgibt.

Der österreichische Außenminister Leopold Figl dankt seinen Amtskollegen, Antoine Pinay (Frankreich), Harold Macmillan (Großbritannien), Wjatscheslaw Molotow (Sowjetunion) und John Foster Dulles (USA), »für die Bereitschaft und den guten Willen, den Sie in dem nunmehr unterzeichneten Vertrag bekundet haben.« Figl fährt fort, er sei »der festen Überzeugung, daß dieses Vertragsinstrument den Ausgangspunkt einer neuen und glücklichen Epoche der österreichischen Geschichte darstellen wird, die sich künftig unter dem Zeichen einer Politik der Neutralität und Unabhängigkeit gegenüber allen Staaten entwickeln wird. Österreichs Volk jubelt heute! Österreichs Volk dankt heute für die Freiheit!«

Dem Staatsvertrag, der am 26. Juli 1955 in Kraft tritt, ging eine Phase wechselvoller Verhandlungen voraus, die meist mit Enttäuschungen endeten. Anfang 1955 schöpfte man allerdings neue Hoffnung, als Molotow in einer Rede von der Sicherung der österreichischen Unabhängigkeit sprach und die sowjetische Bereitschaft andeutete, einen Staatsvertrag über Österreich abzuschließen. Am 24. März wurde Bundeskanzler Julius Raab von der Sowjetregierung zu Gesprächen nach Moskau eingeladen, denen sich Verhandlungen einer österreichischen Regierungsdelegation in Moskau anschlossen. Am 15. April war der entscheidende Durchbruch gelungen: Im sog. Moskauer Memorandum (veröffentlicht erst am 15. Mai) einigte man sich u. a. auf einen Termin für den Abzug der Besatzungstruppen. Raab erklärte nach seiner Rückkehr in Wien überglücklich: »Wir werden frei sein! Frei werden aber auch alle diejenigen, die noch nicht in unsere Heimat zurückkehren konnten, die noch im weiten Rußland als Kriegsgefangene und Inhaftierte zurückgehalten werden.

Am 19. April schlug die Sowjetregierung den drei Westmächten eine Außenministerkonferenz in Wien vor, um den österreichischen Staatsvertrag zum Abschluß zu bringen. Ein vorbereitendes Botschaftertreffen in Wien erzielte Anfang Mai volle Übereinstimmung, auf der letzten Sitzung am 13. Mai wurde der Vertragstext in den vier Sprachen aufeinander abgestimmt und am 14. auf Antrag Figls in der Runde der angereisten Außenminister eine letzte Änderung beschlossen (Streichung des Teiles der Präambel, der von der Kriegsschuld Österreichs sprach). Damit war der Weg zur Unterzeichnung frei.

◁ Bildtext zur Abb. Seite 564/65: Unterzeichnung des österreichischen Staatsvertrags am 15. Mai 1955 im Wiener Schloß Belvedere (Gemälde von Robert Fuchs)

Wichtige Vertragsbestimmungen

Teil 1 des Staatsvertrags legt u. a. fest:

Artikel 1.

Die Alliierten und Assoziierten Mächte anerkennen, daß Österreich als ein souveräner, unabhängiger und demokratischer Staat wiederhergestellt ist.

Artikel 2.

Die Alliierten und Assoziierten Mächte erklären, daß sie die Unabhängigkeit und territoriale Unversehrtheit Österreichs, wie sie gemäß dem vorliegenden Vertrag festgelegt sind, achten werden.

Artikel 3.

Die Alliierten und Assoziierten Mächte werden in den deutschen Friedensvertrag Bestimmungen aufnehmen, welche die Anerkennung der Souveränität und Unabhängigkeit Österreichs durch Deutschland und den Verzicht Deutschlands auf alle territorialen und politischen Ansprüche in bezug auf Österreich und österreichisches Staatsgebiet sichern.

Artikel 4.

1. Die Alliierten und Assoziierten Mächte erklären, daß eine politische oder wirtschaftliche Vereinigung zwischen Österreich und Deutschland verboten ist . . .

Artikel 5.

Die Grenzen Österreichs sind jene, die am 1. Jänner 1938 bestanden haben.

Extra-Ausgabe

Wiener Zeitung

Gegründet 1703

Redaktion: III., Rennweg 16; Druck: Österreichische Staatsdruckerei, III., Rennweg 16; Tel. U 18 5 85; Fernschr. TW 18 05; Postsparkassenkto. Wien Nr. 178

Sonntag, 15. Mai 1955

Einzelpreis: 90 Groschen

Staatsvertrag unterzeichnet!

Historisches Ereignis im Wiener Belvedere

Die vier Außenminister der Großmächte, Pinay (Frankreich), MacMillan (Großbritannien), Molotow (UdSSR) und Dulles (Vereinigte Staaten), sowie Außenminister Dr. h. c. Ing. Figl setzten ihre Namen unter das Dokument

Der authentische Wortlaut des Staatsvertrages im Innern des Blattes

Österreich nach siebzehn Jahren endlich frei

EIN DENKWÜRDIGER AUGENBLICK: Von links nach rechts: Botschafter Thompson, Außenminister Dulles, Botschafter Iljitschow, Außenminister Molotow, Außenminister Ing. Dr. Figl, Außenminister MacMillan, Botschafter Wallinger, Außenminister Pinay, Geschäftsführender Botschafter Lalouette

Der Weg zum Staatsvertrag

12. 7. 1946: Eine Debatte auf der Pariser Außenministerkonferenz über den österreichischen Staatsvertrag wird durch auftretende Differenzen abgebrochen.

10. 3.–24. 4. 1947: Eine Außenministerkonferenz in Moskau setzt die Stärke der Besatzungsarmee auf 53 000 Mann fest.

25. 11.–15. 12. 1947: Eine Außenministerkonferenz in London über den Staatsvertrag erzielt keine Fortschritte.

20. 2.–6. 5. 1948: Die stellvertretenden Außenminister verhandeln ergebnislos in London über den Staatsvertrag.

19. 6. 1949: Die UdSSR verzichtet auf die Unterstützung der jugoslawischen Gebietsforderungen an Österreich.

22. 11. 1949: Die Staatsvertragsverhandlungen werden auf Wunsch der UdSSR unterbrochen, die UdSSR fordert direkte Verhandlungen mit Wien wegen des Deutschen Eigentums.

9. 1. 1950: Sonderbevollmächtigte setzen die Staatsvertragsverhandlungen in London fort.

22. 5. 1950: Die Sowjetunion macht den Abschluß des Staatsvertrags von einer Einigung über Triest abhängig.

14. 3. 1952: Die Westmächte schlagen einen Kurzvertrag für Österreich vor.

14. 8. 1952: Die UdSSR lehnt den Kurzvertrag ab.

20. 12. 1952: Die UN-Vollversammlung nimmt auf Antrag Brasiliens eine Resolution an die Großmächte an, sich über den österreichischen Staatsvertrag zu einigen.

17. 8. 1953: Die Westmächte ziehen den Kurzvertrag zurück und stellen die Bedingung, daß die UdSSR einen Vertrag aushandelt, der Österreich politische und wirtschaftliche Unabhängigkeit bringt.

25. 1.–28. 2. 1954: An der Außenministerkonferenz in Berlin nimmt auch Österreich teil.

5. 10. 1954: In London wird das Abkommen über Triest abgeschlossen.

15. 5. 1955: Der Staatsvertrag wird in Wien unterzeichnet.

Unabhängigkeit für Österreich

15. Mai. Nach der Unterzeichnung des Staatsvertrags im Wiener Schloß Belvedere erklärt der österreichische Außenminister Leopold Figl voller Genugtuung:
»Ein 17 Jahre lang dauernder dornenvoller Weg der Unfreiheit ist beendet! Die Opfer, die Österreichs Volk in dem Glauben an seine Zukunft gebracht hat, haben nun ihre Früchte getragen. Wir haben zehn Jahre auf diesen Tag gewartet, an dem die Außenminister der vier Mächte nach Wien kommen sollten, um die letzte Hand an den Entwurf des Staatsvertrages zu legen und ihn durch ihre Unterschrift zu bekräftigen. Heute ist der Tag gekommen, an dem wir den Vertrag unterzeichneten, womit Österreich seine Freiheit und Unabhängigkeit bekommt ...

Leopold Figl

Mit dem Dank an den Allmächtigen haben wir den Vertrag unterzeichnet und mit Freuden künden wir heute: Österreich ist frei!«
Vor dem Oberen Belvedere wartet geduldig eine riesige Menschenmenge und überall im ganzen Land hört man die Direktübertragung im Rundfunk:
»Nun hat der Bundesminister für Auswärtige Angelegenheiten, Ing. Figl, die Worte gesprochen: »Österreich ist frei!« Und eine vieltausendköpfige Menge füllt jetzt den Platz am Belvedere – bis hinunter – bis hinunter zum Schwarzenberg-Palais. Und die große Flügeltür in der Mitte des Balkones öffnet sich und – die Wiener schwenken die vielen tausend Fähnchen – und jetzt betritt als erster Ing. Figl mit Außenminister Molotow den Balkon. Dann neben ihm sehen wir Mitglieder der österreichischen Bundesregierung, den Außenminister Macmillan und John Foster Dulles und Bundeskanzler Raab und die Botschafter. Die Außenminister haben ihre Taschentücher gezückt und winken zu. Bundesminister Figl zeigt jetzt das Vertragswerk her mit den Siegeln. Er zeigt den Wienern, daß der österreichische Staatsvertrag unterschrieben ist.«

Die wiederhergestellte Staatsoper in Wien

Zur Wiedereröffnung gibt es Beethovens »Fidelio«

Ehrengast: Der Bundespräsident

Blick in den Zuschauerraum

Lisa della Casa

Priestleys »Schafft die Narren fort« im Burgtheater

Eröffnung mit Grillparzers »König Ottokar«

Im Innern des Burgtheaters

Das festlich erleuchtete neueröffnete Wiener Burgtheater

Neueröffnung der Wiener Staatsoper

5. November. Zur feierlichen Eröffnung der wiederaufgebauten Wiener Staatsoper dirigiert Karl Böhm die Oper »Fidelio« von Ludwig van Beethoven.
Die Bevölkerung nimmt an dem Ereignis regen Anteil: Tausende von Menschen haben sich stundenlang angestellt, um noch eine Karte für einen Stehplatz zu erhalten; die Aufführung wird vom Rundfunk übertragen.
Bereits am Vormittag fand ein Staatsakt statt, bei dem der Unterrichtsminister Karl Böhm den »Schlüssel der Oper« übergab.

Dirigent Karl Böhm

Die Staatsoper war am 12. März 1945 von einer Fliegerbombe getroffen worden und brannte nahezu völlig aus. Den Wiederaufbau leiteten die Architekten Erich Boltenstern und Otto Prossinger. Die ursprüngliche Absicht, die Oper entsprechend ihrem früheren Aussehen wiederaufzubauen, gab man auf, da für die ornamentalen Details die Skizzen fehlten und der Neubau auch dem Zeitgeschmack entsprechen sollte. Die Dekoration wurde schlichter gehalten als zur Makartzeit, die Grundfarben bilden wieder Rot, Gold und Elfenbein. Der Zuschauerraum erhielt aus feuerpolizeilichen Gründen nicht mehr 3100 Plätze, sondern nur 2211. Er bildet ein Logentheater mit vier Rängen, die früheren Logen des dritten Ranges und die Säulen des vierten, die die Sicht versperrten, entfielen.
Die Pausenräume erhielten eine neue Gestaltung: Zu dem alten Foyer kommen der Gobelinsaal und der Marmorsaal mit dem Buffet hinzu. Die Kosten des Wiederaufbaus betrugen 260 Millionen öS, zum größten Teil aus Steuergeldern finanziert, zu einem kleineren aus Spenden von Musikbegeisterten aus aller Welt.

Heimkehrer aus der Sowjetunion am Bahnhof Wiener Neustadt

Heimkehrer aus UdSSR

4. Juni. Der erste größere Heimkehrertransport trifft aus der Sowjetunion in Wiener Neustadt ein. Am 20. Juni kehren weitere 184 Österreicher zurück.
Die Heimkehr der Kriegsgefangenen erfolgt gemäß den Bestimmungen des österreichischen Staatsvertrags. Bereits 1953 kamen Kriegsgefangene nach einem Amnestiegesetz der UdSSR zurück. Die Integration der Heimkehrer gestaltet sich schwierig: Sie finden ein ihnen fremdes Land mit veränderten Bedingungen vor und sie müssen sich erst wieder eingewöhnen.

Neue Partei der Mitte gegründet

3. November. Die Freiheitliche Partei Österreichs (FPÖ) wird gegründet. Sie entsteht aus dem Zusammenschluß von VdU (Verband unabhängiger Wähler) und FP (Freiheitspartei).
Die FPÖ setzt sich zum Ziel, das Zweiparteiensystem aufzubrechen. Sie vertritt nationale Ideen.

Österreich wird Mitglied der UNO

15. Dezember. Österreich wird in die UNO aufgenommen; die Mitgliedschaft steht im Zusammenhang mit der Unterzeichnung des Staatsvertrages und der Erlangung der Souveränität.
Im ersten Nachkriegsjahrzehnt nahm die UNO kaum neue Mitglieder auf.

Wieder Aufführungen im Burgtheater

Adolf Rott

15. Oktober. Nach einem feierlichen Staatsakt zur Eröffnung des wiederaufgebauten Wiener Burgtheaters am Vortag spielt das Ensemble in der ersten Vorstellung in dem angestammten Haus »König Ottokars Glück und Ende« von Franz Grillparzer.
Das Burgtheater wurde im März und April 1945 durch Bomben zerstört. 1951 begann der Wiederaufbau; die Feststiegen mit den Deckenmalereien blieben erhalten, der Zuschauerraum wurde aufgrund erhalten gebliebener konstruktiver Elemente von Michael Engelhart neu gestaltet.
Das Ensemble des Burgtheaters nahm bereits am 30. April 1945 den Spielbetrieb wieder auf, es siedelte in das »Ronacher«-Theater über.
Bei der Wiedereröffnung des Burgtheaters äußert sich Direktor Adolf Rott zur Bedeutung des Burgtheaters: »Dieses Theater war nie eine Angelegenheit von ein paar wenigen Leuten, sondern dieses Theater ist wirklich aus dem Herzen Wiens, aus dem Herzen Österreichs und aus dem Herzen Europas gewachsen.« Die Wiener Bevölkerung zeigte stets eine enge Verbundenheit mit dem Burgtheater.
Das Burgtheater, eine der bedeutendsten Sprechbühnen im deutschsprachigen Raum, pflegt vor allem das klassische Repertoire, bemüht sich jedoch auch um zeitgenössische Autoren, z. B. mit der Aufführung von John Boyton Priestleys »Schafft die Narren fort«.

Erste Fernsehsendung in Österreich

1. August. In Österreich wird die erste Fernsehsendung ausgestrahlt. Sie dauert eine Stunde und beginnt mit der »Egmont«-Ouvertüre von Ludwig van Beethoven. Anschließend folgen eine Diskussion von Chefredakteuren über das Thema »Fernsehen – eine Gefahr für die Presse?« und ein »Film der Völkerverständigung mit Wiener Atmosphäre«.
Die Sendung wird von einem Behelfsstudio in einem ehemaligen Schulgebäude in Wien-Meidling produziert und mittels Richtfunk über die Sender Wien-Kahlenberg, Linz-Freinberg und Graz-Schöckl ausgestrahlt. In ganz Österreich gibt es etwa 500 Empfangsgeräte, die zum Teil in Gaststätten und in den Auslagen der Radiohändler stehen.
In der Folgezeit strahlen die Sender, die allerdings noch nicht ganz Österreich erreichen, dreimal pro Woche jeweils eine Stunde ein Fernsehprogramm aus. Erst am 1. Jänner 1957 beginnt der regelmäßige Fernsehbetrieb an sechs Tagen der Woche.

1956

7. 1. Beim Lauberhornrennen in Wengen (Schweiz) belegen die österreichischen Skiläufer die ersten drei Plätze in der Abfahrt (1. Toni Sailer, 2. Josl Rieder, 3. Othmar Schneider).

9. 1. Die österreichische Luftverkehrs AG »Air Austria« wird gegründet.

17. 1. Sozialminister Karl Maisel demissioniert; am 23. Jänner wird Anton Proksch zum Bundesminister für soziale Verwaltung ernannt.

26. 1.–5. 2. Bei den VII. Olympischen Winterspielen in Cortina d'Ampezzo gewinnt die österreichische Mannschaft vier Gold-, vier Silber- und drei Bronzemedaillen. →

7. 2. Österreich unterzeichnet ein Wirtschaftsabkommen mit den USA. Die USA liefern Nahrungsmittel und landwirtschaftliche Güter im Wert von 580 Millionen öS, die Kosten decken zu einem Drittel Exporte, zu zwei Dritteln eine langfristige Anleihe der amerikanischen Regierung.

9. 2. Zum ersten Mal nach 1945 wird in der Wiener Staatsoper wieder ein Opernball veranstaltet.

2. 3. Der Nationalrat beschließt den Beitritt zum Europarat; Österreich ist der 15. Mitgliedsstaat.

15. 3. Die Wiener Philharmoniker geben ein Konzert in Berlin (West), das erste seit 1945.

14. 4. Ein Großbrand vernichtet die Börse in Wien.

8. 5. Die niederösterreichische Landesregierung bestätigt Otto von Habsburg die österreichische Staatsbürgerschaft.

13. 5. Aus der Nationalratswahl geht die ÖVP als Sieger hervor. →

28. 5. Die erste Musterung für das Bundesheer, Geburtsjahrgang 1937, findet im Wiener Messepalast statt. Sie ergibt 26 362 Wehrdiensttaugliche von 32 482 Gemusterten. →

28. 5. Die Weltbank bewilligt eine Anleihe von 32 Millionen US-Dollar zum Ausbau der Kraftwerke. Am 20. September genehmigt das Exekutivkomitee der Weltbank die von Österreich gewünschte Anleihe in Höhe von 800 Millionen öS.

4. 6. Der direkte Eisenbahnverkehr Wien – Moskau nimmt den Betrieb auf.

13. 6. Herbert von Karajan übernimmt die künstlerische Leitung der Wiener Staatsoper. →

20. 6. Das Innkraftwerk Prutz-Imst (Tirol) wird drei Monate vor dem geplanten Termin in Betrieb genommen.

28. 6. Die geologische Bundesanstalt schätzt das Erdölvorkommen im Wiener Becken auf rund 58 Millionen t und die Erdgasreserven auf rund 20 Milliarden m^3.

29. 6. Die neue Regierung Raab II. tritt ihr Amt an (→ 13. 5.).

6. 7. Das Investitionsprogramm 1956/57 beträgt 1050 Millionen öS: 700 Millionen aus Counterpartmitteln der US-Regierung und 350 Millionen aus Anleihemitteln der amerikanischen landwirtschaftlichen Überschußgüteraktion.

11. 7. Der Nationalrat beschließt, ein Bundesministerium für Landesverteidigung zu errichten.

19. 7.–15. 8. Während der Salzburger Festspiele findet die Uraufführung von Max Mells »Jeanne d'Arc« statt.

1. 8. Die VOEST in Linz blasen den vierten Hochofen an.

17. 9. Handelsminister Udo Illig tritt zurück, sein Nachfolger wird Staatssekretär Fritz Bock.

29. 9. Der neue Südbahnhof in Wien wird eröffnet. →

8. 10. Österreich fordert in einer Note an Italien die Einhaltung des Gruber-de Gasperi-Abkommens (→ 5. 9. 1946). Am 13. Oktober findet eine Südtirolkundgebung auf dem Wiener Heldenplatz statt.

22. 10. Die Atomenergiebehörde beschließt, in Wien eine Behörde für die friedliche Nutzung der Atomenergie einzurichten.

28. 10. Die Bundesregierung berät auf einer Sondersitzung über die Folgen des Aufstandes in Ungarn für Österreich. →

22. 11.–8. 12. Bei den XIII. Olympischen Sommerspielen in Melbourne gewinnen die Ruderer Josef Kloimstein/Alfred Sageder im Zweier ohne Steuermann und Maximilian Raub/Herbert Wiedermann im Kajakzweier über 1000 m Bronzemedaillen.

Rapid Wien wird Fußballmeister 1955/56.

GESTORBEN:

12. 1. Wien: Franz Dinghofer (* 6. 4. 1873), deutschnationaler Politiker. →

24. 1. New York: Oskar Karlweiß (* 10. 6. 1896), Schauspieler. →

27. 1. Zürich: Erich Kleiber (* 5. 8. 1890), Dirigent.

10. 2. Salzburg: Otto Müller (* 3. 3. 1901), katholischer Verleger.

15. 3. Schruns: Ernst Rüdiger Fürst Starhemberg (* 10. 5. 1899), Heimwehrführer.

20. 3. Wien: Wilhelm Miklas (* 15. 10. 1872), christlichsozialer Politiker. →

28. 3. Innsbruck: Burghard Breitner (* 10. 6. 1883), Chirurg, 1951 Kandidat bei der Bundespräsidentenwahl.

7. 5. Wien: Josef Hoffmann (* 15. 12. 1870), Innenarchitekt und Kunstgewerbler (→ 12. 5. 1903, 1910).

10. 6. Oberhausen (Ruhrgebiet): Fritz Dirtl (* 9. 1. 1928), Motorradrennfahrer (verunglückt).

23. 11. Wien: Viktor Kienböck (* 18. 1. 1873, christlichsozialer Politiker, 1922–1924 und 1926–1929 Finanzminister.

ÖVP-Gewinne bei Wahl

13. Mai. Aus der Nationalratswahl geht die ÖVP als Siegerin hervor; sie verzeichnet einen Stimmenzuwachs von 4,7 % gegenüber den Wahlen von 1953 und steigert ihre Mandate um acht auf 82. Ihr fehlt damit nur ein Sitz an der absoluten Mehrheit. Der Gewinn der SPÖ beträgt nur 0,93 % der Stimmen, sie erzielt jedoch ein Mandat mehr (74).

Deutlicher Verlierer der Wahl ist die erstmals kandidierende Freiheitliche Partei Österreichs (FPÖ), sie erzielt 6,52 % der Stimmen und erhält sechs Mandate. Die FPÖ entstand aus dem Zusammenschluß von VdU (Verband der Unabhängigen), der 1953 10,95 % der Stimmen erreichte, und der Freiheitspartei FP am → 3. November 1955.

VdU und FP hatten bereits im Herbst 1955 eine Freiheitliche Wahlgemeinschaft gebildet. Die FPÖ vertritt ein national ausgerichtetes Programm.

Die KPÖ verzeichnet einen Stimmenrückgang um 0,86 %, sie erhält drei Mandate, eins weniger als 1953. Die Wahlbeteiligung entspricht den Ergebnissen von 1953.

Maßgeblichen Einfluß auf den Ausgang der Nationalratswahl nahm der am → 15. Mai 1955 unterzeichnete österreichische Staatsvertrag. Den Abschluß des Vertragswerkes konnte Bundeskanzler Julius Raab (ÖVP) als Erfolg für seine Partei verbuchen. Das schlechte Abschneiden der FPÖ erklärt sich aus ihrer Ablehnung des Staatsvertrags und der Neutralität Österreichs. Nach einmonatigen Verhandlungen stellt Raab, der am 14. Mai mit der Regierungsbildung beauftragt wird, seine neue Koalitionsregierung aus ÖVP und SPÖ vor.

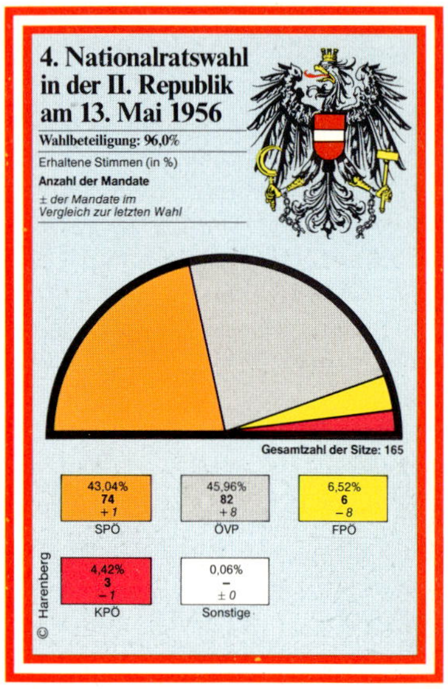

Neuer Südbahnhof nimmt Betrieb auf

29. September. *Der völlig neu erbaute Wiener Südbahnhof, der wie alle Wiener Bahnhöfe durch Kriegseinwirkungen stark beschädigt worden war, wird eröffnet (Abb.).*

Der neue Südbahnhof liegt auf dem Areal des ehemaligen Süd- und Ostbahnhofs und erfüllt von daher die Funktion eines Doppelbahnhofes. Da es sich in beiden Fällen um Kopfbahnhöfe handelt, trägt der neue Bahnhof zur Verbesserung der Verkehrsabwicklung bei.

Erste Rekruten des Bundesheeres

15. Oktober. Durch das neue Wehrgesetz vom 7. September 1955 ist die Wehrpflicht mit einer Dienstzeit von neun Monaten wieder eingeführt worden – nun rückt der erste gemusterte Jahrgang (1937) in die Kasernen ein.
Den Rahmen des österreichischen Bundesheeres bildet die sog. B-Gendarmerie, eine inoffizielle Bezeichnung, denn eigentlich existieren nur Gendarmerie und Polizei.
Seit 1949 wurde von österreichischer Seite der Wunsch laut, für die Sicherheit selbst verantwortlich zu sein. So bestand bereits 1951 eine Art Bereitschaftsgendarmerie, die sich aus »Alarmbataillonen« zusammensetzte und von ehemaligen Heeresoffizieren geführt wurde.
Die erste materielle Ausstattung des Heeres erfolgte fast ausschließlich durch Material der Besatzungsmächte.

Wilhelm Miklas

Aufrechter Gegner des »Anschlusses«

20. März. Altbundespräsident Wilhelm Miklas stirbt im Alter von 83 Jahren; er wurde 1928 und 1931 zum Bundespräsidenten gewählt.
Wilhelm Miklas war der einzige Abgeordnete, der bei der Verabschiedung des provisorischen Gesetzes für die Ausrufung der Republik Deutschösterreich 1918 gegen den Anschluß an Deutschland stimmte. Erst nach anhaltendem Druck ernannte er 1938 das Eintagekabinett des Nationalsozialisten Arthur Seyss-Inquart und war der letzte »Beamte« des alten Österreichs, der sich weigerte, das »Anschlußgesetz« zu unterschreiben.

Toni Sailer, mit drei Goldmedaillen der erfolgreichste Sportler der VII. Olympischen Winterspiele, r. beim Slalom

Toni Sailer gewinnt Gold

Der erfolgreichste Sportler der VII. Olympischen Winterspiele in Cortina d'Ampezzo/Italien (26. 1.–5. 2. 1956) ist der 20jährige Skiläufer Toni Sailer.
Sailer gewinnt überlegen die Goldmedaillen in den drei alpinen Skiwettbewerben. Im Riesenslalom erreicht er den erstaunlichen Vorsprung von 6,2 Sek. vor dem Silbermedaillengewinner, seinem Landsmann Anderl Molterer. Im Abfahrtslauf ist Sailer 3,5 Sek. schneller als der Zweite, im Slalom 4 Sek. Zum ersten Mal läßt ein Sportler seine Konkurrenten so weit hinter sich.
Weil die Olympischen Spiele auch als Weltmeisterschaft gewertet werden, gewinnt Toni Sailer ebenfalls den Weltmeistertitel in allen alpinen Einzeldisziplinen sowie in der Kombination. Bereits am 7. Jänner erreichte er den ersten Platz im Lauberhornrennen in der Schweiz. Mit diesen Erfolgen gilt der aus Kitzbühel (Tirol) stammende Sailer als der beste Skiläufer der Welt; seine Siege tragen ihm den Beinamen »Der Blitz aus Kitz« ein. Sein unbefangenes, zugleich aber bescheidenes Auftreten erwirbt Sailer zudem die Zuneigung des Publikums. Noch während der Dauer der Winterspiele erhält er zahlreiche Angebote, in Filmen mitzuspielen.
Die österreichische Mannschaft schneidet insgesamt als zweiterfolgreichste der Olympischen Spiele ab. Neben Toni Sailer gewinnen Elisabeth Schwarz und Kurt Oppelt im Eiskunstlauf der Paare eine Goldmedaille. Silber erringen Anderl Molterer in der Abfahrt der Herren und im Riesenslalom sowie Regina Schöpf im Slalom der Damen und Josefine Frandl im Riesenslalom der Damen. Bronzemedaillen gewinnen Walter Schuster im Riesenslalom der Herren, Thea Hochleitner im Riesenslalom der Damen und Ingrid Wendl im Eiskunstlauf der Damen. Die österreichischen alpinen Sportler stellen erneut ihre Überlegenheit im Skisport heraus.
Mit sieben Goldmedaillen schneidet die Mannschaft aus der Sowjetunion, die zum ersten Mal an Olympischen Winterspielen teilnimmt, als erfolgreichstes Team ab.
Die Eishockeymannschaft der UdSSR gewinnt die Goldmedaille, ohne eine Niederlage einstecken zu müssen.
An den Olympischen Winterspielen nehmen 947 Sportler aus 32 Nationen teil. Zum ersten Mal leistet eine Frau, die Italienerin Giuliana Minuzzo-Chenal, den olympischen Eid. Ein gravierendes Problem für die Sportler stellt der ausbleibende Schnee dar: Sie können bis zum Beginn der Wettkämpfe nicht trainieren. Während an der Mittelmeerküste Schnee fällt, schneit es im Wintersportort Cortina d'Ampezzo nicht. Armee-Einheiten müssen mit Lastwagen Schnee in den 1200 m hoch gelegenen Dolomitenort transportieren.

Toni Sailer kurz vor dem Ziel im Abfahrtslauf der Herren

Extra Ausgabe

WELTPRESSE

Das österreichische Informationsblatt

Preis: 1 Schilling — Sonntag, 4. November 1956

Budapest gefallen
Ungarn besetzt

Nach dem Volksaufstand fliehen rund 200 000 Ungarn nach Österreich, von denen 152 218 Personen dort verbleiben

Maßnahmen zur Aufnahme der Flüchtlinge und zur Sicherung der österreichischen Landesgrenze sind zu treffen

Flüchtlingsstrom aus Ungarn

28. Oktober. Nach dem Volksaufstand in Ungarn, dem Eingreifen sowjetischer Truppen in Ungarn und dem daraufhin einsetzenden Flüchtlingsstrom nach Österreich beschließt die Bundesregierung auf einer Sondersitzung Maßnahmen zur Sicherung der Landesgrenze und zur Aufnahme der Flüchtlinge. Am 13. November wird ein Ministerkomitee zur Koordinierung der Flüchtlingshilfe gebildet. Am 27. November beträgt die Zahl der nach Österreich geflüchteten Ungarn bereits 84 000 Personen; Bundeskanzler Julius Raab stellt den Antrag, die USA um zehn Millionen öS aus dem Sonderkonto der Marshallplanhilfe zu ersuchen. Am 5. Dezember beläuft sich die Anzahl der Ungarnflüchtlinge auf 110 000 Menschen. Nach dem XX. Parteitag der KPdSU vom Februar 1956, der die Entstalinisierung einleitete, verstärkte sich in Ungarn, wie in anderen kommunistischen Ländern, die Forderung nach einer Liberalisierung. Die Kundgebungen und Unruhen, bei denen u.a. der Abzug der sowjetischen Truppen, freie Wahlen, ein Mehrparteiensystem, Bruch mit dem Stalinismus und eine Reform der Landwirtschaft verlangt wurden, gipfelten im Volksaufstand vom 23. Oktober. Es kommt zum Generalstreik, sowjetische Panzer werden bekämpft, am 1. November tritt Ungarn aus dem Warschauer Pakt aus und erklärt sich für neutral. In der Nacht zum 4. November greifen sowjetische Truppen Budapest an und schlagen den Aufstand nieder.

Deutschnationaler Politiker stirbt

12. Jänner. Im Alter von 82 Jahren stirbt der deutschnationale Politiker Franz Dinghofer in Wien. Der studierte Jurist war 1907 bis 1918 Bürgermeister von Linz, 1911 bis 1918 vertrat er die Deutschnationalen im Reichsrat. 1918 wurde er Präsident der provisorischen Nationalversammlung und rief von der Rampe des Wiener Parlamentsgebäudes die Republik aus.
1926/27 war er Vizekanzler, 1927/28 Justizminister, 1928–1938 Präsident des Obersten Gerichtshofs.

Oskar Karlweis in dem Musikfilm »Die Drei von der Tankstelle«

Erfolgreich in Film und Theater

24. Jänner. Der österreichische Schauspieler Oskar Karlweis stirbt 59jährig in New York.
Karlweis spielte an Theatern in Wien, Berlin und München, nach dem Anschluß Österreichs an das nationalsozialistische Deutsche Reich in Paris und am Broadway. Nach 1945 trat er in Gastspielen in Wien und bei den Salzburger Festspielen auf. Karlweis drehte ebenfalls zahlreiche Filme, zu seinen erfolgreichsten gehört »Die Drei von der Tankstelle« (1930).

Die Staatsoper unter Karajan

13. Juni. Herbert von Karajan wird zum Künstlerischen Leiter der Wiener Staatsoper ernannt, er tritt die Nachfolge von Karl Böhm an. Der aus der Mozartstadt Salzburg stammende Karajan ist zum Zeitpunkt seiner Verpflichtung bereits ein zur internationalen Spitzenklasse gehörender Dirigent. Seit 1954 leitet er die Berliner Philharmoniker. Karajans Ernennung erfolgt im Zusammenhang mit einem erfolgreichen Gastspiel der Mailänder Scala an der Wiener Staatsoper. Am 12. Juni führte die Scala »Lucia di Lammermoor« auf, inszeniert und dirigiert von Herbert von Karajan. In der Rolle der Lucia trat die Primadonna Maria Callas auf. Während seiner Tätigkeit als Künstlerischer Leiter, die bis 1964 dauern wird, führt Karajan wesentliche Neuerungen an der Wiener Staatsoper ein.
Er setzt es durch, daß die Opern in der Originalsprache aufgeführt werden, und geht über die Tradition des Ensembletheaters hinweg, indem er auswärtige hervorragende Künstler für einzelne Inszenierungen verpflichtet. Karajans Ziel ist die optimale Besetzung einer Opernaufführung, um die Qualität von Schallplattenaufnahmen und Fernsehinszenierungen mit Stars erreichen zu können. Karajan schließt deshalb einen Kooperationsvertrag mit der Mailänder Scala.
Unter Karajans Leitung erfahren die italienischen Opern eine Aufwertung, daneben stehen Neuinszenierungen von Opern Richard Wagners und von Richard Strauss.

Herbert von Karajan dirigiert in der Wiener Staatsoper

1957

1. 1. Das österreichische Fernsehen beginnt, regelmäßig Sendungen auszustrahlen.

12. 1. Beim Lauberhornrennen in Wengen (Schweiz) gewinnt Toni Sailer die Abfahrt, Anderl Molterer den Slalom und Josl Rieder die Kombination.

28. 1. Der Verkauf der »Volksaktien« beginnt, am 2. März sind Vorzugsaktien der verstaatlichten Creditanstalt und der Länderbank um 80% überzeichnet.

30. 1. Im Wiener Palais Liechtenstein wird das »Österreichische Bauzentrum« eröffnet.

Februar. Maria Isser wird Weltmeisterin im Rodeln-Einsitzer.

8. 2. Das Innenministerium legt für den Sohn Kaiser Karls I. den Namen »Dr. Otto Habsburg-Lothringen« fest.

9. 2. Italien überreicht eine unbefriedigende Antwort auf das österreichische Memorandum vom 8. Oktober 1956 (Einhaltung des Gruber-de Gasperi-Abkommens); damit beginnen die Südtirolspannungen.

23. 2. Die Bundesregierung weist Vorwürfe der ungarischen Regierung wegen der geleisteten Flüchtlingshilfe energisch zurück.

10. 3. Bei den Landtagswahlen in der Steiermark erzielt die ÖVP starke und die SPÖ leichte Gewinne.

12. 3. Die Paritätische Kommission für Lohn- und Preisfragen wird gebildet. →

14. 3. Der Nationalrat genehmigt das NS-Amnestiegesetz, das Warenaustauschgesetz mit Südtirol sowie die Statuten der Internationalen Atomenergiebehörde. – Am 1. Oktober beginnt die erste Generalkonferenz der Internationalen Atomenergiebehörde in Wien.

27. 3. Dem Bundesheer werden die ersten Düsenjäger übergeben.

9. 4. Österreich und die UdSSR unterzeichnen ein Abkommen über die Donauschiffahrt: Östereichische Schiffe dürfen bis zum Schwarzen Meer fahren.

5. 5. Die Bundespräsidentenwahl gewinnt Adolf Schärf (SPÖ), der bisherige Vizekanzler (→4. 1.).

8. 5. Bruno Pittermann wird zum Vizekanzler ernannt, außerdem wird er Vorsitzender der SPÖ.

1. 6. Johannes Urzidil erhält für seinen Roman »Die verlorene Geliebte« den internationalen Schweizer Literaturpreis.

8. 6. Österreicher können ohne Reisepaß in die BRD einreisen.

17. 6. Das Bundesheer führt sein erstes Manöver seit 18 Jahren durch.

6. 7. Das Kamptalkraftwerk Ottenstein (Niederösterreich) wird in Betrieb genommen.

16. 7. Der Beschluß des Ministerrats zur Neuordnung des Rundfunks führt zur Gründung der Österreichischen Rundfunkgesellschaft mbH.

16. 7. Der Ministerrat lehnt die Forderung des Domkapitels von Aachen ab, die Reichskleinodien zurückzugeben (→6. 1. 1946).

21. 7. Der Rennfahrer Adolf Christian belegt bei der »Tour de France« den dritten Platz.

25. 7. Die Sowjetunion erklärt sich damit einverstanden, daß Österreich 1957 statt 100 000 t Erdöl Waren liefert.

29. 7. Bei den Salzburger Festspielen findet die Erstaufführung von »Fast ein Poet« von Eugene O'Neill statt.

2. 8. Die Südrampe der neuen Semmeringstraße wird dem Verkehr übergeben.

2. 9. Das erste in der Werft Korneuburg erbaute Hochseeschiff »Perseus« (1500 BRT) läuft vom Stapel.

1. 10. Der Stand des Bundesheeres beträgt 35 000 Mann.

11. 10. Der Trinkwasserspeicher (für Wien) in Neusiedl am Steinfeld, der größte Europas, wird in Betrieb genommen.

28. 10. Bei den Landtagswahlen in Tirol erzielen ÖVP und SPÖ Gewinne.

21. 11. Das Rotgüldensee-Kraftwerk im Lungau (Salzburg) wird in Betrieb genommen.

18. 12. Der Nationalrat verabschiedet das Gewerbliche Selbständigen-Pensionsversicherungsgesetz und das Landwirtschaftliche Zuschußrentenversicherungsgesetz.

Rapid Wien wird Fußballmeister 1956/57.

GESTORBEN:

4. 1. Wien: Theodor Körner (* 24. 4. 1873), sozialdemokratischer Politiker und Bundespräsident. →

10. 4. Wien: Eduard Heinl (* 9. 4. 1880), christlichsozialer Politiker, 1920/21, 1930–1932 und 1946–1948 Handelsminister.

27. 6. Am Chogolisa: Hermann Buhl (* 21. 9. 1924), Bergsteiger (abgestürzt).

11. 7. Obertraun: Walter Nausch (* 5. 2. 1907), Fußballer, 51mal in der Nationalmannschaft (»Wunderteam«).

20. 7. Wien: Emil Schipper (* 19. 8. 1882), Opernsänger.

25. 8. Bad Ischl: Leo Perutz (* 2. 11. 1882), Romanschriftsteller.

28. 9. Wien: Ernst Marboe (* 26. 1. 1909), Schriftsteller.

17. 10. Zürich: Ralph Benatzky (* 5. 6. 1884), Operettenkomponist. →

29. 11. Hollywood: Erich Wolfgang Korngold (* 20. 5. 1897), Komponist und Dirigent.

5. 12. Wien: Guido Schmidt (* 25. 1. 1901), christlichsozialer Politiker, 1936–1938 Staatssekretär des Äußeren.

25. 12. Wien: Käthe Dorsch (* 29. 12. 1890), Kammerschauspielerin. →

Erster Volkspräsident

4. Jänner. Theodor Körner, der erste direkt vom Volk gewählte Bundespräsident, stirbt im hohen Alter von 83 Jahren.
Der Generalstabschef der Isonzoarmee im Ersten Weltkrieg war nach dem Krieg maßgeblich am Aufbau des österreichischen Heeres beteiligt. 1924–1933 war der Sozialdemokrat Körner Mitglied des Bundesrates und bis 1930 militärischer Berater des Republikanischen Schutzbundes. Nach den Februarkämpfen 1934 saß er elf Monate lang im Gefängnis; nach dem 20. Juli 1944 inhaftierte ihn die Gestapo kurzfristig. Als Bürgermeister von Wien (1945–1951) kümmerte er sich um den Wiederaufbau der Stadt und gab die Anregung, das Historische Museum der Stadt Wien einzurichten. Für seine Verdienste verlieh Wien dem in Ungarn Geborenen die Ehrenbürgerschaft. 1951 wurde er als Kandidat der SPÖ bei der ersten Direktwahl durch das Volk im zweiten Wahlgang zum Bundespräsidenten gewählt.
Die Bundespräsidentenwahl am 5. Mai gewinnt Adolf Schärf (SPÖ), er erhält 51,12% der abgegebenen Stimmen. Sein Gegenkandidat Wolfgang Denk, von ÖVP und FPÖ gemeinsam aufgestellt, erreicht 48,88% der Wählerstimmen.

Theodor Körner

Adolf Schärf

Sozialpartnerschaft

12. März. Die Paritätische Kommission für Lohn- und Preisfragen, ein Zusammenschluß der Sozialpartner und der Bundesregierung zur Kontrolle der Löhne und Preise, wird auf Anregung des Gewerkschaftsbundes konstituiert. Ihre Bildung steht im Zusammenhang mit der ständig steigenden Lohn-Preis-Spirale. Die Kommission besteht aus Vertretern des Bundeskanzlers, der Bundesminister für Inneres, Finanzen und Soziales, der Bundeswirtschaftskammer, der Landwirtschaftskammer, des Arbeiterkammertages und des Gewerkschaftsbundes. Der Paritätischen Kommission werden beabsichtigte Preiserhöhungen zur Prüfung vorgelegt. Die Kommission arbeitet auf freiwilliger Basis als Beratungs- und Koordinationsorgan, sie gibt der Regierung wirtschaftspolitische Hinweise. Ihre einstimmigen Empfehlungen finden Beachtung.
Die Paritätische Kommission entspricht der Überlegung, daß sich gesellschaftliche Konflikte auf dem Verhandlungsweg lösen lassen.

Erfolgreich in jedem Rollenfach

25. Dezember. Kurz vor Vollendung des 67. Lebensjahres stirbt die Kammerschauspielerin Käthe Dorsch in Wien.
Käthe Dorsch begann ihre Theaterkarriere als Soubrette in Nürnberg, Mainz und Berlin. In Berlin wechselte sie zum Sprechtheater und begeisterte ihre Zuschauer in ernsten und heiteren Rollen. 1940 erhielt sie ein Engagement am Wiener Burgtheater. Erfolge erzielte Käthe Dorsch auch in einer Reihe von Filmen (z. B. »Eine Frau ohne Bedeutung«, 1936).

»Im weißen Rößl« eroberte Publikum

17. Oktober. Der Operettenkomponist Ralph Benatzky stirbt im Alter von 73 Jahren in Zürich.
Benatzky komponierte über 100 Bühnenwerke, zum überwiegenden Teil Operetten, in denen er die witzigen Elemente musikalisch untermalte. »Im weißen Rößl« (1930) gilt als einer der größten Operettenerfolge dieses Jahrhunderts. Benatzky arbeitete zunächst in Wien, dann in Berlin; nach der Machtübernahme der Nationalsozialisten ging er ins Exil in die Schweiz und die USA.

1958

11. 1. Beim Lauberhornrennen in Wengen (Schweiz) gewinnt Toni Sailer die Abfahrt und Josl Rieder den Slalom.

28. 1. Die niederösterreichische Landesregierung vergibt an Betriebe der gewerblichen Wirtschaft zinsenbegünstigte Kredite in Höhe von rund 7,5 Millionen öS.

2.–9. 2. Bei den Skiweltmeisterschaften in Badgastein (Salzburg) gewinnen die Herren alle alpinen Disziplinen. →

21. 2. Otto Habsburg-Lothringen leistet seine erste Verzichtserklärung. →

22. 2. Österreich und die USA unterzeichnen ein Lieferungsabkommen: Österreich erhält landwirtschaftliche Produkte im Wert von 2,5 Millionen US-Dollar.

9. 3. Kandaharsieger werden Karl Schranz und Josephine Frandl.

28. 3. Das Lünerseekraftwerk der Vorarlberger Illwerke, das größte Kraftwerk Österreichs und das größte Hochdruck-Pumpspeicherkraftwerk der Welt, nimmt den Betrieb auf. →

30. 3. Die erste Fluglinie der AUA, Wien–London, wird eröffnet. Am 28. Juni nimmt die Linie Wien–Rom den Verkehr auf. →

5. 4. Auf dem Wiener Kahlenberg wird der zweite Fernsehsender in Betrieb genommen.

26. 4. Das erste fertige Teilstück der Westautobahn Salzburg–Mondsee wird dem Verkehr übergeben.

28. 4. Die Weltbank gewährt Österreich eine Anleihe in der Höhe von 10,76 Millionen US-Dollar.

9. 5. Im unteren Belvedere in Wien wird das Österreichische Barockmuseum eröffnet.

14. 5. Der außerordentliche Parteitag der SPÖ in Wien beschließt ein neues Parteiprogramm. →

21. 5. Eine kanadische Regierungs- und Wirtschaftsdelegation erörtert in Wien wirtschafts- und handelspolitische Fragen.

30. 5. Im Theater »Die Tribüne« in Wien findet die österreichische Erstaufführung von Robert Musils »Die Schwärmer« statt.

13. 6. Der von der Donauschiffahrt immer noch gefürchtete Felsen, das sog. Schwalleck im Greiner Struden (Oberösterreich), wird mit 8000 kg Sprengstoff beseitigt.

16. 6. In Bonn unterzeichnen die Außenminister Leopold Figl und Heinrich von Brentano den österreichisch-deutschen Vermögensvertrag.

21. 6. Die von Roland Rainer erbaute Wiener Stadthalle wird eröffnet. →

6.–12. 7. Auf der Österreich-Radrundfahrt belegen Durlacher, Schweiger und Mascha die ersten drei Plätze.

16. 7. US-Flugzeuge überfliegen Westösterreich und verletzen damit die Neutralität Österreichs. Die österreichische Regierung protestiert dagegen am 17. Juli, die Sowjetunion am 21. Juli.

19. 7. Die Bundesregierung erklärt den Luftraum westlich von Salzburg zum Sperrgebiet.

24. 7. Während eines Staatsbesuchs in Moskau beschließen die Bundesregierungsdelegation und die sowjetische Führung eine Änderung der Ablöselieferungen. →

28. 7. Die drei neuen Bronzetore des Salzburger Domes von Bildhauer Giacomo Manzù werden eingeweiht (→ 30. 4. 1959).

4. 8. Die österreichische Himalaya-Expedition unter Heinrich Reiss bezwingt den 7400 m hohen Haramosh.

3. 9. Im Beschäftigtenstand ist die Rekordzahl von 2 271 781 Personen zu verzeichnen.

12. 9. Der Bau der 240 m langen Brücke über den Ottensteiner Stausee, das größte Spannbetonbauwerk Österreichs, ist vollendet.

21. 9. Im Wiener Volkstheater findet die Uraufführung von »Blanka von Kastilien« von Franz Grillparzer statt.

1. 10. Im Bergbau wird die 45-Stunden-Woche ohne Lohneinbuße eingeführt.

29. 10. Als erstes Bundesland verabschiedet der Salzburger Landtag Durchführungsbestimmungen für Volksabstimmungen und -begehren.

28. 11. Die ÖVP beschließt auf ihrem Bundesparteitag in Innsbruck das Grundsatzprogramm »Was wir wollen« (→ 14. 5.).

16. 12. Der ökumenische Rat der Kirchen Österreichs wird in Form einer Arbeitsgemeinschaft gegründet.

17. 12. Erzbischof Franz König empfängt in Rom von Papst Johannes XXIII. die Insignien der Kardinalswürde. →

22. 12. Im Wiener Akademietheater hat »Der Unschuldige« von Fritz Hochwälder Premiere.

Der Wiener Sportklub wird Fußballmeister 1957/58.

GESTORBEN:

24. 1. Wien: Hedwig Bleibtreu (eigtl. Bleibtreu-Paulsen; * 23. 12. 1868), Kammerschauspielerin und seit 1893 Mitglied des Wiener Burgtheaters.

10. 4. Wien: Carl Karwinsky Freiherr von Karwin (* 17. 9. 1888), christlich-sozialer Politiker.

2. 10. München: Karl Skraup (* 31. 7. 1898), Volksschauspieler.

15. 12. Zürich: Wolfgang Pauli (* 25. 4. 1900), Physiker (Nobelpreisträger 1945).

16. 12. Wien: Georg Zimmermann (* 18. 11. 1887), Finanzfachmann.

16. 12. Wien: Rudolf Moralt (* 26. 2. 1902), Operndirigent.

Fertigwaren statt Rohöllieferungen

24. Juli. Während eines Staatsbesuchs in Moskau erreicht die österreichische Regierungsdelegation unter Führung von Bundeskanzler Julius Raab ein Entgegenkommen der sowjetischen Regierung bezüglich der noch zu leistenden Ablöselieferungen.
Die Sowjetunion verzichtet auf die Hälfte der noch ausstehenden Rohölablöselieferungen von insgesamt sieben Millionen Tonnen, die Österreich gemäß seinen Verpflichtungen aus dem Staatsvertrag von 1955 noch zu leisten hat. Die UdSSR erklärt sich damit einverstanden, daß Österreich anstelle von Rohstoffen Fertigwaren im Gegenwert von 0,6 Millionen Tonnen Rohöl liefert. Der Wert der bislang an die Sowjetunion geleisteten Ablöselieferungen beläuft sich auf 1,8 Milliarden öS.
Vom 18. September bis zum 1. Oktober verhandeln Österreich und die UdSSR über die technische Durchführung von Rohöllieferungen aus der UdSSR. Am 22. November beschließen beide Staaten eine Erweiterung des gegenseitigen Warenaustausches.

Erstes Bekenntnis zur Republik

21. Februar. Otto Habsburg-Lothringen, der älteste Sohn des letzten Habsburger-Kaisers, Karl I., der seit dem Sturz der Monarchie im Exil lebt, gibt seine erste Verzichtserklärung ab. Um nach Österreich zurückkehren zu können, erklärt er seine Bereitschaft, die geltenden Gesetze Österreichs und damit auch das Habsburger-Gesetz von 1919 anzuerkennen und sich zur Republik zu bekennen.
Das Habsburger-Gesetz verwies die Mitglieder des ehemaligen Herrscherhauses außer Landes und schaffte ihre Vorrechte ab. Es betrifft alle Angehörigen der Habsburger-Familie, sofern sie nicht auf ihre Herrschaftsansprüche verzichten und sich nicht als »getreue Staatsbürger der Republik« bekennen.
Otto Habsburg-Lothringen studierte Sozialpolitik und Staatswissenschaften. Im Februar 1938 forderte er Bundeskanzler Kurt Schuschnigg auf, ihm angesichts der Bedrohung durch das nationalsozialistische Deutsche Reich die Regierungsgewalt zu übertragen. Seit 1950 lebt er in Bayern.

Eröffnung der Wiener Stadthalle

23. Juni. *Die nach den Plänen von Roland Rainer zum Großteil auf dem Gebiet des ehemaligen Schmelzer Friedhofes errichtete Wiener Stadthalle wird feierlich eröffnet. Die Grundsteinlegung erfolgte am 18. Oktober 1953, und im September 1957 und im März 1958 waren bereits Nebenhallen in Betrieb genommen worden. Die Haupthalle hat ein Ausmaß von 100 × 100 Metern und kann durch »elektrisch ausziehbare« Stahlblechtribünen, auswechselbare Bodenbeläge und ein Vorhangsystem variabel gestaltet werden. Sie bietet 16 000 Personen Platz.*

SPÖ und ÖVP: Neue Parteiprogramme

14. Mai. Die SPÖ nimmt auf ihrem außerordentlichen Parteitag in Wien ein neues Parteiprogramm an, das sich vom Linzer Programm von 1926 abgrenzt. Die SPÖ erstrebt eine Gesellschaftsordnung, in der jeder einzelne sich frei entfalten kann. Sie bekennt sich uneingeschränkt zur Demokratie und grenzt sich von Faschismus und Kommunismus ab. Sie tritt für ein Mehrparteiensystem ein und gibt damit den frühervertretenen Führungsanspruch der Arbeiterklasse auf.

Bruno Pittermann (SPÖ; r.) und Eduard Heilingsetzer (ÖVP)

Die Zielsetzung der SPÖ ist der Kampf für eine neue, klassenlose Gesellschaft und für einen sozialistischen Humanismus. Die alten Sozialisierungsforderungen reduzieren sich jedoch auf das Eintreten für eine »gerechtere Eigentumsordnung und ein besser funktionierendes Wirtschaftssystem«. Zudem tritt die SPÖ für die Idee der Sozialpartnerschaft ein.
Im Gegensatz zum Antiklerikalismus des Linzer Programms hält die SPÖ nunmehr Sozialismus und Christentum für miteinander vereinbar. Damit wird die SPÖ auch für Katholiken wählbar.
Auf ihrem Parteitag in Innsbruck beschließt auch die ÖVP ein neues Grundsatzprogramm, »Was wir wollen« (28.11.). Sie will sich verstärkt als Partei der Mitte vorstellen. Die Konzeption des Solidarismus bildet die Leitvorstellung der ÖVP. Sie bekennt sich zur Tradition der christlich-abendländlichen Kultur, zur katholischen Soziallehre und zur Idee der österreichischen Nation. Die ÖVP tritt für die soziale Marktwirtschaft ein und will staatliche Eingriffe gering halten. Sie steht damit im Gegensatz zur SPÖ.

Start zum ersten Flug der Austrian Airlines nach London

Die »AUA« fliegt

30. März. Die Austrian Airlines, »AUA«, die im Vorjahr gegründete österreichische Luftfahrtgesellschaft, nimmt den Flugbetrieb auf dem Flughafen Wien-Schwechat auf. Die ATF (Aero-Transport-Flugbetriebsgesellschaft m.b.H.) hat allerdings bereits im Frühjahr 1957 den ersten Probeverkehr zwischen Wien und den Städten Innsbruck sowie Klagenfurt aufgenommen, aber erst die Zusammenlegung der Air Austria mit der Austrian Airways ließ die »AUA« entstehen.

Erneut Siege für Toni Sailer

2.–9. Februar. Bei den Skiweltmeisterschaften in Badgastein (Salzburg) gewinnt Toni Sailer den Weltmeistertitel in der Abfahrt und im Riesenslalom (2. Josl Rieder), außerdem siegt er in der Kombination. Den Slalom gewinnt Josl Rieder (vor Toni Sailer), er wird damit hinter Sailer Zweiter in der Kombinationswertung.

König erhält Kardinalsrang

17. Dezember. Papst Johannes XXIII. ernennt den Erzbischof von Wien, Franz König, in der Peterskirche in Rom zum Kardinal. Kardinal König setzt sich dafür ein, daß der Vatikan und die österreichische Regierung erneut über das 1933 abgeschlossene Konkordat verhandeln. Außerdem tritt er für eine Annäherung zwischen der Katholischen Kirche und den Sozialdemokraten ein.

Das Tauernkraftwerk Kaprun, (l.) die gigantische Talsperre in Bau, (r.) nach der Fertigstellung

Neue Energie

Der Wiederaufbau der Volkswirtschaft nach dem Zweiten Weltkrieg führt zu einem erhöhten Energiebedarf, der durch den Bau mehrerer großer Kraftwerke gedeckt werden soll.
Am 28. März nimmt das größte Kraftwerk Österreichs, das Lünerseekraftwerk, den Betrieb auf. Bereits 1955 wurden bei Kaprun (Salzburg) die beiden Stauseen der Tauernkraftwerke fertiggestellt. Das Wasserreservoir faßt 88 Millionen Kubikmeter und liefert 650 Millionen kWh pro Jahr.

Das Glockner-Kaprun-Speicherkraftwerk in Bau

1959

1. Februarwoche. Herbert Thaler und Elly Lieber gewinnen die Weltmeisterschaften im Rennrodeln. – Karl Schranz siegt zum dritten Mal beim Kandaharrennen. – Hanna Walter wird Europameisterin im Eiskunstlauf.

1. 2. In Österreich wird die 45-Stunden-Woche eingeführt.

17. 2. Der Ministerrat bezeichnet die Weigerung Italiens, österreichischen Staatsbeamten die Einreise nach Südtirol zur Landesfeier zu verweigern, als einen »äußerst unfreundlichen Akt«.

22. 2. In Wien finden Andreas-Hofer-Gedächtnisfeierlichkeiten statt.

22. 2. Louis Armstrong, der »König des Jazz«, gastiert in der Wiener Stadthalle.

26. 2. Bei einer Demonstration von römischen Studenten kommt es vor der österreichischen Botschaft in Rom zu einem Handgemenge.

4. 3. Der Nationalrat debattiert über die Südtirolproblematik (→ 21.9.).

4. 3. Kanada tritt dem österreichischen Staatsvertrag bei.

6. 3. Auf das österreichische Kulturinstitut in Rom wird ein Anschlag verübt.

13. 3. Der Nationalrat beschließt einstimmig, die Legislaturperiode vorzeitig zu beenden, und legt Neuwahlen auf den → 10. Mai fest.

3. 4. Das Tauernkraftwerk Schwarzach (Salzburg) wird in Betrieb genommen. Das letzte der Kraftwerkgruppe Glockner-Kaprun kostete 1177 Millionen öS.

11. 4. Die »Kronen-Zeitung« erscheint wieder.

30. 4. Der wiederaufgebaute Salzburger Dom wird feierlich eröffnet. →

Mai–Oktober. In Krems (Niederösterreich) wird die Ausstellung »Gotik in Niederösterreich« gezeigt.

10. 5. Aus der Nationalratswahl geht die SPÖ als eindeutiger Gewinner hervor. →

Bei den Landtagswahlen in Niederösterreich und Salzburg ergeben sich nur geringfügige Veränderungen.

9. 6. Auf der konstituierenden Sitzung des neugewählten Nationalrates wird Leopold Figl (ÖVP) einstimmig zum Präsidenten gewählt.

16. 6. Die VOEST in Linz bläst den vierten Hochofen an, die Jahreskapazität beträgt 350 000 t. Die Gesamtroheisenproduktion beträgt im Jahr rund 1,4 Millionen Tonnen.

14.–16. 7. Österreich wird von einer Hochwasserkatastrophe heimgesucht. Am 24. Juli gehen schwere Unwetter in Kärnten, Salzburg, Tirol und Teilen des Mühlviertels (Oberösterreich) nieder. →

16. 7. Nach längeren Verhandlungen, in deren Verlauf Julius Raab am 7. Juli die Regierungsbildung zurücklegte, wird die Regierung Raab III. gebildet (→ 10.5.).

23. 7. Die Regionalregierung in Trient verabschiedet das neue Sprachengesetz (Zweisprachigkeit) für Südtirol.

12. 8. Ein Unwetter über Wien und Niederösterreich fordert acht Todesopfer (→ 14.–16.7.).

25. 8. Während einer Vorstellung der Wiener Sängerknaben in Bathurst/Australien bröckelt der Plafond der Veranstaltungshalle ab, was man den Tonschwingungen zuschreibt.

29. 8. Der »Schatz vom Toplitzsee« wird der Sicherheitsdirektion Graz übergeben. →

16. 9. Die 14. Generalversammlung der UNO in New York wählt einstimmig Botschafter Franz Matsch, den ständigen Vertreter Österreichs, zum Vorsitzenden der Politischen Kommission.

21. 9. Außenminister Bruno Kreisky (SPÖ) hält vor der UN-Generalversammlung eine große Südtirolrede. →

18. 10. Bei den Landtagswahlen in Vorarlberg erzielt die ÖVP starke Gewinne.

18. 10. Bundeskanzler Julius Raab gibt bekannt, daß der Staat seit 1952 9 Milliarden öS für Sozialversicherung, 10,5 Milliarden für Wohnungsbau, 0,5 Milliarden für Schulbauten und 5 Milliarden für die Modernisierung der Bundesbahnen ausgegeben hat.

20. 11. Österreich paraphiert die EFTA-Konvention (Europäische Freihandelszone) in Stockholm (→ 4.1.1960).

5. 12. Der 100. Schulneubau Kärntens seit 1945 wird in Frantschach-St. Gertraud durch den Bundespräsidenten seiner Bestimmung übergeben.

Bei den Landtagswahlen in Wien muß die ÖVP leichte und die KPÖ starke Verluste hinnehmen.

Maler des Phantastischen Realismus stellen im Oberen Belvedere in Wien ihre Werke aus. →

Der Wiener Sportklub wird Fußballmeister 1958/59.

GESTORBEN:

8. 2. Klagenfurt: Josef Friedrich Perkonig (* 3.8.1890), Erzähler.

1. 4. Sierre (Schweiz): Rudolf Kassner (* 11.9.1873), Kulturphilosoph.

13. 5. Wien: Johann Böhm (* 26.1.1886), SPÖ-Politiker und Gewerkschaftsführer.

28. 6. Wien: Hermann Leopoldi (eigtl. Ferdinand Kohn; * 15.8.1888), Komponist.

20. 8. Zwickledt bei Schärding: Alfred Kubin (* 10.4.1877), Graphiker und Maler. →

22. 9. Wien: Joseph Matthias Hauer (* 19.3.1883), Komponist.

4. 12. Wien: Hubert Marischka (* 27.8.1882), Schauspieler und Regisseur.

Der Nationalrat bei der vorzeitigen Auflösung am 13. März

SPÖ-Gewinne bei Nationalratswahl

10. Mai. Bei der vorzeitig angesetzten Nationalratswahl schneidet die SPÖ am erfolgreichsten ab: Sie gewinnt vier Mandate hinzu (insgesamt 78).

Die ÖVP verliert drei Mandate, bleibt aber dennoch mit 79 Mandaten stärkste Partei. Die FPÖ gewinnt zwei Mandate hinzu. Der Verlierer der Wahl ist die KPÖ; sie kommt nur auf 3,27 % der Stimmen und erreicht damit kein Grundmandat.

Nach langwierigen Verhandlungen stellt Julius Raab am 16. Juli seine neue Koalitionsregierung vor.

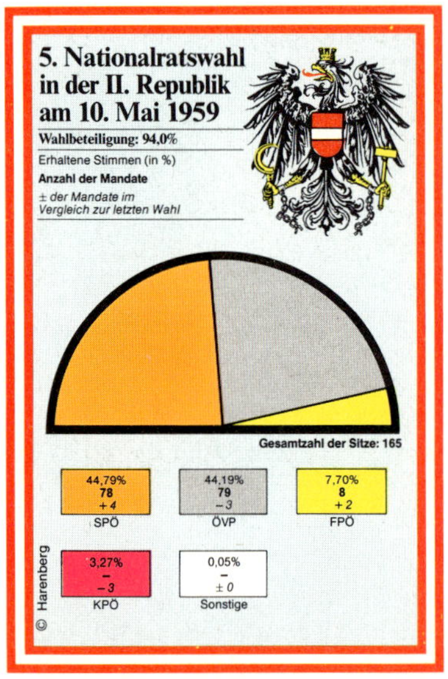

Konflikt um Südtirol

21. September. Österreich entschließt sich, seine Auseinandersetzungen mit Italien um Südtirol vor ein internationales Forum, die UNO, zu bringen.

Außenminister Bruno Kreisky berichtet von den Versuchen Österreichs, Italien zur Einhaltung des Pariser Abkommens (→5.9.1946) und zur Verbesserung der Lage der Südtiroler zu bewegen (→31.10.1960). Im Gegensatz zum Pariser Abkommen hatte Italien nicht der Provinz Bozen, sondern der gesamten Region Trentino-Alto Adige das vereinbarte Autonomiestatut zuerkannt, wodurch die deutsche Bevölkerungsgruppe in die Minderheit geriet. Am 26. September 1958 forderte der Tiroler Landtag die volle Autonomie für die Provinz Bozen, also für Südtirol.

Da die Beschwerden der Südtiroler Volksgruppen in Italien keinen Erfolg zeitigten, wandten sich die Südtiroler an Österreich, das die Durchsetzung ihrer Rechte unterstützen sollte. Österreich schlug 1956 vor, eine gemischte Kommission einzusetzen, um die Konflikte zu lösen. Die italienische Regierung jedoch sah das Südtirol-Problem als innere Angelegenheit Italiens an.

Die Auseinandersetzungen spitzen sich zu, da extremistische Gruppen mit Gewaltaktionen und Terroranschlägen auf die Autonomieverhandlungen reagieren.

Unwetter und Überflutungen

14.–16. Juli. Oberösterreich, insbesondere der Raum Ried im Innkreis und Vöcklabruck, wird von einer Hochwasserkatastrophe heimgesucht.
Im Salzkammergut werden innerhalb von 24 Stunden 100 l Wasser pro Quadratmeter gemessen. Der Westbahnverkehr ist stark beeinträchtigt. Die Wasserschäden belaufen sich auf rund 30 Millionen öS.
Am 20. und 21. Juli führt das Hochwasser auch zu Überflutungen in Niederösterreich.
Die schlechte Witterungslage hält sich noch weiter: Am 24. Juli gehen schwere Unwetter in Kärnten, Salzburg und Teilen des Mühlviertels (Oberösterreich) nieder.
Am 12. August trifft ein fünfstündiges Unwetter vor allem Wien und Niederösterreich. Die Katastrophe fordert acht Todesopfer.
Die Hochwasserschäden durch die anhaltenden Überflutungen belaufen sich allein auf dem Wasserbausektor auf 250 Millionen öS.

Überflutung in Oberpullendorf

Das bronzene Taufbecken des Salzburger Domes, gegossen von Meister Heinrich (1321)

Blick auf die Kuppel des Domes, die nach dem Weltkrieg wieder aufgebaut wird

Salzburger Dom nach Aufbau feierlich eröffnet

30. April. Nach dem Wiederaufbau der 1944 bei einem Bombenangriff eingestürzten Kuppel wird der Salzburger Dom feierlich eröffnet.
Der Dom bildet zusammen mit der Residenz den Kern der mittelalterlichen Fürstenstadt Salzburg. Von der Vorhalle führen drei Toröffnungen mit Bronzetoren aus den Jahren 1957 und 1958 von Giacomo Manzù in das Längsschiff. Der Dom erhält seine Lichtfülle von einer Tambour-Kuppel über der Vierung.
Zu den bedeutenden Ausstattungsstücken des Salzburger Domes gehört ein Taufbecken aus Bronze aus dem Jahre 1321, das auf Bronzelöwen ruht. Die Wand- und Deckengemälde sind mit kostbaren Stuckrahmen eingefaßt.

Innenansicht des Salzburger Doms mit dem Hochaltar (1680)

Vor dem Dom: Die Mariensäule vor dem Hauptportal

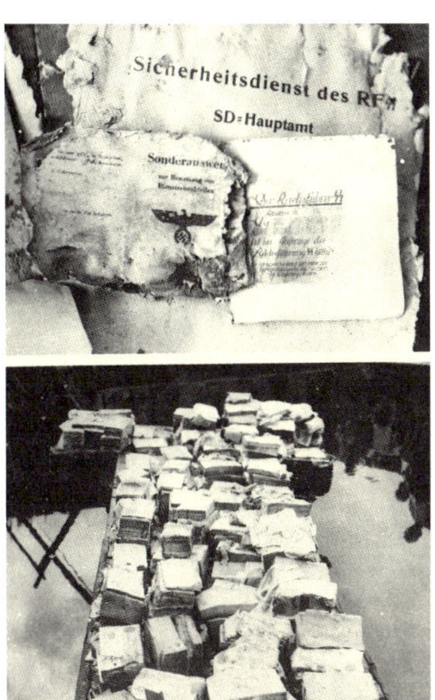

Der Schatz: SS-Papiere, Falschgeld

»Toplitzsee-Schatz«

29. August. Der legendäre »Schatz vom Toplitzsee« wird gehoben und der Sicherheitsdirektion in Graz übergeben. Die geborgenen Kisten enthalten gefälschte Pfundnoten im Wert von über 700 Millionen englische Pfund sowie Ausweispapiere der SS.
Das Geheimnis des Toplitzsees ist damit aufgeklärt. Kurz vor Ende des Zweiten Weltkriegs soll der deutsche Geheimdienst mehrere Kisten in die Tiefen des kleinen Bergsees im Salzkammergut versenkt haben. Genauere Informationen gab es jedoch nicht, allerdings lag die Vermutung nahe, in den Kisten einen Schatz der Nationalsozialisten zu vermuten, da bereits in unterirdischen Stollen Kunstschätze entdeckt wurden. In den unterirdischen Stollen existierten ebenfalls Rüstungsbetriebe, in denen zeitweise Häftlinge aus Konzentrationslagern arbeiten mußten. Die ehemaligen Häftlinge gaben Hinweise auf die Aktivitäten der Nationalsozialisten. Es war bekannt, daß die Deutschen eine Pfund-Fälschungsaktion planten, die Großbritannien in Bedrängnis hätte bringen sollen. Die Bergung der Kisten beweist, daß die Nationalsozialisten die Fälschung tatsächlich durchführten. Die Tauchaktionen im Toplitzsee gestalteten sich als äußerst schwierig.

Zeichner des Phantastischen

20. August. Im Alter von 82 Jahren stirbt der surrealistische Graphiker und Maler Alfred Kubin.
Kubin setzte seine phantastischen Visionen in Zeichnungen um, die grotesk-dämonische Ungeheuer zeigen. Seine erste Ausstellung 1902 in Berlin rief beim Publikum Entsetzen hervor. Kubin illustrierte viele Werke der Weltliteratur – u.a. von Oscar Wilde, E.T.A. Hoffmann, Edgar Allan Poe –; er bevorzugte literarische Vorlagen mit hintergründigen und phantastischen Themen. Seinen 1908 geschriebenen Roman »Die andere Seite« bebilderte er mit skurilen, eigenwilligen Zeichnungen.

»Die Busenmädchen« (Gemälde von Wolfgang Hutter, 1961)

»Negersängerin« (Aquarell von Arik Brauer, 1959)

Phantastischer Realismus aus Wien

1959 findet im Oberen Belvedere in Wien eine Aufsehen hervorrufende Ausstellung der Wiener Gruppe der »Phantastischen Realisten« statt.

Der Kunstkritiker Johann Muschik prägte 1956 die Bezeichnung »Wiener Schule des phantastischen Realismus«; die wichtigsten Vertreter dieser Gruppe sind Erich (Arik) Brauer, Ernst Fuchs, Rudolf Hausner, Wolfgang Hutter und Anton Lehmden. Sie grenzen sich von der abstrakten Malerei ab, ihre Werke stellen stattdessen eine realistisch-phantastische Sehweise dar. Beeinflußt vom Surrealismus und vom Jugendstil zeigen die Phantastischen Realisten Phantasmagorien und Traumwelten. In starker Farbigkeit und mit handwerklichem Können führen sie mythische Naturszenerien, archetypische Vorstellungen, magisch-erotische Bildwelten und künstliche Höllen und Paradiese vor.

Ihre Bilder weisen keine aktuellen Bezüge zur Realität auf, greifen jedoch Wirklichkeitserfahrungen in verschlüsselter Form auf.

»Die Kahle«, (Hutter 1957)

»Adam und sein Maschinist« (Gemälde von Rudolf Hausner, 1963)

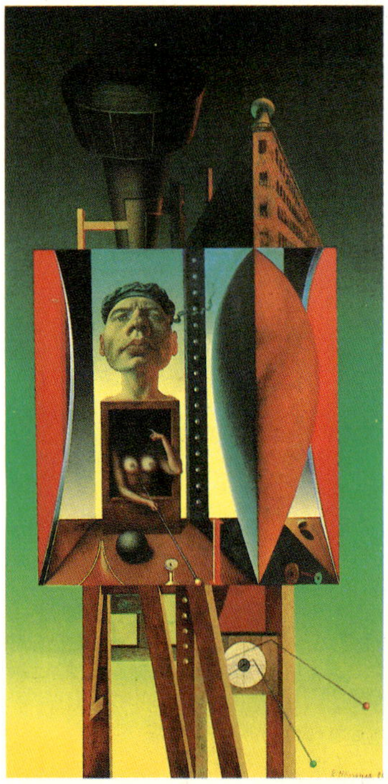

»Adam gut getroffen I« (Hausner)

1960

Jänner. In Österreich sind 15 179 neue Fernsehteilnehmer zu verzeichnen; insgesamt gibt es 127 402.

4. 1. Die Gründung der EFTA tritt in Kraft. Am 23. März billigt der Nationalrat den EFTA-Vertrag. →

22. 1. Italien bringt beim Europarat in Straßburg das Südtirolproblem zur Sprache.

2. Februarwoche. In Wien, Oberösterreich und der Steiermark herrscht eine Grippewelle, in Wien gibt es 12 000 Kranke.

12. 2. Die ÖVP besetzt Führungspositionen neu: Alfons Gorbach löst Julius Raab als Bundesparteiobmann ab, Hermann Withalm wird neuer Generalsekretär.

18.–28. 2. In Squaw Valley (USA) finden die VIII. Olympischen Winterspiele statt. →

März. Maria Isser wird in Garmisch-Partenkirchen Weltmeisterin im Rennrodeln. Reinhold Frosch und Ewald Walch gewinnen den Weltmeistertitel im Doppelsitzer.

6. 3. Bei den Landtagswahlen in Kärnten ergeben sich keine Veränderungen gegenüber dem Ergebnis von 1956.

26. 3. Eine Explosionskatastrophe im niederösterreichischen Erdölgebiet zwischen Aderklaa und Deutsch Wagram fordert sechs Tote.

1. 4. Beim Kandaharrennen erzielen die Damen einen sensationellen Erfolg: Sie belegen in der Abfahrt die ersten fünf Plätze.

14. 5.–31. 10. Im Stift Melk wird die Barockausstellung »Jakob Prandtauer und sein Kunstkreis« gezeigt.

14. 5. Anläßlich des »Unabhängigkeitstages« findet auf der Wiener Ringstraße eine Parade des Bundesheeres vor dem Bundespräsidenten statt.

17. 6. Eduard Heilingsetzer (ÖVP) löst Reinhard Kamitz als Finanzminister ab. Kamitz wird Nationalbankpräsident.

23. 6. Christian Broda (SPÖ) wird Bundesminister für Justiz.

30. 6.–8. 7. Der sowjetische Ministerpräsident Nikita S. Chruschtschow hält sich zu einem Staatsbesuch in Österreich auf. →

Ende Juni/Anfang Juli. Schwere Hagelschläge in allen Teilen Österreichs verursachen einen Gesamtschaden von über 170 Millionen öS.

26. 7. Das neue Festspielhaus in Salzburg wird eröffnet. →

2. 8. Das bislang schwerste Unglück seit Bestehen der Wiener Straßenbahn fordert 18 Todesopfer. →

25. 8.–11. 9. Bei den XIV. Olympischen Sommerspielen in Rom gewinnt Österreich eine Gold- (Hubert Hammerer im Schießen) und eine Silbermedaille (Ruderer Alfred Sageder und Herbert Kloimstein im Zweier ohne Steuermann).

Ende August. Die Arbeitslosenrate verzeichnet einen Rekordtiefstand. →

1. 9. Durch einen Gangstertrick werden in Wien eine Million öS Lohngelder für die AUA gestohlen.

26. 9. Bei einem Absturz der Vickers Viscount »Joseph Haydn« der AUA bei Krukowa nahe Moskau kommen 30 Personen ums Leben.

29. 9. Das Reaktorzentrum in Seibersdorf (Niederösterreich), eine Forschungsstelle für die friedliche Nutzung von Atomkraft, wird in Betrieb genommen.

30. 9. Ein ungarischer Grenzsoldat schießt im Raum Oberpullendorf (Burgenland) auf einen österreichischen Beamten.

1. 10. Die Südtiroler überreichen dem stellvertretenden UN-Generalsekretär eine Denkschrift (→ 31. 10.).

11. 10. Italienische Studenten reißen das Staatswappen vom Gebäude des österreichischen Generalkonsulats in Rom.

21./22. 10. Im Koalitionsausschuß scheitern die Budgetverhandlungen. Am 27. Oktober einigen sich die Parteien über das Budget 1961. →

22. 10. Die Stromleitung von Kaprun nach St. Peter bei Braunau wird fertiggestellt. →

31. 10. Der politische Ausschuß der UN nimmt die österreichische Südtirolresolution an. →

5. 12. Der Nationalrat verabschiedet ein Gesetz über die Rentenreform.

Die Landtagswahlen in Kärnten bringen keine Veränderungen gegenüber 1956.

Der Roman »Es muß nicht immer Kaviar sein« von Johannes Mario Simmel erscheint.

Rapid Wien wird Fußballmeister 1959/60.

GESTORBEN:

2. 1. Zürich: Friedrich Adler (* 9. 7. 1879), sozialdemokratischer Politiker.

3. 2. Wien: Walter Glaser (* 31. 7. 1906), Physiker.

5. 4. Wien: Rudolf Brunngraber (* 20. 9. 1901), Schriftsteller.

6. 6. Wien: Ferdinand Maierhofer (* 9. 4. 1881), Kammerschauspieler, seit 1919 am Wiener Burgtheater.

25. 6. Bregenz: Otto Ender (* 24. 12. 1875), christlichsozialer Politiker, 1918–1930 Landeshauptmann von Vorarlberg und 1930/31 Bundeskanzler.

29. 8. Hollywood: Vicky Baum (* 14. 1. 1888), Romanschriftstellerin (»Menschen im Hotel«).

12. 10. Wien: Joseph Gregor (* 26. 10. 1888), Literatur- und Theaterwissenschaftler.

29. 10. Wien: Erwin H. Rainalter (* 6. 6. 1892), Journalist und Erzähler.

29. 12. Wien: Karl Altmann (* 8. 1. 1904), KPÖ-Politiker, 1945–1947 Energieminister.

Bundeskanzler Adolf Schärf (l.) mit Nikita Chruschtschow

Besuch aus der UdSSR

30. 6.–8. 7. Der Staatsbesuch des sowjetischen Ministerpräsidenten Nikita S. Chruschtschow in Österreich belegt die guten Beziehungen zwischen den beiden Staaten.
Bei den wirtschaftlichen Verhandlungen beschließen beide Delegationen einen neuen Modus für die Erdöllieferungen: Die UdSSR stellt ab Juli 1961 die Lieferung von 500 000 t Rohöl ein, Österreich reduziert dafür seine noch ausstehenden Reparationslieferungen um die gleiche Menge. Ab Juli 1964 werden die österreichischen Erdöllieferungen eingestellt – ein Jahr früher, als geplant. Österreich spart durch diese Regelung 825 Millionen öS ein. Am 7. Juli hält Chruschtschow eine Rede in Rundfunk und Fernsehen. Er erklärt die Bereitschaft der Sowjetunion zur Abrüstung und spricht sich anerkennend über den Wiederaufbau in Österreich aus.
Während seines Staatsbesuchs begrüßt die Bevölkerung Chruschtschow stets freundlich; er selber zeigt sich beeindruckt und begeistert. Bei einem Besuch auf einem Bauernhof der Familie von Nationalratspräsident Leopold Figl schließen beide Politiker eine Wette bezüglich des Ertrags des Maisanbaus ab (→ 23. 10. 1961).

Südtirolfrage vor UN

31. Oktober. Die Generalversammlung der Vereinten Nationen nimmt die österreichische Südtirolresolution einstimmig an; sie sieht vor, daß Österreich und Italien Verhandlungen über die Durchführung des Pariser Abkommens aufnehmen.
Die von Italien nicht beachteten Forderungen der Südtiroler nach Autonomie und die sich hinziehenden Verhandlungen haben zum Anwachsen extremistischer Bewegungen auf beiden Seiten geführt. Die Sprengstoffanschläge in Südtirol, auf die die italienischen Behörden mit einem harten Eingreifen reagieren, haben das Verhandlungsklima weiter verschlechtert.
Die Südtiroler sahen sich bereits durch das Gruber-de Gasperi-Abkommen (→ 5. 9. 1946) in ihren Forderungen enttäuscht.
Die Südtiroler und die Österreicher vertreten die Auffassung, daß die Neueinteilung Italiens in Regionen gemäß der neuen Verfassung von 1948 gegen das Pariser Abkommen verstößt. Italien faßte die Provinz Trentino mit fast ausschließlich italienischer Bevölkerung und die Provinz Bozen, das eigentliche Südtirol, mit zu zwei Dritteln deutschsprachiger Bevölkerung zu einer einheitlichen Region zusammen, wodurch die deutschsprachige Bevölkerung in die Minderheit geriet. Zudem förderte die Regierung die Einwanderung von Italienern nach Südtirol.

Österreich ist in der EFTA

4. Jänner. Alle Vertragspartner unterzeichnen den Gründungsvertrag der EFTA (European Free Trade Association, Europäische Freihandelszone) in Kopenhagen. Zu den Gründungsmitgliedern gehören Österreich, Dänemark, Großbritannien, Norwegen, Portugal, Schweden und die Schweiz, später tritt auch Irland bei. Die Konvention der EFTA wurde bereits am 20. November 1959 in Stockholm paraphiert. Die EFTA setzt sich zum Ziel, Zölle und Warenkontigentierungen zwischen den Mitgliedstaaten schrittweise abzubauen, nationale Außenzölle jedoch beizubehalten.
Sie stellt ein europäisches Gegengewicht zur EWG dar und teilt Westeuropa in zwei Handelsblöcke. Um eine engere wirtschaftliche Zusammenarbeit zu ermöglichen, bekräftigen die Mitgliedstaaten der EFTA jedoch ihre Absicht, eine Assoziierung zwischen den Mitgliedern der OEEC (Organization for European Economic Cooperation) und der EWG zu schaffen.
Am 23. März ratifiziert der Nationalrat den EFTA-Vertrag. In der Debatte begründet Bundeskanzler Julius Raab den Beitritt Österreichs damit, daß die EFTA ihren Mitgliedsländern die erforderliche wirtschaftliche Bewegungsfreiheit läßt, was bei der EWG nicht der Fall sei, daß sie jedoch auch über genügend Geschlossenheit und wirtschaftliche Stärke verfügt, um erfolgreiche Verhandlungen mit der EWG zu führen. Zudem erscheint Raab die wirtschaftlich schwierige Sonderlage Österreichs mit der anderer EFTA-Partner vergleichbar.
Am 11./12. März tagt in der Wiener Hofburg zum ersten Mal der EFTA-Ministerrat. Er beschließt als erste handelspolitische Maßnahme eine Senkung der Zölle zwischen den Mitgliedsstaaten um 20 %.
Die EFTA sucht eine Assoziierung mit der EWG. Für Österreich ist ein Abkommen mit der EWG von großer Bedeutung, da 50 % seiner Exporte in EWG-Länder gehen.

Die erste EFTA-Konferenz tagt in der österreichischen Hauptstadt

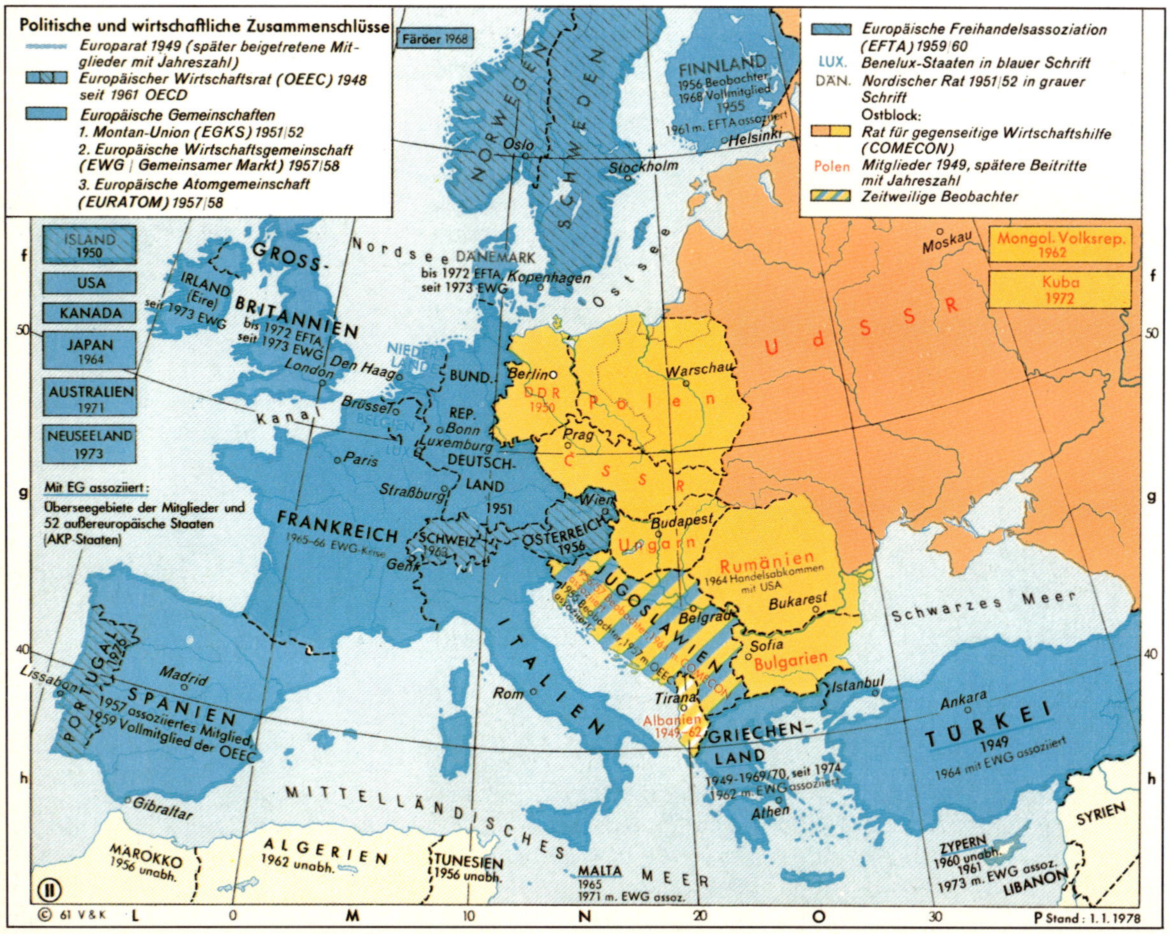

Krise um Budget in der Regierung

21./22. Oktober. Dem Koalitionsausschuß gelingt es nicht, sich in der vorgesehenen Frist über das Budget 1961 und die Deckung der Rentenregulierung zu einigen; die Verhandlungen werden abgebrochen.
Infolge der Regierungskrise bietet die Regierung ihren Rücktritt an. Bundespräsident Adolf Schärf geht infolge der Südtiroldebatte vor der UNO auf das Rücktrittsgesuch nicht ein, sondern bestimmt die Regierung dazu, erneut über das Budget zu verhandeln. Nach langwierigen Besprechungen einigen sich ÖVP und SPÖ am 27. Oktober über das Budget.
Nach der Rückkehr der UNO-Delegation nimmt der Bundespräsident das Rücktrittsgesuch der Regierung an und beauftragt Julius Raab mit der neuen Regierungsbildung. Am 3. November tritt das Kabinett Raab IV. in der alten Zusammensetzung sein Amt an. In seiner Regierungserklärung vom 7. November betont Bundeskanzler Raab, daß die Regierungskrise »nicht mutwillig vom Zaun gebrochen« war.

Vollbeschäftigung nahezu erreicht

Ende August. Die Arbeitslosenrate erreicht einen Rekordtiefstand von 44 320 Personen, was eine Senkung um 24,6 % gegenüber dem Vorjahr bedeutet. Diese Tatsache ist ein deutliches Zeichen für die erfolgreiche Wiederaufbauphase in Österreich. Das Bruttoinlandsprodukt ist seit der Stabilisierung vom Mai 1953 erfreulich im Steigen begriffen und die Stagnation der gesamten Wirtschaft durch die Geldwertstabilisierung von 1952 ist überwunden.
Vor allem der Ausbau der Wasserkraft, der Bau der Straßen und Autobahnen, sowie die Elektrifizierung der Bundesbahn brachten es mit sich, daß in allen Bereichen von Industrie und Wirtschaft Vollbeschäftigung herrscht. Zusätzlich war durch den infolge der Kriegsschäden nötigen Wohnhausneubau die gesamte Bauwirtschaft mit ihren zahlreichen Abhängigkeitsbetrieben ein wesentlicher Belebungsfaktor.
Gemessen an der Gesamtbevölkerung bedeutet diese Anzahl der Arbeitslosen etwas mehr als 0,6 %.

Die Außenfassade des von dem Architekten Clemens Holzmeister gestalteten Salzburger Festspielhauses

Neues Festspielhaus in Salzburg feierlich eröffnet

26. Juli. Das neue Festspielhaus in Salzburg wird mit dem »Rosenkavalier« von Richard Strauss feierlich eröffnet.

Herbert von Karajan, von 1956 bis 1960 künstlerischer Leiter der Salzburger Festspiele, dirigiert die Wiener Philharmoniker, die Inszenierung stammt von Rudolf Hartmann, das Bühnenbild von Theo Otto.

Das neue Gebäude entstand nach Plänen von Clemens Holzmeister, der das alte Festspielhaus bereits 1926 umgebaut hatte. Herbert von Karajan nahm auf die Gestaltung und die Akustik des neuen Festspielhauses maßgeblichen Einfluß. Für den Bau des neuen Hauses wurden 50 000 m^3 Fels vom Mönchsberg abgesprengt, um Raum für die Bühne zu gewinnen. Die Front des Gebäudes mit dem von Johann Bernhard Fischer von Erlach entworfenen Tor blieb erhalten. Das neue Festspielhaus verfügt über drei Bühnen, die Hauptbühne ist 800 m^2 groß, die Nebenbühnen umfassen ein Ausmaß von 1400 m^2. Im Orchesterraum finden 120 Musiker Platz, er kann auf Bühnenniveau angehoben werden. Das Festspieltheater verfügt über 2170 Sitzplätze.

Die Weite der Bühne und ihre geringe Tiefe im Verhältnis zur Breite bringen Probleme für die Gestaltung des Bühnenbildes mit sich, Schwierigkeiten, die der Bühnenbildner Theo Otto in den ersten Inszenierungen mit Raumillusionen überwindet.

Blick in den Zuschauerraum des Festspielhauses

Der weltweite Erfolg der Aufführungen des Salzburger Festspielhauses geht wesentlich auf das Wirken des Dirigenten Herbert von Karajan zurück.

1967 führt Karajan die Osterfestspiele ein, seit dieser Zeit hat das Große Festspielhaus dreimal im Jahr Saison: Ostern, bei den Sommerfestspielen im Juli und August und vor Weihnachten mit den Adventssingern. Zudem bemüht sich das Salzburger Festspielhaus, vor allem bei den Sommerfestspielen zeitgenössische Kompositionen vorzustellen.

Zur Eröffnung des neuen Festspielhauses wird »Der Rosenkavalier« von Richard Strauss in einer Neuinszenierung gespielt

Neuer Skistar: Ernst Hinterseer

18.–28. Februar. Bei den VIII. Olympischen Winterspielen in Squaw Valley (USA) erzielt die österreichische Mannschaft eine Gold-, zwei Silber- und drei Bronzemedaillen.

Im Slalom der Herren siegt Ernst Hinterseer vor Hias Leitner, im Riesenslalom gewinnt Pepi Stiegler Silber vor Ernst Hinterseer, im Skispringen erreicht Otto Leodolter den dritten Platz und bei der Abfahrt der Damen gewinnt Traudl Hecher die Bronzemedaille. An die Erfolge von Toni Sailer von → 1956 kann Österreich nicht ausschließen. Erfolgreichste Mannschaft bei den Winterspielen wird das sowjetische Team. In der Nordischen Kombination gewinnt mit dem Deutschen Georg Thoma zum ersten Mal ein Mitteleuropäer die Goldmedaille. Erstmals wird Biathlon (Skilanglauf und Schießen) bei Olympischen Spielen ausgetragen, in dieser neuen Disziplin siegt der Schwede Klas Lestander.

E. Hinterseer

Straßenbahn ist verunglückt

2. August. Eine Straßenbahn der Linie 39 entgleist infolge zu hoher Geschwindigkeit auf der Kreuzung Billrothstraße–Döblinger Hauptstraße. Bei dem bislang schwersten Unglück der Wiener Straßenbahn sterben 18 Menschen, 33 werden schwer verletzt, einer von ihnen erliegt später seinen Verletzungen.

Eine gigantische Stromleitung

22. Oktober. Der Bau der 220 000-Volt-Leitung von Kaprun (Salzburg) nach St. Peter bei Braunau (Oberösterreich) ist vollendet.

Die Stromleitung ist 143 km lang, die Bauzeit betrug 18 Arbeitsmonate, auf der Strecke wurden 468 Maste gesetzt.

1961

27./28. 1. Die Südtirolverhandlungen mit Italien scheitern (→15.11.).

29./30. 1. Auf das Reiterdenkmal in Waidbruck bei Bozen wird ein Sprengstoffanschlag verübt (→15.11.).

31. 1. Der Presserat, ein Instrument zur journalistischen Selbstkontrolle, wird gegründet.

7./8. 2. Ein Großbrand zerstört die Deckengemälde von Gregorio Guglielmi (1755) im Festsaal der alten Universität in Wien, die Decke stürzt ein.

2. 3.–7. 4. Ein internationaler Diplomatenkongreß tagt in der Wiener Hofburg.→

10. 3. Der Wiener Gemeinderat beschließt, Bundeskanzler Julius Raab zum Ehrenbürger der Stadt Wien zu ernennen.

12. 3. Bei den Landtagswahlen in der Steiermark verliert die SPÖ ein Mandat.

18. 3. Ein Großbrand im Schwarzkiefernwald an der Neunkirchner Allee in Niederösterreich verursacht einen Schaden von 1,5 Millionen öS.

21. 3. Eine Volkszählung ergibt 7 073 807 Einwohner.

29. 3. Österreich und die USA unterzeichnen ein Counterpartabkommen: Österreich erhält das freie Verfügungsrecht über ERP-Counterpartmittel (Marshallplanmittel) in Höhe von 10,9 Milliarden öS.

11. 4. Das Kabinett Raab IV. tritt zurück.→

4. 5. Das Europacupsemifinalspiel Rapid Wien gegen Benfica Lissabon wird in der 89. Minute wegen Raufereien am Spielfeld im Wiener Stadion abgebrochen.

3./4. 6. Der sowjetische Ministerpräsident Nikita S. Chruschtschow und der amerikanische Präsident John F. Kennedy treffen sich zu einem »Zweier-Gipfel« in Wien.→

13. 6. Der Ministerrat lehnt die am 31. Mai von Otto Habsburg-Lothringen geleistete Loyalitätserklärung ab.→

27. 6. Die ÖMV-Raffinerie Schwechat wird in Betrieb genommen. Sie verarbeitet jährlich 1,8 Millionen Tonnen Rohöl.

6. 7. Der Nationalrat beschließt das Protestantengesetz, es legt Freiheit und Selbstbestimmungsrecht der evangelischen Kirche fest.

Ende August. Die Arbeitslosenrate verzeichnet einen neuen Rekordtiefstand von 35 248 Arbeitslosen (20,5% weniger als 1960).

5. 9. Nach einer Probefahrt zweier Schiffe der »Nilflotte Nassers« erhalten die Schiffswerft Korneuburg und die Waagner-Biró AG einen Auftrag über 26 Motorschiffe und 30 Lastbarken.

18.–22. 9. Der Weltbankkongreß, auf dem 70 Nationen vertreten sind, tagt in der Wiener Hofburg.

1. 10. Das Andreas-Hofer-Denkmal auf dem Bergisel wird gesprengt (→15.11.).

6. 10. Die Schleuse des Kraftwerks Aschach an der Donau ist vollendet. Das Stemmtor wurde erstmals in Europa zur Gänze geschweißt.

22. 10. Die Landtagswahlen in Oberösterreich und Tirol ergeben keine Veränderungen gegenüber den letzten Wahlen.

22. 10. Der Zweite Nationalratspräsident und Präsident des ÖGB Franz Olah legt sein Abgeordnetenmandat nieder, da bei den Budgetverhandlungen im Koalitionsausschuß die Forderungen des ÖGB unberücksichtigt blieben.

23. 10. Die »Kukuruzwette« zwischen Leopold Figl und Nikita S. Chruschtschow ist entschieden.→

25. 10. Im Nationalrat findet die erste »parlamentarische Fragestunde« statt. In Zukunft soll jede Nationalratssitzung mit der Fragestunde eingeleitet werden.

15. 11. Der Politische Spezialausschuß der UN-Generalversammlung in New York debattiert über die Südtirolfrage.→

15. 12. Österreich beantragt die Aufnahme von Verhandlungen mit der EWG, um zu einem wirtschaftlichen Arrangement zu gelangen.

18. 12. Mit Unterstützung des Unterrichtsministeriums ruft Wolfgang Kraus die »Österreichische Gesellschaft für Literatur« ins Leben. Auf ihren Veranstaltungen treten u. a. Schriftsteller aus Ostblockstaaten zum ersten Mal im Westen auf.

28. 12. Der Präsident der Bundeskammer der gewerblichen Wirtschaft, Julius Raab, und der Präsident des ÖGB, Franz Olah, vereinbaren Maßnahmen zur Stabilisierung der Löhne und Preise.

30. 12. Auf dem Bergisel bei Innsbruck wird die »Olympiaschanze« eröffnet.

Austria Wien wird Fußballmeister 1960/61.

Von Ingeborg Bachmann erscheint »das dreißigste Jahr«, sieben Erzählungen, die Ausbruchsversuche von Menschen aus gesellschaftlichen Zwängen darstellen.

GESTORBEN:

4. 1. Wien: Erwin Schrödinger (* 12.8.1887), Physiker (Nobelpreisträger 1933).→

24. 2. Wien: Fritz Imhoff (eigtl. Friedrich Jeschke; * 6.1.1891), Schauspieler und Komiker.

18. 3. Wien: Mizzi Günther (* 21.3.1879), Operettensoubrette.

26. 4. Wien: Otto Rudolf Schatz (* 18.1.1900), Maler.

22. 9. Wien: Albin Skoda (* 29.9.1909), Schauspieler, seit 1946 am Wiener Burgtheater.

25. 12. New York: Otto Loewi (* 3.6.1873), Pharmakologe und Physiologe (Nobelpreisträger 1936).→

Das gesprengte Andreas-Hofer-Denkmal bei Innsbruck

Terror in Südtirol

15. November. Der Politische Spezialausschuß der UNO-Generalversammlung behandelt erneut die ungelöste Südtirolproblematik. Österreich und Italien haben Memoranden über ihre Sichtweise des Konflikts vorgelegt. Die Debatte bringt als einziges Ergebnis die Erneuerung des Verhandlungsmandats. Mehrere Verhandlungen zwischen Österreich und Italien sind im Verlauf des Jahres gescheitert. Im Januar fanden Gespräche in Mailand statt, bei denen Österreich erklärte, auf das Selbstbestimmungsrecht zu verzichten, wenn Italien Südtirol eine echte Regionalautonomie gewähren würde. Nach dem Scheitern der Mailänder Verhandlungen fanden in Südtirol erneut eine Reihe von Sprengstoffanschlägen statt. Im Gegenzug kam es im Februar zu antiösterreichischen Demonstrationen in Rom, die Polizei mußte einen Angriff auf die österreichische Botschaft abwehren. In Südtirol wurden Verhaftungen vorgenommen, italienische Soldaten erschosssen junge Südtiroler. Am 9. Februar erklärte sich Österreich zum Anwalt Südtirols. Nach der Vertagung der Südtirolverhandlungen zwischen Österreich und Italien im Mai wurden am 11./12. Juni 19 Telefon- und Hochspannungsmaste in Südtirol gesprengt. Ende Juni scheiterten erneut österreichisch-italienische Südtirolverhandlungen. Nach einer weiteren Terrorwelle in Norditalien und Süditalien im Juli versuchte Italien, auf Österreich Druck auszuüben und führte am 12. Juli den Visumzwang für Österreicher bei Reisen nach Italien ein (→31.7. 1962). Am 1. September setzte das italienische Innenministerium die »Neunzehnerkommission«, der auch Südtiroler angehören, zur Prüfung der Südtirolfrage ein.

Gesprengtes italienisches Denkmal in Bozen

»Zweier-Gipfel« tagt in Wien

3./4. Juni. Der sowjetische Ministerpräsident Nikita S. Chruschtschow und der amerikanische Präsident John F. Kennedy treffen sich auf einem »Zweier-Gipfel« in Wien zu politischen Gesprächen über die Lage zwischen den Machtblöcken.
Das Treffen der beiden führenden Politiker macht Wien zu einem anerkannten Verhandlungsort für internationale Begegnungen.
Die politischen Gespräche werden aufrichtig, aber hart geführt. Die Ausgangsposition von Kennedy ist infolge der mißglückten Invasion auf Kuba im April geschwächt. Zu konkreten Resultaten kommt es während des Gipfeltreffens nicht, in den Fragen der Atomtests und der Abrüstung zeichnet sich keine Einigung ab.
Chruschtschow schlägt vor, in internationalen Kommissionen ein Troika-System einzuführen. An der Spitze jeder internationalen Körperschaft solle ein Dreier-Gremium stehen, in dem die kapitalistischen, kommunistischen und neutralen Staaten vertreten sind. Beschlüsse sollen nur einstimmig gefaßt werden können.
Am Schluß des Gipfeltreffens wird ein 33zeiliges Kommuniqué herausgegeben, das jedoch keine inhaltlichen Aussagen trifft. Dennoch bezeichnen beide Politiker die Gespräche als nützlich, und der aufgenommene Kontakt soll aufrecht erhalten werden.
Die Begegnung dient den beiden Politikern dazu, sich persönlich kennenzulernen und sich persönlich mit den Meinungen ihres Gegenübers vertraut zu machen.
Bei den offiziellen Anlässen des Staatsbesuchs geben sich beide Politiker heiter und vermitteln das Bild einer politischen Begegnung in gelockerter Atmosphäre.
Die Wiener Bevölkerung nimmt regen Anteil an dem Staatsbesuch und begrüßt die Politiker mit herzlichem Applaus, wenn sie sich in der Öffentlichkeit zeigen.

v. l. John F. Kennedy, Adolf Schärf, Nikita Chruschtschow

Kukuruzwette

23. Oktober. Österreich gewinnt aufgrund seines guten Ernteergebnisses die »Kukuruzwette« zwischen dem sowjetischen Ministerpräsidenten Nikita S. Chruschtschow und dem Präsidenten des österreichischen Nationalrats Leopold Figl vom Vorjahr (→30.6. bis 8.7.1960). Chruschtschow hatte angeboten, sowjetisches Kukuruzsaatgut nach Österreich zu schicken, und um ein Schwein gewettet, daß das sowjetische Saatgut auf der gleichen Anbaufläche einen höheren Ertrag bringen würde, was jedoch nicht geschah.

Nachdruck Zeitungen 1 b
P. b. b.
1 Schilling
Vierteljährlich S 12.50
TULLNER Bezirks-Nachrichten
WOCHEN ZEITUNG
FÜR DEN POLITISCHEN BEZIRK TULLN
Nummer 28 | Tulln, 8. Juli 1960 | 49. Jahrgang
Wir schreiben an Sie..
Fangt an!
Das „Staatsereignis" in Rust: Gipfelkonferenz im Bauernhof
Chruschtschow bei Figl zu Gaste: Sie wetten um eine Sau
Großer Tag für Gendarmerie und Feuerwehr – Die Ostflüchtlinge nicht nach Korsika, sondern zum Fußballmatch gebracht – Viele Neugierige – Die Tullner Singgruppe erfreute die Gäste

Die Wette in der Presse

Rücktritt der Regierung Raab

11. April. Bundeskanzler Julius Raab tritt aus gesundheitlichen Gründen von seinem Amt zurück; neuer Bundeskanzler wird Alfons Gorbach (ÖVP). Raab zieht sich nicht ins Privatleben zurück, sondern übt als neuer Präsident der Bundeskammer der gewerblichen Wirtschaft Einfluß auf die Wirtschaftspolitik aus. Infolge der abnehmenden Entscheidungsfähigkeit der Koalitionsregierung verstärkt sich die Position der Interessenverbände.
Mit Raab tritt auch das Kabinett zurück. Gorbach führt mit Vizekanzler Bruno Pittermann (SPÖ) die große Koalition weiter. Zu den neuen Regierungsmitgliedern gehört Josef Klaus (ÖVP) als Finanzminister, der ein Sparprogramm zur Sanierung des Staatshaushalts durchsetzt.
In seiner Regierungserklärung vom 19. April betont Gorbach die Kontinuität gegenüber der bisherigen Regierungspolitik.

Nationalrat weist Kaisersohn zurück

13. Juni. Der österreichische Ministerrat gelangt zu keiner einheitlichen Auffassung über die Loyalitätsbekundung von Otto Habsburg-Lothringen, die Erklärung gilt deshalb als abgelehnt.
Am 31. Mai hatte Otto Habsburg-Lothringen, der Sohn des letzten österreichischen Kaisers Karl I. und seiner Gattin Zita, zu Protokoll gegeben, daß er auf die Mitgliedschaft zum Haus Habsburg-Lothringen und auf alle Herrschaftsansprüche verzichtet und sich als getreuer Staatsbürger der Republik bekannt. Diese Erklärung stellt die Voraussetzung für eine legale Einreise nach Österreich dar.
Gegen die Ablehnung seiner Loyalitätsbekundung legt Otto Habsburg beim Verfassungsgerichtshof Beschwerde ein. Am 16. Dezember weist der Verfassungsgerichtshof seine Beschwerde wegen Nichtzuständigkeit ab (→4.7.1963).

Wiener Kongreß der Diplomaten

2. März–7. April. In der Wiener Hofburg hält ein internationaler Diplomatenkongreß seine Tagung ab, er erhält die Bezeichnung »Zweiter Wiener Kongreß«.
Delegierte aus 84 Staaten beraten über die Kodifizierung bislang gewohnheitsrechtlicher Bestimmungen des Völkerrechts, die den diplomatischen Verkehr und die Immunität der Diplomaten regeln. Die UN-Staatenkonferenz nimmt am 14. April das Ergebnis der Verhandlungen unter dem Titel »Wiener Konvention« an.
Insgesamt werden drei Wiener Konventionen ausgehandelt: Das Übereinkommen über diplomatische Beziehungen von 1961, das Wiener Übereinkommen über konsularische Beziehungen von 1963 und das Übereinkommen über das Recht der internationalen Verträge von 1969. Die Wiener Konvention wird von vielen Staaten ratifiziert.

Trauer um zwei Nobelpreisträger

4. Jänner. Im Alter von 73 Jahren stirbt der Physiker Erwin Schrödinger in Wien.
Er befaßte sich vor allem mit der Wellen- und Quantentheorie. Er gehört zu den Begründern der Wellenmechanik. 1933 erhielt er, zusammen mit dem Briten Paul Dirac, den Physiknobelpreis für seine Darlegungen zum Aufbau der Quantentheorie. Nach dem »Anschluß« Österreichs an das nationalsozialistische Deutsche Reich emigrierte er nach Dublin.
Am 25. Dezember stirbt der Physiologe und Pharmakologe Otto Loewi 88jährig in New York.
Loewi wurde schon mit 33 Jahren, 1906, Universitätsprofessor in Wien. Für seine Entdeckung der chemischen Übertragung der Nervenimpulse erhielt er im Jahre 1936, zusammen mit dem Briten Henry Hallet Dale, den Nobelpreis für Medizin.

1962

17. 1. Die Wiener Schnellbahnstrekke der ÖBB von Meidling bis Gänserndorf und Stockerau wird eröffnet.

18. 1. Das dritte UN-Sanitätskontingent fliegt in den Kongo ab.

31. 1. Der niederösterreichische Landtag wählt einstimmig Leopold Figl zum Landeshauptmann.

9. 2. In Rom beginnt der Südtirolprozeß gegen sieben aus Österreich und Deutschland stammende Angeklagte, die 1961 mehrere Anschläge verübt haben (→31.7.).

Februar. Bei den Skiweltmeisterschaften in Chamonix (Schweiz) gewinnt Karl Schranz zwei Titel.→

10./11. 3. Auf das Haus des Bürgermeisters von Lustenau (Vorarlberg), Robert Rösch, erfolgt ein Sprengstoffanschlag, der zwei Drittel des Gebäudes zerstört.

11. 3. Karl Schranz wird zum vierten Mal Kandaharsieger.

21. 3. Der Atomreaktor im Wiener Prater, das Atominstitut der österreichischen Hochschulen, nimmt seine Tätigkeit auf.

27. 3. Die europäische Menschenrechtskommission in Straßburg lehnt die Beschwerde eines Kärntner Slowenen wegen angeblicher Verletzung der Sprachenrechte von Minderheiten ab.

3. 5. Die Sowjetunion protestiert erneut gegen das österreichische EWG-Ansuchen, das sie für unvereinbar mit der Neutralität hält.

9.–13. 5. Die Metallarbeiter streiken in Österreich, es handelt sich um den größten Lohnkonflikt seit 1945.

18. 5. Die Gemeinde Wien ersteigert in München die Originalpartitur der »Fledermaus« von Johann Strauß für 146 000 DM.

28. 5. Das renovierte Theater an der Wien wird wiedereröffnet. Die Gemeinde Wien hatte es am 14. Dezember 1960 erworben; die Kosten für Kauf und Renovierung betrugen 97 Millionen öS.

9. 6. Die politischen Südtirolhäftlinge richten einen Appell an die Welt (→31.7.).

12. 6. Die Mitglieder des Bundesrates werden von 50 auf 54 erhöht.

29. 6. Der Naturpark Sparbach in Niederösterreich wird eröffnet.

30. 6. Das Ennskraftwerk Losenstein (Oberösterreich) wird in Betrieb genommen.

1. 7. Lohnzusagen verhindern einen geplanten Streik der Postbediensteten.

5. 7. Der Ministerrat beschließt die Anerkennung Algeriens und die Aufnahme diplomatischer Beziehungen.

Der Nationalrat verabschiedet das Bundesgesetz über die Wiedererrichtung der Universität Salzburg.

7. 7. Das Koaxialkabel von Klagenfurt zur italienischen Grenze wird in Betrieb genommen.

9. 7. Ein Zusatzartikel zum Schulartikel des Konkordats wird unterzeichnet: Der Staat übernimmt 30 % der Kosten der katholischen Schulen.

11. 7. Schwere Unwetter gehen in Niederösterreich, der Steiermark und Vorarlberg nieder. Die Arlbergstraße ist an mehreren Stellen vermurt.

16. 7. In ganz Österreich finden Bauerndemonstrationen gegen die Entwicklung auf dem Lohn-Preis-Sektor statt.

31. 7. In Venedig findet eine Konferenz über Südtirol statt.→

2. 8. Die Angehörigen des öffentlichen Dienstes, die am 24. Juli die Erhöhung verschiedener Zulagen gefordert haben, führen einen stundenweisen Warnstreik durch. Der Dienst nach Vorschrift der Zollwache beeinträchtigt den Fremdenverkehr.

18. 8. Ein geplanter Sprengstoffanschlag auf das sowjetische Heldendenkmal in Wien wird rechtzeitig verhindert.

8. 9. Österreich erlangt den bislang höchsten Beschäftigtenstand: 2 391 570 Arbeitnehmer.

20. 9. Das »Museum des 20. Jahrhunderts« wird in Wien eröffnet, es heißt bald im Volksmund »Zwanzgerhaus«.

25. 9. Außenminister Bruno Kreisky betont vor der Vollversammlung der UNO die Bemühungen Österreichs um Gerechtigkeit für Südtirol.

30. 9. Das SOS-Kinderdorf Hinterbrühl, das größte in Europa, wird seiner Bestimmung übergeben.

18. 11. Gewinner der Nationalratswahl ist die ÖVP.→

30. 11. ÖVP und SPÖ nehmen Verhandlungen zur Regierungsbildung auf.→

1. 12. Die Gerloshochalpenstraße wird eröffnet.→

12. 12. Max Ferdinand Perutz erhält gemeinsam mit dem Briten John C. Kendrew den Nobelpreis für Chemie.

14. 12. Auf der konstituierenden Sitzung des neuen Nationalrates wird Alfred Maleta (ÖVP) wieder zum Ersten Präsidenten gewählt.

Austria Wien wird Fußballmeister 1961/62.

GESTORBEN:

5. 1. Wien: Ernst Arnold (eigtl. Jeschke; * 12. 2. 1890), Wiener Liedersänger und -komponist.

14. 1. Wien: Johann Steinböck (* 12. 6. 1894), ÖVP-Politiker.

29. 1. New York: Fritz Kreisler (* 2. 2. 1875), Geigenvirtuose und Komponist.

12. 11. Wien: Anton Freiherr von Lehár (* 21. 2. 1867), General.

10. 12. Wien: Ilona Steingruber (* 8. 2. 1912), Sopranistin.

13. 12. Wien: Vinzenz Schumy (* 28. 7. 1878), Landbundpolitiker.

Prozeß gegen den Südtiroler Josef Kreschbaumer in Mailand

Südtirol-Entspannung

31. Juli. Die Außenminister von Österreich und Italien konferieren in Venedig über das Südtirolproblem. Die Konferenz findet in einer entspannten Atmosphäre statt, die Schärfe der Auseinandersetzungen der letzten Zeit scheint gemildert. Noch im Januar hat Österreich die italienischen Anschuldigungen, unrechtmäßige Feststellungen getroffen zu haben, scharf zurückgewiesen. Am 15. September zeigt sich ein Erfolg der Außenministerbesprechung: Italien hebt den seit Juli 1961 bestehenden Visumzwang für Österreicher auf (→4.3.1967).

Gewinne für die ÖVP

18. November. Aus der vorzeitigen Nationalratswahl geht die ÖVP eindeutig als stärkste Partei hervor, sie gewinnt zwei Mandate hinzu.
Die SPÖ verliert zwei Mandate, sie erhält insgesamt 76 gegenüber den 81 der ÖVP. Die FPÖ kann ihre acht Mandate halten.
Der Entschluß von ÖVP und SPÖ, deren Koalition in einer Krise steckt, vorzeitige Neuwahlen auszuschreiben, entstammte der Überlegung, die Koalition entweder zu beenden oder sie auf eine neue Grundlage zu stellen. Im Wahlkampf unterstützte ÖGB-Präsident Franz Olah die FPÖ finanziell, um ihre Zustimmung zu einer kleinen Koalition mit der SPÖ zu erhalten. Die ÖVP trat für eine Veränderung der Zweiparteienherrschaft ein, die an Popularität eingebüßt hat (→30.11.).

Spannung in der Wahlnacht

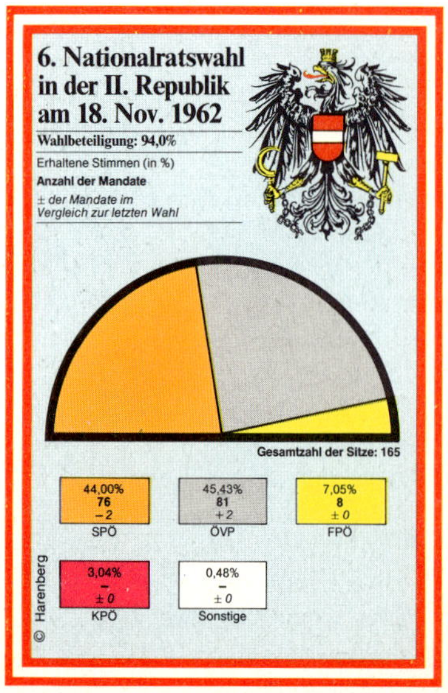

Konfliktreiche Verhandlungen

30. November. Die Verhandlungen zwischen ÖVP und SPÖ zur Regierungsbildung gestalten sich äußerst schwierig, denn die ÖVP stellt nach ihrem Wahlsieg weitreichende Forderungen.
Sie beansprucht u.a. das Außenministerium für sich, will Fernsehen und Rundfunk dem Unterrichtsministerium unterstellen und in den Aufsichtsräten der verstaatlichten Unternehmen eine ÖVP-Mehrheit erreichen. Die SPÖ lehnt am 3. Dezember die verlangten Einschränkungen ab.
Am 18. Dezember werden die Verhandlungen unterbrochen; erst am 27. März 1963 kann sich die neue Koalitionsregierung vorstellen.

Gerlospaß auch im Winter befahrbar

1. Dezember. Die Gerloshochalpenstraße, eine auch im Winter verkehrssichere Verbindung zwischen den Bundesländern Salzburg und Tirol, wird dem Verkehr übergeben. Die 12 km lange Strecke hat als höchste Steigung nur 9% und überwindet den 1507 m hohen Gerlospaß über die Filzsteinalm und die 1695 m hohe Gerlosplatte. Die Strecke wurde von Franz Wallack an der Stelle einer im Winter praktisch nicht befahrbaren Straße erbaut. Die Strecke ist für den Fremdenverkehr wichtig, da sie die Zillertaler und Kitzbühler Alpen verbindet.

Ski-Erfolge bei Weltmeisterschaft

Februar. Bei den Skiweltmeisterschaften in Chamonix (Schweiz) schneidet die österreichische Mannschaft sehr erfolgreich ab.
Bei den Herren gewinnt Karl Schranz in der Abfahrt und in der Kombination. Im Riesenslalom siegt Egon Zimmermann vor Karl Schranz und Martin Burger. Dritte Plätze erreichen Egon Zimmermann in der Abfahrt und Gerhard Nenning im Slalom. Bei den Damen gewinnt Christel Haas die Abfahrt, Marianne Jahn siegt im Slalom und Riesenslalom.

1963

8. 1. Die zweite Phase der Parteienverhandlungen über die Regierungsbildung beginnt (→ 30. 11. 1962).

Ende Jänner/Anfang Februar. In Österreich herrscht ein Katastrophenwinter. Der Verkehr ist vielfach stark behindert, die Donau friert zu, im Klagenfurter Becken (Kärnten) fallen die Temperaturen auf minus 28 Grad.

26. 2. Der Tiroler Landtag hält eine Festsitzung anläßlich »600 Jahre Tirol bei Österreich« ab.

27. 2. Der Universitätsdozent Heiberger wird verhaftet, ihm wird neonazistische Betätigung vorgeworfen.

4. 3.–24. 4. Eine UNO-Staatenkonferenz verhandelt in der Wiener Hofburg über das Wiener Übereinkommen über konsularische Beziehungen (→ 2. 3.–7. 4. 1961).

9. 3. Außenminister Bruno Kreisky (SPÖ) spricht über Österreichs Teilnahme an der wirtschaftlichen Integration Europas und kritisiert die Meldung der sowjetischen Nachrichtenagentur TASS vom 28. Februar, die vor der Assoziierung Österreichs mit der EWG warnte.

18. 3. In New York wird das österreichische Kulturinstitut eröffnet.

20. 3.–2. 4. Die Tiefbohrung »Schönkirchen T 4« (bei Gänserndorf, Niederösterreich) fördert pro Tag 326 t Rohöl.

27. 3. Die Regierung Gorbach II tritt ihr Amt an, Vizekanzler ist Bruno Pittermann. Am 23. März haben sich die Parteien über die Regierungsbildung geeinigt (→ 30. 11. 1962).

27. 3. Das Europaparlament in Straßburg fordert die sofortige Aufnahme von Verhandlungen bezüglich der Assoziierung mit Österreich. Am 11. April diskutieren die EWG-Minister erstmals den Assoziierungsantrag Österreichs.

28. 4. Bei der Bundespräsidentenwahl wird Adolf Schärf (SPÖ) wiedergewählt. →

13. 5. Die italienische Grenzpolizei verweigert dem ehemaligen Staatssekretär Franz Gschnitzer und dem Innsbrucker FPÖ-Gemeinderat Otto Gamper die Einreise nach Italien.

24. 5. Die Südbahnstrecke Mürzzuschlag–Knittelfeld, das letzte Teilstück der Südbahn, wird elektrifiziert in Betrieb genommen.

31. 5. Der Verwaltungsgerichtshof bezeichnet die Verzichtserklärung von Otto Habsburg-Lothringen als ausreichend. Am 5. Juni debattiert der Nationalrat auf einer Sondersitzung über den »Fall Habsburg« (→ 4. 7.).

9. 6. Das Museum von Zwentendorf (Niederösterreich) wird eröffnet. →

3. 7. In Brüssel finden erste informative Gespräche Österreichs mit der EWG statt.

4. 7. Der Nationalrat nimmt den Antrag von SPÖ und FPÖ an, der die Rückkehr von Otto Habsburg Lothringen als unerwünscht erklärt. →

10. 7. Der Nationalrat beschließt das Volksbegehrengesetz.

24. 7. Roland Losert wird Weltmeister im Degenfechten.

29. 7. Wolfgang Amadeus Mozarts »Die Hochzeit des Figaro« eröffnet das umgebaute kleine Festspielhaus in Salzburg (Architekten Hans Hofmann und Emil Engels).

Anfang August. In Südtirol werden erneut Sprengstoffanschläge verübt.

11. 9. Österreich unterzeichnet das Atomteststoppabkommen.

16. 9. Das neu adaptierte Grandhotel in Wien wird Amtssitz der Internationalen Atomenergieorganisation.

20. 9. Josef Klaus löst Alfons Gorbach als Bundesparteiobmann der ÖVP ab.

27. 9. Das Donaukraftwerk Aschach wird in Betrieb genommen.

23. 10. Eine österreichisch-italienische Expertenkommission in Genf verhandelt über das Südtirolproblem.

4. 11. Im Toplitzsee werden eine weitere Kiste mit gefälschten Pfundnoten (→ 29. 8. 1959) und Teile einer Raketenabschußrampe gefunden.

17. 11. Die Europabrücke bei Innsbruck wird dem Verkehr übergeben. →

9. 12. In Mailand beginnt der Prozeß gegen 87 Südtiroler, sechs Österreicher und einen Deutschen, denen Terroranschläge im Sommer 1962 in Südtirol zur Last gelegt werden.

30. 12. Mit der letzten Lieferung von 500 t Erdöl in die UdSSR ist Österreichs Erdölschuld getilgt.

Austria Wien wird Fußballmeister 1962/63.

GESTORBEN:

14. 1. Wien: Josef Nadler (* 23. 5. 1884), Literaturhistoriker.

13. 2. Wien: Oskar Helmer (* 16. 11. 1887), SPÖ-Politiker.

26. 2. Wien: Franz von Zülow (* 15. 3. 1883), Maler und Graphiker.

11. 4. Wien: Franz Karl Ginzkey (* 8. 9. 1871), Erzähler und Lyriker.

12. 5. Chur: Ernst Marischka (* 2. 1. 1893), Operettenlibrettist und Regisseur.

13. 6. Wien: Andreas Urteil (* 19. 1. 1933), Bildhauer.

30. 6. Innsbruck: Hans Tschiggfrey (* 8. 3. 1904), ÖVP-Politiker, 1957–1963 Landeshauptmann von Tirol.

3. 7. Wien: Ferry Wunsch (* 27. 1. 1901), Wiener Liederkomponist.

20. 7. Waidhofen a. d. Y.: Otto Friedländer (* 31. 3. 1889), Schriftsteller.

5. 8. Wien: Annie Rosar (* 17. 5. 1888), Schauspielerin.

11. 9. Wien: Leopold Schönbauer (* 13. 11. 1888), Chirurg und Krebsforscher.

8. 11. Wien: August Zechmeister (* 15. 11. 1907), Theologe und Schriftsteller.

Kontroversen um »Fall Habsburg«

4. Juli. Die Diskussionen über den »Fall Habsburg« führen zu einer innenpolitischen Krise. Bei der Debatte im Nationalrat über die authentische Interpretation des Habsburgergesetzes kommt es zu Tumulten.
Das Parlament nimmt den Entschließungsantrag von SPÖ und FPÖ an, der die Rückkehr von Otto Habsburg-Lothringen als unerwünscht erklärt, weil sie dem Ansehen der Republik Österreich schadete. Die ÖVP stimmt dagegen. Der Nationalrat befaßt sich erneut mit dem Fall Habsburg, weil der Verwaltungsgerichtshof im Gegensatz zum Verfassungsgerichtshof am 31. Mai die Verzichtserklärung von Otto Habsburg-Lothringen vom 31. Mai 1961 als ausreichend ansah. Der Ministerrat hatte am → 13. Juni 1961 die Loyalitätserklärung abgelehnt und der Verfassungsgerichtshof hatte die Beschwerde von Otto Habsburg-Lothringen am 16. Dezember 1961 zurückgewiesen. Der Verwaltungsgerichtshof erklärte nun in diesem Jahr, daß die Loyalitätserklärung dem Habsburgergesetz entspreche, die Landesverweisung damit aufgehoben sei und der Sohn des letzten Kaisers nach Österreich zurückkehren könne.
Am 5. Juni debattierte der Nationalrat über die widersprüchlichen Entscheidungen der beiden Höchstgerichte. Die SPÖ sah die Entscheidung des Verwaltungsgerichtshofes als »Juristenputsch« an. Am 19. Juli stimmt der Bundesrat dem Nationalratsbeschluß vom 4. Juli zu (→ 1. 6. 1966).

Otto Habsburg-Lothringen

Kleiner Ort mit wichtigem Fund

9. Juni. Das archäologisch bedeutende Museum von Zwentendorf an der Donau (Niederösterreich) wird eingeweiht. Es enthält die wichtigsten Funde der hier seit 1950 erfolgten Ausgrabungen. An dem Ort befand sich um 60 n. Chr. ein römisches Erdkastell, das zwischen 110 und 117 in ein Steinkastell umgewandelt und 370 verstärkt wurde. Das Prunkstück des Museums bilden die Bruchstücke einer überlebensgroßen bronzenen Statue eines Kaisers, der als Krieger dargestellt ist. An seinem Panzer fallen besonders die Intarsien aus Silber und Kupfer auf.

Ausgrabungen bei Zwentendorf

Eindrucksvolles Brückenbauwerk

17. November. *Die Europabrücke (Abb.) bei Innsbruck wird dem Verkehr übergeben. Sie bildet ein Kernstück der Brennerautobahn und überspannt in 190 m Höhe das Silltal. Der Bau betrug viereinhalb Jahre, die Kosten beliefen sich auf über 500 Millionen öS.*

Schärf wiedergewählt

28. April. Der amtierende Bundespräsident Adolf Schärf (SPÖ) gewinnt die Bundespräsidentenwahl mit 55,4% der Stimmen. Gegen Schärf kandidierten Altbundeskanzler Julius Raab für die ÖVP, der 40% der Stimmen erzielt, und Gendarmeriegeneral Josef Kimmel für die Europäisch Föderative Partei Österreichs, der auf 4% der Stimmen kommt. Die Wahl findet einen Monat nach dem Amtsantritt der neuen Koalitionsregierung von ÖVP und SPÖ statt. In den Koalitionsverhandlungen hatte die ÖVP die Schaffung eines »koalitionsfreien Raums« durchgesetzt, d. h. die Möglichkeit, bei Uneinigkeit zwischen ÖVP und SPÖ ohne Bindung an den Koalitionspakt abstimmen zu können. Die Niederlage der ÖVP bei der Bundespräsidentenwahl stärkt die Reform-Bewegung in der ÖVP. Am 19. September erreicht sie die Ablösung von Alfons Gorbach als Parteiobmann.

1964

29. 1. In Innsbruck eröffnet Bundespräsident Adolf Schärf die IX. Olympischen Winterspiele. →

20. 2. Das Protokoll über den endgültigen Abschluß aller Ablöselieferungen Österreichs an die UdSSR wird unterzeichnet.

25. 2. Bundeskanzler Alfons Gorbach demissioniert (→ 2. 4.).

29. 2. Der Absturz einer Bristol-Britannia-Maschine am Gipfel des Glungezer (südöstlich von Innsbruck) fordert 83 Todesopfer.

14. 3. Das wiederaufgebaute Grazer Schauspielhaus wird eröffnet.

17. 3. Der Ministerrat beschließt, ein Sanitäts- und Ordnungskontingent zur UN-Friedenstruppe auf Zypern zu entsenden. Am 5. März hat UN-Generalsekretär U Thant Österreich um eine Beteiligung ersucht.

2. 4. Die Regierung Klaus I. tritt ihr Amt an. →

10. 4. Die italienische Südtirolkommission, die Neunzehnerkommission, überreicht dem italienischen Ministerpräsidenten Aldo Moro ihren Bericht, der einige Vorschläge zugunsten Südtirols enthält.

11. 4. Der Felbertauerntunnel wird durchschlagen. →

16. 4. Die Wiener Internationale Gartenschau im Donaupark wird eröffnet.

29. 4. Der Nationalrat beschließt das Antikorruptionsgesetz.

5. 5. Italien gibt eine negative Stellungnahme zur EWG-Assoziierung Österreichs ab.

11. 5. Herbert von Karajan legt aus gesundheitlichen Gründen die künstlerische Leitung der Wiener Staatsoper nieder (→ 13. 6. 1956).

13. 5. Der Nationalrat beschließt das Gesetz »Krankheit unterbricht Urlaub«.

20. 5. Das Planetarium im Wiener Prater mit einer Projektionskuppel von 20 m Durchmesser wird eröffnet.

21. 5.–25. 10. Krems a. d. Donau zeigt die Ausstellung »Romanische Kunst in Österreich«.

23. 5. Die »Richard-Strauss-Ausstellung« in der Österreichischen Nationalbibliothek in Wien wird eröffnet.

30. 6. Verhandlungen auf Regierungs- und Parteiebene führen zu einer Einigung über die verstaatlichte Industrie.

16. 7. Im Mailänder Südtirolprozeß fallen die Urteile, die meisten Angeklagten erhalten mehrjährige Kerkerstrafen.

7. 8. Dem am 1. Juli vom Aktionskomitee der unabhängigen Presse geforderten Volksbegehren zur Rundfunkreform wird stattgegeben (→ 5.–12. 10.).

16. 8. Die Autobahnkirche Haid bei Linz wird geweiht.

Anfang September. Das Gerät zur Kontrolle des Zustandes von Atombrennstoffen, das drei Kernforscher des Atomreaktors Seibersdorf entwickelt haben, findet bei der dritten internationalen Atomkonferenz in Genf viel Beachtung.

2. 9. Vizekanzler Bruno Pittermann wird einstimmig zum Präsidenten der Sozialistischen Internationale gewählt.

18. 9. Innenminister Franz Olah (SPÖ) demissioniert infolge von Auseinandersetzungen mit seiner Partei (→ 4. 11.). Neuer Innenminister wird Hans Czettel.

5.–12. 10. Das erste Volksbegehren findet in Österreich statt, es betrifft die Rundfunkreform. →

9. 10. Das renovierte Klagenfurter Stadttheater wird mit der »Zauberflöte« von Wolfgang Amadeus Mozart eröffnet.

10. 10. Die Jauntalbahn wird dem Verkehr übergeben. →

31. 10. Österreich und Ungarn unterzeichnen in Budapest mehrere Verträge, u. a. über Entschädigungszahlungen Ungarns.

4. 11. Die SPÖ schließt Franz Olah aus der Partei aus. →

16. 11. Die neue Trisannabrücke der Arlbergbahn wird dem Verkehr übergeben. →

21. 11. Demonstranten verhindern eine Schiffstaufe in Fussach (Vorarlberg). →

8. 12. Die Apostolische Administratur (40jähriges Provisorium) Innsbruck-Feldkirch wird zur Diözese erhoben.

18. 12. Die ÖVP-Fraktion verläßt aus Protest gegen die Landkarte »Österreichs Nationalindustrie« den Sitzungssaal des »Fünfzehnerausschusses für die verstaatlichten Betriebe«.

Im Burgenland, in Niederösterreich, Vorarlberg, Salzburg und Wien finden Landtagswahlen statt. →

Rapid Wien wird Fußballmeister 1963/64.

GESTORBEN:

8. 1. Wien: Julius Raab (* 29. 11. 1891), ÖVP-Politiker. →

19. 2. Wien: Otto Juch (* 25. 2. 1876), Politiker.

24. 2. Wien: Michael Skubl (* 27. 9. 1877), Politiker.

28. 2. Hollywood: Koloman von Pataky (* 14. 11. 1896), Opernsänger.

13. 6. Wien: Bruno Grimschitz (* 24. 4. 1892), Kunsthistoriker.

18. 6. Wien: Hans Moser (eigtl. Jean Juliet; * 6. 8. 1880), Schauspieler. →

25. 8. Wien: Josef Afritsch (* 13. 3. 1901), Politiker.

3. 9. Graz: Joseph Rupert Marx (* 11. 5. 1882), Komponist.

10. 10. Wien: Konrad Bayer (* 17. 12. 1932), Schriftsteller.

17. 12. Mount Vernon: Viktor Franz Hess (* 24. 6. 1883), Physiker.

Olah-Krise auf dem Höhepunkt

4. November. Der am 18. September als Innenminister zurückgetretene Franz Olah wird vom Ehrengericht der SPÖ aus der Partei ausgeschlossen, da sich die gegen ihn erhobenen Vorwürfe bestätigt haben.

Olah wird beschuldigt, ohne Wissen der zuständigen Funktionäre 4,5 Millionen öS in einem Fonds zu seiner persönlichen Verwendung gesammelt, der FPÖ eine Million öS aus Parteigeldern der SPÖ übergeben sowie dem ÖGB 1,8 Millionen öS aus Zinsgutschriften entzogen zu haben.

Bereits im Februar hatte sich eine Reihe von SPÖ-Politikern gegen die Machtfülle des populären Innenministers gewandt und die Parteiführung aufgefordert, ihn »zur Ordnung« zu rufen. Die eigenwillige Amtsführung Olahs löste eine heftige Diskussion über Führungsfragen in seiner Partei aus.

Olah selbst bezeichnete gegenüber der »Presse« die Angriffe gegen ihn als »schändlichen, persönlichen Diffamierungskampf«; dieses Interview führte zu einer Verwarnung Olahs durch das Schiedsgericht (wegen Verstoßes gegen die Parteidisziplin) und zu seiner Abberufung als Innenminister am 17. September.

2000 Arbeiter demonstrierten am 18. September vor der Wiener SPÖ-Zentrale gegen die Demission des Ministers; der »Fall Olah« spitzte sich Ende September weiter zu, als auch der ÖGB wegen »statutenwidriger, eigenmächtiger finanzieller Handlungen« ein Verfahren gegen seinen ehemaligen Präsidenten Olah einleitete; am 27. Oktober legte dieser seine Gewerkschaftsfunktionen zurück und räumte ein, Fehler begangen zu haben.

Am 29. demonstrierten Delegationen aus Wiener und niederösterreichischen Betrieben vor der SPÖ-Zentrale für Franz Olah – die Parteibasis wandte sich gegen ihre Führung. Diesem Höhepunkt im Olah-Konflikt folgt nun die Entscheidung des Ehrengerichts der SPÖ, Olah aus der Partei auszuschließen. Der Betroffene erklärt zu den Vorwürfen in einer Pressekonferenz, daß er zwar mit »entsprechenden Absprachen« die genannten Geldtransaktionen durchgeführt habe, diese aber »stets sinnvollen Überlegungen für Partei und die Demokratie in Österreich entsprachen«. Sein Abgeordnetenmandat legt Olah allerdings nicht nieder; er bleibt auch bis zum Ende der Legislaturperiode Nationalrats-Abgeordneter.

Solidaritäts-Kundgebung für Franz Olah am 29. Oktober 1964 in Wien

Klaus bildet neue Regierung

2. April. Der nach der Demission von Bundeskanzler Alfons Gorbach am 24. Februar mit der Bildung einer neuen Regierung beauftragte Bundesobmann der ÖVP, Josef Klaus, stellt sein neues Kabinett vor.

Bundeskanzler Josef Klaus

Die Regierungsämter des Koalitionspartners SPÖ bleiben von dem Kanzlerwechsel unberührt; neu ins Kabinett kommen der Unterrichtsminister Theodor Piffl-Perčević, der Finanzminister Wolfgang Schmitz und der Verteidigungsminister Georg Prader. Der neue Bundeskanzler Klaus war Finanzminister im ersten Kabinett Gorbach, verzichtete jedoch aufgrund zu hoher Budgetforderungen der beiden Koalitionsparteien auf sein Ministeramt in der zweiten Regierung Gorbach. Am 24. Februar nominierte die Bundesparteileitung der ÖVP Klaus einstimmig als den für die Bildung einer neuen Bundesregierung zu designierenden Kanzler.

Volksbegehren zur Rundfunkreform

5.–12. Oktober. Das erste Volksbegehren in der Geschichte der Republik Österreich endet mit 832 353 Unterschriften für den von der unabhängigen Presse vorgelegten Entwurf eines »Bundesgesetzes über die Aufgaben und die Einrichtung der Österreichischen Rundfunk Gesellschaft m. b. H«.

Das Aktionskomitee der unabhängigen Presse Österreichs hatte die Öffentlichkeit am 1. Juli zu einem Volksbegehren zur Rundfunkreform aufgefordert. Obwohl die Parteizeitungen sowie Rundfunk und Fernsehen die Aktion weitgehend totschwiegen, erbrachte das Volksbegehren mehr als das Vierfache der notwendigen rund 200 000 Unterschriften. Damit wird die von den Parteien versprochene, aber immer wieder verschleppte Rundfunkreform vom Volk auf dem Weg der direkten Demokratie erzwungen.

Erscheinungsort Bregenz
Verlagspostamt Bregenz
P.b.b.

Vorarlberger

Volksblatt

TAGESZEITUNG DER ÖSTERREICHISCHEN VOLKSPARTEI

Erscheint jeden Werktag — Der Bezugspreis beträgt monatlich S 29.90 und die Zustellung durch Post oder Träger S 4.60 — Einzelnummer S 1.60
Samstag S 2.00 — Redaktion Kornmarktstraße 18, Tel. 3828* Serie — Verwaltung Anton-Schneider-Straße 32, Tel. 3828* Serie — Fernschreiber 730

94. Jahrgang / Nr. 272 — Montag, 23. November 1964

AUS DEM INHALT

Dritte Konzilssession abgeschlossen

De Gaulle warnt Politiker

40 Jahre Rundfunk in Österreich

SPORT VOM WOCHENENDE

Schiffstaufe durch Demonstrationen verhindert

Zu einem denkwürdigen Tag wurde der 21. November 1964 in Vorarlberg, aber auch weit darüber hinaus. In einer machtvollen Demonstration, mit deren Ausmaß kein Mensch gerechnet hatte, wehrte sich die Bevölkerung gegen die Mißachtung ihres Wunsches, das neue Bodenseeschiff auf den Namen „Vorarlberg" zu taufen. Weit über Zehntausende waren in die Fußacher Werft gekommen, um dem Vorarlberger Wunsch Nachdruck zu verleihen. Ihre Kundgebung fiel so mächtig aus, daß Verkehrsminister Probst gezwungen war, die geplante Schiffstaufe und den Stapellauf abzusagen. Die Ereignisse dieses 21. November haben durch ihr Ausmaß in Vorarlberg selbst überrascht, sie haben im Ausland ein lebhaftes Echo ausgelöst und sie haben die gesamte sozialistische Ministergarnitur zu Erklärungen veranlaßt. So überraschend diese Ereignisse waren, so ist doch eindeutig festzustellen, daß die Schuld und die Ursache außerhalb des Landes liegen.

»Mehr Gerechtigkeit«

Die Wiener Zeitungen wissen über die Vorgänge in Fußach und Bregenz Schauermärchen zu berichten. Die „Arbeiter-Zeitung" spricht von VP-Rollkommandos gegen die Schiffstaufe und daß die Ehrengäste von Rowdies angegriffen worden seien. „Neues Österreich" überschreibt den Bericht vierspaltig „In Vorarlberg herrscht offener Aufruhr". Nur die amtliche „Wiener Zeitung" wählte den ruhigen Titel „Demonstranten verhinderten Schiffstaufe" und nennt als Ursache der Unruhen die Namensgebung des Bodenseeschiffes.

Die von Wien gekommenen Sonderkorrespondenten der Zeitungen, die sonst nur ungern in die fade Provinz fahren, hatten ihre „Knüller", hahaija, und jetzt durfte man

Vorarlberger Protest gegen Wien

21. November. *Mehr als 20 000 Menschen demonstrieren in Fussach (Vorarlberg) gegen die geplante Schiffstaufe des neuen Bodenseeschiffes auf den Namen »Karl Renner«. Der sozialistische Verkehrsminister Otto Probst hat es abgelehnt, dem Schiff den Namen »Vorarlberg« zu geben, muß den Stapellauf aber aufgrund der massiven Proteste absagen, da die Sicherheit des Ministers nicht gewährleistet werden kann. Die Demonstranten nehmen ihrerseits unter Absingen der Vorarlberger Landeshymne eine »Nottaufe« des Schiffes auf den Namen »Vorarlberg« vor (Abb.: Titel des »Vorarlberger Volksblatts« vom 23. 11. 1964).*

Raab: Kanzler des Staatsvertrages

8. Jänner. Altbundeskanzler Julius Raab stirbt im Alter von 72 Jahren. Raab, Mitbegründer der ÖVP 1945, amtierte von 1953–1961 als Bundeskanzler einer Koalitionsregierung von ÖVP und SPÖ, die den wirtschaftlichen Aufbau und die Sozialpartnerschaft förderte. 1955 gelang es ihm, die sowjetische Zustimmung zum Staatsvertrag zu erhalten und damit das Besatzungsregime zu beenden.

Julius Raab

Nach seinem Rücktritt als Bundeskanzler übernahm Raab die Präsidentschaft der Bundeskammer der gewerblichen Wirtschaft, die er auch gegründet hatte.

Paul Hörbiger, Marte Harell und Hans Moser in »Wiener G'schichten«

Hans Moser: Ein nuschelndes Original

18. Juni. Hans Moser, einer der beliebtesten Volksschauspieler Österreichs, stirbt im Alter von 83 Jahren.

Moser spielte zunächst an verschiedenen Wander- und Provinzbühnen sowie im Wiener Prater. Max Reinhardt engagierte ihn als Komiker in Berlin. Erfolge auf der Bühne erzielte Moser vor allem in Stücken von Johann Nestroy und Arthur Schnitzler. 1954 erhielt er ein Engagement am Wiener Burgtheater. Seit 1921 wirkte er in zahlreichen Filmkomödien mit. Er spielte zumeist Dialektrollen, seine Aussprache, ein Nuscheln und Stottern, verstärkte die komische Wirkung seiner Filme. Er verkörperte stets ein unzufriedenes Original. Zu seinen bekanntesten Filmen zählen »Das Ekel« (1939), »Opernball« (1939), »Wiener Blut« (1942), »Hallo, Dienstmann!« (1951), »Ober, zahlen« (1957).

Plakat zu »Hallo Dienstmann«

M. Stelzer und H. Moser in »Anton der Letzte« (Regie E. W. Emo, 1948)

Beständige Wähler

In diesem Jahr finden in fünf Bundesländern Landtagswahlen statt, in Kärnten und Salzburg Gemeinderatswahlen sowie in ganz Österreich Arbeiterkammerwahlen.

Bei den Landtagswahlen ergeben sich nur geringfügige Verschiebungen:

Burgenland (22. 3.): SPÖ: 16 (+1), ÖVP: 15 (–1), FPÖ: 1
Salzburg (26. 4.): ÖVP: 15 (+1), SPÖ: 13, FPÖ: 4 (–1)
Vorarlberg (18. 10.): ÖVP: 20 (–1), SPÖ: 10, FPÖ: 6 (+1)
Niederösterreich (25. 10.): ÖVP: 31, SPÖ: 25
Wien (25. 10.): ÖVP: 20 (–1), SPÖ: 60, ÖVP: 35 (+2), FPÖ: 3 (–1), KPÖ: 2 (–1).

Von dem Erfolg der SPÖ im Burgenland wurde eine Rückwirkung auf die Regierungsbildung nach dem am 25. Februar erfolgten Rücktritt von Bundeskanzler Alfons Gorbach erwartet. Auch die beiden Gemeinderatswahlen bringen keine gravierenden Verschiebungen.

Die Ergebnisse der in ganz Österreich durchgeführten Arbeiterkammerwahlen zeigen ebenfalls ein konstantes Wählerverhalten. Sie ergeben folgenden Mandatsstand: SPÖ: 555, ÖVP: 180, KPÖ: 37, FPÖ: 27, Parteifreie: 11.

Tunnel durch Felbertauernpaß

11. April. Der Felbertauerntunnel wird durchschlagen, er ist mit 5,2 km Länge der bislang größte Straßentunnel Österreichs.

Die 1967 vollendete Strecke stellt die einzige Straßenverbindung zwischen Salzburg und Osttirol dar, die Felbertauernstraße ist auch im Winter befahrbar.

Der Felbertauernpaß in den Hohen Tauern verbindet das Felbertal (Salzachtal) mit dem Tauerntal (Drautal). Bereits am 23. Jänner 1909 wurde der Eisenbahntunnel durch die Hohen Tauern vollendet. Beide Strecken entlasten den Verkehr zwischen Norden und Süden.

Der Felbertauerntunnel

Neue Brücke neben der alten erbaut

16. November. Die neue Trisannabrücke der Arlbergbahn ist vollendet. Die alte, 1884 vollendete Brükke, entsprach trotz einer Verstärkung aus dem Jahr 1923 nicht mehr den Anforderungen des modernen Eisenbahnbetriebes. Der Bau der neuen Brücke vollzog sich auf technisch komplizierte Weise. Um den Verkehr möglichst wenig zu behindern, wurde die neue Brücke auf einem Gerüst neben der alten erbaut. Nach Fertigstellung verschob man in elfstündiger Arbeit beide Brücken nebeneinander auf dem Gerüsttisch taleinwärts, bis die neue Brücke an der Stelle der alten lag.

Die Jauntalbahn beseitigt Umweg

10. Oktober. Bundespräsident Adolf Schärf eröffnet in Bleiburg (Kärnten) die Jauntalbahn.

Die neue Strecke ist 19,099 km lang und führt von Bleiburg nach St. Paul im Lavanttal; die 428,60 m lange Jauntalbrücke erhebt sich 90 m über das Drautal. Die Strecke dient der Umfahrung des Bahnhofes Dravograd (früher Unterdrauburg), der nach der neuen Grenzziehung von 1918 auf jugoslawisches Staatsgebiet fiel. Die Züge vom Lavanttal nach Klagenfurt mußten über jugoslawisches Gebiet fahren; die neue Jauntalbahn beseitigt diesen zeitraubenden Umweg.

Offizielles Olympiaplakat zu den Winterspielen in Innsbruck 1964

Traudl Hecher, die Bronzemedaillengewinnerin im Abfahrtslauf

Regina Heitzer, Zweite im Eiskunstlauf hinter Sjoukje Dijkstra

Egon Zimmermann, Schnellster im Abfahrtslauf am Patscherkofel

Erstmals Winterspiele in Österreich

29. Jänner. Bundespräsident Adolf Schärf eröffnet vor 60 000 begeisterten Zuschauern im Innsbrukker Bergisel-Stadion die IX. Olympischen Winterspiele, an denen mehr als 1300 Sportler aus 36 Nationen teilnehmen.

Die Spiele leiden von Beginn an aufgrund des warmen Föhnwetters unter chronischem Schneemangel; zum Präparieren der Pisten müssen daher 25 000 t Schnee aus den Hochtälern herbeigeschafft werden. Allein die nach Seefeld ausgelagerten Skilanglauf-Wettbewerbe erlangen daher das Fluidum echter »Winter«-Spiele. Erst einen Tag nach der Schlußfeier am 9. Februar fällt der lang herbeigesehnte Schnee.

Die Olympischen Spiele werden allerdings schon vor der offiziellen Eröffnung von zwei tödlichen Unfällen überschattet: Der Australier Ross Milne verunglückt beim Abfahrtstraining, der aus Polen stammende und für Großbritannien startende Kay Skrzypecki beim Rennrodeln.

Für das österreichische Team verlaufen die Spiele insgesamt äußerst erfolgreich: Mit 4 Gold-, 5 Silber- und 3 Bronzemedaillen belegt es schließlich den zweiten Platz in der (inoffiziellen) Nationenwertung. Vor allem in den alpinen Wettbewerben und beim erstmals ausgetragenen Rennrodeln gehören die Sportler des gastgebenden Landes zur Weltspitze.

Herausragende Athletin dieser IX. Olympischen Spiele ist die Sowjetrussin Lidia Skoblikova, die alle vier Eisschnellauf-Wettbewerbe für sich entscheidet. Aufsehen erregen ferner die französischen Schwestern Christine und Marielle Goitschel, die im Slalom und Riesenslalom Gold und Silber unter sich ausmachen, sowie die spannenden Entscheidungen im Eiskunstlaufen.

Fast eine Million Zuschauer kommen zu den sechs Wettkampftagen nach Innsbruck und Seefeld – nie zuvor wurden mehr Menschen unmittelbar Zeugen der Spiele auf Eis und Schnee. Zwölf Tage lang ist Österreich sportlicher Mittelpunkt der Welt.

Österreichs Medaillengewinner:
Gold: Christl Haas (Abfahrtslauf), Egon Zimmermann (Abfahrtslauf), Josef »Pepi« Stiegler (Slalom), Feistmantl/Stengl (Rodeln/Doppelsitzer)
Silber: Edith Zimmermann (Abfahrtslauf), Karl Schranz (Riesenslalom), Regine Heitzer (Eiskunstlauf), Thaler/Koxeder/Nairz/Durnthaler (Viererbob), Senn/Thaler (Rodeln/Doppelsitzer)
Bronze: Traudl Hecher (Abfahrtslauf), Josef »Pepi« Stiegler (Riesenslalom), Helene Thurner (Rodeln/Einsitzer).

Eröffnungsfeier der IX. Olympischen Winterspiele am 29. Jänner 1964 im Bergisel-Stadion von Innsbruck vor mehr als 60 000 Zuschauern

1965

Anfang Jänner. Starke Schneefälle behindern den Straßen- und Eisenbahnverkehr im Osten Österreichs.→

9. 1. Beim Lauberhornrennen in Wengen (Schweiz) belegen die Herren in der Abfahrt die ersten fünf Plätze.

16. 1. Das Kandaharrennen gewinnt Karl Schranz vor Gerhard Nenning und Heini Messner.

3. 2. Eine außerordentliche Ministerratssitzung beschließt die Bundeshaftung für ein 100-Millionen-öS-Darlehen für die Simmering-Graz-Pauker AG.

19. 2. In Wien fällt 27 cm Neuschnee, die Zugspitze meldet 5 m Schnee. Am 2. März fordert eine Lawine 14 Todesopfer.→

14. 3. In Kärnten und der Steiermark finden Landtagswahlen statt; in Kärnten ergeben sich keine Mandatsveränderungen, in der Steiermark ist infolge der Mandatserhöhung kein Vergleich möglich.

23. 3. Bundesbahn und Post führen einen 24stündigen Warnstreik durch, um Lohnerhöhungen zu erreichen.

24. 3. Die Staatsanwaltschaft leitet Erhebungen gegen den Wiener Hochschullehrer Taras Borodajkewycz wegen nationalsozialistischer Äußerungen ein. Am 31. März demonstrieren Studenten und ehemalige Widerstandskämpfer in Wien für die Abberufung von Borodajkewycz. Bei Auseinandersetzungen mit rechtsextremen Studenten wird der Antifaschist Ernst Kirchweger schwer verletzt, er stirbt am 2. April.→

8. 4. Die ÖVP verabschiedet ein neues Parteiprogramm, das »Klagenfurter Manifest«.→

14. 5.–17. 10. Das Stift St. Florian und das Schloßmuseum in Linz zeigen die Ausstellung »Die Kunst der Donauschule 1490–1540«.

15. 5. Anläßlich des zehnten Jahrestages der Staatsvertragsunterzeichnung findet im Schloß Belvedere in Wien ein Staatsakt statt, an dem die Außenminister der Signatarmächte teilnehmen.

22. 5. Das Grazer Gericht erklärt sich für den am 10. Mai begonnenen ersten österreichischen Südtirolprozeß gegen Norbert Burger und Mitangeklagte für nicht zuständig. Der zweite Burger-Prozeß in Graz endet am 21. September mit Freispruch.

23. 5. Franz Jonas (SPÖ) gewinnt die Bundespräsidentenwahl.→

23. 5. Das Hochwasser führt zu Überschwemmungen in Ostösterreich, am 14. Juni in der Wachau, am 22. Juni in Tirol. Wien wird am 21. Juni von einem sintflutartigen Regen heimgesucht.→

16. 6. Der ehemalige Landwirtschaftsminister Eduard Hartmann wird einstimmig zum Landeshauptmann von Niederösterreich gewählt.

24. 6. Das Abkommen, das Wien zum Hauptquartier der OPEC, der Organisation erdölexportierender Länder, bestimmt, wird unterzeichnet. Zum zweiten Mal errichtet eine internationale Organisation ihren Sitz in Wien.

14. 7. Der Bericht des Rundfunk-Volksbegehrensausschusses (→5.–12. 10. 1964) enthält einen Antrag auf Einrichtung von Länderstudios, wenn die Landesregierungen es wünschen.

14. 7. Das neue Bodenseeschiff, dessen Namensgebung umstritten war (→21. 11. 1964), erhält nun doch den Namen »Vorarlberg«.

20. 7. Die niederösterreichische Landesregierung stellt Otto Habsburg-Lothringen und seiner Frau einen Staatsbürgerschaftsnachweis aus.

20. 7. Franz Olah (früher SPÖ) gründet die Arbeitsgemeinschaft für Demokratie und Fortschritt, aus der die DFP, die Demokratisch-Fortschrittliche Partei, entsteht.

8. 8. Kurt Preslmayer wird Weltmeister im Kanuslalom.

3.–9. 10. In Niederösterreich findet ein Bundesheermanöver statt.

13. 10. Italiens Ministerpräsident Aldo Moro bekennt sich zum Gruber-De-Gasperi-Abkommen.

17. 10. Die Landtagswahlen in Tirol bringen der ÖVP die Zweidrittelmehrheit.

23. 10. Die Regierung demissioniert, nachdem am Vortag die Budgetverhandlungen im Ministerrat gescheitert sind.→

25. 10. Der Ministerrat bestimmt den 26. Oktober zum Nationalfeiertag; Das Datum erinnert daran, daß am 26. Oktober 1955 der letzte Besatzungssoldat Österreich verließ (1966 erster arbeitsfreier Nationalfeiertag).

18. 11. Der Nationalrat beschließt die vorzeitige Beendigung der Legislaturperiode.

Der Linzer ASK wird Fußballmeister 1964/65.

GESTORBEN:

28. 2. Wien: Adolf Schärf (* 20. 4. 1890), SPÖ-Politiker, Bundespräsident.→

17. 3. Wien: Lorenz Karall (* 10. 8. 1894), ÖVP-Politiker.

21. 3. Wien: Karl Schwetz (* 4. 7. 1888), Maler und Radierer.

18. 4. Wien: Emmerich Czermak (* 14. 3. 1885), christlichsozialer Politiker.

9. 5. Wien: Leopold Figl (* 2. 10. 1902), ÖVP-Politiker, Bundeskanzler.→

7. 6. Linz: Richard Billinger (* 20. 7. 1890), Dichter.

13. 6. Jerusalem: Martin Buber (* 8. 2. 1878), Theologe und Philosoph.→

4. 8. Wien: Karl Mantler (* 13. 1. 1890), SPÖ-Politiker.

11. 10. Erlangen: Lucie Englisch (* 8. 2. 1902), Schauspielerin.

Demonstration gegen den Hochschullehrer Taras Borodajkewycz

Antifaschist getötet

24. März. Gegen den Hochschullehrer Taras Borodajkewycz wird der Vorwurf erhoben, die Studenten an der Wiener Hochschule für Welthandel im Sinne des Nationalsozialismus zu beeinflussen.
Auf einer Pressekonferenz bekennt sich Borodajkewycz dazu, bereits 1934 in die damals noch verbotene NSDAP eingetreten zu sein. Die Affaire spaltet die Öffentlichkeit: Bei Pro- und Anti-Borodajkewycz-Demonstrationen kommt es zu Auseinandersetzungen zwischen Rechtsextremisten und Antifaschisten. Am 2. April erliegt Ernst Kirchweger den Verletzungen, die ihm der Neonazi Günther Kümel zugefügt hat. Kirchweger ist das erste politische Opfer der Zweiten Republik.

Das Klagenfurter Manifest der ÖVP

8. April. Ein außerordentlicher Bundesparteitag der ÖVP beschließt das »Klagenfurter Manifest«, ein überarbeitetes Programm der Reformer-Gruppe von 1963. Die ÖVP bekennt sich zum Solidarismus, zur christlichen Soziallehre und Neutralität.

Franz Jonas (SPÖ) neuer Präsident

23. Mai. Der Bürgermeister von Wien, Franz Jonas (SPÖ), gewinnt mit 50,69 % der Stimmen die Bundespräsidentenwahl. Sein Gegenkandidat, Altbundeskanzler Alfons Gorbach (ÖVP), erhält 49,31 %. Das Amt bleibt in den Händen der SPÖ.

Schäden durch Naturkatastrophen

Österreich ist im Verlauf des ganzen Jahres von Naturkatastrophen betroffen: Schneefällen, Unwettern und Überschwemmungen. Etwa 83 000 ha landwirtschaftliche Nutzfläche werden überflutet, die Schäden bei der Bundesbahn belaufen sich auf 170 Millionen öS, die an Anlagen der Schiffahrt und der Elektrizitätswirtschaft auf 25,5 Millionen öS. Der Schaden an privatem Gut geht in die Milliarden öS (Abb.: l. überfluteter Handelskai in Wien, r. Gutshof bei Pöchlarn unter Wasser). Ein Lawinenunglück am 2. März fordert außerdem 14 Menschenleben.

Schärf prägte Zweite Republik

28. Februar. Bundespräsident Adolf Schärf stirbt im Alter von 74 Jahren in Wien.

Schärf gehörte bis 1934 dem Bundesvorstand der SPÖ an, während der nationalsozialistischen Herrschaft wurde er mehrmals verhaftet. 1945 bis 1957 war er Vorsitzender der SPÖ und Vizekanzler. Er gehörte zu den Mitbegründern der Zweiten Republik. Seit 1957 amtierte er als Bundespräsident.

Buber: Philosoph der Versöhnung

13. Juni. Der Theologe und Religionsphilosoph Martin Buber stirbt im Alter von 87 Jahren in Jerusalem. Nach seinem Studium in Wien, Leipzig, Zürich und Berlin bemühte sich Buber seit 1905 darum, die westliche Welt mit dem ostjüdischen Chassidismus vertraut zu machen. 1923 bis 1933 lehrte er jüdische Religionswissenschaft und Ethik an der Universität Frankfurt am Main, er übte starken Einfluß auf jüdische und christliche Intellektuelle aus. Seine Abhandlung »Ich und Du« (1923), die den Dialog zur Basis des menschlichen Miteinanders erhebt, wirkte auch auf christliche Theologen. 1938 emigrierte er nach Palästina und lehrte bis 1951 an der Jerusalemer Universität. Er setzte sich für die Versöhnung zwischen Juden und Deutschen ein.

Leopold Figl: Populärer Kanzler

9. Mai. Leopold Figl, ÖVP-Politiker und ehemaliger Bundeskanzler, stirbt 62jährig in Wien.

Als Gegner des Anschlusses von Österreich an das nationalsozialistische Deutsche Reich war er lange Jahre in verschiedenen Konzentrationslagern inhaftiert. 1945 gehörte er zu den Gründern der ÖVP. 1945 bis 1953 war er Bundeskanzler, 1953 bis 1959 Außenminister. Er unterzeichnete 1955 den österreichischen Staatsvertrag, um dessen Zustandekommen er sich wesentlich bemüht hatte. 1959 bis 1962 amtierte er als Präsident des Nationalrats.

1966

9. 1. Die KPÖ beschließt, bei der Nationalratswahl für die SPÖ-Liste zu stimmen.

12. 1. In Mailand beginnt der zweite Südtirolprozeß, angeklagt sind 58 Südtiroler, Österreicher und Deutsche.

3. 2. Die sechste Verhandlungsrunde zwischen Österreich und der EWG in Brüssel endet, Österreich hat ein System vorgeschlagen, das seine Neutralitätsverpflichtungen wahrt.

10. 2. Die neue, 8 km lange Strengbergstrecke der Westautobahn muß wegen ungenügender Frostschutzschicht gesperrt werden (→ 20. 10.).

23. 2. Die »Kronen-Zeitung« wird unter gerichtliche Verwaltung gestellt. →

25. 2. Emmerich Danzer gewinnt die Weltmeisterschaften im Eiskunstlaufen der Herren in Davos (Schweiz), Zweiter wird Wolfgang Schwarz.

1. 3. Der Rechnungshof wirft der Newag und der Niogas die zweckwidrige Verwendung von 420 Millionen öS vor. →

6. 3. Bei der Nationalratswahl erhält die ÖVP die absolute Mehrheit. →

Mitte März. Starke Schneefälle führen in ganz Österreich zu Verkehrsbehinderungen.

19. 4. Die Regierung Klaus II., eine ÖVP-Alleinregierung, tritt ihr Amt an (→ 6. 3.).

14. 5. Der Disziplinarsenat der Hochschule für Welthandel in Wien versetzt Taras Borodajkewycz wegen seiner nationalsozialistischen Äußerungen in den Ruhestand (→ 24. 3. 1965).

17.–21. 5. Bundespräsident Franz Jonas besucht Großbritannien, es handelt sich um den ersten österreichischen Staatsbesuch in diesem Land seit 550 Jahren.

22. 5. Die Bundesbahnstrecke Bruck a. d. Mur–Graz wird elektrifiziert in Betrieb genommen.

25. 5. Der Nationalrat beschließt die Errichtung eines Bundesministeriums für Bauten und Technik. Am 6. Juni wird Staatssekretär Vinzenz Kotzina Bundesminister für Bauten und Technik.

28. 5. Im Hüttenwerk Donawitz (Steiermark) findet ein 24stündiger Warnstreik zur Durchsetzung von Lohnforderungen statt.

1. 6. Das Innenministerium stellt einen Reisepaß für Otto Habsburg-Lothringen aus. →

6. 6. Im Hüttenwerk Donawitz (Steiermark) und bei der DDSG wird 48 Stunden wegen Lohnforderungen gestreikt.

8. 6. In den Räumen der Wiener Universität findet zum ersten Mal ein Ball statt, der Universitätsball wird zum jährlich wiederkehrenden Ereignis.

24. 6. Nach harten Auseinandersetzungen nimmt der Nationalrat mit 89 : 79 Stimmen die Budgetvorlage an.

1. 7. Die NDP (Nationaldemokratische Partei) wird gegründet.

8. 7. Der Nationalrat beschließt das neue Rundfunkgesetz, der Rundfunk erhält Programm-, Personal- und Finanzautonomie. →

14. 7. Die Simmering-Graz-Pauker-Werke stellen den niedrigsten Tiefladewaggon der Welt vor.

17. 7. Der Nationalrat verabschiedet das Hochschulgesetz.

19. 7. Im Bundeskanzleramt wird das »Familienpolitische Referat« eingerichtet.

4.–14. 8. Bei den Skiweltmeisterschaften in Portillo (Chile) gewinnt das österreichische Team eine Gold-, eine Silber- und zwei Bronzemedaillen.

18./19. 8. Eine Hochwasserkatastrophe in ganz Österreich fordert 13 Todesopfer. Die Schäden sind größer als 1965.

20. 8. Auf das Büro der Alitalia in Wien wird ein Sprengstoffanschlag verübt.

1. 9. Die Südtiroler Volkspartei nimmt das Südtirolpaket der italienischen Regierung an.

5./12. 9. In Österreich wird das neunte Pflichtschuljahr, der polytechnische Lehrgang, eingeführt.

11. 9. Auf die österreichische Botschaft in Rom wird ein Anschlag verübt.

20. 10. Eine Amtsmißbrauchsaffaire in der Bauwirtschaft führt zu 21 Verhaftungen. →

13. 12. Die Verhandlungen über Österreichs Beitritt zur EWG beginnen in Brüssel. Am 14. Dezember zeigen die EWG-Staaten Konzessionsbereitschaft in bezug auf Österreichs Osthandel.

16. 12. Der Nationalrat beschließt das ÖIG-Gesetz (ÖIG: Österreichische-Industrieverwaltungs-Gesellschaft). Den Aufsichtsräten und Vorständen darf kein aktiver Politiker angehören.

22. 12. Die Westautobahn Wien–Auhof–Preßbaum wird dem Verkehr übergeben.

Admira Wien wird Fußballmeister 1965/66, die Meisterschaften heißen erstmals Nationalliga.

GESTORBEN:

20. 1. Wien: Herbert Boeckl (* 3. 6. 1894), Maler.

20. 3. Purkersdorf: Franz Ruhm (* 31. 7. 1896), Kochlehrer.

10. 7. Graz: Franz Thoma (* 30. 7. 1886), ÖVP-Politiker.

14. 10. Wien: Eduard Hartmann (* 3. 9. 1904), ÖVP-Politiker.

31. 10. Wien: Franz Friedrich Wallack (* 24. 8. 1887), Techniker, Erbauer der Großglockner-Hochalpenstraße.

23. 12. Wien: Heimito von Doderer (* 5. 9. 1896), Dichter. →

Verhaftungen im Straßenbauskandal

20. Oktober. Nach Untersuchungen in der Straßenbauaffaire werden 21 Personen wegen Amtsmißbrauch verhaftet; am 28. Oktober erfolgt ein weiterer Haftbefehl gegen den Sektionschef im Bauministerium, Alois Seidl.

Die neue Strengbergstrecke der Westautobahn mußte wegen einer ungenügenden Frostschutzschicht gesperrt werden. Es entstand ein Schaden von vier Millionen öS.

»Kronen-Zeitung« im Rampenlicht

23. Februar. Auf Antrag des ÖGB wird die »Kronen-Zeitung« unter gerichtliche Verwaltung gestellt.

Der ÖGB erhebt vermögensrechtliche Ansprüche gegen die »Kronen-Zeitung«, sie sind durch die Übergabe von ÖGB-Geldern durch den ehemaligen ÖGB-Präsidenten Franz Olah entstanden.

Franz Olah

Am 25. Februar wird die Verfügung wieder aufgehoben. Der Beschluß der zweiten Instanz schränkt die Verfügung auf die Geschäftsleitung ein. Am 18. März wird die gerichtliche Verwaltung der »Kronen-Zeitung« aufgehoben.

Bauwirtschaft: Finanzskandal

1. März. Der niederösterreichische Landtag debattiert über die Kritik des Rechnungshofs am Finanzgebaren der Newag und der Niogas. Der Rechnungshof fand die zweckwidrige Verwendung von 420 Millionen öS heraus, einem Rabatt, den die Niogas von der ÖMV erhalten hatte. Am 3. Oktober tritt Generaldirektor Viktor Müllner von seinen Funktionen bei der Newag und Niogas zurück. Nach der Überprüfung der Vorfälle durch die niederösterreichische Landesregierung wird am 14. Dezember ein Haftbefehl gegen Viktor Müllner erlassen.

Absolute Mehrheit für die ÖVP

6. März. Nach einem mit Härte geführten Wahlkampf erringt die ÖVP bei der Nationalratswahl mit 85 Mandaten die absolute Mehrheit und stellt nach gescheiterten Koalitionsverhandlungen eine Alleinregierung.

Zum ersten Mal seit 1945 sind die Sozialdemokraten nicht mehr an der Regierung beteiligt. Die SPÖ verliert zwei Mandate, ihr schlechtes Abschneiden hängt mit parteiinternen Auseinandersetzungen (Olah-Krise; →4.11.1964 u.a.) zusammen. Die ÖVP profitiert von der SPÖ-Krise, zudem konnte sie sich als konsolidierte Partei mit klaren Zielsetzungen vorstellen.

Die FPÖ verliert ebenfalls zwei Mandate; die neue Partei des ehemaligen sozialistischen Innenministers, Franz Olah, die DFP, erhält auf Anhieb 3,28% der Stimmen, aber kein Mandat.

Trotz des Wahlerfolgs der ÖVP beginnen am 14. März Koalitionsgespräche zwischen ÖVP und SPÖ. Aufgrund ihrer verstärkten Position stellt die ÖVP eine Vielzahl von Bedingungen für eine mögliche Koalition. Sie fordert das Justizministerium, Kompetenzverschiebungen in einigen anderen Ministerien, die Neuordnung und parteipolitische Neutralisierung der Verstaatlichten Industrie sowie die Zustimmung zum Austritt aus der EFTA. Sie lehnt einen Koalitionspakt ab und will keine Aussagen über die Dauer der Koalition treffen.

Erstmals eine Frau im Kabinett: Grete Rehor wird Sozialministerin

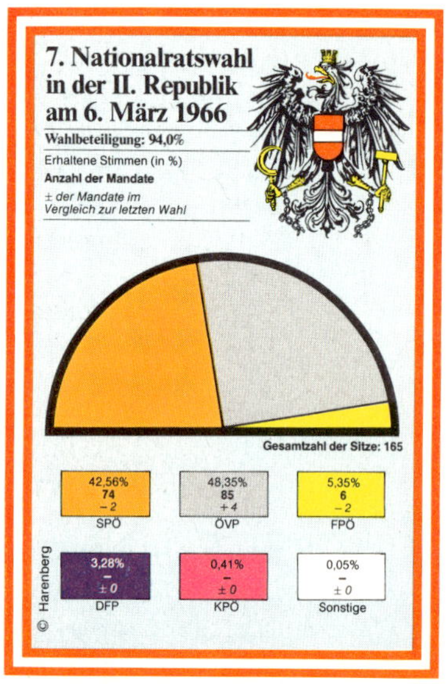

Auf ihrem außerordentlichen Parteitag beschließt die SPÖ am 16. April, sich nur an der Regierung zu beteiligen, wenn die der SPÖ zugesprochenen Ministerien in ihrem Wirkungsbereich erhalten bleiben, das Budget eine ausreichende Investitionstätigkeit sichert und die ÖVP die Zusammenarbeit nicht einseitig beenden kann.

Da in den darauf folgenden Verhandlungen keine Einigung erzielt wird, beschließt die SPÖ am 18. April mit 30:10 Stimmen, in die Opposition zu gehen. Am 19. April wird die neue Regierung unter Bundespräsident Josef Klaus angelobt, eine ÖVP-Alleinregierung.

Doderer: Dichter des Dämonischen

23. Dezember. Im Alter von 70 Jahren stirbt der Dichter Heimito von Doderer, einer der bedeutendsten österreichischen Erzähler des 20. Jahrhunderts.

Seinen literarischen Durchbruch erzielte er → 1951 mit dem Roman »Die Strudlhofstiege«, 1956 folgte »Die Dämonen«. Beide Romane schildern in satirischer und sarkastischer Weise die Wiener Gesellschaft und beziehen das Dämonische und Unergründbare in die individuellen Schicksale ein.

Doderer löste die traditionelle einheitliche Romanstruktur in eine Abfolge von Episoden, Assoziationen und Kommentaren auf. Seine sprachliche Prägnanz kommt auch in seinen Novellen, Gedichten und Anekdoten zum Ausdruck.

Ein wenig aus dem Rahmen fällt der Roman »Die Merowinger oder die totale Familie«, entstanden in den Jahren 1950–1962. Mit den Mitteln einer Farce, die eine Darstellung mittelalterlicher Rauflust mit der Seelenkunde der neuzeitlichen Psychiatrie verknüpft, schildert Doderer, wie ein letzter Nachfahre des fränkischen Herrschergeschlechts der Merowinger im 20. Jahrhundert versucht, durch komplizierte Heiraten in der Verwandtschaft die »totale Familie« herzustellen – wobei er am Widerstand seines Hausmeiers, eines Karolingers, scheitert.

»Fall Habsburg« ist geklärt

1. Juni. Nach Prüfung der Rechtslage und aufgrund des Staatsbürgerschaftsnachweises der niederösterreichischen Landesregierung vom 20. Juli 1965 stellt das Innenministerium Otto Habsburg-Lothringen einen Reisepaß aus, den Rechtsanwalt Ludwig Draxler für seinen Mandanten entgegennimmt.

Damit ist der Konflikt um den Fall Habsburg, die Frage nach der Gültigkeit der Landesverweisung laut Habsburger-Gesetz von 1919 und nach der Anerkennung der Loyalitätserklärungen von Otto Habsburg-Lothringen (→21.2.1958; 13.6.1961; 4.7.1963) gelöst, auch wenn die Übergabe des Reisepasses noch einige Auseinandersetzungen hervorruft. In einer Debatte im Nationalrat am 8. Juni vertritt die SPÖ die Auffassung, die Ausstellung des Passes führe zu vermögensrechtlichen Ansprüchen des Hauses Habsburg. FPÖ und ÖVP teilen diese Ansicht jedoch nicht.

Otto Habsburg-Lothringen

Am 31. Oktober reist Otto Habsburg-Lothringen zum ersten Mal nach Österreich ein. Er fährt von Niederndorf bei Kufstein (Tirol) nach Innsbruck und verläßt nach einigen Stunden bei Leutasch (Tirol) Österreich wieder. Am 2. November treten rund 250 000 Arbeitnehmer aus Protest gegen die Einreise in den Streik. Der ÖGB-Bundesvorstand verlangt von der Regierung eine Zusicherung, daß Otto Habsburg-Lothringen kein Vermögen der Republik ausgehändigt wird.

Rundfunkgesetz ist verabschiedet

8. Juli. Nach einer heftigen und von Tumulten begleiteten Debatte im Nationalrat wird mit den Stimmen von ÖVP und FPÖ das neue Rundfunkgesetz – die Rundfunkreform im Sinne des Volksbegehrens – verabschiedet.

Mit diesem Gesetz hat der Rundfunk volle Programm-, Personal- und Finanzautonomie. Der Aufsichtsrat der Österreichischen Rundfunkgesellschaft besteht aus 20 Mitgliedern – sechs stellt der Bund und je eines jedes Bundesland, außerdem gehören dem Gremium je ein Vertreter der Kirche, der Wissenschaft, der Kunst, der Volksbildung und des Sports an. Das Gesetz tritt mit dem 1. Jänner 1967 in Kraft.

1967

28. 1. Die letzte Nummer der Tageszeitung »Neues Österreich«, der ersten österreichischen Zeitung im Jahr 1945, erscheint.

1.–6. 2. Bei den ersten Skibobweltmeisterschaften in Bad Hofgastein (Salzburg) gewinnen die Damen drei Titel und die Herren zwei.

1. 2. Bruno Kreisky wird Vorsitzender der SPÖ.

8. 2. Erwin Thaler und Reinhold Durnthaler gewinnen den Weltmeistertitel im Zweierbob.

23. 2. Sturmböen über Österreich erreichen eine Geschwindigkeit von 100–150 km/h. In Salzburg werden 60 Häuser abgedeckt.

27. 2.–5. 3. Bei den Eiskunstlaufweltmeisterschaften in Wien siegt bei den Herren Emmerich Danzer vor Wolfgang Schwarz.

4. 3. Österreich und Italien einigen sich über die Bedingungen des Südtirolpakets.→

12. 3. Reinhold Bachler stellt mit 154 m in Vikersund (Norwegen) einen neuen Weltrekord im Skispringen auf.

29. 3. Die Klage des ÖGB gegen die Herausgeber der »Kronen-Zeitung« wird abgelehnt (→ 23. 2. 1966).

8.–16. 5. Bundespräsident Franz Jonas hält sich zu einem Staatsbesuch in Kanada auf. Zum ersten Mal besucht ein österreichisches Staatsoberhaupt den amerikanischen Kontinent.

8. 5. Italien erhebt ein Veto gegen die Assoziierung Österreichs an die EWG (→ 4. 3.).

19. 5. Die Ausstellung »Gotik in Österreich« wird in der ehemaligen Minoritenkirche in Krems eröffnet.

28. 5. Eine neue Städteschnellverbindung der ÖBB legt die Strecke Wien–Bregenz in neun Stunden zurück.

5. 6. Im Bundeskanzleramt wird der »Familienpolitische Beirat« konstituiert.

5. 6. Eine Gebührenerhöhung des Österreichischen Rundfunks beendet die seit 17 Jahren bestehende Finanzkrise.

11. 6.–15. 9. Im Oratorium des Salzburger Doms findet die Ausstellung »Salzburgs alte Schatzkammer« mit erstmals öffentlich gezeigten Kunstwerken statt.

24. 6. Die Felbertauernstraße, eine wintersichere Verbindung zwischen Salzburg und Osttirol, wird dem Verkehr übergeben (→ 11. 4. 1964).

25. 6. Bei einer Tretminenexplosion auf dem Vallonpaß in Südtirol sterben vier italienische Soldaten.

2. 7. Ein österreichischer Grenzposten wird auf der Porzescharte in Südtirol beschossen.

5. 7. Otto Habsburg-Lothringen hält sich zum ersten Mal seit 1938 in Wien auf. Seine Reise durch Osttirol (15.–19. 7.) löst ablehnende Erklärungen des Bundeskanzlers und der Parteizentralen aus.

7. 7. Die United Nations Industrial Development Organization (UNIDO), die Organisation der UNO für industrielle Entwicklung, eröffnet ihr Hauptquartier in Wien.

3. 9. Die sozialistische Zeitung »Welt am Montag« stellt ihr Erscheinen ein. Statt dessen erscheint als Sprachrohr der Wiener SPÖ »Die neue Zeitung«.

7./8. 9. Wolkenbruchartige Niederschläge führen zu starken Verkehrsbehinderungen in Kärnten.

23.–30. 9. Der 6. Bundeskongreß des ÖGB in Wien fordert die Einführung der 40-Stunden-Woche.

24. 9. Die neue Donaubrücke bei Grein (Oberösterreich), die erste Donaubrücke aus Spannbeton, wird eröffnet.

10. 10. In Tirol werden mehrere Südtiroler verhaftet, ihnen werden Terroranschläge zur Last gelegt (→ 4. 3.).

22. 10. Bei den Landtagswahlen in Oberösterreich verliert die ÖVP erstmals die absolute und die relative Mehrheit, ÖVP und SPÖ erhalten jeweils 23 Mandate.

24. 10. Die Studenten demonstrieren vor dem Parlament in Wien für eine Erhöhung des Kulturbudgets. Die starke Beteiligung legt zeitweise den Verkehr lahm.→

25. 10. ÖVP und SPÖ beschließen das Forschungsförderungsgesetz.

1. 11. Ein Grubenunglück in St. Stefan im Lavanttal (Kärnten) fordert fünf Todesopfer.

5. 11. In Wien wird das Fußball-Länderspiel Österreich gegen Griechenland in der 86. Spielminute wegen Zuschauertumults auf der Spielfläche abgebrochen.

17. 11. Das Tiroler Landestheater in Innsbruck wird eröffnet.

20.–24. 11. In Wien findet eine UNESCO-Konferenz der europäischen Unterrichtsminister statt.

Das Sprechstück »Kaspar« von Peter Handke erscheint.→

Rapid Wien wird Fußballmeister 1966/67.

GESTORBEN:

4. 2. Salzburg: Igo Etrich (* 25. 12. 1879), Pionier des Flugzeugbaus.

21. 2. Wien: Wolf (eigtl. Wolfgang) Albach-Retty (* 28. 5. 1906), Schauspieler.

2. 3. München: Hans Ledwinka (* 14. 2. 1878), Techniker.→

20. 3. Innsbruck: Ludwig von Ficker (* 13. 4. 1880), katholischer Kulturpolitiker.

12. 4. Wien: Alfons Übelhör (* 29. 6. 1905), Volksbildner.

29. 5. Wien: Georg Wilhelm Papst (* 27. 8. 1885), Filmregisseur.

6. 6. Wien: Robert Lindner (* 19. 6. 1916), Kammerschauspieler.

31. 7. Heidelberg: Richard Kuhn (* 3. 12. 1900), Chemiker, Nobelpreisträger 1938.→

Neue Verhandlungen

4. März. Österreich und Italien kommen in langwierigen Geheimverhandlungen zur Aushandlung der Bedingungen im Südtirolpaket.

Im Dezember 1964 hatte Italien Österreich einen Vorschlag unterbreitet, das Südtirolpaket, das die Erweiterung der Autonomie Südtirols vorsah. Die Südtiroler Volkspartei hielt die vorgeschlagenen Maßnahmen jedoch für unzureichend, und die österreichische Regierung lehnte es ab, ohne die Zustimmung der Südtiroler einen Vertrag zu unterzeichnen. Das Scheitern der Einigung führte zu einer erneuten Terrorwelle in Südtirol und Italien, die 1966 das Höchstmaß der Anschläge verzeichnete.

Die Terroraktionen bewirkten eine Zunahme der Spannungen zwischen Österreich und Italien. Am 30. Juni legt die italienische Regierung ein Veto gegen die Fortsetzung der Verhandlungen Österreichs mit der EWG ein, um auf diese Weise ein Junktim mit der Südtirolfrage herzustellen (→ 30. 11. 1969).

Studenten für Demokratisierung

24. Oktober. Auf einer Demonstration fordern etwa 3000 Studenten vor dem Parlament in Wien mehr Geld für die Bildung sowie die Demokratisierung der Hochschulen und Mitbestimmung der Studenten. Seit 1966 formiert sich in Österreich die Studentenbewegung; die linken Studentengruppen erhalten bei Wahlen an den Universitäten mehr als 20 % der Stimmen, während sie vorher unter 15 % lagen. Die Studentenbewegung orientiert sich an dem Berliner Studentenführer Rudi Dutschke, sie wendet sich gegen die Manipulationsindustrie, gegen Bürokratisierung, Provinzialismus und verknöcherte, menschenferne Staatsmaschinerien.

Demontage von Sprachklischees

»Kaspar«, das zweite Theaterstück von Peter Handke, erscheint.

Wie auch in seiner »Publikumsbeschimpfung« (1966) geht es Handke in seinem neuen Sprechstück darum, Sprachklischees aufzuzeigen, die das Verhalten beeinflussen. Er weist auf die Disparität von Sprache und Welt hin und wendet sich gegen das traditionelle Identifikationstheater. In der »Publikumsbeschimpfung« ist das Publikum Thema und Angriffsziel des Stückes, in dem vier Sprecher rhythmische Texte vortragen. Eine Handlung im traditionellen Sinn gibt es nicht. »Kaspar« zeigt die zerrüttend wirkende Bewußtseinsformung des bislang sprachlosen Kaspar.

Autokonstrukteur Ledwinka stirbt

2. März. Der Techniker und Autokonstrukteur Hans Ledwinka stirbt im Alter von 89 Jahren.

Er konstruierte das Automobil »Präsident«, das einen wassergekühlten Zweizylinder-Boxermotor mit 9 PS hatte und 1899 von der Nesselsdorfer Waggonfabrik in Mähren gebaut wurde. Er führte im Autobau das verwindungsfreie Fahrgestell mit Zentralrohrträger, die Einzelradaufhängung und die Schwingachsen ein. 1906 entwickelte er einen mittelgroßen Personenwagen für das Nesselsdorfer Werk. 1917 wurde er Chefkonstrukteur in der neuen »Österreichischen Waffenfabrik« in Steyr (Oberösterreich).

Kuhn forschte über Vitamine

31. Juli. Im Alter von 66 Jahren stirbt der Chemiker Richard Kuhn in Heidelberg. Kuhn erhielt 1926 eine Professur in Zürich, 1929 wechselte er nach Heidelberg. Dort leitete er zugleich das Kaiser-Wilhelm-Institut für medizinische Forschung. Er arbeitete auf dem Gebiet der mehrfach ungesättigten Verbindungen, mit Karotinoiden, Vitaminen und Enzymen. Für seine Vitaminforschungen erhielt er 1938 den Nobelpreis für Chemie, den er jedoch erst 1948 annehmen konnte. Er wies als erster die Verbindung zwischen Vitaminen und Fermenten nach. 1955 wurde er Vizepräsident der Max-Planck-Gesellschaft in Göttingen.

1968

12. 1. Finanzminister Wolfgang Schmitz entwirft die Verträge mit 16 internationalen Banken über einen 110 Millionen-Dollar-Kredit (=2,86 Milliarden S).

19. 1. Bundeskanzler Josef Klaus bildet sein Kabinett um.→

26. 1. Der Wiener Gemeinderat faßt einen Grundsatzbeschluß über den Bau einer U-Bahn.

2. 2. Der neue Finanzminister Stephen Koren legt dem Bundesparteirat der ÖVP sein Wirtschaftskonzept vor – den sog. Koren-Plan.→

6. 2. Die X. Olympischen Winterspiele in Grenoble (Frankreich) werden eröffnet.→

7. 2. Der Nationalrat beschließt die Abschaffung der Standgerichtsbarkeit.

25. 2. Der einmillionste Fernsehteilnehmer in Österreich ist angemeldet.

1. 3. Emmerich Danzer wird zum dritten Mal Weltmeister im Eiskunstlauf.

24. 3. Die Landtagswahl im Burgenland bringt der SPÖ die absolute Mehrheit. Die Gemeinderatswahl in Graz zeitigt ebenfalls einen Zuwachs für die SPÖ.

25. 3. In Wien beginnt der Prozeß gegen Norbert Burger und Peter Kienesberger. Vor den Geschworenen haben sich beide wegen der positiven Einstellung zu den Südtirolterrorakten zu verantworten. Das Urteil wird zwei Tage später gefällt: Acht und 14 Monate Arrest.

2. 4. Die von Finanzminister Stephan Koren vorgeschlagenen Maßnahmen zur Verringerung der voraussichtlichen Budgetlücke 1969 werden vom Ministerrat genehmigt – auch die zehnprozentige Politikersteuer.

26. 4. Eine außerordentliche Ministerratssitzung genehmigt den sog. Koren-Plan (→ 2.2.).

1. 5. Etwa 300 Linksextremisten stören die sozialistische Maifeier auf dem Wiener Rathausplatz. Zwölf Polizeibeamte und mehrere Demonstranten werden dabei verletzt.

20.–25. 5. Während des Staatsbesuches des Bundespräsidenten Franz Jonas in der UdSSR wird ein Abkommen über wirtschaftliche und wissenschaftliche Zusammenarbeit unterzeichnet.

29. 5. In Wien beginnt der Prozeß gegen den ehemaligen Generaldirektor der Newag, Viktor Müllner. Die 75seitige Anklageschrift wirft ihm Mißbrauch der Amtsgewalt und Untreue vor – der Schaden beläuft sich auf 47 Millionen öS (Urteil am 12. Juli: Vier Jahre Kerker und je 10 Millionen öS an die Newag und das Land Niederösterreich; → 1.3.1966).

19. 6. Die SPÖ stimmt der zehnprozentigen Politikersteuer zu; sie wird am 4. Juli beschlossen.

31. 6. In Wien findet eine Schülerdemonstration wegen der notwendig gewordenen Kürzungen der Stundenzahl in den Lehrplänen der höheren Schulen statt.

5. 8. Bundeskanzler Josef Klaus macht den ersten Spatenstich für die Adria-Wien-Pipeline in Würmlach (Kärnten; Länge 418 km).

21. 8. Die ORF berichtet über die Vorgänge in der Tschechoslowakei.→

1. 9. Erstmals fließt sowjetisches Erdgas nach Österreich. Der Vertrag über die Abnahme ist auf 23 Jahre abgeschlossen worden.

2.–9. 9. Am Internationalen Philosophen-Kongreß in Wien nehmen 3000 Personen aus 65 Ländern teil, es ist der größte Kongreß dieser Art.

22. 9. Eine partielle Sonnenfinsternis ist in Österreich sichtbar.

2. 10. Die Grabstätte der Babenberger im Stift Melk wird geöffnet: Zur großen Überraschung der Fachwelt werden 15 statt – wie bisher angenommen – elf Skelette gefunden.

7. 10. Der Vertrag über die Errichtung der Diözese Feldkirch wird unterzeichnet.

11. 10. Das neue Gebäude der »Höheren graphischen Bundeslehr- und Versuchsanstalt« in Wien wird eröffnet. Es ist das modernste dieser Art in der Welt.

12.–27. 10. XVI. Olympische Sommerspiele in Mexiko: Die österreichischen Teilnehmer gewinnen Silber im Damen-Fünfkampf (Liese Prokop) und Segeln-Finnklasse (Hubert Raudaschl) sowie Bronze im Speerwerfen (Eva Janko) und im Kajak-Zweier (Günther Pfaff und Gerhard Seibold).

23. 10. ÖVP und SPÖ sprechen sich für eine Einschränkung der Bannmeile auf einen Radius von 300 m aus.

13. 11. Der Nationalrat beschließt die Herabsetzung des Wahlalters: Mit 19 Jahren aktives, mit 25 passives Wahlrecht.

28. 11. Die Sigmund-Freud-Gesellschaft in Wien wird gegründet.

Rapid Wien wird Fußballmeister der Saison 1967/68.

GESTORBEN:

17. 1. Wien: Julius Deutsch (* 2. 2. 1884), sozialdemokratischer Politiker.

6. 9. Wien: Anni Konetzni (* 12. 2. 1902), Kammersängerin.

26. 10. München: Rudolf Forster (* 30. 10. 1884), Schauspieler.

27. 10. Cambridge: Lise Meitner (* 7. 11. 1878), Physikerin.→

13. 12. Wien: Johann Koplenig (* 15. 5. 1891), KPÖ-Politiker.

20. 12. Tel Aviv: Max Brod (* 27. 5. 1884), Schriftsteller und Kulturphilosoph.

21. 12. Wien: Leon Epp (* 29. 5. 1905), Theaterdirektor.

Sitzend (v. l.): Karl Schleinzer, Grete Rehor, Josef Klaus, Hermann Withalm, Georg Prader; stehend (v. l.): Franz Soronics, Roland Minkowitsch, Ludwig Weiß, Theodor Piffl-Perčević, Stephan Koren, Vinzenz Kotzina, Karl Gruber, Otto Mitterer, Kurt Waldheim, Hans Klecatsky, Hans Bürkle, Karl Pisa.

Regierungsumbildung

19. Jänner. Nachdem vor allem die großen Erfolge der SPÖ bei den Landtagswahlen in Oberösterreich und den Gemeinderatswahlen im Burgenland im vergangenen Jahr zu starker Kritik an der ÖVP-Spitze geführt und Pressereferenten mehrerer Ministerien die Budgetverhandlungen für 1968 unnötig »angeheizt« haben, bildet Bundeskanzler Josef Klaus sein Kabinett um. Abgelöst wird auch Finanzminister Wolfgang Schmitz, der angesichts der auf Österreich übergreifenden wirtschaftlichen Rezession eine nicht vertretbare Steuersenkung angekündigt hat. Vizekanzler wird ÖVP-Obmann Hermann Withalm.

Der Koren-Plan

2. Februar. Der neue Finanzminister Stephan Koren legt dem Bundesparteirat der ÖVP ein Wirtschaftskonzept vor, das umgehend »Koren-Plan« genannt wird:

▷ »Die Konjunkturpolitik dient der Aufrechterhaltung der Vollbeschäftigung. Das vordringlichste Ziel ist eine möglichst wirksame Stärkung der Gesamtnachfrage im Inland und eine wachstumsgerechte Einkommenspolitik. Nur so kann eine weitere Abschwächung verhindert und der Anschluß an die sich abzeichnende europäische Konjunkturbelebung schnell und reibungslos gefunden werden.«

▷ »Im Dienste des längerfristigen Wirtschaftswachstums sind auf dem Gebiet der Wettbewerbspolitik, der Strukturpolitik, der Investitions- und Finanzierungspolitik, der Industriepolitik und der aktiven Arbeitsmarktpolitik Maßnahmen zu treffen, welche die Wachstumshemmnisse und Schwächen unserer Wirtschaft beseitigen oder zumindest in ihrer Wirkung mildern. Eine stete Vermehrung des Wohlstandes kann auf lange Sicht nur erzielt werden, wenn es gelingt, die Entwicklung weiterhin in die Richtung zu einem modernen Industriestaat zu lenken. Von einer derartigen Entwicklung wird vor allem die für Österreich typische mittelständige Wirtschaft positiv beeinflußt werden.«

Der VÖEST-Hafen in Linz, die größte Industriegegend in Österreich

Elf Medaillen in Grenoble

6.–18. Februar. Bei den X. Olympischen Winterspielen in Grenoble (Frankreich) erringt die österreichische Mannschaft elf Medaillen. Olga Pall gewinnt den Abfahrtslauf, Wolfgang Schwarz beim Eiskunstlauf und Manfred Schmid beim Rodeln; Zweite werden Herbert Huber (Slalom), Reinhold Bachler (Skispringen), Manfred Schmid und Ewald Walch (Rodeln, Zweisitzer) und der Viererbob Österreich I; Bronze gibt es im Slalom und Riesenslalom der Herren, bei der Damen-Abfahrt sowie im Skispringen.

Spitzenleistung des Rundfunks

21. August. Internationale Anerkennung findet die Berichterstattung des österreichischen Rundfunks (ORF) über den Einmarsch der Truppen des Warschauer Paktes in die ČSSR am 20./21. August.
Die objektive und umfassend gestaltete ORF-Informationssendung über die Ereignisse in der Tschechoslowakei wird von zahlreichen Rundfunkanstalten der westlichen Welt übernommen. Auch eine 17stündige Nonstopsendung des ORF über die amerikanischen Präsidentschaftswahlen am 5./6. November findet anerkennende Worte im Ausland, vor allem in der BRD.

Eine Physikerin von Weltrang

27. Oktober. Die Physikerin Lise Meitner stirbt in Cambridge (Großbritannien) im Alter von knapp 90 Jahren.
Meitner beschäftigte sich vor allem mit Kernphysik und der Radioaktivität und lehrte vor dem »Anschluß« an der Wiener Universität. Gemeinsam mit Otto Hahn entdeckte sie mehrere radioaktive Isotope der natürlichen Zerfallsreihen. 1938 emigrierte sie nach Dänemark und anschließend nach Schweden, schließlich nach Großbritannien, wo sie an der Universität von Cambridge tätig war.
1949 erhielt sie die Max-Planck-Medaille, 1966 den Enrico-Fermi-Preis.

1969

1. 1. Eine zehnprozentige Sonderabgabe Lohn- und Einkommensteuer tritt in Kraft.

Das erste Farbfernsehprogramm des ORF wird ausgestrahlt. →

20. 1. In Wien finden Demonstrationen anläßlich des privaten Aufenthalts des Schahs von Persien und des Amtsantritts von US-Präsident Richard Nixon statt.

Das Gefallenendenkmal in der Wiener Universität wird beschädigt.

30. 1. Der Prozeß gegen Franz Olah beginnt. →

1. 2. Josef Feistmantl wird Weltmeister im Rodeln, überreicht aber seine Goldmedaille den Polen für den am selben Tag tödlich verunglückten Rennrodler Stanislaw Paczka.

18. 3. Beim Skiweltcup erreicht Österreich den 1. Platz in der Gesamtwertung. Weltcupsieger werden Gertrud Gabl und Karl Schranz.

23. 3. Bei den Landtagswahlen in Salzburg gewinnt die FPÖ zwei Mandate von der ÖVP, die SPÖ verzeichnet leichte Stimmgewinne.

27. 4. Gemeinderatswahl in Wien: Die erstmals kandidierende DFP Franz Olahs erreicht drei Mandate, die SPÖ 63 (60), die ÖVP 30 (35) und die FPÖ 4 (3) Mandate.

4.–11. 5. Das Volksbegehren zur Einführung der 40-Stunden-Woche wird durchgeführt.

5.–10. 5. Königin Elisabeth II. von Großbritannien hält sich zu einem Staatsbesuch in Österreich auf.

12.–19. 5. Das Volksbegehren gegen das neunte Schuljahr wird durchgeführt. →

13. 5. Bundeskanzleramtsstaatssekretär Karl Gruber wird auf eigenen Wunsch seines Postens enthoben.

14. 5. Der frühere Außenminister Lujo Toncic-Soinj wird zum Generalsekretär des Europarates gewählt.

29. 5. Unterrichtsminister Theodor Piffl-Perčević stellt nach dem für ihn negativen Ergebnis des Volksbegehrens »Kein neuntes Schuljahr« sein Amt zur Verfügung.

29. 5. Staatssekretär Karl Pisa legt seine Funktion nieder und wird stellvertretender Generalsekretär der ÖVP.

2. 6. Alois Mock wird Unterrichtsminister, Heinrich Neisser Staatssekretär im Bundeskanzleramt.

6. 6. Zwischen Österreich und der Sowjetunion wird ein Kulturabkommen unterzeichnet.

11. 6. Johann Weber wird zum Diözesanbischof von Graz-Seckau ernannt.

13. 6. Franz Olah (Fraktionsführer der DFP) wird von der Rathauswache aus der Gemeinderatssitzung »entfernt« (→ 30. 1.).

20. 6. Der SPÖ-Vorsitzende Bruno Kreisky bietet der ÖVP ein zweites Mal ein Abkommen für einen fairen Wahlkampf an.

30. 6. Der 77jährige Erzbischof von Salzburg, Andreas Rohracher, tritt zurück; Nachfolger wird Eduard Macheiner.

2. 7. Tirol beansprucht die seit 500 Jahren zur Erzdiözese Salzburg gehörenden 60 Tiroler Pfarreien.

7. 7. Das neunte Schuljahr wird an den höheren Schulen ausgesetzt. →

26. 7. Das erste Rennen auf dem neuerbauten »Österreichring« bei Zeltweg (Steiermark) findet statt (5 911,53 m lang).

26. 8. Ein Benzinflaschenattentat in der kanadischen Botschaft in Wien löst eine Brandkatastrophe aus (zwei Tote und 16 Millionen öS Sachschaden).

13. 9. Rudolf Sallinger wird abermals zum Präsidenten des Österreichischen Wirtschaftsbundes gewählt.

21./22. 9. Die Arbeiterkammerwahlen finden statt. →

24. 9. Die Sozialpartner einigen sich auf etappenweise Einführung der 40-Stunden-Woche.

25. 9. Auf dem Schöpfl (Niederösterreich) wird das Leopold-Figl-Observatorium eingeweiht.

2.–4. 10. Auf dem SPÖ-Bundesparteitag in Eisenstadt wird eine Grundsatzerklärung gegen Diktatur und jede Gemeinsamkeit mit den Kommunisten abgegeben – die sog. Eisenstädter Erklärung.

12. 10. Die neue Grenzbrücke bei Radkersburg (Steiermark) wird feierlich eröffnet.

19. 10. Die Landtagswahlen in Niederösterreich und in Vorarlberg ergeben nur geringfügige Veränderungen.

3. 11. Der U-Bahn-Bau in Wien beginnt.

17. 11. Die Umfahrung von Bludenz (Vorarlberg) wird dem Verkehr übergeben – das erste Teilstück der Rheintalautobahn.

30. 11. Kurt Waldheim und Aldo Moro geben eine gemeinsame Erklärung zur Südtirolfrage ab. →

Austria Wien wird Fußballmeister der Saison 1968/69.

GESTORBEN:

5. 1. Wien: Franz Theodor Csokor (* 6. 9. 1885), Dramatiker und Erzähler.

10. 1. Wien: Erich Neuberg (* 12. 8. 1928), Regisseur.

27. 1. Wien: Hans Jelinek (* 5. 12. 1901), Komponist.

30. 1. Los Angeles: Fritzi Massary (eigtl. Friederike Massaryk; * 21. 3. 1882), Operettensängerin.

4. 2. Wien: Otto Tschadek (* 31. 10. 1904), Politiker.

21. 3. Wien: Gerhard Fritsch (* 28. 3. 1924), Schriftsteller (Selbstmord).

8. 9. Wien: Ferdinand Graf (* 15. 6. 1907), ÖVP-Politiker.

Fortschritte in der Südtirolfrage

30. November. In Kopenhagen treffen die Außenminister Kurt Waldheim und Aldo Moro zusammen und geben ein gemeinsames Kommuniqué zur Südtirolfrage heraus, in dem sie feststellen, »daß die Grundlagen dafür gegeben sind, um jene Schritte einzuleiten, die zur Verwirklichung der italienischen Maßnahmen zugunsten der Provinz Bozen und damit in deren Folge zur Beendigung des zwischen Österreich und Italien anhängigen Streits führen sollen ...«
Damit sind die Voraussetzungen für die Verwirklichung des sog. Südtirolpakets und eines »Operationskalenders« gegeben, der am 25. Juli zwischen Österreich und Italien im Zusammenhang mit einer Neuregelung der Südtiroler Autonomie vereinbart worden war. Der Parteiausschuß der Südtiroler Volkspartei hatte am 21. Oktober mit 41 gegen 23 Stimmen bei zwei Stimmenthaltungen die Annahme dieses Lösungsvorschlages empfohlen, die Landesversammlung hatte eine zustimmende Entschließung abgegeben.

Farbfernsehen in Österreich

1. Jänner. *Mit der Übertragung des traditionsreichen Neujahrskonzertes der Wiener Philharmoniker hält das Farbfernsehen seinen Einzug in Österreich. Trotz der beachtlichen Differenz zwischen den Anschaffungskosten eines Farbfernsehgerätes und eines gewöhnlichen Empfangsapparates werden in den ersten Wochen mehr Geräte aufgestellt bzw. ausgetauscht, als von den Herstellern erwartet.*

Zwei Volksbegehren

Zwei bedeutende Volksbegehren finden 1969 statt: Eines gegen die Einführung des neunten Schuljahres an höheren Schulen, das zweite für die Einführung der 40-Stunden-Woche.

Beim Volksbegehren zur Einführung der 40-Stunden-Arbeitswoche votieren 890037 stimmberechtigte Bürger mit »Ja«. Am 23. Juni beginnt der Sozialausschuß des Nationalrates die Beratungen über die Einführung der verkürzten Wochenarbeitszeit. Am 24. September gelangt das Verhandlungskomitee der Sozialpartner zu einer Einigung: Die etappenweise Einführung der 40-Stunden-Arbeitswoche wird festgelegt – ab 1. Jänner 1970 43 und ab 1. Jänner 1975 40 Arbeitsstunden je Woche.

Beim Volksbegehren gegen das neunte Schuljahr an höheren Schulen stimmen 339407 Bürger mit »Ja«. Nach dieser negativen Entscheidung gegen das Schulgesetz tritt Unterrichtsminister Theodor Piffl-Perčević von seinem Amt zurück, Nachfolger wird Alois Mock. Am 7. Juli beschließt der Unterrichtsausschuß des Nationalrates einstimmig die Aussetzung des neunten Schuljahres an den höheren Schulen auf drei Jahre.

Prozeß gegen Olah

30. Jänner. In Wien beginnt der Prozeß gegen den ehemaligen Innenminister und ÖGB-Präsidenten Franz Olah.

Am 19. Juli 1968 wurde Franz Olah vom ÖGB wegen Untreue und falscher Zeugenaussage angeklagt. Die Schadenssumme wurde mit sieben Millionen öS beziffert, die Veruntreuung mit 1,5 Millionen. Im Mittelpunkt der Anklage wegen Untreue gegenüber dem ÖGB steht die Transaktion Franz Olahs zur Gründung und Finanzierung der Tageszeitung »Kronen-Zeitung«, die praktisch in der Sicherstellung für einen Kredit gegeben war (→23.2. 1966). Mitangeklagt sind der Wiener Gemeinderat Las und mehrere Gewerkschaftsfunktionäre.

Im Fall Kronenzeitung erfolgt am 28. März ein Freispruch, das Gesamturteil lautet aber ein Jahr schwerer Kerker für Franz Olah und vier Monate schwerer Kerker für Gemeinderat Las.

Franz Olah muß sich aber ein Nachspiel gefallen lassen: Am 13. Juni wird er, als er als Fraktionsführer seiner neuen Partei, der DFP, an einer Wiener Gemeinderatssitzung teilnehmen will, von der Rathauswache aus dem Sitzungssaal »entfernt«. Dies ist ein Politikum, doch man beruft sich auf die Stadtverfassung, wonach ein Gemeinderatsmitglied, gegen das aus nicht-politischen Gründen ein Verfahren eingeleitet ist, sein Mandat nicht ausüben darf. Franz Olah erreicht die Aufhebung dieser Bestimmung der Wiener Stadtverfassung durch den Verfassungsgerichtshof.

Umstrittener Franz Olah

Gewinne für die ÖVP und FPÖ

21./22. September. Die Arbeiterkammerwahlen im gesamten Bundesgebiet bringen dem Österreichischen Arbeiter- und Angestelltenbund (ÖAAB) der ÖVP und der FPÖ Stimmen- und Mandatsgewinne in nicht erwarteter Höhe. Eindeutiger Verlierer der Wahl ist die den Kommunisten nahestehende »Gewerkschaftliche Einheit«.

1970

Anfang Jänner. Eine Grippewelle in Niederösterreich fordet 34 Tote.

20. 1. Der Ministerrat genehmigt die Fusionierung der ÖMV (Österreichische Mineralöl-Verwaltung) mit dem ÖSW (Österreichische Stickstoffwerke).

21. 1. Der Einspruch des Bundesrates gegen die ÖIG-Novelle wird mit den Stimmen der ÖVP vom Nationalrat abgelehnt. Die Umwandlung der ÖIG (Holding der verstaatlichten Industrie) in eine AG (bisher G.m.b.H.) kann damit erfolgen.

7.–15. 2. Bei den Skiweltmeisterschaften in Gröden (Italien) gewinnt Karl Schranz den Titel im Riesenslalom.

20. 2. Innenminister Franz Soronics gibt bekannt, daß erstmals über fünf Millionen Österreicher stimmberechtigt sind: 2784689 Frauen und 2261025 Männer.

22. 2. Bei der Landtagswahl in Kärnten erreicht die SPÖ die absolute Mehrheit.

1. 3. Die Nationalratswahl endet mit einem klaren Sieg der SPÖ.→

13. 3. Karl Schranz wird zum zweiten Mal Weltcupsieger im Skilauf.

14./15. 3. Erste Hallenleichtathletik-Europameisterschaft in Wien: In der Nationenwertung liegt Österreich an vierter Stelle.

15. 3. Bei den Landtagswahlen in der Steiermark verliert die ÖVP ein Mandat und damit die absolute Mehrheit; die KPÖ verliert ihr einziges Mandat – beide Mandate gehen an die SPÖ.

28. 3. Die Verwaltungsreformkommission schließt die »Durchleuchtung der Ministerien« ab: 398 Dienststellen werden aufgelöst, 5217 Dienstposten eingespart.

16. 4. In Wien findet die erste Hauptgesprächsrunde der SALT-Konferenz statt.

20. 4. Die Regierungsverhandlungen zwischen SPÖ und ÖVP sind gescheitert.→

21. 4. Das erste Kabinett Bruno Kreisky wird angelobt.→

14. 5. Josef Krainer (ÖVP) wird zum siebenten Mal zum Landeshauptmann der Steiermark gewählt.

20. 5. Aus gesundheitlichen Gründen tritt Landwirtschaftsminister Hans Öllinger zurück; Nachfolger wird am 22. Oskar Weihs.

21. 5. Eine Kursmaschine der Viennair stürzt kurz vor der Landung auf dem Flugplatz Innsbruck in den Inn – sieben Tote.

Mitte Juli. Erstmals sind Frauen auf der Wiener Straßenbahn als Fahrer tätig.

26. 7. Die von Clemens Holzmeister neugestaltete Felsenreitschule in Salzburg wird mit der Oper »Fidelio« unter der Leitung von Karl Böhm eröffnet.

3. 8. Der Esperanto-Weltkongreß tagt in Wien.

1. 9. Ein zweites Fernsehprogramm wird fortan an allen Tagen der Woche ausgestrahlt.

5. 9. Der Autorennfahrer Jochen Rindt verunglückt tödlich.→

16. 9. In Wien wird das Internationale Pressezentrum eröffnet.

21.–25. 9. Während des Staatsbesuches des rumänischen Staatspräsidenten Nicolae Ceauşescu in Österreich wird ein Konsularvertrag unterzeichnet.

29. 9. Erstmals kommt es zu keiner Einigung über ein Preisgesetz in der »Paritätischen Kommission«: Der Schankpreis für Bier bleibt den Gastwirten überlassen.

27. 10. Eine Demonstration gegen die geplante Dieselpreiserhöhung findet in Wien mit 1000 Autobussen, Lkw und Taxis statt.

9. 12. 46 persische Studenten besetzen die iranische Botschaft in Wien – es ist die erste Demonstration dieser Art in Österreich. Polizei und Feuerwehr schreiten ein und entfernen die Studenten.

13. 12. Die Doppelliftanlage Fieberbrunn-Lindau (Tirol) wird in Betrieb genommen – die 2200. Seilbahnanlage Österreichs.

17. 12. Der Beschluß, die UNO-City im Wiener Donaupark zu errichten (Projekt Staber), wird gefaßt. Kostenaufteilung: 65% Bund, 35% Gemeinde Wien.

Wiens Bürgermeister Bruno Marek tritt zurück.

19. 12. Das Wiener Südautobahnteilstück wird fertiggestellt. Die Südautobahn ist nun bis Wiener Neustadt befahrbar.

21. 12. Felix Slavik wird mit 88 von 99 Stimmen zum Bürgermeister von Wien gewählt.

29. 12. Der ÖBB nimmt auf der Arlbergstrecke den Huckepackverkehr auf.

Austria Wien wird Fußballmeister der Saison 1969/70.

GESTORBEN:

4. 2. Wien: Wolfgang Denk (* 21.3.1882), Chirurg und Krebsforscher.

21. 3. Wien: Marlen Haushofer (* 11.4.1920), Schriftstellerin.

16. 4. Wuppertal: Richard Neutra (* 8.4.1892), Architekt.→

19. 4. München: Rosl Schwaiger (* 5.9.1918), Opernsängerin.

28. 4. Paris: Paul Celan (eigtl. Antschel; * 23.11.1920), Lyriker (Selbstmord).

22. 6. Wien: Grete Wiesenthal (* 9.12.1885), Balletteuse und Choreographin.

14. 7. Wien: Herbert Zand (* 14.11.1923), Schriftsteller.

22. 8. Wien: Hermann Hubert Knaus (* 19.10.1892), Gynäkologe.→

2. 11. Rom: Johannes Urzidil (* 3.2.1896), Dichter und Essayist.→

Erste sozialistische Regierung

1. März. Mit einer großen Überraschung enden die Nationalratswahlen. Unter der Führung von Bruno Kreisky wird die SPÖ erstmals seit Bestehen der Zweiten Republik stärkste Partei:

Die SPÖ steigert ihren Stimmenanteil auf 48,42% und erhöht ihren Mandatsstand auf 81 (+ 7). Die ÖVP verliert 3,66% der Stimmen und damit genau jene 7 Mandate, die an die SPÖ gehen. Sie hat jetzt nur mehr 78 Mandate. Die FPÖ stellt weiterhin sechs Abgeordnete. Die Wahlbeteiligung sank von 94% auf 92%.

Am 3. März ergibt sich durch die Auszählung der Wahlkartenstimmen eine Veränderung in den Mandaten: Die ÖVP gewinnt ein Mandat von der FPÖ dazu.

Am 16. Februar hatte FPÖ-Bundesparteiobmann Friedrich Peter in einer Pressekonferenz die lang erwartete Erklärung seiner Partei zur Nationalratswahl abgegeben: Die FPÖ beabsichtige keine Koalition mit der SPÖ, wünsche aber auch keine ÖVP-Alleinregierung – »Kein roter Kanzler, keine schwarze Alleinregierung«.

Die ÖVP sah darin eine »Schützenhilfe« für die SPÖ wegen der negativen Beeinflussung der ÖVP-Wähler. Die SPÖ wertete die Erklärung als Hinweis auf eine bereits bestehende Abmachung zu einer ÖVP-FPÖ-Koalition.

Die »Koalitionsfrage« wurde damit zum bestimmenden Thema des ganzen Wahlkampfes.

Am 3. Februar hatte der SPÖ-Vorsitzende Bruno Pittermann bekanntgegeben, daß im Falle einer SPÖ-Alleinregierung nach den kommenden Nationalratswahlen der Präsenzdienst beim österreichischen Bundesheer nur mehr sechs Monate betragen solle.

Diese Wahlparole wurde als besonders geschickt angesehen, da bei der bevorstehenden Wahl der Stimmenanteil der Betroffenen erheblich ist. Schon seit geraumer Zeit ist über die Dienstzeit im Bundesheer diskutiert worden, Unzufriedenheit mit der langen Präsenzdienstzeit war unüberhörbar.

Nach dem Scheitern der Koalitionsverhandlungen mit der ÖVP stellt Bruno Kreisky, seit 1967 Vorsitzender der SPÖ, am 21. April sein Kabinett vor, eine sozialistische Minderheitsregierung.

Bruno Kreisky, *geboren am 22. Januar 1911 in Wien, von Beruf Jurist, 1935–1937 und 1938 als Sozialist wegen seiner politischen Gesinnung in Haft. 1938 emigrierte er nach Schweden, 1945–1951 war er Legationssekretär an der österreichischen Gesandtschaft in Stockholm, 1953–1959 Staatssekretär im Bundeskanzleramt und 1959–1966 Außenminister.*

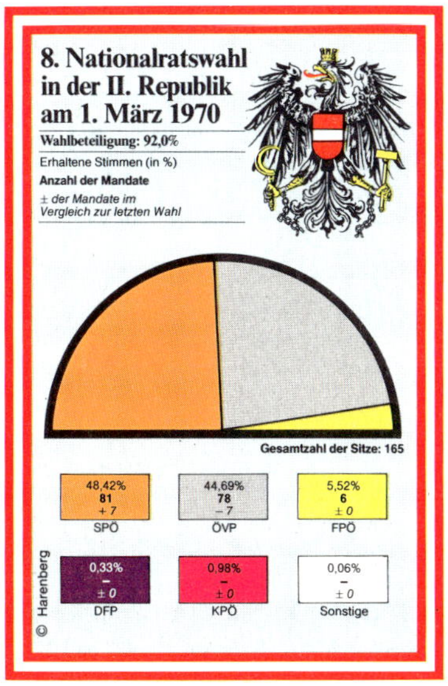

AZ-Extraausgabe Nationalratswahl 1970
8 Seiten Ergebnisse, Bilder, Kommentare

AZ Arbeiter-Zeitung

WETTER
Anfangs bewölkt, später wieder Niederschläge
TAG: 0 bis +5 Grad
NACHT: —7 bis —1 Grad

Nr. 50 A MONTAG, 2. 3. 1970 ZENTRALORGAN DER SOZIALISTISCHEN PARTEI ÖSTERREICHS / GEGRÜNDET 1889 PREIS 1,50 S, 80 Lit, 1,50 Din P. b. b.

Kreisky wird Kanzler

Der Weg zur Alleinregierung

1. März. Schon in der Wahlnacht kündigt sich eine Verhärtung der Standpunkte der Parteien an.

5. März. Das erste Gespräch der Verhandlungskomitees der SPÖ und ÖVP in Wien wird geführt. Auf einer Pressekonferenz erklärt die FPÖ, daß sie mit keiner der beiden großen Parteien eine Koalition eingehen werde.

11. März. Bei einem Orientierungsgespräch zwischen den beiden Großparteien wird klar, daß die Entscheidung über die Regierungsbildung erst nach den steirischen Landtagswahlen am 15. März fallen kann.

18. März. Die eigentlichen Verhandlungen zur Regierungsbildung zwischen SPÖ und ÖVP beginnen.

1. April. In vierstündigen Regierungsverhandlungen wird der Fragenkomplex Wirtschaftspolitik erledigt.

3. April. Siebenstündige Regierungsverhandlungen; im weiteren Verlauf bis 14. April finden praktisch täglich weitere Verhandlungen über die Regierungsbildung statt.

14. April. Die Regierungsverhandlungen werden abgebrochen, da sich die Parteien über den Ressortverteilungsvorschlag von Bruno Kreisky nicht einigen können. Kreisky erklärt, die Ressortverteilung hätte ein Verhältnis von 7:6, Hermann Withalm sieht darin jedoch ein »budget- und arbeitsmäßiges« Verhältnis von 8:2 und fordert gemäß dem Mandatsverhältnis eine volle Parität.

17. April. Gegenvorschläge der ÖVP verhärten die Regierungsverhandlungen, die bis in die Nachtstunden andauern.

20. April. Am Nachmittag geben SPÖ und ÖVP das endgültige Scheitern der Regierungsverhandlungen bekannt. Um 21.45 Uhr legt Bruno Kreisky dem Bundespräsidenten den Vorschlag einer SPÖ-Minderheitsregierung vor.

21. April: Bruno Kreisky bildet sein erstes Kabinett, eine sozialistische Alleinregierung.

Jochen Rindt ist verunglückt

5. September. Der 28jährige Rennfahrer Jochen Rindt verunglückt beim Training zum Großen Preis von Italien in Monza tödlich.
Rindt findet sich auf dem Höhepunkt seiner kurzen Rennfahrerkarriere, als er aus ungeklärten Gründen von der Strecke abkommt, gegen eine Leitplanke prallt und kurz darauf seinen schweren Verletzungen erliegt. Da er die Gesamtwertung der Formel-I-Weltmeisterschaft mit 45 Punkten anführt, gelingt es keinem seiner Konkurrenten, ihn in den noch ausstehenden WM-Läufen einzuholen.

Jochen Rindt

Rennfahrer Jochen Rindt in seinem Formel-I-Wagen

Biologische Bauten

16. April. Der in Wien geborene Architekt Richard Joseph Neutra stirbt im Alter von 88 Jahren in Wuppertal. Nach seiner Ausbildung in Wien, u.a. bei Otto Wagner, übersiedelte Neutra 1923 nach Chicago.
Er sorgte mit bemerkenswerten Bauten für die Durchsetzung der »funktionellen« Bauweise besonders im Bereich des privaten Wohnungsbaus. Er nannte diese Richtung »biologisch«, weil sie Rücksicht auf die Lage in der Landschaft nahm.

Gynäkologe Knaus stirbt in Graz

22. August. Der Gynäkologe Hermann Knaus, ab 1950 Chefarzt in Wien-Lainz, stirbt im Alter von 88 Jahren in Graz. Gleichzeitig wie der japanische Gynäkologe Kiusako Ogino entwickelte er eine Methode zur Empfängnisverhütung (Knaus-Ogino-Methode).

Böhmische Lyrik und Erzählkunst

2. November. Im Rom stirbt der in Prag geborene und 1939 emigrierte Lyriker, Erzähler und Essayist Johannes Urzidil. Seine Hauptwerke sind das »Prager Triptychon«, eine Sammlung von Erzählungen, und der Essay-Band über »Goethe in Böhmen«.

1971

11. 1. In Wien findet eine Bauerndemonstration statt. →

16. 1. UN-Botschafter Kurt Waldheim trifft in Wien ein. Er ist ÖVP-Kandidat für die Bundespräsidentenwahl.

3. 2. Auf den ÖVP-Bundesparteiobmann Hermann Withalm wird im Wandelgang des Parlaments ein »Attentat« verübt: Eine Kurzschlußhandlung des Tapezierers Wilhelm Michl mit einem Plastikrevolver.

4. 2. Verteidigungsminister General der Infanterie Johann Freihsler tritt aus Gesundheitsgründen zurück. Interimistisch übernimmt der Bundeskanzler das Ressort. Am 8. Februar wird Brigadier Karl (Freiherr von) Lütgendorf (parteilos) neuer Minister für Landesverteidigung.

18. 2. Die Parteienverhandlungen über eine Bundesheerreform scheitern. →

27. 2. Beatrix Schuba wird Weltmeisterin im Eiskunstlauf.

5. 3. Gerd Bacher wird mit 14 von 22 Stimmen vom Aufsichtsrat des ORF für eine weitere Periode zum Generalintendanten gewählt.

14. 3. Annemarie Pröll gewinnt den Ski-Weltcup mit dem Rekordergebnis von 210 Punkten.

19. 3. Eine Bauerndemonstration blockiert den Verkehr in Wiens Innenstadt. →

April. Das rechte Haupttor des römischen Wien, die »Porta Principalis Dextra«, wird unter der Kreuzung Kramergasse-Ertlgasse entdeckt.

19. 4. Luise Kneissl vom österreichischen Generalkonsulat in Zürich wird von einem vorbestraften Schweizer als Geisel gefangengenommen (Zweck: Gelderpressung von einer Bank). Sie wird am 23. freigelassen.

25. 4. Bei der Bundespräsidentenwahl wird Franz Jonas mit 52,79% der Stimmen wiedergewählt.

4. 5. Heinrich Gleißner beendet seine Tätigkeit als Laudeshauptmann von Oberösterreich. Er übte dieses Amt seit 1945 aus.

12. 5. In Österreich wird eine Volkszählung durchgeführt. →

30. 5. Ein Großbrand vernichtet zum Teil das Novapanplattenwerk in Leoben-Göß (Steiermark) – der Sachschaden beträgt 30 Millionen öS.

8./9. 6. Nach einer »Dauersitzung« des Nationalrates wird die vierte Schulgesetznovelle beschlossen: Die Aufnahmeprüfung für Gymnasien wird aufgehoben, die Einführung des 13. Schuljahres aufgeschoben.

8. 6. Die Volljährigkeit wird auf 19 Jahre herabgesetzt – zugleich neues Ehemündigkeitsalter bei Männern.

9. 6. Die Bischöfe nehmen zur Strafrechtsreform Stellung: Ablehnend zur Abtreibung, liberal zu Ehebruch, Pornographie und Homosexualität.

11. 6. Betriebsräte zahlreicher Großbetriebe protestieren gegen die ständig wachsende Teuerung. Daraufhin stellt das Wirtschaftsförderungsinstitut fest, daß die Preissteigerungsrate von 4,2% weit unter jener der anderen Länder in Europa liegt.

15. 6. Das Sigmund-Freud-Museum in Wien wird eröffnet.

16. 6. In Illmitz (Burgenland) wird eine biologische Station ihrer Bestimmung übergeben.

7. 7. Der SPÖ-Antrag auf vorzeitige Beendigung der Gesetzgebungsperiode wird von der FPÖ unterstützt und am 12. vom Verfassungsausschuß des Nationalrates mit den Stimmen von SPÖ und FPÖ angenommen (→ 10. 10.).

15. 7. Die Wehrgesetznovelle wird angenommen (→ 18. 2.).

4. 9. Ilona Gusenbauer erreicht mit 1,92 m einen neuen Weltrekord im Hochsprung.

21. 9. Österreichs Botschaft in Peking nimmt ihre Tätigkeit auf.

29. 9. Bundeskanzler Bruno Kreisky erklärt, daß die SPÖ keine weiteren Verstaatlichungen vornehmen werde.

5. 10. Das erste Gebäude der Hochschule für Bildungswissenschaften in Klagenfurt wird übergeben.

10. 10. Die Nationalratswahl bringt der SPÖ die absolute Mehrheit. →

15. 10. Der Verfassungsgerichtshof entscheidet gegen die fünf Länderbeschwerden wegen der Mandatsumschichtungen bei der Nationalratswahl (→ 14. 10.).

15. 10. Die Großsendeanlage auf dem Dobratsch (Kärnten) wird in Betrieb genommen. Sie schließt die letzte Sendeversorgungslücke des ORF.

21. 10. Die zweite Regierung Kreisky wird angelobt (→ 10. 10.).

18. 11. Bundespräsident Franz Jonas wird vom Papst empfangen. →

27. 11. Die erste Fußgängerzone (Graben) in Wien wird eröffnet.

22. 12. Kurt Waldheim wird zum UN-Generalsekretär gewählt. →

GESTORBEN:

6. 3. Wien: Hans Duhan (* 27. 1. 1890), Kammersänger, 1914–1940 an der Wiener Staatsoper.

16. 5. Wien: Karl Farkas (* 28. 10. 1893), Kabarettist, Textdichter und Regisseur.

21. 6. München: Ludwig Schmidseder (* 24. 8. 1904), Komponist.

27. 7. Salzburg: Bernhard Paumgartner (* 14. 11. 1887), Dirigent und Musikforscher.

31. 7. Bei Scheifling: Gertrude Wondrak (* 8. 3. 1920), Staatssekretär im Sozialministerium (verunglückt).

28. 11. Graz: Josef Krainer (* 16. 2. 1903), ÖVP-Politiker.

12. 12. Wien: Max Mell (* 10. 11. 1882), Dichter.

Heeresreform verabschiedet

18. Februar. Die Parteienverhandlungen über eine Bundesheerreform scheitern.
Während der Diskussion über die Gesetzesnovelle stellt die ÖVP am 24. Juni im Nationalrat einen Mißtrauensantrag gegen Verteidigungsminister Karl Lütgendorf. Grund ist ein Interview, das Lütgendorf dem deutschen Nachrichtenmagazin »Spiegel« gegeben hat, wobei er Einzelheiten seines Reformkonzeptes erwähnte. Da sich die FPÖ diesem Mißtrauensantrag nicht anschließt, wird er abgelehnt.
Trotzdem wird am 15. Juli die neue Wehrgesetznovelle mit den Stimmen von SPÖ und FPÖ angenommen: Der Präsenzdienst beim Bundesheer wird auf sechs Monate herabgesetzt, aufgeteilt auf 15 Tage je Kalenderjahr sind weitere 60 Tage Waffenübungen abzuleisten.

Beim Fahneneid

Volkszählung ergibt Zuwachs

12. Mai. Eine Volkszählung in Österreich ergibt 7 443 809 Einwohner, rund 570 000 bzw. 5,2 % mehr als bei der letzten Volkszählung im Jahre 1961. Die Kosten für diese Volkszählung betragen 70 Millionen Schilling. Aufgrund dieses Ergebnisses entsteht eine Verschiebung der Nationalratsmandate: Wien muß drei und Niederösterreich ein Mandat abgeben, Oberösterreich, Salzburg, Steiermark und Tirol gewinnen je ein Mandat hinzu (→ 14. 10.).

Mehr als 50 Prozent

10. Oktober. Bei der Nationalratswahl erreicht die SPÖ erstmals mehr als 50 % der Stimmen und gewinnt drei Mandate hinzu. Ein Vergleich mit der letzten Nationalratswahl 1970 »hinkt« allerdings, da durch die neue Wahlrechtordnung nunmehr 183 (und nicht mehr 165) Abgeordnete den Nationalrat bilden. So verzeichnet auch die ÖVP trotz eines Stimmenrückgangs von 1,5 % einen Gewinn von zwei Mandaten.
Während die ÖVP von »Überrumpelungswahlen« spricht, erklärt Bundeskanzler Bruno Kreisky, er sei überzeugt, »daß der heutige Wahlerfolg der SPÖ den Anfang weiterer Erfolge darstellt«. Am 19. demissioniert die Regierung Kreisky, der am 21. sein zweites Kabinett vorstellt.

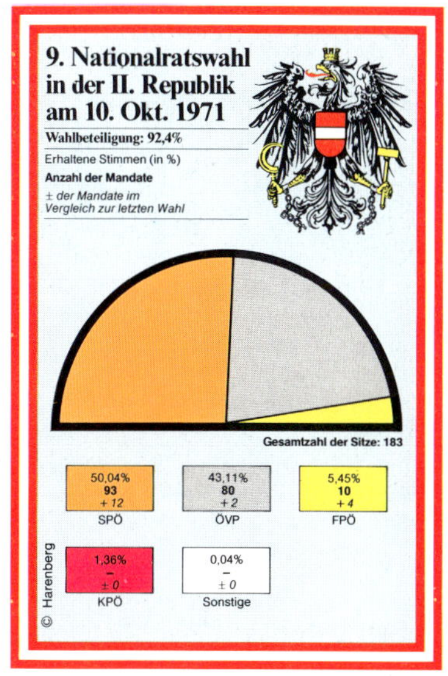

Hohes Amt bei der UN

22. Dezember. Der ständige Vertreter Österreichs bei den Vereinten Nationen in New York, Kurt Waldheim, wird mit 11 : 1 Stimmen bei drei Stimmenthaltungen für das Amt des Generalsekretärs vorgeschlagen. Durch Akklamation wird Waldheim dann von der Generalversammlung zum Generalsekretär der Vereinten Nationen gewählt.
Waldheim, der 1945 in den diplomatischen Dienst eintrat, war 1956–1960 Botschafter in Kanada und 1968–1970 österreichischer Außenminister.
Das Amt des UN-Generalsekretärs wird gebräuchlicherweise an einen Staatsmann oder Diplomaten aus einem neutralen Land vergeben.

Kurt Waldheim

Bauern demonstrieren

Erstes Jahresviertel. Die im vergangenen Jahr angelaufenen Demonstrationen der Bauern werden mit System fortgeführt, um auf die wachsenden Probleme des Bauernstandes aufmerksam zu machen. Am 11. Jänner zieht eine Bauerndelegation unter Führung des Bauernbundpräsidenten Roland Minkowitsch (ÖVP) in einem Schweigemarsch zum Bundeskanzleramt.
Am 19. März findet eine Demonstration des niederösterreichischen Bauernbundes (ÖVP) in Wien statt. 12 000 Bauern mit 7000 Fahrzeugen (darunter auch Traktoren) blockieren den Verkehr der gesamten Wiener Innenstadt. Die sehr diszipliniert verlaufende Großdemonstration endet mit einer Delegation bei Bundeskanzler Bruno Kreisky, der erklärt, daß er nicht gewillt sei, »auf der Straße« zu verhandeln.
In den folgenden Tagen finden Bauerndemonstrationen im ganzen Land Salzburg sowie in der Steiermark (10 000 Personen Beteiligung) statt.

Österreich »Insel der Seligen«

18. November. Im Rahmen seines Staatsbesuches in Italien wird Bundespräsident Franz Jonas von Papst Paul VI. in Audienz empfangen. Während dieses Gesprächs bezeichnet der Papst Österreich als eine »Insel der Seligen«. Der Staatsbesuch des Bundespräsidenten in Italien hat am 15. November begonnen. Es ist der erste Staatsbesuch eines österreichischen Bundespräsidenten in diesem Land – Zeichen für die Normalisierung zwischen den beiden Staaten trotz der Südtirolfrage.

Papst Paul VI.

Länder fordern Gerechtigkeit

14. Oktober. Der Verfassungsgerichtshof lehnt fünf eingegangene Verfassungsbeschwerden gegen die Nichtberücksichtigung der Volkszählungsergebnisse (→ 12. 5.) bei der Nationalratswahl ab.
Am 30. Juli hatte die Vorarlberger Landesregierung an das Innenministerium appelliert, die Ergebnisse der Volkszählung 1971 der Mandatsverteilung für die Nationalratswahl im Oktober zugrunde zu legen.
Am 4. August bezeichnete Landeshauptmann Eduard Wallnöfer die Nationalratswahl am 10. Oktober als verfassungswidrig, wenn nicht die Volkszählungsergebnisse bei der Mandatsverteilung berücksichtigt würden. Am 24. lehnte die Bundesregierung das Ansinnen des Tiroler Landeshauptmanns ab, da das Statistische Zentralamt keine Möglichkeit habe, die Mandatszahlen zeitgerecht zur Verfügung zu stellen. Daraufhin beschlossen die fünf ÖVP-Mitglieder der Tiroler Landesregierung gegen die Stimmen der zwei SPÖ-Mitglieder am 30., beim Verfassungsgerichtshof den Antrag auf Verfassungswidrigkeit der Nationalratswahl und auf Gesetzwidrigkeit der Mandatszahlen einzubringen.

1972

1. 1. Die 42-Stunden-Arbeitswoche tritt in Kraft.

17. 1. Der Ministerrat genehmigt den Gesetzentwurf zur Einführung der Mehrwertsteuer. →

21. 1. Der Nationalrat beschließt mit den Stimmen der SPÖ die Errichtung eines Bundesministeriums für Gesundheit und Umweltschutz.

25. 1. Im Zusammenhang mit den Ereignissen um die Volkszählung schlägt der Ministerrat dem Bundespräsidenten vor, den Bundesrat (die Länderkammer) von 54 auf 58 Mitglieder zu erhöhen (je ein Mitglied mehr für Nieder-, Oberösterreich, Steiermark und Tirol; → 14. 10. 1971).

31. 1. Karl Schranz wird von der Winterolympiade ausgeschlossen. →

2. 2. Ingrid Leodolter wird erster Bundesminister für Gesundheit und Umweltschutz.

3.–13. 2. XI. Olympische Winterspiele in Sapporo (Japan): Gold gewinnt Beatrix Schuba (Eiskunstlauf), Silber Annemarie Pröll (Damenabfahrt und Riesenslalom), Bronze Wiltrud Drexel (Riesenslalom) und Heini Messner (Herrenabfahrt).

15. 2. Der Nationalrat beschließt die Abschaffung der Hochschultaxen.

19. 2. Das erste Teilstück der Rheintalautobahn wird dem Verkehr übergeben (Bregenz–Feldkirch).

Februar. Der Bau des Kernkraftwerkes Zwentendorf (Niederösterreich) beginnt.

2. 3. Annemarie Pröll gewinnt abermals den Ski-Weltcup.

17. 3. Die Vorstände von ÖIAG, VÖEST, Alpine, Böhler und Schoeller einigen sich über einen Zusammenschluß dieser Gesellschaften.

23. 3. Unterrichtsminister Fred Sinowatz kündigt die Ausgabe von Bücherschecks für kostenlose Schulbücher ab dem Schuljahr 1972/73 an. →

2. 5. Tschechische Grenzorgane begehen bei Drasenhofen (Niederösterreich) eine Grenzverletzung.

20.–22. 5. US-Präsident Richard Nixon unterbricht in Salzburg seine Reise in die UdSSR.

20. 5. Der Regierungsentwurf für ein Ortstafelgesetz wird fertiggestellt. →

30. 5. Einstimmig verabschiedet der Nationalrat das Gesetz, wonach der Bund die Personalkosten der konfessionellen Schulen übernimmt.

20. 6. Die »Große Stahllösung« wird beschlossen. →

1. 7. Das Autobahnteilstück Klagenfurt–Krumpendorf wird dem Verkehr übergeben.

9. 7. Der Nationalrat beschließt das Gesetz über die Politikerbesteuerung.

22. 7. Österreich unterzeichnet in Brüssel vier Abkommen über den Freihandel mit der EWG.

28. 7. Ludwig Polsterer verkauft die Wiener Tageszeitung »Kurier« und die Großdruckerei Waldheim-Eberle an eine »Gesellschaft«, die aus 200 Personen und Firmen besteht.

4. 8. Bei den Salzburger Festspielen kommt es zu einem Theaterskandal um Thomas Bernhards Stück »Der Intrigant und der Wahnsinnige«. →

Mitte August. Eine Untersuchung ergibt, daß der Ballhausplatz in Wien der am stärksten »verstaubte Ort« der Stadt ist: Jährlich 16,6 kg Staub auf 100 m² – nur von Linz (20 kg) übertroffen.

26. 8.–10. 9. XX. Olympische Sommerspiele in München: Silber geht an Norbert Sattler (Kajakeiner), Bronze gewinnen Rudolf Dollinger (Freie Pistole) und Ilona Gusenbauer (Hochsprung).

4. 9. Der allgemeine Bauernverband blockiert mit Traktoren fünf große Molkereien in Kärnten – eine Demonstration für eine Milchpreiserhöhung.

14. 9. Der Nationalrat genehmigt das Interimsabkommen mit der EWG.

8. 10. Bei der Landtagswahl im Burgenland muß die SPÖ ein Mandat an die FPÖ abgeben.

14. 10. Der erste U-Bahn-Tunnel in Wien (Karlsplatz–Stephansplatz, 680 m lang) wird fertiggestellt.

20. 10. Die UN-Generalversammlung wählt Österreich für 1973 zum Mitglied des Sicherheitsrates.

15. 11. Die Preissteigerungsrate liegt bei 7,2 % (europäischer Durchschnitt 8,1 %).

1. 12. Diplomatische Beziehungen zwischen Österreich und der Republik Vietnam werden aufgenommen.

1. 12. Der ÖVP-Bundesparteitag nimmt das »Salzburger Programm« (ein Grundsatzprogramm der Partei) an.

14. 12. Die Vollautomatisierung des Telephonnetzes ist abgeschlossen.

16. 12. Die zweite Donaubrücke in Linz wird dem Verkehr übergeben.

21. 12. Österreich und die DDR erkennen sich gegenseitig an und nehmen diplomatische Beziehungen auf.

SG Wattens wird Fußballmeister der Saison 1971/72.

GESTORBEN:

30. 5. Wien: Else Wohlgemuth (* 1. 1. 1881), Schauspielerin.

17. 6. Schruns: Richard Nikolaus Graf Coudenhove-Kalergi (* 16. 11. 1894), Pazifist.

16. 7. Salzburg: Eduard Macheiner (* 18. 8. 1907), 1979 Erzbischof von Salzburg.

31. 7. Graz: Alfons Gorbach (* 2. 9. 1898), ÖVP-Politiker. →

1. 8. Deutschfeistritz: Ernst Fischer (* 3. 7. 1899), KPÖ-Politiker.

27. 8. Mainz: Albert Josef Oskar Wellek (* 16. 10. 1904), Musikforscher und Soziologe.

30. 8. Wien: Alexander von Sacher-Masoch (* 18. 11. 1901), Schriftsteller und Feuilletonist.

Villach: Größter Supermarkt Kärntens, Osttirols und der Steiermark eröffnet

Kärntner Tageszeitung

27. Jahrgang / Nr. 233 — Klagenfurt, Mittwoch, den 11. Oktober 1972 — P. b. b. / Preis S 2.50

Kreisky: Die Ortstafelstürmer schaden dem Ansehen Österreichs in der Welt!

Klare Absagen an den Terror auf der Straße

Unrühmliches Gedenken an 10. Oktober

Der Ortstafelkrieg in der Presse: Kreisky mahnt zur Besonnenheit

Der »Ortstafelkrieg«

Zweites Halbjahr. Der Streit um die zweisprachigen Ortstafeln in Kärnten beschäftigt im zweiten Halbjahr nicht nur die Bevölkerung Kärntens und die slowenische Minderheit, sondern auch die Politiker.

Am 6. April waren Beratungen des Bundeskanzlers mit den Vertretern der beiden slowenischen Organisationen Kärntens aufgenommen worden. Diese, der Rat der Kärntner Slowenen und der Zentralverband slowenischer Organisationen, verlangten die Aufstellung von zweisprachigen Ortstafeln in Erfüllung des betreffenden Punktes im Österreichischen Staatsvertrag von 1955.

Am 20. Mai war der Regierungsentwurf für das Kärntner Ortstafelgesetz fertiggestellt. Das Gesetz sollte für jene Gemeinden gelten, in denen die Bevölkerung aus mindestens 20 % slowenisch sprechenden Einwohnern besteht. Über die Aufstellung der Ortstafeln kommt es am 6. Juli zu einer Debatte im Nationalrat: Es wird festgestellt, daß 205 Orte in Kärnten von der Neuregelung betroffen sind. Am 20. September beginnt die Aufstellung der zweisprachigen Ortstafeln, der »Ortstafelkonflikt« nimmt seinen Anfang. Schon am 4. Oktober wird die erste Ortstafel abmontiert, und am 9. teilt die jugoslawische Regierung der Bundesregierung mit, daß sie »ernste Besorgnis« über die Vorfälle im Kärntner Ortstafelstreit habe. Am 8. überreicht der Außenminister Jugoslawiens dem österreichischen Botschafter in Belgrad eine Note, in der der Konflikt als Gefahr für die Weiterentwicklung der gegenseitigen Beziehungen bezeichnet wird.

Streit um Steuer

Das Pro und Kontra Mehrwertsteuer beschäftigt von Jahresbeginn an Politiker und Betroffene:

17. Jänner: In einer Sitzung des Ministerrates wird u.a. auch der Gesetzentwurf zur Einführung der Mehrwertsteuer genehmigt.

9. Februar: Die Bundeswirtschaftskammer bedauert, daß im Regierungsentwurf die Vorschläge und Wünsche der Wirtschaft keine Berücksichtigung gefunden haben.

29. Februar: Der von Finanzminister Hannes Androsch vorgelegte Entwurf zur Mehrwertsteuer wird im Ministerrat positiv beurteilt.

6. April: Bundeskanzler Bruno Kreisky erklärt, daß am 1. Jänner 1973 als Termin für die Einführung der Steuer festgehalten wird.

15. Juni: Mit den Stimmen von SPÖ und FPÖ nimmt der Nationalrat das Gesetz zur Einführung der Mehrwertsteuer an.

4. Oktober: Der ÖVP-Bundesparteiobmann Karl Schleinzer fordert die Herabsetzung der Mehrwertsteuersätze von 16 % auf 14 % und von 8 % auf 7 %, doch kontert Finanzminister Androsch, daß dadurch »keine stabilisierende Wirkung« erreicht werden würde.

Theaterskandal in Salzburg

4. August. Bei der ersten Wiederholung des Theaterstückes »Der Intrigant und der Wahnsinnige« von Thomas Bernhard im Rahmen der Salzburger Festspiele kommt es zu einem Theaterskandal, als die Vorstellung knapp vor Beginn abgesagt wird.
Grund dafür ist die von Regisseur Claus Peymann geforderte Ausschaltung der gesamten Beleuchtung, auch der Notbeleuchtung, im Theaterraum am Schluß des Theaterstückes für die Dauer von zwei Minuten.
Die Behörden hatten dies aus feuerpolizeilichen Gründen nicht genehmigt.

Altbundeskanzler Gorbach ist tot

31. Juli. Im Alter von 73 Jahren stirbt in Graz Altbundeskanzler Alfons Gorbach (ÖVP). Gorbach wurde 1934 steirischer Landesführer der »Vaterländischen Front«, war 1935 Mitglied des steirischen Landtages und ab 1945 des Nationalrats. 1960–1963 stand er als Bundesparteiobmann der ÖVP vor. 1961–1964 war Gorbach Bundeskanzler.

Die Vereinigten Österreichischen Eisen- und Stahlwerke (VÖEST) in Linz

Große Stahllösung

17. März. Die Vorstände der großen Stahlfirmen VÖEST, Alpine, Böhler und Schoeller-Bleckmann sowie der ÖIAG einigen sich über einen Zusammenschluß ihrer Betriebe. Am 18. April erklärt Bundeskanzler Bruno Kreisky auf dem SPÖ-Parteitag, daß die sog. Große Stahllösung zu begrüßen sei.
Am 20. Juni beschließt der Vorstand der ÖIAG, zum 1. Jänner 1973 die VÖEST mit der Alpine zu verschmelzen und die Böhler- und die Schoeller-Bleckmann-Werke dem fusionierten Unternehmen als Tochtergesellschaften anzuschließen.
Mit diesem Beschluß ist die »Große Stahllösung« vorerst beendet, doch kommt er noch vor den Aufsichtsrat der ÖIAG, der am 6. Juli tagt und mit Mehrheit die Fusion der Eisen- und Stahlgesellschaften beschließt. Das erste Mal erfolgt ein Mehrheitsbeschluß, bisher wurden alle Beschlüsse des Aufsichtsrates einstimmig getroffen.
Der Vorsitzende des Aufsichtsrates der ÖIAG, Josef Taus, kündigt wegen dieses Verfehlens eines eindeutigen Votums seinen Rücktritt an.

Schulbücher in Zukunft gratis

23. März. Unterrichtsminister Fred Sinowatz kündigt an, daß in Zukunft die Schulbücher an die Schüler gratis abgegeben werden. Für die Durchführung werden »Bücherschecks« ausgegeben, die die Schüler beim Buchhändler gegen das angegebene Schulbuch einlösen können.
Am 2. Juni gibt der Unterrichtsminister bekannt, daß mit Beginn des Schuljahres 1972/73 das Gratisschulbuchsystem in der angekündigten Form realisiert wird. Die Kosten für das Schuljahr 1972/73 werden zwischen 450 und 500 Millionen öS liegen, 1973/74 zwischen 600 und 650 Millionen und 1974/75 die Milliardengrenze leicht übersteigen.

Run auf die Hochschulen

November. Im Wintersemester 1972/73 sind an den österreichischen Hochschulen 12% mehr Studenten inskribiert als im vorjährigen Wintersemester: 70737 gegenüber 62871. Allgemein wird angenommen, daß die Einführung der Gebührenbefreiung diesen bedeutenden Anstieg bewirkt hat und weniger der Bildungsdrang.

Karl Schranz wird von der Olympiade ausgeschlossen

3. Februar. Die Olympischen Winterspiele im japanischen Sapporo werden eröffnet.
Im Internationalen Olympischen Komitee (IOC) herrscht Streit um den Amateurstatus der Sportler.
Der im selben Jahr scheidende IOC-Präsident Avery Brundage ist ein entschiedener Gegner der Kommerzialisierung des Sports. Er hat jedoch eine Entwicklung nicht aufhalten können, die es nötig macht, daß Sportler auf staatliche und private Subventionen angewiesen sind, um die für ihren bürgerlichen Beruf verlorene Trainingszeit finanziell auszugleichen.
Kurz vor Beginn der Spiele gibt Brundage eine Schwarze Liste mit den Namen von 53 Sportlern heraus, die gegen den Amateurstatus verstoßen haben sollen. Er fordert ihren Ausschluß, doch damit drohen die Spiele insgesamt gesprengt zu werden. Das IOC ist lediglich bereit, ein Exempel zu statuieren:
Es schließt Österreichs Skiläufer Karl Schranz von den Spielen aus und begründet diese Maßnahme damit, daß Schranz seinen Namen und sein Bild zu Werbezwecken verwendet habe. Schranz bewegt seine Kameraden, trotz einer Solidaritätsabsprache bei den Spielen zu starten (sie gewinnen eine Gold-, zwei Silber- und zwei Bronzemedaillen).

Karl Schranz (2. v. r.) auf einer Pressekonferenz in Sapporo

»Trixi« Schuba gewinnt Gold

1973

1. 1. Das Mehrwertsteuergesetz und das Freihandelsabkommen mit der EWG treten in Kraft. →

10. 1. Der Ministerrat billigt das Ersuchen des UN-Generalsekretärs Kurt Waldheim, die Aufenthaltsdauer des Zypernkontingents zu verlängern. →

11. 1. Karl Berg wird zum Erzbischof von Salzburg ernannt.

16. 1. Zum ersten Mal nimmt Österreich als Mitglied des Sicherheitsrates an einer UNO-Sitzung teil.

18. 1. Das im Bundeskanzleramt neu errichtete Staatssekretariat »für öffentlichen Dienst« wird mit Karl Lausecker als Staatssekretär besetzt.

22. 1. Die Sicherheitsmaßnahmen für das Transitlager Schönau bei Wiener Neustadt (für Israelemigranten) werden verschärft, nachdem drei Palästinenser mit gefälschten israelischen Reisepässen verhaftet wurden.

31. 1. Die österreichische Bischofskonferenz spricht sich gegen die Einführung der Fristenlösung bei der Abtreibung aus.

12. 2. Wegen der Dollarkrise schließt die Wiener Börse.

14. 2. Einstimmig beschließt der Nationalrat die Herabsetzung des Großjährigkeitsalters auf 19 Jahre (ab 1. Juli).

15. 2. Der Nationalrat beschließt die Zusammenfassung der verstaatlichten Eisen- und Stahlunternehmen.

25. 2. Bei der Gemeinderatswahl in Graz verliert die SPÖ die absolute Mehrheit.

13. 3. Der Schilling wird um 2,25 % aufgewertet.

25. 3. Die Gemeinderatswahlen in Kärnten bringen der SPÖ Verluste von 6 %, die anderen Parteien verbuchen unterschiedliche Zuwächse.

3. 4. Die zweite Maul- und Klauenseuchewelle in Österreich beginnt. →

11. 4. ÖVP und FPÖ schließen ein Abkommen über künftige Zusammenarbeit im Grazer Gemeinderat. Alexander Götz, FPÖ, wird am 24. zum neuen Bürgermeister gewählt.

13. 4. In der Rekordzeit von 500 Arbeitstagen ist der 5,4 km lange Katschbergtunnel der Tauernautobahn durchschlagen.

19. 5. Führungswechsel in der Kärntner SPÖ: Leopold Wagner löst Hans Sima als Landeshauptmann ab.

26. 5. Die Volksbefragung über die Verbauung des Sternwarteparks in Wien findet statt. →

4. 6. Nach dem Rücktritt von Felix Slavik entscheidet sich die SPÖ für Leopold Gratz als Bürgermeister von Wien (am 5. 7. gewählt).

2.–5. 7. Der sowjetische Ministerpräsident Alexej Nikolajewitsch Kossygin hält sich zu einem Staatsbesuch in Österreich auf.

2. 7. Die Bundesregierung beschließt eine Schillingaufwertung um 4,3 %.

3. 7. Der Nationalrat beschließt die Herabsetzung des passiven Wahlrechts von 24 auf 21 Jahre.

26. 7. Es kommt zu einem Luftzwischenfall an der Grenze zur ČSSR. →

19. 8. Helmut Linzbichler und Günther Schmidt (beide aus Kapfenberg, Steiermark) gelingt die Erstbesteigung des Daltar Peak (6000 m) im östlichen Teil des Hindukusch.

31. 8. Der 700. ORF-Sender wird in Wien-Neuwaldegg in Betrieb genommen. Jeder zweite dieser Sender ist erst nach der Rundfunkreform 1967 errichtet worden.

8. 9. Das Strafrechtsmuseum in Schloß Scharnstein (Oberösterreich) wird eröffnet.

18. 9. Erwin Lanc (SPÖ) löst den ausscheidenden Erwin Frühbauer als Verkehrsminister ab.

28. 9. Palästinenser entführen vier Geiseln. →

11. 10. Die Verhaltensforscher Karl von Frisch und Konrad Lorenz erhalten gemeinsam mit dem Niederländer Nikolaas Tinbergen den Nobelpreis für Physiologie oder Medizin. →

21. 10. Landtagswahlen in Wien: Die DFP verliert ihre drei, die FPÖ ein Mandat; die SPÖ gewinnt drei, die ÖVP ein Mandat hinzu. Bei den Landtagswahlen in Oberösterreich verliert die SPÖ zwei Mandate an die ÖVP.

29. 11. Das neue Strafrecht wird vom Nationalrat beschlossen – die Fristenlösung bei Abtreibung mit Mehrheitsentscheid durch SPÖ.

10. 12. Österreich unterzeichnet die »Menschenrechtsakte« der UNO.

27. 12. Der Schah von Persien, Mohammed Reza Pahlavi, hält sich privat in Österreich auf. Dabei ergeben sich Verhandlungen über Erdöllieferungen.

31. 12. Die Preissteigerungsrate betrug 1973 7,6 % – in den anderen Industrieländern Europas im Durchschnitt 8,7 %.

Wacker Innsbruck wird Fußballmeister der Saison 1972/73.

GESTORBEN:

20. 1. Wien: Lorenz Böhler (* 15. 1. 1885), Unfallchirurg.

7. 3. Wolfsberg (Kärnten): Christine Lavant (eigtl. Habernig, * 4. 7. 1915), Dichterin.

16. 5. Baden: Albert Paris Gütersloh (eigtl. Albert Conrad Kriehuber; * 5. 2. 1887), Dichter und Maler. →

23. 5. Wien: Alois Podhajsky (* 24. 2. 1898), Oberst, Leiter der Spanischen Hofreitschule von 1939–1965.

17. 10. Rom: Ingeborg Bachmann (* 25. 6. 1926), Schriftstellerin. →

4. 11. Schwarzach: Karl Heinrich Waggerl (* 10. 12. 1897), Erzähler.

29. 11. Klosterneuburg: Felix Braun (* 4. 11. 1885), Dichter.

29. 11. Buenos Aires: Oswald Menghin (* 19. 4. 1888), Frühgeschichtsforscher.

Wiener Zeitung

Samstag, 29. September 1973
Nummer 225 // P.b.b.
Gründungsjahr 1703
Verlagspostamt 1030 Wien
Preis S 1,50

Schwechat: Geiseln in der Gewalt von palästinensischen Terroristen

Überfall auf Emigrantenzug — Lange vorbereitete Aktion
Flughafen abgeriegelt — Gangster fordern Sonderflugzeug

Die Terrorwelle palästinensischer Guerillas hat nunmehr auch auf Österreich übergegriffen. Zwei Terroristen — nach vorläufigen Meldungen sind es der 25jährige Mustafa Soudeidan und der 27jährige Mahmud Khaldi — halten bei Redaktionsschluß dieser Ausgabe auf dem Flughafen Wien-Schwechat vier Geiseln, den österreichischen Zollwacheinspektor Franz Bobits und drei jüdische Emigranten aus der Sowjetunion, unter ihnen eine Frau, fest. Die Geiseln wurden mit Waffengewalt aus einem Personenzug, der die

RATHAUS-JUBILÄUM 73

Ausstellung anläßlich der 100-Jahr-Feier der Grundsteinlegung für das Wiener Rathaus

Schmidthalle: Das Werden des Rathauses

Arkadenhof: Ein bunter Bilderbogen (historischer Teil)

Volkshalle: Die Stadt, in der wir leben

30. SEPTEMBER bis 2. DEZEMBER 1973 täglich

Das Fluchtauto der Terroristen, abgebildet in der »Wiener Zeitung«

Regierung gibt nach

28. September. Beim ersten Terroranschlag palästinensischer Guerillas in Österreich werden im Bahnhof Marchegg (Niederösterreich) aus einem Zug mit jüdischen Emigranten aus der Sowjetunion vier Geiseln (drei Juden und ein österreichischer Zollwachebeamter) entführt und auf den Flughafen Wien-Schwechat gebracht.

Die Palästinenser lassen die Geiseln frei, nachdem die Bundesregierung die Auflösung des Transitlagers Schönau (Niederösterreich) zusagt. Am 29. September werden die Terroristen von zwei Grazer Piloten, die sich freiwillig zur Verfügung gestellt haben, ausgeflogen.

Mit stockender Stimme hat Bundeskanzler Bruno Kreisky zuvor bekanntgegeben, daß Österreich – um das Leben der Geiseln zu retten – den jüdischen Auswanderern aus der Sowjetunion künftig keine Unterstützung mehr leisten werde.

Am 2. Oktober fordert Israels Ministerpräsident Golda Meir in Wien von Bundeskanzler Bruno Kreisky die Aufhebung der Entscheidung, das Transitlager Schönau zu schließen. Der Bundeskanzler erläutert daraufhin sehr bestimmt den Standpunkt und die Gründe der Bundesregierung, die zu diesem Entschluß geführt haben. Er erklärt, daß auch ohne den Terroranschlag Österreich nicht in der Lage gewesen wäre, die Sicherheit Schönaus zu gewährleisten. Am 5. Oktober wird Schönau daher geschlossen, dafür am 13. November die Rot-Kreuz-Station Wöllersdorf eröffnet.

Abkommen mit der EWG in Kraft

1. Jänner. Das am 22. Juli 1972 unterzeichnete Freihandelsabkommen der neutralen EFTA-Staaten Österreich, Schweiz und Schweden mit der EWG tritt in Kraft. Mit Österreich ist zugleich ein Interimsabkommen geschlossen worden, das eine Zollsenkung für Industrieprodukte mit Ausnahme von sog. sensiblen Produkten um 30 % bereits ab 1. Oktober 1972 vorsieht. Dieses Interimsabkommen wird als eine Art Treueprämie verstanden, da Österreich sich als einziges EFTA-Land seit 1961 konsequent um ein Abkommen mit der EWG bemüht hat.

Kreisky bei Vertragsunterzeichnung

Nobelpreis für zwei Österreicher

11. Oktober. Gemeinsam mit dem Niederländer Nikolaas Tinbergen erhalten die beiden Österreicher Konrad Lorenz und Karl von Frisch den Nobelpreis für Medizin zuerkannt. In der Begründung heißt es, daß sie den Preis für ihre Entdeckungen von individuellen und sozialen Verhaltensmustern erhalten.
Karl Ritter von Frisch wurde durch sein 1923 erschienenes Buch »Die Sprache der Bienen« bekannt. Abgesehen von seiner Bienenforschung, fand er auch große Anerkennung durch seine Arbeiten über den Farbsinn der Tiere. Konrad Lorenz war 1948–1950 Leiter des Instituts für vergleichende Verhaltensphysiologie auf dem Gut Altenberg bei Wien und wurde 1954 Direktor des Max-Planck-Institutes für Verhaltensforschung in Seewiesen (BRD). Vor allem seine Versuche mit Graugänsen sind bekannt.

Konrad Lorenz

Karl von Frisch

Im Dienste der UN

10. Jänner. Der Ministerrat billigt das Ersuchen von UN-Generalsekretär Kurt Waldheim, die Aufenthaltsdauer des Zypernkontingents des österreichischen Bundesheeres zu verlängern.
Schon seit dem 11. Dezember 1960 stehen Kontingente des Bundesheeres im Dienste der UNO. Zunächst kamen fünf Sanitätskontingente bis zum 15. August 1963 im Kongo zum Einsatz. Seit dem 16. Mai 1964 sind Einheiten auf der Insel Zypern eingesetzt.
Im Oktober 1973 wird die österreichische UN-Truppe von der Insel Zypern nach dem Nahen Osten verlegt, eine Folge des Yom-Kippur-Krieges (des vierten israelisch-arabischen Krieges).
Im Juni 1974 wird die Einheit auf den Golanhöhen eingesetzt, wo am 25. vier Soldaten mit einem Jeep auf eine Mine fahren und sterben – im August kommen drei Angehörige des österreichischen UN-Bataillons bei einem türkischen Luftangriff auf Zypern ums Leben. (Von 1964–1978 fallen insgesamt 18 österreichische Soldaten bei UN-Einsätzen.)

Soldat des österreichischen Sanitärkontingents der Friedensmacht der Vereinten Nationen für Zypern

Blick auf befestigte Grenzanlagen und Wachturm an der Ostgrenze

Luftkrieg mit der ČSSR

26. Juli. An der ČSSR-Grenze in Niederösterreich ereignet sich ein Luftzwischenfall, der zwei Tote fordert: Zwanzig Kilometer von der Grenze entfernt wird ein österreichisches Sportflugzeug von einer tschechoslowakischen Militärmaschine bedrängt und zum Absturz gebracht. Am 2. September wiederholt sich ein ebensolcher Zwischenfall. Erneut sind zwei Tote durch einen Absturz zu beklagen.

Über 80 000 Tiere Opfer der Seuche

3. April. Eine zweite Maul- und Klauenseuchewelle sucht Österreich heim: 1620 Höfe in Niederösterreich, Wien und im Burgenland sind betroffen, insgesamt müssen 4494 Rinder, 245 Ziegen, 25 Schafe, ein Lama und 75 627 Schweine geschlachtet werden. Der Staat zahlt dafür eine hohe Entschädigung.

Volksbefragung in Österreich

26. Mai. Die erste Volksbefragung in Österreich – über den Verbau des Sternwarteparks in Wien – ergibt eine Mehrheit von 57,4 % gegen die Errichtung eines Gebäudes für das Zoologische Institut der Universität Wien. Die Anrainer des Parks befürchten, durch den Verbau ein Gesundheitsreservat zu verlieren.

Maler, Lyriker und Schriftsteller

16. Mai. Der Maler, Lyriker, Erzähler und Essayist Albert Paris von Gütersloh, eigentlich Albert Conrad Kiehtreiber, stirbt im Alter von 86 Jahren in Baden bei Wien.
Gütersloh versuchte sich zunächst als Schauspieler, dann als Maler und Schriftsteller, Bühnenbildner und Regisseur.
1930–1938 lehrte er an der Kunstgewerbeschule in Wien, erhielt danach Berufsverbot und wurde 1945 Professor an der Akademie der Bildenden Künste in Wien. Er gilt als Wegbereiter des Wiener Phantastischen Realismus.

Ingeborg Bachmann stirbt

16. Oktober. An den Folgen eines nicht geklärten Wohnungsbrandes – möglicherweise ein Selbstmord – stirbt in Rom die international mehrfach ausgezeichnete Lyrikerin, Hörspielautorin, Erzählerin und Opernlibrettistin Ingeborg Bachmann.
Bachmann, die 1950 über Martin Heidegger promovierte, war zunächst Rundfunkredakteurin in Wien, dann ab 1953 freie Schriftstellerin und Mitarbeiterin der literarischen »Gruppe 47«, die 1953 ihren ersten Gedichtband »Die gestundete Zeit« auszeichnete. Sie lebte in verschiedenen europäischen Städten.

1974

14. 1. Die Verordnung über einen »autofreien Tag« je Woche tritt in Kraft. →

14. 1. Der Richtstollen für den 8320 m langen Gleinalmtunnel der Phyrnautobahn wird nach nur elf Monaten Bauzeit durchschlagen.

19. 1. Nach dreijähriger Bauzeit ist der 6,4 km lange Tauerntunnel der Tauernautobahn fertiggestellt.

23. 1. Der Beharrungsbeschluß des Nationalrates über das neue Strafrecht hat Auswirkungen auf die umstrittene Fristenlösung. →

4. 2. Österreich erhält den von der Zeitschrift »Financial Times« jährlich vergebenen »Wirtschafts-Oscar« für die »besten allgemeinen Ergebnisse«.

1. 3. Tschechoslowakische Militärflugzeuge verletzen zweimal die österreichische Grenze.

6. 3. Der Nationalrat beschließt das Zivildienstgesetz, da immer mehr Präsenzdiener den Dienst ohne Waffen verlangen.

10. 3. Im Skiweltcup belegt Österreich mit 1315 Punkten Platz 1. Bei den Damen wird Annemarie Moser-Pröll Erste und Monika Kaserer Zweite; bei den Herren wird Hans Hinterseer Dritter.

23. 3. Die Gletscherbahn Kaprun II wird fertiggestellt. →

8. 4. Die Regelung für die längere Vertretung des Bundespräsidenten beschlossen.

19. 4. Leopold Wagner wird vom Landtag zum neuen Landeshauptmann von Kärnten gewählt.

1. 5. Die Höchstgeschwindigkeit auf den Autobahnen wird auf 130 km/h festgesetzt.

17. 5. Eine »stille« Schillingaufwertung um etwa 3 % kommt durch die Verdoppelung der Kursmargen zustande.

22. 5. Die Ausstellung »Renaissance in Österreich« wird auf dem renovierten Schloß Schallaburg in Niederösterreich eröffnet.

25. 5.–1. 6. Bundeskanzler Bruno Kreisky reist zu einem Staatsbesuch in die UdSSR.

Juni. Die Verbraucherpreise steigen erstmals um mehr als 10 % (10,2 %).

10.–12. 6. US-Präsident Richard Nixon nimmt auf einer Nahostreise in Salzburg Zwischenaufenthalt.

11. 6. Die Robert-Musil-Gesellschaft wird in Wien gegründet.

23. 6. Rudolf Kirchschläger wird zum Bundespräsidenten gewählt. →

25. 6. Auf dem Hermonberg (Israel) fallen vier österreichische Soldaten des UN-Kontingents.

8. 7. Erich Bielka-Karltreu wird als neuer Außenminister und Günter Haiden als Staatssekretär für Land- und Forstwirtschaft (Bergbauern) angelobt.

9. 7. Die Auseinandersetzungen um die Rundfunkgesetznovelle beginnen (→ 10. 1. 1975).

20. 7. Die Bregenzer Festspiele werden mit einem in Österreich noch nie aufgeführten Jugendwerk Giuseppe Verdis »Il finto Stanislao« eröffnet.

15. 8. Drei Soldaten des UN-Batallons in Zypern fallen bei einem Luftangriff der Türken.

3. 9. Die Allgemeine Wirtschaftsbank AG in Wien muß wegen Zahlungsunfähigkeit schließen.

9. 10. Friedrich August von Hayek erhält den Wirtschaftsnobelpreis. →

22. 10. Finanzminister Hannes Androsch gibt das Budget 1975 bekannt – voraussichtlicher Abgang 16 326 Millionen öS.

29. 10. Der Ministerrat billigt die verfassungsmäßige Änderung des Wahlrechts. Mit 19 Jahren erhalten die Staatsbürger aktives, mit 25 passives Wahlrecht.

8. 12. Anhaltende Regenfälle verursachen Hochwasser mit beträchtlichen Sachschäden, besonders in Nieder- und Oberösterreich sowie in Salzburg.

19. 12. Mit der ČSSR wird ein Vermögensvertrag unterzeichnet. Die ČSSR verpflichtet sich, 1,2 Milliarden öS für Vermögenswerte zu bezahlen.

21. 12. Der 5,4 km lange Katschbergtunnel der Tauernautobahn (von Eben bis Rennweg) wird dem Verkehr übergeben.

23. 12. Die erste 100-Schilling-Silbermünze (zur Winterolympiade 1976) wird ausgegeben.

31. 12. Ein schweres Lawinenunglück bei Gaschurn (Vorarlberg) fordert zwölf Menschenleben.

VÖEST Linz wird Fußballmeister der Saison 1973/74.

GESTORBEN:

19. 1. Graz: Franz Nabl (* 16. 7. 1883), Erzähler und Dramatiker.

26. 1. Rottach-Egern am Tegernsee: Julius Patzak (* 9. 4. 1898), Kammersänger, 1946–1974 an der Wiener Staatsoper.

24. 4. Wien: Franz Jonas (* 4. 10. 1899), SPÖ-Politiker, seit 1965 Bundespräsident.

5. 6. Alt-Aussee: Bruno Brehm (* 23. 7. 1892), Schriftsteller.

11. 10. Wien: Erich Schenk (* 5. 5. 1902), Musikwissenschaftler.

12. 10. Genf: Josef Krips (* 8. 4. 1902), Dirigent.

12. 10. Wien: Felix Hurdes (* 9. 8. 1901), ÖVP-Politiker.

30. 10. Wien: Ernst Lothar (eigtl. Müller; * 25. 10. 1890), Schriftsteller.

7. 11. Wien: Helene Thimig (* 5. 6. 1889), Kammerschauspielerin. →

9. 11. Oxford: Egon Joseph Wellesz (* 21. 10. 1885), Komponist und Musikforscher.

1. 12. Bregenz: Oswald Lutz (* 23. 4. 1908), Komponist.

Die meisten Tankstellen geben nur noch 20 Liter Treibstoff ab

Verzicht aufs Auto

14. Jänner. Die Verordnung des Handelsministeriums über einen autofreien Tag in der Woche tritt in Kraft. Danach muß jeder Kfz-Besitzer nach freier Wahl einen Tag in der Woche auf das Autofahren verzichten. Durch ein »Pickerl« ist dieser Tag an der Windschutzscheibe anzuzeigen und im Zulassungsschein einzutragen. Darüber hinaus wird auf den Autobahnen eine Höchstgeschwindigkeit von 120 km/h am 1. März eingeführt. Rund 200 000 Autobesitzer – knapp 13 % bzw. jedes achte Fahrzeug – erhalten eine Sonderfahrgenehmigung.

Abtreibung liberaler

23. Jänner. Mit 92 gegen 88 Stimmen faßt der Nationalrat einen Beharrungsbeschluß zur Verabschiedung des neuen Strafrechts, das eine Reform des Abtreibungsgesetzes enthält. Damit ist der Einspruch des Bundesrats aufgehoben, das Gesetz kann am 1. Jänner 1975 in Kraft treten. Umstrittenster Teil des neuen Strafrechts ist die heftig umkämpfte Fristenlösung, wonach die Schwangerschaftsunterbrechung durch einen Arzt nicht strafbar sein soll, wenn sie innerhalb der ersten drei Monate nach Beginn der Schwangerschaft vorgenommen wird, wenn eine medizinische oder eugetische Indikation vorliegt oder wenn die Schwangere zum Zeitpunkt der Empfängnis unmündig war.

Hayek erhält Nobelpreis

9. Oktober. Der 75jährige Nationalökonom Friedrich August von Hayek erhält gemeinsam mit dem schwedischen Forscher Gunnar Myrdal den Nobelpreis für Wirtschaft – »für ihre bahnbrechenden Arbeiten auf dem Gebiet der Geld- und Konjunkturtheorie und ihre tiefgründige Analyse der wechselseitigen Abhängigkeit wirtschaftlicher, sozialer und institutioneller Phänomene«.

Von Hayek gilt als bedeutender Vertreter des Neoliberalismus.

Der Welt größte Standseilbahn

23. März. Die Gletscherbahn Kaprun II auf das Kitzsteinhorn (Salzburg) – die größte Standseilbahn der Welt – wird eröffnet.

Nach dreijähriger Bauzeit ist die 3,9 km lange Strecke fertiggestellt worden.

Die Gletscherbahn hat eine Steigung von 50 % und führt über eine 600 m lange Stahlbrücke und durch einen 3,3 km langen Stollen in eine Seehöhe von 2446 m. Es verkehren zwei Züge mit einer Spurweite von einem Meter.

Kirchschläger Bundespräsident

23. Juni. Rudolf Kirchschläger wird zum Bundespräsidenten gewählt. Er erhält 51,55% der Stimmen, bei einer Wahlbeteiligung von 94,6%. Dies ist der höchste Prozentsatz, den je ein Kandidat beim ersten Wahlgang erreicht hat.

Am 30. April wurden von den Parteien die Kandidaten für die Bundespräsidentenwahl bekanntgegeben, nachdem der amtierende Präsident Franz Jonas (SPÖ) eine Woche zuvor verstorben war. Die SPÖ nominierte den parteilosen Außenminister Rudolf Kirchschläger.

Jonas

Kirchschläger

Beifall war ihr ständiger Begleiter

7. November. In Wien stirbt die Burgtheaterschauspielerin Helene Thimig, geboren am 5. Juni 1889 in Wien. Sie war 1924–1937 in Wien am Theater in der Josefstadt. 1932 heiratete Helene Thimig den Regisseur Max Reinhardt, war ab 1946 am Wiener Burgtheater und ab 1954 auch am Theater in der Josefstadt und war 1948–1959 künstlerische Leiterin des Reinhardtseminars.

Die drei Schauspieler-Geschwister, v. l. Helene, Hans, Hermann Thimig

1975

6. 1. Die Vierschanzentournee der Skispringer endet mit einem Triumph für Österreich: Erster wird Willy Pürstl, Zweiter Edi Federer und Dritter Karl Schnabl.

10. 1. Das ORF-Kuratorium bestätigt knapp Otto Oberhammer als Generalintendant.→

23. 1. Einstimmig verabschiedet der Nationalrat das neue Lebensmittelgesetz, das strengere Bestimmungen und Kontrollen vorsieht.

Ende Jänner. Das Polizeipräsidium bezieht das neue Gebäude am Schottenring in Wien; es hat rund 500 Millionen öS gekostet.

19. 2. SPÖ und FPÖ lehnen den ÖVP-Mißtrauensantrag gegen Finanzminister Hannes Androsch wegen »Budgetverschleierung« ab.

24. 2. Annemarie Moser-Pröll wird zum fünften Mal Skiweltcupsiegerin; Österreich erreicht abermals Platz 1 in der Nationenwertung.

26. 2. Übereinstimmend wird im Bundeskanzleramt für 1976 eine »Volkszählung besonderer Art« (zur Minderheitenfeststellung) vorgesehen.

26. 3. Mit der DDR wird ein Konsularvertrag unterzeichnet.

Anfang April. Die Brennanlage eines Ziegelofens der römischen X. Legion wird in Wien Steinergasse 15 entdeckt.

11. 4. Das neue Universitätsorganisationsgesetz wird im Nationalrat beschlossen.→

Kurz vor Mitternacht wird nach 14stündiger Debatte de ÖVP-Antrag auf vorzeitige Auflösung des Nationalrates durch SPÖ und FPÖ abgelehnt.

14. 4. In Wien werden gebührenpflichtige Parkscheine eingeführt.

23. 4. In Schloß Rosenau (Niederösterreich) wird in der im Juli 1974 entdeckten Freimaurerloge ein Freimaurermuseum eröffnet.

28. 4. UN-Generalsekretär Kurt Waldheim eröffnet die Zypernkonferenz in der Wiener Hofburg.

15. 5. In der Wiener Hofburg findet ein Festakt anläßlich des 20jährigen Jubiläums der Staatsvertragsunterzeichnung statt.

15./16. 5. Schweres Unglück beim Tauernautobahnbau nahe Gmünd (Kärnten): Ein Vorbaugerüst stürzt 50 m tief ab – zehn Tote und ein Schwerverletzter.

20./21. 5. US-Außenminister Henry Kissinger und sein sowjetischer Kollege Andrej Gromyko treffen sich zu Gesprächen in Wien.

1.–2. 6. US-Präsident Gerald Ford und der ägyptische Staatspräsident Anwar as-Sadat erörtern auf Schloß Klesheim bei Salzburg die Lage im Nahen Osten.

14. 6. Die 27. Österreich-Radrundfahrt endet mit einem heimischen Erfolg: Erster wird Wolfgang Steinmayr (als Glocknerkönig), Zweiter Rudi Mitteregger, Dritter Roman Humenberger.

21. 6. Die Scheitelstrecke der Tauernautobahn wird eröffnet.

2. 10. Eine Anti-Franco-Demonstration in Wien fordert mehrere Verletzte.→

4. 10. Die Nationalratswahl bringt keinerlei Mandatsveränderungen.→

18. 10. Drei »Alt-Österreicher« werden selig gesprochen: Maria Theresia Ledochowska (1863–1922), Initiatorin einer Afrikamission; Pater Arnold Jansen (1837–1909), Gründer der Missionsgesellschaft vom göttlichen Wort; Josef Freinademetz (1852–1908), Chinamissionar.

17.–22. 11. Der internationale PEN-Kongreß tagt in Wien.

21. 11. Rudolf Sallinger wird abermals zum Präsidenten der Bundeskammer der gewerblichen Wirtschaft gewählt.

1./2. 12. Bei den Bundespersonalvertretungswahlen gewinnen auf Kosten mehrerer Splittergruppen der ÖAAB (ÖVP) und FCG (Fraktion christlicher Gewerkschaftler) 21 und die sozialistischen Gewerkschaftler neun Mandate.

18. 12. Der Nationalrat nimmt mit den Stimmen der SPÖ den Bundesvoranschlag 1976 in Höhe von 215,4 Milliarden öS an.

21. 12. In Wien wird ein Anschlag auf den Sitz der OPEC verübt.→

Der SPÖ-Politiker Karl Czernetz wird zum Präsidenten des Europarats gewählt (bis 1978).

SG Wattens wird Fußballmeister der Saison 1974/75.

GESTORBEN:

3. 1. Purkersdorf: Victor Kraft (* 4. 7. 1880), Philosoph.

3. 1. München: Robert Neumann (* 22. 5. 1897), satirischer Parodist.

12. 1. Wien: Max Lorenz (* 10. 5. 1902), Kammersänger.

27. 6. Berlin: Robert Stolz (* 25. 8. 1880), Operettenkomponist.→

1. 7. Wien: Gustinus Ambrosi (* 24. 2. 1893), Bildhauer (Selbstmord).

4. 7. Wien: Herbert Kraus (* 1910), Neurochirurg.

19. 7. Bei Bruck: Karl Schleinzer (* 8. 1. 1924), ÖVP-Politiker.

20. 8. Wien: Karl Schwanzer (* 21. 5. 1918), Architekt.

28. 8. Wien: Fritz Wotruba (* 23. 4. 1907), Bildhauer.

10. 9. Salzburg: Hans Swarowsky (* 16. 9. 1899), Dirigent.

22. 9. Wien: Franz Salmhofer (* 22. 1. 1900), Komponist.

8. 10. Berlin/Ost: Walter Felsenstein (* 30. 5. 1901), Regisseur.

19. 10. Wien: Alfred Migsch (* 5. 11. 1901), Politiker.

11. 11. Klagenfurt: Ferdinand Wedenig (* 10. 5. 1896), SPÖ-Politiker.

Probleme mit der Rundfunk-Novelle

10. Jänner. Beim zweiten Wahlgang des ORF-Kuratoriums wegen der definitiven Bestellung des Generalintendanten erhalten Gerd Bacher und Otto Oberhammer jeweils 15 Stimmen. Der Vorsitzende und Vertreter des Bundeskanzlers, Fritz Slunsky, entscheidet mit seiner zweiten Stimme für Oberhammer, den Kandidaten der Bundesregierung, der damit auf vier Jahre zum Generalintendanten gewählt ist. Die Wahl

Gerd Bacher unterliegt

Oberhammers zum Generalintendanten bildet vorläufig das Ende der seit 1973 andauernden Debatte um die Novellierung des Rundfunkgesetzes: Kuratorium statt Aufsichtsrat und Generalversammlung, kein Weisungsrecht des Generalintendanten. Am 5. Juli 1974 verabschiedete der Verfassungsausschuß des Nationalrates in Abwesenheit der beiden Oppositionsparteien die Novelle. Am 10. Juli 1974 verabschiedete der Nationalrat mit den Stimmen der SPÖ die Novelle, die Neubestellung der ORF-Führung sollte bis zum 15. Oktober 1974 erfolgen. Das Verfassungsgesetz über die Unabhängigkeit des Rundfunks wurde einstimmig angenommen, die SPÖ lehnte einen Mißtrauensantrag gegen den Bundeskanzler und die Forderung nach einer Volksabstimmung über die Rundfunkgesetz-Novelle ab. Am 13. Juli erklärten daraufhin die parteiunabhängigen Tageszeitungen Österreichs, daß die »SPÖ-Rundfunkgesetz-Novelle nicht im Sinne des seinerzeitigen Volksbegehrens« (→ 8. 7. 1966) sei. Am 9. September konstituierte sich der Hörer- und Seherbeirat des ORF (eine Neuerung gemäß der Novelle); 20 der 35 Mitglieder hatte Bundeskanzler Kreisky bestellt.

Geiseln besteigen den Bus zum Flughafen

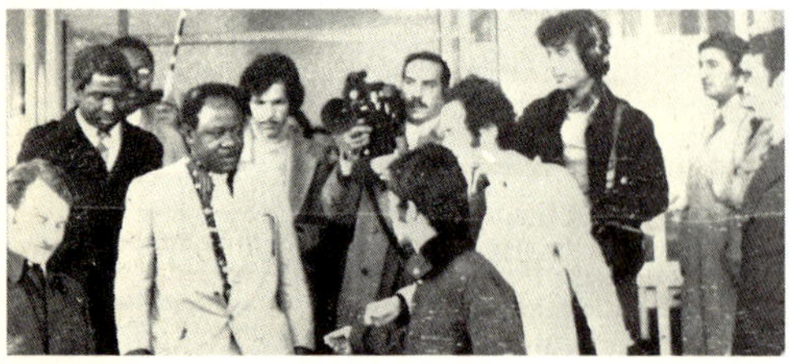

Mofia Tonjo Akobo (Nigeria) wird freigelassen

OPEC-Gebäude

Abtransport von Verletzten

Terroranschlag auf die OPEC

21. Dezember. Bei einem Anschlag auf den Sitz der OPEC in Wien am Dr.-Karl-Lueger-Ring bringen fünf Terroristen elf OPEC-Minister in ihre Gewalt. Ein Wiener Kriminalbeamter, ein irakischer OPEC-Beamter und ein libyscher OPEC-Delegierter werden getötet, drei weitere Personen verletzt, unter ihnen ein Terrorist schwer.

Nachdem die Forderung der Bundesregierung, die österreichischen Geiseln freizulassen, von den Terroristen erfüllt worden ist, wird auch den Bedingungen der Terroristen entsprochen. Sie werden am 22. Dezember zum Flughafen Schwechat gebracht und verlassen mit einer DC-9 der Austrian Airlines um 9.16 Uhr mit 33 Geiseln Österreich. Der »Kurier« berichtet am 22. wie folgt über die Ereignisse:

»Nach ein Uhr früh fiel am Montag die Entscheidung: Die ... Terroristen ... werden ausgeflogen. Als Geiseln nehmen sie die Erdölminister mit; alle Österreicher und alle in Wien wohnhaften ausländischen OPEC-Angestellten, die sie Sonntag festgehalten haben, gehen frei.

Auch der verletzte Terrorist Hans Joachim Klein, der in einem österreichischen Krankenhaus behandelt wurde und auf dessen Mitnahme die Geiselgangster bestehen, macht den Flug mit. Um 9.16 Uhr erfolgte der Abflug der Terroristen und der restlichen Geiseln nach Algier, wo alle Geiseln freigelassen und die Terroristen vorläufig festgenommen wurden.

Trotz Auslieferungsansuchen von österreichischer Seite wurden die Terroristen, von denen neben Klein noch der Anführer »Carlos« Illich Ramirez-Sanchez und die Deutsche Gabriele Kröcher eindeutig identifiziert werden konnten, freigelassen.«

Am 9. Jänner 1976 bestätigt die algerische Regierung, daß die Terroristen Algerien bereits verlassen hätten.

Der letzte Große der Operette

27. Juni. Robert Stolz stirbt im Alter von knapp 95 Jahren in Berlin. Der weltbekannte Komponist der »leichten Muse« war zwölf Jahre Kapellmeister am Theater an der Wien, ehe er 1938 nach Amerika emigrierte. Nach seiner Rückkehr 1946 war er Dirigent bei den Wiener Festwochen und musikalischer Ausgestalter der Wiener Eisrevue. Neben zahlreichen anderen Auszeichnungen erhielt er 1963 den Anton Bruckner-Ring. Er schuf über 60 Operetten, Singspiele, Musicals, Operetteneinakter und Ballette, die Musik für 25 Eisrevuen und für 98 Tonfilme sowie rund 2000 Lieder, Konzertwalzer und Märsche. Kaum bekannt wurde seine einzige Oper, »Die Rosen der Madonna«.

Komponist Robert Stolz

Alle Hochschulen nun Universitäten

11. April. Die SPÖ beschließt im Nationalrat gegen die Stimmen von ÖVP und FPÖ das neue Universitätsorganisationsgesetz (UOG), das mit dem kommenden Semester in Kraft tritt. Der Begriff »Hochschule« wird abgeschafft, es gibt nur mehr »Universitäten«, zu große Fakultäten werden geteilt. Weitere Neuerungen: Sog. beschränkte autonome Zuständigkeit für die Budgetierung, Institutszusammenlegungen, Kommissionen für verschiedene speziellere Aufgaben, Schaffung von Mitbestimmungsgremien, Neuregelung von Habilitation und Berufung, rationellere Verwaltung. Am 12. und 13. März ist es zu einem Vorlesungsstreik der Professoren gekommen.

SPÖ wird bestätigt

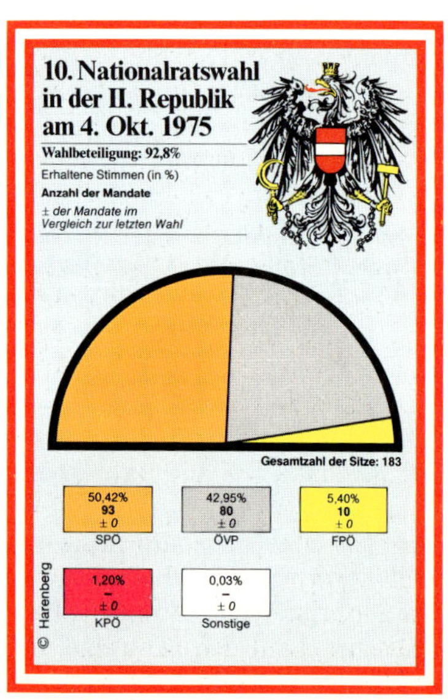

4. Oktober. Die Nationalratswahl ergibt abermals eine absolute Mehrheit für die SPÖ. Die Stimmengewinne bzw. -verluste liegen weit unter einem Prozent, daher bleiben die Mandatsstände unverändert.

Am 4. November konstituiert sich der neugewählte Nationalrat für die XIV. Gesetzgebungsperiode.

Zum Ersten Präsidenten wird Anton Benya (SPÖ) mit 167, zum Zweiten Präsidenten Roland Minkowitsch (ÖVP) mit 152 und zum Dritten Präsidenten Otto Probst (SPÖ) mit 134 Stimmen gewählt.

Die unverändert im Amt bleibende Bundesregierung ist nun das dritte Kabinett Kreisky. Der Bundeskanzler gibt am 5. November seine Regierungserklärung ab.

Anti-Franco-Demonstration

2. Oktober. In Wien kommt es am Abend zu einer Anti-Franco-Demonstration mit mehreren tausend Teilnehmern. Sie endet mit einer Straßenschlacht zwischen Polizei und radikalen Gruppen vor dem Büro der spanischen Luftfahrtgesellschaft »Iberia« am Opernring. 66 Polizeibeamte werden verletzt, die Zahl der verletzten Demonstranten ist nicht bekannt. Die politischen Parteien distanzieren sich nachdrücklich von den Aktionen.

Die Bundesregierung hat bereits am 30. September den österreichischen Botschafter in Madrid zur Berichterstattung nach Wien berufen, da sich spanische Terrormaßnahmen häuften.

1976

2.–5. 1. Sturmböen bis 150 km/h über Ostösterreich richten schwere Schäden an.

28. 1. Der Rohbau des 56 m hohen Konferenzgebäudes der UNO-City in Wien ist fertiggestellt.

4. 2. Die XII. Olympischen Winterspiele in Innsbruck werden eröffnet. →

20. 2. In Neufeld an der Leitha (Burgenland) findet ein Festakt anläßlich der Konzessionsverlängerung der Eisenbahnlinie Raab–Ödenburg–Ebenfurth statt. →

3. 3. Der Wiener Gemeinderat befaßt sich ausführlich mit dem Skandal um den gemeindeeigenen »Bauring«. →

5.–7. 3. Bei der Skiflugkonkurrenz in Oberstdorf (Bayern), stellt Anton Innauer mit 176 m einen neuen Weltrekord auf.

11.–13. 3. Auf dem 23. ordentlichen Bundesparteitag der SPÖ wird Bruno Kreisky mit 448 von 453 Stimmen als Vorsitzender wiedergewählt.

13. 3. Im Skiweltcup belegt Österreich mit 1072 Punkten Platz 1.

16. 3. Bundeskanzler Bruno Kreisky will die PLO anerkennen. →

4. 4. Im Wiener Burgtheater findet die feierliche Matinee »200 Jahre Nationaltheater nächst der Burg« statt.

10.–13. 4. Bei einem inoffiziellen Besuch in Wien will sich der ägyptische Staatspräsident Anwar as-Sadat über den »Sozialismus österreichischer Prägung« informieren.

Mai. In Carnuntum (bei Petronell) wird eine noch funktionsfähige Wasserleitung aus dem 2./3. Jh. n. Chr. entdeckt.

6. 5. Kurz nach 21 Uhr ist ein Erdbeben spürbar (Katastrophe von Friaul). Die Soforthilfemaßnahmen für Friaul erreichen bis zum 10. bereits 10,5 Millionen öS.

8. 5. Wieselburg an der Erlauf (Niederösterreich) wird zur Stadt erhoben.

14. 5. Die Ausstellungen »1000 Jahre Babenberger in Österreich« im Stift Lilienfeld und »Oberösterreichischer Bauernkrieg 1626« im Linzer Schloß und auf Schloß Scharnstein im Almtal (Oberösterreich) werden eröffnet.

9. 6. In Wien findet ein Gespräch über Minderheitenrechte statt. →

15./16. 6. In der Nacht wird ein Sprengstoffanschlag auf das Denkmal des Kärntner Abwehrkämpfers Hans Steinacher in Völkermarkt verübt – die slowenische Minderheit ist mit ihrer Lage unzufrieden.

26. 6. In Klagenfurt finden die Feierlichkeiten »1000 Jahre Kärnten« statt.

27. 6. Die Hallen des Wiener Schlachthofes St. Marx werden von Künstlern »besetzt«.

1. 7. Die Kennzeichnungspflicht (Haltbarkeitsdatum) für Lebensmittel tritt in Kraft.

17. 7.–1. 8. Bei den XVIII. Olympischen Sommerspielen in Montreal (Kanada) erringt Rudolf Dollinger Bronze bei Schießen mit der »freien Pistole«.

1. 8. Die Wiener Reichsbrücke stürzt ein. →

1. 8. Niki Lauda verunglückt auf dem Nürburgring (Eifel). →

14. 8. Der Wasserschaupfad Umballfälle (Osttirol) wird eröffnet, der erste Lehrpfad dieser Art in Europa.

29. 9. Finanzminister Hannes Androsch wird vorzeitig vom Bundespräsidenten als Vizekanzler angelobt. Am 1. Oktober werden folgende neue Minister benannt: Außenminister Willibald Pahr (parteilos), Gerhard Weißenberg (SPÖ), Minister für Land- und Forstwirtschaft Günter Haiden (SPÖ), Staatssekretär im Landwirtschaftsministerium Albin Schober (SPÖ).

11. 11. Auf die Eisenbahnlinie im Jauntal wird ein Sprengstoffanschlag verübt.

15. 11. Nach einer Verlängerung schließt die Ausstellung »1000 Jahre Babenberger in Österreich« mit einer Rekordbesucherzahl von rund 470 000 Besuchern – nur an zwei Tagen blieb die Besucherzahl unter 2000.

7. 12. Kurt Waldheim wird als UN-Generalsekretär wiedergewählt. →

13. 12. Bei einem Bankraub in der Wiener Innenstadt kommt es zu einer Schießerei zwischen den Bankräubern und der Polizei. Verhaftet wird Waltraud Boock am Flughafen in Frankfurt am Main.

17. 12. Die Oper »Kabale und Liebe« von Gottfried von Einem wird uraufgeführt.

31. 12. Die Teuerungsrate betrug 1976 7,3 %.

Austria/WAC wird Fußballmeister der Saison 1975/76.

GESTORBEN:

30. 1. Wien: Reinhard Federmann (* 12. 2. 1923), Schriftsteller.

22. 3. Wien: Hans Thirring (* 23. 3. 1888), Physiker.

23. 4. Wien: Karl Schäfer (* 17. 5. 1909), Eiskunstläufer.

3. 7. Wien: Alexander Lernet-Holenia (* 21. 10. 1897), Schriftsteller.

2. 8. Beverly Hills (USA): Fritz Lang (* 5. 12. 1890), Filmregisseur.

6. 8. Altötting (Bayern): Andreas Rohracher (* 31. 5. 1892), 1933–1943 Weihbischof von Gurk, 1943–1969 Erzbischof von Salzburg.

26. 8. Santa Barbara (Kalifornien): Lotte Lehmann (* 27. 2. 1888), Kammersängerin.

30. 8. New York: Paul Felix Lazarsfeld (* 13. 2. 1901), Pionier der empirischen Sozialforschung.

18. 11. Wien: Alfred Jerger (* 9. 6. 1889), Kammersänger.

Eröffnungszeremonie der Olympischen Winterspiele in Innsbruck

Der goldene Franz

4. Februar. Im Rahmen der Eröffnungsfeierlichkeiten im ausverkauften Bergisel-Stadion in Innsbruck erklärt Österreichs Bundespräsident Rudolf Kirchschläger die XII. Olympischen Winterspiele für eröffnet. 60 000 begeisterte Zuschauer im Stadion und rund 750 Millionen Menschen vor den Fernsehschirmen in aller Welt verfolgen das olympische Spektakel.

Der ehemalige Rodelweltmeister Josef Feistmantl entzündet das olympische Feuer, den Eid spricht der österreichische Bobfahrer Werner Delle-Karth. Angeführt wird die österreichische Mannschaft von Franz Klammer.

Innsbruck, zum zweiten Mal nach 1964 Austragungsort der Olympischen Winterspiele, verspricht »einfache« Spiele. 1581 Sportler aus 36 Nationen sind gekommen, um in Innsbruck, Iglis, Seefeld und in der Axamer Lizum ihr Können unter Beweis zu stellen und um olympisches Gold zu kämpfen. Das österreichische Team gewinnt insgesamt sechs Medaillen (je zweimal Gold, Silber und Bronze) und rangiert damit im (inoffiziellen) Medaillenspiegel auf Rang sieben.

Star der Spiele aus österreichischer Sicht ist der alpine Abfahrer Franz Klammer, der erwartungsgemäß die Goldmedaille im Abfahrtslauf der Herren gewinnt. Lange Zeit führt der Schweizer Bernhard Russi den Wettbewerb an, ehe Klammer mit der Startnummer 15 in einem phantastischen Lauf den Schweizer um 33 Hundertstelsekunden auf den zweiten Platz verweist. Die alpine Konkurrenz bei den Damen beherrscht die bundesdeutsche Rosi Mittermaier mit zwei Gold- und einer Silbermedaille. Einzig Brigitte Totschnigg verhindert mit ihrer Silbermedaille im Abfahrtslauf einen Eklat bei den mit soviel Vorschußlorbeeren gestarteten österreichischen Skimädchen. Begeisterung dagegen beim Skispringen: Im Spezialspringen von der 90-m-Schanze siegt der Österreicher Karl Schnabl vor seinem Landsmann Toni Innauer; auf der Normalschanze erreicht Schnabl hinter den DDR-Springern Hans-Georg Aschenbach und Jochen Danneberg die Bronzemedaille. Die zweite Bronzemedaille für Österreich gibt es für die Rodler Rudolf Schmid/Franz Schachner.

Mannschaftsblöcke mit Fahnen

Stein des Anstoßes sind im Bundesland Kärnten weiterhin die zweisprachigen Ortstafeln

Aktuelle Minderheitenfrage

9. Juni. Nach dem »Ortstafelkrieg« (→ 1972) ist auch in diesem Jahr, vor allem in Kärnten, die Minderheitenfrage ein Problem, das die Politiker und die Öffentlichkeit beschäftigt. Obwohl sich die Bundesregierung bemüht, ist es immer schwer, die Emotionen abzubauen.

Am 9. Juni findet in Wien ein Gespräch zwischen Bundes- und Landespolitikern sowie Slowenenvertretern statt. Man einigt sich auf einen Operationskalender, der vorsieht, am 10. Oktober eine Personenstandserhebung und einen Monat später die schon angebotene »Geheime Sprachenermittlung« durchzuführen. Das Volksgruppengesetz selbst könnte schon Anfang Juli im Nationalrat beschlossen werden. Trotzdem bleibt die Situation in Kärnten unruhig, da Teile der slowenischen Bevölkerung die geheime Sprachenermittlung ablehnen.

Reichsbrücke ist eingestürzt

1. August. Um 4.43 Uhr stürzt die Reichsbrücke in Wien ein. Ein Pkw stürzt mit ab, der Fahrer kann nur mehr tot geborgen werden. Ein Gelenkautobus der Wiener Verkehrsbetriebe sackt ebenfalls mit ab, bleibt aber auf der Brückenfahrbahn stehen, der Lenker wird gerettet. Die Ursache für den Einsturz wird am 10. August festgestellt: Schlechter Beton im linken (Kagraner Seite) Brückenpfeiler.

Kreisky-Erklärung läßt aufhorchen

16. März. Bundeskanzler Bruno Kreisky erklärt in Kuwait, daß Österreich die palästinensische Befreiungsorganisation PLO als einzigen Vertreter der Plästinenser anerkennen will.
Der Bundeskanzler erhält vom kuwaitischen Erdölminister die Zusicherung, daß die OPEC, die Organisation Erdöl produzierender Länder, ihren Sitz in Wien beibehalten wird. Der Bundeskanzler befindet sich auf einer Informationsreise durch den Nahen Osten.

Bewährte k. u. k. Eisenbahnlinie

20. Februar. Anläßlich der Konzessionsverlängerung der Eisenbahnlinie Raab–Ödenburg–Ebenfurt (RÖEE oder GySEv) bis zum Jahre 2007 findet im burgenländischen Ort Neufeld an der Leitha ein Festakt statt.
Vor knapp hundert Jahren, am 2. Jänner 1879, wurde diese Eisenbahnlinie eröffnet. Selbst die Bildung der Staatsgrenze – nach dem Ersten ebenso wie nach dem Zweiten Weltkrieg – hat an der Linie kaum etwas geändert.

Waldheim wieder Generalsekretär

7. Dezember. Kurt Waldheim wird in seinem Amt als UN-Generalsekretär wiedergewählt.
Im zweiten Wahlgang stimmen 14 der 15 Mitglieder des Sicherheitsrates der Vereinten Nationen für Waldheim. China enthält sich der Stimme. Gegenkandidat war der ehemalige mexikanische Staatspräsident Luis Echeverria. Die anschließende Generalversammlung der Vereinten Nationen billigt einstimmig die Wiederwahl Waldheims, der das Amt seit 1971 innehat.

Skandal um den Wiener Bauring

3. März. Im Wiener Gemeinderat weitet sich die Debatte um die angeblich enorme Verschuldung des der Gemeinde gehörenden Großbetriebes »Bauring« aus. Erst am 21. Juni gibt die Gemeinde Wien bekannt, daß zur Sanierung des »Baurings« ein Betrag von 1,4 Milliarden Schilling nötig wäre.
Am 5. November beginnt der Prozeß. Maßgebend in diesem Prozeß ist die Klärung der in Arabien gezahlten Provisionen in der Gesamthöhe von 176,1 Millionen öS. Am 23. Dezember wird das Urteil gesprochen. Der seit 1. März in Untersuchungshaft befindliche Architekt Herbert Ursprunger wird zu sechs Jahren Gefängnis verurteilt.

Niki Lauda schwer verletzt

1. August. Bei einem Weltmeisterschaftsrennen der Formel 1 verunglückt Niki Lauda auf dem Nürburgring. Er erleidet Knochenbrüche und schwere Verätzungen der Lunge, vor allem aber Verbrennungen im Gesicht. Lauda, der in der WM-Wertung führt, hat oft gegen den Nürburgring und seine Tücken protestiert und gefordert, die Rennen um den »Großen Preis von Deutschland« auf dem Hockenheimring bei Stuttgart abzuhalten. Die Rennleitung und viele Zuschauer waren damit nicht einverstanden.

Rennfahrer Niki Lauda

1977

1. 1. Mehrere staatliche Preis- und Tariferhöhungen treten in Kraft.

8. 1. Österreich feiert einen Skitriumph in Garmisch-Partenkirchen beim Herrenabfahrtslauf: Erster wird Franz Klammer, Zweiter Ernst Winkler, Dritter Peter Wirnsberger.

27. 1. Der Verfassungsausschuß des Nationalrates beschließt das Volksanwaltschaftsgesetz, nach dem »Ombudsmänner« eingesetzt werden sollen.

27. 1. Bei der Explosion einer selbstgebastelten Donaritbombe in Wien fliegt Hans Georg Wagner mit in die Luft. Verschiedene Bombenanschläge der letzten Zeit gehen auf das Konto Wagners.

19. 2. Die Polizei klärt Kunstdiebstähle größten Ausmaßes auf und stellt Kunstgegenstände im Wert von über 120 Millionen öS sicher. Der Wiener Geschäftsmann Gerhard Berger ist als Haupt einer organisierten Bande entlarvt worden.

16. 4. Eine Lawine verschüttet ein Arbeiterlager der Arlbergtunnelbauer: Ein Toter und drei Verletzte.

19./20. 4. In der Nacht erfolgt ein Sprengstoffanschlag auf einen Fahrleitungsmast der Südbahn bei Maria Saal (Kärnten).

20. 4. Wilfried Haslauer wird zum Landeshauptmann von Salzburg gewählt.

11. 5. Einstimmig wählt der Nationalrat die Volksanwälte: Franz Bauer (ÖVP), Robert Weisz (SPÖ) und Gustav Zeilinger (FPÖ).

13. 5. Die EFTA-Länder treffen sich in Wien.

28.-30. 5. Der 28. Sudetendeutsche Tag in Wien verläuft ohne jeden Zwischenfall.

8. 6. Umbildung des Kabinetts Kreisky III: Innenminister Otto Rösch übernimmt das Verteidigungsministerium, Verkehrsminister Erwin Lanc das Innenministerium und Staatssekretär Karl Lausecker wird Verkehrsminister. Der Senatsrat der Gemeinde Wien, Franz Löschnak (geb. 1940, SPÖ), wird Staatssekretär im Bundeskanzleramt (für öffentlichen Dienst).

19. 6. Ein brennender Großtankwaggon löst Großalarm in Wien aus. →

23. 6. Erstmals wird ein künstliches Kniegelenk eingepflanzt.

29. 6. Die Wehrgesetznovelle wird vom Nationalrat einstimmig angenommen: Bis zu 12% eines Jahrgangs können nun zwangsweise zum Kader des Bundesheeres eingezogen werden. Damit ist die Möglichkeit geschaffen, das Bundesheer zu einem Milizheer zu entwickeln.

30. 6. Die erste zweisprachige Ortstafel wird in Zell-Pfarre (Kärnten) aufgestellt. Vorausgegangen ist ein Verordnungsentwurf des Ministerats »über die Bestimmung von Gebietsstellen, in denen topographische Bezeichnungen in deutscher und slowenischer Sprache anzubringen sind«.

Juli. Der höchste Beschäftigtenstand mit 2 771 461 Arbeitnehmern ist erreicht – die Arbeitslosenrate beträgt 1%.

13. 7. Der modernste und größte Hochofen der Welt wird bei der VÖEST in Betrieb genommen. Er produziert 5500 t pro Tag und kostet 3 Milliarden öS.

1. 8. Die »Maria-Theresien-Konzessionen« verlieren ihre Gültigkeit. →

2. 10. Die Landtagswahlen im Burgenland und die Gemeinderatswahlen in Salzburg und Innsbruck ergeben keine bedeutsamen Mandatsverschiebungen.

2. 10. Niki Lauda wird zum zweiten Mal Weltmeister in der Formel I (72 Punkte).

3. 10. Nach dem Rücktritt von Erwin Wenzl wird Josef Ratzenböck Landeshauptmann von Oberösterreich.

3. 10. Walter Antoniolli legt sein Amt als Präsident des Verfassungsgerichtshofes nieder wegen nicht näher bezeichneter Meinungsverschiedenheiten mit dem Mitgliederrat des Gerichtshofes. Nachfolger wird Erwin Melichar.

4. 10. Staatssekretär Ernst Eugen Veselsky tritt wegen Differenzen mit dem Bundeskanzler zurück. Adolf Nußbaumer wird am 5. sein Nachfolger.

9. 11. Der Großindustrielle Walter Michael Palmers wird entführt. →

11. 11. Der Arlbergstraßentunnel wird durchschlagen.

15. 12. Eine Mumps-Epidemie (seit November) in Wien erreicht mit über 4000 Erkrankungen den Höhepunkt.

31. 12. Die Teuerungsrate 1977 betrug 3,5%.

Innsbruck/Wattens wird Fußballmeister der Saison 1976/77.

GESTORBEN:

14. 2. Wien: Julius Herrmann (* 1889), Kapellmeister.

29. 4. Salzburg: Ludwig Jedlicka (* 26. 5. 1916), Historiker.

16. 9. Wien: Kurt Moldovan (* 22. 6. 1918), Maler und Graphiker.

30. 9. Locarno: Hans Habe (eigtl. János Békessy; * 12. 2. 1911), Romanschriftsteller.

4. 11. Wien: Greta Keller (* 8. 2. 1903), Chansonette.

18. 11. Mutters: Kurt von Schuschnigg (* 14. 12. 1897), Ständestaatpolitiker. →

21. 11. London: Paul Schöffler (* 15. 9. 1897), Kammersänger.

8. 12. Wien: Alma Seidler (* 8. 6. 1899), Kammerschauspielerin.

22. 12. Stuttgart: Johann Nepomuk David (* 30. 11. 1895), Komponist.

22. 12. Wien: Ernst Waldbrunn (* 14. 8. 1907), Schauspieler.

Die Munitionsaffäre

31. Mai. Im Zusammenhang mit der sog. Munitionsaffäre bietet Verteidigungsminister Karl Lütgendorf dem Bundespräsidenten seinen Rücktritt an, nachdem er einen Tag zuvor Bundeskanzler Bruno Kreisky die Demission vorgelegt hat; Kreisky übernimmt zunächst selbst kommissarisch die Leitung des Verteidigungsministeriums.

Am 7. Jänner war bekannt geworden, daß am 3. Dezember 1976 das Zollamt am Flughafen Wien-Schwechat 400 000 Schuß Scharfschützenmunition aus Heeresbeständen zurückgehalten hatte, die für Syrien bestimmt waren. Da Syrien als kriegführender Staat gilt, kommt eine solche Munitionslieferung einer Neutralitätsverletzung gleich. Nach Bekanntwerden der Vorgänge herrschte zunächst Unklarheit, inwieweit der Verteidigungsminister über den Inhalt der Sendung informiert war. Die Öffentlichkeit fragte auch nach den Beziehungen zwischen Lütgendorf und dem Waffenhändler Alois Weichselbaumer.

Am 26. Jänner beschloß der Nationalrat die Einsetzung eines parlamentarischen Untersuchungsausschusses. Wegen der Brisanz der Affäre wurde eine Parlamentssperre für Journalisten verfügt. Am 26. Mai stellte der Untersuchungsausschuß fest, daß Lütgendorf den Bundeskanzler nicht eingehend informiert hatte.

Bundesverteidigungsminister Karl Lütgendorf tritt zurück: vorn v. l. Bundeskanzler Kreisky, Lütgendorf, Bundespräsident Kirchschläger

Brennender Tanker rast durch Wien

19. Juni. Ein in Brand geratener defekter Großtankwagen eines aus Ungarn kommenden Güterzuges löst auf der Fahrt über die Verbindungsbahn im südlichen Wiener Stadtgebiet einen Großalarm der Feuerwehr aus. Der Bahnkörper steht auf einer Länge von fast zehn Kilometern in Flammen, ausgelaufenes Benzol brennt in den Kanälen und erzeugt hochexplosive Gase. Es kommt zum größten Einsatz der Wiener Feuerwehr seit Ende des Zweiten Weltkrieges. Knapp 250 Feuerwehrleute mit über 50 Einsatzfahrzeugen verhindern in neunstündigem Einsatz eine Explosionskatastrophe.

Begehrtes Privileg wird abgeschafft

1. August. Die »Maria-Theresien-Konzessionen« verlieren ihre Gültigkeit. Sie gehen auf eine Verfügung Maria Theresias zur Ausübung des »Real- und Dominikalgewerbes« zurück, waren nicht an eine bestimmte Person und auch nicht an den Nachweis der Befähigung zu einem bestimmten Gewerbe gebunden – sie berechtigten praktisch zur Ausübung aller Gewerbe.

Die Konzessionen wurden von Polizeidienststellen ausgegeben und konnten weiterverkauft, verschenkt, vererbt oder verpfändet werden. Eine Einschränkung erfolgte 1788 durch die »Rücksichtnahme auf den Lokalbedarf«.

Palmers sagt vor Gericht aus

Palmers Entführer erpressen Lösegeld

9. November. Am Abend wird der 74jährige Wiener Großindustrielle Walter Michael Palmers entführt. Die Unbekannten fordern ein Lösegeld von 50 Millionen öS. Schließlich nehmen sie die Zahlung von 31 Millionen an und lassen nach 100 Stunden ihr Opfer wieder frei. Am 23. verhaftet die Schweizer Polizei zwei Österreicher, am 20. Dezember zwei Deutsche, die in Besitz des Lösegeldes sind.

Schuschnigg stirbt in Mutters

18. November. In Mutters bei Innsbruck stirbt 80jährig der letzte Bundeskanzler Österreichs vor dem »Anschluß« an das Deutsche Reich, Kurt von Schuschnigg.

Von Beruf Rechtsanwalt, zog Schuschnigg 1927 als jüngster Abgeordneter in den Nationalrat ein, übernahm 1932 das Justiz- und ein Jahr später auch das Unterrichtsministerium. Als Nachfolger des ermordeten Kanzlers Engelbert Dollfuß (→ 25.7. 1934) versuchte er, Österreich vor einem Anschluß an Hitler-Deutschland durch eine Anlehnung an Italien und einen »Ausgleich« mit dem Deutschen Reich abzusichern.

Schuschnigg

1978

1. 1. Die neuen Maßeinheiten nach dem SI-System (= Système International d'Unités) treten in Kraft.

29. 1.–5. 2. Bei der Ski-WM in Garmisch-Partenkirchen erreicht Österreich Platz 1 in der Nationenwertung.

30. 1. Stefan Koren (ÖVP) wird als Präsident der Oesterreichischen Nationalbank angelobt.

31. 1. König Juan Carlos I. von Spanien und Königin Sophie treffen zu einem Staatsbesuch in Österreich ein.

6. 2. Bundeskanzler Bruno Kreisky trifft mit hochrangiger Wirtschaftsdelegation in Moskau zu einem offiziellen Besuch ein.

11. 2. Ägyptens Staatspräsident Anwar as-Sadat trifft auf Schloß Klesheim mit dem israelischen Oppositionsführer Shimon Peres zu einem von Kreisky vermittelten Gespräch zusammen.

25. 2. Das erste Teilstück der Wiener U-Bahn wird eröffnet: Die Linie U 1 vom Karlsplatz zum Reumannplatz nimmt ihren Betrieb auf.

30. 3. Bundeskanzler Bruno Kreisky trifft zu einem offiziellen Besuch in der DDR ein. →

April. Lois Böck (Chef des klassischen Schrammelquartetts) entdeckt unter Makulatur die für verschollen gehaltene Originalpartitur des »Radetzkymarsches« von Johann Strauß.

8. 4. Johanna Proksch-Steinhauser wird in Regensburg zum dritten Mal Weltmeisterin im Maschinenschreiben mit 840 Anschlägen in der Minute.

14. 4. Die UNO übernimmt den Schutz über die Lobau als »urwaldähnliche Landschaft«.

Der Bildhauer Henry Moore kommt nach Wien, um die Aufstellung seiner der Stadt Wien geschenkten Plastik »Hill Arches« zu leiten.

24. 4. Auf Schloß Klesheim findet die Gründungsversammlung der EDU (Europäische Demokratische Union) statt. Vertreter von 18 Parteien der demokratischen Mitte und Rechten schließen sich zu einer Gesinnungsgemeinschaft zusammen.

27. 4. Die Erste-Mai-Dekoration am Wiener Rathaus löst sich und tötet zwei Arbeiter.

4. 5. Baubeginn am Zentralverschubbahnhof in Wien-Kledering.

Das neue »Schauspielhaus« in Wien wird mit Jean Genets »Der Balkon« unter der Direktion von Hans Gratzer eröffnet.

8. 5. Weltrekord am Mount Everest: Peter Habeler und Reinhold Messner (Südtirol) besteigen ihn ohne Sauerstoffgeräte.

20. 5. Die SPÖ beschließt ein neues Parteiprogramm. Grundlegend soll sein das »Streben nach sozialer Demokratie auf der Basis der Solidarität und der Freiheit sowie das Mitwirken an internationalen Bestrebungen zur Bewältigung der derzeitigen Wirtschaftskrise und zur Beseitigung der Ungleichheit zwischen den Industriestaaten und der dritten Welt«.

1. 6. Die Endrunde der Fußball-WM in Argentinien beginnt (→ 21. 6.).

22. 6. 15 autonome Konsumgesellschaften werden zum »Konsum Österreich« zusammengelegt (1114 Filialen und Kaufhäuser).

4. 7. Wegen der seit 1. Juli geltenden Lkw-Steuer führen die Frächter an fast allen österreichischen Grenzübergängen eine Blockade durch.

7. 7. Mit den Stimmen der SPÖ beschließt der Nationalrat die Inbetriebnahme von Zwentendorf. →

7. 7. Ägyptens Staatspräsident Anwar as-Sadat besucht Österreich.

11. 8. Der Gleinalmabschnitt der Pyhrnautobahn wird eröffnet.

8. 9. Das neue Fernmeldezentrum in Wien wird in Betrieb genommen.

30. 9. Der Grazer Bürgermeister Alexander Götz wird zum Bundesparteiobmann der FPÖ gewählt.

1. 10. Die erste Kabel-TV-Anlage wird in Wien in Betrieb genommen.

8. 10. Bei den Landtagswahlen in Wien erringt die SPÖ 57,2 %, die ÖVP 33,8 % und die FPÖ 6,6 % der Stimmen. Bei den Landtagswahlen in der Steiermark erreicht die ÖVP 51,87 %, die SPÖ 40,41 % und die FPÖ 6,38 %.

18. 10. Der Nationalrat beschließt das »Datenschutzgesetz«.

5. 11. Bei einer Volksabstimmung über Zwentendorf entscheidet sich eine knappe Mehrheit gegen die Inbetriebnahme des Kraftwerks. →

1. 12. Der Arlberg-Straßentunnel wird eröffnet.

19. 12. Gerd Bacher wird definitiv zum Generalintendanten des ORF bestellt. →

29. 12. Nach 360 Jahren wird das Braunkohlenbergwerk Fohnsdorf (Steiermark) geschlossen.

Die Inflationsrate betrug 1978 3,6 %, die Arbeitslosenrate 2,1 %.

Austria Salzburg wird Fußballmeister der Saison 1977/78.

GESTORBEN:

14. 1. Princeton (USA): Kurt Gödel (* 28. 4. 1906), Begründer der mathematischen Logik.

8. 2. Wien: Oskar Weihs (* 19. 4. 1911), SPÖ-Politiker.

17. 4. Wien: Ewald Balser (* 3. 10. 1898), Kammerschauspieler.

12. 5. Wien: Alois Pernerstorfer (* 3. 6. 1912), Kammersänger, seit 1945 an der Wiener Staatsoper.

23. 9. Bregenz: Ernst Kolb (* 9. 1. 1912), ÖVP-Politiker.

10. 11. Wien: Theo Lingen (* 10. 6. 1903), Schauspieler.

22. 12. Wien: Otto Probst (* 29. 11. 1911), SPÖ-Politiker.

Bundeskanzler Bruno Kreisky

Kreisky zu Besuch in Ost-Berlin

30. März. Bundeskanzler Bruno Kreisky trifft zu einem offiziellen Staatsbesuch in der DDR ein; in seiner Begleitung sind Handelsminister Josef Staribacher und Bundeskammer-Generalsekretär Arthur Mussil – der erste Besuch eines westlichen Regierungschefs in der DDR. Die Wirtschaftsgespräche führen zu einem Vertragsabschluß in Höhe von 13 Milliarden öS. Außerdem werden ein Kultur-, ein wissenschaftlich-technisches und ein Veterinärabkommen unterzeichnet.

Wiener Stadtfest

29. April. *Im Rahmen der Aktion »pro Wien« findet am Hof das erste Wiener Stadtfest statt. Jung und alt sind eingeladen, an einem bunten Programm – Zirkus, Zauberei, Ponyreiten, Jazz und Rock, aber auch Orgelkonzerte und Dichterlesungen – teilzunehmen.*

»Kernkraft – nein danke!«

5. November. Bei einer Volksabstimmung über die Kernenergie entscheiden sich 50,47 % gegen die Inbetriebnahme des Kernkraftwerks Zwentendorf (Niederösterreich).
Die Diskussion um Zwentendorf bewegt die Bevölkerung und die politischen Parteien das ganze Jahr 1978. Schon im Vorjahr warnten Atomkraftgegner vor den bestehenden Gefahren, vor allem vor der noch vollkommen ungeklärten Frage der Atommüllbeseitigung. Die sozialistische Bundesregierung wollte die enormen Kosten der Errichtung des Kernkraftwerkes nicht ungenützt lassen, wird nun aber durch eine Volksabstimmung zur Nichtinbetriebnahme gezwungen.
Ausgelöst wurde die landesweite Debatte durch die Anlieferung der ersten (acht) Uranbrennstäbe am 18. Jänner. Schon am nächsten Tag fand zwischen Bundeskanzler Bruno Kreisky und ÖVP-Bundesparteiobmann Josef Taus ein »Atomgespräch« statt. Nach 45 Minuten verließ Taus die Besprechung, da die Bundesregierung zu keinen konkreten Antworten auf die Fragen der Atomkraft bereit war. Da der Druck der Bevölkerung nicht schwächer wurde, beschloß der Parteivorstand der SPÖ eine Volksabstimmung abzuhalten.

Demonstrationszug vor dem umstrittenen Kernkraftwerk Zwentendorf

Der Welt längster Straßentunnel

1. Dezember. Bundespräsident Rudolf Kirchschläger eröffnet den Arlberg-Straßentunnel, den derzeit längsten Straßentunnel der Welt mit einer Länge von 13 972 Metern. Im Beisein von Mitgliedern der Bundesregierung und rund 2000 Festgästen findet die Feierlichkeit in St. Jakob in Tirol statt.
Das nach der österreichischen Tunnelbauweise errichtete Bauwerk bietet eine wintersichere Verbindung von St. Jakob in Tirol nach Langen am Arlberg (Vorarlberg) und ist mit 3,6 Milliarden öS Kosten errichtet worden. Die Bauzeit betrug genau 53 Monate – sieben Monate weniger als geplant.
Nach einem feierlichen Anschlag am 5. April 1974 war am 1. Juni mit den Arbeiten begonnen worden. Die Straßenbreite beträgt 7,50 m, die Fahrraumhöhe 4,70 m. Zeitweilig waren 1000 Arbeiter beschäftigt, wovon 14 tödlich verunglückten, sieben unmittelbar bei Unfällen im Tunnelbau.
Beim vorgeschriebenen Tempo von 80 km/h beträgt die Fahrzeit durch den Tunnel zwölf Minuten.

Sieg nach 47 Jahren

21. Juni. »Tor, Tor, Tooor!!« Die XI. Fußballweltmeisterschaft hat ihre Sensation. Durch ein Tor von Hans Krankl in der 87. Minute gewinnt das österreichische Team mit 3:2 über die Bundesrepublik Deutschland. Es ist der erste Sieg des rotweißroten Teams nach 47 Jahren über den Erzrivalen. Die österreichische Mannschaft erwarb sich in den vorangegangenen fünf Spielen die Sympathie der Zuschauer. Dem 2:1 und 1:0 über Spanien und Schweden folgte eine unglückliche Niederlage mit 0:1 gegen Brasilien. In der Zwischenrunde folgen allerdings Niederlagen gegen Italien und die Niederlande.

Hans Krankl (r.) schießt auch das Tor zum 2:2-Ausgleich

Gerd Bacher neuer Generalintendant

Gerd Bacher

19. Dezember. Das ORF-Kuratorium wählt mit 17 gegen zwölf Stimmen bei einer Stimmenthaltung Gerd Bacher für vier Jahre zum Generalintendanten des Österreichischen Rundfunks.
Das Ringen um diesen Posten begann am 20. September, als keiner der drei Kandidaten – darunter Otto Oberhammer – die erforderliche Zweidrittelmehrheit erreichte.

Ein beliebter Schauspieler

17. April. Kammerschauspieler Ewald Balser stirbt im Alter von 79 Jahren. Er wurde im westfälischen Elberfeld geboren und war seit 1928 Mitglied des Wiener Burgtheaters. Als Darsteller aller großen Charakterrollen war er beim Ensemble ebenso beliebt wie beim Theaterpublikum. Auch beim Film verkörperte er zahlreiche Rollen.
1958 erhielt er den Ehrenring der Stadt Wien.

Lingen – Komik mit Charakter

Theo Lingen

10. November. Im Alter von 75 Jahren stirbt in Wien der Schauspieler Theo Lingen, eigentlich Theodor Schmitz, einer der bekanntesten Charakterkomiker im deutschen Sprachraum.
Seine Popularität errang Lingen vor allem durch komische Rollen in Filmen wie »Im Weißen Rößl« (1935), »Der Mann, von dem man spricht« (1937), »Opernball« (1939) oder »Der Theodor im Fußballtor« (1950). Nach dem Krieg blieb Lingen in Wien und erhielt 1948 ein Engagement am Wiener Burgtheater.

1979

24. 1. Herbert Pansi wird mit 145 Stimmen (von 172 gültigen) vom Nationalrat zum dritten Präsidenten gewählt und tritt die Nachfolge des am 22. Dezember 1978 verstorbenen Otto Probst an. Er war bisher stellvertretender Klubobmann der SPÖ.

1. 2. Außenminister Willibald Pahr wird in Straßburg gegen Mitternacht (er weilt beim Europarat) von zwei Männern überfallen, ausgeraubt und niedergeschlagen.

Anfang Februar. Nach 18monatiger Konstruktionszeit ist das »Fenster zum Weltall« fertiggestellt, eine Glasluke für das »Spacelab« der europäischen Weltraumorganisation.

7. 2. Ein Großbrand vernichtet das Kaufhaus Gerngroß in Wien (→ 30. 8.).

16. 2. Urteil im Prozeß gegen die Palmersentführung (→ 9. 11. 1977): Thomas Gratt 14 Jahre 11 Monate 15 Tage, Othmar Keplinger 5 Jahre, Reinhard Pitsch 6½ Jahre Freiheitsentzug.

25. 3. Landtagswahlen finden in Niederösterreich und Salzburg statt, Gemeinderatswahlen in Kärnten.

10. 4. Der U-Bahn-Bereich Stephansplatz wird seiner Bestimmung übergeben. →

19. 4. Im Krankenhaus Lainz wird zur Tumorbekämpfung das stärkste Beobachtungsgerät der Welt in Betrieb genommen (Kosten: 16 Millionen öS).

22. 4. Ein Bombenanschlag im Innenhof des Gebäudes der israelischen Kultusgemeinde in Wien verursacht beträchtlichen Sachschaden.

26. 4. Das »Museum moderner Kunst« im Palais Liechtenstein in Wien wird eröffnet.

6. 5. Die Nationalratswahl findet statt. →

8. 5. Franz Karasek wird zum Generalsekretär des Europarates gewählt.

17. 6. Der Parteivorstand der ÖVP wählt Alois Mock anstelle des am 13. zurückgetretenen Dr. Josef Taus zum ÖVP-Bundesparteiobmann (am 7. Juli erfolgt die Bestätigung druch einen außerordentlichen Bundesparteitag).

18. 6. Das »SALT II-Abkommen« wird in Wien unterzeichnet. →

7./8. 7. Anläßlich einer Konferenz über die Lage im Nahen Osten hält sich auch PLO-Chef Jassir Arafat in Wien auf. →

20. 8. In Wien findet die bisher größte UN-Konferenz statt.

23. 8. Die UNO-City in Wien wird übergeben. →

30. 8. Ein Großbrand im Gebäude der Oesterreichischen Nationalbank richtet schwere Schäden an. →

31. 8. Noch nie erreichter Beschäftigungshöchststand: 2 823 367 – rund 18 000 mehr als 1978.

2.–30. 9. Im Rahmen des »Internationalen Bruckner-Festes '79« in Linz wird eine elektronische »Klangwolke« über der Stadt erzeugt.

7. 9. Der Schilling wird um 1,5 % aufgewertet.

10.–14. 9. Auf dem 9. Bundeskongreß des ÖGB in Wien wird Anton Benya einstimmig zum Präsidenten wiedergewählt.

16.–21. 9. Am Weltstraßenkongreß in Wien nehmen 25 000 Delegierte aus 62 Staaten teil.

24. 9. Nach der Aufwertung der DM gegenüber dem US-Dollar um 2 % zieht Österreich entsprechend mit.

28. 9. Ein Großbrand im Hotel »Am Augarten« in Wien verursacht erheblichen Schaden.

30. 9. Bei den Landtagswahlen in Tirol gewinnt die ÖVP ein Mandat von der SPÖ.

7. 10. Die Landtagswahlen in Kärnten und Oberösterreich finden statt.

9. 10. In der Sitzung des Nationalrates stellen sich alle Parteien hinter Bundeskanzler Kreisky und seine Haltung gegenüber der ČSSR, deren Provokation er als »ungeheuerlich« bezeichnet. Die ČSSR-Botschaft in Wien hatte in einer Stellungnahme bezüglich des Einreiseverbotes (kommt einer Ausbürgerung gleich) für den Schriftsteller Pavel Kohout formuliert: »Österreich braucht die Tschechoslowakische Republik jetzt und in Zukunft mehr als umgekehrt. Österreich braucht die Freundschaft der ČSSR aus wirtschaftlichen, politischen und strategischen Gründen. Das alles in Frage stellen, im Interesse einer subversiven Tätigkeit und zu gunsten der österreichischen nationalen Interessen, ist bedenklich.«

14. 10. Die Gemeinschaftswahlen in Salzburg ergeben nur geringfügige Verschiebungen.

21. 10. Die Landtagswahlen in Vorarlberg finden statt.

5. 11. Bundeskanzler Kreisky bildet sein Kabinett um: Herbert Salcher wird neuer Bundesminister für Gesundheit und Umweltschutz (anstelle von Ingrid Leodolter), Karl Sekanina löst Josef Moser als Minister für Bauten und Technik ab.

19.–22. 11. In Niederösterreich findet das bisher größte Manöver des Bundesheeres statt: 32 500 Soldaten nehmen daran teil.

20. 11. In Wien wird die erste Moschee auf österreichischem Boden eingeweiht.

Die Inflationsrate betrug 1979 7,7 %, die Arbeitslosenrate im Jahresdurchschnitt 2 %.

Der Linzer ASK wird Fußballmeister der Saison 1978/79.

GESTORBEN:

25. 3. Wien: Anton Heiler (* 15. 9. 1923), Komponist.

31. 10. Wien: Carl Merz (eigt. Czell, * 30. 1. 1906), Schriftsteller und Kabarettist.

10. 11. Wien: Friedrich Torberg (eigtl. Kantor-Berg; * 16. 9. 1908), Schriftsteller und Publizist. →

Keine Überraschungen

6. Mai. Bei der Nationalratswahl gewinnt die SPÖ mit dem geringen Stimmungzuwachs von nur 0,63 % zwei Mandate. Hingegen verliert die ÖVP bei einem Stimmenverlust von nur 1,1 % drei Mandate. Die FPÖ hat ebenfalls einen Stimmenzuwachs von nur 0,66 %, gewinnt aber ebenfalls ein Mandat dazu.

Bereits vor diesem erneuten Wahlsief der SPÖ hat sich Bundeskanzler Bruno Kreisky deutlich gegen eine Koalition sowohl mit der ÖVP als auch mit der FPÖ ausgesprochen. »Ich bin nicht bereit«, erklärte Kreisky in einer Pressekonferenz am 2. März, »für die Sozialistische Partei etwas zu sagen, was sie für die Zukunft festlegen könnte ... Jede vernünftige Partei wird diese Frage im Lichte des Wahlergebnisses prüfen. Ich persönlich aber komme für eine große Koalition nicht in Frage. Eine Koalition mit [FPÖ-Obmann Alexander] Götz kann ich mir ebenfalls nicht vorstellen.« Am 6. Juni wird die Regierung Kreisky IV angelobt – das Kabinett ist unverändert erhalten geblieben.

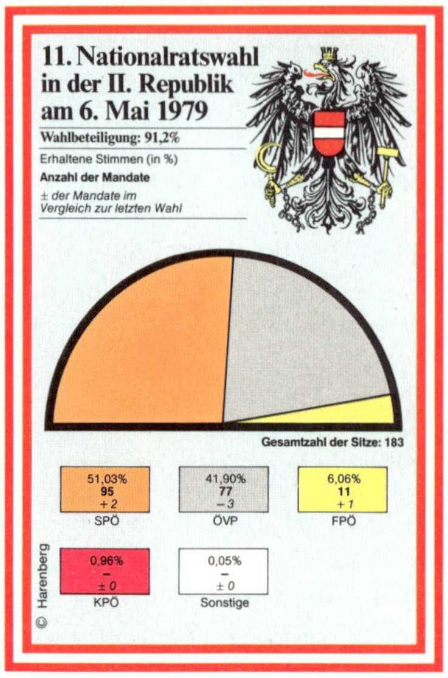

US-Präsident Jimmy Carter und der sowjetische Staats- und Parteichef Leonid Breschnew umarmen sich nach der Unterzeichnung des SALT-II-Abkommens in Wien; im Hintergrund die beiden Außenminister Cyrus Vance (Vereinigte Staaten) und Andrej Gromyko (Sowjetunion)

»SALT II« unterzeichnet

18. Juni. In Redoutensaal der Wiener Hofburg wird das SALT II-Abkommen von den Staatsoberhäuptern der Sowjetunion und der Vereinigten Staaten von Amerika unterzeichnet.

Das Abkommen über die Begrenzung der strategischen Rüstung ist lange verhandelt worden, erwartet wird eine Entspannung der militärischen Rüstungssituation in Ost und West (SALT steht für »Strategic Arms Limitation Talks«).

US-Präsident Jimmy Carter war bereits am Abend des 14. auf dem Flughafen Wien-Schwechat eingetroffen, der sowjetische Staats- und Parteichef Leonid Breschnjew am Vormittag des 15. Das erste Zusammentreffen der beiden Staatsoberhäupter der Großmächte fand am Nachmittag des 15. statt.

Naher Osten wieder Thema in Wien

7./8. Juli. Im Rahmen der Sozialistischen Internationale finden in Wien Gespräche über die Lage im Nahen Osten statt.
Gesprächspartner sind der SPD-Vorsitzende Willy Brandt, Bundeskanzler Bruno Kreisky und PLO-Chef Jassir Arafat, der Vorsitzende des Exekutivkomitees der Palästinensischen Befreiungsorganisation, der bereits am 6. in Wien eingetroffen ist. Trotz optimistischer Feststellungen der Gesprächspartner wird die Lage im Nahen Osten nicht übereinstimmend beurteilt, wenngleich Verständnis für die PLO aufgebracht wird. Die »Wiener Zeitung« zitiert den Bundeskanzler am 10. Juli wie folgt:
»Bundeskanzler Dr. Kreisky selbst erklärte in einem Interview, der Arafat-Besuch habe dem Frieden gedient. Die Nahostfrage könne nicht bloß eine Sache der Isrealis und der Araber allein sein. Im Interesse des Weltfriedens habe sich auch die UNO schon wiederholt mit diesem Konflikt befaßt. Er, Kreisky, habe Arafat als entscheidenden Mann der palästinensischen Sache öffentlich empfangen. Die Gespräche mit ihm seien interessant und informativ gewesen. Nun könne man vieles besser beurteilen. Zu Arafat selbst sagte Dr. Kreisky, dieser habe den Terror in Europa beendet. Es sei auch ein Unsinn, daß die PLO auf der Zerstörung Israels bestehe.«

PLO-Chef Jassir Arafat in Wien

Die Flagge der Vereinten Nationen vor dem UNO-Gebäude in Wien

UNO-City übergeben

23. August. Die feierliche Übergabe der UNO-City in Wien, eigentlich »International Centre Vienna«, an die Vereinten Nationen, wird zu einem weltweit beachteten Ereignis. UN-Generalsekretär Kurt Waldheim übergibt dabei symbolisch einen Schilling an Finanzminister Hannes Androsch.
Die Gebäude sind auf einer Grundfläche von 17 Hektar errichtet, die Geschoßflächen betragen insgesamt 230 000 Quadratmeter, der höchste Turm hat mit 28 Geschossen eine Höhe von 120 m.
Die UNO-City wurde ab Mai 1973 nach den Plänen von dem Architekten Johann Staber erbaut und kostete statt der geplanten 6,6 Milliarden öS nur 5,7 Milliarden, wovon 65 % der Bund und 35 % die Gemeinde Wien übernommen haben.
3500 Beamte der Vereinten Nationen ziehen hier ein – Wien ist damit nach New York und Genf die dritte »UNO-Stadt«.

U-Bahn-Bau und Kirchenfund

10. April. Der U-Bahn-Bereich Stephansplatz, der lange Zeit Baustelle war, wird ein halbes Jahr früher als geplant seiner Bestimmung übergeben. Die U-Bahn-Station selbst reicht bis in eine Tiefe von 29 m.
Gleichzeitig wird die beim Bau der U-Bahn entdeckte gotische Virgil-Kapelle zur Besichtigung freigegeben. Die wahrscheinlich ursprünglich dem hl. Koloman geweihte Kapelle stammt aus dem 13. Jahrhundert, ist 10,5 m lang und 6 m breit. Sie liegt elf Meter unter dem heutigen Straßenniveau, weshalb man am Stephansplatz selbst den Grundriß der Kapelle in der Straßenpflasterung gekennzeichnet hat.

Gratz eröffnet die U-Bahn-Station

Wien erlebt drei Großbrände

30. August. Um 2.59 Uhr bricht im Gebäude der Oesterreichischen Nationalbank ein Großbrand aus, der erst am Nachmittag endgültig bekämpft ist.
Ein Großeinsatz der Wiener Feuerwehr mit 50 Löschzügen und 200 Mann verhindert eine größere Katastrophe. Da die oberen Stockwerke völlig ausbrennen, entsteht ein enormer Sachschaden, der mit mehreren 100 Millionen öS zu beziffern ist. Bereits am 28. September ist kurz vor fünf Uhr im Hotel »Am Augarten« in der Heinestraße des zweiten Bezirkes ein weiterer Großbrand ausgebrochen.
Bei diesem größten Hotelbrand in Österreich waren 120 Feuerwehrmänner im Einsatz, konnten aber die Katastrophe nur geringfügig beeinflussen, da sie sehr spät am Brandplatz eintrafen. 35 Hotelbewohner konnten von der Feuerwehr gerettet werden, aber dennoch sind 26 Todesopfer sind zu beklagen.
Am 7. Februar vernichtete ein Großbrand das Wiener Kaufhaus Gerngroß in der Mariahilfstraße.

Kritiker und Schriftsteller

10. November. In Wien stirbt der weit über Österreichs Grenzen hinaus bekannte Schriftsteller Friedrich Torberg (eigentlich Kantor-Berg). Sein erster Roman »Der Schüler Gerber hat absolviert«, ab 1954 als »Der Schüler Gerber« mehrmals neu aufgelegt, war nach dem Erscheinen 1930 ein durchschlagender Erfolg. 1928–1938 als Journalist und Schriftsteller in Prag und Wien tätig, veröffentlichte er weitere Romane. Als Herausgeber der Werke von Fritz von Herzmanowsky-Orlando und als Übersetzer erwarb Torberg sich nach seiner Rückkehr aus der Emigration (1938–1951, zuletzt in den USA) große Verdienste. Besonders erfolgreich wurde er als Übersetzer von Ephraim Kishon.

Torberg

1980

1. 1. Das Datenschutzgesetz tritt in Kraft.

7. 1. Wegen akuter Lawinengefahr muß der »wintersichere« Arlberg-Straßentunnel kurzfristig gesperrt werden.

17. 1. Zwischen Zistersdorf und Eichbrunn (Niederösterreich) stoßen die Bohrungen der ÖMV in 7544 m Tiefe auf ein umfangreiches Erdgaslager.

21. 1. Der ORF beginnt mit den »Teletext«-Ausstrahlungen, der erste Versuch dieser Art auf dem europäischen Kontinent.

31. 1. Die 20. Gesprächsrunde über den Truppenabbau in Mitteleuropa (MBFR) beginnt in Wien.

Das Außenhandelsdefizit erreicht die Rekordhöhe von 8,8 Milliarden öS.

5./6. 2. Bei der Parteiführerkonferenz der Sozialistischen Internationale in Wien treffen sich Vertreter aus 30 Ländern.

13.–23. 2. Die XIII. Olympischen Winterspiele in Lake Placid finden statt. →

29. 2./1. 3. Auf dem 22. ordentlichen Bundesparteitag der ÖVP in Salzburg wird Alois Mock mit 461 von 463 Stimmen als Bundesparteiobmann wiedergewählt.

1./2. 3. Ein außerordentlicher Bundesparteitag der FPÖ in Linz wählt Norbert Steger mit 55,39 % der Stimmen zum Bundesparteiobmann.

12. 3. Die PLO-Vertretung in Österreich wird offiziell anerkannt.

16. 3. Beim Ski-Weltcup 1979/80 errreicht Österreich mit 1294 Punkten Platz 1 in der Nationenwertung.

23. 3. In Niederösterreich, Steiermark und Tirol finden Gemeinderatswahlen statt.

27. 4. Der erste Skispringer-Weltcup endet mit dem Sieg von Armin Kogler, Zweiter wird Hubert Neupert.

18. 5. Rudolf Kirchschläger wird erneut zum Bundespräsidenten gewählt. →

18. 5. Die Mysterienoper »Jesu Hochzeit« von Gottfried von Einem wird im Theater an der Wien uraufgeführt. →

22. 5. In Weißenstein (Kärnten) werden Fresken aus dem Jahr 1542 freigelegt.

24. 5. Anton Bruckners Adagio der 3. Symphonie wird in Wien uraufgeführt.

29. 5. Die Erdgasstation Baumgarten (Niederösterreich) wird in Betrieb genommen.

30. 5. Die Erdfunkstelle Aflenz (Steiermark) nimmt ihren Betrieb auf.

4. 7. Aus Altersgründen tritt Landeshauptmann Friedrich Niederl zurück. Der Landtag der Steiermark wählt Josef Krainer zum neuen Landeshauptmann.

11. und 12. 7. Bei der Tagung der Europäischen Demokratischen Union (EDU) auf Schloß Klesheim bei Salzburg wird Alois Mock als Vorsitzender wiedergewählt.

17. 7. Das neue Festspielhaus in Bregenz wird anläßlich des Beginns der Bregenzer Festspiele eröffnet.

19. 7. An den XXII. Olympischen Sommerspielen in Moskau beteiligt sich Österreich trotz des von US-Präsident Jimmy Carter empfohlenen Boykotts wegen des sowjetischen Einmarschs in Afghanistan. Österreich erringt eine Gold-, zwei Silber- und eine Bronzemedaille: Elisabeth Theurer gewinnt das Dressurreiten, Silber gibt es für die Segler Wolfgang Mayrhofer (Finn-Dinghi) und Hubert Raudaschl/Karl Ferstl (Starboot), Bronze erhält Gerhard Petritsch (Schnellfeuergewehr).

5. 10. Das erste Theaterstück von Ödön von Horváth, »Mord in der Mohrengasse« (1912), wird im Wiener Akademietheater uraufgeführt.

9. 10. Alfred Dallinger wird als Bundesminister für soziale Verwaltung angelobt.

8. 11. Die neue Reichsbrücke in Wien wird eröffnet.

10.–13. 11. Der Staatsvorsitzende der DDR, Erich Honecker, hält sich zu einem Staatsbesuch in Österreich auf; es ist der erste offizielle Besuch eines DDR-Staatschefs im Westen.

11. 11. Ein geplantes Gastspiel des Burgtheaters in Moskau kommt nicht zustande, weil die sowjetischen Behörden dem Burgtheatermitglied Pavel Landowsky, einem tschechoslowakischen Regimekritiker, die Einreise verweigern.

10. 12. Das Autobahnteilstück Dornbirn–Staatsgrenze wird dem Verkehr übergeben.

11. 12. Finanzminister Hannes Androsch kündigt seinen Rücktritt für Jänner 1981 an. →

20. 12. Papst Johannes Paul II. ernennt Reinhold Stecher zum Bischof von Tirol.

Eisenstadt wird Fußballmeister der Saison 1979/80.

GESTORBEN:

22. 2. Villeneuve: Oskar Kokoschka (* 1. 3. 1886), Maler und Graphiker. →

20. 4. Wien: Hilde Konetzni (* 21. 3. 1905), Kammersängerin, seit 1936 an der Wiener Staatsoper.

27. 4. Innsbruck: Alfred Verdross-Drossberg (* 22. 2. 1890), Völkerrechtler und Rechtsphilosoph.

5. 6. Wien: Karl Waldbrunner (* 25. 11. 1906), SPÖ-Politiker.

11. 8. Wien: Willy Forst (* 7. 4. 1903), Filmschauspieler und -regisseur.

26. 8. Baden: Rosa Albach-Retty (* 26. 12. 1874), Hofschauspielerin. →

27. 9. Neunkirchen: Hans Czettel (* 20. 4. 1923), SPÖ-Politiker.

1. 10. Wien: Gerhard Weißenberg (* 9. 5. 1920), SPÖ-Politiker.

Kirchschläger bleibt

18. Mai. Bei der Bundespräsidentenwahl kandidieren außer dem amtierenden Bundespräsidenten Rudolf Kirchschläger (parteilos) der von der FPÖ nominierte Wilfried Gredler und der Parteichef der NDP, Norbert Burger. Die ÖVP stellt keinen eigenen Kandidaten auf. Bei einer Wahlbeteiligung von 91,6 % (1974: 94,6 %) erreicht Kirchschläger 79,9 % der abgegebenen Stimmen (1974: 51,7 %). Dies ist der höchste Wahlsieg, den ein amtierender Bundespräsident jemals erreicht hat. Gredler erhält 17 % und Burger nur 3,1 % der abgegebenen Stimmen. Um die Kandidatur Burgers hatte es vor der Wahl große Debatten gegeben. Die Hauptwahlbehörde mußte jedoch am 6. Mai bekanntgeben, daß auf Grund der verfassungsmäßigen Voraussetzungen die Kandidatur des NPD-Parteichefs zu Recht besteht.

Skandal um Androsch

11. Dezember. Finanzminister und Vizekanzler Hannes Androsch teilt dem SPÖ-Bundesparteivorstand in einer Präsidiumssitzung mit, daß er im Jänner 1981 zurücktreten werde. Er wird ferner seine Funktion im Bundesparteivorstand der SPÖ und sein Mandat als Abgeordneter zum Nationalrat zurückgeben.
Die Verflechtungen seiner Steuerberatungskanzlei Consultatio mit dem Skandal um die Schmiergeldaffäre beim Bau des Allgemeinen Krankenhauses in Wien (→ 8. 9. 1981) sowie ein zinsenbegünstigter Kredit für den Bau seiner Privatvilla haben zu immer mehr Angriffen der Oppositionsparteien geführt. Die von der SPÖ verlangte Trennung von seiner Kanzlei wegen Unvereinbarkeit mit seiner Stellung als Finanzminister hatte die Angriffe in den Medien nur unwesentlich gestoppt. In der Öffentlichkeit wurde auch bekannt, daß seine Kanzlei von 16 Mitarbeitern im Jahre 1970 auf 91 Mitarbeitern im Jahr 1979 angestiegen. Androsch soll nach seinem Rücktritt Vorstandsmitglied der Creditanstalt-Bankverein, Österreichs größter Bank, und ab Juli 1981 deren Generaldirektor werden.

Vizekanzler Hannes Androsch

Umstrittene Oper wird uraufgeführt

18. Mai. Im Theater an der Wien wird die Mysterienoper »Jesu Hochzeit« von Gottfried von Einem nach Texten seiner Gattin Lotte Ingrisch, uraufgeführt.
Vor allem der Text der Oper wurde bereits vor der Aufführung stark kritisiert. Von katholischer Seite löst er einen starken Protest aus, was zu einer Demonstration durch Gebet und Gesang vor dem Theater führt. 500 Personen demonstrieren so während der ganzen Aufführung. Im Theater selbst werden mehrfach Stinkbomben geworfen.

Rang vier in der Nationenwertung

13.–23. Februar. Bei den XIII. Olympischen Winterspielen in Lake Placid (USA) erringt Österreich durch drei Gold-, zwei Silber- und zwei Bronzemedaillen den vierten Rang in der Nationenwertung. Annemarie Moser-Pröll erringt Gold in der Damenabfahrt, Leonhard Stock Gold und Peter Wirnsberger Silber in der Herrenabfahrt, Anton Inauer Gold auf der 70-m-Normalschanze, Hubert Neupert Silber auf der 90-m-Schanze, Hans Enn Bronze im Riesentorlauf, hinzu kommt ein dritter Platz im Rodel-Doppelsitzer.

Kokoschka stirbt in Villeneuve

22. Februar. Oskar Kokoschka stirbt in Villeneuve in der Schweiz, eine Woche vor seinem 74. Geburtstag. Schon 1908 macht er nachhaltig auf sich aufmerksam. In diesem Jahr fand seine erste Ausstellung statt und sein selbst illustriertes Werk »Die träumenden Knaben« erschien. 1910 wurde er Mitarbeiter der Zeitschrift »Sturm« und 1919–1924 absolvierte er seine erste Professur an der Kunstakademie in Dresden. Seine einflußreiche Lehrtätigkeit krönte Kokoschka 1953 mit der Gründung der Sommerakademie »Schule des Sehens« auf der Festung Hohensalzburg. Unter seinen zahlreichen Auszeichnungen und Ehrungen findet sich auch der Große Österreichische Staatspreis.

Kokoschka

Hofschauspielerin Rosa Albach-Retty

26. August. Im Alter von 105 Jahren stirbt in Baden bei Wien die Schauspielerin Rosa Albach-Retty.

Nach ihrer Schauspielausbildung und Engagements in Berlin und Wien debütierte sie 1903 am Burgtheater in Wien in Edouard Paillerons Lustspiel »Die Welt, in der man sich langweilt« als Suzanne. Insgesamt spielte Albach-Retty rund 300 Rollen am Burgtheater, dem sie bis zu ihrer Pensionierung 1958 als 84jährige angehörte. Zeit ihres Lebens gehörte die Schauspielerin zu den Lieblingen der Wiener Theaterwelt. Neben ihrer Bühnentätigkeit wirkte Rosa Albach-Retty auch in einigen Filmen mit (u.a. »Der Kongreß tanzt«, 1955).

Rosa Albach-Retty wurde 1912 von Kaiser Franz Joseph zur Hofschauspielerin ernannt.

Albach-Retty

1981

6. 1. Hubert Neuper wird Erster, Armin Kogler Zweiter bei der Vierschanzen-Tournee der Skispringer.

15. 1. Hannes Androsch wird zum stellvertretenden Generaldirektor der Creditanstalt-Bankverein gewählt.

20. 1. Nach dem Rücktritt Hannes Androsch kommt es zu einer Regierungsumbildung. Vizekanzler wird Unterrichtsminister Fred Sinowatz. Finanzminister wird der bisherige Minister für Gesundheit und Umweltschutz Herbert Salcher, Gesundheitsminister wird Kurt Steyrer.

25. 1. Bischof Paulus Rusch weiht im Innsbrucker Dom seinen Nachfolger Reinhold Stecher.

11. 2. In Gosau (Oberösterreich) wird der größte Schneemann der Welt errichtet: 17,84 m hoch, Bauchumfang 20,85 m.

16. 2. In der Wiener Staatsoper findet die deutsche Erstaufführung von der Jazzoper »Mass« von Leonard Bernstein statt.

26. 2. Armin Kogler springt in Oberstdorf (Bayern) mit 180 m einen neuen Skiflugweltrekord.

28. 3. Zum ersten Mal seit sieben Jahren erreicht Österreich nur Platz 2 in der Nationenwertung des Skiweltcups.

1. 5. Um 7.08 Uhr wird der Wiener Stadtrat Heinz Nittel erschossen. Das ist der erste Politikermord in der Geschichte der Zweiten Republik. Der Täter entkommt (→29.7./29.8.).

1. 5. In der Nacht vom 30. April auf den 1. Mai stürmen in Innsbruck rund 100 Jugendliche ein zweistökkiges Abbruchhaus und besetzen es. Dies ist die erste Hausbesetzung in Österreich.

12. 5. Die Volkszählung 1981 wird durchgeführt. →

22.–24. 5. Auf dem 26. ordentlichen SPÖ-Bundesparteitag in Graz wird Bruno Kreisky mit 98 % als Vorsitzender wiedergewählt.

5. 6. Der steigende US-Dollar erreicht mit öS 17,18 den Höchststand seit Februar 1977.

5. 6. Die »Walgauautobahn« wird dem Verkehr übergeben.

25. 6. Die Wahlgemeinschaft »Das grüne Forum« wird gegründet.

Juli. In der Schatzkammer der Wiener Hofburg werden Renaissancegewölbe aus dem 16. Jahrhundert entdeckt.

1. 7. Fünf Tankgüterwaggons entgleisen auf der Südbahnstrecke. →

2. 7. Der Nationalrat beschließt einstimmig die Volksanwaltschaft als Dauereinrichtung.

29. 7. Palästinensische Terroristen werden am Flughafen Wien-Schwechat verhaftet. →

6. 8. Ein Düsenjäger stürzt über Grub in Niederösterreich ab.

18. 8. Das Theaterstück »Am Ziel« von Thomas Bernhard wird im Salzburger Landestheater uraufgeführt.

29. 8. Auf die Synagoge in Wien wird ein Terroranschlag verübt. →

8. 9. Der Prozeß wegen gewerbsmäßigen Betruges, verbotener Intervention und Untreue im Zusammenhang mit dem Bau des Allgemeinen Krankenhauses Wien (»AKH-Prozeß«) beginnt. →

9. 9. Im Dachstein wird die tiefste Höhle Österreichs entdeckt: 1174 m.

23. 9. Bei Bohrungen zwischen Zistersdorf und Eichhorn (Niederösterreich) wird in 4000 m Tiefe Erdgas entdeckt.

26. 9. Auf dem Dachstein wird ein Windkollektor in Betrieb genommen.

4. 10. Die Landtagswahlen in der Steiermark bringen der SPÖ einen Gewinn von 2,42 %. Mandatsstand: ÖVP 30 (30), SPÖ 24 (23), FPÖ 2 (3).

15. 10. Der Wahlösterreicher Elias Canetti erhält den Nobelpreis für Literatur.

18. 10. Das Singspiel »Der tapfere Kassian« von Arthur Schnitzler mit der Musik von Oscar Straus wird im Theater in der Josefstadt uraufgeführt (1933 war das Stück hier ohne Musik aufgeführt worden).

6. 11. Friedensdemonstrationen finden in Wien, Linz und St. Pölten statt.

5. 12. Bundeskanzler Bruno Kreisky reist zu einem offiziellen Besuch in die »Golf-Staaten«. →

8. 12. Der Visumszwang für einreisende Polen tritt in Kraft.

10. 12. Papst Johannes Paul II. ernennt Egon Kapellari zum Diözesanbischof von Kärnten.

15. 12. Als Nachfolger von Kurt Waldheim wird der Peruaner Javier Perez de Cuellar zum neuen UN-Generalsekretär gewählt.

17. 12. Papst Johannes Paul II. ernennt Abt Maximilian Aichern zum Diözesanbischof von Linz.

20. 12. Die U-Bahnstrecke Hietzing-Hütteldorf wird in Betrieb genommen.

Austria Wien wird Fußballmeister der Saison 1980/81.

GESTORBEN:

5. 3. Wien: Paul Hörbiger (* 29. 4. 1894), Schauspieler. →

8. 4. Tegernsee (Bayern): Adrian Hoven (* 8. 5. 1923), Filmschauspieler.

14. 8. Salzburg: Karl Böhm (* 28. 8. 1894), Dirigent. →

9. 10. Schwarzenau: Karl Lütgendorf (* 15. 10. 1914), Verteidigungsminister.

25. 10. Salzburg: Nico Dostal (* 27. 11. 1895), Operettenkomponist (der letzte Vertreter der »Silbernen Operettenära«).

1. 12. Wien: Rudolf Prack (* 2. 8. 1902), Filmschauspieler.

Größter Prozeß der Zweiten Republik

8. September. Im Wiener Justizpalast beginnt der »AKH-Prozeß«, bei dem sich zwölf Angeklagte vor einem Schöffensenat wegen gewerbsmäßigen Betruges, verbotener Intervention und Untreue im Zusammenhang mit dem Bau des Allgemeinen Krankenhauses in Wien (AKH) zu verantworten haben. Die Gerichtsakten und Beilagen umfassen 60 000 Seiten, die Anklageschrift allein 168 Seiten, zu ihrer Verlesung sind zweieinhalb Stunden nötig. Über 100 Zeugen sollen bei diesem größten Prozeß der Zweiten Republik gehört werden.

Das AKH von der Lazarettgasse

In erster Linie sind die Zahlungen, bzw. Annahmen von Schmiergeldern im Zusammenhang mit dem Bau des AKH zu klären. Hauptangeklagter ist Adolf Winter, der ehemalige Direktor der AKPE (= Allgemeines Krankenhaus Wien, Planungs- und Einrichtungs AG). Am 27. November werden die harten Urteile gefällt: Unbedingte Kerkerstrafen zwischen zweieinhalb und neun Jahren werden gegen neun und bedingte gegen drei Angeklagte ausgesprochen. Hauptangeklagter Adolf Winter erhält dabei die höchste Strafe von neun Jahren.

Politischer Nebenkriegsschauplatz war der eingesetzte parlamentarische Untersuchungsausschuß, der unter dem Vorsitz von Norbert Steger (FPÖ), Hans Hob (SPÖ) und Herbert Kohlmaier (ÖVP) zu klären versuchte, inwieweit Politiker, darunter auch Finanzminister und Vizekanzler Hannes Androsch, mitbetroffen waren (→11. 12. 1980).

Exkaiserin Zita im Stephansdom

Jungverstorbene Romy Schneider

29. Mai. Die Schauspielerin Romy Schneider (eigentl. Rosemarie Magdalena Albach) stirbt in Paris im Alter von 43 Jahren. Die gebürtige Wienerin – Tochter des Schauspielerehepaars Magda Schneider und Wolf Albach-Retty – debütierte 1953 unter dem Namen Romy Schneider-Albach. Ab 1955 löste ihre Darstellung der österreichischen Kaiserin Elisabeth (»Sisi«) in einer Serie von drei Filmen einen großen Publikumserfolg aus. Ende der 50er Jahre ging Romy Schneider nach Paris.

Exkaiserin Zita in Österreich

16. Mai. Über den Grenzübergang Feldkirch in Vorarlberg reist Exkaiserin Zita von Österreich in ihre Heimat ein, die sie seit 63 Jahren nicht mehr betreten hat. Die Erlaubnis zu dieser Einreise hatte sie durch einen »Gnadenakt« der Bundesregierung erhalten. Zita war am 9. Mai 90 Jahre alt geworden. Sie hatte eine Thronverzichtserklärung abgegeben und lebte seit langem im Johannesstift Zizers in der Schweiz. Am 13. November reist sie abermals nach Österreich. Auffallend ist die große Anteilnahme der Bevölkerung.

Curd Jürgens stirbt in Wien

18. Juni. Nach längerer Herzkrankheit stirbt in Wien mit 66 Jahren Curd Jürgens.
Der Film- und Bühnenschauspieler war 1938 am Wiener Volkstheater tätig und von 1941 bis 1953 Mitglied des Wiener Burgtheaters.
In seinen rund 160 Kinofilmen (u. a. »Des Teufels General«, 1955; »Jakobowsky und der Oberst«, 1958) verkörperte Jürgens häufig den Typ des kantigen, hünenhaften deutschen Offiziers.
Jürgens erhielt viele Ehrungen, u. a. die Kainz-Medaille der Stadt Wien.

Achter Platz bei der Fußball-WM

1. Juli. *Österreich scheidet bei der Fußballweltmeisterschaft in Spanien nach einem 2 : 2 gegen Nordirland in der zweiten Finalrunde aus und erreicht damit Platz acht. Aufsehen hatte vor allem das »Skandalspiel« gegen die Mannschaft der Bundesrepublik erregt: Die beiden Mannschaften schoben den Ball in den eigenen Reihe nur hin und her, nachdem der Hamburger Horst Hrubesch in der neunten Minute das 1 : 0 erzielt hatte (Abbildungen aus diesem Spiel).*

1983

13. 1. Der deutsche Bundeskanzler Helmut Kohl trifft zu einem Kurzbesuch in Wien ein (Treffen mit Bundespräsident Rudolf Kirchschläger).

31. 1. Die Grippewelle erreicht in Wien mit 21 000 Kranken den Höchststand. Es ist der wärmste Jänner seit 1775, dem Jahr der ersten Aufzeichnungen.

16. 2. Nach einer Gerichtsentscheidung ist Prostitution ein »Gewerbebetrieb«.

18. 2. Die »Österreichpartei« wird gegründet von Justizminister a. D. Hans Klecatsky, Innenminister a. D. Franz Olah und Karl Steinhauser.

21. 2. Der Nationalrat nimmt einstimmig den SPÖ-Antrag auf vorzeitige Beendigung der Legislaturperiode an (→ 24. 4.).

22.–24. 2. Bei der Skibob-WM in Innerkrems erreicht Österreich den ersten Platz in der Nationenwertung mit acht Gold-, acht Silber- und neun Bronzemedaillen.

26. 2. Alfred Eder erringt die Bronzemedaille im 10 km Sprint bei der Biathlon-WM in Antholz.

24. 4. Die Nationalratswahl findet statt. Bundeskanzler Bruno Kreisky gibt am 25. April wegen des schlechten Abschneidens der SPÖ seinen Rücktritt bekannt. →

5. 5.–30. 10. Die Ausstellung »Die Türken vor Wien. Europa und die Entscheidung an der Donau 1683« wird ein großer Erfolg.

16. 5. US-Präsident Ronald Reagan gelobt im Weißen Haus die gebürtige Oberösterreicherin Helene von Damm als Botschafterin für Österreich an.

20.–23. 5. Am 34. Sudetendeutschen Tag in Wien nehmen rund 130 000 Menschen teil. Exkaiserin Zita von Österreich ist während der Abschlußmesse vor dem »Südmährischen Kreuz« (Niederösterreich) anwesend.

24. 5. Die neue Bundesregierung wird angelobt.

28. 5. Hohenems (Vorarlberg) wird zur Stadt erhoben.

11. 6. André Hellers Riesenfeuerwerk im Tajofluß in Lissabon (»Theater des Feuers«) zieht mehr als eine halbe Million Menschen an.

16.–18. 6. Die indische Ministerpräsidentin Indira Gandhi hält sich zu einem offiziellen Besuch in Österreich auf.

20. 6. Beim größten Bankraub in Wien werden 2,1 Millionen öS erbeutet.

12. 7. Die Architektengruppe U-Bahn erhält für die Gestaltung der Stationen in Wien den höchsten internationalen Architekturpreis.

27. 7. Hitzewelle mit 38 Grad: Es ist der heißeste Juli seit 124 Jahren.

3. 8. Franz Lehárs Operette »Die lustige Witwe« wird zum 1000. Mal im Theater an der Wien aufgeführt.

9. 8. Das Cello-Konzert von Ernst Křenek wird bei den Salzburger Festspielen uraufgeführt.

5. 9. Auf der Donau bei Fischamend (Niederösterreich) kollidiert das ungarische Tragflügelboot »Sirály 1« der Linie Budapest–Wien mit einem sowjetischen Güterkahn: Zahlreiche Verletzte, ein Toter. Der Kapitän der »Sirály 1« war betrunken.

10. 9. Papst Johannes Paul II. trifft in Österreich ein. →

24. 9. Die deutschsprachige Erstaufführung des Musicals »Cats« von Andrew Lloyd Webber findet im Theater an der Wien statt.

24./25. 9. Ein Großbrand vernichtet das Thermalbad Loipersdorf (Steiermark).

25. 9. Am Dammhaufen am rechten Donauufer in Wien wird eine buddhistische Friedenspagode eingeweiht, die erste in Europa.

11.–14. 10. Bundespräsident Rudolf Kirchschläger hält sich zu einem Staatsbesuch in der DDR auf.

11. 10. Das Innsbrucker Chirurgenteam von der Universitätsklinik führt die erste Herztransplantation in Österreich durch.

18. 10. Im Wiener Straflandesgericht beginnt der Prozeß gegen neun Neonazis, denen mehrere Straftaten nachgewiesen werden. Im Mittelpunkt steht der westdeutsche Ekkehard Weil. Alle Angeklagten werden verurteilt.

22. 10. Wie in zahlreichen anderen Städten in ganz Europa findet auch in Wien eine lang vorbereitete Friedensdemonstration mit rund 50 000 Teilnehmern statt.

29. 10. Der 28. ordentliche Bundesparteitag der SPÖ in Wien wählt Bundeskanzler Fred Sinowatz zum Vorsitzenden. →

15. 11. Beim niedrigsten Wasserstand der Donau seit 100 Jahren – 70 cm in Wien – wird der Schiffsverkehr eingestellt.

6. 12. Der US-Dollar erreicht mit 1 $ = 19.292 öS den höchsten Stand seit 1974.

23. 12. Ein Haydn-Autograph wird gefunden.

Rapid Wien wird Fußballmeister der Saison 1982/83.

GESTORBEN:

8. 6. Salzburg: Josef Kaut (* 16. 2. 1904), Politiker.

12. 6. Hallein: Clemens Holzmeister (* 27. 3. 1886), Architekt.

18. 9. Wien: Friedrich Heer (* 10. 4. 1916), Kulturkritiker. →

19. 9. Wien: Bruno Pittermann (* 3. 9. 1905), SPÖ-Politiker. →

7. 11. Herrsching: Hans Erich Köhler (* 17. 4. 1905), Karikaturist.

31. 12. Öblarn: Paula Grogger (* 12. 7. 1892), Schriftstellerin.

Kreisky legt auch sein Abgeordnetenmandat nieder

Bundeskanzler Sinowatz (l.) mit Vorgänger Kreisky

Bruno Kreisky tritt zurück

24. April. Die seit 13 Jahren allein regierende Sozialistische Partei Österreichs (SPÖ) verliert in den Parlamentswahlen ihre absolute Mehrheit. Daraufhin tritt Bundeskanzler Bruno Kreisky, der erklärt hatte, mit einer Koalition nicht regieren zu wollen, zurück.

Das Ergebnis der Nationalratswahl bringt eine überraschend hohe Niederlage der SPÖ und enttäuschende Ergebnisse für die neuen alternativen und grünen Parteien.

Die SPÖ verliert die absolute Mehrheit, sie erreicht 47,65 % gegenüber 51,03 % bei der Wahl 1979, die ÖVP hat jetzt 43,22 % gegenüber 41,90 % 1979, die FPÖ hat 4,98 % gegenüber 6,06 % 1979 und gewinnt trotz des Stimmenverlustes ein Mandat dazu, die KPÖ hat jetzt 0,66 % gegenüber 0,96 %. Die Stimmenanteile der neu kandidierenden grünen Parteien sind gering: ALÖ (Alternative Liste Österreich) 1,36 %, VGÖ (Vereinigte Grüne Österreichs) 1,93 %.

Die Wahlbeteiligung hat gegenüber 1979 um 0,32 % zugenommen und beträgt 92,56 %. Der neue Mandatsstand (in Klammern 1979): SPÖ 90 (95), ÖVP 81 (77), FPÖ 12 (11).

Formell tritt Bruno Kreisky am 26. April zurück. Noch am selben Tag beginnen die Gespräche in den Parteien, und am 30. April beschließt der FPÖ-Bundesparteivorstand einstimmig, vorerst nur mit der SPÖ Verhandlungen über eine Regierungsbeteiligung zu führen. Erst nach einem Scheitern würde man mit der ÖVP verhandeln.

Im Laufe des 11. Mai zeichnet sich bei den Gesprächen zwischen SPÖ und FPÖ eine positive Wendung zur Zusammenarbeit auf Regierungsebene ab. Am 17. Mai betraut der Bundespräsident Rudolf Kirchschläger Fred Sinowatz (SPÖ) formell mit der Bildung der neuen Bundesregierung. Ein außerordentlicher SPÖ-Parteitag billigt eine Koalitionsregierung mit der FPÖ.

Der neue Bundeskanzler Fred Sinowatz wurde am 5. Februar 1929 in Neufeld an der Leitha im Burgenland geboren, seine Eltern – Arbeiter – gehörten zur kroatischen Minderheit, sodaß er zweisprachig aufwuchs. Nach seiner Graduierung zum Dr. phil. 1953 wurde er Landtagsabgeordneter und aktives SPÖ-Mitglied. 1971 wurde er Bundesminister für Unterricht und Kunst und leitete die Reformen im österreichischen Schulsystem ein.

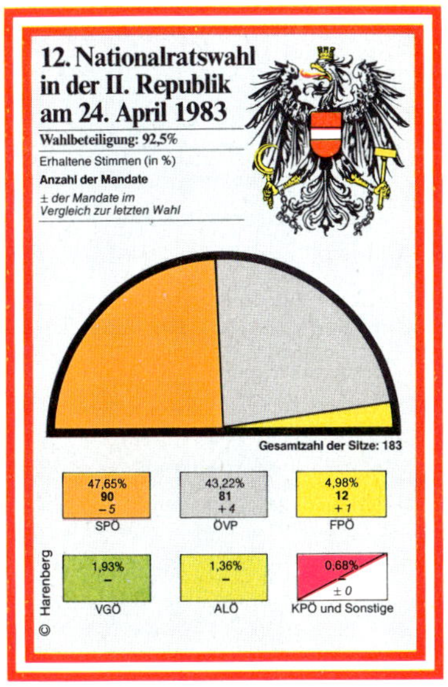

Votum für Sinowatz

Sinowatz

29. Oktober. Fred Sinowatz, der neue Bundeskanzler, erhält einen eindeutigen Vertrauensbeweis seiner Partei, der Sozialistischen Partei Österreichs (SPÖ): Mit den Stimmen von 482 der 485 Delegierten wird er auf dem 28. Parteitag der SPÖ in Wien zum neuen Parteivorsitzenden gewählt. Sinowatz löst damit Bruno Kreisky, der nach der Wahlschlappe der SPÖ bei den Nationalratswahlen (→ 24.4.) seinen Rücktritt als Bundeskanzler erklärt hatte, jedoch bis zum Parteitag der Sozialisten im Herbst Vorsitzender der SPÖ bleiben wollte, auch auf dem Posten des Parteivorsitzenden ab.

Sinowatz betont vor den Parteitagsdelegierten, daß er den Weg des »österreichischen Reformsozialismus« fortsetzen wolle. Er werde die Funktion des Parteivorsitzenden stärker wahrnehmen als sein Vorgänger.

Der SPÖ-Parteitag steht ganz im Zeichen der Einigkeit und Geschlossenheit. Kreisky, der per Akklamation zum neuen Ehrenvorsitzenden der Partei bestimmt wird, dankt den Delegierten mit den Worten: »Ich möchte von euch allen Abschied nehmen in dem Gefühl echter Freundschaft.«

Die Ära Kreisky

Der SPÖ-Politiker Bruno Kreisky, der am 25. April seinen Rücktritt bekannt gibt, war seit 1970 österreichischer Bundeskanzler.

Seine gemäßigte Politik und seine hohe Integrationsfähigkeit führten zu einer Zustimmung auch bürgerlicher Wählerschichten zur SPÖ-Politik. Außenpolitisch verhalf Kreisky durch sein Bemühen um den Ost-West-Dialog und den Frieden im Nahen Osten Österreich zu neuem Ansehen.

Der Politiker wurde am 22. Jänner 1921 in Wien als Sohn eines Industriellen geboren. Bereits 1927 schloß sich Kreisky der Sozialistischen Arbeiterjugend (SAJ) an. Nach der Matura studierte Kreisky in Wien ab 1930 Jurs. Nach dem Verbot der SPÖ gründete er 1934 die illegale »Revolutionäre Sozialistische Jugend«, wurde jedoch 1935 verhaftet und wegen Hochverrat verurteilt. Erst 1937 konnte er sein Studium wieder aufnehmen. 1938 wurde Kreisky abermals verhaftet und abgeschoben. Bis 1945 lebte er im schwedischen Exil. Nach Kriegsende war er zunächst im diplomatischen Dienst tätig, später Staatssekretär im Bundeskanzleramt. 1955 war Kreisky maßgeblich an den Verhandlungen über den Staatsvertrag beteiligt. 1959 war Kreisky im dritten Kabinett von Julius Raab Außenminister.

Am 1. Februar 1967 wurde Kreisky erstmals zum Vorsitzenden der SPÖ gewählt, als Nachfolger von Bruno Pittermann.

Mit den Nationalratswahlen vom 1. März 1970 wurde die SPÖ erstmals stärkste Partei (81 Mandate) und Kreisky wurde mit parlamentarischer Unterstützung der FPÖ der erste sozialistische Bundeskanzler Österreichs.

Innenpolitisch war Kreisky besonders bei den umfassenden Reformen des Straf- und Familienrechts sowie der Demokratisierung des Hochschulwesens erfolgreich. Rückschläge mußte der Kanzler jedoch in der Wirtschaftspolitik hinnehmen.

Papst Johannes Paul II. zelebriert eine Messe im Stephansdom in Wien

Der Papst in Wien

10. September. Papst Johannes Paul II. trifft zu einem viertägigen Besuch in Österreich ein. Anlaß der Reise des Oberhauptes der katholischen Kirche sind der österreichische Katholikentag in Wien und das 300jährige Jubiläum des Sieges der abendländischen Truppen über die Türken vor Wien, der Hauptstadt des damaligen Habsburger Reiches. Bei seiner Ankunft hebt der Papst die besondere Bedeutung Österreichs als Brückenstellung für Europa hervor. Er habe Wien gewählt, um von hier aus einen Appell an die europäischen Christen zu richten, sich mit neuem Mut für die Verteidigung und Erneuerung der Kirche in Europa einzusetzen.
Zu den Höhepunkten des Papstbesuches gehört eine Eucharistiefeier im Wiener Stephansdom.

Chefdramaturg und Kulturkritiker

Friedrich Heer

18. September. Der Historiker, Kulturkritiker und Publizist Friedrich Heer, Pseudonym Hermann Gohde, seit 1961 Chefdramaturg am Wiener Burgtheater, stirbt im Alter von 66 Jahren in Wien. Heer war 1949–61 Redakteur der Wochenzeitung »Die Furche« sowie Mitarbeiter der Zeitschrift »Wort und Wahrheit« und Mitherausgeber der Zeitschrift »Neues Forum«, 1961 wurde er Chefdramaturg des Burgtheaters, 1962 Professor in Wien.
Zu den bekanntesten seiner wissenschaftlich umstrittenen Werke zählen »Der Aufgang Europas«, »Die Tragödie des Heiligen Reiches«, »Europäische Geistesgeschichte« und »Der Glaube des Adolf Hitler«.

Pittermann stirbt nach Krankheit

Pittermann

19. September. Der SPÖ-Politiker Bruno Pittermann stirbt 78jährig nach schwerer Krankheit in Wien. Pittermanns politische Karriere begann jedoch erst nach Kriegsende. 1945 wurde er für die SPÖ in den Nationalrat gewählt, von 1957 bis 1966 war er Vorsitzender der SPÖ und zugleich Vizekanzler. 1959 bis 1966 war er mit der Leitung der Verstaatlichung von Unternehmen betraut. 1964 wurde er Präsident der Sozialistischen Internationale. An Ansehen verlor er durch den Ausgang der Parlamentswahlen von 1966: Die von ihm befürwortete kommunistische Wahlhilfe wirkte sich für die SPÖ verhängnisvoll aus, die ÖVP erzielte die absolute Mehrheit.

1984

1. 1. Mehrere Steuer- und Tariferhöhungen treten zum Jahresbeginn in Kraft (Erhöhung der Mehrwertsteuersätze und der Kfz-Steuer, Einführung einer Zinsertragssteuer u. a.).

19. 1. Der Bund und das Land Steyr beschließen ein Sonderförderungsabkommen für die Krisenregion Steyr.→

21. 1. Beim Hahnenkammrennen auf der Streif in Kitzbühel (Tirol) erreicht die Herrenmannschaft beim Abfahrtslauf einen beachtlichen Erfolg: Franz Klammer siegt vor Erwin Resch, Dritter wird Anton Steiner.

22. 1. Der 28jährige Skirennläufer Sepp Walcher verunglückt beim Hochwurzen-Volksmarathon-Abfahrtsrennen tödlich.

31. 1. Der negative Trend der Verkehrsunfälle des vergangenen Jahres setzt sich im Jänner in erschreckendem Ausmaß weiter fort. 2767 Verkehrsunfälle mit Personenschaden werden registriert, 6,5 % mehr als im Vorjahr. 104 Menschen fanden dabei den Tod (+ 14,3 %), 3743 werden zum Teil schwer verletzt (+ 6,7 %). Noch gewaltiger ist das Ansteigen jener Verkehrsunfälle, bei denen es nur Blechschäden gab: 15 261, 40 % mehr als im Jänner 1983.

4. 2. Im Raum Pregarten in Oberösterreich gibt es zum vierten Mal innerhalb von 52 Tagen ein leichtes Erdbeben. An Schäden wird allerdings nur ein meterlanger Mauerriß an einem Gebäude in Grünbichl gemeldet.

7. 2. Im Zusammenhang mit der immer stärker werdenden Diskussion um die Einführung der 35-Stunden-Arbeitswoche hat das Linzer Meinungsforschungsinstitut IMAS eine repräsentative Umfrage durchgeführt. Das nun veröffentlichte Ergebnis zeigt, daß 62 % der Österreicher mit dem derzeitigen Ausmaß an Freizeit zufrieden sind.

8. 2. In Sarajevo (Jugoslawien) werden die XIV. Olympischen Winterspiele eröffnet.→

16. 2. Der Hotelbesitzer Johann Böswarth, auf die Liste der Steuerfahndung geraten, legt Feuer in seinem Hotel und erhängt sich auf dem Dachboden. Der Steuerberater des Hotels gibt zu Protokoll, daß die Steuerschuld niedriger war als vom Finanzamt angegeben. Der Vorfall löst in der Öffentlichkeit wochenlange Diskussionen aus. Es kommt zu politischen und privaten Kampagnen – von den Massenmedien ausführlich behandelt – über die nicht immer einwandfreien Verhaltensweisen der Beamten der Steuerfahndung. Auch der Nationalrat befaßt sich mit dem Thema.

18. 2. Auftakt zu den Feierlichkeiten des Andreas-Hofer-Gedenkjahres (»175 Jahre Tiroler Freiheitskampf«) ist in Mantua die Einweihung des Andreas-Hofer-Denkmals am Ort von Hofers Erschießung.

22. 2. Ein Bummelstreik der italienischen Zöllner führt zu einem Verkehrschaos (bis zum 29. 2.).→

23. 2. Der verschuldete Taxiunternehmer Ewald Petermann aus Bad Aussee verübt einen Überfall auf einen Geldtransport der Post. Er erschießt dabei einen Gendarmerie- und einen Postbeamten und wird selbst schwer verletzt.

26. 2.–6. 3. Bundespräsident Rudolf Kirchschläger hält sich zu einem Staatsbesuch in den USA auf, dem ersten Besuch eines österreichischen Staatsoberhauptes in den Vereinigten Staaten.

24. 2. Ende der 9. Skibob-WM in Aschau (Bayern): Von 18 möglichen Medaillen erringt Österreich elf, darunter fünfmal Gold.

2. 3. Die italienische Regierung billigt die Bildung eines autonomen Verwaltungsgerichtes in Bozen (Voraussetzung für die Zweisprachigkeit).

17. 3. Die Oper »In seinem Garten liebt Don Perlimplin Belisa« von dem Zisterziensermönch des Stiftes Wilhering, Balduin Sulzer, wird in Linz uraufgeführt.→

19. 3. Auf Verlangen des Bundeskanzlers muß der Vorstand der VÖEST die geplanten Kürzungen der Sozialleistungen (600 Millionen jährlich) zurücknehmen.

23. 3.–1. 4. Bundeskanzler Fred Sinowatz besucht Indien und die Vereinigten Arabischen Emirate und trifft dabei mit Mutter Theresa zusammen.→

24. 3. Skiweltcup beendet: Österreich belegt mit 1678 Punkten Platz 2 in der Nationenwertung, hinter der Schweiz (1932 Punkte). Die Herrenmannschaft errang Platz 1, die Damenmannschaft Platz 3.

25. 3. In Salzburg finden Landtagswahlen statt.→

28. 3. Die ČSSR-Behörden verfügen drastische Visumserschwernisse für den Ausflugsverkehr auf der Donau nach Preßburg.

31. 3. Das Waldsterben durch saurem Regen nimmt bedrohliche Ausmaße an.→

Die Preissteigerungsrate beträgt 5,8 % (BRD 3,2 %, Schweiz 3,4 %). Die Arbeitslosenquote beträgt 5,5 %.

GESTORBEN:

18. 1. Linz: Heinrich Gleißner (* 26. 1. 1893), ÖVP-Politiker.

5. 2. Paris: Manès Sperber (* 12. 12. 1905), Dichter.

7. 2. Wien: Erwin Altenburger (* 3. 11. 1903), Politiker.

18. 4. bei Zürich: Leopold Lindtberg (* 1. 6. 1902), Regisseur.

22. 3. Wien: Hugo Gottschlich (* 30. 10. 1905), Burgschauspieler seit 1955.

10./11. 6. Wien: Ernst Haeussermann (* 5. 6. 1916), Burgtheaterdirektor.

LKW-Blockade am Brenner legt Verkehr in den Süden lahm

22. Februar. *Ein Bummelstreik italienischer Zöllner am Grenzübergang Brenner führt zu chaotischen Zuständen entlang der Inntalautobahn und an den bayrisch-österreichischen Grenzübergängen. Etwa 1500 Lkws stehen auf den Pannenstreifen und auf den Parkplätzen der Inntalautobahn. Entnervte Lkw-Fahrer entschließen sich zu Protestaktionen. Am 23. Februar brechen die italienischen Zöllner ihren Bummelstreik ab. Dafür errichten Fernfahrer Blockaden, um ihrerseits Forderungen für die Zukunft zu stellen: 24stündige Abfertigung auf vier Spuren am Brenner, Streikverbot für Zollbeamte und Wiedergutmachung von Ausfällen.*

Wirtschaftliche Krisenregion Steyr

19. Jänner. Bundeskanzler Fred Sinowatz und der oberösterreichische Landeshauptmann Josef Ratzenbock unterzeichnen ein Sonderförderungsabkommen für die wirtschaftliche Krisenregion Steyr, wo allein die Stey-Daimler-Puch AG 895 Kündigungen aussprechen will. Vorausgegangen ist die Erarbeitung eines Fünf-Punkte-Programms, um wirtschaftliche Sanierungsmaßnahmen durchzusetzen. Am 23. Jänner kommt es mit der Steyr-Daimler-Puch AG zu einer Einigung, statt 895 sollen nur 250 Kündigungen ausgesprochen werden. Neue Arbeitsplätze sind zu schaffen.

Mönch schreibt weltliche Oper

17. März. Im Linzer Landestheater wird die Oper »In seinem Garten liebt Don Perlimplin Belisa« von Balduin Sulzer nach Texten von Garcia Lorca uraufgeführt.
Der Komponist ist ein 52jähriger Zisterziensermönch des Stiftes Wilhering, ein gebürtiger Oberösterreicher, der auch Domkapellmeister in Linz ist.
Die Oper stößt auf recht unterschiedliche Kritiken. Vielfach wundert man sich auch darüber, daß ein katholischer Ordensmann einen so weltlichen Text für sein Werk verwandt hat und sich nicht mit einem geistigeren Thema beschäftigt hat.

Sinowatz bei Mutter Theresa

23. März bis 1. April. Bundeskanzler Fred Sinowatz trifft mit einer Wirtschaftsdelegation zu einem offiziellen Besuch in Indien ein. Am 24. und 25. März ist er privat in Bombay, vom 26. bis 30. offiziell in Indien, wo er am 28. in Neu Delhi der Nobelpreisträgerin Mutter Theresa eine Medikamentenspende im Wert von 500 000 öS überreicht und am 29. Verträge zwischen indischen und österreichischen Unternehmen unterzeichnet.

Überraschende Wahl

25. März. Die Landtagswahl in Salzburg zeitigt einen in dieser Höhe nicht erwarteten Sieg der ÖVP:
Die ÖVP gewinnt 4,7 % der Stimmen und hat mit 50,1 % die absolute Mehrheit erreicht – sie gewinnt zwei Mandate und einen Sitz in der Landesregierung dazu.
Die SPÖ verliert 3,9 % und hat nun 35,2 %, die FPÖ verliert sogar 4,6 % und hat nun 8,7 %, die KPÖ gewinnt 0,1 % und hat 0,5 % der Stimmen erreicht.
Bei den neu kandidierenden Parteien erreichen Die Grünen Österreichs 1,3 % und die GABL (= Grünalternative Bürgerliste) 4,2 %.
Die Wahlbeteiligung beträgt nur 79,7 % gegenüber 82,4 % im Jahr 1979.
Der neue Mandatsstand (in Klammern 1979): ÖVP 19 (17), SPÖ 13 (14), FPÖ 4 (5). Gegenüber der Nationalratswahl 1983 gewann die ÖVP 4 % und die FPÖ 0,7 %, die SPÖ hingegen verlor 6,1 %.

Waldsterben in Österreich

31. März. In einer Studie der Universität für Bodenkultur in Wien wird festgestellt, daß von den 3,4 Millionen Hektar Waldfläche Österreichs fast 18 % als geschädigt bezeichnet werden müssen. Ernsthaft vom Waldsterben bedroht sind rund 600 000 Hektar. Dies entspricht annähernd der Gesamtfläche des Bundeslandes Salzburg.
Als Ursache für das Waldsterben wird u. a. die Saure-Regen-Hypothese angeführt: Der Eintrag an Schwefel-, Salpeter-, Salz- und Kohlensäure führt zu chemischen Umsetzungen im Waldboden.

Chemische Umsetzungen im Boden durch Sauren Regen bedrohen die Wälder

Enttäuschende Winterolympiade

8. Februar. Die XIV. Olympische Winterspiele in Sarajevo werden eröffnet. Mit dem dritten Platz von Anton Steiner in der Herrenabfahrt gewinnt Österreich die einzige Medaille. Eine äußerst negative Bilanz, wenn man in Betracht zieht, daß die Teilnahme an dieser Winterolympiade 32 Millionen öS gekostet hat.
Hingegen schneidet die österreichische Mannschaft – nur fünf Teilnehmer – bei den gleichzeitig abgehaltenen Versehrtensportwettbewerben erfolgreich ab: Eine Gold- und drei Silbermedaillen brachten die österreichischen Sportler nach Hause.

Kielmannsegg
Juni bis September 1895
Erich Graf Kielmannsegg Innenminister und Vorsitzender eines provisorischen Beamtenministeriums.

Badeni
September 1895 bis November 1897
Kasimir Graf Badeni Ministerpräsident.

Gautsch I
November 1897 bis März 1898
Paul Gautsch Frh. von Frankenthurn Ministerpräsident.

Thun-Hohenstein
März 1898 bis September 1899
Franz Anton Fürst Thun und Hohenstein Ministerpräsident.

Clary-Aldringen
Oktober bis Dezember 1899
Manfred Fürst Clary-Aldringen Ministerpräsident.

Wittek
Dezember 1899 bis Jänner 1900
Heinrich Ritter von Wittek Ministerpräsident.

Koerber I
Jänner 1900 bis Dezember 1904
Ernest von Koerber Ministerpräsident.

Gautsch II
Jänner 1905 bis April 1906
Paul Gautsch Frh. von Frankenthurn Ministerpräsident.

Hohenlohe-Schillingsfürst
Mai bis Juni 1906
Konrad Prinz zu Hohenlohe-Schillingsfürst Ministerpräsident.

Beck
Juni 1906 bis November 1908
Max Wladimir Frh. von Beck Ministerpräsident.

Bienerth-Schmerling
November 1908 bis Juni 1911
Richard Graf Bienerth-Schmerling Ministerpräsident.

Gautsch III
Juni bis November 1911
Paul Gautsch Frh. von Frankenthurn Ministerpräsident.

Stürgkh
November 1911 bis Oktober 1916
Karl Graf Stürgkh Ministerpräsident.

Koerber II
Oktober bis Dezember 1916
Ernest von Koerber Ministerpräsident.

Clam-Martinic
Dezember 1916 bis Juni 1917
Heinrich Graf Clam-Martinic Ministerpräsident.

Seidler
Juni 1917 bis Juli 1918
Ernst Seidler Ritter von Feuchtenegg Ministerpräsident.

Hussarek
Juli bis 27. Oktober 1918
Max Hussarek Frh. von Heinlein Ministerpräsident.

Lammasch
27. Oktober bis 11. November 1918
Heinrich Lammasch (Universitätsprofessor) Ministerpräsident.

Die Kabinette ab 1918
Chef der Bundesregierung ist der Bundeskanzler – er wurde von Oktober 1918 bis November 1920 und von April bis Dezember 1945 Staatskanzler genannt. Das in Klammern angegebene Datum bedeutet »mit der Fortführung der Geschäfte betraut bis«. Die Bundesministerien trugen in den oben genannten Zeitabschnitten den Namen Staatsämter, die Bundesminister den Titel Staatssekretär.
Die genauen Namensangaben und die Parteizugehörigkeit können im Textteil unter dem Datum des jeweiligen Regierungsantrittes nachgelesen werden. Die Reihenfolge der Ministerien bzw. der Staatsämter folgt der Dartellung des »Österreichischen Amtskalenders« – die Unterstaatssekretäre sind nicht genannt.

Renner I
30. Oktober 1918 bis 3. März 1919 (15. März)
Staatskanzler: Renner; Äußeres: Adler bis 11. November, Bauer seit 21. November 1918; Heereswesen: Mayer; Inneres: Mataja; Unterricht: Pacher; Justiz: Roller; Finanzen: Steinwender; Landwirtschaft: Stöckler; Gewerbe, Industrie und Handel und für Kriegs- und Übergangswirtschaft: Urban; öffentliche Arbeiten: Zerdik; Verkehrswesen: Jukel; Volksernährung: Löwenfeld-Ruß; soziale Fürsorge: Hanusch; Volksgesundheit: Kaup.

Renner II
15. März bis 17. Oktober 1919
Staatskanzler: Renner; Vizekanzler: Fink; Inneres und Unterricht: Renner, ab 9. Mai Eldersch; Justiz: Bratusch; Finanzen: Schumpeter; Land- und Forstwirtschaft: Stöckler; Handel und Gewerbe, Industrie und Bauten: Zerdik; soziale Verwaltung: Hanusch (mit der Fortführung der Geschäfte der Volksgesundheit betraut: Kaup, ab 9. Mai Tandler); Äußeres: Bauer, ab 26. Juli Renner; Heereswesen: Deutsch; Volksernährung: Löwenfeld-Ruß; Verkehrswesen: Paul.

Renner III
17. Oktober 1919 bis 11. Juni 1920 (7. Juli)
Staatskanzler: Renner; Vizekanzler: Fink bis 24. Juni; Inneres und Unterricht: Eldersch; Justiz: Ramek, ab 24. Juni Eldersch betraut; Finanzen: Reisch; Land- und Forstwirtschaft: Stöckler, ab 24. Juni Renner betraut; Handel und Gewerbe, Industrie und Bauten: Zerdik, ab 24. Juni Ellenbogen betraut; soziale Verwaltung: Hanusch; Äußeres: Renner; Heereswesen: Deutsch; Volksernährung: Löwenfeld-Ruß; Verkehrswesen: Paul, ab 1. Juli Hanusch betraut.

Mayr I
7. Juli bis 20. November 1920
Vorsitzender im Kabinett: Mayr; Stellvertreter: Hanusch und Heinl, beide bis 22. Oktober; Inneres und Unterricht: Breisky; Justiz: Roller; Finanzen: Reisch; Land- und Forstwirtschaft: Haueis; Handel und Gewerbe, Industrie und Bauten: Heinl; soziale Verwaltung: Hanusch, ab 22. Oktober Heinl betraut; Äußeres: Renner, ab 22. Oktober Mayr betraut; Heereswesen: Deutsch, ab 22. Oktober Breisky betraut; Volksernährung: Grünberger ab 9. Juli betraut; Verkehrswesen: Pesta.

Mayr II
20. November 1920 bis 1. Juni 1921 (21. Juni)
Bundeskanzler: Mayr; Vizekanzler: Kreisky; Inneres und Unterricht: Glanz, 7. bis 23. April Breisky betraut, ab 23. April Ramek, Breisky mit Unterricht betraut; Justiz: Paltauf; Finanzen: Grimm; Land- und Forstwirtschaft: Haueis; Handel und Gewerbe, Industrie und Bauten: Heinl; soziale Verwaltung: Resch; Äußeres: Mayr betraut; Heereswesen: Glanz bis 7. April, Breisky bis 28. April betraut, ab 28. April Vaugoin; Volksernährung: Grünberger; Verkehrswesen: Pesta.

Schober I
21. Juni 1921 bis 26. Jänner 1922
Bundeskanzler: Schober; Vizekanzler: Breisky; Inneres und Unterricht: Waber, ab 16. Januar Schober, Breisky mit Unterricht betraut; Justiz: Paltauf; Finanzen: Grimm, ab 7. Oktober Gürtler; Land- und Forstwirtschaft: Hennet; Handel und Gewerbe, Industrie und Bauten: Angerer, ab 7. Oktober Grünberger; soziale Verwaltung: Pauer; Äußeres: Schober betraut; Heereswesen: Vaugoin, ab 7. Oktober Wächter; Volksernährung: Grünberger betraut; Verkehrswesen: Rodler.

Breisky
26. und 27. Jänner 1922
Mit dem Vorsitz in der einstweiligen Regierung betraut: Vizekanzler Breisky; Inneres und Unterricht: Breisky betraut; Justiz: Paltauf; Finanzen: Gürtler; Land- und Forstwirtschaft: Hennet; Handel und Gewerbe, Industrie und Bauten: Grünberger; soziale Verwaltung: Pauer; Äußeres: Breisky betraut; Heereswesen: Wächter; Volksernährung: Grünberger; Verkehrswesen: Rodler.

Schober II
27. Jänner bis 24. Mai 1922 (31. Mai)
Bundeskanzler: Schober; Vizekanzler: Breisky; Inneres und Unterricht: Schober betraut, Breisky mit Unterricht und Kultus betraut; Justiz: Paltauf; Finanzen: Gürtler, ab 10. Mai Schober betraut; Land- und Forstwirtschaft: Hennet; Handel und Gewerbe, Industrie und Bauten: Grünberger; soziale Verwaltung: Pauer; Äußeres: Hennet betraut; Heereswesen: Wächter; Volksernährung: Grünberger betraut; Verkehrswesen: Rodler.

Seipel I
31. Mai 1922 bis 16. April 1923 (17. April)
Bundeskanzler: Seipel; Vizekanzler: Frank; Inneres und Unterricht: Frank betraut, Schneider mit Unterricht und Kultus betraut; Justiz: Waber; Finanzen: Ségur, ab 14. November Kienböck; Land- und Forstwirtschaft: Buchinger; Handel und Gewerbe, Industrie und Bauten: Kraft; soziale Verwaltung: Schmitz; Äußeres: Grünberger; Heereswesen: Vaugoin; Volksernährung: Buchinger; Verkehrswesen: Odehnal.

Seipel II
17. April bis 20. November 1923
Bundeskanzler: Seipel; Vizekanzler und mit Justiz betraut: Frank; Äußeres: Grünberger betraut; Unterricht: Schneider; soziale Verwaltung: Schmitz; Finanzen: Kienböck; Land- und Forstwirtschaft: Buchinger; Handel und Verkehr: Schürff; Heereswesen: Vaugoin.

Seipel III
20. November 1923 bis 8. November 1924 (20. November)
Keine Veränderungen des Kabinetts Seipel II.

Ramek I
20. November 1924 bis 14. Jänner 1926 (15. Jänner)
Bundeskanzler: Ramek; Vizekanzler und mit Justiz betraut: Waber; Äußeres: Mataja betraut; Unterricht: Schneider; soziale Verwaltung: Resch; Finanzen: Ahrer; Land- und Forstwirtschaft: Buchinger; Handel und Verkehr: Schürff; Heereswesen: Vaugoin.

Ramek II
15. Jänner bis 15. Oktober 1926 (20. Oktober)
Bundeskanzler: Ramek; Vizekanzler und mit Justiz betraut: Waber; Unterricht: Schneider, 16. bis 25. Juni Resch betraut, ab 25. Juni Rintelen; soziale Verwaltung: Resch; Finanzen: Kollmann; Land- und Forstwirtschaft: Thaler; Handel und Verkehr: Schürff; Heereswesen: Vaugoin.

Seipel IV
20. Oktober 1926 bis 18. Mai 1927 (19. Mai)
Bundeskanzler: Seipel; Vizekanzler und mit Justiz betraut: Dinghofer; Unterricht: Schmitz; soziale Verwaltung: Resch; Finanzen: Kienböck; Land- und Forstwirtschaft: Thaler; Handel und Verkehr: Schürff; Heereswesen: Vaugoin.

Seipel V
19. Mai 1927 bis 3. April 1929 (4. Mai)
Bundeskanzler: Seipel; Vizekanzler: Hartleb (mit der Sektion II betraut); Justiz: Dinghofer bis 30. August betraut, Minister vom 31. August bis 4. Juli 1928, bis 6. Juli 1928 Seipel betraut, ab 6. Juli Slama; Unterricht: Schmitz; soziale Verwaltung: Resch; Finanzen: Kienböck; Land- und Forstwirtschaft: Thaler; Handel und Verkehr: Schürff; Heereswesen: Vaugoin.

Streeruwitz
4. Mai bis 25. September 1929 (26. September)
Bundeskanzler: Streeruwitz; Vizekanzler: Schumy; Justiz: Slama; Unterricht: Czermak; soziale Verwaltung: Resch; Finanzen: Mittelberger; Land- und Forstwirtschaft: Födermayr; Handel und Verkehr: Schürff; Heereswesen: Vaugoin.

Schober III
26. September 1929 bis 25. September 1930 (30. September)
Bundeskanzler: Schober; Vizekanzler und mit dem Heereswesen betraut: Vaugoin; Inneres: Schumy; Justiz: Slama; Unterricht: Schober betraut, ab 16. Oktober 1929 Srbik; soziale Verwaltung: Innitzer; Finanzen: Schober betraut, ab 16. Oktober 1929 Juch; Land- und Forstwirtschaft: Födermayr; Handel und Verkehr: Hainisch, 17. bis 20. Juni 1930 Schober betraut, ab 20. Juni Schuster.

Vaugoin
30. September bis 29. November 1930 (4. Dezember)
Bundeskanzler: Vaugoin; Vizekanzler und mit der sozialen Verwaltung betraut: Schmitz; Äußeres: Seipel; Inneres: Starhemberg; Justiz: Hueber; Unterricht: Czermak; Finanzen: Juch; Land- und Forstwirtschaft: Thaler; Handel und Verkehr: Heinl; Heereswesen: Vaugoin damit betraut.

Ender
4. Dezember 1930 bis 16. Juni 1931 (20. Juni)
Bundeskanzler: Ender; Vizekanzler und mit Äußeres betraut: Schober; Inneres: Winkler; Justiz: Schürff, ab 3. Mai Schober betraut; Unterricht: Czermak; soziale Verwaltung: Resch, ab 15. April 1931 Ender betraut; Finanzen: Juch; Land- und Forstwirtschaft: Thaler, ab 18. März 1931 Dollfuß; Handel und Verkehr: Heinl; Heereswesen: Vaugoin.

Buresch I
20. Juni 1931 bis 27. Jänner 1932 (29. Jänner)
Bundeskanzler: Buresch; Vizekanzler und mit Äußeres betraut: Schober; Inneres: Winkler; Justiz: Schürff; Unterricht: Czermak; soziale Verwaltung: Resch; Finanzen: Redlich, 5. bis 16. Oktober 1931 Buresch betraut, ab 16. Oktober Weidenhoffer; Land- und Forstwirtschaft: Dollfuß; Handel und Verkehr: Heinl; Heereswesen: Vaugoin.

Buresch II
29. Jänner bis 6. Mai (20. Mai)
Bundeskanzler: Buresch; Vizekanzler und mit Inneres betraut: Winkler; öffentliche Sicherheit: Bachinger ab 4. Februar; Justiz: Schuschnigg; Unterricht: Czermak; soziale Verwaltung: Resch; Finanzen: Weidenhoffer; Land- und Forstwirtschaft: Dollfuß; Handel und Verkehr: Heinl; Heereswesen: Vaugoin.

Dollfuß I
20. Mai 1932 bis 21. September 1933
Bundeskanzler: Dollfuß; Vizekanzler und bis 10. Mai 1933 mit wirtschaftspolitischen Angelegenheiten betraut: Winkler; Inneres: Bachinger, ab 10. Mai 1933 Schumy (vereinigt mit wirtschaftspolitischen Angelegenheiten); öffentliche Sicherheit: Ach bis 28. September 1932; Sicherheitswesen: Staatssekretär Fey vom 17. Oktober 1932 bis 10. Mai 1933; öffentliche Sicherheit: Fey ab 10. Mai 1933; Verfassungs- und Verwaltungsreform: Ender ab 20. Juli 1933; Justiz: Schuschnigg; Unterricht: Rintelen, ab 24. Mai 1933 Schuschnigg betraut; soziale Verwaltung: Resch, ab 11. März 1933 Kerber (Staatssekretär für Arbeitsdienst ab 10. Mai 1933: Neustädter-Stürmer); Finanzen: Weidenhoffer, ab 10. Mai 1933 Buresch; Land- und Forstwirtschaft: Dollfuß betraut (Staatssekretär für Forstwesen und Holzbewirtschaftung ab 10. Mai 1933 Bachinger); Handel und Verkehr: Jakoncig, ab 10. Mai 1933 Stockinger (Staatssekretär für Arbeitsbeschaffung und Fremdenverkehr sowie die technischen Angelegenheiten des Straßenwesens ab 10. Mai 1933: Neustädter-Stürmer; Staatssekretär für die Holzbewirtschaftung ab 10. Mai 1933: Bachinger); Heereswesen: Vaugoin.

Dollfuß II
21. September 1933 bis 10. Juli 1934
Bundeskanzler: Dollfuß; Vizekanzler: Fey, ab 1. Mai 1934 Starhemberg; Verfassungs- und Verwaltungsreform: Ender ab 23. September; Inneres: Kerber ab 23. September; Sicherheitswesen: Fey ab 1. Mai 1934 (Staatssekretär Karwinsky bis 1. Mai 1934, dann zur Verfügung des Bundeskanzlers); Justiz: Schuschnigg betraut (Staatssekretär Glas); Unterricht: Schuschnigg; soziale Verwaltung: Schmitz, ab 16. Februar 1934 Neustädter-Stürmer (bis dahin Staatssekretär für den Arbeitsdienst); Finanzen: Buresch; Land- und Forstwirtschaft: Dollfuß betraut (Staatssekretär: Gleißner bis 12. März 1934, dann Hasenauer); Handel und Verkehr: Stockinger (Staatssekretär für Arbeitsbeschaffung und Fremdenverkehr sowie die technischen Angelegenheiten des Straßenbaues: Neustädter-Stürmer bis 16. Februar 1934); Heereswesen: Dollfuß betraut, ab 12. März 1934 Schönburg-Hartenstein (bis dahin Staatssekretär).

Dollfuß III
10. bis 25. Juli 1934 (29. Juli)
Bundeskanzler: Dollfuß; Vizekanzler: Starhemberg; Justiz: Berger-Waldenegg; Unterricht: Schuschnigg; soziale Verwaltung: Neustädter-Stürmer; Finanzen: Buresch; Land- und Forstwirtschaft: Dollfuß betraut, 26. bis 29. Juli Starhemberg betraut (Staatssekretär: Ilg ab 13. Juli); Handel und Verkehr: Stockinger; Landesverteidigung: Dollfuß betraut, 26. bis 19. Juli Starhemberg betraut (Staatssekretär: Zehner); Staatssekretäre im Bundeskanzleramt, für Äußeres: Tauschitz, für die Angelegenheiten mit Ausnahme des Äußeren: Karwinsky. Ohne Portefeuille und Generalstaatskommissär für außerordentliche Sicherheitsmaßnahmen: Fey.

Schuschnigg I
29. Juli 1934 bis 17. Oktober 1935
Bundeskanzler: Schuschnigg; Vizekanzler: Starhemberg; Inneres: Fey ab 30. Juli; Äußeres: Berger-Waldenegg ab 3. August, bis dahin Staatssekretär Tauschitz; Sicherheit: Starhemberg (Staatssekretär: Hammerstein-Equord); Justiz: Berger-Waldenegg (Staatssekretär: Karwinsky); Unterricht: Schuschnigg betraut (Staatssekretär: Pernter); soziale Verwaltung: Neustädter-Stürmer (Staatssekretär für den gesetzlichen Schutz der Arbeiter und Angestellten: Großauer); Finanzen: Buresch; Land- und Forstwirtschaft: Reither (Staatssekretär: Ilg bis 3. August 1934); Handel und Verkehr: Stockinger; Landesverteidigung: Schuschnigg betraut (Staatssekretär: Zehner).

Schuschnigg II
17. Oktober 1935 bis 14. Mai 1936
Bundeskanzler: Schuschnigg; Vizekanzler: Starhemberg; Äußeres: Berger-Waldenegg; Inneres und Sicherheit: Baar-Baarenfels; Justiz: Winterstein; Unterricht: Schuschnigg betraut (Staatssekretär: Pernter); soziale Verwaltung: Dobretsberger (Staatssekretär für gesetzlichen Schutz der Arbeiter und Angestellten: Znidaric); Finanzen: Draxler; Land- und Forstwirtschaft: Strobl (Staatssekretär für Bergbauernhilfe: Kraft bis 8. Februar 1936); Handel und Verkehr: Stockinger; Landesverteidigung: Schuschnigg betraut (Staatssekretär: Zehner); ohne Portefeuille: Buresch bis 30. Jänner 1936.

Schuschnigg III
14. Mai bis 30. November 1936
Bundeskanzler: Schuschnigg; Vizekanzler: Baar-Baarenfels; außerdem mit Inneres und Sicherheit betraut; Äußeres: Schuschnigg betraut (Staatssekretär: Schmidt ab 11. Juli); Justiz: Hammerstein-Equord; Unterricht: Pernter; soziale Verwaltung: Resch; Finanzen: Draxler; Land- und Forstwirtschaft: Mandorfer ab 15. Mai; Handel und Verkehr: Stockinger; Landesverteidigung: Schuschnigg betraut (Staatssekretär: Zehner); ohne Portefeuille: Glaise-Horstenau ab 11. Juli; Staatssekretär im Bundeskanzleramt: Zernatto.

Schuschnigg IV
3. November 1936 bis 16. Februar 1938
Bundeskanzler: Schuschnigg; Vizekanzler: Hülgerth; Inneres: Glaise-Horstenau ab 6. November 1936; Sicherheit: Neustädter-Stürmer vom 6. November 1936 bis 20. März 1937, dann Staatssekretär Skubl; Äußeres: Schuschnigg betraut (Staatssekretär: Schmidt); Justiz: Pilz; Unterricht: Pernter; soziale Verwaltung: Resch (Staatssekretär für gesetzlichen Schutz der Arbeiter und Angestellten: Rott); Finanzen: Neumayer; Land- und Forstwirtschaft: Mandorfer; Handel und Verkehr: Taucher; Landesverteidigung: Schuschnigg betraut (Staatssekretär: Zehner); Staatssekretär im Bundeskanzleramt: Zernatto.

Schuschnigg V
16. Februar bis 11. März 1938
Bundeskanzler: Schuschnigg; Vizekanzler: Hülgerth; Äußeres: Schmidt; Inneres und Sicherheit: Seyss-Inquart (Staatssekretär für Sicherheit: Skubl); Justiz: Adamovich; Unterricht: Pernter; soziale Verwaltung: Resch (Staatssekretär für gesetzlichen Schutz der Arbeiter und Angestellten: Watzek); Finanzen: Neumayer; Land- und Forstwirtschaft: Mandorfer (Staatssekretär für Forstwirtschaft: Matschnig); Handel und Verkehr: Raab (Staatssekretär für Industrie: Stepski-Doliwa); Landesverteidigung: Schuschnigg betraut (Staatssekretär: Zehner); ohne Portefeuille: Glaise-Horstenau, Zernatto, Rott.

Seyss-Inquart
12. und 13. März 1938
Bundeskanzler: Seyss-Inquart; Vizekanzler: Glaise-Horstenau; Sicherheit: Seyss-Inquart betraut (Staatssekretär: Kaltenbrunner); Äußeres: Wolf; Justiz: Hueber; Unterricht: Menghin; soziale Verwaltung: Jury; Finanzen: Neumayer; Land- und Forstwirtschaft: Reinthaler; Handel und Verkehr: Fischböck; politische Willensbildung: Klausner; Landesverteidigung: Seyss-Inquart betraut (Staatssekretär: Angelis); Staatssekretär im Bundeskanzleramt: Wimmer.

Provisorische Staatsregierung Renner
27. April bis 20. Dezember 1945
Staatskanzler: Renner; Staatssekretäre im Bundeskanzleramt ohne Portefeuille: Figl, Koplenig, Schärf; Äußeres: Unterstaatssekretär Gruber ab 26. September; Inneres: Honner; Justiz: Gerö; Volksaufklärung, Unterricht und Erziehung und Kultusangelegenheiten: Fischer; soziale Verwaltung: Böhm; Finanzen: Zimmermann; Land- und Forstwirtschaft: Buchinger, ab 26. September Kraus; Industrie, Gewerbe, Handel und Verkehr: Heinl; Volksernährung: Korp; öffentliche Bauten: Raab; Vermögenssicherung und Wirtschaftsplanung ab 26. September 1945: Schumy. (Jedes Staatsamt hatte einen bis drei Unterstaatssekretäre.)

Figl I
20. Dezember 1945 bis 11. Oktober 1949 (8. November)
Bundeskanzler: Figl; Vizekanzler: Schärf; Äußeres: Gruber; Inneres: Helmer (Staatssekretär: Graf); Justiz: Gerö; Unterricht: Hurdes; soziale Verwaltung' Maisel; Finanzen: Zimmermann; Land- und Forstwirtschaft: Kraus; Handel und Wiederaufbau: Fleischhacker, ab 31. Mai 1946 Heinl, ab 18. Februar 1948 Kolb; Volksernährung: Frenzel, ab 11. Jänner 1947 Sagmeister; Vermögenssicherung und Wirtschaftsplanung: Krauland (Staatssekretär: Waldbrunner, ab 28. März 1946 Rauscher, ab 11. Jänner 1947 Mantler); Verkehr: Übeleis; Elektrifizierung und Energiewirtschaft: Altmann, 20. bis 24. November 1947 Heinl betraut, ab 24. November Migsch; ohne Portefeuille: Weinberger, ab 11. Jänner 1947 Altenburger.

Figl II
8. November 1949 bis 28. Oktober 1952
Bundeskanzler: Figl; Vizekanzler: Schärf; Äußeres: Gruber; Inneres: Helmer (Staatssekretär: Graf, ab 23. Jänner 1952 Korp); Justiz: Tschadek, ab 16. September 1952 Gerö; Unterricht: Hurdes, ab 23. Jänner 1952 Kolb; soziale Verwaltung: Maisel; Finanzen: Margarétha, ab 23. Jänner 1952 Kamitz; Land- und Forstwirtschaft: Kraus, ab 23. Jänner 1952 Thoma; Handel und Wiederaufbau: Kolb, ab 23. Jänner 1952 Böck-Greissau (Staatssekretär ab 23. Jänner 1952: Bock); Verkehr und verstaatlichte Betriebe: Waldbrunner (Staatssekretär: Übeleis).

Figl III
28. Oktober 1952 bis 25. Februar 1953 (2. April)
Bundeskanzler: Figl; Vizekanzler: Schärf; Äußeres: Gruber; Inneres: Helmer (Staatssekretäre: Graf und Korp); Justiz: Gerö; Unterricht: Kolb; soziale Verwaltung: Maisel; Finanzen: Kamitz; Land- und Forstwirtschaft: Thoma; Handel und Wiederaufbau: Böck-Greissau (Staatssekretär: Bock); Verkehr und verstaatlichte Betriebe: Waldbrunner (Staatssekretär: Übeleis).

Raab I
2. April 1953 bis 14. Mai 1956 (29. Juni)
Bundeskanzler: Raab; Vizekanzler: Schärf; Äußeres: Gruber, ab 26. November 1953 Figl (Staatssekretär: Kreisky); Inneres: Helmer (Staatssekretär: Graf); Justiz: Gerö, ab 17. Jänner 1955 Kapfer; Unterricht: Kolb, ab 1. November 1954 Drimmel; soziale Verwaltung: Maisel, ab 23. Jänner 1956 Proksch; Finanzen: Kamitz (Staatssekretär ab 7. Juli 1955: Bock); Land- und Forstwirtschaft: Thoma; Handel und Wiederaufbau: Böck-Greissau, 21. bis 28. April 1953 Raab betraut, ab 28. April 1953 Illig (Staatssekretäre: Bock bis 7. Juli 1955, Gehart bis 31. Juli 1954, Fischer ab 2. August 1954); Verkehr und verstaatlichte Betriebe: Waldbrunner.

Raab II
29. Juni 1956 bis 12. Mai 1959 (16. Juli)
Bundeskanzler: Raab; Vizekanzler: Schärf, ab 22. Mai 1957 Pittermann; Äußeres: Figl, ab 10. Juni 1959 Raab betraut (Staatssekretäre: Kreisky und Gschnitzer); Inneres: Helmer (Staatssekretär: Grubhofer); Justiz: Tschadek; Unterricht: Drimmel; soziale Verwaltung: Proksch; Finanzen: Kamitz (Staatssekretär: Bock bis 19. September 1956, Withalm ab 12. Oktober 1956); Land- und Forstwirtschaft: Thoma; Handel und Wiederaufbau: Illig, ab 19. September 1956 Bock (Staatssekretär: Weikhart); Verkehr und Elektrizitätswirtschaft: Waldbrunner; Landesverteidigung: Graf ab 15. Juli 1956 (Staatssekretär: Stephani ab 15. Juli 1956).

Raab III
16. Juli 1959 bis 3. November 1960
Bundeskanzler: Raab; Vizekanzler: Pittermann; Inneres: Afritsch (Staatssekretär: Grubhofer); Justiz: Tschadek, ab 23. Juni 1960 Broda; Unterricht: Drimmel; soziale Verwaltung: Proksch; Finanzen: Kamitz, ab 17. Juni 1960 Heilingsetzer; Land- und Forstwirtschaft: Hartmann; Handel und Wiederaufbau: Bock (Staatssekretär: Weikhart); Verkehr und Elektrizitätswirtschaft: Waldbrunner; Landesverteidigung: Graf (Staatssekretär: Eibegger, ab 19. Oktober 1959 Rösch); Äußeres: Kreisky (Staatssekretär: Gschnitzer).

Raab IV
3. November 1960 bis 11. April 1961
Bundeskanzler: Raab; Vizekanzler: Pittermann; Inneres: Afritsch (Staatssekretär: Grubhofer); Justiz: Broda; Unterricht: Drimmel; soziale Verwaltung: Proksch; Finanzen: Heilingsetzer; Land- und Forstwirtschaft: Hartmann; Handel und Wiederaufbau: Bock (Staatssekretär: Weikhart); Verkehr und Elektrizitätswirtschaft: Waldbrunner; Landesverteidigung: Graf (Staatssekretär: Rösch); Äußeres: Kreisky (Staatssekretär: Gschnitzer).

Gorbach I
11. April 1961 bis 20. November 1962 (27. März 1963)
Bundeskanzler: Gorbach; Vizekanzler: Pittermann; Inneres: Afritsch (Staatssekretär: Kranzlmayr); Justiz: Broda; Unterricht: Drimmel; soziale Verwaltung: Proksch; Finanzen: Klaus; Land- und Forstwirtschaft: Hartmann; Handel und Wiederaufbau: Bock (Staatssekretär: Weikhart); Verkehr und Elektrizitätswirtschaft: Waldbrunner, ab 14. Dezember 1962 Pittermann betraut; Landesverteidigung: Schleinzer (Staatssekretär: Rösch); Äußeres: Kreisky (Staatssekretär: Steiner).

Gorbach II
27. März 1963 bis 2. April 1964
Bundeskanzler: Gorbach, ab 25. Februar 1964 mit der Weiterführung betraut bis 2. April; Vizekanzler: Pittermann; Inneres: Olah (Staatssekretär: Kranzlmayr, ab 5. November 1963 Soronics); Justiz: Broda (Staatssekretär: Hetzenauer); Unterricht: Drimmel; soziale Verwaltung: Proksch; Finanzen: Korinek; Land- und Forstwirtschaft: Hartmann; Handel und Wiederaufbau: Bock (Staatssekretäre: Weikhart und Kotzina); Verkehr und Elektrizitätswirtschaft: Probst; Landesverteidigung: Schleinzer (Staatssekretär: Rösch); Äußeres: Kreisky (Staatssekretär: Steiner).

Klaus I
2. April 1964 bis 25. Oktober 1965 (19. April 1966)
Bundeskanzler: Klaus; Vizekanzler: Pittermann; Inneres: Olah, ab 21. September 1964 Czettel (Staatssekretär: Soronics); Justiz: Broda (Staatssekretär: Hetzenauer); Unterricht: Piffl-Perčević; soziale Verwaltung: Proksch; Finanzen: Schmitz; Land- und Forstwirtschaft: Schleinzer; Handel und Wiederaufbau: Bock (Staatssekretäre: Weikhart und Kotzina); Verkehr und Elektrizitätswirtschaft: Probst; Landesverteidigung: Prader (Staatssekretär: Rösch); Äußeres: Kreisky (Staatssekretär: Bobleter).

Klaus II
19. April 1966 bis 3. März 1970 (21. April)
Bundeskanzler: Klaus; Vizekanzler: Bock, ab 19. Jänner 1968 Withalm; Inneres: Hetzenauer, ab 19. Jänner 1968 Soronics (Staatssekretär: Haider, ab 19. Jänner 1968 Minkowitsch); Justiz: Klecatsky; Unterricht: Piffl-Perčević, ab 2. Juni 1969 Mock; soziale Verwaltung: Rehor (Staatssekretär: Soronics, ab 19. Jänner 1968 Bürkle); Finanzen: Schmitz, ab 19. Jänner 1968 Koren; Land- und Forstwirtschaft: Schleinzer; Handel, Gewerbe und Industrie: Bock betraut, ab 19. Jänner 1968 Mitterer; Verkehr und verstaatlichte Unternehmungen: Weiß (Staatssekretär: Taus bis 30. März 1967); Landesverteidigung: Prader; Äußeres: Tončić-Sorinj, ab 19. Jänner 1968 Waldheim (Staatssekretär: Bobleter ab 19. Jänner 1968); Bauten und Technik: Kotzina ab 6. Juni 1966 (seit 19. April 1966 ohne Portefeuille); Staatssekretäre im Bundeskanzleramt: Gruber bis 13. Mai 1969, Koren 31. März 1967 bis 19. Jänner 1968, Pisa 19. Jänner 1968 bis 2. Juni 1969, Neisser ab 2. Juni 1969.

Kreisky I
21. April 1970 bis 19. Oktober 1971 (4. Nov.)
Bundeskanzler: Kreisky; Vizekanzler: Häuser; Inneres: Rösch; Justiz: Broda; Unterricht (ab 24. Juli 1970 Unterricht und Kunst): Gratz; soziale Verwaltung: Häuser betraut (Staatssekretär: Wondrack bis 31. Juli 1971); Finanzen: Androsch; Land- und Forstwirtschaft: Öllinger, ab 22. Mai 1970 Weihs; Handel, Gewerbe und Industrie: Staribacher; Verkehr und verstaatlichte Unternehmungen (ab 24. Juli 1970 Verkehr): Frühbauer; Landesverteidigung: Freihsler, 4. bis 8. Februar 1971 Kreisky betraut, ab 8. Februar 1971 Lütgendorf; Äußeres: Kirchschläger; Bauten und Technik: Moser; Wissenschaft und Forschung (ab 24. Juli 1970): Firnberg ab 26. Juli 1970; Staatssekretär im Bundeskanzleramt: Veselsky.

Kreisky II
4. November 1971 bis 8. Oktober 1975 (28. Oktober)
Bundeskanzler: Kreisky; Vizekanzler: Häuser; Inneres: Rösch; Justiz: Broda; Unterricht und Kunst: Sinowatz; soziale Verwaltung: Häuser betraut; Finanzen: Androsch; Land- und Forstwirtschaft: Weihs (Staatssekretär: Haiden ab 8. Juli 1974); Handel, Gewerbe und Industrie: Staribacher; Verkehr: Frühbauer, ab 17. September 1973 Lanc; Landesverteidigung: Lütgendorf; Äußeres: Kirchschläger, ab 8. Juli 1974 Bielka-Karltreu; Bauten und Technik: Moser; Wissenschaft und Forschung: Firnberg; Gesundheit und Umweltschutz (ab 1. Februar 1972): Leodolter ab 2. Februar 1972; Staatssekretäre im Bundeskanzleramt: Veselsky, Karl, Lausecker.

Kreisky III
28. Oktober 1975 bis 9. Mai 1979 (5. Juni)
Vorerst identisch mit dem Kabinett Kreisky II. – Veränderungen am 1. Oktober 1976: Finanzminister Androsch auch Vizekanzler; soziale Verwaltung: Weißenberg; Land- und Forstwirtschaft: Haiden (Staatssekretär: Schober); Äußeres: Pahr. – Kabinettsumbildung am 8. Juni 1977: Inneres: Lanc (bisher Verkehr), Landesverteidigung: Rösch (bisher Inneres), Verkehr: Lausecker (bisher Staatssekretär im Bundeskanzleramt), Staatssekretär im Bundeskanzleramt: Löschnak. – Der Staatssekretär im Bundeskanzleramt, Veselsky, tritt am 4. Oktober 1977 zurück, Nußbaumer tritt am 5. Oktober 1977 seine Nachfolge an.

Kreisky IV
5. Juni 1979 bis 26. April 1983 (24. Mai)
Vorerst identisch mit dem Kabinett Kreisky III.
– Veränderungen 8. Oktober 1979: Wissenschaftsminister Firnberg mit Gesundheit und Umweltschutz und Verkehrsminister Lausecker mit Bauten und Technik betraut.
– Kabinettsumbildung 5. November 1979: Gesundheit und Umweltschutz: Salcher; Bauten und Technik: Sekanina (Staatssekretär: Eipeldauer); Staatssekretäre: Albrecht (Handel); Dohnal (Bundeskanzleramt); Fast (Soziales); Staatssekretär Karl wechselt vom Bundeskanzleramt ins Finanzministerium. – Veränderung 3. Oktober 1980: Gesundheitsminister Salcher mit Soziales betraut – 9. Oktober 1980: Soziales: Dallinger.
– Kabinettsumbildung 20. Jänner 1981: Unterrichtsminister Sinowatz auch Vizekanzler; Finanzen: Salcher (bisher Gesundheit und Umweltschutz); Gesundheit und Umweltschutz: Steyrer; Staatssekretär für Wirtschaftsfragen im Finanzministerium Seidel. – Veränderung 29. Oktober 1982: Staatssekretär im Bundeskanzleramt: Lacina.

Sinowatz – Steger
ab 24. Mai 1983
Bundeskanzler: Sinowatz (SPÖ); Vizekanzler und Handel, Gewerbe und Industrie: Steger (FPÖ); Äußeres: Lanc (SPÖ); Finanzen: Salcher (SPÖ); Inneres: Blecha (SPÖ); Justiz: Ofner (FPÖ); Bauten und Technik: Sekanina (SPÖ); Soziales: Dallinger (SPÖ); Landwirtschaft: Haiden (SPÖ); Unterricht und Kunst: Zilk (SPÖ); Wissenschaft und Forschung: Fischer (SPÖ); Gesundheit und Umweltschutz: Steyrer (SPÖ); Landesverteidigung: Frischenschlager (FPÖ); Verkehr: Lausecker (SPÖ); Familien, Jugend und Konsumentenschutz: Karl (SPÖ). Staatssekretäre: im Bundeskanzleramt: Dohnal, Lacina und Löschnak (alle SPÖ); im Bautenministerium: Eipeltauer (SPÖ); im Finanzministerium: Bauer (FPÖ); im Gesundheitsministerium: Ferrari-Brunnenfeld (FPÖ); im Handelsministerium: Schmidt (SPÖ); im Landwirtschaftsministerium: Murer (FPÖ).

Als »Äußeres« wurde durchwegs das Bundesministerium für auswärtige Angelegenheiten bezeichnet.
Es scheint im Kabinett Raab III deshalb am Schluß auf, weil es mit 31. Juli 1959 ein selbständiges Ministerium wurde. Ab 1923 war es aus Einsparungsgründen die Sektion IV des Bundeskanzleramtes, wohl unter einem Minister bzw. dem Bundeskanzler, der dann einen eigenen Staatssekretär dafür ernannte. Die Zweite Republik hat dies bis 1959 beibehalten.

Die Landeshauptleute der österreichischen Bundesländer

Burgenland

(Landesverwalter 10. 3. 1921 bis 19. 7. 1922)

1921–1922	Dr. Robert Davy
1922	März bis Juli
	Dr. Alfred Rausnitz
1922–1923	Dr. Alfred Rausnitz
1923–1924	Dr. Alfred Walheim
1924–1928	Josef Rauhofer
1928–1929	Anton Schreiner
1929–1930	Johann Thullner
1930–1931	Anton Schreiner
1931–1934	Dr. Alfred Walheim
1934–1938	Ing. Hans Sylvester
1945–1946	Dr. Ludwig Leser
1946–1956	Dr. Lorenz Karall
1956–1961	Johann Wagner
1961–1964	Josef Lentsch
1964–1968	Hans Bögl
ab 1968	Theodor Kery

Kärnten

(Landesverweser 1918 bis 1921)

1918–1921	Dr. Arthur Lemisch
1921–1923	Florian Gröger
1923–1927	Ing. Vinzenz Schumy
1927–1930	Dr. Arthur Lemisch
1930–1934	Ferdinand Kernmaier
1934–1936	General a. D. Ludwig Hülgerth
1936–1938	Dr. Arnold Sucher
1945–1947	Hans Pietsch
1947–1965	Ferdinand Wedenig
1965–1974	Hans Sima
ab 1974	Leopold Wagner

Niederösterreich

1918–1919	Leopold Steiner
1919–1920	Albert Sever
1920–1922	Johann Mayer
1922–1931	Dr. Karl Buresch
1931–1932	Josef Reither
1932–1933	Dr. Karl Buresch
1933–1934	Josef Reither
1934–1935	Eduard Baar-Baarenfels (geschäftsführender Landeshauptmann)
1935–1938	Josef Reither
1945	Mai bis Oktober
	Dipl.-Ing. Leopold Figl
1945–1949	Josef Reither
1949–1962	Johann Steinböck
1962–1965	Dipl.-Ing. Leopold Figl
1965–1966	Dipl.-Ing. Eduard Hartmann
1966–1981	Andreas Maurer
ab 1981	Siegfried Ludwig

Oberösterreich

1918–1927	Johann Nepomuk Hauser
1927–1934	Dr. Josef Schlegel
1934–1938	Dr. Heinrich Gleißner
1945	Mai bis Oktober
	Dr. Adolf Eigl
1945–1971	Dr. Heinrich Gleißner
1971–1977	Dr. Erwin Wenzl
ab 1977	Dr. Josef Ratzenböck

Salzburg

1918–1919	Alois Winkler
1919–1922	Oskar Meyer
1922–1938	Dr. Franz Rehrl
1945	Mai bis November
	Dr. Adolf Schemel
1945–1947	Ing. Albert Hochleitner
1947–1949	Josef Rehrl
1949–1961	Dr. Josef Klaus
1961–1977	DDr. Hans Lechner
ab 1977	Dr. Wilfried Haslauer

Steiermark

1918–1919	Dr. Wilhelm Edler von Kaan
1919–1926	Dr. Anton Rintelen
1926	Juni bis Oktober
	Franz Prisching
1926–1927	Dr. Alfred Gürtler
1927–1928	Ing. Prof. Hans Paul
1928–1933	Dr. Anton Rintelen
1933–1934	Dr. Alois Dienstleder
1934–1938	Dr. Karl Maria Stepan
1938	3. bis 31. März
	Dr. Rolph Trummer
1945	Mai bis Dezember
	Reinhard Machold
1945–1948	Anton Pirchegger
1948–1971	Josef Krainer
1971–1980	Dr. Friedrich Niederl
ab 1980	Dr. Josef Krainer (jun.)

Tirol

1918–1921	Josef Schraffl
1921–1935	Dr. Franz Stumpf
1935	Februar/März unbesetzt
1935–1938	Dr. Josef Schumacher
1945	Mai bis Oktober
	Dr. Karl Gruber
1945–1951	Dr. Alfons Weißgatterer
1951–1957	Alois Grauß
1957–1963	Dr. Hans Tschiggfrey
ab 1963	Eduard Wallnöfer

Vorarlberg

1918–1930	Dr. Otto Ender (1918 Landespräsident)
1930–1931	Dr. Ferdinand Redler
1931–1934	Dr. Otto Ender
1934–1938	Ing. Ernst Winsauer
1945–1964	Ulrich Ilg
ab 1964	Dr. Herbert Keßler

Die Bürgermeister von Wien

Die Stadt Wien ist seit 1922 ein eigenes Bundesland, der Bürgermeister von Wien ist somit gleichzeitig Landeshauptmann.

1282	Konrad Poll
1285	Heinrich Hansgraf
1287	Konrad von Eslarn
1288–1305	Konrad Poll
1305–1307	Heinrich Chrannest
1307	Dietrich von Kahlenberg
1308	Heinrich von der Neisse
1309	Niklas von Eslarn
1310	Heinrich von der Neisse
1310–1313	Niklas von Eslarn
1313–1315	Niklas Poll
1316	Hermann von St. Pölten
1316–1317	Niklas von Eslarn
1318	Hermann von St. Pölten
1319–1323	Otto Wülfleinstorfer
1324–1327	Niklas Poll
1327–1328	Stephan Chriegler
1329–1330	Heinrich Lang
1332–1333	Dietrich Urbetsch
1333–1334	Hermann Snaezl
1335–1337	Dietrich Urbetsch
1337–1338	Konrad von Eslarn
1338–1339	Berthold Poll
1340–1343	Konrad Wiltwerker
1344	Hagen von Spielberg
1345–1347	Reinprecht Zaunrüd
1348–1349	Friedrich von Tierna
1350–1351	Dietrich Flusthart
1352	Friedrich von Tierna
1353	Heinrich Würfel
1354	Dietrich Flusthart
1355	Leopold Polz
1356–1357	Heinrich Straicher
1357–1358	Haunold Schuchler der Ältere
1358–1359	Leopold Polz
1359–1360	Heinrich Straicher
1360–1361	Haunold Schuchler der Ältere
1362–1364	Hans von Tierna
1364	Friedrich Rüschl
1365–1366	Lukas Popfinger
1366–1367	Thomas Swaeml
1368–1370	Niklas Würfel
1370–1371	Thomas Swaeml
1372–1374	Ulrich Rößl
1374–1376	Jans am Kienmarkt
1376–1379	Paul Holzkäufl
1379–1381	Jans am Kienmarkt
1381–1386	Paul Holzkäufl
1386–1395	Michael Geukramer
1396	Paul Holzkäufl
1396–1397	Paul Würfel
1398	Jakob Dorn
1398–1399	Hans Rockh
1399–1400	Paul Holzkäufl
1401	Berthold Lang
1401–1402	Paul Würfel
1402–1403	Haunold Schuchler der Jüngere
1403–1404	Konrad Vorlauf
1404–1405	Paul Würfel
1405–1406	Rudolf Angerfelder
1406–1408	Konrad Vorlauf
1408–1409	Hans Feldsberger
1410	Paul Geyr
1410–1411	Albrecht Zetter
1411–1419	Rudolf Angerfelder
1420–1421	Hans Musterer
1422	Ulrich Gundloch
1423–1425	Konrad Holzer der Ältere
1425–1426	Hans Scharffenberger
1427	Paul Würfel der Jüngere
1428–1429	Niklas Undermhimmel
1430–1433	Konrad Holzer der Ältere
1434–1439	Hans Steger
1440–1441	Konrad Holzer der Jüngere
1442	Andre Hiltprant
1443	Hans Steger
1444–1446	Hans Haringseer
1447–1449	Hans Steger
1450–1451	Konrad Holzer der Jüngere
1452	Oswald Reicholf
1453	Niklas Teschler
1454	Oswald Reicholf
1455	Konrad Holzer der Jüngere
1456–1457	Niklas Teschler
1457	Thomas Schwarz
1457–1460	Jakob Starch
1461–1462	Christian Prenner
1462	Sebastian Ziegelhauser
1462–1463	Wolfgang Holzer
1463–1464	Friedrich Ebmer
1464–1466	Ulrich Metzleinstorffer
1467	Martin Enthainer
1467–1473	Andreas Schönbrucker
1473–1479	Hans Heml
1479–1484	Laurenz Haiden
1485–1486	Stephan Een
1487–1489	Leonhard Radauner
1489–1490	Laurenz Taschendorfer
1490	Stephan Een
1490–1493	Paul Keck
1494–1496	Friedrich Geldreich
1497–1499	Paul Keck
1500–1501	Wolfgang Rieder
1502	Leonhard Lackner
1503	Wolfgang Zauner
1504–1507	Paul Keck
1507	Sigmund Pernfuß
1508	Paul Keck
1509–1510	Wolfgang Rieder
1511–1512	Hans Süß
1512	Leonhard Pudmannsdorfer
1513	Hans Kuchler
1514–1515	Friedrich Piesch
1515	Dr. Johann Kaufmann
1516	Hans Süß
1516–1517	Hans Rinner
1518	Leonhard Pudmannsdorfer
1519–1520	Wolfgang Kirchhofer
1520	Hans Süß
1521	Dr. Martin Siebenbürger
1522–1524	Gabriel Guetrater
1524–1526	Hans Süß
1526	Roman Staudinger
1527	Sebastian Sulzbeck
1528–1530	Wolfgang Treu
1531	Sebastian Eysler
1532–1533	Wolfgang Treu
1534–1535	Dr. Johann Pilhamer
1536–1537	Wolfgang Treu
1538–1539	Hermes Schallautzer
1540–1541	Paul Pernfuß
1542–1546	Stephan Tenck
1547–1548	Sebastian Schrantz
1549–1550	Sebastian Hutstocker
1551–1552	Christoph Hayden
1553–1555	Sebastian Hutstocker
1556–1557	Hans Übermann
1558–1559	Georg Prantstetter
1560–1561	Thomas Siebenbürger
1562–1563	Hermann Bayr
1564–1565	Matthias Brunnhofer
1566–1567	Hans Übermann
1568–1569	Georg Prantstetter
1570–1571	Hanns von Thau
1572–1573	Georg Prantstetter
1574–1575	Hanns von Thau
1576–1577	Christoph Hutstocker
1578–1579	Hanns von Thau
1580–1581	Bartholomäus Prantner
1582–1583	Hanns von Thau
1584–1585	Bartholomäus Prantner
1586–1587	Oswald Hüttendorfer
1588–1589	Hanns von Thau
1590–1591	Georg Fürst
1592–1595	Bartholomäus Prantner
1596–1597	Paul Steyer
1598–1599	Oswald Hüttendorfer
1600–1601	Andreas Rieder
1602–1603	Georg Fürst
1604–1607	Augustin Haffner
1608–1609	Lukas Lausser
1610–1613	Daniel Moser
1614–1615	Veit Resch
1616–1622	Daniel Moser
1623–1625	Paul Wiedemann
1626–1637	Daniel Moser
1638–1639	Christoph Faßoldt
1640–1645	Konrad Pramber
1646–1648	Caspar Bernhardt
1648–1654	Johann Georg Dietmayr
1654–1655	Dr. Thomas Wolfgang Puechenegger
1656–1659	Johann Georg Dietmayr von Dietmannsdorf
1660–1663	Johann Christoph Holzner
1664–1667	Johann Georg Dietmayr von Dietmannsdorf
1667–1669	Johann Christoph Holzner
1670–1673	Daniel Lazarus Springer
1674–1677	Dr. Peter Sebastian Fügenschuh
1678–1679	Daniel Lazarus Springer
1679–1683	Johann Andreas von Liebenberg
1683–1687	Simon Stephan Schuster
1688–1691	Daniel Fockhy
1692–1695	Johann Franz Peickhardt
1696–1699	Jakob Daniel Tepser
1700–1703	Johann Franz Preickhardt
1704–1707	Jakob Daniel Tepser
1708–1712	Johann Franz Wenighoffer
1713–1716	Johann Lorenz Trunck von Guttenberg
1717–1720	Dr. Josef Hartmann
1721–1724	Franz Josef Hauer
1725–1726	Dr. Josef Hartmann
1727–1728	Franz Josef Hauer
1729–1730	Johann Franz Purck
1731–1732	Dr. Franz Daniel Edler von Bartuska
1733–1736	Andreas Ludwig Leitgeb
1737–1740	Johann Adam von Zahlheim
1741–1744	Dr. Peter Joseph Kofler
1745–1751	Andreas Ludwig Leitgeb
1751–1764	Dr. Peter Joseph Edler von Kofler
1767–1773	Leopold Franz Gruber
1773–1804	Josef Georg Hörl
1804–1823	Stephan Edler von Wohlleben
1823–1834	Anton Lumpert
1834–1837	Anton Joseph Edler von Leeb
1838–1848	Ignaz Czapka (ab 1842 Freiherr von Winstetten)
1851–1861	Dr. Johann Kaspar Freiherr von Seiller
1861–1868	Dr. Andreas Zelinka
1868–1878	Dr. Cajetan Felder
1878–1882	Dr. Julius von Newald
1882–1889	Eduard Uhl
1889–1894	Dr. Johann Prix
1894–1895	Dr. Raimund Grübl
1895–1896	Dr. Hans von Friebeis
1896–1897	Josef Strobach
1897–1910	Dr. Karl Lueger
1910–1912	Dr. Josef Neumayer
1912–1919	Dr. Eichard Weiskirchner
1919–1923	Jakob Reumann
1923–1934	Karl Seitz
1934–1938	Richard Schmitz
1938–1940	Dr. Ing. Hermann Neubacher
1940–1943	Philipp Wilhelm Jung
1943–1945	Hanns Blaschke
1945–1951	Dr. h. c. Theodor Körner
1951–1965	Dr. h. c. Franz Jonas
1965–1970	Bruno Marek
1970–1973	Dr. h. c. Felix Slavik
ab 1973	Leopold Gratz

Personenregister

A

B

Personenregister

D

E

F

G

H

I

J

Personenregister

K

N

O

P

Q

R

T

Sachregister

C

D

E

F

G

H

I

M

N

O

P

Q

R

S

T

U

V

W

X

Y

Z

Republik Österreich

Vorarlberg

Tirol

Salzburg

Kärnten

Oberösterreich

Niederösterreich

Wien

Steiermark

Burgenland

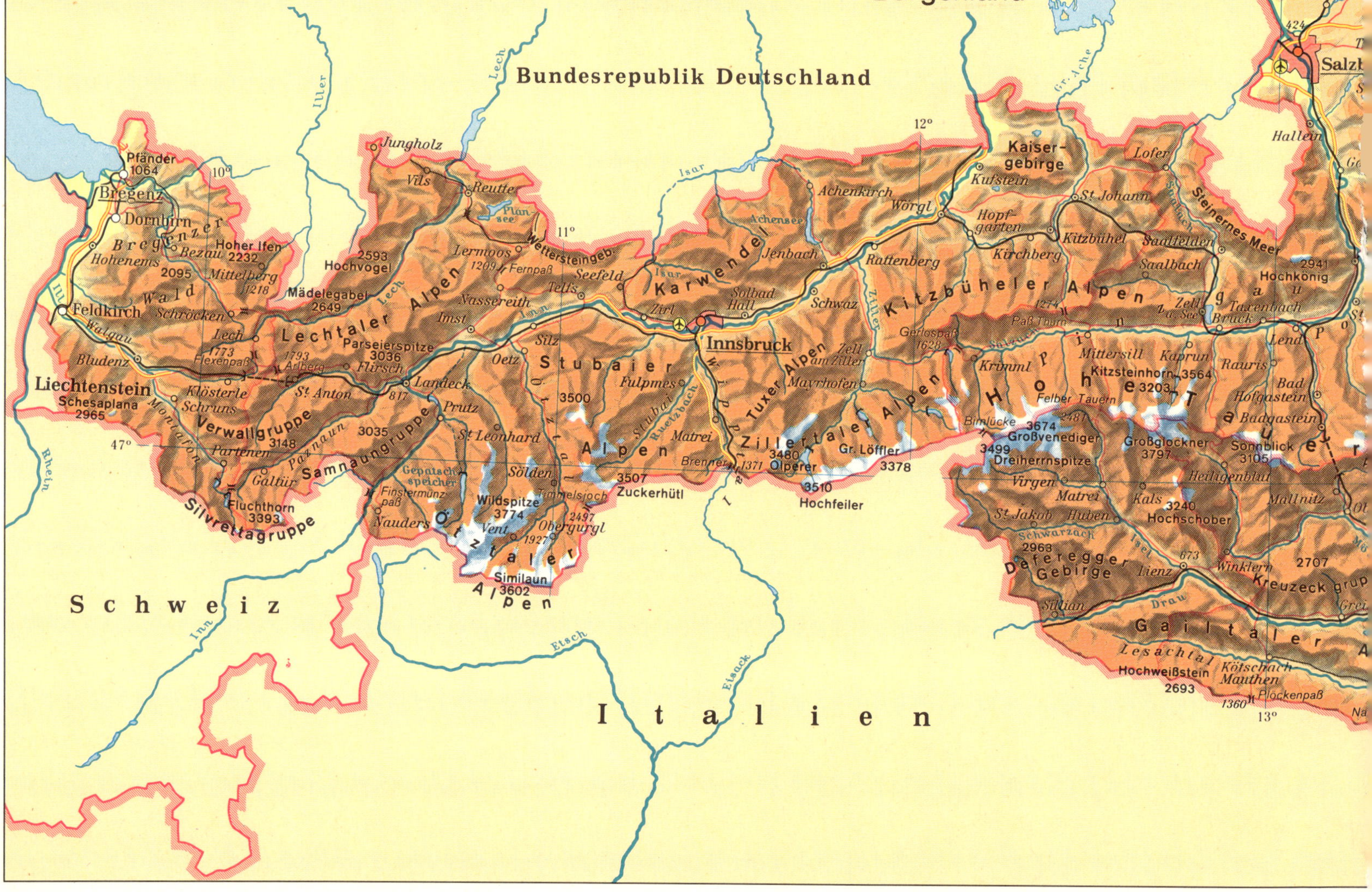